The Man Booker Prize

布克奖获奖小说通览

（1969—2016）

李传家　张广慧　编译

中国国际广播出版社

前 言

李传家 张广慧

“曼布克小说奖”（The Man Booker Prize for Fiction）被认为是当代英语小说界的最高奖项，拥有“文学奥斯卡”的美誉，其影响力直逼诺贝尔文学奖。

该奖最初名为“布克·麦康奈尔小说奖”（Booker-McConnell Prize for Fiction），由英国布克·麦康奈尔公司赞助，创设于1968年，1969年开始颁发，奖励当年度最佳英语长篇小说。一切大不列颠及北爱尔兰联合王国及英联邦成员的公民创作的英语原创小说均可参评。该奖由大不列颠及北爱尔兰联合王国国家图书联盟管理，每年颁发一次，颁予在世作家。获奖作家，通常会得到国际社会的推崇与肯定，扬名天下，因而，“布克奖”成为小说作家们纷纷追逐的目标，同时，也日益影响了读者对小说的阅读口味。

自2002年起，曼氏集团（Man Group）取代布克·麦康奈尔公司成为赞助商后，该奖更名为“曼布克小说奖”。2004年，该奖打破了地域壁垒，增设了“曼布克国际文学奖”（Man Booker International Prize），2005年开始颁发，每两年选出一位在世的优秀小说家，不论国籍，只要其作品是以英语发表或翻译成英语译本发表的，都在参选范围之内，其奖励的是作家的全部文学成就，不仅限于小说。2013年，该奖修改规则，自2014年起，世界上所有作家创作的英语原创小说都有资格参评。

截止到2016年，布克奖共举行了48届。其中，有［南非］约翰·库切（John Coetzee）、［澳］彼得·凯里（Peter Carey）和［英］希拉里·曼特尔（Hilary Mantel）三位得主两次荣膺此奖，有两届奖项（第六届和第二十四届）分别由两位得主荣膺。另外，［英］维迪雅达尔·奈保尔（Vidiadhar Naipaul）、［南非］纳丁·戈迪默（Nadine Gordimer）、［英］威廉·戈尔丁（William Golding）、［南非］约翰·库切（John Coetzee）和［英］石黑一雄（Kazuo Ishiguro）五位得主荣膺了诺贝尔文学奖（The Nobel Prize in Literature），其中石黑一雄为2017年获奖。这些获奖小说，大多数作品的规模与气象，对生活的多元陈述，都非一般小说所能望尘，尤其是，在故事隐曲之外，多哲人之思，许多故事，都颇有嚼头。

本书是一部涵养情趣的工具书，汇总了自“曼布克奖”创立以来，1969年至2016年间，第1—48届获奖小说的内容大要，以精当通范的文字，把这批获奖英语小说中的精髓要义，简述成文，以方便莘莘学子随意涉览。纵观古今中外读书之路，大致不外专精和博览两途。当年，梁任公（启超）先生在回答《清华周刊》记者有关读书问题时，也曾说过：“学问固贵专精，又须博览以辅之。”

同一部小说作品，不同的人会有不同的理解，正如那一句经典名言：“有一千个读者就有一千个哈姆雷特。”若涉览过后，再找来感兴趣的原著直接阅读，想必会有更为独到的深刻领悟。

本书的资料来源和参考读物主要源自英文原著，其次源自 http：//www.bookerprize.co.uk 网站的一些有关资料，以及其他一些有关书籍、报纸、杂志。

C目录 Content 1969—2016（第1—48届）

1969年 | 第1届

001 要为之负责的事 [英] 珀西 · 纽比

Something to Answer For by Percy Newby

◎ 原著共 7 章。以一种混乱的语言、散文化的文笔，讲述了第二次中东战争[1]期间英国无名小卒杰克 · 汤若（Jack Townrow）的故事：汤若受人之邀，重返第二次世界大战期间其曾生活过的苏伊士运河北口，协助解决一件私人事务，却在那里迷失了自己。

1 第二次中东战争：又称苏伊士运河战争、苏伊士运河危机、西奈战役，是1956年发生在埃及的国际武装冲突。当时埃及政府宣布将苏伊士运河公司收归国有，公司全部财产移交埃及。英法两国为夺得苏伊士运河的控制权与以色列联合，于1956年10月29日，对埃及发动了突然袭击。三国的行动遭到国际社会的普遍谴责。11月6日，在强大的国际压力下，英、法两国被迫接受停火决议，以色列也在11月8日同意撤出西奈半岛。英、法两国的军事冒险最终以失败告终。

英文原版封面

珀西 · 纽比

（Percy Newby，1918—1997）

珀西 · 纽比是第二次世界大战结束以来英国文坛上一位风趣而智慧的喜剧大师。

有评论认为，其作品大都是一些轻松和严肃的喜剧，善于巧妙利用故事情节，来架构作品，产生惊心动魄的艺术效果，从中探讨人的精神世界。

《要为之负责的事》（Something to Answer For）出版之后，获得了广泛赞誉，获得了当年的《约克郡邮报》小说奖。因其**结构辉煌，描写具体而翔实，尤其是视野不俗，富有高度智慧，颇具远见**，问鼎了第 1 届英语文学界最有影响力的布克奖，成了这一奖项的第一位得主。

在杰克·汤若思维陷入一片混乱努力寻找自己的真实身份之前，他到塞得港[1]（Port Said）来，是因为受到扈利夫人（Mrs. Khoury）的邀请。扈利夫人在信中说，他是她在这个世界上的唯一朋友，要给他买一张机票，好让他亲眼见见埃里（Elie）给她留下的是一个什么样的烂摊子。扈利夫人认为，丈夫埃里死于谋杀，汤若可以让警方去追踪那个谋杀犯，因为埃及尽管发生了革命，军队正在撤离运河区，但那些埃及人，仍然会理会一个英国人的诉求。如今的她，已经上了年纪，无计可施了——尽管她也是一个英国人，是汤若的女同胞，然而，目前，她持有的是黎巴嫩的护照；再说，她已没别人可求了。

读过扈利夫人的来信，汤若忍不住笑了。已不年轻的汤若，曾是一个不及格的神学院学生，一个失败的丈夫，一个没有什么根基的英国男人。他面部的表情，是一种类似于格林[2]（Greene）小说中那种遭人摈弃的倒霉相。不过，尽管他无能得令人难以置信，却依然算得上是个“狡黠的滑头”，在30多年的人生旅途中，他最主要的成就，就是从一个为溺亡人而设立的慈善基金会那里骗取钱财。汤若对自己的评价是：一个始终被不诚实、欺诈和不忠的冲动支配的男人。

汤若给扈利夫人回了一封信，说明了他的心意：因为货币管制，她不能寄钱给他；其次，他一点钱也没有，尽管现今他前妻简（Jean）又结婚了，感谢上帝，他不必再付赡养费了，而且他与另一个女人莉滋（Liz）也没有任何经济上的义务瓜葛——他从未与莉滋正式结婚。可即便如此，他的日子过得还是很艰难的。再者，时值盛夏，塞得港正受着炎热的煎熬，那可不是好受的。不过，对于最后一点，汤若没让自己把它写下来，因为那样，似乎显得很自私。另外，说日子艰难，他也是在说谎。他现在脸红了，因为他已经开始榨取那笔资金了。这只有他和他的影子知道。

之后，他收到了一封来自阿拉伯联合航空公司伦敦办事处的信，上面说，在开罗（Cairo），有人为他付费订购了一张头等舱的机票，询问他打算在什么时候使用？像通常一样，里面还附上了关于金字塔

1 塞得港（Port Said）：埃及第二大港，也是世界最大转运港之一，地处苏伊士运河与地中海的交汇点上，地理位置十分重要。

2 格林（Greene，1904—1991）：英国当代著名作家，一生著述丰富，著名的长篇小说有《权力与荣誉》（The Power and the Glory，1940）、《沉静的美国人》（The Quiet American，1955）、《人的因素》（The Human Factor，1978）等。

和名画《尼罗河上的船》[1]的宣传品。太好了！然而，接着他又想到了问题的另一面，一旦到了那里他就被困住了，就得任由那位老大姐摆布了。

不过，他还是被诱惑了。他找出了一些旧信。他想：扈利夫人比她的先生埃里年轻得多，即便如此，现在也足有60多岁了，在那种气候里生活了25年不会对她有多大好处。她不可能永远活着。她就是那种不立遗嘱的老傻瓜。他琢磨起来：埃里用各种方式肯定已经白捞了多少钱去，她真是可怜。他们现在住的那一排公寓房都是他的。他是腓尼基[2]（Phoenician）轮船公司的主管，50年来一直从塞得港运出棉花和葱头，运入咖啡和威士忌。扈利夫人在信上说，埃里的事情杂乱无章，那意思大概只是说，发现了埃里在黎巴嫩、瑞士和美国的银行里有存款，地板下面还藏着20多根金条。她真天真。这些东西现在全都是她的了，就连那些黄金和白金的假牙也都是她的了。如果他真是她在这个世界上唯一活着的朋友，他就该劝她立遗嘱。事实上，他开始把自己当成唯一的受益者了。

他记得，他与埃里·扈利（Elie Khoury）是在塞得港相识的，当时他在英国陆军里服兵役。实际上，那副假牙，牙齿是黄金的，牙托是铂合金的，是贝鲁特（Beirut）的一位亚美尼亚籍又聋又哑的牙科技师做的，那位技师是在那不勒斯（Naples）学的这门手艺。他清楚地记得，所有的这一切都是1946年他们在塞得港的海滩上初次见面的几分钟里，埃里告诉他的。那次，是他一生中的唯一一次骑马经历，他在扈利的海滩小屋前从马上摔了下来，头先触地，埃里亲手为他掸去身上的沙尘，扶他在帆布椅上坐下，递给了他某种芒果味道的冰镇果汁饮料，还冲着那个租马给他的男子恫吓了一通。

埃里说他很高兴结识一位英国人，因为他妻子也是英国人，后来，还摘下了他那副假牙，出示给他，任由他观赏。埃里告诉他，这假牙是世界上最出众的牙齿，然而因为那场剧烈的社会动荡，制作假牙的那个人去了圣彼得堡（St Petersburg），在法贝热[3]（Fabergé）的作坊里工作。现在，那个人已经死了，而这些牙齿，却是他的杰作。

之后，埃里忽然高兴地指向那海滩上的小屋的后面，对他说："我妻子。"他这才留意到，那边的那位正坐在轻便折叠躺椅上看书的灰白头发的女人——扈利夫人。扈利夫人身着的一身蓝白条纹长衣，遮住了她的双脚。她没有注意到丈夫埃里，也没有注意到他，那坐姿看起来就像是在度假中的惠斯勒[4]（Whistler）的《母亲》。

扈利夫妇把他带回他们的公寓，去用晚餐，他至今都还记得扈利夫人的冷淡，直到他们在餐桌前落

---

1 《尼罗河上的船》（Boats on the Nile）：法国19世纪浪漫主义画家欧仁·弗罗芒坦（Eugène Fromentin，1820—1876）的名画，1871年的画作，表现出了在一个平静的场面，沿着尼罗河的航运场景。

2 腓尼基（Phoenician）：古代地中海东岸地区一系列小城邦的总称。

3 法贝热（Fabergé，1846—1920）：俄罗斯著名金匠，同时又是沙皇亚历山大三世（Czar Alexander Ⅲ，1845—1894）的御用珠宝师，被誉为俄罗斯帝国历史上最伟大的珠宝艺术大师，制作的彩蛋是俄罗斯白银时代最令人叹为观止的珠宝艺术品。

4 惠斯勒（Whistler，1834—1903）：美国著名印象派画家，19世纪美术史上最前卫的画家之一。其代表作，1871年的肖像画《母亲》（Mother），画面给人以诗意和神秘感，画面中侧坐的老妇，容颜沉着，显得高贵，令人尊敬。

了座，她才开口说了话。扈利夫人用一种带鼻音的地道伦敦腔毫不隐讳地说她出生并成长在斯特普尼[1]（Stepney）。作为回应，他自我介绍说，他是英国皇家陆军服务团[2]的一个军士（那是因为他是牛津大学派送的），是林肯郡（Lincolnshire）汤若家族中的一分子。之后，为了与扈利夫人建立起一种对等的社会关系，鉴于扈利夫人非常维护她的那个"斯特普尼"出身，他便把自己说成了一个不怎么样的家伙，谎称家里的老人们打从心底为他感到羞愧。

随后，在扈利夫人的诉说中，他继续获悉：她之所以嫁给了一个外族的黎巴嫩人，那是因为——她是一个第一次世界大战留下的寡妇。她的父亲曾是一艘大货船的船长，定期往返于欧洲与远东，她很喜欢同父亲一道航海，以习惯她的新寡生活。每年有 4 次，他们要通过苏伊士运河，在前两次航程之后，埃里开始有规律地在塞得港或苏伊士（Suez）等候她，并同他们一起度过之后在苏伊士运河上的航程，从而趁机说服她嫁给了他。埃里是个鳏夫，与她父亲的年龄差不多大，疯狂地爱上了她，1922 年，他们结了婚。在一旁的埃里，带着满脸笑容，听着扈利夫人所说的这一切。扈利夫人继续往下说着：即便如此，无论埃里赚到多少钱，假如他是犹太人或阿拉伯人，她也绝对不会嫁给他的。然而，黎巴嫩人就不同了，在某些方面，他们与欧洲差不多；而且埃里还是一个基督教徒，尽管他信的是罗马天主教；埃里的英语也不比她差，至少是一样好。

他很清楚，扈利夫人其实是一个十分精明、讲究实际、难以对付的老东西。埃里被人发现死在了街上。埃里到底是怎么死的，谁都说不清楚，而扈利夫人坚持认为，埃里是被谋杀的。尤其令他感到不可思议的是，埃里的死，竟然使扈利夫人以这种小女孩的方式来向他寻求帮助。他确信，埃里早已做好了准备，他的那些财产，足以使扈利夫人安享相当时新的生活，然而，却有了这一出令人惊叹不已的谋杀之说。要是真有什么不公道的行为的话，那么，在他和其他塞得港人的眼里，其实，扈利夫人的嫌疑最大。

经过一番思虑，刮脸时，汤若感觉到他的左眼角的肌肉在跳。他放下剃刀，眺望北边伦敦的那些屋顶，天色灰蒙蒙的。这时，他想，也许离开伦敦几个月，会是一件不错的事。随后，他确定了他飞往开罗的那张头等舱机票的日期。

飞机在罗马有 60 分钟的等候时间，汤若在机场的候机室和酒吧里打发了那段时间。一个戴着看起来挺昂贵的巴拿马帽子的大个子走到了他的跟前，问道："你是英国人吗？"问话人是一个年轻的胖子，一个以色列人，新闻记者，词汇丰富，不过口音很重。同桌坐着的，还有另外一个人，一个希腊人，为巴黎的一家旅行社工作，一直在向汤若抱怨天气的炎热，还说在雅典（Athens），甚至会更糟。

他们三人之间的闲扯，气氛不大友好。那位以色列人不请自坐，由于体重过重，弄得椅子吱吱作响，而且显得非常生气，一张口就谴责起了英国政府：1942 年 3 月，他同他父亲、叔父住在布达佩斯（Budapest），

---

1 斯特普尼（Stepney）：位于英国伦敦东部旧区。伦敦东区（East End of London）是英国伦敦一个非正式认定的区域，位于中世纪伦敦市的东部、泰晤士河以北。那里曾是一个拥挤的贫民区，居民大多是卖苦力出身的穷人和外来移民，街道狭窄，房屋稠密，多为19世纪中期的建筑。第二次世界大战中，大部分遭受轰炸破坏，之后重建、重生。

2 皇家陆军服务团（Royal Army Service Corps）：这一组织负责为英国陆军提供除军械以外的各方面后勤支持和服务，其前身为1870年成立的陆军服务团（Army Service Corps），1918年，为表彰其在第一次世界大战中的贡献，这一组织被授予皇家称号。

当时，他们每天听的都是英国广播公司（BBC）的广播。“为什么你们的政府不警告我们，不要上那些列车？”他凝视着汤若的眼睛，继续说道，“无论什么时候，我看见一个英国人就要问他这个问题。从来没得到过一个恰当的答案。我已立誓，要向遇到的每一个英国人提这个问题——这是我欠那些死去的人的债。”

汤若颇不以为然，不由自主捍卫起了自己的国家。“你一定得讲清楚点。”以色列人直言不讳地说，他们每天晚上都冒着生命危险（如果收听时被当场抓住就会被处死）收听英国广播公司的广播，他们坐在黑暗中，他同他父亲、叔叔一起坐在黑暗中收听，可是，英国广播公司从未就那些运送他们的火车的事警告过他们。为什么没有发出警告？他们这些犹太人根本什么都不知道。他们被告知，是去德国工厂干活的。英国人为什么不警告他们“别上那些列车，它们是死亡列车，它们将把你们运往灭绝营。”要是英国人这么说了，他的父亲和他的叔叔宁肯自杀也不会登上那趟列车，他们会越过河去南斯拉夫。

“这么说，你就是这样逃过这一劫的，”那位希腊人插进来说，“通过南斯拉夫。”犹太人不愿同希腊人多说些什么，只说了说战争结束时，他就在南斯拉夫，战争结束后，他去了以色列。之后，立刻又转向了汤若，毫不掩饰他对英国政府当时动机的质疑，直截了当地指责英国政府是德国大屠杀的共谋犯：“这就是英国政府的政策。还可能有什么其他解释吗？英国政府默许的。对英国人来说，欧洲的犹太人算什么？英国人是纳粹分子的共谋，是反犹太复国主义政策的一部分。”汤若打断了那犹太人，“你所说的是什么时候的事？”犹太人脱口而出，“1942 年 3 月，我父亲与我叔叔登上了一趟死亡列车。”汤若立即为他的政府辩解说，“也许当时英国政府并不知情。”

1942 年 3 月，是汤若能回忆起的日子，因为就是那年的复活节，他被牛津神学院送去参军的时间，但是，他就是记不起来，那时大家对集中营都知道些什么。他继续为英国政府开脱说，“他们并不知情。或许，要么他们确实知情而且确实广播了那些警告，而你们没有听见呢？”以色列人用大笑表示了他对汤若的回答，然后说道，“我每遇到一个英国人，就会在他面前反复提及这一共谋的问题。你身居英国时，你打听一下：政府为什么不警告那些在欧洲的犹太人？我本人永远不会去英国访问的，因为你们的政府要对我父亲和我叔叔的死负一部分责任。”

“我不想听这些。”汤若显得有点气急败坏，他无法容忍英国政府也要多少为大屠杀一事负点责任的这一说法。以色列人不肯罢休，“我干吗要撒谎？”汤若极力为英国政府的行为辩解说：“没有一个英国政府会做种事。你简直疯了。听着，我对你父亲和发生的一切深感遗憾，但是你不能这样说。你太疯狂了。”犹太人解释了一句，“我不是在说你和英国人民，我是在说英国政府。”他们的争论引起了邻桌人的注意。汤若不明白这个犹太人为什么要如此攻击他？或许是因为他身着的英国服装。让这个疯子这么羞辱一番，简直把人气死了。他无法就这么站起来一走了之。希腊人再次插了进来说，“英国人，不是一个令人愉快的民族。尽管我是在服兵役，却受到了怀疑。你能想象这种事吗？我并不期望太多的勋章。”他不快地耸了耸肩膀。“我是一个希腊人，被派到了开罗。我被指控成了一个双重间谍。你能想象所有的这一切吗？”

汤若感到自己像是在两面受敌。他强调说，“战争正在进行时——”他的话音还没落地，就被那以色列人接了过去。“英国政府在 1942 年也是这么说的，”以色列人叫喊起来，“这正是我们消灭犹太人的好机会。”汤若全力反击，“你真是有病啦。没有一个英国政府——”以色列人似乎对他们之间的争论更加兴趣盎然了，打断并嘲笑汤若说，他根本不知道在危机时刻，英国政府都做了些什么。“他是英国人，”希腊人在一旁帮腔说，“所以他以为他知道。”汤若不能就此善罢甘休，不了了之。他断定，他所生活在其中的英国社会是由各种善于治理的、拥有良好的诚实和讲信誉的制度所构成，于是，他当即表明，“没有一个英国政府会做出任何明显让人恶心的缺德事。制度不允许。”以色列人冷笑一声，“制度。”

这时，希腊人用手指捻出一个响声，召唤侍者过来给大家上饮料。汤若和以色列人都谢绝了，希腊人为自己要了一杯威士忌，然后点燃了一支雪茄，开口说了起来：“我在英国上过两年学。我熟悉英国人。至于先生你和我，”他转向以色列人说，“知道所有的政府都不是好东西。在希腊，我们有个腐败的政府。在罗马这里，我公开这样说；在雅典，我也会这样说。任何法国人，都会跟你说，法国人有个腐败的政府。美国人、俄国人、委内瑞拉人——我到过委内瑞拉——都会跟你说他们有个欺诈的政府。英国人却不是这样。英国人自以为自己是善良诚实的人，并认为他们有一个善良诚实的政府……”

“我不了解希腊，”汤若说，“也许你们那里的是欺诈的政府，法国人那里的也是，所有其他地方的都是。再说，我也没认为在威斯敏斯特[1]的人全都是诚实的人。”希腊人不依不饶，“在我们的朋友指责英国政府对他父亲的死负有一部分责任时，你否决了那种可能性。一个美国人，就会考虑那种可能性。我作为一个希腊人，也会考虑那种可能性。这就是英国人与世界其他地方的人的迥然不同之处。你们就是这样生活在这种自鸣得意的欺诈当中的。”

他们的争论愈发激烈起来。以色列人再一次在他面前指责起英国政府与德国纳粹的历史罪行有牵连：“我告诉你，英国政府对我父亲的死负有责任。”汤若感觉到以色列人像是想要给他一拳，于是他站了起来，意在开打之前躲开。“你有病，”他继续说着，“但不是每个人都有病。你要牢记这一点。我们不都像你。”

汤若的这一回答，像是要表明他自己向来都是一个身心正常的正派男人。事实并非如此——在过去，他常常严厉苛责自己品行不端，不是一个诚实有德之人。不过后来，他便习惯了自己的那些圆滑低下、少良缺德的想法，因为他很清楚，自己一直都在从慈善基金会那里揩油，一直都在骗取他代表的在一次事故中幸存下来的受益人托管的那笔资金。他已经顺应了自己是一个道德败坏的骗子的事实，已经成功度过了良心不安的阶段，不再意图使自己有所改变，变成一个品行端正的诚实之人了。如今，他非但不再进行自我谴责，不再苛求自己，还使自己的日子过得大有好转，不但大有了滋味，还尽情享受了其中之乐。

汤若与以色列人互相对视着，站在那里，已经有一会儿了。不过，结局还算友好，以色列人突然令人意想不到地将一只手放到了汤若的肩头上，并且说，“你是一个很不错的家伙，这并不意味着你就拥有一个好政府。”以色列人的脸上甚至挂上了微笑。

飞机终于抵达了开罗。那是一个闷热的夏夜，汤若在等候换乘火车期间，因为与一个移民官员开了一句玩笑，为自己惹出了大麻烦。那个移民官员询问汤若，他来阿拉伯联合共和国[2]的目的是什么，计划待多久？汤若开玩笑说：他的朋友死了，他来到此地是为了和他那位朋友富有的遗孀结婚的。结果，汤若立即被两个士兵带走了，被关押到了一间里面只有几把椅子和一张简易床的小屋里。半小时之后，那

1 威斯敏斯特（Westminster）：英国伦敦市的一个行政区，英国议会所在地。
2 阿拉伯联合共和国（United Arab Republic）：1958年埃及和叙利亚合并的国名。

两个士兵当中的一个士兵给他送来咖啡，不过，拒绝同他谈话。

小屋的房门再次被打开之后，他被带进了一间办公室，两个文官坐在桌后面，在他们面前摆放着打开的他的护照。他受到了其中一位上校的审问，赶紧解释说自己刚才不过是开了一个玩笑，那位富有的遗孀至少有 60 岁了。那位上校继续审问：要是她非常有钱呢？他立即反问那上校一句："一个 30 多岁的男人，会娶一个 60 多岁的女人吗？"另外那位查看他护照的官员开了口，问道："基金分配人是干什么的？"他赶紧解释说，"我负责分配给受益人为慈善目的募集而不能花掉的资金。"随后，是一个又一个要他回答的问题，他不得不一一给予解释：基金分配人是一种职业，那些资金是为那些溺亡的人领取的，这是一个复杂的法律难题……对他的审问持续了很长一段时间。他被押回监室之后，又过了一个小时，那位上校拿着他的护照走了进来，告诉他：他可以走了。

走？去哪儿？现在，已经误了他的那趟火车——汤若气不打一处来。上校告诉他：明早有一趟火车。罗马这里有很多旅馆。汤若更加气恼了，"我没有钱支付旅馆的账单。"上校耸了耸他的肩膀。汤若随着上校离开了移民管理处，去海关官员那里领取行李。一路上，上校都在调侃汤若的职业，在上校看来，那不像是一个诚实的职业，汤若肯定有机会将这笔资金里的一部分放进自己的口袋。汤若受到了刺激，"你在指责我什么？"上校再次耸耸肩膀，"如果我是一个基金分配人，我会极易被诱惑的——这是人类的天性。在大家都忘了这笔资金时，谁还会察觉缺失的那 1000 镑、2000 镑？不过我希望你是个正派的人。"汤若反问了一句，"我非回答这个问题不可吗？"巧妙地将这一问题避开了。汤若心里十分清楚，自己并不是一个正派的人，也不是一个值得他人信赖的忠诚的男人，自己既不善良，也不诚实。

到了塞得港，汤若唯一的目的，应当是直接去扈利夫人那里，但他一走出车站，过午的炎热和气味，就让他感到不舒服。一阵热风，从西面的阿拉伯城区，直吹了过来，他戴上他的墨镜，赶走了两个向他找活的搬运夫，上了一辆 1930 年代初的福特牌小汽车。那车上，座位皮面开裂，散发出干草、山羊、汽油和茉莉花的混杂气味。他断然决定：先不直接去那老大姐家了，她很可能正熟睡着。他要去一个他以前在这座城市曾经住过的那个禁止其他等级的人入内的地方。他准备在"东方交易所"登记入住，以表明他是不依靠别人的，无论发生什么，他都要让扈利夫人明白：他是独立的，不愿受人摆布。

入住之后，汤若独自一人在旅馆房间里待了一阵子，想了一些在自己的生命旅途中从没有一个人真正关心过他的事儿。之后，他去了一家他当年在塞得港当军士时常去的一家酒吧。那位酒吧的主人克里斯托（Christous）认出了他后，出于某种不可告人的理由，请走了酒吧里的其他顾客。

汤若向克里斯托打听有关埃里·扈利死亡的事。克里斯托告诉他：因为财产面临被埃及政府没收的危险，扈利夫人对当局表示不服，经过一番努力，带着她丈夫埃里的尸体乘船驶出了运河区，打算运往埃里的故国黎巴嫩去埋葬。她的这一行动，触怒了埃及执政当局，陆军上校纳赛尔[1]（Colonel Nasser）突然宣布将苏伊士运河收归埃及国有。

---

1 纳赛尔（Nasser，1918—1970）：埃及前总统，被誉为"埃及独立之父"。他1954年任总理，迫使英国同意1956年6月18日从苏伊士撤走军队，1956年当选总统，同年 6月12日英国国旗从苏伊士上空降落，英国对埃及长达74年的军事占领结束。不过，苏伊士运河仍属于"万国苏伊士运河公司"的财产，仍在英法资本的控制之下，7月，他宣布苏伊士运河国有化，随后又挫败了英、法、以联合军事干预。

汤若不知道自己要不要相信克里斯托所说的这一切。在酒吧里，他喝了个酩酊大醉，不省人事。汤若的不幸从此开始了。他醒过来时，衣服被扒掉了，赤身裸体，孤孤单单，被丢弃在野地里，遭遇到一个路过的赶骆驼的人的野蛮攻击后，头部受了重伤。

随后，汤若的头部和一只眼睛被包扎上了绷带，高烧不已，乱梦纷纭，不断说着一些胡话或滥醉的梦话，思维陷入了一片混乱。在一连串的梦境中，他夜夜漂浮在夕阳普照的海上城市里；他能够闻到空气中的那咸咸的气味和茉莉花的味道。他梦见了扈利夫人、扈利先生还有他自己同在一只小船里，向港湾外驶去；小船慢慢充满了水。他记得又不记得，埃里的尸体被葬在大海里了——那棺材真的被抬过一个空荡的海洋到黎巴嫩举行了葬礼吗？

糊里糊涂的汤若心神错乱，完全忘记了自己先前的生活背景，甚至连自己的名字也想不起来了。怪异的失忆，令他被剥去了全部的面具。他到处游荡，对一切事情都提出质疑：自己是谁？民族是什么？国籍是什么？自己的身份是什么？周围的人都是谁？自己和这个世界有什么关系？在他寻找自己的真实身份时，眼前的现实，有时变成一个战场，有时成为一个过去与未来的拉锯战所形成的荒无人迹的地方。无论是在生理上还是在道德上，他都陷入一塌糊涂的境地，经历了许多痛苦和难以理解的遭遇，还有噩梦和疾病。

时间一天天过去了，有好长一段时间，汤若始终噩梦不断，行动处于一种梦幻的状态，不知道自己身居何处，不清楚自己是谁，甚至连他母亲是否活着都不记得了。人们用不同的名字称呼他，他断言自己是爱尔兰人，脑子里一再重现过去的习惯。他记得他结过婚，而且仍然尽力去帮助扈利夫人，尽管他怀疑埃里是否真的死了，还为此常常出去搜寻。扈利夫人不停地发泄对警方的不满。而汤若对自己要做的事非常明确，他无法发现他的朋友埃里是怎么死的——甚至连尸体在哪儿也无从得知。

在汤若心神迷乱的同时，在他身上，还总要发生一些奇怪的事。在一片混乱当中，在谣言四起与暴力的旋涡当中，他遇见了生活在当地的犹太妇女丽娅·施特劳斯（Leah Strauss）。谜一样的丽娅，终于成为一种诱惑，成了吞噬一切的激情——他爱恋上了丽娅。已婚的丽娅拒绝了他的殷勤，然而之后，又变成了他的情人，被他迷得神魂颠倒。他们开始做爱，可汤若弄不清，他们做爱之事，是他在做梦，还是在昏迷状态中的臆想？他觉得自己显然与丽娅有着暧昧关系，然而有时，他又纳闷自己将来会不会成为丽娅的美国丈夫。如果他是丽娅的美国丈夫，为什么在记忆当中自己又好像是爱尔兰人？然而，他又非常清楚自己不是在爱尔兰，他极力想记起来自己为什么不是在爱尔兰。

由于英法两国决心对埃及政府的决定进行军事干涉，想要用武力夺回苏伊士运河的掌控权，那天，英法空军对塞得港进行了突然袭击，轮番轰炸，还轰炸了埃及多处军事基地。战争爆发了。汤若的思虑，依然在迷糊不清中，思维与现实断裂，整天懵懵懂懂的，只对身陷其中的这一场苏伊士运河战争和自己眼下所身处的塞得港这两个现实是清晰的，对其他的一切事物，他都感到困惑迷惘。

他无法把自己的生活现实与从书中看到的事情区分开来，对一切事情都提出质疑，对一切都充满了猜疑与不满。他生气自己作为一个爱尔兰人却不得不替英国人的行为辩护，而且投身于对英国人的捍卫当中。忽然又觉得自己冲过了旧沙发、垃圾箱和旧式马车等种种路障，变成了一个在都柏林街道上抓捕英国人的起义者。他觉得自己不可能已经那么老了，这场战斗发生在 1916 年[1]，他仔细看了看自己的手背，他知道，它们不可能是那么老的人的皮肤。那场战斗肯定是发生在他出生之前。

他想象他的老朋友埃里仍然活着，随后，又想象他挖开了老朋友埃里在修道院的坟墓，以确定埃里是否真的是死了；他想象了一次图谋的行刺行动；他甚至还受到了双重视觉的影响——当他和扈利夫人散步时，他同时看到两个互相重叠又非常难看像鬼一样的女人。他将那两个女人的长外衣拉到胸前，结果现出了维多利亚女王的头像，后来那两个女人又戴上白色的手套，捡起了两把雨伞，转身向门口走去了。

英法空军对塞得港的轰炸在持续进行中。汤若和丽娅遭到埃及当局的逮捕。他梦见他在一间又热又昏暗的房间里，与许多吵嚷争辩的人在一起。那肯定是在航海俱乐部里，因为当房门打开的时候，他看到了有一些船桨和漂亮的小船。对面，在西蒙·阿尔兹商场的上方，在运河的那边，约翰·沃克[2]（John Walker）拿着手杖，戴着大礼帽，正要出发前往苏伊士，或地中海？他被审问之后，被塞进一辆开往开罗的火车，由于这趟列车遭到了英国空军的轰击，负责看押审讯他的人被炸死了，他逃脱了出来，回到塞得港，找到了丽娅和她垂死的父亲。这时，他头脑有些清楚了，他绝不会再向任何政府、组织部门或者运动提供任何主意了。

塞得港的战火越发升级了。汤若想努力拯救老朋友埃利的财产，同时也想欺诈扈利夫人，奉劝扈利夫人离开埃及，他对扈利夫人说，“你当然不是在抛弃你的家，我在替你照料着它，难道不是吗？我现在心里担心的事情是——他们会侵占它，就像他们侵占了运河一样。”然而，事情却并不简单，扈利夫人不是一个能轻易改变自己主意的女人。

那天，英法军队用猛烈的炮火袭击了塞得港防御阵地，然后，他们的海军陆战队队员登陆了。埃及军队、游击队和英法军队展开了巷战。在塞得港自身做着生死挣扎的当口儿，汤若步行经过骚乱地区，与一帮反对英国的暴徒发生了冲突。有人向他开枪，他被一帮暴徒指控，被埃及当局当作潜伏的英国间谍抓了起来，被殴打，精神上遭受了许多折磨，昏昏沉沉地目睹了埃及军队与英国军队之间一场血腥的枪战，导致他那颗捍卫英国的红心破碎了。

现在，盘踞在汤若脑海里的那些大英帝国子民的精神资源，操控他的过去的那些习惯，被战争带来的毁灭和死亡清除了。他前来塞得港在罗马机场候机室与那个希腊人激烈争论英国政府是不是“欺诈政府”时，他是那么地确信，那么地不由自主，为英国政府全力开脱、辩解，而今，他却对英国政府陷入了绝望，感觉他们的制度出了问题，自己对国家权力中心的那种无条件的捍卫其实同样是一种欺诈。他对欺诈有一种特殊的洞察力，他知道那种感觉是什么样的，从它的内里了解它。然而，面对当今发生在他眼皮底下的这种战争欺诈，他无论如何也不能认同了。“这是不一样的。这种规模的欺诈使我想放弃。这是国际骗局，是政治。”他感到自己对发生在苏伊士运河上的这些国际冲突、利益掠夺绝对不应予以

---

1 1916年：这里指1916年复活节起义，爱尔兰反叛人士试图从英国军队手中夺取对都柏林的控制，英国军队剿灭了这场起义，起义的许多领导人被捕、被杀。

2 约翰·沃克（John Walker，1805—1857）：这里指苏格兰酒商约翰·沃克的广告肖像，在广告宣传画上，他正在阔步向前行走，音容笑貌皆惟妙惟肖，引人入胜，形象深入人心，被称为“行走的绅士”，成为全球第一批公认的广告肖像之一。

支持，而且，每一个卷入其中的人都负有其责。

塞得港遭到了严重损毁，已面目全非。汤若先前对英国政府的那种无限的信任，被血淋淋的现实彻底击毁了，荡然无存。他对扈利夫人说：在联合国，你信任人们，你想当然地认为人们的行为都是正当的。你对地铁里坐在你旁边的那个人做了一种设想，然而，你并不确定，因为你只是假定。假如你不做那种假定，你怎么会相信政府呢？他想告诉扈利夫人，他们民族的错误和民族的疾病，他们的那个一手持《圣经》、一手握刀枪建立起来的帝国，道德上出了问题。

深夜，英法登陆部队准备沿苏伊士运河南下，企图一举占领运河区，遭到了埃及军队的抵抗。为了阻挡英法联军南下，埃及军民奋起保卫塞得港，沉船 40 条堵塞了苏伊士运河的口岸，从此运河交通中断。当时，汤若一行人正漂荡在小船上。控制着苏伊士运河的埃及人不顾全体殖民者驾驶员的辞职，依然允许一队护航船通过运河。汤若他们这时才借机上了岸，从与世隔绝的水上返回陆地生活。然而，就在大家为此狂喜的时候，汤若却又病倒了。

塞得港的战火终于要偃旗息鼓了。英法军队以及参与进来的以色列军队决定将苏伊士运河的控制权移交给联合国的警察部队，联合国的维和部队即将到达苏伊士运河。这时，汤若从所有的困惑和疾病中活了过来。一种来自骨髓深处的道德焦虑的负罪感，使他幡然改途。他想：自己这样一个邋遢鬼，在这样一种惨无人道的不道德的环境里居然活到了 35 岁；尽管一个公民无须为他的政府的那些道德败坏负责，然而，至少要对他自己的行为负责。

最后，他说服了扈利夫人，从修道院的坟墓里挖出了老朋友埃里的尸体一起离开了塞得港。他们一行人乘坐着一艘小船，来到停在港湾里的那一艘英国战舰前，大家陆续登上了战舰，就在这时，他出人意料地拒绝上舰随同大家一起离开。

他为自己定下了“一条可以通往某个靠近良心的航道”，他一定要对一些事情负起道义的责任，因为世上的每一个人，他和他的国家，都有“要为之负责的事”，而他自己也有“需要负责的事”。之后，他像一个朝圣者一样，乘坐一艘小船横渡了塞得港，把装有尸体的棺材放到船上，同它一起驶进惊心动魄的大海。这时，他身边只有一罐牛肉，而且没有开牛肉罐头的工具。海浪击打着他的小船，很可能将他吞没，但他却以一种异乎寻常的兴高采烈面对着死亡。

作者生平与创作生涯

珀西·纽比于 1918 年 1 月 25 日出生在英国萨塞克斯郡（Sussex）克罗伯勒（Crowborough）地区，父亲是一位商人。他在英国中部和南威尔士（South Wales）等地长大成人，在沃塞斯特（Worcester）的翰利文法学校完成了中学学业，1936 年就读于切尔滕纳姆市（Cheltenham）的圣保罗教育学院。

1939 年（21 岁），他应征入伍，进入英国皇家陆军医疗队，随英国远征军前往法国服役。1942 年（24 岁），在阿莱曼战役[1]即将打响前夕，他结束了军旅生涯，前往埃及开罗（Cairo），到福阿

1 阿莱曼战役（Battle of El Alamein）：第二次世界大战期间，英军于1942年10—11月在埃及阿莱曼地区对德、意军发动的进攻战役。

德一世大学[1]任教，教授英国文学。1945 年（27 岁），他与琼·汤普森（Joan Thompson）结了婚，婚后，他们生育了两个女儿。同年，他以“珀西·纽比”为笔名，出版了第一部长篇小说《去往内地的旅程》（A Journey To The Interior），这部富有鲜明的异国色彩、迷幻性和神秘感的作品，充满了罗曼蒂克情调，是他以埃及生活为背景的一种想象力的产物，颇受好评，获得了 1946 年的洛克菲勒基金会颁发的《大西洋月刊》奖和 1948 年的萨默塞特·毛姆文学奖。

1946 年，他返回英国，定居英格兰南部的历史名郡白金汉郡（Buckinghamshire），以一名自由撰稿人的身份，投入文学创作当中。1947 年，他出版了第二部长篇小说《代理人和证人》（Agents and Witnesses），1948 年，出版了第三部长篇小说《水手舞》（Mariner Dances）；到了 1949 年末，他已经确立了自己在英国文坛上的地位，成了一位不容置疑的出色小说家。

这时，为了更新扩大自己与社会的关系范围和充实生活经历，也为了学习一些技巧，1949 年，他进入英国广播公司（BBC）工作，以“霍华德·纽比”为笔名，制作谈话节目，开始了他人生中的第二事业，在这一领域里，他一直工作了 30 年。期间，1958 年至 1969 年间，他负责并策划“第三台”的播音节目。1970 年，成为“第三台”的负责人。1971 年，他开始出任 BBC 节目部主任，1975 年，升任公司董事总经理一职，直到 1978 年退休。退休之后，1978 年夏，他开始出任英国舞台公司（English Stage Company）主席一职，后来，在这一职务上，他又干了有 10 年。

与此同时，他始终笔耕不辍，勤奋不休，创作丰富。1950 年（32 岁），他出版了长篇小说《五月的新月》（The Young May Moon）和散文随笔集《玛利亚·埃芝沃斯》（Maria Edgeworth）。1951 年（33 岁），他出版了长篇小说《英格兰的一季》（A Season in England）。1952 年，他前往美国访问；同年，出版了长篇小说《迈向沉默的一步》（A Step to Silence）。

之后，他陆续出版了长篇小说：《撤退》（The Retreat，1953）、《在撒卡拉野餐》（The Picnic at Sakkara，1955）、《革命与玫瑰》（Revolution and Roses，1957）、《一位客人和他的离去》（A Guest and His Going，1959）、《巴贝利的灯光》（The Barbary Light，1964）、《创始人之一》（One of the Founders，1965）、《杰姆的精神》（Spirit of Jem，1967）、《要为之负责的事》（Something to Answer For，1968）。

《要为之负责的事》是对当时英国殖民者在埃及经历的一种隐喻，一部自始至终都颇具挑战性的长篇小说。以一种叙述的混乱，来表达伦理道德的混乱，以苏伊士运河危机历史事件为背景，讲述了一个为人不算太坏、极端无能、没有根基、被人轻视，不过颇具同情心的英国人杰克·汤若（Jack Townrow），断定他所生活在其中的那个社会，基本上是一个像他一样道德败坏的权力社会中心。当他被剥去了全部的面具，被毁掉，复活了之后，他终于清醒了过来，对生活基本规则重新进行了审视，对有关民族与个人的责任有了全新的理解，最后，决定对自己的行为负责，承担起自我谴责的道义责任。

小说出版之后，获得了广泛赞誉，获得了当年的《约克郡邮报》小说奖。因其结构辉煌，描写具体而翔实，尤其是视野不俗，富有高度智慧，颇具远见，问鼎了第 1 届英语文学界最有影响力的布克奖，

1 福阿德一世大学：1940年埃及国立大学改名为福阿德一世大学（Fouad 1st University）。福阿德一世是当时埃及国王，曾任埃及大学的第一任董事长。1952年埃及共和国成立后，福阿德一世大学于次年改名为开罗大学（Cairo University）至今。

成了这一奖项的第一位得主。

1970 年代至 1980 年代，珀西·纽比又陆续出版了长篇小说:《要问的问题很多》(Lot to Ask，1973)、《战斗士法老们》(Warrior Pharaohs，1980)、《感觉变了》(Feelings Have Changed，1981)、《撒拉丁与他的那个时代》(Saladin in His Time，1983)、《随风倾斜》(Leaning in the Wind，1986);剧本:《基司》(Kith，1977)；散文随笔:《广播的功用》(The Uses of Broadcasting，1978)、《埃及故事》(Egypt Story，1979) 等。

《撒拉丁与他的那个时代》(Saladin in His Time) 是一部内容翔实、透彻、充满智慧的传记小说，在这部长篇传记小说当中，他对穆斯林世界的伟大苏丹撒拉丁 (Sultan salah-al-Din，1137 或 1138—1193) 这位崇高的征服者充满浪漫色彩的西方传奇故事进行了过滤，立体地塑造出了 12 世纪一位具有军事的机诈、宗教偏见和超凡荣誉的穆斯林英雄的鲜明个体形象。

《基司》是一部短篇喜剧，以第一人称戴维·柯森斯 (David Cozens) 的口吻，讲述了一个有关道德的故事，用一种出色的散文语言，述说了年长的老者柯森斯的故事，让柯森斯回顾了自己过去时代的年轻经历，回顾了在战时他驻扎在埃及医疗队时的经历，从中表现了他小说作品当中一贯体现的基本主题——不同文化之间的误会和缺乏信任，对无知和经验的困惑，以及对外在幻象和真实存在的困惑。

珀西·纽比是一位深受世人尊重且不同凡响的小说家，尽管在评论界并不被十分重视。他一生孜孜不倦，即便进入了 1990 年代，他人已步入古稀之年，仍未辍笔耕，1991 年 (73 岁)，出版了长篇小说《随潮流而入》(Coming in with the Tide)，1995 年，出版了长篇小说《关于女人的事儿》(Something about Women)。1997 年 9 月 6 日，他因病在牛津郡的嘉辛顿 (Garsington，Oxfordshire) 去世，享年 79 岁。

主要参考资料:

Something to Answer For, by P.H. Newby, Publisher: Little Brown & Company, 1969.

Dictionary of Literary Biography, British Novelists Since 1960, edited by Merritt Moseley, Publisher: Gale, 1983.

Contemporary Authors Online, by Gale Reference Team, Publisher: Thomson Gale, 2005.

002 入选者［英］伯妮丝·鲁本斯

The Elected Member by Bernice Rubens

◎ 原著共 33 节。以满怀同情心的笔触，描述了一个滑稽可笑的生活悲剧，探讨了不适宜的家庭环境、教养方式如何成为一个人健康的路障，诱发精神疾病，给人造成难以治愈的精神创伤的问题。

英文原版封面

伯妮丝·鲁本斯

（Bernice Rubens，1928—2004）

伯妮丝·鲁本斯是第二次世界大战后英国文坛上深受尊重的一位小说家。

有评论认为，其作品关注社会政治问题，主题严肃，写作风格却颇为轻快风趣，善于把活生生的现实与哥特式夸张糅合在一起，以令人难以忘怀的黑色幽默，将笔触探入人物灵魂深处，充满着丰富的直觉感受，坦率而无情地传达出对人类生存的种种困境的深层关怀。

《入选者》（The Elected Member）出版之后，取得了很大的成功，令她声名鹊起，因其**以“日常精神的普遍性”来体现“日常生活的精神病理学”，从中探讨了家庭在制造精神疾病方面的作用问题，以期唤起人们对人类生存本质的重视**，问鼎了第 2 届英语文学界最有影响力的布克奖。

拉比[1]兹维克（Rabbi Zweck）已是第五次走在去一所精神病疗养院的路上了。作为犹太人的拉比，从教士职位上告退之后，他与他的大女儿贝拉（Bella）一起经营着食品杂货店和综合商店，并继续研究着《犹太圣法经传》；不过，现在大部分时间，他都潜心于研究儿子诺曼·兹维克（Norman Zweck）的幽闭恐惧症[2]。

拉比兹维克一家生活在伦敦东区[3]，是一个信奉东正教的犹太家庭，在当地犹太人中，算得上是一个地位尊崇的家庭。他们始终坚持着自己民族的文化，家庭成员的人际关系紧密，家规十分严格。兹维克夫妇属于英国社会的第一代移民，由于对他们生存状况的担忧，加之在传统观念的束缚与异质社会的吸引之间找不到平衡点，他们身上总存有一种"既有归属又没有归属"的感觉。这种焦虑被扭曲变形，通过犹太家庭权威的力量有意识或无意识地发泄到了下一代身上。兹维克夫妇，既希望子女改变家庭的处境，又不甘让他们脱离自己的控制，于是上一代人的失败与痛苦转化成对其后代肆虐的期许和强行的管制。

拉比兹维克如今已是一位日益衰弱的老人，健康也大不如前了，每日都生活在失去妻子萨拉（Sarah）和小女儿埃丝瑟（Esther）的悲痛当中。他的妻子萨拉去世已经有两年了，他的小女儿埃丝瑟并没有死，只是离家出走，弃他而去了。埃丝瑟以前是家庭中的宝贝女儿，专心致志地在犹太教会堂里学习圣经，在发现了埃丝瑟与一个非犹太人私奔并结了婚之后，拉比兹维克将她赶出了家门。平日里，在家里照顾拉比兹维克和诺曼生活起居的，是他的大女儿——未婚的贝拉。贝拉也有自己的问题，患有严重的机能不良，其貌不扬，人已到了中年，已是几十岁的人了，却仍然长得像个小学童。

诺曼·兹维克是家中的独生子，一个聪慧的男孩，一个神童，很有才气，在他父母兹维克夫妇眼中，他是一个完美无缺的心肝宝贝。兹维克夫妇对诺曼有着很高的期望值和严厉的要求，希望诺曼为家庭带

---

1 拉比（Rabbi）：犹太人中的一个特别阶层，是老师，也是智者的象征，社会地位十分尊崇，社会功能广泛，尤其在宗教中扮演重要角色，为许多犹太教仪式中的主持。拉比接受过正规犹太教育，系统学习过犹太教经典，担任犹太人社团或犹太教教会精神领袖或在犹太经学院中传授犹太教教义者，主要是一些有学问的学者。

2 幽闭恐惧症（Claustrophobia）：属于恐惧症中较为常见的一种，患者对所处客体或处境感到莫名的害怕，并主动采取回避方式来解除其恐惧与焦虑，而这种实际危险与害怕的程度存在较大差距，有时甚至并无危险。

3 伦敦东区（East End of London）：英国伦敦一个非正式认定的区域，一个拥挤的贫民区，位于中世纪伦敦市的东部、泰晤士河以北。

走邪恶与不幸，带来丰收与好运。逐渐长大成人之后，诺曼成了一名前途灿烂的出色律师。然而，在他41岁，正当盛年时，却成了一名瘾君子，一个幽闭恐惧症患者。

对周围的处境，诺曼总感到莫名的焦虑与恐惧，甚至对滴露[1]都能生出恐惧感；他的内心痛苦极了，明知自己的恐惧与焦虑是过分的、没有必要的、不合理的，但他却无法控制自己，从而影响了他的正常生活和工作，甚至害怕待在人群当中，并仇恨起家人。最后，他的病情由浅入深，发展到了不可收拾的境地。

那天，被幽禁在卧室里的诺曼又偷偷吸食了安非他命[2]，然后任由他的幻觉和偏执狂摆布着。以下是他犯病时的具体恐惧症状：他不敢睁开眼睛，翻身俯卧在床上，抬高一条腿的膝盖，将另一条腿绷紧伸直。他把脚的拇指伸到两张床垫的缝隙里，享受着床垫另一面的凉爽。这是他父母曾经睡过的一张床，作为遗产留给他的，是一张宽大的七英尺长的大床，为了好看，床的两头用桃花心木连在一起，但出于实用目的，床的中间是分开的。在他父母45年的婚姻生活里，他们就是这么睡的，既在一起又彼此分离。两年前，他母亲去世时，就睡在这张床上。现在，他父亲睡到一个单人房间去了，而他却被束缚在了母亲留下来的这一遗产——宽大的床——上。一个年轻的躯体——他这样幻觉着，因而没去触摸自己肚皮上的褶皱，或腹股沟的脉管，这些都是知识增长的结果，与他躯体的成长毫无关系。他用手摸了摸自己长满胡茬的面颊，把手伸到枕头底下，为自己年龄的不可逆转的增长而颇为伤感地微微一笑，像是要证实这一点，他用生了老茧的手抓住自己身上的肉褶，把肚皮上毫无肌肉的肉褶一条一条地捏在一起。随后，他又捏向自己的下巴、大腿，在那里拧啊，搓啊，为这些岁月痕迹的标记而颇感气恼，这肌肤上的每一道褶皱或皱纹，都是一种标记，代表了他41岁年龄当中的一年。

从短暂的睡眠中醒过来之后，在黑暗中，他使劲瞪大眼睛看着，感觉有成群结队的银鱼正向他爬来，他惊恐万分。他起身摸索着去找灯，乜斜着眼睛，很快回到他那用毯子裹成的茧壳里。随后，他慢慢调整自己的眼睛，以适应光线，躺在那里，注视着。他觉得眼睛有些刺疼，这是要流泪的前奏，他有很多要流泪的事情，但是，他从不会向任何自怜的感觉屈服。他屡次想要结束这一切，但他必须说服家中的某一人，在他离去之前，至少得说服其中的一个人，否则的话，他们会认为他是因疯癫而死。然而，家里没人相信他，无论他说什么，都没人愿意听，没人愿意听他说那些话，没人愿意或是颇有耐心地同他坐上一小会儿，更不会在他需要时陪他坐上几小时，领悟一下他所感受的那种恐惧，分担他的恐惧。

他反复抚摸着自己身边那头没人睡过的床单。突然之间，他手掌的肌肤感到有一个弧线和一条直线在爬动，他感觉到了母亲的头、肩膀和匍匐在那里的躯体，他的手在母亲双腿原来栖息的地方瘫痪了，他吓坏了，向床单下面抓摸，显露出了母亲的整个轮廓。当他盯着母亲看时，他感觉到一股冰冷的眼泪流淌过他激动的面颊。他张大嘴，想喊叫母亲，却还是克制住了自己，没有喊叫出来。他不愿意确认母亲出现在了那里，他对自己说，这仅仅是一场噩梦而已。但是，也许其他那些事情也都是噩梦，也许屋

---

1 滴露（Dettol）：一种家庭清洁剂，消毒抗菌药水，咖啡色液体，含有主要的消毒抗菌成分氯二甲酚（Chloroxylenol）。氯二甲酚属于酚类（Phenols）的一种，对口腔、喉咙和胃部有刺激性和腐蚀性。

2 安非他命（Amphetamine）：属于苯丙胺类药物，是一类能刺激中枢神经的化学物质，中枢神经兴奋剂的一种，能够增加人的机敏性，暂时减轻疲劳感并加强攻击性，长期服用会产生依赖性，使人上瘾，会带来幻觉和错觉。

里什么也没有，除了他自己起了褶皱的躯壳里面那饱受折磨的灵魂。也许这全是幻觉。“不，”他冲着床单尖叫。不是那样的，不是那个词儿——那个肮脏的腐烂透顶的家庭用语，那个他父亲和他的姊妹从精神病医生那儿捡来的词汇。他们全都瞎了眼，心照不宣地玩弄这一词语，“他出现了幻觉”——他们互相点头示意着。他们对他的那种不在乎劲儿，把他气坏了，他恨不得把他们都杀了。

他再一次盯向母亲显现的那个地方。她在那里，的确如此，而且，所有其他的东西也全都在那里。她看到过那些银鱼，对它们早已有定评，而且摆脱了它们。她把它们交给了他。“妈妈，”他低低喊了一声，但那弧线和线条却消失在了床单里，甚至连他也看不见了。这些年来，他已经成了一位能看得见物体出现和消失的专家。他知道母亲还会来的，他躺在那里等着她，他冰凉冰凉的手伸展在床单上。

随后，他从枕头上扬起了耳朵，他听到了它们的声响，听见它们爬行时磨牙的声音。还有某种新的东西。它们的气味。他屏住呼吸，用力闻了闻那环绕着他的气味，一种像露水一样的味道……这是它们就在那里的进一步的证据。它们制造着噪音，散发着气味。这令他恐惧，每一个证明它们存在的新证据都令他恐惧。那证据越是惊人，他的家庭就变得愈发地不可信。他把头扎在枕头里，双手抓住自己的身体，手指慢慢移动，抓挠着自己肩膀上的肉。随后，他一阵又一阵地疯狂地抓挠着自己的全身。接着，他高声唱起来，想让自己的手指和自己歌声同步行动。失败之后，他精神沮丧，把头扎进枕头里。他确信它们附在了他身上。它们在他背上爬行，吸干了从他脊梁上流下来、在尾骨上逗留、又流入腹股沟的汗水。

他从床上跳了起来，抓起枕头，穿过黑暗，跑进浴室。他把枕头扔进浴缸，将它用滚开的水浸湿。他知道它们在枕头里，活蹦乱跳，所以它们是可以杀死的。他从碗橱里拿出一瓶滴露，将它涂抹在身上。他会接纳它们的，然而只准许它们待在地板和窗台上，绝不准许它们停留在他身上。他必须让它们知道自己的地位在那儿，对这一点，他必须加以控制。

他诧异自己为什么不能把它们从地板上擦干净，就像他想把身体擦干净一样。也许它们根本就不存在，哪儿都没有。他看见镜子里自己脸颊的影子，不认识那个和自己对视的形象，冲它挥舞着拳头，尖声喊叫着说“你疯了吗？”然后一边哭泣一边蹒跚着走回了自己的房间，等待它们映入眼帘。

他关上了灯，摸索着，小心翼翼以免碰到床，走到壁炉旁它们经常待的那地方。他拿起了壁炉上边的手电筒，向房间的一个角落照过去，同时，用他的那只空着的手抓挠着自己。他希望那些咬痕和伤疤是看得见的，这对他父亲来说，将是不可否认的证据。那浓烈的气味难以抗拒，他沉迷其中，这也是一种证据。他父亲在早晨叫醒他时会受到影响，会注意到这一点。直到后来，他坐下来观察它们，并尝试着尽力消除恐惧。

它们排成单行，朝着手电光束爬进了那个光圈里，它们停了下来聚在一起，并扭动着。这是一群扭动的银鱼，就像他记忆中每日每夜都看到的那样。有那么几天几夜，他忘却了被他的疯狂所抹掉的这些东西。他移动着手电的光束，它们一会儿出现在被电光照亮的黑暗中，一会儿又落在了光束之外。然后，它们突然全部消失了。他蜷缩在壁炉旁，瞪着眼睛看着、闻着和抓挠着，不肯放过它们的那种气味和它们的那种感觉，寻找着壁炉旁的旧地毯上它们的踪迹。他向来都惧怕白天的这个钟点，当光线将它们赶到看不见的地方，而留给他的只是，关于它们那种爬行的行列的记忆。

现在，那种恐惧一下子袭上身来，他凝视着逐渐成形并在他手臂和腿上爆裂的汗珠，沉溺在恐惧感当中。它们溶化在了他的肠胃里，徜徉在他的大腿上，并在他的膝盖窝里住了下来。他低声对自己说，“它们在这儿。我看见它们了，我闻到它们了，我抓伤了它们，就在我的肌肤上。”他用双臂攫住了他的身体，接受了他的绝望。之后，他用那种只有一个精神癫狂病患才能够达到的境界高声尖叫着说，“我知道它们在这儿。”他爬上床，在粗糙的毯子上磨蹭着他身上发痒的皮肉。

直到清晨来临，诺曼才睡熟了。如果他的父亲知道他又是在幽闭恐惧症中度过了一个不安的夜晚，没有睡好，早晨就不会把他叫醒了。对于诺曼的幽闭恐惧症，那种间歇性的人格分裂，常年犯病，拉比兹维克苦涩而悲哀地认为：那是在为自己的罪孽和失败而受的罪。在儿子诺曼的病情反反复复不断发作期间，拉比兹维克时常觉得自己对儿子负有不可推卸的责任，认为儿子的疯疯癫癫，完全是自己的罪孽。如今，在他们家庭当中，只有他的女儿贝拉可以越过他们父子之间的痛苦深渊，带给他们父子二人都强烈渴望得到的难得的一点平和。

到了早晨8点，像往常一样，拉比兹维克准时走进了他儿子的房间，准备叫醒诺曼，看到诺曼蜷缩在床头那里，他犹豫了一下，却并没有为眼前诺曼的那种样子灰心丧气——他觉得也许诺曼只是又做了一个噩梦，人们时常会有这种状况；即便闻到了房间里弥漫着的滴露的气味，他也不肯去想与那气味有关联的事。他轻轻地敲敲儿子的肩膀，说了一句，“诺曼，8点了。”诺曼当即醒了过来，抬起头，看到父亲正在朝四处嗅闻着。诺曼跳下床，极其兴奋地喊起来，“你能闻见它们吗？”

拉比兹维克的脸色一下子变得苍白起来。在家人再次尽力使诺曼戒掉毒瘾之后，眼下，他又故态复萌了，又吸食了安非他命，产生了幻觉，看见了他人所看不见的事物，使自己处于一种精神错乱的状态之中。一切又从头开始了，这已是不到一年中的第五次发作了。他愤怒地大喊，“我闻到了滴露的味道，就是滴露的味道。”拉比兹维克对疯子的忧虑随着怒气一起爆发了。“没什么可闻的。”他再次向诺曼叫喊，“只不过是滴露。起来，早饭已经准备好了。”他“砰”的一声将门关上了。若是儿子诺曼再次精神崩溃，他怀疑自己还能不能活下去。

诺曼等到父亲走远了，直到听不见脚步声了之后，跪了下去，揭起床底下一块松动的地板，掏他当天的用品。塞在那木版下的是一件用旧绒线衫包裹着的东西，他从中取出一个大瓶子，把瓶子举到眼前，看看里面还剩下多少药片。里面的安非他命药片已经不多了，他吃了一惊。这一瓶，他一周前才买来的，一想到要弄钱再买，他不禁感到心里发慌。他往掌心里倒了几片，想起了以前，好像是几年前，在他试着只吃一片时的情形。他匆匆将它们塞进嘴里，拧上了瓶盖。

诺曼把那块地板放回原处，摇摇晃晃地站了起来，然后悄悄拧开房间的门锁，打开了门，听见了父亲和姐姐贝拉在厨房里小声说话的声音。他们认为他的病又犯了，他又疯了，又疯癫了，为了他，他们心都快操碎了。现在，痛苦的不是他，痛苦的是他们。他听见父亲说，“银鱼，又是他的银鱼。有谁听说过鱼在地毯上爬的？它们需要水……我儿子的鱼能在地毯上，在枕头里，在床单上生活，我有个这么聪明的儿子……”他父亲高门大嗓地说。“看在老天爷的分儿上，把门关上……”他听见贝拉在小声说。

他认为他们又开始合谋反对他了，他要去打断他们的阴谋。他披上一件睡袍，踮着脚走向厨房，突然推开门。他姐姐的一句话说了一半就停住了，开始在餐桌旁他的座位上胡乱地忙着，在他过去坐下时，嗅了嗅他。“你能嗅到什么？”他有些不高兴了。“她在嗅滴露。”他父亲连忙帮他姐姐说。“这里到处都有它们，”他威胁他们说。“我身上也有它们。你们要是看不见它们，你们就是一对瞎了眼的麻木不仁的混蛋。”

虽然每当产生幻觉时，诺曼总是这么粗野好斗，拉比兹维克还是不能习惯。在他儿子少有的清醒间隙里，他们之间的关系就会变得优雅而亲密。他隔着桌子喊着他儿子，迫使自己去想儿子温和的天性，胡说什么银鱼的这个人，不是他的儿子，那是某个附在他身上的魔鬼，某个临时住在他身上的邪祟。拉比兹维克隔桌伸过手去放在他儿子的手上。诺曼抽开自己手，表示他立刻就去给卫生部门打电话。

“又要打？”贝拉尽力做出耐心的样子，“他们来过了，拿走了你给他们的样品。他们在实验室里做了测试，发现那些东西全部都是地毯上的绒毛和污垢。你看到他们的信了，一清二楚。你还想要做什么？”诺曼冲着贝拉大喊，“他们在这里只待了5分钟，在5分钟里，能指望他们找到什么？他们必须掀起地毯，彻底检查才行。你们根本不关心。”他对他们大叫道，“你们让它们到处爬满了吗？”拉比兹维克打断了诺曼，柔声说：“吃你的早饭吧。”诺曼拍了拍他父亲的胳膊，朝他父亲笑了笑，“我敢说你也让它们爬满全身了。”

诺曼那一脸咧嘴的笑容，令拉比兹维克彻底绝望了，不得不再一次呼叫了医生。他们焦急地等待精神病医生利维（Dr. Levy）来按他们家的门铃。利维医生终于来了，并使他们相信，诺曼的幽闭恐惧症又犯了，病情如此反复发作，要帮助他的唯一方法，就是送他进精神病疗养院，在那里，他有可能康复。

在利维医生和与其同来的安古斯先生（Mr. Angus）的挟持下，诺曼再一次被带出了他的房间。拉比兹维克跟在他们后面往楼下走时，他从背后看到，儿子忽然显得老了，稀疏的头发在两侧支棱着，睡袍被那两个人揪得耸了起来，睡裤的裤腿向上卷到了膝盖。这时他想，或许，这是自己有生以来第一次意识到如今儿子已是一个成年人了，甚至是一个老年人了，已经足够老了，可以自然死亡了。楼下，是兹维克家的小食品杂货店和综合商店的后门，那里是通往大街的唯一出口。在那两个男人的挟持下，诺曼挣扎着，不过却什么话也没说，只是对这一切的非正义性（不公正）感到恶心。他们走到那狭窄的后门那儿，诺曼睡袍的腰带耷拉在地上拖着，拉比兹维克俯下身去轻轻地把它拿了起来，就像是他在为新娘捧着婚纱的后摆。他把腰带的一头挽在胸前，跟着那一行人进了杂货店。

贝拉正在为一位顾客服务，柜台前还站着几个妇女在等候。贝拉注视着那一行人。现在，她必须把柜台的一块木板掀起来，以便让他们通过——然而她不想在诺曼离去时扮演任何角色，更不敢让诺曼看到她在帮忙。就在这时，一位在柜台开口处站着的顾客，及时把那块木板掀了起来，为此，贝拉心里暗生感激。“你也非去不成吗？”她问父亲。此刻，他们父女二人全都置商店里的客人于不顾了，“留下来更难受。”拉比兹维克说。

前面的三个人已走到门口，这时，一直沉默着的诺曼突然猛地转过身，面冲着商店里的那些客人。“我有证人，”他洋洋得意地高声说，“你们所有的人，你们是他们把我带走的目击者。他们要关我禁闭。”诺曼嘶声尖叫着，可当他完全明白了自己的话使自己进退两难了时，他又被恐惧攫住了。“你们会后悔的，”他并非有具体所指的喊道，“我要起诉你们，你们所有的人。这将带来损害。”

安古斯先生与利维医生把诺曼拽到了街上，拉比兹维克在后面跟着，手里仍然捧着他儿子睡袍的带子。站在商店门口，兹维克转身对他的顾客们低声说了一句：“我很抱歉，打扰了。”贝拉在那里注视着，眼看着安古斯先生他们把她哥哥诺曼塞进了一辆黑色汽车的后座，之后，她父亲弓着背也爬了进去。汽车很快载着为家庭的不幸而受难的诺曼·兹维克飞驰而去，没了踪影。

说起来，让诺曼·兹维克为家庭的不幸受难、把他推上替罪羊的祭坛的，应该是他的母亲——兹维克太太（Mrs. Zweck）。兹维克太太身上的那种自我改善的强烈欲望，最终得到了不少人的认可。在兹维克第一次与萨拉见面时，萨拉的父亲看不上兹维克所选择的职业，一个伦敦东区的拉比，而且认为兹维克应该找一门生意——自己的生意去做。基于这一缘故，萨拉着手经营起了他们的食品杂货店，萨拉所具有的那种企业家精神的价值观，使她获得了成功；而拉比兹维克，则由于坚守他那犹太人的文化精神，处于了无权地位。

故世的兹维克太太，是犹太母亲当中最典型的一位做得过分的母亲，在盛气凌人对待家人方面，十分成功，死后依然能继续行使她那过分的控制力。兹维克太太将她的床作为遗产留给了儿子诺曼，确保她对儿子诺曼的永恒控制；丈夫拉比兹维克在她死后，也像在她死前一样，继续受着她的影响；女儿贝拉，人已届中年了，还穿着白色的短袜——事情缘自兹维克太太为了维持儿子诺曼的“神童”地位，不顾一切，一定要矫正家里每一个孩子的年龄。那年，贝拉穿上了长袜，一下子被兹维克太太看到了，立刻责问她，“你腿上穿的是什么？”贝拉用颤抖的声音回答母亲说，“长袜，从您抽屉里拿的长丝袜。”看到母亲那一瞠目结舌的神态，贝拉慌忙提醒母亲说，“我已经 15 岁了。”兹维克太太厉声说，“你是 12 岁，你听见了吗？你是 12 岁。明年，你 13 岁。你这个年龄怎么能穿长袜！……去换掉。”之后，贝拉从未越过母亲规定的年限，在这个家里，从未有人越过萨拉规定的任何事情。

诺曼·兹维克从小颇具语言天赋，12 岁时，就学会了多种语言，从而给兹维克夫妇带来了荣誉和名望。兹维克太太出于一种盲目的期许，向外界隐瞒了诺曼的真实年龄，谎称诺曼只有 10 岁，以渲染诺曼的“神童”身份。拉比兹维克对此的沉默，纵容了兹维克太太的气焰，迟来的成人礼，阻碍了诺曼正常的成长。在诺曼长大之后，兹维克太太为了长期控制儿子以维系自己一手打造的神话，千方百计阻止他出去独住。在兹维克太太眼里，诺曼不过是她的附属品，永远不准他变成别的样子。当诺曼成了一个非常聪明的法庭律师后，他的成就，连续获得了来自伦敦犹太社会的嘉奖；然而，兹维克太太贪婪的野心，依然把儿子的天才视为她在社会上的个人成就，用她的专横和强势，把儿子完全据为她个人的财产，她自己热切保卫着的彼得·潘[1]。

母亲无休止的要求，家庭的禁锢，使诺曼·兹维克原本健全的自我开始破碎，绝望的诺曼走向了迷途，对他的童年好友大卫（David）萌生了爱恋之情；在大卫爱上了他的妹妹埃丝瑟之后，他鼓励埃丝瑟与异教徒约翰（John）私奔了，结果，促成了原本一心想与埃丝瑟结婚的大卫的自杀。大卫的死，带给了诺曼更深的迷茫，令他愈发心神不安，他将他最好的朋友的自杀归咎于埃丝瑟的出走。而在埃丝瑟的记忆里，事情本缘起于诺曼，是诺曼，说他最好的朋友大卫是同性恋者而劝她与约翰私奔的。

---

1 彼得·潘（Peter Pan）：这一词汇出自苏格兰作家詹姆斯·马修·巴里（James Matthew Barrie，1860—1937）的著名剧作《彼得·潘：不会长大的男孩》（Peter Pan: The Boy Who Wouldn't Grow Up，1904），剧本讲述了拒绝长大的小男孩彼得·潘带领着一群孤儿在乌有岛（Neverland）所遭遇到的各种冒险故事，后来，彼得·潘便成了一个家喻户晓的童话人物。另有流行的心理学名词“彼得·潘综合征（Peter Pan syndrome）”，出自美国著名心理学家丹·基利博士（Dr. Dan Kiley）的著作《彼得·潘综合征：不曾长大的男人》（The Peter Pan Syndrome: Men Who Have Never Grown Up，1983）；近来，更有学者创造出新的英文单词“Kidault”来形容这类具有儿童心态的成年人。

如今，埃丝瑟那不乏有些轻率的出逃的选择，使自己身陷不幸之中，身陷让她感到无爱可寻的丈夫的一家人里。因为自己擅自与一个非犹太人结了婚，而与自己的亲人失了和，即便埃丝瑟的婚姻是一场不幸，她都不能离开她的丈夫。现在，埃丝瑟极想得到父亲拉比兹维克的宽恕，却又害怕见到父亲，畏惧父亲会说什么，只能孤零零一人坐在屋子里，为家里所有其他人在做什么而担忧。

吸毒成了诺曼最后的盾牌，终于令诺曼彻底崩溃了。由于吸食安非他命成瘾，产生了关于银鱼的幻觉。诺曼大有前途的律师生涯被搅乱了，大有希望的事业被毁了，整天躲在他父母过去的卧室里，远离他人，服用着安非他命，徒然地试图控制上身的魔鬼。拉比兹维克和贝拉，既深深爱着他，又害怕他越来越令人担心的发作，这一次，又不得不把他送进了精神病疗养院，为使他做回他自己，做最后的努力。

在疯疯癫癫的发作中，被监禁在精神病疗养院的诺曼，愤怒地质问起了上帝：难道你挑选我们来承担你的愤怒，你的嫉妒，你的期望，你的万能，你的仁慈与怜悯，你纯粹的残忍吗？

一天，诺曼的一位病友比利（Billy）从病房里被带走了，比利连踢带尖叫着从床上被拉出去之后，在整理床铺时，那床铺看上去像是被腾出来了，仿佛比利刚刚死去。诺曼被吓坏了，一个人的痕迹，能这么快就被完全消除。然而，他只能无奈地接受自己的这种命运，不得不接受他的家人把他推到了这种境地的事实。在脑海里，他不断盘问自己：除了成为装载他们苦难的容器，我还能是什么？我只不过是他们身旁的过客，除此之外我还能是谁？除了包容悲哀与苦难，我还能过别的生活吗？

对于再一次住进精神病疗养院，在一个无爱的世界里随波逐流，缠绵于卧榻的诺曼，他父亲拉比兹维克和姐姐贝拉从未终止过对他的关爱，他们常常来探视他，这一次，甚至连埃丝瑟也从她的栖身处跑过来帮忙了。家庭的悲剧，使四散的兄妹们聚拢在了一起，然而，即使在那种时候，他们的前景依然渺茫。诺曼精神错乱的恐惧症又发作了，银鱼的幻觉再次出现在他眼前，这一次，他被征服了，惊恐万分地看着它们……生命中没有比这更恐怖的了……他看着它们像朝圣者一样聚集到他脚下；如同他的父母和姐妹，它们也选择了他，他像个不情愿的门徒一般站在那里，充满了恐惧；突然，它们朝他袭来，他被淹没了。

不过，当有人请诺曼向耶稣跪拜时，他的犹太人的血脉上涌了，在那里，在精神病人中间，他必须找到他的犹太上帝，并祈祷摆脱混乱。他得为自己祈祷。出于困惑，他必须祈祷，而且，不仅是为自己，他还为那些与自己有着共同遭遇的人祈祷：上帝啊，眷顾我们这些苍凉的入选者吧……

作者生平与创作生涯

伯妮丝·鲁本斯 1928 年 7 月 26 日出生在英国威尔士（Wales）首府加的夫（Cardiff）的一个犹太家庭。父亲是绸布赊销商，同时也是一位业余音乐家。母亲是化学教师，同时又是一位积极从事妇女参政运动的活动家。父母双亲都是坚定的犹太复国主义者，家里曾收容过许多在第二次世界大战前夕逃离德国和奥地利的犹太人。她从小在充满音乐氛围的家庭环境中长大，姐姐、哥哥和弟弟都是专业音乐家，她则是一位业余大提琴手，曾在一些乐团及室内乐团演奏，制作音乐节目是她毕生的挚爱。

她在加的夫女子中学完成了中学学业，之后，考入威尔士大学攻读英国文学，1947 年（19 岁），获得英语学士学位。同年，与葡萄酒商人且又会写诗歌和小说的犹太人鲁迪·纳绍尔（Rudi Nassauer）结了婚，他们生育了两个女儿。1967 年后，鲁迪因外遇，离开了家庭，并在 1970 年与另外一个女人有了一个儿子，他们的婚姻崩溃。

1948 年至 1949 年间，她生活在伯明翰（Birmingham）从事教学工作，在汉兹沃思男子文法学校（Handsworth Grammar School for Boys）里教授英语。1950 年至 1955 年间，她移居伦敦，继续担任教职，教授英语；与此同时，开始进入电影业，1950 年（22 岁），出任了联合国及其组织的一个纪录片的编导。之后，由于她希望自己能通过获得拍摄纪录片的资格，得到技师的信誉，她在一所实验室里找了一份清洁电影胶卷的工作。获得了独立拍片的资格后，她与英国的格拉纳达国际电影公司（Granada International）签订了创作合同，接着又与联合国粮农合作组织签下了创作合同。

这一期间，她还短暂涉猎了戏剧舞台，甚至接受别人的劝说，在舞台上饰演了奥斯卡·王尔德（Oscar Wilde，1854—1900）的著名独幕剧《莎乐美》（Salome）中的美丽的少女莎乐美，跳过莎乐美的“七面纱舞”。在两个女儿出生后，她不得不放弃了自己的教职，返回家中，做了一位专职主妇，直到 1958 年（30 岁），两个女儿上了幼儿园，她才重返自己的事业，并开始提笔从事长篇小说的创作。

1960 年（32 岁），她出版了第一部长篇小说《期望过高》（Set on Edge），题目源自《旧约全书·以西结书》中的一句话“父亲吃了酸葡萄，儿子的牙酸倒了”，受其启发。通过描写一个生活在英国南威尔士的东正教犹太人的家庭生活，探讨了家长不当的期望对子女造成的毁灭性的灾难。小说出版之后，取得了很大的成功，获得了好评，为她后来的小说创作打下了坚实的基础。

1962 年（34 岁），她出版了第二部长篇小说《苏萨茨卡夫人》（Madame Sousatzka），继续以犹太人的家庭生活为题材，讲述了一个患有轻度癫狂症但极有天赋的女音乐家的故事，后来被改编成了电影剧本《琴韵动我心》，并在 1988 年，由英国著名导演约翰·施莱辛格（John Schlesinger，1926—2003）搬上了银幕。1966 年，她出版了第三部长篇小说《三人结伴》（Mate in Three），借鉴自己的婚姻经历和经验，讲述了一个脱离了犹太文化传统的犹太人的婚姻故事。

之后，她不断有长篇小说新作问世，作品的犹太属性与日俱增，大都以犹太人的家庭生活为题材，从中探索“受损害心灵的可怜的秘密”，以娴熟的笔触，将众多头绪编织在一起—— 她的人生经验、她的朋友和家人的生活、几百年来的犹太人的传统和历史，再加上她那种出色的令人不安的想象力，从中铺展她小说人物的心理状态，表现人物的心态和情绪，深入人物内心深处的世界，描写人们受损害心灵的哀婉动人的内情，探讨并展示人们的心魔：恐惧、贪婪、狂热、残酷、恶毒、地狱般的冷酷、孤独……那种尖酸幽默的风格，以及她那种对她小说人物的温情，使得她即使是在表达暴力与残酷时，都能描写得令人不那么反感。

在从事小说创作的间隙，为了编导一些纪录影片，她不断地辗转世界各地，在世界各地旅行、拍片。为了拍摄一部有关妇女在开发农村中的生存状况，她选择了前往亚洲和非洲；在国外期间，有时，她也以英国文化协会代表人的身份从事工作。她所制作的影片，大都是关注弱智儿童、儿童保健、盲人世界等人道主义的题材，她为联合国拍摄了一系列关于印度尼西亚的纪录片，拍摄了讲述弱智人的父母的苦难的电影纪录片《活着的人》（Man Alive）。她所拍摄的纪录片，深受人们欢迎，1968 年（40 岁），她的纪录片《压力》（Stress）为她赢得了美国蓝绶带奖[1]。

在拍摄电影纪录片的同时，她从未忘记过她的小说创作，最后，她选择放弃纪录片的拍摄，不再涉猎电影，只专注于自己的小说创作。1970 年代，她陆续出版了长篇小说：《入选者》（The Elected Member，1970）、《星期日之最佳》（Sunday Best，1971）、《去告诉那旅鼠》（Go Tell the Lemming，1973）、《致我爱人的一封信》（I Sent a Letter to My Love，1975）、《庞森比邮报》（Ponsonby Post，1977）、《五年徒刑》（A Five Year Sentence，1978）、《春天奏鸣曲》（Spring Sonata，1979）；电影剧本：《出自众口》（Out of the Mouths，1970）；电视剧本：《第三方》（Third Party，1972）等。

其中，《入选者》对英国犹太人的日常生活进行了真实描述，记载了一种精神病的发展进程，探讨了"精神'错乱'的患者往往来自'非常错乱'的家庭"的问题，描写了神童诺曼·兹维克在严格的家规和父母期望值过高的家庭环境中长大成人后变成了一个幽闭恐惧症患者的经历。行文就像是对英国诗人菲利普·拉金[2]（Philip Larkin）的怪诗——《这就是那首诗歌》（This Be The Verse）中的句子"你老妈和老爸，搞得你一团糟；或许并非有意，但他们就是要这么做；在你身上填满他们一生的过错，另外再添几件，特意为你打造"（They fuck you up，your mum and dad.They may not mean to，but they do.They fill you with the faults they had.And add some extra，just for you）——的拓展，对幽闭恐惧症病人的特定恐惧症状、临床表现、内心感受进行了具体而惊人的翔实描述，讲述了生活在伦敦的一个犹太家庭在疯疯癫癫的亲属关系当中的孤独感和失败感，以及恐惧症、疯癫对家庭的潜在破坏力，以此表现了当代重要的生存论心理学家之一罗纳德·戴维·莱恩（Ronald David Laing，1927—1989）一种颇有争议的理论：在每个不安的人的背后必有一个"令人不安"的家庭。

小说出版之后，取得了很大的成功，令她声名鹊起，并在与英国著名的作家艾丽斯·默多克（Iris Murdoch，1919—1999）的《布鲁诺的梦》（Bruno's Dream）、威廉·特雷弗（William Trevor，1928—　）的《奥尼尔旅馆中的艾克道夫太太》（Mrs. Eckdorf in O' Neill's Hotel）、伊丽莎白·鲍温（Elizabeth Bowen，1899—1973）的《伊娃·特鲁特》（Eva Trout）的竞争中脱颖而出，因其以"日常精神的普遍性"来体现"日常生活的精神病理学"，从中探讨了家庭在制造精神疾病方面的作用问题，以期唤起人们对人类生存本质的重视，问鼎了第 2 届英语文学界最有影响力的布克奖。不过，由于这部小说故事情节过于"学术味"，现在已经极少被人提及了。

《五年徒刑》是她的另一部代表作，没有继续犹太主题，而是将目光转向了处于社会无形压力之下的一位女性个体。讲述了孤独的退休者霍金斯小姐（Miss Hawkins）的故事，作为弃儿，她在孤儿院生

---

1 蓝绶带奖（Blue Ribbon Award）：在西方传统中，"蓝色绶带"是最高荣誉的象征；在英国，它是英国皇室授予的最高荣誉。

2 菲利普·拉金（Philip Larkin，1922—1985）：英国战后最重要的诗人之一，20世纪下半叶英国诗坛的主宰，以三部诗作《受骗较少》（The Less Deceived，1955）、《降灵节婚礼》（The Whitsun Weddings，1964）和《高高的窗子》（High Window，1974）奠定了他在英国诗坛的地位。他善于以怀疑的精神和冷静的态度，描绘孤独、挫折和死亡等日常主题，一生不事张扬，但名声与日俱增，被公认为是继托马斯·斯特恩斯·艾略特（Thomas Stearns Eliot，1888—1965）之后20世纪最有影响力的英国诗人。

活了14年，在一系列规训与惩戒中，学会了服从。工作了50年后，退休回到家中，离开了权力体制，不知所措，用工厂送给她的日记本，坚持写了5年日记（服了5年新的徒刑），每天在日记本上为第二天的行动设置命令，“被迫”完成相应的任务后，再将其从日记上划掉，从中得到满足与快乐。小说在平实的叙述中，包裹着血淋淋的事实，从女性角度反映了人类的畸形生活，出版之后，入围了当年布克奖决赛名单。

伯妮丝·鲁本斯后来的小说创作，开始从家庭生活题材转到更为广泛的历史题材上，作品极具人性又极其荒诞，笔下所塑造的人物，无论是处于痛苦的生存困境，还是荒谬怪诞的生存状态中，全都离不开死亡。她的那些小说人物，或是自杀，或是被谋杀，甚至有的既是杀人者又是自杀者——在这些极端事件中，她以坦率无情的幽默文笔，鞭挞暴力与残酷，其中却又充满了智慧、善良和温情。

她是一位令人信服的讲故事能手，而且多产。1980年代以及之后，她陆续出版了长篇小说:《候鸟》（Birds of Passage，1981）、《兄弟》（Brothers，1983）、《偏爱》（Favours，1984）、《威克菲尔德先生的圣战》（Mr. Wakefield's Crusade，1985）、《我们的父亲》（Our Father，1987）、《王国来临》（Kingdom Come，1990）、《独自悲伤》（A Solitary Grief，1991）、《俄罗斯母亲》（Mother Russia，1992）、《自检活体组织》（Autobiopsy，1993）、《僻巷中的昨天》（Yesterday in the Back Lane，1995）、《待捕的猎物》（The Waiting Game，1997）、《我，德雷福斯》（I，Dreyfus，1999）、《密尔沃基》（Milwaukee，2001）、《九条生命》（Nine Lives，2002）、《警长的故事》（The Sergeants' Tale，2003）。

在英国文坛上，伯妮丝·鲁本斯因其独特的文学视角与成就，获得了令人瞩目的尊重。她曾担任国际笔会的名誉副主席，并在1986年出任了英国布克奖的评审委员。除了长篇小说和剧本创作之外，伯妮丝·鲁本斯还著有一些游记和一部回忆录。在离开人世的前几周，她刚刚完成了她的自传回忆录《当我长大时》（When I Grow Up）的初稿。2004年10月13日，她因中风在伦敦去世，享年76岁。她的回忆录《当我长大时》，于2005年面世。

主要参考资料：

Dictionary of Literary Biography, British Novelists Since 1960, edited by Merritt Moseley, Publisher: Gale, 1983.

The Elected Member, by Bernice Rubens, Publisher: London, Abacus, 2006.

1971年 | 第3届

003 自由国度 [英] 维迪雅达尔·奈保尔

In a Free State by Vidiadhar Naipaul

◎ 这部小说共 9 章。讲述了两个来自英国的白人男女——鲍比（Bobby）和琳达（Linda）从一个刚获得独立的非洲内陆国家的首都开车返回住区大院途中，所目睹的社会动荡和经历的险情。

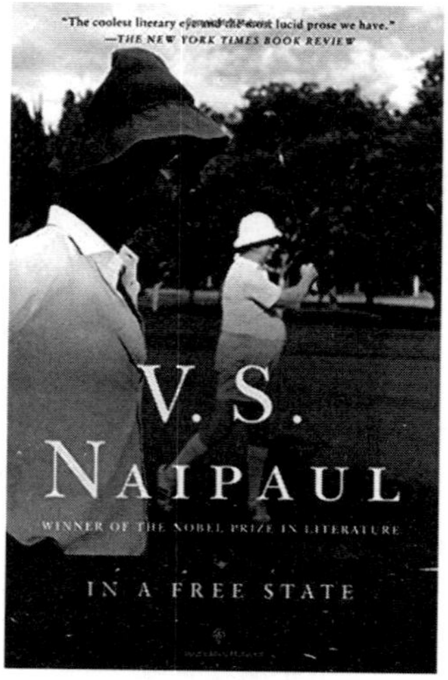

英文原版封面

维迪雅达尔·奈保尔
（Vidiadhar Naipaul，1932— ）

维迪雅达尔·奈保尔是一位蜚声世界的印度裔英籍作家，被誉为“当代经典作家”。

有评论认为，其作品善于以敏锐而真实的文学笔调，刻画身处异国他乡的移民的绝望和“无根”之感。

2001 年，他因作品“**将极具洞察力的叙述和不受世俗侵蚀的探索融为一体，是驱策我们从扭曲的历史中探索真实的动力**”获得了诺贝尔文学奖。

小说集《自由国度》（In a Free State）出版之后，因其**写作技巧纯熟，内容深刻动人，对殖民主义进行了深刻的反思，并探讨了远离故土的异乡人的身份谜思**，问鼎了第 3 届英语文学界最有影响力的布克奖，使他成为首位获得这一奖项的印度裔英籍作家。

地处非洲的这个刚刚脱离了殖民统治的国家，由于各部族之间先前的敌意，如今独立之后，又在遭罹部族之间的内战之苦。国王和总统都勾结白人政府的当地代表。以总统为首的部族，掌控着整个新的军队，实力强大，在与以国王为首的部族的较量中，占有优势；尽管相比之下，原本国王更得白人的欢心，但是鉴于总统的实力，白人决定支持总统。结果，在这个周末，总统终于派出军队前去攻打国王的部族。

国王部族的领地位于南方，现在仍在继续使用殖民地时代的称谓——南部管区（Southern Collectorate）。英国人鲍比就在南部管区工作，是中央政府一个部门里的行政官员。在这个历史上的紧要关头，他正在400英里外的首都参加一个社区发展的研讨会，那里跟往日别无二致，看不到战争或危机即将来临的迹象。与会者当中，英国人比非洲人多。周末的会议在市郊的一个至今依然为英国人所有的花园里举行，以自助午餐的形式结束。尽管大量白人涌入南非，尽管很多人被驱逐出境，在非洲荒原上，这里依然存留了一个英属印度时期的杰作[1]。非洲在这里只是装饰，对白人游客和移民来说，这里魅力无穷，对非洲人来说，这里也同样充满魅力。

那天晚上，鲍比走进了新什罗普郡（New Shropshire）酒吧。与鲍比同桌的不是本地人，是一个年轻的非洲人（鲍比看到他的第一眼，本能告诉他：这个人是性挑衅者），那人很快向鲍比做了自我介绍，说他是一个祖鲁人（Zulu），是来自南非的难民。跟祖鲁人交谈不那么容易，祖鲁人显出一副坐立不安的样子。他们的交谈，在国王和总统、南非的破坏活动、研讨会、旅游者、本地人这些话题上跳来跳去，之后，他们的交谈终于涉及了性问题。“在这样一个城市里，现在竟然还有白人娼妓。”祖鲁人说，随后掏出一大把崭新的钞票，“有了这玩意儿，我现在就能去那种地方，谁都欢迎我。”接着，他又表示，那不是什么好事。鲍比暗自思忖：这家伙是个男妓。祖鲁人继续说着：他在南非生活得很好，有威士忌，有女人，甚至还神色诡秘、压低声音说出了南非当朝的几个政客的名字——这些人的女人和女儿都被他睡过。鲍比看向祖鲁人那绷紧的小脸，感到心绪骚动，试图求欢，开始用手触摸起来，手指几乎触碰到了那祖鲁人的手指上，“如果我下次再到这个世界上来，”他停了下来，“我将选你的那种肤色。”那祖鲁

1 英属印度时期的杰作：英属印度时期，东印度公司对从英国到印度的路途很感兴趣。从1619年起，荷兰东印度公司开始酝酿把南非开普敦作为航船的生活补给站。在1620年，便声称对南非桌山一带有拥有权。在1652年，开始在开普敦建立船队中途补给站，建立起驻扎点、菜园和果园，后来，它们成为“荷兰东印度公司花园”。

人却并不为之所动，抬起脸看向他，毫无表情。两个男人之间沉默了一会儿，之后，那年轻的祖鲁人往鲍比脸上吐了口水。鲍比拿开了自己的手，找出手帕，将自己的脸面擦拭干净，一脸的尴尬。周围的人全都看见了，那些黑人目不转睛地看着他，那些白人则把目光移开了。

在鲍比下榻的宾馆的大厅，悬挂了总统的一张新照片——在这个周末才出现在这个城市里的一张梳着英式发型、身着夹克衫的相片。这家宾馆，建造于殖民时代，是像鲍比这样的内地政府官员到首都出差时投宿的落脚点。在作为政府官员参加研讨会的一周里，鲍比脑子里一直琢磨着如何驾车返回管区一事，准备开车回家体验一下冒险。不料想，在自助午餐上，琳达要鲍比回去时捎带上她，鲍比无法拒绝。原本充满期待的回程，现在将要紧张且不自然了。

琳达是来自南部管区的“大院夫人”之一，住在政府合署大院里的夫人，与前来参加研讨会的丈夫同机飞来首都，不准备再同他一道飞回去。鲍比与琳达的丈夫马丁（Martin）不算太熟，不过，三年前，曾在他家吃过一次饭。琳达不算漂亮，也从不掩饰自己的年龄，在管区大院，被称为“男士杀手”。鲍比对琳达那些骇人听闻的故事早有耳闻，他想，大概她所听闻的有关他的故事同样是危言耸听。

在盘旋的直升机的轰鸣声中，鲍比帮助琳达把她的手提箱放到了车上，沉默了一阵，琳达抬头望向那飞机，说道：他们是在追捕国王，昨天晚上，侨民们闲聊时，她听说，国王走上了逃亡之路，伪装之后，乘坐一辆非洲人的出租车，离开了他的领地南部管区。鲍比开始对他的这位搭车人感到了沮丧。

一路颠簸着，他们的车子开了出去。鲍比沿着双行车道行驶着，驶过郊区的花园，驶上了山路，看到一片绿色山谷。他挺直了腰身，一边驾驶，一边左顾右盼。琳达说她发现，有好长一段时间，他们都没有听到直升机的声音了。鲍比接茬说，直升机的飞行距离长不了，这是他在空军服兵役时学到的知识。

现在，鲍比和琳达已然成了结伴而行的旅行者，他们十分留意路边的景象，随便一个景象，都可以成为他们交谈的话题。在随意交谈中，他们谈到了夏天、秋天、精神医生……甚至因琳达出于好奇不断追问，鲍比很平静地道出他先前的精神病史：在牛津大学读书时，他曾饱受精神几近崩溃的折磨长达 18 个月之久。

之后，他们谈起了失利的国王。在这个问题上，鲍比表示自己属于少数派。在他看来，国王愚蠢至极，有些过于英国化，被一些人怂恿，才走上了逃亡之路。现在这里状况非常混乱，因为不了解内情，各种批评铺天盖地，有人认为他们这些外国佬也脱不了干系，因为他们为非洲独裁政权服务。鲍比不能接受这样的指责，对他来说，言过其实，他来非洲，不是为了对非洲人指手画脚的。他说：“我到这里来，是服务的。我不是要告诉他们如何去治理他们的国家的。非洲人选择拥有什么样的政府，不关我的事。这改变不了他们需要食物、学校和医院的事实。”

琳达对鲍比的一番自白没给予任何表态。他们二人对非洲的看法非常不同。鲍比主张与异族文化的融合，在非洲这里，欧洲人应持一种帮助和合作主义的态度，为非洲的发展服务，做事，所以应该多加倾听，而不是对非洲人进行批评和命令。琳达所秉持的是一种殖民者的心态。她跑到非洲来的目的，是为了享受，为了饱览非洲那古朴空旷的原野，为了猎奇什么的。所以，在后来的旅程当中，每当琳达提到非洲人或侮辱非洲人时，比较亲非的鲍比都非常反感和不满。一路上，他们就这样聊了过来，不断地或明或暗地拌着嘴。

现在，道路不再如想象的那么空旷了，通往首都的交通虽然不繁忙，却也车辆不断。非洲人驾驶的总是开得很快的“标志”牌旅行车，是这个国家的长途公共汽车，上面挤满了不断摆动的非洲人。其中一辆，鸣着喇叭在一个陡峭的斜坡上从鲍比的车边超了过去，吓了鲍比一跳。于是，琳达谈起了一些有关车祸的笑话。终于，他们离开了山谷，开上了高原。鲍比开始不断加速，沿着大路向前冲去。他们转弯越过了一条狭窄的铁路轨道，很快又到了公路上。

那段公路变得破败不堪，脏兮兮的，是一个散乱的居民点的主要通道。鲍比不得不放慢了车速，一群行走着的非洲人使那道路变得更加狭窄难行了。那些非洲人，头戴毡帽，许多人身着欧洲人遗弃的夹克，不少男男女女身上打着五颜六色的补丁。琳达触景生情，说了一个老套的侮辱非洲人的传言，鲍比没怎么搭腔。他们的车子逃跑似的驶出了居民点之后，鲍比再次加快了他的车速。琳达继续说着，凭借她在首都听来的一些传言，她推测，那些满身补丁、头戴帽子、面无表情、离他们越来越远的非洲人，是要前去参加所举行的发毒誓仪式。在首都，整个周末都有这种事，他们要去总督府官邸，吃污秽之物，饮血、吃屎。鲍比不能认可，他认为，现在，首都的各种传言很多，无须理会。琳达坚持自己的推测，基于总统和他的国民对国王及其臣民的愤怒，对白人的愤怒，不可能子虚乌有。鲍比接过话茬儿，认为琳达一定想到了恐怖分子，还有非洲大砍刀，不过，谢天谢地，今天他们并没有遇到，他只相信非洲人吃肉……

看到天上堆积的乌云，很可能下午要下雨。琳达担心，要是下上半小时的雨，路滑得会让人受不了的，于是表示，要是他们不得不到上校（Colonel）家去住一晚上，倒也不失浪漫。鲍比当即表示，上校属于他宁愿避而不见的那类人。他听说过的有关上校的每一件事都让他确信，上校是一个彻头彻尾令人讨厌的人。琳达直言：上校是一个地地道道的殖民主义者，是不会在乎任何人的。之后，在琳达的提议下，他们决定到游览区的“狩猎小屋旅社”（The Hunting Lodge）那里去喝一杯咖啡，停下来休息休息。鲍比听说，在产权恐慌之后，那里已经换了新主人，原来的那位亚洲人，从那里已经赚走了不少钱。

随后，琳达的好心情消失了。路上一条被压伤的狗，勾起了琳达的伤感，甚至道出了那件原本准备秘而不宣的事——她与丈夫马丁眼下正在等着离开。她议论说，鲍比在自己的部门一直干得不错，还很有成绩；而在电台工作的马丁，原是BBC（英国广播公司）一位老牌节目制作人，曾经相当能干，辞职过来，无非是想干得好一些，可如今，根本制作不出像样的节目来。鲍比附和了一句：“说到电台广播，我确实觉得他们的政策和言词做得过头了。”琳达接着说，现在英国那边已经回不去了，他们想到南方去生活。鲍比毫不犹豫地表示，“我的生活就在当地。”

鲍比开上脏兮兮的小道，情绪变得有点低落了。琳达取出化妆盒，拿出小镜子，给自己补了补妆。他们的车子左拐右拐，颠颠簸簸，下坡上坡，终于到了“狩猎小屋旅社”：一个涂过杂酚油的独立而小巧的室外工作间，一块明显的告示牌，一个仿制先锋派、都铎式建筑式样的门厅，两排矮矮的小屋。

一位先他们到达的、与琳达像是相识的美国客人卡特（Carter）告诉他们：现在喝咖啡太晚了，已是用午餐的时间了。在等候午餐的过程中，鲍比因看不到琳达和卡特身影，独自一人沿着石砾小路散起步来。一只上了年纪的西班牙猎犬正在啃食着门外摆放着的圆木。他走下坡，走进林子，走向曾经的一条林间小溪那里，如今森林只剩下一些倒斜的树木。那些百合花突然间失去了光泽，树荫下边变得暗淡起来，这里不久前刚经过人工改造，树木遭到砍伐，林中鸟兽被轰跑驱散。鲍比离开了林子，返回到山上，转身进了大厅，走进标明休息室的房间。里面挂着总统的新照片，还有一些旧杂志，全是英国的。

在用餐过程中，琳达对鲍比说，看来，他们不得不在上校那里过夜了，卡特告诉她，在南部管区，4点钟开始宵禁，军队有些横冲直撞，胡作非为。

雨开始下了起来。鲍比从门厅入口跑向对面的汽车，琳达随之坐了进去。鲍比答应了“狩猎小屋旅社”办公室那个白人妇女的请求，把一个非洲人带到下面的路上。那个非洲人自己打开了车门，车里顿时满是他散发出的难闻气味。他们沿着崎岖的山道缓慢地向前开着，雨很大，那个非洲人告诉鲍比，他是工会会员。当他们看到路边一个浑身淋透了的非洲人时，车上的那个非洲人要鲍比停车，带上那个人，鲍比解释说，他与他们不同路，然而，车上的那个非洲人强调说，那人是他的朋友，并颐指气使地要鲍比停车。鲍比只得将车停了下来，坐在车子后排的非洲人打开了车门。车里上来了两个非洲人，显得有点拥挤了。路面上一片汪洋，泛红的水坑里冒着泡沫，路开始上行，来到很高的公路防护坡上。“你往右转，”非洲人说。“可我们要往左去，”鲍比说，“我们去南部管区。”当非洲人再次口气强硬地要求鲍比把车子往右转时，琳达开口了，把手放到后门把手上，要他们出去。

鲍比把车子开上防护坡，那两个搭车的非洲人被撂在了路旁，淋在雨中。琳达开口说道：“什么味道！绝对是歹徒。我可不想仅仅因为自己太善良不愿对非洲人粗鲁无礼，让自己送命。”鲍比有些丧气，道歉说，“对不起。我应该态度坚决一些。”琳达借机指责鲍比，说他同情非洲人，一直都在同情。

雨变小了，过了一会儿，天放晴了。道路前方出现了路障和警察。慢慢减速停下车来，准备好应付警察的表情，鲍比开始微笑。“请不要太友好，鲍比。这些警察很英国化，穿着他们的黑制服、披风，戴着帽子。你很容易分辨出来，那个胖子是他们的上司，身穿简单而又别致的衣服。”鲍比对琳达的话有点恼怒，但很快平静了下来，开始接受检查。他告诉那几个站到他车边的警察：“我是政府官员。我在南部管区欧古纳·望嘎－布泰雷先生（Mr. Ogguna Wanga-Butere）的部门工作。”

他们很快通过了检查，继续上路。琳达对那些警察评论了一番，之后，鲍比告诉她，设置路障，是为了搜查私运的军火和逃匿的国王，据说，国王的宫殿里藏匿着一个军火库。琳达再次提起了宵禁的问题，鲍比看了看车的油量表，决定要在前面的艾舍（Esher）那里停一停，给他的车加加油。琳达拿出她的化妆镜，又开始轻松地化起妆来。无意间，鲍比看到了琳达刮过的腋窝下露出的一颗痣，对她起了反感。

艾舍的界牌出现了。沿途的路牌，每两英里就有一个，带有英国设计的风格。四周还是一片茫茫原野。鲍比将车子开进了附近的加油站，是一家在独立后归属到这个国家石油公司的加油站。一块高高的木板上，画着国际标识，指示着当地的娱乐设施，有一个字符——电话号码，被一张方形褐色纸部分遮住了，而另一个标识，交叉的刀叉，被划掉了，显然是手指蘸了机油后弄的。那路标下面的办公楼的白墙上，是一些油手指或者整个手掌在上面擦或者抹留下的印子，只图自个儿的干净。

加满油，鲍比付过钱，坐进了车里。琳达忽然示意他看看“那个人干了什么”。加油站的四位服务员当中的那个清洁工，一个矮个子的非洲人，因为无知，用双边的清洁器刮擦了鲍比汽车的挡风玻璃，并在所有的车窗上都留下了一道道深深的交错刮痕。鲍比顿时勃然大怒，粗暴地推开了车门，动作很大，车门撞打到那个非洲人的身上。失去了平衡的那个非洲人站稳之后，仓促闪到一边，一脸惊愕。“我将解雇你，”鲍比威胁说，“把你送回你的部族。谁是这里的经理？”加油站的四位服务员站在各自的地方，经理过来了。鲍比开始怀疑自己是否有权利雇用或解聘一个非洲人，之后，他仅仅做了做样子，表示自己是一个政府官员，这件事要报警，恼怒地发了一通火之后，便不了了之地离开了那个加油站。这件事，让他觉得，“真丢脸！”始终坐在自己座位上的琳达，什么话也没说。他们很快出了城，天开始变得昏暗起来，随后，下起了倾盆大雨。

雨一直下个不停。鲍比谈起了自己去看精神病医生的往事，毫不掩饰地说出了自己成了那个医生的一个男同性恋病人的事，使琳达感到有些窘迫，但是，他却用一种挑衅的口吻继续说了下去：他讨厌英国的同性恋者，那些人，令人讨厌而且猥亵。在一个星期六，在伦敦，他因此被捕，被提审之后，又被释放了，生活令他时不时陷入困境，最后，他垮了，对他的非洲的黑朋友丹尼斯·马舍尔（Denis Marshall）招供了一切。琳达任凭鲍比娓娓诉说，几乎一声不吭，始终目不转睛地盯着车外面的雨看。随后，琳达催促鲍比必须赶紧做出决定，4点钟宵禁，现在已经2点30了，通往上校那里的拐弯处很快就要到了。

前面的十字路口处，穿着制服的警察，黑压压一片，站在雨中。警车堵住了通往南部管区的路，木质路障上，有一个箭头指明，旁边的那条路，直通到山里。鲍比把车转到了通向山里的路上，那些警察原地不动，谁也没有上前来招呼鲍比下车。琳达直感谢上帝，“想到又是一场搜查，我就胆战心惊。”

现在，他们不得不去上校那里了。他们的车子开始向上攀爬，穿过雨帘，他们看了看刚刚驶离的高原。眼下的路很难走，很快，他们进入了山区。琳达欣赏着车外景象，看到山谷里的梯田和陈旧而安静的轨道后，颇感意外。

鲍比接过她的话茬儿，说了一句：“这就是我们留给他们的土地。”说完之后，突然意识到自己的言语有些欠妥，赶紧补充说：“初来乍到时，我一点也不了解非洲。我惊奇地发现，他们坚强地工作着。不知道为什么，从来没有人想到告诉我这些。”随后，又说起了他的一些具体感受：刚来时，他隐约感觉到非洲人对他的不友好，因为他是白人，同时又是一个英国佬，加上其他一些原因，总之，非洲人不喜欢他们英国人的那种极度世故与嘲笑他人的态度，这一点，是他在牛津读书时一个像政客一样的非洲大黑胖子告诉他的。那个家伙，在校园里整天从事种族活动，身上的那种社会主义倾向和第三世界的装腔作势，很令人讨厌，甚至可怕。但是他很喜欢那些普通的非洲黑同学，尤其是丹尼斯·马舍尔。正是因为丹尼斯，他才在离开牛津后没有随波逐流去参加其他人都在参加的大公司的考试，而是来到了非洲这里，使自己的生活再次变得美好了起来。他很感激丹尼斯，而且也感到很是满足。他说，“我不是什么斗士，也从没想过，作为人类一分子，要充分发挥自己的作用。”

琳达说他把问题想复杂了。其实，人们是为了各种原因而工作的。她和丈夫马丁在非洲已生活了6年，就如马丁所言，他们因谎言而受到了惩罚。现在看来，从第一天起，他们就应该知道，这个国家本不是为他们而存在的，而且，他们应该鼓起勇气，勇往直前回家去；然而，他们夫妻已经失去那能重整旗鼓的大好年华。

他们的车子不停地颠簸着，透过树叶间的缝隙，他们看到远处小山顶上的湖泊成了灰色，像天空一样。他们开车跋涉过岩石和泥泞。鲍比再次表白说：“我的生活就在这里。”

道路两旁的山坡上长满了繁茂的树木。一条小道上，十几个身穿色彩鲜艳长袍的非洲人，用树叶遮着头，一个跟着一个地在雨中行进，长袍鲜亮的颜色和他们头顶的树叶，几乎成了他们的伪装。琳达感慨起来：周围的一切，全都令她觉得故土难返，这样的丛林生活不会有尽头。鲍比认为，琳达一定是康拉德[1]（Conrad）的书看得太多了，他讨厌康拉德的书，然后，又兴奋地说起了丹尼斯·马舍尔同他谈了很多服务非洲的事情，当时令他有多么的震惊。他爱丹尼斯，他们是在校友会上相识的，丹尼斯为他做了那么多的事，帮他找到了一份工作，改变了他的一生，可是后来，当他主动去为非洲做事，到他崇拜欧古纳·望嘎－布泰雷先生的部门工作时，丹尼斯却又不高兴了……琳达终于忍不住了，听不下去了，打断了鲍比的谈兴，直接说她不想再听了。鲍比沉下了脸，又成了一个沉默的男人。在山坡上，他们遇到了一群更大的非洲人，琳达不再冲着他们刻意大声说些什么了。他们的车子开到了山顶，两个人的谈话不投机，便不再说什么，景色同以前一样壮观，但他们视而不见。

鲍比耷拉着脸，把注意力都集中在了路上。他们开始下山了，又一次进入昏暗的森林。下山的路更难走，很久都看不到人的踪迹，直到一处开阔的野外，看到一些茅草覆盖屋顶的小屋和一栋别墅。这时，鲍比和琳达二人都已有些筋疲力尽了。不久，他们离开了森林，再一次开到柏油马路上，展现在他们眼前的是一个小镇，林荫大道上的路灯一直延伸到镇中心。在林荫大道的一侧，是坐落在一个个大花园里的别墅，显得格外耀眼夺目；然而，很快，这个城镇便露出了它的破旧。别墅里的植物蔓生，在大门出口外，堆积着从里面丢出来的大堆砂土和废弃物。林荫大道上更加颠簸了，坑坑洼洼的，而且还有不少裂缝。混凝土的排水沟，被泥沙、垃圾和蔓生的杂草堵塞。人行道上，蔓生着杂草。有些别墅的屋顶坏掉了，一个波纹状的铁质屋顶，像鸟的翅膀一样悬挂着。

几乎在林荫大道的尽头，有一个长满了霉菌用混凝土修筑的长墙，出入口有一个像箭头形状的木板，上面写着“客栈”的字样。他们开进了那客栈，开到一个布满碎石的小院跟前，里面有一栋两层楼高的木质大建筑物和一个内置走廊，看上去依然完好。他们开了进去，停下车时，听到了湖水声。

鲍比阴沉着脸和琳达走进了办公室。上校已经听见了汽车声，正在昏暗的办公室里等候着。他身穿一件短袖衬衫，双手摁在柜台边上，双臂上的肌肉已皱缩，但人依然强壮。“我们要两个房间过夜。”鲍比开口说道。上校没有说话，打开一本登记簿递给了鲍比。鲍比在填写时注意到，上校已经上了年纪，双手皮肤松弛，满是污渍，身上带有一股异味，汗衫已脏成褐色，脖子上的皮肤褶皱里满是污垢。

鲍比和琳达跟在非洲男仆蒂莫西（Timothy）的后面走进主楼住宿区，上了楼梯。楼梯上的油漆已经剥落，楼梯平台上，堆着一堆没有漆过的旧木板，可能是遗弃不用的木架；二楼阴暗的走廊里，铺着的黄麻席散发出一股潮湿的霉味，走廊尽头放着一张床。鲍比和琳达走进各自的房间。鲍比的房间狭小而且阴暗，床铺大概很久都没有整理过了，浴室里的设施陈旧而且笨重，脸盆上满是微小的裂纹与水龙头滴聚之水留下的污痕，下水孔上的黄铜配件，也已发黑。鲍比打开水龙头，脸盆里棕褐色的水淌进黑洞洞的下水孔。水中漂浮着一股股黏稠的污物，好像溪流底部的蕨草一样散发出恶臭。白毛巾已经破了，变得很薄了，有一股霉味。鲍比擦了一把脸，换上一件灰色衬衫，走出了坐落在湖畔的客栈。

---

1 康拉德（Conrad，1857—1924）：出生于乌克兰的波兰裔英国著名海洋作家，被后世誉为现代主义的先驱。青年时代在海船上生活，从1887年起开始在海船上业余创作，1895年出版了根据马来地区见闻写成的第一部长篇小说《阿尔梅耶的傻念头》（Almayer’s Folly），获得好评，以后，马来地区一直是他描写东方生活小说的背景。1898年，离职成为专业作家。一生出版了31部中、长篇小说以及短篇小说集和散文集，其中以讲述在刚果河上运送象牙的船员查尔斯·马洛（Charles Marlow）的故事的小说《黑暗之心》（Heart of Darkness，1899）最享盛誉，在其中，探索了人潜在的、固有的黑暗面，涉及了殖民主义、种族主义、野蛮、文明等多个主题。

客栈所在的这个偏僻的小镇，仅有三个街区宽窄，鲍比对其一无所知。看上去，小镇里尚有人居住，人行道旁草丛里，散落着从屋子里面丢弃出来的各种垃圾。这处休闲度假之地，不是为了非洲的旅游者建造的，是为那些来到非洲想在这里停留的人建造的，他们想在这里看到来自家乡的事物的模式：一个公园，一座码头，一个水滨散步场所。如今，它在经历了湖畔对岸的动乱之后，在经历了国家独立和财产大恐慌之后，在经历了军队叛变之后，在经历了大批白人移居南方和亚洲人被驱逐之后，在经历了所有的这些死亡之后，它已不再能派上用场了。

远处传来了一阵有节奏的声音，持续不停，一队士兵从树林夹道的小径里跑了出来，肤色黝黑发亮，一位留着胡须的教官，穿着以色列军服，和他们一道跑着，不断地冲他们喊叫着。教官和士兵们沿着大街的车道继续向前跑去，鲍比跟在他们后面，沿着另一条车道，回到了客栈。

酒吧间里亮着灯，站在走廊里的琳达，把鲍比叫了进去。酒吧里面冷冷清清，他们默默啜饮着雪利酒，上校坐在一盏吊灯下面，读着书，喝着杜松子酒，一个身着红色紧身短上衣的男仆站在柜台后面，垂头看着柜台。终于，找到了一个适合谈话的机会之后，上校试着想微笑，琳达笑了笑，鲍比却沉下了脸。

上校要他们不要抱怨房间，说他已经三四个月没上楼了，现在是领班彼得（Peter）在照管那些房间。高个子的男仆蒂莫西从邻屋过来通知上校晚餐准备好了。琳达表示她要上一趟楼，鲍比没有等她，自己直接去了餐厅。琳达很快就回来了，看着菜单，对鲍比说，“我看到一个人在你房间里。”鲍比回去查看了一下，房间里没有任何变化，一切保持原状。他穿过走廊来到琳达的房间，看到扶手椅上散乱地丢着琳达的衣物，光秃秃的床头柜上，有一个小香囊，是一包阴道除臭剂，商品牌子的名称令人惊骇。鲍比心里想，“这个荡妇。”对琳达他愈发心怀不满了，现在，鲍比痛恨起一切。

事情变得越来越糟了。鲍比重新走回了餐厅，在餐桌边坐下后，上校步履僵硬地走了进来，目光亲切地看向琳达。“你读过这本书吗？”他举起手持的一本书，“它把有关野蛮人的心态描写得非常好。”随后，上校一边盯视着琳达不断地说着往日来就餐的客人的一些情况，一边吃着他的晚饭。突然，从厨房里传出了东西的破碎声和尖叫声，上校有些心不在焉了，不再盯着琳达看了。两个用餐的以色列人，轻声交谈着。男仆蒂莫西撤走了鲍比和琳达的盘子。上校示意琳达他们，看看在座的客人当中那一位穿着晚礼服的人，说那人来这里已经有一个多月了，一直穿着那身衣服，他不知道那家伙是谁，大概是想策划谋杀他。之后，他又对琳达说起当年他们训练派往萨洛尼卡[1]（Salonika）和印度等地区的士兵的往事，为了将那些士兵训练成骑兵，把他们捆在马背上，便会听到他们发出的一阵阵尖声怪叫。

厨房里的尖叫声停息了。一位个头高高瘦瘦的黑人从厨房里来到餐厅，步态轻快，像个运动员。他面带微笑，向就餐的以色列人、鲍比和琳达点了点头，然后，走向上校的桌子。他那灵活率真的表情，使他看起来不像是一个非洲人，更像是一个西印度人或美国的白黑混血儿。他衣着简单，却很时尚，缝制得体的卡其布裤子干干净净且熨烫得平平整整，站到上校面前后，他道了一声晚安，口音有些仿效上校的口音。

“彼得，你可以下班了。我们听到东西的破碎声，还有你发出的尖叫声。这一次怎么说？”上校语

1 萨洛尼卡（Salonika）：希腊中北部港市。

带责问。“我去电影院，先生。”彼得的皮钦语[1]令人惊奇。之后，上校开始“训练”起彼得来，弄得彼得不知所措，不知如何回答上校，看着上校，一副似笑非笑的样子，接着变成了一副典型的非洲人的木无表情的神态。“非洲人就是这样。”上校说。他的这一嘲讽性的评价，是说给琳达听的，不过，说话时，他并没有面向琳达。然后，上校又当众，对他的领班彼得大大羞辱了一番，使在座的每一个人的心灵都受到了巨大的冲击。上校认为，当非洲人的行为不当时，要对他们施以惩罚，没有欧洲白人的训练，那些得到教化的非洲黑人，是无法保持一种“开化的”文明人身份的。

彼得开车离开客栈之后，餐厅里在座的两个以色列客人结账后也离开了。上校又说了起来，说到了国王的事，说那些非洲人就是这样，会毫不含糊地杀掉国王；在这之前，他们会大批杀害国王部族的人。随后问琳达：你认识国王吗？你听没听新闻？琳达回答说，她只看见过国王。絮絮叨叨的上校告诉琳达：“他来过这里一次，为了吃午餐。非常得体。假如我是一个年轻人，我会努力前去救他的。尽管这样做没什么意义。他和其他人没什么不同，有半点机会，他就会去猎捕巫医。人们说，任何地方都有好坏之分；在这里，没有什么好与坏。他们只是一群非洲人。他们想做什么就做什么——你得记住这点。你无法憎恨他们，甚至你无法对他们生气，无法真的生气。”

晚餐几乎结束了。蒂莫西开始清理桌子，铺好没有用过的桌布。上校说了一番退场词，夸张地挺直了他的身体，转身离开了，掩饰不住他受过伤的臀部，他的脚步缓慢，一脚轻，一脚重，沿着走廊走回了他的房间。蒂莫西关掉了三盏灯中的两盏。琳达让鲍比到酒吧间去等会儿她，“我们可以去散散步。”鲍比并不介意琳达把她丈夫马丁的角色强加到了他的身上，他也不想太孤单。

散步回来，看到客栈的酒吧间依然亮着灯，鲍比什么也没说，丢下琳达，一个人走了进去。他坐在高脚凳上，喝着葡萄酒，茫然地注视着身穿红制服的小男仆那脏兮兮的头，一面在心里想道：可怜的家伙，可怜的非洲人。泪水涌上了鲍比的眼睛。那个小男仆走了过来，同鲍比搭讪，想与鲍比练习一下他的英语，增长点见闻。鲍比打量着那男孩，交谈当中，头脑里突然冒出了渴望体味一下这个长得像成年人一般的非洲男孩在性上给他带来的刺激的念头。他捧起小男孩的头，捧得很近，用大拇指摩擦着小男孩的耳朵，满溢柔情。那个小男孩突然跳到了一边，从外面传来了极其刺耳的报警声，鲍比汽车的警铃声大作，客栈庭院里乱做了一团，上校大声喊叫他的领班彼得。鲍比赶到车库，车库是个敞开的棚子，警铃依然响着，鲍比发现车子的车轮都在，车轴盖也没有被偷走。

当晚睡下之后，鲍比做了一夜噩梦。第二天天还没亮，醒来之后，感到有些头疼。他分析，是因为昨天晚上发生的一系列事情所致。不过，不管怎样，他已经收拾好行李可以离开了。鲍比来到餐厅，注意到外面街上有活动，军队的卡车正在慢慢地移动。上校依然穿着他昨天穿的那身衣服，坐在他的桌边，早餐已经快吃完了，正在喝茶看书。鲍比懒得讲话，面色阴沉，走向唯一摆设好的那张餐桌，板着脸坐了下来，然后，开始往一片凉吐司上涂抹黄油。“今天的消息可不大好。”上校漫不经心地说，冲鲍比笑

1 皮钦语（Pidgin）：操不同语言的人进行交际的一种混合语言，从专门意义上讲，“Pidgin”指从两种或两种以上语言中吸收其构成成分的交际语，中国称之为“洋泾浜语”。世界上现存最有活力的“洋泾浜”是广泛使用于新几内亚的托克皮钦语（Tok Pisin）。它经过长期发展，已经成型，有自己的文字、文学、报纸、广播，并且曾经在联合国的大会上用它发言。

了笑。“今天早上军队有行动。他们会使道路变得更糟。”这是一种挽留的邀请，令鲍比有些意外。不过，琳达已经下过楼了，无疑，她已经与上校谈过了。“当然，一天或两天，一切都将会结束。”上校说。鲍比对此并不确信。不过，他认为上校这是希望有人陪伴。于是，他说，“实际上，我们已经晚了一天了。”上校立即表示：他的人会提早给他们开午饭的，他们在宵禁前能赶到南方管区。

过了一会儿，鲍比看到琳达换了衬衫，戴着深色的墨镜，依恋着上校，二人在客栈里四处散步。鲍比独自一人坐到了酒吧间里。当琳达和上校二人来到鲍比的桌子边坐下喝咖啡时，琳达脸上挂着微笑。鲍比看着上校，这时他的想法是：他又要开始谈论非洲人了。正在一旁为他们服务的那个黑人男仆因为害怕，手脚变得蠢笨起来。于是，上校说道：“你知道我不能理解的是什么吗？是这些非洲人在他们服从命令时，努力做出的那一副被践踏、受压迫的样子。”

用过午餐，鲍比和琳达拎着行李箱上了车。上校双手插在口袋里，站在门口，凝视着街道和湖水。当鲍比的车子慢慢开到上校跟前时，上校冲琳达笑了笑，“你们若是撞上了军队，就装死。”他们继续上路了。“你在这里很受欢迎啊。”鲍比对琳达说。琳达不耐烦地了用力吸了吸鼻子。加过油之后，他们开上了山路，往高处开去，一直无话可谈。

整座山谷里，青烟袅袅，一幅丛林里的古老生活图景，道路是简陋的森林小径。路的前方有一个拐角处，两个赤裸的孩子，目光迟钝，被泥弄得脏兮兮的，站在原地，看着汽车开过。随后，琳达开口说道：“我一直想帮马丁买些白衣神父[1]制作的雪茄，过去一直能在上校那里搞到，不过这一次我没有看到雪茄，而且，我也忘了问了。”随后，琳达议论起了上校衰暮颓败的生活态度，鲍比接过了话茬儿。“我没有资格评价，”他说，“我从来不是一个支持‘伟大’殖民者的人。”琳达猜测，自那一次臀部受伤的意外事故之后，上校便风光不再，对客栈的经营大不如前了，房间里非常糟糕，男仆们那么脏，他也不再照顾自己。“他需要人陪伴，他是对的。他们正等着杀他呢。”琳达接着又说道，“在这场‘伟大的战争’中，上校患上了战斗疲劳症。他说，即使有人责骂他，他也察觉不到……对湖景，他已烦透了，对客栈和居住区，他也已烦透了，对食物和一日三餐的餐桌，他同样也烦透了。但是，他不会离开。他告诉我，他已长达数月没有离开过那个大门口了。”

鲍比专注于他的驾驶，在由岩石构成的道路上，不断有军用卡车留下来的巨大的轮胎印迹。山路上依然不见人影，一个山谷连着一个山谷，山谷变得比较宽阔了。那些住宅周围不再全是长长的草，也不再全是被踩踏坏了的篱笆墙和院子；在那些废墟当中，有时，还能看到被风化的木板和生锈的白铁皮。从汽车里，他们断断续续瞥见一条河流，当他们的汽车转出灌木丛通向河边时，他们看见那宽阔的水泥堤岸上，一个戴着深红色贝雷帽的士兵，站在阳光下。山谷里的非洲劳动者都很瘦削，衣衫褴褛，而这个士兵被一身熨烫过的制服紧紧包裹着，被军队的伙食喂养得膘肥体壮。

鲍比在石头路面上减慢了车速。从遥远之处，平原的方向，传来了直升机的声音。他们朝向平原开了过去，直升机的声音时隐时现。他们再次看到了平原上的农庄，用篱笆围住的田地和殖民地的简陋小木屋，两三家木建筑的商店，非洲人驾驶的旧汽车，旧卡车。现在，道路又变成柏油路面了，他们进入了一个集镇。马路牙子全坏掉了，人行道上野草蔓生，满地尘土，四散的垃圾，还有非洲产的脚踏车，

1 白衣神父（White Fathers）：非洲传教士会（Society of Missionaries of Africa）成员，因其会服为白色而得名。

在公共汽车站车棚外面的故障卡车和摩托车。

随后，他们离开了那已经停滞不前却仍在运转着的集镇，道路再一次变得空旷起来。不一会儿，他们已能远远望到通往南部管区主干道的路基了。继续前行，他们看到一辆“大众”面包车停在了路上，一辆“标致”轿车停在了路边，还有一辆暗绿色的被撞得散了架“标致”旅行车的残骸一半倾斜在路边，一半陷进了排水沟。鲍比开了过去，琳达看到了那残骸当中的血迹、尸体、鞋子和一条毛毯。鲍比将车子停了下来，一个身材高大壮实的黑人，走向他们，冲他们笑了笑，带着明显的美国黑人的口音说道，那是一场“致命的意外事件”，让他们开车小心点。鲍比将他的车开离了现场。道路的前方，停着四五辆军用卡车，远处原野上的矮小树木的绿荫下，站着的那些手持来福枪的士兵，冲着他们咧嘴狞笑。“那不是意外事故。”琳达说。鲍比加快了车速。“他们杀了国王。那是国王。你看到他们那不怀好意的笑容了吗？野蛮的家伙。又黑又胖又残暴成性的家伙。我不能忍受他们那样不怀好意的笑。”

鲍比继续驾车前行，将车子开得飞快，就像是在比赛似的。大地在他们眼前伸展开来，远远地，他们望到了那些低矮的山丘。朦胧当中，依稀可见一些奇形怪状的突岩和锥形的山体，暗暗的，绿绿的。那是南方管区的标志，是国王的领地。“豹突岩（Leopard Tor），”琳达说道，“那是我最喜欢的景色之一。”鲍比接过话茬儿，“像约翰·福特[1]（John Ford）的西部片。”随后，鲍比专心开着车，听着琳达慢慢说着，说她再也不想离开政府合署的大院了。之后，鲍比接了一句，“我不相信他们会剥了国王的皮。”琳达颇有感慨，说她和上校的看法一样，感觉他们应该做点什么事去帮助国王。不过，她知道那么做也没什么意义。鲍比冷冷给了一句，“它不关你的事，也不关我的事。他们必须自己理清这些事。”

空旷的景色消失了，地面变得愈发不平整了，树木多了起来，道路不断弯曲。他们经过一个村庄，不见一个人影。“我从我来这里的第一天起，就讨厌这个地方。”琳达回忆起她与马丁初来乍到时的一些情景以及一路上看到的那些可怕的小棚屋。当时，由于马丁的资历不太够格，第一天，他们抵达临时营房后，被论资排辈到一间肮脏的房屋里。之后，她与同行的萨米·基塞尼（Sammy Kisenyi）开车出去兜风，他们正有教养地交谈着，却看见了一个赤身裸体的野蛮人，阴茎有一尺长，她只好假装没有看见；随后，又看见两个浑身涂成白色的赤裸男孩，在公路周围奔跑，对这种极端的落后，她心中颇有感触，却也不能说什么。萨米在看一篇有关广播的会议论文，那么多作家，他偏偏整段整段抄袭艾略特[2]（Eliot）的文字，对此，她也什么都没说，因为她根本不能说什么。她告诉鲍比：在外面，你必须不断鼓起勇气；在住区大院里，你必须大说而特说；每一个人都在说谎，说谎，再说谎。

鲍比打断了她：“你知道你为什么来这里。你不可以抱怨。”琳达任由自己继续往下说着：“国家是他们的，但生活是你自己的；到最后，你对任何事情都麻木不仁了。你只知道，你想安全地待在住区里。”鲍比忍不住又插了一句，“但是，你是为了自由来到这里的。你很轻松就适应了，你不记得了吗？”琳达并不买鲍比的账，批评鲍比在非洲发展问题上的肤浅合作态度以及对非洲事情深层意义上的无动于衷，

---

1 约翰·福特（John Ford，1894—1973）：美国著名电影导演。

2 艾略特（Eliot，1888—1965）：蜚声世界的英国诗人、剧作家和文学批评家，现代主义诗歌的鼻祖，1948年诺贝尔文学奖获得者。他的文学创作和评论，对欧美20世纪现代派文学和新批评派评论起了开拓作用，在对整个西方文坛的影响方面，很少有人能和他相比。

接着，又说起国王的很多支持者成了总统军队的战俘后遭到种种非人折磨的事，对那些习惯于暴行的非洲人的非人道行为，她无法充耳不闻。她说：“在住区大院里，每天晚上，你都能听到他们扯着嗓子的鬼哭狼嚎。你知道，那是他们在大院外面把什么人给活生生打死了。每个星期，都有很多上了他们那个名册的人被杀害，有些人甚至不是被列入名册的。你要么置身事外，要么手持皮鞭成为他们之中的一员。任何中立的想法都是荒谬的。”

鲍比指责琳达的这番话太过分了，多想想他们来非洲的目的，没什么可恐惧的，要琳达少跟他提什么野蛮人和皮鞭什么的。琳达毫不示弱，认为鲍比不该以这种口吻说话。鲍比当即挖苦了琳达一句。他很清楚，其实，琳达是性扩张主义者，琳达最感兴趣的是性的体验，而且一直都对他抱有期盼，一路上，琳达都在一门心思地幻想着能和男人玩玩一夜情。“我一直以为你是一个浪漫派，鲍比。”鲍比没有半点让步的意思，直言不讳，堵住了琳达：“你选错了人。”琳达开始希望缓和他们彼此的对立情绪，“我收回我说过的话。”鲍比继续着他的嘲讽性的说辞，结果，弄得事情一下子急转直下，彻底惹恼了琳达。“请停车。我要在这里下车。我什么都不想再说了。请停车。”在琳达的坚持下，鲍比让她下了车，然后，头也不回气哼哼地把车开走了。不过，待鲍比冷静下来之后，他又开始对自己先前暴虐的态度大为反悔了，随即又掉转车头将开车子开了回去。在空旷的公路上，这时，他已寻觅不到琳达的踪影，于是，他把车开到公路一侧的小村庄的土路上，在一座印度人的小木屋里，找到了正坐在那里饮茶的琳达。

现在，公路两边的植物已经有了些微小变化，灌木丛渐渐显现出了热带雨林的葱郁景象。鲍比和琳达两个人都不再说话。由于刚才他们已然浪费了半个多小时，鲍比加快了车速。不料，屋漏偏逢连夜雨。他们距离道路尽头的那一队军用卡车越来越近了，鲍比按响了喇叭，企图超越过去，却被前面那一辆卡车的司机戏弄了一通，只好赶紧刹车。看到卡车上持枪的士兵们怒容满面地盯视着他们的车子，琳达用上校送他们的那一句话提醒鲍比，“当你们撞上了军队，就装死。”前面总共是 5 辆卡车，再次在公路上排成了一条直线，鲍比不得不与其中的最后一辆继续保持着固定的距离，直到那一列卡车驶离了公路，他们前面的道路才再次变得空荡起来。然而，在这时，即便鲍比拼命加快车速，一切也都于事无补了——眼下，已经过了那“4 点钟宵禁”的时刻。

继续前行了一会儿之后，他们看到前面的空地上停满了卡车，卡车里满载着一群群肥胖的士兵。开到那里之后，那里的道路中央并没有设置路障，也没有人挥手要求他们停下车来接受检查。琳达发表了她的意见：大概这里并没有宵禁，也许是上校搞错了。鲍比还是将他的车子停了下来。这时候，在他的左边，是学校、卡车和士兵，在他的右边，是石头建筑物，上面飘荡着总统旗帜。接下来，他看到了囚犯。坐在地上的那些囚犯大部分人赤裸着身子——他们是国王部族的黑人，落到了敌人手里。有些人被捆了起来，依照丛林的传统方法，脖子紧挨着脖子，三四人一堆，好像要被卖给贩卖奴隶的商人一样，所有人的身上都有血迹与被暴打过的痕迹，有一两个看上去已经死了。

“我们继续往前开吧，”琳达建议说。鲍比对她的意见依然置之不理。一个士兵靠到了他们车子上，鲍比向那士兵询问，他们的上司是不是在前面那一幢石头房子里，然后，打开车门径自下了车。不过，他的双脚刚一落地，本能就告诉他，应该立即返回车里，一路不停地开往管区大院。然而，鲍比没有服从本能，他根据自己对非洲及非洲当地黑人想当然的看法，怀着他那种善待黑人的愿望，诚心诚意想给总统军队的士兵们以良好的印象，得到他们的礼遇。于是，他朝向那一幢石头建筑物走了过去，走进一间敞着门的房间。他刚一进去，立即意识到自己犯了一个大错误，而且为时已晚，已经无法退回了。

那房间里面，没有官员也没有警察，只有三个剃了光头的黑人士兵，衣衫不整地坐在地上。鲍比有些不知所措地对他们说，他是一名政府官员，想找他们的顶头上司。三个士兵都没有答复鲍比，其中的一个胖胖的黑人士兵，看出了他说话时内心的底气不足，于是，上前握住了他的手腕，索要他的手表，他试图摆脱纠缠，在他调转身走到门口准备离开时，那个胖士兵冲他喊了一声“小子”，他停住了脚步，犹豫不决当中，再一次犯下了错误。现在，在那三个黑人士兵睽睽注目之下，鲍比俨然已经失去了作为一个白人在非洲原本拥有的优越感和威严，那个胖士兵对着他的脸挥起了拳头，黑拳头重重落到了他的下巴上。“我要告发你。”鲍比一面说着，一面往后退着。那三个黑人士兵显然察觉出了他内心的恐惧和自信的丧失，因此，另外那两个黑人士兵也凑上前来，站到了他的身后，架住了他。随后，他们撕扯下他的衣服，将他推倒在水泥地上，一脚踩踏到他的背上，揪住他的头发，对他一通痛殴，直打得他不得不用装死来保护自己；然而，他们却并不买账，又用靴子对他进行了一番踢打踩踏，直到他头脑昏迷。

鲍比清醒过来之后，脸上火辣辣的，昏暗的房间里已经没有了那三个黑人士兵的踪影，他带着满身伤痕，挣扎着走了出来，外面的士兵们正在吃饭，其中的一个士兵看到了狼狈不堪的鲍比，转身告诉了他的伙伴们，结果，那一整队的士兵都把目光对准了鲍比，盯视着他，却没有阻止他返回他的车子。

鲍比的车子还停在原处，在开阔的公路上十分显眼。始终坐在她的座位上的琳达，斜着身子为鲍比打开了车门。鲍比发动了车子，驾车离开了。之后，他们又遇到了路障，不过，还没等他们停下车来，就有人示意他们继续前行。开过了一个山头，一条柏油路穿过宽阔的灌木丛，琳达让鲍比把车子停了下来，试图掸掉鲍比头发里的灰尘，整理好他破烂的衬衫。除了这些小事，她还能做些什么呢？鲍比不允许琳达碰触他的脸。“你的手表坏了。”琳达用护士般温柔的双手抚慰着鲍比。鲍比闭上了眼睛，心里突然涌出无尽的悲伤。

他们继续上路。国王属下的村庄被烧毁了，那丛生的森林在泛着红光。分布在古老而笔直的道路两旁的村舍，一个挨着一个，紧紧相邻，通常道路上满是行人和骑脚踏车的人，现在空无一人。他们路过的村庄里也空无一人，死气沉沉，被烧得一干二净。在主干道旁的肮脏小路上的那些村庄，正在燃烧着。琳达说，“我不知道他们是否把管区大院也烧了。”然而，他们只能朝着那里开去。

被树木遮住的管区大院，在大路上看不见它的踪影，它位于一条短短小路的尽头。管区大院的大铁门紧闭。鲍比停下车来，借助大院门柱灯的光线，他看到卡车和士兵。不过，管区大院的里面，依然安然无恙。看守大门的警卫与众不同，既不属于国王，也不属于总统，而是属于另外一个国家。在南方管区，他是中立的，是一位旁观者，与他守卫的大院一样安然无恙。那位大门警卫为鲍比他们打开了大铁门，用笑脸迎接了他们。在分手之前，琳达问了一句：“你的手腕怎样？”鲍比没有回答。琳达的声音轻快，鲍比可以感觉出，她的恐慌已全无影踪；管区大院是她的舞台，她是新闻人物。

终于睡到自己床上了。夜里，鲍比不时从睡梦中醒过来。天刚蒙蒙亮，他开始等候卢克（Luke），他的童仆。隔壁房间传来了童仆卢克轻快的脚步声响。当卢克踮着脚尖走进鲍比的卧室后，鲍比看到卢克那弄皱的白衬衫，立刻断定：卢克喝了酒，而且是和衣睡下的。卢克拉开了窗帘，用酒醉的声音同鲍比说了一个他们私下的笑话后，转身看到鲍比身缠绷带的样子，不由得发出了一声忍俊不禁的笑声。卢克是国王部族的成员，来自附近的一个村庄，知道总统军队的世态行情。卢克开始收拾鲍比的旅行衣服，鲍比在一旁思考：我必须离开。但是，住区大院是安全的，有士兵把守大门。接着他想道：我必须将卢克解雇掉。

作者生平与创作生涯

维迪雅达尔·奈保尔拥有爵士头衔，也是不列颠帝国司令勋章（CBE）的拥有者，1932年8月17日出生在西印度群岛的特立尼达（Trinidad）的一个印度裔家庭，祖上属于印度北方邦的婆罗门家庭，父亲是特立尼达英语《卫报》的记者，在父亲的鼓励和熏陶之下，他从小就对写作产生浓厚的兴趣，并好奇于各种文化知识与社会现象，最初完成的一些小说作品，屡屡遭到退稿，但父亲的帮助和鼓励，使得他矢志不渝地坚持了创作。

1948年，他毕业于西班牙港（Port of Spain）的女王学校；1950年，他以优异的成绩赢得了牛顿奖学金，赴英国牛津大学大学学院留学；1953年（21岁），他获得文学学士学位后，定居英国伦敦，成为一位自由撰稿人。

1954年至1956年间，他在英国广播公司（BBC）担任"加勒比之声"栏目主持人。1955年，他与在牛津攻读历史学位的牛津戏剧社成员帕特里夏·黑尔（Patricia Hale）结了婚，成了英国人的女婿；1995年，他在拉合尔（Lahore）旅行期间，与巴基斯坦女记者纳迪拉·奥维（Nadira Alvi）相识，1996年（64岁），帕特里夏·黑尔因肝癌去世，几个月后，他与纳迪拉正式结婚。

1957年至1961年，他担任《新政治家》杂志（The New Statesman）的专栏撰稿人；1960年（28岁），受特立尼达和多巴哥政府的资助，他到加勒比海地区考察并写作了一部关于新独立国家的著作。其后，他开始了一生不间断的旅行，在世界各地广泛游历，除加勒比海地区外，还包括印度、非洲、欧洲、南北美洲、亚洲的伊斯兰国家。基于这些旅行的见闻和他所做的相关研究，他完成了一系列的游记与小说创作。

从1950年代中期起，他陆续发表了一些小说、游记以及各种评论文章。1957年（25岁），他出版了第一部长篇小说《神秘的按摩师》（The Mystic Masseur），首次显露出了他诙谐、机警的标志性写作风格，讲述了在终年炎热的中美洲加勒比地区的特立尼达，一个与印度教尊崇的象神迦尼萨（Ganesa）同名的印度裔青年迦尼萨（Ganesa），为了施展自己的人生抱负，在物质与精神双重匮乏的英殖民统治下的弹丸之地，上演了一连串让人啼笑皆非的故事。小说出版之后，1958年，获得了《星期日邮报》约翰·卢埃林·里斯奖。

1959年，他出版了他的扬名之作，短篇小说集《米格尔大街》（Miguel Street），里面的17部短篇小说，全以故乡西班牙港的风土人情为背景，各篇情节虽不连贯，角色之间却环环相扣。以一个少年天真无邪的视角，描写故乡百态，以回忆的口吻，追述各色市井小民的生活故事，充满百味杂陈的人生况味，有笑，有泪，有欢乐，也有悲伤，充分展现出了他过人的说故事的魅力，以及对人生独特的洞识。小说集出版之后，1960年，获得了萨默塞特·毛姆奖。

1961年（29岁），他出版了确立了其在英国文坛上小说家地位的长篇小说《毕司沃斯先生的房子》(A House for Mr. Biswas),讲述了生活在特立尼达的印度裔婆罗门种姓[1]大族里的一对父子——父亲莫恩·毕司沃斯(Mohun Biswas)与儿子阿南德(Anand)的故事,探讨了西印度群岛人与克里奥尔人(Creole)之间的冲突,以及主人公毕司沃斯维护自我、追求独立的努力。其独立的象征就是拥有自己的房子。小说出版之后,获得巨大的成功,后反复再版,与后来他在1979年出版的《河湾》(A Bend in the River)等作品一起,成了20世纪的经典之作。

1963年,他出版了首部以英国为背景的长篇小说《斯通先生与骑士伴侣》(Mr. Stone and Knights Companion),获得了霍桑顿文学奖。1967年,他出版了虚构性的自传体小说《效颦者》(The Mimic Men),获得了史密斯文学奖,因为其中的一句名言"憎恶压迫,惧怕被压迫者"而使得他被称为"前殖民地的背叛者"。

1971年(39岁),他出版了中短篇小说集《自由国度》(In a Free State),由5个部分组成:中短篇小说《格格不入的人》(One Out of Many)、《告诉我,我该要谁的命》(Tell Me Who to Kill)、《自由国度》(In a Free State),以及由旅行日记改写而成的序曲《比雷尤斯的流浪汉》(Prologue, from a Journal: The Tramp at Piraeus)与尾声《卢克索的马戏班》(Epilogue, from a Journal: The Circus at Luxor)。5部作品,部分虚构,部分写实,各篇章看似不同,实际上那些来自不同背景、拥有不同肤色的人物,因缘际会跑到异乡之后,心中对异乡原有的渴望与希望,最后都幻化成了异乡人的惆怅。没有人能和他们所处的异质文化背景相互融合,移民所感受到的永远是文化上的无归属感和异化疏离感。

其中,《比雷尤斯的流浪汉》讲述了一个把自己看成"世界公民"的无名氏流浪汉,性格孤僻、怪异,在一艘装载着各种人种的船上与其他人格格不入,差点被打死的故事;《格格不入的人》讲述了一个老家是印度孟买的仆人桑托什(Santosh)——"我",随雇主到了华盛顿之后,自由和发财的梦想是如何破灭的故事,"我"发现自己在新大陆反而失去了和周围世界的联系和沟通,甚至比在印度时更孤独;《告诉我,我该要谁的命》讲述了一个西印度群岛特立尼达的青年——"我",远赴伦敦,千方百计地挣钱,目的是要使弟弟成为有知识的人,出人头地,过上体面的生活,然而弟弟却不好好读书,与白人厮混,还娶了一个白人小妞,"我"的理想幻灭的故事;《卢克索的马戏班》讲述了西方白色人种的优越感,与其他不同人种之间的文化冲突与不融合。

核心篇章《自由国度》,是一部有关后殖民时代非洲混乱状况的虚构性作品,用活生生的历史片段,探讨了异族文化的冲突和融合。讲述了两个英国殖民者在一个虚构的最近刚获得独立的非洲国家——"自由国度"里旅途中的遭遇,一路上,他们目睹了部族的血腥残杀和社会的动荡,看到了形形色色的人——小动物一样的孩子,被军队伙食养得膘肥体壮的士兵,牛马一样受奴役的仆佣,羔羊一样待宰的平民……深刻而逼真地刻画出了西方殖民者匆忙撤退之时和撤退之后,发生在原非洲殖民地国家内部的部族屠杀、经济瘫痪、社会动荡无序等状况;同时,字里行间传达出了当时仍然生活在非洲的前殖民者(欧美白人)对非洲乱象和自身安全难保的恐惧。

小说集出版之后,因其写作技巧纯熟,内容深刻动人,对殖民主义进行了深刻的反思,并探讨了远

1 婆罗门种姓(Brahmin Caste):在印度传统的社会体系种姓制度中,最高阶层的婆罗门不及人口的4%,独揽宗教事务,担任不同层级的祭司,其中一些人还参与政事,享有很大的政治权力。

离故土的异乡人的身份谜思，问鼎了第3届英语文学界最有影响力的布克奖，使他成为首位获得这一奖项的印度裔英籍作家。

此后，他继续勤于笔耕，以诚实的态度、平实的文风和清醒的洞察力，记录人类的状况，揭示边缘世界里被掩盖了的真实历史存在，表现时代急遽变革下，衍生出来的文化认同与冲突问题，又陆续出版了长篇小说：《游击队员》（Guerrillas，1975）、《河湾》（A Bend in the River，1979）、《抵达之谜》（The Enigma of Arrival，1987）、《世间之路》（A Way in the World，1994）、《半生》（A Half Life，2001）、《魔种》（Magic Seeds，2004）。作品大都以印度、非洲、加勒比地区等地域为背景，展现那里所发生的动荡不安的社会局势，毫无保留地揭示殖民者带来的破坏性影响——殖民地文化受到严重的冲击，导致人民精神信念的幻灭和错位。

其中，《河湾》是他最具代表性的作品之一，是一部以他数次旅行过的非洲大陆为背景，表现移民的绝望和无归属感的杰作，以幽默的语气，无比丰沛的想象，将壮阔繁复的背景、各具特色的人物，交织成了一个如史诗般扣人心弦的故事：小说中的主要人物萨力姆（Salim）是一个有着印度血统的普通非洲人，祖先是几百年前从印度移民东非海岸的穆斯林，但是他对自己的民族、宗教都抱有深深的不信任感，这片土地的殖民者所代表的文化养育了他，欧洲文化是他向往的精神故乡。他从东海岸到非洲内陆，一个刚刚从殖民者手中独立的国家去寻找生活，见证了这里遍地滋生的贫困、腐败、贪婪、愚昧的个人崇拜、无尽的暴力和杀戮，在财产被“国有化”后匆匆逃离……小说出版之后，好评如潮，为他赢得崇高的文学声誉，而且成为一部近几十年来在英语世界一直被广泛谈论和研究的作品。

《抵达之谜》则以英格兰为故事背景，深入剖析了英国的现实，以第一人称叙事，由9篇独自成篇又主题相连的作品组成，行文保持着他一贯的冷峻，不时以讽刺的文笔，编织出一个个幽默的故事，在轻描淡写的叙述中，反映了殖民地被压迫的历史，也衬映出帝国盛世凋零的遗迹。这部作品，打破了纪实与虚构、小说与散文的界限，以类似印象画派的笔法，捕捉外界事物留存在心中的影像，对往昔岁月进行了一次邀请或回望，反映了他18岁移居英国时加勒比人与印度传统和新遭遇的英格兰文化相融合的经历。现如今，已成为他又一部最具代表性的作品，因其文字的优美及笔调的悠然与从容而受到高度评价。

由于在文学上取得的杰出成就，1977年，维迪雅达尔·奈保尔成为不列颠帝国司令勋章（CBE）的拥有者；1989年，特立尼达和多巴哥政府向他颁发了代表该国最高荣誉的三一十字勋章（Trinity Cross）；1990年，由于他对文学的杰出贡献，他获得了英国女王伊丽莎白二世（Queen Elizabeth II，1926—　）授勋的骑士（Knighthood）爵位；同年，他成为美国艺术与科学院文学外籍名誉院士；1993年，他成为英国文学终生成就奖——大卫·科恩文学奖的首位获奖者。2001年（69岁），在经过10多年被提名并数次入围之后，瑞典文学院终于因他为繁荣世界文学所做出的杰出贡献而令他实至名归，他获得了世界文坛的最高荣誉——诺贝尔文学奖，成为第8位获此殊荣的英国籍作家。他的创作手稿和大部分其他档案资料，现在被收藏在美国的塔尔萨大学。

在当今英语世界中，维迪雅迪尔·奈保尔与其他两位英籍外裔作家萨尔曼·拉什迪（Salman Rushdie，1947—　）和石黑一雄（Kazuo Ishiguro，1945—　）并称为“英国移民文学三雄”。他的作品，深沉睿智，冷峻硬朗，幽默而又苦涩，被认为是一位“眼光独到的小说奇才”，语言大师。同时，他也是一位多产作家，作品以小说和散文游记为主，通过小说和有关第三世界国家（如印度、加勒比海诸国、南美洲、非洲等）的游记，如实地描写了殖民体系解体后新独立的国家所面临的种种问题，取得了累累硕果。

自 1960 年代以来，他数次深入印度，回到英国后，他将那些令人感伤的经历和体验以及他对印度社会的深思一一记录在他的作品中，前后 20 余年，他先后用 4 部游记，记录了他的四次游历感观：第一次游历，记录于 1964 年出版的《幽暗国度》（An Area of Darkness）中；第二次游历，记录于 1972 年出版的《过分拥挤的奴隶市场》（The Overcrowded Barracoon）中的“印度”一章中；第三次游历，记录于 1977 年出版的《印度：受了伤的文明》（India: A Wounded Civilization）中；第四次游历，记录于 1990 年出版的《印度：百万次哗变》（India: A Million Mutinies Now）中。

自 1960 年代以来，他的游记作品还有：《中间通道》（The Middle Passage，1962）、《在信徒中间：在伊斯兰地区的旅行》（Among the Believers: An Islamic Journey，1981）；散文随笔：《黄金国的陷落》（The Loss of El Dorado，1969）、《刚果日志》（1980）、《庇隆夫人的归来：伴随特立尼达的屠杀》（The Return of Eva Peron: With the Killings in Trinidad，1980）、《找到中心：两种叙述》（Finding the Centre: Two Narratives，1984）、《南方的转折》（A Turn in the South，1989）、《超越信仰》（Beyond Belief，1998）、《父子之间：家庭书信集》（Between Father and Son: Family Letters ，1999）、《散文：作家和世界》（The Writer and the World: Essays，2002）、《非洲的假面具：非洲信仰一瞥》（The Masque of Africa: Glimpses of African Belief，2010）等。

其中《父子之间：家庭书信集》是一部厚厚的通信集，是他和父亲之间一段历时 4 年的书面思想交流的原始记录，始于 1950 年他到达英格兰之后，结束于 1953 年父亲去世；通过他们父子之间的书信往来，亦父亦友的鼓励，感人至深的记录，再一次讲述了“毕司沃斯”（Biswas）的故事。

主要参考资料：

In a Free State, by V.S. Naipaul, Publisher: Random House USA Inc, 1984.

Encyclopedia of World Literature in the 20th Century, edited by Steven R. Serafin, 1999.

Naipaul's Truth: The Making of a Writer, by Lillian Feder, 2000.

1972年｜第4届

004 乔［英］约翰·伯格
G. by John Berger

◎ 原著共 4 章，10 节，以深切同情的文笔，讲述了意大利年轻人“乔”（G.）在欧洲的冒险和杂乱放荡的色情生活，特别是在 20 世纪初意大利的混乱历史局面中，乔浪漫的爱情经历。

英文原版封面

约翰·伯格

（John Berger，1926—　）

约翰·伯格是英国当代文坛上一位具有先驱性和影响力的作家，博学多才，卓立不群。

有评论认为，其作品纷繁多样，富于精彩的想象力，写作风格充满了时代感和波澜壮阔的历史感以及政治远见，以摄人的雄辩、敏锐的洞察力、机智有力的批判精神与悲悯之心深受人们尊重。

《乔》（G.）出版之后，因其**极具实验性的写作风格**，问鼎了第 4 届英语文学界最有影响力的布克奖；还获得了英国最古老的文学奖——詹姆斯·泰特·布莱克纪念奖以及《卫报》小说奖；他因而声名大振，在文坛上的名望愈发高涨。

本书主人公的父亲名叫阿姆贝托（Umberto），生活在意大利北部树林覆盖、丘陵环绕的海滨城市利佛诺[1]（Livorno），是一个贩卖果脯生意的商人。这位做甜味品生意的商人，性情粗野、傲慢、怪诞，而且为人轻浮、贪婪；他长得又矮又胖，由于脑袋大，身材因此显得越发的矮小。

他那非同寻常的大脑袋原本也许是挺可爱的，它让人联想到固执、重量和激情，非常引人注目。妇女们对他有很多惊人的评价和传言，在妇女们的街谈巷议中，他得到了一个怪物的名声，他被人叫作“怪兽”（La Bestia）。他的那种粗鲁无礼的举止、对女人频送秋波与傲慢的态度，证实他的这一称谓，确实不无道理。不过，这些女人从不在她们的丈夫面前称他为“怪兽”，这一绰号纯粹是妇女们在下午闲聊时才派上用场的。对女人，他还是颇具吸引力的，常常令女人们着迷，把她们搞得神魂颠倒。

他的妻子埃瑟（Esther）是利佛诺市一个犹太新闻工作者的女儿，不顾自己父亲的反对，在 20 岁的时候嫁给了他。埃瑟的父亲是一位自由主义信徒，极力反对这一门婚事，认为阿姆贝托为人粗野，没有文化，只是由于不愿意违背自己所信仰的自由主义信条，才没有禁止他们结婚。结婚一年之后，阿姆贝托的岳父大人就去世了，妻子埃瑟的身体健康状况也随着父亲的去世而逐渐恶化，从此很少抛头露面，过着隐居的生活。在他们的婚姻生活当中，他俩没有孩子。

阿姆贝托因其早年曾为纽约一家橄榄油进出口公司工作，能讲流利的英语，带着浓重的意大利口音。本书主人公的母亲劳拉（Laura）是一个讲一口流利英语的 26 岁少妇，母亲是美国人，父亲曾是英国将军，已阵亡。劳拉和阿姆贝托的发妻埃瑟，两人从未见过面，她们二人肩并肩在一起的影像，只在阿姆贝托的脑海里出现过。

劳拉个头矮小，有点塌鼻梁，衣着讲究，气质不凡，颇有主见，且性情活跃。劳拉 17 岁时，在纽约与一位铜业大亨结了婚，两年后便离了婚。之后，她去巴黎找母亲，遇见了富商阿姆贝托，不久就成了阿姆贝托的情妇，与阿姆贝托在米兰（Milan）等地长期保持着暧昧关系。劳拉是个动作敏捷、意志坚定、特立独行的女人，身上充满了自由和独立的精神，但她躺在阿姆贝托身边时，却又总是那么的驯顺、温柔。她的阴毛稀少而柔软如丝，乳头小得可爱，色彩红润，吻的时间长了就会变成深红色，她那纤美的身躯和弱不禁风的样子，总令阿姆贝托性欲暴涨。

---

1 利佛诺（Livorno）：意大利北部托斯卡纳区（Toscana）利佛诺省省会，临利古里亚海。原为小渔村，1103年归属比萨教会后其地位开始变得重要。

意大利革命领袖朱塞佩·加里波第[1]（Giuseppe Garibaldi）死后四年，劳拉怀上了本书中的主人公。在她怀孕三个月的时候，她将此事告诉了阿姆贝托，阿姆贝托用自己父亲的名字给未出生的婴儿起名为“乔瓦尼”（Giovanni），如果是女儿就叫她“劳拉”。

乔生于1887年，劳拉拒绝让阿姆贝托插手孩子的事，拒绝阿姆贝托接近他唯一的儿子，在与阿姆贝托的关系中，她一点儿也不理睬阿姆贝托的种种自私的打算或者金钱上的诱惑，拒绝在意大利定居，带着儿子回到了英国。

1883年至1884年间，英国一些知识分子在伦敦成立了“社会主义”团体——费边社（Fabian Society），其宗旨是在英国建立民主的社会主义国家，主张采取温和缓进的办法，致力于通过合理的社会主义论点消除资本主义的不公正和无效率，在英国和欧洲知识分子中颇有市场。劳拉通过刚刚建立不久的“费边社”涉足政治，且一天比一天更投入，便把儿子丢给了别人。

乔在英国的一个农庄里度过了他少年时期的大部分岁月，由两位已经成年的表姨妈（他母亲在英国的表姐妹）乔西琳（Jocelyn）和比特丽斯（Beatrice）负责照顾，并由这两位表姨妈抚养成人。在一次骑马时，“那男孩”（这是人们在乔的整个童年时代对他的称呼）碰到了大树枝上，碰掉两颗门牙。乔5岁时，因身边没有父母，没有兄弟姐妹，没有玩伴，对自己的家庭教师海伦小姐（Miss Helen）产生了朦胧的爱，但是海伦小姐没多久就被另一位家庭教师替代了。孤独的乔常常陷入对客观世界和自我的思考中，虽然他住在农庄里，但那农庄并不是他的家。

乔11岁时，母亲劳拉带着他前往米兰，去与他的生身父亲阿姆贝托相聚。劳拉真正目的是要从阿姆贝托那里获取乔的教育经费，正好遇到了1898年5月米兰工人示威游行。乔在罗马（Rome）广场上目睹了街上的暴乱与猛烈镇压。意大利正处于革命的边缘，而他的父母却不顾大街上的乱象，自顾自地讨论起他们儿子乔的迫在眉睫的财务问题，儿子眼下的教育经费问题，漠然地置身于周遭那种连续不断的混乱和令人担心的喧嚣之外。

出于天真的好奇心，一天清晨，乔独自离开旅馆跑到街上闲逛。他夹在暴乱的人群当中，到处乱撞，在骑兵部队向疯狂的人群开火时，在暴力的旋涡中，他受到罗马一个磨坊姑娘的保护，磨坊姑娘将他带到公园里，用意大利语给他讲述了一个围绕着他编造的浪漫故事，他因而迷上了这个保护他的年轻姑娘。

乔15岁时，从寄宿学校回农庄度假，受到刚丧夫的比特丽斯的引诱，在新寡的姨妈身上失去了他的处男之身。他第一次的性经历，为他打开了通往神秘的回归之地的大门。浑身充满活力、精力旺盛的乔，从此开始了他追逐女性放荡杂乱的生活，开始了他在性生活方面的浪漫经历，在与女性们的欢爱中寻找自我和家园。

1910年，23岁的乔，成了他父亲阿姆贝托财产的继承人，为了方便起见，直到这个时候，他才被人们称为“乔”。乔是他的名字“乔瓦尼”当中的第一个字母，但它也可以是以这个字母开头的一大批人物的名字，而且这些人物，似乎始终都与他有着某种联系，其中包括：残暴的意大利首相乔瓦尼·乔

---

1 朱塞佩·加里波第（Giuseppe Garibaldi，1807—1882）：意大利一位有着传奇经历的天才军事家，革命领袖，毕生投入意大利解放运动，促成了意大利王国的统一与建立，后人把他与朱塞佩·马志尼（Giuseppe Mazzini，1805—1872）、卡米洛·本索·加富尔伯爵（Camillo Benso conte di Cavour，1810—1861）并称为意大利复兴大业中的三杰。

利蒂[1]（Giovanni Giolitti），充满浪漫色彩的万众敬仰的意大利革命领袖朱塞佩·加里波第，系列诱骗犯、莫扎特（Mozart）谱曲的二幕意大利语歌剧《浪子终受罚》里的“情圣”唐·乔瓦尼[2]（Don Giovanni）。在寄宿学校生活期间，乔的绰号是“加里波第”；乔真正使用父亲给他起的那个名字——乔瓦尼，唯一的一次，是他在使用假护照时。

乔身材矮小，肤色灰黄，毫无吸引人之处，尤其是他那缺失了的两颗门牙，使他那罕有笑容的脸看上去就像是在做鬼脸。说起来，乔应当是一个混血儿，是英国、美国与意大利人的后裔，一个谜一样的人物，一生极端多事，缺少传统的家庭教养，行为举止明显地表现出不受任何道德观念的影响与约束的随意，而且极端孤独。对自己周围的世界，乔向来都是麻木不仁，无动于衷。他不相信任何“伟大的事业”。他不是梦想家，只对性事感兴趣。他和一个又一个女性，演绎着艳事。放荡的性生活，是乔在这个混乱的世界里能够得到满足的最高理想境界——每次性经历之前，他身上那种静悄悄高涨的欲望，那种即使是最短暂的性交中所倾注出来的温暖柔情，和女人们因他的刺激而生出的各式各样的讨人喜欢的情态，以及由此带给他的那些种种不尽相同又妙不可言的欢快感受，都令他乐此不疲。

1910 年 9 月，23 岁的乔来到了距离阿尔卑斯山脉[3]不远的瑞士小城布里格（Brig），目睹了与他同龄的飞行员驾驶单翼机第一次飞越阿尔卑斯山的壮举。他凝望着天空，对正在为即将爆发第一次世界大战做准备的、从他身边蜂拥而过的大队人马视而不见，听而不闻。布里格是发源于阿尔卑斯山脉的隆河（Rhone River）上最早建立的城市，四周群山环绕，拥有瑞士最大的露天温泉和瑞士最大的宫殿；同时，也是交通要塞，东西南北四通八达。在这里，意大利米兰的航空俱乐部出资 2000 英镑作为奖金，奖赏第一个敢于穿越阿尔卑斯山脉并降落在意大利境内的人。年轻帅气的玻利维亚飞行员焦·查韦斯（Geo Chavez，1887—1910 ）接受了挑战，准备冒险穿越意大利—瑞士边界的阿尔卑斯山脉。9 月 23 日，当查韦斯从瑞士布里格这边顶着刺骨的寒风飞越高达 2000 公尺的辛普伦山口，51 分钟后抵达了他的目的地——意大利多莫多索拉（Domodossola）小镇的时候，乔离开了兴奋的人群，回到了酒店，为他的睾丸，那不可抗拒的性欲的诱惑，向酒店里的女服务员发出了挑战，用心勾引那家酒店里农家出身的莉奥妮（Leonie），像一个充满了情感的爱神。

两天之后，乔又来到意大利—瑞士边界阿尔卑斯山脉的另一侧——意大利的那一边，与一位富有的汽车制造商的妻子卡米尔·亨尼奎因（Camille Hennequin）发生了暧昧关系。不过，他与卡米尔的幽会，很快便被两声枪响打断了，恨怒交加的亨尼奎因先生（Mr. Hennequin）对着乔的肩头打了两枪。乔住进了当地医院，他在医院康复期间，英雄飞行员焦·查韦斯住在他隔壁的病房里。这位法国—玻利维亚飞行员 8 月 8 日在法国兰斯主办的盛大的飞行集会上刚刚创造了一项飞行纪录，给世界带来强烈的震撼。

---

1 乔瓦尼·乔利蒂（Giovanni Giolitti，1842—1928）：意大利政治家，1892年和1921年间，5次担任意大利首相，时间仅次于贝尼托·墨索里尼（Benito Mussolini，1883—1945）。他执政期间，通过广泛的进步的社会改革，提高了普通民众的生活水平，被称为“乔利蒂时代”（Giolittian Era）。

2 唐·乔瓦尼（Don Giovanni）：虚构的人物，即西班牙家喻户晓的传说人物唐璜（Don Juan），浪荡子的象征，以英俊潇洒及风流著称，在文学作品中多被用作“情圣”的代名词。

3 阿尔卑斯山脉（Alpes）：位于欧洲南部，跨越法国、瑞士、意大利、德国、奥地利和克罗地亚。在其4000米以上的山巅覆盖着巨大冰川，位于该山脉西段的勃朗峰（Mont Blanc）高约4800米，是整个山脉的最高点，也是欧洲的最高点。

他驾驶一架单翼机成功飞越了英吉利海峡，平安降落到在了大不列颠的国土上，给世界公众留下了十分深刻的印象，更令英国人大为吃惊；然而，在9月23日的飞行挑战当中，在飞行即将结束时，他出了事故，飞机降落时撞在了阿尔卑斯山脉意大利这一侧的草坡上。9月27日，焦·查韦斯因伤势过重而丧生。在焦·查韦斯的葬礼上，点燃了大批蜡烛，堆满了鲜花，挤满了前来哀悼的人。

1914年，第一次世界大战爆发了。战争最先爆发于欧洲，后来波及整个世界，很快，世界上大多数国家都卷入了这场战争。在战争全面爆发之前，有很长一段时间，乔的生活舞台主要在英国伦敦。在伦敦，他继续过着那种杂乱无章的放荡生活，我行我素，向女人们频献殷勤，不断地向女人们倾注他的温柔。因为发生在巴尔干的罪恶的战争，失去丈夫的寡妇越来越多，演变成了一个战争寡妇群体。这一寡妇群体当中的很多女人，相继落入乔的那种独特的魅力与誓不罢休的勾引罗网之中，满怀热望地与他寻欢作乐。

在女性的世界里，乔拥有绝对的权威，他的主动强势，控制着与她们交往的始终。然而，他天生是个过客，在英国伦敦，他是一个陌生人，不断变动的战前局势，战争的叫嚷甚嚣尘上，伦敦的气氛，让他感觉越来越窒息，他患上了幽闭症，后来越来越厉害了，迫不及待想要离开英国，前往意大利。

由于貌似强大的奥匈帝国日趋衰落，巴尔干国家的内讧，越发紧张的局势，英国执政当局对欧洲旅行的限制越来越严格，这时，乔幸好有一位同学在外交部工作，他给乔办理了前往的里雅斯特的意大利护照，不过前提条件是，抵达的里雅斯特（Trieste）之后，乔必须前去拜见一位意大利同胞——因为那位意大利同胞可能有信息要通过乔带出来。

乔回到了他父亲的故乡的里雅斯特。位于意大利东北威尼斯湾内的边界城市的里雅斯特，是一座具有2000年历史的古老港口，人口混合了邻区的人种，这里气候宜人，属于典型的地中海气候，在亚得里亚海的波浪拍打下，这里既有漫长而繁忙的港口，也有美丽的建筑。在历史上，的里雅斯特先后隶属于邻近的威尼斯共和国、奥匈帝国和南斯拉夫。它是中欧和东欧许多国家外贸货物的中转港，是一个重要的工商业中心。1914年间，意大利宣布参战的前夕，的里雅斯特成了一座无情的、残忍的商业城市，当时这里聚集了大批的间谍、波斯尼亚的革命者和一心想收复意大利以前的领土的“领土收复主义[1]者”，以及奥地利的金融大亨们。乔为自己的到来编造了一个理由，他对人们说，他打算在的里雅斯特开设一家水果罐头厂，所以前来考察一下它的可能性。

事实上，到了的里雅斯特之后，乔履约与他同学要求他拜见的那位意大利同胞见了面。之后，他便将全部时间都用于施展与女人周旋的功夫当中，继续追逐着女性。他这位“情圣”只醉心于勾搭女人，放荡于性生活，且费尽心思专注于对奥地利银行家沃尔夫冈·冯·哈特曼（Wolfgang Von Hartmann）先生的妻子玛丽卡·冯·哈特曼（Marika Von Hartmann）和一位斯洛文尼亚的女工奴萨（Nusa）的勾引，对周围所发生的其他的事情，不闻不问，从不把它们当回事儿，也根本不在乎身边形形色色的各阶层人士对他的态度和看法，也从来不考虑该怎么将身边那些持不同政见的方方面面的人士区别对待，因而导

---

1 领土收复主义（Irredentism）：或译为收复故土主义、民族统一主义，是人文地理学及国际关系学的概念名词。此词语出自意大利的名词“尚未收复的意大利”（Italia irredenta）。19世纪与20世纪初，奥匈帝国控制着亚得里亚海以北，有意大利人居住的特伦蒂诺和的里雅斯特。意大利在1870年统一之后，一直想收回这两个地方。

致了他在这一次与玛丽卡和奴萨的情场游戏里不得不落荒而逃，最终没能把他一心想搞到手的两个女人弄上床。

具体的经过是，玛丽卡的丈夫，那位奥地利银行家哈特曼先生，向乔提出了一个慷慨而富有挑战性的建议：如果乔能把打扮得漂漂亮亮的奴萨带进一个具有种族歧视色彩的舞会——即一个普遍对斯拉夫民族持有偏见的社交舞会，再把满怀热望的玛丽卡——他的妻子丢到一旁，不去理睬她，他就允许乔与玛丽卡睡上一晚。

乔对玛丽卡的丈夫哈特曼先生对其引诱行为公开表示支持的建议，感到了前所未有的恐惧、彷徨和愤怒；尽管他在女性世界里如鱼得水，但在男性世界中，他感到自己的权威受到威胁，处境岌岌可危。然而，他还是欣然答应了哈特曼先生的条件，接受了他的提议。随后，乔如约前往社交舞会履行自己的承诺。结果，由于的里雅斯特城里的政治事态与种族仇恨情绪最终激化成了内乱，他不得不狼狈逃窜，慌慌张张逃离了舞会会场，并且再次与一帮暴民相遇。

的里雅斯特的政治局势越来越恐怖，暴力事件与人们的偏执狂热不断升级。此时，乔开始逐渐意识到了欧洲大陆局势的剧烈变动，生活陷入了彻底的迷茫中。他的脑海里不断闪现过去的画面，这些画面和眼前的一切重叠在一起，无法理清。他的记忆如同装满镜子的大厅，所有的映像都在闪动。他漫无目的地跟随着暴动的人群游行，在人群的簇拥下前行，就如同装在棺材里的一具尸身。

最后，随着局势突变，乔终于被挟持，被意大利“领土收复主义者”拉斐尔（Raffaele）下密令杀害了。因为拉斐尔深信乔是间谍，是一个受奥地利人雇佣煽动斯拉夫人的秘密使者，所以他必须被干掉。乔对此毫不知情，他除了整天乐呵呵的、十分无知之外，没做过任何值得拉斐尔如此“重视”的间谍之事。

那天——后来宣布第一次世界大战爆发的那一天——乔因为穿了一件显眼的白衬衫，立刻被秘密警察从人群里认了出来。他的头部受到了重击，之后，他摔倒在地上，晕了过去，最后，在失去了知觉的状态下，乔被两个警察从码头上扔进了大海。那个现场，就在靠近威尼斯大运河（Grand Canal）的水面附近。这时，海面上太阳西下，“地平线就像是帷幕的下边沿，突然间落下，宣告演出结束了。”

作者生平与创作生涯

约翰·伯格于 1926 年 11 月 5 日出生在伦敦北部富有活力的多民族区域司托克纽英顿（Stoke Newington）地区的一个中产阶级家庭，父亲是一位国会议员，在第一次世界大战期间曾担任西线的步兵军官。他在伦敦寄宿学校牛津圣爱德华学校完成了小学和中学学业，1942 年毕业之后，获得伦敦中央艺术学院奖学金。两年之后，1944 年（18 岁），他应征入伍，不得不中断大学学业。

他在牛津和白金汉郡的轻步兵营里服了两年兵役，后被派往北爱尔兰的贝尔法斯特（Belfast）兵营，担任军训教练员。这一经历，在他人生当中留下了深刻的烙印。战争结束之后，他领取着军队的津贴，重新迈进伦敦中央艺术学院的契尔西艺术学院继续学习。在随后的三年时光里，他开始确立自己的人生坐标，把时间全部用于油画、素描、写作，以及与亨利·摩尔[1]（Henry Moore）教授的谈话。

期间，他与年长他6岁的插图画家帕特·玛丽奥特（Pat Marriott）结了婚，居住在伦敦北郊的著名小镇汉普斯台德（Hampstead）；1950年代初，与玛丽奥特离婚后，与安尼娅·博斯托克（Anya Bostock）结了婚，并合作翻译了贝托尔特·布莱希特[2]（Bertolt Brecht）的史诗戏剧，育有一儿一女；1970年代，与安尼娅·博斯托克离婚后，与美国人贝芙丽·班克罗夫特（Beverly Bancroft）结了婚，育有一子。

1948年至1955年间，他以教授绘画为业，并开始了终其一生的绘画生涯。尽管在后来的人生中绘画没能成为他的专门职业，但他却从未放弃过绘画，他的绘画作品曾在伦敦的一些画廊展出。在1940年代末，他与英国共产党建立了较为密切的联系，在一些公众会议上发表演讲。随后，他开始为伦敦的左翼周刊《论坛》（Tribune）写作文章；1951年，又开始为伦敦著名的《新政治家》（The New Statesman）杂志撰稿，任职"艺术评论员"席位长达10年，以一位深具影响力的马克思主义的艺术评论家著称于世。通过他出色的艺术评论文章，确立了其作为现实主义倡导者的领袖地位，成为极富影响的反对形式主义的批评大家。

1958年（32岁），伦敦的赛克与瓦博格出版社（Secker & Warburg）出版了他第一部长篇小说《我们时代的画家》（A Painter of Our Time），用日记的形式写成，因其政治的现实性、所揭露的政治秘闻和对绘画过程细节的刻画，令人误以为它是一个真实的故事，其中所表达出来的那种政治上的"异端邪说"，在当时激起了一些人的怒火，受到了猛烈的攻击和充满敌意的评论，迫使它在出版两周后便被撤回了。随后，他将这部小说转交给了全球著名的出版商企鹅（Penguin）出版社，改由企鹅出版社发行。

1962年，由于厌倦在伦敦的生活，他带着自己的政治憧憬离开了英国社会，先到巴黎，后来去了日内瓦等一些地区。此后，他绝大部分的笔耕生涯都不是在英格兰度过的，他所从事的各种文学活动，使他不停地往来于欧洲和世界其他的一些地区，在电影、电视、小说、剧本、散文、评论等领域，他都取得了丰沛的创作成果。

1960年代至1970年代间，他陆续出版了小说类作品：《克莱夫的脚》（The Foot of Clive，1962）、《考克尔的自由》（Corker's Freedom，1964）、《幸运的人：一个乡村医生的故事》（A Fortunate Man : The Story of a Country Doctor，1967）、《乔》（G.，1972）、《七分之一的人：欧洲的农民工》（A Seventh Man: Migrant Workers in Europe，1975）；艺术评论集：《永恒的红色》（Permanent Red，1960）、《毕加索的成败》（The Success and Failure of Picasso，1965）、《艺术与革命》（Art And Revolution，1969）、《观看之道》（Ways of Seeing，1972）；散文随笔集：《立体时刻与其他散文》（Moment of Cubism and Other Essays，1969）、《事物的外观》（The Look of Things，1972）等。期间，他还与瑞士导演阿兰·坦纳（Alain Tanner，1929—　）一起合作，制作了几部影片：《蝾螈》（La Salamandre，1971）、《乔纳，2000年时将

1 亨利·摩尔（Henry Moore，1898—1986）：英国著名的雕塑家之一，其作品为时代创造了一种新的雕塑语言，为英国在现代主义艺术中占据了一席之地，他擅长创作斜倚的女人、母子题材的木雕、石雕和铜塑。剑桥菲茨威廉博物馆陈列的《斜倚的人形》（1951年）表现一个高度精简、抽象的女性形象，是其雕塑风格的典型代表。

2 贝托尔特·布莱希特（Bertolt Brecht，1898—1956）：德国极具影响力的现代剧场改革者、剧作家、导演和诗人，对世界戏剧发生着很大影响。布莱希特表演体系，是20世纪德国戏剧的一个重要学派，要求建立一种适合反映20世纪人类生活特点的新型戏剧，即史诗戏剧。

25岁》（Jonah Who Will Be Twenty-Five in the Year 2000，1976）、《穑月》（Messidor，1979）。

其中，艺术评论集《观看之道》以文字简练、观点犀利著称，革新了人们对艺术的解读和理解方式，改变了人们观看艺术的方式，起初只是一部为英国广播公司编写的包含4个电视节目的系列片，后出版了配套的图文册，遂成了艺术批评的经典之作。如今已成为他有口皆碑的独特的艺术研究之作，还成了英国和美国艺术院校重要的入门教材。

长篇小说《乔》（G.）中的故事发生在19世纪末20世纪初的欧洲，以"实验性"的叙述技巧，巧妙地将重大历史事件与极具魅力的色情活动有机交织在一起，如实地描写了第一次世界大战爆发之前欧洲上流社会的生活状况，在其中，穿插着讲述了一位生活在20世纪初期的意大利年轻人——在欧洲漫游的性冒险家乔瓦尼（Giovanni）的故事，并在行文当中时不时地穿插一些有关性、记叙文、时间的本质以及革命思想的思考。小说主人公乔瓦尼的性生活放荡，是一个像唐璜（Don Juan）一样的人物，然而，他所从事的一切活动，特别是他在性生活方面的浪漫经历，始终与重大历史事件的动荡背景或历史人物有着某种联系，而他却始终只专注于自己身上那种雄性动物的本能欲望，对周围正在发生的事情视而不见，一切都得由他人替他观察，替他解释，而他自己则沉溺于把女人搞到手的个人计划，沉溺于个人的恋情与其他一些满足自我的小事当中；不料，他的这一对所发生的重大事件漠不关心的举动，最终却引来了被"重视"——被无中生有的"政敌"扔进了大海，成了可怜的政治牺牲品。

小说出版之后，因其极具实验性的写作风格，问鼎了第4届英语文学界最有影响力的布克奖，还获得了英国最古老的文学奖——詹姆斯·泰特·布莱克纪念奖以及《卫报》小说奖。他因而声名大振，在文坛上的名望愈发高涨。

不过，在受奖演说之际，约翰·伯格指责跨国大企业、布克奖的捐资人——布克·麦康奈尔公司（Booker-McConnell）在加勒比海的商业活动，以及历史上对西印度群岛的殖民主义行径，并把所获奖金的一半捐给了"黑豹党[1]"。他的这一做法引起了激烈的争议，就是在这次事件之后，他才永远地离开了他的故乡英格兰，迁居到了法国东南隆－阿尔卑斯大区上萨瓦尔省（Haute-Savoie）一个名叫昆西（Quincy）的小村庄，过着写作与农耕的生活。

1979年至1990年间，他陆续出版了小说类作品：《猪猡的大地》（Pig Earth，1979）、《欧罗巴往事》（Once in Europa）、《丁香花与旗帜：一个城市的无稽故事》（Lilac And Flag: An Old Wives Tale of a City，1990）；艺术评论集：《论看》（About Looking，1980）、《还有我们的面孔》（And Our Faces，1984）、《我的心》（My Heart，1984）、《像照片一样简明》（Brief as Photos，1984）、《视觉感：文字》（The Sense of Sight: Writings，1985）、《论时间》（About Time，1985）、《白鸟：文字》（The White Bird : Writings，1985）、《地理问题》（A Question of Geography，1987）、《戈雅的最后肖像》（Goya's Last Portrait，1989）、《保罗·荷加斯：冷战报道，1947—1967》（Paul Hogarth: Cold War Reports，1947—

1 黑豹党（The Black Panther Party）：美国黑人的一个社团，美国有史以来第一个为少数民族和工人阶级的解放而战斗的组织。1966年由休伊·纽顿（Huey Newton，1942—1989）和鲍比·西尔（Bobby Seale，1936—　）在加利福尼亚的奥克兰创建，他们试图从大众组织和社区节目规划来造就革命性的社会主义，在黑人社区为穷人小孩提供免费早餐，给予社区民众政治教育，希望一点一滴地改变民众思想，并赋予他们力量。

1967，1989）等。期间，1982年（56岁），他还与瑞士摄影师让·摩尔（Jean Mohr，1925—　）合作完成了一部著名作品《另一种表达方式》（Another Way of Telling）。

1990年代之后，他依旧保持着旺盛的创作力，不断有新作问世，陆续出版了诗集：《创伤之页》（Pages of the Wound，1994）、《诗集》（Collected Poems，2014）；小说类作品：《致婚礼》（To the Wedding，1995）、《伊莎贝尔：故事片段》（Isabelle: A Story in Shorts，1998）、《王者：一个街头故事》（King: A Street Story，1999）、《红发女郎：美女与牧童》（Titian: Nymph And Shepherd，2003）、《我们在此相遇》（Here Is Where We Meet ，2005）、《阿依达至萨维尔》（From A to X，2008）；剧本：《露茜卡布萝尔的三生》（The Three Lives of Lucie Cabrol，2003）等；同时，还撰写了大量有关摄影、艺术、政治与回忆的散文，展示出他那宽广的视野和卓越的洞识，洋溢着感性与诗意，其中包括，散文集：《影印件》（Photocopies，1996）、《2001年散文选》（Selected Essays，2001）；艺术评论集：《践约》（Keeping a Rendezvous，1991）、《马丁·弗兰克：走向下一步的一天》（Martine Franck: One Day to the Next，1998）、《在世界的边缘》（At the Edge of the World，1999）、《口袋的形状》（The Shape of a Pocket，2001）、《旭日的光线》（Rays of the Rising Sun，2001）、《留住一切亲爱的》（Hold Everything Dear，2007）、《班托的素描簿》（Bento's Sketchbook，2011）等。

在世界文化领域，约翰·伯格是一位受人瞩目的艺术评论家，他独特的艺术研究，有口皆碑，影响深远。2005年的春天，在英国，伦敦"南岸[1]"为他在电影、电视、小说、剧本、散文、评论等领域取得的丰沛创作成就，举办了长达整整一个多月的盛大回顾活动。在2005年度的"欧洲文化之都[2]"——爱尔兰南部的科克市（Cork），受欧洲文化之都委员会的委托，他建立了一个视觉艺术项目，2005年12月9日至2006年1月20日期间，与西班牙艺术家玛丽莎·卡米诺（Marisa Camino，1962—　）合作，举办了素描画展。2009年，由于他在文学方面的杰出贡献，他获得了国际笔会金笔奖。

如今，他仍在孜孜不倦地写作，生活在法国的小山村昆西。

主要参考资料：

G., by John Berger, Publisher: Bloomsbury, 1996.

The Modern British Novel, by Malcolm Bradbury, Publisher: Penguin Books Ltd, 2001.

1 南岸（South Bank）：即"南岸中心"（The South Bank Centre），是伦敦泰晤士河南岸欧洲最大的综合艺术中心。

2 欧洲文化之都（European Capital of Culture）：1985年在当时的希腊文化部长的倡议下诞生的。它基本上是一个荣誉称号，目的在于使被选拔的城市在欧盟的资助下，在一年内组织各种文化活动。2005年是科克（爱尔兰），2006年是帕特雷（希腊）。

005 克里希纳普之围 [英] 詹姆斯·法瑞尔

The Siege of Krishnapur by James Farrell

◎ 原著共 4 章，32 节，是《帝国三部曲》(Empire Trilogy) 当中的第二部，以印度 1857 年——大暴动之年[1]为背景，讲述了维多利亚王朝在印度次大陆的一个孤立的前哨基地发生印度雇佣兵哗变期间，生活在克里希纳普的一群令人难忘的人物躲在英国政府官邸里被围困的经历。

英文原版封面

1 大暴动之年：即1857年至1858年，在印度北部和中部发生了英国雇佣军中的印度士兵反对英国统治的民族起义。1857年初，在英国雇佣兵中流传着一种说法：东印度公司的1852式恩菲尔德来福枪膛使用动物脂肪作为润滑剂，而这种油脂是由猪油和牛油混合的，触犯了雇佣兵中印度教徒和伊斯兰教徒的宗教信仰，士兵们拒绝使用这种步枪，并在受人挑拨的情况下，最终和英国指挥官发生了对立，爆发了起义。这次起义终结了英国通过东印度公司管理印度的体制，使得印度置于英国的直接统治之下，因此常被视为印度第一次独立战争。

詹姆斯·法瑞尔

(James Farrell，1935—1979)

詹姆斯·法瑞尔是一位杰出的历史小说家，以其高超的叙述天才和讥讽的幽默风格，名震文坛。

有评论认为，其作品打破了纯文学小说与通俗小说之间的界限，以优异的文学品质，对维多利亚殖民文化的冷嘲热讽，以及对人物性格的精妙刻画和生动感人的繁复细节，而独树一帜。

《克里希纳普之围》(The Siege of Krishnapur) 出版当年，因其**主题的严肃，表达的机智，故事的有趣，发人深省的哲理**，问鼎了第 5 届英语文学界最有影响力的布克奖；之后，又在 2008 年入围了"最佳布克奖"的决选名单；因其对人物性格丰富的描写、对维多利亚殖民文化的冷嘲热讽，以及充斥于字里行间的动感与冒险精神，被认为是一部现代经典之作，并被定义为近 50 年来最优秀的英语小说之一。

印度北部广袤荒芜，土地上光秃秃的，即便偶尔有几块甘蔗地或芥菜地，也会被周围广阔的荒地吞没，很难看得见。在印度被称为“东印度公司领地”时期，克里希纳普是一个行政区，是英国军队和行政机构的所在地，四周是辽阔的平原，并未完全被人遗弃。当人们穿过它向远处走去时，很可能会看到远处地平线与道路之间的某个地方会偶然出现一个人影，一个头上顶着重物的男人正朝着某个方向前行。放眼四顾，四野全都是一个模样儿，不过，若用手搭凉棚遮住刺眼的亮光仔细望去，就会看到和平原融为一体的零散分布着的一些小村落。有时，小村庄坐落在一片小竹林中，村庄的水塘里站立着一两头水牛。最平常的是，小村庄里只有一口井，每天从早到晚，同样的两个男人和两头牛，一辈子都在那井上干着活儿。其实，对一个过路人来说，这里有没有水塘并没有什么关系，无论是有，还是没有，都不会让人感到舒服。在欧洲人眼里，没有一样东西是能让他们觉得可以代表文明的。

欧洲人在这里建造了大量平房、小宫殿。“东印度公司”的代表们住在里面，过着奢华的生活，像当地的小王子们一样，养着老虎和情妇。克里希纳普被围困的最初迹象，是随着分发用粗面粉制作的印度薄饼而到来的，这种饼的大小和薄厚与饼干一样，到了 1857 年 2 月末，它像瘟疫一样席卷了克里希纳普的整个地区。一天晚上，税务官霍普金斯先生（Mr. Hopkins）在他用作书房的房间里打开了一个公文箱，没有发现他所期待的文件，却发现了四张印度薄饼，心里一阵惊诧烦恼之后，他叫来他所信任的、服侍了他多年的男管家，把打开的公文箱和印度薄饼给他看。男管家很是震惊，他还在台阶上发现了四张印度薄饼，第二天午后，他又在办公室的桌子上发现了更多的印度薄饼。

霍普金斯先生是一个英俊的男人，穿着相当讲究，有 7 个孩子，眼下是他在克里希纳普工作的最后一年，他与家人居住在政府官邸里，他的办公室也在官邸里，是从众多房间拨出来的一间，专门用来办理政府事务的。克里希纳普的政府官邸看上去像一座教堂，进门处是个“祭坛”，里面是交叉甬道，左边是图书室，右边是客厅，再往里走是中殿（楼梯间），楼梯是大理石的，后面是餐厅和一些与用餐有关的房间，中殿的两侧是宽宽的走廊。官邸的主建筑为两层楼，其上有两个稍高的塔楼，一个挂着联合王国国旗，一个放着一架望远镜，税务官用它来观察天空。霍普金斯现在非常忙碌，除了他自身肩负的官职之外，还因为联盟长官生病后离职休养，他不得不承担起更多的职责。另外，他还得考虑一些家庭的事情，过去几个月来，他的妻子健康状况一直不好，必须在炎热的季节到来之前，将她送到他们在欧洲的家。

霍普金斯前去出席他自己创办的克里希纳普诗社举办的两星期一次的朗诵会，出席朗诵会的人员包括当地的妇女和其他一些官员的夫人，还有行政长官汤姆·威洛比（Tom Willoughby）。妇女们朗读了她们的诗作，结果，每篇诗作都受到了威洛比的严厉批评。霍普金斯有些后悔邀请行政长官出席朗诵会。行政长官的妻子和孩子由于受不了克里希纳普当地的气候，返回英国去了，威洛比独自一人过着一种凄凉的孤独生活，再加上喝醉了酒，丧失了正常的思维能力。霍普金斯很了解威洛比，这位行政长官对颅相学很感兴趣，喜欢科学，忠实地为公司工作，尽职尽责，而在文化修养方面，却没有什么长进。散会时，他对威洛比提起了在自己办公室的桌子上发现的四张印度薄饼和前一天晚上在公文箱里发现四张饼之事。"你认为这是怎么回事儿？"当他从威洛比嘴里获悉他也发现了一些印度薄饼时，他们两人吃惊地相互对视了一眼——事情已经很清楚，这是一种诡秘的危险信号。

年轻的诗人乔治·弗勒利（George Fleury）举止温和，前往克里希纳普祭扫母亲的墓地——20年前，赫伯特·弗勒利爵士（Sir Herbert Fleury）在印度工作期间，妻子去世之后，给他留下了两个幼小的孩子，儿子乔治和女儿米利厄姆（Miriam）；另外，乔治也是因为受了英属东印度公司董事会的委托，前来采写一部有关在公司的统治下印度文明所取得的进步的报告书。不过，这两点其实全都是表面的理由，他此行来到印度的真正目的，是为了要帮助新近守寡的妹妹米利厄姆转移情思——米利厄姆的丈夫朗上尉（Captain Lang）在塞巴斯托波尔（Sebastopol）战役打响之前阵亡了。乔治与米利厄姆在前往克里希纳普之前，首先到的是加尔各答（Calcutta），受到了当地东印度公司官员的欢迎。在加尔各答，生活像往常一样继续着，为上层人物提供的各种不同的娱乐活动应有尽有。当地的英国人很高兴迎接弗勒利他们到来，因为这里寒冷的冬季令人厌烦，他们社交圈子的范围也相当有限。乔治和米利厄姆在这里遇见了克里希纳普军团的外科医生顿斯泰珀尔（Dr. Dunstaple），外科医生的女儿路易丝·顿斯泰珀尔（Louise Dunstaple），还有妻子即将返回英国的税务官霍普金斯先生。

顿斯泰珀尔医生与乔治的父亲40年前在同一个校园里读书，从那时就开始了他们的友谊。顿斯泰珀尔很感谢自己与弗勒利爵士之间的友谊，因为多亏了弗勒利爵士，他儿子哈里·顿斯泰珀尔（Harry Dunstaple）才得以成为设在阿第斯康比（Addiscombe）的东印度公司辖下的军事学院的士官生。不知道什么原因，在这个冬季，顿斯泰珀尔和他的家人住到了加尔各答，把军团的一切医务工作全部留给了内科医生麦克纳布（Dr McNab）；他的儿子哈里也被留在了克里希纳普，现在驻扎在当地的一个步兵团，有时驻扎在5英里外的卡普廷根杰（Captainganj）。年轻的哈里现在已是一名中尉了，当他的家人包括12岁的小凡尼（Fanny）一起到加尔各答去享受生活的时候，他对自己被独自留在军营感到很满意。在顿斯泰珀尔家里，乔治第一眼看到美貌的路易丝后，就对这位金发女郎生出了爱意。顿斯泰珀尔是一个快活而友善的长者，对乔治充满了信任，然而，当女士们走进房间时，他打翻了一个花瓶，却把过错归之于乔治。

4月末，一辆装载着英国邮件前往内陆地区的邮递马车像往常一样，每半个月一趟，吃力地在辽阔的平原上向克里希纳普驰去，车后卷起的尘埃像一道烟障在空中升腾得老高，像浓云一样悬浮在马车后面长达数英里的天空。马车上除了邮件之外，还搭载着乔治、米利厄姆、哈里和小哈巴狗克洛伊（Chloe），克洛伊在旅途的很多时间里都把头伸到窗外，惊奇地观察着从车轮下滚滚而起的尘浪。

乔治是在一个邮亭与哈里相遇的。哈里非常体面地骑马出来迎接了他和米利厄姆，尽管哈里的左臂耷拉着（在猎捕野猪时他扭伤了手腕）。哈里不喜欢骑马远行，把他的马和马夫打发回去之后，加入了乘坐不舒服的邮递马车的旅客行列。那辆邮递马车很像是一个架在四个没有弹簧的轮子上的长方形木头箱子，他们在这个令人难受的交通工具上已经度过差不多两天的时间，旅途的大部分时间里，米利厄姆都用手绢捂着鼻子，眼睛里流着浑浊的眼泪，不是因为她又在为夫君朗上尉悲伤，而是因为令人窒息的尘土刺激了她的眼睛。太阳下山之前，米利厄姆看到了联盟长官的平房。联盟长官因病到山区接受治疗去了，哈里解释说他很可能回不来了，因此不得不安排在他不在期间由乔治他们接管他的住房。大部分行李搬进房屋之后，哈里拿出了到官邸共进晚餐的请柬。

现在，在克里希纳普，税务官霍普金斯先生掌握着至高无上的权力，这种权力甚至高过杰克逊将军（General Jackson）的权威。杰克逊将军可以在卡普廷根杰为所欲为，但是他的权力也仅仅局限于他的管辖范围之内，而且方方面面都要受到霍普金斯先生的辅佐。在克里希纳普，凡是目力所及的每一个角落，都属于霍普金斯先生行使权力的范围。在哈里看来，税务官的权威在许多方面就像罗马帝国的皇帝一样，而且，不论霍普金斯先生身上有多少弱点，他作为公司的代表，都受到了人们的尊重。在就餐期间，乔治与哈里为争取路易丝的青睐展开了竞争，大家还就有关精神与物质进步的不同之处进行了讨论。讨论当中，乔治与随军牧师汉普顿（Hampton）争论了起来，无神论者乔治毫无顾忌地表达出自己的观点，后来，霍普金斯先生以一种权威的口吻结束了大家的争论。有一瞬间，乔治很想发表最后一通热烈的长篇大论，但是没能办到，他只好闭口无言，脸上有些不自在，感到有些丢面子。

克里希纳普宿营地里一片相安无事的景象，人们神态恬然，对印度其他地方的驻军出现了乱情的传言充耳不闻，他们深信英国的军事力量和文明道德的能力。当印度薄饼开始神秘地出现在克里希纳普宿营地周围时，霍布金斯先生是唯一感觉到危险即将到来的人。他要人们在官邸建筑群周围用泥土筑起防御工事，垒筑了围墙，挖了壕沟，并前往加尔各答，提醒其他一些官员危险正在向他们逼近，然而无人理睬霍布金斯先生的警告，他的警告被忽视了。

霍普金斯先生和麦克纳布医生谈论起宗教信仰和他们对家庭所负的责任，随后，他与行政长官讨论了是否应该把女人和儿童迁到较为安全的政府官邸。政府官邸是宿营区里一座最庄严最坚固的建筑，与顿斯泰珀尔家和教堂组成一组建筑群。新闻报道了有关巴拉克普尔[1]（Barrackpur）镇发生的动乱消息，米如特[2]（Meerut）的轻骑兵团发动了叛乱。不过，好像米如特的叛乱新闻对卡普廷根杰军营里的和平没有什么明显的影响。杰克逊将军手下的一个印度籍军官捎来消息，说将军要打电话讨论有关卡普廷根杰的军官与文职官员之间将要举行的板球比赛一事。那个印籍军官还捎来了另外一个不祥的消息，前一天晚上在当地战线上已经发生了交火之事。

霍普金斯先生努力以民主的方式领导着他辖下的克里希纳普。他必须去与克里希纳普有一段距离的

---

1 巴拉克普尔（Barrackpur）：印度历史上著名的小镇。距离加尔各答23公里，在恒河（Ganga）的东岸，以独特的水路和沼泽地貌闻名，现在留有1772年军队驻防的营房。这个小镇是当年英国统治之下的一个军队和行政管理中心，尤其以印度兵反叛发起自由奋斗的战役地点而著名，现成为人们缅怀死难者的纪念地，1966年在这里修建了博物馆。

2 米如特（Meerut）：1857年5月9日，雇佣兵的第三轻骑兵团的印度士兵拒绝使用子弹被判处10年苦役。5月10日，位于米如特的孟加拉国部队第十一轻骑兵团和二十轻骑兵团发动叛乱，释放了第三轻骑兵团的士兵，并攻击欧洲人居住区，把所有能找到的欧洲人和印度的基督教徒都杀光了，把房子烧毁了。由于当地的英国军官觉得可以控制米如特局势，结果没有通知其他地方的英国守军，其对反抗者的行动反应又慢，使得起义军队能往德里前进。

鸦片工厂，进行一次例行的访问，并决定由乔治和哈里来陪同，然后再一道儿去拜访土邦主[1]。他们一行人，还有米利厄姆，一起来到了土邦主的宫殿，参观了庭院，乔治发现米利厄姆在霍普金斯面前变得有生气了。当乔治和哈里走进宫殿时，他们注意到好像有些印度士兵在周围游荡。乔治和哈里两人走进房间时，土邦主的儿子哈瑞（Hari）正坐在以鹿角制成的椅子上，吃着煮鸡蛋，看着英语杂志，显出一副英国人的做派。一见到哈里，他立刻热情地招呼起来，迈着大步朝他们走过来。后来，哈瑞带领着乔治巡视了宫殿。

行政长官汤姆·威洛比与当地农民之间的不和已经有好几年了。因为附近那条河流年年泛滥，那些靛蓝种植园主们，想用一只山羊作牺牲祈祷，进行祭祀；地方行政长官，想说服他们加固河堤，彼此争论不休；最后，行政长官不得不威胁说将要让他们提供劳动力。不过，行政长官心里很清楚，在这个国家当前的这种局势下，政府不可能有能力做到这一点；而且，那些靛蓝种植者们，心里也清楚这一点。行政长官发出了那空洞的威胁之后，颇有些不自量力，在他骑马离去之后，在他听不见的时候，当地那些靛蓝种植园的印度人大笑着喊了起来，甚至在泥土里打起滚来，在背后疯狂地嘲笑他。行政长官离去之后不久，这种狂欢倍加高涨，那些靛蓝种植园的印度人听说了在卡普廷根杰发生了残忍的叛乱，那里刚刚发生了一场针对英国人的大屠杀，穆斯林们杀死了许多英国士兵，于是，他们就这位地方行政长官能否活着回到自己的宿营地打起了赌。

汤姆·威洛比顶着炎炎烈日，与他的传令兵阿布达拉（Abdallah）一起慢慢地骑马回到了宿营地。看到行政长官被那些靛蓝种植园的印度人弄得不成样子，阿布达拉尽管心中窃喜，但是竟然让印度人占了上风这一事实，也令他心里生出一丝悲伤之感。行政长官十分憎恨当地民众的愚昧与无知，他希望那条河今年再冲破河堤时，把刚才同他对话的那些笨蛋们都淹死——但是，他知道这是不大可能的，每当灾难发生时，遭难的总是穷人。阿布达拉讲了一个穆斯林的笑话，希望能让行政长官高兴起来。午后，霍普金斯先生正与行政长官威洛比坐在一起研究工作时，他们听到窗外传来一阵熟悉的马蹄声，是杰克逊将军的战马。卡普廷根杰的印度兵叛乱了，这些印度兵原来都是英国陆军军队中的士兵，他们屠戮了英国军官。受了重伤的杰克逊将军还没把话说完，就从他的战马跌落到地上，鲜血从他的身体里涌了出来。

下午，哈里和乔治骑马去警告那些靛蓝种植园主，让他们躲到政府官邸来，确保他们的人身安全。当他们返回宿营地的时候，发现道路已经被自我放任的四轮马车和出租马车堵住了，四下一片恐慌，通往官邸的路上拥挤着交通工具，人们不得不步行，那些苦力的头上，顶着人们所能携带出来的东西。自从杰克逊将军身体里流淌出来的鲜血染湿了地面之后，几乎已经过去 5 个小时了，政府官邸变得一片混乱，来避难的人们带来了他们全部的财物，把它们堆放在官邸主楼和走廊里。霍普金斯先生镇定而有效地下达着命令，并把所有从卡普廷根杰逃出来且未受伤的年轻的中尉和少尉军官与六七个文职官员集

---

1 土邦主（Maharajah）：在英国1858年至1947年统治印度期间，英属印度，很多领土并没有被英国政府直接控制，而是名义上的独立土邦。“土邦”由王公（Maharaja）、王侯（Thakur）和行政长官（Nawab）所统治，土邦主们必须接受条约，并接受英王的共主地位和承认英王为领地的最高统治者。这种模式被称为“附属联盟”（Subsidiary Alliance）。当时，克里希纳普（Krishnapur）便是一个名义上的独立土邦。

合在一起，带在身后，随从他昂首阔步地在官邸里巡视，尽最大努力使混乱局面恢复秩序。他为修建起的“土墙”组织起了一支官多兵少的守卫队，给妇女和儿童们分派房间，并派出了一队忠心的印度锡克族士兵在军营里巡逻。

顿斯泰珀尔医生和麦克纳布医生两人负责治疗那些在叛乱中受了伤的英国官兵。顿斯泰珀尔批评麦克纳布的那些直接疗法，批评他所使用的蚂蚁辅助治疗法，这种疗法是麦克纳布医生从当地人那里学来的。随着局势逐渐恶化，人们之间的关系变得彼此紧张起来。人们不知道该如何对待那些被阻挡在官邸大门外的又哭又叫的当地基督徒和欧亚裔居民。随军牧师对“原罪”的观念深信不疑，试图将它从被围困着的这一部分基督信众的头脑里驱除出去，在布道时，他充满了热情，尽管几乎没什么人来听他传道，但他依然热情不减，对着后面存放粮食的大箱子大声宣讲。

在墓地问题上，随军牧师与罗马天主教牧师奥哈拉神父（Father O’Hara）之间生出了分歧，霍普金斯先生很不高兴地对这一场纠纷做出了仲裁。在目前的困境中，随军牧师尽管很不情愿，但已经把墓地的一小部分划拨给了奥哈拉神父，以备万一有天主教徒阵亡时，能为他（她）举行天主教葬仪；可奥哈拉神父还想要更大的地块，他因而勃然大怒，认为一定是奥哈拉神父想在暗中吸收教众，让他手下的一些基督信徒转信天主教，去敬奉罗马教皇。霍普金斯先生不得不以“不管怎么说，现在还没死人，等你们让我看到尸体时再说吧”这句粗暴的话语解决了他俩之间的纠纷。

在政府官邸门口，霍普金斯先生看见了不远处的哈里，他马上想起了一件事儿——有必要派年轻的顿斯泰珀尔中尉去帮助那个留在驿站的“堕落的女人”——露西·修丝（Lucy Hughes）。在过去 24 小时的忙乱中，没有人去招呼这个英国女人，让她过到这边来，说不定露西已经知道有危险却因自感羞愧而没有过来。这件事他不能不管，尽管他心里很清楚，让露西同官邸里其他那些有身份的英国妇女们待在一起，会有不小的麻烦，然而，那也是没有办法的事儿，为了露西的人身安全，必须让她躲到官邸里来，不管她的罪孽有多么深重。对露西·修丝的事，霍普金斯略有耳闻，但他希望能对露西尽可能慈善一些。露西是作为某个人所谓的“侄女”来到印度的，在加尔各答，充斥着这类“侄女”，一个可怜的姑娘，霍普金斯长叹了一口气。随后，哈里和乔治奉命，把露西·修丝带到了政府官邸。

乔治由于一直在忙碌，没有什么机会与路易丝见面，心感遗憾。在卡普廷根杰叛乱后的第八天，为了能和路易丝一起共度一段私人的时光，乔治随路易丝去了随军牧师在祈祷室里设办的主日学校。为了安慰听众当中的另一成员，路易丝把怀抱着的一个婴儿交给了乔治。婴儿在乔治的膝盖上不断地蠕动，在与随军牧师的争论当中，由于兴奋，乔治差一点让膝盖上的婴儿滑到地板上。主日学校解散时，随军牧师给每一个孩子分发了他们所垂涎的水果糖，要求他们把它送给门外贫穷的基督徒中的一个不幸的人。那群衣衫褴褛的当地基督教徒一声不吭，毫无表情地接受了孩子们的水果糖。然而，当孩子们回到飞地[1]去之后，他们立即把水果糖扔进了水沟——尽管大家同样都是基督教徒，但他们却是印度人，更主要的是，他们不想像那些使用涂了油脂枪膛的印度兵一样弄脏自己。

乔治和路易丝带着小凡尼在顿斯泰珀尔家的房子周边散步，乔治情绪激动地同路易丝大谈向印度人传播“精神文明”的必要性，因为它比物质文明上的变化更有价值，而就在这时，一只流浪狗尝试着靠

1 飞地（Enclave）：在本国境内的隶属另一国的一块领土。

近了他的脚踝，他则一脚踢开了那只狗。

之后不久，传来了金库那边的雇佣兵哗变的消息：有人看见那些印度兵从金库那边匆匆穿过空无一人的街道，背扛着形状古怪的重物，他们窃取了成车的银卢比，连裤腿里都装得满满的。

霍普金斯先生睡着了，因为他那种不顾死活的操劳而导致的疲劳，他的仆役沃肯斯（Vokins）没有按时叫醒他，所以，在印度兵开始进攻之前，他未能去查看一遍防御工事。不过，随军牧师去查看了一遍，并在克里希纳普焦虑的人群中做了热诚的祷告，还向男人们发放了传单。在随后的几天里，随军牧师更是不辞辛劳，自从大家被集合到飞地之后，牧师日渐变得狂乱起来，不停地奔走宣讲，从一个群体到另一个群体，试图用自己的虔诚阻止奔涌的时代潮流。

“看在上帝的分儿上，谁去告诉牧师停止那种噪音。”霍普金斯先生发怒了，牧师那超常的虔诚，几乎令人神经崩溃。“可怜可怜那些堕落的人吧，让全……世……界的战争快些停止吧！”牧师的诵念声尚未消失，从外面的黑暗中传来了第一声枪响，预兆着暴风雨般的子弹和地狱之火即将降落到这块飞地上。哈里正要下令开火，有人把他从乔治的身边拉走了，他们趴到了黑暗中。

“太可怕了！”乔治无奈地自语。走廊上到处都是被炸死的雇员，或是被炸烂了的尸身碎块。两个锡克族人，互相依靠着，已经气绝身亡，嘴里流着的可能是血，也可能是脑浆。为盐业广告公司工作的巴娄先生（Mr. Barlow），两只手插在口袋里，整个人从椅子上被炸翻到地上，侧躺在那里，但是还活着。

哈里与乔治起身去了宴会厅。宴会厅坐落在与瓜地那边的一个小山相对应的高地上，建筑得非常坚固，原本已经不大用了。现在，它在霍普金斯先生眼里是一个最无懈可击的建筑物，周围的碉堡可以从几个方面交叉火力来保护它，没有一个角度能使它受到攻击。天亮之后，乔治看到低矮的围墙边上的炮台后面，稀疏散布着 12 个靛蓝种植者和几个欧亚裔的平民。他们装置大炮的时候，乔治的脑海里翻滚出了一首史诗。

哈里与乔治也要求加入守备行动，他们认为自己会射击。霍普金斯先生进行了详尽的军事部署，不过，守备在各个岗位上的众多人员，要么年龄过大，要么像乔治一样对战争毫无经验。哈里带着望远镜外出巡视。没有任何警号，敌人突然射来了子弹，穿过空中落到沃肯斯脚下的砌砖上。惊恐的哈里返回了宴会厅，黑暗中，人们畏缩在一起。

霍普金斯先生不断地巡视防御工事。他要让人们看到他，以鼓舞人们的士气。印度兵的进攻依然在继续。9 点以后，他像是闲逛一样，向教堂走去，从卧在教堂阴影里的一群动物（几只狗、一只麝猫和一只仍然戴着水手帽的在逃的猴子）旁边走了过去；不远处，又有一群狗躲在附近的阴影里，是一些生满疥癣、凶恶消瘦的流浪狗。他不由得思考起家乡和印度这里的贫困问题，一面继续往前巡视。当他回到官邸关上门站到书桌前的时候，一颗火枪子弹射了进来，他敏捷地蹲了下去，子弹像球一样滚来滚去，打在座垫上又弹飞到另外一处。

哈里尝试着给毫无枪弹知识的人（其中包括乔治、沃肯斯和巴娄先生）上一门速成的军事课程，教他们如何装卸子弹和使用恩菲尔德来福枪，为他们讲授如何判断射击的距离。那些人的反应要么是不能理解，要么是要求哈里一再重复，以便他们能死记硬背。在这期间，乔治的思想又一次开了小差。随后，随军牧师来了，他两眼充血，人憔悴了许多，宣称他必须要根除活跃在他们头脑当中的那些异端邪说。牧师有意不断地盘问无神论者乔治，以诱使他放弃盘踞在他头脑里的那些罪恶的邪念。此时，旁边的那些人正忙着往大炮里装炮弹，不顾死活地干着，以对付敌人的进攻。乔治与牧师争辩起来，牧师一心要把眼前这位被异端邪说误导了的年轻人引上正路，不断对其宣讲上帝的力量和奇迹，而被疲累、干渴弄得头昏眼花的乔治根本无心听他的传道。

印度兵继续围困克里希纳普，不断攻打，然而，他们的努力因为缺乏战略，缺乏核心的领导，并没能组织起一个有效率的队伍。早饭过后，霍普金斯先生去了台球房，妇女们已经在那里搭好了睡觉的地方，大家原本一起分工合作得不错，之后，却在食品和空间配置问题上起了争执。面对妇女们纷杂争吵的窘迫局面，他秉持着不得不遵守的等级地位，区别对待这些诉苦的女人，尽力用他的民主观念解决每一个人的问题。被冷落在一边的露西独自坐在她的床上，悲哀地抱着膝盖，她的眼泪博得了霍普金斯先生的同情。

随后，霍普金斯先生与乔治二人边走边谈，向医院走去。突然一颗炸弹朝向他们呼啸而来，幸运的是那颗炸弹没有爆炸，一头扎落到离他们不远的地里。愤怒的乔治，冒着危险，用刺刀去挖地里的那颗还在冒烟的炸弹——它是落下来的多枚炸弹中的一枚。医院里散发着霉腐的恶臭气味，空气浑浊，而且出现了霍乱病例。见到霍普金斯先生，顿斯泰珀尔医生冲他露齿一笑。在这里，霍普金斯先生只做巡视，没有给予任何建议，他认为，医生们已经科学地运用了他们的医学知识给予了病人最好的治疗。对于霍乱，外科医生顿斯泰珀尔与内科医生麦克纳布所采取的治疗方法大不相同，两人各执己见。顿斯泰珀尔总是嘲笑麦克纳布的那些试验疗法，而麦克纳布根本不理睬他的意见，这让他伤透了脑筋，恨透了麦克纳布的那种可恶疗法。

霍普金斯先生继续巡视，朝喀特尔中尉（Lieutenant Cutter）所在的中队走了过去。从围攻一开始，飘扬着的联合王国的国旗就成了印度兵射击的目标，印度兵的神射手一直在尝试击落那面悬挂着的国旗。喀特尔中尉告诉霍普金斯先生，他们计划在敌人的防线下面挖一道通往外面的隧道并制造一次摧毁敌人弹药库的大爆炸，尽管任务实施起来十分困难，而且要冒很大的风险，使用大量的炸药有极大的危险性，但是喀特尔中尉相信：他们将会因此赢得一些时间，发动突然进攻，还有可能缴获印度兵的武器。霍普金斯先生犹豫了一下，马上表态赞同，说："非常好！"

7 月 7 日，碰巧是乔治·弗勒利的生日。喀特尔中尉完成了他们计划中的隧道工程，他制定的那一作战计划开始付诸实施。一旦引爆之后，彼德森中尉（Lieutenant Peterson）、乔治、哈里还有其他一些人组成的一支突击队便冲过去，消灭那些围困他们的印度兵。

喀特尔中尉成功地点燃了导火线，在敌人的防线下面引起了一场暴风雨般的大爆炸，印度兵纷纷倒下，横尸一片，即使幸免于死的，也受了重伤。在交战当中，乔治发明了一种有两个尖的矛枪一样的武器，可惜它不够强大，不足以杀死它所刺穿的那两个印度传令骑兵，传令骑兵逃脱了。那武器的另一端却意外扎住了铁路工程师罗纳德·罗斯先生（Mr. Ronald Rose）的衣服，气得乔治直诅咒。

彼德森中尉下令大家按次序撤退，他一个人留在后面，炸掉了印度兵的一个军火库。当他跳上战马疾驰过一片空地时，突然被击中了，从马上跌落。乔治和哈里毫不犹豫地掉转马头朝他冲了过去，当他们挣扎着试图把他扶上马鞍时，又一发子弹击中了彼德森中尉的后心，他们不得不放弃了对他的救助。巨大的爆炸声响和猛烈的闪光，在平原四周回荡，乔治和哈里跪在彼德森中尉身边，与他做了最后的握手告别。

一直在祈祷的女人们，向归来的战士们祝贺，为乔治举办了生日庆祝会。她们做了生日布丁，米利厄姆还从某一个人手里买来了一瓶波特酒，路易丝开始以一种新的眼光看待乔治，赞赏的他勇敢，为他的生日缝制了一件绿色的外套作为礼物。

现在，路易丝很为父亲顿斯泰珀尔担心，顿斯泰珀尔整天唉声叹气，怨天尤人。哈里却不理会路易丝的烦恼，觉得父亲的精神状况没有什么不正常的。路易丝渴望得到人们的信任，特别是乔治的信任。米利厄姆劝路易丝去和麦克纳布医生谈谈，她认为麦克纳布医生可以治好顿斯泰珀尔医生的精神状态，然而，麦克纳布医生觉得自己也无能为力，因为顿斯泰珀尔医生根本就看不起他。

随着围困的持续，局势在不断恶化，人们对宗教的信仰、人们的社会教养都在经受着考验。随军牧师的工作越来越艰难了，他已经尽全力了。现在，他挖的墓穴越来越多了，霍普金斯先生也前来帮助他，现在，他们要埋葬三个男人：尸体被抢回来的彼德森中尉，躺在病床上任由苍蝇在眼睛上打架、在医院的臭气中度过生命最后时光的杰克逊将军，以及突发心脏病死亡的靛蓝种植者、罗马天主教徒邓纳利（Donnelly）。黑暗中，罗马天主教牧师奥哈拉神父对帆布下面盖着的三具尸体当中究竟哪一具是邓纳利的与随军牧师发生了争执，因为邓纳利必须埋葬在天主教徒的墓地里。最后，经由霍普金斯先生的确认，结束了他们的争执。乔治的到来，令随军牧师十分欣喜，他正在想着这个年轻人，想着他们的论辩。乔治要去值夜班岗，只是顺便过来看看，他接过霍普金斯先生手中的铁铲，接替他铲了一会儿，寂静之中只有铁铲挖土的声音，牧师开口了，开始了他与乔治的辩论。

被围困的克里希纳普的居民不耐烦地等候着雨季的到来。这期间，喀特尔中尉在守卫防御工事时牺牲了，成了英雄，备受人们的怀念，很多人都流下了眼泪，为他祈祷。备受人们喜爱的孤儿——玛丽·波特（Mary Porter）死了。她的突然死亡，令大家深感悲伤，带给顿斯泰珀尔医生的打击更大，几乎失去了理智，到处胡言乱语，霍普金斯先生只好强迫他去卧床休息。在一个黑暗的屋子里度过了两天后，顿斯泰珀尔医生返回了医院，重新接管了他的病房，一丝不苟地把他不在时麦克纳布所做的包扎全部重新包扎了一遍。他的更换方法，与麦克纳布医生基本相同，霍普金斯先生对麦克纳布说到这一点时，麦克纳布表现出了相当程度的宽容。

土邦主的儿子哈瑞和首席部长被扣作为非正式的人质，霍普金斯先生希望这样可以减少敌人的攻击；然而，在英国人的权力面前，哈瑞并不买账，满不在乎，不过倒也并没有什么敌意。霍普金斯先生去看望哈瑞时，他注意到哈瑞已经不再那么神经质地在地上踱来踱去了，健康状况也有所下降，坐在肮脏的稻草堆上，闭着眼睛，附近丢弃着残留的食物和小便的痕迹。看到哈瑞那迟钝的目光，他决定放哈瑞回家去。在天黑之前，他让哈瑞他们离开了，以免印度兵由于看不清而误伤了他们。

在人们往较小也较为安全的防御工事里撤退时，霍普金斯先生病倒了，高烧不退。现在，他必须与凶恶的高烧做斗争，但是，他不肯去医院。发着高烧，躺在床上，他让行政长官威洛比代替他来主持工作，他向威洛比交代了情况，要大家撤退时必须多加小心。他在心里诅咒自己，偏偏在最糟糕的时候病倒了，从窗户里，他看到了为撤退所做的最后的准备工作。通过望远镜，他看到哈里正在努力击退印度兵的攻击，看到乔治正在帮助铁路工程师福特（Ford）和金库管理员博尔顿（Burlton）等人挖着一个个斜洞，他们放上炸药和石块，制作定向地雷。

霍普金斯先生的病情越来越严重了。那天，乔治想到霍普金斯先生的房间来借书，碰巧发现他跌落在了地板上，乔治惊骇极了，跑去找麦克纳布医生，担心他染上了霍乱。麦克纳布医生确诊了霍普金斯先生的病是丹毒，是一种细菌感染，要正在给伤员包扎的米利厄姆去照料他。霍普金斯先生的脸又红又肿，人在地板上打着滚，呻吟着——米利厄姆很清楚，丹毒也会死人的。在霍普金斯先生昏迷期间，米利厄姆一直守护在他身边。路易丝端来了茶水，两个女人小声地交谈起来，一面用心照料着昏迷呓语的霍普金斯先生。

路易丝和米利厄姆担心着乔治的安全，路易丝想象着将来突围出去，与乔治结婚的景况；两个人也为哈里担心，因为哈里爱上了出身不好、背景又差的露西，一旦结了婚，哈里会吃亏的。在米利厄姆看来，哈里对露西的感情只是一时冲动，不会有结果的。附近小山坡的交火声越来越密集了，令她们想到了那些守卫在前方的士兵们，在枪林弹雨中，有多么的危险；当她们想到假若敌人攻进来之后可能发生的强奸与谋杀，她们却毫不惧怕。霍普金斯先生的病情始终不见好转，他的孩子们被吓坏了，以为他会死去，米利厄姆想方设法把围站在他身边的孩子们哄着离开了。

雨季终于来临了，印度兵暂时停止了开火。下了一天一夜的暴雨，那些印度兵盖起了避雨棚等待雨季过去。被围困的人们开始议论逃跑计划，可那样做太危险了，况且，即使他们成功突破了印度兵的防线，他们又能到哪里去呢？五天过去了，米利厄姆守候着重病中的霍普金斯先生，已记不清过去几天几夜了，身心极度疲劳，还要饱受炎热、蚊子与缺乏个人卫生条件之苦。恍惚当中，她记得自己被麦克纳布医生叫了过去，帮助他做了一个截肢手术；后来，她回到霍普金斯先生床边，听到霍普金斯在问“那噪音是什么？是印度兵？”霍普金斯先生的病情终于有了好转，开始康复了。他注意到，外面一片苍翠，床下，他的靴子因潮湿长了绿毛，他的书籍、皮箱都发霉了——这种状况，一直会持续到雨季结束。

雨季中，乌云一样遮天蔽日的小黑虫从河面上向政府官邸卷来，它们飞落得到处都是。原本就感到人生没有意义的露西，在极度的疲劳、闷热和饥饿中，再次扬言说想自杀，哈里和乔治不断地跟她讲道理，希望能说服她。露西要为她“心爱的人”举办一个茶会，因为只有这样，似乎才能使自己提起精神来，她喜欢与男人做伴。现在食品几乎告罄，奶和食糖彻底断了供应，所谓的“茶”其主要成分就是白开水，但是，大家都装出一副热情的样子。

一天，在喝下午茶的时候，像黑云一样的小黑虫从敞开的窗户里涌了进来，所有的器具上都落得满满的，人的身上也爬满了厚厚的一层，甚至连嘴巴和耳朵眼也都成了小黑虫的宿营地。小黑虫爬满了露西全身，就连衣服里面也全是小黑虫，露西被吓得昏了过去，哈里和乔治争着为裸体的露西驱除爬在她身上的那些可怕的黑虫。

到了 8 月初，形势更加恶化了。教堂的墓地不断遭到炮火扫射，在那里埋人太危险了，已经无法使用，基督徒们的尸体被拖拉着丢到远处的两口井里。刚刚出生的两个婴儿，其中一个死掉了，即将被丢进去时，随军牧师冒险把它埋进了墓地，因为他不忍心见它像垃圾一样被扔掉。几个星期前死于防御工事的铁路工程师的遗孀莱特夫人（Mrs. Wright）的女儿活了下来，被大家命名为“希望”（Hope）。政府官邸里所有的人，都遭受着炎热、食物短缺和身体不适的煎熬，人们越来越感到绝望。在一场暴风雨即将来临之际，霍普金斯先生参加了“希望”的洗礼，随军牧师的声音显得低沉而含糊不清，霍普金斯觉得每个人的眼睛都盯到了他肮脏的晨礼服上，他没有肥皂洗衣物，虽然米利厄姆和他的女儿都表示过愿为他做这种事情。施洗开始了，他站到神坛桌子旁，因为他要做孩子的教父。

露西又举行了一次“茶”会，自从那次遭遇小黑虫袭击事件的“茶”会之后，她的心情已经好些了，大部分时间都显得心态平静、待人亲切。行政长官威洛比啜饮着他的“茶”水，思考着河水现在是不是暴涨起来了，下游将会再一次泛滥，堤防将会被侵蚀；威洛比想到了那些当地人和他们祭祀用的那些山羊——延续人类数百年的一种无知。行政长官注意到，自从小黑虫事件之后，米利厄姆与路易丝对露西便不那么友好了，他对露西却有些着迷，但他觉得自己是不会成功的，于是，沮丧地打了一个嗝。

哈里和锡克族人胡库母·辛赫（Hookum Singh）环绕着防御工事一边走，一边向丛林发起连串的射击。政府官邸里的难题越来越多了，霍乱疫情引起了人们心理上的恐慌。暴涨的河水冲垮了防御工事，雨太大了，倾盆大雨中，泥筑的防御工事不断出事，人们不得不趁着大雨的间歇期间进行修补。在随军牧师为濒死的人诵读《圣经》时，密集的苍蝇在他周围乱飞；医院里的情况更是糟糕，危重病人和垂死的人不断痛苦地叫喊着。在对霍乱患者如何进行适当治疗的问题上，顿斯泰珀尔医生和麦克纳布医生之间的分歧越来越大了，弄得守备队员们在各自身上时刻携带着的那张卡片上填写了他们每个人所要选择的医生的名字。那天，在祭坛前的一场当众辩论中，狂怒的顿斯泰珀尔医生由于说不过麦克纳布医生，便大喊大叫，要对麦克纳布大打出手，被随军牧师制止了。怒不可遏的顿斯泰珀尔险些把他的怒火发泄到随军牧师身上，被女儿路易丝和妻子顿斯泰珀尔夫人（Mrs. Dunstaple）及时制止后，强行拉走了。

将近 8 月底时，被围困的克里希纳普的居民们眼看着已经到了穷途末路，在饥饿和绝望的折磨中，社会习惯几乎被彻底弃置不顾了。这时，代理霍普金斯先生主持工作的行政长官威洛比感到自己对社会变革的信仰，以及对人的信念已经大不如前了。由于仅有几个商店里还有食品出售，有人建议举行一次拍卖会，卖空商店里的食品。在将领导权力交还给霍普金斯之前，威洛比稍微犹豫了一下，随后同意了这一建议。拍卖会由主管后勤、掌管军需部的雷尼先生（Mr. Rayne）主持。拍卖会场十分拥挤，一些绅士为了获得竞拍品，不顾死活，甚至不惜以先举债以后再挣钱还债为手段，拍卖品的价格也高得出奇，只有极少数人能买到手。最后，大部分竞拍品都被雷尼雇佣的人买去了。霍普金斯先生发现了其中的端倪，人人看上去都是一副面黄肌瘦的样子，唯有雷尼红光满面的，像是没有受过饥饿折磨；通过一番询问，他发现了雷尼以不道德的出价、不择手段地获得拍卖品的事实，结果，拍卖会被取消了。

霍普金斯先生以“救援部队就快来了”安抚人心，取消了拍卖会，把那些拍卖品按人们的具体情况进行了分配。之后，突然之间，开始有谣传说霍普金斯先生有共产主义思想倾向。有人用蓝宝石饰物和其他贵重物品去换取存放了几个星期的食物，霍普金斯被激怒了，让雷尼先生的副手西蒙斯先生（Mr. Simmons）尽快地把每日正常定额的食品分配下去，却从年轻的西蒙斯口里获悉，军需部已经基本上没有什么库存物资了，只剩下存放在教堂里的少量谷物和面粉了。霍普金斯这才意识到，军火和炸药的储存量也少到了令人难以置信的可怜地步。按人定额配给的口粮，不得不再次减少，每人每天只能分到一把豆子和少得可怜的面粉，即使这样，霍普金斯估计，供给大概也只能再维持两三个星期。

到了 8 月底，雨季结束了。进入 9 月之后，当地人中的旁观者大批地返回了家园，其中一些较富有者以欧洲的方式带上野餐食盒，让仆人在绿草地上铺上光亮的地毯，享受起了野餐的乐趣。被围困中的守备队员通过望远镜眼巴巴地望着他们在山上野餐的愉悦。饿得要死的人们，现在，他们衰弱得已无法入睡，开始不顾一切，使用一切手段获取可能得到的食物。一匹马被宰杀了；为了做馅饼，有人用宝贵的子弹射杀了一只麻雀；还有人把腐烂的肉挂到鱼钩上，甩到防御工事围墙外面，试图捕捉一只流浪狗或其他什么动物。工程师沃斯里先生（Mr. Worseley）射杀了近千只的麻雀，做成了咖喱粉，尝过的人都说味道好极了，激怒了霍普金斯先生——那咖喱粉浪费了宝贵的弹药。

9 月 10 日，是路易丝的生日，乔治用他的一个金袖扣、一个银鼻烟壶和一双鞋，从雷尼那里换来了两块糖，与面粉和在一起烤制成"蛋糕"后，送给了路易丝。

在政府官邸屋顶上负责瞭望的福特先生，从望远镜里发现了印度兵的新动向。已增加了人力和装备的印度兵，准备大举进攻，希望一举结束对克里希纳普的围困。经过测算，9 月 12 日午后，福特先生把一条紧急信息送到了霍普金斯先生手里，提醒说，有迹象表明敌人的进攻已经迫在眉睫了；由于印度兵隐蔽的火力点在他们的射程之外，因此，他们的炮弹打不到那里，很难摧毁印度兵的攻击。在私下里，霍普金斯先生已经猜测到了印度兵正在策划一次猛攻，他把全部人员召集到一起，发出了警告——明天破晓敌人很可能大举进攻。随后，他把所剩不多的储备物资、水，以及妇女和儿童一起集中到宴会厅，并在那里存放了足够的炸药，准备将其作为最后的据点。他对大家说，一旦败局不可避免，他们就自己动手点燃炸药，大家同归于尽。他认为大家都会同意——因为一起光荣地死去，总比落到敌人的手里要强百倍。在疲惫不堪的瘦弱听众中，他的这一番话引起了一阵骚动，沃肯斯的情绪一落千丈，随后，又恐惧地想——确实，总比落在外面的黑鬼手里要好得多。有个躺在床上的年轻人开枪自杀了，霍普金斯先生听说之后，对这一绝望之举深感自责，自责自己没能给那个年轻人以希望。

黎明前，从政府官邸那边黑暗的空中传送过来了一个男人的歌声，寂静中，那声音很是动听，乔治从领养老金的锡克族人拉姆（Ram）嘴里得知那首歌名为《真神，萨希卜》[1]（God，Sahib），从拉姆听歌时脸上的虔诚表情中，乔治联想到霍普金斯先生几个月前说过的——印度人并没有被英国人的文化、习俗和宗教信仰所征服。不过，现在，顾不上这些了，他这时正与哈里等人守卫在防御工事里，等待敌人的进攻。乔治挑选了一只较大口径的手枪，是霍普金斯先生淘汰的一把重型手枪，可以连发 15 发子弹；哈里准备好了大炮，他们用女人的长筒袜帮助往黄铜大炮里装炮弹，因为那炮口由于过度使用而变了形；工程师福特领着一些锡克族人守候在屋顶上，霍普金斯先生加入了进去，以便在必要时命令撤退。

因过度疲劳与饥饿，霍普金斯先生感到头晕目眩，24 小时以来，他只喝过一点水，但当他听到微弱而独特的马勒的叮当声，立刻大声命令各就各位，准备开火。印度兵发出一阵冲杀声，等到他们大约距离有 200 码、进入射程之后，霍普金斯先生立即下令"开火！"可惜，命令还是下得早了些，只倒下一些零零散散的印度兵。没等他们的第二批炮弹发射，洪水一样的印度兵越过同伴的尸体冲了过来，他们不得不掉头撤退到官邸的建筑物或医院里，试图坚守在门窗那里击退印度兵的进攻。

行政长官汤姆·威洛比、雷尼先生等人不顾死活地企图阻止印度兵靠近建筑物，但很快，他们就失守了。霍普金斯先生已经毫不怀疑他们即将失去他们的官邸，但重要的是失去的方式，他们要不惜任何代价，与敌人一拼到底。他通过胡库母·辛赫发出了命令，与敌人展开了殊死的搏斗。楼下，官邸的所有房间里，甚至包括餐具室、刀房、欧洲仆人的房间、仆役长房间、托儿所、托儿所餐厅、女仆房间……

---

1 《真神，萨希卜》（God，Sahib）：印度锡克教徒尊崇祖师"古鲁"（Guru，即"师尊"之意），共有10位。经文《古鲁·格兰特·萨希卜》（Guru Granth Sahib）被锡克教徒奉为第11位古鲁，即永远活着的师尊。

一一展开了肉搏。他们由于没有进食，体力不支，但他们表现得十分英勇，利用一切可能派上用场的东西，枪支弹药、石块、塑像头、刺刀、砍刀……踩踏着成堆的尸体，一个一个房间地坚守。楼上的乔治·弗勒利由于不会使用那支沉重的大口径手枪，发射不出子弹，在与印度兵短兵相接时，只好凭借砍刀，凭借吊灯，凭借小提琴琴弦一次次化险为夷，直至被逼上绝路，眼看就要丧命，千钧一发之际，他再次扣动了那支上一次不肯射出子弹的手枪的扳机，奇迹竟然出现了，它一连射出 15 发子弹，把那印度兵的上半身打成了肉块。

一场惨烈的肉搏之后，官邸即将失守。霍普金斯先生命令他事先安排在图书室里的预备队员拿起了猎枪和来福枪，这些饥饿而蹒跚的退伍老兵，衰弱不堪，却以当年他们参加战斗的勇气和军事技术，拉动了扳机，然而，他们也没能改变官邸失守的命运。霍普金斯先生带领着几个锡克族士兵越过路障，在一片混乱中，撤退到宴会厅。宴会厅里挤满了老人、妇女、儿童、伤员、病人和所有的参战人员。为了守住这一最后的据点，哈里·顿斯泰珀尔意识到，炮弹射程不够，但他现在只能孤注一掷，采取危险措施了。他冒着大炮爆裂的危险，将炮弹发射了出去，炸毁了印度兵的弹药库。

9 月 17 日上午 10 点，霍普金斯先生坐在宴会门厅一个掉了一条腿的椅子里，随军牧师固执地非要与他谈论他的那些唯物主义的展览品，随军牧师的身体已经相当地虚弱，虚弱到了无法行动的地步，必须由人抬来抬去。霍普金斯先生根本没有心思去听随军牧师的那些话语，他饥饿难当，心里思虑着他们的困境，他们几乎弹尽粮绝了，印度兵很快就会知道这一点，将会率先发动一次更大规模的进攻以结束围困。随后，他将目光停留到米利厄姆身上，生着病的米利厄姆太虚弱了，已无法去帮助麦克纳布医生，也拒绝让人将她移到空气好的角落去。路易丝在帮助麦克纳布医生照料那些伤病员，放弃了对麦克纳布医生的怨恨——她认为父亲顿斯泰珀尔的死是麦克纳布的过错，他没能医治好她父亲的病。随军牧师始终在那里喋喋不休地嘟哝着，霍普金斯先生将注意力投向外面失守了的防御工事，注意到那边有了新的动静，毫无疑问，预示着印度兵的攻击就要开始了。正当他焦虑不堪时，突然之间，在不远处，他们的救援部队出现了。

霍普金斯先生成了克里希纳普围困的英雄人物，但他拒绝留在克里希纳普享受荣誉，享受奢华，回到了伦敦。在离去之前，看到辽阔的平原和印度这个国家的广袤与巨大，感到非常吃惊。回到伦敦之后，他辞退了一切社会公职和社团里的职务，经常到伦敦颇为贫穷的地区去散步，将他的目光投向穷人。随着年龄日益变老，他不再经常出门了，开始在俱乐部里通读报纸，而且只对吃感兴趣，体重不断增加。诗人乔治·弗勒利的体重也在增加，在 1870 年代末的一天，这两个男人在伦敦的一家商场不期而遇。从乔治·弗勒利口中，霍普金斯先生获悉乔治与路易丝婚后生育了好几个孩子，米利厄姆与麦克纳布医生结婚后留在了印度，哈里与露西结婚后也生活在了印度。

霍普金斯先生对文化和进步的态度与他在克里希纳普时已经有了很大改变，将自己所收藏的艺术品全部卖掉了。他对乔治·弗勒利说，他觉得文化是一种假象，是富人用来掩盖人性丑恶的化妆品。乔治吃了一惊，表示反对，他认为文化使人们产生了企望更高人生境界的思想，而思想又是文化的一个组成部分……没有人能说思想是假象，社会的进步就是以思想为基础的，是思想使人们成了现在的样子。恐怕，在霍普金斯先生生命的最后日子里，1880 年，他已经确信，一个民族、一个国家，其实并不是依照着它最美好的意愿向前进展的，而是被它知之甚少的无法控制的其他力量造就起来的。

作者生平与创作生涯

詹姆斯·法瑞尔于1935年1月23日（一说25日）出生在英格兰默西塞德郡（Merseyside）首府利物浦（Liverpool）。父亲是英格兰人，生活在利物浦，经常到远东地区和印度工作。母亲是爱尔兰人，在都柏林（Dublin）接受的教育。他出生时带着胎膜[1]，被认为是个吉兆。早年，他一直生活在英格兰西北部，并在那里上学读书。第二次世界大战爆发后，他们举家迁居到南波特（Southport），购置了一所维多利亚式的大房子，住了进去。1941年那幢房子被炸弹击中，毁坏严重，对他冲击很大。1945年，他们全家移居爱尔兰。

他在爱尔兰接受了几年学校教育，之后，1948年至1953之间，进入英格兰西北部兰开夏郡（Lancashire）的一家寄宿学校——罗素学校读书。在校期间，参加了多项体育运动——打球、骑马、射击、剑术等，显示出了优异的运动才能。同时，也显示出了对文学的喜爱，他对法国的司汤达[2]（Stendhal）、英国的康拉德（Conrad）和俄国的托尔斯泰[3]（Tolstoi）等作家产生了极大兴趣，并有了成为作家的雄心壮志。从罗素学校毕业之后，他先后从事了多种职业：在都柏林一所预备学校里教书，到加拿大北极群岛中的巴芬岛（Baffin Island）工作了7个月，在那里当过工人、救火队员和军事预警员等。

1955年（20岁），他回到英格兰。1956年，他进入牛津大学布拉兹诺斯学院法律专业学习，由于他在体育方面表现优越，很快就成了各种运动协会当中的活跃分子。不幸的是，在一次橄榄球比赛中，他受了伤，当时没太在意，后来才发现病情严重，被紧急送到医院，经过检查之后确诊为小儿麻痹症，而且，不清楚他能否活下来。为了把损害程度降到最低，他接受了物理疗法，作为治疗的一部分，他有一个月时间完全靠一个铁肺活着，这种肺由一系列机械泵帮助呼吸。康复之后，他的肌体落下了无法治愈的残疾，再未能找回他原有的活动能力和体力，尤其是上半身：他的右臂始终处于半残疾状态，影响了他的一生。

经历了几次可怕的情绪低落之后，1957年秋，他回到母校布拉兹诺斯学院继续完成学业，改学法语和西班牙语。因身体带来的不幸，他只能慢慢学习，每次完成考试，他的身体都十分疲倦，即便如此，

---

1 胎膜：在中古时代，人们相信胎儿包覆着胎膜出生代表这个小孩将来会走好运。在第一次世界大战中，就有人贴广告求购胎膜，尤其是水手们，因为据说胎膜可以保护人不溺水而亡。

2 司汤达（Stendhal，1783—1842）：法国现实主义文学的奠基人，被尊为19世纪伟大的法国小说大师之一，代表作为长篇小说《红与黑》（The Red and the Black）、《巴马修道院》（The Charterhouse of Parma）。

3 托尔斯泰（Tolstoi，1828—1910）：俄国最具影响力的伟大作家，世界公认的文学泰斗。1828年9月9日出生在彼得大帝时代承袭下来的贵族之家，世袭伯爵，1851年，在高加索军中服役期间开始文学创作，他的作品，成为19世纪俄国社会生活的百科全书，囊括了19世纪以前人类创造的一切文学体裁。其中，长篇小说《战争与和平》（War and Peace，1865—1869）和《安娜·卡列尼娜》（Anna Karenina，1873—1877），为他赢得了世界性的声誉；1889年至1899年间完成的长篇小说《复活》（Resurrection），成为世界文学中不朽的名著之一。晚年，他摈弃贵族生活，力求过简朴的平民生活，1910年10月秘密离家出走，途中感染肺炎，11月7日在阿斯塔波沃车站（Astapovo Station）溘然长逝。在文学创作和社会活动中，他还提出了“托尔斯泰主义（勿以暴力抗恶，道德自我完善和博爱精神）”，对很多政治运动有着深刻影响。

1960 年（25 岁），他终于以第三名的好成绩获得了毕业证书。随后，他前往法国，担任教师。

他在法国工作了两年，并在那里开始了他的文学创作。由于对身体疾病的感受和法国文学作品——特别是阿尔贝·加缪[1]（Albert Camus）作品的影响，他创作了一系列表现抑郁、生存痛苦的作品。1963 年（28 岁），他完成了第一部长篇小说《一个来自别处的男人》（A Man From Elsewhere），以一种忧郁、阴暗的叙述方式，凄凉的笔调，描写了两种不同哲学之间的对抗，出版之时，与众多新生作家一样，遭遇了多家出版社拒绝，最后，作为伦敦哈钦森（Hutchinson）出版社的"新作家小说丛书"中的一部作品才得以出版。

1960 年代中叶，他移居伦敦，生活在诺丁山（Notting Hill）周围一排简陋的小屋中，一边教书，一边写作，出版了两部长篇小说：哀悼青春突逝的《肺脏》（The Lung，1965）；表现对有关人类生存忧虑的《头部是女孩》（A Girl in the Head，1967）。

1966 年，他获得了支持英国学者去美国深造的哈克尼斯（Harkness）奖学金，在耶鲁大学读了两年研究生课程，不过，他很快就厌烦了那些专业课程。1967 年 5 月，他游览了纽约（New York）、罗德岛（Rhode Island）南部的布洛克岛（Block Island）和一些历史遗址。在布洛克岛上游览时，他遇到了一家大饭店毁于一场大火的恐怖场面，印象深刻，受其影响和刺激，回来之后，便以极大的热情投入了他又一部长篇小说《困境》（Troubles）的创作当中，这部作品，后来成了他出版于 1970 年代的《帝国三部曲》（Empire Trilogy）的首卷。

1969 年（34 岁），他结束了在耶鲁大学的留学生活，回到英国，立即为他的新作《困境》找到了一家出版商，并开始为英国古老的刊物《观察者》（Spectator）写评论文章。1970 年 12 月《困境》出版，受到了广泛而热烈的赞誉，并在 1971 年 5 月获得了在英国文坛上享有威望的杰弗里・费伯纪念奖，令他名声大振，很快便成为英国文坛上一位重要的小说家，经济状况也因而得以改善。

1971 年后半年，他前往印度、尼泊尔旅行，游览了印度各处名胜古迹，还特意跑到北方邦的首府勒克瑙（Lucknow），参观了著名的"英国总督府遗址"——1857 年这里被印度雇佣兵起义者围困了长达 87 天之久，遗址废墟墙上的弹孔和枪炮轰击的痕迹依稀可辨。返回伦敦之后，他便立刻开始着手《帝国三部曲》第二卷的创作。后来，当他为完成第二卷《克里希纳普之围》的创作，再次前往印度旅行时，途中，身体健康状况再度出现问题，病情恶化，不得不中断旅行，返回英国。之后，他移居伦敦西部埃杰顿花园街（Egerton Gardens），继续勤奋笔耕，努力创作，陆续推出了三部曲的第二卷和第三卷。

《帝国三部曲》是他的一部驰骋着丰富的想象力、令人难以忘怀的杰作，讲述了大英帝国的末日、崩溃之前的那个时代里的故事，各自独立的故事，浑然成一体，特色缤纷地描绘出了一幅大英帝国末日的哀歌。在第一卷《困境》中，他讲述了 1916 年的爱尔兰叛乱；在第二卷《克里希纳普之围》中，他讲述了 1857 年的印度兵叛乱；在第三卷《新加坡之厄》（The Singapore Grip）中，他讲述了 1942 年的新加

---

1 阿尔贝・加缪（Albert Camus，1913—1960）：1957年的诺贝尔文学奖获得者，法国存在主义文学流派的创始人之一，以独特而清晰的思维，提出了一代人关心的问题，是世界上为数不多的，作品很少却获得极高荣誉的大作家之一。他的哲学及其文学作品，如中篇小说《局外人》（The Stranger）、长篇小说《鼠疫》（The Plague）和长篇哲学随笔《西绪福斯神话》（The Myth of Sisyphos）等，对后期的荒诞派戏剧和新小说影响很大。

坡沦陷。在三部曲中，面对大英帝国的衰亡与崩溃，他以一种批判的审视目光，以独具特色的文笔，将殖民主义者的“高等”文化、社会习俗、陈词滥调玩弄于股掌之间，不断将大英帝国殖民者那种傲慢自大的心态，以及其滑稽的行为方式拉出来打趣，且毫无恶意地对其进行了深刻的讽刺与嘲弄。

其中《克里希纳普之围》，如今已成为他的一部超越时代、深具历史眼光的流芳之作。在这部作品中，他以一种看似轻松、轻描淡写的文笔，独一无二的讽刺与嘲弄，对殖民文化当中的陈腐的思想意识和价值观念给予了几近滑稽剧式的描写。通过精确的图像、详尽的细节、独特的气氛、丰富的人物形象、清晰的对话和迭起的悬念，游刃有余地描写了 1857 年在英国雇佣军印度兵哗变期间，发生在被围困于克里希纳普英国人居住区里的殖民者身上的故事——他们因时局当中一系列无法控制的历史状况而失去了对现实的把握和他们的权威性。他们那些粉饰文明的殖民文化、生活方式的表象，被撕破了。在惊慌混乱中，他们撤退到政府官邸，拥挤在临时修筑起的防御工事的后面，准备用他们身边一切可利用的方法来为他们的生命和他们的生活方式进行坚决而拼死的战斗。围困持续了 3 个月，在面对外部敌人、流血牺牲、食物匮乏、疾病与霍乱、缺水和少药的状况时，官邸里一群令人难忘的傲慢自大与自信的英国殖民者，以他们的英勇无畏与荒谬可笑，换取了政府官邸失守的结局。

小说出版当年，在与贝丽尔·班布里吉（Beryl Bainbridge，1932—2010）、艾丽丝·默多克（Iris Murdoch，1919—1999）等著名英国作家的竞争中脱颖而出，因其主题的严肃，表达的机智，故事的有趣，发人深省的哲理，问鼎了第 5 届英语文学界最有影响力的布克奖；之后，又在 2008 年入围了“最佳布克奖”的决选名单；因其对人物性格丰富的描写、对维多利亚殖民文化的冷嘲热讽，以及充斥于字里行间的动感与冒险精神，被认为是一部现代经典之作，并被定义为近 50 年来最优秀的英语小说之一。

不过，当年，在受奖演说时，詹姆斯·法瑞尔对布克奖的捐资人——布克·麦康奈尔公司（Booker-McConnell）展开了猛烈的口头攻击，谴责他们在西印度群岛的殖民主义行径，指斥他们对西印度群岛黑人雇工的剥削，特别是他们在对工人待遇的问题上——只付给黑人雇工极低的工资。

获奖之后，1975 年，他用所获奖金前往新加坡旅行，返回英国后，继续小说创作，完成了《帝国三部曲》的“新加坡”卷，之后，又开始着手创作另外一部关于印度的长篇小说《山中避暑地》（The Hill Station），只不过篇幅和气势都小了一些，而且，生前也未能完成。

1979 年 4 月（44 岁），他移居爱尔兰海滨班特里湾（Bantry Bay）南岸，购买了一个老农场，一面心情愉快地进行新小说的创作，一面在岩岸附近钓鱼，意图通过在此地的写作，探究他母系方面的爱尔兰之根。不幸的是，1979 年 8 月 11 日（或 12 日），他到离家不远的海滩上钓鱼时，在一场意想不到的暴风雨中被一个奇异的大浪冲进了大海，尸体被冲到班特里湾的另一面岩岸，一个月之后，才被找到。

詹姆斯·法瑞尔终生未娶，英年早逝。他致死的原因，很可能与他的小儿麻痹疾患有关，因为他只能使用一只手臂。他溺水而亡之后，他的家人、朋友和成千上万的读者，都被这一噩耗深深地震惊。他时年 44 岁，被安葬在了离他家不远的杜尔鲁斯（Durrus）的圣詹姆斯教堂（St James' Church）陵园里。1979 年 10 月，他的朋友们在伦敦圣布赖特教堂（St. Bride's Church）为他举办了追悼仪式，并在 1981 年出版了他最后一部未完成的长篇小说《山中避暑地》（The Hill Station，not completed），以及他 1971 年的散文作品《印度日记》（Indian Diary）。

主要参考资料：

The Siege of Krishnapur, by James Farrell, Publisher: Penguin Books Ltd, 1975.

Dictionary of Literary Biography, British Novelists Since 1960, edited by Merritt Moseley, Publisher: Gale, 1983.

Encyclopedia of World Literature in the 20th Century, edited by Steven Serafin, Publisher: St. James Press, 1998.

1974年 | 第6届

006 保守的人［南非］纳丁·戈迪默

The Conservationist by Nadine Gordimer

◎ 原著共 11 章（每一章前各引用了一段黑人神话传说），以一种不断转化角色的叙述方式，意识流手法，多层面地讲述了南非一位“世界只为我服务”的自私主义者白人——实业家梅林（Mehring）无视外界的苦难，过着特权式的孤立生活，并以“自然资源保护论者”自居，而在他垄断的土地上，根本没有什么生态保护，只有如何开发、如何谋利的各种计划，结果……

英文原版封面

纳丁·戈迪默

（Nadine Gordimer，1923—2014）

纳丁·戈迪默是南非一位杰出的小说家，被誉为“南非文学巨人”。有评论认为，其作品多以南非社会的阶级问题、家庭关系和黑白冲突为主题，从人道主义的立场，艺术性地述说黑人革命解放的心理与行动。1991 年，由于其**“以强烈而直接的笔触，描写周围复杂的人际与社会关系，其史诗般壮丽的作品，对人类大有裨益”**获得了诺贝尔文学奖。

《保守的人》（The Conservationist）出版之后，因其**以极具象征意味的笔法对南非所实行的种族政治做出了独立的艺术表述，以寓言式的形式，艺术地再现了南非的种族隔离制度对人性的扭曲，对人（无论是黑人或白人）的意识深层的异化和伤害；且行文当中，极富想象力，每个词句，每个段落，都恰到好处，把南非实行的种族隔离制度的罪恶勾画得淋漓尽致**，在当年，与斯坦利·米德尔顿（Stanley Middleton，1919—2009）的《假日》（Holiday）一起问鼎了第 6 届英语文学界最有影响力的布克奖；又在 2008 年入围了“最佳布克奖”的决选名单。

星期日早晨，农场主梅林驾车前来巡视他的农场，车盖上的标志发出棱柱形的闪光，像宝剑一样刺眼。在通往第三牧场的路口，一个幼小的男孩跑到大门那里为汽车打开了大门，农场主没像往常一样把车子开进去，他刹住了车，让引擎继续开着，下了车，看向围成半个圆圈蹲在地上的几个孩子，他们面前有一小堆淡白色带斑点的蛋。

紧靠着蛋堆的那个孩子盘腿坐着，像个市场上的小贩，露齿的笑容显露着物主的骄傲，仰起脸，羞怯地看了看农场主。那些斑点的蛋像弹子一样排列着，其他的孩子挤在他周围，一眼就能看出，不经他的允许，他们是不能碰那些蛋的。在孩子们和那些蛋所在的早已枯死的草地上，被孩子们的赤脚和屁股压出了一个个窝窝。盘腿坐着的孩子把那些斑点蛋轻轻往一块儿拢了拢，让外围的两枚滚进了他的手掌。农场主向那个孩子提了一个问题，得到的回答是一串咯咯的笑声；农场主指着下面那些斑点蛋——总共11枚，一整窝珍珠鸡的蛋，又问了一遍，孩子们还是听不懂他的话；结果，他只好连比画带说地说了一通。那盘腿坐着的孩子却将头歪向一边，像是禁不起夸奖似的微笑着，将其中的一枚鸡蛋放在两个小手心里倒来倒去。

农场主返回他的汽车，熄了火，从第三牧场那里走下大路，越过田地，跳过干涸的小沟，弄得沟边那些枯死的大波斯菊和杂草发出噼里啪啦的响声。他脚上的那一双已经磨损了的厚厚的橡胶鞋底，摩擦着坚硬地面上被牲口啃食过的短短枯草，向圈有围墙的居住区那里走了过去。那里，上方是夜里专门圈养小牛的围栏，里面有一些用劈成两半的汽油桶做成的食槽，现在，那里空空荡荡的，周围一个人都没有。从一排用灰煤渣砖搭建成的房屋里传送出来收音机里播放的音乐，就像是一股有声的炊烟在清澈明丽的早晨袅袅升起。这时，一个女人从铁丝网和白铁皮搭建成的披屋后面走了出来，看着渐渐走近的农场主，停住了脚步，静静地站在那里。农场主询问那女人：农场主管在哪儿？那女人一动不动，表情怪怪的，仿佛在使劲地听，然后发出一个表示听懂了的声音，告诉了他答案。农场主重复了一遍那女人的话，以便确定，那女人慢声慢气表示了肯定，又用注视的目光为农场主指示了他要去的方向。

当农场主走过那一片苜蓿地时，情不自禁地深深吐纳着在南非洲的高原[1]秋季中那干爽而至美的清凉空气。这真是一件乐事，整整一个星期了，待在城市里，他都无法呼吸到这样优质的空气。躯体里涌进了清新的空气，令他的视野愈发开阔起来，他扫视向远处的河岸，那岸边的柳树，眼下已变成了金黄色，

1 南非洲的高原（high-veld）：海拔约4000英尺，供放牧用。

一条条柳枝，经过大风的梳理，已变得秃秃光光。它们周围，与它们相伴的那环境，满是污垢，在它们的上方与那明亮的天空之间，是一种略带点浅紫的颜色。他想到，自己很有必要将保护自然资源的观念传授给当地的这些黑人：一整窝珍珠鸡蛋，共 11 枚。这样下去，在这个国家，这块陆地，这片大海，这片天空，很快就将会什么都没有了。忽然，他看见了一个黑人的身影，农场主管雅各布（Jacobus）向他走了过来。尽管是星期天，雅各布依然穿着发给他的那一身蓝工作服，脚踏一双雨靴，大喘着气，停了下来，站在那里，仿佛那里有一条界线似的，在距离农场主 10 英尺远的地方，与农场主相互礼貌地打着招呼。

农场主很从容地走近了雅各布。"雅各布，我是来找你的，事情都还顺利吗？"雅各布回答他说："星期五，生了一头小牛，我试着给您打电话……是去年您从彼得斯堡（Pietersburg）买来的那头母牛生的……"两个男人迅速交谈着，为了避免可能的碰撞，偶尔会有短暂的停顿，当然，农场主说起话来，总是畅通无阻的。"看，雅各布，我刚去过第三牧场。"雅各布继续他的话题："昨天晚上，我试着给您打电话……"农场主的脑海里却在思考着如何把那件事提到议事日程上来——那些孩子拿着那些珍珠鸡的蛋玩耍，他们肯定是在草地上或芦苇丛中找到了一个珍珠鸡的窝。

"在河边……您去过那里吗？"雅各布说。农场主望着雅各布，觉得雅各布的样子看上去有些忧郁，吞吞吐吐的。农场主想：是的，对那些孩子，雅各布负有责任，说不定，其中有几个孩子就是他的，总之，管理好农场职工的家眷是他职责的一部分，还有他们喂养的狗的数量……农场主一心想对他的农场的环境进行保护——保护农场里的一切自然资源，保护自然资源的多样性，他曾经不厌其烦地告诉他的农场主管，在他的农场里：不允许乱扔烟头，不允许想抄近路去上工的外来黑人穿行……现在，农场主知道，自己必须告诉他的这位农场主管，要提醒农场里玩珍珠鸡蛋的孩子们：他们好像并不需要把珍珠鸡蛋作为食物吃掉，他们只是一些黑人小孩。但是你必须告诉那些孩子，那些蛋是不能拿来玩耍的，要是他们在大草原发现了那些蛋，不该去碰它们，你明白了吗？不管在任何时候，都不该去碰或去挪动那些禽蛋……

那些孩子的行为给农场主管雅各布带来一种沉重的压力，他不想受到指责，便使用一种不无讨好的语气将话题及时转到他必须报告的问题上："场主，河那边的情况很糟糕，昨天夜里，我想给您打电话，报告您那里发生的事情，那个男人死在那里了——"雅各布用颤抖的食指指着，"那儿——那儿——"农场主往后退了一步。"有人死了？"

"死了一个男人。昨天 3 点钟，索罗门（Solomon）发现的。"于是，农场主跟着雅各布朝那躺着尸体的地方走了过去，站在不远处，察看着那具男尸。其实，农场主完全可以立即打个电话给警察局，把事情交给处理这类事情的官方机构去处理。死者不是他农场里的职工，也没有人知道这具入侵的黑人男尸究竟是何方人氏，是怎样躺卧在那里的，他完全有权不必前来观看；只是，这具入侵的死尸，死在了他的领地上，农场主管在尽他分内的职责，而他的雇主也有义务随他而行。

农场主和他的主管，两个男人，像牲畜一样笨拙地钻进了干枯的芦苇丛，惊起了一群滩上的禽鸟，他们的脸部撞到了蜘蛛网上。就在他们经过的路边，一个人仰躺在那里，是一个男人。农场主紧跟在他的主管身后，一味地往前行，因为没有看见，差一点被绊倒。雅各布走动着，用心察看着那个死人，那周围有一圈被踩踏平整的空地——整个居住区的人肯定都来看过了。雅各布不明白这到底是怎么一回事：

“为什么发生在这里？为什么他倒在了这个农场上？发生了什么事——”雅各布往下说着，那话音像是一种愤慨的挽诗。农场主的目光也围绕着那个死人打转转，注意到那男人很可能是被扔在那个地方的，因为那男人的鞋底很干净，另外，他还注意到那男人的衣服质料很不错。“你最好不要碰他，你确定无疑这里没人认识他吗？”雅各布听到之后，把他的手收放到胸前，慢慢摇着头说：“没有人认识这个男人，对这个男人，谁都一无所知。这个人来自那边——那边——”他遥指着农场南边边界所在的方向。

农场主开车回到他在农场的住所，雅各布陪在他身边。农场主弄干净鞋上的脏泥，走进客厅，给警察局打电话，联系上之后，他开始用另外一种白人的语言——南非的公用荷兰语向值班的警官报了警：“我是卡特博斯兰路（Katbosrand Road）的梅林。在我的农场上发现了一个死人，就在山谷那里。看上去好像是被人扔在那里的。”不料，那位接电话的警官对此事根本不着急，说他们的巡逻车已经出去了，现在值班的只有他一人，一时找不到人，没有办法过去。

“我怎么处理我领地上的那具死尸？那个人可能是被谋杀的。显而易见，他的头部遭到了打击，或其他什么的，而且是被抛弃的。从他的鞋上，你能看出来，在那个山谷里，他没走过一步路。”那警官询问了一句：那死尸头上或其他部位有损伤？农场主用不悦的口吻说道：“我已经给你说过了，那是你的事。我不希望让我的人去处理一个被谋杀的人。我不想在这件事情之后有什么麻烦。你应当找一个人今天就到这里来，警官。”那位警官依然有一堆托词，解释他们不能马上出警派人过来看看的理由。最后，农场主改换成了英语，结束了与那位警官的谈话。之后，农场主对在厨房里等着的他的雅各布说：“他们明天一早就来。我把一切都告诉他们了。绝对要看守住，让人们远离那里，还有要留心那些狗，不要跑到那里去。”他的农场主管对他的话没有做出任何反应，心里正在想：农场主还不知道被禁止进入居住区的那些狗，现在又悄悄出现了。

农场主梅林不是一个农民，他来自城市。许多手头宽裕的城里人在他们人生的某一阶段都喜欢买下一个属于自己的农场——亏损可以从所得税中扣除，而且，这些实业家有足够的资金来满足自己与大地建立联系的额外情趣，在土地上放松自己，接近大自然，享受穷人享受不起的生活。梅林是特兰士瓦尔[1]（Transvaal）地区一个投资基金会的经理，几乎每个周末，他都要到自己买的这个农场里走一走，作为从城市商业社会的退身之地；当然，他同时也想从这个农场获得一些利润。他使用一些非洲员工帮助自己运作这个农场，这些人是一些生活在一起、互相影响又被南非的种族法分开的布尔人、印度人和黑人，在他们的土地和他们的劳动成果被剥夺之后，他们不得不接受差别待遇，为他们的白人雇主生产利润；不过，他们同样享有在周末休假的待遇。要是农场主梅林更加专注于他的这个农场，把更多的时间花费在他的这个农场上，他知道，他是完全能够在此盈利的，就像从事任何其他事务一样。

至今，农场主梅林都不准他的土地被误用或荒芜。数年前，他改造了这片400英亩的大草原、那些旷野和山谷。当时，那里杂草丛生，无人问津（从农业观点来看，完全是一块废地），不过风景还是不错的。第一次陪他看地的那个人对他说：“为什么不把它买下来让它原封不动，保持原状呢？”他不是一

---

1 特兰士瓦尔（Transvaal）：1910年至1994年间是南非的一个位置最偏北、政治上最重要、经济上最富庶（面积却不是最大）的省份，在1994年南非政府对存在了100多年的行政区划进行全面调整后，这一省份已不复存在，被一分为四了。不过尽管它已不再是一个行政单位，却仍是一个著名的地理名称。

个痴迷于城市生活的人，于是，他把那个地方垦殖了出来，开垦了那片大草原，将那里建成了一个不错的农场，付出了他不得不付出的一半精力。他必须去留心各种各样的农牧事，还很认真地学习了一些有关畜牧、动物、农作物方面的实用知识，在不至于轻易受手下人蒙骗的情况下，有计划地经营着他农场里的农事和畜牧的生产。

有时在周末，梅林会带他的朋友到农场来做客消遣。他们赞叹他拥有这样一个可以远离尘嚣的地方，说他的选择离奇而有趣，简直太幸福、太明智了。在那个临时制作的烤肉架上，他的农场主管雅各布会为他的客人们烤上一只羊羔，让一个男孩子在一旁负责转动。雅各布还会用电话命令人拉来成捆的干草，给他的客人们用作坐垫，把一些酒瓶放置在他的客人们背后小河里的芦苇丛中镇凉。野餐的地点，是他精心挑选的，是欣赏卡博兰景色的最佳领域，北边地平线上是一溜小山的山景，它们上空还常常会有一两架巨型喷气式飞机飞掠而过。他的客人们一边在草地上吃着手里拿着的香脆的羊羔肉，喝着清凉凉的酒，一边浏览着周围的自然景色，尽情呼吸着清爽新鲜的空气。

有时在周末，即便要穿过5点钟的车流，梅林还会独自一人驾车外出游览，悠闲地兜上40分钟。一旦到了城外，穿过另一个产业区，特兰士瓦尔地区众多的村庄之一，那里已经看不见玉米地了，工厂林立，连带着美化的花园，其主要街道上排列着超级市场、折扣用品商店和牛排餐馆，他会顺路在希腊人的熟食店那里停一下，抽抽烟，吃点熟食。之后，继续前行，沿着铁道旁行驶，一路畅通无阻，直达非洲人的特定居住区；那里熙熙攘攘，人头攒动，异常喧闹，道路上混杂着大型超载的公共汽车、出租车、自行车，还有想从车缝和人堆间冲过去的人流和孩童。那个黑人的特定居住区一眼望不到头，高高的铁丝网篱笆，向内倾斜着，一侧顺着肮脏的土路延伸，一侧沿着铺了柏油的大路延展，一排排的房屋，尚未延续建到边界那里。在他行驶的这一侧，离山谷很远，一道连一道的屋脊下面是一间间小屋——那一个个的方盒子中间各自有一扇门，两边各有一扇窗户，烟筒里冒着炊烟。之后，他拐离开那个特定居住区，在那拐角处，是老拉布斯恰恩（Labuschagne）和他儿子们的房舍；路的两旁散布着他们的牛棚、田地和工人的小屋。下一个界标，在大约2英里外，是印度人的商店，屋顶上的一个搪瓷招牌上是一种市场早已脱销的软饮料广告，屋檐下面的一个铁丝架子上摆放着马铃薯和干枯的包心菜。

那天，农场主管雅各布打来了电话，告诉农场主梅林：警察来过了，再有，眼下水泵出了问题，用来供应那些牛冬天食用的日本小红萝卜眼看就要干枯了。随后，在位于桉树旁的那个又昏暗又潮湿的水泵房里面，农场主与他的主管和刚能拿稳东西的职工小伊扎克（Izak）一起，修理那个水泵。雅各布是一个令人愉快且尽职尽责的主管，甚至能艰难地拼写出那些修理所需的零部件的名称和数量，在一盏煤油灯的亮光下，他们用心修理着，除了交换一些指令和在某一个螺栓拧不动时偶然哼上几声外，再未交谈什么。走出来时，他们举着脏手以免碰脏身体，脸上洒满午后的阳光，天空里飞翔着岩鸽——有兴趣时，农场主喜欢射猎它们。他们一道朝前走去。雅各布开始谈论警察的事："他们只询问了一下索罗门，再未做什么。那个白人警察派那个土著警察去我家找我，他要了铁锹。他们在那里挖了个坑，把他放了进去，那是星期天的事，随后他们就走了。他们没见我，什么都没跟我说。"农场主十分震惊，土著警察拒绝进行调查，随便就把那具无名黑人尸体埋在了事发地点附近。农场主还很恼火：他的农场不是一个公众的墓地，即便那些警察不想费心去查找出来是谁杀死了那个男人，他们至少也应把那个男人处理妥当，然而，他们只是挖了一个坑，把他扔进去就算完事了；而且，是扔在了他人的土地上。农场主打开了第三牧场的大门，他不想再听整个解释了。现在，他必须返回城里去了，在参加一个晚宴之前，他要先换换衣裳。他曾是已婚男人团体当中的一员，如今，又恢复了单身汉的身份，已经有几年了，目前，他正十分畅销。

在一次商务旅行之后，农场主梅林从日本归来，在那条小河旁慢慢地散着步。如今，他们遭遇干旱已有 4 年了，河里的水位非常低。不过，自从他有了自己的机井灌溉系统之后，他的农场倒是不必完全依赖那河水了。后来，他躺在草地上睡了一会儿，醒来时迷糊了一下，头脑才清晰起来，心想：他之所以买下这农场，是因为它是一个能带女人来玩乐的好地方，一个能讨女人欢心的地方；尤其是，这农场，是一个退隐的地方，至少没有让他挂念的烦心事。在继续散步时，他想起了一个独特的女人，他新近交的那位女友——安东尼娅（Antonia）。已婚的安东尼娅与他的关系是“爱恨交加”。他回想起了他前去拜访安东尼娅的一些往事。安东尼娅是一个激进主义分子，经常奚落他的“大亨的行事方式”，不过，他觉得安东尼娅说起话来往往挺逗人的，即便她一直都在严责他的生活方式。那天，他同安东尼娅谈论起了他的儿子泰瑞（Terry）和前妻，他的前妻目前生活在美国，泰瑞现在去那里探望她了，他因而感到有些孤单。

农场主回到他在农场的房舍，洗了一个淋浴，并接到了一个出乎意料的电话。之后，他的邻居，河对岸的德·比尔（De Beer）一家，便带着礼物过来拜访了，在他那里坐了好几个小时。在那期间，在农场主有时用来与大家见面的一间闲置的农舍里，农场主管雅各布会见了一些前来找工作的农工，还散发了香烟。那些农工没有必备的工作证件，雅各布让他们放心，说那不成问题，他能在镇上帮他们联系到工作。说完，雅各布先给印度人商店的老店主、那位性情古怪的威廉（William）打去电话，威廉那里不缺人手；他又与在屠宰场干活的一个男人、他的同事多尔卡斯（Dorcas）的丈夫通了电话，得到的回信也是没有什么可让那些人干的活。

雅各布是个热心人，一个头脑机灵而且相当负责的家伙。农场主梅林不在农场的时候，农场里的一切事务都由他负责打理，在对待自己的上司和与自身一样同是农场主雇员的同事之间，他所持的态度有着明晰的界线。那天，那个小伊扎克被人指使出去买啤酒，当小伊扎克从附近的小镇返回后，雅各布发了脾气，对此事相当气恼，大为光火。他认为，派年纪还很轻的小伊扎克出去买啤酒，很不安全，因为小伊扎克必须要路经那个以临时搭盖的陋屋为主的棚户区，棚户区地带是一个十分危险的区域，一向都是无法无天的，甚至连警察都不肯去光顾，任由“当地居民”自行解决他们的麻烦。

每当在自己坐拥的 400 英亩的土地上游荡时，农场主梅林最后总要在自己心爱的那个地方——位于河岸边的第三牧场那里停留下来歇息。在那里的芦苇丛和杨柳树间，他感觉自己的情绪平静多了，心情也平和下来了。他取出儿子泰瑞的来信，读了起来。他想，泰瑞被宠坏了，太放纵他自己了，让人心烦。结果，他把那信撕成了碎片，随后，却又把那些碎片捡了起来。

冬季的 8 月，既干燥又寒冷。强劲的疾风把居住区和生产区的垃圾吹得满天飞舞，一些人在垃圾堆里翻挖着，寻找任何有点价值的东西。空气中充满了细小的尘土，那些路边飞驰而过的汽车，把空气变得愈发糟糕了。这是一个非常恶劣的季节，冬天还没过去，夜间还很冷。两个男子从黑暗里走了出来，来到农场圈有围墙的居住区，丝毫不惧怕那些吠叫的大狗。炊火已经熄灭了，在冬季的月光下，小伊扎克看到投射下来的两个横跨牛围栏的直立的暗影。

那两个男人在狂吠的狗叫声中勇往直前，他们是来找索罗门的。在睡满了人的那间房舍里，从那燃烧着的煤火的温暖中，散发出人体的气味。索罗门的铁床那里有一个女人，用一只胳膊撑着脑袋。为了防寒，索罗门身着一件衬衫，煤火炉把他的脸膛照得通红；他一声不吭，对那两个男人的到来，既不惊慌也不困惑，而且，一动不动。小伊扎克扭身离开了，绕过睡在地板上的那些人。对在外等待着的那两个男人，他什么也没说，而且面对他们对自己的不搭不理，也丝毫不感到惊讶，因为他还很小，还没有长到有人来征询他意见的年龄。索罗门穿上了他的裤子和鞋，从那房屋里走了出来。那两个男人告诉索罗门，“你兄弟说你必须过去。”索罗门询问了一番，表示自己明天再过去，他们坚持说他必须马上过去：“你兄弟陷入了麻烦，你现在就得过去，哥们。”索罗门回屋穿上了一件套头衫。在那之后，小伊扎克看着索罗门跟着那两个男人消失在了茫茫夜色里。

第二天早晨，索罗门没有像往常一样与菲尼斯（Phineas）和维特布伊（Witbooi）一道儿把那些圈里的牛赶到牧场上去，农场主管雅各布认为他肯定是睡在了位于德·比尔农场那边镇子上他兄弟的棚屋里了，可能会晚一些时候才能回来。雅各布对此既不操心也不烦恼——索罗门不是一个酒鬼，再说了，要是他的兄弟因为没有通行证被抓了去，他就必须首先找出他兄弟被关押的地点，被关押在了哪个警察局，还要到那里去保释，那样，可能要花上一天的工夫。到了12点钟，雅各布前去调查灌溉管堵塞的问题时，发现了身上只有一件背心赤裸裸地躺在大草原上的索罗门。索罗门的手脚冰凉，头部带伤，流淌了大量的血，那些血迹已经冻干了，人处于深度昏迷状态中。雅各布和索罗门的女人以及小伊扎克，把索罗门送进了医院，之后，他们去了德·比尔农场那边镇子上的棚屋，却没有找到索罗门的兄弟，已经三天了，没一个人见过索罗门的那位兄弟。

在当天，雅各布便给农场主梅林打了电话，要向他报告这几天农场里发生的事，然而，电话没能打通。第二天下午，又打了一次，终于打通了。雅各布首先让农场主知道了机井灌溉系统的毛病不是水泵的问题，而是灌溉管的问题；然后说了索罗门的事，并猜想是债主打了索罗门：夜晚他被带去了另外一个农场，那个荷兰人的农场，去找他的兄弟。当时，已经11点多了，到了早晨，没有回来喂牛，后来在第三牧场发现了他……在电话另一端的农场主不由插问了一句：“你是说在第三牧场？”雅各布回答说：“是的。有人剥走了索罗门的衣服，拿走了他所有的东西，砍伤了他的头，伤得很重，已经用车把他送进了医院。”农场主询问了一句索罗门在医院的情况，雅各布回答说：“他整夜都在昏睡，他们说他的情况很糟糕，但也许他能熬过来。”农场主松了口气，庆幸索罗门的好运气，在这样的天气里，在外面过了一整夜，却没有死掉。随后，便将话题转向了他真正操心的问题上，询问他的主管：“霜很重。小萝卜成什么样了？”雅各布告诉他：它们的状况不错。然后，同他谈论起他已经看中了一个能够替代索罗门的人，是一个很不错男孩，很懂牛。农场主短暂地想了一会儿，接受了他的主管的建议。

在索罗门没从昏睡中清醒过来讲述他的故事之前，梅林的农场里有关索罗门“在夜间受到了鬼魂攻击”的流言迅速传开了，而且，传播得越来越厉害，令人们感到了恐慌——第三牧场下面有东西！当索罗门醒过来后，说明到底发生了什么时，结果，事情其实很平常，是农场上人人都很熟悉的那一系列事——每个人都再熟悉不过了：索罗门的兄弟向某人借了20兰特[1]，说是要由索罗门来替他偿还，结果索罗门被

1 兰特（Rand）：博茨瓦纳、南非、莱索托、斯威士兰等国的货币单位。

债主打了个半死，但是，孩子们再也不到第三牧场去，他们互相阻止；然而，那里到底有什么东西？谁都未曾见过。在那些芦苇下面，索罗门几个月前发现的那具无名黑人尸体，现在依然在那里。

接下来，那里又发生了火灾。那场来自德·比尔家橡胶种植园的大火，势头凶猛，横扫了干枯的大草原。那天，农场主梅林还没到达他的农场，从印度人商店那里开始，就察觉到了所发生的事。自从他有了这个农场以来，除了一年之外，每年都会发生火灾，然而这一次，芦苇全都被烧毁，这种情况在之前是从未有过的。

农场主梅林巡查了他的农场所受到的损害，芦苇被大火烧毁了，周围的一切光秃秃的，所剩无几，没有一块能辨认得出来的地方了，整个山谷剩下的是一片烧焦的痕迹。那些牛群总想去的地方，现在什么也没有了，成了一个扁嘴的坚硬小岛。他脚上的靴子也变成了灰色，似乎通过鞋底能感受到那残留的灼热。大火之后，除了那闪闪发亮的河水之外，一切都死寂了，河流极其强大，奔腾着，闪烁着，似乎通过被烧毁的芦苇所在之处，已经开辟出了一条新路。

穿过被毁掉的芦苇丛，农场主梅林沿着田野继续巡查，之后，感到十分疲惫的他，同他的主管雅各布商谈了一下，然后又继续往下巡查，几乎整整走了一个上午。在那场大火最后终于被阻挡在了农舍之外这件事上，雅各布想将其归为己功，农场主却并不以为然，在心中冷冷地想：对这样的说法，就像他们其他的那些故事一样，只能用一只耳朵听。随后，他同雅各布一起去查看了那些在火灾中迷了路的牛犊。路上，雅各布谈论起了索罗门的事，还猜测了这场大火的起因：或是有人忽略了做饭的炉火，或是德·比尔家的男孩们擅自决定要烧掉那些芦苇，或是想让绿色早一点出来。他插问了一句："雅各布，这个冬天，我们走厄运了？"

他感到自己的小腿肚酸痛，他想，与血液循环受到了影响有关，医生劝他要少抽烟，多休息，于是，他想到了休息，然而，往常他喜欢躺下来栖息的那片草地如今已被烧得焦痕累累，现在，他已不可能在这地方躺下去了，只好绝望地继续巡视。最后，他颇为沮丧地朝着他在农场的房舍走了过去。

像往常一样，他就像一个外来者似的，走进了他那栋房舍。客厅还是老样子，里面一如既往，没有任何能够显示出个性化的摆设，就如同他在旅行途中入住过的汽车旅馆一样，即便里面充满了女佣阿琳娜（Alina）喷洒在某些东西上的那些替代了清新空气的杀虫剂的气味。他的那位女佣喜欢把那种药剂喷洒在一些东西上。房屋里面有两双靴子，上面尚未喷洒药剂，还有几套他儿子泰瑞已不能穿的衣裳。整栋房屋都荒废着，没有人居住。他对泰瑞在学校放假的那个月里在自己身边待的时间过少，颇有些微词，心怀恶感。

他躺卧到沙发上，看着他的手背，皮肤上尚残存着一些没有洗掉的黑渍。他掏出了香烟，脑海里想着泰瑞和那旧衣裳——可以出于同情心送给别人，或许泰瑞也会和他的想法一样；不过，他必须提醒他：去居住区那边的危险性。在那里，一个可怜虫，仅仅因为几个兰特，就被人打烂了脑袋。接着，他又想到了他正在追求的那个女人安东尼娅：要是这里有信纸的话，眼下他应该动手去写一封信，跟在非洲西南地区周游的安东尼娅说说这场大火。不过，他没有去写，他听到阿琳娜进来了，他能辨听出在墙的另一侧，在厨房里，阿琳娜准备做饭时发出的轻微响动声。他想写信的念头随之消失了。通常，他只是口述书信，从不亲自写信。大约10天前，他口述了一张便条和一张银行汇票，汇往纳米比亚（Namibia），汇给在那里的安东尼娅。

吃饭的时候，农场主梅林默默注视着前面那扇窗户的窗外，望着烧坏的农场，还有那些柳树，感到心里很不痛快，刻意将目光转向了另一侧。从那一侧的小窗户看了出去，一棵桃树，一个水箱……周围的一切，也都令人不快。然而，他心里还是很清楚的：这栋房舍和周围的景致，其实并没有什么，它们无足轻重，在他的这片土地上，真正的价值，在于土地自身——尤其基于通货膨胀，说起来，这并不是一桩不划算的买卖；再说了，那焦痕累累的土地，过不了多久，就会被重新打理好，创造价值。现在，他已然把这农场的土地和这栋房舍全部买了下来，还有其他的房舍，其他的床铺——他永远都不会躺到那个肮脏的卧室的床铺上去的，即便是他的靴子把沙发弄上了尘土他都不在乎。安东尼娅知道这件事，尽管她根本不能理解他的生活。

在数周未见面之后，有时，他与安东尼娅会跑到一家旅馆里去喝酒，上床；在床上，安东尼娅不是一个对他的需求有直觉的女人。有时，他们还会到户外用午餐，尽管只有一个小时的工夫，安东尼娅对他说："我很喜欢逃离那该死的办公室。"安东尼娅是一个看上去十分傲慢无礼、自认为自己非常"聪明"的情人，甚至对他直白："有时，我但愿你的农场是我的……"他觉得安东尼娅像他儿子泰瑞一样自私，用他的钱周游了世界，最后，还是跟着她的丈夫。刚一想到这个问题，他又生出了新的不快。

生活当中，总是有一些事情让人不痛快，甚至很无奈。在南非，对梅林这位拥有南非可能提供的所有特权和物质享受的白人农场主尚且如此无奈，那么，对隶属于非白人族群的移民来说，就更不用说了。附近小镇上，那家印度人开的商店建造得像一座监狱，不是为了把自己关在里面，而是为了把当地人关在外面。因为他们不属于白人族群，所以，一直生活在恐惧之中，恐惧失去他们为之操劳的一切，或遭到当地窃贼的偷窃，或被当地政府没收财产。他们用篱笆墙把商店彻底圈了起来，一家人住在一个加固的围圈里，狗也在里面觅食，他们用篱笆墙、屋顶和狗来保护自己免受侵犯。不过，他们允许当地的黑人前来购物，因为他们是商店的主要客户，但必须经过仔细的检查。

小店的店主比斯米拉（Bismillah）常常穿着他的长袖衬衫，绕着商店篱笆墙转悠，离开寒冷的商店，行走在太阳底下，并不是为了呼吸外面新鲜的空气，而是为了检查一下商店的安全。他一下子就能看出篱笆的哪一部分有了问题，或房顶的哪一部分需要加瓦了，没有一处问题能逃过他的眼睛。在他的指导下，那些黑人劳工会修补好那些漏洞，再没人能钻进来了。他们住房的里面也采取了对策和防范措施，没有哪个从特定居住区来的窃贼能够溜进他们的那间储藏室，因为储藏室的窗户全部用木板钉死了；也没有哪个恐怖分子能够炸开他们保险柜的门，那个英国制造的保险柜被他们藏在了房屋过道一个粉红色帘子后面。尽管如此，比斯米拉一家还是心存恐惧与无助感。

已年过中年的比斯米拉与他的大儿子达乌德（Dawood）以及他年老体弱的父亲威廉一起在商店里工作，最令他们揪心的，是惧怕一个有权力执行驱逐令的白人——某个政府官员、调查者、检察官的来访，封闭他们的商店，将他们驱逐出境。即将实施的"集团地区法[1]"无法回避，唯一的办法就是绕过去。在半年、一年或两年之内可能实施的"集团地区法"，存在一个集团地区的指定问题，有可能准予延期。

---

1 集团地区法（The Group Areas Act）：1948年至1991年间，在南非共和国实行的种族隔离制度中的一项种族歧视法令，对人种进行分隔，1951年3月施行，又称《种族分区隔离法》，将全国分为不同区域，划出禁止黑人居住的地区，非白人不得进入白人居住区、剧场、电影院、旅馆和餐厅，不得与白人同车、同坐一椅、同葬一墓地。

比斯米拉不是一个受过教育的人，然而却精通一些法律上问题，一直在为聘请律师支付着一笔开销，还是定期付费，以便使他本人及家人免受官方的骚扰——那律师可以根据他找到的法律上的漏洞，来帮助他们尽量往后拖延时间。

农场主梅林回忆起他与一家移民之女之间的荒唐事。那是他飞越非洲回家的途中，头等舱没座位了，他不得不坐了普通人的二等舱。从里斯本（Lisbon）上来的一家葡萄牙人，母女三人，他与其中的那一位十六七岁的少女相邻而坐，到了夜晚，那女孩盖着围毯睡着了，他的手无意间碰触到了那女孩的大腿上，随之，他便顺势小心地顺着那丝袜向那女孩的大腿内侧摸了进去，一直摸到了那女孩的私处，甚至把一个手指伸进了那女孩的阴户。那女孩发出了轻微的叹息声，他全身紧绷了起来，膨胀了起来。不久，他有些疲倦了，进入了半睡眠状态，打起了瞌睡。天亮清醒过来时，他的手指依然停留在那女孩的体内，一直都没有离开，那女孩也不让他离开，把双腿夹得紧紧的。后来，当他想把那女孩的小胖手放到他的大腿根上寻求快意时，他没能做成这件事，那女孩的手僵在了那里，不肯行动。随后，一切又重新在不可思议的日光中开始了。在之后的整个飞行过程中，他在用手持续抚摸、爱抚、抚慰那女孩的同时，凭窗下望，望向下面那大片的不毛之地，看着那沙漠变成了森林、草原、大堆的矿渣。飞机终于着陆了，到了约翰内斯堡（Johannesburg），他礼貌地把行李架上的一件粉红色外衣和一个手提包递给了那女孩，并交谈了几句。那女孩说着一口带有极重口音的英语，不过还能让人听得懂。随在过道人流后面走过来的那女孩的母亲与姐姐，冲他微微点了点头，对他肯帮助递送手提包，表示了她们谦卑的谢意。他的那一位到机场来接机的职员和司机，已经等候在了栅栏外，机场的一个移民官员认出了他，招手让他优先通过，第一个走了出来。步入餐厅，里面十分安静，这时，他意识到，处于他这种位置的男人，永远都不会被随意指责什么的，永远不会。有谁会知道那个葡萄牙航空公司的盖毯下面发生的那件事呢？他有可能面临的侵犯他人的指控，就那么轻易地被了结了。仅仅是一次荒唐的冒险，什么都不会被揭露出来。

冬天结束了。农场主梅林的儿子泰瑞过来看望他，他与泰瑞在农场里一起散步，还看了泰瑞的一些令人反感的激进主义文学作品。农场的职工们为他们父子准备了一场欢庆舞会。在他们父子二人的交谈当中，泰瑞一如既往，对梅林的工作和农场的事情，漠不关心。这愈发加重了农场主梅林心中的寂寞，不过，他仍心存指望，希望儿子泰瑞有朝一日接管他的农场。他对泰瑞说起：他准备再种植 100 棵树，并希望泰瑞能够回来过圣诞节。庆贺午宴之后，他用他的奔驰车送泰瑞去了机场，然后，又开车径直返回了农场。

太阳依然高悬。农场上只有他一个人，没有人陪伴在他身边，甚至连农场主管雅各布这天下午都不见了人影。从居住区那边，传来密集的有节奏的击鼓声，那边的舞会正值活动高潮，偶尔还会飘过来一股烤肉的味道。现在，所有的人都聚集到居住区那里去了。在他的产业——他的农场里，他独自一人，四处转悠，四下里打量，满怀愉悦地望着那些到了夏天就会肥沃起来的田野里的紫花苜蓿，以及那些正在不知疲倦地往苜蓿上喷灌着的那些喷头。看到喷灌的水已经有些过剩了之后，他意识到：他的职工们忘了关掉那灌溉龙头；然而，他却不会去找雅各布，他决定让那水再继续流淌一会儿，之后，自己亲自动手把它关掉。即使这是他们的疏忽，他也不打算去计较他们什么的。现在，附近没有一个人，谁都不在他身边，他已经彻底摆脱了那些人，就由他们去吧。下面的河水正在不停地流淌。感谢上帝：让他独占了这一切。

欢庆舞会一直延续到深夜。食物很快就告罄了，有些人没能吃上他们很少能吃到的山羊肉，但啤酒供应充足，人人都有啤酒喝。小伊扎克打开了收音机，大家都很兴奋，欢快地跳着舞，跳了很长时间，跳了各种各样的舞蹈。菲尼斯的妻子跳得有些疯狂，摆动着舞步，像是被灵魂附体[1]了，行动怪异。她把一块布扎绑在她额头上，像一个哭丧的人一样，到处走动，只与那些很老的人握手。她每个脚踝上都挂戴着一串从印度人商店买来的大眼白珠子。她不愿意吃她在梦中见过的绝不能吃的东西。她梦见她将会变成一条蛇，在场的每一个人都听到了她的这一说法，然后，又说她担心她会变成一只蜥蜴，因为她看到那只蜥蜴变成了一个小老太婆。

的确，她正在变成一个老太婆——从索罗门认识菲尼斯的妻子以来至今，那女人的门牙已经全部掉光了，整个人瘦得连腮帮子都缩进去了，满脸皱纹，挂着厚重的黑眼圈。索罗门听人说，菲尼斯的妻子并不是一个真正的祖鲁人，而是来自蓬多兰[2]（Pondoland）的蓬多人。有那么一会儿，在鼓点的咚咚声中，在拥挤的舞者当中，菲尼斯的妻子用一块布料遮住自己的眼睛，站在一个小小的空间里等候着她的追随者们为她鼓掌和有节奏地叫喊。不断舞动着臂膊的人群拥挤在那个狭小的空间里，无论是叫喊还是挥臂舞动，都显得有些困难。小伊扎克把外面的收音机的音量放得高高的。当菲尼斯的妻子再次舞蹈起来的时候，满屋都充斥着汗味和她的气味，即便在她讲话的时候，那些汗味和气味仍在继续往外排泄，发散，流淌，好像她浑身上下都在哭泣落泪。渐渐地，人们的情绪，摆脱了有节奏的鼓声的束缚，开始有些焦躁不安了，于是各自走动并谈论起来，随后，便找个简单的理由，去干其他的事情去了。

后来，索罗门突然与菲尼斯的妻子打了个照面，不期而遇，不过，他没同她交谈她的那些梦——那是她丈夫菲尼斯头疼的事，不是他的，他赶紧避开了那个女人，走了出去。想到那个可怜的傀儡——被灵魂附体的那个女人，索罗门庆幸地微微一笑："我没遭殃。"和他同住的那个女人告诉他："但是你差一点就死了。"农场主管雅各布也说："你在大草原那里是个死人。"

由于雅各布一直在不停地说着什么，索罗门决定等待适当时机，向雅各布问问具体情况。那天，他们一起冲洗一头外出配种之后的老公牛时，他终于找到了机会，问雅各布："你找到我时我死了吗？"那头老公牛已经泄空了它自己，用短粗的腿疲倦地站在那里，缩进去的阴茎根上耷拉着一撮阴毛，他在雅各布的指导下用水管子不断冲洗那里。雅各布开怀大笑，说：他看上去就像个死人！不说，不动，伤口往外溢着血……他仿佛死了——因为他什么都不知道，不知道他被人抬着，不知道雅各布和其他人在为他哭泣，想使他睁开眼睛，离开那个埋在那里的鬼魂回到他们身边来。索罗门说了起来，在他死前的那一刻，他知道他在哪里，他说起了他与埋在那里的另一个死人一起"死"在地里的感觉：在天上暴风雨即将来临时，在农场他们头顶上的山峦上，悬挂着浓厚的黑云，在一块陡峭的黑云的边上，在极高处，冻雨，冰雹发生的地方，在夏季的炎热之外，暴风雨的黑色云团被撕裂了，破碎了……

---

1 灵魂附体（Burden of Spirits）：非洲的祖鲁文化认为，每个肉体里面都有一个灵魂，每个灵魂里面都有一个"小宇宙"（Itongo）。肉体死亡后，灵魂首先会在肉体周围盘旋一段时间，然后便动身前往"百兽居所"（Esilweni），在那里，灵魂会暂时表现出某种半兽半人的形状，之后再逐渐升级。一段时间之后，灵魂会逐渐抛弃自己的兽形，慢慢上升到平和之地，开始进入休眠状态。直到有一天，灵魂梦到自己新的归宿在地球上等待自己，这时它便会醒来，回归地球，通过婴儿的肉体获取重生。

2 蓬多兰（Pondoland）：南非东部前特兰斯凯省（Transkei）的最大地区之一，据说蓬多人（Pondo）是目前正在流行的非洲辫子发型的创造者。

菲尼斯的妻子成了一个麻烦。雅各布和阿琳娜向农场主梅林汇报了这件事——其他人是没有这种资格的。农场的女人们全都在谈论菲尼斯妻子的事，她不断把山那边的人和居住区里的人带过去，甚至有人说那个女人已不再与她的丈夫同床了。阿琳娜不喜欢那个女人，从来都没有喜欢过那女人，首先是因为她老是醉酒，现在又是这个样子。为了防止有人偷牲口、发生打架事件或索罗门遭遇的那种事（他们始终都没能找出来那些在冬天的夜晚诱使索罗门外出的人是谁），农场里加强了执勤。假如可怜的菲尼斯不是一个熟悉牲口的人，那他和他的妻子便不可能继续待在农场里了，农场主早就会让他们走人了。

农场里流淌着的那条小河被焚烧过的岸边，如今已经重新焕发出了勃勃生机，鲜花盛开，比农场主梅林以往所看到过的景致更加绚丽多彩。农场主梅林派遣他办公室的一位秘书为他购买来了所有能买到的有关大草原花卉方面的书册，通过那本书册，他辨认出了在第三牧场盛开着的那些百合花属于原产于南非的"奥伦治河百合"（Orange River Lily），它们的花朵较大，春天盛开，性喜沼泽地带。现在，他又可以沿着那条小河的河岸缓缓前行了，一路上，他感觉自己身心舒畅，打心眼里高兴那些被大火焚毁的区域的重生，他的精神简直愉快到了极点，甚至破例让前往工作途中的陌生人搭乘了他的汽车。

一般情况下，若是在农场上留宿一宿，第二天起床之后，农场主梅林一向不吃早餐，却一定要喝上一杯浓浓的苦咖啡（他非常喜欢这一享受），再加上一支雪茄来支撑。如果他肯等上几分钟，办公室里的那些小姑娘们到了岗之后，便会有一个人给他送来一杯速溶咖啡。这天，由于他从农场返回来的时候，比信差到得都要早，而他又不想等上那 10 分钟，再加上他觉得速溶咖啡并不是真正的咖啡，因而，他决定到外面那条大街上的咖啡馆去喝上一杯。

那家咖啡馆里面已经人满为患，拥挤着那些在上午工作之前与他们的朋友会面的年轻人。那是一家意大利人经营的咖啡馆，像街面上一样的喧闹，他得到了一杯双倍的浓咖啡后，站到他能找到的一个可以落脚容身的地方，意外看到了正在和同伴说笑的一个年轻的姑娘向他打招呼的目光。他向那女孩走了过去，那女孩已经从她的椅子上下来了，并向他走了过来，笑眯眯说道："您好！我们好久没见面了。妈咪昨天说，有人说您在日本或巴西或别的什么地方。"

那女孩是他儿子泰瑞的一位朋友，他本人同那女孩的家人也打了多年的交道，女孩问起了泰瑞，他告诉她：泰瑞到美国去看他母亲去了。从随后的交谈当中，他了解到：由于那女孩在大学入学考试之前经常逃学，同她母亲争吵了一番。她父亲还比较通融，母亲却很难对付，母亲想要让她上一所瑞士的"女子精修学校[1]"，现在，她上了艺术学校，每天早上，5 点 3 刻就得爬起来去赶公共汽车。他不由得插问了一句："你爸爸为什么不给你买辆车呢？"那女孩没来得及回答就被过来的同伴拉走了。随后，那天他与一个老朋友共进午餐后，吃惊地获悉：那女孩的父亲自杀了。

那天上午，他拿起叠着放在他办公桌上的报纸，注意到铁矿和锰矿的股市行情比较稳定，铜矿下降了几点；然后，他习惯性地先从报纸后边金融版看起，再一直看回到头版。头版版面上刊载了金融界的一桩丑闻，一家很大的建筑公司有了麻烦，尽管其中牵扯进来的人物没有他认识的，不过，他还是将其记录了下来，准备与他的经纪人谈谈有关他所持有的那家公司下属公司的股票的股份问题。他之所以买了那家的股票，因为有人向他透露说，那家公司与政府的赛申—萨尔达尼亚（Sishen-Saldanha）铁路运输

---

1 女子精修学校（Finishing School）：淑女学堂，教授有钱人家或上流社会年轻女孩礼仪及其他社交技能的学校。

线的合同有关系。

那天午后，他与那位在“伯利恒钢铁公司”（Bethlehem Steel）任职的老朋友用过午餐，还没来得及在他的办公桌前落座，刚刚辞别过的他的那位老朋友就打来了电话，说他们联系多年的一个人被煤气毒死了，在他的汽车里，在乡村俱乐部附近。那个人便是那女孩的父亲，是一家银行的主席，一家信托投资银行，与其他五六家这种银行有关系，或许包括那家破产的大建设公司。事后，因为他不想牺牲他的周末，没有去参加那女孩父亲的葬礼，只送去了鲜花，并捐赠了一笔钱款给那位遗孀。

因为他办公室里的得力女秘书们都不在身边，这天，农场主梅林只好顺路亲自到印度人商店去给农场职工和主管雅各布选购圣诞礼物。在他选择礼物、购买的过程中，商店里的那一对印度父子对他的那一副恭维神态，努力讨好的样子，令他感到很不自在，很不舒服。他不喜欢这家印度人对待自己的那副嘴脸，所以，一直以来，他都尽量避免走进这家印度商店，然而，世间事，怎么可能事事都尽遂人愿呢？

儿子泰瑞的事，同样如此。农场主梅林与前妻之间有关儿子问题的交流，通常都是通过律师进行的。在他们看来，这是避免有可能伤害到泰瑞的最好办法。有一天，他前妻却破例通过数百万英里以外的越洋电话，与他直接进行了一番交谈。在混杂着微微的杂音声中，他前妻直白地告诉他：现在想同他通话的，不是泰瑞而是她自己，泰瑞想要留下来，而且，她也希望泰瑞能留下来，因为她不想让泰瑞回去服他必须服的那一年期的兵役。他有些窝火，不无讥讽地表明了自己的态度：没什么不可以的，你是要把他留在你那里，躲在妈咪的庇护下……他推测儿子泰瑞就在电话机旁边，却没有勇气亲口说出自己的这一差劲的决定。

圣诞节那天，农场里的职工们早早地就开始庆祝了。农场主梅林也随着大家喝了一瓶威士忌，还同主管雅各布一起追忆往事，谈论了一番那个死去的无名黑人。稍后，他独自一人跑到外面散步去了。在他的土地上，他四下里自由地走动着，在树林里穿行。灌溉沟渠里的水满满当当，生长繁茂的花草直耷拉到那水里，青蛙蹿来蹿去，就像学童扔出去的石头。在连续 7 个夏日后，这条河流，第一次达到了它的最高水位。他倾听着这条河流的水流加速的流动声，在一个牧人吆喝追赶一头倔强的牧牛的喊叫声之后，河水的流动声盖过了四下里的鸣鸟、芦苇和青草的声音。在他的农场上，他到处都能听见这条河水的声音，然而，却很难靠近它；可在第三牧场那里，他却上了当。

那里的花草，一片繁茂，给人一种假象——那里坚硬得足以让大批的人踩在上面而显不出被践踏的样子，不料，那里其实根本没有人的立足之地，他的一只长靴刚一重重落到那茂密的草上，人就陷入了水中。原来，那里是一片沼泽，即便是在正午时分，蚊子也十分活跃，叮咬着他的脖颈。他慌忙地从芦苇丛里往外撤退，听着数以百计的水鸟在芦苇深处吵闹，小心翼翼地往外撤着，左脚一下子踩进了前面的一个黑泥坑，顿时身体倾斜，两只手臂在空中舞动着努力保持平衡，总算稳住了之后，有那么一阵，他不知道该怎么办，僵在了那里，不敢动弹，直到意识到只要把腿从烂泥里拔出来就行了。

黑色的泥浆已经渗进了他的靴子，一直淌到他脚底下。这时，他感觉就好像有一只大手掐住了他的踝骨，一只柔软而冰冷的黑手，将他死死困在了那烂黑泥里。他当然清楚，那不过是真空的吸力，他越是使劲儿往外拔，那吸力就越大，左腿几乎齐膝陷在了那里，根本拔不出来。他拔呀拔呀，一个劲儿地往上拔，惊慌之余，无奈地笑了起来，随后，他放弃了挣扎；就在这时，他感到那个与他对抗的力量也放弃了，松开了，吸力断裂了。当他拖着一条满是泥浆的腿走回他的住所时，那条腿像是铅铸的一样重，好像一半身体还在那烂黑泥里。女佣阿琳娜在主管雅各布紧张而慌乱的指挥下，在房子里为他找到了一双仿羊皮皮靴，是一双半大男孩穿的旧靴，他穿上有点短，但还算凑合。

没过多久，恶劣的天气又给农场主梅林带来了更大的灾难。来自西印度洋的飓风频繁不断。一场飓风还带来了简直令人难以置信的大颗粒的冰雹和暴风雨横扫着大地，空中飞扬着被击碎的连根拔起的树木的残枝碎屑，抛落下被卷起来的铁皮屋顶和死掉的牲畜。那暴风雨一连下了三天三夜，像是故意逗弄人似的，雨势稍稍减弱了一个上午之后，接着又持续下了起来，下了一场昏天黑地的雨，一场热带的倾盆暴雨。

有关这场强热带风暴的袭击，一份英语晚报上刊登了一条从洪水里被救起来的宠物狗的照片。在城里，那些男性黑人在他们的帽子上顶着形状特别的防水材料；在农场里，那些孩子们身披着曾经装过磷酸盐的塑料袋，相拥着去上学。当地的街道，变成了洪流。警察局里的白人警察，终于有机会给电台发去好消息：犯罪率在下降。在居住区的大门口，为了避免淋湿自己，一些出行的人顶着从工厂附近捡来的塑料布，排队等候着公共汽车。肮脏的街道，变成了泥水塘，难以通行，路上的车辆时不时发生意外事故，有的侧滑，造成碰撞，在大雨中，公共汽车行驶起来更是笨拙，连环追尾。

这场暴风雨整整下了一个星期，雨势又大又密，小峡谷中的一道急流，突然变成了咆哮的洪水，封闭了城市与乡村之间的主要通道，还把城里的一对夫妻卷了进去。通往农场的道路，不但大路被冲毁了，就连小路也无法通行。梅林在城里被阻留了两个星期，电话线路也断了，他根本无法与农场主管雅各布取得联系，没有办法了解他农场上发生的事情，整日坐立不安，忧心忡忡。

因无法与农场主梅林取得联络，面对农场一塌糊涂的局面，农场主管雅各布急得快要疯了。由于水患，农场职工们脚上的靴子，被浸泡过后，变得僵硬不堪；雅各布自己的靴子也漏了水，左脚的靴筒已经脱离了鞋底。几天来，他不断给农场主拨电话，始终无法接通。最后，他离开了那部电话机，穿过一些房间，打开了壁橱，翻出了一双胶靴——肯定是农场主儿子的，还好，他能够穿进去。

随后，雅各布驱使农场职工菲尼斯、索罗门、维特布伊、小伊扎克和老托马斯（Thomas）忙碌起来，让他们干这干那，忙来忙去，修理农场上的一些必要的东西。圈养牛的围栏里，一头跑掉的牛犊被淹死了，整个牛群当中，另外149头牛都还不错，其中只有一头，出现了一点问题，雅各布找来对症的药物，学着兽医的样子，用针管为它做了注射。至于那些牛饲料——苜蓿和被水淹了的那一侧的牧草，他把它们搬挪到了房子的走廊上，因为走廊上的排水状况较好，即便雨水打进屋檐，也不会出现太大的问题。他还敦促农场里的其他职工一个个全都忙活了起来，去疏通排水沟，清除灌溉沟渠的淤泥。在此之际，无论是谁来到农场——农场主、警察、兽医或者那些政府派来的官员，都会看到，面对农场如此糟糕的状况，雅各布充分施展了他的才能，在没有任何指令的情况下，他把农场里的每一件事务都打理得井井有条。

沿着山谷，河流当中那些长满芦苇和杨柳的岛屿的地面仍然被淹没在水下，没人能够走进去，也没有人能够下到那里去。那里只有一些不断扇动翅膀的黄嘴鸭，一些黑色的鸟，它们尖叫着，争吵着，在淹没了一半的芦苇丛的后面嬉戏着。

在水面回落的时候，新的沙洲和泥滩裸露了出来。在那里，土中之肉被水的力量翻了上来，一些带须的死鱼，鼓胀着，被暴露给了那些在炎热的阳光下脊背透明的苍蝇；一个透明的瓶颈从烂泥浆里伸了出来，还有带着毛的老鼠尾巴、女人的指环、开启的啤酒罐、椅子的残腿、汽车的门框……上面覆盖着薄薄一层斑驳的稀泥。从稀泥地里露出来的一双鞋，仍然保持着脚的形状，一堆高度腐烂的破碎布片当中，在一个织物片上，残存着它的精美，那些破碎的布片，尚能看得出来是一件带条纹的男人的夹克衫，还有些东西露了出来，被当天的水波卷了上来，随后又慢慢地沉落到了稀泥里，回到了它们所来的地方。那天午后，托马斯和夜班的看守人过来巡视这片稀泥地时，在那些被毁坏的杂七杂八的淹没物当中，他们看到了一个离开了肉体的赤裸的鼻子，一个长着一排漂亮的又长又结实又平整的牙齿的腮帮子，就好像是露着白牙在微笑。

肆虐的洪水，不仅把那具黑人尸骸翻了上来，而且，几乎摧毁了整个农场。雅各布一板一眼地向农场主梅林报告着情况：沿河浅滩上的所有牧草地都不能放牛了，如果把牛放过去，牛会烂脚；灌溉沟渠那里，需要增派更多的人手；黑泥地里的那具入侵的无名黑人男尸裸露了出来……农场主梅林听着听着，退缩了，甚至有些绝望，自己对农场里的一切一无所知，简直就是一个门外汉，完全是雅各布他们那些黑人在管理操纵着他的农场，他自己就像是一个“入侵者”。

那具黑人尸骸的再次现身，把农场主梅林从农场赶到了返城的大路上。途中，他想，大自然的存在实在不容任何篡改，自然界中的每一种存在，都有各自的矫正法。洪水抵消了火灾的损害，但它也引致了尸体的再度浮现，在身份被确认并被适当地安葬之前，大地是不能接受这样的尸体的，倾盆大雨为大地做了必要的流产，于是，一个“凝团”似的黑色躯体从稀泥里流产了出来。

途经那家印度人商店时，他看到肆虐的雨水把商店的那个水箱底座冲坏了，画在水箱上面的那个惹人注目的象征安泰的“和平”符号面朝下陷在了湿泥里，他联想到那湿泥在里面的搅动与分解，那具入侵的黑人男尸，它想要表达什么？在过了 10 个月之后，它已经腐烂，残缺不堪。要是当初那些土著警察做了他们应该做的事，如今它就根本不会出现在那里。那些混蛋，他们甚至没能尽职地挖一个正式的墓穴将它埋葬，仅仅是扒拉开了地面，把土推到一边，像猫盖屎一样，把它埋在了那个现场。它就那么被丢在了那里，没有动窝，这绝对不应是这家农场主人的责任。一个死掉的没有人认领的入侵者。为什么要有人认领？依照法律，被强制分离开的黑人，有 15 万。

他还想到那些被洪水从道路上冲走的人们。他知道将来有一天，他自己也会消失，被人们忘记，没有人会记得他被埋葬在哪里。那个侵犯他人土地者从未有人来找过它，它彻底被遗忘了，就连在他农场里工作的那些黑人都从未有人再提起过它，甚至就连他的主管雅各布，也从未再提起过它。它就那么臭气熏天地躺在那里，可怜的家伙。他没有多听那些人说下去，没等听完整个有关它的更多的情况，就返回了城里。由他们去吧，他们想怎么处理它就怎么处理它吧。

他跨过了那个交叉路口。在靠近城里时，围绕在他周围的是那些在正常情况下他甚至看都不看一眼的普通的人和事：那些徒步的黑人，相互大喊大叫地说着；拉着小鸡的货车；爬行着的超载的地区的出租车；一辆冒着柴油臭气的公共汽车；三个驾驶着意大利“兰美达”摩托的年轻人向前飞奔……他在心里对自己说：什么也没发生。明天，他就会回到他惯常的工作当中，去解决与工业理事会的一项分歧，而且，他已经决定拒绝另一个管理职位，这一次是一个新的白金矿管理者的职位——在他职场的生涯当中，他的工作空间选择余地很大，想弄多少资金，就有多少资金，并且知道用它去做什么。

回途的路况既寻常又熟悉，足以使任何人从幻想中清醒过来，回到现实。正在那里做事的那个白人确信，在世界的任何其他地方，都不可能像在这里生活得这么好；而那些干活的黑人，只想着他们脚上有鞋子穿就行了。他望向路边的那个供黑人使用的公共汽车站，那里乱丢着的啤酒箱到处都是；往前10码，是一个供白人使用的公共汽车站，在遮阳棚下面，站着的一个年轻女人，在用眼睛招呼他。

他的车速很慢，被那个年轻的白种女人诱惑上之后，被引进了肮脏的矿区种植园的树林里。他把汽车停在那里，那白女人把一件雨衣铺到地上，躺了上去，他突然感觉到了某种不安全，看到两个男人冲他走了过来，心想：要是受到攻击、抢劫、杀害、阉割，他先要大喊，那种权威的习惯，足以表明他的身份了。这时，一个男人突然蹲了下去，神秘兮兮的，尽管没有靠过来。他一下子惊慌起来：说不定这个年轻女人就是一个圈套！他咒骂自己实在太蠢，没在车里放一把枪！那些在那里看着和听着的人很可能会从树后蹿出来。接着，他又安慰自己：即便算不上一个很强壮的男人，不过，他还不到50岁，由于坚持洗桑拿、按摩以及在他的400英亩的农场上锻炼的结果，体能保持得还不错，会经得住考验的。之后，他又想到，这事要是最后上了报，一切便会被全部暴露出来，被歪曲……于是，他跳了起来，离开了那个甜言蜜语的诱惑，蹿进自己的汽车，把那些人，包括那个白女人，丢在了后面。

被丢给农场主管雅各布处理的那具离奇的无名黑人尸骸，即将入土为安。农场职工维特布伊提出要做一口棺材，在这期间，他们用一块防雨布盖着它，用那些白人曾经烤过肉的那个地方的石头压住那块防雨布。在居住区附近的工作室里，两个男人用锤子钉着木板，小伊扎克在一旁帮忙锯木板，阿琳娜为他们送来了茶水和粥。那天，为那些木材钱，雅各布给在城里办公室的农场主梅林打了电话，想详细说明情况，但是农场主梅林不想听这类事，他正要离开，去一个白人去的国家。他在电话里给了一些指令，雅各布必须照料好每一件事。

在一个晴朗的星期四午后，在农场一块坚硬的高地上，农场职工为那无名的黑人同胞举行了葬礼。索罗门和他的兄弟已经挖好了墓穴，棺材也已经装殓好了，从一个装干草的大车上挪到了一个拖拉机上，拖拉机由雅各布缓缓开动着，大家徒步跟随在后面。在指定的地点，那些没有跟随着棺木的人员已经聚集在了那里：老托马斯和夜班的看守人，孩子们站在一旁。那些居住区里的女人们和老人们，在那片土地上除着杂草，菲尼斯的妻子也在其中忙活，不过，她的追随者们没有同她在一起。

在大太阳的照耀下，一个穿着白袍子的男人轻轻地敲起了鼓，传出了一阵有间隔的歌唱声。有那么一个时刻，四下里静默无声，大家一动不动；然后，那个拿权杖的人，开始长篇大论地说了起来，还不时摇晃着他的权杖。女人们唱起了赞歌，老托马斯的声音也加入了进来，声音尖细，但很和谐。孩子们的目光随着那铁锹不断移动着。菲尼斯妻子的脸上很平静，她没有了灵魂附体的负担，注目着维特布伊、小伊扎克、索罗门和雅各布把那个体面的棺材放了下去，她的丈夫菲尼斯开始往里面填土。维特布伊没有和雅各布商量，私下里提供了一堆不大不小的石头围起了那个坟堆，就像他在一个白人的花园里标志出的花坛一样。这个农场接收下来的这个男人没有名字，没有家庭——但是，农场的女人们为他哭泣了一会儿；在场的人群里没有他的孩子，但是农场的孩子们在那里，成为他继起的生命。他们让他长眠了，他终于回来了。他取得了这片土地的所有权——属于他们的，成为他们之中的一个。

作者生平与创作生涯

纳丁·戈迪默于1923年11月20日出生在南非约翰内斯堡（Johannesburg）附近一座名叫斯普林

斯（Springs）的矿业小城，父母是移民来的犹太人，父亲来自拉脱维亚，是珠宝商，母亲来自英国伦敦。她在富裕的家境中度过童年，后进入斯普林斯的一家女子修道会学校接受教育，期间，母亲常因她的心脏"问题"把她留在家中。她从小就养成很强的独立性，醉心于读书，从9岁起，便开始动笔写故事。1939年（16岁），在约翰内斯堡的《星期日期刊》儿童版上，发表了第一篇寓言故事《明天再来》（Come Again Tomorrow），由此开始了她的笔耕生涯。之后，到了1943年，在她20岁时，她已经在约翰内斯堡的当地杂志上发表了多部短篇小说作品，并在美国的知识和文艺类的综合刊物《纽约客》杂志上发表了她的短篇小说作品。

1945年，她进入南非著名学府约翰内斯堡的金山大学学习；并在1948年出版了第一部短篇小说集《面对面》（Face to Face），开始小有名气；1949年出版了剧本《第一回环》（The First Circle）之后，又开始尝试长篇小说的创作。

1949年（26岁），她与医生杰拉德·加弗隆斯基（Gerald Gavronsky）结了婚，他们生育了一个女儿，1952年离婚；1955年（32岁），她又与纳粹时期从德国逃往南非的艺术品经销商雷恩霍尔德·卡西尔（Reinhold Cassirer）结了婚，他们生育了一个儿子。

1953年（30岁），她出版了第一部长篇小说《说谎的日子》（The Lying Days），在其中抨击了种族歧视，揭示出了被"种族政治"扭曲了的人际关系，《纽约时报》称赞它"洞悉人生，思想成熟，笔法新颖自然，独具个人风格，堪与弗吉尼亚·伍尔夫[1]（Virginia Woolf）的作品媲美。"此后，她便以笔耕为生，而且，再未放下过她那犀利的文笔，作品大多以种族隔离制度下的南非为题材，在南非种族隔离最黑暗的时期，以反种族隔离为己任。

1956年，她出版了第二部长篇小说《陌生人的世界》（A World of Strangers），讲述了在一个隔离、分类的社会中，人们彼此之间被扭曲的关系，衬托出了种族隔离制度的残酷与荒谬，她显示出惊人的才华，被誉为"从文学界闪出的一颗最明亮的彗星"。由于这部小说中描写了白人与黑人的亲密友谊，以及黑人生活中随时可能出现的危险，因此，曾在南非被禁出售，被南非当局查禁了达10年之久。

除了1960年代在赞比亚短暂生活了一段时间外，纳丁·戈迪默一生大部分时间，都是在南非（有时到国外讲学，她曾到世界许多国家旅行，并在美国哈佛大学和普林斯顿大学等讲授现代非洲文学）度过的。在南非实行种族隔离政策最黑暗的时期，她依然留守故土，从人道主义立场，述说种族政治对人类关系的扭曲和重压。尽管一些作品在南非几度被严厉查禁，她本人也遭受迫害，却对南非的土地和人民一往情深，还曾谢绝了好几个国家请她去定居的邀请，拒绝离开她的祖国。她始终把自己的文学创作，当作一种使命来完成，希望能用自己的创作，唤起黑人的信心和白人的良知。

1950年代至1980年代，她陆续出版了短篇小说集：《六英尺土地》（Six Feet of the Country，1956）、《星期五的足迹》（Friday's Footprint，1960）、《不为出版》（Not for Publication，1965）、《利文斯顿的

1 弗吉尼亚·伍尔夫（Virginia Woolf，1882—1941）：20世纪欧洲最重要的女性作家，著名的文学批评家和文艺理论家，是"意识流"小说理论的极重要的阐述者和成就者，又是西方女权主义的先驱者之一，创作了《致灯塔》（To the Lighthouse，1927）等传世之作；41岁时，因精神崩溃，投水自尽。所著《自己的房间》（A Room of One's Own，1929）已成为女性主义必读读本。

伙伴》(Livingstone's Companions，1972)、《小说选集》(Selected Stories，1975)、《准是某个星期一》(Some Monday for Sure，1976)、《军人的拥抱》(A Soldier's Embrace，1980)、《影影绰绰》(Something Out There，1984)；长篇小说:《陌生人的世界》(A World of Strangers，1956)、《恋爱时节》(Occasion for Loving，1963)、《逝去的资产阶级世界》(The Late Bourgeois World，1966)、《贵宾》(A Guest of Honour，1971)、《保守的人》(The Conservationist，1974)、《博格的女儿》(Burger's Daughter ，1979)、《朱利的族人》(July's People ，1981)、《自然变异》(A Sport of Nature，1987)；论文集:《黑人解释者》(The Black Interpreters，1973)、《基本姿态：写作、政治和地方》(The Essential Gesture: Writing，Politics and Places，1988)等。

其中，长篇小说《保守的人》是她的一部最为深沉、最富诗意的流芳之作，以摄人心魄的广度和规模，讲述了南非实行种族隔离制度时代的一位享有特权的白人实业家梅林出于臆想，重金购得一个消遣性农场(hobby farms)，使用一些黑人员工协助管理，意图寻求一种高水平的人生内涵，更好地享受生活，并以“自然资源保护论者”自居，而在人与自然界的关系中，却从不顾及大的环境及整体国家的利益，只在乎自己的盈利与否。每逢周末和假日，他就到农场来巡视一番，一天，在他农场的河流附近发现了一具离奇的被杀害的男性黑人死尸，警察没有进行调查，就把那具尸体随便埋在事发地点附近，结果那具尸体一再作祟，反复纠缠，既纠缠梅林又纠缠农场里的黑人工人，并在洪水过后翻浮了上来，直至最终入土为安。

小说用意识流手法，在回忆中将故事情节展开，出色地描绘出了农场主梅林等一系列人物形象，尤其是通过梅林内心的独白、思考以及同远方叛逆的儿子、在美国心怀不满的前妻、身边激进的情人、熟人和农场里的黑人农工的片段谈话，描绘出了这位农场主的人生，抨击了白人将自己视为南非统治者的种种错误思想意识，整个故事耐人寻味。

这部小说出版之后，因其以极具象征意味的笔法对南非所实行的种族政治做出了独立的艺术表述，以寓言式的形式，艺术地再现了南非的种族隔离制度对人性的扭曲，对人(无论是黑人或白人)的意识深层的异化和伤害；且行文当中，极富想象力，每个词句，每个段落，都恰到好处，把南非实行的种族隔离制度的罪恶勾画得淋漓尽致。在当年，此书与斯坦利·米德尔顿(Stanley Middleton，1919—2009)的《假日》(Holiday)一起问鼎了第6届英语文学界最有影响力的布克奖；又在2008年入围了“最佳布克奖”的决选名单。

由于在文学上取得的卓越成就，在政治生活中表现的伟大人格，纳丁·戈迪默赢得了世界人们的尊重，她的作品在很多国家不胫而走，各种荣誉接踵而至，她获得了一系列国际知名大奖，其中包括：1961年，获得英国著名的史密斯文学奖；1969年，获得南非英语科学院托马斯·普瑞格尔文学奖；1972年，获得英国最古老的文学奖——詹姆斯·泰特·布莱克纪念奖；1974年、1979年、1981年和1991年，四次获得南非最重要的文学大奖——南非中央新闻社文学奖；1975年，获得法兰西国际文学大金鹰奖；1981年，获得苏格兰艺术协会奈尔·米勒·根研究基金；1982年，获得了美国现代语言学会奖；1985年，获得意大利库尔齐奥·马拉巴尔泰奖；1986年，获得德国内尔·萨克斯文学奖；1987年，获得美国班奈特奖，并荣获法国文化部颁授的骑士勋位级的“法国艺术及文学勋章”。

同时，她还是美国艺术与科学院文学外籍名誉院士、美国艺术文学院外籍名誉院士、英国皇家文学院院士，联合国开发计划署的友善大使，并担任过国际笔会副主席。她还被国内外众多大学授予过文学博士荣誉学位，其中包括美国哈佛大学、英国剑桥大学、牛津大学以及南非的金山大学、开普敦大学等。

纳丁·戈迪默是一位描述现实的大师，以简洁而略显冷淡的语言，不动声色地描绘出了深受种族隔离政策之害的一个个黑人及白人形象，始终以反对种族政治为己任，对其做出了艺术性的描述，向当权者提出挑战。同时，她也是一位社会活动家，大声疾呼消除种族隔离，始终致力于南非的自由和创造一种"后种族隔离政策"的南非文化。1986 年，她冒着风险为黑人活动家和非洲人国民大会（非国大）成员出庭作证，使 22 名成员免除死刑。

纳丁·戈迪默小说作品所描写的对象一直都是十分复杂的，在艺术技巧上也有一些引人注目的特点，最引人注目的是她那细腻而深入的心理分析，及写作的语言清新秀美中凝聚着淡薄隽永，充溢着浓厚的散文诗的灵气。这些特点，在她 1990 年出版的长篇小说《我儿子的故事》（My Son's Story）里，达到了炉火纯青的地步，在这部作品中，她以壮丽如史诗的笔触，讲述了一个难以容于社会的爱情故事，讲述了在南非种族隔离制度下，一个黑人家庭奔走于自由道路上的艰辛之旅，爱情与亲情夹缠，理想与现实冲突。

1991 年（68 岁），在诺贝尔文学奖候选人的提名单上列名了 10 余年之后，她终于因其笔触壮阔如史诗获得了世界文坛的最高荣誉——诺贝尔文学奖，成为第三位[1]获此殊荣的非洲作家。获奖之后，她把一部分奖金捐给了南非作家大会（其成员大部分是黑人），以热心扶植黑人青年作家。在那之后，她又陆续获得了一系列国际知名大奖，并在 2007 年荣获法国政府颁授的最高荣誉——大军官勋位级法国荣誉军团勋章。

纳丁·戈迪默是一位真正多产的作家，计有 16 部长篇小说和 200 多部短篇小说，所有作品，都表现了对南非那块土地的深情。她写"南非的生活和在那里生活的人民"，为南非的文学和解放事业所做的贡献，使她不容置疑地成为南非当代文坛上的泰斗；她在文学界争取言论自由方面长期的先驱作用，使她成为南非文坛的耆宿大贤；在她独树一帜的文学创作中所表现的博大胸怀和对自由的热爱，更使她当之无愧地跻身于当今世界最有影响力的作家之列。

她始终保持着旺盛的创作生命力与积极的创作态度，自《我儿子的故事》之后，又陆续出版了短篇小说集：《良心的罪行》（Crimes of Conscience，1991）、《跳跃和其他故事》（Jump and Other Stories，1991）、《掠夺》（Loot，2003）、《贝多芬有十六分之一的黑人血统》（Beethoven Was One-Sixteenth Black，2007）；长篇小说：《无人伴我》（None to Accompany Me，1994）、《家藏的枪》（The House Gun，1998）、《偶遇者》（The Pickup，2001）、《获得生命》（Get a Life，2005）、《空前时代》（No Time Like the Present，2012）；论文集：《写作与存在》（Writing and Being，1994）等。

纳丁·戈迪默毕生勤于笔耕，并为她穷其才华为之奋斗的南非的文学和解放事业带来了光荣。2001 年，在丈夫雷恩霍尔德·卡西尔去世后，她在约翰内斯堡的古旧住宅内，过着寡居生活，继续笔耕，紧扣时代脉搏，用笔记本电脑写作，继续活跃在世界文坛上。2014 年 7 月 13 日晚，她在家中安详去世，

---

1 第三位：其他二位分别为1986年获奖的尼日利亚作家渥雷·索因卡（Wole Soyinka，1934— ）和1988年获奖的埃及作家纳吉布·马哈福兹（Naguib Mahfouz，1911—2006）。

享年91岁。

主要参考资料：

The Conservationist, by Nadine Gordimer, Publisher: Penguin Books Ltd, 1983.

The Novels of Nadine Gordimer, by Stephen Clingman, 1986.

Nadine Gordimer, by Dominic Head, Publisher: Cambridge University Press, 1994.

1974年 | 第6届

007 假日 [英] 斯坦利·米德尔顿

Holiday by Stanley Middleton

◎原著共 17 章，以近似于工笔画大师的文笔，讲述了大学讲师埃德温·菲舍尔（Edwin Fisher）躲开精神状态不佳的妻子，夫妻间的纠纷，在贝尔索普（Bealthorpe）海滨度过的一周。

英文原版封面

斯坦利·米德尔顿
（Stanley Middleton，1919—2009）

斯坦利·米德尔顿是英国当代文坛上一位风格独特且具有鲜明地域色彩的小说家，被誉为城市生活细节描写大师。

有评论认为，其作品思想深刻、构思缜密、叙事简练准确，擅长以传统的现实主义手法，锋利却能治病的手术刀似的文笔，挖掘凡人小事背后的社会含义，剖析中产阶级社会人与人之间的关系，勾画当代英国人生活和思想的概貌。

《假日》（Holiday）出版之后，在读者中引起了强烈反响，受到了相当热烈和普遍的欢迎，并给他带来了很大的荣誉，1974 年，因其**对大量生活细节精致而准确的描写**，与纳丁·戈迪默（Nadine Gordimer，1923—2014）的《保守的人》（The Conservationist）一起，问鼎了第 6 届英语文学界最有影响力的布克奖。

当教众一齐起立，欢呼救世主时，教堂里被磨光的座椅闪烁着幽幽的亮光。紫胶漆层下面木头的纹理泛着暗红色的光，那是被人们的胳臂肘磨出来的，不过那长排座椅的金属名牌已因长久的闲置而泛黑了。埃德温·菲舍尔扫视着他的赞美诗集，听着旁边的那个女人唱道：祂来击破诸压迫，释放被掳子民；祂来除净众罪恶，公平君临万民……那女人的声音响亮而且无所顾忌，吸引得坐在前面两排的一个男孩和一个女孩扭回头来凝视她。他们的母亲却把他们拉过去坐正了。

随着众教徒的歌声，菲舍尔低低哼唱着，不过，他也仅仅是动动嘴唇而已。整个教堂的四壁白僵僵的，那些狭窄尖顶的窗户都镶着小块钻石形的绿色玻璃；他头顶上方，是由蓝色圆柱支撑的楼座。他微微一笑，把这座本打算漆成深棕色的维多利亚式的建筑做成这种成功的高雅色彩，该是18世纪末19世纪初很典型的做法。阳光照亮了前面那小男孩的头发，他现在已爬上他的座位靠到他母亲身上，想用手指去触摸母亲的那本赞美诗集。教堂里回响起众教徒深情的歌声：喜乐希望如花锦，纷开在祂路边。

从后排看过去，菲舍尔注意到，那些唱圣歌的教众，几乎全是中老年人，而且大多数是妇女，戴着有花饰的系着丝带的女帽，是一些喜欢坐满了人的教堂、热诚歌唱的信徒。这里没有正经的大唱诗班，领唱的那几个人，应该不是来度假的就是在这里的寄宿公寓里给人做家政服务的。教众们全力唱出了最后的歌词，琴声高昂：年日时代虽更改，祂的约不废弃；耶稣大名和祂的爱，永远长存无极。

接下来，教堂里一下子静默下来，鸦雀无声；主持的牧师整了整他的发式，他布道的领饰和他的袍袖。做好了这样的准备之后，那牧师开始大声祝祷，在琴手最后说了声“阿门”之后，大家用右手捂着眼睛一齐落座到各自的座席上。

菲舍尔四下里看了看。现在，阳光刺眼，就像是从外面海上反射过来的。教堂里的会众们开始懒懒散散地往外走去，在巴赫为管风琴而作的8首小前奏曲降B调的伴奏下，会众们敞开心扉欢快地交谈着。坐在后排的菲舍尔第一个走到门口，在那里，显得矮小了一些，不如先前在高高的讲坛上那样显赫的牧师微笑着和他握了握手。外面的光线令人眩晕，白热的光芒照着斜坡上的卫理公会教堂（Methodist Church）模糊的金字。

街面上清清静静的。大概那些要去海滩游玩的人两个小时前就去了海边，午饭是不会回来吃的，在车里或海边吃早餐，过了6点才回来吃晚餐和看电视，这是时兴的格调。在阳光下，和风轻抚着这个东海岸小镇街道上的每一个角落。菲舍尔走上一条比较热闹的主干道，看着一间正在营业的文具店里货架上的卡片、俗气的简装书、印有英国国旗的提包、水桶和铲子什么的。他喜爱这地方，喜爱这个有着金属顶盖的拱廊，觉得仿佛工业革命都变温柔了，在展示它的较温和的艺术品。在少年时代，他曾经到过这里，是从父母跟前逃出来的。当时，父母正拥挤在戴着巴拿马帽和穿着旧橡胶底帆布鞋的人群当中，他逃到了这里，听着人们滔滔不绝的闲谈，满心欢喜地与姑娘们混在一起。

菲舍尔吹着口哨，决定去找一家酒馆坐坐，而不去海滩了。现在是12点零3分，酒馆的休息室里空无一人，灯光昏暗而温暖，里面有许多放着瓶子的架子，酒馆的服务员往衬衫袖子上套上了白色的套袖，不慌不忙地伺候起他来，说了一些关于阳光和气温的话，然后就转身离开了。四下里安静得像是教堂，但是比教堂轻松，窄小。他一边小口啜饮着他的啤酒，一边想着下午的事。

首先，他得解决吃饭问题，但去哪儿吃呢？一根香肠外加啤酒，或去讲究的餐厅外加小费？当他还是一个年少的男孩时曾经来过这里，他们第一次去沙滩时，曾在量体重的机器上称了体重。他隐约记得，那时，他对那种做法幼稚地觉得太麻烦了：先是母亲，之后是他和他的妹妹，最后是他父亲；为了6分钱小费，那个服务员大献殷勤。他还记得，后来他们一家又排队称了一次体重，希望他们的体重第二次比第一次有所增加。

当下，人人都在减肥，喝果汁，吃牛排，品尝冰激凌和啤酒；而在那个食品定量配给的年代里，人人都想体重能增加一点，肥胖表示健康。他想起他父亲亚瑟·菲舍尔（Arthur Fisher），瘦得像根拨火棍，坐在量体重的悬空的座椅上时，两只穿着网球鞋的脚不停地晃悠，嘴里念念叨叨，“看在上帝的分儿上，增上2磅吧。他们全都认为我越来越干瘪了。”他母亲则在一旁用手捂着嘴悄悄说，“你就别唠叨了，他们不会那样想的，亚瑟。”

那时，菲舍尔很厌恶他父亲母亲的做派，为他们小店主的身份，他们的奉承，戏谑，没有受过教育，把沾满油腻指印的小钱往钱柜里放，努力引起别人对他们的注意。他从未整理过他父亲在教育问题上所持有的那些观点，甚至现在也不觉得它们有什么道理。家里的两个孩子——他和妹妹都进了大学，尽管他父亲为因此而付出的费用满腹牢骚。他父亲似乎也不羡慕孩子们的专业知识，很庆幸能用储存在自己小脑瓜里的片段知识超越他的孩子们，但从不试图把他的知识组织或整合成一个系统。他的儿子在恼怒的瞬间会冲撞他，贬斥他，说他爱好的读物只是一套儿童的百科全书。“那有什么不好？”他父亲说，“爱好就是爱好。”他母亲艾尔西克·菲舍尔（Elsic Fisher）成功地自学了她孩子们所学的东西，能轻易准确地说出：及格、优异、大学入学考试、学位的等级……

现在回首这事，菲舍尔感到奇怪：母亲艾尔西克正确选择措辞背后是一种什么样的状况？他从未能彻底了解母亲，即使母亲在世时。看上去，母亲活得好像是挺自在的，令人愉快，既不善交，也不理智。她驱使丈夫不断地存钱，驱使孩子们成才，与家人有规律地去卫理公会教堂做礼拜，从不提及上帝或当着家人的面跪下来祈求指导。她是一个大体上服务于店铺的平凡女人，不肯在教会里担任任何职务，哪怕毫不费力。她从不过多赞扬什么，逼迫得她的孩子们和丈夫只敢向她汇报成功的事，他们全都学会了辨析她那严厉的眼色，以及她那表示赞同的点点头其中的含义。

32岁的埃德温·菲舍尔回首当时，那逝去的往昔岁月，意识到自己那时的思想感情多么不成熟，开始对自己在过往世界中那些与父亲别别扭扭的关系中的行为举止、碰撞和冲突，感到悔恨，感到羞耻。现在，他从心底里赞叹父母双亲的种种美德：他们是一对天生的劳动者，在行动上，他们始终都在深爱着他们的子女，只不过从不会用语言做出情感的告白，来向他们的资质聪明、学习成绩优异、跳级的孩子表达他们的疼爱。如今，两位尊长都已不在人世了，一切都已经无法弥补了，这已是一个清清楚楚不争的事实，但他却不希望这是生活现实，在这件事上，他甚至不想使自己理智起来——这也许就是他身上的某种缺陷。

他和妹妹提娜（Tina）只要一见面，就会继续他们兄妹之间的手足相争。他又会生出那种争宠的情绪波动，开始习惯性地修筑起自己的壁垒，仿佛他们彼此之间有着什么秘密和不可调和的敌意。提娜如今已成为一名医生，出嫁后，丈夫也是医生。提娜并不认为她有这么深的敌意，只是用她那惯常的冷淡，无所谓，明显的疏远态度，把他的亲近当作消遣。他们兄妹之间的亲近关系似乎始终都不能长久维持，只要一起共处 36 小时以上，就会吵闹起来，争执不休，而且全然不是由于什么原则问题，仅仅只是出于往昔的习惯——他们仍在争夺他们父母的疼爱。

透过背后的窗户，菲舍尔听见了孩子们的喊叫声，还有一个嗓门很高的成年人的声音，令他好奇，然而，他当即决定不去理睬它们是怎么一回事。及时做出决定，这是他的行事之道。他品尝着他的啤酒，与酒馆服务员交谈了几句。随后，他计划买一些苹果充当午饭，便不再逗留，离开了那里。星期日，在夏日的海滨，能买到任何东西。于是，在明晃晃的日光下，他走向海滩。

他很快离开了岸上的人行道，下到松松软软的、废弃物乱扔得到处都是的沙滩上，接着，便感到有失所望，这里，不是一个他中意的地方。除了大片大片的细沙、10 分钟步程外的浅海区，以及脱得精光、涂着防晒油躺在防风林后面的躺椅上、垫子上的游人之外，就再没有任何供他欣赏的东西了。他想脱掉鞋子，卷起裤腿，像 20 年前父亲亚瑟那样蹚蹚海水。老人即使弄湿了衣服，仍然戴着他的那顶特里比式软毡帽，在招惹来的他人的嘲笑中保持着他的体面。随后，他又推翻了自己的想法，其实，事情完全不是那么一回事，实际上，亚瑟·菲舍尔当时一门心思想着的，只是他淘气的儿子，其他的，什么都没注意到。

他坐了下去，倒空鞋里的沙子，然后提上鞋子。他想，现在的自己是一个离开了妻子，懒懒散散，易动感情的男人，甚至还想身体力行，重演父亲当年的滑稽动作。他站了起来，拉了拉他的夹克衫，拍了拍他的钱袋，告诉自己：忘记买苹果了。于是，他重新回到了大道上。尽管有风，阳光还是穿透了他身上的夹克衫，给他送来了温暖，他突然兴致勃勃起来，走得更欢了，明白了什么是乐观主义。他很想找个人说说话，打个招呼，彼此交换一下下午见面的俗套；然而，从他身边走过了那么多的路人，没人同他说上一句话。他沿着大道欢快地走着，现在，他是一个自由人，在度假，没有妻子的烦恼，没有孩子，他自己就是一个大孩子。

漫无目的地游荡了一天后，菲舍尔回到他临时寄宿的公寓，在卧室的窗下度过了这个星期天的傍晚。站在那里，他能听见窗外面的脚步声，偶然还能听见责骂孩子的喊叫声。过了一会儿，他打开文具盒，将其放到梳妆台上，他想，该给妻子梅格（Meg）写一封信了，一封客观的纯粹描述当地景观的信，不提及他自己，也没有责备，只是传递一个信息，让梅格清楚他现在在哪里，在生他的气的时候，能够了解他所寄宿的房子、街道、海滨的环境。他不会道歉，或愤懑，或大喊大叫，只陈述实际现状，生活细节，直到她气得尖叫起来。

然后，他去刷了牙，舒舒服服坐到一张藤椅上，双脚翘在床上，读起了劳伦斯[1]（Lawrence）第一任女友杰希·钱伯斯（Jessie Chambers，1887—1944）撰写的回忆录《D.H. 劳伦斯：一份私人档案》，以排遣自己心中的苦闷和迷乱的思绪。杰希是劳伦斯青少年时代长期相处的女友，是第一个给了劳伦斯性爱的女人，在劳伦斯的那一部被菲舍尔评价为 20 世纪 5 部最佳小说之一的《儿子和情人》（Sons and Lovers）中扮演着主要角色。那部小说的主线之一，就是以与杰希的私情为蓝本的。

读着读着，他想到了自己最近的家庭悲剧。说起来，妻子梅格不是一个很有理性的女人，而他自己呢，有时却也很自相矛盾。他曾经说过，他信奉上帝，可他又羡慕妻子的无神论，在他们夫妻之间，充满了这种不和谐的音调和种种不幸，而这些不幸似乎又常常是人自找的。之后，他又回想起了自己初浴爱河的一些往事，他与梅格早期约会当中的一些细节，那些充满爱意的举止，甚至还回想起了梅格与她前任未婚夫的关系。那个男人的一篇旨在说服梅格不要因选择了菲舍尔而离开自己的演讲词，那个男人还特别强调说，理性原本就不是梅格的强项，眼下梅格做出的这一选择，比之平日越发没有理性。后来，梅格哭着同他讲述了她结束了与未婚夫的关系，以及她怎样了断了他们之间的关系的种种细节。这时，他掏出手绢，心里想的是：谢天谢地，它先前本是干净的，熨得平平整整的。

他又回想起了到医院去看望他们死去的孩子时的悲情。梅格由于悲伤过度，丧失了理智，在情感上明显地崩溃了。他们 2 岁的儿子唐纳德（Donald）死在了那家医院里。儿子病逝的悲剧，彻底摧毁了他与梅格之间本已不大牢靠的关系，同时也危害到了他对理性的基本信仰，危害到了他施爱的能力，闹得他与梅格的婚姻几近崩溃，结果，他便只身一人躲到贝尔索普海滨来了。

在海滨，在那家旧地重游的寄宿公寓里，菲舍尔很喜欢他傍晚在房前小花园里遇到的那一对平凡的中年男女，一对满嘴陈词滥调的夫妻，在一些细微的事情上，他们显得十分活跃，不时散发出浓郁的人情味。相互碰上面后，他们向他打招呼说：这是一个美好的傍晚，然后，他们与他很友好地临时组成了一个三人小组，在玫瑰花丛那里待上一阵子，大家一起赞美那些深红色的花朵，盲目猜测了一通那些花朵的名称。

星期日那天当晚，菲舍尔和公寓里的那些形形色色的度假者们欢聚在了一起，联欢作乐，共进了第一顿晚餐。当那些家庭一一落座来吃晚饭时，餐厅里一下子就热闹了起来。菲舍尔非常喜欢餐厅里当时的气氛和人们那些惯常的行为举止：折叠餐巾、擦嘴巴、为了盘子里那最后一点剩余物而倾斜盘子、在等待下一道菜时做给餐桌上其他人看的小炫耀，或跟邻桌的人闲聊几句，引得其他人也参与进来或开怀大笑。那些用餐的人，一个个全力以赴，手指动作准确无误，尽量不去弄污那台布。这些讲究，他看了都很开心。在装饰着玩偶和纸花的餐厅里，那些像绅士一样的举止，模仿贵夫人的神态，他觉得，都很合时宜。

---

1 劳伦斯（Lawrence，1885—1930）：英国小说家，被认为是20世纪英国文坛乃至世界文坛的一个怪杰，一生创作丰富，描写人类精神与肉体的纠缠，著名的长篇小说包括：《儿子和情人》（Sons and Lovers）、《查泰莱夫人的情人》（Lady Chatterlay's Lover）、《恋爱中的女人》（Women in Love）等。其中的《查泰莱夫人的情人》曾和爱尔兰的意识流小说大师詹姆斯·乔伊斯（James Joyce，1882—1941）的《尤利西斯》（Ulysses）以及美国享誉世界的文学巨匠亨利·米勒（Henry Miller，1891—1980）的《北回归线》（Tropic of Cancer）一起被列为20世纪的三大禁书。

后来，他甚至在他的寄宿公寓里实验了一下调情。他与一个叫桑德拉（Sandra）的已婚女人纠缠到了一起，非常起劲地揉弄了一通桑德拉的乳房——左边的那一只不太大的乳房，来慰安自己那种男人的性躁动，伺机发泄了一通之后，因得知了自己在某一个女人眼里仍颇有吸引力而备感安慰。随后，他走出了公寓客房，来到街市。

在当地一家酒馆，他意外碰上了同样到这里来度假的他的姻亲——妻子梅格的父母。他的岳父岳母住在一家价格不菲的大宾馆里，不知是纯粹出于偶然还是有意安排，他们就这么莫名其妙地及时出现在了他在海滨的清静生活里，使他的这次度假生活复杂化了。他的这一对岳父岳母大人，公开出面，干涉起他们女儿的家务事，插手到梅格与他之间，希望他能与梅格尽快和解，弄得他不得不加倍小心，尽量与他的姻亲们保持着适当的且最低限度的接触。

他与梅格的婚姻，其实，从一开始就步调不一。在他们早期的婚姻生活中，他曾与梅格有过一次记忆深刻的对话。他们一同去看易卜生（Ibsen）的著名社会剧《玩偶之家》[1]（A Doll's House）的演出，当时，他颇为自负，自己也想写剧本，出言不逊，抨击了易卜生剧本中的一些台词。梅格对他的那些措辞，反唇相讥，讥笑他与《玩偶之家》里娜拉（Nora）的那位丈夫的想法很是相像……并指责他，在他眼里，女人都是会唱歌的小鸟儿或是只会乱花钱的蠢货。后来，梅格还刻意强调，“其实，你就是那样想的，也许你觉得你不是那样的。”他现在回想起来，他们夫妻之间的那一次对话，像是预示了他们未来婚姻的问题。

在他与梅格的夫妻关系中，他一向最难接受的，还有梅格的一些不可思议的想法，尤其是在他们共同探讨婚姻道德困境的问题时，梅格所道白出的一些不可理喻的说法，他根本不能苟同，也不肯甘拜下风，结果，通常便会平添出许多不快——那种男人在不能驾驭女性时所感到的愤懑。梅格在男女关系的问题上，否认婚姻的牢不可破性，即便是有了足以维系夫妻不可分离关系的孩子。由于得不到他的认同，梅格搜索枯肠，想办法对他解释了一通，大意是：大家一个个只是在全然靠碰运气的无目的的世界中运转，非理性会怎样地铸造人生。他对梅格的说法越发不以为然，坚信孩子的可爱会成为阻止身为母亲的女人弃家而去的绊脚石。孤芳自赏的梅格随后反驳说，“没有人会离弃自己所爱的孩子——如果他们在采取行动时是清醒的；然而，数以千计的人却那样做了。”

梅格的父亲戴维·弗农（David Vernon）是威尔士（Wales）一位成功的律师，为了精心弥合埃德温·菲舍尔与他们女儿梅格之间濒临破裂的婚姻关系，这位威尔士律师经过长时间的考虑，处心积虑，施展出自己身为律师的出色才能，与他们夫妻双方进行了不懈的谈判，无所不及，一心希望埃德温与梅格二人能够夫妻和解，重返家庭生活。

那天，戴维·弗农终于寻到了一个机会，扯开了话题，劝说处于思想混乱状态中的女婿埃德温，不要一味回忆往昔；同时，转述了与他女儿梅格的谈判进展，试图说服并敦促埃德温，回到梅格身边去，

---

1 《玩偶之家》（A Doll's House）：挪威19世纪的伟大戏剧家亨利克·易卜生（Henrik Ibsen，1828—1906）的著名社会剧，作于1879年，通过海尔默（Helmer）与娜拉（Nala）夫妻间的矛盾冲突，描写了女主人公娜拉从信赖丈夫甚至可以为丈夫而死，到发现自己不过是丈夫的“玩偶”，最后终于与丈夫决裂，脱离“玩偶”家庭的自我觉醒过程，被誉为妇女解放的“独立宣言”。

把他们的问题谈出来，尽管梅格与埃德温一样，都不太情愿这么做。不过，威尔士律师像是有些徒费唇舌，埃德温没买弗农的账，还拿他岳父大人着实打趣了一番。即便如此，弗农并未气馁，继续坚持己见，告诫埃德温要正视生活的铁律：孩子……我们是有理性的人类，不是吗？结果，威尔士律师这最后一席话，像是多少见了一点成效，埃德温感觉自己不得不认真面对近一段时间以来自己所痛苦回避的问题了：在儿子唐纳德死去之后，他与梅格的婚姻还能继续吗？

当晚，在寄宿的海滨公寓里，威尔士律师的那些话语依然盘桓在埃德温·菲舍尔的脑海里，挥之不去。他栖身的那间卧室很宽敞，也很干净，有足够的空间，供他深刻思考。之后，他大部分的时间，都孤独一身，坐在小桌前，苦苦冥思并寻找着自己婚姻破损的原因。那些油然而生的痛苦记忆，蜂拥而至，他不得不一一面对，不得不在自己的过去与现今之间，进行着没完没了的对话，反思。

随后，即便是在大街上散步的当口，菲舍尔都会不自觉地与自己对话，反思自己。那天，他走上斜对面的主商业街，然后，转上林荫大道，那条林荫大道上，几乎看不见什么行人，向阳面的窗户都挂着防晒的窗帘，道路两旁的酸橙树长得十分茂盛。街面上一片寂静，偶尔会走过去一两个度假者，或带着孩子的一家人。来这个地方度假的人员各式各样，什么人都有，大多数的男人，都带有家眷，还有一些，看上去像是穷人家庭。想到“穷人”这个字眼，他对自己说，他并不富有，也不是精神富有者，没有资格有这种优越感。这几天来，他所碰到的来自不同地方的度假者，尽管多是一些过着有条不紊的普通生活的平常人，可他们那种合乎常规而理性的平常态的生活，着实令人羡慕，甚至包括他的那位岳父大人弗农。尽管他有着军人的外表，聪明智慧，口味却很简单；一杯酒、一部电视连续剧、圣诞节时的基督、收音机里播放的半小时赞美诗、旁观某个机灵鬼在困境中挣扎，等等，仅此而已。

他并不笃信宗教，没有乡愁。他做了一个苦脸，跟自己开着玩笑，继续缓缓前行。随后，开始思考自己是否过于傲慢不逊。不管是出于什么理由，他周围的那些生活在正常轨道上的普通人的价值观，甚至在某些方面，他父母的价值观，现在，都成了他思考问题的参照系数；他们就像是为他这位心理失常者设置的榜样，为经历了家庭悲剧之后他所缺失的生活提供了合理的意义。相形之下，他感觉到自己头脑欠通，不够成熟，甚至生出了愧疚，希望自己不是过往那些别扭事情里的当事人，开始将自己往昔生活当中的种种行为，包括与妻子梅格最后一次对峙，以及自己当前离开妻子的临阵出逃，都归类为——男人的傲慢，全是自己潜意识里的那种“男性应处于统治地位”的观点在作祟。

他清楚地记起了自己不满自己婚姻状况的一些言论。他曾将他与梅格之间不协调的夫妻关系形容成“就像与一个瘸子赛跑。梅格一瘸一拐地跑着，他自己却是在向前猛窜。”他还记起了他对梅格烹饪技术发表的那一通批评——那些粗暴而满怀恨意的评语，深深刺伤了梅格的心，把梅格弄得火冒三丈。现在看来，也许正是由于他身上的那种根深蒂固的男性至上意识和那些令人窒息的生活习惯，才把他的家庭生活搞成了一团糟，纠纷四起，甚至连婚姻也难以继续了。对妻子梅格和她心中的悲痛，现在，他渐渐有了一种与前不同的更具同情心的理解，终于意识到，在与妻子的感情纠葛中，自己无权抱有大男子主义的优越感。

他步履安详地回到了小镇的那条主商业街上，在反思的痛苦与情感的嬗变中，他找到了一种更为广阔的视野，明白了许多前所未思的道理，开始认同并羡慕他周围那个理性的、正常的生活世界了。在走进他寄宿的那家公寓大门之前，他用羡慕的眼光看了看街角上那家商店里的那个男子，一个与他的临时住所相隔只有六个门、整天都在诅咒风的家伙；他还羡慕那些送货车里的伙计们，以及那个善于奉承的肉店老板。出于某种理由，现在，他们在他眼里代表了一种清醒，代表了一个合理而有序的宇宙。

菲舍尔走进他那间寄宿公寓的卧室，望着里面的家具，床头上和衣橱拉门上优美的饰面。他想，生活是理性的、有意义的、有秩序的。明天，他就打道回府，回归原位。幸亏，人生不存在“末日”，凡事都没有最终的决定性的输赢与成败，有的只是暂时的终止，一时停住了脚步，驻足不前。这样想过之后，他总算平静下来了，可以睡一个好觉了。

然而，回归，并不是一件容易的事。那天，回到离别一周的家中，埃德温·菲舍尔满脑子揣着善念，充满了爱意，带着深深的悔意面对着妻子梅格平静的困惑。在与妻子寻求和解的那一刻，激动当中，他身上的那股男人的性欲猛然勃发，生出了对梅格的强烈的性的饥渴，频频感受着自己那兴奋起来的性欲一阵又一阵的冲动。他想，在明亮的房间里做那件事似乎分外适宜。不料，妻子给予的回应却是分手的提议。梅格说：常识告诉我们，应当停止吵闹了。应当去和别人试试了，我们不是孩子了。我们有过美好的时光。在我们年龄变得越来越大，在继续这样下去把关系彻底弄糟之前，应该去与别人重新开始。我们不缺乏常识，我们结过婚了。我们有过唐纳德，我们有过一些好日子。

这件事要是放在从前，菲舍尔完全可以做出愤怒的或消极的反应，接受梅格的这一提议，同意离婚；但他的新视野，使他有了更为全面而周到平衡地看待问题的方法，他已经恢复了作为男人的施爱能力，不会再让自己的情绪失控，只想尽量化解他们的对峙。之后，他设法使梅格回想起了他们起初相互约会时那些充满爱意的日子，他回忆说，在她陷入泥泞时，“我用手绢擦你膝盖上的泥。”

作者生平与创作生涯

斯坦利·米德尔顿1919年8月1日出生在英格兰东中部诺丁汉郡（Nottinghamshire）的布尔韦尔（Bulwell），父亲是铁路工人。他在诺丁汉郡的高佩门特中学毕业之后，1936年，就读于诺丁汉学院（即后来的诺丁汉大学），1940年（21岁），获得英国文学学士学位。之后，他进入英国皇家炮兵队以及英国陆军教导团服兵役，被授予准尉军衔，1946年，退伍。之后，他再次就读于诺丁汉学院，继续他的研究生学业。期间，1951年（32岁），他同玛格丽特·雪莉·韦尔奇（Margaret Shirley Welch）结了婚，婚后，他们生育了两个女儿。

1952年，他获得教育学硕士学位，之后，便开始了他的长期执教生涯；并在1958年进入诺丁汉郡的高佩门特学院任职，在那里从事教学和行政工作，一直工作到1981年退休。与此同时，1958年（39岁），他开始执笔进行文学创作，同年，出版了第一部长篇小说《简要回答》（A short Answer），这是一部颇具讽喻意味、喜剧式的作品，具有浓郁的诺丁汉地方色彩和生活气息，以现实主义的创作手法，聚焦于凡人琐事，表现出了一种强烈的反传统、反权贵精神，创作格调，与当时风靡于英国文坛的文学思潮“愤怒青年[1]”的格调相呼应。

之后，他一边任教，一边孜孜不倦地辛勤笔耕，以惊人的、几乎平均每年一部的速度，在 1960 年至 1980 年间，陆续出版了长篇小说：《哈利斯的安魂曲》（Harris's Requiem，1960）、《严肃的女人》（A Serious Woman，1961）、《正当的交换》（The Just Exchange，1962）、《两人一伙儿》（Two's company，1963）、《他们强迫他》（Him they compelled，1964）、《职权》（Terms of reference，1966）、《金色的黄昏》（The Golden Evening，1968）、《美德的回报》（Wages of Virtue，1969）、《掌上明珠》（Apple of the Eye，1970）、《铜墙监狱》（Brazen Prison，1971）、《严酷的等级》（Cold Gradation，1972）、《人造烟雾》（Man Made of Smoke，1973）、《假日》（Holiday，1974）、《精神错乱》（Distractions，1975）、《死水》（Still Waters，1976）、《目的和手段》（Ends and Means，1977）、《两兄弟》（Two Brothers，1978）、《在陌生的土地上》（In a Strange Land，1979）、《另一边》（The Other Side，1980）；广播剧：《不知从哪里来的船长》（The Captain from Nowhere，1972）、《哈利斯的安魂曲》（Harris's Requiem，1972）、《夜晚来点儿音乐》（A Little Music at Night，1972）、《冷酷的分级》（Cold Graduations，1973）等。

这些作品，大部分内容，都以社会中下阶层普通人的生活以及他们在各种关系当中的苦痛与失败为关注话题，描写对象，在精致的细节与那些细节的含义之间制造紧张关系，通过不厌其烦地对细微详情进行真切而动人的精心描述，借助家庭中“鸡毛蒜皮”的生活细节、情感琐事，探讨人们的道德困境，以及艺术和人生的本质；用他的真知灼见和文学才华，表现当代英国人的思想风貌，世事的变迁。

其中的长篇小说《假日》，以大学讲师埃德温·菲舍尔（Edwin Fisher）与教众们在海滨小镇教堂唱圣歌的活动开端，以回归家庭生活结尾（不过，那个结尾是含糊不清的，给菲舍尔夫妇的未来留下了若干疑问），讲述了大学教师菲舍尔为逃避精神状况不佳的妻子，逃避婚姻危机，只身一人躲到海滨度假胜地，在那里度过了个人生命当中思过的一周，在对往事的沉思、反省中，在对周边游客的感触中，生出了深深的悔意，明白了许多事理，对自己的一些思想观念进行了调整，找回了自己基本的生活信念，终于使自己的生活重新回归生活的正常轨道上。

小说行文，频繁使用倒叙手法，充斥着大量日常生活的细节描写，就是在这种对平淡无奇的城市日常生活细微详情的精准描绘当中，推动着情节的渐渐前行，其中充满了理性与非理性的论争、暗示，艺术地探讨了现实世界当中普通人的生活痛苦与失败，人心的苦闷，道德的困境……小说出版之后，在读者中引起了强烈反响，受到了相当热烈和普遍的欢迎，并给他带来了很大的荣誉，1974 年（55 岁），因其对大量生活细节精致而准确的描写，与纳丁·戈迪默（Nadine Gordimer，1923—2014）的《保守的人》（The Conservationist）一起，问鼎了第 6 届英语文学界最有影响力的布克奖。

1975 年，斯坦利·米德尔顿完成了自己的又一门研究生课程学业，获得了诺丁汉学院的文学硕士学位。由于他在文学上的杰出造诣，1979 年，他获得由英国政府颁发的不列颠帝国员佐勋章（MBE），

---

1 愤怒青年（Angry Young Men）：风靡于1950年代的英国文坛上一种文学思潮，一些受过高等教育的青年作家、评论家表现出的愤世嫉俗的情绪，在他们的笔下，出现的都是一些与社会格格不入的“反文化的英雄”人物，愤怒抨击日趋僵化的社会制度，并于保守的习惯势力相对抗，出于对当时社会等级制度和社会疏离的不满而向整个社会传统文化提出质疑并抨击。

不过，他拒绝了这一荣誉。1982年至1983年间，他在英国剑桥大学伊曼纽尔学院做了一年访问学者。1998年，他当选为英国皇家文学院院士。

在此期间，他又陆续创作出了近30部长篇小说。他后期的小说创作依然沿袭他早期创作所关注的主题，富有浓郁的诺丁汉地域文化色彩和生活气息，在对平凡琐事的详尽描述中，探讨当代的道德困境，从不刻意寻求轰动效益，从不以离奇诡异的情节或极端事件来结构故事，只不过较先前内容变得更为复杂了，而且，他虚构出来的故事背景诺丁汉（Nottingham）和比奇纳尔（Beechnall），在作品当中被彻底固定了下来。

1980年代至1990年代期间，他继续以他那种机智且不显山不露水的平淡叙事风格，毫无斧凿痕迹的自然流畅文笔，讲述了一个又一个生动的故事，塑造出了一个又一个鲜明的人物形象，陆续出版了长篇小说:《盲目的理解》(Blind Understanding，1982)、《进入耶路撒冷》(Entry Into Jerusalem，1983)、《仲裁人》(The Daysman，1984)、《决定的山谷》(Valley of Decision，1985)、《晚餐后的睡眠》(After Dinner's Sleep，1986)、《追随时尚》(After a Fashion，1987)、《回收》(Recovery，1988)、《空缺》(Vacant Places，1989)、《变化和机会》(Changes and Chances，1990)、《终结的开始》(Beginning to End，1991)、《立足之地》(A Place to Stand，1992)、《对婚姻往昔的救赎》(Married Past Redemption，1993)、《催化剂》(Catalysts，1994)、《向海洋》(Toward the Sea，1995)、《活到老学到老》(Live and Learn，1996)、《短暂的几小时》(Brief Hours，1997)、《反对黑暗》(Against the Dark，1998)、《必要的结尾》(Necessary Ends，1999)；传记:《80岁时的斯坦利·米德尔顿》(Stanley Middleton at Eighty，1999)。

斯坦利·米德尔顿是一位勤奋且多产的作家，多年来一直备受英国文坛和评论界以及一些同僚们的重视与尊崇，向来总是以寻常的家庭日常生活琐事来布局谋篇，故意回避大都市的喧嚣与躁动、时尚与高雅，只将文笔专注于稀松平常、看似无足轻重的世俗生活情态，坚持驻守在属于自己的那一独特领域，在介于严肃小说、学者小说与流行小说的混合地带，成功地发挥着自己的创作才能，以自己独具的风格和洞察力，表现极其复杂的人生百态，以简洁而敏锐的写实笔法，不动声色地表达着对普通人生的犀利且尖锐的评判。在乐此不疲地进行小说创作的同时，他还是一位训练有素的业余音乐家，一位造诣很高的钢琴演奏家，定期在诺丁汉市布尔韦尔地区的卫理公会圣马克教堂（St Mark's Methodist Church）进行钢琴演奏，他对音乐爱好的研究与造诣，对他的文学创作产生了一定影响，尤其是在小说作品的结构方面，音乐的影响力是显而易见的。

不过，与音乐相比，他更热衷的还是他所从事文学事业，直至去世的前一年，他都未辍笔耕，尽管这一时期的他已步入耄耋之年，而且，早已在20世纪末和21世纪初的英国文坛上确立了自己杰出小说家的地位。他又陆续出版的长篇小说有:《微不足道的变化》(Small Change，2000)、《乡村之爱》(Love in the Provinces，2002)、《简明的华饰》(Brief Garlands，2004)、《更坚定的品质》(Sterner Stuff，2005)、《母亲的乖宝宝》(Mother's Boy，2006)、《她的三个聪明人》(Her Three Wise Men，2008)、《一个审慎的观点》(A Cautious Approach，2010)。

斯坦利·米德尔顿一直居住在诺丁汉郡的首府，拥有传奇色彩的古老历史名城诺丁汉（Nottingham），2009年7月25日，他因罹患癌症，在诺丁汉市的一家疗养院去世，享年89岁。

主要参考资料：

Contemporary Authors Autobiography Series, Volume 23, Gale（Detroit）, 1996.

Holiday, by Stanley Middleton, Publisher: Oak Tree Press, 2007.

1975年 | 第7届

008 热与尘 [英] 露丝·普罗尔·贾布瓦拉

Heat and Dust by Ruth Prawer Jhabvala

◎原著共36节，长短不一，以一种正叙、倒叙、插叙交错的笔法，在信函和日记之间交替行文。信函是前里弗斯夫人（Mrs. Rivers），即奥丽维娅（Olivia）当年写给其妹玛西雅（Marcia）的；日记是里弗斯（Rivers）的孙女，即到印度来追寻那个已远去半个世纪的奥丽维娅的神秘故事之解的“我”写的。

英文原版封面

露丝·普罗尔·贾布瓦拉

（Ruth Prawer Jhabvala，1927—　）

露丝·普罗尔·贾布瓦拉是当代世界文坛上一位独树一帜的小说家和剧作家，被誉为“印度的狄更斯”，以写作印度小说闻名于世。

有评论认为，其作品题材独特，常以探讨印度人和英国人之间的关系与文化冲突为主题，行文优美，场面动人，具有震撼人心的思想力量。

《热与尘》（Heat and Dust）出版之后，在与澳大利亚作家托马斯·肯尼利（Thomas Keneally，1935—　）的《来自森林的传闻》（Gossip from the Forest）等人的作品竞争当中，拔得了头筹，因其**深入印度社会内部，且以一种能让人接受的评价来对其进行断言**，问鼎了当年第7届的英语文学界最有影响力的布克奖。1984年被改编成电影搬上银幕之后，获得了英国电影和电视艺术学院奖和英国伦敦影评人协会奖。1984年，她还获得了美国麦克阿瑟基金会奖。

奥丽维娅跟纳瓦布[1]（Nawab）走后不久，地区税务主任的夫人贝丝·克劳佛德（Beth Crawford）就从西姆拉[2]（Simla）回到了萨缔普（Satipur），为的是去孟买（Bombay）接乘船而来的妹妹黛西（Tessie）。这是 1923 年 9 月时的事，黛西是来同克劳佛德一家一起共度寒季的。他们已经为她安排了各种各样的参观访问和远游，但为了安慰被奥丽维娅抛弃的伤心的道格拉斯·里弗斯（Douglas Rivers），黛西把大部分时间都花在了萨缔普这里。他们一起骑马，一起玩槌球和网球，黛西还竭尽全力充当道格拉斯的好伴侣。

道格拉斯没有多少自由时间，因为他在他的管区里总是忙得不可开交。他既正直又公允，埋头苦干，始终保持着一种泰然自若的样子和自控力，所以他的同事们和印度人都非常尊敬他。黛西度过了那个寒季之后，又过了随后的一季，才乘船而去，回到家中。一年以后，道格拉斯休探亲假，他们在英格兰再次相遇。当道格拉斯办理完了离婚手续时，他们已做好了结婚准备。黛西离开家乡到印度与道格拉斯结合，像她姐姐贝丝一样，在那里过着充满活力的幸福生活。日久天长，黛西便成了我的祖母——当然，那时候他们都已回到了英格兰。

我 3 岁时，道格拉斯就死了。在我的记忆当中，祖父是一片空白；不过，对祖母黛西和姨祖母贝丝的记忆，却非常清晰——两位老长辈生性快活，人生观与时俱进，通情达理；然而，在我父母眼里，却并不尽然。我父母曾跟我说过，有很多年，两位长辈对道格拉斯前妻奥丽维娅的往事总是三缄其口，就像是在努力回避某种黑暗而可怕的东西。我父母倒是一直非常热衷于打探奥丽维娅——跟那位土邦行政长官走了的英国女人的往事。不过，当我的祖母和姨祖母全都上了年纪，两个人全都成了寡妇之后，她们二老终于开口谈起了被讳言多年的有关奥丽维娅的那些事。当然，也由于两位老长辈与奥丽维娅当年的一位老熟人——哈里·汉密尔顿 - 保罗（Harry Hamilton-Paul）的再次相遇。

1 纳瓦布（Nawab）：印度莫卧儿王朝（Mughal Empire，1526—1858）时代分封的地区行政长官的称谓。在英国1858年至1947年统治印度期间，英属印度，很多领土并没有被英国政府直接控制，而是名义上的独立土邦。“土邦”由王公（Maharaja）、王侯（Thakur）和行政长官（Nawab）所统治，土邦主们必须接受条约，并接受英王的共主地位和承认英王为领地的最高统治者。这种模式被称为“附属联盟”（Subsidiary Alliance），是一种松散的联邦关系，土邦即使加入了联邦，也享有与英属印度各省不同的地位；各土邦享有主权，有自己的政府，只是外交、国防、总体经济等事务受英国政府控制；而英属印度的各省则不享有主权，通过英国驻印度总督受英国政府直接统治，是完全的殖民地。

2 西姆拉（Simla）：位于印度北部喜马拉雅山山区，是喜马偕尔邦的首府，曾是英属印度的夏都，避暑胜地。

哈里获悉了道格拉斯去世的消息，前来拜祭，他们便谈起了奥丽维娅的事，哈里还谈到了有关奥丽维娅的妹妹玛西雅的一些事。在玛西雅去世前的几年里，哈里时常与玛西雅会面，玛西雅把奥丽维娅写给她的信函全部留给了哈里，哈里又把它们交给了年迈的黛西和贝丝——这便是我之所以能拥有奥丽维娅那些信函的来龙去脉。之后，我带着它们来到了印度。抵达印度之后，在最初几个月期间，我一直坚持着写日记。要不是凭着这期间的日记，现在让我去回首那些往事，怕是已经根本不可能了——因为一切都已今非昔比，我自己也不同以往了。印度在不断地将人改变，我也不能例外。不过，这里讲述的不是我的故事，而是我所能追踪到的关于奥丽维娅的故事。

［日记］2月2日：我刚刚才抵达孟买，与我想象中的孟买毫无相像之处，一切都不是那么回事。在传教士协会会所的房间里，我度过了第一个夜晚，半夜醒来，伸手摸向睡前自己放在床下手提箱上的手表，手表却不见了。“它在这儿呢，亲爱的，往后一定要多加小心啊。”我邻床的那位女人对我说。那位女人睡不着，想找人聊一聊，便将自己过往的经验传授给了我：对自己的物件要小心一点；在饮食方面，在最初一段时间里，无论什么时候一定要把水烧开了喝，而且，绝对不要吃街边货摊上的东西，等往后具有了免疫力之后再说。那位女修士夸夸其谈，说她在印度已经生活了30年，全心全意效忠于上帝，30年来，只为了基督耶稣的旨意活着——要是上帝让她死在这里，她就死在这里。这位在基督的支撑下在这里生活着的女修士还谈到，在以纺织业为生且正在迅速扩张的加法拉巴德市（Kafarabad），传教协会拥有一个自己的小礼拜堂，不过，女修士鄙夷加法拉巴德过去30年来的所有的变化——那里变得越来越糟，工资的提高，导致了酒精消费增加；电影院多了，人们的穿着打扮花哨多了，人们变得更加自私了；而且，根本不要指望贫穷的印度教徒能有什么更佳的表现。女修士最后对我说道，在印度，她还曾经阅历了极为糟糕的事——经历了一场印度教徒和穆斯林教徒之间的骚乱，一次天花病的大流行，与数次饥荒；而且在她看来，她已经见过世界上许多事物了，从中领悟到至关重要的一点：“没有耶稣基督，你不可能在印度待下去。”

［日记］2月16日：我的运气极佳。我在当年奥丽维娅和道格拉斯居住过的萨缔普找到了一个住处，在一家布料商店的楼顶，是一个名为因德尔·拉尔（Inder Lal）的政府官员转租给我的。在这个房间里，通过墙上的一扇窗户，能看到下面的市集。尽管在这一住处我必须与其他人共享院子里的卫生间兼浴室，不过，我觉得位于楼顶的这个房间还是十分宽敞的，而且私密。居住到其中之后，我几乎没有置办任何家具，我席地而坐，用于睡觉的是晚上将其铺放到地板上的睡袋，到目前为止，我添置的唯一家具是一张矮小的书桌，上面堆放着我的文件：这本日记、《印地语语法与词汇》、奥丽维娅的信函。

我全没有像当年奥丽维娅那样行事。当年，奥丽维娅一搬进他们的房子——税务主任助理的住所，便立刻用心将房间布置了一番。在那封信函当中，奥丽维娅还提到，当地税务主任的妻子贝丝·克劳佛德前去视察了他们的住处；不过，奥丽维娅认为，那位尊贵夫人的前来关照，不过是来走个义务性的形式罢了。我已经拜访过了道格拉斯和奥丽维娅的那个住所。纯属一种幸运的巧合，我的房东因德尔·拉尔的办公室所在地，刚好位于当年英国人的居住区，他供职的部门的办公地点就是当年税务主任的房子——1923年克劳佛德先生（Mr. Crawford）的住所，道格拉斯和奥丽维娅住的那个平房，现今是水理董事会、市政的卫生厅和邮政支局的办公用地，被分割成了众多办公室，以履行各种不同的政府职能。

［日记］2月20日：这天早晨，我拜访了因德尔·拉尔家的两位女主人——他的妻子瑞图（Ritu）和

他的母亲。我看到那个家里被孩子们弄得不成样子，房间里脏乱不堪，孩子们正处于难以约束的时期。瑞图以相当快的速度从到处扔着的玩具和衣物中间为我清理出来一条长凳。之后，我看到坐在地板上的瑞图的婆婆熟练地给了身旁的儿媳妇一个命令，我揣测是要瑞图去为我备茶点。瑞图飞快地出了家门，迅速地执行命令去了。只剩下我和因德尔·拉尔的母亲了，我试着使用印地语与她交谈，很不成功。面对她的不断打量，我可以猜测到她对我做出了什么样的评价。

到了印度之后，我已经习惯了被人用这种方式评估了，无论是在哪里——街道上、公共汽车上和火车上——无论男人还是女人，人人都这样毫不掩饰地品评着我。为此，在萨缔普安顿下来之后，我做的第一件事，就是为自己购置了一整套便宜且凉爽的印度服饰。现在，我穿戴得已然像一个印度妇女了，然而，孩子们还总是尾随在我身后，追着我跑，管我叫“海吉拉[1]”。我很清楚这个词的含义，不过我倒也不太在意，因为可以肯定，用不了多久，他们就会见怪不怪了。在来印度之前，我就从奥丽维娅的信函中知道“海吉拉”这个词了，奥丽维娅是从纳瓦布那里听来的——有一次纳瓦布对她说，克劳佛德夫人（我的姨祖母像我一样高挑和胸部平平）看上去就像一个“海吉拉”，后来还招来了一帮真的“海吉拉”，为奥丽维娅表演了传统的印度歌舞。

［日记］2 月 24 日：这是一个星期日。因德尔·拉尔自愿带我去库特姆（Khatm）参观了纳瓦布的王宫。我们所乘坐的公共汽车上面人员爆满，与我在印度旅行时所乘坐的其他公共汽车一样，都是严重超载的老旧车子，一路上摇摇晃晃，颠颠簸簸地往前行驶。沿途的风光，也十分相似，城镇之间，除了平坦的地面，炽热的空气，飞扬的尘土，便一无所有了；而且，那公共汽车没有窗玻璃，热风夹裹着沙尘的颗粒，肆意灌入人的耳朵和鼻孔里。眼见到的库特姆，也令我相当失望——到头来，这地方竟也是一处破落不堪的狭小之地，其风貌，全然不似萨缔普。萨缔普似乎是依照自己的需要自由扩展而渐渐形成的，而库特姆，则完全受制于王宫的存在，完全被笼罩在王宫的阴影之下，密集的街道破落不堪，而且肮脏，到处是露宿的乞丐。王宫被珠灰色的高高围墙保护着，宏伟的王宫四周是一些高大的树木。

王宫当今的主人卡里姆（Karim）现在居住在伦敦，我来印度之前曾经去拜访过他。他是那位土邦行政长官的侄子，1953 年，纳瓦布去世之后，他继承了这座王宫。等到看守人拿来了钥匙，我终于走进了自己曾经多次在脑海里想象过其辉煌的王宫的大厅、房间和回廊——然而，我所目睹到的纳瓦布的王宫，如今却只是一个几乎被拍卖一空、全然不成样子的大理石的虚壳了。因德尔·拉尔对有关土邦王公的话题没什么兴趣，他跟随在我后面，不停地抱怨发生在他办公室里的那些阴谋陷害和嫉妒，说他不愿意卷入其中，却无法独善其身。

1923 年：奥丽维娅与纳瓦布的首次相识是在库特姆王宫内举办的一个宴会上。当时，奥丽维娅在萨缔普已经住了有好几个月了，开始感到空虚而无聊了。道格拉斯克作为地区税收主任的助理，没完没了地忙碌，一心扑在他管区的事务上，大部分时间，奥丽维娅都只好独自一人待在那栋大房子里，读书弹琴，紧闭门窗，以防热浪和尘土进来。纳瓦布举办宴会那天，邀请了三对英国夫妇——克劳佛德夫妇、里弗斯夫妇以及陆军少校米尼（Major Minnies）和夫人。那天，道格拉斯和奥丽维娅搭乘克劳佛德夫妇的汽

---

1 海吉拉（Hijra）：印度的“第三性别”，是印度最受轻视、最被孤立的群体，生活在印度社会的边缘，社会地位很低，等同于贱民。

车与他们一同前往库特姆，在驱车 15 英里的一路颠簸当中，其他人因已经不是第一次去库特姆王宫，早已经受过那位土邦行政长官的款待了，所以个个心态都很平静，唯有奥丽维娅显得心绪不宁。奥丽维娅穿了一身旅行服装，带着晚礼服、缎面鞋和首饰盒，一想到自己很快就会穿戴上这些服饰展现在众人面前时，她不由得兴奋起来。

建造于 1820 年代的库特姆王宫，看上去相当壮观。奥丽维娅被引领进餐厅后，看到那些枝形大烛台、全套银刀叉和金碗时，顿时表现出了一副分外吃惊的神态，不过，那些客人们的表现却让她暗自腹诽了一番。米尼少校居住在库特姆附近，是英国政府指定的一位政治代理人，担当库特姆行政长官和邻近一些小土邦统治者们的政治事务顾问，与夫人在印度生活已有 20 多年了，熟知当地的一切。克劳佛德夫妇也是如此，他们家族在印度的生活经历能上溯到好几代，早在"兵变[1]"之前就在这个或那个印度机构里供职了。听着他们没完没了地絮叨当年发生在喀布尔（Kabul）或木尔坦（Multan）的那些战事，实在令人难耐；奥丽维娅不喜欢白人群体所显露出的那种带着文化优越感的傲慢心态，觉得只有道格拉斯与那些人不同。她瞄了一眼直挺挺坐在餐桌前着装合体的道格拉斯，欣赏着丈夫与众不同的高贵和优雅。

赞赏道格拉斯的人还有坐在奥丽维娅身边的那位纳瓦布家的留宿宾客——英国人哈里·汉密尔顿－保罗，他用耳语对奥丽维娅评价了一番道格拉斯：与他们其他的朋友相比，他相当出众。此刻，道格拉斯正神色尊重而用心地倾听着米尼少校的高谈阔论。在餐桌首席位置上的纳瓦布好像也在全神贯注倾听着少校的故事，然而实际上，他却在十分警觉地观察着餐桌这里所发生的一切，眼光还时常停留在奥丽维娅的身上。奥丽维娅佯装不知，任由他端详，心里却暗自惬意，在印度，终于有一个对自己感兴趣的人了。随后，她猜测，纳瓦布很快便会到萨缔普来拜访她的。

果不其然，那次晚宴过后的第四天，纳瓦布带着一帮随从来到了萨缔普的公民路。奥丽维娅正在用钢琴弹奏一首肖邦的乐曲，纳瓦布与他的全部随从在里弗斯家里整整停留了一天。当天晚上，道格拉斯发现奥丽维娅惯常的那一副无聊和倦怠神色全然不见了。几天之后，库特姆王宫又送来了请柬，并表示会安排汽车来接他们夫妇二人前往。道格拉斯对此颇为困惑——若要去赴宴，克劳佛德夫妇肯定会用车带上他们一同前往的。奥丽维娅立刻明白了个中的缘由，一语道破：克劳佛德夫妇没有受到邀请。道格拉斯闻之，惊讶得瞪大了双眼。后来，奥丽维娅的推测得到了证实，事情确实如此，受到邀请的只有他们夫妇。道格拉斯立刻做出了决定——他们夫妇二人不能单独接受邀请。面对奥丽维娅的坚持和沮丧，他满怀内疚，不断在心里责骂着自己，然而，最终，他还是给纳瓦布送去一封深表遗憾的信函，谢绝了邀请。

［日记］2 月 28 日：在公民路，有一幢老旧的英国人的平房，没有像其他同类房屋那样被改造成市政的办公地，而是被改成了一家旅客招待所，由一位上了年纪的看守人负责。看守人对其职责不怎么上心：每当遇到不能出示官方许可证的来宾，便立刻认定与自己的职责无关，然后就会径直返回自己的那

---

1 兵变：1857年至1858年间在印度北部和中部发生的英国雇佣军中的印度士兵反对英国统治的民族起义，被英国人称为"兵变"。独立后的印度则称其为"印度第一次独立战争"。这次民族起义最后以失败告终，使印度原已名存实亡的莫卧儿王朝的统治自此正式终结，使印度置于英国的直接统治之下，英国政府撤销了东印度公司的管理体制，改由英国政府直接统治印度，称为英属印度。

一间舒适的小屋。昨天，在招待所外面，我看到逗留在平房回廊上的三位遭拒的英国来客，其中那个大个头的年轻人和他的女伴对此愤慨至极，尤其那个女孩，不仅对看守人大为愤慨，而且对所有的印度人都分外愤慨，说他们全都是肮脏和不诚实的。我问女孩为什么要来到印度，女孩回答说，“想寻找宁静根源，结果找到的只有痢疾。”女孩的男朋友帮腔说道：“那是所有人在这里都能找到的东西。”随后二人开始细说他们遭遇的种种不幸：在阿姆利则（Amritsar）他们被抢走了手表；前往克什米尔（Kashmir）的途中他们被骗走了住宿定金；到了克什米尔女孩染上了阿米巴痢疾；在德里（Delhi）他们再次被骗走钱款；在胜利之城[1]（Fatehpur Sikri）女孩又被一帮锡克族青年调戏；男青年在前往果阿（Goa）的火车上钱包被偷走，并在果阿邦被传染上了黄疸病；女孩还得过金钱癣，等等。那个男青年告诉我，他们二人因为在伦敦听了一位来访的印度教高僧的讲道，对印度教产生了浓厚的兴趣，才一致决定到印度来找寻渴望已久的精神财富的。

另外那位穿着一件橘黄色长袍像是一位印度苦行僧的年轻男子，也是为了一种精神上的追求来到印度的，对看守人拒绝开门让他们入住也同样深感不快。他最初是被印度教的经文吸引来的，在印度南方那些伟大的寺庙中居住了数月，也染上过痢疾和金钱癣，随身的财物也都丢失了，不过由于他心灵获得了净化，他并未因而心生烦恼。他已经把所有表示个人特性的东西包括他的名字全部抛弃了，他被给予了一个新的印度人的名字契德南达（Chidananda）——与他同行的那对男女叫他契德（Chid）。现在，在印度，他除了手中的念珠和化缘钵之外已一无所有，然而，在实践中，他发现这样做有时会行不通，不得不时常要为钱的事给家人写信，让家人电汇给他。他遵照他的印度教的个人的宗教教师的指导，踏上了横跨印度的朝圣之旅，朝拜神圣的阿马尔纳特石窟[2]（Cave of Amarnath）是他的最终目标，如今，他已经跋涉几个月了。

1923年：一直以来，对墓地，奥丽维娅都颇有独钟，即使在英格兰，她也喜欢在墓穴间来回游荡，读读碑文，有时候还会在墓穴前的石头上坐一坐。萨缔普的墓地，对奥丽维娅尤具感召力。墓地里有一些亡魂是因当地没有基督教墓地而埋葬于此的外邦人。除此之外，绝大部分墓穴里埋葬的都是孩童，也有几个墓穴注明的日期表明躺在里面的，是当年“兵变”时为保卫妇女和孩童而英勇牺牲的英国军官。最新的一个墓穴，埋葬的是医学主管桑德斯（Saunders）家的婴孩，墓碑上有一尊意大利式的天使雕像。奥丽维娅头一次看到它时，受到了极大的刺激，当天晚上，她把自己关在又闷又热的房间里，不许仆人进来，眼泪汪汪地寻思着，如果他们有了孩子，然后孩子死了该怎么办，道格拉斯不得不把带回家来的卷宗放置一边，用了整整一个晚上来劝慰奥丽维娅：其实现在婴儿的死亡已不那么常见了。他自己就是在印度出生的，而且他母亲在印度生的另外两个孩子也都茁壮成长起来了；尽管往昔有许多婴儿死去了——他的曾祖母生的9个孩子当中就有5个死去了，但是，那已是很久以前的事了。奥丽维娅躺在床上，把脑袋贴在道格拉斯的胸脯上，继续坚持着自己的观点——要是待在这个地方，久而久之，将来

1 胜利之城（Fatehpur Sikri）：莫卧儿王朝阿克巴大帝（Akbar，1556—1605）于16世纪精心规划的新都城，三面城墙，长6公里，有7座城门，融合了伊斯兰教、印度教和耆那教的装置艺术的独特建筑。

2 阿马尔纳特石窟（Cave of Amarnath）：最受尊敬的印度教圣地之一，位于克什米尔（Kashmir）巴尔塔尔（Baltal）地区，每年，印度教的信徒都会去朝觐。

她和孩子必死无疑。道格拉斯把奥丽维娅搂在了怀里，耐心抚慰：主要是因为她初来乍到，周围的一切都不同以往了，生活起来，不像其他人那么容易，他们其他人早已熟悉了这里情况，不过，最终，她对印度的感受一定会同大家相一致的。

第二天，奥丽维娅去拜访了桑德斯夫人。桑德斯家里的状况相当糟糕，简陋的家具上布满灰尘，仆人邋里邋遢，病恹恹的桑德斯夫人毫无遮拦地倾吐出了自己心中沉积的苦闷，还哭诉说：她已经央求过丈夫多次了——离开这个地方。奥丽维娅坐在床边，静静倾听着桑德斯夫人喋喋不休的倾诉，听到后来，她的眼泪也禁不住潸潸流了出来，对桑德斯夫人如此的不幸深感怜悯。回到家中后，生气勃勃的克劳佛德夫人的造访，才将她从那种不佳的心境中拉了出来。

贝丝过来，是邀请奥丽维娅做伴一道儿前往库特姆王宫，去拜访女王——纳瓦布的母亲。尽管是被直接领引到了女眷区那边，然而，能够再次拜访王宫，也颇令奥丽维娅心存欢喜了。不过，奥丽维娅的欢喜感很快就消失了。聚会当中的谈话，大家所使用的语言，她一句也听不懂，无论交谈的场面多么热烈，她这位初来乍到的新移民都像是在坐冷板凳，无法参与其中。女士们看上去一个个都很开心，她却无所事事，唯一的举止，便是一门心思地专注于那个房门口，寻思着纳瓦布会不会走进来，加入她们当中。事实是——那位土邦行政长官始终没有在门口现身。退席的时候，走到门口，奥丽维娅对贝丝耳语：是不是也应该拜访一下纳瓦布。贝丝一口否决了：完全没有这个必要。

离开王宫之后，克劳佛德夫人又带着奥丽维娅驱车前往位于附近的米尼少校的家。与在王宫里的遭遇十分相像，奥丽维娅再次生出被冷落之感——贝丝和玛丽·米尼（Mary Minnies）在印度相交已有数年，二人性格又相近，都是既快活又无畏的女人，彼此一见面就聊得很欢实，一旁的奥丽维娅对她们二人的那些话题努力表现出感兴趣的样子，然而，她实在难以持久下去，于是利用一个可能的机会，提出了一个自己感兴趣的问题：纳瓦布没有结婚吗？贝丝直截了当接了她一句：结婚了，不过他妻子不同他住在一起……他妻子的状况不太好，在精神方面。之后，贝丝便不愿继续与她分享纳瓦布与其妻子三年来闹得沸沸扬扬的那些传言了。玛丽·米尼趁机将话头一转，讨论起如何安排她们一年一度去西姆拉消夏的一些事情。

从另外一个渠道，奥丽维娅获悉了自己想知道的情况。一个阴郁的早晨，身负使命的哈里乘坐纳瓦布的汽车来到她家——纳瓦布想举办一个晚会，特别希望里弗斯夫妇能出席，并准备派车来接他们。奥丽维娅为哈里倒了一些雪利酒，告诉哈里：道格拉斯忙得不可开交。那天，哈里在奥丽维娅家待了一整天，期间，谈到了许多奥丽维娅想听到的事：纳瓦布的妻子桑蒂·卡波普尔（Sandy Cabobpur）活得很不幸，生活和丈夫都令她无法承受。丈夫是一个强悍的男人，极具男子汉气魄而且强大，凡是他想要得到的东西，就从来没有到不了手的，因为父亲突然中风意外死亡，从15岁起他就成了纳瓦布，成了一个统治者。比较起来，卡波普尔家族其实是一个更为显赫的王族世家，起初，并不想把女儿桑蒂嫁给他，因为他不属于他们的范畴，因为“纳瓦布”也不是个什么了不起的头衔，而且按照他们的标准，他也不富有，全因为桑蒂对他太着迷了。

中午时分，奥丽维娅招待哈里用了午餐，在此期间，房屋里变得炎热和沉闷起来，令人难耐。奥丽维娅开始希望哈里能赶紧告辞，盼望夜晚尽快来临，好能享受一下凉爽的微风吹拂——即便自己不得不默默观望着道格拉斯坐在书桌前认真处理他那些没完没了的卷宗。

道格拉斯一向忠于他的职守，能说一口非常流利的印度斯坦语，在与印度人打交道的过程当中，更是尽职尽责，有时，当地一些有钱人会到他们家中来表示敬意，通常是在节日场合。奥丽维娅坐在屋子里，静静地听着他们在外面回廊上的谈话。道格拉斯的声音结实而富有男子气概，出类拔萃，他说话时，其他人便都局限于低低的赞同声之中，有时，他们会一起发出礼貌的欢笑声，那一定是道格拉斯说了什么笑话。

同当地那些人打过交道之后，道格拉斯回到房间时，满脸笑容，总像是很开心似的。他坐到正在学习刺绣的奥丽维娅对面，注视着她白皙的脖子和那一头金发，同她随意闲聊起来，很快便谈到了奥丽维娅一定要学习印度斯坦语的问题。随后又从炎热把奥丽维娅搞得烦躁不安一事，说到去西姆拉避暑的事情上。克劳佛德夫人和米尼夫人一行人 17 号出发，他已经请克劳佛德夫人帮忙，为奥丽维娅预定了同日的卧铺。道格拉斯对自己所做的安排十分满意,完全没有料到奥丽维娅会不同意:没有道格拉斯的陪伴，她一个人是不会去的。道格拉斯认为奥丽维娅的想法太幼稚了，贝丝和玛丽会照顾她的；再说了，他们的母亲大人也早已有表率在先，每年从 4 月到 9 月，母亲大人都要离开父亲，数年来一向如此。尽管母亲大人也不喜欢一人独往，但来到了当地，就得顺从当地习俗。“我是不会去的，”奥丽维娅直勾勾地看着道格拉斯，接着说：“纳瓦布希望为我们举办一个晚会。”道格拉斯没有一丝犹豫，立刻冷冰冰给予了回绝。

之后的一天，纳瓦布像上一次那样，带着一大帮随从开车来到了萨缔普的公民路。不过，这一次，他拒绝在奥丽维娅家停留，因为现在该轮到他了——在她接受他的款待之前，他不能再接受她的款待了。这令奥丽维娅更加为难了，她不知该如何向纳瓦布解释自己为什么不能接受他的邀请。在这时，精明的纳瓦布很巧妙地帮助奥丽维娅走出了困境。他说，他特地跑过来，是为了邀请她乘车出去转转，如果她愿意，或许还可以在一个阴凉地方野餐一顿，这一回，他可不想，也不愿意——被再次拒绝。

他带着奥丽维娅驱车进入了空旷的郊外，驶出了萨缔普，进入了土邦行政长官的领地库特姆，之后，又离开公路转入一条狭窄的小道，直到他们的汽车再也无法前行，全体人员不得不统统下车，开始步行，然后，步入一条逐渐变得狭窄陡峭的山路。纳瓦布走到一行人的最前面，在前面带路，一会儿，他把一丛荆棘扒拉到一边，让奥丽维娅走到他前面去了。他们走进一个绿树成荫的林间空地，中央有一个石头建筑的小神祠，那个地方阴凉而清爽，甚至还能听到潺潺的流水声，令奥丽维娅顿感浑身凉爽，整个人舒服多了，打心眼里感叹：真是一个好地方！

纳瓦布把随行的年轻侍从们和哈里统统打发到一边去了之后，邀请奥丽维娅同他一起上前去观看那个小神祠。那是一个刷白了的带有条纹穹顶的小型建筑，里面有一些格子窗，朝拜者在窗户上系了一些红线头，来祈祷自己愿望的实现，他们还在位于神祠中央那白色圜丘上放置了一串串鲜花——那些鲜花早已经枯萎了。纳瓦布向奥丽维娅介绍说：这座神祠，是他的一位先祖建造的，是为了向曾居于此地的苦行僧巴巴·菲尔道斯（Baba Firdaus）表示敬意。菲尔道斯是一位虔诚的穆斯林教徒，只身一人住在这里，祈祷修行。他的先祖阿曼诺拉汗（Amanullah Khan）在莫卧儿、阿富汗、马拉特和东印度公司混战期间，骑马带领一帮匪徒在这一带广阔的乡间打家劫舍，历经了无数次兴衰起伏。一次，身负重伤，独自逃进这个小树林里避难，得到了那位苦行僧的施救，菲尔道斯把他藏匿了起来，帮他躲过了仇敌追杀，并精心为他疗伤。先祖阿曼诺拉汗发迹之后，便在这里为这位圣僧修建了这座小神祠。后来，纳瓦布带奥丽维娅回到了其他人所在的地方，之后，仆人们立刻为他们打开了野餐用的食品篮子。

［日记］3月8日：奥丽维娅开始正正经经给玛西雅写信，始于她同纳瓦布的那一次的野餐之后，在那之前，她也给玛西雅写过信，不过很稀少，而且内容简简单单，不怎么详细。自从那一次在菲尔道斯神祠的小树林里野餐之后，完全是出于对玛西雅的信任，她开始正经八本地给妹妹写起信来，像是找到了可以对之倾吐自己心声的良友。奥丽维娅原本打算告诉道格拉斯关于自己与纳瓦布外出野餐一事的，但始终都没能找到机会。那天，早出晚归的道格拉斯，像惯常一样，回家之后便去继续忙于他的工作，即便有点时间与妻子交谈，他又只顾一味地热心于谈论他的工作——奥丽维娅并不总能感兴趣的一些事情。第二天早上，他去上班了，奥丽维娅还在熟睡。结果，作为替代，奥丽维娅第一次给玛西雅写去了长长的一封信。不过，我感到有些不可思议，玛西雅怎能理解奥丽维娅那些信函的内容，因为奥丽维娅在印度的生活对玛西雅来说是那么的陌生和遥远：玛西雅同一个法国人结了婚，后来又分手了，当时，她正住在法国，只身一人住在旅馆里，与一些相当执拗的人搅在一起。

现在，我在萨缔普的生活，已形成了一种固定模式：早上醒来后倾听寺院里的钟声，等到壁炉里的火着了之后再起床，然后，到下面市集买些奶酪和新鲜的绿色蔬菜，给自己做一顿饭，再往后，开始在矮小的书桌上从事我的工作——摊开奥丽维娅的信函，写日记。有时在天快黑时，我前往邮政局——那里曾做过奥丽维娅的早餐室。在约莫到了办公室下班时间，我走到当年克劳佛德先生的住所，等候因德尔·拉尔。发现我在等他，因德尔·拉尔常常感到有些不好意思。

［日记］3月10日：在学习印地语方面，我一直非常努力，通过一番修习，现在，我已经能用印地语与人交谈了。我希望自己可以与瑞图——因德尔·拉尔的妻子进行简单的交谈。瑞图总是那么的胆小，见人就躲，我觉得自己也算不上一个爽快人，所以，我们彼此之间的交谈一直都不太成功。现在，这些日子，尤其是大多数夜晚，相当炎热，热得越来越厉害，人们被热得实在难以在房间里安眠，不得不拉出床铺，睡到房顶上、庭院里……我原本羞于睡在外面，当众睡在床上。继续在我的屋内睡了一阵子之后，最后，着实因为热得实在睡不下去了，终于不得不把我的床铺也拖到了庭院中，加入睡在外面的因德尔·拉尔一家人以及其他房客的行列当中。躺在床上，有好几个小时，我都醒着，难以入眠，望着天空，但是，我感到很快乐。前天夜晚，我曾被一种奇怪的尖利的悲叹声惊醒，是瑞图发出来的。瑞图不断地高声嘶喊，我走向瑞图，看到因德尔·拉尔的母亲站在瑞图的床边，用手捂着瑞图的嘴巴，念着某种咒语，瑞图拼命挣扎，然而，那位婆婆的臂力比起儿媳妇瑞图来更为有力。

［日记］3月20日：那个夜晚，拉近了我与因德尔·拉尔的母亲之间的关系，我们成了朋友。现在，如果市集上的零售商不以合理的价格把最好的蔬菜卖给我，她老人家就会上前去干涉。我也已经能听懂她所说的印地语了，而且，最爱听她讲她的那些事。尽管她成了寡妇，然而她人生最好的时段却是现今。她与儿子的关系很亲密，还很为儿子是个坐办公室的男人感到荣耀，不像她死去的那位身为杂货商的丈夫，是个在店铺里干活的。她老人家大约50来岁，身体健康而强壮，保持着女性的旺盛精力，喜欢与她的朋友们（同她一样的寡妇）一起外出郊游，喜欢和她的朋友们说长道短，开玩笑。有时，她们沉默不语的几个儿媳妇会拖着沉重的步伐疲倦地跟在她们后面。

一天，她老人家领着我去谒见了萨蒂[1]（suttee）圣地，告诉我：在一年中的某些天，她和她的那些朋友们总会带着糖果、牛奶和鲜花来礼拜这些殉夫者，来向这些做出了至高无上的献身的寡妇们致敬。这位陶醉在其中的寡妇，讲这些话时，对古老的"萨蒂习俗"满怀着崇高的敬意，像是完全忘记了这一不人道的习俗早在1829年已被废止了，被列为非法了。她老人家将那最后一块萨蒂墓石指给我看，我对最后那一块墓石并不陌生，因为事情就发生在1923年。当年，奥丽维娅在印度生活的整个时期，"萨蒂习俗"一直都在风行。

1923年：那一块萨蒂墓石事件发生在克劳佛德先生外出，由道格拉斯主掌地区税务事务的时候：一个富有的粮食商人死了，其遗孀被家人逼迫着与其尸体一起共同接受柴木火葬。一听到报来的这消息，道格拉斯立刻跑到了现场，但还是迟了一步，没能解救出那个女人。他所能做的，就是逮捕了煽动者，那个女人的儿子和妹夫，还有一位祭司。人人都称赞道格拉斯在处理这一突发事件的紧张局面时的从容果断，夸赞他能干，理事有方，甚至连纳瓦布也不忘向他致贺。直到这时候，奥丽维娅都没能找到机会告诉道格拉斯有关她同纳瓦布在外的野餐的事，而且，也没有告诉道格拉斯随后发生的事——现在，纳瓦布几乎两三天就会上门来拜访，通常都带着他的随行人员；然而，有一天，纳瓦布故意留了下来，直到道格拉斯下班回家。奥丽维娅对他们的这次会面紧张不安，不料，纳瓦布把当时的局面处理得十分完美，说他开车过来是为了道贺道格拉斯在处理新近的那一"萨蒂"死亡案件时的果断。道格拉斯在接受纳瓦布的夸赞词时，态度相当冷淡，纳瓦布像是没有注意到这一点，不过，即便注意到了，他也并不会介意什么的。稍后不久，在纳瓦布举办的宴会上，"萨蒂习俗"再次成了人们交谈的主要关注点。那天，出席宴会的，除了道格拉斯和奥丽维娅，还有米尼少校和桑德斯医生。当大家在讨论那个令人毛骨悚然的殉死事件的详细经过时，桑德斯医生对印度人至今都不能彻底摆脱传统的"萨蒂"陋习感到十分恼怒震惊，其他的人，也都无一例外地谴责那种自杀的强迫性和残酷性，唯有奥莉维娅，对"寡妇殉夫自焚"这种宗教的狂热，持有一种颇为宽容的心态。

［日记］3月30日：我前往邮政局，然后，像往常一样，等候因德尔·拉尔一道回返。我们走到王陵附近时，忽然听到一种奇怪的声音，像是呻吟声。我不顾因德尔·拉尔的一再劝阻，一个人径直前往那王陵，对那片王室墓地里传出的呻吟声进行了一番实地调查。那个王陵没有外墙，只有很多的拱门和格子围着，里面非常黑暗。在那里，当那个呻吟声再次出现时，我一眼认出了躺在角落里病得很重的那个男人，是一周前我在旅客招待所回廊上见过的年轻人当中那个叫契德的——身穿橘黄色宽松长袍为了"达到完美的境界"让家里电汇钱的苦行僧。契德的那两位朋友继续寻找自己的精神寄托去了，他被旅客招待所轰了出来，想继续他的朝圣之旅，因为病倒在了路上，病得不轻，只好拖拽着自己又回到了萨缔普。

［日记］4月10日：契德的高烧已经彻底退下去了，不过却仍然赖在我的房间里。而且，在我这里，

1 萨蒂（suttee）：梵语，指"贞洁的女人，殉夫自焚的寡妇"，是印度教的一种陋习，一种从古印度传承下来的极其残忍、愚昧的殉葬的习俗，其有两种形式，一是妻子与亡夫尸体一起火化；二是在亡夫尸体火化后的一段时间内妻子再同亡夫的遗物单独进行自焚的模仿殉葬。殉夫自焚的寡妇会获得树立"萨蒂墓石"或圣坛以表扬她们的行为。1829年英国殖民当局正式立法废除了这一陋习，不过，这一陋习至今废而不绝，僵而不死。

有什么他就用什么，随便翻我的东西，随便拿我的钱，对我给他的每样东西，都显现出一副十分满足的神态。我已经把我的那些文件和信函锁起来了，倒不是因为我不愿让他看到它们，而是因为我担心他会把它们扔得到处都是，甚至还会在上面什么地方留下肮脏的手印。近来，契德把大量时间消磨在了这座城镇里，四处转悠，已经成了萨缔普一位大家熟悉的人物，甚至孩子们也都不再尾随着他，讥笑他了，一些店主，也允许他坐在他们的货摊跟前休息了。当他跷着腿坐在那里阐述他的宗教和哲学时，会招来一大堆听众。现在，人们把契德当成圣人一样对待，十分崇敬，我也因为给他提供了住屋而获得了相应的荣誉。时常会有人往契德那个化缘钵里放进一些东西，一个番石榴或一根香蕉，然后，他在我房间的一个角落独自吃下去，把果皮丢到地板上，在我的要求之下，他会顺从地将它拣走。因德尔·拉尔也被契德的精神理想深深打动了，每天下班后，刚一回到家中，就跑过来，在我的房间，长达数小时坐在那里，听契德的说说道道。我对契德的那些说道感到很是无聊——无非是一些东拼西凑起来的宗教思想和哲学理念。我至今不清楚契德这个人的过去，有时契德会主动向我说明他自己，可总是不一样，根本没办法使它们一致起来。更令我大为不快的是，契德一直处于饥饿状态，不只是渴望食物，还渴望性爱。契德有着强烈的性需求，并似乎认定我会像给他食物那样满足他的性的需求。我可从来没有想到会像那样被人利用……但是契德常常勃起，并涨大到骇人的程度，因此使我联想起湿婆[1]大神那被虔诚的印度教妇女供奉崇拜的巨大阳具。那个时候，我想他的性欲是被他的精神操练所激发，是被他手持念珠坐在我房间地板上念颂真言时所催生的。

［日记］4 月 15 日：在印度，很多事情都极易被牵连在一起。最典型的，便要数那个菲尔道斯神祠了。纳瓦布对奥丽维娅的解释是：最初建造这座小神祠的目的，只是他的先祖为了向曾为自己提供了避难所的那位苦行僧表示崇高的敬意，现在，这座小神祠却成了当地印度妇女供奉的一处圣地，成了求孕妇女们祈求生子的圣殿。昨天，在一年一度的“丈夫婚礼日”，我陪伴因德尔·拉尔的母亲和她的朋友们去了一趟菲尔道斯神祠，到那里去朝拜。那是一次愉快的郊游，每个人都带来很多笑话，还一起分享了大家所带来的食物，同行者中包括一些不育的媳妇，已不需再生孩子的瑞图被留在了家中。

1923 年：因为菲尔道斯神祠建在纳瓦布统治的领土上，“丈夫婚礼日”这种风俗，便成了令米尼少校十分头疼的一个大麻烦。尽管纳瓦布告诉这位英国政府的政治代理人，一切都不成问题，不会有太多的麻烦，米尼少校不必为此烦恼，也没有理由烦恼。然而，米尼少校还是不能放下心来——因为，在库特姆的人口当中大多都是穆斯林，纳瓦布本人和他的家人也全都是穆斯林；他们之中的许多人，都不喜欢作为印度教徒的崇拜者们接近他们的菲尔道斯神祠，他们总是设法在那一天引起骚乱。骚乱并不一定直接发生在小神祠那里，时常被转移到其他什么地方，尤其是市集。奥丽维娅到萨缔普的第一个夏天，库特姆便发生了这种骚乱。当时，外面刮着沙尘暴，在公民路那座房门紧闭带有回廊的平房里，奥丽维娅坐在客厅的钢琴前弹奏舒曼的曲子，难以全神贯，脑海里不断闪现出心绪不宁的道格拉斯的身影。虽然，

---

1 湿婆（Shiva）：印度教三大主神［创造之神梵天（Brahma）、保护之神毗湿奴（Vishnu）、毁灭之神湿婆（Shiva）］之一，额头上的第三眼会发出神火毁灭整个世界；其也是印度教三位一体的真神当中属性最复杂的神祇之一，虽为破坏之神，但同时也是创生之神，是印度民众最为敬畏的神祇。湿婆的主要象征是林伽，即生殖力，并具体化为男性生殖器，是其创造力的象征。

他尽量不表现出什么，可她很清楚，他已经犯愁好几天了。与萨缔普紧邻的库特姆地方上的动乱，像森林之火一样，大有蔓延开来的趋势。奥丽维娅感到身边的每一个人似乎都坐立不安，甚至连她的仆人也不例外。第二天上午，贝丝·克劳佛德和玛丽·米尼特意赶过来探视奥丽维娅，告诉她，库特姆的骚乱已经结束了，据她们所知，去年死亡 12 人，伤了 75 人，布料商店全部化为灰烬；今年情况可能会更糟。她们说，如果纳瓦布能掌控局面，事情就不会这样了。当地的一些野蛮习俗，实在让她们难以理解。接着，两位夫人对纳瓦布评价了一番，希望奥丽维娅不要忘了——他也是一个穆斯林……交谈当中，奥丽维娅很难与两位夫人的观点一致，她不喜欢她们那种带着优越感的傲慢心态，非难当地人的习俗，她无法驳斥她们，她不了解印度的事情，但是她了解纳瓦布；对她们来说，纳瓦布只是一个官方的交往对象，一个印度的土邦行政长官，对她来说，纳瓦布却是一个朋友。两位夫人告辞之后，奥丽维娅不再弹琴，开始给在巴黎的妹妹玛西雅写信。

过了一会儿，传来了汽车的声音，纳瓦布！不知道出于什么感情，一想到这个字眼，奥丽维娅的心就怦怦乱跳了起来。仆人们已经列队站到了门口，来访者不是纳瓦布，而是哈里。那房门仅仅为哈里打开了那么一小会儿，就弄得房间里到处落满了灰尘，奥丽维娅本人也被弄得一脸灰尘，并被沙粒迷住了眼睛。进屋落座之后，哈里不肯坦言库特姆的骚乱情况，只是说：外面的沙尘暴一旦刮起来，就会没完没了，令人发疯。同去年一样，同前年一样，纳瓦布在这种时候总忙得脱不开身。奥丽维娅开始弹奏舒曼的曲子，哈里夸赞说好听，可奥丽维娅发现他根本就没在听。两个仆人进来清扫灰尘，奥丽维娅中断了她的弹奏，等到仆人们走出去之后，奥丽维娅要求哈里老实告诉她：库特姆到底发生了什么。"可怕的炎热，沙尘肆虐，每当沙尘暴一来，他们就总是这样，每个人都变得很疯狂。"哈里沉默了一会儿，好像害怕说太多。"我也变得疯狂了……谢天谢地，我总算有了个躲避之处。"奥丽维娅重新弹奏起来。道格拉斯下班回来后，看到来客哈里，没有表现出他的反感，也没有打发哈里立刻回去，而是让纳瓦布的司机空车回去了。在烛光和鲜花下，里弗斯夫妇同哈里一道用了当天的晚餐。当夜，哈里留宿在了里弗斯家，后来，又在里弗斯家继续留宿了三天，与奥丽维娅相处得很融洽，两个人变成了一对很好的伙伴，都对外面正飞扬肆虐的沙尘毫不在意。奥丽维娅弹奏钢琴曲，哈里在一旁伴唱，后来，克劳佛德夫人来了，用她的女高音，加入了进来。

克劳佛德夫人过来是为了劝说奥丽维娅去西姆拉消夏的事。她向哈里寻求支持，奥丽维娅对哈里的劝说一笑置之。哈里接着讲起了为了逃离酷暑，每年，他都要陪伴纳瓦布的母亲——女王到穆苏里[1]（Mussoorie）度假的一些事。之后，他突然转向克劳佛德夫人，说起了他自己母亲的事，他那位生活在英国孤独一人的母亲现在身体多有不适，一直写信希望他回去。其实，他原本只打算在库特姆住 6 个月，却不料一下子留宿了几年。每当他因为母亲之事提出要回家的问题，纳瓦布就不高兴，纳瓦布不喜欢人们离他而去，他离不开他周围的友人。

随后的一天，星期天，纳瓦布带人过来把哈里接回了库特姆。纳瓦布对道格拉斯说明了自己的来意，感谢了一番道格拉斯几天来对哈里的照顾。如今，一切都已平息下来了，库特姆也已恢复了平静，哈里

---

1 穆苏里（Mussoorie）：位于印度北部北阿坎德邦（Uttarakhand）首府德拉敦（Dehradun）以北32公里处喜马拉雅山南麓的山坡上，与西姆拉（Simla）同属喜马拉雅山山区小镇，是避暑胜地。

该回王宫了。道格拉斯笔直地站在那里，直视着纳瓦布，纳瓦布和他高矮相当，身材也差不多。奥丽维娅和哈里退坐到沙发上，看着他们二人对话。“我们看了你们的伤亡名单。”道格拉斯的声音压抑。纳瓦布叹息了一声，说道：“年年如此，没有办法。”道格拉斯把脸转向了一边，没再说什么，因为他只能保持沉默。纳瓦布是一个独立自主的统治者，不受帝国约束的土邦行政长官，唯一有资格与他对话的人只有少校米尼。等哈里穿好衣服出去了之后，纳瓦布转向里弗斯夫妇说：“你们看，哈里是不是一个非常自私的人？”接着又叹了口气，“可我能怎么样——我变得越来越喜爱他了，他在这里拥有他的位置。”纳瓦布把手放到了心脏的位置上。奥丽维娅对纳瓦布道出来的这一番话深信不疑，甚至有些嫉妒哈里，居然能在纳瓦布的心里激发出如此深厚的爱和友谊。

［日记］4 月 25 日：我和契德都已将自己融入了萨缔普的生活，被这座城镇完全接受下来了，这座城镇早已习惯了接纳不同的人群。沙尘暴也来了，开始日夜不停地刮，炽热的狂风呼啸着，把从沙漠中卷来的一股股沙尘带到城镇；弥漫着沙尘的空气不仅让人窒息，也让人所有其他的感官都失去了作用。曾经青翠欲滴的树叶，被热风吹干了，变成了死灰般的颜色……人们个个变得焦躁不安、性情暴戾，到了几近疯狂的边缘……不过，契德像是一点儿也不受天气的影响，不断纠缠着我，他的那个阳具，不时地疯狂粗胀一通，我不得不把他赶开。对我来说，天气实在太热了，无法进行性生活，而且他的身上很脏——沐浴是印度教的礼仪，他却从来不遵从。我还不得不开始把钱藏匿起来，但是，契德总能相当狡猾地把它找出来。今天，我对契德非常恼火，想撵他走人，将他的东西包起来扔到了楼梯上，被刚好过来拜访的瑞图接住了。于是，契德又回来了，坐到瑞图对面，闭上眼睛，盘腿吟诵起来，他那不经心的吟诵，简直令人发狂，实在让人无法忍受。

［日记］4 月 30 日：炎热和沙尘暴还在继续肆虐。瑞图的病况也变得越来越糟，被锁在了房间里，不断发出阵阵可怕的尖嚎，周围的人像是并没有受到什么烦扰，可我却着实难以忍受，无法习惯。我主张应对瑞图给予应有的治疗。一天，契德告诉我，他将对瑞图进行治疗，用印度人的方法。那天，瑞图的尖叫声再一次爆发，但却与以往不同，契德对我解释说：正在用烧红的烙铁烫瑞图的脚和手，以驱除附在她身上的邪祟。第二天，我决定与因德尔·拉尔谈谈有关“精神治疗法”的事。我在他办公室外面等候他，当我们一起走回家时，因德尔·拉尔困窘地说，他不相信邪祟之事，不相信那些驱避邪祟的作法，他母亲起先也不情愿，但是，他们已经尝试过了其他各种办法，都没有成功，都不能减轻瑞图的痛苦。

［日记］5 月 2 日：在我谈论“精神治疗法”时，智者玛姬（Maji）已经在考虑朝圣之事了，想让因德尔·拉尔的母亲和瑞图几天之后离开。玛姬认为，最好契德也一道陪同前往。在玛姬的劝说下，为了给瑞图治病，契德接受了去朝圣这事，决定再次踏上他的朝圣之旅，同瑞图她们一道前往目的地。昨天，我抽时间去玛姬的茅屋拜访时，契德也在场。契德经常过来拜访玛姬，他说，从玛姬这里，他获得了不少教益。玛姬和契德真是一对奇妙的组合，相比契德，玛姬像是一个非常土气的印度农妇，体态相当肥胖，而且总是一副谦恭的样子，然而，却是一位真正的宗教中人，一个智者。玛姬不仅可以进入三摩地[1]状态并轻松地恢复常态，而且还生性快乐，乐于助人，充满母爱，经常让人感觉到她身上神秘的超能量。

---

1 三摩地（samadhi）：梵文“Samadhi”的音译，佛教术语。意指专注于所缘境，而进入心不散乱的状态，意译为“定”“止”。

玛姬谈起了瑞图的事，然后说道："她的心将会得到安宁。"随后，玛姬又简单解释了一下瑞图他们的这一次朝圣之旅：为了到达目的地，他们要离开家人数月和数周；在途中，他们在寺庙提供的房屋里休息，最后他们将来到喜马拉雅山下，然后攀登过树木生长线，抵达一条他们要在里面沐浴的河，在白雪皑皑的阳光下，在冰水中沐浴。

1923年：克劳佛德夫人和米尼夫人已经动身到西姆拉去了，尽管道格拉斯全力劝说奥丽维娅同两位夫人一道去度假，奥丽维娅还是坚持留在了道格拉斯的身边。为此，道格拉斯对自己与奥丽维娅一起度过的每一天和每一个夜晚都感到分外快活。奥丽维娅推定，道格拉斯其实是很希望她待在家里的。问题是，在他们居住的那个高贵的英国人的平房里，整天不得不面对的，是那个令人苦不堪言的炎热难题。奥丽维娅很理解道格拉斯的苦衷，所以从不抱怨炎热的问题，尽量回避一切可能涉及炎热的话题。每当道格拉斯待在家里时，他都不大愿意同奥丽维娅谈论任何有关印度的话题。

在道格拉斯离家去上班后不久，通常，哈里会乘坐着纳瓦布的汽车早早来到萨缔普的公民路，把奥丽维娅接到库特姆。奥丽维娅对哈里很有好感，很快便与他成了朋友。和纳瓦布在一起的大部分时间，他们都待在大会客室中，纳瓦布同哈里以及一些常来的年轻人一起喝酒、抽烟、玩牌。有一次，纳瓦布请奥丽维娅去弹奏他的钢琴，再未邀请其他人。奥丽维娅为纳瓦布弹奏了起来，纳瓦布站在她身后，自然而然地说起了他的妻子桑蒂，说他很想念桑蒂，希望桑蒂能像她一样学习演奏，并说桑蒂和她一样，也是个现代女性。桑蒂在瑞士读的书，一点也不像其他印度女性，很像她，而且，像她一样漂亮。奥丽维娅的琴声不像往常那样悠扬自如了。大约就在这一次，在奥丽维娅同纳瓦布的友情逐渐增长期间，她同道格拉斯说起了有关孩子的事。他们夫妇对这个话题都非常感兴趣，奥丽维娅说，他们的"儿子"会像道格拉斯一样英俊而完美。

［日记］6月12日：我不断收到契德的来信。在先前的来信中，契德叙说了一些他们旅途当中遭遇的一些事情，在后来的一封信中，契德谈到：他那种疯狂的宗教信仰，眼下，在现实面前，彻底破灭了，他感到自己就像被抢劫了一样；而且，在结尾，他还以一种请求的口吻，说他忘了带他喝水的杯子，要求我用挂号信快递给他。契德的来信，不像奥丽维娅的那些信，契德的信皱皱巴巴，内容完全是客观的，奥丽维娅的信干净平整，笔迹清晰而且漂亮，尽管全部都是写给玛西雅的，却带有强烈的个人感情色彩，像是在对自己讲述着什么。

因德尔·拉尔对契德的来信充满热望，傍晚，跑到我的房间来，十分认真地听着我为他读着契德的来信，他十分欣赏契德的精神理想，不能理解的是，我为什么要来到印度？我试着对他解释，告诉他：许多人都对西方的物质主义感到厌倦了，即使对东方的精神信仰没有什么特别的兴趣，也希望到印度来寻找一种更加素朴自然的生活方式。我的解释伤了他的心，觉得我的所言简直是在开玩笑。他搞不明白：为什么拥有汽车、电冰箱等的人要跑到印度这个什么都没有的地方来？他甚至坦言，他因为自己原始的生活方式，在我面前常常感到羞耻。我想反驳他一句，不想，他更加来劲，说，按照西方的标准，他的房子、食物和进餐方式都很简陋；而且，他很清楚，他既不具备科学的头脑，又对现代化世界很不了解，在很多方面，他都远远落后于时代。

1923年：现在，前来接奥丽维娅的只有司机一人了，因为哈里的健康状况不佳。不过，到了王宫之后，哈里的情况还没糟到卧床不起，还有足够力气来同奥丽维娅打嘴仗。哈里认为，奥丽维娅现在应该回到从前的自己，不应该再过来了，不应该继续出现在库特姆王宫。奥丽维娅告诉他，道格拉斯也是这样说的，同他的想法一样。哈里还提到，他认为纳瓦布做得有些过于无礼了，纳瓦布始终没把奥丽维娅引见给女王和女眷们，为此事，他曾同纳瓦布有过直截了当的争吵。不过，奥丽维娅却并不以为然，认为这倒也没有什么，大家都是朋友，哈里听后，唯有叹息了。在这一次，纳瓦布见到奥丽维娅之后，希望奥丽维娅今后能把听来的有关反对他的那些不利的议论全部汇报给他，以便他好清楚自己该如何应对。哈里在一旁叫喊了起来："你要求她做什么——向你报告来自萨缔普公民路的信息？做你的间谍？"

［日记］6月15日：我注意到萨缔普街面上一个从不开口说话的女乞丐，看起来年龄已经非常老了，神色疲惫，从不固定待在一个地方，有时在王陵，有时在市集，有时在街头小巷，不过总是待在人们的必经之路上。一天，我看到那个老妇人和衣睡躺在了垃圾堆那里，怀疑老妇人是不是死了，因没人注意到，才没有被抬走埋葬，不过，这事与我无关。想到这里，我惊奇自己变了。随后，我把老女乞丐的事说给了因德尔·拉尔，而因德尔·拉尔只顾着忙于去他的办公室上班。我同因德尔·拉尔一道儿离开了家门，之后，我来到垃圾堆那里，站到那个老妇人跟前，看到她睁着眼呻吟。她还活着，身上散发出一股难闻的气味，被一群苍蝇围裹着。我俯身下去看，看见一股粪便从她身下流淌出来。我的第一个想法是赶紧走开。我走开了。我第一次明白并感觉到，印度教徒对污染的恐惧。我回到家彻底洗了一个澡，上上下下洗了个遍。我害怕极了。污染和传染似乎到处都是，那些苍蝇很容易把那些东西从她那里带到我身上。后来，我去了位于公民路街头的一家当地医院，径直走进医务总监戈帕尔医生（Dr. Gopal）的房间，戈帕尔医生对我相当有礼貌，我希望他派车去把那个女乞丐拉到医院来，他表示这种事情司空见惯，医院爱莫能助。离开医院，我往后步行，经过王陵附近的玛姬的小茅屋时，坐在外面的玛姬冲我招了招手。我走了过去，玛姬扫视着我的脸孔，询问我怎么了。听了我的述说之后，玛姬与其他人的反应完全不同，她叫喊起来："里拉瓦提（Leelavati）？她的时候到了？"原来，女乞丐有名字——里拉瓦提！事情再一次突然急转直下，不由分说的玛姬朝着里拉瓦提那里奔了过去，我紧随其后，当我们到达那里时，却不见了那个老妇人的踪影。"我知道她在哪里。"玛姬再一次疾步前行。我们穿过出城的那个大门，来到萨蒂墓石的堤岸，玛姬先我之前看到了老妇人。老妇人睡躺在一棵大树下，如同先前躺在垃圾堆那里时一个样子。玛姬坐到树下，把老妇人的头抱放到自己的膝盖上，用她那双农妇的粗手抚摩着那张垂死的脸，突然，老妇人欣慰地笑了。我坐到树下，和她们坐到了一起，玛姬一面继续摩挲着，一面为我讲述寡妇里拉瓦提的辛酸人生。

1923年：一天，奥丽维娅告诉道格拉斯，库特姆的哈里病了，她想过去看看哈里。道格拉斯仅以一声"噢"作为许可的答复。奥丽维娅很清楚道格拉斯这一声"噢"里的意思——他知道她经常到库特姆去。奥丽维娅决定从现在起，她只要去库特姆，就先同道格拉斯打一声招呼，以免他在她之前到家。后来，不知何故，道格拉斯在他的办公室里待的时间越来越长了，奥丽维娅也就没必要在他回来之前忙着赶回去了，既然他不在意，她又何必在意呢？之后，奥丽维娅熬夜越来越厉害了，通常是在道格拉斯上床睡觉之后很久，他早晨去上班时，才上床去睡觉。一天早晨，她虽然是与道格拉斯同时起床的，可她却同道格拉斯闹了起来，道格拉斯正在吃早餐，她无法忍受道格拉斯那阴沉着的脸，道格拉斯吃过早餐，开始抽烟，没有理睬她的那些话语，她叫喊起来，"你只会抽烟吗？这么热……"道格拉斯平静地把烟灰敲进烟缸里，然后说，"你本应当去西姆拉。"她大喊了一通，道格拉斯没有回应她的这一爆发。过了一会儿，奥丽维娅以一种懊悔的语调说："我不知道我究竟怎么了。"道格拉斯回答说："我告诉过你，这是炎热的缘故。没有英国人承受得住它。"奥丽维娅认为道格拉斯说的可能是对的，她告诉道格拉斯，她想去看看医生，为怀孕的事，她非常渴望自己能够怀孕。那天早上，在道格拉斯上班去了之后，奥丽维娅看看她的手表，在纳瓦布的汽车来接她之前，还有时间，于是，她离开家门，走着去了桑德斯医生家。桑德斯医生已经离开了，去了医院，只有桑德斯夫人在家，她同桑德斯夫人谈了一会儿。

［日记］6月20日：萨缔普的雨季到来之前，热气总是格外逼人。在那种时候，一切都被炎热和尘土压得蔫头耷脑，人们除了忍受天气的折磨之外，其他什么事都干不了。不过，热也有好处，气温愈高，芒果的味道也愈甜。星期天，我和因德尔·拉尔到外面去野餐，我们去了位于纳瓦布王宫领地上的菲尔道斯神祠的小树林。我上次去那里时，小树林里挤满了朝拜者。这一次来，是出于因德尔·拉尔的怂恿。我们到了那里之后，他立刻躺到了一棵树下，我因为兴奋，在小神祠周围四处闲逛。等到他醒来时，我拿出了我准备的三明治。他先前从未吃过三明治，而且吃得津津有味。太阳开始西沉，交谈当中，有一瞬间，我忽然有了一种欲望，一种强烈的欲望：紧紧贴到他身上。因为这似乎不好用语言来表示，我将手放在他手上，感到了他的手在颤动。他是一个健康的年轻男子——他的妻子不在家——我们都很孤独……尽管接下来的几步由我牵头，一旦我有所表示，他的反应也并不迟钝。

1923年：这天，身负使命的哈里又一次乘坐着纳瓦布的汽车来到了公民路，来接奥丽维娅前往库特姆王宫。他走进奥丽维娅的家门之后，待在那里，久久不愿离去，奥丽维娅却希望能早一点离开家，不然天就太热了。见哈里没有一点离开的意思，奥丽维娅在钢琴那里坐了下来，弹了一会儿，不耐烦地重重击打了一下琴键，然后停了下来。天太热了，她实在无法弹奏，她已经有相当长一段时间没有弹钢琴了。那一天，后来路上的行程也不很愉快，不仅因为炎热与尘土，奥丽维娅和哈里彼此都没怎么说话。临近王宫时，戴着墨镜和无檐帽的纳瓦布已经远远地等候在了那里。纳瓦布要到菲尔道斯神祠那里去玩玩。奥丽维娅欣然受邀，在不愿接受邀请的哈里身上几乎没有浪费什么时间，很快就上了纳瓦布的那辆跑车，坐到了纳瓦布的身旁，把哈里一个人留在了原来那辆车上。他们驾车离开了，一路上谈论着哈里，来到了神祠的小树林。下车后，纳瓦布领引着奥丽维娅来到林间空地，替她扒拉开那些树枝，他们走了进去。就在他们往里走的当口，从神祠里涌出一堆人来，奥丽维娅受了一惊。那些人的样子粗野，而且持有武器，有那么一阵子，他们颇具危险性地看向纳瓦布和奥丽维娅，然后，当意识到他们是谁了之后，他们立刻拜倒在了纳瓦布足前。纳瓦布让奥丽维娅坐到旁边的一棵树下，之后，和那些人交谈起来。奥丽维娅看着他们，看到纳瓦布神态很随便而且很亲切，那些人以一种谦卑的样子恭顺地站在他的面前。很快，那些人散去了，纳瓦布招呼奥丽维娅走进了神祠。"看我带来了什么？"纳瓦布举着两根细长的红绳，停在了格子窗那里。于是，奥丽维娅先来，在格子窗上系上了她的那一根，纳瓦布随后系上了他的那一根，两个人开着玩笑，纳瓦布说女人们到这里来是为了求孕，祈求生子的，笑问奥丽维娅是不是也想许这个愿？奥丽维娅闻之一惊。沉默了一会儿，纳瓦布开始解释说，其实，那不过是一种迷信；之后，他又从"丈夫婚礼日"的风俗，转移到了刚才遇到的那一堆人的身上。"他们不是坏人。"纳瓦布说。他们两个人坐到了神祠的台阶上，他以一种轻柔说理的声音对奥丽维娅说，"他们也许是一些不法分子，可他们照样也是一些凡人，他们到这里来，是来祈祷、来诉说他们的愿望——就像你和我。"随后，他又就一些人对自己的责难（他与那些不法分子会面，关系密切，有参与他们的抢劫犯罪行为的嫌疑）追问起奥丽维娅，信不信？奥丽维娅自然不相信。“但是有一些人——很多人，”他说，停了一下，以便让奥丽维娅想想那些人是谁。“他们把自己装扮成他人的审判员，说这是对的，那是错的，好像他们什么都知道。那位米尼少校——他是谁啊？竟然对我说不能这样做不能那样做。是谁给了他对我说这种话的权力的？对——我！——”纳瓦布指着他自己，“库特姆的纳瓦布……”之后，有那么一阵子，他气得都说不出话来了。“你知道我们的称号是怎么来的吗？那是在1817年，我的先祖阿曼诺拉汗……”他开始给奥丽维娅讲述他祖上的历史。当他说到伤心处时，奥丽维娅把手放到了他的胸脯上，希望能缓解他的痛苦，而就在这个时候，突然感觉到了他身上所具的一股强大的吸引力，并被他那引人入迷的力量所吸引，被那种在她先前的生命中从未体味过的神奇魔力把她深深地吸引了过去。当他感觉出奥丽维娅试图把她的手移开时，他便把她的手紧紧地按在了自己胸前。现在，她已经跑不了了，即使她想跑也跑不了。最后，他拉着她离开了那个神祠，两人一起躺到了树下，随后，他说了一个笑话“这是丈夫婚礼日的一个秘密”。接着便和奥丽维娅一起笑个没完没了，满心欢喜。

［日记］7月31日：玛姬对我说：你怀孕了。起先，我还不相信，可玛姬是那样肯定，不容置疑，最后我相信了。玛姬还对我说：她原先是一名助产士。我着实又大吃了一惊。玛姬告诉我：她母亲就是一位助产士，不仅如此，她祖母也是一位助产士，她们二人教会了她。后来，在她那个酗酒而不顾家的丈夫死了之后，在儿女们都成家立业了之后，她放弃了自己助产士的职业，花了几年时间寻访印度各处圣地，寻求神的旨意，最后回到萨缔普，搭了这个小茅屋栖身。自从那时候以来，她的朋友们一直在照料她，为她带来她生活所需的食物，因此，在这个世界上，她再也没有什么好烦心的事了。她的孩子们都住得很远，不过有时候，孩子们当中的这一个或那一个会来看看她，或者给她写写信。然后，玛姬把手放到我的腹部上，对不知所措的我说，如果我选择流产的话，她可以帮助我，我可以信赖她，她懂得流产的安全方法，并对我讲解了几种流产的方法。稍后，在归途中，在雨中，我想：炎热劲已经过去，雨季开始了。我跳过了一个又一个小水坑，回到了我的住所。

［日记］8月15日：契德回来了，像完全变了一个人，橘黄色长袍换成了衬衣和卡其布裤子，还穿上了鞋，剃光的头也开始长出短发，从一个印度苦行僧一下子变成了一个基督青年，并且不再开口说话，又一次病倒了。除了去外面的卫生间之外，契德整天沉睡在我房间的那个角落里，不肯告诉我任何事情，或他为什么与因德尔·拉尔的母亲和瑞图分开了，我也没有任何办法弄清所有这些变化和事情的原因。契德最多也只是说，“我无法忍受那种气味。”现在，他已经无法再接受印度的食物和进餐方式，只接受清淡的熟食，最喜欢我给他做的一道英国汤。他甚至一闻到印度烹调的气味就立刻感到恶心，厌恶地大喊大叫。因德尔·拉尔对契德非常失望，而且，对契德的归来备感不悦。这里应该说明一下，在菲尔道斯神祠野餐了四次之后，我与因德尔·拉尔之间的关系发生了变化，现在，每天晚上，他都睡在我房间里。自从契德回来之后，他对自己的夜访显露出了羞涩，我让他放宽心，因为其实根本没什么，大多数时候，契德都只是在那里熟睡，发出阵阵呻吟声。我很清楚，契德不可能是我肚子里孩子的父亲。夜晚，因德尔·拉尔和我面对面躺在床上。现在，和他在一起越来越愉快了，他已完全信任我，并对我充满爱意。然而，我已经决定了，无论如何，都不告诉他有关我怀孕的事，我不想破坏任何事情。

1923年：当奥丽维娅发现自己有了身孕时，没有在第一时间告诉道格拉斯，她本想告诉他的，拖延了一天又一天，直到告诉了纳瓦布之后，她才告诉了他（道格拉斯一直非常忙）。在那天早晨，到了王宫之后，奥丽维娅发现王宫里的人一个个全都跑来跑去的，忙着打包搬运东西，在房间里收拾着东西的哈里告诉她：他们终于要去穆苏里了，这是头天晚上女王决定的，因为王宫里的女眷们对变化的天气有些不适应，再加上纳瓦布的心情也很不好，很不开心……哈里随之改变了话题，停下手来，坐到奥丽维娅身边说道：看来，纳瓦布现在的烦心事实在不少，正陷入各种各样的麻烦当中，这种现状已经持续有好几年了。首先是财务上的麻烦——最先是库特姆的，之后，又是所有那些与他妻子桑蒂和卡波普尔家族的生意……而且，最近他还与米尼少校有过一些相当困难的会面，被搞得总是心神不宁，通常会拿我撒气——不要以为我是在抱怨，我不是。如果那样能够让他感到好受一些的话，我会很高兴的。因为我知道，他被伤害得有多严重。米尼少校那样跟他谈话，威胁他……“他们怎敢那样！”奥丽维娅叫喊起来。过了一会儿，纳瓦布没有敲门就闯了进来——这是很不寻常的，一向以来，在进入他们客人的房间时，他的表现向来是非常谨慎，彬彬有礼的，而眼下，却一反常态，大步走了进来，并且径直向窗户那里走了过去，一副怒火中烧的样子。“我要去见总督本人。跟米尼少校或者任何像他那样的人谈话都毫无意义——就像同仆人谈话一样。我绝不同仆人说话。”他气得鼻孔大张，表示下一次米尼少校再来相见，他将拒绝会面，还会将米尼少校写给他的任何信函都撕个粉碎，然后让哈里把碎纸片给米尼少校带回去，扔到米尼少校的脸上。但是，他推想哈里是不会那样做的，他把锋利的目光盯向哈里，哈里低下了头。之后，他开始责怪哈里害怕米尼少校和类似的其他人，叱责哈里和米尼少校是一路货色，说哈里只会同情米尼少校与其他的英国人，根本不在意他的感受。哈里打破了沉默，用平稳的语调冷静回答他说：“不是那么回事。”结果，反而更加激怒了纳瓦布。他转向了奥丽维娅，“现在，他在我面前摆出英国人的气派了，他在跟我扮演米尼少校——他们与这里极糟的东方人是多么不同啊。奥丽维娅，你也痛恨并且鄙视东方人吗？”纳瓦布感到他自己和他的民族受到了他人的践踏与深深的伤害，在奥丽维娅身上继续发泄着他的怨恨。最后，他冲着奥丽维娅说道：“你也一点不关心我。”然后，走了出去。奥丽维娅跟随在他后面，当他下楼梯时，奥丽维娅叫了他一声，第一次直呼了他的名字，他停了下来，抬起头吃惊地看着她。奥丽维娅把自己怀孕的事告诉了他。当晚，奥丽维娅把这件事也告诉了道格拉斯，这似乎很公平。

第二天，在公民路那幢英国房屋的回廊上，奥丽维娅等候下班归来的道格拉斯和应邀前来用晚餐的米尼少校时，心里却一直在想着那位应该已经动身前往穆苏里的纳瓦布。在烛光下，面对着客人，奥丽维娅终于克服了自己混乱不堪的思绪，开始专心于自己的主妇角色。过了一会儿，道格拉斯和米尼少校破坏了晚餐的气氛。事情又牵涉到了纳瓦布身上：他那伙不法分子的骚扰范围不仅没有局限于库特姆领土周围以内，甚至还流窜到了克劳佛德管辖的区域；他们袭击抢劫了一个离萨缔普约有 5 英里的村庄，杀害了村庄里几个村民，甚至割掉了一个妇女的鼻子。有关报告一递交到萨缔普，克劳佛德和道格拉斯迅速通知了米尼少校。米尼少校立即开车前往库特姆王宫，可纳瓦布拒绝接见他。奥丽维娅接过话茬儿为纳瓦布辩护说，“他们去穆苏里了，”之后，又小心解释说，“是哈里告诉我的，我昨天见到他了。”米尼少校告诉奥丽维娅：他们没有成行，因为女王改变了主意。奥丽维娅顿时暗自窃喜起来。米尼少校随后表示：纳瓦布不肯见他，他一点不感到意外——因为就在昨天，他们曾经有过相当激烈的争吵。道格拉斯的情绪变得有些激动了，认为现在是该给这位纳瓦布一点教训的时候了。“你这话好像把他当成了一个男学生。”奥丽维娅叫喊起来。米尼少校打断了他们夫妻的争执，说出了他对库特姆的那位土邦行政长官的一些看法。最后，表示自己多年来一直跟那位纳瓦布打交道，不可否认，他们跟那位纳瓦布之间有过许多麻烦事。道格拉斯表示，不是什么麻烦，对他们以及居住在库特姆的不幸民众而言，那个纳瓦布就是一个危险人物，是他们所遇到的那类令人不悦的印度人当中最坏的那一类的统治者。

奥丽维娅根本不相信道格拉斯做出的评判，与道格拉斯争吵了一番之后，反而使得她与纳瓦布更加接近了。此后，奥丽维娅感觉纳瓦布对她比先前更加体贴了。每天，纳瓦布都打发人过来接奥丽维娅进宫，而且，在王宫里，无所顾忌，从不掩饰他同奥丽维娅之间的关系，甚至把她带进了他的卧室。奥丽维娅呢，则是有求必应，他在什么地方召唤，她都跟随而去，并满足他的一切愿望;对他们之间的任何事，她也从不保密。对于奥丽维娅的身孕，纳瓦布欢喜不已，常常抚摸着她那柔软的屁股和她那小而扁平的肚腹问她:“你真的愿意为我做这事吗？”显然，他有些不敢相信。“你不害怕吗？唔，你可多勇敢啊！”他那种惊喜的样子令她开怀大笑，而且，他从未怀疑过那孩子不是他的。然而，奥丽维娅却被这个问题困扰着，一直在思考“这个孩子是谁的？”始终都不敢提这事。

［日记］8 月 20 日：道格拉斯确实有一个儿子，不过，不是奥丽维娅的，是第二任妻子黛西的。道格拉斯的这个儿子（我的父亲）出生在印度，在印度生活了 10 多年，12 岁时，被送到英国读书，之后，就再未回过印度，稍后，成了一个古董经销商。印度独立时，道格拉斯恰好到了退休年龄，与黛西严肃深入讨论了“是返回故乡还是继续留在异乡度过退休岁月”之后，他们与大多数英国人一道儿回了英国。他们当中的那些像他们一样在印度送走了自己人生中最美好时光的一些熟人，却选择了留下来。黛西的姐姐贝丝和她的丈夫克劳佛德在喜马拉雅山的小镇格绍利（Kasauli）买了一幢美丽的房屋，原本打算在那里长住，在古朴的小镇上度过他们的余生，然而几年之后，他们发现，这里的一切对他们来说，并不像先前他们所想象的那样令人愉快，结果，克劳佛德和一些“克劳佛德们”，最后也都陆续返回了英国。为了彼此能够经常相互往来，克劳佛德一家在道格拉斯和黛西家附近的萨里（Surrey）买了一幢房屋。在贝丝和黛西两个人都成了寡妇之后，黛西搬进了贝丝的家。之后，两个人尽量同在印度的朋友们继续保持着联系，例如居住在乌蒂（Ooty）的米尼少校一家，后来，她们那些朋友一个一个全都渐渐死去了或者变得太老了，无法继续联系了。现在，我很想能找到他们之中的任何一个人，告诉他们，我已经到了这里，不过，我想，他们已经没有一个人在世了。

［日记］8 月 27 日：我每天都去探视住院的契德，给他带去食物，因为他无法接受医院提供的饭食。紧邻契德病床躺着的，是一个断了一条腿和多根肋骨的穷苦男人。有一天，我帮助那个可怜人倒掉了在病房里放置了多时的便盆，在这之后，病房里的每个一人，包括被帮助的那个可怜人，似乎都把我看成了一个不洁净的女人。我已经给契德的家人写了信，帮助契德向他的家人讨要来了一张返程票。至今，我依然不清楚到底发生了什么，把契德变成了现在这样。契德对自己之所以改变了对印度的感情的唯一解释只有那一句——无法忍受那种气味。我甚至不清楚他身体上出了什么问题，他到底得了什么病。我咨询了戈帕尔医生，戈帕尔医生也说不太清楚。总之，他的肝脏和肾脏都有了毛病，他的其他内脏也全都有些问题。戈帕尔医生说，这全都是因为不健康不规律的饮食和他无法适应的生活造成的。戈帕尔医生总喜欢用英语进行交谈，还用英语罗列出了若干疾病名称，包括印度人很少关注的痢疾。

1923 年：由于进入了雨季，几周前还布满灰尘的风景，现在变成了到处滴水的景象。那天，哈里告诉奥丽维娅：纳瓦布因烦心事缠身，一大早就赶往印多尔[1]（Indore）去见他的律师去了；而且，就在昨天，他同纳瓦布长谈了一次，他说他打算回家了，母亲那里需要他。这一次，纳瓦布终于同意了，并答应了他，说会为他安排好一切的。之后，纳瓦布提到了另外一件事——当他的儿子出生时，道格拉斯和其余的人都会大吃一惊的。奥丽维娅追问哈里，纳瓦布的意思是不是指那婴儿的肤色，他就那么确信那婴儿一定是他的么？想到这一点，出于惧怕自己孩子的肤色及其他一些复杂的原因，奥丽维娅做出了堕胎的决定。"我见过印度婴儿的样子，他们出生时有很多孩子的头发是黑的……"奥丽维娅望了望哑口无言站在那里的哈里，随后要哈里帮忙去找女王，让女王安排她去做流产。

[日记] 8 月 31 日：今天，我步行在街面上，前往市集，路经市集时，我发现有一个女人一直尾随在我身后，我感到十分奇怪，于是转向王陵方向，在王陵附近的玛姬的小茅屋前停了下来，那个女人继续往前走去了。玛姬正处在三摩地状态中，沉浸在较高状态的福佑意识的神定当中。过了一会儿，当容光焕发的玛姬恢复了常态之后，我同玛姬谈起了那个跟踪我的神秘女人。从玛姬的反应当中，我明白了：那个女人是当地的一个助产士，认定了我是她的一个潜在客户。这时，满面红光的玛姬又一次提醒我，要实施流产，现在正是时候，八九个星期时，时机最合适。我好奇那将会是什么情况，玛姬回答说：只需一次简单的按摩，只要技术熟练，就能结束一切麻烦。

1923 年：在萨缔普，有一部分地区属于贫民窟，而在库特姆，整个地区都是贫民窟。在那里，有人指使奥丽维娅戴上了布卡[2]，然后，跟着一个同样戴上了布卡的仆人走过几条黑暗狭小的街巷，到了他们要去的那地方，一路上，没有引起任何其他人的注意。那个房屋里面光线昏暗，护送者牵着奥丽维娅的手把她拉上一个很不安全的楼梯，进入房间后，护送者把奥丽维娅交给了助产士。两个助产士正在聊天，正谈论着一周前附近的一座房屋如何倒塌了，当时正在行进的婚礼队伍中的新郎刚刚走过去。过了一会儿，那两个助产士让奥丽维娅躺到了地板上的垫子上，开始按摩她的腹部，两个人的动作很熟练，很专业。忽然，从楼梯那里传来了一阵脚步声，那两个助产士惊愕地相互对视着，奥丽维娅也开始纳闷：谁来了？助产士当中的一个过去打开了房门，女王走了进来。之后，女王目睹了助产士把一个小树枝插进了奥丽维娅体内。

****

当年，贝丝·克劳佛德从不允许自己谈论奥丽维娅的事，直到好多年之后。贝丝认为，东方人的一些隐私不应该被打扰，无论是王宫内的、市集上的，或库特姆街巷当中的。

对奥丽维娅的事唯一不肯保持缄默的是桑德斯医生，是他发现奥丽维娅出走了。那两个库特姆的助产士的活干得不错，当天晚上，奥丽维娅就有了流产的征兆。奥丽维娅叫醒了道格拉斯，送她去了医院，第二天一大早，桑德斯医生就给奥丽维娅刮了宫。桑德斯医生清楚印度人做的"流产"以及实施流产所使用的工具。最普通的工具是把一个涂抹有某种植物汁液的小树枝直接插进去，那种植物的名称，只有印度的助产士们晓得。他曾接待过许多被插入小树枝后送到他这里来的女人，他从她们体内抽出过很多那样的小树枝，然后，他就勇敢地面对那些有罪过的女人，把她们赶出医院。他一直都知道，奥丽维娅

---

1 印多尔（Indore）：印度中央邦西南部城市，是一个融合了历史传统与现代工业的繁荣都市。

2 布卡（Burqa）：伊斯兰教妇女传统服饰，包头蒙面长衫，眼睛部位有一块网眼织物。

有一点软弱和堕落，这种弱点当然被纳瓦布（这个人自己就很堕落）发现并为自身的利益而加以利用。

没人怀疑，纳瓦布把奥丽维娅用作了他复仇的工具。甚至大多数富有同情心的侨居印度的英国人，诸如米尼少校那样的人，也都对此深信不疑。后来，在退休之后，生活在乌蒂期间，米尼少校自费出版了一部专著，论述印度对欧洲人意识观念和人格个性的影响。他把这部专著寄给了他的朋友们，我所阅读的，是他寄给贝丝·克劳佛德的那一本。在那书中，米尼少校警告说，必须坚决抵制印度的诱惑。他说，最软弱的人往往是那些最爱印度的人。爱印度的方式有多种，印度也有许多东西值得我们去爱——迤逦的风光、悠久的历史、美妙的诗歌、迷人的音乐，再加上印度男男女女可爱的容貌……这一切，对那些爱得过于投入的欧洲人来说是危险的，因为他们总是一旦爱上便会深陷其中。印度总能够找到你的弱点，然后便从中下手。米尼少校称那些软弱的情感为“欧洲情感”，人们永远不要像印度人那样因感情的泛滥而变得心软。因为你心里一软，你就越过了边界，就会被轻易地拉到另一边。

奥丽维娅逃离医院之后，再没有回到道格拉斯身边，直接去了库特姆王宫。我对奥丽维娅后来行踪的了解，不是来自奥丽维娅写给玛西雅的那些信，而是哈里讲给我们听的。在那之后不久，哈里离开了印度。他始终不能确定：纳瓦布喜欢奥丽维娅，到底是出于什么动机。回到了英国之后，哈里同母亲安安静静地生活在伦敦肯辛顿的公寓里，母亲过世之后，他的朋友费尔戴（Ferdie）搬了进来与他共同生活在一起。后来，已经是许多年之后了，费尔戴也见到了纳瓦布。那时的纳瓦布已大不如前了，经济上遇到了相当大的困难，也许这就是为什么，他身边没有带着奥丽维娅——因为他负担不起了，或者也许由于奥丽维娅自己根本就不想来。奥丽维娅从此再未回英国，一直居住在纳瓦布在喜马拉雅山陡峭的山脚下的X小镇为她买的那一幢房子里。

我告诉玛姬，我要离开萨缔普了。玛姬听后大笑起来，问我是否也打算像契德那样一走了之？契德回英国去了，就像有关契德的其他事情一样，这件事也令玛姬觉得非常可笑，宽阔的肩膀笑得直发颤。不过，玛姬很赞同我去喜马拉雅山那里，尽管雨季不是旅行的好时节，由于常常发生山体滑坡，道路很难走。

在X小镇上方，陡峭的喜马拉雅山的山坡上有一些房屋，即使是在气候最好的时节，人们都很难到达那里——奥丽维娅当年就居住在其中的一幢房屋里，另外几幢房屋的居民，是其他一些欧洲人。现在，他们全都已不在人世了，被安葬在了高地上一个昔日的英国墓园里。根据奥丽维娅的请求，她的尸体按照东方习惯进行了火化，我猜想奥丽维娅的骨灰就撒在了这座山上，因为没有人接管它。纳瓦布在奥丽维娅之前就死了。

等到雨彻底停了，天气好转之后，我终于爬了上去。奥丽维娅的房屋仍然在那里，里面充满了奥丽维娅的情调，当然少不了纳瓦布给她的一架大钢琴。哈里说，在伦敦再次见到纳瓦布时，已是15年之后的事，已年过50的纳瓦布的体态虚胖得令他吃惊，那人的脾气也变得温和多了。在随后的数年当中，纳瓦布从未再在公开场合谈起过奥丽维娅。奥丽维娅比纳瓦布多活了6年。

我在那所房子里面站了一会儿。现在，我已经在X小镇租下了一个房间，决定等到孩子足月了再说。我听说，再往上，在更高处有一处印度教高僧修行的会所，他们也许会接纳我。然而，我还不知道自己将在这里停留多久，反正，肯定是要住上一段时间，因为我目前的身体状况已经很难下山了，纵然，我想下去。

作者生平与创作生涯

露丝·普罗尔·贾布瓦拉是不列颠帝国司令勋章（CBE）的拥有者，1927 年 5 月 7 日出生在德国科隆（Cologne），父母双亲都是犹太人，父亲是一位律师，任职于科隆德国犹太教会。她从小在实行种族隔离政策的德国犹太人学校里就读，1939 年（12 岁），随家人作为难民移居英国伦敦，后进入伦敦西北的亨登郡立学校就读，改学了英语，并且开始用英语练习写作短篇故事，完成了中学学业。1951 年（24 岁），她毕业于英国伦敦大学的玛丽皇后与斯特菲尔德学院，获得了英国文学硕士学位；与此同时，她与印度建筑师塞勒斯·H. 贾布瓦拉（Cyrus H. Jhabvala）结了婚，并随夫迁居印度首都新德里（New Delhi）。之后，她的大半生就交付给了印度，与丈夫生养了三个女儿；并在那里开创了她的文学生涯，很快，成了一位著名的以欧洲人的视角来描写印度和印度人的作家。

1955 年（28 岁），她出版了第一部长篇小说《谁会中她的意》（To Whom She Will），讲述了第二次世界大战后的印度生活，出身于西方化印度世家的电台女播音员阿姆丽塔（Amrita）与她的同事、从巴基斯坦迁来的青年人哈里（Hari）之间的恋爱故事，由于东西方文化冲突和印度的种姓制度，备受煎熬，爱情以悲剧告终。小说刚一出版，立刻引起了评论界的注意，认为其中栩栩如生、优美动人的创作技巧，风趣俏皮的创作风格，与女作家简·奥斯汀[1]的作品有异曲同工之处。

之后，她又成功创作了多部作品，其中包括长篇小说：《热忱的本质》（The Nature of Passion，1956）、《埃斯蒙德在印度》（Esmond in India，1958）、《一家之主》（The Householder，1960）、《准备战斗》（Get Ready for the Battle，1962）、《穷乡僻壤》（A Backward Place，1966）；短篇小说集：《像鸟，像鱼，和其他故事》（Like Birds，Like Fishes，And Other Stories，1963）、《一种影响更强烈的气候》（A Stronger Climate，1968）；电影剧本：《一家之主》（The Householder，1965）、《印度一段情》（The Guru，1969）等；描写旅居印度的欧洲人以及印度当地人的生活，表现出她对印度风土民情的关注与洞悉。笃信宗教的印度人长期在印度教文化的熏染和陶冶下，所形成的独有的民族特质，哺育出的敬畏神祇、业报轮回、达摩观念、种姓分立等信仰和思想；加上与之相伴的贫困、落后——这一切，便成了她笔下无尽的印度风俗画的清晰坐标。其中许多作品，在欧美文坛上受到了广泛关注和好评，很快，她便脱颖而出，成了当代西方最有成就的描写印度生活的小说家之一，渐渐在印度和欧洲享有了盛名。

在与小说创作的同时，自 1960 年代起，露丝·普罗尔·贾布瓦拉开始涉猎电影和电视剧本的创作，与美国导演詹姆斯·艾佛瑞（James Ivory，1928— ）和印度电影制片人伊斯梅尔·莫钦特（Ismail Merchant，1936—2005）结成了事业上的长期合作伙伴，共同推出了许多在世界影坛上熠熠生辉的作品，以善于用唯美手法把描述 20 世纪初的英国小说搬上银幕而闻名于世，赢得了“银幕金三角”的美誉；并

---

1 简·奥斯汀（Jane Austen，1775—1817）：18世纪末19世纪初英国杰出的现实主义大师，拥有不少桂冠，长于描写绅士淑女间的婚姻和爱情风波，格调轻松诙谐，在其短暂的一生中，创作了6部长篇小说和一部未完成的作品；代表作《傲慢与偏见》（Pride and Prejudice）和《爱玛》（Emma）。

在 1986 年和 1992 年，分别获得奥斯卡最佳改编剧本奖。

1975 年（48 岁），她离开了印度，回到了欧洲，不久又因对欧洲生活的不适，移居美国纽约，并在 1986 年加入了美国国籍。从 1975 年开始，她的生活基本分布在印度和美国之间。不再定居印度之后，她的创作也进入了她自称的“欧洲时期”，开始用小说创作讲述印度人之外或发生在印度之外的故事，讲述陷入其他异乡困境当中的人和事。这些作品受到世界文坛评论界和读书界的热烈欢迎，一些作品还被摄制成了电影和电视剧。

1970 年代至 1980 年代，她陆续出版的作品包括短篇小说集:《印度的经历》（Experience of India，1971）、《我怎么变为一个圣母及其他故事》（How I Became a Holy Mother and Other Stories，1972）、《离开印度》（Out of India，1986）；长篇小说:《新的领地》（A New Dominion，1973）、《热与尘》（Heat and Dust，1975）、《寻找与爱与美》（In Search of Love and Beauty，1983）、《三个大陆》（Three Continents，1987）；电视剧本:《和平的地方》（The Place of Peace，1975）；电影剧本:《孟买之音》（Bombay Talkie，1970）、《一位公主的自传》（Autobiography of a Princess，1975）、《玫瑰大地》（Roseland，1977）、《欧洲人》（The Europeans ，1979）、《在曼哈顿的简·奥斯汀》（Jane Austen in Manhattan ，1980）、《四重奏》（Quartet，1981）、《热与尘》（Heat and Dust，1981）、《孟买的高等妓女》（The Courtesan of Bombay，1982）、《波士顿人》（The Bostonians，1984）、《看得见风景的房间》（A Room with a View，1985）、《纽约的奴隶》（Slaves of New York，1989）等。

其中，尤以长篇小说《热与尘》最为著名。这部小说表现了她一向喜爱的一个主题——过去生活的经历片段对现实生活的影响。小说借鉴了 18 世纪古典小说的技巧，在主人公之一的“我”的日记摘录和另一位主人公的信函引文之间不断进行闪回穿插，时空不断交织变换，讲述了不同辈分的两个英国女人与印度发生交集的人生故事：二者前后相隔 50 年，“我”出于对家族中的一位一生被丑闻笼罩的祖辈人物奥丽维娅（Olivia）1920 年代在印度随夫生活往事的好奇，前往印度次大陆进行实地寻访的经历，直击了印度的历史、宗教、风俗、文化……那独特的魅力，带给住在其间的人的那种地狱般的感觉，但同时又传达了一种天堂似的感受。小说行文各自独立成章，且又相互关联，交织在一起，讲述了两位不同时代的英国女人各自在印度的体验和情感经历，恍若隔世轮回一般，都与印度男人发生了人类最古老、最自然的关系。

这部小说出版之后，在与澳大利亚作家托马斯·肯尼利（Thomas Keneally，1935— ）的《来自森林的传闻》（Gossip from the Forest）等人的作品竞争当中，拔得头筹，因其深入印度社会内部，且以一种能让人接受的评价来对其进行断言，问鼎了当年第 7 届英语文学界最有影响力的布克奖。1984 年被改编成电影搬上银幕之后，获得了英国电影和电视艺术学院奖和英国伦敦影评人协会奖。1984 年，她还获得了美国麦克阿瑟基金会奖。

1990 年代，露丝·普罗尔·贾布瓦拉的创作内容又有了新的变化，陆续出版了一些作品，其中包括：短篇小说集《从东部到东方：来自纽约和新德里的平凡故事》（East Into Upper East: Plain Tales from New York and New Delhi，1998）、《我的九条命》（My Nine Lives，2004）、《唱给印度的情歌：从东方到西方的故事》（A Love Song for India: Tales from East and West，2011）；长篇小说《诗人与舞女》（Poet and Dancer，1993）、《记忆的碎片》（Shards of Memory，1995）；电影剧本《霍华德庄园》（Howards End，

1992)、《长日留痕》(The Remains of the Day，1993)、《在巴黎的杰斐逊》(Jefferson in Paris，1995)、《忘情毕加索》(Surviving Picasso，1996)、《女儿站起来》(A Soldier's Daughter Never Cries，1998)、《金碗》(The Golden Bowl，2000)等。在这期间，她获得的主要奖励有：1994 年，获得美国作家协会颁发的银屏桂冠奖；2003 年，获得英国的欧·亨利小说奖；并在 1998 年成为英国政府颁发的不列颠帝国司令勋章(CBE)的拥有者。

露丝·普罗尔·贾布瓦拉是一位出色的跨文化小说家和剧作家，以其独特的风格左右逢源，令人在沉思中体味着充满哲理的阅读快感；同时，又是一位能经受得住时间考验，对印度有着深刻了解和认识，不见隔阂的印度书写者。2013 年 4 月 3 日，因呼吸系统疾病引起的并发症，露丝·普罗尔·贾布瓦拉在纽约家中去世，享年 85 岁。

主要参考资料：

Heat and Dust, by Ruth Prawer Jhabvala, Publisher: Peter Smith Pub Inc., 1988.

Encyclopedia of World Literature in the 20th Century, vol. 2, edited by Steven R. Serafin, 1999.

1976年 | 第8届

009 萨维尔 ［英］戴维·斯托里

Saville by David Storey

◎原著共5章，31节，用现实主义笔法，讲述了从1930年代经济大萧条开始延续到第二次世界大战之后的英国社会变革期间发生在老矿工的儿子柯林·萨维尔（Colin Saville）身上的故事。

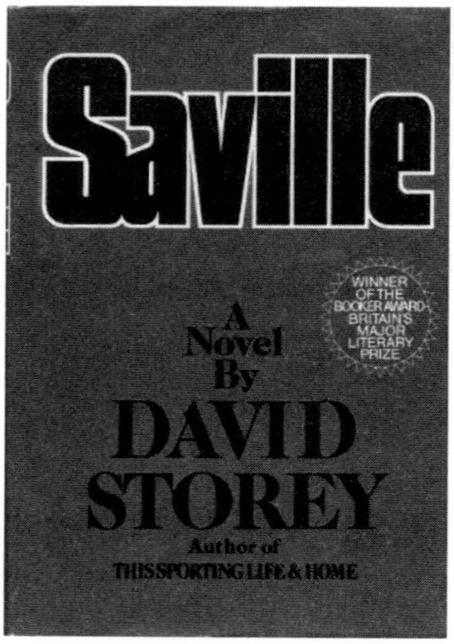

英文原版封面

戴维·斯托里

（David Storey，1933—2017）

戴维·斯托里是英国一位杰出的小说家和剧作家。

有评论认为，其作品具有鲜明的地方色彩和强烈的社会意识以及深沉丰富的思想，善于以传统的创作手法，展现社会生活场景，在平常中寻求新奇，行文贴切流畅，情节自然动人，无斧凿痕迹，语言简洁而雄浑有力。

《萨维尔》（Saville）因其**风格明了，立意清晰，史诗般的叙述**，问鼎了第8届英语文学界最有影响力的布克奖。

在1930年代末，一辆由一匹脏兮兮的灰色大马拉的运煤大车，走进了萨克斯顿（Saxton）村的狭窄街道，这里是约克郡（Yorkshire）南部低洼的丘陵地带的一个小采矿村落。赶车的是运煤工哈里·理查德·萨维尔（Harry Richard Saville），带着妻子爱伦（Ellen）和刚满周岁的儿子安德鲁（Andrew）还有一些家具，来到了一排低矮房屋的尽头——他们的新家，一所散发着令人难以忍受的狗臭和猫溺气味的农家房舍。

爱伦举目四顾，不由得伤起心来，丝毫没有丈夫哈里那种对乔迁的勃勃兴致。哈里看着斑斑污迹的院落，那些损坏的木地板，却依然是一副极其欢快的样子，大笑着对妻子说："这是一个不错的地方，很快，我们就会改变它的外观。"

初来乍到第一天，哈里和妻子便开始动手收拾他们的房屋，一直干到深夜。第二天，哈里爬起来去上早班，矿井离他们的新家大约有6英里的路程。由于成天接触煤屑，他双手的皮肤又粗又黑，疙里疙瘩的。下工回来之后，他又继续忙活了一通，粉刷墙壁，修补地板、天花板，油漆家具……没过多久，爱伦也把她的那些家务活安排得井井有条。哈里发出了爽朗的笑声，惹得一旁的小安德鲁用惊异的神情直愣愣地望着他。

安德鲁长到3岁时，萨维尔一家搬到了萨克斯顿村比较好的一处居住区。这次搬迁过后不久，安德鲁突然独自一人外出流浪，在离村子几英里远的地方被邻居发现领了回来。随后，安德鲁又走掉了，被隔壁邻居从矿坑边给弄了回来，接着，又有了第三回，被一个买卖人送了回来——哈里和爱伦对这件事很担心，弄不明白是什么让安德鲁再三离家出走。

一天早晨，哈里下夜班回来之后，发现安德鲁病倒了。这时爱伦已怀上了第二个孩子，有3个月了，闹妊娠反应，也病倒了。哈里给安德鲁吃了点药，决定暂时先不看医生，要是不见好，再请医生。当天晚上，安德鲁的状况变得糟糕透了，哈里慌忙去请医生，等到出诊医生到来之后，安德鲁的生命已经结束了。哈里和爱伦悲痛不已。此后，爱伦再也未能从失去头生子安德鲁的悲痛中恢复过来，整天沉闷不语。有一些时日，哈里上班前，都要同爱伦一同跪到火炉前，向"我们的天父"祈祷，把新的希望全部寄托在了即将出世的孩子身上。

不久，新生儿来到了他们的生活当中，是个男孩，黑头发黑眼睛，很像他母亲爱伦，不过，多少也带点他父亲哈里的特征，宽脸，大嘴，块头比安德鲁出生时稍微大一些。他们给孩子起名"柯林"（Colin），用的是爱伦外公的名字。在这个孩子面前，哈里感到自己有点无能，只有当他把孩子逗乐或玩耍着翻滚爬动时，他才感到一些宽慰。时间一天天过去了，久而久之，在爱伦看来，两个孩子就好像是同一个人了，新生儿是对他们失去的安德鲁的一种补偿。

柯林开始上学之后的那个夏天，哈里带着一家人到海滨度假，这一奢侈的假日，是哈里用加班加点、每天工作16个小时、干了两个星期换来的。海滨小镇坐落在浅海湾一角，他们一家租住的房子靠近港口。安顿下来之后，伫立在二楼窗前，海湾的美景尽收眼底，哈里感受到了一种新的、充满变化的生活。眼下的旖旎风光，替代了他们过往斗室里的狭窄生活，他们伫立在海边呼吸着清新的空气，观赏着大海奇景，或在海边涉水，或在沙滩上刨坑玩沙，或骑骑毛驴，或乘乘游艇，出海漫游一番，其乐融融。这一家人，尤其是柯林，喜欢上了大海，柯林和他的母亲爱伦，甚至连性格都起了变化，原本的那种阴郁、迟钝消失了，被一种较为轻快、开朗、随和替代了，过去的生活像是被不可思议地一笔勾销了似的。哈里甚至很难想象，自己今后还要继续去过井下挖煤的那种生活。

一场战争即将来临。有一些穿着军装的人，或躺卧在海滨沙滩，或漫步在高处的海滨大道上。一天早晨，哈里在海滩上遇到一个当年曾同在萨克斯顿煤矿干活的矿工。那人军服上表示等级的条纹是海军陆战队中士，他劝哈里赶快参军，要是哈里现在参军，他可以帮点忙，在一个月之内让哈里在自己选择的岗位上得到升迁。哈里看了看远处躺椅上喜形于色、冲他招手的妻子，微笑着回绝了那位中士，并补充了一句："他们还会需要矿工，需要挖煤。没有煤，他们无法进行战争。"随后，又指了指在沙滩上挖洞的柯林，说道："我已经有了孩子……我想，我必须和他们待在一起。"待到中士告辞之后，哈里忽然觉得自己是不是有些贪生怕死，过于顾家了？他凝视着大海，感到有些闭塞。

从度假胜地返回之后不久，一天下午，放学回来的柯林发现他父亲在屋后园地边挖洞，累得气喘吁吁。那个洞挖得很深，每当邻居微笑着走过来站在洞口，朝下面望去时，哈里就会跟人家说："战争说来就来。"到了最后，洞越来越深了，哈里不得不提高嗓门叫人帮他从木梯顶端爬出洞口了。在那之后，每天早晨下班回来，哈里都会从矿上带回几根木头，用脚踏车驮回家，用来建筑和巩固那个深深的大洞——防空洞。后来，他还用余下的木料做了两张上下床。那洞建成之后，一天下午，柯林放学回来，上完夜班睡了大半天刚醒过来的哈里带领着妻儿下到了防空洞里，让家人看看他为了家人的安全所做的一切。爱伦举目环顾，仔细打量着周围的一切，很是满意它的安全，然后说道："但愿我们永远无须使用它。"

战争还是爆发了。警报器的惨叫声把人们从睡梦中惊醒，到处是杂乱的脚步声，柯林和爱伦在哈里的带领下，穿过庭院，准备躲进防空洞，几个邻居也加入了进来，没想到，防空洞却被水给淹了，哈里被邻居们嘲笑了一番。由于防空洞里面的水难以排干净，第二次空袭时，他们听到警报声后，立刻躲到了楼梯下面的橱柜里。

几乎每天晚上，西部的天空都会被火焰照亮，还断断续续有探照灯的光柱晃动，不时传来炮火的隆隆声响。一天，哈里带着柯林乘坐公共巴士进城，几乎近一小时的路程中，他们目睹了破损的城镇，倒塌的房屋，成堆的瓦砾，废墟上的浓烟……回到家之后，哈里对爱伦描述了一番他们路上的见闻；随后，爱伦告诉他，"他们说，无家可归的有一万人。"

不久，因为爱伦被送进了医院，柯林只好在大人的安排下去隔壁萧太太（Mrs. Shaw）家睡觉。萧太太没有孩子，萧先生（Mr.Shaw）在村里的煤矿工作，对柯林照顾得很周到。萧先生下班回来，会到他房间为他讲故事，萧太太会为他准备茶点，为他洗澡什么的。尽管住在萧太太家比住在自家要强，但是，柯林依然心绪不安，不知道母亲什么时候回来，从大人嘴里，他什么都听不到，感到很孤独，甚至在学校里也觉得有些孤独，还忍不住会哭起来。

他母亲在医院里足足住了6个星期，他父亲终于要带柯林去医院接他母亲回家了。当怀抱着婴儿的母亲询问柯林，“你想我了吗？”柯林木纳地点了点头，然而，就在他母亲贴近他的那一刻，他突然“哇”的一声，大哭了起来。他母亲让柯林看看小弟弟，告诉他，“我们想叫他史蒂夫（Steve），但是不知你觉得怎样，回到家里后我们再来决定吧。”

史蒂夫出生之后，柯林常常与村里几个年长于他的男孩们一起在外玩耍，其中为首的贝迪（Batty）身材高大，与柯林是同一社区里的街坊，住同一排房子，相距不远，家里弟兄7人，个个是红头发。在离他们住处有半英里的一块临近肮脏污水渣坑的湿地上，贝迪亲手搭建了一间窝棚，成了附近孩子们观察住区的一个很好的瞭望点。现在，母亲终于回到了家中，柯林虽然很高兴，但是看到母亲把全部心思都放在了小弟弟身上，他感觉自己受到了排斥，好像婴儿从他那儿把母亲夺走了似的。每当放学之后，他便总想去那间小窝棚里消磨时间。出去之前，他会请示在厨房里忙里忙外的父亲，父亲有时会要求他把厨房里的碗碟洗干净了再走。

柯林来到那小窝棚后，要是贝迪不在其间，通常会看到坐在里面的那个叫斯淳格（Stringer）的家伙——贝迪的副手。由于小窝棚里总会不时飘进污水坑的臭气，偶尔，斯淳格会抱怨，贝迪便解释说，他正因此才选中这块地方的，因为别人不愿来这里，这地方才会安全，少有人进犯。贝迪送给了斯淳格一只气枪，准备用来对付进犯者。他们还在小窝棚四周，布置了各种各样的陷阱，是一些用草伪装起来的、挖得很深的、一连串的大坑，连他们自身也得小心翼翼地绕着走过去。在小窝棚门外屋檐下的一根椽子上，还会经常倒悬着一串串斯淳格捕猎来的死鸟或臭老鼠。

他父亲对柯林同贝迪的频频交往，颇为不放心，告诉柯林，贝迪的所有弟兄，几乎都进过监狱，希望柯林不要牵扯进去，还叮嘱柯林，如果贝迪让他去偷东西干坏事，柯林一定要立即告诉他。柯林母亲的身体不好，已经够他烦心了，他们再也经不起额外的烦恼了。然而，在这期间，每天傍晚，柯林父亲却总会去房子后面的那块场地上同贝迪父亲及他的几个儿子打板球，有时，斯淳格父亲和萧先生也会加入进来，当同街坊的男子汉们在一起打板球时，同街坊的女人们会站在一旁观战。

每当星期天母亲给婴儿喂过奶之后，柯林经常会推着睡在婴儿车里的弟弟去外面遛弯，因为他父亲说：“我们都必须尽自己的一份力。”现在，家里经常是父亲做饭，像挖防空洞一样，他父亲在做饭上也下了不少功夫。柯林推着婴儿车出家门后总要经过贝迪家门口，他一吹口哨，贝迪便应声而出。有一次，柯林让婴儿在小窝棚外面倒悬着死鸟和臭老鼠的屋檐下躺了整整一上午，被他母亲发现了，告诉了他父亲，他被父亲用皮带猛抽了一顿。打完他之后，他父亲钻进厕所，坐在那里，两手抱着头，不停地抽闷烟，母亲则站在厨房里发愣。随后一个星期天，他母亲看着他出了门，径直朝向村庄中心区方向走了去，那边是村里的煤矿和公园。

每逢星期天，柯林父亲也总要路过村里的公园，然后前往地方自卫队的指挥部，上午11点，教堂的钟声响过之后，集合来的自卫队员们便开始了训练，他们当中，大多数人都穿上了军装，柯林父亲由于体形瘦小，找不到合适的号型，一直没能穿上军装，等到合他身的军装来了，他却因为一次严重的事故——摔断了两条腿和一只胳膊并伤了几根肋骨——很长一段时间只能躺在床上，瞪眼看着闲挂在对面墙上的那一身军装。

现在，柯林每天从学校放学回来后，他父亲就会给他讲一些自己往日生活当中的一段段插曲，桩桩件件在矿井下苦争苦斗的往事，冒着塌方的危险，经他救助出的工友……早先，他父亲在结婚之前，在矿上干活时，帮着凿井，从升降车里摔了出来，也曾扭伤过一条腿。年轻时，他父亲还总是打架，时常喝得醉醺醺的。他父亲打起架来从没输过，即便是在喝醉的状况下也从没败过阵。“我刚遇到他时，他是一头猛兽。”柯林母亲对柯林说，“每当听到他的名字，通常，人们都要拔腿往家里跑，然后赶快锁上家门。”柯林父亲多次给柯林讲他干活的矿井里的情形，柯林却从未去那矿井里看看。他父亲不止一次对他提起那些同自己一道儿在矿井里干活的人，在柯林的印象中，那些男人，个个人高马大，还相当有力气，无论什么时候，遇到紧急或危难之事，却总要请他父亲出面，帮忙拿主意。

在他父亲摔伤之后，柯林母亲爱伦变得比以前强壮了许多，小弟弟史蒂夫夜里也乖了许多。终于，柯林父亲又能回到原来的矿井去上班了，尽管人已不再需要拄拐杖就能走路了，而且早就不再跛行了，行动却迟缓了许多，好像人生的某一部位受到了遏制。

柯林母亲认为柯林应该去主日学校接受教育了。在主日学校，柯林与隔壁邻居家的男孩伊恩·布莱切利（Ian Bletchley）成了朋友，在这之前，柯林母亲平常很少与伊恩母亲来往，伊恩父亲是邻里当中仅有的几个不在矿上工作的男人之一，在火车站里做事，受雇于地方上的卡车停车场，负责车辆调动。

柯林他们上的主日学校分设了两个班，“十字军战士班”和“年少班”；“十字军战士班”里是一些11岁以上的孩子，在教堂里面上课，“年少班”是一些不满11岁的孩子，被安排在教堂后厅里面上课。柯林与伊恩班里的教师莫里森先生（Mr. Morrison）长得又高又瘦，上课时带着一本祈祷书和一本《圣经》，由坐在他右侧的伊恩替他捧着，在需要时，及时递送给他，对此，伊恩显得很自豪。

上主日学校的第一天，莫里森先生授课时，伊恩听得分外认真，每当听到提问都会举手，嘴里还一面低声叫喊着：“先生，先生……”莫里森先生授完课，向伊恩要过《圣经》，在上面做了些记号，然后又交给了伊恩，让伊恩读给大家听，伊恩得意极了。要唱赞美诗了，伊恩在班里走动了一圈，替那些不识字的孩子找出课本上赞美诗开头的位置。当钢琴响起来之后，伊恩大声高唱，歪着头，远离课本，示意自己早已将其牢记在心了。做过最后一次祷告后，伊恩又主动帮助莫里森先生去收拾赞美诗课本和《圣经》。

放学之后，柯林独自一人先行离开了教堂，经过公园时，被贝迪叫住了，贝迪坐在秋千里，斯淳格推着他荡来荡去的。贝迪让斯淳格抓住秋千，然后从秋千上面跳了下来，询问柯林在学校里都学了些什么，当贝迪看到陪伴在莫里森先生身边的伊恩走过来时根本没有理睬他，气得他直想把胖子伊恩揍上一顿。

在主日学校里，街坊邻里当中的另一位男孩、高高瘦瘦的迈克尔·雷根（Michael Reagan）也很快加入了伊恩和柯林一伙。最初，迈克尔因为拉提琴的一些问题，受到了伊恩的欺负，甚至还被迫用脊背驮着伊恩，任由伊恩抽打着在住房后面的空场地上爬行，恰好被迈克尔父亲雷根先生（Mr. Reagan）看见了，雷根先生是矿上的职员，毫不客气地将伊恩着着实实教训了一通。在那之后，迈克尔和伊恩竟然成了形影不离的好朋友，早晨两人一道步行去学校上学，所背的书包一模一样，每当人们看见行走在一起的两个人，一个胖，一个瘦，个个都不由得会发出笑声。有时，两个人的母亲还相互串门，或站在街心聊天。不久，两家人又一同前往教堂，参加星期天的礼拜。

后来，雷根先生提醒柯林父亲，柯林应该为参加市里文法学校的入学考试做些准备了，倘若落榜，就只能上在村子另一端的中等技术学校了，村里矿井吸收的大部分新成员都来自那所学校。为了使儿子长大后不再下矿井挖煤，而是像雷根先生那样不用卖苦力、整天坐着就有工资，柯林父亲又有了新的操心事儿：帮助儿子准备考试，柯林必须考上那个文法学校。

在文化方面，柯林母亲比他父亲要强多了。爱伦上学上到15岁，而且英语、自然以及家政学的成绩都很出色。然而，柯林在家里要做什么功课，却是由他父亲一手操控着，他父亲坚持要他做家庭练习，亲自为他布置作文题目，甚至从矿上带回一支红铅笔来批改他的作文，还要打分、写评语，而且，从不给他打高分。每当柯林的拼写出错时，他父亲的态度都格外认真、严厉。后来，他父亲又从矿井的同事们那里借来了几本算术书，让柯林一道题接着一道题地往下做，内容全是一些柯林在学校里几乎从未接触过的，甚至连他父亲本人对其也是一窍不通的。然而，他父亲却容不得他有半点懈怠，每每遇到难题，他父亲都会自己先看一遍，努力求出答案。后来，随着题的难度越来越大，他父亲求起解来也越来越困难，即便如此，他父亲也绝不允许他母亲上前来帮忙，第二天自己下班后继续去做完，去求解。柯林经常是熬到上床睡下了，那些尚未解决的习题，仍然在他头脑里转来转去。

随后一年的冬天，再次开始了空袭，柯林他爷爷原本与柯林他叔杰克（Jack）生活在一起，因为杰克应征入伍参加了空军，所以他爷爷便到他家来了，跟他们一起住。他爷爷个头不高，是一位身体单薄的男人，但腰板硬朗，总是一副笑眯眯的样子。每当空袭警报响起，他爷爷就钻在桌子底下，坐在那儿抽烟斗，不肯躲到楼梯下面的橱柜里去。他爷爷还老穿着那套深蓝色的显得有点大的衣服，尽管那身衣服已经穿了许多年了，他爷爷还是很小心地加以爱护。

在柯林出生之前，他爷爷就已经是一个鳏夫了。柯林的母亲向柯林解释说：他爷爷为什么不管说什么，动不动总是20年，因为他奶奶去世20年了。柯林和弟弟史蒂夫都非常喜欢他们的爷爷，因为爷爷对他们很亲切，还总喜欢逗他们玩。柯林他爷爷参加过第一次世界大战，与雷根先生结交之后，他爷爷请雷根先生到家里来坐坐，一面喝茶，一面谈论往日的战争。他爷爷的战争经历，一段比一段残酷，他爷爷小腿上的伤疤，是跳君士坦丁堡城墙（Walls of Constantinople）逃跑时被卫兵刺伤后落下的。“这是一个奇迹，还能保住这一条腿。”他爷爷说着大笑起来，直笑得哽咽起来，柯林父亲看到了，慌忙过去为他爷爷轻轻地捶打后背。

在这段时间，柯林有时也去看望他母亲爱伦的双亲，两位老人居住在距离他们4英里远的一个村子里。在周末，他父亲用脚踏车驮着装得满满的一麻袋煤炭，他在一旁，协助他父亲一道推着，步行4英里后，把那一麻袋煤炭倒进他姥爷托马斯·斯旺森（Thomas Swanson）家的一个小小的煤池里，然后，柯林端坐到他父亲骑着的脚踏车的前梁上，父子二人一起回家。有时，柯林也随母亲去斯旺森家。上了年纪的两位老人经常张冠李戴，弄不清柯林是谁，他姥姥还总是抱怨他们的孩子为他们做得太少了，被深深刺痛的爱伦有时会流着眼泪离开斯旺森家。每次去探望，爱伦都要打扫父母屋里屋外的卫生，擦地板，擦窗户玻璃，前门忙完了，又转到后门，然后洗衣服，告辞时，她母亲从不会说一句好话。爱伦含着眼泪回到家后，心情压抑，柯林父亲劝说爱伦不要在意，二老就那样，自己该怎么办就怎么办。每逢圣诞节或双亲的生日，柯林母亲依旧要送礼，如果二老生日是在星期六，他母亲还会去为二老做上一顿好吃的饭菜，并且帮忙到商店去采购。

现在，晚上睡觉之前，柯林总要念上两段他上主日学校以来母亲教给他的祈祷词:“求上帝保佑妈妈、爹爹和小史蒂夫，并且保佑柯林成为一个好男孩，阿门！”和“求主保佑今晚我们全家平安……”接着说道:“求上帝让我通过那个考试吧，阿门！”然后，在毛毯上拜三拜，行过三叩头礼，再上床去睡觉。

考试前一天晚上，柯林一夜都没能睡安稳。他母亲早早地就起来了，在火炉前一具烘衣架上给他烫衬衣，把他叫起来后，他母亲已经给他的鞋擦上了鞋油，为他打好了热腾腾的洗脸水。等到他穿戴好了之后，他母亲要他“不要从后门出去，今天走前门吧”，然后去拿自己的衣服，要送他去汽车站，被他阻止了，他说自己能行。天还没有亮，汽车站已经挤了一大堆人，都是去应试的学生，还有为他们送行的妈妈们。

等到柯林考完试回来的时候，天色已经黑黢黢的了，当他们乘坐的汽车驶进村里时，伊恩母亲和迈克尔母亲正伫立在汽车站上，等候着他们归来，已经等了很长一段时间了，见到了司机，伊恩母亲有些抱怨。随后，伊恩和他母亲谈起了考试，他母亲立刻夸赞伊恩一定考得不错，伊恩同他母亲谈论起考试当中的作文题，又同迈克尔母亲聊起迈克尔的作文，到了家门前，他们相互说了声晚安，分手道别。柯林绕到了萨维尔家的后门，他颇有自知之明:现在，这一天结束了，走前门的特别待遇大概不再能享受了。当他上床去睡觉时，拉开窗帘，发现外面开始下雪了。

那天夜里开始下起的雪，一连下了好几天。一天，柯林父亲下班回来的时间比平时晚了一个多小时，弄回来一些做雪橇用的材料，十分用心地打造出了一个雪橇。等到柯林放学回来，雪橇已经做好，他父亲让他坐了上去，把穿戴起来的史蒂夫放到柯林的两腿之间，自己把绳子套在肩上，迈开大步，便出发了。当时，天色已开始黑暗了，经过一些人家的窗户时，他父亲会大声叫喊，轻轻敲敲那些窗户，说：让孩子们出来吧，让孩子出来呼吸点新鲜空气吧！

他们来到公园，暮色苍茫中，柯林看到正在半山坡上玩雪橇的贝迪和斯淳格父子。斯淳格父亲看了看柯林父亲的雪橇，有些不屑，当即表示要同他们比个高低，于是两副雪橇一道滑了起来。比赛当中，柯林紧紧搂着他父亲的脖子，他父亲一心要超过斯淳格的父亲，然而，滑行到半山坡上，他们的雪橇突然冲向了一边，栽进了堆雪中，父子三人全给摔了出去，弄得满脸是雪的史蒂夫放声哭了起来。在那之后，柯林喜爱上了滑雪这项运动，每天傍晚放学回来，都要去滑雪。有时贝迪和斯淳格同他一道去，有时只有贝迪同他去，他一直要玩到尽兴而归。他父亲自从把雪橇做成了之后，对雪橇的兴趣便随之消失了，只在第二天晚上与柯林又去滑过一次雪，而且，仅仅滑完一趟，就不再滑了。

到了春天，柯林的爷爷离开了他们家，又回他叔叔家去住了。“我还要回来的，”他爷爷说，“我的生活箴言是‘永不止步’。”临走之前，他爷爷弯下腰亲了亲他，然后，嘱咐他照看好家里的每一个人。在爷爷走后的第二天，柯林的父亲告诉柯林：看样子，家里将要有另外一个婴儿了。

到了夏天，考试的结果终于公布出来了。在教堂做晨祷时，柯林听到了考试的结果，他的名字是最后一个被宣读的。第一个宣读的是伊恩·布莱切利，被邻村一所很不错的男女生同校的学校录取了；迈克尔·雷根没能通过考试，榜上无名；柯林的名字与另外一些孩子，一起排列在市里的文法学校——“爱德华国王文法学校”（King Edward's Grammar）的名单上。柯林大喜过望，一路跑回家，冲进家门，“我考上了！”他把这一喜讯说给了父母，他父亲起初还有点不相信，确信之后，脸上泛起红光，随即又担心起所增加的开销，因为上学要穿学生制服。“我想，我们会有办法的。”他母亲笑着说。

柯林随母亲进了城。长这么大，他只进过一两次城，最难忘的是开始轰炸的那一次，至今，依然能看到被破坏的痕迹。城里经销学生服装的商店在市中心大教堂的对面，他母亲在里面待了足足有一个钟头，为柯林选买的制服宽宽大大，帽子的号码还算合适，雨衣的身长几乎到了柯林的脚踝，为的是10岁的、处于发育期的柯林长高之后也还能穿。柯林始终未吭一声，任由他母亲挑选，随后，又重新换上他的旧衣服，手拎着包好的新衣服，离开了商店。

出了商店，柯林母亲暂停了片刻，看着账单，将项目核实了一遍，把钱包里剩余的钱点了点，然后，盲目环视了一下四周——四下里到处都是商店，人群熙熙攘攘，车辆来往不绝。因为已经买好了回程的巴士票，离开车时间还有一个小时，于是，他母亲决定到柯林的新学校去看看。向行人问过路之后，他们很快来到了学校门前。学校是一座不高的长形石砌建筑物，中心部分有两个塔楼，他们母子俩站在侧门前，仰视了一番那座石砌建筑，然后返身回到市中心。

柯林头一次感觉到这座城市是多么的大，他眼前是一条条狭窄的街道，一座座隐约可见的大楼，以及纵横交错的马路，搞得他晕头转向的。公共巴士终于来了，柯林上了车，静静地坐着，望向窗外途经的城市的郊区，河流，然后是田野，树林，一片荒野。

回到家中之后，在他父亲的坚持之下，柯林换上了那一身新衣，看着柯林穿上大了好几号的一身新制服，他父亲咧嘴大笑起来。忽然，他父亲指向校服的徽章上面的那一行字，大声读了一遍，然后询问道，“你看，这是什么意思？”柯林摇了摇头，他也不懂那一行字的意思，而且，他母亲也没能看懂那一行字的意思。他父亲脸上的笑容消失了，摇了摇头。“这是全国最古老的学校之一，我希望你能认识到这一点……我从没想过，我们能有这么一天。”

开学的第一天，柯林与校友康纳斯（Connors）同乘双层巴士来到城里，康纳斯与柯林同村，住在萨克斯顿村另一头那一片不大的私人住宅区里，是文法学校的老学生。下车后，看到康纳斯与一群女孩子谈笑风生，柯林便独自一人朝着市中心走去了，8点半左右，他来到了大门紧闭的文法学校门口，随着一阵铃声，大批身着清一色校服的男孩子涌入了校门，奔向那座石砌建筑物。刚一进校门，柯林被寻找他的康纳斯叫住了，康纳斯询问柯林带没带健康证明，柯林拿出他离家之前父母交给他的一张纸，下方有他父母的签名。康纳斯随后告诉他，他被分配到三年级A班，班主任是老霍奇先生（Mr. Hodges）。

柯林走进三年级A班教室，看到里面的课桌很大，摆成四排。学生们遵命落座后，柯林坐到教室靠后的地方。身着黑长袍、牧师式大白领的霍奇先生脸色绯红，进门便将没脱帽的学生教训了一通，然后开始点名，被点到名的学生要上前交上自己的健康证明。之后，霍奇先生进行了一番自我介绍。接着，警告班里的学生不得惹是生非，如果有人胆敢捣蛋，会让那人吃不了兜着走，随后又宣布了一些纪律，班规、校规。一通斥骂过后，课本发下来了，大部分又破又旧。之后，柯林与同学们来到举行开学典礼的大厅，站起来唱过赞美诗，学生们再次落座，校长带领大家进行祈祷，祷告结束了，校长开始讲话，然后，柯林他们重新回到自己班的教室。大步走到讲桌前的霍奇先生，有些不满意，指责班里有人放荡不羁，在祈祷时表现不良，不能专心，要是不认真赎罪，会永陷地狱。

学生们开始抄写本周的课程表，过了一会儿，又发下来一些作业本。这期间，霍奇先生的眼睛盯视着注册簿问道：“萨维尔，萨维尔是谁？”柯林站了起来。由于他父亲在签名时将姓氏“萨维尔”的拼写漏掉了一个字母，柯林受到了霍奇先生一通奚落，在全班同学的一片笑声当中回到了自己的座位后，霍奇先生又盯住了注册簿上“他父亲的职业”那一栏上面的“煤矿工作者”几个字，再三追问柯林：煤矿工作者的概念很广，可以指煤矿经理、副经理；可以指井上工作的、井下工作的；即便是在井下工作的，也分管理者，或直接动手采煤者。最后，从柯林嘴里，他确认了柯林父亲的职业是矿工，这时，教室里再次发出哄堂的大笑声。霍奇先生毫不留情地质问柯林：“那么，他为什么不填在表上？”一面低下头在注册簿上写了一下。没有等到柯林的回答，霍奇先生把问题一下子转移到了柯林胸前校徽上的那一行字。然后，又是一通紧追不舍，柯林无法一一回答，结果，被狠狠教训了一顿；随后，霍奇先生让班里一个举手的同学将校徽上面的箴言告诉给了柯林：“工作是一种乐趣”（Work is pleasure）。随后，霍奇先生回到原来的话题，声讨了一通在填写“职业”栏目时模棱两可的表述。在让柯林坐下之前，他盯视着柯林，当众把柯林刚才一连串的表现归纳为“班里的叛逆种子”。认为萨维尔的身上，带有某种程度的叛逆倾向，一种不服管教的天性；随后，他表示，今后他会多加留意萨维尔同学的，谁也别想逃过他监视。

学校橄榄球队的选拔赛开始了。校方希望选拔出一些学生，组成一支橄榄球队，代表“爱德华”去参加少年比赛。教练员普拉特（Platt）拿着点名册开始点名，孩子们一群一群地上上下下跑动着，叫喊人名声和口哨声，此伏彼起。从未玩过橄榄球的柯林也在其中，他来回地跳动，做着准备活动，随后，眼瞧着自己的同班同学被一个个撤下了场。下午即将结束时，场地上已经有一半的人员被淘汰出局了。柯林在场地上来回奔跑，第一次抓到球的时候，他疯狂地把球传递给了一个比他大很多的男孩，毫无章法，普拉特教练十分不满地摇了摇头，让他站到一旁去了。柯林与其他几个孩子站到了一起，等待着被淘汰的命运，却又出乎意料地被叫上了场。随后，他不顾一切地投入比赛当中，终于被留了下来，名字列在了少年球队的最后一名。

由于参加选拔赛，柯林回家晚了，为了完成功课，一直熬到很晚才睡，却依然没能把当天的作业做完。第二天早晨，他又误了车，结果，上学的第三天，就迟到了，霍奇先生在点名簿上柯林的名下做了一个迟到的标记，一面使用上一次“萨维尔”拼写中的错误奚落着柯林，一面向柯林要过成绩册，说作为对其他学生的一个警告，要在成绩册上将这件事记上一笔。就在霍奇先生往下落笔时，柯林慌忙解释说“我误了班车”试图阻止，却招惹来霍奇先生更大的讥讽，然后，在他的成绩册上写下了有关迟到的评语。柯林看过评语的措辞，有意见，争辩了几句，结果，因为傲慢无礼，不服管教，他的成绩册上又被写上了一条坏评语。

学校的少年橄榄球队的核心队员，总共 30 人，每星期二和星期四都要集合，大多数都是老生，与柯林相熟的只有同级同学“三年级高班”的金发男孩奈维尔·斯塔福德（Neville Stafford）。现在，从大清早一睁眼一直到夜晚上床睡觉之前，柯林每天的活动日程，都排得满满的，没有一点间隙，而且，很少见到他父亲。只有轮到他父亲上早班时，柯林才能在晚上与父亲碰上一面。在这时，他父亲总要过问他的学习情况，检查他的考试卷子。要是他父亲上夜班或下午班，柯林总会看到父亲留下的便条，或是对他前一天晚上做的一些作业的补正，或是对以前翻阅作业本时碰到的某个问题改变意见的理由，或是用一种笨拙的措辞，对老师因不满在边缘部分所做建议，进行详尽阐述。

一个星期六的下午，柯林被选为参赛球员，代表“爱德华”去与他校进行橄榄球比赛，斯塔福德打后卫。那天，他父亲也去观看了比赛。柯林准备上场了，看到他的衬衫过于肥大而且已经褪色了，普拉特教练打发一名替补队员去找球场管理员，替他找来了一件，让他换上。那一场球赛，进行得相当激烈，柯林以前参加过的任何比赛都不能与之同日而语。比赛结束后，柯林离开球场时，发现父亲正在门口等候着他。他告诉父亲：教练说，他需要一件新的衬衫，要是他打算继续这项运动的话。“我们从哪儿变出新衬衫呀？”他父亲直言不讳，然而，当他们上到公共巴士上之后，他父亲却又说：“那么好吧，我希望我们能解决。”

到了那个月的月底，柯林母亲住进了医院，每天早晨，柯林带着史蒂夫到隔壁萧太太家去用早点。他父亲上早班，临行前，5 点钟，来到柯林床前，把闹钟放到床头，轻声嘱咐他不要睡过头。他父亲走后不久，柯林起了床，叫醒弟弟史蒂夫，帮史蒂夫穿上衣服。史蒂夫已经 4 岁了，因母亲不在家，总是哭闹。这一次，他母亲在住院期间，给柯林写了好几封信，柯林把那些信装到书包里，念了一遍又一遍。柯林还自觉地打扫了家里的每一个房间，给地板打了蜡，把盆盆罐罐清洗得干干净净，并在他父亲回来之前，生起了火。不久，萨维尔家又添了一个男孩。柯林很喜欢他母亲给新生婴儿起的名字“理查德（Richard）”，然而，家里的生活更加困窘了。

这天，柯林他们要去湿地的小窝棚里玩，他和贝迪扎好了树枝，小心翼翼涉过一连串的大坑，来到小窝棚门口时，听到了远处的史蒂夫的叫喊声。在小窝棚附近，斯淳格正在同史蒂夫闹着玩，眼看着史蒂夫陷入了大泥坑里，直到泥水没到了膝盖，才把他拉出来；然而，史蒂夫却一点也不气恼，依然是一副若无其事的样子。

如今，史蒂夫已经长到可以加入柯林、贝迪和斯淳格三个伙伴的私密活动当中了，贝迪和斯淳格也都很喜欢史蒂夫，而且，不在乎他来一起玩，不在乎他会不会有朝一日把他们小窝棚的地点给捅出去。然而，由于那小窝棚两旁尽是一些恶臭扑鼻的污水坑，当柯林母亲听到柯林说把史蒂夫领到那地方去玩了之后，没容他多说什么，柯林头上就挨了她一巴掌。

在学校里，柯林也有了麻烦，再次被霍奇先生修理了一顿。这一次是由于他帮助一个坐在他座位前面的同学斯蒂芬（Stephens）获得一个问题的答案。当霍奇先生提问斯蒂芬时，他悄悄为答不出来的斯蒂芬提示，斯蒂芬被霍奇先生挖苦了一通。柯林被霍奇先生在成绩册上又记上了一笔，随后又因态度傲慢，被罚出了教室，站到了门外。副校长甘农先生（Mr. Gannen）来过问此事时，柯林很坦然地对待了这件事，并不为自己的所作所为进行什么辩解。回家后，柯林又去了小窝棚，辍了学的贝迪喝起了烈酒，并把酒瓶递向柯林，让柯林也喝上一口，柯林没有接受。

学校放假了，假期一直到 9 月中旬。为了给家里挣钱，已经 11 岁的柯林在“史密斯农场”（Smith's farm）找到一份白天干的活，和年长的正式农工们一道收割。先是割砍荨麻，之后，又在一望无际的麦田里捆扎麦秆，堆麦束，从日出一直干到日落之后，回到工棚时，已经累得几乎爬不上脚踏车了。他母亲看到迈进家门的柯林满身满脸灰尘、汗渍，吃惊不小，心疼地告诉他，饭做好了，已经等他有好半天了。第二天，柯林准时来到了正在收割的那片麦田，他随在年长的搭档后面负责堆麦束。天气很热，骄阳似火，干活当中，柯林十分卖力，吃苦，汗流浃背，甚至双手在流血；而那些年长的搭档们，有时却会躲到一边树篱的阴凉里去偷闲。在“史密斯农场”，柯林干了有 7 个星期，先后干了八块地，直到农场里的麦子全部收割完毕。最后那个星期六晚上，加完班之后，天已经很晚了，柯林离开之前，农场主将工钱付给了他。

第二天，柯林又骑着脚踏车上路了，去找活干。跑了多家农场之后，天色已经很晚了，他悻悻地骑车回家，路过一块离他们村只有几英里远的麦田时，获悉那里正好缺人堆麦束，他赶到那家农场主家里，终于又找到了一份工作，而且，第二天就可以接着上班了。在第二家农场，柯林干活的同时还监视两个战俘，一个德国人，一个意大利人。这两个人每天必须在6点之前返回战俘营，如果他们试图逃跑，柯林要负责向农场主报告。以后的两个星期，柯林始终同那两个整天扭打不停的战俘一起干活，一直干到要开学的前两天。

新学期开始之后，柯林与学校橄榄球队队友斯塔福德待在一起的时间多了起来。放学后，前往巴士车站的路上，他同斯塔福德谈论了在农场劳动的事，还谈到了战俘。他们路经一家商店时，斯塔福德推门走了进去，在里面买了一枚价格不菲的领带别针，作为礼物送给了柯林。回到家里，柯林打开礼物盒子，不太明白该怎么办；他母亲很喜欢柯林那一枚来自学校朋友的礼物，并告诉柯林，他应当礼尚往来，对这一礼物应当有所回报，一定要给人家也买一份礼物。星期二下午，柯林再次见到了斯塔福德，而斯塔福德再未提礼物之事。至于那枚领带别针，柯林几乎很少佩戴，除了星期天偶尔别在领带上。

现在，每逢星期天下午，柯林通常都要去上主日学校“十字军班”的课，仍然是同伊恩·布莱切利一道去，有时还有迈克尔·雷根。自从考试落榜之后，雷根经常不断生病。柯林与伊恩还有雷根被编排在了同一个“十字军班”小组里。在过去的一年里，雷根变了样，人长高了，并学着伊恩的样，换上了长裤子，转学进了城里的一家私立学校，每天早晚乘坐火车，天天由他母亲接来送往，柯林父亲看到之后，认为雷根这孩子太没出息了，一直离不开他母亲的照管，应该在屁股上给他一脚。

史蒂夫也开始上学了。现在，史蒂夫大部分时间都不在家，除了吃饭时回来，要不是他们同睡一个房间，柯林很难见到他。理查德长得也很快，如今差不离能叉开两条小腿直着腰站起来了，而且一刻也闲不住，他母亲不时要呵斥上他一声，吵得柯林没法做作业。星期天早晨，柯林有时带着理查德出去散步，偶尔，伊恩在无事可干时，便来找柯林；于是，柯林、伊恩、理查德，有时还加上史蒂夫，他们一起去公园玩。

公园里孩子成群，来自伊恩学校的女生常常受到伊恩的辱骂和嘲笑，那些女生便反唇相讥，回骂伊恩。伊恩很喜欢向柯林讲述学校里的一些糗事。他上的学校比起“爱德华”来差多了，再经他这么一讲，柯林更认为他们两个学校简直有天壤之别。伊恩在校的名声不大好，在村子里也一样，让人瞧不起。然而，柯林对他的朋友，他朋友的肥胖身材，有一种莫名其妙的忠诚，每当伊恩受到嘲弄或攻击时，他都会挺身而出。一次，因为贝迪揶揄伊恩，柯林甚至还同贝迪打了一架，打了有半个小时，柯林先占上风，打得很镇静，出拳凶猛，把贝迪的脸打出了血，最后，在赶来的贝迪兄弟们的助威声中，柯林被贝迪打出了血，并压在了身下。

由于错过了公共巴士，星期天，斯塔福德骑着脚踏车翻了几座山丘跑到柯林家来找柯林。柯林父亲对斯塔福德家住的斯彭尼穆尔城（Spennymoor）很熟悉，尤其是那里的一家大工厂，当他获悉那家“斯塔福德工厂”就是斯塔福德家的时，大吃了一惊。柯林带着斯塔福德去了一趟公园，途中遭遇了贝迪和斯淳格的阻拦，斯淳格趁柯林不备给了柯林一拳一脚，结果，斯淳格鼻子上挨了斯塔福德一拳，随后跑掉了。之后，柯林母亲很认真地招待斯塔福德用了茶点。午后，柯林在前领路，又带着斯塔福德去了一趟他们的小窝棚，在里面的斯淳格端起枪来不许他们入内，柯林说他们只是过来看看，说完后便走了进去。

他们离开时，斯塔福德对这里的状况评价不佳，臭气熏天，人怎么能受得了？斯塔福德走后，柯林母亲担心斯塔福德不会再来家里做客了，因为多年来，斯塔福德家一直是一个大户人家，是附近最大的一个家族，柯林他姥爷曾经在斯塔福德家干过活。

在“爱德华国王文法学校”里，算术课上，任课教师伍德森小姐（Miss Woodson）似乎像是在与霍奇先生一争高低，比着看谁更能使学生难堪。柯林的同学斯蒂芬不断接受着伍德森小姐咄咄逼人的提问，最后，胆怯的斯蒂芬惊慌失措地摇了摇头，伍德森小姐大吼一声，斯蒂芬抱着头，趴在课桌上呜咽起来。除了伍德森小姐，拳击教练卡特先生（Mr. Carter）对学生也分外严厉，授课当中，毫不留情。学校健身房里，叫喊声此起彼伏。在拳击场栏绳内，柯林与卡特先生的个头差不多，卡特每打出示范性的一拳，总要大声叫喊，当卡特叫喊着要柯林注意防护时，柯林一时没能反应过来，卡特的右拳已经打在了他的脸上；卡特又叫喊起来，“稍微高点，稍微高一点，挨着下巴，孩子。”柯林刚把带拳套的手提得和下巴一般齐，就感到肋骨上重重地挨了一拳，紧接着又是几拳，他感到天旋地转，头上还被浇了一瓢凉水，之后，被教练扶出了栏绳。再次从栏绳下进入拳击场后，柯林已经做好了拳击准备，准备与他的教练一争高下，他开始出击，把教练从赛场的一个角落逼到另一角落，不断用手出击，猛击卡特的头部，然而，就在他往回收手时，突然遭遇了迅猛的还击，他被重重击中胸部，被打得两眼直冒金星，跌倒在地上。教练说道：“拳击的第一规则是，永远不要失去理智。”随后，若无其事地走开了。

生活，在柯林居住的这一排平房社区里照常进行着。现在，柯林父亲下班后的主要责任是当好民间消防员，他们家成了街区的主要防火点。柯林母亲一大早就要赶到自己父母家，两位老人已经卧床不起，行将寿终正寝。一天，柯林放学后，直接乘坐公共巴士赶到了斯旺森家，因为他母亲希望在两位老人去世之前，他能见上他们一面。他进来后，正在俯身擦地板的母亲站到床脚前，对他说，“他们睡着了。”柯林默默站在两位老人那小小的双人床前，望着躺在那里的两位老人和打满补丁的被子，两位老人皮肤蜡黄，面颊塌陷，毫无生机。“他们整整一天都没有吃东西了。”他母亲目不转睛地望着两位老人，一副六神无主的样子，突然哭泣起来。“他们吃了一辈子苦……”他母亲的声音悲戚，令人柔肠寸断。

在普拉特先生（Mr. Platt）的课堂上，由于柯林用自己写的一首诗替代了测试问题的答案，试卷得分极低，在评卷时，柯林被普拉特狠狠挖苦了一通，把他称为“吟游诗人柯林”，引来全班同学哄堂大笑，有的甚至笑得前仰后合；最后，普拉特要柯林回家之后把试卷上没有回答的问题，重新做一遍，斯蒂芬在下课之后安慰了一通柯林。身体羸弱的斯蒂芬在班上是一个学习成绩不怎么样的学生，不过，却是一个有本事能使人与之心灵相通的男孩。斯蒂芬劝慰柯林，那些教师在课堂上总是要找个人来整一整的，柯林当即表示赞同，也认为，那些老师要是不那样做，就没什么可教的了。之后，有些驼背的斯蒂芬跟着柯林来到操场上，夸赞起柯林写的诗句。在他看来，那些诗句正经写得不错，普拉特根本写不出来，不该给柯林打那么低的分；随后，突然变换了话题，希望柯林买下他上衣里面别着的几支钢笔当中的一支。斯蒂芬再三要以很便宜的价钱卖给柯林，不断降价，柯林给他的回答是：“再便宜，我都没有钱。”斯蒂芬表示柯林不用急着付钱，可以慢慢付，再不然，还可以同他一道儿去偷，两个人干总比一个人干要容易得多，企图拉柯林入伙，柯林笑着拒绝了。

柯林与奈维尔·斯塔福德的相交，开始了他人生的新篇章。那天，放学后，等巴士时，斯塔福德把他的两位好友——金黄头发的女生欧蕊（Audrey）和乌黑头发的女生玛丽恩（Marion）介绍给了柯林，并邀请柯林星期六乘火车到他家去玩。柯林很痛快地答应了。

星期六那天，奈维尔·斯塔福德用脚踏车把柯林从火车站带到自己家中，随便吃了一点东西，带着柯林参观了他自己搭建的棚屋，然后回到他的卧室，从床下摸出一支气枪，打开窗户，教柯林练习近距离射击。柯林把枪对准了水池里面的那鹅群，一只鹅应声直立起来，扇动着翅膀；之后，奈维尔用气枪瞄准了猪圈里的猪屁股，扣动了扳机。这一天，斯塔福德家里除了他父母，还有陆续回来的几个兄弟：上大学的道格拉斯（Douglas）、回家休假的约翰（John）、穿空军制服的杰弗（Geoff）。奈维尔告诉柯林，他们家兄弟四人，他是最小的一个，与大哥相差8岁。他们在屋里玩了一会儿之后，奈维尔从箱子里掏出他的相机，带着柯林下了楼，来到院外，仔细调好相机后，把它交给了柯林，让柯林试着拍了几张照；最后，柯林回家时，奈维尔还送了一个矿石收音机给柯林。

一天放学后，柯林又与奈维尔·斯塔福德同去看了电影，他们一行四人，组成了两对儿：斯塔福德与玛丽恩；柯林与欧蕊。电影快开始了，斯塔福德漫不经心地将手臂搭到玛丽恩的椅背上，随后又掏出香烟，用“亲爱的”称呼玛丽恩和欧蕊，询问二人抽不抽，玛丽恩要去了一支。灯灭了，电影上映了，斯塔福德把手放到了玛丽恩的膝盖上，作为对他这一亲近动作的回应，玛丽恩的头与斯塔福德的头贴在了一起。一旁的柯林和欧蕊，显得比较规矩，柯林只是挪了挪胳膊，与欧蕊的肘弯触碰了一下而已。离开电影院，斯塔福德请大家吃了茶点，然后，与两个女生挑逗着来到火车站。柯林因没有多余的钱，准备照常乘坐公共巴士回家，斯塔福德一再坚持，要柯林与他们一道儿乘坐火车，随后去买了火车票。上了火车之后，看到第一个隔间里下了两个人，斯塔福德立刻爬了进去，放下窗帘，等柯林、玛丽恩、欧蕊三人上来之后，很快又扣上了门，以防他人入内。火车启动了，隔间里成了他们四人的天地，斯塔福德，放下窗帘，开始胡乱摸了起来，弄得玛丽恩一通尖叫。柯林在不知不觉当中，抱住了欧蕊，嘴唇凑了过去，吻了一下欧蕊的脸蛋，欧蕊笑着，企图挣脱，柯林却紧紧抱着不松手，结果，两个人的嘴唇匆匆碰了一下。

自从在月圆形的影楼上与斯塔福德他们一起看过电影之后，柯林开始了追女孩子的生涯。柯林第一次主动去找欧蕊玩，是在他母亲因病住进了医院期间。他父亲去上班之后，家里留下了他与弟弟史蒂夫和理查德，他让史蒂夫到外面去玩，把理查德交给了萧太太照看，然后向萧先生借来脚踏车，骑车前往了欧蕊家。他想请欧蕊一道骑车去玩玩儿，欧蕊迎到门口，倚着铁门和他说了一会儿话，碍于对自己家人的畏惧，没有请激动不已的柯林进家门，不过临别，欧蕊表示当晚会与柯林相见的。当晚，她和玛丽恩要去布瑞尔利村（Brierley）的教堂做礼拜，做完礼拜就去找他，柯林问过具体时间，答应了欧蕊，晚上可以过来与她相会。回家之后，柯林对他父亲谎称自己到斯塔福德家借书去了，因为理查德一直哭个没完没了，他父亲对他把理查德托付给萧太太照看表示了不满，认为他不该如此难为萧太太。

当天晚上，柯林父亲又去上班了，上班之前一再叮咛柯林照看好两个弟弟，不要出去闲逛，走时，还把前门锁上了。他父亲走后，柯林给史蒂夫做了晚饭，吃过之后，立刻安顿他上床睡下了，睡在摇床里的理查德，早就已经沉沉睡着了，等史蒂夫睡着之后，他跑到隔壁萧先生家，借口自己要去朋友那儿取一本书，托萧太太替他照看一下弟弟们，并再次向萧先生借了脚踏车，急匆匆赶到约定地点布瑞尔利，因为误了点，没能见到欧蕊的身影，一腔热情丧失殆尽，只好悻悻地回家了。随后，柯林又被他父亲重重数落了一通，原来，他父亲进家后，看到史蒂夫在玩火，理查德在摇床里哭，从萧太太那里听说了柯林又溜出去了近3个小时。他母亲病了，他父亲在上班，家里需要他帮忙，他却出去闲逛！

第二天，斯塔福德与玛丽恩和欧蕊三人骑着脚踏车来找柯林。斯塔福德说：昨晚他们等了柯林半天，他没来，他们便到玛丽恩家去了，最后是玛丽恩父亲开车把他们送回家的。今天，欧蕊和玛丽恩特意来找柯林，希望柯林弄辆脚踏车，大家一起到布瑞尔利森林野餐。柯林拒绝了斯塔福德，说他去不了：他母亲住院了，今天，他必须照看两个弟弟，还得给弟弟们做午饭。最后，柯林对欧蕊表示，他会想办法，争取晚上去她家找她，欧蕊让柯林另找时间，因为她母亲不喜欢他到她家去。

三个星期后，柯林母亲出了院，回家后与之前大不相同，判若两人。今年复活节，柯林的姥姥姥爷双双去世了，操办完丧事之后，他母亲的身体便每况愈下，最后晕倒在厨房里。现在他母亲尽管回了家，却并未痊愈，一切家务活，几乎全部落到了柯林的肩上。他父亲的状况也不佳，被生活的重担压得喘不过气来，心情越来越糟糕，每天早晨下班回来，总是一副疲惫不堪的样子，沉着脸，沉默不语，先前身上那股子向前奋斗的精神，几乎消失殆尽，有时，甚至还会对柯林说上一些灰心丧气的话。

一次，柯林父亲下班回来，看到挣扎着做家务的柯林母亲，嗔怪她不听医生的话，不好好休息。柯林母亲十分愧疚，解释说自己怎能忍心对家里的事情置若罔闻？全都因为自己的缘故，家里的生活才变得一塌糊涂。柯林父亲抱怨起来：即使你没有病，也还会有其他的事情。我们这个家走向了颓败，我们苦心经营，还是什么也得不到，没有希望。柯林母亲听后，凄然泪下。

柯林在他母亲住院期间，曾三次找机会骑脚踏车到欧蕊家的农场去找欧蕊，却一次都没能见到欧蕊本人，尽管最后一次，他甚至还进了她家的大门。后来，柯林曾经想过给欧蕊写一封信，甚至还从电话簿里，翻查来了欧蕊家的号码，不过，却始终没有勇气去拨那个电话号码。一个星期天的晚上，柯林父亲倒了班，他就骑上父亲的脚踏车前往布瑞尔利村的教堂，在教堂门口对面的路上等待着礼拜散场，等候着欧蕊从里面出来。欧蕊和玛丽恩看到了他之后，谁都没有理睬他，只顾着与一群男孩打打闹闹。后来，玛丽恩推开人群，朝他走了过来，告诉他，欧蕊让她过来转告，她不想再见他了，而且即便是她本人，也不愿同他再讲话了。听过之后，柯林极其犀利地回了一句。

现在，每个星期天晚上，柯林都同伊恩和雷根一起去村里的教堂做礼拜。他们把写好的纸条夹在祈祷书里传来传去，伊恩还是老样子，一路上没完没了说个不停，讲他的在校生活，他父亲在战争中的勋绩，远亲的成就……有时还对近来的政治事件进行评论。随着时间的推移，在柯林居住的那一排平房街区上的孩子们都渐渐长大了。

战争在那年年初结束了。在房子后面的空场地，街区的邻里们举办了一个聚会，嬉闹狂欢了一天，人们玩了个够，甚至连柯林父亲——这位因岁月摧残而变得心情很糟的老矿工，也同大家一样，一直玩到夜幕降临，玩得兴高采烈，分外开心。那天，柯林大部分时间都独自待在家里，没怎么吃东西，也没去参加聚会上的竞跑游戏。伊恩和雷根也都没参加竞跑，不过，却吃了不少东西，还把整盘整盘的食品偷进了伊恩家的厨房。当柯林帮助身体虚弱的母亲洗盘子时，他母亲询问他，觉得他对伊恩他们那样做不对。他解释说，自己只是觉得与伊恩和雷根好像不大合得来，觉得自己还是待在家里比较好。他母亲认为他应该同大家一道去玩玩，对他说，生活要靠自己创造：你对生活投入了什么，就会收获什么。

柯林步入了他人生的又一个阶段，变得内向起来。到了夏天，他将第一次参加由校外人士或机构主持的考试，通过之后，就可以顺利升入最高年级——六年级了，继续进行下一阶段的学习。近来，柯林很难见到斯塔福德的人影。现今，斯塔福德的注意力集中在了古典名著上，即便他们在运动场合相见，斯塔福德的身边总会被一群崇拜者前呼后拥着，他们之间的对话十分简短，而且，还愈来愈显敌意。

在“爱德华国王文法学校”，柯林大部分时间都是独自一人度过的。暑假期间，他到好几家农场去打零工，也基本上是一个人独来独往。一天晚上，他与伊恩在离村子不远的电影院看完电影回家的路上，结识了新近搬来的邻居，一个名叫希拉（Sheila）的女孩。自从伊恩父亲年初复员回来后，伊恩受他父亲的影响，很快染上一些成年人的不良习气，学会了抽烟，还留起了胡子。头戴黑色贝雷帽的希拉与伊恩是同班同学，那天，希拉主动上前与伊恩打了个招呼，于是，伊恩把希拉介绍给了柯林，希拉脱口说出了她知道柯林是“爱德华”的。伊恩看出，希拉喜欢上了柯林，他告诉柯林，希拉来自一个破裂的家庭，她母亲是个离婚女人，而且耳闻希拉和男孩发生了性关系，已经不止一次了——不过，也许言过其实。

希拉在随后与柯林交往的过程中，确实也表现得很不同寻常，总是很主动，谈论起她母亲来就像是在谈论一个与自己不相关的人：她母亲离婚后，她父亲几乎不给她们一分钱。他们一道去散步，坐在土丘。在树林中的草地上，希拉告诉柯林，还有一年自己就毕业了，毕业之后，她必须找一个职业。后来，希拉脱下大衣，躺到上面，仰望着天空，柯林紧挨着她躺了下来。希拉突然猛抬起头，与柯林的嘴唇碰到了一起，柯林便趁势吻了希拉。后来的几个星期，二人不断来往。一天，终于被柯林父亲发现了，柯林父亲也耳闻了希拉的一些事儿，有些恼火。柯林母亲决定先请希拉到家里来一趟，看看究竟是怎么一回事。柯林立刻去向希拉表示了自己的诚意和自己的爱心，不料，换回的竟然是希拉的一口回绝。希拉直言不讳地告诉他：他们二人根本没有结婚的可能性，她母亲根本就不知道有柯林这个人存在，然后，坚决断绝了与柯林的来往。

有一天，柯林单独与迈克尔·雷根一起在外面玩了一天。自从战争结束之后，柯林父亲的焦躁不安越来越加重了。面包实行配给供应制已经有一段时日了，衣服和食品全都短缺。为了一家人的生活，柯林父亲必须在当地矿井里得到一份工作，他已经申请了类似代理人的职务，然而到目前为止，没有得到任何答复。为此，这天，柯林便约上了迈克尔一起到外面玩，尽管这是他父亲出的主意，是他父亲敦促的。也许，他父亲希望能以这种出游的方式来博得雷根先生的欢心——众所周知，自从当地煤矿被收归国有，雷根先生在当地矿务局里面的影响力比任何时候都要大了。当他们往回走时，为了找一条捷径而迷了路，天渐渐黑了，同早晨出发时一样，他们还在盲目地走着。迈克尔已经累得实在走不动了，柯林只身继续往前走，希望找到一些熟悉的标志，找到回家的路，却一无所获。柯林十分沮丧地在路边坐下等着迈克尔，他们小憩了一会儿，在两个人的谈话当中，关于前途的种种猜想使迈克尔兴奋了起来。迈克尔自知自己的学习状况不佳，甚至拿不到毕业文凭，而且，他也不想上大学，想当一名专业音乐家。他说，他想组织一支乐队，或当一名音乐教师，一边说一边还跳了起来，吹着口哨，吹着舞曲。两个人开始爬坡了，迈克尔询问柯林，他父母希望他将来做什么，柯林回答说，他们要让他去教书，他觉得，自己也只能这样了。

柯林的考试的结果终于寄来了，成绩和预料的差不多，只是英文成绩低了点。他父母经过一番讨论，最后，做出了安排：让柯林再学一年。随后的一些时日，柯林跑到他曾经干过活的那家农场去收割庄稼，再次与那两个战俘一起劳作，每天早出晚归，然后用他自己挣来的钱买了一辆脚踏车。9 月返校时，柯林整个人被晒得黑黝黝的，看上去身体分外壮实。

在那年冬天，柯林的爷爷一病不起，不久，便离开了人世。冬天过去了，复活节时，学校组织了一次外出度假，柯林与斯塔福德一起去散步，交谈当中，柯林获悉，学校将斯塔福德列入了报考牛津大学的名单里，因而，斯塔福德必须加强他的拉丁文的学习，对此，斯塔福德颇为烦恼，认为自己根本不值得费那么大劲去一搏，可他又不知道，世上有什么事值得他去奋力一搏。在斯塔福德眼里，像柯林这样从泥土里向外爬的人，因为家境不怎么样，才发奋学习，其目的无非是为了得到一份工作，一套房子，一辆汽车，一个妻子等这一类事。柯林并不认同斯塔福德这一看法，当即驳斥了他一句："不是那回事。"

柯林父亲总算遂了自己的心愿，借由雷根先生的帮助，在本村矿井得到了一份代理人的工作，这样，就可以不必再每天骑 6 英里的脚踏车去上班了。问题是，事情并不像柯林父亲想象得那样好，每天的工作，要负责一整个采掘面，钱挣的没有下井多，甚至还低于他管理的那些矿工。新的工作，把柯林父亲累得相当惨，一回到家里，倒头就睡着了，弄得一家人的动作全都得蹑手蹑脚，不敢弄出一点声响。

基于家庭的经济状况，柯林只能去上师范学院。"爱德华"的副校长甘农先生要前来家访，柯林母亲对家里的境况有些气馁：没有铺地毯的地面，椅子露出了弹簧，褪色的桌布，墙壁被煤烟熏得黑黢黢的。柯林父亲却不以为然：甘农先生是来给予指教的，又不是来视察的。甘农先生上门来是为了讨论柯林的未来的，甘农先生认为柯林应该去上大学，在了解到柯林的家庭具体状况之后，意识到柯林去上大学确实有些困难，因为柯林要想上大学，还得再学上一年。

那年，柯林照常定期去打橄榄球赛，还代表"爱德华"参加了比赛。为了准备 6 月份的升学考试，柯林放弃了在农场过复活节的打算。不过，在这一阶段，对柯林来说，算得上是他人生当中最愉快的一段时间，甚至连打橄榄球赛，他都觉得意义不一般，每一场比赛，都会有许多女孩来观战，那些女孩当中，与他相熟的，除了欧蕊和玛丽恩，还有面色平静的玛格丽特·多尔曼（Margaret Dorman），每一场，玛格丽特总是站在那一群喧嚷的人群边上。即便是在每周两个受训练的下午，柯林也都能玩得十分开心，兴致盎然。

在这期间，柯林获准了延期服役，并在玛丽恩组织的一次聚会上，开始了与低年级的校友玛格丽特的交往。柯林早就对身材苗条的玛格丽特有好感，主动邀请玛格丽特跳了舞，之后，二人又绕着花园散起步来，谈论身边的生活，谈论柯林写的诗歌。柯林握着玛格丽特的手，见玛格丽特没有拒绝之意，便又搂住了她的腰身，然后，两个人一边缓行，一边继续交谈，很快便成了朋友。

在柯林往日相识的熟人当中，现在，他最常见到的是迈克尔·雷根。迈克尔毕业后在一个财会部门找到了工作。他的老朋友贝迪，先在一家杂货店当店员，后来与他的几个哥哥一样，下了矿井；斯淳格也离开了学校，到井下当了矿工。那位莫里森先生，如今已经接管了主日学校。至于希拉，柯林在村里时常能遇到她，她已经成了一个矿工的妻子，在 19 岁时，已然是两个孩子的母亲了。

那年夏天，柯林给去法国游玩的玛格丽特写了信，玛格丽特的回信令柯林有些吃惊，空话连篇，文法不通，拼写当中多处出错。在最后一封信里，他们约定，等玛格丽特回来之后，周末在城里见面。经过三次会面之后，玛格丽特邀请柯林到她家里去做了客，柯林拜见了玛格丽特的父母多尔曼（Dorman）夫妇，玛格丽特父亲早年在煤矿上干过，现在是一名医生。之后，玛格丽特希望今后能去柯林家玩玩，柯林告诉她，他的家比起她家来可穷多了。玛格丽特说了一句："那有什么关系？"分手之前，像前次一样，柯林笨拙地吻了一下玛格丽特的嘴唇，玛格丽特依偎在柯林的怀里，显得有点依依不舍。

柯林步入了他在师范学院读书的生涯，并与上大学预科的玛格丽特成了一对情侣。他们沿着小溪散步，野餐，东一句西一句，后来，话题跑到了有关女人受压制的问题上，在男人与女人社会分工的问题上，玛格丽特认为女人不该被剥夺一些工作的权利。他们意见相左，生出了分歧，辩论当中，玛格丽特争得厉害，认为柯林有点“大男子主义”，认为他是在一个男子汉为主的环境里长大成人的，而在她看来，男女应当平等相待地生活在一起；结果，这一分歧最终导致了他们关系的疏远。不过当时，玛格丽特在与柯林讨论这一看法很不一致的问题时，还是不厌其烦的。两人之间的辩论，持续不断，不过最后总是以在树下或人迹罕至的密林深处的拥抱讲和来结束。

他们两人一星期约会一次，有时，热恋中的柯林还专程从学院再去看玛格丽特一次。在之后的交往当中，玛格丽特对柯林的家庭状况也有了更多的了解。大多数周末，柯林都要上城郊的玛格丽特家去，与她的家人共度了一些时日，甚至有机会见到了玛格丽特原本在外上大学、当今在服兵役的哥哥。一个周末，玛格丽特拜访了柯林的父母，对萨维尔一家人简陋的生活——房子极差，家具很糟糕——震惊不已，尤其是在用餐之后，洗碗时，她难以置信地感受到：在现代化生活设施发达的时代，萨维尔家里竟然连热水龙头都还没有！柯林带着玛格丽特离开家门，前往公园去散步时，玛格丽特问柯林：“住在这么穷的地方，你不发愁吗？”柯林坦言，他已经麻木了，而且，他工作之后，还要帮着养家，两个弟弟还太小，自己的担子很重。不过后来，玛格丽特很快便对萨维尔家适应了，柯林母亲甚至喜欢上了让玛格丽特来做一些事，指望玛格丽特帮忙干些家务活，零碎活。有一个星期六下午，还让玛格丽特帮忙打扫了厨房，从学院回来的柯林进家门后，意外地看到玛格丽特一个人在他家里干着活。

那年年底，玛格丽特因考试成绩优良，获准到 40 英里外的一个城里的大学去读书，柯林申请了提前进行服兵役体检。他们两人顺便谈起了未来，商量在玛格丽特上大学之前，二人能否结婚的事。为此，柯林去了玛格丽特家，玛格丽特的父亲多尔曼大夫当即表示反对，希望柯林再考虑考虑，等玛格丽特有了学位，柯林的工作定下来了，那时候再结婚也不迟；而且，到那时，说不定他们俩会另有所爱，人的心是会变化的，在以后的几年里，他们二人都会碰到一些意想不到的事情。玛格丽特表示：现在自己即使不去上学了立刻就结婚也不会在乎什么，可惜的是，自己父母的话必须听从。“那我们先这样凑合着吧。”玛格丽特说，随后送柯林上了汽车。

上完这一学期，柯林就大学毕业了，为了毕业之后那好几个月不至于闲逛，柯林决定直接去参军，他提前进行了服兵役体检，但没有通过。体检结果被定为了三等，因他的平足，他被淘汰了，令他始料不及。一个星期天的傍晚，柯林送玛格丽特回家，玛格丽特继续与柯林谈论婚姻问题，以及柯林逃离当今的生活环境到外面去闯世界等一些事儿，玛格丽特鼓动柯林离开萨克斯顿到大城市去寻求更好一点的生活。

在火车站与玛格丽特分手之后不久，柯林遇到了一身军官戎装的旧友斯塔福德，他上了斯塔福德驾驶的汽车，前往玛格丽特下车的地点，想在玛格丽特下车之后给她一个惊喜。斯塔福德将车开得飞快，一路上还说个不停，柯林获悉，玛丽恩去当了护士，斯塔福德入伍已有一年了，再过一年，他就要上牛津大学了。斯塔福德又一次拥有了柯林渴望拥有而拥有不了的东西。当玛格丽特在站台上看到在那里等候她的斯塔福德和柯林时，惊讶得简直不敢相信，随后，端详了陆军军官斯塔福德好半天，笑着挽起了斯塔福德的胳膊，看了科林一眼，向车站的出口走了过去，柯林陪伴在玛格丽特的另一侧走着。

不久之后的一天，柯林去看玛格丽特，在街上意外目睹了斯塔福德与玛格丽特两人在一起的情形，斯塔福德解释说，他弄到了一张48小时通行证，可顺道开车送玛格丽特回家，当斯塔福德驾驶着汽车载着玛格丽特远去时，他预感到自己与玛格丽特之间的关系已经不会有戏了。第二天，柯林尝试着与玛格丽特取得联系，没能找到玛格丽特，晚上再打电话，接电话的多尔曼大夫，说玛格丽特不在家，等她回来，他们会转告玛格丽特他来电话了。第三天早晨，柯林再次打电话找玛格丽特时，接电话的多尔曼夫人（Mrs. Dorman）说玛格丽特外出购物去了，当他提出自己是不是要登门去拜访玛格丽特时，多尔曼夫人婉言拒绝了。离开村里的电话亭，柯林心里清楚，其实，玛格丽特是去赴与斯塔福德的约会了。

回到家里，柯林与他父亲生出了争执。柯林觉得父亲的话语里含有对教学工作的轻视——他父亲觉得一个把教书作为终身职业的人，工作起来不用汗流浃背，不用倒班，不用上夜班，闲来无事时还能写写诗，一年有两个多月的假期，远不如自己的工作辛苦。之后，他父亲又责备他说：就知道他整天死守在家里写什么诗，要是原本一直与他亲近的玛格丽特被斯塔福德抢走了，那也只能怪他自己了。柯林想彻底弄清楚自己与玛格丽特之间的关系到底是怎么回事儿时，他母亲对他说：不要悲伤，你这一辈子，在你这个年龄，没有人值得你痛苦。他母亲让他想想将来，往前看。那天午后，玛格丽特坐车来到了柯林家，柯林母亲对她的态度十分冷淡，柯林连忙把她带到外面去散步。玛格丽特对柯林表示了自己的歉意：“发生了这样的事，我觉得很对不起你。”柯林无奈地回了一句：这事由不得人。两个人慢慢前往巴士站，柯林把玛格丽特送上了公共巴士。

柯林前去任职的学校邻近村庄，校舍为两层楼，校园下面是一条山谷，谷底有一座煤矿，学校里，拥有一些像他的老朋友贝迪和斯淳格那样的学生。柯林第一天来上班，就被告知：学校不教授诗歌，只教切合实际的英语。柯林与同事们在教学观念上生出了很大的分歧，校长和其他的一些教师全都认为，学校里的学生们将来要去挖煤，干体力活儿，教他们学习一些必需的知识就足够了。柯林对诗歌的爱好，在校方眼里被认为不是“必需”的。

柯林上课，没有自己固定的班级，在教师的花名册上，他被列在“临时雇员”栏目里，需要根据安排，从一个班级到另一个班级来回换转，临时替代这个或那个教师上课。那些学生，无论男女，对柯林授课的任何内容，都一概不感兴趣，课堂气氛，死气沉沉。柯林尤其料想不到的还有，在他的同僚当中，有一位竟是他在“爱德华”上学期间的朋友斯蒂芬，当年也许出于同情心主动提出要卖给柯林一支偷来的铅笔的斯蒂芬，现在，每天骑一辆摩托到学校来上班。斯蒂芬诚心诚意告诫柯林：他要清楚一个事实，这些学生是工人阶级，他们在“爱德华”学来的无论什么，在这里都派不上用场。尽管斯蒂芬同其他教师一样，也不注重对学生们心智的开发，也不能把学校里的学生作为一个“人”来尊重，不把学生当“人”看待；但是柯林还是重新开始了与斯蒂芬之间的友谊，在后来的交往中，还从斯蒂芬口中，获悉了斯塔福德与自己当初的女朋友玛格丽特已经结婚了的消息。

斯蒂芬常常用他的摩托车，把柯林带到村里的公共巴士站前，然后把摩托车转向大路，朝着相反的方向奔驰而去。柯林走进公共巴士站后，排到那些候车的矿工后面，在候车的人群里，他是唯一穿着干净衣服的人。每天回到家里，晚上柯林常常要辅导弟弟们的功课，教拼写、数学和单词的用法。虎背熊腰的史蒂夫没能考上“爱德华国王文法学校”，现在在村子里的一所新式中学读书，如同柯林当前教的那些孩子，对学习心不在焉。柯林父亲天天都是一副疲惫不堪的样子，已无力辅导史蒂夫和理查德的功课，却总是不断教训他们：“在学校不用功，回家后不认真做功课，将来就只好跟我一样，一辈子待在井底下挖煤。”理查德还不满 8 岁，倒是能听他父亲的话，乖乖坐在家里写写算算，然后等待着柯林给他批改作业，再把改正部分规规矩矩抄在作业下面。

一天，柯林父亲翻出了柯林他哥哥安德鲁生前的一本画册，把它拿到柯林面前，拿给他看，并第一次就有关他去世的兄长安德鲁的事与他进行了深谈。柯林这才彻底理解了兄长安德鲁的过世对他父母的影响有多么的深刻。安德鲁离开人世之后，他父母的生活永远地改变了，尽管他们后来又生养了三个儿子，这三个儿子，即便是柯林，都永远无法替代安德鲁在他父母心中的位置。

柯林与弟弟史蒂夫之间的关系出现了问题，对史蒂夫，他存有一种既爱又恨的复杂心理。史蒂夫学习起来总是心不在焉，他父母便也任凭史蒂夫这样自由自在地过下去，不加约束。因他父母对史蒂夫的放纵姑息，柯林不断与他们争论，希望能像当年管教他一样对史蒂夫严加管教，埋怨父母为什么不希望史蒂夫也有所作为？这招惹得他父母愈发偏袒史蒂夫，指责他老是与史蒂夫过不去。史蒂夫对自己的未来——将会像他父亲一样下到矿井里去劳动，满怀信心，与柯林的立场截然不同。柯林总想说服史蒂夫，然而史蒂夫却一点不驯服，在他们争论到最激烈的时候，一场斗殴不可避免了，柯林把史蒂夫拉到后面的院子里，教训了史蒂夫一顿，动手把不做丝毫反抗的史蒂夫打倒在地。他母亲看到柯林在史蒂夫脸上留下的伤痕，震惊得谴责道：“你这个以大欺小的家伙，他可从来没有打过你。”

在学校里，柯林与学生之间的关系却很融洽，给他的一个同样教英语课程的同事菲尔·卡娄（Phil Callow）留下了深刻的印象。一天，菲尔把他经年的好朋友伊丽莎白·班尼特（Elizabeth Bennett）介绍给了柯林。柯林人生当中一场新的交友活动开始了。伊丽莎白是一位已婚女人，与丈夫分居已有一年多了，现在，居住在姐姐家里，在她父亲经营的“班尼特药店”里随便干点事。“班尼特药店”位于城里那条通往“爱德华国王文法学校”的道路上，是一家很显眼的药店。再次不期而遇之后，柯林主动上前，毫不拘束地挽住了伊丽莎白的胳膊，走进了小巷里的一家饭店。落座之后，柯林很快便单刀直入，询问起有关伊丽莎白的婚姻和生活状况。伊丽莎白面带笑容耐心地解答着柯林一个接着一个的盘问，随后，他们谈论起了菲尔，伊丽莎白告诉柯林，她与菲尔从小在这座城里一块长大，菲尔拜读过柯林发表在一家杂志上的诗歌，还夸赞说他那一诗篇曾受到了全国性报刊的评论，柯林随口谦虚了一句。

回到家里之后，柯林又开始了辅导小弟弟理查德的功课。讲解功课时，他大声训斥理查德的声音被他父亲耳闻之后，又一次出面干涉起来，指责柯林动不动就对弟弟发脾气。这样的场合，如今在萨维尔的家里已经成了家常便饭，几乎每天晚上都会来上一场，特别是在周末。由于理查德生性脆弱，总会受到母亲的保护，父亲的呵护。每天傍晚，柯林从学校返回家里，就感觉自己仿佛回到了一座监狱：他深惧这里的街道，这里的房舍，这里的矿井；绝大多数傍晚，只要可能，柯林都尽量推迟回家的时间，有时甚至拖延到第二天凌晨。在那些十分熟悉的地方徘徊，柯林心中涌动着的是前所未有的迷惘。

柯林的孤独彷徨当中，还含混着一种固执，长期以来，不管他怎样渴望逃离出去，他还是被羁绊在了这个村里。萨维尔家，用柯林第一个月的薪水置办了三件新家具，近来，又购买了一张新饭桌，并计划买一块亚麻地毯。那年复活节，柯林出钱让他父母外出去度了假，自己留在家里负责照顾弟弟史蒂夫和理查德。一天，柯林下班回来，因史蒂夫擅自把一个女孩带到家中，指责了他们，兄弟俩闹了别扭，史蒂夫住到朋友家去了，在父母度假回来的前一天晚上，柯林把史蒂夫找了回来。萨维尔家里的气氛，再次紧张了起来。面对他们父母，史蒂夫说明了事由：因为柯林吓唬了他带来的那个女孩。柯林当即矢口否认，史蒂夫不能理解柯林为什么要撒谎，不能宽恕柯林，再加上父母分辨不清，史蒂夫誓言：他永远不会忘记这件事；而且，他一天也不想在这个家里待了，一找到工作，就离开这个家。事后，他母亲责问了柯林，认为柯林不该如此尖酸刻薄，他过去可不是这样的。

柯林在学校授课时，擅自讲授起诗歌，教室里不断爆发出响亮的笑声，学生们争抢着回答他提的问题，显得很是开心。后来，柯林决定用音乐欣赏来启发学生们的心智，结果，这一做法招来了校长考克兰（Corcoran）的出面干预。正当学生们一个个听得入了神时，门被推开了，考克兰走进了柯林授课的班级，当着学生们的面，叱责柯林："在我的学校，不允许有这种事。这里是一个教书育人的地方，不是浪费时间和散播乱七八糟东西的机构。"然后，命令柯林关掉留声机，柯林一口拒绝了。校长的权威受到了挑战，考克兰警告柯林，如果柯林坚持不从，他会马上派人来接替他的工作。在离开教室之前，考克兰再次强调柯林必须关掉播放音乐的留声机，柯林大为光火，反而把音量调得更大了。下课之后，柯林依然不思反悔，决意坚持，自己在教学当中，除了教授课本上的基础知识之外，继续向学生传授更多的知识。他决意固守自己的独立见解：人是可以改变的。他的这些学生——体力劳动阶级的后代——他们的生活也是可以改变的。最后，柯林被学校解聘了，他的生活再一次发生了变化。

尽管工作不顺，柯林依然继续着与他人之妻伊丽莎白的交往。伊丽莎白年长他许多，而且，从不肯说明她的实龄，柯林估计，她至少有三十五六了。一次，他们一起去买东西，有人竟把他误认成了伊丽莎白的儿子。在与伊丽莎白的交往当中，他们常常谈论他们之间的共同点，他们的生活，谈论柯林在萨克斯顿的朋友们的现状。如今，柯林的那些朋友，大多数都已离开了萨克斯顿，远走高飞了。伊丽莎白觉得柯林对待生活，只是走一步算一步，只是消极等待，而缺乏主动积极争取的心态。

在他们第一次同居的那天，柯林把自己被解雇的消息告诉了伊丽莎白，说明了自己与校长考克兰的争执冲突，因为他的课堂上出现了诗歌和音乐，在考克兰看来，那全是胡扯蛋，伊丽莎白听完之后，哈哈大笑起来。一个星期六的下午，柯林与伊丽莎白并排躺在双人床上，他交给了伊丽莎白一张信纸，上面写着：你能不去管我的妻子吗？那张纸是几天之前，柯林在街上行走时，一个人突然迎面走了过来交给他的。伊丽莎白猜测，这件事一定是她丈夫德里克·华尔顿（Derek Walton）干的。

几天后的一个晚上，柯林与斯蒂芬一起步行回家，一路上乐呵呵的斯蒂芬突然告诉柯林，他不想陷入龌龊的深渊，决意离开这个腐败的城镇，已经向校方递交了辞呈，过几个月就去伦敦，希望柯林能与他一起去，不要被世俗习惯束缚，顾虑生养自己的家庭，一切都百依百顺；最后，见柯林依然是一副畏葸不前的态度，他禁不住指责柯林说：从一开始，我就看透你了，你就像一个朝圣者，刚到城门口，就停滞不前了。

伊丽莎白的姐姐、姐夫不喜欢她把男人带到他们家里来，在姐姐的要求下，伊丽莎白搬到了一套设施陈旧的房子里，开始了独立生活。她本以为柯林会喜欢她的新家，却因柯林不喜欢这房子而备感扫兴。后来，在他们的交谈当中，他们谈论起了各自的家庭成员，柯林说起了他弟弟理查德和史蒂夫，伊丽莎白感觉史蒂夫其实人挺不错的，询问柯林为什么那么嫉妒史蒂夫。柯林很是恼火，抢白伊丽莎白，因为史蒂夫享有他从未享受过的那种自由。

柯林很是反感别人对他为人处世中的基本心态说三道四，尤其是别人指出他那明显的妒忌心时，他大感不快，情绪就一下子低落下来，沉默不语了。在后来的一段时间里，他们的关系愈发疏远了。一天晚上，伊丽莎白的丈夫德里克·华尔顿找到了柯林家，指责柯林是他们夫妻之间问题的障碍，警告柯林别再去缠伊丽莎白，否则就杀了他。他母亲由此了解到柯林在与有夫之妇伊丽莎白交往，又气又恨，希望他跟伊丽莎白一刀两断，并谴责他：抢占别人的妻子，太丢脸了！他母亲的话就像一把刀子，砍断了柯林与伊丽莎白之间最后的一点联系。

获悉德里克·华尔顿找到柯林家闹事之事，伊丽莎白擅自去见了德里克。柯林闻之，很是不快，在他看来，伊丽莎白主动去找那个微不足道的男人，实在有点自贬身份。柯林的热情彻底冷了下来。伊丽莎白有些沉不住气了，讥讽柯林，现在越来越强大了，靠的却是与女人的厮混，吸取她们的精髓，就像他用伤害的手段榨干他母亲一样，伤害并榨干了那些女人；还讥讽柯林是一个机会主义者，见机行事，不断地到处去捞取好处。大为不悦的柯林回到家里，把自己一肚子的不快全部发泄到了弟弟史蒂夫身上，责问史蒂夫：为什么不努力让自己的生活过得更有意思一些？正在默默干着活的史蒂夫并没有被柯林的这一非难拱起火，他对自己在矿井的工作非常满意，他告诉柯林，他觉得自己活得挺不错的。

在当今的萨维尔家，史蒂夫很得父母欢心：离开学校后，他在矿上当了一名采矿机械学徒工，业余时间，到当地一家学院里听课。在待人处世方面，史蒂夫仍然一如既往，像从前一样，从不强出风头，而且，还有着一身被柯林羡慕不已的不可估量的力气。

日复一日，柯林与家人的关系日趋恶化，与弟弟之间的矛盾，变得越来越尖锐，分外反感身强力壮的史蒂夫对周围的一切那种心甘情愿且满不在乎的镇定自若的心态。他觉得史蒂夫是在放弃更好的生活机会，不该像他父亲一样在井下苦一辈子，应该离开萨克斯顿村和煤矿到外面去谋更好的生活。史蒂夫却一点也不能理解柯林那些满腹的牢骚与怨言。一次，柯林把史蒂夫弄得心里很不痛快，结果，史蒂夫直截了当回了柯林一句："要是你不满意，你就去改变它。"在那之后，没过多少时日，城里来了人，跟史蒂夫签了一个合同，史蒂夫到城里专业队踢球去了，成了职业橄榄球运动员。在这时候，理查德也到了上大学的年龄，一天，学校里来了一位教师，与萨维尔家具体商讨了一番理查德上大学之事。

现在，周围的人，同柯林一起长大的伙伴，一个接一个全都离开了萨克斯顿。一个周末，生活在城里的伊恩·布莱切利登门来找柯林。伊恩眼下正参加一个短期管理训练班，自认为今后的工作前途无量。柯林告诉他的老朋友伊恩：他还是没有固定工作，教书一事始终不顺利；他觉得自己就像是一个多余的人，被人家从一个学校扒拉到另一个学校。不过，他很快就要离开这里了。

伊丽莎白坦然接受了与柯林关系破裂的事实，他们友好地互相道了别。伊丽莎白寄言柯林：离开萨克斯顿，去体验那丰富多彩的生活，献身于社会，勇敢地承担起自己的责任与义务。终止了与伊丽莎白的关系后，柯林如释重负。

桎梏终于被打破了。前往伦敦那天，是一个星期六的下午，对未来充满期待与希望的柯林带着一只手提箱和在过去 4 年里节省下来的 50 英镑，在脸色苍白的母亲的默默陪伴下，来到了死气沉沉的火车站。柯林上了火车，他母亲叮咛了他几句话之后，不由得哭泣起来，尽管他母亲对柯林深感失望，却是为柯林送行的唯一的家人。焦急等待着火车启动的柯林俯下身去吻了他母亲一下，并安慰他母亲说：不要这样，我不会永远不归的。

作者生平与创作生涯

戴维·斯托里1933年7月13日出生在英格兰约克郡西部的韦克菲尔德（Wakefield）一个采矿工人家庭，在家乡韦克菲尔德接受的中学教育，1950年，毕业于布莱克本伊丽莎白女王文法学校；1951年，进入韦克菲尔德艺术学校学习绘画，并与利兹橄榄球俱乐部签署了一份职业球员契约以支付学费。

1953年（20岁），他前往伦敦，就读于伦敦斯雷德美术学院（Slade School of Fine Art），学习十分努力，是美术学院里一名获奖学生。1956年毕业之后，他与芭芭拉·汉密尔顿（Barbara Hamilton）结了婚，定居伦敦，并继续在利兹的职业橄榄球运动员生涯，同时，从事了多种职业：在农庄里农耕，在展览场地搭建帐篷等；还做过教师，从事过教学工作，并在往返于利兹的火车上开始了他的写作生涯。

他短暂的橄榄球运动员生涯，卑微的出身和生活经历，为他的文学创作提供了素材，使他用一种直截了当的写实手法和叙事风格来表现人生的经验和现实的感受。1959年（26岁），他完成了第一部长篇小说《如此运动生涯》（This Sporting Life），采用一种简洁有力的现实主义手法，表现了生活在英国北方的车床工人兼地区橄榄球运动员亚瑟·玛钦（Arthur Machin），对与其同居的寡妇汉蒙德太太（Mrs. Hammond）的炽热感情和爱情挫折，以细腻的笔触，极为纤细的心理感受，大量的细节和对话，展现出橄榄球运动员的那种男子气概和暴烈、粗犷的个性和英国北方工业区独特的自然景观和人文景观。小说在遭遇了10多次退稿之后，终于在1960年被伦敦朗曼格林书局出版，并立即获得好评，成了他一部里程碑式的作品，甚至被有的小说家誉为“所读过的描写体育运动的最佳小说”，令他名扬英国文坛，获得了当年的麦米伦小说奖，随后，又被英国著名导演林赛·安德逊（Lindsay Anderson，1923—1994）改编成了电影，1963年该片主演理查德·哈利斯（Richard Harris，1930—2002）因其成功地饰演了一个粗犷、彪悍的矿工、橄榄球员的角色，而夺得了戛纳电影节的影帝桂冠。

之后，戴维·斯托里放弃了自己所学的绘画专业和成为一个画家的梦想，开始全身心地投入小说创作当中，迅速确立了他在英国文坛上的显赫地位。在最初的文学生涯中，他被视为在“愤怒青年”浪潮之后登上文坛的1960年代初期英国文坛上专注于描写劳动者生活、具有鲜明阶级意识倾向的作家群当中的一分子。当时，与他同具这一写作倾向的还有小说家艾伦·西利托[1]、剧作家戴维·默塞[2]等；不过，他后来的创作转向了象征主义的表现手法和现代小说的叙事风格。

在1960年代至1970年代期间，他陆续出版了长篇小说：《逃入坎顿》（Flight into Camden，1960）、《拉

---

1 艾伦·西利托（Alan Sillitoe，1928—2010）：英国当代文坛上“工人小说”的代表作家，被誉为英国战后“愤怒青年”后期代表作家。著有《星期六晚上与星期天早上》（Saturday Night and Sunday Morning）、《长跑运动员的孤独》（The Loneliness of the Long Distance Runner）等。

2 戴维·默塞（David Mercer，1928—1980）：英格兰剧作家，1960年代中期，以置疑所目睹的英国社会的衰变的剧作在伦敦舞台上声名鹊起，剧作着重表现出身于工人阶层，在中产阶级文化的世界里取得了成功却没有根属的北方人，且善于将其拓宽、升华到超越个人的和感情的范畴，进入一个更广阔的政治舞台。著有《两种情绪下》（In Two Minds）和《哈格提之后》（After Haggerty）等。

德克利夫》(Radcliffe, 1963)、《帕斯莫尔》(Pasmore, 1972)、《暂时的生活》(A Temporary Life, 1973)、《萨维尔》(Saville, 1976)。

其中,《逃入坎顿》从女性的视角探讨了炽热的感情和爱情挫折这一困境中的问题,获得了《星期日邮报》约翰·卢埃林·里斯奖;《拉德克利夫》以两个男人间的施虐与受虐的同性恋关系为核心,进行了有关精神与肉体紧张关系的深邃的哲学思索,获得了萨默塞特·毛姆文学奖;《帕斯莫尔》入围了当年布克奖决赛名单,并获得了杰弗里·费伯纪念奖。《萨维尔》因其风格明了,立意清晰,史诗般的叙述,问鼎了第8届英语文学界最有影响力的布克奖。

《萨维尔》这部他花费10年心血的长篇小说带有明显的自传色彩,是他最令人瞩目的一部作品。在这部以现实主义笔法,以雄浑有力、感人肺腑的语言讲述劳动工人生活的作品中,他以英格兰约克郡(Yorkshire)地区一个采矿村庄为故事背景,以矿工的儿子柯林·萨维尔(Colin Saville)个人奋斗的人生轨迹为题材,讲述了这位因所受教育与其生长土壤的疏离的年轻人经典性的困境。小说翔实而细致入微地聚焦于柯林的童年和成长过程:柯林在以煤矿为生的乡村环境里长大,接受的是双亲截然不同的精神和社会志向的影响,母亲爱伦(Ellen)是一位慢性子的女人,长期忍受痛苦的煎熬,感情深沉;父亲哈利(Harry)是一位外向而性子暴烈的男人,机智活泼;与此同时,柯林还受到了煤矿社区本身那种多姿多彩的特异性格的影响。后来,优质的学校教育,造就了柯林与各种力量相抗争的、深具紧迫感的精神世界,令他生出了从事艺术事业的野心,产生了使他与家庭越来越疏远的价值观,不断感知着自己所承受着的疏离感,甚至发展成了痛苦的冲突,既有内心的冲突也有与家庭之间的冲突。在这部小说结束时,对未来充满期待和希望的柯林·萨维尔终于离开了家乡前往伦敦去生活。有评论认为,这部作品很像戴维·劳伦斯的《儿子和情人》[1]的姊妹篇,堪与19世纪经典小说相媲美,其深沉丰富的思想和对他人生命翔实的体察,深刻而细腻地再现了一个生活在社会底层的人物与命运抗争的广阔画面,从一个侧面反映了20世纪中叶英国社会下层劳动者的情绪和愿望,成为英国当代文坛上第一部全面而真实地描写自1930年代经济大萧条开始延续到第二次世界大战之后的英国社会变革期间工人阶级家庭生活的长篇小说。

1980年代之后,戴维·斯托里又陆续出版了长篇小说:《浪子》(A Prodigal Child, 1982)、《眼下的泰晤士报》(Present Times, 1984)、《一个严肃的男人》(A Serious Man, 1998)、《西方的一颗星》(A Star in the West, 1999)、《碰巧》(As It Happened, 2002)、《溜薄冰者》(Thin-Ice Skater, 2004);诗集:《戴维·斯托里生活:诗篇1951—1991》(Storey's Lives: Poems 1951—1991, 1992)等。

在戏剧创作上,戴维·斯托里也获得了巨大成功,并享有很高的世界声誉。他曾回忆说,在辞去了职业橄榄球运动员的工作之后,他用三天时间写出了一部表现疲惫不堪的教师的话剧,之后,他将这部剧作在他的书架上搁置了7年,当他的这一剧作《阿诺德·米德尔顿的复原》(The Restoration of Arnold

---

1 《儿子和情人》(Sons and Lovers):戴维·劳伦斯的一部带有自传性的成名作,出版于1913年,讲述了矿工沃尔特·毛瑞尔(Walter Morel)一家处于工业社会环境中的痛苦与不幸。

Middleton）在爱丁堡（Edinburgh）的穿越剧院[1]（Traverse Theatre）上演时，他已是一位成功的小说家了，因这部剧作，他获得了晚间标准奖的“最有前途剧作家”称号。

之后，他又陆续推出了剧本：《在庆典中》（In Celebration，1969）、《承包商》（The Contractor，1969）、《家园》（Home，1970）、《更衣室》（The Changing Room，1971）、《克伦威尔》（Cromwell，1973）、《爱德华》（Edward，1973）、《农场》（The Farm，1973）、《生活等级》（Life Class，1975）、《姐妹》（Sisters，1978）以及《母亲节》（Mother's Day，1979）。其中，《承包商》在1969年获得了《纽约评论》的“年度最佳剧作奖”；《家园》在1970年获得了《纽约评论》的“年度最佳剧作奖”，1971年获得了晚间标准奖的“年度最佳剧作奖”和托尼最佳话剧奖；《更衣室》在1971年获得了《纽约评论》的“年度最佳剧作奖”，1973年获得了托尼最佳话剧奖。

随着他声名鹊起，他的剧作，大部分都得以在伦敦的皇家剧院上演。他本人还在1972年至1974年期间出任了英国皇家剧院艺术副导演。自1970年代，他的一些剧作在美国纽约百老汇上演之后，他在世界剧坛上的声誉日隆。1970年，他最著名的剧作《家园》在百老汇莫洛斯克剧院上演之后，评论家立刻将他与蜚声四海的剧作家哈罗德·品特[2]和萨缪尔·贝克特[3]的作品相提并论。

1980年代之后，他推出的主要剧本包括：《早先的日子》（Early Days，1980）、《凤凰城》（Phoenix，1985）、《进军俄罗斯》（The March on Russia，1989）、《舞台》（Stages，1992）、《关心》（Caring，1992）。

戴维·斯托里是一位具有高度社会责任感的作家，才华横溢，创作甚丰，擅长在表现体育运动、艺术、教育、教学、体力劳动、婚姻破裂与精神崩溃当中，描写人物，刻画人物的精神世界，塑造人物的形象。他的创作，继承并发扬了英国现实主义文学传统和一些现代主义创作手法，擅长运用白描手法刻画人物性格，而且喜欢运用意识流手法等现代小说技巧表现人物的强烈情绪、潜意识和变态心理，甚至采用象征手法表现某种人生哲理。

主要参考资料：

Contemporary English Novel, by Malcolm Bradbury, Publisher:Edward Arnold Ltd., 1979.

Saville, by David Store, Publisher:Jonathan Cape, 1993.

---

1 穿越剧院（Traverse Theatre）：英国爱丁堡的穿越剧院是目前苏格兰新戏剧剧院，自1963年以来，创作了一系列优秀的高品质的获奖作品和节目，获得海内外观众和评论家的赞誉，在现代戏剧的创作上，享有崇高的声誉。

2 哈罗德·品特（Harold Pinter，1930—2008）：当代世界剧坛上的翘楚，2005年的诺贝尔文学奖获得者，作品善以“静默”增加紧张，善用象征和比喻，语言简练幽默，1958年的剧作《生日晚会》（The Birthday Party）是他上演最多的一部代表作。

3 萨缪尔·贝克特（Samuel Beckett，1906—1989）：蜚声四海的文学泰斗，1969年的诺贝尔文学奖获得者，用英语、法语写作，作品以冷峻的目光，审视现代人的生存状况，表现出深刻的哲理与高度的技巧，传达出一种生存的荒诞感，虚无感。其1953年在巴黎上演的剧本《等待戈多》（Waiting for Godot），揭开了西方戏剧史的新篇章，开创了荒诞派戏剧的先河，成为荒诞派戏剧的代表作。

010 滞留 ［英］保罗·斯克特

Staying On by Paul Scott

◎原著共 16 章，以滞留异乡的大英帝国陆军上校图斯克·斯摩莱（Tusker Smalley）因冠心病发作而死亡为故事的开头与结尾，期间，使用倒叙手法，讲述了斯摩莱上校和妻子露茜（Lucy）这一对滞留前殖民地大半生的英国夫妻过去数十年间在印度的生活，以及印度的社会和文化环境。

英文原版封面

保罗·斯克特

（Paul Scott，1920—1978）

保罗·斯克特是英国文坛上以长篇巨著“统治四部曲”（The Raj Quartet，1966—1975）闻名于世的文学大师。

有评论认为，其作品有着深刻的历史意识和丰富的历史情感，善于将人内心世界的感受和客观的报道结合在一起，以精确而又富有画意的想象力和极其简明的扼要描写，探索人内心深处的世界，审视历史，表现人的精神世界，表现人类的道德和伦理问题。

《滞留》（Staying On）出版之后，反响强烈，令他名满文坛，因其**艺术地反思殖民时期的英印关系对于后殖民时代英印关系的深刻影响**，问鼎了当年第 9 届英语文学界最有影响力的布克奖。1981 年，这部小说被加拿大著名导演西尔维奥·纳里扎诺（Silvio Narizzano，1928—2011）改编成了电影，搬上了银幕。

1972年4月末的那个星期一的早晨，大约在9点30分，图斯克·斯摩莱因冠心病大发作猝死之时，他妻子露茜正好外出去染黑她的白发——当时正在“西拉兹旅馆”（Shiraz Hotel）一楼的“宫殿闺房”（Seraglio Room）里，那旅馆是潘考特（Pankot）新建的一座5层高的玻璃与水泥结构的旅馆，距离小山城著名的老旧旅馆“史密斯”（Smith）仅有几步之遥。紧邻“史密斯旅馆”（Smith's Hotel）有一处扩建出来的附属建筑物，被人们称作“山中小屋”，图斯克和露茜在其间已住了10年之久。那小屋是一座带走廊的小平房，曾与“史密斯旅馆”相毗连，后又被围墙隔开了。当今潘考特的标志性建筑物——“西拉兹旅馆”就在它对面。规模陈旧的“史密斯旅馆”原本是小山城唯一一家旅馆，曾经有过相当美好的时光，现在，大部分生意都被拔地而起的“西拉兹旅馆”夺去了。

“史密斯”归当地富婆——里拉·布拉布霍伊（Lila Bhoolabhoy）所有，其丈夫弗兰西斯·布拉布霍伊（Francis Bhoolabhoy）是旅馆的经理，同时也是图斯克多年的老酒友。图斯克的爱犬布洛克索（Bloxsaw）在车库中一直嚎叫不已，倘若不是正在因备受头疼病折磨而痛苦不堪的布拉布霍伊太太实在受不了那狗的嚎叫了，图斯克的尸体至少还要在那里躺上一阵子。由于被锁在了斯摩莱上校的车库里，布洛克索的嚎叫声其实并不算很高，不过因为始终叫个不停，布拉布霍伊先生便不得不代表里拉前去表示不满，因而发现了图斯克的死亡。

里拉患有偏头疼病已经很长时间了。她是一个超胖的老女人，耷拉着下巴颏，偏爱色彩柔和的纱丽服饰，尤其喜欢橙红色，因为这种颜色可以衬托出她的肤色之美。里拉的那一副眼神，看上去好像永远是在望向远方，像是在回顾着往昔的足迹；然而，对于任何往昔之事，对于任何宗教之事，她其实都没兴趣，她只关注自己眼前的一切，她只对自己眼前的一切，倾尽全力，只要它们有利可图，便当仁不让。

里拉的身体有多种不适，其中偏头痛的长期折磨，令她相当痛苦，即便是一点点最轻微敲击声，她都不能忍受。每当早晨，她不得不因闹头疼而困居在自己房间内出不了门时，“史密斯旅馆”的各种经营活动，便在实际上处于一种停滞状态中。与住在旅馆1号房间、体态相当超重的妻子里拉相比，布拉布霍伊先生的体形可就单薄多了。布拉布霍伊先生属于那种不能承受剧烈变动震撼的印度男人，在印度社会剧烈变动之后的新世界里，他有些不知所措，总有一种自己被搁置一边的感觉；里拉却在这个新世界里生活得如鱼得水，她属于创建了那个金钱比家庭和荣誉更为重要的新世界势力的一部分。

惯于对布拉布霍伊先生呼来喝去的里拉，让她的贴身侍女米妮（Minnie）把布拉布霍伊先生叫进了她的1号房间。侍女米妮是小山城当地的一名女性，其称谓源自几十年前她受雇的那个英国军人家庭。

那家英国人给她起了“米妮”这个名字时，她是一个小女仆，一直为那个家庭服务到1947年——英国人返回了英国为止。现在的米妮，已人到中年，体态发了福，而且，脾气也不大好了，性情还有点粗暴。一向以来，米妮只听命于布拉布霍伊太太一人的摆布和派遣，布拉布霍伊先生对她始终保持着一种小心警惕的心态，偶尔，她会向里拉埋怨布拉布霍伊先生，或是抱怨他在旅馆管理方面的问题。

1972年4月24日，星期一的早晨，大约7点30分，布拉布霍伊先生，被米妮大声喊叫着传唤到了太太的房间。在1号房间里，里拉强迫布拉布霍伊先生必须立刻去落实代表她要写的那一封告知信函，事情再不能继续拖延下去了。导致图斯克死亡的事，便发生在图斯克接到里拉·布拉布霍伊的那一封告知信函之后不久。

大约在跌倒前20分钟，也就是上午9点10分左右，图斯克把爱犬布洛克索拖进车库，上了锁，然后，通知他的仆人易卜拉欣（Ibrahim）说：他被解雇了，可以立即离开了。随后，他付清了易卜拉欣当月的工资，那时是9点15分。易卜拉欣迫不得已离开了“山中小屋”之后，被前来的米妮叫住了，尽管易卜拉欣再三强调说自己已经被图斯克大人解雇了，米妮还是坚持把那一封告知信函塞到了他手里。易卜拉欣只好返身回到小屋的走廊上，把那封信函放到了图斯克的早餐桌上，然后，自己躲到房间里面，等候着听到从外面餐桌那儿传过来的那一撕破信封的声音。

易卜拉欣已经多少猜到了那信函里写的是什么了。在“史密斯”和“西拉兹”的仆人居住区里，有关“史密斯”的“山中小屋”之事，早已是一个仆人们讨论了数周的话题。从窃听来的一些消息当中，他们获悉——拥有“西拉兹”财团的那些商人们，想要买断“史密斯”然后重新开发。这件事，首当其冲的便是斯摩莱上校居住的那个小屋，事关他们夫妇二人将身居何处，然而，他们夫妇二人对此事的内情，却毫不知情，一无所知——仆人们的闲话很少能传到他们主人的耳朵里去，在这件事上，自然也未能例外。那些仆人们从彼此相互交换的消息当中猜测：在与“西拉兹”大财团的竞争中，目前，“史密斯”的布拉布霍伊太太已经操控住了那些商人，在使他们当中的一方反对其中的另一方这件事上，已经取得了成功。在那些仆人们看来，布拉布霍伊太太之所以这样做，其目的是为了自己能够加入该财团中去，获取股份，成为股东。除了“西拉兹”之外，这一财团在旁遮普（Punjabi）还拥有一家新旅馆，以及一家连锁餐馆，特别专长于制作旁遮普人的食品。早年，所有与这个财团的企业有关联的商人，都来自西旁遮普（1947年印度独立时西旁遮普成了巴基斯坦的一部分），这些人初到印度时，个个都身无分文。据猜测，“史密斯”的老主人皮拉伊先生（Mr. Pillai）——布拉布霍伊太太的第一任丈夫，就来自西旁遮普，后来，在穆斯林和印度教的骚乱当中失去了他的一切。人们注意到，在“史密斯”和“西拉兹”这两家旅馆当中，现在，几乎已经看不到一个西旁遮普人了。一旦赤贫了，就难以抱团取暖了。有时，易卜拉欣把西旁遮普人叫作“该死的移民”。

易卜拉欣始终没能听到那撕破信封的声音，大人的爱犬布洛克索一直在嚎叫，用力击打着车库的门。忽然，易卜拉欣听到了传过来的图斯克的那一声喊叫——“母狗！该死的母狗！”同时听到了图斯克坐着的那张藤椅在人站起来时发出的挪动的声响。毫无疑问，他想，大人这是要去找布拉布霍伊太太进行交涉了。易卜拉欣微微一笑：自从自己被图斯克大人解雇之后，“山中小屋”里便再也没有一个可供使唤的随从了，他自己也已不再负有任何责任了，一切也都已不关他的事了。

多年来，易卜拉欣像对家人一样对待露茜和图斯克，照料这一对老夫妇就像照料孩子一样，他甚至觉得自己把他们俩给惯坏了。三个月之前，年过70的图斯克大人就已经不大能出门了。当上校大人第一次患重病时，米特拉医生（Doctor Mitra）命令上校大人要卧床静养，或在医院或在家里，最好是在医院里。上校大人大声嘶喊着他不去医院，要易卜拉欣和露茜在家里照料他。在居家渐愈期间，图斯克大人注意到，花园的草坪许久都没有修剪了，因而盛怒，情绪格外激愤，怨声不断。在“史密斯”的仆人当中，唯有易卜拉欣一人直接听命于图斯克和露茜的差遣，园丁和清洁工，全都要听命于布拉布霍伊太太的派遣，他们的服务费，从上校大人交付的租金当中扣除。原来那一位被布拉布霍伊太太雇用来的园丁，其平日的职责，主要负责打理“山中小屋”的花园、厨房的菜园以及旅馆里那破败的花坛。现在，不知为何，那老园丁已经有些日子没有过来干活儿了。

图斯克大人的健康状况原本就不容乐观，露茜非常焦虑，而目前花园的状态又在大大妨碍着冠心病刚刚发作了一次的图斯克的康复，因而，露茜认为他们必须就有关园丁的事做点什么。易卜拉欣打心眼里盼望着上校大人能早日康复，他已经在斯摩莱大人家工作了数个有趣而吵闹的年头，还不想离开他们。基于斯摩莱家是潘考特终身退役军官当中最后一对英国夫妻这一点，再加上易卜拉欣自身也是从英国归来的这一点，因而，使易卜拉欣在其他仆人之中享有一定程度的尊贵身份。如果让眼下的花园状态发展下去，如果图斯克大人死掉了，那么，露茜夫人（Lucy-Mem）就会返回英国老家去了。所以，易卜拉欣断定，若是看到有人在有条不紊地剪草并浇灌那些美人蕉，图斯克大人的激愤情绪就会平息下去了，于是，他就往美人蕉上泼了一罐水，而且还为大人床边的花瓶挑选了几朵万寿菊。随后，该去修剪草坪了，他却忽然感到不能自贬身价，他是工头，不是园丁，向来都应是由布拉布霍伊太太的那个园丁来负责剪草，打理这草坪的。在易卜拉欣的观念里，即便是从他的薪水中拿出10便士硬币给一个帮手，让那人用绳子在前面拖动那架老旧的剪草机都可以，而不该由他亲自拖拽剪草机。结果，终于导致有一天，图斯克大声喊叫了起来：“这在租约中原本写得明明白白！”事情进一步恶化了，露茜夫人一反常态，直接去面对布拉布霍伊太太了，再也不顾及易卜拉欣的忠告“什么也别做，一切都等外出的布拉布霍伊先生从旁遮普回来再说。”

“我从不干预有关交易的事，”露茜夫人曾细声细气地对易卜拉欣这样说，“我全无商业头脑。”对此，易卜拉欣并不完全认同。夫人在检查零钱和购物单上各种物品的价格时，厉害得就像魔鬼；而且，图斯克先生从布拉布霍伊太太那里争得来的每一个让步，易卜拉欣都清楚，大多都源自夫人所说的她那“混乱而可怜的头脑”。若不是夫人那头脑，斯摩莱家就不会在两年前添置新冰箱，在同一年把车库门修好，也不会在浴室里并排安放上像总督宝座似的那一对马桶了。而且，那个撒谎成性的清洁工公开宣称，他有证据证明那一对马桶有时被同时使用。所以，当露茜夫人就园丁一事去面对布拉布霍伊太太时，易卜拉欣几乎期盼夫人回来的时候拖着一个园丁。不料，夫人却告诉他，老园丁已经辞职了，自己跑到“西拉兹”干活去了，其他情况，她就不得而知，他们只能等着瞧了。

易卜拉欣十分怀念他在英属印度[1]度过的那些美好时光，在那些日子里，仆人被像家庭成员一样对待，他们有权表达自己或好或坏的脾气，有权愠怒，有权发火，有权显示谁是真正的工头。至今，他都

1 英属印度（British India）：英国在1858年到1947年间于印度次大陆（南亚）建立的殖民统治区域，包括今印度共和国、孟加拉国、巴基斯坦和缅甸。

保留着父亲收到的那些父亲的主人——莫克森－格雷夫上校（Colonel Moxon-Greife）1947年写的字条，还有一张莫克森－格雷夫上校和太太脖子上戴着花环的相片。他还继承和保管着上校从英国写给他父亲的两封信。不过，最终，他继承的是上校对他父亲写去的信的沉默，他父亲在信上询问上校，有无可能为年近20岁的儿子在英国找一份工作。

园丁的事一直没有眉目。露茜夫人忙得不可开交，努力做着一切有可能帮助图斯克大人恢复健康的事。一次，在图斯克大人对易卜拉欣大动肝火之后，露茜轻声安慰受了委屈的易卜拉欣："你一定要忍耐上校大人。我们两个都得忍受，都要非常有耐心。请你一定要原谅他所说的话。米特拉医生非常发愁，而且我担心，先生简直完全失常了……当一个人原本一向都很有活力，却突然发现自己丧失了生命活力，就会，让我怎么说呢，夸大一切，哪怕最细小的事情，不是吗？"

露茜不想失去图斯克。现在，图斯克的血压非常高，在图斯克康复期间，为了不让图斯克担忧，稳定图斯克的情绪，露茜决定适度拿出一笔资金开销，雇用一个男孩来解决他们花园的问题。露茜将自己的这一想法说给了易卜拉欣，希望易卜拉欣在潘考特他所熟悉的年轻人当中介绍一个男孩给他们做园丁，"一个会剪草，照料花，特别是百合的男孩。我不想失去我的丈夫。"露茜还同易卜拉欣讨论了一些枝节问题，那园丁应该身体健壮，而且必须是一个可信任之人，乐于干这个活，一个星期劳作三天，索要的报酬不能太高了，以及工具问题，等等。他们没有园艺工具，需要向布拉布霍伊先生借一些工具。

易卜拉欣为露茜的这一请求在脑海里求全力以赴地搜索起来。"我认识一个这样的男孩，夫人。年轻，强壮，也乐意干。我妹妹丈夫的侄子，最近因生活费用上升和国际通货膨胀，日子有点紧。"事实上，易卜拉欣认识不少或许符合夫人条件的男孩，尽管达不到技术上的合格要求，不过通过调教完全能胜任园丁的工作——这只是一个到市集上去网罗就能解决的问题。他之所以选择了自己所说的那个男孩，是希望能捞点外快，赚点小利。因为那个男孩提出的佣金过高，露茜嫌贵，易卜拉欣又说出了另外一个男孩，佣金便宜一些，尽管人不太机灵，不过很强壮，也很听话。露茜接着同易卜拉欣讨论起园丁的吃饭问题，"你知道上校大人对家里的开支盯得有多紧。"易卜拉欣眨了眨眼。他曾偶然见过图斯克擅自核查夫人的账本和账目，而且喃喃自语，在那之后，他们常常争吵。事情至此，易卜拉欣开始意识到，他们很难蒙骗住图斯克——让他以为那个在家里管饭的男孩是"史密斯"那边雇来的园丁。

因为"山中小屋"仆人居住区没有烹饪设备，所以，一个由来已久的相关约定——易卜拉欣的饭食在"史密斯旅馆"的仆人居住区解决烹饪问题，并要在那边用餐，斯摩莱家每月定量提供赈济的面粉、茶、盐、糖、烹调油，而且支付起码的津贴，保证他能够购买他所需要的肉和蔬菜。易卜拉欣的饭食通常由米妮烹制，他们在各种不同的事情上都能对彼此相互理解，这种理解，赢得了米妮的同事们对易卜拉欣的尊重。易卜拉欣干的是一份非常令人愉快的差事：每月能节省下大部分工资，旅馆里总有额外供应的朗姆酒，而且，每年图斯克大人和露茜夫人都会给他添置一些新衣裳。另外，他要洗的衣物，一律交由旅馆的洗衣房处理，他只需用一两包印度的品牌香烟"查尔米纳"（Charminar）作为交换。一切都令他感到相当的称心如意，就像加入了一个工会而不必支付会费。

易卜拉欣有一套白色衣裤，是一套他最珍爱的而且保存得一尘不染的礼服。那是他父亲留给他的，是他父亲在莫克森-格雷夫上校时代集体用晚餐时穿的，他成人以来一直想将其穿上身，却只在少有的场合——斯摩莱上校和夫人应邀去潘考特步枪团食堂做客时穿了一两次。一个贴身仆人，依照严格规范去做事，那是一种身份地位的象征，作为这样一种仆人，站立在自家大人或夫人身后，在厨房里被人们善意调侃，总让人能感受到那种以自己父辈们的做事方式行事的心灵上的震颤。图斯克大人给了易卜拉欣一条腰带和一条以马赫瓦尔军团彩色织成的缠头缎带。他上一次佩戴它们是在年宵，在场的下级军官人数众多，只有少数高级军官，还有一些军官夫人，为庆祝新近对巴基斯坦的胜利，人们欢声笑语，图斯克和露茜夫人是餐宴桌上的唯一的一对英国人，更令他引以为荣的是，在所有参加宴会的人员当中，他的大人是头号的醉汉，这一举止，让他不由得记起了父亲曾不断描述的莫克森－格雷夫上校的一贯作风——总是喝得酩酊大醉。

自从受雇于图斯克和露茜夫人以来，除了在"淑女之夜"（Ladies' Night）那次之外，易卜拉欣从未去过潘考特食堂。图斯克大人有一次独自一人去了那家食堂，回来时清醒得令人扫兴。后来的一次集体用膳，易卜拉欣佩戴着他的绶带，伴随在了图斯克大人身边。当时，易卜拉欣站在露茜夫人的椅子后面，眼瞧着在桌子另一侧的图斯克大人一口吞下他杯中的酒，然后，神色渐渐严肃起来，突然举起他手中杯子用清晰的英语大声说了一句，"甘地妈，上帝保佑她。"在易卜拉欣看来，那位像是坐在首席位置上的门耐克塔拉上校（Colonel Menektara），低低夸赞了几句，还露齿一笑。在回家的路上，露茜夫人却认为那是一种低声的非难和尴尬的耻笑。"到现在为止，你还是不了解印度人！"图斯克大声反驳："他们知道我说的是什么意思。妈，母亲，印度母亲。看在上帝的分儿上。"在集体用膳那晚之后的两天里，图斯克时而情绪低落，时而火气十足，之后，平稳了一阵子，接着，他的冠心病就发作了。因为图斯克是凌晨时分坐在马桶上发病的，露茜夫人只好向易卜拉欣求助。当时图斯克瘫软在那里，失去了知觉，半身着衣半身裸露，睡裤缠在脚腕上，两条发白的腿展开着。目睹到大人如此有失体面且丧失尊严的状态之后，易卜拉欣备感尴尬。

露茜夫人用算盘算了一阵，然后把易卜拉欣的思绪拉了回来。露茜夫人再次强调了一番，自己希望所用之人必须要符合的条件，最后，决定把需要付给园丁的报酬交到易卜拉欣手里，不过，易卜拉欣必须尽快落实雇来干活的那个人，监督工作并付给工钱。

新来的园丁名叫约瑟（Joseph），是一个基督徒，是布拉布霍伊先生推荐给露茜的。一个星期天的早晨，弗兰西斯·布拉布霍伊在圣约翰教堂的门廊发现了熟睡的约瑟。多年来，布拉布霍伊先生一直是潘考特的一位凡俗的布道家和教会委员。那个星期天，旁遮普的一位大主教要到圣约翰教堂来主持每月一次的弥撒仪式，布拉布霍伊先生很早就来到了教堂，进行关照，发现了约瑟，并了解到从旁遮普来找工作的约瑟正处于一种饥饿状态，没有家，信奉主耶稣，于是，他给了约瑟一个面包和一杯热茶。过了一会儿，他看到约瑟在教堂庭院里很用心地修整草地，以支付自己用餐的费用。稍后，他又看到约瑟在帮助苏茜·威廉姆斯小姐（Miss Susy Williams）浇花，还对早早就来到教堂里服务的苏茜小姐说，他曾经干过这个活。

为园丁的事，露茜去造访过布拉布霍伊先生，从而证实了——他们的确无新园丁可提供给自己使用了；而且，实际上，自从去年 7 月份以来，布拉布霍伊太太就已经不肯再承担为他们供应园丁的义务了，以后只能等着情况的发展再说了。

稍后，易卜拉欣向布拉布霍伊先生借来了园艺工具，落实了他们所需的大剪刀等工具问题。布拉布霍伊先生答应露茜他们可以使用老园丁的那些工具，还表示他将会协助他们对斯摩莱上校隐瞒由他们出钱雇用了园丁一事。不过，令人不可思议的是，那天早晨，出现在"山中小屋"的新园丁约瑟开始在那里剪草之后，图斯克对这件事却没有做出任何表示，他什么也没过问，就像是那个新来的园丁根本不存在似的。在那之后，一天又一天，图斯克坐在走廊上，新来的园丁约瑟在主人清清楚楚的目力范围之内努力劳作，认真剪草，主人图斯克只是一味忙活着在一个练习簿上写着什么，甚至，即便主仆二人处于相当适合交谈的距离之内——图斯克在走廊上，约瑟就跪在下面的美人蕉那里，图斯克还是什么话也没说。

一天傍晚，易卜拉欣和约瑟一边吃着米妮为他们准备的晚餐，一边交谈着。易卜拉欣对约瑟说个没完没了，他觉得有必要让约瑟这位新来的年轻园丁知道这里的全部情况：原来的老园丁到“西拉兹”干活去了，布拉布霍伊太太是个很难对付的女人，最好离她远点；那位英国大人的身体一直不好，可能不会开口跟他说什么，但要是大人同他说话的话，他一定要对大人说，是布拉布霍伊先生要求他来把花园整理好的。他还对约瑟说，他只需遵从来自他——易卜拉欣的命令就行了。他告诉约瑟：在英属印度的那个年代里，大人和夫人都是一流人物，他们已经在印度逗留 40 年了；不过，尽管现今他们依然是上流人物，却像大多数老年人一样，常常很特异，有时他们甚至不知道现在是什么时间。

“他们没有时钟吗？”约瑟问道。易卜拉欣告诉约瑟，大人家有三个时钟，一个在厨房，一个在客厅，一个在卧室，而且，他们各自还都带有手表，他自己也有一块手表，是瑞士制造的，是他在伦敦牛津街买的。接着，易卜拉欣便侃侃谈起了他从英国回来的经历，甚至向约瑟建议说——约瑟也应该去英国见识见识，去见见海德公园、圣詹姆斯公园、基尤花园、埃尼斯莫尔花园，并在其中工作，争取成为一个正式雇员，拿一份好薪水，然后，慢慢把钱攒起来。因为他姐夫就是这样做的——他姐夫原是孟加拉国一位官员大人的脚夫，娶了他姐姐之后去了国外，在伦敦一家大餐馆当服务员，因为是个曾受过良好训练的人，所以挣到很多小费，然后攒了起来，买了商店，赚了不少利润，又买了大房子转租给印度人，之后，就把妻子接了过去。为了护送姐姐去英国与姐夫团聚，易卜拉欣因而去了伦敦，帮助照料他姐夫的家和事业，见到了他姐夫和许多在国外的亲戚，获得了不少见识。最后，他像是为了警示约瑟似的，说道：“我总是尽我所能做好自己的工作，但是，还是时常被解雇。”在一旁的米妮，静静听着易卜拉欣和约瑟的谈话。易卜拉欣是个性欲招之即来的家伙，和米妮二人常常厮混在一起。“你有什么可发愁的，易卜拉欣？”在一次这样的厮混后，米妮曾这样问他，而且，那一次米妮是在深夜来与他相会的。

露茜尽力保持着自己生活的连续性，与老熟人们保持着通信联系。这天，易卜拉欣外出去预订餐位，图斯克带着布洛克索外出未归时，邮件来了，在账单之中有一封来自英格兰的航空信件，是露茜在英国的一位朋友寄来的，里面附着一张来自《泰晤士报》的剪报，内容是关于他们的故人——潘考特前军事司令官、步枪团指挥官梅布尔·莱顿（Mabel Layton）上校的死讯。25 年前，图斯克的部队驻扎在潘考特，莱顿上校一家迁出“玫瑰别墅”（Rose Cottage）住进总司令官邸时，露茜和图斯克搬进了“玫瑰别墅”。他们与莱顿上校的女儿萨拉（Sarah）和苏珊（Susan）很熟悉。萨拉是陆军妇女队成员，曾在地区总部图斯克所在的那个部门里任职。在露茜还没来得及对朋友的来信做出回应时，心情愉快的图斯克高高兴兴地回到了家里，一点也看不出他曾犯过心脏病的样子了。图斯克要到“西拉兹”去用午餐，尽管露茜对去那里消费心有不安，但他们还是去了。在“西拉兹旅馆”，图斯克如鱼得水，遇到了许多熟人，不断打招呼，玩得很尽兴。露茜决定分享他的好心情，同时，又不得不为费用问题忧虑担心。

次日，1972 年 3 月 2 日，露茜给在英国的莱顿上校的大女儿萨拉写去了自她们别后以来的第一封信。信写得很长，首先，她对莱顿上校的辞世表示了哀悼，然后，她一面叙旧情，一面叙家常，讲述了几十年来她和图斯克在印度的状况：如今，可怜的图斯克已病得不轻。我们已经不住在“玫瑰别墅”了，在那里，我们一直住到 1949 年初；在最后决定退职时，图斯克接受了在孟买（Bombay）的史密斯－布朗－安培公司的一个商业方面的职务。1950 年，公司派图斯克去家乡出差，我同他一起去了，那是我离开家乡 40 多年间唯一一次回英格兰，一切都让我感到相当陌生了。大约 10 年前，图斯克 60 岁时退休了，之后，我们大部分时间都生活在潘考特，现今已成为住在这里的最后一对英国住民。常常有人经过这里——从家乡来的一些年轻人，当然都是旅行者。我们的好朋友，现在是一些印度官员和他们的妻子。

“玫瑰别墅”依然矗立在潘考特，掌管军械仓库的门耐克塔拉上校和他的家人住在里面，门耐克塔拉上校先前是旁遮普辖区的，1947 年时大概是一个年轻中尉。我和图斯克离开“玫瑰别墅”之后，搬进了那家“史密斯旅馆”，整个战争期间，我们都住在那里。之后，我们又搬到了紧邻“史密斯”的一处扩建出来的附属建筑物里。距“史密斯”仅几步之遥，现在新起了一座时髦的“西拉兹旅馆”，高耸在我们的住房之上，使我们的住处相形见绌。市集大体上还是原来的样子，不过已经有了一些相当时髦的新店铺。你一定还记得“古拉伯·辛格和杰拉尔－丁电影院”吧，它已经在原处修葺一新，我经常去那里看电影，因为那里上演英国和美国影片。我们真正成为世界主义者了，而且一天比一天更现代化。我相信，你和苏珊的生活一定是幸福美满的，自从你们把印度丢到身后返回家乡，你们就有了充实的人生。

我必须提及一件事。我推测，剪报上提到的已故莱顿上校的孙子泰蒂（Teddie），大概就是苏珊在第一次婚姻中同那位战死的可怜的泰蒂·宾厄姆（Teddie Bingham）上尉生的那个儿子。现在，泰蒂已经长大成人了，我推测，应该将近 30 岁了。我要提到的是当年照管他的那个小女仆——米妮，现在成了“史密斯”的所有者布拉布霍伊太太的女仆。米妮和她叔父马哈茂德（Mahmoud）跟着你们一家人到孟买，把你们送上船之后，回到了潘考特。她本想在“玫瑰别墅”为我服务的，因为她喜欢那所大房子，以及在其中的那些记忆。由于我已经有了一个女仆，再加上马哈茂德无论如何都坚持说，他们俩要到你父亲为他们推荐的旁遮普那家人去，因而，未能让她遂愿。之后，图斯克和我也去了孟买。当我们再回潘考特时，我们意外看到米妮在“史密斯”干活，在那时，旅馆的所有者还是老皮拉伊先生，由一个叫作布拉布霍伊的新人在经营。在我们搬出“史密斯”，搬进那附属建筑物里时，米妮希望完全为我工作，然而，由于图斯克需要的是一个男仆，再加上我们的经济状况，只允许我们负担一个仆人的佣金，又未能让她如愿。几年前，老皮拉伊先生去世了，他的妻子买下了“史密斯”，随后，这个女人又同布拉布霍伊先生结了婚，让我们所有的人都感到惊讶。不过，不管怎么说，米妮有了一份安定的工作。米妮的叔父，你的老轿夫马哈茂德，从他的岗位上退下来之后不久就死在了他的村子里，米妮因而回到了潘考特，我想，你父亲莱顿上校知道这事。我记得米妮说过，莱顿上校非常厚道，一直同马哈茂德保持着联系，而且还寄钱给马哈茂德。米妮说，在你父亲为他们推荐的那家人因外交职位去了国外之后，他们被遗弃在了旁遮普，她与她叔父过得很不快乐。米妮在谈到他们服务的那个新家庭时，说了很多那家人的坏话。我相信她所说的，因为坦白说来，仆人们并不会经常得到好待遇。那些能够记得我们是如何对待他们的老仆人，对他们不得不变换主人，都感到十分遗憾。

露茜在封上写给萨拉的信时，想起了自己生活中的悲伤：先是她双胞胎的哥哥去世，两个人一起死于泰晤士河畔金斯顿岔路口的车祸；之后是她父亲去世，父亲的死亡原因与萨拉父亲莱顿上校相同，同样都是因为癌症。那是1930年代初的事，当时，她与图斯克在一起，图斯克在马赫瓦尔军团里任职，她接到母亲那一封告知父亲已去世的消息的来信，简直无法相信那会是真的。再往后是她母亲去世，毋庸置疑，母亲的死亡原因是因为心碎。家里的男人都不在世了，在重男轻女的家庭里，露茜是从不被计算在内的，何况她又远在印度次大陆，一个母亲并不赞同她去的地方。母亲在教区牧师的住宅里裹着御寒的毛毯曾直截了当地说"那里气候过于炎热"，母亲也不喜欢图斯克，尽管母亲没有直接说出来，那也只是因为碍于图斯克是为国王服务的军人罢了。以母亲的眼光，她做的任何事情，她选择的任何人，任何选择她的人，都必定要遭到反对的，因为她不过是一个女孩。母亲在双胞胎之后，原本已不想再要孩子了，当然更不想要女孩，然而，母亲已经有了她。"从一开始我就身世凄凉，"露茜多次这样说，"生活就像一朵从未真正盛开过的花儿，但有多少是盛开的？"

在信封上贴好了邮票之后，露茜决定亲自走着去邮寄，因为她不想把这封信交给易卜拉欣去投寄，担心易卜拉欣看到信封上的地址和人名后，会十分激动地跟谁都随便乱说，包括米妮。此时，在走廊上的图斯克正在他的练习簿上写着什么，露茜没有去探究他在写些什么。前天晚上，图斯克表现得不错，在她从影院回来的时候，他已经上床睡下了，而且自己冲了可可饮料，把给她冲的留在壶里以便重新温热。那一瓶新开启的杜松子酒剩酒的水平面也暗示了图斯克的节制。露茜很想知道图斯克和易卜拉欣他们是否谈起了花园的事，要是谈过了，肯定谈得比较有成效，因为图斯克的心情一直很好，而且，今天早晨也是好心情。

很快，露茜接到了萨拉·莱顿——如今的盖·佩仑夫人（Mrs. Guy Perron）的回信，勾起了她诸多感触。佩仑夫人在回信中谈论了发生在她家里的一些有关出生与死亡的事，以及自从与他们分手之后，那些出生的孩子和孙辈们的一些事儿。佩仑夫人告诉露茜：泰蒂自己现在也成了一位父亲，儿子博斯基（Boskie）3岁了，正是在潘考特你最后见到泰蒂的年龄。泰蒂和家人目前生活在华盛顿。不过，我已经写信给了苏珊，把你仁慈的来信和有关米妮的趣闻讲给了她。我们回到故土之后没多久，苏珊有了第三次婚姻，他是个医师，他们住在苏格兰，生活得非常幸福美满。泰蒂步他继父的后尘，也做了医生，我确信他会回忆起米妮的，因为他记忆力一贯很强，他对印度的记忆，清晰得常常令我吃惊，尽管有些是家庭照片帮他回想起来的。

其中有一张是1947年我们在总司令官邸的花园里举行告别宴会的照片，里面有你和斯摩莱上校。也许你也有一张？假如你能找到，你就能在其中找到我，在我左边那个穿便装的高个子金发男人就是我丈夫盖·佩仑（Guy Perron）。盖是历史学家，是一所新大学的近代史的主讲，目前正在享受大学教授7年一次的年假，所以我们长住到了康博村社酒店里。你大概已经想不起盖了，因为你们仅在我父亲在总司令官邸办理移交手续时见过一面，或许，米妮能记得他，他是在苏珊第二任丈夫警官梅里克上校（Colonel Merrick）刚刚被打死之后的1947年8月[1]出现的那个年轻英国人。那一次，在前往旁遮普的那个可怕的旅途中，当火车被拦截、人们遭屠杀时，他正巧同我们在一个车厢里。他需要继续前往德里（Delhi），后来到潘考特看望我们大家，看看我们在飞回家乡之前是否安好，这就是他为什么出现在

---

1 1947年8月：印度从英国统治下获得独立的月份。

了那张告别宴会照片上的缘由。实际上，盖以前就到过潘考特，在1945年，时间非常短暂。盖同我一样，对你能讲给我们的有关潘考特当今的任何事情都非常感兴趣。我真心希望斯摩莱上校的身体现在大有好转，听说他身体一直不太好，我深表遗憾。我至今依然保存着，当我不再是陆军妇女队成员并且放弃了在登记局的工作时，他送给我的那个可爱的紫檀木盒。

我写这封信的另外一个理由，是要告诉你，我已经把你的住址和电话告诉给了一个非常可爱的年轻人戴维·特纳（David Turner），他是盖的一个学生。今年4月，他要去印度的各个大学讲课，顺便为一篇论文收集材料。旁遮普是他行程中的必经之地，因此，我们建议他腾出几天来到潘考特去呼吸点山区的空气。他4月10日飞到德里。他之前去过印度，在加尔各答（Calcutta）有一些朋友。他很有兴趣同留在印度的英国人交谈，而且，就我所知，他很想见见你们。顺便提一句，他是一个非常好的业余摄影师，对老旧的英国墓碑尤其感兴趣，我告诉他潘考特有一些莱顿家族的墓碑，他答应把它们的照片带回来。我确信，他一定会与你联络的，大概在4月底，不过你不用烦恼，他不是那种带给人丝毫麻烦的人，盖和我都非常喜欢他。

露茜放下了萨拉的回信，从写字桌那里透过窗户，她刚好能够看到图斯克的头顶，看起来，图斯克依然处于那种良好心态坐在他的椅子上。为此，她颇感欣慰。之后，她又把那封来信从头看了一遍，为能与萨拉重新建立了联络感到分外高兴，并对萨拉当今所拥有的自由和开阔的生活感到十分羡慕；同时，对曾经的那个潘考特分外怀念。现如今的潘考特，除了他们夫妇二人的身影，再也没有其他任何一个英国人的影子了，尤其是英国妇女，这种现实，令露茜顿感孤独。

说起来，他们夫妇二人本来曾经有过一次机会，回到英格兰去享受颇为舒心的退休生活，但是，因为图斯克的缘故，因为图斯克不计后果地选择了继续待在潘考特，致使他们成了留居在这个小山城里的唯一一对英国人。为此，露茜心里分外怪罪图斯克，责怪图斯克的坚持与固执，令他们如今不得不孤独地生活在印度次大陆，甚至还突然萌生出一个自己意想不到的闪念：她情愿面对图斯克冠心病再次发作而撒手人寰的局面，尽管那将会把没有固定资金来源的她一个人孤零零地抛弃在世上，茕茕孑立，形单影只。

对图斯克最初的决定，露茜是毫无异议的，但是后来，图斯克决定退休后继续待在印度，却未征得她的同意。为此，露茜心中多有不快。当年——1960年，要是图斯克从在孟买的公司退休之后返回家乡的话，他们的生活很有可能就大不一样了。露茜埋怨自己软弱、傻气，没能向图斯克发出最后的通牒。1950年，他们在英格兰度过的那几个星期，尽管好像相当乏味，然而到了1960年，各方面的情况都有了很大的改善，尽管要付出生活开支飞涨的代价。由于往昔的印度是根据物价发放退休金的，而图斯克又始终坚持，一定要以家乡的市场价格计算生活开支，露茜才没能坚持到底。可后来，当露茜慢慢明白了，其实，那不过是图斯克的一个借口，图斯克怨恨自己的国家和同胞，根本就不想回家乡。

现如今，由于英国的撤退所引起的印度社会结构的变动，他们夫妇的生活也随之发生了巨变，生活状况已同过去大相径庭。在当今的潘考特，在小山城中，露茜感到自己的社会地位相当尴尬。不过，值得她欣慰的是，在印度美好的文明事物当中，没有一样不反映出英国的影响力的。“玫瑰别墅”的新主人门耐克塔拉上校和他妻子身上的英国气派无懈可击，门耐克塔拉夫人的做派，在许多方面都很像先前的莱顿上校的夫人，像一个大大的黑桃女王。这一切，都在表明大英帝国文明的连续性。

新印度军队的荣耀来自昔日的军队。在俱乐部里，露茜知道，自己身为一个退休上校的妻子，如果她停下脚步来说一声晚安，那些军人一定会礼貌地站起身来还礼的。不过问题的主要症结在于，她很难自由进出军人俱乐部。她很想到俱乐部去参加业余话剧演出排练，可从来得不到图斯克的支持。图斯克对于她的外出，时常加以反对。她不得不开动脑筋，希望能在图斯克的顽固不化和迟钝，与当今的印度社会日益迫切的缓慢向现代化过渡的需求之间，开出一条路来。

多年来，参加业余的戏剧活动一直是露茜的梦想，是她业余爱好的所在。这天，在准备去俱乐部之前，她将自己与图斯克之间的夫妻关系，进行了一番巧妙处理。她先是用心与图斯克理论，责怪图斯克总是对她的生活进行剥夺，指责图斯克为了他一己私利，不愿帮助她来满足这一心愿，进而提醒图斯克，他这样做实在很荒谬，宣称自己享有一定程度的独立。最后，她便以“将要出去散步”为由，换来了图斯克不得已的认可。

在外出之前，露茜在卧室柜子最下面抽屉里的旧照片中翻找了一番，一边翻找，一边不断地与她想象中的、尚未谋面的戴维・特纳先生谈论着佩仑夫人提到的那张照片。突然，易卜拉欣的一声“夫人”，打断了露茜虚构的那场对话。易卜拉欣前来询问，他们这一天的生活计划。露茜很不耐烦地把易卜拉欣打发了，然后，思绪又回到了那场她想象之中的会话。

露茜向特纳先生一一介绍着那张照片当中的人物，闲谈着她与照片当中的盖・佩仑教授如何相遇，以及有关莱顿上校家里的一些事儿。当时，她弄不清佩仑先生是对妹妹苏珊有兴趣，还是对姐姐萨拉感兴趣。露茜还谈论起萨拉和图斯克在一起工作时相处得很不错，从未发生过任何不愉快的事，而且，萨拉十分勤奋，总是永不疲倦地为那些军人家庭做她所必须做的工作。不过有时，萨拉有些嘲笑他们所在的那个英国人的生活圈子。露茜分析，这可能就是萨拉在地区总部为图斯克工作时，为什么与图斯克相处得很好的原因，因为图斯克也嘲笑在印度的“小英国”——极力排斥当地人的参与的一个自觉的封闭性的圈子。现在，在图斯克的嘴里，对任何与过去有联系的事情，从没有一句好话。“这令我觉得，特纳先生，我的整个生活都是在说谎，都是在演戏……”

露茜让易卜拉欣为她叫了一辆轻便双轮马车。路过教堂时，她想到自己已经有些时日没进教堂做礼拜了，于是，她让马车夫停了下来，等候在那里。来到教堂墓地前有顶盖的门前时，露茜想起了父亲马修・马克・路克・利特尔（Mathew Mark Luke Little）的那个荒凉的市郊教堂，以及她的出生地——父亲第一次担任教区副牧师职务的那个乡村教堂。后来，她和那一对双胞胎，马克（Mark）与大卫（David）曾接连三个灿烂的夏天都要去那个乡村住上半个月，人们开着车送他们去参加星期日的晨祷。露茜很爱父亲。她父亲是一位宠爱家人的男人，然而对她母亲却不大重视。露茜从小便同家人一起过着有条不紊的有规有矩的生活，不过，她与双胞胎的兄长相处得并不太好，他们排斥她，对她很无情，硬生生找碴儿处罚她。如果提到她，他们就叫她假小子，或光头，因为她大部分头发都被母亲剪掉了。露茜又开始与特纳先生进行她想象之中的对话：“我母亲很高兴我看起来更像个男孩而不是女孩。结果，那些星期的大部分时间里，我都待在屋内，或躲在果园里。我们所谓的果园，只是副牧师家花园后面的几棵生病的老苹果树，但在星期六午后，我过去常常坐在那里，听着父亲修剪树篱发出的声音，还有男孩们打板球的声音，以及母亲为他们加油的喝彩声。”

露茜走进墓地，从里面修剪过的草坪和清理过的墓碑当中寻找着刻有莱顿家族标记的坟墓。突然，她感觉到自己有点太无聊了，于是，转身向南面走去，走到南门跟前，刚抬脚要迈出去，与正好迈步进来的布拉布霍伊先生撞到了一起，她不由得惊叫了起来。布拉布霍伊先生半小时前从“史密斯旅馆”溜出来时，精神上的沮丧多于踌躇不决的叛逆，尽管他早已习惯了每逢星期一早晨，里拉都心态不佳，霸道专横，脾气坏透了。

这天早晨，里拉火气十足。里拉想赶紧把自己与潘迪先生（Mr. Pandey）之间的事了结掉。潘迪先生是她处理旁遮普事务方面的主要律师。里拉要布拉布霍伊先生尽早去通知斯摩莱夫妇，在他们所签的租约合同到期之前，他们必须提前从现在的租住地搬出去。他无法说服里拉，也不敢去同斯摩莱上校说迁出“山中小屋”的事。他思考着：假如斯摩莱夫妇二人不得不从小屋搬出去另外找住处的话，他们会有多难过啊——自己见到他们夫妇二人时，该怎么办呢？对这事儿，他心里实在一点底都没有，因为他既不能撒谎，也不愿意硬着头皮、冒着风险去与一个日子也许屈指可数的人提他们搬迁的事，告诉他们，他们在小屋的日子不多了，他们必须腾房，另外找住处。那样一来，很可能会引发斯摩莱上校的心脏病再次发作。

怀着忐忑不安的心态，布拉布霍伊先生骑车绕道转到市场，去了小工艺品商店，找到他的老朋友摄影师莫汉·拉尔先生（Mr. Mohan Lal），与莫汉·拉尔谈妥了去教堂为主持弥撒的塞巴斯蒂昂神父（Father Sebastian）在杂志上发表的文章拍摄一些教堂内外的照片。然后，他自己也诚惶诚恐地去了教堂，以便寻求心情的平静。教堂里十分明亮，同往常一样静穆，看起来很美丽，布拉布霍伊先生为自己能把教堂保持成这样而颇感骄傲。他坐到最前面的席位上，怀着爱心注视着神坛。年轻时，他曾经想当牧师，但他父亲，尽管是一个十分虔诚的基督徒，却坚持让他步自己的后尘去学习了旅馆业务。后来，他被老皮拉伊先生委任为了“史密斯旅馆”的经理，似乎总算心满意足了，他父亲刚来得及在死前获悉这一好事并给他写了一封贺信。

布拉布霍伊先生跪了下来，为他父亲和母亲的灵魂得到安息与让自己的混乱的思想得以平静而开始祈祷。可他发现，他的思想还是混乱多于平静，始终不能平静下来。他越是努力想做一篇忏悔辞祈求主的帮助，就有越多使他感到罪过的活动进入他的脑海：这是多么罪过的事啊！不仅仅在兰布尔（Ranpur）与一位淑女有过通奸，婚前与人有过私通，还有那些致命的邪恶淫荡思想——甚至就在这个圣约翰教堂里，一次，在苏茜小姐踮起脚尖整理圣坛上的鲜花时，偷偷看了她那美妙的小屁股。再有的罪过是猜疑、妒忌、贪欲和羡慕。还有，也许是所有罪过当中最糟糕的——怯懦。哦，主啊，他喃喃自语着。他想跪到塞巴斯蒂昂神父或某个在他想象中看起来酷似塞巴斯蒂昂神父的人面前，忏悔自己所犯下的罪过。他要说：“神父，我有罪，我放荡了一夜，不是为了生育，而是为了享受性交的快感。”结果，他脑子里却涌进了更多的不安，还想到了与里拉的性生活，里拉的不育，里拉对经期的怨言看来全是对他的欺骗。但是神父——

布拉布霍伊先生摇摇晃晃地站了起来。来干活的一帮人已经到了，而且已经开始在教堂的庭院里干了起来。他摇摇摆摆地沿着教堂内的靠背长凳朝南门走去，走到那里后，打开门，钻了出去，差点一头撞进斯摩莱夫人的怀里。斯摩莱夫人低低喊了一声。

在随后的交谈中，他获悉斯摩莱夫人之后要去俱乐部，他当即希望她今天最好不要去俱乐部那里。斯摩莱夫人没有接受他的建议，而且表示，去了之后，会在那里见到布拉布霍伊太太，因为布拉布霍伊太太的星期一多数都是在俱乐部里度过的。无可奈何之下，他希望斯摩莱夫人见到里拉时千万不要去接近她，“斯摩莱夫人！这是个坏日子……不要接近她。她在发烧。”

为了避免自己可能受到的传染，斯摩莱夫人接受了布拉布霍伊先生这一忠告，但是，她不明白，即便是布拉布霍伊太太今天发烧了，并不见得星期一就是个坏日子吧？布拉布霍伊先生用几乎绝望的语调强调，“请别接近布拉布霍伊太太。也请告诉上校大人，今晚他和我不应该欢宴。我也许也在发烧。”他对自己所说的话感到有些震惊，后退了几步。“原谅我，原谅我。我可能已经粗心大意地传染你了。上帝保佑它不是霍乱。别靠近任何人，别跟任何人说话。”

露茜乘坐的那辆双轮马车离开时，布拉布霍伊先生留在了原地。俱乐部坐落在一座小山上，坐在双轮马车里能观看到潘考特及周围的山谷的壮丽景色。双轮马车开始吃力地慢慢爬上东山。对应做的一些事情的顺序，露茜改变了想法：她将首先给易卜拉欣打个电话，告诉他，她午餐不回家吃了；晚上，她去看电影；然后，她干脆喝上一杯。午餐之后，她打算给萨拉写封信，投进俱乐部的信箱里。吃下午茶时，她可能步行去“玫瑰别墅”，看看是否能侥幸找到门耐克塔拉夫人，如果她没去俱乐部的话。

“‘玫瑰别墅’是一座很漂亮的带有走廊的大房子，特纳先生。”想着“玫瑰别墅”，露茜的思绪再一次走上记忆的小路，回到了想象之中的与特纳先生的会话当中。“它是潘考特最古老的别墅，在那里，我感到非常快乐。当莱顿家搬出去的时候，我们搬了进去，图斯克曾经被邀请在那里暂住一年或两年，因为他还没到退休年龄，而印度人非常渴望留下来的资深的英国军官在转变期间对他们、特别对军队有所帮助。在军队里，最能清楚看出，我们对印度的长期影响。当然，在 1947 年，也有许多高级印度军官是被桑德赫斯特[1]训练出来的，之中有些人，已在一夜之间成了将军。我很清楚地记得，很多很多年以前，30 多年前，图斯克和我首次到达的那个早晨。那天就和今天一样，特纳先生。他们从地区总部派了一辆车来接我们，当我们到了山路上时，我看见下面的山谷和远处的大山。这里的生活，完全不是我最初出来时所期盼的那种生活。”露茜回想起了她当年对潘考特生活的期望，以及与图斯克的婚姻。

1930 年，身为秘书的露茜在伦敦她工作的史密斯 – 科恩公司办公室，为律师史密斯先生（Mr. Smith）打了一些写给马赫瓦尔军团图斯克·斯摩莱中尉，编档保存在已故的 F.J. 斯摩莱（F. J. Smalley）名下的商务信函，之后，到法院街上将其寄出，寄到孟买一家银行，然后由那家银行转给说不清目前其身在何处的客户图斯克。不久，图斯克突然进入了她的生活。那是在 1930 年的夏天，图斯克第一次休长探亲假，要在 11 月初才回印度。一天，未经预约，图斯克就进了办公室，当时史密斯先生正与另外一位客户谈话，他说他可以等候。因此，她给他沏了一杯茶，让他坐在自己的小办公室里。面对一位来自印度的军官，她显得很激动，有点紧张。

商务信函当中的那笔固定资金，是图斯克祖父留给他的。图斯克父母死得早，没有给他留下任何钱物，他由一位叔父抚养长大，祖父老斯摩莱给他留下了这笔资金，对他受教育和在军队中的生活都有所帮助。

“如果最后只剩下我孤单一人，”露茜继续与特纳先生进行想象之中的会话，十分忧虑如果图斯克死

---

1 桑德赫斯特（Sandhurst）：即“桑德赫斯特皇家军事学院（Royal Military Academy Sandhurst，RMAS）”，英国培养初级军官的一所重点院校，位于伦敦西，曾与美国西点军校、俄罗斯伏龙芝军事学院以及法国圣西尔军事专科学校并称世界“四大军校”。

了，自己会在一种什么样的经济状况当中支撑下去，“你知道，军队给他的退休金在他死后便立即终止，更何况，他能够领取到的退休金少得可怜；如果用其在英国生活，我们的生活水准就会降到贫困线上。而且，就我所知，他从来没有买过大额的人寿保险，从不储蓄。此外，特纳先生，我很清楚，我们手头的那一点像样的资金——1949 年他年仅 48 岁就不得不退役时印度政府给他的补偿金，都早已花光了。”

露茜继续回想她与图斯克的相遇。在那之后，每天，图斯克都如约准时来见他的律师，最后一次约会，他迟到了。当他从史密斯先生办公室里出来时，看到露茜戴着帽子穿着外套，盖上了一旁的打字机，意识到自己使露茜晚下班了，于是问了露茜一句，他可否顺路捎带她一程，他要去贝斯沃特[1]（Bayswater）。此后，他们便有了约会。过了一段时间之后，他向露茜提出了结婚的请求。当时，他们彼此并没有很深的思想沟通。“在最深的层面上，我们并不知道另一个人在想什么或在感觉什么，”露茜又开始她与特纳先生那场想象之中的会话，“你可能以为，在结婚 40 年之后，我们应该已经解决了这一问题。我不认为这与我们没有孩子有什么关系，他从未因此怪罪过我，我也从来没责怪过他。我也不认为这跟印度有什么特殊的关系，不过，它肯定起过推波助澜的作用，因为当我坐下来沉思往事时，我觉得印度使我暴露出了我所有最坏的品质。”

露茜毫不犹豫地接受了图斯克的求婚。她觉得自己嫁给图斯克后，就会摆脱自己过去的生活地位和过去的一切。她甚至认为，图斯克是在拯救她。在有着严格等级层次的社会，她被自己能成为斯摩莱夫人，成为一位上尉的妻子，在英属的印度拥有自己的地位，搞得晕头转向，还憧憬着在陆军军官们用刺刀搭起的拱廊下面举行的光彩的婚礼，憧憬着将来在英属的印度与图斯克一起生活的浪漫爱情。婚后的生活现实，却与露茜的憧憬大不相同。来到印度之后，尽管她有过一些快乐时光，也到过一些她喜欢的地方，但是，她最深的感受却是事与愿违。

她与一个完全不同于她所想象的男人生活在了一起，并被困在了一个结构层次非常严密的社会环境里。生活当中，那种无处不在、招之即来的文化隔膜感，以及在英国人之间，那种紧张的等级关系，都令人难以忍受。在白人妇女当中，她的排名相当低下，在上面，是少校夫人们，如果她不了解那个大家把等级分得清清楚楚的规则，就会出丑，就会遭遇屈辱。等到图斯克成了少校之后，还有比她资深的少校夫人们，上校夫人们，更不要说准将夫人们，高高在上的将军夫人们了。这种生活氛围令她难堪，为了曾经遭遇的一些屈辱，为了图斯克的缘故，她学习了那种规则，俱乐部的规则。1945 年，图斯克升为了上校。她想，也许阳光还会再次降临到他们身上，然而，不但没有，他们甚至还不得不从“史密斯旅馆”里搬了出来。随后，大英帝国落幕了，英印关系发生了变化，白种人与解放了的有色人种之间的关系也不再同以往了，人们对他们也不再恭恭敬敬了。孤独的图斯克，对外面世界所发生的任何事都没了兴趣，人越来越显老，整日是一种病态的寡言少语，举止乖张，又极易动肝火。然而，尽管如此，尽管他们的婚姻日渐寂寞，他们却都还坚守着属于他们的那一份固执的爱。

在复活节之前的一天，露茜和图斯克出席了在门耐克塔拉上校家举办的洒红节[2]聚会。对于这个聚

---

1 贝斯沃特（Bayswater）：伦敦的一个非常活跃的地区，拥有许多开放到很晚的商店和餐厅。

2 洒红节（Holi）：时间在每年公历三四月间，是印度教的四大节日之一。因为这一节日正处于印度春季收获季节的作物即将开镰收割，冬去春来之际，所以也被称为春节。

会，对于印度人的这个春（丰收）节，图斯克原本就没有什么兴趣，在图斯克看来，这纯粹是“他们的节日不是我们的”。露茜与他截然相反，她早就盼望着参加这个盛会了，因为聚会是在她喜爱的地方——“玫瑰别墅”举行。露茜与门耐克塔拉上校的妻子库库·门耐克塔拉（Coocoo Menektara）彼此之间的私交甚好，与库库在一起，她总是感到非常愉快，尽管库库是印度人而不是英国人。每年，在“玫瑰别墅”的花园，都会举办一个洒红节聚会，用一种比较温和的庆祝形式，不像大街上那样肆意。这里的聚会办得很文雅，人们只是在手腕上和额头上涂一点蓝色、紫色和深红色颜料，象征丰收和生产的多姿多彩。

在这次聚会上，露茜被图斯克的举止弄得很尴尬。图斯克多喝了几杯之后，情不自禁地对请他做客的主人讲了一些不着边的故事，而且讲着讲着，整个人从桌子旁跌到了草坪上。在人群的骚动中，库库急急穿过草坪走向露茜，带给她了一个坏消息：看上去，图斯克有些不大对劲，有点不太妙。露茜赶过去时，看到米特拉医生跪在图斯克身边，手指放在图斯克左手腕的脉搏上，图斯克右手流着血，紧抓着一只酒杯的把手，裤子上涂满了各种颜料。随后，附近的人群开始散去了，留下来的只有图斯克、露茜、米特拉、门耐克塔拉夫妇和一些门耐克塔拉家的仆人。图斯克闭着双眼，低着头，全神贯注于恢复自己的体力，一会儿睁开一只眼，一会儿睁开另一只，似乎意识到了自己衣服上的状况后，他擦了擦他的裤腿，看了一下他的手掌。之后，米特拉医生开车把他们送回了“山中小屋”。

半小时后，露茜送米特拉医生回到他的汽车那里时，要求米特拉一定要告诉她实情。图斯克跌倒是因为喝得太多了，还是因为他的冠心病又一次轻微发作了？米特拉让露茜不要担心，问题很简单，再别让图斯克豪饮了。露茜认为米特拉并没有回答自己的问题，米特拉表示自己已经回答了，他明天再来看看，让露茜随时给他打电话。医院近在咫尺，现在，他已把图斯克留给了露茜，这本身就是一个答案。只有这样做才是最好的办法，因为图斯克喜欢他自己的家。

露茜回到卧室时，图斯克已睡着了，他脸上、手上和胳膊上虽然都已清洗过了，但仍然残留有洒红节颜料粉的痕迹，毁坏的衣服被丢到了洗衣工的筐里。露茜望着图斯克，心中的悲伤渐渐变成了愤怒，心想：图斯克是对的。这是他们的节日不是我们的。像小丑的应该是他们！

过了复活节，就是图斯克的生日。正逢星期一，他 71 岁，在故乡算不上是高龄。他没有发邀请，不过门耐克塔拉夫妇、米特拉夫妇和布拉布霍伊先生等人都送了贺卡，而且都是亲手递交的。那天早晨，易卜拉欣送来他们的茶点时，他给图斯克脖子上戴了一个芳香的大花环，上面盛开的花朵水灵灵的，他给露茜脖子上戴了一个稍微小一点的。露茜送给图斯克一张贺卡和一支与他的派克钢笔相匹配的派克牌圆珠笔。

第二天，图斯克又变成了先前那个脾气暴躁的自己。他的生日过后，4 月 17 日，一个平常的星期一，布拉布霍伊先生与图斯克趁露茜去看电影《你好，多莉》（Hello Dolly）的机会，两个人痛饮了一顿。看过这一部她已经看了无数次的电影之后，整个一星期，露茜都不能忘掉那电影中的歌曲，走到哪里唱到哪里，“哦，再见，多莉……”由于在 4 月 23 日，星期日，露茜在准备去做弥撒时，还在不停地哼唱着那歌曲，图斯克怒吼了起来，“别忘了提醒塞巴斯蒂昂神父明天的晚餐。”露茜终止了哼唱，停了下来。他们开始商量宴请的一些事宜，最后，露茜询问图斯克，“我们是在这里吃呢，还是带他去‘史密斯’？”图斯克表示自己还需要再考虑考虑。露茜希望他想好之后别忘了告诉她，而且，最好是今天，因为明天她要去做头发。

4 月 23 日，星期日，对布拉布霍伊先生来说是一个损失惨重的日子；而 4 月 22 日，星期六，对他来说，就已经是地狱了——这一天，以他与太太里拉的一场争论开始。在争论中，里拉竟然当着仆人的面，一面推搡他，一面对他大喊大叫。布拉布霍伊先生十分吃惊，也无法忍受这样的屈辱。当里拉摇摇摆摆走回房间时，他冲她喊了起来："你为什么强迫我？" 里拉怒气冲天，回了他一句："因为你是一个蠢货！" 然后，"砰" 的一声关上了房门，在屋里面继续冲他大声叫喊。里拉与大财团正在商谈着的那一笔交易，结果对她很不利，她因而责怪布拉布霍伊帮不上她的忙。布拉布霍伊指责她过于贪婪，想要攫取的太多了，结果反而失去了利润。她回击说，到时候他旅馆经理就做不成了。对此，他的应对是：很快就没有什么旅馆可管理了，因为她就要把旅馆搞垮了。

最后，简直要被气昏过去的布拉布霍伊先生想离开时，里拉送来一杯最后通牒的酒，告诉他 "我说开发就开发"，而且，要他必须写一封信给 "斯摩莱那个男人"。布拉布霍伊先生又是当即表示拒绝，再次与里拉争吵了一番。"你是管理人……给斯摩莱写信通知他离开是你的职责。你写信告诉他，当前的书面合同到期后不会将小屋的租期再延长一年了。你必须劝他另找住处，对他说从 7 月 1 日起，租期只能按周计算。到时，会提前一周通知他腾房，因为所有权者要开发那个地方。" 布拉布霍伊先生继续坚持要里拉放弃交易，表示自己不会给老朋友发一封这样的信，这样一封信会使他的心脏病再次发作。里拉坚定不移，明确表示，要是布拉布霍伊先生坚持不发这封信，她将命令管理部门着手处理这件事，她要马上去命令管理部门写信，她将签署它，看着它送出去。

布拉布霍伊先生终于意识到自己的处境已无可挽回了。里拉乘胜追击，告诉他，在计划当中的开发里，已经没有了他的职位，所以他应该庆幸自己娶了一个贪婪的富有女人。接着，里拉又以不容置疑的强硬要他今天就必须去写这封告知信函，以便在潘迪先生到达时，她好把副本拿给他看。布拉布霍伊先生只好推辞说今天自己没有时间，"教堂的事我一直要忙到星期日晚上，到星期一上午为止，是管理部门的休息时间。" 对自己眼前利益尽心竭力的里拉步步紧逼，警告说："我不会再提这封信的事了。最迟在星期一上午我签署潘迪先生带来的契约之前，如果星期一中午他不能带上那封信返回旁遮普，那他就会带回我的指令，启动离婚程序。" 随后，布拉布霍伊先生与里拉之间又是一番关于离婚问题的口舌战。

4 月 23 日，那个星期日早晨 7 点，布拉布霍伊先生骑车去了教堂，跪着做了祷告，之后，等候苏茜小姐带来鲜花。到圣约翰教堂来主持弥撒仪式的塞巴斯蒂昂神父，从旁遮普坐夜班火车过来，现在，应该已经到了。他曾希望泰米尔神父塞巴斯蒂昂会像上一位主教那样到了之后住到 "史密斯旅馆" 去。可他清楚，塞巴斯蒂昂神父会再次住进苏茜小姐提供的小平房，塞巴斯蒂昂神父不是那种追求舒适和高档住所的人。10 点钟的时候，苏茜小姐和塞巴斯蒂昂神父终于乘坐着双轮小马车来了。那双轮小马车看上去就像是一艘装满鲜花的节日小船，把苏茜小姐和泰米尔神父围在中间，与塞巴斯蒂昂神父黑亮的脸色相比，苏茜小姐那深咖啡色的脸面显得有些苍白。

前来做弥撒的露茜，在路上遇到了布拉布霍伊先生和苏茜小姐，他们一起去装饰了教堂，临近结束，露茜邀请塞巴斯蒂昂神父到家里做客，同时，还邀请了苏茜小姐。然而，在往家回返的途中，露茜开始后悔自己对苏茜小姐的邀请，后悔自己那一时的冲动或许会打破了自己以往坚持的禁忌。苏茜是欧亚血统的混血儿，尽管露茜自认为并没有什么种族偏见，然而她对不同的种族应该占据什么位置、扮演什么角色，有着自己非常独特的看法。她听说欧亚血统的人（那时被称为英裔印度人）对英国人非常忠诚，没有他们就没有印度帝国当中由办事员和下级官员组成的值得信赖的中产阶级，尤其是铁路运输服务，完全仰赖着他们。他们中的许多人，满怀着对他们从未见过也从不可能见到的故土的热爱，形成了一股抵制贿赂与腐败的有生力量。不过，尽管如此，他们也会得寸进尺，如果你给他一英寸，他就要一英里。

随后，露茜又说服了自己，不管怎么说，苏茜都是自己的一位好朋友，也是自己在潘考特相识最久的一位老熟人，何况，直到去年，苏茜都一直是“山中小屋”的定期职业造访者。早年，生活在潘考特军人营舍时，露茜就经常要到现在苏茜居住的那个屋前带有平台的小平房里去做头发。苏茜的母亲威廉姆斯夫人（Mrs. Williams）在里面开设了一家理发店，那时，苏茜还是一个孩子，不断在一旁帮忙。后来，通过长期的参与和学习，苏茜从母亲那里学得了专业美发师的技术。1947 年至 1948 年间，威廉姆斯夫人发了点小财，露茜和图斯克离开潘考特迁到孟买去时，威廉姆斯夫人尚在人间；1961 年，露茜和图斯克重回潘考特时，威廉姆斯夫人已经去世多年，苏茜继承了母亲的事业，在市集上开了一家“苏茜美容院”。由于露茜在新的美容院里感到不自在，苏茜就上门到“山中小屋”来给她做头发，带着她的现代化的手提式工具，一个月一次，露茜很喜欢这样的相聚。而且，苏茜也是一个电影迷，喜欢老歌曲，喜欢听露茜讲的那些伦敦的往事，跟露茜谈论美国电影和电视喜剧明星露茜尔·鲍尔[1]（Lucille Ball）的一些事。

露茜回到家里时，看到图斯克坐在走廊上。她想：最迟，今天，或明天，自己必须告诉图斯克有关相片和萨拉的事，有关可怜的莱顿上校的事与特纳先生即将来造访的事。图斯克看到露茜后，冲她点了点头，走开了。不远处，爱犬布洛克索睁开一只眼，然后又闭上了。四下里望去，露茜没看到易卜拉欣的人影。

露茜感到自己又累又饿。在星期日，“史密斯旅馆”午餐的食谱通常是鸡肉，露茜定过餐，并为自己要了一点振作精神的杜松子酒，然后，回到小屋，踮着脚尖，走到图斯克附近坐了下去，等着睡着的图斯克睁开眼；正当她往下坐时，图斯克已经醒来了。露茜不知道，在刚才她外出去订餐期间，特纳先生来了一个电话，现在人正在德里，通知说，他会在星期三早晨抵达潘考特。电话是图斯克接的，因为露茜事先一点没同他提到过特纳先生要来造访一事，他心中颇为不快，气恼当中还怀疑了起来，感到自己被愚弄了。所以，当露茜开口商量要他到餐厅去用鸡肉饭时，他坚持在家用餐，吃荷包蛋和吐司。露茜认为他们早餐午餐都吃鸡蛋非常不利健康，他依然固执己见，露茜只好下厨，去为他煎蛋，但看到平底锅没有清洗之后，露茜为清洗这肮脏的平底锅一事再次同图斯克争执了一番，最后气得露茜从厨房里把那平底锅朝着外面的图斯克扔了过去。

露茜清楚记得，在这之前，只有一次，她朝着图斯克扔过东西。那是在孟买大混乱的时候，在图斯克 60 岁的前一年，她用一卷卷起的《印度时报》砸向他。当时，他对她说出了他做出的一个最终抉择，一个既影响到他们的生活又影响到他们未来的决定：他回绝了公司主管建议他回家乡去履行他同公司最

---

1 露茜尔·鲍尔（Lucille Ball，1911—1989）：美国著名的喜剧女演员，好莱坞艺术生涯最长的演员之一，生前一直活跃在电影、电视、舞台、电台等各种媒体上，成了美国文化一个时代的象征。她的一些经典作品如《我爱露茜》（I love Lucy）、《露茜-戴西喜剧时间》（The Lucy-Desi Comedy hour）、《露茜秀》（The Lucy Show）等至今还时常出现在银幕之上，给观众们带来欢声笑语。

后一年的合同，那将意味着在印度政府发放的养老金之外，他还能够再从公司获得一小笔养老金。

图斯克起身捡起平底锅，只好自己到厨房里去清洗了。猛然喷出来的自来水弄湿了他的衬衣，他咒骂起来，不再要荷包蛋了，并抱怨说他不喜欢被人愚弄，一面指着一份电话记录。露茜这才知道了特纳先生来过电话一事，感到自己有些理亏，开始同图斯克商量招待特纳先生的一些事。之后。露茜去了“史密斯”的餐厅，看到从对面走过来布拉布霍伊太太，主动打了一声招呼，然后开口说道：星期三，他们将要来一位客人，希望布拉布霍伊太太能以慈悲心肠为他们的客人预留一套房间。盛气凌人的布拉布霍伊太太根本不领情，不耐烦地告诉露茜明天去找管理部门说这事，她自己还有许多其他事情要打理。其中，最想知道的是有关大剪刀的事，“大剪刀！”布拉布霍伊太太提高了嗓音，“我好心准许你的园丁使用剪草机、大剪刀、浇水壶；可今天早晨，我让我的园丁修剪花坛边缘的树篱时，他说没有大剪刀，因为你的园丁把它们拿到别的地方去了。我不允许把我的财物拿出我的房宅。”露茜表示自己对此事一点也不知晓。布拉布霍伊太太恼怒地指责她：斯摩莱上校也是这么说的，他对此事不知晓，他甚至不知道你们家有园丁的事。在离去之前，布拉布霍伊太太又恼怒至极地要求，露茜必须马上还回她那把修剪花园的大剪刀。

露茜回到“山中小屋”是下午 4 点。易卜拉欣正坐在走廊下面等她，图斯克带着爱犬布洛克索出去了。露茜对易卜拉欣说起明天苏茜小姐与塞巴斯蒂昂神父到家里来做客的事，与易卜拉欣讨论了一番他们应该为明天家中的晚宴做些什么准备，准备一个什么样的晚餐，并讨论了各种不同选项的冷盘和在轻便电炉上做鸡肉菜的一些困难。最后，露茜接过易卜拉欣为她准备的一杯水，说道：“我必须小睡一会儿，之后，我就会精神饱满了。明天傍晚，有需要你帮忙的晚餐，一两天后，有一个来宾，一个英国来的访客。明天早上，我会交给你一个购物单。期间，你能否就那大剪刀的事去做点什么？园丁一定是把它们拿到教堂墓地去了，布拉布霍伊太太对我非常生气。”

易卜拉欣把露茜搀扶到床边，帮助她脱掉了鞋子。露茜小睡了一会儿。当她醒来的时候，天已经黑了，将近 8 点钟了。她四下寻找图斯克，走进客厅，轻轻呼唤图斯克，易卜拉欣从走廊里走了进来，说大人不在家，回来之后又出去了，大人在出去之前给她写了一张字条。露茜谢过易卜拉欣，跟他要了一杯茶，然后走到写字台前，打开灯，看到图斯克留下一封信。信封背面，有一个图斯克给她的留言，说他到俱乐部去了，将在那里用晚餐，并要她到俱乐部去找他共进晚餐。随后，露茜找出图斯克的裁纸刀，裁开了那封信，正看着那封信，易卜拉欣送来了茶。露茜立刻记起了请易卜拉欣把大剪刀还给布拉布霍伊太太一事，易卜拉欣回答说：他把这事给忘了，还没有还过去。露茜又向易卜拉欣询问：图斯克知道不知道到园丁的事？易卜拉欣表示他也不清楚。

易卜拉欣离去之后，露茜继续阅读图斯克的那封信。露茜曾经请求图斯克告诉她，如果他死了，她会在一种什么样的经济状况中支撑下去。图斯克在这封信里，将他们的财务状况一一列举给了露茜，并请她放心，他早已为她精心安排好了生活的经济来源，同时表白说，对他来说，她一直是一个好女人，不过无论如何，请她不要再提这件事了，因为他没有勇气当面与她来谈论这个问题，如果非要当面讨论，他很可能会说出一些伤害她的话语。露茜十分珍惜图斯克的这一封信，把它放到了她的枕头下面，这是他们 40 年婚姻生活当中，她收到的唯一一封来自图斯克的“情书”。

4 月 24 日 7 点 15 分，露茜喝了早茶。在旅馆那边，布拉布霍伊先生听到从里拉的 1 号房间里传出来的痛苦呻吟声。15 分钟后，露茜踮着脚尖从浴室里走了出来，为了不打扰夜里没睡好现在正在熟睡的图斯克，在浴室里就穿好了衣服；之后，她便去通知易卜拉欣，她要去“西拉兹旅馆”，让他把图斯克大人的早茶推迟到 8 点 15 分。

在露茜向易卜拉欣交代他们从市场上购物的名目时，被米妮传唤的布拉布霍伊先生去了里拉的 1 号房间。在与塞巴斯蒂昂神父和苏茜小姐与托马斯先生（Mr. Thomas）一起度过了一个疲惫不堪的白天之后，他接着度过的是一个不眠的夜晚。一走进那 1 号房间的门，他看到呻吟着的里拉全然一副病恹恹的模样。自从星期六吵过架之后，他们还未说过一句话；当下，他却不得不开口了。他必须赶紧着手处理里拉的偏头痛问题，并询问里拉，要为她找哪一位医生来。

里拉继续呻吟着。忽然间，里拉追问了起来：要他写给“斯摩莱那个男人”的告知信函之事落实了没有？随后，便以不容置疑的口吻逼迫他立刻去执行，先去通知斯摩莱家，他们必须赶快另找住处，然后拿过来，让她签署。他意识到自己唯有投降，再无他法。稍后，他从自己的文件夹中取出一张“史密斯旅馆”的公文纸，开始写道：1972 年 4 月 24 日，亲爱的斯摩莱上校……这实在是一封非常难下笔的信函，他回到了自己的办公室，深感无可奈何，万分悲哀。这封信函就像授权撰写对一位老朋友执行死刑的宣告书。为了完成这份难产的雇用文书，他不断宽慰自己，这也像是在撰写对自己的终身监禁判决书。他和图斯克一样，都是现存社会制度的受害者，他将会像尾随在里拉脚后的一只小狗一样度过自己的余生，直到她认为到了赦免他的时候为止。

露茜向易卜拉欣交代了种种事项之后，便照约离开了家门去“西拉兹旅馆”做头发去了。易卜拉欣开始依照露茜的吩咐着手为斯摩莱大人准备早餐。在这时候，布拉布霍伊先生又重新提笔，继续往下写那封要交由斯摩莱上校接收的信函，通知斯摩莱上校，从 7 月 1 日起，史密斯旅馆及其附属建筑物将由新财团公司经营，斯摩莱上校最好有所准备，在 6 月 30 日之前搬出。布拉布霍伊先生花了很长时间，经过三番五次的努力才写出了这一信函文本，有待完成的只剩下供布拉布霍伊太太签署的副本，加上一个由潘迪先生中午乘火车带到旁遮普的额外的副本。

易卜拉欣在走廊的桌子上摆放好托盘之后，招呼图斯克大人来用早餐。图斯克带着布洛克索走了出来，目光落在了花园里的美人蕉上，询问易卜拉欣为什么没浇花，然后又问及夫人为什么不在家等，易卜拉欣一一给予回答，告诉他：夫人去美发师那里了，10 点 30 分回来；现在已经为大人准备好了大人需要的一切——早茶、吐司面包、4 分钟煮蛋和《印度时报》。之后，图斯克由于没有收到早晨投递的邮件，责怪易卜拉欣懒散，随后便要求易卜拉欣立刻带上布洛克索，去市集给他买一个新的剃须皂，快去快回。易卜拉欣表示自己马上照办，但不能带着布洛克索去市集，他还要采购很多东西，无法照料布洛克索，不过，他会找一个时间去遛狗的。

图斯克要走了露茜布置给易卜拉欣的采购单，又要走了露茜交给易卜拉欣的钱，然后命令易卜拉欣：你可以把这全忘掉。带狗出去遛遛，再给我买一块剃须皂。易卜拉欣争辩起来。布洛克索像是受到了一个无形的恶意暗示，开始走来走去，发出一声声悲嗥。图斯克大人猛地从座椅上蹿了出去，抓住狗项圈，把它拖进车库，上了锁。回来之后，对易卜拉欣说道：“你被解雇了。”易卜拉欣叹了口气，将双手放到背后，顺从地说道：“好的，大人。但先要为夫人购物，再被解雇，然后付三个星期应付的工资。”接下来的事情令他惊诧不已，图斯克大人从裤兜里掏出皮夹，数了一沓儿钞票递到他手里，说道：“立即滚开。收拾好你的东西滚蛋。”在离去之前，易卜拉欣小心翼翼地询问了一句：今晚夫人将怎样安排四人的晚餐？图斯克大人回答他，“这不关你易卜拉欣的事。你认为你是谁？我已经付清了你的工资。滚开，滚蛋，别再惹我火。”

易卜拉欣只有离开了，看了看他的手表：9时15分。他在“山中小屋”等候了一会儿，以防万一大人喊叫时为他提供帮助，但是，他听到的唯一声音是来自布洛克索的呜呜声。在小房背后，他碰到了对面走过来的米妮。米妮硬生生把一封给斯摩莱大人的信函交到了他手中。易卜拉欣把那封信函放到了早餐桌子上，说了一声，“来自经理部的。”

易卜拉欣多少猜到了那信函里写的是什么，然后，自己躲到了房间里。听到布洛克索用力击打着车库的门的声音，他躲在房间里等了一会儿，接着听到图斯克大人的大声喊叫，“母狗！该死的母狗！”接着是那张藤椅向后移动的摩擦声。易卜拉欣微笑着从后门走了出去，发现在车库后面修理浇水罐的园丁约瑟，上前说道，“甭管它了。我们被解雇了。”15分钟之后，他和约瑟蹲在“西拉兹旅馆”外面，带着铺盖卷和有标记的行李，等候着露茜夫人的出现。图斯克的死亡可能发生在9点30分左右。因为布洛克索始终嚎叫不停，布拉布霍伊先生为了里拉的缘故前去处理，发现了躺在美人蕉花坛那里的图斯克，睁着眼睛，脸色发紫，伸着一只手，手里抓着那封信函。

现在，“山中小屋”完全处于一种被包围的状态。电话铃声不断。客厅的桌子上铺满了易卜拉欣引领进来的那些仆人们递送来的吊唁信。图斯克曾经有过很多朋友。有许多朋友登上门来慰唁露茜：门耐克塔拉夫妇、米特拉医生和夫人、托马斯先生、苏茜和塞巴斯蒂昂神父……在告辞之前，库库·门耐克塔拉邀请露茜当夜到他们家里去与他们同住，且一再表示，只要露茜情愿，她想在他们家住多久就住多久。露茜婉言谢绝了，她宁愿住在自己这里。接着，米特拉医生又向露茜发出了邀请，露茜再次谢绝，并请大家放心，自己没关系。

苏茜、塞巴斯蒂昂神父和易卜拉欣一直在厨房里忙活着。当露茜表示她想去就寝时，苏茜希望陪伴露茜度过此夜，希望露茜能让她留下来，露茜十分感谢，不过，她只请求易卜拉欣留了下来。在图斯克生病时，易卜拉欣就是这样做的，那样，她心里会感到踏实一些。苏茜和塞巴斯蒂昂神父依照露茜的意思办了，做了一番安排之后就离去了。

半夜里，露茜醒来，轻轻下了床，穿上睡衣和拖鞋。记忆中的事物令她伤心欲绝。图斯克的床上已经不见了图斯克，她走过那空床，走进客厅，放轻脚步，借助来自卧室的亮光，她看到在几乎快熄灭的壁炉两旁蜷缩着两个裹着毛毯的形体，一边一个，米妮和易卜拉欣。她悄悄从他们身旁走过去时，吃惊地看到了背靠墙壁蜷缩着的第三个形体，花匠约瑟。他们三个人全都留在了这座房子里！面对这样一个动人场面，露茜对自己说：我绝对不能哭，我一旦哭起来，就会哭泣不已，而那样又有什么用呢？有太多的事需要考虑，处理。她走进黑暗的厨房，站在那里，辨认出了白兰地酒瓶和一只玻璃酒杯，拿起来那酒瓶和酒杯，她小心翼翼地穿过客厅往回走，生怕惊动了那三个熟睡的守夜人。

露茜为自己倒了一杯价格不菲的白兰地，坐到死去的图斯克的那张床上啜饮。现在，她要为了明天图斯克的葬礼和自己未来的孤单而生活下去。她吞下一口白兰地，挺直身体，往后靠了靠，头倚靠着墙，扫视着空空的房屋，然后闭上了眼睛。她知道，自己必须强打起精神，以最大的限度控制住自己，陪伴着图斯克走到墓地。她又吞下一口白兰地，她知道自己必须忘却这一切，而一时又不知道如何忘却，脑海里依然装满了对图斯克的拂之不去的记忆，最后，在白兰地的作用下，她开始对亡夫图斯克饱含真情地倾吐出自己的无奈与孤寂：

你为什么留下我？为什么把我留在这里？我害怕孤独，图斯克……从今往后直至末日，我都将会形单影只……无论我做什么，醒着，睡着，孤独将永远陪伴着我，我即便承受不了却又不能哭泣……图斯克，我闭上眼睛伸出手，求你了，图斯克，求你抓住我伸出的手，把我带走吧……啊，图斯克，图斯克，图斯克，你怎么可以自己回家而把我一个人孤独一人抛在这里呢？

作者生平与创作生涯

保罗·斯克特于 1920 年 3 月 25 日出生在英国伦敦北部郊区的帕默斯·格林（Palmers Green），父亲是一位时兴服装广告艺术家。他自幼喜欢读书，喜欢欣赏音乐，后由于父亲生意萧条，16 岁时，在温切摩尔西尔学校没有毕业就不得不中途退了学。辍学之后，他希望自己成为一名诗人，然而，为了在经济上给家庭一些帮助，遵循父亲意愿，他进了一家会计事务所，之后，通过晚上的学习，他通过了会计师考试，成了一名职业会计师。业余时间，他坚持诗歌写作，并大量阅读诗歌及其他文学作品，其中英国唯美主义作家奥斯卡·王尔德（Oscar Wilde，1854—1900）的长篇小说《道林·格雷的肖像》（The Picture of Dorian Gray）对他产生了长远而深刻的影响。

第二次世界大战期间，他应征入伍，在国内做了几年情报军士。1941 年（21 岁），他出版了诗集《我，吉隆特斯》（I，Gerontus），同年 10 月，他与护士、后来成了小说家的伊丽莎白·埃弗里（Elisabeth Avery）结了婚，婚后，他们生育了两个女儿。

1943 年（23 岁），他被派往国外，前往印度孟买，在印度陆军中任职，1943 年至 1946 年间，他的服役地点除了印度，还有马来亚。在印度孟买服役期间，他染上了阿米巴病毒，直到 1964 年才被诊断出来，这一疾病，对他的生活和他的写作风格，均产生了显著影响。

1947 年（27 岁），印度独立之后，他回到家乡英格兰，定居伦敦，为格雷出版社工作，担任秘书，并开始写作剧本。1948 年，他的剧本《盐的支柱》（Pillars of Salt）上演之后，获得成功，赢得了“犹太剧本创作竞赛奖”，并与其他三位获奖者共同出版了《四部犹太剧》（Four Jewish Plays）一书。1950 年，他出任珀林格尔和海厄姆出版公司的主管和文学经纪人，成功出版了“愤怒青年”作家约翰·布莱恩（John Braine，1922—1986）等人的作品，与此同时，他自己也出版了一系列小说作品。

1952 年（32 岁），在遭遇了 17 家出版社的拒绝之后，他出版了首部长篇小说《约翰尼先生》（Johnnie Sahib），这部根据第二次世界大战期间他在印度各航空基地的经历写成的小说，讲述了印度士兵与大英帝国的白人主人之间的关系，展示出了优秀的对话技巧，为他赢得了艾尔和斯波蒂伍德文学研究基金奖，令他在文坛上崭露了头角。

1953 年，他出版了第二部长篇小说《陌生的天空》（Alien Sky），继续以印度为题材，围绕着种族、占有和历史问题，讲述一位生活在印度剧烈变迁之中的大英帝国的子民的故事，1956 年被改编成广播剧，在英国广播公司连续播出，后来，又被改编成了电视剧本。

在印度服役的人生经历和在印度的生活经历，深深烙印在了保罗·斯克特内心深处，之后，他创作的一系列小说作品，也全都是描写与印度有关的人物和事件，不是故事地点直接发生在印度，就是以印度为背景，其中包括长篇小说:《一个男孩》（A Male Child，1956）、《勇武的马克》（The Mark of the Warrior，1958）、《中国的爱情亭》（The Chinese Love Pavilion，1960）和《天堂之鸟》（The Birds of Paradise，1962）。

1960 年（40 岁），他辞去了在出版公司的要职，开始将自己全部精力投入创作当中，专职写作。1963 年，他当选为英国皇家文学院院士，并出版了长篇小说《折弯机》（The Bender，1963）、《桑·菲利欧的走廊》（The Corrida at San Felíu，1964），将故事背景暂时转移到了欧洲。

1964 年（44 岁），他前往印度，旧地重游，收集资料，回来之后，继续以印度生活为背景，创作出了他的代表作“统治四部曲”（The Raj Quartet，1966—1975）中的第一部，故事内容，重新回到印度题材的创作轨道上。此后，他又两次重游印度；加上 1943 年的服役，至 1972 年间，他先后四次前往印度。

1966 年至 1977 年间，他以大英帝国殖民主义者在印度统治末期的生活为创作题材，连续创作出五部有关印度生活的“印度之歌”。这一史诗般的系列长篇小说，令他名声大噪，名扬世界文坛。其中包括“统治四部曲”中的《王冠上的宝石》（The Jewel in the Crown，1966）、《蝎子的日子》（The Day of the Scorpion，1968）、《寂静的塔》（The Towers of Silence，1971）、《分赃》（A Division of the Spoils，1975），以及尾声《滞留》（Staying On，1977）。这一恢宏的 5 部作品，在 1984 年伦敦图书销售理事会开展的第三届“我们时代的最佳小说”评选活动中，与杰罗姆·戴维·塞林格（Jerome David Salinger，1919—2010）的《麦田里的守望者》（The Catcher in the Rye）、威廉·戈尔丁（William Golding，1911—1993）的《蝇王》（Lord of the Flies）一道被列入 30 部“战后最著名的文学作品”之列。

前四部，情节紧密关联，着力从个人道德层面入手，用不同视角，描写了生活在殖民和后殖民时期风云变幻的印度次大陆的形形色色的人物和他们的内心世界，富有表现力地讲述了第二次世界大战末期与结束之后，1942 年至 1947 年间，大英帝国在印度统治的末期，英国人与印度人之间的关系，不同期望值之间的冲突，浸透了一种沧桑的历史意识，成为后殖民时期西方英语世界反思和总结殖民时期英印关系亦即东西方关系的最重要的巨著，对大英帝国在印度统治的结束做出了全面而清晰的总结——大英帝国关于印度的殖民抱负被“证明是一场梦想而已”，对殖民时代东西方关系和文化交往进行了深刻的艺术反思，并真实地再现了那一时期的历史。作为尾声的《滞留》，使他最终圆满地完成了整部小说的主题：大英帝国的落幕，印度是印度人的印度。这五部长篇小说，丰富多彩地塑造出了一系列统治者与被统治者的群像，影响深远。

《滞留》故事背景发生在1972年的印度，主要人物不再是皇皇巨著“统治四部曲”人物的延续，别具一格地对常年滞留在印度次大陆的英国人的复杂心态进行了细腻入微的描写，集中讲述了印度独立之后的英国人和解放了的有色人种印度人之间的关系，用一种平稳的叙述口吻和清晰的散文风格，讲述了曾经在《分赃》里稍稍提及过的原大英帝国的军官图斯克·斯摩莱（Tusker Smalley）上校和他妻子的故事。讲述他们在退休之后，继续“滞留”在小山城潘考特的辛酸而落魄的生活。当他们的殖民者的优越身份丧失之后，他们大不同前的生存状况，印度独立带给他们的心理冲击，道出了“滞留”在前殖民地大半生的英国人的无奈和孤寂，以及那种难以融入东方世界的真切而又长久的文化隔膜感，那种思念英伦半岛的浓浓的乡愁。小说出版之后，反响强烈，令他名满文坛，因其艺术地反思殖民时期的英印关系对于后殖民时代英印关系的深刻影响，当年，问鼎了第9届英语文学界最有影响力的布克奖。1981年，这部小说被加拿大著名导演西尔维奥·纳里扎诺（Silvio Narizzano，1928—2011）改编成了电影，搬上了银幕。

在20世纪英国文坛上，保罗·斯克特是一位历史意识丰富的小说家，是继罗德亚德·吉卜林[1]（Rudyard Kipling，1865—1936）、爱德华·摩根·福斯特[2]（Edward Morgan Forster，1879—1970）之后，一位有关印度文明的书写大家；尽管到了有生之年的晚期才享誉文坛，成为一名举世公认的文学大师，但他对世界文学的贡献却是深远的。

1976年至1977年的秋季，保罗·斯克特应邀前往美国俄克拉荷马州的塔尔萨大学做访问学者，在那里教授写作和现代的文学。在这一期间，他罹患上了结肠癌，再加上由于抽烟和酗酒，健康状况每况愈下，愈来愈糟，最后引起了肝硬化。1978年3月1日，他因肝硬化和结肠癌病逝于伦敦，时年仅57岁。

主要参考资料：

Staying On, by Paul Scott, Publisher: University Of Chicago Press, 1998.

The Oxford Companion to English Literature Revised Sixth Edition, edited by Margaret Drabble, Publisher: Oxford University, 2006.

1 罗德亚德·吉卜林（Rudyard Kipling，1865—1936）：蜚声世界的英国短篇小说大师，作家和诗人，1907年诺贝尔文学奖获得者。其代表作长篇小说《基姆》（Kim，1901）以印度为题材，通过一个孤儿的经历，生动地展现了印度方方面面的风土人情，将哲学思考与冒险遭遇混合起来，塑造出了一个个令人过目难忘的人物。

2 爱德华·摩根·福斯特（Edward Morgan Forster，1879—1970）：20世纪英国著名作家，一生创作了6部长篇小说，最著名的是《霍华德庄园》（Howards End，1910）和《印度之行》（A Passage to India，1924）；其中的《印度之行》最受欢迎，也流传最广，浸透着浓烈的人文主义气息，竭力表达在大英帝国殖民者和印度人民之间建立一种和谐友好的关系的渴望。

1978年 | 第10届

011 大海，大海［英］艾丽丝·默多克

The Sea，the Sea by Iris Murdoch

◎ 原著共 8 章，以“历史背景、往事、后记”的结构和优美的文笔，意识流的表现手法，讲述了“我”的心灵探索之旅：“我”只身隐居海边一幢遗世独立的老屋反省人生，却又不幸陷入了臆想的陷阱和自我主义的旋涡，导致“我”执着求“善”的道路困难重重……

“我”，即功成名就的戏剧导演查尔斯·阿罗比（Charles Arrowby）。本文在下面的讲述用第三人称。

英文原版封面

艾丽丝·默多克

（Iris Murdoch，1919—1999）

艾丽丝·默多克被视为当今英语世界最伟大的作家之一，是第一个将叙事艺术与专业水准的哲学思考结合起来的才华横溢的哲学家兼小说家，被誉为“女莎士比亚”，与 2007 年诺贝尔文学奖获得者多丽丝·莱辛（Doris Lessing，1919—2013）齐名。

有评论认为，其作品才思敏捷，善于运用艺术的想象展示人生的经验和现实的本质，以哲学家的头脑品味人生，追求善的真实性，探讨人与人之间复杂而紧密的关系，在生动的故事之外，有极强的哲学延伸性。

《大海，大海》[1]（The Sea，the Sea），因其**成功地对伦理道德哲学进行了一次具体而微的戏剧化阐释**，于 1978 年问鼎了第 10 届英语文学界最有影响力的布克奖。

---

1 《大海，大海》（The Sea，the Sea）：书名出自古希腊作家、历史学家色诺芬（Xenophon，约 427 B.C.—355B.C.，一说431 B.C.—350B.C.）的《长征记》（Anabasis），其中描写到有一次战争打到地中海边，士兵们见到海而狂呼“大海，大海”。

查尔斯提起笔来的时候，面前的 5 月的大海在温和的阳光下泛着红光，而不是闪烁着耀眼的粼粼波光。潮汐已经平复，海水悄悄地吻着陆地，几乎不起一丝涟漪或泡沫。远处，靠近水天相会的地方，海面呈现出那种极其绚丽的紫色，簇拥着一道道整齐的翠绿色细浪；近岸，从他的位置看过去，一堆堆凹凸不平的黄色礁石的海域内，是浅绿而清冽，不太清晰、幽暗而不透明的轻浪水带。他刚写毕打算用来作为回忆录第一段的文字，就发生了一桩极其离谱极为恐怖的事，即使到现在已经相隔了一段时间，他依然无法对其加以描绘。

他要写一本回忆录。他生命中的大事件都已经过去了，唯一留待他去做的只是“在静思中忆往[1]”。现在，他誓言要弃绝魔术，成为一个隐者，除学习怎样变得善良以外，什么都不干。人生的最后，本来就应该有一段沉思的岁月。所以他必须写作，以一种完全不同于他以往的写作方式——以往他刻意涂鸦的尽是一些应景之作；如今，他要思考自己是谁的适当时刻终于到了，他要使用属于他的“文学形式”，不去讲究什么文笔优美，随着自己一路漫笔，反省自己在世界里做过的事，忏悔以自我为中心的人生。

查尔斯写这些文字时已经超过 60 岁了，独身一人。他没有妻子儿女。没有兄弟姐妹，是一个众所周知的被虚幻之名装点得闪闪发亮的光棍儿。很久以前，他就决定自己一旦年过花甲就主动退离剧院。对剧院，他其实早已生厌了，早已受够了，他觉得，如果再继续待下去，他的心灵将会凋萎，他将会失去某种到现在为止一直耐心陪伴他走过人生的东西，如果自己再不去在意它，它就会离他而去了。他想起堂弟詹姆斯·阿罗比（James Arrowby）说过的关于人的有些道理的事儿——有些人在他们的人生收场时穴居在洞穴里。那么这里，此地，就是他的洞穴了。

在这一离群索居的洞穴，眼下，他正过着挥别过往的一种惬意的退休生涯，不希望任何人和事来干扰。他希望，至少，可以逃离自己往日生活当中的那些旧情人。这天，他又去游泳了，不过，仍没找着最为合适的下水点，他干脆从离他那幢房子最近的礁石上跃入了水中。他是一个技巧娴熟的大胆泳者：即使面对大自然的狂野也毫不畏惧。这一天，虽说涌浪还算温和，可爬回到礁石上，还是比较困难，那些礁石并不很陡峭却长满杂草，上面滑溜溜的。最后，他手脚并用，总算攀了上去，然后在阳光下喘气，这时他发现自己的膝盖和手正在流血。

1 在静思中忆往（Recollection in tranquillity）：原是英国“桂冠诗人”威廉·华兹沃斯（William Wordsworth，1770—1850）的用语，他用这句话来说明诗的产生过程，认为，在静思中回忆往事，可以让往事产生一种不同的意义。

自从抵达这里之后，他一直享受着裸泳的乐趣。感谢上帝，这个礁石遍布的海岸，对携带孩子们的游客没有没吸引力。他听说它被称为一个险恶的海岸，但愿它一直被这么认为。在接近他那幢房子的地方，海水把礁石冲蚀成了一座弓形的桥，其下方是一个很深的洞窟，海浪轰鸣着涌入，怒吼不绝。站在石桥上，凝视着那翻腾的激浪在密闭的岩窟里涌进涌出，带给他一种奇妙的享受。午餐过后，他又躺到房子和石塔之间的"石桥"上，打发下午的部分时光，看着下面礁石上那些将自身拍得粉碎的阵阵怒涛，听着那些震耳欲聋的轰鸣。他从明信片上了解到，"石桥"下面被礁石围住的水域被称作"米恩的大锅"（Minn's Caldron），他曾向杂货铺的老板娘打听这名称的来历，可没人知道。

又一天过去了。抵达这里之后，至今，他都没收到过一封信，自然是他的前秘书卡夫曼小姐（Miss Kaufman）将那些日渐减少的业务邮件都扣在了伦敦。他想要得知的应是有关莉奇・谢瑞尔（Lizzie Scherer）的消息，而莉奇很可能正在远游。他继续对那些礁石进行探究，现在，他不仅仅是一幢房子和这些嶙峋礁石的拥有者，而且还是一座毁坏了的圆形炮塔的拥有者。他很想修复一下这座石塔，只是苦于囊中羞涩——买下这幢海滨别墅，已花去了他大半的积蓄。不过，好在他享有一份不菲的退休金——这一点还要归功于多年前他亲爱的女人克莱门特・梅锦（Clement Makin）的经济头脑。

他的这幢房子"什鲁夫海角"（Shruff End）是一幢有两个正门的砖结构别墅，屹立在孤零零的小海岬岩岸上，显得很另类，不知道是哪位异想天开的人建造的，建造年代似乎可以追溯到 1910 年。从当地消息灵通人士的嘴里，他听说"什鲁夫"是"漆黑"的意思。这幢别墅破旧不堪，没有任何舒适生活的现代设施，尽管有自来水和主排水道，但里面潮湿，没有电，没有供暖系统，做饭要用液化气，而且距离村里的杂货铺有 2 英里的路程。没有人将他所需的货物送到这偏僻的海角屋来，一切生活必需品都要他自己去那里采购，包括牛奶。房子的结构也有一些古怪，不过他还是很喜欢这地方，对房子的种种缺陷并不较真。村里那些热心的"邻居们"告诉他，这里冬天会很冷，暴风雨也多；不过，他们根本不知道，他有多么热切地期盼暴风雨来临，多么期盼惊涛骇浪把他的家门拍打得砰砰响。

海角屋的两旁都是绝壁的栈道，从楼上朝向大海的窗户望出去，满眼都是大海。房子前面有一条路，被称为"海滨路"，是一条碎石柏油路，路的中央很容易生长一些野草，即使是在 5 月，路面上也很少见到机动车。沿"海滨路"往右拐，道路蜿蜒，通往下面的一个海湾，那海湾很秀美，依上面一幢名为"莱文饭店"的建筑之名而被人们称为"莱文湾"（Raven Bay）；从海角屋左侧走下去，"海滨路"会经过一个异常狭窄的隘口，过了隘口，能走到一个规模较小的碎石滩，是这一区域唯一的海滩，也是最初把他吸引到这个海滨来的一个原因。其他地方的海水都很深，不管涨潮还是退潮，海浪都会打上礁石。

这个村庄名叫纳罗蒂恩（Narrowdean），有几条街道，街道上基本上是石头建造的小屋，还有一些依山而建的平顶房和一家杂货铺。在这里，他买不到《泰晤士报》，买不到电池，也买不到肉食，但他并不因此而抱怨。每当站到海角屋外面看过去，总有一种异样的让他心满意足的神秘感。那大海多么浩瀚，多么空寂，是他一生都在渴望的辽阔空间。不过，每当他身居被遮得幽暗的海角屋房内时，不知怎的，房内那黄色的光线，又总令他无限伤感地回想起童年的时光。而且，这里的一切，似乎也并不总是像他当初想象的那么怡人和抚慰心灵。当他游完泳上岸时，就屡屡遭遇困难；另外，这海角屋在一个孤零零环境中也显得有些格外不协调，氛围更是异常的冷冰，再加上它原来是有自己的"历史"的，甚至可能会闹鬼。

至今还是没有来信。眼下，他该上床睡觉了。他从未蒙受过对夜晚的恐惧，从孩提时起，他就从不惧怕黑暗——“惧怕黑暗是一种迷信，信奉上帝的人不会受这份罪。”母亲的这一话语早就烙印在了他脑海里。他不需要上帝的佑护，他的父母就是抵御各种恐惧的绝对堡垒。而今，他突然感到有些不安起来——因为这是他平生第一次实实在在的独守夜晚的黑暗。以往，无论是在幼年时期的家中，在地方上的剧院的单身宿舍，在伦敦的公寓，在旅馆，还是在那些大城市里的出租房间，他始终都生活在喧闹繁忙的环境当中，从未像现在这样，孤零零的一人独处。海角屋是第一幢属于他的房子，也是他第一次名副其实地置身于离群索居的场所——是他一生都在朝思暮想的栖身之处。然而，即使是在无风的夜晚，这幢房子里也会到处充斥着窸窸窣窣的响动，夜晚，他躺在床上，好像能恍惚听到头顶阁楼传来的脚步声，或是楼梯平台珠帘轻微的声响，似乎刚刚有人偷偷摸摸跨过它。

一个念头突然冒进了他的脑海，他想重提他在海滨遭遇的那一难以释怀且极为恐怖的经历：当时，阳光灿烂，海面很安静，他坐在那“悬崖”上的礁石上眺望着海面，在这之前不久，他曾专注地望着一个礁石中的水潭，仔细观察着一条奇怪的海生虫，那虫子，呈淡红色，身子细长，隐约可见毛刺，盘成奇怪的圆圈；后来，它消失在一个小洞里。随后，他坐直身子，然后转身面朝大海，阳光分外晃眼，大约 2 分钟之后，当他的眼睛刚一适应强光，他便看到从水里冒出一头巨兽，头上隆起，类似蛇头，绿眼睛，大张的嘴露出牙齿和淡红色的口腔。那巨大怪物的头部和脖子闪烁着蓝色的光辉，过了一会儿，那怪物忽然又整个消失了，在它消失的地方，除了一个激得水花飞溅的大漩涡之外，什么也看不见了。这一情景带给他的震惊和战栗令他足足有好一阵无法动弹，他想逃离开来，生怕那怪兽再次现身，爬上陆地，然而，他的双腿就是不听使唤，他的心脏狂跳不已，哪怕稍微动一动都有昏厥之虞。过了一会儿，大海恢复了平静，也没再发生什么其他的事情，他终于站了起来，慢慢地走回他的房子，走上楼梯，在起居室里坐了一会儿，来调整自己的呼吸。基于没有消退的恐惧，他不敢坐到自己惯常坐的那个临窗的地方，而是坐到了靠内室墙壁摆放的小桌旁，然后，将头靠在了墙上。

现在回想起那桩事，他分析，也许自己真的看到了一头科学上前所未知的海中怪物，然而，后来他又认为，最为可能的解释：那也许是一次光的视觉影响，是自己的一种幻觉。尽管那巨兽与他先前关注的那条奇怪的淡红色海生虫大相径庭，然而出于恐惧感，二者便有了错位的相似性。他回想起几年前，一次，为了让某一个女人高兴，他像白痴一样用了一剂“LSD[1]”，体验了一次“灾难性的旅行”，那种精神效果，是一次道德和心灵的扭曲，产生出来的惊恐和龌龊离奇的幻觉，使他现在回想起来都羞于启齿。好在，他既不是酒鬼，也没染上毒品瘾，一般情况下，他不喝烈性酒，在美国时也只是偶尔抽几口“麻醉品”。那次之后，他再也没碰过致幻药 LSD，也没留下什么后遗症。

又过了两天。写出了自己所遭遇到的那头海中怪兽之后，他能睡上好觉了，恐惧感也随之消失了。他断定阁楼上的“脚步声”是老鼠们的。又一个阳光和煦的日子，还是没有来信。他再次到碎石滩游泳，从水里爬上岸时，依然费了一番周折，一波接一波的海浪，不断从身后将他淹没，他的一只脚还弄破了。

---

1 LSD（Lysergic acid diethylamide）：即致幻剂麦角酸二乙酰胺，一种迷幻性最强的药物，最为强烈的精神药品之一，影响人的中枢神经系统，可引起感觉和情绪上的变化、对时间和空间产生错觉、幻觉直至导致自我歪曲、妄想和思维分裂。

现在，他开始撰写他的自传。他的祖父是林肯郡（Lincolnshire）的一位在市场上做买卖的人，有两个儿子，亚当（Adam）和亚伯（Abel）；他叔叔（亚伯）比他父亲（亚当）更受宠，也更幸运。他的堂弟詹姆斯跟他一样，也是一个独生子。他的父亲亚当被放任自流到沃卫克郡（Warwickshire），在当地的政府部门里任职，是一个坐办公室的职员。他的叔叔亚伯，是一名出席林肯郡高级法庭的成功律师，住在乡间一幢显示显著地位的大房子里，娶了一位女继承人，一位漂亮的美国姑娘，后来一家人迁居到了伦敦。他父亲娶了一位在某个农场当秘书的女人，一位不折不扣的福音派新教会的基督教徒。当然，他父亲也是一位基督教徒，他本人也同样如此。在他早年的记忆里，他母亲是一个非常坚强的人，他们一家三口彼此相爱，彼此愉悦，一起过着乡下气的、寂寞的、窘迫的生活。

又是一天。他没有去游泳，觉得有点抑郁，然而，丰盛的晚餐又让他情绪高涨起来，还喝了一瓶有松香味的希腊葡萄酒。深夜，他坐在楼上，点上油灯，继续他的自传。他出生在英格兰中部埃文河畔斯特拉特福（Stratford-upon-Avon）的阿登森林（Forest of Arden），直到 14 岁才第一次看到大海。说起来，他的一生，要感谢莎士比亚。在学校里，有一位教师——麦克道威尔先生（Mr. McDowell）是个莎士比亚迷，影响了他的生活。他们经常去观看演出，什么都看，有时，麦克道威尔先生还为他付费。麦克道威尔先生向往舞台生活，却未能实现当演员的梦，因而将他视为自己实现舞台梦的得意门生，还带着他与其他一些男孩一起到威尔士（Wales）海边度过了一个星期。现在回想起来，那是他度过的最重要最愉快的一星期。麦克道威尔先生在他身上花费的心思没有落空。17 岁时，他父母希望他上大学，尽管担心承受不起那笔开销。最后，他却违背了父母的意愿（这成了他今生最伤感的一件事），凭借自己获得的一笔奖学金，选择了在伦敦的一所戏剧学校。在那之后，剧院变成了他的家，甚至在战争期间，他也没有失去舞台。因为肺上的一个斑点，他离开了武装部队，而那一斑点，不久便自行消失了。稍后，他为此感到十分遗憾。

近来，他一直在扫除房屋。他清扫了门廊和台阶，清洗了厨房里的大石板，还擦亮了门厅里的大椭圆镜。在那镜子前，他凝视着自己。他是一个经常被拍照的男人。他常常觉得，自己的长相，与父亲相似，但是父亲看起来既和蔼又质朴，而他呢，看上去却与这二者完全相悖。因为非常疲乏，这天，他早早就上床了。他想，写有关剧院的生活不是一件太容易的事；干脆，直接说说克莱门特・梅锦。

正是由于克莱门特的缘故，他才搬到这偏僻的海滨来的——这儿是克莱门特的故乡，不过他们从未结伴拜访过这里。克莱门特是他的第一个情妇，他们相遇时，他 20 岁，她 39 岁（或许是）。部分因为他所爱的女人弃他而去，部分因为他那清教徒似的教养，那时他还是一个童贞男子，直到克莱门特像一只鹰似的将其夺了去。克莱门特是一个伟大的演员，女人总是在演戏。克莱门特根本不像人们所想的那样，她的狂热崇拜者和她的死敌，二者都没能对她做出正确的评价。为了自己所爱的人，克莱门特总是进行冷酷无情的战斗，然后，她就变得很无耻。为了他们，她撒谎、欺骗、蔑视公正和人心。克莱门特爱他，他自认是克莱门特塑造了他，虽然没有克莱门特，他自己也会塑造自己。愿上帝保佑克莱门特那烦乱不宁的灵魂得到安息。

对于自己的舞台生涯，他感言道：真实的情感存在于人性的最底端或最顶端，介于二者之间时，那就是在演戏——这就是为什么整个世界就是一个大舞台，以及戏剧为什么受到欢迎并因此得以存在的原因。最写实的戏剧，在一定程度和一定方法上，都属于日常生活的谎言假象，剧作家们，不过是一些不光彩的谎言家，除非他们非常出色。戏剧凭着它奇异的魔力向人类进攻：那些演员们，把观众像敌人一样来对待，哄骗他们、麻醉他们、钳制他们，搞得他们瞠目结舌，目瞪口呆；观众席，是不得上诉的法庭，观众是必须讨好哄骗的对象；作为舞台导演的他，由此成了攻击者。现在，他坐在阳光下，眺望着那平静浩瀚、温柔可爱的大海，远离尘嚣，享受着那种终于摆脱出来的自在，过去的那一番忙碌，现在看起来，多么地庸碌，多么地刻毒伤人。

剧院是一个令人着魔的地方而非温柔梦乡。他自己（也逼迫着他人）一直像魔鬼一样地工作着。作为一名演员、导演和剧作家，他当然也经历过彻底的失望、虚耗时间以及迷失方向；在他“成绩斐然”的职业生涯当中，包含了众多的失败和穷途末路。举例来说，他在百老汇的表演，就全部是以失败告终的。作为一名演员，他失败了；作为一名剧作家，他停笔了。只不过这一切，都被他作为导演的功名掩盖了起来。如果说，绝对的权势滋生绝对的腐败，那么他一定是最为腐败的一分子。一位舞台导演，是一个独裁者——如果不是，就是没有尽职尽责。他以铁面无私著称，而且行之有效。只要他在场，演员们个个都必定眼泪汪汪，神经高度紧张不安，而且，他们当中大多数人都喜欢他这样——他们既是自虐主义者又是自我陶醉者。在他职业生涯早期，他指导过克莱门特；不过，他从不凭自己的权势硬性让女人上床，他在乎的是戏剧而不是女人。他认为他的性欲不是很高，没有性事他也照样生活。某些观察家因为他没有长久的情人，认为他一定是一个同性恋者！然而，他一向嫌恶脏乱龌龊的东西，也讨厌串通一气的男人，用嘴干肮脏猥亵的事。

在他的一生当中，他实实在在地动情去爱只有一回，除了那一次，他从未考虑过婚姻之事。在那次之后，他便遇到了令人叫绝却无法分类的克莱门特，迷得他神魂颠倒。再后来，他也遇到过几个非常可爱的女人，但是，他不是一个适合女人的人。他一向专注于本职工作，在其中自重，并同样要求他人。

正当他坐在海角屋外面草坪的石凳上撰写上述文字时，发生了一桩难以说清缘由、颇为古怪的事：屋内架子上的一只大花瓶无缘无故掉在了地上，摔得粉碎，令他百思不得其解。后来，他去了一趟村里的杂货铺，踏进了那附属于杂货铺的邮局，终于放弃了自己的定规，向打理邮务的女士打探起有关自己的邮件之事，又到人家告知的那个地方，拿到了卡夫曼小姐给他转发过来的朋友们的来信。这其中，他最盼望读到的，是莉奇·谢瑞尔的回信。

自从来到这里之后，他本下定决心不再为人际关系烦恼，认为这种烦恼，往往出于空虚。然而，不知出于什么动机，他却还是给莉奇寄过去了一封信。莉奇原本差不多根本配不上一个演员的称谓，莉奇的成功，完全在于他对她的造就，是他帮助莉奇超越了她自身的局限。当初，他不辞劳苦地帮助莉奇，是因为从某种程度上说，他爱上了她，不过，他从未为莉奇“神魂颠倒”过。在与他做过爱的女人当中，莉奇的乳房最可爱，尽管算不上一个美女，但她极具动人的魅力，她那长盛不衰的青春活力，使她在剧院里有了点作为。不过随着时间的推移，现在，她已经有些发福了，人也快50岁了。

莉奇在回信中说，意外收到他突如其来的来信，分外高兴，并请他放心，她对他的爱会至死不渝的。不过，至于他在信中表示希望能见见她一事，她则明确表示：她不会重拾那份旧爱回到他身边了，并责难他，是他把她逼入了现在这种不堪的尴尬境地。当年他们俩相处在一起时，她一直想嫁给他，央求他娶她，最后，他却舍她而去了；所以现在，尽管接到了他这封语焉不详的示爱信，可她不再希望重陷旧日的疯狂。如今，她已不再年轻，不再美丽，而且很清楚，他向来喜欢追逐不易到手的女人，却从不想与任何一个长相厮守，最后，他会抛弃所有的人！另外，她也不下相信他信中所言——他在过着退休生活。她认为他是一个永不安宁的人。他让她当演员，让任何一个人当演员，就像一个非常杰出的舞蹈家一样，要求其他人不断地起舞，然而，却一定是与他共舞。他目中无人，不能把人放在眼里，不是一位真正的教师，而是一个捕食的魔法师。现在，她对他的爱终于平静下来，正在与吉尔伯特·奥匹安（Gilbert Opian）同居，彼此关心，共有一幢房子。过去，在生活当中，她总是被男人欺负，现在，与吉尔伯特过着一种相当不错的有规律的愉快生活，部分时间在一家医院里任职，并且在学习油画，写童书（还从未刊载过）。

他看了两遍莉奇的这一封愚蠢且不合逻辑的女人来信。他不想把吉尔伯特·奥匹安的事太当回事，他不相信，莉奇能让同性恋的吉尔伯特重新变成异性恋者。而且，吉尔伯特根本算不上什么，不过是一根嫩枝，他一只手就可以把吉尔伯特粉碎，再用另一只手抓过莉奇。毫无疑问，他绝对不能接受柏拉图式的精神恋爱三重奏。他自认为，自己对莉奇的爱，不晓得什么缘故，是一种很单纯的爱，而他对丽塔（Rita）、露欣娜（Rosina）、珍妮（Jeanne）、多丽丝（Doris）以及其他一些女人们的感情，纯粹是一种瞎混。

年轻时，他曾想过结婚，但是，那个女孩逃走了；从那之后，他再也没想过结婚。在这一点上，克莱门特对他给予了充分的理解，尽管结婚对他们俩来说是一桩无望的事，而且他从未明确表示过他有多爱她，还不断出走、返回、再次离去……然而，他与克莱门特的关系却非同寻常——克莱门特简直就是他的母亲！在克莱门特生命的最后岁月，人变得十分易怒，极具占有欲，无法终止向他卖弄风情，不断试图取悦于他，令他感怀不已。随着病入膏肓，最后，克莱门特变得相当丑陋，失去了正常体态，看起来就像一个老鳏夫，衣衫上到处都是酒精的污渍和气味。可是每天她仍然要花上一个小时做脸部护理，那也许是一个女人最后剩下的唯一的乐趣了。他从未考虑过结婚。最早的那个女孩，用拒绝的方式把他变成了一个追名逐利之徒，是那一场失意的爱情在道德上摧垮了他。那个女孩使其他所有的女孩都变成了劣等品，或许，这也是因为没有一个女人可以与莎士比亚作品当中的女主角相比。

在随后的一些日子里，他不断收到一些来信。其中有一封是他堂弟詹姆斯写来的信。听说他在海滨买了一幢别墅，詹姆斯对他的“叛逃”有些称奇，认为放弃他的戏剧活动，对他来说是一种解脱，他再也不必脑子里装着“最后限期”匆匆忙忙地工作了，理应享受休闲的生活。詹姆斯确信，现在，他为自己的事业找到了一个圆满的归宿，有了一间舒适的厨房，正在其中实践他自己玄妙的烹饪术了。詹姆斯来信当中的语气有些居高临下，好像他是兄长，而不是堂弟。最近20年来，他与詹姆斯见面的次数不断减少，尽管詹姆斯驻留在伦敦，他们也几乎根本见不上面。他与詹姆斯年纪相仿，有着别人无法分享的共同的童年回忆，但他们彼此是否喜欢对方，至今，他都不清楚。假如今天有人告诉他詹姆斯死了，他最初的感情说不定会是高兴。他很少把詹姆斯引荐给自己的朋友，詹姆斯也从不把他引荐给自己的朋友（假如有的话）。他很惊奇詹姆斯是如何听说“什鲁夫海角”一事的，一定是报纸上刊登的——唉，即使躲到了海滨，媒体还在折磨他！在他日常的生活事务中，詹姆斯从来都不是一个重要的或不断出现的人物，詹姆斯的重要性，只存在于他脑海中。

詹姆斯令他心神不安的部分原因，或许是源于他内心深处那种要胜过詹姆斯的初衷。早在童年时期，出于不爱讲话的天性，他们这一对堂兄弟之间就彼此暗暗留心关注，相互警觉，相互疑惧。在不安和挂虑中，他恐惧自己失败，畏惧堂弟身上所代表的某种了不起，忧虑詹姆斯生活得事事顺利，而自己事事倒霉。詹姆斯拥有一切优势，往往毫不费劲地就胜他一筹；当詹姆斯受到比他更好的教育时，他开始真的咬牙切齿了。詹姆斯十分好学，样样都学，懂得拉丁语、古希腊语和种种现代语言，而他仅仅会一点法语，懂得一点点拉丁语；詹姆斯懂得绘画艺术，定期去游览欧洲和美国的艺术画廊，对国外的地方了如指掌，数学成绩优秀，历史学还获得过奖赏，写作的诗歌刊登在学校的刊物上。

尽管十分出众的詹姆斯从不自负，然而却令他越来越感到他们之间的差距在不断加大，令他自叹不如，内心充满了绝望。詹姆斯在他心里所激起的那种苦恼和惊人的野心，是慢慢形成的，并且还时断时续地白热化。当他在伦敦学习剧场艺术伤透了父母的心时，詹姆斯成了一个有出息的男孩，在牛津大学学历史。就在这时，他失去了与詹姆斯的联系，而且，他并不渴望获悉有关詹姆斯又获得了新成功的消息，也根本不想知道堂弟在忙些什么。

战争爆发了，詹姆斯开始了他的军人生涯。过后，他才听说了詹姆斯的冒险概况：詹姆斯爬了各种各样的山。詹姆斯对西藏产生了兴趣，学习了藏语，而且持续不断地骑着他的矮马消失在边境；此外，詹姆斯还受某一使馆或某些使馆的派遣，去与附近的西藏统治者交涉德国战囚问题。詹姆斯有过一段别具一格的时光，不过，他猜想，詹姆斯从未见过真枪实战。他总是担心自己会听到詹姆斯荣获了维多利亚十字勋章[1]的消息。当然，他从未怀疑过，詹姆斯是一个勇敢的男人，而在某种意义上，自己却不是。

战后，在幸存者的聚会上，他见过几次詹姆斯，但是，随后詹姆斯便再次消失了。詹姆斯从未告诉过他有关自己工作的任何事，只是有规律性地在圣诞节和他生日期间给他寄来明信片。对詹姆斯的这些礼貌，他从不回复。如果詹姆斯给他写信，他经常也只是简单回复一下。詹姆斯的老同学托比·埃尔斯米尔（Toby Ellesmere）偶尔会带给他一些詹姆斯的消息，并告诉他有关詹姆斯在西藏的“秘密使命”，还提到詹姆斯成了一名佛教徒。这一消息令他大为吃惊。他从未把詹姆斯与宗教联系到一起，他坚信，詹姆斯是不会信奉“灵魂转世”的。

当他再次见到詹姆斯时，不晓得什么缘故，他们都步入了人生的另一个时代。这时，他已是一帆风顺，已把詹姆斯比了下去。詹姆斯成了一名将军，经久生活在了伦敦，并在国防部里工作，在他的公寓里摆满了佛像。他自认为自己已经“赢得了这场比赛”，部分源自他心中的这样一种判断：詹姆斯生活得很糟糕，反过来，他却生活得非常成功。

最近一段时日以来，他每天都下海游泳。这一天，他将他洗好的衣裳晾晒到草坪上，到了下午，继续写作。昨天晚上，他正坐在起居室里写作时，又发生了一桩令人惊惶失措的事——仰起头时，他看到了一张通过窗玻璃望向他的脸，极度的惊恐令他呆坐在椅子里一动也不敢动。那个视觉转瞬即逝了，但却是确切无疑的，尽管他现在不能形容出那张脸的样子。隔了一会儿，他起身去查看，甚至绕着屋子走了一个回合，结果什么也没看到。简直太不可思议了！“神灵无处不在”，他想起有一次他堂弟詹姆斯曾引用过的这句话，或许，自己的一生都处于小小的神怪们的包围之中，只不过戏剧的魔力将他们驱逐或吸纳了？随后，他想到，自己从未得过“被迫害妄想症”，现在也不会的。最后，他决定今天不去游泳了。

---

1 维多利亚十字勋章（Victoria Cross，缩写为V.C.）：英国军队的最高荣誉，颁给临阵极端勇武的军人。

一个不请自来的故旧将他那每日游泳、吃洁净食物、静静思考并撰写回忆录的惬意生活中断了。那天，他忽然想搬一套桌椅到石塔去，在实施的过程中，由于攀爬的礁石又滑又陡，一失手，桌子掉进了裂缝，而后，他继续向前攀登，坐到一块潮湿的岩石上，俯看着“莱文湾”，海面上的天空雾气蒙蒙。在他尚未从桌子之事的懊恼当中解脱出来之时，他看到有一个人出现在了海湾的拐角处，沿着大路朝向他的海角屋走了过来，随后，他认出了来者——吉尔伯特·奥匹安。

他已经有三四年没见过吉尔伯特了，看上去，吉尔伯特显得苍老了许多。鉴于吉尔伯特的领带、领带夹、化了淡妆的面孔，他对他生出了一种含有轻蔑的遗憾，并因而感到了自己的强健。吉尔伯特是为有关莉奇和他自己的事而来的，请求他不要再纠缠莉奇了。因为莉奇已经与他真正关联在一起了，他们很亲密，像兄弟姐妹一样，他们不再徘徊，他们有了自己的家，一起讨论他们俩在一起的生活，一起回顾过去，设法补救生活，还怀着尊敬议论了他。

吉尔伯特的一番话语令他感到恶心，他毫不留情地讥讽吉尔伯特说：“你放弃小伙子们了，不再寻求危险的刺激了？”为了对抗他这一要命且惯常的轻蔑态度，吉尔伯特可怜巴巴地求他不要发火，并不厌其烦地解释说莉奇给了他幸福。他改过自新了，用宗教的话来形容，就是“回头是岸”了。吉尔伯特希望他不要把事情搞糟，割断他和莉奇的关系；他和莉奇都那么地在意他，怕他，如果他能善待他们的结合或不干涉他们家内的事，让他们平静地过日子，他们二人都将会感到幸福，并请求他不要把莉奇从他身边夺走，要他尊重婚姻，尊重莉奇的选择……

吉尔伯特的一席激烈的言论，终于惹恼了他：莉奇同吉尔伯特竟胆敢一起议论他，甚至包括议论他们俩之间性爱的一些细节。吉尔伯特的戏剧生涯，是他一手造就的，应该对他心存感激才是，可这个受别人操纵的人现在竟敢顶嘴了，还断然用道德准则来威胁他！于是，当吉尔伯特希望到他的石塔那儿去坐一坐时，他断然拒绝了吉尔伯特的请求，并中止了同哇啦哇啦的吉尔伯特愚蠢的争执，命令吉尔伯特“住口”后，他说：“我不打算加入你们的游戏或者参与你们的胡闹……莉奇为什么不到这里来说明她的想法和打算？她害怕见到我，因为她爱我。”就在那一刻，莉奇本人露面了，吉尔伯特哀叫着并咒骂着，随后就忽然消失了。

他走进石塔，莉奇跟了进来，他凝视着依然不失俊美的莉奇，感到非常快意，而且洋洋得意，却照样摆出了一副严厉面孔，迅速摆脱了顺势扑向他的莉奇，冷冷说道：“我不能和别人一起分享你……”并重申他先前在信中对莉奇的要求：离开吉尔伯特。莉奇起初表示拒绝，但之后态度软化了，说她需要时间，不能就这样离开吉尔伯特，不能如此伤害吉尔伯特。结果，他的话语越发冷酷了，弄得莉奇号啕大哭，转身跑掉了。莉奇径直跑向大路道旁草丛里停泊着的一辆大众牌小轿车，吉尔伯特为莉奇打开了车门，莉奇弯腰钻了进去，随后，那辆小轿车很快便开走了，消失在大路的尽头。

他颇受刺激，不知道自己的表现到底是明智之举还是愚蠢之作。之后，他决定去一趟“莱文饭店”要一些酒，请人送过来。回来的路上，又发生了一桩出其不意的事——他看见楼下的一扇窗户里有动静。他放慢了脚步，缓缓前行，一瞬间，分明看见一个黑影站在屋内的窗户旁向外张望，吓得他转身逃向令人惊恐的悄无人迹的大路，可他又没有地方去，只有回家一条路。他只好壮着胆返回家中，跌跌撞撞闯了进去，点上灯盏，拧到最亮后，看见了一个一动不动的女人的黑黝黝的身影。他发出一声惊恐的哽咽声——自己终于见到了鬼，这屋子里真的有鬼！可那个身影不是什么鬼怪，借着灯光，他看清了那女人的脸——已经有两年没见到或听到过消息的露欣娜·万波尔（Rosina Vamburgh）。

露欣娜是“什鲁夫海角”这幢房屋的又一位不速之客，是他想抛在身后的那些人当中的一分子——看来，那些他想将其抛在身后的在伦敦的朋友们和他的前恋人们与他的想法大不相同，那些人似乎个个都不太愿意被他淡忘，不太愿意从他的视线中消失。他凝视着露欣娜，露欣娜是他当年在剧院看中的演员佩里格林·阿贝娄（Peregrine Arbelow）的前妻。当时，他还相当年轻，作为戏剧作家和导演的名气已经响了起来，在与克莱门特闹翻后再次同居了一阵子之后，他开始追露欣娜，且颇费了一段时日才追上手。在这桩艳遇持续期间，主宰着他和露欣娜的是他们彼此之间疯狂的占有欲。其中有一段时间，露欣娜特别想嫁给他，而他则只是满足于得到她而已，却令她永远背弃了她的丈夫佩里格林。几年前，佩里格林跟他在事业上分道扬镳后，眼下正准备在电视剧中饰演一个又肥胖又惹人笑的反派角色。不过他与佩里格林之间的那种朋友关系仍然维持着。他曾为佩里格林的这位前妻疯狂过，然而，咄咄逼人的露欣娜并不是他钟爱的女人。后来，为了摆脱与她的关系，他可是颇费了一番周折——他这一生，为了摆脱那些女人，耗费了无数的精力！

露欣娜向他问好时，他仍在发抖，不过瞬间，他便把胆怯压了下去，接着升腾起的火气令他怒不可遏，真想大骂一通。但是，他到底还是平息了自己，告诉露欣娜，他不喜欢有人夜里闯进他家来装神弄鬼，然后便轰露欣娜走，说他不想见到她。露欣娜却根本不在乎他的逐客令，一味地说个没完没了，说她在前面的旅馆已经住了一段时日了，她觉得装神弄鬼闹得他魂不守舍很有趣——原来，是她打碎了他屋里的花瓶和镜子！他真想大吼一通，发泄出胸腔中的那些愤怒。

他完全没料到这个女人会再次出现在他的生活当中。“你许诺过——假如你要和谁结婚的话，娶的将会是我。”露欣娜用咄咄逼人的目光扫视着他，继续说着，说她今天在村庄里看见莉奇了。莉奇藏不住话，在伦敦到处对人家说他查尔斯在向她求婚，纠缠得很紧，躲都躲不开。他根本不相信露欣娜的话，告诉她天色已晚，她该回“莱文饭店”了。露欣娜不顾他再次发出的逐客令，依然继续往下说，说吉尔伯特东奔西忙，想拉起一帮人跟他过不去，大家都被弄得乐不可支。

后来，露欣娜又说她来这里的目的，是要告诉他，他可以与她结婚，也可以不与她结婚，但是，她绝不允许他和别的女人结婚——她要协助他信守他的诺言。看来，不甘示弱的露欣娜，用破碎的婚姻和无保留的爱换取到的他对她的那一份诺言，她要紧握，她要使用。要是他跟莉奇成了夫妻，她会糟蹋他的生活，就像他糟蹋了她的生活一样，她会在他的生活里、莉奇的生活里做一个恶魔，不达目的决不罢休。而且，这不是吓唬人，她从前就这么干过，把人弄残废，彻底破坏对手的生活，让对手丧失掉全部的欢乐。露欣娜还警告他，假如他跟莉奇那个荡妇举行婚礼，或者让莉奇成为心上人，她会竭尽全力破坏他和莉奇的一生，做这类事对她来说易如反掌。要是他不肯信守那份誓言，她将把他的生活毁灭……最后，露欣娜纠缠不休地对他说：那些女人爱的是他的能力和他创造她们的魔力，他简直是个魔法师。但现在，一切都成为过去了——在这个世界上唯有她爱的是他这个人，而不是他那确保让人成功的魔力。

他迅速站起身来，告诉露欣娜，自己还没有结婚的打算，也从没有向莉奇求过婚。随后，拿起手电筒，打算送死缠烂打的露欣娜回饭店，露欣娜谢绝了，说她的汽车就在附近。他目送着露欣娜打开前车灯，掉转车头，开始朝着饭店方向驶去。这时，一个人影突然出现了，露欣娜重重踩了一脚油门，汽车突然加速，刹那间，那个行人被笼罩在前车灯的光影之中，紧贴着礁石避让。露欣娜的车打了急拐弯，发出一阵啸声，然后扬长开走了。他一失手，手电筒掉进了长长的草丛间，立时，一片黑暗。

被露欣娜差点撞倒的那个行人，是一个老村妇，最初的一瞬间，不可思议地让他想到了他青梅竹马的情人哈特丽（Hartley）。随后在那片刻的亮光闪过之时，他看到那个老村妇真的就是哈特丽！他平静无波的日子——从此开始如大海般波涛汹涌。

他开始描述他见到哈特丽时的那种震惊和他脑海里闪过的一连串慌乱的想法：在露欣娜驾车驶离之后，他错愕不已，站在那里，震惊至极。当他能够慢慢伸出手去捡拾手电筒时，不晓得什么缘故，他意识到，哈特丽一定已经沿着大路走了，而且，他已经无法确定哈特丽走向哪里去了。他慌忙朝向村庄跑去，然后又停了下来。当时，他甚至不知道喊叫哈特丽的名字——即使想喊叫也根本是不可能的——他一时想不起她的名字了。最后，他就像是一个从葬礼上返回的男人，步履沉重地回到家中。四下一片寂静，望着他刚才与露欣娜谈话的那个地方，他恍如梦境，恍如隔世，震颤不已。他被搞得寝食难安。后来，他睡到了床上，翻衾倒枕，脑海里乱作一团——哈特丽是否是一个寡妇……种种没颠没倒的思虑，搞得他惊魂不定，痛苦不堪。隔天早晨，刚一醒来，他立即升腾出一种去面对哈特丽的激动不已的渴望，在错失过一次次机会之后，他终于又见到哈特丽了——他到这个小村落来，本是为了克莱门特，可却见到了初恋情人哈特丽！这一意外的偶遇，使他旧念复萌，重燃起对哈特丽的爱的激情，沉醉于重建他们旧日天真无邪的纯粹爱情关系的幻觉之中。

还不到 9 点，他已经到了纳罗蒂恩村子里，神志狂乱地满世界寻找着哈特丽——他失去的青春和幸福的象征。他快步穿过一个个小街巷，走向港湾，折向山坡上的平顶房舍，东奔西跑，四下搜寻打听，毫无结果；他停了下来，然后，走进教堂，里面空无一人。他竟然认真祷告起来——这简直太不可思议了，从孩提时代起就不信仰上帝的他，生平第一次祈求上帝：保佑他找到哈特丽，保佑哈特丽是独身的，保佑哈特丽爱他，并保佑他带给哈特丽永远的幸福。现在，能带给哈特丽幸福，已经变成了他在这人世间最希望做的事了，为哈特丽，他着了魔，哈特丽将是他生活当中的胜利花冠，将会使他的生活臻于完美。

在他重新回到街巷后，他继续不断地寻找，终于见到了哈特丽。在他的招呼下，满心恐惧、不知所措的哈特丽远远地跟随着他，走进了静悄悄的教堂。之后，他坐在靠门口的一张长椅上，哈特丽选择了前排一个贴近他的座位，扭着身子看向他。他们思绪万千，心潮澎湃，俩人之间的任何交谈都显得相当困难，相当笨拙。他开始重拾往昔，充满激情而急切地向哈特丽追问了一连串的问题，并从中获悉，哈特丽就住在这里，住在山坡上的一间平顶房里，跟丈夫生活在一起。他沉默无语了，他不得不以新的思路去构想，去适应当今的现实；然而，无论有多么地事与愿违，无论哈特丽处于什么境况，他都会继续奋力执念前行，不到最后誓不罢休。

他向哈特丽表白：他没有结婚，而且从未结婚。默不作声了一阵之后，哈特丽告诉他：三个星期前，她就在街上看到过他，而且认出了他，之所以没有与他相认，因为都过去这么些年了，更何况，现在，他的地位如此尊贵，名声如此显赫。他当即再次向哈特丽表白：这些年来，他一直在找她，从来都没有停止过对她的爱……说着，他激动地摸向哈特丽，企图握住的她的肩膀。哈特丽慌忙躲闪开了，告诉他，她的名字已经和一个男人的名字连在了一起，如今，她跟丈夫本杰明·菲奇（Benjamin Fitch）与儿子生活在一起。

他承受着自己心理上所蒙受的强烈打击，硬着头皮向已是本杰明·菲奇夫人的哈特丽一再打听那些令自己痛苦的事儿。最后获悉：哈特丽的儿子提图斯（Titus）18岁了，刚刚离家外出；丈夫本杰明·菲奇体质虚弱，打仗时留下了旧伤，有点残废，做过汽车代理，做过各种不同的工作，现在退休了，他们搬到了这里，住在一幢叫"尼布莱茨"（Nibletts）的平顶房里。退休前，本杰明·菲奇是一名消防员，他们过得很幸福。说完之后，哈特丽不顾他的一再纠缠，匆忙告辞了，说她要去购物，他表示要帮助她拎东西，到她家去拜访，当即遭到了哈特丽的拒绝。

他努力不让自己表现出不堪忍受的样子。他既然已经找到了哈特丽，过往的欲望一下子复苏了，他一定要珍惜自己的余生，让哈特丽重回自己的怀抱。随后，他不请自来，一次次上门去拜访脸上涂满了劳累和疲倦却没有悲哀和沧桑感的哈特丽。在第一次前往哈特丽家拜访的那最初几日里，他茶饭不思，坐立不安，心烦意乱——他一定要弄清楚：哈特丽真的爱那个有残疾的曾四处周游的推销商吗？他很想立马就能见到哈特丽的那位丈夫。而且，他还想求证，看到成了社会名流的他之后，哈特丽体味到的那种啮噬身心的懊悔和痛苦的程度到底有多深。然而，不管怎的，无论如何，他都一定要悄悄重拾起他们的往昔和逝去的那些岁月，他们本该共度一生。现在，他渴望做的唯一的一件事——倾尽一切办法，把他的余生与哈特丽结合在一起。

他思绪万千，理不出一个头绪，最终，他认为，对他来说至关重要的是，他先要弄清哈特丽真的幸福吗？于是，他决定前去对本杰明·菲奇其人进行一番审查。对他的突然登门造访，哈特丽显得有些手足无措，一副不大欢迎的情态。他在心里对自己说：无论发生什么事，我都必须尽量不让自己难受，我一定要设法求得与哈特丽保持一种稳固持久的密切关系。而且，他认定，这个他曾经爱过现在仍爱着的女人，那一副惊魂不定的样子，不情愿见到他的神态，肯定都是基于那种懊悔不已的悔恨心理在作祟。他让自己陶醉在他想象中的哈特丽的"悔恨"当中，同时暗暗希望他见到的本杰明·菲奇将是一个彻头彻尾无足轻重的小矮子。然而，他见到的本杰明·菲奇，看上去却并不那么无足轻重。本杰明·菲奇的个头尽管矮小却很敦实，那张轮廓分明、长相有些怪异的脸庞上，带着几分质朴。经过一番简短而礼貌的交谈之后，他从本杰明·菲奇那里获悉，他们的儿子提图斯，是收养的——至少这一消息，令他感到了快意。

为了尽快彻底搞清楚"哈特丽到底幸不幸福"的真相，他认为自己必须再次与哈特丽单独见上一面。第二天，经过一番苦苦寻找追赶，他终于找到了千方百计躲避着他的哈特丽。哈特丽以一种听人摆布的镇静望向他，目不转睛，毫无笑意；但是，他仍然能看出，哈特丽的内心像一只猎获物一样在发抖。他奔过去，抓住哈特丽手提篮的提手，说道："请你到教堂去，我必须同你谈谈。"

他们坐到以前坐过的地方。对于他的指责和要她去做客的邀请，哈特丽疲惫苍白满是皱纹的圆脸上挂满了忧伤，其中却又隐含着坚不可摧的谨防，断然拒绝了他，并要他不要再去她家，或邀请他们去他那里，他们不参加聚会，还请他不要再在街巷里追她了，会被人们看到的。他受不了哈特丽这一番将他拒之门外的话语，倾肠倒肚、明明白白地向哈特丽表白：他仍然爱她，从未间断过对她的爱，现在，她为什么还像过去那样不能信任他？而且，她没有不信任他的理由，他的身边，没有女人，没有同居者，同从前一样，至今孤身一人。更何况，他绝不会做出任何伤害她的事，当今，他对她的爱愈发完美无瑕了，归根结底，全是为了他们能重新找回属于他们的那份旧爱。再者，不管怎样，他们都可以做真正的朋友，而且，他确实想结交她的丈夫，还有提图斯，他很想帮帮那孩子。哈特丽像是被他感动了，深深地叹了口气，眼泪涌了出来，告诉他，提图斯离家出走差不多有2年了，他们始终没有提图斯的消息。闻听此事，他心里顿时高兴不已。他告诉哈特丽，寻找一个人能有多种办法，他可以帮助她，对于她的事儿，他不会撒手不管的。不料，哈特丽却再一次断然拒绝了他，请他不要那样做，不要介入他们家的事。

回到“什鲁夫海角”之后，当天下午，他痛苦得像丢了魂似的；但至少有一桩事他可以去做，以便打发掉自己无所适从的时光。他给莉奇写了一封半诚半不诚的信，说他很钦佩莉奇与吉尔伯特之间的关系能进展到今天这一步，这一份恩爱理应受到尊重，他希望自己与莉奇之间的关系，能一如既往，以友谊为重。他想这样把自己与莉奇的事儿了结了，可过了一会儿，却又感到不知所措了。一切都不能令人满意。现在唯一能暂且用来宽慰自己的，是他所关注的关键问题总算有了答案：哈特丽并不幸福。在过了40多年之后，他仍期望自己能赢得这个女人的信任，那种急不可耐的黑暗欲望，甚至令他不顾一切，想由着自己的性子去任意妄为，擅自去为哈特丽寻访提图斯。接着，他又不能确定自己是不是要那么去做，无法确定自己下一步的打算——尽管他很清楚，要改变当前的困局，他最想做的，当然是直截了当去面见哈特丽。后来，他想，如果去游游泳，或许能让自己的心绪安定下来。

游过泳之后，已临近傍晚，他前往村里的邮局，去寄写给莉奇的那封信。路过栈道口时，他收到了几封来信，其中有一封是莉奇寄给他的，内容了无情趣，意意思思，游移不定，仍然没有要离开吉尔伯特的迹象，他对之报以一声轻轻的叹息。对莉奇，他的感情已情随事迁，他对哈特丽的旧情之火，已将他对莉奇曾持有过的各种设想烧成了灰烬。长久以来，对哈特丽，他似乎早已在精神上与之结成了伉俪，认定自己根本没有权利别开生面，另觅芳草。再次见到哈特丽之后，他那一往情深的绝对拥有感变得愈发强直自遂了。

结果，他又站到了“尼布莱茨”门外，按响了哈特丽家的门铃。这一次，本杰明·菲奇不再客气了，站在他和门之间，告诉他哈特丽不在家，并用一种较为低沉却又断然的语气对他说：“我们不想与你常来常往，就算你从前和哈特丽相熟，但从前是从前，现在，她与你了不相干，我也不想开这个头；此外，我们也不希望你不分早晚地往这儿闯，我不熟悉你和你圈子里的朋友，我们过的不是你那种生活，我们是安分的普通人，只顾自己的事，我们就到此为止吧。”

突如其来的激烈的气氛，令人尴尬。他面红耳赤，像一只受到惊吓的狗一样慌慌张张离开了哈特丽的家门口，疾步走下山坡，直到走上村里街道之后，那种愤怒、恐惧和惨遭羞辱的激烈的情绪才渐渐平息下来。随后，另一种情绪，一种玫瑰色的阴暗心理冒了出来，紧紧缠绕在他的心头——那是一种丑恶的释怀：正如他意愿的那样，本杰明·菲奇是一个极为令人讨厌的暴虐专横的家伙，一个讨是寻非的男人。

他在写这一章节时，他身在伦敦。两天前，他回到伦敦他新买下的那间简陋的小公寓，多半时间都忙于写作。这天晚上，他准备搭回去的车返回“什鲁夫海角”。之前，他给露欣娜的前夫佩里格林·阿贝娄打了一个电话，去他家喝了酒，进行了一番同病相怜的男人与男人之间的交谈。后来，他引用佩里格林说过的一句话，在他的回忆录里写道：“任何一桩长久维持的婚姻都是以恐惧为基础的。”

他这一次回伦敦，主要是因为他想在令人心意困顿的哈特丽的问题上给自己一个重要的幕间休息，进行反省，进行规划，打消某些必须清除的企图。不过，直接的原因，也源自纠缠不清的露欣娜令他措手不及的现身和她的那辆汽车。在本杰明·菲奇对他不再客气之后的当晚，露欣娜又意外出现在了他的海角屋，于是，他要露欣娜第二天开车送他回伦敦，以借此彻底摆脱露欣娜的纠缠；另外，还因为他想翻找出被存留在伦敦的一些哈特丽的昔日旧照。

再次将自己置身于伦敦——这个上演着盛大悲喜剧的大都市当中之后，他重理旧业，顺道买了一些东西，然后，回到他的公寓，走进那些凌乱不堪的房间，立刻开始翻找哈特丽的旧照。他把那些已经褪色泛黄的照片在桌子上一张张摊开，其中大部分，都是当年他给哈特丽抓拍的，上面的哈特丽不是在微笑就是在大笑。他不断试图将那年轻的面孔与现今那苍老的面孔——二者衔接起来，然而，二者简直势不俱栖，不能共容。他快速将那些令人敬畏、令人痛苦的照片聚拢到一起，放回原来的那信封里。他要将它们带到“什鲁夫海角”去。

眼下，他终于得出了“哈特丽的婚姻确确实实极其不幸”的结论。在与本杰明·菲奇做了那次相当令人不快的面谈之后，他抑制不住私心地窃喜起来，他的意愿终于实现了——哈特丽并不幸福。现在，他想，他有资格思考如何拯救哈特丽逃离她的婚姻之事了。哈特丽现任的丈夫，不过是一介愚笨凡夫，一个野蛮汉，一个欺侮弱者的家伙——这么多年来，哈特丽畏惧这个既目光短浅又了无生活乐趣还满怀醋意的家伙，被囚禁着，过着一种痛不欲生的生活；那么，与他的重逢，对哈特丽的震撼，一定震天撼地，巨大无比。他原本打算给哈特丽写去一封信，讲明这一切，向哈特丽表白他对她那一直以来都不曾熄灭的爱情。他要凭自己的一介之勇，救她于水火之中。如果哈特丽愿意让他带她出走，他会如何行动。但是，经过了一番思前虑后、反复斟酌之后，理智又告诉他，他得出的这一结论，证据像是并不十分确凿，也缺少其他方面的佐证，与本杰明·菲奇对立的那个他，也许并不是一个非常可靠的证人。之后，他认为自己首先应当理清思绪，在动手拯救哈特丽之前，必须确认哈特丽对本杰明·菲奇究竟有没有爱情，他必须眼见为实，必须等待，直到得出真正的结论。

稍事休息后，由于渴望找一个男性伙伴聊聊，他给佩里格林打了一个电话，然后同佩里格林共度了一个吃吃喝喝的夜晚。佩里格林主宰了他们之间的整个谈话，絮絮叨叨地说着：任何一桩长久维持的婚姻都是以恐惧为基础的。恐惧是本源。如果你挖入人性底层，除了恐惧还会找到什么？无论你是凶猛的，还是畏缩的，其实都是那个卑鄙无情、恶毒、残忍、利己的恐惧在兴风作浪。至于婚姻，不过是人们因为恐惧而甘于置身于支配或顺从的位置当中罢了。尽管有时，有一些夫妻也能“共同发展”或“达到和谐”，那也不过是因为人们不得不用一种理性的方式去对待生命中的恐惧源吧。这个世界上，并没有多少真正幸福的婚姻，人们不过是在掩饰他们的不幸和无奈……佩里格林原本天性就好说说道道，在醉酒之后，别人就更别想插嘴了。好在，他自己正好也没心情说些什么。坐在佩里格林公寓的那间气派的餐厅里，他任凭怨气满腹的佩里格林滔滔不绝地抱怨着他前妻露欣娜和现任妻子不断酗酒的行为。佩里格林的那些令他难以脱身的悲叹，倒也多少带给了他一些慰安，他甚至似乎对佩里格林二次婚姻的失败，还感到了相当的欣慰。

这天，午饭过后，在坐晚间火车返回之前，他决定去华莱士收藏馆[1]（Wallace Collection）打发时间。他到收藏馆时，里面几乎已空无一人了。参观过后，当他走到收藏馆尽头的门口时，忽然停下了脚步，

1 华莱士收藏馆（Wallace Collection）：位于伦敦市中心最热闹的商业购物区牛津街（Oxford Street）附近，是一座历史悠久的室内国家博物馆，收集了17世纪和18世纪的艺术作品。其中藏品，尤以文艺复兴时期至19世纪的绘画作品最为有名，拥有17世纪和18世纪法国、荷兰与弗兰德斯画家的经典名作。

转过了身去，因为他看到了从另外一扇门走进来的堂弟詹姆斯。下午5点钟，他坐到了詹姆斯的公寓里，他们一起喝了茶，吃了詹姆斯从小时候就特别喜欢的奶油乳蛋糕。他小时候，对食品没有什么讲究，詹姆斯却不一样，在小时候，就成了一个素食主义者。

詹姆斯轻描淡写地询问了他的海滨生活和退休的感受，说话的腔调不经意间就带出了一种生来就有的些微高傲的戏谑——在小时候，他就对他的这一习惯腔调分外气恼，现在，依然十分敏感。他告诉詹姆斯，他在写回忆录，写一些有关个人与反省性的东西。对此，詹姆斯评论说：人对自己思想的了解大部分都是似是而非的，据古希腊抒情诗人斯特西考鲁斯（Stesichorus，约640 B.C.—550B.C.）说，特洛伊的英雄们打打杀杀，不过是为了一个虚幻的海伦，一种虚幻的利益。他们继续谈论了一会儿关于人的虚幻性和自我迷惑的问题，随后，詹姆斯打住了话头，问他是不是生病了，在收藏馆见到他时，觉得他的样子显得很痛苦。

结果，他像是被施了魔咒一样，本杰明·菲奇夫人——玛丽·哈特丽·史密斯（Mary Hartley Smith）的名字从他嘴里脱口而出。紧接着，又把他与哈特丽的爱情往事统统倒给了詹姆斯：哈特丽是他的初恋，在学校期间他们就在一起了；后来她离开了他，和另外一个男人结了婚，没了踪影。除了哈特丽，他从未真正心仪过任何人，也从未停止过对她的挂念，才至今未婚。眼下，他刚刚在海边与她再次重逢，他那旧日的爱情竟一如既往，从初始一直延续至今……随后，他又谈了一些他对哈特丽丈夫的评价和她儿子提图斯失踪的事，然后说道："我要拯救她，使她在我们所余下的时日里过得幸福。"

詹姆斯心知其意，他之所以将烦心事倒出来，是想听听自己对此事的看法。于是十分冷静地为他分析了一通，把几种可能性向他一一道来：他认为他多年来一直在真心诚意地爱着那女人，或许，只是他被自己欺骗了的一种假想；持久地爱着一个失去踪影的人，或许，完全是他现今头脑中的一个意念；另外，他要拯救那女人的那个念头，也纯粹仅仅是他的一厢情愿，因为他根本不清楚那女人那个长期得以维系的婚姻的真实状况，站在他的立场上，他可以瞧不起那女人的丈夫，可那女人的丈夫说不定恰恰正是适合她的人选；而且，对于与他的相逢，他并不知道那女人心中真实的想法是什么——"她说了她想被人拯救吗？"詹姆斯问道。

对于詹姆斯这一番话赶话的分析，他不大满意——那只是一种理性之音，对他的风情月思，缺乏感同身受之心。他觉得詹姆斯之所以表现出这样一种冷眼旁观的态度，是因为詹姆斯不喜欢有关婚姻问题的任何讨论。詹姆斯解释说："是直觉。我感觉，这一切将会在泪水中结束。你最好冷静下来。一个人直观到他人的不幸，就不要靠得太近。"显然，詹姆斯是希望他能从混乱与不幸中抽身出来；而他却不想再继续这一话题了，迅速将话头转到了詹姆斯身上："近来，你的军队生活怎么样？"詹姆斯坦言：他已经离开了军队，退役了；不过，不愁没事干。听闻之后，他感到十分意外——詹姆斯已不再是一名职业军人了！接着，他便开始胡思乱想起他的堂弟——如今的退役将军失宠了，或离开部队的其他种种可能性。在纷乱的思绪当中，他又突然记起了过去在詹姆斯家中见过的那个安静坐在椅子上，留着一束胡须的东方小老头，便脱口问了一句："上次我在这里看到的那个老头是谁？"这一问题，把詹姆斯问得稍微感到些惊讶，没有直接回答他，只说了一句"我很高兴他已经走了"。

这天，他很晚才回到"什鲁夫海角"屋，疲惫不堪，立刻睡下了。第二天，他刚泡好了茶，就听到了传过来的汽车的喇叭声。他猜测：是露欣娜。果不其然。出于愤慨，他真想跑出去冲着露欣娜高声叫喊，而且还想躲到一边去，然而由于饥肠辘辘，他只好奉陪着咄咄逼人的露欣娜，吃了一些茶点，露欣娜还要了白兰地。露欣娜根本不相信他与莉奇不再有往来，也不相信他人会待在伦敦。结果，为了自我保护，他把旧情人哈特丽的事搬了出来，简短且有选择地同露欣娜讲了一通哈特丽的故事。露欣娜听后，估定他赢回旧爱的概率不高，而且同詹姆斯一样，认为这事会在泪水中结束，并直视着他，直言不讳地道出："我知道我开车送你到伦敦，你撒了个谎。你是一个臭演员……我知道你有什么事，但我以为是莉奇的事。"

为了自身利益，他没有提到自己被本杰明·菲奇搞得灰头土脸和提图斯是养子等一类的事，只是一再强调：只有他才能给哈特丽完整的人生幸福，他与哈特丽从来都是密不可分的。奇妙的重逢，点燃了他肉体的激情，热切憧憬着能与她灵肉合一。哈特丽是他一切的开始，也是他一切的终了；哈特丽是他全部爱情世界的主宰，是超越一切的，而且，这绝不是什么错觉，迷思执念。

在露欣娜来访的那天当晚，月光之下，他悄无声息地靠近了哈特丽家的房子，偷偷溜进了"尼布莱茨"的花园。他要有所发现，弄清哈特丽与本杰明·菲奇的这桩婚姻到底是怎么一回事，他们夫妻二人彼此间的关系究竟如何。他悄悄移动到窗根下，头缩在窗台下面，坐了下来，惊恐地偷听着房屋里面哈特丽与本杰明·菲奇之间的谈话。那个谈话，刚巧是一场非常激烈的交锋。本杰明·菲奇暴跳如雷，言辞既暴烈又粗鲁，哈特丽不断央求，充满歉意。本杰明·菲奇大喊大叫，谴责哈特丽背着他在策划与情夫破镜重圆，认为自己从一开始就生活在了谎言中，后来又加上了那个男孩……现在，他又陷入了无处不在的谎言当中……最后，本杰明·菲奇勃然大怒，说他永远不会让哈特丽得逞的，他会迫使她待在家里，即使不得不把她用链子拴住……

作为偷听者，他此行的目的达到了。他逃出那个花园，一路跑回了海角屋，喝了一些威士忌，吃了一粒安眠药，然后倒头睡下了。第二天，他像一个疯子一般，上蹿下跳，无计可施，不知道自己到底该怎么办。看来，哈特丽的婚姻生活真的是苦不堪闻。苦思冥想之后，他终于坚定不移地下了决心，他要出手解救哈特丽，与哈特丽重修旧好，重温旧梦；他要采取行动，从本杰明·菲奇手中把哈特丽夺回到自己身边。于是，他当机立断，满怀激情，一挥而就，给哈特丽写去了一封信，希望哈特丽能脱离本杰明·菲奇的魔掌，心甘情愿回到他身边。

看过那封信之后，哈特丽偷偷跑到了他的海角屋。他温柔地将哈特丽搂抱在怀里，而且，不肯听哈特丽那一番"当年为什么不能跟他走"的解释，只顾一味表白说："我爱你。你在我的身边。你爱我，你需要我。不要拒绝。我们离开这里，在今晚，去伦敦。不要考虑衣物的事，我会买给你。现在，你是我的妻子。"望着哈特丽泪水汪汪的眼睛，他像从前一样吻了她，并脱掉了她的外套，隔着衣裙抚摸着她的乳房，体内涌起一阵阵快感，且分外惬意地想着："她是属于我的。"哈特丽喝了一些酒，坚持解释了一番当年她之所以离开他的原因，主要是因为她觉得他们二人太像兄妹了，之后，还滔滔不绝道出了自己内心的苦闷、对丈夫的恐惧，以及丈夫暴躁的脾气和极度的妒忌心理；最后，道出了她今天跑到这里来的缘由：是为了提图斯的事——本杰明·菲奇坚持认为提图斯是他的孩子。他简直哭笑不得，反唇相讥："你丈夫可真是一个极富想象力的男人。一个恶俗、可憎、残忍、疯狂的想象天才。"哈特丽的泪水流淌出来，道出了本杰明·菲奇为提图斯的事对她的不断折磨，还总因此虐待提图斯，甚至对提图斯说，他是他母亲情夫的种，把她搞得像个罪人一般，提图斯因而辍学，后又与他们绝交，离他们而去了。

哈特丽所述说的生活真相令人憎恶，然而，他却从中看出了光明：他可以因此成为一个父亲了。他要让事情变成现实——提图斯是他的儿子，是他和哈特丽旧爱的产物！于是，他慰抚哈特丽说，他会照料她并且保护她的。然而，哈特丽却突然对他说：他不会懂的，没有一个人能懂得一场婚姻。为了继续爱丈夫，一直以来，她都在不断祷告，因为事情从一开始就是她的过失。他顿时气恼了起来，质问哈特丽：为什么跑到他这里来讲述这些丑陋不堪的事？为什么来到他身边？哈特丽注视着他，缓缓解释说：她长期与本杰明·菲奇生活在一起，没有一个真正的朋友，因而认为他是她唯一能倾诉这一切的对象，不过，她今晚来找他，真正的原因是为了告诉他提图斯的事和本杰明·菲奇的那些主观臆想，另外，也是有求于他——请他离开，卖掉他的房子离开这里……

他没有丝毫犹豫，现在最重要的是哈特丽离开本杰明·菲奇的主宰，和他在一起，永远生活在一起，这一次，他再也不能失之交臂了。于是，他告诉哈特丽：她与他一起离开，这就是他的答复。他一遍又一遍不知疲倦地劝慰极不情愿的哈特丽与他去开始他们的“真正的爱的生活”，并将要回家去的哈特丽紧紧抱在怀里，强迫她留下来。最后，哈特丽不声不响地进行了一番激烈的反抗，使用拳脚挣脱了他的强行搂抱，冲了出去。他紧追了出去，在“尼布莱茨”附近，腿脚不便的本杰明·菲奇恰巧迎了出来，哈特丽立即决然而去，不辞而别，随着本杰明·菲奇走进了家门。现在，他再也没有去偷听的欲望了，差不多已经没有什么好奇心了，只想抽身出来。他唾弃自己，唾弃本杰明·菲奇，甚至唾弃哈特丽。

终于平静下来之后，他没过上两天好日子，吉尔伯特·奥匹安就像个幽灵似的又出现了。吉尔伯特告诉他，莉奇已经离开他了，他不知道自己该如何是好，还说自己来这里，也是想对他有点用处，例如，像家奴一样做点家务事什么的。他接受了吉尔伯特的建议。没用几天，他们便进入了表面上看起来十分轻松的生活状态当中。白天，他照常天天去游泳，吉尔伯特整天自我忙碌着，想方设法找一些家奴的事来做，享受着身为仆人的快乐；到了傍晚，有时，他们也一起聊聊天，在灯光下，聊聊往事。当然，他的内心里，始终都依然未能割断对哈特丽的思念。那梦绕魂牵的思念，不停地折磨着他的神经和意志——甚至即便是在与吉尔伯特一起聊天回忆克莱门特时，即便是在他独自一人观望海浪在那深潭中粉身碎骨时，他都觉得自己的神经几近崩溃。

他们二人和睦相处的暂时的平静延续了几个星期之后，在他还没来得及理纷解结时，他又遭遇了另一件相当出人意料而又离奇的事——哈特丽离家出走的养子提图斯找到他的门上来了。提图斯希望弄清楚他是不是自己的生父，问得他一时不知所从，不过最后，他还是照实回答了提图斯：“我不是。”之后，他努力挽留下了准备告辞的提图斯，努力保持冷静，弄清楚了提图斯的一些基本情况：提图斯本想当演员，现在，在靠失业救济金过活，没有工作。

他用智谋与提图斯进行了一番颇为交心的深谈，对提图斯的质疑做出了耐心的解释——他并不像提图斯说的那样，是为了找他母亲才来此地的，与他母亲的相遇，纯属偶然。之后，他们共进了午餐，又一起跳水游泳，再共同享用了一顿丰盛的茶点，提图斯终于接受了在他这里住下来的挽留。

第二天，早饭后，他任由提图斯去游泳，午餐时，再次与提图斯聚在一起时，他决定同提图斯进一步谈谈。他告诉提图斯，打算让他母亲过来看看他。提图斯当即心生疑窦，追究起他与他母亲的相遇，“纯属偶然”的说法。“你那话实在令我觉得奇怪。这么多年来，你一直是一个鬼怪，一个恶魔。每当你的名字出现时，她的目光中就充满了绝望。他们怎能原谅你？”他坦言相告：他很清楚他父亲对他的憎恶至今都丝毫未减，不过，他认为他母亲将会弃旧开新，离开他父亲，回到他身边来。提图斯的措辞一下子严厉了起来："现在，我明白了，你是想利用我，使我妈回到你身边来。"他毫不含糊，坦然认下了这一点，还毫不顾忌地表明：不仅仅是因为要完成这件事提图斯的参与必不可少，还因为他喜欢提图斯。提图斯想要找到一个父亲，而他想要找到一个儿子；他们为什么不彼此成全呢？再有，他想把提图斯的母亲带走，最终目的，是为了使她幸福，所以他就不能把提图斯排除在外，也要带他一道离开。

提图斯未置可否，不过还是留了下来。当天下午，他把他的计划扼要地说给了吉尔伯特。随后，他躲进"尼布莱茨"附近的树林里，等了将近一个小时，把哈特丽等出来之后，又设法诱使哈特丽随他进了树林，然后，他以"提图斯在他家里"为借口，诱使哈特丽随着他一起奔向了岸边公路，这时，吉尔伯特早已把一辆"大众"牌汽车开到了路边，等候在那里了。吉尔伯特将车开到海角屋前面的栈道上停了下来，待他把有些疑惑的哈特丽劝下车之后，吉尔伯特立刻把车开走了。哈特丽去了提图斯的房间，关上了房门。之后，他开始着手实施他计划当中的下一个步骤，找出信纸，写了几行字，通知菲奇先生：哈特丽和提图斯在他家里。然后让在外等候的吉尔伯特将其送往了"尼布莱茨"。

他返回海角屋，喝了点雪利酒，提图斯告诉他：哈特丽要走，因为找不到车，很着急。显然，提图斯忘记了他的任务——把哈特丽留在"什鲁夫海角"。结果，他只好摊牌了，告诉哈特丽已经不需要回去了，已经有人帮他送去了字条，通知本杰明·菲奇——他们母子在他这里。哈特丽那愤怒和绝望的泪水夺眶而出，哭喊起来，骂他是缺德鬼，傻瓜，哭哭啼啼表示自己一定要走。她一定要趁本杰明·菲奇还没回家还没来得及看到那字条之前赶回家去，甚至不顾他的一再劝阻，一跃而起，向门口冲了过去，他只好抓住她的衣领，强行让她坐了下来。提图斯见状，对他表示了不满："我不喜欢这样。你不能不顾她的意愿强行把她留在这里。"但是，听了他那一番解释之后，又表示："我不会离开你。"说完便从后门出去了。

他在哈特丽身边坐了下来，说道："我不会让你离开的，哈特丽。今晚不会，永远都不会。你要知道，我喜欢提图斯，提图斯喜欢我。提图斯为什么不能成为我的儿子，你为什么不能成为我的妻子？这是命运，哈特丽，这是命运。提图斯为什么恰恰在现在出现，他为什么来到了我的身边？我到底为什么要来这里？你必须明白，这一切是多么地离奇。"哈特丽已经没有心思再同他继续争辩下去了，她已经平静下来，语气十分坚决地表明：你想要让我的婚姻失败，崩溃，但是，它是不会被毁灭的，它是牢不可破的。他绝望地看着哈特丽，然后走了出去，关上了房门，把门锁上了——因为他担心有这种可能性：在经过了这绝情的一幕之后，哈特丽会冲出房子，消失在礁石当中，投身于大海。

第二天早晨，他打发吉尔伯特到"尼布莱茨"那边去看着，在本杰明·菲奇来找麻烦时给他报个信，并约定，吉尔伯特只要一看到本杰明·菲奇就按响喇叭。之后，他去了小海岬岩岸，看着在大海里裸泳的提图斯，等待着提图斯从水里出来，他想同提图斯再谈谈。另外，他希望当本杰明·菲奇出现时，在他身边站着的是一个心智正常的提图斯。提图斯爬上岸，擦干身子穿衣服时，他再次要求提图斯考虑做他的儿子一事，提图斯愤愤戳穿了他的把戏，指责他把他当成了一件重要道具，当成了诱人入圈套的饵，当成了人质！他不顾提图斯的责问，继续循循善诱，晓以利害，希望提图斯能认同他，让他们彼此相互拥有。穿好了衣服的提图斯，终于被他打动了，答应了他。"我接受了，至少我要试一试。"他握住了提图斯向他伸过来的手，两个人在那里站了一会儿，显得有些尴尬。就在这时，传来了吉尔伯特发出的汽车喇叭急促而响亮的叫嚣声。

“我妻子在哪儿？”走路不便的本杰明·菲奇一开口便要找哈特丽，声音极度愤怒却又极度紧张。查尔斯绷紧的神经一下子放松了，高声答道：“在我的房子里，在她想待下去的地方。提图斯也在，正如你完全清楚的那样，他不是我的儿子，但是，他现在是了，我已经收养了他。”本杰明·菲奇对提图斯的事已经不想再管了，口口声声要带妻子哈特丽回去，断断续续搜寻着词句来表达他的愤怒。

在“米恩石桥”（Minn's Bridge）上，两个人你一言我一语，话赶着话，唇枪舌剑当中，他头脑里甚至冒出了一个“把本杰明·菲奇推下石桥、杀死本杰明·菲奇”的一晃而过的念头。最后，暴躁的本杰明·菲奇提高了粗嗓门：“今天上午把她送回来。不然的话，我会以每一种可能的方式来消灭你。告诉你，我说到做到。”之后，本杰明·菲奇一言不发地从查尔斯和提图斯身边走了过去，神情冷酷，瞧也没瞧他们一眼。提图斯被吓得直哆嗦，查尔斯恼怒到了极点，跑回家，跑上楼，打开了哈特丽房间的锁。在与哈特丽的一番交谈当中，哈特丽只是一味反反复复对他说：“请你让我回家。”

随后几天，哈特丽拒绝下楼，躲在房间里，像一只病兽。查尔斯继续将哈特丽的房门锁闭，全然不知道该如何与她相处了。失落、绝望，甚至使他对哈特丽已不再抱有什么期望了。困局当中，他希望提图斯能给予他一些帮助，但是，提图斯对情绪狂躁的哈特丽显得有些恐惧，到了后来，提图斯越来越不愿意去见哈特丽了。随着哈特丽心神错乱的症状与日俱增，他也不再请提图斯去帮忙了，甚至对本杰明·菲奇也不再那么提心吊胆了。不久，本杰明·菲奇那边的全无动静又令他气恼并担忧起来——它意味着什么？吉尔伯特和提图斯也开始不那么顺从了，常常凑到一起，不知在策划着什么。他心神不安地等待着，等待着哈特丽点头，同意他带她和提图斯去伦敦。现在，白天的时候，他已不用再锁上哈特丽的房门了。

到了周末，临近傍晚，他的堂弟詹姆斯拎着手提箱来到了“什鲁夫海角”。吉尔伯特倒了四杯白葡萄酒，提图斯在一旁微微一笑，两个人对詹姆斯的造访显得十分得意。他与詹姆斯交谈的话题很快便转移到了哈特丽的身上。詹姆斯对他为赢回旧爱所做的这一番奋战给予了否定评价，他坦言：也许詹姆斯是对的，自己被自我所蒙蔽，没有认清膜拜对象；现在，自己已恢复了理智，对哈特丽没有爱了，哈特丽不过是一个思想贫乏、落魄不堪的老太婆而已。提图斯也不过是偶然过来了一趟，一个令人讨厌的家伙。

就在那天傍晚，佩里格林·阿贝娄也随后开车赶到海角屋来了。在他为来客做彼此介绍的时候，形容猥琐的哈特丽站到了楼梯上，一副老态龙钟、神智失常的样子。隔天早晨，他的家里呈现出一派节日气氛。提图斯像往常一样，从悬崖上跳下去戏水游泳；詹姆斯先去石塔探查了一番，进行了各种不同的历史推断之后，也从塔阶那儿游到大海里去了；半裸着的佩里格林躺到草地上晒着太阳；吉尔伯特开车去了村子里，买回了一些食品和威士忌；而他呢，依然处于失落与绝望之中。

令他处于绝望状态的部分原因还是因为詹姆斯的出现。对于另外在场的那三个人来说，现在，詹姆斯俨然成了一个磁力中心，那三个人，每一个人都向他表示过，自己有多么喜欢詹姆斯。再次把哈特丽的房门锁上之后，在弓形桥那里，他找到了詹姆斯，看到詹姆斯的那些齐备的海滨度假用具，他随口问了一句：“你什么时候走？”詹姆斯回答说，“我喜欢你的朋友们。”在他们兄弟二人往回走时，詹姆斯再次同他谈起了哈特丽的事，他解释说，他之所以这么做，纯粹出于善意的干涉，他的救难行动，全是为了哈特丽好；詹姆斯照旧不能认同他的所作所为，认为善意不能用错误的方法思考。

事情已迫在眉睫，他必须做出一个艰难的决定。现在，他的来宾们尽管并不想进行干涉，却还是一个个的都插上了一脚，尤其是詹姆斯，更不能冷眼旁观，看着他坏了事，试图劝服他别再纠缠哈特丽了，放她回家去，把提图斯还给他的父亲本杰明·菲奇。詹姆斯打算出面去与哈特丽谈谈，替他解解围。就在这时，在楼上的哈特丽突然尖声叫喊着摇起门来："放我出去，放我出去！"

他发疯似的跑上楼去，用拳头猛烈地捶打着门，央求哈特丽不要这样，快快住口！哈特丽终于平静了下来。然而，那一声声痛苦的嘶嚎，彻底击碎了他的信念和期盼，他已濒临绝境。最后，经过詹姆斯和佩里格林三番五次的开导劝说，他终于渐渐认同了他们，当天晚上让吉尔伯特给本杰明·菲奇送去了一封信，并决定第二天早上把哈特丽暂时送回去。

那第二天，成了他一生当中最糟糕的日子之一。哈特丽的样子看上去骇人极了，苍老，邋遢，形容猥琐。他翻出一件男女通用的海滨外衣，给她穿上，又给她戴上了一条围巾，然后，带着她向佩里格林的汽车走了过去。临出门之前，在厨房里，吉尔伯特悄悄告诉他，昨晚送信时，他听到了本杰明·菲奇与一个女人的谈话声。他不经意地回了一句，那也许是电视里的声音。众人纷纷上了佩里格林的车，一行人乘车前往前面的村庄。当佩里格林驾车驶向硕大的岩石间一条狭长的山道时，占据在最高处的岩石顶上向他们投石头的露欣娜打断了他们的行程。佩里格林下了车，露欣娜的目标显然是她的前夫，一块石头打到了佩里格林的胸部，另一块打到了肩上。佩里格林并不躲闪，怒吼着进行还击，后来，詹姆斯把佩里格林拉回到车上，他们的行程才得以继续。这时，他陡然想起了吉尔伯特曾对他提及的"本杰明·菲奇与一个女人的谈话声"一事。满脸怒气的佩里格林把车开上了通往平顶屋的山路，到了"尼布莱茨"门口，他为哈特丽打开了车门，然后又为她打开了房门，那一行人也跟着走了进去。哈特丽刚一进屋，就躲进了卧室。身材矮小却十分彪壮的本杰明·菲奇一开口就要提图斯老老实实待在家里，提图斯摇摇头，嗫嚅着拒绝了。他接过话茬儿，说道："提图斯不是我的儿子，不过我计划收养他。"本杰明·菲奇没有理睬他，而是怒目向提图斯，吓得提图斯脸上的肌肉直抽搐。

当本杰明·菲奇把目光转向詹姆斯，瞪视着詹姆斯时，詹姆斯若有所思地看着他问道："上士菲奇？"本杰明·菲奇回答说"一点不错。"詹姆斯接着指出了他所在的部队：皇家工兵部队，然后又说道："你是在阿登战役[1]（Ardennes Campaign）中露脸的那个小伙子，"并夸赞了一句："你表现得不错。"本杰明·菲奇脸上现出倏忽而逝的快慰，沉默了片刻，或许在回首那往事。詹姆斯赶紧开口道歉："对当今这件事我很抱歉……完全不是你妻子的过失，她绝对是清白的，什么事也没发生，我以我的名誉向你保证。"本杰明·菲奇面无表情地应了一句："知道了。"然后示意他们离开。

在回去的路上，吉尔伯特十分好奇詹姆斯提到的本杰明·菲奇与"阿登战役"之事。詹姆斯为大家简单解释了一番：他认为，阿登战役期间被关押在战俘营里的本杰明·菲奇应该是在1944年被俘的，应当是个高级军士，在集中营里多少是个头面人物。1945年5月德国人将要撤离时，本杰明·菲奇自主组织部署，发起了一场斗争，掌控了整个集中营，当接防的部队赶到时，没来得及撤离的德国人已经全部

1 阿登战役（Ardennes Campaign）：历史上也称"突出部战役"，指第二次世界大战期间，1944年12月至1945年1月，美英军队为粉碎德国在阿登地域（比利时东南部）的反攻而进行的攻防战役，也是纳粹德国在西线实施的最大的阵地反击战，此后，德军在西线再也无力阻挡盟军的进攻。

成了俘虏。在斗争当中，本杰明·菲奇个人的表现十分勇敢，身先士卒，但也有人不以为然，议论他“滥杀无辜”，不过这种议论很快就平息了，本杰明·菲奇得到了一枚军功章。有人将这件事报告给了詹姆斯，他记得他曾经看过本杰明·菲奇的照片，并记住了这个勇敢者的名字，留下了很深的印象。

他在一旁，冷冷接了一句：“这个男人是一个杀人者。”佩里格林把车开到他的家门口，下车后，他生硬地对詹姆斯下了逐客令：“谢谢你的帮助。现在你已经完成了你在这里的任务，我想你打算走了吧？”詹姆斯像是并不在意，回答说：“要是你没意见，我打算一直待到明天。”他也只能由詹姆斯去了。之后，他经过“米恩石桥”，朝石塔方向走了过去，在近海水处找了一块地方，望向“莱文湾”。詹姆斯也走了过来，坐到他身边，他没有理睬詹姆斯，他们默默坐了好一会儿，詹姆斯开了口，先是希望他能理解，不要觉得自己对他施加了影响；随后又询问他打算怎么安置提图斯，还建议他把提图斯弄进一所戏剧学校。对此，他表示认同，“也许吧。”

他们一起投掷了一会儿石子，之后，詹姆斯再次开了口，希望他不要介意，自己想直言不讳说上几句，因为在自己看来，他是在为一个虚幻的海伦而战，尽管他一时还不能醒悟过来，不过，过不了多久，他就会对这一切生出新的看法、新的感受，从虚妄中解脱出来的。因为爱情不是永恒的东西，人类的事物没有永恒的，永恒不过是一个幻觉。现在他仅仅是被蒙蔽了心窍，把思维当了存在。他依然无法幡然改途，认为詹姆斯从未爱过什么人，所以根本不可能理解他的爱情，才把他对哈特丽的忠贞不移视为虚妄；他还振振有词地申述——他一定要坚守到最后一刻，哈特丽迟早会挣脱本杰明·菲奇到他这边来的，他会一直等待下去，那是他的责任；哈特丽已然成为他的一部分，那既不是虚妄，也不是虚幻，哈特丽已然融入了他的体内，与他水乳交融，不分彼此了。听到他这样的感情表白，詹姆斯只好告辞，不再说什么了。孤身只影的他继续想着他与哈特丽的事，继续执而不化。在他看来，当今所呈现的有悖于自己初衷的局面，全是詹姆斯一手策动出来的，坚持就是一切——要是自己始终沉着、冷静、坚守，哈特丽早就投入他的怀抱中了。

眼下，时间已临近傍晚了，正当他攀登在礁石堆里，继续思忖着他与哈特丽的事时，他忽然望到了莉奇的身影。莉奇接到了吉尔伯特的来信之后，几乎没怎么耽搁就赶了过来。结果，一时间，“什鲁夫海角”简直就成了一个喧闹的蜂窝，宴饮不断，大家尽情唱着，喝着，一个个喝得醉醺醺的。最后，这种闹哄哄的场面，终于让他有些受不了了。夜色当中，他独自一人东倒西歪地走上“米恩石桥”，并像惯常一样停了下来，望向下面那一片被礁石围住的水域。突然，他感觉有人走到他身后，把他推了下去。他大喊了一声，跌向下面可怕的深渊，尽管全力做了一番挣扎，但是，一切都是徒然的，“米恩的大锅”将他求生的意志击得粉碎，随后，他的头猛烈碰撞到一块平滑的礁石上，旋即丧失了意识；就在这当口，詹姆斯好像突然从天而降，撑住了他人事不省的湿淋淋的身躯。

大约凌晨 2 点的时候，一位赶了过来的医生弄醒了他。事后，他询问莉奇，他是怎么死里逃生的，莉奇告诉他，詹姆斯说是一阵反常的奇特波浪把他托举上来的；然而，他很清楚——那是绝不可能，那地方太深了。莉奇又说，听到了他的叫喊声，大家全奔了过去，她过去时，詹姆斯和提图斯已经把他抬离了石桥，吉尔伯特和佩里格林也在一旁帮忙；大家都以为他被淹死了，詹姆斯给他做了人工呼吸，继续了约 20 分钟之久，他才开始正常呼吸。现在，被累趴下的詹姆斯，已经到楼上他卧室的床上睡下了。在一一回答过他的提问的莉奇走开之后，他意识到：除了他自己和那个暗杀者，没有人知道他的坠落不是一次意外。他坐在扶手椅里，继续思考问题：毫无疑问，攻击他的人一定是本杰明·菲奇。

第二天上午，他给哈特丽写了一封信，为自己把她搞得魂不守舍道了歉，并讲述了那一桩极其可怕的事——本杰明·菲奇企图谋杀他。在信末，他表示，现在，他并不在乎本杰明·菲奇对他的报复，只想带哈特丽远走高飞。信写好之后，他不知道该通过什么方式将其送到哈特丽的手里，考虑再三，他决定把送信这事暂且先放到一边去，先去把詹姆斯和莉奇打发走了再说。于是，他上了楼，去找詹姆斯，想催他早点走。身心俱疲的詹姆斯经历了这次救难之后，断断续续已经睡了好几个小时，听到他的问候，用枕头支撑起上半身坐了起来，示意自己恢复得不错，很快就可以下床了，明天就走，伦敦那边还有好多事要办，并再次对他提起了提图斯的事，希望他清楚提图斯与哈特丽和本杰明·菲奇的关系——提图斯属于他们二人。

无论如何，他都不能认同詹姆斯点明的这一事实，因为用不了多久，就不会再有“他们二人”了；再说了，他已经决定收养提图斯了。看到他仍然固执不通，依然热衷于“拯救”，詹姆斯继续给他泼冷水，指出这类事情不是光凭个人理念和意志就能决定的。他当即进行了反击，于是詹姆斯又同他谈论了一通家庭关系、缘分、轮回转世、现世因果报应等。那些精神世界的魔法，令他感到有些恐惧，于是转换了话题，提起他掉进深渊的那件事——当时有人推了他一把，他敢断定，那人就是本杰明·菲奇。詹姆斯想了想，接着开始用推理质疑他的断言有无确凿证据。他不想被詹姆斯的那一套 AB 推理纠缠下去，立刻打住了，说道：“我只是想告诉你。就这样吧，当我没说。你说明天走，这很好。”

就在那一刹那，他听到了一声永不能忘的尖叫声，是莉奇发出来的。接着，又是一声尖叫。他立刻冲了出去，朝着那尖叫声的方向奔了过去，奔到人群中间——看到躺在草地旁的提图斯死了，被淹死了。神色迷茫的詹姆斯赶到时，心都碎了，跪下去，似乎连话都说不出来了，示意把提图斯转个身做人工呼吸，但是，一切都已经无济于事了。赶到现场的警察开车去了“尼布莱茨”，去通知提图斯的父母本杰明·菲奇和哈特丽。验尸的结论是死于意外事故，头部受到撞击后，溺毙。推测是，提图斯被一阵风浪挟裹着猛掷到礁石上，事发的确切原因已经无法说清。

提图斯溺毙于大海之后，不久，吉尔伯特返回伦敦演出电视剧去了；莉奇留了下来，接任了烹饪之职；佩里格林留了下来，总是一副苦恼至极、苦不堪言的样子，大量饮酒；詹姆斯也留了下来，对自己的堂兄一如既往，彬彬有礼，关心爱护，不过却很少说什么了。几天来，他始终沉浸在悲痛当中，无法自拔，整日冥思苦想，脑海里溢满了各种猜测，甚至认为：出于种种疯狂的念头，本杰明·菲奇一定早就对他恨之入骨，以至将对他的仇恨转嫁给了提图斯，便杀死了提图斯。这样一想，他一下子愤怒起来，一股巨大的愤怒力量在他体内熊熊燃烧，他彻底愤怒了，脑海里翻腾着要为提图斯复仇的念头。他要化悲痛为力量，去杀掉本杰明·菲奇；现在，对他而言，要想从对提图斯惨遭暗害事件的那种愤恨至极的怒火中摆脱出来，他不得不成为一名恐怖分子了。

起床后，他走到窗前，望向在雾气笼罩下的平静的大海，海面苍苍，海浪轻轻跃动着，他感到自己好像是在通过提图斯的目光看待着窗外的这一片大海。他已经从詹姆斯那里收回了自己的卧室，留下来的那三个人都睡到楼下去了。他已经决定，今天要同他们谈谈，让他们三个全部离开，尽管他害怕孤独，然而，他的谋划需要独处。他走向草坪，看到詹姆斯正从那礁石堆处爬下来，坐到了一个天然的石凳上。他走了过去，坐到旁边的一块礁石上，对詹姆斯说，他想让他离开，让他们全都离开，就在明天。詹姆斯皱起眉头说道："只要你也跟着走，跟我一起回伦敦。"他表示不可能，他必须留在此地，并站了起来，要去告知那另外两个人，詹姆斯拽住了他，追问他准备对哈特丽和本杰明·菲奇干些什么，要他跟他谈谈他的计划，他已经知道他正在谋划着干点什么了。

他们之间随后的交谈，又一次引起了他对詹姆斯长期的怨恨和敌意。詹姆斯再一次要他不要继续纠缠哈特丽了，并要他相信——把他推下深渊的不可能是本杰明·菲奇，提图斯也不是本杰明·菲奇杀害的。他坚持断定，把自己推下"米恩的大锅"的，除了本杰明·菲奇外，别无他者。无可奈何的詹姆斯，只得做出了一个失望至极的手势，结束了他们的谈话。

他们一起返回海角屋，走进厨房，看到佩里格林正目光呆滞地坐在桌子一旁，喝得醉醺醺的。詹姆斯刚刚招呼了一声"佩里格林"，坐在那里一动未动、注视着前方的佩里格林便开说道："要是你们在讨论是谁弄死的查尔斯或未能弄死查尔斯的，那人就是我。"他吃惊至极，实在太不可思议了。"为什么！"佩里格林原原本本道出了自己的动机：因为露欣娜。因为他蓄意抢夺走了佩里格林心爱的妻子露欣娜，满足了他一己的私欲，然后又将露欣娜抛弃了，更有甚者，他还要佩里格林认同此事，置之不理，继续毫不在乎地与他亲近！他一贯喜好玩弄支配别人的把戏，认为自己无论干下什么肮脏的勾当，他人都依然会继续同他亲近，继续受他的控制，因为他是非同寻常的查尔斯·阿罗比！这些年来，对佩里格林来说，他就像是一个恶魔，一个恶性肿瘤。

最后，佩里格林解释了自己之所以必须道出这一切，是因为他堂弟詹姆斯的逼迫威力。詹姆斯凭借审问技巧，获悉了事情的全部真相；之后，詹姆斯说到查尔斯一直认为这件事的罪魁祸首是本杰明·菲奇，眼下已恼怒至极，要去找本杰明·菲奇复仇。佩里格林在彻底道明了整个事情的源本之后，过了片刻，站起来告辞了，随后开车返回了伦敦。

之后的几天，他都是在一种病态的恍惚中度过的。一天下午，他与莉奇外出散步返回时，遇到了村里酒吧的一个伙计，那伙计谈起了提图斯之死。那天，不该让提图斯到那地方去游泳。他在石塔附近的高地，看见提图斯一次又一次试图爬上"什鲁夫海角"附近的那块陡峭的礁石，却一次又一次滑落下去。风浪那么大，还去那里游泳，实在太疯狂了。一定是浪潮把提图斯抛了起来，使他撞到了那块礁石上。那伙计的一番话语，着实令他感到有些无言以对。回到家里，他决意要让詹姆斯明天一早就走，还有莉奇，结果，詹姆斯当天就把莉奇送走了。而就在这天，他意外收到了哈特丽的一封来信，邀请他星期五下午4点到她家去喝茶。

那天下午，他准时来到"尼布莱茨"门口，思绪万千，听到里面正在播放的古朴的情歌《绿袖》[1]，一下子僵在了那里，透不过气来。在他与哈特丽的往昔岁月里，那首《绿袖》曾是他们的信号曲，他曾经用录音机不停地播放过它，他们曾经在哈特丽父母的旧钢琴上弹奏它。这是他们俩的主题歌，他们俩的爱情曲……而现在的播放，像是对往昔岁月的蓄意侮辱和故意亵渎？他努力控制住了自己的感情，推门走了进去。哈特丽看上去变得年轻而且健康了，本杰明·菲奇也表现出一股勃勃生机，一副轻松的神态。喝茶交谈当中，他获悉，他们要移居澳大利亚了，再不用在英国过冬了。哈特丽微笑着，大大方方告诉他，本杰明·菲奇可以在澳大利亚领取他的退休金，他们大概过五六个星期就走。他把茶杯递向哈特丽，

---

1 《绿袖》（Greensleeves）：一首广为流传的英国民谣，吟唱爱情忧伤的谣曲。

不知道该说些什么——之前，这件事哈特丽为什么没向他透露一点风声呢？他被这一得体的最终告别弄得不知所措，困惑不已。

回到家中之后，他不停地喝着酒，然后早早上了床。第二天，雨一直淅淅沥沥地下着，屋里很冷，到了傍晚时分，他点上了液化气炉，詹姆斯出人意料地摸黑进了厨房，坐到了桌子旁。他打开了酒瓶，告诉詹姆斯，他同哈特丽和本杰明·菲奇一起喝了茶，詹姆斯为他归纳总结了一番，认为他现在该彻底放弃他的那个拯救大计了，“也许命中注定，你只能孤零零一人过活。”他很快将话题转到了詹姆斯的西藏和宗教的问题上,“你过去不是一直热衷于研究迷信吗？”詹姆斯认为他使用的“迷信”一词很是恰当，点到了问题的实质，并用揣测的口吻说道，差不多所有的宗教其实都是迷信。接着，又谈论起了那些玄关妙理：宗教是一种力量，是自我征服和自我摒弃的意志力量；动用意志力量，是一种危险的快乐；人们的种种欲望和依恋，构成了人们的上帝；当某一种恋情被抛弃时，另一种情感便会通过慰藉的方式降临；对心灵世界不够完美的干涉，会成为对他人的残忍；仁慈在于放弃意志力量，消极生活在这个世界上；善行真是难以思议。

他对詹姆斯的这些虚幻的玄理没什么兴趣，不过，为了成全自己的好奇心，他再次提到了在詹姆斯家中见过的那个东方小老头。詹姆斯坦言相告：那只是一个念相[1]。他旋即将话题直接转到詹姆斯的老同学托比·埃尔斯米尔曾同他说过的詹姆斯与那个谢尔巴人[2]（Sherpa）的事情上。他的问题涉及了有关詹姆斯的宗教信仰，詹姆斯默默无声了一阵子，终于开口对他讲述了以前从未透露过的那些事：那个谢尔巴人是他的仆人，他管他叫米拉日巴[3]（Milarepa）——他最欣赏的一位诗人的名字，不是那人的真名。当时，他去西藏研修驾驭自己意念履行使命的幻术魔法，并用心研修了其中的通过集合意念使人的体温升高的一种幻术；为了进一步研习，在一个冬日，他带上了米拉日巴，结伴而行，他们必须翻越一座途经的雪山，翻越高高的山隘时，被暴风雪困住了，当时，他断定不会有事的，自己能够招来足够的热量使他们俩都存活下来，然而，却出事了，米拉日巴在夜里死去了，死在了他的怀里。詹姆斯忏悔地说道：“他信赖我……我的自负却杀死了他……”

在良好的氛围中，詹姆斯与他分手道别了。行前，詹姆斯告诉他说要去旅行。第二天，他大病了一场，一连几天，躺在床上，吃不下东西。后来，病症终于渐渐离他而去了，他又能走下楼梯了。在离开病床有了些力气之后，他来到“尼布莱茨”院门前，按响了门铃，隔壁邻居过来告诉他，这家人已经走了，移民到澳大利亚去了。哈特丽彻底消失了！

他不知所向了，感到有些无所适从，想返回伦敦去，想给詹姆斯打个电话。那天，游过泳之后，他搬出行李箱开始往里面装衣物，又到书房里去寻找一本打算在旅途中阅读的消遣书，翻找当中，看到了

---

1 念相（Tulpa）：又称思想形相，一种密宗、苯教和藏传佛教的禅修概念，一种因冥想而生的灵体，是精神能力的一种显示。

2 谢尔巴人（Sherpa）：族名，在藏语中表示“来自东方的人”，又称雪巴人、夏尔巴人，是一个散居在中国、尼泊尔、印度和不丹等国边境喜马拉雅山脉两侧的民族，操藏语方言，常给人当搬运工，以喜马拉雅山上的挑夫著称。

3 米拉日巴（Milarepa，1052—1135）：西藏佛教史上最有名的修行人，从一个凡夫俗子，经终生刻苦修行而获得成就，他的著名歌集和教理，成为至精至要、千古不朽的教言。他云游传法，有众多弟子。1135年，他84岁时因被人毒害而逝世。

一张在自己被佩里格林推下石桥险些淹死之后，失去知觉的他恍惚中写下的一张小纸片，上面记录了当时好像是突然从天而降的詹姆斯如何奇迹般地将他救起的情况。在这时，他霍然意识到，当时，单靠人的力量是救不了他的，“反常的奇特波浪”也不可能把他托举上来，一定是詹姆斯所施展的幻术的法力——不折不扣的“水上漂轻功”将他救起来的：詹姆斯从那么高的石壁下来，用两手架着他的双臂将他托起，就仿佛穿着救生衣一样，他们一同浮出了水面。接着，他十分清晰地忆起，在当时，詹姆斯就像蝙蝠一样贴石壁站在水面上，以及自己“如同乘电梯一般”地往上升的情景。当时，没有任何人看见詹姆斯在救难活动当中的这一奇迹，詹姆斯本人也不肯向他解释什么。回想过后，他动情地拿起了电话，看看钟点，刚过 11 点，给詹姆斯打电话还不算太晚。那边的电话铃声响了一遍又一遍，没有人接，他决定第二天早上再打，然后前往伦敦。之后，他在炉火的陪伴下喝了些酒，当他回想起枉度的岁月，不由得深深地叹息起来：他与詹姆斯本应该是好朋友，而不应仅仅是尴尬难堪的亲属或有点近乎不共戴天之敌。

然而，就在他开始以全新的眼光看待自己与詹姆斯的关系，满心期盼尽快与詹姆斯再次相见时，却接到了一封笔迹陌生的来信，盖有伦敦的邮戳。这是一封来自詹姆斯的印度医生的信件，信中告知，他的堂弟詹姆斯·阿罗比先生刚刚过世了。詹姆斯临死之前给那位医生留了一个便条，说他这位堂兄是自己遗产的继承人，并要医生亲自告知堂兄自己的死讯。医生说，詹姆斯打电话叫他去，他过来之后，詹姆斯为他留着门，人已经死了，面带微笑坐在椅子里。那位医生说，詹姆斯死得非常安然——不是一般的死亡，是凭意念熄灭了自己的意识，在选定的时刻，功行圆满后在幸福中离世的。詹姆斯是一个觉者[1]。

他把那封来信从头至尾读了两遍，一阵彻骨的寒冷向他袭来，将他紧紧围裹起来，仿佛一尊雕像一般，一动不动地坐了很长一段时间。他感到既无助又悲伤，而且迷茫，到底发生了什么？詹姆斯为什么离去？为什么决定现在离去？詹姆斯作为一个真正得道的信徒已经死去了。他惊骇于这一生离死别，记起詹姆斯临行前说过的要进行一次旅行，死亡就是这次旅行，是詹姆斯最后一次施展的“幻术”。

生活在继续。现在已是伦敦的 8 月秋时，他住进了詹姆斯的公寓，从法律的角度来说，这栋公寓现在已经属于他了。詹姆斯早已在遗嘱里将此公寓和其他所有遗产赠予了他。若他死在詹姆斯之前，则将全部遗产赠予英国佛教协会。他住进来之后，依然保留了这一公寓詹姆斯在世时的情景，数不胜数的“迷信”偶像环绕在他的周围，其中，一只精美的监禁着恶魔的木匣依旧高高位于它的托架之上，数目众多的佛陀依旧摆放在他们的原位，除了他拿去送给托比·埃尔斯米尔的那一尊。

在这栋公寓里，他开始了自己的新生活。他卖掉了“什鲁夫海角”屋，卖掉了伦敦的那一间小公寓，尽管他并不缺钱，詹姆斯遗嘱中留给他的钱财富富有余，足够他称心如意过下去的。参加完詹姆斯的葬礼之后，他前去拜访了莉奇和吉尔伯特，又带着秘书卡夫曼小姐去喝了咖啡，还经常参加各种聚会，在伦敦到处走动，用餐，饮酒，聊天……他甚至开始考虑起自己是否撰写克莱门特的传记一事了。他回到公寓时，夜色渐深，那些佛陀仿佛在审视着他，他对托架之上那个监禁着恶魔的木匣特别留意！当詹姆

1 觉者：觉悟的人的意思，梵语叫作佛陀。被称为觉者的人，必须具有三个条件，即自觉、觉他、觉行圆满，缺一就不可以被称为觉者。

斯的灵魂渐行渐远之后，公寓里的这种摆设看去上越来越像是一个博物馆了。他还想不出该如何来处理那些诗作——那些詹姆斯的诗作！纵观詹姆斯的一生，显然如其生前所言，成功完成了两个心愿：从戎与成为一名诗人。

随着时间的流逝，他所受到的邀请日渐稀少之后，他身上那种重返伦敦的躁动渐渐熄灭之后，他又开始与心中的痛苦交织在一起，以饮酒打发留置家中的光阴，然后早早躺到床上，思考有关詹姆斯的一些事。他忽然想到了自己在公寓里始终没有找到詹姆斯的护照，脑海里顿生疑窦，觉得詹姆斯的葬礼举办得也颇有些蹊跷。他甚至认为：詹姆斯其实没有死，人还活着，正在执行某种秘密的使命！因为葬礼当中，他根本就没有看到过詹姆斯的尸体，整个迷局，全都是情报机构编织出来的！而且，那个印度医生，显然也是被英国情报机构雇用的。

现在，他勃发的激情已耗尽，心境渐渐趋于平静了，然而，就在这时，他突然获悉一个令人震惊的可怕消息——佩里格林在伦敦德里（Londonderry）被恐怖分子杀害了。他简直不能相信。不过，佩里格林之死所给予他的震惊，却以一种奇特的方式大大削弱了他对詹姆斯之死的疑虑。他不再确信，堂弟詹姆斯依然活着，正健康地生活在西藏；正如他不愿确信，哈特丽还活着，正健康地生活在澳大利亚一样。

他再次想到了哈特丽——那一场误置的爱，由旧有的积怨与疯狂占有的嫉妒驱动而生出的痴狂，不过是一场虚幻。现在哈特丽已经走了，对他而言，哈特丽已无足轻重，已不复存在。他对自己说：归根结底，我是在为了一个虚幻的海伦而战。“真爱只有一次，它就是初恋[1]”，就为了这一句无聊的法国格言，我干出了多少蠢事！

尽管话已至此，然而，那一份痛苦，却仍旧令他心有戚戚，甚至还会持续下去，以至每次听到狗的吠叫声，他都会不由得想起哈特丽那张因痛苦而皱起的脸，就如同每逢他听到瓦格纳[2]（Wagner）的音乐，就会忆起克莱门特垂死前涕泪交零的样子。不管是在地狱还是炼狱，都用不着其他更精心炮制的酷刑了。他想：人的那些具有毁灭性的自负、妒忌、贪婪以及怯懦所形成的无数镣铐，已经把地球变成了设置陷阱、伤害和诱陷他人的场所。奇怪的是，当我走向大海时，我设想的是放弃这个世界，但是，一个人用一种形式交出了自己的权限，却又用另一种形式抓住了权限。或许，在某些方面，詹姆斯和我有着同样令人困惑的情况。

他不断尝试着去回忆詹姆斯所说的那些事，但是，他好像用一种不同寻常的速度将它们忘记了。一个人能改变自身吗？他对此持有疑惑。即便有所改变，那一定也是微乎其微的。终于，他领悟到：当作祟的恶魔消失之后，留下来的是普通的义务和平常的乐趣。一个人尽可以平静地生活，去做一些微小的善事，不伤害任何人。不过，此刻，他想不出任何可以做的微小善事，或许，明天他会想出一件来。

他去了伦敦古老的购物区，步行到闻名遐迩的皮卡迪利广场（Piccadilly Square），买了许多的奶酪。回来后，看到一封来自故旧弗里茨·艾特尔（Fritzie Eitel）的电报，弗里茨正在赶往伦敦的途中。弗里茨想让他去执导一部所谓的“芭蕾”剧目。他带着卡夫曼小姐，去看了莎士比亚的《哈姆雷特》（Hamlet），

1 真爱只有一次，它就是初恋：这一格言后面还有半句话，全句是——真爱只有一次。它就是初恋，初恋之后感情就不那么无羁无绊了。

2 瓦格纳：即理查德·瓦格纳（Richard Wagner，1813—1883），德国歌剧家。

他非常喜欢这个剧目。刚刚，他还接到了一个极具诱惑力的前去日本的邀请。老熟人阿峦吉德（Arranged）的电话紧接着就来了，安排周五与她一起吃饭。他的生活又回到了原点。上帝啊，那个木匣突然掉落到了地板上！由于隔壁有一些人在敲击，它从托架上被震落了下来。匣盖摔掉了，里面装的东西全部摔落了出来。那么，在这恶魔横行的人生朝圣之旅，下一个令他不可思议将会是什么？

作者生平与创作生涯

艾丽丝·默多克是不列颠帝国司令勋章（CBE）的拥有者，也是不列颠帝国爵级司令勋章（DBE）的拥有者，1919年7月15日出生在爱尔兰都柏林（Dublin），父亲参加过第一次世界大战，是一位英国骑兵指挥官，母亲是一位歌剧歌唱家。她自幼生活在英国伦敦西区，从小学一直到大学都是在英国接受的教育。她在伦敦的弗罗拜尔实验学校完成了最初的教育；1932年至1938年，就读于英国西南部大学城布里斯托（Bristol）著名的巴德明顿女子学校；之后，1938年至1942年，就读于牛津大学萨默维尔学院，获得了一级荣誉学位（First Class Honours degree）。

1942年大学毕业之后，她任职于英国财政部，担任助理主管，一直工作到第二次世界大战结束之前。1944年，她参加了联合国的救济工作，任职于联合国救济总署，其后两年，在伦敦、比利时和奥地利工作，安置战后灾民。

1947年她回到英国，获得了剑桥大学纽纳姆学院萨拉·斯密森哲学奖学金，在那里就读研究生，跟导师路德维希·维特根斯坦（Ludwig Wittgenstein，1889—1951）学习了一年哲学。1948年她重返牛津，在牛津大学圣安妮学院做了多年哲学研究生，并担任哲学教师一职，在那里执教了15年。

1940年（21岁），她与法国声誉卓著的思想家、存在主义哲学家、文学家让－保尔·萨特（Jean-Paul Sartre，1905—1980）相识，随后便对形而上学产生了浓厚的兴趣，以存在主义的眼光看人生，认为人是充满偶然性的宇宙当中意外地产生出来的生物；人对掌握自己的命运是无能为力的，并在之后的创作中体现出了存在主义的思想。

1953年（34岁），她发表了哲学随笔《萨特，浪漫的唯理论者》（Sartre: Romantic Rationalist）。1954年她出版了第一部长篇小说《在网下》（Under the Net），是一部没有主人公的作品，其中充满了存在主义的哲思：人们追求自由选择，但是在虚幻复杂的世界上，面对选择并非易事。小说的叙述语言流畅自然、幽默风趣，出版之后轰动一时，令她一举成名，以一名小说家的身份登上了英国文坛，奠定了她在英国当代文坛中的地位。

之后，她陆续出版了长篇小说：《逃避巫士》（The Flight from the Enchanter，1956）、《沙堡》（The Sandcastle，1957）、《钟》（The Bell，1958），把萨特式哲学小说引入了英国文坛，把小说视为解释哲学的工具，但又不失文学作品的生动活泼。

1956年（37岁），她同当时在牛津大学（University of Oxford）颇有名气的诗人约翰·贝利[1]（John

1 约翰·贝利（John Bayley，1925—2015）：不列颠帝国司令勋章（CBE）的拥有者，英国著名文学评论家，牛津大学著名的莎士比亚和托尔斯泰研究专家，堪称一代学术宗师，后又出任英国布克奖评选委员会主席。

Bayley，1925—2015）结了婚，约翰的学养使她受益匪浅。他们在史迪坡·阿斯顿（Steeple Ashton）生活了30多年，1986年迁至牛津大学北部郊区过着恬静的生活。1963年她辞去了牛津大学圣安妮学院的哲学教授职位，前往英国皇家艺术学院授课，在那里工作了4年，直到1967年辞职。此后，她与丈夫约翰·贝利有时前往美国讲学，有时参加英国文化交流协会组织的巡回讲座。她曾多次被邀请在一些享有声望的演讲会上进行演讲，并且时常参加在法国、荷兰等许多国家举行的文学座谈会和哲学工作会议。

从1963年之后，艾丽丝·默多克开始将自己的主要精力奉献给了她的写作事业，一生笔耕不辍，成绩卓著，傲然于英国文坛。1970年，她当选为爱尔兰学院院士，之后，她的名望在欧美国家快速增长。她的小说作品，常以描写当代英国知识分子的思想、生活为内容，从中探索了一系列哲学问题，人性的善与恶，把20世纪中产阶级的生活现实交织在不平凡的事件当中，且多带几分恐怖、怪诞和滑稽，透过情节的发展，探讨有关虚无争论的话题。

1960年代，她陆续出版了长篇小说:《一个砍掉的头》（A Severed Head，1961）、《非正式的萝丝》（An Unofficial Rose，1962）、《独角兽》（The Unicorn，1963）、《意大利女孩》（The Italian Girl，1964）、《红与绿》（The Red And the Green，1965）、《天使的时代》（The Time of the Angels，1966）、《好人与善人》（The Nice And the Good，1968）、《布鲁诺的梦》（Bruno's Dream，1969）；继续创造性地使用第一人称男性视角，演绎她的艺术哲学思想，利用神话以及通过人物的性行为，探讨迷失在混乱的世界之中的人如何与邪恶做斗争。其中，《一个砍掉的头》1964年被改编成了舞台剧，1971年被拍摄成电影;《意大利女孩》1969年被改编成了舞台剧。

自1970年代起，她的小说创作开始经常运用寓言的形式，以表达讽喻效果。大部分作品，关注的都是有关社会道德的问题，性道德、婚姻中的道德以及宗教问题。这一期间，她陆续出版了长篇小说:《一次相当可敬的失败》（A Fairly Honourable Defeat，1970）、《意外的男人》（An Accidental Man，1971）、《黑王子》（The Black Prince，1973）、《神圣的与亵渎的爱情机器》（The Sacred And Profane Love Machine，1974）、《一个字面上的孩子》（A Word Child，1975）、《亨利与卡托》（Henry and Cato，1976）和《大海，大海》（The Sea，the Sea，1978）；哲学随笔论文集:《善的至高无上性》（The Sovereignty of Good，1970）、《火和太阳》（The Fire and the Sun，1977）等。

其中，《黑王子》，1973年获得了英国最古老的文学奖——詹姆斯·泰特·布莱克奖;《神圣的和亵渎的爱情机器》，1974年获得了英国文学界奖金金额最高的惠特布莱德图书奖;《大海，大海》，1978年（59岁），因其成功地对伦理道德哲学进行了一次具体而微的戏剧化阐释，问鼎了第10届英语文学界最有影响力的布克奖。

艾丽丝·默多克的每一部小说，都印证着她的道德哲学思维。《大海，大海》是她把文学和道德哲学思维结合起来的最成功的一次尝试。在这部浩瀚磅礴的作品中，她以一贯擅长的恋爱故事入手，配以形而上世界的诡谲，细腻生动、寓意深刻地讲述了一个单恋和幻灭的故事，以第一人称完全主观的浪漫写实风格，通过小说主人公“我”内心的剖白，将人的不良的天性、作祟的“心魔”娓娓道出，对宗教、道德、人性问题，进行了深入的哲学思考，借着大海的意象，进行了一番心灵的探索之旅：平凡的小镇，宁静的大海，善于弄玩舞台戏法的戏剧导演查尔斯·阿罗比（Charles Arrowby）意图放弃繁华尘嚣，隐居海滨乡间别墅，沉浸于回忆录的写作当中，而过往生命中的女人们却不甘只成为“回忆”；因缘际会，与青梅竹马的情人哈特丽（Hartley）意外重逢后，对重燃的旧日恋情的执迷，对堂弟詹姆斯·阿罗比（James Arrowby）的“瑜亮情结”，以及与一一现身的往日至交故旧们的交道，剖析了人的痴狂虚妄和利己主义，传达出“摒弃自我主义，关注他者存在”的一种道德哲学见解。全篇一气呵成，其间悬念丛生，令人不忍释卷。小说出版之后，享誉甚高。

1980年代至1990年代，艾丽丝·默多克陆续出版了长篇小说:《修女和士兵》(Nuns and Soldiers，1980)、《哲学家的弟子》(The Philosopher's Pupil，1983)、《好学徒》(The Good Apprentice，1985)、《书和兄弟关系》(The Book and the Brotherhood，1987)、《致行星书》(The Message to the Planet，1990)、《绿衣骑士》(The Green Knight，1993)、《乔安娜，乔安娜》(Joanna，Joanna，1994)、《那个孤身者》(The One Alone，1995)、《杰克逊的困境》(Jackson's Dilemma，1995)；哲学随笔论文集:《作为道德指南的形而上学》(Metaphysics As A Guide To Morals，1992)、《存在主义者与神话:哲学与文学论著》(Existentialists and Mystics: Writings on Philosophy and Literature，1997）等；还在1999年出版了她唯一一部短篇小说集《某种特别的东西》(Something Special)。

在20世纪异彩纷呈的英国文坛上，艾丽丝·默多克有着举足轻重的地位，有口皆碑，而且，她的杰出文学成就，还使她享有广泛的国际声誉，被誉为“英国最才华横溢的女性”，作品被翻译成了多国文字，在世界流传，有许多作家都在研读她的作品。

到了晚年，她仍旧文思活跃，勤于著述。她一生著作等身，创作了20多部长篇小说，以及一些剧本、诗歌，并著有哲学批判研究著作。她的小说作品，塑造了众多个性鲜明的男性形象，堪为文学界的一大奇观，通过独特的哲学视角和细腻的心理刻画，传达了对人类存在，伦理道德等终极命题的深切关照。

艾丽丝·默多克曾被授予各种荣誉，而且，一生多次获得重要的文学奖项。除了前面所述，还包括：1976年，成为英国政府颁发的不列颠帝国司令勋章（CBE）的拥有者；1987年，又成为高一级的爵级司令勋章（DBE）的拥有者；1982年，当选为美国艺术与科学院文学外籍名誉院士；1987年，被牛津大学授予荣誉文学博士头衔；1988年，获得德国汉堡莎士比亚奖；1990年，荣获纽约国家艺术俱乐部颁赠的荣誉奖章；1997年，由于她对文学的卓越贡献，获得了国际笔会金笔奖。

1994年前后，她被诊断出罹患阿耳茨海默氏症（早老性痴呆症），之后，她便开始了与这一疾病进行长期的顽强斗争，她被安置在了牛津一家安养中心，最后，终因医治无效，1999年2月8日在安养中心去世，享年79岁。她在生前留下遗嘱，要求大家不要为她举行葬礼和任何纪念活动，但世界文坛仍做出强烈反应，对这位杰出作家的逝世深表哀悼。根据她的遗愿，在她去世之后，约翰·贝利将她的大脑捐赠给了英国的医疗科研机构。

主要参考资料：

The Sea, The Sea, by Iris Murdoch, Publisher: Chatto and Windus, 1984.

Iris and Her Friends, by John Bayley, 1999.

Iris Murdoch's Paradoxical Novels, by Barbara Stevens Heusel, 2001.

1979年｜第11届

012 离岸［英］佩尼洛普·菲茨杰拉德

Offshore by Penelope Fitzgerald

◎原著共 10 章，寥寥数万字，巧妙而波澜不兴地讲述了一群既不属于河流也不属于陆地的船居者的离奇生活和情感故事。

英文原版封面

佩尼洛普·菲茨杰拉德

（Penelope Fitzgerald，1916—2000）

佩尼洛普·菲茨杰拉德是英国文坛一位大器晚成的作家，擅长描写悲喜剧的高手。

有评论认为，其作品深刻而淡远，文字简约，流溢着一种淡淡的喜剧感，善于运用各种象征和比喻，描写平淡琐碎人生中的喜怒哀乐、成败悲欢，笔端流露出一种犀利但又并不失之尖刻的讥讽，高度戏剧化情节，浓缩出一代人的欢乐和悲哀。

《离岸》（Offshore）出版之后，好评如潮，因其**充满机智诙谐，行文简短紧凑**，技艺精湛而不留痕迹，在当年问鼎了第 11 届英语文学界最有影响力的布克奖。

“无畏号”（Dreadnought）船主韦利斯（Willis）是一位海洋生物画家，鳏夫，想趁着自己那条漏水的驳船尚未沉没之前，努力将其卖掉。在理查德·布莱克（Richard Blake）主持召开的船主会议上，韦利斯希望所有到场的船主都能帮帮他的忙，与他达成默契，不要刻意去谈论他那条驳船的麻烦事儿——主漏水口的问题，他解释说：这只是一种推销的小手段而已，它似乎是绕过他的难题的唯一办法；除非买主直接问及。“你真的想要我们谎称‘无畏号’不存在漏水问题？”理查德耐着性子问了一句。

在巴特西河湾（Battersea Reach），像这样的船主们的会议，就像潮水的运动一样自然而频繁；所有的会议，都是在“吉姆勋爵号”（Lord Jim）上召开的。干净无瑕的“吉姆勋爵号”小艇，由扫雷艇改装而成，它的主人，39 岁的理查德是一位金融业者，在岸上有自己的办事处，每天早晨按时去上班。理查德的妻子劳拉·布莱克（Laura Blake）总感到无聊，总想闹事；他本人却是一位为人正直、有责任感的商人，明明清楚自己完全可以待在陆地上，却仍然离不开浑浊的泰晤士河。

他的小艇和小艇上的人，看上去都相当的井然有序，这种有条不紊的效率，使他成了房船社区里的非正式领袖。“吉姆勋爵号”小艇，看上去总是像新漆的一样，一点污斑都没有，常常让他人感到自惭形秽，因为相比之下，其他的船舶都显得相形见绌了；而且，那小艇的吨位也颇具威风，要比这里其他船舶大上一倍，就像它的主人理查德一样出众，统治着伦敦整个巴特西河湾的房船社区。

身穿体面的深蓝色法兰绒运动服的理查德主宰着整个船主会议的会场。不过，话说回来，能干的理查德自身其实并不大想担负这种指挥员一般的职责——他们居住的巴特西河段，被上游那些奢华的高大建筑一览无余，同时还处于伦敦港当局的监管下——所有的行为准则都必须持有一定的水准。理查德压根就从未想过把这一“领导”职责揽到自己身上。然而，房船社区里总得要有一个人出来承担的，尤其是，当时，其他的船主谁也不想担负这种道德上的义务，好在无须理查德说什么，他身上那种前皇家海军志愿兵预备队军人的气质，就足以使他备受人们的尊重了。理查德甚至不想出面主持会议，从心底里，他更乐意成为一名船主委员会的成员，只是由于社区里的这些船主中，有些人的船不是自己的而是租来的，根本不具备组成委员会的资格。

停泊在巴特西桥附近的“吉姆勋爵号”小艇，与停泊在上游 200 码处的那几艘老旧的木制“泰晤士号”（Thames）驳船之间，有一个难以逾越的巨大的海湾，海湾附近有一个垃圾处理口岸和一家酿造厂。巴特西的这些船居者，全是一些在陆地和水上都没有根的可怜虫，很少能得到什么尊重，他们一半生活在水上，一半生活在陆地上，自己不能决定他们自己是什么人。当然，他们也向往切尔西区[1]（Chelsea）岸上的生活。在 1960 年代早期，切尔西区生活着的几千人，人人都有着舒心的工作和富足的金钱。船居者们试图模仿岸上人的生活方式，但却始终无法入流，只能退缩到被潮水冲刷的泥泞的泊位那儿，连同那些被潮水冲刷到那儿来的东西生活在一起。

他们当中，除了生活富裕的理查德有一份适宜自己的工作，每天早晨 9 点按时去上班之外，其他所有的人，生活都很不稳定："优雅号"（Grace）大舢板上的奈娜·詹姆斯（Nenna James），婚姻正处于一种不死不活的状态。尽管奈娜是一个生性平和的女人，然而，生活经历与贫穷正一点点地在把她拖垮；奈娜最好的朋友——"毛里斯号"（Maurice）大平底船年轻的船主毛里斯（Maurice），必须靠窝藏偷来的赃物和当男妓谋生；"无畏号"驳船的上了年纪的船主韦利斯，必须卖掉他那艘破船才能得以为生。

现在，既然年老的韦利斯要求对他卖船的事进行讨论，理查德只好小心翼翼地向大家征集意见，却没有一个人喜欢首先发言。韦利斯两手放在自己面前的桌子上，微微耷拉着脑袋。突然，会场的沉默被下游一艘过往船舶的长长汽笛声打破了，那笛声是泰晤士河上特有的信号——马上就要过来了。潮水在上涨，他们的那些船舶仍然停泊在泥水里。理查德忽然听到从他的小艇上传来的一个轻微却相当有意义的响声，他便立刻很有礼貌地用托词离开了会场。这时，理查德心想，在他返回召开会议的客厅之后，这些人也许会对韦利斯那个令人挠头的问题谈出一些看法了吧。

理查德来到妻子劳拉跟前。永远都是美丽的劳拉，一面看着面前摊放着的烹饪书，一面把一些东西切割成碎块，随后用一种疲倦、茫然以及英国中部地区的人的目光看了理查德一眼。"进行得怎么样了？"那是一种不快的询问语调。除了理查德之外，劳拉从未向任何人抱怨过他们当今的这种生活状况——放着岸上舒舒服服的房子不去住，却非要住在泰晤士河上的这条船舶上。劳拉每月回一次娘家，到了娘家之后，总要不断驳斥家人对他们生活状况的任何闪烁的微词，而且，还要打肿脸充胖子，强颜与家人煞有介事地说什么泰晤士河上房船社区里的居住民们都非常有趣。但是，在夫妻之间，在她与丈夫理查德之间，就完全没有什么必要装样子、虚与委蛇了。劳拉对船舶上的生活始终持有怨言，只不过，抱怨归抱怨，总得把生活中过去的不愉快悄悄抛掷脑后。一向擅长为每一件事情做出一个合理解释的理查德，在自己对"吉姆勋爵号"小艇恋恋不舍这件事上，始终未能给妻子劳拉一个满意的解答。以自己的财力，理查德完全可以在岸上买上一幢不错的房子，不过，由于改装这艘小艇，他耗费掉了一笔相当不菲的资金。即便如此，如果河流上的生活带给他的只是一种虚幻而非现实生活的感受，那么他很可能早就弃之而去了。

"就快完事了。"理查德的回答，惹得劳拉不满地摇摇头，并向后甩了一下她那有些潮湿的长发。总的来说，劳拉出色的仪表，应归功于许多人的劳作，那些美发师和医生们——当她觉得第一个医生没能给她带来任何起色时，她就会另外又去再找一个医生。不过，无论是否有没有这些人，劳拉始终都是那么美丽。"我讨厌你，你就不能不和这些人来往吗？"她满脸的不快。

---

1 切尔西区（Chelsea）：英国伦敦西部的一个区，位于泰晤士河的北边，这个区的全称是肯辛顿和切尔西（Kensington and Chelsea）皇家社区，是伦敦的贵族区和富人区。

在大会议室里，稍微来晚了一点的毛里斯开始发言，说了一些可能对韦利斯有利的话，一心想助韦利斯一臂之力。毛里斯是一个不可救药的富有同情心的人，在遇到为难事儿之时，大家都喜欢向他求助。他舒适地居住在自己的大平底船上，他的职业，赚不到什么钱，平日里，每天晚上，他到邻近的住宅区，不费劲儿地搭讪上一些男士，把他们带到他的船上，为他们提供性事服务，那种活儿并非特别有利可图。他原本就不是什么会赚钱的人，也不因此怨恨什么。在他的生活里，他从不抗拒那种能把他压垮的温情，而且毫不在意危险。那些疼爱他的人，很难同他贴心贴肺，因为在与朋友和敌人的关系方面，他一视同仁。例如，即便在他认识了令人讨厌的熟人哈里（Harry）之后，那个坏贼哈里把他平底船上的一部分舱位当成了赃物的窝藏地——更甚至于有人认为他的平底船归属于哈里，他也都毫不在乎。

理查德和劳拉是少数几个不知道毛里斯干下了替人窝赃这种勾当的局外人之一。对这件事，毛里斯差不多表现出一种自豪，因为对他来说，哈里不过是一位跟他有些交情的人，并不是他的顾客——仅仅是一位向他寻求帮助而不给任何回报的熟人。

在理查德缺席的情况下，大会议室里的会议继续进行着。由于保养得很好的“吉姆勋爵号”小艇突然明显地倾侧了一下，整个小艇立刻感到了一阵骚动。尽管没有什么东西倾倒，但小艇颤了一下，好像在轻轻地摇动身子，往上升起——是潮水把小艇抬了起来。随后，小艇的客厅里，一种令人不安的战栗，从围坐在桌边的与会者们的心里闪过。因为他们都很清楚，在随后的 6 小时——或稍短一点的时间里，他们不得不停留在水面上，不得着陆——在巴特西河湾，涨潮要持续 5 个半小时，落潮持续 6 个半小时。在座的每一位船主都担心自己船舶上的那些补丁、薄弱点和裂缝，仿佛那就是他们自己身上的弱点。与会的船主们开始担心，十分焦急，都想立刻返回到自己的船舶上去，看看最后填堵的那个漏缝有没有出问题。停留在泰晤士河上的这些大平底船都没有龙骨，就漂浮在浅水面上。唯一的例外是“罗彻斯特号”（Rochester），其船主伍迪（Woodie）是一家小公司的退休经理，维修船的劲头达到了狂热的程度。不过，伍迪这时也显得有些坐立不安，虽然他并不怕涨潮，因为“罗彻斯特号”水面以下的线条很优美，而这些线条将有 12 个小时要卧在水里。

现在，巴特西河湾里那些因严重空载而被水浪抛得很高的陈旧船舶，都在等待着自己主人的归来。这时候，理查德就像一个优秀的海军指挥员一样，尽管在他与举行会议的客厅之间有着厚厚的柚木隔板，他依然感觉出客厅那边会场里的不安情绪。“我最好去送送他们。”他对妻子劳拉这样说道。劳拉一反常态，向他建议道，只要他愿意，他可以请那些人当中的一两个留下来喝点什么。“如果他们当中有适合的人选。”家境富裕的劳拉，时常这样无意识地仿效她父亲的口吻讲话，而且还像她父亲一样，有时也会因无所事事而过度饮酒。

此刻，理查德对劳拉充满了爱怜，意识到了她那种想喝酒的意愿，便顺从着她，表示自己也许会请奈娜——即“优雅号”大舢板的船主留下来。不料，劳拉却立刻追问起来:“为什么，你觉得她漂亮吗？”理查德赶紧解释说自己从没有那样想过。“她丈夫还没离开她吗？”气哼哼的劳拉接着问。理查德生怕劳拉生疑，惹出新的不快，表示自己对詹姆斯夫妇的情况并不是很清楚，不过他认为奈娜和丈夫的关系应该没有什么问题，奈娜看上去没什么事，似乎真的什么事都没有；问题是，他不知道自己会不会愿意和奈娜单独在一起相处,哪怕是一小会儿。“为什么不呢？”劳拉再次追问起来。理查德说起了一桩往事：在他工作过的投资顾问处，当时，他正同共事的两个投资顾问内斯特（Nestor）和萨杰（Sage）一起考虑，以一种更为现代开放的理念重新设计整个办事处时，奈娜在那里突然放声大哭起来，甚至脱光了衣服。

当理查德返回船主会议的大会议室时，整个会议看上去已经有了点起色。韦利斯对毛里斯的支持表示了谢意，起身离开了桌面。理查德风度翩翩地将大家护送到了楼梯处。对大家而言，回到甲板上总是会有一种解脱后的轻松感。那些船主们离开“吉姆勋爵号”之后，他们必须跨上陆面并沿着堤岸跋涉，中间的河段被一些小驳船占用了，其中一部分驳船历经各种气候的摧残，已经破损得差不多了。他们这些船主要走到酿造厂码头，穿过“毛里斯号”的前甲板，越过好几块连接船与船的跳板，才能最终到达他们自己的房船。伍迪更是要一路穿过“毛里斯号”“优雅号”和“无畏号”才能与他的“罗彻斯特号”重逢，它们中间只有“毛里斯号”是紧挨在码头旁边的。

理查德留住了“优雅号”大舢板的船主奈娜，希望她能留下来陪他和妻子劳拉喝上一杯。由于理查德的一再邀请，奈娜答应了。尽管奈娜的人品并不完美，不过，她却能本能地察觉出他人的不快，这种本能，唯有在用于她丈夫身上时，才会失灵。奈娜察觉到，在这一时刻，理查德由于会议结果不太令人满意而有些沮丧，没有一件事最终确定下来，甚至没有一件事商讨得圆满。

劳拉拿来了几瓶酒、几只杯子、满满一大盘子零食。就座之后，劳拉拿给奈娜一大杯杜松子酒，便张口询问奈娜，对身边没有丈夫的生活有什么感受，因为她对此很是好奇。奈娜回答劳拉，丈夫并没有遗弃她，眼下，他们只是凑巧没在一起。“这只是你的说法，”劳拉继续她的发问，“没有他，你怎么生活？”困窘的奈娜看了看理查德，又看了看劳拉，随后，不再避讳，开始往外倒自己的苦水，不过之后又自我宽慰说，对船居的生活她已经习以为常了。奈娜从小在哈利法克斯[1]（Halifax）长大，父亲在布拉斯多尔湖（Brasdore Lake）上有一间避暑船屋，他们在那里拥有一些船只。

正当奈娜想告辞回家时，从上面传来了一阵脚步声，她辨别出是她小女儿缔尔达（Tilda）特有的脚步声。缔尔达站在开着的舱门口，告诉奈娜，沃森神父（Father Watson）找到“优雅号”大舢板上来了。沃森神父很少能感到自己是一个受欢迎的客人，他今天来找奈娜，代理的是学校考勤官员，而不是修道院的牧师。他同奈娜讨论了孩子们逃学的事儿，她的两个女儿玛莎（Martha）和缔尔达又没有准时去上课。“我知道她们没有照常去上课。不过，神父，因为她们身体不好。”奈娜给予的这样的辩护，令沃森神父简直没法接受。沃森神父直言不讳，说她孩子的体质其实十分出色，而且他对她们那种生龙活虎的健康状况印象深刻，并委婉地指责她的孩子们违背了基督教徒的生活方式。送走沃森神父之后，奈娜疲倦地坐到横跨“优雅号”大舢板的内龙骨上，她想，现在看来过多地寄希望于孩子并不是什么明智之举。

奈娜的小女儿缔尔达喜欢坐到高处，坐到“优雅号”大舢板的桅杆上远眺，等待着潮汐的来临；和缔尔达一样，奈娜的大女儿玛莎有时也会爬上来，倚在相距缔尔达不远的下方，并大声朗读恐怖故事。与“优雅号”大舢板比邻而居的，是理查德的“吉姆勋爵号”小艇。理查德身上所具有的那种对异性的吸引力，渐渐令奈娜感到有些喘不过气来。在房船社区的船民们的相互交往当中，她对理查德生出了越来越倾慕的感情，但是，在她内心深处，她爱着的仍然是与她日渐疏远的丈夫爱德华·詹姆斯（Edward

1 哈利法克斯（Halifax）：加拿大新斯科舍省（Nova Scotia）的省会，大西洋沿岸诸省中最大的港口城市，是世界上第二大的自然深水港，气候适宜。

James），还有她的两个女儿。

与同龄孩子相比，奈娜的两个女儿显得思想过于早熟。奈娜和爱德华都曾试图管住这两个难以驾驭的女儿，可那两个的女儿整天逃学，只顾在泰晤士河边疯玩。眼下，玛莎 12 岁，聪明机灵，身材又瘦又小，一双黑溜溜的眼睛流露出目空一切的无奈，性格既不像母亲，更不像父亲，而且自认为比父母亲更老练世故，很少享受快乐；绨尔达 6 岁，长着一双清澈的灰色眼睛，眼神透射出无限的天真纯洁，对未来毫不关心，因而有非常强的幸福感，活蹦乱跳，不管是在黑漆漆的房间里，还是在任何看得见水流听得见水声的地方，都有她的身影。此刻，她就非常幸福。

大家常常不知道该拿绨尔达这小家伙怎么办，只有玛莎能管住她。玛莎知道绨尔达的一些捣蛋事儿，但玛莎不想出卖自己的妹妹，从不告绨尔达的状。当绨尔达坐到桅杆上兴致勃勃地高声诵读关于国王和皇后的宫廷故事时，坐在餐桌边吃晚餐的玛莎，却能把她从桅杆上叫下来。绨尔达喜欢高高地坐在船桅上，细心观察那河段，她对世界的所有了解，都来源于她在房船社区里的所见所闻，而在 100 码远的地方，一座截然不同的繁华城市正在蓬勃发展，对此，她几乎毫不知晓。绨尔达还喜欢模仿水手吹长哨时发出的刺耳声音，每当绨尔达从桅杆上下来的时候，就会发出这种怪声，以此作为信号，那信号声会把大老远赶来的神父吓一跳。

奈娜 32 岁。当年，为了学习音乐，她只身一人从加拿大来到伦敦，到现在，她感觉自己既不是加拿大人，也不是英格兰人。1949 年，她嫁给了爱德华。当时，她还是皇家音乐学院的学生，主修小提琴，因那种唯有小提琴家才可能有的激情，坠入了情网。爱德华做了一段时间的工程师，辞职后，一直失意，找不到一份适合他的工作。他们曾拥有过一幢自己的公寓，人们常问奈娜，她为什么不去发挥自己的才能，开办个歌唱班。后来，当他们看到奈娜住在一个果蔬商店楼上的两个小房间里，要专职照顾她的两个年幼的孩子，才不再这么问了。1959 年，爱德华被中美洲的一家建筑公司雇用了 15 个月，然而，由于巴拿马的大卫市（David）不是一个有利于孩子们成长的地方，奈娜因而与爱德华的意见相左，没有一同前往。后来，为了能有一个给人切实的安全感的家，她一时心血来潮，用手中最后的 2000 英镑买下了“优雅号”这个大舢板。之后，当爱德华由于没有能力独自一人继续在外谋生而回到国内之后，因无法承受在“优雅号”大舢板上的生活，不愿成为一个船居者，顽固地拒绝和她以及他们的两个女儿一起生活，再加上没有能力找到一个适合全家人居住的地方，便独自一人住到了伦敦东北部一个朋友为他提供的小房间里——在奈娜和女儿们眼里那是一个不可救药的地方。同样顽固的奈娜，也不肯做出让步，执意拒绝辞别大舢板上的生活。她对“优雅号”这种不可思议、从一而终的精神，甚至连她自己都没法说清到底是为什么。结果，他们夫妻二人之间的关系，便演变成了复杂又难以解脱的困局，令人悲伤，又不见出路的僵持。

奈娜原本是一个温和有礼的女性，至今她还清楚记得，1951 年寒冷的冬季，大女儿玛莎出生时，爱德华急匆匆送到医院里的那些杜鹃花的花蕾已经凋谢了，她因此受到两边床位上的年轻妈妈们的嘲笑，不过她却从未埋怨过那一束枯死的杜鹃花。如今，尽管奈娜依然温和可亲，而经历与贫穷却弄得她疲惫不堪，她几乎要被击垮。现在，每日她只能依靠仅存的一点资金购买生活必用品。不过话又说回来，其实，奈娜仍然是一个忠实而充满爱心的妻子，她爱丈夫爱德华，每天给他写信，渴望拥有他，希望他能稍稍做点让步，一心期待着爱德华回到自己身边，找回幸福；可是，她又从不去见爱德华——由于不想失去他而不去见他——因为她担心，要是自己见到了工作一直不尽如人意的爱德华，就有可能毁掉与他一起生活的希望。就这样，他们不即不离地过了好几年。

奈娜希望两个女儿在周一时都能去学校上学，不然，那个沃森神父又要找上门来了。之后，奈娜和两个孩子一起喝了茶。微微斜对着“优雅号”后甲板处的“毛里斯号”年轻的船主毛里斯轻松地跳到了“优雅号”上，与站在那里的奈娜对起话来，随口说出，他马上就能去陆地上居住了，他一直很想亲眼看看威尼斯（Venice）。奈娜并不关心这一话题，她关心的是，如果坏贼哈里再来的话，会发生什么事，可她知道自己不能打问，“毛里斯号”作为一个偷窃物的仓库，自然必须要尽量不引人注意。毛里斯继续说着，“我遇见了一个人，他推荐了一份我可能胜任的工作。”奈娜根本没有打问毛里斯具体去干什么工作，因为这样的事情，在毛里斯身上，已经发生过太多次了，而且，每一次都不了了之。

果然，这一次，毛里斯的空穴来风似的满心期待，也并没能持续多长时间。对于他人对自己的欺骗，毛里斯向来淡然置之。不幸的是，也正因此，他很难能意识到自己身上的那种“自我欺骗”的辛酸。关于他的这一份工作，之后也就不再有人提起了。毛里斯也在乐观了一阵之后，逐渐退回到了自己从前那种对生活不抱希望，逆来顺受的状态当中。不过，每当毛里斯难以排遣自己心中的苦闷时，他时常总是采取自己欺骗自己的自欺行为，坐在黑暗中大喝威士忌。

“我该怎么做，毛里斯？”奈娜问。比起其他人，毛里斯算得上是奈娜的心腹朋友。别的不说，一天当中，毛里斯直等到晚上七八点才开始忙活工作，所以在白天，他通常都在奈娜那里，随时准备倾听奈娜的话语。有时，他的客人若在凌晨两三点的时候提前离去，那么，喝过了威士忌而略显兴奋的他就会跑到“优雅号”上，坐在船舷上等待着与奈娜交谈。他从不到下面船舱去，唯恐惊扰了奈娜的两个女孩。奈娜通常会披上她的大衣外套，顺便给毛里斯带过来两条围毯。在交谈当中，有些微醉的毛里斯，这时似乎化身为了圣人，尽管他的话语有些语无伦次，反复无常，但是却往往令人印象深刻。他向奈娜倾诉悠闲人生活阴暗惨淡的本质，还会随口说出一些可能永远不为人知的真相。

在巴特西河湾，每天都会从那些随潮起落的房船船舱里轮流传出伍迪、韦利斯、奈娜、毛里斯甚至他们的客人难以自控的咳嗽声。他们这些常年生活在房船社区的人群，既不属于陆地，也不属于水流，他们是生活在一个光怪陆离但却充满仁爱的社会里、谁也离不开谁的船居者，尽管遭遇着一系列的不幸和困境，却为人诚实，心存善意，常常相互之间提供忠告和安慰，带给了奈娜生活的温情。

急于出售“无畏号”的年迈的画家韦利斯，十分尊重房船社区“首领”一样的人物——理查德，有时，他甚至大声称呼理查德“船长”。尽管在那次会议上，他不诚实的行为受到了大家公开的指责，而实际上，他的道德准则，与理查德的完全相同，只不过他觉得自己还不足以正直到像“船长”那样广泛而经常地去实施它们。对韦利斯来说，尽快卖掉他的驳船，当然不是一件容易办成的事儿；不过，令人宽慰的是，似乎没有一件事能让理查德放弃任何希望。

韦利斯在心里，经常盘算那笔卖掉驳船的买卖可能给他带来的收益和好处。据他的估算，如果能以2000英镑将其卖出去，那笔钱差不多足以能使他和他那守寡的妹妹安度余生了。他希望自己换一种生活方式来弥补自己余生巨大的空缺。同众多的海洋画家一样，韦利斯也从未真正直面过大海。战争期间，他只是一名海岸警卫队的副手，因此，有关出海航行的一些事，他其实一无所知。然而，作为一名海洋生物画家，自从赞助人大多来自英国商船之后，韦利斯一直过着一种充裕的生活，他小心地把他的画品包进硬纸板和油纸里，快递到了世界各地港口。这些佣金，买到的通常是韦利斯之前用过的卖给杂志社的一些笑话和卡通漫画。但近 10 年来，预订他画品的人越来越少了，当然，他的作画就少了。因为战后，对讥讽乘客晕船或水手长与大副决斗赢得胜利的画品感兴趣的人，急剧减少。

没有孩子的韦利斯有时会关注孩子，把奈娜的小女儿缔尔达当成自己的学徒，带上缔尔达一道去“泰特画廊”（Tate Gallery），沿着堤岸，徒步行走大约 2 英里半的路程，去观赏那些以大海和河流为主题的画作。缔尔达对那些画作充满了好奇，怀揣着自己有朝一日也能成为一名海洋画家的心愿，希望自己能画得与韦利斯一样好，尽管她在修道院的彩色书本上乱涂乱画的颜色不堪入目。返回到驳船上后，依照惯例，韦利斯会到“优雅号”上去喝茶。“你认为我有多大年纪，詹姆斯太太？”奈娜回答说，“或许 60 多岁接近 70 吧。”韦利斯的表情显得有些僵硬。“每当我进行小小的远征或作画时，我似乎感觉不到我的年龄。”

现在，韦利斯已经没时间顾及这些事了，清理驳船与担心可能到来的购船买主的拜访，占据了他的全部思绪。最令他头疼的是那个主漏水口，他担心它露出破绽，不过他觉得到时候只要自己站到漏水口正下方，说不定就能蒙混过关。韦利斯想到的办法始终都是一些想当然。“除了他的画作，该如何出售其他物件，他实在一窍不通。”船主伍迪告诉那个怀揣购买欲望的买主。伍迪甚至怀疑韦利斯没有向买主们开出足够高的价钱，“他像是一个单纯的人，我应当这样来形容他。”不过，伍迪认为韦利斯对驳船还是很了解的，他只是一个活在过去的人。

理查德有保留地考虑过了他需要承担的道德上的义务之后，他打算通过他昔日的一位皇家海军志愿兵预备队的朋友把“无畏号”驳船放到市场上去出售。理查德相当喜欢韦利斯的画作，还请韦利斯为他的“吉姆勋爵号”画了一幅钢笔淡彩画。他很清楚，这个可怜的老人只是想按照现行标准将“无畏号”出售出去，换取微不足道的一笔钱财，以安度余生。几个星期过去了，对韦利斯而言，就像是过了好几年。最后，终于有人同意支付 1500 英镑，买下那艘旧驳船了，但条件是，在之后的 6 个月，在 1962 年的春天，“无畏号”仍然完好。

理查德提议在这一时间内，可以更换一下“无畏号”的水泵和抽水机的井道，并修补一下船体的其他几处。可他全然不知，他正在面对或试图帮助的，是一个在身体上或精神上不愿有任何改变的家伙。“无畏号”在河上漂浮了 60 多年，尽管韦利斯私下认为理查德是“船长”，但理查德并不懂得木料，如果随意修补这艘老驳船，那几乎无疑——将是它的末日。于是，韦利斯坚称：“无畏号”还能维持好几年，更何况，在橡木上做修补是很容易出毛病的。

劳拉提醒理查德应该过问一下关于“无畏号”保险费的事，之后，告诉理查德她要回娘家两个星期，或更长一些时日，她说不准。劳拉的烦闷在于她几乎整天都无事可做——没有孩子。尽管近来劳拉没有就此事再对理查德说过什么——但理查德的心依然感到阵阵刺痛，因为他担起了让劳拉幸福的担子，却没能做到。理查德想，相比之下，奈娜就有太多的事要做了。假如她的丈夫让她失望（情况显然是这样的），她就应该在相关的人当中找一个男人，来打理那些事务。说起来，劳拉嫁给理查德，其实是很幸运的，因为他绝对不会因为什么事故意伤害她的感情。理查德想，如果让劳拉回娘家与父母在那大片潮湿的土地上住上两个星期后，肯定可以让她悟出生活在“吉姆勋爵号”小艇上的种种好处。

生活在“优雅号”大舢板上的种种好处，玛莎和缔尔达感受至深，而对岸上的生活，她们却几乎一无所知，除了那些随着泰晤士河的潮水起落生活在房船里的船居者，对于岸上的其他人，她们一个都不熟悉。而且，对自己在大舢板上的这种波希米亚式的生活方式，她们总是津津乐道，还不断翻着新花样疯玩。不过，眼下，她们却正在为钱的事犯愁。尽管现在她们并不用去上学，不用为了与其他人攀比而烦心，但是，现在她们需要钱——因为她们想买两张她们喜欢的埃尔维斯·普雷斯利[1]（Elvis Presley）和克里夫·理查德[2]（Cliff Richard）的唱片，那两个人面带灿烂笑容的照片，充斥在她们的住舱里。玛莎和缔尔达并未因没钱而埋怨她们的母亲，因为母亲也和她们一样缺钱。在她们的母亲奈娜看来，到了春季，只要那三桩相互关联的事一旦成为现实，自己就将会得到一些钱，那就是：爱德华愿意过来并且生活到"优雅号"上来，省下他现在用于支付那间房屋上的费用；那样一来，两个女儿将会同意回到修道院上学去；而当缔尔达去学校上了学，她自己也就能出去找一份工作干干了。

与栖息在伦敦的河流上的其他孩童一样，玛莎和缔尔达清楚那些污泥是一种财富的来源。现在，她们决定去挖宝贝，来解决自己的问题。而在"优雅号"周围，大河携带的碎物极少，还净是些没用的塑料瓶罐。在她们确定了潮位时间点之后，这两个体形非常娇小的女孩，身着露易丝姨妈（Aunt Louise）从加拿大捎给她们的带风帽的粗呢短大衣，推着手推车，穿过架桥。在巴特西的一座老教堂下面，潮水退去后，剩下裸露的淤泥和沙砾。两个女孩开始行动了，善于挖掘宝物的"专家"缔尔达很快便成功地捡到了宝贝。她平稳地站到一辆被河水淹没的自行车的把手上四下搜寻着，全神贯注，忽然喊道："这里有一个！"玛莎告诉她："要是你看到的是一片瓷砖，马上捡起来，然后回来！"缔尔达跳跃着，"我看到了两片！"她从污泥中挖出那两片瓷砖，一手拿一片，像一个杂技场上表演平衡木的演员一样返回老教堂那里。现在，在她们附近，最方便获得的干净水来自教堂里的管体式水塔。玛莎从水桶里取来了一些，洗去那两片瓷砖上的淤泥，勉强辨认出上面的几个字母后，玛莎准确地指认出它们是德摩根瓷砖，把它们卖掉，会值不少钱的。

玛莎对缔尔达提起了三个月前带缔尔达去老巴特西宫[3]（Battersea Old House）喝茶一事。她认为缔尔达一定还记得，那位坐在轮椅上的威廉明娜·斯特林太太（Mrs. Wilhemina Stirling）到了1965年，就将100岁了，当时一边解释，一边向她们展示各式各样的瓷砖、瓦片和碗状物。那位斯特林太太的姐姐嫁给了手工艺陶瓷艺术师威廉·德·摩根（William de Morgan，1839—1917），他们拥有一个陶器场，专门制作瓷砖、瓦片。"这是维多利亚时代的制品！"缔尔达凝视着那光闪闪的瓷砖说："我们最好把它包起来，有人可能想偷走它。"玛莎表现出一种犹如许多淘宝搜寻者一样的冷静，把那两片瓷砖小心地包在了缔尔达带风帽的粗呢短大衣里。

当她们看到远处的"罗彻斯特号"船主伍迪和他的那辆一尘不染的崭新的轿车后，缔尔达高兴极了，

---

1 埃尔维斯·普雷斯利（Elvis Presley，1935—1977）：一位风靡世界的美国摇滚乐歌手与演员，20世纪美国流行音乐中最重要的人物，昵称"猫王"（The Hillbilly Cat and King of the Western Bop），从1950年代到1970年代，其影响力持续了20多年，歌曲流行经久不衰。

2 克里夫·理查德（Cliff Richard，1940— ）：英国流行音乐历史上最受欢迎和演艺生涯最长的艺人之一，有"英国猫王"和"金童子"的美称。

3 老巴特西宫（Battersea Old House）：英国伦敦南部最古老的建筑物之一，一座17世纪的建筑，并在1970年被举世闻名的"福布斯杂志"创建者福布斯（Forbes）家族重新装修。曾在这里做过客的名人包括美国前总统里根（President Reagan，1911—2004）和影星伊丽莎白·泰勒（Elizabeth Taylor，1932—2011）。

对玛莎喊着说，她来吸引伍迪的注意力，因为他的那辆轿车能将她们载回家，她们的手推车可以放到那辆车的后排座位上。玛莎立刻表现出了她身上常常显露出的那股充满了露骨、邪恶的善于捉弄人的机灵劲儿，对缔尔达说道，“他只能表示同意，为了他对我们的那一番好心肠。之前，我曾听他对理查德说，我们二人还不如暴风雨里的流浪儿。”玛莎表示她们应该乘机利用伍迪的善意，把他轿车座椅的垫子弄坏。“要是他真的那么好心肠，那很可惜，那是他自己的过错，怨谁呢？能在地球上生存的人，不是他那类心存仁慈的人，而是贫穷的人，谦卑的人和温顺的人。”

伍迪把玛莎和缔尔达从桥的那边载了回来。伍迪希望她们在这个冬天里好好照顾自己。“我担心，你们不再能搭上车了。我将打包离开这里，直到春天。”缔尔达向伍迪询问起他的妻子珍妮特（Janet），为什么她从来没见过她。伍迪解释说：珍妮特不大喜欢河流，她住在非常美丽的海滨——威尔士（Wales）的滩碧（Tenby）小镇附近，有一辆大篷车。“在冬天，我们就回到我们在帕里（Purley）的家。这是一个友好协议。”

难道在整个巴特西的河段上，就没有一对恋人，不管是结婚的还是未婚的，正常地生活在一起吗？玛莎想到因她们的搭乘给伍迪带来的不便，决定尽快下车了，去英皇大道[1]（New King's Road）那儿逛逛。“我们想在‘贵人迷’（Bourgeois Gentilhomme）那里下车。”她用那种修女们用心教她的变了味的法国口音说道。随后，她和缔尔达走进了‘贵人迷’古董商店，与古玩商一番讨价还价之后，用那两片德·摩根瓷砖换了3英镑。缔尔达怀着敬意看向她的姐姐，以前，她从未见过玛莎拥有这么多的钱。她用一种嘶哑的低语轻轻问道，她们现在是不是马上就去买唱片。“是的，我们马上就去，但是我们要首先买一件礼物给妈妈。你知道，爸爸总是忘了给她买什么东西。”随后，她们朝着英皇大道繁华街区走去，走进了“沃尔沃斯[2]”（Woolworths），顿时感到眼花缭乱。

涌动的潮水给人们带来获益不小的瓦片、瓷砖，同时也带来大量的流木，漂浮在河面上。伍迪心神不宁地注视着那些流木，那些呈黑色向他们的船边靠近的片片流木，好像在依依不舍地留恋即将逝去的美好时光。他的妻子珍妮特已经从威尔士赶过来了，还将她的大篷车和令她感到浑身不自在的“罗彻斯特号”做了一系列令人难以接受的比较。

当伍迪穿过“优雅号”甲板准备返回他的船屋时，他惊奇地看到了妻子珍妮特在一旁的那艘“无畏号”大驳船上的身影。那大驳船上面，陈设不多，高高地漂浮在水面上，透过舱面船室的灯光，他看到年迈的韦利斯正在摆弄易拉罐和玻璃杯。奈娜朝他走了过来，走到甲板舱口处，告诉他：要开一个庆祝会，大家正等着他，因为韦利斯已经把“无畏号”卖掉了。当伍迪看到毛里斯也在舱面船室里后，他意识到那里已经没有他的空位了，因为那里只能容纳四个人。

伍迪从来不大清楚毛里斯每天都在干些什么，似乎詹姆斯太太每天按时与他聊天，有时，是在午夜；对那两个孩子，他也同样不大清楚她们每天都在干些什么。伍迪借机告诉詹姆斯太太，他让她的两个孩

1 英皇大道（New King's Road）：伦敦的主要景点和时尚的购物热点地带，是伦敦年轻人最爱逛的一条购物街。其在1960年代声名鹊起，如今仍是伦敦最具特色的著名购物地带之一。

2 沃尔沃斯（Woolworths）：英国最大的家庭日用品和娱乐商品连锁超市集团，1909年创立于利物浦，后拥有800多家分店，在商业零售史上拥有独特的地位，曾是世界上最大的连锁店。

子在英皇大道“贵人迷”古董店那里下了车，那两个孩子好像很清楚她们想要干什么。奈娜立刻穿上夹克外衣，出门去找她们。她知道那家叫“贵人迷”的古董店，总是担心玛莎有一天可能会陷入麻烦；而且，要是她们不在“贵人迷”古董店，那么确定无疑会在沃尔沃斯。

忙活了一通的老韦利斯，开了好几瓶爱尔兰生产的吉尼斯黑啤酒，还开了一些丹麦人生产的罐装啤酒，并且弄了一些贻贝来，正在楼下煮着，现在差不多可以出锅了。韦利斯打开了收音机，想给大家来点音乐，然后便去端他为客人们准备的贻贝。当他来到后舱时，他突然受到了打击，他的“无畏号”吃水相当深，随后，他闻到河水散发出的一股腐尸般的恶臭味，那个主漏水口最后还是崩溃了！年迈的“无畏号”正在与不断涌进的水流做着最后的抗争，试图不被河水淹没。

在“无畏号”彻底沉没之前，韦利斯及时把他的客人们有序地送了出去。“无畏号”的沉没意味着船主们又要在“吉姆勋爵号”上召开另一次会议。这天的氛围要比以往轻松，因为大家发现理查德的妻子劳拉好像不在家，但一想到不在场的韦利斯的不幸，整个会议顿时笼罩在严肃沉闷的气氛中；不过，还是有值得大家庆幸和安慰的事儿，因为在座的每一个人，不管他们的船舶多么急需修理，至少没有像“无畏号”那样沉没。会议进行到最后，列出了一个捐助清单，伍迪还自愿请求把被送进了医院的韦利斯接到他的“罗彻斯特号”上来。

三天后，等待上班去的理查德一大早来到“优雅号”上，告诉奈娜有电话找她，因为“吉姆勋爵号”是房船社区唯一有电话的地方。奈娜在心里盘算，打电话的除了爱德华外不可能是其他的人，爱德华一定是从船舶公司那里打听到了这个电话号码，不过，这好像似乎又不太可能。奈娜拿起了电话，电话是她姐姐露易丝打来的。生活在加拿大的露易丝是个很有主见的人，已经有 5 年没见过奈娜了，她是从伦敦的《泰晤士报》上获悉了“在泰晤士河上沉没了一艘船”这一消息的，很担心奈娜的这种在她看来居无定所的漂泊生活，以及奈娜的婚姻状况，想让人来帮她打理一下她忙乱无序的生活。

由于劳拉不在小艇上，理查德去上班之前必须锁上“吉姆勋爵号”的门。当奈娜在那楼下客厅接电话时，出于对他人隐私的尊重，理查德不得不拿着公文包和雨伞站在外面的甲板上等着。奈娜和露易丝的通话没完没了，眼看自己上班就要迟到了，意识到奈娜没有一点想要挂断的意思，理查德不得不用彬彬有礼的语调从舱门外打断了奈娜，奈娜只好赶紧道别：再见了，露易丝。等你到了英格兰我们再说。

谢过理查德，待理查德走到堤岸上去叫出租车后，奈娜想，自己不能什么事情都听露易丝的，无论如何，自己绝不能就此屈服和放弃，嫁给爱德华，是因为自己想和他生活在一起，而且自己现在仍然这么希望着，她不能让自己的婚姻就这样消失掉，而现在这个机会还掌握在自己手里，如果自己不把握住这个机会，那自己就真的一无所有了。于是，奈娜告诉玛莎，她今晚要出门，很可能要到第二天才回来。奈娜把玛莎和缔尔达二人托付到了“罗彻斯特号”上，对伍迪和珍妮特说她有急事要去一趟伦敦的另一边，请他们帮忙照看一下那姐妹俩。伍迪和珍妮特很爽快地答应了奈娜，于是两个女孩便带着各自的睡衣、心爱的唱片和照片，还有两包早餐麦片粥来到了“罗彻斯特号”上。缔尔达因为没能亲眼看到“无畏号”真正的残骸而心怀不满，所以在来到伍迪的船上之后，她便直接跑去了韦利斯的房间，求韦利斯给自己画一幅“无畏号”的图。玛莎知道母亲是去见父亲，而她和缔尔达，其实也一直盼望着爸爸能回到家中来，她们希望母亲奈娜能与父亲爱德华和解。

奈娜终于决定去见爱德华，是想倾尽全力做一番努力。经过一次又一次地转车，而且费尽了周折，奈娜最终见到了丈夫——生活窘迫的只能寄宿在读书时的朋友戈登·霍尔（Gordon Hall）的母亲家里的爱德华。爱德华清楚奈娜大老远跑过来，就是想要他住到她那艘大舢板上去，便明确告诉奈娜，他是不会住过去的，他的工作在这里，尽管他任职的广告公司是个小公司，他也只是一个小小的文职人员；另外，爱德华还明确表示，他也不想为了钱的事同她争吵。之后，爱德华提到了他在报上看到了沉没了一艘驳船的报道，怀疑孩子们住在"优雅号"上是不是安全。争吵当中，奈娜表示，她无法接受两地分离居无定所的生活，现在幸好还有个"优雅号"大舢板——那里毕竟是个能让一家人踏踏实实居住的家；她还拼命对爱德华表白：她实在需要他，这是她到这里来的一个——也是唯一的一个目的。无论白天黑夜，每时每刻，每当想要放弃时，她都在思念他。

他们的争吵得到了控制，而问题又回到了原点。爱德华强调：奈娜并不需要他，如果真的需要他，就应该一直和他生活在一起，还挖苦说，她在乎的只是为了得到别人的赞许，甚至根本没有真正为孩子们想过。奈娜反驳爱德华他说的并不属实，不过，她还是告诉他，玛莎请求她一定把爸爸带回去，质问爱德华为什么就不能头脑清醒一些。结果，爱德华突然恼羞成怒吼叫起来，说她没有资格做女人！奈娜冲出了房间，站到了大街上。

茫然无助的奈娜走过了一条又一条大街，爱德华说她没有资格做女人的话盘桓在脑海里，挥之不去。最后，她想，看来，她的婚姻注定要失败了，她甚至相信，现在一切都已经结束了。她走到了车站，天已经很晚了，车站已经关了门，直到这时，她才意识到自己两手空空，把钱包丢在了爱德华的房间里，自己现在身无分文，而那张全程的往返车票就在那个钱包里。没有办法，她只能继续往前走，最后迷了路，还不幸遇上了一个骚扰者，扔掉了她的鞋子，在慌不择路的逃跑当中，又弄伤了脚，直至后来遇到一个好心的司机，把打赤脚的她送回了巴特西河湾区。

已是凌晨时分，停泊在巴特西桥附近的"吉姆勋爵号"小艇依然灯火通明。正坐在后甲板上郁闷不堪的理查德看到奈娜后，上前把弄伤了脚的奈娜扶上了"吉姆勋爵号"小艇，扶她坐下之后，找出一双干净的靴子，十分体贴地为她穿上了。之后，在彼此关心，互相安慰的暖意里，两个人自然而然地推心置腹地交谈了一番。为了不吵醒周围的人，他们说话声音小极了，几乎都快听不见。由于劳拉的离开，理查德内心充满了自责，认为是他逼着劳拉同他一起住在"吉姆勋爵号"上的，他却不清楚劳拉是不是真的喜欢这一切，真想立刻就把劳拉从她父母那里抢回来。后来，内心纠结的奈娜在心情抑郁的理查德的邀请下，上了理查德从"吉姆勋爵号"的吊艇架上放下的一艘小船上，两个人一道去河上兜了兜风。

奈娜回到"优雅号"大舢板上时，缔尔达正在那挂着一面黑黄小旗的桅杆下面玩耍。她和玛莎对奈娜为什么这么早就回来了一点都不感兴趣。奈娜发现她的大女儿玛莎眼下的打扮有了很大变化，头发梳了起来，梳成了整齐的马尾辫，穿了一件"埃尔维斯"衬衫。玛莎身边站着一个名为海因里希·封·夫斯滕费尔德（Heinrich von Furstenfeld）的男孩，两周前刚满16岁，眼下是路经伦敦。奈娜知道这男孩是谁。"你露易丝姨妈告诉我，他应该上周五到，怎么现在才来？"海因里希平静地解释说：因为给他的地址是切尔西区"夏纳步道626号"（626 Cheyne Walk），他没找到那个地方，所以耽误了；最后，是水上警察给他指了路。

海因里希有一个很好的欧洲出生背景，言谈举止总显得彬彬有礼。他家在维也纳（Vienna），他的故乡很美，但是，他喜欢过来看看迷人的伦敦，在伦敦，他只待一天，明天就去机场。玛莎发现母亲脚上的鞋不见了，低声埋怨说，“你看起来糟透了，从海因里希的角度看的话，你简直不像个母亲。”奈娜回答道：“我不知道他母亲是什么样。不过，我知道他父亲是你露易丝姨妈和你乔尔（joel）姨父所认识的一个生意人。”玛莎当即告诉母亲，海因里希的母亲“是一个女伯爵”。随后，绨尔达把小伯爵海因里希带到楼下，去为他煮咖啡。海因里希觉得绨尔达在他二三十个欧洲的表姐妹当中，与瑞士的那帮人最像。于是，他打趣绨尔达，说他想把绨尔达带回维也纳去，只是她还太小。绨尔达有些不高兴了，因为她不喜欢别人说自己小。

毛里斯来到“优雅号”大舢板的甲板上，他已经有好几个晚上没给客人服务了，于是，权当自己是在休假。看到海因里希，他问玛莎，这个男孩是谁，玛莎告诉他，帅气的海因里希是她姨妈朋友的儿子。“随便你怎么说，总之面孔很漂亮。”毛里斯笑了笑。玛莎让毛里斯帮帮她，“把我妈打扮得像样一点，举止恰当一些。”

这时，还差 10 分钟就到 9 点了。看到正要赶着去上班的理查德走了出来，奈娜有些心绪不快，心里暗暗想：如果他不朝我这边看的话，我就永远再不理他了；或者说，我永远再不与任何男人说话了，除了毛里斯。但是，当理查德走到与“优雅号”大舢板并排的地方时，理查德冲奈娜笑了一下，这一笑令奈娜的心都化了。之后，理查德还用他自己独有的方式向奈娜招了招手。一旁的毛里斯将双臂交叉到胸前，话里有话地恭喜了奈娜一番，然后告诉她，他过来的真正目的是来送电报的。电报是他从船舶公司那边拿来的。露易丝在电报上说：他们已经到了伦敦，住进了卡特瑞特饭店，要奈娜尽快与她联系。

奈娜立刻给露易丝回了一个电话。露易丝询问奈娜，爱德华是否与她在一起，确定爱德华没有与她在一起后，露易丝紧接着便要她过来和他们一起吃午饭，然后谈谈她和两个姑娘的事。随后，在她们姐妹二人的电话交谈当中，露易丝几乎不让奈娜插话，一味强调：她脑子里一直在想着一件事，她和乔尔都希望奈娜她们能回哈利法克斯去，回到关心她们的人的身边来，他们会为奈娜铺好回家的路，给绨尔达和玛莎找一所好学校上。

在露易丝同奈娜谈论玛莎时，玛莎正在向海因里希表示：自己一分钱也没有，无法带他到那些好地方去逛上一逛。海因里希认为做穷人没什么丢脸的，“不，丢脸。”玛莎接茬接得斩钉截铁。尽管如此，玛莎之后还是决定下午带海因里希去英皇大道看看，海因里希想去逛一逛小精品商店。三个人出发后，绨尔达对玛莎和海因里希之间的谈话一点都不感兴趣。眼下，正是英皇大道最热闹繁华的时候，玛莎突然停下脚步，希望绨尔达能回到船上去乖乖待着，要是她能做到，那么她想要什么，只要合情合理，她都会满足她的。绨尔达照办了。之后，绨尔达跳上“优雅号”大舢板，爬到桅杆上，望向弯弯曲曲的河段上的一只拖船。这时，在离她不远的地方，坏贼哈里正趁着大平底船主人不在的时候，在“毛里斯号”上忙得不可开交。

那天晚上，理查德下班回到房船社区河岸时晚了一点，看到“优雅号”上没有亮灯，颇感有些失望，于是转弯沿着堤岸准备直接走回他的“吉姆勋爵号”。这时，他突然看到紧挨码头旁的“毛里斯号”上有一个陌生人的身影，便当即掉转了方向。理查德开口向那陌生人询问，那陌生人——哈里没有作答，理查德注意到“毛里斯号”与“优雅号”之间的跳板掉了下来，便毫不犹豫地弯身跳到了“毛里斯号”甲板上。哈里见状，放下了手中的老虎钳，拿起一个活扳手，当理查德追问他“你在这船上干什么”时，他一声不吭，举起那个扳手朝着理查德的脑袋砸了过去。理查德倒了下去，倚在了旁边的绞盘上，他试图马上站起来，就在他撑着绞盘时，一根肋骨断了，刺进了他的肺部。看到他朝后倒了下去，嘴里喷出许多血，哈里赶紧跑掉了，消失在夜色里。

牵手回到房船社区河岸的玛莎和海因里希发现了横倒在“毛里斯号”甲板上的理查德，他们沿着河岸奔跑，找到了河区警察的巡逻艇。还剩一口气的理查德被送进了医院的重症监护室。第二天，闻讯赶来的劳拉回到了伦敦，轻而易举地处理好了理查德办公室里的事，以及警察和医院里的一些琐事。医生不允许理查德开口讲话，因为他恢复的状况没有预期的好，劳拉告诉理查德，打算把“吉姆勋爵号”小艇尽快处理掉时，理查德几乎无言以对。随后，劳拉的家人也帮起了忙，开始在乡下找一处合适的房子，等理查德一出院，他们就搬到伦敦郊区的那个地方去。

眼下，奈娜依然没能拿准主意，依然不知该如何答复她的姐姐露易丝。奈娜寄希望于爱德华能不嫌麻烦把她的钱包还给她，因为那钱包不止关乎钱的问题，里面还有她的图书馆借书卡、修理店的收据、家庭津贴簿、通讯录——几乎有关她身份的所有东西都在里面。看到钉在“吉姆勋爵号”烟筒上的出售告示牌后，奈娜感到很伤心，要是当初和理查德讲了坏贼哈里的事，讲了“毛里斯号”上的那批可疑的货物，他就不会倒在血泊中，等待她女儿的救助了。

基于露易丝不情愿到房船社区这边来，那天，奈娜只得带着女儿们到豪华的卡特瑞特饭店去与姐姐共进茶点。行前，为了使两个女孩看上去体面一些，奈娜着实费了不少心思。坐到那饭店的12层楼上，两个女孩正饱览着远处河流上的风光，她们看上去相貌富贵的姨妈走来了。她们很欣喜，她们的姨妈尽管不像她们的母亲是个纯粹的金发碧眼女人，然而，却比她们的母亲个头更高、更有决断。“玛莎！缔尔达！我真感到吃惊！我这么长时间没见你们俩了，你们会喜欢生活在加拿大的我们吗？”富有而讲究实际的露易丝，决心要把奈娜与她那两个女儿从波希米亚式的生活之中解救出来。一旁的奈娜接过了话茬儿，“露易丝，那要有许多先决条件。首先我们得卖掉‘优雅号’。”在她们说话期间，负责这一楼面的服务员送来了她们需要的茶点。缔尔达表示，送上来的东西，都是她和玛莎喜欢的。随后，缔尔达凝视着露易丝姨妈：“加拿大有船吗？”露易丝回答说：“加拿大有的是船，有的是水。”于是，缔尔达满脑子里晃动着的都是美洲新大陆的画面，然后接着说道：“我还拿不定主意，是不是把毛里斯一个人留下来……要是没有母亲同他谈话了，而且也没有布莱克先生了，他会感到很沮丧的。警察总是要来盘问他。”

缔尔达的这些话令露易丝想起了理查德·布莱克先生，他给她打过电话。奈娜一听就大喊起来：“他怎么可能呢？”露易丝的口气相当肯定：“他就是那个我通过给他打电话才找到你的那个人，那时候我们还在法兰克福（Frankfurt）。我告诉他，我们到了英国之后会住在这家饭店，这对我们大家都合适，尽管乔尔不停地说，这家饭店在战前更好。”奈娜追问了一句：“他都说了些什么？”奈娜的问题引起了露易丝的困惑，不过，很快理出了头绪，这个布莱克先生到底说了些什么。她记忆中的印象是：布莱克先生春天要参加一系列的跨大西洋保险会议，要么先到蒙特利尔（Montreal）或先到纽约（New York），她记不清先后顺序了，而且，她根本没把他的那些话当回事。奈娜听后，心里却有些不是滋味了。

奈娜和她的两个女儿终于开始为移居的事做准备了，就在她们打算离开英格兰的前一天晚上，河湾上空的天气骤变，刮起了强烈的风暴，暴雨下个不停，泰晤士河水暴涨，西北风把河里的水都吹到了河口。天还没黑，风力越来越大了，暴风雨中，树叶、纸片被吹得到处乱飞，就好像在逃难似的，像个很不祥的预兆。在这样的时刻，奈娜和玛莎绝对禁止缔尔达上甲板，把缔尔达紧闭在了船舱里。那些搁置在河湾的船舶，在肆意挥舞的暴风和波浪的蹂躏下，颠簸不定，下面的锚链已经快绷到极限了。看到“罗彻斯特号”上的人员全都撤离了，奈娜也赶紧带着玛莎和缔尔达拿着一个行李袋上了岸，至于其他一些东西，只能等风暴停息了再说。

此刻，没有人知道毛里斯还待在大平底船上。毛里斯不是一个有瘾的酒徒，然而那天晚上，他就坐在黑暗之中，手里拿着一瓶威士忌酒，准备畅饮。他借酒所消的愁不是他生活的飘忽不定，也不是警察的调查，迄今为止，警察们还没有申请到船上来搜查的搜查证；而即使他们申请了，毛里斯也不会在乎。他更不惧怕暴风雨，在他的生活里面，危险的东西和荒唐的东西都是不可缺少的，否则的话，温情就会压垮他。温情现在就正在折磨他，因为他无法忍受河湾变得如此凄凉空荡的景象。最初是“无畏号”“吉姆勋爵号”，现在轮到了“优雅号”上也空无一人了。在做生意方面，毛里斯认识的人不少，但是，当他想到他的生活当中将没有了朋友，他便拿起了威士忌酒，坐到了黑暗里。直到他听到头顶甲板上的脚步声时，他才打开了灯。

在舱门口，毛里斯与出人意料找上门来的爱德华撞了个满怀，“我是詹姆斯，”爱德华从醉酒中微微清醒了一些，“这是‘优雅号’吗？”听到否定的回答，爱德华感到很遗憾，从衣服口袋里拿出了一瓶威士忌和两只玻璃杯。作为大平底船的主人，毛里斯专心致志伺候着来客走到甲板下面。当他开始倒酒的时候，先前那糟糕的抑郁心情已烟消云散。“毛里斯号”的摇动越来越猛烈。爱德华吃力地说道：“我来是给奈娜送一件礼物的。”他从衣服口袋里掏出了一个漂亮的小盒子，里面是一瓶香水，之后，又从口袋里掏出一个钱袋。他拿着这些东西前来找奈娜，大概是想寻求和解的，不幸的是，事与愿违，眼下，他已很难穿过“毛里斯号”与“优雅号”后甲板处相连接的那一块跳板了。他们喝光了那瓶酒，毛里斯告诉爱德华，他要把这些东西亲自送给奈娜，他就必须到“优雅号”上去。

而现在，要走上阶梯，简直难上加难了。从他们头顶上突然传来一阵巨响，暴风雨把“毛里斯号”吹得左右摇摆，颠簸得愈发厉害了。他们乱了阵脚，就在他们被折腾得东倒西歪时，舱门突然被风吹开了，狂野咆哮的天空一下子映入了他们的眼帘。即便是在现在，毛里斯也还没弄清楚爱德华到底是谁，两人相互依靠着对方艰难地挪到舱口的前部，四处散落着电唱机、电吉他、电烤箱、半导体、卷发器，还有坏贼哈里的那些包装盒里的物品。他们俩摸黑依偎到一起，抓住了桅杆，三只烤箱在狂风的席卷下飞出了船外，通往“优雅号”的跳板已经不见了。“我们还有梯子。”

“毛里斯号”左舷下方有一个固定的铁梯。眼下，比起毛里斯来，爱德华显得更加茫然，烂醉的毛里斯尚有一丝清醒，警惕地感觉到有什么危险的事将要发生，他们唯有努力快点越到“优雅号”上去。他奋力将爱德华拖向梯子口……随着“毛里斯号”最后一次的剧烈摇摆，锚链被从泥地里猛地拔了出来，“毛里斯号”连同它上面的那两个拼命抵抗的可怜人，一起被卷入了汹涌的潮水中。

作者生平与创作生涯

佩尼洛普·菲茨杰拉德于 1916 年 12 月 17 日出生在英格兰林肯郡（Lincoln）一个文化氛围浓郁的家庭。父亲是一位诗人，曾任英国幽默杂志《笨拙》（Punch）的编辑；母亲是牛津大学萨默维尔学院的优秀毕业生之一，也从事写作；叔叔罗纳德·诺克斯（Ronald Knox）以《圣经》的翻译者和侦探小说家驰名于世；她唯一的哥哥是一位卓越的军事记者。

1923 年，她 7 岁时，被送进英格兰东南部著名的贵族寄宿学校怀科比修道院学校里读书，以优异的成绩毕业之后，她获得了牛津大学奖学金，进入牛津大学萨默维尔学院主修英国文学专业，师从英国语言与文学教授约翰·托尔金[1]（John Tolkien），1938 年获得文学士学位。之后，她本想继续攻读研究生学位，因正值第二次世界大战，由于国家的战时需要，她只好随家人移居伦敦，到政府的食品部门工作。1939 年，她到英国广播公司（BBC）担任了一个记录节目的助手，后又进入《世界评论》（World Review）杂志社担任编辑工作。

1941 年（25 岁），她与爱尔兰士兵德斯蒙德·菲茨杰拉德（Desmond Fitzgerald）结了婚，他们育有一儿二女。1950 年代，由于三个幼小的孩子，他们一家人的生活过得很窘迫，生活在英格兰东海岸索思沃尔德（Southwold）的一间由原来的牡蛎仓库改装的房子里，她在一家书店里工作。1960 年代中期，他们举家迁居伦敦，居住在停泊于泰晤士河上的一艘沉没过两次的房船上。她找到了一份全职教师的工作，同时还在一家书店里工作。两年之后，终于住进了租来的公寓，重新回到干燥的陆地上生活。此后，她一直作为一名专职教师，在各类学校（包括一所戏剧学校）从事英语教学工作。

1970 年代，在旅行社工作的德斯蒙德·菲茨杰拉德被诊断出了癌症之后，大半生清苦的她，在德斯蒙德的鼓励下，开始动笔写作。1975 年，已年近花甲的她，出版了第一部作品《爱德华·伯恩·琼斯：一部传记》（Edward Burne Jones：A Biography）和短篇小说集《斧头》（The Axe）。1976 年，德斯蒙德去世。之后，她继续写作，将自己的生活兴趣全部投入了对文学的关注中。

1977 年，她出版了又一部传记作品《诺克斯兄弟的生活》（The Knox Brothers）和第一部长篇小说《金孩》（The Golden Child），表现出了她那明显的机智、幽默和对荒诞情境的感知力，赢得了读者的青睐，也令她享有了不小的声誉，并接到了出版商的约稿。之后，她很快便以一位杰出的小说作家立足于英国文坛。1978 年，她出版了第二部长篇小说《书店》（The Bookshop），以一种既风趣又悲哀的笔调，娓娓讲述着孀居 8 年、能够理解书籍却不了解人的本质的弗萝伦丝·格林太太（Florence Green）的故事，入围了布克奖决赛名单。

1979 年（63 岁），她依据当年一家人居住在停泊于泰晤士河的房船上的生活经验，完成了长篇小说《离岸》（Offshore）的创作，用一种简单白描的手法，以一群既不属于陆地又不能扎根于水流的社会边缘人物为中心，塑造出了一群五彩缤纷的小人物——他们长年以停泊在巴特西河湾的旧舢板为家，混杂地居住在随着河流的潮水起落的房船上，生活犹如潮水一般起伏不定，充满未知；而在这个世界上，似乎没有属于他们的真正归宿地，他们以一种船居者特有的偏执，彼此关怀，互相帮衬，同时又在各自的房船里，不断探寻着生活的目的和生命的本质。

故事当中，"吉姆勋爵号"船主理查德·布莱克（Richard Blake）是一位喜欢吹毛求疵的已婚男人，讲究道德，为人正直，曾与"优雅号"大舢板的女主人奈娜·詹姆斯（Nenna James）有过一段短暂而没有结果的恋情，现在与奈娜比邻而居；奈娜独自一人生活在舢板上照料着孩子，与丈夫爱德华·詹姆斯（Edward James）的婚姻状态不即不离，彼此既不能生活在一起，又不能没有对方；"毛里斯号"船主毛里斯（Maurice）是一个孤独的、不可救药的理想主义同性恋男妓；而"无畏号"船主、老画家韦利斯

---

1 约翰·托尔金（John Tolkien，1892—1973）：近代奇幻文学的宗师，以脍炙人口的《矮人国》（The Hobbit）和三部曲《指环王》（The Lord of the Rings）两部奇幻小说风靡全世界，在牛津大学一直任教到1959年退休。

（Willis）拼命地想在他那漏水的小船沉没之前把它卖掉。

小说行文基本上没有什么精彩的故事情节，只是对一些具体现实生活片段的简单素描，却行乎当行，止乎当止，一路平稳地波澜不兴地进入最后的高潮，字里行间，都折射出对人性世界真与善的思考以及对生活本质的领悟；尤其结局，更为精妙，恰到好处地搁置于悬念，没有为那一帮栩栩如生的船居者的理性与感性之间常年不断的争斗提供任何解释、安慰，甚至没有终结，最后，爱德华与奈娜是不是生活在了一起？或者，奈娜与理查德……

小说出版之后，好评如潮，因其充满机智诙谐，行文简短紧凑，技艺精湛而不留痕迹，在当年问鼎了第 11 届英语文学界最有影响力的布克奖。

此后，佩尼洛普·菲茨杰拉德继续着她的笔耕生涯，陆续出版了：传记《夏洛特·缪：与她的朋友》（Charlotte Mew：And Her Friends，1984）；长篇小说《人的声音》（Human Voices，1980）、《在弗莱迪那边》（At Freddie's，1982）、《无辜》（Innocence，1986）、《初春》（The Beginning of Spring，1988）、《天使之门》（The Gate of Angels，1990）、《蓝花》（The Blue Flower，1995）等。

她这一时期的小说作品，创作出现了转折，开拓了情感世界的新领地，作品行文的简约加上她淡淡的喜剧感和对笔下人物的同情，给了她的小说深刻淡远的魅力。

其中，《无辜》颇受人们称赞，行文以简洁的散文和极其生动的对话，造就了一种充满嘲讽的、迅速发展的故事风格，故事的结局合情合理、真实可信，只是让读者（和书中的一个人物）处于一种悬念之中；《初春》和《天使之门》，分别入围了布克小说奖决赛名单。《蓝花》被认为是她最深奥、最发人深思的一部杰作，她的代表作，并为她赢得了 1998 年美国国家图书评论奖；小说的故事发生在 1790 年代的德国，简单而触目惊心，成功地营造出了 18 世纪德国的萨克森（Saxony）地区的氛围，充分展示了她广博的知识，细致精微的文笔，既能让 200 年前的异国风情和特定人物跃然纸上，又能用寥寥数语刻画出一个个非主要角色的特征，余音绕梁。1996 年，由于在文学上所取得的成就，她获得了英国的海伍德希尔文学奖。

佩尼洛普·菲茨杰拉德尽管是一位起步相当晚的大龄作家，但她的作品几乎部部都享有很高的声誉，在她 20 余年的创作生涯中，出版了 12 部长篇小说，一跃而成为英国当代文坛上首屈一指的小说家，最为出类拔萃者之一。她的小说作品，没有惊世骇俗的情节，文字干净从容，闲闲道来，却极贴切深入，发人深思，卓尔不群。

2000 年 4 月 28 日，她因病在伦敦去世，享年 83 岁。在她去世之后，2000 年，英国火烈鸟出版社出版了她的短篇小说集《逃亡的手段》（The Means of Escape）；2002 年，出版了她的《散文选》（Selected Prose）；2003 年，出版了她的随笔集《众议院》（A House of Air）；2004 年，出版了她的随笔集《来生》（The After life）。

主要参考资料：

Edward Burne Jones: A Biography, by Penelope Fitzgerald, Publisher: Joseph, 1975.

Offshore, by Penelope Fitzgerald,Publisher:Henry Holt & Co,1987.

1980年｜第12届

013 启蒙之旅［英］威廉·戈尔丁

Rites of Passage by William Golding

◎原著共28节，各小节长短不一，时间标记混乱，分隔含糊，讲述了1800年代初期一次从英国驶往澳大利亚的航海旅程。行文由“我”为教父所写的航海日志，以及附加的一位出身微贱的青年牧师罗勃特·詹姆斯·考利（Robert James Colley）写给他姐姐的一封半截书信组成。“我”，即英国贵族青年埃德蒙德·塔尔博特（Edmund Talbot）。本文在下面的讲述用第三人称。

英文原版封面

威廉·戈尔丁

（William Golding，1911—1993）

威廉·戈尔丁是英国伟大的文学家之一，被称为“寓言编撰家”，以富有寓言意义的小说探讨人生最根本的问题，有着超越时空局限的艺术价值。

有评论认为，其作品善于融寓言和宗教神秘色彩为一体，运用现实主义的叙述方法编写寓言神话，探讨“人心的黑暗”。1983年，由于其小说**“具有清晰的现实主义叙述技巧以及虚构故事的多样性与普遍性，显示出当今世界人类的情境”**获得了诺贝尔文学奖。

《启蒙之旅》（Rites of Passage）出版之后，获得一致好评，并在当年获得了英国最古老的文学奖——詹姆斯·泰特·布莱克奖，1980年，因其**炉火纯青的讲故事技巧，以及杰出而具体入微的描写艺术魅力**，问鼎了第12届英语文学界最有影响力的布克奖。

塔尔博特的航海日志以“尊敬的教父”这一称呼开始，他告诉他的教父，他总算是在船上了。现在是他前往世界较远那一侧的第一天，作为标记，他把这一时刻在日志本上的这一页上面标上了一个“一”字。因为他必须把他们的第一天记录下来，把他的所见所闻、所思所想记录下来。他们从北半球古老的英国南方到与之相对的地球另一半——位于南半球的殖民地澳大利亚，路途遥远，一路上，将历经一年当中所有的季节——春夏秋冬四个季节！因而，在日志本上注明几月份或者星期几对他们而言，已经是无关紧要了。

这天早晨，他与父母告别时，母亲流出的眼泪把他搅得心里热辣辣的，一时间失去了男子汉气概；而就在这时，就连他父亲的面部表情也颇为感情用事了，好像他是一个镣铐加身的囚犯，而并非一位去为国王陛下效力，前往殖民地协助地方行政长官管理那里的年轻绅士！后来，他父母的心情明显好转了，他自己的感觉便也好了起来。与家人告别之后，他逐渐找回了他的自信，对自己的前途充满了信心。

现在，他已经身在船上了。这艘舰船，她早先可能曾经是英国最强大的木城[1]之一。踏过一道低矮的过道，他进入一个船舱，刚一迈进去，立刻被呛得喘不过气来——那气味相当令人作呕！一个自称是他的仆人的家伙，把他领到一间紧贴船舷的小室，说这就是他的小住舱。那位仆人是一位跛行的老者，他借机问道：“这是什么臭味？”老者名叫惠勒（Wheeler）是个性情欢乐的人，冲他微微一笑，“啊，先生……您会习惯它的！”他当即表示：“我不想习惯它！船长在哪儿？”惠勒脸上的光亮消失了，为他打开了他的小舱门。“安德森船长（Captain Anderson）也没办法，先生。”惠勒说，“您要明白，她太老旧了……”之后，惠勒让他在这里坐一会儿，去给他拿一份白兰地来，随后便消失不见了。在那小住舱里待了一会儿之后，一次次的呼吸，减弱了他对那些恶臭的感受，加上惠勒给他拿来的白兰地酒的作用，他与那恶臭差不多接近和解了。然而，接下来，木城上的嘈杂声又搞得他心烦意乱起来。

这个木制的东西简直就是一个聒噪的世界！西南风迫使他们抛了锚，索具发出呼呼的尖啸声，隆隆的雷声在已经收拢的帆的上空滚响，稠密的雨点敲打着船身，发出一阵阵战鼓般的声响；仅仅这些，还不足矣，从他们这一层甲板的前部不断传来群羊的咩咩声、牛群的哞哞叫声、男人们的呼喊声，还有女人们的尖叫声！他的卧舱——或者说“窝”，只是这一层甲板一侧10多个相同卧舱当中的一个，对面是同等数量的卧舱。两排卧舱之间，有一个光秃秃的大厅，里面有一支巨大的呈圆锥形耸起的桅杆；大厅

1 木城（wooden walls）：军舰，因旧时军舰为木制，军舰的保卫国家功用类似于城墙。

的后部，惠勒告诉他说，是乘客们的餐厅，两侧是一些必要的办公室。大厅里面，那三三两两模糊的人影或在走动或在站立。为什么像这样一艘老旧的主力舰[1]竟会被改成一艘储货船，用来运载牲畜与乘客，这样航行，其根本原因，只能用海军舰队司令大人率领的600多艘战舰全部都在服役的困境来解释了。

惠勒通知他4点钟用正餐。当他提出要换个稍微宽裕些的住处后，惠勒思考了片刻，答复说这事办起来有点困难，劝他再等一阵子。他愤激地抱怨怎么能用这样一艘破旧的舰船来负担这样一次航行？这时，惠勒手臂上搭着一条餐巾，站到他那小住舱门口，劝他：尽可能以一种水手的豁达来接受这艘舰船吧——上帝让她在沉没之前漂浮着，她就得漂动着；上帝建造了她，就注定了她的沉没……他的心情立刻沉重起来；不过，告辞之前，惠勒给了他一点安慰。惠勒确信，在大风大浪中，这艘舰船比许多高稳度的船要安全许多。

在这艘船上，一切都非常混乱。他发现没有一个有权威的人士整饬这一状况，看来，他也只能听天由命了。稍后，凭借着从一个大舷窗透进来的亮光，他和一些人围着两张胡乱摆放的长桌开始用餐。他们彼此陌生，彼此一无所知。这里没有军官，仆役们不断来骚扰，食物很差，与他同乘这艘船的旅伴们同他的感受一样。他的仆役和向导——惠勒，很快便让他清楚了船长对这艘船的绝对权力，同时，惠勒向他保证，船上的这种混乱局面肯定会有所改善的，而且，他们肯定会安定下来的……他终止了惠勒的保证，言辞里带出了一种急躁的易怒情绪，要不是为了容忍喝下了一些酒，他说不定就会勃然动怒了。

他们的诺亚，安德森船长，始终都没有露面。他想，只要一有机会，他就会向那人做自我介绍的。明天早上，他将提议检查一下这艘船，然后，与高级军官结识——当然，如果船上有这样的人存在的话。现在，他们这里，用餐者中，有些女士，还有几个年龄稍老一些的绅士，以及一位看起来挺年轻的陆军军官和一位比较年轻的牧师。年轻牧师设法领他们做了一通饭前祷告，然后，那可怜的家伙像一个害羞的新娘一样开始吃了起来。惠勒告诉他，夜间风向会变，等到潮流一改变，他们就将起航，开始他们遥远的航程。

在起航后的第2天，由于晕船，他被弄得狼狈不堪，浑身难受，惠勒想办法安慰他，让他服下了一杯镇静剂好好躺上一阵。他软弱无力地躺在他那小住舱的铺位上，伴随着他的是那船不停地摆动，迫使他不得不不间断地调换着体位，以适应那魔鬼般的摇摆。在航行的第三天，天气情况比前两天还要糟糕，船上的状况，或者说，他目力所及的那一部分，肮脏到了无法用语言表达的程度。在海浪凶猛的拍击下，他们的船不停顿地猛烈地摆动着。由于空气过于令人烦闷，在惠勒的协助下，他走出了他的小住舱，然后，又在惠勒的协助下，回到了他的小住舱。惠勒还教给了他一个如何在摇摆的船上保持身体平衡的方法，大声叫喊着，告诉他："像一双旧长靴一样叉开，重心下沉。"

这天早上，当他准备去餐厅用餐时，他们的船晃动得嘎嘎作响再加上船体的倾斜，令他简直寸步难行。然而，他好像已经没了脾气，挣扎着走进了头等舱的大餐厅之后，又攀爬到下面那摆放着两张较小或者说更高一级的餐桌的地方，然后，在一个靠窗户的位子上直接坐了下来。他对面就座的正在饮用燕麦酒的军官——坎伯舒姆中尉（Lieutenant Cumbershum）持有国王的委任，所以应该被归类为有身份的人士

---

1 主力舰（Ship of the Line）：又称"风帆战列舰"或"第一线作战军舰"，现代战列舰的前身，从17世纪到19世纪中叶都是欧洲各大海上强权的核心舰种。

之列，尽管这位中尉饮酒的样子看上去很不雅，像一个赶大车的车夫一样，令人看不顺眼。他推想，这位中尉有 40 岁了。看起来，这位中尉属于他们这里的男主角之一，尽管不够有教养，不够礼貌，然而无疑，他们将能从他那里听到许多事情——至少，他消息灵通，是一个消息的来源。在他们的交谈当中，坎伯舒姆中尉认为，这一天的天气不太好，波涛汹涌，不过也不是天气最糟糕的；还坦言说，他从未在这样一艘船上生活过，从未做过这样一次航行，所有这一切，对他来说都是前所未知的，而且，他认为，其他军官也同样如此。他们乘坐的是一艘战舰，一艘商船，一艘班轮，或一艘客船。世间所有，船上皆有。坎伯舒姆中尉还认为，船舱里那些逗留在他们各自铺位上，只用一些简单茶点的乘客，是很明智的。因为他们这艘船上没有配备外科医生，无论是谁，如果摔断了胳膊腿，都将会是一个大麻烦。

他接过了话茬儿，“我们没有随船的外科医生，不过，幸运的是，我们船上有一位牧师，可以主持葬礼仪式。”听他这样说，坎伯舒姆顿时被呛了一下，极为惊讶，“一位牧师，先生？我们没有牧师！”他当即反驳，“我确实看到了那位牧师。”坎伯舒姆依然无法相信——他们这艘船上根本没有配备随船牧师。他强调说，“但是法律规定，在这条航线上的每一艘船，都必须配有一位牧师。”坎伯舒姆告诉他，安德森船长并不希望为这艘船配备牧师，更何况，现在，牧师和外科医生一样，都是紧缺之物。坎伯舒姆接着说，“安德森船长不需要随船牧师，先生，他是一个著名的无神论者，接受一个随船牧师就像接受灾祸一样。”他岂肯作罢，因为他的的确确见过一位牧师。坎伯舒姆以肯定的口吻回答说，“你所见到的那个家伙，一定是一个乘客，而且我敢肯定，是一个刚出壳的牧师。”他清楚地记得，在摇摆不定、剧烈晃动的船上，那个可怜的家伙，是怎样趴在甲板的一侧冲着风口呕吐不止的。看来，坎伯舒姆说得没错，那人的确是一位刚出壳的牧师。他随后同坎伯舒姆谈起了另外的问题，并表示，在恰当的时候，他一定会向船长做一番自我介绍的。看到坎伯舒姆用吃惊的目光盯视着他，于是，他告诉坎伯舒姆——他是谁，还提到了他令人尊敬的教父的名字和教父的兄弟总督阁下，并略述了一番在总督随员当中的他的地位。

船上的生活，那种难以言传的疲倦和乏味感，循环往复。清晨，在风雨声中，他被甲板上的吵闹声和响动唤醒，看到放在床边的防水衣后，当即振作起了精神，刮了胡子，修过脸，简单吃了一点早餐，然后穿上防水衣到甲板上去了。尽管天气很糟，但是到甲板上来呼吸新鲜空气的人，却不止他一个。不一会儿，随着那后甲板和上层后甲板区的不断起伏，出来呼吸的人越来越多，甚至形成了一道防水壁。由于防水衣穿在身上过于闷热，他返回了小住舱，惠勒上前，帮他脱去了防水衣。

随后，他开始认真着装，用心穿戴了一番——他要去做一次（在一定意义上说）正式访问，要给安德森船长一个彬彬有礼的印象。之后，他攀爬上那梯子——它们通向后甲板和（通常为船长使用的）上层甲板的后部。风势稍减了一些，当他从坎伯舒姆中尉身边经过时，与那位中尉打了一声招呼，却没有得到正与随从在一起的那位中尉相应的回礼。要不是在前一天的交往中他已充分了解到了那人的粗俗举止和难以捉摸的性情，他准会十分恼火的。在那之后，他朝着安德森船长那边径直走了过去，从做工精细的制服上，辨认出了那个男人就是他要上前拜访的船长。

安德森船长站立在上层后甲板区的右侧舷边，背着双手，一脸的傲慢，目不转睛地凝视着他，好像他的出现是一种有意的冒犯。他正要报上他的姓名，却从安德森船长嘴里令人难以置信地吐出了一句相当失礼的话语：“这是他妈的谁呀，坎伯舒姆？他们没看见我那个命令吗？”这令他着实吃了一惊，一时间，几乎不知道坎伯舒姆是如何回答的，或是不是回答了。在那之后，他用一种很大的声音，做了自我介绍。不料，那人竟开始冲着他咆哮起来，他差一点就压抑不住愤怒了，要不是他清楚地意识到了他们之间的样子有多么地滑稽可笑——他们一个个（他、船长、坎伯舒姆和随从）全都站在那里，一个个一条腿僵直着，像一根木杆子一样，另外一条腿，随着甲板的不断起伏移动着，弯曲伸缩着。他发出了一声讥笑，以一种很不礼貌的傲然神态，抓住了一个抬出他那令人尊重的教父的大名和他教父兄弟总督阁下的机会，简直就像一个人迅速掏出了手枪来阻止强盗向他靠近似的，止住了那人的怒吼，还使那人的脸色一下子变得通红。

安德森船长不敢怒了。他等了不大一会儿，安德森船长吞下了自己的怒火，随后向他表示，自己很尊崇他那令人尊重的教父，并且不愿被想成一个怠慢、专横跋扈的人。接下来，又对他网开一面，特许他不论在什么情况下都可以随意四下走动，只要他过得舒服自在，尽管船上早已立了规矩，限制了乘客们的活动区域——没有特别准许不能到上层后甲板区来交谈。但是，他是一个例外，就他的身份而言，他欢迎他多多过来，而且希望能与他多多交换意见。

在第 4 天，其实是第 5 天——因为时光始终在继续。他已经拥有了安德森船长对他的尊敬，以及上层后甲板区的那几位军官对他的恭维。前景是多么壮丽！他们的船，在海风强劲的推动下，在波涛汹涌翻腾的海面上，奋勇前进！离开上层后甲板区后，他走下梯子，朝着船后面他们的领航员和那些普通的人隔离开来的地方走了过去。军舰领航员斯迈尔斯先生（Mr. Smiles）上了岁数，不过，还没有他们资深的英国海军少尉之候补军官戴维斯先生（Mr. Davies）年长——戴维斯先生几乎与他们乘坐的这艘船同龄。他先前已经熟悉的一位年轻人——威利斯先生（Mr. Willis）很有礼貌地把同伴汤米·泰勒先生（Mr. Tommy Taylor）带到了他面前。

他们在后甲板与主桅杆之间来回踱步，他的两旁各有一个随从。从身边两位满怀希望的年轻人身上，他听闻到了一些有关他们船上乘客的情况——当然，是膳宿在船尾的那些乘客。其中的帕克（Pike）一家，一共四口，彼此深爱着；还有一位社会哲学家，普莱迪曼先生（Mr. Prettiman），是他和他那位教父全都认识的一位绅士。从早慧的泰勒先生口中，他还获悉那些乘客当中有一位肖像画家和他的妻室，他们的女儿是“一个合格的两端带眼环的吊货索”。他发现对女性魅力进行这样的形容，是泰勒先生对年轻女人形容的极限。随后，他在日志上对他的教父说道：阁下也许能够想象得到，听到在这艘船上有一个美女的消息所带给我的那份喜悦，为我增添了不少的活力。

泰勒先生本可以引领着他从头到尾听闻一遍记入在名单之列的那些乘客们的情况，但是，他们被先前那位曾经迎风呕吐的牧师打断了。当他们第二十次从主桅杆那里走回来的时候，那位年轻牧师从乘客的公共大厅里走了出来，正要转身走上梯子到后甲板上去，看到了位于两个年轻的朋友之间的他，便停住了脚步（他推想——那位牧师意识到了他是一个享有优越社会地位的人），赐给他了一个敬礼。他用手轻轻碰了一下海狸皮帽的帽檐，来作为对牧师的简短回应，并目不转睛地看向牧师。牧师爬上了梯子，小腿上穿着很厚的长筒袜和沉重的靴子以一种笨拙的步伐一步一步地往上走，黑色的长袍很长，遮住了他的两个膝盖，他的头上戴着一个圆顶假发和一个铲形宽边帽。泰勒先生说出了自己的看法——这位牧师不知深浅地跑到上层后甲板区去见安德森船长，这样做的结果，招来的只能是瞬间的毁灭。他意识到，这位牧师，想必是没有看过船长大人颁布的那一“现行命令”。

突然，从上层后甲板区传来了勃然的怒吼声，他十分肯定，那咆哮声是直接针对那位牧师发出的，而他身边的两个年轻人其中的一位，却猛然跳动了一下，就好像是被来自船长的那有力一击而光临的跳弹或飞溅的弹片所击中了似的。他心想，看来，安德森船长管辖自己下属军官的能力，上至坎伯舒姆中尉，下到身着戎装的毛头小伙，是一点也不成问题的。他对那两个年轻人说，“这是牧师与安德森船长间的私事。咱们离它远点……”于是，他们以一种不拘礼节的步态匆忙走进了乘客的出入大厅。

在他正要离开那两个年轻人时，从他们头顶的甲板上传来了一阵磕磕绊绊的脚步声，然后，是来自上层后甲板区和后甲板之间的阶梯上发出的咔嗒咔嗒的响声——很快又变成了一种急速滑倒的声响，像是铁套鞋跟滑了一下，把穿着那鞋的人哐啷哐啷一直扔落到了底部。无论他对那个人——他把它叫作“给临终者涂油礼[1]”——的意图，有多么的不屑，他还是转过了身去，想看看那个人是否需要帮助，而且，当那个人趔趔趄趄过来时，他已经朝着那个人走过去了不止一步。那个人一只手拿着他的铲形宽边帽，另一只手拿着他的圆顶假发，他的牧师领饰被拧到了一边，脸色失常，用一双茫然且眼泪几乎快要流出来的眼睛，凝视着虚空。然后，那个人跌跌撞撞走进了自己的小住舱，摸索着关上了那个小住舱门。年轻的泰勒先生大笑起来。他抓住泰勒的耳朵，拧了起来，直到那笑声变成了喊叫。他对泰勒说道：“请允许我告诉你，泰勒先生，一位绅士不应该乐道于他人的不幸。”泰勒先生没有反驳什么，还欢快地接受了他对他们两个年轻人的建议：另找一天，我们再次相聚，一起锻炼身体，增强体质。

他回到他的小住舱，呼唤来了惠勒。惠勒为他拽脱下他的长靴，他不知道其他乘客是否能享受到惠勒给予的同等服侍。另外的那个家伙——腓力普斯（Phillips），他想——是为大厅另外一端的人员服务的，就像惠勒为大厅这一端的人员服务一样。他询问惠勒：安德森船长为什么那么嫌恶一位牧师？惠勒回答说不知道。他不相信，他看得出，惠勒其实十分清楚其中的缘由，不过，不论他怎样追问，惠勒始终不肯对他吐露点什么，最后，用请示“要不要给他再拿一剂镇静剂”中止了他的再三追问。吩咐惠勒离去后，他躺到铺位上，合眼休息，没过多久，听到有人在敲门。来人是在乘客的公共大厅里服务的贝茨（Bates），通知他，船务官萨默斯先生（Mr. Summers）邀请他到乘客们的公共大厅去一起喝一杯。

现在是第7天，或第8天。他来到公共大厅，发现原来船务官邀请了膳宿在船上这一区域的每一位乘客。他通报了姓名，大厅里呈现出一时的肃静，之后，一位大他两三岁、体格健美身着制服的年轻男子走上前来，自我介绍说，他是萨默斯，还说他一定要去会会德福雷尔中尉（Lieutenant Deverel）。那位德福雷尔中尉，看上去像是他们这艘船上最具绅士风度的一位军官，长着一头栗色头发，蓄着络腮胡子，不过，他尚未拿准，他们彼此，是不是该多打交道。后来，萨默斯又开口说，他应再去认识一下在座的一位女士，便把他径直引领到了坐在大厅右舷边长椅上的一位女性那里。

那位被一群神情严肃的上流社会人士包围着的女士，正面带微笑坐在长椅上进行她对有关玩纸牌的演说，一位下颏缩在衣领里的年轻军官接过了她的话茬儿，“不过，我曾经见过玩纸牌成瘾的地方，我可以讲给你听！”那位女士的语调里加进了冷冷的嘲讽，坚持着自己的立场，惹得那位个头高高的年轻军官喊叫了起来。萨默斯先生便利用了这一机会把他介绍给了那位女士——格蓝厄姆小姐（Miss

---

1 给临终者涂油礼（Extreme Unction）：死亡之前最后的仪式。对于基督徒来说，由牧师为临终之人或病人施行涂油礼（有时称为终傅）是很重要的宗教仪式，油代表圣灵。

Granham)。格蓝厄姆小姐将脸转向了他，于是，他顺着她刚才的话题，说了一些有关玩纸牌是一种无害的娱乐，带给人以享乐之类的赞美的话，并表示在他们航程中的一些时间里，希望能从她的指教中受益。就在这时，格蓝厄姆小姐脸上的微笑消失了——因为那个“指教”一词，对那位格蓝厄姆小姐来说，有着指代的意义，是有所指的。“是的，塔尔博特先生，”格蓝厄姆小姐说，“正如您所说的，我是一个家庭女教师。”

他顿时意识到，自己说错了话，惹得格蓝厄姆小姐老大不高兴了；不过，这是他的错吗？看来，格蓝厄姆小姐对生活的期望值，一定要比现实高得多，因而，她总是心怀不满，一副一触即怒的脾气，那舌头就像是一把决斗的手枪。他令自己陷入了困境，那位陆军军官奥尔梅多先生（Mr. Oldmeadow）耸了耸肩膀，把下颏缩进了脖领里。这时，仆役贝茨端着雪利酒走了过来，他困窘地把手中酒杯里的汁液一口吞咽了下去，然后又颇有些尴尬地另外拿了一杯。还好，萨默斯先生借机帮他解了围，说希望他去认识认识另外一些人，因为那另外一些人会因与他的相识而感到欢欣的。

他完全没有料到，这大厅里一时竟然聚集了这么多的人。其中，一位身材魁梧、红光满面、肥头大耳的上流社会人士正在高谈阔论，说他希望自己能集中精力将注意力转向团体肖像画；一位干瘦的年轻男子对大家说，他要让那些永久移民成为那令人钦佩的画面里的人士；“不，不，先生，”那位身材魁梧的先生当即表示：“除非是贵族和绅士，我不会光顾其他人的。”他接过了他们的话茬儿，愉快地加入了那一话题当中，说出了另外一种想法：“我宁愿为后代画一幅与普通水兵臂挽着臂的图画。”萨默斯大声笑了起来，“你绝不能把我画到你的图画里……承蒙你所言，我过去就是一名‘普通水兵’。”

他实在难以置信萨默斯的所言——过去是一名“普通水兵”。萨默斯呢，却以一种十分欢快的神气看了看四周。“我已经完成了海军那个‘从普通水手做起’的作业。我是从全体水兵中被提升上来的，或如你所言，从普通水兵中提升上来的。”当惊诧不已的他意识到，眼下他周围的那个小群体的全体成员都在静候着他的回答时，他努力克制住，使自己的语调能尽量从容和泰然自若一些，“不错，萨默斯，”他说，“请允许我祝贺你完美地模仿了比自己地位稍高一些的人的行为和话语。”萨默斯看着他，以一种尽可能的额外感谢之情向他表示了自己的谢意，然后，转向大家，开始向与会者们致辞：“先生们，女士们……”

过了一会儿，大厅里变得嘈嘈杂杂，混乱不堪。帕克夫妇的那一对双胞胎姐妹与父母发生了摩擦，匆匆忙忙跑掉了。格蓝厄姆小姐也打算起步告辞了。就在她尚未离开座位时，门被打开了，一位相当年轻的美女走了进来，穿着一身浓艳且轻佻的衣装，直奔向那位红光满面的绅士，斜倚到了他的肩上，撒娇道：“哦，布罗克雷班克先生（Mr. Brocklebank）……”接着，便是一嘴的风骚话。那位布罗克雷班克先生急忙向大家说明：“我的孩子，我的小奇诺比娅（Zenobia）！”接下来，奇诺比娅小姐便开始进行她的餐桌选址。当格蓝厄姆小姐表示：她马上就会离开，她的座位即将空下来时，奇诺比娅小姐带着几分诙谐的口吻回应说：在这么多危险的先生们当中，她需要靠格蓝厄姆小姐来保护她的贞操。“一派胡言，小姐。”格蓝厄姆小姐面带严肃，不假辞色，说话的口吻甚至比先前与他讲话时还要严厉。“一派胡言！你在此处的贞操与在其他任何地方一样安全！”年轻的奇诺比娅小姐立马表现出一副惹人爱怜的神态：“亲爱的格蓝厄姆小姐，我相信您的贞操在任何地方都是安全的！”

这真令人恶心，不是吗？更令他遗憾的是，来自大厅一方的一阵大笑声，他们的晚餐已吃到了这一地步！在他和德福雷尔、萨默斯站起身来的一瞬间，那个陆军军官奥尔梅多护送着格蓝厄姆小姐从他们中间走了过去。这时，正在饮用波特酒的布罗克雷班克先生的声音再次隆隆响起："坐到我旁边来，奇诺比娅，孩子。"在船的晃动中，在从窗户里斜射进来的阳光下，奇诺比娅小姐用一双美丽的手遮着她的脸颊，说了一句："我应当而且愿意坐到格蓝厄姆小姐腾出来的座位上。"随后像一只蝴蝶一样，绕着餐桌扇动着翅膀，翩翩起舞，最后，坐在了他和萨默斯之间的那个座位上。

坦白地说，他毕竟是一个年轻小伙子！他有些欣喜若狂，因为奇诺比娅小姐是他们这艘船全体人员当中，唯一一个还算能够让人忍受的雌性生物！他无法装上一副玻璃眼睛[1]。不过，确切说来，奇诺比娅小姐的年龄肯定接近中年了，而且，像是在非常努力地保持着她那女性的吸引力——那是一张表情永远在流动的脸孔，难以详细描述，一一列举。他猜想，不知是不是这么回事——这位小姐的父母把她带到地球上相反的地区去，作为最终憩息地？去与那些犯人、澳大利亚土著居民、永久移民、领取养老金的士兵、狱吏和卑贱的牧师们混在一起。

现在，暂且先不说这位小姐的事了。他要转而说说这位小姐的父亲和坐在布罗克雷班克先生对面的那位绅士。眼下，那位一直在大谈特谈的绅士站了起来，"布罗克雷班克先生，我要让你知道，我是一切迷信的死对头！"这时，他看清了那位绅士的脸——原来是社会哲学家普莱迪曼先生。普莱迪曼先生身材短粗，有些脾气。他很清楚，他那位令人尊敬的教父认识这个法国人，这个法国人随身带着一台印刷机，前往地球上那个相反的地区。

布罗克雷班克先生迅速扭转身来，抓了点盐末撒过自己的肩。普莱迪曼先生看到了他这一撒盐[2]动作，站在那里，情绪十分激动。"我看见了，先生，你撒在你肩上的盐末！"布罗克雷班克先生像是并不清楚普莱迪曼先生说的是什么意思，不过，还是慌忙表示他不再这么做了，不会再撒盐了，反而一下子挫败了那位社会哲学家，使其张着嘴，慢慢落座到他的座位上。这时，奇诺比娅小姐转向他，用一双漂亮的眼睛望着他说道："普莱迪曼先生好生气啊，塔尔博特先生！我断言，在他彻底被激怒的时候，会是相当吓人的！"

显然，这位奇诺比娅小姐是在乞求他们雄性的慷慨，求助于他们的骑士精神，就像是在演戏一样。在他正不知说什么的时候，奇诺比娅小姐又把她的那种恐惧心态胡乱抛向了身边的萨默斯，以及餐桌对面的奥尔梅多先生和鲍尔斯先生（Mr. Bowles，一位令人非常讨厌的人，从事一些低级的与法律有关的工作），而且大厅里在座的每一位处于那听力所及范围之内的人，都能听到她的发声。萨默斯让奇诺比娅小姐放心，她不用惧怕那个法国人[3]。然而，人们所论及的那个法国人的事依然令奇诺比娅小姐栗栗危惧，她用她那颤抖的腔调与柯勒律治先生交汇到了一起："孤独呵孤独，我独自一人，在那辽阔无际的海面[4]！"

---

1 玻璃眼睛（glass eyes）：语出威廉·莎士比亚（William Shakespeare，1564—1616）的悲剧《李尔王》（King Lear，1605）第四幕，"你自己心里和她犯奸淫，却因为她跟人家犯奸淫而鞭打她……你还是去装上一副玻璃眼睛，像一个卑鄙的阴谋家似的，假装能够看见你所看不见的事情吧。"

2 撒盐：英国人的一种迷信，拿些盐末从左肩膀上撒向后面，厄运就消除了。

3 那个法国人（The French）：奇诺比娅小姐之所以如此惧怕法国人，因为她听说——法国人抓到英国人会割喉。

4 孤独呵孤独，我独自一人，在那辽阔无际的海面（Alone，alone，all，all alone，Alone on a wide wide sea）：语出18世纪英国伟大的浪漫诗人萨缪尔·柯勒律治（Samuel Coleridge，1772—1834）的不朽之作《古舟子咏》（The Rime of the Ancient Mariner，1798）的第4部分。

就在这时，画家布罗克雷班克先生大概也听到了女儿奇诺比娅小姐的朗诵，便与那位社会哲学家普莱迪曼先生再次组合在了一起。突然之间，整个大厅静默了下来，人们都在倾听他们的谈话。社会哲学家说："不要吃摆在你面前的牛肉！因为在东方，有上千万的婆罗门人会因为你吃了牛肉而割断你的喉咙。"画家瓮声瓮气地反驳说："在这艘船上没有一个婆罗门人。"接着，又说道："永远，我都不会去射杀一只信天翁[1]。我是一个性情平和的人，普莱迪曼先生……"社会哲学家眼睛里闪着冰冷的光："你有枪吗，先生？拿来，我将会射杀一只信天翁，而那位水手将会看到什么东西落下来——"

这天，塔尔博特在日志上对他的教父说道：如今，已经有一段时间了，他都没能专心于这个日志。他们又遇到了坏天气，船的颠簸加重了他的腹绞痛综合征，不过，现在，大海平静多了；无论是天气情况还是他的身体状况，都有了好转。他把墨水瓶放在一个盘子上，现在，可以写点什么了，尽管写得很慢。最值得一说的是，在这些天，在他患病期间，他们这艘船一直在向前航行。他们被海风吹到了低于地中海气候的纬度，航速也受到了限制，按照惠勒的说法，主要是由于他们这艘船过于老朽，而并非风力的问题。

还有一件事，要额外说说，是一桩政治事件，震动了整个群体。那位船长，通过萨默斯先生，让那位牧师的殷殷期望——允许他做一些公益性的宗教服务——落空了。船长的"现行命令"限制了那位牧师的活动区域，他无法抗拒，不能违背。那位船长，是一个什么样的小暴君啊！他们的情报提供员普莱迪曼先生（拿着一支老式的大口径短枪）在后甲板上走来走去。眼下，这位先生成了一个可怜的人，纠结在自己眼前的"憎恶一切宗教仪式的现实"与"他自己所宣称的信奉自由"之间，左右为难；这二者的矛盾冲突，以及普莱迪曼先生心中被激起的那些复杂的情感，使他非常痛苦，而在船上的全体人员当中，能给普莱迪曼先生以慰藉的，唯有格蓝厄姆小姐！

当他获悉了这一特别的消息之后，他离开了他的舱铺，刮了脸，穿好了衣裳。"那位郁郁寡欢的船长，不能将他的命令强加于我！"义不容辞的责任感，敦促他去找那位牧师，请那位牧师领那些愿意参加祷告活动的乘客不受干扰地做一次简短的晚祷。他努力以尽量稳步的姿态走过了公共大厅，敲开了那位牧师的住舱门，一番介绍之后，他提出了那个建议。"假如你主持一次宗教活动，下午 7 点，在乘客的公共大厅举行一个简短的宗教仪式，几位女士和绅士会很欢迎的……"他看到那位牧师的眼睛里充满了泪水。

之后，他忍受着满身的难受，浑身乏力地回到了公共大厅，在那里看到了萨默斯。他将自己所做的安排告诉了萨默斯，萨默斯默认了他的这一报告，只是在他建议萨默斯应邀请船长参加时，才苦涩一笑答复他说，无论如何自己都得将这事告知船长的，并大胆向他建议，将时间再往后推迟一点。对他来说，时间无关紧要，他没有什么异议。与萨默斯分手后，他回到自己的小住舱，坐到帆布椅子上，感到自己浑身疲惫不堪到了极点。后来，萨默斯来到他的小住舱，说，他将他提的议案做了一点改动，变成了乘客们的普遍要求，希望他不要介意；随后赶忙又补充说，这更适合海上举办宗教仪式的习俗。看来，一

---

1 信天翁（Albatross）：一种大型海鸟。根据英国的迷信，信天翁是大海和水手的保护神，身上附有死去船员的灵魂，不管什么时候什么情况下都不能射杀，不然会违反海上禁忌。信天翁的故事源自塞缪尔·柯勒律治的代表作《古舟子咏》（The Rime of the Ancient Mariner），如同谚语一样为人熟知。

切顺心如意。不过，获悉了那位小牧师已被允许向他们讲道时，他却又开始后悔自己那一时冲动的干涉了，并且意识到，几个星期以来，那种由于摆脱了圣公会全套随身用具的自由自在，是一种多么享受的乐事！然而，基于情理，眼下，他已不能退缩，只能去参加那个小牧师为他们主持的那个宗教仪式了。

在那个宗教仪式举行之前，他看到了奇诺比娅小姐，脸上抹了厚厚一层红白相间的油彩，看上去就像是一个从良的妓女似的。不过，到了举行仪式之际，公共大厅里的烛光照亮了她的脸，那化妆倒是帮她抹去了岁月留在她面容上的痕迹，简直就像变魔术一样，使她显得年轻、漂亮了许多。奇诺比娅小姐看了看他，他还没来得及从惊奇中醒过神来，却已经清楚了萨默斯先生对他先前的提议所做的改善：为了与他们一起分享他们的虔诚，萨默斯容许一些值得尊重的永久移民加入了这一被允许的、由牧师考利主持的宗教仪式活动当中，其中有兽医格兰特（Grant）；两个办事员，菲尔顿（Filton）和惠特洛克（Whitlock）；还有年迈的格兰格先生（Mr. Grainger），一位公证人，以及他年老的妻子。当然，在任何乡村教堂，都会呈现这种阶级混合的局面的！当他正渐渐从这一默想中脱离出来时，与会的徒众们已满怀敬意地站到了那里。那位身披白袈裟、身高不足5尺、身着全套牧师衣装的牧师在他们面前登场了，脸上是一副混合着羞涩、虔诚、大喜过望和自豪的神气。

在那个宗教仪式开始的时候，外部的环境非常糟糕。他听到普莱迪曼先生在甲板上来回走动时故意发出的响动，水手们换岗时的那种踩踏声和喊叫声——当然，他们的所作所为应当是依照船长的吩咐、受到船长的鼓励或默许的。公共大厅始终在微微地摇摆晃动。接下来，便是那即将上演的一场闹剧！那位牧师考利先生，刚一瞥见奇诺比娅小姐，目光便被固定在了那位小姐身上，再无法拿开了；而那位奇诺比娅小姐，对牧师考利先生，同样是一副分外专注的情态，目不转睛。这时，他感觉自己像是在观看一幅十分虔诚的图像——即便在他们转向天国的时候，奇诺比娅小姐的目光也从未离开过考利先生的面颊，她那两片嘴唇，在一种狂欢的透不过气来的状态下始终张开着，除了在急速的满含激情的一张一合地喊“阿门”的时候！而事实也的确如此，有那么一刻，在考利先生的演讲过程中，追随者们发出“阿门”的叫喊时，奇诺比娅小姐那卖弄的声音十分突出。就在这时，布罗克雷班克先生放了一个很响的屁，弄得整个会堂里的徒众就像是坐在板凳上的小学生一样哧哧地笑了起来。

不管他有多想使自己与这场演出脱离干系，都无法摆脱那种深深的羞愧内疚。徒众们和那位牧师无聊的戏剧性的表演，以及那位粉墨登场的女人的风骚，令他羞愧难当，尤其是当他意识到，加入他们所举办的这一宗教仪式当中的，还有一小撮普通人，那些人正与他们在一起，感受着上流社会的生活！

现在看来，这事儿一点不假，安德森船长真的很厌恶教会！他的态度在人们身上发挥了作用。据说，安德森船长没有下达过什么命令，但是，懂得如何去尊敬那些不赞同他的下属们。因而，当时，做那个晚祷时，只有萨默斯先生和那个瘦高的陆军军官奥尔梅多先生在场。而他之所以在场，显而易见——他不愿意屈服于权势！那位牧师的演讲接近尾声时，他又有了新的观感，领略到了那张涂脂抹粉的脸之所以吸引着男性的目光——全是因为情欲，因为雄性体内那越来越强的性欲骚动的困扰！考利先生的演讲终于结束了，他回到自己的小住舱，在越来越不舒畅的心情下，记录下了上述的这些真实情况。

这天，他认为是第17天。在日志上，他对他的教父说道：他又遭罹了一次罪——头痛，头痛欲裂。第二天，他下了床，到处走动，浑身乏力，身体虚弱，不过，又渐渐好了起来。看来，他总算可以活着抵达他们的目的地了！如今，他的日志写得越来越短了。不过，那一件有趣的事情，他必须让他那位教父知道。在他最难受的时候，在惠勒让他服下大剂量的镇痛剂之前，从他的小住舱门那儿传来了一声有些胆怯的敲击声响。他大声问了一句："谁呀？"原来是考利先生，考利先生用微弱的声音回答说："是我……您记得的，牧师考利先生，随时听候您的吩咐。"不知何故，他十分机智地找到了一个恰当的理由，搁浅了考利先生对他的造访，"我请求你离开我，考利先生——"肚肠里一阵可怕的痉挛将他打断了一会儿。"我正在祈祷！"

第 30 天。他在日志上对他的教父说道：在彻头彻尾的沮丧中，他让汤米·泰勒先生带他下到了下级军官舱。尽管那里只有三个候补少尉，而不是更常见的全体。因为通常被用于有委任状的军官们的聚集地，所以那里空间很大，因为他们的食堂——他无法细说其中的全部奥妙——过于靠前部了，已经被较有身份的移民们占领了。那些年长者、炮手、木匠、军舰领航员，在桌子那边坐成了一排，静静地注视着他。起初，他并没有太注意他们的神态，因为威利斯先生正带着一种怪异的东西顺着梯子向上爬动，很快，威利斯的身影在梯子上面消失了，他将目光转向了泰勒先生，"那是什么鬼玩意儿？"泰勒先生大笑着回答说，"其实，它不过是一种藤类植物！"之后，那些海员们继续他们的娱乐，继续他们的寻欢打趣，而他则在泰勒先生的引领下，去了船的前部。

过赤道[1]这天，一个闪念抓住了他！当萨默斯宣布海员们将用跨线仪式为他们提供一种娱乐时，起初，他根本没把它当回事，之后，突然灵机一动，意识到，这艘船将不仅给他提供一个宿处，而且还给他提供了一个可乘之机。他很高兴在日志上对他的教父说道：对于他要去做的这件事，他并不觉得其中有什么寻欢作乐的因素，不过是一种单纯的雄性尊严。在海上，他效法了纳尔逊勋爵[2]（Lord Nelson）的一次胜利！简而言之，他要让人们知道，那些海员们寻乐的小事，微不足道，对他来说，没有丝毫吸引力。他感到头痛，他应该在自己的小住舱里打发那个跨线时间。他要想方设法让奇诺比娅小姐能听到他的声音。

透过天窗，他注视着那些向后甲板和上层后甲板区走去的乘客——那一帮因为发现了什么不同寻常的事而特别兴奋大喊大叫的人群。很快，他们的大厅就空空荡荡，寂静无声了。他静候着，倾听着他头顶上的脚步声。过了一会儿，传来了奇诺比娅小姐走下来的轻快脚步声，他想，多半，她是为了寻找一条用来迎接赤道之夜的披肩！在自己的小住舱外面，他抓住了奇诺比娅小姐的手腕，没等奇诺比娅小姐发出那一声假装受惊的叫喊，他就把她猛地拉到了他的身边！在他的小住舱里，在不断传来的周围的喧闹声中，他的心在怦怦跳动！在他的吊床边，他们搏斗了一阵，尽管奇诺比娅小姐使出了很大的力气，但是依然无法抗拒。他的雄性激情越来越高昂，压到了奇诺比娅小姐身上！挣扎中的奇诺比娅小姐，慌乱地退缩到小住舱的一端，那里的一个帆布盆在铁架子上等着她。他再一次攻击，那个铁架子倒了，一

---

1 过赤道（Crossed the Equator）：船过赤道，航海界有个古老习俗，有在舰船上为初次航海之人穿越赤道时举行纪念仪式的传统，以示祝贺。按照欧洲古老习俗，经过了赤道的船员都是值得骄傲的，要接受难熬的赤道受洗仪式，其原本是一种别开生面的戏谑，意在考验初次航海之人能否忍受艰苦和枯燥的海上生活，而举行的跨线仪式，后来却变了味道，老船员渐渐把赤道洗礼当成了一个发泄的机会，想尽办法戏弄和折磨第一次过赤道的新船员。

2 纳尔逊勋爵（Lord Nelson）：即世界著名的海军统帅霍雷肖·纳尔逊（Horatio Nelson，1758—1805），被誉为"英国皇家海军之魂"。

旁的书架也倾斜了，《摩尔·弗兰德斯》[1]（Moll Flanders）大敞着躺到了甲板上，《吉尔·布拉斯》[2]（Gil Blas）落到了奇诺比娅身上，哈维（Hervey）的《墓园沉思录》[3]（Meditations among the Tombs）伦敦版第二卷，掉在了他面前。他把它们扒拉到一边，喊叫着要奇诺比娅屈服。奇诺比娅继续做着勇敢的、毫无价值的抵抗，那抵抗使他的激情愈发强盛。在那个毁坏的帆布盆和他的小图书馆那些被践踏的书页中间，他们欲火中烧，最后，奇诺比娅终于屈服于他的征服之下，投降了，交出了她的全部温柔。

摧毁高傲者，是他们的男性特权，施恩于被征服者，是他们的男性责任！奇诺比娅的忘情既彻底而且激烈，然而，就在那关键时刻，从他们头顶的甲板上传过来一声炸裂的响声。顿时，奇诺比娅疯狂地抓住了他，喘着气说，"埃德蒙德！那'法国人'！救救我！"还有比这更不合时宜、更荒谬的吗？他在日志上对他的教父说道：原来，奇诺比娅就像大多数漂亮且富有激情的女人一样，是一个白痴！那一声炸裂的声响（他立刻就辨认了出来）令奇诺比娅而不是他陷入了危境，而他却必须大度地让她免受危害。这事真令人异常恼火，更有甚者，他认为奇诺比娅其实是一个非常有经验的女人，不会不明白她自己在做什么！"让你自己平静下来，亲爱的，"在剧烈的心跳平息下来后，他大喘着气说："是普莱迪曼先生，他终于看到了一只信天翁。他用你父亲的老式的大口径短枪放了一枪，你不会被法国人劫去的。"在他们头顶上面的甲板上，不断传过来踩踏声，人声嘈杂。"现在，我亲爱的，"他说，"我们必须让你回到那社交的现场。我们一起出现是绝对不行的。"奇诺比娅情绪激动，喘着粗气，扮演成了一位寻求保护的苦恼的女人："你不会遗弃我吧？"他在日志上对他的教父说道："我们现在，大约正演着一部低劣的戏剧——她是那个即将被抛弃的不幸女人，而我则是那个没心肝的流氓。"他让奇诺比娅小姐别再表演，别再假装了——即使情况有点不太妙，但是没有什么危险，根本没有什么偷袭的坏蛋。现在，对奇诺比娅小姐而言，她唯一想做的，是如何等到一个合适的时机，悄悄溜回她的小住舱，而不被任何人发现。

这会儿，他在日志上写道：这肯定是最后一幕了！不会再有什么事情发生了——除非是火灾、海难、敌人的暴力或一个奇迹！说起来，他实在不愿看到那令他丢脸的最后一幕，可他却不能制止那整艘船都沉迷其中的戏剧场面。他不知道，似乎令整艘船上的人都着迷的这种戏剧性表演，是一出闹剧还是一出悲剧。从他的住宿处脱身之后，他去了后甲板，去呼吸一点新鲜空气，接着，他去了高级船员散步的上层后甲板区。安德森船长没在那里，只有德福雷尔和年老的海军少尉之候补军官戴维斯先生在那里值班，他向德福雷尔行过举手礼，返回了后甲板，想去与在那里巡逻的普莱迪曼先生打打招呼。普莱迪曼先生对他的接近未予注意，正全神贯注地凝视着下面的船腰处。他顺着普莱迪曼先生的目光看了过去，不由大吃一惊，看到了出现在后甲板下面朝着人群走过去的考利先生的背影！

---

1 《摩尔·弗兰德斯》：英国作家丹尼尔·笛福（Daniel Defoe，1660—1731）的三部重要小说［《鲁滨逊漂流记》（Robinson Crusoe）、《摩尔·弗兰德斯》（Moll Flanders）、《罗克珊娜》（Roxana）］之一，塑造了18世纪欧洲文学中一位最有艺术光彩的流浪女人——摩尔·弗兰德斯的形象。

2 《吉尔·布拉斯》（Gil Blas）：法国作家阿兰·勒内·勒萨日（Alain Rene Lesage，1668—1747）创作的一部4卷本流浪冒险小说，全称《吉尔·布拉斯·德·桑蒂亚纳传》（The Adventures Of Gil Blas Of Santillane），以极尽幽默和讽刺的笔调，描述和评论了18世纪时的西班牙生活。

3 《墓园沉思录》（Meditations among the Tombs）：英国牧师詹姆斯·哈维（James Hervey，1714—1758）的作品。

考利先生越过了主桅那里的白线——而那个白线，是绝对不允许他们那些人越过的界限，除非受到邀请或是执行任务；而且，更惊人的是，他还看到身着牧师盛装的考利先生，眼下像是完全处于一种绝对的精神错乱状态！考利先生身着的那白袈裟、长袍、头巾、圆顶假发和铲形宽边帽在正午阳光的直射下看上去显得分外傻气，正在迈着庄严的步伐行进着，就好像是行走在一座天主教的大教堂里。在阳光底下漫步游荡的那些人群，带着些微的怯懦，停住了脚步。在船前端船艏楼下面，考利先生的身影从他的视线中消失了。他想，那些人一定是喝过了朗姆酒——肯定如此！他先前曾听到过的那哨音和"精神些！"的叫喊声，当时未加以注意，现在，它们不断地频频呈现着。

船在缓慢前行，天气十分炎热。人们在纵情度假，或像萨默斯所说的在尽情享受"空闲的时间"。他在后甲板上站了一阵儿，几乎没怎么去留心普莱迪曼先生对那位教区牧师盛装的恶评，只是颇有些好奇地等待着教区牧师的再次出现！他难以置信——那位牧师会被允许主持一次完整的宗教仪式?！但是，当他扫视到那位教区牧师的那架势（不像是独自走进了那里倒像是列队进入了那里），那动作，那神气，就像是领着一个唱诗班和几个大教堂的咏礼司铎以及至少一个首席司祭似的。他一下子被逗乐了，而且，印象极其深刻。他推定，一定是那位教区牧师搞错了——那个人缺乏一个绅士所享有的天生权威，而且愚蠢地把自己的职业所赋予的尊严表演过了头。那位教区牧师将要面对的，一边是教会，另一边是坐在船尾小舱房里的代表国家的安德森船长。

他回到了他的小住舱，继续写他的日志，相信他令人尊敬的教父会喜欢它们的。不知过了多久，他首先听到了从船艏楼传来的鼓掌声！那鼓掌欢呼声很像他在谢尔登尼亚[1]（Sheldonian）时，当为某位可敬的外国人授予大学的荣誉学位时，他和他的伙伴们的鼓掌欢呼声。他迅速走到外面甲板上，但是，在那第一阵掌声之后，现在那里已是一片寂静，在他正要往回返时，又听到了一阵鼓掌欢呼声，这一次，较前更加热烈了。那是一个相当罕见的场合，一个身着盛装的牧师，受到了热烈的欢迎，并伴有掌声喝彩。他的好奇心一下子被鼓动起来了。正当他要走过去时，德福雷尔从他的值班岗位上下来了，别有用心地与他谈论起了奇诺比娅小姐！他感到自己像是被人察觉到了什么，起初，还有点洋洋得意，可随后，当他设想到他与奇诺比娅小姐的关系可能产生的严重后果，又有点恐惧了。期间，他还看到了奇诺比娅小姐本人，她正站在后甲板的右舷边上，听着普莱迪曼先生说着什么。他拽起德福雷尔进了大厅，在那里，他们玩了一会儿击剑，无拘无束地随意谈论了一番那位奇诺比娅小姐。然后，他们在乘客的公共大厅喝一点酒，之后，德福雷尔又干自己的事去了。他呢，则在返回自己小住舱的路上，因一阵从前端船艏楼突然爆发出来的大笑声而止住了脚步。

为了能看得更清楚一些，他上到了后甲板上，然后又去了上层后甲板区，那里，现在除了在值班的一位监视哨，一个人也没有。那些人，全部聚到了船艏楼里。现在，那笑闹声几乎传遍了整艘舰船，他下面的后甲板上，此刻已经挤满了女士、先生和军官们，甚至还有一些铤而走险的人，站到了他旁边的上层后甲板区的护栏边那里。从一开始就一直萦绕在他心头的那戏剧意象，似乎包围了整艘船。

德福雷尔清楚发生了什么事，不过，始终一言未发。每一个人都在朝向前面观看着，那里的人都沉

---

1 谢尔登尼亚（Sheldonian）：即谢尔登尼亚大剧院（The Sheldonian Theatre），坐落在牛津的宽街，是牛津大学的一个标志性建筑，被用来举办学院的典礼和学位授予仪式以及公共音乐会。

迷于正在进行的游戏当中。人们全是观众，那巨大的圆锥形的主桅那边就是舞台；而前端船艏楼那里，它的两侧各有一个梯子，一个梯口，如同一个活动舞台。他无意去打听正在发生什么事情。不过，他能够听到前端船艏楼里面不断高涨的嬉戏和喧闹，以及乘客们连同那些军官们的骚动。那表演突然开始了！舰船上的两名水手从船艏楼的左舷门蹿了出来，蹿到那主桅后面立刻消失了，然后，又突然蹿进了右舷门！在这时，他察觉到了安德森船长也站到了上层后甲板区栏杆边上，令人不可思议地朝前看着。萨默斯先生，那位船务官，跑上梯子，每一个动作都表现出他的焦虑和匆忙。他径直跑到安德森船长面前，希望船长能出面进行干涉。遭到拒绝后，依然不肯罢休，提醒船长，那些人正处于醉酒状态。“那就让他们为此受到惩罚好了，萨默斯先生。”

安德森船长转身离开了萨默斯先生，好像刚注意到他，隔着甲板喊道：“你好，塔尔博特先生！我确信你会为我们的进步感到高兴吧？”那话音里带有一种愉快的腔调！他仅仅回答了一句——是啊，忽略了自己回答时的用词，因为他在思索安德森船长这一非同寻常的转变。船务官萨默斯又说话了：“至少允许我——你看看那儿，先生！”萨默斯在指着什么，他掉头看了过去。两个角色已经在左舷门登场了，正横过左舷甲板朝右舷的甲板走去。最前面的那个，头上蒙着一件毛皮镶边的黑头巾，一只手叉在臀部上面的腰上，用夸张矫饰的女性步态走过甲板；第二个角色，戴着一顶分外破旧的方顶帽，蹒跚着紧随其后；当他们消失到船艏楼里时，又响起了一阵笑声，然后是欢呼声。

他在日志上对他的教父说道：这场戏，不仅仅是演给前端船艏楼那边看的，更是演给后面艉部的我们这边看的！在我们面前炫示了一番的两个角色，将他们所描绘的人性的弱点和愚蠢直接抛向了他们的上司所位居的船艉！而且，在前面船艏楼那里进行的那一无法无天的粗俗游戏，纯粹是一场厚颜无耻的胡闹。这是考利先生和安德森船长的过错——前者是这场胡闹的根源，后者是袖手旁观，未予制止。他开始心怀厌恶地从上层后甲板上往下走，对来自各方的招呼仅表心领。当他看到普莱迪曼先生正和格蓝厄姆小姐站立在后甲板上时，很不高兴地想，这位社会哲学家总算目睹了一次演示他所赞同的那为所欲为的自由的结果！

安德森船长把上层后甲板留给了萨默斯。萨默斯依然神色紧张地盯视着前方，仿佛会有敌人或海洋怪兽或海蛇出现。在他正要下到船腰时，坎伯舒姆先生从大厅里走了出来，他停了一下，不知是否要责问坎伯舒姆，正犹豫之际，年轻的汤米·泰勒从前面船艏楼里蹿了出来，飞快地跑向船艉，被坎伯舒姆一把抓住，训斥了一顿。“年轻人，注意在甲板上的礼貌！”泰勒慌忙解释，“先生，我必须去见船务官……是那个教区牧师，先生……考利先生在船艏楼里醉得像头死猪！”泰勒先生消失了。

他突然意识到，原来，在船艏楼里轰响着各种各样的噪音时，那位教区牧师一直在里面！他的惊异无以复加——那船艏楼里还在演戏，那两个演员在骗取人们的眼球时，考利先生竟一直在里面！他不再想返回他那小住舱了。现在，不仅仅是后甲板和上层后甲板区挤满了人，他下面的船腰那里观众更多，除了一对严肃的正经人——格蓝厄姆小姐板着脸孔从后甲板上下来，然后转进了大厅，一旁的普莱迪曼先生拿着他的枪匆匆追随其后，其他人全都表现出一种惊喜的情态，船舰的甲板上，到处是攒动的人头和窃窃私语。在他下面，布罗克班克先生重重地靠在他的手杖上，左右两侧那些戴着软帽的女士们向他频频点头，一旁的坎伯舒姆，神态沉默。在人们期待期间的某一时刻，人群突然肃静了下来，安静得甚至连船舰上的那些轻微噪音——海水拍打船板声、海风轻抚船的索具声——都变得清晰可闻了。就在这一肃静当中，他的耳朵——人们的耳朵——探测到从远处传来的一个男人的声音。那是歌声，是考利先生的歌声，声音如同其外表一样孱弱。那首歌曲和歌词都很有名，在酒馆或会客室里都能听到，他不知道考利先生是从哪里学来的；然后，是一阵短暂的静默，跟着，考利先生又唱起了另外一首他从未听过的歌，他想那歌词一定很热烈，也许讲的是农村的事情……

歌唱停止了。那边又响起了掌声和笑声，然后是欢呼声和嘲笑的喧闹声。就在这时，安德森船长从他的小住舱里走了出来，站到了上层后甲板区左舷的栏杆边——入座了他的座位，然后，开始审视剧场和观众，那脸色严肃得如同格蓝厄姆小姐的脸色一样。船长对此时正在执勤的德福雷尔先生说话时的神色分外严厉，听起来像是事态与德福雷尔先生的某种疏忽有着直接关系。当德福雷尔汇报了“那位喝醉的教区牧师还在那里面”后，船长想了想，随后，要求德福雷尔去告诉那位酒醉牧师，现在必须回到他的小住舱去了。德福雷尔先生向威利斯先生重复这一命令时，整艘舰船上立刻鸦雀无声。威利斯走了下去，无数目光盯视到他的后背上。人们吃惊地听到考利先生用一连串表达爱意的甜言蜜语向威利斯致了一番辞，把威利斯弄得一脸窘色，磕磕绊绊地从船艏楼里走了出来，然后，哧哧窃笑着跑了回去。

不过，人们谁都没太注意威利斯。因为此时，那位牧师出现在了船艏楼左侧的门口，他身上的牧师服饰和等级标志都不见了，圆顶假发也不见了——他的长袍和有铁套鞋跟的长筒靴子也全都脱掉了。大概是某位好心人出于同情，给他披上了一件在船上普通人穿的那种宽松的帆布服，遮盖到他那矮小身材的腰部。与他同时在那里现身还有一位年轻壮汉，考利先生的头靠在那人胸前，在那人的架搀之下，晕晕乎乎走过主桅杆，又向后倒退起来，结果，他们停了下来。考利先生漫无目的地转动着双眼，嘴里喃喃自语，然后，好像第一次看到了他的听众似的，挣脱了搀他的那个人，岔开双脚，站在那里，展开双臂，像是要拥抱大家。“高兴啊！高兴！高兴！”接着，他脸上的表情变成了一副若有所思的神态，转向右边，缓慢而小心翼翼地走到船舷跟前，对着舷壁撒起尿来。女士们捂着脸那个尖叫啊，大家那个怒吼啊！考利先生冲着大家转过身来，大张着他的嘴，就连船长安德森也不能让大家立刻安静下来了。考利先生举起了他的右手，声音急促而口齿不清地说道：“祈福上帝即万能的圣父、圣子、圣灵与你们同在，永远和你们在一起。”

他在日志上对他的教父说道：接下来便是一阵人群骚动！这个人当众撒尿的罕见之举，令女士们惊愕失色；而且，因被那该死的穿着一件帆布衣衫的醉鬼祝福，还引发了尖叫和慌忙的退避；他甚至听说，还有一个人昏厥了过去！几秒钟之后，仆人腓力普斯和船务官萨默斯先生，上前架起了那个可怜的傻瓜，使劲把他拖走了；那位刚才协助那个醉鬼的水手，站在船尾，目送着他们的离去。在考利的身影消失之后，那个水手仰头望向那上层后甲板区，然后摸了摸他的额发，返回了船艏楼。

他感觉，对于这场演出，大致上，观众挺满意；而且，教区牧师考利的表演，船长安德森是仅次于女士们的最大受益者，变得很爱和女士们交际了，主动离开了上层后甲板上他那神圣的一侧，邀请女士们到他那儿去做客。尽管船长安德森坚决而彬彬有礼地拒绝讨论“考利事件”，然而安德森那脚步轻松、眼放光彩的样子使他猜想——只有战斗迫在眉睫时才能使一位海军军官有如此表现！

第 51 天。他想，这是他们在海上航行的第 51 天，也许不是。在这一航程中，他已经对日历失去了兴趣，差不多将它丢失了。在舰船上，他们有自己的记事日历，这些记事有的相当微不足道，自从考利先生使人们获得了欢乐以来，再没发生什么事。那位教区牧师考利先生受到了众多责难。安德森船长持续着他那仁慈的一面。考利已经4天没有离开过自己的小住舱了，在那4天里，他完全是在醉酒的状态下度过的。除了仆人，再没有人见过考利。

第60天。他在日志上对他的教父说道：他从乘客的公共大厅回到了自己的小住舱。在公共大厅，他与萨默斯先生在一起坐了很长一段时间。期间的谈话值得记录下来，尽管那谈话令他生出了不安之感；而且，他不得不说，在这艘舰船上的全部人员当中，萨默斯是一位最为尽职为国王陛下效劳的子民。虽然说德福雷尔看上去更具有绅士风度，不过在尽职方面，他不太勤勉。至于其他的人——他们可以全部被搁置到一旁，忽略不计的。

他和萨默斯讨论了有关人的发展性。萨默斯认为：一个人的原本属性，会在他的额头上打上烙印，永远都抹不掉的。沉默了一阵，萨默斯又开口说道：尽管我们的国家很伟大，但在我们国家里，有一件事是做不到的，那就是，把一个人从一个社会等级，完美地转变成另一个社会等级；从一种文化语言，完美地转变成另一种文化语言；社会等级就是英国的话语权。

为了给他自己主张的“一个人被提高到他们原有社会地位之上的可能性”寻找证明，他想了一下，随后，举出了教区牧师考利先生，来为自己作证。萨默斯当即转换了话题，说，在他们这艘舰船上没有医生，而考利现在病得厉害。他不相信萨默斯所言，认为考利那么年轻，不过是在受着过度酗酒后遗症的折磨。萨默斯注视着他手中的玻璃酒杯，告诉他，与仆人交谈过后，他去考利的小住舱看过了，亲眼看见考利的状况很糟。“在这么多年的服役当中，腓力普斯和我都从未见过那样的状况——床铺上污秽不堪，那人躺在那里一动不动，时不时地呼吸一下，脸朝下，一只手插在头上的垫子里，另一只手抓着一个遗留在木头上的旧的带环螺栓。”

有好一阵子，他和萨默斯都陷入了沉默。后来，萨默斯说，他曾试图把考利翻转过来，但没有成功，所以希望他能去探访一下考利，因为他是最合适去做这一探访的人选。他为自己辩护道：“我不是这艘船上的官员。”结果，萨默斯顾不上什么礼仪了，质问他道：你就这样无动于衷吗？他继续强调自己不能去探访的理由：“起初，他是某一个人特别嫌恶的对象，随后就成了众人冷漠的对象，甚至在他最近做出了反常的出轨行为之前，就已经成了被蔑视的对象了。”萨默斯转过身去，朝着窗外凝视了一会儿，之后，回过头来盯视着他，说道：“先生，你已经利用你的出身和你的职位、发展前途，为自己得到了特别关照，享受到了与众不同的安逸舒适——我毫无怨言——也不敢有怨言！我是什么人，怎敢置疑我们社会的习俗或自然规律？可有一句话非说不可，你已经行使了你的职位所赋予的特权。我现在请你肩负起它的职责。”

其后，在经历了愤怒、混乱、刺激和尴尬等无数情绪变化过后，他感到非常懊恼，同时也意识到了当前考利先生的问题的严重性，考利现在的情况有多么糟糕。于是，他叫来了惠勒，叫惠勒去通知腓力普斯到他这里来一趟。惠勒厚着脸皮问他，要那个人来干什么，他用毋庸置疑的口吻让惠勒去照吩咐做。腓力普斯很快就来了。“腓力普斯，我要去拜访考利先生，我不希望病房里的景象和气味令人不快。做做好事，尽你的可能，把那个地方打扫干净，做好之后，通知我。”

考利的小住舱里的恶臭并没能被彻底消除，他困惑地站到舱铺旁，看着趴在那里一动不动的考利，叫了考利一声，没有任何回答，他又叫了一声，并劝说了几句，告诫考利醉酒只是轻微的罪过。依然无效。于是，他退缩了。他回到他的小住舱，萨默斯随后走了进来。他告知萨默斯，他没有得到考利任何回应，然后表示，他已尽了自己的职责，不会再去了。萨默斯不肯放弃，争辩了几句之后，要求他必须承担一个男人的责任，设法去唤醒昏睡状态中的考利，让考利振作起来，并期待他再做一点努力：“我很清楚，先生。对考利先生最有效的药，是来自令他敬畏的船长的一次仁慈拜访。在我们之中，唯一有足够影响力迫使船长去做这件事的人，就只有你了。”他当即反驳，明言不愿再管此事。结果，招致萨默斯再一次提起了他的贵族身份，然后恭敬而又坚定地对他说道：“你要是没有以一种冒失和不顾及他人的方式，在上层后甲板区声色俱厉地威逼我们的船长——要是你没有利用你的职位和关系，使他的权威根基遭受重创，所有这一切或许就不会发生了。我们船长为人粗鲁简慢，憎恨神职人员，对此，他本人并不隐讳。但要是当时你没有扮演你所扮演的角色，他绝不会在随后的那几分钟里将愤怒发泄给考利，并羞辱他，因为他不能羞辱你。”之后，萨默斯很快离开了他的小住舱，给他留下了一种混合的情绪！是愤怒，是尴尬——同时还在一天之内被同一位教师上了两堂课！他憎恶萨默斯是一个爱管闲事的好事之徒，随后又不再憎恶了，因为萨默斯毕竟是一个讨人喜欢的家伙，不管是否合乎常规。

第 61 天。他在日志上对他的教父说道：他来到上层后甲板区，停在那里，与安德森船长做了一番交谈。他有意提到了他在为他的教父大人记的这一航海日志。他吐出的“日志”一词，令安德森船长一下子怔住了，而他，丝毫未受影响，继续面带笑容地往下说道：“我并不是基于教父大人的直接指令才坚持这一航海日志的。我的野心是超越吉本先生[1]（Mr. Gibbon），这份给教父的礼物，刚好合宜。”结果，那位暴君微微一笑，“那么，我们全都有可能出名了；可它并不是我的追求。”他接过了话茬儿，说道，“那是将来的事。”而眼下，他要让安德森船长必须知道的是：教父大人很关注他们的事，为了给教父大人开开眼，他希望将这里令人不愉快的事，关于他的旅途和这里的社交活动，依据他个人的眼光，如实用文字记录下来，特别是有关船长的为人处世。“你是我们这一漂移社会行使公正和慈悲大权的君主或帝王。我猜想，在我的日志里，我将会继续让你的行为举止占有重要的位置。”安德森船长扭转身走开了。他高兴地从上层后甲板区下到了他的小住舱，静静地坐了下来。

接着，他在他的日志上写道：又错了，塔尔博特！再受一次教训吧，老弟！安德森船长并没有亲临那小住舱，去对考利先生告以慈悲之言，而是派去了一个使者。正当他在日志上记录着刚才那件事时，传来了敲门声。是萨默斯先生。他让萨默斯进来了。萨默斯希望他能与自己一起再去看看考利先生，因为腓力普斯发誓说考利已经有 3 天一动不动了。看到他并不情愿随自己再去做进一步的查询，这一次，萨默斯搬出了安德森船长——安德森船长认为，也许他的劝告考利能听进去，从而令整个状况有所改善。基于无奈，他只能接受这个任务了。“好吧，萨默斯先生。”

考利的小住舱门打开了。正如腓力普斯所说——考利一动不动地躺在那里，那姿势与他前一次看到时的情况基本一样，只是抓着带环螺栓的那只手已经松开了。里面的恶臭令人难耐，他清了清喉咙，开始劝说：“考利先生，塔尔博特先生来看你了。”他说了很多，没有任何回应。他用疑惑的目光匆匆瞥了一眼萨默斯，萨默斯双唇紧闭，看向那毛毯。最后，他做了一个无望的手势，离开了那间小住舱，萨默

1 吉本先生（Mr. Gibbon）：即英国历史学家、启蒙运动的杰出代表者之一的爱德华·吉本（Edward Gibbon，1737—1794），其1776年至1778年间出版的巨著《罗马帝国衰亡史》（The History of the Decline and Fall of the Roman Empire）共有6卷，被认为是第一部“现代”历史著作，200余年传诵不绝，至今未衰。

斯随在他身后。之后，萨默斯告诉他，在这艘舰船上，只有布罗克雷班克先生曾经学过大半年医。他当即建议：应该邀请布罗克雷班克去看看，萨默斯答应说他会向船长汇报此事的。

萨默斯离开了。一个念头突然涌进了他的脑海——那堆在考利的折板上的手稿！刚才，他和萨默斯进入那间小住舱时，他看到它，并没太在意。而随后，出于一种不可思议的思绪，他迅速返回了考利的小住舱。目睹着考利像先前一样躺在那里，他不免心生恐惧，直到返回自己的小住舱，他才少了一些恐惧，不过依然担忧。

对那个人（考利），除了善意，他没有其他意图，他起的作用代表的是船长的利益，然而，他依然心存一种不安之感。他感到那全是船长的统治结果。一个暴君，把一种最轻微的违背他意旨的事情变成了一种罪行。他心想，自己至少要思考一番，请船长解释一下他对考利先生的虐待。他又去考利的卧舱，迅速环视了一下那间小住舱，墨水、钢笔和吸水纸仍然在那里，就像床头边书架上的那些书籍一样。他拽出一大摞皱皱巴巴书写过的纸张，其中有的是横写的，他可以肯定，所有的证据材料都证明，在考利与安德森这一案件中，不利于那位暴君。他把那些纸张迅速塞进了他大衣的前胸里面，急匆匆回到了自己的小住舱，然后，迅速把那些手稿塞进了他的文具盒里，上了锁，就仿佛他是在藏匿入室行窃的赃物！在那之后，他坐了下来，开始把这一切记录到他的日志上。后来，惠勒来到了他的小住舱，说船长请他共进晚餐，他当即接受了这一邀请。

傍晚，他来到安德森船长那像舰队司令一样讲究的特等客舱，与船长一起进餐。他们一边饮酒一边交谈。过了一会儿，萨默斯和被邀请来的陆军军官奥尔梅多先生走了进来，船长旋即问道："萨默斯，你的病人如何？"萨默斯如实回复说，"还是那样，先生。塔尔博特先生很好地遵从了您的请求。不过，他的那些话也像我的话一样，没起任何作用。"船长转过头来直视着他。"这是一件悲哀的事。我将把它记入本舰的日志——这个病人——我相信我们必须认为他是一个病人，曾经受到过你们的拜访，萨默斯先生，还有你，塔尔博特先生。"现在，他开始明白安德森船长邀请他们到这个特等住舱来的意图和解决有关"考利事件"的拙劣手法了。他心想，是时候了！"您必须记住，先生，"他对船长说道，"如果那个可怜的人被认为是一个病人，那么我的说劝是没有任何用处的。我没有任何医药方面的知识。您要做的，最好是去咨询布罗克雷班克先生。"

安德森船长爽快地差人去传唤了布罗克雷班克，然后，转向他说道，"我正努力为你的日志提供一些材料，塔尔博特先生。"两分钟后，报告说布罗克雷班克来了。船长正打算带布罗克雷班克到办公室去谈谈，那布罗克雷班克竟不请自入，萨默斯先生赶紧把椅子朝后面后退了退，站了起来——仿佛这位船务官是个男仆似的，布罗克雷班克一下子落座到了那张椅子上。船长的反应颇为机智，让萨默斯拉出另外一张椅子坐下来，与大家一起用餐。本已有些微醉的布罗克雷班克拿起了酒杯，很快就醉成了一塌糊涂，不住嘴地说着。过了一会儿，安德森船长再次举起了酒杯，并转向布罗克雷班克，准备咨询时，从舰船的一端传来了泰勒先生一声恐惧的叫喊。萨默斯站了起来，请示之后走了出去。在此之际，在场的布罗克雷班克什么反应都没有。他相信，假如他们全都离了席，布罗克雷班克依然会留在那里继续他的独角戏。

萨默斯回来了，告诉他们，他去了考利先生那里，他相信那个人已经死了。安德森船长的脸色发生了一系列变化，然后不情愿地说了一句："先生们，这一遗憾事件结束了我们的会见。"他与奥尔梅多一道离开了安德森船长的住舱，布罗克雷班克跟随在他们身后，被人半拉半架着。安德森船长被一小群人围在当中，舰船上或者说至少她后半部的全体乘客，都集合在了大厅里，默默凝视着考利住舱的小门。不在岗的许多水手以及大部分永久移民，都集中在甲板上画白线的那边，以同样的静默目不转睛地看着他们。惠勒站在考利的住舱门那里，守卫着。他和一些人进去之后，一个个很快就离开了。

那位醉醺醺的布罗克雷班克强行推开人群，摇摇晃晃走进考利的住舱，猛地用力把萨默斯推到一边，推得那位船务官直晃悠。“我认识你们大家，”他大声喊道，“每一个人，每一个人！我是一个艺术家！那个男人没有死，仅仅是睡着了！他有点低烧，喝一杯也许就没事了——”他迅速上前抓住了布罗克雷班克，将其拉开了。萨默斯也上前帮忙，他们与掺杂进来的惠勒，设法把布罗克雷班克弄出了考利的住舱，拉入大厅。大厅里的女士们和先生们，再一次静默不语地看着他们。最后，他们把嘴里不断喃喃着“有点低烧”的布罗克雷班克送入他的小住舱，关闭了那间住舱的门。

他转身离开了。这时，安德森船长再次从梯子上走了下来，进入大厅，征询他的看法。他毫无疑义地说道，“考利先生死了。”安德森船长注视着他，接着问了一句：“我听到说‘有点低烧’，我没听错吧？”萨默斯出来了，关闭了他身后的那间小住舱的门。眼下，他不愿再说什么了——他还能说些什么？安德森船长命令年轻的威利斯先生负责监管船尾部的那位修帆工以及三四个身强力壮的助手去清理考利那间小住舱。萨默斯请大厅里的女士们和先生们走开了。

他和萨默斯在酒吧默默坐了一阵，喝着白兰地。这时，萨默斯和他都备感孤独。“塔尔博特先生，你提到了公正。”萨默斯用一种十分低沉的语调说道，“你有一本日志。”他注视着萨默斯，不知道萨默斯到底想说什么。“就是那个。”萨默斯意味深长地向他点点头，然后，站起来走了。他留在原地没动，心里在想：他是多么不理解我呀；他不知道，我已经利用了那一航海日志。

随后，他在日志上对他的教父说道：“夜已深了——就在此刻，在我写这些字句的时候，我记起了考利的那份手稿，其中，很可能含有您教子的犯罪证据和我们船长的残暴！我将匆匆看一遍那个可怜家伙的那份手稿，然后再去睡觉。”

现在，已经有一线亮光从天窗透了进来，天就要亮了。他要做什么？他想，他绝不能把考利这份手稿——没头没尾的信函稿交给船长，尽管那样做才合乎律法，是他所应遵循的。可那样，然后又会怎么样呢？它将会自船舰上落到海里去，被压制下来，考利将死于低烧……而他的作用也将随其一道消失。之后，他又想，他也不能信赖萨默斯，那样，萨默斯所珍爱的职业生涯会濒于险境，而且，萨默斯还一定会表示——他无权扣压它，尽管他占有这一信稿或许是对的。

整整一夜，他都在读着、写着，他感到有些头昏眼花，已经处于一种半梦状态。他需要一点胶水，把这一页信函稿粘在他的日志的上面，变成他的手稿的另外一部分。现在，他的教父阁下可以阅读到考利未完成的、写给他姐姐的信函稿了：

……因而有关最令人难受而无益于教化方面的经历，我避而不谈。持久的呕吐，把我最初那几个时辰和那几天的记忆弄得模糊了。我也不想对你详细描述，在这样一艘船上的一名乘客，即便他是一位牧师，也无法逃避的——那污秽的空气、东倒西歪地行驶的舰船、野蛮的行为、嬉戏放纵，还有偶见的亵渎神明。我亲爱的姐姐，自从我们在古老的阿尔比恩[1]（Albion）海岸

---

1 阿尔比恩（Albion）：诗文中英格兰或不列颠的雅称。

告别之后，现在已经过去很多天了。我已经好多了，不过，对于继续做进一步的冒险，我心里依然感到有一些不安。

我必须做的第一件事，当然（排在我的天职之后的），是把我自己介绍给我们英勇的船长。他住在我们上面两层甲板上。我希望他能同意把我的这封信投送到一艘反向行进的船上，以便你能尽快得到我的消息。在我写下这些话的时候，腓力普斯（我的仆人！）端着肉汤来到了我的小住舱，劝说我不要草率地去拜访安德森船长。

现在，尽管我还不能吃什么，但已经能外出活动了。天气很温暖，海面阳光灿烂，有一只船帆，出现在了地平线上。我提议做一个祈祷，为我们的安全。对于来自我们的军官与士兵们的那些习性，无论如何，我都会控制我的情绪，当然是出于我们的救世主的爱心——因为我有一个比这艘舰船上全部附属物都安全得多的靠山。我斗胆向你供认，当那只奇怪的船帆沉入地平线以下的时候——我发现自己在做白日梦，梦见她在攻击我们，而我做了一些一个正式任命的牧师不适合做的事情；不过，即使是在孩提时代，我有时候也做梦，梦见与英国的英雄肩并肩地赢得了名声和财富！罪恶是可宽恕的，很快就会得到承认和忏悔的。我们的英雄们把我围在他们中间，我应该执行牧师职责的正是他们。

我差不多希望能为他们而战！他们在执行他们的任务，他们那青铜色的躯体和男子汉气概，赤裸着上身……在那距地面100英尺的高处漫不经心地炫耀着。我有必要为你介绍一下这个小社会的情况：我们，在某种程度上的绅士，在船艉，有我们自己的城堡；在船腰部的另外一端，在一堵似墙之物下面，开着两个门洞并带有楼梯，那是我们“快乐的水手”和其他低等一些的乘客——移民们——等人的住区。再往上，是那船艏楼的甲板和那舰首斜桅相当令人惊异的世界！

……现在，我比前些时候强壮多了，腓力普斯说，很快我一切就都会好起来了。不过天气有了一些变化，没有风，海面上笼罩着一层水雾。那舰首斜桅——早先我要是站着不动目不转睛注视着它，就会引起一遍又一遍地呕吐——依然竖立着。我终于从昏昏欲睡中振作了起来，同时领会到，我之所以受到冷漠，至少有一个原因——我还没有去向我们的船长做自我介绍，这很可能会被认为是对他的轻蔑！我决定尽快解决这一误会，并为我因小恙而忽略了我在船上主持守安息日的天职向船长进行诚挚的道歉，因为这艘舰船没有携带牧师。

一个年轻的绅士硬生生把我拽到了方向盘那里，又从那里把我领到了对面安德森船长那里，我因此犯了一个错误，但又不明白我是怎么错的，而且只是出于一个之前从未在海上待过的人自然会有的无知。我是一个牧师，前往地球另一面的那一地区，是为了就任一个即使微末却很光荣的职位。这位船长没有什么理由在我面前摆出一副了不起的样子——甚至天主教教团成员们或我在主教大人餐桌上见过两次的教士们都没对我这样过！所以我决定了，默默无闻的我要更多地露面，把我的牧师身份展示给这位阁下和乘客们，以便他们即使不尊重我，也会尊重这个身份！我当然希望能得到来自那位年轻绅士埃德蒙德·塔尔博特先生的支持，来自布罗克雷班克小姐和格蓝厄姆小姐的某些支持。

我来到这位船长这里，想要为我的并非有意的冒犯向他表示我诚挚的歉意，然后提出遵守安息日的问题，请求为女士们和绅士们——当然也包括普通人——领圣餐礼。我没能如愿以偿，败得很惨，很蒙耻。在上层后甲板区，我正与站在两个轮机手旁边的两位中尉当中的一位亲切寒暄，船长怒吼着把我叫到了他面前，指责我颠覆了船上的规矩。“先生，你明白一位船长在他自己船上的权力吗？”我表示认可，同时表明，作为一个被正式任命的牧师我并没有侵犯他。“你是一个讨厌鬼，先生。你被安顿到船上，我一点都不知道……我想你认识字吧……那是我长期有效的命令，先生，醒目张贴在你和其他乘客住处附近的一纸告文。”

我为自己辩解，因为我一点也没注意到它的存在。“读读它，先生。读过之后，牢牢记住。”我不愿意他如此对待我的权利，并把我当小学生一样看待。他怒吼起来，质问我：“你怀疑我的权威吗？”看到他盛怒不已，这时，我明白了，由于偶然的不走运，他把他的狂怒定位在了我的身上，我成了一个被羞辱的对象。面对盛怒之下的他，我除了曲意迎合，别无他法。“在这件事上，我将迁就你，安德森船长。”说完之后，我羞愧得含着眼泪，默默转身退了下去。

在我住舱附近的一面墙壁上，我寻找到了船长的那一纸书面命令！它的内容是：乘客绝不能与在舰船上执行任务的军官交谈；如果没有船长的特别命令，绝不能去与正在值班放哨的军官交谈。现在，我看到了我陷入了一个多么可怕的处境当中，我必须去向他道歉，并通过他，向我可能干扰了他们执行任务的军官们道歉。随后，我登上了楼梯，在靠近安德森船长的背后停住了脚步，等候他转过身来。不料，他猛地一转身，不经意间，他的胳膊就抡到了我的肩膀上，随后他的胸脯又撞到了我的脸上，我踉踉跄跄地朝后倒在了甲板上。“起来，先生！立刻起来！你的鲁莽无礼有完没完？”他气汹汹地问道。我匆忙从甲板上抓起我的帽子和假发，反驳说我是来道歉的。“我没要求你道歉。我们不是在陆地上而是在海上。你的道歉对我来说，无关紧要。”他瞪视着我，脸色通红。我满脸冒汗，坚持辩解说，“我的道歉——是我的本意——”结果，他用咆哮结束了我们的这一次相见。我甚至不是走回去而是逃回到我的住舱的。在楼梯的第二个转弯处，我看见了塔尔博特先生与跟他在一起的两位年轻的绅士——我的蒙耻又多了三个目击证人！我匆忙脱离开他们的视线，进入公共大厅，跪倒在了楼梯下，接着，急匆匆走进我的住舱，倒在了我的铺位旁边，浑身发抖，牙齿打战。

我简直喘不过气来了，突然感到一阵痉挛，一阵昏厥，这样的一通发作，要不是听到了住舱外面塔尔博特先生的说话声，或许会结束我的生命或正常心智。塔尔博特先生以坚定的口吻跟那几位年轻的绅士说了一些类似于这样的话——嗨，年轻的见习生，一位绅士绝不能乐道于迫害另一位绅士。顿时，我泪眼汩汩，上帝保佑塔尔博特先生！在我们这艘舰船上，他是一位具有真正绅士风度的人，在我们抵达目的地之前，他是一位我可以称其为朋友的人。

我的眼泪使我的头脑清晰起来，那手臂击向我的时候，不是一次意外事件，那位故意撞倒我的船长，没有坚定的宗教信仰，对宗教来说，他是一位敌人！最后，我做出决定：一是，再不现身于上层后甲板区，在余下的航程中，不失尊严地远离那里；二是，前往那上层后甲板区，向那个人和被允许去那里的绅士们转述安德森船长的书面命令，附带着冷冷加上一句“那么，安德森船长，我不会再打扰您了，”然后离开，彻底谢绝在任何情况下使用船的那一部分——

除非安德森船长屈尊（我不相信他会）向我表示出一种歉意。我必须做出的这样的决定，使我大大松了一口气，靠着上帝的帮助，在抵达终点之前，我将设法回避他。不过无论如何，作为一名基督教徒，我的首要职责，是原谅他，尽管他像是一个怪物。

自写下最后那些话之后，我和塔尔博特先生更加熟悉了！实际情况是，在所有的人当中，只有他来找过我！对宗教来说，他是一位真正的朋友！他来到我的住舱，以最友好和最率直的方式恳请我赐惠舰船上的乘客，傍晚领他们做一次简短的晚祷！我照办了，在乘客的公共大厅里。

三天过去了，天气又放晴了。我再一次在船腰那儿散步，那些女士和绅士们，则在属于他们的上层后甲板区散步。我的小住舱里的空气热烘烘的，而且潮湿，更确切地说，我们正在靠近世界上的赤热地带。现在，我只穿着衬衫坐在我写作用的折板前撰写这封信。我必须坦承，自从船长给了我一个极大的羞辱之后，在女士们面前，我显得愈发胆怯了。出来活动的塔尔博特先生，身体看上去好多了，不过，在我的教士服面前缺乏点自信；确切点说，他回避我，大概是怕令我难堪。

在木城的墙壁遮挡下，我惬意地看着周围的一切，在白线那边，人们在那里干活，随着小提琴的节拍唱着歌，像孩童般的天真无邪。塔尔博特先生又露面了，我一定要去帮助他！尽管暂且我不去搭理他，但我为他祈祷，希望在我们的日常活动中，逐渐达到相互理解。

这天上午，在船腰那儿，我再一次目睹了那个仪式：一只木桶放在甲板上，那些海员们站成一行，每个人依次获得一杯木桶里的液体，高呼"国王！上帝祝福他！"然后便一饮而尽。但愿国王陛下能目睹这一景况。我很清楚他们饮用的是烈酒，当然，这丝毫不会改变我先前的主张——应严禁下层人士饮烈酒。然而，让他们喝吧！在炎炎的烈日下，在甲板上，那是一群赤裸着古铜色上身的年轻人——由于从事勤恳而危险的劳作，他们的肢体格外强健，体魄雄健，他们曾经经受过大海的风暴，逆风浪而行。这些年轻人，至少他们当中特别的一个，是那种高大血统体型，令我想到了那个传说中的塔罗斯[1]（Talos）！他是我自己特定的英雄！他那坦率而和蔼可亲的面容，仿佛是曾与野兽打斗过的赫克力斯[2]（Hercules）！他赤裸着脚，他下面的躯体——我指的是我的少年英雄，比那个传说中的人物更雄伟！他下体的衣着黏附着他的两腿，好像铸就在上面似的。我非常欣赏他仰脸饮尽杯中烈酒并把空杯放回到酒桶上的那种英俊的男子气概。现在，我唯一能记得的，是我怀着怎样天真的喜悦，设想着我未来的伴侣，定应具有这样独特而漂亮的体魄——另外，当然了，更重要的是必须具有心灵与精神的美。至于这个青铜雕就的年轻人，我渴望随时跪拜在他面前。我热切地期盼带着这个年轻人去见我们的救世主！

今天，我们已经进入赤道无风带。塔尔博特先生仍然在回避我。我们每一个人都沉默无声，

---

1 塔罗斯（Talos）：希腊神话中的机械巨人（Automaton），青铜时代最后一人；守卫克里特岛（Crete Island）。大部分典籍说它全身青铜铸就，刀枪不入，所向无敌。艺术家常将其绘成青铜雕就的英俊青年。

2 赫克力斯（Hercules）：希腊神话中神勇无比的伟大英雄，具有天生神力，后成为世上智勇双全的战士，力大无比的英雄，因完成了憎恨他的宙斯的妻子赫拉（Hera）要求的十二项英雄伟绩［其中包括猎取涅墨亚狮子（The Nemean Lion）］而获得永生。

因而，那敲击船钟报时的声音变成了一种分外清晰且令人吃惊的声响。包围着我们的污浊的臭气令人无法忍受，大家都逗留在各自的小住舱里，唯有塔尔博特先生好像无法平静下来，在外面徘徊。愿上帝与他同在并保佑他！当我坐下来写作时，我听到了外面大厅里的扭打声，而且那声响渐渐增强，是德福雷尔和坎伯舒姆在混战，他们的语言，污秽不堪而且越来越亵渎神明，致使我无法坐视不理。于是，我不顾外表，迅速起身冲出了住舱，找到了那两位为一封信件而激烈争斗的军官。我大喝了一声，阻止了他们的打斗，并劝诫他们以基督的慈悲精神终止他们这一不体面的行为。德福雷尔先生却打断了我的劝诫，让我走开，并威胁说要把我带到船长那儿去。这一恐吓，令我带着极大的恐慌赶紧返回了我的小住舱。我打开了宗教经典，用一种维吉尔的任意抽翻占卜法进行阅读，我随意选取，后来，我的目光落在了《历代志》II 第 8 章 7—8 节[1]之上："不属于以色列人的赫缔人、亚摩利人、比利洗人、希未人和耶布斯人"——接下来那些词语，被我用到了安德森船长和德福雷尔中尉与坎伯舒姆中尉身上，可随后，我便双膝跪求，恳求宽恕！

过了一段时间之后，我重拾起我神圣的职责，找到了萨默斯先生，请求允许我在下一个安息日，在舰船上主持守安息日的天职。萨默斯先生告诉我，这是一艘不信神的船，无法接受一个小小的聚会、唱两首赞美诗、主持一次祈愿祝祷……尽管我向他指明：那是因为"某一个人的影响"，而且无论我做怎样的解释，萨默斯先生都只答复说，那是一件极其困难的事，在这艘舰船上，是根本不大可能办到的，之后，萨默斯先生便离开了。

现在，我已经获悉，我那位少年英雄的名字，他叫比利·罗杰斯（Billy Rogers），是一个不幸的顽皮的小家伙，我为他担心，因为这个少年的灵魂至今都未被神的慈悲感动。我将努力去寻找与他交谈的机会。

……我几乎无法拿稳这支笔了。我的羞耻——让人大为恼火，它是对我的惩罚。在可悲的回忆之中，我完成了我的祈祷。当我脱掉外衣，只剩下衬衣时，忽然从住舱门那儿传来一阵雷鸣般的敲击声。那声音令我害怕极了，令我极度恐慌——我已经猜到了那一可能使我成为受审者的令人恐怖的隆重仪式。接着，我想到海难、火灾、冲突或敌人的强暴。于是，我大声叫喊起来："什么事？"一个庄严的声音答道："罗勃特·詹姆斯·考利，你要接受审判！"随后，无论我怎样解释，都无法阻止他们这一愚蠢透顶的行为。在我还没来得及插上门闩之前，我的小住舱门被突然打开了。两个体形高大的怪物，黑洞洞的嘴巴里面满是乱七八糟的森森白牙向我咬了过来，紧接着，一件织物猛然罩到了我的头上。我被抓拽着，匆忙离开了我的住舱，被一个不可抗拒的力量，弄得不省人事。过了一会儿，我才在那高声的奚落戏弄和狂魔般的笑声中清醒过来。我高喊"救命！救命！"祈求我的救世主。

蒙在我头上的织物被扯掉了，在忽闪的光亮下，我清楚地看到前甲板上满是人，舷边排列

1 《历代志》II 第8章7—8节：《旧约全书》中的"历代志下"第8章07—08节原文是：8:7，至于国中所剩下不属以色列人的赫缔人（Hittites）、亚摩利人（Amorites）、比利洗人（Perizzites）、希未人（Hivites）和耶布斯人（Jebusites），8:8，就是以色列人未曾灭绝的，所罗门挑取他们的后裔作为服苦役的奴仆，直到今日。

着一些与那两个强行把我带离的怪物一样可怕的怪物。坐在王座上的那一个，留着胡须戴着火焰的王冠，右手拿着一柄三齿巨叉；我扭转头看向船艉，那里挤满了观众；上层后甲板区那里，由于灯笼太少了，我看不大清楚，也来不及期盼一个相助的朋友，因为我完全受制于我的捕捉者，完全在我的捕捉者的掌控之中。我半裸着身体，呈现在女士们和绅士们面前，当我弄清自己的这一处境和那“戏谑”的残酷性，顿时，我原本的那些恐惧一下子便被羞耻吞噬了。我从未想过，自己不着教士服，抛头露面于众人前！我被迫跪到“王座”前，不情愿地挣扎了一番又昏迷了过去。在我能让自己说话之前，他们问了我一个又一个我不想回忆更不愿将其记录下来的对我来说极其下流的问题。更有甚者，只要我一开口表示抗议，我的嘴里立刻被塞满令人作呕的东西，令我不断呕吐，而且，现在一回想起它，我就会呕吐；而当我不肯张口时，他们就把那东西涂抹到我的脸上。接下来，在他们雷鸣般的欢呼雀跃中与那不断使反对者畏缩的英语交谈中，我被猛力投入后面盛满污水的舱布袋里，不能呼吸。

我从没有伤害过他们，他们却狂笑着拿我取乐，看着我挣扎，令我受尽凌辱。当我觉察到不断从上层后甲板区传来的呼叫声和一声巨大轰响时，我放弃了对生的希望，不再挣扎。寂静之中，一个声音喊出了一道命令，那些把我按进污水里的手把我提了起来，我仰面躺到甲板上，这时，又喊出了一道命令，一些手把我拉回了我的住舱。不知过了多久，某个基督徒在我身边放了一桶热水。我不想记述我是如何成功地把自己彻底清理干净的。我能听到在远处的那些魔鬼——不，我不应该那样称呼他们——那些在舰船前部的人又继续同其他的受害人开始了他们的娱乐活动，那嬉戏的声音快活自在，不再像野兽一般。

我猜想，在任何其他的舰船上，人们都不会如此戏弄一位“教区牧师”。我将不再痛苦，不再怀恨，我应当宽恕他们。他们是我的兄弟，即便他们并不这样认为，即便我并没有感觉到那兄弟之情！至于那些绅士们，我不会怀恨，而且我敢肯定，在他们当中，或许是萨默斯先生，或许是塔尔博特先生，插手干预并中断了他们的野蛮娱乐，即便是迟了一些！随后，我因精疲力竭睡着了，并做了一连串恐怖的噩梦，经历了一番审判，还下了地狱。我终于被惊醒了，感谢上帝！倘若噩梦继续下去，我会失去理智的。

我一直在祈祷，祈祷了很长时间，渐渐恢复了自我，从糟糕而恶劣的心境中走了出来。我慢慢做出了一个正确的推断：我之所以蒙羞，是因为从我们第一次见面起，安德森船长就表明了对我的恼怒；而昨天上演的那场闹剧，如果未经他的准许或至少是他的默许，是绝不可能发生的。德福雷尔和坎伯舒姆，是他的代理人。我很清楚，我不该说这些，为此，我请求了耶稣基督的宽恕。我——上帝的仆人——在这个世界上必须学会宽恕！我提醒自己，事情若必须如此，那么，从今以后，我愿听天由命接受迫害。我并不孤单。我满怀热情，再次祈祷，最后，当我站起来时，我觉得自己更加谦卑更加通达了。我使自己明白了——那加在我身上的侮辱，其实算不了什么，无非是把另一侧脸也转过来由他打[1]！而对于那加在我身上的侮辱，我有义

1 把另一侧脸也转过来由他打：意思是不要寻报复之心，要以德报怨。语出《新约全书·马太福音》第5章39节：（主耶稣对他的门徒说）只是我告诉你们，不要与恶人作对。有人打你的右脸，连左脸也转过来由他打。

务给予严厉的谴责，而不是默默地忍受！不是为我们自己，主啊，这全是为了您！后来，我再一次睡着了，心绪安宁多了。醒来时，我发现我们的舰船正在和风中平稳前进。

我快速下了床，梳洗过后，穿上了我的牧师服，戴上了与之相配的头巾、圆顶假发和铲形宽边帽，然后态度坚定地前往上层后甲板区，去拜见安德森船长，我要把那些戏弄牧师的人带来，要他们悔罪。在我谨慎而慎重的坚持下，态度粗鲁简慢的安德森船长不得不注视着我，听着我说的话。我对他强调："安德森船长，你的人错误地对待了我的职责。你自己就错待了它。"安德森船长的脸色有些发红，不过很快又消失了，随后说道："不是有意那样做的——事情失去了控制。你受到了凌辱，先生。"我平静地回答说，在他承认了他的这一过失之后，我决定宽恕他的姑息。不过，对于牵涉其中的其他那些军官，又是另一回事了，因为他们的行为是对我教职的最粗暴的侮辱！尽管当时他们将自己伪装了一番，我也能将他们辨认出来。不是为了我自己，而是为了他们自身，他们必须承认错误。随后我又说道："还有在船前端的那些可怜而无知的人，我必须见见他们，帮助他们悔改。"安德森船长认为我简直疯了，要我不要去招惹那些人，惹他们进一步干出蠢事，并反问我说："难道你就不怕对你进一步的戏弄吗？"

我转向了萨默斯先生，向他求助，说我将穿上我主持宗教仪式的盛装出现在那些人面前，我要他们认识并且尊重那牧师的盛装。萨默斯先生要我至少等到那些人喝过给他们的朗姆酒之后，那样的话，那些人才能更容易接受我对他们的训诫。然后，萨默斯先生对我说道："我请求你，先生！不然的话，会是轻侮、不被重视——天知道还会有什么！"我考虑了一会儿，接受了他的劝告。

我刚在我的住舱里坐下来写作，就传来了敲门声。来人是那两个中尉，德弗雷尔先生和坎伯舒姆先生——我昨天遇到的两个魔鬼！我以我最严厉的姿态注视着他们，因为在宽恕他们之前，他们应该受点惩罚。坎伯舒姆先生没说什么，德弗雷尔先生说了很多。他承认了他们的过失，并说，没想到，我对这事会如此过不去，前甲板上的那段插曲不过是一场玩笑，就是那种习俗——当船穿越赤道时人们所期待的一种消遣。我慷慨地原谅了他，我对他们说："这是我按照我主的指示做的。你们去吧，别再作孽了。"

许多天来，我第一次感到平静，现在，一切都会好起来的。我意识到我可以渐渐着手从事我的工作了。上帝的力量是无穷的。在穿上我的牧师礼服之前，我到船腰那里站了一会儿。我终于自由了——毫无疑问，现在船长将撤销他先前禁止我出现在上层后甲板区的苛刻的命令！我俯视着海水，怀着一种全新的安全感，看着那长长的绿色海草在水中摇曳。我们那吃满了风而鼓胀成圆形的帆，看上去也显得那么华美。现在，正是时候，我将继续往前走，去惩戒我们的造物主的这些不守规矩却又非常可爱的孩子！到那时，一切事物都将被伟大的爱所吞噬，这大海、这舰船、这天空、这绅士们和所有的人！我的全部苦恼和困难，终于得到了最幸福的结果！赞美万事万物的救世主！

考利未能完成的信函稿到此为止了。随后，塔尔博特在日志上对他的教父说道：死亡之后——什么都无所谓了！整件事，唯一能给人以安慰的，是他能够确保考利那可怜的姐姐永远都不会知晓这件事的真相。在惠勒把他从极度不安的小睡中唤醒后，他被告知，他这天上午的首要任务是要进行调查，他要与萨默斯和船长坐到一起，去对证人们进行询问。当他提出异议——在如此炎热的纬度上——应该首先埋葬尸体时，惠勒什么也没说。很显然，船长的意图，是要用一种官方程序的外衣来掩饰他们这些迫害者对那个人的迫害！

之后，他们坐到了船长小住舱的桌子后面，共同询问一个个被叫来问询的目击者，那些人所讲的并不比他们知道的多。那位年轻的泰勒先生，对考利之死几乎没有受到什么触动，却对船长表现出了应有的敬畏，再三说，目睹了考利先生是心甘情愿品尝那朗姆酒的。泰勒被允许退席了。随后，他提出了自己的看法，认为唯一可能给他们一点启发的，是那个把醉得不省人事的考利先生架搀到人们面前的人。安德森船长表示赞同，说已经命令那人前来了，随后又压低声音说："我的情报提供人建议我，对这个目击者，我们应该施加压力。"他振作了起来，直言不讳地说道："那个人是被灌醉的……我们无法证明他死于自我放纵，但是我们大家对他普遍的冷漠很可能构成了他的死因！"他的这一番冒失的话语，令那位暴君很是惊诧，"塔尔博特先生，我宽恕你古怪的用语——'我们大家普遍的冷漠'。但是，你不明白吗？你以为仅仅一次狂饮——"他接住了话茬儿，"但是，先生你自己说——让我们把一切都归入那个'有点低烧'的原因！"

"那是昨天！先生。多半是那个人醉得不晓人事，遭到了一个人或上帝知道是多少个人的强奸，是绝对的羞辱杀死了他！"这一回，轮到他惊诧了。有好几分钟，他的头脑里一片空白。在他清醒过来之后，他听到安德森船长在说："不，萨默斯先生。我不会有任何隐瞒；也不会容忍对我管理的这艘船与我对船上乘客们的态度的无聊的指控。"萨默斯赶忙解释一番，还道了一声对不起。随后，安德森船长表示他们继续进行调查，声音沉重地说，"让那个人进来。"

萨默斯亲自出去把那个将考利架搀到人们面前的人——比利·罗杰斯请了进来。他很少见到比走进来的比利·罗杰斯更帅气的年轻人了——罗杰斯赤裸着上身，宽大的胸脯和圆柱似的脖子以及英俊的脸呈现着深褐色，站在那里就像是米开朗琪罗[1]（Michelangelo）的一个模特！遵循船长的旨意，他接手进行询问："我们需要你提供信息，罗杰斯。我们想知道准确的详情，那天那位先生来到你们之中时都发生了什么？"

罗杰斯的态度分外强硬，即便是安德森船长，也无法逼其就范。"考利先生在船艏楼里遭到了强暴，是谁干的？"罗杰斯的脸上毫无表情。安德森船长继续催问，把矛头直接指向了罗杰斯。罗杰斯站在那里，继续做困兽之斗，"我们做什么啦，我的大人？"他接过手进行询问，要罗杰斯讲出事实，是谁干的？他旁边的安德森船长翘起下巴，直白地说道："鸡奸，罗杰斯，他说的是鸡奸。"沉默延续着，大家在期待。安德森船长愤怒地打破了沉默。"说吧，伙计！我们不能整天坐在这里！"进行了一番踌躇思考之后，罗杰斯看了看他们，然后直面着安德森船长，开口说道："我可以从军官们说起吗，先生？"刹那间，他们一个个都成了蜡人。在这样一个关头，独占先机的必须是船长。安德森船长也非常清楚这一点，于是把钢笔放到文件旁边，声音沉重地说道："很好，罗杰斯。没有别的事了。你可以回去干你该干的事了。"罗杰斯的脸色变了变，长长吐了一口气，面带微笑，转身走出了小住舱。

---

1 米开朗琪罗（Michelangelo，1475—1564）：意大利文艺复兴时期的伟大绘画家、雕塑家和建筑师，文艺复兴时期雕塑艺术最高峰的代表。

现在，他无法说清，他们三人一言未发或一动不动地在那里坐了有多久，直至安德森船长像是自言自语："证人、询问、控告、欺骗、更多的欺骗、军事法庭——假如那个人足够厚颜无耻，就有能力毁了我们大家，那是一桩有可能导致绞刑的事件。这样的指控是无法被驳倒的。无论结果如何，有些事情是不会变的。"然后，安德森船长转向了萨默斯。"我们的调查到此结束。"在萨默斯没有异议后，安德森船长又转问他的意见，他依然难以接受，"那个人走投无路，是在勒索。"然而，安德森船长决意不过分深究，开始谈论起由他来主持葬礼的事。最后，为了感谢他的协助，安德森船长让萨默斯叫仆人霍金斯（Hawkins）送来了雪利酒。

举杯当中，安德森船长要他签署一份报告。他想了一会儿，表示他在这舰船上没有公职。安德森船长依然继续坚持，他不得不咽下那杯苦酒，对安德森船长说了一句：他会写一份报告并签署上他的名字的。喝干了杯子里的酒之后，他又说道，"您提到了告密者——"安德森船长对他皱起了眉头，"绝对没有，塔尔博特先生，水手中没有那种人！没有人偷偷向我告密——一个也没有！"他放下手中的杯子，霍金斯将其拿走，然后离开了。目送着霍金斯离去之后，安德森船长转过身来对他说，"仆人们有耳朵，塔尔博特先生！"他表示赞同，"没错，先生！我十分肯定，为我服务的惠勒就有耳朵。"安德森船长狞笑着说道："惠勒！哦，是的！那个人肯定浑身上下都是耳朵和眼睛——"他起身告辞。"那么好吧，在今天下午那可悲的典礼之前，我会继续写我的日志。"船长赶紧叮咛了他一句："塔尔博特先生，不要忽略这点，无论乘客们说什么，对于船员和我的军官们来说，这是一艘快乐的舰船！"

下午3点，全体人员在上甲板中部集合之后，他们为考利举行了一个海军仪式的葬礼，厚木板被举了起来，向着海面倾斜着，应受尊敬的罗勃特·詹姆斯·考利牧师的遗体从英国国旗下面射了出来，"啪"的一声钻进了水里！就像一个经验丰富的潜水员一样，熟练地潜入了水中，沉入了坚硬的海底。当然，是那些炮弹帮的忙。没有惯常的那种送丧的人的默哀，安德森船长便合上了他的祈祷书，管乐再次响起。安德森船长冲着坎伯舒姆中尉点头示意，坎伯舒姆中尉举手触帽，同时咆哮着吼了一声起航！他们那艘顺从的舰船开始转入她的原航道，笨拙地继续轰隆轰隆地前行，安德森船长大步走回他的住舱，手里拿着的是祈祷书。他猜想，这位船长是去把事情记入他那航海日志，其他一切如旧。他回到自己的小住舱，考虑他要写出怎样的报告，然后签署上他的名字。它必须是能将考利姐姐的痛苦降到最小程度的，还要如船长所愿，必须是死于低烧。上帝啊，在他们这艘离奇的舰船上，是一个什么样的充满矛盾冲突的世界啊！

现在，塔尔博特开始给他的日志"补遗"。他回看了一下自己先前的日志，发现它竟不知不觉变成了对一部上演的剧目——考利的戏剧——的记录。现在那个可怜人的戏剧已经结束了，令人尊敬的教父阁下作为礼物赠送给他的这本封面华丽的记事本还剩最后一页。他的"补遗"将在另一个记事本里继续，是他现在的仆人菲利普斯从船务官那里给他弄来。现在，他之所以使唤腓力普斯，是因为无论他怎么喊叫，都不见惠勒的踪影了。萨默斯告诉他，有人一直在找惠勒，然而惠勒失踪了，已经从船上掉下去了。惠勒！就像一个梦一样离去了，连同那圣洁的微笑，那对舰船上所发生的一切了如指掌，那镇痛剂，以及那只要一个绅士付钱，就乐于去为那个绅士获取这个广袤世界上的任何东西的精神！他再也无望得到像惠勒那样好的服务了，现在，他必须自己拽脱他的长靴了，尽管萨默斯是个挺不错的帮手。当时，萨默斯正在他的小住舱里。仅仅几天工夫，就死了两个人！"至少，"他意味深长地对萨默斯说，"没有一个人能谴责我插手了这个死亡。"气喘吁吁的萨默斯无法作答，蹲下身子，又站立起来，看着他穿上他的绣花便鞋。之后，萨默斯被叫走了。

他要“补遗”的，是与船长有关而非与考利有关的事情——即安德森船长为什么那么憎恨牧师！这件事是德福雷尔说给他的。那天，德福雷尔喝了很多酒——因为，现在令安德森船长心存恐惧的，不仅仅是他的日志，还有那些持有“可怜的考利受到了虐待”的看法的其他的乘客。安德森船长为此重重责骂了坎伯舒姆和德福雷尔——为他们二人在那一事件当中所扮演的角色。这对坎伯舒姆倒无所谓，那人是木造的；而对德福雷尔来说，就不然了。依照服务条律，其无权再享受绅士的服务待遇，因而心情郁闷，便不停地饮酒，结果，在昨晚，喝得醉醺醺的，跑到他的小住舱来，深更半夜，用含糊不清的抱怨声，给他讲述了供他“补遗”的有关安德森船长的历史。在烛光下，他们并排坐在床铺上，德福雷尔不怀好意地对着他的耳根子低声说着——

事情好像是，有一个高贵的家族，他们的地产与德福雷尔家的地产交界。现今的那位年轻领主的父亲，当年曾私养了一个性格温柔又不大懂事却有生育能力的女人——老领主为此付出了高昂的代价，急需支付一笔巨款。巨款到手之后，那位女士的家人，却断然以卫斯理公会教徒的正当理由，坚决主张将其逐出家门。那笔财富举足轻重！激起了身处险境的那位可爱女士的抗争。就在此刻，上天显灵了，本应得到那高贵家族作为赠品的三批财产中的一批的那位教区神父，女士的合法丈夫，被杀死在了狩猎场，其继承人的监护人——安德森牧师（Reverend Anderson）接受了那笔财产、那位可爱女士，以及德福雷尔所说的那位女士肚子里的祸根；而那位女士呢，则得到了一个丈夫。应受尊敬的安德森牧师没花一分钱就获得了一笔财产、一个老婆和一个继承人。后来，那个男孩被及时送到了海上，凭借他真正的父亲老领主的偶然而不经意的关注，确保了他在工作中得到提升。不过现在，老领主死了，年轻的领主没有理由继续关爱私生的异母兄弟了。

上述内容，是在摇曳的烛光下进行的，外加睡眠中的普莱迪曼先生发出不满之音，还有来自布罗克班克先生的鼾声和屁声，以及来自他们头顶甲板上的那一“八响且一切安好[1]”的喊叫声，在这样一个巫异时刻，醉醺醺的德福雷尔用臂膀搂着他，述说着其为什么要说出这一往事的目的——就是为了耻笑，一面轻轻拍打着他，一面说着，要他替自己把这一往事写进他的日志。最后，他费了很大力气才终于把德福雷尔弄回了他的小住舱，而且，没有惊动船上的其他人。

不过，德福雷尔的那些醉话，确实是个新闻！它解释了一位船长为什么如此憎恨一位教区牧师！其实，说他憎恨一位领主显然更为合理！毫无疑问，船长安德森曾被一位领主——或一位教区牧师——或生活错待过——天知道！他不在乎安德森这些情有可原的理由，同样也不太在乎德福雷尔的那些怨言。他曾认为德福雷尔是他们这艘船上最具绅士风度的一位军官，现在，他意识到，那是他的一个错误判断。或许，德福雷尔表明了一个高贵家族终于衰落了，正如萨默斯先生可能表明了一个新兴家族的兴起一样！就在这时，他又记起了自己曾有心撮合齐诺比娅·布罗克班克与罗勃特·詹姆士·考利以免除自己可能遇到的尴尬一事，他差一点就要厌恶他自己了。这时，他终于意识到了德福雷尔与他谈话的意图——德

1 八响且一切安好（Eight bells and all’s well）：古时，船上多以沙漏计时，每漏完一次为半小时，由当值水手敲击船钟一响。在海军舰艇上，周期性的值更守护工作中，每半小时，以特定的响次敲击船钟作为讯号，每一更勤为4小时，完整而安全的执勤完毕后，称为“八响且一切安好”。

福雷尔肯定认为他与那个“高贵家族”有着怎样的相似！

不管怎么解释，不管怎样不把它当一回事儿，一次海上的葬礼都不能被看成是一个笑料。大家全都沉闷无语。惠勒的失踪，也没能缓解乘客当中的沉闷气氛，直至，追求理想自由的格蓝厄姆小姐在乘客的公共大厅宣布了她与普莱迪曼先生订婚之事，才使大家活跃了起来。德福雷尔却又引出了一个严肃的话题，他断言考利之死，死于巨大的羞耻感，否则，教区牧师很可能已经促成了这一结合。众人因而又一次陷入了沉默。突然，普莱迪曼说出了一个秘密。

纯属偶然，一天，普莱迪曼和格蓝厄姆小姐正在甲板上讨论“真正的自由必然导致真正的平等”的问题时，天黑下来了，他们退到梯子下面僻静的乱绳索堆那儿，无意间，听到了水手们之间的对话。就在普莱迪曼扬言要让大家听听那些水手的原话时，在乘客和军官们的一阵哄笑当中，一向不苟言笑的萨默斯加入了进来，打断了他，求他不要再说了，毕竟，它不大重要！普莱迪曼不肯买账，大声道出了那些水手带有下流字眼的话语，说那水手说——比利·罗杰斯从船长的住舱走出来后，大笑着，走进男厕所，蹲坐在他旁边，炫耀说，在他人生中体验了不少事，但从未想过嘬上一口牧师的那玩意儿！普莱迪曼学说那话时，一脸得意而残忍的神情，乘客的公共大厅里的听众们当即惊呼了起来。

现在，他真不知自己该如何把上述的一切记录在案了。链条显得太细微了，单个的环节太不牢固——然而他内心深处的某种东西坚持认为它们是链环，而且环环相扣，于是他现在明白了——那个可怜而又滑稽的考利究竟是怎么一回事了！回想整个事件，那些只言片语，那些情景，一个接一个地呈现到他面前——这些东西，好像在不断切换，滑稽剧，下流剧，悲剧……考利那个可怜的傻瓜，是因犯下了口交罪而羞耻致死的！事实确实如此。人可能死于羞耻！

当下，这个记事本除了留有一指宽的空白外，其余部分全都写满了。他将把它锁起来。由于睡眠不足和用心过度，他想：我变得有些狂躁了，正如所有海上生活的人一样，人们都会因为相互靠近、过于接近天底下发生的一切丑恶而变得狂躁。

作者生平与创作生涯

威廉·戈尔丁拥有爵士头衔，也是不列颠帝国司令勋章（CBE）的拥有者，1911 年 9 月 19 日出生在英格兰康沃尔郡小圣科勒姆（St. Columb Minor）一个知识分子家庭，父母本希望他能成为一名科学家，他却自小爱好文学，7 岁时便开始尝试写作了。1930 年，他在父亲任职的马尔波罗中学毕业之后，遵循父母之命进入牛津大学的布拉兹诺斯学院学习自然科学和英语，两年之后，他改学了英国文学，1935 年获得文学士学位和一份教学许可证，并发表了被收入新星诗人丛书中的处女作《诗集》（Poems）。

1935 年至 1939 年期间，他开始了文学创作，同时做过演员、劳动者和售房者等工作。他曾在伦敦一家小剧院，担当临时演员、导演和编剧。1939 年（28 岁），他移居英格兰南部索尔兹伯里（Salisbury），在华兹沃斯主教学校教授英语，并与安妮·布鲁克菲尔德（Ann Brookfield）结了婚，婚后，他们生育了两个孩子。第二次世界大战爆发后，1940 年，他以中尉军衔加入了英国皇家海军，成为一名战舰指挥官，参加过击沉德国战舰“俾斯麦号”的战斗，1944年法国登陆时，指挥过火箭发射艇。战争结束之后，1945年（34岁），他重返华兹沃斯主教学校教授英国文学，并坚持业余写作。

1952年（41岁），他完成了后来为他获得了巨大声誉的长篇小说《蝇王》（Lord of the Flies），以优美流畅的文笔，曲折跌宕的故事情节，描写了一群流落孤岛的孩子们的生活，表现出对人性的恐惧——人天性中有着某种潜在的不可克服的邪恶意识，这种意识如果抑制不当就会不断膨胀，在缺乏约束的情况下，产生巨大的破坏力。小说以寓言的形式，讲述了一个想象中的核战争中发生的故事：在撤退途中，一群孩子乘坐的飞机遭到袭击，坠落在大洋中一个荒无人烟的孤岛上。被抛到孤岛上的这一群五六岁至十二三岁的男孩子，起先还能和睦相处，模仿“议会民主”的方式组织起来；不久，随着矛盾冲突不断加深，他们开始分裂，形成了两个对立的群体，人性中的邪恶逐渐占了上风，陷入了厮杀，甚至蓄意追杀的悲剧，直到一艘经过的英国巡洋舰的意外到来。

这部暴露人性丑恶的新寓言小说的出版，一开始，命运不佳，送交出版社后，曾遭遇21家（一说17家）出版社拒绝，直到1954年9月，伦敦费伯－费伯出版社的编辑查尔斯·蒙塔斯（Charles Monteith，1921—1995）发现了其潜在价值之后才得以在出版。之后，便在英国不胫而走，在文学评论界引起了很大的争论，不久又成了大学的文学教材，享有了“英国当代文学的典范”的地位，后来，还被搬上了银幕。人们甚至将《蝇王》与美国作家塞林格[1]（Salinger）的《麦田里的守望者》（The Catcher in the Rye）相提并论，成了一部学习现代英语文学必读的标准教材。如今，这部探讨人性善恶矛盾的作品已成为一部充满哲理思辨的现代讽喻经典。

1955年，他成为英国皇家文学院院士。1960年（49岁），他获得牛津大学的文学硕士学位，同年辞去教职，专门居家从事写作。1961年至1962年，他到美国弗吉尼亚州霍林斯学院做了一年客座教授，此后，他定居到英格兰康沃尔半岛（Cornwall）安心写作，并从事一些他所喜爱的业余活动，其中包括音乐、演说、航海、考古和希腊文学等，并在1965年成为英国政府颁发的不列颠帝国司令勋章（CBE）的拥有者。1970年，他获得了英国萨塞克斯大学文学博士学位。

继《蝇王》之后，威廉·戈尔丁又陆续创作了长篇小说：《继承人》（The Inheritors，1955）、《平彻·马丁》（Pincher Martin，1956）、《自由坠落》（Free Fall，1959）、《尖塔》（The Spire，1964）、《金字塔》（The Pyramid，1967）、《隐约可见的黑暗》（Darkness Visible，1979）、《启蒙之旅》（Rites of Passage，1980）、《纸人》（The Paper Men，1984）、《近处》（Close Quarters，1987）、《下面的火》（Fire Down Below，1989）、《巧语》（The Double Tongue，1995）；短篇小说集：《哐当，哐当》（Clonk Clonk，1971）、《蝎王》（The Scorpion God，1971）；中篇小说：《特命公使》（Envoy Extraordinary，1956）；以及剧本：《铜蝴蝶》（Brass Butterfly，1958）；广播剧：《珀尔金霍恩小姐》（Miss Pulkinhorn，1960）、《使我伤心》（Break My

---

1 塞林格（Salinger，1919—2010）：美国小说家。其1951年出版的长篇小说《麦田里的守望者》（The Catcher in the Rye）讲述了一个叛逆的故事，如今已成为20世纪美国文学经典作品之一，是年轻人必读的一部文学圣经，至今仍是英语国家中小学和大学阅读课的必选书之一。他因这部小说功成名就之后不久，宣称“厌恶腐朽的成人世界”，隐居乡间小屋，离群索居，成了一位著名的遁世作家。

Heart，1962）；散文集：《活动的靶子》（A Moving Target，1982）等，题材包罗万象。

其中，用传统现实主义手法、日志书信体完成的长篇小说《启蒙之旅》，是一幅关于英国社会以至整个西方文明的多层次现代风俗画，充满了对现实和传统的批判精神，在其中构建了一个与世隔绝的社会的缩影：19 世纪初拿破仑（Napoleon）战争时期，出身世家的埃德蒙德·菲茨亨利·塔尔博特（Edmund FitzHenry Talbot）凭借其有权势的教父的地位和影响，在澳大利亚总督的政府部门谋到一份公职，前往澳大利亚，去就任殖民地政府官员，行前，其教父交给了他一个日志本，让其将其所经历的从北半球的伦敦远航至南半球澳大利亚期间的重大事件记录其上。起航第一天，塔尔博特便开始撰写日志，对船上的形形色色的乘客和各式各样的官兵的形象进行了详尽的描述和评论，主要是对青年牧师罗勃特·詹姆斯·考利（Reverend Robert James Colley）的描述和评论，其中夹杂上考利牧师写给他姐姐的一封未完成的长信，然后，行文又闪回到塔尔博特那本日志上。小说围绕着考利牧师的死亡悲剧，对人类社会和人性进行了思考，探讨了“人性的黑暗”；其中，跨越赤道时的“通过的仪礼[1]”是日志当中的重点描述事件，而且，小说题目“启蒙之旅”（Rites of Passage）本身即具有多层次的含义。小说出版之后，获得一致好评，并在当年获得了英国最古老的文学奖——詹姆斯·泰特·布莱克奖，1980 年（69 岁），因其炉火纯青的讲故事技巧，以及杰出而具体入微的描写艺术魅力，问鼎了第 12 届英语文学界最有影响力的布克奖。

威廉·戈尔丁的创作，想象力范围的广泛，令人钦佩，他描写的题材内容丰富，五花八门：史前时代最成功的人种之一的尼安德特人（Neanderthal），紧抱着岩石垂垂待毙的海员脑海中的幻觉，战俘的幻想，中古时代大教堂夹顶的竖立，19 世纪航海对发育期间青年的影响，等等，不一而足。他以寓言形式创作的这些多样化的小说，确立了他在世界文坛的牢固地位，对他作品的蕴涵众说纷纭，充分显示了它的活力及对人们极大的诱惑力。他在创作中不断求新，却始终探索一个永恒的主题：人的本性究竟是什么?

1983 年（72 岁），威廉·戈尔丁因他那部享有“英国当代文学典范”地位的长篇小说《蝇王》而获得了世界文坛的最高荣誉——诺贝尔文学奖。1988 年，由于他对文学的杰出贡献，他获得了英国女王伊丽莎白二世（Queen Elizabeth II，1926—　）授勋的下级勋位爵士（Knight Bachelor）。

1993 年 6 月 19 日，他因病在英国西南部康沃尔半岛上的法尔茅斯市（Falmouth）附近的佩纶沃骚教区（Perranarworthal）去世，享年 82 岁。

主要参考资料：

Rites of Passage, by William Golding, Publisher: Faber and Faber, 1982.

Literature: 1981—1990 (Nobel Lectures), edited by Sture Allén, Publisher: World Scientific Publishing Company, 1994.

---

1 通过的仪礼（Rites of Passage）：最初由法国人类学者阿诺德·范·盖内普（Arnold Van Gennep，1873—1957）1908年在其经典著作《通过的仪礼》中首先提出的，主要指人在社会结构中身份、地位转变的一些关键时刻，必须通过一定的仪式才能安全度过。现在，在许多民族、宗教、文化里，都有为与人生转折点有关事宜——出生、成年、婚姻、死亡等举办庆祝或纪念仪礼的传统习俗。

1981年 | 第13届

014 午夜之子 ［英］萨尔曼·拉什迪
Midnight's Children by Salman Rushdie

◎ 原著共 3 章，30 节，以魔幻现实主义手法，讲述了“我”在走向人生终点之前向女伴帕德玛（Padma）所述说的“我”的家史和人生历程。“我”，即在印度脱离英国独立的历史时刻的午夜，与新国家同时诞生的 1001 名“午夜之子”中存活下来的 581 名中的萨利姆·赛奈伊（Saleem Sinai）。本文在下面的讲述用第三人称。

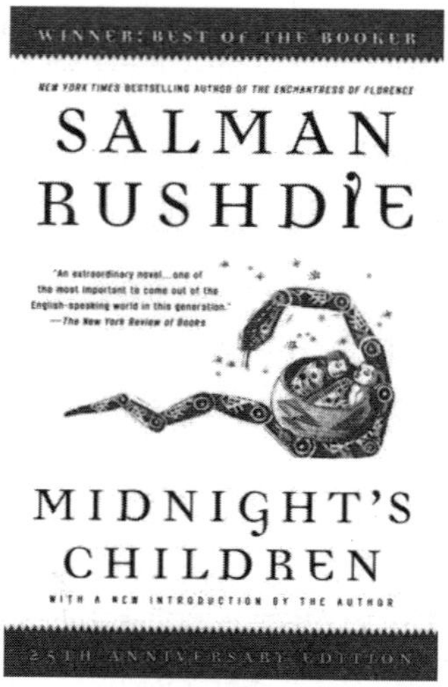

英文原版封面

萨尔曼·拉什迪
（Salman Rushdie，1947—　）

萨尔曼·拉什迪是一位以“百科全书式”小说著称的英国籍印度裔作家，有“后殖民小说教父”之称。

有评论认为，其作品以结集寓言、诗歌、散文等各种文体出名，善于援引文学典故、宗教历史及民间传说，超越时空的限制，巧妙地糅合虚幻与现实，创造出一种魔幻写实的想象世界，具有宽阔的历史深度和政治内涵，栩栩如生地传达了民间传统、宗教冲突和都市生活的图景。

《午夜之子》（Midnight's Children）出版当年，赢得了英国最古老的文学奖——詹姆斯·泰特·布莱克纪念奖、英国艺术委员会作家奖、英语国家联合会文学奖；并因其**丰富的想象和独特的风格**，问鼎了第 13 届英语文学界最有影响力的布克奖。之后，又在 1993 年获得了为纪念布克奖设置 25 周年而颁发的大奖——“特别布克奖”，并在 2008 年名列“布克奖有史以来的最佳作品”之列。

他出生在孟买市（Bombay）纳利卡大夫（Doctor Narlikar）的产科医院，日期是1947年8月15日夜里，准确地说，是时钟正在敲响午夜12点，钟表的两个指针交叠在一起的那个时刻，就是在印度获得独立的那一瞬间，他一翻身就滚进了这个世界，窗外是焰火和拥挤的人群。几秒钟之后，他父亲的大脚趾受了伤，不过这一意外，与在夜晚的这一时刻落到他身上的事相比，实在微不足道。因为，由于那些殷勤向他表示欢迎的时钟具有专横的神秘力量，他与历史不可思议地被铸在了一起，他的命运同他祖国的命运被锁链难解难分地锁在了一起。

在接下来的30年里，他根本没有逃路。算命的已为他算了命：新闻报纸欢呼庆贺他的出生，政客们正式认可了他的身份。就这事而言，他完全没有发言权。之后，他又被叫作：丑鼻子、雀斑脸、秃顶、嗅探器、佛陀，甚至还被叫作月亮瓣儿……而现在，不管怎么说，要是他的因使用过度而垮了的身体能撑得住的话，他很快就要31岁了，但他已不抱什么挽救自己生命的希望了，他只想最终能留下点什么有意义的东西，所以，他必须加紧工作，要比山鲁佐德[1]（Scheherazade）还快。

1915年早春的一天黎明，在克什米尔（Kashmir）山谷，他外公——新近获得了任职资格的阿达姆·阿齐兹大夫（Doctor Aadam Aziz）跪下身子祈祷时，大鼻子被撞破了，鼻孔里流出了几滴鲜血，滴落到他面前的跪垫上，于是，他当即断然决定，不再吻土跪求神或人了，可这个决断，后来却给他招来了麻烦，使他易受女人和历史的伤害。当时，山谷的湖边还没有军营，整个山谷自从莫卧儿王朝[2]（Mughal Empire）以来几乎没有任何改变。他外公25岁，却在用一种不同的眼光观察世界了。

他外公十分鄙视印度的被殖民历史，他曾到德国去求学，在留学期间，阅读了大量有关时事问题的书籍，归国之后，他房间的书架上堆满了列宁（Lenin）的《怎么办？》（What Is To Be Done？）一类的时事问题小册子和刊物。不过，故乡对学成归来的他所手持的听诊器并不那么欢迎。所以，当他外公站在那里，看着湖面上的春色时，觉得很难理解，自己离家外出5年，回到的却是一个充满敌意的环境。在他外公在国外读书期间，他那个看上去永远不变的家发生了根本性的转变，他那个宝石商的父亲得了中风，他那个一辈子居家从不外出的母亲，只好走出了家门，去掌管那家先前由他父亲经营的宝石店，

1 山鲁佐德（Scheherazade）：《一千零一夜》（The Thousand Nights and a Night）中国王新娘的名字，她夜夜给国王讲故事，讲了一千零一夜。

2 莫卧儿王朝（Mughal Empire）：1526年至1858年间，统治南亚次大陆绝大部分地区的伊斯兰教封建王朝，号称印度历史上最伟大的朝代。

靠着那家小宝石店的收入，再加上一份奖学金，他外公才完成了在医学院的学业。

这天，一瘸一拐的老船夫泰（Tai）带来了有人传唤阿齐兹大夫出急诊的口信，让历史车轮运转了起来……阿齐兹大夫身材高大，不过，给人印象最深的还当属他的大鼻子，两个鼻孔张得大大的，鼻尖上红红的。他——萨利姆·赛奈伊，希望把自己对这一伟大器官的感激之情记录下来，若非如此，谁会相信他真是他母亲的儿子，他外公真正的外孙子——这一巨大无比的器官，也是他与生俱有的继承权。

阿齐兹大夫的鼻子异乎寻常，硕大无比，只有象头神迦尼萨[1]（Ganesa）的鼻子能与之相比。在阿达姆·阿齐兹的脸上，它具有一种家长的威严；在他母亲脸上，它看起来很高贵又有点长期受苦的样子；在他姨母艾莫拉德（Emerald）脸上，它看起来有点势利；在他姨母艾丽雅（Alia）脸上，它看起来是智慧；在他当电影导演的舅舅哈尼弗（Hanif）脸上，它是一个不成功的天才的器官；在他任公务员的舅舅穆斯塔法（Mustapha）脸上，它是一个二等的嗅觉器官；在他妹妹"铜猴"（Brass Monkey）脸上，完全不见了它的踪影；而在他脸上，它又是其他的东西了，不过，他不能立刻就把所有的秘密都透露出来。

他外公在德国海德堡（Heidelberg）待的那些年，在有些方面被改变了，不过，他那认人的天赋却没有被消减。1915 年的这天，老船夫泰的小船从湖面上向他驶来时，他立刻认出了那个从前喜欢同他乱扯的老头。就是从老泰那里，他外公获悉了湖水的秘密——能在什么地方游泳而不被水草缠住；也是从老泰那里，他外公听说了有关鼻子的事。当年，那老头轻轻敲敲他左边的鼻孔，对他说：你知道这是什么吗？这是外部世界与你的内部世界相交的地方，如果它们相处得不好，你的鼻孔就会感觉出来，然后你就会尴尬地揉揉你的鼻子，让你的痒痒消失。像你这样一个鼻子，小傻瓜，它是一个伟大的天赋。我跟你说，要信赖它，当它对你发出警告时，你就得当心了，否则，你就会完蛋。跟随着你的鼻子，你会走很远。

看着老泰的小船远远地驶过来，他外公挥手招呼。这时老泰叫喊起来："嗨！大夫先生！地主贾尼（Ghani）的女儿病了。"这一口信，令阿齐兹大夫的母亲不由得发出了感叹："儿子，你想一想，"年轻大夫的母亲用一种听天由命的筋疲力尽的口吻说，"生活翻转成了什么样？这么多年来，就连我的脚踝骨，甚至都是一个隐秘的地方。而现在是，我不得不站在那里被一些根本不是我家族成员的陌生人瞪眼相视。"而年轻的大夫呢，一听到老泰的叫喊，一下子就进入了兴奋的激动状态，大声嚷道："我马上就来！我去拿一下东西！"他从床底下拖出一只上面留有"海德堡"字样的，被他母亲称之为"大夫出诊箱"的旧皮包，拎起来就往外跑。

年轻的大夫阿达姆·阿齐兹正当年，精力充沛，决意从业，决意创建出一个非常成功的行医天地，这样他母亲就永远不需要站在宝石店里，被人盯着看了。年轻的大夫站到了一幢暗影重重的大房子里，里面充满了愚昧陈腐的气味。那一间寝室很宽大，两个体格健壮得像职业摔跤运动员的女人，直挺挺地站在里面，分别手执一条奇大无比的白床单的一角，那个像窗帘似的挂在她们中间的单子的正中央，被剪开了一个洞，一个粗糙的圆洞，直径大约 7 英寸。地主贾尼吩咐女仆把门关上，然后对还在望着那剪

---

1 象头神迦尼萨（Ganesa）：印度教所信奉的智慧神，其形象是人身、象头、一根长牙。在印度教中，象头神是排除障碍之神，在印度的节日或仪式上，往往从礼拜象头神开始。

了洞的床单的阿齐兹说："好了，开始吧，你立刻给我的娜西姆（Naseem）检查吧，快点。"

他外公不知所以，瞪着眼，环绕着房间扫视了一遍，随后，未加思索地冲口说道："可是她在哪儿呢，贾尼先生？"地主贾尼带有恶意地笑起来，"你们这些从欧洲回来的家伙们，全然忘记了某些事。大夫先生，我的女儿是一个正派姑娘，这就不用说了。她的身体不能展示在陌生男人的鼻子底下。你要明白，是不会允许你看她的，任何情况下都不行。因此，我就要她待在那条床单后面。"他外公听后，一脸无可奈何，带着几分克制，像是行巫师的妖术，只能借助剪洞的床单，窥视女病患身体上的患病部位——胃，审视娜西姆胃疼的病症。

圆滚滚的帕德玛·曼格洛丽（Padma Mangroli）跑过来打断了萨利姆·赛奈伊的思路，端来了晚饭。帕德玛不识字，是一个慷慨的女人，体格强健，性情快活，是萨利姆最后日子里的一个安慰物，因为在他最后的这段日子里，她一直陪伴着他，尽管他不能为她多做点什么。"吃吧，东西要放坏了。"她想哄他离开书桌，他不理睬她，继续伏在纸上，惹得她很动人地生起气来，无可奈何地走了。可怜的帕德玛，事情总是让她生气。大概，连她的名字也同样如此——小时候，她母亲告诉她：她的名字取自莲花女神；而村民对这位女神最普遍的称呼就是"有粪肥的人"（The One Who Possesses Dung）。

重新获得安宁之后，萨利姆·赛奈伊又回到那几张散发着些许姜黄味的纸上，迫不及待地要断送它的清白，继续把昨天那个刚讲了一半的故事讲完。

到了1918年，阿达姆·阿齐兹大夫已经开始了定期坐船往返于湖面的生活，地主和他的女儿已经自愿降低了某些壁垒，有时候，他要为娜西姆诊治胸部病灶，有时候，他要为娜西姆诊治臀部病痛，等等。总之，在漫长的3年当中，瞎眼的贾尼先生始终都会站在那条剪洞的床单旁，微微笑着，笑了又笑。3年过去了，他外公开始爱上了那位小姐，逐渐将那条剪洞的床单看成了某种神圣而不可思议的物品，甚至寄希望于娜西姆·贾尼（Naseem Ghani）能患上偏头痛什么的病痛，这样他们就能够看到彼此的面孔了。就在世界大战结束的那一天，娜西姆终于显现出了那被渴望的新病症——头痛病。说起来，在他的家族史中，充满了这种历史性的偶合，也许，正是这种巧合，弄糟了他的家族在这个世界上的生活。

现在，阿齐兹大夫的事业，已经创下了不错的业绩，可令人始料不及的是，他却受到了老船夫泰的侮辱。在克什米尔山谷，原本由于到处都是淡水湖泊，就连最穷的人家也以讲究清洁为荣，可有一天，老船夫泰却突然不肯洗浴了，甚至没有做出任何解释。3年过去了，他身上散发出熏天的臭气，结果，再没人肯雇用他摆渡了，尤其是那些英国人。而且，整日无所事事的老泰，无论有了怎样的病症，始终以不变的态度蔑视出自海德堡的那个"大夫出诊箱"的入侵，还故意给阿齐兹大夫打上了一个"德国佬"的烙印，令阿齐兹一下子变成了山谷里一个不能完全被信托的人。

1918年，在战争结束、印度军团回国期间，阿齐兹成了一个父母双亡的孤独者，成了一个无羁绊的男人——不过，他的心已经掉到了那个大约7英寸的圆洞里。与此同时，老船夫泰对"大夫出诊箱"的那种一意孤行的态度，彻底破坏了阿齐兹大夫与湖上往来人家原本良好的关系。当阿齐兹察觉到了自己被穷人们猜疑，甚至被排斥时，他被重重刺伤了。毋庸置疑，老泰的意图不言自明，那老头显然是要把他赶出山谷。这时候，剪洞床单的事儿也流传了出去，阿齐兹大夫开始注意到人们对他指指点点，说三道四，女人们捂着嘴哧哧地笑……"我决定向老泰让步了，他赢了。"他对剪洞床单后面的娜西姆推心置腹地说道，并告诉娜西姆，他打算离开这山谷，他接到了一封回信，找到了工作，从1919年4月开始。

1918 至 1919 那个冬天漫长而异常寒冷。到了 3 月份，湖面解冻的时候，地主贾尼家举行了一场婚礼，根据婚约，确保了年轻的阿齐兹大夫得到了一笔数额可观的资金，使他得以在阿格拉（Agra）购买一幢房子；而且，婚约当中，由于阿齐兹大夫的特殊请求，嫁妆里面还包括那一条剪洞的床单。阿齐兹和娜西姆这一对年轻人，戴着花环坐在台子上，来宾们从他们面前陆陆续续走过去，将卢比一一扔进他们怀里。那天夜里，他外公把那条床单放在了新娘和他自己的身下，到了第二天早晨，床单上面被装饰上了三滴血迹，形成了一个小小的三角形，被展示出来让众人过目。结婚仪式圆满结束之后，地主贾尼用一辆大型高级轿车，送他外公外婆前往阿姆利则（Amritsar）去换乘边境邮车（Frontier Mail）。群山簇拥着他们，目睹了这一对年轻人离开了故乡。他外公的婚姻，给我的家族标注上了既拥有印度古老文化背景，又拥有现代西方文明自由精神的印迹。他外公是一位印度近、现代史的见证人，可在女人面前，他往往无计可施。

1919 年 4 月，英军在阿姆利则对手无寸铁的印度人的大屠杀死伤了约 1500 余人。当时，阿达姆·阿齐兹大夫正在阿姆利则的一家旅馆里。4 月 6 日那天，圣城阿姆利则到处都可以闻到大粪的气味，人粪和畜粪，形形色色的粪便不分彼此地混杂在一起，其中，当然也有神牛的粪便——因为那些神牛总是随意地游荡在满是灰尘的街道上。与此同时，头号公敌——苍蝇们，在一堆堆热气腾腾的粪便上欢快地嗡嗡着；全体市民也像苍蝇一样，倾巢出动。

这时候，阿齐兹大夫站在旅馆房间的窗前，注视着窗外的一切。躺在床上的娜西姆——如今已是娜西姆·阿齐兹（Naseem Aziz）——头痛病又犯了，而且头痛得厉害。他外公的鼻子一阵刺痒——有什么事不大正常了。他外公的右手里夹着一张纸片，是一份传单，是他进旅馆门厅时有人硬塞到他手里的。“联合休业——4 月 7 日”，清真寺墙上的报栏里和散发的传单上都这样写着，因为甘地[1]（Gandhi）已经下令，在这一天，印度全境停止一切活动，用和平方式来表达对英国人继续赖在印度的不满。阿齐兹大夫注意到在街上有一个士兵模样的年轻人，他想到——印度士兵曾经为了英国人打仗，他们之中有许多人已经见过了世界，并且被海外环境污染了，让他们乖乖地回到原先的世界当中是不大可能的事儿。英国人试图让时钟倒转，是错误的。“通过罗拉特法案[2]（Rowlatt Act），是一个错误。”他嘟哝着说。“什么罗拉特呀？”娜西姆悲叹着，“对我来说这全是废话！”

阿齐兹大夫从窗口转过身来。自从结婚以来，信守深闺习惯“隔幔”的娜西姆与一心要推翻帷幔制度的阿齐兹大夫之间，始终有一道难以逾越的鸿沟，在他们的婚床上，当他外公要他外婆像女人那样在他身下动一动时，克什米尔的正派姑娘就会嫌恶地尖声叫喊起来，“我的主啊，我嫁了一个什么东西？我了解你们从欧洲回来的这些男人。你们遇见了极坏的女人，然后，你们试图让我们这些姑娘们变得像她们一样！听着，大夫先生，不管你是不是我丈夫，我不是什么……那种说出来难听的女人。”这是一场他外公绝不能打赢的战役，成了他们婚姻的基调，使他们的婚姻迅速演变成了一个战事不断且具有破

1 甘地（Gandhi，1869—1948）：也称作“圣雄甘地”（Mahatma Gandhi），被称为“国父”，印度民族主义运动和国民大会党领袖。

2 罗拉特法案（Rowlatt Act）：英属印度政府于1919年3月通过的一项法案，其目的是针对第一次世界大战期间，对可能出现社会动荡或出现颠覆政府的一切不确定因素实行紧急状态。

坏性的场所。在它的破坏下，床单后面的那个年轻姑娘和那个不善交际的年轻大夫，很快就变成了相差甚远的陌生人。阿齐兹大夫望向他的新娘，希望他的新娘与他一起到外面去走走，他的新娘闭上眼睛，用力摇摇头，表示她不想出去抛头露面。阿齐兹大夫只好独自一人到街上去了，离开之前丢出了一句话："别再把什么克什米尔的好姑娘当一回事儿了，开始想想做一个现代的印度女人吧。"

1919年4月7日，在阿姆利则，圣雄的伟大计划受到了曲解。商店关了门，火车站也关闭了，但这时候，聚众滋扰的暴民却破门而入。阿齐兹大夫手持着皮包，在外面的街上，尽可能地为人们提供帮助。被践踏坏的那些躯体，被遗弃在了他们原来倒下去的地方。阿齐兹大夫包扎了一些伤口，给他们擦上红药水，这使他们看起来比先前更加血淋淋，但至少可以给他们消消毒。最后，阿齐兹大夫回到他的旅馆，衣服上满是红药水的浸渍，娜西姆大惊失色了，以为他浑身是血。"真主啊，我嫁了一个什么样的男人啊？他跑到沟渠里去跟流氓打架！"她慌忙用药棉蘸了水给阿齐兹大夫擦洗。

4月13日，他们还在阿姆利则。那天下午，街面上突然人流不断，成千上万的印度民众拥挤在一起，朝同一个方向奔去，公然反抗英军司令部R.E.达厄准将（Brigadier R. E. Dyer）的新戒严令的条例。阿齐兹大夫不顾娜西姆的劝阻，卷入了人群当中。"是一场和平抗议。"有人告诉他。他被人群拥着往前走，右手持着一个海德堡的皮包。他感到非常害怕，因为他感到他的鼻子从来没有这么的痒痒，但是他是一名训练有素的医生，他对此置之不顾，走进了那个圈占地区。那天夜里，他外公回家时，他外婆极力想要做一个现代女人，让丈夫高兴高兴。

也许是被迫拿掉了面纱，再加上阿齐兹不停地要求她在他身子下面动一动，他外婆终于决定进行自我防卫，从家规下手，建立起了一个不可攻破的自卫系统。阿齐兹经过多次徒然的尝试之后，只好作罢，放弃了进攻，偃旗息鼓了，看着她沾沾自喜地统治着她挑选的领域——他外婆那寸土不让的两大中心：厨房和食品储藏室。在餐桌上，他外婆专横地统治着一切，她递给什么，阿齐兹和孩子们便吃什么；不过，在另外一些事情上，阿齐兹大夫是不让她插手的，例如与政治有关的事。每当阿齐兹大夫想要谈这些事之时，就去拜访他的朋友库奇纳殷女邦主（The Rani of Cooch Naheen），他外婆便会绷起脸，但也不那么特别明显，因为她确信丈夫的拜访行为，象征了她的胜利。

女邦主是阿齐兹大夫的另一个朋友——"蜂鸟"（Hummingbird，大名米安・阿卜杜拉）的保护人。命中注定的倒霉蛋"蜂鸟"是时代的一个传奇，"蜂鸟"的私人秘书纳迪尔・康恩（Nadir Khan），后来成了阿齐兹大夫的女婿之一。大腹便便的纳迪尔・康恩性情温和，头发长得像个诗人似的，在其长期匿身期间，与阿齐兹的小女儿艾莫拉德相爱的年轻少校楚菲卡尔（Major Zulfikar），以及那位生意顺畅的皮货批发商阿赫迈德・赛奈伊（Ahmed Sinai）常常出入他外公家坐落在康沃利斯路（Cornwallis Road）上的房子。在那时，他外婆依然把家政牢牢抓控在她手中，由于纳迪尔・康恩的到来，家里突然陷入了彻底安静的状态。在这之前，阿齐兹大夫曾经试图打破这被抓牢的家政，被迫同他妻子开战。

那已是10年前的事了。1932年，阿齐兹把孩子们的教育问题抓到了自己手里，他外婆十分沮丧，但那是一个父亲因袭的职责，所以她不能表示异议。他们的长女艾丽雅11岁，次女穆塔丝不到9岁，长子哈尼弗8岁，次子穆斯塔法6岁，最小的女儿艾莫拉德不到5岁。在有关子女们教育的事情上，他外婆只制定了一个规定，坚持宗教教育。她不像阿齐兹，对宗教模棱两可，她依然很虔诚。有一天，发生了阿齐兹把宗教家庭教师赶出了家门之事。当看到丈夫的脚踢到了圣职人员那肥厚的部位后，她再也不能坐视不理了，立即大声叫嚷起来，释放出雷霆之怒，投入了战斗，因为她的孩子们是不能不信奉真主的。于是，她怒骂她的丈夫，与丈夫大吵大闹地抗辩了一通，在鸣金收兵时说道："我发誓，你从我的厨房里什么都吃不到！不许你吃，一块薄煎饼也不行，直到你把大毛拉（Maulvi）先生带回来，并亲吻他的……双脚！"

从那天开始，绝食之战简直变成了一场生死决斗。他外婆说到做到，阿齐兹大夫立即进行报复，即便外出时也拒绝进食。一天又一天，五个孩子密切注意着这场战事，看着他们的父亲日渐消瘦，阿齐兹大夫的脸上已经呈现了坑窝，就连他的鼻子好像也变瘦小了；他的身体成了一个战场，每一天，都会被炸飞掉一小块。这时候，娜西姆·阿齐兹的心里其实也非常不安，虽然阿齐兹一旦饿死，将会清楚证明她对世界的认识要比他高明，但她并不愿意仅仅为了一个原则就成为寡妇，然而，面对这一局面，她又找不到摆脱的法子，因为她一点面子都不肯失去。艾丽雅是一个有智慧的孩子，为她找到了解决方案——病倒。于是，她发出了战术撤退信息，说身体疼得要命，而且卧床不起。趁她不在场，艾丽雅用一碗鸡汤，向父亲伸出了橄榄枝。两天后，平生第一次拒绝接受丈夫诊治的他外婆起床之后，取回了她临时交给女儿的权利，并耸了一下肩膀，表示同意了她女儿的决定，把食物递给了阿齐兹，仿佛这只是一件微不足道的小事……

米安·阿卜杜拉遇刺身亡后，他外公阿齐兹大夫埋头于工作，主动担负起了诊治铁路边棚户区的病人的责任，同时，继续履行他在大学里的医师职责；还不顾他外婆的反对，断然将纳迪尔·康恩藏到了自家地毯下面的地下室里。近来，由于鼻子不断发痒，阿齐兹大夫的心情越来越糟。阿齐兹大夫的次女穆塔丝天资温顺、为人体贴，受到父亲的喜爱，尽管没什么才气，也不像妹妹艾莫拉德那样漂亮，但心地善良孝顺，不大合群，与父亲待在一起的时间比她的姐妹们都要多，便主动将照料纳迪尔·康恩的职责担当了起来，每天把托盘里的食物送到纳迪尔·康恩的地下世界，对那里进行打扫，甚至还替纳迪尔·康恩倒便桶——因而使得那厕所清洁工都想不到纳迪尔·康恩的存在。

天长日久，穆塔丝·阿齐兹就像地毯下面那个她的敬慕者一样，同样落入了爱河。结果，在1943年夏末的一天晚上，他外公把他的子女召集到客厅——他们的母亲没有到场，到场的还有一位律师和一位大毛拉（不管阿齐兹多么不情愿，还是顺从了穆塔丝的意愿）。穆塔丝身着一身新娘装，她身旁的一张椅子，放在收音电唱两用机前面，上面坐着体重超标、一副穷困相的纳迪尔·康恩。在阿齐兹家宅院里举行的第一场婚礼，没有帐篷，没有歌手，没有甜食，仅有少得不能再少的几位宾客。仪式结束后，他外公要大家发誓，绝不对外泄露地下室里藏着他们姊妹的新丈夫，在所有的人当中，艾姆拉尔德是最后一个发的誓，而且，很不情愿。

对妻子爱之入微的纳迪尔·康恩把穆塔丝·阿齐兹带入了他的地下的世界，穆塔丝开始过起了一种双重生活。白天，穆塔丝是一个独身女子，很纯洁地与父母生活在一起，在大学里，她学习中等，养成了一丝不苟的作风，高尚而且自制，这些品格成了她终生的特征；夜里，通过一个秘密的门，她进入一个用灯光照明且与世隔绝的婚房里。期间，她的母亲始终沉默不语，最后，甚至连仆人们做事也只能接受手语指令了。直到1945年8月9日，事情才起了变化。

1945年8月，库奇纳殷女邦主去世了。也是在1945年，那年的雨季准时到来，穆塔丝的地下室潮湿不堪，在7月份，她病倒了，高烧不退，纳迪尔·康恩要求她回到她婚前的床上去，让她父亲为她诊治。

随后的几个星期，阿达姆·阿齐兹一直守护在穆塔丝未婚时的那张床边，到了8月6日，她的病情有了好转，到了9日清晨，她已能吃一点东西了。这时他外公阿齐兹大夫拿来了那个留有“海德堡”字样的旧皮包，决定给她做一次全身检查。10分钟之后，当他外公怒吼着从病人房间里出来时，康沃利斯路上的那个宅院里长期的死寂永远终结了。他狂怒咆哮着把他的妻子、女儿和儿子叫了出来，那声音传到了地下室里的纳迪尔·康恩耳朵里，对纳迪尔·康恩来说，要猜测出阿达姆·阿齐兹为什么如此大发雷霆应该是不难的。

全家人围着客厅里的那个收音电唱两用机坐了下来，聚在了一起，阿齐兹把穆塔丝抱进了客厅，放到沙发上。他的脸色看起来十分骇人，真不知这时他的鼻孔里面会有怎样的感觉，因为他要把这一爆炸性新闻抛出：在结婚两年之后，他的女儿仍是一个处女。他外婆3年来第一次开口了，问女儿——这是真的吗？穆塔丝点了点头，之后，她讲话了，她说，她爱她丈夫，他是个好人，等到有可能生儿育女时他肯定有办法做那件事的；她说婚姻不应该完全取决于那件事，她早就想过了，因此不愿意提那件事；而他父亲不应该那样大喊大叫地把这件事嚷得人人都知道了。她还想说下去，但是，这时他外婆突然发作了，积攒了3年的话从嘴里喷涌而出。

那暴风雨般的狂泻，一股脑地瓢泼到静静站立在收音电唱两用机旁的他外公的身上：是谁让那个连男人都不是的胆小鬼躲到家里来的？是谁把自己的女儿安置到了那个流氓无赖床上的……是谁把这场灾难带进家门的……他外婆当着他外公的面整整数落了1小时零19分钟。等到她说完了时，云雾带来的雨水也下完了，宅院里汪着水坑。他们最小的女儿艾莫拉德干出了一件非常奇怪的事，她全速快跑，一面思考着：家里麻烦的根源就在地下室里的那个怯懦的纳迪尔·康恩身上，要是她能把他弄走，每一个人就会又很快乐了，于是，她一口气跑到英国军队营地，跑进了少校的办公室，违背了她发下的誓言。

楚菲卡尔少校一直未能断定他是否真的确信米安·阿布杜拉的被害与纳迪尔·康恩有关，但是他心里很想能有机会查明真相。当他兴奋地带着15个士兵赶到康沃利斯路时，地下世界里已经没了纳迪尔的踪影！阿齐兹的第一声怒号使他知道大事不妙，那些责难比雨季的雨更容易淹没他，使他困窘得狼狈不堪，他承受不了了，只好逃走了，行前，留下一张给穆塔丝的字条，一封休书。

自从纳迪尔·康恩失踪之后，穆塔丝·阿齐兹心灵上受到严重的伤害，需要有个男人帮助她复活。于是，1946年6月，穆塔丝举行了第二次婚礼，嫁给了德里的皮货商阿赫迈德·赛奈伊。随后，有了一个新名字——阿米娜（Amina）。

1947年1月，随着印巴分治日期的迫近，印度教徒与穆斯林之间教派冲突日益激化，流血事件不断发生。这时候，有了新称谓的阿米娜·赛奈伊（Amina Sinai）已经睡在德里她的新丈夫家，住在穆斯林居住区，一所位于街角的房子里了。这里没有草木，母牛也远离其中（因自知它们在这一领域并不神圣）。这里，自行车的铃声总是响个不停，而最刺耳的噪音，还要数那些街头水果贩子的叫卖声。除了这些声音之外，在那个1月份的上午，又传来了穆斯塔法·基马尔先生（Mr. Mustapha Kemal）和S.P.伯特先生（Mr. S. P. Butt）紧张不安的嗬嗬作响的脚步声，以及利法法·达斯（Lifafa Das）敲击出来的那逼人注意的咚咚鼓声。

门铃响过之后，仆人老穆萨（Musa）前去打开了房门，基马尔先生和伯特先生闯了进来，带来了工业区失火的消息，阿赫迈德·赛奈伊一下站了起来——因为在市郊工业区，赛奈伊与基马尔和伯特三人共有一间大仓库。“真主保佑。”阿米娜默默祈祷，因为家里的皮货生意做得非常好，通过楚菲卡尔少校——现在是德里武装部队总司令部的副官，赛奈伊已经签署了一份合同，为陆军供应皮夹克和防水桌布——而他们赖以生活的那些供应物品的大量原料就存放在那个仓库里。赛奈伊甚至顾不上身上还穿着皱巴巴的宽大睡裤，就同基马尔和伯特一起快步走出了穆斯林居住区，从叫卖郎利法法·达斯的身边走了过去。

利法法·达斯推着一个装了轮子的黑色金属西洋镜，一边咚咚地击着鼓叫喊：“来看啊，什么都有，来看啊！来看看德里，来看看印度，快来看啊！”但是，今天这里的空气大约有点歇斯底里，冷淡和险恶沉降到了这个穆斯林居住区的上空，就像印度自行车公司那大火的烟雾悬挂在空中一样。利法法·达斯的吆喝换回来的是一句凌辱人的话，一句不共戴天的刺耳之言：“你胆子不小啊，还敢到穆斯林居住区来招惹！我认得你，谁都知道你是一个印度教徒!！”随后他便被充满血腥气味的呼喊包围了，街上的二流子们朝他走过来，男人们从自行车上下来了，飞过来的一只罐子砸到他身边的墙上，当一个不怀好意的男人向他逼近时，他将他的背靠到了一个门口上，然后，他身后的门打开了，他向后仰着摔倒在地，摔进一个幽暗凉爽的走廊里，摔到阿米娜·赛奈伊身边。

当时——在那天上午，阿米娜听到外面的怒吼声和叫骂声响成了一片时，像是隐约想到了躲避着的纳迪尔·康恩，她的鼻孔发起痒来，便不顾房间里其他人的劝阻，做出了自己的决定，坚定地走下了楼梯，决意去搭救那个人，于是打开了房门，让利法法·达斯摔了进来。一个黑黑的影子，站到了暴徒与他的猎物之间，这时，与她的子宫在一起的那无形的未透露的秘密要爆裂了。“我认识这个人。他是一个相当好的人……在一个穆斯林的居住区，你们打算把一个人撕成碎片吗？走吧，快走开吧。”然而，暴徒无动于衷，又逼上前来……而此刻，当众宣布它的时候到了：“听着，”阿米娜大声喊道：“好好听着。我有孩子了。我是一个将要生孩子的母亲，而我要保护这个人。现在来吧，如果你们想杀人的话，那就杀一个母亲，也好让世界看看你们是些什么样的男人。”

他即将出世的消息，在他父亲听到它之前，就这样当众宣布了。从他还是胎儿的那一刻起，他似乎就已经成了公众的所有物。不过，他母亲当众宣布的尽管是准确无误的事实，但也有不准确的地方，其原因是：她所孕育的那个孩子最后并没有成为她的儿子。

人群散去之后，为了报答救命之恩，利法法·达斯请阿米娜到他表兄希里·拉拉姆·塞思（Shri Ramram Seth）那儿去，“他会把您儿子的未来告诉您。”在1947年1月，利法法·达斯把他母亲带到了看手相者、占星学家、算命大师希里·拉拉姆·塞思那里。

历史通过算命大师拉拉姆的口说出：“是一个儿子。”拉拉姆转着圈子，用一种延长的唱歌似的高音继续说道：“年纪永远不会比他的祖国大。将有两个脑袋瓜——但是你只能看见一个——将会有膝盖和鼻子，鼻子和膝盖。”拉拉姆的圈子转得快之又快，“报纸颂扬他，两个母亲养育他！一帮骑自行车的人爱他——但，一帮人会遗弃他！姐妹们会哭泣；眼镜蛇会爬行……”拉拉姆不停地往下说着：“要洗的衣物会把他藏起来——说话声会充当他的向导！朋友们会毁伤他——血液会出卖他！”拉拉姆继续说：“银痰盂会打破他的脑袋——大夫会倒空他的灵通术——城市中人口稠密的贫民区会把他招去——变戏法的会接纳他！士兵会折磨他——暴君会油煎他……”最后，拉拉姆说，“他会有儿子又没有儿子！他未老先衰！而且，他会死……未死先亡。”拉拉姆的这些令人费解的谶语弄得他母亲阿米娜·赛奈伊懵懵懂懂的，然而，想不到多年之后，这些谶语竟一一应验了。

但是，那天晚上，他父亲很晚回到家中时，身上带着一股阴沟的臭气。这一气味压倒性地制服了他身上通常带有的那冲鼻的失败的气味。他的双眼流着泪水，面颊上是一道道沾满灰尘的泪痕……因为“罗波那[1]”（Ravana）帮已经把他的仓库烧掉了。狂热的反穆斯林运动组织“罗波那”这一群体常常在深夜派人出去，在新旧德里的城墙上刷标语：“谁要分治就让他进地狱！”或“穆斯林是亚洲的犹太人！”等等；这一群体还纵火焚烧穆斯林所拥有的工厂、商店和仓库，而且，不止于此，它还有不为一般人所知的一面：在这堵种族仇恨的大墙后面，这个“罗波那”是一个精心策划出来的营利性的群体。它用匿名电话，用报纸上剪下来的字写的信，通知穆斯林的商人，要他在二者之间选择：一次性付清现金，或把他们持有的世界焚毁。基马尔、伯特和阿赫迈德·赛奈伊被一个匿名电话招到了一个古老的旧址。“今天晚上。老城堡，就在日落之后，但不许报警……否则仓库遭殃！”他们握紧了他们的钱袋，进入了那个古老的瓦砾碎片世界，却阴差阳错没能把钱交到勒索人的手里，结果仓库被付之一炬。

在他们家庭里，举凡外界有压力，他们就走人。库房被烧毁之后，阿赫迈德·赛奈伊表示他想听从老朋友、孟买的妇科学家纳利卡大夫（Doctor Narlikar）的劝告，趁大量英国人离境、孟买房地产价位大跌之机，举家搬到孟买去。可他刚说出这一打算，妻子阿米娜却大发起脾气，他对妻子解释说：他想要摆脱皮货这一行业，他要把公司和好信誉全部出售出去，把他在这一行业里所熟悉的一切全部忘掉，到孟买加入地产生意，因为现在那里的地产非常便宜。

来到孟买两个星期之后，6 月 9 日，阿赫迈德·赛奈伊从一个即将离去的英国人威廉·梅斯沃德（William Methwold）先生手里买下了梅斯沃德庄园中的一幢豪宅。那英国人卖得很不情愿，“从未见过这类事。好好的政府，延续了几百年，突然之间，垮台了，完蛋了。你们得承认，我们干的不全是坏事，给你们修了路、学校、铁路列车、议会体制，全都是好事。泰姬陵（Taj Mahal）就要倒塌了，直到一个英国人留心去修复它。而现在，突然之间，要独立了。70 天内离开。我本人绝对反对，但是，又有什么办法呢？”

梅斯沃德庄园由四幢同样建筑风格的别墅组成，分别被用欧洲著名宫殿命名为：凡尔赛别墅（Versailles Villa）、白金汉别墅（Buckingham Villa）、埃斯科里亚别墅（Escorial Villa）和无忧宫（Sans Souci）。它们是一组气魄宏大而坚牢的宅第，人字形的红屋顶，乳白色的塔楼高耸在各个角落，房屋有游廊，隐藏在房屋后面的盘旋上升的铁梯通往仆人的住地。英国人出售梅斯沃德庄园有两个条件：第一，购置别墅必须连同它里面所有的东西一起买下，而且，新业主必须留住全部内含物；第二，实际移交时间在 8 月 15 日午夜。

梅斯沃德庄园中的凡尔赛别墅，卖给了帕西人（Parsee）霍米·卡特拉克（Homi Catrack），他拥有赛马，是一位电影制片人；白金汉别墅，现在成了阿赫迈德·赛奈伊的家；埃斯科里亚别墅，被隔成了套间，底层是一位物理学家，二层是纳利卡大夫的家，顶层住着萨巴马蒂司令（Commander Sabarmati）和妻子丽拉（Lila）。萨巴马蒂司令是海军里权位最高者之一，他的妻子是一位讲究奢侈的女人；无忧宫，

1 罗波那（Ravana）：意为“以暴力让人痛泣”。印度著名史诗《罗摩衍那》（Ramayana）中的传说人物，毁灭之神湿婆（Shiva）的忠实追随者。

住着在非洲拥有好大的几个剑麻园的易卜拉欣（Ibrahims）一家。这时候，萨利姆·赛奈伊的朋友桑尼·易卜拉欣（Sonny Ibrahim）也正待在他母亲的肚子里，一天一天地接近他那倒霉的出生时刻，被产钳夹出来。

《印度时报》（Times of India）孟买版为了迎接即将到来的独立庆典，设计了一个引人瞩目的报道视点：它将授奖给任何一位孟买母亲——丝毫不差地在新国家诞生的同时分娩的妇女。阿米娜·赛奈伊盯着那报纸，然后把报纸强塞到阿赫迈德·赛奈伊的眼皮底下，手指得意扬扬地戳着那报纸，以一种十拿九稳的声音说道："这个奖将是我的。"

拉拉姆·塞思的预言已深深铭刻在他母亲阿米娜·赛奈伊的心里。雨季结束了，阿米娜的身子变得越来越沉重，需要两个男仆用双手搭成椅子才能把她抬起来。当小丑威利·温吉（Wee Willie Winkie）返回到四幢房子之间的马戏场歌唱时，在那时，阿米娜才意识到，跟她竞争《印度时报》大奖的强劲对手，不止一个。背着手风琴的小丑温吉，站在马戏场上，声音嘶哑地说着笑话，唱着，阿赫迈德·赛奈伊和威廉·梅斯沃德在旁边花园里散步，阿米娜坐在二楼阳台上看着听着，同时也感受到了隔壁阳台上的纳西·易卜拉欣（Nussie Ibrahim）酸溜溜的一决高下的目光。一会儿，温吉中止了歌唱，逗弄坐在阳台上的怀孕的女士："你们听说大奖的事了吗，女士们？我也有份。我的范妮塔（Vanita）不久也要生了，多半，报纸上出现的是她的照片，不是你们的！"他母亲阿米娜皱起了眉头，留着中分头的梅斯沃德强颜一笑。

那是在梅斯沃德庄园出售之前很久的一天，英国人梅斯沃德先生请小丑温吉和他妻子范妮塔来给他一个人演唱，随后，又利用抓药一事把温吉支开了，只剩下范妮塔和坐在藤椅上的他之后，范妮塔觉得手指发痒，忍不住上前把手指放到他动人的头发上，找到中分线，把它弄得乱七八糟。所以，现在，9个月之后，小丑威利·温吉对他妻子即将生产的事情插科打诨时，那违心一笑，便呈现在了梅斯沃德这个英国佬的脸上。

印度独立之日即将到来，《印度时报》大奖的竞争也开始步入白热化，进入了倒计时。离午夜还有29分钟，在纳利卡大夫的产科医院，传出了产妇阵痛的尖叫声。产科医院里人手不多，许多雇员都想在这天午夜庆祝一个国家的诞生，不愿意到岗位上来帮助接生。离午夜还有9分钟，阿米娜·赛奈伊接连不断的叫声十分刺耳，隔壁房间里范妮塔的叫声有些疲软无力。街上的妖怪已经开始庆贺了。

此刻，在德里，一个脸色庄重的人，坐在大会堂里，准备发表演说；在印度所有的城市和村镇，都在准备欢庆印度共和国（Republic of India）的诞生；在拉合尔（Lahore），整个城市都在沸腾。现在，脸色庄重的人，涂抹过坦焦尔河（Tanjore River）的圣水，额头上涂抹着圣灰，站了起来，清了清喉咙。他手里没有演说稿，也没有事先背下来准备好的演说稿，贾瓦哈拉尔·尼赫鲁[1]（Jawaharlal Nehru）开始演说了："多年之前，我们与命运有一个约定；现在，履行我们誓约的时间到了……"

还有2分钟到午夜12点。在纳利卡大夫的产科医院，大夫和助产士们分别在为阿米娜·赛奈伊和隔壁的范妮塔打气加油，二人同时临盆了，两个女人一面悲号一面尖声喊叫。在另外一间指定让男人踱步的屋子里，两个男人未出一声，小丑威利·温吉蹲在角落里，前后来回摇摆着；阿赫迈德·赛奈伊打

1 贾瓦哈拉尔·尼赫鲁（Jawaharlal Nehru，1889—1964）：印度独立后的第一任总理，国民大会党主席，也是第三世界不结盟运动创始人之一。

开房门，去找椅子。

现在，终于，到午夜了，街上的妖怪吼叫起来。瘦削而结实的尼赫鲁说道："在午夜的钟声敲响时，在世界正在酣睡的时刻，印度苏醒过来了，赢得了自由和活力……"就在这当口，在民众沸腾的喧闹声中，混杂着两个新生儿的响亮啼哭声。

纳利卡大夫走进那间让男人踱步的屋子，告诉正手持着一把椅子的阿赫迈德·赛奈伊：就在午夜钟鸣的时候，他的妻子产下了一个大而健壮的儿子。一股激动的暖流顿时传遍了阿赫迈德的全身，一直传到了手指尖上，手里的椅子掉了下来，以每秒 32 英尺的加速度砸向他的大脚趾。这时，尼赫鲁正在大会堂高声宣布："我们今天结束了一个不幸的时代……"他父亲阿赫迈德却为了他的缘故遭遇了不幸，大声叫喊起来，椅子砸伤了他的大脚趾。阿赫迈德的叫喊声使大家全都跑了过来，一时间，阿赫迈德和他受伤的大脚趾成了引人注目的中心，把人们的注意力从两位疼痛的母亲那儿抢夺了过来。

两位大夫忙着去诊治阿赫迈德被砸伤的大脚趾，吩咐助产士去为两个新生儿洗澡包裹襁褓。就在这时，玛莉·佩雷拉小姐（Miss Mary Pereira）做出了她的贡献——对另外一位助产士说："你去瞧瞧能不能帮忙，这里我一个人就够了。"等到只剩下她一个人（手上抱着两个婴儿，听凭她处置）之后，她心里一面想着她的心上人——产科医院的勤杂工约瑟夫·德科斯塔（Joseph D'Costa）"为了这件事他必定会爱我"（约瑟夫是个激进分子，对富人有刻骨的仇恨），一面动手改变了两个巨大婴儿的名签，给了那个穷人家的婴儿一种享有特权的富裕生活，判处那个生于富商之家的孩子去跟着拉手风琴的过一贫如洗的穷困日子……

范妮塔生产之后，在午夜过后 3 分钟，在两位大夫处理阿赫迈德砸伤的大脚趾时，因大出血死去了。随后，由于玛莉·佩雷拉小姐的罪恶，他被抱到了阿赫穆德·赛奈伊家——他的父母不是他的父母，他的儿子将来也不是他自己的儿子……

帕德玛再次打断了他，冲他叫喊了起来：原来你是英国人？你是英国血统的印度人？你不是真正的萨利姆·赛奈伊？这么多天了，你一直在欺瞒我？你亲生母亲为了你死了，你竟然不在乎，你父亲兴许还活在世上，穷得叮当响，你也不在乎，你简直就是个妖怪！他为自己辩解说，他绝不是妖怪，也没有欺骗谁……况且，还有一个至关重要的情况，玛莉·佩雷拉的罪行最终败露后，他和他父母都觉得一切与先前没什么两样！对他们来说，他仍然是他们的孩子，对他来说，他们仍然是他的父母。帕德玛无法接受他的说法，愤然表示，她不想听了。但是，无论帕德玛想听还是不想听，他都要把他的故事写完。

他出生 3 天后，玛莉·佩雷拉小姐因良心的责备而憔悴了。约瑟夫·德科斯塔从追捕他的警车那里逃脱了，弃她而去了，惊骇之中，这个小个子的胖女人领悟到自己的愚蠢，却不敢坦白她的罪恶，只好继续守持着她的秘密。不过，她决定，无论如何，都要找到一种赎罪的办法。她辞去了在产科医院的工作，向阿米娜·赛奈伊自荐做了他的女仆。从那一刻起，她就把一生致力于抚养他成长，以求赎罪。

由于他丝毫不差地出生在新国家诞生的那一时刻，《印度时报》的两位记者到产科医院看望了他母亲和他，一位记者采访他母亲，另一位摄影记者专门为他忙碌。他的照片被刊登在了《印度时报》上，报纸上的通栏标题是——"午夜之子"。报纸为他欢呼庆贺，政客们正式认可了他的身份。他母亲收到了奖金支票——100 卢布。一个星期之后，经由邮差维西瓦那斯（Vishwanath）之手，他收到了一封贾瓦哈拉尔·尼赫鲁的亲笔贺信："亲爱的萨利姆宝贝，衷心祝贺你诞生在幸福的时刻！你是印度那亘古不变而又永远年轻的面貌的最新继承者……从某种意义上来说，你的生活将成为我们自己生活的一面镜子。”

现在，用婴儿时代的眼光回看过去，他能够完全看清一切。他能看见：这座城市，像一只吸血动物蜥蜴一样伏在炎热的夏日里。他们的孟买，看起来像一只手，但实际上是一张嘴，嘴巴永远张着，永远饥饿，总在吞咽来自印度其他一些地方的食物和有才能的人。他们的孟买，还是一条美丽动人的蚂蟥……总而言之，在1947年底，孟买的生活像往常一样热热闹闹，形形色色，千奇百怪……不过，有一点已经与以往不一样了，那就是他来到了这个世界上。

他是个很受欢迎的奶娃娃。玛莉知道有关他的一切事情，而且，对他来说，玛莉·佩雷拉小姐，尽管是他的女仆，却更像是一个母亲。他的两位母亲——阿米娜和玛莉，对他百看不厌，争着引起他的注意。庄园里的每一户人家，都喜欢玛莉用天蓝色的童车推着他去做客。他从来没有去过讨厌娃娃的纳利卡大夫家，却在丽拉·萨巴马蒂和霍米·卡特拉克家看到了不少秘密，看到了丽拉无数次的不贞行为。

在他父亲这方面，他父亲阿赫迈德·赛奈伊永远都不能原谅他损伤了他的大脚趾，即使拿掉夹板之后，他走起路来还是有点跛，而且，对于阿赫迈德来说，由于他的出生，任何事情都被改变了。阿赫迈德在家中的地位，因他的到来被破坏了，突然之间，阿米娜的勤恳关心照顾有了另外的目标，凡事总先想到孩子，一切都糟糕透了。

1948年1月的一天上午，阿赫迈德收到了一封他永远也无法忘记的信件——财产冻结的正式通知书。通知书上说，他的银行账户、储蓄公债，库尔拉（Kurla）地产的地租——全部财产都被冻结了。是根据命令执行的。“一定是报纸上刊登的那些照片招惹的，”阿米娜断定。“否则那些机灵的家伙们怎么会与我们作对？我的真主，先生，这是我的罪过……”在国家冻结了阿赫迈德的财产之后，他父亲一下子变得囊空如洗，这时，他母亲阿米娜的献身精神突然高涨起来，她企图用卧室安慰他父亲，而他父亲的性无能却使他与阿米娜的关系更加恶化。

玛莉的负疚、恐惧和耻辱感随着时间的推移，开始在她的肚肠里发酵，因为她无法去教堂——教堂里有听取忏悔的告解室，是无法保守秘密的。内心的痛苦无法排解，便形成了她乖张的脾性，出口伤人，以各种各样的方式向阿赫迈德·赛奈伊的老仆人穆萨挑衅，不断用高人一等的姿态傲视老穆萨，甚至在那位虔诚的穆斯林老穆萨面前挑衅地数着她那祈祷的天主教念珠，还让其他仆人称她为小母亲。玛莉的所作所为，弄得老穆萨感觉自己的重要地位受到了威胁，结果，两人之间的关系成天处于一种剑拔弩张的状态，并相互仇视。

阿米娜·赛奈伊尽力抚慰老穆萨，然而无济于事。由于上了岁数，形影相随的糊涂使老穆萨确信自己随时都会被打发走。因此，在1948年8月的一天早晨，阿米娜发现家里失窃了，叫来了警察。警察很顺利地从老穆萨那里起获了失窃的东西。阿米娜不肯送老穆萨进监狱，老穆萨背起铺盖卷，诅咒着白金汉别墅走了。玛莉·佩雷拉小姐取得了胜利。但是，就在她享受自己的胜利果实时，警察从塔楼的钟塔里抬出去了一具尸体，当月光照在死者面孔上时，玛莉突然倒到地上，昏厥了过去。被击毙的死者是警察通缉名单上的要犯约瑟夫·德科斯塔，警察们追踪他已经快一年了。警长看向阿米娜，庆幸她太走运了，“这是一个绝对黑心的不法之徒。您应该去看看钟塔的围墙！从地面到顶板的搁板上，堆满了自制炸弹，其爆炸力，足够把一座小山炸进大海！”

戏剧性的事件一件接着一件，在这多事之秋，奶娃娃萨利姆病倒了，就好像不能一下子消化这么多正在发生的事，他紧闭了他的双眼，脸色骤然变得通红。在这期间，他的妹妹“铜猴”在他母亲阿米娜的肚子里一天天长大；玛莉处在一种深受打击的状态，只有等约瑟夫的鬼魂归来缠住她，她才能完全从困境中摆脱出来。他外公为他做了检查，宣布他染上了伤寒。在他的高烧降下来的时候，在纳利卡产科医院，“铜猴”出生了。那天是 9 月 1 日，出生过程平淡无事，不费力气，所以，在梅斯沃德庄园没有受到注意。

1956 年夏天，世界上大部分物品依然大于他时，他妹妹“铜猴”显现出了一种放火烧鞋的古怪癖好。当纳赛尔（Nasser）沉船于苏伊士（Suez），迫使船只绕道好望角（Cape of Good Hope），因此减缓了世界的运转之时，他妹妹“铜猴”也试图妨碍他们的发展，迫使人们给予她以重视。他妹妹“铜猴”一门心思希望自己能够处于人们注意力的核心，对任何情感上的表白，反应都很激烈，她极想得到钟爱，可那些钟爱，却被他那压倒性的阴影夺走了。

在他将近 9 岁时，他知道了这些情况：每一个人都对他有所期待，算命大师和总理围绕着他创造出了一种强烈且无可逃避的期望的浓雾……这时，他的朋友桑尼·易卜拉欣的个头要比他高出 1 英寸半，唯有他的大鼻子，那个突起物，无与伦比，在他的双眼与双唇之间，就像是一个了不起的食用葫芦。他开始到学校去读书，每天清早，到小山脚下去等车，穿着白色短裤，背着书包，流着鼻涕，与桑尼·易卜拉欣一起等车。自从出生之后，他穿的衣服，都是他那位女校长姨母艾丽雅定期寄来的，现在，他穿着艾丽雅姨母寄来的衣服，去上学、玩法国式球戏、打架、走进仙女故事……他的鼻子，巨大的就像象的长鼻。

1956 年，他父亲和纳利卡大夫在下棋时争论起来——他父亲是纳赛尔的一个激烈的反对者，而纳利卡大夫毫不掩饰他对纳赛尔的崇拜。与此同时，尼赫鲁正就国家的五年计划请教星象学家。就在世界把侵略与秘术联合在一起时，相貌丑陋的他躲藏到他母亲的洗衣箱里，藏在要洗的脏床单中，不再为他的那不断地流鼻涕、鼻塞的鼻子担忧，忘掉了他父母为他鼻子的争吵。为了他的这个鼻子，阿赫迈德·赛奈伊一再反复责怪阿米娜的父亲阿达姆·阿齐兹。

他母亲阿米娜充满了负疚感，成了一位少有的把世间的责任负荷到自己身上的人士之一，而且，开始发散出她对自动赎罪的吸引力。从那时起，与她交往的每一个人，都感受到了一种极其强大的敦促力，促使着他们向她忏悔自己私密的罪过。从中，阿米娜得知了仆人们遭到毒打，官员们收受贿赂；萨巴马蒂司令的妻子丽拉，对他母亲那双得体且善于倾听诉说的耳朵吐露出了自己的不忠。

在这期间，玛莉·佩雷拉在不得不持续不断地与那种几乎不能压制的负罪感——坦白她的罪恶——进行着斗争。在这期间，他发现了自己所具有的心灵感应能力。那是 6 月的一个下午，他蹑手蹑脚地从睡着的母亲身边走了过去，走进铺着白瓷砖的浴室，钻到洗衣箱里要洗的衣物当中，他的鼻子翕动，听到许许多多的语声，而且，他发现，这些语声可以被制约——他简直就是一个无线电广播接受者，能够将音量调大或调小；他可以从中挑选出个别人的语声；他甚至还能用意志力关掉他新发现的内耳。到了第二天，在起居室，他眉开眼笑地看着全家人和女仆，直截了当说出了他的这一秘密：“昨天我听到一些语声，这些语声在我头脑里跟我讲话。我感觉——阿妈，阿爸，我真的感觉——那些大天使们已经开始跟我谈话了。”他原本以为大家闻听之后，一定会大为惊喜，不料却遭受了各方面的攻击，大家一致认为——他一定是疯了，脑子有了毛病；而且，就连他的妹妹“铜猴”也持同样的想法。

1956 年，在日间，那些话语声在大街上交战；到了夜晚，它们在他脑壳里喧嚣。在那天夜里，他知晓了他脑壳里的语声在数量上远远超过了天使们的行列，人数多得像尘土一样。原来，那是心灵感应术：那些大众的内心独白场面，号称数以百万计的大众和类似的社会等级，在他脑壳里争夺着空间。起初，在他满足于当听众时，那些语言颇令人困惑；各种语声喋喋不休，从马来亚拉姆语（Malayalam）到那加（Naga）方言，从纯正的勒克瑙乌尔都语（Luck-now Urdu）到南方急促而不清楚的泰米尔语（Tamil）；对于他脑壳里的这些语声，他只懂得一小点儿；但是，很快，他就能循着那些语声，在他的内耳进行拨收了。而且，没过多久，他就能从那些语声中挑剔出他家人的语声，挑剔出玛莉·佩雷拉的声音和他的朋友、同学和教师们的语声。另外，在大街上，他学会了如何识别路过的陌生人的意向——多普勒（Doppler）频移效应，在超自然的王国里继续发挥着作用，随着陌生人的通过，那语声渐强，然后渐弱。

在斋月期间，每当可能，山顶上的一帮孩子就去看电影。其中的伊薇·伯恩斯（Evie Burns）是 1957 年元旦那天搬来的，在他达到穿上他的第一条长裤的年龄之前，他爱上了伊薇。他爱上伊薇大概有 6 个月了，两年之后，伊薇回美国了，后来因拿尖刀戳了一个老女人，被送进了教养院。伊薇骑一辆银白色自行车，那辆自行车不仅使他发现了“午夜之子”，而且还确保了孟买邦的分割。

伊薇骑起自行车来，车技绝伦，旋转着前进的车轮飞转，无与伦比，没人不服输，当时，他就爱上了她。1957 年，竞选游说开始了，人人都在忙着为自己的事业说项，然而，他发现自己只要一到伊薇面前，就会张嘴结舌，于是，他只好走到桑尼·易卜拉欣面前，请他代表他来讲话。9 年前，比他晚出生 5 天的桑尼出生时，太阳穴被产钳夹出了两个凹痕，使他具有了一种无法抗拒的吸引力。

那时，山顶上的一帮孩子不断请求伊薇教他们她的自行车骑术，他便混了进去。他爬到那辆银白色的自行车上，伊薇扶着车把，和他一起跑，一圈又一圈……后来，为了使伊薇高兴，他结巴着说想自己试试，伊薇听后，猛推了一把，车子飞快地穿过圆形凹地疾驶起来，伊薇忙在后面大声喊叫，让他快捏车闸，他却木头人一样，那车子失去了控制，撞上了在他前面骑车的桑尼，被抛了出去，桑尼的脑壳撞到了他的脑壳上……他太阳穴的凸出部分恰好楔入桑尼的那凹痕。一个完美的密接。两个脑壳装配在一起，他们开始往地面上降落，幸运的是，没有砸到自行车上，“轰”的一声，在那一刻，整个世界都离开了。在滴答声中出世的那些异乎寻常的“午夜之子”们的声音从钟塔里涌溢而出……

这场自行车横祸，使他的脑壳受到了剧烈震荡。在他康复期间，他的双亲因为一次家庭聚会，带他和“铜猴”去了阿格拉外公家，在那里，他们不得不听着从艾莫拉德和楚菲卡尔（他现在是少将了）嘴里空投下来的一些知名之士的名字和他们有意无意地提到的他们的惊人财富，现在，他们已经是巴基斯坦位居第七的大富豪了。

1957 年 2 月的一天，他们从阿格拉刚刚回来，梅斯沃德庄园与城里的交通就被一股川流不息唱着战歌的人群切断了，那人流长得要用两天的时间才能过完。有材料记载：改组省邦委员会[1]早在 1955 年 10 月就向尼赫鲁先生提交了一份改组省邦问题的报告，一年之后，议会通过了改组省邦法案，印度被重新

1 改组省邦委员会（States Reorganization Committee）：印度独立后，以语言为基础重新划分了邦界，1956年11月，议会通过了改组省邦法案，将印度分为14个邦和 6个中央直辖区；之后，一些邦继续进行争取成立语言邦的斗争。1960年，孟买邦划分为讲马拉特语的马哈拉施特拉邦和讲古吉拉特语的古吉拉特邦。

划分成了 14 个邦和 6 个中央直辖区。然而，由于孟买邦没有被触及，大古吉拉特党举起了“语言邦运动”的大旗，要在孟买市北部建立一个讲古吉拉特语的古吉拉特邦（Gujarat）。大街上，像蚂蚁一样无止境伸展的游行人潮，对他们这些孩子极具吸引力。这一场规模宏大的示威游行，史无前例，人群的情绪激昂。

而在这一时刻，他呢，却还有别的事要干。他想让伊薇看看他的车技，他已经会骑了！而沉浸于观赏人流的伊薇，一脸不耐烦，不想看他，一心只想看游行！他骑车绕着不肯理睬他的伊薇转来转去，越来越快，一个念头钻进他的脑壳——他正好可以钻到伊薇的脑袋里去看个究竟。结果，他一边骑着自行车，一边钻进了伊薇的脑壳，那脑壳里，起初想的全都是说马拉地语（Marathi）的游行者们的事，在思维角落里还塞着一些美国流行歌曲，都不是他感兴趣的东西。他开始深入探查，突破了伊薇的防御，进入了隐秘之地……“滚开滚开滚开！”伊薇尖叫的时候，那些被弄得迷惑不解的孩子的目光全都转向了伊薇，把游行的事放到了一边。伊薇使劲一推，“滚开！你这个蹩脚的家伙见鬼去吧！”——伊薇非常使劲，他失去了控制，冲下了小山坡，冲向游行队伍，在他到达的时候，正在行进的队伍分开了，他大叫着，骑着阻不住的奔马——失去控制的女式自行车，冲进了历史的洪流。

在充满激情的人群中，他的速度慢了下来，随之，车把落到了人群手中。周围充满了露齿的笑容——那并不是友好的笑脸。他们用他勉强听懂的马拉地语说着，眉开眼笑，强迫他，用手戳他，“小少爷！说几句古吉拉特话！”于是，他说了一句“我要拿根大棒把你打进地狱！”——这是他从学校里的一个同学那儿学来，在他欺负古吉拉特小孩时常唱的一句荒唐歌词。趁着一阵哈哈大笑，他飞快地溜走了。这时，那要用两天时间才能走得完的游行队伍，反复学唱了起来——“我要拿根大棒把你打进地狱！”那歌声前呼后应，此起彼伏，最后，成了一首战歌，成了挑起一场暴力冲突的直接起因——两种不同语言派别的人打了起来。随着他那荒唐的歌词的节拍，“语言邦运动”中的第一场骚乱开始了——结果，15 人被杀死，300 多人负伤。就这样，他成了引发这场暴力行为的直接责任人，这场暴力冲突的最终结果，导致了孟买邦的分治，孟买市成了讲马拉特语的马哈拉施特拉邦（Maharashtra）的首府——这么看来，至少他是属于胜利者一方。

那天之后，伊薇·伯恩斯不再希望与他多打交道了，不过，非常奇怪的是，他对伊薇的相思病竟也不治而愈了——女人，一直都是改变他人生的人：玛莉·佩雷拉、伊薇·伯恩斯、巫女帕华蒂（Parvati），还有那个他要留到最后再说的“寡妇”，在其之后，还有帕德玛，他的“有粪肥的”女神。现在，他又坐到了桌子旁边，帕德玛再一次坐在他下方，鼓励他。他感到他的笔又回到了本题，滔滔不绝了。

在他的版本里，历史在 1947 年 8 月 15 日进入了一个新的阶段——然而在另外一个版本[1]里，这一不可避免的日子不过是“迦梨时代[2]”一个转瞬即逝的瞬间。在“迦梨时代”，道德之牛已经沦为只能摇摇摆摆依靠一条腿站立了！在“迦梨时代”，财产给人带来地位，财富被看作美德，情欲变成了男女之间

---

1 另外一个版本：印度史诗《往世书》（Purana）中的说法。印度教中，宇宙存在着无限循环的衍生和毁灭，其最小的衍生周期被称为玛哈时代（Maha Yuga），细分为四个纪元：萨提亚时代（Satya Yuga）、塔雷特时代（Treta Yuga）、杜帕若时代（Dvapar Yuga）、迦梨时代（Kali Yuga）。

2 迦梨时代（Kali Yuga）：为期约432000年，是一个物质的时代，充满了纷争及罪恶，即印度教历史观念中的黑暗时代。

唯一的纽带，虚伪带来成功（在这样的时代里，他也无法弄清善与恶，这有什么奇怪呢？）……“迦梨时代”始于纪元前 3102 年 2 月 18 日，从礼拜五开始，为期 432000 年！——尽管这一长度已经让他感受到自己实在渺小得微不足道了，可他还是要再追加上一句，那个“迦梨时代”只是当今整个“玛哈时代”衍生周期中的第四纪元，只不过是整个“玛哈时代”当中的十分之一。

下面他要说的是：在 1947 年 8 月 15 日的头一个小时——即在午夜至凌晨 1 点之间——在新生的独立国家印度的疆界之内，出生了不少于 1001 个“午夜之子”，个个都具有某种称之为奇迹的特殊天赋或本领。在 1957 年，还活着的 581 个“午夜之子”都将近 10 岁了，他们当中的大部分，都不知道另一个同类的存在——当然，也有例外。由于从自行车上摔下来时的剧烈震荡，他突然知道了“午夜之子”的每一个人。自打从自行车上摔下来之后，他便致力于将注意力集中到逐个搜寻那些突然来到他脑壳里的传奇人物的秘密上。他看到，他们有的能随意出入镜面；有的能变形，随意改变自己的大小；有的能把自己浸在水里，随意改变自己的性别；有的能随意说几句话，就能对他人造成肉体上的伤害，让人流血不已；有的只要闭上眼睛，就能比鸟飞得高；有的能穿越时间的长河旅行，既能说清楚过去的事，又能预测未来……

这里有一个值得注意的事实：他们出生的时间距离午夜正点越接近，他们的本事就越大。在“午夜之子”当中，有一些婴孩精通变形、飞翔、算命、巫术等本领。那巫女——帕华蒂是 1947 年 8 月 15 日午夜过后 7 秒钟出生的，生在旧德里一个位于礼拜五清真寺建筑群中魔法师们居住的贫民区里，拥有惊人的魔法和巫术。在“午夜之子”当中，有两个是午夜正点时出生的——萨利姆·赛奈伊和湿婆（Shiva），那一时刻，赋予湿婆的是威力无比的神力，赋予萨利姆·赛奈伊的是最高的智慧——洞察他人内心世界的心灵感应能力。不过，现在正是“迦梨时代”，黑暗时辰的孩子出生在黑暗的时代之中，因此，尽管他们施展超群才能并不困难，但他们对怎么去做善事却总是弄不清楚。

在他 10 岁之前，他所度过的是一段虚幻的岁月。他父亲，阿赫迈德·赛奈伊，由于投资上的失误一下子变得囊空如洗，不得已溃逃进了一个令人不安的不切实际的梦幻的世界，周围弥漫着失败的味道，加剧了他的落魄。他父亲卖掉了他们家庭的主要资产——那些刚到孟买时低价购入的租住房屋或分间出租的宿舍。到了 7 月份，他父亲进入一种几乎永醉不醒的状态之中，后来，手上又提起了鸟笼子。

在他 10 岁生日那天，他舅舅哈尼弗来到他们家，突然说道：“选举在即！要密切注视，当心共产党！”他舅舅因而成了梅斯沃德庄园格外不受欢迎的人。他舅舅的不慎的言行，使近来开始神秘外出“购物旅行”的阿米娜的脸色十分显眼地涨得通红。他被母亲的红脸激起的疑心，驱使他钻入了母亲脑壳，去暗中探察母亲的思想意图，在“开拓者咖啡店”（At the Pioneer Cafe）附近，他有了重大发现。

在他 10 岁生日那天，他的家人出席了他的生日聚会，出席者还有他在校园里的同学，而山顶上的一帮孩子当中，只有忠诚的桑尼公然反抗了心怀怨恨的伊薇不准出席祝宴的禁令，桑尼还带给了他一个口信：“伊薇让我告诉你，你被山顶帮开除了。”他被一帮人抛弃了！他想，还有另外 581 个孩子也过生日——既然山顶那一帮人把他开除了，他就自己来组织一个帮，这个帮分布在全国各地，其大本营就在他的眼眉毛后面。于是，在他 10 岁生日那天，他有了一个创建“午夜之子大会”的想法。

1957 年盛夏，在选举运动的高峰期，只要一听人提到印度共产党，他母亲阿米娜的脸孔就会令人费解地泛红，结果，他跟踪着阿米娜来到城市的北部，暗中察看到了一个徒劳的，爱情充满痛苦的场景。

当时是下午，他看见母亲走进了“开拓者咖啡店”，他不敢跟着她进去，只能把鼻子紧紧贴靠到咖啡店肮脏的玻璃窗上，朝里面张望。他清清楚楚看到了阿米娜做的那件事——她以一种怀旧的心情，与不见踪影10年之后，又从不知什么地方冒了出来的前夫、曾经情意深长的纳迪尔·康恩在暗中往来。纳迪尔·康恩，现今已经获得了一个新名字卡西姆·康恩（Qasim Khan），如今是合法的印度共产党的正式候选人，革命的卡西姆。

在那次之后，在他母亲阿米娜出去“购物旅行”的时候，他就寄宿在母亲的脑壳里，前往城市的北部。他的灵魂坐到“开拓者咖啡店”里，听着有关“革命的卡西姆”的竞选前景的对话；在他母亲陪同卡西姆巡回竞选时，他的灵魂一直跟踪追赶着他母亲，在租住房屋区域来来往往（这些租住房屋是不是他父亲不顾他租户们的命运前不久卖掉的那些房屋？）他母亲帮助找人修理水龙头，纠缠房东们担负起修理责任，代表共产党在穷人当中不断活动。

他开始以自己的方式做起报复之梦。他秘密穿过城市的小路，旅行了许多地方，并从那个最强大的“午夜之子”（小丑威利·温吉的假儿子）神膝湿婆那里，学到了一种心态——恶魔般的残忍，使他能随意说出黄色小报上有关妓女被杀、横尸街头的恐怖消息，丝毫不当回事儿。在湿婆看来，死亡和在兰米牌戏上的失败，全然是一码事——结果，便有了他那令人恐怖的若无其事的暴力。为了同“午夜之子”们进行交流，理解他们的思想，他必须深入那些以形形色色陌生的语言构成的脑壳前部那一思维表层之下。他第一次深入与他法力相近的湿婆思想当中时，向湿婆做自我介绍时，他看到了湿婆令人生畏的形象，身材矮小、一副老鼠脸，拥有两个举世无双的膝盖。湿婆是毁灭之神，也是神灵中最强有力的，所向无敌。湿婆告诉他：在幼小时候，他就不得不为生存而战。大约在一年之前，他父亲温吉完全丧失了唱歌的嗓音，为了多挣些讨饭钱，他父亲准备把他弄残废，握住锤子朝着他无坚不摧的膝盖砸下来时，手腕反而被他那两个膝盖夹住了，越夹越紧，直到最后，那该死的手腕被夹断为止。

1957年大选那天，全印度国民大会党委员会对选举结果极为震惊，尽管他们赢得了选举，但却有1200万张选票被投给了共产党，使其成了一个最大的反对党。大选当中，他们“午夜之子大会”当中的湿婆起了不小的作用，被一个大笔花钱的党派雇用，投票那天，湿婆和他的团伙，自称“牛仔帮”，手提着粗粗的大棒，在城市北部的一个投票站外面，警告那些选民，使用选票，必须明智小心，识时务。最后，计票结果显示，“革命的卡西姆”以微弱的劣势败北了，没能赢得席位，其对手，湿婆的出资方，对此非常满意。

在大选后的几个月里，孟买一直很混乱，孟买未来的地位，政府依然犹豫不决，城里的骚乱不断。他一个人远离大家，整天沉浸在他脑壳里的那些事情当中——他创立的“午夜之子大会”。他不喜欢湿婆，讨厌湿婆说话粗鲁，思想庸俗，还犯下了不少罪案（对此，他并没有证据，在“午夜之子”当中唯有湿婆有办法阻止他闯入自己不想公开的领域）；不过，他很清楚，要是把湿婆排斥在“午夜之子大会”之外，这样做有失公正。

在1958年初，在午夜12点到1点的一个小时里，581个“午夜之子”会聚集到了一起，他的脑壳里就像国会一样。他们穿着杂色衣服，吵吵闹闹，散散漫漫，581个10岁的孩子集拢在一起，为他们彼此能够相识而激动不已。

之后，他被累得筋疲力尽，倒头便呼呼沉睡，连梦都不翼而飞了。醒过来之后，他又得面对各种各样痛苦的事情：母亲难忘旧情，父亲日益衰竭，友情变化无常，在学校里受人欺负。在大睡之中，他处于一个令人极其激动的世界的中心，那是一个其他孩子从未见过的世界中心，尽管湿婆也在其中。湿婆深信，他（或者说他跟他）生来就具有特定使命，是“午夜之子”一群人的领袖，因为他俩刚好是在午夜钟声敲响的那一时刻降生的。他发现，自己也被“领袖”迷惑了，认为按照资历，自己本该是这个领袖。不管怎么说，是谁把“午夜之子”联系到了一起？是谁创立了“午夜之子大会”？是谁给“午夜之子大会”提供了会议场所？然而，湿婆根本不买他的账。

在讨论如何解决现存的一些社会问题时，他主张所有“午夜之子”团结一心，建立一个全国性网络，以善改造社会，湿婆则主张暴力，以暴制暴，其他一些“午夜之子”，也各有各的算盘，混乱成了一团。他很失望。在他与湿婆之间出现了领导权之争时，巫女——魔法师的女儿帕华蒂，站到他了这一边（就像是多年之后她救了他的命一样），说道：“现在听着，每一个人——没有萨利姆，我们不知身在何处，我们根本不能交谈或做其他什么事，他是正确的，让他来当领袖！”尽管这些“午夜之子”有着各不相同的天赋，然而，聚集在他的脑海里，他们就像一种多头怪物，说着无数种语言，他们是多元化的精髓。

现在，他必须回到日常当中。1958年的一天，他在大教堂学校举办的联谊会上，与著名的蛙泳运动员玛莎·米奥维奇（Masha Miovic）一起跳过墨西哥草帽舞，然后一起出去兜风，两个男同学过来寻衅，把他们拦在路上，当着玛莎的面，尽情地将他的秃顶嘲弄了一番。经不住玛莎在一旁的鼓动，他头脑一热，便与他们打了起来。不过，他的胜利十分短暂，他很快便失去了男子汉的模样，转身逃跑，冲进最近的教室，在企图将门关死的过程中，被挤断了一节手指。

他被送进了医院。有人打电话通知了他的父母，他的母亲及时赶到了医院，在担架床旁边心疼地唠叨起来。大夫在开始动手处理前，提出了一个有关血型的问题；之后，他被推上了手术台，要输血时，发现他与父母血型不对，既不是他母亲的A型，也不是他父亲的O型。医院护士询问他母亲：夫人，他是不是您的……是不是抱养或……他母亲嚎哭起来，哭个没完……“我真不明白。我父亲也是大夫，我真不明白。”

从医院出来后，他对自己的不明身份即将被暴露之事没有丝毫的察觉，当时，他只是一门心思希望自己重返梅斯沃德庄园往日的正常生活，然而，在白金汉别墅里，已经发生了若干变化。首先，他父亲似乎想和他断绝一切关系，其次，他妹妹“铜猴”的命运也有了显著的变化——在这个家庭里，他的位置，被她篡夺了。他的父亲母亲，对他明显地失去了兴趣。接踵而至的是，他们的“午夜之子大会”也进入了逐渐解体的状态，“午夜之子大会”最终解散的那一天，中国军队冲下了喜马拉雅山，令印度将军丢尽了脸面。

回到白金汉别墅之后，在夜晚，他根本没心思去建立他的什么全国性网络了，潜伏在他体内的那个恶魔（它有两个脑袋瓜），现今已可以任意地行其恶行了。他一直没弄清楚湿婆的那些罪行，或在谋杀妓女的事情上湿婆是不是清白？不过，即便那些妓女是被湿婆谋杀的，那也是“迦梨时代”的影响；但是他，一个好男孩和命定的受其害者，肯定是要对霍米·卡特拉克先生之死负责的——在梅斯沃德庄园，他发现了住在凡尔赛别墅的霍米·卡特拉克与住在埃斯科里亚别墅顶层的丽拉·萨巴马蒂的偷情关系。之后，他带着一种自豪感，从报纸上剪裁下来所需的字眼，粘贴到一张白纸上，寻机溜进萨巴马蒂司令家的衣柜，把那一带有毁灭性内容的字条，塞到挂在衣柜里面的一件制服的口袋里，以密信方式通知了萨巴马蒂司令。当时，他只是希望通过揭露丽拉的不贞行为，给所有不忠诚的妻子和他母亲阿米娜一个警告，一箭双雕；可令人始料不及，这件事随后竟然演变成了“萨巴马蒂事件”。要知道，这一事件的真正祸源，全部基于城市北部的那家肮脏的“开拓者咖啡店”，一个孩子，目睹了阿米娜·赛奈伊与她的前夫纳迪尔·康恩二人在里面暗中往来的场面。

他后来才听说，萨巴马蒂司令收到了他那张匿名字条之后，雇请了孟买广为人知的私家侦探——杰出的多姆·明托（Dom Minto）进行了调查，随后，又演变成了一系列未曾预料到的后果：萨巴马蒂司令杀死了电影大王霍米·卡特拉克，重伤了妻子丽拉，本人吃了官司，毁了事业，被判入狱服刑30年。萨巴马蒂司令成了印度法律史上最得人心的杀人犯。他对母亲阿米娜·赛奈伊和霍米·卡特拉克的报复行动，引发了一场突如其来的全国性危机……因为根据海军规则的规定——任何在民事监狱服刑的人都绝不能达到海军舰队中校的级别。因此，海军上将和市里一些搞政治的人，提出请求：萨巴马蒂司令必须关押在海军监狱。于是，萨巴马蒂司令平平安安地被锁禁在了海军自己的监狱里。在等待审判期间，支持他的电报犹如洪水般地涌至，他的单人房间里摆满了鲜花，慰问食品。

他给了母亲阿米娜一个教训。在“萨巴马蒂事件”之后，他母亲再也没见过她的纳迪尔—卡西姆，在她有生之年，再也没有；不过，缺少了纳迪尔—卡西姆之后，他母亲同他们家族当中的所有女人一样，成了命运的牺牲品，过早地衰老了，目光里呈现出上了岁数之后的那种空虚。1958年8月之后，世界继续它的运转，而他的童年世界，却走到了尽头。

他下面要说的，是他11年的人生岁月当中最糟糕的那一时刻：玛莉·佩雷拉终于供认了她的罪行，并泄露了她被心上人约瑟夫·德科斯塔的鬼魂缠身长达11年之久的秘密。原来德科斯塔的鬼魂归来之后不久，便开始腐烂，身上的东西不断减少，那残缺不全的鬼魂使玛莉大为伤心，在她一再追问之下，德科斯塔的鬼魂说出了缘由：只要玛莉一天不坦白她犯下的罪行，那责任便毫不含糊地落到德科斯塔的鬼魂身上，并造成极大的伤害。从那时起，玛莉就已意识到，坦白自己的罪行是早晚的事了。

那天，玛莉·佩雷拉在游廊上掸竹帘子，突然看到发出恶臭的德科斯塔鬼魂的身影，裹着一身尘土，正在朝向阿赫迈德·赛奈伊的办公室走去，逼迫得她再也无法继续沉默下去了，慌忙叫喊了一声：“约瑟夫！”随后，她央求德科斯塔的鬼魂赶紧走开，不要毁掉她！可那鬼魂继续朝前走着。玛莉清楚地意识到，坦白自己那罪行已不可避免，立刻冲进房间，跪在阿米娜脚下，讲出了她当年调包之事，将她自己从困境中彻底摆脱了出来。最后，她又一把拉住他——萨利姆·赛奈伊，坦言相告说：噢，萨利姆，我的月亮瓣儿，你要知道，你的父亲是小丑威利·温吉，你的母亲是范妮塔，她死掉了……在那件事之后，玛莉离开了赛奈伊家，回她母亲家去了。

1958年9月末，笼罩在人们周围的尘土，不可思议地被一场慈悲的大雨清除掉了。他们全都洗了澡，换上了干净的衣服。没有洗澡、换衣服的，只有阿赫迈德·赛奈伊。在玛莉·佩雷拉的罪行败露之后，阿赫迈德整日喝得醉醺醺的，心中充满了怒气，他母亲——他应该称之为阿米娜·赛奈伊，成了阿赫迈德发泄怒气的对象，终至最后，娜西姆·阿齐兹不得不出面进行干涉，带着阿米娜、“铜猴”和他——萨利姆·赛奈伊，离开了阿赫迈德。那天，已成为巴基斯坦高级将领的楚菲卡尔将军，为他们大家定好了当晚的船票，娜西姆与阿达姆·阿齐兹带着他们迁往了巴基斯坦。

在巴基斯坦，他第二个迅猛生长的时期结束了。在他离开了他住了一生的那个家的同时，他那生而有之的天赋——“午夜之子”所拥有的特殊本领也被驱逐出境了。不过，在这时候，他再也不能让他的敌手、被他冒名顶替了身份的湿婆进入他脑壳里的论坛当中了，因为他要以他的生命来保护他的秘密——玛莉·佩雷拉的秘密。在他的记忆里，位于巴基斯坦东北部的拉瓦尔品第（Rawalpindi）是一座低矮而毫无特色的城市，楚菲卡尔将军的府邸坐落在一个新建的豪宅区里，高高的围墙上竖着铁丝网，四周有巡逻的哨兵。在那段日子里，他和与他同龄的表弟扎法（Zafar），以及“铜猴”一起去学校上学，他和“铜猴”，眼见着母亲一天天消沉下去。

10 月的一天，楚菲卡尔将军的府邸举办了一个非同寻常的宴会，出席的全是一些巴基斯坦军队中的要员，包括军队中的顶尖人物，一起策划军事政变。两个 11 岁的孩子，听到了与会者们宣布发动政变的消息。在楚菲卡尔刚开始讲话，要演示一下所要采取的行动时，扎法被吓得尿了裤子，他却是一副镇定自若的样子，还在楚菲卡尔描述调动军队的情况时，依循着楚菲卡尔的话语，摆弄着桌子上盛放胡椒、食盐、酸辣酱的瓶瓶罐罐，协助楚菲卡尔演示排兵布阵——由此，他获得了楚菲卡尔将军的偏爱。

11 月 1 日那天午夜时分，楚菲卡尔将军带着他而不是自己的儿子去将那军事政变付之于真实的行动。那天夜里，他坐在一个赤身裸体的胖子旁边，他姨父驾着车，把那个胖子送到一个军用机场，等到那架飞机起飞之后，以胡椒瓶子开始的事件就此结束了……他不仅推翻了一个政府——还把一个总统送上流放之路。

印度和巴基斯坦的关系越来越坏。在 1962 年 9 月 1 日，他们庆贺了“铜猴”的 14 岁生日。在生日宴会上，“铜猴”放开歌喉，大显身手，之后，“铜猴”便获得了一个新名字——贾蜜拉（Jamila）。从此，他们便就都称“铜猴”为“歌手贾蜜拉”了。

1962 年 9 月 9 日那天，他母亲阿米娜接到了他父亲阿赫迈德·赛奈伊病重的电报。阿米娜看着那封电报，“哇”的一声哭了起来。9 月 16 日，他母亲阿米娜带着他们乘坐飞机回到了孟买。

他们乘坐出租车来到了医院。刚一见到久别多年的丈夫阿赫迈德·赛奈伊，他母亲阿米娜立刻就来了精神，往日的萎靡一扫而光，青春的活力奇迹般重新回到了她的体内，她以一种坚不可摧的意志力，帮助丈夫阿赫迈德战胜了病魔，并把丈夫接回了家中。之后，在他母亲阿米娜的精心护理下，他父亲阿赫迈德不但身体日渐康复，而且脾气也大为改变，不再像原先那样整日骂骂咧咧、酗酒不断，就像是换了一个人，变成了一个宽厚大度、充满爱心的人。在过了这么多年之后，阿赫迈德终于爱上了阿米娜，两个人甚至又睡到了一起，尽管他妹妹“铜猴”表示异议：“睡在同一张床，真主，咩，咩，多肮脏啊！”可他呢，却为父母感到高兴。同时，有那么一段时间，他也为自己高兴——因为他又回到了“午夜之子大会”的国土上。

他重新与他相识的那些具有特殊天赋或本领的伙伴们建立了联系，然而，他们的“午夜之子大会”已被湿婆破坏，名存实亡。10 月 20 日，他们的“午夜之子大会”陷入了混乱，到会的“午夜之子”们向他发动了攻击，对他轮番狂轰滥炸，一致责难他不光明磊落、支吾说谎、妄自尊大、以自我为中心，一个个都表示出了对他的极度失望，甚至就连那巫女——帕华蒂也不例外了。然而，即便如此，他还是没有勇气把玛莉·佩雷拉的秘密说出来，向“午夜之子”们坦白。此后，每天夜晚，他继续召开（或试图召开）“午夜之子大会”，然而，到会的“午夜之子”们越来越少，每个星期都有 100 多个人逃离开去。

11 月 1 日，他的鼻腔急性发炎，鼻道堵塞、肿胀。11 月 20 日，是个非常糟糕的日子，这天的夜晚，也是一个非常糟糕的夜晚——他们的“午夜之子大会”终于分崩离析，走向了终结。“午夜之子”们由于受到自己所属社会集团日益巨大的影响，终于退回到了属于各自的生活圈子中去了，他们的脑子里装满了平常的东西，父亲母亲金钱食物土地财产名誉权力上帝。

11 月 21 日，那天上午，他父母用谎言把他带进了一家耳鼻喉医疗中心。穿白大褂的人要给他的鼻子做手术，以疏通他那鼻腔，他哭喊起来，不肯上手术台，大夫和护士们不得不一起上手，用力将他按在那里，他一面叫喊一面挣扎，最后，手脚全部被死死按住了。那个引流术，使他的鼻窦管疏通了。接着，想不到的事情发生了——原本，他脑壳中的一切活动都是从他的鼻腔开始的，现在，四下里一片寂静，他的脑壳里也一片寂静，他与那些“午夜之子”的联系中断了，什么都听不见了，永远中断了，他再也没法召开“午夜之子大会”了。

中印停战之后，他父亲阿赫迈德·赛奈伊总是把“这个国家算是完了”这话挂在嘴边，于是，阿米娜开始劝说阿赫迈德干脆移居巴基斯坦。1963 年 2 月，他们一家人离开了孟买。上路时，阿赫迈德差不多把家里所有的东西都带上了，还通过跨国公司把钱款转了过去。在他们启程那天，他跑到花园里，把一个铁皮地球仪埋在了长着仙人掌的假山庭园里，那地球仪里面藏着那封总理写给他的亲笔贺信，和报纸头版上的一张特大尺寸的婴儿照片——加上的说明是“午夜之子”。

2 月 9 日，他们到了卡拉奇（Karachi）。几个月之后，他妹妹“歌手贾蜜拉”在当地开始了她的唱歌生涯，很快便赢得了“巴基斯坦的天使”和“信仰的夜莺”的美誉。他自己呢，尽管脑壳里再也没有喧嚣的声音了，而且永远不会再有了，可作为一种补偿，却拥有了一个超级灵敏的鼻子，一种令人惊喜的嗅觉，闭着眼睛也能嗅闻出人们内心世界的各种情绪，喜怒哀乐，智慧和愚蠢。而且，更有趣的是，凡是他能嗅闻到的，他的“歌手贾蜜拉”就准能把它唱出来。

1964 年 1 月 1 日那天，他外公，当年从德国海德堡归来的阿达姆·阿齐兹大夫与世长辞了。在他外公去世 5 天之后，印度和巴基斯坦的关系恶化，边界被关闭了，结果，他们无法前往阿格拉去为阿齐兹大夫奔丧。在那之后，“歌手贾蜜拉”的嗓音开始频繁出现在国家电台“巴基斯坦之声”的节目当中，无论是在西巴基斯坦还是东巴基斯坦的乡村中，他妹妹渐渐成了一位家喻户晓的杰出歌星。

一天夜里，他终于按捺不住自己的感情，悄悄走到他妹妹床前，握住“歌手贾蜜拉”的手，说了一句——我爱你。与他没有血缘关系的妹妹听到这话之后，先是瞠目结舌，一阵静默，接着大声喊叫起来：“不——，你怎么能够——”最后，像受惊的小鹿一样，目送着他耷拉着脑袋走出了她的房间。

在那天之后，他简直就像发了疯一般，骑着他的摩托车在城里的街道上乱逛，不知所从。他感觉自己罪孽深重，从自己身上嗅闻到一股臭烘烘的气味——他怎能这般不自禁，怎么能生出这样令人羞愧难当的单相思之情呢？

自此，在他和“歌手贾蜜拉”之间，他们兄妹再不能像先前那样坦然相处，亲密无间了。为了避免尴尬，他们双双努力尽量不碰面——有生以来，他们第一次无法面对彼此，无法彼此言谈。最后，由于“歌手贾蜜拉”坚定不移的心态，拒不接受他的那份所谓的爱，他因而自暴自弃，开始对他自己，对周围的一切，采用一种听天由命的态度。

在他 18 岁生日前一个星期——1965 年 8 月 8 日，巴基斯坦军队越过了克什米尔停火线。8 月 30 日，印度军队在乌力（Uri）附近越过了停火线……在巴基斯坦与印度的这场圣战中，“歌手贾蜜拉”被派往北方，为巴基斯坦军队走向他们的死亡去演唱；这时，他——萨利姆·赛奈伊在做些什么呢？他为了忘记一切，一面等待着应征入伍，一面骑着摩托车在街道上乱逛，寻找死亡。9月22日夜间，在巴基斯坦境内的全部城市都遭遇了空袭期间，他的所有的家人，除了他自己和他妹妹“歌手贾蜜拉”以及在印度的穆斯塔法舅舅一家之外，全部丧生在了飞机所扔下的炸弹当中。他家宅院被炸弹夷为了平地，他父母葬身柴堆，他被一个飞来的银痰盂击破了头部，丧失了记忆，失去了羞愧和爱情的感觉。9月23日，联合国宣告了印度和巴基斯坦之间的战争结束。6年之后，另外一场战争又爆发了。

他的“莲花女神”帕德玛听到这里，涟涟泪水从隆起的双颊上流淌了下来，满脸泪痕，双眼红红的，哀叹他丧生的父母家人和那个被炸毁了的家。他依然如故，还像往常一样，没有流泪，劝了一句：还是为活着的人悲哀吧，然后，继续他的故事。

他属于在1965年的圣战中没有被消灭的一个幸存者，只是被一个银痰盂击中头部，受了点轻伤，其他远不如他幸运的人，都被消灭了。当时，他不省人事，倒在清真寺的夜影下。在那次空袭之后，他不再受尘世——那些家庭生活当中的各种日常琐事所烦恼，却又不得不历经一些新的磨难。在丧失记忆的状况下，一转眼过去了好几年，他进入了他人生的成年时期。这时，他已听不出唱歌的“歌手贾蜜拉”是他的亲人，也记不得父亲和母亲了，“午夜”对他来说，也已不再有什么重要。

从阴森森的军队医院的病床上苏醒过来之后，他同意了入伍的安排，成了“狗人”（The Man-Dog）——巴基斯坦军犬小组当中的一条被正式任命的“追踪犬”，协助执政的巴基斯坦当局，数次准确地捕获了革命党人。那日历是一页页飞快地翻过，日期停在了1970年末的一天。大选之前，那次使国家一分为二的大选[1]之前，在布托（Bhutto）和穆吉布（Mujib）之间爆发战争之前。

三个年轻的巴基斯坦士兵：阿育巴·巴洛奇（Ayooba Baloch）、法鲁克·拉希德（Farooq Rashid）和沙西德·达尔（Shaheed Dar）来到了穆里山[2]（Murree Hills）中的一处神秘营地，他们尾随在他这只“追踪犬”的后面，越过灌木丛、山岩小溪，进行一番演练；他们是进行跟踪和搜索情报的军犬小组当中的一组——第22小组。这些小组，每一组都是由三个士兵带着一条军犬组成，执行的任务是——消除善于伪装的“不良”分子。

阿育巴·巴洛奇他们三个年轻小伙无条件地接受了长官分派给他们的他这条非常特殊的“追踪犬”——鼻子又长又大又圆，球根状，像一条黄瓜，脑顶上有一处光秃，像和尚一样，他们给他这个狗人，起了一个绰号“佛陀”（The Buddha）。自此，“佛陀”屈从于命运对他的安排，履行着自己的职责，

---

1 国家一分为二的大选：1970年巴基斯坦大选，东巴基斯坦（现孟加拉国）以谢赫·穆吉布·拉赫曼（Sheikh Mujibur Rahmanb，1920—1975）为首的人民联盟党获胜。时任总统兼陆军总司令阿迦·穆罕默德·叶海亚·汗（Agha Muhammad Yahya Khan，1921—1980）和人民党主席佐勒菲卡尔·阿里·布托（Zulfikar Ali Bhutto，1928—1979）不予承认有关选举结果。1971年3月15日至25日期间，与穆吉布举行了一系列会谈，未能达成任何协议。25日，人民联盟党宣布成立“主权独立的孟加拉人民共和国”，叶海亚的中央政府动用武力镇压，穆吉布被捕入狱，人民联盟党被取缔，造成至少30万孟加拉族人被屠杀，迫使1000万孟加拉族人逃往印度，也因此导致了印度介入，支援东巴基斯坦，爆发了印巴战争，战事从1971年12月4日持续到16日，东巴基斯坦独立，宣布独立为孟加拉人民共和国。

2 穆里山（Murree Hills）：巴基斯坦东北部城镇，西南距拉瓦尔品第（Rawalpindi）58公里，是一处美丽的避暑胜地，也是外交界人士夏季活动的场所。

服从一切命令，像是既生活在这世界上又不生活在这世界上，整日低着头，穿过街道沿着河流追踪人或兽的气味。

1971 年 3 月 25 日，叶海亚（Yahya）和布托突然中断了和穆吉布的会谈，回西巴基斯坦去了，谈判破裂后，穆吉布宣布了孟加拉国自治，巴基斯坦政府动用武力进行镇压，军犬小组拥出了兵营，挤在一旁的吉普车上，整装待发，军事基地的喇叭里播放着“歌手贾蜜拉”的爱国歌曲。午夜时分，第 22 军犬小组的阿育巴、沙西德、法鲁克和“佛陀”被挑选了出来，跟随伊斯坎达准将（Brigadier Iskandar）去执行这天夜里最重大的任务。他们先给“佛陀”闻了一件穆吉布的旧衬衫，“佛陀”凭借着他惊人的嗅觉，经过刚刚被炮弹轰炸过的大学，率领部队来到穆吉布的巢穴，穆吉布被戴上了脚镣手铐，被阿育巴·巴洛奇拖进一辆等候的面包车里。他们驾车驶过城里的街道时，看到的是令人惨不忍睹的场面：所有的工会组织所在地，一个一个全都被夷为了平地，路旁水沟里摞满了死尸，堆叠在一起，他们的那些士兵，神经亢奋，马不停蹄地从事着强奸、杀人、放火的使命，借助对贫民窟发射火焰喷射器机关枪手榴弹，来维系东、西两巴的统一。他们将穆吉布押到机场，阿育巴把穆吉布推到一架飞机上，飞向囚禁他的西巴基斯坦。

大家的内心世界全都发了狂，但不是因为快乐。阿育巴与他的同伴接受并服从命令，“佛陀”跟踪气味的踪迹，他们第 22 军犬小组继续执行任务，深入血流成河的城市心脏，接着又去了乡下进行搜捕，在乡下，他们看到整村整村的庄子被焚毁，因为窝藏了自由斗士而遭到了株连。“佛陀”和阿育巴他们的职责是跟踪人民联盟党的小官爷和众所周知的共产党人。他们抓人毫不留情，追踪不择手段。最后，他们追踪了一个与他们旗鼓相当的对手。那猎物总是抓捕不到，他们不能空着手回基地，被迫向南追了下去，一直向南，向南，直至忘记了日期，再也分不清他们是在进行搜捕追踪还是在逃亡。那么茂密的丛林，历史几乎从不曾找到过进入的门槛，孙德尔本[1]（Sundarbans）吞噬了他们。

他将他的故事，在红树林这里短暂停顿了一会儿，对帕德玛，他的“有粪肥的”女神坦白说：其实，逼迫着他们一直向南的猎物根本不存在，尽管阿育巴、沙西德、法鲁克三个娃娃兵没有能力分辨他们是在追逐还是逃亡，“佛陀”自己却一清二楚他们是在干什么。他再也无法继续盲从他的职责，于是，开了小差，躲进了没有历史，一片混沌的热带雨林，还连累得那三个娃娃兵全都丧了命。

丛林在他们身后合拢，就像一座坟墓。在拱起的像教堂穹顶般恢宏高大的树木底下，在迷宫似的狭小的海水的咸渠道间，他引领着那三个娃娃兵穿行，随口乱说乱指，直至终于无可救药地迷失了方向，陷入绝境。到后来，阿育巴再也支撑不住了，像雨季一般号啕大哭起来，法鲁克和沙西德也失去了理智，尤其是法鲁克，甚至扑向了“佛陀”，对他一通拳打脚踢，直至沙西德上前制止。

三个娃娃兵深陷无奈，六神无主。夜间的丛林，在他们周边发出种种怪异的叫声，他们又饥又渴，想到了死亡。“佛陀”自顾自地盘腿坐在孙德尔本的大树下打坐，平静地望着虚空，对周围的一切视而不见。一天午后，大雨倾盆，雨水重重地落到树冠上，狼狈不堪的娃娃兵看见“佛陀”坐在树下被一条

---

1 孙德尔本（Sundarbans）：位于恒河三角洲，占据10,000平方公里的陆地与沼泽，一半以上地区在印度，其余部分在孟加拉国西南部，是世界上最大的红树林地区，生存着一些稀有或濒危动物，包括老虎、水生哺乳动物、鸟类和爬行动物等。

半透明的盲蛇咬了一口。那盲蛇将毒液注射进他的脚跟，沙西德赶紧用一根树枝击碎了蛇头，已从头麻木到脚的“佛陀”似乎对此一无所知，一直闭合着眼睛。有两天之久，他变得像红树一样僵硬，娃娃兵们以为他们的“狗人”死掉了。

在那之后，他的身体渐渐松弛下来，而且还恢复了他的记忆，重新同往事合二而一。过去的故事从他唇间源源涌出，随着他的眼神恢复正常，他的话语滔滔不绝，三个娃娃兵听着从他嘴里流淌出来的往事，简直入了迷。他的往事从午夜诞生开始，一发不可收拾，娃娃兵贪婪地听着，目瞪口呆，全神贯注。最后，他讲到了他妹妹完美的歌喉，讲到了他向“歌手贾蜜拉”告白了爱情，他妹妹再也不能容忍他在她身边了，之后，他又讲到了卡拉奇遭遇的狂轰滥炸，空袭中，他被一个飞来的银痰盂击破了头……

1971 年 10 月，他与那三个娃娃兵终于摆脱了孙德尔本，从红树林里走了出来，这时候，阿育巴、沙西德、法鲁克三个娃娃兵的耳朵已全部聋掉了，什么都听不见了。他们几个浑身臭烘烘的，一直朝北走去，途中，阿育巴为他挡了一颗飞来的子弹，救了他一命，自己却丧生了。12 月的一天，他们剩下来的三个人临近尸横遍野的达卡（Dhaka）时，他正从当地的农民口中听着用膝盖杀人的湿婆那些赫赫战功时，法鲁克突然倒地，再也不起。他扑到远处的一个尸体的金字塔前，听到从中传出来的阵阵话语声，开始与那金字塔交谈，从中，他获悉了：到了达卡，他将会与“午夜之子”中的巫女帕华蒂相遇。

12 月 14 日，他和聋子沙西德在遭到包围的达卡市外徘徊了很长一段时间，之后，他们跟着他那能嗅出安全与危险的鼻子走，找到了一条穿越印度封锁线的通道，在夜色的掩护下，鬼鬼祟祟地进到了城里。在局势一片混乱的战火中，他们做了逃兵，躲在一家住宅门口，不知何去何从，飞来的一颗流弹，直直落到沙西德头顶上。沙西德成了不仅一场战争，而是两场战争的牺牲品。

1971 年 12 月 15 日，印度军队开进了被解放了的孟加拉国的首都达卡，一架特派的印度空军运输机专程从印度首都运来了 101 位顶尖的印度魔法师与杂耍艺人，来配合胜利庆典，当地幸存下来的一些魔法师也主动加入了庆典行列当中，在千百种神奇魔法的欢喜涌流中，那些与印度军队一起游行的杂技演员和变戏法的魔法师，兴致勃勃地表演着，领头的是一位身高 7 尺举世无双的耍蛇魔法师——匹克图尔·辛格（Picture Singh），一位共产主义者，他的身后紧跟着的是用有盖的大藤篮表演的巫女帕华蒂。帕华蒂突然看到了他的身影后，呆若木鸡，随后，排开人群走到他跟前，拉着他的手臂，一个劲儿地惊叹：噢，我的真主，是你吗，萨利姆？听完了他的一番陈述之后，帕华蒂决定把他从这里弄出去。

随后，他被藏到了巫女帕华蒂的那个盖子非常严密的大藤篮里。巫女隔着那只大藤篮念叨着魔法咒语，他便在那魔篮里隐形了，整个人消失在了空气里。就这样，他在那魔篮里，又不在那魔篮里，混到了行进的队伍当中那辆拉载着匹克图尔·辛格和帕华蒂以及其他 99 人的军用卡车上。运输机载运来 101 位艺人，回程变成了 102 人。他隐形到魔篮里之后，在那片鬼魅的时空里，知道了鬼魂们是怎样看世界的，还知道了在那场惨烈的空袭中，他和那个银痰盂一起被巫女帕华蒂的魔法咒语念念叨叨变了形，之后，他被那银器的幽幽黑光所救，才存活了下来。

1971年12月16日，他没有护照，没有通行证，在隐形的庇护下，从巫女的那只魔篮里翻滚了出来，进入了甘地夫人[1]的新国大党在议会中拥有了超过三分之二多数席位的印度境内，回到了他出生的地方，并见到了依靠膝盖打赢了无数战役的英雄湿婆。

最初，他在旧德里位于礼拜五清真寺建筑群当中的魔法师们居住的贫民区里逗留了几天，与耍蛇魔法师匹克图尔·辛格成了朋友，在匹克图尔·辛格的影响下，他怀抱着替天行道的救世野心，投身到了政治运动当中，在徒步前往了新德里之前，他向巫女帕华蒂辞行，说：他必须离开，伟大的事业在发展，不过，会经常回来看她的。帕华蒂并没有什么依依不舍之感，还坦承：他并不是她遇到的第一个“午夜之子”。对巫女帕华蒂来说，最有魅力的男人是另外的那个“午夜之子”——有着举世无双膝盖的湿婆。他们已在胜利的那一刻团聚过了。在达卡胜利大游行中，她站在行进着的战斗英雄湿婆的战车上，欢喜地伴随在英武的湿婆的身边，用魔篮娱乐人群，表演她的魔法。“说不定他有空就会过来的，那样，我们就有三个人了。”帕华蒂带着期盼的感情说道。他感到有些恐慌。若非因产科医院的那一桩罪行，那个湿婆本应拥有的是他的人生。不过，在刚刚过去的孟加拉国战火中，湿婆已趁势而起，俨然成了一名万人崇拜的民族英雄，社会地位和军衔不断提升，不断现身在各种各样的宴席当中，在政治会议和外交招待会上，都能见到湿婆的身影。有关湿婆的一些战斗功绩，不断被登载在报纸、杂志上，传播在大街小巷。

与巫女帕华蒂辞别之后，他抛弃了自己的人生与舒适的生活，像乞丐一样游走在世界上，度过了一天又一天。在他四分五裂的记忆里，1974年5月15日，陆军少校湿婆回到了德里军团。三天之后，5月18日，湿婆少校闯入了他的生活，来到了礼拜五清真寺魔法师们居住的贫民区，穿着战斗英雄服，从一辆军用摩托车上走了下来，抓住了帕华蒂的手臂。而此时此刻，他正与共产党员匹克图尔·辛格在这座城市里的另外一地出席一个紧急会议，讨论铁路罢工等一些事。

简而言之，在他忙于政治和他的救世野心时，帕华蒂用她的巫术魔力向湿婆奉献出了她真诚的爱心，把简朴的军队住区变成了豪华娱乐场所，变成了一座适合于湿婆的凯拉萨神庙[2]。湿婆被帕华蒂一双迷人的眼睛和色情的嘴唇撩拨得欲火难耐，将全部注意力投向帕华蒂，总共持续了有4个月之久，或者说，历经了117个夜晚。到了12月12日，事情发生了变化——帕华蒂跪到湿婆脚前，用一双眼神说明了一切，她有了湿婆的孩子。结果，他们的关系一下子变得波涛汹涌。那位恶魔一样残忍的湿婆少校，具有惊人的生殖能力，已经毁了不知多少女人，他的私生子，足够组织起一支街头游行的童子大军了。他对帕华蒂一阵拳打脚踢，随后，毫不在意地出去喝酒、嫖妓，把哭泣不已的帕华蒂赶回了魔法师们的贫民区。

1975年2月23日，他以无家可归者身份回到礼拜五清真寺魔法师们的居住区时，帕华蒂带着她的魔篮等候在公路上，在午夜的黑暗中，他们拥吻在了一起。结果，爱嘶嘴的帕华蒂成了他心中的“歌手贾蜜拉”——他心中的“歌手贾蜜拉”成了帕华蒂。在耍蛇魔法师匹克图尔·辛格主持下，他与怀着私

---

1 甘地夫人：即英迪拉·甘地（Indira Gandhi，1917—1984），印度历史上的第一位女总理，也是印度历史上最为著名且有争议的政治人物之一，因其领导印度的16年间的政治方针相当硬朗、立场坚定，后人亦称其为“印度铁娘子”。她出身显赫，是印度著名政治家贾瓦哈拉尔·尼赫鲁（Javāharlāl Nehrū，1889—1964）的独生女。

2 凯拉萨神庙（Kailasa Temple）：位于印度马哈拉施特拉邦（Maharashtra）埃洛拉石窟群新月形山麓的中央。开凿于约757年至790年，是祀奉印度教大神湿婆的神庙。

生子的帕华蒂结了婚。帕华蒂的脸上看不出丝毫的罪恶感，带着天真的笑容，变成他的妻子——蕾拉·赛奈伊（Laylah Sinai）。他的人生再一次落入命运的宰制。

现在得快点说了。他在前面已经提到了，在他近31年的人生历程当中，女人，一直都是改变他人生的人。女人造就了他，也毁了他。从玛莉·佩雷拉到“寡妇”，他一直都听任女人那所谓的温柔性别摆布。在那些女人当中，最重要的一个女人——就是那个“寡妇”。1975年6月25日，“寡妇”被控违背了选举法，紧接着，“寡妇”宣布国家进入紧急状态。就在那个夜晚，在礼拜五清真寺的阴影之下，蕾拉（其实应该说帕华蒂）在魔法师们居住的贫民区生下了一个大耳朵的男孩——“萨利姆·赛奈伊的”儿子——阿达姆·赛奈伊（Aadam Sina）。

在“寡妇”实行国家紧急状态最初的几个月，他嗅到危险正在向他靠近，有人劝他躲起来，魔法师们的贫民区成了他心中仅存的一片自由绿洲，想不到他却连累了那个贫民区。“寡妇”的儿子借“市政美化工程”之名强拆了那个贫民区。魔法师们举行了暴动，一天过后，簇拥在礼拜五清真寺阴影里的贫民区就在地球上消失了，被推土机推为了平地。他的朋友、恩人们纷纷落难或濒死，而他却爱莫能助。

因为惧怕他和那些“午夜之子”的神奇魔力，他们绝大多数的“午夜之子”成了“寡妇”的心腹之患，尤其是他，曾与每一个“午夜之子”的心灵连过线，并且把每一个人的姓名地址面貌全都记录在了心里，结果，他便步入了算命大师拉拉姆·塞思所预言的他人生当中的那个“士兵会折磨他——暴君会油煎他”的阶段。他成了“寡妇”的抓捕对象。少校湿婆不动声色地奉“寡妇”之命专程到贫民区将他抓获，交到了“寡妇”手里，被关进了“寡妇”的贝拿勒斯居住所（Widows' Hostel in Benares），成了“寡妇”的阶下囚。女巫帕华蒂因为跟他结了婚，也成了笼罩他所有亲人的暴力死亡诅咒的受害者，他不知道湿婆将他锁进黑暗的囚车之后，是否又去搜捕过帕华蒂，或将她留给了推土机。

现在，他们“午夜之子”已不再是581个，其中有一些已经死了，420个被“寡妇”抓了进来。那个难以宽恕的、叛逆的“午夜之子”湿婆却是一个例外，成了“寡妇”政府的帮凶，踩着军靴趾高气扬地在他们的监禁地周围走来走去。他闻见湿婆一身的臭味循着背信弃义的足迹荡来荡去！少校湿婆，战争英雄，神膝湿婆——监管着被囚禁在贝拿勒斯的他们那些“午夜之子”。1977年元旦，他和其他的“午夜之子”一个接着一个走进了地下室的一个房间，在那个毁灭性的房间里，穿绿戴黑的医生护士们早已静静候在了那里。他们一一被迫做了输精管切除术或子宫摘除术，再也没有复制他们自己的机会了。

1977年3月末，他料想不到地被释放出“寡妇”之宫，他们420人在阳光与贝拿勒斯街头的混乱中，眨着眼睛，不知道发生了什么事。之后，彼此互道珍重，各奔东西。在他们当中，唯有那个湿婆，被新政权监禁于军事监狱，但他在里面没待多久，一个为他生下私生子被他抛弃的女人——钢铁大王的妻子罗香娜拉·薛蒂（Roshanara Shetty）借助贿赂混进了他的牢房，从手提包里抽出她丈夫的一把德制手枪，击穿了战争英雄的心脏，当场毙命。

少校湿婆死了，丝毫不知，当年，在难忘的午夜，在纳利卡大夫的产科医院，在神话般的混乱中，那个心生私心杂念的女人，更换了婴儿的名牌，剥夺了他与生俱来的住在山顶上过着富商之子生活的权力。而他——街头卖唱艺人的私生子，萨利姆·赛奈伊，设法回到了首都德里，寻找巫女，他的妻子蕾拉·赛奈伊。他已经被吸干了，干瘪得不成样子，筋疲力尽，在街头卖艺人的指点下，在城西郊的巴士调度场，找到了一群破破烂烂的帐篷，在其中，看到面带微笑的耍蛇的巨人匹克图尔·辛格怀里抱着他那22个月大的儿子。巫女帕华蒂已不在人世，他带着不到2岁的儿子阿达姆·赛奈伊回到了孟买。

在孟买，“布拉甘萨酱菜（民营）股份有限公司”[Braganza Pickles（Private）Ltd]的经理——他昔日的女仆，午夜的罪犯，玛莉·佩雷拉小姐，现今自称布拉甘萨夫人（Mrs. Braganza），是尚留在这个世界上他唯一的母亲。他前去拜访了玛莉，之后，便开始为富有的玛莉经营酱菜工厂。现在，他的身体正在出现裂痕，一切都如算命大师拉拉姆·塞思所言：他未老先衰！而且，他会死……未死先亡。对腌制工作，他有着自己的理解。总有一天，或许，世界会尝到他那历史的酱菜，他希望它们具有货真价实、真相的滋味。

他即将迎来31岁的生日——它还没有到来，他的身体已经撑不住了。那天，他听到了夜空里的谎言——想做什么都可以。简直是一个弥天大谎！眼下，他全身已出现了道道裂痕，正在崩裂，那是萨利姆的崩裂，他是孟买的一颗炸弹，骨头在拥挤的人群强大无比的压力下折断碎裂，一堆碎骨头，往下落呀落……如今，他们第一代1001个神通广大的“午夜之子”一个个全都死去了，成了他们所属时代的主宰和牺牲品，他们根本不可能安详地生活或死亡。

作者生平与创作生涯

萨尔曼·拉什迪于1947年6月19日出生在印度孟买（Bombay）一个富有的穆斯林商人家庭，祖父是乌尔都语诗人，父亲毕业于英国剑桥大学，母亲是一位教师，家人都是虔诚的穆斯林教徒。他在孟买英国教会学校约翰·奥康纳学校接受了小学教育，在乌尔都语和英语两种语言的环境中长大。

1961年，他只身前往英国，进入沃里克郡历史悠久、颇有名望的贵族学府拉格比学院学习。1964年，他父母迁至巴基斯坦卡拉奇定居，当时印巴双方战火正酣，家乡浓厚的宗教色彩和政治冲突对他产生了深刻的影响，使他一度中断了学习，回到了巴基斯坦，后在父亲的坚持下，他进入英国剑桥大学国王学院攻读历史，1968年获得学士学位。

毕业之后，他回到巴基斯坦，在国家电视台工作了一段时间，后又回到英国，在肯宁顿的英国椭圆剧院（Oval House Theatre）当演员。1971年至1981年期间，他成为一名自由作家和广告撰稿人，为英国几家广告公司搞创意，并开始以写作为生。1975年，他出版了第一部长篇小说《格林姆斯》（Grimus），讲述了一个长生不老的印第安人的故事，出版之后，反应平平。

1981年（34岁），他出版了第二部长篇小说《午夜之子》（Midnight's Children），虚构了一个不可思议的故事：在印度独立的历史时刻，诞生了1001名“午夜之子”，其中存活下来的581名“午夜之子”，个个神通广大，当中的两个——萨利姆·赛奈伊（Saleem Sinai）和湿婆（Shiva）是午夜零点整出生的，本事最大。不过，二人出生当日，被助产士“调了包”而投错了门户，命运发生了大逆转……整部小说故事线索和人物众多，富有神秘色彩，又带有强烈的政治讽刺意味，采用印度史诗的讲述故事的传统方式，呈现出一种波澜壮阔和令人眼花缭乱的叙事效果，展现了20世纪印度风云变幻的复杂历史，夹杂着家族史的回溯，见证了长达半个多世纪在南亚次大陆发生的种种重大政治事件。行文当中，混杂着市井俚语，充满了各种隐喻、双关语，以一种创造性的诙谐与调侃，挑战了印度社会的种姓[1]制度以及宗教神权。

小说甫一出版，立刻在英国文坛引起了轰动，并在南亚次大陆和欧美国家受到一致赞赏，给他带来了巨大声誉，令他一举成名；不过，这部气势恢宏、场面宏大复杂、雄心勃勃的作品，也因其真实描绘了 1975 年印度实施的"紧急状态"和在孟加拉国发动的战争，触怒了印度前总理英迪拉·甘地（Indira Gandhi，1917—1984）而一度被印度当局列为禁书，禁止发行。小说出版当年，赢得了英国最古老的文学奖——詹姆斯·泰特·布莱克纪念奖、英国艺术委员会作家奖、英语国家联合会文学奖；并因其丰富的想象和独特的风格，问鼎了第 13 届英语文学界最有影响力的布克奖。之后，又在 1993 年获得了为纪念布克奖设置 25 周年而颁发的大奖——"特别布克奖"，并在 2008 年名列"布克奖有史以来的最佳作品"之列。如今，他的这一部获得了三个"布克奖"的长篇小说，已被英国当代文学史界公认为魔幻现实主义在英国的扛鼎之作，被视为了当代文学经典。

1983 年，他出版了第三部长篇小说《羞耻》（Shame），再获好评，入围了当年的布克奖决赛名单，并获得 1984 年的法国文艺奖。

1990 年，出版了一部儿童读物《哈伦与故事之海》（Haroun and the Sea of Stories）；1994 年，出版了一部短篇小说集《东方，西方》（East，West）；1995 年，出版了第五部长篇小说《摩尔人的最后叹息》（The Moor's Last Sigh），入围了布克奖决赛名单，获得了英国图书年度作家奖和惠特布莱德小说奖。

2008 年，他出版了一部以东西文化对比，以及跨民族跨宗教爱情为主题的长篇小说《佛罗伦萨的女巫》（The Enchantress of Florence）继续他的魔幻现实主义手法；同年 10 月，他获得了都柏林大学学院颁发的詹姆斯·乔伊斯奖。之后，他又陆续出版了长篇小说《路卡与生命之火》（Luka and the Fire of Life，2010）和《两年零八个月又二十八夜》（Two Years Eight Months and Twenty-Eight Nights，2015）。

萨尔曼·拉什迪是一位勤于笔耕的作家，除了长篇小说创作之外，还著有游记、散文、随笔和论文集。他出版于 1987 年的游记《美洲豹的微笑：尼加拉瓜之旅》（The Jaguar Smile：A Nicaraguan Journey）记录了他 1986 年访问尼加拉瓜的经历；他出版于 1991 年的随笔集《想象的家园：散文和批评》（Imaginary Homelands：Essays and Criticism）是一部关于 1980 年代的政治、文学和文化随笔著作；他出版于 2002 年的文集《越界：非小说文集 1992—2002》（Step Across This Line：Collected Non-fiction 1992—2002），收录了他 1990 年代写作的散文、论文、书评以及讲演稿，其中有关克什米尔、科索沃、北爱尔兰等问题的文章，都是他的关于前沿阵地的"边界"的看法。另外，他还著有文集《东方是蓝色的》（The East is Blue，

1 种姓（Caste）：印度教中的一种富有特色的传统的社会体系，借由许多不同的标准建立起来的一套相对阶序，分为婆罗门（Brahman）、刹帝利（Kshatriya）、吠舍（Vaisya）、首陀罗（Sudra）四等。各种姓之间，等级森严，不能通婚，所从事的职业，原则上是世袭不变的，世俗生活的核心，必须严格遵守各自地位不同的社会等级规范。另外，还有一种被排斥在四大种姓之外，连"奴隶"（首陀罗）都不如的旃陀罗（Sandra）——贱民、不可接触者，地位最为低贱。印度独立以后，尽管废除了种姓制度，其影响却至今尚存。

2004）等。

萨尔曼·拉什迪有过四次婚姻：1976年，他同第一任妻子英国人克拉丽莎·卢亚德（Clarissa Luard）结婚，他们育有一子，1987年离婚；1988年，他同第二任妻子美国作家玛丽安娜·维金斯（Marianne Wiggins）结婚，1993年离婚；1997年，他与第三任妻子伊丽莎白·威斯特（Elizabeth West）结婚，他们育有一子，2004年离婚；同年，他与第四任妻子印度裔模特兼演员帕德玛·拉克希米（Padma Lakshmi）结婚。

主要参考资料：

Midnight's Children, by Salman Rushdie, Publisher: Rebound by Sagebrush, 1999.

The Oxford Companion to English Literature Revised Sixth Edition, edited by Margaret Drabble, Publisher: Oxford University, 2006.

The Satanic Verses, by Salman Rushdie, Publisher: Rebound by Sagebrush, 2006.

1982年 | 第14届

015 辛德勒名单 [澳] 托马斯・肯尼利
Schindler's Ark by Thomas Keneally

◎ 原著共 38 章，另有序言和尾声，以纪实笔法，讲述了第二次世界大战期间，在德国纳粹对犹太人所进行的疯狂而歇斯底里的种族屠杀历史当中，非犹太裔商人奥斯卡・辛德勒（Oskar Schindler）拯救了一个又一个无辜生命的故事。

英文原版封面

托马斯・肯尼利
（Thomas Keneally，1935— ）

托马斯・肯尼利是澳大利亚一位享誉世界的杰出小说家，富有正义感和人道主义情怀。

有评论认为，其作品善于用独特的眼光审视生活现实，探讨人们普遍关心的社会问题，表现个人与社会、个人与当局之间不可战胜的矛盾，以及人们的不安感与希冀脱离困境的徒劳挣扎，创作题材相当广泛，既富深意，又兼具通俗小说的生动情节与戏剧效果，独具吸引力。

他的小说创作曾四次获得布克小说奖提名，最终，在 1982 年，他的长篇小说《辛德勒名单》（Schindler's Ark）因其**客观的描述、沉稳的笔调和所透出的历史真实感**，问鼎了第 14 届英语文学界最有影响力的布克奖，并在 1983 年获得了美国的《洛杉矶时报》图书奖；还在 1993 年被著名美国导演斯蒂文・斯皮尔伯格（Steven Spielberg，1946— ）改编成电影《辛德勒的名单》（Schindler's List）搬上了银幕，引起了轰动，因其表现出的人文关怀，一举获得了 1994 年奥斯卡奖（The Oscars）包括最佳影片和最佳导演在内的 6 个奖项。

1943年，暮秋时节的波兰，外面穿着昂贵大衣，里面穿着双排扣无尾礼服，礼服翻领上别着一枚大大的黑底金字的珐琅质德国纳粹党党徽的高个子，奥斯卡·辛德勒先生，从克拉科夫城（Cracow）的旧市中心边缘的斯特拉泽齐格大街（Straszewskiego Street）上一栋时尚的公寓里走了出来，注意到他的司机呼着热气，在一辆即使在这个黑暗笼罩的世界里也仍然熠熠生辉的大型高级轿车“阿德勒”敞开的车门旁等候着他。“注意路面，辛德勒先生。”司机提醒说，“它就像寡妇的心一样结着冰。”

克拉科夫市，景色一片萧瑟，“阿德勒”开过斯特拉泽齐格大街，从国社党宠爱的律师汉斯·弗兰克[1]（Hans Frank）统治下的波兰总督府大楼——瓦维尔堡（Wawel Castle）下面行驶过去，然后转向东，朝维斯图拉河（Vistula River）开去，开到波德古兹桥（Podgorze Bridge）后，他的司机递上了通行证。桥上的卫兵对辛德勒先生的相貌和他的轿车早已非常熟悉了。辛德勒先生时常出入这个检查站，不是从工厂（他那里也有一套寓所）前往市里忙公务，就是从他斯特拉泽齐格大街上的寓所前往他扎布洛（Zablocie）西郊外的工厂。傍晚过后，他们也常常能够见到他的身影，正装或半正装，去出席晚宴或聚会，一般都带着白酒和白兰地酒作为礼品。今晚，他在前往离城10公里的普拉绍夫强制劳役营（Forced Labour Camp Plaszow），跟党卫军司令官阿蒙·戈斯（Amon Goeth）——身居高位的好色之徒共进晚餐。不过，尽管他嗜好美食与好酒，却对司令官戈斯没有什么好感，每次跟戈斯坐在一起饮酒，都非常反感。像往常一样，坐在轿车里的辛德勒先生一根接一根地抽着烟，神态镇静。他是一位时尚人物，他的举止仪态表明，他很清楚下一支香烟、下一瓶干邑白兰地（Cognac Brandy）将会出现在哪里。

辛德勒先生的轿车转驶上那条被命名为耶路撒冷（Jerusalem）的大街，他最先看到的是小山脚下一座被毁弃的犹太教会堂，然后就是一片光秃秃的景象。那里数天前还被称为耶路撒冷城，如今已成为普拉绍夫强制劳役营，关押着20000名犹太人。大门口的乌克兰卫兵和武装党卫军彬彬有礼地将辛德勒先生迎了进去。“阿德勒”轿车经过行政管理大楼，然后开上一条用犹太人的墓石铺设出的监狱小道。这个营地两年前是一个犹太人墓园，戈斯司令官自诩是个诗人，因而无论做什么，都喜欢使用一些隐喻、

---

1 汉斯·弗兰克（Hans Frank，1900—1946）：德国纳粹首要战犯。1934年至1945年间，在司法部、科技行政部门和纳粹党内担任各种职务，1939年10月任德国驻波兰辖区最高行政长官（即驻波兰占领区总督），上任次日即宣布：“波兰人应该成为德意志帝国的奴隶”；强制推行经济压榨政策，大肆搜刮粮食和财物运往德国，并强征100多万波兰人到德国充当劳工；下令开展“特别绥靖行动”，并积极推行灭绝犹太人的计划。纽伦堡审判中，因战争罪和违反人道罪被判处绞刑，1946年10月16日处刑。

象征，甚至在对劳役营的建造上，破碎墓石的隐喻，贯穿了整个劳役营，将它一分为二，不过并没有向东延伸到司令官居住的别墅。

一个名叫波尔戴克·普费佛伯格（Poldek Pfefferberg）的囚犯和他的学生里谢克（Lisiek）当晚也正往司令官的别墅里赶。波尔戴克过去是波德古兹[1]的一名中学教师，他战前的这名学生里谢克现今19岁，是戈斯司令官的一名勤务兵，为了要他帮个忙，给了他几张由一位党卫军军士签署的通行证。因为里谢克为司令官浴缸里残存的一圈顽固的污渍搞得心神不宁，担心戈斯早晨洗浴时看到后会因此揍他一顿。他高中时代的老师普费佛伯格如今在劳役营的汽车工场干活，有机会接近去除污渍的溶剂，于是他们师生一起去了趟汽车库，拿了一罐去污液。在戈斯司令官的别墅里，还有波尔戴克的另一名学生海伦·赫尔契（Helen Hirsch），戈斯的犹太女仆，饱受着戈斯的虐待。

在党卫军一位中士的引领下，辛德勒先生走进别墅门厅，这一次，他带来的礼物是一个镀金的烟盒，是从黑市上买的，因为戈斯一向只接受镀金制品。在通往餐厅的双开门那儿，辛德勒先生注意到，犹太演奏家亨瑞·罗斯纳（Henry Rosner）和利奥·罗斯纳（Leo Rosner）正在拉小提琴和手风琴。根据戈斯的需要，他们已经脱掉了白天在劳役营油漆工场干活时穿的破烂衣服，换上了他们保存在营房里的为了这种场合穿的晚礼服。在戈斯司令官的晚宴上共有七位男人，来宾当中，辛德勒先生首先看到的是克拉科夫地区党卫军头目朱利安·舍内尔（Julian Scherner），军衔是介于上校和准将之间的区队领袖，其次是党卫军保安部克拉科夫分部头目罗尔夫·祖尔达（Rolf Czurda），军衔相当于陆军中校。戈斯的军衔属于上尉等级，所以这二位是晚宴最高级别的贵宾，普拉绍夫强制劳役营就在他们二人的管辖之下，而且，这两位的岁数，也都比戈斯大一些。最年长的男宾，要数舍内尔的“经济顾问”弗兰茨·鲍什（Franz Bosch）先生，一位第一次世界大战的老兵，普拉绍夫多方面工厂（有的是合法的，有的是非法的）的经理。

辛德勒先生非常厌恶鲍什和两个党卫军头目舍内尔和祖尔达，然而，他们却是他在扎布洛西独自拥有的工厂继续存在的关键人物，因此他总会定期给他们送礼。来宾当中，普拉绍夫劳役营内的马德里希制服厂的拥有者朱利厄斯·马德里希（Julius Madritsch）和制服厂的经理雷蒙德·逖什（Raimund Titsch），对战争与奥斯卡·辛德勒有着相类似的感觉。马德里希比奥斯卡和戈斯司令官小1岁左右，是一位具有冒险精神和仁爱之心的男人。他的工厂雇用了近4000名囚犯，也就等于保住了这4000人的性命——使他们作为战争产品的生产者而免受屠杀；依照与马德里希的约定，40岁出头的雷蒙德，甚至冒着坐牢的危险成卡车地为他的囚犯偷运食品。

来宾当中的四位女客，是四位花枝招展的女人——货真价实的高档、高价的克拉科夫城内的妓女。两位党卫军头目注意到，辛德勒先生的入场，吸引了四位女客的注意力。两位党卫军头目和戈斯司令官也都很喜欢奥斯卡·辛德勒，尽管他们知道有迹象表明他不是极右翼分子，可他出手大方，是各种难得

1 波德古兹（Podgorze）：位于波兰最大的河川维斯图拉河南岸，克拉科夫城南，第二次世界大战期间的一处犹太集中区。1940年4月，主政者汉斯·弗兰克下令克拉科夫应该“犹太净空”，次年便开始将卡兹米尔社区内的犹太人驱赶集中到维斯图拉河南岸的波德古兹，在1943年3月，德国纳粹又开始肃清波德古兹犹太集居区，凡能劳动的犹太人被集体送到克拉科夫周边建立的劳役营，老人与小孩则被送往包括恶名昭彰的奥斯维辛在内的集中营。

的日用品的一个好来源，他还能手持他的酒杯，表现出松弛，有时甚至是不怀好意的幽默感，而且，他还具有一种无往不胜的讨女人喜爱、招日耳曼同胞尊敬的魅力。

晚宴前的一段时间，人们的交谈总是老一套，谈论有关战争的事。辛德勒同马德里希与逖什谈论工厂的生意，在三位企业家之间，存在真正的友谊。辛德勒知道，逖什为马德里希制服厂的囚犯非法购买黑市面包，而且大部分资金源自马德里希。这是最起码的人道。因为辛德勒断定，他们在波兰的赚头实在巨大，哪怕最资深的资本家都能满足欲望，而且为额外的面包支付一些非法费用也是合乎情理的。在辛德勒看来，跟军备物资监管局（Rustungsinspektion）签订的合同已经使他非常富有，早就超越了他的意愿——成为他父亲眼里的成功者。可惜，只有马德里希、逖什和他——奥斯卡·辛德勒，定时出资购买黑市面包。“生意不错吧？”鲍什先生走到辛德勒先生跟前，拉住他的胳膊，把他领到了一边，询问起他工厂的生意。鲍什已经看过了“重要军备物资委员会”（Main Armaments Board）的官方公告，宣布合同签给了辛德勒工厂。辛德勒的工厂名为——德意志搪瓷厂（Deutsche Emailwaren Fabrik），波兰人和犹太人管它叫作“阿玛丽娅”（Emalia），主要生产锅碗瓢盆一类的器皿。

鲍什开口要求辛德勒捐献一些厨房用具，接济他的伯母，说他在不来梅（Bremen）的伯母家遭遇了轰炸，家具和厨具被炸得精光。“当然。”辛德勒说，然而，却为自己被操控而感到极度厌恶。不过，他还是满足了鲍什，并且殷勤有礼地告诉鲍什，他会交代他的秘书去负责料理全部事宜。鲍什马上夸赞起辛德勒那位波兰籍女秘书长得漂亮，随后又提到了辛德勒的夫人，说很想知道他是怎样在自己夫人的眼皮底下把那女人弄到手的，还说辛德勒对他的夫人有很好的掌控能力，一定是有什么本事。辛德勒很是生气，“我从不讨论私事。”他脸上所有的迁就表情全都消失，不过仍然维持着惯常的优雅语调。鲍什匆忙道起歉来，这个在克拉科夫无孔不入的家伙，为了他索要的那 6 打成套的厨房用具，被搞得汗流浃背。

辛德勒不愿对鲍什解释什么，鲍什根本不了解他的生活、婚姻。他与埃米莉·辛德勒（Emilie Schindler）之间的灾难，全是因为一个具有禁欲脾性，一个具有享乐脾性；而且，辛德勒觉得他的婚姻状况与父亲汉斯·辛德勒先生（Herr Hans Schindler）颇相类似，埃米莉很像他已故的母亲路易莎·辛德勒夫人（Frau Louisa Schindler），而他父亲老辛德勒先生在 1935 年就离开了路易莎。

来宾们被召唤到桌前用餐，波兰籍女仆莉娜（Lena）为他们上了洋葱汤，客人们边吃边闲聊，罗斯纳兄弟继续在一旁演奏。辛德勒先生坐在两位女客中间，看到她们在注视莉娜。莉娜穿着传统的女佣制服，黑色的女服和白色的围裙，胳膊上没有戴犹太标记的星章，背后也没有表示犹太人的黄漆条纹。辛德勒先生知道，莉娜是个犹太人。每个人都注意到了莉娜脸上的伤痕，下颚上有一片乌青。辛德勒先生的通风报信者告诉过他，戈斯和这个女孩之间的关系暧昧，走的是一条扭曲路线，与朋友们在一起时，他拿莉娜当谈资，只有当克拉科夫地区以外的高级军官来造访时，他才把她隐藏起来。一旦有人使戈斯想起了莉娜的犹太人出身，莉娜就得吃更多的苦头，或者当众，当着晚宴客人的面，或者过后，在司令官的朋友们回家之后。

晚宴一直进行到与会者人人都醉倒了为止。这时，波尔戴克·普费佛伯格和勤务兵里谢克正在楼上戈斯的浴室，用力洗刷浴缸上的那一圈顽固污渍，他们能听到罗斯纳兄弟的音乐和阵阵欢声笑语。下面该喝咖啡了，受尽折磨的莉娜端着托盘走到客人们面前，然后平静地退回了厨房。马德里希与逖什很快把咖啡喝完就告退了，辛德勒也准备同样如此，这个地方他实在待不下去了。“我必须得回家了。”辛德勒先生说。在家里等候他的是英格丽（Ingrid）——他的德国情妇。

身材娇小的波兰妓女拖着戈斯往楼上走去，等他们爬到了第一节楼梯，辛德勒先生悄悄沿走廊朝后面的厨房走了过去。普费佛伯格和里谢克没料到司令官这么早就上了楼，不得不悄无声息地收拾起了清洁工具，想溜之大吉，却被喝得醉醺醺的戈斯看到了。听到胆战心惊的里谢克汇报说浴缸里有一圈污痕，戈斯重重地打了里谢克一记耳光，待被打倒在地的里谢克爬起来后，接着便是一顿恶狠狠的毒打。普费佛伯格目睹了这一情景，很为里谢克担心，恐怕会有更糟的事情发生。结果，没过多少天，普费佛伯格便听说里谢克死了，被阿蒙·戈斯击毙了，他以为是因为浴室的那件事。事实上却另有原因——里谢克的罪过是，事先未经司令官的允许，就为鲍什先生套了一辆马车。

在别墅厨房里，女仆莉娜——她的真名是海伦·赫尔契，充满恐惧地望着辛德勒先生。“你不认识我？”辛德勒先生为自己不为赫尔契小姐所知而颇感遗憾，“我是辛德勒。”他说。随后热烈吻了吻赫尔契小姐前额的正中，令赫尔契小姐忍不住流下了眼泪——因为那是当今备受虐待的波兰民族先前在火车站告别时的一种亲吻方式。辛德勒先生递给赫尔契小姐一大条巧克力，让她收好，藏起来。“伊扎克·斯特恩（Itzhak Stern）同我讲了有关你的事儿。”赫尔契小姐埋头痛哭，哭诉自己不断平白无故遭受戈斯的毒打，日复一日，不知挨了戈斯多少拳头，“总有一天他会杀了我。”辛德勒先生摇摇头，分析说：不管怎么样，这里仍然强于马伊达内克[1]（Majdanek）或奥斯维辛[2]（Auschwitz），如果你能保持你自己的健康状态。司令官不会杀你，因为他太需要享用你了，一心指望着拿你取乐。赫尔契小姐受到了震惊，自己饱受凌辱，虽然悲惨，却逃过了死亡。辛德勒先生继续喃喃地说了一些鼓励的话语：他会再来看她，他会设法把她弄出去，弄出别墅，弄到他的搪瓷厂去。海伦·赫尔契顿时认同了，“辛德勒的阿玛丽娅”，那地方她早就听说过——那是一个能使犹太人有机会活下去的地方。于是，她转过身去，走到一个陶瓷器陈列柜前，将其移动开之后，挪开后面墙壁的一块砖块，掏出一叠占领当局的货币——4000 兹罗提。她有个妹妹在劳役营厨房干活，在她妹妹一旦被送上运畜车时，她希望辛德勒先生用这笔钱把她妹妹赎出来。

奥斯卡·辛德勒是在希格门德·李斯特将军（General Siegmund List，1880—1971）的装甲师从苏台德地区[3]（Sudetenland）向北方挺进，1939 年 9 月 6 日从两侧进击，占领了波兰南部的克拉科夫城之后，来到这座城市的。他来找寻利润丰厚的商业契机，这里，未来的五年，将是他人生最有前途的时光。话虽这么说，可还不到一个月，他便开始对纳粹主义有了不忠之心。不过，他依然能够看到，克拉科夫——这个铁路工程枢纽，至今，它的工业尽管不够强大，但是在新的制度下，势必将会成为一个新兴都市。

---

1 马伊达内克（Majdanek）：第二次世界大战期间，德国纳粹修建的集中营和灭绝营，位于波兰卢布林市郊，兼集中营、强制劳役营和屠杀中心于一体。

2 奥斯维辛（Auschwitz）：第二次世界大战期间，德国纳粹修建的最主要的集中营和灭绝营，位于波兰克拉科夫西南，1940年4月由德国党卫队领袖海因里希·鲁伊特伯德·希姆莱（Heinrich Luitpold Himmler，1900—1945）下令建造，后又以其为中心在四处修建了许多集中营。在1942年对犹太人有系统的大屠杀中，超过100万人在其中被害，有 90% 是犹太人。1945年1月，奥斯维辛集中营被苏联红军解放；1947年，波兰国会立法把集中营改为纪念纳粹大屠杀的国家博物馆；1979年，联合国教科文组织将奥斯维辛集中营列入世界文化遗产。

3 苏台德地区（德语：Sudetenland；捷克语：Sudety）：特指第一次与第二次世界大战期间，捷克境内邻近德国讲德语居民所居住的地区。

他将不再是一名推销员，现在，他将成为一名商业大亨。

在奥斯卡·辛德勒的家族历史中，并不大容易求证到他拯救苦难者的冲动根源。1908 年 4 月 28 日，奥斯卡·辛德勒出生在弗朗茨·约瑟夫一世（Franz Josef，1830—1916）统治下的奥匈帝国的奥地利山区摩拉维亚省（Moravian）的一个小工业城市兹维塔维（Zwittau）。那时，年轻的阿蒙·戈斯正在维也纳（Vienna）准备他的高中毕业考试。像阿蒙·戈斯一样，奥斯卡也出生在一个信奉天主教的家庭，他母亲路易莎·辛德勒（Louisa Schindler）是位笃信宗教的妇女，每个星期都要去教堂，而且很不赞成丈夫汉斯·辛德勒的放荡生活方式。汉斯·辛德勒先生是一位忠实的奥地利人，在用餐、打电话、谈生意时以及敏感场合，都讲德语，拥有一家农业机械厂，希望能为儿子未来的工厂打下基础。奥斯卡在学校所受的教育，也是为了准备将来继承家族企业。汉斯·辛德勒先生居住在一栋现代的别墅里，拥有自家花园，远离城市的工业区。家里有两个孩子：奥斯卡和他的妹妹埃尔弗瑞德（Elfriede）。奥斯卡的童年岁月，尽管发生了战争和国体变更，他的童年却丝毫未受到什么困扰，过得相当正常和幸福。他就读于兹维塔维地区保留的一所德语文法学校，学习的是实科中学的课程。

奥斯卡有几个犹太朋友，他们出身于犹太中产阶级，父母都不是那种只讲意第绪语[1]的犹太人，而是使用多种语言，他们是不太墨守教会仪式的犹太商人的后裔。在奥斯卡的父亲出生在兹维塔维一个纯种的日耳曼家族前不久，西格蒙德·弗洛伊德[2]（Sigmund Frend）就出生在一山之隔的丘陵地带的这样一户犹太人家。如果要为奥斯卡成年后的拯救犹太人的热情找出点什么必然联系，也许可以用辛德勒一家与隔壁邻居——坎特尔（Kantor）一家的交往为例。辛德勒家与犹太教教士费利克斯·坎特尔博士（Dr. Felix Kantor）为邻了很长一段时间，坎特尔博士的两个儿子和辛德勒家的儿子上的是同一所学校，讲德语，夏日，在庭院里，与辛德勒家的两个孩子一起尽情地撒欢，孩子们不是你追我，就是我追你，1936 年，坎特尔家逃亡到比利时，从此，辛德勒家再无他们的音信。

青春期的奥斯卡对政治漠不关心，并不把种族、血统、领土放在心上，他感兴趣的只是摩托车，是一名赛车的狂热者，在高中的最后一年，骑着父亲给他的那辆摩托车——在当地乃至整个捷克斯洛伐克都绝无仅有的红色的 500cc 排量的“加洛尼”（Galloni），在兹维塔维周游。1928 年的春天，是他青春期的最后岁月。5 月份，他参加了一场山地摩托车赛，名列第三；到了夏天，出于经济原因，他终止了他的摩托车赛手的生涯。他娶了来自兹维塔维以西哈纳平原（Hana Plain）阿特莫尔斯坦村（Alt-Molstein）的埃米莉为妻。埃米莉曾在修道院受过教育，鳏夫父亲是农场主，一位有身份的人。奥斯卡与埃米莉是在兹维塔维的一次舞会上相识的。当时，埃米莉从阿特莫尔斯坦来看几位朋友，奥斯卡熟悉那个地区，他一直都在周围一片区域卖拖拉机。对于他们的这桩婚事，双方父亲都不赞成。汉斯·辛德勒不满意的

---

1 意第绪语（Yiddishspeaking）：一种将希伯来语与德语混合后形成的犹太语言，用希伯来字母书写，最早出现在10世纪的莱茵地区。20世纪初期，意第绪语仍是西方犹太人的主要语言。

2 西格蒙德·弗洛伊德（Sigmund Frend，1856—1939）：奥地利医生兼心理学家，精神分析学派的创始人，出生于奥地利摩拉维亚一个犹太人家庭。其由于对病人及对自己的梦的观察和分析，发现和确认了无意识心理现象，他的精神分析学说、治疗技术，以及对人类心理隐藏的那一部分的深刻理解，开创了一个全新的心理学研究领域，从根本上改变了对人类本性的看法。重要著作有《梦的解析》（The Interpretation of Dreams，1900）、《性学三论》（Three essays on theory of sexuality，1905）、《自我与本我》（The Ego and the Id，1923）、《文明与缺憾》（Civilization and Its Discontents，1930）等。

原因是，在他看来，奥斯卡娶妻的模式与他自己的婚姻如出一辙，令人不安：一个性欲旺盛的丈夫，一个狂放不羁的男孩，一下子去与一个修女式的、庄重而不谙世故的女孩平平安安地过日子，未免也太早了。

婚后，奥斯卡和埃米莉在兹维塔维的一栋公寓里定居下来，没多久，奥斯卡被责令服兵役。1930年代，他在捷克斯洛伐克军队服役，给了他驾驶卡车的机会，他却发现自己憎恶军队生活——不是因为他是和平主义者，而是因为烦闷。退役之后，他回到兹维塔维，在他父亲的工厂里与父亲一道工作，每天晚上，不顾家中有了妻子埃米莉，依然像一个单身汉似的，跑到咖啡馆去与女人调情，直至深夜。1935年，他父亲破了产，失去了工厂，并且离开了他母亲。奥斯卡厌恶他父亲的离弃行为，在几个姨母们面前，在咖啡馆里，公开谴责父亲汉斯，却从未意识到，他自己摇摇欲坠的婚姻正是他父母的翻版。

由于他的交易成就出色，门路宽，他爱和人吃喝玩乐的性格，他在推销术方面的天赋，以及他喝酒的本领，因而，即使在1930年代的经济大萧条期间，他也找到了工作，谋得了摩拉维亚电子技术公司的销售经理一职，往来于省会布尔诺（Brno）和兹维塔维之间。他热爱这一新职业，因为可以到处跑，结交到新的人，尤其是女人。他母亲去世的时候，他赶回了兹维塔维，与姨母舅母们和妹妹埃尔弗瑞德以及妻子埃米莉站在一起，站在墓穴的一边，他的父亲，不忠的汉斯孤单一人站在墓穴的另一边。路易莎·辛德勒的死亡，成了奥斯卡和汉斯父子之间敌意的献祭仪式。

参加葬礼时，奥斯卡佩戴着康拉德·亨莱恩[1]（Konrad Henlein）领导的苏台德地区德国纳粹党党徽，埃米莉和姨母舅母们都不赞同他的这一行为，却并没怎么把它放在心上——因为在那个时期，年轻的捷克德国人都佩戴着它，只有社会民主党人和共产党人才坚决排斥它。而且，上帝知道，当时，奥斯卡既不是共产党人，也不是社会民主党人，他就是一个推销员，然而佩戴上它，却可以获得售单的安全性。因为当他去见一家德国公司的经理时，如果佩戴着这一党徽，他就能拿到订单。事实上，这一党徽确实为奥斯卡的订单打开了方便之门。那些订单让他忙得不可开交，在1938年的那些月份里，在德国的装甲师还没开进苏台德地区之前，奥斯卡便感觉到了历史将要发生巨大的变化，并且深受诱惑，渴望参与其中。

然而，不论他追随亨莱恩的德国党出于什么动机，当德国的装甲师一旦进入摩拉维亚，他对纳粹主义的幻想立即就破灭了，既彻底又迅速，就像他结婚之后，对婚姻的幻想迅速破灭一样。他似乎原本期望入侵的德国势力将允许建立一个兄弟般的苏台德共和国。在后来，他曾表示，新政权对捷克人民的欺凌，对捷克财富的掠夺令他震怒不已。在世界冲突初露端倪之际，他最初的反叛行为已经显现出来，根本无须怀疑。当希特勒（Hitler）1939年3月宣布“波希米亚（Bohemia）和摩拉维亚”为保护国时，他因其中提早透露出来的专制暴政而感到无比震惊。

1939年10月下旬的一天，布赫海斯特（Buchheister）公司位于克拉科夫斯特拉多姆大街（Stradom Street）上的货品陈列室，出现了一点业务差错，一名犹太籍办事员收进了一钱不值的废钞。那天稍后，派来接管布赫海斯特公司的德国官员瑟佩·奥厄（Sepp Aue）和一位年轻的账目经理来到了陈列室，核

1 康拉德·亨莱恩（Konrad Henlein，1898—1945）：苏台德的德意志政客，鼓吹德国吞并捷克斯洛伐克苏台德地区，1933年成为苏台德地区德国党领袖，该党1935年成为捷克议会的第二大政党。

查了账簿和现金收入，年轻的账目经理发现了此事之后，要惩罚那名办事员。对此，瑟佩·奥厄（在他的血统当中，他祖母就是犹太人，虽然还没有人知道这一秘密）颇为苦恼，因为那名犹太籍办事员面临着被关进蒙特卢皮赫（Montelupich）纳粹党卫军监狱的危险。奥厄派了个信差给公司原会计师——波兰犹太人伊扎克·斯特恩送去了一张字条，当时，居住在波德古兹的会计师斯特恩正因感冒在家里休息，奥厄希望斯特恩能赶过来解决那几匹亚麻布弄出的困局。这时，秘书进来通报，奥斯卡·辛德勒先生在外面等候，说他有约在先。奥厄与奥斯卡仅有一面之缘，与奥斯卡应邀同来的还有他的女伴英格丽。苏台德德国姑娘英格丽是一家犹太五金器具公司的管理人，时尚又富有魅力，在昨晚的宴会上，与奥斯卡是一对迷人的舞伴，和许多供职于反间谍机关的朋友们在一起。奥斯卡正期待着在克拉科夫的发展前景，奥厄便顺便把当地会计师斯特恩介绍给了他，并且介绍说，斯特恩不但是布赫海斯特公司的得力干将，而且在克拉科夫商界是一位靠得住的联络人。

奥斯卡·辛德勒先生正寻求买进当地一家商户的股份，渴望了解克拉科夫商界的内情。交谈当中，辛德勒先生感到斯特恩简直就是一个商情源泉，在克拉科夫的每一家工厂里，他像是都有朋友或是亲戚——纺织厂、制服厂、糖果点心制造厂、家具厂、金属制品厂。辛德勒先生被打动了，拿出了一个信封。“你知道一个名为里考德（Rekord）的公司吗？”斯特恩知道，它倒闭了。“它是生产搪瓷制品的，破产后，基本上已是一个空壳……经营糟糕透顶……”辛德勒先生让斯特恩看了已被地方执政当局没收的里考德公司的资产负债表，希望听听他的意见。“这桩生意非常划算。”斯特恩说道。于是，辛德勒先生与斯特恩深入讨论起来，他们以平等的身份对话，尽管身为犹太人的斯特恩依然感到了一些不自在，然而他已经不再疑惑这位衣冠楚楚的高大的德国企业家干吗向他讨教生意经了。他相当详尽地继续深谈了下去，分析了一番之后，他降低了声音冒险说：“你将受到严格限制，只能雇用允许你雇用的人。”辛德勒觉得很有意思，问道：“你是怎么知道的？”斯特恩回答说：“我是在一份《柏林日报》（Berliner Tageblatt）上看到这条消息的，一个犹太人至今还是准许阅读德国报纸的。”辛德勒笑了，“是这样吗？”

事实上，斯特恩对此事了解得这么清楚，是因为瑟佩·奥厄接到过来自经济部帝国国务秘书的指令，各行各业的种种政策都要进行雅利安化（Aryanizing），落实“不录用犹太人”的法规。奥厄把它交给了斯特恩，让他帮助整理出一份摘要性的备忘录。德国人接管犹太人拥有的企业，要进行雅利安化的不仅仅是各公司的股东，管理部门和劳动力当中的犹太籍人员也要进行雅利安化，对于那些有技术的犹太籍雇员，要将其尽快尽早淘汰掉，当然，前提是要将总产量维持在一个可接受的水平。辛德勒先生收起了里考德的资产负债表，与斯特恩一起来到布赫海斯特公司外面的大办公室，又聊了一会儿，在一屋子犹太籍雇员当中谈起了哲学话题。辛德勒先生提出了基督教起源于犹太教这一问题，斯特恩对此阐释得详尽且高深，他曾定期在宗教刊物上发表过多篇论文。随着交谈的深入，辛德勒先生和斯特恩之间建立起一种不相配却坚固的友谊。即使当斯特恩不留心说出了“阿道夫·希特勒（Adolf Hitler）绝不会上升到掌握一切权力”的话语——办公室里其他犹太裔雇员全都吓得低下了头死盯着自己的工作单时，也没能动摇辛德勒先生与他之间的关系。而且，最后，辛德勒先生还引用经书观点，说出了某种新奇的话语：在这样的年代里，当人的生命价值还没有一包香烟值钱时，他憎恶成为一名神父。斯特恩表示与辛德勒先生观点一致，随后指明，辛德勒先生引用的观点，可用《犹太圣法经传》（Talmudic）的诗篇概括：当你挽救了一条生命，你就等于挽救了整个世界。辛德勒先生连声赞同。在那一刻，伊扎克·斯特恩觉得自己已将饱满的种子播进了合适的沃土。

那年秋天，辛德勒先生还结交了一位克拉科夫的犹太青年——里奥波德（波尔戴克）·普费佛伯格［Leopold（Poldek）Pfefferberg］。在最近的那场悲剧性的战役中，他是波兰军队的一名连长，腿部负了伤，住在普泽梅西尔（Przemysl）的波兰医院，一瘸一拐地溜达着，帮忙照顾其他伤员。他原是一所中学的自然科学教师，毕业于克拉科夫雅盖隆大学，所以懂点人体解剖学。时下，普费佛伯格 27 岁，性格开朗，充满自信。与其他几百名被俘的波兰军官一样，他要被押往德国，途中，火车进入他的故乡克拉科夫，在等候换车之际，他用一份来自普泽梅西尔的德国医院当局签署的文件（凭借此文件，他可以跟着救护队在市里自由行动）设法蒙骗过了门口的卫兵，成功地逃了出去，回到位于格罗兹卡大街 48 号的寓所。在他逃亡之后，他的处境不算太困难，居住在朋友们的公寓里，偶尔回一趟父母的公寓。他确信盖世太保会花上一些时间才会来找他，因此，他还使用起配给票证簿。他开始经营珠宝事物，既做代理也直接买卖，在克拉科夫中央广场的黑市上运作。

11 月的一个寒冷的白天，辛德勒先生身着双排扣无尾礼服，翻领上别着一枚纳粹党党徽，前来拜访波尔戴克的母亲米娜·普费佛伯格夫人（Mrs. Mina Pfefferberg），想请她装修房子。德意志帝国住宅供给主管当局已经给了他一栋很好的现代公寓，在斯特拉泽齐格大街，先前是犹太人努斯鲍姆（Nussbaum）的家庭财产。这样的分配法是被迫的，先前的拥有者得不到任何补偿金。不过，辛德勒的朋友后来说，辛德勒先生曾去过努斯鲍姆落户在波德古兹的新住所，给了他们近 50000 兹罗提的补偿金。有了这笔资金，据说，努斯鲍姆一家成功地逃往了南斯拉夫。

那天，碰巧，波尔戴克就在父母公寓的厨房里，看到衣冠楚楚的辛德勒，普费佛伯格夫人无论如何都不知该怎么想：或许是为她儿子的事儿来的？或许是为征用她的公寓来的？或许是为她的装修生意、她的古董和她的法国挂毯来的？辛德勒先生敲门时，波尔戴克正跟母亲在各种建材样品和一卷卷墙纸间谈话。他母亲哆哆嗦嗦地打开了房门，波尔戴克也拿起了手枪，假如情势所迫，他将会扣动扳机。在辛德勒先生自报了家门之后，普费佛伯格夫人和儿子波尔戴克悬着的心总算放了下来。“是努斯鲍姆先生推荐我来找您的。”辛德勒先生说，“我妻子即将从捷克斯洛伐克过来，我想把房内照她的风格重新装饰一番。”随后，不到两分钟的工夫，奥斯卡·辛德勒和波尔戴克已经像朋友似的闲谈起来了。奥斯卡坦率地希望波尔戴克在如何买到本地的商品方面能给予他一些指点。

伊扎克·斯特恩再次见到奥斯卡·辛德勒是在 12 月初的一个早晨，辛德勒向克拉科夫的波兰商业法庭提出接管里考德公司的申请早已被立案，他还利用空闲拜访了布赫海斯特公司的办公室，并且，在与瑟佩·奥厄商议完之后，特意走到外面的办公室，站到斯特恩办公桌附近，拍着手，用一种听起来微醉的声音说道：“明天，它就开始。约瑟法和伊扎卡街（Jozefa and Izaaka Streets）将会领教它的一切！”他冲着斯特恩弯下腰。

斯特恩立刻闻到了一股酒气。可辛德勒先生这是在借机向他传递暗示：卡兹米尔（Kazimierz）犹太聚居区里的约瑟法和伊扎卡街将要遭遇不测，一场大迫害就要开始，那天是 12 月 3 日。只有少数听到或听说了辛德勒先生酩酊预警的人慌忙打点了一点行李带上家人越过维斯图拉河躲进了波德古兹。至于辛德勒先生，他觉得他已经冒着某种危险将重要消息传递出去了。他得到这一重大消息至少有两个来源，来源于他的新朋友，一位是党卫军警察局长参谋部的成员，警官赫尔曼·托菲尔（Herman Toffel）；一位是隶属于党卫军保安部克拉科夫分部头目罗尔夫・祖尔达（Rolf Czurda）的军官——迪特尔・雷德尔（Dieter Reeder）；这两个关系，都是他设法寻觅的具有同情心特性的官员。

辛德勒先生从来都解释不清楚那年 12 月他向斯特恩传递消息的动机。不过，党卫军对卡兹米尔的侵犯，无论如何，都令辛德勒先生生出了根本性的反感，对他们的正面评价与日俱减。这次军事行动的部分目的，是抄查珠宝和皮货，并将定居在富裕的克拉科夫和卡兹米尔交界地的住户驱逐。除此之外，首次行动的用意也是为了给古老的犹太人社区的居民以震慑，令其闻风丧胆。为了这一目的，迪特尔·雷德尔告诉辛德勒先生，别动队的一个小分遣队将从斯特拉多姆（Stradom）赶来，跟当地的党卫军和参战警察同乘几辆卡车一起进入卡兹米尔。

遵照汉斯・弗兰克总督的命令，在每一个犹太人聚居地都要建立一个指定的机构——犹太居民委员会。在华沙（Warsaw）和克拉科夫这样的大城市，犹太居民委员会由 24 人组成，成员大部分是知识分子，负责贯彻执行本地区的政令。克拉科夫的犹太居民委员会设立还不足一个月，一位受人尊敬的国内法权威马雷克・比贝尔施坦因（Marek Biberstein）被任命为第一届委员会的主席。12 月 4 日对犹太人的驱逐，令伊扎克・斯特恩确信奥斯卡・辛德勒是稀有之士，正直的异教徒。《犹太圣法经传》里关于各民族正义之士的传说，总共有 36 位，斯特恩把奥斯卡・辛德勒看作全世界 36 位正义之士中的一位，而且，他相信，尝试着把辛德勒先生塑造成生命的圣殿所，是一个既有分寸又很明智的选择。

辛德勒先生接手经营不善的里考德搪瓷厂需要资本。搪瓷厂的部分设备已被拆除，重新兴办搪瓷厂起始时，斯特恩在精神方面给予了辛德勒强力支持，不过，帮助辛德勒直接获得投资资金的是被争取过来的原里考德的业务经理亚伯拉罕・班吉尔（Abraham Bankier）。1940 年新年，埃米莉・辛德勒来到克拉科夫看望丈夫奥斯卡，对奥斯卡居住的现代化的公寓、室内布置和奥斯卡新近的发迹印象深刻。英格丽为了回避埃米莉的到来，搬了出去。埃米莉和奥斯卡之间的这种时断时续的夫妻关系，彼此早已处之泰然。埃米莉明知丈夫奥斯卡不忠，也不可能忠，但是，当她知道了他的婚外情时，她宁愿视而不见，一点也不想知道那些女人的名字。而奥斯卡，从来就不是一个偷偷摸摸的情人，从来就不觉得有欺瞒的必要，他的德国情妇英格丽就很清楚他的另外一位情妇的存在——维多利亚・克罗诺斯卡（Victoria Klonowska），奥斯卡的全体决策人员中的美人，他的波兰籍秘书，二人有着长期的恋情关系。

奥斯卡・辛德勒接手的工厂坐落在河对岸扎布洛西的利波瓦大街 4 号（No.4 Lipowa Street）。他将其改名为德意志搪瓷厂，聘用了 45 名雇员，维持着适量的厨具生产，新年初始，他就接到了第一份军方合同。这一点也不奇怪——因为朱利厄斯・辛德勒（Julius Schindler）将军领导的军备物资监管局的“重要军备物资委员会”中各种各样有权势的国防军工程师们，一直都是他着力培养交情的对象。随后，奥斯卡・辛德勒开始购入新机器，扩张企业生产，生意越做越大，获利丰厚。到了 1940 年盛夏，他雇用了 250 名波兰人，而且还不得不开始了安排夜班。他父亲汉斯・辛德勒先生在兹维塔维的农业机械厂，最佳时期也不过仅有 50 名雇员。在那一年，犹太人纷纷希望能挤进某一跟战争利益息息相关的企业，伊扎克·斯特恩要奥斯卡·辛德勒为一些年轻的犹太人安排工作——作为特殊案例：一个来自罗兹（Lodz）的孤儿；或一个犹太居民委员会办事员的女儿……这样，没过几个月，奥斯卡・辛德勒就雇用了 150 名犹太工人，他的工厂，作为一个避难所，开始有了一点小名气。

1940 年 4 月，汉斯·弗兰克总督颁布了驱逐令，要把犹太人从他的首都克拉科夫清除出去，并许诺，在6个月之内，将把克拉科夫的犹太人清理干净，只允许保留5000至6000名犹太籍技术工人，其余的全部被转移到总督府辖下的其他城市，转移到华沙或拉多姆（Radom），卢布林（Lublin）或琴斯托霍瓦（Czestochowa）。从11月1日起，汉斯·弗兰克说，生活在克拉科夫的德国人，就可能呼吸到“十足的德国空气”，到外面行走，再也不会看到大街小巷里“爬满犹太人”的情景了。

1940年秋天，埃米莉·辛德勒返回了家乡，伊扎克·斯特恩去辛德勒先生的公寓时，招待他喝咖啡的换成了英格丽。斯特恩带来有关马雷克·比贝尔施坦因被捕的消息，因为克拉科夫的犹太居民委员会，犯下了罗兹和华沙的犹太居民委员会已经犯过的同样的错误——允许犹太富人用钱免受强制劳役，而穷人为了换取糊口面包就必须被强制劳动。马雷克·比贝尔施坦因由于扰乱货币和意图贿赂官员的罪名被关进了阴暗的蒙特卢皮赫监狱，要在那里服上两年徒刑。不过，后来，犹太幸存者们却并不记得克拉科夫的第一届犹太居民委员会干过什么自绝于人民的恶行。奥斯卡·辛德勒每天前往扎布洛西工厂的途中，都会经过克拉科夫的犹太居民委员会位于波德古兹街角的办事处。办事处以内阁方式操作，里面充满了各种秘书处：税务、住宅、社会福利、食品、墓地、卫生、迁移文件、经济事务、后勤服务、文化，甚至还有负责教育的秘书处（此时犹太学校已经全部被迫关闭）。委员会的每一位成员分管政府工作的某一方面。斯特恩负责住宅事务——在大批居民不断移出迁入的日子里，这项工作成了重中之重。比贝尔施坦因和他的委员们认为，倘若犹太人被逐出克拉科夫地区，犹太人的境况会更糟糕，于是，他们退而求其次，决定求助于一种古老的策略——行贿。为此，本来就手头拮据的犹太居民委员会的财政部门，特地拨出了20万兹罗提。

那年冬天，奥斯卡·辛德勒的生意仍一如既往地兴旺发达。在圣诞节，他买了一条长卷毛狗，为他的波兰籍女秘书维多利亚·克罗诺斯卡，是普费佛伯格帮他弄到的；为英格丽，他买了珠宝饰物，同时，他也不忘给远在兹维塔维的夫人埃米莉送去一些珠宝。普费佛伯格告诉他，长卷毛狗非常难找，不过珠宝首饰却比比皆是。看上去，奥斯卡·辛德勒在继续同时追逐三个女人的爱，似乎还不断在发展同其他女人各式各样的露水情缘，而且，丝毫未受到情场浪子因骚扰女性而通常应受的惩罚。

1941年3月3日，克拉科夫的各家报纸都刊登出了总执政当局正式颁布的迁居法令，所有犹太人必须生活在封闭的集居区内，持有正当劳工卡的，白天可以离开集居区去工作，但是，夜间必须返回集居区。犹太人的集居区将设在维斯图拉河对岸的波德古兹郊外。迁入集居区的最后期限是3月20日。迁入之后，由集居区的犹太居民委员会负责安排住房，原居住在集居区选址之内的波兰人，必须择日迁出，由他们自己的住宅管理办公室为其在城内其他区域另觅居所。

在迁居的最后截止日期到来之前的那些日子里，辛德勒先生每次往返于城里和扎布洛西之间，都会看到卡兹米尔的犹太人带着行李，从斯特拉多姆大街经过，一户户朝集居区赶路的犹太人家，推着装满家具高耸的手推车。自3月20日起，辛德勒先生的犹太籍员工就不会领到任何薪水，必须完全依靠他们的定量配给过活，那些酬金，他必须支付给克拉科夫的党卫军司令部。对此，他和朱利厄斯·马德里希都深感不安，因为他们知道，战争终有结束的一天，到时候，就像在美国发生过的事儿一样，他们将受到凌辱，被剥得赤裸裸一文不剩。不过，尽管如此，他们却并未终止对更多的犹太籍员工的雇佣。而且，为此事，犹太居民委员会救济处的代表伊扎克·斯特恩和罗曼·金特尔（Roman Ginter）还拜访了他们，请求他们尽可能多地雇用犹太人。因为在斯特恩他们看来，在当前的情况下，由于技术工人短缺，一个具有经济价值的熟练工种的犹太人，自然可以免遭不测。奥斯卡·辛德勒和朱利厄斯·马德里希也持有与他们同样的观点。

到了3月20日，迁居行动结束。集居区外的每一个犹太人都将被没收财产，随时会遭遇被逮捕。犹太人的集居区内，暂时还有生存空间。这时候，犹太居民委员会增添了新的机构——警察。有了戴着帽子和袖章的犹太警察，分布在集居区内维持治安。里奥波德·普费佛伯格在其中得到了一个工作机会，负责为犹太居民委员会的住宅事务办公室维持排队的秩序，并安排约见时间。在阿图尔·罗森兹维格（Artur Rosenzweig）领导下的犹太居民委员会的委员们，依然自视他们是被拘禁在集居区内的犹太人生命、健康和食品配给的卫护者。随着集居区建立的时日越来越长久，犹太警察的形象在人们眼中，逐渐变成了德国占领者的帮凶，而普费佛伯格则一面戴着他的犹太警官帽，一面忙着在集居区和克拉科夫市区之间进行非法商品——皮革制品、珠宝、毛皮、通货的交易。

距离利波瓦大街（Lipowa Street）不远的一条小巷子里，有一家德意志包装箱厂，刚好与奥斯卡·辛德勒的德意志搪瓷厂正门接尾。奥斯卡·辛德勒时常过去与那家工厂的经营者恩斯特·库恩帕斯特（Ernst Kuhnpast）或从前的老板、如今为非正式的经理希蒙·耶雷特（Szymon Jereth）闲聊。耶雷特的包装箱厂在两年前依照惯例被变成了德意志包装箱厂——没有支付他任何费用，没有同他签署任何变更文件。如今，耶雷特居住在环境恶劣的犹太人的集居区里，过惯了衣食无忧日子的妻子整日心情抑郁。奥斯卡常常与希蒙·耶雷特一起谈论党卫军、战争和生意上的一些事情。

奥斯卡·辛德勒的生意越做越好，获利丰厚。军备物资监管局订购野战炊具的订单持续不断地出现在他的办公桌上，附信的末了还有朱利厄斯·辛德勒将军书写潦草的赞词。各种各样的低级官员，则是打电话来对他表示祝贺。他父亲的来信内容却与这些贺词全然相左。汉斯·辛德勒在信上直言，战争不会持续，希特勒不会持续多久，最终，美国将会使他倒下。奥斯卡微笑地看着这些信——军备物资监管局的订单带来的商业利益令人高兴，父亲颠覆性的话语更令人从内心深处感到欣慰。奥斯卡每月都会寄给父亲一张1000德国马克的汇票，以示尊敬、孝顺和爱。

1941年年末的一天，奥斯卡·辛德勒先生被两名盖世太保便衣带进了党卫军的克拉科夫总部，被锁进二楼的一间卧室。因为有人（也许是波兰运送事务员之一，也许是他工厂里军需品部的德国技术员之一）告发他有经济问题，有违背经济原则、从事不正当交易之嫌，党卫军总部决定对他进行详细审查。在被带走之前，辛德勒先生意识到事情肯定与黑市交易有关，他匆匆写了一个名单寻机交给了他的秘书维多利亚·克罗诺斯卡，名单上的第一位是克拉科夫地区党卫军头目朱利安·舍内尔，第二位是供职于布雷斯劳反间谍局总部的马丁·普拉特（Martin Plathe）中尉；第三位是奥斯特法瑟（Ostfaser）公司的顾问弗兰茨·鲍什，他送过鲍什很多非法品。当时，他还特别强调了一遍成天喝得醉醺醺的第一次世界大战的老兵鲍什的名字，因为这个人极具影响力，认识所有在克拉科夫参与黑市买卖的高官，而且是他们的顾问。第二天早上，党卫军的审计官便来到了关押辛德勒先生的高级囚室，同时带来了辛德勒先生的现金账簿和总账簿。审计官告诉他，他们接到了一些电话，现在认定，像辛德勒先生这样一位获得军界很多有影响力的人物高度评价的绅士，目前不需要详细审查。辛德勒先生接过账本，接待处全额退还了他被搜去的现金。在楼下等他的是维多利亚·克罗诺斯卡，全靠她的联络工作，才有了这样一个结果。

1942年4月28日那天，是德意志搪瓷厂的一个重要日子，辛德勒先生喧闹而肆意挥霍地欢庆了他的生日，他走遍了搪瓷厂的各办公室，与工程师、会计和绘图员们一起分享白兰地酒。上午 10 点左右，生日礼物就已派送到了各车间的员工手里，定制的蛋糕送来了，辛德勒先生在克罗诺斯卡的办公桌上切分起那个大蛋糕。这时，犹太籍和波兰籍的工人代表开始走进办公室向他道贺，他劲头十足地亲吻了一个名叫库查尔斯卡（Kucharska）的女孩，那女孩的父亲在战前曾是波兰国会的重要人物。由于他的这一热情的亲吻，这天午后，有人，也许与上一次是同一个心怀不满的人，又跑到克拉科夫党卫军总部去告发了他，为他的种族间不得体的举止。29 日早上，前来逮捕辛德勒先生的两名盖世太保告诉他，他被指控违背了种族与再安置法条例。

这一次，奥斯卡·辛德勒被关进了党卫军的蒙特卢皮赫监狱。他向狱友解释说，因为他吻了他的一个员工，一个犹太籍女孩。被关进牢房的当天，他用钱收买了一个党卫军军士，让那军士打电话把他写的人员名单告诉维多利亚·克罗诺斯卡。第五天早上，他被带到了党卫军保安部克拉科夫分部头目罗尔夫·祖尔达的办公室，祖尔达中校就像是个老朋友似的责备他说："我们给你的这些犹太姑娘一天只跟你要 5 马克，你该亲吻的是我们，而不是她们。"辛德勒先生连忙解释说那天是他生日，他是一时冲动，因为他喝醉了。祖尔达中校摇着头说，"我从来不知道你有如此大的来头，我们远在布雷斯劳（Breslau）的反间谍局的朋友们都打来了电话。当然了，仅仅因为你猥亵了犹太女人们，就不准你继续你的工作，也实在够荒唐的。"随后，祖尔达中校以亲属家被炸毁为借口，向辛德勒先生索要了成套的厨房用具，释放了他。

1942 年夏天，克拉科夫地区党卫军在犹太人的集居区采取了"犹太净空"行动。从各种不同的消息来源——党卫军警察局长参谋部的成员赫尔曼·托菲尔（Herman Toffel）警官、奥斯特法瑟的弗兰茨·鲍什等人那里，奥斯卡·辛德勒听说了一些有关"犹太人居民区的净空行动"正在加紧进行。盖世太保正从卢布林往克拉科夫调运一些特遣队员，他们已经在卢布林完成了种族净空行动。

6 月 3 日，奥斯卡·辛德勒的办公室经理亚伯拉罕·班吉尔的身影没能在利波瓦大街上出现，当奥斯卡·辛德勒接到他的一个秘书的电话时，他正在位于斯特拉泽齐格大街的家中喝咖啡。那位秘书看到班吉尔从犹太人集居区走了出去，一直走到普罗克西姆（Prokocim）火车站，人群当中还有其他一些"阿玛丽娅"的工人，大约有 10 多个。辛德勒立刻让司机从车库里把车开了过来，然后开过河，朝向普罗克西姆开了过去，在火车站大门口，辛德勒出示了他的通行证。车站里停着一长串运畜车皮，月台上拥挤着犹太人集居区的公民，排成队站在那里。辛德勒第一次见到人和运畜车厢并列在一起，比耳闻的更令他吃惊。他在月台边上停了下来，看到了一个他认识的珠宝商赶紧上前询问看到班吉尔了吗？那珠宝商回答说班吉尔早已在其中的一节车厢里了。"他们要把你们弄到哪里去？"那珠宝商告诉他："他们说送我们去劳动营，在卢布林附近。"

党卫军继续着他们的行动。许多内情纷纷传到奥斯卡·辛德勒的耳朵里，他从赫尔曼·托菲尔警官以及来自波摩尔斯卡大街（Pomorska Street）党卫军总部的其他一些熟人口中获悉，有 7000 人已经从犹太居民区被清除了。最初，有关犹太居民区消息的来源，源自年轻的药剂师巴赫纳（Bachner）。巴赫纳从波摩尔斯卡大街被运走 8 天后，回到了克拉科夫，没人清楚他是如何回到犹太人的集居区的，也没人清楚他为什么要回到盖世太保会再次把他送走的这一地区。

巴赫纳说，他目睹了最终的恐怖。他眼里充满狂躁，几天不见，他的头发全变白了。6 月初，所有被围捕的克拉科夫人差不多都被带到了卢布林东南，贝尔泽克（Belzec）集中营，火车抵达车站后，这些人被一些乌克兰人用警棍驱赶了出来。那地方有一股可怕的气味，一个盖世太保用温和的语气告诉这些人那是因为使用了消毒剂的缘故。这些人在两个大仓库前排成队，一个大仓库标着“衣帽间”，另一个标着“贵重物品”。他们被要求脱光衣服，一个犹太小男孩发给每人一段绳子，用来把他们的鞋子系在一起，眼镜和指环一律都要摘掉；然后，这些赤身裸体的囚犯被剃光了头发，一个盖世太保的军士告诉他们，要用他们的头发为潜艇艇员制作某种特殊的东西，头发还会再长出来的。最后，这些囚犯被驱赶着通过一个围着铁丝网的通道，来到一些掩体前，掩体顶上有大卫星[1]标志，并标着“沐浴和吸入室”牌子。盖世太保们为了使他们放心，叮嘱他们进去后要深呼吸，说那是一种极好的消毒方法。

巴赫纳说，他目睹了一个小女孩的一只手镯掉在了地上，一个3岁大的小男孩把它拣了起来，走进掩体玩了起来。进入那些掩体的人，全都被毒气毒死了；然后，整班的人进去清理尸体，运出来埋葬。巴赫纳说，除了他之外，在他们全部死亡之前，用了两天时间。他停留在一个围栏里等待轮到他进去的时候，他想方设法躲进了茅厕，下到茅坑，在茅坑里藏了三天，里面的人粪尿淹没到他的脖子，他的脸成了苍蝇们的一个栖巢，他站在那里曾经睡着过，身体卡在那个洞里面，他唯恐自己被淹死。最后，趁着夜色他爬了出去，想方设法沿着铁轨走出了贝尔泽克集中营。

在克拉科夫约泽分斯卡街（Jozefinska Street）尽头的一幢建于19世纪的二层小楼里，波尔戴克·普费佛伯格和他的妻子米拉（Mila）在其中拥有一个房间，他们正在等待着即将下达的党卫军通知他们离开的命令。米拉年仅22岁，是一个来自罗兹的难民，抵达克拉科夫犹太居民区后不久，就与热情的普费佛伯格结了婚。米拉出身医师世家，父亲是一位外科医生，死于1937年，死时还相当年轻；母亲是一位皮肤病专家，1941年在塔尔努夫（Tarnow）的犹太人集居区为她的病人做手术时，被自动手枪击毙。米拉曾有一个相当快乐的童年，在战争前的那一年，在维也纳接受了医学教育，如今却落得只剩自己孤独一身与普费佛伯格相依为命活在这个世界上。现在，普费佛伯格也与米拉一样，成为家庭成员当中的最后一位在世者。曾经为辛德勒先生装修斯特拉泽齐格大街上的那栋时尚公寓的他的母亲，以及他的父亲，被运往了塔尔努夫的犹太人集居区，又从那里被带到贝尔泽克集中营，之后便被谋杀了；他的姐姐和姐夫，据雅利安的报纸报道，消失在了华沙的帕菲亚克（Pawiak）监狱。

这天，在特遣队在约泽分斯卡街进行他们净空行动的日子里，米拉和普费佛伯格之间，在是否利用下水道逃离的问题上发生了冲突。尽管米拉打心眼里渴望只要一有机会就逃离出这犹太人集居区，甚至想到了她和普费佛伯格在森林里打游击的情景，然而，对下水道，她却有着一种非同寻常的恐惧；普费佛伯格却认为应该利用那些下水道作为逃跑路线，他曾经不止一次，利用过那些下水道，作为逃离犹太人集居区的手段，即便是警察有时会出现在下水道的这一端或那一端。他的支持者和前老师哈博士（Dr. H）也不断提起利用那些下水道逃跑之事，觉得在特遣队进入的那一天，或许不会有人在那里防守。哈博士家距离下水道的出口只有几米远，一旦钻了进去，只要从左手的隧道往前走，就能被带到非犹太

1 大卫星（Stars of David）：又称六芒星、大卫之星、所罗门封印、犹太星等，是犹太教和犹太文化的标志，以色列建国之后，将大卫星放在了以色列国旗上。在纳粹德国时期，曾用此星来辨别犹太人，所有犹太人都需戴着以两个重叠的黄色三角形所组成的大卫星。

人集居区的街道下面，通往一个在维斯图拉河岸边的出口。昨天，哈博士和他的妻子明确表示他们想与普费佛伯格他们一起尝试利用下水道逃亡。现在，党卫军开始了疯狂的抓捕行动。出于安全的考虑，加上米拉的恐惧，普费佛伯格决定一个人先去为大家探探路，然而，当他按原路回来之后，发现房屋里空无一人，米拉和她的行李都不见了。他心里纳闷，是不是哈博士和他的妻子叫上米拉一起隐藏到医院里去了。

普费佛伯格小心翼翼走进医院，里面一片血腥，到处血淋淋的，地上是成堆的受难者的尸体。他逃到街上，幸遇一位老邻居。那位波兰籍邻居告诉他，米拉已经被抓走了。他赶紧找寻自己的最佳藏身之地，望到前面带着大狼狗的党卫军特遣队成员，他慌忙躲避到一个大铁门后面，从门缝中，目睹了他所见过的最邪恶的罪行：一个女人和一个幼童尖声喊叫着，他们身后是两只大狼狗，其中一只大狼狗撕咬住那女人的衣裙，撕裂了那女人的臀部；带狗的那位党卫军军官抓住那幼童（看上去只有两三岁大）掷到对面的砖墙上。那孩童发出的惨烈叫声令普费佛伯格不由得闭上了眼睛。接着，他听到了制止那位女人咆哮抗议的枪声。当大狼狗即将成为他的直接威胁之后，普费佛伯格意识到那个大铁门不再可能继续保护自己了，于是，他站起身来，走了出去。当他面对三位带狗的党卫军军官们时，立即出于本能假装自己是一位年轻的波兰军官，姿势标准地向他们立正行礼，声称自己在受命清扫街上的尸体。与他说话的中间那个高个子的军官，阿蒙・戈斯微微笑了笑，摇摇头，让他离开了。

他沿着一条通到韦吉尔斯卡（Wegierska）的道路逃了出去。在最后一批羁押犯在波德古兹广场入口处集合的时候，天色已经变黑了。这时候，哈博士和他的妻子在一群波兰醉鬼的掩护和陪伴之下正朝着东方移动，而一队特遣队员正在对犹太人住宅进行最后的清剿。随着一阵阵枪声，阿蒙・戈斯、威利・哈斯（Willi Haase）、艾伯特・胡佳（Albert Hujar）和霍斯特・皮拉基克（Horst Pilarzik），以及其他几百号人，从阁楼、虚制的天花板、地窖的木条箱里，清剿出了4000多名怀揣着希望、保持沉默的人，并将他们拉到大街上执行了死刑。在随后的两天里，他们的尸体，被堆放到敞篷大卡车上，运送到了普拉绍夫，堆埋在了劳役营附近树林里的两个万人坑里。

1944年夏天，波尔戴克・普费佛伯格曾不顾死活地求助于普拉绍夫劳役营恶名昭彰的盖世太保汉斯・施雷贝尔（Hans Schreiber），要他把米拉从满满一车从普拉绍夫被送往波罗的海（Baltic）沿岸的罪恶的斯图特霍夫（Stutthof）集中营的妇女当中救出来。当施雷贝尔手里晃着一张纸条叫着米拉名字出现在站台时，米拉已经列队登上了运畜车。

在有关普拉绍夫强制劳役营故事中的雷蒙德・逊什先生，是一位性情沉静的奥地利籍天主教徒，腿脚有点跛，有人说那是源自第一次世界大战，还有人说是源自逊什儿时的一次事故。逊什比奥斯卡・辛德勒或阿蒙・戈斯约年长10岁，在普拉绍夫劳役营内管理朱利厄斯・马德里希的制服厂。工厂规模不算小，拥有3000女缝工和机械师。逊什常常通过与阿蒙・戈斯比赛下棋赢得报酬，不过，他不只是喜欢下棋，他还喜欢拍照，有时，从他办公室的窗口拍照，有时，从工厂车间一隅拍照。他拍摄了穿制服的囚犯们的各种情形，分配面包和汤的场面、修挖排水沟……还拍摄了党卫军和乌克兰人的行军，游戏，劳动的画面，新抵达的党卫军医生要求阿蒙・戈斯减肥的画面，以及阿蒙・戈斯骑着大白马，或赤着背跟他的女友们厮混的画面……

逊什从未把那些底片冲洗出来，而是把它们装在了一个小盒子里，埋在了维也纳市郊小公园的土壤里，让它们在那里躺了长达20年之久。1963年11月，在获得了在自己死前绝不将其冲洗出来的承诺之后，逖什把那些底片卖给了由于辛德勒的援救才得以保全性命的犹太人——“辛德勒犹太人”（Schindlerjuden）波尔戴克·普费佛伯格。当时，他正蒙受着末期心脏病的痛苦。普费佛伯格遵守了诺言。在逖什离世之后，当普费佛伯格把那些底片冲洗出来之后，几乎所有的照片都很清晰，它们真实地显现了普拉绍夫劳役营当时的诸多情景。从普拉绍夫强制劳役营里幸存下来的那些人，没有一个人在回忆逖什时，对他持有反感或怀有怨恨，不过，他们却很少回想起他，逖什从来不是神话当中的主角，事实上，从1943年后期开始，奥斯卡·辛德勒才是这一神话的主人翁。

另一个有关普拉绍夫强制劳役营的故事，就如传说所言，那是在一个星期天的傍晚，朱利厄斯·辛德勒将军亲自来到普拉绍夫视察，以决定普拉绍夫劳役营，对于战争所起的作用，是否有其真正的存在价值。当晚，奥斯卡·辛德勒带着大量烈酒来到了普拉绍夫劳役营。在烈酒的作用之下，大家都喝醉了，整个劳役营里一片漆黑，普拉绍夫劳役营因而逃过了这次残酷的视察。要是劳役营真的经历了辛德勒将军的视察（很可能由于阿蒙·戈斯的残暴）劳役营被关闭了，里面的囚犯，便会全部被直接转送到惨绝人寰的地狱——奥斯维辛集中营里去了。

在普拉绍夫劳役营行政办公楼司令官的办公室里有两个打字员，一位是年轻的德国女人科赫曼夫人（Frau Kochmann），另一位勤奋而年轻的囚犯米特科·潘珀尔（Mietek Pemper）。在经过奥斯卡·辛德勒向司令部推荐之后，潘珀尔就被招进了阿蒙·戈斯的办公室，在后来的某一天，变成了奥斯卡·辛德勒的秘书。不过在1944年的夏天，她一直在劳役营的行政办公楼里为阿蒙·戈斯工作。

在奥斯卡·辛德勒先生的家乡兹维塔维附近，一个名为布伦尼兹（Brinnlitz）的村庄的边上，有一家大纺织厂，厂主是一对维也纳兄弟，姓霍夫曼（Hoffman），在家乡时，是被人恭敬的重要人物。德国装甲师开进苏台德后，霍夫曼兄弟紧随其后，去了苏台德，成了纺织大王。布伦尼兹纺织厂的一大部分闲置着，用来当作荒废了的纺织机器的仓库。奥斯卡·辛德勒决定把它接收过来，于是，坚持不懈地宴请盖世太保的将军们，以赢得他们的信任，使德国和摩拉维亚政府能准许他在布伦尼兹建厂。他甚至同普拉绍夫劳役营内制服厂的拥有者朱利厄斯·马德里希一道商讨运作方案。一开始，马德里希并不想与像辛德勒先生这种奋发图强的人一道合作。在他们进行策划期间，普拉绍夫劳役营的司令官阿蒙·戈斯被拘捕了，克拉科夫的政治形势很快发生了变化。

毫无疑问，是有人告了阿蒙·戈斯的密——某个有嫉妒心的下级，或一个关心社会的公民，参观过司令官居住的别墅，并对司令官的纵情逸乐的风格深感震惊。盖世太保的高级调查员埃克特（Eckert）开始调查阿蒙·戈斯的财务往来。阿蒙·戈斯从阳台上拍摄的一些照片，对于埃克特的调查来说没有什么太大关系，但是，关于挪用公款以及黑市交易问题，埃克特的调查报告给予了一丝不苟的重视。在维也纳休假的阿蒙·戈斯，被党卫军拘捕时，正在他父亲家里，与他的出版商父亲在一起。党卫军同时抄查了他在这座城市里持有的一幢公寓，发现了藏匿的80000第三帝国马克，对这一大笔资金，他无法给出令人满意的解释。在他的这一幢公寓里，党卫军还发现了成堆的，几乎堆积到了天花板的将近百万条香烟。阿蒙·戈斯被带到了布雷斯劳，关入盖世太保的一所监狱，等候调查和审判，不是因为他在阳台上的滥杀无辜，或虐待劳役营的囚犯，以及对海伦·赫尔契之类的人的毒打；而是因为他侵吞了纳粹的大量资金。没有人挺身出来为阿蒙·戈斯辩护。由于盖世太保对普拉绍夫劳役营的管理方式一无所知，他们到司令官别墅质询海伦·赫尔契，怀疑她积极参与了阿蒙·戈斯的交易。在后来的几个月里，海伦·赫尔契两次被带到盖世太保在普拉绍夫兵营的地下室，他们没完没了地盘问她有关阿蒙·戈斯与黑市的交往——阿蒙的代理人是谁，阿蒙是怎么运作在普拉绍夫的珠宝店、定制成衣店和家具厂的？阿蒙·戈斯办公室的打字员米特科·潘珀尔，也受到了盖世太保的盘问。

在德国纳粹正在慢慢输掉战争之际，党卫军对德国企业家征收的费用不断增加。1944 年 10 月，党卫军办公室检察官哈斯布洛克（Hassebroeck）从奥斯卡·辛德勒先生这里拿走了检查费和冬季援助捐赠，而且没有留下任何收据。另外一位，由奥拉宁堡（Oranienburg）直接派来的检察官也要从辛德勒先生这里得到满足。这时的奥斯卡·辛德勒，已不再像其他一些拥有犹太籍劳工的企业家那样利欲熏心，一味将丰厚利润作为企业目标，认真地算计经济效益。他已丝毫没有了一本正经办企业的意向，不希望大肆彰显什么，在他的脑海里，根本没有销售额的坐标；尽管四年前，他来到克拉科夫时一心寻求利润丰厚的商业契机，一心想发大财，现在，他已经没有了从事制造业的抱负。

在布伦尼兹，奥斯卡·辛德勒的工厂处于一种非常糟糕的状态，许多模压机、钻孔机和车床都还没有运到，而且还必须铺设出新的水泥地面，以承载那些机器的重压；在附属建筑物里，霍夫曼兄弟的那些老旧机器依然满满地堆放在那里。不过，即便如此，在还无法正式开工生产军需品之际，它的生产者，800 名劳动者已经走进了布伦尼兹的大门，每天，辛德勒先生付给每一位技术工人 7.50 美元，每一位普通工人 6 美元。总计起来，每周，他付给男性生产者的支出接近 14000 美元；当女工们到来之后，账单最高要开到 18000 美元。奥斯卡·辛德勒为此做了一件生意上的荒唐事，自己却依然很开心。

奥斯卡·辛德勒一边不停地生产制作技术很简单的军需器皿，一边继续想方设法雇佣更多的劳役营中的囚犯，将他们转移到布伦尼兹。他不断用钱买通德国党卫军军官，付出的贿赂金额与物品数目十分惊人，甚至就连他的酒友阿蒙·戈斯和弗兰茨·鲍什二人都认为他脑子一定出了毛病，进水了。奥斯卡·辛德勒拯救出了劳役营里的各种各样的囚犯，每当普拉绍夫劳役营的囚犯卷入什么危机，根据米特科·潘珀尔和伊扎克·斯特恩提供的情报，他就会暗地里帮助并转移他们。

在 1944 年至 1945 年的那个冬季，奥斯卡·辛德勒和军备物资监管局的中年工程师苏斯木斯（Sussmuth）合谋，从奥斯维辛集中营里又弄出了 3000 名妇女，一次弄出 300 人到 500 人，送到摩拉维亚的小劳役营去，因为摩拉维亚的纺织厂缺少劳动力。辛德勒负责疏通谈判，苏斯木斯负责办理书面材料。摩拉维亚至少有 5 家德国人的工厂接收了这些妇女，并在工厂区为她们提供了营地。这些劳役营地绝对不是天堂，在管理方面，盖世太保使用了强高压手段。后来，辛德勒描绘说，这些生存在小劳役营地的妇女们“生活待遇还可以忍受”。而且，由于这些纺织营地过于分散且规模小，对那些妇女们的存活倒成了一种帮助，因为盖世太保派去驻守的警备队员年龄偏大，有些懈怠，不太疯狂，因而，这些过小的、差不多带有乡村风味的劳役营地，大部分都逃脱了被彻底灭绝的命令，而这种命令，到了春天，都会传达给那些较大的劳役营地。辛德勒还另外申请了 30 名金属工，理由很简单，他的营运资金吃紧，如果他布伦尼兹的工厂能够继续存在下去，他需要更多称职的人手。

实际上，在那个疯狂的冬天，奥斯卡·辛德勒想要那 30 名金属工，并不是因为他们要被用于车床加工和机械修理，其实，他们只是额外的 30 名人手，是他借机额外转移出来 30 个人。在那 30 名金属工中，有一个名叫摩西·罕尼格曼（Moshe Henigman）的人，回忆了他初到布伦尼兹时的那种肃然起敬的心情。

他惊奇地发现，如果说奥斯维辛集中营是地狱，那么，布伦尼兹这里便是天堂。在布伦尼兹，人们吃得好，也没有毒打，妇女们坐在那里从事着编织的工艺；尽管犹太人之间也照样会发生自己人欺压自己人的事情，对囚犯们的残酷羞辱也时有发生；然而，在当时，在欧洲其他任何地方都是无法与布伦尼兹这里相比的。

战后，奥斯卡·辛德勒的人生旺季过去了，和平永远不会像战时那样使他意气风发。他和妻子埃米莉回到了慕尼黑。有一段时间，他们寄住在犹太演奏家罗斯纳兄弟家，亨瑞和利奥在慕尼黑一家餐馆里面演奏，有着很不错的收入。一个前囚犯，在罗斯纳兄弟家那狭小而拥挤的公寓里见到了奥斯卡·辛德勒，看到他穿着破旧的大衣而颇感震惊。奥斯卡·辛德勒在克拉科夫和摩拉维亚的财产，自然是被俄国人没收充公了，他剩余的珠宝，换成了食品和酒水。他与他的那些德国犹太人保持着联系——罗斯纳家，普费佛伯格家，德雷斯纳家（Dresners），费根鲍姆家（Feigenbaums），斯特恩伯格家。一些好挖苦人的人过后说，在那个时候，一个人与集中营有了联系并坚持与犹太朋友们接近是精明的选择，就如同涂上了保护色。然而，辛德勒与他的犹太人的依存关系，远远超过了他那种本能的狡黠。那些"辛德勒犹太人"已经成了他的家人。

阿蒙·戈斯在被逮捕两年之后，因患糖尿病而消瘦不堪，在 1946 年 9 月 13 日被绞死之前，阿蒙曾请奥斯卡·辛德勒和海伦·赫尔契为他作证，而且，阿蒙不知道自己会被打字员米特科·潘珀尔掌控的材料所毁灭。潘珀尔作为起诉方的第一证人，递交了有关阿蒙罪行的确切的材料，另外一些人紧随其后，其中马雷克·比贝尔施坦因博士与海伦·赫尔契二人，都有非常准确而痛苦的记忆。克拉科夫的新闻报道说，在被执行死刑之前，阿蒙·戈斯对自己的罪恶没有悔恨，还向希特勒敬了礼。

奥斯卡·辛德勒在慕尼黑遭到一些德国同胞的厌恶，有时还被人扔石头。他决定迁徙到阿根廷去当农场主，因为他还如同当年前往克拉科夫时一样信心满满。他受到了国际性犹太人救济组织的援助，"联合配给委员会"（Joint Distribution Committee）很高兴地向他伸出援手。在战争期间，他曾数次为这个组织提供犹太人真实情况的报告。1949 年，他们为他提供了一笔 15000 美元的补偿金，还为他写了一封对他今后生意有价值的介绍信。他的妻子埃米莉·辛德勒在他新的人生旅途当中一直陪伴在他身边，他们在布宜诺斯艾利斯（Buenos Aires）的一个农场上安顿下来后，他开始操持农业。10 年后，经过一连串失利之后，1957 年，他的农场破产，他前往德国，埃米莉独自留在了布宜诺斯艾利斯。

随后，奥斯卡·辛德勒住在法兰克福（Frankfurt）的一栋小的公寓里，找寻资本，打算购买一家水泥厂，并诉求西德财政部为他的在波兰和捷克斯洛伐克的财产损失做重大赔偿，不过，他的这项努力收效甚微。一些"辛德勒犹太人"认为，德国政府未能付给所欠辛德勒先生的资金，是因为在民政部中层官员当中仍残存着希特勒主义。不过，辛德勒的诉求失败，也许是出于技术方面的原因，因为从那些民政部门写给辛德勒的信件中根本看不出那些官僚们的恶意。辛德勒的水泥企业，从"联合配给委员会"筹集到了一笔资金，并从几位"辛德勒犹太人"那里筹到了一笔款项，那几个犹太人，在战后的德国，事业发展得都不错。

1961 年，奥斯卡·辛德勒再次破产。他的工厂受到了一连串萧条冬季的伤害，在这些冬季，建筑业倒闭了。那年，听到辛德勒先生有了麻烦，那些在以色列的"辛德勒犹太人"出资邀请他过来做客，当时，有一则广告出现在以色列的波兰语报刊上，要求所有布伦尼兹集中营的认识德国人奥斯卡·辛德勒的前同狱犯，与报刊取得联系。在特拉维夫（Tel Aviv），奥斯卡・辛德勒受到了令人心醉神迷的热烈欢迎。

奥斯卡・辛德勒在犹太人当中，特别是在他的那些"辛德勒犹太人"当中，是一位受尊敬的名人。在伊扎克・斯特恩、雅格布・斯特恩伯格（Jakob Sternberg）和摩西・贝杰斯基（Moshe Bejski）——曾经是奥斯卡的制图员，具有制造假文件的天才，现在是一位受尊重的有学术地位的律师——的影响之下，以色列大屠杀纪念馆的托管委员会（Board of Trustees of Yad Vashem）开始考虑给予奥斯卡・辛德勒官方赞词的问题。委员会的主席摩西・兰道（Moshe Landau，1912—2011）法官是德国纳粹前高官阿道夫・艾希曼[1]（Adolf Eichmann）屠杀犹太人一案的主审法官。大屠杀纪念馆寻求并收到了来自世界各地的大量有关奥斯卡・辛德勒拯救犹太人的证言。在这些陈述中，有四个证人，虽然他们全部声明没有奥斯卡・辛德勒，他们就会死亡，但是，他们批评了奥斯卡・辛德勒在战争最初几个月里的商业行为。

特拉维夫市政当局是第一个给予奥斯卡・辛德勒荣誉的机构，在奥斯卡 53 岁生日那一天，他出席了在英雄公园（Park of Heroes）里举行的揭幕典礼，为一块纪念碑揭了幕。碑文上的题词描述：奥斯卡・辛德勒拯救了 1200 个布伦尼兹劳役营的囚犯，尽管这一统计数字不准确，少了许多奥斯卡实际拯救的人数，但是它宣示了它的竖立是出于敬爱和感恩之心。10 天之后，在耶路撒冷，奥斯卡・辛德勒被以色列政府公开宣布为"正义之士"（Righteous Person）。他还应邀在通向大屠杀纪念馆的正义大道上栽种了一棵角豆树，如今，这棵树仍然生长在那里，标着一块他的名牌，与其他所有"正义之士"的牌匾一起，并列在那个小树丛中。

德国的新闻媒体转载了奥斯卡・辛德勒在战时援救犹太人的事迹，以及大屠杀纪念馆对他的礼遇。这些转载，充满了赞誉之词，却没能使他在德国的生活更容易一些。他仍然为一些德国人所不齿，在法兰克福的街道上，他遭人嘘声，被人丢石块，一群工人嘲笑他，并大声喊叫着说他应当与犹太人一起被烧死。1963 年，因一个工厂里的工人把他叫作"亲吻犹太人的猪"，他出手打了那个工人。事后，那个工人状告他人身攻击，在当地法院，在一个德国最低级别的司法机构里，奥斯卡・辛德勒被法官训斥了一顿，并被责令偿付伤害费，令他尊严扫地。"我要亲手杀了我自己，"在写给生活在纽约皇后区（Queens, New York）的亨瑞・罗斯纳的信中，他说，"如果这还不能使他们完全满意的话。"

这些羞辱，加重了奥斯卡・辛德勒对他所拯救的生还者的依赖，他们成了他感情和财务方面的唯一依靠。在他的余生当中，他每年都要有几个月同那些生还者在一起，在特拉维夫和耶路撒冷生活在敬意当中，在特拉维夫的本・耶胡达大街（Ben Yehudah Street）上的一家罗马尼亚餐馆里，免费就餐，尽管有时要受到摩西・贝杰斯基善意的限制，每天晚上只准他喝三杯白兰地。最后，他总还得回到属于他的另一半生活当中：那间被剥夺了继承权的、离法兰克福中央火车站只有几百米远的寒酸、拥挤的寓所。那年，波尔戴克・普费佛伯格从洛杉矶写信给在美国的其他"辛德勒犹太人"，敦促所有幸存者每年至少捐赠出一天的薪水给奥斯卡・辛德勒，他把辛德勒的状况描写为"沮丧、孤寂与幻灭。"

---

1 阿道夫・艾希曼（Adolf Eichmann，1906—1962）：纳粹德国盖世太保犹太事务部主任，也是在对犹太人的大屠杀中执行"最终解决方案"的主要负责者，被称为"死刑执行者"。第二次世界大战后被美国俘虏，之后逃脱，1960年被以色列情报部门摩萨德查获，逮捕后秘密运至以色列，1962年6月1日被处以绞刑。

由于奥斯卡·辛德勒生活困窘，手头拮据，缺钱，特拉维夫委员会当中的伊扎克·斯特恩、雅格布·斯特恩伯格和摩西·贝杰斯基，又成了继续游说西德政府为奥斯卡·辛德勒发放足够养老金的成员。联邦德国政府最初的官方反应是，1966年，授予他了一枚非战斗人员的战功十字勋章，联邦德国时任总理康拉德·阿登纳（Konrad Adenauer，1876—1967）主持了颁发的仪式。不过，直到1968年的7月1日，财政部才开始发给他每月200马克的养老金。在1968年10月，比利时东部的林堡主教（Bishop of Limburg）授予他"圣西尔威斯特教皇骑士"（Papal Knighthood of St. Sylvester）封号。

奥斯卡·辛德勒继续不断与追捕战犯的联邦司法部门合作，挺身作证。在他步入60岁之后，他开始为"希伯来大学的德国朋友"（German Friends of Hebrew University）工作，这一工作的由来，也是基于"辛德勒犹太人"敦促的结果。他为西德筹款，继续发挥了他昔日的那种交际魅力和机智。他开始与一位名为安妮玛利（Annemarie）的德国女人相恋，他们是在耶路撒冷的大卫国王饭店（King David Hotel）初次相遇的。他的结发妻子埃米莉仍然生活在布宜诺斯艾利斯的南部，没有获得过任何他在金钱方面的帮助。

奥斯卡·辛德勒在健康状况十分糟糕的情况下生活了许多年之后，于1974年10月9日离开了人世。根据他的遗嘱，他被安葬在了耶路撒冷天主教公墓，许多"辛德勒犹太人"参加了他的葬礼，他们当中包括：伊扎克·斯特恩、摩西·贝杰斯基、海伦·赫尔契、雅格布·斯特恩伯格、朱达·德雷斯纳（Juda Dresner）。在世界各地，每一个大陆上，都有人哀悼他。

作者生平与创作生涯

托马斯·肯尼利于1935年10月7日出生在澳大利亚新南威尔士州的首府悉尼（Sydney），家庭成员中有不少人都直接参与过两次世界大战，父母没有受过高等教育，却在家里购置了不少书籍，使他的童年得以在一个酷爱书籍的环境中度过，再加上由于小时候患有哮喘病，不能外出玩耍，只能在家里读书，他因此养成了爱读书的好习惯。

他在新南威尔士州北部沿海地区的学校里完成的中学学业，之后，在1953年至1960年间，进入位于悉尼西区史卓菲的圣帕特里克学院学习，开始为从事天主教牧师的职位进行神学研究，研习了6年之后，因对宗教渐渐生出一种不适感，继而无法忍受，最终，在任命前的两个星期，离开了神学院。之后，他开始学习法律，打算做一名律师，不过后来，1960年至1964年间，却进入了悉尼的一所中学，做了一名教师，同时开始了文学创作。

1964年（29岁），他在英国出版了第一部长篇小说《在惠顿那个地方》（The Place at Whitton），之后，便以写作为生，成了一名全职作家和兼职讲师。在他早期的创作当中，他将目光关注于人的精神领域、人的复杂内心世界和当代显著的社会问题：种族主义与暴力、死亡。在他1965年出版的长篇小说《恐惧》（The Fear）和1967年出版的长篇小说《召来云雀和英雄》（Bring Larks and Heroes）中，淋漓尽致地描写了暴力与死亡。

1965年，他与朱迪斯·玛莉·马丁（Judith Mary Martin）结了婚，婚后，他们生育了两个女儿。

1968 年至 1969 年期间，他兼职讲学一年，在新南威尔士州阿米戴尔（Armidale）的新英格兰大学教授戏剧。1975 年至 1977 年间，他与家人一起到美国加利福尼亚生活了两年。

期间，他不断有新的作品问世，陆续出版了长篇小说:《三呼帕拉克里特》(Three Cheers for the Paraclete，1968)、《生还者》(The Survivor，1969)、《忠实的女儿》(A Dutiful Daughter，1971)、《铁匠杰米的歌声》(The Chant of Jimmie Blacksmith，1972)、《血红的，修女罗丝》(Blood Red，Sister Rose，1974)、《来自森林的传闻》(Gossip from the Forest，1975)、《炼狱里的季节》(Season in Purgatory，1976)、《奥罗拉的受害者》(Victim of the Aurora，1977)、《奈德·凯里和蜜蜂之城》(Ned Kelly and the City of Bees，1978)、《乘客》(Passenger，1979)、《同盟者》(Confederates，1979) 等。在《铁匠杰米的歌声》中，他抨击了当今存在于澳大利亚和世界其他一些地区的种族歧视，出版之后备受称赞。在《血红的，修女罗丝》中，他对中世纪战事当中残酷的野蛮性的描写，受到了高度赞美。

1985 年，他重返美国加利福尼亚，在加利福尼亚大学欧文分校担任英语客座教授。1988 年，他到纽约大学主持伯格基金（Berg Professor）讲座。与此同时，他继续着自己的文学创作，成绩卓著，在国内外获得了不少荣誉和文学奖项。

1980 年代，他陆续出版了长篇小说:《减税王国》(The Cut-Rate Kingdom，1980)、《布利之家》(Bullie's House，1981)、《辛德勒名单》(Schindler's Ark，1982)、《疯狂家庭》(A Family Madness，1985)、《剧作家》(The Playmaker，1987)、《优雅的动作》(Act of Grace，1988)、《致阿斯马拉》(To Asmara，1989)、《按血统》(By the Line，1989)。其中一些作品，以不同的视角，描写人类战争历史，借古喻今，探讨人们普遍关心的社会问题，经常以人为的大灾难为背景，从中透出正义所能带给人的种种希望。

这一期间，在他所获得的各类奖项中，包括：1967 年和 1968 年，两次获得澳大利亚历史最久、影响最大的迈克斯·富兰克林奖；1973 年，获得英国皇家文学院海尼曼奖；1983 年，因他对澳大利亚文学的贡献，获得了澳大利亚政府颁授的澳大利亚最高级别奖项——澳大利亚勋章。

他的小说创作曾四次获得布克小说奖提名，最终，在 1982 年（47 岁），他的长篇小说《辛德勒名单》因其客观的描述、沉稳的笔调和所透出的历史真实感，问鼎了第 14 届英语文学界最有影响力的布克奖，并在 1983 年获得了美国的《洛杉矶时报》图书奖；还在 1993 年被著名美国导演斯蒂文·斯皮尔伯格（Steven Spielberg，1946—　）改编成电影《辛德勒的名单》(Schindler's List) 搬上了银幕，引起了轰动，因其表现出的人文关怀，一举获得了 1994 年奥斯卡奖（The Oscars）包括最佳影片和最佳导演在内的 6 个奖项。

在《辛德勒名单》中，他以纪实的笔法，讲述了第二次世界大战期间的一个人性故事。在纳粹法西斯的罪行黑暗到无以复加的年代里，在一位真实的历史人物——奥斯卡·辛德勒（Oskar Schindler）身上所发射出来的一道耀眼的光芒：这位来自苏台德区的德裔商人，在波兰刚刚沦为德国占领区的首府克拉科夫，寻找到了新的商业契机后，获得了丰厚的利润；随着时间推移，德意志第三帝国对犹太人“净空”政策的恐怖性逐渐显露出来之后，这位非犹太籍商人，默默开始了一场历史上最传奇的庞大救援计划，冒着危险，买通了形形色色的党卫军军官，买通了军备物资监管局中各种各样有权势的国防军工程师，想方设法雇用了数以千计的犹太籍囚犯，拯救了一个又一个无辜的生命……小说详细讲述了奥斯卡·辛德勒的传奇一生，他所经营的德意志搪瓷厂如何起家，他如何建起了一个从纳粹政权下冒死救出成千名犹太囚犯的企业，以及他在战后与“辛德勒犹太人”之间的关系等。小说材料来源主要基于作者1980年对散居在世界各地的奥斯卡·辛德勒所拯救的50位犹太幸存者的访谈记录。

在托马斯·肯尼利的创作中，善于用自己的眼光来审视澳大利亚；它历史悠久的小镇和现实生活中的各种问题；他描绘异国风情的小说作品，旨在探讨人们普遍关心的社会问题。作品的题材广泛，历史与现实、本土与异域、宗教与世俗、政治风云与凡人小事、土著人的生活与白人的生活，都纷纷呈现于笔端。

1990年代，他陆续出版了长篇小说：《参谋长》(Chief of Staff，1991)、《飞行英雄班》(Flying Hero Class，1991)、《内海的女人》(Woman of the Inner Sea，1992)、《杰寇：伟大的入侵者》(Jacko: The Great Intruder，1993)、《河畔城镇》(A River Town，1995)。

1985年至1988年，他当选为澳大利亚宪法委员会成员，并在1991年至1993年出任了这一委员会的顾问主席；1985年至1988年，成为澳大利亚文学艺术董事会成员；1985年至1989年，他出任澳大利亚全国图书委员会执行主席；1987年，他出任澳大利亚作家协会主席；另外，他还是英国皇家文学院院士，也是美国现代语言学会院士。

他的学术造诣，也在世界领域获得了显赫的声誉：1991年，他成为加利福尼亚大学欧文分校研究生写作课程的杰出英语教授；1993年，澳大利亚昆士兰大学授予他荣誉博士头衔，同年，他成为美国艺术与科学院文学院士；1994，爱尔兰国立大学授予他荣誉博士头衔；1999年，澳大利亚宣布他为“澳大利亚活着的国宝”(Australian Living Treasure)。

这一时期，托马斯·肯尼利基本生活在美国，在大学里任教，并作为一位主张澳大利亚与大英联邦分离的倡导者，创立和领导了澳大利亚共和运动——致力于澳大利亚国家独立的政治组织。1994年，他成为澳大利亚共和运动领导者。

各种荣誉的光环丝毫没有影响他的文学创作，进入2000年之后，他继续以他那种寓意深远、感人至深的沉稳笔调，在世界文坛上进行着辛勤的耕耘，讲述着当代寓言故事，不断有长篇小说问世，陆续出版了：《贝坦尼的书》(Bettany's Book，2000)、《无知者的办公室》(The Office of Innocence，2002)、《美国无赖》(American Scoundrel，2003)、《暴君的小说》(The Tyrant's Novel，2004)、《寡妇与她的英雄》(Widow and Her Hero，2007)、《人们的列车》(The People's Train，2009)、《火星的女儿们》(The Daughters of Mars，2012)、《耻辱与俘虏》(Shame and the Captives，2014)。

除了长篇小说之外，托马斯·肯尼利还著有许多关于澳大利亚的非小说类作品以及一些游记，其中包括：《法律之父摩西》(Moses the Lawgiver，1975)、《内地》(Outback，1983)、《澳大利亚：超越梦时》(Australia: Beyond the Dreamtime，合著，1987)、《现在及将来的样子：爱尔兰及爱尔兰人》(Now and In Time To Be: Ireland and the Irish，1992)、《灵魂诞生的地方：西南之旅》(The Place Where Souls Are Born: A Journey to the Southwest，1992)、《一个青年共和国的回忆录》(Memoirs from a Young Republic，1993)、《功利玩家：戴斯哈斯勒的故事》(The Utility Player: The Des Hasler Story，1993)、《男孩厚木布什：回忆录》(Homebush Boy: A Memoir，1995)、《我们的共和国》(Our Republic，1995)、《大耻辱：爱尔兰人在新、旧世界里的故事》(The Great Shame: A Story of the Irish in the Old World and the New,

1998)、《林肯传》(Lincoln，2003)、《窃贼联邦》(The Commonwealth of Thieves，2005) 等。其中的《大耻辱：爱尔兰人在新、旧世界里的故事》，他花费了整整三年的时间从事这部作品的研究和撰写，行文当中，他的笔触涉及了爱尔兰有争议的历史问题，撰写了 19 世纪爱尔兰的大灾难，他回避了正面描述因犯法而被流放到澳大利亚的囚犯，不直接针对人和物，而是针对社会和政治问题。

2005 年，在纪念世界反法西斯 60 周年之际，已经 70 高龄的托马斯·肯尼利鹤发童颜，不断被邀到多个国家进行演讲，对于那场战争灾难的教训，他经常说的一句话是："只有认错，才能被原谅；只有认错，才可能发展。"当今，他基本生活在故乡悉尼，不断往来于澳大利亚和美国之间，经常到美国旅游和演讲。

主要参考资料：

Schindler's Ark, by Thomas Keneally, Publisher: Sceptre, 2006.

Contemporary Authors, New Revision Series, Volume 50, Gale Research, 1996.

Contemporary Novelists, Sixth Edition, edited by Brown, Susan Windisch, Publisher: St. James Press, 1997.

1983年 | 第15届

016 迈克尔·K的生活和时代［南非］约翰·迈克尔·库切

Life and Times of Michael K by John Michael Coetzee

◎ 原著共 3 章，以内战爆发后一片荒芜的战争景象的大南非为背景，讲述了残疾人学校的园丁迈克尔·K（Michael K）在充满战争、军队与种族隔离的深渊中苦苦挣扎，意图逃离现实的精神炼狱的故事。

英文原版封面

约翰·迈克尔·库切
（John Michael Coetzee，1940—　）

约翰·迈克尔·库切是南非一位蜚声世界的文学大师。

有评论认为，其作品思辨深邃，文字精准而深刻，主题多以种族议题为中心，讲述“后种族隔离时代”的南非社会实况，力图伸张人权精神，引发读者更深入的思考。2003 年，他因**“在人类反对野蛮愚昧的历史中，通过写作表达了对脆弱个体斗争经验的坚定支持”**获得了诺贝尔文学奖。

1983 年，《迈克尔·K 的生活和时代》（Life and Times of Michael K）获得了南非中央新闻社文学奖，又因其**对于南非社会日常生活的栩栩如生的描写和这种描写给人们带来的反思，**问鼎了第 15 届英语文学界最有影响力的布克奖，并在 1984 年获得了法国费米娜奖。

1999 年，他的哲理长篇小说《耻》（Disgrace）因其**极具可读性，且从内容到寓意都具有十分丰富的层次，撼人心魄，**问鼎了第 31 届英语文学界最有影响力的布克奖，成为该奖项自设立以来，第一位两次获此殊荣的作家，从而奠定了他在世界文坛上的大师地位。

助产士在帮助迈克尔·K来到这个世界时，注意到的第一件事就是他的兔唇。这孩子的嘴唇像蜗牛的角一样向上翘着，左边的鼻孔裂开。接生婆遮挡住母亲看向婴儿的视线，用手指拨开初生儿稚嫩的小嘴，非常高兴地看到上颚还是完整的。她对那位母亲说："你该高兴才对，这样的孩子会给全家带来好运。"然而，从一开始，安娜·K（Anna K）就不喜欢那闭阖不了、露出鲜红唇肉的嘴。一想到这些月份里，在自己肚子里生长的竟是这样一个东西，就不由得一阵颤抖。婴儿无法用嘴吸吮奶水，饿得直哭。她试着用奶瓶喂婴儿，奶瓶也不行，她又换用羹匙来喂婴儿，婴儿呛得直咳嗽，回吐，大声啼哭，急得她直皱眉头。"等他长大后，唇会合起来的。"助产士这样说，可是，唇始终没法合起来，或说合得不充分，鼻子也并没有变好。

当孩子不再是婴儿的时候，安娜带着他去干活，一直带到他很大以后。周围的人对迈克尔的豁嘴难免有些不习惯，旁人的笑声和低语，深深伤害了安娜，她让迈克尔远离其他的孩子，日长月久，迈克尔学会了一个人安安静静地坐在毯子上，看着母亲清洁其他人家的地板。因为容貌上的缺陷，加上心智有些迟缓，迈克尔在学校没待多久，就被送进了佛雷（Faure）的惠斯·诺瑞纽斯（Huis Norenius）学校托管，在国家的资助下，和一群各有各的不幸际遇的小朋友生活在一起，与大家一起阅读、习字、计数、扫除、洗碗碟，一起学习各种生活自理的本领，以及编篮子、采掘、做木工活等基本技能，在那里度过了他童年的大部分时光。

长到15岁时，迈克尔离开了惠斯·诺瑞纽斯学校，进入开普敦（Cape Town）市立公园管理服务队，成为一名三乙级园丁。三年后，他离开了服务队，失业之后，无所事事地躺在床上，后来，得到了一个在"绿市广场"（Green-market Square）公共卫生间担任夜间管理员的工作。一天深夜，在下班回家的路上，两个男人在地下通道里打劫了他，抢走了他的手表、钱、鞋子。受到过度惊吓的他躺倒在地上，拇指脱臼，手臂上留下了一道长长的刀口，肋骨也断了两根。在这桩意外之后，他辞去了公共卫生间的夜班工作，又回到公园管理队，经过一段漫长的时间，升为了一级园丁。

因为他的脸相，他没有女性朋友，当他独自一人的时候，他是最自在的。他喜欢在寂静中活动，埋首于泥土当中，有时，甚至会因为没能听见隆隆的星期六的午间鸣炮声，一个人不停地工作，一直干到傍晚。星期天休息的时候，他通常会起得很晚，然后在下午去看望他的母亲。

长到31岁时，一个6月的上午，迈克尔正在德瓦公园（De Waal Park）耙树叶时，有人捎来了他母亲安娜的口信：医院要她出院了，他必须去接她。他放下手中的工具，搭巴士来到萨默塞特医院

（Somerset Hospital）。母亲安娜病得很严重，脚肿得连鞋也穿不上了，在被送进医院之前，就已经病得不成样子了，胳膊和大腿肿得很厉害，有好几个月了，接下来，连肚子也鼓胀了起来，住院时，已经无法行走，甚至连呼吸都困难了，被急救过来之后，医院里杂乱的环境和糟糕的服务，令安娜痛苦不安。到了第三天，她就开始哀求人家送她回家，到了第六天，她总算得以逃离这个临时惩罚所了。在值班台，迈克尔想借一张轮椅推母亲，但被拒绝了。迈克尔只好提着母亲的手提袋和鞋子，搀扶着她艰难地走到公共巴士车站，足足排队等了一个小时，公共巴士总算来了，上车之后，没有一个空座位，迈克尔一手抓住车上的手扶杆，一手环抱着母亲，免得她摔倒。直到下午5点，他们才到达了安娜在海岬角（Sea Point）的住处。

他母亲的房间在"蔚蓝海岸饭店"的楼梯底下，那地方本来是用来装设空调的，但一直没有进行。有8年的时间，安娜在退休的针织厂老板布尔曼（Buhrmann）家当女佣，病情初起时，雇主另请了一位年轻一点的女佣做家事，继续留她负责烧饭，减了她三分之一的薪水。住院的几个星期以前，她已经卧病在床，不能工作，心中充满了恐惧，生怕布尔曼夫妇的好心、耐性会用完了。迈克尔帮母亲打开房门，点上蜡烛。母亲出院后整整一个礼拜的晚上，他都陪着母亲，尽量照料她，尽可能地让她感到舒适一些，干各种必不可少的活儿。

然而，无论儿子怎么表现，都无法平息安娜心中的忧虑与恐惧：在萨默塞特医院的走廊里，在她与那群因刀刃刺伤、打伤及枪伤而痛苦呻吟的人共处的那几个夜晚，她已经意识到，在这个战乱时刻，对她这个病得如此不堪的老太婆，这个世界只有极度的冷漠。如今，她已经不能工作，之所以还没有流落街头，靠的只是雇主不知能维系多久的善心，和一个顺从的呆头呆脑的儿子。所以，当有一天晚上，迈克尔提到了公园管理服务队解雇员工的一些情况时，她就开始仔细盘算那个过去只有在无聊时才会冒出来的梦想：离开这个对她毫无好处的城市，回到她度过童年时代的乡下去。

安娜出生在艾尔伯特王子城（Prince Albert）地区的一个农庄，父亲酗酒，早年，一家人不断从一个农庄搬到另一个农庄，最后，他们搬到奥兹胡恩（Oudtshoorn），安娜在那里上过一阵学。在第一个孩子出生之后，她来到了开普敦，和另一个男人生下第二个孩子，第三个孩子后来夭折了，再以后，就是迈克尔。在安娜的记忆里，搬到奥兹胡恩镇之前的那些年头，是她过得最幸福的时光，过着既温暖又充裕的日子。躺在空气不足的房里，安娜梦想着逃离人们那恣意的粗暴、拥挤不堪的巴士、等待购物的长龙、颐指气使的店员、夜里惊天动地的警笛，还有小偷、乞丐、宵禁和那又湿又冷的天气。她想，即便是自己就要死了，自己至少也要死在那蓝天之下。不过，在向迈克尔概述回乡下的计划时，她绝口不提死亡或自己即将死去的想法，只说迈克尔应该在被解雇之前，就先辞去公园管理服务队的工作，然后搭火车陪着她前往艾尔伯特王子城。她的手袋内还有点存款，有点新币，而且她还有一些由于自己当时抱着怀疑、观望的态度迟迟没有兑换的、现在已经毫无价值的旧币。在艾尔伯特王子城那边，她可以租下一间房子，而迈克尔呢，可以在离她不远的农庄找个事做。如果迈克尔的住所够大的话，她还可以跟他一起住，帮忙管理家务，或者，迈克尔每逢周末来看她。她让迈克尔从床下拖出一个手提箱，当着迈克尔的面，取出满满一袋新币，并且说，这钱就是为了派上这样的用场的。

迈克尔很自然地就顺从了母亲的意愿，第二天早上，他没有去上班，带着母亲交给他的钱，来到火车站，想买两张前往艾尔伯特王子城的火车票，却被告知，在没有预定车票和申请离境通行证的状况下，他根本上不了火车。之后，迈克尔排了整整2个小时的队，领到了两大份表格，他将填好的表格交上去之后，人家告诉他，等到申请表格经过审查，再获得艾尔伯特王子城的警察通过之后，通行许可证会按申请的先后顺序寄给他。迈克尔回到德瓦公园，正如他所预料的那样，他被告知，到月底，他不再被雇用了。“没关系，”他告诉领班，“无论如何我们都会离开的，我母亲和我。”

离开的通行证始终不见踪影。在6月最后一周的一个黄昏，海岬角地区的海滨公路上发生了暴力冲突，周围的几个街区遭遇了疯狂抢劫，一帮经常滋事生非的暴民洗劫了一座座住宅，许多人家的屋门被踹倒在地，窗玻璃被砸得粉碎，还有人放了火。紧挨安娜房间上面的房子，被洗劫得一塌糊涂，各种家具被砸得稀巴烂。街面上，有人被打死了，街区的居民，瑟缩在黑暗之中，直到午夜时分。

在那个疯狂抢劫之夜，安娜和儿子迈克尔像老鼠一样，一声不吭，胆战心惊地蜷缩在楼梯底下的小屋里，一动不动。受了惊吓的布尔曼夫妇，被朋友接走了，没有留下任何话，不知什么时候才能回来。他们的所有希望，都寄托在那张批准他们离开城市的通行证上了。安娜整天睡在床上，一声不响。日复一日，天天都在下雨，没有布尔曼夫妇的任何消息。一天早晨，迈克尔吃惊地看到进来了四个穿着工作服的男人，他们二话不说，把他推到一边，走了过去，动手清理起布尔曼夫妇房间里的东西。迈克尔意识到，他和母亲说不定哪天就会从这里被赶出去了。他不知道该怎么办，该到哪里去，久久地坐在母亲身旁，抚摸着她的胳膊，听着她的悲叹。

迈克尔用两个自行车轱辘和一些其他东西，动手做了一个手推车。之后，他说出了他做手推车时一直反复思考的计划，“等候那个准许离开的通行证是在浪费时间，”他说，“那个通行证绝不会寄来的。而且，没有那个通行证我们就不能坐火车走。现在，随便哪一天，我们都会被驱逐出这个房间。”到艾尔伯特王子城，坐车只有5个小时的路程，走路的话，大概一两天也能抵达了。他的话句句在理，安娜犹豫再三，最后，接受了他的主意。第二天清晨，重病的安娜上了他的手推车。他戴上他的无边帽，抬起车把，推着母亲朝着雾气朦胧的大道走去。

迈克尔找最近的路走，很快便离开了海岬角，到中午的时候，他们已经开始穿越帕顿·爱兰德（Paarden Eiland）工业区。迈克尔感到自己的双臂已经有些麻木了，但是，还是步履沉重地坚持往前走着。当他把母亲扶下车，坐在路边草地上吃午饭的时候，一些身穿军服的摩托车手奔驰而来，随后，一列由五花八门的重型汽车组成的浩浩荡荡的车队从路边经过。领头的一个摩托车手看向他们，另一个朝他们奔驰过来，让他们远离公路50米以外，不然要遭射击的，并警告他们，前面就是检查站，没有通行证，不能离开这个地区。没有办法，他们只好掉头回返。

两天之后，他们又出发了，离天亮还有一个小时的时辰，他们就离开了海岬角。已经不再能抄近路走了，这时，迈克尔意识到，他们可能要在路上度过好几个夜晚了，更糟糕的还有，他母亲也已经失去了回返乡下去的兴趣，不断抱怨胸口疼痛，一脸不高兴地坐在手推车的车厢里，身上围着他不让她淋上大雨的塑料围裙。一路上，他们颠颠簸簸，到了夜晚，迈克尔一头钻进杰克逊港（Port Jackson）附近茂密的灌木丛，寻找到了一处停留过夜的地方，然后，吃着冷冰冰的食物，睡到用落叶铺成的床上。到了午夜时分，下起了雨，他用塑料围裙罩住母亲，让母亲靠到自己肩上。这时，他忽然发现，母亲已经不再抱怨什么了，他想，或许因为她累得顾不上了，或许是她已经根本不在乎了。

迈克尔拖着沉重的脚步走进了斯泰伦博斯城（Stellenbosch）时，天色已晚，街道上空荡荡的，寒风大作，他想不出哪里是他们睡的地方。最后，他们停在一条小巷里，睡到用压平的硬纸盒铺成的床上。他一夜未眠，母亲一整夜都在不停地咳嗽。一次，一辆警察的巡逻车顺着街道慢慢开过，他不得不用他的手捂住了母亲的嘴。破晓时分，他把母亲抱回到手推车上，母亲的头无力地耷拉下，她已经不知道自己在哪儿了，已经无法坐直，整个人完全垮了。他不得不把母亲送进了医院。在医院里，当他再次看到母亲的时候，母亲躺在一张有脚轮的台床上，鼻子上插着一根橡皮管，人已经失去了知觉。他不知该做什么，在走廊里中走来走去，直到他被人撵了出来。当天夜里，他母亲就死了。在他母亲去世的第二天，一个他之前从没见过的护士，把他母亲的手提箱和骨灰盒交给了他。

迈克尔·K被孤零零地留在了这世上，整日无所事事。白天，他推着那辆手推车在附近街道周围走动；夜晚，他睡在涵洞下，树篱后，小巷里。有一段时间，他四下里找寻管理花园的工作，但是，当他看到那些毫无爱心的户主们给他开门时所表现出来的厌恶的样子，他退缩了。他长时间看着自己的双手，脑海里一片空白。

他沦落到了睡在铁路桥下面的一伙男女当中。后来，一天晚上，在他睡觉的时候，一个人企图从他头下拉走他母亲的那只手提箱，引发了一场斗殴。他离开了那个地方，带着母亲的骨灰四处流浪，不再遵守宵禁令。因为没事可做，他睡得越来越多。他发现，无论何处、何时、何种姿势，他都可以睡着：中午在人行道上，任由人们迈过他的身体；靠一面墙站立着，把那个手提箱夹在两腿之间。他昏昏沉沉地睡着，没有梦到任何人或任何事。一天，他的手推车不见了，他只是耸了耸肩膀。

迈克尔蹒蹒跚跚地度过每一天，时常迷路。一天，一支长长的车队不知何故停在了公路边，他步履沉重地走过一辆辆卡车，直到把那个车队抛在了身后，才松了口气。不料，在山路的转弯处，一个士兵从灌木丛里走出来，用一把自动步枪对准了他的心脏，迫使他打开了他的那只手提箱，把里面的东西倒到地上，包括母亲的骨灰盒。在那士兵的示意下，迈克尔把钱包递了过去，放进那士兵军服上衣的兜里。迈克尔舔了舔他的嘴唇，“那不是我的钱，”他口齿不清地说，“那是我母亲的钱。”沉默了一阵之后，他再次开了口，“你怎么想——这场战争为了什么？”他问道，“是为了花别人的钱吗？”那个士兵用枪指向他，“小毛贼，你小心点。不用你告诉我战争的事。”随后，从钱包里掏出一个10兰特铜币丢给了他，“赏你的小费。”

迈克尔决定继续前往艾尔伯特王子城，去送母亲的骨灰。整个白天，他都在走路，尽可能地避开遭劫的那条公路；到了晚上，他尽可能地睡到涵洞下面。那天上午9点，他已经遥望到了沃塞斯特市（Worcester）林立的烟囱和高压线的桥塔了，这时，他也已不再是孤零零的一人行走了，而是走在了零零落落的一行人当中。在沃塞斯特市郊区路障处，他受到了盘查，递上了他的绿卡。“你从哪来的？”他回答说，“从艾尔伯特王子城，我正在往家走，回艾尔伯特王子城。”岗哨警察要他出示通行证，他说他把通行证弄丢了，结果，他被带着警犬的警察猛推到了一堆被看守着的人群当中。

迈克尔·K与50多个陌生人，还有30来个囚犯，被武装警察押送到了火车上，有人告诉他说，火车开往陶斯河（Touws River）方向。途中，他们一帮人被赶了下来，被指派加入一群正在铁轨上干活的人群，清理被泥石流破坏了的铁轨。他费力地铲着那些土石，直干得体力不支，跌坐到铁轨旁。有人敲打他的膝盖，让他站起来，继续去干活。他急忙站了起来，头晕眼花，不由得问：“为什么让我到这儿来干活？”监工回答他，“让你干什么，你就得干什么。”一面扬起手中的棍子照着他的胸脯猛戳了过来。

直到午夜，他们都一直在苦干。那条路的铁轨终于修通了，他们那一帮充当无报酬的苦工又上了火车，经过 2 个小时的车程，他们被卸在了陶斯河，被扔弃在堆满煤渣的调车场，重新回到了他们被中断的生活当中。

迈克尔·K 一刻也没停留，他越过一道道铁轨，钻过围墙上的一个窟窿，走上一条离开车站的小路。后来，他走过了草原，翻越过兰斯堡（Laingsburg）城外最后的几座小山，在好心人的帮助下，来到通往塞韦维克斯普特（Seweweekspoort）的岔道，用了三天时间，走完从兰斯堡到艾尔伯特王子城的这段路程。经过一番打听，他终于打听到了母亲对他说起过的那个她要去的地方——维萨吉（Visagie）农庄。人家告诉他，维萨吉家的那块地方早就已经没人了，维萨吉一家人很久以前就离开了，那个地方被遗弃许多年了，十分荒凉。

经过一个孩子的指点，他爬过一个山头，走向山脚下的那一栋被废弃多年的维萨吉家的房子。房后斜坡上竖立着一个水泵，远处的草原上，有个装满水的水泥水坝，他在水坝下面的土地上挖了一个深坑，把母亲的骨灰袋安葬到深坑里，终于让母亲重归了大地。之后，他继续留在了那一片废弃的如今已无主的农庄里，靠射杀小鸟充饥。不久，他又发现了如何靠土地谋生，便开始了他的耕耘者生活。他的时间，一部分用于狩猎，一部分用于土地耕作；他日出而作，日落而息，超然于时代之外。开普敦、战争和他来到这农庄的过程，都变得越来越远，渐渐被他淡忘。他是一个园丁，种植的冲动，在他心中被重新唤醒。

然而，有一天，原农庄主——维萨吉的孙子回到了农庄，迈克尔把他的东西搬到靠山根的一间房子里，把维萨吉家的那栋房子腾给新来的陌生人。这个陌生人要迈克尔不要对任何人提起他，原来，他是一个逃兵，原在军需官办公室工作，要被送上前线，他便从一个军队训练营里逃了出来，正在被警察和宪兵搜捕。当晚，维萨吉的孙子分享了迈克尔的晚餐，他的食量大得惊人，弄得他和迈克尔两个人谁都没能吃饱。

迈克尔觉得维萨吉的孙子想把他变成一个贴身的仆人，他很不喜欢这种待遇。那天早上，维萨吉的孙子给了他一点钱，差他到艾尔伯特王子城去采购所需物品。“我只需远离众人视线一小段时间，他们很快就会放弃的，我不过是汪洋大海中的一条小鱼。但是我需要你的合作，迈克尔。你必须帮助我。不然，我们两人中的任何一个都不会有未来的。你明白吗？”于是，他拿着维萨吉的孙子给他的购物清单和 40 兰特离开了农庄。他把钱装进在路旁捡来的一个旧锡罐里，藏到农庄大门口一块石头下面，然后逃进了群山。

在最初的一些天，他还不断地探索自己周围的新世界，翻动石头，咬嚼草木根和植物的根茎，捉食蚂蚁昆虫，在群山里忍受了一些时日，直至饥肠辘辘。后来，他在极度虚弱的状态下，爬到了一条通往山下小镇的路口。当他头晕目眩地走进小镇时，遇到了巡警，被他们推进警车，带到了警察局，关进了一个已经关了 5 个人的小屋。

迈克尔·K 身上没有任何证件。他的案件记录上写道：迈克尔·维萨吉（Michael Visagie）——反措施——40——无家庭——无业。他被指控：未经许可就离开原地方行政管理区，没有身份证件，违反宵禁令，酗酒和妨碍治安。待他的身体恢复了元气，他被带到一个重新安置难民的劳工营地，里面拥挤着一些帐篷和用木头与铁皮搭成的房子，周围有 3 米高的铁丝网围栏。看守把他安置在铁皮房子里的空铺位上，他躺到那铺位上，小小的房间里一个窗户也没有，躺在闷热的黑暗中，与那些横躺在铺位上的陌生人拥挤在一起，四下里充满了明显的嘲笑。他觉得自己像是重新回到了童年时代，对他来说，这是一场梦魇。他想，还是在大山里比较好，还是在农庄里比较好，还是走在路上比较好，还是待在开普敦比较好。

在劳工营，迈克尔与其他一些壮劳力，不断被用卡车拉到各处去干活，分配他们去清理铁路桥的河床，挖坑，搅拌水泥，或去平整公路，或去农田里收割……总之，都是十分累人的活，干不了几个小时，疲惫不堪的迈克尔双腿打软，几乎难以站稳。营地里一个年长于迈克尔的男人罗伯特（Robert）告诉他，这里是加卡尔斯德里夫（Jakkalsdrif），一个为没有工作的人准备的营地，他们一家人——他的妻子、三个女儿和一个儿子，已经来了5个月了。现在，营地里，加上迈克尔，总共有30个男性劳工，出卖自己的劳动血汗，换取一天1个兰特左右的可怜工资。赞成开办这个加卡尔斯德里夫营地的，是铁路当局和农场主。像他们这样的劳工营，在铁路当局所辖的铁路沿线，每10英里就有一个，以便为他们提供廉价劳工。

12月的一天夜里，艾尔伯特王子城遭遇了袭击，加卡尔斯德里夫营地的人牵连到与这座城市作对的纵火行动之中。黎明时分，警察当局对营地发动了袭击，搜查了劳工营，警长乌斯图森（Oosthuizen）分派两个自由兵的士兵对营地进行看守。一天晚上，劳工营中有人喝酒，与自由兵打斗起来，发生了骚乱，迈克尔乘机爬过围栏，逃离了劳工营，走了一整夜，回到了维萨吉农庄。

迈克尔·K在维萨吉家的那栋房子里四下寻找那个维萨吉的孙子的踪影或藏身之地，他什么也没找到。随后，他离开了维萨吉家的那栋房子，睡到了地里。等到黎明醒来之后，他决定为自己盖一处住所，因为他不愿意住进维萨吉家的那栋房子里，他觉得：即使它已经被人抛弃，也与我无关，当初我来这里，不是为了这栋房子。

回来的第二天上午，他利用小山山脚的一处裂缝，为自己搭建了一个遮风避雨的地洞。回来的第四天，他翻找到剩下的最后一把西瓜籽儿和南瓜籽儿，在如海的草原上，为每一粒种子清理出一块地。之后，他在自己的田地里走来走去，精心照看那些种子，守望并等候着它们的成长。与此同时，他又重新开始面临饥饿问题——在经历了深山与劳工营地的苦难之后，他瘦骨嶙峋，衣衫褴褛，又开始挖掘幼虫，开始吃各种昆虫和各种植物根茎，不管会不会中毒。一天天过去了，什么事情也没发生。

一个白天过去了，接着是另一个白天。然后，当太阳正在下山的时候，迈克尔从自己的地洞里爬出来，伸展着他的四肢。这时，一队正在移动着的人影引起了他的注意，他赶紧趴到地上，是一群穿着迷彩军服的男人带着两头驴，他数了数，共11个人。他尽可能悄无声息地爬回地洞之内。那一群宿营在水坝前的人，是群山里的游击队，就是那些炸毁铁路、在公路上埋地雷、袭击农舍、赶走畜群、断绝城镇之间的联系的人。广播报道说，这些人已经被彻底消灭了。当那11个人最终进了深山，消失不见了之后，他离开了他的地洞，去巡视他那块被水淹了的田地，关上了水坝的开关。这时，他看到，自己已经失去了一半的收成，那两头驴吃掉了他的一些瓜秧，弄断了一些瓜蔓。

随着时间流逝，迈克尔·K地里的那些南瓜和西瓜在一天天长大，他心里又充满了希望。但是，由于营养不良，他极度精疲力竭，头疼得厉害，整日昏昏欲睡。那天，暴风雨的水从地洞的四壁渗了进来，淹没了他睡觉的地方。他离开了地洞，被停在维萨吉家那栋房前的一车士兵发现了。最初，士兵们以为他只是一个流浪汉，但是随后他们发现了他的地洞，掀掉了地洞的顶棚。“你独自一人在这儿吗？”他点点头。一个士兵猛地把他的手臂扳到身后，逼迫他讲实话，“我说的是实话。”他说。

又来了一卡车士兵，开始了对整个地区的全面的搜查。然后，他们再次盘问了迈克尔，要他说出他“朋友们”的下落，他说他不是他们认为的那种人。由于他太虚弱了，他们把他放到一张帆布床上，给了他一些牛奶和两粒药片。第二天早晨，从艾尔伯特王子城来的警察到达了，带着帮助搜索坑道和隐藏的补给的警犬，警长乌斯图森立刻认出来从加卡尔斯德里夫营地逃跑出来的迈克尔。结果，他被押到了卡车旁边，随后夹在那些士兵中间，被军用卡车带回了艾尔伯特王子城。

不久，艾尔伯特王子城警察局把迈克尔·K交付给了肯尼尔沃斯（Kenilworth）营地，成了肯尼尔沃斯改造营9月份入营的那一批新犯人当中的一员。他们都是经过中转营官员的鉴定,被划分为“易改造”一类的犯人。在肯尼尔沃斯改造营的体能训练过程中，迈克尔摔倒了，被送进病房时呼吸困难，心跳微弱，并伴有长期营养不良的各种症状，而且皮包骨头，体重不到40公斤，就像是一具骷髅。医务官听说自己的这位新病人——迈克尔斯（Michaels）被逮捕的原因，是由于他独自在卡鲁（Karoo）高原什么地方都达不到的中部，为山里的游击队管理一个补给站，密藏武器并种植粮食。医务官问带他来的看守，为什么要强迫身体状况糟糕得不成样的人进行体能训练，难道他们看不出来这个人不能跑吗？看守回答说，他并没说他身体不好。

迈克尔斯也坚持说他没毛病，只是需要一点治疗头疼的东西，医务官不得不与自己的这位新病人不断进行斗争。迈克尔斯固执地说他并不饿，实际上，他根本吃不进东西，医务官只好一直为他打点滴，他由于太虚弱，无力抗拒。随着他的一天天坚持，新病人的体重丝毫不增，医务官努力想弄明白他吃不下东西的原因，渐渐发现，当局对他的指控是不公正的，他根本不可能是游击队的帮凶，他作为一个暴动者被逮捕，可他甚至不知道现在正在打仗。新病人的样子看上去就像一个老人，却自称32岁，他对海岬角很熟悉，而且了解肯尼尔沃斯改造营所在的地区，他还说他不叫“迈克尔斯”，他叫“迈克尔”，过去是开普敦的一个园丁，后来丢了工作，带着他的母亲去了乡下，他母亲死了，被烧了……

医务官努力救助迈克尔·K，想让改造营的负责长官放了他。医务官对负责长官解释说，迈克尔连跑着投掷一次标枪的力气都没有，更谈不上能管理一个军需补给站了，他是一个低能的人，纯粹由于偶然流落到了战区，而且不懂得自己应该逃离那里。他不应该被关在一个改造营里，而是应该被安置到一个能够受到保护的慈善机构里。负责长官拿出注册簿，上面记录着，迈克尔斯是一个纵火犯，是一个劳工营的逃犯，他被捕的时候，正在一个被遗弃的农场里打理着一个长势繁茂的园子，向当地游击队提供食品。医务官摇摇头，坚持认为对迈克尔的指控有误，一定是他们把另外某个迈克尔斯搞混了，这个迈克尔是个白痴，甚至不清楚该如何点燃一根火柴，如果这个迈克尔正在打理一个繁茂的园子，他为什么会饿得要死了？

门诊所里的病人有几个已痊愈了，而迈克尔的情况没有任何进展，肠壁上出现了明显的恶化，医务官调整了他的流食食谱，把他移到了挨着窗户的那个病床上。他躺卧在那里，仰望着窗户和天空，然后，又睡着了。来查房的医务官看着熟睡的迈克尔，心里默默地想：其实，他倒像一块石头，一个从天地初始就静静躺在地上想着自己的事儿的石头，现在突然被人捡了起来，在两只手掌上，被任意抛来丢去。这粒坚硬的小石子，几乎对它周围的事情一无所知，把它自己包裹在自己和自己内部的生活之中。

迈克尔的情况终于稳定住了，肠道问题不大了，但血压还很低。一天，负责长官接到艾尔伯特王子城警察局打来的电话，头天夜里，城里又发生了袭击城市供水系统的暴力事件，一个区段的水泵被炸毁了，警察局希望从迈克尔这里找到突破口，与迈克尔谈谈这一袭击事件负责的人——也就是那些来自山里的他的朋友们，并希望由改造营方面来进行提审。医务官当即对负责长官提出了反对意见，然而根本没有用。

骨瘦如柴的迈克尔被带到一个储藏室，负责长官要他说出他朋友们的情况，他们现今藏在哪儿？迈克尔蜷缩着蹲在那里，一动不动，目不转睛地盯视着负责长官和医务官。负责长官用沉默把全部审讯重担都转移到医务官身上。“说吧，迈克尔，”医务官说，“我们不能拿出一整天的时间，那儿正在打仗！”最后，迈克尔终于开口了，“打仗跟我没关系。”负责长官坚持要迈克尔说出实情，他在园子里面种了什么，为谁种的，把它们都给了谁？迈克尔耸了耸肩膀，“长出来的东西，是为了我们所有的人。我们全都是大地的孩子。”

听着他持续不断且语无伦次的回答，负责长官依然不肯罢休，医务官恳求负责长官，不要再逼一个可怜的白痴讲出点什么故事了，编点什么当报告应付过去，满足那些警察吧。他已经观察迈克尔好几天了，负责长官肯定也已经看出来了，迈克尔根本不是一个正常人，只是一个可怜无助的人，就由他去吧，不要硬逼他了，实际上，他根本没有什么故事可讲。从最严格的意义上说，他都不知道自己在干什么。他仅仅生活在一个完全属于他自己的世界里。就这样，在医务官的劝说之下，迈克尔免去了被铐回艾尔伯特王子城。医务官救了他一条命，希望有一天，迈克尔能念他的好。

医务官千方百计免除改造营对迈克尔的折腾，在“免除任务”的栏目上，明确指出至少免除迈克尔7天的体能训练，然而，那天早晨，医务官还是看到了迈克尔跟随在40个身强力壮的人身后，在跑道上艰难地行走着。医务官向执行官提出交涉，“他会倒下来死掉的。他的心脏会停止跳动。”而那个执行官全然不顾，坚持要按条令办事。最后，迈克尔被两个看守架到病床上时，人已经失去了知觉。医务官给他打了一针，稍后，通过一条鼻饲管给他喂了葡萄糖和牛奶。

迈克尔再一次恢复了意识。他的第一个动作就是把那条鼻饲管拔了出来，护理员来得太迟了，没能制止他。他躺卧在毛毯下，看上去像一具尸体，拒绝吃东西，用他那骨瘦如柴的胳膊推开了鼻饲瓶。“它不是我吃的那类饭食。”他要说的就这么一句话；而且，无论怎么劝说，他就是不肯合作。稍后，当病房里的事情忙完了，医务官坐到他床边，等了很长时间，他终于睁开了眼睛，并且开口说：他并不是要去死，他只是不能吃这里的饭食，不能吃营地的饭食。

医务官找到了改造营负责长官，希望他给迈克尔写一张释放证书，并逼迫说，自己当晚就给迈克尔兜里放进去几个兰特，把他领到大门口，把他赶走，让他能像他喜欢的那样去照顾他自己。“你写一张释放证书，我将为你写一项报告‘死亡原因是急性肺炎，继发慢性营养不良’，把他从名单上除名，我们就不须再想他的事儿了。”负责长官当即加以拒绝，“不要要求我篡改有关记录，我不会做的。如果他要死，如果他正在把自己饿死，就让他死。再没比这更简单的了。”

9月份入营肯尼尔沃斯的一批人的训练期结束了，大多数犯人都被派遣到内地去了，其中6个难管教分子被留下关了起来，等待着被转运到穆尔德斯鲁斯（Muldersrus）拘留营去，还有3个走不了路的犯人继续留在了诊所，迈克尔是其中的一个。自从他拒绝用鼻饲管进食以来，没有任何东西经过他的嘴唇。不过，在医务官不住的劝说之下，他坐起来喝了几口水。

负责长官巡视了病房，病房里只剩下两个犯人，迈克尔和一个脑震荡患者。迈克尔正在睡觉。“他还能维持多久？”负责长官问。医务官回答说，“或许两个星期，或许三个星期。”医务官表示，如果使用胃管或注射针剂，他可以解救迈克尔，但是，如果病人自身不情愿，他不愿意强迫任何病人活着。负责长官建议医务官给迈克尔打点什么针，为的是让他走得安乐些，医务官拒绝了，他不能承担这种责任，在还有机会使病人改变主意的时候。

令人不可思议的是，那天早晨，护理员到达诊所的时候，发现迈克尔的床空了，人不见了。由于营地几乎空了，囚犯们走了，所以只在主要大门和通向员工生活区设了值班岗哨，周边没有设置任何巡逻哨，营地的旁门只是简单地上了锁。医务官闻讯后，环绕营地步行了一周，始终没有找到迈克尔的人影，最后确认，迈克尔脱掉了营地发的睡衣睡裤，穿着挂在厕所里的蓝色工装衣裤逃走了。

结果，负责长官陷入了困境，按指定程序，要报告这次逃跑事件，并且把破案的责任转交给民事警察。但是如果那样做，就要派人来对肯尼尔沃斯营地进行一次调查，营地里管理不善的逍遥自在状态就将统统暴露无遗，所能选择的替代办法便是编造一份死亡报告书，让迈克尔消失。在医务官的不断驱策之下，负责长官决定接受那份死亡报告书。“不要填写日期，让它空白着。”负责长官如是说。

第二天清晨，在长途步行之后，迈克尔·K双膝软弱无力，双眼斜视着灿烂的晨光，坐到了海岬角空地的微型高尔夫球场旁的一张长椅子上，面对着大海。在平和当中，在熟悉的场地，怀着对白日温暖的感激之心，他叹息一声，慢慢把头垂向一旁。他不知道自己是睡是醒，但是当他睁开眼时，体力已经恢复过来了，足以继续走路了。他走向烧焦的草地，择路而行穿过草坪，穿过道路，走进“蔚蓝海岸饭店”没有灯光的昏暗大厅，在母亲曾经住过的那间房子里安顿了下来，坐到墙根下，等候了几个小时，始终没有人来。半下午，他又离开那栋房子，来到海滨，在温暖的阳光下，躺到白沙上睡着了。醒来之后，他感到口渴，找到了海滩上的一个公共厕所，洗脸池的水龙头里没有水，在他想着怎么办的时候，进来了三个人，二男一女，其中的那个高个男人把他丢了出去。

他被丢入一群颇有吉卜赛人风格的流浪者当中，他们是一个大家族中的兄妹，他们给了他面包和炼乳，在他们的注视下，他吃了下去，随后，便随在这一群男女的后面沿着大道走了起来，看到一个滴水的龙头，他立刻走了过去，没完没了地喝起来。不久，他们一行人把海岬角的住宅区抛到了身后，爬上前面那座小山的低矮山坡，在一丛松树下停住脚步后，其中的那个高个男人铺开了一张毯子，点起一支蜡烛，摆上了他们的晚餐。迈克尔吃了面包和炼乳，甚至吃了半根香蕉，不过他拒绝了香肠。餐后，高个男人为他解释了他们为什么像流浪者一样宿营在这山上，其实，他们并不是什么流浪者，他们不缺吃，他们不缺钱，他们去过很多有名的地方，这里是他们的夏日度假胜地。随后，他询问迈克尔，他是从哪儿来的，过去怎么没见过他？迈克尔告诉他们：他在肯尼尔沃斯营地待了三个月，直到昨晚。他是一名园丁，为市政干活，那是很久以前的事了，然后，他不得不离开，为了母亲的健康带着母亲到乡下去。他母亲曾经在海岬角干活，她有一个房间。她在斯泰伦博斯城死了，在去乡下的途中……迈克尔感到胃里一阵阵不舒服，不过他还是继续说了下去，他说，他总是搞不到足够的吃的……又是一阵恶心和晕眩，他觉得自己的故事微不足道，他开始冒冷汗，打战，于是闭上了他的眼睛。

第二天清晨，迈克尔早早就离开了宿营地，想离开这一群人，他们制止了他，把他带回宿营地，给他喝了点酒，他感到浑身松弛，头脑昏昏沉沉地仰躺了下去。在他飘飘然当中，感到有人解开了他的裤扣，一只手伸了进去。他睁开眼，看到一个女人跪在他身旁，爱抚起他的阳物，随后，又把它放进了嘴里，他想把她推开，但是他的手僵硬地退却了，任由自己迷失在湿润温暖的快活之中，获得了人生第一次性事经历。完事之后，那个女人和那一群人将他孤零零一个人丢在那里，然后离开了。

迈克尔·K回到了“蔚蓝海岸饭店”母亲曾经居住过的那个房间，舒舒服服地睡到纸板箱做成的一张床上，盖上毛毯。他睡不着，辗转反侧，回想起那个女人在他身上动作时发出的哼哼唧唧声，回想起自己这些年来的一些往事，自己脑子里装着的那些关于营地的事，他想到了艾尔伯特王子城那个农场，农场远处的群山，广袤静谧的蓝色天空，灰褐色的土地，他开辟的那个园子……

作者生平与创作生涯

约翰·库切于1940年2月9日出生在南非开普敦（Cape Town）郊区一个兼具德国和英国血统的白人家庭，从小接受双语教育，能说一口流利的英语和德语。他在开普敦的圣母昆仲会[1]完成了中学学业，1957年，进入开普敦大学学习，后获得英语学士学位和数学学士学位。

1962年，他因无法忍受南非种族隔离政策，应聘前往英国，在伦敦的美国国际商用机械公司做计算机应用程序设计员，后来又到伯克郡的布拉克内尔，在一家国际电脑公司做系统程序员，一直工作到1965年。在此期间，他经常利用业余时间到大英图书馆研读英国作家福特[2]的著作，并从事诗歌创作，思考人生的意义。

1963年，他与菲莉帕·嘉博（Philippa Jubber，1939—1991）结了婚，婚后生育了一儿一女，1989年，儿子在一次车祸中身亡。

1965年，他决定“弃理从文”，前往美国，被得克萨斯大学奥斯汀分校聘任为助理教授和研究员，一面攻读文学博士学位，1969年，获得了文学博士学位。1968年至1971年间，他到美国纽约州立大学布法罗分校担任助理教授，执教英语；期间，曾申请绿卡，拟根据情况入籍美国，但没有成功，因他在美生活期间，曾积极参加了反对越南战争和南非种族隔离的斗争，而被当局视为“问题分子”。

1972年，他回到南非，到开普敦大学担任英语系教师，1983年成为英国文学及语言学教授，1984年成为英文系主任，在开普敦大学，一直工作到2002年退休；期间，不断应邀外出讲学，并从事小说创作。1974年（34岁），他出版了第一部长篇小说《昏暗的国度》（Dusklands），展露出了他善于移情的艺术才能和不俗的创作潜力。

之后，每隔几年，他就会完成一部小说作品，把现代主义和后现代主义，引入了南非的小说创作当

---

1 圣母昆仲会（Marist Brothers）：法国圣塞林·尚巴纳（Marcellin Champagnat，1789—1940）神父于1817年在法国创立，是一个教育青少年的非圣职的男性修会，以从事中小学教育为宗旨，现分布于世界70余个国家。

2 福特：全称为福特·马多克斯·福特（Ford Madox Ford，1873—1939），英国现代主义文学奠基人之一，其出版于1915年的《好兵》（The Good Soldier）是他最出色的小说之一，且被公认为现代主义小说当中的精品，通过描写两对夫妻之间的通奸和欺骗，巧妙而深刻地揭示了人际关系的虚伪、人的道德观念的沦丧、人与人之间赤裸裸的情欲冲动的主题。

中，陆续出版了长篇小说:《在乡村腹地》(In the Heart of the Country，1977)、《等待野蛮人》(Waiting for the Barbarians，1980)、《迈克尔·K 的生活和时代》(Life and Times of Michael K，1983)、《敌人》(Foe，1986)等。这些小说作品，风格不尽相同，繁复多变，意义多元，具有强大的影响力，对南非文坛产生了深远影响。

其中，《在乡村腹地》获得了南非最重要的文学大奖中央新闻社文学奖;《等待野蛮人》获得了南非中央新闻社文学奖，和英国最古老的文学奖——詹姆斯·泰特·布莱克纪念奖，以及英国的杰弗里·费伯纪念奖;《迈克尔·K 的生活和时代》获得了南非中央新闻社文学奖，又因其对于南非社会日常生活的栩栩如生的描写和这种描写给人们带来的反思，问鼎了第 15 届英语文学界最有影响力的布克奖，并在 1984 年获得了法国费米娜奖。

在《迈克尔·K 的生活和时代》这部作品中，约翰·库切以南非局势动荡、战事即将爆发为背景，用缓慢轻盈细致的描写和冷峻的笔调，讲述了卑微小人物迈克尔·K(Michael K)逃离现实的痛苦经历——这位年轻而卑微的园丁，在开普敦(Cape Town)与母亲相依为命，后打算带着患病的母亲离开拥挤喧嚣的大城市，到乡村内陆去过宁静的生活，却发现无论走到哪里，战争和暴力都无法躲避。小说通过主人公颠沛流离、历经磨难、苦苦挣扎的经历，探讨了人在历史当中的地位，国家的强权制度与个体的自由意志的关系，表达了作者对生命、人与外界环境的冲突以及能否逃离等问题复杂而思辨深邃的思考。

1987 年，因他对“独立个人的自由”的卓著贡献，他获得了以色列的耶路撒冷文学奖，成为第一位获此殊荣的南非人；1988 年，他当选为英国皇家文学院成员；1989 年，他又当选为美国现代语言学会荣誉院士。1990 年代，他与尼日利亚作家渥雷·索因卡[1](Wole Soyinka，1934—　)等人共同创立了国际作家议会，并在 1994 年当选为该议会主席。

1990 年代后，他陆续出版了长篇小说:《铁器时代》(Age of Iron，1990)、《彼得堡的大师》(The Master of Petersburg，1994)、《动物的生活》(The Lives of Animals，1996)、《耻》(Disgrace，1999)，以这些作品，不断探究他创作当中的一贯主题——关于历史，关于人在历史中的地位，关于人能否逃离历史?用他细致的描写和冷峻的笔调，讲述政治和历史的力量像阴风苦雨一样无孔不入，甚至能摧毁人的一生，思考人与外界环境的冲突以及能否逃离的问题。

其中，《铁器时代》获得了英国《星期日快报》的年度图书奖;《彼得堡的大师》获得了意大利的蒙德罗文学奖和《爱尔兰时报》国际小说奖。1998 年，他因具有深邃的历史眼光和政治意识的文学活动，获得了英国的兰南文学奖。

1999 年(59 岁)，他的内涵和寓意都颇为丰富的哲理长篇小说《耻》因其极具可读性，且从内容到寓意都具有十分丰富的层次，撼人心魄，问鼎了第 31 届英语文学界最有影响力的布克奖，成为该奖项自设立以来，第一位两次获此殊荣的作家，从而奠定了他在世界文坛上的大师地位;这部小说，在 2000 年，又获得了英联邦国家作家奖；并在 2008 年入围了“最佳布克奖”决赛名单。

---

1 渥雷·索因卡(Wole Soyinka，1934—　)：1986年诺贝尔文学奖获得者，当代尼日利亚杰出的戏剧家、诗人、小说家，并被誉为“当今世界上少数几位伟大剧作家”之一，享有“非洲莎士比亚”的美誉。

在《耻》这部简洁精致的小说中，他以令人心怵的笔调，讲述了在白人至上的传统崩溃之后，生活在"新南非"的大学教授戴维·卢里（David Lurie），在南非种族隔离制度结束之后，黑人当政的时代，在全新的环境中苦苦维护自己和女儿尊严的人性挣扎和生存现状，面对暴力和权利均衡时所陷入的道德困境，表现出深切的忧思和相当的无奈，以隐喻象征的方式，再现与反思了种族隔离制度所造成的悲惨后果，在对生活、道德、婚姻、伦理、情欲、动物、生死等问题的思索探究中，思考着人类的"存在"。

小说出版之后，震撼了当代世界文坛，同时也使约翰·库切在南非成了众矢之的，因其触及了新南非（黑人统治下的南非）生活当中各种不尽如人意的现实，令南非政府极为愤慨，甚至连南非许多思想自由的知识分子也因此对他横加指责，迫使他最后不得不再次选择了自我流放的生活，定居到澳大利亚。

尽管如此，他的那些真实再现与反思种族隔离下的人们的生活状态的杰作，却为他赢得了世界性的声誉。2003 年（63 岁），他获得了世界文坛的最高荣誉——诺贝尔文学奖，成为继纳丁·戈迪默（Nadine Gordimer，1923—2014）之后摘取诺贝尔文学奖桂冠的第二位南非作家和第四位[1]获得诺贝尔文学奖的非洲作家。

2002 年，他应邀迁居澳大利亚阿德莱德市，任教于阿德莱德大学，在阿德莱德大学英语系出任荣誉客座研究院士。之后，又陆续出版了长篇小说：《伊丽莎白·科斯特洛：八堂课》（Elizabeth Costello: Eight Lessons，2003）、《慢性男人》（Slow Man，2005）、《厄年日记》（Diary of a Bad Year，2007）、《夏日》（Summertime，2009）、《耶稣的童年》（The Childhood of Jesus，2013）。其中的《慢性男人》和《夏日》分别入围了当年的布克奖决赛名单。

如今，约翰·库切的一些小说作品，已经进入了欧美一些高等院校的英文课程，已成了英美文学评论的重要内容之一。除了小说创作之外，他还是一位出色的散文作家，陆续出版了作品集：《白色的写作：论南非的文学文化》（White Writing: On the Culture of Letters in South Africa，1988）、《加倍的观点：随笔和访问记》（Doubling the Point: Essays and Interviews，1992）、《冒犯：论审查制度》（Giving Offense: Essays on Censorship，1996）、《孩提时代：乡间生活即景》（Boyhood: Scenes from Provincial Life，1997）、《非洲的小说》（The Novel in Africa，1999）、《陌生的海岸：文学漫笔》（Stranger Shores: Literary Essays，2001）、《青年时代：乡间生活即景之二》（Youth: Scenes for Provincial Life II，2002）、《此时此地：书信集》（Here and Now: Letters，2013）、《好故事》（The Good Story，2015）等。

---

1 第四位：其他三位分别为1986年获奖的尼日利亚作家渥雷·索因卡（Wole Soyinka，1934— ）、1988年获奖的埃及作家纳吉布·马哈福兹（Naguib Mahfouz，1911—2006），以及1991年获奖的南非女作家纳丁·戈迪默（Nadine Gordimer，1923—2014）。

主要参考资料：

Life and Times of Michael K, by J.M. Coetzee, Publisher: Topeka Bindery, 1985.

The Writings of JM Coetzee, edited by Michael Valdez Moses, 1994.

The Oxford Companion to English Literature Revised Sixth Edition, edited by Margaret Drabble, Publisher: Oxford University, 2006.

Disgrace, by J.M. Coetzee, Publisher: Oak Tree Press, 2006.

1984年 | 第16届

017 湖滨旅馆 [英] 安妮塔 · 布鲁克娜

Hotel Du Lac by Anita Brookner

◎ 原著共 12 章，讲述了外表温顺的 39 岁言情小说女作家艾迪丝 · 约翰娜 · 厚普（Edith Johanna Hope）对理想爱情追求的痛苦经历。

英文原版封面

安妮塔 · 布鲁克娜
（Anita Brookner，1928—2016）

安妮塔 · 布鲁克娜是英国当代文坛上一位学识渊博的女作家，被誉为描写天才。

有评论认为，其作品善于用一种默默的、看透世事的眼神，敏锐清新的思维，优美而简洁的文笔，**细腻的心理描写，精当的语言**，刻画复杂的心理动机，塑造人物以及描绘景物，从独特的视角探讨现代社会当中处在父权制社会边缘的职业知识女性的困境。

1984 年，她的第四部长篇小说《湖滨旅馆》（Hotel Du Lac），因其细腻的人物心理描写和精当的语言，问鼎了第 16 届英语文学界最有影响力的布克奖，她因此在文坛上一举成名。

从窗户里望出去，所能看到的是一片伸向远处的灰白色的地带。在那片灰色的园子里，生长着一些人们不熟悉的叶子坚硬的植物，其他什么都没有。在园子那边，是一个辽阔的灰蒙蒙的大湖，像是被麻醉了似的，伸展着，直伸展到望不见的远岸。在大湖的那边，以前只在想象里存在的，目前已被宣传手册证实的，是奥什峰（Dent d'Oche），峰顶上此时也许已悄无声息地下起了小雪。

因为时令已到了 9 月末，过了季节，游客散去，收费下降，这个水边小镇已经没有什么可以吸引游客的了。小镇里原本就不善交谈的居民，有时会因一连数日不散的阴云而变得更加寡言少语；不过，一旦云消雾散，这里就会显现出一派多姿多彩、熙熙攘攘的新风景：湖面上来来往往的轻盈的小舟，正在登岸的游客，露天市场，建于 13 世纪的古堡的残迹轮廓，远山的白色山脊，还有南边那高原上隐约可见的苹果树，树上的果实闪耀着诱人的亮光。这是一片丰饶的土地，一片征服了人类不幸的土地，只有天气无法掌控，令人无可奈何。

艾迪丝·厚普，一位浪漫小说作家，站立在湖滨旅馆窗前，她是在朋友们的敦促下来这里散散心的。这里环境幽静，客人不多，菜肴精良，能远距离地散步，养心。她刚刚经历了一次“不幸的过失”，虽然具体是什么事还说不清楚。她的一位朋友和邻居潘内洛普·米尔尼（Penelope Milne）开车送她到了机场。她希望能利用这段时间好好整理一下自己的思绪和所作所为。艾迪丝认为自己是一个严肃认真的女人，朋友们也都以为她早已过了那种做事草率的年龄；说到自己的容貌，艾迪丝注意到，有些人认为她与著名女作家伍尔夫（Woolf）颇有相似之处。不过，她在写作方面没有特别的追求，她不大注重自己在写作方面所获得的成功，只是清楚自己写得相当不错而已。

一走进旅馆里的房间，艾迪丝立刻就给情人戴维（David）写了一封信。看来，戴维真是她的所爱。她向戴维详细描述了自己一路上的情况，讲述了自己现在所住的这家度假旅馆，并谈到了自己到达旅馆时的种种复杂感觉。写过信之后，她打开行李，只是简单地整理了一下，因为她的大部分衣服依旧留在了行李箱里，仿佛她随时都有可能离去似的。

湖滨旅馆是一栋坚固而有尊严的传统建筑物，一家颇有名望的度假旅馆，尽管它的陈设并不奢华，没有桑拿浴，也没有美发厅或礼品店，但它的口碑和质量都非常好，床单一尘不染，服务无可挑剔。在了解情况的专业人士当中，它的名声非常好，吸引了很多极有敬业精神的品性优良的见习生。在客人方面，对有些顾客，湖滨旅馆确实缺乏某些吸引力，一些顾客会对它分布稀疏的露台感到混乱和晕头转向，而且接待大厅里笼罩着一种压抑的肃静，里面没有喇叭播放出来的音乐，没有公用电话，没有指导旅游的风景广告，或留言板；然而，对另外一些顾客，它的环境却是一个能够供人修身养性的好场所。由于处于淡季，人潮早已散去，眼下的旅馆里，只剩下少数几个不愿意回家的旅人，里面非常清静，周围的景色又很宜人，算得上是一处可以躲避喧嚣、保证隐私的场所。

艾迪丝从房间出来往楼下走时，在楼梯脚边碰到一只被唤作"基基"（Kiki）的可爱的小狗，她注意到，那只小狗的女主人身材修长，非常的苗条。艾迪丝对自己说，那女人一定是个舞蹈家，不过，她希望自己以后再细想这件事。她来到餐厅，吃了些茶点。随后，善于创造人物却拙于人际关系的她，坐在那里开始加工她的小说《在来访的月亮下》（Beneath the Visiting Moon），悄悄注意着餐厅里的几位客人，听着一大堆鸡毛蒜皮的事情。

过了一会儿，艾迪丝鼓起勇气向四处看了看，注意到一位长着一副斗牛狗脸孔、她先前见过的年长女人，坐在那里漫不经心地吃着。那女人双腿叉开着，面包碎屑掉落到膝盖上，却毫无察觉。两个男人在远处角落里悄悄耳语。随后，一位金发碧眼，打扮迷人的漂亮贵妇走进了餐厅，这时，艾迪丝发现自己被这位年龄难以推测的贵妇的仪表和美貌吸引住了，她痴迷地注视着贵妇与女服务生的交谈，女服务生为贵妇提供了蛋糕和茶水，贵妇回报以热情的微笑。看来，那位贵妇并不孤单，一位身着紧身白裤的女子走了进来，贵妇大声招呼道："你来了，亲爱的。"艾迪丝猜测，她一定是那位女子的母亲。她将目光盯在了那位女子身上，觉得那位女子长得很像贵妇，像是母亲的翻版，她在心里猜测，那位女子一定在 25 岁上下，而且未婚，不过却并不为此发愁。

艾迪丝看着那位贵妇与女儿交谈的样子，对母女二人之间那种亲近的关系以及表现出的自信和坦然，心里油然生出一阵阵强烈的嫉妒心态。当母女二人动身要离去时，女儿赶忙起身搀扶她母亲从座椅上站了起来。艾迪丝对那位贵妇站起时的吃力样子颇感吃惊，在心里重新调整了对那母女年龄的估算，猜想那母亲至少有 60 好几了，那女儿大概不到 30，不过她们的外貌显得年轻。

吃完茶点，无事可做，艾迪丝到外面去散步，她的孤独感很快便被周围的环境驱逐走了。她沿着湖滨静默地走着，对湖边的静谧感到很愉悦，尽管她思念着戴维的陪伴和谈话，尽管这个地方只是一处临时居住地，却使她感到自己的身心得到了一些放松。当她返回旅馆时，寂静的大厅里，灯光明亮，从客房里传出电视机的声响。她走上楼去换衣裳。

在值勤台前，年老的休伯（Huber）正在享受他一天中最惬意的时刻，打开来客的登记名册，看看哪一位走了，哪一位来了。前老板休伯，尽管人已经退休了，却仍然很活跃，心地善良，好管点闲事。在一年的这个时候，旅馆的生意总是很清淡的，在冬季关门之前的这个月里，在这个地方，客房必定是半空着的。那家德国人已经走了，老休伯记录下来；那一对好事的年老的夫妇，是在吃过茶点之后走的。然后，老休伯想：在日内瓦（Geneva）的招待会，有可能为他们旅馆招来临时访客，也许是某一位想在这里待一待的人，过了周末再回去；此外，留在这里的，就是那些定期客了：那位博纳伊伯爵夫人（Comtesse de Bonneuil）——普茜夫人（Mme Pusey）和她的女儿；带着一条狗的女人，其丈夫在英国哥达（English Gotha），自己的女婿已经接到了其丈夫的一些指令；一位新来的客人——艾迪丝·约翰娜·厚普（Edith Johanna Hope），对一个英国女士来说，这是个不常见的名字，也许不纯粹是英国名。

为了晚餐，艾迪丝换上了丝质衣衫，穿戴好之后，她有些迟疑地走下楼梯。当她走在过道里时，嗅到空气里飘有一种玫瑰香味。"带狗的女人。"艾迪丝在心里这样想：她即将现身，穿着某款令人吃惊的新型服饰，袒露着肚皮，一脸不屑，腋窝里夹着那只狗。晚餐之后，我一定试着同她说说话。艾迪丝这样对自己说，为自己打气。楼下空无一人，艾迪丝意识到自己来早了。她在客厅的一张小桌旁坐了下来，拿起一张皱巴巴的《洛桑新闻报》(Gazette de Lausanne)副刊。片刻，那位长着一副斗牛狗脸的女士露面了，艾迪丝提醒自己，要正确地称呼人家——德·博纳伊夫人(Mme. de Bonneuil)。她仰身靠在椅背上，闭上眼睛，让自己体会这个傍晚的恐惧，因为像这样的当众就餐，不大合她的口味。

艾迪丝想起了她离开伦敦前最后的那一顿午餐，心里不禁一颤。她的代理人哈洛德·韦布(Harold Webb)为了她的下一部作品，为了鼓舞她的士气，请她出外午餐。他们交谈得很不融洽，后来，哈洛德把话题转到女人的不同类型上，艾迪丝按照伊索寓言的分法，把女人分成两种类型：龟与兔。在她的小说里，总能捕捉到男人的那种女人是龟型；那种安静、谦卑、不显山露水的女人会把男人从“兔子”(或曰荡妇)的手里偷走。不过，艾迪丝认为现实生活并非如此，她觉得，在现实生活中，除了少数例外，能够得到男人的总是兔型的女人；兔子并不承认乌龟是值得与之竞争的对手，正因为如此，兔子总是获胜。

艾迪丝回想起自己为戴维做晚餐一事。戴维一向都很欣赏她的烹饪手艺，“非常出色。”戴维夸赞说。她在一旁专心地看着戴维吃着，不断地给他添这加那，满足着他的胃口，直到他喝完茶，起身去干其他的事情。每次与戴维的相聚，戴维最后总是要回家的，或早或晚，他都会回家。

艾迪丝觉得，自己其实不太了解戴维，她不能为他做那些袖扣和手表之类的事，那些事情，属于他的另一份生活，这是每天早晨，他妻子叫起将要迟到的孩子们时，他都要做的事情。她感觉到，自己几乎并不完全了解戴维，尽管她在幕后精心地守候着他，可当他跑进外面的汽车里时，他马上显出一副很急切的样子，轰鸣着消失在夜幕中，总让人觉得，他仿佛永远一去不复返了。然而，他却总是又回来了，不过是回来得或早或晚而已。白天的时间，艾迪丝似乎完全是在等待戴维之中度过的，不过，事实却又并非全然如此——她的5部小说作品，都有一点长度，可以证明她并非整日双眼望着窗外，在期待中，打发她的时间，就像夏洛特小姐[1](Lady of Shalot)那样。最后，艾迪丝终于意识到，她的生活，其实已经完完全全沦为一种纯粹的乌龟似的生活了，尽管她很勤奋。

艾迪丝睁开了她的眼睛，恐惧地注视着那依旧少有人烟的客厅，门口终于出现了一个服务生，手臂上搭着一块餐巾，使她有了去餐厅用晚餐的信心。在等候当中，她眼瞧着那个带着狗的女人走了进来，对那个女人走进来时样子并没像她想象中的那么令人注目而微感失望。用餐过程当中，艾迪丝注意到那个女人怀里抱着基基，不断晃动着叉子，她的动作更多的像是为了炫耀，而不是为了用餐。有很多时候，那女人精心地让她的食物向下滑落到台布上，让她的小狗跳起来接住，小狗基基就像一只受过训练的海豹一样。艾迪丝心想，那个女人爱她的小狗，肯定有不止一个理由。

带狗的女人把她美丽的眼睛转向了艾迪丝这边，做了一个错杂而微妙的怪相，然后又将注意力转回到她的餐盘上。“够戏剧化，”艾迪丝心里想，“趾高气扬的舞者之一，餐馆里的歌舞表演。”这时，艾迪丝忽然感觉到她入口的食物味道辛辣，而且棒极了，大大出乎她的意料之外，显然，她很喜欢它们，在

1 夏洛特小姐(Lady of Shalot)：英国桂冠诗人阿尔弗莱德·丁尼生(Alfred Tennyson，1809—1892)的诗作，写中世纪深居闺房的织女对骑士的单恋。

这种食物的作用力下，她渐渐振奋起了精神。

艾迪丝环视了一下四周，基本没看到什么。那些身份不明的人仍然专注于他们的交谈；显然是城里来的两对年轻人，被安排坐在靠窗户的座位上，那里可以瞭望窗外不显眼的花园。肥胖而上了年纪的老休伯，这时也在用他的晚餐，一面注意观察着餐厅里的一些事情，不断把服务生招呼到他身边。那些服务生受到极其短暂的指责之后，又赶忙去履行他们的职责。那个带狗的女人站了起来，绊了一下，餐巾落到了地板上，她抱起基基，用一种超然的目光盯视着朝她跨过来的那位穿着白夹克的男服务生，深深吸了一口气，用一副高贵的样子走了出去。德·博纳伊夫人两手放在餐桌上，不太优雅地打了一个响响的饱嗝，老休伯立刻闭上了他的眼睛。艾迪丝很有兴趣地看着。当老休伯把他的眼睛睁开的时候，一种纯洁的欢乐的表情从他的脸上掠过。随着他的目光，艾迪丝看见那位富有魅力的贵妇与她的女儿走了进来。那位雍容华贵的夫人身着蓝色的缎带，耳朵上小小的钻石闪闪发亮，确定了她的存在已经受到了人们注意，确实受到了欢迎，她便很优雅地走向她的餐桌。她的女儿，穿着无袖的黑色服装，跟随在她的身后，左顾右盼，微笑着，似乎要把所有的恭维都揽到她身上。“我必须观看。”艾迪丝想，给自己又倒了一杯水，感受到自己对这两位人物像是有点心怵，一种非常复杂的心态（好奇、嫉妒、着迷、畏惧）油然而生，毫无疑问，是那种在人格力量强大的人物面前，她总会感受到的那种畏惧心理。

去客厅喝咖啡时，艾迪丝坐到了那对母女附近，这时，她总算弄清了——自己早先在过道里闻到的玫瑰香味，原来源自这母女二人。其中的那位女儿朝向艾迪丝这边走了过来，邀请艾迪丝与她们一道喝咖啡。艾迪丝欢喜地答应了，跟随着女儿走了过去，礼貌地向那位母亲鞠了一躬，一面做了自我介绍。那位年长的母亲随之也自我介绍说：她是普茜夫人，名为艾丽丝·普茜（Iris Pusey），她女儿名为詹妮弗（Jennifer）。她们一起落座之后，普茜夫人解释说，她不愿意看到任何人孤孤单单的，尤其是在晚上，所以她叫她女儿请艾迪丝过来同她们一起喝咖啡，艾迪丝微微一笑。普茜夫人又说道，她看到，艾迪丝有一双忧伤的眼睛。

隔天早晨喝咖啡时，艾迪丝回想着前一天晚上的经历，自言自语道，至少自己已经完成了某件事：人们开始有名字了。她默想着自己与普茜母女的相遇，或者说是与艾丽丝的相遇，因为詹妮弗·普茜（Jennifer Pusey）就像是她母亲的一个倒影，尽管占据着一个相当大的存在空间，却很少说自己的话，不是一个独立的主体；还有，无论如何，艾丽丝始终都在占据着舞台，很明显，艾丽丝是个明星，就像许多明星一样，总想掌握着局面，而且，只有在处于主宰地位时，她才能真正起作用，掌控着谈话内容，所以艾迪丝并不为她自己解释什么。

艾迪丝成了艾丽丝·普茜夫人的同情对象，成了艾丽丝的知心女友。艾丽丝每年都来这家湖滨旅馆小住，唯一的目的，只是为了到附近的蒙特勒[1]（Montreux）购物。艾丽丝之所以能够生活得如此富有，全仰仗于她故去的丈夫顾虑周到地以她的名字在瑞士一家银行里为她储蓄了一定数量的钱款。“我的弱点，”艾丽丝吐露说，“我喜欢好东西，而且在蒙特勒有一家非常棒的商店。”

艾迪丝认为，她与普茜母女的往来交谈中，已达成了一项非正式的、不言而喻的约定：为了回报普茜夫人如此地富有同情心，将她从悔婚事件的可怕命运中解脱了出来，在她无事需忙着去做时，她将

1 蒙特勒（Montreux）：瑞士沃州的一个小镇，位于日内瓦湖的东岸，以气候舒适的度假胜地闻名。

与普茜母女一起度过一段自由的时间，她愿意随时为普茜夫人效劳。艾迪丝对这种约定一点异议都没有——因为她可以成为一名普茜夫人那些观点、回忆、性格特征或对人生小问题上的基本看法的观众。艾迪丝几乎毫不游移，便默认了这件事。不是因为她的困境——她的困境是不可弥补的——而是因为普茜夫人的存在，为她提供了一个观察的机会，享受着与一位她完全不熟悉的那一阶层的女性接触之乐。她觉得，在普茜夫人和詹妮弗身上，有一圈高度自尊的光环，而且，母女二人之间的关系是相当独特的：例如，普茜夫人并不把女儿看作一个对等的人，而是看作一个后继者，需要为那种明星气质进行培训。她发现，母女二人之间有一种天生的亲密关系，是一种有点不太现实的亲近与真爱的结合，尽管詹妮弗已经完全长大成人，普茜夫人在谈到她和对待她的方式上，就像她还是个小姑娘。而詹妮弗呢，可能是由于习惯和爱好，也继续表现得像一个小姑娘。

普茜母女二人的行为举止，重新打开了艾迪丝心存的一个疑窦——什么样的行为举止才最适合一个女人？围绕着这一问题，她写下了她的大部分小说作品，她曾尝试着与代理人哈洛德·韦布先生辩论，始终未能解开这一疑点谜团。现在，那一向被她看得至关重要同时常常令她思绪激动的这一问题——竟然用现实为她提供了一个机会，使她得以对此问题进行第一手直截了当的研究。

普茜夫人谈论起自己的婚姻生活和自己已故的丈夫，“他给了我所需要的一切。我早期的婚姻生活，就像是一场梦。过去，他常说，‘艾丽丝，如果它将使你幸福，就买下它，我给你一张银行支票。不过，别把它全都花在房子上，要花在你自己身上。’当然，我可爱的家是首位的，我多喜欢我家的那栋房子啊！”艾丽丝·普茜说这话时，神气十足。“你们住哪儿？”艾迪丝问道。普茜夫人故作惊讶地“啊”了一声，然后回答说，“我亲爱的，我说的是我们的第一个家，在黑索米尔（Haslemere）的家。”

在确定了艾迪丝的家拥有一个舒适的环境之后，普茜夫人继续为艾迪丝描绘她们母女在圣约翰伍德（St. John’s Wood）、蒙特罗斯庭院（Montrose Court）的度假生活，作为旅游伴侣，普茜夫人和詹妮弗·普茜，两个人是一对能够彻底相容的母女。她们主要是去买一些奢侈品，对各类常去之地都非常熟悉。近来，因那些地方过时了，所以她们出现在了这里。她们之所以出现在这里还有另外一个原因，在以往的岁月里，普茜先生和夫人开车从蒙特勒（Montreux）经过的时候，就已经与这里的老休伯相识了。

毫无疑问，普茜先生为夫人提供了她想要的一切，而且，普茜夫人现在依然继续享受着奢华的生活。普茜夫人把艾迪丝邀请到她们房间里，给艾迪丝展示一些她们采购的物品，并对艾迪丝说，她总是确保把詹妮弗打扮得像个女王。“她爱她傻气的母亲。你是不是也是这样，亲爱的？”普茜夫人和女儿充满爱意地互相拥抱在了一起，然后，继续拥抱着，一起走到门口，把艾迪丝送了出去。“亲爱的，别落单，”普茜夫人说，“你知道在哪里能找到我们。”门关上了。

那天夜里，当艾迪丝回忆普茜母女那到处是漫不经心地乱扔的奢侈品的房间时，把它比作阿拉丁的宝穴[1]。次日早晨，艾迪丝想到自己向来不太在意自己的仪表，于是对着镜子仔细检点了一番。随后，她外出散步，漫无目的地走着，当她走到一家有大玻璃窗的咖啡馆时，她看见那个带着小狗的身材颀长的女人正坐在一张桌旁吃着一块杏仁蛋白小甜饼。那女人抬头向艾迪丝举了举手里的叉子，算是打个招呼，

---

1 阿拉丁的宝穴（Aladdin’s cave）：源自《一千零一夜》（The Thousand Nights and a Night），该洞里藏有大量财宝。“阿拉丁”是《一千零一夜》中寻获神灯和魔指环的少年。

艾迪丝点点头，而且微微一笑。在车站外面，艾迪丝买了一份三天前的《泰晤士报》(The Times) 副刊。回到旅馆时，她正好看到普茜夫人和詹妮弗被安排到一辆老式的轿车后座上。毫无疑问，她们要去蒙特勒，去把詹妮弗打扮得像女王一样。

艾迪丝回到自己的房间，在小桌子前坐了下来。“我最亲爱的戴维。”开始给戴维写信，描绘她迄今所遇到的人物以及她对他们每个人的感觉。关于詹妮弗·普茜，艾迪丝说，她觉得她可能会与詹妮弗成为朋友的，然而显然，詹妮弗的唯一伴侣是她母亲。除了普茜夫人外，这里引起艾迪丝兴趣的还有一个女人，是一个带着一条狗的漂亮女人，丈夫不在身边，听说，是因在布鲁塞尔 (Brussels) 有重要的事。她与那个女人，彼此之间还没有讲过话。“我很喜欢普茜夫人，”艾迪丝告诉戴维，普茜夫人是一位性情相当沉稳，有着至高自信心的女人，她已经把普茜夫人归为淑女之类。

艾迪丝放下了她的钢笔，心里想着头天晚上的事情，回想起那母女二人在送她回房间与她道晚安时充满爱意地互相拥抱的样子。二人之间那种亲密和爱意，还有她们那迷人的美色，都是艾迪丝从未尝受过的。她自己的母亲，罗莎 (Rosa)，是一个严厉而备受挫折的女人，也曾经是个美人，但同时也是个不幸的女人，终生都在徒劳地与命运做着愤怒的抗争，直至不得不认输而自暴自弃。艾迪丝痛苦地回忆起自己母亲那简陋的住所，以及里面郁郁寡欢的居住者——姐姐莎芙娜 (Schaffner)、母亲罗莎、姨母安娜 (Anna)。作为一个孩子，母亲与姨母的烦忧和沮丧心情，弄得她非常不安。当母亲与姨母在昏暗的客厅里因意见不合大吵大闹时，7 岁的艾迪丝躲藏在椅子后面，听到父亲用钥匙开门的声音后，立刻哭着跑向父亲，从父亲那里寻求慰藉。父亲带她出去散步，去艺术史博物馆，她父亲死的时候相当年轻，刚刚 50 岁出头。在她父亲死后，她母亲罗莎很快就垮掉了。想到这些，艾迪丝擦去脸上的泪水，再一次拿起钢笔，在给戴维的信的末尾写道：我亲爱的，你不知道我有多想你，多么想见到你，并且一直等到我能再见到你为止。随后，艾迪丝拿出装有她的小说《在来访的月亮下》草稿的文件夹，取出她的稿纸，继续写作她的小说。

“我想，你有了一个崇拜者。”普茜夫人说，带着明显的笑容。艾迪丝没有搭腔。因为一连写了好几个小时的小说，艾迪丝有些疲倦，走出了房间，旅馆客厅里几乎是空无一人，德·博纳伊夫人在用放大镜阅读一张《洛桑日报》(Gazette de Lausanne)。艾迪丝穿过客厅，走进午后的街道，在一家咖啡馆外面的露天餐桌前坐了下来，享受着秋天的阳光，感受着周围的气氛，感觉非常愉快。她喝了咖啡，然后，背靠在椅子上闭了一会儿眼睛。睁开眼时，她看见湖岸边，那个带狗的女人正在追赶小狗基基。“基基！基基！”那叫喊的声有些不可思议，带狗女人孤独寂寞的经历，狂乱的叫喊，使艾迪丝的心绪重新回到了彷徨当中，她走回到了旅馆，又回到了忧郁的流亡生活之中。

厅堂里的茶点已经准备好了，艾迪丝颇为吃惊，茶点是为众多人准备的，而这些人，之前，她从未见过。比她先前见过的更多的年轻服务生们正在那些餐桌旁忙碌着，餐桌前坐满了成群兴高采烈的男人，气氛十分活跃，正在热烈地讨论着什么。当艾迪丝走过去时，一些人抬起头来看了看她，然后又回到了他们的论题当中。他们来自日内瓦会议，到这里来举办最后一次非正式的会议，之后，便各走各的路了。

艾迪丝第一次发觉，旅馆里、厅堂里已人满为患。老休伯挡住了他女婿的行道，微笑着，点点头，提出了他的建议，要对他们晚餐的菜单做一些困难的修改。随后，老休伯轻微地耸了耸鼻子，因为他闻到了不同寻常的香烟的味道，这时候，普茜夫人现身了，像往常一样，姗姗来迟。好像有某种魔力，艾迪丝被普茜夫人吸引到了桌前。

见到那个为她们做衣服的女人没打声招呼就走过去了，普茜夫人显得很不高兴。那个人影刚刚消失的女人，没有跟任何人打招呼，尽管她非常清楚，普茜夫人每年都会到这里来，总能让她得到大量的订单，还在圣诞节给她寄贺卡。“每件事都有了改变，而且不是朝着更好的方向。但是，没有什么能降低我的标准。”普茜夫人给予艾迪丝一个小小的微笑。“我总是努力要那最好的，它是一种本能，我推想。我丈夫过去常说，只有最好的才是真好的。”詹妮弗激动地叫了一声：“妈咪，你就是最好的。”说着，充满爱意地抓住了她母亲的手。艾迪丝消遣地望着这一对非同寻常的母女，又仔细瞧了瞧詹妮弗，心里想：这位女儿就是得到了她母亲最好照料的证据，从她那圆圆的、美丽的面庞，到她的眼睛和金发；尽管她丰满的身躯与绷得紧紧的衣服，使人觉得她的衣服已经太小了。

尊敬地看着这一对母女强加于自己的亲密、亲爱关系的场面，艾迪丝感到了自己的孤单，一种微妙之想油然而生：她同普茜母女之间的交往，将永远具有强迫接受性。普茜夫人总有一副自以为是的神气，说起话来，开头总是说，“当然了，”充满着不容反驳的自信。使艾迪丝有点懊恼的是，詹妮弗与她的年纪似乎相差不了多少，可詹妮弗却从不尝试与她建立任何形式的朋友关系，一直默默地拒她于千里之外，似乎始终只属于她的母亲。当普茜夫人讲话的时候，詹妮弗从不会使她的微笑有所不同。

这时，艾迪丝的沉思默想被一个男性的欢快声音打断了。“这是不是你丢失的？”一个男子把一个笔记本交给了她。那笔记本一定是在她细心注视詹妮弗的时候从她膝盖上滑落下去的，她没有注意到。震惊当中，她看向那个高个的男人，微微一笑，低声道出了她的谢意，期待着他走开。但是，那位男子却用一种悦耳的声音问道：“你是一位作家？”好像那位男子的想法很有意思，作为答复，艾迪丝回报了一个心不在焉的微笑，以避免男子进一步发问。那个穿着灰色衣服的男人愉快地回返到他的朋友或同事当中去了，他刚离去，普茜夫人就说道：“你有了一个崇拜者。”随后又说：“从你走过来，他的目光就一直盯着你。我立刻就看出来了。”她有些嘲弄地说，眼皮下垂，好像这件事增添了她这一天的失望，而詹妮弗呢，艾迪丝看到，她依然在毫无神采地微笑。

现在是上楼的时候了，但是，她们在拖延。艾迪丝感觉到了压抑，被一种侍候普茜夫人的忠诚牵制着，尽管她并不很清楚，她为什么卷入了这种忠诚当中。她们沉默无语，没有任何吐露心意的意愿或交流。“正是我所需要的，”艾迪丝对自己说，但是，不知为什么，她突然非常渴望去与戴维交谈。她的意识，一下子被闯入的戴维占据了。她匆匆瞥了一眼她的手表，焦虑地算计着时间，如果现在她匆忙走开，往楼上走，她就能够去与他交谈了。

艾迪丝回想起了她与戴维初次相会的情形。“我必须回到工作岗位上，”回想起这句话，她心里涌起爱的极度痛苦与恐怖，那是她清楚地从戴维嘴里听到的第一句话。当时，受到这一话语的神秘性冲击，她脑海里翻来覆去地琢磨着这一令人吃惊的句子，在那个拥有喷泉流水的院子里，仆人们正默默地为来宾们服务着。她凝视着戴维，问他是干什么的，戴维回答说，他是个拍卖员。他们是在她的朋友潘内洛普·米尔尼举办的一次晚会上相遇的。在许多问题上，潘内洛普与她的看法都是相左的，尤其在男人的问题上。潘内洛普主张去征服，所以比她更会卖弄风情。因为潘内洛普觉得她的小说都是些她现实生活中所没有的浪漫遭遇，所以推着她参加一些社交活动，在那些活动中，潘内洛普总要把各种各样的男人介绍给她。那天，与戴维相遇之后，当她在厨房里帮助潘内洛普洗那些玻璃杯时，她向潘内洛普询问了戴维的情况，“那个高个男人，他是做什么的？”

“戴维·西蒙斯（David Simmonds）？他是搞房屋拍卖的。”潘内洛普说完，又顺便说了一句：“他也问了有关你的情况。”她好奇潘内洛普是怎么认识戴维的。潘内洛普告诉她，“我与他的妻子普里西拉（Priscilla）在一起求学，你在这里已经见过她有十几次了。高高的个头，金发碧眼，非常漂亮。”她想起了在潘内洛普举办的其他的社交活动当中的普里西拉：高高的身材，有一种权威和自信的神气。进而，她与戴维谈起了恋爱。戴维如约赴了会，来到她的小屋，并上了床。在床上，他们很快相互搂抱着睡着了，又几乎是一起醒来，欢快地大笑。在那之后，她觉得自己好像已经了解了关于戴维的一切，唯一意外的发现，是戴维那可爱的持续不断的好胃口。她喜欢在她的房子里持续不断地备有充足的吃食。他们是一对有理性的人，没有人受到伤害。

艾迪丝为自己没有任何怨言而引以为豪，所以戴维从来都不知道她的那些空寂的星期日，那些漫长而平静无事的夜晚，还有那些在最后一分钟被取消的假日。在度过又一个多事而嘈杂的周末之后，她过早地上了床，想着戴维和他的家人，他们的习惯，他们的争吵，他们的娱乐，属于戴维的孩子们……在湖滨旅馆里，艾迪丝禁不住要流泪了，然而，她是非常善于掩饰自己情绪的，她低声对普茜夫人说了一个借口，采取了前所未有的行动，在普茜母女离开厅堂之前离开了。

两个小时之后，艾迪丝去吃晚餐时，发现餐厅里光线明亮，人人都很活跃。在她就座时，先前把笔记本还给她的那个穿着灰色衣服的男人，微微立起，朝她点了点头，然后又坐了下去。带狗的那个女人，以一种惊异的眼神注视着。她穿着一身薄绸女服，狭窄的绸带在她那如同象牙一样洁白的美丽的肩胛骨上系出一个蝴蝶结。艾迪丝对自己在这里所得到的温暖、食物和服务心怀感激，而且感觉自己很疲累，在心里默默想：今天晚上一定能睡个好觉。这时，普茜夫人来了，身着黑色的绸缎，站在过道里，当老休伯的身影出现之后，詹妮弗适度地站到了普茜夫人的身后。老休伯走过来，挽起普茜夫人的手臂，领她入内就座，普茜夫人脸上现出微笑。带狗的那个女人的鼻子里响了一下，普茜夫人故作不闻。

艾迪丝再一次感受到自己没有被任何人注意，她接受了这种不受注意的状态，悄悄地不引人注意地退了出去，坐进被人遗弃的客厅里，成为第一个从餐厅来到客厅喝咖啡的人。钢琴师坐下来，朝她微微点点头，她也报之以点点头，一边喝着咖啡，一边将自己放逐在她的忧伤里。当普茜母女最终出现在客厅，示意艾迪丝到她们的桌边去时，艾迪丝就像个急于讨人高兴的孩子，走了过去。那个穿着灰色衣服的男人落座在她们附近，一面看着报纸，一面听着她们的交谈。

“你知道，亲爱的，”普茜夫人说，“你使我想起了某个人，你的面孔非常熟悉，是谁呢？”艾迪丝提醒说，“伍尔夫。”在这种场合，她通常总要这么说。在那晚结束前，詹妮弗告辞说她母亲要回去看电视了，她们先走了。看到普茜夫人起身离开座位时有些挣扎的样子，艾迪丝再一次对她的年龄感到好奇。走到门口，普茜夫人突然戏剧性地转过身来说，“我想起来了！我想起艾迪丝使我想起了谁！”艾迪丝观察到那个仍然在报纸后面、穿着灰色衣服的男人的背部轻轻抖动了一下。“安妮公主[1]！”普茜夫人喊道，

---

1 安妮公主（Princess Anne）：全名安妮·伊丽莎白·爱莉斯·路易斯·劳伦斯（Anne Elizabeth Alice Louise Laurence，1950—　）英国女王伊丽莎白二世的长女，英国王室第10位继承人，著名的慈善工作者，也是唯一曾参加奥运会比赛的英国王室成员。

“我知道我会想起来的。安妮公主！”

那个夜晚，想入睡很不容易，艾迪丝一遍又一遍地回想当天傍晚发生的事情。第二天早晨她醒来时，已比平时晚了许多，而且当她洗澡的时候，她觉得自己难受得像一个病人，不舒服的感觉在扩张，她意识到，这一天将会白白荒废过去，写作是不可能了。艾迪丝劝说自己，平静地对待一切：什么都不想，关起门来，拉开窗帘，窗框外面是一个灿烂的白天。阳光明媚，丽日当空。这时候，远处响起了单调的钟声，艾迪丝这才意识到：这一天是星期日。

艾迪丝来到露台上，欣赏着美景。老休伯高兴地搓着双手从客厅里走了出来，今天会有很多偶然的宾客到这里来吃午餐与喝茶；不过，此刻的湖滨旅馆四下里很安静，没有人声，唯一的声音是一颗板栗偶然落到地上的声响。那个穿着灰色衣服的男人，今天衣着的颜色更淡了一些，而且也更雅致了，艾迪丝高兴地注意到，他手里拿了一顶巴拿马帽。他走出来后，进了花园，打量着周围的景色，瞥见带狗的女人后，便朝那女人走过去，并且询问了什么，然后朝艾迪丝点了点头，临离去时，又朝向德·博纳伊夫人点了点头，走向花园一隅。

带狗的女人的目光直盯盯射到了艾迪丝身上，然后向艾迪丝打招呼，希望艾迪丝能过去陪她坐坐。艾迪丝走向她，坐到一张小椅子上。那是一个可爱平和的日子。“莫妮卡（Monica）。”那女人自我介绍说。“艾迪丝，”艾迪丝谨慎地参与到她们的交谈当中。话题一下子转到了艾迪丝总是与普茜家人在一起之事上，在莫妮卡语含讥刺地谈到普茜夫人时，艾迪丝尽力保持中立，并提醒自己说话一定要很小心，不能与这个女人交心。随后，她与莫妮卡谈到小狗基基，谈到莫妮卡来此地的目的。

“我来这里是因为我的健康。”莫妮卡叹息了一声。当艾迪丝问她是否在生病时，莫妮卡回答说，没有，并马上挥手招呼服务生过来要了咖啡，以转换话题。咖啡来了，莫妮卡点燃一支香烟，朝那香烟点点头，“当然，是被禁止的。”她告诉艾迪丝，“严格的指令，见鬼去吧！”然后，深深地吸了一口。

这时，德·博纳伊夫人进入了她们的视线。那位德·博纳伊夫人的长脸褶皱上露出了一个笑容，挣扎着站了起来。从汽车里走出来的一个男人仰着头走进了花园，后面跟着一个穿红衣服的女人，高跟鞋的后跟插进草坪当中。“嘿，你好啊，妈妈。”那男人叫喊着，装出一副高兴的样子，两个人相互接了接吻。“可怜的老鳟鱼，”莫妮卡的音调微微低沉下来，告诉艾迪丝，德·博纳伊夫人是为儿子而活着的，而且愿意为儿子做任何事，而儿子却每月只看她一次，用车拉她外出一趟，然后再把她送回来，随后就把她抛到脑后了。她在法国边界附近，有一栋漂亮的房子，她之所以住在湖滨旅馆里，是因为她的儿媳妇不允许她和他们住在一起。“你是怎么知道的？”艾迪丝问，莫妮卡回答说，这一切，全是德·博纳伊夫人说给她的。

艾迪丝和莫妮卡一同度过了一个愉快的上午，几乎快到吃午餐的时间了，艾迪丝对莫妮卡坚持要去咖啡馆继续喝咖啡吃蛋糕感到不解。“哦，来吧。”莫妮卡求她，“今天是星期天。我讨厌那可怕的鱼。”当艾迪丝看着莫妮卡把叉子插进蛋糕的吃相时，艾迪丝自我反省起来，自己实在不通人性，尽管自己能在纸上编造一些人物，却无法解读真实生活当中的人，必须由一个解释者，来解释生活。眼前的这个女人是一个非常令人愉快的人，尽管有可能制造分歧。

当她们谈到詹妮弗时，艾迪丝表示，她一点也琢磨不透詹妮弗这个人。莫妮卡点燃了另一支香烟，眯着眼睛说，她大可放心，詹妮弗是个彻头彻尾的心直口快之人。艾迪丝瞥了一眼手表，眼看快到

1 点了，“我们必须走了。”她语气坚决，莫妮卡尽管不情愿，也不得不勉强同意了。她们回到湖滨旅馆，看到普茜母女正坐在露台上，与那个戴着巴拿马帽的不知姓名的男人坐在一起，桌子上面摆着一瓶香槟酒。“找到她了，”普茜夫人以一种悦耳的声音叫起来，“过来，来和我们做伴，亲爱的。我们一直在找你。”普茜夫人径直招呼艾迪丝，根本不理睬噘着嘴的莫妮卡，喝干了她杯子里的酒。

艾迪丝被她的新朋友的处境弄得有些不安，犹豫了一下，服务生们的出现扭转了这一局面。那些服务生臂膀上搭着餐巾，出现在门洞里，穿着一身白的普茜夫人看向他们，那个戴着巴拿马帽的男人伸出了他的胳膊，詹妮弗抓住母亲的外套，他们一起走进了餐厅。“来吧，莫妮卡，”艾迪丝催促说，然而莫妮卡耷拉着她的嘴角，再次缓慢无力地举起她的一只手，故意装作没听见。

那个午后，继续着金光灿灿的理想而美丽的一天，把他们重新带回到了露台上。艾迪丝看到在那里的莫妮卡摆出的一副生硬的面孔，双目紧闭，便加入了普茜母女和那个戴着巴拿马帽的男人的行列当中。据介绍，那男子是奈维尔先生（Mr. Neville）。一小时静悄悄地过去了，那位奈维尔先生不知从哪里拿出了一份《英吉利星期日报》（English Sunday），请大家传阅。普茜夫人漫不经心地看了看，叹息一声，“一个如此丑陋的世界。”她枯燥无味地评论起《观察家报》（Observer）、《星期日泰晤士报》（Sunday Times）、《星期日电讯报》（Sunday Telegraph）等一些报刊上有关贪欲、情感和廉价的性爱。艾迪丝和奈维尔先生在一旁礼貌地听着，努力不去打岔。“爱情对我意味着婚姻，”普茜夫人宣称，“浪漫的爱情和婚姻相匹配，一个女人应该能够使一个男人仰慕她……也许我是幸运的，我的丈夫崇拜我。谢谢你，亲爱的。”普茜夫人一面说，一面接过詹妮弗递给她的一本平装书。“这是我所喜欢的那种故事，”她继续往下说着，甚至在看书的时候也在说。

“《午夜的太阳》（The Sun at Midnight），”奈维尔先生有意缓缓念道，“温妮莎 · 威尔德（Vanessa Wilde）著。一个我不知道的作家。”他对艾迪丝说，注视着艾迪丝那凝视远方湖面的侧影。这时，普茜夫人接上话茬儿说道：“虽然我认为这不是她最好的一部作品。”作为一个作家，艾迪丝感到了一阵剧痛。因为原本，她是颇为自己这一部作品自豪的。她清清楚楚地记得，这部小说是她 3 年前写的，当时，戴维和他妻子远在希腊海滨度假，为了避免去猜想戴维所拥有的那些美好夏光，她每天坚持写作 10 个小时，才得以没去想戴维的那些事儿——为此，她深深引以为荣。吃罢茶点，奈维尔先生邀请艾迪丝一同散步。“你去吧，亲爱的。”普茜夫人用一种疏远的语调说。

艾迪丝和奈维尔先生默默地朝着湖滨慢慢走去，之后，在奈维尔先生的建议下，他们在一张石凳上坐了下来。“菲利普 · 奈维尔（Philip Neville），”奈维尔先生正式介绍了他自己，然后微笑着询问道：“或许，我可以称呼你温妮莎 · 威尔德？”艾迪丝惊讶地看着他，数周来第一次发出了笑声。奈维尔先生说，这时的她比平时的她，样子好看多了。对此，艾迪丝表示，她还不知道有人会对她的样子感兴趣。两个人谈得很开心。期间，艾迪丝说别人认为她是个只应该听人说话而自己不说话的人；奈维尔不同意她的说法，而且恭维了她一番。她又给了奈维尔先生一个不情愿的微笑，并发现自己因这些恭维话而脸红了。在两个人回旅馆的路上，奈维尔先生提议，不久后的一天，他们能不能一起出去，到南边的那些小山那边去，那是一个产酒的地方，还有一些非常好的餐馆。如果允许的话，他将给她打电话。

那天傍晚，艾迪丝独自坐在餐桌旁，但却时不时地露出笑容。她找了个借口早早地离开餐厅回了她的房间。她打开窗户，看见天上的月亮和平静的夜空，她坐了一小会儿，那是一个美丽的夜晚，今晚，她想，“我能睡个好觉了。”但是，突然，传来一声尖叫，她小心地打开房门，看见普茜家的房间里亮着灯。“哦，上帝，”她想，可能是有人犯心脏病了。出问题的是詹妮弗。詹妮弗的房门大敞，蜷缩在床上，发出轻轻的呻吟声，晚礼服的缎带从她丰满的肩膀上耷拉下来。普茜夫人站在门口，手捂着嘴。站在角落里的奈维尔先生用一张报纸捉住了一只蜘蛛，走向窗户，把它扔了出去。“现在安全了。”他说。

普茜夫人分外感谢奈维尔先生，向奈维尔先生解释说：詹妮弗从小就怕蜘蛛。“可她现在已经不小了。”艾迪丝心里想。在走廊里，艾迪丝又给予了奈维尔先生一个微笑。那夜稍晚时，莫妮卡的小狗基基，开始叫唤不止，弄得艾迪丝无法入睡。直到天快亮时，她才迷迷糊糊入睡，这时，她觉得自己听到了一声关门的响动。

那天，艾迪丝又开始给戴维写信了。“我最亲爱的戴维，”她这样写道，然后告诉戴维，她的作家身份已经被人识破了，而且，对近来没给戴维写信表示了歉意，并向他讲述了她最近这些天里，蓬勃发展的一些奇怪的新关系。现在，普茜母女俩已经不能再仰赖她来听她们的购物经了，她已经开始和莫妮卡一起去购物了；她还告诉戴维，她买了一套漂亮的丝绸衣服，她想他一定会喜欢的。然后，她详细地向戴维述说了莫妮卡的事儿，说莫妮卡就是被艾丽丝・普茜称之为“以婚姻致富”的幸运女人，不过，她已经知道莫妮卡为什么待在这里了。莫妮卡总看一些饮食方面的杂志，她在饮食方面有些失调。她的贵族丈夫约翰爵士（Sir John）送她来这里，目的是让她调理身体，因为他非常想有个继承人，如果不能生出继承人，莫妮卡就得走人，为此，莫妮卡非常苦闷，事实上，莫妮卡自己也想要个孩子。

莫妮卡每天都要吃大量的蛋糕，在艾迪丝面前毫不做假，她瞧不起她丈夫的家庭，因为他们是五金商暴发户。莫妮卡对艾迪丝说，与艾迪丝在一起，她感到安全，而且还能把心中的苦闷倾吐出来。莫妮卡怨恨而且畏惧自己的丈夫，并预感自己终将孤单，注定要流亡国外。莫妮卡是艾迪丝多年来遇到的一个侨居外国靠本国汇款生活的女人，她居住在各式各样的湖滨旅馆，美丽的面孔变得憔悴了，而且藐视一切，胳膊下面永远夹带着她的那只狗。在莫妮卡花费时间深思自己的未来会是什么样子的时候，艾迪丝认为自己会将这些时间用在小说写作上。

艾迪丝继续同戴维说着。现在，这里的天气依然很美丽，她表示，她可以再待上一些时日。之后，她开始描绘这里的一个男人——奈维尔先生，说奈维尔看起来很像之前从国家画廊里被偷走的那幅公爵画像上的公爵，昨天，他们一起散了很长时间的步。突然，她觉得自己这么继续写下去没什么意思，花这么多时间谈论服饰、别人的人生，并非她的喜好，于是，就放下了手中的笔。这类议论，在艾迪丝的思想意识里，不登大雅，被归结为粗俗低下之列，认为它们总显现出一个人本质上的低下素质，可她却总是被扯进这一类谈话当中。当然了，她想，在莫妮卡的复杂的生活当中，需要一个能说心里话而又不必听其意见的人和她做伴，她就是莫妮卡的一个这样的伴侣；而且，对普茜夫人来说，其实，她起的也是同样的作用。

另外，在与热望又自我陶醉的普茜夫人的相伴当中，艾迪丝对普茜夫人总想引起别人的注意的心态也不大认同。她觉得，普茜夫人总是用尽一切办法、施展种种花招来故意引起他人的注意，对时刻受到他人的瞩目有着永无餍足的欲望；对莫妮卡，普茜夫人也始终持有负面看法，颇有微词，说莫妮卡是一个令人难以容忍的财迷。普茜夫人不喜欢独身的女人，不喜欢女人孤独自主。艾迪丝觉得，驱使女人结婚的动力，是她们需要有人陪伴，而且她觉得，其实，她自己就有这样的心态。尽管她过着平静的生活，一面写作，一面照料自己的花园，然而，她却无时无刻不在思念戴维，期待着戴维的相伴。关于自己生活中的这个男人，艾迪丝从未对任何人提起过。戴维却不能像她表现得这样出色，在同妻子普里西拉吵架时，甚至暗示他可能会另找女人。不过，普里西拉对戴维的这一暗示嗤之以鼻。普里西拉认为，他的工作和家事就够他忙活的了，他怎么可能有时间与另外的女人去相好。戴维的朋友们倒是很支持戴维，认为戴维理应去寻欢作乐，不过，他们的怀疑对象是一些泼辣的年轻女秘书和有丈夫的女人，而不是艾迪丝。

艾迪丝尽量努力不在公开场合与普里西拉相遇，然而，有一次，还是出乎意料地撞上了。那一次，她去参加一个社交晚会，丝毫不晓得普里西拉那天也来出席，结果弄得她心里很不是滋味——当时，她确信自己的行为举止颇为得体，没有辜负他人对她的期望：神态安静，举止礼貌，可她还是忍不住朝普里西拉看了过去，顿时，她脑海里分外痛苦地翻腾起来：那个女人是多么迷人、多么性感啊！稍后，她注意到戴维与普里西拉在一起的亲切神态，不由得想到了当夜他们将会做爱，这一想法搞得她一下子坐立不安起来，立刻转身离开了那个晚会会场，这时，一个名叫乔弗瑞·朗（Geoffrey Long）的男子提出要开车送她回家。在那个社交晚会之后，艾迪丝与潘内洛普一起去购物时，遇到了与朋友们在一起的戴维，结果，艾迪丝立刻就将自己对于那个晚会的不愉快的记忆忘掉了，趁着潘内洛普转身去同戴维的朋友说话的工夫，戴维十分小心地向艾迪丝使了一个眼色，无言地约定了他们的幽会。

现在，在湖滨旅馆，在自己的客房里，艾迪丝对自己关于那些跟她交朋友的女人莫妮卡和普茜夫人等人的想法，又颇有些惴惴不安了，感到有些心虚，对自己说：她对女人的看法太苛刻了。比起对男人的了解，其实，艾迪丝更了解的是女人，因为她自己就是个女人——她很清楚，女人需要显现出她们的成功，女人必须具有忍耐力和警觉的目光；而她之所以对女人比较挑剔，因为她确信，在于她一直都不能忘记母亲的不仁。之后，她使自己想起来，不是所有的女人都像她的母亲，她父亲就曾对她说，稍稍动动脑子她就会明白，她这样的比方不公平。怀着这样的想法，艾迪丝心情黯淡地低下了头。

过了一会儿，艾迪丝下楼去喝茶。当时，客厅里只有德·博纳伊夫人一人独坐在那里，看到艾迪丝后，德·博纳伊夫人微微笑了笑。稍后，普茜母女下来了，普茜夫人抱怨说，已经有好几天没见到艾迪丝了，又说，詹妮弗还以为她弃她们而去了呢，一旁的詹妮弗补充说，为此，普茜夫人还真的着急了。艾迪丝低声赔过不是，随后询问她们，这些天她们都干了些什么，结果，听到了一大堆鸡毛蒜皮的事儿。

艾迪丝与奈维尔先生一起吃了午餐，然后，他们二人一起散步到了一个看起来像一座山似的坡顶上。艾迪丝问奈维尔先生，跑到这地方来的都是些什么人，奈维尔先生率直地回答说："像咱们一样的人。"艾迪丝对此话的理解是：奈维尔先生是一个寡言少语的人，尽管他说出来的话词语不多，却都是经过精挑细选、无可挑剔地说出来的。她提醒自己说，虽然人们期望作家们带给他们快乐，却绝不会有一个人想给作家带来快乐。看到艾迪丝脸上的那一副表情，奈维尔先生建议说，假如她能把自己心中所想之事同他说说，也许会感觉好受一些。艾迪丝遣散了她的那些想法，询问奈维尔先生在旅馆都干些什么，一定非常没意思。奈维尔先生说，他猜想，艾迪丝在这里是在完成一部书，艾迪丝告诉他，他说对了。然后，奈维尔先生告诉艾迪丝，他来这里，为的是参加在日内瓦举办的一个电子会议。现在，他不急于回家，既然天气这么好，他决定在这里待一阵子。

奈维尔先生向艾迪丝说明了理由：他拥有一家相当大的电子公司，是公司的第二大股东；他还拥有一个农庄，那才是他真正的乐趣所在。他的妻子离开了他，三年前潜逃了，同一个比她小 10 岁男人，而且，出乎人们的预料，他妻子和那个小男人至今都愉快地生活在一起。艾迪丝十分惊奇，“他们至今还愉快地在一起，真是了不起！”脱口而出的话语刚一落地，她立刻意识到这样说太不能体谅别人了，旋即收回了这一评语，随后又补充说，人们把作家分成二类，有智慧的和天真的，她属于后一类。

奈维尔先生换了话题，说他觉得艾迪丝看上去不大愉快，问她想不想变得高兴起来。艾迪丝回答说，她确实不愉快，而且非常不痛快，她一直都想高兴起来。好像是为了惩罚她，为她先前说的那句评语，奈维尔先生断定说，艾迪丝肯定是爱上什么人了。艾迪丝恼怒起来，然而奈维尔先生却并没有住口，继续说道，要是指望在一个人身上或一种境遇里找到幸福，那就大错特错了。奈维尔先生说，自从领悟到了这一点之后，他便发现了可以令人心满意足的秘密。这秘密很简单，那就是：在感情上，不要做出巨大的投资，想做什么就做什么，就不会再有什么不愉快了。艾迪丝并不能将奈维尔先生的这一番话全然接受，她指出，也有这样一种可能，那就是，一个人永远也不可能再有欢乐了。

奈维尔先生将艾迪丝称之为“一个浪漫主义者”，艾迪丝表示认同。奈维尔先生又与艾迪丝谈论起了他的一些有关人与外在世界的关系的看法，虽然艾迪丝不能全部接受奈维尔先生的那些论点，不过却很欣赏他的那些说法和他的雄辩，而且，还颇有点感到意外，她原本以为奈维尔先生是个不善辞令的人。当艾迪丝沉思默想奈维尔先生的体貌和才智时，脑海里翻腾起了戴维的形态。

奈维尔先生认为艾迪丝的那个“没有爱情就不能生活”的想法是错误的，他认为，没有爱情的婚姻，才可以给人适当的快乐，没有爱情，人才有自主性，而艾迪丝诚实地坚持自己的想法，认为这没有什么不对的，没有爱情，她就没法活。奈维尔先生的看法是：艾迪丝需要在她的生活里，减少一些爱情，而不是增多；现在她需要的，不是爱情而是社会地位，是婚姻。而且，奈维尔先生还认为，说真的，无论艾迪丝一直以来有多么可敬，可一旦结了婚，她的表现就会和其他女人一样糟糕，甚至更坏。奈维尔先生还补充了一句，一旦结了婚，她会受到许多人的欢迎，会有很多话去说，不再需要等候在电话机旁了。

当奈维尔先生意识到自己最后那一句“等候在电话机旁”让艾迪丝受到了些微伤害后，他赶忙道歉说，自己无意冒犯她。艾迪丝高兴地说，他真是很残忍。奈维尔先生随即接茬儿说道，过去他妻子就是这么说他的。艾迪丝告诉奈维尔先生她讨厌他，觉得他的微笑不可亲。奈维尔先生对此的回答是：在对他有了更多了解之后，艾迪丝将会发现他真的有多么不可亲了。

现在，艾迪丝又开始给戴维写信了。“我最亲爱的戴维，”她向戴维讲述她发现了普茜夫人的真实年龄——79 岁后，着实大吃了一惊，再看看詹妮弗，她觉得詹妮弗是那种永远都离不开母亲的女人。另外，她还提到了她的朋友潘内洛普・米尔尼的婚事。潘内洛普拒绝了许多提出与之结婚的男人，因为其母不认可那些男人。艾迪丝想，要是自己的母亲能够像潘内洛普的母亲那样给予自己指导和忠告就好了，她从不知道自己的母亲为她做过些什么，除了怒吼的鄙视。

艾迪丝告诉戴维，普茜夫人生日那天晚上，莫妮卡在餐厅里，公然把她的第一道菜肴喂给了她的小狗基基，而且没有一个人在意。德・博纳伊夫人吃完一道菜肴之后，用手抚平桌布，安静地等待着下一道菜肴。当老休伯领着普茜夫人走进餐厅时，艾迪丝的甜面包已被她吃掉了四分之三。普茜夫人的餐桌上摆着鲜花，普茜夫人身着盛装，头发和手指甲都是刚刚修饰过的。艾迪丝与德・博纳伊夫人注视着那些忙碌的餐厅服务生们，他们窜来窜去，紧张地为普茜夫人提供着优良的服务。莫妮卡的眼珠，也在随着那些服务生们转动着，今天的詹妮弗，也为母亲的生日梳妆打扮了起来，头发梳理得漂漂亮亮。那天，在座的每一位就餐宾客，都得到了一杯香槟，来为普茜夫人的健康干杯。之后，一个巨大的蛋糕端了上来，而且切好了。普茜夫人被这种厚待弄得有些难为情了，用一只手捂着脸。基于晚餐之后留下普茜夫人一个人不大合乎礼仪，因而，全体宾客一起转移到了客厅里——这是自打住进这家旅馆以来，大家头一次聚集在一起喝咖啡。这期间，莫妮卡与普茜夫人聊了起来，讨论起服装与设计师的一些事儿。

艾迪丝坐在一旁，发现自己对詹妮弗将来是否会结婚心存疑惑：假如詹妮弗结婚的话，毫无疑问，那个男人会与她同样有钱和有地位或者更有钱和更有地位，而且，这些条件比相貌还重要。艾迪丝预料，对詹妮弗而言，婚姻生活只是她目前生存的延伸，只要她的丈夫不掺和进去。当晚的寿星普茜夫人给人的印象好像她会长生不老，当莫妮卡询问普茜夫人这天是庆祝她多大年纪的生日时，一连问了几遍，普茜夫人才最终说明是 79 岁。于是，大家立刻算计出詹妮弗应该有 39 岁了。在奈维尔先生的哄诱下，普茜夫人解释了自己在婚后最初的那些年头里为什么不要孩子，她与丈夫共同努力了 12 年，可毫无结果，然而，突然有一天，詹妮弗就来了。接着，普茜夫人讲了一些詹妮弗儿时的故事。艾迪丝写到这里停了下来，放下钢笔后，觉得她的这一封信需要修改，稍后再写完。

那一天，宾客们在客厅里一直待到午夜。艾迪丝回到房间后，寻找自己心绪不好的原因，想起了自己童年时代度过的那些例行公事的生日。之后，她感到自己心绪依然不佳，心里依然很郁闷，开始仔细思考自己在这家旅馆继续暂住的问题。她推想，一旦过了这段时间，她将会重新过她原来的生活。她回忆起父亲曾跟她说过的一句话："我在腾清书桌。"一边说，一边把书桌上的报纸撕碎。艾迪丝把这一比拟运用到了她的生活上——作为她在这家旅馆逗留的理由。当时，她父亲说那句话时，是因为心情糟透了，她父亲知道在那之后一切事情都将与从前不一样了。她父亲这一次住进医院里，并不像他对妻子所说的那样，只是暂时的，事实上，此后，她父亲再也没能回家。联想到可能自己也暂时先不回家了，艾迪丝悲伤得心都要碎了。

在傍晚的寂静里，艾迪丝独自坐在自己的客房里，回想着驱使她跑到湖滨旅馆来的那件事。那天，是艾迪丝的结婚日。早晨，艾迪丝比平常醒得要早一些，在镜子里看到自己的形象后，非常惊讶自己的容颜怎么那么苍白、那么憔悴。她不住劝说着自己：自己不再年轻了，这是自己最后的机会了。她想，潘内洛普是对的，潘内洛普认为艾迪丝已经到了应该忘掉她那些过高的、生而具有的期望，来面对现实的年岁了。她即将到来的婚姻，将能确保她拥有快乐的伴侣，享有舒适、独特的假日。这样的前景是合理的，而艾迪丝本来就是个明理的人。乔弗瑞・朗以传统的方式向她求了婚，她被他的热诚、大度与不断的鲜花所打动，最终接受了乔弗瑞母亲的乳白色戒指。乔弗瑞将为她提供一种圆满的生活，一个家园、一些新朋友和在乡间的别墅——所有她本人永远没有能力取得的奢侈。人们持续不断地说她与乔弗瑞结婚是她的好运，她自己也一再对自己说，自己能同乔弗瑞结婚有多幸运。艾迪丝去了她常去的花园，一个在她看来真正属于她的地方。她沉思起等待着她与乔弗瑞的那间新婚卧室，尽管那间卧室的色彩是她自己挑选出来的，她却并不喜欢，因为她挑选时太匆忙了，对挑选的结果并不满意；她不能想象自己在那个房间里写作，或者在那里打个瞌睡。而且，她还意识到那栋房子将没有花园，随后，她又想起了戴维，以及所有使她苦恼的事情。

她洗过澡，简单梳妆了一下，这时，在镜子里看到自己的形象后，对自己的外表感到高兴，颇为满意：优雅、恰到好处而且相当成熟，她体验到了那一天当中的第一次喜悦。在她下楼时，其他的人都在忙忙碌碌地做着准备工作，没有时间同她说话，所以，她又折回了她的花园，任由潘内洛普和她的清洁员丹璞斯特夫人（Mrs. Dempster）监督那些准备事宜。当接她的婚车到来之后，她离开了她的家，看着自己的房子和镇子，那神态，就仿佛她头一次看到它们似的。婚车经过他们将在那里举行结婚典礼的结婚仪式登记处时，她看着那个现场，觉得自己就像是一个来自另外一个星球的客人，而且，在看到乔弗瑞后，乔弗瑞那鼠类似的外观突然刺激了她的神经，她若无其事地俯身向前，要求司机继续往前开——她改变了她的结婚念头。之后，她看到震惊的潘内洛普和乔弗瑞，张嘴结舌地站在那里，注视着婚车驰过了结婚仪式登记处。

她回到她自己家中，发现乔弗瑞已经等候在客厅里了，便走到乔弗瑞跟前，将一只手放到他肩头，向他深表歉意。乔弗瑞谴责她使他成了笑柄，她回复说她才是笑柄。乔弗瑞不顾她的解释，说他很庆幸他的母亲没有活到看到这一场面的日子。她把手指上的那一枚乳白色戒指还了给乔弗瑞。乔弗瑞走后，潘内洛普和丹璞斯特夫人对她的行为大加指责，一连责备了她几个小时。后来，她往房屋拍卖所打了个电话，邀请戴维当晚见面。两人见面之后，她无法对戴维彻底解释清楚她的行为，故而把它当作了笑话，调侃说自己生来就不配当夫人。戴维走后，她失望地注视着戴维动都没动的、她为他准备的饭菜。之后不久，她便来到了瑞士的这家湖滨旅馆。

由于回忆自己失败的婚姻尝试，导致了头疼，那天晚上，在整个旅馆安静下来之后，艾迪丝才上床睡觉。次日早晨，她感到非常饿，忧伤总是给她带来一个好胃口，她打算进城去喝咖啡，渴望远远离开旅馆的客房，因为这一天，她没有心情跟旅馆里的宾客们聊天。当艾迪丝换上了出门穿的步行鞋后，她突然听到从普茜母女的客房传过来的一阵骚动，她跑到那间客房，遇到了早已在那里的莫妮卡、老休伯、老休伯的女婿和另外一个旅馆里的工作人员，当然还有普茜家的詹妮弗。普茜夫人请艾迪丝坐到詹妮弗旁边。艾迪丝注意到普茜夫人躺在床上，一再说没什么事，自己挺好的，只是想再要点咖啡。

其实，事情并非如普茜夫人所说的没什么事儿。没多会儿，艾迪丝便清楚了普茜母女客房里骚动的原因——当时，普茜夫人被詹妮弗卧室的门声惊醒，发现有人进了詹妮弗的卧室，普茜夫人壮着胆走进詹妮弗的卧室后，看到女儿平安无事，才松了一口气，不过，依然处于恐惧之中。艾迪丝劝慰普茜夫人，让她放心，她听到的响动应是给詹妮弗送早餐发出来的声响。普茜夫人为那响动开始责备那个送早餐的小男孩，说她再也不要他出现在周围，她从来就不喜欢他，而且，他的眼睛太小了。这件事使艾迪丝暗暗下了决心，今后，尽量少为普茜母女所用，她对普茜夫人无力承认自己的过错却总把过错推给别人而感到气恼。

艾迪丝独自一人来到咖啡馆，看到莫妮卡已经坐在了那里，吞食着一块巧克力蛋糕。艾迪丝与莫妮卡谈论起了有关“母亲”的话题，询问莫妮卡，是否喜欢她的母亲。莫妮卡表示她喜欢她的母亲，尽管她母亲是一个脾气狂暴、一点火就着的女人，可她还是崇拜她。艾迪丝认为莫妮卡是个非同寻常的女儿，就她自己而言，即使她母亲已经去世了，她却从来不想自己的母亲，随后，又解释说，大概是早晨普茜夫人的事勾起了她的一些想法。莫妮卡改变了话题，说奈维尔先生相当喜欢艾迪丝。艾迪丝说她与奈维尔先生只不过一起散过一次步。

莫妮卡为自己和艾迪丝要了蛋糕，然后就默默地吃了起来。艾迪丝纳闷，基基吃了莫妮卡喂给它的那些东西，为什么还没有大大地发福？莫妮卡解释说，那是因为，大部分东西都被基基吐掉了。随后，莫妮卡又将话题转回到了奈维尔先生身上，夸赞说奈维尔先生相当有魅力，而且，艾迪丝也一样（虽然她说艾迪丝的服装很差劲）。艾迪丝对此的反应是：她还没注意到奈维尔先生有什么魅力。

离开咖啡厅后，艾迪丝和莫妮卡去了镇上，去了美发厅，在莫妮卡挽起艾迪丝的手臂时，艾迪丝受到了触动。她细想，为什么她会与莫妮卡在这里，在湖滨旅馆，随即意识到，从她们二人的境况来看，她们待在这里，都是为了帮别人摆脱麻烦；没有一个人留意她们的希望和心愿。在她们走过一家书店时，艾迪丝看见陈列品当中有她的一部作品，心想那是她最好的一部作品，但是，一想到今后她一辈子都要写爱情小说，心里不禁打了个冷战。她们从镇上返回旅馆后，艾迪丝又开始给戴维写起信来。后来，她下楼去用了晚餐。

那天，艾迪丝握住奈维尔先生的手，登上了那艘驶往湖滨对岸的游船，她感到自己略微有些发抖。那是在那个季节里的最后一班游船，当那艘游船驶离了湖岸，切断了人与陆地的联系时，她开始感到有些不安，对自己说，她本可以用今天一整天的时间来写作的，然而，这一想法随即又使她感到了难过。奈维尔先生请她一起到甲板上走走，为了使她暖和下来，奈维尔先生说，她身上穿着的那件羊毛衫不怎么暖和，希望她把它扔掉，随后还说，如果有谁说她的外貌像伍尔夫，其实那是在损她，虽然她觉得那是对她的恭维。奈维尔先生紧紧拉着她的手，将之勾到他的胳膊上，拽着她在甲板上来回转悠，她的脸色又有了些血气。周围的景色苍茫，她对此发表了一通感触，而且，感觉他们这次出游有些太一本正经了，算不上是一种消遣，开始后悔接受奈维尔先生的邀请，感觉不安全，而且沮丧。

最后，他们抵达了目的地，坐下来一同用了午餐。艾迪丝说在游船过湖时，她失去了方位感，不知自己身在何处，甚至感觉他们也许再也不能回返了。奈维尔先生接住话茬儿，说她尽管很迷人，但毫无疑问，她肯定也知晓怎样使一个男人感到不舒服。接着又追问她说的“回返”指的是回到旅馆呢，还是回她在伦敦的家？艾迪丝心里一阵混乱。这次乘船出游虽然使她感到不自在，却倒也使她从思考“今后的路怎么走”当中解脱了出来。一旁的奈维尔先生试图评述艾迪丝的伦敦生活：她有一份可心的收入，出席社交活动与出版商的聚会，但是，这一切，都不能给予她真正的快乐。人们都很高兴与她相聚，可最终，她总是孤独一人返回家中。她对自己的住宅很挑剔，过着隐秘的生活。

艾迪丝默默地听着，仔细打量了奈维尔先生一番，注意到他突然看上去年轻了许多，不像平时那样拘束了。有那么一会儿，她随随便便想象着奈维尔先生，一个年过半百还颇有吸引力的男人，属于家里肯定有图书室的那一类男人，不过，要想象奈维尔先生在其他任何房间里的样子，对她来说可就不容易了。突然，她听到奈维尔先生在对她说：他想，她应该嫁给他。她简直不敢相信，睁大了双眼。

奈维尔先生匆忙说明理由，他告诉艾迪丝，他拥有一个小庄园，有一座非常好的房子和一个美丽的玫瑰花园，因为他确信，艾迪丝喜欢美的东西。艾迪丝打断了奈维尔先生的话，说他错了，她什么东西都不喜欢。奈维尔先生继续说了下去，他在海外还有很多事业，而且喜欢招待朋友。他不愿意返回那样的家，一个当他出门在外时只有一对夫妇趁他不在家而居住其中的家。终了，奈维尔先生表示，艾迪丝绝对能适应他所描述的那种环境。艾迪丝回答说，奈维尔先生把事情说得听起来像是一份工作绘图，一份她并不想要的工作。于是，奈维尔先生询问说，她是更喜欢回到一个空无一人的家吗？艾迪丝什么也没说，只是摇了摇头。

奈维尔先生再次提起了他出轨的前妻，前妻的风流事儿弄得他成了人们的笑料。尽管他以为自己能够以不予理睬的方式不失尊严地对付过去，但他却发现情况正好相反。人们似乎希望他垮掉，所以他需要有一个他可以信赖的妻子以修复他那受伤的尊严。艾迪丝坦言：即便如此，他也并没能使事情变得能够让她接受。奈维尔先生坚持认为，她一定会接受的，因为他观察到她努力与同住在旅馆里的女人们交谈，看到她孤独一人时，脸上充满了忧伤。艾迪丝问，为什么把她看得这样无望，奈维尔先生回答说，因为她是淑女，这就使她不同一般；并对她说，作为他的妻子，她会干得很好，但是继续保持独身，她将会像一个蠢女人。

接下来，艾迪丝询问奈维尔先生，当他离家外出时，她在他家里将干些什么。奈维尔先生答道：她可以着手做她现在正在做的事儿，而且只会做得更好；因为，“艾迪丝·奈维尔”（Edith Neville）对一个作家来说，会是一个有价值的称谓，她将拥有她所需要的社会地位，与他结婚，将会给她带来自信，增加她的阅历，同时还会因得到他的信赖而心满意足。奈维尔先生认为，她不是那种让男人惧怕的女人，不是那种为所欲为的女人，接着，继续解释他对他们的婚姻的理解，他的逻辑：他并不是在要求她为爱情而放弃一切，而是希望她承诺与他一起建立一种基于尊重与时尚的伙伴关系；假如她希望拥有自己的情人，她完全可以拥有，只要她能以文明的方式来对待；对他自己来说，这一原则同样适用。他们的结合将是一种利益共享、互为伴侣的关系。奈维尔先生问道，她是否想过维护自己的权利，如果她与他结了婚，她照样能招待她的朋友，而且，最终人们将能感觉到，与她在一起会很愉快。

天气变冷了，回返途中，艾迪丝与奈维尔先生二人之间很少再说什么。后来，她向奈维尔先生坦言：她并不爱他，随后询问，这是否会使他烦恼？奈维尔先生直言不讳：事实上，这反倒使他放心了，因为他不想让她生出“成了他的负担”的那种感觉。她想知道奈维尔先生是否爱她，奈维尔先生的答复是：他虽然不爱她，但是，由于她越过了他的防守，她触动了他，使他有些发痴。当他们二人手牵手地走回湖滨旅馆时，艾迪丝告诉奈维尔先生，对于这件事，她需要考虑。奈维尔先生希望：但愿时间不要拖得太长，因为他不想使向她求婚这件事成为一种常态；另外，他们将在下个周末离开湖滨旅馆。艾迪丝又提出了一个问题：“为什么是我？”奈维尔先生微微一笑：“或许，是因为你比其他那些女人更难弄到手。”

艾迪丝又一次面对了两难的抉择，在浪漫的爱情与现实奢华的生活的选择中，她充满了困惑。最终，在世俗的社会地位的诱惑之下，她决意走出自己凄楚的困境，透过一个新的婚姻把自己纳入正常的现实生活轨道。这样一来，明天，她就要辞别这家湖滨旅馆，与奈维尔先生一道儿返回奈维尔先生的家中了。

眼下，艾迪丝已经洗过澡，换好了衣服，在自己的客房里坐等着晚餐时分，却依然心绪不宁。她坐在那里，颇生感触，她觉得，此时此刻，自己与这间客房的关系已经完美地告别了。无论是她与这间客房的关系已经结束了，还是这间客房与她的关系已经结束，都已经与她无关了，反正已经有了不言而喻的结论：她很快就要离开了。艾迪丝用手抚摸着她的小说手稿，把它放入文件夹里，又把文件夹放入行李箱里。完成了这件事之后，她吃了一惊，因为这事儿并不在她的计划之列，不过，既然下意识地完成了，那就只有继续完成下去了，于是，她把剩下的物品也都塞进了行李箱。整个旅馆的气氛，似乎都给人一种感觉——是该离开的时候了。

下楼之后，艾迪丝来到客厅，独自在客厅里坐了一会儿，回想起了她在这客厅里度过的第一个夜晚，觉得自己当时比现在更年轻，更勇敢，决心完成这次旅行后，丝毫不受影响地回到家中。而现在，她意识到，自己即将进入一个以前认为是属于别人的世界，一个与她无关的不属于她的世界——那将是一个由家务活与婚姻收益构成的世界。一次，她曾经听到戴维询问他的妻子，是开他的轿车还是她自己的轿车，这句闲话，眼下已经具有了一种意味深长的含义。

艾迪丝注意到了坐到客厅另一侧的德·博纳伊夫人，并为德·博纳伊夫人的处境感到一阵极度的伤感，她起身走到德·博纳伊夫人跟前，将手臂伸给了她。德·博纳伊夫人脸上展露出了一种喜悦又有点迷惑不解的笑容。就在此时，莫妮卡走了进来，挽起了德·博纳伊夫人的另一只胳膊，这一不大可能的三人组合，一起走进了餐厅。德·博纳伊夫人在她的餐桌前坐下之前，按了按艾迪丝和莫妮卡的手，做了一个向她们表示感激的姿势。晚餐用到一半，普茜夫人和詹妮弗进来了。之后，当她们到客厅里喝咖啡的时候，艾迪丝觉察到普茜夫人对她有点冷淡，看到奈维尔先生进来之后，普茜夫人给予了奈维尔先生很有礼节的欢迎。奈维尔先生对这一群人宣布，他将要离开了，在明天下午。艾迪丝发现自己突然厌烦了缄默，坚定地把一只手放到奈维尔先生肩上，叫他别站起来，不顾是否有失涵养，公然表明了她与奈维尔先生之间的关系，不再保留。

回到自己的客房之后，艾迪丝开始给戴维写最后一封信。一开头，她便在上面说了这将是她写给戴维的最后一封信，也是她真正要付邮的第一封信。她告诉戴维，她就要与一个她在这家湖滨旅馆里遇见的一个名为菲利普·奈维尔的男子结婚了，而且，从今往后将移居到奈维尔先生在麻尔伯勒（Marlborough）的住宅里，她将永不再见戴维了。她告诉戴维，她对他的感情至深，他是她的生命力，接着又补充说，她很清楚，她不应该说这些事儿。她还告诉戴维，尽管她不爱奈维尔先生，奈维尔先生也不爱她，可奈维尔先生却令她看清了如果她继续像现在这样去爱戴维将会发生什么。她向戴维倾诉，她一直在为戴维活着，尽管她每月只能与戴维见上两次面，在两次会面之间，每当她想到戴维与他的妻子和家人在一起时，心灵便会饱受折磨……写到最后，艾迪丝终于意识到，自己其实并不是戴维所喜欢的那种类型的女人，她向戴维表明，她会尽力成为奈维尔先生的一位好妻子；然后，她不留情面地写明，戴维原本清楚她在过去这两周当中的地址，却并未想与她取得联系，所以，她也完全没必要，告诉戴维她将要搬到哪里去的具体住址。在这一封信的末尾，她写道，在与戴维的二人关系当中，她才是更一厢情愿的，她永远爱戴维。

第二天清晨，艾迪丝很早就醒了过来，一直等到天亮，前台服务生到来之后，她才下楼去邮寄那封写给戴维的信。就在艾迪丝走向过道时，刚好看到了奈维尔先生的身影——奈维尔先生蹑手蹑脚地离开了詹妮弗的卧室，不过，他没有看到艾迪丝。艾迪丝对自己的所见所闻丝毫未感震惊，而且还毋庸置疑地意识到，在自己的那些难眠之夜里，她听到的那些声音，果真是詹妮弗的房门发出来的。她返回到自己的客房，撕毁了写给戴维的那封信，随即离开她的客房，绕至前方楼梯口，再次走下楼去，这一次，是往家里发了一封电报。起初，她写道“即将回家”，随后又将其涂掉，改写成了简单的两个字“回家”。

作者生平与创作生涯

安妮塔·布鲁克娜是不列颠帝国司令勋章（CBE）的拥有者，1928 年 7 月 16 日出生在英国伦敦（London）一个具有犹太血统的家族，父亲是一位波兰商人，后移民到英国。她是独生女，与父母、祖母和叔父们一起生活在伦敦郊区。第二次世界大战期间，家里经常收容一些犹太难民，她的东欧犹太人血统，曾使她深受排挤。

在詹姆斯艾伦女子中学完成了学业之后，她进入伦敦大学国王学院学习历史，1949 年，获得学士学位，随后进入伦敦大学库尔陶尔德艺术学院攻读艺术史，1953 年，获得了博士学位。之后的三年，她继续研读艺术史，研读法国 18、19 世纪的绘画艺术，用法国政府提供的奖学金到巴黎研究法国经典艺术家格勒兹[1]（Greuze）的绘画艺术。

回国之后，1959 年，她开始从事教职，教授 18 世纪法国绘画艺术。1959 年至 1964 年间，她在英国著名的综合大学雷丁大学担任讲师，教授艺术史；1964 年，她返回母校伦敦大学库尔陶尔德艺术学院任教，担任客座讲师，教授艺术史，1977 年晋升为讲师，直到 1988 年退休。1965 年，她出版了她的第一部学术著作《让－奥古斯特·多米尼克·安格尔》(Jean-Auguste Dominique Ingres)。1967 年至 1968 年期间，她在剑桥大学任教，教授艺术史，成为第一位以“斯莱德教授[2]”（The Slade Professor）名衔任教剑桥大学的女性。

一直以来，她始终与父母生活在一起，随着父母越来越年迈，她担当起了照顾他们的重任，在父母去世的前几年，她一直尽职于父母的护理工作。之后，她将自己的这些经历，写进了她 1981 年出版的第一部长篇小说《人生起步》(A Start in Life）当中，小说在美国首版之后，博得了评论界的尊重，自此，她开始了自己双重的职业生涯——既是艺术史学者，又是小说家。

1982 年，她出版了第二部长篇小说《天意》(Providence)，之后，她便以几乎一年一部作品的速度进行着小说创作。1980 年代，陆续出版了长篇小说：《看着我》(Look at Me，1983)、《湖滨旅馆》(Hotel Du Lac，1984)、《家庭与朋友》(Family and Friends，1985)、《不适当的婚姻》(A Misalliance，1986)、《一个英国朋友》(A Friend from England，1987)、《晚来者》(Latecomers，1988)、《刘易斯·珀西》(Lewis Percy，1989）等。

这些小说创作，内容往往有一种类同性，用阐述性的散文语言，行文很少有对话，在淡淡罗曼史般的语言之下，描写一些孤独寂寞又殷勤尽责、高雅出众的知识女性。创作风格上从不刻意求新，议题上也无意涉及性别批判，而且从不秉持社会使命感，只满足于采用固有的写实主义文学形式，以洞悉女性心态的优美而纯洁细腻的文笔，冷静地讲述着一个又一个说不完的爱情困局，以及欲望的奇异、怪诞，在狭隘、保守和孤独的心灵当中，智慧灵活地探究着整个宇宙。

1983 年，由于她在文学与艺术方面取得不凡成果，她当选为英国皇家文学院院士。1984 年（56 岁），

---

1 格勒兹：即让-巴蒂斯特·格勒兹（Jean-Baptiste Greuze，1725—1805），法国画家，擅长风俗画和肖像画。他的代表作《给孩子读圣经的父亲》（The Father Reading the Bible to His Children，1755）、《乡村订婚仪式》（The Village Betrothal，1761）、《浪子》（Prodigal Son，1765）、《父亲的诅咒》（The Father's Curse，1765）、《打破水壶的少女》（The Broken Jug，1785）等均藏于卢浮宫博物馆。

2 斯莱德教授：即费利克斯·约瑟夫·斯莱德（Felix Joseph Slade，1790—1868），英国艺术收藏家兼艺术保护人，1868年捐献出35000英镑，由牛津大学、剑桥大学和伦敦大学平分，设立艺术课程“斯莱德艺术讲座”教席，从此“斯莱德教授”（The Slade Professor）成了一种教授职位。

她的第四部长篇小说《湖滨旅馆》，因其细腻的人物心理描写和精当的语言，问鼎了第16届英语文学界最有影响力的布克奖，她因此在文坛上一举成名。

在这部小说中，她通过对人物内心世界的分析和刻画，以优美的文笔，细致的描写，塑造出了一个完全与众不同的女性形象：一个与当时的社会相悖、与道德相悖、拥有一种崭新的爱情观、坚持自己作为独立的人的尊严的知识女性。整部小说在一种贯穿始终的沉闷而凄凉的气氛中，讲述了爱情小说家艾迪丝·厚普（Edith Hope）追求幸福的痛苦经历：艾迪丝热烈爱着已婚男人戴维（David），却又即将同她不爱的男人乔弗里·朗（Geoffrey Long）结婚，在最后一刻，选择了逃婚。因为这一起中途悔婚的事件，她在旅游季节即将结束时，隐居到一个不合时宜然而合乎体统的旅馆度假，度过了一段放逐的生活，一面写新作品，一面整理心情。处于淡季的度假旅馆，人潮早已散去，只剩下少数不愿意回家的旅人。善于创造人物却拙于人际关系的艾迪丝，逐渐敞开自己，和旅馆里的住客们往来交谈了。有人说服她，认为没有爱情的婚姻才可以给人适当的快乐，没有爱情人才有自主性；结果，她再次接受了同住在那家旅馆里的一位宾客奈维尔先生（Mr. Neville）的求婚，写了分手信给情人戴维，最后却发现事情另有蹊跷，于是，她决定放弃这一桩功利性的婚姻，往英国的家里发了一封只有两个字的电报："回家"。宁愿继续单恋也不要婚姻带来的社会地位，选择了一条独特的自立之路，从而完成了精神上的自我找寻和自我确证。

1990年，她成为英国政府颁发的不列颠帝国司令勋章（CBE）的拥有者，并成为剑桥大学新大厅学堂的研究员和剑桥大学国王学院的研究员。此后，她依然笔耕不辍，继续界限清晰地诠释并探究着孤寂、性欲、人的与世隔绝与抑郁，从独特的视角描绘当代知识女性的生活，通过对这些知识女性的遭遇以及她们在社会环境中的错置的深刻摹写，揭示出女性在社会秩序中本质的游离与从属的位置。

1990年代及之后，她陆续出版了的作品有：散文集《探测》（Soundings，1998）、《"浪漫主义"及其不满》（Romanticism and its Discontents，2000）；长篇小说《简单生活》（Brief Lives，1990）、《一只闭着的眼睛》（A Closed Eye，1991）、《欺诈》（Fraud，1992）、《一个家庭的罗曼史》（A Family Romance，1993）、《私下的看法》（A Private View，1994）、《茹·劳吉尔事件》（Incidents in the Rue Laugier，1995）、《转换心境》（Altered States，1996）、《游客》（Visitors，1997）、《缓慢下落》（Falling Slowly，1998）、《不当的影响》（Undue Influence，1999）、《天使的海湾》（The Bay of Angels，2001）、《下一件大事》（The Next Big Thing，2002）、《介入的规则》（The Rules of Engagement，2003）、《离家》（Leaving Home，2005）、《异乡人》（Strangers，2009）等。

在艺术史领域，安妮塔·布鲁克娜也取得了不菲的成绩，博得了评论界的尊重，出版了艺术史学术专著数种，如《让－奥古斯特·多米尼克·安格尔》（Jean-Auguste Dominique Ingres，1965）、《华托》（Watteau，1967）、《未来的天才：法国艺术评论研究》（The Genius of the Future: Studies in French Art Criticism，1971）、《格鲁兹：一个十八世纪现象的兴衰》（Greuze: The Rise and Fall of an Eighteenth-Century Phenomenon，1972）、《雅克－路易斯·戴维》（Jacques-Louis David，1980）等。

在其中，讨论了法国浪漫主义以及杰出画家、新古典主义的代表人物雅克－路易斯·戴维（Jacques-Louis David，1748—1825）和让－奥古斯特·多米尼克·安格尔（Jean-Auguste Dominique Ingres，1780—1867）等画家的作品。

安妮塔·布鲁克娜终生未婚，独身生活在英国伦敦，2016 年 3 月 15 日病逝，享年 87 岁。

主要参考资料：

Hotel Du Lac, by Anita Brookner, Publisher: MacMillan Publishing Company, 1985.

The Oxford companion to English literature, edited by Margaret Drabble, Oxford University, 2006.

1985年 | 第17届

018 骨头人 [新西兰] 凯里·休姆

The Bone People by Keri Hulme

◎ 原著共 4 章，12 节，另有前言和尾声，是作者在 1965 年创作的短篇小说《骨头人》(The Bone People) 的基础上改编加工而成的，取材于一个真实故事，以第三人称，讲述了毛利族工人约瑟夫·纳考卡瓦·吉莱利（Joseph Ngakaukawa Gillayley）与混血人种的女画家克勒温·霍姆斯（Kerewin Holmes）和白人孩童哑巴西蒙·彼得·吉莱利（Simon Peter Gillayley）三人的聚合、分离、再聚合的历程。

英文原版封面

凯里·休姆

（Keri Hulme，1947— ）

凯里·休姆是新西兰当代文坛上一位具有毛利族血统的优秀女作家，也是少数享有国际声誉的新西兰作家之一。

有评论认为，其作品富有极高的驾驭语言的能力，且颇具创意，善于将毛利族文化与欧洲文化熔于一炉，揭示人物细微的内心世界，着墨错落有致，注重多文化视角的混合，从不同角度反映历史和社会的侧面。

《骨头人》(The Bone People) 出版后，1984 年获得了新西兰年度图书奖的小说奖；1985 年获得了为毛利文学设置的美孚飞马奖；同年，因其**将民族文化和欧洲文化熔于一炉，无论在思想深度、艺术成就方面，在新西兰文学当中都是首屈一指的，成了一部众人瞩目的当代经典**，问鼎了第 17 届英语文学界最有影响力的布克奖，成为有史以来第一位获得该奖项的新西兰作家和女作家。

前言·结局在开始（The End at the Beginning）

他心情轻松地沿着柏油路的街道向前走着，柏油路面从他身旁往后移动，他的周围，一切都静寂无声，那寂静是音乐[1]，他是歌手。经过的人微笑着而且晃动着他们的头，他向他们伸出一只手；他们像花儿一样张开他们的手，羞涩地；他和他们一起微笑。那光使人目眩：他爱那亮光。他们就是那亮光。

他心情轻松地在柏油路的街道上向前行走着，柏油路面被太阳晒得又烫又软，行人们微笑地高声问候他，他以微笑和问候来回敬；他的思想充满变化、波动与希望，它正被轻轻地触动。他大笑起来。也许，如她所说，那里有舞蹈，创造和变化，毁坏和变化。旧会堂[2]变成了新会堂，结束成了开始。他的思想迂回行进成布满星星的螺旋形尖塔；他伸出他的手，他的手被轻轻地握住了。

她同样以轻松的心情在柏油路的街道上向前行走着，柏油路面在她肌肉发达的脚下下陷，她一边行走一边吹着柔和的口哨，时而微笑；行人们也在微笑，他们恭敬地低着头，尽管她的微笑很醒目。她看着行人们低垂的头，笑得越发欢了。她能从人们那灰白的脑浆和骨髓里挖掘出每一个想法、每一种反应；她清楚该如何挖掘，因为她懂得很多。她热切地希望自己懂得更多一些，然而，此时此刻，她正背负着太阳，而且她的家就在这里，四周是无拘无束的风。

前面的他们，踏着舞步缓缓地前行，她加快了脚步，直到追赶上了他们，当她抓住他们的手的时候，她唱了起来。他们三个人重新走到了一起，形成了一个新的联盟。不过，他们仍然是一组各自独立的人，即使已成了一组或正在结成一组，他们依然是各自独立的人；然而当他们完全聚拢成一个整体之后，他们就变成了心脏、肌肉和冒险的人与新的生活，不可思议地成长、壮大。他们聚拢在一起，完全聚拢成一个整体，就成了社会变革的工具。

---

1 音乐：音乐和舞蹈是毛利文化中不可或缺的部分，毛利族人十分喜爱歌曲（waiata）和传统舞蹈（kapa haka）；而且，毛利文化是通过音乐、歌曲、雕刻品、编织技术、其他手工艺、说故事及宗族谱（whakapapa）代代相传的。

2 会堂（The Marae）：会堂是毛利文化概念的核心，是一个将毛利族价值观和哲学重复肯定的地方。毛利族没有文字，他们的历史和宗族谱全靠会堂或房屋上的雕刻记录下来。每一间会堂里面的各种雕刻和装饰性面板皆叙述着这家人历代祖先的故事。客人到访一间会堂时必须遵从一套仪式，即由一大群毛利人簇拥进入会堂，带头的是女族人；然后，客人会接受一个欢迎仪式，接着要向主人致送礼物。

****

在最初，在不确定中，她——克勒温·霍姆斯不知自己到底是喜欢一个洞窟还是一座塔楼，不过很快，她便倾向于塔楼了。她找出了种种理由，而主要是因为她喜欢螺旋形的楼梯，随着时间的推进，她详细思考过它们各自的好处和不足之处后，塔楼的想法越来越令她兴奋：在塔楼顶上，有一个非常令人目眩的平台；在塔楼里面，有一个安静的图书馆，摆满了各类图书，下面的墙壁上还有一圈刀剑；有一间中世纪风格的卧室，结实的顶梁下面摆放着一张粗削的床；有一间拥有极大壁炉的客厅，一面墙上成排地摆放着香料瓶；门厅垂吊着壁毯，还有一个螺旋楼梯的起点，楼梯扶手是海豚脑袋的形象，仰视着长空。当然还有一间地下室，里面藏有数量惊人的各种各样的酒酿，有家庭自造的，还有进口的。

之后，她借鉴毛利人的传统艺术并加上自己的想象，用自己的双手，与一些她雇用来的专职助手一起，经过了整整一个夏天的风吹日晒，建造出了她的塔楼：一个水泥骷髅，木头的肋骨和腰带，石头皮肤，呈灰白色与暗蓝色，还有蜜黄色。在 2 月底，那一座塔形房屋矗立在了她自己的土地上，瘦骨嶙峋，怪模怪样，围着雉堞墙。她的那一座塔楼，建立在一个水湾的浅滩上、几乎像一个小岛的地方，高高耸立在南岛（South Island）遥远的沿海村落泰瓦罗瓦（Taiaroa）。

那座塔楼是她的隐居地，她从来都不邀请任何人到她的塔楼来，由于她充分发挥自己潜在的能力，欣然于她技艺的卓越和她万事通的双手的无限前景，她不需要任何人。然而，那座小塔楼变成一个深渊，而且使她的欢欣告终。在最后，那里成了一个监狱。她被墙包围着，一堵又高又坚硬的石头墙，无法逃避。

一　白天有月亮的季节（Season of the Day Moon）

酒吧里响起了一阵笑声，她坐得远远地，在酒吧的柜台上旋转着一枚硬币，并向服务员示意。她买了一杯酒，以阻挡住长夜里不眠的梦。这世界从未像它看起来的样子，而且太阳行将入冥。她到酒吧来，也没有什么太多的理由，无非是消磨一些时间。离开酒吧之后，她乘着自己的小船下海去捕捉一些海洋生物，当她把第三条鱼带上岸时，突堤附近的海水已经深及大腿。她依然不慌不忙，在涨潮的岸边掏出鱼内脏，割下鱼头，丢给那些泥螃蟹吃，然后躺到一片枝叶茂盛的灌木丛里的草丛上，用一只胳膊当枕头，另一只胳膊挡太阳，慢慢静了下来，一会儿便睡熟了。

随后，她被冻醒了，云朵从太阳的脸上飘过，她感到脖子后面有点痛，当作枕头的手臂麻木了。她僵硬地站了起来，舒展了一下胳膊腿，闻出了大雨将临的味道。一大堆像蚊子一样的飞虫撞到她的脸，钻进她的头发里，在地面上的麻布袋那里，另一群飞虫盘旋在袋子里面的那些鱼的周围，发出嗡嗡声。风正从海面上吹过来，她拾起地上的麻布袋，穿过灌木丛朝家里走去。

在一棵大树下，她坐在裸露的树根上，抽了几口烟，像惯常一样，每逢走这条路时，她差不多总要在这里坐一坐，抽抽烟；她密切地关注着那雨是否到来了。在她脚边的泥土里，有一只凉鞋，她俯身把它拾了起来，皱了皱眉头，是一只孩童的凉鞋，鞋跟上还有一处破洞。她不喜欢小孩子，不喜欢他人，而且也不允许任何人到她的土地上来。她把那只凉鞋扔进装鱼的麻布袋里，十分警惕地朝前面的小路走去，希望能碰到那只凉鞋的主人。在离她的花园不远的地方，有一个半脚印，离开了小路，朝海滩方向走了过去。海滩不是私人领地，她想，于是心里打消了有入侵者的想法。

风刮得更猛烈了，她推开沉重的门，天空布满了浓厚的黑云。“暴风雨要来了，”她关上了门，“不过我在里面是安全的——”她把她的鱼挂到用铁丝弯成的钩子上，吊挂到阴凉处，然后点着了火，添加上一些燃料，便到楼上的图书馆，找出一本比目鱼的烹饪书籍，从中寻找最佳的烹饪方法。她的图书馆里，差不多什么书都有。当她从螺旋楼梯走进图书馆时，突然看到一道闪电，稍后，远处传来了隆隆的雷声。

她弯腰把那本烹饪书籍放回到附近的书架上，一面想：“给我自己找一本逃避现实的书……”然而，她没能办到。使她抬头旁顾的，并不是听到了什么动静。在两排书架之间，有一个缝隙，她的软玉[1]箱子安放在那里，箱子上面有一个狭小的窗户，窗口上，一个硬挺挺、端端正正、像是某一神怪的圣徒，站在染着金光的窗框当中。是一个小男孩。那个小男孩，头发乱蓬蓬，被即将消失的阳光笼罩着，形成一圈光晕。她看不见那个小男孩的眼睛，小男孩默不作声，一动不动。

她震惊得瞪大了眼睛，大张着嘴，一句话也说不出来。雷声又响了起来，声音更大了，乌云遮住了最后一线阳光，这时图书馆里变得黑暗起来。“从那儿给我滚下来！”她大叫起来，呼吸也随之急促起来，而且，仿佛她自己是入侵者似的，心怦怦地跳着。小男孩很笨拙地蠕动到下面的箱子上，四肢张开，像是一只趴在墙上的蜥蜴，然后，转过身来，小心翼翼地下到下面的地板上。

“解释一下。”她无法抓到小男孩的腿。小男孩站在那里，身材瘦小，相貌奇特，颧骨突出，面颊凹陷，V字形的尖尖下颏，尖尖的鼻头；除了嘴巴之外，五官全部隐没在面颊上的银白色绒毛下面，而那张嘴巴的轮廓显示着一种罕见的固执。她的震惊开始被愤怒取代，毫无仁慈之心，威胁着，要把那个走起路来看上去样子有些吃力的小男孩轰走。令她料想不到的是，那个小男孩突然用瘦弱的手指抓住了她的手腕，用一双海水一样碧绿的眼睛盯视向她，脸色像蛋白石一样，布满了惊恐与胆怯。“放开我的手腕。”她命令道，而那个小男孩的手指反而抓得更紧了，她迫切地希望自己能把那个小男孩拽出去，小男孩发出了一声呻吟和呜咽。她看向小男孩赤裸着的脚，捡起他掉到地上的东西。是一个胸前垂挂物，一个标签，上面写着：旺阿罗阿镇太平洋街（PACIFIC STREET WHANGAROA）；电话，633，由受话者付款；她翻到标签另一面，上面写着：西蒙·彼得·吉莱利，不会说话。

大雨继续敲打着窗户，她暗自思忖，如何是好。她从麻布袋里掏出拣到的那只凉鞋，决定先给小男孩把鞋穿上，再把他轰出去。“给我你的脚。”小男孩一副战战兢兢、小心翼翼的神态，把一只脚抬高到离地面5英寸，她抓住他的脚，这当口，从小男孩咬紧的牙缝里发出一阵嘶嘶声，想到小男孩走起路来吃力的样子，她仔细看了看，发现他脚跟上深深扎了一个什么东西。她联想到那凉鞋跟上的小洞孔，闭上眼睛，小心地用指尖触摸，突起处有东西划过她的手指，是一个大木刺，生硬地扎在小男孩柔软的脚后跟上，周边的肉已经红热了。

她从咖啡柜里拿出一些绷带，从放刀具的抽屉里拿出一副手钳，又从酒柜里拿了一些消毒剂。“你回家后，最好告诉你父母，给你打一针破伤风针。”她再次拿起小男孩的脚，十分小心地用手钳取出了木刺，小男孩哆嗦了一下，她仔细查看血迹斑斑的伤口，往伤洞里添了些预防感染的药粉，然后绑上了

---

1 软玉（Pounamu）：毛利玉石。一种绿翡翠、绿玉，毛利族人称之为“软玉”，是被毛利人视为圣物的材料，许多人形象、小配件、武器等都是用这种玉石制成的。

绷带。

外面的雨一直在下，小男孩的脚上又有伤，她只得让小男孩在她这里待上一会儿了。她无法同小男孩进行交谈，无法让小男孩解释他的来历和任何动机。不过，她必须要让小男孩懂得：他人的房屋是私人住地，是神圣不可侵犯的，即使非常喜欢她的塔楼，也不能随便进入，除非受到邀请。小男孩低下了头，从他的牛仔裤口袋里掏出一支小铅笔写了起来，然后把那一页纸给了她。之后，她叹了口气，问道："好吧，在你离开之前，你想用餐吗？到时候雨可能也停了。"小男孩突然抬起了头，她吃惊地发现他眼睛里满是泪水。

她拿来了一些东西让小男孩吃了下去。无论如何，她得赶紧与他的家人取得联系，她拿起了她的无线电话。这个无线电话，是她对外部世界做出的一点让步，除非他们通过一个长途电话操作员转接，否则，任何人都不能打通她的电话。这些电话操作员，是邮局专门为像她这样的人保留的；而且，只要她愿意，她可以同任何她想联系的人通上电话，通话费很昂贵，不过，她有不少钱，足够她用的，况且她希望隐居；除此之外，在电话操作员爱管闲事时，他们还能够提供当地的一些信息。

在等电话期间，雨势丝毫没有减轻。她从墙上取下了她的旧式吉他，弹了一阵，"你喜欢吉他音乐吗？"她问小男孩。小男孩的双目紧闭，嘴巴张着，她无法确定他是因为陶醉还是因为瞌睡。她放下了吉他，无线电话发出了嗡嗡声，电话操作员告诉她：那小男孩西蒙·吉莱利的父亲乔·吉莱利（Joe Gillayley）现在不在家。西蒙的父亲，一个好喝酒的醉鬼，如果回家来，一定是非常晚的；不过，他可以给乔·吉莱利的亲戚惠拉黑寇·坦纽伊（Wherahiko Tainui）或皮瑞（Piri）打打电话，看看他们会不会来接这个西蒙。最后，电话操作员与她约定，7 点钟再打电话，告诉她结果，同时，还顺便向她建议：现在给警察局打个电话也是一个不错的主意，他们知道这事该怎么办。

她慢慢走到窗前，皱起眉头，外面的雨依然下得很大。警察会对小男孩做些什么？一个罪犯，少年罪犯？地狱，那孩子刚刚……突然，一阵狂风暴雨再次猛烈地吹打到窗户上，她不由自主地想到："我无法把他送出去。"她只好将西蒙暂时收留在了她的塔楼里，等待他的家人上门将他接走，并且建议他上床去睡，因为他看上去很疲倦。

7 点钟，电话操作员准时打来了电话，告诉她：他一直在忙活，现在落实下来，坦纽伊一家今天一大早就离开家去了山那边，本来，西蒙是应该和他们待在一起的。西蒙的领养人哈娜（Hana）两三年前死了，通常，如果乔·吉莱利不在家，坦纽伊家的人都会在的。乔常常要定期离开，大约一周两次。西蒙这个孩子就像是一张导火纸，还擅长偷窃和搞点小破坏，而且，大家都知道，他不是在这里出生的，他容易动感情，心态多少有点失常。不过，到目前为止，他没生什么事。她觉得这位电话操作员这样说，像是有点袒护那个孩子。

电话操作员继续说道：其实，你有不同的选择，你可以给警察打电话，把他带走；不过，这会使乔的日子不好过。乔是个好人，独自一人带大一个孩子可不是件容易的事儿，即便是一个普普通通的孩子。自从西蒙把哈迪太太（Mrs. Hardy）的萬苣全部踩死之后，警察至今还没有插手过西蒙的事儿。或者你留他在你那儿，直到早晨，我保证到时乔会来的。我将留下一张纸条，给值大夜班的人，让他找到乔。最后，电话操作员还特地叮嘱了她一句：看好你的钱。

出于无奈，她只好让西蒙在自己的塔楼里过夜了。第二天早上，正当她教西蒙玩国际象棋时，詹姆斯·皮瑞·坦纽伊（James Piri Tainui）出现在了她的塔楼门口，皮瑞是一个个头瘦小的男人，有一双大大的棕褐色的眼睛，开口便说明，乔不舒服，在睡觉，他昨天晚上刚刚回来，现在替乔来接西蒙回家，要西蒙不要把事情弄得难办起来。随后，皮瑞开车把西蒙带走了。

那天晚上，克勒温将她的目光投向脚下的地板，上面刻着两条螺线，她的目光循着其中一条，一圈又一圈地延至中心，这时她会吃惊地发现，另一条螺线又从这里开始，将她的目力引至室外的虚空。她注视着那螺线，想到，它形成了一个有益的思想的核心，一个曼陀罗。之后，她又把目光投到一封信上，它写在一张苍白的粉红色纸上，没有封口：

亲爱的霍姆斯小姐：

非常感谢你这周末照顾了我儿子。他的这种突然“造访”，难得能有如此幸运的结果。他玩得非常开心，而且表示他还想再去！不过，自然，我会首先征得你的同意和准许。我非常感激你，无论什么时候以何种方式回报你都行。我想亲自向你表达我的谢意，今天晚上，我来拜访你合适吗？如果不行，请你打电话让人通知我，否则，我就盼望着与你的会面了。

约瑟夫·纳考卡瓦·吉莱利（Joseph Ngakaukawa Gillayley）

她再次将她的目光凝视到地板上。有人断定，古时候的人在他们巧妙地雕刻在笔直的羊齿树上的双螺线中找到了灵感，或许如此吧。但是，它是一种古老的重生的象征，是事物外在/内在的本性。在那螺线的中心，她心不在焉地弹着手指。

根据吉莱利的时间，是这天晚上6点半。通过塔楼的窗户，她听到了踩踏石子的脚步声。那是一个沉闷而令人疲倦的傍晚，揉捏黏土，锤打黏土，试图制作出一个值得出力的模型，可她那一双热望着的手，什么都没能做出来，她感受到徒劳而返的空虚和为失去的创造力而心酸的恼怒。见鬼去吧，我为什么不打电话，并且对他们说不？或许，我应该躲避起来，那么他们就会走开了？然而，她还是往下下了一层，洗了洗双手，又下了一层，上前捅了捅壁炉里的火。

当她打开大门时，西蒙踉跄了一下，她赶紧往旁边让了一下，就在这当口，西蒙抓住了她的手，吻了吻，满脸堆笑，在灯笼光下，眼睛闪着绿色的光，他的脚上仍然缠着绷带，仍然少一只凉鞋。她顺着西蒙的手势看到另外一个人，静静地站在门口那里。“喔。”西蒙说——它是一种声音：他的手指往空中抓了一下，突然甩回他的喉咙那儿。那另外一个人伸出手轻轻抓住了他的肩膀。“我是约瑟夫·吉莱利，我非常高兴见到你。”他的声音深沉。她看向他的手，一只黑手，又宽大又强壮。“您好……哦。”她拿着灯笼做了个手势，西蒙拉住她的手，将其放到他的肩膀上。“克勒温·霍姆斯，”她说，“我也很高兴见到你。”她的眼睛看向西蒙又追加了一句：“你们两个。”西蒙发出古怪的哧哧笑声。“那么来吧！”她说，“上来，上面有咖啡，而且暖和得多。”

西蒙在大壁炉边坐了下来，四肢大张。乔·吉莱利站在门框下面，黑色的眉毛动了动。随后，克勒温为登门拜谢的乔·吉莱利倒了一杯咖啡，两个人用毛利语就西蒙的事儿交谈起来。乔把西蒙叫作“希米”（Himi）或“海蒙纳”（Haimona），二者都是“西门”的毛利语称谓。从乔的话语中，她了解到西蒙的一些情况：西蒙平时性情沉默，举止令人费解，时而可爱逗人，时而惹是生非，好斗违法，在学校里经常受到处罚，乔的妻子死了以后，乔为西蒙伤透了脑筋。一旁的西蒙始终斜视着地板上那金黄色的草地的图案。乔继续说道："所以，今天我先来这里留下了那封短信，然后，我推掉了上午的工作，同他一道儿去了学校，弄清了这一次是什么事情突然引发出的这一切。那些面带甜蜜微笑的小家伙们全都说是西蒙引起的，西蒙很坏。他们用西蒙过去的经历下赌注……"乔叹息了一声，"我应该想象得到，他说不出话来的痛苦，加上我妻子已经死了的事实，他无法得到一个女人的关怀，我想，这些理由造成了他有一点不能安定的状态。"

西蒙渐渐进入了梦乡。她和乔开始一起喝酒交谈，彼此之间生出了一种亲切感，并谈论起了有关毛利族人的精神传统。看到她长着一双蓝眼睛，一头褐发，脸色像蘑菇一样苍白，乔不由得问道："你讲毛利语，而且知道一些有关毛利人的事情，你是毛利人吗？"她回答道："如果我在美国，我将会是一个黑白混血儿。"停了一下，她又说："这是非常不可思议的，鉴于血统、肉体和遗传，我只不过是一个有着八分之一毛利族血统的女人，不过如果从心灵、精神和情趣方面来说，也许，我是一个十足而且地地道道的毛利人。"她低头看看她杯中的酒，"我习惯于如此。现在，让我感到，以我现在的这种生活方式，我已失去了我身上毛利人文化最宝贵的那一部分。"乔声音平和地说："我父亲的父亲是英国人，所以我也不是百分之百的纯种毛利人。可我就是毛利人，而且，我也有同感，像你所说的那样，在我的生活方式当中，已经丧失了毛利人的精神文化传统。"他一面摇头一面叹息，"天哪，这真是太滑稽了。在这之前，我从未与任何人说过这些，从未与皮瑞、玛拉玛（Marama）、惠拉黑寇或本（Ben）说过，甚至对我妻子也从未说过。"

随后，乔告诉她，他妻子哈娜也是毛利人。乔一口气喝光了他杯中剩下的饮料，"喔，真不错。"他把他的双手滑到西蒙身下，轻轻把那孩子托了起来，挺直身子优美地站了一会儿，那孩子一动没动。他再次对她表示了感激之情，希望继续联系。他走到门口，"无论什么，你缺少或需求的，认为我能帮上忙的，只需招呼我一声。你赢得了朋友。"然后，再一次冲她微微一笑，"一个对你极度着迷的孩子和一个混血的毛利人。"她爽快地接住了他的话茬儿，还自嘲了一句"一个不画画的画家"。她发觉自己已有10年之久未对人说过"朋友，友谊"一类的词语了。外面正在下着毛毛雨，乔一只胳膊搂着睡着的西蒙，用另一只手调整了一下他自己头上的皮夹克，使那个夹克形成了一个帐篷一样的遮盖物，把孩子和他自己一同庇护起来，离开了她的塔楼。

在那之后，她开始与乔他们不断往来了。西蒙非常喜欢与她相处，西蒙与乔再一次来到她的塔楼时，脚依然是赤裸的，不过，脚上已经看不到绷带了。他们共进了午餐，这一次，她了解到乔与西蒙之间不同寻常的父子关系：乔是西蒙的养父，西蒙是一次强烈风暴中神秘海难事故当中的幸存者。

三年前的初春，在乔第一个孩子刚刚去世不久，南岛的旺阿罗阿镇（The Town of Whangaroa）遭遇了一次非常可怕的暴风雨袭击，凶猛的强风掀掉了许多人家的屋顶，还彻底摧毁了镇中心附近的一个车库。暴风雨过后，乔发现了一只失事的小船，发现了被冲上海滩的西蒙。乔从沙堆和草丛中将他拖出来时，他的嘴里、耳朵里、鼻子里全是泥沙。当时，乔差不多确信他已经死了，但还是为他清除掉口鼻里的泥沙，挤压出他肺部的海水，为他做了人工呼吸，他竟然咳嗽起来，吓了乔一跳，因为乔的心里，原本并没抱多大希望。他是那么小，那么软弱，那么没有生气。乔看不出他有多大，最多不过2岁或3岁，胳膊和腿像棍子一样，又细又好看。他的左手上有伤口，左胳膊上有两处骨折，胸部断了三根肋骨，而且锁骨也裂了。

在那次海难事故当中，还死去了两个成年人。西蒙被送进了医院，他很快就恢复了生命，不过被吓得要死，即使在他半清醒时，也像水蛭一样不肯放开乔的手。休克和肺炎，他应该死的，医院说，并且列举了他的骨折之处。那天晚上，乔陪了他整整一夜，因为乔一松开他的手，他便立刻不安起来，哈娜也陪在一旁，哈娜是个护士。后来他们领养他，没人知道他是谁，几乎没能找到任何一丝能说明他身份的线索。他们将他留在了家里，试图把他好好抚养成人，哈娜把他称为西蒙·彼得。不幸的是，不久，哈娜又去世了，还有乔的另外一个孩子。

乔坐在那里，看着壁炉里的火焰。“当时，蒂莫特（Timote）10个月大，哈娜30岁，他们死于流感。这件事一直都让我无法忘记，同时也搞不明白，而且感到不公平，想想看，流感！”他吐了一口唾沫，眼睛里充满了泪水。过了好长一会儿，他叹息了一声。他明天必须要到毛利工厂去干活了，因为那样他才可以得到薪水。有了那些薪水，他可以支付房钱，在银行里存上一点钱，他和西蒙才能有衣服穿，有饭吃。那是一个固定的时间，他每天早上7点就必须开始干活，从未在5点以前回过家，有时是6点甚至是7点，他觉得，他离开西蒙的时间有些长。他去干活，西蒙去学校，放学之后，西蒙通常是去他表弟皮瑞家。

她迟疑地问了一句：“如果你不须没完没了地干活，你为什么不休息一下？”他回答说：“我非常喜欢过上一个像样的假日，我有好几个星期的休息日……但我不知该如何与他相处。我尝试过各种方法。在家里待着，我们就会互相打架，我发脾气的时候，就把他送到我舅舅坦钮伊家去，可他打皮瑞的孩子们，而且还得罪了坦钮伊家所有的大人，甚至我舅妈玛拉玛，尽管玛拉玛认为他是一个天使的化身。然后，我尝试带他乘坐公共汽车去旅行——去年圣诞节，我们去了北方，我在那里长大，我想，他可能喜欢我生活过的、与这里有点不同的地方。”乔向后靠了靠，点燃了另外一支香烟，继续说了下去：“不管我们在哪里过夜，我最终都得把他锁在旅馆的卧室里，我自己到酒吧去，把自己灌个烂醉，用意是赢得朋友，感动别人。我已经忘记我支付了多少旅馆卧室的赔偿金了，不过，我猜想那不全是他的过错。”

她很快便发现自己与西蒙和乔之间产生了难以割断的友谊。乔是一个相当不一般的男人，以一种令人难以置信的爱，竭尽全力抚养西蒙，却又不那么成功。对西蒙，他几乎没有什么限制，有时，甚至充满了母爱般的柔情，可由于酗酒，有时，他又常常盲目地做出反常的举动，因西蒙的一点小小过失、甚至完全无缘无故，暴打西蒙，事后又后悔万分，没完没了地向西蒙道歉，哄他高兴，可到时候又会遏制不住自己，弄得西蒙不知所措：自己表现不好时挨打，自己表现正常时也挨打。

她在用铅笔与西蒙进行交谈的过程当中，再加上她对西蒙的观察，很快发现声名狼藉的西蒙是一个非常怪异、非常不安的孩子，对自己生活周围的世界的细节表现出巨大兴趣，生活在自己的无言的世界里，而且具有某方面的天分，能看见人们身上的辉光——表现人的心绪和意愿的辉光，还能感知别人的气味，并能建造构成美妙音乐的岩层。这个反常又非常奇特的孩子，令她感到不可思议，这个孩子到底是从哪里来的？为什么在他的身上有一种超自然的迹象？

她决定从属于西蒙的那一蔷薇冠上的图案入手，开始着手调查西蒙的出身来历。那是一个由颇为珍贵的宝石缀成的蔷薇冠，一个基督徒的蔷薇冠，成串的珠子10个一组，有很多组。她询问了珠宝商、警察，去了图书馆，查阅一些有关的参考书以及历史记录，并查阅了一堆有关的贵族的资料和一些地产方面的材料，在那些故纸堆里翻阅了5个小时，在翻阅了1000多页尘封的材料之后，她终于发现了一枚与西蒙的那一蔷薇冠上的图案相匹配的纹章，是一个80多岁的爱尔兰伯爵的纹章。根据资料，她弄清了那位老伯爵的一些情况：老伯爵有两个儿子，一个在第二次世界大战中战死了，另一个在1956年离去了，后来，老伯爵又再娶，不过没再有孩子。

她提笔给这位爱尔兰的老伯爵写去了一封信，询问老伯爵有没有性格怪异的孪生兄弟？持有与老伯爵的纹章图案相匹配的蔷薇冠的人与老伯爵是什么关系？很快，那位老伯爵派他的秘书回了她一封信，信封上的图案与蔷薇冠上的图案一模一样。回信里说，持有蔷薇冠的人是他的一个小重孙子，由于天生的不良脾性，被剥夺了继承权，所以整个家族与那个孩子已经没有任何关系了，并请她以后不要再来信询问什么了。

"你知道你儿子可能有爱尔兰亲戚吗？"她把来信拿给了乔，乔表示自己对此一无所知。"西蒙的下巴颏，或他的眼睛，或别的什么，你不觉得他长得像爱尔兰人吗？"乔眉头紧锁，读起信来，"天啊，他说的不光彩的癖好是什么意思？"她回答说："我猜想，在那类天生的贵族身上，可以意味着任何事情，从非正常的偏爱苏格兰威士忌，到嗜好强奸一只母猫。"乔顿时被咖啡呛了一下。

二　周围的海洋（The Sea Round）

在西蒙的事情上，她简直是一个斡旋大师和说教天才。乔很尊重她，什么都愿意同她谈一谈，甚至同她谈他的家人——妻子哈娜和坦钮伊一家人的事儿。"惠拉黑寇是我母亲的兄弟，我喜欢惠拉黑寇和玛拉玛，尽管我不那么喜欢他们的儿子们，特别是那个恶毒的坏蛋卢斯（Luce），真不知道玛拉玛是怎么生出他这么一个大坏蛋的，说不定他是被领养来的或怎么着的——这事我从来没听说过，也从来没问过。他的行为举止不像两位老人中的任何一个，而且他也不像他的兄弟们，一点都不像。"他擦了擦他的额头，接着又说："不，他不是被领养的，他就是一堆臭狗屎，是一个天生的坏蛋。"

她很喜欢听乔说他和坦钮伊一家人的事儿，现在她开始喜欢上了大家庭的生活，并喜欢上去太平洋街的吉莱利家，去坦钮伊家，与大家相聚在一起，因为他们令她感受到了一种家庭的温暖。乔很喜欢她，她知识渊博，绘画、音乐、历史、宗教、钓鱼、下棋、烹饪、品酒……她几乎无一不晓、无一不精。乔爱上了她，却又常常不知如何表现，处处都要和她竞争。乔对她的爱是一种既敬重、又带有一种常常想胜过她的心态，目的是希望能赢得她对他的高看，给她留下深刻的印象。而那个星期五晚上，他却留给了她一个相当糟糕的印象。

她去里面布满了蜘蛛网的地窖，选了一瓶蒲公英酒，是她前一年存放的第一批酒，那瓶酒的标签上注有产地和制造年月，她正在查看上面标注的"1979年"，她的无线电话铃响了，是乔打过来的。乔的声音听起来不同寻常，询问西蒙在不在她这里。"没有，我今天没见到他，我想他应该在学校。"乔告诉她，西蒙今天没有去学校，而且，西蒙已经整整一星期没去上学了。早上，他们闹了点小纠纷，西蒙吵着要到她的塔楼去，他坚持他必须去学校。电话里，乔的声音被夹裹在一片杂乱的噪音当中，他的声音听起来像是喝醉了。他告诉她，皮瑞的前妻珀里·埃克（Polly Acker）说，当天下午，她在坦钮伊家大门口见过西蒙，他推测西蒙没到她的塔楼来，大概是怕她告状。

乔的最后这一句话，使她隐隐感觉自己受到了中伤，“太过分了，乔，我不是你儿子的监护人。我才不在乎他在做什么，他在哪里，只要他不来烦我。我才不会多嘴说他什么——”乔赶紧赔不是，“别急，别急，我只不过是开个玩笑。嗯，几点了？”时间已是6点了，乔邀请她到他那儿去做客，并表示为她叫一辆出租车，而且，在他那里，她会见到他的一些朋友，他来准备一顿便餐。她当即问道：“西蒙怎么办？”乔胸有成竹地回答说：“噢，他吗？他不会有事儿的，一定在坦钮伊家。玛拉玛和惠拉黑寇认为太阳会照耀到他身上的，他是那儿的名副其实的白人小男孩。你来吗？请来吧。”

挂断乔的电话，她穿上她的粗斜纹棉布夹克，然后，让电话操作员为她要了一辆出租车，她决定去找找西蒙。电话操作员猜测到了她的意图后，告诉她，小男孩西蒙很可能在坦钮伊家农场的露宿房里，过去皮瑞和妻子林恩（Lynn）常常住在那里，以前，西蒙曾多次到那里去过。她乘坐出租车跑到坦钮伊家农场的露宿房附近，一阵狗吠声，推开房门，里面什么人也没有。她沿途大声喊叫“希米，你在哪儿？”狗吠声更大了，再没其他声响。之后，她又乘坐出租车去了西蒙在太平洋街上的住处。大门外面的邮箱里，牛奶还放在那里没有取，她取过牛奶，检查了一下信箱，然后慢慢走上台阶。“西蒙？”她在走廊里站住了，听了听，没有回音。她走进厨房，把牛奶放进冰箱，看到厨房里面杯盘狼藉，她动手整理了一阵。走出来时，一阵阵强烈的大海气味朝她迎面吹过来。她来到码头，在酒吧里见到了喝得醉醺醺的乔。乔抓紧椅子的背后，“噢，好的，希米会与坦钮伊的家人在一起的。”

她十分恼怒：“他不会。他们现在在山上。而且，他也不在你的住处。我没找到他。”她心里涌动着怒火，乔根本就说不出来孩子现在去了哪儿，而且，当他给她打电话时，他肯定清楚，坦钮伊家的人不在家里。“噢，我已经习惯了他离我而去，他知道如何照顾他自己，这就是为什么我不太担心他的原因。人人都认识他……见鬼，我在等莫里森（Morrison）或特茹佛（Trover），他们随时会来。”她感到自己与他简直无法再继续沟通了，甚至不愿再看到他的那张脸，她强打起精神说道：“为了这个夜晚，谢谢了……如果那个男孩被找到，我会让你知道的。”

她回到她的家，塔楼的门是关闭的。她默默走上螺旋形的楼梯，什么声响也没有，壁炉里的火已经熄灭了。这时，她忽然看到了西蒙的身影，看见西蒙跪在羊皮垫上一动不动，以一种习惯的姿势，在那儿睡着了。她听到他的呼吸声音很响，肯定是整天待在外面着凉了。她轻手轻脚地走动着，点亮了灯，把火捅着。西蒙抬起头来看向她，被打坏的脸上露出了一丝丝龇牙咧嘴的笑容，随后，朝她走了过来，用颤抖的手抓住了她的手。他的眼睑肿胀，紫红，下嘴唇裂着，嘴角上的血污干黑，累累瘀伤横过他脸颊上的高颧骨，它们也早已变成了黑色。他被暴打过，而且看他的脸相是被反复打过。“谁干的？”她怒火中烧，“是哪个混蛋？”西蒙透过肿胀的眼睑盯视着她。

她让电话操作员接通了乔的电话。她不能理解乔的粗暴，由于西蒙的野性，极端任性，他想负起父亲的责任，严加管教，就随便把西蒙暴打了一顿，可因为他的暴戾，西蒙幼小心灵上又划刻下了一道新的伤痕。听到乔为自己的辩解，她很怀疑乔的这一做法：“你的意思是，你不得不扮演一个严父的角色，所以你怒殴了他？”长时间的沉默之后，乔的呼吸声音加快了，声音当中的那种因为醉酒与睡眠不足而含糊不清的成分消失了。“噢，上帝……不会满脸都是吧？”由于担忧，乔那深沉的声音愈发深沉了，现在的他，听起来像她所认识的原来的那个人了。“乔，你真令人厌恶。”乔被噎住了，震惊了。“噢……我没有意识到会那样……”

“狗屁，你这个家伙。他受了伤，你所能做的就是往他耳朵里灌满恶骂吗？现实点吧……你要我找个医生来吗？”乔立即告诉她，那孩子很怕医生，除非那孩子伤得很重，否则的话，他不认为那是一个好主意。她只好依从了他的意见。“那么好吧，他有瘀伤，大量青肿。我想尽管被打得很重，还没什么大碍。你是想要大着胆子等到早晨吗？”乔立刻说，那样最好。他明天去上班之前来接西蒙，带他去看伊丽莎白·拉赫兰（Elizabeth Lachlan）医生（他妻子哈娜的好朋友），比起其他医生来，拉赫兰医生的魔鬼成分要少一些。“好吧，是你的孩子……你要跟他说晚安吗？他看起来不怎么高兴。”

事实上，斜倚在墙上的西蒙正在哭泣，一直在那里哭泣。“西蒙在这里。”她对乔说道。“抱歉，”乔对西蒙说道，“我真的很抱歉。在你有苦恼的时候，我真的不想使你不快，伤害你。我真的很抱歉。”西蒙打起了瞌睡，显然他根本没有留神那个无线电话。她用温水给西蒙洗了洗脸，给了他一杯加了蜂蜜的热牛奶，然后抱着他上了螺旋楼梯，抱进楼上的卧室，把他放到了床上。

第二天早上，乔 7 点前就到了她的塔楼，在半黑暗中爬上了螺旋楼梯，吹着口哨把她叫醒了。乔察看了一番西蒙满是瘀血的脸，并且看到了西蒙走路时明显表露出来的痛苦表情，他抓住西蒙的手，非常轻柔而快捷地对西蒙说了些什么，由于语速过快，她没能听清楚他具体都说了些什么。之后，乔和西蒙两人都拒绝了她的咖啡和早餐。“我已经预约了门诊，要去诊所，所以我现在就得走。”乔说，“我们很快就会再见面的。”

就这样，经过不断地与西蒙和乔的交往，她与他们的生活和故事有了更多的关联。渐渐的，西蒙时不时地就擅自来到她的塔楼，结果，进一步创造了她和乔之间的接触机会，愈发增加了她与他们之间的来往。在不断地接触当中，她和乔各自追忆故乡的往事，倾诉了对故乡亲人的怀念和内心的孤独和痛苦；他们都与自己的文化之根——毛利人的精神传统失去了联系，他们都认为这是他们生活方式中失去的最宝贵的一部分。留恋毛利族人的文化，追忆往事和互诉感受，把他们联结在了一起。他们一起下棋、弹唱、散步、钓鱼；他们一起游玩，一起喝酒，一起带着西蒙开车兜风，一起外出度假。

那天，天气温暖，微风习习，大海依然汹涌，翻涌着白浪，他们仨一起来到海边。乔肩上扛着渔叉子朝北走去，她走向海滩的另一端，一面说：“我要画些素描。”她拿上炭笔和画纸。但是她没有画画——西蒙静静地想。她支起伞，坐到一块小地毯上。西蒙将他的注意力转向了乔背后的断崖，那边有一个洞窟，直径有 2 英尺。他能往里看进去，能看进去将近 1 码远，之后，那洞窟就拐弯了，什么都看不见了。他蠕动着往里探试着，伸开了他的双臂，里面可能有种长牙的东西，静静地等着他往里钻。“它是兔子洞。”她告诉西蒙。

午后大部分时间，西蒙都在挖那个兔子洞。当乔和她坐下来啜饮威士忌的时候，乔说这是他第一次看到西蒙像游戏一样玩耍，他注视着玻璃杯里的酒水说，“他不大会玩，我不知道为什么。起初，哈娜和我给了他各种玩具。当他与提摩特（Timote）一起玩积木、玩偶、玩具卡车时，提摩特要比他会玩得多。他并非完全无视那些玩具，但好像他不懂得怎样跟它们伤脑筋。我们常常示范给他看，怎么玩那些玩具，他心平气和地看着我们，却明显地带有居高临下的优越感……然后，所有的齿轮突然不见了。他相当公开地把它们当中的一部分送给了皮瑞的孩子们。”

“孩子们？我以为他只有一个孩子。”她有些好奇。乔摇晃着玻璃杯里的威士忌，告诉她：其实皮瑞总共有 4 个孩子，他妻子林恩带走了 3 个，现在皮瑞身边只剩下提摩特。她呷了一口玻璃杯里的威士忌。

“他从来不与其他孩子一起玩吗？”乔告诉她：从不，在学校里，西蒙从不与其他孩子一起玩耍，也不照着老师的话去做……而且他从不把任何同学带到家里来玩，也从不出去与其他孩子一起玩，他大部分时间都围在成人身边转，或独自一人走掉。过去，他常与淮（Whai）、里兹（Liz）和毛瑞（Mauri）一起玩——他们都是皮瑞的孩子，而且全都是好孩子——总有打不完的架。

那天放学后，西蒙又没有回家，乔到处找他，卢斯告诉乔，西蒙到邋遢鬼宾尼·丹尼尔（Binny Daniels）家去了。乔找到丹尼尔家，用力敲门，起初，丹尼尔不肯开门，惶恐地解释说自己没有做错什么，学校里的钱被偷了，那孩子吓坏了，因此他给了那孩子 1 美元，那孩子是个不错的小男孩，这没有什么错。后来，在乔的威胁下，丹尼尔开了门，一副邋遢不堪的样子，告诉他，那个小男孩是翻墙进来的，后来又走了。

乔回到家后，看到西蒙躺在床上。“离开学校后你去了哪儿？”西蒙吓得赶紧下了床，侧视着他，想从他旁边溜到门外去，他伸出一只脚把门口堵住了，“你想逃？”他打了西蒙一耳光，“让你放学后去坦钮伊家或克勒温家，别再让我到处找你。你太容易制造麻烦了。别流眼泪了，玛拉玛不在这儿。”西蒙用手比画着为自己辩解，他喊了起来，“闭嘴！卢斯说你去了丹尼尔家，为什么去那里？”西蒙用他的手指回答说，为了钱。“不错，我也听说了。脱下你的衣服！”他解下了他的皮带，一面在心里想：他是我的孩子，我有责任，我必须教育教育这孩子。他用皮带把西蒙抽打得在地板上乱滚。“不许你再去丹尼尔家，听到没有？他不是一个好人，以后不准你再去。”然后，他从地板上把西蒙拉了起来。

三　闪电击中了塔楼（The Lightning Struck Tower）

她画了许多自画像，画面上的那个她看上去都不那么开心。她解释说她与她的家人关系疏离，她不喜欢他们亲吻她，不喜欢他们拥抱她，与家人的关系已经闹崩了。昨天，她做了一个奇特的梦，现在，她很想能有个家庭聚会，大家一起聊天、喝酒、欢笑、唱歌……最重要的，她非常希望自己能像从前那样画画儿，能找回绘画的灵感，不在乎遇到什么困难，只渴望自己能完成一幅恰到好处的绘画，画出人的灵魂……她对乔说：“我不知道我能不能做到……我想让西蒙和我自己快乐。与坦钮伊家的人待在一起的那个晚上，我的感觉非常好，那是我真正想得到的。有一个善良的家庭群体帮助我，让西蒙在其中正常成长。”乔看向她所持的那一张自画像：一副冷冷的面孔，呆滞，还好，一双悲惨的眼睛挽回了一些灵气。“某种东西已经死了。现在我不再能画了。”她声音里含着泪水，“我的创造力已经死了。”他继续看着那张画，“可以给我吗？你要什么价钱我都付。”她很清楚，它对他来说并没有任何意义。“哎呀，拿去吧。我每天在镜子里能看到更好的作品。”他笑起来，“它和真人一样。”这种欣赏，她已经习惯了，把画品送人，她也已经习惯了。“10 年前，我读了所有能够找到的‘为什么’和‘因为什么’的书籍，我阅读了修多罗经（Kama Sutra）和牛皮书（Kraft-Ebbing）以及一大堆了解自身特质的书籍，我明白了，在不同的人性当中我是一个特殊的异类。现在我不必为它烦恼了，但它好像让别人烦恼了。”她像是在自嘲。

“我没有烦恼，你解释了你的过去。你是克勒温，我爱你，就像海蒙纳爱你一样，我们将继续这种爱，就像人们通常说的那样，纯精神的。好了，就这样……”那天，她第一次现出了乐观的情态。“很好。既然这样，咱们就来喝酒吧……”她答应乔，等她给那张自画像做好了相框，就把它送给他。她带头走下了螺旋楼梯。乔想，我可以等，我可以等一年，如果需要的话，多少年都行，因为她是值得等的。我的主啊，尽管她为人傲慢，以冷女人自居，可她是值得等的。

那天，相框做好了之后，她把它给乔送过去，刚走到吉莱利家门口，就听到了里面的大喊大叫。乔诉苦说，西蒙用碟子摔他，两个人本来吃饭吃得好好的，他说西蒙的头发太乱太长了，梳都没法梳理了，要给西蒙剪剪头发，可西蒙一向害怕剪发，刚一听到“剪发”二字就摔起碟子来。乔一边打扫着地上的碟子碎片，一边说，这一次，他可没打西蒙。她帮助乔收拾了一会儿，然后走向紧紧靠墙缩在一角的西蒙。那孩子原地一动不动，一副愠怒的样子。“你不喜欢你的头发被剪掉，我来给你试试怎么样？”西蒙对她摇摇头，眼睛紧闭着。“你听，剪刀的声音切过你的头发……”她耐心地解释着，把剪下来的一小绺头发拿给西蒙看了看，西蒙自己拿起了剪刀，紧闭双眼，十分紧张地自己剪下了一小绺头发，放下剪下来的头发和剪刀后，睁开双眼，叹息了一声。最后，她和乔终于剪掉了西蒙的头发。“非常感谢你，让这段时间过得如此顺畅愉快，也许，从此以后，他就会好了。”她愉快地接过乔的话茬儿，“也许。但愿如此。”

她和乔的这种希望几乎没有持续多久。那天早晨，学校里的德鲁先生（Mr. Drew）递给西蒙一个信封，“你最好把它带回家去给你爸爸。”结果，吃过午饭后，西蒙便没再返回学校，他绕道去了宾尼·丹尼尔家，希望能从那里得到点钱。可他不但没能得到钱，还撞上了一个杀人场面。从丹尼尔家的门洞里，他看到了死去的老头丹尼尔，还招惹来了一群苍蝇，围着他嗡嗡地叫个不停，甚至撞向他的脸，撞向他的眼睛与头发。当时，他看到丹尼尔滑倒在那里，那老头常有这种事儿，不过这一次，他跌倒在了他的半加仑雪利酒桶上，一把长长的匕首刺入他的腹股沟，他流了很多血。

西蒙想把丹尼尔的事儿告诉克勒温，她正因西蒙偷了自己一把刀子在气头上，对西蒙十分恼火。那是一把用德国钢制造的刀子，锻造工艺极佳，是她的护身符。那刀鞘是皮革的，多年前，她在上面雕刻了一些神秘符号，当西蒙第一次拿起那把刀子和刀鞘时，抚摸着那些神秘符号，很是好奇。她告诉他：“那是一些字符，不过，不是我们的字符，它们是一些神秘符号，这几个字符是我名字的首字母，它们还有一些其他意思，是一种神奇的天赐……”那把刀子十分锋利，可以切削一切。“它在哪里？”她一再追问西蒙，看到西蒙继续否认，她非常生气。“我一直都知道我的那些用具在哪里，我很清楚什么东西从这里失踪了，而且清楚失踪了不少回形针、剪报、玛瑙贝和烟卷之类的东西，我根本就不在乎它们，但是我一定要拿回我的那把刀子，懂了吗？其他东西我都可以不计较，行了吧？”

什么刀子？西蒙感到有些难以忍受，眼前闪现着那个死去的丹尼尔的身影，苍蝇发出嗡嗡声，越过他，像一片飞驰的乌云。一种从未有过的对她恼怒的感觉令他忍无可忍了，他抄起了一个打孔机向她扔了过去，一下子打到了她的肋骨下面。他忽略了她的反应会有多快，她重重回击了他一下，正打中他的胸部，疼得他弯下身去，就在这时，死去的丹尼尔变成了成千的碎片在他眼前飞舞，每一片上面都带着嗡嗡叫唤的苍蝇。当他直起身来时，她依然站在那里，攥着拳头，怒视着他。他趔趄了一下，一只手捂着疼痛的胸部，另一只手握成拳头，再一次打向她，她轻而易举地躲开了，大喊：“西蒙！”那声音高高回荡，把他镇住了。他又继续尝试了两次，每一次她都成功地躲闪开了。于是，他尽可能快地飞转过身去，在她猜想出他要干什么之前，用脚踢向她放在窗户前的吉他——那是她所疏远了的家人送给她的礼物。房间里顿时变得死一般的寂静。“出去！”她叫喊起来，声音颤抖，手也在颤抖。“出去！”

西蒙把宾尼·丹尼尔和跟着他的那一群苍蝇留在了塔楼里，然后，一个人离开了。丹尼尔家花园的那一群男人的身影，继续在他眼前晃动，他听到他们嘀嘀咕咕的小心交谈，他们用一张毛毯裹住了那具年老的尸体，其中有一个人说：“主啊，把他从这里带走吧。”那些苍蝇飞得到处都是，飞得很高，像饥饿的云彩一样。

天快黑了，街上没有行人，只有一长排商店的窗户，窗玻璃被发着金光的夕阳照得通亮。他从左手开始，一次打碎一块窗玻璃，沿着街道的一侧砸了过去，然后又砸向另一侧。就在这时，一只大手抓住了他的肩膀，另外一只大手，夺走了他手中的砖头，是治安警官莫里森（Constable Morrison）的大手。

莫里森警官把西蒙送回了家，告诉愠怒的乔：“你很可能会被店主们或他们的保险人起诉，他沿着整个街道几乎把所有的门面都砸碎了，总共大约有30处，感光玻璃。”莫里森警官随后又补充说，“你最好带他去拉赫兰医生那里。莫里警官（Constable Murray）在警局尽最大努力把他的两只手用绷带包扎起来了，但是，它们的割伤非常严重。”莫里森警官伸出手摸了摸西蒙的脸，轻轻地弹了弹，“你为什么这么干？”然后走向他的汽车，离开了。

乔把西蒙领向卧室门，火冒三丈地命令他，“进去！”他不断地前后跺脚，愤怒地喝道：“脱下你的衬衫！”门被“砰”的一声关上了。西蒙脱下了他的衬衫和里面的圆领T恤，从牛仔裤的屁股兜里取出一块碎玻璃，是第一扇被他打碎的玻璃窗上的碎片，碎片呈三角形状，长约3英寸，非常锋利，像一把小刀子一样好使，他曾用它割破自己一次。他把它塞在左手松弛的绷带下面。他走回屋里，乔一脚踢上了他身后的门，火冒三丈，抡起了皮带，把他毒打了一顿，打得他站都站不住了，结果，他掏出了玻璃碎片，用颤抖的手刺向了乔。被刺伤的乔尖叫起来，一拳打向他的头，一拳，一拳，又一拳，鲜血从西蒙的嘴里、耳朵里、眼睛和鼻子里，溢出来，流得到处都是。

乔和西蒙两个人都住进了医院，她是从皮瑞那里听说的此事。在医院里，她见到了拉赫兰医生，打听西蒙的伤情时，拉赫兰医生说，“我们不清楚究竟伤害到了多么严重的程度，我们所能做的，就是去掉血块，修复那些骨头。他很可能什么都看不见了。几乎可以肯定，他什么都不能听到了。就他的心智状况而言，他很可能受到了无法痊愈的伤害。”她呆钝地站在那里，一言不发。拉赫兰医生耸耸肩膀，继续说，“我们什么都不清楚，我们必须把他转到一家大医院去做头部扫描，在这之前，我们什么都不清楚，即使到了那时候，我们可能也不见得什么都能弄清楚……”

在一个星期五的晚上，她听到了一则国家晚间新闻报道：今天在泰瓦罗瓦一个男人被判处了3个月的监禁，罪名是，粗暴而残忍地攻击了一个毫无防卫能力的残疾儿童。然而，法官P. S. 西沃德先生（Mr. P. S. Seward）评论说，涉案儿童很难说是毫无防御，因为他在被攻击时刺伤了他的养父约瑟夫·吉莱利的肚子。吉莱利是一位只有一年工龄的劳动者，在医院里住了两个星期，以使他的创伤康复。他被解除了对他7岁养子的监护权，正如西沃德先生所说，这么做对双方都有好处。政府打算在下次开庭时引用一项新的立法，这将……她没再继续听下去。

她无法在这里停留，她怀揣着痛苦，把西蒙的那个蔷薇冠和自己的一些必备衣物装进了一个大手提箱，离开了她的塔楼，离开了泰瓦罗瓦。行前，她从衣袋里拿出一块真丝手帕，用双手捧起了满满一捧泥土，用手帕把它包好，放进衣袋，一面在心里想：无论我去哪儿，不管我怎么去，我都带着这些泥土作为纪念。假如我死在一块陌生的土地上，那就不止我的肉体与那个异乡做朋友，将其当成庇护所了。随后，她拎起了她的大手提箱，走进了夜幕之中。

四　坚硬的肌腱，折断的骨头（Feldapart Sinews，Breaken Bones）

那天，那辆公共汽车正途经一片荒野之地，乔突然提出他要下车，司机好心劝阻说，“这是一处什么地方都不到的荒野。”乔为自己辩解说：“那没关系，我能走路到我要去的地方。”司机只好随了乔的心愿，把汽车停了下来，说道：“好吧。在这里，你有可能遇到老杰克（Jack），他有时过来，到拐弯路口来取他的那一袋子面粉、茶叶和烟草。大家都说他是最后一个食人族部落的生番，不过我觉得那不是真的。”说完，那司机大笑起来。

司机的话语被留在了乔的脑海里，轻轻地回荡着。前面不远处，是一个断崖。一位老者来到断崖的边上，在他下面，是一片石头海滩，沿着涨潮线，漂着大批乱糟糟的浮木，距离海底深有30英尺。那位老者开始与他死去的祖母对话：自从我来到这块地方，仅仅离开过这里两次。第一次，我在城镇的街道上行走，没有一个人注意我；第二次，人们捂着嘴笑话我，笑话我那不自然的口音，瞪大眼睛盯着我的脸看，还有一个人说道：“好一个出土文物。”我立即就明白了我出逃的后果，我已经不可改变地被拴在了这里——这块土地上。而且，因为这种生活，我必须始终守护在这里，从黎明到满天星斗。因为这种生活，我等待着，从日落到阳光灿烂的正午。我始终守护着，等待着那个预示。而让我守护和等待的时间不多了，那异乡人却还没有现身，那挖掘者还没有挖掘，那断骨人还没被找到、被治愈。那些人就是你命令我等待着的。是不是全是妄想？在你死亡之前的片刻，你的双眼是不是失明了？我抛却了人生的享受坚持到最后，仅仅是为了这种不对劲儿的守护和等待吗？

那位老者站在那里，流着大汗，久久望着下面的海滩。朦胧的光亮当中，一只绿鸬鹚飞了过去，一群海鸥在盘旋，在他头顶上欢快地鸣叫着。它们可能来自摩兰基（Moerangi），400英里外的南部海岸。这里会有一个人——挖掘者或异乡人或断骨的男人。昨晚，一只小甲虫在他的窗户上轻轻敲击，然后，他就做起梦来。他的祖母（他上次见她时，她是一些涂了油的赭色骨头）对他说：“在我死之前，我的心智一点也没糊涂，我说到的不是妄想。”她声音尖刻。“它是必由之路。等待是为了你好，也关系到你的守护。现在结束了。”蜡烛黯淡了下去，而且熄灭了。小甲虫不见了。他坐起来，颤抖着，等候着黎明。

乔上次吃东西，是在昨天下午，公共汽车在一个茶店停下来时候。今天的早茶，已经用光了他所有的水，他携带的冷冻压缩食品必须用水煮。他转向了海滩，那断崖继续面对着他。“我在海滩上会弄到水的，也许还有像样的吃的，也许会有……”他这样想着，用他的拇指做了一个手势，然后突然咆哮起来……“你会绕过那个拐弯的，痛苦的心……”他站在那里，痛不欲生：我最好的一切都已经死去了，残存未死的唯有不能痊愈的深度溃疡，一个多余之身。我已经没有什么能让克勒温接受的东西可以给她了，我已经没有什么东西可以给希米了，甚至不能让他蔽身于我的臂膀和胸脯之中。我知道是我激怒了他的鲁莽，重伤了他，现在，根本不容许我给他什么了，甚至不允许我保护他。我成了地地道道的一个废物……唉，哈娜，你为什么吃他们给你的食物？为什么不回到我身边来？

怀着彻底的绝望，像一个长长的树根，乔沉入黑暗当中。波浪拍打着海岸，在那里，除了无穷无尽汹涌的大海，再无他物。那位老者，把乔救了上来。那位老者不是一个大个头的男人，他个头不高，不过体重却很重。他把乔从侧面翻了过来，给他裹上了毛毯。他被乔搞得精疲力竭，几乎再也没有一丝力气了，把他的大衣盖在了乔的身上，在靠近乔的地方，生起了一堆火，然后就休息了。

乔的胳膊严重骨折，而且没有接好。那位老者把他的衣服脱了下来，把那上面的血迹清洗掉，并且重新给他接好了断骨。“早潮是为了你，晚潮是为了我。”（这是一个古老的说法）老者点燃了烟斗，往后靠着，坐到他的椅子上。“我很高兴你是毛利人。如果你是欧洲人，很多事情就很难解释清楚了。”然后，他自我介绍说，“我过去被人们称作提雅季·米拉（Tiaki Mira），自从有人那样称呼我以来，已经是很久以前的事情了。”他还告诉乔，他是毛利人远古之神的守护者。

乔抬了抬自己的手臂，感到自己现在很结实，尽管小手臂处依然有些疼痛的感觉。“这是什么地方？”老者解释说：“在地图上，这地方位于‘三英里’（Three Mile）海滩。”老者随后说道，他很快就要死了，他一直在等待着一个举行庄严礼仪的日子。然后，他问道：“你叫什么名字？”乔回答说：“我是约瑟夫·纳考卡瓦·吉莱利……”然后对老者讲述了自己之所以自尽的原因：“我一直在流浪。上个星期才从监狱里出来，我没有地方可去。在入狱之前，我把房子卖掉了，我的儿子被人带走了，我的朋友们也都不见了踪影。我的意思是说，她在某个地方，但是不在她自己的家里了，我再没有地方可去了。”

老者的脸上表情平淡，听到乔刚从监狱里出来，一点也没有意外与不安之感，但是当乔一提到朋友，他的那种木然的表情就消失了——这个朋友，也许是一个园艺匠？“不，她是画家。”乔告诉他。不过，她总是非常上心地种植她的蒲公英；而且，她做过一个奇怪的梦，梦见有人要她去挖寻什么，到底挖掘的是什么她不知道。老者的眼睛立刻明亮起来。“你身边的人，有没有可以叫作异乡人的？”乔颤抖起来，“有一个，”他吞吞吐吐地说，“我的儿子。我就是因为打了他才进的监狱。”他飞快地瞥了一眼老者，“我把他伤得很厉害，所以他们，也就是法庭，那些负责福利的人，把他带走了，甚至不允许我去看他……他可以被叫作异乡人——我的意思是说，我认识他已经4年了，他不是我亲生的儿子，他的出身是个秘密，没人知道他的名字或他来自哪里。我们发现他的时候，他太小了，无法让我们了解什么，此外，他还不会说话。”乔感到他的心在疼。

老者暗自庆幸起来。他在这里已经将近60个年头了，如今，他的脸色灰白，嘴角和眼睛周围都是皱纹，一副痛苦而垂死的神态。他咏咏地笑着对自己说：“尊敬的祖母大人，我怎么能猜出如此这般的一个谜语？异乡人、挖掘者和断骨人全部集于一人之身，三位一体，全然是一个人……我怎么会知道呢？我只是在寻找他们当中的一个……”他看向他终于等来的这位断骨的男人。

他看到这位男人在流泪。“好了，悲伤的约瑟夫，你这个东海岸来的人。你现在还年轻，你的眼泪可以留住，你还可能发现你根本不需要哭泣，为了你的朋友和你失去的受伤的儿子。如果给我时间，我会替你找到他们，但是我现在必须对你说的是……”他开始为断骨的男人讲述：

“事情要从我祖母说起。在她之前很久，毛利族人的神就已经存在了，它需要一个具有我祖母那样的远见和智慧的人守护，否则，它也将变成又一个消失的文化，又一个传说。我祖母给自己找了一个丈夫，给她丈夫生了两个孩子。她丈夫或孩子没有一个像她那样强壮，他们全都死在了她的前面。我母亲去世之后，她来到农场，把我领了过去，当时，我只有10岁，而且是说英语长大的，用英语思考。因为那时候，普遍的看法，都认为毛利人不可能幸存下去，所以每一个毛利人越快转变成欧洲人越好。”

老者低下了他闪着光亮的眼睛。“……自从来到这里以后，两年前，我曾想离开这里。当时我的肺部有了毛病……驱使我离开的并不是那场疾病，而是由于恐惧我会在我所等待的——挖掘者、异乡人和断骨的男人到来之前死去。我告诉我的律师，假如我过早地死去，他必须委托人来保留住这块土地，而且要找一个适当的人……后来，那种事情没有发生。律师让我去看了医生，医生治愈了我肺部的疾病，数天之后，我回到家中。我祖母去世已经将近40年了，她在咽气之前，对我耳语，我必须一直等到异乡人回家，或等到挖掘者开始撒种，或等到断骨的男人被找到并且痊愈。那时，他们就可以担当起我的职责，继续守护。她说，如果我遗弃了这块土地，这块土地将诅咒我，我会死后都不得安宁……现在，我终于等到了一个人——他心里牵挂着我祖母预言的那两个人，而且，他就是那个断骨的人……真是不可思议吧？”老者点燃了一支雪茄，很满意地长长吐出一口烟雾。“那个夜晚，一只小甲虫一直待在我的窗户上直到我进入梦乡。我祖母同我说了很多话。我抛了卜杖，看看我应该怎么做，应该去哪里等候。一个是断了手臂的男人，另一个是发现它的地方在‘三英里’海滩。我知道你终于来了。在我未死之前！”老者笑了起来。

“我但愿他不会死。”乔在心里想。这太严酷了。他的声音听起来，好像他随时都会死去；他看起来，好像也许的确会那样。“你说你是一个守护人。而且，我就是那个被预言的人，在你之后，继续你的守护职责。我要接替你守护什么？”乔的声音沮丧。老者回答说，他很快就会知道了。“我先给你讲讲那个故事，再带你去看看你必须看的东西，听听你的答复。”说完，老者耸了耸肩膀。“我想，我最好是直接把事情说出来。”

老者为乔讲述了毛利人的祖先航行到奥欧提亚罗瓦[1]来时所乘的独木舟的故事。他带乔去看了那只独木舟，他一直守护的是与独木舟一起来的那个小神灵——被搬到独木舟上的一块石头。唉，他是一个小神灵，没人再崇拜他了。老者的语调苍凉，声音缓慢而吃力。这时，乔全身一直在发抖，心里默默念叨：亲爱的耶稣基督！你最好满足他，纳考卡瓦，尽管他是疯狂的！守护一个独木舟达60年之久。一个毛利宗教事务主管！一个小神！可他知不知道，所有的博物馆里面都充斥着它们？

老者继续语调缓慢地说着，喃喃自语，“它是这个国家的灵魂，这块土地的灵魂。”最后老者直起肩膀，眼睛黑亮黑亮的，提高了声音。“哦，约瑟夫，我的时间比我想的要来得快，没有时间搞什么仪式了，你必须不经祷告就接收这块土地。你将得到我的祝福……仔细听着。它是我们这个国家古时候人们的信仰，我们的民族，是一个与众不同而且特殊的民族……但是我们变了，我们不再来养育这块土地了。我们自己互相争斗。我们被白人的部落征服了。我们被瓦解了而且失势了。我们忘记了我们原来是什么，奥欧提亚罗瓦是一块辉煌的土地。我来守护它……我被告知，否则，这块土地将失去所有的辉煌，所有的和平和荣耀，变得空无一物，永远。这只独木舟……它有力量，因为它的起航之地和它的建造之人，尽管它只是一只小木船，但它是我们民族的伟大航船之一。”

老者用拳头敲打他的大腿，大声喘息，然后，停止了喘息，皮包骨头的胸脯在他的大衣里面鼓胀起来，随后，他用尽全身的力气，吐了一口气，站在那里，一动不动，脸色灰白、痛苦而疲乏。“三天前，

1 奥欧提亚罗瓦（Aotearoa）：根据新西兰土著居民毛利族人的传说，约在公元10世纪左右，他们的祖先从波利尼西亚群岛来到新西兰这片土地上，航海家库佩（Kupe）船长，撑着独木船，从太平洋的社会群岛，经过长期的漂流来到了新西兰，当他远眺新西兰的时候，这一块土地宛若一团长长的发亮白云浮在水平线上，于是他的妻子把这片土地命名为“奥欧提亚罗瓦”意为“长白云之地”或“不夜之乡”，即毛利语中的“新西兰”。大多数毛利人的瓦卡帕帕（whakapapa，宗谱）都可以一直追溯到这些早期波利尼西亚移民的瓦卡（waka，独木舟）上。

我会嘲笑你。”乔率直地说。“你来到海滩，准备与某个人会面，并帮助某个人。你已经帮助了我。你告诉了我，你在这么多年里的等待和守护。你告诉了我为什么。你是一个智者，一个大智大慧的长者。现在，我相信你。尽管我还不能彻底领悟，但是我相信你。”那已经开始和自己的死亡对话的老者，在死亡之前，终于有了接替者，带着满足的微笑死去了。

告别了辞世的那位老者之后，在诸多的夜晚，乔都在与老者提雅季·米拉、西蒙、克勒温、梦境和死人世界对话，思考有关传说和神话、9只独木舟、绿玉，以及也许会出现的新世界与也许不可能出现的新世界。最后，乔决定留守在这块土地上，隐居在丛林里，成为第三位遁世者，一个从未在诗歌中被歌颂的一位女狂人的梦想的守护者。

他开始与北岛（North Island）的长老和两家图书馆通信，试图发现这一只独木舟的某种秘密，这里是不是古老的口头传说所提到的地方，以及诸如奥欧提亚罗瓦的毛利族人和往昔古代部族的一些不确定的事物。每两个星期，他去镇上一次，与老者提到的那位律师夫妇住上一夜，购买一些食品，查看他的邮件，寄出他的回信，再到镇边的一家小酒馆里去喝上一杯啤酒，然后便匆匆离去。不晓得什么缘故，他是谁，做了些什么，就传开了，而且，始终清晰地留存在人们脑海里，被提起。现在，回到那没有人注视没有人议论的丛林地，对他来说，已是一种释怀，一种安慰。

这天，他一边饮茶，一边思考。下个星期就是圣诞节之周了，他还要为他暗中筹划的一桩事做最后的安排，倘若克勒温不露面，他就会像个大傻瓜，倘若她来了……那将是一个新的开始。

******

那天早晨，西蒙终于清醒过来，睁开了双眼。在克赖斯特彻奇医院（Christchurch Hospital）里住了10个星期之后，他逐渐恢复过来，不过，他的头部有一半仍然缠着绷带。一天，玛拉玛差遣皮瑞前往克赖斯特彻奇医院探视西蒙。皮瑞所见到的是一个令他大吃一惊的西蒙：头发变成了金黄色的细软绒毛，头部侧面有一些吓人的紫红色伤疤，眼睛也很糟糕，显得比往常要大很多，而且只要受到一点最轻微的刺激，便会呈现出清晰的黑眼圈，身上的肌肤，比他正坐着的床单还要白，而且，看起来，他像是失去了三颗牙齿。

西蒙大张着嘴，眼睛盯向皮瑞。皮瑞飞快地为他写道：乔很好。他在监狱里。我不知道克勒温在哪里。你在医院里住了10个星期，你必须再住一段时间。西蒙也用笔写了起来，不断询问：乔为什么在监狱？克勒温为什么离开了？在皮瑞离开医院之后，面对着一脸惊喜的医护人员，西蒙不断用笔表示自己的心愿——我要回家。他反复用笔向那位男护士和小儿科医生询问：“我什么时候回家？”然而，他已无家可归了。他被送进了马斯特顿智障之家（Masterton Hohepa Home）。

因无法管教，马斯特顿智障之家又将西蒙送进了教区的收养之家。之后，收养之家准备把他转交给奥堂纳修先生（Mr. O'Donaghue）领养。奥堂纳修先生在北非和意大利的战争中当过军曹，还曾当过橄榄球运动员，现在是裁判员，家里有7个孩子，都是好孩子，而且大都已成婚。他还收养了一两个养子，是当地圣名会、教区理事会、圣母军的栋梁人物，而且，无论挣多少钱，他都交十分之一的教区税。安东尼修士（Brother Antony）和新来乍到的基南修士（Brother Keenan）对前来领养西蒙、准备把西蒙带回家的奥堂纳修先生介绍了西蒙的情况。安东尼修士操着一口浓重的爱尔兰的土腔，向椅背上靠了靠，说：“他一来到我们这里，我们就知道他会是一个很难照料和安顿的孩子。”说着，他伸手从抽屉里取出一份档案文件：

西蒙 10 月份从克赖斯特彻奇医院来到马斯特顿智障之家，到达第二天，就逃走了。那一次，他逃得不太远——因为他走路有些困难，一个星期之后，从城外 20 英里处找到了他，显然，他搭了别人的车。在那之后的 3 个星期里，他纵火烧了花园里的棚子，还挑起了与马斯特顿智障之家其他成员的几场打斗，毁坏了他们相当数量的玩具，总共潜逃了 7 次。最后一次，是在皮克顿[1]（Picton）渡口抓住他的，没人知道他怎么到了那么远的地方，他又是如何上的渡船。在他感兴趣的事情上，他是一个智谋超常的孩子，然而，马斯特顿智障之家的人，却无法欣赏他的那种智谋，他们得考虑并顾及之家里面的其他孩子，因此，他们放弃了，社会福利院便把他送到了教区的收养之家。

“我在教会组织里与孩子们打交道已将近 30 年，见过很多 7 岁的孩子，可这个 7 岁孩子，与我所见过的其他 7 岁孩子非常不同。我可以跟你说说自从他来到这里之后发生过的事儿，以便你做出明智的决定。他到这里有一个月了，是 11 月 5 号到的。他穿着衬衫、牛仔裤和夹克还有你所看到的那些衣服。像往常一样，我们拿走了他的那些衣物，让他换上了一套我们这里的制服。起初，他并无异议，可第二天之后，他就脱掉了所有的新衣服，再也不肯穿上它们了。我们做了很多解释，用甜言蜜语哄骗，甚至是威胁——却全都没有用。我们原以为他需要一点时间才能适应过来，可情况并非如此，他非但不为自己的服饰与众不同而遗憾，反而为自己的穿着与其他人不相同而颇为满足。他拒绝换上他来时穿着的衣物之外的任何衣物，所以看上去稍微有点褴褛——因为他身上的那些衣物显然是他被送到医院时的穿着，从那之后就一直穿至今日。”

基南修士插进来说：“我们尝试修剪他的头发。他却用剪刀刺伤了安东尼修士，当他被捉住时，拼命叫喊，迅速进入歇斯底里状态。我们不再尝试修剪他的头发。”然后，一页一页地浏览着那份档案文件：11 月 11 日——失踪。被警察从克赖斯特彻奇火车站带了回来。11 月 12 日——失踪。被奥蒂拉（Otira）当地警察在海岸有轨电车上抓到。11 月 25 日——失踪。再次被警察从旺阿罗阿火车站带了回来。我们不得不用肉体惩罚威胁他。三次，他被用皮带捆住，他大笑。搞得安东尼修士分外狼狈。

“再厉害点，他就不会大笑了。”基南修士合拢了双手，心里默祷：耶稣圣心，赐予我同情你的所有的人吧。片刻之后他说道：“不得不教训一个孩子，本来就是一件很困难的事情，打一个先前被鞭打得遍体结疤的孩子，更是倒人胃口；即便如此，那些处罚对他也根本不起作用——如我们所知，没有什么惩戒能吓唬住他。他不受同伴舆论的任何影响、绝对拒绝被罚抄写拉丁诗百行，等等。他把被单独关在卧室里当作愉快的休息，我们提供给他的任何特殊待遇，对他来说都不足取……要是我们仅仅是要求他顺应我们的标准，我觉得，我们可以对他粗野一些，拿走他所有的心爱之物，坚持他必须按我们说的去做，以他必须服从的态度命令他去做一些事情——让他饥饿，或者打他，或其他诸如此类招人唾弃的办法。”基南修士为难地说，“然而，在我们这里，目的是要帮助他。他就是不肯接受我们的任何帮助。他无视心理医生。据我所知，他在学校课堂上睡觉，不参加任何游戏或文娱活动，对想与他结交朋友的男孩和工作人员，一概不理不睬。对宗教活动，他也不感兴趣。除了想回他的家，对无论任何事情，他都毫无兴趣……可他已经无家可回了。他先前的养父已经不见踪影，而且他们原先的住房已经被卖掉了。我把

1 皮克顿（Picton）：连接新西兰南岛和北岛的重要渡口。

这种情况跟他说了好多次，他不相信我，像其他事情一样，你根本没法让他做任何事情，即便是让他相信事实。”最后基南修士对奥堂纳修先生温言细语地说：“安东尼修士说您对同这里的儿童打交道有令人羡慕的记录，特别能理解心理不稳定的儿童。这个孩子的的确确极其需要得到真正的爱与关怀，请问您是否愿意试一段时间——照料这个小男孩，为了他能长久地作为您的养子。”

奥堂纳修先生当即表示：我们奥堂纳修家永远都收容需要它的人。我们将会很好地照顾他，我相信用不了几个月，他就会变成一个你认都认不出来的孩子了，他会变好的，非常好。“但愿如此。”基南修士说罢，让麦克修士（Brother Michael）去把西蒙带到他办公室来。他们等候了很长时间——西蒙·吉莱利又不见了踪影。

一步，二步，三步，四步，西蒙下了轨道。他跑向太平洋街上的家，房屋里面已经住上了别的人家。他隐约觉得乔在监狱里受到了某种形式的虐待，猜想乔出狱之后可能去了摩兰基，克勒温也很可能去了摩兰基。那座塔楼一半已经坍塌。他驱使自己在斜坡上朝前跑着，跑过桥梁，跑过长有蒲公英的草地。草长得很高，刺着他的双脚，到了塔楼门前，关闭的楼门上着锁。站在 12 月中旬温暖的阳光下，他两手紧抓着门柄的大铁环，许久之后，他的双手麻木地垂了下来。他破碎的心不断在跳动。哪里？哪里？他们去了哪里？ 他没头没脑地转身离开了那门，步履蹒跚地走着。

******

克勒温漫无目的地走了几个星期，转遍了整个南岛。医生坦率对她说：“也许是癌。可以确定，那里长了一个异常的东西，不是肠梗阻。越早检查并切除掉，你的存活机会就越大。”她对医生的话不感兴趣，隔天早晨，她把她所有的东西打成包，除了吉他和一瓶威士忌酒之外。覆盖在那个酒瓶子上的西蒙的蔷薇冠，照亮了她的字条：“我的名字是克勒温·霍姆斯。我的家在泰瓦罗瓦，私人属地，塔楼。告诉大家我非常高兴，好吗？祝你愉快——”然后，她出发了。跟她有关的唯一建筑物是她那座被毁坏的塔楼，再有，就是在摩兰基的毛利族人的旧会堂。

她坐在摩兰基的炉火前，她收养的那只瞎猫——黎（Li）在她膝盖上打着呼噜。她伸展着活动了一下她的手指，一个小时以来，她一直在书写着。过了一会儿，黎一边打着哈欠一边舒展地卧到她的怀里。“再过几分钟，黎，就能确定下来了。”她想：应该不是一个蛮横无理的结局，多少有点慈悲的仪式，一种对以往所有绝望的驱邪祓魔的仪式。一个相遇的结局开创出一个适宜的新开端。

她再一次拿起钢笔，又想了想，然后确定下了自己的生活目标——尽管正在迎接死亡，但是，已经决意，勇敢地去面对，不再退隐，不再做与世界作对的霍姆斯。已经毫无选择——现在，她要生活！她套上笔帽，轻轻地阖上笔记本，把它收藏到木箱子里，之后，她俯下身子，将木箱放到火炉中央，关上了炉门。黎从她膝上一跃而起，高举起它的前腿跳起舞来。“是的，黎，现在是该走的时候了。”是回家的时候了。

尾声·采摘月亮水（Moonwater Picking）

夜晚的狂欢中，人们唱歌、跳舞、喝酒、弹琴。那些亲属、邻居、朋友、熟人们，欢聚在了一起。乔在那些经过大难而得救的新造的房间里漫游，穿过一群群快乐的人堆，那些喋喋不休的、唱得疲累的和醉得哭泣起来的人们，形形色色成双成对地聚在一起。

两个满脸皱纹的老人——克勒温的曾姑母，正尽兴地畅谈着，互相用胳膊肘尖捅捅彼此的肋骨，用瘦骨嶙峋的手指抓挠抓挠，回忆着陈年往事，开着玩笑。他朝她们点了点头，走了过去。另外的一对老人，他自己的亲戚——惠拉黑寇和玛拉玛，双臂互相搂抱在一起。一堆孙子辈的孩童横七竖八地静卧在他们周围……但是，其中，没有他要找的人。他站在那里，用眼睛继续搜索着。惠拉黑寇对乔眨了眨眼睛。

昨天午后，乔回来了，在一堆他为克勒温邀请来的陌生人中间挤来挤去，看着克勒温与家人互相宽恕而重新团聚的场面。克勒温心满意足地享受了她母亲给予她的长久而无言的拥抱。克勒温像个小孩子似的被她的那些个头高大的兄弟们推来搡去，又是拍打又是搂抱。乔咘咘地笑着，瞧着他们躲闪着她的回打；克勒温与她那丰满而脸庞圆润的姐姐用胳膊相互搂着脖子，美好的祝愿，遮蔽了他们激动的眼泪和亲睦。

克勒温狡黠地冲着乔露齿一笑。“纳考卡瓦，为此，我会抓住你。”作为答复，他“噢”了一声，“你觉得怎样？……”他听到了渐近的脚步声，转了过去，“我的上帝。”他的心几乎都不能跳动了。“啊，我的上帝，不！”当那孩子匍匐到他身边时，他的面孔发热，他俯下身去，哭泣着，用双手捧住西蒙那张小脸，抚摸西蒙的脸庞，“啊，耶稣！”西蒙无话可说，什么也没说，鼻涕与眼泪一起流了出来。他把西蒙拽起来，拉进怀里，紧紧地抱着他旋转，转呀转，狂喜地舞蹈着，弄得西蒙几乎喘不过气来。没有一点责备的迹象。

在那个狂欢夜晚之初，当场面还未达到高潮时，克勒温一直在高兴地弹奏吉他，西蒙在一边听着听着，然后快速走向她，靠到了她的膝下，他的头发已经重新长了出来，细密且散乱地覆盖着他的脸。作为保护伞和避风港，而不是一种约束，克勒温赠送给了乔和西蒙二人一份意想不到的礼物，她的姓名。她将西蒙收养到了她的名下。丝毫不涉及情感，克勒温说，只是一种有效的法律意识。经过痛苦的折磨净化之后，她、乔和西蒙三个人又重新走到了一起。

坦钮伊家的人难以接受这一现实，有些发狂。里兹一有机会就用拳头捶打乔的肚子，而皮瑞呢，假装看不见。“不，”乔说，“我明白为什么。”他向怒不可遏、喘着粗气、受到伤害的小女孩俯下身去。“里兹，我为此感到非常抱歉，但事情现在已经过去了，全都结束了。”他希望，坦钮伊家的人，对于他们仨重新聚拢在一起之事，终究会明白的，会理解的，会同意的。

克勒温走出了房门，曲曲弯弯地行进着，吉他挂在她的肩上，自弹自唱着，没注意到幽暗处的乔和西蒙。“我们是被领导者，小家伙？”乔示意西蒙，追随上去，西蒙冲他点点头，一言未发。室外冰冷昏暗的星光，勾勒出克勒温朦胧的身影。

作者生平与创作生涯

凯里·休姆于1947年3月9日出生在新西兰南岛最大的城市克赖斯特彻奇(Christchurch，又译基督城)，是毛利人、苏格兰奥克尼人和英国兰开夏人的后裔，外祖父是新西兰的原住民毛利人，父亲是一名木匠和商人，她11岁时，父亲便去世了。

她在极富英国风格的克赖斯特彻奇完成了一系列的学校教育。从北布赖顿小学毕业之后，进入阿纳努伊高中学习，1965 年高中毕业；之后，她外出打工，在新西兰南岛其他一些地区先后干过采烟工、毛纺工等零工；1967 年，就读于克赖斯特彻奇市的坎特伯雷大学[1]，主修单科的优等法学学位课程。

毕业之后，她又先后从事了多种职业，做过渔夫、电视导演、厨师等工作，同时，开始写作短篇小说，并在 1972 年正式成为一名专业作家。她早期的短篇小说和诗歌作品，登载在一些学校杂志上。1975 年，她的短篇小说《鹰钩和触角》（Hooks and Feelers）获得了凯瑟琳·曼斯菲尔德纪念奖，开始在新西兰文坛上崭露出头角。之后，随着她充满活力和诗意的不同寻常的作品的不断问世，她渐渐成了大受欢迎的人物，特别是毛利族读者的青睐，在新西兰以及英国和美国文坛上赢得巨大的赞誉。1978 年，她成了新西兰国土上最古老、历史最悠久的奥塔哥大学的驻校作家。

凯里·休姆被认为是一位具有毛利族人血统的才女，同用英语进行创作的其他一些新西兰作家一样，善于将新西兰的毛利（土著）文化与传说写进英语作品当中，不忘自己的文化之根，扎根于自己本民族的文化土壤，立足于新西兰社会，剖析了具有新西兰社会特质的人与人之间的关系，表现出对毛利族文化这一精神遗产的继承与深刻理解。由于她的作品极具创意，题材不同寻常，使她在短篇小说与长篇小说上获得了成功，并为她赢得众多有声望的奖励，其中包括：1973 年、1977 年和 1979 年，分别获得了新西兰文学基金会奖；1978 年，获得了为毛利人用英语创作而设置的信任基金奖；1979 年，获得了美国夏威夷的东西方研究中心奖；1982 年，获得了 ICI 国际集团的写作奖金。

1980 年代和 1990 年代，她出版的主要作品包括：诗集《间隙之间的静默》（The Silences Between，1982）、《浅滩》（Strands，1992）；短篇小说集《喝风的人》（Te Kaihau-the Windeater，1982）、《土地和人民》（The Land and the People，1987）、《故居》（Homeplaces，1989）；中篇小说《失去的财富》（Lost Possessions，1985）；长篇小说《骨头人》（The Bone People，1983）、《诱饵》（Bait，1999）、《阴影处》（On the Shadow Side，1999）等。

其中，长篇小说《骨头人》是在她 1965 年写作的第一篇短篇小说的基础上改编加工而成的，取材于一个真实的故事，讲述了三个主要人物：克勒温·霍姆斯（Kerewin Holmes），西蒙·吉莱利（Simon Gillayley）和乔·吉莱利（Joe Gillayley）三位不同血统的人物之间爱恨交织的故事。克勒温是一个再也不能创作的女画家，在一个雨天，她结识了擅自闯入她家的西蒙——他是在一次船难事故中幸存下来的小孩，后被乔救起并收养。克勒温与他们邂逅后，经常有往来，小说描述了这三个人在一起由于经历、文化和种族的差异产生的各种纠纷，最后搞得不欢而散；各奔东西之后，三个人分别成了不同事件的受害者，一个住进了医院，一个身染重疾，一个锒铛入狱，经历了各自的坎坷和痛苦之后，三个人又不由得走到了一起，互相谅解，重归于好。小说的笔触，集中关注于毛利族人与占多数的欧裔新西兰人在情感上的疏远，折射了毛利族人介乎于两种文化传统之间的心态和难以归顺其一的痛苦心理，剖析了具有新西兰社会特点的人与人之间的关系——男人、女人、孩童，从不同的角度反映了新西兰历史和社会的

---

1 坎特伯雷大学（University of Canterbury）：位于新西兰南岛的最大城市基督城，是1873年由牛津大学（University of Oxford）和剑桥大学（University of Cambridge）的学者们创建的。坎特伯雷大学是英联邦国家中第一所向女性授予荣誉学位的大学。

侧面。

1978年（31岁），小说几经易稿改写成长篇小说后，曾送交好几家出版机构，均被作为异端而拒之门外，在克服了众多困难之后，最终被设在惠灵顿（Wellington）的一个女权主义团体——新西兰妇女团体联合创办的“斯皮拉尔”（Spiral）出版机构出版，出版之后立即获得了巨大成功，几周之内，便被抢购一空，随后，又多次再版，成了新西兰文学史上一部罕见的长篇巨作，使毛利文学的发展进入了一个崭新的阶段，对新西兰的政治和文学都产生了一定影响，并使原本在世界文坛上默默无闻的作者也因而驰名于世界。

在这部作品当中，充分显示出了凯里·休姆对毛利文化的精神遗产的深刻理解。小说的寓意深刻，艺术手法独特，整部作品几乎完全使用第三人称，同时，也运用了一些现代主义的叙述技巧和内心的独白，并把自然主义和诗歌融为一体。其中的人物并不多，但对小说当中虚构和真实人物的刻画，都以精辟的纯心理分析落入情节之中，人物之间的关系和内心活动，则又通过对话和思想丰富、感情炽烈的内心独白来完成的。小说当中的乔多次和亡妻的对话，描写得哀怨凄婉，催人泪下，这种描写在新西兰小说当中是十分罕见的。小说还大胆引入毛利族人的语言词汇、语言节奏与口语，沿袭了毛利族人的一些语言习惯，而且，词汇极其丰富，从军事艺术到用于烹饪用的蒲公英，从音乐到钓鱼等各种专门词汇和习语的运用，使得这部作品生趣盎然。

另外，小说题目“骨头人”，像是在暗喻新西兰的少数民族毛利人。几个世纪以来，新西兰的原住民毛利人执着地保持着本民族文化和艺术的统一性。他们像世界上所有的原住民一样敬天地信鬼神，在他们的生活风俗习惯当中，广泛使用人的骨头或骨架这一观念，并擅长用骨头雕刻出各种生活用品和装饰品，甚至连他们的丧葬仪式，也与骨头或骨架有关，实行“洗骨葬[1]”。

小说出版后，1984年获得了新西兰年度图书奖的小说奖；1985年获得了为毛利文学设置的美孚飞马奖；同年，因其将民族文化和欧洲文化熔于一炉，无论在思想深度、艺术成就方面，在新西兰文学当中都是首屈一指的，成了一部众人瞩目的当代经典，问鼎了第17届英语文学界最有影响力的布克奖，成为有史以来第一位获得该奖项的新西兰作家和女作家。布克奖的受奖仪式，是一组身着男子晚装和身着毛利羽毛斗篷的女歌手代表她接受的。

自1983年起，凯里·休姆一直定居在新西兰南岛西岸偏僻的奥卡里托（Okarito）湖区，并在那里建造了住宅，一面笔耕，一面兼职一些其他工作。1985年，她成了母校坎特伯雷大学的驻校作家。另外，在1985年至1989年期间，她出任了新西兰文学基金会顾问委员会委员；1985年至1990年期间，她担任了新西兰色情出版物审查局[2]成员；1986年至1988年期间，她还曾经荣任了文化大使；1987年，她获得

1 洗骨葬（The Bone-Washing Burial）：太平洋原始民族中普遍分布的一种文化特质。毛利人是相当迷信的，对遗体看得很重，他们认为遗体的保存关系到来世的命运。他们在仪式场地铺布，把遗体摆上数天供人吊唁，而后将尸体用布包裹埋葬在“临时”墓穴，数年后，要进行“二次葬”，重新“洗骨”，小心地收集骨头，加以洗刷，刮磨，甚至涂上一层漆，最后才迁入正式墓地。

2 新西兰色情出版物审查局（New Zealand Indecent Publications Tribunal）：新西兰政府对出版物、电影的审查记录最早从1916年开始，1993年以前，新西兰有三个独立的审查机构，即色情出版物审查局（The Indecent Publications Tribunal）、电影审查总局（The Chief Censor of Films）和录像带审查局（The Video Recordings Authority），它们分别根据国会的三个法案而建立。

了意大利鲁芬诺－阿赞诺基昂蒂奖。

2004 年，她以成熟的创作技艺和多种多样的生活经验完成了又一部短篇小说集《石鱼》(Stonefish) 的创作。这部作品具有喜剧性、讥讽性、变幻莫测性和不可思议性，引导着读者游历了一个几乎是不可能的、纯属想象出来的洪荒世界。小说里有贝丘[1](Shell Mound)里的奇迹，有小儿玩的泥饼里的魔幻世界，有活生生的地狱；故事当中的人物有形似半人半马的塔栾图拉毒蛛（Tarantola dal ventre nero,La）、粗鲁的活人魂魄、一些从前的神秘生物，一群蒙着面具能预言未来的儿童和一些功绩依然活跃在家庭故事与梦想中的祖先。小说题目"石鱼"，既是一种有毒的鱼，也是毛利族人传说中被视为圣物的毛利玉石，它们以鱼的形态，遨游到奥欧提亚罗瓦（Aotearoa，毛利语"新西兰"）南岛西海岸。

另外，凯里·休姆不仅在诗歌、小说创作方面取得了不菲的成绩，在绘画方面，也取得了一定成就。她是"惠灵顿女子画廊"（Wellington Women's Gallery）的创始人之一，她的画作被收在画册《母亲们》（Mothers）里，曾经参加了在新西兰和澳大利亚的巡展。如今，她早已是一位驰名世界的新西兰才女作家，许多作品，或被电台广播，或被搬上电视屏幕。

主要参考资料：

Leaving the Highway: Six Contemporary New Zealand Novelists, by Mark Williams, 1990.

The Culture Within: Essays on Ihimaera, Grace, Hulme, Tuwhare, by Judith Dell Panny, 1998.

The Bone People, by Keri Hulme, Publisher: Louisiana State University Press, 2005.

1 贝丘（Shell Mound）：人类学上指史前时期的废物堆，主要由可食用的软体动物壳与人类栖息的遗址组成。

1986年｜第18届

019 老鬼们 ［英］金斯利·艾米斯

The Old Devils by Kingsley Amis

◎ 原著共 10 章，28 节，以饱含幽默的文笔，精彩辛辣的辞藻，讲述了一群退休的老伙伴们和他们的妻子的故事。

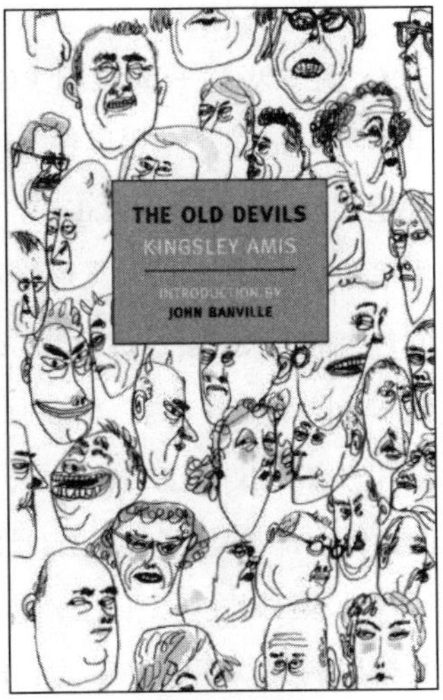

英文原版封面

金斯利·艾米斯

（Kingsley Amis，1922—1995）

金斯利·艾米斯是英国战后"愤怒青年"的一位代表人物，以其独特的"黑色喜剧"小说闻名于世。

有评论认为，其作品充满英国式的幽默，诙谐辛辣，善于用讽刺喜剧的形式来表达对当代社会生活以及文化的不满和批评，以风趣的语言，幽默的形象，准确的心理描写，针砭时弊。

1986 年，他的长篇小说《老鬼们》(The Old Devils) 博得了高度赞扬，因其**在以幽默的笔触描写平庸、普通的日常生活中，把社会政治态度、思想观点等严肃的理论问题寓于轻松、浅显的幽默描写中**，问鼎了第 18 届英语文学界最有影响力的布克奖。

格温·塞兰－戴维斯（Gwen Cellan-Davies）和丈夫马尔科姆·塞兰－戴维斯（Malcolm Cellan-Davies）正在用早餐，一面谈论着他们的老熟人阿伦·维佛（Alun Weaver）。格温说话的口吻不无挖苦：在威尔士（Wales），那个老家伙可是个了不起的人物，先是在市政厅里，后来在县政府大楼里笔耕了30年，一本《瑞格·伯勒斯》（Reg Burroughs）就让他赚够了荣誉。马尔科姆切掉一片吐司面包上的硬皮，接过话茬儿，说格温最好对阿伦公平一些，不管怎么说，阿伦还是做过一些好事的。“对他本人的确是好事。”格温回了他一句，接着提起了阿伦的《布莱顿的威尔士》（Brydan's Wales）一书和一部选集，这么多年了，仍然都销售得不错。可是，要是没有布莱顿（Brydan）和布莱顿的产业，阿伦什么都不是。包括他自己的著作——那些诗全部是布莱顿的附属品。

马尔科姆没再说什么，起身去将茶壶倒满，然后坐下来开始吃他只能吃的吐司面包和喝他只能喝的供糖尿病人饮用的蜂蜜。6年前，他在咬一根牛肝香肠时丢掉了中间的一颗大门牙，而且，他口腔的右侧，也已经根本不能咀嚼东西了，因为那下边的牙有个龋洞，容易塞住，里面还有一块牙龈肉像是与什么分开了似的，随时都会不和谐地颤动。

格温点燃了一支烟，继续用她之前的那种口吻说着，因为她不相信马尔科姆真的深信阿伦是威尔士意识的化身。没错——尽管这位著名的电视节目主持人是个热点人物，是个媒体上热议的威尔士人，成功地把他的民族特色和过人的口才运用在了他那电视评论员的角色当中，把自己塑造成了一种崇高的形象——所有与威尔士有关事物的权威代言人。可在马尔科姆眼里，在马尔科姆的头脑里，在某些方面，阿伦·维佛在他主持的那些电视节目里，有点像是假充内行。如今，对于他的归来，他的那些威尔士的老熟人和老朋友们并不是每个人都会感到高兴的，至少，彼得·托马斯（Peter Thomas）就不喜欢阿伦。

阿伦夫妇打算从伦敦不断变迁着的繁华世界的喧嚣中回到阔别已久的威尔士，回到他们出生的城镇，重归故里——这消息是阿伦的妻子莱安嫩·维佛（Rhiannon Weaver）在写给马尔科姆的那封信上说的。莱安嫩在离开威尔士后，从不与她大学时的朋友们往来，不过，下个月却要从伦敦回来了。这里，还有她不少的熟人。“这正是麻烦所在。”格温面带非同寻常的微笑，把那封信放到桌子上。马尔科姆从刹那的震惊中恢复过来。莱安嫩那封信上的笔迹与35年前相比，依然如故，马尔科姆一眼就认出来了，他庆幸格温看过那封信之后没有给他难堪。

马尔科姆喝完了他的早茶，点燃了他这一天的第一支也是唯一的一支香烟——他从来都没有特别喜欢过抽烟，而且，自从听了医生的话之后，他已经有5年多不抽烟了，只是每天早餐之后，点燃唯一的一支香烟，这并不会对他有太大的坏处，而且，他认为，还能帮助他的内脏工作起来。之后，他像往常一样，及时清理了餐桌，在厨房里清洗了餐具。他们的那个洗碗机，不是一个很大或很有效率的洗碗机，而且，他们的厨房也不讲究，自 1978 年以来，塞兰 – 戴维斯家就一直住在沃内斯大街（Werneth Avenue）这里，那间厨房开始还不错。随后，马尔科姆进了卫生间，便出了一些，稍微带点血，他的肠胃似乎有点毛病。

格温吃罢早餐，便上楼上去了，在卧室里换上衣服，梳妆打扮了一番。格温与马尔科姆同龄，现今，已有 61 岁了，无论外貌还是体能，在其身上却都没什么太大变化，经过一番打扮之后，整个人看上去还很显年轻。格温是要到意大利人索菲·诺里斯（Sophie Norris）家里去喝咖啡，差不多已有一年了，她都没见过索菲的面了，她打算开马尔科姆的车去。马尔科姆要去“圣经酒店”（Bible Hotel），他每天都要去“圣经酒店”，这是他生活的一贯日程，格温让他今天坐公交车过去。

格温开着马尔科姆的车走了，由于去“圣经酒店”的时间还为时尚早，马尔科姆便到他的小书房里去消磨时间。书房的面积不大，只有一个书架，上面有一些英国古诗集——20 册 20 世纪威尔士人写的英文诗，其中很薄的一册，上面印着马尔科姆的名字。马尔科姆从威尔士皇家学会（Royal Cambrian）退休之后，原打算把拖了多年未完成的一些诗作写完，另外再写一些新的，可是空有想法，并未兑现。他书桌上有一部“早期威尔士文体研究会”（Early Welsh Text Society）的出版物，他翻译了一部分，现在摆放在书桌上，是经过稍加修改的手稿，他想把它撕掉，但一想自己翻译所用的时间，而且还可以再加修改使其完善，就住手了。

马尔科姆走出家门的时候，天色有点阴沉。他向远处望了过去，下面的海湾很快便展现在他眼前，往西看去，大片的平地上，曾经沿海开采过煤炭，现在那里，有钢与白铁板的生产线，还有炼油厂，至少眼下还是这样的。再远处，隐隐能看到那近似方形的南威尔士第二高峰。公共汽车来，他踏上丢满垃圾的车门台阶，向上爬时，他的左睾丸猛地抽了一下，在他坐下之后，又抽了一下。不过行车途中，他的心情好多了，像往常一样，不再想他的病情。

先于马尔科姆坐进尚未被现代化装修装饰得令人望而生畏的“圣经酒店”的嘎斯·潘弗瑞（Garth Pumphrey）和查理·诺里斯（Charlie Norris）议论了一阵吉卜林（Kipling）的一句话——“更可怕的还是由于我们没有更多的事情可做而感到的烦恼。”之后，三人谈论起了节食、卡路里水平、肠道运动等健康方面的问题，说起了快走的好处——快步行走上二三英里有益健康的种种妙处，甚至能不用吃安眠药就能保证睡眠等。

过了一会儿，嘎斯转向了马尔科姆，询问他这些天来都做了些什么锻炼？听到马尔科姆回答说他基本上不锻炼，嘎斯有些惊讶，“基本上不锻炼？一个像你这样体质的人，一个像你这样的天生运动员，天啊！”马尔科姆接过话茬儿说：“前天生运动员。在我这种年龄，我已不再从事越野跑了。”嘎斯吹起口哨，“其实，我并不希望那样，看来，做那件事现在已经太晚了。”嘎斯的手在桌子上移来挪去，之后又说：“你是否发现你喜爱的食物都能很好地消化？我希望你不在意我这样问，因为我们都是老朋友了。”这时，一旁的查理在心里想，嘎斯是在炫耀他自己的肠胃……不过，查理不是那种能把这话说出来的人。当第二大杯酒在他身上开始起作用时，他不假思索地在心里想：让你为活着而感到遗憾的一天也许很快就不复存在了。

查理、嘎斯和马尔科姆这三个人，当年都曾是“迪尼多壁球俱乐部”（Dinedor Squash Racquets Club）的成员，在回忆往昔议论现在的健康状况时，马尔科姆为了避免议论自己的病情，将话题迅速转移到了阿伦和莱安嫩二人要回返威尔士生活一事上。嘎斯没有让他失望，接过了他的话茬。尽管嘎斯早年并不认识阿伦夫妇，不过在后来旅行期间，曾与阿伦见过多次面，嘎斯说道：“这老家伙是一个全国性的人物，面对现实吧。”

查理对阿伦这位媒体上热议的威尔士人的评价不高，“一个十足的坏蛋、吸血鬼、伪君子。”马尔科姆对此颇有同感，不过他没有从口中说出来。轮到评价莱安嫩时，他却赞不绝口了：当他第一次见到莱安嫩·莱斯（Rhiannon Rhys）时，就觉得她非常漂亮。莱安嫩天性可爱——谦虚，不摆架子，从不试图成为众人注目的中心，可在任何人群当中，她都是核心人物。他也已经很长一段时间没见过莱安嫩了，可能现在看起来，会有点差别，不过有些事物是不会改变的，不会在 30 年内就发生变化的，他很高兴莱安嫩回到威尔士。

随后，三个人默默无语，沉默了一阵子。之后，酒店的门砰地响了一声，彼得·托马斯（Peter Thomas）走了进来。在 1940 年代“迪尼多壁球俱乐部”的联赛当中，彼得曾获得过一两次亚军，不过，他打得更好的是高尔夫球，可当今这两样都不行了。眼下，在相聚一堂的他们这几个老鬼当中，彼得发胖得厉害，看上去比查理还要胖。女招待多丽丝（Doris）微笑着把一瓶杜松子酒放进托盘，查理冲着多丽丝露齿一笑，然后转向彼得，招呼说，尽管没有多少天的工夫，现在，彼得看上去比上一次见他时明显胖了。其实，查理自己的身子骨与彼得相比，也硬朗不了多少，刚走进“圣经酒店”时，他满头是汗，纵然是由于缺少运动和高血压闹的，可主要还是因为他体质不强的缘故。

彼得点点头，叹息一声，回应查理说，“你今天怎么样？”然后与查理唠叨起天气、大海、失业、曾经的繁荣、眼下的不景气……在提及一座被改作俗用的教堂时，他们二人生出了一点小摩擦，彼得颇有些气恼。马尔科姆以为他们是在谈论有关伦敦圣保罗大教堂（St Paul’s Cathedral in London）的事儿，查理解释说，说的是从前叫作乔·克拉多克的教堂（Joe Craddock’s Church），现在成了色情影院。话题很快又转到了阿伦和莱安嫩夫妇回来定居一事上，彼得闻后顿时颇为震惊。马尔科姆解释说维佛夫妇在佩德瓦桑特（Pedwarsaint）租了一栋房子，而且，他十分清楚彼得震惊的个中缘由，但他没有泄漏。

当年，彼得在当地的大学当讲师，莱安嫩是那所大学里的二年级学生，与彼得曾有过一段恋情，莱安嫩还怀上了彼得的孩子，彼得出钱请一位医生给莱安嫩做了流产手术，弄掉了那个孩子。之后，莱安嫩很快去了伦敦，进了英国广播公司（BBC），一两年后，遇到了阿伦·维佛。为莱安嫩打胎的医生后来又干了同样的事儿，因而被医学界除了名，而且现在已经死去多年。当时，1947 年至 1948 年间，那是一件发生在南威尔士的大事，不过，彼得并没有被大学驱逐，学校官方对此什么都没有解释。但是很快，彼得便放弃了前途无量的从事化学工程学术研究的事业，转而到霍尔德港（Port Holder）去从事完全不同的事务了。

大概就在莱安嫩怀孕的时候，彼得把他的注意力转移到了另一个女人身上，一个不在大学里的女人，而且，没过几个月，就和这个女人订了婚。那位未婚妻名叫缪丽尔·斯默斯维特（Muriel Smorthwaite），是彼得后来的工作单位，白铁板制造厂经理的女儿。当时，彼得被人们视为“幸运者”。彼得结婚后，在霍尔德住了一两年之后，搬到了离绿地不远的郊区定居下来。上大学期间，查理曾与莱安嫩同年级，所以认识莱安嫩和她的伴侣，不过，由于在战争期间服兵役，他比莱安嫩要年长些。曾像许多人一样，他也听说过许多有关莱安嫩和彼得之事的传闻。

查理对马尔科姆说："当然，根据我的记忆，你从来不是阿伦的粉丝，不管他作为一个男人还是一个作家。"彼得转向了查理，开始用赞赏的神色看着他，寓意深长地接了一句"他妈的威尔士人。"毫无疑问，他所指的是阿伦。在一旁的嘎斯开了口："嘿，彼得，过来。"嘎斯一边招呼一边不停地笑，非常友好，从来都不发脾气。"咱们这儿所有的人都是威尔士人，据我所知，也包括你。"彼得挥动着他的玻璃酒杯说道："太遗憾了。"这时，门突然被猛地推开了，闯进一对青年男女。他们在酒店里来回走动，看着那些墙上和壁炉上的"迪尼多壁球俱乐部"纪念物，弄清这里不是俱乐部后，又礼貌地轻轻关上门离去了。于是这一对男女又成了彼得和查理他们这一群老鬼的谈论话题。

紧接着，酒店的门再一次被打开了，一个与他们年龄相仿、身材魁梧却不胖的男人走了进来，此人是塔昆·琼斯（Tarquin Jones），人们都称呼他塔（Tare），是"圣经酒店"的店主。塔两手扶着查理和彼得的椅背，对刚才进来的那一对青年男女，说了一些令人不快的话。随后，欧文·托马斯（Owen Thomas）、阿诺德·斯珀灵（Arnold Spurling）和都铎·维廷厄姆（Tudor Whittingham）陆续走了进来。都铎曾在1953年温布利网球赛中击败了大英帝国业余冠军；阿诺德刚刚在报纸上的5点游戏里赢得了几个金镑，所以坚持要请请大伙儿。一开始，查理感觉良好，颇能适应，甚至连彼得都好像能够忍受老阿诺德他们几个人的到场。欧文·托马斯去吧台要了些火腿面包卷，彼得、查理和马尔科姆三个人什么都没吃，决定喝完下一杯酒就离开。

嘎斯的家离酒店比较近，所以，他没有同查理和马尔科姆他们一起搭乘彼得的汽车。彼得开的是一辆淡橙色的莫里斯·马里纳牌轿车，车厢里乱七八糟的，马尔科姆唯恐再谈起莱安嫩的话题，捡起一份有关节食的宣传手册，看了看，原本，他对饮食的一些话题就颇感兴趣，他患有肠胃病，可看了一会儿，觉得里面所说的全是废话。

查理·诺里斯让彼得在格兰道尔（Glendower）附近把车停了下来，邀请彼得到他的店铺去待一会儿，彼得的目的地是诺里斯夫妇的家，他必须把在那里参加咖啡聚会的妻子缪丽尔接上车，所以彼得解释说他想赶紧上路。查理独自走进了位于布罗德路（Broad Street）的那家他与人合伙经营的"欧文格兰道尔酒吧烧烤店"（Owen Glendower Tavern and Grill），看到里面正坐着一对他熟悉的县政厅的工作人员。查理的这家店铺考虑得很周到，供应17种不同的威士忌酒，没过几分钟，查理就喝醉了。

这时，在诺里斯夫妇家的客厅里，香烟缭绕，人声喧哗。客厅的大落地窗外是花园，高尔夫球场，远处是大海。索菲·诺里斯的身材保养得很好，仍然能给人留有深刻印象，只是乳房不如先前坚挺了，整个人看上去很自信而且很愉快。此刻，她正在与格温谈论着当天最热门的话题——布莱顿和阿伦。不一会儿，缪丽尔·托马斯插了进来。缪丽尔一头黑发，黑眼睛，身材苗条，一副典型的威尔士人的特征。

在点燃的煤气炉旁，坐着多洛茜·摩根，她大约10点到11点之间进的索菲的家门，身旁立着一瓶半满的40度的葡萄酒，加利福尼亚的"霞多丽"（Chardonnay），还有一个装得满满的蓝色玻璃烟缸，烟缸上面有两支烟蒂还在燃烧。多洛茜十分费劲不过声音并不算大地与安哈蕾德·潘弗瑞（Angharad Pumphrey）谈论着什么，安哈蕾德时常需要从她的圈手椅上俯下身来听多洛茜说了什么。

安哈蕾德并不聋，酒喝得也不太多。从容貌上看，她最显老，虽然在这一群女人当中，她的年纪并不是最大的，部分原因是因为她的衣着、头发、皱纹和瘪嘴。据说，她与嘎斯结婚之后某个时候得了一种毁损外貌的病，不过没有人确切知道这事儿的真伪，通常，人们往往会忽略安哈蕾德的存在，就像忽略她的丈夫嘎斯一样。顺便说一下，从来没有人看到过嘎斯和安哈蕾德在一起，没有人看到过潘弗瑞家里面的情况。无论是在女人喝咖啡的聚会上，还是在男人的“圣经酒店”聚会上，大家都对潘弗瑞夫妇的家庭和婚姻生活感到不可思议。

安哈蕾德与多洛茜的关系也不那么融洽，她们谈论起多洛茜的建筑师丈夫老珀西·摩根都有些什么建筑作品，缪丽尔凑过来说，像县政厅一类的建筑都是。眼下，索菲的那些酒杯里的酒基本上都被女人们喝干了，却又不完全是空的，因为好像有一种意识，已经打开的酒就一定要喝下去，但是又不能喝光，这也许源于威尔士的一种古老的迷信。

门铃响了。一会儿，彼得·托马斯跟在索菲身后走了进来，神态看上去不是很好，相当疲惫。他尽量用相当愉快的语调与女士们打了招呼，但是没人接他的话茬儿，后来，缪丽尔过来把他带走了。在大家一个个告辞了之后，唯有多洛茜留了下来，她等着老珀西从佩德瓦桑特开车过来接她。

在回家途中，缪丽尔与彼得相互询问起各自聚会的情况，谈到了阿伦夫妇要从伦敦归来一事儿，“这没有什么好奇怪的。阿伦总是扬言说要回到他威尔士的老家，或许你也记得。”缪丽尔的一番话，不由得令彼得联想到多年前看的一部电影：一个残酷成性的警官不定时地折磨一个下狱的军人，从不让他有安全感。在他与缪丽尔多年的生活当中，在刚过去的这七八年，在彼得看来，就像那部电影。这一次，他估计，缪丽尔对他的折磨又要降临了，他额头上顿时冒出了冷汗。果然，在路上，缪丽尔就开始训斥起了彼得。

终于到家了，托马斯夫妇的家是一栋相当像样的面向大海的30年代的别墅，彼得把车开进车库，锁上车。在别墅前面的门阶上，缪丽尔对彼得说：“你知道吗，我不认为维佛两口子要回来居住的新闻对任何人来说都是好消息。”彼得很清楚缪丽尔那话语里面的意思，经过了这么多年，他们彼此已有了真正的了解，缪丽尔用平常的语调说话，意味着他们之间的敌意暂停——不过，他们之间的敌意却并未消除，而且，有关阿伦的话题今后最好再不要提，他必须向她道歉才能使她释然。

维佛夫妇回到威尔士当晚，直接住进了事先预定的马尔科姆·塞兰－戴维斯家，这是他们作为威尔士居民住在威尔士的第一个夜晚。在莱安嫩的眼里，阿伦的容貌看上去依然很美——肤色粉红光洁，原本棕红的头发，如今已成了雪白，是莱安嫩给他用了增白剂后的效果，莱安嫩认为洁白比花白要好看得多。

在回程的火车上，阿伦处处都要显示出他的与众不同，自动操舵的魅力。餐车上的两名服务员对他重返南威尔士故乡大表欢迎，“阿伦·维佛先生，不列颠帝国官佐勋章（OBE）拥有者。”阿伦订正那位服务员：“不列颠帝国司令勋章（CBE）拥有者”，两名服务员对阿伦大大恭维了一番，然而，同车的其他乘客大多显得比较冷淡。到了剑桥街车站（Cambridge Street），阿伦的眼睛在寻找着什么，好像在寻找欢迎他们的人群，但是那里只蹲着一个穿着白色雨衣的男人，手里拿着一件非常小的器材，“杰克·马蒂阿斯（Jack Mathias）。”那位男子用沙哑的声音自我介绍说。阿伦本希望前来采访他的是英国广播公司（BBC）的人，没想到来人只是一名当地商业广播电台的记者。

阿伦希望能换到一个避开人群的安静地方接受采访，马蒂阿斯坚持在站台上，因为他们需要的是实况，同时架起了摄影机。阿伦希望让莱安嫩也加入进来，马蒂阿斯拒绝了他。在回答提问“重回威尔士有何感受”时，能言善辩的阿伦表示：众多事物，既严肃又洒脱而且多姿多彩；许多事情都已物是人非，最重要的是他回来了，回到了这个山清水秀生养他的地方——威尔士。50年的流亡都动摇不了他与威尔士牢不可破的关系，故乡是他心之所系，那是一颗威尔士人的心。

莱安嫩已经有10多年没有光顾过这个火车站了，最近两次途经这里她都是乘坐汽车，眼前的车站看上去没有太大变化，外面的景色也依旧，层层叠叠小房舍的山坡，成片的草地和裸露的岩石，树木稀少，缺乏鲜艳色彩，一派典型的威尔士风光，与她记忆当中的模样完全吻合。不过，车站大厅已经有些认不出来了，咖啡店、旅行社、护照－相片亭、电子屏幕。下面的墙上有一块纪念碑——或许，阿伦对当年没让他来剪彩，心里还存有不快。咖啡店里可选择的食品不多，只有一名服务员，连看都不看他们一眼，好像在等什么人，失望之后，才给她端来了一杯茶。莱安嫩一边喝茶，一边想，现在，阿伦最期待的是什么：市长，议员，威尔斯艺术家理事会主席，一群狂热粉丝，一个电视摄影队，是啊，他做过很多电视评论。有时，莱安嫩担心阿伦太自命不凡了，他要人们首先把他看成一位作家，其次才是电视评论员和接受采访。在等候出租车时，阿伦抱怨马尔科姆没来接他们，抱怨马尔科姆是一个懒蛋。莱安嫩反驳阿伦：你根本没让马尔科姆来接站，因为火车会晚点。而火车的确晚点了。

临时借住进马尔科姆家之后，阿伦和马尔科姆去了“圣经酒店”，留在房子里的莱安嫩与格温在厨房里聊起天来。上大学时，她们是亲近的朋友，加上多洛茜·摩根，是一个三人小团体。两个人自然而然谈论起了一些熟人往事，格温嗔怪莱安嫩这些年来过于疏远威尔士了，不像阿伦还不时回来走走，保持着与这里人们的联系。接着，格温询问莱安嫩，她这次回来是自愿的还是被说服的，就不担心阿伦与这里一些人的旧情死灰复燃吗？就不担心与彼得再次相遇吗？

莱安嫩没有给格温多少解释。她心里清楚，一直以来，自己没有跟着阿伦一道儿回来，是为了给阿伦自由，即便是在伦敦，她与阿伦也是聚少离多，阿伦每次通常也只能与她一起待上几天或几个星期，不过，她不愿意让格温知道自己的这种苦衷。至于她与彼得之间，她对格温说，都已经过去了，不愿再去想了。然而，格温认为，那是不可能的。两个人继续议论着她们的老熟人，说过彼得与缪丽尔的事儿之后，又说起了查理的事儿。查理与其兄弟维克多·诺里斯（Victor Norris）在布罗德路上合开了一家酒吧烧烤店，查理除了与顾客聊天什么都不干，还说那就是工作，甚至在餐台或卖酒吧台上打瞌睡，维克多不得不一面经营着餐馆，一面还得叫出租车把他送回家。

听着格温不停顿地唠叨，看着格温没完没了地喝酒，莱安嫩感到有点沮丧。格温喝得实在太多了，有些失态了，询问过莱安嫩与阿伦之间的一些事儿之后，竟当面脱口说出了莱安嫩是马尔科姆当年的初恋情人一事，莱安嫩坦言了那一事实，不过随后表示，他们之间，什么事儿也没有，什么都没发生。这时，门铃响了。走进来的多洛茜·摩根与莱安嫩久久拥抱在一起，格温在一旁注目着她们二人，感到有些不是滋味。当阿伦、马尔科姆与珀西·摩根一起从“圣经酒店”回来后，多洛茜只待了一刻钟，就与珀西一起走了。

几天后，在维佛夫妇在佩德瓦桑特租住的那一栋房子里，阿伦接受了威尔士电视台的录像采访。那栋房子属于当地住房部门的一位显赫的官员，眼下正与他的妻子在加勒比海度假。对这一次采访，阿伦心里十分得意，表面上，却佯装作没当回事儿。待电视台的工作人员告辞之后，莱安嫩走进会客厅，看到阿伦一副兴奋不已的样子。为了那一项项新的重要计划，阿伦显得格外热情洋溢，他要：去根西岛（Gourcey Island）旅行；去卡马森（Carmarthen），去梅瑟蒂（Merthyr Dafydd），去布莱肯（Brecon），到霍尔德港（Port Holder）的金属工厂参观；到哈里森（Harriston）逛逛，到伯达色（Birdarthur）去朝拜，布莱顿在最后一次去美国旅行之后，便在那里定居了下来。这时，他们未婚的女儿、在牛津大学圣约翰学院读书的罗丝玛丽（Rosemary）走进了房门，她目前正在攻读法律，到这里来度一个长周末，顺便帮母亲四下找一找房子。

在周日的午餐时间，阿伦去了“格兰道尔酒吧烧烤店”，里面的装饰已被现代化装修毁掉了风格。查理的兄弟维克多与一名年轻的服务生正在二楼上的鸡尾酒吧里服务，阿伦四下寻看了一番，食客们全是一些生意人和家庭主妇。当他往楼下走时，查理出现了，大胖子彼得·托马斯也来了，三个人一见面，一下子全都愣住了，僵在了那里，过了片刻，一个个才显出一副惊诧的样子，点头、握手、微笑，寒暄，之后，互相敬酒，彼得还不无讽刺地夸赞起了当今的富裕社会：“在令人糟心的往日，只有富人才能有望享受的这种豪华环境，如今看来，人人都可以企及了。”

喝了一阵之后，阿伦开始放松起来。随后，三个人讨论起国家的政治问题，工党、工会、教育、刑法、公共医疗、英国广播公司（BBC）、黑人和年轻人，还称赞了里根总统[1]、伊诺克·鲍威尔[2]、南非政府，以色列的鹰派人物和新加坡的领导人。当他们下楼去用午餐时，查理因他正在尝试每天只吃一顿晚餐的健身计划，所以只陪着阿伦和彼得二人喝了从酒吧里带过来的一种新鲜饮料。那二人看了菜单，“哦，天哪！”彼得对菜单上的一道菜名颇感惊诧，“一份血淋淋的威尔士大餐。”那一道菜——蜂蜜腌泡小鸡——是查理他们烧烤店的一道招牌菜。“在某种程度上，必须做这道菜。”查理解释说：尽管令人不舒服，可来客们对它变得越来越期待了；不过，他们只在星期五做这道菜，星期五和圣大卫日[3]（St David's Day）做。这时候，维克多朝他们餐桌走过来，说有一个阿伦的狂热粉丝，一个年轻女子，要和阿伦说几句话。

那女子是一个文学团体的代表，前来邀请阿伦去给她们的团体讲讲话，阿伦欣然答应下来，而且要她把当地英国广播公司（BBC）的人一道请过来。那女子告辞之后，在吃喝期间，阿伦说起早晨在家他已经做了一个电视访谈，并说起在伦敦，他经常上电视，尽管那里的知识分子瞧不起好在电视上抛头露面的人物，可他不在乎，他喜欢让人们看到他。这时，男招待为他们送上新的酒水，查理拿起一小块“切达干酪”，阿伦立刻近乎挑衅地询问男招待：“什么年份的波特酒？”男招待回答说“这波特是产自葡萄牙的一种加强了酒精度数的酒。年份是……”那男招待的回答显然弄错了他的意思，阿伦大发脾气，“我

---

1 里根总统（President Reagan）：即罗纳德·里根（Ronald Reagan，1911—2004），美国第40任总统，1981年至1989年在位。

2 伊诺克·鲍威尔（Enoch Powell，1912—1998）：英国政治家，来自伯明翰地区的国会议员，1968年曾以一篇“血流成河”（River of Blood）的演讲震惊英国，语出罗马诗人维吉尔（Vergilius，70B.C.—19B.C.）的《埃涅伊德》（The Aeneid），以罗马共和国末期，血染台伯河，暗喻移民对英国的破坏作用。

3 圣大卫日（St David's Day）：每年的3月1日，威尔士的国庆节。传说6世纪时，圣大卫（520—589）在威尔士传扬基督教，撒克逊人入侵威尔士时，圣大卫带领威尔士人合力打败了侵略者，因此，威尔士人将其去世之日3月1日定为国庆日。这一天，各地威尔士人都穿上具有民族特色的长礼服参加盛大的游行，佩戴上国花水仙，用韭葱装饰自己。

不是请你给我上什么酿酒课的，你这个可恶的小鬼。”随后他又一边哈哈大笑着说，“告诉我装货的船和生产年份，然后回到你的窝里去。”

显然，阿伦在炫耀他的渊博，对烧烤店的服务大加褒贬，惹得查理很是不快，提醒阿伦，“我是这里的股东之一。”说完，就离开了餐桌。阿伦乘机对正注视着他的彼得说，自己不会因彼得与莱安嫩曾经有过的关系而疏远彼得的。“你很有雅量，阿伦。”彼得移开了他的目光，“谢谢你。”阿伦接着又重提起了早晨的电视访谈，说起采访当中提出要去一些地方游览参观的事，他打算为今后的一些文学创作或诗歌创作准备素材。话没说完，查理回来了，重新坐到餐桌前，阿伦建议查理和彼得与他一道去看看风景，逛逛酒店，最好再拉上老马尔科姆。阿伦的这一番建议，查理和彼得都不能确信，可这一次阿伦说的的确是真心话，因为他喜欢有人陪伴，最后，查理和彼得接受了他的提议。

餐后，阿伦借故先告辞了。之后，他并没有直接返回他们一家人临时租住的位于佩德瓦桑特的家，而是趁着查理不在家时，去了查理的家，与查理的妻子、他多年前的情人索菲・诺里斯幽会了一阵。他用亲吻使嗔怪他厚颜、企图闭门的索菲屈服了。索菲气恼他在前不久大家聚会时他没同她说上一句话，架不住他的一番甜言蜜语，后来还是接纳了他，直到维克多打来电话，说查理就要回来了，阿伦才打上他的领带、穿上衣服离去，并告白说，他很快就会再次来造访的。回到住处之后，莱安嫩和罗丝玛丽正在商讨看房子的事儿，阿伦只字未提去索菲那里的事儿，随后，应那母女二人之邀，他陪着去看了她们相中的一套房子。

查理与索菲结婚已有 22 年，对索菲和阿伦之间的暧昧心照不宣。这天，查理费神起床后，索菲出门走了。查理去喝他的橘子汁时，电话铃响了。在接维克多这一惯常的问候电话时，查理对维克多说了一声，“实在抱歉。”因为他不能去烧烤店了，今天他要到乔・克拉多克教堂的艺术中心去，去参加布莱顿塑像的揭幕典礼，然后去“威尔士王子饭店”（Prince of Wales）痛饮一番。维克多希望查理完事之后，可能的话，最好带三或四个名流到他们的烧烤店里来用午餐。查理答应说，他试试看。

到了那个由教堂改成的艺术中心后，查理看到一个年约 50 岁，一头白发，圆脸、大眼睛、操着北美口音的男人在做自我介绍：“我是卢埃林・卡斯沃伦・普（Llywelyn Caswallon Pugh）。”整个会场，一听到“卢埃林”这一典型的威尔士人名，顿时陷入静寂当中，鸦雀无声，静悄悄的。查理茫然地注视了那位卢埃林片刻，随后，终于看到了阿伦和一些到处追随他的摄影记者。

在人们心目中，布莱顿被认为是威尔士最伟大的诗人。这位伟大的诗人，对“杰克・丹尼尔的田纳西”（Jack Daniel's Tennessee）威士忌十分着迷，还喜欢科幻小说。会场的捐款盘上刻着布莱顿的名字与生辰：1913—1960。市长与英国驻威尔士的国务大臣为那尊布莱顿的塑像揭了幕，阿伦做了一番演说，介绍了布莱顿的生平事迹。那位卢埃林对阿伦的演讲没什么兴趣，乘机与查理攀谈起来，向查理打听阿伦的事儿，要查理在典礼之后把他介绍给阿伦。

卢埃林・卡斯沃伦・普是“美国威尔士联谊会”（Cymric Companionship of the USA）的一名官员，他们联谊会的主要目的是加强和维持与祖国的联系。他此行的目的，就是想请阿伦去他们那里做客，到他们位于宾夕法尼亚（Bethgelen）的“联谊会”和他的家里去做客，还强调说，许多威尔士的名人都访问过他们，如，1954 年，布莱顿就做过他们邀请招待的客人，他们的会所里，至今悬挂着布莱顿和他夫人的画像。阿伦听过普的一番话语，并未为之所动，表示自己非常忙，最后，阿伦猜到，普之所以同他搭讪，其实不过是想搭他的车去“威尔士王子饭店”，于是，便把普支走了。在“威尔士王子饭店”，阿伦他们见到了马尔科姆和格温，大家喝了一通酒之后，阿伦借口说他另有约会，便告辞了。

在那之后，基于阿伦的建议，查理、彼得、马尔科姆与阿伦一起冒雨前往根西岛做了一次故地重游。开车的是马尔科姆，他们途经的几个村庄都发生了明显的变化，不再是往日他们所熟悉的景象了，尤其是，在他们眼里，它们已今不如昔了，所以，一路上，他们多有微词。根西岛是由一道堤与陆地连通的小岛屿，东边居住的主要是威尔士人，西边居住的主要是英格兰人。沿海地区原先是一片矿区，现在都已废弃，呈现出一片萧条和不景气的样子。上面连一家合他们心意的酒店都找不到，他们想痛饮一番都不容易。看着那些商店和酒店形形色色的虚假的古老名称，查理的反感甚为强烈，用不满的语调讥讽说，“现在，到处都在赶时髦，除非那种时髦是让人挨饿。”

随后，他们顺道拜访了一位旧相识比利·摩基尔（Billy Moger），比利的妻子劳拉（Laura）为他们做了拿手的三明治。后来，他们终于找到一家位于水边的酒店，里面用餐客人众多。他们痛饮起来，闲聊当中，由于马尔科姆对当地状况和整个威尔士大加非议，几个男人向马尔科姆围了过来，马尔科姆横向移过一张桌子，一些玻璃杯掉到了地板上，刚刚指责过彼得的一名酒吧服务员，把柜台的门一下子推开了。“你们这帮家伙都给我出去！”他们被轰出了酒店。查理看到马尔科姆的鼻子在流血，而且脸上、手上和夹克上都有血迹。

在他们这帮老男人当中，彼得·托马斯的起床程序不像查理或马尔科姆那样费神，但他发胖得厉害，每天从起床、穿衣服开始，到洗漱、用早餐，对他来说，都是沉重而费力的困难事儿。起床，简直成了他一天当中的一件大事儿。第一件事儿不是穿衣服，而是穿袜子，不然的话，他的脚指甲会撕破他的衣裤，因为他的脚指甲又长又硬。

他的脚指甲，不能在室内修剪，因为剪下来的碎屑，会偶然扎到缪丽尔赤裸的脚。他曾试着坐到车库中的行军凳子上去剪，多次跌落之后，最后只好跑到花园里一棵鲜花盛开的樱桃树下，坐到安放在树下的座椅上剪。而且，必须是在温暖月份，因为那座椅限制了他躯体的活动范围，由于身躯弯曲的程度太大，他无法穿着他的外套去剪；不过，那些剪下来的趾甲碎屑倒是可以随意飞动，特别是从大脚趾上弹起来的那些碎屑，它们的个头算得上足够大了，速度也足够快，足以把天上飞的麻雀吸引下来，尽管至今为止这种事情还没发生过。

穿袜子必须是在浴室里，将脚放到一张特制的矮凳上，而袜筒口必须是不带松紧的那种类型，以免把他肿胀的脚踝箍得太紧。穿裤子必须在卧室，而他的裤子常常会因头天就寝前吃点心时被巧克力、乳酪、果酱等弄得污渍斑斑，不得不再到浴室去换上一条干净的。他有一个心爱的鞋拔子，穿鞋时一向离不开它，一次因为放错了地方，一时找不到了，有一个星期，他只好用一个镀金的大汤匙来替代。洗脸、刷牙、刮胡子，相对而言，不算太费劲，但也会累得他满头大汗。

彼得与缪丽尔现在居住的这一栋房子平时只有他们夫妻二人，不过最多时，里面可容纳上百人，餐厅的四壁，挂满了令彼得感觉莫名其妙的挂图，这些挂图，是缪丽尔买的，缪丽尔有钱，这栋房子包括里面的大部分物品，都是缪丽尔的。彼得是一个很驯服的男人，但数年来，他与缪丽尔相处得不太好，已经有多年了，他们一直分床而居，现在，上了年纪，再加上他的老态龙钟，忍受着年衰之苦，对缪丽尔更是怀揣着恐惧。缪丽尔曾威胁彼得，要把这栋房子卖掉，自己回约克郡（Yorkshire）去，让他一个人留在艾曼纽（Emanuel），或到别处找房子单过。

他们有个儿子威廉·托马斯（William Thomas），受雇于一家房地产代理公司。威廉回来看望他们时，缪丽尔总要想尽办法不让他们父子二人有亲近的机会。那天，莱安嫩·维佛为了即将入住的新居，在高尔夫俱乐部举办了一个聚会，打电话邀请托马斯夫妇一道儿出席。彼得决定接受邀请，缪丽尔因对彼得与莱安嫩昔日曾有过的关系心存芥蒂，挖苦说："我不会去破坏你们二人旧爱重圆。"儿子威廉却想趁机去看看——那里有没有年轻女性，彼得告诉他，肯定有，维佛家的女儿就是其中的一个，威廉当即表示要替代缪丽尔前往，自己开车把父亲送过去。

来参加聚会的全都是昔日的一些老友，其中有一个他们不认识的摄影师。大家闲谈当中，曾经当过兽医的嘎斯·潘弗瑞在面对阿伦时表现得相当无礼，阿伦把有点可怜的嘎斯大骂了一顿，查理对此颇有微词，在嘎斯离开之后，他转向彼得说："不怎么好吧，刚才那样，那样做好吗？……其实一点都不好……话语过于尖锐了，是吧？"彼得则不愿过多议论此事，他的心思一直在莱安嫩那边。

面对自己年轻时曾爱过的莱安嫩，彼得颇为伤感，想与过去和解，总想找个机会与莱安嫩单独相聚，但是总会被珀西或多洛茜以及苏菲和茜安·史密斯（Sian Smith）等人搅扰，不得不放弃。彼得决意离去了，打电话叫出租车时，客厅里涌起一阵骚动，原来，阿伦和他的老情人格温旧情复发，一时失去了控制，做出令人大哗的举动。最后，在彼得即将转身离去之时，莱安嫩终于得以脱身，过来与彼得幽会，甚至不顾来客尚未散尽，就拉上彼得到外面的餐馆私会去了。

在一张胡桃木桌子那里坐下之后，起初，彼得和莱安嫩二人像是都不愿率先开口，后来，彼得终于扯出了一个女人感兴趣的话题，他们二人开始谈论起各自的儿女，然后，渐渐谈起了他们的往事，谈到了他们的相恋与分手，重叙起旧情，终于亲密到了一起，手挽手，相互搂抱，至最后吻别，并且还相约了再会。

第二天，莱安嫩与女儿罗丝玛丽坐在她们尚未装修完的新居里共进早餐，母女二人谈起了参加聚会人物当中的多洛茜、彼得和老马尔科姆，莱安嫩很坦然地与女儿谈论着彼得，甚至不在意自己当年被抛弃的辛酸。"我和彼得很好地闲聊了一通，我想我告诉过你，他对多年前发生的事总是感到不快。"之后，她又对女儿说：昨天晚上，她刚与一位昔日男友饮酒忆旧，恢复了旧情，今天，又受邀要去与另一位昔日男友出游。罗丝玛丽听后，冲母亲微微一笑。

出发之前，莱安嫩认真地沐浴更衣，梳妆打扮，并将挑选出的一次郊游所需要的那些物品装进了她的背包。这时，格温打来电话，为自己昨日聚会时在阿伦面前感情失控表示歉意，希望没有把莱安嫩搞得过于难堪，莱安嫩安慰了她一句，说，"没关系，亲爱的，全都忘了吧。"之后，格温想与阿伦直接通话，莱安嫩回答说，阿伦今天整日都不在家，随即道了一声"再见"。格温在挂断电话之前，预祝莱安嫩与马尔科姆今天的短暂旅游能玩得开心，愉快。

马尔科姆驾驶着他的那辆蓝光闪闪的轿车来到莱安嫩的居住地，接上莱安嫩后，径直前往根西岛，故地重游。接近乔叟湾（Chaucer Bay）时，交通拥堵起来，就好像是城镇里星期六早晨的道路交通，各种车辆拥堵在一起。莱安嫩纳闷，又非周末，怎么会有这么多人出游，且正逢经济不景气时期，人们哪来的那么多闲钱消费。他们继续往前行驶了一阵，绕过了一道弯路，莱安嫩看向下面海滩铺满圆卵石的路上一排排出售饮水器、帐篷、救生艇、运动器材、游戏用具的货摊，以及熙熙攘攘半裸着的男女，回想起当年，感叹不已。

重温着当年一起出游时的那些情景，回忆着昔日在一起时的那些人和趣事，马尔科姆和莱安嫩对失去彼此与相互怀念表达得十分坦然。中午，他们走进了一家当年曾经光顾过的餐馆用了午餐，然后重新启动了车子，沿着海岸公路寻访他们曾经熟悉的风光。他们驱车爬上一个高坡，通向下面普尔格林（Pwll Glin）的路突然一个陡转弯，再往前可以通到不列颠湾（Britain's Cove）。他们朝着普尔格林方向开了过去，在沿岸数十个海湾当中，普尔格林是唯一一个以威尔士语命名的海湾。离开汽车之后，马尔科姆领着莱安嫩走向那个深入大海的花岗岩海岬，上面有一座如今已废弃数年的教堂，里面十分荒凉，墓地里，那些墓碑上的碑文，有的用英语篆刻，有的用威尔士语篆刻，最迟的墓葬者也是1920年之前辞世的，教堂举办的最后一次礼拜仪式是1959年。

当年，马尔科姆和莱安嫩曾多次到这座威尔士教堂来游玩，表白彼此的爱意和衷心。时至今日，马尔科姆对莱安嫩的旧爱依然念念不忘，动情地追忆起当年他对莱安嫩的那份难以抹去的情怀，甚至提起了青年时代自己对莱安嫩说过的话语："我知道我在你心中从来不像你在我心中那样重要，一点都不，我不是在诉苦，或是抱怨，我是要告诉你，永远都不会有一个人像你那样对我这么重要，我曾经说，我要让你记住这一点，而你回答说，你会的。我想也许你还记得，对吗，莱安嫩？"

接着，马尔科姆回忆起了他旧日对莱安嫩的那份依恋与牵挂当中的一个细节。后来，突然意识到自己把那个细节和其中的日期全弄错了，不料，这时，莱安嫩不但没有指正还附和说她也对其时其事记忆犹新，令马尔科姆顿感失望——看来，在逝去的岁月里，莱安嫩对他们之间的那段难以忘怀的旧情其实早已淡忘了，眼下，不过是在虚与委蛇，敷衍应付他。当马尔科姆把事情点破之后，莱安嫩哭了起来，结果，马尔科姆又开始自责起来：自己连这么重要的日期都记不清了！莱安嫩一面流泪，一面安慰马尔科姆，说自己也记不清了，不过记不清了并不重要，至少他们还记得他们一起来过普尔格林就行了。马尔科姆再一次梦想起与莱安嫩觅爱追欢，觉得眼下从莱安嫩身上得到的爱，已经足以弥补那个"记不清了"，于是，两个人互相道歉，互相安慰了一番。

那天，因妻子格温不知为何突然出了门，马尔科姆被一个人留在了家里，便打电话邀请一帮老朋友到家里来喝酒，而且还往"圣经和王冠酒店"（Bible and Crown Hotel）打去了电话，找阿伦，因为莱安嫩对他说，阿伦很可能在那家酒店里。前来接电话的阿伦最初想拒绝他的邀请，经过他一番口舌之后，还是欣然接受了。"好吧……既然如此，我当然很高兴减轻你的孤独。大约5分钟之内，我就启程。"在等待老朋友们的光临期间，马尔科姆翻出一堆旧唱片，打开了留声机，听了听他喜爱的一些乐曲，甚至还自己跳起舞来，直到嘎斯、珀西以及彼得相继摁响他的门铃，最后跨上他家门前台阶的是阿伦和查理。随后，大家一边饮酒，一边评论起马尔科姆的那些唱片。

在马尔科姆他们这一帮老男人一边饮酒一边听音乐高谈阔论时，在索菲·诺里斯家里，缪丽尔、多洛茜、西阿娜·史密斯和索菲，她们那一帮老女人也聚到了一起，一边喝酒，一边聊天，议论着她们身边和周围的种种杂事儿，说这说那，飞短流长。后来，索菲接了个电话，格温打来的，说她也要过来参加聚会。随后，这些老女人们的话题又扯到了威尔士人、威尔士人的生活方式上。

马尔科姆对妻子格温近来的变化，尤其是在阿伦返乡之后的变化，颇感困惑，犯愁，向阿伦诉说了自己心中的不快。阿伦认为，马尔科姆不善于讨女人的欢心，他的不快完全出于嫉妒和不平心态，并站到格温的立场上替格温辩解。他与莱安嫩一道外出游玩，回家之后，一副洋洋自得的样子，所以条件反射，格温才会故意气他，惩罚他。阿伦喝了一口威士忌，又继续说了下去：从另外一方面来看，格温看到马尔科姆与莱安嫩一起说说笑笑，心怀不满，又不能直接责备莱安嫩，所以，转而来与他阿伦接近，为的是间接报复莱安嫩。马尔科姆经过阿伦这一番说辞，心里好受多了，然而，当他们起身离开餐桌时，阿伦突然开始向马尔科姆发起进攻，"在根西岛，你们都干了些什么，你这个老怪物？她回来的时候，显得那么得意。"马尔科姆慌忙解释一番，"噢，没什么事……"

这时，在索菲·诺里斯家里，缪丽尔和格温也正在议论着莱安嫩：莱安嫩至今看上去依然是一个美人，到了这般年纪，神态还是那般的优雅，肤色还是那样的光洁，全在于她的生活境况优裕，什么家务事都不用做，养尊处优。缪丽尔提起了当年格温和莱安嫩一起上大学读书时的往事。格温说那是一所不怎么样的大学，在那个教师学院里，当时，莱安嫩主攻生物学和解剖学，但对所学的专业一点不感兴趣，后来没毕业就休学了。然而，在校期间，莱安嫩很受老师们的喜爱……格温不再想继续说下去了，有点遗憾自己当年的醉酒失态——因自己的不检点，而未能与阿伦成婚。过了一会儿，缪丽尔又扯到了新的话题上——男人们对女人们的那种虚情假意敷衍应酬的样子，跟他们说话，极力装出一副在听的样子，其实却充耳不闻……"他们甚至根本没在听。"格温的声音凌厉。在格温看来，那实在是一件令人难以容忍的事儿，男人那种心不在焉假装倾听女人说话时的样子，是对女人最大的伤害，最大的冒犯。

深夜，阿伦回到家时，意外看到索菲正在与莱安嫩一起闲聊，他有些疑虑地冲着索菲快活地连连点点头，打着招呼。莱安嫩点燃了一支香烟，告诉他，他们的女儿罗丝玛丽刚被威廉·托马斯送回来，已经睡下了。后来，阿伦从索菲的谈话中，意识到，索菲是由于看到归家来的查理酩酊大醉，担心他阿伦的状况，所以深夜跑来造访。之后，阿伦提出了一个建议：大家到伯达色去玩几天。

星期二早晨8点，阿伦叫来了家用轿车，往车上装了各种旅行所需食品、物品，还携带了一部手提式打字机，一些书籍和纸张，以及他先前写作的至今尚未完成的小说的46页手稿。他和莱安嫩要去重游布莱顿的故乡和长眠之地——伯达色，打算在那里待到星期五，并且约上了诺里斯夫妇，查理和索菲。不过，没有招呼塞兰－戴维斯夫妇，马尔科姆和格温，以及托马斯夫妇，彼得和缪丽尔。到了伯达色后，他们找到了朋友戴（Dai）的空房子，住进了那幢二层小楼。里面已经很久无人居住了，经过一番打扫清理，他们安置好了带来的物品。

在伯达色，到处都留有布莱顿的印迹，在他们借住的这幢房子里，就藏有许多布莱顿的作品，表明了房主戴与布莱顿之间的关系。布莱顿年轻时经常来这里。房子里的书架上，摆放着一些藏书，甚至还有几本阿伦·维佛关于布莱顿的作品——《布莱顿的最盛期》（The Blooms of Brydan）、《布莱顿的威尔士》（Brydan's Wales）。阿伦睹物思人，坐在书桌前，面向窗外的大海，回忆过去，筹划未来，浮想联翩。这时，莱安嫩走了进来，对他说，她很久没来伯达色了，想出去看看。大约一个小时之后，莱安嫩回来了，告诉阿伦，她接到多洛茜的电话，摩根两口子多洛茜和珀西明晚也要开车过来与他们相聚，她无法拒绝。阿伦原本打算在这里继续写作他的那部小说，听到这一消息不大高兴却又无可奈何。

第二天早晨，阿伦早早就出去了，拿到了报纸，返回时，他面对着苍白日光下的海湾站了下来，做了做深呼吸，一面在心里想着当今的工业污染问题。用过早餐之后，他用打字机十分勉强地续写出了半页那部小说的文稿，因为他的思想始终不能集中，总想着途中的查理和索菲就要到了。当他瞥见了诺里斯两口子的身影之后，立刻起身到门口迎接，在洋溢着满腔热情的“欢迎”声中，又用一种主人的热心，从查理和索菲手里夺过了他们的手提箱。

阿伦给查理的酒杯注满了酒水之后，接下来，便要查理看看他的那部尚未完工的小说文稿，希望查理能坦率提提意见。查理拿过文稿，阅读了20来页，之后，跳到了最后的部分，踌躇了一下，然后说道，“我必须强调——这只是我个人的看法……”阿伦立即示意他不要顾及什么，于是，查理便说出了自己的感受：里面没有什么阿伦他自己的东西，像是在模仿布莱顿的风格，其中的笔调和语气都有些让人遗憾。阿伦听后颇为沮丧，却也不得不承认，查理的意见很有道理，爽快地表示自己应该重写，当然，一些素材还是有用的。

在不请自来的多洛茜和珀西抵达之后，阿伦和莱安嫩佯装着摆出了一副十分高兴的欢迎样子。大家一道吃喝谈笑当中，阿伦对多洛茜的做派颇为厌恶，却又无可奈何，只能继续佯装出一副欢快的样子。随后，索菲建议大家前去瞻仰布莱顿的墓地，大家纷纷响应，多洛茜尤其认为这是一个好主意，说自己最后一次去那墓地，已经是20年前的事了。这时候，莱安嫩一下子觉悟了起来——意识到，在阿伦面前，自己绝不能让索菲抢走风头，自己必须事事都要表现出一副主人的姿态，于是，赶忙说道，“我想，墓园6点关门。”

夏日明亮的阳光，照耀着那空寂的墓园，灿烂地泼洒在墓穴与墓穴之间的绿色草地上。阿伦他们一行人，肃穆地站在布莱顿的墓前。这里，一切都还是老样子，只是墓碑上的字迹已经严重褪色，看上去，除了他们这些人之外，已经许久没有人前来这里凭吊了。情景交融，阿伦感悟顿生：一定有人费了不少努力，这个墓园才没有变成一个旅游景点。阿伦颇感欣慰。对布莱顿，阿伦总有一种亲近感，他们不仅会过面，而且，同是威尔士的重要诗人，他深受布莱顿的影响。

在伯达色的这一次聚会，阿伦他们大部分的傍晚过得都还算顺利，然而，其中有一个傍晚，却被多洛茜弄糟了。那原本是一个美好的傍晚，他们一行6人乘坐着珀西的那辆大型豪华轿车，前往他们选择的那家餐馆去用晚餐，尽情吃喝了一通。后来，因为多洛茜的酗酒失态，珀西只好起身把她带走，索菲连忙上前帮忙，与珀西一起搀扶起了多洛茜，一旁的查理却不想起身，还想继续留下来畅快地享受享受，再喝几杯。阿伦见状，赶紧找了个借口：“我最好也跟着去，不然的话索菲永远也走不开了。”说完，便把查理一个人扔在餐馆里。回到住处之后，安顿好多洛茜，阿伦和索菲便到外面散步去了。在交谈当中，索菲提到了查理的恐黑症，开始有些担心了。结果，不出所料，查理真的犯了病，弄得大家十分紧张地忙活了一阵，直至最后不欢而散。

两个星期后，他们一帮老男人——马尔科姆·塞兰－戴维斯、嘎斯·潘弗瑞、彼得·托马斯、维克多·诺里斯和查理·诺里斯又齐聚在了“圣经酒店”里。自从那天在伯达色犯了病之后，查理的大半光阴都是在格兰道尔的一张沙发床上度过的。在他卧床休养期间，一直都是他兄弟维克多·诺里斯照料着他。那天晚上，究竟发生了什么，详细情况查理一点也不清楚，在查理的记忆里，没有留下任何蛛丝马迹，不过，他相当肯定的是，当时索菲没有在他身边。

大家闲聊了一阵之后，嘎斯询问起查理的病因，那晚究竟是怎么一回事儿，查理回答说，当时，他只是有一点点眩晕，医生说不碍事儿，慢慢就会好了。嘎斯不同意医生的这一说法，认为查理那天犯病是一种警告，一种体力日渐衰弱的警告。其他在场的那几个人——马尔科姆、彼得、维克多向来都认为嘎斯的说教实在招人厌烦，甚至令人反感，不过，查理却不以为然。当嘎斯开始唠唠叨叨着他那对枯燥无味生活的无奈时，查理想起了诗人菲利普·拉金（Philip Larkin）的名句“生活开始是厌倦，然后是恐惧。”（Life is first boredom, then fear.）随后暗自把它改了改，对自己说：“生活开始是厌倦，然后更厌倦，特别是像你这样活着。”（Life was first boredom, then more boredom, as long as it was going your way, at least.）嘎斯继续喋喋不休且毫不厌倦地说着，在一种舒舒坦坦的半听状态中，查理任由威士忌在他身上发生着作用，并且，在随后的几个小时里，使他充耳不闻周围的一切。

维克多和其他几个人都认为，那天晚上发生的事儿，阿伦也负有一定的责任。随后，他们又开辟了新的话题，围绕着“真正的威尔士人”以及“这种人是否还存在”展开了热议。之后不久，阿伦的身影也出现在了“圣经酒店”里，加入了他们的行列。这时候，酒店里在座的一个陌生人瞥了一眼阿伦，走过来招呼道：“喂，阿伦？”阿伦很快认出了过来招呼自己的老熟人汤尼·班布里奇（Tony Bainbridge），“是你这个老杂种？”他站起来，用力握住对方的手。两个人已经有十五六年没见了，于是，亲切地询问起彼此的近况。

随后，酒店店主塔昆·琼斯推门走了进来，抱怨起当今的民主政治。之后，在大家东一句西一句的交谈当中，阿伦抱怨塔的东西卖得贵了，结果，塔与阿伦发生了口角，要把他们这一帮老家伙全都轰出去。马尔科姆张口将阿伦责怪了一番，一个受过教育的人不该如此没涵养；彼得也嗔怪阿伦，坏了大家饮酒的雅兴；于是，嘎斯发出了邀请，请众人到他家去继续畅饮，因为安哈蕾德不在家，外出了。

阿伦、彼得、马尔科姆和查理一行人一起转移到了嘎斯·潘弗瑞家。潘弗瑞家的房子是一幢带有维多利亚女王时代风格的建筑物，里面黑黢黢的，嘎斯打开灯，门廊的灯光暗淡，他又打开了一盏楼梯灯，将这一帮人引进一间临近盥洗室的房间。他们一行人鱼贯而行，一个跟一个地先后接续着围着摆满了酒瓶和酒杯的那个没有抛光的黑色餐具柜绕行着。查理注意到，那餐具柜里面酒品应有尽有：红葡萄酒、雪利酒、琴酒、威士忌、白兰地和伏特加，他好不激动。

痛饮当中，查理望向钢琴上方墙壁上的那些照片，大加评论起来。看到其中安哈蕾德年轻时的那张照片，坐在附近一张沙发上的彼得不由得大谈起当年他与安哈蕾德、莱安嫩的艳事，以及后来他之所以舍弃了她们二人而娶了缪丽尔的往事。一旁听着的马尔科姆和查理，不停顿地喝着，一边起哄叫喊着。

过了一会儿，嘎斯开始大声声明：在他家喝酒，可不是无限制款待，是要付费的，他只免费请他们每人喝第一轮。阿伦对嘎斯的这一声明十分惊讶，“好吧，如果咱们讨论谁做东的话，我是第一个。”嘎斯坚持自己的做法没有什么不妥之处。之后，阿伦大大喝下一口掺水的威士忌，立刻被呛住了，一边猛烈地咳嗽，一边摇摇晃晃地把杯子重重放回到餐具柜上，走了一两步，就倒了下去，昏死在地，上半身大部分落在沙发上，两条腿大张着伸在地板上。嘎斯赶紧过去解开了阿伦的领带和领扣，随后说道，“他恐怕死了。”查理放下了酒杯，一时不知所措，彼得慌忙去找电话，马尔科姆紧随其后，试着联系莱安嫩，却没能联系上莱安嫩。救护车来了，阿伦被抬到了担架上，救护车上的人拒绝宣布阿伦的死亡，但是，他们也不确定他还活着。

阿伦的意外猝死，令他们这一帮老男人生出万般感慨。在查理看来，阿伦的不幸，阿伦突发的心脏病，很可能与阿伦同塔昆·琼斯的那一场争吵之事有关，是因为那场争吵引发的。不过，嘎斯却不以为然，“不，我不这么认为，那种故事情形只能发生在电影里，他向来就有这病。其实，这应该是整个悲伤故事里最畅快的一件事儿，对他或任何人来说，这都不是一件糟糕透顶的事儿，谁能让事情成为这样，没有痛苦……”在一旁缄默不语了很长一段时间的彼得突然打破了沉默，“啊，就像神话一般，”彼得感叹道，“其实，这是祸中得福……”

在老朋友阿伦离世之后不久，马尔科姆、查理、嘎斯、彼得和珀西等一帮老鬼的生活重新回归了常态，回到了原来的生活日程。到了 3 月初，在一个阳光明媚、天空晴朗的日子里，他们共同出席了为年轻人威廉·托马斯和罗丝玛丽·维佛（Rosemary Weaver）举办的婚礼。

那天清晨，在准备去教堂参加儿子威廉的婚礼时，出发之前，缪丽尔异乎寻常地向彼得征询了意见：自己戴什么帽子好，或者，是不是根本不戴帽子更好？最后，缪丽尔选择了不戴帽子。自从年初，他们的儿子宣布要结婚之后，彼得的生活就有了新的变化，缪丽尔对他的态度似乎要较从前好多了，但是他却总有一种不祥的预感。果不其然，就在他们快要抵达教堂之时，缪丽尔突然对他说——她要卖掉他们现在住的房子，现在，威廉已经有了归宿，她要回米德尔斯伯勒（Middlesbrough），因为那个英格兰东北部的港口城市，克利夫兰郡的首府，阳光充裕，至于彼得今后希望在哪里生活，完全由他自便。

彼得的儿子威廉与莱安嫩的女儿罗丝玛丽在教堂举行的婚礼，双方的亲朋好友来宾众多，在女儿罗丝玛丽极其体面的婚礼上，莱安嫩的心里总算感到了一些安慰。教堂里举行的仪式完毕之后，盛大的婚宴，安排在了莱安嫩家里举行。就餐之前，在人群嘈杂的交谈中，新郎官威廉一望见父亲彼得的身影，便立即欢快地叫住了父亲，父子二人不由得谈论起新娘罗丝玛丽，快活的威廉不加掩饰地道出：他与罗丝玛丽的关系好得非同一般，从一开始他们之间的感情就没有任何阻碍和问题，还对父亲感叹道“我的上帝，我刚意识到那就是一见钟情！”

在人们陆续走进了餐厅之后，彼得终于抓到了一个能与莱安嫩单独交谈的机会，告诉莱安嫩，缪丽尔要把现在的住房卖掉，搬到英格兰去，而他也不得不跟着过去，因为他那点养老金根本不够用。莱安嫩听后有些沮丧，希望彼得不要去，并再一次偷偷地紧紧抓住了彼得的手。“打电话给我，”然后，半背过身去抱歉地说道，“现在，我不能说得更多了。”因为，她必须去招呼其他宾客了，彼得冲着离去的莱安嫩的身影急忙说道：“我有很多话要跟你讲。”然后，眼瞧着莱安嫩远去了。而在那个瞬间，莱安嫩的体内，正在翻滚着感情的狂涛。

威廉与罗丝玛丽举办过婚礼之后，缪丽尔只身移居到了米德尔斯伯勒。那天，用过早餐，格温拆阅了缪丽尔从英格兰寄来的信。“她过得怎样？”马尔科姆问，格温翻了翻那几张文笔优美的信纸，回答说，“出于自尊，她竭力让人觉得她过得不错。”在那封来信当中，缪丽尔叙说自己在米德尔斯伯勒的生活过得很快活，力图表明她当初与彼得分开的决定是一个十分正确的选择。然而，格温却从缪丽尔的来信当中感觉出，其实现在，缪丽尔仍然需要彼得。当然，这绝不是因为思念彼得，纯粹只是由于在社交活动当中她身边需要有一个丈夫的影子；不过，苦于自尊之心，缪丽尔是绝不会来找彼得的，除非彼得主动去找缪丽尔。

趁着格温去上卫生间的机会，马尔科姆拿起缪丽尔的那封来信，看到缪丽尔在其中诉说她想在商业中心开一个咖啡馆，以打发日子的枯燥与孤寂。马尔科姆点燃了他这一天的那唯一一支香烟，之后，像往常一样及时清理了餐桌。这时，格温已经梳妆打扮好了，换好了外出的衣服，她要去参加一个艺术展览。格温知道，按照生活的一贯日程，一会儿，马尔科姆是要去“圣经酒店”的，于是，她告诉马尔科姆，今天他可以开他的车去酒店，自己去搭乘公交车，并让马尔科姆把缪丽尔信中所传达的信息转告给彼得。

马尔科姆不知自己在“圣经酒店”里是否能遇到彼得。3个月来，彼得一直住在莱安嫩那里，彼得和查理等人都已经有很长时间没去“圣经酒店”了。格温出门之后，在修面时，马尔科姆在心里琢磨：自从他把阿伦去世的消息告诉格温之后，格温就再也没提起过阿伦，因而，他总也无法弄清格温与阿伦是否有染。

随后，马尔科姆坐进他的小书房，在去“圣经酒店”之前，他还有一段时间，可以处理一番他对那部古老的威尔士史诗的翻译。其实，应该说是一种改编，在对其中的许多修正当中，他把核心人物的形象特征，改编得与莱安嫩的形象吻合到了一起。现在，要是莱安嫩发现她还爱着彼得，他——马尔科姆会感到高兴的，因为他自己已没有什么东西可以给莱安嫩的了，但是莱安嫩却给了他某种东西——这首诗，他的诗，将是他能够献给那个唯一曾为他哭泣的女人的最好的礼物。

作者生平与创作生涯

金斯利·艾米斯是不列颠帝国司令勋章（CBE）的拥有者，也是不列颠帝国爵级司令勋章（KBE）的拥有者，1922年4月16日出生在英国伦敦南部的克拉彭（Clapham），父亲是一位商务秘书。他是独生子，从小爱好文学，在伦敦城市学校读中学时，便有短篇小说发表在了校刊上。1941年，他进入牛津大学圣约翰学院攻读英国文学，在校期间，被称为“运动派”诗人，并与后来声名显赫的诗人菲利普·拉金（Philip Larkin，1922—1985）和后来最先表现“愤怒青年”的约翰·韦恩[1]（John Wain，1925—1994）相识，彼此结为好友，一同出版了诗集“1950年代诗人”（In Poets of the 1950s）。之后，他与拉金的友情延续了一生，成了最好的笔友，两人之间不间断的书信往来，成为他们彼此人生当中的一件大事。

第二次世界大战期间，1942年，他应征入伍，成为英国皇家军队的通讯后勤部队中尉，派驻比利时和德国，1945年退役，回到牛津大学圣约翰学院复学。1946年，他与希拉里·巴德韦尔（Hilary Bardwell，1928—2010）相识，并在1948年结了婚，婚后，他们生育了三个孩子，二儿子马丁·艾米斯（Martin Amis，1949— ）如今已成为一位驰骋英国文坛的著名作家。

1946年，在拉金的鼓励下，他开始投身于写作，1947年，出版了第一部诗集《灿烂的十一月》（Bright November）。1948年，他以优异成绩获得文学士学位之后，选择了教师职业，前往位于威尔士南岸的斯旺西大学，在那里担任英文讲师，一直工作到1961年。在从事教职的同时，他继续从事诗歌创作，1953年，出版了第二部诗集《心态一种》（A Frame of Mind），开始以诗人的身份步入英国文坛。

1954年（32岁），他出版了第一部长篇小说《幸运的吉姆》（Lucky Jim），获得了巨大成功，因其辛

1 约翰·韦恩（John Wain，1925—1994）：英国著名作家、评论家，1950年代英国“愤怒的青年”的代表作家之一，成名作《每况愈下》（Hurry on down，1953）被认为是“愤怒的青年”的第一部小说作品，讲述了出身中产阶级的大学生查尔斯·兰姆利（Charles Lumley）的遭遇，兰姆利步出校门后，在战后急剧变化、令人困惑的社会里，感到无所适从、前途渺茫，试图反抗传统社会，建立和保持自我，一方面努力探索人生价值，一方面倾泻着内心的愤怒。

辣的讽刺效果和独创性而使他在英国文坛上崭露头角，一举成名，并开启了“校园小说”传统，出版之后，赢得了萨默塞特·毛姆文学奖。小说人物“吉姆”成了英国当代文学中著名的“反文化的英雄”的典型形象，产生了巨大反响。后来，这部小说被誉为20世纪“最滑稽的学界讽刺小说”，“吉姆”被称为“愤怒青年”，他也因此被视为英国战后“愤怒青年”的代表人物，影响了一批英国剧作家和小说家的创作，其中包括约翰·奥斯本（John Osborne，1929—1994）和艾伦·西利托（Alan Sillitoe，1928— ）。他们在作品中抒发了对英国社会等级森严、贫富不均现状的愤怒和不满，对第二次世界大战后的英国社会持有一种批判的态度。

之后，他又陆续出版了：诗集《一箱样品：1946年至1956年的诗篇》（A Case of Samples：Poems 1946—1956，1956）；短篇小说集《我敌人的敌人》（My Enemy's Enemy，1955）、《询问庭》（Court of Inquiry，1956）、《道德的机理》（Moral Fibre，1958）、《某种奇怪的东西》（Something Strange，1960）；长篇小说《那种犹豫不定的感情》（That Uncertain Feeling，1955）、《我喜欢的天气》（I Like It Here，1958）、《找一个像你这样的女孩》（Take a Girl Like You，1960）等。

其中的小说作品，继续针砭时弊，通过一系列滑稽可笑的人物形象的刻画，来达到喜剧性的讽刺效果，并通过一系列令人啼笑皆非的人物的辛酸和不幸的体察，而感受到后现代社会人们精神生活的空虚，创造性地发展了前辈们开创的讽刺文学传统，被认为是亨利·菲尔丁[1]（Henry Fielding）的继承者。

1958年至1959年间，他两次前往美国，在普林斯顿大学任创意写作课的客座研究员，并到东北的一些大学做文学访问。1961年，他离开了斯旺西大学，到剑桥大学彼德豪斯学院任教，不过，由于他对剑桥那里单调、刻板的社交生活和学术水平的反感，很快便在1963年离开了彼德豪斯学院。之后，除去1967年至1968年间，他到美国的范德比尔特大学任客座教授外，从此远离了教学生涯，开始了他的专业文学创作生涯，继续以自己的独特文学风格，蜚声当代英国文坛。

1963年，他与英国女小说家伊丽莎白·简·霍华德（Elizabeth Jane Howard，1923—2014）有了婚外情，1965年与第一任妻子希拉里离婚后，与伊丽莎白结了婚，1970年代末，与伊丽莎白的婚姻破裂，二人各奔东西，1983年正式离了婚。在随后的岁月里，他一直与前妻希拉里以及希拉里的第三任丈夫世袭贵族吉尔马诺克七世男爵阿拉斯泰尔·博伊德（Alastair Boyd 7th Baron Kilmarnock）生活在一起。

金斯利·艾米斯是一位高产作家，创作精力旺盛，自1960年后，陆续出版了短篇小说集《我身体里面全部的血》（All the Blood within Me，1962）、《普伦克的朋友们》（The Friends of Plonk，1964）、《麦森的生活》（Mason's Life，1972）、《麻烦太多了》（Too Much Trouble，1972）、《黑水厅秘密》（The Darkwater Hall Mystery，1978）、《滩头地上的住宅》（The House on the Headland，1979）、《看太阳》（To See the Sun，1980）、《巴雷特先生的秘密和其他故事》（Mr. Barrett's Secret: And Other Stories，1993）；长篇小说《我敌人的敌人》（1962）、《一个英国胖子》（One Fat Englishman，1963）、《反死亡联盟》（The Anti-Death League，1966）、《我现在就要》（I Want It Now，1969）、《20岁的女孩》（Girl，20，1971）、

---

1 亨利·菲尔丁（Henry Fielding，1707—1754）：英国18世纪杰出的小说家、剧作家，代表作《弃儿汤姆·琼斯的历史》（The History of Tom Jones，a Foundling，1749），讲述一位善良诚实却又缺乏常识的年轻人汤姆所遭遇的一连串不幸，对后世影响极大，如今已成为世界文学史上的经典之一。

《翘辫子》(Ending Up, 1974)《世纪的罪行》(The Crime of the Century, 1975)、《吉卜林和他的世界》(Rudyard Kipling and His World, 1975)、《杰克的东西》(Jake's Thing, 1978)、《成功》(Success, 1978)、《俄罗斯式捉迷藏》(Russian Hide-and-Seek, 1980)、《每天饮酒》(Every Day Drinking, 1983)、《斯坦利和那些娘儿们》(Stanley and the Women, 1984)、《老鬼们》(The Old Devils, 1986)、《难对付的姑娘们》(Difficulties with Girls, 1988)、《住在山上的人们》(The Folks That Live on the Hill, 1990)、《我们大家都有罪》(We Are All Guilty, 1991)、《俄罗斯姑娘》(The Russian Girl, 1992)、《两个你都不能做》(You Can't Do Both, 1994)、《传记作者的胡子》(The Biographer's Moustache, 1995);论著《坦尼森的诗》(Tennyson's Poems, 1973);传记《回忆录》(Memoirs, 1991)等，用他的机智和洞察力表现当代社会问题，来表达对当代社会的不满和批评。

从 1970 年代起，他在英国文坛的声誉日隆。1974 年，他尖锐揭露英国社会老年人晚境的凄凉的长篇小说《翘辫子》获得了布克奖提名；1981 年，由于他的文学贡献，他成为英国政府颁发的不列颠帝国司令勋章(CBE)的拥有者；1983 年，他出版于 1960 年的长篇小说《找一个像你这样的女孩》被英国书市理事会评为自 1945 年以来英国出版的 12 部最佳小说之一；1986 年，他的长篇小说《老鬼们》博得了高度赞扬，因其在以幽默的笔触描写平庸、普通的日常生活中，把社会政治态度、思想观点等严肃的理论问题寓于轻松、浅显的幽默描写中，问鼎了第 18 届英语文学界最有影响力的布克奖。

在这部作品中，他描绘了一群退休的老伙伴和他们妻子的暮年哀歌，在冷嘲热讽中，对老龄化的世界进行了严肃的思考，对年老力衰、饱受老龄折磨的男男女女遭遇的包罗万象的问题和虚荣心理，进行了充满了怜悯的热辣讥刺，描绘出了一幅生活在种种窘境与屈辱、失望与慰藉当中的老年人的暮年哀歌式的画像，颇具广度和深度。1992 年英国剧作家安德鲁·戴维斯(Andrew Davies, 1936—)将这部作品改编成了 3 集电视连续剧，在英国广播公司第二台播出后，反响不俗。

之后，他继续辛勤耕耘，笔耕不辍，成了英国文坛上的一员宿将。1990 年，他成为英国女王伊丽莎白二世(Queen Elizabeth II, 1926—)颁发的不列颠帝国爵级司令勋章(KBE)的拥有者。

金斯利·艾米斯主要以小说作品闻名于世，不过他也写作诗歌，并爱好科学幻想小说和侦探小说，他曾以英国当代惊险小说家伊恩·弗莱明(Ian Fleming, 1908—1964)所创造的间谍“詹姆斯·邦德”为题，续写了“007”小说——《詹姆斯·邦德的档案》(The James Bond Dossier, 1965)和《孙上校》(Colonel Sun, 1968)等，并以罗伯特·马克汉姆(Robert Markham)为笔名将其发表。另外，他还著有阐述评论科幻小说的专著《地狱的新地图》(New Maps of Hell: A Survey of Science Fiction, 1960)和《科幻小说的黄金时代》(The Golden Age of Science Fiction, 1981)等；创作了科幻小说《变化》(The Alteration, 1976)、神怪小说《绿人》(The Green Man, 1965)和侦探小说《河边别墅谋杀案》(The Riverside Villas Murder, 1973)等，其中的《变化》荣登了 1976 年世界科幻大会颁发的约翰·W. 坎贝尔纪念奖榜首。

金斯利·艾米斯是一位具有惊人才智和天才的小说家，对英国现代文学的发展做出了巨大贡献，甚至曾有评论家认为，如果后人撰写文学史，那么英国的“1955 年至 1995 年期间”应当恰如其分地称之为“艾米斯时代”。同时，金斯利·艾米斯又是一位酒徒。终生好酒贪杯，且对此从来不避讳，曾在一次例行的终日饮酒之后把腿摔断了；过量的饮酒常常让他做住医院的梦，并产生了白日幻觉，还曾经一度精神失常。1995 年 8 月，他因跌倒，受到伤害，之后病情恶化，1995 年 10 月 22 日，在伦敦去世，享年 73 岁。

主要参考资料：

The Old Devils, by Kingsley Amis, Publisher: Dramatic Pub, 1994.

The Life of Kingsley Amis, by Zachary Leader, 2007.

1987年 | 第19届

020 月虎 [英] 佩内洛普·莱夫利
Moon Tiger by Penelope Lively

◎ 原著共 17 章，以后现代主义的笔法，讲述了年逾七旬的历史学家克劳迪娅·汉普顿（Claudia Hampton）垂死之前带有幻想色彩地追述了自己年轻时作为一个战地女记者的冒险生涯与富有现代气息的爱情生活。

英文原版封面

佩内洛普·莱夫利
（Penelope Lively，1933— ）

佩内洛普·莱夫利是英国当代文坛上备受推崇的智力型小说家，被誉为文学大师。

有评论认为，其作品有一种非英国传统文学的新颖、轻盈风格，通晓异国风情，却又能深入英国文化，犀利地解构文化，行文细腻，擅长以历史与时间换位的方式，描摹人物内在的、隐私的、个体的主观真实，布局精简而引人入胜，透射出含蓄的机智与幽默。

《月虎》（Moon Tiger）因其**匠心独具，有着动人的艺术感染力**，问鼎了第 19 届英语文学界最有影响力的布克奖，并入围了惠特布莱德小说奖决赛名单。

克劳迪娅躺在医院病床上，告诉小护士：她在写一部世界史。正在整理病床的小护士双手停了一会儿，低头看着这个重病中的老太婆，对她感叹了一句“做那种事可不一般啊，不是吗？”随后，又忙碌起来，用力举起床单，折好并且抚平，然后出去给她端茶水去了。克劳迪娅脑海里的思绪在继续伸展：一部世界史……为求完备无缺——它将围绕着拿破仑[1]、铁托[2]、埃奇希尔战役、赫尔南多·科尔蒂斯[3]……这一部作品，不再吹毛求疵，所向披靡……

那位小护士走出病房后在过厅里停了一下，问负责的医生，克劳迪娅这位病人是不是什么重要人物。医生查看了一下病历，得知克劳迪娅是若干部著作和一些报纸文章的作者，在中东地区得过疟疾，有过一次流产，生过一个孩子，现在诊断患了胃癌；随后他告诉小护士：是的，她很可能是个重要人物。

作为一位重要人物，一位颇有争议的历史学家，克劳迪娅在写的这一部世界史充满了雄心大志，将围绕着宇宙，从泥浆到星球……原生的浆液……因为她从来都不是一个通俗历史学家，从来都不期盼成为一位典型的编年史家。自从她以持不同史学观闻名以来，她的特立独行，已激怒了不少同行。

在儿时，克劳迪娅就被认为是一个令人难以忍受的女孩。她认为实际上是她的母亲和她的看护才令人无法忍受。她们向她灌输不可爬树、不可在深水里游泳等思想。她们怕雪、怕泥泞、怕火……警告她不能这样、不能那样；而她就是不听，对什么都不服气。在她 10 岁、她哥哥戈登（Gordon）11 岁时，他们兄妹二人从未听说过达尔文，他们对时间的概念，全部源自亲身体验和语义学上的意义（吃茶点的时间、晚饭的时间、上一次、浪费时间……）。他们对星角石[4]和公元 476 年以前西罗马帝国灭亡之前的历史的兴趣，都是后来学到的；而且，充满了竞争性。

---

1 拿破仑（Napoleon，1769—1821）：法兰西共和国（1799—1804）第一执政，法兰西第一帝国（1804—1814）和百日王朝（1815）的皇帝；滑铁卢战役失败后，被流放圣赫勒拿岛（Saint Helena），之后，病死于该岛。

2 铁托（Tito，1892—1980）：国际共产主义运动活动家，不结盟运动的主要创始人和组织者，南斯拉夫社会主义联邦共和国总统、共产主义者联盟主席、人民军元帅、军事学博士。1941—1945年，任南斯拉夫人民解放军和游击队最高统帅，指挥了反击德国法西斯侵略的艰巨战争，为赢得国家独立立下了汗马功劳。

3 赫尔南多·科尔蒂斯（Hernando Cortez，1485—1547）：西班牙军人兼探险家，是殖民时代活跃在中南美洲的西班牙殖民者，1519年率领船舰和军人在墨西哥东海岸登陆，入侵阿兹特克帝国，以摧毁阿兹特克古文明，并在墨西哥建立西班牙殖民地而闻名。

4 星角石（Asteroceras）：俗名菊石，侏罗纪早期分布全世界，生活在中等深度陆架海，游水速度很慢，以小的海生动物为生。其保存完好的壳腔室部分充满了半透明的棕灰色的石灰泥，壳大部分均已破碎。

1920年，在查茅斯海滩（Charmouth Beach）的一个峭壁上，为了战胜哥哥戈登，在收集星角石时，克劳迪娅准备用她那把闪亮的新锤子把那1500万年前的侏罗纪的泥浆块打碎，不怕摔断胳膊腿也要爬到戈登的前面去，然而，戈登的腿挡住了她的去路，她带着惊恐的嘶喊，从那个峭壁上垂直掉落了下去，一下子便不见了踪影。目击了一切的戈登，挂着一脸的惊愕和满足。她昏倒在了海滩的灌木丛里，醒来之后，与戈登进行了激烈的舌战。她对母亲说，戈登推了她；戈登矢口否认，坚称他没有，是她自己跌倒的。她母亲要戈登“安静点！”因为当时，她母亲头疼得厉害，想尽力使孩子们平静下来；而且，对她跌落这件事，在她母亲看来，应受到谴责的是这个危险的世界，如此地不可信赖，如此地凶险恶毒。然而，她的孩子们依然互不妥协，谁也不肯让步；在那个海滩上，他们情绪激动地吵闹不休，声音极其嘈杂响亮。

而那声音，那历史的声音，是由不同的声音组成的。在所有那些设法使人们听到的声音中，有些声音比另外一些声音响亮，这是很自然的。克劳迪娅发出的声音，克劳迪娅的故事，和许多其他的人缠结在了一起——母亲、戈登、贾斯帕（Jasper）、丽莎（Lisa），尤其是一位名为汤姆·瑟森（Tom Southern）的男人。他们的声音，他们的故事，必须同样被注意。因此，她将遵守历史的约定。既然她的故事也是他们的故事，那么他们——母亲、戈登、贾斯帕……也必须发言。当然，最后的发言权属于她——克劳迪娅，那是历史学家的特权。

她母亲已经退出了历史。在父亲去世之后，她母亲选择了她自己创造的一个世界，在那里，只有玫瑰花束、基督教教会的挂毯和一些变化不定的气候；她母亲只看《西多塞特公报》（West Dorset Communique）、《乡村生活》（Country Life）杂志和皇家园艺学会的期刊，最大的焦虑，集中在气候的变化莫测上。哪怕一次意外的霜降，都可以导致她母亲中度的惊慌失措，一个恶劣的夏季，就可以导致她身体上的微恙。在她母亲的梳妆台上，放着一张她父亲的照片——穿着非常整洁的制服，永远年轻，刚刚理过发，上嘴唇的胡子是一道很整齐的黑印，腹部没有红色的洞孔。她母亲每天早晨都会除去那张相片上面的灰尘。她从来都不知道，当母亲这么做时，在想些什么。

历史杀死了她父亲。眼下，她自己也快因为胃癌而死了——相对而言，这是一件还没有公开的事。她父亲，在法国索姆河（Somme Rive）上，被历史选中击落，躺倒在一个弹坑的泥浆里。她后来获悉，所有这一切，发生在一个夜晚，她父亲呻吟着，当人们最后来救他时，他死在了担架上。在曾经是他最后的床的弹坑和他的急救站之间，她想象着父亲的脑海里当时在想着什么，但绝对不是历史。总之，对她来说，父亲是一个陌生人，是一个历史人物。她仅仅在一个模糊的记忆场景里，依稀看到一个男性的形体，俯身举起了她，兴奋地把她举放在他的肩膀上，使她因此成了在这个世界占据了优势的女王，成了对位于她下面的那个戈登发威的人。那个戈登，从未得到过这样的宠爱。但是，这个模糊不清的人的形体，是不是父亲，她尚未能确定。

她21岁的时候，女儿丽莎出生了。在丽莎出生之前八个月左右，在牛津（Oxford）的一个博物馆里，她站在一个展出的上面有一个龙的图案的中国瓷碟前，告诉她当时唯一的情人，有着一半俄罗斯血统、事业心很强的贾斯帕——她怀孕了。他们是在1946年相遇的，当时，她正在为写作有关铁托的那部书做准备。在一个星期二，她采访了电视制片人贾斯帕，到星期六，他们就成了恋人。在随后的10年里，他们断断续续生活在一起。他们那个可怜的非婚生的女儿丽莎性格不大活泼，郁郁寡欢，从长相到举止跟他们俩谁都不像，由两个祖母（分别来自母亲方和父亲方），两个传统型的认真的女性抚养长大。

她 13 岁时，历史课上，拉温纳姆小姐（Miss Lavenham）在黑板上写了人名和日期，她和同学们把它们照抄了下来，还听写记录下了每一个历史朝代的特征。其中有一句，说伊丽莎白女王是一个好女王，击退了西班牙人，巩固了英格兰在海上的霸权，将苏格兰女王玛丽斩首了，因为玛丽是一个天主教徒。在那漫长的夏日的下午，她们的笔刷刷地写着。她举起了手，发问：那些天主教徒们是否也认为伊丽莎白砍掉玛丽的头是对的？拉温纳姆小姐温和地附和了她一句，然后告诉她，把黑板上的东西照抄下来就是了。之后，她突然对那被一律化成一样的历史生出了疑虑，放下了笔，沉思起来。在期末考试中，她的成绩很糟，只得了 38 分，不及格，却从此爱上了历史。

大约 9 岁时，她和家人沿着公路步行到霍利岛（Holy Island）上去野餐。一路上，她与哥哥戈登都在赛跑，戈登总是跑得比她快，所以，在岛上的西南角，那个被维京人劫掠毁灭掉的“林迪斯法恩修道院遗址”（The Ruins of Lindisfarne Priory）那里，她祈求上帝杀掉戈登，使其毫无痛苦又不可改变地死去。然而，上帝却没有让戈登死掉，结果，在那个充满了海腥味的一整个下午，她都闷闷不乐，而且，成了一个不可知论者。多年后，在即将到来的世界大战之前，她与戈登又去了一趟那个霍利岛，这一次他们不是跑着去的，而是一边走一边讨论着去的。她回想起了在那个修道院遗址那里她的那个祈祷，直到那时，他们依然是竞争对手，然而，对彼此，却又都十分重要。

1946 年，在伦敦（London）一家充满了强烈酒精味的俱乐部里，大家前来庆祝戈登他们新近获得的牛津大学奖学金。她和戈登一面饮酒一面畅谈，彼此盯视着，有些激动地议论着她的新欢贾斯帕。当时，贾斯帕正在远处，听不见他们兄妹二人的交谈。戈登皱着眉头，一面做着手势，一面大笑，说她看男人的眼光一向都不高，“真的吗？这可是一句很有趣的评论。”她诡诈地应战说。一旁的西尔维娅（Sylvia）颇有些妒忌地打断了他们，“噢，你们两个，打住吧。”然后，凝视着自己的丈夫戈登，表情依然很平淡、很愉快地说道，“简直不可思议，牛津大学的奖学金！我始终不敢彻底相信。”一面说着，一面拽了拽戈登的衣袖，希望把戈登的注意力拉拽过去，而戈登的目光却始终没有转向妻子西尔维娅。

西尔维娅到医院来探视克劳迪娅，是在前一天，也可能是上周，克劳迪娅假装睡着了。在克劳迪娅看来，西尔维娅像她母亲一样乏味，属于那种如果能够就会退出历史的人。在战争期间，她母亲得到了一只白梗犬，是一只被训练成了会打滚、听到“为你的国家去死吧！”的指令就躺在地上装死的高原犬，而她母亲，却并不为此感到不当，没有任何歉意和不安。她觉得，历史里填满了像她母亲这样的人，在战争当中，只是在一边旁观；只有那些被置于战争前线的人除外。另外除外的，还有那些以不同的方式寻求卷入的人，比如戈登和她，以及贾斯帕。西尔维娅呢，则属于只要有可能，就会在一边旁观的人。

她母亲病倒之后不久，便在 1962 年去世了。在她看来，历史是像恺撒（Caesar）和马可波罗（Marco Polo）者流那样，忍受着饥渴依旧驾船前行的宇宙过客们留下的结果。驱使这些过客们前进的动力，不是他们对名望的饥渴，而是出于对财富的不懈追求或索取。她曾被那艘经历了千难万险的“五月花号[1]”（The Mayflower），及由它起因的美国历史的壮阔景象深深打动，而且，对那船上的一只长耳猎犬的故事尤其着迷，将其称之为“令人信服历史真实性的至关重要的一件小事。”

---

1 五月花号（The Mayflower）：1620年英国第一艘载运清教徒移民驶往北美殖民地的船只。

那年，她只身一人前往美国，去拜访戈登和西尔维娅。此时，精明英俊的戈登已成了一位受人尊敬的经济学教授，每年，一半时间在哈佛，一半时间在牛津。西尔维娅不习惯过这种不断变换地方，不停奔波的日子，把他们夫妻二人的这种不停往返的生活，看作一种负担，一种煎熬。西尔维娅永远不能像戈登和克劳迪娅甚至贾斯帕那样自然而然地适应环境。在克劳迪娅看来，西尔维娅是一个很大众化的女人，与许多女人没有什么不同，成长到 16 岁便定了型，从那时起，就再也不可能有什么改变了。像西尔维娅那样的女人，一心只希望嫁一个好丈夫，然后过上好日子，拥有一套漂亮的住宅和成群的孩子；然而，一旦达到了这样的目的之后，她们又不明白自己为什么仍然不能开心。

那天，是西尔维娅和戈登去机场接的她，然后，他们去了普利茅斯种植园（Plimoth Plantation）——那个重建的来自大洋彼岸的英国清教徒的移民村，1627 年被确定为移民定居点。在驱车途中，她与戈登在前排座位上像情人一样地聊着天，有说有笑，而西尔维娅则默默坐在后排，像个小孩子或老处女姑妈一样无足轻重。很显然，一路上，西尔维娅都在因丈夫戈登众多的男女关系而深受困扰，不知道它们是否都过去了。她与戈登，则亲切友好地说说笑笑，根本不顾及西尔维娅的感受，开着他们私下的一些玩笑，从不对不解其意的西尔维娅做任何解释。抵达旅游村后，她和戈登继续闲谈，他们对爱尔兰人历史的一番高谈阔论，与导游的无理争论，弄得西尔维娅相当难堪，怒气冲冲地离开了那里。当时，尽管戈登清楚此刻自己理应跟随上妻子，却留在了原地没动，继续与她一争高下，讥笑她始终缺乏对历史的感受性，从来都对思想意识不感兴趣，只对泛泛的和不精确的看法有瘾，而且，对不感兴趣的事，一向置之不理。善辩又好挑起争端的她立即反唇相讥，远望着马萨诸塞州（Massachusetts）的天空，讥讽经济学教授戈登说："经济学者们，是一些学术上的特许会计师……"

这天，躺在病床上的克劳迪娅，却突然失语了，原本很会说话、伶牙俐齿的她被言词抛弃了。一个简单的对象——一件极其普通极其熟悉的用具，她都无法说出它特定的词汇。有那么一瞬间，她默默凝视着虚空。她想：词汇把人们和世界捆绑在了一起，没有词汇，人们只能像原子一样地旋转。之后，她给她病房里的物品做了一个详细目录——记下了它们称谓的词汇：床、椅子、桌子、壁画、瓷瓶、碗橱、窗户、窗帘、门帘。她吸了口气，又想：人们张开嘴后，从嘴里流出来一些词汇——那些甚至连其世系都不知晓的词汇；人就是行走着的词典。在一个句子里，发出起源于拉丁语、盎格鲁－撒克逊语和古代斯堪的纳维亚语的单词音。人们的头脑里，运载着一个词汇博物馆。

她能记得儿童时期，词汇像繁茂的春天一样带给人的兴奋。她发现，女儿丽莎在学习词汇时，是最易接近，也是最为有趣的。在 44 岁时，她时常带着 6 岁的丽莎散步，那时的丽莎对她来说颇有吸引力，不过，有时，也有些令她厌烦。显然，她与女儿的感情不太深。丽莎似乎从不热望从她那里得到母爱，甚或还常希望她能从自己身边走开。她不允许丽莎叫她"妈咪"，认为那样有点傻气，坚持让丽莎称呼她"克劳迪娅"。丽莎相信魔术，甚至编造出了一种使母亲消失遁迹的秘密仪式。

现在，丽莎已是一位年近 40 岁的女人了，嫁给了显赫的房地产代理人哈里·贾米森（Harry Jamieson），与他们的两个已届青春期的儿子住在郊区一个带有网球场和游泳池的小庄园里。克劳迪娅尽管一门心思只关注自己的事情，不过，还是隐约意识到了自己有些令女儿丽莎失望——丽莎渴望拥有一个较为平常的母亲，甚至宁肯是一个像她朋友们那样的爱喝雪利酒和爱逛商店买衣服的母亲。自从丽莎嫁给了贾米森以来，她和贾米森一起相处总共不过五六个小时多一点，还是出于施舍的目的。那位可怜的哈里·贾米森被她吓坏了，一看见她，连说话都会结巴起来，额头上冒着汗，酒杯中的酒洒落了出来，手持的玻璃杯摔到了地上，还割破了手。每当她想见丽莎时，她就带着丽莎去伦敦吃午饭，把哈里·贾米森一个人撂在一边。她认为丽莎 19 岁就嫁给了第一个向自己求婚的男人是一个错误，不过，她还是出现在了丽莎的婚礼上。

贾斯帕也出席了丽莎的婚礼。对于他们在婚礼上的不期而遇，克劳迪娅和贾斯帕各持各的说法。这时的贾斯帕，看上去还像往日一样出众而帅气，贾斯帕看到她身着红色服饰，没有帽子，一身打扮令人震惊地不合宜。他们彼此朝对方走了过去。贾斯帕打趣她，恭维了一句她新出版的书，随后夸赞起女儿，说眼下丽莎看起来很光亮，她目视着贾斯帕，当即给予了否定。之后，贾斯帕突然决定当晚不回伦敦了，邀请她一起共进晚餐，她回绝了贾斯帕。后来，他们二人在一家旅馆里过了一夜，发生了争吵，第二天早晨就分手了。在随后的两年里，他们没再见面；不过，像往常一样，那次的性行为和争吵都令人难忘。

那天，克劳迪娅脱口而出的话语更是令人难忘。她对她的护士们说，“上帝是一个不道德的私生子……”正在用灵巧的双手铺床叠被的那两个年轻护士震愕不已，彼此迅速心照不宣地看了一眼。她继续一面与护士们交谈，一面谈论着上帝，其中那位黑肤色的护士回答她说，“我不信教，夫人。”然后，便出去了，去为她端茶去了。没有任何其他的人能如此大不敬地说上帝。她记得，在女儿丽莎受洗礼这件事上，她态度鲜明，坚决反对。贾斯帕的态度则有些暧昧，模棱两可，全然不在乎此事。结果，丽莎的祖母们合谋，偷偷把丽莎带去教堂做了洗礼，之后还举行了盛大的茶会。

丽莎到医院来看望克劳迪娅，以为她正在熟睡，然而，其实她并未入睡，开口说道，“顺便提一句，你一向安心于去做礼拜吗？”丽莎跳了起来，放下了一直在看的那本书，“您醒着呢……我不知道。”克劳迪娅的眼睛仍然闭着，“一切都好吗？告诉我，你一直在干什么？”丽莎整了整自己的衣裳，走过去站在那里低头看着她，对她讲了孩子们的事：他们过得很快乐，表现得很好。上一个周末假期，哈里·贾米森带孩子们去参加了橄榄球比赛，这个星期六傍晚，他们一家去了剧院，在外面吃了晚饭。丽莎对于自己星期一下午去看了那个已与她交往了四年的情人的事，只字未提。对丽莎与情人保尔（Paul）的事，克劳迪娅什么也不知道，将来也永远不会知道。不是因为她不赞同，而是因为她不必知道。自从儿时起，丽莎就养成了对她隐瞒一些事情的习惯。

克劳迪娅睁开了眼睛，看着丽莎，很难相信自己眼前这个年届中年的懒散的女儿具有四分之一的俄罗斯血统，因为在丽莎身上，看不出一点其祖父萨沙（Sasha）的痕迹。当初，贾斯帕吸引了她的原因，有一部分是因为贾斯帕身上无意间显露出来的那种俄罗斯的异国情调。不管怎么说，丽莎的祖父萨沙——那个形象英武的波斯米亚人，都是颇具个人魅力的。好像是为了俄罗斯需要有一场革命这种堂皇的理由，萨沙成了一个完全没有道德精神的人，一生中从未干过一天活，在 30 岁以前散掉了他父亲留给他的全部家产。萨沙早年生活在巴黎（Paris）、巴登巴登（Baden Baden）和威尼斯（Venice），需要的时候就突返俄罗斯，廉价卖掉一些土地或去圣彼得堡（St Petersburg）的庄园。克劳迪娅还记得，自己第一次会见萨沙时的那番情景：萨沙吻了她的手，并说了一些他五十年来对他曾经遇到过的所有的女人都说过的话。她坚持请萨沙坐在那把最舒适的椅子上，心怀敌意地看着萨沙：一个手头有点紧的幸存者，一具阶级和时代的遗骸，穿着他小心保藏的战前的开司米外套大衣，围着赫米斯围巾。那天，萨沙以一种奉承的方式为精力旺盛的贾斯帕取得的成就鼓掌，还邀请了她和贾斯帕去里维埃拉（Riviera）别墅。不用说，他们一直都没有去。因为贾斯帕是一个非常自我中心的人，既缺乏人之常情又没有教养，觉得他的父亲是一个令人难堪的人，甚至觉得他的父亲令人讨厌。

“总有这么一天，”克劳迪娅对贾斯帕说，“我要写一部非常辉煌的著作，我要写一部世界历史。”贾斯帕却没有任何反应，他正在通过圣詹姆斯街道（St James's Street）的半途，正在勇往直前地迈着大步。她在安全岛上停了下来，擤了擤鼻涕，贾斯帕的傲慢，贾斯帕的固执，贾斯帕精力旺盛的躯体，令她颇有些不快。她通过了人行道，赶上了贾斯帕后，继续他们的讨论，然而贾斯帕已经感到不胜其烦了。临别时，贾斯帕邀请她第二天一起共进晚餐，但是她逃避了，回答说，“或许吧。”

如今，她感到自己已经随着这个世纪变老了，他们这一代人，所剩下的不多了。这个世纪，是个战争的世纪。当然了，一切历史，都是战争的历史，然而这一百年的战争历史，期间的惨烈与场面，已经超过了通常的意义。到底发生了多少成百上千万的枪杀、伤残、烧伤、冻伤、饿死、淹死……只有上帝知道！

她曾与两次战争擦肩而过。第一次战争，她什么都不记得了，第二次战争，将她吞了进去，然后又完整无缺地将她吐了出来。她听见过炸弹的声音，大炮的声音……至今，那战争的声影在她头脑里都非常鲜活，栩栩如生，当她夜里睁着眼睛躺在床上的时候，战争的真实影像会在她脑海里翻腾，令她颤抖。那场战争，与列宁格勒（Leningrad）上百万的死者，白俄罗斯和乌克兰的300万劳工，基辅（Kiev）的200万战俘，25万被冰霜冻坏的残疾人，还有2000万上下在1945年前不再是俄罗斯公民以及不再是任何地方公民的男女或儿童，黏合在了一起。她想，那时的萨沙，已是一位老人，当他倒在斯摩棱斯克（Smolensk）或明斯克（Minsk）或维亚滋马（Viazma）或格扎茨克（Gzhatsk）或勒热夫（Rzhev）冰冻的大地上，慢慢死去时，他的家乡成了一片废墟，那些成群结队的日耳曼人正在继续横扫，往前推进。

第二次战争期间，她是驻开罗（Cairo）的记者。开罗的士兵们常常用脏话掩饰他们的恐惧。那些脏话用语，现在看来似乎有些荒诞可笑，在那时，却十分地近乎情理。在那些日子里，她用打字机打出文章，对士兵们的那种用语从不妄加评论。1940年，她抵达埃及时，独自一人，1944年，离开时，依然是独自一人，当她回首再看那个年份发生的事情时，还是独自一人。在那个地方发生的那些事，现在，只在她一人的头脑里闪现，没有任何其他人看见过同样的风景，听到过同样的声音，了解事件发生的顺序。

在那些日子里，她被投进了埃及——那个远古文明产生的文物足以填满全球的博物馆的国家，被投进了那个地方的炎热、灰尘与气味里，她必须学着对付它们（那种不舒服，那种障碍，那种困难）并继续从事对有关事件的报道。英国军队把它自己强加给了那个大地和那个社会：它的卡车堵塞了道路，它扔下的垃圾，在从开罗通往亚历山大（Alexandria）的公路上撒得到处都是，它的成员，填满了那里的大街和开罗的咖啡馆……作为驻开罗的唯一的女记者，一天，她设法搭上了一个军械官的汽车，那人并无什么特别之处，不过若没有那个人，她绝不会乘上一辆在沙漠里抛锚的吉普车，也绝不会被两个男人所救，而且，其中的一个男人——汤姆·瑟森上尉（Captain Tom Southern）后来成了她生命中最重要的人。

在汤姆·瑟森的5天休假期间，他们在卢克索（Luxor）的冬宫酒店（Winter Palace）里一起喝酒，一起待在床上。黎明醒来，她看到窗边桌子上有一盘“月虎”牌蚊香，那蚊香是一个绿色的圆盘，整夜缓慢地燃烧，驱赶蚊虫，烧成的灰烬，纵向跌落了下去。随后，汤姆醒了，他们交谈起来。后来，在静默了一会儿之后，汤姆对她表示了爱意，她立刻回应说“我也爱你，真的爱你。”再往后，她要汤姆跟她说一说他的一些事：什么时候学习的法语？膝盖上那一道疤痕是怎么回事？……汤姆向她讲述了他的故事，特别是他把姑母留给他的一小笔遗产消费在了美国市场的那一段往事。她希望汤姆讲得再详细一些，询问汤姆做这一切时有没有其他人与他在一起？汤姆坦言，一切全都靠他自己，他独自一人。当一道道阳光透过百叶窗斜射进来时，她感到了一种从未有过的、以后也绝不会再有的满足与快乐。

那一天，她是与《联合新闻》报社的记者吉姆·钱伯斯（Jim Chambers），以及一位来自新西兰的通讯记者一起搭乘一辆吉普车前往第七装甲师指挥部的。在沙尘暴中，在混乱的车辙和路标中，那辆吉普车沿着一条极易迷失方位的道路上行驶了已有两个小时了。汽车司机是一位个头矮小但长相十分结实的伦敦人。她坐在那位皮肤被晒成了焦色、按照地图和猜测行驶的司机旁边，吉姆·钱伯斯和那个新西兰人坐在她背后一排座位上。一路上，他们的谈话必须大声喊叫，以压倒汽车发动机的喧嚣声，她觉得自己全身的骨头仿佛全都被晃散架了，沙尘遮住了眼睛。

行驶半道，他们的吉普车坏了。抱怨声中，吉姆·钱伯斯喝起他携带的一瓶威士忌，她则用打字机打起她的文章。这时，又来了一辆吉普车，上面有两位军官，其中一位便是汤姆·瑟森上尉。起先，他们没有理会他们，后来看到他们当中有个女记者，才开始参与进来，提议带上两名记者去指挥部，留下一人看守那辆坏了的吉普。她要求留下，但被否决了。她爬进了那辆吉普车的乘客座位，汤姆·瑟森在一旁驾驶。沙尘暴开始减弱，他们可以看见沙漠的轮廓、找到车道了。在这时，她已疲惫至极，几乎无法思想，对他人说的任何话都不能有所反应了，有一阵子，还打起了瞌睡，斜靠到了汤姆的手臂上。半醒半睡的她，感觉到汤姆轻轻地断然推开了她，使她的身体挺直了起来。迷迷糊糊中，她看见他放在方向盘上的一只手，一只手腕与指关节间散布着黑色汗毛的棕黄色的手。

40 年过后，她依然能记得那只手的细节。在她重返埃及时，乘坐的是软席，铺着地毯，享受的是殷勤周到的法老式的旅行，住的是希尔顿饭店（Hilton），包括深入沙漠腹地的短暂旅游。那辆旅游车上配有空调，可透过彩色的玻璃车窗欣赏外面的世界，司机还停下车来，以便游客们下车去亲自领略真正的沙漠之气，去观赏代赫舒尔金字塔区（Pyramids of Dashur）的美景。然而，她却没有下车。与她同行的那位得克萨斯（Texas）男人，对她一路上的寡言少语和不肯下车去赏沙景颇有些不解，询问她是不是哪儿不舒服还是以前到过这里或另有别情。就在这时，不知从什么地方传来了招揽生意的骆驼声，她那位临时性结盟的得克萨斯朋友便不再追问什么了，慌忙拿上他的照相器材下了车。

她独自一人留在了旅游车里，透过彩色玻璃，看见的是自己的影像，以及另一个时代的色彩——坦克开进了沙漠。不过这时她思考的不是汤姆·瑟森，而是她自己。她看见的那个自己是一个近乎无知的人，徒劳无功地度过了一天又一天；而汤姆，却是一个行为举止极度明智的人。她沉思默想着那些重要的过往的时刻，意识到：有些事情，是必定会发生的；那预定的命运，是无法抗拒的，或不以人的意志为转移的。对于这一次故地重游的旅行，她曾经犹豫了多年，一年年地推延，但她一直都很清楚，最终她一定会回一趟埃及的，而且，现在，终于看见了海市蜃楼——带着那另一个时代的亮光的幽灵。

当年在埃及，在开罗的扎马雷克（Zamalek），她与另外一位英国姑娘卡米拉（Camilla）同住一套公寓。卡米拉是一个浅薄的秘书，在大使馆工作，享受着她人生中的美好时光，早晨为她父亲的某位同学打打字，傍晚挑选一个第八轻骑兵团的军官厮混。卡米拉是那类穿丝绸喷香水追随军营，靠战争过舒服日子的女人之一。若是在英国国内，一定会在猎狐出名的郡里度过她的青春，养狗，打猎，时而去城里看看演出。在熙熙攘攘的1940年，讲多国语言的开罗，聚会了所有的种族，希腊人和土耳其人，埃及原住民和犹太人，英国人，法国人，富人，穷人，剥削者与受压迫者，他们在那些尘土飞扬的公路上擦肩而过。她曾见到一个老妇人在一座清真寺的台阶上坐下后就死了，而当时在广场斜对面一家咖啡店的平台上，有人在吃冰激凌和甜点心。

在开罗，欧洲人是坐汽车或马车逛街的；在他们旁边和中间移动的是毛驴拉的大车以及自行车和赤脚的芸芸众生。挤得满满的有轨电车看上去像个蜂巢。对他们当中的一些人来说，当时正在打仗，肯定有很多人根本不知道这是场什么战争，是谁的战争，或为什么而战。就像那些戏剧里的狮子在舞台之外，而演员们照样演他们的戏。

在整个这段时间里，非凡的背景幕布诡异地反映着并列的场景——人们一步就从田野跨进了沙漠。在那里，一个破碎的墓碑可能是希腊人的、罗马人的、法老的、中世纪的、基督教的或穆斯林的；在那里，预期寿命只有30年的不识字的农民住在简陋的棚屋里，两侧是圆柱高耸的神庙，神庙里刻有3000年前的难懂的神话故事。

利用汤姆的一个假日，她与汤姆久久徜徉在那座有着3200年历史的拉美西斯二世[1]（Rameses II）的神庙里，后来，汤姆想回旅馆了，因为离火车开车只有6个小时了。她不肯离去，仰视着柱顶的雕像说，“我们可能永远都不会再到这里来了。”她想尽量在这里多待一会儿，因为此时此地，她感到自己十分自在，无拘无束，不再被拘禁于过去或未来或一个已知的世界里，而是在宇宙中自由游荡。随后，她不顾汤姆的坚持，依然站在那里不肯动身，并且说道：“星期三早晨，你又将处于沙漠之中了。”

在沙漠之中，汤姆待了已有6个月了，在三角洲训练，现在指挥一组坦克，参加了上周的战斗。在第一次相见那天，他们谈起了沙漠，荒滩，克劳迪娅告诉汤姆，她离荒漠最近的一次经历是在查茅斯附近，在查茅斯海滩收集海星化石，“我哥哥和我常去那里采集化石，为化石而争吵。”汤姆当即从他军装的口袋里掏出了一块化石，“我昨天找到的。你想要吗？”她分外感谢汤姆的大方与仁慈。他们继续交谈着，汤姆谈到了他在持续不断地写着一本日记，“当然是非常私密的，不过，总有一天，可能可以帮助一个人回忆起所有发生过的这一切是些什么样子。”汤姆说着，点燃了一支香烟，瞪着眼睛看着克劳迪娅，月光下，他的脸色显得黑黢黢的。在汤姆还没来得及告辞时，那个新西兰的通讯记者的身影就出现了，携带着一份打字机打的文件和一扁瓶威士忌。

这一夜，他们决定克劳迪娅睡记者帐篷，吉姆·钱伯斯和新西兰人睡在敞棚卡车里。汤姆第二天要沿海岸而行去接一些坦克的补充兵员，为他们提供了一个继续搭车的机会。第二天天亮之后，汤姆露面了，从指挥部的帐篷那边走了过来，带着一卷地图和一些文件。他们上了一辆卡车，汤姆开车，克劳迪娅坐在他旁边，吉姆·钱伯斯和新西兰人坐在后面。汤姆告诉克劳迪娅，把她的战地记者的证章戴在身上最显眼的地方，“否则，你将会遇到比你能预想得到的更大的麻烦。”汤姆将在海岸公路附近的飞机

---

1 拉美西斯二世（Rameses II，约1303 B.C.—1213 B.C.）：古埃及第十九王朝法老，后来被尊称为拉美西斯大帝（Ramses the Great）；法老塞提一世之子，其执政时期（1314 B.C.—1237 B.C.）是埃及新王国最后的强盛年代，进行了一系列的远征，以恢复埃及对巴勒斯坦的统治，在其91岁高龄过世之后，埃及开始走下坡路。

跑道旁让他们下车，从那里，他们可以搭飞机回开罗。那次回到开罗之后，克劳迪娅就病倒了，伴着不断升高的体温，坚持着打字，打出了她的文章，用满满一瓶“黄昏”牌巴黎香水，贿赂室友卡米拉，把那篇文章交送到了审查处，然后就因患疟疾卧床了一个星期。

那天汤姆的卡车刚一开起来，吉姆·钱伯斯和那个新西兰人就展开了争论——关于他们能否弄到一辆开往前线去的卡车的可能性。吉姆·钱伯斯认为：克劳迪娅不该再继续前行了，已经跑到了这么远的地方应该感到满足了。克劳迪娅第一次一反常态，没有进行驳斥。一路上，她一直都在十分留心地体察着周围的一切，字迹潦草地写满了她的笔记本。太阳升起来了，苍蝇在她的脖子、手臂和脸上乱爬，沙子不断地往她的眼睛、耳朵、鼻孔里灌。在一个连队的指挥部前，他们停了下来，吃了午饭——牛肉罐头，喝了茶——他们携带的水壶里的水这时已经和茶水一样热了。之后，他们又上路了，继续往前驶去，汤姆不断地停下车来查看他的地图，使用他的双筒望远镜，调试他的无线电接收装置。后来，当汤姆再一次停下车来查看他的地图时，克劳迪娅找了个借口，朝上面的山脊走了过去。这时，吉姆·钱伯斯提醒了她一句，“亲爱的，记住规则。”她摆了摆手。

克劳迪娅很清楚那规则——不能走远，永远不要越过他们那辆车子的视线之外的距离，因为他们正身处雷区地带。在山顶的一块岩石旁，她蹲了下来，在后面的沙地上方便了一下，随后站起来整理好宽松的长裤。之后，她还是禁不住诱惑，向前快步走了几码，在一个视野更为广阔、更为深远的地方，放眼望了出去，在大约100码之外，有一辆装甲车的残骸，侧翻在地上，旁边有一具尸体，她犹豫了一下，接着就快步走了过去。那是一个年轻的士兵，脸朝下趴着，头盔甩在一边，脑袋的一部分是一些黑色的血块，临近地面上的沙子也被染成了黑色，一条腿上，没有了脚，上面爬满了苍蝇。正当她目视着这一切时，她听到从那装甲车的另一侧传来的一个声音，她绕了过去，看到那里躺着另外一个被打得稀烂的躯体，不过还在动弹，一只手从胸脯上举了起来，又落了下去，嘴张了张，发出了一点声音。她俯下身去，告诉他，自己这就去叫人来救他，马上就回来。她看到，他的腿上有一个拳头大的血洞，从里面爬出了一行蚂蚁。

她跑回到山顶上，一面招手一面大喊。其他人都过来了。汤姆拿出了他的双筒望远镜，然后责备她说，“你一直在那里？你这个大傻瓜。他们触了雷，可能还有更多的地雷。”她说了一句“对不起”，立即又说道，“那里有个人还活着。”汤姆大骂了一句，“你简直是一个该死的傻蛋。”要她老老实实待在那里，然后朝向着那辆装甲车的残骸走了过去。汤姆很快弄清楚了那里的情况：那个生命垂危的伤兵，困在那里已经一天了。汤姆尽可能地为那个伤兵做了一点紧急救护，并用无线电叫来了一辆救护车。

那天，年轻的护士捧着一盆鲜花对克劳迪娅说道，“好可爱的植物啊。你嫂嫂送来的，它的颜色多鲜艳啊。”护士一面说着，一面把它放到了散热器附近，因为护士觉得那盆花一定很娇嫩。克劳迪娅转过头去，看向西尔维娅为她带来的那一盆鲜花——猩猩木，在心里默默地想：其实这花非常皮实，甚至能在沙漠里生长。

当年，她和汤姆到达海岸公路附近的飞机跑道旁时，在那个曾经是一小片海滨居住地的废墟处，残存着一条碎石路，一座涂以灰泥的小别墅和一家咖啡馆。咖啡馆的墙壁上，残留着软饮料制造商施韦普斯（Schweppes）的广告，当她看到那些荒废的房屋前面杂草丛生，长满了鲜艳盛开的牵牛花和猩猩木时，她感到分外惊异和欢喜。

他们刚刚经过一个营地，在那些帐篷之间，开满了常春花和夜花紫罗兰；士兵们在它们中间行走，空气中充满了芳香。“上星期下过雨，”汤姆说，“那些花籽原来一定是沉睡状态。”她想：那些花籽等候雨水，沉睡上数月或数年，真是不可思议；而且，此时此地，站在这里，同一个人谈论植物学，更是匪夷所思。那海岸公路上，是无穷无尽的拥挤的土黄色的滚滚车流，一个护送车队接着一个护送车队，缓缓西行，坦克和布伦运输车，10 吨大卡车，救护车，装甲车……在公路远端，地中海以一个巨大的蓝色曲线闪闪发光，海面上有一些船舶的灰色轮廓。天空中回响着飞机的声音。这时，克劳迪娅和汤姆坐到了那昔日咖啡馆前庭的矮墙上，谈论起有关战争和新闻报道的一些事。

吉姆·钱伯斯和那个新西兰人已经设法搭车离开了他们去了前线。汤姆将把克劳迪娅交给一个要去机场的英国皇家空军的小伙子，那人正在战地指挥所见一个人，很快就会回来，已经答应让克劳迪娅乘坐一架将要飞回开罗的运输机。汤姆将继续前行，去追赶他的坦克，回归他的团队，再继续向前进。克劳迪娅想弄清人们为什么喜欢在这里，“我们会打赢这场战争吗？”

汤姆目不转睛地看着她说道：“抱歉，我过得并不怎么好。它就像整个人生的一个骇人的浓缩，一小时可能像是一天或一天像是一个小时。当你从一种心态以这种速度被抛入另一种心态时，整个物质世界就显现得特别透明。”他沉默了一会儿，然后接着说道，“我的驾驶员在第一场战斗中就被打死了。我们在一起受过训练。前一个星期他刚过了生日，我们吃了一听桃子罐头喝了一些威士忌，庆贺了一下他的 23 岁的生日。就在同一天，他和我还看见过一次海市蜃楼，那里面是一个完整沙漠绿洲中的村庄——棕榈树、泥土小屋、骆驼和走来走去的人。现在，我想起了我的那位驾驶员海克拉夫特下士（Corporal Haycraft），他来自诺丁汉（Nottingham）——在我疲劳至极的时候，像一具游走的僵尸一样四处转悠，我感到困惑的是，他去了哪里？人们不断乞求上帝保佑他们。不过我想，我们能够打赢这场战争，并不是因为上帝的干预，或正义必胜之理，说到底，只是因为我们有更多的资源。战争与正义、勇猛、牺牲、传统精神什么的，没什么关系。我确信，战争被报纸大大地曲解了。我希望你和你的朋友们做点什么将其纠正过来的事。”之后，汤姆又接着说道，“当你发现你处在统计者的地位上时，它看起来就大不一样了。”她接过了汤姆的话语，“是的，现在，我开始明白了。”

随后，汤姆谈起另外一个话题：“当你代表自由新闻界在全球奔走之时，你在干些什么？”克劳迪娅考虑了几种回答，之后说道，“我已写了两本书……哦……我想你可以把它们叫作历史书。”汤姆若有所思地注视着她，“历史，”他说，“我曾经很喜爱历史——我是说，我喜欢看历史书，寻求历史的真相。而不幸的是，现在，你自己就是它的一部分，人们常常认为自己不会受到历史的影响，这种想法只是一种幻想。我宁愿回到幻想中去。”克劳迪娅已想不出有什么可说的了，什么都没有。她坐在海边那个曾经的小咖啡馆的断墙上，身边是轰轰隆隆开过去车辆，远处的海面闪着亮光，一个个身着土黄色制服的人迈着沉重的脚步来来去去。她眼角的余光看到其中的一个正在朝他们走过来，推测那个人就是将带他们去机场的那个英国皇家空军的成员。她看了看汤姆，48 小时之前，她没看过他一眼。现在，她发现自己很失常地急于想听取他的意见。

终于要分手了，汤姆伸出了他的手，“祝你们回开罗旅途顺利。”他们握住手。“谢谢你所做的一切。”克劳迪娅说。汤姆有些遗憾，“只是一天的工夫。”然后，他们静默了一会儿，克劳迪娅开口说道，“也许……”汤姆打断了她的话，“当我休假时，也许我们能再见面？”

在那之后，克劳迪娅从沙漠归来后就病倒了，在康复后，又摇摇晃晃地出了门，走进了开罗，体重减轻了 7 磅，身后追随的是护理员们自以为是的哀求声，她们预言，假如她不遵守法定的康复时间康复，一个月内就会死掉。然而，她没有生病的时间了，况且，当时，大部分的欧洲人在大部分的时间里都有些小病。她用 3 天时间写完了自己在沙漠中的经历，在常见的连串谣传中，再次进攻和再次退却中，这个将军或那个外交家的到来中，过了数周。

她总是在一些走廊里转悠，等候与某某人说句话的机会，或是坐在咖啡馆和餐馆里，游泳池边上或夜总会里，支起耳朵倾听。她享有一辆 V8 福特汽车，开着它在坑坑洼洼布满尘土的道路上前往赫利奥波利斯[1]（Heliopolis）或金字塔，或去机场，记下那些前来的高官显贵们的陈词滥调。除了她手头的工作之外，她忙得根本没工夫去思考任何别的事情。因此在汤姆给她打电话时，她几乎毫无所觉。

他们去了开罗动物园。看到北极熊躺在一池脏水里，当时，时值 5 月，气温已达华氏 98 度，汤姆深表同情地说道：你能根据一个国家对待其动物的态度，看出它的文明程度。她不愿再继续看下去了，于是建议去看看狮子。开罗动物园的布局，很像一个法国的公园，河马、火烈鸟、各种鸭子同在一个小湖里；她注意到站在边上的饲养员拿着一桶土豆在喂河马，在她看来，那实在是一种不可想象的奢侈，对汤姆说道：我都不记得我上次吃土豆是什么时候了。在这里我们吃甘薯；甘薯泥，烤甘薯，煮甘薯。95% 的人甚至连这些都吃不到。

不过，这事并没有扫她的兴。现在，无论什么，都不能在这天扫她的兴——炎热、被昆虫在手臂上叮咬所生出的不适、明知今天即将让位给明天，等等。她与汤姆一分钟一分钟地过着，感谢上天对她的恩惠，他们一起漫步，经过瞪羚和羚羊的围栏，猴笼和鸟笼，穿过气味恶臭的狮房。苍鹭在小径上踱步，手拿水龙管的园艺工人们在巡视那一个又一个花床，空气里散发着一股浓郁的潮湿的泥土味。“三天前，”汤姆感慨地说道，“为争最后一罐水，我差点和一个家伙打了起来，那是两天来我们从所见到的第一辆水车上弄来的。不过那是在另一个时间和另一个地点。这里，多少有点像是疯狂世界的幻境。”最后，他们坐马车从动物园返回了俱乐部。

俱乐部里不断能听到英国人自信而响亮的说话声。他们换上了泳装，来到热热闹闹的游泳池，汤姆站到跳水台上，挺直身躯，举起双臂，跃入水中，过了一会儿，露出了水面，停在她身边，水花四溅。之后，他们又沿着尼罗河（Nile）岸散步。在另外一天，他们站在了大金字塔（Great Pyramid）的脚下，大喊大叫，不过谁都没想往顶上爬，据说那要花费 40 分钟，而他们能在一起的时间已经不多了，他们去了狮身人面像（The Sphinx）那里。再往后，汤姆躺卧在她身边睡着了。

在汤姆休假期间的每一分钟，她都是与汤姆在一起度过的，她把自己的工作彻底抛在了脑后，与他一起吃饭，一起去夜总会，一起逛市场。那天，正当她往一家商店黑洞洞的小门里凝视时，店主从里面向他们招手，向他们兜售几双皮拖鞋，只可惜，尺寸不合适；随后便又向他们兜售胸针、香水、黄铜镇纸。她看上的却是一枚戒指，于是，汤姆便给她买下了那一枚结构有点复杂的戒指，上面有一个小物件，一个带有圆锥形盖子可以开启的贮物盒。它被称为毒戒，那店主说，是用来对付敌人的，直接取意于《一千零一夜》（The Thousand and One Nights）。

---

1 赫利奥波利斯（Heliopolis）：位于尼罗河三角洲的古埃及城市，在开罗以南130公里处，太阳神的信仰中心地。

那天稍后——或许是第二天，汤姆在那个小贮物盒里装满了从默卡塔姆山[1]（Mokattam Hill）上取的沙子，他们是驾着那辆V8福特去的那里。黄昏时分，当他们从开罗望向那里时，默卡塔姆山的山体呈现出朦胧的淡紫色。夜晚的尼罗河，像是被宝石点缀了起来。他们在桥上停了下来，俯在栏杆上看下向下面的河面。此时，公路上已没什么车辆，只有偶尔叮当叮当经过的晚班有轨电车、少数汽车和蹄声嘚嘚的马车。河下游200来码处，一艘游艇仍在突突地工作着。“有时候，”汤姆说，“在我看来，这座城市，似乎比沙漠更奇异。”

那的确是一座奇异的城市。听起来就像天堂一样，克劳迪娅想。她打算在她的那部世界史里用相当大的篇幅描述埃及中古王朝时期的那个伟大的城市孟菲斯（Memphis）的变迁：一座坐落在上下埃及会合处的泥沙上的满是棕榈树与绿叶的城市，它有庄严的庙宇和排列着人头狮身雕像的林荫大道；它是一个步调与世界其余部分完全不一致的、有着自己才智的复杂社会的中枢，在欧洲还住在洞穴里时，它就有了方石堆成的建筑群，以所知的最具装饰性的文字记录下它自己。它信奉一种有史以来最富想象力，最难以渗透，最一意孤行的宗教。而现在的孟菲斯是什么样子？一片连着一片隐约可见的不规则的耕作区，倒伏在地上的巨大的拉美西斯二世的雕像。那个强大的帝国衰落了，古埃及的政治稳定动摇了，那些失修的水坝破损了，尼罗河主宰了余下的一切，没留下一丝孟菲斯公民生活的痕迹。但他们死亡的痕迹却很多——金字塔、石椁、坟墓、雕花大理石石棺，殡葬立起的墓碑散布得到处都是：一个被死亡攫住的民族。

当年，埃及这个民族与英国人之间没有社交。埃及人不能加入杰济拉体育俱乐部[2]或赛马俱乐部。他们当中的那些拥有足够的消息来源、生活悠闲和关心战事人，怀着事不关己的心态观望着沙漠战争的进行；在隆美尔（Rommel）似乎势不可挡之时，商店橱窗里贴出的布告是“本店欢迎德国军官。”一场革命和阿斯旺大坝（Assuan High Dam）改变了所有的一切。尽管还有贫苦的农夫，但他们的泥土小屋现在已通上了电，婴儿的死亡率也不是40%了。国王过时了，英国人也过时了。因为分离，埃及人在谈论战争时，他们指的是以色列人的战争，不是英国人的，英国人的战事与他们没有任何关系。

“昨天傍晚你应该在这里。”克劳迪娅对她的英国室友卡米拉说。卡米拉开始大谈昨晚她与之约会的一位军官，以及当地人的迷信，真的相信精灵，鬼魂和诸如此类的东西。还说起他们在游廊上坐着时，看着一个当地人哭叫着窜来窜去，差点把她吓死。卡米拉坐在床边，染着她的脚指甲，喋喋不休，接着，又对克劳迪娅不肯搭腔的沉默不语说三道四，说全是她的肠胃不和在作祟。

克劳迪娅郁结的沉默，其实是由于对汤姆安危的担心，那种担忧现在一天天严重起来。在几周的沉默当中，她与汤姆之间，只有书信往来。后来，她突然在电话上听到了汤姆的声音，汤姆告诉她——他现在在开罗。于是他们请了几天假，去了卢克索，去了亚历山大港。现在，回想起来，克劳迪娅已弄不清一共有多少天了。一切全是凭借那些建筑物加以区别的——卢克索附近宽阔宁静的尼罗河，国王谷（The

---

1 默卡塔姆山（Mokattam Hill）：位于开罗东南，山坡上有一座巍峨壮观的堡垒，被称为开罗城堡（The Citadel of Cairo）或萨拉丁城堡（Saladin Citadel），是埃及历史上的民族英雄、阿尤布王朝（Ayyubid）的开国君主苏丹撒拉丁（Sultan salah al Din，1137或1138—1193）于1176年修建的，以抵御十字军来犯。

2 杰济拉体育俱乐部（Gezira Sporting Club）：建于1882年，非洲甚或中东最古老的高尔夫球场。紧靠景色怡人的扎马雷克岛（Zamalek）。

Valley of the Kings）光秃秃的寂静，旅馆和酒吧里一堆堆的人和喋喋不休的谈话声，希迪毕舍尔海滩（Sidi Bishr）的巨大而懒洋洋的浊浪。而每一次，在汤姆再次返回战场之后，她的那种担忧，又会进一步加剧，愈发严重起来。

战争在突然之间，对克劳迪娅变得可怕地真实起来，她不再是一个平心静气的冷眼旁观者。然而，在1942年初那些静止不前的月份里，战争似乎成了一种持久的状态——虽不威胁生命却阻碍一切进展的慢性疾病。她去了耶路撒冷（Jerusalem），意图采访英国人的法国盟友戴高乐（De Gaulle），有传言说他已经到了那里，可惜未能如愿。她的一两位同行，由于无所事事，坐卧不宁，一同飞到比较有趣的中间地带去了，之后，在沙漠终于又生机勃发时，才不得不急忙赶了回来。那是一个看似平静却一直在演进的时期。冬季一点一点地换成了春季，气温上升了。从某种意义上说——在那个时期，她甚至不知道时间是什么时候或过了有多久，直到汤姆再次来到她身边。

她注意到他有点瘦了，肌肉像一条条绳索，黑发被太阳晒成了焦黄色。“说真的，你看起来很健康。”听她这么说，汤姆立即直白道：“健康状态不是我想谈论的。我心里想的是精神。我非常快乐……你可真是个巫婆，克劳迪娅。当然是一个好巫婆。一个白人女巫。”她无法作答，心里默想：以前，从未有人像这样与我讲话；以前，我从未让任何人快乐过。我一直使人生气、不得安宁、妒忌、纵欲……从未让人快乐过。

他们一起去了清真寺，在一个隐秘的角落里，汤姆偷偷地吻着她，想带她回公寓去，然而，由于她的坚持，他们爬到了顶层。站在那眺望台上，望着蓝色天空中的那些飘动着的风筝，她问汤姆，“战争结束后你打算干什么？”汤姆松开了紧紧搂抱着她的双臂，俯瞰着那个城市说道：他想回故乡，怀着满腔的热情，崇高的理念，以及社会应如何步入正轨的见解，在一些充满火药味的有敌意的选区，为国会演讲，在被打败了之后，引退，但是，绝不灰心丧气；或者去一家高水准的报章杂志，做一名从业人员，写一些尖锐的文章。不过，他最渴望的，是想去某个雨量丰沛万物疯长的地方生活；他想看到土地上果实累累，成倍增长以及所有的农事。他要为未来做储备，既然不相信天堂，就要在人间积蓄财富。不是物质财富——他要的是成片的绿色田野，肥壮的奶牛和橡树。还有一样他要的东西——他要生一个孩子。“孩子，”克劳迪娅说，“好啊。孩子……”仰脸看向那些纷乱的风筝。这时，有一个比其他的都大多了的风筝，开始慢慢向某个选定的目标降落。

“‘那孩子是男是女？’她一直在不断反复嘟哝着这句话。”那天，年轻的护士对被召唤来的丽莎这样说完之后，又解释说，医生说，前一天夜里，克劳迪娅曾有过一次医学上的危象，精神有些错乱，嘴里不停地重复着“那孩子是男是女”这样一句话。值班的护士因为清楚丽莎是克劳迪娅唯一的孩子，便安慰她说“是个女孩”。待克劳迪娅终于进入沉睡之乡后，那位护士让丽莎放心，说医生认为短时间之内不会有什么麻烦了。随后，丽莎打开她带来的报纸，坐到克劳迪娅的床边。她要在母亲身边待上一会儿，以防万一。

丽莎清楚，母亲克劳迪娅不是一个能付出耐心和时间来照看孩子成长的女人，母亲从未像一个平常母亲应该的那样来疼爱自己，关注自己的成长。母亲不爱父亲贾斯帕，肯定不爱，至少看上去不像那样，非常可能，母亲从来就没有爱过任何人。在丽莎年幼时，有一次看到克劳迪娅放在床头柜上的戒指和手镯，戒指上的那颗绿宝石比贾斯帕的大得多。丽莎玩弄了一会儿，发现戒指上带有一个神秘的小盒子，里面装着一些沙子，她想要把它们清除掉，克劳迪娅看到后，立即夺走了那枚戒指，并警告她“不准再碰”。

克劳迪娅想，根据统计数字，在阴间——应该有些基督徒、希腊人、埃及人。很可能，住在那里的，差不多全是些孩童。那些婴儿、蹒跚学步的孩子。一些捆束在襁褓当中的孩子，或挺着大肚子四肢细得像柴火棍一样的幼儿，或消瘦枯萎的畸形侏儒，占据了阴间一大片的地盘。唯一可以令人释怀的，是她自己不会到那种地方去，沦入湮没无闻之中。因为她将活在他人的心里，以惊人的失实，活在丽莎、西尔维娅、贾斯帕和她的孙子们以及她的敌人们的心里。当然了，在阴间的另外一个主要的最下层群体，当是军人——无数的小伙子——那些带着钢盔、头盔、穆斯林的头巾、熊皮帽下面的面孔。

“喂，”克劳迪娅的室友卡米拉招呼了一声，打断了她的沉思。“今天是不是太热了？我们办公室的电扇坏了，我们快热死了。我必须去冲个澡。顺便问问，正在打的真的是一场大战吗？你一向消息最灵通——就讲讲吧。”现在，大使馆里谣言四起，但没人能真正说清楚什么。“是不是很刺激？他们又在沙漠里大打起来了，不是吗？大使馆里，人人都紧张得不得了。可怜的鲍比·费娄斯（Bobby Fellowes）显然伤得很严重——萨莉（Sally）真不幸，不过她表现得非常勇敢。我们确实是在猛攻隆美尔，大家都这么说。”卡米拉兴奋地谈论着人人都在关注的战事。

克劳迪娅的关注点在总司令部——因为汤姆已被列入了失踪者的名单。总司令部里的电话和电传打字机一天 24 小时忙个不停。大家都忙得喘不过气来，而且心情急躁。克劳迪娅不肯相信，失踪并不一定就意味着阵亡了。她甚至几乎快信仰上帝了，去了大教堂，去祈祷，带着羞愧祈祷，宁愿汤姆被俘成为战俘，只要他还活着。最后，她的一个军官朋友从总司令部给她打来了电话，最新的伤亡名单已经下来了，汤姆·瑟森上尉被正式列入了阵亡名单。克劳迪娅夜不成寐，躺卧在床上，目视着天花板，猜想着汤姆是怎么死亡的，是立即死掉的？还是慢慢死掉的？在她眼前，出现了汤姆孤独地倒卧在地、鲜血流淌到沙地上的景象。几个星期后，卡米拉获悉了克劳迪娅怀孕的消息，已经数月了，卡米拉先是惊愕，然后是理解，接着是，纳闷她为什么不对此“做点什么”，眼下正值恐怖的战争期间，同一个军官发生了关系是完全无可非议的事，可怀孕就是令人难堪的胡闹了。让卡米拉更为吃惊的是：她竟然想生下这个孩子。

克劳迪娅住进了一家护理院，要在那里住到那个孩子出生为止。一天夜里，她突然阵痛起来——很可能必须流产了。护士长安慰她说，“在这种情况下，你也许会觉得那样最好。过几分钟，医生就会再来看你。”她两腿紧紧绞在一起，躺卧在那里，非同寻常的疼痛在她体内撕咬。她瞪眼看着那女人，在床上坐了起来。“不。”她低声说。她本想大喊大叫，然而发出的声音却是沙哑的。“我不做流产。那不是最好的办法，你也不应该说这种话。你必须采取措施做点什么。”那护士长惊异地扬起了眉毛，说话的语气不再那么不动感情了，对她身体目前的状况有些担忧，之后说道，“在这种情况下，只好听天由命了。”她仍然不甘心，不肯作罢，“那就最好做点什么，”她愤怒地吼道，“我要这个孩子。你如果不救这个孩子，我要……我要……”她躺卧了下去，眼里噙着泪花。“我要杀了你，我要杀了你。”她嘟哝着。“我将杀死你，你这个蠢女人。”几小时后，当他们用几盆水，一些铁桶和床单做事时，她又嘶喊起来，要知道那孩子是男是女。“它既不是女孩，也不是男孩。”那位爱尔兰护士说。“结束了，全都结束了。你最好把它彻底忘掉。”

战争结束了，以死亡为代价。克劳迪娅曾遇见过一位老妇人，持有的是波兰护照，说的却是一口流利优雅的法语，战争中，她失去了全部的家人：丈夫死于伤寒，一个儿子被纳粹杀害，另一个儿子死在了劳改营里，儿媳们和孙辈们也全都消失了。当克劳迪娅 1945 年再一次第一眼望见多佛白悬崖[1]（Dover White Cliff）时，她又想起了那位老妇人。那些悬崖依然在那里，令人突然想起了莎士比亚（Shakespeare），学校黑板上摩擦出的刺耳声响，以及那首关于知更鸟[2]的童谣。悬崖的脚下，围着铁丝网，崖顶上有地堡。到处都是退伍的士兵，穿着不合身的新衣服，非常显眼。人人都在对某种事情表示不满，如果说这就是胜利的话，似乎很难说值得。坐在一列摇摇晃晃缓缓穿过肯特郡（Kent）田野的列车上，她望着窗外的风景，想着那些因轰炸而为人熟知、震撼人心的悬崖。

在伦敦维多利亚（Victoria）列车站，克劳迪娅见到了戈登。战争仿佛使往日她熟悉的那个戈登变了一个人，面颊上多了一道几乎看不出来的伤疤。戈登觉得克劳迪娅也不是先前的那一个人了，尽管看上去和过去没有什么大变，可她的头发比他记忆中的更红了，在这个问题上，克劳迪娅的脾性一如既往，坚持说自己的头发向来如此，“我的头发向来都被认为是红的，这是母亲从我小时候就不喜欢我的原因之一。”

随后，他们一起去了一家咖啡店，喝了味道很浓的热气腾腾的茶。她持续不断地凝视着四周，伦敦的建筑、人、公共汽车和出租车，之后，默默回想着当年与戈登搂在一起跳舞的往事。他们正处于最害羞的年龄——性欲亢奋，青春期晚期，自我中心——两个人你看着我，我看着你，看着自己变成了对方。他们像面对镜子一样相互面对着，用暗号交谈，把其他一切人排斥在外。在一段时间里，在那傲慢不恭的一两年里，他们都觉得仿佛是在跟自己跳舞，只是形体表现为异性罢了。

教室被改成了一间舞蹈室，沙发和椅子都被推到了墙边，地毯被卷了起来，留声机立在铺着旧粗呢子的桌子上。戈登散发出男性的气味，是那么的美妙，他们身体贴着身体，大腿贴着大腿，啊，就像是在天堂里一样。自那以后，她总会不自觉地把每一个吸引她的男人与戈登相比较，而且总会感到个个都不如戈登精明英俊，不如戈登有魅力，唯有汤姆·瑟森不在那之列。

在网球场上，他们打败了所有的人。网球队的其他成员坐在一旁，反感地盯视着他们。他们要去巴黎玩几天，母亲觉得她还太年轻，不过因为相信有戈登的照顾，母亲答应了她。他们没事的时候，在教室里懒散地并肩趴着，一心一意只想着对方，那时他们的母亲在楼下一边唱歌，一边侍弄着花草；他们有时也去戈登在剑桥的寓所，或是去伦敦的剧院，或是去逛多赛特（Dorset）的风景。直至过了那第二个夏天，他们突然失去了对彼此的兴趣，不过，他们兄妹二人相互之间的感情，却始终依然亲密，依然会将他们的配偶或情人排斥在外。

---

1 多佛白悬崖（Dover White Cliff）：位于英国东南部的多佛港，面向着英、法海峡，大部分车船临近多佛时，都会首先见到它。第二次世界大战期间，多佛港被德军选为重点轰炸城市，白悬崖的上空，不知上演了多少幕教人惊心动魄的英、德空中大战。

2 知更鸟（Robin）：又称歌鸲，是一种小型鸣禽，约有360多种，其中的“红胸鸲”是英国的国鸟，驯良而不惧人。英国儿童朗朗上口的一首童谣“谁杀死了知更鸟”（Who Killed led Cock Robin?）的大意是，知更鸟原本被天上所有的鸟儿喜爱，最后却在小鸟审判中死亡，不过紧随其后的“下回的受审者”竟然是童谣一开始杀死了知更鸟的麻雀，杀人者亦会受到审判，使得这首童谣倍添因果循环的深层含意。

那天，戈登与他的妻子同克劳迪娅以及母亲一起共进晚餐时，妻子西尔维娅便明显地感受到这种排斥。当时，西尔维娅已怀上了她的第一个孩子，饭席间，戈登却只是一味地与克劳迪娅不住地斗嘴，听着克劳迪娅议论西尔维娅怀孕的笨拙样子，弄得一旁的西尔维娅心里很是不快。西尔维娅十分讨厌他们兄妹之间那种亲昵的样子，她原本很得意自己的怀孕，却受到了戈登如此地冷落。在克劳迪娅面前，戈登对待她，就像是在对待一个偶然相识的熟人似的，结果，被深深刺伤了之后，她喝醉了，没等晚餐结束，就跑到楼上去了，戈登对此依然置之不理，继续他们兄妹二人的斗嘴，继续没完没了地与克劳迪娅说说笑笑。

“谢谢你，”克劳迪娅说，“看上去价格不菲，我想是从佛南慕[1]（Fortnum）买的吧。放在桌子上吧，负责花卉的护士稍后会照料它的。”她对贾斯帕说，随后支撑着靠到枕头上，一块供放东西用的平木板斜在她面前。来探视的贾斯帕对她在写作的世界历史表示了期待，她怀疑贾斯帕的诚意，贾斯帕做了一个否定的手势。她便开始抨击贾斯帕在开发利用公共历史资源方面的贪婪，牟取私利。在他制作的6个耶稣基督的生平故事片段中带有一些插播广告的间歇。贾斯帕吸了一口气，停了停，阐明了自己的意见：现在讨论这个问题，不是正确的时间和地点，他是来看她的，不是来争论的。她却不以为然，“这样，也许更利于治疗。这是我比较光鲜的一天。他们告诉我，我总是特别喜欢争辩，你不喜欢吗？”贾斯帕用迷人的微笑安抚她说：“我从不为做过的任何事情感到后悔，亲爱的。尤其是和你在一起的时光。”她目光尖锐地盯视着贾斯帕，“在这一点上，我同意你的说法——后悔永远都是毫无意义的，因为做过的事情无法抹掉。”他们终于有了一点一致性。她推想，这是基于长期以来对历史境况的研究使她所养成的那种理性的相容性，历史当中的那些政治冒险家——铁托、拿破仑、中世纪的主教们、十字军战士、殖民者……她不喜欢他们，但她又不得不留心他们。

殖民者和商人，一直都是克劳迪娅留心的对象。她想，贪婪是一种令人关注的品行。贾斯帕就很贪婪，他非得有钱不行，为有钱而有钱，而不是为钱能买到什么的那种纯粹的持有。他为了自己的利益致力于对战争问题的发掘，确保自己绝不会受到任何威胁或使自己有什么麻烦，把战争变成了一种对他的事业有利可图的资源。那天，贾斯帕对她说，“我想离开外交部。”当时，他们正驱车穿越诺曼底（Normandy），车窗外是带有某种法国梦幻特色的风光。由于将被派往雅加达（Djakarta），去做商务秘书而不是去做大使，所以，贾斯帕打算离开英国外交部，开始为自己的未来运筹帷幄，并把自己的一些盘算说给了克劳迪娅。今后他想做的事，一是电视，在电视界成就一番事业；或者，为《泰晤士报》（The Times）做一个专栏；再或者，为北大西洋公约组织做事。贾斯帕说过这些话之后，突然把车开离了主干道，开进了一座城堡，开进了里面的会议中心。克劳迪娅这才弄清此次贾斯帕同她短程旅行的真正目的——他要以一个观察员的身份为观众拍一部片子，让她来充当他的秘书，她断然拒绝了，要求立即停车，遭到了贾斯帕一番指责和讽刺。她一面抢白，一面同贾斯帕拉扯了起来，最后，她还是随他在他的目的地下了车。

那座杜埃斯·德·洛克维尔（Dues de Rocqueville）家的城堡，有着400年的历史，将其改造成了洛克维尔会议中心后，在最大限度上存留了它的历史风貌。介绍它的那本小册子里面，措辞非常高雅，同

---

1 佛南慕（Fortnum）：英国伦敦一家著名的百货商店，历史悠久。

时又有些令人难以琢磨。克劳迪娅从中获悉，这里是战后世界问题的研究中心，专门举办有学界、军界、外交界和政界的专家们出席的讨论会。在那次与会者当中，有许多有影响力的人物，贾斯帕发现，被人看见他与克劳迪娅（最有吸引力的女人）在一起，是一件大为沾光的事。不过，他几乎没有注意到，克劳迪娅正在与之闲聊的那位态度温和、仪表堂堂的男子竟然是颇具影响力的报业老板——汉密尔顿先生（Mr. Hamilton）。克劳迪娅和汉密尔顿先生谈论了埃及，谈论了战争；之后，汉密尔顿先生还向克劳迪娅发问：她想去干些什么？克劳迪娅回答说：她打算着手写一部历史著作，不想干新闻记者了。汉密尔顿先生当即表示了遗憾，显然，他看过克劳迪娅的一些采写，他表示要为克劳迪娅提供一份工作，希望她能为他的报纸写写专栏，想什么时候写就什么时候写，没有任何限制。

克劳迪娅凑合着为汉密尔顿先生的报纸写出了她的第一篇文章——对最近一部作品的抨击。在那时，贾斯帕也正在做一点新闻方面的工作，看到她那篇刊登在了汉密尔顿先生报刊上的文章之后，追问她，"你是怎么认识他的？"克劳迪娅干巴巴地告诉他，是在洛克维尔的那个周末偶然碰上的，就是吃晚饭时与她谈话的那个男人。贾斯帕颇有些恼火，自己在北大西洋公约组织里未能谋得一职，却为克劳迪娅提供了一个公用的讲道台，真是一个极大的讽刺。而且，毋庸置疑，这将会大大提升克劳迪娅的知名度，大大提升她著作的销售量。他安慰自己说：那也许是一条通向权力的道路，却未必是通向财富的道路。之后，他便干出了那种投机取巧的事，在电视节目当中动手脚，插播广告，而且又进了一家商业银行的董事会，开始四处扩张他自己。贾斯帕很嫉妒克劳迪娅的成功，克劳迪娅觉得，像贾斯帕那样的男人，对女人的真正的胃口，是顺从和有用，他本该与可人的西尔维娅那样的女人待在一起。

在洛克维尔会议中心，其实，克劳迪娅主要关注的对象，既不是贾斯帕，也不是汉密尔顿先生，而是相当另类的事物——在那个地方，在那种方式当中，在那个特殊的时刻，作为一种物质形式表现出来的历史就像虚无的幻影一样。她思考着：历史是混沌的，是死亡、困惑和耗损，而大家却坐在这里，趁机谋取利益，靠历史赚钱，在沙地上绘制出图案。

克劳迪娅做了一个噩梦。她告诉护士，她梦见了一个阴森恐怖的场面。之后，她意识到，她曾置身于16世纪早期那一令人极其毛骨悚然的特定时刻，西班牙人从阿兹特克人[1]（Aztec）的首都特拉科潘（Tlacopan）的溃退。她听到或看到了：马蹄声、尖叫声、淋漓的鲜血、火枪的射击、烟雾、箭如雨下、一拨又一拨的尸体。

她本是以置疑的态度完成了她的那部墨西哥历史的写作。赫尔南多·科尔蒂斯的所作所为不大可能是真实的存在。不可能有像他那般勇敢、魅力超凡、顽强和看上去坚不可摧的人。而且，一个人怎会那般的贪婪、疯狂、缺乏想象力，在对地形毫无所知的情况下，率领几百人进入一个生疏的、热衷于屠杀和以异乡人为牺牲品的种族的大陆，为了在那些人自己的都邑生擒他们的统治者，而且取得了成功？后来又再次获得成功。她无法确定这般行事的科尔蒂斯是一个英雄还是一个疯子。然而，她的这一部历史

---

1 阿兹特克人（Aztec）：北美洲南部墨西哥人数最多的一支印第安人。1519年，西班牙殖民者赫尔南多·科尔蒂斯利用印第安人内部矛盾进攻阿兹特克帝国，帝国第九代统治者蒙特祖马二世（Moctezuma II，约1475—1520）被俘虏，1520年向人民劝降时被群众击伤而亡，科尔蒂斯侥幸逃命，之后，又于1521年卷土重来，阿兹特克人在新国王瓜特穆斯（Cuauhtémoc，约1495—1525）的率领下，与围城的西班牙殖民者展开了殊死搏斗，后由于粮食和水源断绝，加之天花肆虐而失败。

著作却是大为成功，进入了畅销书的名单。她接受了新闻记者的采访，一位著名的学者用匿名方式攻击了她，反而大大增加了她那部著作的销量。两年之后，还被一个电影制片人看中，买下了改编权，并为她提供了一个历史顾问的职位，部分出于好奇，部分因为薪金可观，她接受了这个职位。当时，她 46 岁，她发现自己失去了往常的平静，眼看着自己作品当中的一些场面被兑现，听着脚步的踩踏声和感受着流着汗工作的场面，也确实令人兴奋。在影片拍摄当中，她乘坐的小汽车出了车祸，司机死了，她与科尔蒂斯的扮演者男演员詹姆士·卡克斯顿（James Caxton）受了重伤。

因撞伤和骨折，她在马德里（Madrid）一家医院里住了一星期。一天，戈登走进了她的病房，通常镇静的她突然大哭起来，并问道："你怎么来了，你不是在澳大利亚吗？" 戈登解释说，"根据西尔维娅的报告，我改变了行程。天啊，别哭了，克劳迪娅，自从你 6 岁以来，我还没见你哭过呢。你怎么了？" 她立即辩解说：这叫迟到的震惊——这种情况，在人们意识到自己竟然没有死的时候就会发生，完全是理性的。之后，戈登坐到了她的病床边上，拿起她的手，举了起来，她感受到了戈登手掌的温暖，看见了他眼睛里饱含的一切感情，直到她无法再看下去，将目光转向别处。戈登已有几年没触摸过她了。他们见面时，从来不接吻。戈登站起身走到窗户那里，望向窗外。她躺在床上注视着戈登，在心里想，他更难以亲近了，比起这个世界上的任何其他的人来，他更加难以接近了；戈登忽然想到，比起其他人来，他与克劳迪娅相互之间更加亲近了，同时又更进一步疏远了，他不希望情况是这样的。

从马德里那家医院出来之后，康复期间，克劳迪娅有了一个更能集中思想的机会。出于对自己做母亲的不称职的自责，她把女儿接到了身边，渴望补偿自己对女儿丽莎的愧疚。在丽莎 8 岁生日那天，她把整个伦敦城都交给了丽莎——伦敦塔（The Tower of London）、杜莎夫人蜡像馆（Madame Tussaud's）、巴特西游乐场（Battersea Fun Fair）、乘船去格林尼治（Greenwich）——丽莎选择的却是动物园，部分原因在于她看到了贾斯帕对这一建议皱起了眉头。

克劳迪娅和贾斯帕带着丽莎沿着伦敦动物园的一条宽阔的林荫大道慢慢走着，丽莎对动物园里的那些猴子、狮子十分着迷，而且，还很敏感地觉察出了克劳迪娅很不喜欢在北极熊那里逗留。在猴厅里，有两个成年猴子正在交配，克劳迪娅不顾贾斯帕让她"住口"的阻拦，耐心向丽莎解释说那是制造宝宝的方式，人也是这样的。随后，克劳迪娅向贾斯帕表示，她不想再同他见面了。贾斯帕希望她能给出一个理由，如果是因为他同那个意大利女孩的事，他已经同那女孩结束了。克劳迪娅告诉他，"我一点都不在乎那个意大利女孩，我只是想独立，靠我自己。"与贾斯帕断绝关系，对克劳迪娅来说，已经不是第一次了，也不会是最后一次。

在 10 月的一个下午，一个正当大好年华的外籍小伙子拉迪斯洛（Laszlo）住进了克劳迪娅位于泰晤士河（Thames River）北岸、伦敦西南部的富勒姆区（Fulham）的公寓里。事情源自克劳迪娅写的一篇文章——匈牙利事件[1]爆发后她为汉密尔顿先生的报纸写了一篇措辞激烈的评论，之后，一位素不相识的教授从布达佩斯给她打来电话，说看了她写的文章，希望能够得到她的帮助。那位教授 18 岁的独子拉迪斯洛（Laszlo）眼下正在伦敦，想在伦敦寻找学习绘画艺术的机会，他请求克劳迪娅说服他的儿子待

1 匈牙利事件（Hungarian Event）：1956年10月23日匈牙利首都布达佩斯（Budapest）爆发了声势浩大的群众示威游行，随后演变为流血冲突。10月24日和11月4日，苏联两次派兵镇压，史称"匈牙利事件"。

在英国，那样比较安全。克劳迪娅弄清情况之后，答应了他。

丽莎来到母亲的公寓时，看到了拉迪斯洛，一个有着一头黑发、一脸青春痘、侵占了她母亲的爱并不断制造麻烦的小伙子，她对拉迪斯洛的态度相当冷淡。一天，拉迪斯洛收到了一封他姑妈从奥地利寄来的信函，上面说了他父亲的事，他父亲已被捕入狱，至今下落不明。拉迪斯洛泪如雨下，将此事说给了克劳迪娅。克劳迪娅要求拉迪斯洛把那封信的内容为她翻译出来，因为这样，她想，可以使拉迪斯洛有点事去做。然而，拉迪斯洛还是喝了个酩酊大醉，克劳迪娅径直走进了他的房间，找到了那个喝空了的威士忌酒瓶，把它放到桌子上，然后说道，“下次你再做这种事时，通知我一声，我来和你一道儿醉。碰巧我对威士忌并没有什么特别的偏见，在我们这个国家里有一个传统，任何人都不能自己独醉。”

之后，为了使拉迪斯洛能尽快了解伦敦，克劳迪娅为他做了一些安排，让他乘坐公共汽车，从起点坐到终点，还让他每天步行上数英里。当拉迪斯洛发出怨言时，她命令拉迪斯洛必须继续坚持下去，告诉他这是他适应新生活环境的最好方法。拉迪斯洛回报了她的这份母爱，在她过生日时，送给了她一大束他从伦敦肯星顿公园（Kensington Gardens）采来的水仙花。在她的引导下，拉迪斯洛查看了伦敦的各个艺术学院，最后选择了坎伯韦尔艺术学院（Camberbwell College of Arts）。这时，拉迪斯洛已能从一个监管匈牙利学生的委员那里领到一些捐助款，在春季的某个时候，搬出了她的公寓，迁居到泰晤士河南岸他的朋友们那里。不过，或者因为他定期和他的朋友们吵嘴，或者因为他们不付房租被统统赶出租屋，他又会搬回来和她同住，然后，重新找出了新的法子再搬出去。

克劳迪娅公寓里空闲的一个小房间——通常是丽莎占用的那个房间，变成了拉迪斯洛的房间。她已经习惯了拉迪斯洛深夜从电话亭打给她的电话，习惯了台阶上拉迪斯洛那瘦长的身影。拉迪斯洛断断续续同她一起生活了许多年，用心学习英语，使用英语，变成了一位比英国人更像英国人的人，加入了工党。在拉迪斯洛 30 岁出头的时候，陷入了混乱的状态，就像他向来都会做的那样，去同伦敦卡姆登镇（Camden Town）的一个年纪较大的男人——高档古玩经销商一起生活去了。克劳迪娅从来没有在意过那个老家伙，不过那个老家伙照顾过拉迪斯洛，并忍受着拉迪斯洛的情绪化性格，还给他提供了一处工作之地。拉迪斯洛绘制出来的那些关于战争场面的超现实的噩梦般的绘画，没有一点销路，除了克劳迪娅之外，没有人肯把它们挂到自己的墙上。那时候，克劳迪娅没有选择，假如她不器重它们，谁会器重它们呢？总之，她已经渐渐习惯它们了。

那天，拉迪斯洛到医院来看望克劳迪娅，情绪颇有些激动。“他们没告诉我。”他哀泣着说，“我们去了法国，之后又去了纽约（New York），我回来后给你打电话，没人接，后来我又打电话，还是没人接，随后，我便给丽莎打了电话。他们为什么不告诉我？”克劳迪娅解释说，“他们曾试着联系过你，丽莎给你打过电话，如你所说，你不在。”拉迪斯洛渐渐恢复了平静，询问克劳迪娅需要什么，他能给她带些什么过来——书或报纸什么的，随后表示，“我每天都会来的。”克劳迪娅赶紧制止说，“不要……”这时，门开了，西尔维娅走了进来。拉迪斯洛和西尔维娅二人向来谈不大来，不过，这一次，他们之间似乎好多了。

眼下，克劳迪娅已经搞不清时间了。丽莎过来探视她时，她以为丽莎是与拉迪斯洛和西尔维娅同一天来的——其实，那已是两天之后了。她同丽莎谈论起拉迪斯洛，丽莎不喜欢母亲谈论这个人，对她歪了歪头，不置可否。“我很抱歉。”她说。“为什么抱歉？”丽莎小心地问道。“对不起，我是这么一个不称职的母亲。”丽莎被克劳迪娅搞得很不自在，最后，不知所以地道了一声，“谢谢。”

克劳迪娅沉思起来，想到丽莎的出生，成长，丽莎儿子的成长，忆起在戈登去世前的最后一个星期——在戈登去世的两天前，他们在伦敦一辆出租车里争执的情形。戈登在死于癌症前的一个星期，就电台的一档由经济学者们指定的节目被取缔的事，被传唤去作证，他向皇家广播委员会提出了证据，他心里很清楚，该委员会的调查报告，他永远也不会看到了。西尔维娅和克劳迪娅雇了一辆出租车，把戈登带到那里。一路上，西尔维娅始终抽抽泣泣，眼圈都红了；戈登脾气暴躁，吃了一些药片，用悬带吊着一个转来转去的塑料输液管。医生认为，无论什么事，只要戈登想干，就让他去做吧，克劳迪娅接纳了医生的意见，坐在出租车里同戈登谈论着即将到来的选举。戈登挑起了话题，她接住了他的话题，心照不宣，在那时，她只能那样做。他们争论起来。

坐在戈登身边的西尔维娅突然哭了起来。克劳迪娅想，他们真不该来——在伦敦这个令人不快的12月，在一辆出租车里颠簸。戈登的呼吸变得粗重起来，他的腿上绑着一些管子，克劳迪娅不忍心去看那些管子。戈登不顾一切地说着，这样对他一点好处也没有。那个乏味的选举，把他弄得兴奋起来，可当时，有谁关心这次选举呢？而且，那次选举来临时，戈登将不在人世。西尔维娅咬着嘴唇，望着窗外，脑海里面流动着的是其他一些想法。她知道自己不该有那些想法，但是她控制不住——关于今后的生活和卖掉房子的一些想法。说起来，她从未真正喜欢过北牛津，一个人可以迁居到更具乡村风味的地方去，而不用再继续他们夫妻那种不停往返奔波的生活，可以在一个按期举行集市的小镇上买一处漂亮的小房子，然后找点事做，可以到牛津饥荒救济委员会去做一名志愿者。

克劳迪娅70岁生日那天，收到了几件礼物。拉迪斯洛的礼物是70瓶葡萄酒，一瓶代表一年；丽莎送的是一个黑色的钱夹，有些担心那颜色不知是否合她的心意，她看出了丽莎的不安，便随口说道，“正是我喜欢的，谢谢你。”其实，对她来说，那天，她最喜欢的礼物，当数拉迪斯洛趁她睡熟时留下来的一样东西——她之前要拉迪斯洛从她家的柜子里取来的一个厚厚的牛皮纸信封，拉迪斯洛将那个大信封留下之后，人就走了。那是一个陌生人寄给她的，一个旧练习本——汤姆·瑟森上尉的日记本。事情源于她数周前出版的一部散文，有关战争期间她生活在埃及的怀旧文章，上面有一张当年她在大漠的吉普车上的照片——她与汤姆·瑟森相遇的那天拍摄的。汤姆·瑟森的姐姐通过那照片说明认出了作者克劳迪娅就是她弟弟汤姆日记当中提到的那个神秘的人物“C.”，于是便把汤姆·瑟森的那本日记寄给了克劳迪娅。

克劳迪娅重读了汤姆·瑟森最后的几篇日记。在那几篇日记中，汤姆记录了他对克劳迪娅无尽的思念与眷恋，殷殷的爱，以及渴望战后与她一起生活的意愿。其中记录更多的，是正在身经战事的汤姆对战争的种种切身感受：高度兴奋，相继而至的筋疲力尽，无所事事，乏味，厌烦和不适，以及血腥，惨烈……在其中，他详细记录了他目击的一个被烧得惨不忍睹的坦克兵的尸体的情形，还详细记录了他与德军交战的一次经历：

那天，他们的坦克正在往前推进，有巡逻兵不断报告德军的方位与距离。在与德军距离只有7000码时，他镇定地转向了他的炮手们，开始发出命令。他的坦克上，换上来一个新炮手——詹宁斯（Jennings），来自白金汉郡（Buckinghamshire）郡府艾尔斯伯里（Aylesbury）的一个矮胖青年，第一次参加战斗。当他命令詹宁斯测量好距离准备开炮时，詹宁斯的嘴里却只是一再重复地嘟哝着“让我离开这里，让我离开这里……”结果，几秒钟之后，敌人抢先射过来的炮火把他编队中的一辆坦克击中了，那辆坦克立刻就瘫痪了。他们无法继续前进，他只好把剩下的两辆坦克从阵地上撤了回来。之后，他把詹宁斯赶出了坦克。万分惊恐的詹宁斯病倒了，当卫生官员把詹宁斯带走后，其他的几个成员开始夸大其词地拿詹宁斯打趣。此时此刻，他却感到自己的某种思想开始动摇，心中空落落的，对詹宁斯生出了怜悯之情。

在那天的交火当中，他们中队共损失了三辆坦克。其中有一辆坦克里的成员逃了出来，当中的炮手转移到了他的坦克上。第二天更是糟透了——从黎明到下午的后半晌他们都在与德军反复交战，直到战斗结束时，他就像一台自动机器一样发挥着作用，既没有同情心，也没有人道。当他们大举围攻时，他们被告知，他们已把德军赶了回去，已突破了德军的防线。大家兴高采烈，坐在坦克里互相祝贺。他不愿再去回想詹宁斯的事，不过，终有一天，他还是会去审视思考这件事的。他回想起，有一次克劳迪娅问过他（在他第一次与她见面的时候）——大老远跑到这里来有什么感受，当时，他就发现，挺难说清楚。

在最后的一篇日记里，汤姆再一次记述了他无所事事，等候补给时的感受。之后，由于坦克油箱漏油了，他奉命驾驶坦克到数英里外的后方修理站去修理。在他看来，那将是一次受欢迎的休假……那日记在那里便结束了。在这最后的日记下面，是汤姆的姐姐写的一行字：“我弟弟在执行这项任务时遭敌人空袭而亡。”那墨水的字迹，已经有些褪色。凝视着那些字迹，克劳迪娅想：相隔数年，我们已不在同一个故事里了，当我看到你所写的东西时，我想起了所有你不知道的事情。你被留在了后面，留在了另一个地方，另一个时间里，我则已成了另外的某一个人，已不是你所想的，记忆中的那个“C.”了，而是一个居住在你无法辨认的世界里的陌生人了——这实在令人难以承受。

他们打赢了战争，而汤姆·瑟森却未能活着看到战争结束。汤姆死亡时，年龄只是克劳迪娅现在年龄的一半。尽管他们被一面时间的玻璃幕墙隔开着，汤姆却已成了她生活的一部分，永远活在了她的记忆里。她至今都能回忆起汤姆的声音，汤姆给她讲瞪羚、死人、枪炮和星星。一个胆怯的男孩，尽管她无法解释出其中任何一件事的意义——如果她信奉上帝，这可能会容易些，可她不信上帝。在她听到汤姆的声音时，她所能想到的，是过去的存在都是真实的，她需要那个过去，需要汤姆，需要戈登、贾斯帕、丽莎，需要他们全体。

此刻，时为下午的后半晌，克劳迪娅闭目躺着，呼吸声挺大，是一种不规则的刺耳的声响。她感觉自己在某个汹涌的海洋上漂进漂出，那海洋里充满了她自身的喧嚣，她浮上了水面，睁开了眼睛，看见外面正在下雨。天黑下来，房间里也随之变暗，雨珠打在窗户上。随后，雨停了，渐渐地，房间里充满了光亮，那些纵横交叉的裸露的树枝上挂满了水滴，当太阳出来照在这些水滴上时，它们闪耀着各种斑斓的色彩——蓝、黄、绿、粉红。她凝视着这景象——这景色就仿佛是为了取悦她而呈现出来的，她心里充满了喜悦，涌起了一浪高于一浪的欢乐、幸福、奇妙的心潮。

太阳落下去了，那棵闪烁发亮的树不见了。房间又暗淡下来，一时十分幽暗，她凝望着窗外晚霞中的树枝。房间里已发生了变化。空洞洞的，空无一人，死气沉沉的，一片只有无生命物体（金属、木头、玻璃、塑料）存在的地方才有的寂静。没有生命。窗外，偶然有一辆汽车在发动，一架飞机从空中飞过。世界在行进。床旁边的收音机发出了报时信号，一个声音开始播报 6 点的新闻。

作者生平与创作生涯

佩内洛普·莱夫利是不列颠帝国司令勋章（CBE）的拥有者，又名潘尼洛普·玛格丽特·娄（Penelope Margaret Low），1933年3月17日出生在埃及首都开罗（Cairo），父亲是一位移居国外的英吉利银行经理，她是独生女，从小由英国保姆露西（Lucy）带大，12岁之前，一直通过露西的讲授和一些针对移居海外人员而编辑的英语函授资料进行学习。1945年，父母离婚后，她被送回英国接受正规学校教育，独自一人生活在萨塞克斯郡的寄宿学校里；1951年，考入牛津大学圣安妮学院，修读现代史，1955年获得学士学位。

之后，她留在母校圣安妮学院做研究助理，1957年，与一起工作的研究员杰克·莱夫利（Jack Lively，1930—1998）结为连理。婚后，定居牛津市（Oxford），儿女出生后，她辞去了工作，亲自养育一儿一女。儿女渐大之后，开始着手文学创作，最初的一些作品大多都是写给孩子们的，许多被列为学生读物。

1970年（37岁），她出版了第一部儿童文学作品，一部写给9—10岁以上孩童的奇妙的小说《星棚》（Astercote），将现在与过去的时空混合在一起，带领着小读者穿越时空，来到失踪的中世纪村庄……出版之后，大获成功。之后，她又连续出版了多部儿童读物：《说悄悄话的武士》（The Whispering Knights，1971）、《随波逐流》（The Driftway，1972）、《托马斯·坎普的鬼魂》（The Ghost of Thomas Kempe，1973）、《瑙汉姆花园里的房子》（The House in Norham Gardens，1974）、《没有名字的男孩》（Boy without a Name，1975）、《及时的一针》（A Stitch in Time，1976）、《樊妮与魔鬼们》（Fanny and the Monsters，1978）、《塞缪尔·斯投克思复仇记》（The Revenge of Samuel Stokes，1981）；以及散文集《再现过去：景观史介绍》（The Presence of the Past: An Introduction to Landscape History，1976）。

1977年（44岁），她出版了第一部长篇小说《通往里其菲尔德之路》（The Road to Lichfield），巧妙地讲述了一个在一位亲属死亡时另一个生命诞生的故事，通过主人公——英格兰家庭主妇安妮·林顿（Anne Linton）深切的感受，对回忆与本体、机缘与结果、并不完全了解的过去和无法预料的未来之间的几代人错综复杂关系进行了深入的探讨，出版之后，立即入围了布克奖决赛名单。

之后，她陆续出版了短篇小说集：《独缺茶具》（Nothing Missing but the Samovar，1978）《腐败》（Corruption，1984）、《一摞纸牌》（Pack of Cards，1986）；长篇小说：《时间宝库》（Treasures of Time，1979）、《末日审判》（Judgement Day，1980）、《完美的幸福》（Perfect Happiness，1983）、《据马克说》（According to Mark，1984）、《月虎》（Moon Tiger，1987）。

其中，《独缺茶具》获得了南方艺术文学奖；《时间宝库》获得了全国艺术协会图书奖；《据马克说》入围了布克奖决赛名单。《月虎》因其匠心独具，有着动人的艺术感染力，问鼎了第19届英语文学界最有影响力的布克奖，并入围了惠特布莱德小说奖决赛名单。在《月虎》中，她以复杂的结构，立体的叙述方式，追述往事，讲述正在进行中的事，叙说了一段又一段脉络错综复杂的回忆片段，讲述了独立不羁的历史学家克劳迪娅·汉普顿（Claudia Hampton）不平凡的人生阅历——从小就争强好胜，总爱与人争论个不休，学术成功且广受欢迎；聪明而不讨人喜欢；与此同时，掺杂着与她有关的一些人的故事，包括：她所钦敬的反对者和兄弟——经济学家戈登（Gordon）；她美丽而世俗的女儿丽莎（Lisa）的父亲——富有魅力却无法信赖的情侣贾斯帕（Jasper）；她心中的最爱——汤姆·瑟森（Tom Southern）上尉等；巧妙地借助时序的倒错，拼制出了一幅女主人公广阔而丰富多彩的人生画卷。

1990年代，她陆续出版了儿童读物《被弄错的公主》（Princess by Mistake，1993）、《朱迪与火星人》（Judy and the Martian，1993）、《猫、乌鸦与榕树》（The Cat，the Crow and the Banyan Tree，1994）、《与爷爷同住》（Staying with Grandpa，1995）、《走失的狗》（Lost Dog，1996）；长篇小说《传递》（Passing On，1989）、《心城》（City of the Mind，1991）、《克里奥佩特拉的妹妹》（Cleopatra's Sister，1993）、《热浪》（Heat Wave，1996）、《蜘蛛网》（Spiderweb，1998）；散文集《夹竹桃，紫葳科树木：童年的感觉》（Oleander，Jacaranda: A Childhood Perceived，1994）等。同时，她还为英国广播电台和电视台写作了一些广播剧和电视剧剧本，并在英国广播公司第4台主持了儿童文学广播节目，同时，还为各种报纸、杂志撰写评论文章。

1989年，由于在文学上的成就，佩内洛普·莱夫利成为英国政府颁发的不列颠帝国官佐勋章（OBE）的拥有者；1992年，美国马萨诸塞州的杜夫斯大学授予了她荣誉文学博士头衔；1998年，英国沃里克大学授予了她荣誉文学博士头衔。

2002年，由于在文学上的杰出贡献，她成为英国政府颁发的不列颠帝国司令勋章（CBE）的拥有者。同时，她还是英国皇家文学院成员；英国文化协会和金史密斯学院等机构的董事会成员；英国笔会和英国作家协会成员、前主席；英国文学艺术委员会专门小组前成员；不列颠图书馆董事会前成员等。

佩内洛普·莱夫利的创作力始终源源不绝，至今笔耕不辍，作品多产而又流行，自1970年出版了第一部儿童读物《星棚》以来，已经出版了形形色色的小说作品近50部，涉猎广博；而且，其中许多作品都在英国广播公司和澳大利亚广播电台播讲过。

2000年之后，她陆续出版的作品有：中篇小说《在国外》（Abroad，2013）；长篇小说《照片》（The Photograph，2003）、《编造》（Making It Up，2005）、《后果》（Consequences，2007）、《家庭相册》（Family Album，2009）、《那一切是如何开始的》（How It All Began，2011）；散文集《开了锁的房子》（A House Unlocked，2001）、《寻找家园》（In Search of a Homeland，2001）、《鹦鹉螺化石和跳跃的鱼：在一个时代里的一生》（Ammonites and Leaping Fish: A Life in Time，2013）、《跳舞的鱼和鹦鹉螺化石：一部回忆录》（Dancing Fish and Ammonites: A Memoir，2014）等。

另外，佩内洛普·莱夫利还是一位园艺专家，她是英国皇家园艺协会的会员，她园艺方面的才华，在她的长篇小说《照片》当中表露无遗，小说从一张照片开始，讲述了一个类似马塞尔·普鲁斯特[1]（Marcel Proust）《追忆似水年华》（In Search of Lost Time）的追忆之旅的故事，通过感性的回忆使往昔复活，又用小说艺术加以改造，使逝去的世界又回到眼前。

---

1 马塞尔·普鲁斯特（Marcel Proust，1871—1922）：法国意识流小说大师。其代表作《追忆似水年华》（In Search of Lost Time）以对心灵追索的出色描写和卓越的意识流技巧而风靡世界，不仅对当时小说写作的传统模式是一种突破，而且对日后形形色色新小说流派的出现，也产生了深远的影响。

主要参考资料:

Moon Tiger, by Penelope Lively, Publisher: Penguin Books Ltd, 1988.

Present, Past and Human Relationships in Penelope Lively's Novels, by Martina Štykarová, 2006.

1988年｜第20届

021 奥斯卡和露辛达［澳］彼得·凯里

Oscar and Lucinda by Peter Carey

◎原著共 111 节，以 19 世纪澳大利亚的殖民历史为题材，以“我”为叙事者，讲述了生活在维多利亚女王时代的一对青年男女——出生在英国本土的普利茅斯兄弟会（Plymouth Brethren）的教徒之子奥斯卡·霍普金斯（Oscar Hopkins）与出生在澳大利亚的英国移民之女露辛达·莱普拉斯特里尔（Lucinda Leplastrier）共造“玻璃教堂”的爱情故事。“我”，即奥斯卡的曾外孙。

英文原版封面

彼得·凯里

（Peter Carey，1943—　）

彼得·凯里是澳大利亚当代文坛上一位极受尊崇的作家，被誉为“澳大利亚的福克纳”。有评论认为，其作品具有丰富的想象力和创造力，怪诞而又真实，轻松而又严肃，善于将现实主义和现代主义手法巧妙糅合在一起，表现形式丰富多变，惯于从历史、宗教、心理、社会等多层面多角度反映现代人的生活和现代社会的问题。

1988 年，《奥斯卡和露辛达》（Oscar and Lucinda）一经出版，便引起了轰动，**因其所涉及的多重主题和独具特点的叙事手法**，问鼎了第 20 届英语文学界最有影响力的布克奖。

2001 年，《凯利帮真史》出版之后，因其通过一个备受诋毁和磨难的声音，讲述了一个澳大利亚早期开拓者的动人故事，彼得·凯里问鼎了第 33 届英语文学界最有影响力的布克奖，成为自南非作家约翰·迈克尔·库切（John Michael Coetzee，1940—　）之后，第二位两获英语文学界最有影响力的布克奖的英语作家。

每当有邀请到我们这里来喝茶的主教时，我母亲都会很骄傲地向主教大人炫耀我的外曾祖父，安排他们坐在能够凝视桌子对面墙壁上挂着的奥斯卡·霍普金斯牧师（1841—1866）圣像的位置上；不过，她不会告诉他们我外曾祖父的狗领圈[1]是一种反叛心理，他们会把他看成一位刻板的维多利亚时代的牧师，脊背挺得笔直、嘴唇紧闭。我外曾祖父的遗传在我们身上表现得很明显，大鼻子，火红的头发，长脖子。我母亲觉得自己看上去和照片上的奥斯卡长得相像，心里乐颠颠的。每当我母亲对来访的主教说起奥斯卡把圣约翰小教堂运抵贝林杰（Bellinger）的那段故事时，我父亲便会望向窗外他们的那个巨大的结婚纪念品——坐落在贝林杰河堤岸高处的“鲁珀特亲王的玻璃工厂”（Prince Rupert's Glassworks）。

圣约翰小教堂坐落在距离贝林杰有10英里远的格兰尼佛（Gleniffer）甜水溪（Sweet Water Creek）旁的一块容易遭遇洪水的平地上，我与我母亲、我哥、我姐坐成一排，听我母亲讲那个故事。我母亲在说那些话时，总让我感到有些紧张。她说话的语气，感情格外丰富，有些过分张扬，我们都知道这一点，不过谁都没说出来，我自己也说不出什么名堂来。我母亲十分虔诚地讲着我外曾祖父是怎么把圣约翰小教堂搬运到了贝林杰的，语调中饱含着敬意；我父亲无论什么事总爱开玩笑，却从不拿这件事开玩笑。

根据我母亲的故事，事情应该从圣诞布丁那件事开始。要是没有那块圣诞布丁，就不可能有格兰尼佛的那座教堂；我家墙上也不会有奥斯卡·霍普金斯的圣像；我也就不会来到这人间，也就不会有什么故事可讲了。那不是一块常态的圣诞布丁，它非常小，是在我外高曾祖父西奥菲勒斯·霍普金斯（Theophilus Hopkins）家里制作的。

我外高曾祖父西奥菲勒斯·霍普金斯家是不过圣诞节的，他住在英格兰德文郡（Devon）汉纳考姆（Hennacombe）的一座小平房里，是一个颇有点小名气的人物，在海洋生物方面颇有研究，对植物和海洋生物的描写，非常富有诗意，而且相当动人。人们能在1860年的大英百科全书里找到他的名字，里面有三段完整专栏，记录了他对珊瑚、珊瑚虫和海星的研究。他是一个40岁的鳏夫，一个严守普利茅斯兄弟会教规的成员，在他眼里，圣诞节是一个异教徒的节日，因此，他说服了会众，在汉纳考姆，圣诞节那一天，他们要像任何其他的平常日子一样度过。他们的邻居——浸礼会[2]（Baptists）的教徒嘲笑他们，

---

1 狗领圈（Dog-Collar）：一种硬白领，圣公会和天主教会的牧师们都戴它，俗称狗领圈，这个称呼似乎有点不敬。

2 浸礼会（Baptist）：又称浸信会，基督教新教主要宗派之一。17世纪上半叶产生于英国以及在荷兰的英国流亡者中。当时属清教徒中的独立派，反对给儿童行洗礼，主张教徒成年后方可受洗，且受洗者须全身浸入水中，称为“浸礼”，故名。并主张独立自主，反对英国国教和政府对地方教会的干涉。

西奥菲勒斯丝毫不为之所动，而且深信，这些浸礼会教徒全都要下地狱。

奥斯卡·霍普金斯 14 岁了，盲目追随着他父亲西奥菲勒斯的宗教信仰，他与西奥菲勒斯一样，重视《圣经》(Bible)的权威，对《圣经》中的每一个字词都信以为真，虔诚得不折不扣。但是，在 1858 年这个特别的圣诞节，他们家里来了一个新仆人。第一个仆人威廉斯夫人(Mrs. Williams)做家庭服务已经有 15 年了，10 年在伦敦(London)，5 年在德文郡。第二个仆人芬妮·德拉伯(Fanny Drabble)是英国圣公会(Anglican)教徒，被丈夫抛弃后陷入贫困，后来，她的孩子也死了，当英国圣公会拒绝帮助她时，西奥菲勒斯出于慈善之心收留了她。

那天，芬妮·德拉伯发现小奥斯卡从来不知道圣诞布丁的味道，很是震惊，而且非常义愤，便与威廉斯夫人背着西奥菲勒斯给小奥斯卡做了一块圣诞布丁。在小奥斯卡吃了他的午餐之后，威廉斯夫人用借口把小奥斯卡叫到了厨房，两个女人微笑地看着他吃了一口碟子上的那块刚做好的圣诞布丁。小奥斯卡从未吃过这么美味的东西，他发现布丁的味道好极了，然而，就在他吃第二口的时候，被父亲西奥菲勒斯看到了。

气恼至极的西奥菲勒斯对小奥斯卡进行了严厉的惩罚，好像他的儿子被毒害了似的。他仔细查看了小奥斯卡张开的嘴，在他的背上打了两下，强迫他吐出圣诞布丁，然后，把他的嘴压到玻璃杯上，强迫他一口一口地喝盐水，直到呕吐。西奥菲勒斯的眼睛充满了狂暴，把剩下的布丁扔进了火里，还发表了一通演讲。小奥斯卡第一次在自己的生活中不相信父亲所言了，父亲说那块布丁是撒旦的食品，但是，他已经尝过那块布丁了，它吃起来不像是撒旦的食品。

圣诞布丁那事之后，西奥菲勒斯有些后悔，一直以来，他都与儿子相依为命，他不该打儿子，而且，他还从未打过儿子，悲愤交加当中，西奥菲勒斯喝了个半醉。而最终使他清醒过来恢复了理性的，是他的儿子——小奥斯卡，小奥斯卡穿着一身法兰绒的睡袍，站在他面前，像一个幽灵。之后，他决定带上他的儿子去大海，去收集一些生物样本。

小奥斯卡并不喜欢去大海那里，恐惧溺水而亡。他害怕大海，觉得大海带有死亡的气味，他不喜欢接触大海的海水，害怕海水触摸他的脚踝，觉得那种感受让他很不舒服。但是，小奥斯卡还是样子笨拙地跟着父亲西奥菲勒斯出了门，沿着那陡峭、泥泞的小路走了下去，并像往常一样，数着穿过林间小道走到海边需要的步数，拿着六只金属桶、三个海生袋和一捆粗绳子，磕磕绊绊地来到了海边。

之后，小奥斯卡站在岩石池边，开始机械地服从着父亲的命令，往捆绑在他父亲身上的那只桶里面装水，直至装满；在做这些事时，他有意回避着父亲的目光，不愿意直视西奥菲勒斯的那双眼睛，因为他的嘴巴里还能感觉到那块葡萄干布丁的味道，身上还能感觉到那种挨打过后的疼痛，他心中的怨恨，仍然还没有消去。现在，这个通常欢乐的男孩，第一次被气得不得了。

西奥菲勒斯·霍普金斯身着一件厚实的羊毛套头衫，外面套了一件棕黄色的斑驳的油布雨衣，并用一些带子和绳子将他的锤子、凿子、储物桶和海生袋固定在身上，移动着笨重的脚步，趟着海水，向大海里走去，冰凉的海水漫过了他的胸口，这时，他一心只想着向儿子小奥斯卡显示一下：一个真正的基督徒对圣诞节所应持的态度。

小奥斯卡目视着父亲往海里走去的身影，那身影渐渐看不清楚了，模糊成了一团黑影。他离开了那岩石池，朝后退了几步，一直退到了悬崖那里，然后，落座在那里，瘦骨嶙峋的肩胛骨紧紧贴靠在红色的悬崖壁上，挺直上身，双手合在一起。到现在为止，他还是不能接受自己吃了那圣诞布丁“有罪”一事，那布丁的美味和父亲的暴力，使他觉得西奥菲勒斯的做法是错误的，他开始与上帝对话：“亲爱的上帝，”他以一种高雅而悠扬的声音大声祷告：“如果你的羔羊为了庆祝你的生日而吃布丁是你的意愿，那么，作为一个男人，你应该给你的卑微的臣民显显灵。”他期待着上帝的回答，然而，那圣诞节的海滨，没有任何反应。

他咕哝着擦了擦他的手，身上依然感到被打的疼痛，嘴里是呕吐的味道，于是，他向上帝祈祷说：“亲爱的上帝，如果您的子民吃布丁是您的意志，那就狠狠地揍他！”就在这时，他父亲西奥菲勒斯回到了岸上，他看见西奥菲勒斯的大腿的伤口处在往外渗血，是被他自己手持的那把凿子弄伤的，小奥斯卡的怒气顿时变成了恐惧，因为上帝真的惩罚了他的父亲。他不再生气，放下了储物桶，为自己做的事深感恐惧。

小奥斯卡并不知道——父亲西奥菲勒斯·霍普金斯对他一向相当严厉的管教，完全是出于对他身心健康的深深的焦虑，西奥菲勒斯担心小奥斯卡会像他的其他子女一样被“夺走”。他不断祈求上帝发发慈悲，祈求上帝的保佑，然而却没有得到回应，为此，他忧心忡忡。上帝已经带走了他的女儿萨拉（Sarah），他的儿子珀西（Percy），还有他心爱的妻子，现在，他绝不能再失去这个儿子——小奥斯卡了。每天早晨，他都要求小奥斯卡站在一张三条腿的凳子上，用听诊器检查他的呼吸器官，小奥斯卡从不理解这一做法的意义所在，也从未询问过。西奥菲勒斯确信自己已深谙上帝旨意——上帝告知他，小奥斯卡身上有病，尽管他从听诊器中听到的小奥斯卡肺部的声音清晰，一直都很清晰，他还是无法释怀。他把小奥斯卡献给了上帝，使小奥斯卡成了他的教徒里的一员，同时，他还从不放过对也是上帝的一个选民的小奥斯卡的一点一滴的管教，以使他那弱不禁风的身体免遭伤害。可问题在于，他根本不知，这一切，只是他的一厢情愿。

由于父亲西奥菲勒斯·霍普金斯在自己心中已失去了往日的那种权威感，小奥斯卡对自己曾毫不加怀疑地全盘接受并信奉的父亲的那些严格的教义感到了茫然。于是，那天，他在地上画了一个四个方格图形——用其来占卜上帝真正意志的一种结构。他在上面标列出在汉纳考姆的四个教会团体的称谓：普利茅斯兄弟会、浸礼会、天主教会（Catholic）和英国圣公会，决定用占卜的办法，寻找出上帝的神圣意旨，从中抉择出一个信仰。随后，他掷了石子，根据石子的落点，来决定他自己的归宿，结果是——他必须归宿于英国圣公会的教区所在地。

小奥斯卡拾起了他的那块石子，放进他的衣服口袋里。归属英国圣公会——那是上帝的意旨，是上帝要他去的地方。如果他继续留在普利茅斯兄弟会，住在他父亲家里，他肯定会因为信奉的错误而招致他和父亲倒霉，可他不可能和父亲谈论这事。他跑着回家时，必须要经过那个英国圣公会教区牧师的宅地——修·斯特拉顿（Hugh Stratton）牧师那里。他隔着水蜡树树篱往里瞧，正在和妻子一起忙活着杀猪的斯特拉顿牧师看见了莫名其妙站在那里的小奥斯卡，立刻让他“走开”，并把一个污浊的松球抛向他，说道，“你这个令人讨厌的孩子，回家去。”

小奥斯卡回到了家里。然而，这里已经不是他的避难所了，再也不是了。在随后的一些时日里，在汉纳考姆，小奥斯卡成了一个无所适从的人。浸礼会的那些男孩子们，逼迫他吃脏东西，往他苍白的脸上和皮肤上涂抹脏泥巴，强迫他唱他不该唱的歌——他父亲西奥菲勒斯（普利茅斯兄弟会）禁止他唱的歌。他有些六神无主，不知所措，因为，说起来，他其实也已不是普利茅斯兄弟会“此教区住地”上的人了，他已是“彼教区住地”上的人了。他不愿离开他的庇护所——父亲的家，他没有周游世界的野心，去参加帝国的伟大冒险事业。他了解英国圣公会的那位牧师和他的妻子，他们在他先前的生活里原本没有一席之地。汉纳考姆本是围绕着英国圣公会的圣安妮教堂和教区牧师宅地建造的，不过这个小村落就像是一棵大树一样，树心的木质已经腐烂，所以没有了中心，只是一个容纳灰尘和蜘蛛的地方。问题是，上帝已经降下了神圣意旨。

复活节后的第二个星期天，小奥斯卡溜出了普利茅斯兄弟会集会的会场，逃离了他父亲西奥菲勒斯的生活。当时，他衣袋里只有 3 个便士，年龄 15 岁，将近 16 岁。他极力不让自己去想什么，简短地做了个祷告，想借此把他脑海里惊扰着他的那个梦魇般的图像——父亲西奥菲勒斯在地狱里受着火刑煎熬的情景屏蔽掉。他走上了一条小路，拖着沉重的脚步，迫使着自己往前走，把普利茅斯兄弟会抛在了身后。他走得很慢，一面走，一面想“我再也不会有幸福了”，直至踉踉跄跄站到汉纳考姆那高高的堤岸上，望向英国圣公会教区牧师修·斯特拉顿的菜园。

修·斯特拉顿牧师是一位出身牛津大学奥利尔[1]的聪颖的男人，迷恋田园生活和安静的日子。眼下，他正在盘算如何挣钱——现在他们的住房屋顶上的茅草已经腐烂，墙壁上有渗漏——它们全都需要资金修理。看到走向他并且踩坏了他的莴苣的奥斯卡之后，他劝说奥斯卡——回到他父亲西奥菲勒斯先生那里去。“我不能。”奥斯卡回答说。随后，又费了不少口舌，说明他是因“受到上帝召唤”才前来此地，转投英国圣公会的。

英国圣公会的这位斯特拉顿牧师和他的妻子贝蒂（Betty）始终没有孩子，而且，他们夫妇认为这样比较文明得体，所以从未再打算生养孩子。一直以来，他们都在过着一种贫穷的日子，斯特拉顿夫人（Mrs. Stratton）也并不因此有什么怨言，或感到什么缺憾。贝蒂原是白金汉郡教区长家中的长女，生活优裕，热衷于讨论一些长期困扰圣公会的重大问题，充满了她那个阶层所特有的睿智。她与斯特拉顿牧师结婚后，来到汉纳考姆，看到周围那么多人都过着贫穷清苦的日子，对自己的生活，她便感到相当知足了，甚至还有些心满意足——只要她丈夫感到幸福，那么她的生活便完美无缺了。

修·斯特拉顿牧师的心态与贝蒂不大相同，他不喜欢贫穷，常常会为此烦恼，郁郁寡欢，甚至满腹牢骚。他会因为大乡绅是浸礼教的信徒而不快，会因为西奥菲勒斯·霍普金斯总是站在大海里而不满，有时，甚至会仅仅因为墙上的一块湿渍，像孩子一样地哭泣。当他终于弄明白了小奥斯卡离家来到他这里的目的——是要住到他的教区住地这里来时，他头脑中的思绪颇为复杂。最后，他把小奥斯卡领进了他的住处，然后把小奥斯卡带到厨房那里，通知厨娘露西·米勒（Lucy Millar）：这里要多添一个吃饭的人了。米勒太太对小奥斯卡的到来，态度十分不友善，招呼也不打，转过身去猛然关上了窗户。

当晚，小奥斯卡与斯特拉顿夫妇坐在了一起，面对着霞光，三人共进了晚餐。在餐桌上，小奥斯卡又一次见到了被他父亲称为“撒旦食品”——圣诞布丁上面的葡萄干。他把那些葡萄干从馅饼上剔了出去，用它们盖住了餐具盘子上绘制的那个异教场景的图案，然后，紧紧攥着刀叉，拼命忍着不去闻那葡萄干

---

1 奥利尔（Oriel）：奥利尔学院（Oriel College）又名国王学院（King's College），于1326年由英国国王爱德华二世建立，是牛津大学历史最悠久的几个学院之一。

的味道。斯特拉顿夫人注意到了奥斯卡的表情，询问了一番他的情况。小奥斯卡开始感到焦虑不安起来，他从未身居过如此陌生的环境，再加上房间里的空气散发出的那一股巢穴般的霉腐味，恍然之间，他的心中不由得生出了深深的悔意。

“这孩子是受到上帝召唤的。”斯特拉顿牧师对妻子贝蒂说，“他是被召唤过来担任圣职的。他必须去奥利尔。我来教他那些教规。”斯特拉顿牧师说这话时，已经打定主意要把奥斯卡培养成一名像自己一样出身牛津大学的神职人员。在随后的日子里，尽管奥斯卡希望自己能尽量表现得好一些，但是，冷静一些之后，他心里开始期待着父亲西奥菲勒斯能到英国圣公会的教区住地这边来，把他从这里解救出去——他是父亲唯一在世的儿子，不应该由他自己独自一人来决定自己灵魂的归属。奥斯卡拼命地等待着父亲西奥菲勒斯命令他回家的消息，但是，等来的却只是西奥菲勒斯为他向上帝做的祈祷，西奥菲勒斯告诉他，“我已经为你祈祷了。”奥斯卡低下了头，为自己感到了羞愧。

那天，斯特拉顿牧师的厨娘露西·米勒火气十足地让西奥菲勒斯·霍普金斯坐到了她的工作桌旁——因为这个人根本不属于这个教区，还扰乱了她这天的工作程序；奥斯卡坐在旁边的一只直背椅子上。现在，他们父子二人，彼此都感到很痛苦。“你已经做出了选择，昨晚，斯特拉顿先生告知我——你已经丢弃了上帝为拯救你的灵魂而绘制的那张海图。”西奥菲勒斯说这些话的时候语气很是复杂，他认为这是因为小奥斯卡的精神被诱惑了，心灵中的那个侮慢自大的魔鬼阻挠了他的灵魂被拯救。直到这时候，奥斯卡才意识到：自己是不会被请回家去了。一时间，奥斯卡心里难过至极，呆若木鸡地坐在那里。

西奥菲勒斯·霍普金斯相信儿子小奥斯卡从他的身边被夺走，全是因为他自己的罪孽，才导致了这事的发生。“我不会命令你回家的，小奥斯卡。我将会每天为你祈祷。”西奥菲勒斯紧紧盯视着泪眼汪汪的儿子。“我也将会为你祈祷，爸爸。”奥斯卡说这话时，语调悲戚。然后，他们父子两个全都哭了起来，彼此孤单地坐在那张桌子旁边，悲叹地滴落着泪水，低着头，好像是在做祈祷。

现在，不管怎么说，奥斯卡算是被彻底截留在了英国圣公会的教区牧师宅地了。他非常愤怒，父亲居然把他丢弃在这么个地方，可他又怎么能责怪他的父亲？而且，说实话，其实，他很不喜欢斯特拉顿牧师的住所，不喜欢它的潮湿，更不喜欢它的霉腐味，尽管斯特拉顿夫妇对他很不错，既不乏慈悲，也不乏和蔼。

汉纳考姆属于埃克塞特[1]（Exeter）的主教管辖区域。在斯特拉顿牧师的住地，奥斯卡接受了教规和教义的传授，不过，其中两个最通常的话题是钱和埃克塞特的主教。没人说他是这个家庭的负担，可是他自己无法不去想，无法不想到这一点。每天夜里，奥斯卡都向上帝祈祷，乞求上帝赐一些钱给斯特拉顿夫妇；有时，还会有另外一些想法不知不觉地溜进他的祷告词，因此，上帝一定知道，他渴望离开，去别处。在1860年，在三一节后的第三个星期天，在他们刚割完的一片草地上，斯特拉顿夫妇同奥斯卡谈起了他要去参加考试的一些有关事项。斯特拉顿夫人兴致勃勃地谈论起他要去的奥利尔，并大谈特谈起在抉择教义时必须用自己的判断，话语滔滔不绝。而奥斯卡呢，不愿被斯特拉顿夫人的那些难以自圆其说的“困扰圣公会的重大问题”分心，他把那些学说争辩置之度外，在心里默默地背诵着他所持守的

---

1 埃克塞特（Exeter）：英国英格兰西南部城市，德文郡首府。

亚他拿修[1]（Athanasius）的教义。不过，当斯特拉顿夫人说到“怀疑”是一个基督徒的最高境界时，他却不由得心生了恐惧，像是一个挂在大海的高高桅杆上被吓得丢了魂的孩子。

现在看来，当年令我外曾祖父奥斯卡·霍普金斯闻之生惧的那些宗教信仰方面的疑惑与争辩，那些宗教教义上的错谬，如今早已成了历史，早已时过境迁。在我父亲、我母亲、我哥、我姐还有我自己本人我们这一家人当中，无论是谁，无论哪一个，都一点也不会有 1860 年代间奥斯卡的那种疑惧。我们个个都是纯正的基督教徒，全都毫不含糊地持守着基督教的中心教义——“三位一体”。圣诞节那天，我们特意用硬纸板和银箔纸做了一个“圣诞星”——伯利恒之星（Star of Bethlehem）。

在澳大利亚的新南威尔士，有些做法与英国不大相同，教堂是要由主日学校的孩子们负责来装饰的，这是当地的习惯。早年从英国移民过来的亚伯·莱普拉斯特里尔（Abel Leplastrier）和伊丽莎白·莱普拉斯特里尔（Elizabeth Leplastrier）夫妇，他们的习惯是：总把家里的钱款存放在不同的果酱罐里。他们是出生在帕拉玛塔（Parramatta）这块土地上一座小屋子里面的露辛达·莱普拉斯特里尔的双亲，在那泥土地面的小屋子里，有很多果酱罐，其中有些看得见，有些看不见，一些重要的果酱罐，用一层新鲜的泥当作黏合剂，用篱笆条和涂料将其封在里面。

有一些果酱罐放在露辛达的母亲伊丽莎白的那些藏书的后面。那些藏书当中，包括卡莱尔（Carlyle）、陀思妥耶夫斯基（Dostoevsky）、塞内加（Seneca）、狄更斯（Dickens）、托尔斯泰（Tolstoy）、约翰·斯图亚特·米尔（John Stuart Mill）和伊丽莎白的老朋友玛丽安·伊万斯[2]（Marian Evans）的小说。在那些藏书后面，有一个发出碳酸钠味道的罐子，里面装满了 1 便士或 3 便士的硬币，它是露辛达的生日罐。就是凭借着这个生日罐里的钱款，露辛达有了她的玩偶——因为家里再没有其他奢侈品了。

那个玩偶是露辛达 9 岁时的生日礼物，是用大轮船从海外运载过来的，就像当年她父母来到这里时一样。那个玩偶，是玛丽安·伊万斯专程从一个大型展卖会上买给她的，非常漂亮，有一双明亮的蓝眼睛，一头总也无法压平的、卷曲的金黄头发——就像露辛达的那一头永远梳理不直的红褐色的头发一样。露辛达的父母，长的是一头黑发，他们的头发向来都是光亮笔直的。由于母亲伊丽莎白习惯于整洁，非常看重洁净，露辛达因她那一头卷曲的头发受了不少折磨，因为，她怎么也驯服不了它们。

一天，露辛达打算给她的玩偶做件好事，她偷了父亲的胶水，拿走了父亲从马尾巴上剪下来的黑色鬃毛，把玩偶卷曲的金黄头发全部拽掉，再用胶水为她的玩偶粘上黑马鬃，把那玩偶弄得一塌糊涂。她一点都没有料到自己会因此闯下那么大的祸，最后连晚饭也没吃上。她把玩偶带回家后，她母亲的脸色顿时大变，暴怒之下，抽打了她的腿。她那脾气一向平和甚至从不无事自扰的父亲，看到她高高举过来拿给他看的那个玩偶时，也一反常态，站起身来，嘴大张着，不住地哆嗦，丢掉了上菜的盘子；之后，她把那个玩偶抛向空中，惹得她母亲把一只煎锅扔到了门外，力气之大，导致那只煎锅沿着门前的溪流

---

1 亚他拿修（Athanasius，约293—373）：一位力抗异端的主教，基督教历史中维护正统信仰的教会人物，为阐述三位一体的教义不遗余力，在其主教生涯中频遭各方攻击，命运多舛，五次被放逐，但他坚持一己的信念，毫不趋炎附势，以刚毅不屈的精神，为三位一体之论的确立做出了巨大贡献，一生著作颇丰。

2 玛丽安·伊万斯（Marian Evans，1819—1880）：小说家乔治·艾略特（George Eliot）的原名，19世纪重要的小说家之一，创作了一系列剖析伦理问题的小说，对人物活动的环境的描写非常重视，细腻的心理分析影响了后来许多小说家的创作。

碰击着卵石咣当而下。

数年之后，当露辛达把她所继承的全部财产输给了我的曾祖母，一夜之间变成了穷困潦倒之人时，也体会到了同样的怒火。她这才想起，不知那个玩偶到底造成了多大损失。那个玩偶头上乱乱蓬蓬黏黏糊糊的东西，后来，总让露辛达想起她父亲的死亡。1852 年圣棕树节之前的星期六，他父亲在帕拉玛塔（Parramatta）教堂街（Church Street）上,从自己的马上摔了下来,脑袋碎裂,几乎立刻就死去了。蔡斯·阿赫恩先生（Mr. Chas Ahearn）把她父亲的尸体运回了他们在米契尔湾（Mitchell's Creek）的农场，她看到了父亲那一头从此永远生长在她噩梦深处的黑发，乱蓬蓬的，上面沾着血渍，黏糊糊的，令人窒息。

因她父亲离世所导致的悲伤，像狂风一样猛烈吹打着她母亲伊丽莎白的心，令她母亲想起了伦敦，搓着自己一双皮肤干裂、长满硬茧的手，不由得心想：我是一个写随笔的，我是一个知识分子，根本不该有这么一双手。这时，已没有什么可以留住她母亲伊丽莎白了，那些令伊丽莎白留在新南威尔士的理由，已不复存在了；她原本不喜欢农耕生活，农耕生活是她丈夫亚伯的喜好，亚伯是一个土地方面的科学家，憧憬乡村的生活；而她本人，一生最大的憧憬，是工厂的生活——当年在伦敦，她还曾因此一度成为人们的笑柄。

伊丽莎白把工业化视为妇女们的最大希望，她认为这一天很快就将到来，那些令道德家和浪漫主义者为之恐惧的工厂（里面备有哺乳室，备有厨房厨师，备有炉火炉灶，为妇女们烘烤她们每天带到工厂里来的早餐），会给女性的自由提供一种经济基础。当丈夫亚伯迷上了新南威尔士之后，她对这片殖民地表现出来的热情的背后动机只有一个：她将会在这里创办出她自己的工厂。在她的遐想中，她已经看到了她的工厂，它不是某种令人恐怖的、四壁溜光、五只大烟囱冒着黑烟的东西，而是像有些人认为的那样，它是一种光芒四射的宝地。

丈夫亚伯死亡之后，成为寡妇后的第二天，邻居们当中有人认为伊丽莎白身为女人，没有必要继续留在当地农耕，应该把他们的土地卖掉。这样的话语令伊丽莎白欲哭无泪了，靠在斑驳污秽的墙壁上，努力支撑着，不让自己跌倒。此时此刻，支配她情感的已不是悲泣淋漓而是悲愤恼怒了，她破口大骂，无法接受他们对女性的一般概念。“我们不能屈服于悲伤，”她告诉女儿露辛达，“这是你爸爸对我们的期望。”语调当中，流露出她坚定了自己要继续在她和亚伯的试验农场过好农耕生活的意愿。

尽管如此，新南威尔士和居住在这里的人们，总是令伊丽莎白深感不快。他们也总是嘲笑她的那一身穿戴，不是一个淑女应有的装扮，缺乏庄重感。伊丽莎白从不打算用“淑女”一词来约束自己，她是玛丽安·伊万斯的好朋友，而且属于以伊万斯和乔治·刘易斯[1]（George Lewes）为中心的那个小圈子，是一个女权主义的知识分子，从英国伦敦来到澳大利亚，是为了实践她秉持的理论——“妇女只有在工作中，才能获得自身在社会和经济上的解放。”即使她让自己偏离了自己原本的生活目标，她也要按照伊万斯的那些反对英国圣公会理论的原则抚养女儿露辛达。她在写给恩师伊万斯的一封书信里，暗示说，露辛达是伊万斯进步理论的最完美的产品，并且感叹，这种类型的现代教育，根本不适合生活在落后的

---

1 乔治·刘易斯（George Lewes，1817—1878）：英国文学批评家、随笔作家和哲学家，因与玛丽安·伊万斯（乔治·艾略特）的关系而为人们所熟知。根据英国法律，他不能与妻子离婚，尽管其妻已经抛弃了他和他们的孩子；从1854年起，直至1878年去世，他始终与伊万斯小姐共同生活在一起。

殖民地。还说，即便是她自己，真正让她“感到自在”的地方，还是英国本土。

在伊丽莎白后来写给伊万斯的一封信里，伊丽莎白表示，她丈夫亚伯那些有关他们所拥有的土地很有价值的观点是正确的，最近，她了解到土地价格已经猛涨，而且她计划让蔡斯·阿赫恩先生把她的土地分为 5 份出售。卖掉土地之后，她将成为一个富有的女人，她准备从农耕的生活中撤退，返回文明社会。在玛丽安·伊万斯接到这封信的时候，伊丽莎白·莱普拉斯特里尔已经被西班牙流感袭倒了。

当奥斯卡·霍普金斯进入奥利尔学院读书的时候，露辛达·莱普拉斯特里尔正守候在卧床不起的母亲伊丽莎白身边，她比奥斯卡年长一点，芳龄 17 岁了，很明理，很能干，但是，无论她怎样祷告，怎样用海绵擦洗，怎样喂肉汤、用药敷，都不能使满脸烧得通红、流淌着汗水的母亲舒服一点。而即便在这时，她母亲伊丽莎白心里想着的，依然是收成怎样了，能在被毁掉之前收割回来吗？

伊丽莎白·莱普拉斯特里尔去世后，蔡斯·阿赫恩先生成了露辛达遗产的监护人。阿赫恩先生不是一个有图谋的人，但是控制了一切，当露辛达拒绝遗弃她在农场的家园时，阿赫恩先生让人强行把她拖出了家园，迫使她生活到帕拉玛塔英国圣公会教徒的住所。穿着灯笼裤的露辛达在那里生活得很不自在，也很讨厌人们对她母亲伊丽莎白的不敬，备感孤独。她不肯脱掉她母亲为她置办的布鲁姆服[1]，顽固地拒绝换上英国圣公会教徒们眼里的那种“品格高尚”的服装，甚至因为人们不归还她的灯笼裤，而错过了她母亲的葬礼。不过，最后，她还是勉强穿上了阿赫恩先生给她买来的服饰，以便消除阿赫恩先生遭遇到的众人的怒目。

帕拉玛塔镇上的人接受不了露辛达和那种会毁灭露辛达名誉的灯笼裤。露辛达步行了 3 里，走回了她在农场的家园。当她抵达农场之后，看到测量员把她的地产划分成了 5 份，她顿时气恼不已，就在她把那些测量员驱逐之前，蔡斯·阿赫恩先生骑马跑了过来，把一份她母亲签署了名字的文件拿给了她，文件上面明确指示，要把他们的农场分成 5 份卖掉。露辛达感到自己被出卖了——母亲伊丽莎白生前从未跟她说过这件事。她对蔡斯·阿赫恩先生说：要是她满 18 岁了，她就能阻止这件事了。

蔡斯·阿赫恩先生没有给予露辛达多少同情，坚持他的立场。最后，露辛达只好回到她出生的房子里，拿走了那个装满钱的果酱罐，然后，任由蔡斯·阿赫恩先生把她带到了帕拉玛塔。

蔡斯·阿赫恩先生向露辛达保证，她的大笔遗产，将会帮助她找到一个特别出众的丈夫，也许还是一个州长。1859 年 5 月 7 日，蔡斯·阿赫恩先生拍卖了露辛达父母在米契尔湾的 5 个试验农场；到了 5 月 10 日，露辛达年满了 18 岁。之后不久，出于偶然，露辛达想起了 8 年前父亲的朋友寄来的那个玻璃珠——鲁珀特亲王玻璃泡（Prince Rupert's drops），对玻璃生出了兴趣，她把自己的财富变换成了一张银行汇票，在耶稣升天节（Ascension Day）那一天，前往了悉尼（Sydney）。

在这时候，就读于奥利尔学院的奥斯卡·霍普金斯，很快便感觉到自己在很多方面都与学院周围的环境格格不入，在孤独和压抑的状态下，不知不觉便与他的同学伊恩·沃德里 - 费什（Ian Wardley-Fish）迅速组合在了一起。费什像其父一样，嗜好赌博，赌博成性，他把他的纸牌技术和赌马的技艺一一传输给了对此原本一无所知的奥斯卡。后来由于手头拮据，奥斯卡也忽然想去赛马场上搏一搏，并自我

1 布鲁姆服（Bloomers）：美国妇女阿米莉亚·布鲁姆（Amelia Bloomer，1818—1894）创始的一种妇女和少女的装束，由束紧在脚踝的宽松裤组成，穿在短裙的下面。

辩解说：这是上帝给我钱，让我去精研一下赌博，是上帝给我指定的一条养活自己的生路。之后，奥斯卡便开始孤注一掷，与费什一起，潜心研究纸牌技艺和赌马，并熟谙了此术，而且还令人难以置信地达到每赌必赢的程度。如此，他的经济得以解困，顺利完成着他的神学学业。

那天，在蔡斯·阿赫恩先生的安排下，露辛达前往悉尼搭乘的是他朋友索尔·梅耶先生（Mr. Sol Mye）的汽船，他还给了露辛达一封把她介绍给佩蒂旅馆（Petty's Hotel）和詹姆斯·达阿布斯先生（Mr. James d'Abbs）的信函。达阿布斯先生是一位会计人员，个头矮小，跟阿赫恩先生的妻子有点亲戚关系。梅耶先生担负着往悉尼运送花椰菜的任务，答应阿赫恩先生把露辛达一准安全送到悉尼市场街码头（Market Street Wharf），那个地方，小偷们不太可能同年轻的女士搭话。跳上船后，露辛达感到那汽船很小，坐在船头的一只毛糙的货箱上，不舒服，还感到一种忐忑不安，对未来感到胆怯。小汽船驶向市场街码头时，那里已被各种船塞得满满的，拥堵不堪，索尔·梅耶先生只好把小汽船驶到后面达令港（Darling Harbour）的兰松码头（Lanson's Wharf）停靠。初到悉尼的露辛达，在看到位于兰松码头的那家玻璃工厂之前，她对最初进入自己视野的一些景物没有留下什么印象，这里的一切对她而言都相当陌生。

索尔·梅耶先生把他的小汽船靠向码头，在一些更小的汽船中间缓慢地滑行。露辛达站了起来，裙子的衬架摇摇摆摆的，一面悄悄地沿着船边往前移。这时，她感觉整个码头都在注目于自己，然而，这不过是她的错觉而已。从小汽船的舱顶上，露辛达拉下她的箱子，里面全是书，特别沉，箱子还磕到了她的大腿上，撞伤了她的大腿。

初到悉尼，露辛达对这里的事情一无所知：不知道怎么坐公共马车或双座小马车，不知道车费收多少，不知道车可以去哪儿，沿途经过什么地方。她付给索尔·梅耶先生 6 便士，梅耶先生送给了她一棵花椰菜，并一厢情愿地在她脸颊上吻了一下，然后把她送到了码头上一堆粗布行李包和铁轮手推车那里。露辛达跌跌绊绊地从中间穿了过去，右手提着不断磕绊她的箱子，左手攥着那棵花椰菜，气喘吁吁、好不容易爬上了岸。箱子把她的裙子衬架碰得歪歪斜斜的，她就这样狼狈不堪地到达了佩蒂旅馆，一开始，旅馆里的人还以为她来错了地方。她把她的花椰菜放到台子上，询问他们，旅馆附近是否有一个人们所说的图书馆。她已经决定了，要去那个图书馆看看有关玻璃方面的资料。

生活在悉尼乌拉哈（Woollahra）教区的牧师丹尼斯·哈塞特（Dennis Hasset），30 岁，热衷于玻璃制造业的研究。通过他新近刚出版的一篇有关玻璃更惊人的性能的文章，露辛达与他取得了联系，要求与他讨论他在玻璃制造业上的理论。那天下午，当露辛达抵达丹尼斯·哈塞特的书房后，哈塞特很快便意识到，在玻璃制造业的研究方面，露辛达比自己更热衷，对透明美丽的玻璃有着一种比自己更着魔的爱。哈塞特刚一见到找上门来的露辛达时，颇感有些意外，因为他原以为前来拜访自己的是一位先生，没想到竟然是一位年轻的淑女；很快，他便对露辛达身上的那种青春、自信和羞涩，留有了深刻的印象。哈塞特注意到：露辛达穿着一条不同寻常的灯笼裤——那样一身服饰显露出了她是一位富有却又不怎么让人尊重的女性。在哈塞特看来，露辛达长得还算不错，尽管并不很美丽，不过那一双深绿色的眼睛，却给他留下了很深印象。那一双眼睛放射出一种生气勃勃、精力旺盛的聪明才智，他甚至禁不住被露辛达那丰满的下嘴唇上所涌动着的那种不自觉的性感暗暗打动了。随后，他做出了评价，总的说来，露辛达应是一位出众的年轻女性。

在与丹尼斯·哈塞特讨论有关玻璃制品的一些问题时，露辛达笔直地坐在椅子上，尽量避开哈塞特盯视着她的那种热切的目光。哈塞特很快就把话题转到了玻璃性能方面上，还拿出了几类玻璃制品，让露辛达赏识，直到这时，他才意识到：其实露辛达对玻璃的性能基本上一无所知。最后，哈塞特拿出一块奇特的玻璃砖，拿给露辛达观赏——那是他压力试验中的唯一的幸存物。当他即将示范他的测试时，露辛达却制止了他，请求他不要将那块玻璃砖毁坏。“为什么？”哈塞特问道，惊讶的语气当中夹带着一些气恼。

露辛达解释说，那东西一旦毁坏了她就再也看不到了。接着，她心怀歉意地坦言说道：“我来是求你帮忙的。你对我很好。你处置自己的实验品，我却和你争论，大概是我在嫉妒你。”哈塞特实在无法理解露辛达的这种嫉妒，这是为什么？露辛达道出了自己心中的苦水：因为哈塞特是男人。因为他是一个男人，他便能随便进出“鲁珀特亲王玻璃工厂”，而她则不能；玻璃工厂里的男性雇工们，在他们享有的范围内，不许她擅自进出。哈塞特当即反驳了她，说她完全可以自由进出那家玻璃工厂。露辛达辩解说，那结果便是她要品尝那些工人傲慢的目光，成为他们想象中的一个可怜虫；让她也觉得自己低人一等。这就是男人的权利！她为自己身上难以驱逐的怯懦感到悲伤。

哈塞特清楚了露辛达想拥有一家自己的玻璃工厂的意图之后，安慰露辛达说：她会享有那种种权利的；她只需要一点小小的帮忙，就能实现她拥有“鲁珀特亲王玻璃工厂”的梦想。得到哈塞特这样的鼓励，露辛达情不自禁地告诉哈塞特，她小时候在伦敦探亲时，曾与父母一道参观过展会和工厂，1851 年伦敦大型展卖会上最吸引世界目光的建筑物——帕克斯顿先生（Mr. Paxton）的水晶宫（其外墙是铁架与玻璃墙铸成的），给她留下了十分深刻的印象；随后，她又带着一丝歉意说，实际上，她这是在向哈塞特要求什么，向哈塞特提出了过多的要求。哈塞特微笑着表示他并不在意，并向露辛达保证，他将会帮助她实现她想在悉尼这里制作玻璃制品的梦想，还解释说，这是因为他嫉妒她，他嫉妒她所具有的那种深切的激情，而他自己的生活当中所缺少的，就是这种激情。他就像一个冰冷的男人需要靠他人的激情之火来温暖自己。

在丹尼斯·哈塞特的协助下，露辛达买下了位于悉尼达令港兰松码头的那家玻璃工厂。她走在萨塞克斯街（Sussex Street）上，看到工人从工厂和码头一拥而出时，她的感觉既激动又反感。现在，她拥有了自己的工厂，实现了母亲的梦想——她母亲伊丽莎白的梦想就是让一家工厂在女人的经营下运行。不过，她绝不会想到，两年后，她会一落千丈，沦落到居然会感觉能在德鲁伊特街（Druitt Street）的“爱德华·杰森酱菜厂”（Edward Jason）里工作是自己莫大的幸运，她竟会把自己的双手伸进那臭泔水里，双手红肿，眼睛刺痛，而心里却感觉自己站在了幸福生活的边缘。

在 1859 年，露辛达的双手是白白净净的，干爽的。她每日前往玻璃工厂巡视，看到工人们投身到那些冒烟的巨物中，由于劳动的缘故双手粗糙不堪，而且生活贫穷——这些，对她来说都是陌生的。她非常同情那些工人们的贫穷和劳累，不过，那些人打量她的那种目光，以及他们断定她是一个有钱的年轻女人的样子，令她感到恐惧和憎恨。尽管如此，她还是对自己买下这家玻璃工厂感到满意，因为这可以使她任意出入哈塞特的那间舒适的书房——那里已经成了她的一处避难所，成了她从悉尼大街上那种喧闹状态中得以退身的一席之地，即便已经过了按照常规标准一个未婚女子拜访一个男人的恰当钟点，她依然逗留在那书房里不肯离去，通常都要在那里待上很长的时间，恋恋不舍。

不过，她是母亲伊丽莎白的女儿，在她与哈塞特之间的关系当中，仅仅是有关玻璃制造方面的一些事宜，而绝非恋爱故事。像母亲伊丽莎白一样，露辛达也不喜欢在社交方面屈从于一些常规戒律和社会的习俗。她搞不明白，自己只是因为与哈塞特讨论玻璃性能和玻璃制造业的一些事情在一起待到很晚，就被人们认为是“不合适”之举。哈塞特对社会上衡量人的行为准则要比露辛达清楚得多，不过他依然允许自己满足露辛达那种需要有人做伴儿的愿望，结果，致使露辛达竟养成了想来就来的习惯，事先连个招呼都不打。这多少令哈塞特有些窝火；而且，一旦哪一天露辛达没来上门，在那个夜晚，哈塞特便会以为露辛达是在她留宿的佩蒂旅馆里用心读书，他根本想不到——此刻露辛达正坐在蔡斯·阿赫恩先生介绍她认识的那个会计公司的负责人——詹姆斯·达阿布斯先生的家里全神贯注地玩着纸牌游戏呢。

露辛达在购买玻璃工厂之前，曾就有关事宜悄悄和达阿布斯先生见了面，进行过一番商讨，因为露辛达对丹尼斯·哈塞特不大放心，认为在做生意方面，他不太在行。在那之后，露辛达便与达阿布斯先生发展出了友谊。每天晚上，在达阿布斯先生家的客厅里，在与一帮牌友的游戏当中，露辛达的思想充分活跃了起来，人也变得讨人喜欢起来；那纸牌使她感动，她自己也不清楚这是为什么。在分牌、发牌中，在不知不觉地卷入那种玩纸牌的意境当中时，她浑身都会迸发出狂热的活力——仅仅只玩了几个星期的纸牌，她却已经像是一个职业高手了。

对露辛达在达阿布斯先生家玩牌的事，哈塞特没有丝毫察觉，不过他已经察觉的是：每当他与露辛达在公众场合露面时，人们总要对他评头论足。哈塞特不愿意被摈弃在令人舒心的社交圈子外，然而，自从过于年轻也不够漂亮的露辛达来到悉尼之后，每当社交界看到他们两人在一起时，总免不了对他们百般冷嘲热讽，尤其是看到露辛达满不在乎地走在英俊的乌拉牧师旁边时，人们的反感更是溢于言表。基于人们对露辛达的嫌恶，哈塞特需要不断为种种议论替她做辩解，而悉尼的社交界，根本无法接纳露辛达那些不入俗的行为举止。哈塞特多年的朋友、古典文学教授汤姆·威尔逊（Tom Wilson）甚至警告他离露辛达远一点，结果，他断绝了与威尔逊的友谊。在那之后，哈塞特一直闷闷不乐，心想，他这是在为了一个自己并不爱的女人挺身而出，然而，事到如今，这个女人身上的那种罕见的激情，以及先前她在他书房里坚持逗留的场景，已经挥之不去了。

在玻璃工厂正式成交之日，为了庆祝这桩买卖的成功，露辛达在天一擦黑就来了，哈塞特还在为他与汤姆·威尔逊之间的争论耿耿于怀，他很伤感，也很生气；为了庆贺，他倒了一杯雪利酒，随后，便把威尔逊的事一股脑地道给了露辛达。

露辛达不明白别人为什么会那么厌恶她，看着对面坐着的哈塞特，面对着他的不快，她颇有些同情；而且，清楚自己应该为哈塞特因她而失去了朋友一事向哈塞特道歉，应该为她求他代理的那桩买卖的成功好好庆贺一番；然而，她只是举起酒杯，微微一笑。在这时候，她心中所系之事，是赶快离开，去玩她的纸牌，她刚刚输了牌，一定要赢回来。她满脑子想的都是纸牌，不敢正视哈塞特那悲伤的面孔，说了一大堆令他分外失望的谎言。露辛达知道，自己这样做有些太过分，有些可鄙，但是，她已经无法顾及这些以及哈塞特的感受了，她必须逃之夭夭，以最快的速度逃到达阿布斯先生家的那张铺着灰羊毛毯的纸牌桌上去。

当露辛达在达阿布斯先生家兴致勃勃地玩纸牌的时候，在北半球的奥斯卡·霍普金斯，已完成了他的学业，成了一名教会学校的教师。在奥利尔学院的四年间，他不仅精通了纸牌技艺，迷恋上了赌马，还写出了整整 16 大本赌博笔记。离开奥利尔后，他搬到了伦敦诺丁山（Netting Hill）的厄士桥路（Uxbridge Road）南头。诺丁山这一地区是一个多种族、多文化的多元化地带，不管是富到极点还是穷到极限的人，都聚集在这里；这里同时也是黑、白、黄等各色人种的聚集地。他在约翰·科尔维尔先生（Mr. John Colville）的男子学校的三层阁楼里，享有一间宿舍房。他之所以选择在这里做牧师，是因为他熟悉这一地区，而且还花时间造访了他的同学伊恩·沃德里－费什位于诺丁山拉德布雷克广场（Ladbroke Square）的家。

伊恩·沃德里－费什现在已有了自己的教区，在勤奋履行着自己的职责布道传教，通过赌博，加上上帝的恩赐，生活基本能自给自足。沃德里－费什与"怪人"奥斯卡的关系可谓非同一般。沃德里－费什打心眼里不喜欢生活在他周围的那些人，他们使他感到厌烦，就连他的父亲和他兄弟，他都不情愿过于亲近。尽管他也能与大家一起去打猎，一起饮酒，并让每个人都心满意足，丝毫察觉不到他的不愉快，但他并不在乎与那些人的关系，却额外珍视与"怪人"奥斯卡之间的友谊。说起来，奥斯卡有许多地方——恐惧症、恋物癖和许多陌生的思维习惯，也让他腻烦，但他从不斤斤计较，另外，对于奥斯卡的不修边幅，赌博赢到了不少钱却从不肯在自己的服饰上花钱，他给出的意见是：那是奥斯卡的自大而不是自卑或虔诚什么的；还有，奥斯卡倾向于把赌博赢来的大部分钱款归公，捐送给慈善机构，这也让他不怎么赞同。

在一个安息日（The Sabbath），沃德里－费什把我外曾祖父奥斯卡·霍普金斯带进了他从未去过的一家赌狗俱乐部。起初，我外曾祖父很兴奋，后来，在一阵阵的狂呼乱叫中，看到一些小耗子被活活咬死后，他忽然意识到自己竟然耐不住诱惑已经堕落到了罪孽深重的地步。不管他们参赌的目的有多么神圣，但是，在安息日这天，目睹那些生物被杀死，对我外曾祖父奥斯卡·霍普金斯来说，都是一个信仰上帝的信徒不可饶恕的罪孽。为此，在 1863 年 4 月 22 日，在赌博面前已身不由己的奥斯卡，痛下决心，要彻底摆脱赌博的诱惑，并决定用投掷硬币的方式来断定自己是否前往澳大利亚去传教，把上帝的话带到遥远的陌生之地——新南威尔士去。

事后，为这件事，奥斯卡约伊恩·沃德里－费什见了一面。沃德里－费什弄清他这一意图之后，并不惊讶，平心静气地建议他：放松一下，想办法让自己快活一些，把新南威尔士的事忘掉，不要庸人自扰，自寻烦恼，及早返回学校去；还不无感慨地劝说了一番："你不属于任何地方，怪人，你必须清楚，你到哪儿都和其他人格格不入。"见他并不认同自己的说法，沃德里－费什有些沮丧，激动起来，抓住他的手腕，劝他不要鲁莽行事，没有必要将自己的生活致力于那种带有危险性的济世传教。还说他并没有堕落，没有必要一定要跑到新南威尔士的荒野去忏悔，去苦行赎罪，更不要妄想跨越了世界就能拯救他的灵魂。

"我为什么不能去？"奥斯卡继续坚持，沃德里－费什不无悲哀地提醒他：他的恐水症将会阻止他乘船平安抵达新南威尔士。最后，我外曾祖父奥斯卡·霍普金斯牧师还是抛出了那枚决定自己前程的硬币——显露给他的是维多利亚女王头像的那一面。顿时，奥斯卡的脸色难看极了，像鬼一样惨白——上帝把他派向了新南威尔士。这一年，他 22 岁，英国圣公会同意在新南威尔士给他一个职位。

像往常一样，在我们议论往事时，我母亲又动起了感情。我母亲对我外曾祖父奥斯卡·霍普金斯牧师只身前往荒蛮的澳大利亚去做一名传教士，去做一名英国圣公会的先锋，饱含着深深的敬意。在我们的想象中，奥斯卡的这一次跨洋远航，乘坐的应是一艘快速大帆船，坐在三等舱里，与那些穷苦的移民拥挤在一起，手持着一本《圣经》。事实是，奥斯卡的这次航行，乘坐的是一艘巨型远洋客轮，“利维坦号”（The Leviathan）。

历史往往就是这么机缘巧合，露辛达·莱普拉斯特里尔小姐凑巧也乘坐了那艘“利维坦号”巨型远洋客轮。她是在伦敦的那位著名的水晶宫的建造者——工程师帕克斯顿先生的建议下买下的那一张前往悉尼的“利维坦号”的船票，她的那位生意伙伴帕克斯顿先生告诉她：尽管“利维坦号”那艘巨型豪华远洋客轮眼下就像大象一样安全可靠，但两年之后，将不复存在。其建造者莱格尔先生（Mr. Legare）将会回归自己的老本行，去继续造桥而不会再经营什么航运了。因此，她应抓住这一天赐良机，坐一坐这艘建造者兴之所至建造的庞然大物，那将会是一次可载入史册的经历。于是，露辛达花费了70镑，为自己买了一张头等舱船票。

上船后，露辛达没料到这艘号称人类所建造的世界上最大的一艘客轮上面竟然空荡荡的，心里顿时有些别扭。她离开了她的那个豪华空旷的头等舱的空间，下船来到码头，脚刚一落到地面上，心里感觉舒畅了许多，周围一下子变得生机盎然起来，即便雨水打湿了她的长靴，她也不在乎，高高兴兴地走进了实实在在的人群当中。

一年前，露辛达22岁，辞别了悉尼来到伦敦，这里曾经一度是她母亲的家。她渴望受到母亲那些时髦的朋友们的欢迎，期望母亲的老朋友玛丽安·伊万斯，也就是乔治·艾略特（George Eliot），与自己一起分享当年母亲伊丽莎白的那种创办工厂让妇女在里面工作的激情。没想到，现今步入了46岁的艾略特，望着站在自己面前的孤女露辛达，对她所说的“伊丽莎白的狂热”根本没什么兴趣了，直到获悉她已经买下了一家工厂之后，才总算有了点话题。不过，艾略特依然不愿意同她讨论制造玻璃的事，比较起来，她更喜欢帕克斯顿先生，尽管帕克斯顿先生不加掩饰地嘲笑过她。

帕克斯顿先生向露辛达阐释了他的新制造工艺项目计划，并把他计划书的蓝图呈交给了她，还给她写了他与之打交道的那些玻璃厂的介绍信。她来到伦敦时，原本是把它当作自己的“家”的，然而，没过多久，她很快就清醒地意识到，这个污秽的大机器，对她来说一点都不合适，比她避开的悉尼社会更加残忍，根本不是什么“家”。

她离开悉尼时，怀揣着结婚和生孩子的愿望，想在伦敦找一个丈夫。在一次对丹尼斯·哈塞特发脾气时，她对哈塞特没把她看成一个合适的结婚人选而恼羞成怒，尽管哈塞特依然是她的密友和最信赖的男人。她决定把后悔留给哈塞特——为没有向她求爱而后悔，任由哈塞特在其中受煎熬，活受罪。她坚信，在伦敦，会有许多人向她求婚的，即便仅仅是因为看中了她的家产——然而，却什么也没有发生，只有面孔严厉的帕克斯顿先生有过两次很不得体的举止。

露辛达从正在工作的起重机旁边走了过去，路过一些关着动物的畜笼，漫不经心地走着，丝毫不在意那些穿着油布雨衣的看守人的目光。那些人不能理解：一个属于她那种阶层的女人，怎么会冒雨在这个繁忙的码头上漫步。而露辛达呢，早已使自己习惯了人们的那种目光——其中暗含的反感与威胁。人们习惯的是那种年轻淑女对人低眉垂目的依顺样子，她却大相径庭，甚至使艾略特在给友人的信中提到她时，说她有一种“直视他人眼睛的那种奇特的令人不安的习惯”；艾略特在那信中还提到：有时，她的那种直率的表达方式，或是她的那种不够女人味的擤鼻涕方式，都使她显得那么异类。

当露辛达扭身返回，走上她那头等舱的旋梯时，雨势已经开始减弱了，一个把头发像意大利人那样梳着辫子的高级船员向她行了个礼。从伦敦到悉尼的航行，需要55天。露辛达咬了咬她的下嘴唇，要过55天之后她才能知道丹尼斯·哈塞特是否与来信中提到的女人结了婚。亲爱的上帝，她在心中祈祷：最好他现在还是独身一人，即便我不能与他结婚，他也仍然可能是我的朋友。亲爱的上帝，请千万为我留下一个我能与之交谈减轻寂寞的人吧。

雨又开始下起来了，下得很大，舷梯前面，已经很难看清什么了。露辛达举起她的伞，以便自己的视野能好一些。她从第四级阶梯那里往前望去，注意到似乎是有什么人病了。她认出了那个红头发的传教士，那个坐马车抵达的牧师，病人原来是他。很是奇怪，那些男人怎么抬着这个红头发的牧师倒着上舷梯，不是在往上走，而是在往下走。这就是露辛达·莱普拉斯特里尔小姐最初看到奥斯卡·霍普金斯牧师的情景。因为奥斯卡用两手捂着脸，所以她没怎么看清他。

我外曾祖父，奥斯卡·霍普金斯牧师呻吟着，被抬了下来，离开了巨型远洋客轮。伊恩·沃德里－费什牧师抬着担架的一头，修·斯特拉顿牧师抬着担架的另一头，在这一行人里，还有斯特拉顿夫人，伊恩·沃德里－费什的未婚妻美洛蒂·克拉特巴克（Melody Clutterbuck）以及奥斯卡的父亲西奥菲勒斯·霍普金斯，一个黑脸的老人，扛着一个箱子，装满了特别为他儿子准备的焊接工具。

当露辛达看过去时，红头发的奥斯卡的眼睛被蒙了起来，旁边的人鼓励他站起来，并让他自己从巨型远洋客轮的舷梯上走上去，其中一个人高声说："没问题，奥斯卡，你能走。"露辛达放弃了这一离奇的场面，回到了自己的舱里，摘下帽子，脱掉潮湿的长筒靴，坐到小写字台前，试图写她的日记，可是又觉得她的伦敦之行没有什么值得写的，最后只写下了这么两句："一间极其庞大的房间，被我弄乱了。因为我跑到哪儿，过度的烦恼和焦躁就会跟到哪儿。很钟爱玩纸牌游戏。"这时，她听到了起重机引擎的发动声，从舷窗往外看了过去，不由得后退了一步，眼睛被蒙起来的奥斯卡与另外两个牧师被装在一个大笼子里，那起重机正在往客轮上方吊运他们。

为了我的出生，两个赌徒，终于会面了。一个嗜赌成性，另一个不由自主。奥斯卡·霍普金斯坐在二等舱的红色的天鹅绒椅子上，露辛达·莱普拉斯特里尔要求他听她的忏悔。如果不是这艘巨型远洋客轮的通风系统作怪，这次会见，原本不会发生。怪就怪在那个通风管能把人们的声音从一间舱房传送到另一间舱房。露辛达孤独地待在她的那间头等舱房里，彻夜被那些服务员在他们舱房里玩牌的声音折磨着，他们边玩边聊的话语一清二楚地传到她那里。渐渐地，她熟悉了那些无聊的服务员的声音，觉得自己如果与他们相结识，一定会喜欢上他们的。她很希望自己能加入他们的游戏当中去，然而，她很清楚，他们那些人是不会容许她加入的，因为她是一个乘客，一个女人。

孤独了很久之后，她开始怀念起达阿布斯先生的家，怀念起在那里玩过的纸牌游戏。她回想起她成为"鲁珀特亲王玻璃工厂"所有者之后的头一个月里，在一帮男人休息期间，与他们玩纸牌时的情形，玩了还不到一个月，他们便通过达阿布斯先生给她送来了一张字条，上面的意思是：世上没有一个绅士会与一个女士赌博，一个女人参与到他们的纸牌游戏中，有悖常规。她被那张字条深深刺痛了——她曾对自己的玻璃工厂所生产出来的一切感到那么自豪，生产流程也让她深深感动，令她信心百倍，决心用巨资引进更先进的生产工艺，制作出上等的玻璃制品——几乎是像灵魂、精神那样的淳朴物质，完美无瑕，一尘不染，无锈无斑；同时，她也企盼能获得在工厂里劳动的那些男人们兄弟般的友谊之情，希望通过纸牌游戏，踏入他们的世界当中，在玻璃制造的过程中，扮演一个有用的人。不料，他们却回绝了她，歧视她是一个女人，将她拒之门外，即便她是他们的“主人”，也不能例外。

她聆听着“利维坦号”的那些服务员的谈话，想象着自己敲开那间舱门，应邀加入他们的纸牌游戏当中。但是，她很清楚，如果自己擅自去敲那个舱门，那些人肯定会马上恢复他们“服务员”的性格，以与她玻璃工厂里的男工们同样的方式回应她。然而，不管怎么说，现在，她极想去玩玩纸牌。于是，她离开了自己的舱房，走下楼梯，开始在客轮上到处转悠，渴望能寻觅到一扇敞开的舱房门，里面有人还正在玩纸牌。

她来到最下面的一层甲板上，走廊上空空荡荡，她看到一个小伙子在照料货物里面的那些动物，那不是她所找寻的目标。她继续往前游荡，在前面的轮机室那里，她往里面探视了一下，里面没有人打牌，正在挥舞着铁锹干活的两个男人看到她之后，停了下来，一脸凶相，瞪视向她这位不速之客。她赶紧退了出来，那扇敞开着的门随即被关上了。

她实在不喜欢这艘客轮带给她的感觉。客轮上的生活是寂寞的，没有一点生机，原本为女士们安排的活动，由于乘客当中女士太少，全被取消了。她顺着铁梯向上爬，最终，来到一间准备茶点的小厨房门口，那里有两扇门，她选择了右手的那一扇，看到了坐在红色天鹅绒椅子上的那个被吊运上来的红头发的传教士。这里是二等舱的散步甲板，她意识到自己闯入这地方有些“冒犯”，可转身回去又太丢面子，便抬起头，挺起胸朝着红头发的传教士径直走了过去，并做了一番自我介绍。红头发的传教士奥斯卡也报出了自己的名字；她接着说道，她习惯于向牧师忏悔，奥斯卡牧师当即夸赞说了一句：这样做很好。于是，她便询问奥斯卡，给不给人做忏悔，奥斯卡告诉她，他通常不做。她还是冲口说出：能不能在他方便的时候，去接受她的忏悔。说完，便立即离开了。

“利维坦号”客轮继续缓缓行驶在茫茫的大海上。奥斯卡坐在那把红色长背靠椅上，坐在同一个地方，已经有 14 天了。与他为邻的意大利人波洛代尔先生（Mr. Borrodaile）和澳大利亚新南威尔士环境适应学会（Acclimatization Society of New South Wales）的珀西·史密斯先生（Mr. Percy Smith）注意到了这一点，盯视着他，不明白他为什么总是坐在那里，不去甲板上走一走。

奥斯卡继续坐在自己的长背靠椅上，坐在散步甲板的一端，手里拿着一本塔西佗[1]（Tacitus）的书，身旁还放着一本《圣经》和《公祷书》[2]（The Book of Common Prayer），他不愿意对前来与他大谈殖民地间的税务的波洛代尔先生说些什么。波洛代尔先生悻悻离开后，史密斯先生走了过来，他对史密斯坦承自己有病，不能在甲板上行走，但是，希望史密斯能为他具体描绘一下头等舱舷窗的大小。因为他要去聆听莱普拉斯特里尔小姐的忏悔，就必须对付他的恐水症，他害怕看到滔滔海水，而他曾听说那里的舷窗很大。

喜欢闲聊的史密斯知道现在头等舱里只有唯一的一名女乘客，立刻惊奇奥斯卡和那位小姐之间的关系，令奥斯卡耳朵一阵阵发热，颇为困窘，赶紧说明，他和那位小姐交往，纯粹是职业上的事，不是什

---

1 塔西佗（Tacitus）：大约生活在公元55年至120年间，罗马历史学家，曾任罗马元老院议员、执政官，后来成为小亚细亚的总督。

2 《公祷书》（The Book of Common Prayer）：英国圣公会的祈祷用书，圣公会信仰的一个重要特征，也是保存圣公会信仰的重要途径。

么谈情说爱，请不要笑话他。“我的牧师朋友，”史密斯拍了拍年轻的奥斯卡的肩膀，让奥斯卡放心，他不会仅仅根据奥斯卡对一个漂亮的年轻女士的兴趣来判断他的，他知道他是一个清心寡欲之徒，会想法帮助他的。随后，他们的谈话被回来招呼史密斯去玩掷铁圈游戏的波洛代尔打断了。

那天用晚餐的时候，波洛代尔信步走进二等舱餐厅时，一眼就看到他们餐桌那里不仅坐着他邀请来的牧师奥斯卡，还坐着头等舱的那个年轻女子露辛达。露辛达是史密斯自作主张引进到他们中间的，波洛代尔颇有些不悦，他不喜欢与女人同桌用餐。

餐桌上的闲聊，从一开始就不那么愉快。奥斯卡背对着后面墙上那些一字排开的舷窗，坐在那里，笑呵呵地参与着大家的交谈。波洛代尔是一个讲究实际的人，不喜欢奥斯卡和露辛达谈论的读书话题，径直把话题扯到了他盘中的腌牛肉上，与露辛达说话时粗声粗气的，用语尖刻，奥斯卡很不愿意看到他的那种自傲神态，不过，他并不想真正地站在哪一边，只是想承担维护他们餐桌上和谐气氛的责任。忽然，服务员领班大喊了一声“船一侧有磷光”，人们立刻慌乱地冲向了甲板。

奥斯卡不情愿自己餐桌上的人离去，于是将话题转向了磷光，却看都没敢回头看一眼舷窗外的那个光彩夺目的景象。在对海面上的磷光现象进行了热情洋溢的描绘时，奥斯卡很清楚，他的这番描绘定会惹得他的晚餐伙伴们离他而去，顺着楼梯而上，去观赏那磷光引人入胜的奇观，而他的恐水症使他不能与他们一起前往。终于，大家一起从餐桌边站了起来，露辛达还特意说了一句，“让我们去做这奇迹的见证人吧。”他也随着站了起来，不过，在通往楼梯的入口处，他悄悄离开了喧闹的人流。

“利维坦号”客轮的船头那里海浪翻滚着白浪花，一只水桶被放了下去，突然，一个光点炸开了，露辛达看到了在灿烂的大海上极其耀眼的火球滚动着，闪闪发光，不过，她对这个景致没什么兴趣，她需要的是智慧和善良之情。当她侧身挤入人群中时，注意到奥斯卡不在其中，开始生起自己的气来，责备自己靠得太前了，同时觉得被奥斯卡故意怠慢了，甚至没同她道晚安。随后，她挤出了人群，回到头等舱的散步甲板，茫然地向下面的二等舱甲板望去，看到奥斯卡独自一人坐在他那长背靠椅上。奥斯卡向她招手示意的时候，她觉得这不足取，装作没有看见。

奥斯卡想，他的同学伊恩·沃德里－费什说他“到哪儿都和其他人格格不入”看来没错，他怕水，他脱离了生活本身。史密斯也对他说，他“很难相处”。其实，说起来，在许多方面，奥斯卡是一个很谦卑的人，不过，他也有一种不轻易接受他人观点、喜欢暗自思考的习惯。他想到刚才他向莱普拉斯特里尔小姐挥手却没有得到回应，他对自己无意中怠慢了大家和莱普拉斯特里尔小姐有些过意不去了，于是，打算去莱普拉斯特里尔小姐那里接受她的忏悔，便从长背靠椅上站了起来，摇摇晃晃，壮着胆，上了楼梯，朝着头等舱的甲板走了过去。当他惨兮兮地上去之后，打听莱普拉斯特里尔小姐的房间时，护送他的那个服务员心里想到的不是什么恐水症，而是严重的精神危机。

这时候的露辛达，正在她那头等舱的房间为设法将服务员们引诱过来与她玩牌而忙活着。她取出了纸牌，洗了洗，然后开始发牌，用心地将它们码放到漂亮的胡桃木的桌子上，一字排开，还在旁边放了一堆面值不等的便士、英镑，心想，这样或许就能够诱惑进来的那个服务员上套了，说不定那个服务员会主动建议他的同伴们到她这里来与她玩牌了。随后，露辛达拉响那个叫人的响铃，进来的服务员受过尊敬客人隐私的训练，一双眼睛拒不理会桌上为他所摆设的诱饵，将用银托盘送来的茶水放下之后，愉快地道了一声晚安，便退出了舱房。露辛达一点没料到事情会是这样一个结果，顿生沮丧，相当懊恼，觉得自己在一天里，出了两次洋相。

当露辛达看到霍普金斯牧师站在她舱房的门口时，早已把自己要求忏悔的事忘得一干二净了，再次出了一个洋相，惊讶得嘴巴大张，脑子里立刻想到那些摊放在木桌上的纸牌和钱——它们是用来做诱饵的，是为了引诱除了他之外的任何人的。她把他请了进去，试图把他带到远离木桌的舷窗旁的一张椅子上坐下。令她吃惊的是，他的神经高度紧张，不愿意到那里去落座，并解释了他不能坐到那里去的理由：他有恐水症，害怕舷窗，害怕在甲板上走动；之后，他径自坐在了她最不希望他坐的位置上，她的魂都吓飞了，自己的罪孽即将原形毕露地呈现在他面前了。不料，他随后便拿起了桌上的一张纸牌，把玩起来，一面对她抱歉说，没能早一点过来听她忏悔。现在，她已经不想做什么忏悔了，只希望他能放下那张纸牌——他一定知道了那张纸牌是用来干什么的，于是，她笨嘴笨舌地说起了她在伦敦从乔治·刘易斯那里听来的一些宗教哲理，这种哲理提醒了她下跪和忏悔的危险性，还说忏悔是不明智的选择。他不赞成她对忏悔的理解，搬出了圣公会《公祷书》中的理论，驳斥那种哲理不具备真理性，她应当从旁门左道的邪说中彻底解脱出来。

露辛达恐慌起来，她不能向庄重地站到自己面前的这个年轻男人忏悔，然而，忏悔的仪式已经开始了，她不得不开口了。她说得很快，把自己的好赌成性恶癖，一一说给了她的忏悔牧师，然后，低头坐在那里，不敢看他，等待赦免。令她完全没有料到的是，他却坦然一笑，说她没什么可赦免的，因为她根本就没有什么罪孽，还一本正经地向她灌输了一套令她大为吃惊的“赌博”真理：我们的整个信仰就是一种赌注，莱普拉斯特里尔小姐，我们全都在赌博——这些都在帕斯卡尔[1]的哲学里，而且还非常有智慧……我们打赌有上帝存在，用我们的生命作为赌注。我们算计着概率和回报率，认为这样我们将能与圣徒们一起进天堂。我们为我们的这一赌注焦虑，令我们在清冷的黎明前惊醒，下床跪到地上，即使在冬天也是如此。上帝看着我们，看着我们受苦。这个看着我们在床边祷告的上帝怎么能这样……这样的一个上帝，对我们的基本要求就是要我们用我们难免一死的灵魂去赌，用我们现世生命的分分秒秒去赌。这是千真万确的！我们必须把给予我们的有限生命的每一瞬间都用以赌博，我们必须把毕生所有的一切都押在“上帝存在”这个无法证明的事实上。

露辛达打了个冷战，她的忏悔牧师居然如此贬毁她的忏悔价值！她如释重负，她的恶癖将不会使她失去与他建立起来的友谊。她想，这是一个多么罕见而令人耳目一新的男人，在她的舱房里，与他在一起，再不会感到孤独了，说不定他们还可以在一起玩纸牌。她的心灵顿时感到一种前所未有的轻快，觉得在他的身上看到了她自己，甚至想到：我可以实现我的结婚的愿望了，不过不是他，当然不是他；但是，我可以找一个像他这样的男人结婚了。随后，她十分真诚地请奥斯卡坐了下来，奥斯卡收拢起摊放在木桌上的那些纸牌，稍后，他们二人的牌局便开始了。

露辛达喜欢在铺着灰羊毛毯的桌上玩纸牌，她头一次在达阿布斯先生家里玩牌时就是这样的。于是，

---

1 帕斯卡尔：即布莱兹·帕斯卡尔（Blaise Pascal，1623—1662），法国著名思想家、数学家和物理学家，31岁发明“帕斯卡尔三角形”定律，并建立了数学中概率理论和集合理论的基础，之后他开始进入沉思性宗教生活。他一生体弱多病，只活了39岁，却在身后留下了高耸的纪念碑。他的主要著作是《外省通信》（Provincial Letters）和《沉思录》（Les Pensées），《外省通信》常被看作法国古典主义散文的奠基之作，《沉思录》则为哲学和宗教方面的探讨提供了丰富的源泉，成为人因思想而伟大的一个明证。

她把床上铺着的一条羊毛毯拿了下来，铺到了桌子上，在她的客房舱室里单独与奥斯卡牧师玩了起来，赌注以便士为单位。舱室里一下子安静得出奇，两个人全都分外投入，专心致志，浑身焕发着勃然生机。头一局下来，露辛达就输了，不过，她一点都不沮丧，内心充满了轻盈的快活感。不知为什么，每次输牌，她都会生出这样的感觉。这大概是因为在她内心深处，对自己继承来自父母的大笔遗产总有一种莫名的负罪感和恐惧感吧。

时光已到午夜 1 点 30 分，舱房外面的狂风开始摇晃他们的客轮。一便士，一便士，又一便士，露辛达的钱一点点流失走了，她微笑着看向奥斯卡，他也以微笑看向她。到了 2 点 30 分，他们再一次开局，奥斯卡的牌运又来了，一连赢了三副牌，露辛达被那些结果刺激得兴奋不已。到了 3 点 23 分，第一个巨浪打上了舱房外面的甲板，牌桌上的气氛一下子变了，奥斯卡大张着嘴，脸色苍白，喉咙里反复发出奇怪的唔唔声响。一场可怕的风暴降临了。那些凶猛的巨浪一个接一个恶狠狠地奔涌到甲板上，摔了个粉碎。这是上帝对他们的警告！奥斯卡蹲了下去，把纸牌揉成一团，露辛达很生气，这牌可是她刚买来的精品。“我把你引入了迷途。”奥斯卡说，随后站了起来，紧紧抓住桌边，不再看露辛达。

“利维坦号”客轮的船头被巨浪抬了起来，又被重重砸了下去，这个庞然大物就这么不断地被滔天的巨浪折腾来折腾去。客轮上一片喧嚣，吱吱嘎嘎声、呻吟声、门的撞击声，乱成了一团。露辛达还听到了钟声，船上的钟声大作，简直就像是要船毁人亡了！“你一定要宽恕我。”奥斯卡对她说，她一时没顾得上回答，忙着去拾滚落到地上的花瓶，意外看到奥斯卡紧握着拳头用力击打他的腿。她原谅了他，却不能理解，一个懂得海洋磷光源自大海海兽脂的人，竟会认为这一场风暴是来自上帝对他们的警告。奥斯卡在这时想的是：他不应该仅仅为了快乐就重入赌局，孤注一掷；他为赌博所做的那番辩解，想必使得上帝很不高兴；而且，他还把这位年轻女人领入了罪恶之渊。

狂风怒号，浪涛汹涌，疯狂地抽打着“利维坦号”客轮的船体，奔腾的海水涌上高高的甲板，庞大的船体在劈头盖脸而来的狂风卷着的波涛中不断地颠簸。奥斯卡逼迫着自己离开了牌桌，踉踉跄跄走向舷窗，打开了舷窗，把手中的那些纸牌丢进了狂浪，整个人随后斜倒在地上，昏倒在露辛达的脚下。露辛达不知如何是好，她应该去叫客轮上的医生，但是现在是凌晨 4 点，而且，他会不会立刻醒来？奥斯卡醒过来了，但是没人搀扶，他无法离开她的舱房。她不得不拉响那个叫人的响铃，叫来了两名服务员，把奥斯卡抬送回他的舱室。

这件事被意大利人波洛代尔先生看到了，第二天早饭时分，他绘声绘色说给了珀西・史密斯先生，于是，很快便成了一桩丑闻，散布开了，之后，船长拜访了露辛达。因受到众人深深的伤害，露辛达开始硬下心肠冷若冰霜地对待每一个人，除了牧师奥斯卡。她希望奥斯卡会过来向她道歉，因为她想要告诉他——他没有什么可道歉的；但是，奥斯卡始终没有过来；随后，露辛达再也不敢跑到甲板上去散步了，她不敢离开她的舱房。在其余的航程中，奥斯卡一直躺在他自己的那间二等舱小舱室的床上。直到那艘巨型远洋客轮驶入了悉尼港口，我外曾祖父奥斯卡・霍普金斯牧师才离开了他的那间小舱室。露辛达看到奥斯卡端坐在他那张红色天鹅绒的长背靠椅上，当他朝着她微笑时，那微笑已经让她等得太久了，现在，所能带给她的，只剩下了不快。

返回悉尼之后，露辛达・莱普拉斯特里尔为时已晚地获悉：她的“鲁珀特亲王玻璃工厂”已经荒废一年了。行前，她把生意拜托给了三个人照管，一个是乌拉哈牧师丹尼斯・哈塞特，他了解一些有关玻璃化学方面的知识；一个是她的会计达阿布斯先生，打理生意账目，银行业务，发工资；再一个是资深的吹玻璃师亚瑟·菲尔普斯（Arthur Phelps），工厂里工人们的自然领袖。她请他们三人对她工厂里的事儿多加关照。吹玻璃师菲尔普斯很认真地履行了他的职责，工作非常努力，然而，另外那两个人——那两个顾问、两个门外汉，给他的却永远是相反的指令，结果，毁掉了他良好的睡眠。玻璃质量开始出现问题。菲尔普斯感到非常不快与惭愧，再加上根本没有人在意，为了露辛达小姐的利益，他们工匠们工作得有多么努力。他们像父亲和兄长那样对她的工厂百般爱护，处处维护工厂利益，尽力去满足她的那两个顾问所提出的要求。然而，由于丹尼斯·哈塞特和达阿布斯那两个人的无知，缺乏对玻璃技艺与技工的尊重，忽视工作条件，结果，导致一个年轻采料工肺部受了伤。因无法承受这一切，亚瑟·菲尔普斯离开了玻璃工厂；其他那些工匠们，在没有主心骨亚瑟·菲尔普斯的情况下，让熔炉继续燃烧了一周。

“鲁珀特亲王玻璃工厂”不得不关门了。乌拉哈牧师丹尼斯·哈塞特目睹着玻璃工厂所发生的一切，没有尝试采取任何补救措施，因为此时此刻，他已分身乏术，他自己的事情就已够他烦了，满脑子想的都是其他的事。他被悉尼的丹塞尔主教（Bishop Dancer）传讯了去，当面狠狠训斥了一顿，让他解释他布道时所持的宗教观。因为丹尼斯·哈塞特认为：耶稣“由童贞女玛利亚从圣灵感孕而生”的说法没有证据，而且与耶稣基督的完美人性前后矛盾，他否认《旧约全书》（Old Testament）上所提到的奇迹，也怀疑《新约全书》（New Testament）里面所描述的一些奇迹，不认为有足够的证据能证明耶稣的复活。他认可达尔文的进化论，不仅是因为它适用于昆虫和动物，也适用于人类。他把自己的观点归结为广教会派（Broad Church）。

丹塞尔主教是个老古板，知道丹尼斯·哈塞特的这个观点先前被判为左道邪说，认为乌拉哈的牧师那种推敲而理智的布道是堕落的开始，为了好好教训哈塞特一下，派他去那个人迹稀少的地方，贝林杰河上游，澳大利亚昆士兰州北部教区的船港（Boat Harbour）。那里，到处都是满嘴脏话的伐木工，无一例外的前囚犯，丹塞尔主教推测，那个地方一定是地球上的一个小地狱，面对那样的艰难险阻，丹尼斯·哈塞特牧师的信仰也许能获得新生。

当露辛达在棕枝主日（Palm Sunday）前的星期二到达乌拉哈牧师的宅地时，对发生的这一切毫不知情。她刚刚获悉她的工厂关闭一事，想斥责她的老朋友丹尼斯·哈塞特，已经想好了讽刺和挖苦的话语，却惊愕地看到哈塞特坐在门前粗糙的板条箱上，周围的地上散落着一封封旧信，哈塞特的样子看上去像是一个败军之将。“今天可真够惨的。”露辛达说。椅子全被拿走了，哈塞特只好请露辛达坐到板条箱上，他感到露辛达看上去老了。“关于你工厂的事儿，我非常遗憾。”他耸了耸肩膀。露辛达十分震惊，变化实在太大了！

在露辛达的说服下，哈塞特和盘托出所发生的事，为自己的厄运流下了眼泪。他们二人原本都盼望这次团聚，现在，哈塞特却要到一个遥远而未开发的蛮荒之地去，那里甚至没有教堂。“留下来。”露辛达戴上了手套，好像要走的样子。哈塞特没有站起来。“我们可以一起拥有那个工厂。”露辛达声音柔和地请求说。哈塞特看着露辛达，微微一笑，摇了摇头，说他一定得去。露辛达看着他带着笑意和歉意的俊脸，不由得恨起他来，他不知道他的离去，对她有多大的伤害。

现在，露辛达彻底领教了什么叫孤独。她搬到了悉尼西部的巴尔曼（Balmain）地区码头附近，在威特菲尔德农场（Whitfield's Farm）租了一栋陈旧的房舍，坐落在岬角上，两层楼，石头建筑，有一间大厨房，俯瞰着帕拉玛塔河。到了冬天，她的房子里非常寒冷，令她实在忍无可忍了。已经是晚上 9 点了，她打算到外面去遛遛，随后，驾上马车，带着枪，策马上路了。她登上了人们以总督达灵（Governor Darling）命名的山脊后，大雨眼看就要来了，她依然不肯回返，用大雨衣裹住身体，顺着崎岖的山脊小道下了山，跑到了乔治街（George Street）上，满不在乎地经过一家又一家剧院，拐进巴瑟斯特街（Bathurst Street），最后，来到乔治街的另一端。那里有一家中国人开的彩票店，实际上是一家伪装成做彩票生意的赌场。当时，时钟将近 9 点半，里面是清一色的男人，在人群当中，露辛达・莱普拉斯特里尔意想不到地看到了我外曾祖父奥斯卡・霍普金斯牧师。两个赌徒再次不期而遇。

散场后，湿漉漉的街道上很快便几乎没了行人。露辛达和奥斯卡站在黑黢黢的街面上道别时，露辛达因不忍心让奥斯卡在这样的天气里一个人走 4 英里的路，便用她的马车把奥斯卡送到了与她住地方向相反的兰德维克（Randwick）教区的牧师住宅。在那里，两人又赌了起来，一发不可收拾，直到早晨 6 点才结束。

在此之前，奥斯卡原本已悔过自新，不思其反地把他那 16 大本赛场记录的笔记本统统邮寄给了修・斯特拉顿牧师，信誓旦旦地戒了赌；而且，在"利维坦号"客轮上遭遇的那场可怕的风暴里，他也向上帝做了保证，秉志不回。到了悉尼之后，他本希望丹塞尔主教把他派遣到内地去，与赌博彻底绝缘，主教大人却告诉他，内地的那些黑人不适合他，他应该留在悉尼。一直以来，丹塞尔主教早就想在兰德维克教长身边安插一个自己的耳目了，只是苦于没有合适的人选，他的到来，让主教大人如愿以偿，不容商量地便将他派遣到了几乎与臭名远扬的兰德维克赛马场相邻的圣约翰教堂。他和他主管辖区内的教民们格格不入，彼此不容，那些清教徒般刻板的教民们对他敬而远之，他除了祈祷和写布道词之外，再无其他事可干。结果，在漫长的冬日，他再次置自己先前的誓言于不顾，将英国圣公会的神圣教义束之高阁。

当奥斯卡提出要与露辛达玩一副牌的时候，露辛达暗自将奥斯卡与哈塞特进行了一番比较。之后，她的想法是：奥斯卡的所作所为，显得有些幼稚轻浮，与他所受过的教育很不相配，尽管他一点也不俗气，但是，她是不能同他结婚的；当然，他并未向她求婚。他和她唯一的共同点，是她的那个无法引以为自豪的弱点——嗜赌。尽管她渴望逃避孤独，但是若非随后发生的一桩事，很可能，她是不会再与他见面的。

奥斯卡牧师的住宅在圣约翰教堂的后面，外面是用松柏圈围起来的树篱。兰德维克教区的女管家玖德夫人（Mrs. Judd）是一位富有而精力充沛的女人，其家族是教民中的富有者，父亲是一位成功的运输商，丈夫玖德先生（Mr. Judd）也是当地一位颇有影响力的商人，他的捐款承担了教区的大部分开销，以及教堂的修缮。玖德先生还喜欢亲自打理教堂里里外外的一些杂事，头一天，他修剪了牧师住宅的松柏树篱，在星期五早晨 6 点，他们夫妇前来打扫那些修剪下来的断枝残叶，玖德先生颇有些意外地看到了牧师房间里亮着的灯光，而且百叶窗也没有关闭，他回过头吩咐了妻子一句，要她静候在走廊里，然后，独自一人蹑手蹑脚地上了阳台，分外震惊地看到房间里多了一个女人，桌子上面摊放着一些钱币，牧师和那个陌生女人正在不顾一切地玩着纸牌，他立刻用力捶打起窗格玻璃。

因为几个星期以来，悉尼的夜晚一连发生了几起令人毛骨悚然的凶杀案，露辛达心生恐惧，害怕孑然一身独自待在家里过夜，所以，尽管奥斯卡在"利维坦号"客轮上的自私表现使她对他的好感大为失望，她还是乐意留下来与奥斯卡一起度过这个黑夜里的时光，以等待天明。早晨6点，正当她推测自己将要大获全胜时，传来了捶打窗格玻璃的声音，她循声望了过去，正好看到了玖德先生紧贴在窗格玻璃上的那张脸。她笑了起来，笑得很开心；她对面的奥斯卡却一点也笑不起来，脸色惨白，猛然将双手插进他乱蓬蓬的头发里，哀叹道：噢，天呐，我算是完了！

我外曾祖父奥斯卡·霍普金斯牧师不是他那丑闻的对手。他的不检点行为，一旦受到报界的关注，他就完了。尽管他的上司丹塞尔主教本人实际上也是一个玩牌老手，也和赌棍没有多少区别，但是，他私人的同情对事态的发展不会有任何改变，更何况，他还必须考虑自保，切割干净，割断人们可能的任意联想。结果，奥斯卡毫无争议地被逐出了教区，失去了他在悉尼的教职，身败名裂，被公众唾弃，再也没有一个人肯雇用他了。

无奈之中，奥斯卡交付了一大笔押金之后，寄宿到巴瑟斯特街的一栋出租的公共寓所中的一间小屋里，这是发生在8月底的事。9月和10月，对他来说，是难熬的日子。两个月来，他把自己锁在那间租来的房屋里，并被切断了与一切爱他的人的联系，收不到来信，而他自己也羞愧得无脸让那些人知道降临到他头上的耻辱。寄给他的信件全都被扣押在了教区的办公室里，与一个教士每天带来的鸡蛋三明治一起锁在了抽屉里，其中就包括已经预定了“索布莱恩号”（Sobraon）船票准备前来悉尼的伊恩·沃德里－费什牧师的那封来信。

自从在《悉尼邮报》（Sydney Mail）上阅读到被报道的那桩丑闻，看到了“霍普金斯”的名字，里面提到了“玖德”“应受尊敬的霍普金斯先生”以及一位姓名不详的“淑女”，之后，露辛达一直惦念着奥斯卡，她跪到地上，祈求上帝宽恕她的漫不经心给奥斯卡所造成的巨大伤害。她想：那天，我就不该外出，这是我毁掉的第二个男人。她直起了腰身，在膝盖上把那张报纸叠好后，她想，当务之急，她要到兰德维克去，去道歉，或去找主教或者任何一个涉及这件事的重要人物，去为奥斯卡辩护。最后，她换上了一身朴素得体的衣服，乘着她的马车去了兰德维克。在那里，她没有找到霍普金斯牧师，只看到了那位玖德夫人，神气活现站在高高的阳台上，除了一副盛气凌然的样子，什么都不愿对她透露。她只好往给她拉车的那匹大马的腰上抽了一鞭子，匆忙驱车离开那个教区牧师宅地，在身后留下了一溜飞扬的尘土。

露辛达想：是我把事情弄得越来越糟了，我要承担责任。随后，她朝着山脊上的小路走了过去，习惯性地去了她的那家玻璃厂，想要去里面好好转转，她已经有三个星期没去那里了。露辛达一直在指望着吹玻璃师亚瑟·菲尔普斯回心转意，回到她的工厂，她需要菲尔普斯的手艺。于是，她去了菲尔普斯干活的工厂，解释说那位年轻采料工受伤之事其实不是菲尔普斯的责任，劝说了一番菲尔普斯，接受了菲尔普斯提出的条件，请他回到了她的玻璃工厂。

玻璃工厂重新运转了起来之后，由于那里干燥而且温暖，现在，露辛达几乎每天晚上都待在了工厂里，等到厂里干活的男人们全部离去后，她便坐下来，一面喝着白兰地，一边思念她所失去的家和有关奥斯卡的事。眼下，她根本不知道奥斯卡身在何处，她到处都找不到他，有时，她跑到霍姆布什（Homebush）或兰德维克去做礼拜；有时，她跑到赌马场去，发疯似的赌博。

终于有一天，露辛达的马车行驶在邮局前的那条街道上时，突然邂逅了我外曾祖父奥斯卡·霍普金斯。一开始，她根本认不出奥斯卡了，奥斯卡整个人瘦了许多，脸上一副被毁掉的模样。他们是同时来邮寄他们各自要寄送的信件的，在奥斯卡付费点钱时，露辛达突然看到了他手背上那些被抓出的伤痕——那些做祷告时留下的印迹，在这之前，她从未意识到自己会给别人造成如此大的痛苦。过去奥斯卡身上所有的那些使她恼火的特质——神经质般的脆弱、孩子气的幼稚、天真，都曾令她烦心，现在，在她眼里，似乎全都成了非常好的品性。

露辛达用马车把奥斯卡送回了他的出租屋，当她看到奥斯卡寄宿的住所肮脏不堪，房东那一副邋遢的样子后，不容分说，立刻叫人把奥斯卡的行李搬到了她的马车上，然后，连人一起，带回了她在威特菲尔德农场租住的那栋石头小楼，毫不在乎什么丑闻不丑闻了。当天晚上，她吩咐女佣端来了热水和绷带，为奥斯卡洗去了他手背上的脓血。

露辛达新换的女佣史密斯夫人（Mrs. Smith）是一个虔诚的浸礼会教徒，很能干，无儿无女，一个年仅 30 岁的寡妇。那天，她看到露辛达把一个男人带了回来，并未因此不快，还十分仁慈地帮助露辛达为奥斯卡准备了床铺，面带微笑地服侍着奥斯卡和她的主人露辛达——当然，那是因为她尚不清楚奥斯卡·霍普金斯是谁，不知道他的丑闻。在星期日她去教堂做过礼拜之后，从朋友口中获悉了奥斯卡的事，星期一早餐的时候，她就再也无法控制自己的情绪了，公然表示了自己无法容忍露辛达的不道德的行为，突然提出了辞职。之后，露辛达不得不又去另外择人，因为没人肯受雇，最后，无奈之下，只好接受了态度傲慢的弗鲁德夫人（Mrs. Froud），一个星期来为她服务两个下午。

在随后的日子里，奥斯卡独自躲在他的房间里，闷闷不乐地躺在床上，咬着被单，给他的监护人——修·斯特拉顿先生写去了一封信，讲述了他因赌博所陷入的困境，目前投宿在与他同病相怜的露辛达家中的情景，以及露辛达对他的鼎力相助。已经有几天了，奥斯卡总是尽量减少与露辛达照面，几乎不出来与她交谈，生怕他们所说的所做的会把他们引向赛马或纸牌，再次重蹈覆辙，坠入赌博的深渊。

露辛达坐在桌子前，一天天地等待着奥斯卡能过来与她说说话，她不喜欢不断地跑到他的房间去，而且想象，他像她一样寂寞难熬。她感觉到，他并不恨她，但是，却在刻意回避她。一天晚上，她准备上床时，她为他们之间目前的状况找到了一个解释的理由，奥斯卡一定是以为：她想让他做她的丈夫。那么，让他放下心来的唯一办法，是虚构一个浪漫的故事——她对一位牧师一往情深，她的心早已有所属——属于被丹塞尔主教残忍地流放到船港去的一个牧师。她希望这个浪漫的故事能深深打动奥斯卡，她想，她必须这样做才能与他交往，才能使他放下心来，情绪稳定下来，安心地住在她这里。

露辛达的故事对我外曾祖父奥斯卡·霍普金斯几乎没起什么作用。之后，她决定索性给奥斯卡找个工作干干，把奥斯卡介绍给了她的主管达阿布斯先生。“一个有牛津大学学位的人。”她说，见达阿布斯先生有些皱眉头，继续说，“他懂得拉丁文、希腊文，他伦敦的雇主给了他非常优异的评价。他是个教师。”她的语速很快，列举着奥斯卡的成就，说个没完，并非因为她希望夸大奥斯卡的才能与学识，而是因为她太忙了，从未留意过奥斯卡的那些私事。

10 月 11 日那天，奥斯卡赴约去面见达阿布斯先生时，他打心眼里感激达阿布斯先生，居然愿意冒着败坏名声的风险雇佣自己这样一个遭众人唾弃的人。当时，中午刚过，雨水不断地拍打在达阿布斯先生办公室的窗户上，由于天色昏暗，办公室里面点着灯，斜对面的办公室里面也点着灯。奥斯卡坐在那里，谛听着隆隆的雷声，想象着过一会儿他的衬衫将会很快被打湿，紧贴在身上，这时，达阿布斯先生走了进来。达阿布斯先生对不依惯例、通脱自喜的人早已习以为常了，他已经收留了不少这样的人，斜对面的职员办公室里，眼下就坐着诗人兼勘测员杰弗里斯先生（Mr. Jeffris）、钢琴家特立维斯－道斯先生（Mr. Trevis-Dawes）和水彩画家柯尔先生（Mr. Coyle），他一生最引以为自豪的，就是在有生之年能为这样一些人提供一个避难所。问题是，面前的奥斯卡这个古怪的家伙不是艺术家，而是一位被免去了圣职的牧师，不过，在他用心与他愉快地交谈了一会儿之后，他还是对他说了一句：我希望你能胜任。

奥斯卡就这样被雇用了，之后，便被安排到杰弗里斯的手下去工作了。他来到那个狭长的办公室，里面坐着 20 位职员，看不到任何的交头接耳，大家彼此之间，没有交流，谁和谁都不说话。那位被达阿布斯先生称为“魔鬼”的领班杰弗里斯，对他以礼相待，给了他 3 本散发着浓郁霉味的笔记本，又给了他一些业务单据，让他把这些收据抄录到笔记本上。他坐到他的办公桌前，干得汗流浃背，感觉这活很累，而且荒唐，他本是一个牧师，对这种卑微、枯燥的事，没有一点心理准备。杰弗里斯是个年轻人，年龄不比他大，行为举止却像一个禁卫军团的军官，尽管并没有做出什么规定，整个办公室里总有一种令人难以忍受的紧张兮兮的气氛。他坐在那里，神经高度紧张，肌肉绷得紧紧的，手指僵硬，身心麻木，抄录着那些他不解其意的文字。

每天下班后，他都是一副疲惫不堪的神态，满手墨迹斑斑，一身臭汗，甚至隐隐有些头疼，愤怒和沮丧的情绪交替折磨着他。露辛达无法忍受他这种邋遢的样子，不顾他人的白眼，总在努力帮助他克服各种各样的困难。不过，她自己的生活也很不如意，她要操持家务，去购物，被蔬菜水果商怠慢，去自己的工厂视察，被工厂里的男人们拒之门外，就连丹尼斯·哈塞特牧师也断绝了与她的来往。她生活得如此与世隔绝，仅有的伙伴，只有奥斯卡这个步入了歧途的无家可归者了。他们住得很近，可又离得很远。在上帝面前，他们的举止，没有任何不当，他们没有赌博，也没有从事任何冒险。

我外曾祖父奥斯卡·霍普金斯牧师过去从未有过与女性交往的经验，在与露辛达的交往中，一开始，他非常腼腆，说话结结巴巴，在露辛达的秀色面前躲躲闪闪，致使露辛达将他归类为了：一个满身老相，女里女气，心地慈善，可怜又可笑的怪家伙。在他们的不多的交谈中，奥斯卡说起话来极其简短，跳跃不定，让露辛达多少感觉自己知识贫乏，缺乏教养。他们再未谈论过纸牌，这个话题，让他们恐惧，也让他们难以入眠。有时候，露辛达自己会在半夜三更偷偷溜出去赌上一把；她真渴望能和奥斯卡谈谈这事，在灰羊毛毯上玩上一局。她甚至希望自己能有个女朋友，那样，她就能同她谈谈她的那些有关玻璃的梦想了。她偶尔也会闪烁其词，向奥斯卡透露一星半点她的那个梦想，她的雄心抱负——建造一个用玻璃和铸铁制成的非凡而精妙绝伦的东西，一座水晶宫，但又不是水晶宫；一间玻璃暖房，但又不是玻璃暖房……那个图像经常在她脑海里模糊呈现，可总是还没等她看清楚，就又消失了。

奥斯卡是一个令人钦佩的倾听者，从露辛达的那些时断时续的话语里，那些煞费苦心的暗示当中，他明白了她到底想造个什么。他看到过她写往船港的那些没有寄送出去的书信，厚厚的，被放在壁炉架上，他想象那是一些情书。露辛达一直故意让奥斯卡产生出一种挥之不去的误解——她深爱的人是船港的那位丹尼斯·哈塞特牧师，认为只有这样，才能使他们继续共同享用这栋房子，继续彼此为友。

一个星期天，工厂里的吹玻璃师亚瑟·菲尔普斯步行了两里地跑到威特菲尔德农场，邀请露辛达和奥斯卡去参观他的新领地——玻璃工厂新完工的生产车间。随后的那个星期六，奥斯卡随着露辛达迈入了那个他从未进去过的玻璃生产车间。平日里，玻璃工厂生产车间外面一向又脏又潮湿，所以，奥斯卡以为里面也好不了多少，他没想到，车间里面竟然与他料想的完全不同，干燥、整洁、温暖而且舒适，还点缀着鲜花。他和露辛达刚一进门，鲜花和旌旗下面的所有人员全都站了起来，大声高歌：哦，主啊，是您让我们的灵魂充满了无限的爱。

露辛达被深深感动了，奥斯卡更是为之动容，这些劳动者，对一个陌生人，一个被剥夺了牧师袍的人，公开表示了他们的爱。随后的吹玻璃表演，更是令他喜出望外，他从没想到露辛达的玻璃生意的制造过程竟然如此美妙动人，令人惊叹。离开了玻璃生产车间之后，他告诉露辛达，他一生中从未见过像她的这家工厂生产出来的这样辉煌的事物，露辛达立刻决定带他去一个地方看看。

露辛达心情欢快地在前面走着，他跟随着她，走上了一个平台，露辛达打开了一个门口挂着“新南威尔士环境适应学会”牌子的大门，奥斯卡的第一个想法是要引见他去拜见他们在“利维坦号”客轮上相识的那位朋友珀西·史密斯先生，不料，露辛达拍了拍那牌子，告诉他：关门了，逃之夭夭了。现在，这地方是她的了。露辛达打开门锁，引导他欣赏里面摆放着的一间小玻璃房的模型。那个6英尺长的小玻璃房，墙壁和屋顶都是玻璃的，只有地板是木头的，在那个非同寻常的玻璃房子面前，他看到了露辛达对玻璃的那种着魔的神态——那像水晶一样十分名贵的东西占据了她生活的中心。之后，当他自己也像一个痴迷于玻璃的人那样注视着光亮透明的晶体时，他意识到：这种几乎像灵魂、精神一样的淳朴物质，完美无瑕，一尘不染，无锈无斑，它是通往辉煌的胜利之路。随后，他忽发奇想，想象出了一座“玻璃教堂”，和里面翩翩起舞的一群天使……他欢喜地站到露辛达面前，搔着脑袋，呵呵笑着，伸出双臂，仿佛想拥抱她，随后却又缩了回去，将双臂交叉在胸前，拥抱着自己。

我外曾祖父奥斯卡·霍普金斯牧师恋爱了。但是，在露辛达面前，他总是设法隐瞒着自己真实的感情，隐瞒起自己全部的绝望，把自己搞得十分痛苦不堪。他表面上，成天笑呵呵的，却总在为露辛达塞入他脑子里的“她爱丹尼斯·哈塞特”那个念头而痛苦。他对露辛达的爱是克己的，无私的，他不喜欢丹尼斯·哈塞特，他甚至从未与丹尼斯·哈塞特牧师谋过面，但他就是不喜欢那个人。不过，他还是决定成全露辛达，帮助她完成她对那个人的那份爱。

露辛达其实也很清楚奥斯卡的心里也在爱着她，但是，她在等待着奥斯卡主动向她示爱，并暗暗告诫自己：我一直都太大胆了，我总是性子很急。那天，他们去了附近的“东方饭店”的餐厅，去那里用晚餐，餐厅里面空空荡荡的，在餐桌上，奥斯卡决定以一种自我牺牲的精神，来增强他对露辛达的爱。他慢慢咀嚼过面包，啜饮了他的汤，用餐巾擦拭过嘴后，打破了他们之间的短暂沉默，困窘地对露辛达说出了他的建议——造一座“玻璃教堂”，然后把这个圣物作为礼物，送给她深爱着的在船港的教区牧师丹尼斯·哈塞特。露辛达认为他简直是疯了，瞪视着他，然后，提出了质疑：他的这个主意不错，那东西会很可爱，但不实际，怎么运送？由谁来运送？那一路都很凶险；而且，她本人是不行的，她离不开工厂。奥斯卡手里拿着刀和叉，露齿而笑，说他可以代表她把那座“玻璃教堂”平安护送到哈塞特供职的教区。

露辛达陷入了不能自拔的感情迷潭。她很清楚，她和奥斯卡南辕北辙，但并非不相配，她的内心其实已经深爱上了奥斯卡，却又不能明说出来。奥斯卡继续说，不会有问题的，他决定和她打赌，在受难节（Good Friday）他一定能准时将那座“玻璃教堂”运抵船港。露辛达咬着她的下嘴唇，想了想，决定跟他赌这场输赢，双方用等量的赌注来一决高下。随后，她要奥斯卡押上他所继承的遗产，她自己则押上她的全部家产。奥斯卡惊讶地看着露辛达，感觉她简直是疯了，并清楚地意识到，她这样做，完全是为了他，她这是想以她的全部家产相赠！他有些糊涂了——她爱的不是哈塞特吗？

我外曾祖父奥斯卡·霍普金斯开始了为实现他的愿望的奋斗，离开了达阿布斯先生的办公室，成了“鲁珀特亲王玻璃工厂”制造“玻璃教堂”的成员之一。在 12 月烈日炎炎的日子里，他始终专心致志，协助露辛达安排设计和督造那座圣物——“玻璃教堂”。他变得比先前愉快多了，为了那个设计计划，四处乱跑，有时被太阳晒得昏了头，加上多喝了一些酒，俨然像个主人，信口雌黄，满嘴狂言，结果，得罪了不少人，成了众矢之的。总是忠于自己朋友的露辛达，决定把达阿布斯先生拉进来帮忙，帮助他们完成那个“玻璃教堂”的设计。达阿布斯对他们的这个大胆的想法，也非常感兴趣，欣然接受了邀请。

在那座“玻璃教堂”被装进板条箱之前，为运送它的方式，奥斯卡和达阿布斯先生起了争执。奥斯卡拒绝坐汽船，坚持从陆路运送到船港去，以陆运方式把那座圣物送往目的地；而从不把自己先前的雇员放在眼里的达阿布斯先生，摇铃叫来了他的领班杰弗里斯先生，那位有执照的经验丰富的勘测员，然后，自豪地冲露辛达笑了笑。杰弗里斯以标准的稍息站姿站到奥斯卡旁边面对着自己的上司，认真回答着达阿布斯先生一个又一个的提问，表明：以陆运运送，非常可笑、愚蠢，因为那一路的行程，都会很不安全，充满凶险，那些凶猛的土著黑人中的一些极端分子经常出没在沿途，以暴力杀害白人。当他弄清了达阿布斯先生之所以这么问他的事情的原委后，他盯视着他先前的手下，被提升了的奥斯卡，反复追问，“为什么不以水运运送？”因为在他看来，若以陆运来运送那座圣物，是愚蠢至极的选择。“我有我的理由。”奥斯卡为自己辩解说，内心深处对杰弗里斯的那些“水运运送”的理由感到非常恐惧。

当天晚上，回到家中之后，杰弗里斯坐在床上，内心激动不已。一直以来，勘测过澳大利亚很多地方的新南威尔士的总勘测官、探险家托马斯·米契尔陆军少校（Major Thomas Mitchell）始终都是他崇拜的偶像，出版一部自己亲自测量出来的尚未开发的荒野的地图册，是他的人生理想，今天，机会来了，达阿布斯先生简直是在赠送他一件上帝的礼物——那个弱不禁风的小东西，扑克牌的赌徒，竟然妄想从陆路穿越尚未在地图上标明的那个区域！

圣诞节那天深夜，杰弗里斯不请自到，带着白葡萄酒和精心包扎的礼物，惴惴不安地敲开了露辛达的家门，对涉世不深的露辛达表达了他的那份热情与执着，以使露辛达接受他。他说了不少谎话，因为只要能让他来负责这次远征，他什么话都说得出口。他会完成一部这个殖民地从未看到过的那种日志，每个山峰、山口的高度，都会被精确地测量，连绵起伏的山脊，会被细致地描述出来；他的叙述语言脉络清晰，而他的绘图，会像紫罗兰的花瓣一样精致。

露辛达对杰弗里斯的另有他图没有丝毫察觉，而且十分信赖杰弗里斯所具有的探险经验。全面斟酌了一番之后，为了确保奥斯卡水运行程中的一路安全，心无旁骛地欣然接受了杰弗里斯所制定出的行程计划。之后，她和杰弗里斯碰了多次头，仔细察看他的采购计划，他的账目，过问种种可能的危险、细节，对杰弗里斯所提出的一切要求，统统接受了下来，一心只想着奥斯卡一定得安然无恙，无论如何都要确保奥斯卡的安全。

杰弗里斯成了有权有势的人物，再不用受达阿布斯先生的任何约束了。他雇用了一些他用眼神就能掌控的身材粗壮高大的男人，对他们严厉监管，迫使他们一个个毕恭毕敬地接受着他的指令。他雇用的人员包括：动植物学家、铁匠、木匠、车夫、厨师、随队医生等，还为他自己雇用了一名仆人和一名小号手；然后，他给他手下的那些人员一一分发了制服，这样，使他们看上去像是一名军人，接下来，他又命令手下，订购了大量的来福枪、斧头和其他一些兵器，以及在这次危险的行程当中所需要的各种工具，还借来了两只山区气压表。露辛达为他提供了一匹马和一辆马车，任由他神气活现地到处转悠。

他策马徐行，前往哈里森造船厂（Harrison's Shipyards），查看了造船师正在建造的那两艘轻型的大平底船。之后，他心情愉快地来到玻璃工厂，看到正在指挥作业的吹玻璃师居然公然违背了他的旨意，再一次把那原本已经包装好了的“玻璃教堂”从所有的板条箱里卸了下来，他那愉快而兴奋的心情顿时消失了——他们应该服从的是他的指令！就在这时，他一眼看到了穿着一身工人制服的奥斯卡，正在那里为他们抵达目的地后的最后一道工序精心地做着练习——反复组装、拆卸着那一块块玻璃，因为抵达船港之后，他需要协助他人把那“玻璃教堂”组装起来。“我会组装玻璃，你一定感到很惊讶吧？”奥斯卡对他说。“不错，的确如此。”他生硬地附和了一句，收敛起了他全部的愤怒。

对教堂，杰弗里斯原本就没什么兴趣，对那座“玻璃教堂”也同样如此。他不关心那座“玻璃教堂”并不是因为他没有历史感，其实，他还是很感激它给他带来了这一次具有历史意义的远征机会的。然而，这次旅行充满了凶险，可能还会有死亡，要想保证远征的成功，使他那部名垂千古的大作得以问世，他们必须有铁的纪律，强硬的统治手腕。为此，他要求全体随行人员必须绝对服从他的旨意；而且，从一开始，这一点，他就强调得相当清楚。

在一个阳光明媚的日子，运送“玻璃教堂”的远征队出发了，队伍的规模之大，令露辛达分外震惊。队伍行进到乔治街上，杰弗里斯骑马来到露辛达身边，她冲着杰弗里斯挥了挥手中的那个皱巴巴的信封，告诉他，他把霍普金斯先生安全送到目的地后，霍普金斯先生会把这笔钱交给他的，说完，她把信封交给了奥斯卡。现在，即将出海的两艘高桅杆的大平底船那里，已经挤满了人，在奥斯卡上船之前，露辛达搂住了他，吻了吻他，然后，把一卷有关他们打赌的正式文件递给了他。

他们这支远征队安营扎寨的第一个夜晚，杰弗里斯就在营地里发表了一通演讲，要随行的队员个个都必须牢记，在今后的日子里，他们必须做到像一名战士一样，绝对听从命令。在随从的人员当中，来自“新南威尔士环境适应学会”的珀西·史密斯先生受聘负责这次远征的动物搜集，为了那个“动物搜集员”的头衔，他在大平底船上备置了16个板条箱和一些瓶瓶罐罐，还带了一桶酒精，一桶甲醛，及其他一些器械；之后，他又被杰弗里斯任命为霍普金斯先生的保镖。

杰弗里斯对史密斯与奥斯卡之间早就存在的友谊毫无耳闻，那天，他毫无歉意、不容商量便改变了史密斯在大平底船上所担任的职责，责令史密斯负责对奥斯卡的监管，随时随刻，寸步不离，其中包括迫使奥斯卡吃药一事——强行灌喝5盎司的鸦片酊药水。史密斯盯视着连日来不断疯狂使用暴力的杰弗里斯那双不容置疑的眼睛，刹那间，便意识到：他只能服从，只好协助杰弗里斯，蛮横地把一个金属漏斗捅进奥斯卡牙关紧闭的嘴里，强迫奥斯卡喝下了那些鸦片酊药水。

史密斯曾参加过多次探险，总是过得很随意。船行当中，他的朋友奥斯卡躲避在为他搭起的那个帆布船篷下面，整天一副失魂落魄的样子。船靠岸时，其他人员一个个全都下去洗澡、洗衣服了，他的朋友依然困坐在大平底船上，既不去洗澡也不换衣服，不好意思在其他男人面前赤身露体。他洗过澡，换上了一身干净衣服后，凝视着坐在原地的奥斯卡，很替他难受，在这样干燥炎热的日子里，裹在汗漉漉的脏衣服里，多难受啊。

史密斯紧邻着奥斯卡坐在一根圆木上，喝了一口掺水的朗姆酒，凝视着篝火，询问奥斯卡喉咙还疼吗？后悔自己当时没能涂点蜡什么的，那样奥斯卡就不会疼得那么厉害了。奥斯卡认为自己当时什么事都没有，他们不该那样灌他药水。他提醒奥斯卡，不要忘了他那众所周知的恐水症。奥斯卡否认自己上船后犯了病，他并没有感到恐惧，只是因离别而有些悲伤，而且想知道“这是为什么？”声音冰冷而不友善。满腹苦楚的史密斯想：他对我出于无奈做的事不会轻饶的；但是，现在，他自己也被攥在了那个疯子的手里，我们两人坐的是一条船，他一定得原谅我。史密斯对奥斯卡说出了理由：他应该记得，是他发现他在发作的，当时，他牙关紧闭，脸色通红，眼睛向上翻着，额上青筋绽出……奥斯卡告诉他：他发现他那样，全是因为杰弗里斯的缘故，他们雇用那个家伙来运送这批货是愚蠢。那个家伙袭击了他，把他推倒，并强迫他喝下那种“药水”。

过了一会儿，奥斯卡感慨地说道：他从未见过这样举止的男人，他恐怕无法适应这种生活，它给人一种残酷感。史密斯附和地叹息了一声。奥斯卡要求他明天不要再给他灌喝那种药水了，它对他不起作用。史密斯什么也没说，未置可否。“严格说来，杰弗里斯先生是我雇来的。”奥斯卡站了起来，有一会儿，他好像要走到杰弗里斯的帐篷那里去。奥斯卡确实朝着那帐篷的方向迈了一步，帐篷里亮着三个灯笼，但是，他又停住了脚步，史密斯站在那里，看到是什么阻止了奥斯卡：是那个对船的运营状况表达了不同意见的木匠——杰弗里斯因此扬言要剁掉他的双手去喂狗的那个受到了威胁的男人，正跪在篝火的外圈，漂亮的金发碰到了地面，任由监工对他实施奸淫。“愿上帝拯救各位。”奥斯卡的声音高扬而清晰，划破了他们露营地的上空。

由于史密斯的苦苦乞求，奥斯卡喝了 3 天杰弗里斯要他喝下的鸦片酊药水，那种药水很不适合他，弄得他肛门瘙痒，不断流血。现在，他下定决心，再也不接受来自史密斯的那些药水了。“我没有能力反抗他，公然违背他的意愿，”史密斯辩解说，“我受雇于他。”史密斯眨了眨眼睛，悄悄把手放到了奥斯卡的肩膀上，趁其不备，迅速掰开他努力反抗的嘴唇，将那些药水用漏斗强行灌入他的口中。“不——”奥斯卡一阵干呕。史密斯轻轻拍了拍他，解释说，他并不想这样对待他。奥斯卡用他的长靴踢向史密斯，无可奈何，开始憎恨史密斯。

在我外曾祖父奥斯卡·霍普金斯不幸想出了“玻璃教堂”这个馊主意并为此责成自己不得已加入这一航程之前，他对世界的了解相当狭隘，如今，他感到自己身陷泥淖，现实的野蛮和残酷，令他感叹自己活到了这般年龄却对生活一无所知。他们的航船行驶到位于亨特河畔的梅特兰（Maitland）时，他目击了杰弗里斯把一个不从命的随行人员捆在树上鞭打得遍体鳞伤之后，他对上帝祈祷，原谅了珀西·史密斯——他又能怎样做呢，怎敢违抗杰弗里斯呢？他接受了史密斯的鸦片酊药水，躺到草地上，听任那个金属漏斗插入自己口中。

以后，每到该往嘴里灌鸦片酊药水时，我外曾祖父奥斯卡·霍普金斯都会仰天躺下，再不用珀西·史密斯多费口舌。他们这支远征队已离目的地越来越近了。在即将临近目的地的时候，他们遇到了纳库部落（Narcoo）的土著黑人。那些纳库黑人住在用木板搭成的小屋子里遮蔽风雨，平生第一次见到白人，还以为他们这些白人是鬼神。纳库黑人远远看着他们这群白人从茶树林里冒出来，拖拉着箱子，大喊大叫，爬山毁林。他们为了用经纬仪测量，绘制地图，把一株株树木砍倒在地上。纳库黑人不明白他们这群白人在干什么，看到他们滥砍滥伐，编了一首歌谣，祈求上天不要发怒，不要让鬼神把他们赖以生存的树木夺走。

随后的一天，他们要前往下一站，下一站是堪姆本吉瑞部落（Kumbaingiri），为此，杰弗里斯强征了一些纳库部落的年轻人带路，部落长老为了把这些恶人赶快打发走，吩咐年轻人把路线告诉了他们，赶紧把他们的车队送下山去。当他们一行人马的 7 辆运货四轮马车缓缓往山下走去时，忽然，有一只箱子掉了下来，他们打开了那箱子，检查了一下里面的玻璃。纳库的年轻人看到了里面的玻璃，十分惊奇，发现那玻璃十分锋利，还能切割，他们之前从未见到过这东西。

当他们从陡峭的利敦豪尔山（Mount Leadenhall）下来后，路经道森山（Mount Dawson）时，杰弗里斯想从那山里穿越过去，其中一个纳库年轻人希望他不要这样做，因为在他们纳库人的信仰里，道森山是神圣的，他们这些年轻人是不能从那里经过的。杰弗里斯立即冲他举了枪，一枪毙命，命令另外一个叫奥达尔贝里（Odalberee）的纳库年轻人继续带路。奥达尔贝里带着他们穿越了道森山，径自编了一首歌谣：玻璃如刀割，我们以前从来没见过……快走吧，陌生人，快到堪姆本吉瑞去吧；好心的神灵，离开我们吧，走吧，走吧。

奥达尔贝里以为把他们带到堪姆本吉瑞部落就没事了。然而，就在他们抵达目的地前的最后一个晚上，当那些堪姆本吉瑞部落的土著黑人发现了他们的领地闯入了陌生人之后，立即打着火把赶了过来，想和他们交谈交谈，毫无侵犯之意，不料，却遭到了杰弗里斯对他们的肆意滥杀。面对如此大规模的枪杀，奥斯卡·霍普金斯急坏了，一面大喊大叫，一面奔跑，试图阻止。杰弗里斯命令一些人把他绑了起来，绑到了小峡谷的一棵树上，由两个人看守。其他几个人随后又返回了原地，冲着那些堪姆本吉瑞人一通猛烈扫射。无可奈何的奥斯卡・霍普金斯的心都碎了，发出了幽灵一般的撕心裂肺的哀号。

他们这支远征队终于走出了丛林，来到了贝林杰河岸，这条河通向位于上游的丹尼斯・哈塞特牧师的教区所在地船港。这时，我外曾祖父奥斯卡・霍普金斯整个人完全变了个模样，原本清澄的眼睛，变得迟钝了，隐藏着的那种灰白色的怒气，溢于言表。杰弗里斯的先行人马已经抵达了那个一直通向船港码头的地方——贝林艮海岬（Bellingen Heads）。他们开始沿着山脊朝着下面那些高大的白桉树走过去。天气非常晴朗，空气清新，他们通过的那道山脊，简直就像女王陛下的公路一样平坦。奥斯卡默默坐在带着帆布凉篷的运货马车上，坐在他旁边的史密斯，闷头在一块石头上打磨着他的那把砍头斧，在他们二人之间的空隙处，搁放着那个装着鸦片酊的药水瓶。自从那场对堪姆本吉瑞人的大屠杀发生以来，奥斯卡已经自己服用鸦片酊药水了，不再需要史密斯用金属漏斗灌喝了。他随手拿起了那药水瓶呷了一口，很快，就被那鸦片酊弄醉了，小心地靠到贴有标签的玻璃和铁件的箱子上，摸了摸手腕上那带有棕黄色污渍的绷带，阵阵的疼痛使他意识到里面的伤口已经感染化脓了。但是，他对杰弗里斯提都没提，他什么事都不想同他说。现在，他们就快抵达目的地了。

杰弗里斯的心情好极了，心里美滋滋的，策马折了回来，让他的那匹公马小跑回到奥斯卡乘坐的那辆运货马车旁边，慢慢地随车行走。前面的景色棒极了，贝林杰河口在他们下面展现出来，就像是童话世界里的一个插图。

杰弗里斯一改对奥斯卡的态度，脸上挂着微笑，既没有歉意，也没有讥讽之意，问了他一句：活着，是不是觉得很幸福？他问这话时，心里自得至极，他想，教堂不是被唱诗班的小孩子们运送的，帝国不是被天使们创造的。是他，出色地完成了艰巨的运送任务，还绘制出了那些地图，并在他的日志上记录下了与那些土著黑人，包括纳库部落和堪姆本吉瑞部落打交道的情况。一路跋涉过来，他命名了一些有一定面积的湖泊，测定了一些原先测量有误的山脉的高度，他带领全队人马，穿过了那些人烟稀少、疯狂野蛮的黑人居住区，为自己树立起了勇武过人的声望，他将名垂青史。

奥斯卡对杰弗里斯的那一副自鸣得意的样子十分不屑，真恨不得杀了他，不肯正经搭理他，间或有一搭没一搭地冷冷甩给他一句。杰弗里斯骑着他的马，没话找话地说了一大通，最后，用手轻轻摸了摸他的大胡子，告诉奥斯卡：为了他们活着重新回到了文明世界，他们要喝酒庆贺一番，然后通过邮船，把这个消息传递给悉尼的莱普拉斯特里尔小姐。之后，便策马离开了奥斯卡。

奥斯卡痛苦地发出了一阵微弱的哼唧声，他不知自己该告诉露辛达·莱普拉斯特里尔小姐些什么。他唯一的想法是：自己是一个懦夫和杀人罪犯的同谋。当他们的马车颠簸着朝着山脊下面的贝林艮海岬走去，下行到最后一段陡坡时，运货马车的木头刹车发出了吱吱的响声。下面的树林分外静谧，奥斯卡和他的同伴史密斯双双默默无语地坐在那里，他感觉自己被罪恶的千钧重负压得喘不过气来，在周边路径的每一根熏黑的木桩上，每一株砍倒在地的原木上，在那些木麻黄或松脂的阴影下，他看到的全都是同样的一种景象——那些被屠杀的黑色尸体，那些脆弱而易受损伤的人类灵魂的躯壳，仿佛闻到了血腥的味道，他不由得伸手拿起了身边的那瓶鸦片酊药水。

贝林艮海岬共有两家酒馆，对门开着，中间是平坦的沙地。奥斯卡乘坐的那辆运货马车在那里停了下来，他从车上爬下来后，史密斯认为他不会去和杰弗里斯那一帮人喝酒的，他回答说，既然已经和那些人走了一路，就没什么不可以的了。奥斯卡走进那家酒馆，把他受伤的手放置到一张粗糙的桌子上。他注意到，酒馆里空气肮脏，到处飞着黑黑的小苍蝇，人来人往，十分热闹，说说笑笑，神神秘秘的。在一个肮脏的帘幕后面，一对男女正在性交，并不断有男人从那里出出进进。他感到分外恼火，怒视着那些人，一下子成了那些人好奇的关注对象，他感觉自己陷入了罪恶的深渊。

他坐了下来，喝了一口香槟。看到一堆人推推搡搡，围在杰弗里斯周围，杰弗里斯像是摆好了姿势准备照相。另有一些伐木工吵吵嚷嚷，要杰弗里斯同他们一道玩纸牌。杰弗里斯注意到一脸不快的奥斯卡后，忽然灵机一动，找到了他不能与他们玩纸牌的借口，回答那些伐木工人说他不玩牌是因怕惹得坐在那里的奥斯卡·霍普金斯牧师不高兴。结果，挑起了伐木工对奥斯卡的仇恨，立刻有人上前羞辱奥斯卡，邀请他到肮脏的帘幕后面去，随后是一连串的肮脏话泼到了他的头上，引起一阵阵放纵的大笑和喧闹。奥斯卡感觉自己被邪恶压得喘不过气来了，重重叹息一声，实在无法承受体内的怒火的压力了，他不知不觉站了起来，大声宣称上帝会惩罚亵渎神灵的做坏事的人的。气氛顿时紧张起来。

酒馆里一阵沉默，在那帘幕后面，一个女人轻声哭泣起来。奥斯卡颤抖起来，脑海里翻腾着：上帝想要让我做什么？他看了看自己受伤的手，望着那些凶恶的伐木工，神色坦然地说道："那么，我来和你们玩纸牌，而且我决意要赢。你们很快就会知道，这笔钱将是你们在船港为上帝效劳的礼物。"随后，他取出一个皱巴巴的信封——里面是行前露辛达·莱普拉斯特里尔小姐让他到达目的地后交给杰弗里斯的那笔现金，他将那个信封高高举起，宣布他的赌注总额是 100 畿尼。

"不——"杰弗里斯突然发出尖锐刺耳的叫声，"我不允许。"奥斯卡早已无所惧了，对喊起来，"我要一枪杀了你！你这个凶手！"杰弗里斯朝他走了过来，嘶喊着，抓住他，把他扔了出去，重重摔到酒馆外面的沙地上，拳脚相加，用长靴反复踢踹，在场的所有目击者没有一个人上前营救他。他挣扎着爬躲到那运货马车的木头刹车下面，杰弗里斯的长靴再一次踢踹向他，然后拔刀刺向他，差点就把他刺死——那军刀刺戳在了那木头刹车上。

目击者当中的珀西·史密斯先生，一向都认为自己是一个善良的基督徒，不过，他从不死背他的祈祷词；他是一个温情的男人，对他照料的动物向来都很温和，不遗余力地保护它们，尽可能让它们少遭痛苦；他对妻子十分忠诚，对他的宝贝女儿充满了父爱和温馨。他刚刚磨完一把斧子，准备磨下一把，听到了一声可怕的叫喊，看到奥斯卡手里拿着一个信封，杰弗里斯高举着军刀，想把它夺去，并用脚不断踢踹奥斯卡。就在杰弗里斯追向从车底下滚爬出来的奥斯卡，要结果奥斯卡的性命之前的一刹那，史密斯听到了奥斯卡的祷告："上帝啊，帮帮我。"于是，他猛然举起了他手持的那把被磨得锋利无比的战斧，用他所有的愤怒和厌恶，扎向了杰弗里斯的上臂，鲜血通过杰弗里斯的那件蓝色外衣的裂缝喷射出来。奥斯卡乘机抓过那把利斧，尖叫着砍向了杰弗里斯的头颅。

第二天早晨，奥斯卡·霍普金斯苏醒过来后，发现自己已经远离了那个噩梦般的现场，周围只剩下他和珀西·史密斯两个人了，他们正身处贝林杰河口的一个粗糙的码头附近。身着一件干干净净白衬衫的史密斯，正在码头上忙得不亦乐乎，用力槌打着，打算把他刚刚弄到手的抛锚在那里的两艘驳船连接到一起，见醒过来的奥斯卡不断喃喃自责，"啊，我的主啊……"他朝奥斯卡走了过去，安慰他说：不要害怕，上帝肯定会为除掉了一个如此邪恶的男人原谅他的。"我的教堂？"奥斯卡哭嚎一般地尖声叫喊着，狂乱地四下巡视。史密斯柔声细语告诉他：那些人向南走了，没有带走他的玻璃教堂。

在我 10 岁时，我父亲为我们的玻璃工厂运沙子时，有时会雇用一些老黑人宿营地的人，其中有一个，是堪姆本吉瑞部落那些幸存者中唯一在世的堪姆本吉瑞·比利（Kumbaingiri Billy）。我父亲很喜欢他，他总是带给我父亲一些熏猪肉，他们常一起喝茶。那天，在贝林艮酒馆帘幕后面那个与男人们性交的年轻女人——米莉安·查德威克（Miriam Chadwick）是比利父亲的妹妹，20 来岁，一个年轻的寡妇，在一年前，被那些伐木工拐去后，日子过得十分悲惨。在我外曾祖父奥斯卡·霍普金斯在酒馆里用上帝谴责那些伐木工时，米莉安听到了，觉得奥斯卡是一个好人。她目睹了杰弗里斯死亡的整个经过，是她指引珀西·史密斯把杰弗里斯的尸体扔到了泥塘里；又把他带到租船那里，帮助他与那个出租驳船的男人讨价还价。之后，她看到奥斯卡醒了过来，听到了他们在驳船上的一番对话。

在一个炎热的星期四下午，当人们前往船港码头为复活节（Easter）的庆典购买必需品时，米莉安·查德威克独自坐在她新任家庭教师的特雷维丝夫人（Mrs. Trevis）家的木台阶上，孤独地凝望着下面远处的贝林杰河。就在刚才，特雷维丝夫人从她手里领走新生儿时说的那一番话"要是抢到哈塞特牧师的是你，你就不会如此悲伤，或继续披寡妇黑纱了"始终在她的耳际荡漾，挥之不去；愤懑不平当中，她开始在脑海里梳理起那些对她来说不合要求的或令人不快的或粗俗的求婚者们的名单。就在这时，她看到了两个戴着宽边草帽的男人——护送着那座"玻璃教堂"顺河而来了。她目不转睛地看向那座"玻璃教堂"，被它的通透、高贵，它的墙壁就如闪光的冰块，通体犹如文明一样精致、高雅，深深感动了。当她认出奥斯卡时，整个人一下子激动起来，不住地向上帝祈祷，"啊，亲爱的上帝。"一面慌慌张张回屋去换了一身在船港不能被当地人接受的浅绿色的绸衣裙。

我外曾祖父奥斯卡·霍普金斯和珀西·史密斯把那座"玻璃教堂"固定在租来的那艘驳船上，顺着贝林杰河漂流而上，终于抵达了目的地——船港。前来迎接的教区牧师丹尼斯·哈塞特心里的感受错综复杂，第一眼看到那座"玻璃教堂"时，面对露辛达狂热激情所产生的疯狂作品，他惊呆了，思绪万千。他想，它既是一个奇迹，又是一个悲剧。一时间，他心里充满了罪恶感，因为他在给露辛达·莱普拉斯特里尔小姐的所有信件里，从未告诉她，他已成了一个已婚的男人，而且正期待他的第一个孩子出世。他因不安而有些麻木，静候在那里，等着露辛达·莱普拉斯特里尔小姐从那“教堂”的雪松木门里出来，但从那里朝他大步走过来的却是一个被晒得黢黑的憔悴家伙，脸上肮脏不堪，伤痕累累，手腕上缠着破碎的绷带。

彼此一番礼貌地自我介绍之后，奥斯卡情不自禁苦笑着对哈塞特直白道：他真羡慕他，露辛达如此地爱他。哈塞特听后感到很不舒服，想退离此地，避开人群，不料，情见于色的奥斯卡突然放声悲啼起来，大声质问哈塞特：他怎么能如此无动于衷，让露辛达在悉尼苦苦思恋。哈塞特一面诅咒自己旧日的荒唐，一面安慰泣不成声的奥斯卡，同时，在心里思忖着怎么才能与这一桩正在形成的丑闻拉开一些距离。就在这时，他意外看到了朝他们走过来的身着一身富有挑逗性的鲜艳的绿色绸裙的米莉安·查德威克，立刻冲她招呼了一声。

就这样，在珀西·史密斯依照政府视察官的意愿忙着改变大驳船的泊位时，哈塞特把哭泣得有些神情恍惚的奥斯卡交给了他昔日的追求者米莉安·查德威克，要米莉安一定帮帮他，说他必须赶回家去，在他妻子从别人口中获悉这件事之前与他妻子好好谈谈，让米莉安行行好，照顾一下奥斯卡。他的教民米莉安原本正求之不得，众目睽睽下，接过曾经带给过她希望和幻想的哈塞特牧师塞给她的膳宿房的钥匙和硬币，抓着身不由己的奥斯卡的手臂，慢慢朝着上面的英国圣公会的会堂走了过去，对他人凝视的目光毫不在意。我的外曾祖母把奥斯卡拉进会堂之后，又遵照哈塞特牧师对她的叮嘱，回身锁上了房门，以防那些爱管闲事的人闯进来；然后，便开始了她的服务。

当奥斯卡·霍普金斯和米莉安·查德威克从那被上了锁的房间里走出来的时候，就已经预示了他们即将成婚。听到众教徒对米莉安那绿色绸裙后面的一小块湿渍说三道四，奥斯卡一脸的惊愕迷茫，感到自己的罪孽已昭然若揭。他想到了他对露辛达·莱普拉斯特里尔小姐的爱，想到了他在上帝的圣堂里通奸的罪恶，最后，还想到了他的一生：他的整个人生，其实都是在听信魔鬼在他耳畔私语而坏的事，却以为那是上帝的意旨。正是这个魔鬼，教唆他离开了他的父亲，唆使他沉溺于赌博，迫使他背弃了露辛达，又逼迫他受制于他刚刚犯下的私通罪。他悔之不及，感到自己罪恶深重，痛不欲生。作为对他的惩罚，他必须与这个他不爱的女人结婚，而且马上就得成婚。想到这里，他从口袋里拿出了那个鸦片酊药水瓶。

他们贴出了结婚公告。道别的时候，他们约定在第二天上午 10 点在邮局见面，然后，我外曾祖父就从我的外曾祖母的生活中永远地消失了。在他们的那张结婚公告上，我的外曾祖母米莉安·查德威克填写上了她的“家庭教师”头衔，却没看到奥斯卡填写上他的“牧师”头衔。她对奥斯卡是不是一位牧师也心存疑虑，而且，她也不知道他刚刚成为露辛达·莱普拉斯特里尔小姐巨额财富的拥有者——露辛达的那家玻璃工厂和一笔 10000 磅的财富。在她穿着水洗黑丝绸长裙为奥斯卡服丧时，丹尼斯·哈塞特牧师亲自来找她，恳请她放弃她继承的那一大笔奥斯卡的遗产之前，她从未猜测过奥斯卡的不动产的规模有多大。

她拒绝了哈塞特牧师要求她签署的那份“遗产放弃书”，还以报仇雪耻的心态告诉哈塞特牧师，她将着手对奥斯卡运过来的那座已残破不堪的“玻璃教堂”重新打造一番，用瓦楞铁和封檐板——她已经与来自格兰尼佛的建造师菲尔德先生（Mr. Field）谈过了。哈塞特牧师出于对自己今后可能每到星期日将不得不乘马车前往格兰尼佛跑两趟的担心，闷闷不乐地表示，他希望贝林杰这里最终能有一座教堂。米莉安给他的回答却是：她已经决定把那座属于她的“玻璃教堂”捐赠给他的那些在格兰尼佛的英国圣公会教徒了；而且，还别有用心地特意告诉哈塞特：在她与露辛达·莱普拉斯特里尔小姐往来的信函当中，露辛达在信上解释说，那笔巨额财产是为了保护她心爱的男人的。

露辛达的那封信，是在近半个世纪之后，人们从米莉安的一件打满补丁发了霉的衬裙里翻出来的。露辛达写这封信的时候，当时已是德鲁伊特街“爱德华·杰森酱菜厂”的一名雇员。她的信封上没有写回信地址，不过可以确定，在 1865 年 6 月，伊恩·沃德里－费什到露辛达长期居住的威特菲尔德农场找人时，发现那栋旧房子里空无一人，而且什么都没有留下。

那天，奥斯卡跟我的外曾祖母道别的时候，他已不再把那座“玻璃教堂”奉为圣物了。他想，它不过是一种幻想，一种空虚，是魔鬼巧妙塞进他头脑里的产物。他沿着吱吱作响的木码头走着，仿佛那河水已对他不再有什么威胁了。那座“玻璃教堂”立在停泊在河里的驳船上，缆绳随着浪头不断晃动着，绷紧时发出咔咔的声响。他默默走下台阶，愁眉苦脸，穿过那“玻璃教堂”的雪松木门走了进去，并小心地关上了身后的门。之后，在神思恍惚中，他低下头，开始祈祷，乞求上帝宽恕他的种种罪孽，乞求上帝宽恕他的自满，他的自傲，他的任性无知。他迷迷糊糊地进入了梦乡，还没等他抵达他祈祷的终点——乞求上帝摧毁这座“玻璃教堂”，在 1866 年复活节（耶稣受难日）前夕，8 点 10 分，那艘老旧的驳船超过了它浮力的极限，静悄悄地开始下沉了。就在河水涌入“玻璃教堂”，势不可挡之时，他醒了过来，尖叫起来，与那座教堂双双沉入贝林杰河之中，他所恐惧的“溺水而亡”变成了事实。

作者生平与创作生涯

彼得·凯里于 1943 年 5 月 7 日出生在澳大利亚维多利亚州巴克斯马什（Bacchus Marsh）一户普通人家，在当地完成中学学业后，1961 年进入墨尔本的摩纳希大学，学习化学和动物学，一年后，发现自己对所学专业没有丝毫兴趣，再加上一次汽车事故，便中断了学业。

之后，他步入广告界。1962 年至 1967 年，他在墨尔本多家广告公司从事广告设计，也曾在跨国汽车集团大众汽车公司和澳大利亚久负盛名的林德曼葡萄酒酿造厂工作过。1964 年，他与李·威特曼（Leigh Weetman）结了婚。广告公司独特的、充满创造精神的氛围，给了他很大影响，使他首度接触到了一些作家、画家。他的几位要好的同事，包括巴里·奥克利（Barry Oakley，1931—　）和莫里斯·卢尔（Morris Lurie，1938—　），后来都成了澳大利亚重要的作家，介绍他阅读了一些欧美最新的小说，他自己也主动广泛涉猎了一些文学名著。

1964 年，他开始从事文学创作。1968 年之前，写了一些未出版的文稿和一部短篇小说集。1968 年，他前往英国伦敦从事广告业，1970 年返回澳大利亚后，进入墨尔本和悉尼的一些广告公司，做广告设计工作。1974 年，他与第一任妻子李·威特曼离了婚，之后，定居悉尼，继续以广告业为生，同时用心于文学创作，并在 1974 年结集出版了他的第一部作品《历史中的胖子》（The Fat Man in History），一反澳大利亚传统文学那种一本正经和温文儒雅的风格，从各个方面实验荒谬主义、超写实主义、科幻与寓言等种种写作技巧，初步显现出他的文学天赋，那种善于嘲讽挖苦的诙谐写作风格。出版之后，赢得了高度评价，被视为当代澳大利亚文学的里程碑，他因而一举成名，被视为前卫作家，“新派”作家中最富独创性和才华的小说家。

1977 年，他移居澳大利亚的昆士兰州，加入了昆士兰州首府布里斯班北部逸典那的“互动公社”，在其中生活了四年，并在 1979 年出版了他的第二部短篇小说集《战争罪行》(War Crimes)，出版之后，好评如潮，获得了当年的澳大利亚迈克斯·富兰克林奖，还在 1980 年获得了新南威尔士总理文学奖。

1980 年，他以悉尼为基地，与朋友合作创办了自己的公司——“麦克斯匹丹－凯瑞广告顾问公司”。1981 年，他移居新南威尔士州北部内陆小镇贝林杰镇，出版了他的第一部长篇小说《极乐》(Bliss)。在这部夹杂现实与荒诞、悲喜交集的黑色幽默作品中，展现出了他丰富的想象力和创造力。小说出版之后，1981 年获得了澳大利亚迈克斯·富兰克林奖、1982 年获得澳大利亚全国图书委员会奖和新南威尔士总理文学奖。

1985 年（42 岁），他与戏剧导演艾莉森·萨默斯（Alison Summers）结为了夫妻，并出版了第二部长篇小说《骗子》(Illywhacker)，使用魔幻与荒谬的手法，采取回忆录的方式叙说故事，多侧面反映了澳大利亚的历史，探讨了殖民地化以及科技发展与人类关系等一些社会问题，该书同年获得澳大利亚全国图书委员会奖，入围布克奖决赛名单，并获得墨尔本《时代报》年度最佳图书奖，1986 年获得澳大利亚最佳科幻小说迪特玛奖和万斯·帕尔默小说奖，以及维多利亚总理文学奖，入围了世界奇幻文学最佳小说奖决赛名单。

1988 年（45 岁），他出版了第三部长篇小说《奥斯卡和露辛达》(Oscar and Lucinda)，将现实主义和现代主义手法糅合在一起，讲述了维多利亚时代的年轻牧师奥斯卡·霍普金斯（Oscar Hopkins）与年轻的女厂主露辛达·莱普拉斯特里尔（Lucinda Leplastrier）共造“玻璃教堂”的经历，借助“玻璃教堂”演绎了一场奇特的爱情故事，表现了大英帝国对澳洲大陆的远征所引发的基督文化与土著文化的冲突，人性的危机，从多层面、多角度表现了现代人和现代社会的种种困境，颇具历史的深度和哲理，一经出版，便引起了轰动，一举夺得了澳大利亚全国图书委员会奖，又因其所涉及的多重主题和独具特点的叙事手法，问鼎了第 20 届英语文学界最有影响力的布克奖，1989 年又获得了澳大利亚历史最久、影响最大的迈克斯·富兰克林奖，后来还被澳大利亚著名女导演吉莉安·阿姆斯特朗（Gillian Armstrong，1950— ）改编成同名电影，在 1997 年搬上了银幕。如今，这部长篇小说已成为富有里程碑意义的代表作，被视为澳大利亚的国族寓言，当代后殖民文学的代表作之一，还在 2008 年入围了“最佳布克奖”决赛名单。

1990 年，他应纽约大学之邀，移居美国纽约，任驻校作家。这时，尽管他已举世闻名，却依然行事有原则，恪守自己的政治立场，勤于笔耕，在 1990 年代期间，陆续出版了长篇小说：《税务稽查官》(The Tax Inspector，1991)、《特里斯丹·史密斯的非凡生活》(The Unusual Life of Tristan Smith，1994)、《杰克·麦格斯》(Jack Maggs，1997)。

其中《特里斯丹·史密斯的非凡生活》获得了墨尔本《时代报》年度最佳图书奖；《杰克·麦格斯》入围了英国最古老的文学奖——詹姆斯·泰特·布莱克纪念奖决赛名单，获得了墨尔本《时代报》年度最佳图书奖，并在 1998 年获得澳大利亚迈克斯·富兰克林奖和英联邦国家作家奖最佳图书决胜奖。这一奖项的得主，依照惯例，要接受英国女王伊丽莎白二世（Queen Elizabeth II，1926—　）的召见，他却用托词请求白金汉宫将这一召见延期，婉拒了邀请，迫使白金汉宫取消了召见，以文雅的方式对英国王室表达了自己的政治立场。

2001年（58岁），他出版了又一部长篇力作《凯利帮真史》（True History of the Kelly Gang），以第一人称自述的手法，重新诠释了被官方“钦定”为丛林大盗的奈德·凯利（Ned Kelly）及其同伙的故事，在考察众多鲜为人知的历史片段及民间轶事之后，用独具特色的表达，行文没有太多标点，文法不全，不登大雅，还故意出现一些拼写和语法错误，形象地诠释出了一个生活于19世纪、没有什么文化、敢于反抗殖民压迫的草莽英雄形象，讲述了奈德·凯利穷困潦倒的童年，直至被绞死的悲剧——性情刚正纯直，热爱土地，热爱家人的奈德·凯利，原本只想靠自己的劳动做一个平头百姓，老老实实过日子，而由于牧场主及警察的欺凌压迫，被迫逃亡，忍无可忍，沦为了盗匪，自组“凯利帮”，走向了末路——将一个沉郁的传说，变成了一个感人至深的故事，重新审视了爱尔兰后裔在澳大利亚受苦受难的历史，匡正了一位被历史歪曲了的绿林好汉的形象，为其重新树碑立传。小说出版之后，因其通过一个备受诋毁和磨难的声音，讲述了一个澳大利亚早期开拓者的动人故事，问鼎了第33届英语文学界最有影响力的布克奖，成为自南非作家约翰·迈克尔·库切（John Michael Coetzee，1940—　）之后，第二位两获英语文学界最有影响力的布克奖的英语作家。

之后，他又陆续出版了长篇小说《我的生活有如冒牌货》（My Life as a Fake，2003）、《窃：一个爱情故事》（Theft: A Love Story，2006）、《他本身是个不法之徒》（His Illegal Self，2008）、《在美国的帕罗特和奥利维尔》（Parrot and Olivier in America ，2010）、《泪水的化学成分》（The Chemistry of Tears，2012）、《健忘症》（Amnesia，2014）。内容丰富多元，作品愈趋成熟稳健，历史的深度和哲理内涵也愈加深厚。

彼得·凯里是澳大利亚魔幻现实主义文学的一位代表人物，澳大利亚后现代派作家当中的一面旗帜。他最优秀的作品，融合了维多利亚的宏伟气势与澳大里亚的乡土气息，为他赢得了诸多荣誉。另外，他还被授予了多个荣誉学位，而且是英国皇家文学院成员、澳大利亚科学院院士、美国艺术与科学院院士。

他的著述颇丰，除了小说之外，还著有游记、散文、传记、儿童文学等作品。他的散文集《悉尼30天：一个极端扭曲的陈述》（30 Days in Sydney: A Wildly Distorted Account，2001），以另类的目光，透视了悉尼这座城市的光鲜外表和层层布幕之后极隐秘的面貌，以身历其境的经验和犀利、诙谐的目光，试图透过土、风、火、水四大自然要素，捕捉出悉尼这座城市的狂热性格。目前，他与妻子艾莉森·萨默斯生活在美国纽约。

主要参考资料：

The Most Beautiful Lies, by Brian Kiernan, Publisher: Angus and Robertson, 1977.

Aspects of Narration in Peter Carey's Novels:Deconstructing Colonialism, by Hermine Krassnitzer, Publisher: Edwin Mellen Press, 1995.

Oscar and Lucinda, by Peter Carey, Publisher: Faber and Faber, 1998.

True History of the Kelly Gang, by Peter Carey, Publisher: Vintage International, 2002.

1989年｜第21届

022 长日留痕［英］石黑一雄

The Remains of the Day by Kazuo Ishiguro

◎ 原著共7节，以“我”6天旅行当中的现实和过往的回忆二者的交错，讲述了“我”职业生涯中的主仆、父子、情侣等多层的人物关系。“我”，即忠心不二、恪尽职守、在贵族府第服务了近40年的老管家史蒂文斯（Stevens）。本文在下面的讲述用第三人称。

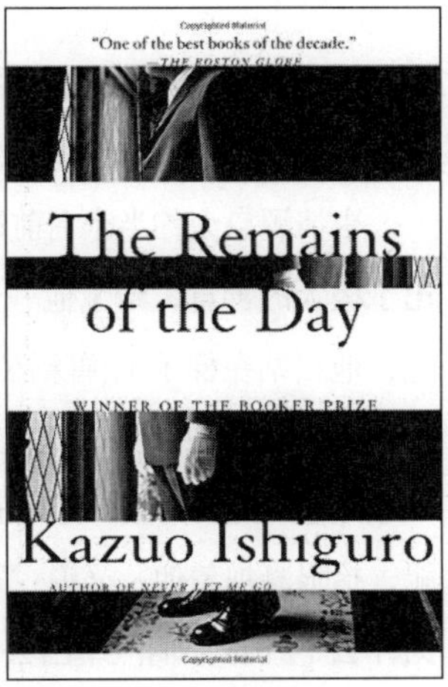

英文原版封面

石黑一雄

（Kazuo Ishiguro，1954—　）

石黑一雄是英国文坛上一位英国籍日本裔作家，一位颇受敬重的“记忆行家”。有评论认为，其作品以文体优美著称，善于运用零散回忆的笔法，编织动人的故事，风格含蓄哀婉、精巧细致、沉稳冷静，其中的高度文学品质以及善用日本文学特有的隐喻手法，给英国文坛带来了新的审美标准。

《长日留痕》（The Remains of the Day）出版之后，立即成了国际热销小说，好评如潮，因其**以消遣性的喜剧手法妙不可言地对人性、社会等级及文化进行了异常深刻和催人泪下的探究**，问鼎了第21届英语文学界最有影响力的布克奖。他也因此成了文坛“双冠王”，成为第二位同时握有英国两项最高文学奖——布克奖和惠特布莱德小说奖的作家。1993年，这部小说被英国唯美派电影公司莫谦特－艾佛利摄制组（Merchant Ivory Production）拍摄成了影片，上映之后，大受欢迎，并被美国影评界列为年度十大佳片之一。

2017年，他因“凭借充满强烈情感的小说，揭开了我们与世界连为一体的幻觉之下的深渊”获得了诺贝尔文学奖。

眼下是 1956 年 7 月。英国伦敦牛津（Oxford）附近，达灵顿府第（Darlington Hall）的男管家史蒂文斯驾驶他雇主的轿车独自远征之事即将成为现实。

事情源自大约半个月前的一个下午，他的雇主法拉戴先生（Mr. Farraday）本人要离开府第一段时间，出于极大的善意，给了他一个出去看看的建议，当时，他正在图书室里为挂在那里的肖像除尘。据他回忆，他正站在梯子上掸除怀特比子爵（Viscount Wetherby）肖像上的灰尘，他的雇主抱着几卷书走了进来，要把它们放回到书架上，一看见他，就趁便把自己刚刚落实的最终决定告诉了他——他准备在 8、9 月间返回美国休假，为期五周。之后，法拉戴先生把那些书放到一张桌子上，坐进躺椅里，伸展开双腿，抬眼凝视着他，又说："你知道，史蒂文斯，我不想让你在我不在期间一直被禁锢在这栋房子里。你为什么不开着那辆汽车出去转悠几天？你完全可以好好地利用这段时间休息休息嘛。"事情来得有些突然，他不知如何回答是好，表示了谢意，谢了谢法拉戴先生的盛情。他的雇主不容他多说什么，又继续说了下去："史蒂文斯，我不是说着玩儿的，我为你出汽油钱。你们这些家伙，总是把自己锁在大宅院里，助人为乐；你们为什么不出去，四处看看你们美丽的乡野？"

他的雇主不是头一次说及这个问题了——出去看看风景，了解了解英格兰。其实，他觉得干他们这行的人，实际上比大多数人都更了解英格兰；尽管他们很少外出去度假，去乡野游览，去四处观赏英格兰的风景名胜，然而，在过去的这些岁月里，他们终日生活在聚集着英格兰伟大绅士和贵族妇女的豪门宅院里，效劳于上流社会，一直享受着接触英格兰最出色的社会贤达的特权。另外，法拉戴先生的那个提议，在他看来，不过是一位美国绅士不熟悉英格兰（那些潜在的公共法则）的又一例证——在大英帝国，什么该做，什么不该做。

不过，最后，他还是接受了雇主法拉戴先生的建议，因为他接到了达灵顿府第的前女管家——肯顿小姐（Miss Kenton）的一封来信。那封来信激发了他与管理达灵顿府第的事物有关的一连串的想法，促使他重新考虑了他雇主的那个仁慈的"去度几天假"的建议，决定独自一人，进行一次魂牵梦绕多时的远征，驾车穿过英格兰大部分最美丽的乡野，而后到达英格兰西部，顺道前去拜访肯顿小姐，当面确认一下肯顿小姐重返达灵顿府第的可能性——他猜想肯顿小姐来信的真正意图，或许是想回达灵顿。

三年前，达灵顿勋爵（Lord Darlington）去世了，200 年来一直属于达灵顿家族的府第变换了新主人。作为一揽子交易的一部分，史蒂文斯与达灵顿府第一同归属了美国人法拉戴先生。在过去的几个月里，达灵顿府第里的事情颇有些不尽如人意，一系列的小差错开始冒头，这些小差错，对一个管家的自尊是一种伤害；然而，如今他手下掌管的仆役所剩无几，人员短缺的问题比前一个问题更为严重。法拉戴先生是一位很好的雇主，一位美国绅士，喜欢调侃打趣，不讲排场。为了重现达灵顿府第当年英国式的奢华，法拉戴先生要求他招募一个与府第相匹配的员工班子，后来又出于实际考虑，只雇用了包括他在内的四位雇员，致使达灵顿府第冷清极了。

有感于府第现在雇员短缺，所以，他决定前往西部的利特康顿（Little Compton）去看望生活在那里的肯顿小姐，邀请她回来重管府第的家政，因为肯顿小姐的来信，暗示出她婚后的生活并不幸福，并且流露出了她对多年前在达灵顿府第生活的怀念；肯顿小姐还在信中说，如今她已经离开了丈夫本先生（Mr. Benn）的家，住到康沃尔郡（Cornwall）的一个熟人家里去了，在利特康顿附近的一个村庄。

肯顿小姐二十多年前到西部地区去做"本夫人"（Mrs. Benn）之前，曾和他有过密切的工作关系。当下，达灵顿府第人手严重不足，肯顿小姐将会发现，这里现在仅有四个仆役，比起当年她在达灵顿府第时的十八个仆役来，已经今非昔比了。他认为，自己有责任扩大府第里的雇员人数，但是法拉戴先生的想法与他不同，他的雇主不想过多雇用固定的员工，那样开销太大，宁愿以小时工来弥补人手不足。

依照自己做事一向一丝不苟的作风，史蒂文斯制定了他出行的路线，同时对食宿的开支也都制定出了计划，在出发前，还购置了几件适合旅行的服饰。他特别带上了西蒙丝夫人（Mrs. Symons）的《英格兰奇景》（The Wonder of England）一书——那书里对应该探寻与欣赏的英格兰乡野最美的景色与最佳路线给予了充分说明。说起来，他最初对的西蒙丝夫人这本书萌生出兴趣，还是源于 1936 年肯顿小姐离开达灵顿府第前往康沃尔郡之后不久，他从未去过康沃尔郡，便不断翻阅西蒙丝夫人的这本书，查看康沃尔郡宜人的风景。

最后，他还需要做的一件事就是与他的雇主法拉戴先生落实两星期前的那个建议。通过一个时期以来对他新雇主的观察，他感觉法拉戴先生应该不是那种出尔反尔的人。于是，他选择了一个最佳时机——雇主午后在客厅用茶点时，向法拉戴先生陈述了他准备驾车前往英格兰西部去看看的种种理由，并特别提及了肯顿小姐的事，意图试探一下肯顿小姐重新回归达灵顿府第雇员队伍的可能性。

法拉戴先生冲他咧嘴一笑，打趣说道——真没料到他竟然还是一位女色猎手，不过，这倒可以使他永葆青春。雇主这样的调侃，实在是一点都不靠谱，却令他感到了难堪，颇有些尴尬。在变迁的岁月里，易主之后，他逐渐意识到，在美国，雇主和雇员，他们之间热衷于调侃打趣这种事，以加强彼此的亲密和友谊；因而，依照传统，原本并不属于他分内职责的逗乐和开玩笑这种事，眼下却俨然成了一位英格兰男性雇员应尽的一份职责；尤其是，他的新雇主法拉戴先生相当执着于此，乐此不疲。他常常被那些形形色色逗闷子的话语弄得目瞪口呆，不知自己该如何应对，如何敏捷地构思出类似的幽默给予回应，以便与他的美国雇主沟通。不过，还好，那天下午用茶点时，他的雇主兴致盎然地同他打趣时，他像往常一样面带着微笑站在那里，经过了难熬的几分钟之后，他的雇主不仅应允了他的方案，兑现了承诺，还特意重申了一遍"汽油钱他来支付。"

独自进行一次远征旅程开始之后，第一天晚上，史蒂文斯下榻在索尔兹伯里城（Salisbury）的一家距离市中心不远的宾馆里，宾馆的档次不算太高，却非常干净整洁，能尽善尽美地满足他的各种需求。

这天早晨，他启程时，比计划的时间晚了一个小时，尽管不到 8 点他就已经将要带的东西打点完毕，把路上所用的必需品全部装到了那辆福特轿车上了。府第里的其他几个雇员这个星期也全都休假去了，他清晰地感觉到，一旦自己离开，府第便会人去楼空，而这一点，将是它在20世纪以来的头一次。他一次又一次地绕着府第游逛，最后又巡查了一遍，一切都正常之后，他终于上路了，当时，心中的感受难以言喻。

一直以来，囿于府第的职责，他很少外出，不过一些与职责有关的出行，也曾使他离开过达灵顿府第。上路之后，他吃惊地发现，自己对邻近地区的环境其实还是很熟悉的，直到驱车驶出了旧日经验范围的边界线，周围的景色才渐渐变得陌生起来，开始无法辨认。他转了一个弯，驱车走上一条依山蜿蜒的公路之后，尽管由于路旁植被的遮挡无法看到左边陡直的山崖，但凭感觉，他知道那边是险峻的悬崖峭壁。蓦然间，已经真正离开了达灵顿府第的感觉向他猛烈袭来，令他感到有点发慌。

他觉得自己也许根本就没有走对路，正沿着完全错误的方向驶入了荒郊野岭。这一想法加剧了他的恐慌，使他放慢了车速，而且，即使当他确信自己没有走错路的时候，他还是禁不住停下车来，勘察了一番。忽然，他听到了从背后传来的说话音，有人在说话，他朝那个人走了过去。那个人指指上面的小路，叫他爬到那上面去，说到了上面，他可以欣赏到全英格兰最壮观的景色。他表示自己正在赶路，那个人似乎并不理解他的话，一味地继续往下说着：全英格兰再也找不出比这里更壮观的景色了，趁着身体还不错，最好上去看看，不然以后要后悔的。那人说完，还异常粗野地笑了笑。结果，他相当费力地爬了上去，尽管那一路相当艰辛，但是，站在那上面之后，清风拂面，方圆数十里极其美丽的乡野景色映入了他的眼帘，令他第一次有了愉悦的心情。远眺着令人心旷神怡的美景——大块田野，一片连着一片，绵延不断，一直伸展到天际，整个原野舒缓地起伏着，被绿荫和树篱分割成一块一块的，在远方的田野中，羊群星星点点，在更远端，耸立着的一座教堂高高的塔身，几乎落在地平线上。

晚上，住进那家舒适的宾馆，在寂静的房间里，他发现，这一天的旅程当中，真正留在他记忆里的，不是索尔兹伯里大教堂，也不是这座城市里的美景，而是他偶然目睹到的英格兰美丽起伏的乡野。那景色是多么壮观啊！之前，他曾在书刊杂志上看到过一些拍自地球各个角落令人叹为观止的风景照片，然而，却全都无法与今天他所目睹的那平野四廓的乡间美景相媲美。英格兰的原野，最美妙无比，有一种其他任何国家的美景都无法具有的特质，对这种特质最好的归纳，便是“伟大绝伦”一词。原来，大不列颠的“大”字在这儿找到了落脚点，也只有它的子民，在它连绵的旷野面前，才会明显产生出那种罕见却极为清晰的感觉——那种一个人面对“伟大”时才会产生的感觉。然而，这“伟大”的精准含义是什么？他想，只有比他的头脑更加智慧的人才能回答出这个问题。而且，这个问题，类似于多年来曾在他们的行业中引起过不小争议的问题——“伟大”的管家的精确含义是什么？

他清楚地记得，有多少次，在一天结束的时候，围绕在仆役大厅的炉火前，他们曾就这个话题进行过讨论，着实花费了不少时光，但行业内却一直没有一个正式的答案。他一直认为，一位“伟大”的管家，应当是一个具有“尊严”素养的人。他记得一份杂志上曾谈到“必须具备与其职位相称的尊严”这一问题，他觉得能将非常杰出能干的管家区分开来的因素确实只有“尊严”这个词。一个“一流”的管家，或许生来就是有“尊严”的，因为“尊严”是某种教不出来的品性。他曾就“尊严”的构成与人们整夜进行探讨，在讨论的过程中，他对这个问题形成了自己比较固定的观点，而且，它们基本上就是他至今所持有的职业信念和操守。

在他看来，查尔维尔宅邸（Charleville House）的管家马歇尔先生（Mr. Marshall）和布莱德伍德宅邸

（Bridewood House）的管家莱恩先生（Mr. Lane）就是具有“尊严”素养的人，算得上是近代的两位伟大的管家。而他父亲，在许多方面都可以和这些人相提并论，这并不是出于他的偏袒，他一直都深信不疑，他父亲可以当之无愧地被称之为“尊严”的化身。

为拉夫堡宅邸（Loughborough House）的主人，实业家约翰·席尔佛斯先生（Mr. John Silvers）效劳期间，是他父亲事业的鼎盛时期，在拉夫堡宅邸，他父亲工作了十五年；他父亲属于早一代的管家，那一代人，以仁慈宽厚为怀，没有他们这一代人的职业价值观的困惑。他父亲在其职业生涯的全盛时期，就享有了“与其地位相称的尊严”。

在他父亲从事其职业生涯的那些年月里，杰出的管家们，从不钟情于表面浮华的东西，而现在他们这一代人，一个管家必须擅长语言的运用和掌握若干方面的实用知识，在最显贵的豪门宅第里，有的雇主甚至热衷于炫耀其管家这方面的“本事”。他父亲那一代人，尽管驾驭语言的能力与所掌握的实用知识有限，然而却对如何管理好王公贵族人家所需的一切知识了如指掌。他们身上具备一种根深蒂固的职业风范，能在最具挑战性的场合下，维护职业道德。在他眼里，他父亲就是这样一位出类拔萃的管家，他曾受过父亲多年的熏陶。

回首他父亲毕生的事业，他能品味出辛苦劳作的父亲一生所具备的特殊品性——以毕生精力，全力以赴恪守自己的职业尊严，谨言慎行，不卑不亢，尤其是面对那些无理或无耻的来宾时。他回想起了人们说给他的一件事：在他父亲为拉夫堡宅邸效劳期间，有一次，他父亲被叫去为来宾当中的史密斯先生（Mr. Smith）和琼斯先生（Mr. Jones）效力，由于司机休假，只好由他父亲为喝得醉醺醺的两位绅士去开车。一路上，那两位绅士口出恶言，肆无忌惮地羞辱他父亲，以此来自娱，他父亲居然没有流露出丝毫的不快和愤怒，始终保持着自己无可挑剔的礼貌，听任那两位绅士的调遣；但是，当他们开始议论他们的东道主——他父亲的雇主席尔佛斯先生时，含沙射影的话语不堪入耳，他父亲突然把车子停了下来，打开了后车门，双目紧紧地盯视着车厢内，站在那里一言不发，眼里闪烁着逼人的冷光，令人生畏，把那两位醉醺醺的绅士吓得哆嗦着向后缩着身子，颇为羞愧，直至其中的一位绅士轻声道了歉之后，他父亲才轻轻关闭了车门，重新回到驾驶座上，继续开车前行。

他又回想起了发生在他父亲职业生涯那段时光当中的另一件事。当他还是个男孩时，他的哥哥在南非战斗中阵亡，死于一次臭名昭著的军事行动，而那位导致他哥哥战死的可恶的将军在战事结束十年后，步入了商界，经营运自南非的货物，要到拉夫堡宅邸造访数天，参加一个家庭宴会。他父亲的主人约翰·席尔佛斯先生想到“这个将军”的造访对他父亲所具有的含义，于是允许他父亲在此期间休假几天。然而，尽管他父亲对“这个将军”厌恶至极，而且到了无可复加的地步，但意识到他的雇主席尔佛斯先生目前的生意取决于这次家庭宴会井然有序的运作，非同小可，他父亲便忍受了接连四天和自己所憎恶的那位将军亲密相处之苦，把自己的感情掩盖得天衣无缝，以相当高水准的专业服务，全力以赴履行了他的职责，以至于那位可恶的将军对他父亲的感觉一无所知，离别时，为了表示感谢他父亲出色的服务留下了一大笔小费作为褒奖——他父亲毫不犹豫地请席尔佛斯先生把它们捐献给了慈善机构。

现在看来，他认为，构成一个管家“尊严”的关键，便是必须具备不叛离其所从事的职业角色的才能。伟大的管家之所以伟大，就在于他们能够据守在他们职业的角色里，从不会舍弃职业的存在而去俯就个人的存在，从他们的脸上，看不出一丝个人情感，因为不管在任何情况下，他们都绝不为外部事件所动摇，不论外部事件是多么让人兴奋、使人惊恐或是令人烦恼。

他常听人说，真正的管家只存在于英格兰，在其他国家，无论实际上使用什么样的称谓，都只有“男仆”，他相信这是千真万确的。欧洲大陆上的男人无法成为一名真正的管家，他们无法控制自己的感情，而能够做到这一点的，只有大英帝国的子民。总之，“尊严”对一些人来说，是可望而不可即的。只要说到“伟大”的管家，他一定是一位大英帝国的子民。也许，有人会对他的看法给予驳斥，认为一个人具备不具备“伟大”的“尊严”，只有在严峻的考验之后才能给予评判。不过，他认为，事实上，一个人在某一行业里经过长期浸润之后，无须诉诸考验的手段，就可以凭直觉判断出某一个人职业水准的深浅。出于职业职责，他觉得每一个干管家这一行的人，都需要努力去争取使自己成为“与其地位相称”的“尊严”的化身。

在索尔兹伯里的那家宾馆里，史蒂文斯睡得不怎么安稳，因为不习惯陌生环境，第二天早早地就醒了，女房东显然还没起来，预定的早餐在7点30分；在寂静中等待周围世界苏醒时，他再一次重温了一遍肯顿小姐的来信。其实，肯顿小姐实际上早已是“本夫人”了，他仍称她为肯顿小姐，因为他们是在她还是小姐时相识的。根据肯顿小姐在信中所言，她的婚姻正趋于失败，她对她当今的状况表露出一种绝望，信中一些段落充斥了她对达灵顿府第的怀念，虽然他吃不准肯顿小姐有没有想重返达灵顿的意愿。但是，他从自己的职业角色考虑，肯顿小姐若能回返，将会是解决达灵顿府第所面临的“难题”的最佳方案。

现在回想起来，肯顿小姐初到达灵顿府第任职后的一些往事，至今令人难忘。那是1922年春天，肯顿小姐和他的父亲，二人差不多同时来到了达灵顿府第。他属下的前任女管家和二管家因为要结婚而辞去了他们在府第的工作，空缺的两个职位，严重影响了整个府第井然的工作秩序；肯顿小姐及时来到了达灵顿府第，凭借给予了她高度评价的有关证明信件，接替了前任的职位；与此同时，大概就在这时候，他父亲由于雇主约翰·席尔佛斯先生的去世行将结束他在拉夫堡宅邸多年来的卓著服务，需要重新找一个工作职位；尽管他父亲仍然是一位顶级的专业人士，然而他70多岁的高龄以及不断下降的健康状况，使他很难与高度专业化的年轻的管家们在职位上进行拼争，基于这一点，让他父亲接任府第里空缺的二管家的职位，将其丰富的专业经验和无懈可击的荣誉带到达灵顿府第来，可以说算是一个最合理的解决方案了。

肯顿小姐在成了他属下的一名女管家之后，以绝对上乘的专业水准，潜心于她的工作，一直以来，始终将工作放在首位，从未有过任何懈怠。据他的回忆，在他们密切合作、一起劳作的那些岁月里，他们曾坦诚交换过不少不同的意见；然而在一开始，他们彼此之间的关系，却是相当紧张的；尤其是，在他们刚刚开始打交道时，在肯顿小姐和他父亲之间的关系的某些方面。

那是在他父亲和肯顿小姐加入府第员工队伍当中不久的一个上午，敲门进来的年轻的肯顿小姐把捧着的一大瓶鲜花，放到了他的办公桌上，微笑着解释说，希望让这些鲜花减少一些办公室里沉闷的气氛，他礼貌地表示了谢意，但并不鼓励肯顿小姐的这一做法，并趁机提到了一个具体问题：肯顿小姐直呼他父亲的名字“威廉”（William），不太恰当，不够尊重，最好称呼“史蒂文斯先生”（Mr. Stevens）或“老史蒂文斯先生”（Mr. Stevens Senior）。

对他的这一提醒，肯顿小姐并不认同，用不快的语气解释说，在过去的工作中对下属雇员，她惯常都是以教名相称的。他只好把自己的话说得再清楚一些了：尽管这只不过是一个最能让人谅解的小差错，但是，就年龄和资历来说，她直呼像他父亲那一类人的教名——那种“高人一等”的姿态，还是有些失礼；请她能对具体情况多加考虑。

肯顿小姐还是不以为然：在她看来，她是府第的女管家，他父亲是二管家，职位在她之下，她直呼他父亲的教名并没冒犯什么，没什么不妥的。肯顿小姐的那种据理力争的口气，显然，很难与之达成共识，他意识到他必须先发制人。于是，再三强调：他父亲是一位享有非同寻常的荣誉的人物，只要加强观察力，她就应该能够看出，他父亲不仅仅是二管家而已，而是一个极为出色的人物，她应该能从他父亲那里学到许多宝贵经验。之后，他便直言不讳地挑明了一个问题——她“不完美”的表现，到现在，她都还不能十分清楚府第里什么东西在什么地方；而他父亲比她晚来了一个星期，却比她更精通达灵顿府第的事务，从踏进府第的那一刻起，便显示出了他在家政管理方面的知识是那样完美无缺。他的这一番多少有些贬损的话，终于把肯顿小姐堵住了，甚至显得有点愠怒。之后，肯顿小姐若有所思地表示：她会记住他所说的话，她会用她的实际行动来证明她胜任工作的能力和专业水平。

在那次偶然交谈之后，他很高兴地注意到，肯顿小姐的确是一位相当胜任其责的女管家，对待工作十分严谨，而且，尽管年轻，却毫不费力就赢得了她手下雇员们的尊重。他同时也注意到，肯顿小姐尽管开始用“史蒂文斯先生”来称呼他父亲，但随之却借题发挥，利用一切机会来提醒他——他父亲在其所承担的职责当中的那些不“完美无缺”的表现：簸箕被遗忘在了门厅中央，备用的银餐具有的没有擦洗干净等。后来，事情发展到了白热化的程度。

一个天色阴暗细雨蒙蒙的下午，他正在弹子房里面整理达灵顿勋爵参加体育比赛获得的那些奖品，肯顿小姐走了进来，坚持要他到门外去亲眼见证一下：被他父亲摆放错位置的一尊瓷人。之后，肯顿小姐毫无顾忌地坦言：不应再让他父亲继续承担那些就他的年龄而言难以胜任的职责了，不论他父亲曾经是什么人物，现在他的能力已经大大减弱了，他身上的许多职务都应当被解除了；随后，还特别指明：不应该叫他父亲再继续端那些沉甸甸的托盘了，每当他父亲端着托盘进餐厅时，双手总是颤颤巍巍的，十分令人担忧；最后，又说道，她曾留心观察过他父亲的鼻子，前天晚上，她就清楚地看到他父亲鼻端上有一大滴液体悬在汤碗上。

肯顿小姐的一番话令他不舒服，也无法理解，他们刚刚开始打交道，她说起话来就如此肆无忌惮，毫不隐讳。那次交谈过后大约两个月，一天，他父亲端着满满一托盘茶点去招待下午来的来宾时，在草坪的石板阶梯附近，当众摔了一跤，摔得不省人事。整个事件让他父亲很尴尬，他也感到左右为难，父亲的身体越来越虚弱，健康状况越来越差。

之后，他父亲的情况随着那一次的跌跤发生了巨大的变化，尽管在跌跤之后，他父亲早已和以前一样重新忙碌起来，并像他过去 54 年当中一直做的那样，天天都在餐桌旁服务，认真履行他的日常职责，但是，考虑到达灵顿府第家政管理的正常运行，不允许存在任何疏漏和差错，不允许存在任何潜在威胁，尤其是不久即将在府第召开国际会议，他不得不遵从勋爵大人的旨意，修改了他父亲日常工作的内容，除去了他父亲在餐厅里服务的职责——解除了他父亲二管家的职务。他把一张上面列明他父亲新的日常工作职责的纸张放到了他父亲的床头上，他父亲看了那张纸一眼，然后转眼凝视着他，脸上不带任何一丝能让人能察觉到的情感的痕迹。

他记得，就在那个夏日的夜晚，当他上楼去逐次检查府第最顶层供贵宾使用的卧室时，在其中的一间卧室，透过窗户，在夕阳的余晖中，他望见他父亲正站在草坪上他上次摔倒的石板阶梯处，陷入深深的沉思中，之后，又缓慢走上了石阶，上到它的顶端，然后走下来，来来回回，眼睛一直盯视着地面，就像是在寻找他失落在那里的珍贵珠宝。

他的思绪又回到了他对父亲能力减退后的处理态度上——自己是不是过于简单粗暴了？事实上，当时，他别无选择，因为达灵顿府第将要召开一个重要的国际会议，勋爵担心再发生类似跌跤那种事的严重后果，它们将影响整个欧洲的何去何从，不到两个星期，第一批会议代表就要来了。此外，在那之后的 15 年中，尽管在府第他又经历了许许多多同样重大的事件，但是，在 1923 年 3 月召开的那个会议，却是它们当中的第一次。

回顾往事，史蒂文斯把那次在达灵顿府第召开的国际会议视为自己职业生涯的转折点。那次会议，经过达灵顿勋爵的长期策划之后，一蹴而就：那些最具影响力的绅士们被召集到了达灵顿府第，举办了一个“非官方”的国际会议，讨论第一次世界大战结束后德国人的赔偿问题与欧洲和平问题。会议的级别很高，与会者被限制为十八位极其显贵的绅士和两位居住在柏林的女士。

他经常回顾那次会议，他认为就是在他事业的那一刻，他成了一个“一流”管家，获得了至关重要的“尊严”的品性。大家都在为迎接那十八位显要人物和他们的随员做着狂热而有序的准备，当时，他感到那是对他成为一个“伟大”的管家的一次考验，他把它作为显示他可能具有“伟大”的管家的品性的一种挑战。

那个重要的会议，是热心国际事务的达灵顿勋爵多年策划的结晶。回想起来，其实，事情从三年前就开始了——1920 年年底，达灵顿勋爵第一次出访了柏林，之后，又去了多次；对柏林的出访，对勋爵产生了非常大的影响。回来之后，在英国应如何对待战败的敌人——德国人的问题上，一直忧心忡忡。他至今都清楚记得，有一天，勋爵对着几乎是空空荡荡的宴会大厅摇着头说出的那句肺腑之言：“我打那场仗是为了维护这个世界的公道。就我个人的理解，我并非在参与反对德国人的族间仇杀。”在他看来，无论世事如何变迁，勋爵大人的一生，所有言行的核心意愿，就是希望维护“世界公道”。从那时起，“非职业外交官”的勋爵就不知疲倦地致力于促成召集一个世界各界人士的广泛联盟，以帮助德国人脱离困境，制止德国经济混乱的局面快速向其他国家扩散。在值得纪念的 1923 年 3 月末的那个重要的国际性会议上，他们将商议如何修改盟国与德国之间缔结的和平条约以及《凡尔赛条约》（The Versailles Treaty）的不良后果。

随着会议日期日益临近，他感到自己所承受的压力越来越重大。会议期间，他和他的员工队伍必须为代表们提供无可挑剔的服务，任何达不到一流的接待水准，都有可能产生出极其重大的负面影响。就在这期间，他与肯顿小姐之间不融洽的工作关系，也愈发升级了。由于他们交谈时总是处于一种异常紧张的状态，最后，肯顿小姐要求他在需要之时或用传话员或以书面形式来传递信息。尽管肯顿小姐的行为举止令人恼怒，但是基于特殊情况，他已顾不得许多了，因为第一批代表已经到了。

国外的代表还没有到，至少还要两三天，不过，被勋爵称为他“核心班底”的三位绅士——两位“不得公开”的秘密外交使节和戴维·卡迪纳尔爵士（Sir David Cardinal）已经预先到达了，以便最大限度地做好周密的准备工作。当时，在有关赦免德国受苛刻的《凡尔赛条约》严厉制裁的问题上，持反对意见的法国人，态度最为坚决，毫不妥协。勋爵大人和他的同僚的注意力都集中在了法国代表杜邦先生

（Mr. Dupont）身上。他清楚记得，那天勋爵把他叫进了图书室，若有所思地对他直白：这次法国的外交官杜邦先生之所以答应前来出席会议，勋爵的挚友戴维爵士功不可没。爵士的儿子雷金纳德·卡迪纳尔（Reginald Cardinal）现在作为随行秘书来到了府第，已年满 23 岁，正在准备结婚，勋爵是雷金纳德的教父，戴维爵士恳请勋爵向年轻的雷金纳德传授有关生活方面的基本知识，勋爵因为自己实在忙得不可开交，所以想将这一压在心头的非同寻常的重任托付于他。

他几乎未加考虑就答应了勋爵的托付，接受了这一超越他职责范围的重任，而且表示：自己很乐意为勋爵去效力，会竭尽全力，努力而为的。据他的回忆，在刚刚被委以重任之后不过一个小时左右，他就注意到了独自一人待在图书室里的年轻的雷金纳德，于是，便前去开始了与那位年轻绅士之间的时断时续的交谈。那天下午，他还想寻机再与雷金纳德谈点什么，美国参议员路易斯先生（Mr. Lewis）的到达,迫使他不得不放弃了原来的安排。路易斯先生的提前抵达,同时也多少打乱了勋爵和他的“核心班底”的筹划。总算还好，路易斯先生为人随和，在餐桌上慷慨陈词：美国永远站在公道一方。不过，有一次，路易斯先生对在座的各位说道：你们不能因为一个法国人憎恨德国人就责怪他，法国人这么做自有他们充分的理由，德国人毁坏了欧洲文明，没有什么惩罚对他们是过分的。路易斯先生这一番力排众议的发言，把在场的人搞得非常尴尬。

国外代表陆续到了。他全神贯注地处理着许许多多各种需要。杜邦先生是一位身材高大的绅士，刚到英格兰的前几天，脾气不大好，尤其在伦敦观光时，因脚伤疼痛难忍，担心引发出败血症而忧虑不安。他托付专门侍候杜邦先生的男仆去向肯顿小姐求教，即便如此，也没能阻止杜邦先生不断地跟他要绷带。不过，见到路易斯先生后，杜邦先生的情绪好多了。路易斯先生与杜邦先生打得火热，令勋爵感到有些不安。整个会议进行期间，像以往一样，他在不同的房间里出出进进，为坐在那里沉浸于讨论之中的代表们提供无可非议的服务，不可避免地获悉了有关各国代表立场的基本信息——他们总的目标是：要终止德国的战争赔款并希望法国军队从鲁尔（Ruhr）地带撤走。至于其他一些讨论内容，涉及国际贸易和利率什么的，他就有些摸不着头脑了。

根据他的观察，杜邦先生一直未就讨论议题发表过意见，面部表情始终阴沉沉的。有一次，他在一位德国绅士发言中碰巧要离开会议厅，杜邦先生突然起身尾随他走了出来，要求找人更换脚上的绷带。就在这时，一个仆役领班惊慌失措地从楼上走了下来，对他说，他父亲在楼上病倒了。他赶紧跑到楼上，让人用躺椅把父亲弄回了房间。正当他手足无措进退两难之际，肯顿小姐及时出现在了他的面前，并且主动示意：自己刚好有那么一点空闲时间，可以顶替他来照顾他父亲，去替他父亲请大夫。他返回会议厅后，听到一个牧师正在谈论德国儿童的苦难，他赶紧更为忙碌地为代表们添茶水倒咖啡，继续他的服务。在他拎着空茶壶走出会议厅时，肯顿小姐突然把他叫到了即将离开的大夫那里，大夫告诉他：他父亲的情况很不妙，病情很重，一旦恶化，要赶紧通知他。

就在那天晚上，他出于某种原因来到至关重要的大人物杜邦先生住房前，无意间听到了房间里面路易斯先生正与杜邦先生之间的交谈。路易斯先生在说盟友对法国人的态度的不当之处，他举起的原本打算去敲门的手突然间又放下了，这时，最明智的做法是立刻离开，所以，在那个门外，他并没有过多逗留，只是在几个小时之后，将那些令人担忧的谈话内容全部记录在了他的日记当中，然后，责无旁贷地将此事向勋爵做了汇报，并解释了他之所以没有继续听下去，听取有关杜邦先生对路易斯先生谈话所持态度的任何线索，因为背后窃听，是他们行业中的大忌，他必须谨守自己的行业规矩，在任何情况下，都不能逾矩。

第二天，会议厅里的讨论变得越来越热烈，激烈的程度达到了新的水平。在极其紧张的气氛之中，他的员工队伍表现出来的却只有高效率和专业水准的镇定自若。他得空就去看看他父亲，看他父亲的病情有什么情况，每次，他父亲都总是在熟睡当中；直到那天晚上，他总算有了一次与他父亲交谈的机会，肯顿小姐留下来看护他父亲的那位女仆看到他走进来后，立即叫醒了他父亲，因为他父亲说有话要跟他说。他父亲慢吞吞说出了对他的爱，为他感到骄傲，但愿自己是个好父亲。他不等他父亲继续说下去，很抱歉地告诉他父亲：他们此刻特别忙，他必须去尽他的职责了，他们有话明天早晨再谈。随即便离开了。

他很欣慰地回忆起，那天晚上，在昔日堂皇的宴会厅里，高朋满座，被宾客们挤得水泄不通，那是会议的第二次也是最后的一次晚宴，绝大多数宾客在次日中餐后都将离去。他们给宾客们斟酒的速度明显加快了，从专业的角度，宴会是在未出现任何异常情况下圆满结束的。在宴会即将结束之时，勋爵向各位宾客致了辞，并期望在明天上午的总结会上，听到与会者的许诺——就有关即将在瑞士召开的重要国际会议前所要采取的行动。然后，提议宾客们起立，为"欧洲和平和公道"干杯。大家落座之后，杜邦先生突然站了起来，郑重申明：将利用其影响力，去促成法国政策朝向此次会议论及的大部分内容做出一定的改变，他也将在瑞士召开的国际会议上竭尽全力去那么做。顿时，宴会大厅里响起了持续不断的掌声。

后来，随着一阵热烈而经久不息的掌声，他发现路易斯先生在冷笑。就在这时，那位仆役领班又出现在了他的面前，他尽量不惹人注目地离开了那里——等候在门外的肯顿小姐告诉他，他父亲的病情更糟了，她已经给大夫打了电话，看来，人快不行了。他只有一小会儿的时间，因为那些绅士们在任何时候都可能会马上去吸烟室的。他匆匆去了他父亲的那间狭小的阁楼房，凝视了父亲好一阵，摸了摸父亲的额头，便急忙告辞了。肯顿小姐对他在他父亲垂危之际的离去表示了理解，说医生来了之后，如果有什么变化，会及时通知他的。

他快速跑下楼，看到那些绅士们陆陆续续进了吸烟室，立即示意他的男仆们各就各位。这时，他注意到，众宾客当中已经不见了路易斯先生的踪影。他开始穿行于那些宾客中间，为他们斟上一杯葡萄酒，强颜欢笑地应答着宾客和他的主人达灵顿勋爵的各种询问。正当他准备继续在房间里四下走动为宾客斟酒时，他突然瞥见了站在门口的肯顿小姐在向他做手势，他赶紧朝门口走去，就在这时，被杜邦先生叫住了，让给他找些干净的绷带，他答应着，耐心告诉尾随着他的杜邦先生：一旦拿到绷带，会立即回来交给他的。

依然等候在外面的肯顿小姐见到他之后，默不作声，举止十分异样，接着，对他说道：他父亲大约在 4 分钟前去世了；大夫还没有到。肯顿小姐说完，便低下了头。他请抽泣的肯顿小姐原谅，他不能立即上楼去看望过世的父亲，不是不近人情，因为他知道父亲一定会希望他在这个时候继续履行职责，不然的话，他会辜负了父亲对他的期望。因为一个"伟大"的管家必备的品性之一，就是无论在何种压力和变故下，都能风度翩翩、进退有礼，毫不慌乱地主持大局。

他重新回到吸烟室，通知杜邦先生，为其请的大夫就要来了；一面端着放着一瓶葡萄酒的托盘，继续在人群中穿行，检视宾客们杯中的美酒是否足够，以便恰到好处地为他们添上。过了一会儿，他瞥见年轻的卡迪纳尔先生正独自一人站在不远处，手中的酒杯已经空了，立即上前将那空酒杯斟上了酒，之后又开始了与卡迪纳尔先生的交谈——始终都未忘记履行勋爵托付于他的那非同寻常的重任。最后，在肯顿小姐一再催促下，他才来到父亲的房间，从大夫口中获悉：他父亲死于急性中风，没遭受什么痛苦——总算多少给了他一点安慰。在大夫告辞时，他对大夫说，楼下有位尊贵的先生正急需治疗，然后把大夫领下了楼，领进了洋溢着欢声笑语的吸烟室。

现在回想那天晚上，面对意外施加在他身上的种种压力，他所努力践行的，是一个管家的“尊严”——那种唯有马歇尔先生（或许也包括他的父亲）那样的管家才具有的“杰出”品性。尽管这件事里有那么多令人心碎的回忆，然而时至今日，每当他回忆起那个夜晚，他还是会为自己在那个对个人与职业道德来说都是最困难的情况下所表现出来的“尊严”而生出一种巨大成就感。

一个“伟大”的管家的精确含义究竟是什么？如今看来，他想，一个人能够持久地为一个豪门望族服务下去，就是他具有“伟大”管家品性的最好的证明。在他父亲那个时代，社会在人们眼里是一座塔楼，世界是一架梯子，高高在上的，是皇亲国戚、公爵勋爵。一个家族的门庭，是不是高贵至尊的豪门望族，取决于它在社会阶梯上的位置。社会等级由社会地位来衡量，财富反而是最低等级以下的人们的衡量标准。毋庸置疑，那些胸怀大志的管家每个人都会处心积虑地沿着那个社会阶梯往上爬，不断寻找社会地位更高的人家，他们的职业威望会随着那越来越“显赫的门庭”而提高。到了他们这一代人，不再视世界为梯，整个世界只是一个大车轮，以那些豪门宅院为轴心，不停地旋转，无论富人还是穷人，都在不停地围绕豪门宅院旋转的同时，不断地向轴心努力接近。所以，对于他们这一代管家来说，使自己成为一个“伟大”管家的关键，就是要不断倾己所能尽可能地向那个世界的轴心靠近——效力于他们这一时代的伟大的绅士们，因为他们手中掌管着文明。

史蒂文斯继续驱车前行，在第二天下午，驶入了多塞特（Dorset）境内。当他行驶到一条狭窄的小路时，闻到汽车引擎散发出了不正常的气味，于是赶紧驶上大道，将车子开向前方左边的一幢维多利亚女王时代的建筑里去求救。那幢高高的建筑里的一位负责人，战争期间，曾是一位上校的勤务兵，现今在这一幢老旧的房子里面身兼仆役、管家、清洁工、司机数职。那老勤务兵在给他的水箱加水时，俯身看着引擎，与他闲谈起来，了解到他正驾车在这一地区旅行时，推荐他前去游览当地的一处美景——半英里以外的池塘。在随后的交谈中，老勤务兵猜测他应该是一位最高级别的大管家，来自一座显赫的豪门宅院。得知他受雇于达灵顿府第之后，用一种古怪的神情斜视了他一会儿，忽然询问道“你说的该不是那个达灵顿勋爵家吧？”老勤务兵连说话时的腔调都发生了变化，他当即避实就虚，回答说，现在那座宅邸的主人是法拉戴先生，一位美国绅士。之后，他们又顺着扯了几句，他赶紧寻机告辞，老勤务兵引导他倒车出了大门，然后，不厌其烦地为他指明了通往那个池塘的方向。

他将车子开进一条小道，经历了一番拐弯抹角的寻找，终于看到了“莫蒂默的池塘”（Mortimer's

Pond）的招牌，当看到那个池塘后，他心中顿生感激之情，很是感谢那位上校的勤务兵为他指点的这一景点，他自己是不可能找到这样一处景色秀丽的佳境的。“莫蒂默的池塘”不算太大，四处弥漫着一种充满魅力的宁静，看着散布在池塘岸边那些手持钓竿的形形色色的人，他在心里默默地想：如果穿一双合适的鞋就好了，那样，他就可以沿着那池塘周边走一走了。不过，即便未能遂愿，他已经感到很愉悦了，聊以自慰地静静坐在一条长椅上，想着自己的心事。

他的思想闪回到了那位上校的勤务兵询问他的那个问题上，奇怪自己当时的回答为什么那么莫名其妙，闪烁其词，避重就轻，而且，这样的回答也已不是第一次了，还有几个月前的另外一次。那天，来府第做短暂访问的法拉戴先生的一位客人也问了他同样的问题——他为达灵顿勋爵工作过？他当即矢口否认：“绝对没有。”弄得雇主法拉戴先生在他客人面前的处境十分尴尬，因为法拉戴先生曾对他的客人炫耀：他是一个货真价实的老牌英国男管家，曾为达灵顿府第效劳了30几年，为一位真正的英国勋爵服务过，是一个行业上的高手。客人走了之后，面对雇主法拉戴先生的质疑，他表示了自己的歉意，并解释说，自己之所以那样回答，只能用一个比方来解释——就像是在一个离了婚的女人的现任丈夫面前，不要提前一次婚姻的事，这对于他们的职业而言，颇为类似，而且，应是惯例。

现在回想起来，他当时给予法拉戴先生的解释，多少还是有些令人遗憾，他为什么两次都用那种无伤大雅的善意谎言来回答人们的询问，其实是因为他不想让人们在他面前谈论前雇主达灵顿勋爵的是非。这些日子以来，人们以鄙夷的态度说了不少有关达灵顿勋爵的荒唐事，全然不顾事实真相，令他十分苦恼。他根本不相信那些胡言乱语，他可以担保，直至生命的最后一刻，达灵顿勋爵都是一位具有高尚道德情操的伟大绅士。他从来不会为自己能长期与这样一位伟大绅士的交往而感到后悔和羞愧。在过去的那些年月里，能在达灵顿府第为勋爵效劳，接近整个世界这个大车轮的轴心，是像他这样一类的人梦寐以求且感激不尽的。追溯他自己的职业生涯，在为“达灵顿”府第效劳的35年的岁月当中，享受着接触显赫而又有名望的门庭的殊荣，至今，都令他自豪不已。

这天晚上，史蒂文斯在离萨默塞特（Somerset）汤顿城（Taunton）不远的一个路边茅檐小屋里度过了一夜。他在吧台前从店主那里要了一大杯苹果酒，坐到一张远离人群的桌前，打算轻松轻松，整理一下自己这一天的思绪，可还是有当地人过来同他大声打招呼，说俏皮话，调侃打趣，斗嘴，直到大家互道晚安为止。最近几个月，他已经花了一些时间和精力来提高与人交道时的这种“要贫嘴”的技巧，已经竭尽全力将与人“斗嘴”的技能添加到了他的行业职责当中，以便能满足法拉戴先生喜欢调侃打趣的习性，在“斗嘴”方面的所有需求。夜晚，他在那间茅檐小屋里睡得很不安稳，外面的杂音时断时续，一直到深夜。

旅程的第三天上午10点来钟，史蒂文斯坐到汤顿城一家旅店宽敞明亮的茶室里，品味着一杯令人心情愉悦的早茶。那家旅店地处汤顿城的主干道旁，离市场不远，透过凸窗，他看到立在对面人行道上的一个路标，上面有一条指向“马斯登镇”（Mursden），令他颇为动心，甚至想从计划好的路线上绕道儿去一趟。因为“马斯登”曾是吉芬上光剂公司的所在地。他记得在这一行业还比较讲究技艺时，有一段时间，“吉芬上光剂”是人们首选的银器上光剂，只是在战前不久，新的化学制剂面市之后，人们才对这一令人难忘的产品的需求急剧削减。

他清楚记得，那“吉芬上光剂”是1920年代初上市的。在那个时代，银器的光泽程度是一个伟大家庭的重要标志，给银器上光，特别是那些要摆在餐桌上的银器，在他们这一代管家中，开始将其视为严肃的己任，逐渐把它推到了显要位置，甚至延续至今。他很欣慰地回忆起，当年，在很多场合，达灵顿府第所陈设的银器给旁观者留下的深刻印象。他记得，在一次晚宴上，著名的剧作家乔治·萧伯纳[1]先生（Mr. George Bernard Shaw）毫无顾忌地仔细察看他餐后的甜点匙。令他最满意的一件事，是有关那个夜晚的一位显贵人物（内阁大臣，之后成为外交大臣）哈利法克斯勋爵（Lord Halifax）对达灵顿府第所做的那次“不在记录”的特殊访问。那是哈利法克斯勋爵要与德国大使里宾特洛夫先生（Herr Ribbentrop）进行的一系列“非官方”会晤的第一次。在那位勋爵的心态紧张不已时，看到了府第内擦拭一新的银具，不禁发出了由衷的赞叹，之前紧绷的神经也由此放松了下来。事后，达灵顿勋爵告诉他，那些银器的光亮，对缓解哈利法克斯勋爵与里宾特洛夫先生之间的关系，起到过微不足道但却十分重要的作用。

现在，普遍认为，里宾特洛夫先生是一个爱要诡计的人。然而，在整个1930年代，里宾特洛夫先生却是一个受到了那些能在欧洲呼风唤雨的人士青睐的人物，甚至被他们认为是一个令人倾倒的人物。他至今都还记得，尤其是在1936年到1937年期间，在仆役大厅里，所听到的来访官员们围绕着那位“德国大使”团团转的种种谈话。从那些话语中，可以清楚地感受出英格兰的许多最显贵、最有名望的女士们和先生们对里宾特洛夫先生的爱慕。而现在，他注意到，当年陪同“德国大使”进餐的同样一批人物，以极大的伪善，谈论着那个时代，特别是有一些人津津乐道于达灵顿勋爵在那些年月里对德国的几次访问，说勋爵做了些不寻常的事而受到了来自纳粹分子的热情款待，这实在叫人恶心。事实上，当年，英格兰所有最显贵、最有名望的女士们和先生们，都曾在自己的府第招待过德国人，将其尊为贵宾，他们本人也都享受过德国领导人的款待，大部分人回来之后，都对东道主表示出了赞美和钦佩。今天，他们却顺水推舟，暗示达灵顿勋爵曾隐秘地与某位家喻户晓的敌人建立过联络关系，忘却了那个时代的真实情形。

他想，还应该指出那些更卑鄙无耻的胡言乱语，说达灵顿勋爵具有反犹太人的倾向，说他与英国法西斯联盟之类的组织过从甚密。这类胡言只能说明他们对达灵顿勋爵是位什么样的绅士完全不知情。事实上，达灵顿勋爵是相当憎恨反犹太主义的。有断言说勋爵不允许犹太人出入达灵顿府第，不允许雇用犹太籍雇员，没有任何根据。至于英国法西斯联盟一事，当勋爵发现了奥斯瓦尔德·莫斯利爵士[2]（Sir Oswald Mosley）领导的“黑衫党”的丑恶本质之后，比大多数人都更快地断然终止了与这一类人的一切联系。

---

1 乔治·萧伯纳（George Bernard Shaw，1856—1950）：1925年诺贝尔文学奖获得者，爱尔兰杰出的讽刺剧作家和文学评论家，以直抒胸臆的方式，开创了一种新的戏剧艺术。他的剧本笔锋尖锐，题材多描绘人性和社会的黑暗面，有着丰富的内容，引人入胜的幽默和机智的语言。影响较大的剧本有《鳏夫的房产》（Widowers' Houses）、《华伦夫人的职业》（Mrs. Warren's Profession）、《巴巴拉少校》（Major Barbara）、《圣女贞德》（Saint Joan）、《苹果车》（The Apple Cart）等。

2 奥斯瓦尔德·莫斯利爵士（Sir Oswald Mosley，1896—1980）：英国“黑衫党”领袖。1932年创立英国法西斯联盟（British Union of Fascists），模仿纳粹青年团穿着一身黑衣。第二次世界大战爆发后，1940年被英国政府拘禁，1943年因病获释；战后又发起了同盟运动，主张按激进主义的标准统一欧洲；1948年他的影响力下降；1959年参加内阁竞选，主张终止非白人移民，后竞选失败。著有自传《我的一生》（My Life，1968）。

总之，达灵顿勋爵是那种只注重从事核心事物的绅士，通过不懈的努力，勋爵所聚集起来的人物，有英国各界和世界政界、社团的最高贵的人物或领袖，都是一些对英国社会生活发生着实质性影响的人物。事实足以证明，有关尊贵的勋爵的传闻是多么荒谬！他想，自己的话扯得有点远了，他本来在说银器的事，以及那些银器如何在那天晚上在哈利法克斯勋爵身上发挥了作用。正是这个例证，足以清楚表明：一个人享有过在重大事件的核心尽职的殊荣，因而这个人也有权利感受那些只满足于服务于平庸雇主的人永远无法体验到的优越感——不管形式多么卑微，其艰辛的努力都对历史的进展做出了贡献。

不过，一个人也许不应该这么过多地回首往事，毕竟，他还有很多年的服务工作要做，他肩负着特殊的责任，向法拉戴先生展示英格兰精准的最佳服务，而且，有必要警惕因为以往的成绩而滋长起来的自满情绪。因为，不得不承认，由于人员短缺，过去的几个月里发生的一系列小差错。有一次，他甚至拿错了餐叉，尽管法拉戴先生好像并不大在意，但那让他感到了真正的尴尬。如果肯顿小姐能回到达灵顿府第就好了，就不会再出现类似的小差错了。然而，肯顿小姐的信中并没有明确地提到什么，昨天晚上，他又把那封信重读了一遍，对肯顿小姐的真实意图还是感到难以捉摸。不过，再过 48 小时，他就很可能与肯顿小姐见上面了，他决定不再胡乱猜下去了，这么费尽心思地推测，好像不大值得。

史蒂文斯继续驱车前行，驶入了德文郡（Devon）境内。一路上，他又陷入了对过往生活的回忆，重新回想到有关达灵顿勋爵对犹太人的态度问题，因为时下反犹太主义问题已经成了一个相当敏感的话题，具体一点说，其实，他想要澄清的，主要是传言中的有关"达灵顿勋爵解雇犹太籍女佣"那一事件，有人借此指责尊贵的勋爵支持纳粹的种族净化论。由于这一件事直接涉及了他的权属范围，他觉得自己作为当事人之一有绝对的发言权来说清这件事。

在他为尊贵的勋爵效劳的全部时日里，他的员工队伍当中，曾有过许多犹太籍雇员，而且，那些犹太籍雇员从未因其种族之故受到过任何不同的对待。不过，在达灵顿府第，的确发生过一次解雇犹太籍女佣的事情。没有人能猜得到解雇那两名犹太籍女仆的真正理由，当时，那只是在短短几个星期里发生的事——或许是享有盛誉的卡罗琳·巴尼特夫人（Mrs. Carolyn Barnet）对尊贵的勋爵施加了某种不同寻常的影响。据他的回忆，那位孀居的巴尼特夫人当时 40 来岁，很有风韵，尤以才智过人闻名于世，在豪门望族当中具有不同寻常的影响力。在 1932 年夏季的许多日子里，勋爵与巴尼特夫人走得很近，巴尼特夫人定期出现在达灵顿府第，经常与勋爵长谈，特别是就某一有关社会和政治方面的实质问题。他记得，巴尼特夫人曾领着勋爵前往伦敦东区访问过生活在那里的许多极度困苦的家庭；同时，由于巴尼特夫人是"黑衫党"组织的成员，致使勋爵在那个夏季为数不多的几周里，与奥斯瓦尔德·莫斯利爵士也略有了几次接触；而且，也就是在那几周里，尊贵的勋爵做出了解雇府第中那两名犹太籍女仆的决定。

当时，对这件事，他感到相当困惑，勋爵解释说：很遗憾，不过，现在别无选择，为了宾客和府第的利益以及安宁与安全考虑，只能这样做。将勋爵的这一决定通知肯顿小姐是他的权属，他的职责。他很清楚，这将是一件相当棘手的事，尽管犹太人的问题近来变得越来越敏感，他却并不赞成因此就解雇露丝（Ruth）和萨拉（Sarah）那两位女仆，实事求是地说，露丝和萨拉，在府第里，是两位令人相当满意的雇员。果不其然，肯顿小姐十分气愤，那两位女仆在她手下工作已有 6 年多了，她特别信赖她们，她们的服务一直都非常出色。他无话可说，只是强调：他们不能让个人情绪影响了判断力而逾越规矩；肯顿小姐执意不从，觉得这样的决定太荒谬了——仅仅因为露丝和萨拉两人是犹太人；他不得不对肯顿小姐说：主人已经做出了自己的决定，他们不能干涉，他们最好结束这种无用的争论；肯顿小姐依然不甘不愿，火气冲天，坚持认为，解雇她手下的两名雇员是一个错误，是在犯罪，并威胁说：如果露丝和萨拉被解雇了，她自己也将辞职，不在府第里干了；他以忠告提醒肯顿小姐：他们的工作职责不允许他们只顾及个人的喜好和情感，而是要遵从主人的意愿，更何况，有许多事情，不是他们所处的位置能解释清楚的，比如，有关犹太人的实质问题。最后，他请肯顿小姐第二天早晨10点30分送那两位雇员离开府第。

解雇了露丝和萨拉两位女仆之后，肯顿小姐的怨气一直持续了很长一段时间，对他特别冷淡，甚至当着其他雇员的面，对他耍态度，十分粗鲁。一次，他暗怀嘲讽地回应说，他准备接受她的辞呈。不过最终，他们之间的关系渐渐趋于了缓和。之后，这件事差不多渐渐被遗忘了，可在一年后，却又被尊贵的勋爵提起。他记得，那天下午，他例行公事，给尊贵的勋爵送去茶水——这时候，那位巴尼特夫人已不再是达灵顿府第的宾客，对府第的影响力也已荡然无存，同时，勋爵也已与“黑衫党”断绝了一切联系，因为勋爵已经明察了这一组织的真实面目及其丑恶的本质；勋爵首先向他询问起有关被解雇的那两位女仆之事，深怀歉意，说那是一个错误，希望他能想方设法打听到她们的下落，找到她们，给予某种补偿。他决定将这件事告诉肯顿小姐。

那天，他看见肯顿小姐正在凉亭里做针线活儿，于是走上前去，重提起那件解聘之事，并笑话肯顿小姐曾经那么坚决，扬言辞职。肯顿小姐用一种疲惫的声音向他解释说：其实，当时她是真的想离开这里，只是因为自己过于懦弱——她没有其他地方可去，这一点阻止了她去履行自己的意愿以获得尊重；她没有家，只有一个姨妈，尽管她深深爱着姨妈，却不能整日打扰姨妈虚度光阴；每当她想离开，一想到外面没有一个能了解她或关心她的人，就只好作罢，她为此相当羞愧，无法使自己离开这里。

肯顿小姐推心置腹的一番表白，令他唏嘘不已，不由得将那件解聘之事的前后经过述说了一遍，并在最后，感慨道：至少值得安慰的是，勋爵已经坦率承认那纯粹是一个可怕的误会；而且，现在，回想起来，在当时，他其实也同肯顿小姐一样，被那件事弄得十分苦恼。肯顿小姐听过之后，一时不能相信他的所言，因为在她的记忆里，他当时看上去绝对是一副心满意足的神态，不明白他为什么要“假装”，然后，换了另外一种语调，说出了她在露丝和萨拉被解雇之后的孤独无助和心烦意乱，要是当时他能让她分享他真实的感受，那对她的帮助将会有多大啊！

这天，第三天的下午，史蒂文斯只顾回忆往事，沉湎于过去，而忘记了注意轿车的油表。他正在一条小路上行驶时，发现汽油即将耗尽。在那之前的一个小时，他原本已经计划在塔维斯托克城（Tavistock）镇上过夜，而镇上的那家大旅馆的所有房间都因一个地方性的展览会被住满了，他给其他的几家旅馆打电话，同样找不到空闲的房间；最后，一位好心人建议他到几英里之外开在路边的那家客栈去住。之后，他不但没能找到那家客栈的踪影，还把车开进了一片极为荒凉的地区，开到了一个陡峭的小山坡上，这时，他才注意到汽油快没了。又继续向上爬行了一段，那辆福特轿车彻底停了下来，他不得不将它抛弃在了那里。

在那之后，他很清楚，不管有多么沮丧，他都必须从这荒凉的陡坡上走下去，想方设法找到附近有人烟的地方。总算还不错，夜色当中，没太费多少事，他便得以在当地的泰勒先生（Mr. Taylor）家的私人住宅里，温馨地度过了一夜。当时，夜色朦胧，他正在荒野里跌跌撞撞、狼狈不堪之际，遇到了为人亲切的泰勒先生，把他带回了家。和蔼可亲的泰勒夫妇十分热情，主动为他提供了自家楼上的一个空闲着的房间和一张床，邀请他留下来过夜。在与泰勒夫妇共进晚餐时，从他们口中，他获悉，这个地方名为“默斯克姆”（Moscombe）。

来到楼上的那个房间后，他感到自己先前的那些沮丧和精神上的重负像是终于得到了解脱，思绪又回到了达灵顿府第——他感到自己自从产生希望再度见到肯顿小姐以来，总是沉浸于往事的回忆，难以自拔。他推想，他与肯顿小姐之间的关系发生了变化，大概是在1935年或1936年，那是在他们对专业的一些看法彼此达到了很好的理解、获得了极为融洽的工作关系许多年之后，他开始经常因为工作上的事与肯顿小姐一起喝茶聊天了，他们一边喝可可茶，一边就府第里的种种事务交换意见，不过，后来，他们之间每天工作完毕之后的这种例行公事的“茶会”却中断了。

现在仔细回想，中断的起因，极有可能，是那天夜晚肯顿小姐不请自入了他的配膳室，这一偶然之事成了决定性的转折点。他必须强调，纵使他与肯顿小姐之间已经有了几年良好合作关系的基础，他也绝不会默许一个女管家随意进出他的配膳室。因为在他看来，配膳室对于一个男管家来说，意义重大，它是一个极为至关重要的办公用地，是管理整个府第的心脏，就如同战争期间一位将军的司令部，一切命令都是从这里发出的。他记得，当时，他正在独自享受着他那难得的一小时的业余时光，埋头阅读一本书写规范的英语小说，肯顿小姐贸然不告而入，闲议了两句房间里的氛围和光线的黯淡，在这期间，他的目光始终没有离开他在阅读着的那本小说，心里渴望着肯顿小姐能找个借口赶紧离开。不料，肯顿小姐却得寸进尺，执意想弄清楚他正在阅读的是一本什么书，眼看着她朝着自己走了过来，他猛地合上了书，恳请肯顿小姐尊重他的隐私。

肯顿小姐依然不肯罢休，继续纠缠，有些固执，也有些任性，坚持要弄清楚他所阅读的到底是一本什么样的书，直至动作轻柔地从他的怀里抽出了那本书——当时，她的身体距离他那么近，他的头只能很不自然地扭向了一边，那个过程似乎相当漫长，他不得不一直努力保持着那样一种别扭的姿势，直至最后，他听到肯顿小姐喊道起来：天啊，它根本不是什么令人丢脸的书，不过是一个极为感伤的爱情故事。大概就在这时候，他很坚决地把肯顿小姐送出了门，这个小插曲才总算告一段落。

其实，说起来，他阅读的那本书，里面讲述的确实是一个很伤感的浪漫故事，不过，在达灵顿府第，这一类书籍不仅图书室里有之，甚至还会摆放在一些宾客的卧室里。他之所以选择这类书籍，细心阅读，理由相当简单——无非是为了提高自己驾驭语言的能力。因为在他们这一代，在他们所从事的职业角色里，语言能力（一个人是否说一口标准的英语，是否具有高超的表词达意的水准）已然成了一种必备的学养；假如不是职业性的需要使然，他是不会在那些并非上乘的书籍上浪费光阴的。再说了，在那件事上，他根本就没什么可感到“丢脸”的，他要求肯顿小姐离开，只是由于他不习惯自己的隐私遭到侵犯——因为，任何一位矢志追求“具备与其职位相称的尊严”的男管家，都不会将个人的隐私暴露在他人面前，这是一个关乎“尊严”的重大的原则问题。

那天之后，他提醒自己，对肯顿小姐在那天晚上的那般感情用事的举止，应该有所警惕了，现在，他必须注意这样一个问题——他与肯顿小姐之间的关系正在逐渐发展成一种非职业性的不当的交情；经过了一番认真思考之后，他告诫自己：必须以一种更为优良的敬业精神为基础，重建他们之间职业性的往来关系。于是，在那之后没过多久，他借助一个可乘之机，不顾肯顿小姐所持的不同意见，毅然做出决定，彻底终止了他们晚间在肯顿小姐的起居室里品茶对饮的会面。

追溯往事，偶尔，他也会暗自思忖一番：倘若当年他不曾那般毅然决然对晚上他们的会面做出否定性的抉择，倘若在肯顿小姐不断建议恢复他们之间的那类会面时他的态度和缓一些，那么，事情的发展将会是什么样子？不过，随后他又会想，不管怎么说，无论如何，一切都已经于事无补了。每当他这样反复思忖时，他总能感觉到自己心里的阵阵郁闷。当下，停歇在泰勒先生家楼上的那间庇护所里，他想：自己的这种心境，不可能不与明天的那个令人牵挂的会晤有关——明天，如果当地的修车场能为他的车加上汽油，按计划，午餐时分，他就会抵达利特康顿了。这么多年之后，与肯顿小姐的再次会面，那将会是什么样的局面，会不会有亲切和热诚？不过，总而言之，他期待他们会面，除了根据当时的境况适当地随便交流一下意见之外，主要还是职业性的。既然肯顿小姐的婚姻已经不可救药地破裂了，家庭不复存在了，那么，出于职业职责，他需要断定：肯顿小姐是否有意重返她在达灵顿府第原来的工作岗位。

随后，他的思绪又回到了他那位好心的东道主身上。刚才，用过晚餐之后，泰勒先生的家里旋即来了几位邻居，因为他的“不幸遭遇”在村里已迅速传开了。那些邻居纷纷上门来对他的“不幸”深表遗憾，希望他能在“默斯克姆”好好过上一夜，并向他担保——明天一切都会好的，而且还说，像他这样的绅士出现在了“默斯克姆”，对他们而言实在是一种殊荣。在人们一句又一句的赞许中，他很快意识到：原来，他们根据他衣着的样式和言谈举止以及停在山坡上的那辆福特轿车，推断出他一定是一位与众不同的权贵人物。

在之后的交谈当中，那些人希望他能就什么是一个人特有的“尊严”启发他们一下，于是，他便就“尊严”的本质，大谈了一通什么样的素养最为有效地被称为“尊严”，赢得了围坐在桌子周围的听众发出了更大的赞许，欢声笑语不绝于耳。现在回想，他感到实在匪夷所思，当时，到底出于什么原因，他不但没有向那些人坦言自己真实的身份，而且还顺着人家的话头说出了一些不可思议的话——他在社会上所产生的任何影响，严格说来全都是出于“非官方”的职位；还不止于此，之后，他甚至还顺着听众的一个询问话头大谈了一通温斯顿·丘吉尔（Winston Churchill），说丘吉尔先生去过他们府第好几次，在那期间，他大部分时间被卷入在一些大事情里，丘吉尔先生在那时还不是什么显要的大人物；他不仅曾经与丘吉尔先生见过面，而且与许多伟大领袖和有影响力的伟人名流交往甚密。

唯一看穿了他的人是当地的医生卡利斯尔先生（Dr. Carlisle）。卡利斯尔医生是最后一个走进泰勒先生家门的，大家寒暄了几句之后，待卡利斯尔医生刚一在他桌子对面落座，立刻有人介绍说，这位绅士说他不仅认识丘吉尔先生，还认识哈利法克斯勋爵，而且，他在工作期间，曾参与处理过许多重大外交事务。“真的吗？”卡利斯尔医生用一双眼睛审视着他，紧紧盯视了一会儿，不过，未等他做出解释，又迅速转移了话题，帮他解除了困境，使他不再成为众目睽睽的关注焦点，之后，又在他抓住一个时机起身告辞时，帮他从众人的挽留中得以脱身，随后，很有礼节地送他出了门，并与他约定：明天早晨7点半，用车顺道搭他去他停车的地方，然后帮他去找汽油。

他终于得以逃避了那么令人深感窘迫的场面后，坐在泰勒先生家楼上的那间庇护所里，对自己在真实身份上欺骗了大家一事上颇感后悔，心里颇有些不是滋味，总是不那么舒服；不过想到自己倒是并没有造成任何实质性的伤害之后，便又觉得在这个问题上没有必要无休止地耿耿于怀。回想他们所谈论的其他话题：国际事务，民主政治，挑战特权，普通民众与政治的关系——着实值得深思一番。其中，特别是“尊严”问题——“尊严”不只属于绅士，普通民众也应当承担一定的责任，去思考重大的事件，并确立自己的观点；还有，“尊严”相对于整个民族，譬如相对于一个国家，它的定义是什么。突然，他想到了一个例证——在战前，1935年前后，他亲身经历的实例。

一天深夜，已过了午夜时分，他被铃声传唤到客厅，刚一露面，达灵顿勋爵从晚餐时分就在那里招待着的三位贵宾，突然停止了交谈，静默不语地盯视向他。之后，达灵顿勋爵告诉他，就他们一直争论不休的问题，宾客当中的斯潘瑟先生（Mr. Spencer）想问问他。坐在扶手椅里的斯潘瑟先生带着一脸倦意向他问道：当前世界贸易水平的低迷，是由于美国债务缠身呢，还是由于放弃了美元的金本位制度？这个问题着实令他大吃了一惊，束手无策，经过一番思考，最后，如实答道：实在抱歉，对这个问题，他没有能力回答。结果，引起了在场人的窃笑。接着，斯潘瑟先生又问了他另外两个相类的问题，他的回答依旧。斯潘瑟先生立即掉头转向了其他在场的几个人，与他们彼此发出了会意的笑声。原来，斯潘瑟先生是想要借助他在这样一些问题上的无知，证实一个观点：在一个自由社会里，普通民众要求享有民主的权利，然而他们所不具备的知识，无法使他们在民族重大决策问题上做出重要的决定。之后，斯潘瑟先生言之凿凿的一番阔论，在客厅里掀起了又一阵开怀纵情的大笑。

尽管这件事已经过去多年了，现在看来，他觉得，斯潘瑟先生的那番阔论，并不存在什么有损他“尊严”的问题。有一些问题（像斯潘瑟先生的那类问题）若是期望一个男管家就能给出精准的答案，那简直是胡来。任何一位男管家，其职责，在于提供优质的服务，而不是干涉国家大事。老实说，这类大事，也完完全全超越了他们这一类人的能力所及，对于他们来说，只需恪守本分，全神贯注于属于自己权属范畴的事情，全力以赴为那些呼风唤雨的绅士们提供尽可能出色的服务——因为文明世界的命运掌握在他们手中。尤其是，还须承认一个无法回避的事实：对于当今世界的重大事件，像他们这样的人，是永远都不可能到达的。最佳方针，就是信任他们明智而可敬的雇主，把全部精力奉献给他们所要履行的职责，力求尽可能地使自己的服务水准达到尽善尽美的境地。

现在，随着时间的流逝，无论怎样地显示了达灵顿勋爵生前的艰辛努力是被误导的甚至是愚蠢的，他都认为，当年他为达灵顿勋爵的服务却是“一流”的，即便达灵顿勋爵现今被认为误入了歧途，一生的辛劳和业绩在被人诟毁，那也不是他的错，他只不过是在恪守自己的职业“尊严”，恰如其分地将自己限定在职属范畴内的那些事务上，所做的任何服务，都是称职的，无憾的，无愧无悔的。

史蒂文斯继续驱车前行，很快驶入了康沃尔境内，在旅程的第四天下午，终于抵达了利特康顿。他在坐落于镇子广场一角的“玫瑰园”旅馆的餐厅里用了午餐，之后，坐在那里，透过宽大的玻璃窗，茫然注视着窗外。外面正在下雨，如注的雨水，急骤地泼洒在他停在外面的那辆福特轿车上。到目前为止，他还没有接到肯顿小姐是否乐于与他见面的任何信息。出发前，他曾在信中讲明了实情——他已在这家旅馆预订了房间，如果不能见面，请肯顿小姐在旅馆里留下信息；同时，他还在信中告诉肯顿小姐，他会在今天午后3点，在旅馆这里等候她。现在，离他与肯顿小姐计划中的见面时间大约还有一个小时，他只好坐在餐厅里消磨时间，一面凝视着窗外的倾盆大雨。

他想，总的说来，这一天，刚一开始的情况还是相当不错的。吃过早餐，卡利斯尔医生为他找来了一罐汽油，然后驾车，驶过那段险峻的蜿蜒小路，把他送到了他停放轿车的那个地方。他回想起，在卡利斯尔把车子驶到一条两旁长满了高大树木的狭窄小道上往上攀爬时，他们相互地打趣。当卡利斯尔询问他是否在给人当仆役时，他顿感如释重负，老老实实说明：自己目前供职于牛津附近的达灵顿府第，是那里的男管家。卡利斯尔笑着说，其实，自己昨天晚上在泰勒家就已经猜出他真实的身份了；他附言说，他无意欺骗任何人，那不是他的本意；卡利斯尔又笑了起来，表示十分理解，甚至非常清楚事情的来龙去脉，当地那些人对他这样的人少见多怪，本能地就把他看成了一位勋爵或公爵，说完，又是一阵开怀大笑。

卡利斯尔医生把车子停到他那辆福特轿车后面，协助他给车子加上了汽油，之后，他们便互相道了别。他沿着那条弯曲的山路继续前行，大约 9 点，驶入了康沃尔郡内，然后，又心情愉快地行驶了一上午。这场大雨，对他来说多少有点意外，因为早晨还是那么阳光明媚。现在，他坐在利特康顿这家旅馆的餐厅里，凝视着外面人行道上的雨水，思绪断断续续沿着肯顿小姐的这一思路徘徊，模糊回忆起在肯顿小姐姨妈去世数月之后的一天晚上发生的一件事。

那天晚上，年轻的卡迪纳尔先生不期而至，突然来到了达灵顿府第，说遇到了点小麻烦，希望能在府第里用膳过夜。在那个晚上之前的三四年，达灵顿勋爵多年的密友戴维·卡迪纳尔爵士已在一次骑马事故中不幸身亡，富于机智的年轻的卡迪纳尔先生已成了一位小有名气的专栏作家，专门评论国际事务，勋爵对那些专栏文章中的一些观点并不大赞赏，不过却从未忘记过自己是这位卡迪纳尔先生的教父。因为卡迪纳尔先生是府第里的常客，他把卡迪纳尔请进了家门，随后解释说：尽管有些不凑巧，晚餐之后有某些绅士要前来拜访勋爵，不过，他还是可以同达灵顿勋爵共进晚餐的。这样的安排，对卡迪纳尔来说好像很合适，卡迪纳尔说他正好有事要做，可能要忙一整晚。他把卡迪纳尔留在了客厅，然后去了图书室，去向勋爵做通报，却看到勋爵脸上掠过惊讶而又厌烦的神色，随后，苦思苦想了一阵，让他转告他的教子等上一小会儿。他返回客厅，发现卡迪纳尔有点坐立不安，正在那里踱来踱去。他传达了勋爵的口信后，卡迪纳尔当即询问他今晚的来宾是什么人？他道了一声对不起，表示在这个问题上自己无法回答。

随后，他去了肯顿小姐的起居室，通知肯顿小姐给卡迪纳尔先生准备当晚的房间。肯顿小姐回答说，在外出之前，会把这件事做好的。听到肯顿小姐说她要外出，他颇有些意外，肯顿小姐提醒他，早在半个月之前，就已经同他商量好了她今晚外出之事。他赶紧为自己的忘性道了声“对不起”，请求原谅。之后，在他转身要离开时，肯顿小姐叫住了他，说他有权知道实情，她今晚要见的人在向她求婚，那个人下个月就要到英格兰西部去工作了。他顺嘴向肯顿小姐表示了一声祝贺，便告辞了。20 分钟后，他又见到肯顿小姐，当时，他正在准备晚餐，肯顿小姐过来询问，是不是需要她留下来值班，协助他招待宾客，他表示厨房里的事不多，自己完全能够应付，并再一次表示了祝贺，衷心祝愿她度过一个愉快的夜晚。

那晚，在用餐过程中，他感觉到两位绅士——卡迪纳尔与勋爵之间的谈话气氛与以往有些不同，尤其是勋爵，看上去显得有些心不在焉。后来，在卡迪纳尔想弄清当晚的访客是不是很特别时，勋爵表示自己不能说什么，因为这是一件绝对保密的事。晚餐过后，他在客厅为迎接宾客做准备时，不可避免须不断经过吸烟室，注意到里面的两位绅士争论得十分激烈，勋爵高声喊叫起来，要卡迪纳尔不要过问，说这事与卡迪纳尔没任何关系。当他们走出来的时候，两位绅士看上去已经冷静下来了，他听到勋爵警告卡迪纳尔：现在你记好了，我的孩子，我信任你。

那晚的 8 点 30 分，客人们准时来了。庭院里传来了汽车的刹车声，他为司机拉开了大门，看到外面有几位警官分散在广场的不同位置上。紧接着，他将两位非常显贵的宾客迎进了大厅，勋爵与他们会了面，随后迅速将他们引进了客厅。10分钟后，他又为德国大使里宾特洛夫先生拉开了大门，那期间，里宾特洛夫先生已是达灵顿府第的常客了。几分钟之后，他被传唤去送茶点时，客厅里的四个人正在讨论不同品种的香肠特色。其后，他返回到客厅外面那个属于他的岗位上——凡在重要会议期间，他一向都是待在那里待命的。两个小时之后，他突然听到后门的铃响了，立即下楼来到后门，看到一位警官与肯顿小姐站在那里，执勤的警官要求他帮助核实要进门的肯顿小姐的身份。

他闩上大门后，注意到肯顿小姐在等着他，他礼貌地问候了一句，说相信她今晚一定过得很愉快。肯顿小姐谢过他，突然停住脚步问，他对她与今晚所见的那个人之间的事不感兴趣吗？他请肯顿小姐原谅，说他现在必须立即返回楼上的岗位，因为具有世界意义的重大事件正在府第里进行着。见他不得空闲，肯顿小姐只好简单说道：她已经接受了求婚，希望他能尽早地让她离开，她的朋友两个星期之内就要到西部去履职新的工作。他答应肯顿小姐，将尽全力尽早找到接替她的人，现在，他必须马上回到楼上去了。他开始移动脚步，被他留在身后的肯顿小姐像是有些忍不住了，追问他，对她的离开难道他就再没有什么其他的话可说吗？他再次重复了一遍：具有世界意义的重大事件正在楼上发生，他必须返回他的工作岗位，请肯顿小姐务必谅解。

他重新回到他在客厅外面的岗位上，在那里站了不到5分钟，图书室里的卡迪纳尔先生请他再去拿点白兰地来。他送酒进去的时候，卡迪纳尔坚持要他陪着坐一会儿，闲聊几句，目的是想弄清勋爵客厅里的贵宾是不是英国首相、外交秘书和德国大使。卡迪纳尔向他坦言：自己这天晚上突然来造访府第并非偶然，因为有人提供了秘密信息。他依然不肯向卡迪纳尔透露半点信息。卡迪纳尔纳闷：他是否知道当晚府第里发生的重大事件，难道就不好奇？他的回答是，自己只管好好服务，无权好奇。卡迪纳尔似乎不相信他真的那么忠诚——英国首相和德国大使被他的主人邀请到了一起，旨在秘密会谈，他要是关心勋爵，至少应该关注此事，有点好奇。他再一次为自己辩解：不管怎么说，他的地位，都不允许他存在好奇心理。沉默了一会儿，卡迪纳尔对他说：他担心尊贵的勋爵在国际政治舞台上被人捉弄了，希特勒在通过里宾特洛夫先生把勋爵当作马前卒来摆布。他做了一些调查，相信纳粹分子正在操纵勋爵，尊贵的勋爵是一位典型的英国老绅士，尽管曾与德国人战斗过，可对败敌表示宽宏大量和友好是勋爵的本能，那些家伙，便巧妙地利用了这一点，让原本善良而又崇高的东西变成这样，来为他们的邪恶目的服务。他甚至怀疑希特勒正在设法通过勋爵来安排他与英国首相和国王会面。卡迪纳尔的一番苦口婆心，也依然未能撼动他对勋爵的忠诚，他认为：勋爵除了为最崇高、最宏伟的事业鞠躬尽瘁之外，绝不会做其他任何有悖世界和平的事情。

听到客厅里传来的铃声，他立即起身告辞，离开了卡迪纳尔，来到烟雾弥漫的客厅。勋爵交代他去地窖拿一瓶特别优质的葡萄酒，使他不得不从肯顿小姐的起居室门前经过。在那样的夜晚，他的脚步声惊动了肯顿小姐，招致她站到了门口，想与他交谈，他匆匆对应了几句，急急忙忙沿着走廊继续往前走去。在他手中端着放酒的托盘往回走时，在昏暗中，在肯顿小姐的门外停了一下脚步，直觉地感觉到，在门的另一面，肯顿小姐在哭泣。现在回想，当时他呆呆地站在那里，很想敲门进去看看，肯顿小姐是不是在哭泣；不过，他在那里只迟疑了几秒钟的光景，因为当时他正身负重任，不能有任何不适当的延迟，必须尽快赶回楼上去为那几位最显赫的绅士服务。

在旅程的第六天，史蒂文斯悠闲自在地漫步在韦茅斯城（Weymouth）。多年来，这座海滨城市一直是他想造访的地方。西蒙丝夫人在《英格兰奇景》一书里，称它是“一个能连续多天给访客带来快乐的城市”，还专门提到，它最值得特别推荐的，是傍晚时分，码头被各种色彩的灯光照亮时，最值得人们前往。眼下，他已坐在码头那里的一张长椅上，等待着整个码头被点亮的那一时刻的到来。此时此刻，韦茅斯城的码头上人头攒动，熙熙攘攘，在他的身后，那些杂乱的脚步踩踏着地面的木板条发出的响动声，始终都不得间断。

他是昨天下午抵达这座城市的，决定再逗留一夜。自从他在利特康顿“玫瑰园”旅馆见过肯顿小姐之后，已经过去整整两天了。他与肯顿小姐在旅馆的茶室里谈了两个多小时，当时，雨还在下着，持续不断地泼洒在窗外的广场上。由于下雨的缘故，茶室里的光线昏暗，已经苍老了很多的肯顿小姐，看上去依然身材苗条，姿态一如既往地笔挺。在后来的交谈当中，他才进一步注意到了岁月的流逝在肯顿小姐身上造成的一些变化。他们花了些时间回忆过去他们共同熟悉的不同人物。在刚开始交谈的那几分钟里，他们之间如同陌生人，彬彬有礼，直到唤回了20多年前他们之间谈话的那种格调和习惯，那多少有些尴尬的局面才荡然无存。

也就在这个时候，他对肯顿小姐目前的状况才有了一些真正的了解：她在信中谈到的离家出走之事已经解决了；她的婚姻并不像她信中让人推测的那么糟糕，现在，她又回家了，丈夫本先生对她的归来非常高兴。接着，肯顿小姐微笑着，又泛泛谈论了一些她的家事：丈夫本先生很快就要退休了，他们的女儿已经结婚了，就要生孩子了。他想，这些事情原本与他毫无瓜葛，要不是纯粹出于有关达灵顿府第的人员安排的重要原因，他做梦也不会过问这类事情的。

在那之后不久，他们的谈话偶尔也涉及了达灵顿勋爵和年轻的卡迪纳尔先生，他不得不告诉肯顿小姐，卡迪纳尔先生在战争期间阵亡于比利时之事。之后，出于对肯顿小姐免不了要探问报纸上曾大量报道过的一件往事（达灵顿勋爵那桩不成功的反诽谤的诉讼案）的担心，他尽量不再涉及有关勋爵的话题，不大情愿被搅和到这事里去，却经不住肯顿小姐进一步的探问，最终还是不得不对她道出了他的想法：实际情况是，在整个战争期间，有关对尊贵的勋爵的一些报道实在骇人听闻，特别是那家报纸。当国家还处于危难之中时，尊贵的勋爵忍受了一切责骂，然而战争结束了，那些含沙射影的攻击还在继续，尊贵的勋爵认为没有理由再继续沉默下去了，而且信以为真地认为自己将会讨回公道，获得正义，结果却反而让那家报纸增大了发行量，尊贵的勋爵的好名声却永远地被毁灭了。在那之后，尊贵的勋爵病倒了，府第里也再无往日的人气，安静得门可罗雀了，他仍然在客厅里侍候勋爵喝茶……那时那刻的一切，实在令人悲伤不已。之后，他对肯顿小姐说道：不要再议论这事了。不过，他相信肯顿小姐一定还记得在达灵顿府第里举办的那些盛大聚会，里面挤满了显赫绅士、伟人、名流的时光，今天，尊贵的勋爵应该以这样的方式被人缅怀。

总之，现在回想起来，他们在那茶室里度过的两个小时是相当令人愉快的。最后，他得知肯顿小姐要冒雨到不远处的公共汽车站去之后，他坚持开车把肯顿小姐送到了那里。一路上，他们谈话的大部分时间都是沉浸在欢乐的回忆之中的，他们毕竟是老朋友了。最后，在候车亭里，他鼓起勇气向肯顿小姐问了一个一段时间以来一直困扰着他的问题——他想知道肯顿小姐的婚姻是不是很不幸福，是什么让她感到不幸福，因为这事一直令他无法安宁。肯顿小姐深受感动，让他放心：丈夫本不是一个残暴或脾气暴躁的男人，从未虐待过她。现在，她还是爱丈夫本的，至今她离开过本已有三次了，自己也不清楚是为什么；最初的很长一段时间里，她都不爱本，当初她离开达灵顿府第去结婚，现在，她确信，只是为了让他生气而耍的一个伎俩；婚后有很长一段时间，她都很不开心，不相信自己已经嫁给了本，非常痛苦。一年一年过去了，战争爆发了，女儿也长大了，她渐渐习惯了，终于意识到自己还是爱本的，本是一个善良可靠的男人。现在，回想起她对生活犯下的那些错误：她曾构想过一种截然不同的生活，一种与他在一起的那种美好生活，所以婚后才会借一些微不足道的事大发雷霆离家出走，而每次出走之后，她又会认识到，自己的位置是和丈夫捆绑在一起的，因为时光不能逆转。

肯顿小姐的一番倾诉，令他整颗心都碎了。但不一会儿，他微笑着对肯顿小姐说道：正如她所言，让时光逆转已经太迟了。老实说，如果他们二人之间的关系是她和她丈夫不幸福的原因，他会很不安的。他们每一个人，都应当对他们所做过的，目前所拥有的，感到心满意足。他希望肯顿小姐和丈夫本在今后的岁月里过得更美好，不能再让什么愚蠢的想法妨碍她的幸福了。看到有巴士进站了，他走出候车亭，招了招手，在巴士停下来的那一刻，他看向肯顿小姐，发现她眼里装满了泪水。他微笑着与肯顿小姐道了别：希望她务必倾己所能与丈夫在今后的岁月里过得好一些，也许他们再也不会见面了，请她一定要认真采纳他的意见。

韦茅斯城码头上的灯已经点亮了，白日的光还没有完全退尽。半小时内聚集到码头上来的所有的人，似乎都在期盼着夜幕的降临，他推想，这恰好证明了刚才坐在长椅子上他身旁的那个男人的观点。在他与那个男人的交谈当中，那男人声称：傍晚是一天中最好的时段，也是许多人最期盼的时光。他由于一直沉湎于回顾两天前与肯顿小姐的那次会面，没有注意到那个男人什么时候坐到他身旁的，直到那个男人开口说话，他才抬起头来，看到一个体态健硕的男人，大概有 60 多岁，穿着一件相当陈旧的斜纹软呢夹克。那个男人目视着落日，谈论着自己的身体状况，身上的各种病症，偶然提到三年前没退休之前，他曾是附近一所宅邸的男管家。基于此，他便对那个男人公开了自己的身份，谈到了那个男人早有耳闻的达灵顿府第。

那个男人是一个令人愉快的人，他向那个男人传授了一些在操办他们以前经常碰到的那类宏大场面时所涉及的职业“技能”，谈论了一番达灵顿府第的往昔。看到那个男人似乎对他所谈到的一切都十分感兴趣，之后，他又谈到了他现在的新雇主法拉戴先生和达灵顿府第，说，而今，府第里面的情况已经大不相同了。自从美国绅士法拉戴先生成为府第的新主人以后，他非常努力地向法拉戴先生提供他希望新雇主能享受的那类服务，试了又试，可无论他怎么做，都发现他永远无法达到他曾给自己制定的那些标准，他的工作出现了越来越多的差错，尽管都是些小差错，可毕竟是他从前绝不会出现的那类差错，他想，这像是意味着，他已经把自己所能给予的一切，都已奉献给了达灵顿勋爵了。

那个男人劝慰他，说他没有必要如此爱恋着已经死去 3 年的一位什么勋爵。他告诉那个男人：达灵顿勋爵可不是什么坏人，绝对不是，至少勋爵在生命结束时，有权说自己只是犯了些错误。勋爵是一个勇敢的人，在生活中选择了一条特定的道路，这条道路后来被证实是误入了歧途——至少勋爵是这样坦言的，那是勋爵的选择。他信赖勋爵，信赖尊贵的勋爵的智慧，在他侍奉勋爵的全部岁月里，他坚信自己一直在做着某种有价值的事情。

那个男人劝说了他一阵：不要总是往后看，总是回忆过去，那注定会令人沮丧。如今，他没法使自己把工作干得像过去那般出色，这也没什么，人都是要有这么个过程的。他觉得那个男人的规劝也许是对的。那个男人还感叹了一番：说起来，他们两个其实都已不再年轻，但必须保持向前看，必须学会自己找乐子。傍晚是一天中最好的部分，你已经做了一天的工作，现在你能够躺下来休息休息了，任何一个人，都会告诉你，傍晚是一天中最美好的部分。

现在，那个男人离开他已经有 20 分钟了，他继续坐在那张长椅子上默默思考，那个男人的忠告颇有些道理，对很多人来说，傍晚是一天中最能够享受的时光，他应当终止过多地回顾过去，以积极的姿态，尽量愉快地度过他生命中残余的时光。倘若总是永无休止地回忆过去，责备自己，能获得什么好处呢？很显然，对他们这样的人来说，残酷的现实是，他们别无选择，只能将命运交给那些身处于这个世界轴心的而且雇佣他们为之服务的伟大绅士。无论是对还是错，至少他们竭尽所能做出了自己微不足道的贡献，这本身就足够他们骄傲和满足了。

他坐在那里，望着眼前晃动着的一群群欢声笑语、在码头上到处溜达的老老少少男男女女，尤其是聚集在他身后的那一伙结伴共度良宵的陌生人。他颇感好奇，他们纵情调侃，竟然如此迅速地在彼此之间架起温馨的桥梁，实在令人难以理解。他用心谛听着那些陌生人之间热情的交谈，彼此打趣，接二连三的斗嘴，找乐子，交换着一个又一个俏皮话。现在想来，他终于意识到，在某种程度上，他已然成了一个令人扫兴的人，所以，他必须以更大的热情来全面考虑调侃打趣这种事了。当他回达灵顿府第时，法拉戴先生再过一个星期就回来了，他要以新的努力来提高他的调侃打趣技巧，他希望，在他的主人回来的时候，他能够给法拉戴先生一个大惊喜。

作者生平与创作生涯

石黑一雄于 1954 年 11 月 8 日出生在日本长崎（Nagasaki）一个中产阶级家庭，后随父母移居英国。他父亲是一位海洋学家，1960 年，因受雇于英国政府部门举家移居伦敦。他在英格兰东南部历史名郡萨里的一所文理男子学校，完成了中学学业后，到皇家行宫巴尔莫勒尔庄园当了一名猎手，为皇太后打松鸡。其后，他又就读于英格兰东南部的肯特大学，学习英语和哲学。毕业之后，他在伦敦做了两年社会工作，帮助无家可归的流浪汉。随后，由于突发奇想，他想要成为一名作家，便进入东英吉利大学学习创作，修习了由英国小说家和评论家马尔科姆·布拉德伯里[1]（Malcolm Bradbury，1932—2000）主持的创意写作课程，并在那里遇到了著名女作家安吉拉·卡特[2]（Angela Carter，1940—1992），1980 年毕业之后，

1 马尔科姆·布拉德伯里（Malcolm Bradbury，1932—2000）：英国著名小说家、批评家和学者，曾在东英吉利大学创建了闻名遐迩的创意写作课程，学生包括布克奖得主伊恩·麦克尤恩（Ian McEwan，1948—　）与石黑一雄（Kazuo Ishiguro，1954—　）和安妮·恩莱特（Anne Enright，1962—　）。2000年，他获得了英国女王伊丽莎白二世（Queen Elizabeth II，1926—　）册封的下级勋位爵士（Knight Bachelor）。

2 安吉拉·卡特（Angela Carter，1940—1992）：曾是当代英国文坛最活跃的小说家之一，颇具独创性，写作风格混杂了魔幻现实主义、歌德式、女性主义，曾获得多项文学奖项；最著名的作品是短篇小说集《血窟》（The Bloody Chamber and Other Stories，1979）和长篇小说《马戏团之夜》（Nights at the Circus，1984）；曾在英美多所大学里任教，教授写作，在东英吉利大学任教期间，1989年的布克奖得主石黑一雄（Kazuo Ishiguro，1954—　）受教于她。

他获得了东英吉利大学的文学硕士学位。

他最初的文学创作，以短篇小说见长，有三部短篇小说发表在1981年出版的《青年作家介绍之七》(Introductions 7)当中。从1982年(28岁)起，他正式成为一名专职作家，同年发表了他的第一部长篇小说《远山淡影》(A Pale View of Hills)，用回忆的笔法，讲述了战后移居英国的长崎原子弹爆炸后的幸存者日本女子悦子(Etsuko)重返日本的故事，出版之后，在英国文坛上引起轰动，获得了英国皇家文学院颁发的温尼弗雷德·霍尔比纪念奖，他因而一举成名。

之后，他陆续出版了长篇小说:《浮世画家》(An Artist of the Floating World，1986)、《长日留痕》(The Remains of the Day，1989)、《无可慰藉》(The Unconsoled，1995)、《我辈孤雏》(When We Were Orphans，2000)、《别让我走》(Never Let Me Go，2005)、《被掩埋的巨人》(The Buried Giant，2015)。

其中，《浮世画家》，讲述了一个纠缠在艺术与政治之间，野心与诚实之间，以及过去与现在之间的动人故事。出版之后，获得了英国及爱尔兰图书协会颁发的惠特布莱德年度图书奖，入围了布克奖决赛名单。

《长日留痕》视角独特，聚焦于颇具英国社会和文化特征的“男管家”这类人物形象，巧妙借助英国贵族老管家史蒂文斯(Stevens)这样一位人物的回忆，重新构建、反思消失的过去，浸透了英国文化精神，具有强烈的历史纵深感，展现了第二次世界大战前后，英国社会的变化，社会风俗和道德观念的变迁，既对个人心理进行了令人折服的分析与深究，亦细致入微地描绘了败落的社会秩序，在冷峻、沉着的行文中，隐含着现实的荒诞，精彩展现了一位“尽善尽美”信徒的内心世界——那种在今天看起来已过时的传统的忠诚主义和自我负责的纪律感，以极度压抑私人情感的心态，完全无视外部世界的变化，努力维系着自己的文化信念，且信守不渝。

小说出版之后，立即成了国际热销小说，好评如潮，因其以消遣性的喜剧手法妙不可言地对人性、社会等级及文化进行了异常深刻和催人泪下的探究，问鼎了第21届英语文学界最有影响力的布克奖。他也因此成了文坛“双冠王”，成为第二位同时握有英国两项最高文学奖——布克奖和惠特布莱德小说奖的作家。1993年，这部小说被英国唯美派电影公司莫谦特－艾佛利摄制组(Merchant Ivory Production)拍摄成了影片，上映之后，大受欢迎，并被美国影评界列为年度十大佳片之一。

《无可慰藉》，长达500多页，表现出了他向“国际化小说”转向的态势，勾勒出的是一幅自我封闭与空虚的人类幻象，出版之后，获得了英国的切尔滕纳姆文学艺术奖，并入围了惠特布莱德小说奖决赛名单。

《我辈孤雏》，描绘了国际移民一种身份缺失的不可弥补的悲剧性，以第一人称叙述，描写了一些第二次世界大战以前生活在中国上海租界里的外国孩子的命运，出版之后，入围了布克奖决赛名单和惠特布莱德小说奖决赛名单。

《别让我走》，故事借由担任“捐赠人”看护的凯西(Kathy)的眼光，描写了一群克隆人的生活和他们作为器官供体的悲惨命运，探讨了人类的生命、死亡与认同问题。出版之后，立即引起文坛的瞩目，入围了布克奖决赛名单，并在2006年入围了英联邦作家奖亚欧地区最佳图书奖、英国图书年度作家奖和英国最古老的文学奖——詹姆斯·泰特·布莱克纪念奖决赛名单。

石黑一雄被认为是继承了简·奥斯丁（Jane Austin）以来的英国现实主义文学传统的一位作家，作品不凭感官刺激，没有性描写，没有暴力，也没有夸张的情节，善于通过一个个回忆的片段，透过历史、人物关系的层次感及所折射的时代背景，把过去和现在联系起来，主人公的命运被回忆所改变。

在英国文坛上，他是与维迪雅达尔·奈保尔（Vidiadhar Naipaul，1932—　）齐名的英国当代移民作家的代表人物，与维迪雅达尔·奈保尔、萨尔曼·拉什迪（Salman Rushdie，1947—　）并称"英国移民文学三雄"。他的作品，善于把生活琐事与政治、个人与社会融合在一起；擅长运用社会议题作为小说创作题材，简约轻淡、沉稳内敛的文字，却力透纸背，令人低徊不已。

他的文学成就，为他赢得了众多荣誉，他是英国皇家文学院院士；曾分别被肯特大学和东英吉利大学授予荣誉博士头衔；1995 年，由于他在文学上的成就，他获得由英国政府颁发的不列颠帝国官佐勋章（OBE）；1998 年，他荣获法国文化部颁授的骑士勋位级的"法国艺术及文学勋章"；2017 年，他因"凭借充满强烈情感的小说，揭开了我们与世界连为一体的幻觉之下的深渊"获得了诺贝尔文学奖。

石黑一雄在以小说创作赢得盛名之余，也从事剧本创作，他为英国电视台四频道创作了两部电视剧本，其中《亚瑟·J. 麦森的传略》（A Profile of Arthur J.Mason）在 1984 年播出；《美食者》（The Gourmet）在 1986 年播出。2003 年，由他编剧的加拿大电影《世界上最悲伤的音乐》（The Saddest Music in the World）是一部关于欲求、爱恋，还有啤酒的黑色寓言，一部以美国经济大恐慌时期为背景的讽刺喜剧，故事里的每一个人，从自己的角度看，都觉得自己是最悲伤的；其实，最悲伤的人是发现自己连悲伤也没有的人。

目前，石黑一雄与妻子劳娜·安妮·麦德高（Lorna Anne MacDougall）和女儿内奥米（Naomi）生活在英国伦敦。

主要参考资料：

The Remains of the Day, by Kazuo Ishiguro, Publisher: Faber and Faber, 1999.

The Oxford companion to English literature, edited by Margaret Drabble, Oxford University, 2006.

1990年 | 第22届

023 占有 [英] 安东尼娅·苏珊·拜厄特

Possession: A Romance by Antonia Susan Byatt

◎原著共 28 章，以悬念丛生的侦探小说笔法，抽丝剥茧，从容地将历史融于现代生活，讲述了两位年轻学者——文学博士罗兰·米契尔（Roland Michell）和文学教授莫德·贝利（Maud Bailey）为研究维多利亚时代的两位诗人结伴而行，扣人心弦的学术考古的历险故事。

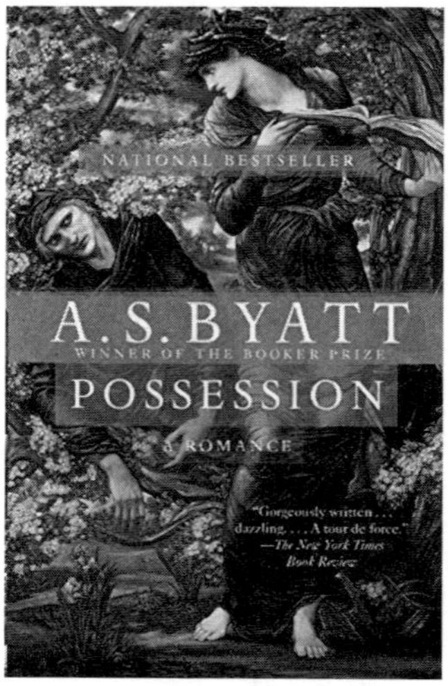

英文原版封面

安东尼娅·苏珊·拜厄特
（Antonia Susan Byatt，1936— ）

安东尼娅·苏珊·拜厄特集学者、批评家、小说家于一身，在当代英国素有“文坛才女”之称。

有评论认为，其小说作品常被称为理念小说，富有想象力和智慧，对艺术、社会、人生都有着自己独到的思考和见解，在语言、文化、历史诸方面均有良好的修养和深厚的功底。

《占有》（Possession：A Romance）出版之后，引起巨大轰动，风靡一时，好评如潮，被认为是“一部完美的作品，从头到尾都是大师手笔”，是“一个时代最激荡心灵的作品”，把她推向当代英国文坛中心，成了当代英国文坛上一位炙手可热的风云人物，并在世界文坛上日益引起注意。因其**娴熟而又独特的创作手法和叙述技巧，一部讲述学术生活的小说却浓缩了整个人类经验的漫长历史**，问鼎了第 22 届英语文学界最有影响力的布克奖，还在当年获得了《爱尔兰时报》主办的国际小说奖，并在 1991 年，再获英联邦作家奖亚欧地区最佳图书奖；2002 年，美国电影公司将其改编成同名电影剧本，搬上了银幕。

那是 1986 年 9 月的一天，上午 10 点钟，罗兰·米契尔占据了伦敦图书馆里他最钟爱的一张单人小桌，那张小桌隐身在一根四角方柱后面，不过，罗兰仍然可以清清楚楚看到壁炉上方的整个挂钟。他右边是一扇阳光正烈的窗户，透过窗户，能看到圣詹姆斯广场（St. James's Square）上的浓浓绿叶。这家图书馆是罗兰特别喜爱的地方，尽管失修，却是文明所在，有生动的历史，是现在活着的诗人和思想家们创作的根据地，他们蹲在摆满书架的金属接缝的地板上或楼梯拐角处，愉快地辩论着什么。这里，卡莱尔[1]（Carlyle）曾经来过，乔治·艾略特（George Eliot）曾经走动过，伦道夫·亨利·阿什（Randolph Henry Ash）也来过……

新近，罗兰还意外发现：这里竟藏有阿什所拥有的维科[2]（Vico）的《新科学原理》（Principj di Scienza Nuova）副本。阿什的藏书，大部分都令人遗憾地散落在欧洲和美洲，收藏最丰的，当属美国新墨西哥州（New Mexic）罗伯特·戴尔·欧文大学里的斯坦特藏馆，在那里，莫蒂默·克罗珀尔（Mortimer Cropper）编纂了他那具有里程碑意义的《伦道夫·亨利·阿什通信全集》（Complete Correspondence of Randolph Henry Ash）。阿什在他所拥有的维科作品上面作的旁注，很可能甚至连不屈不挠的克罗珀尔都错过了。

这本书厚厚的、黑乎乎的，上面布满灰尘，硬书皮已弯曲开裂；显然，当初它曾被恶使过。书背装订处的书皮已脱落，像是书页中夹着一个鼓鼓的书签。一条脏兮兮的白带子一圈圈地绕在书上，末端还打了个漂亮的蝴蝶结。它是从上着锁的 5 号保险柜里被找出来的，平时，就放在《普里阿普斯[3]的鬼把戏》（Pranks of Priapus）与《希腊式爱情》（The Grecian Way of Love）两书之间。罗兰原本是为了来寻求阿什

---

1 卡莱尔（Carlyle，1795—1881）：英国散文家、历史家，著有《法国革命》（The French Revolution，1837）、《论英雄与英雄崇拜》（Heroes and Hero Worship，1841）等，其基本思想是：世界上一切现象都是“神圣的理念”的体现，伟人之所以伟大是因为他意识到了“神圣的理念”。

2 维科：即乔瓦尼·巴蒂斯塔·维科（Giovanni Battista Vico，1668—1744），意大利杰出的历史哲学家，社会学家，历史循环论的主要代表。1725年发表的《论民族共同性的新科学原理》是最早的历史哲学著作。

3 普里阿普斯（Priapus）：神话中的生殖之神，是勃起的阴茎的象征，也是牧羊、酿酒、果园种植和捕鱼的保护神；埃及神话中贼神墨丘利（Mercury）和爱神阿多尼斯（Adonis）之子；希腊神话中酒神狄俄倪索斯（Dionysus）和爱神阿佛洛狄忒（Aphrodite）之子。他的神像是一个大胡子男人，身穿长衣，胸前挂着果子，多见于果树园或葡萄园。

的《普洛塞庇娜[1]的花园》(Garden of Proserpina) 一诗的原始资料的，然而，阅读那些阿什曾经读过、手指曾经触摸过、双眼曾经审视过的语句，实在是一件十分愉快的事情。非常明显，这本书已经很长时间没被人打搅了，更甚至于，也许自打它被存入这里之后就一直在休眠。

那位图书馆员拿了一块格子花布掸去了上面的积尘。罗兰打开那书，看到里面布满锈褐色的字迹，极度兴奋且震惊地辨认出了上面的手迹，这些写在书单和信件后面的文字，显然是阿什的注释。图书馆员看了看说，它们看起来好像没人碰过。罗兰问，他着手研究书上的这些简短的笔记是否合乎图书馆的规矩。他送上了他的证件，他是詹姆斯·布拉凯德（James Blackadder）教授的兼职的研究助手，自 1951 年以来，伦敦大学的布拉凯德教授就一直在编辑《阿什作品全集》(Ash's Complete Works)。

返回来的图书馆员告诉罗兰，他可以查阅那本书，他得到了许可。之后，他很随意地干起自己的事儿，翻前翻后地阅读，一会儿找《普洛塞庇娜的花园》，一会儿读读阿什的注释。读注释实在很不容易，因为阿什用了不同的语言写下这些注释，而阿什写注释时，又把字体写得碎碎小小的，看起来有点像是印刷体。比起阿什的题诗或是书信中的那种大方典雅的字体，真是难以令人相信，两种字体居然来自同一个人。他找到了相关的段落，阿什的"普洛塞庇娜"一度被认为是针对维多利亚时代质疑宗教的反思，是对复活神话的思索；布拉凯德教授却认为，在阿什心中，"普洛塞庇娜"代表的是早期神话时代历史的化身。

罗兰一边翻着书，一边就着译本，对照阿什的文字做着笔记，他敢确定，绝对没有人知道书里夹着的这些东西。这件事他恐怕得跟布拉凯德教授说一声，教授一定会想了解他挖掘出来的这些东西的重要性，并确定一贯费尽心思的克罗珀尔是不是当真没碰过。罗兰心里琢磨着：布拉凯德教授一定又会是那种既得意又不屑的样子。罗兰十分高兴这东西没有像阿什的其他藏书一样，被拐弄到遥远的异国他乡去；不过，这一次，他并不想把它告诉布拉凯德——他喜欢将知识占为己有。

阿什的《普洛塞庇娜的花园》一诗，位于那本书的 288 页和 289 页之间，让罗兰更没有想到的是，他忽然在第 300 页上看到了夹着的两张对折起来的完整稿纸。罗兰小心翼翼将其展开之后，认出两张稿纸上满满的都是阿什的字体，是阿什用行书体写下的两封书信，每封信函上都有阿什本人的地址和日期，但年份不详，信函末尾都没有签名，信函的开头都是"亲爱的女士"……其中，简短一些的那一封，前两句话是"自从我们那一次不寻常的谈话之后，我再无法移心思虑其他任何事情。对于身为诗人的我来说，这种感觉简直绝无仅有……"罗兰忽然兴奋地意识到：这是阿什情书的草稿！另一封草稿要长一些。顿时，正经严肃且有家室的阿什的这些写给一位身份不明的女士的文字，令罗兰深感震撼，他的学术本能使他意识到这一发现所蕴含着的宝贵机会。

那位女士会是谁呢？信函上没有年份，罗兰毫无头绪，而且感到不可思议。阿什提到他与那位女士是在克拉布·罗宾森[2](Crabb Robinson) 家举行的早餐会上不期而遇的，根据其中的一些细节，罗

---

1 普洛塞庇娜（Proserpina）：希腊神话中冥界的王后，主神宙斯（Zeus）与妹妹谷物及丰收女神得墨忒尔（Demeter）所生的女儿，年轻貌美，后被冥王哈迪斯（Hades）抢到冥界，成了冥后，成了统治冥界广阔疆土的黑暗女王。

2 克拉布·罗宾森（Crabb Robinson，1777—1867）：英国作家，以日记和书信的写作著称，是威廉·华兹沃斯（William Wordsworth，1770—1850）、塞缪尔·泰勒·柯勒律治（Samuel Taylor Coleridge，1772—1834）等人的朋友。

兰推测：这封书信应当是在阿什 1856 年出版的戏剧诗集《神、人和英雄》（Gods, Men and Heroes）之后写的。此前，罗兰一直以为自己很了解大诗人阿什——维多利亚时代的杰出诗人阿什，生前始终过着恬静的生活，结婚 40 年，一向都是一个模范丈夫，留下的大量书信，语气和口吻一向非常沉稳，彬彬有礼——他之所以喜欢阿什，恰恰就因为这一点；而在这两封书信草稿中，阿什竟出人意表地表现出一种罕见的活力，且畅所欲言。罗兰反复捧读着那两封书信的文稿，感到一阵妙不可言的冲动。突然间，他想自己绝对不能把这些活生生的文字重新放回《新科学原理》的第 300 页当中去，然后归还到 5 号保险柜那儿。他仿佛中了什么魔，巡视了一下四周，看到没有人注意自己，便偷偷把那两封信函文稿塞进自己向来随身携带的牛津版《阿什文选》里，随后，他一如往常地走出了图书馆。他要查出收信人的身份，追它个水落石出。

1986 年，罗兰・米契尔 29 岁。1985 年，他在詹姆斯・布拉凯德教授指导下完成了对阿什的诗篇进行考证的一篇研究论文，获得了博士学位。眼下，在布拉凯德教授成立的“阿什工厂”（Ash Factory）里做兼职。“阿什工厂”运营的资金来源于两方面：伦敦大学和位于阿尔伯克基的纽瑟姆基金会，莫蒂默・克罗珀尔是那家基金会的理事。表面上看，布拉凯德与克罗珀尔二人因为“阿什”这一使命合作得像是十分融洽，其实不然。布拉凯德确信：克罗珀尔一直企图把那些存放在英国图书馆而所有权不属于馆方的阿什文稿弄到他自己手里，为了谋取文稿所有者的信赖和好感，他施展出了种种手段。长期以来，出生于苏格兰的布拉凯德始终坚信：那些英国人的作品应当留在英国，由英国人来研究。

布拉凯德主持的“阿什工厂”——阿什研究中心，位于大英博物馆下层的地下室。罗兰是他临时雇用的一位助手。罗兰的父亲是郡议会的一名小小官员，母亲是一位失意的英文系毕业生，很喜欢诗人阿什的一些作品，因而阿什陪伴了罗兰的成长，后来又使罗兰成了阿什的研究者。不过，罗兰现在说起来应算是一个失业者，眼下的日子很难熬，一边打零工做家庭教师，一边替布拉凯德打杂和到一些餐馆洗碗盘，以此来维持生计，日子过得入不敷出，需要依靠女友瓦尔（Val）的收入来填补。瓦尔是罗兰 18 岁那年在新生茶话会上认识的，是他大学期间第一个与他在社交场合私底下交谈的人，结识后，就再也没有分开过。罗兰一直很喜欢瓦尔极度与世无争的安静模样，和他如影随形。他们选修同样的课程，参加同样的社团，同样的研讨会，一起看电影，一起享受男女之欢。相识的第二年，他们就搬进位于普特尼（Putney）的一栋摇摇欲坠的公寓的地下室同居了。他们那位 80 多岁的房东太太，欧文夫人（Mrs. Irving）和多得数不清的猫咪一起住在那间阴暗潮湿的地下室上头的三层公寓里。

罗兰之所能以第一名的成绩毕业，他觉得其中一部分要归功于瓦尔。瓦尔一心一意盼望罗兰能出头，鼓励他尽量表达自己的想法，然后，她再提出自己的论点，结果，在完成必修课的论文时，他们有关阿什的论文，他拿到了好成绩，瓦尔的成绩却很差。在他的 DES（教育与科学部）的奖学金用完了的时候，瓦尔还肩负起了他们两人的生计，他才得以完成了他的博士学业。瓦尔因为受不了专业工作的压力，放弃了有关阿什的研究，改了行，在家里接了一些学术论文的打字工作，白天在外面做各式各样的临时雇员，在市政府上过班，也在教学医院、船运公司以及艺廊里上过班。他们过着缩衣节食的日子，两个人几乎从来没吵过架。不过，如今，瓦尔的话明显变得越来越少，即使说话，表达的也是他的观点，有时，看起来好像是另外一种说法，其实基本上还是他的意见。

那天晚上，罗兰一回到家，闻了闻房间里面的气味，就感到对他一向体贴的瓦尔的心情不好。整个房间里充满了呛人的炒洋葱的气味，瓦尔对他有些爱理不理，甚至都没抬头多看上他一眼。用晚餐的时候，罗兰想同瓦尔谈谈他今天在图书馆里的惊人发现，瓦尔心不在焉，而且心情极糟，问起他们什么时候才能离开这个“鬼地方”？他推断，一定是发生了什么事才弄得瓦尔如此发脾气、闹别扭。吃过晚饭之后，为了能让瓦尔放松下来，罗兰轻轻抚弄着瓦尔的颈背，不一会儿，两人便移到床上去了。罗兰没有告诉瓦尔，而且也不能告诉瓦尔，自己在图书馆偷窃的秘密。那天，到了深夜，在浴室里，他把阿什的那两封信函再次看了一遍。“亲爱的女士，自从我们那一次不寻常的谈话之后……”两封始终尘封着的信函深深困扰着罗兰：会是谁呢？他必须想办法找出来。

第二天，罗兰很早就出门了，当时，瓦尔正在专心致志地涂抹着她那张工作日的面容。罗兰骑着自行车，沿着伦敦泰晤士河岸（River Thames），前往布卢姆斯伯里区[1]（Bloomsbury），来到他曾经就读过的学院。他在这座熟悉的学院里没有办公室，不过由于他兼任着几小时的课，总有个容许他使用的地方。他利用复印机，把那两封信复印出来之后，他很诚实，在系里的笔记本电脑上，记下了他这次复印的欠费。现在，他手边有了一份清晰的复印件，可他却不想把原件悄悄送还伦敦图书馆维科的书中，他不想那么做，他觉得它们是他的。

随后，罗兰去了威廉斯博士的图书馆，因为这里藏有克拉布·罗宾森的日记——阿什信函上提到他和那位女士是在克拉布·罗宾森家举行的早餐会上意外相识的。罗兰以他昔日导师布拉凯德教授的名义，借阅到了克拉布的那些日记文稿，把自己一个上午的时间全部贡献给了克拉布的日记文稿。为了理解一个人，什么蛛丝马迹都要掌握。他从 1856 年的日记开始读起，因为在那一年，阿什出版了他的戏剧诗集《神、人和英雄》。最后，通过不厌其烦地阅读，罗兰终于在 1858 年 6 月的日记里看到了他所寻找的目标——克拉布家里的那次早餐聚会。在克拉布宴请来的众宾客当中，包括巴杰特（Bagehot）、阿什、杰姆逊夫人（Mrs. Jameson）、斯皮尔教授（Professor Spear）、拉莫特小姐（Miss LaMotte）以及格娄弗小姐（Miss Glover）。当时，拉莫特小姐的朋友格娄弗小姐比较沉默寡言，阿什是个相当活跃的与会客人，样子非常可爱的拉莫特小姐也谈论得兴致勃勃——罗兰推测，阿什信中“亲爱的女士”应该是那位拉莫特小姐。

午后，罗兰来到大英博物馆，从阅览室的铁梯那里下到了窝在博物馆底层的“阿什工厂”，来找布拉凯德。布拉凯德现年 54 岁，在家庭的影响下从事起了研究、编辑阿什作品全集的工作，头脑里装的全是阿什的身影，有时甚至觉得自己只是一个附属品——自己的思路、所有的思想，完全是另一个人的思考，自己所有的著作，完全是另一个人作品的阐释，自己应该结束学术生涯。布拉凯德手下的研究助手时多时少，他座位的四周堆放着他编辑的资料，他眼下的助手保拉·封塞卡（Paola Fonseca）和比特里斯·内斯特博士（Dr. Beatrice Nest）正在帮他整理着资料。

罗兰从搁架巷道走到布拉凯德那灯光淡淡的领域，保拉冲他微微一笑，布拉凯德眉头紧蹙。布拉凯德是一个不大开朗的人，脸上即便露出笑容，往往也展现出一脸的嘲讽，不过，他的笑口并不常开。罗兰看向布拉凯德，含糊其词地说明自己有了一项发现，他从阿什的藏书维科的作品中发现里面塞了一堆

---

1 布卢姆斯伯里区（Bloomsbury）：伦敦一个著名的地区，先前是一个高级住宅区，现为学者、文人集中的文教区。这里有大英博物馆、伦敦大学以及20世纪著名的布卢姆斯伯里文学团体，步行5分钟就可以到达伦敦西区。

手写的注释，多得数不清，夹在书页之间。罗兰没有明确说明有关那两封信函的事儿，此时，他依然不打算让布拉凯德知道这件事，除非很有必要，否则他不会与布拉凯德讨论自己偷出来的那两封信函。不过，他倒是通过巧妙的询问，从布拉凯德口里了解到了有关女作家拉莫特的一些事儿：其父艾西多尔·拉莫特（Isidore LaMotte）所著的《神话》（Mythologies），是一本很不错的民俗与传说概论，阿什有可能读过；他的女儿克里斯塔贝尔·玛德琳·拉莫特（Christabel Madeleine LaMotte）是写宗教诗的。

离开“阿什工厂”之后，罗兰想去喝杯咖啡，遇到了也来喝咖啡的他大学时代的熟人弗格斯·伍尔夫（Fergus Wolff）。他们坐在自助餐厅墙外的长椅上，闲聊了起来。从弗格斯口中，罗兰获悉女诗人拉莫特著有《最后一些事》（Last Things）、《十一月里讲的故事》（Tales Told in November）等作品，写过一部史诗——《仙妖梅露西娜》（The Fairy Melusina），讲述半人半蛇的梅露西娜（Melusina）嫁给云游骑士雷蒙丹（Raimondin）之后，生育了 6 个儿子，每一个儿子身上都有一种怪异的缺陷，后来，由于雷蒙丹违背了当初的誓言，窥视了沐浴中的梅露西娜腰身以下的蛇身，结果，梅露西娜化作龙蛇，永远离雷蒙丹而去了。拉莫特的这部多卷本的梅露西娜的故事写得雄伟壮阔，迂回复杂，充满了骚乱，弗格斯说他很喜欢。同时，弗格斯还提到了世界上现在有两个号称研究克里斯塔贝尔·拉莫特的专家，一位是丽奥诺拉·斯特恩教授（Professor Leonora Stern），在美国的塔拉哈西（Tallahassee）；另一位是在林肯大学的莫德·贝利博士（Dr. Maud Bailey）。她们对男人没什么好感，不过，他倒是与那位令人肃然起敬的莫德曾经有过一段感情。随后，他又告诉了罗兰一个重要信息：莫德在林肯大学主持“妇女资源中心”（Women's Resource Centre）的工作，那儿收藏了不少克里斯塔贝尔·拉莫特没出版的文稿，并建议他不妨去那儿看看。

为了查个水落石出，罗兰不失时机地去拜访了莫德·贝利博士。在火车上，他从随身携带的两本书上查看到了有关克里斯塔贝尔·拉莫特的一些事：克里斯塔贝尔的祖父母让－巴普蒂斯特（Jean-Baptiste）和埃米莉·拉莫特（Emilie LaMotte）1793 年在法国处于恐怖时代之时避走英国，之后便定居英国，他们的儿子艾西多尔出生于 1801 年，曾就读于剑桥，后来成了一名治学严谨的历史学家和神话传记家；埃米莉的胞弟拉乌尔·德·科考兹（Raoul de Kercoz）是一位反对教权、主张共和的历史学家，还十分热衷于民间传说，一直维持着家族在克尼梅特（Kernemet）的领地。后来，艾西多尔与阿拉贝尔·甘博特小姐（Miss Arabel Gumpert）结了婚，生育了两个女儿：生于 1830 年的苏菲（Sophie）后来成了林肯郡丘陵区（Lincolnshire Wolds）希尔山庄（Seal Close）乔治·贝利爵士（Sir George Bailey）的妻子；生于 1825 年的长女克里斯塔贝尔（Christabel）一生未婚，一直与双亲同住，直到 1853 年终生未婚的姨母安托瓦内特·德·科考兹（Antoinette de Kercoz）去世，遗赠她一笔为数足堪温饱的生活费用，她才在萨里（Surrey）的里士满（Richmond）置产，与一名年轻女友布兰奇·格娄弗小姐（Miss Blanche Glover）同住。1861 年深具艺术抱负的格娄弗小姐溺毙于泰晤士河自尽之后，令她悲痛欲绝，再度回到家人身边，与妹妹苏菲同住，住在希尔山庄的塔楼里，日复一日，过着静默平淡的生活，在完成了史诗《梅露西娜》的创作之后，似乎再未动笔写作诗篇。她 1890 年离世，享年 66 岁。

开车来接罗兰的莫德·贝利是一位年轻有成就的女权主义学者，享有一定的声望，超凡脱俗，个子很高，比罗兰高出许多，头上戴着一条绘着孔雀羽毛的丝质头巾，说话声音听不出丝毫热情。他们来到莫德的研究室，其中一面是玻璃墙，其他三面摆满了高耸的书架，直达天花板。不过每一本书的排列都自有其道理，依照主题、依照字母，且一尘不染。莫德告诉罗兰，她们“中心”的所有资料，基本上都是克里斯塔贝尔·拉莫特过世之时放在桌子上的文稿。克里斯塔贝尔曾有遗愿表示将这些文稿交给她的外甥女——梅（May），希望她能来照管它们。梅没能让克里斯塔贝尔如愿以偿，她嫁给了她的表哥，离开家乡，去了诺福克郡（Norfolk），在那里生养了10个孩子，照顾着一个大家庭。莫德·贝利本人，说起来也算得上是克里斯塔贝尔血缘上的后裔，梅·贝利是她的曾祖母，她倒不是因为家族的这层关系才开始研究克里斯塔贝尔·拉莫特的，贝利家族的人并不觉得家族里出了个克里斯塔贝尔有什么值得骄傲的，文学和他们没什么关系，她自己只是一个可笑的意外。不过，她到林肯大学任教之后，便劝说她父亲让她把这些文稿纳入了研究室的档案。文稿不多，却都很重要，到目前为止，尚未有一样公开过。莫德好奇罗兰是怎么想到阿什会对拉莫特感兴趣的，她客气而疏淡地带他去了“妇女资源中心”。

罗兰翻出了克里斯塔贝尔·拉莫特的女友布兰奇·格娄弗小姐的日记，从中发现了一些隐约相关的记录。之后，他由于有感于莫德身上那种极端优雅的气质和绝对一丝不苟，或者说公平坦荡的精神，认为莫德是个值得信任的人，于是便把一切原原本本告诉了莫德，还给她看了那两封信的复印件。莫德简直不敢想象，竟然会有人胆敢让两张那样的手稿从原处消失，她是绝对没有这种勇气的，不过她倒是能够理解，罗兰在那关口其实也想不了太多了。也许是被罗兰出乎寻常的坦诚所感动，也许是由于那两位诗人的恋爱秘密不容抵御的吸引力，莫德对罗兰的态度有了一些变化。根据资料上的记载，阿什和拉莫特小姐一生之中只在一次早餐聚会上见过一面，从此就再没有过任何联络，然而那两封封存已久的信稿却表明，阿什和拉莫特是一对秘密情侣！为了证实这个推断，莫德决定与罗兰联手展开调查。

莫德·贝利让囊中羞涩的罗兰在自己住所的一张空床上留宿了一夜，第二天，她开车带着罗兰前往市郊希尔山庄附近的拉莫特的墓地。希尔山庄在山谷里头，拉莫特埋葬在几乎被世人遗忘的一个小村庄里的圣艾黛德里达教堂的墓地里，她的墓地那儿尤其荒芜，杂草丛生，凹凹凸凸的碑面上的题字曾经有人擦拭清理过，不过时间已经很久了，上面的文字是：安葬在此的是克里斯塔贝尔·玛德琳·拉莫特，生于1825年1月3日，死于1890年5月8日……莫德告诉罗兰，夏天的时候，她的至交丽奥诺拉·斯特恩来过这里，乔治·贝利爵士拿着猎枪把那位美国人恐吓走了，没让她进门。

莫德和罗兰决定上山走走，以便可以远远俯瞰一下希尔山庄。莫德认为，这条路线拉莫特先前一定常走，因为当年拉莫特去教堂去得很勤，于是，他们爬上了山头，爬上了峰顶。站在峰顶，罗兰发现了险情：看见一个黑色的人影，头歪了一下，接着就两手朝地、不停地用力挣扎。他赶紧奔了过去，在一条陡峭的石道边上，伸出了援手，将处于危险中的一个女人推回到路面上去，然后将她的轮椅转回正位。坐在轮椅中的女人是希尔山庄当今的女主人琼·贝利（Joan Bailey），琼谢过罗兰之后，把罗兰和莫德请进了希尔山庄。

琼的丈夫乔治·贝利爵士个头很小，说起话来声音很大，性格怪僻，从不允许任何人进庄园来参观打扰，这一次，因为他了解到莫德是诺福克郡贝利家族那边的人，因而也就认同了莫德和罗兰在庄园里稍事停留。贝利爵士告诉他们，希尔山庄没什么让人感兴趣的，这里不对外开放，里面的状况又糟，也怪他自己不好，没半点经费，现在已经渐渐败落了。他们试着交谈了一会儿，莫德说她正在写作克里斯塔贝尔·拉莫特的传记。了解到莫德的心意后，琼向丈夫贝利爵士建议，不妨带他们到拉莫特生前的房间去看看。满腹狐疑的贝利爵士拿着手电筒带着他们去了位于塔楼东边的几十年没人光顾过的房屋。

房间里的陈设物一如当年，他们一无所获，失望之余，莫德望着小小的四柱卧床上枕头边上倒卧的几个多莉娃娃，悄悄说道，拉莫特写过一系列的儿童诗，表面上是写给小孩看的，其实不然。她突然背诵起其中的一首："多莉信守秘密／严密胜过朋友／多莉沉默相惜／延续至绵绵无期。"这首诗听起来就好像是寻宝游戏里头的什么暗示似的。受到诗句的启发，莫德在尘埃之中跪了下来，拿掉了那三个娃娃，之后，她拿掉枕头，掀开床单，在毯子和床垫下面，找到了捆扎得一层又一层的一个严严实实的小包。

小包里面藏着两捆信函，全是阿什和拉莫特之间的通信，其中一封是阿什向拉莫特表示爱慕——即罗兰所发现的信稿中的内容。还有一封是拉莫特让阿什归还她曾写过的每一封信，阿什回信答复了她的要求，忍痛断情，并说过去的一点一滴他是不会忘却的，他不是个善忘的人，如果这些信真的全部被她焚毁，在他有生之年，它们还是会活在他记忆中的，那些过往的美丽图影，那些信函，是那般地激荡着他的心灵，改变着他，而且，一直是他快乐的源泉，他曾经希望他们可以成为挚交，但他想，她决然的决定一定是正确的，而他，只能为失去一位挚友感到遗恨。

看到了这样的内容，莫德和罗兰顿生疑虑：维多利亚时代的杰出诗人阿什留给世人的印象应是：人人称颂的好丈夫，婚后40年，过着平静的夫妻和睦的生活。那么，这位沉稳持重、温柔有礼、富有同情心和普通人情感的阿什，为什么动了情？拉莫特又是什么样的一个女人？他们一系列的疑问，他们企盼窥探阿什和拉莫特走过的人生的好奇心，因满腹狐疑的贝利爵士的不情愿，不信任，被生硬地终止了。罗兰担心这件事一旦被公开，大家知道了这些信函文稿的存在，接下来就会全都跑到庄园里来了。莫德十分认同罗兰的这一说法，担心这种事情早晚会发生，于是建议说，他们帮助贝利爵士把这些信件文稿做个整理，做一个索引。话没说完，就遭到了贝利爵士的断然拒绝，"再说吧。事情就到此为止吧。"

他们只好坐上车，在黑暗的夜色中，踏上了归途。不过，尽管他们没能详细阅读所发现的全部信函，这一天的见闻，也已使他们激动不已了。他们总算不虚此行，发现了一个很大的秘密。很快，他们又为怎么能进一步阅读到这些很私密的情书感到烦恼了，而且不知是否应该将其告之布拉凯德教授，把它们存入英国图书馆——它们绝对属于某种国家级的文化遗产。随后，他们双双祷告这件事最好别太张扬，千万别让莫蒂默·克罗珀尔那个人知道，无孔不入的克罗珀尔一定会想方设法把它们弄到手的。这些信函有着潜在的巨大商业价值，绝对值一大笔钱，万一泄漏了风声，贝利爵士听信了克罗珀尔的什么建议把它们弄到拍卖场去，那样，贝利爵士会多少富有起来，还可以把庄园的房屋修葺一下。然而，这些信函文稿却会因此流失，落入美国人手中，或其他的什么地方，那样，情况就更糟糕了。现在，罗兰觉得就连他自己也十分渴望能占有它们了，他向莫德坦言：不知怎的，他竟然也有了那种该死的占有欲——它们根本不属于他！最后，他和莫德商定，有关这事，就连丽奥诺拉·斯特恩也不能让她知道，一定要先将这事保密，谁都不能说给第三者听。

返回伦敦之后，罗兰去了"阿什工厂"，去了他的同事比特里斯·内斯特那里，因为比特里斯的档案柜里收藏着阿什夫人爱伦·贝斯特·阿什（Ellen Best Ash）的日记和书信。那天，莫蒂默·克罗珀尔刚好邀请了比特里斯一起去吃午餐，在克罗珀尔还没到来之前，罗兰请比特里斯帮他个忙，说他遇到了一个棘手的问题，不知道爱伦·阿什的日记里，有没有在什么地方提到过克里斯塔贝尔·拉莫特的什么事情？比特里斯微微一笑，回答他说，没有，应该没有；不过，还是决定帮他查一查。比特里斯在一堆乱糟糟的索引卡片中翻阅了一通，之后，告诉他：1872年，爱伦读过《梅露西娜》。他想看看爱伦写的东西，比特里斯很不情愿地找出了爱伦的那册日记，翻到了 1872 年 11 月的一页，读了起来。罗兰希望自己能读读那册日记，比特里斯借给了他，并声明他不可以把它带出办公室。他看到爱伦在日记中对《梅露西娜》赞不绝口，多少有些意外，他随手将这些文字抄录了下来，想让莫德看看。

罗兰回到位于普特尼的地下室后，在一小堆信函当中，看到了一封来自希尔山庄女主人琼·贝利的信函。琼·贝利为了答谢那天罗兰在悬崖边对她给予的君子般的援助，允许他和莫德前去仔细研读那些莫德所发现的信件文稿并做索引，还安排他们可以在庄园里留宿几天。读罢来信，他的心情十分复杂，不知该如何接受这一邀请，苦于自己经济上的困窘，顾虑瓦尔，顾虑莫德，还顾虑克罗珀尔和布拉凯德，甚至比特里斯。在这时，他看到瓦尔从一辆深红色的保时捷轿车中走了下来，开车送她的男人叫尤安·麦金泰尔（Euan MacIntyre）。那个男人把看上去有些虚弱的瓦尔交给了他之后，立即气度不凡地驾车离开了。瓦尔对罗兰解释说：麦金泰尔很喜欢她，是她的一个客户，她一直在帮他打字，打遗言、遗嘱、协议书什么的。他是一个非常成功的人士，一个相当体面的律师，办公室里全是马的照片，其中的一匹，是他和另外三个人共有的，他要她跟他去纽马克特[1]（Newmarket）玩玩。罗兰听过之后，并不介意，甚至认为出去玩一天对瓦尔也许有好处，而且自己也无权阻止，结果弄得瓦尔很是不快。

罗兰和莫德再次相伴来到希尔山庄，在冷飕飕的图书室里隔着一捆捆文件面对面待着，罗兰在心里暗暗抱怨着天气的寒冷。琼·贝利推着轮椅来到桌边，将那包文稿放到了桌面上，希望他们有什么需求及时告诉她，她想办法来解决。之后，又说她会帮助他们把炉火点上的，只不过烟囱已经一连好几代人都没有清理了，担心他们会被烟呛着。莫德谢绝了琼·贝利的那一番好意，表示他们不需要点火。在之后的交谈中，他们获悉，琼·贝利变成了目前的样子，是因她在 35 岁那年外出打猎，从马上掉下来造成的。她的丈夫乔治·贝利讨厌别人看到他们生活拮据的状况，不喜欢有外人到庄园里来走动，他们什么都必须节省，整幢房屋还有他们的土地，处处都需要资金维护……

琼·贝利希望他们在这里别被冻着，在一间灌风的大屋子里翻阅那些信函文稿实在不容易；另外，外面还下起了雪。不过，莫德觉得，即便是再冷上两倍，只要能让他们阅读那些信函文稿，也是值得的。他们阅读得十分认真，持续并进地研究着那些信函文稿。从阿什措辞含蓄的来信当中，他们了解到：

在 1858 年 6 月的一天，阿什和拉莫特同时受到作家克拉布·罗宾森邀请，出席了当时闻名遐迩的每周一次在伦敦罗素广场（Russell Square）30 号克拉布家中的早餐会。二人邂逅之后，周身上下十分整洁且有品位的拉莫特的气质和优雅的谈吐，令阿什顿生爱慕之情，随后迫不及待地给拉莫特写了一封措辞含蓄的信，请求拜访拉莫特并与之进行通信往来。当时，拉莫特正与志同道合的格娄弗小姐平静地生活在她们的艺术世界中，不想与阿什见面，只同意进行通信。之后，在彼此往来的信函中，他们讨论诗的写作艺术，评论彼此的诗篇，渐渐地，互相倾慕，成了互通心声的知己。随着交往的深入，开始在信的开头以“我亲爱的朋友”相称；最后，敏感、聪慧的拉莫特感受到他们之间的关系潜在的“危险”，于是提出了终止书信往来。从这些信函当中，罗兰和莫德受到了某种暗示，他们怀疑：阿什在 1859 年 6 月失踪的那一个月里，表面上是独自一人去约克郡（Yorkshire）海岸考察自然历史去了，但当时很可能是同拉莫特一起去旅行的。

---

1 纽马克特（Newmarket）：英格兰东南部城镇，著名的赛马中心。

离开希尔山庄之后，他们又深入阅读了阿什夫人爱伦的日记，从中发现了新的隐情。于是，他们决定顺藤摸瓜，追寻阿什当年旅程的足迹，结伴而行，查证寻找线索。他们仔仔细细重读了阿什和拉莫特两人当年的诗作，一道前往约克郡清新淳朴的海滨，根据阿什写给爱伦的那一封信中的线索，他们在多岩石的海滩上寻找信中所说的叫博勾洞（Boggle Hole）的那个地方。一路上，莫德向罗兰伸出了友谊之手，与他讨论了归还大英博物馆的那两封信稿的问题，以及他和瓦尔失败的关系。罗兰对莫德说：他不知爱为何物，他与瓦尔未婚同居，全无真情可言，完全出于欲望的需要和生存的便利。随后，罗兰和莫德还一起讨论了时代的爱情观，二人一致认为，他们的时代，没有爱情信仰可言。莫德说她从不期待真情，从不奢望爱情："我们被欲望所驱，我们从不说爱情一词，是不是？我们知道它是一个可疑的意识形态建构。"由于二人都不相信爱情的存在，于是，他们成了一对精神上相互理解的好朋友。在罗兰的说服下，莫德拆散了她的头发，取下了常年紧密裹在头上的绿色头巾，放出了她那一头漂亮的金发。

在约克郡的海滨，在博勾洞，罗兰和莫德终于找到了出现在阿什和拉莫特诗句中的峡谷瀑布，找到了种种证据，他们几乎可以断定，当年拉莫特曾与阿什一路相伴，一起行走在约克郡广阔美丽的原野上，与他一起搜集科学标本，欣赏自然美景，寻找创作素材，瞒着世人共享了一段难忘的浪漫之旅。

在这期间，罗兰的老校友弗格斯·伍尔夫跑到布拉凯德教授那里去找罗兰，听说罗兰正在休假，弗格斯顿起疑心，推测说，罗兰可能有了新发现，发现了一封秘密信函或什么，且一定是有关拉莫特小姐的。弗格斯的一番话令布拉凯德教授深感吃惊。离开"阿什工厂"之后，弗格斯决定前去拜访罗兰的女友瓦尔，到瓦尔那儿去找寻罗兰，顺便从瓦尔口中获得一些有用的信息。在路上，弗格斯遇见了想要去大英博物馆的莫蒂默·克罗珀尔，主动招呼之后，两人交谈了一会儿，弗格斯谈到罗兰有了重要的新发现，勾起了克罗珀尔的好奇心。

从约克郡回来之后，莫德回到了她在林肯大学主持的"妇女资源中心"，认真阅读了拉莫特的女友格娄弗小姐在 1861 年自杀时留下的笔记。格娄弗在投河自尽之前，把拉莫特送她的一个美人鱼形状的胸针送给了别人，而且，对拉莫特没说什么好话，只是深感自己的无用和多余，并宣泄了一番失落且绝望的情绪，之后，便在 6 月 26 日晚上在泰晤士河结束了生命。从资料当中，莫德查阅到，在格娄弗小姐自杀之后，警方一直在竭力寻找与格娄弗同居一宅的拉莫特小姐。莫德感到十分好奇——当时拉莫特去了哪里？为什么没有留下任何记录，到底发生了什么事？拉莫特为了什么离开？为什么一点线索都没有？而且，为什么在 1859 年 7 月到 1861 年格娄弗自杀之前这一段时间，拉莫特的行踪是一段空白？

之后，由于丽奥诺拉·斯特恩的不期而至，莫德兴致勃发的思绪被打断了。丽奥诺拉说，她想在莫德这里住几天。在她们随后的交谈当中，丽奥诺拉获悉莫德正在阅读有关拉莫特的资料——格娄弗小姐的自杀笔记。由于兴致所至，便提到了她这边有个信息，也许会对莫德有所帮助——她收到了一封来自法国南特大学的年轻博士雅利安·勒·米尼尔（Ariane Le Minier）的书信，雅利安正在研究一些为世人所忽略的女性作品，关注到一个名叫莎宾·德·科考兹（Sabine de Kercoz）的女人的日记。莎宾是女诗人克里斯塔贝尔·拉莫特小姐的表亲，拉莫特 1859 年曾经拜访过莎宾的家庭。雅利安的这一信息，来源于莎宾写给她的一个远亲姐妹索兰（Solange）的一封信，那封信是索兰后裔存放在南特大学资料室里的。

莫德与丽奥诺拉道了晚安，之后，备感孤独，于是拿起了电话，想打给在伦敦的罗兰，接电话的是瓦尔，说罗兰正在熟睡。第二天，莫德又打电话到布拉凯德教授那里，也没能联系上罗兰，只好拜托布拉凯德教授，一旦见到罗兰，请他转告罗兰尽快与她联系。在那之后，莫德和丽奥诺拉去了林肯郡（Lincolnshire）的一家商店。她们从商店里走出来的时候，差一点被一辆运货大卡车压死。当时，那辆大卡车正在转弯，丽奥诺拉恼火地抄下了那辆大卡车的牌照号。在这时，莫蒂默·克罗珀尔驾驶着他的那辆奔驰轿车正好要通过那条狭窄的街道，结果被困在了那里。莫德和丽奥诺拉谁都不曾见过驾驶着奔驰车的克罗珀尔，他们属于不同的学术圈子，出席不同的会议，出入不同的图书馆。

莫蒂默·克罗珀尔此行驱车前往的目的地是希尔山庄，他不失时机，抢着要出高价买下莫德和罗兰他们新发现的阿什与拉莫特的那些封存已久的情书。面对着乔治·贝利爵士举着的枪，克罗珀尔小心翼翼地解释着自己前来的目的，一再表明：拉莫特与阿什的那些来往信函文稿有很高的经济价值，例如，最近阿什的一封书信就已经卖到了500英镑，当然是他买下的。贝利爵士拒绝了克罗珀尔，明确告诉他：无论说什么，都没有用。

在那之后，一天，莫德正准备通过林肯市场街区的十字路口，突然被乔治·贝利爵士叫住了。贝利爵士用手抓住了莫德的衣袖，责备她为什么只字未提那些信函潜在的价值，丽奥诺拉不失时机地出现在了他们面前，询问了莫德一句：是不是正在被人骚扰？之后，又扬言说要报警，还用她强壮的大手握住了贝利爵士的小拳头。愤怒的贝利爵士怒火中烧，要莫德必须给他一个解释，不是现在，不是在这里，之后，冲着丽奥诺拉叫喊道，“松开你的手，你这个粗俗的女人，走开，我希望永远不会再见到你。”说完，贝利爵士猛地转过身去，穿过围聚过来的一小堆人群，匆匆离去了。

没过多久，一个名为托比·宾（Toby Byng）的初级律师受他的客户委托，给“阿什工厂”打来了电话，要找詹姆斯·布拉凯德教授，想问布拉凯德：阿什与一个女人的通信大约有50封，其收购价格该是多少？接电话的是布拉凯德的助手保拉·封塞卡。保拉将此事告知布拉凯德之后，布拉凯德颇为恼火，决定立刻找到罗兰，将事情问个清楚。保拉赶紧往罗兰家里打去了电话，接电话的是瓦尔，说罗兰正在写作不方便接电话。保拉解释说事情很紧急，必须直接与罗兰通话，瓦尔只好去叫罗兰了，让保拉过一会儿再打过来。电话再次拨通之后，保拉警告罗兰：他有大麻烦了，布拉凯德正在为阿什与一个女人的通信的事四处找他，认为他在背后捣鬼，背叛了他。

放下电话之后，罗兰走出家门，深感无助，悲观失望到了极点，在街上漫无目的地走了一阵之后，他拨通了莫德家里的电话，与莫德取得了联系。他们交谈了一阵之后，莫德表示：他们可以前往法国，逃往布列塔尼（Bretagne）去继续查证，并请罗兰放心，她有足够的经济实力负担所需费用，而且还有一辆车。放下电话之前，莫德叮嘱罗兰：悄悄拿上护照，不要惊动瓦尔，想办法离开，到伦敦布卢姆斯伯里区的维多利亚旅馆去——她过去经常去那家小旅馆；她自己需要把身边的女友丽奥诺拉的事处理一下，然后就赶到那家旅馆去与他会合。

趁丽奥诺拉·斯特恩不注意，莫德偷偷记下了给丽奥诺拉写信的那个法国博士的地址，然后，和罗兰来到了法国西北部地区的布列塔尼半岛，住进了当地一家著名的海滨酒店。为了能看到克里斯塔贝尔·拉莫特表妹莎宾·德·科考兹的文稿，莫德同南特大学的雅利安·勒·米尼尔博士通了电话。雅利安告诉他们，自从他给丽奥诺拉·斯特恩写过信之后，他又有了惊人的新发现：几乎拉莫特所有的拜访行程都被莎宾记录在了她的日记当中。三天之后，罗兰和莫德阅读到了莎宾的日记，从中了解到拉莫特行踪空白那一段时间里发生的一些事。

那日记是从 1859 年 10 月 13 日开始的：莎宾首先述说了她之所以要写日记的缘由，她的表姐、诗人克里斯塔贝尔·拉莫特当时借住在克尼梅特——莎宾的父亲拉乌尔·德·科考兹男爵家里，莎宾时年 20 岁，母亲已不在人世，在拉莫特的提议下，她开始练习写作。莎宾说，拉莫特是在一个可怕的暴风雨之夜，乘马车来到了她家的庭院，一下车就跌到了，被她的父亲拉乌尔双臂抓住之后，说了一句，“避难所。”拉莫特受到拉乌尔和众人的欢迎。当时，在狂风暴雨中，拉莫特整个人几乎难以站立，处于一种半昏厥的状态被带进了房屋。莎宾把拉莫特视为榜样，因为拉莫特当时是一位公认的重要女作家，一位公众希望的女性象征，一位领袖人物，立刻成了一心想“要生存、要恋爱、要写作”的莎宾生活当中最重要的一位人物。拉莫特对待莎宾既温柔又热情，就像是一个家庭女教师，常常与对生活充满了狂热的莎宾一起讨论写诗和写作的方法。

莎宾的父亲拉乌尔有一个在晚上为莎宾讲故事的习惯。那天，拉乌尔讲了有关“梅林和维维安[1]”的故事，拉莫特听后脸色苍白，在谈论那个故事的时候，因为意见不合，莎宾对拉莫特很生气。之后，莎宾觉得父亲有些过于袒护拉莫特，认为拉莫特并不那么博学。后来，莎宾与拉莫特像往常一样到海滩去散步，交谈当中，莎宾觉得拉莫特的情绪不同以往，有些冷淡。到圣诞节时，事情明显起来了，拉莫特明显有了身孕，所有人都看出她肚子隆起来了，但拉莫特从来不提这事儿，这多少有点不正常，甚至连拉乌尔都无法得知到底是怎么回事儿。

在 1860 年 4 月 30 日那天，莎宾久久不能入睡，因为拉莫特失踪了。他们四下寻找拉莫特已经有两天了。头一天，拉莫特去了教堂，有村民在那里看见她披着黑色披肩像往常一样走了进来，并看到她做了很长时间的祈祷，却没看到她走出来。晚上，他们打着火把沿着海岸线搜寻，一面呼喊，一面晃动着火把，一直到午夜，也不见拉莫特的踪影；第二天，他们沿着教堂周边再一次寻找，莎宾的父亲拉乌尔颇为自责，说自己没有照顾好拉莫特；之后，拉乌尔与曾亲眼看到过拉莫特的那位村民进一步交谈后，经过一番分析，决定去圣安妮女修道院（Convent of St Anne）寻找；随后的一天，莎宾和父亲开车去了那家女修道院，拉乌尔希望修女院长能帮助他找到拉莫特，被修女院长婉言回绝后，拉乌尔表示希望能让拉莫特知道，他们会帮助拉莫特和她的孩子的，他们是一家人，他们会长期照料她和她的孩子。修女院长的反应显得很不耐烦，态度有些粗暴，把脸转到了一边。离开圣安妮女修道院之后，莎宾的父亲心情极其不快，悲伤至极。

在 5 月 8 日那天，拉莫特回来了，面容消瘦，身体虚弱，一副皮包骨头的样子。莎宾的父亲拉乌尔跑向拉莫特，向她伸出了仁慈的双臂，企图拥抱她，却被拒绝了。拉莫特表示自己很好，无权得到他们过多的照顾，她已经滥用了他们的好意，即便是她没有选择，她也不能长久滥用他们的慈悲，请求他们

1 梅林和维维安（Merlin and Vivien）：梅林是英国亚瑟王（King Arthur）的先知、魔法师和军事顾问，确保这位伟大的国王取得成功。传说亚瑟王15岁的时候，梅林帮助亚瑟王取得了神剑，亚瑟王继位后，梅林依旧尽心尽力辅佐，后来他因爱上了女精灵维维安而离开亚瑟王。因为梅林精通法术，维维安逼他发誓“不得对自身使用法术”，然后才和他一起旅行。途中维维安想方设法摆脱梅林，但梅林始终痴心追随，最终维维安对他施了魔法，骗梅林表演穿石魔术，趁他进入石头时将石头封印，梅林信守誓言没有对自己使用法术，就这样被永远困在了岩石中。

不要问她任何问题，什么也不要问，然后独自一个人走到她楼上的房间去了。莎宾不知所以，非常好奇：拉莫特决意不再留在这里了吗，她是要走吗？她的那个孩子在哪儿？那孩子是活是死？那孩子是男是女？她是什么意思？那天晚上，莎宾直做噩梦。

在 5 月 10 日那天，莎宾的父亲拉乌尔收到了一封来自法国历史学家米什莱先生（Mr. Michelet）的信，那信里面附着一封转交给拉莫特的信，拉莫特从容自若地把那封信接了过去，仿佛她一直在期待着那封信似的。然而，扫视过那封信的信皮之后，她却没有去拆那封信，而是深深吸了一口气，将它放到了一边。拉乌尔告诉莎宾，米什莱先生致函说，里面的那一封信是他的一位朋友送来的，希望他能帮忙试着转交一下，因为那位朋友不敢确定拉莫特小姐一定会与他们在一起，假若拉莫特小姐不在他们这里，他的朋友要求他们将里面的那封信退回。之后，至于那一封信，拉莫特一整天都没有拆开，莎宾不清楚：拉莫特究竟拆过那封信没有？若拆过，是什么时候拆的？"莎宾的日记"到这里结束了。

在雅利安·勒·米尼尔博士写给莫德·贝利的附言中，雅利安提到：莎宾·德·科考兹可能在另外一个笔记本里接着往下写了她的日记，如果实情确实如此，那本日记至今尚未找到。莎宾本人，曾出版过三部小说；1863 年结婚，丈夫是一个枯燥乏味的男人，却一心一意深爱着她；莎宾生了两个女儿，在生第三个孩子时死于难产。据说莎宾丈夫在莎宾死后一年因过分悲伤也离开了人世。

罗兰和莫德跑到布列塔尼半岛阅读"莎宾的日记"期间，莫蒂默·克罗珀尔又一次驱车前往林肯郡丘陵地带，目的地依然是希尔山庄，他想趁詹姆斯·布拉凯德尚未与贝利爵士直接取得联系之际，仰仗着自己手头雄厚的资金，锲而不舍地劝诱贝利爵士，力争将那些"阿什 / 拉莫特的通信"文稿弄到手。他说起话来口若悬河，简直就像是在做演讲。克罗珀尔的作风一向如此，如果哪个让人想都想不到的地方出现了阿什遗下的笔迹，他就会想尽一切办法得到它们，将它们据为己有。在他收藏的那些旧信函文稿当中，阿什的教女索菲娅（Sophia）的那些信函，就是他经过了整整 6 个月的说服工作之后，用一张颇有分量的支票换来的。

在莫蒂默·克罗珀尔家的天赐楼里，摆满了他的先祖们收藏的珍宝，其中有一封信意义非凡，是阿什写给他曾祖母普里西拉·佩恩·克罗珀尔（Priscilla Penn Cropper）的一封信。1860 年至 1870 年间，普里西拉·佩恩·克罗珀尔的屋舍曾是显灵术者研究的据点，阿什曾经参加过 1861 年由雷依夫人（Mrs. Lees）主持的一场显灵大会。莫蒂默·克罗珀尔回想起了阿什讨论显灵术的一首著名的长诗，他很想弄清楚——当时，克里斯塔贝尔·拉莫特是否也在场。

詹姆斯·布拉凯德阅读了雷依夫人记录有关显灵会的一本书，其中有一段描述了阿什先生如何把她的显灵会场搅得大乱，"在那一刻，我看他好像是一个魔鬼。"那一次，出席雷依夫人主持的显灵会的宾客全是一些不同凡响的著名绅士和淑女，包括克里斯塔贝尔·拉莫特小姐在内，总共是 7 位淑女和 4 位绅士。当时，在灯火通明的客厅，阿什先生紧张地握住雷依夫人的手，听见有人说"根本没有孩子"和"你害我成了杀人凶手"后，阿什先生大喊起来，"你逃不出我的手心。"突然松开了握着雷依夫人的手，冲向了拉莫特小姐那里，抓住她的肩膀，歇斯底里地大声嚷道"你把孩子弄到哪里去了？告诉我他们把孩子怎么了？"拉莫特小姐受到了严重惊吓，脸色苍白，呼吸急促，脉搏微弱，晕了过去，最后被两个组织者抬了出去，两天都没有恢复知觉，令显灵会上的来宾们十分沮丧。拉莫特小姐醒来之后，整个人看上去十分纤弱，不能说话，而且不愿吃喝。在那之后，阿什写下了他的那首讨论显灵术的著名长诗《妈妈的占有？》（Mummy Possest？），其中有诗句提到了“孩子”“我将你昏厥的形体抱在胸前”“失去了她的孩子的伯爵夫人，她唯一的儿子……”现在，这首充满了机智与嘲讽的诗篇，已被布拉凯德收录在了他编辑的《阿什作品全集》里。

詹姆斯·布拉凯德为了“阿什/拉莫特的通信”的那些文稿的存留问题，给每一个可能与之有关的公众人物一一写去了商讨信，并对“艺术品出口审查委员会”进行了一番游说，还要求就艺术问题采访委员会的负责人。布拉凯德希望眼下掌握在贝利爵士手中的那些通信文稿能被留存在英国图书馆。在他看来，他们从无到有的发现（阿什的那位秘密情人）是一种重大的学术突破，是学者们梦寐以求的研究成果。那些珍贵的通信文稿理应保存在英国国内——它们是国家历史的一部分。在一个电视谈话节目当中，詹姆斯·布拉凯德同来自美国的丽奥诺拉·斯特恩一起讨论了上述的话题，以及有关如何精心保存那些文稿的问题。离开电视台之后，布拉凯德同丽奥诺拉去了一家酒馆，丽奥诺拉十分痛快地对布拉凯德说道：现在，我来告诉你——罗兰和莫德他们在哪里。

罗兰不辞而别地突然失踪，在他的女友瓦尔看来，所能给予解释的唯一的理由是：罗兰想把她甩了，想和莫德·贝利在一起。盛怒之下，瓦尔往莫德的公寓里打了电话，听到的是美国女人丽奥诺拉的声音，告诉她：莫德不在家。为了这件事，瓦尔在向尤安·麦金泰尔诉苦时还哭了。尤安心里十分清楚，其实瓦尔并不想要罗兰——这是几个星期以来他一直留心观察瓦尔之后得出的结论。瓦尔随尤安跑到英格兰东南部的纽马克特来已有些时日了，整日和尤安厮守在马厩旁边的那间房屋里。那间房屋低矮，被紫藤覆盖得严严实实，看上去就像是一个洞穴。在凉爽的傍晚，瓦尔和尤安在院子里愉快地漫步，院子打扫得干干净净，整整齐齐，马厩里的马匹站在门挡那里睁着大大的眼睛，伸着头，瞪视着他们。他们每日的早餐食物非常丰盛，卧室被布置得别具一格，在玫瑰色的光线中，他们不加拘束地尽情做爱。

尤安·麦金泰尔是他们那个赛马联合组织的一分子，他们总共有两个律师，两个股票经纪人。那天，尤安他们的那匹马赢了，瓦尔一面高喊，一面用双臂紧紧搂抱住了尤安的脖子。随后，尤安把他的合伙人之一、年轻的律师托比·宾介绍给了瓦尔，之后，三个人进了一家酒馆，买了香槟、烟熏鲑鱼和龙虾沙拉。交谈当中，他们从赛马说到了文学，说到了瓦尔上大学时必修课论文中的伦道夫·亨利·阿什，随后，又说到了克里斯塔贝尔·拉莫特，谈起了有关“阿什/拉莫特的通信”的文稿之争。尤安认为：涉及的那些书信文稿，里面肯定会有一个复杂的版权和所有权的问题。之后，托比·宾便谈起了为占有那些信函所引发的争夺：伦敦大学的布拉凯德一直在回收阿什的作品，他似乎拥有阿什大多数作品的版权；但是那个有空子就钻的美国人——克罗珀尔几乎已把所有阿什书信的文稿放进了他的藏馆，而且，还是那个阿什作品大版本的编纂者；贝利家族的人，似乎也拥有他们自己的文稿。阿什与拉莫特的那些信函，好像就是莫德·贝利在克里斯塔贝尔·拉莫特小姐死去的那个房间里找到的；他们的那个客户因为莫德·贝利没有告诉他那些信函值多少钱，感到很生气，很不是滋味。“也许她的确不知道。”瓦尔为莫德·贝利辩解了一句。

罗兰和莫德的行踪终于被尾随而来的詹姆斯·布拉凯德和丽奥诺拉·斯特恩发现了，那是他们在布列塔尼半岛阳光明媚的那段时光里的一天，罗兰和莫德手拉着手站在重叠起伏的沙丘当中，观览着周围的风光，讨论着它的意义，沉思着克里斯塔贝尔·拉莫特在布列塔尼留下的一首诗，忽然，他们远远地看到了丽奥诺拉和布拉凯德的身影。罗兰当即推测：这二人能找到他们这里来，肯定与雅利安·勒·米尼尔通过电话了。随后，他们毫不犹豫地开车返回了他们居住的那家海滨酒店，莫德随后做出了决定：立即回家。

他们在布列塔尼度过了三个星期。他们原本打算整天浸泡在南特大学的图书馆里，然而，由于正值那家图书馆闭馆期，加上雅利安·勒·米尼尔去休假了，迫使他们不得不把自己关在了酒店的房间里。在酒店里，罗兰和莫德尽管各人有各人的房间，但是在他们之间，已然生出了一种类似婚姻或蜜月般的感受，因而，令他们陷入了深深的困惑，而彼此都无法用语言明白说出来——他们的行为，部分受了那两位死去的诗人的命运的困扰，被一种无形的界限约束着。他们集中探讨了拉莫特在布列塔尼期间留下的一首诗篇，那诗篇当中，描写了一位忍受着一切痛苦的淑女，其中“撒掉的牛奶”这一诗句，似乎像是在暗示孩子的死亡，他们十分好奇：拉莫特是不是亲手杀死了她自己的孩子？基于这样一些困扰，他们愈发不相信任何真正浪漫的爱情存在了，而且十分害怕被浪漫爱情毁灭，对此，他们选择了沉默。他们坐在海滩上，彼此相对无言，互相碰了碰，一只手放在了另一只手上，一个人的脚踝放在了另一个人的脚踝上，一动不动地坐在那里，默然无语。一天晚上，他们一同喝完了一杯酒，然后并排睡在了莫德的床铺上，罗兰蜷着身躯贴靠着莫德的后背，他们彼此互相触摸着，却绝不进展到任何一种疯狂和有意的搂抱——绝不越过那两人之间的边界一步，因为这一点对他们十分重要。他们觉得，从某种意义上来说，他们这种心照不宣的冷静的接触，能使他们清楚地意识到各自分离的生命在彼此的体内。两个人谁也弄不清这一切对另一方意味着什么。

罗兰和莫德回到英国之后，10 月份，林肯大学的新学期开始了，莫德回到了她的“妇女资源中心”，罗兰没有回布拉凯德的“阿什工厂”，也没有回普特尼的那栋公寓的地下室，暂居在了莫德家里。为此，罗兰常常有种不自在之感，男性的自尊迫使他总想到外面去找一份工作。莫德坚持认为没有这个必要，她的经济状况很好，足以负担他们所需的一切，罗兰还是难以释然，认定自己还是应该去酒吧或医院什么地方找一份工作来做。正当他们为这事争执不下时，电话铃声响了，说要找罗兰·米契尔。打电话来的是尤安·麦金泰尔，他有事要告之罗兰，还有些事有兴趣同莫德谈谈。之后，他们约定当晚 7：30 在一家餐厅会面。

当天傍晚，罗兰和莫德带着有些惴惴不安的心情，走进了约定的那家餐厅，他们第一次像一对伴侣一样，出现在外人面前。里面已经有三个人坐在那里等候他们了——尤安·麦金泰尔、瓦尔和托比·宾。介绍当中，莫德认出了其中的托比·宾——乔治·贝利爵士的那位律师。瓦尔直截了当告诉罗兰：自己即将与尤安结婚，说出这个决定时，她神色怡然，看上去显得十分快乐。得到了罗兰的欣然赞许之后，瓦尔又告诉罗兰，尤安对有关伦道夫·亨利·阿什和克里斯塔贝尔·拉莫特的事也很感兴趣。

他们一行人落座在一张位于角落的餐桌那里，要了食物和香槟酒，谈论了一阵天气之类的话题。在尤安和莫德谈论有关打猎的话题时，罗兰感觉到自己被边缘化了，成了一个旁观者。于是，他转向了贝利爵士的律师托比·宾，询问希尔山庄女主人琼·贝利目前的状况。托比告诉罗兰：贝利爵士夫人有相当一段时间都住在医院里，现在已经出院了；那位莫蒂默·克罗珀尔一直在做贝利爵士的工作，想让贝利爵士相信把“阿什 / 拉莫特的通信”卖掉后的所得（如果卖给他的话）至少可以重建希尔山庄，还能为贝利夫人提供最新的医学治疗技术。罗兰附和了一句，“至少，对某个人来说，这也是一件好事吧。”

尤安变了话题，询问莫德，究竟应该是谁拥有克里斯塔贝尔·拉莫特那些诗作的版权？莫德回答尤安说："我们，我的家族。"在那之后，莫德向大家解释了事情的来龙去脉：克里斯塔贝尔·拉莫特去世之后，她的妹妹苏菲将她的一包遗物寄交给了女儿梅；梅在1878年嫁给了她的表哥乔治·贝利爵士，在拉莫特1890年6月21日写给苏菲的一封信中，拉莫特讲到过此事，并在那封信中请求苏菲把她所有的书、文稿和版权全部交给梅·托马西娜·贝利（Maia Thomasine Baile），希望梅·贝利将来有一天会对它们感兴趣。如今，拉莫特的这些有争议性的遗物，全部收藏在莫德在林肯大学主持的"妇女资源中心"里。

托比·宾由于受客户乔治·贝利爵士的委托，正在调查莫德所言之事的合理性，为此，他们讨论了一通版权和所有权的合法性问题。在争执中，莫德对托比说，"如果你说的情况属实，那么所有这些文稿都是我的财产，版权也都是我的。"托比再三强调：贝利爵士与她的想法不尽相同，并对她的做法表示了强烈的不满。莫德却不肯因此做出丝毫的退让，"你不会挣到很多钱的，"莫德说，"如果那些文稿是我的，就会归入'妇女资源中心'。"托比表示自己能够理解，他参与这件事不是为了钱，而是出于好奇心，并建议莫德是不是应该考虑一下把那些信函卖掉——不是卖给莫蒂默·克罗珀尔，而是卖给英国图书馆或某个可以接受的地方——以支付贝利爵士的开销。

罗兰插了进来，"爵士夫人对我们很好，她离不开轮椅。"莫德依然不肯做出任何退让，理由是："妇女资源中心"自成立之初就一直苦于资金不足。罗兰坚持己见，说道，"如果所有那些文稿都放到英国图书馆里，你可以得到它们的微缩影像、专款和一把轮椅。"莫德用一种战斗性的目光盯视着罗兰，"如果那些文稿存放在'妇女资源中心'，它们肯定会吸引来资金的。"罗兰继续为贝利爵士争辩道，"他爱他的妻子，还爱他的山林。"罗兰的这一话茬儿被托比接了过去，赞成说，"确实如此。"他们的争执，最终以瓦尔建议大家为尤安干杯而结束，因为尤安出了一个既能让托比不吃亏，又能使莫德无损的法子，甚至还想到了下一步该怎么去做。受到热捧之后，尤安颇有几分得意，"我还有一两个想法，"尤安说，"但它们需要点思考和研究。"

那天，罗兰和莫德回到家中之后，罗兰为自己在莫德的家事中被边缘化以及自己无力支付晚餐的费用大为不快。正当他与莫德故意拌嘴时，电话铃声大作，是詹姆斯·布拉凯德的助手比特里斯·内斯特博士打给莫德的，为有关莫蒂默·克罗珀尔的事。克罗珀尔跑到比特里斯那里，从档案柜里查阅到了阿什葬礼的资料，还带来了伦道夫·亨利·阿什堂弟的直系后裔——希尔德布兰德·阿什（Hildebrand Ash）爵士。比特里斯为此深感不安，因为她无意中听到：他们打算挖开阿什的墓穴，找出一只随葬的黑盒子。放下电话之后，莫德的情绪颇为激动，对罗兰说，他们必须去伦敦，然后又绕着弯儿说道——就有关克罗珀尔可能的行动路线以及如何才能打败克罗珀尔的问题，他们应该先去与尤安·麦金泰尔商量。罗兰认为莫德的这个主意不错，尽管它徒然加重了他的那种不现实的分离感，他还是表示了赞同。第二天，他们与尤安·麦金泰尔商量之后，尤安也颇为激动，说，他们全都去伦敦。

莫蒂默·克罗珀尔在他先前的一部作品当中提到，他从阿什夫人爱伦的日记中查明，爱伦在阿什的墓穴里放了一只黑盒子，里面装的是"我们的信函和纪念物"，"烧了太可惜，暴露给公众又太珍贵了。"四年之后，爱伦·贝斯特·阿什也被埋葬在了阿什的墓地里。克罗珀尔在他的作品中还特别提到了英国诗人罗塞蒂[1]（Rossetti）决定将他当年埋在妻子墓地的那些诗稿挖出来并将其发表之事。

在爱伦1889年11月25日的日记中，爱伦谈到：阿什弥留之际，要求她烧掉那些不应该让公众看到的信件，不愿在他死后招惹兀鹫们围过来抢食。爱伦还回想了她与阿什长达数十年不明不白的隔膜，谈论了他们的婚姻，结论说：她的婚姻是“没有愤怒的40年”。在阿什病重的时候，爱伦收到了克里斯塔贝尔·拉莫特写来的一封信，请求爱伦的宽恕，并说经过这么多年才坦白实情，任凭她处置，自己当年的片刻激情早已熄灭，她们都老了，都成了老女人，因为从报纸上看到了阿什病重的消息，她有一件事非得告诉阿什不可，希望爱伦能让阿什亲自看看密封在给爱伦的信封当中的那封附信，再由阿什决定是不是给爱伦看。拉莫特请求爱伦原谅她给她造成了伤害，而其实她的本意根本不是这样的。之后，拉莫特还不无伤感地形容了一番自己当今的现实——独居在塔楼里，像一个老巫婆，写作着一些无人需要的诗歌。最后，拉莫特希望阿什夫人能回她一封信，在心境好的时候，告诉她阿什的状况如何。

其实，爱伦早就从克里斯塔贝尔·拉莫特的女友布兰奇·格娄弗小姐那里获悉了阿什与拉莫特之间的事。格娄弗带着偷窃来的阿什寄给拉莫特的诗篇和信函来见爱伦，希望爱伦能帮她，让拉莫特回到她的身边，爱伦拒绝了格娄弗小姐的要求，并要她从房子里滚出去。之后，爱伦一直表情平静地与阿什如常厮守，她也曾想过阿什和拉莫特的关系：是交往、通奸，还是爱情？爱伦回想起了1859年秋季的一天，阿什向她袒露了他的秘密，供认了夏天在约克郡时他爱上了另外一个女人，他们在一起的快乐日子。当时，爱伦不想继续听下去了，简单地说了一句：“我知道。”爱伦曾考虑过给克里斯塔贝尔·拉莫特回一封信，不过，最终还是没有回，只是在心里给拉莫特写了一封回信：你怎能搅乱我和阿什在一起的最后日子里的平静？因为这些日子是属于我的，他是我的幸福，我就要永远失去他了，你难道连这点也不明白？我不能将你的信读给他听。

阿什过世之后，爱伦在清理阿什的遗物时，发现了阿什写给拉莫特的一封没有写完的信。阿什在信中倾诉了他对拉莫特的思念，称她为“亲爱的恶魔，折腾我的人”，并表达了对他的孩子的爱和关切，非常想知道他的孩子后来怎样了？还活着吗？看到阿什的这些语言，爱伦顿感一种莫名其妙的恐惧。多少年来，她一直对自己的妹妹们掩饰说，她和阿什尽管没有运气得到孩子，却生活得非常幸福——突然，她意识到：这其实是一个谎言，其实自己一生的“幸福婚姻”生活都是建筑在一个谎言和假象的基础之上，简直就像是一座容纳谎言的房子；自己一直替阿什给读者、崇拜者和表示爱慕的女人回信，可自己却始终没能完全拥有阿什，尽管阿什始终是尊敬她、爱护她的；而拉莫特却完全拥有了阿什，成了他真正的妻子，至少，是他孩子的母亲。爱伦不再往下读了，决定烧毁阿什这封未发出的信。在那之后，爱伦便把拉莫特写给阿什的那一封从未拆封过的信，加上阿什珍藏在怀表中的一缕头发，以及她与阿什之间的一捆情书，放进了一个黑盒子，随葬在了阿什的墓中。

罗兰回到普特尼街区他和瓦尔共同租住的那栋公寓门前时，从一个做社会服务的女义工口中获悉：

---

1 罗塞蒂：即但丁·加布里尔·罗塞蒂（Dante Gabriel Rossetti，1828—1882），英国画家、诗人、插图画家和翻译家，前拉斐尔派的三位创始人之一。他妻子伊丽莎白·西德尔（Elizabeth Siddal，1829—1862）去世之后他变得十分沮丧，在妻子墓地前埋葬了大量未发行的诗稿，并将妻子想象为但丁·亚利基利（Dante Alighieri，1265—1321）的长诗《神曲》中的比特里斯（Beatrice），画出许多作品，这些画作影响了后来欧洲的象征主义运动，后来，他被朋友们说服，将他当年埋在妻子坟墓里的诗稿掘出，并在1871年发表了这些诗。

他的房东欧文夫人因病被送进了医院，现在，公寓里的那些猫咪到处乱跑，拉屎撒尿，无人照管，一些信件躺在信箱里已经有两天了。罗兰取走了他的信件，走进了他原先居住过的公寓的地下室——因为在找到新的住处之前，他只能临时住在这里。那房间里一如既往，光线阴暗，潮湿，充满了酸腐味。他打开大灯，坐到床边，开始阅读他的那些来信。在那些寄给他的信件当中，有来自香港、阿姆斯特丹和巴塞罗那的三封聘书。

莫德·贝利是最早一个到达蜗居在大英博物馆地下室的"阿什工厂"的，之后，罗兰、瓦尔、尤安、丽奥诺拉一个一个也都陆续抵达了，就有关克罗珀尔要掘开阿什墓穴的问题，他们进行了一番颇为热烈的讨论。之后，在比特里斯·内斯特档案室的小小写字台前，詹姆斯·布拉凯德盯视着罗兰问道，"我想知道你是怎样找到那些手稿的？"一时间，在场的每一个人的目光全都转向了罗兰。罗兰暗想：这是说出真相的时刻，同时，也是放弃占有欲的时刻，布拉凯德这句话也许是驱邪祓魔的咒语。于是，罗兰沉着而冷静地说道："我是在伦敦图书馆翻阅阿什读过的维科作品时找到的……"他简短陈述了事情的整个经过，在一旁的莫德不断加以补充。最后，罗兰坦言：不知道为什么，他拿了它们，他绝非有意永久占有它们。他不知道自己做这件事时是着了什么魔。它们似乎是他的发现——他的意思是说，因为没有别人动过它们，自从阿什把它们放在"维科"里面，当作书签或什么的。现在，他得把它们还回去。"它们应该属于谁呢？"罗兰询问道。尤恩做出了解释："如果'维科'是一个礼品或是赠送给伦敦图书馆的，它们大概就属于图书馆；版权属于阿什勋爵。"布拉凯德表示：如果罗兰把它们交到他手里，他保证它们能回到伦敦图书馆，不会有任何人就有关罗兰的问题提出疑问。之后，罗兰走到房间的另一头，取出那两封信的原件把它们交给了布拉凯德。布拉凯德当即怀着爱心迫不及待地捧读了起来，不忍释手。

由于英国法律对掘墓有严格限制，取出诗人伦道夫·亨利·阿什墓穴中随葬的黑盒子并非一件容易的事。于是，莫蒂默·克罗珀尔不惜违法，亲自挥铲上阵，充当了掘墓人。在一个暴风雨的夜晚，克罗珀尔带着希尔德布兰德·阿什悄悄来到阿什的墓地。这时，一阵狂风大作，暴雨滂沱中，大树被刮倒了，压坏了克罗珀尔的汽车，克罗珀尔却像中了邪似的不顾一切地挖掘着，终于把那个黑盒子挖了出来。正当他捧着那黑盒子喜不自禁之时，跟踪而至的罗兰·米契尔、莫德·贝利、丽奥诺拉·斯特恩、詹姆斯·布拉凯德和比特里斯·内斯特的身影，伴随着一道强烈的手电筒的光束，出现在了他的周边。

当莫蒂默·克罗珀尔让所有的来者进入他所在的旅馆的房间时，他仍然紧紧抱着那个黑盒子。希尔德布兰德·阿什认为那个黑盒子里面的信函应该归他所有。及时赶到的尤安·麦金泰尔做了一番自我介绍：他是乔治·贝利爵士的律师，然后又说道：他能证明，莫德·贝利和目前克里斯塔贝尔·拉莫特通信文稿的拥有者贝利爵士一样，同样是那个黑盒子里面信函文稿的合法拥有者。随后，在尤安的提议下，他们开了一瓶白兰地。因为莫德很想知道最终的结果，于是，他们打开了那个黑盒子，共同阅读了那一封从未拆封过的拉莫特写给阿什的信函。

信函里面，附有一张身披婚纱的女人的照片，拉莫特在信中写道：知道阿什病得很厉害，尽管不愿以不合时宜的往事来打扰他，然而，有一件事她必须要告诉他——在二十八年前就应该告诉他的那件事：他有一个女儿，现在很好，已经结婚了，并成了一个漂亮男孩的母亲。从附给他的照片上，他可以看到，他的女儿很漂亮，长得很像亲生父母，一点不像他们女儿自认为的她的父母双亲。当年，他们两人在约克郡分手的时候，她就知道了已经造成的后果是什么了。当时，他们相互约定——就此止步，永不再回头。

她的确是这样打算这样做的，不管之后发生什么事，为了尊严，也为了阿什。她保留了自己的身孕，安排了一次详细周密的远行，然后，与唯一可以给予她帮助的人——她的妹妹苏菲商量之后，在苏菲的安排下，他们的女儿出生在了布列塔尼，出生在了女修道院。之后，苏菲把他们的女儿带回了英国，视同己出，对她疼爱有加，让她在英国的原野自由奔跑，并且嫁给了一个住在诺福克的表亲，成了一个乡绅的妻子，生活得很美满。

接着，拉莫特在信中道出了自己燃烧着的怨恨与爱——对阿什，对她的孩子，也包括对女友格娄弗。她说，她写这封信时，往事历历在目。在他们最后一次见面时——他们决定分手之后唯一的一次相遇。在雷依夫人主持的显灵会上，阿什发了很大的脾气，怒火冲天，当时她也很生气，因为他把她灵魂伤口上的包扎撕扯开了。她对他说"你害我成了杀人凶手"，她指的是可怜的布兰奇·格娄弗。布兰奇的可怜下场，令她内疚不已，饱受折磨。现在，她年纪大了，人也比较平静了，就像一个老巫婆，孤寂与冷静地生活在塔楼里，她最悔恨的，是他们以前的通信，写的诗和其他一些东西。近 30 年来，她一直都是"梅露西娜"，在塔楼里四处飞翔，对着风哭喊自己所期望的事——希望能看看她的孩子，喂养她，安慰她，而她的孩子却不知道她是她的母亲。她的孩子深爱着养父母，也深爱着和她没有一点血缘关系的乔治爵士，一点都不爱她。在她的孩子眼里，她只是一个老巫婆，童话里的老处女。一想到此，她就不由得两眼泪光闪烁，而她的孩子却视而不见。她令她的孩子感到恐惧，感到厌恶，因为她将这个秘密隐瞒 30 年，成了她的孩子不爱的老处女姨妈，她也因此受到了上天的惩罚，因为她把孩子藏了起来，不让阿什知道。

最后，拉莫特感谢上帝把阿什给了她，并表达了她对阿什无悔的爱——尽管当年的短暂激情早已消磨殆尽，心境早已平和，然而再度想起阿什时，她的心中依然荡漾着清澈的爱意。之后，她告诉阿什，他们的孙子名叫沃尔特（Walter），很会唱歌，令他从事农牧的父母非常诧异。她教他念诵"老水手"，那个小家伙已经会背诵其中的一部分了。他是一个强壮的男孩，会活下去的。

拉莫特的信至此结束了，整个房间里一阵沉默。现在，真相大白，一切"秘密"都被揭开了。希尔德布兰德·阿什依然心有不甘，"不——"他哀叹道。众人都不无感慨，尤安·麦金泰尔对大家说：莫德将是所有的那些文稿彻头彻尾的所有者。事情至此，莫德的身份现在已然清清楚楚，确定不移，被拆封的拉莫特的这封信非常明白了当地说明了：克里斯塔贝尔·拉莫特是莫德曾祖母梅·贝利的生母，那么莫德，便应该是拉莫特名正言顺的直系后裔了，所有那些拉莫特留存于世的信函和其他文稿，依照法律，理当归莫德所有了。于是，每个人都看向了莫德，莫德坐在那里，看着那张照片，手里拿着那封信稿，有些震惊，有些不知所措，结果，她不得不求助于罗兰，"帮我找一间睡觉的卧室。"最后，考虑到这些用来研究的历史文稿的珍贵性，为了保存的安全起见，莫德决定将它们全部交到詹姆斯·布拉凯德那里去。

莫德的雅量，令罗兰不免有几分失落之感。不过，他与莫德的关系，也出现了奇迹。当天晚上，他与莫德并排坐在一张大大的四柱卧床上，他看向莫德，告诉她：他现在有了三份工作，来自香港（Hong Kong）、巴塞罗那（Barcelona）、阿姆斯特丹（Amsterdam），整个世界都在向他招手，他恢复了他那男性的自傲。随后，他与莫德一道上了床，吹灭了蜡烛，进行了坦诚的交流。莫德终于对他说："虽然爱是一个毁灭者，非常可怕，但仍请你留下来爱我。"罗兰说："我们可以想出一种新的方式，一种现代的方式来爱。"罗兰决定去离他们不算太远的阿姆斯特丹的一所大学去任教，这样两个人就不会天天在一起，却又能常常见面了。莫德雪白而又冰冷的胴体依偎在罗兰身边，温暖了起来，如此一来，似乎两个人之间没有了边界，两个人最终融为一体了。

补遗：1868 年，有两个人相遇了，在炎热的 5 月的一天，后来从未有人提及过他们的相遇。事情是这样的：

原野上，到处都是生气勃勃的青草和夏花，长势旺盛而丰饶，在原野附近，有一个小女孩子，在门框上荡着秋千，为自己哼着唱着，编着一个雏菊花环。有一个男人，个头高高，留着胡须，戴着一顶宽边帽，游走在小路上，来往于高高的树篱之间，看起来是一个爱散步的男人。那个男人微笑着停下来，佯装问路，和小女孩交谈起来，询问了小女孩的名字后想知道她的全名，小女孩高高兴兴地说出她的全名：梅·托马西娜·贝利，还说她有两个哥哥。他们很投机地交谈了一阵之后，那个男人把小女孩抱到身边，和她一起坐在吊床上聊天。那个男人用为小女孩编织的一束花冠换取了她的一小束头发，随后念了一段普洛塞庇娜的诗，小女孩看着他，表现得有点骄傲，有点轻蔑，说她有个姨妈，老给她念这样的诗，她不喜欢诗，但喜欢他，因为他会做好东西，又不多事。那个男人让小女孩转告她的姨妈，"说你遇到了一位诗人，他正在寻找无情的美女，却见到了你。告诉她，这个诗人只想跟她问个好，不会去打搅她的，他要继续赶路。"说完，他吻了吻小女孩就走了。在回家途中，小女孩遇见了她的哥哥们，他们嬉闹打滚，可爱的花冠破损了，而且，小女孩把那个口信忘了，结果，那个口信从此再也没有被捎到。

作者生平与创作生涯

安东尼娅·苏珊·拜厄特是不列颠帝国司令勋章（CBE）的拥有者，也是不列颠帝国爵级司令勋章（DBE）的拥有者，1936 年 8 月 24 日出生在英国南约克郡谢菲尔德市（Sheffield）的书香世家，父母均毕业于剑桥大学，家里的藏书丰富，文化氛围浓郁，同胞四人，胞妹玛格丽特·德拉布尔[1]（Margaret Drabble）也是著名的小说家，英国文坛上的一位炙手可热的风云人物；另一位胞妹是艺术史家；胞弟是律师。1949 年，她就读于约克郡教会寄宿学校芒特中学，以优异成绩毕业后，获得奖学金，进入剑桥大学纽纳姆学院学习英国文学，1957 年获得文学士学位。之后，开始攻读博士学位，1957 年至 1958 年，进入美国宾夕法尼亚州的布尔茅尔学院，学习 17 世纪的英国文学；1958 年至 1959 年，进入牛津大学萨默维尔学院学习英国文学。

1959 年，她与英国经济学家伊恩·查尔斯·雷纳·拜厄特爵士（Sir Ian Charles Rayner Byatt）结了婚，改姓"拜厄特"，生育了一儿一女。1962 年，她到英国伦敦大学担任兼职讲师，讲授英国文学；与此同时，开始动笔写作，1964 年（28 岁），出版了第一部长篇小说《太阳的影子》（Shadow of a Sun），以崭新

---

1 玛格丽特·德拉布尔（Margaret Drabble，1939—　）：当今英国文坛上一位久负盛名的小说家，与安东尼娅·苏珊·拜厄特是一对源于同一家庭和文化背景的姐妹双星，难分伯仲。她主持了文学大典《牛津英国文学指南》（The Oxford Companion to English Literature）的编撰。她的长篇小说《夏日鸟笼》（A Summer Birdcage）和《针眼》（The Needle's Eye）等极为流行，1980年，她获得由英国政府颁发的不列颠帝国司令勋章（CBE）。

的角度，从容不迫的方式，讲述了一位被困扰的敏感少女的故事，出版之后，大获成功，十分畅销，令她备受鼓舞，从此正式开始了她的文学创作和文学批评生涯。

1969 年，她与拜厄特爵士的婚姻解体；同年稍后，她与彼得·约翰·杜菲（Peter John Duffy）结了婚，生育了两个女儿。1972 年，她在伦敦大学担任教授英美文学的专职讲师，1981 年，升为高级讲师。此外，1965 年至 1969 年，她还在伦敦中央艺术与设计学院讲授英国文学；1974 年至 1977 年，她在英国广播公司（BBC）的文学评论节目中担任主持人；1977 年至 1982 年，她成为剑桥大学纽纳姆学院的副教授。这时候，她已经在文学理论上颇有了建树，发表了一些颇有影响力的文学评论和研究著作，并有大量文论专著问世，成了英国文学评论界的权威人士。

1983 年（47 岁），她辞去了在伦敦大学所担任的教学工作，成了一位专业作家。此后，她一面创作，一面在海外广泛旅游、讲学，并定期为英国《时代文学副刊》《独立时报》和《星期日泰晤士报》的书评周刊等报纸、杂志撰稿。

安东尼娅·苏珊·拜厄特被誉为英国文坛上继乔治·艾略特（George Eliot，1819—1880）之后的另一位洞悉人类奥秘、学识渊博、极具知性魅力的女作家，作品多以英国知识女性为描写对象，多以表现人与人之间占有与反占有的关系为主题，擅长刻画女性心理，关注女性知识分子的生存境遇，表现出了鲜明的女性意识，塑造了一系列性格鲜明的女性人物；作品带有强烈的民主开放意识和哲学味道，善于将小说创作放置于历史语境下，运用各种文体，将小说传统与现代性有机地融合起来，因而她的小说创作，既有现实主义传统的印记，又有试验性、自省性、互文性等后现代主义小说的特征。

自 1964 年出版长篇处女作《太阳的影子》之后，至 1990 年间，她陆续出版了长篇小说：《游戏》（The Game，1968）、《园中处女》（The Virgin in the Garden，1978）、《静止的生活》（Still Life，1985）、《占有》（Possession，1990）、《天使与昆虫》（Angels & Insects，1992）、《通天塔》（Babel Tower，1996）；短篇小说集有：《糖和其他故事》（Sugar and Other Stories，1987）、《马蒂斯的故事》（The Matisse Stories，1993）、《夜莺眼中的神灵》（The Djinn in the Nightingale's Eye，1994）、《要素：火和冰的故事》（Elementals: Stories of Fire and Ice，1998）等。

其中，长篇小说《静止的生活》获得了国际笔会银笔小说奖；短篇小说集《夜莺眼中的神灵》获得创神奇幻文学奖。

长篇巨著《占有》讲述了一个艰难曲折的学术考古故事，文学博士罗兰·米契尔（Roland Michell）偶然间发现了维多利亚时代大诗人伦道夫·亨利·阿什（Randolph Henry Ash，虚构人物）写给一位神秘女士的书信，想甩开雇用他的专家，另起炉灶。经人指点后，与主持“妇女资源中心”工作的文学教授莫德·贝利（Maud Bailey）相识，两人一起结伴而行，去查询资料，寻根究底，揭开了一个不为人知的秘密。与此同时，他们自己也坠入了一场不可避免的情爱之中。小说以两对恋人的情感交叉前行，构成了叙述主线，既是一部双料的浪漫爱情史，又是一部扣人心弦的推理小说，行文构思巧妙，寓意深刻，叙述既有离奇荒诞的神话色彩，又有生动逼真的实证细节，艺术的想象和历史的真实水乳交融，浑然一体，呈现出充实而又空灵的审美意境，突出表现了她对女性历史的重新审视和对女性命运的再度考察。

小说出版之后，引起巨大轰动，风靡一时，好评如潮，被认为是“一部完美的作品，从头到尾都是大师手笔”，是“一个时代最激荡心灵的作品”，把她推向当代英国文坛中心，成了当代英国文坛上一位炙手可热的风云人物，并在世界文坛上日益引起注意。因其娴熟而又独特的创作手法和叙述技巧，一部讲述学术生活的小说却浓缩了整个人类经验的漫长历史，问鼎了第 22 届英语文学界最有影响力的布克奖，还在当年获得了《爱尔兰时报》主办的国际小说奖，并在 1991 年，再获英联邦作家奖亚欧地区最佳图书奖；2002 年，美国电影公司将其改编成同名电影剧本，搬上了银幕。

安东尼娅·苏珊·拜厄特在数十年的创作生涯中，创下了累累硕果。进入 21 世纪之后，她又陆续出版了长篇小说：《一位传记作家的故事》（The Biographer's Tale，2000）、《吹口哨的女人》（A Whistling Woman，2002）、《孩子们的书》（The Children's Book，2009）；短篇小说集《黑色小书故事集》（Little Black Book of Stories，2003）。其中，《孩子们的书》，探讨了有关神话、历史、文学、现实主义等问题，入围了布克奖决赛名单。

由于杰出的文学成就，安东尼娅·苏珊·拜厄特颇负盛名，在英国社会文化生活中享有很高的知名度，不但获得过众多文学奖项，还是多项文学大奖裁判委员会评委，同时，她还是英国皇家文学院院士；英国交流与文化研究委员会 1978 年至 1984 年间的英国全国学术奖理事会成员；英国创意与表演艺术委员会 1985 年至 1987 年间的英国全国学术奖理事会成员；并在 1986 年至 1988 年间，出任了英国作家协会主席；1990 年至 1998 年间，出任了英国文化理事会文学顾问委员会委员。

为了表彰她的文学贡献，1990 年，她获得由英国政府颁发的不列颠帝国司令勋章（CBE），1999 年，她又获得了英国女王伊丽莎白二世（Queen Elizabeth II，1926—　）颁发的不列颠帝国爵级司令勋章（DBE）。她还荣获了世界上十多所大学授予的荣誉博士头衔，其中包括她的母校剑桥大学纽纳姆学院 1999 年授予她的文学博士头衔。2002 年，德国汉堡阿尔弗雷德·托福基金会为酬答她捐款给英国文化事业授予了她莎士比亚奖。

除了小说创作之外，在文学理论上，安东尼娅·苏珊·拜厄特也颇有建树，著有大量文论专著，包括对艾丽斯·默多克（Iris Murdoch，1919—1999）、威廉·华兹沃斯（William Wordsworth，1770—1850）和塞缪尔·泰勒·柯勒律治（Samuel Taylor Coleridge，1772—1834）等著名作家的多部评论集，成为英国文学评论界的权威。

她的评论集喜欢开放从容宽泛的文学讨论，而不喜欢以文本为代价玩弄评论家的机巧。她著有散文集《心的激情》（Passions of the Mind，1991）、《论历史和小说》（On Histories and Stories，2000）；评论集《自由的等级：艾丽丝·默多克的早期小说》（Degrees of Freedom: The Early Novels of Iris Murdoch，1965）、《华兹沃斯和柯勒律治在他们那个时代中的地位》（Wordsworth and Coleridge in Their Time，1970）、《艾丽丝·默多克：批判性研究》（Iris Murdoch: A Critical Study，1976）、《不羁的年代：华兹沃斯和柯勒律治的诗和生活》（Unruly Times: Wordsworth and Coleridge, Poetry and Life, 1989）、《想象的人物：关于女作家的六次谈话》（Imagining Characters: Six Conversations about Women Writers，1995）。

1998 年，她编著的《牛津英国短篇小说集》（Oxford Book of English Short Stories），共收录了英国短篇小说 37 篇，与旧版本迥然不同，带有她强烈的个人特色。在集子的前言中，她陈述说，她对理想的短篇小说没有什么固定的尺寸，选材的唯一标准，即所选的篇章必须是艺术品，在表述和故事的两个方面都应有出人意表和令人满意的表现。

当今，安东尼娅·苏珊·拜厄特虽年事已高，却仍然笔耕不辍，时有新作问世，且频频成为社会文化生活和文坛评论界的关注焦点。近年来，她又陆续出版了中篇小说:《人体艺术》(Body Art，2011)、《粉色丝带》(The Pink Ribbon，2011)、《原材料》(Raw Material，2011)、《石头女人》(A Stone Woman，2011)、《森林里的事情》(The Thing in the Forest，2011)、《玩偶的眼睛》(Dolls' Eyes，2013)；散文集《孔雀与藤》(Peacock & Vine，2016) 等。她的作品总是带有浓厚的知识气味，以精微如百科全书的文字来描述细节，语言表现有时妙语连珠，有时触目惊心。

主要参考资料：

Contemporary British Women Writers: Narrative Strategies, edited by Robert E. Hosmer, Publisher: St. Martin's, 1993.

Possession: A Romance, by A. S. Byatt,Publisher:Modern Library,2000.

024 饥饿的路［尼日利亚］本·奥克瑞

The Famished Road by Ben Okri

◎ 原著共 3 卷 8 章 78 节，在一个虚构的西部非洲城市郊区贫民窟的背景之下，用魔幻现实主义手法，讲述了不断在生死之间轮回的鬼孩“我”在冥府和人界之间的徘徊。“我”，即投胎轮回的幽灵男孩阿扎罗（Azaro）。本文在下面的讲述用第三人称。

英文原版封面

本·奥克瑞

（Ben Okri，1959—　）

本·奥克瑞是非洲作家群中的一位出类拔萃的开路先锋，以其光辉灿烂的想象，赋予了非洲传统文学新的活力，他那充满现代性的叙述，为非洲谱写了新的史诗。

有评论认为，其作品颇具原创性，多以后殖民主义为主题，融合历史悠久的约鲁巴民间文化叙事传统，与魔幻现实主义手法奇妙结合在一起，形成了属于他自己的具有非洲特色的魔幻现实主义风格。

当年，《饥饿的路》（The Famished Road）出版之后立即在国际文坛上获得了好评，荣膺了多个重要文学奖项和荣誉：因其**史诗般的叙事方式以及对人物形象的塑造**，问鼎了第 23 届英语文学界最有影响力的布克奖；1993 年，获得意大利鲁芬诺 – 阿赞诺基昂蒂国际文学奖；1994 年，获得意大利文学基金会颁发的格林扎纳·卡佛文学奖；后来还被一些大学规定为阅读教材，成为成千上万大学生研读的对象；甚至有一些评论家还将它与古希腊盲诗人荷马（约 900 B.C.—800 B.C.）的史诗《奥德赛》（The Odyssey）相媲美。

最初，这里是一条河，河变成了路，路又分出许多岔道，往四面八方发展，通向了整个世界。因为这条路曾经是河，它一直没能摆脱饥饿。

在那万物初始的大地上，鬼孩们与有待投生的同伴们杂居在一起，他们呈现出多种多样的形状，大多数是鸟禽的样子。他们一个个无拘无束，栖居在漫无边际的旷野，在那些无尽无休的祝典中，他们大吃大喝，游戏玩耍，无事可做；同时，他们又常常感到郁闷忧伤——因为在他们中间，总有一些同伴刚刚从人界归来，那些同伴是怀着极度沮丧归来的。所有的爱，被留在了他们身后，所有的疾苦，尚未补偿他们，他们尚未弄明白一切，他们几乎还没着手学会一切，就又一次被拖回了冥间。然而，他们当中，却又没有一个鬼孩愿意滞留在人界。他们讨厌人间生存环境的残酷、不能满足的热望、不公平的准则、错综复杂的爱、父母的愚昧，还有会死的既定事实，以及那些生者对天地万物美好事物表现出来的令人惊奇的冷漠。他们害怕人类的无情，他们觉得人类一个个全都是天生的睁眼瞎。

他们在鬼魂王国自由自在地快乐生活着，可是，他们又不得不依照着他们那位耐性极好的冥王的命令轮流到人间投生；他们越是热衷于鬼魂王国的快乐生活，他们离投生的日子也就越来越近。每当到了这个时候，他们都会立下誓愿：只要一有机会，就立刻重返鬼魂王国。他们当中，凡是立了这一誓愿的，在人类世界都被称为“阿比库[1]”，意思是“鬼孩”。背弃誓约的鬼孩，是对同伴们的一种耍弄，不但会饱受各种幻象的困扰，还会有同类不断地来找麻烦。

在鬼孩当中，有一个饿鬼，多次投生人界，随后又早年夭亡。多次为同一对父母所生之后，体内积纳了太多人世间的尘垢，结果开始厌倦永远的可怕漂泊，厌倦生与死的循环。于是，终于有一次，决定背弃与鬼孩伙伴们订立的那个誓约，在一个冥界和人界的交界地带停留了下来。“他”想好好品味一下人间这一世界，触摸它，经历它的痛苦，了解它，珍爱它，为人间世界做一份有价值的贡献，并随着自己生命的进程，感受一种崇高的永恒。另外，多半也是因为一张伤痕累累的女人的脸，促使“他”停留在了交界地带。那个女人，就是“他”母亲，“他”想让那张布满了生之艰辛的脸高兴。

“他”非常幼小的时候，就已清楚记得——“他”的生命延伸到了其他生命中，两者之间没有了明确界限；有时，“他”好像是同时拥有几个生命，一个生命涌入了另外一些生命当中，而所有这些生命

1 阿比库（Abiku）：非洲约鲁巴神话中特有的一个概念和形象，即一个鬼孩。这种孩子，生下来没有长到成年就死了，死后又再生出来，再死去，总是处于一种反复的轮回之中，总是在折磨他的母亲。

又都涌入“他”的童年当中。“他”在还是胎儿时期，就感到“他”把母亲折磨得透不过气来，而“他”自己也被不可思议的生命压得透不过气来。“他”一直都没能从投生人间的混沌状态中苏醒过来，不管是白天还是黑夜，常常有声音对“他”诉说着什么，“他”渐渐意识到：那是来自“他”的鬼孩伙伴的各种声音。

“他”的那些鬼孩伙伴们，向“他”发出了警告，他们不允许“他”离弃他们，要“他”回到鬼魂王国，“他”要是不回去，就会让“他”生不如死，就会让“他”的生命难以为继；遭到了“他”大喊大叫的拒绝之后，“他”的鬼孩伙伴们，又开始不断给“他”制造种种麻烦，并以此取乐。“他”经常发现自己摇摆在冥界和人界这两个世界之间。有一次，“他”甚至差点被淹死。之后，“他”就病倒了，花了大量时间停留另外一个世界，试图说服“他”的鬼孩伙伴们别再继续闹下去了，别再管“他”的事了。当时，“他”根本不知道，“他”的那些鬼孩伙伴们之所以对“他”不能忘怀，目的就是要“他”死，要“他”重返冥府。在“他”想要重新回到自己的躯体却又进不去时，“他”才意识到，“他”的那些鬼孩伙伴们已经设法关闭了“他”重返生命的通道，幸亏他们的冥王出面干预，重新开启了“他”的生命之门。

“他”苏醒过来的时候，“他”发现自己正在一个棺材里。“他”的父母以为“他”死了，正着手将“他”埋葬时，听见了“他”发出的强劲的哭嚎声。由于“他”创造奇迹般地痊愈，“他”的父母不顾家里经济有多么拮据，为“他”举办了一次庆宴，并再一次为“他”取了一个名字——“阿扎罗”。在那之后，阿扎罗得知，自己在不死不活的状态下徘徊了整整两个星期。为了给他治病，他的父母耗尽了他们的精力和钱财，为他花了很多钱，而且还背上了债。

阿扎罗幼小的时候，他母亲总以他为荣，说他是一个奇人。他还是一个幼小的孩子，就能辨读他人的头脑，预知一些未来的事情，避开一些灾难。经常是，在他刚刚离开的一些地方，往往会发生某种灾难。尤其值得一提的一件事是：一天夜里，他正在睡觉，忽见他们的冥王在俯视他，他立刻醒来，跑出了屋子，跑到了大街上，他的父母在后面追赶他，想把他硬拖回去。就在这时，他们居住区的房屋着起了火，居住在里面的所有人家都醒了，大火开始肆虐，空气中回荡着人们的哭叫声。住户们赶紧从附近井里打来水，跑前跑后地为灭火忙活着。之后，房东来到了现场，大声叫嚷，倒地撒泼，随意指责并拼命喊叫说——住户们蓄意放火烧了他的房子，为的是逃避新近上涨的房租。火灾之后，房东带来了三名警察，恶狠狠地扑向那些刚刚参加了灭火的人群，用皮鞭抽打他们，用警棍把他们打得头破血流，他们开始回击，那三名警察败退而逃，之后，又带着援军重返败阵之地。他父亲就像一个狂怒的苦修教士，与警察搏斗着，直至被六名警察制服之后，押送到警察局里。

与此同时，那些前来增援的警察，冲着人群疯狂地发泄着他们的暴戾，一些受伤的男人、女人、孩子、狗和山羊倒卧在了大会战的现场。到了深夜，天又下起了大雨，那雨下的时间并不长，却加剧了人们的愤怒。黑人聚居区的居民们终于怒不可遏了，结果，一场暴乱开始了。暴乱当中，阿扎罗的母亲抱着他，被狂乱的人群不断推搡着，他母亲刚把他放到地上，准备裹紧睡衣，以应对更坏的状况，不料走过来了一群人，插到了他和他母亲中间，切断了他们母子之间的联系。

阿扎罗在那暴乱的街区里漫无目的地徘徊流浪，耳畔响起他的那些爱玩鬼把戏的鬼孩伙伴们的笑声。他赤着脚，东倒西歪地走着，为的是寻找他母亲，不料却拐进了一条黑暗的街道。几个穿着白色的罩衣、脸上蒙着面纱的女人突然间从黑暗中出现，她们俯冲下来，猛扑向他，一下子把他抓进了令人毛骨悚然的黑夜。

来自冥界的这些女人，穿过暴乱现场，把他扔进一只独木舟，挟持到一个神秘的孤岛上，带进一座漂亮的房子，端出了最好的菜肴款待他，然后又给他穿上了整洁的白衣装，使他生出了一种裹在云团里一般的感觉。他渐渐进入了梦乡，隐约之间，好像是听到了他母亲的哭泣声，他立刻从那恍惚之中苏醒了过来。之后，他寻机从那几个白衣素裹的女人的巫术中逃脱了出来，逃离了那个孤岛。

他开始在城市的街区里漫无目的地徘徊流浪，喘了口气，歇了歇，之后，走进了市集的街区。他发现那里也有许多鬼孩和其他神灵在地面上方游荡，并发现有一个耳朵周围盘旋着苍蝇的可怕男人在追踪他，一边用各种古怪的语言狂吼乱叫，像一个可怕的鬼影，不管他怎样，都无法将其摆脱，情急中，他横穿过马路，不要命地逃跑，总算摆脱了那个着了魔的男人对他的追赶之后，他又闯入了另一个空间，无论往哪边看，那些鬼孩伙伴们都会无孔不入地表明他们的存在。

当他跌跌撞撞地穿过一条马路时，被汽车撞伤了。他被带到了警察局，后来，又被抬到医院治伤。出院之后，一对刚刚失去独子的警官夫妇主动提出愿意在找到他的父母之前先照顾他几天。那对警官夫妇忧郁而善感，在他们家中，他十分惊恐地发现了很多鬼孩伙伴的活动，其中就有警官夫妇在一次车祸中丧生的那个孩子的鬼魂。他很快感觉到这个不快乐的鬼孩已然占据了他的全身，他竭尽全力把那个鬼孩赶出了体外。他想逃走，却不成。整个晚上，他都没有睡，在黎明之前，他站到门口，向心中的母亲形象呼救，声音中带着饥饿，大声叫喊着“妈！”

最初，他母亲没有反应，没有听出是他，用茫然的目光盯视着他看。经过短暂的沉默之后，他母亲突然扔下手持的所有东西，把他拉抱到怀里，没有发出一点声响，然后把他举起，举向空中，扛到肩上，让他紧贴到她温暖的、带有湿气的身体上。黑暗中，他被众人的声音吵醒了，他在他母亲的肩膀上，看到了大雨中的那些女人们的脸，在闪电中，闪光发亮。那些女人把他和他母亲团团围住，伸出双臂，为他的归来高兴不已。那些女人们还碰了碰他的身体，然后，凝视着他，仿佛他是一个从天上掉下来的不寻常的东西。现在，他属于她们所有的人了，他把一个新的希望带了回来。

他母亲把他放了下来，他双腿无力地迈进了他们的新家。雨下得更大了，一道道闪电从他的头的上空掠过。在居住区的大通道上，在大雨倾盆中，他父亲用强有力的手抓住了他，大喊大叫着，持续不断地把他一次又一次地抛向空中，令他充满了恐惧。当他父亲把他牢牢搂在怀里用坚硬的大胡子使劲地刺扎他、用颤抖的心忘情地爱他时，他被感动得不知所措，不知为什么，突然放声大哭了起来。

他终于回家了，鬼孩伙伴不再侵扰他给他制造麻烦了，黑暗中，也不再有鬼孩出没了。他的归来，给他的父母带来了巨大的喜悦，他父亲打了野猪设宴招待邻居们，他懂得了亲情的深厚，渐渐体会到他父母的慈爱、人间的温暖，并爱上了他的家，爱上了人界尘世的生活，不再甘心命定的轮回，决心留在人间，与命运抗争。

他投生的是一个贫苦人家，生活环境恶劣。他们家没有洗澡间，厕所也很原始；但是，在这样的房屋里，在他的新家园，他却能时时处处受到父母对他的温馨照料。他父亲是一个淳朴而善良的男人，身体壮硕，肌肉发达，肩部肌肉好像岩石一般隆起着，脖颈粗壮，额头宽阔，脸上的胡须刚硬丰茂，浑身上下，脉动的肌肉像涟漪一样，令人难忘；他父亲还是一个非常好动的男人，总是一副坐卧不宁的样子，动个不停，有时甚至会对着空气频频挥拳出击。他父亲通常一个人可以打败一群人，有人甚至建议说他父亲应当去当个拳击手，他父亲动了心。他父亲靠当搬运工来养家糊口，经常要早早出门去找活干，整日扛大包，即便扛断了脖子，却也挣不到什么钱。他母亲是一个又慈爱又勤劳的善良女人，常常偷偷省下本来就少得可怜的食物，让给自己胃口大得惊人、食量如牛的丈夫和正在长身体的儿子，自己却忍饥挨饿。

因为庆祝他的归来，因为请客买饮料，结果，他父母欠下了几位邻居的债。那天上午，因为连续几日一直忙活不断，他母亲被弄得疲惫不堪，整个人完全筋疲力尽了，结果，就把她的那个小食品的摊位桌摆放在了门外的街边，带着他，在飞扬的尘土和阳光的曝晒下，有气无力地叫卖。一个上午过去了，他母亲没卖出一样东西。到了下午，几位借钱给他家的债主趁着他父亲不在，纷纷上门，来向他母亲催债，在他母亲的摊位附近来回转悠，弄得他母亲根本无法做她的小买卖。那几位债主还威胁他母亲，扣押了他母亲的商品，一直纠缠到傍晚。最令他母亲苦不堪言的是，这些债主还全都是他们聚居区里的熟人熟邻。最后，在那几个熟人熟邻的折腾下，他母亲整个人崩溃了，病倒了。

那天当晚，他父亲回来后，听过他母亲的述说，大发脾气，情绪极度激动，愤恨不平，大骂这个不近情理的无道世界，扬言要把那些债主们痛打一顿，抱怨他们的背义负恩——他父亲不断嘟囔说，他是如何一次又一次地帮助过他们，他们竟如此地背信负义，令人失望。“我要打碎他们的脑袋，让他们喘不上气来！”他父亲大声叫喊起来。重病在身的他母亲，费了很多口舌，试图劝他父亲消消气，不要以暴治恶，却未能消弭他父亲心中的愤怒。那天整整一夜，通宵达旦，他父亲都是在怨怒、咒骂中度过的。第二天，债主们一个一个又找上门来了，原本就怒目切齿的他父亲，横步到那几位债主面前，将他们着实痛骂了一通，把他们骂跑了；在那之后，他父亲给他母亲喂了些药酒，又出门去干活儿挣钱了。然而，待他父亲刚一离开家门，有几位债主又齐聚到了他们家的门前。

在那几位债主当中，有一位是当地酒吧的女老板科托夫人（Madame Koto）。科托夫人身材高大，身强力壮，是一位非同寻常的女性，性格泼辣开朗，跋扈而阴鸷，能自己一个人就把搅乱酒吧生意的男人打倒在地，聚居区里的居民个个都对她敬畏三分。科托夫人跟他母亲的关系很好，在这一次上门讨债的行动当中，唯有她没有上门来催索还债，而且还在他母亲瘫倒在地差点死去时，在他跑去向她求助时，伸出了援手，用一些草药和招魂术救活了他母亲。居住区里的几位女邻居闻讯后，前来探视他母亲，他母亲从床上坐了起来，招呼她们，不料那几位债主又在门外开始纠缠，还怂恿他们的孩子投掷石块，他和他母亲站在门口，扔鞋子加以还击。

一块石头砸中了他母亲的脑袋，他母亲瘫倒在他的脚下。来探视的几位女邻居一起悲号了起来，债主们慌忙逃走了，那几位女邻居把他母亲抬进了家门。他母亲在床上苏醒过来之后，目光冷暗，嘴角上挂着一丝令人费解的微笑，整个人的精神面貌都与先前不同了，躺在那里，任由苍蝇在她眼前飞舞戏耍，一动也不动。他上前去为他母亲轰赶那些苍蝇，他母亲看着他，脸上没有一点表情。

那天，天色已经很晚了，他父亲才回来，询问了他母亲的情况，他没有告诉他父亲债主上门索债以及他母亲的脑袋挨砸的事，只是说：他母亲今天差点死去，科托夫人帮助了他们。他是在他父母为庆祝他的归来设宴招待熟人熟邻时，认识了科托夫人。当时，他看到了许许多多在宴会人群中间活动的鬼孩，听到了那些鬼孩的一些议论，并注意到了一些鬼孩总是如影随形地跟踪着科托夫人，而科托夫人，似乎也注意到了他的与众不同，他所具有的奇异才能。

他父亲守在他母亲身旁，为他母亲做着祷告。他母亲躺在席子上，请来的草药医生用剃刀切入了他母亲的双肩，在刀口处涂抹上灰烬之后，他看到流淌出来的血变成了黑色。草药医生端来药汤，将他母亲扶坐了起来，喂过他母亲药汤之后，草药医生开始抽打空气，用他那被施了魔法的掸帚，驱逐那些多余的鬼魂。经过草药医生的一番折腾，他母亲终于静静入睡了，神态看上去比先前平和多了。为了治疗费用，草药医生与他父亲争执不休，不动一点怜悯之心。他父亲叹息着，付清了钱款。草药医生离去之后，他坐在他父亲的双腿上，父子二人一起凝视着酣睡在床上的他母亲。

随后，他父亲跟他说起了往事：他父亲原本应该是一位祭司，他爷爷是他们宗族祠堂里的大祭司，是路之神的祭司，无论是谁，只要想为自己的旅程、事业、出生、葬礼或任何其他的事由献祭一份祭品，都会前去找他爷爷操办。那时，所有的人都是在同一条道路上往来。他父亲本该接替他爷爷继任那个教职，可是村里的长辈们反对，说他父亲是一个拳击手，一个拳击手怎么能做路之神的祭司呢？神已经在他们家之外选定了一位继任者。他爷爷因此十分失意，瞎掉了眼睛；但是，他爷爷却能戴着墨镜在村里和世界上如常行走，既不用拐杖，也不需任何搀扶。他父亲对他说，他们家的先人，在精神上强大无比，他们拥有各种权能，而现在，他们这些后辈，正在忘却这些权能，而且，当今，人的权能，只剩下自私自利、金钱和政治斗争了。

临近夜晚，他父亲口渴，便带他去了科托夫人的酒吧。酒吧里空无一人，只有一些落脚在那里的苍蝇。他们听到科托夫人正在后院里唱着什么，便大声喊叫她，依然不见她的踪影，于是又用力敲击吧台，把吧台敲得“砰砰”作响。之后，科托夫人出现了，头发蓬乱，手上满是些散发着兽血腥味儿的血迹，匆匆与他们父子打了一个照面后，立即回身去把自己整理了一通。没过几分钟，科托夫人再次出现在他们父子二人面前时，浑身上下已是干干净净的了。

他父亲像往常一样要了自己常喝的棕榈酒。科托夫人站在一旁用十分可疑的目光注视着他，然后坐到了吧台边，对他父亲说道，“你有一个非同寻常的奇特的儿子。”之后，便要他父亲答应，让他的儿子隔三岔五就到她的酒吧来坐坐，这样她就不再跟他提欠债还钱的事了。他父亲不解其中之意，询问道：这是为什么？科托夫人坦然回答他——因为他的儿子阿扎罗能给人带来好运。他父亲不以为然，驳斥了一句，“什么好运？他带给我们的只有莫名其妙的麻烦。”

在那之后，下午一放学，他就要直奔科托夫人的酒吧来坐坐，为其坐镇。他很快注意到，通常，科托夫人总喜欢一个人待在后院里，而且，经常在后院那里挖土，埋入一个隐秘物，或挖取一个隐秘物。一天，他悄悄躲到一边窥视，看到科托夫人把一些圆圆的白色小石头埋入了土中，他十分好奇，不知道那些石头是用来干什么的。在这个世界上，遍布着只有死者才能解开的令人捉摸不定的疑团。不久，他便彻底弄清了：为什么鬼孩们对科托夫人如此这般好奇，总是跟踪她。

平时，每当他放学来到酒吧，科托夫人经常是正在后院的灌木丛中忙活着什么，听到他来了，便大声叫喊，让他快快坐下，好为她把顾客招引来——科托夫人企图利用他的奇异才能把客人吸引到酒吧里来，给她的生意带来好运。他乖乖坐了下来，坐在空荡荡的酒吧里，不时地扑打乱飞的苍蝇，却始终不见有酒客临门，他想：看来，他给科托夫人带来的坏运远比好运要多。

他母亲的身体日渐康复后，性情显得有些郁郁寡欢了。每天，把他送到交叉路口去上学后，他母亲就忙着走街串巷去叫卖食品杂货。他父亲也从不得闲，天天早出晚归。他常常见不到他父亲的身影，他们父子很难照上面，他醒来时，他父亲已经不在家了，他入睡时，他父亲人还没有回来。他父亲劳作得非常辛苦，在车库和市集扛大包，那活儿很累，钱还挣不来多少，挣来的钱，还要拿去还债，那些债主每天晚上都会找上门来，剩下的那点钱，远远不够他们交房租和吃饭的。有时，早上一起来，他们就没饭吃了，一连几日，天天空着肚子上床睡觉。

有一天，他来到科托夫人的酒吧后，因为里面的苍蝇飞来飞去再加上饥饿难耐，他便离开了酒吧，闲逛到附近的矮树丛那里，遇到了一条被骑车人压死的蜥蜴，之后，出于怜悯，他拎着那条可怜的死蜥蜴的尾巴，返回了酒吧，意图给它一个像样的葬礼，不料，遇到了一个哧哧傻笑着闯进来的疯子。那个疯子，其貌不扬，在酒吧里到处乱窜，撞翻了桌凳，抢走了那条蜥蜴，吞吃了下去。“科托夫人！”他拼命嘶喊。冲过来的科托夫人一脸的杀气，挥舞着手中的扫把，与那个疯癫男人搏斗了起来，然后，用她的大手袭击了那个男人的脖子。那个男人忽然变换了一个模样，像一头猛兽一样挣脱了，随后掏出他身上的那个巨人似的生殖器官，朝着科托夫人和一切地方喷射，科托夫人连忙跑了出去，扛回一根燃烧的木柴，燎烧那男人的脚，最后，那男人被烧跑了，跑进了树林。

科托夫人环视着被糟蹋得一塌糊涂的酒吧，看了一眼她手里还在燃烧着的木柴，然后盯向他，问道“你究竟属于哪一类孩子？”他没有吭声，径自将那些撞翻了的桌凳一一摆放好。科托夫人继续盯视着他的身影，又补充说道，“也许你带来的只有霉运，自从你来以后，甚至连我的老客户全都不上门了，新的，你又一个也揽不来。”随后，科托夫人里里外外忙活起来，用一块专用肥皂把那些桌凳用力擦洗了一遍，把酒吧里清扫得干干净净，还喷洒了一通高浓缩的消毒剂，然后，便离开了。

傍晚时分，当科托夫人再次返回酒吧时，他看到她手里拿着一个涂有棕榈油的闪光的崇拜物。之后，她拽过一把凳子，拽到酒吧门口，爬到凳子上，把那个崇拜物悬挂到了酒吧门脸上方的一个钉子上。在她悬挂崇拜物时，他头一次注意到科托夫人的下巴上长有一些胡须。悬挂完崇拜物之后，科托夫人离开凳子停步在他面前，凝视着他。她的肌肤上刚刚擦抹过刺鼻的护肤油，整个人看上去一副容光焕发的样子。不过，那护肤油的气味十分强烈，气味很难闻。他意识到：它们就是鬼孩们为什么对她分外感兴趣原因之一。

悬挂到门脸上的那个崇拜物，很快就显现出了它的威力。酒客们纷纷拥入了酒吧，而且，来的全都是一些极其怪异的人，吵吵嚷嚷的，有的身上还带有一股生肉和兽血的腥味儿。在闷热与嘈杂中，科托夫人的酒吧里挤满了各种各样怪里怪气的人，苍蝇追随着，围聚在他们周围，科托夫人为他们斟满了酒。他们很快就把酒喝光了，吵闹着上酒，而且，他们的吵嚷越来越凶，面红耳赤，开始争论起政治方面的事情。科托夫人努力想使他们安静下来，而他们就像是根本没听见，后来，还打斗了起来，大打出手。又过了一会儿，一个已经喝得烂醉的男人走了进来，不住嘴地咒骂着什么。他盯向那个骂骂咧咧的男人，发现那个人有一只眼睛是绿色。忽然，那只绿眼睛对他产生了一种奇怪的作用力，他看到从酒吧地板的缝隙里钻出了一群绿色的鬼魂，那些鬼魂渐渐升高变大，直到脑袋触碰了天花板，然后，又开始渐渐缩小……这真是一个十分奇特的夜晚。科托夫人的酒吧经历了它有史以来最不寻常的一批酒客的大聚会：有鬼魂，有醉鬼，有疯子，有伤员，有离奇的家伙以及十分奇妙的人。科托夫人从容地在他们中间往来穿梭，整个人看上去像是分外警觉又毫不畏惧。

在他看来，那天夜晚，科托夫人一定挣到了不少钱，因为在他离开酒吧时，科托夫人十分罕见地冲着他微笑，并给了他一块生甘薯。他接过那块生甘薯，沿着一条岔道回到了他母亲跟前。那天，他母亲没能挣到什么钱，从他母亲脸上阴郁的表情里，他看到了这一点。

他母亲那天回来得很早，在炎炎烈日下，奔走了一天，整个人分外劳累，还要耐着性子应酬那些拥上门来的债主们。那些债主和他们的亲属，肆无忌惮地坐到他家的床上，站在房间里，挤了满满一屋子。第二天一大早，一个债主又继续找上门来折腾，他去上学时，时间有些晚了，由于担心受罚，便不想去了。在他悄悄往家中回返的途中，经过居住区的街道时，从坐在那里闲聊的女人们的嘴里，他意外听到了有关科托夫人的一些流言。那几位女人议论说：至今，科托夫人已经葬送了三个丈夫和七个孩子，是一个吞噬小孩的女巫，她的孩子还在她子宫里时，就被她吞吃了；而且，在他们这一地区，为什么孩童不能正常成长而且总是生病？为什么男人们从来得不到提升？为什么女人们总要蒙受流产之苦？根本祸首就是科托夫人。科托夫人是一个迷惑男人的妖妇，勾引幼小男孩的狐狸精，残害胎儿的刽子手。科托夫人下巴上的胡须，带有迷魂人的魔力，她还每天拔一根头发，丢进她售卖的棕榈酒和胡椒汤里，好让男人们在她的酒吧里用掉他们所有的钱，而不顾家人的饥饿之苦。那个科托夫人，能让男人们在黑夜里变得精神错乱。她属于一个神秘组织，在皓月当空时，在空中四下里游荡……他听着听着，忽然不想再继续听下去了，有些听烦了，随后改变了主意，转身去了学校，不顾会受到惩罚。

下午放学后，他照常去了科托夫人那里。那天，已临近傍晚，他来到酒吧，看到酒吧的门紧闭，他敲了敲门，没有反应，便直接去了后院，意外目击到科托夫人往沸腾的胡椒汤里面扔过配料之后，那汤沸腾着变成了绿色的汤沫，一股浓郁的香味飘散出来。“你在这汤里放了什么？”他好奇地问。“魔鬼，”科托夫人回答说，随便瞥了他一眼，又解释说，“为了吸引买主的注意力。”果然，买主纷纷上门了，点着要喝科托夫人的那出了名的胡椒汤。

登门的这些酒客，统统是一些体貌怪异的人，把酒吧坐得满满堂堂的，比他先前见过的任何酒客都更加奇异反常，其中，有的是瞎子，有的手指残缺，有的没有牙齿，有的患白化病，有的体型不佳，四肢不成比例，脖子长得出奇，脸长得让人难受，还有一个是侏儒。他们坐在那里，一边等候着，一边不时地偷偷窥视着他，原来，他们意图要把他带走。当他去为他们分发酒杯时，他们抓住了他，强行要将他带走，说，要带他去徒步周游世界，他奋力挣脱了。

随后，他们又吃又喝，把科托夫人的酒食吃了个精光，供应不上了。科托夫人不得不赶紧去重新起火，这时候，那个侏儒朝他走了过来，给了他一把小刀，笑着对他说，“拿着，你也许用得上。”之后，那个侏儒再没说什么，也没付钱，便离去了。他把那把小刀放进衣兜，重新坐下，他们又上前纠缠他，坚持要他跟他们走。“不去！”他的态度坚决。岂料他们对此早已有所准备，有备而来，趁科托夫人关门打烊之际，十分熟练地把他装进他们随身带来的一个口袋里，然后，系紧了口袋口。他奋力抗争，就在这时，他听到了他们私下的大声喧哗——以一种鬼魂的悠闲、非人类的语言侃侃而谈，原来，他们是一些魔鬼，是变成各种模样的鬼孩，是来自冥界的使者，他们要把他捉回冥界去。他高声呼喊起来，“政治贩子！政治贩子要把我带走！”然而，他的声音太微弱了，没有人听见。

他们扛着他走过很多的路，而且动作十分粗暴。他被囚困在那个口袋里，不停地挣扎，直到筋疲力尽，再也无力困斗，开始向他们伟大的冥王求救。冥王的身影出现了，随后又幻化成了侏儒的脸。他彻底放弃了，不再挣踹，因为外面一下子没有了声迹，除了水流的涌动声和鸟雀的哀鸣。涌动着的河水涌灌进那个口袋，他渐渐意识到，他正被带向一个居住着众多鬼魂的水下天国；就在他努力抗拒涌灌进来的河水灌入他的口中时，他忽然感觉到了他衣兜里的那把硬邦邦的小刀；说时迟，那时快，借助那把救命小刀，他划破了囚困他的那条用料结实的口袋，钻了出去，落入河水当中，迅疾朝着岸边游了过去。爬上岸之后，他奋力穿过前面的沼泽，越过沙荒，然后继续向前奔跑，直到一条大道横到他眼前。这时，天色一片漆黑，他饥饿不堪，浑身湿漉漉的，有些不知所措。之后，他又受到幻听幻景的困扰，结果，迷了路——那路始终没有尽头，又分出许许多多的岔道。

第二天早上，他终于找到了回家的路之后，他快步急跑着从科托夫人的酒吧门脸前面跑了过去，跑进了家门。他父亲正坐在他的那条三条腿的椅子上抽烟，摆放在桌子上的那些盘碟个个空空的，什么吃的也没有。“你去哪儿了？”他父亲一脸怒气，一定要他解释清楚他一晚上去了哪里。他回答说，他不知道。他父亲原本就因他的彻夜未归坐等一夜外加上被他闹得今早不能出门去干活而窝着一肚子火，听到他的这种解释，顿时，气不打一处来，盛怒之下，抄起了手边的一根棍子，不顾他母亲从中阻拦，怒吼着，将他狠狠地抽打了一顿。

那天，在他父母双双出门去干活挣钱之后，他锁上了门，昏昏睡了整整一天，直到他母亲回来才醒。到了夜里，他发起了高烧，终夜噩梦不断，不断被鬼孩纠缠。他因疟疾，大病了一场，他母亲整夜整夜守护着他，为他熬草药汤，为他掖被子。他父亲还在生他的气，不过，因为他这一病，他父亲那一腔愤怒便失去了发泄的对象。

三天以后，星期六下午，他还在病中，听到他们居住区里吵吵嚷嚷的，街面上阵阵喧闹。出于好奇，他溜下了床，不顾脑袋昏昏沉沉，走出了居住区的大门。街面上挤满了躁动不安的人群，一个穿着耀眼的男人站在一辆后门大敞的运输车上借助一个扩音器介绍说：他们是富人党，是穷人的朋友……原来，来了一批政治贩子，在为政党间的竞选做着宣传。由于大选在即，城市里的喧嚣开始以不可逆转的强势介入了他们这一带居住区选民的生活当中。那些政治贩子及其党羽不断涌入，纷至沓来。为了在即将到来的大选中夺取政权，两个政党——富人党和穷人党正在以一些小城镇作为他们的活动舞台，展开了一场声势浩大的竞选大战，致使他们这一带的聚居区里的生活充满了动荡与很强的火药味。

那个衣着光鲜的男人站在那辆装载着满满堂堂货物的运输车上，被选民们围了个水泄不通。他正代表富人党向这一带居住区的选民们示好，向选民们许诺，只要投他们的票，就会让选民的孩子们有饭吃，就会为他们修通道路，让他们用上电，为他们修建学校，盖医院，让他们过上好日子，人人都富足起来。之后，为了进一步笼络人心，富人党还向选民们发放了他们赠送的奶粉。政治，就这样，在他们这一带居住区的居民们的生活当中公然登场了。

到了星期天，政治的神秘面纱被揭开。喝了赠送奶粉的男男女女、老老小小全都闹起了肚子，一个个呻吟着，不得其解地哭闹着，还有的想要求巫医作法。居住区里的人全都面带病容，折腾了整整一天，呕吐声不绝于耳，就像是一场瘟疫正在向四处蔓延，悄然潜入了人们的肠胃，只有他们一家人例外——因为他父亲回来后尝了一口他母亲在激烈的争抢中搞到的奶粉感觉味道不对，有些变质，他们就没有喝。傍晚，他坐在家门口，惊奇地注视着居住区里的人们的病态。一个债主的妻子从他身边经过时突然呕吐不止，吐了他一身，他慌忙起身去用水清理，这时，他父亲和他母亲从外面回来了，看到居住区里到处都是病人，人人呕吐不止，他父亲很是纳闷，进门之后，看到一只蛾子从那奶粉里飞了出去，他父亲恍然意识到：问题出在大家拼命抢夺来的奶粉上！随后，他父亲赶紧挨家挨户敲门，告诉大家奶粉有问题，“他们给我们的是劣质奶粉！”

他父亲的一番话在居住区里迅速传开了之后，人们把那些奶粉纷纷倾倒到门外街道上。居民们还凑到一起，开了一个很长的公众大会，讨论有关劣质的政治奶粉的问题。当地摄影师不顾自己的病体，面色苍白，忍着腹痛，蹒跚而行，挨家挨户把成堆的奶粉和屋外的呕吐物射入了镜头，拍摄了孩童们的病躯、男人痛苦不堪的屈身、女人严重饥饿的身段。集会持续了长达数小时之久，街面上群情激愤，有人甚至提议焚烧富人党设在当地的办事处。人们尽管很愤怒，却又很无助，讨论了很久，也没能找到解决办法，在夜幕降临时，他们不得不散去，蹒跚返回了自己的家。在那天夜晚，居住区里的人们对他们一家人的态度有了一点转变，开始向他们示好，向他父亲表示感谢，为他的那一声具有号召力的呐喊。当晚，他们一家人心情愉快地进入了梦乡之后，他在梦乡里，又听到从黑暗中传出来的鬼孩的闹腾声。

大病初愈之后，他再次来到了科托夫人的酒吧。酒吧里闷热难耐，拥挤不堪，苍蝇四窜，空气十分污浊，散发着一些动物兽皮的味道、汗垢和新翻动的泥土的味道。他注意到，里面有一些他完全陌生的怪脸，有一些人的体貌，与他上一次见到过的那些人一样怪异反常。不过，也有一些看上去很正常的酒客，那些干了一天活儿，在回家的路上顺便进来喝一杯的人。酒吧里面，已是客满为患，他从那些身体中间穿过去时，相当费力，期间，他听到了一些酒客的粗声吵闹，讥笑，恶骂，也听到了一些非人类的语言。那些体貌不同于正常人的怪异之人，很快便把酒吧搅和得喧闹不堪。他们不断生衍，他们的同类不断从门口拥进来，把酒吧填塞得几乎水泄不通了；而且，那些千奇百怪之人，还在不断地变形，不断地拥入，不断地将目光投注到他身上。他警觉起来，慢慢朝向门口挪退过去，直至挪到门外，跑进了后院。

在酒吧的后院，他渐渐镇静下来之后，突然意识到，那些怪异之人的种种奇形怪状，其实只是人体的一些部位的混杂组合，他们根本不是什么人，而是一些鬼孩。他断定，应该是科托夫人在门脸上悬挂的那个崇拜物把这些鬼孩吸引来的。他立刻便清楚自己该怎么办了，他来到门外，爬到一条长板凳上，用木棍把崇拜物从钉子上捅了下来。正当他要下地时，酒吧另外一头的一个鬼孩看见了他，发出一声尖厉的呼叫，致使他迅速逃进了夜色里。他感觉到在他的身后有许多愤怒的鬼孩在紧紧追赶着他，在丛林里追了很长一段时间之后，他才得以甩掉了他们。之后，他在丛林的一片空地上挖了一个深洞，把那个崇拜物埋了进去，用湿土将它严严实实地盖住后，在上面插了一些树枝。

自从埋葬了那个东西之后，有一段时间，他再没有去科托夫人的那个酒吧，他害怕看到科托夫人的愤怒，害怕看到科托夫人的那些酒客，每天放学之后，他不再从那个酒吧门前经过，而是径直回家。他家里的门经常是锁着的，他就坐在他们家屋外等候他母亲。他母亲每天都要去市集的摊位上忙活着叫卖兜售，常常很晚才回家。

那天傍晚，那些心术不正的政治贩子的运输车再一次开到了他们这一带的居住区。运输车刚一在他们居住区停下来，车上的政治贩子们便手执扩音器发表起激情洋溢的宣讲。随后，运输车很快被居住区里围拢过来的居民们从四面围了起来。车上的政治贩子将劣质奶粉问题归咎于他们的对手穷人党，说是穷人党谎称是富人党捣的鬼，然后，他们的打手把一盘盘木薯粉递向围聚在他们四周的人群。

那些政治贩子们站在车上继续宣讲着，然而，没有一只手伸过去接那盘子，人们只是无声地将那辆运输车密密围在中间，突然，一块石头将运输车的玻璃窗打碎了，一些愤怒的大手立刻抓向了那辆运输车。运输车上的打手们飞快跳下车来，挥舞着鞭子和棍子冲向了人群，一场打斗就这样开始了。居住区里的那些怒火中烧的民众，一个个面无惧色，他们群起反抗，直打得那些打手们大喊饶命，落荒而逃。复仇心重的民众，奋勇直追，把那些打手们追逼得不得不越过沼泽，消失在了原始森林里。之后，那些高度兴奋的民众把那辆运输车当成了他们的泄愤对象，掀翻在地，放火把它烧毁了。闻讯赶过来的警察，无可奈何地站在一边，眼巴巴看着那辆运输车燃烧出来的熊熊火焰。

当地摄影师拍摄的“奶粉事件”的骚乱和焚车的照片，刊登在了全国性报纸的头版显著位置上。那家报纸同时还刊登有关劣质奶粉的新闻报道和一篇关于民众反抗的社论，一时间，摄影师名声大噪，成了一位闻名遐迩的仁人志士，甚至还有多家机构向他发出了任职聘请书。然而，没过多久，那位摄影师便有了麻烦，成了被政治贩子们捉拿和暗杀的对象。一天夜里，那位摄影师带伤站到了他们家门口，他母亲为摄影师热了些饭菜，并为摄影师清理了伤口，敷上了膏药。他父亲和他母亲与摄影师三个大人一直谈到很晚，他父亲和他母亲商量着能为摄影师做点什么，执意让他待到天亮再走。第二天，他早上醒来，发现摄影师已经离去了，桌上留下了摄影师曾为他拍摄的几张照片。

富人党和穷人党之间的争斗，并没有使他们家的生活有些许改变。他们家的生活依然像先前一样困顿。他母亲在市集上依然受到滋扰，即便他母亲把她的摊位移到别处去，那些党羽的打手们随后还会假扮成顾客出现在他母亲的摊位前，故意刁难，找碴儿，与他母亲为难，掀翻他母亲的东西，不付钱就把东西拿走，而且，还对他母亲横加指斥，把种种虚妄之至的罪名强加到他母亲头上，致使那些本想从他母亲那里买东西的人望而却步，所以，一天下来，他母亲根本卖不出多少东西，挣到的钱少之又少。

一连多日，他父亲的脸色始终阴郁不展。他们家的房东上门催讨房租时，想以投富人党的选票来作为交换，并以此相要挟。他父亲听了房东说的那些话之后，整个人一下子变得精神抖擞起来，说他即使搭上性命也绝不投富人党的票。然而，穷人党与富人党一样腐败，一个人因为不支持他们，就被他们暗杀了。他们还会在选举中大做手脚，手下的一帮打手，专门到市集上去打人，收受贿赂，一心只想让自己捞个够——尽管如此，他父亲还是支持穷人党。

富人党的打手们和穷人党的打手们之间的流血事件，不断上演。在此期间，科托夫人出现在了他们家里，送给他母亲一个小盒子，为的是要他重新到她的酒吧去为她坐镇，招揽客人，每天去她的酒吧里待一待。她还请木匠重新装修了她的酒吧，并挂起了一块新的招牌。越来越多的富人党的打手开始频繁光顾她的酒吧，骚扰酒吧里面的老顾客——那些“正规的常客”。富人党里的权势人物也不断现身于酒吧，科托夫人特意雇用了几个年轻娼妓以取悦他们。

在富人党和穷人党拉选票的火力十足的对决中，他们家与居住区里大多数居民不断频频遭殃：房东提高了他们家的房租，比任何其他房客的房租都要高，他父亲为此一筹莫展。唯一令他父母与居住区的那些居民们得以解愁的消息，是他们这一带要有电灯了，然而，大雨和随之而来的洪水，夺去了那位带领工人架设电线的白人工程师的命。

一天晚上，他到科托夫人酒吧附近的丛林里玩耍，丛林里出现了无数蜃景，令他无法逃脱，陷入了一个迥然不同的世界。黑暗当中，到处都是游走着的鬼孩。有个妖物渐渐向他逼近过来，伴随着迎面扑来的一股臭烘烘的气息，他一下子失去了意识。后来，当他的意识恢复过来之后，他已然犯下了一个可怕的错误——骑到了一头野兽的背上。那头万年巨龙给了他重重一击，他的脸上顿时一阵阵火辣辣的疼痛，他想爬下来，那头巨龙不怀好意地摇晃着脑袋左蹿右跳，之后，又全速向一丛灌木冲了过去，把他掀翻到地上。他摔倒在了草叶堆上后，不顾脚踝的伤痛，从丛林里跑了出来，拼命逃往科托夫人的酒吧。

酒吧里面，安静得很不自然。他蹑手蹑脚走到吧台前，看到科托夫人正在那里数钱，一捆一捆的钱，令科托夫人的脸上大放异彩。注意到他之后，科托夫人炯炯的贪婪的目光变得凶残起来，分外气恼地指责他尽给她惹麻烦，来了光知道睡觉，白喝她的胡椒汤，根本派不上一点用场！就在这时候，他父亲进来了，原本打算向科托夫人借点钱，不料，就在他父亲饱受自尊心的折磨，尚未来得及开口时，一群富人党及其打手们呼啦啦拥了进来。那些人蜂拥而至，一个个的嘴里，念诵着科托夫人的名字，科托夫人立刻上前殷勤款待他们。他们吆五喝六的，一面扬言要在酒吧里开会，一面往外轰撵他和他父亲。科托夫人在一旁，答应那些打手们，他们尽管开会，她会让他们爷俩离开的。

他们继续骂骂咧咧，当他父亲听到有打手诬蔑他的儿子是贼后，立刻吼了起来，公开表明自己绝不支持他们富人党——因为富人党才是贼，因为他们手里有钱，就妄想可以剥夺穷人喝酒的权力。几个巨人一般的打手围到了他父亲的桌前，威胁他父亲。他父亲随之应战，眼睛里布满血丝，目光炯炯，勇敢无畏，直至那几个打手不战而退。

后来，他在同他父亲聊天时，他父亲给他讲了巨魔——“路之王”的故事：那个路之王胃口大得出奇，无论吃什么都不饱，所以总是饿。路之王离开森林来到人间之路，吞食了许许多多的行路人，不仅仅是活人，还有那些已经饿死的人尸。人们必须不断给路之王献祭，这样，才能得以在路上通行。因为永远吃不饱，路之王就吞吃了人们献祭的供品和来进贡的使团成员，导致人们不得不下决心要将路之王杀死。人们找来了各种毒药，混合到一份献祭的供品里。结果，路之王吃了有毒的供品后发了狂，饥饿难耐，就把进入视野的一切东西全部吞食了下去，诸如，树木、石头、房子、形形色色的人，等等。之后，又开始吞食自己，手脚、胳膊、腿、肩膀、后背、脖子、脑袋……直至只剩下那个大胃，成了世上所有路的一部分。有人说，那路之王的胃现在仍在受饥饿之苦，还在不断作怪，随时都会蹿出路面吃人，所以……他父亲提醒他说，现在他还小，在外面的世界里要格外警惕，在科托夫人的酒吧里也要多加小心。

科托夫人的酒吧，现在，成了富人党及其党羽的活动中心，生意蒸蒸日上。随着生意的兴隆，科托夫人变得与先前大不一样了，日渐疏远居住区里的穷人和他们家，与他们拉开了距离，身躯开始节节变粗，说话的口气，比早先还要狂妄，身上缀饰上了许多镯子、项链，走起路来，步态迟缓，像是被那一大堆饰品压得直不起腰来似的，而且，还总是板着面孔，目光骄横，一副不可一世，今朝大权在握的架势。他父亲说了不少有关科托夫人的坏话，不过并未阻止他去科托夫人的酒吧。

一天下午，放学后，他正到处游荡，忽然听到隐约传来的音乐声，之后，便被那音乐声音牵引着，走进了科托夫人的酒吧。里面又有了变化，所有的凳子和桌子被挪到了一边，播放着音乐，伴着舞蹈，挤满了人，拥挤不堪，其中没有一个他认识的，除了正手舞足蹈唱着歌的科托夫人。科托夫人的大嗓门儿压倒了所有人的欢声笑语。那些人，一个个全都在异常闷热的热浪中，随着激烈的音乐节拍，跺着脚。他不知那音乐来自何处，之后，在吧台，他找到了音乐的来源——上面摆放着的科托夫人新添置的一个带着金属喇叭的玩意儿，音乐声就是从那敞开的口中源源流出的。他忽然意识到，它应是一件为鬼魂助兴的玩意儿，立刻被吓坏了，想赶紧避开这不是人间的地界，逃离出去，不料脚下一绊，险些摔倒，被身后一个身穿红袍的女人拽住了。那个红袍女人满脸堆笑，拉着他转起圈来，转得他头晕目眩的，苍蝇直在眼前翻筋斗，他浑身冒汗，大汗淋漓，迷失在了一堆庞然怪物当中。周围的人堆越来越密集，人声鼎沸，又有许多人加入了狂欢中。他不知往哪转身，以便逃脱，无意间再次看了看红袍女人，忽然识破了那个女人的伪装，惊讶地发现红袍女人竟然是科托夫人！

离开科托夫人的酒吧后，他在街道上徘徊了好一阵子，不知道自己到哪去，只是不想立即回家。他们一家人的生活，日子过得一天比一天穷，日复一日，在痛苦中备受煎熬，他母亲的脸上，常常带着一种茫然的神色。他母亲的身体日渐消瘦，每天像是总有干不完的活，做完饭，打扫一遍屋子，然后就开始缝补衣服，缝补他和他父亲裤子上的破窟窿，始终默默无声，专注地干着手里的活儿，额头上满是皱纹。房间里越来越昏暗，他关上窗户，提醒他母亲点上蜡烛吧，可他母亲坚持在黑暗中把活儿干完，然后，长叹一声，把补好的衣服搭在屋里的晾衣绳上，那绳子上挂满了破毛巾、旧衬衫、补丁裤子、袍子，还有抹布，直往下坠，随时都会绷断。

一天，暴雨狂泻不止，风势强猛，他艰难地行走在放学回家的泥泞的路上，在暴风雨的闪光中，他看到了可怕的奇观，看到鬼孩们蔫头耷脑地升入空中，接着又落向地面，跳跃着飘浮在静止的世界上空。那些鬼孩从他身上飘了过去，穿过他的身体，随着轰鸣的雷声和又一道刺眼的闪电，才消失得无影无踪。当他途经科托夫人的酒吧，他走了进去，与科托夫人照面之后，科托夫人却对他下了逐客令，让他马上乖乖走开。他待在原地没动，直至看到他父亲走了进来。

他父亲慢慢喝着酒，在酒吧里和一些娼妓争论着政治。这时，屋顶上惊雷滚滚，闪电从天空划过，他看到一个长着三个脑袋的鬼魂走进了酒吧，那个三头鬼的每个脑袋都有不同的形状，一个是红的，带着蓝色的眼睛；另一个是黄的，带着红色的眼睛；第三个是蓝的，带着黄色的眼睛，总共是 10 只眼睛。三头鬼进了酒吧后，待在了门口，每一个鬼头看着不同的方向，然后，从桌子对面，把三个鬼头远远伸向了他，睁大上面所有的 10 只眼睛，每一只不同颜色的眼睛的灼热的目光，刺痛了他的眼睛，使他的视力变得模糊起来。随后，三头鬼把正中间的脑袋歪向他，说，是他鬼魂王国里的那些朋友们委托它来找他的，因为他在出生之前跟他们有过誓愿，他们要求它务必把他带回鬼魂王国。他毫不犹豫地拒绝了。三头鬼立刻警告他，要是它无功而返，他的鬼孩同伴们就会改派一个四头鬼来，再不然，他们还会派五头鬼来，到七头鬼露面时，他就没有获救的希望了，要是他能逃过七头鬼，他的鬼孩同伴们就会加入他的这个世界。

正在这时候，他父亲与富人党的一些打手在那边打斗了起来。打斗当中，他父亲的目光中透着一股杀气，在有人趁机夺走了他父亲手中的木棒后，那些娼妓们开始向他父亲扔石头，惹得他父亲暴跳如雷；与此同时，三头鬼也开始向他扔石头。他父亲将他拉了过去，捡起地上的酒吧招牌来抵挡那些飞过来的石头。随后，他和他父亲两个人侧着身子退到酒吧一侧，把酒吧大门锁上了。三头鬼却从紧闭的门口钻了进来，死缠硬磨，非要他跟它走，一步不落地跟在他后面，提醒他与鬼孩同伴们有过的誓愿，又是恳求，又是威胁，其中的一个鬼头始终拱在他的面前，另外一个鬼头对着他的耳朵说话。他父亲抄起一样东西扔了过去，三头鬼惊叫一声，终于仓皇地逃了出去。之后，他父亲又设法打败了那些打手和娼妓，继续喝完了自己杯中的酒，然后，转向科托夫人，怒斥科托夫人是个邪恶的女巫，所发生的一切全都是她唆使的，愤怒谴责科托夫人的心肠太狠，准不会有什么好下场，并说，今后，他和他的儿子再也不会到这个邪恶的酒吧来了。

他清楚地记得，雨季期间，倾盆大雨一连下了两个星期，他们家的屋顶漏雨漏得厉害，许多人家的房屋被淹，垮塌了，雨水灌入排水沟后又在各家的房舍之间泛滥，整个街道变成了一个水塘。那天早晨，他照常去学校上学，一路上，他的练习本全都被雨水打湿了。下午放学回家途中，他路过科托夫人的酒吧时，又遇到了鬼孩们，被那几个鬼孩捉弄了一番后，他打碎了住区里盲人巫师瞎老头家的玻璃窗。随后，那个瞎老头与那几个鬼孩尾随着他，跑到他家里告了他一状。他父母很是生气，尤其是他母亲，当时被气得直拧他的耳朵。傍晚，他父亲为瞎老头修理过窗玻璃，回来之后，发泄了心里全部的愤怒，狠狠地鞭打了他一顿，并叮嘱他母亲当晚不许给他任何东西吃。晚饭之后，他母亲想偷偷给他一些吃的，被他拒绝了。

在那之后，第二天，他病倒了，拒绝去学校上学，拒绝玩耍，拒绝吃东西，整天躺在床上，内心的不满情绪不断膨胀。随后，一连三天，他始终不吃不喝，昏昏沉睡在床上，与饥饿相伴，渐渐进入了一个奇妙的幻境，开始决意让自己离开这个被淹没在贫穷当中的世界。第四天，在饥饿的作用下，他的精神状态更加反常了，而就在这时候，他忽然看到了那个三头鬼正坐在他身旁，它已经耐心等候他多时了。之后，经过三头鬼一番劝说，在三头鬼的引导之下，他被带入了一片蓝色领域，渐渐离开了生命的世界。

因为他已足足有两个星期不吃不喝了，上门的民间医生断定他已经死了，可他父母执意不信，始终不肯放弃对他的呼唤，终于使他感受到了他父母为他发出的哭泣。他实在受不了他母亲的那种伤心欲绝的哀哭声，那种紧绷绷的拥抱，以及对他坚持不懈的召唤。他母亲撕心裂肺地呼唤着他，希望他醒过来，回到人间来。结果，徘徊在冥府和人界之间蓝色地带的他，开始竭力逃脱三头鬼的束缚，挣扎着一定要回到他父母身边。三头鬼却把他抓得更紧更牢了，坚称他必须回到他的鬼孩同伴们那儿去。他拼命挣扎，用尽全部力量呼喊了一声“妈——”。最终，草药医生的治疗使他再次获得重生，把他带回了人间，他才又得以回到了他父母的身边。

他起死回生后，他父母的欢快的心情溢于言表，尤其是他父亲，分外开怀，整个人都变得与以往不同了。他父亲开始全神贯注于他早年的那个成为拳击家的理想——他母亲告诉他：从年轻时候起，他父亲就始终梦想着成为一名伟大的拳击手，在家乡时，他父亲就曾经打过拳击、摔过跤，他的黑皮肤使他获得了“黑虎”（Black Tyger）的称号，村里的年轻男子全都不是他父亲的对手，有一天，还没上场比赛，他父亲就把他爷爷仇人家的墙上捣出了一个大洞。

现在，他父亲除了工作和睡觉之外，整天着了魔似的，发狂似的练习拳击，他父亲外出干活的时间越来越少，拳术与日俱增。他父亲打起拳来十分勇猛，从不畏惧一次比一次更凶险的挑战。一天晚上，他在丛林里看他父亲练习拳击时，黑暗之中，出现了一个自称“黄色美洲虎”（Yellow Jaguar）的男人，向他父亲发出了挑战，扑了过来，他父亲被那个男人狠狠地击了一下又一下，不得不应战，进行反击，最后，经过一场持久而残酷的打斗，在他父亲多次改变战术之后，那个“黄色美洲虎”终于败北，发出一声令人恐怖的嗥叫，仰面倒地，并随着一声沉闷的撞击声，刹那间，消融在了大地和黑暗之中。

四周一片黑暗。他父亲满身伤痛，被那个忽然消失的“黄色美洲虎”弄得疲惫不堪，搞得莫名其妙。他父亲告诉他，“黄色美洲虎”原本是他们这一地区赫赫有名的拳击手，早在三年前就死了。他听了之后，倒吸了一口冷气，他父亲居然打败了一个来自鬼魂王国的拳击手。“我们回去吧。”他急忙对他父亲说。

在那场拳击之后，他父亲在家里不分昼夜地长睡不醒，身上挂满了瘀伤，受伤的眼睛和嘴唇，使整个脸都走了形，不成样子了，直到第六天，才出现了些微好转迹象。他们居住区里的那个行为总是怪怪的瞎老头，带着口琴前来探视他父亲，坐在轮椅上，演奏了一段恐怖至极的音乐，丑陋无比的噪音，听得他和他母亲浑身直起鸡皮疙瘩。他父亲被那音乐声刺激得发出一阵阵低沉凄切的呜咽。瞎老头看到他父亲在床上不住地翻滚、折腾、抽搐，咯咯大笑起来，把那丑恶的音乐推向了高潮，顿时，他父亲一下子昏厥了过去，一动不动地卧倒在了床上。那个瞎老头走了之后，第七天，他父亲奇迹般从伤毁中活了过来，被毁伤的面额和身上那些瘀痕莫名其妙地痊愈了。

随后，他父亲又重新开始了为他的那个屡屡遭挫的拳击家的梦想而奋斗了，白天出去干活，晚上早早回来，睡醒之后，就在门外空地上独自打拳。那天他一觉醒来，看到他父亲一副英姿焕发的样子，腾跳着练着拳击，一种压抑不住的新的能量在他的体内蓄积勃发。他父亲的练习，渐渐受到周围邻居的欢迎，他们兴高采烈地围聚在一旁，观看着他父亲空手拳击的表演，连连喝彩，商店的店主们和街上的小商贩的生意随之有了新的商机，买卖红红火火，兴隆起来，不过，唯独他母亲的生意例外。

他父亲的名声开始不胫而走，闻名遐迩。每天放学后，每当他途经科托夫人的酒吧或在街面上转悠时，总能听到“黑虎”的名字，有的是暗地谈论，有的是大声争论。一天，在他父亲空手拳击，连出表演新招时，他忽然听到有人在说他父亲的坏话，说他父亲吃光了一家三口的粮食，自己越来越强壮了，妻儿却瘦得不成样子了，他听了心里很不是滋味，便离开了人堆，到街面上玩去了。天空晴朗无云，当他呆呆地望向远处的虚空时，忽然看到一个自行车的金属圈在地上滚动，泛着蓝光，向着停泊在前方的一辆运输车滚了过去。周围空无一人，正当他纳闷时，他听到了一声怪叫，接着看见了一个虚虚的影像，随后，那影像变成了一个穿着白短裤蓝衬衫的小男孩，站在对面运输车车棚里。

第二天，他又看到了那个小男孩，正在围观他父亲空手拳击的人群旁边玩耍，随后，他走上前去，与那个小男孩——阿德（Ade）互报了姓名。阿德听说他父亲是“黑虎”后，眼神里充满了羡慕和崇拜，他们成了朋友。阿德的父亲是一个工匠，是穷人党的铁杆信徒，那些人见人怕的穷人党的打手是他家的座上宾。阿德家住得离他家不远，一大家子的人住在一个狭小的房间里，他父亲有两个老婆，他母亲是大老婆，样子长得很凶，他父亲更凶，他们正在他父亲的作坊里往新刨的木头上钉钉子时，被他父亲看到了，拿起鞭子把他们抽了出去。

一天，他和阿德正在丛林里游玩时，无意中撞上了躺在地上的科托夫人，手握着白念珠，不知在做些什么，听到他们走近的声音，立刻爬了起来，掸掉身上的泥土，样子有些难为情地看向他和阿德。在科托夫人询问他为什么不愿意去她的酒吧的时候，阿德一声未吭，转身走开了。因为阿德他父亲告诉过他：科托夫人是一个巫婆，是他们政治敌人的支持者。

科托夫人打量了他一番后，认为他一定很饿，便给了他一沓钱，要他不要对父母说是她给的，就说是在丛林里捡的。事后，阿德为他要了科托夫人的钱这件事，一连几天都没跟他说话，他们家里更是掀起了一场轩然大波。那么大的一笔钱，他母亲不相信是捡来的，他父亲给了他一耳光，但是，他一口咬定，始终没有改口。后来，靠科托夫人的那笔钱，他们家轻松过了一个来月。

科托夫人是一个很会抓住商机的人。在延期多时、不断被热议的大选即将开始之际，越来越多的人云集到了科托夫人的酒吧里，因为那里面又有了令人惊奇的变化，屋顶上装置了一样分外新奇的东西——电灯。那些从未受过教育的小老百姓，从未见过电灯泡，围聚在酒吧门口，争相目睹这一不可思议的奇迹。科托夫人借此机会，充分利用众人的迷惑不解和好奇心，不失时机地提高了棕榈酒和胡椒汤的价格。

现在，人们开始相信科托夫人的巫术已是今非昔比。科托夫人的体型愈发地高大肥胖，整天描眉抹粉，嘴唇上涂抹着口红，脖子上佩戴着珍珠项链，手腕上戴着贵重的黄金手镯，手拄着一根拐杖，走起路来，身上的珠宝饰品发出哗啦啦的响声，炫耀着她的显赫。再加上一些汽车不断地在酒吧门外聚集，她的生意越做越兴隆，很快，她便又在城里的另一个地区开了一间新酒吧，还为自己买了一辆汽车，在两个酒吧之间来回奔忙，仆人成群，她究竟聚敛了多少钱财，人们的说法不一。

科托夫人兴旺隆盛的酒吧生意，胜过了他父亲“黑虎”的空手拳击的壮勇，人们渐渐失去了对“黑虎”的兴趣，而对科托夫人的电灯和汽车越来越感兴趣，一到晚上，就都跑到酒吧去，围着汽车啧啧赞叹，还不时用手摸上一摸。与此同时，那些忠实于富人党的打手们不断制造事端，不断地向他父亲“黑虎”寻衅，造谣生事，一心一意要败坏他父亲的声名，想让“黑虎”声名狼藉。他父亲“黑虎”岂容他们肆意妄为，一天，他父亲同时放倒了上门寻衅的七条汉子，再次获得世人前所未有敬重。

现在，富人党和穷人党又开始为他们的竞选活动造势了，各种政治活动频繁。两党分别动用了大量的宣传车、扩音器和打手，散发了数不尽的广告传单，调动了一切人力物力，用尽了一切可行的手段，以期赢得大选。在此期间，科托夫人的那辆汽车，整日在为富人党的事情奔波忙碌。政治，又进入了他们的生活。

一天，富人党的一些铁杆信徒和打手们拿着铁棍，用宣传车拉来了一个绰号“绿豹”（Green Leopard）的巨人，跑到他们家门前寻衅。人人都知道，那个“绿豹”是一个令人避之唯恐不及的魔王，在人们的传说中，贫民窟世界的恐怖魔王“绿豹”早年是个强盗，后来差点当上世界拳击冠军，再往后，在街上四下里流窜，干下了无数残忍至极、骇人听闻的坏事。所以，贫民窟的男女老少们，一听到“绿豹”这个杀人越货的家伙，便会闻风丧胆。

不一会儿，他们家门口便挤满了人，科托夫人不顾脚肿，拄着拐杖，挤站在最前排。富人党的那帮打手和一些围观者轮番激将他父亲“黑虎”出战，吵吵闹闹说要看一场“绿豹”与他父亲“黑虎”之间的拳击赛。他们还制造了一个赌局，引诱人们驻足参赌，纷纷下注，其中到大多数，都看好“绿豹”。一开始，他父亲只知道富人党跑到家门口来捣蛋，一点不知道他们把“绿豹”弄来了，所以，他父亲始终不肯露面，继续躺在床上打鼾。但是，当外面欢呼声中的“绿豹”二字传到耳朵里后，他父亲立刻一跃而起，翻身下床，迅速接受了挑战，还从兜里掏出家里最后的一点钱，交给他，让他去赌博店老板萨米（Sami）那里押到“黑虎”这边，接着，对他母亲说，“我要击败他，10 分钟内。”然后，毫不畏惧地上了赛场。

那个“绿豹”看上去就是一个名副其实的庞然巨人，相形之下，他父亲“黑虎”在体魄相差极其悬殊的巨无霸面前，显得那样精瘦，矮小，不相匹敌，他着实为他父亲捏了一把汗。比赛开始了，他父亲“黑虎”轻快地跳跃着，左右摇摆，寻找机会后摆拳一击。“绿豹”做出了有效防守，并用鼻子哼声冷笑，以极其蔑视的目光不屑地看了看他父亲“黑虎”,人群立刻爆发出一阵哄笑。他父亲“黑虎”像是愤怒了，蹦跳着，发起了凶猛进击，不过，“绿豹”不但没有倒下，随之还虚张声势，做出了有效攻击，重拳连发；他父亲“黑虎”迅速躲闪，巧妙地运用拳术，拉开了距离，再运用拳法，以一种了不起的极快速度，出拳如狼似虎，直直给了“绿豹”强硬一击，“绿豹”的身体开始晃动，畏缩，陷入了一味挨打的劣势中。但是，就在这时，“绿豹”突然发起疯来，疯狂地狂吼乱叫，置拳击比赛的规则于不顾，痛击向他父亲“黑虎”的身体，暴虐地把他父亲打得鼻青脸肿，浑身血肉模糊。他父亲“黑虎”眼看着就要被打趴在地了，但是，他父亲坚持着，硬是不肯倒下，还带着一副令人惨不忍睹的可怜的惨败相，摇摇晃晃，堵住了打算凯旋的“绿豹”的去路，蓦地，像中了魔似的，发出了一声狂吼，整个人瞬间变得像岩石一样坚硬，双拳对着“绿豹”发动了短而快的进攻，拳拳杀气腾腾，围观的人群不由得发出了一阵惊叹。

在萨米宣布他父亲“黑虎”赢得了比赛的最终胜利后，极度失望的赌徒们大骂“绿豹”和富人党的打手。那些打手，在一阵高过一阵的咒骂声浪中，把瘫倒在地上的“绿豹”抬走了，随后，带着耻辱，把死尸一样的“绿豹”扔上他们的宣传车匆匆离开了。他和他的朋友阿德冲上前去，向他父亲表示祝贺;然而,“黑虎”的大获全胜，让很多人都大感失望，耿耿于怀，深深悔恨自己的判断力，押错了赌注，有的人甚至还大发脾气。他和阿德伴围在他父亲身旁，边跳边唱，欢腾雀跃，庆贺他父亲“黑虎”为他们赢来了一大笔钱。

他父亲“黑虎”凯旋，遍体鳞伤，一进家门，人就崩溃了。带着满身的创伤，在极度的疲惫和困乏中，他父亲晕晕乎乎睡倒在了床上。他母亲慌忙用草药治疗他父亲身上那些咧着嘴的伤口，把膏药敷在淤肿的部位，为他父亲清洗了全身。他父亲一连昏昏沉沉睡了两天，不时喃喃自语。第三天，他父亲突然开始嘶吼，号啕大哭，在床上扑腾，甚至从床上爬了起来，往外面挣扎。他母亲实在不知所措了，找来了三个穿黑衣的女人，其中一个是科托夫人，一个是本领高强的草药医生。整整一夜，他母亲和那三个女人不断呼唤他父亲的名字，做了一个又一个花样繁多的法道，念诵着一段又一段含有他父亲名字的祷词。最后，草药医生喂他父亲喝下了一种特殊的草药，他父亲开始说起话来，说他经历了很多特别可怕的事，和七个鬼魂搏斗了一场。那几个鬼魂直言它们是“绿豹”老母派来的，是来向他索命的，想趁他熟睡的时候，要他的命，让他再也醒不过来，他和它们搏斗了很久。

第二天，他父亲清醒过来后，像完全变了一个人，浑身充满了斗志，提出了种种宏伟计划。先是梦想做一个职业音乐家，后来又爱上了政治，誓言要把自由和繁荣推向全世界，还宣称要去竞选总统，把政权从统治他们的白人手中夺回来，并大谈了一番他将为世界上饱受苦难的人民所要做的一切善举。随着他父亲伤势的愈合，他父亲竟然真的开始付诸实践了，开始履行起他头脑里被“绿豹”拳击进来的那些怪异的想法，一大早，挨家挨户敲门，希望人家投他一票，遭到拒绝后，他父亲毫不气馁，继续唠唠叨叨与他人争论、争辩、争吵。

他父亲花了不少与“绿豹”交锋中赢来的钱买来了一大堆书籍，有关哲学、政治学、生理学、自然科学、占星术、中国医药、希腊和罗马经典的作品，让他一本一本地读给他听。他父亲被《圣经》迷得神魂颠倒，还喜欢上了《一千零一夜》，津津乐道其中的那些故事。当他父亲意识到一个政治家需要有一些朋友时，他父亲的思想又有了巨大转变，甚至琢磨是不是要与科托夫人结成一个新的联盟。随后，他父亲让他充当探子，重新回到科托夫人的酒吧里坐镇，注意聆听里面的各种谈话的内容，留心科托夫人的一举一动。

他父亲的第一批崇拜者是一群乞丐。那天，他父亲擅自宣布要举办击败“绿豹”后的庆功宴，并向居住区里的科托夫人、瞎老头、阿德父亲、草药医生发出了邀请函。后来，由于他父亲酒后失言，肆意吹嘘，结果，招来了满满一院子不请自来的人。庆宴原先准备的供应品并不很多，又一下子混进来了数不清的流浪汉，臭气熏天，一脑袋的虱子，一个个一副大无畏的样子，目光吓人，抢吃抢喝。到了夜幕降临时分，更多的人从四面八方向他们家的院子拥了过来，一群乞丐也沿路过来了。他赶紧去寻找他父亲，因为那群乞丐整整赶了七天的路，过来瞻仰他父亲的尊容，而庆宴上的一切供应品眼看就要全部告罄了，急待上货。

他钻过密集的人堆，奋力朝着他父亲的跟前挤了过去，忽然注意到，一帮鬼孩混在了人群中间，四下活动，他顿时警惕了起来。随后，他将目光转向了他父亲，他父亲精神亢奋，喝得醉醺醺的，正在与一些当兵的和他干活时的同伴们——扛大包的脚夫、货运马车的车夫和拳击练习生搅和在一起，摇摇晃晃地，满嘴的政治奇想，兴高采烈地胡扯个不停。他刚想迈脚过去，一群打手模样的人拥上前去，说要向他父亲讨教，把他挤到了一边。他转而朝着那些乞丐走了过去。瞎老头开始吟唱起来，四周一片乱糟糟的，人们在互不相容的思想观念的激烈争论中，忍不住相互辱骂起来。他父亲强行发表了一通政治演讲，滔滔不绝地宣扬着自己的政治抱负，不管有没有人听。后来，一个当兵的哈哈大笑起来，惹怒了他父亲，他父亲转而怒气冲冲地谴责当兵的和打手们横行乡里，政府当局和两大党派愚弄人民，芸芸众生自私自利，麻木不仁，进而还诅咒起来，结果，引发了一场激烈的对峙，再加上准备的鸡肉和酒水供应不足，导致了不同政见者之间的更加剧烈的冲突。而就在这时，瞎老头的口琴声突然响了起来，狂浪无忌的音符异常刺耳，彻底变换了整个庆宴的气氛。士兵的鸣枪声，女人们着了魔的嘶叫声，酒瓶子飞舞到人脑袋上的碎裂声，科托夫人的汽车的刹车声，洪水一般的辱骂声……此起彼伏，混乱成了一片。那些混进来的鬼孩们夹杂在其中趁机大凑热闹，有人抄起了椅子，一场真正的大混战，由此正式拉开了序幕。

庆宴的大灾难过后，他过去在鬼魂王国里的那些同伴增强了对他生活的不断侵扰。不过，好在他父亲在无意之中，在各个领域的奋战，牵制住了那些鬼孩的行动。近来，他父亲的政治热情，丝毫未受到那个庆宴的影响，还以一种令人不可思议的方式日益高涨起来，头脑中那些怪异的思想，愈发地活跃。当那群乞丐一致表示将会投上他父亲一票时，他父亲高兴得简直忘乎所以。那天，夜深人静，他父亲喝过酒躺在床上，他也上了床，钻到他父亲脑袋里，随着他父亲的思绪辗转。忽然，他感觉一群鬼影在黑暗中移动，他的心一下子紧缩起来。随后，风声大作，吹得他家的窗户咚咚作响。他打开窗户，一群乞丐（回归人间的鬼孩）随风闯了进来，夹带着一股腐烂的臭味，臭气熏天，散坐到他家的地上、炕上、他的睡席上，熏得他和他父母几乎无法呼吸。他母亲狂喊着轰他们出去，哭诉说他们家的日子已经过得够苦了，负担不起他们这帮乞丐。结果，那些乞丐走了，鱼贯而出，留下了一屋子的浊臭。他母亲从外面打来一盆清水，在房间里四下泼洒消毒液，换了干净的床单，然后，躺到了床上。他父亲在一旁醉醺醺地说起了呓语，语无伦次，说这帮乞丐原本是一个伟大的族群，饥饿把他们赶出了自己的王国。他要给他们建一所学校，要教会他们做工，教会他们音乐，大家一块享受幸福。

那些乞丐离开他家之后，去了科托夫人的酒吧大闹了一场，砸碎了酒吧门窗的玻璃，扯掉了招牌，愤怒地宣泄了一通之后，住到了丛林边上一所废弃的房屋里。科托夫人叫来了她的一帮党徒，那些妓女和打手，把那些乞丐打跑了。他看见一个个四肢不全的乞丐，或独臂，或独眼，或独腿，被那些人打得落荒而逃，散落了一路，看到他的身影后，全都把他一通臭骂。第二天晚上，他父亲带着那些来过他家的乞丐在大路上跑前跑后，欢快而劲头十足地组织他们清除了周围的垃圾，扫干净了路面，把他们的居住地打扫得符合了当地的卫生要求，并在排水沟附近种上了花草；与此同时，他父亲还不忘挨家挨户去做争取选票的工作，宣传他修建学校的计划，恳求人们凑钱帮助那些乞丐。

然而，由于那些乞丐恶习难改，惯于游手好闲和瞎闹，继续胡来，害得他父亲无论走到哪里，都会遭到人们的抱怨，谴责他给他们的生活徒增了更多的麻烦。科托夫人也无法摆脱乞丐们对她的纠缠，她叫来的打手们刚把那些乞丐打走，那些乞丐随后就又返了回来。那天，为了在大选中获胜，在科托夫人的策划下，富人党举办了一个大型答谢晚宴，科托夫人新换上的酒吧招牌泛着亮晃晃的光彩，震耳欲聋的音乐，把周边的房屋震得直发颤，一些乞丐也被吸引了过来，聚集到了那里。他父亲领着另外一些乞丐在街道一旁努力地干着活，扬言他们一定能改变世界，附近的住户对他父亲宏伟的政治纲领早就失去了兴趣，嘲笑他的疯狂之举。接着，在富人党打手的参与下，又引发了一场混战，一块石头击中了他父亲尚未痊愈的伤口，他父亲高声痛骂着，气汹汹地回到家。

随后，他父亲换上了衣服，决意去科托夫人的晚宴上拉选票，他赶紧尾随了过去。晚宴会场，已人满为患，那些来宾们拥挤在里面跳着狂放的舞蹈。门卫看到他父亲后，禁止他父亲入内，他父亲大吵大闹径直往里闯，门卫喊来的打手呼啦啦围堵过来，扑向了他父亲，他父亲朝着其中一个人的太阳穴就是一拳，科托夫人跑了过来，喝令那些打手退下后，格外客气地将他父亲请入了会场。他父亲进去之后，逢人就谈政治，不管别人搭理不搭理。在巨大的音乐噪声中，他四处闲逛，看见他父亲受到女人们的冷落，巨人和侏儒一起手舞足蹈，无数的年轻鬼魂不停地走来走去，科托夫人体态愈发地笨重，在人群当中艰难地挪动着脚步，脸上洋溢着富婆的喜悦。过了一会儿，音乐声忽然消失了，一个侏儒走上台去，为富人党的永胜不衰大唱赞歌，一旁的瞎老头吹起了口琴，人们欢呼雀跃，开始为科托夫人干杯。

之后，聒噪的音乐再度响起，他随着伴舞的音乐声继续闲逛，形形色色的男女鬼魂，在他眼前不断地晃动。音乐声更刺耳了，有人拿给他一杯气味浓烈得呛人的饮料，喝下之后，他感到自己头脑昏昏沉沉的，大地在音乐和舞蹈的冲击下战栗着。恍惚中，他来到一片黄灿灿的丛林，穿过无边的丛林，在夜风的吹送下，他扶摇直上，自由自在地跑了起来，经过了大地上鬼魂成群的屋舍，来到大西洋岸边，看到一批又一批千年鬼船永无止境地登上海岸，听到了大地的啼哭，目睹了倒塌的壮丽的古祠堂，枯死的参天老树……忽然，他的脑袋遭到猛烈一击，一阵狂笑声像发射火箭一样把他送入了银空。他睁开眼睛之后，发现自己正躺在一个女侏儒的怀里，女侏儒的眼睛巨大，里面充满了忧愁。

女侏儒身穿白色的礼服，笑着同他聊了一会儿，便拉着他跳起舞来，跳着跳着，他一阵头晕目眩，感到周围一切都在旋转，他的身体在一点点被肢解。蓦然间，他眼前的舞伴不再是女侏儒，而是露出了本相的四头鬼——他的鬼孩同伴们派来的那个四头鬼。四头鬼抓领着他旋转着穿过一个个陌生的空间，他渐渐脱离了人界，在四头鬼的掌控下，他的魂魄掠过荒漠、城市、绿洲、精英们的大道、奴隶们的小巷、长着大麻的兵营、驻军把守的奴隶城、林林总总的各色人群、虚幻的世界……直到他看到那些在黑暗中游走着的鬼孩后，猛然醒悟了过来，开始竭力逃脱，扭动着身躯，连踢带打，挣扎着要返回人界。四头鬼却把他抓得更紧了，一定要他回到鬼魂王国的同伴们那里去。他大声呼喊他们的冥王，伟大的冥王没有现身，他又用尽全身气力大声呼唤他母亲，他母亲静静地从一种不可思议的爱境中走了出来，来到他身旁，温柔地把他揽到怀里，他紧紧地搂住他母亲后，那个四头鬼随之便在人间蒸发了。

他喝了一些他母亲递给他的冰水，之后，感到好受多了，他母亲微笑着告诉他，他们看见他在跳舞，那跳舞的样子就像他的爷爷，接着，就看见他跌倒了。晚宴会场人多语乱，乐舞欢声，十分嘈杂，富人党的那些打手们还在忙活着追逐驱赶混进来的乞丐。他母亲看他好多了，让他帮忙去找找科托夫人，以期阻止那些打手们继续为非作歹。

他四下询问，没一个人知道科托夫人的去向。最后，他决定去科托夫人总喜欢一个人待的那个后院找找看。他来到后院，不经意间撞翻了一个女人端着的大托盘，托盘里的食物滚落了一地，于是，那个女人一面大声咒骂，一面拾起地上的一根木柴，朝着他追打了过来，他慌忙逃进小树林，躲进灌木丛，不料竟一头撞进了科托夫人的怀里，把科托夫人吓了一跳。他后退了几步，告诉科托夫人他母亲在找她，不料，科托夫人大吼了起来，让他滚蛋，找他父亲去。他赶紧退身，悄悄躲藏在了一个大瓦缸后面，惊奇地看到科托夫人的大肚子里怀着三个怪胎，其中两个直挺挺地坐在她的子宫里，第三个倒立在她的子宫里，全都残缺不全，是鬼孩中最不好的那一类，而且还都不打算出生。他惊恐不已，不由得发出一声尖叫，正专心于吸食腹中胎儿的科托夫人不得不直起了腰身，向他走过来，质疑他在偷窥她的肚子，打了他一下，随后便很有风度地重新出现在了晚宴会场。

那些政治贩子们随即上前，喜笑颜开地把鲜艳的纸币粘贴到科托夫人的前额上。科托夫人表演了一个即兴舞蹈，一些人立刻放声歌唱，赞颂科托夫人的光荣成就，为富人党所做出的巨大贡献；一些浓妆艳抹的女人们，纷纷围聚到科托夫人的周围，用一波又一波的恭维话语，向她致以敬意。他注意到他母亲也不失时机地走了过去，停在了高大肥胖的科托夫人跟前，与那些富人相比，他母亲看上去显得那样贫寒，瘠瘦不堪。

她们正聊着，瞎老头突然醉醺醺地嚷了起来，趴倒在地，一边乱爬，一边大喊着“贼！贼！”科托夫人忽有所悟，注意到躲藏在桌子底下偷吃的乞丐，立刻火冒三丈，怒火冲天，大喊大叫地把那些食盘和食物统统撸到地上。随后，音乐停止了，她恶脸相向，用手中的拐杖凶狂地抽打她的那些手下，她的手下们将几个乞丐拖了出来，她声嘶力竭地喝令他们鞭打那几个乞丐。他父亲看到了此情此景，立刻上前去干涉，试图夺下打手们手持的恶鞭。打手们转身扑向他父亲，将他父亲扑倒在了地上。科托夫人在一旁依然不肯罢休，不依不饶，要打手们继续鞭打那几个乞丐。当他母亲试图劝说他们住手时，科托夫人恶言中伤，像是为了教训他母亲在这件事上谁才是最有权说话的人，大骂他母亲是乞丐。他母亲一下愣住了，随后，怒气冲冲地离开了。科托夫人依然不肯作罢，继续怒吼，指名道姓地诅咒着。在她的授意下，那些打手们继续鞭打那几个乞丐，他父亲突然迸发出狂兽般的力量，把扑在他身上的几个壮汉撂出去八丈远，站了起来。

晚宴陷入了一片混乱，来宾相互踩踏，狂呼乱喊，乱作一团。他父亲暴跳如雷，一个高个子的“白衣人”又前来向他挑衅。他父亲还没明白过来是怎么回事，“白衣人”一拳打到他脸上，他父亲踉踉跄跄摔倒在了桌子上。随后，他父亲在人们的掌声中，把伸手可及的酒全都喝光了，站立了起来，在准备应战前来挑战的“白衣人”之前，他父亲让他去把赌博店的老板萨米找来，扬言他要赢一大笔钱，为乞丐们建一所学校。

瞎老头坐在轮椅上，手拿着口琴，兴奋得像个孩子，期盼着萨米的到来。助阵的那些政客和打手们一个个更是跃跃欲试，他们联合了起来，与他父亲“黑虎”对赌。拳击刚一开场，他父亲“黑虎”迅速出拳，双方的拳手全都出手凶猛，打斗非常残酷，他父亲“黑虎”的鼻梁被打断了，鲜血几乎堵住了他父亲的呼吸道，正当他父亲痛苦地喘息时，那“白衣人”对他父亲任意戳打、拳殴，他父亲被打得惨不忍睹，差一点死在“白衣人”的拳下。围观人群中，瞎老头不停地哧哧嘲笑，发出一种奇怪的难听的咕咕声，围观的人群也跟着学起来，大大挫伤了他父亲“黑虎”的斗志。他察觉到了这一点，立刻离开人群，向阿德求助，与阿德一起把瞎老头的轮椅偷偷地推了出去，推到丛林深处。当他们把瞎老头丢下后，返回赛场时，他父亲“黑虎”已经抓住了被他一拳击倒在地的“白衣人”的衣领，撕开了“白衣人”的外衣，扯掉了“白衣人”的裤子，“白衣人”的腿又长又细，像蜘蛛似，一双畜生的腿。看到“白衣人”露出的丑陋不堪的真貌——蜘蛛鬼的原形，围观的人群立刻惊恐地张着嘴退离了赛场。

萨米跑到赛场中央，宣布了他父亲“黑虎”的胜利。突如其来的大获全胜，令他父亲惊愕不已，随后，又在精疲力竭中，摇摇晃晃，瘫倒在地上。他在乞丐们、萨米和阿德的鼎力相助之下，把已经不省人事的他父亲“黑虎”抬回了家。大家把他父亲放到床上，盖上了一块白布，然后哼唱着低沉的英雄曲离开了。他父亲的嘴唇歪扭着，双眼肿得什么都看不见了，连续几天，魂游在生死界。

在他父亲“黑虎”似死还生的梦境中，他一直尾随着他父亲。他父亲颤颤抖抖对他说：他的大限将至。现在，他已经看清了世界，看清了未来。“将会发生什么？”他问。他父亲回答说：有一个父亲将会获得再生，一个长着七个头的男人将会把你带走，你还会回来，回来后你将滞留人间。在此之前，所有的鬼魂和祖先们将召开一个极其重要的会议，讨论世界的未来。苦难将至，战争和饥荒无可避免，可怕的事会一桩接一桩地发生，还会发生变化，发生政变。伟大的变革会在世界上出现，受苦受难的人将能感受到公道、正义和美好。一个令人惊奇的变化正在从远方朝着他们悄悄走来，人们一定能意识到奋斗和希望的深刻含义，和平随之而来……

他父亲停了一会儿，继续说道：他们的国家是个“阿比库”之国，就像那些有待投生的鬼孩一样，不停地在反复的轮回之中往返，总有一天，她会决心留下来，她将会变得强盛起来，尽管他已看不到了……他父亲的声音有了一些改变，变得自然多了，几乎温和起来。

在他父亲躺在床上的第四天，下起了雨。三个正在为政治集会铺设电缆的工人触电而亡。一连数日，大雨狂泻不止。在这个新的雨季，他父亲像一头巨兽一样平睡在床上。两大政党的宣传车开着大喇叭整日在城里转悠，他父亲先前带着从事公益劳动的那些乞丐，用他们笨拙的方式做着自己力所能及的事情，不断设法清理掉路上的垃圾。

他父亲在沉睡中，魂游到了浩瀚无垠的宇宙空间，在鬼魂世界的三大法庭上慷慨陈词，孤军奋战，为他们的种族和一切被压迫的人民，讨要着他们所在的星球上的公道，迫切希望看到公正的实现，生命的张扬和真正革命的到来。他紧紧尾随在他父亲身后，他父亲扭动了一下身体，提出了一系列严正的要求，提出了种种深奥难解的问题。与此同时，他父亲的身体开始茁壮生长。盛开的鲜花落在了他家的屋顶上。他感觉他爷爷似乎冲着他挥了一下手，一个婴儿出生了，他在他父亲的体内复活了。在他的历程里，他父亲惊讶地发现世界各国全是一些孩子气的人，他们的国家，是一个鬼孩王国，需要不断复活，而每一次复活，都会带来血腥和背叛。

在他父亲在另一个世界度人生期间，他耳闻科托夫人在酒吧里会晤了一群有影响力的女人，商讨政治集会事宜，安排为他们的富人党拉选票的义务配额。现在，科托夫人已获得了大量资金，用以组织当地女人为竞选出力。她变得更有权势了，体型也变得更加庞大了，还购置了大量地产，扬言要把她的酒吧变成大酒店。她还加入了一个秘而不宣的帮会，变得更加目中无人了，大声谩骂过往行人，她的司机也狗仗人势，耀武扬威地开着她的汽车，随意撞死了路上的鸡和羊，帮她增添了不少敌人。

科托夫人把人们口头相传的那些有关她的所有传闻，全部一一变成了现实，而且，还不止于此，每当黑夜，她在睡觉时，总要偷偷去窃取他人的生命活力（她并不是唯一的一个，他们是一个组织），黑夜，成了她的盟友。当他父亲在魂游中尽全力为他们所在的星球讨要正义公正时，科托夫人却在他们这一地区拼命窃夺吮吸他人的生命精力，成了当地孩子们恐怖的恶夜梦魔。

一天黑夜，在睡梦当中，科托夫人走近他，恳求他匀一部分青春活力给她。“为什么？”他问。科托夫人说：她已经 200 岁了，除非得到他年轻的血液，不然，她很快就会死掉。说完之后，科托夫人那庞大的鬼魂体朝着他落了下来，就在那鬼魂体要把他整个吞噬时，屋顶上方的一头巨大的狮子吼叫了起来，房屋随之摇晃震动，赶走了科托夫人的鬼魂，在这时，他感受到了他体内与年岁所需相匹配的新的生命活力正在生成。鬼魂王国的豹子和狮子，正义的龙，真理的虎翼，神圣的凶猛动物，全都在不可抗拒的飓风的旋涡中凝聚着力量。

随后，一个传说中的美丽天使诞生了。在他父亲灵魂出窍期间，他看见一个天使在他们家的屋顶上飞来飞去，在那个天使飞过去之后，那飓风不再吹掠，平静了下来，丛林里的怪树发出了嘎嘎声响。清晨，雨停了，洪水神秘地渗入吸水的泥土里去了。他母亲在街区里来回来去地叫卖着，不但卖掉了她所有的备货，还不断看到漂浮在耀眼的水面上的钞票；而且，天气似乎也变得清爽了。不过，在那天早晨，他所看到的第一个神兆，不是一个平静的新季节的开始，而是一个循环周期的即将结束。

为了召回他父亲的魂魄，他和他母亲做了种种不懈的努力。那天傍晚，在焚香和祈祷的烟雾中，他家屋顶漏洞的下面，地上的蚊虫成倍地疯狂增加，还挤满了熟悉火性的绿蛾，自愿舍身牺牲，做了祭品。这时，他父亲突然醒了过来，就像死而复生一般坐了起来，身上的伤疾痊愈了，出窍的灵魂经受了历练。他父亲坐到椅子上，用他新生的深沉而悲伤的声音开始了与他们的交谈，说话时的样子，就仿佛从未在精神上做过一次伟大的遨游。他父亲以一个大病初愈之人的极大热情和纯真，讲述了自己神游的经历：他看见了很多奇妙的事物，他们的祖先教了他许多哲理；他的父亲——路之神的祭司，出现在他面前，告诫他，务必把他的门敞开，把他的心敞开，把他的生活敞开，务必把他们的路敞开。一条敞开的路，永远不会饥饿。一个不可思议的新时代就要到来，他们的生活正在改变，他们必须对此有所准备……他父亲不停顿地说着，滔滔不绝。

他和他母亲坐在那里，默默注视着他父亲，随着他父亲的梦幻畅游。他们分外惊奇，仿佛另外一个生命涌入了他父亲的生命体。他父亲神情恬淡地静坐在那里，吸着烟，随后，又开口说了起来——许多人都住在我们心里，许多既往的生命，许多未来的生命。如果人们留心的话，仔细听，空中其实充满了笑声。人真是一个伟大的谜。

那天黑夜，他们家里分外宁静，睡在床上，他觉得数月来第一次感到了宁静，那些对他纠缠不休的鬼魂王国的同伴，没再来折腾，没再来找他的麻烦。又一个清晨来临了，新的一天开始了。他家屋里无人，他父亲和他母亲都出去了。美好的事物并不能永远持续下去。一场梦可以是一个人生命中的至高境界。

作者生平与创作生涯

本·奥克瑞于 1959 年 3 月 15 日出生在尼日利亚中部尼日尔州（Niger State）首府米纳（Minna），母亲是伊博族（Igbo）人，父亲是乌尔赫博族（Urhobo）人。小时候，因父亲在英国著名的内殿律师学院[1]修读法律，他随父母到伦敦生活，并就读于当地小学；1965 年，他父亲获得律师资格后，又随父母返回了尼日利亚，在尼日利亚旷日持久的血腥内战战乱当中，他在学校读书的生活不断变更，不断转学，最后在尼日利亚南部三角洲瓦里市的乌尔赫博学校高中毕业。

之后，他到一家涂料店做办事员，并向尼日利亚大学递交了入学申请。遭拒之后，1976 年，他开始从事文学创作，把自己头脑中的主要意念转化为了文学作品。由于他自幼深受非洲土著文化叙事传统的熏陶，对古老的约鲁巴文化情有独钟，加上他对西方文学的广泛阅读，他的短篇小说很快便被晚报和妇女杂志所接受。1978 年，他向英国埃塞克斯大学递交了入学申请，之后，进入埃塞克斯大学研修比较文学，并继续从事文学创作，后因生活窘迫，未能完成在埃塞克斯大学的学士学位。

1980 年（21 岁），他出版了第一部长篇小说《花与影》（Flowers and Shadows），描写现代尼日利亚社会生活中的腐败与幻灭，展示出了他的文学才华。1981 年，他出版了第二部长篇小说《内里的风景》（The Landscapes within），以颇具幽默的文笔，通过一个年轻画家的故事，描写了尼日利亚内战结束之后社会的混乱与绝望以及政治的腐败，渐渐引起了世界文坛的注意。

1983 年至 1986 年间，他到《西非》诗歌杂志社担任编辑，同时在英国广播公司做播音工作，并继续着他那别具一格的文学创作。1986 年，他描写尼日利亚内战的短篇小说集《圣殿意外事件》（Incidents at the Shrine）出版之后，好评如潮，并在 1987 年获得了英联邦作家奖、非洲地区最佳图书奖和《巴黎评论》杂志的阿迦汗小说奖。同年，他当选为英国皇家文学院院士，开始从众多的尼日利亚青年作家中脱颖而出。1988 年，他的又一部短篇小说集《新晚钟时刻的星星》（Stars of the New Curfew）出版，获得了《卫报》小说奖，使他令人瞩目地站到当代世界文坛的前台。

1991 年（32 岁），他出版了第三部长篇小说《饥饿的路》（The Famished Road），以高超的叙事才能

---

1 内殿律师学院（The Inner Temple）：伦敦有四个培养律师的组织，即林肯律师学院（Linconln's Inn，1422）、格雷律师学院（Gray's Inn，1569）、内殿律师学院（The Inner Temple，1505）和中殿律师学院（The Middle Temple，1501），统称“律师学院”（Inns of Court，或译“律师会馆”“律师公会”“法学院”）。英国的律师，尤其是高级律师，均须通过由代表四个律师学院的法律教育。

和崭新的视野，以后殖民主义为主题，融合现代主义与约鲁巴民间文化，描述了人类生活中的一些基本事实，人类生活的变迁及人类探索自身存在的精神之旅，通过“精神之子”——“阿比库”儿童阿扎罗（Azaro）的眼睛和心灵，对命运的抗争，在人间饥饿的路上的踽踽独行，来观察和展示了一个发生在现代非洲某一个国家里的故事，以探究约鲁巴神话底蕴为手段，创造出了一个关于非洲和整个现代世界的民主危机的政治寓言，以极具感染力的笔触，运用诗一般的语言，音乐的节奏，繁复的技巧，糅合神话、传说、梦幻和现实，描写并重现了一个民族的性格与命运，无论在思想的深刻、内容的丰富以及艺术的成熟方面，都达到了他前所未有的高度，成了非洲长篇小说创作当中的一部扛鼎之作，一部当代世界文学魔幻现实主义的经典。

当年，小说出版之后立即在国际文坛上获得了好评，荣膺了多个重要文学奖项和荣誉：因其史诗般的叙事方式以及对人物形象的塑造，问鼎了第23届英语文学界最有影响力的布克奖；1993年，获得意大利鲁芬诺－阿赞诺基昂蒂国际文学奖；1994年，获得意大利文学基金会颁发的格林扎纳·卡佛文学奖；后来还被一些大学规定为阅读教材，成为成千上万大学生研读的对象；甚至有一些评论家还将它与古希腊盲诗人荷马（约900 B.C.—800 B.C.）的史诗《奥德赛》（The Odyssey）相媲美。

之后，他继续笔耕，不断有佳作问世，向世人展示一个现代的尼日利亚，乃至非洲的广阔的、多彩的、活生生的画面，陆续出版了长篇小说：《迷魂之歌》（Songs of Enchantment，1993）、《神灵为之震惊》（Astonishing the Gods，1995）、《危险的爱》（Dangerous Love，1996）、《无尽的宝藏》（Infinite Riches，1999）、《在阿开迪亚》（In Arcdia，2002）、《星书》（Starbook，2007）、《自由的传说》（Tales of Freedom，2009）；其中，《危险的爱》在2000年获得了意大利的帕尔米奖。

除了长篇小说的创作之外，本·奥克瑞还著有一些散文、诗歌以及大量的短篇小说。他出版的散文集有：《近来的一些非难：文化与政治散文》（Some Recent Attacks：Essays Cultural and Political，1992）、《天堂鸟》（Birds of Heaven，1995）、《自由的方式》（A Way of Being Free，1997）等。他的诗歌创作，也带有浓厚的政论和非洲的宗教文化色彩，用审美的目光看待并再现历史，把苦难视作人类精神历程中的一个永恒现实，传达出他对人类命运的终极关怀。如，在他出版于1992年的诗集《非洲挽歌》（An African Elegy）中，他写道：“我们是上苍造就的奇迹，／备尝时间的苦涩果实。／我们珍贵无比，／终有一天，我们的苦难／将变为尘世的惊奇……”

本·奥克瑞的文学创作，具有深深的震撼力，他把约鲁巴文化发扬到一个新的高度，借用非洲传统的讲故事手法，同时采用西方传统的象征手法和梦幻叙事手法，把现实与超自然的世界混合在一起，通过丰富繁杂的人与鬼交往，生与死轮回，将梦境与现实融合在一起，形成了一种亦真亦幻、真幻难辨的艺术风格，自成一家，在魔幻现实主义艺术手法上深深打下了约鲁巴神话——非洲文化的烙印，把非洲大陆的精神注入其中，在以现代意识挖掘民族传统文化遗产上走出了一条新路，以其雄浑流畅的气势与散文诗一般的节奏，把人们带向一种诗一样美妙并且充满哲理的境界。

由于斐然可观的文学成就，1991年至1993年间，他被聘为英国剑桥大学三一学院创意艺术的特别研究员；1995年，他获得了旨在为表彰艺术上的卓越成就和为国际社会做出贡献的艺术家而设立的“世界经济论坛水晶奖”的首奖；1997年，英国威斯敏斯特大学授予他荣誉博士头衔；2001年，他获得由英国政府颁发的不列颠帝国官佐勋章（OBE）；2002年，他的母校埃塞克斯大学授予了他荣誉博士头衔。

本·奥克瑞的作品风格多样，在世界文坛上不断引起巨大反响。近年来，又陆续出版了文集《新梦想的时代》（A Time for New Dreams，2011）；诗集《荒野》（Wild，2012）；中篇小说《魔幻时代》（The Age of Magic，2014）。他一边从事文学创作，同时还为几家著名的报纸、杂志《卫报》《观察家报》《新政治家》等撰稿，并身兼多职：国际笔会英语中心副主席，伦敦皇家剧院董事会成员等。当前，他生活在英国伦敦。

主要参考资料：

Strategic Transformations in Nigerian Writing: Causality & History in the Work of Review. Samuel Johnson, Amos Tutuola, Wole Soyinka & Ben Okri, by Ato Quayson, 1997.

The Famished Road, by Ben Okri,Publisher:Unknown,2003.

1992年 | 第24届

025 英国病人［加拿大］迈克尔·翁达杰
The English Patient by Michael Ondaatje

◎ 原著共 10 章，用虚实结合的手法，讲述了一个发生在第二次世界大战接近尾声期间、战火映照中的意大利佛罗伦萨（Florence）北部山区一处被炸毁的别墅中的故事。四位来自不同国籍、不同民族与文化背景的人物因战争汇聚到了一起：被烧得面目全非的被误认为是“英国病人”的匈牙利籍探险家奥尔马西伯爵（Count Almasy）、加拿大籍护士汉娜(Hana)、加拿大籍伤残的谍报人员戴维·卡拉瓦乔（David Caravaggio）、印度籍工兵基帕尔·辛赫中尉（Lieutenant Kirpal Singh）。

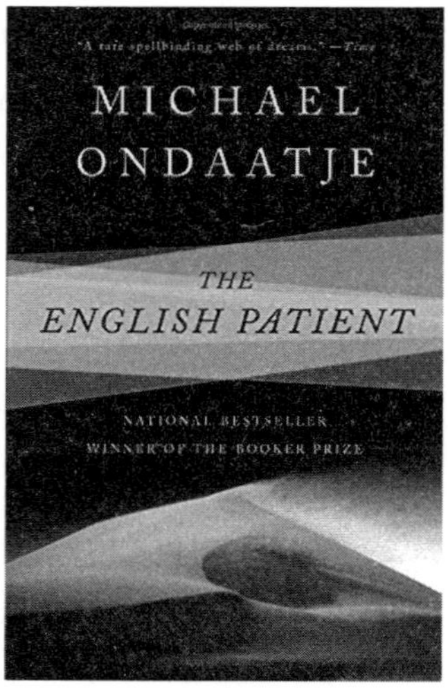

英文原版封面

迈克尔·翁达杰
（Michael Ondaatje，1943—　）

迈克尔·翁达杰是世界文坛上“后殖民文学”的代表人物之一，加拿大一位“诗意小说家”。

有评论认为，其作品具有一种超越种族，超越地域的国际性文化观，打破了传统的写作模式，讲述那些已被社会遗忘的“历史故事”，风格独特，颇具原创性，享有“风格的熔炉”之誉。

作品《英国病人》（The English Patient）甫一出版，立即受到了盛赞，令他蜚声于世界文坛，再度获得了加拿大总督文学奖，并因其**卓越的技巧，史诗般的叙述**，与英国作家巴里·昂斯沃斯（Barry Unsworth，1930—2012）的《神圣的渴望》（Sacred Hunger）一起，共同问鼎了第 24 届英语文学界最有影响力的布克奖[1]。

---

1 从1992年之后，布克奖评委会在颁奖规则中加入了不可分享的规定。

正在花园里干活的汉娜，站起身来，凝望远方，觉察出了天气变化。又起了一阵风，空中响起一阵闷雷声，她转身朝山上的房子走去，爬过一道矮墙，裸露的胳膊已感受到了落下来的雨点。她穿过长廊，快步走进了房子里，通过厨房，登上黑暗中的楼梯，然后沿着长长的过厅继续朝前走去，有一道楔形的光束从过厅顶头一个开着的门里透出来。她拐进那个房间，那里是另一个花园——房屋里的墙上和天花板上的绘画里，绘有树木和精舍。

一个男人在床上躺着，身体暴露在微风中，在汉娜进来时，他的头慢慢转向了汉娜。每隔四天，汉娜便会为他擦洗一次他那黝黑的身躯，先是从伤残的双脚开始，胫骨以上的部位烧伤程度最严重，紫黑紫黑的，连骨头都露出来了。汉娜护理这个烧伤男人已经有好几个月了，对他的身体了如指掌。他那看起来像个大海马的阴茎，还有瘦而绷紧的臀部，她想，那是基督的尾骨，他就是她无望的圣人。

那个烧伤男人仰躺在那里，没有枕头，望着天花板上的绘画，绘画之中的绿叶、树冠和那片蓝天。汉娜往他那烧得较轻、可以触摸的胸部撒上一道道的炉甘石，扶着他的肩膀，往他脖子上吹凉气，他含糊不清地嘟囔起来。“你说什么？”汉娜问。那个男人将他有一双灰色眼睛的黝黑的脸转向了汉娜。汉娜把手伸进口袋，取出梅子，用牙撕掉梅子皮，去掉核，把果肉送进他嘴里。

那个男人的低语，牵引着身旁的年轻护士汉娜的心，随着他的思想游移，与他一起进入临死前的这几个月里，他一直在挖掘的回忆。那个男人缓缓地对着房间叙述一段段杂乱无章的往事，在画出来的那个花园里醒来。汉娜问他是如何受伤的？他说他感觉到自己燃烧着掉进了沙漠里，他的飞机坠落后，那些贝多因（Bedouin）人看见他赤裸着从火中走出来，帽子上冒着火。他们救了他，不知道他的名字，他也不是他们的族人。汉娜问他是谁，他不记得自己是谁了，而且不明白汉娜为什么老是问他这个问题。汉娜告诉他，他曾说过他是英国人。

那个“英国病人”夜里睡不着，在黑暗中睁着眼。汉娜从楼下书房随便抽一本书读给他听。他听着汉娜所读的内容，像喝水一样吞咽下她的那些话语。如果天冷了，汉娜就轻轻爬到床上，躺在他的身边。她只要一碰到他，就会弄痛他，他一点都碰不得。有时候，到了凌晨2点，他还睡不着，只能在黑暗中睁着眼睛。他记得他得救的情形：那些贝多因人把油膏浇在大块软布上，把布盖在他身上，给他涂上油膏。他们默默陪着他度过了日日夜夜，他躺在一个吊床上，听着他们的脚声音，有时张着嘴任由他们喂食。他记不得自己来自何方。

有时候，汉娜坐在那里读书，摇曳的灯光照亮下面的书页，她不时会瞥一眼别墅的长廊。这里早先是一家女修道院，因其所在的小山城是通往西北道路的要塞，曾被围困过一个多月，弹火集中聚焦在了环绕着苹果树、梅子树的两幢别墅和修道院上。其中的这一座圣吉罗拉莫别墅（Villa San Girolamo）被炮火炸塌了顶楼，小教堂的一部分也被炸毁了，最后，盟军接管了它，把它改成了一家战地医院，封死了通往三楼的楼梯。汉娜曾与其他一些看护住在这里，后来那些看护和病人们陆续转移到南边一个较安全的区域去了，她则坚持和那个“英国病人”留了下来。战火向北边移去了，战争几乎要结束了。在随后的这些日子里，在她的生活里，她感到手中的书籍好像是唯一通往外界的门，变成了她的半个世界。这里，除了“英国病人”和她自己，再没有别的人了。

为“英国病人”读的那些书，不管他专心听了没听，情节很不连贯，像是被暴雨冲毁的路面。她和“英国病人”目前居住的这座别墅，就非常像那个样子。一些房间因为碎石，根本无法进入，楼下的书房，通过一个炮弹炸出的大洞，能够望到月亮，接到雨水。书房一隅，放着一把永远是湿漉漉的扶手椅。汉娜并不关心“英国病人”是否留心情节破碎，也不为遗失的章节进行摘要述说，只是说明一下书页的号码，然后就开始读。

由于士兵们离开时放了一把火，楼梯的下层烧没了，汉娜搬来二十几本书，堆叠到地板上，用钉子钉牢，修好了它。房子里的大部分椅子都已经被大火烧掉了，书房里的那把总是湿漉漉的扶手椅之所以能够保留在那里，是因为晚间的暴风雨总透过炮弹炸出的洞孔把它淋得上下通湿，才在 1945 年 4 月的那把大火中没有被烧毁。房子里的床，烧得残缺不全。平日里，汉娜居无定所，睡地铺或睡吊床，有时候，睡到“英国病人”的房间里，有时候，睡在门厅，这一切要取决于气温或者是风力还有光线。她现年 20 岁，从不在意自己的安全，毫不惧怕书房里可能埋有地雷的危险，也不恐惧夜晚惊醒她的雷鸣。

在寒冷的月份过去之后，她便不得歇息了，忙里忙外，像一个游民。而在另外一处，“英国病人”静卧在床上，像一个国王。干过屋里的活，她还要去干花园和果园里的活。在别墅上方被炸弹炸毁的果园里，她种植了足够食用的蔬菜，偶尔还会有一个男人从镇上送来一些豆子和肉，同她交换这个曾经的野战医院以前储备的肥皂和床单之类的东西。整座别墅几乎成了废墟，经历了这场战争之后，她已不会再去听任什么人发号施令了，也不会再为什么伟大的目标尽什么义务了，她只想静静地照料这个不能再移动的几近垂死的“英国病人”。

有时候，到了夜里，这个被烧坏了的男人会听到别墅里有轻微的颤动声，他调大他的助听器，听到“砰”的一声，却不明白那是什么声音，或来自何方。汉娜拿起放在床头柜上的笔记本，是那个“英国病人”从大火中随身携带出来的幸存物，上面抄写着希罗多德[1]（Herodotus）的《历史》（The Histories），还有他从其他的书籍中摘录的段落以及他自己写的短评，它们全部都被塞进了希罗多德的文字里。她开始埋头阅读那些潦草的小字，是他对各种威力无穷的沙漠之风的详细记录。过了一会儿，她抬起头来，看到“英国病人”的目光正落到她身上。在黑暗中，他又开始说了起来：

他想，那些贝多因人让他活着的理由，肯定是因为他们断定他有某种本领会对他们有用。他能够凭

---

1 希罗多德（Herodotus，约484 B.C.—430 B.C.）：古代希腊历史学家，在欧洲史坛最先对史料采取了一定程度的分析批判态度，创造了叙述历史的新方法，把记载史实和加以阐释有机地结合起来，被誉为“历史之父”。所著《历史》（The Histories）一书，共9卷。

着地图上的轮廓，辨认出一个无名的城镇。他似乎具有丰富的知识，他独自一人待在家里时，总是在读书，所以他熟知历史。他看得懂海底地图，也看得懂描绘地壳薄弱地带的绘图，以及绘画在兽皮上的十字军纷杂的行军路线图。在飞机坠毁到贝多因人那里之前，他就知道那个地方……他被他的救命恩人蒙着眼带到一个没有女人的村子，听着他们的跳舞声和吹响的用以通风报信的风笛。过了黄昏，他才被允许看看四周，看到了俘获他的人和拯救他的那些人。他为他们的一些部落绘制了他们疆界外的地图，还为其他的一些部落讲解了枪械的结构。在他的周围，充满了神秘和危险……

"英国病人"所讲述的贝多因人救了他的命的事，以及汉娜的事，有时，会成为罗马（Rome）陆军医院一些医生的谈资。那天，在陆军医院里已住了有四个月之久的伤员卡拉瓦乔，手上缠着绷带，从一群医生身边走过时，无意间听到了汉娜的名字，便减慢了脚步，转过身来，打听她身在何处。

医生们震惊了，他竟然主动同他们说话，询问有关名字的事。因为在这之前，他从不说话，只用面部表情和手势与人沟通，偶尔咧嘴一笑。他甚至连自己的姓名都不肯告诉他们，除了他的番号。他的番号证实他是盟军的人，他们对他进行了调查，来自伦敦的函件证实了他的身份，他满身伤痕，是一个战斗英雄。他刚被送进来的时候，差点就没命了，为了止住手上的疼痛，不得不定时给他注射吗啡。他会坐在扶手椅子里，在黑暗中，默默注视着接踵而至的伤员和进出病房的护士们。

医生们告诉他：那个叫汉娜的护士现在一个昔日的女修道院里，在佛罗伦萨北部山区，盟军临时的战地医院。那里几乎被炸毁了，很不安全，但是，汉娜拒绝离开，她认为那个伤员伤势太重，不宜转移，其实，他们完全有办法安全转移那个伤员。现在最重要的问题是，她本人的身体状况也很糟糕，可能是受到了炮弹惊吓，应该把她送回老家。可是，战争结束了，上面再不能命令谁做这做那了。

"哪一个别墅？"卡拉瓦乔问。医生们告诉他，圣吉罗拉莫别墅，有人说，那里的花园闹过鬼。其实没错，汉娜自己就照顾着一个鬼，一个烧伤病人，有一个脸，却模糊不清，神经全部烧坏了，别人即使划亮火柴照向他的脸，也没有表情，那张脸已经死了。卡拉瓦乔想知道那个烧伤病人是谁，医生们不知道。"他不愿说话？"他问道。医生们哄笑起来，告诉他：他岂止说话，还没完没了地说，只是不知道自己是谁。坠落在沙漠里的所有的飞行员，都没有可以证明身份的物品。现在，他隐居在托斯卡纳[1]（Tuscan）大区的一座别墅里，汉娜说什么也不肯离开他。在那座别墅里面，有些房间里绘有图画，各个房间绘有不同季节的风景。别墅的外面，是峡谷，距离佛罗伦萨大约有 20 公里。

因为是在山区，医生们告诉他，他需要一张通行证，医院或许能找人开车把他送过去。那边的情况十分恶劣，死牛，被枪杀的马，被吃掉了大半的尸体，桥上倒挂着的死人——满眼都是战争最后的罪恶，到处都不安全，工兵们还没有去那里扫雷，德国人撤退时，埋了一路地雷，医院设在那里实在不合适，死尸的气味是最糟糕的。

他谢过那些医生，走出了医院，来到阳光下。数月以来，卡拉瓦乔第一次走出户外，走出了笼罩着绿光的房间。他站在那里，领略着一切新鲜事物，打量着每一个行色匆匆的人。这时，他想到，他首先要准备一双橡胶底的鞋。之后不久，他上了火车。

---

1 托斯卡纳（Tuscan）：意大利的一个大区，位于中西部，被认为是意大利最美丽的部分，以美丽的风景和丰富的艺术遗产而著称，其首府为佛罗伦萨（Florence）。

他放下他的旅行袋后，朝着有蜡烛光的地方走了过去，看见汉娜静静地坐在那里，膝上放着一本书。当他经过长长的过厅出现在汉娜面前时，汉娜大吃了一惊。一个就像她叔叔一样的人，为了找到她，先是乘火车，然后又徒步走了 4 个小时的山路来到了她这里。

他占用了这里一间房间，打开了那房间所有的窗户，静心听着夜晚的声籁，在没铺好的床上躺了一会儿，盯视着房间里风景画当中的树木。一个小时之后，他来到别墅的楼顶，站在最高处，看到楼顶的斜面有些部分被炸毁了，临近别墅，是 2 英亩大的被毁坏的花园和果园。他大概看了一下意大利的这片土地。

清晨，他和汉娜在泉水池边短暂地交谈了一会儿，汉娜正在那里洗床单。“现在你在意大利，应该想办法找找佛迪（Verdi）。”他提到了佛迪，令汉娜有些难堪。他提醒汉娜，“你曾告诉我，你与他相恋。”过去，汉娜的确爱过佛迪，认为佛迪各方面都是一个最出色的男人，当时她 16 岁，他们所有人不得不接受了她的选择。他又问了汉娜一句：她来意大利，是不是因为佛迪？

汉娜倚靠到栏杆上，坦承：她来这里，部分原因是为了佛迪；而且，在那时，卡拉瓦乔走了，她父亲参加战争了……汉娜在泉水池边摊开了她洗好的床单。这里所有的一切都被毁坏了，整幢别墅唯一的水源就剩这一处泉眼了，盟军撤走时，拆卸了水管，他们认为那样，就会迫使她离开。

他也希望她离开。他告诉汉娜：这一片区域正在清理，整个地区布满了没有引爆的地雷。汉娜走向他，用手指封住了他的嘴，对他说道：她很高兴见到他，除了他，没有其他人会让她这样开心了，但是，她不希望他来这里的目的，就是为了试图劝说她离开这里。

他转移了话题，想谈谈汉娜的病人，可一时间，他们之间好像又对此都没什么可说的。他注视着汉娜，一张瘦削的脸，一头短发，神态自若，陪衬着她的是汩汩流淌的泉水，老鹰，荒废的别墅花园。他想，也许这就是她走出战争的方式，一个需要照顾的烧伤患者，一堆要洗的床单，一间绘有花园风景的房间……

汉娜告诉他：如果他留下来，他们就需要更多的食物。她有种植的蔬菜和一麻袋豆子，但他们还需要一些鸡肉。汉娜说完，看向他。他明白了，她需要他以前的那种本事。他告诉汉娜，他没那勇气了。汉娜提议说她跟他一道去干，他教教她怎么去偷东西，告诉她怎么干就行了。他看汉娜根本没明白他的意思，只好挑明：他已经办不到了，他被捕过，他们几乎剁碎了他的双手。

夜晚，有时候，当“英国病人”睡熟之后，或汉娜在他的房门外独自读了一阵子书之后，汉娜就去找卡拉瓦乔。卡拉瓦乔或是躺在花园泉水池旁的石头上看星星，或是待在一个低矮的阳台上。在初夏的日子，夜晚，很难在房间里找到他，大部分时间，他都待在房顶上，一旦看到汉娜的身影穿过长廊在找他，他就会悄悄溜下去，让她在无头的石雕像附近找到他。别墅里的那些石雕像，大部分都在那次炮火轰炸的头几天被炸掉了头或胳膊腿什么的，一个个全都残缺不全了。他们俩站在山岬上，远方是佛罗伦萨和闪烁的灯光。有时候，汉娜觉得他看起来有些神经兮兮，有时候，又觉得他过于沉稳。汉娜问他：“你在那时是间谍吗？”

他望着夜空，回想他的间谍的生活，告诉汉娜：有时候，他们必须奉命去偷东西。盟军的那些人拼命利用他，他们大约有四五个人，有一段时间，他干得挺不错。他换上军服制式的那种男式无尾半正式晚礼服，混进一个聚会，去偷一些文件。其实，他的本质就是一个小偷，不是什么伟大的爱国者，不是什么了不起的英雄，那些人只是以官方的名义，需要他的偷窃技能而已。那一次，偶然之间，他被一个女人摄入了镜头，他知道那照片很可能导致他暴露身份，未来的一切将变得危机四伏。夜里，他溜进那个女人的房间去偷相机，当时，那个女人正在同男人做爱，她看见了他，他做了一个抹脖子的姿势。他拿到了相机，顺利溜回阳台，消失在了夜色之中。

他望着汉娜，汉娜坐在他对面，目光直射进他的眼睛，试图看出他在想什么，试图弄清他的思绪，就像他的妻子过去惯常做的那样。他很会掩饰自己的感情，不露丝毫破绽，而且，掩饰得很深。汉娜的一头黑发和幽幽的目光令他想起了他的妻子。但是，在这段时间里，他并不愿意想他的妻子。一日三餐，他总是与汉娜坐在一起。他坐在那里，手放在桌下，看着汉娜吃饭。他仍然不肯当着她的面吃东西，虚荣心使他羞于让汉娜看到自己已不再能使用刀叉了。

早在战前，他就在多伦多认识了汉娜和她父亲。他后来成了一个小偷，一个已婚的男人，混迹于他所选择的世界，精于欺骗富人，或是向妻子嘉内塔（Giannetta）和他朋友的这位小女儿施展魅力。但是，现在，他们周围的世界变得艰辛起来，一切只能依靠自己。他朋友的小女儿已经用铁链将她自己和二楼上那个垂死的男人锁在了一起。他的朋友也死了。一名军官挤过100多张病床送给汉娜一封信，上面告知了她父亲帕特里克（Patrick）的死讯，当时，汉娜痛不欲生。

过了一些时日，汉娜遇到了“英国病人”——看起来像是一个被烧坏的动物，神情紧张，躯体焦黑，成了她的精神寄托。数月之后，又成了她在圣吉罗拉莫别墅照顾的最后一名伤员。大批的英国军人都撤走了，她和“英国病人”拒绝返回比萨（Pisa）的圣基亚拉医院（Santa Chiara Hospital）。有人劝告她，并不是所有地方的战争都结束了，她坚持认为，她的战争已经结束了，这里的战争结束了。有人说她这是擅离职守，她不认为这是擅离职守；别人告诉她，这里将会被抛弃，她告诉他们：这里不会被抛弃，她将留在这里。人们警告她，当心那些没有引爆的地雷，这里会缺水少食。她来到楼上，站到烧坏的男人——“英国病人”那里，告诉他，她将留下来。

“英国病人”什么也没说，甚至无法向她转过他的头，但是他的手指滑进了她那白白的手掌内，当她向他俯下身去时，他那凉飕飕的、黑色的手指放入了她的发间。他问她多大了，她告诉他说“20”。他对她说：有一位伯爵，在他临死的时候，希望能被人抬到比萨（Pisa）的斜塔中间楼层，那样他死去时，能够看得远一些。

她照顾了他一个多月，还人道地帮他注射了吗啡，却不知道关于他的任何事。现在，其他人全都走了，她私藏了一些吗啡和可卡因药片，望着一辆辆卡车载着那些伤员、护士、医生、设备、用品下了山，转道佛罗伦萨去了比萨。

圣吉罗拉莫别墅后面是一堵比房子还高的石墙。西边是一个四周带有围墙的花园，花园很大，对汉娜来说，荒芜的花园就是延伸的房间。她沿着花园四周劳作，一面留意着没有引爆的地雷，在临近房屋的一块土壤肥沃的区域，她着手开辟菜地，尽管土地被烧焦了，尽管缺乏水源，但是，她相信，总有一天，这里会呈现出房间外面一片绿荫，房间里面畅通无阻的景致。

那天，卡拉瓦乔走进厨房，发现汉娜趴在桌子上哭泣。天还没有破晓，他站在那里，叫了她一声，然后，把缠着绷带的手轻轻搭放到她的肩头，意图给她些安慰。汉娜衣衫不整，停止了哭泣，冷静了下来，不过还有些残余的抽泣。卡拉瓦乔想，要想减轻她悲伤，唯一的办法就是设法让她道出心中的郁结。他清楚她为何而悲伤，他希望她能从对那个来日无多的烧伤的男人不同寻常的依恋中摆脱出来。于是，他开口问汉娜：为什么这么崇拜那个人？汉娜坐了起来，低垂着头，告诉他，她爱那个人。他反驳她，那不是爱，是崇拜。她不愿同他继续扯下去，要求他走开。他岂肯就此罢休，依然纠缠着汉娜：她为什么要让自己被一具行尸走肉束缚住？汉娜当即严加驳斥，那个人不是行尸走肉，他是一个无望的圣徒，在世上难得一见，她所要做的事，就是照料他，陪伴着他直到最后一刻。

卡拉瓦乔几乎不管不顾了，直截了当地挑明：他甚至不知道你！汉娜固执己见，说即便如此，她照样可以爱那个人。卡拉瓦乔绝对不能容忍，一个年仅 20 岁的姑娘，抛下一切，去爱一个鬼魂，他向汉娜进言：你必须把自己从悲伤的深渊中解救出来。悲伤与憎恨相去不远。让我告诉你，这是我得到的教训。汉娜给他的答复却是：别管我。

在夜晚，躺在吊床上，汉娜迟迟不能入眠，她的腿在军用毛毯下面不断地移来移去，想着似乎身在遥远星球的那两个男人，正同她一样躺在黑暗当中，沉浸在各自的记忆与孤独里。卡拉瓦乔曾是她父亲的知己，先前在加拿大时，他是那么地意气风发，在女人群中呼风唤雨，在她孩童时期，卡拉瓦乔是她的教师，教会了她翻筋斗，而现在，他把手插在衣兜里，只能扭动肩膀做做手势了——战争使他成了这副样子。战争也使她自己成了今天的样子。

战争迫使她到多伦多女子学院医院（Women's College Hospital）接受了训练，随后在西西里（Sicilian）入侵期间被派到海外，那是 1943 年。加拿大第一步兵师一路远征到意大利，那些被摧残的躯体源源不断地被送到野战医院。在亚雷佐（Arezzo）战役打响之后，她被伤员日夜包围，整整三天没有休息，最后，她躺在地板上，旁边的垫子上躺着一个死人，她睡了 12 个小时，闭上眼睛，无视周围的一切。当她醒来之后，她拿起一把剪刀，剪掉了自己碍事的头发，此后，她不再照镜子。随着战事更加激烈，她相继获悉一些自己所认识的人的死讯，她担心有一天她在擦掉自己病人脸上的血迹时，发现那人竟是她父亲或是曾在丹佛斯大街（Danforth Avenue）的饭店替她服务过的侍者。她玩世不恭地把身边的每一个人都称为“哥们儿”，而且，对自己和病人变得严厉了，脸孔变得消瘦而生硬。她总是感觉很饿，因为她发现喂食那些自己不能进食与不想吃的伤员，实在是一件累人又累心的事。看着那些面包碎屑或凉了的汤水，她真想大口吞下去。

搬到圣吉罗拉莫别墅后，除了她，其他四位看护，两位医生，一百多名伤员都走了，这真令人感到悲哀。但她说了，她不会再回佛罗伦萨或罗马或任何其他的医院了，她的战争结束了，她会和他们称为“英国病人”的这个烧坏的男人一同留下来。现在，她明白了，这个人四肢几乎不能动，将永远无法移动。她把颠茄制剂放在他的眼皮上，用生理食盐水为他清洗长了瘢痕瘤的皮肤和多处的烧伤。她不愿意再继续遵循他人的意愿搬来搬去，直到修女们将别墅索回，她都会与这个“英国病人”住在这幢别墅里。这个“英国病人”身上有某种东西使她想了解，想深入进去，想躲藏进去，在那里，她可以远离成年人的世界。“英国病人”与她说话的方式和他的思维方式，对她来说，有一种很强的诱惑力。她想救活他，想救活这个无名无姓、几乎面目全非的男人。在军队往北进攻期间，他曾是受她所照料的 200 来个伤员当中的一个。

汉娜和卡拉瓦乔到花园里散了一会儿步，黑暗笼罩着他们。他们一起回忆了往事，汉娜趁机抓住了卡拉瓦乔的手臂，终于说服了他，拿掉了他手上的绷带，他被切掉了两个大拇指，伤口已经痊愈。他告诉汉娜，他在跳下那个拍照女人的阳台后，被当场抓获。“你的名字是戴维·卡拉瓦乔，对不对？”他们把他铐到橡树桌子的粗腿上，找来了一个女护士，切断了他双手的拇指。不过，那个女护士是无罪的，关于他的事儿她什么都不知道，既不知道他的名字或国籍，也不知道他都干了些什么事。到处都是血，他的双手已经无用了。当时，他们给他灌了一种溶液，使他头脑变老了，动作迟缓了。后来，他们停止了对他的拷问，因为盟军就要到了。

那天傍晚，汉娜打开小说《最后的莫希干人》[1]（The Last of the Mohicans），翻到书后的空白页，在上面写下：有一个男人名为卡拉瓦乔，我父亲的一个朋友，我一向敬爱他，他比我年长，我想，大约有 45 岁，他正处于黑暗时期，丧失了自信，一蹶不振。出于某种原因，我得到了我父亲这位朋友的关心。汉娜阖上书，然后走进书房，把它藏到一排高高的书架上。

汉娜来到了楼上。“英国病人”睡熟了，张着嘴巴呼吸。她拿走了他手中的蜡烛，她不喜欢看到他手持蜡烛躺在那里仿佛是死人的姿势。随后，她走到窗前，吹灭了那蜡烛。黑暗当中，她像是突然患上了幽闭恐惧症，而不是因为疲倦。她大步朝走廊另一头走去，跳下楼梯，返回书房，打开窗户，让夜晚的空气进来。她不知道卡拉瓦乔眼下到哪里去了。现在，一到晚上他就出去，通常在黎明前几小时才回来。她打开钢琴，没有光亮，听着远处的闷闷的雷声。这是她第一次弹奏别墅的这架钢琴，尽管她在这里已经往了三个月之久。一道闪电划过山谷，在闪电的亮光中，她从钢琴上抬起头来，吃惊地看到出现在房间里两个男人，其中的一个是锡克族人[2]，手里拿着湿漉漉的步枪。她冲着他们点点头。当卡拉瓦乔回来时，他发现汉娜和工兵部队的那两名士兵正在厨房里做三明治。

那个锡克工兵在花园的一头搭了一个帐篷，与他同来的哈迪（Hardy）中士已经离开了。最初，锡克工兵不肯进屋，忙着去扫雷执勤时，总是从旁边经过，彬彬有礼的，遇到人就微微点头示意一下。汉娜看见他用脸盆里积蓄的雨水洗脸，花园里从前用来浇灌的水龙头已成了空管，没有水了。突然发现汉娜在看他后，一开始他有些害羞，后来就大模大样，应付自如了。汉娜显然被他迷住了。夜晚，那个锡克工兵目睹了卡拉瓦乔的游荡，有两次，远远地尾随在卡拉瓦乔身后，他在战争期间学会了跟踪，旧习难改。两天之后，年长的卡拉瓦乔制止了他，让他以后不要再跟着他。

他还很年轻，吃饭时狼吞虎咽，吃一顿午餐只花半个小时。他从不谈论扫雷的危险，平时总是哼着唱着或是吹口哨。在暴风雨的那个夜晚，他是顺着汉娜弹奏的钢琴声沿着柏树小道走进别墅书房的。撤退的敌军常常会在乐器里安放铅笔型炸弹，琴主人回家打开琴盖时，就会失去他们的手。他怀疑每一个房间，每一块土地都被德国人埋了地雷。

他总是洗他的手，卡拉瓦乔嘲笑他太讲究，他把卡拉瓦乔称作“大叔”，告诉他，在印度，你随时都得洗手，每餐之前都得洗，这是一个习惯。他还告诉卡拉瓦乔，他出生在旁遮普。“我来自北美。”汉娜自我介绍说。

---

1 《最后的莫希干人》（The Last of the Mohicans）：美国作家詹姆斯·费尼莫尔·库柏（James Fenimore Cooper，1789—1851）以西部拓荒为题材的“皮裹腿”故事中最出色的一部。

2 锡克族人（Sikh）：印度的一个宗教民族，信仰锡克教，身材魁梧高大，包头、蓄须，占印度总人口的2%，自尊心强、倔强高傲、不苟言笑、缺少幽默感，有尚武传统，作战骁勇，是印度的主要兵源之一。

卡拉瓦乔来到书房，午后大部分时间，他都待在书房那里。一如往常，他拿起了一本书，刚刚打开扉页，就听到了轻微的呼吸声，他转过身，发现了熟睡在沙发上的汉娜，一副筋疲力尽的样子。他打了几个喷嚏，叫醒了汉娜，汉娜一双眼睛看着他。他想知道现在几点钟了，溜出了房间，去找钟点。当他回到屋里时，从他的动作和信心十足的样子，汉娜确信他刚打过了吗啡。汉娜看向他，微微一笑。现在，由于药力，他头脑轻飘飘的，任凭汉娜对他说什么。

汉娜向他敞开了心扉，道出了不堪的往事：一年前，她差一点就生下一个孩子，但是，她失去了那个孩子，她必须打掉它——父亲帕特里克已经死了，战争还没有结束。这事发生在西西里，她们跟在部队的后面来到亚得里亚（Adriatic），一路上，她都在想那个孩子，与它不断地交谈。在医院里，她非常努力地工作，避开她周围的每一个人。无论做什么，与她在一起的只有那个孩子。无论在她洗澡时或是护理病人时，她总是在心里与那个孩子对话。在比萨听到了父亲的死讯后，突然间，一切都变得忙碌不堪了，部队前往莫罗桥（Moro Bridge）作战，然后进入乌尔比诺（Urbino），大概是在乌尔比诺，她结束了与那个孩子的对话，因为这时候，她感觉自己随时都会被射死，不论是一名士兵，还是一位神父或看护，随时都有可能被击中。

被送到她面前的那些士兵被打得身体残缺不全，他们爱上了她，然后不到一小时就死了。记住他们的名字是很重要的，每当他们死去时，她总像是看到了她的那个孩子。她知道死亡是怎么回事，知道如何将他们从极大的痛苦中摆脱出来，什么时候往一条大动脉里快速注射一针吗啡，用盐水，让他们在死亡之前倒空他们的肠胃。她想，每一个该死的将军都应来干干她这种活。到底是哪一个该死的家伙让她们来承担这种职责，她永远都不相信他们为死者举行的那些仪式，那些庸俗的修辞，他们怎么能这样！他们怎能那样谈论一个垂死的人！

汉娜坐了起来，有些晕眩，失去了平衡。在战争期间，即使与同事们在一起，她也难得说上一句话。她需要一位叔叔，一位家人，她需要那个孩子的父亲。她在这个山间等待着，多年来，她第一次喝醉了，楼上那个烧坏的男人已经睡着了，他一觉可以睡上 4 小时，而她父亲的那位老朋友，正在她的医疗箱里乱翻腾，打碎了玻璃管，用鞋带束紧手臂，给自己注射了一针吗啡。

那个锡克工兵在圣吉罗拉莫别墅周围出没已经有一个星期了，汉娜他们也已适应了他的用餐习惯。无论他在何处——在小山上或在村庄里——他都会在 12 点 30 分左右回来，与汉娜他们一起进餐。午餐的时候，卡拉瓦乔以长辈的目光盯视着这位年轻的士兵，他用右手进餐，用手指把食物塞进嘴里，他的刀子只用来削洋葱皮，或把水果切成薄片。

那天，卡拉瓦乔和锡克工兵坐马车去了一趟山谷，弄来一袋面粉。另外，锡克工兵必须前往圣多明尼哥（San Domenico）总部，递送地雷已被清除区域的报告图。一路上，他们发现，谈论彼此的话题很不容易，便只好用汉娜作为谈论话题。谈了很多问题之后，年长的卡拉瓦乔才承认在战前他就认识汉娜了。他们经过公路两旁数不清的营火，卡拉瓦乔把年轻工兵的注意力引向了军营的生活。

扫雷工兵的绰号是“基普”（Kip），因为他的第一份“炸弹清理”报告单上被他弄上了一些奶油，他的长官大喊大叫着问道：“这是什么，基普（与腌鱼谐音）油吗？”结果，他一下子被哄堂大笑包围了，从此变成了一条英国腌鱼。一周之内，他真正的名字“基帕尔·辛赫”便被人遗忘了。他对这事并不在意。他在英国幸遇的萨福克勋爵（Lord Suffolk）和勋爵的扫雷小组召集人时，都叫他的绰号，他喜欢这叫法，不喜欢英国人用姓氏称呼人的习惯。

那个夏天，“英国病人”戴上了他的助听器，这样，他就能听见屋里的一切响动了。他会把音量调大到能听到基普带来的那条狗的呼吸声，或者来自阳台上的扫雷兵的呼喊声。年轻的工兵到这里没几天，“英国病人”就知道了在这房子周围，那位工兵的存在，尽管汉娜并没有为他们互相介绍，她认为大概他们二人不会喜欢彼此的。然而，有一天，她走进“英国病人”的房间，发现扫雷兵也在那里，正站在床头，两只胳膊垂挎在他肩扛着的步枪上。她不喜欢他那漫不经心持枪的样子，也不喜欢在自己进来时他懒洋洋转过身来的样子。“英国病人”转向汉娜，并且说：“我们相处得好极了。”她生气了，不喜欢扫雷兵随随便便闯入她的这个地盘。

从卡拉瓦乔那里，基普听说“英国病人”了解各种武器装备，他开始跟“英国病人”讨论搜寻地雷的事。他来到“英国病人”的房间，发现他对于盟军和敌人的武器方面的知识，简直就是一座宝库。“英国病人”不但了解奇怪的意大利引信，而且熟知托斯卡纳这一领域的详细地志。很快，他们彼此便话语相投起来，谈得很入神。“我想他找到了一个朋友。”汉娜对卡拉瓦乔说。

汉娜把吉卜林的小说《基姆》（Kim）读给那个“英国病人”听，他们一起与《基姆》中的老喇嘛或司汤达的小说《巴马修道院》（The Charterhouse of Parma）中的主人公法布里济欧（Fabrizio）云游。在汉娜读的过程中，“英国病人”打断了她，让她读得慢一点，说吉卜林的书，一定要慢慢读，留心标点符号之处。“英国病人”对故事里面的地理位置十分熟悉。汉娜读过了《基姆》，又拿起了“英国病人”的那个笔记本，想从中发现点什么，但依然没有一丝能弄清她的圣徒到底是谁的线索。里面没有任何有关他的名姓的标记，没有军衔，没有军营或编队的番号。其中所涉及的，全是他战争之前的事儿，1930年代的埃及和利比亚沙漠，中间插有他写下的潦草小字，介绍岩洞艺术和画廊艺术的，或者是游记。当她向“英国病人”弯下腰时，看到他手拿着书睡着了，她拿走了书，随手放在了床头柜上，便抽身离去了。

这天，在别墅北边的一片地域，基普找到了一枚大地雷，他的脚经过果园时差点踩上那金属线，他顺着那金属线找到了树林里，德国人曾用水泥将它封盖住。那枚地雷把他吓了一跳，总共有六根金属线缠绕在一起，全是黑色的漆线，他对它的巨大个头和复杂性深感惊讶，发出了一声尖叫。汉娜闻声穿过花园，跑到别墅北头，看到基普站在那里，双手高举，遇到了麻烦，见她跑了过来，基普大声叫她绕到左边去。她曾多次走过这里，从不知有危险，于是，撩起裙子，双脚踏入那高高的草丛，当她站到基普跟前时，坚持协助他拿起了那金属线。“你最好离开。”基普劝她，她依然坚持着。基普屏住了呼吸，危险的地雷的引信被拆除了，他放下截断器后，把双手放到了她的肩膀上，他需要触摸一下人体。

危险过后，汉娜的嘴贴在基普的衬衫上，他们躺到那片小树林的草地上，一动不动。基普的眼睛清澈，望向一枝树枝，听着汉娜的深呼吸声。当他手搂着她的肩膀时，看到她虽然已经睡着了，手里仍然拿着那些金属线，显然，事后，她将它们捡了起来。

那天稍后，卡拉瓦乔不知从什么地方弄来了留声机，于是，他们便在“英国病人”的房间里开起了舞会。汉娜想和基普一起跳，卡拉瓦乔表示只有他才能教会她跳基普不熟悉的这一舞曲。汉娜不领情，替基普向卡拉瓦乔炫耀：他刚刚拆除了一枚大地雷，非常冒险。基普得意地耸了耸肩膀，坐到了窗台上。卡拉瓦乔把汉娜拉到自己的怀里，便开始上舞蹈课了。当他们旋转的时候，“英国病人”嘟嘟囔囔说起了舞曲的作者，一会儿又说想喝点酒，基普给他倒了一杯。“英国病人”喃喃低语，说这是他今年喝到的第一杯酒。就在这时，远处传来了一声微弱的爆炸声，坐在窗台上的基普立刻明白发生了什么事情，而且非常确定，但他却说了他人生中的第一次谎话——没关系，它不是地雷的爆炸声，像是来自已经清除过地雷的区域。随后，基普把汉娜留在了卡拉瓦乔的怀里，一个人悄悄地溜了出去，冲下 36 级台阶，然后朝爆炸地点跑了过去。一路上，他都在心里琢磨：死亡的是一个扫雷兵还是一个平民？他很快便找到了位于山谷里的爆炸现场和被遗留在那里的东西：他的副手，年长他 10 岁的萨姆·哈迪（Sam Hardy）已被埋葬在了那里。几个小时后，基普从爆炸现场返回，重新坐到“英国病人”房间的窗台上。

几天后的一个早晨，9 点来钟，由于吗啡的作用，卡拉瓦乔显得火药味十足，以一种好战的心态，渴望能与他人争论一番。他对基普和汉娜扯起了性生活和自慰问题，然后追问起基普的年龄。获悉基普 26 岁后，他比较了一番：比汉娜大。接着，继续发挥，说：假如她没你聪明，你是否会爱上她——换句话说，如果你认为她没你聪明，你是不是会为了爱她而把她想象得比你聪明？然后，便把话题一下子扯到了“英国病人”身上。他让基普好好想想，汉娜之所以被那个“英国病人”迷住了，是因为那个家伙懂得更多，知识广博。所以在他看来，汉娜爱上那个“英国病人”要比爱上基普容易得多。为什么呢？他高谈阔论地说，因为人们需要了解一些事情，想要把前因后果弄清楚，会说话的人用语言为诱饵，把人们引入一隅。人们为了成长和变化，需要知道更多的事情，渴望探索美丽的新世界。

汉娜打断了他，表示，不赞同他的说法，希望他能平静下来。他继续往下说着，说他们几个现在住在这个肮脏残破的别墅里，拿生命冒险，楼上的那个“英国病人”倒是睡得踏踏实实。汉娜被那个家伙迷住了，而他，又被汉娜的通情达理迷住了，然而，总有一天，基普或许会被炸开花，可为了什么？为了谁？基普才年仅 26 岁！“你被利用了，”他对基普说，“离开这里，离开这倒霉的地方！”

汉娜要他住口，说基普会活下去的。他置之不理，追问基普：前几天晚上被炸死的那个扫雷兵叫什么名字？基普没作声，他又问了一遍，基普才告诉他们是萨姆·哈迪，然后，走到窗边，看向窗外，不再理睬他和汉娜继续争论些什么。

卡拉瓦乔继续往下列举他们应该离开此地的理由：我们全部的麻烦就在于我们待在不应该待的地方……基普为什么要跑到果园里拆炸弹，为了上帝的缘故吗？他为什么要卷入英国人的战争？……军队给你灌输信仰，然后把你遗弃在这里，他们又到别的地方作孽去了，你只不过是一个微不足道的小东西。我们全都应该一起离开这里。

他的这一番话依然没能说动汉娜，对汉娜未起丝毫作用，汉娜对他说：他们不能留下那个“英国病人”逃走。他不由得有些气恼，指责汉娜坠入了爱河，并说他很担心汉娜，真恨不得杀了那个“英国病人”，因为这是能拯救汉娜使她离开这里的唯一办法。问题是，他感觉自己现在开始有点喜欢那个家伙了。接着，他把话题转到了基普身上，认为汉娜应该放弃她的职守，聪明一点儿，让基普结束冒险生涯，然后，和基普一道儿，坐上一辆火车离开，一起去生养孩子。

他说，现在，只有那些有钱的人才不敢耍小聪明，因为他们必须保护他们的财产。没有比富人更不地道的了。他们必须遵从他们那令人厌恶的文明世界的规则，他们发动了战争，他们有荣誉感，所以他们无法离开。但是你们两个，我们三个，我们是自由的。有多少扫雷兵死了，为什么你还没有死？别负什么责任了，好运气会用完的。

汉娜往她的杯子里倒了一些牛奶，然后，用一个微妙的肢体动作表示，她是基普的盟友——她把壶嘴放到基普的手上，把牛奶倒向基普棕褐色的手掌里，再往上沿着手臂到胳膊肘，停在了那里。基普任由她折腾，没有丝毫躲避的意思。

那天过后，汉娜把原本存放在“英国病人”房间里的药品，转移到了另外一个房间，她不想在卡拉瓦乔找那些药时，打扰到“英国病人”。她开始感觉，自己在卡拉瓦乔、基普和“英国病人”这三个男人中间，处境有些尴尬了，或许，那是一种肉体的吸引力，或许，所有的一切都与她对基普的爱有关。她喜欢把自己的脸贴到基普的手臂上，喜欢靠在他身上，感觉那看不见的脉搏在他体内跳动。凌晨，她会在离开“英国病人”后，穿过花园，溜进基普的帐篷，爬向基普的身体，像个纯洁的小妹妹睡到基普身旁。她的体温，她的耳语，给了基普莫大的安慰，把基普弄醒了。基普喜欢她的不同寻常，最喜欢她脸上的那种很帅气很伶俐的表情；有时，他喜欢在傍晚听她傻乎乎地与卡拉瓦乔争辩的声音，也喜欢她像一个圣徒似的爬进他的帐篷，紧紧贴靠在他身边。

离开扫雷兵的帐篷，汉娜在被战争摧残得破碎不堪的圣吉罗拉莫别墅里到处忙碌，之后，她静静坐到“英国病人”床边，默默注视着他，听着他不住嘴的喃喃私语的自白，感受着他游荡的思绪：在希罗多德之后，数百年来，西方世界的人对沙漠都没什么兴趣，到了20世纪初，才渐渐有所改变。1920年代，出现了一部引人入胜的后继史书，介绍地球上的这块区域，而后，地理学会在伦敦肯辛顿举办了多场以沙漠地区为主题的演讲会。到了1930年代中期，失落的扎祖拉（Zer-zura）绿洲被探险家拉迪斯洛·德·奥尔马西（Ladislaus de Almasy）和他的勘探队员们找到了。利比亚沙漠的探险，成就非凡，在1939年，却不得不终结，地球上的这块广阔宁静的土地，变成了战场。

在被绘画中的树木环绕着的卧室里，“英国病人”凝视着虚空。汉娜坐在他的床边，就像侍女一样陪伴着他，听着他的倾吐，跟随着他的思绪游动，随着他重返大漠沙海：他们一小群人，在战火中的异国，继续前进，绘制地图，重新勘探。1930年，他们已经开始绘制大吉勒夫高原[1]（Gilf Kebir Plateau）的最主要部分，找寻传说中被称作扎祖拉的绿洲。1931年，他们首次勘测，进入沙漠时，遇到一场可怕的沙暴袭击。在他们九次大旅行中，遭遇了三次沙暴。他们找不到能够提供补给的沙漠小镇，马匹突然全不见了，骆驼也死了3只，最后两天，除了茶之外，他们没有任何食物了，与其他世界失去了最后的联系。三天之后，他们连说话的力气也没有了，所有的东西都不见了。后来，靠运气，他们偶然发现了沙漠小镇埃尔塔基（El Taj），为他们提供了补给。之后，他参加了一个贝多因人的旅行队。1932年至1934年间，他们大家分散在四处，有时，几个月都见不上一面。只有贝都因人和他们在路上来回奔波。他们中有德国人、英国人、匈牙利人，他们对非洲人来说，微不足道，渐渐地，他们变成了无国籍的人。战争爆发的时候，他在沙漠里已经待了10年，对他来说，穿越边界是件非常容易的事儿，他不属于任何人，任何国家。在1933年或1934年，他与国际勘探学会的马多克斯（Madox）、摄影师卡斯帕里厄

1 大吉勒夫高原（Gilf Kebir Plateau）：位于埃及西南部的沙漠高原，与苏丹、利比亚接壤，海拔1000米左右，中部和北部多洼地，以盖塔拉洼地（Qattara Depression）面积最大。大吉勒夫高原地形复杂且鲜有人烟，尤以具有一万年历史的《泳者洞穴》（The Cave of Swimmers）等史前岩画知名，也是1996年电影《英国病人》（The English Patient）的拍摄场地。

斯（Casparius）、地质学家伯曼（Bermann），以及两名苏丹司机和一个厨子，乘着福特 A-Type，开始了他们的旅程。他们在阿布巴拉斯（Abu Ballas）找到一些有古希腊双耳风格的罐子，希罗多德曾提到这种罐子……

汉娜俯向“英国病人”，看着他，一言不发，清楚感受到了他那游荡的思绪：我们徜徉在过去的时光里。我们是年轻人，知道权力和巨大的财富只是过眼云烟。1936 年，一位英国牛津大学的年轻人杰弗里·克利夫顿（Geoffrey Clifton）听说了他们的事儿，与他取得联系。两个星期后，杰弗里和妻子凯瑟琳（Catherine）飞到了开罗，加入了他们四个人的世界。杰弗里很富有，拥有一架飞机，并且会驾驶。见到杰弗里把新婚的妻子也带来了，他们四个喜出望外。从凯瑟琳的容貌，看得出她出身高贵，她父母似乎在法律史界很有名望。一天夜晚，在探险队的艾乔夫（El Jof）基地，沙漠上的篝火在他们之间燃烧，凯瑟琳回忆起了大学时代的生活，为大家背诵了诗歌。那一夜，他爱上了凯瑟琳的声音；几个月后，他们在开罗，凯瑟琳同他跳华尔兹，他又爱上了她那带着一种不可征服的神情的容颜。他忘记了一个男人应持有的行为规范，忘记了凯瑟琳比他年轻。

凯瑟琳是一把火，结果，他们成了情人，不断地幽会做爱，像野兽一样纠缠在一起，凯瑟琳被自己的激情烧得几乎不能呼吸。不知何故，她想让杰弗里发现他们的这种不正当关系，却又不忍心亲口告诉丈夫。凯瑟琳受着内心矛盾的折磨，有些沮丧。他让凯瑟琳把他忘了，凯瑟琳的拳头挥向了他，随之又与他做爱，并在他身上留下了各种淤青的伤痕，在他头上留下了被盘子砍伤的疤痕，肩膀上留下了被叉子叉进的割伤。

在凯瑟琳尚未出现在他身边的时候，他是一个向来独自来去于沙漠和小镇之间却从不感到孤独的人；而突然之间，他发现他不能没有凯瑟琳了。阳光照进他在开罗的房间，他的手无法继续在他的笔记本上写下什么了，只能拿着钢笔在上面潦草地乱画着。然而，他很清楚，在他与凯瑟琳之间，横亘着一道又一道的樊篱。私底下，凯瑟琳对他们不能真正在一起感到十分懊丧，而在公开场合，凯瑟琳对他冷若冰霜。一天夜里，凯瑟琳终于提出了断绝关系，说他们将永不再见面了，她不能冒着被杰弗里发现的危险。在凯瑟琳的坚持下，他们分手了。他步行着送走了凯瑟琳，努力强颜作笑。他们没有亲吻，只简短拥抱了一下，他对凯瑟琳说，他再也不会想她了，凯瑟琳却回答他说，你会的。他魂不守舍，坠入了情网，却又被拆散了。

“英国病人”的眼睛闪动了几下，随后睁开了，目光落到坐在床脚的汉娜身上。汉娜给他全身擦洗过后，打碎了装药水的小玻璃管，给他注射了一剂吗啡。吗啡使“英国病人”的时空变得虚无缥缈起来，结果，他的思绪又回到了当年的开罗，满脑子想的全是凯瑟琳，小声嘟哝着他与凯瑟琳的事：他与凯瑟琳睡在一起，听着开罗南区市井的喧嚣，凯瑟琳喜欢一字一句地对他描述她母亲的花园，喜欢抬起他那布满青筋的手腕，把它引向她脖颈陷窝那儿；一次，凯瑟琳问他：如果把一生交给他，他会不会好好珍惜？他什么也没回答。女人总想拥有情人的一切。

汉娜听过“英国病人”的故事后，卡拉瓦乔对她说，“我来给你讲一个故事。”卡拉瓦乔所讲的，是一个叫奥尔马西的匈牙人的故事。他告诉汉娜，她不愿离弃的这名病人不是英国人，而是在战争期间为德国人工作的匈牙利人奥尔马西。在 1930 年代，这个男人就已经是一个了不起的沙漠探险家了，了解沙漠的各处水源，熟悉沙漠里的一切，通晓各种土语，还协助绘制过沙海地图。两次世界大战期间，他经常在开罗附近从事考察，去寻找湮没的沙漠绿洲扎祖拉。战争爆发后，他加入了德国人的行列，1941 年，充当了德国间谍的向导，带领德国人穿越沙漠进入了开罗。

汉娜没有接受他的故事，依然相信楼上那个被严重烧伤的男人是个英国人。于是，卡拉瓦乔提起了两天前的一件事：当时，他们想给基普带来的那条小狗起个名字，他给楼上那个家伙用了超过剂量的吗啡后，那个家伙建议的几个有趣的名字当中，提到了那个“西塞罗”。他向汉娜解释说，“西塞罗”——那是一个间谍的代码，原先是一个双面间谍，后来又成了三面间谍，被英国人发现了真实身份后，逃脱了。他认为楼上的那个家伙正是那个间谍——奥尔马希。“很有可能。”他耸了耸肩膀，与汉娜对视着，汉娜依然没有认同。

他想，他必须说服汉娜，于是开始给汉娜讲起了当年他自己在开罗的经历：他在开罗情报站工作期间，1942 年，德国派遣了一个名为埃普勒（Eppler）的间谍来到开罗，这个间谍用小说《芮蓓卡》（Rebecca）作为密码本，给隆美尔[1]（Rommel）发送有关盟军军队调动的情报。那个受隆美尔之命引导埃普勒穿越沙漠从的黎波里直到开罗的人，就是拉迪斯洛・奥尔马西伯爵。据说，那片沙漠是没人能通得过的。两次大战期间，奥尔马西有些英国朋友，都是些了不起的探险家，但是，战争爆发后，他却投向了德国。当年他驻扎在开罗，一直在追踪他们。奥尔马西带领一支 8 人小分队进入沙漠，他们朝着尤韦纳特高原[2]（Uweinat）进发，以便能得到水，还能在洞穴里隐蔽。1930 年代，奥尔马西在那里发现过几个岩洞，带有岩石壁画的史前岩画遗址。后来，由于盟军在那个高原活动，他们没法利用水源，他又制定了一个进入沙漠的计划，袭击了英军汽油库，灌满他们卡车的油箱，在哈里杰绿洲[3]（Kharga Oasis）换上了英军制服，卡车前挂上了英国军车的牌子。当他们被侦察机发现之后，他们躲藏在多岩石的干涸河床里，在沙漠里差点被烤死。再后来，他们花了三个星期抵达了开罗，奥尔马西同埃普勒握手后便离开了，独自一人回到沙漠，他们情报小组从此失去了奥尔马西的踪影。最后，英国人终于抓住了埃普勒，用芮蓓卡密码把有关阿拉曼（El Alamein）的错误数据发给了隆美尔。

听了他这一番讲述，汉娜还是没被说服。他让汉娜想想，从楼上那个病人的嘟嘟囔囔里分析，那个家伙是不是和奥尔马西非常相似，也是一个沙漠爱好者，他在黎凡特（Levant）度过童年，因而懂得贝都因语；还有，奥尔马西会开飞机，楼上的那个家伙是一个坠机事件的幸存者，被烧得难以辨认……汉娜看着他，淡淡说了一句：随他去吧。她觉得没有必要一定要确认楼上的那个烧伤病人到底是谁，反正战争已经结束了，他当初是属于哪一阵营的人现在已全然无所谓了。

卡拉瓦乔在这个问题上显得非常固执，坚持要弄清真相。他说，他要多给楼上那个家伙打点吗啡，用他的发明，吗啡加酒精，让那个家伙把他的来历细细道个明白。汉娜盯视着卡拉瓦乔，默默想着：战

---

1 隆美尔（Rommel，1891—1944）：德国陆军元帅，1941年任驻北非德国远征军司令，指挥德军在北非击退英军，逼近亚历山大和苏伊士；他指挥的装甲部队行动迅速、机动，善于迅速突破对方战线，深入穿插，被称为“沙漠之狐”；1942年11月，在阿拉曼战役（El Alamein War）中，被英国陆军元帅伯纳德・劳・蒙哥马利（Bernard Law Montgomery，1887—1976）指挥的英军第8集团军击败。

2 尤韦纳特高原（Uweinat）：位于撒哈拉沙漠东北部分，属于“利比亚沙漠”，“利比亚沙漠”的最高点为利比亚、埃及、苏丹三国交界处的尤韦纳特山。

3 哈里杰绿洲（Kharga Oasis）：埃及西部沙漠带上最南端的绿洲，也是最大的绿洲，其间有公元前5世纪的神庙遗址。

争使卡拉瓦乔变成了一个吗啡盗窃者，现在，用小药瓶装着的吗啡成了他的一个来源，他依靠注射吗啡求得解脱，每天总要在衣兜里揣上 2 支或 3 支，然后，注射到体内。有一次，她碰巧撞见他由于注射过量而呕吐，蹲在别墅阴暗的角落里颤抖，她试图和他谈谈，他则以粗鲁的瞪视回应了她。

汉娜没能制止卡拉瓦乔的行动。那天，下午 3 点，卡拉瓦乔抽掉了“英国病人”手中的小说《基姆》，问了一句：当你坠落到沙漠里时——你是从哪飞来的？在卡拉瓦乔的吗啡加酒的混合剂的作用下，“英国病人”开始了与他的对话：我是从大吉勒夫起飞的，去那里接了一个人，在 1942 年 8 月底。“1942 年发生了什么事？”卡拉瓦乔追问了一句。

“英国病人”的黑手滑动到胸脯上，喃喃道：我驾车从开罗返回，出了大吉勒夫高原，没走多远，卡车爆炸了，我本能地滚进了沙漠。这件事或许是混进贝多因人中的间谍搞的鬼。离开卡车，我朝向尤韦纳特步行，我知道在那里埋藏着一架飞机，是马多克斯弃之不用的一架旧飞机。我步行了四夜，到处蔓延着战火，终于走到了阿茵・杜阿（Ain Dua）源泉。我大约在正午时到达的，我赤身裸体，进入黑暗的洞穴之内，那里有我数年前发现的岩画。那些岩画，有长颈鹿、牛、带羽毛头饰的男人和几个游泳姿态的人形。我再往里走，走进寒冷的泳者洞穴，看到凯瑟琳还在那里，被降落伞紧紧裹着。我答应过要为她返回来的。我将沉睡的她抱起，带着她走到太阳底下，我穿上了衣服，抱着她进入沙漠，朝向东北的小峡谷挪动，那里埋着一架飞机。我离开那辆炸翻的卡车时，从上面扛了一箱汽油下来，一路带了过来，因为三年前，那架飞机的汽油就已经用完了。

“三年前发生了什么？”卡拉瓦乔问。“英国病人”回答说：三年前，她受伤了。那是 1939 年，她丈夫杰弗里故意坠毁了他驾驶的那架飞机，策划了一场自杀和谋杀，打算杀死我们，大家同归于尽。那时，其实我们已不再是情人了，那件事情不知怎的就传到他耳朵里去了。她当场没有死掉，我把她从飞机残骸里拉出来，拖进洞穴。在那个洞穴里，我们在经历了几个月的分离和怨恨之后，再次情同恋人一样相聚在了一起，互诉衷肠。她伤得很重，手腕骨折，肋骨摔断了，忍着伤痛，坦诚了对我的爱，要我对她不要太残酷了，不要再消失在沙漠或酒吧里了，要我不要再顾忌什么，我们的身体发疯地纠缠在一起，就好像要把彼此的灵魂拉离对方的躯体。在泳者洞穴里，我们依依不舍，距离库夫拉绿洲[1]（Kufra）仅有两纬度的距离。对我来说，救活她的唯一办法，就是独自去试试寻找到帮助。

“英国病人”暂停下来，伸出他的黑手。卡拉瓦乔把一片吗啡药片放到他手里，他把它放进他的黑嘴里，吞了下去，思想又离开了别墅这里：我越过干涸的湖床，向库夫拉绿洲走去，我把希罗多德的书留给了她。三年后，1942 年，我和她一起朝向埋藏着飞机的地方走去。我背着她，就像是骑士的盔甲。我终于从沙漠里挖出了那架飞机后，感到十分虚弱。早晨，睡了 2 小时之后，我把她抱进驾驶舱，启动了飞机，我们滑动着，飞向了天空。相隔了几年，我才带她离开，为时已太晚了。

“英国病人”又停住了，两眼凝视着前方，沉浸在吗啡的虚幻中：飞机的发动机转动不畅，座舱里的风吹开了她的尸衣，汽油漏到了她身上，他慌忙让飞机朝上飞，汽油流到了座位上，她滑倒在汽油上，电线短路了，蓦地出现了一个火花，最后，飞机开始碎裂并很快起火。他满脸是血，钻进被汽油浸湿的降落伞的吊带，离开了座舱，飘浮在空中，身上亮闪闪的，他不知道自己为什么会发光，后来才意识到

1 库夫拉绿洲（Kufra Oasis）：利比亚东南部的绿洲群，地处古代的商路上。

他身上着了火。

在卡拉瓦乔结束了与“英国病人”的对话后，没过多久，汉娜听到了“英国病人”和基普之间的说笑声。那天，她站在走廊上，听到“英国病人”房间里的声音，走了进去，看到基普和“英国病人”在来回传递一罐炼乳。“英国病人”尽可能地吮吸了一口炼乳，然后放下炼乳罐，冲着基普微笑，基普像是因为没能喝上炼乳而有些不高兴了，决定再去厨房取一罐。汉娜看向“英国病人”，他笑了，说，“我们发现了一种共同的乐趣，这个男孩和我。就我而言，是我在埃及旅行中的乐趣；对他来说，是他在印度的乐趣。”随后，又对汉娜絮叨了一番：“我们两个人都是国际私生子[1]——出生在一个地方，却选择生活在另一个地方。我们一辈子都拼命想回到祖国去，又挣扎着从我们祖国离开了，这就是我们之所以能在一起相处得不错的缘故。”

基普回来了，冲着“英国病人”说，他一定是在其他什么地方长大的，因为英国人不会像他那样吮吸炼乳。“英国病人”温温一笑，告诉基普，他是在沙漠里学会的这一切。两个人继续愉快地交谈起来，你一句，我一句，你来我往，不给汉娜任何插话的机会。基普说他当工兵已有 5 个年头了，大部分时间是在伦敦度过的，其次是意大利，他的老师是沃尔维奇（Woolwich）的一个英国人，大家都认为他有点怪，是个疯子。“英国病人”立刻接茬说：那是一个好老师，想必一定是萨福克勋爵，随后又问基普：见没见过默登小姐（Miss Morden）？ 基普说起了萨福克勋爵的秘书默登小姐在他们扫雷试验小组里，与萨福克勋爵和他的司机弗雷德·哈茨先生（Mr. Fred Harts），被称为铁三角。1941 年，他们在厄里斯（Erith）被炸死了。

汉娜看向斜倚靠在卧室墙壁上的扫雷兵。说这话时，基普脸上没有悲伤，也看不出什么表情。她已熟悉了基普的这种淡然，那种感情不形于色的眼神，她能读懂它。她想起那些在她的怀抱里咽下了最后一口气的男伤员；想起了在安吉亚里（Anghiari）小镇，她抬起那些气息尚存正在被虫子噬咬的男人，以及在奥托纳（Ortona），她拿着香烟给那个失去了双臂的男孩抽。无论什么事情，都无法阻止她履行自己的职责，同时，悄悄地把自己的感情隐藏起来。

靠在卧室墙壁上的扫雷兵基帕尔·辛赫的思绪闪回到了 1940 年的英国韦斯特伯里（Westbury）：他骑在马背上，伸直双臂，冲着远处用望远镜注视着他的萨福克勋爵招了招手。从马背上下来后，他往山下走去，默登小姐在他身后，也从小山上慢慢走了下来，翻开了她的笔记本，一路上，他们交谈起来。他很喜欢默登小姐，她是他从军到英国军营后，第一个能真正进行交谈的英国女人。

他是父母的次子。习惯上，家中长子去从军，次子去做医生，三子去做商人——这是他们家的老传统了。然而，战争改变了一切。他进入了军队，参加了一个锡克兵团，被装船运送到了英国。到伦敦后的最初几个月，他志愿参加了一个工兵部队，后来，和其他一些志愿者，乘坐铁路货车到了沃尔维奇的研究部。工兵部队的扫雷小组，伤亡高得惊人，1940 年 8 月，闪电战打响之后，新成立的 100 个扫雷小组，成员的平均寿命只有 10 个星期。

他接受了新的拆弹操作方法训练，在开往韦斯特伯里的小汽车里，他坐在前面，后座上坐着萨福克

---

1 国际私生子（International Bastards）：是指视英国人为父亲，学习英国人的文化与习惯，离乡背井为英国人卖命，但最后却遭“父亲”背叛者。

勋爵和默登小姐。一路上，萨福克勋爵不停地向他介绍着英国的风俗。萨福克勋爵的扫雷试验小组总共12名成员，萨福克勋爵很喜欢他这位年轻的锡克教徒，总以朋友相待，他永远不会忘记这一点。从军期间，一半的时间，他都追随着萨福克勋爵。初到英国时，他21岁，与印度旁遮普的家人相隔万里，谁也不认识，被萨福克勋爵选中后，他感觉自己从战争机器的混乱中解脱了出来。

他很喜欢听萨福克勋爵讲的那些轶事传闻，十分崇拜萨福克勋爵。后来，他告诉汉娜，他觉得萨福克勋爵是最好的英国人，是他在英国所幸遇的一位地地道道的绅士。如果没有战争，50岁的萨福克勋爵根本不会放弃他在农庄的隐居生活。

晚上，他和汉娜一起待在帐篷里时，他给汉娜讲了厄里斯的那场大爆炸：事情发生在1941年5月，萨福克勋爵尝试拆除一枚250公斤重的炸弹（250—kilogram bomb），不料，那枚大炸弹爆炸了，同时被炸死的还有默登小姐、弗雷德·哈茨先生和试验小组的另外4名扫雷兵。在事情发生的当日，他正在伦敦与试验小组当中的布莱克勒中尉（Lieutenant Blackler）一起拆弹，清理一枚4000磅的“魔鬼炸弹”。在拆除完引信之后，他们两个人累坏了，然而，当他一看到几位前来寻他的扫雷军官，他便立刻意识到——萨福克勋爵那边肯定出事了。

他开车前往厄里斯。他已从那位官员犹犹豫豫的神态中猜出此人前来的目的，不仅仅是为了告诉他萨福克勋爵的噩耗，他们是想请他去做一件事——周围地区一定还有另外一枚炸弹，或许还是相同的设计，他们想要他找出出事的原因。一路上，他努力控制住自己的情绪，让自己的头脑尽量保持着清醒。那第二枚炸弹落在了离事故现场仅有半英里远的地方，是同样的一枚250公斤重的炸弹。他冒着致命的危险，牢牢遵守着每一个步骤，全神贯注，把一切置之度外，终于成功完成了指派给他的任务，身边没有一个人陪伴。他谁都没有带，让开车送他来的哈迪中士，留在了吉普车里。完事之后，他迅速把他所了解到的一切记录了下来，把解决那种新炸弹方法的图纸交给了一名军官——他们急需这份资料。在图纸的下方，他写道：应萨福克爵士要求而绘制，他的学生基帕尔·辛赫中尉，1941年5月10日。

他告诉汉娜：他爱萨福克勋爵，喜欢勋爵对他讲的那些奇特的零零碎碎的知识。萨福克勋爵牺牲后，他像是突然明白了自己肩负着的责任。他是那种对争权夺势不感兴趣的人，早已习惯了独立与隐居，默默无闻。后来，他再从军，与另外100名扫雷兵一起登上了运输舰，离开了英国，投身到了意大利的战场上，修理桥梁，清理瓦砾，铺设轨道。随着战事的推进，炸弹的装置日新月异，他以最高的速度跟进着，疯狂工作着，致力于解决各种难题。很少有人记得他曾属于萨福克的试验小组，一年之内，整个试验小组解散了，并且被遗忘了，其中的布莱克勒中尉，是唯一一个凭着自己的才能得到擢升的人。

他还向汉娜回忆了他参军时的情景：被征募的人填满了整个院落，有人用黄粉笔把一个号码写到他们的皮肤上。稍后，排好了队之后，经过简短会见，一位印度军官在垂挂在他们脖子上的号牌上又写下一些黄色字体——他们的体重、年龄、住址、教育状况、牙齿情况，以及他们最适合什么样的单位。对这一切，他并没觉得受到了侮辱，而他哥哥的看法则会与他全然不同，他哥哥一向拒绝屈从，会愤怒地走到井边，提起一桶水，把那些粉笔字迹冲洗干净。他不像他哥哥，他的天性，使他认为凡事都自有其道理。对他来说，他哥哥永远是他们家里的英雄。他就像火把一样跟随在哥哥的气流里。他哥哥打破了家里的传统，尽管是长子，却拒绝从军，凡是英国人势力所及之处，他哥哥都要唱反调。因此，英国人把他哥哥关进了监狱。在监狱里，他哥哥变得平和而讲究方法了，听说他代替自己入了伍、不打算去做医生了时，他哥哥并不感到羞辱，只是大笑，让他们的父亲给他带了个口信，让他小心点。他哥哥从不反对他或他所做的事情，相信他有法子生存下来，有法子躲在寂静之处……如今，他已经有段时间没收到家信了，他哥哥好像还在监狱里。

在天气炎热的日子里，住在圣吉罗拉莫别墅里的人都会洗头。洗过头之后，基普喜欢仰躺在那里，散开头发，闭着眼睛，一脸的孤立无助的样子。汉娜坐在他旁边，一头棕黑色的头发已经干了，用心听着基普叙说他的家庭和他在狱中的哥哥的事。有时，基普会坐起来，把头发甩到身前，懒洋洋地用毛巾擦他的头发，从他的动作举止中，汉娜想象着亚洲人的样子。在他谈论圣武士时，汉娜觉得他就是一个骁勇的圣徒——坚定、富于幻想。尽管他是一个亚洲人，在战争的最后岁月里，他却认了英国人为父，像一个顺从的儿子，遵守着英国人的规矩。“不过我的哥哥认为我太傻，竟然信任英国人。”基普说道，双目紧闭。

到了夜里，汉娜帮助基普松开了他的头发，他又成了另外一副样子。他们拥抱在一起，相拥而眠，他把脸贴在汉娜的身上，靠着她的锁骨，像一个温柔的情人。他从不理会别人怎么看待他，在战争岁月里，他懂得了只有自己才是最可靠的道理。他常常和楼上的“英国病人”待在一起。他喜欢那个“英国病人”，因为他让他想起了他在英格兰看到的萨福克勋爵花园里的一棵棕树，靠近悬崖，像卫兵一样俯瞰着海峡，尽管摇摇欲坠，却透露出内在的高贵，往日的坚强。

他们习惯在天亮时起床，在落日的余晖里吃晚饭。夜深的时候，他们只在“英国病人”的旁边点上一根蜡烛，他们都已经习惯了在黑暗中行走。凌晨 2 点，他们从不同的门口走进别墅，汉娜踏上三十六级台阶，走进小教堂，在废弃的小教堂和厨房之间，有个门通往椭圆形的书房。他则从北院进去，然后，溜进庭院，走进厨房，拿起一罐炼乳，慢慢吮吸。

汉娜吹熄了“英国病人”房间里的那根蜡烛，之后，去了书房，打开手持的信号灯，在汗牛充栋的书籍中，寻找那本可以念给“英国病人”听的英文奇书。随后，在《巴马修道院》(The Charterhouse of Parma) 那本书前停了下来，迅速翻阅了一眼里面法布里济欧的一段话。这时，躺在书房尽头地毯上的卡拉瓦乔，看上去像是睡着了，其实是醒着的，看到了黑暗中汉娜左手上的亮光。汉娜躺到沙发上，入迷地看了一会儿那本书，像是听到什么，赶紧熄灭了灯。黑暗之中，起身朝着汉娜躺卧的沙发走过来的卡拉瓦乔，伸手摸向了汉娜，不料，汉娜却已不在那里了。他直起身来，一双手臂从后面勾住他的脖子，使劲把他向后拉，之后，两个人都倒在了地上。卡拉瓦乔很快便认出了那手臂——基普。基普的手松了一点，卡拉瓦乔挣脱出来，不发一言，气恼地离开了书房。

书房里一片黑暗，汉娜开始寻找基普，基普变换了一下姿势，让她撞到了他的胸口上，然后，顺势把她揽入怀中。汉娜伸手勾住了他的脖子，嘴唇贴上他的嘴唇，立刻感觉到了炼乳的味道。你偷喝炼乳！汉娜冲他莞尔一笑，他双手随着她的身体摇摆。在那之后，汉娜仰面躺到旧地毯上，他向她俯下身去，他们在黑暗中，尽情享受着欢爱，“我得到了你，我得到了你。”汉娜唱着，用尽万般柔情。

在他们的生活当中，有那么一个月，他和汉娜睡在一起，过着一种形式上的禁欲生活。他们感到，性爱可以关系到整个文明、整个国家，牵涉到他或她的爱情观。人生短暂，青春易逝。躺在汉娜的怀里，他就能感觉他的性欲完全得到了满足。他兴奋的高潮，像是与月亮的引力有关，与黑夜的诱惑力有关。在他看来，那种柏拉图式的亲昵，有时也是性爱——单纯的抚摸、搔弄、相互示爱的快感，让他想起了他在为母亲服丧时，是如何像此刻他对汉娜所做的那样，隔着莎丽为死去母亲抓痒。此刻的汉娜，正在享受着他的这一温柔的艺术，他的指甲，划过她躯体上的成千上万的细胞。在他的帐篷里，在 1945 年。

在这时，在距离他的帐篷有一段距离的别墅主楼层这边的楼上，卡拉瓦乔又开始了对“英国病人”的盘问。他给“英国病人”注射了大剂量的吗啡，在药力发作时，“英国病人”听到了他把针头扔进搪瓷罐的声响，并看到他灰色的身影转了过去，背对着他，给他自己也注射了一针吗啡。他们一道儿共享汉娜私藏下来的吗啡针剂已有多时了。

在卡拉瓦乔一再追问下，“英国病人”断断续续讲着他的多难的故事——他是如何坠入情网，如何爱上了有夫之妇凯瑟琳。他比凯瑟琳年长 15 岁，但是，凯瑟琳比他更渴求感情，结果，二人便成了情人。卡拉瓦乔凝视着“英国病人”的黑嘴唇，惊讶这个黑炭般的男人说话时的有条不紊，他一会儿使用第一人称，一会儿使用第三人称，而且，仍然不承认他就是那位奥尔马西伯爵。

为了串起奥尔马西的经历，卡拉瓦乔用他们过去常用的规范代码与他交流。当这个被烧伤的男人变得迟钝，或当他对“英国病人”所说的内容不理解时，他就拿起注射器，注入一针吗啡，就会打开更多的门，让这个被严重烧伤的男人的思绪或跳回洞穴岩画，或跳回一架被掩埋的飞机，或再次与一个女人躺在飞机风扇下面。

“英国病人”记起了他是如何把凯瑟琳留在泳者洞穴的。在她丈夫坠毁了他们的飞机后，他割开绳子，扯开她一直背着的降落伞，由于伤口的疼痛，她一脸的痛苦表情。把她带进泳者洞穴后，他不想失去她的美丽和高雅，从岩画上偷来颜料，涂到她脸上，为她一番梳妆打扮。洞穴里的温度使人战栗，为了让她暖和，他用降落伞裹住了她，尽管已无法与她直接对话了，他还是告诉她：我现在去找人帮忙，凯瑟琳，你明白吗？幸运的话，我很快就会回来的。他掏出了那本希罗多德的书，放在了她的身边。那是在 1939 年 9 月。他走出洞穴，穿过黑暗，走进满月下的沙漠。

他行走在沟谷交错、岗峦起伏的地带，行走在沙漠和岩石之间，对着岩石大声呼喊着凯瑟琳的名字。当他终于走到沙漠小镇埃尔塔基时，英国人的吉普车包围了他，带走了他，根本不听他所讲的有个受伤的女人被留在了 70 英里外的尤韦纳特。他不断地对他们说着，她是凯瑟琳，是他的妻子，现在，她的伤势严重，在大吉勒夫一个洞穴里，她需要水，需要食物……他被他们作为一个二流间谍，国际杂种，用柳条笼子关了起来，拖上了卡车。

听到这里后，卡拉瓦乔像是已经明白了什么，开始犹豫起来，不想再继续下去了。他想站起来，然后从这座别墅走出去，离开这个国家，离开这堆战争的碎石，他只不过是一个贼偷，在这场战争期间，奥尔马西属于哪一方已不再重要了。但是，他还是向前俯下身去，还是想要了解一些事，他想弄清楚：是不是这个被严重烧伤的男人谋杀了凯瑟琳，谋杀了杰弗里・克利夫顿。在听到“英国病人”否认的回答后，他对这个被烧伤的男人说明了自己之所以这样盘问的原因：

其实，杰弗里・克利夫顿是英国情报部门的人，负责监视“英国病人”他们那一伙在埃及－利比亚沙漠里工作的人。杰弗里是一名航空摄影师，他的死，至今都使英国情报部门大伤脑筋，存有疑问。事实上，他们从一开始就知道“英国病人”和杰弗里妻子之间的暧昧关系，尽管杰弗里本人不知内情。他们认为杰弗里的死，是为了加强防御，以阻止盟军掌握沙漠。他们当时正在开罗等着“英国病人”，没想到“英国病人”又返回到了沙漠。后来，他自己被派到意大利去了，就不知道“英国病人”后来的情况了，不知道“英国病人”出了什么意外的事。

“所以你追踪到了我。”被烧伤的男人说。卡拉瓦乔解释说：“我来这里，是因为那个女孩，我认识她父亲。我根本没指望在这个被炮轰过的女修道院里找到拉迪斯洛·德·奥尔马西伯爵（Count Ladislaus de Almasy）。说老实话，在与我共事过的大多数人当中，我比较喜欢你。”卡拉瓦乔靠到床边的座椅背上，面对着被烧伤的男人奥尔马西，皱起了眉头，闭上了眼睛，在黑暗中陷入了沉思。

“我要跟你谈谈，卡拉瓦乔，因为我感到我们有不共戴天之仇。那个女孩，那个男孩，他们并没有走到这一步，尽管他们也都经历过很多事。我最初遇到汉娜的时候，她正陷于绝望之中。”

卡拉瓦乔为奥尔马西解释了其中的缘由，“她父亲在法国被杀害了。”奥尔马西说他知道这事，他清楚汉娜不愿谈论这事，与每一个人都保持着距离。他能与汉娜进行交流的唯一方法，就是请她读书给他听……奥尔马西转而与用双手捂住脸的卡拉瓦乔开始了他们之间的交谈。交谈当中，他希望能化解卡拉瓦乔对他的仇怨。“你必须和我谈谈，”他对卡拉瓦乔说，“或许我只是一本书？是某种供人阅读的东西，某个被人诱出湖面的怪物……”

卡拉瓦乔抹了抹脸，像是为了抹去自己头脑中凌乱的思绪，让自己的头脑清醒一些似的，随后说道：像我们这样的贼偷，在战争中被利用，帮了别人很大的忙。我们的偷盗被合法化了，我们偷这盗那，我们比情报部门更能看穿伪装。我到过中东所有的地方，在那里，我第一次听到了有关你的事。你对他们来说是一个谜，是他们资料上的一块空白。你把你掌握的沙漠知识交给了德国人……

奥尔马西道出了自己不得不这么做的缘由：当时，他被当作间谍抓了起来，他之所以投靠德国人，主动带领埃普勒穿过沙漠，是为了能回到泳者洞穴和尤韦纳特。卡拉瓦乔把自己所了解的，与1942年的这件事有关的具体情况，和盘说给了奥尔马西：当你为隆美尔工作、避开盟军带着那个间谍进入开罗时……情报机关早就破译了德国密码，自始至终都在监视你，监视着你经过沙漠的整个过程。情报机关掌握了你的名字，知道你很棘手，反而对你更感兴趣，你一直受到严密的追踪。1939年，情报部门发现了杰弗里·克利夫顿的坟墓，认为你为了凯瑟琳而杀死了杰弗里。那时，你就已成了敌人，而不是在后来你与德国人为伍时。在你1942年离开了开罗之后，情报部门失去了你的行踪。他们原以为能抓到你，把你在沙漠里处死。但是他们找不到你了……

奥尔马西和卡拉瓦乔双双回到了现实。奥尔马西侧过脸去，茫然注视着前方，像是在凝视着卡拉瓦乔的双膝，卡拉瓦乔询问他，还要不要再用一些吗啡？他表示不用了，卡拉瓦乔接着问他，要不要帮他拿点什么来？他回答说：什么都不需要。

卡拉瓦乔走下楼梯，穿过黑暗，走进厨房，桌子上放着一些沾着泥的青菜，汉娜刚生起的火，是唯一的光亮来源。他拉过一把椅子，汉娜看到了他，冲着他招呼了一声。他有些睡眼蒙眬，活动了一下他的双臂，听到汉娜询问楼上病人的情况，他淡淡地说道，“睡着了。把他的一切都说出来了。”汉娜立刻问道：“他是你认为的那个人吗？”他语气平和地说了一句：“他很好。就随他去吧。”汉娜一颗悬着的心终于放了下来。一直以来，她和基普都确信楼上的那个被严重烧伤男人是个英国人，“基普认为，最优秀的人都有点怪，他就曾与一个这样的人一起工作过。”卡拉瓦乔认为基普就有点怪，不过他想，随他去吧，自己没必要计较。“他现在人在哪儿？”卡拉瓦乔问了一句，汉娜告诉他，基普正在阳台上忙活着怎么庆祝她的生日。他看着汉娜，说道，为了你的生日，我要给你讲个与你有关的故事。每个人的父亲都会死的……汉娜走到他身边，用双臂抱住他，仰着脸，看着他，然后说道：希望你把吗啡戒掉了再对我说吧。你知道我能使你远离吗啡，我是个好护士。

基普把汉娜和卡拉瓦乔从厨房里叫了出来。在阳台上，他们为汉娜庆祝了她21岁的生日。看到那阳台边缘低矮的石栏上，有一圈灯光，卡拉瓦乔心想：即使是为了汉娜的生日，从小教堂里把那些小电蜡烛移过来，这个扫雷兵做得也太过分了；随后，看到桌子上醒目地摆着的三瓶红酒，又让他大吃了一惊，他走过去，读着标签，惊叹着摇摇头。三瓶红酒全都已经被打开了。他知道扫雷兵滴酒不沾，他想，基普一定是从书房找到了一本关于礼仪之类的书。汉娜把她的手臂伸进他的臂弯，和他一起来到了桌前。

他们一边吃着一边喝着，为扫雷兵——“伟大的抢劫者”干杯，为“英国病人”干杯，同时也为彼此相互干杯。基普以水代酒，加入他们干杯的行列当中。卡拉瓦乔满心欢喜，围着桌子踱来踱去，他希望汉娜和基普两个人能够结婚，想强迫他们用语言表明此事，但在这件事上，他们好像都有着自己的奇特规则。

他们谈论起了战争。“当与日本的战争结束后，我们每一个人就终于都能回家了。”基普说。卡拉瓦乔讲起了从前他教汉娜唱《马赛曲》(Marseillaise)的往事，基普表示他知道这首歌，还试着哼了起来。汉娜让他唱出声来，站起来唱，说着，脱下她的网球鞋，爬上餐桌，一面做着示范演唱着，一面说，“你应该学会这么唱。基普，这是为你而唱的。”基普在军营里听到过这首歌，通常是一群男人，在非同寻常的时刻，群情激昂地高唱。卡拉瓦乔其实并不真那么喜欢这首歌，不过，现在因为汉娜在唱，他的情绪被汉娜改变了，他欢快地听着。汉娜的歌声，已不再是她16岁时的那种激情了，变化实在太大了，全然成了一个旅行者的疲惫之音，成了一个孤独者与所有事物抗争的自白，里面没有确信，唯一能确信的，是那歌声在扫雷兵的心中激荡出了回声。

夜晚，在帐篷里，汉娜与基普心心相印，依偎在一起。有时，他们默默无言，有时，又彻夜长谈。汉娜的内心，有种与生俱来的伤感，基普曾让她了解他的内心世界，而她却无法向他倾注自己全部的感情，做他完整的情人。黑暗中，她的左手抚摸着基普的衣袖，感觉到他前臂紧绷的肌肉，同时也感觉到他那茫然若失的眼睛里根本没有她，直到他的头贴近她的脖子，发出一声呻吟。她很清楚，除了危险，其他的一切都是次要的，那是基普的个性，所以，他能很快把伤感抛到一边。清晨，汉娜默默注视着基普离开别墅和它周围的景致，走向一堆乱石的悬崖，前往那些等待清除地雷的小道，去执行他的任务。每当这种时刻，基普总会把一切全都抛到脑后，独自一人，全神贯注，冷静地施展着他的全部天赋。

基普清楚地记得：那是1943年10月，他作为驻扎在意大利南部的工兵部队中挑选出的30名最优秀的士兵之一，飞到了那不勒斯(Naples)——那个埋满了地雷的城市。德国人在意大利战役中，导演了一出历史上最可怕的撤退，在全城布满了地雷。他们沿着挂着死尸的大道行进，有些挂着的尸体上也布上了雷，曾在半空中爆炸；尚未爆炸的炸弹，被封在公共建筑物的墙里；甚至所有的交通工具，差不多也都被装配上了地雷。引信被连接在瘫痪的电力系统上，一旦恢复电力供应，整座城市就将变成一片火海。当局采取种种办法，全员行动，疏散了整座城市的全部居民。那些定时引信，像噩梦般令人不可捉摸。在10月23日下午3点恢复供电之前，他们十几个扫雷兵，在那座空城里，排除引信、拆去雷管的那段时光，是他们一生中最奇特、最刺激的几个小时。

基普经常在晚上7点钟前后返回别墅。对基普来说，每天能活着回来，回到帐篷里睡觉，就已然是一种奢侈享受了，他摊开四肢仰卧着，脸上带着微笑。汉娜枕着他的胳膊，同他一道睡在那里，他们选择最舒适的姿势，去忘记时间。他们无法确定未来会发生什么。无论现在身在何处，汉娜默想，将来基普的身影会离她的生活越来越远。果不其然，在美国人在广岛、长崎[1]投下大炸弹之后，基普真的离开了她的生活，抛弃了他们纯洁的恋情。

她至今都能回忆起那个 8 月当中的一天发生的每一件事——当时天空的样子，雷鸣声中，桌子上的东西渐渐看不清了。她看到基普在花园里，双手紧紧扣在头部的耳机上，听到了什么可怕的事情，发出一声吼叫，跪倒在离她 100 码外的土地上。过了一会儿，慢慢站了起来，斜冲进帐篷，一阵雷鸣过后，离开了帐篷，提着步枪，向别墅主楼走了过来，从她身边一掠而过，蹿上楼梯，进入卧室，站到“英国病人”躺着的床脚边，战栗着，把枪口指向了“英国病人”。

“放下枪，基普。”躺在床上的烧伤病人根本不知道发生了什么事。基普使劲靠到墙上，使自己停止了颤抖，愤怒地说道：“我在我们国家的传统中长大，但是后来，我受的教育大部分来自你们国家。是你们，然后是美国人，更换了我们的信仰——用你们的行为准则。印度士兵像英雄一样捐弃他们的生命……你们就像蟋蟀一样好战。你们怎能愚弄我们去干这种事？在这儿……听听，你们的人干了什么！”基普把步枪扔到床上，走到那个“英国病人”身边，把耳机放到那颗黑色的头上。“英国病人”因疼痛脸部肌肉抽搐起来，但是，扫雷兵还是把耳机挂到了他头上，然后，走了回去，拿起步枪，看到了站在门口的汉娜。

“投了一枚，接着又投了一枚。广岛，长崎。”基普把枪口转向了阳台，他想到了亚洲的街道上冲天的火光，想到了西方世界的才智带来的巨大焚毁，然后，再次看向了“英国病人”。那个“英国病人”奥尔马西戴着耳机，正在聚精会神地听着。他的枪口又瞄了过去。奥尔马西把目光转向他的枪口，卡拉瓦乔走了进来，赶到基普身边，基普转过身来，用枪托重重击向卡拉瓦乔的肋骨，随后，又恢复了那种行刑队持枪的姿势，枪口对准烧伤病人那烧焦的脖子。“基普，我们谈谈。”奥尔马西说。

然而，基普面部表情就像一把刀，他强忍着因震骇而流出的泪水，他觉得自己被战争愚弄了，被西方世界欺骗了，愤怒地自责说：“我哥哥曾告诫我永远不要依靠欧洲人。那些做交易的人，那些签合同的人，那些绘制地图的人。永远不要信任欧洲人，他说，永远不要和他们握手。但是，我们呢，我们太容易被你们发表的演说、颁发的奖章、举行的典礼蒙蔽了。在过去这几年里，我在做些什么？摘除引信，拆去雷管，剪断炸弹的翅膀，为了什么，就是为了让这种事情发生吗？”他的枪口转向烧伤病人的眼睛。“开枪吧。”奥尔马西说，并向扫雷兵点点头。基普退出了子弹，把枪扔到床上，看向旁边的汉娜。奥尔马西摘下了耳机，然后，扯下助听器，把它扔在地板上。“开枪吧，基普。我不想再听什么了。”说完，闭上了眼睛，陷入黑暗之中，离开了所在的空间。

基普靠到墙上，双手交叉在胸前，低垂下头。卡拉瓦乔企图为“英国病人”洗刷冤屈，对基普说：他不是英国人。在所有人当中，也许，只有他是站在你那一边的。然而，在基普眼里，无论说什么，只

---

1 广岛（Hiroshima）、长崎（Nagasaki）：1945年8月6日美国在广岛投下一枚代号“小男孩”的原子弹，爆炸导致14万人死亡。1945年8月9日，美国又将第二颗代号“胖子”的原子弹投在长崎市，造成长崎市约60%的建筑物被摧毁，伤亡8.6万人，约占全市总人口的37%。

要有向棕色人种世界投弹这种事，就与英国人脱不了干系。卡拉瓦乔坐到了椅子上，他想，这位年轻的士兵是对的——他们永远不会向白人的国土投掷这样一枚原子弹。基普离开了房间，离开了那个属于他们三个人的世界，不再是他们的卫兵了。

在那之后，基普不吃也不喝，因为他咽不下任何东西。天黑之前，他扔掉了帐篷里所有的军械、所有的拆弹处理仪器，拿掉了他军装上的所有徽章，然后躺下去，目视着帐篷上的光慢慢暗下去。在那天夜里，圣吉罗拉莫别墅里的每一个人都是独自用的晚餐，那个“英国病人”什么也没吃。第二天清晨，基普在没有屋顶的残破的小教堂里给摩托车的链齿上油时，汉娜来到他跟前，叫了他一声。他没吭声，侧头目视着汉娜。汉娜对他说：“基普，是我。我们与那件事有什么关系？”他像石头一样无动于衷。汉娜跪到他跟前，向他靠过来，把头贴到他胸膛上，他的心脏在怦怦跳动，但他依然没有作声。

之后，基普跨坐到摩托上，摸了一下汉娜的手臂，骑上就走了，冲下了斜坡。在通向大门的小路上，正等着他的卡拉瓦乔向他走了过来，张开双臂，给了他一个紧紧的拥抱，“我会想念你的。”卡拉瓦乔说。此刻，是清晨 5 点，基普离去了，穿过树林，往南骑去，避开北边的佛罗伦萨，朝着和战场、侵略相反的方向骑了过去，在这条线路上，不再有紧张的军事气氛。他选择他熟悉的道路疾驰，开足了马力，迅速穿过一个又一个村庄，没有因旧日的记忆而减慢他的车速。

汉娜打开了被基普扔掉的背包，在手枪、拆弹工具和日用品当中，看到一张她的素描画像，是基普为她画的，她坐在平台上，基普从“英国病人”的房间里向下看她时画的。随后，从倒塌的帐篷里，她又翻出了一张照片。一个印度锡克教徒和家人们的合影。在这张合影中，基普的哥哥 11 岁，旁边的基普 8 岁。上面写着：“当战争来临时，谁反对英国人，我哥哥就和谁站在一起。”从倒塌的帐篷里，汉娜还翻出了一个笔记本，上面绘有炸弹图解，另有一幅画像，画的是一位圣徒和一位音乐家。之后，她把所有的东西都装进了一个大袋子里，除了那张照片。

午后 2 点左右，基普骑到了奥托纳（Ortona），工兵们曾在这里架设过贝利桥（Bailey bridges），差点在暴雨肆虐时淹死在河里。天开始下起雨来，雨水顺着摩托前轮灌进他的靴子里。他奋力在大雨中奔驰，努力不让自己去想他曾爱过的汉娜、“英国病人”和烧伤病人床边的书，那些圣书，以及天花板上绘画里的那些故事。雨下得更大了，他努力集中精神，来到拐弯处，拐上奥凡托河[1]（Ofanto River）的大桥，他的车轮一打滑，人从半空中旋转着落入河水中。

这时候，汉娜正坐到圣吉罗拉莫别墅房间里，给她的继母写信，是她多年来写的第一封信。在信中，她谈到偶然听到了两枚原子弹投向了日本后，他们感觉简直就像是到了世界末日；随后，她谈起了关于她父亲帕特里克的死。帕特里克死在法国一个鸽舍时的惨状，被烧得血肉模糊，甚至连衬衫纽扣都和肌肤熔成了一体，和胸膛模糊成了一片，而他的部队离开了他。她在信里写道：他是一个被严重烧伤的患者，而我是一名护士，应该能够照料他，你能理解这一地理上的悲哀吗？我能救他，或至少陪伴着他直到最后一刻。对于烧伤，我很了解；可在他生命的最后阶段，他躺在他一向厌恶的黑暗中无法入眠，孤独一人，身边没有情人或亲属。我厌恶欧洲，我想回家。我想回到你的小屋，回到乔治亚湾（Georgian Bay）那块粉红色的岩石上去。

---

1 奥凡托河（Ofanto River）：意大利南部的一条河流。

数年之后，历史的一块石头在记忆的水面上跳跃，在那块石头落入水面并且下沉之前，基普与汉娜就都已经上了年纪。那天，基普坐在他家的花园里，再一次想到应该进屋写一封信或到电信局填写一张表格，想办法和居住在另一个国家的汉娜取得联系。他的花园，令他触景生情，把他的思绪带回了圣吉罗拉莫别墅，带回了他与汉娜、卡拉瓦乔还有“英国病人”在一起的岁月。

现在，他是一名医生，有两个孩子和一个爱笑的妻子。在这座城市里，他整日忙碌着。一天，他突然意识到印度的太阳使他筋疲力尽时，他已经有了一把年纪。他坐在花园里，看见了汉娜，她在她自己的国家里，每一个月或两个月，他就能这样看见她。她的来信写了有一年之久，一直没得到回音，最后终于因为他的沉默而放弃了。他想，这是他的个性。一次进餐期间，他曾生出与她交谈的强烈欲望，渴望回到他们一起在帐篷里或在“英国病人”房间里的最亲密时光。回想那个时候，他已经迷恋上了她——既男孩子气，又真挚。

作者生平与创作生涯

迈克尔·翁达杰于 1943 年 9 月 12 日出生在锡兰（现在的斯里兰卡）首都科伦坡（Colombo）一个富裕的家庭，是荷兰殖民者的后裔，具有泰米尔、僧伽罗、葡萄牙等多重血统。1945 年，父母离异，他与兄弟姐妹同母亲的家人生活在一起。1949 年，在科伦坡圣托马斯学院接受了最初的学校教育；1952 年，他前往英国，与迁居伦敦的母亲生活在一起，并进入伦敦最负盛名的男校达威奇学院继续中学学业。毕业之后，1962 年，他前往加拿大蒙特利尔，与逐渐富有且颇有成就的长兄克里斯托弗·翁达杰[1]（Christopher Ondaatje，1933—　）相聚，从兄长那里，他了解到了许多有关家族的历史，故土的一切留给了他很深的烙印。此后，他一直生活在加拿大，并成了加拿大公民。

1962 年至 1964 年间，他在加拿大魁北克省南部莱诺克斯维尔的主教大学接受了大学本科教育，主修英语，同时开始从事诗歌创作，并于 1964 年，与年长他 10 多岁的加拿大著名艺术家金·琼斯（Kim Jones）结了婚，婚后，他们生育了一儿一女。1965 年，他在多伦多大学获得英语学士学位，1966 年，有“多伦多诗人”之誉的加拿大著名诗人雷蒙德·苏斯特（Raymond Souster，1921—2012）创立了加拿大诗人联盟，出版了《加拿大新浪潮》（New Wave Canada）文集，之中收入了他的诗歌作品，他因而获得了多伦多大学颁发的爱泼斯坦诗歌奖。

从 1966 年起，他成为加拿大颇具凝聚力的印刷及出版单位“教师之家”的成员，在那里担任董事会董事及编辑工作。1967 年“教师之家”出版了他的第一部诗集《优雅的怪兽》（The Dainty Monsters），被称为“超现实主义现代诗”。同年，他进入加拿大安大略省东部金斯顿的皇后大学读研究生，并获得

---

1 克里斯托弗·翁达杰（Christopher Ondaatje，1933—　）：加拿大商人、探险家、慈善家、作家，2000年，出资1100多万英镑，帮助扩建了英国国家肖像画美术馆（National Portrait Gallery）的“翁达杰翼”（Ondaatje Wing）；2003年，英国女王伊丽莎白二世（Queen Elizabeth II，1926—　）授予了他不列颠帝国司令勋章（CBE）；他还是加拿大总督颁授的加拿大官佐勋章（OBE）的获得者和梅西大学的高级研究员。

了文学硕士学位。此后，他定居多伦多，一面从事教学工作，一面进行文学创作。1969 年，他出版了第二部诗集《七个脚趾的人》（The Man with Seven Toes）。1967 年至 1971 年，他在西安大略大学担任英语教学工作，获得了西安大略大学授予的会长勋章；之后，1971 年至 1978 年，他在多伦多的约克大学格兰登学院英语系担任了一段时间的教学工作，教授英国文学。

在 1970 年代，他出版了一系列作品，发出了自己独特的声音。其中，在 1970 年出版的文学评论《莱昂纳德·科恩》（Leonard Cohen）一书里，他评论了加拿大漂泊在现代都市当红的游吟诗人兼摇滚乐创作歌手莱昂纳德·科恩（Leonard Cohen，1934—　）的作品。1971 年出版的诗集《比利小子作品集》（The Collected Works of Billy the Kid），混合了诗歌、散文、照片、资料和虚假的采访等文体形式，以 19 世纪美国一个著名罪犯的经历为主题，将历史事实与虚构混合在一起，真实再现了历史真人——威廉·邦尼（William Bonney，1860—1881）——纽约的亡命之徒“比利小子”的人生传奇，获得了加拿大最大的国家级文学奖——加拿大总督文学奖。1980 年，他又以诗集《我正在学一个用刀的把戏》（There's a Trick with a Knife I'm Learning to Do，1979）第二次荣获加拿大总督文学奖。

1976 年（33 岁），他出版了第一部长篇小说《穿过斯洛特》（Coming Through Slaughter），以美国新奥尔良的爵士乐短号演奏家查尔斯·巴迪·博顿（Charles Buddy Bolden，1876—1931）为小说主人公，讲述了一名警察寻找这位失踪的爵士乐短号演奏家的故事，采用后现代主义的拼贴手法，以反侦探小说和小说化传记的形式，表明了他对历史的态度，1977 年获得了加拿大全国小说新书奖。

1979 年夏天，他到美国夏威夷大学曼欧亚校区任客座教授。1980 年，他与妻子金·琼斯分手，之后不久，与小说家琳达·斯柏汀（Linda Spalding）生活在了一起，并与琳达共同主持了文学期刊《砖》（Brick）的编辑工作，出版文学随笔、访谈、诗歌和小说节选。

1980 年代，他进入了创作高峰，出版了诗集《老鼠果冻》（Rat Jelly，1980）、《世俗之爱》（Secular Love，1984）、《两首诗》（Two Poems，1986），长篇小说《披上狮皮》（In the Skin of a Lion，1987），回忆录《世代相传》（Running in the Family，1982）等，成了加拿大当代移民作家当中最为突出的作家之一。作品当中所淬炼出来的那种娴熟而细腻的文字，浓郁而如烟似幻般的抒情氛围和丰富意象，有着宽广的视野，洋溢着令人陶醉的美感。

1988 年，他获得了由加拿大总督颁授的加拿大官佐勋章（OBE）。1990 年，他前往美国，到罗得岛布朗大学担任客座教授。1990 年代，他出版了诗集《肉桂舞娘》（The Cinnamon Peeler，1989）、《淘汰舞》（Elimination Dance，1991）、《早先的独木舟》（Previous Canoes，1994）、《手记》（Handwriting，1998），长篇小说《英国病人》（The English Patient，1992）等。

其中，《英国病人》，以迷幻般的意象和浓郁的抒情魅力，感人至深地讲述了一个摄人心魄的故事，糅合冒险、侦探、爱情、哲理等各类写作手法，借由小说人物身份模糊化和碎片化的回忆和梦想的叙述，用哲理的意蕴、抒情的笔调、神秘的气氛，讲述了战争中的一个跨民族、跨文化、跨历史的爱情悲剧，通过四位来自不同国籍、不同民族与文化背景人物的饱受创伤的躯体与心灵，炙热的感情纠葛，对人类残酷的暴行进行了反思，娓娓道出人类的病态——殖民主义和战争暴力下的精神创伤，以寻求人世间的心灵绿洲，灵魂之伤和生命之缺的治疗与救赎。小说甫一出版，立即受到了盛赞，令他蜚声于世界文坛，再度获得了加拿大总督文学奖，并因其卓越的技巧，史诗般的叙述，与英国作家巴里·昂斯沃斯（Barry

Unsworth，1930—2012）的《神圣的渴望》（Sacred Hunger）一起，共同问鼎了第 24 届英语文学界最有影响力的布克奖。获奖之后，他用这笔奖金为斯里兰卡作家设立了一项一年一度颁发的文学奖，以他母亲的名字命名的“格雷希恩文学奖”（The Gratiaen Prize）。1996 年，英国著名导演安东尼·明格拉（Anthony Minghella，1954—　）将这部小说搬上银幕，囊括了多项国际奖项，并一举获得了第 69 届奥斯卡 9 项大奖。

2000 年，迈克尔·翁达杰当选为美国艺术文学院外籍名誉院士。之后，他陆续出版了长篇小说：《阿尼尔的幽灵》（Anil's Ghost，2000）、《分界》（Divisadero，2007）、《猫桌》（The Cat's Table，2011）；评论集：《交谈：沃尔特·默奇和电影剪辑艺术》（The Conversations：Walter Murch and the Art of Editing Film，2002）等。其中的《阿尼尔的幽灵》被认为是一部丝毫不逊于《英国病人》的力作，为他赢得了多项国际大奖：加拿大的吉勒奖、加拿大总督文学奖、法国梅迪西斯文学奖、美国旧金山桐山环太平洋基金会颁发的环太平洋图书奖、爱尔兰的《爱尔兰时报》国际小说奖。

当今，迈克尔·翁达杰与妻子琳达生活在加拿大多伦多市，共同编辑文学杂志，继续文学创作。

主要参考资料：

The English Patient, by Michael Ondaatje, Publisher: Picador, 1997.

Uxl Encyclopedia of World Biography, by Gale Group, Publisher: Gale, 2003.

1992年｜第24届

026 神圣的渴望 ［英］巴里·昂斯沃斯

Sacred Hunger by Barry Unsworth

◎ 原著分为2卷，共9章，讲述了一个发生在18世纪的贩奴商船的故事。故事沿着两条线索向前发展：一条线索在英格兰，一条线索在大西洋茫茫的海面上。主要人物是英国的一对表兄弟："利物浦号商船"（Liverpool Merchant）船主威廉·坎普（William Kemp）的儿子伊拉斯谟斯·坎普（Erasmus Kemp），船主威廉妻姐的儿子马修·帕瑞斯（Matthew Paris）。

英文原版封面

巴里·昂斯沃斯
（Barry Unsworth，1930—2012）

巴里·昂斯沃斯是英国文坛上"后殖民文学"的代表人物之一。

有评论认为，其作品具有原创性，擅长以独特视角审视前殖民地地区的历史与现实、文化与社会，探寻表象与真实之间的差异、道德对人类行为的影响。他的那些被认为是现代寓言的历史小说，风格生动翔实，描写精细逼真，技巧纯熟，尤以精密的构思、精练的笔法著称。

《神圣的渴望》（Sacred Hunger）出版之后，反响热烈，为他赢得了巨大声誉，因其**在展示邪恶贪婪的人类殖民历史的同时探讨了正义、自由和责任等概念**，与迈克尔·翁达杰（Michael Ondaatje，1943—　）的《英国病人》（The English Patient）一起，问鼎了第24届英语文学界最有影响力的布克奖。

那个琥珀色皮肤的黑白混血儿“锯末路德”（Luther Sawdust）年事已高，头发灰白，骨架很小，弱不禁风，且几近失明，说话时总是斜仰着脸，仿佛是在为他那半瞎的眼睛多引进一些光线。他是来自卡罗来纳州（Carolina）种植园的一个老奴隶，在丧失劳动能力并被种植园辞退后获得了自由。1832年的春天和夏天，他每天都在新奥尔良（New Orleans）的街道和码头上乞讨，在码头周围等待领到工资的水手们，这些人有可能会对他一时萌生怜悯或轻蔑。他是一个健谈的人，不管是否有人听，他都会不断地喃喃自语或大声嚷嚷出他生活的细节。

他的奴隶名本叫“路德”，后来，一次监工为了阻止他顶嘴令他吃了锯末，所以前面又被加上了诨名“锯末”（Sawdust）。不过，在新奥尔良的酒吧里，大家都叫他“乐园黑鬼”（Paradise Nigger）。他在一个热带乐园度过了他的孩童时期，那里混居着一些黑人和白人，他父亲是一个白人，是一艘商船上的医生。他所说的那艘商船就是“利物浦号商船”，船长是骚尔·瑟叟（Saul Thurso）。虽然那艘商船装着他所有的梦想的种子，他却从未见到过那艘商船。

那艘商船的船主威廉·坎普（William Kemp）是一位从事棉花生意的英国商人，有钱却不走运，在1752年这一充满机会和迅速暴富的年月，在一种乐观主义浪潮中，威廉为了赚大钱也加入三角贸易[1]当中，指望着从贩卖黑奴的生意中轻而易举地快速获利，来弥补自己在棉花投机生意上的损失，解决财务上所遇到的麻烦。他打算将一些物品、步枪和廉价的小饰品运到非洲，再把换来的黑奴们运到美国或西印度群岛贩卖，然后再用那些资金在当地购买一些烟草、甜酒和糖果，随后运到英国进行销售，以此获得巨大利润。为达此目的，威廉把自己的全部资产都抵押到了这一贩奴买卖上，命人为他打造了那艘“利物浦号商船”。

“利物浦号商船”背负着致使拥有她的棉花的经纪人死亡的罪名——至少，威廉·坎普的儿子伊拉斯谟斯是这么认为的。伊拉斯谟斯总觉得是这艘商船杀害了他的父亲。这是个可怕的想法，这个想法毒化了他对往事的回忆。悲痛铸造了曲解和误判，伊拉斯谟斯此后永远都摆脱不了一个想法：在那个单调

1 三角贸易（triangular trade）：欧洲殖民扩展时期贩卖黑人奴隶和获取原料的一种制度，后在人权问题下因废除对黑人的买卖而中止。早期，以葡萄牙、西班牙，然后是荷兰，后来以英国为中心，船队从欧洲出发，向南驶抵非洲，从那里掠夺精壮劳力，再向西到达北美洲，然后将掠夺来的黑人奴隶卖掉（最初，欧洲奴隶贩子在非洲登陆，亲自猎取黑人，卖作奴隶，后来遭到非洲人的反击，奴隶贩子改变了手法，采取同当地酋长和上层统治者结盟的方式，从他们那里获得奴隶），也交换一些经济作物，因为整条航线在大西洋上连成一个三角，故得名。

的下午，在默西河岸（Mersey）的木材码头，在稀泥与红花的彩色中，他父亲别扭地俯下身子去嗅那新砍下的准备给他的船做桅杆的木料时，就嗅到了他自己的死亡气息。

做桅杆的木材是浅黄色的，被堆在粗糙的木板棚顶下的三脚凳上——木板棚的四面是敞开的。大雨一直在下，水手们用木板在被水冲击的河岸的斜坡上铺了一条通道。伊拉斯谟斯对父亲那种把脸贴近原木去嗅木料的怪样子感到难堪。“质量一流。”威廉直起身子后说道，“这棵树被砍倒时，它正在甜美地喝水呢。你能从树液里闻出来。如果你想要测试木材的好坏，就闻白木质。”他父亲已然成了一个木材专家。木材是从波罗的海进口的枞木。他父亲告诉他：它们是专做桅杆的枞木，国外的枞树比英国的要长得更好，这种木材并不多。听后，周围的一些人笑了。他们都认识威廉，他们曾经在码头上见到过他那脸色暗红、衣着随便而不邋遢、戴着短而不扑粉的假发、穿着通常敞开的剪裁讲究的长大衣、动作敏捷的样子。“看见了吧，我的孩子。”威廉对表现冷淡的伊拉斯谟斯继续说，“过来看看。材料已经裁好了，可以用了。这两根是用来做桅杆主干的……把它们中间这儿用榫头合在一起，然后用螺钉固定。瞧瞧这些巨大的大家伙，你知道它们是什么吗？瞧它们有多粗。”

威廉的口音仍然是他儿时离开兰开夏（Lancashire）乡村时的乡音。他给儿子解释着怎样组装桅杆的主干及其四面的巨大枝干，怎样将桅杆加粗，底部前后都要用厚木板支撑，然后外面再用大铁箍箍牢。随着他的话语，那桅杆似乎在他脑子里变得更牢固了一些。他身边的人都以各种方式纷纷表示出了赞同，好像他的这艘商船，已经具有了坚不可摧的质量，非常之坚固，足以抵御人与天气的暴力，能够确保快速而平安的往返了——然而，只有威廉自己本人心里清楚：其实他这艘商船所欠缺的正是这些，而且是极其欠缺。

对这一点，伊拉斯谟斯毫无所知，也不感兴趣。他表现出一种烦躁不安的样子，觉得有关这艘商船质量方面的一切问题都相当枯燥无味。他与父亲威廉一样，对待下等人天生就不友好，也不能理解父亲为使这艘商船具有不可摧毁的质量所做的一切努力。他父亲的这艘正在河岸下游迪克森（Dickson）造船厂里打造的“利物浦号商船”，有着她自己特定的而与众不同的特征。她的后甲板上架有回旋炮，以便镇压奴隶们的叛乱；她的栏杆很粗，为的是防止有人跳海寻死；她的船舱最底层也很不一般，里面足足可以塞挤进 200 名奴隶。

伊拉斯谟斯时年 21 岁，沉默寡言，不善于做样子，正处于一种敏感情态之中，刚刚暗恋上了他父亲生意上的一位搭档的女儿莎拉·沃尔珀特（Sarah Wolpert），其实，他与他父亲那位老熟人的女儿相识已经很长时间了，然而，他真正了解莎拉，却是 10 天前的事。

在随后的一个晚宴上，他父亲把马修·帕瑞斯召唤来了。烛光下，他父亲面色红润，滔滔不绝，出现在客人当中的马修·帕瑞斯刚刚从监狱里释放出来——虽然其他的客人对此毫无所知，他的脑海里却是一清二楚的。“这是你表哥马修·帕瑞斯，你还记得他吗？”威廉·坎普冲着走进来的儿子伊拉斯谟斯问道。

伊拉斯谟斯讨厌他的表哥帕瑞斯，这种情感从他 10 岁的时候就开始了，因为在诺福克（Norfolk）海滩上发生的一件事。“我们上次见面时，你还很小，”帕瑞斯说，声音深沉而柔和，“我想，咱俩相差 10 岁。”伊拉斯谟斯顿生一种芒刺在背的感觉，对帕瑞斯提起往事时的那种漫不经心实在难以理解，深感不可思议——上次他们在一起玩耍时，当他要给一条小河筑一条小水坝的时候，帕瑞斯从他身后硬把他举了起来，扔到了一边，令他感到分外无助和愤怒，那是一个致命的冒犯，是对他的身体和意志的侵犯。那个冒犯和伤害的情形，至今都还鲜活在他的记忆当中，像13年前一样，栩栩如生。“我很高兴见到你，表哥，”伊拉斯谟斯回答说，“非常欢迎你的到来。”他往旁边看了一眼，看到父亲正在微笑，用他非常高兴时的那种独有的方式点了点头。

威廉·坎普把马修·帕瑞斯召唤到利物浦（Liverpool）来，是想让他到“利物浦号商船”上去做一名随船医生。为了逃避自己受屈辱的过去，帕瑞斯接受了姨父威廉的派遣，准备加入威廉·坎普的这艘商船的处女航当中去。在“利物浦号商船”前往非洲启航之前，那天下午，帕瑞斯与姨父威廉碰杯畅饮，然而，他们喝的却是彼此心口不一的酒，彼此心照不宣。威廉对自己能在商船上安排帕瑞斯做一名随船医生而表现出一种孤芳自赏的心态，他为此而自赞：上帝会使分类账平衡的。没有一样不是一清二楚的——每一件好事都记入贷方，每项开支都记入借方，而这笔账总有一天是会还清的。而帕瑞斯呢，尽管他打心眼里不赞同自己的姨父即将开始从事的三角贸易，为了致富，把人类当作货物来进行买卖的野蛮行径。然而，迫于无奈，他不得不谋下这一份随船医生的工作，他因为捍卫言论自由刚刚坐完了牢，不久之前妻儿又亡故了，如今，他必须为自己寻求一种新的生活。

为了去沃尔珀特家拜访，这天，伊拉斯谟斯·坎普花了一个小时选择他的服饰。沃尔珀特家的房屋建造在一片隆起的树木繁茂的区域。他远远地就看到了莎拉·沃尔珀特的哥哥查尔斯·沃尔珀特（Charles Wolpert）和一些人正在小树林的草坪上排练莎士比亚的剧本《暴风雨》，因为自己没有受到邀请，他心中有些不快，停在了湖边。莎拉·沃尔珀特正在预演里面的一场戏。过了一会儿，他往前走了几步，停靠在树木旁边，莎拉的目光很快便落到了他身上，十分兴奋，过来同他打了个招呼，他赶紧谎称他是来看查尔斯的，因为自知自己在扯谎，他的心怦怦地跳动着。随后，他很快弄清了莎拉情绪激动的真正原因，原来，他们正需要一个扮演剧本里名叫费迪南（Ferdinand）角色的人，刚好，被他赶上了。莎拉向他解释说：原定扮演费迪南的那个乔纳森·瑞戈比（Jonathan Rigby）从他的马上跌下来了，摔断了一条腿。

“利物浦号商船”上的船长骚尔·瑟叟，是经由他人推荐给威廉·坎普的，威廉·坎普与骚尔·瑟叟讨论了他每月付给船长的薪水，规定了船上主管、副主管人员所享有的特殊地位和待遇，然后表明他将为商船配备一名外科医生，也会享有与主管人员同样的特殊地位和待遇。“外科医生？”骚尔·瑟叟用沙哑的声音说道，“我们没有必要非带一个医生不可。”威廉·坎普回答他：“当然，我知道这一点。但是，我必须这样做，派遣他上船，是出于人道的考虑。”骚尔·瑟叟考虑了一会儿，看着将要成为他雇主的威廉·坎普说：“我亲自检查那些黑人，我知道怎么做，我知道他们可能要的花招。”威廉·坎普只好坦白说：“我知道你很称职，不过我派给你的这个人也很称职。他是一个有充分资格的医生，事实上，他是我的外甥。我已要求他过来与你见见面了。”

马修·帕瑞斯在码头附近临水街道上的一家旅馆里过了一夜，他渴望孤独，他姨父的那种热情，令他有些不能忍受。现在，他已经从体力上，为即将开始的远航做好了的准备。他备好了药箱、器械、绷带、包扎物以及大量的药品，把所能想到的都带上了，从芥末到尤加利树油。他花了一些他的姨父的钱，购买了最新的旅游航行文集，与这些东西放在一起的，还有他没翻译完的哈维[1]的论文《心脏与血液循环》，

1 哈维（Harvey，1578—1657）：英国医生，解剖学家，血液循环的发现者。

他在诺威治监狱（Norwich Jail）中就开始这一作品的翻译了，是他姨父出资，使他得以拥有一间单人牢房。

在骚尔·瑟叟船长的指挥下，“利物浦号商船”上的那些船员们也都在为即将开始的航行做着准备，为非洲人的到来做着各种各样的准备工作。在第三天，清晨4点过后几分钟，值夜的二副西蒙兹（Simmonds）终于感觉到风向变了，转为了迎面风，于是，他按照指令立刻叫起了骚尔·瑟叟船长。骚尔·瑟叟等待水位涨到最高处，然后下了起锚令。就这样，这天上午，“利物浦号商船”扬帆驶入了爱尔兰的海面，张开了她的主帆，乘着东南风，解开缆索，生平第一次获得了在风与海流之间的自由航行，由于紧张，她发出了呻吟声。

这时，在英国本土的伊拉斯谟斯·坎普，由于莎拉·沃尔珀特参加了话剧《暴风雨》的预演，他便也参加了进去，替代了原本由乔纳森·瑞戈比所扮演的角色，并开始了与莎拉之间的交往。伊拉斯谟斯站在湖边，面对着自己既期盼又忧虑的场面，心里有些惶恐。最近一段时间，他在公开场合和私下里扮演费迪南这一角色时，二者之间的差距变得越来越大了，尽管他已经背熟了自己的台词；当他独自一人时，那些台词，他可以倒背如流；但是一旦到了莎拉面前，他的舌头就失灵了，嗓子也干涩了——并不是因为羞怯，他的生性并不胆小，况且，他十分愿意有机会用他自己的声音说出他的爱。令他惶恐不安的是，他必须装扮成剧中人来表示他对莎拉的爱。他与莎拉两个人表现出来的情感都不是他们自己的，而成了另外一个人的。每当在出于偶然或是设计出来的他与莎拉单独待在一起的那种时刻，他总是感到自己的表现有些慌乱，不知所措，而且，那样的机会原本就是来之不易又十分短暂的，他却找不出恰当的言辞，正确表达出他对莎拉的情感；另外，说起来，在这方面，莎拉也没有给予他多少配合，加以补救。

“利物浦号商船”出海的第三天，天气阴沉起来，从东南方向刮起了不断号叫的狂风，到了夜里，风力越来越大，到了第二天上午时，大风刮得越发厉害，斜桁纵帆和中桅帆以及后来的前桅帆都必须由人工来操纵了。在风浪巨大，毫无规则的海面上，商船不住地颠簸。这时，对于马修·帕瑞斯来说，是个黑暗的时刻。出于对即将到来的晕船的忧虑，作为预防手段，他吃了一些姜粉，随后，为了呼吸新鲜空气，他跑到了甲板上。呼啸的狂风扫过索具发出尖厉的嘶叫，甲板倾斜，非同寻常的站立困难，以及那些水手们忙碌着收回中桅帆的快速动作，都使马修手足无措；尽管吃了姜粉，可怕的船速带给他的极大痛苦越来越强烈了。

早晨，海风终于渐渐减小了，而且改变了风向，海面平静了下来。马修·帕瑞斯向骚尔·瑟叟船长问候了早安，却没有听到任何回答之声。在随后的几天，马修·帕瑞斯很快又发现：自己置身其间的那些船员，竟然是一帮不屑于在商船上工作但又别无选择的水手。这些水手，由一些当时在利物浦码头上临时雇用来的人员组成，其中有许多人是通过讹诈和欺骗手段招募来的。在这些被劫持或被卑鄙伎俩诱骗而与“利物浦号商船”签了契约的水手们当中，一些人与马修·帕瑞斯建立起了友谊，而另一些人则与马修·帕瑞斯不太友好。

马修·帕瑞斯必须在商船上开设出他的病房，他必须悉心照料那些因遭受骚尔·瑟叟船长的无情责打而致残的水手们。在“利物浦号商船”上，那些被诱骗来到商船上充当了水手的船员，掌握自己命运的机会并不会比囚犯多多少。在骚尔·瑟叟船长眼里，他们只是一些在码头上混日子的社会渣滓，没有必要因生病和挨打而得到马修·帕瑞斯的认真治疗，马修·帕瑞斯的责任，只是让他们能够保持有干活的体力就行了，能偿付他们的酒债就行了。说起来，这位总是显得泰然自若的骚尔·瑟叟船长，说起话来嗓音沙哑平板，他的面部表情，原本就不很灵动，随着年岁的增长，如今已经彻底变成了呆板，他的脾气，也变得愈发残暴了，好像总能寻机大发一通脾气，在人们眼里，大发雷霆永远是他招之即来的帮凶。

骚尔·瑟叟以无情的纪律粗暴地对待招募到商船上来的全体随员。至于马修·帕瑞斯，基于他所持有的特殊身份，他所享有的权利和待遇与那些水手们有所不同；然而，即便如此，在马修·帕瑞斯与骚尔·瑟叟船长之间，他们的观念分歧，还是很快就显现了出来，在后来的航行当中，他们之间的观念冲突越来越明显了。

一天，由于水手长塔克·海因斯（Take Haines）诉苦说：当时在场的很多人都看到了——水手詹姆斯·威尔逊（James Wilson）意图揍他，朝他扬起了手，骚尔·瑟叟当即表示威尔逊必须受到惩罚。当水手比利·布莱尔（Billy Blair）到左舷上拉起挂钩竖起支索时，他看到被带到甲板上的约克郡人威尔逊双脚带着沉重的脚链，嘴里说着："上帝啊，救救我们。我们不是囚犯。"之后不久，报时的船钟响了，共八响[1]，接着是水手长海因斯的哨声和他那拖长的干瘪的嗓音声，传唤所有的人到甲板上来。大副詹姆斯·巴顿（James Barton）的一班人马磕磕绊绊地爬了上来，巴顿站到骚尔·瑟叟身后两步远的地方；海因斯扬了扬头，"所有的人都要目睹惩罚！"他声嘶力竭地大喊着。水手们按照各自值班的次序，沿着右舷或左舷的栏杆一队排列开来。骚尔·瑟叟将目光转向了大副巴顿，"所有的人都到场了？"巴顿回答他说，医生没有来。他立刻对海因斯说道："我想让帕瑞斯先生尽快到这里来。"

惩罚开始了。骚尔·瑟叟从水手长海因斯手里拿过鞭子，走到升降口，量了量距离，走了两小步，然后用他手臂的全部力量打了下去。人们听到了鞭梢飕飕的呼啸声，来自威尔逊体内的深沉的喘息声。马修·帕瑞斯看到威尔逊脖子上的青筋绷得紧紧的，努力克制着，不发出任何声音。第一鞭就打得威尔逊的背部撕裂，流出一道血线。骚尔·瑟叟打了一鞭又一鞭，凶恶的程度始终丝毫不减，身上那种惊人的精力也始终丝毫未减，双眼大瞪，脸色黑红，胀鼓鼓的。随着一鞭鞭的鞭打，威尔逊依然没有出声，只是身体不由自主在那里痛苦地蠕动着，他的背部，从脖颈到腰部都布满了血印，每落下一鞭，都有血滴滴落到甲板上。打到第 10 鞭之后，每打一鞭，骚尔·瑟叟都不得不停下来，用他的手指捋捋鞭梢，把上面的血肉捋干净。打到第 14 鞭时，威尔逊终于挺不住了，膝盖软了，整个人悬空吊在两只手腕上了。"噢，上帝，"他声音模糊地叫喊着，"上帝，救救我。"这就是骚尔·瑟叟所等待的结果。在他看来，威尔逊是一个勇敢的恶棍，但是他知道，他一定要让他屈服，他数到了第 18 鞭。在他把鞭子丢给水手长海因斯之前，他说"把鞭梢弄干净，为下一个不知道自己姓什么的人做好准备。"然后又对大副巴顿说"把这个人弄走，让水手们干活去。告诉摩根（Morgan），我要热水，马上送到我的仓里。"

瘫倒在甲板上的威尔逊目光呆滞，马修·帕瑞斯目睹着威尔逊被两个水手半拖半架地送到下面去了。他在那里站了一会儿，竭力控制着自己的反感和愤怒。他默默地想，他本可以坚持自己的立场，反对这个残暴的禽兽——这一点是那个毫无赦免权的、可怜的水手威尔逊所不能办到的；现在，他应该给那个

---

1 八响（Eight bells）：古时，船上多以沙漏计时，每漏完一次为半小时，由当值水手敲击船钟一响，在周期性的值更守护工作中，每一更勤为4小时，共敲船钟8次。

人的伤口一些尊严。于是，他跨步向前，直面着骚尔·瑟叟，“请原谅，船长，”他说，“我想跟你谈谈。”骚尔·瑟叟船长面无表情地告诉他：现在不方便。“先生，这是我第三次要求了。我有权让你听我说。”马修·帕瑞斯不再让步了。“有权？你什么意思？”骚尔·瑟叟船长的语调加快了，“你要和我谈权利，在我的甲板上？”马修·帕瑞斯感受到了骚尔·瑟叟对他的强烈蔑视，然而，他不得不努力控制着自己的情绪，他在背后攥紧了拳头。“是的，先生，是这样的。”他说，一面将他的目光直盯盯地投到骚尔·瑟叟身上，并且看到了对方的表情起了变化。“我要说的是医疗室，它还没被清理出来，尽管我以前跟你说过，请求过，现在，事情已经很清楚了，它多么有必要。”

“医务室？”骚尔·瑟叟船长瞪着眼睛，看着软塌塌的中桅帆，“你疯了吗？帕瑞斯先生？在我们的船上还没有病人的时候，它有什么用？”马修·帕瑞斯明确表示：“我的意思是要对那个人的背部进行治疗，如果不处理的话，他破烂的伤口很容易化脓。”骚尔·瑟叟船长情绪激烈地说：“威尔逊？见他的鬼去吧。我真不知该对你说什么好了，你让我对你笑呢？还是对你吼呢？我见过成百个像他那样的，用一小撮盐就治好了。”马修·帕瑞斯犹豫了一下，他不想使用他姨父的名字，但是他要在这一天赢得胜利——不仅仅是为了他自己。于是，他说道：“你在强迫我提醒你，坎普先生答应过我使用那个房间，他的这个决定，当时你也听到了。”他看到骚尔·瑟叟右手握起了拳头，指关节都发白了；他以一种更为强烈的冲动作为回应，把脸往前凑了凑，说道：“我要那个医务室清理出来，先生，如果你允许的话。”骚尔·瑟叟船长用一种鄙夷的腔调说：“如果这么重要的话，你可以拥有你那宝贵的医务室。”就在这时，他们感到风力在加大，感觉到商船随之做出了相应的回应；紧接着，那风又来了，更强烈了，吹过了商船上的那些绳子，发出呜呜的叫声。

现在，伊拉斯谟斯·坎普成了沃尔珀特家的常客。他不懈地追求莎拉，心里却总是在想依仗着自己的地位、自己的允诺和公众的认可，自己最终肯定能够将莎拉据为己有的。沃尔珀特先生并不喜欢伊拉斯谟斯·坎普这个年轻人爱他的女儿，这个年轻人身上的品质，令他人难以容忍；而且，沃尔珀特注意到，伊拉斯谟斯的造访给他的女儿莎拉带来了压力，他的那种颐指气使的样子，好像在迫使他的女儿自感相形见绌，光彩大减；可是，他的女儿莎拉，不管自己的形象是不是黯淡了下去，却依然希望能与伊拉斯谟斯在一起，急不可待地去与他相会。

沃尔珀特清楚地意识到，女儿莎拉需要伊拉斯谟斯·坎普，而自己根本无法拒绝，就像莎拉向他索要的他所能给予的任何东西一样。就这样，在身份与地位没有任何正式改变的情况下，伊拉斯谟斯·坎普对莎拉的拜访便得到了认可，被允许单独与莎拉一起散步，一起聊天；不过，更多的时候，总会有其他人小心翼翼地陪伴在一旁——通常是莎拉母亲的未婚表妹、寄住在沃尔珀特家的珀蒂小姐（Miss Purdy）。

伊拉斯谟斯·坎普总是非常有信心地谈论着那些关于他们未来的事儿，他们结婚以后的事儿，以及有关他们所居住的城市的事儿。他认为，这个城市与他们密切相关。“运输和贸易，”伊拉斯谟斯断言：“那就是未来所在，每天都会有更多的资金涌进利物浦。这些资金最好的用途就是扩建码头，开凿新的运河，改善道路，更加方便大家进出内地。”他的这种强烈的激情，动机并不很纯洁：在父亲威廉·坎普的指导下，他买了大量通往利物浦道路两旁的土地，这些土地的价值，将会随着他所希望的城市的发展而大大增加。他的那种理想主义被对未来物质的增殖的推断所振奋，他看到了一座美丽的繁荣的城市在兴起。利物浦将成为这个国家最大的港口，比伦敦还大；她将会接管大西洋的贸易，兰开夏所有制造业的财富都将会通过她。他知道沃尔珀特家对煤炭和柴郡（Cheshire）的盐矿感兴趣，再加上坎普家的船运和进口生意，那将会是一个强大的组合。伊拉斯谟斯心里憧憬着与莎拉一起过上的富裕生活，尽管目前他还有不少实实在在的困难。他费了相当大的工夫（他自己是这么认为的）向莎拉求爱，千方百计想要将莎拉降服为已有。只要他们结了婚，他就不必再费什么劲了；因为，一旦结了婚，他自然便无须为讨莎拉欢心而违背自己的本性了，莎拉也会因对他持有的爱和尊重，一切都顺从于他了。

伊拉斯谟斯·坎普不喜欢莎拉那爱社交的天性和轻而易举便能够掌握听众的本事，决定一旦他树立起了丈夫的权威之后便要将它们根除。在他看来，尽管莎拉的这种天性和本事无疑是迷人的，却不合乎规范，有失纯正。也许，对一个未婚的女孩来说可以这样随意；然而对于一个被惯坏了的——过于放纵的女人而言，就不能任凭其发展下去了；作为人妻，那就更是绝对不行的了，太有损做丈夫的尊严了。

由于伊拉斯谟斯·坎普身上的那种心安理得的高人一等的意识，强烈的支配欲，以及一切都必须要听从他的主张，结果，他与莎拉之间终于生出了冲突。对伊拉斯谟斯的所作所为，莎拉并不完全认同，不认为他全是对的，甚至与他在一些问题上的看法完全不相同。8月初的一天早晨，他们准备一起去骑马，伊拉斯谟斯在临近客厅的一个小房间里等候莎拉的时候，看到墙上悬挂着的一张油画。莎拉进来后，他们讨论起了那张油画的画面。莎拉的看法是："这是生活在天堂里的人们的画面。"伊拉斯谟斯不以为然，脸上带出一种莎拉从未见过的表情——几乎是轻蔑。"那些狗？那些精美的衣裳？那些正在追寻的狗，你应该能识别的。天堂里的人们去打猎吗？"他冲着那张油画做了个手势。"那里只是一帮人在花园里散步。"他傲慢地说，"只要你恰当地观看这张油画，你就会明白我是正确的。"为此，莎拉以猛烈的斥责对他进行了回击，用一种愤怒的挖苦的语气，令他惊愕得张口结舌。

一天午后，当伊拉斯谟斯·坎普与莎拉和她的母亲一起吃下午茶时，莎拉的哥哥查尔斯从法院里回来了，脾气相当不好，开始长篇大论地抱怨这个家庭所卷入的一场漫长的官司——有关道路交通的。那是他父亲让他负责的事情。就伊拉斯谟斯·坎普所知，近来，议会立法企图限制对道路的毁坏。之后，在伊拉斯谟斯与莎拉的父亲沃尔珀特先生热烈讨论煤炭和运河给利物浦所带来的财政前景时，一个温和的女性的声音插了进来，那是莎拉母亲的声音。伊拉斯谟斯从未经历过一个女人在男人们谈生意话题时插话进来。一个女人竟然敢不请自入地参与进来发表意见，令他惊愕至极，他觉得实在不可思议，沃尔珀特先生怎能允许一个女人参与意见呢？有其母必有其女，莎拉眼前有母亲这样一个榜样，难怪她说出的那些话语总是显得颇具主见，相当地深思熟虑。

这一年，在夏季的这几周里，伊拉斯谟斯·坎普过得很惬意。在他的记忆里，那是黄金时段，在那些日子的许多不同时刻，在家里的房间里，或在利物浦这座城市的街道上，或在工作当中，他都很快活，除了名义上需要他负责的事情之外——现在他负责公司的全部海运生意，还要负责把未加工的棉花运到沃灵顿（Warrington）和曼彻斯特（Manchester）——他正在全心全意地用功学习会计法和商贸法。

这一年的夏天快过去了。马修·帕瑞斯躲在他的卧舱里写着日志，一面与闷热和困倦的感觉做着斗争。在日志里，他写下了商船前往非洲大陆去运载货物的航行途中的种种经历，包括做贸易的复杂性。随着日子一天天地过去，船医马修·帕瑞斯与船长骚尔·瑟叟之间的关系日渐显出不合。马修·帕瑞斯感觉自己与骚尔·瑟叟实在难以同舟共济，他与骚尔·瑟叟之间对事物所持有的观点，彼此相差极远，大相径庭，矛盾很大。他们对世界的一些看法，毫无共同之处，截然相反。

当他们的“利物浦号商船”到达了非洲谷物海岸[1]（Grain Coast）时，那天午后，公司的一艘有12支桨的小船前来接应他们上岸，马修·帕瑞斯注意到划船的船夫们全是克鲁人（Kru）。随后，船长骚尔·瑟叟与外科医生马修·帕瑞斯离开了由大副詹姆斯·巴顿负责的“利物浦号商船”，一起上了当地的克鲁人划的那艘小船，驶向了海岸。马修·帕瑞斯和骚尔·瑟叟一起会见了公司贸易站的管理者，当地的经纪人之一桑德斯先生（Mr. Saunders）领着他们前去查看了那些用来进行交易的黑奴。

马修·帕瑞斯获悉：这些黑奴，全是由克鲁人招募来的。所谓的克鲁人，指的是整个非洲西海岸著名的码头工人和渔民。他们在大多数口岸都建有侨居地，他们为了猎获所招募来的黑奴，就深入非洲更远的内陆地区，用以货易货的方式，用一些廉价的货物交换那些后来沦为了奴隶的黑人。骚尔·瑟叟是一个对黑奴贸易富有经验的专业人士，在购买黑奴的整个交易过程当中，他会与当地的商人激烈争论，拼命压价。

那天晚餐时，马修·帕瑞斯与一个年轻的艺术家戴尔布兰克（Delblanc）相邻，坐在一起，在大家的交谈当中，他清楚地意识到，戴尔布兰克是一个出身高贵而且受过教育的人。相比之下，他自己的乡愿气和相当狭隘的成长过程以及礼仪教养方面的不足，使他自己显得有些相形见绌。不过好在，激进的戴尔布兰克的面部表情是相当友好的，尤其是那一双棕色的眼睛，对他的问题显得很关注。戴尔布兰克对欧洲人跑到非洲地区来进行人口贸易活动十分嫉恨，以一种自傲的态度表现出他的蔑视。聊着聊着，他突然邀请马修·帕瑞斯到他的房间去喝点白兰地。

那个夜晚很温暖，戴尔布兰克居住的小屋的窗户敞开着，上面装着护网，摆在一角的画框上的那幅画像蒙着纱布。戴尔布兰克为马修·帕瑞斯斟上了酒，聊了一会儿，他们开始对商船上所从事的人口买卖交换彼此的看法。戴尔布兰克的脸上带出一点轻微的笑意，不过表情却不是愉快的，甚至有点苦涩，“钱是神圣的，人人都知道。”他说，“所以就有了对钱的欲望，以及我们获取钱的手段。一个人一旦欠了债，他就变成了钱的血肉之躯，任由他人随意处置，喜欢怎么处置他就怎么处置他，可以让他劳累到死，也可以把他卖掉。这不叫残酷或贪婪，因为我们仅仅是求得收回我们投入的资金，而且那是一种神圣的职责。然而，从桑德斯先生跟我说的那些话来看，黑人并不比白人糟糕多少。”戴尔布兰克喝完了他杯子里的白兰地，向画框那边挪了挪，稍微犹豫了一小会儿之后，他掀开了画像上面的盖布。马修·帕瑞斯惊奇地看到，那画像上画的那张面孔非常惟妙惟肖——精确地描画出那一带有鄙夷味道的高鼻梁和忧伤的眼睑，不过那两只眼睛发呆，没有血色的嘴唇好像凝固在贪婪当中，整个脸部完全是一种终极的镇定。它看起来像是一幅死亡的面具。

戴尔布兰克希望骚尔·瑟叟船长能把他当作一个旅客带上商船参加他们的航行。他点了点头说：“我的资历，诸如此类，将是让船长喜欢上我的最好的媒介，他会带上我的，我毫不怀疑。我这样做，不只是为了拯救自己改头换面，还因为我想逃离。”戴尔布兰克停了一下，把马修·帕瑞斯和他自己的酒杯再次斟满，继续往下说着：坦白地说，我已经感到相当厌烦了，对我在这里所做的事儿以及帮助别人所做的事儿。已经有18个月了，我都在为那些公司官员和代理人以及住在这里的商人们画像，从詹姆斯

1 谷物海岸（Grain Coast）：非洲西部利比里亚的帕尔马斯角至塞拉利昂之间的海岸，又称胡椒海。

堡[1]（James Fort）到艾尔密纳[2]（Elmina）之间来来往往的人，不仅有英国人，还有荷兰人和法国人。自从我来到这个海岸后，我看到、听到了一些事情，这些商船来了，为了欲望进行贸易，你可能以为这种贸易毒化的只是欲望，但是，它远非如此。这里的人并不需要的廉价产品的泛滥，这种泛滥毁掉了他们的工业，导致了他们对这种贸易的依赖，他们对产品的需求只能用奴役他们的同胞们来加以满足。为了做到这一点，他们需要拥有越来越多的火枪——我们就供应给他们这些东西。所以，实际上我们这样做是在各地散布死亡。只不过，我们把这一切都说成了神圣的欲望，把这一切都正当化了而已。他们说，这种贸易是合法的，好像这样就行；可是，这种说法在我这里却是行不通的。画框上的那张面孔，是一张掠夺和死亡的面孔。先生，这是欧洲在非洲所摆出的脸孔。对我来说，这种脸孔无法接受，我再也不能再继续画下去了。

戴尔布兰克对"神圣的欲望"一番谴责性的话语深深触动了马修·帕瑞斯的内心世界，他不由得解释起来：他姨父是他所服务的那艘商船的船主，其实，他本可以去英国的另一个地方，或到一个殖民地去，他也可以去美国，那里需要医生。他在那间小屋里挺直着身子走来走去，对戴尔布兰克讲述起他从未与他人提起过的往事：因为他的自负和愚蠢，他杀死了他的妻子和她正怀着的孩子。他放下手中的酒杯，继续叙说着自己那不堪回首的过去：当时，他们居住在诺福克，他是那里的一个经验丰富的外科医生和药剂师，因为对一些能告诉人们关于地球的年龄的化石产生了兴趣，经过不断研究和推测，写出了与教会的教条相冲突的进化论的文章，出版之后，受到了声讨，反对并警告他的不仅仅是那些对他心怀敌意的人，还有他的朋友和同事。他情绪颇为低落地说道："事实上，我纯粹是顽固和自以为了不起，至今我还怀有罪恶感。那天早晨，我因诺威治主教（Bishop of Norwich）的指控而被捕。审判官维护的是教会的利益，他判我有罪，理由是我的那一出版物具有煽动性，并强加给我一笔我力所不及的罚款，把我关进了监狱，直等到我把那笔罚款付清。后来，我姨父威廉知道了这件事，替我偿还了那笔罚款。但是，在我被监禁期间，教会一方唆使一帮乌合之众闯进我家，他们破门而入，强行检查。他们的行动令人恐怖，我的妻子因此小产，我妻子不是一个性格坚强的女人，从此再也没有恢复过来，我妻子死的时候，我都没能见到她……"马修·帕瑞斯看到艺术家戴尔布兰克突然挪动了身体，好像要朝他走过来安慰他，他慌忙说："你就像现在这样，待在那里，才是对我最有利、最适宜的。我从未与其他人谈过这一切，不知道为什么，为了我的生活，我却选择了跟你交谈。但是，如果我不得不在那艘商船上干到最后，我需要我们两人之间保持一定的距离。"

最后，马修·帕瑞斯控制住了自己的情绪，发出了一声像是哭泣似的深沉的叹息，"谋生的合法手段？不能否认的真理的表象？我想直面它们。那天早晨，他们来释放我时，我自己已经有了准备，却依然不能挺直站立起来。我被带离时，身躯始终是弯曲的，腰背弯曲得像一个驯服的动物。即便如此，我现在还是到这里来了。我知道被戴上刑具和被嘲笑是什么滋味，但我还是来了。怎么能宽恕这事呢？"

---

1 詹姆斯堡（James Fort）：位于北美洲安提瓜和巴布达的安提瓜岛，最初是西北公司的贸易站，1806年成为不列颠哥伦比亚省最早的欧洲移民定居点之一。

2 艾尔密纳（Elmina）：曾是西方奴隶贸易的源头。加纳最著名的两座奴隶城堡之一［另一座是海岸角（Cape Coast）］，西方黑人寻根之地。

他发出了又一声叹息。这种屈辱几乎比“那天早晨”的屈辱更加糟糕，认识到了他自己的愚蠢，绝望的，无法割除的耻辱和良心上的负担……“它甚至不是安分守己，”他说，朝着窗户走去，似乎是想躲避到窗户外面的夜色里去，“那时候不安分守己，现在也不安分守己。”

那天晚餐之后，骚尔·瑟叟船长与管理者商谈了黑奴的价格，经过一番激烈商讨，骚尔·瑟叟接受了管理者索要的高价。马修·帕瑞斯在回到“利物浦号商船”上的第二天，又重新开始写他的日志。在不得不参与的骚尔·瑟叟所从事的奴隶买卖当中，他与人类的贪欲和功利所带来的罪恶努力保持着距离，在罪恶和道德的两难之间，他对骚尔·瑟叟的所作所为怀着日益增长的罪恶感，渐渐以一种恐惧感来观察并参与着施虐的骚尔·瑟叟所进行的奴隶贸易活动。

“利物浦号商船”上的奴隶数目在不断增加。他们航行到帕尔马斯角（Cape Palmas）时，又上来了一批奴隶，还上来了当地的一名翻译。这名翻译名叫吉米（Jimmy），他是豪撒族人（Hausa），当他父母被非洲西部阿闪蒂人（Ashanti）奴役时，他还是个孩子，被带到了这个海角，他不知道自己如今有多大了，马修·帕瑞斯觉得他大概 30 岁。马修·帕瑞斯花了不少时间与吉米交谈，吉米为人很友好，很坦率，但也很敏感，在他那副笑脸下面，掩饰着什么。吉米希望自己能成为当地孩子们的教师，这是他的野心。当时，帕尔马斯角处在英国驻军的保护之下，吉米想同马修·帕瑞斯他们一起去英国，在英国找一份工作，来帮助自己提高英语水平。

随着时间的流逝，“利物浦号商船”上的空气中开始笼罩着一种烧焦的肉的味道。那些被奴役的黑人因衣不蔽体而沦为奴隶，被骚尔·瑟叟船长买下之后，他们的待遇变得愈发可怜低下了。黑奴们的躯体像牲口一样被打上了船主名字第一个字母的烙印，男人们烙在前胸，女人们烙在臀部。马修·帕瑞斯对商船上那些被打上了印记的黑奴们萌生了怜悯之心，与此同时，他还对那种用有结节的鞭子的鞭打等一些惩罚办法心怀反感。骚尔·瑟叟船长一次又一次地告诉他，在牙买加或弗吉尼亚拍卖会上，一个一流的男性黑奴能够卖一个相当不错的价钱，靠一个黑奴带来的收入，一个绅士能在英国舒舒服服地生活上一年。然而，每当看着那些被买来的黑奴脱光了衣服，被打上烙印，遭受羞辱和鞭打时，马修·帕瑞斯总是打心里感到不好受，觉得自己也在堕落。

在不断共事的过程当中，骚尔·瑟叟船长也很快感觉到了船医马修·帕瑞斯不是自己的同类，而是一个对手。马修·帕瑞斯与其他一些人之间的关系，也变得越来越不尽如人意。他原本是个受梦想驱使的理想主义者，对许多事情，包括失去妻子露丝（Ruth）的悲剧，都会自责；而且，一直以来，他都对“人类心存善根”这一看法深信不疑，根本无法理解那种“他们欺骗我们，我们欺骗他们”的道德准则，也无法认同那些“是欧洲人而非非洲人最先让地球旋转”的偏执观点；因而，在商船航行的现实中，他渐渐愈来愈深刻地感受到周围的一切与自己先前的期望全然不同。欧洲人把在非洲大陆从事的人口贸易活动说成是“神圣的欲望”，是欧洲人的正当事业——对此，他越来越持怀疑的态度了。

一连数月，马修·帕瑞斯目睹着骚尔·瑟叟令人作呕的极端野蛮和种种残忍的手段，心中的厌恶之感与日俱增，渐渐强烈起来。当黑奴们登上了商船之后，对那些被骚尔·瑟叟和船上的水手们当作“货物”对待的奴隶们的生活条件和待遇，他逐渐显现出了一种越来越关注的心态。黑奴们在“利物浦号商船”上所受的那些罪，说起来，简直骇人听闻。不久，黑奴们的悲惨的受罪境况，在生存的困境和所罹患的疾病的折磨面前，很快便显得有些“无足轻重”了。一些人染上了具有传染性的腹泻，随后，痢疾这一疾病迅速在那些被当作“货物”的黑奴中间蔓延开来。“货物”们的舱室里面拥挤不堪，闷热难耐，实在令人难以忍受。由于舱室里面密不透风，舱房里面的空气因缺氧以及过多拥挤在一起的“货物”们的呼吸、汗水和排泄物的毒化，愈发令人窒息了。“货物”们头顶上的空间不足 2 英尺，下面是一些未经刨平的木板，在闷热而令人窒息的黑暗中，他们相拥着睡在那些木板上，当他们实在忍不住了翻个身时，粗糙的板面就会刮破他们背部和身侧的皮肤。每当海风小的时候，马修·帕瑞斯就能听见从“货物”们那儿传来的呼救声——那种疯狂的、丧失了本性的一种呐喊；有时候，他甚至看到了船舱的格子盖里冒出的蒸汽。

死亡在“利物浦号商船”上那些被当作“货物”的黑奴中间持续不断，在“货物”们那里频繁地上演着疾病和死亡事件。那些黑奴愠怒了，变得日渐不驯顺，越来越桀骜不驯了。他们开始对抗，试图掌握自己的命运，而骚尔·瑟叟船长和船上的那些水手，不顾一切地镇压着那些黑奴所做的一切抗争。紧随其后的是，在商船上爆发的流行性腹泻不再仅仅在那些黑奴当中蔓延，在水手当中也开始肆虐了起来，那些水手们也自身难保了，面临着与那些黑奴们一样要被疾病吞噬的危险了。在后来的航行当中，那些为数不多幸免于难、从疾病、饥饿或暴力里死里逃生的水手们，他们唯一的期盼便只剩下怎么想办法叫自己活下去了。

疾病继续在奴隶贩子与黑奴当中肆虐，“利物浦号商船”上的现实日渐演变成了恐怖的局面，变化发展成了一种相互恐惧、蔑视和自我仇恨的灾难性的场面。眼下的这一切，愈发令船医马修·帕瑞斯的良心难以承载，与此同时，骚尔·瑟叟船长要求他必须竭尽全力削减商船上的死亡——当然，其目的纯粹是为了利润，绝对没有一点人道。

当马修·帕瑞斯试图劝阻骚尔·瑟叟不要继续暴打那个不肯进食的被监禁的黑奴时，骚尔·瑟叟断然表示：“如果他拒绝进食，我将让人当着全体人员的面鞭打他，直到打得他皮开肉绽；而且我将会一直这么做，直到他同意吃东西或死去。你这个爱讲道的傻瓜，你本应该去做教区牧师。”随后，骚尔·瑟叟又追加说，“绝不允许他按他自己选择的方式去死，他们不要以为他们有处理他们自己生命的权力。如果他们要死，就一定得死在我们的手里，而且要让他们死得很痛苦，这样，其他的人就不会被带坏了。”骚尔·瑟叟所挂虑的，是在人口贸易当中冒险对付黑奴们的那些盛行说法：奴隶们愤怒不满的反抗结果，影响到的主要是贩卖奴隶的商人的利益。在骚尔·瑟叟眼里，黑奴们只是一种商品，他们的生命不是他们自己的。这些黑奴们不是被剥夺了自由的人，而只是一些任性的货物，他们不情愿接受他们生活中的新运气，表明了他们天生的坏脾气和缺乏文明教养。骚尔·瑟叟认为拒绝食物的黑奴是在妄想挫败他们，违背了他们的意志，他们的运气也会被这些黑奴的狡猾和愠怒弄糟的。

现在，马修·帕瑞斯对骚尔·瑟叟那些惨无人道的观念和邪恶的施虐的厌恶之感，到了几乎无法掩饰的地步，他开始与一些对商船所从事的三角贸易持有反感态度的人交换自己的意见，并开始质疑自己的这一次航行与自己所参与其中的奴隶买卖的动机。在日记当中，他写道：我帮助了对这些无辜的人所施以的虐待，参与了制造他们的不幸，在这样做的同时，我实际上已经加入了那些把人不当人的行列之中……我们从他们那里拿走了属于他们的一切，只是为了利润——这一神圣的欲望……把所有的一切、一切目的都正当化了。

又过了一些时日，经历了更多的暴虐之后，饱受疾病缠绕的“利物浦号商船”又遭遇了飓风。飓风把商船刮离了她的航线。马修·帕瑞斯和骚尔·瑟叟他们根本无法按时抵达牙买加了，即使天气转好了，也得要半个多月；这时，商船上的整个局面变得愈发糟糕，愈发不堪入目，直至恶化到了极点。骚尔·瑟叟船长削减了商船上所有人员的食品定额，尽管他竭尽全力想使尽可能多的奴隶活下来，然而，死亡继续发生，尸体被不断自商船上抛入大海；水手卡瓦纳（Cavana）带到商船上的一只宠物——猴子，也被骚尔·瑟叟当作祭品扔进了大海。随后，骚尔·瑟叟把他们商船——“利物浦号商船”的恶境详细报告给了船主威廉·坎普。

那封信函不到一个月就被送到了威廉·坎普手里。重重依赖着商船的这一次出航获得的利润的威廉看过之后，情绪立刻低落了下来，“他离开时没有全部补足黑奴。”他在办公室里对儿子伊拉斯谟斯·坎普说，“他声称他的数额不足12个。”他们坐在桃花心木桌子前，那是一个二月的午后，天气很寒冷，威廉接着谈起了他外甥马修·帕瑞斯的来信。伊拉斯谟斯看了看他表哥的那封来信，来信很简短，之后，抬头看向他父亲，看到他父亲的脸上是一副悲哀的苦涩表情，接着，又听到他父亲喃喃自语：“我不晓得，是什么魔鬼唆使我转而经营棉花？我本当继续经营糖业。”父亲威廉嘟哝出来的这些话语，给伊拉斯谟斯留下了终生不可磨灭的印象。

“他们将赶上冬天的贸易。”威廉·坎普终于恢复了他往日的一些热情，伊拉斯谟斯认同了他父亲的这一看法，这是对待这件事的最好的心态，他很高兴看到父亲重回到一种比较贤明的心境。接下来，威廉·坎普又有了新的冒险，就连不屈不挠的帕特里奇（Partridge）——沃尔珀特派来调查坎普的事务的——也没有发现这个商人将遭灭顶之灾的尝试：威廉·坎普想在证券交易所找回自己的损失，没有人知道这件事，除了威廉·坎普本人和他的经纪人。

在威廉·坎普操作他新冒险计划期间的整个时间段里，伊拉斯谟斯·坎普也沉浸在他自己的不为人知的美梦当中。莎拉·沃尔珀特的18岁生日快到了，同时到来的还有即将宣布的伊拉斯谟斯·坎普和莎拉·沃尔珀特的订婚礼。对伊拉斯谟斯来说，季节的变换以及他在周围所有看到与听到的，纯粹都是那件惊人事件的前兆。

那天，刚过中午，伊拉斯谟斯·坎普骑马去了沃尔珀特家，事前，他还向父亲请了假。伊拉斯谟斯回到家里时已经快6点了，他母亲伊丽莎白·坎普（Elizabeth Kemp）听到了他经过客厅朝楼梯走去时的脚步声，大声喊住了他。他母亲正独自一个人在她的小客厅里，茶具在面前摆着，在生气他父亲没有回来。“他答应今天赶回来喝茶的。我们打算早点用晚餐，然后去听音乐。”伊拉斯谟斯·坎普立刻安慰起母亲，同母亲聊了聊莎拉的服饰，然后陪母亲玩起牌来。因为玩牌总能使他母亲的神经平静下来，他母亲是玩牌的行家，玩得很精明，而且有着强烈的赢牌欲望，有时甚至使用欺骗的手段。天色渐渐黑下来，仆人们为他们点上了灯。时钟敲响了8点，他父亲威廉·坎普还没有回来，这实在有些不同寻常了，如果因为生意上的事情的耽搁，往常他总是会捎话给家人的。于是，伊拉斯谟斯决定到办公室去找他父亲。

伊拉斯谟斯用他的钥匙打开办公室的门，大为震惊地看到父亲威廉·坎普吊在了里面，他惊恐不堪，叫唤起来，却又立刻止住了。随后，他爬上椅子，很费事地锯断了父亲头上的那根绳子，小心地抓住父亲的身体，把父亲的尸体放到了地板上，然后锁上了门。当他返回家中时，他母亲正穿着睡袍安静地坐在客厅里，见到他之后，颇为恼怒，责问他道：“怎么这么久？你父亲在那里吗？”

伊拉斯谟斯沉默了一会儿后，说道："你要有点准备……发生了一件意外的事。"伊丽莎白·坎普用力抓住了她儿子的双臂。伊拉斯谟斯慢慢道出了父亲上吊身亡之事。他母亲，通常情绪不稳定的伊丽莎白·坎普，这个时刻反倒主宰了局面，"今天晚上，我们必须把你父亲带回家来，但是这事不能由我们自己干，事情必须全部由班克斯医生（Dr. Banks）来做，我们现在就得去见他，立刻就得去见他。"伊拉斯谟斯对此困惑不解——父亲已经死了，这样做又有什么用呢？"为了得到证书，"他看见母亲的嘴唇开始发抖了，"医生必须签署死亡原因，照我的话去做。"

伊拉斯谟斯·坎普服从了母亲的安排。连夜与母亲伊丽莎白去了有声望的内科医生亨利·班克斯（Henry Banks）的家。班克斯先生现在是地方上的内科医生权威，在执业早期，曾经做过坎普家的医生，他们抵达班克斯先生家门口时，已经临近 11 点了。在班克斯先生的小客厅里，伊丽莎白·坎普一番悲泣，随后，阐明了他们深夜造访的目的。适度的悲伤，适度的诉苦，总共 10 分钟的谈话，加上 25 畿尼，伊丽莎白·坎普就买来了出自官方的威廉·坎普死于心力衰竭的证书。这样一来，便消弭了留在他遗孀和他儿子身上的丑闻和耻辱。

在葬礼的前夕，伊拉斯谟斯·坎普屈身俯视着躺在敞开的棺木里的父亲的遗体，目视着父亲的脸孔，极力克制着自己，不让自己流下眼泪。他的目光专注，他面前的那张人脸变模糊了，他感觉那眼睑好像在颤动，那鼻孔好像在微微扩张，就好像嗅到了某种味道。他不由自主地回想到了在迪克森造船厂的那个冬天的早晨。那是一年多前的事了，新砍下的准备给"利物浦号商船"做桅杆的原木散发着木料和湿锯末的气味，他父亲蹲在那里，把脸贴近原木用鼻孔去嗅那木料……伊拉斯谟斯直起他的腰身，由于起得太猛，他感到一阵晕眩。在那阵晕眩消失之后，在凄凉中，他推断出，在那天，在造船厂，他父亲已经嗅到了他自己的死亡气息，他自己的衰微——而杀害他的，便是那艘商船。

现在，那艘商船还在继续杀害着其他人，尽管规模不大，然而却持续不断，一天又一天，天天如此。尽管"利物浦号商船"上的医生马修·帕瑞斯倾尽全力做出了他所能做的一切努力，而商船上那持续流行着的痢疾，依然日复一日地肆虐着，永无终止。更为糟糕的，眼下的问题还不止于此，祸不单行，此刻，他们又遭遇了季节和时令的困厄，受到了海洋上极不正常的天气的困扰，即便是颇富航海经验的骚尔·瑟叟船长，也难以摆脱这一艰难的困厄，闯过这道难关。

现今，对骚尔·瑟叟船长来说，第二次试图离开非洲，并不比第一次风顺。在这个行业里，说起来，骚尔·瑟叟比任何其他人干的时间都长，但是，他已经用尽了他的好运和信誉。无论出于什么理由，在随后的几周里，"利物浦号商船"受到了这一年当中那个时段的水域里边极不正常的天气影响。东北的贸易风，比通常这个季节里的都短暂，而商船的位置又在它们的南边，距离它们太远了。在不到 30 海里之外，"利物浦号商船"再一次因风而不能前进了，成了向东流入几内亚海湾（Gulf of Guinea）的海流的猎物，开始往后倒退向浅滩。日复一日，他们一直停泊在 7 度以南的某一纬度上，处于赤道地区的轻度海流和轻轻旋转的微风之中，就是众所周知的赤道无风带。

由于没有风，"利物浦号商船"上的船帆松松垮垮地耷拉着。商船上的黑奴们在他们的凉棚下面无精打采，而且愁眉不展。那种对患上热病的恐惧已经从他们脸上消失了，他们的目光呆滞而沉重，四肢迟缓而无力，似乎恐惧已经被某种更糟糕的东西窒息了。

商船上，民怨日渐。水手们的抱怨情绪，一天比一天强烈。在那些水手当中，身材矮小的坦珀斯

（Tempers），干的活又脏又累，挣来的却是食不果腹——根据骚尔·瑟叟船长的命令现在商船上每天依照定量核发食物。卡瓦纳，自从他带到船上宠物猴被杀害以来，他对骚尔·瑟叟的憎恨就有增无减。他说，瑟叟把应该拿出来供给大家吃饭的钱全都装进了他自己的腰包。他的这一说法，与大家对瑟叟的为人的认识不谋而合，而且深信不疑；众人在骚尔·瑟叟背后对他的不满情绪，在不断滋长繁衍，急剧上升，怨恨的声音，日渐高涨。

面对自己周边的人和事，面对商船的困境，马修·帕瑞斯站在那里，凝望着波澜不惊的大海和平淡辽阔的天空，有些不知所措；不过，他整天所关注的依然是自从他们从海岸起航以来就一直伴随着他们的流行性腹泻这一魔鬼。他用醋对奴隶们的舱室进行冲洗消毒，还在两层甲板之间的地方用焦油和硫黄熏蒸消毒。骚尔·瑟叟也发挥了他应有的作用，在随船医生急切希望尽可能多地使那些黑奴存活下去这一心愿上，他与他团结一致，用他深信不疑的办法——把潮湿的火药放进铁锅里面点燃，命令水手们对商船的不同部位进行熏蒸消毒；然而，死亡仍在继续。现在，最糟糕的是，马修·帕瑞斯发现在商船上，在水手当中，开始出现了患坏血症者。

接下来，马修·帕瑞斯本人也病倒了，高烧把他烧得昏昏沉沉的，不得不睡卧倒在了舱室里。在马修·帕瑞斯终日病卧在舱室期间，骚尔·瑟叟船长的行事作风变得越来越专断，简直成了一个偏执狂，整日待在他自己的船舱里不出来。最后，独自做出了一个决断——纯粹出于盈利的目的，为了获得利润，他命令把船上剩余的生病黑奴全都抛到海里去，因为那笔保险金比出售这些患病的奴隶更为合算。那天，正当水手长塔克·海因斯和其他两名船员犹豫着要不要把两名黑奴举起来从舷边抛入大海时，刚刚恢复了清醒意识的马修·帕瑞斯察觉到之后，慌忙穿过甲板，迅速跑上前去阻止，大声叫喊道："不——！不——！"

在"利物浦号商船"终于告别了无风而炎热的海域离开了赤道非洲之后不久，坎普家便从收到的来函中获悉了这一消息。之后，坎普家就再未接到过来自那艘商船的信函了，更令人莫测的是，六个月之后，"利物浦号商船"竟谜一样地消失了，坎普家彻底与商船失去了联系。在这件事情上，伊拉斯谟斯·坎普在之后的许多时日里以及在与将要成为他岳父的沃尔珀特先生见面时，他对"利物浦号商船"的莫名失踪始终都难以忘怀。他认为：全怪那艘倒霉的"利物浦号商船"，他们坎普家的生意才被彻底搞垮了。在激愤中，他险些暴露家丑，不自觉地泄露出他父亲秘而不宣的死亡方式。"她毁灭了他的意志，正是他对那艘商船的失望，使他走上了……导致了心脏病突然发作。"伊拉斯谟斯脸色苍白，红着眼睛对沃尔珀特先生说，身上穿着一尘不染的天鹅绒丧服和一双雪白的袜子。在因"利物浦号商船"的无影无踪而导致的这场带来灭顶之灾的财务灾难落到他头上的时候，他变得对他的衣着和自身形象更加过分讲究了，频繁洗换，一天总要更换两次衬衣，还追求起了给自己头发扑粉的时尚。

富有心计的生意人沃尔珀特先生坐在他的办公桌前冲着伊拉斯谟斯叹息了一声，表示他的同情，随后安慰伊拉斯谟斯说，"没有人认为这是你的过错，不过，当然，当我们谈到损失的时候，许多事情都被改变了。"他稍微耸了耸肩膀，停了一会儿，凝视着伊拉斯谟斯的那张毫无表情的脸，尽管他并不喜欢伊拉斯谟斯这个年轻人，不过，他随后还是主动提供给了伊拉斯谟斯一个工作：每年 30 英镑的薪水，协助他儿子查尔斯·沃尔珀特的工作，负责处理贸易运输方面的事情。

伊拉斯谟斯没有领受沃尔珀特先生这份同情，决定独自肩负起他父亲留下的债务。他痛苦地咬着自己的嘴唇，沉默了片刻之后，站了起来，笔直地站到沃尔珀特面前，谢了谢他的仁慈，便一口回绝了那个仁慈的提议，弄得沃尔珀特一时错愕不已。之后，遵照沃尔珀特先生的指示，他又去见了正在门厅对面的小客厅中等候着他的莎拉·沃尔珀特。他告诉莎拉："我们现在不能结婚了，我们的关系到此为止了，一切都结束了。我现在已经一无所有了。"然后，主动离开了沃尔珀特家。在那之后，伴随着心中种种痛苦的咬噬，伊拉斯谟斯很快明确了自己今后的人生目标——经营糖业，他要重建父亲威廉·坎普的帝国。

时光荏苒，岁月如梭，转眼间，"利物浦号商船"已失踪 12 年了。那天早上，伊拉斯谟斯·坎普走进了威廉·坦普里顿爵士（Sir William Templeton）的办公室。坦普里顿爵士是国王陛下在西印度办公室的主要秘书，正意欲阻止金斯敦（Kingston）地方议会通过"地主不在自己的土地上其土地将被没收归于地方政府"的立法。伊拉斯谟斯与坦普里顿爵士四目相接，互相对视了片刻，之后，坦普里顿爵士很快便弄清了这位穿着考究的坎普先生的来意。坎普先生近来成了西印度协会副总裁，因此他能够代表协会整个群体说话。他对坦普里顿爵士说了一些爵士早已清楚的事实：金斯顿地方议会是由殖民地的大众民选出来的，掌握着当地的财权，正在对地方行政长官施加压力。他们协会的一些人，正在寻求将被没收的大片的土地，重新分配给金斯敦的一些小农。威胁了一通坦普里顿爵士之后，伊拉斯谟斯随后便离开了。

如今的伊拉斯谟斯，已声名显赫地置身于糖业贸易的行列当中了，他的商业银行建立在他与西印度贸易的关系之上，他在雨果·杰罗德爵士（Sir Hugo Jarrold）的商业银行里，持有 12% 的股份。为了他的财富和权势，他与爵士的女儿伊丽莎白·杰罗德（Elizabeth Jarrold）结了婚。他们的这一桩婚姻，显然不是出于爱情。伊丽莎白·杰罗德既没有相貌，也没有优雅的风度，但是她带来的财富足以弥补这二者的缺憾，据说有 8000 英镑。回家途中，伊拉斯谟斯回想起了他的父亲以及他父亲死后，他自己所取得的全部成果：现在，他已经建立了并且巩固了他自己响当当的社会地位，"坎普"这一姓氏，又重新成了人们眼里一个不得不认真对待的称谓；而此时，离他 35 岁生日还有好几个月。

正午刚过，在伦敦（London）繁华的大街上，凯旋的伊拉斯谟斯走下台阶，穿过公园，从看守人的屋前走了过去，来到了皮卡迪利（Piccadilly）大街，走到水库对面后，又转弯到了另外一条道路上，他的家坐落在斯蒂尔·詹姆斯广场（Still James's Square）一角，俯视着栏杆围起来的花园。回到家中之后，伊拉斯谟斯看到刚刚起床的妻子伊丽莎白正坐在卧室里面静静地化妆，之后，他同伊丽莎白简短地谈了谈他岳父决定购买奴隶一事。雨果·杰罗德爵士意图在国会废除奴隶贸易之后给予他以补偿；不过，伊拉斯谟斯不相信国会真的会废止奴隶贸易。

随后的那一天的清晨，像往常一样，伊拉斯谟斯洗过澡，喝了早茶，精心换上了外出时的衣装，准备到商业银行办公室去度过他的这一天。在契普赛德街（Cheapside），由于需要短期贷款，他将会见轮船公司的老板。他刚刚做好出门之前的一切准备，他的仆人赫德森（Hudson）就进来通报说——来了一个访客，一个名为约翰·菲利普斯（John Philips）的商船船长尽管事先没有预约，却一定要拜访他。他轻轻叹息了一声，吩咐赫德森先把那位访客领到书房去等候。几分钟之后，在书房里，他看到，他面前站着的是一个中年男人。

那个矮胖粗犷的中年男人对伊拉斯谟斯说：他不是来谈生意的，他认识伊拉斯谟斯的父亲，而且，他也认识骚尔·瑟叟船长，是他把那个骚尔·瑟叟推荐给他父亲的；然后，那个中年男人又提起了他父亲的那艘“利物浦号商船”。伊拉斯谟斯立刻火了，“你这是什么意思？”他有点怒气冲冲地说出：黑斯特（Histo）到他这儿来过了，跟他谈了那艘商船的事，失踪有12年了，连带着船上的一切。

面貌粗率的约翰·菲利普斯船长当即否定了他的说法，坦率地告诉他：他们坎普家的那艘“利物浦号商船”现在就卧在佛罗里达[1]（Florida）东南海岸，他亲眼看见了她。因为他们的商船现在经常往来于加勒比海的北美殖民地和西班牙岛之间，做木材和兽皮的贸易，不久前，他们在佛罗里达博卡奴瓦（Boca Nueva）海岸南边一点的一块沼泽地里，发现了坎普家的那艘“利物浦号商船”。原本，他船上的水手们上岸是去寻找猎物的，在离海岸很远的地方，那些水手们看到了一群印第安人，想抓住其中的女人玩玩，就一直追踪到了长满树木的沼泽地里，在最前面的两个水手，看到了坎普家的那艘“利物浦号商船”，趴卧在沼泽地里一条干涸的河道上，商船上面的甲板已经锈迹斑斑，两只桅杆全都倒下了。没人能想到，在离海岸那么远的地方，能发现他们坎普家的那艘商船，而且，她显然不是搁浅的，而是被人故意拉过去的，因为骚尔·瑟叟船长是不会主动放弃他的商船的。据说，那地方是佛罗里达的一处极其偏僻之壤，西班牙人的统治从来都没有真正渗透到那里，也没有人知道那里。在那里，黑人与白人杂居在一起，没有统治者。

在告辞之前，约翰·菲利普斯船长交给了伊拉斯谟斯一本他从那艘“利物浦号商船”上找到的航海日志。那本日志已经破损不堪，损坏相当严重，残缺不全，字迹模糊不清，难以辨读。不过，伊拉斯谟斯还是有了一点意外收获，竟然从中捕获到了“水手长塔克·海因斯”几个字样，喜出望外之余，他继续往下翻阅，查阅到了“1752年11月”这样几个字，之后，看到上面记录了一场龙卷风，开始是小风，后来变成了龙卷风，商船不得不停了下来；龙卷风的第二天，商船上死了四名戴着铁链的黑奴……看着，看着，他渐渐意识到，这本残破的日志，应该是骚尔·瑟叟船长的航海日志。

之后，当伊拉斯谟斯独自一人坐在他那间商业银行的办公室里时，他忍不住又从抽屉里掏出了那本航海日志，再一次翻阅了起来。慢慢地，他的思想被固定在了他的表哥马修·帕瑞斯的身上。根据闯上门来的菲利普斯船长所做的描述，以及这本航海日志上骚尔·瑟叟船长记录的一些零星信息，再加上自身记忆当中对马修的印象，他很快得出了结论：那艘“利物浦号商船”上一定是发生了包括黑奴、水手和马修在内的哗变；而且，他敢断定，带头人应该就是他的表哥，他们谋杀了骚尔·瑟叟，把“利物浦号商船”拖到了一个远离海岸的隐蔽处，然后，抢占了那艘商船上的所有的奴隶和财物，之后，就再也不敢露面了。

这样的判定，一下子就将伊拉斯谟斯的心火点燃了，彻底被惹怒了。他怒火中烧，回首那桩至今都令他牵萦于心而不能释怀的往事——在童年时，在海滩上，因为被偷袭，他被那个面色苍白、柔弱无力的马修举了起来，又被重重地扔到了海滩上，令他身心都被深深伤害的奇耻大辱。现在，他不能想象他的表哥如今看上去变成了什么样子，但是，刹那间，他脑海里却闪现出了一个哗变首领的样子，一个手

1 佛罗里达（Florida）：位置接近西半球地理中心和西半球的人口中心，它的位置不只是控制着通往墨西哥湾的入口，更重要的是它位于南北美洲和地中海欧洲之间的战略、历史要地，扮演了欧洲权力竞争，企图控制新大陆的一个重要的角色。16世纪西班牙人在佛罗里达东南海滩发现了有着2000年历史的印第安人村落，1565年西班牙人在这里建城——圣奥古斯汀（St. Augustine）成为最古老的欧洲殖民地，后来变成了美国最初的边界。1819年西班牙把佛罗里达卖给美国，1821年圣奥古斯汀归属美国，1896年设市。

上带着血的男人的模样。顿时，怒从心生，旧恶新仇，一下子便将他长期以来潜伏着的对马修·帕瑞斯所持有的不着边际的厌恶之感激发了出来，他决心要对他所认为的应对所发生的一切负全责的马修实施报复——他要前往佛罗里达，找到马修，清算他的一切罪行，惩处他的不忠不义。

为了实施复仇的疯狂使命，伊拉斯谟斯几乎没有半点迟疑，立即火急火燎地行动了起来。他恨不得马上就将那些盗贼罪犯——马修·帕瑞斯和所有的坏分子抓捕归案，把马修绞死。他花了25英镑，请正在伦敦休假的约翰·菲利普斯船长帮他找来了那个最先发现了“利物浦号商船”的水手哈维（Harvey）。与那位年近30、幽默诙谐的水手哈维联系上之后，经过一番详细盘问，他当场就用高薪正式雇用了没有醉酒等恶习的哈维。随后，他开始着手安排公司业务，把大量的生意交给了年轻的合伙人安德鲁斯（Andrews），并且委托他的那位十分熟悉公司运作的老秘书来充当顾问加以指导；与此同时，他花费了一定的时间，办理了承租航船的一些事宜，拿到了需要递交给新近任命的佛罗里达地方长官坎贝尔上校（Colonel Campbell）的介绍信件；在等待期间，他还尽可能多地使自己熟悉了一下有关佛罗里达这个殖民地的具体情况。

做好了一切出航前的充分准备工作之后，伊拉斯谟斯·坎普便辞别了妻子伊丽莎白，扬帆起航了。一路上，他的航程并非一帆风顺，不过，好在有水手哈维的指点，他们一行人经过艰苦而不懈的努力，终于风风火火抵达了佛罗里达。在一片深及膝盖的沼泽地里，在磕磕绊绊中，伊拉斯谟斯终于看到了那一艘给坎普家带来毁灭之灾的，还杀死了他父亲的“利物浦号商船”的残体。

他默默注目着那艘商船，商船的船体向右侧斜着，破损不堪，搁浅在那里，船体的底部深深埋在烂稀泥里，船首楼残破得已经不成样子。颇费了一阵工夫，几经周折，他爬了进去，上面有不少木头都已经腐烂，而且杂草丛生。他很不容易地进入了一个锈迹斑斑、严重损坏的舱室，在里面，看到一条蛇，一个头盖骨和一些散落的骨头，之后，他又从商船的一处缝隙里料想不到地发现了一个木盒子，从木盒里面发现了马修·帕瑞斯的航海日志。意外之余，他随便翻到了其中的一页，借助光源，他看到上面的头几行文字：事情是这样的，人心尚存，人的生命的各个部位都有机会恢复，健康也能恢复；但是，人心冷硬了或者受到了某种严重疾病的影响，所有那些凶残野蛮的人将会变坏并且堕落。

伊拉斯谟斯重重地合上了那个装着日志的木盒子。他根本不相信马修留在日志上面的这些道德词汇，也根本无法释怀他的报复欲望——就在他们与受雇于坎普家的马修失去联系的当年，他的父亲上吊身亡了，坎普家的生意垮掉了，为此，他失去了莎拉·沃尔珀特的爱；伴随着这一切毁灭性的灾难，他的人生也被彻底改变了。

在某种不合逻辑的情况下，伊拉斯谟斯·坎普深信：这个令人切齿的囚犯，忘恩负义的家伙，罪魁祸首，他的表哥，罪孽深重，其罪行足以被钉上耻辱柱了，罪不胜诛，他不仅不分位分的高低贵贱，与船员当中的渣滓们彻底站到了一起，共同谋反，甚至还不顾尊卑，屈高就下，与逃跑的黑奴们同流合污。他想，现在，无论那个背弃恩义的马修·帕瑞斯藏身在何处，他都要把这位叛逆者找出来，抓到他，亲手将他绞死。

为此，伊拉斯谟斯根据他所获悉并掌握的一些情况，根据人们口中相传的那个“黑人与白人杂居在一起”的荒凉偏僻的地区——马修·帕瑞斯所在的移民社区居住地的方向，将他的航程做了重新调整，变换成了朝北的方向，调成了朝着圣奥古斯汀城（St. Augustine）前行的航向。在陆地吹来的西南风中，他加紧了航行。途中，在午后稍晚的时候，他稍稍经过一丝犹豫，再次拿起了他表哥的那本航海日志，想从中找到马修的犯罪证据。他翻到那本日志后面的几页——因为在他看来，如果有证据话，一定会在这几页纸里。在后面的那几页纸上，有些地方的墨迹褪色得相当厉害，而且纸页的边沿部分全都发了霉，不过，有很多地方还是相当清晰的：

……或许因为看到了能从我这个船主外甥的身上得到一些好处，这事他经常提起，而且经常意味深长地暗示。他嗅探着力量的源泉，或准备出卖忠贞。无疑，骚尔·瑟叟现在已经不是一个可以追随的主角了，人们反对他的情绪很强烈，这能从人们的眼神当中或者他们相互间的低语当中感受得到。卡瓦纳，自从他的那只猴子被扔进大海之后，就很少说话了。

……4 月 20 日，早晨一醒来，就听到了南希·道森（Nancy Dawson）的曲子，是萨利文（Sullivan）为跳舞的黑人们演奏的，从萨利文的脸上可以看出，他并不情愿自己的音乐用于这种场合，而骚尔·瑟叟……考虑到人道，更主要是为了我姨父许诺给他的金钱——从每一个贩运到牙买加并卖掉的奴隶身上获得 4% 的提成。我并不在乎我们最后是否能抵达牙买加……在可怕的腹泻永不终止地在他们当中流行时，跳舞并不能让他们活下去。我们从海岸起航后，腹泻这个魔鬼就一直伴随着我们，尽管我尽了所有的努力为甲板下面他们的舱室通气和熏蒸消毒，这个魔鬼依然不断蔓延，而且还越来越厉害了。现在，几乎每天早晨，我们都会从下面舱室里带上来和活人拴在一起的死人。昨天，一个女人生了一个死婴，利比（Libby）把它扔进了海里。

……4 月 26 日，尽管这些可怕的事情不断发生，我依旧和戴尔布兰克进行长时间的交谈，这种交谈能带给我一些快乐，尽管我认为他不是一个彻底的现实主义者。他坚持说，可能有一个世界，一个社会，其中没有受苦受难者，没有对人的权利的侵害，在那里，一个弱者，不会受到另一个人的强力欺压，只有援救和保护。我几乎相信了他所说的都是真的——人的道德特征是由于他存在的这个世界上他的遭遇形成的，我们的本性，源自外部环境。那么，为什么我们会在战争和专制政治面前那么软弱无能呢？戴尔布兰克解释说，那是因为政府施加给我们的有害影响，政府只有在干坏事时是强大的，做好事时，就无能了……

伊拉斯谟斯不愿再往下看了，因为他实在看不下去了，他无法再继续忍受上面那些鬼话了，那些荒谬的异端邪说，与他一以贯之的行为准则全然不符，而且，他根本不屑其中那些有关人的道德修养的议论，根本不相信那些不分尊卑贵贱、人人生而平等的字眼，它们与他一贯坚持的道德哲学、人生信仰大相抵触。在他的眼里，马修写在日志上的这些非法的道德理念，简直是在颠倒黑白，犯上作乱，大逆不道。于是，他对他表哥的那种自他 10 岁以来就开始了的持之以恒的厌恶与痛恨又进一步加增了。

在随后的一天，伊拉斯谟斯他们的航船借助不断涌动的潮流与东南方吹来的和风的推力，很快便顺利航行到了圣奥古斯汀的阿纳斯塔西亚岛（Anastasia Island）附近。到了那天下午后半晌，趁着高涨的潮水横跨过海滩上的沙洲，他们抛了锚，停泊在了圣奥古斯汀城的港口。上岸之后，在码头上静候的一位龙骑兵团的年轻上尉快步朝着伊拉斯谟斯走了过来，行过军礼之后，说明了自己的来意，然后请伊拉斯谟斯上了一辆吱吱嘎嘎作响的四轮马车。四轮马车很快跑动了起来，年轻的上尉根据上级指令，一路上愉快地为来自英国的高贵客人坎普先生介绍着周边的风光，最后，把伊拉斯谟斯带进了一座具有西班牙建筑风格的白色官邸。

在那座官邸的会客室，伊拉斯谟斯见到了欢迎他的佛罗里达新近刚刚上任的地方长官坎贝尔上校，一番寒暄过后，他递交了他的信函，表达了他的敬意。事先已得到了消息的坎贝尔上校，为他准备了一瓶上等的白兰地，之后，又同他共进了晚餐。他们边吃边聊，欢聚一堂，有说有笑；在相当轻松欢快的气氛中，他提出了一个令坎贝尔上校颇有些为难的诉求。尽管有些勉为其难，坎贝尔上校最后还是答应了他的请求，不遗余力地协助他设法弄到了一支人数不多的步兵武装——由考克栾中尉（Lieutenant Cochrane）指挥的一支由 50 人组成的武装队伍，还有二尊轻火力炮。随后，伊拉斯谟斯又继续上路了，这一次，他们的航船将全力以赴、全神贯注地航往他们航程的终点——马修·帕瑞斯生活在其中的那个人迹罕至的移民社区所在地。

伊拉斯谟斯·坎普他们那艘正在圣奥古斯汀海岸航进的海船，被马修·帕瑞斯他们所创建的那个移民社区里的一位老者——休斯（Hughes）看到了。那天，刚刚从社区居住地逃离出来的休斯，正坐在密林中的一棵橡胶树枝干上，等候着一头前往附近水塘喝水的白尾鹿，从这天清晨之前，他就守候在那里了。休斯现年 54 岁，习惯于独往独来，独自一人，孤单，已经像毒瘾一样渗透在了他的血脉当中，所以，对于休斯这种人来说，群居生活来得太晚——想要软化他身上天生的那些厌恶人类的野性冲动已经太迟了。逃离了移民社区之后，休斯来到这片杳无人烟的区域，重新回到了只身一人生活的原态，他身上的那种暴力冲动也渐渐平静了下来。

同属于那一移民社区里的居民当中，还有另外一个人——坦卡·唐门（Temka Tongman），也看到了伊拉斯谟斯他们的那一艘途径的海船。当时，唐门正驾驶着他的小船前往长满芦苇的水塘去查看他的渔网，水塘离他们移民社区居住地有 1 英里远，他没太留意那艘经过的海船，心里一直想的是预定在来日进行的交涉谈判一事——唐门已经应承下了充当他们移民社区成员布鲁姆·艾布提（Bulum Iboti）一方的辩护人一事。艾布提被人指控施展过巫术。作为一个代言人，唐门的能力，在他们社区里得到了广泛的认同，他在社区的名望，也全都归功于他的这一种能力。当时，唐门脑海里正在琢磨着这一事实：艾布提这个声名狼藉的倒霉蛋，原本说好的事，眼下又变卦说同意用出劳力来酬谢他，而不是像他最初允诺的那样用他的橡实面粉来表谢意。

坦卡·唐门对打赢布鲁姆·艾布提的这场官司充满了信心。他已经亲自进行了一番调查，而且还找到了一个人们意料不到的目击证人，那个证人已经向他发过誓为他们保密；不过，现在，依然有一些问题困扰着他，主要在于指控一方——那几个原告的身上。其中的咸提·哈姆波（Shantee Hambo）与丹卡（Danka），他们是同一个部族的同胞，也是唐门生意场上的主要成员之一；还有一个最为关键的人物季瑞库（Kireku）。在唐门看来，这个人最好作为朋友相处，而不是作为敌人；再有，对付这三个男人，还有一点不容忽视——他们全是咸提部族的幸存者，而且，结伙形成了一个强力的小团体，甚至提出了要使唤他人为他们做事的诉求，而这样的要求，与移民社区的规则和风俗习惯全然背道而驰。

在同一时刻，在移民社区居住地的郊外，过去曾身为“利物浦号商船”上的水手的比利·布莱尔和黑人英奇比（Inchebe），同样也有困扰他们的问题，他们正在进行激烈的争执，双双都因为猎捕火鸡没有好结果而分外气恼。比利和英奇比这两个人彼此很熟悉，因为他们共同享有一个女人——萨莲·季威（Sallian Kivee）。那位从来都不是美人的萨莲，眼下愈发不俊美了，体态臃肿而肥胖，不过，她却是一个好脾气的女人，生性非常忠厚，而且，还是一个出色的厨师。萨莲向来都很满足，她与比利和英奇比这两个男人相守的时日已有10年之久了。比利和英奇比随后又因另外一个女人——丁卡·梅里（Dinka Meri）的一些事情争论了起来。年仅二十二三岁的丁卡，不仅长相漂亮，而且身材修长，高高的个头，举止优雅，有一双迷人的眼睛，脸上总带着一种鄙夷一切的微笑。眼下，常常有一个布鲁姆部落的男人，一个中年汉子，在丁卡那里出入。那人寡言少语，以单名艾莫斯（Amos）为大家所知。在丁卡名下，她名正言顺的那个男人出去捕鱼之后就一直没有回来，有人推测那个男人已经淹死了……在丁卡的事情被丢放到一边之后，比利和英奇比二人争论的话题又转到了雨水和雨石方面。

在比利·布莱尔和英奇比他们所生活的移民社区里，人们过着一种原始方式的生活，与当地的印第安人进行贸易往来，并以一种简单的无政府主义的制度维系着移民社区的秩序，人们彼此之间使用一种含糊不清的粗话以及非洲住民和岛民们混杂的语言进行交谈，那是从几内亚海岸那里学来的一种商业行话“皮钦语”。在这一片过去无人居住的小块土地上，大体上，世所周知的那种男女之间的性关系和传统的性交模式，基本没有什么变化，依然照旧，照行无误。在移民社区当中，为数不多的女人们被男人们共享着，其中许多女人如今已经有了孩子。

马修·帕瑞斯与一个来自西非高原的女人生养了一个男孩。这个名为塔芭卡丽（Tabakali）的非洲女人由马修和另外一个男人共同分享。身材高大、体形优美的塔芭卡丽是一个大胆且有独立精神的女性，来自几内亚的一个游牧部落，她沿着几内亚沿岸往西到过很远的地方，会说一点马林凯语（Malinke）。过去曾身为“利物浦号商船”翻译员的吉米能翻译这种非洲西岸的语言。

现在，翻译员吉米在移民社区里以教师为职业，尽管他的学校非常不正规，来上学的学生很随便，还随时要受到天气等因素的影响。吉米教孩子们拼写和简单的算术，不过，在一节课当中，他最常做的事是讲故事和扮演角色。吉米喜欢给孩子们讲移民社区的历史，喜欢一边表演一边讲：独木舟、武装的男人们、相邻的印第安人……吉米回想起了往事：人们登上了海岸，躲避到沙洲和沼泽地的后面，印第安人杀死了水手长塔克·海因斯……吉米的故事里隐藏了很多真事，还有一些是编造的。

有时候，马修会过来帮帮吉米的忙。说起来，马修对教学之事几乎一窍不通，不过，他会从他那些收藏不多的藏书中，抽出一些段落来，为孩子们朗读。孩子们听他给他们读英国启蒙运动时期古典主义诗人亚历山大·蒲柏（Alexander Pope，1688—1744）和18世纪英国哲学家、历史学家、经济学家戴维·休谟（David Hume，1711—1776）的作品，一边听，一边打瞌睡，或者做些小动作，马修对孩子们奈何不得，没有办法，只能任由他们这样。

这天，马修由于心绪恍惚，思想混乱，无法安心，便起身离开了居住区，走出了围栏的大门，朝着远处的那一片树林走了过去，一直走到一处面积不太大、岩石重叠、周围环绕着湿地松的高地上。这地方，对他来说，是他的一处非常私人的领域，他常常在傍晚时分跑到这处高地上来，坐到那里，和自己交谈。那是他最喜爱的一个时间段，就像他当年在英国老家的时候那样。

沉思，在马修看来，是一个人不可或缺的生活内容。他坐在高地上，面向着东方——大海的方向，凝望着前面的虚空，静思默想：自从他们定居到这一块人迹罕至的地方之后，已经12年了，在这片长满锯齿草的原野上，洪水泛滥了12次，巨大的淡水湖里的流水，随着逐渐倾斜的大地，缓慢流向南方。12年来，在最初几年，他们生活在自然状态中，大体上来说，在社区里，对那种不分种族的平等的理想生活的尝试，表面看起来，情况还是不错的；然而，随着岁月的流逝，人们头脑里的那个理想当中的种族平等，十分显然地分化瓦解了，社区里的生活，不再像表面看起来那样自然安乐了。

马修感到有些悲伤，不由得想起了昔日的友人戴尔布兰克，而且痛苦地回想起了发生在他与戴尔布兰克之间的关于人的理性与天性的一场又一场辩论。这种争论，早先在“利物浦号商船”上就曾占去过他们很多时间。现如今，戴尔布兰克已离他而去了，长眠在了这个地方的公共墓地，躺在了松树冈边的断崖上——被印第安人遗弃的一个古老村落的残址。在那断崖上，与戴尔布兰克相聚在一起的还有过去曾身为“利物浦号商船”水手的詹姆斯·威尔逊，以及被威尔逊杀掉的一个男人和塔芭卡丽死去的一个孩子。当下，再也不会有他和戴尔布兰克之间的那种辩论了，上天将他孤身一人留在了这里，独自坐在高地这里，一个人独享周边的风光——尽管周围全是他喜爱的风景：栖息在高处的小鸟，高声鸣唱的秋蝉，在微风中颤动着的棕榈树，洒落在树叶上的夕阳……他却无心去领略，现实带来的挫折感，令他痛苦，令他沮丧不安。

在他们的社区生活当中，在居民们心中，并没有树立起真正的不分种族的平等和权力观念；岁月，并没有抹掉那些非洲黑人对他们所遭受的待遇所持有的愤恨，根深蒂固的权力等级制度的观念，仍然继续在作祟，甚至，就连分配制度，也更多依据权力而不是根据种族或文化作为基础。在社区的日常生活当中，人们彼此之间，旧有的那种种族之间的紧张关系，依然残存未消；即使他自己，尽管心怀着那种白人的负疚感，然而，在与先前的黑奴们的交往过程中，也不能做到纯粹以真正的友谊或共有的人性意识为出发点——就像是命定的似的，在他的内心深处，对黑奴们的那种强迫接受的家长式作风，阴魂依然不散，像是不可避免又无法逃避似的。

现在，两个来自不同部族的男人——布鲁姆·艾布提和咸提·哈姆波之间的一场官司，一下子便将人们之间的那种暗藏着的挥之不去的派系之分与恃强凌弱的不和谐因素，赤裸裸地公然表现了出来。马修感到自己的头脑里阵阵发疼，他又想起了季瑞库和那些转向了季瑞库一方的人——原“利物浦号商船”上的大副詹姆斯·巴顿，还有那个大个头的独眼伦敦人、曾参加过多次贩奴航程的利比。他们都是一些本性卑躬屈膝的人，对权力的快速上升非常留意。季瑞库越来越富有了——他的贸易关系已不仅仅在北方，据说与往来于海上的印第安人也有交易关系——那些印第安人驾着独木舟越过海峡，装载着晒干的鱼和苍鹭的羽绒，还有淡水珍珠，运往西班牙的一些岛屿。那个指控艾布提玩巫术的人哈姆波，是季瑞库的一个同部族的同胞。哈姆波控告艾布提施展巫术试图杀死他，提出要求，要艾布提替他背 3 年货物，而他自己好像没有一点过错，没有任何恶行。

马修对原告哈姆波的动机深表怀疑，不能认同哈姆波的那个要求，而且感觉到那显然是一种共谋，在陷害艾布提。他深信，哈姆波的那个丑陋的想法，季瑞库肯定在其中起了关键作用；于是，他毫无保留地向这位社区当中的重要人物阐明了他自己的观点。他认为，哈姆波的那一理赔要求，实在不应当，太恶劣了，这种想要使唤同伴的做法，与黑人们曾经身受过的奴隶制的迫害，没有什么两样，没有任何区别。季瑞库所持的观点与他迥然不同，不肯做出丝毫退让，而且根本不在乎。目前，其实，这已然成了他们社区生活当中的一种现实——季瑞库早已经那样干了，早已不加顾忌地把詹姆斯·巴顿当作仆人来使唤了，而且还认妄为真，认为使唤别人没有什么不妥的。

马修没能说服那个为首的黑人季瑞库，他们必须维持他们的生活方式。私底下，巴顿也曾对他吐露过他那不宣的心声。巴顿对他坦言说，他自己也会如是对待季瑞库的，等轮到他掌握权势的时候。巴顿的这一番话语令他感慨万千：他和戴尔布兰克启动了他们的美梦，他们想在这里建立一个人人平等、跨种族的社会秩序，建立“一片乐土”；如今，戴尔布兰克躺在了地下，留下了他的这一份遗产，依然活着的他，所目睹的现实是：他们所启动的那个美梦，对人类不平等社会所进行的一切补救尝试的失败——对于人类的社会生活，无论人们进行什么样的修理，都无法弥补已然铸就的那些损害。被损害的生活好像似乎可以重建，然而贪欲和功利、那些固存的旧日痕迹却会永远与其相伴。

马修渐渐退出了他的沉思，站起身来。在他开始往回返的时候，他听到从树林里传过来的一个叫喊他的声音，并且从那带有某种悲伤的语调中听出了叫喊的人是谁，是塔芭卡丽的儿子坎卡（Kenka）。当然，也是他的儿子，尽管这件事秘而不宣，在他和那个男孩之间，从未公开挑明过。“噢——”他应了一声，过了一会儿，看到坎卡从林中开垦出来的一小块空地里走了过来，不声不响地走到他身边。

坎卡常常跟随在他身边，没有什么像样的理由，只是为了与他待在一起，这令他十分欣慰。坎卡是一个身材瘦弱、琥珀色皮肤的黑白混血儿。早在坎卡幼小的时候，他就开始格外留意坎卡，注意观察坎卡的一举一动，偷偷接近坎卡，寻机与坎卡说点什么了。在他们这里，孩子们与自己的母亲生活在一起，把所有的男人都当作自己的父亲，这是移民社区里的普遍原则；然而，有时候，男人们会对他所清楚的自己的骨血特别感兴趣。他是从坎卡的脸孔上，通过坎卡眼睛的形状和嘴巴的样子，察觉出了他自己所特有的面貌特征，因而清楚了坎卡是他和塔芭卡丽生的孩子。

“你怎么知道我在这里？”他含笑问道。坎卡回答他说，在他往这里走时，他就看到了。他们一起往前走去，马修感觉自己的手被一只小手牢牢抓住了。一路上，坎卡不住嘴地说着，与他愉快地聊着，欢快地向他诉说着发生在学校里的事情，以及吉米所讲述的故事内容。他十分惊讶吉米在故事当中所编造出来那些事情，于是，十分耐心地为坎卡讲述了那些事情的真情实况，说给了坎卡一个完全不同的故事。之后，突然，一种负罪感向他袭了过来，他凝视着坎卡那一张在树林的昏暗中惊异无比的脸，认真叮嘱坎卡了一句：“我要告诉你，你好好听着，而且要记住它，我们所谈的不值得一提的家谱。”

仿佛是一个警报，当马修·帕瑞斯和坎卡慢慢往上朝着社区居民住地的第一个小屋走去时，沼泽地里的群鸟惊叫着从它们的窝里飞了起来，在黑暗降临之际，那尖叫声很难听，就像是宣告战败的嘹亮的悲号。那场面只持续了几分钟，然后，那些群鸟又静默了下来。

在微弱的月光下，伊拉斯谟斯·坎普让考库栾中尉下令队伍停止前进。他想趁着人们都熟睡时包围那个移民社区居民住地，凌晨时打他们个措手不及。他要出其不意，必须在那些人分散逃跑之前将他们抓俘——他们一旦进入灌木林就抓不住了；他没有办法追击，他那支武装队伍若遭到伏击和骚扰是极易受损的。他们新近刚从英国来，大部分是来自威尔特郡（Wiltshire）的农村小伙子，现在疲劳不堪，情绪低落；头天夜里，他们背着背包身后拉着有轮的大炮在黑暗的掩护下登岸时，已经有两名士兵失去了作战能力，一个被水蝮蛇咬伤了，另一个掉进岩石洞里摔断了锁骨。因此，一切都取决于黎明时分的突然袭击，最好避免流血，就能生擒里面所有的人，把他们一个个捆起来带到海船所在地。运气好的话，第二天黄昏前，他们即可带着全部俘虏在海上航行了，径直驶往圣奥古斯汀城。

在他们四散埋伏在一块所能找到的比较干燥一点的地方，蹲伏在一片裸露出来的石灰岩低地上等待的时候，伊拉斯谟斯重新审视了一遍他的计划。现在，他已经接近他的猎物了，只是必须与难以忍受的焦躁做斗争，他努力控制着自己的情绪，待在一片蚊虫肆虐的乱石滩上，周围的沼泽地，升腾起迷蒙的水雾，在月光的照射下显得阴森可怖。

在考克栾中尉下令队伍停止前进之前，移民社区的居民比利和英奇比那两个意见总是不合的男人已经把各自的意见抛到了一边，结束了他们二人之间的争论与分歧，登程朝向与居住地相反的方向捕鱼去了。凌晨，他们经过通力合作后，捕鱼归来，在返回社区居民住地时，由于所路经的树林里面的道路过于狭窄，不得不一前一后而行。之后，英奇比因为划破了指关节，停下了脚步给自己敷上揉碎的药草，结果，落在了后面。天还没有亮，树林里面光线阴暗，走在前面的比利，不经意间，突然看到一个人影在树林的迷雾中移动，还戴着一顶高帽子，在他惊魂未定之际，那个人手持着武器冲着他抬起了臂肘。"英国兵！"他大喊了一声，转身向后面仍在树林中的英奇比跑去，一边惊奔，一边惊呼，"快绕……开……跑……"话音未落，背后响起了枪声，子弹击中了他后背左侧，刺穿了他的心脏，他向前跑了几步，但在倒下之前就已经断气。

英奇比看到了比利倒地而亡，犹豫了一下，意识到比利已经无法挽救了，而他必须向大家报警，于是，他抛掉一直手持着的一串鱼，慌不择路地抄近道猛跑，一边狂奔，一边抽噎哭泣，又惊又怕，磕磕绊绊穿越着那一片沼泽地，泥淖没过了他的膝盖，他的脚踝不断碰到翘起的红树根上。他能清楚听到身后不远处紧紧追赶他的人发出的声音，那人越跑越快，在即将接近他时，他回身抛出了手中带长杆的鱼叉，刺死了那个持着手斧企图杀死他的人，紧接着，后面又有人追了上来，不过，在这时，他已经迂回着跑进了移民社区居住区，大喊大叫着向被枪声惊起的人们通报了比利死去的消息，他两眼暴突，气喘吁吁，极度的悲痛与疲惫令他愈发吐字不清，几乎无法让人听懂。正在四下乱窜的人群当中，来自象牙海岸后面高原的黑人纳惴（Nadri）奔上前来，紧紧抓住了英奇比的双肩，问他究竟发生了什么。纳惴刚才正与塔芭卡丽在一起，一听到枪声，他们就出来了，塔芭卡丽光着上身，腰间缠着一块棉布。

"英国兵……"英奇比呼吸急促，大喘着粗气。"圣母玛利亚！"跑过来的小提琴手萨利文感叹道，"英国兵。他们派了士兵来追我们了。"萨利文的眼里还含着听到比利的死讯时流出的眼泪。穿着短裤以及打着补丁的短衬衫站在人群里的马修·帕瑞斯对眼前发生的一切很震惊，却并不感到意外，自从获悉战事已经结束，英国人驻扎在了北方，他就已料到早晚会对他们发动征讨的。

马修·帕瑞斯立刻决定大家突围逃走，"我们能与带枪的士兵战斗，但不是在这里。我们可以在他们对我们形成包围之前冲出去。"季瑞库立刻表示赞同，"对！"他炯炯有神的眼睛里闪着凶猛的光，一个肩膀上挂着弓弰，腰间的箭袋里装满了箭。就在他提议大家应从后面栅栏门那里往外突围的时候，传来了一个相当响亮的声音，一个操着英国北方口音的人借助扩音器对众人说道："你们已被四面包围了，逃不掉了。放下武器，打开栅栏门。我们有大炮，可以随意把你们全都消灭。"那扩音器的声音很怪异，很吓人。

已经急不暇择了，马修·帕瑞斯带领大家在一排排小屋之间急跑起来。狭窄的后栅栏门外面是一片被遗弃的开阔地带，雾气已经散去，天空苍白。马修仰望天空，看见海鸥在悠闲地飞翔，躲在云后的太阳在它们转身时照得它们闪闪发亮。估计不用半分钟，他们就能进入最邻近的那片树林里去，然而，这段距离，却让马修感觉很遥远。他看到坎卡在用炯炯的目光仰视着他，他伸手摸了摸坎卡的脸颊，然后说道，"我们两三个人先过去，看看会发生什么事。如果什么事都没发生，其他所有的人再全都过去吧。"

纳慌推开了栅栏门，在栅栏的遮蔽下又蹲了一会儿，随后用目光示意马修，微微一笑，起身跑了起来，马修和季瑞库紧跟在他后面。眨眼之间，比前面两个人整整年轻 10 岁又天生能跑的季瑞库一下子就跑到了前头，他迈着大步，仰着头，箭袋蹭着他的大腿荡来荡去。眼看季瑞库就要进入树林消失在树林的阴影里了，就在这时，响起了凌乱的枪声。马修看到季瑞库向前扑倒在了地上，稍后，他自己的左腿也被击中了，他往旁边趔趄了几步，重重跌倒到地上，剧烈的疼痛中，他微微抬了抬头，看到季瑞库仍然躺在刚才跌倒的那个地方，一动不动，再有不到 20 码，就到树林了。接着，他听到了居住区右侧传过来的喊叫声和零散的枪声。他用右肩着地，使劲往前爬去，然而，没容他挪动半步，整个人就立即疼得失去了知觉。

马修·帕瑞斯苏醒过来之后，第一眼看到的是正低头凝视他的伊拉斯谟斯·坎普的那张脸，他像是一点都不感到惊诧，出奇冷静地注意到那张脸面干净而苍白，上面一双激动的黑眼睛闪闪发亮。“你是来认领你父亲的货物吧？”他平静地说道。这种在伊拉斯谟斯听来毫无悔意的傲慢口吻，简直到了登峰造极的境地。“我是来绞死你的，”伊拉斯谟斯极力使自己的语气不带任何激情，“要不是歹徒巴顿把你指认了出来，我还真认不出你了。”伊拉斯谟斯带着极度厌恶的神色略微扫视了一下马修：衣不蔽体，赤裸着的瘦长的双腿在地上伸展着，左腿膝盖以下血肉模糊。他对那腿伤的惨状多少有些吃惊，不过，他想，好在还不算太严重——可以到了圣奥古斯汀再包扎。“别担心，你会走到绞刑架下的。”有两个士兵抬着担架走了过来，把感觉眩晕的马修抬上了担架，送上了海船。不到午夜，伊拉斯谟斯带来的一队人马和所有的俘虏都登上了船，启程向北朝圣奥古斯汀城驶去。

为了不给马修留有任何一点可乘之机，尽快将马修送上绞刑架，尽快将那些黑人作为父亲的财产出售出去，启程不久，伊拉斯谟斯来不及等到天明，就又迅疾行动了起来——他需要马上求证，确定马修的犯罪事实。为了避免在坎贝尔上校那里可能遇到的一些不必要的麻烦，为了能尽早返回英国老家，他不顾自己已经两天两夜没有合眼了，连夜传唤了詹姆斯·巴顿。“我知道你是谁，”他给巴顿倒了一杯朗姆酒，“在那艘船上到底发生了什么？”

伊拉斯谟斯利用美酒和威逼所发挥出来的作用，从曾身为“利物浦号商船”上的大副詹姆斯·巴顿口中，很快弄清了一些事实：他们遇到了那一地域夏末常有的一场暴风，商船被吹离了航线，当时，船上已没有足够的健康人手可用了，那些黑人随时可能起来反对他们。他们被向西吹了过来，吹到了佛罗里达的海岸上。骚尔·瑟叟船长在那之前就死了……他们这次航行，从一开始就不吉利，生意比往常差多了，驶离几内亚之前就已经损失掉了很多黑人。六个星期过去了，他们仍然处在佛得角群岛西南方，每天都有黑人死掉，有许多时候他们不得不把那些黑人关在舱口盖下面，死亡率因而大增。帕瑞斯医生为了让那些可怜虫留在这个世界上，像奴隶一般工作着，亲手给他们喂食。总之，情况相当混乱。最恶劣的天气结束了，骚尔·瑟叟船长计算，即使情况好的话，他们离牙买加也足有 10 天的航程。水就快用完了，骚尔·瑟叟做了决定，抛掉相当一部分货物，并在头天夜里把这件事交给了海因斯、巴顿和木匠巴博（Barber），那时二副已经死于热病，他们是仅剩下的几个高级船员。凌晨时分，海因斯他们把一些黑人抛进了大海，这时，发高烧待在下面舱室里的帕瑞斯医生听见了上面的骚动后，来到甲板上，看到正在发生的事，大声叫喊起来并动手阻止。骚尔·瑟叟拔出手枪对准了帕瑞斯医生，事情就这样激发起来了。船上剩下来的人群起反抗，当机立断杀了骚尔·瑟叟。巴顿反对那些人行凶，差点也被杀死，船上的一个乘客戴尔布兰克先生和医生帕瑞斯制止了那些人。

伊拉斯谟斯用自己的判断冲着巴顿说道："以我对此事的推定，这些叛变者，在帕瑞斯先生的指挥下，将活着的黑人盗为己有，带着他们上了岸。是不是？"巴顿肯定了他的说法，"是的，先生。"伊拉斯谟斯继续说道："先是反叛，随后谋杀，接着是海上掠夺——这其中任何一项，犯的都是死罪。"就在这时，海船上的船钟响了，时间是凌晨2点。现在，一切都已在伊拉斯谟斯的掌控之中了，他暗中盘算，他必须让马修活着，其罪行已被证实，证据是无法抵赖的。

这天的夜晚，风平浪静，伊拉斯谟斯承租的那艘海船平稳地航行在水面上。马修躺在舱室里，一阵昏睡，一阵清醒，发着烧。快到清晨时分，他的头脑处在一种比较清醒的状态，飘忽不定的紊乱思绪忽然回到了诺威治监狱的大监室。他特别记得其中一人，迫使另一个人在众目睽睽之下所遭受的羞辱。之后，他由此及彼，像是有所顿悟，推翻了他自己原本所持有的那个以为人们痛苦的经历能够软化人心的想法——是多么地不切实际：什么都无法阻止一个人将他自己曾遭受过的罪辱、遭罹过的痛苦强加到他人身上；还不仅至此，甚至反而因此教会了那个人如法炮制令他人遭罹痛苦的方法——"我早该清楚这一点。"他对自己说。接着，他又进入了昏睡状态。当他再次醒来的时候，天已大亮了，他疼得满身大汗，看到了正俯身看向他的萨利文那神色茫然的脸。

萨利文是主动要求过来照看马修·帕瑞斯的伤情的，伊拉斯谟斯竟然准许了。马修被抬上海船之前，考克栾中尉给他的腿上了夹板。萨利文带来了一盆温水，动作轻柔、熟练地为他擦洗了一下，还不停地向他汇报着社区居民的伤亡情况。过了一会儿，舱门开了，伊拉斯谟斯走了进来，命令萨利文出去之后，他径直站到了马修跟前。马修从铺位上强支撑起身子，镇定地盯视着伊拉斯谟斯苍白的脸。随后，他们进行了一番艰难的交谈。

把巴顿打发走之后，伊拉斯谟斯睡了几天来的最好的一个觉，但是他的心情仍然不得平静。他先声夺人，以居高临下的姿态，告诉马修，他已丧失他的合法权利，再不可能有什么自由了。之后，又用侮辱玩弄的轻薄语调挖苦说：他一直都在打听马修他们这个社区居住地的一些事情，他听说它是依照最好的哲学上的理论建立起来的。马修尽管身体很虚弱，腿伤疼得厉害，他身上那惯有的好斗的冲动还是被伊拉斯谟斯的嘲弄挑动了起来，而且，一语中的："听起来，你的报告者像是巴顿。他懂得什么理论？"

"他是不懂。"伊拉斯谟斯面部表情变得有些僵硬了，"可事情很荒唐，不是吗？你们那个小小的群居地是靠谋杀和贼赃起家的。"他的这番话，令马修多少感到有些错愕，看着他的表弟，然后，直言不讳地指出：这是在贼喊捉贼——他刚刚对移民社区里无辜的居民实施了屠杀和抓捕，在那些人当中，有的人与骚尔·瑟叟的死没有任何瓜葛，毫无牵连，却成了他不远千里跑到这里来索取的贼赃。伊拉斯谟斯岂容马修占了上风，振振有词地讽刺道：没人搭理的生活把马修的头脑弄残了，以至于做出了如此颠倒黑白的比对，愚蠢至极。瑟叟对那些人有绝对的权威，从事的是合法的贸易；而他们是逃亡者和奴隶；他自己的每一步骤，也都是依照法律行事的，他有佛罗里达地方长官颁发的许可证。

马修被"许可证"这一说法弄得怒不可遏，"一张许可证——屠杀和掠夺就改变了名称。"他的话锋一针见血，说话期间，头脑阵阵发沉，浑身疼痛，但他必须说下去，剖白心迹："我深深意识到了我们给他们造成了无法估量的伤害后，装作不知道是不可能的，装作看不到也是不可能的——我们仅仅为了利润就从他们那里拿走了属于他们的一切。利润——这一神圣的欲望，就像戴尔布兰克说的，使一切都成了正当，使一切目的都成了神圣而不可侵犯。你要知道，我是在不了解真相和漫不经心的情况下开始从事我作为随船医生这一职业的。因为我的人生已经一团糟了，我觉得我干什么都不重要了，帮助做什么都行——我想，这是我自我降低人品，这是我对理智和感情的冒犯。鉴往知来，我们有责任警醒……”马修陷入了沉默。身体的疼痛和精神的困倦，已经使他清楚认识到——无论如何，说什么都没用了。身为一个发着高烧的俘虏，对一个坚信他不道德的人，一个认为品德好的人就是穿戴合体、养尊处优、银行里有存款的人空谈理性和品德，实在可笑。

伊拉斯谟斯像是受到了撞击，他不能够理解他表哥的那些非法的道德观念，却又被对方的话语蛊惑了，搞乱了思想。不过，他十分努力地控制着自己，清楚自己必须努力，必须不断扩大仇恨与轻侮，绝不能给对方任何逃脱的空间。“世界正是这么前进的。”他尽力掩饰着自己的心虚胆怯。“不论是在你的那个荒蛮地，还是在我的泰晤士河岸，什么事情都是依照这样的章程办成的，没有其他办法。”

尽管倦意越来越重，马修还是听出了伊拉斯谟斯对他所怀的怨恨，他强打精神说道，“我不明白你为什么这样恨我。我并不欠你什么。如果说我愧对了什么人，那就是你的父亲。你父亲出于好意帮助了我，可能认为我的回报太少了。我希望能同他谈谈，给我一个解释的机会。”面对马修这一祈求，伊拉斯谟斯生出了一种莫名的挫折感，有些失控，发出了一声刺耳的笑声。随后，他毫无保留地和盘道出了他父亲的死亡，坎普家的破产，他失去了的新娘，他所度过的还债的那些年月……他脑海里翻腾着的是他所遭遇的不幸，是病卧在他面前的这个人难以推卸的罪过。“无论说什么也于事无补了，”他摆出了一副僵硬的立正姿势，“你之前该是什么下场现在还是什么下场。”说完之后，他转身走出了舱室。在门外，在梯子下面，他站了一小会儿，好像一时不知自己该走向何方。

翌日清晨，马修·帕瑞斯胸腔左下侧的一阵疼痛把他疼醒了，持续的高烧，烧得更厉害了，耳朵里嗡嗡响，但是，他还是听到了外面俘虏们的镣铐声。萨利文拿来了早餐的稀饭，进来时，听到他急促的喘息声，看到他的脸色变得非常可怕。他已不能进食，也不让为他擦洗。当他看见萨利文的两眼含满了泪水时，他对萨利文说，“别管我。如果你有机会，就转告塔芭卡丽，我想她。告诉坎卡，照顾好他母亲。”在萨利文轻轻带上了舱门出去之后，他又进入了昏昏沉沉的睡眠状态。过了一会儿，他再次睁开眼时，看见伊拉斯谟斯正低着头注视着他。

伊拉斯谟斯告诉他：今天傍晚，他们就能抵达圣奥古斯汀了，那里有驻军，有军医，到时候，他们会妥善处理他那伤创的。他告诉他表弟：医生大概也无能为力了；他恐怕得了某种血栓，从腿部到肺部……他以前见过这种事情。“你不能死！”伊拉斯谟斯的声音暴烈。“在我绕了半个地球终于把你从躲藏的洞穴里熏了出来之后，你不能就这么死了，使一切都化为泡影。”

然而，伊拉斯谟斯·坎普只能眼睁睁地看着马修·帕瑞斯在他面前闭上了双眼，静静地死去了。

作者生平与创作生涯

巴里·昂斯沃斯于 1930 年 8 月 8 日出生在英格兰东北部达勒姆郡（Durham）温盖特（Wingate）的一个矿工家庭，在蒂斯河畔斯托克顿学校完成了他最初的学校教育。1951 年毕业于曼彻斯特大学，获得英语学士学位。1951 年至 1953 年，他以少尉军衔在英国皇家通信兵团里服役。退伍之后，从事了一系列工作，当过送煤工、代课教师等，之后，以写作短篇小说为生。1959 年，他同薇乐莉·艾琳·摩尔（Valerie Irene Moor）结了婚，婚后，生育了三个女儿。

1960 年代前后，他在地中海东岸一带生活了多年，并在那里担任英语教师，为英国政府机构——致力于在全世界推广英国的语言、艺术、文化、教育和技术的英国文化协会服务，并开始着手长篇小说的创作。1960 年至 1963 年间，他在希腊雅典大学从事英语教学工作；1963 年至 1965 年间，他在美国马萨诸塞州诺伍德技术学院从事英语教学工作；之后，他又被派遣到土耳其伊斯坦布尔大学从事英语教学工作。与此同时，出版了长篇小说：《合伙关系》（The Partnership，1966）、《希腊人有这么一个词儿》（The Greeks Have a Word for It，1967）、《兽皮》（The Hide，1970）。

1970 年代初，他定居剑桥，继续小说创作，同时在一家语言学校里教授英语；之后，陆续出版了长篇小说：《蒙克兰克的礼品》（Mooncranker's Gift，1974）、《大日子》（The Big Day）；短篇小说集：《原始人道主义者之死》（Death of a Primitive Humanist，1974）、《一本关于当代噩梦的书》（A Book of Contemporary Nightmares，1977）等。

其中，《蒙克兰克的礼品》获得了英国皇家文学院的海尼曼奖，随后他当选为英国皇家文学院院士。在那之后，他回到了故乡英格兰东北部达勒姆郡，以客座文学研究员的身份在达勒姆大学里工作了一段时间，随后又到英国北部著名的纽卡斯尔大学工作了两年。

1980 年，他讲述关于背叛、爱情和贪欲故事的长篇小说《帕斯卡利之岛》（Pascali's Island）出版之后，奠定了他在英国文坛上的地位，入围了当年布克奖决赛名单，并在 1988 年被英国导演詹姆斯·迪尔登（James Dearden，1949—　）搬上了银幕。

1984 年至 1985 年间，他到利物浦大学任驻校作家；1988 年，英国文化协会再次派遣他外出传播英语文化，他前往瑞典，到隆德大学任驻校作家。这期间，他陆续出版了长篇小说《偶像猎人》（The Idol Hunter，1981）、《兀鹰之怒》（The Rage of the Vulture，1982）、《石处女》（Stone Virgin，1985）和《糖和朗姆酒》（Sugar and Rum，1988）。

1992 年（62 岁），他出版了一部错综复杂且颇具魅力的历史小说《神圣的渴望》（Sacred Hunger），以精密的构思和精练的笔法，描写 18 世纪奴隶贸易，借古讽今，讲述了欧洲殖民扩张时期贩卖奴隶的殖民岁月，用充足的资料和反讽的立场，重新审视了欧洲贩奴的贸易史，探究了欧洲人把在非洲大陆从事的奴隶买卖美化为“神圣的欲望”的实质（其实就是以各种伪装表现出来的人的贪欲），探讨了道德的选择，贪欲和功利所带来的残忍，以及人在“极端情况下”的行为，拷问了人的贪婪、邪恶、残忍，以及不人道，还有正义。

小说双线并行，在充满粗俗语言、血汗泪水的贩奴商船上和充满欲望、尽享生活的英国大陆之间自如穿梭，最后，合二为一。第一卷，以“利物浦号商船”启航前往非洲开始，到她在海上失踪结束，主要围绕着“利物浦号商船”的恐怖航行展开；启航之后，商船始终航行在大海上，期间，在西非海岸进行黑奴贸易时停靠过几次；第二卷，从伊拉斯谟斯·坎普（Erasmus Kemp）获悉“利物浦号商船”在佛罗里达海岸东南方一个地方的消息开始，围绕着伊拉斯谟斯搜寻商船、刻意找寻马修·帕瑞斯（Matthew Paris）进行报复展开，最后，以一种相对来说不太愤激的情形，平淡结束。小说出版之后，反响热烈，为他赢得了巨大声誉，因其在展示邪恶贪婪的人类殖民历史的同时探讨了正义、自由和责任等概念，与迈克尔·翁达杰（Michael Ondaatje，1943— ）的《英国病人》（The English Patient）一起，问鼎了第24届英语文学界最有影响力的布克奖。

1991年，巴里·昂斯沃斯与第一任妻子薇乐莉·艾琳·摩尔离了婚，1992年，与芬兰语翻译艾拉（Aira）结了婚，并迁居到了意大利。在意大利生活期间，他依然笔耕不辍，佳作不断问世，陆续出版了长篇小说：《道德剧》（Morality Play，1995）、《汉尼拔之后》（After Hannibal，1996）、《迷失的纳尔逊》（Losing Nelson，1999）、《国王们的歌》（The Songs of the Kings，2002）、《她脐心的红宝石》（The Ruby in Her Navel，2006）、《令人惊奇的土地》（Land of Marvels，2008）；评论集：《1990年代的小说与小说家》（Novels and Novelists in the 1990's，1993）、《纳尔逊传》（Nelson Biography，1999）；文编：《经典海洋故事》（Classic Sea Stories，1994）；散文集：《克里特》（Crete，2004）等。

其中，《道德剧》入围了布克奖决赛名单；《迷失的纳尔逊》审视了被誉为"英国皇家海军之魂"的著名海军统帅霍雷肖·纳尔逊（Horatio Nelson，1758—1805）将军人生中的一个事件，颇具匠心地研究了痛苦与破坏，检视着人物所受到的损害；《她脐心的红宝石》再次获得了布克奖提名。

1998年，英国曼彻斯特大学授予他荣誉文学博士头衔；1999年，他应邀前往美国艾奥瓦大学"作家工作室"担任客座教授；2004年，他应邀到美国俄亥俄州凯尼恩学院创作班教授写作课程。

巴里·昂斯沃斯是一位渲染时空氛围的高手，在他的那些被称为"真实故事的历史小说"的作品当中，他广泛探索人类复杂的过去和现在，以驰骋的想象力，营造出了一种强大而逼真的艺术境地，他的创作对当代英语历史小说做出了重大的贡献。

自1992年起，巴里·昂斯沃斯始终与妻子艾拉定居在被誉为"意大利的绿色心脏"的翁布利亚（Umbria）市。2012年6月5日，他因肺癌在意大利病逝，享年81岁。

主要参考资料：

Books of The Times; Trading in Misery On a Doomed Slave Ship, by Herbert Mitgang, Publisher: December 23, 1992.

Sacred Hunger, by Barry Unsworth, Publisher: Penguin Books Ltd, 2004.

027 童年往事［爱尔兰］罗迪·道伊尔
Paddy Clarke Ha Ha Ha by Roddy Doyle

◎ 原著共242页，没有章节，用一种破碎的形式，将许多类似意识流的片段串联在一起，以爱尔兰小男孩派迪·克拉克（Paddy Clarke）"我"的口吻，讲述了一个10岁左右的小学生的周遭世界，他学校的同伴以及家庭亲情。本文在下面的讲述用第三人称。

英文原版封面

罗迪·道伊尔
（Roddy Doyle，1958—　）

罗迪·道伊尔是爱尔兰当代文坛上一位善于谐谑的幽默大师。

有评论认为，其作品充满了凯尔特[1]式的黑色幽默，善于在平凡的题材中，运用鲜活且地道的都柏林本乡本土语言，捕捉当代爱尔兰意义深远的社会问题，用一种非常理性、毫不煽情却很感人的方式，审视都柏林的市井生活。

《童年往事》（Paddy Clarke Ha Ha Ha）出版之后，获得了巨大成功，因其**笔调诙谐幽默，平淡中寓以深情**，问鼎了第25届英语文学界最有影响力的布克奖，并创下了有史以来"布克奖"获奖作品的最佳销售纪录。

1 凯尔特（Celt）：公元前2000年活动在中欧的一些有着共同的文化和语言特质的有亲缘关系的民族的统称。爱尔兰是凯尔特人的一支，中世纪后，爱尔兰的凯尔特人（即爱尔兰人）从维京人手中夺取了都柏林，之后把它作为了自己的首都，爱丁堡则被苏格兰的凯尔特人（即苏格兰人）作为了首都。在公元5世纪基督教文化到来之前，凯尔特人的生活方式始终盛行在爱尔兰。爱尔兰人精神上以凯尔特民族自豪，凯尔特的文化却仅仅来自一代代口口相传，直到7、8世纪才有人把它们记录下来，大量的口头传说、爱尔兰历史和原始英雄传奇才得以流传至今。

派迪和他那一帮男孩沿着大街走着，凯文（Kevin）在一个大门前停住脚步并且用他的木棍敲打奎格里太太（Missis Quigley）家的大门，奎格里太太向来总是望着窗外，从未对他们采取过任何行动。利亚姆（Liam）和艾丹（Aidan）走到街口拐进了胡同。他们什么也没说。利亚姆和艾丹的母亲欧康乃尔太太（Missis O'Connell）死了。他们开始谈论有一个死了的母亲会怎么样，辛巴德（Sinbad），派迪的弟弟哭了起来，利亚姆在学校和他同班。

在学校外，派迪他们那一帮男孩总喜欢不断在巴里镇（Barrytown）街头制造一些麻烦，在自家周围的邻居和巴里小镇其他市民们当中，他们相当有名——大名鼎鼎。他们喜爱踢足球，爱耍小聪明，喜欢跳进大海里胡乱扑腾、打水仗，还喜欢溜进商店行窃。每当玩追逐游戏时，他们经常会跳越树篱。

这天，派迪他们在回家途中，经过建筑工地时，弄了一大堆 6 英寸长的钉子和一些板条，准备做船的时候派上用场。他们还把砖块扔进一个满是湿水泥的沟渠里，忽然，看到艾丹起身跑开了，他们也赶紧跑走了，以为有人在追赶他们。跑着跑着，派迪不得不等等辛巴德，回头一看，他们身后并没什么人追赶，但是，他没吭声，抓住辛巴德的手，一起快跑，并追上了凯文和艾丹、利亚姆他们。跑出了那块空场地后，他们跑到街头，这才停了下来，哈哈大笑，然后，又大笑着钻进树篱的缺口，躲在里面，察看究竟有没有大人前来捉拿他们。在这时，辛巴德的衣袖还被树篱的刺挂住了。

他们这一群男孩，总喜欢在建筑工地上制造种种冒险活动，甚至在建筑工地上点火玩。他们还在镇上所有大大小小的街道路面上，在湿水泥地上，用木棍涂写上他们的名字。有一次，派迪他母亲闻到了派迪身穿的衣服上带出的烟味，“你干了什么？”他母亲质问他。他回答他母亲说：他们在灭火。气得他母亲恨不得杀了他。最糟糕的是，他还得等着瞧，当他父亲回来时，他母亲是不是会把这事告诉他父亲。

他们还喜欢骚扰镇上的那些老太太们，在人家附近捣乱，一边逃跑，一边大笑。那天，派迪他们再次逃脱了，冲过了好大一块空场地。派迪采取“之”字形逃跑战术，低着他的头，这样，就不会被“子弹”打中了。他通过树篱缝隙，摸进了壕沟。在壕沟里，他们这一群男孩假装打了一架，就是互相推搡。利亚姆没打中派迪的肩膀，给了他耳朵一拳，打得挺疼，所以利亚姆也得让派迪在他耳朵后面打一拳，利亚姆将双手放在衣服的口袋里，这样就不会阻止派迪出拳了。然后，他们出了壕沟，因为他们的脸上落了很多小虫子。

在校园车棚里，派迪显示了他那残酷的一面。辛巴德不让派迪他们往他的嘴里塞那粒燃料丸。“是比目鱼油。”派迪对辛巴德解释说，辛巴德依然不从，于是，派迪将辛巴德抓住，不让他乱动。那天是星期一，负责主管校园事务的先生是汉诺（Henno）。汉诺一直远远待在一边，正在观看手球比赛，非常着迷，没有注意到车棚里面发生的事。派迪和他那一帮男孩强迫辛巴德张开了他死死紧闭的嘴，凯文继续往辛巴德嘴里塞那粒燃料丸，还是没能塞进去，派迪紧紧箍住辛巴德的胳膊，十分凶狠。这件事说来也挺可怕的，但是，在其他男孩们面前，他不能对自己的弟弟网开一面。他揪住辛巴德的头发，抬起他的脸，仰起他的鼻子，辛巴德流出了眼泪。凯文趁机猛推进那粒半截在辛巴德嘴里半截在外的燃料丸，然后，利亚姆点燃了它。有两个星期，辛巴德的嘴唇都是肿的，肿得很厉害，看起来就好像根本没有了嘴唇一样。

在大海里，派迪保持了他身上那种孩童的天性。他和男孩们一起飞跑下海堤，连蹦带叫，一面大声叫喊着——《海底历险记》[1]，一面跳进大海，在海水里打打闹闹，互相扔小石子，而且谁也打不着谁。派迪还非常喜欢看“海底世界”一类的电视节目。那天，电视机里的海底画面，潜水艇被一个巨大的水母吞掉时，派迪躲到了餐具柜后面。简直太恐怖了！最初，他还没怎么在意，看到那水母把潜水艇包裹住时，他趴在餐具柜那儿，没有哭。当他母亲说“水母已经不见了”时，他依然没敢出来，直到插播上了广告。最后，他母亲把他送到了床上，并与他待了一会儿。后来，他起来喝水，他母亲对他说，下星期不让他再看这个电视节目了。他没说什么，反正，下个星期节目又换了，演的是一个疯狂的科学家。

有一天，派迪与他的一个熟人——爱德华·斯万维克（Edward Swanwick）在沿海公路下面的一片海域里玩水。斯万维克并不像派迪他们大多数人那样，大家在同一所学校上学，斯万维克在镇上的学校读书。派迪和斯万维克一起欢快地打着水仗。海潮正在退去，斯万维克做手势向派迪用力推出一个浪花，不料那浪花里竟有一个水母，一个巨大的透明的物体，派迪赶紧举起双臂，迅速移动，然而，还是被那水母蜇上了，在他后背上蜇了一下，他尖叫起来，拼命朝着海岸台阶方向逃去。

派迪让斯万维克看了看他被水母蜇伤的后背。“它们的刺是有毒的。”斯万维克告诉他。他赶紧往家里跑去，快到他家房子跟前时，大声哭了起来。他母亲正在喂新生的婴儿，“你怎么了，帕特里克（Patrick）？”他母亲看向他的腿，寻找划破处。他翻起他的T恤衫，把蜇伤处让他母亲看，在这时，他真的哭了起来。他需要有人抱抱，上点药膏，缠上绷带。他母亲碰了碰他被蜇伤的皮肤，“疼啊！”他喊起来，“它有剧毒。”弄得他母亲担心起来，直要打电话叫救护车。“不用，涂上药膏就行。”于是，他母亲就照他说的办了，喂完了婴儿，给他涂上了药膏。

派迪的水性一向很好，很擅长游泳，然而，辛巴德的水性很糟，轻易不肯下水，除非他母亲和他在一起。有一次，派迪的好友凯文从海堤上往大海里跳，碰破了头，凯文他母亲和他姐不得不带他坐上出租车跑到杰维斯街（Jervis Street）上去缝了几针。

派迪他父亲的手掌很大，手指很长。那天，他父亲手里拿着一本《裸者与死者》[2]，派迪问他父亲：“它是讲什么的？”他父亲回答说：“战争。”在有关战争、政治和学校方面的一些议题上，派迪与他父亲经常互相交流看法。派迪想用自己所具备的有关政治和即将发生的第三次世界大战或地理学方面的知识，

---

1 《海底历险记》（Voyage to the Bottom of the Sea）：美国影片，1961年7月上映。

2 《裸者与死者》（The Naked and the Dead）：美国作家诺曼·梅勒（Norman Mailer，1923—2007）1948年出版的第一部长篇小说，被公认为美国作家描绘第二次世界大战的最佳小说之一，并拍成了电影。

给他父亲留下好印象。不过，当回答他父亲的问题时，有时，他又表现得吞吞吐吐。派迪很喜欢同他父亲讨论战争问题，有时候，又不大喜欢。每当他喜欢时，如果那时他是坐着的，他就会跷起二郎腿，并且让身子在椅子上稍稍向一侧倾斜。

“如果爱尔兰陷入战争中，你会参军吗？”派迪问他父亲。在他看来，第三次世界大战就要迫近了，他父亲认为那是不可能的。他依然继续追问他父亲，到时会不会上战场。“我会的。”他父亲回答说。他立刻表示：“我也会的。”当时，他们一家人正在吃晚饭，他坐到他父亲旁边的椅子上，是辛巴德的椅子，辛巴德什么也没有说。

派迪的热水瓶是红色的，曼彻斯特联队[1]的颜色。辛巴德的热水瓶是绿色的。派迪喜欢他热水瓶里的气味，他把开水灌进去，然后把里面的水倒空，把鼻子伸进瓶口，去闻里面的味道。

每逢星期天上午，在他们一家人去做弥撒之前，派迪都要把家里所有的东西擦拭干净。他母亲给他一块布，通常是旧睡衣的一部分。他从楼上的卧室开始擦起，而且，总是尽最大努力去擦拭那个露着胸脯的耶稣画像。在那画像上面，耶稣的头侧向一边，上面还落有他母亲和他父亲的名字，以及他们的结婚日期——1957年7月25日，以及家里所有孩子的出生日期。派迪排在第一位，帕特里克·约瑟夫（Patrick Joseph）；排在第二位的是他死去的妹妹安吉拉·玛丽（Angela Mary），他这个妹妹在出生之前就死了；第三位是辛巴德，弗兰西斯·戴维（Francis David）；再后面是他妹妹凯瑟琳·安吉拉（Catherine Angela）；最后面是他的刚出生的妹妹黛尔德雷（Deirdre）。派迪是家里的长子，名字和他父亲的名字一样。派迪一个房间一个房间地擦过去，然后擦楼梯，所有的台阶，包括栏杆。他还要清洁会客室里的所有装饰物，不放过任何一件东西。不过，他不用去擦拭厨房，那里是他母亲的地盘。

派迪认为，他读过的最好故事是有关达米恩神父[2]（Father Damien）救助麻风病人的故事。出生在比利时的“达米恩神父”成为“达米恩神父”之前，原名约瑟夫·德·沃斯特（Joseph de Veuster）。约瑟夫想成为一名神父，父亲让他好好考虑考虑，随后，约瑟夫进入了耶稣玛利亚圣心修会，遂了初愿，修会给了他一个新名字——达米恩。故事最棒的部分，从达米恩神父自愿只身前往集中麻风病患的摩洛凯（Molokai）荒岛开始。刚刚抵达麻风病患的隔离岛时，身材魁伟的达米恩露宿在一棵大树下。摩洛凯岛与世隔绝，岛上隔离着被以严法强制执行迁移而来的麻风病患者，缺医少药，缺少食物和基本的生活用品。达米恩神父到来之后，成了荒岛上唯一的一位非麻风病患者，起初，被放逐的病患们对前来救助他们的健康的达米恩神父充满怀疑与不信任；后来，达米恩神父成了他们朋友。达米恩神父长期陪伴着那些麻风病患们，与病魔斗争，每天都要花好几个小时和他们在一起，照顾他们，帮助他们建筑房屋，制作家具，修建圣堂，教导有工作能力的病患们种植蔬菜和其他农作物。1884年12月的一天傍晚，达

---

1 曼彻斯特联队（Manchester United）：英国足坛的一支老牌劲旅，成立于1878年，1908年至1911年期间，曼联队夺得两次联赛冠军和一次足总杯冠军，成为当时足坛最受欢迎的一支球队，因球队队服为红色，球迷们给曼联队取了一个绰号——“英国足坛的红魔”。

2 达米恩神父（Father Damien，1840—1889）：比利时人，1873年为了传播基督福音，救助麻风病患，登上了夏威夷摩洛凯（Molokai）岛，之后，与病患们生活在一起，后不幸死于麻风病，被安葬在岛上的露兜树下。1936年，美国将其遗体送还比利时。1995年，教宗艾昂尼斯·保禄二世（Ioannes Paulus PP. II，1920—2005）追封他为“真福品”，2009年，教皇本尼迪克特十六世（Pope Benedict XVI，1927— ）又追封他崇高的“圣人”谥号。

米恩神父不小心打翻了一碗刚煮沸的开水，热水烫伤了他的脚，起了水泡，当时他一点都没感觉到疼痛，他因此意识到：自己染上了麻风病，脚上的神经麻木了。在1889年棕枝主日[1]那天，达米恩神父死了，人们把达米恩神父埋在了他刚到隔离区那天露宿过的那一棵大树下。

达米恩神父是圣徒，他的故事，派迪读了两遍。派迪也想成为一个像达米恩神父那样的圣徒，他需要一个麻风病患者，他想要辛巴德假装成一个将被自己拯救了的麻风病患，辛巴德不肯，不断逃走，并跑去向他们的母亲告状，说派迪要让他变成一个麻风病人，可他不愿意；结果，派迪需要另外找一个"麻风病患者"。不过，这事他不能跟凯文说，因为到时候，可能最终会是凯文成为"达米恩神父"，而他自己会成为一个"麻风病患者"。那天，派迪找到了麦卡锡（McCarthy）的孪生兄弟和维利·汉考克（Willy Hancock）。他们认为能和派迪这样一个大男孩在一起很了不起，于是，派迪让他们进入他们家的后花园，告诉他们麻风病患者是怎么回事，他们毫无怨言，全都愿意为派迪扮演麻风病患者。

派迪喜欢阅读与美国历史有关的书籍。他喜爱的英雄之一，是印第安人格罗尼默[2]，他手上有一张叛逆者格罗尼默的照片：格罗尼默拿着一杆来福枪，头发黑黑的，脸看上去很老，模样威猛，有点忧愁。从来自图书馆的一本书里，他看过格罗尼默的另外一张照片，照片上，格罗尼默和他的勇士们在一起，格罗尼默在那一伙人的中央，穿着一件夹克衫。派迪是和他父亲一起去的那家位于都柏林保道伊尔（Baldoyle）的图书馆。那家图书馆有一间成年人阅览室，有一间儿童阅览室，他父亲经常跑到他所在的儿童阅览室来，为他选书。

回家途中，坐在汽车里，派迪就开始读起新借来的那本《英雄，丹尼尔·布恩》（Daniel Boone, Hero）。派迪能在汽车里读书而不头晕，如果不抬头看的话，就不会犯恶心。在派迪看来，丹尼尔·布恩[3]是美国最伟大的先驱者之一。不过，像许多其他的先驱者一样，丹尼尔·布恩并不擅长书法，他在杀死了一头大熊之后，在大树干上刻留下了一些字迹，有一行是："丹·布恩杀了一头熊[4]，1773。"派迪对此的评价是：丹尼尔·布恩的书法比他还要糟，甚至连辛巴德的书法都不如，而且，他自己永远都不会把一个"熊"字拼写错的。但是，不管怎么说，在派迪的眼里，丹尼尔·布恩，终归都是一个好样的男人，一个男子汉。

派迪他父亲和他母亲之间的关系有些紧张，彼此之间常常默默无言，相互嗔怪而视，他们以为派迪看不出来，其实派迪看得一清二楚。那天，星期天，他在菲兹先生（Mister Fitz）的商店要了一份涟漪冰激凌，他告诉菲兹先生把那账记到他母亲的采购明细里——那意思就是：他母亲星期五来采购结账时会为他支付这笔冰激凌钱的。他离开了商店，一面吃着他的冰激凌，一面扫视着街上的行人，尤其是女孩子。他看到了不属于他们那一伙的女孩子赛芙（Safe），赛芙的样子非常可爱，每逢星期天都穿着牛仔裤，十

1 棕枝主日（Palm Sunday）：天主教称"圣枝主日"，亦称"基督受难主日"（因耶稣在本周被出卖、审判，最后被处十字架死刑），是复活节前的主日，标志着圣周的开始，为罗马天主教会、圣公会、东正教各派庆祝的节日。

2 格罗尼默（Geronimo，1829—1909）：印第安人的领袖，以英勇无畏著称的北美著名的阿帕奇（Apache）部落的酋长，领导了阿帕奇部落顽强抵抗美国白人的入侵。

3 丹尼尔·布恩（Daniel Boone，1734—1820）：美国边疆开拓者，传奇式人物，对肯塔基州（Kentucky）的开辟做出了贡献。

4 熊（Bear）：原文处"熊"字的拼写是错的，被写成了"bar"。

分爽气。他想到了他父亲对牛仔裤的态度。他父亲常常因为美国文化对他们的影响生气，认为美国的风气已经悄悄地侵入了爱尔兰，他父亲很不喜欢。到了家门口，他那冰激凌还没吃完，而他必须吃完了才能进去。他站在原地，按着自己一向的做法，把那冰激凌一点点地慢慢吃完，舔干净了那冰激凌的碗状外壳，完成任务之后，把自己的脸恢复了常态，才进了家门。

派迪看到他父母正坐在桌子那里，他走过去，停站到桌子旁，问他父亲："允许星期天穿牛仔裤了吗？"他父亲当即否定："不许。"他母亲在一旁开口说道："视情况而定，总之，要到做完弥撒之后。"他父亲马上接过了话茬儿说了一句："不行。"他母亲看着他父亲，脸色很不快，有些悲哀。"他没有一条牛仔裤，"他母亲说，"他只是在要。"他父亲什么也没说，于是，他母亲也不再说什么。

派迪的那一帮不知天高地厚的男孩，常常对其他小孩和小动物做一些令人哭笑不得的事，不断制造种种恶作剧，胡作非为，有时，真让人受不了。不过，他自己也有受不了他弟弟辛巴德的时候。他和辛巴德同住在楼上的一个房间里，那天，辛巴德因为腿疼哭了起来，他要求辛巴德闭嘴，辛巴德还是大哭不止，他决定"整"辛巴德一下，假装帮助辛巴德，跑下楼去向他们的父母报告。他父亲和他母亲正在看一部牛仔电影，看到他下来后，他父亲这一次没有假装去读报纸。"弗兰西斯在哭。"他说，并注意到，他母亲在一个劲儿地看他父亲。"他哭个不停。"他又说了一句。他父母同时朝他看了过来，随后，他母亲站了起来。

等他回到楼上他们的房间时，他母亲正耐心地询问辛巴德腿疼的事，一面为辛巴德揩去脸上的泪水；之后，他母亲给辛巴德讲了他腿疼痛的缘由——因为辛巴德正在长身体，"你将会长得非常高。"他母亲这样安抚辛巴德说。他顿生妒意："我的腿从来没有受到父母的关照。"不过，很快，他一下子又高兴起来了，因为他母亲这时候说："多好啊。高挑，英俊，非常英俊，女人的杀手。你们两个都是。"

有时，派迪喜欢"劳雷尔与哈代[1]"出演的那些影片，不过，总的说来，他还是比较喜欢魅力不减的"活宝三人组[2]"。他的那一帮同伙把那影片称作"活宝三人组"，他把它叫作"活宝"，因为他父亲这样叫。他和他的那一帮伙伴永远都说不清楚那影片里所讲的故事内容是怎么回事。那里面噪音太多，那三个"活宝"所做的事就是搞笑，互相打闹，他和他最要好的朋友凯文都喜爱模仿"拉里"（Larry）、"莫"（Moe）和"科里"（Curly）那三个"活宝"。他们一伙人躲在一家商店后面的空场里，凯文模仿着，就像"活宝"里那样，用手指戳派迪的眼睛[3]。被戳之后，起初，派迪还不知道他有一阵子竟看不见东西了，只是觉得很疼，就好像他过去常有的头疼那样疼痛不止，他颤抖着，不得不用双手捂住眼睛，这

---

1 劳雷尔与哈代（Laurel and Hardy）：美国一对搭档演出滑稽短片的演员，世界喜剧电影史上最著名的二人组合，斯坦·劳雷尔（Stan Laurel，1890—1965）体瘦，出生于英国。奥利弗·哈代（Oliver Hardy，1892—1957）体胖，出生于美国，二人能歌善舞，劳雷尔总是演到处闯祸的傻瓜，哈代常演自命不凡的庄重人物。自1927年至1950年，二人共拍摄长短滑稽片100余部。1932年，他们的影片《八音盒》（The Music Box）获得了第5届奥斯卡最佳喜剧短片金像奖；1960年，因在电影喜剧领域有首创精神，斯坦·劳雷尔获得了第33届奥斯卡荣誉奖。

2 活宝三人组（The Three Stooges）：曾风靡于美国的一部肥皂剧，通过三位著名喜剧明星幽默而诙谐的表演，讲述三个又丑又好笑的男人，在生活中处处倒霉和出洋相的经历。全剧没有一句台词，黑白片，从1950年代开始在美国NBC等电视台播出，播了50多年经久不衰，有几百集，每集15分钟，后来被改编成三部电影和畅销全球的电脑游戏，成了美国青少年的荧屏偶像。

3 戳派迪的眼睛：在"活宝三人组"中，莫（Moe）打拉里（Larry）和科里（Curly）时有几大绝招——扇嘴巴子，抓鼻子，戳眼睛。

才知道原来影片中的那些绝招并不那么好玩。

现在，派迪和他那一帮男孩又干起令邻居们害怕和翻越人家树篱的勾当了。他们在奎格里太太那儿遇到了麻烦之后，奎格里太太向派迪父母告了他一状。他不承认事情是他干的，被他父母关进了卧室，禁闭了好几个小时。他感到很委屈，因为打破奎格里太太家窗户的是凯文。后来，他和他那一帮男孩想去翻越汉理（Hanley）先生家前面花园的树篱，因为汉理家的花园是巴里镇上最壮观的，翻越树篱进入汉理家花园，对他来说简直是最大的挑战——甚至可以说，英国一年一度的全国越野障碍赛马都可以就此结束了。翻过树篱上方，再往上，穿过大门，就能成为胜利者。利亚姆从来就没有成功过。汉理先生和他的儿子比利（Billy）、劳伦斯（Laurence）经常在那花园里干活，清理花坛，尤其是那个劳伦斯，不仅块头很大而且动作神速，能一把将他们逮住，揪住他们的头发，说："现在——给我出去！"有时，劳伦斯还用脚踢，不过他的腿总是抬不了太高，汗水就已经湿透了他的裤子。终于有一次，趁着麦克罗林先生（Mister McLoughlin）割草之际，派迪他们全都从树篱上翻了过去，差一点把麦克罗林先生吓得心脏病发作。他们又从汉理家的墙上，紧紧地抓住树篱，双腿笔直，翻跳了下去，打着滚，滚出了他们家的大门。他们胜利了。

派迪再一次唱起他父亲教他的那一首爱尔兰新民谣："我朝下面的河边走去，去观察小鱼儿游泳……"在一个星期天的午后，他父亲有些无聊，便来找他，教他唱这首新民谣——那是他父亲第一次教他唱，没有唱片，只有书本上的文字"爱尔兰街头民谣"，他随着他父亲手指的指挥，一起唱。事情就是这样，既滑稽又轻松。于是，他在学校里唱了起来，沃特金斯小姐（Miss Watkins）制止了他，因为沃特金斯小姐认为歌词肮脏，可是，他认为歌词并不肮脏，而沃特金斯小姐不相信他的话。在11点的课间休息期间，他跑到学校院子里唱那最后一段歌词，他要让大家知道——它并不脏。他警告他那一帮男孩：不管怎样，都要唱，继续唱……他们大笑起来。他继续要求他们唱下去。凯文说，这太傻了！他回答凯文：他知道，可他根本就不认为那是傻，随后和凯文争论了起来。汉诺先生走了过来，把他们分开了，因为汉诺认为他们是在打架。汉诺抓住了派迪，对他说：他知道他是那一帮人的头头。汉诺用眼睛紧紧盯视着他，最后，让他走了。那一天，汉诺还不是他们的任课教师，汉诺给他们上课，是一年以后的事儿，当时，汉诺并不认识派迪。

那天，派迪他父亲回来后，听见家里正在播放的是汉克·威廉姆斯[1]的音乐，很不高兴，打了派迪，派迪觉得委屈，自己什么也没有做，甚至不知道汉克·威廉姆斯在唱什么。接着，他父亲又强迫他来唱自己教他的那些爱尔兰的新民谣，由于他弄不清楚歌词，他父亲又重重地打了他一顿，不过，他没有哭。他父亲命令他重唱，他便唱了起来："我朝下面的河边走去，去观察小鱼儿游泳……"于是，他父亲把手放到了他的肩膀上。

这天，派迪他们家有了自家的汽车，一辆黑色的福特轿车"跑天下"（Ford Cortina）。他父亲学

---

1 汉克·威廉姆斯（Hank Williams，1923—1953）：20世纪乡村摇滚乐的标志性人物，一个自己写词并演唱的歌手，1940年代至1950年代凭借《冷酷的心》（Cold Heart）和《孤独难耐》（I'm So Lonesome I Could Cry）登上了巨星宝座。他最有名的代表作《什锦菜》（Jambalaya）已成为经典歌曲。他还在他的音乐中保留了一定的旧式宗教成分，制作了一些有影响力的传统福音歌曲。他的生命被严重酗酒的生活作风毁掉，1953年元旦在去俄亥俄州演唱的路上，由于吸毒过量死在他汽车的后座上。

着驾驶，不让他们上去，一个人把“跑天下”开到了大路上来回跑。后来，他父亲把车开上了沿海公路，派迪和他那一帮男孩跟了上去，跟在“跑天下”后面跑，他们全都能跟上他父亲的那个车速。他父亲想掉头回返，一下子没能成功，看见他们在观看，就把他们叫了过去。过了一会儿，他们一共七个人，全都坐了上去，他父亲调转了“跑天下”的车头回到了住宅区，一面唱着《蝙蝠侠》里的乐曲，非常入迷。

他父亲把“跑天下”停稳后，派迪的那一帮男孩下了车，一个个全都跑到商店后面的空场地上玩去了。派迪想和他父亲待在一起，坐到了他父亲驾驶座旁，他父亲再次驾驶着“跑天下”在大路上来回奔跑。后来，他父亲把车开到了拉合尼（Raheny）郊外的大路上，在转弯时，一下子越过了路面，擦到了壕沟边。他父亲脱口而出：“在这地方挖条沟真够愚蠢的。”然后，他们沿着干线道路回到了巴里镇，在离他们家两个门之外的路边，他父亲踩了刹车，将车停了下来，他们下了车。

第二天，派迪他父亲带着他们去多利山（Dollymount）野餐，天正在下雨。他们一家人坐在车厢里，任凭他父亲驾驶着“跑天下”乱跑。他父亲选择的路线令人生疑，还一点不肯听别人的任何建议，搞得一家人紧张兮兮的。派迪认为他父亲绕路了：“为什么看不到山？”他问。他母亲在一旁要求他：“保持安静，帕特里克。”

在多利山景区，在距离山峰仅仅1英里之外，也许多一点，不过，不会太多，必须跨过一座木桥才能到里面的那个岛上，其余的地方就没什么意思了。他们到了那里——多利山景区，但是，他父亲在减慢速度转向多利山之前，必须驾车从桥上经过两次才能变换方向，才不至于错过多利山并开车通过海堤。天还在下着雨。他父亲面朝大海把“跑天下”停了下来，海潮还离得很远，看不见它，而且，由于发动机中止了工作，雨刷便不再动了。在这时，对派迪他们来说，最有趣的东西莫过于那车顶上的雨声了。

他母亲忽然有了一个想法：他们可以回家去野餐。“不——”他父亲一口否决了，握着方向盘说：“我们到了。”然后，拍了拍他的方向盘。他母亲只好拿起了编织袋，然后分发野餐食物。“别把面包渣滓什么的弄得到处都是。”他父亲说，是对派迪和辛巴德说的。一家人开始吃起来，派迪他父亲和他母亲之间，彼此什么话也不说，无声地斗起气来。派迪感觉到苗头不对，感到他父亲和他母亲之间的紧张关系在进一步地恶化。原本令人愉快的一家人的外出郊游，被弄得挺令人不快的。

当他父亲要给大家拍照时，辛巴德又耍起了脾气，任凭他父亲怎么说，辛巴德就是不肯面带微笑，他父亲大为光火，被辛巴德气得要命。这天，他们没能拍成照片。他母亲倒是很有经验，早早就用锡纸为他们每一个人包好了一份食物，这样，他们兄妹几个就不必为分配之事打架了。派迪的那一份里面的内容颇为丰富，有两个奶油面包，一份三明治，还有一个菠萝包，他把那菠萝包一直保留到最后才吃掉。

当他看向他父亲和他母亲时，看到他母亲对他父亲说了些什么，不过，他什么都没听见，但是他能看到他母亲面上的表情，在等待他父亲的回答。派迪喝起了“芬达”，再次看向他父亲和他母亲时，他母亲离开了他们的轿车，行动有些困难，因为带着凯瑟琳。这时，派迪想：他们大家全都要下去了，雨停了。可是，外面的雨并没有停，而且还下大了。他擦拭着车窗玻璃，还没弄明白究竟出了什么事，他母亲又返回到车上来了，全身上下都湿透了，对她之所以又回到了车上，他母亲的唯一解释是，“凯瑟琳被淋坏了。”随后，他父亲启动了“跑天下”。

那天，当大家在做一年一度的体检时，一位女护士拉下了派迪裤口上的拉链，对他说：你将会长得很高。他甚至都没敢看女护士一眼。由于小儿麻痹症在派迪他们那个时代还是一种不大不小的潜在威胁，所以在当时，每年总要有那么一天，他们那些男孩都要在学校里让护士们检查一下身上的 B.C.G[1] 免役标志。那天，当派迪他们那一堆男孩子被告知必须脱下裤子让年轻漂亮的女护士查看他们的身体、查看他们身上的免疫标志时，他们一个个简直羞得要死——这时候，他们已经到了不愿意让女人看到自己私处的年龄了。

现在，派迪和他的那一帮男孩，又玩起了钻水管管道的游戏。他们钻的是一个为在建的公司住宅安装的新的水管管道。那个水管管道极大，他们在那个水管管道里轮流钻出钻进，久久待在黑暗的管道里，迟迟不肯出来，为的是显示自己有多勇敢。他们中的大多数都能够直立在那个大水管管道里，只有利亚姆和伊恩·麦克沃伊（Ian McEvoy）必须稍微弯曲下身躯，不然的话，就会碰到他们的脑袋，他们因而感到自己很了不起，利亚姆还故意在管道顶端碰撞了一下他的脑袋。

早几天，他们是下到刚挖出来的管沟里耍闹。那个管沟还真深，简直就像战壕一样。有一阵子，那个管沟就在他们的大门外面，大约有一个星期之久。当时，快到复活节了，而且，天越来越长了，工人们仍然是在五点半下班。那时天还很亮，派迪和他的那一帮男孩，一个个顺着梯子爬下去，下到管沟里，在水管管道进进出出，不过，他们对大大的水管管道的用途却不大清楚。“它是排水设备。”利亚姆发表了自己的看法。“什么是排水设备？”有人问。派迪接过话茬儿说：“下水道。”因为派迪有过一次看他父亲疏通下水道的经历。

那天，他们家的下水道堵了，他父亲不得不打开卫生间窗户下面的那个方形的供人出入的下水道检修孔，爬了进去，用一个钩子，在里面掏来掏去。派迪问他父亲，那个检修孔是干什么用的，里面的那些管道是干什么用的。他父亲告诉他：是下水道。后来，由于他问的问题太多了，他父亲冲他大吼起来，叫他走开。看到他被弄哭了，他母亲在一旁冲他父亲说了一句：“他喜欢你帮助他。”看到他还在哭，他母亲安慰了他一句，“它很脏，帕特里克。”他父亲冲着他大喊大叫地说：“这活很脏，脏透了。”后来，他父亲让他把那个下水道检修孔的盖子盖回了原处，他闻到了从他父亲裤子上散发出的气味，实在糟糕透了，简直熏死人。他父亲认为那下水道之所以堵了，全都怪派迪他母亲，因为家里就数她的头发最长了，有一大团头发球堵住了下水道。“我的头发掉不了那么多。”他母亲甩出一句。

这天，派迪和他那一帮男孩又搞起了恶作剧，玩虫子。凯文的哥哥在小山坡上盖了一些棚屋，那些棚屋大部分是用草皮堆垒成的，一些小虫子从那些草皮里钻了出来。派迪和他的一帮同伙看到之后，在那些棚屋四周设下了诱杀陷阱，然后对捉到的虫子进行惩罚。那天，伊恩·麦克沃伊没有来，只有派迪、凯文、利亚姆和艾丹四个人过来玩。他们找来一些小棍子，把一些虫子拨拉到柏油路上的油泡泡里——那柏油路面因天气炎热正在起泡，他们想看看那些小虫子能否在其中站立，如何被柏油杀死；他们还把一些小虫子放进牛奶瓶里，进行折磨，想看看虫子临死时到底有多痛苦。

最近一段时间，有六户新的人家住进了那片刚刚建成的公司住宅的第一排，其中有一些孩子和派迪他们年纪相仿，不过，并不意味着他们可以同派迪他们一块玩耍。看到那些人家的花园里到处是变硬的半袋水泥和一些碎砖头，派迪学着他父亲的样子，将那些新建的公司住宅称之为——“贫民窟的石渣”——不料，当派迪说这话时，惹怒了他母亲，并打了他。他母亲平时从不打他，这一次，他母亲

1 B.C.G.：卡介苗（Bacillus Calmette Guerin）。

打了他，扇了他的后脑勺。“绝不许再那么说。”他为自己辩解道：“那不是我编造出来的。”他母亲威胁他：“就是不许再那么说。”其实，当时，他甚至不知自己说出的那句话的真正含义是什么，他只知道贫民窟在城里。

派迪之所以不喜欢那些在建的公司住宅，是因为他与他那一帮男孩过去一直在那些住宅后面的那片空场地上玩耍，现在那里玩不成了，他因此心生恨意，作为一种惩罚的手段，他们便拒绝那些住在公司住宅里的男孩们加入他们所玩的种种游戏当中。一天，当他们那一帮男孩在玩每队各五人的足球比赛时，一个住在公司住宅里的比他们年龄要小的男孩站在一旁，派迪警告那个小男孩说：“这是我们的领域。”然后，把那个小男孩踢走了。

有时，派迪与他那一帮男孩还去要弄蜜蜂。如果捉到了蜜蜂，他们就用力晃动广口瓶使蜜蜂晕过去，几乎就快死了，然后，他们在蜜蜂清醒过来之前，把蜜蜂倒翻过去，目的是让蜜蜂落进那新起的柏油气泡的孔口附近，再用冰棒棍把蜜蜂拨拉得更靠近一些，让它被柏油粘住。随后，他们在一旁观察，派迪觉得，蜜蜂说不定非常痛苦。当蜜蜂不再挣扎，不再发出任何动静，不再发出嗡嗡声响，他们便把它弄成两半，埋葬在柏油里。每次，派迪总是让蜜蜂的尸体露出一点点，来警示其他蜜蜂。有时，蜜蜂也会从派迪他们手里逃脱。当他们倒置广口瓶时，由于蜜蜂并没有彻底晕过去，便在碰到柏油路面之前飞掉了。在这时，他们便不再贸然加以制止了，他们知道，蜜蜂也能杀人。不过，蜜蜂并不想杀人，只有在它们别无选择时才杀人，不像大黄蜂，大黄蜂是故意蜇人的。

星期五傍晚，派迪和他那一帮男孩又聚到了一起。他们在商店后面的那片空场地上，玩起了游戏。当时天色还不大黑，他们生了一堆火，大家手拉着手，围成一个圈，只有凯文一人在圈外面。他们注视着那个火堆，眼睛被烧烤得有些刺疼，却又不准擦拭眼睛——这已经是他们第三次玩这个游戏了，组织得比前两次更好了。他们每个人都必须大声喊叫，必须叫喊出一句给人深刻印象的咒语，像印第安人的呼唤，特别是在天还没黑下来的时候。接下来要呼唤“神”的子民的名字了，这是真正的仪式。凯文扮演一个伟大的神的角色，在大家身后绕着火圈行走，不准大家回头看，派迪只能从凯文的声音和草丛中传出的凯文的脚步声中来辨别凯文离火圈的远近。派迪坐在那里，感到自己眼睛难受得厉害，简直像要他的命了。风还一个劲地往他这边吹，升腾的烟雾和上一个星期的灰烬也都往他这边吹。他听到了附近传来的带着“嗖嗖”声响的挥动声，那是拨火棍的声音。派迪他们一个接一个把神的子民们的名字大声叫喊了一遍，利亚姆又一次没能根据规则接上别人的叫喊，再次被凯文用拨火棍打到背上，伴随着那拨火棍发出的嗖嗖声，派迪听到凯文的一声呵斥——“不许哭！”

在那之后，便再也没有另一个星期五了，派迪他们，全都已经讨厌被凯文用拨火棍在背上打来打去了。尽管，凯文依然是派迪他们这一帮男孩子中的领袖人物，不过，有的时候，他们大家并不喜欢凯文，尤其是，在星期五傍晚的游戏中，凯文一直只肯扮演高高在上的“神”，轮到他充当子民时，他从不肯接受，根本不遵循游戏规则，与大家平等。

在过生日那天，派迪冲进花园，激动不已。作为生日礼物，他父亲送给他一本有关乔治·贝斯特[1]的书。

---

1 乔治·贝斯特（George Best，1946—2005）：职业足球运动员，北爱尔兰球坛历史上最为人熟悉、最杰出的足球明星，控球技术无与伦比，在曼彻斯特联队踢了六年前锋。

乔治·贝斯特可是他钦佩不已的一位足球英雄。那书里面，有数以百计的照片，在第 11 页有一个绪论，旁边是一张乔治·贝斯特的照片，派迪在翻阅的过程中，发现了封皮内面有一个乔治·贝斯特的亲笔签字，他顿时兴奋起来，信以为真，跑去问他父亲。他父亲正坐在椅子上，他把那本书放到他父亲膝盖上，手指着那本书问道：是乔治亲笔签名吗？他父亲听后，起初并不经意，没太理会他，漫不经心地拿起那本书，看了看那个签名。他接着追问他父亲，买书时乔治是否在书店里？他父亲回答说："是的。"在说这话时，样子非常镇定，直盯盯地看着他。但是，过了一年之后，他知道了那书上的签名，其实不是乔治·贝斯特真实的签名，只是印刷上去的一个印记。他气恼地将他父亲归类为了"撒谎者"。

在巴里镇，派迪他们住的那个地区有 27 条狗，其中有 15 条狗的尾巴被剪短了。派迪他父亲不让派迪他们养狗，说他自有他的理由，他母亲也赞同他父亲的这一说法。派迪的同伙伊恩·麦克沃伊家有一条杰克罗素梗犬，名叫"本森"（Benson）。伊恩说那条狗是他的，实际上那条狗是伊恩他母亲的，"本森"的岁数比伊恩还大。那天，凯文想出了一个好主意，于是，派迪他们便去了伊恩家。凯文上前一把抓住了"本森"，派迪跟着抓住了"本森"的尾巴，"本森"立刻叫唤起来，他们全都开心地大笑起来。随后，凯文想要伤害"本森"，伊恩有些慌了，"我母亲要回来了。"他们骂了伊恩一句，开始折腾"本森"，"一——二——三——"派迪同凯文二人一道，重重地踢向"本森"，分别用长靴踢向"本森"两边的腰部。他们看着大声喘息的"本森"痛苦的样子，派迪突然心生恐惧。"本森"停止了喘息，继续站在那里，没有倒下去，随后，径直跑到房子前面去了。

在圣诞节，派迪得到了一辆自行车。一开始，他刚一骑上去就跌倒在地上。受到惊吓后，再也不敢上去骑了，把那辆自行车放进了车棚，他父亲很生气，可他并不在意。结果，他父亲把那辆自行车拿到花园里，硬逼着他学着骑了上去。他父亲说："无论如何，你都必须学会怎样骑这鬼玩意儿。"派迪试着骑了一次，跌倒了，他父亲扶起自行车，然后对他说："继续，起来。"他无话可说，再次试着骑了上去，他父亲在后面帮扶着。他前行了一阵儿，依然待在了自行车上面，回头看时，他父亲已经不见人影。他又跌倒，不过，没有他父亲，他自己也已经能前行一点了。现在，不再需要他父亲了，反正他父亲也走了，他父亲已经回屋去了。"你现在很了不起了——"他父亲对他说这话时，他心里想的却是：他确实很懒。

那天，天气很好。派迪和凯文他们那一帮人跑到海边去玩。派迪打开一盒宝莹洗衣粉，往海面上撒了一些，他注意到，什么事情都没发生，只是水面上起了个小点点，然后它们就消失了；他又重复了一次，依然什么也没发生。这时，凯文让他把那盒宝莹洗衣粉给他们，他照办了。那盒宝莹洗衣粉，是派迪和他的那一帮伙伴从商店里偷弄来的，他们偷了不少东西。不过，有些柜台里的糖果却很难弄到手，因为有玻璃和女人，那些女人将她们的主要注意力都投放在了那些糖果上，因为在她们看来，其他东西不大会被盗窃，她们却不明白，派迪他们盗取什么东西，其实跟他们的需要没有什么直接关系。他们行盗，只是为了彼此互相激励，看看他们当中的谁最有本事——而且，最重要的是那种大胆，那种制造出来的恐惧，那种能够拿着盗窃来的东西安全脱身的本事。

一天，派迪和他那一帮男孩突袭了拉合尼和鲍道伊尔（Baldoyle）之间的六家商店。那些地方，还没有自选市场，只有一些杂货铺和小百货店。有一次，派迪和辛巴德外出散步时，他母亲让他们顺便买一张晚报和四盒巧克力回来。当那家杂货铺的女店主把那些东西拿给他们时，派迪心里颇为紧张，因为几天前，他刚刚从女店主这里盗走了一盒麦片，担心自己被认出来。派迪他们从不在巴里镇上行窃，因为他们知道那样做会很愚蠢，那些商店店主与他们的父母都很要好，而且，是他们的前辈。突袭那天，天气不错，凯文出主意说：看看谁能偷到最大的那个柜子里面的东西，他们当中，谁要是能从那个大柜子里偷拿出一盒东西带出商店，就算是胜利者，而且，偷出来的盒子必须是满的，这是首要规则。每当行窃的时候，他们都必须相当小心、分外仔细，因为大部分商店都有自己的专卖品。

拉合尼的商店是偷拿杂志的最好的地方，喜剧杂志都摆放在柜台那里，摆放在围绕着柜台巡视的三个老女人的眼鼻子底下。不过，窃得妇女杂志什么的还是比较容易的，因为人们认为他们这些小毛贼不会对妇女杂志和编织杂志感兴趣，就把那些杂志摆放在最邻近门口的架子上。不幸的是，这一次，派迪他们正要从犯罪现场逃走的时候，意外被派迪他母亲撞上了，派迪立刻清楚地意识到——自己遇到麻烦了。

他们当场被捉，人赃并获，派迪因此憎恨他母亲。回家之后，他母亲把这事儿告诉了他父亲，他顿时遭了殃，挨了他父亲一顿皮带，差点被打死，他父亲根本不给他否认的机会。他父亲直打得浑身冒汗，然后命令他回到楼上自己的房间去，声音并不太严厉。他看向他母亲，他母亲脸都变白了，他心里想：她罪有应得。仅仅挨了几皮带的辛巴德，早已经在楼上了，趴在床上哭泣。他看向辛巴德，心里想：这全是我的错。辛巴德看到他后，哭泣的音调变缓了。他给辛巴德看了自己腿肚子上的伤痕，又看了看辛巴德的腿肚子，上面伤痕还没有他的一半多，他什么也没有说。他们二人钻到毯子下面后，一起骂他们的爸爸是一个大坏蛋，两人一致认为：他们不大喜欢他们的爸爸，即使是他们自己做了坏事。

派迪他们那一伙人，一共八个，跑到公路旁踢足球，艾丹充当评论员，艾丹在这方面很有才气。派迪必须为他眼里的足球英雄乔治·贝斯特而战，凯文则是利兹联队的球迷，不愿意追随曼彻斯特联队。于是，派迪、艾丹、伊恩·麦克沃伊以及辛巴德组成的“北爱尔兰队”与凯文、利亚姆、爱德华·斯万维克和詹姆士·奥基夫（James O’Keefe）组成的“苏格兰队”对战。派迪和凯文握了握手，双方相当快速地开始了比赛。

在他们这八人阵容当中，辛巴德是一个相当棒的球员，一个杰出的运球高手，有辛巴德在的球队通常都会赢。奥基夫先生（Mister O’Keefe）很欣赏辛巴德，认为辛巴德在球场上是一个理想的具有吸引力的核心人物。派迪有些不服气，看了看辛巴德，心想，他只是我的小兄弟，我讨厌他，他从不擦他的鼻涕，还爱哭，爱尿床，不得不戴一副只有一个镜片的黑眼镜；不过，他却又不得不承认辛巴德踢起球来的确非同一般，辛巴德总是追着足球跑，抢着去踢，别人谁都不那么干，大家通常都是等着足球滚到自己面前再去踢，而辛巴德却能带球穿过大家，毫不费力，简直不可思议。派迪又看了一眼辛巴德，心想，他很伟大，不像大多数流口水的人那样自私。派迪开始为他弟弟辛巴德感到骄傲，随后，像是从辛巴德身上寻找到了力量和情感支持，他抢过球来起脚射门，那球击中了球门。“Yessss！”他们兴奋激动，欢呼雀跃。

早晨醒来以后，派迪的生活常规被打断了——家里再不像往常那样干净整洁了，桌子上面杯盘狼藉，头天晚餐用过的杯盘碗碟统统摊在桌子上面，他母亲把他用过的那个麦片碗放在了肮脏的托盘上。他不喜欢这样，早晨，桌子上本应该是干干净净的，还有地上的垫子，垫子上扔着他和辛巴德用过的汤匙。他母亲哼唱着什么，很没意思。昨天晚上，他母亲什么都没有做，而她本该把这些活干完的。

他很清楚，家里眼前的现状，全都是因为他父母之间的争吵。他想阻止他们的吵闹，他感到很困惑，把一切看在了眼里，却越来越不明白了。第一场吵闹结束后，他父亲赢了，因为他母亲哭了。他父亲把他母亲弄哭了。他把那些杯盘碗碟摞了起来，把所有的刀叉都堆到碗碟上面。他不知他父母之间的吵闹什么时候能终结。他把那些杯盘碗碟慢慢地推向桌边，直到它们的底部和杯盘碗碟上面的东西超出了一点桌边，他真想把它们全都推出去。

学校又开学了。凯文认为应该把那两个人编入另册。派迪想，凯文说得一点没错，他们讨厌那两个人。那是在 9 月份，他们第一天返回校园，两个来自公司住宅的男孩西恩·惠兰（Sean Whelan）和查尔斯·李维（Charles Leavy）插到了他们班里，汉诺先生把他们列入了名册。他们是第二年上汉诺的课了，现在是四年级，派迪 10 岁，班里大多数男孩都是 10 岁，只有伊恩·麦克沃伊 9 岁，并且个头最高。

查尔斯比派迪小两个月，他们必须自报岁数，然后，汉诺把它记到他的名册上；西恩差不多和派迪一样大，当他告诉汉诺他的出生日期时，不得不停下来，因为他只说出了自己的出生日期和月份，一时说不出来出生的年份了。随后，安排了他们的座位。查尔斯抢到了靠窗户旁边后排的座位，和利亚姆坐在了一起。结果，凯文选定了利亚姆来作为他们整治和吓唬的对象。派迪其实很喜欢利亚姆，可为了同凯文做最好的朋友，就不得不开罪很多人。

西恩·惠兰有一个大肚子，派迪忽然想起来，夏天的时候，西恩·惠兰他们对他大声喊了些什么，他曾追赶过他们，于是，他很快就选定了西恩·惠兰来作为他们整治和吓唬的对象。那天，放学后，为了让西恩和派迪打起来，凯文推了派迪一把，撞到了西恩身上。在那之后，事态的发展就完全不同于他们的想象了。派迪很快便意识到这可不像他同弟弟辛巴德打架那样简单——因为辛巴德根本不是他的对手。而现在为时已晚了，西恩不仅完全不同于辛巴德，还有个帮手查尔斯，派迪不得不落荒而逃了，跑得快极了，差一点要哭出来。终于逃脱之后，一直跑到新铺的马路上，他们才停下来。这时候，派迪想的是：当查尔斯要弄死他时，没有一个人跑上前来援助他。他用了相当一段时间才明白过来——他们全都在一旁观望，他最好的朋友凯文，也站在西恩旁边，在一旁观望；他即便有了“凯文最好的朋友”的身份，并不意味着就与凯文有了真正的友谊。

在那之后，派迪对专找其他孩子麻烦和做“凯文最好的朋友”这些事，渐渐失去了兴趣，他的恶作剧日渐减少，相隔的时间也越来越长了，他开始贴近家人，开始亲近辛巴德。在他父母的卧床下面，有一只灰褐色的大皮箱，里面没东西，是空的。那天，辛巴德在外面闯了祸，钻了进去，让派迪帮他锁上。派迪照办了，之后，唱着歌，走下了楼梯；过了一会儿，他突然之间想到了什么，吓坏了，赶紧跑上去打开那只箱子的锁，一面叫喊着辛巴德的名字。那锁弹了一下，只开了一半，还弄伤了他的手，他拉起箱盖的一个边角往里看，仅仅能掀起一丁点，而且，什么也看不见，他慌忙伸手往里摸，什么也没摸到，还划破了手指。他把手指搁在那里，以便放些空气进去，之后，他感觉有牙齿咬了一下他的手指，他哭喊了一声，慌慌跑下楼去，找到他父亲，说明了情况，他父亲赶紧随他跑到楼上，推了一下那锁头，锁头响了一下，他父亲掀起箱子盖，里面的辛巴德神态清醒，睁着两只眼睛，站起身，跨了出来，什么都没说，只是站在那里，看也不看派迪一眼。

他父亲气恼地一把将辛巴德抓了过去，不过没有打他，辛巴德低着脑袋，老老实实待在那里，没做任何挣扎——因为他把糖丢进了汉理先生的油箱。“万能的上帝啊！”他父亲愤怒感叹，责问辛巴德干吗要这么做？为什么这样做？辛巴德回答说：是魔鬼诱惑他这样做的。派迪看到他父亲抓着辛巴德的手指松开了，然后，捧起了辛巴德的脸，让他别哭了，随后，还哄了哄辛巴德，派迪在旁边不由自主地唱起了过去他父亲总强迫他唱的一首爱尔兰民谣，他父亲也跟着唱了起来，一面抱住辛巴德，打起转转，之后，还轮到了派迪。

那天，派迪又听到了父亲和母亲的争吵。一开始，他分辨不清那是什么声音，声音来自厨房，他当时正在门厅里。一会儿，他听到了他父母的声音，听到了在他们争吵当中有人挨了打。厨房门打开后，他母亲走了出来，飞快地跑上了楼梯，他父亲一个人留在了厨房里，没有出来。婴儿车里的黛尔德雷醒了，啼哭起来。

派迪希望通过把自己的事情做得好一些，来阻止他父母之间的吵吵闹闹。于是，他开始跑到厨房里去做他的家庭作业，还假装做一些根本不必要的功课，以延长逗留在厨房里的时间，陪伴在他母亲身边。他在厨房里面加班加点地学习，努力改善自己的书法，并且做了很多家庭作业之外的功课，这样，当他母亲在厨房里干活儿时，他既可以照顾他母亲，同时又能够察言观色到他父母之间的关系状况。他甚至相信，只要自己在场，就能终止他父母之间的争斗。每当他上楼去睡觉之前，他还尽量努力使他父母亲大笑上一场，他觉得，这样，整个晚上，他父亲与他母亲就会在愉快的气氛当中度过了。

在星期五午餐的时候，派迪回到家中，告诉大家，他坐上了最好的课桌座位。他因为学习成绩优异，在学校课堂上，被安排坐到了班上最好的课桌位置上——那里是“最聪明”的学生的座位。这一好事，全都要归功于他花费了那么多的时间在厨房里学习的结果。整整有一个星期，他都没犯任何错误，而且所有的学习成绩都不错，在 30 秒钟之内通过了算术口诀表，他的书法也有了不小的进步。他把他的东西放进书包里，走到教室的前面，停在最前排的课桌那里，汉诺先生与他握了握手，夸赞他，好样的，克拉克先生，看看这一次，你能在这里待多久。就这样，派迪坐到班上最好的课桌座位上。当他把这件事告诉他父亲时，他父亲高兴地大夸了他一句：太棒了！还握了握他的手。

那天，公司住宅区的基思・辛普森（Keith Simpson）淹死在了池塘里。没人知道是怎么被淹死的，尸体打捞上来后，派迪看到了他母亲哭了起来，他母亲并不认识基思・辛普森，他不明白他母亲哭什么。回家后，他看到他父亲拥抱了他母亲；在葬礼上，他父亲还和基思・辛普森的母亲握了手。汉诺先生没让派迪他们去安葬的墓地，他们坐到商店后面的空场地上，坐在一些硬纸壳箱上，总共五个人，艾丹站在一旁，伊恩・麦克沃伊回家了，他告诉他们说基思・辛普森是他的表弟。凯文不相信，他在心里想，他们肯定是一家人，不然的话，他母亲为什么会哭呢？

在派迪他们那一帮男孩当中，利亚姆和艾丹的母亲死了，有时，他们不来学校上学，因为他们要是表现好，他们的父亲就允许他们待在家里。在巴里镇，还有两个死了母亲或父亲的人家：萨利文（Sullivan）家死了母亲，里卡德（Rickard）家死了父亲，里卡德先生死于车祸，萨利文太太刚刚去世。这天，利亚姆和艾丹两人又没来上学，他们跑到拉合尼的姨母家玩去了。夜里，派迪和辛巴德想去偷一些锯屑，以解救伊恩・麦克沃伊喂养的那只天竺鼠，因为那只天竺鼠住在露天环境里，箱子里需要铺些锯屑保暖。于是，他们三人，便去了镇上个头最大、最胖的男人——屠户西里尔（Cyril）家盗取了一些。不料，在装满了各自的口袋之后，他们被发现了，而且已经太迟了，无法跑掉了，西里尔出乎意料地站到了他们面前。之后，在西里尔的威胁下，他们不得不乖乖地把口袋里的锯屑全部倒了出来。第二天清晨，那只天竺鼠被冻死了。临上学前，伊恩・麦克沃伊去看过它，它躲在箱子的一个角落里，满身是霜。

星期六，派迪在学校里赢得了一枚奖章。他飞快地跑回家向他父亲汇报。他父亲正在看报，因被他打断而显得有些不快，把报纸叠好后，问了他几句，然后，拿起那枚奖章，只淡淡说了一句：好样的。派迪觉得这很不公平，这已经不是第一次了，不管他带给他父亲的消息是好还是坏，都总是要先看看他父亲心情的好坏。他怪罪于当时的那张报纸，报纸上面有什么东西影响了他父亲的心情。

每当星期六或星期日，派迪总待在客厅里，努力找话与他父母交谈，以便使他父亲和他母亲彼此之间的心情能轻松一些。看来他做到了，而且做得不错，家里的气氛又正常了。他父亲说了一个笑话，他母亲笑了起来，他也随着笑了起来，他父亲也笑了。他笑的时间最长，而且笑得十分用心，最后，他甚至觉得自己的笑声快变成哭声了，不过，还好，并没有。他实在困得不行了，眼睛疯狂地眨了好一阵，等到他上楼去睡觉时，他认为，自己已经使父母的心情转好了。

那一天，学校里有两位老师病了，没来，汉诺先生不得不去监管一下另外一个班的学生，留了一些算术题在黑板上，然后，离开教室走了。在汉诺回来的时候，把满脸泪痕的辛巴德带来了，交给了派迪，并叫派迪把辛巴德的抄写本拿给他母亲看看。派迪看了看那抄写本上的泪痕，弄不明白，辛巴德有什么过错——除了看出辛巴德曾经哭过之外，他看不出他的书法有什么不妥，只不过字体写得大了一些。不过，他对汉诺什么都没说，便答应了汉诺。然而，他仅仅是答应而已，他唯一能猜测出来的是辛巴德在课堂上曾一直在哭——最后，他决定什么都不对他母亲讲，并把那个抄写本还给了辛巴德，告诉辛巴德：他不会把抄写本拿给他母亲看的。辛巴德一声不吭地接过了抄写本。

一天早晨，他母亲没有起床，惯常要做的事情全乱套了。他父亲必须料理家里的一切，要去请麦克沃伊太太（Mrs. McEvoy）过来照看一天家里的孩子。派迪和辛巴德要上学去，想知道出什么事了，他父亲吞吞吐吐，什么也说不清楚，只是忙着照料他们几个孩子，家里又乱成了一团糟。派迪在心里不住地琢磨：他母亲是不是真的病了？他父母是不是又吵架了？他父亲给了他和辛巴德两先令，让他们在外面解决午饭问题，他谢过他父亲，辛巴德问他父亲："我们回家时母亲会好些吗？"他父亲回答说，"也许吧。"

那天夜里，派迪尽量让自己保持清醒，他担心他父母会再次争吵起来，以为自己不睡，就可以保护他母亲不挨他父亲打骂。几乎整整一夜，他都没敢合眼，尽量睁着一双眼睛，最后，什么事情也没发生。第二天，他早早地下了床——天色刚刚半透明，他一双脚落到地板上，尽量不发出任何声响，他悄悄走到他父母的门口，偷听了一阵，他们正在熟睡，里面传出他父亲的睡觉声和他母亲的睡觉声。

在学校里，派迪对凯文的注意力渐渐减少了，越来越少了，开始用心观察查尔斯·李维的一举一动，而且努力模仿查尔斯的一些行为举止，甚至连查尔斯说话的腔调都模仿了。在校园里，查尔斯常常独来独往，没有一个人敢惹他。他们一大群人玩假装打架的相互碰撞的游戏时，有一些伙伴吹着口哨，辛巴德被重重撞了一下，挨了一膝盖，其次，是另外一个人，然后，他们每一个人，全都轮流被撞了一下，唯有查尔斯例外。

一天，派迪与凯文单独待在一起时，说起了大人之间打架的事，他问凯文，他的父母打不打架，有没有又捶又踢，互相大喊大叫的时候？凯文告诉他，他父亲和他母亲一直都在打，互相大喊大叫的。听了之后，派迪感觉自己好像轻松了一些似的。

派迪使出各种手段，竭力维持家里的和平局面，几乎一整夜、一整夜不睡觉，在他父母的卧室门外偷听着，警戒着。上课时，汉诺先生发现他的眼睛红了，当着全体同学的面说他睡眠不足，表示要给他母亲打电话，不能让他看太多的电视，要他每天晚上必须在 8 点半钟上床睡觉。派迪家里没有电话，他没有告诉汉诺。当天晚上，他又是一整夜没睡觉，努力使自己保持清醒，整整一个通宵。第二天早上，他母亲说他脸色苍白。他想，没什么。天亮了，他可以活动了，最坏的时刻已经过去了，他赢得了胜利——代价是他必须彻夜不眠，必须整晚熬夜，警惕着。

那天，派迪终于熬不住了，第二天上学时，他感到分外困乏，在教室里不由得睡着了，很快便被汉诺先生捉到了。当时，他什么都不知道，不知道已经发生了什么，什么正在发生，他被汉诺抱出了教室。当他醒过来之后，一动不动地躺在那里，看见了椅子的扶手，发现自己不是躺在床上，而是躺在二张合拢的椅子上，身上盖着一条毛毯，一件外套，还有一些其他东西，正躺在校长的办公室里。这时，他依然感到困倦，感到浑身无力，怅然若失。

派迪的那一帮男孩全都跑到别处玩去了，他不想再和他们一起混了，他只想和他弟弟辛巴德待在一起，想得到辛巴德的安慰，于是，强迫辛巴德和他拥抱，辛巴德不做任何回应，他感觉自己就像是在与一尊塑像拥抱，可他又不想放弃。他很不喜欢辛巴德这种总像是拒人于千里之外的性格。后来，他放开了辛巴德，胡噜了一下自己的脸，然后告诉辛巴德：他不会再打他了，以后都不会打了。辛巴德还是不做任何回答，他很生气，等了一会儿，又抬脚踢向了辛巴德，用拳头重重捶向了辛巴德，连捶了两次，让卧室的门敞开着。

派迪不明白他父母为什么不喜欢彼此。他觉得他母亲是一个很招人喜欢的女人，挺可爱的，他父亲呢，也是一个好人，挺不错的。一天晚上，他父亲回到家中的那种样子显然是喝醉了。他受到了很大触动，在桌子旁边坐下来，拿着他的抄写本，开始拼写，前面是英文，后面是爱尔兰文。他父亲醉得简直不像样子，以前从来没有过。他父亲自言自语，述说着自己做过的每一件事情，一旦有机会注视派迪时，就咧着嘴呵呵笑。派迪能够理解，他父亲是个好人。可他弄不明白，看到他父母两人一边喝茶一边聊天的样子，以及他们一家人一起看电视时的样子，他真的认为应该不会有什么问题的。现在，事情明显起了变化，他看出来了，他母亲人都变瘦了，他父亲看起来也老了，状态不佳，家里的情况很糟糕。

那天，在学校的院子里，派迪注意到查尔斯·李维正倚靠在柱子上抽烟，独自一人，津津有味，样子很酷。他和他的那一帮男孩也抽过烟，不过，是大家轮流抽一根烟蒂，他们一个个都装得好像吸进去了的样子，把烟蒂含在嘴里很长时间，谁也不能像查尔斯这样一个人独自享用一根烟，因为烟很贵，要想从商店里偷出来极不容易，即使是他们喜欢光临的那家淑女店，也偷不到手。派迪主动走上前去，与查尔斯搭起讪来，说他也喜欢抽烟，两个人便就有关抽烟的话题谈了起来。派迪说了很多，他还想再说点别的什么，这时，凯文过来了，在院子里四处张望。不过，他们待的那个地方，他们能看到凯文，凯文却不能看到他们。看到凯文后，他有些害怕，怕凯文会毁掉他和查尔斯刚刚建立的关系，同时感到他开始讨厌凯文了。查尔斯转身走了，离开了院子，走出了校园，身上没带书包，原来，查尔斯什么都不在乎，在逃学！

派迪想，自己干脆也学查尔斯——逃学。他想，他要是逃了学，那样，家里的状况就会有所转变，他父母的关系就会变好。决定了之后，他对任何人都没说，每天一个人在心里盘算着要带什么，去什么地方，用什么钱，带什么食物。他拉出一个单子：钱、食品、衣物，这些都是他必需的东西。他没有钱。他的零花钱在邮局里，可存折在他母亲那里，那是为他年龄大一些的时候储蓄的。他还想，在离开之前，他要好好吃上一顿晚餐。

在即将逃走之前，派迪发现他父母之间的吵闹已经到了无休止的地步。一天，他听到他父母在厨房里大声吵闹了起来，他立即闯了进去，想向他父亲报告足球比赛的最新消息，可看到的，却是他父亲正在给他母亲"捶肩"。他感觉自己就像是在为一场拳击比赛当裁判，而他父母之中，将会有一个人首先倒下去。他不想看到他们当中任何一个倒下去，他不想让他们任何一个赢，他爱他父亲，也爱他母亲。

派迪始终不明白，他父亲为什么不喜欢他母亲？他母亲什么过错都没有，他母亲人长得挺好看，做的晚餐很好吃，每天把家里收拾得很干净，草坪也修剪得很好，他母亲还喜欢在草坪中间种一些菊花，因为凯瑟琳喜欢。他母亲从不像别人家的母亲那样大喊大叫，从不长时间地发脾气。他认为他母亲是他们这一带、他们周围的母亲中最好的一个。派迪觉得，他得出这样的结论，并不因为她是他的母亲，是因为他父亲干的错事要比他母亲多。他母亲除了有时候太忙之外，根本就没有什么过错；而他父亲呢，喜欢发脾气，从不会把一场游戏玩到底，还喜欢看报、咳嗽、久坐不动，似乎还从来不会放屁——因为他从来没有听到过。

派迪一直都没找到逃学的机会，与凯文的关系也发生了变化。一天放学后，他同凯文打了一架，凯文从背后重重地打了他，这成了他们二人关系当中一个历史性的转变，他们之间的关系再也不会和从前一样了。派迪显得并不很在乎，凯文没有把自己伤得太厉害，但无论如何，凯文再不是他的朋友了，而是一个怂包，一个谎话大王，一个骗子……他尽情发泄着自己心中的火气，脑子里仍然在盘算着怎样逃学，离家出走，即使没有辛巴德和查尔斯·李维做伴。

然而，为时已晚了。他父亲先他一步离家出走了。那是一个星期天，他到厨房去取水喝，目睹了他父亲重重地拍了一下他母亲的肩膀，他母亲向后倒了下去。他父亲看看他，松开了他的拳头，脸红了，要和他说些什么。他想他父亲就要说了，但是，他父亲却没有说。外面天还亮着，要打架，时间也太早了点。他想说声对不起，因为那个时候出现在了那里。

他父亲带上门的那种方式，不是用力把门撞上，只是随手在身后把门带上了，就像要去商店购物那样，只不过那是前门，而他们只在有客来时才使用前门。他隔着玻璃门看见了他父亲。他父亲等了几秒钟，然后才走了。他父亲没带手提箱，甚至没穿夹克衫，但他知道他父亲干吗去了。他的嘴大张着，想大吼一声，但没吼出来。他的胸部一阵剧痛，他感到自己的心在流血，以往的一切努力都白费了，一切都变成了徒劳，他真想大哭一场，但他只抽泣了一声，就完事了。

在学校里，因为他父亲的事，派迪受到一帮男孩子们的嘲笑：派迪·克拉克——没父亲了，哈哈哈！他不再理他们。他想，他们只是一帮孩子。在圣诞夜之前的一天，他父亲回来了，回来做客。他隔着玻璃门又一次看见了他父亲。他父亲穿着黑色外衣，打开了门。他母亲留在厨房没出来，她在忙。他父亲看见了他。"帕特里克，"他父亲移动一下他夹在腋下的包包，伸出手，让他来握。"你好吗？"他父亲问。他父亲的手让他觉得又冷又大，又干又硬。"我很好，谢谢你。"他回答道。

作者生平与创作生涯

罗迪·道伊尔于1958年5月8日出生在爱尔兰都柏林（Dublin）基尔巴拉克（Kilbarrack）郊区的工人住宅区，1976年毕业于都柏林萨顿区的圣·芬塔恩基督兄弟学校，1980年毕业于都柏林大学学院，获得文学士学位。之后，到基尔巴拉克的一所社区学校担任英语和地理教师，因喜欢在课堂上穿皮夹克和牛仔裤，学生们送给他一个绰号——“朋克道伊尔”。授课之余，他为一本学生杂志《在都柏林》（In Dublin）撰写一些短文，随后，创作了他自己的第一部长篇小说《你奶奶是个绝食者》（Your Granny Was a Hunger Striker），不过，这一部作品始终未能出版。

1987年，他创立了自己的出版公司——金·法鲁克出版社（King Farouk Press），将自己的第二部长篇小说《承诺》（The Commitments）印刷了3000册，发行到当地书店，吸引了不少读者。之后，伦敦一家著名的出版公司买下了他这部作品的版权，1988年重新出版后，广受好评。1989年，他与贝琳达·莫勒（Belinda Moller）结了婚，婚后，他们生育了两个儿子。1991年，《承诺》被英国著名导演艾伦·帕克（Alan Parker，1944—　）搬上了银幕，风靡一时，获得了1992年英国伦敦影评人协会的年度最佳编剧奖和英国电影学院的最佳剧本奖，他随之声名鹊起。

《承诺》是他最恢宏的作品“巴里镇三部曲”（Barrytown Trilogy）当中的第一部，另外两部是《咬人的婴儿》（The Snapper，1990）和《大篷货车》（The Van，1991）。他的这一“三部曲”，仿效美国诺贝尔文学奖获得者威廉·福克纳[1]（William Faulkner，1897—1962）作品的构思，试图虚构出一片乡土，来安放自己的家园和理想。这一“三部曲”，展现出了他驾驭大题材的才华，其中的故事全部以都柏林北部巴里镇上的市井生活为内容，讲述下层人物的悲欢岁月，着重描写居住在都柏林肮脏下流、活跃的街区的人们的生存状况，从妇女或儿童的成长命运、人与人之间的友情、亲情等方面来关注社会的变迁。

其中，《咬人的婴儿》1993年被英国著名导演斯蒂芬·弗莱尔斯（Stephen Frears，1941—　）搬上了银幕，1994年获得了英国伦敦影评人协会的年度最佳编剧奖；《大篷货车》入围了1991年的布克奖决赛名单，1994年被英国著名导演斯蒂芬·弗莱尔斯（Stephen Frears，1941—　）搬上了银幕，获得了当年法国戛纳国际电影节金棕榈大奖提名。

1993年（35岁），他出版了长篇小说《童年往事》（Paddy Clarke Ha Ha Ha），以成长为主题，讲述了爱尔兰巴里镇小学四年级的男孩派迪·克拉克（Paddy Clarke）和他一帮不知天高地厚的死党妙趣横生的学校生活，他们无法无天、胡作非为的课外时光……以一个小学生纯真的眼光，看待他生活在其中的那个纷扰的尘俗世界，充斥在他生活的世界当中的是宗教、爱尔兰民族语言和历史，以及美国电视、英

1 威廉·福克纳（William Faulkner，1897—1962）：1949年诺贝尔文学奖获得者，美国“南方文学”流派的主要代表人物，被誉为“现代的经典作家”，他所创作的以一个虚构的位于美国密西西比州北部的约克纳帕塔法县（Yoknapatawpha）为地理背景的“约克纳帕塔法世系”（Yoknapatawpha genealogy）以及其他小说，规模宏大，人物众多，描写了200年来美国南方社会的变迁和各种人物地位的浮沉及其精神面貌的变化。他的创作方法有许多独创之处，意识流的手法娴熟运用，确立了他作品意象迭变、繁复多元的风格。

国足球与歌星等等。与此同时，还有他父亲和他母亲之间的龃龉和疏离、悄然而至的家庭变故，伴随着父母不断加剧的争吵，束手无策的派迪日趋顽劣……出版之后，获得了巨大成功，因其笔调诙谐幽默，平淡中寓以深情，问鼎了第25届英语文学界最有影响力的布克奖，并创下了有史以来"布克奖"获奖作品的最佳销售记录。

1994年，罗迪·道伊尔辞去了自己从事了十四年之久的教职，将主要精力投注到文学创作当中，成为专业作家。陆续出版了长篇小说《撞进门的女人》（The Woman Who Walked into Doors，1996），描写爱尔兰现代史的三部曲——"最新式的综述"（Last Roundup）：《大明星亨利》（A Star Called Henry，1999）、《噢，演奏那首乐曲》（Oh，Play That Thing，2004）、《死亡的共和国》（The Dead Republic，2010），长篇小说《宝拉·斯宾瑟》（Paula Spencer，2006）、《女孩的一条赛犬》（A Greyhound of a Girl，2011）、《胆量》（The Guts，2013）、《好极了》（Brilliant，2014）等。

在他的这些作品中，爱尔兰的都柏林几乎成了承载起他所有人物的悲欢的舞台，他作品的取材，大都取自都柏林的喧嚷、琐屑、穷困甚至粗俗的下层社会，堪与以书写都柏林街头生活著称的爱尔兰文坛泰斗詹姆斯·乔伊斯[1]（James Joyce，1882—1941）以及以描写都柏林贫民窟生活著称的爱尔兰戏剧家西恩·奥凯西[2]（Sean O'Casey，1880—1964）的作品相媲美。

除了小说创作之外，罗迪·道伊尔还著有一些儿童读物和剧本，童书，其中包括：《叽咕精的招数》（The Giggler Treatmen，2000）、《罗佛拯救了圣诞节》（Rover Saves Christmas，2001）、《在那期间的冒险》（The Meanwhile Adventures，2004）、《大罗佛的额外冒险》（The Extra Big Rover Adventures，2009）；剧本：《战争》（War，1989）、《黑面包》（Brownbread，1993）、《家庭》（The Family，1994）等。其中，《叽咕精的招数》畅销国际，获选为英国当年的10大佳作之一；剧本《家庭》是为英国广播公司编写的四集电视连续剧，讨论了家庭暴力问题，播出之后大获好评，赢得了1994年的英国作家协会奖。

1998年，爱尔兰的都柏林城市大学授予他荣誉博士头衔。另外，他还应邀到美国纽约市柏纳德学院教授创意写作课程。目前，他与家人共同生活在都柏林。

主要参考资料：

Paddy Clarke Ha Ha Ha, by Roddy Doyle, Publisher: Tandem Library, 1995.

The Woman Who Walked into Doors, by Roddy Doyle, Publisher: Minerva, 1997.

---

1 詹姆斯·乔伊斯（James Joyce，1882—1941）：爱尔兰享有世界声誉的文学巨匠，现代主义文学奠基人之一，"意识流小说之父"。他的开山之作《尤里西斯》（Ulysses，1922）被视为"天书"，以惊世骇俗的艺术表现力，将都柏林的街头生活移植到荷马史诗《奥德赛》（The Odyssey）的情节中，详细记载了小说人物利奥波德（Leopold）和莫莉·布鲁姆（Molly Bloom）及斯蒂芬·德达莱斯（Stephen Dedalus）生活中的一天，将人物内心意识乃至潜意识中自然流动着的思绪，准确而细致地直接呈现于读者面前，成为小说发展史上的一座里程碑。

2 西恩·奥凯西（Sean O'Casey，1880—1964）：爱尔兰剧作家，以描写反映战争和革命时期都柏林贫民窟生活的写实主义戏剧而闻名，代表作《裘诺与孔雀》（Juno and the Paycock，1924）和《犁与星星》（The Plough and the Stars，1926），悲剧和喜剧因素并存，是一种悲剧性讽刺类型作品，其中的喜剧性和讽刺内容具有悲剧含义。

1994年｜第26届

028 晚了，太晚了［英］詹姆斯·凯尔曼

How Late It Was, How Late by James Kelman

◎ 原著共 374 页，以意识流的手法，粗鄙且怪诞的语言和格拉斯哥方言，讲述了苏格兰人、囚犯萨米·塞缪尔（Sammy Samuels）的故事。

英文原版封面

詹姆斯·凯尔曼

（James Kelman，1946—　）

詹姆斯·凯尔曼是一位以格拉斯哥方言进行创作而闻名于英国当代文坛的作家，被誉为“20 世纪的卡夫卡”。

有评论认为，其作品充满了黑色幽默，语言粗鄙、怪诞，诙谐，在革新苏格兰文学语言的同时，也继承了丰厚的传统。

《晚了，太晚了》（How Late It Was，How Late）小说出版之后，被认为是一部大胆而完美的杰作，因其**极具讽刺性**，**引人入胜**，问鼎了第 26 届英语文学界最有影响力的布克奖，以及 1994 年的英国作家协会最佳小说奖。

萨米·塞缪尔，38岁，多年失业，是一名普通罪犯，刑满释放人员。一个星期天的早晨，在格拉斯哥（Glasgow）贫民区的一条街道上，他靠在旮旯的铁栏杆上渐渐清醒了过来，蜷缩在角落里，脑袋疼得要命，塞满了各种纷乱的思想。他想记起并直面一些事情，却怎么也做不到，啊，天啊，他感到他的后背又酸又疼，僵硬，而且头也蹦蹦地跳着疼。他颤抖起来，并缩起肩膀，闭上了他的眼睛，透过他的那些指间的缝隙，看见了各种各样的黑点和亮光。真见鬼……

他脚上穿着一双破旧的、别人的运动软鞋，他纳闷：自己的鞋到哪儿去了？他拼命想记起自己是怎么蜷缩到这个旮旯的，但他却什么事都想不起来了。贫困潦倒的他系了系鞋带，整了整衣裤，突然起身，走进了一群一开始他以为是旅行者的人堆里，随后便认出了他们是一群没穿制服的警察。他向他们微笑，要回家的路费，警察被他惹火了，让他走开，他在逃跑之前，给了一个警察一拳，所以警察们便追上他，狠狠地揍了他一顿，把他弄进了巡逻车。

他第一次醒过来的时候，人已经躺在了监狱的小床上。他想起身下床，想拽开身上的毛毯，从动弹中，感觉到自己背后的肋骨被打伤了，一碰就疼。过了一会儿，他又睡着了，当他再次醒来时，他发现自己的眼睛失去了视力，看不见了，显然是被警察殴打的结果。过了一会儿，他感觉有人抓住了他，把他扔进了一把椅子里，推了出去。在等候被提审之际，他记起了自己曾经听到的一个感伤的故事，是关于武士（Samurai）的故事，这些人阴谋策划要向杀害他们主人的家伙复仇，他们用了整整一年，过着像流浪汉一样的生活，用这种看上去相安无事、给人以安全感的假象，来欺骗他们的敌人。随后，他们又重新集合起来，杀死了他们的敌人；然后，他们履行完了自己的职责之后，集体自杀了。

他的后背疼得要命，一碰就疼，尤其是脊梁下方的肋骨。他想站起来，伸伸腿，刚想抬起屁股，这时，才感觉到他的右脚被一个什么金属玩意儿固定住了。一群警察喝令他坐下！他摸索着坐了下去，接下来的审讯，他感觉糊里糊涂，不知道他们在问什么，浑身难受，心里乱糟糟的。再后来，他们释放了他，说他可以走了。他要求见医生，看他的眼疾。警察他们火了，又把他送回了牢房。

他躺在牢房的小床上，身上一阵阵燥热，无法入睡，他的思想开始游荡。他认真寻思起他的处境。因为参与偷窃，他与他的女友海伦（Helen）大吵了一顿之后，他度过了一个狂饮的周末，是在星期六，他与相遇的一个老朋友查理·巴尔（Charlie Barr）在一起，但是他完全记不起来他们相遇在一起时，发生了什么事。随后，他又想到了死亡，想起了他所见过的一些令人惊恐的死亡。一个曾与他一起待过的酒友，在钻公园的一个铁栅栏时，被卡死了；还有一个是他的一个狱友，被监狱里的狱卒掐死了。

星期三，警察释放了他。他挣扎着往家里走，感到自己头脑发晕，而且非常难为情，很不坦然。他凭借着倾听周围的声音来一点一点确定自己所在的位置，在横越马路时，不得不求助于一个路人。他感到自己精疲力竭，十分绝望。然而，他还是继续朝向他与海伦所居住的公寓摸索着走了过去。

他终于磕磕绊绊到达了海伦的公寓，岂料，海伦不在家，公寓里没人。起初，他以为海伦出去干活去了，便在沙发上睡了一会儿，醒来时，他在公寓里摸索了一圈，这时才意识到，在他离开之后，海伦已经搬走了，因为床上没有被睡过的痕迹。他顿时沮丧起来，不知如何是好，不知该怎么办了。他身上没有一分钱，在星期五领到他的失业救济金之前，他会有两天时间几乎得不到吃的东西。他躺在床上，思前想后，不知道海伦会不会回来。他回想着前一周，他与海伦之间的谈话，在那次谈话中，海伦发现他参与了倒卖偷窃物的活动。

他决心整肃自己的生活。星期四，他忍受着身体上被痛殴之后残留的疼痛，打听了一番有关他病情的一些实际情况。他忽然意识到，他将不会再被要求到建筑工地上去干活了；随后，他便想弄清自己是否有资格因失去工作能力而得到补偿金。他制订了计划：去社会保障办公室要求福利待遇，要求医生为他开一张丧失了工作能力的医疗证明；另外，他还要申请一只导盲犬和一根白色手杖。

他想，他非常需要一根手杖，来帮助他四下活动。他拜访了一个邻居，此人他以前从未见过面，那个人自我介绍说他名叫“鲍布”（Boab）。他向鲍布借了一把锯子，为了把一个拖把的木柄锯下来。由于他身无分文，而且与福利部门又离得相当远，他决定在第二天他的失业救济金到手之后，再去找福利部门。

在那之后，有那么一阵子，他突然被惊恐缠住了，觉得自己根本没有能力承受当前的身体状态，无法适应自己的处境。到目前为止，他身上又脏又不舒服，自从上一个周末以来，他一直都没洗过澡。他虽然注意到了自己不卫生的现状，却迟迟没采取什么行动来改善自己的这种状况。他拄着那根自制的拐杖，大着胆走出了他所居住的小区，然而，刚一到了街上，他又失去了信心，折回了公寓。过了一阵，他像是恢复了一些信心，开始觉得自己有些把握了，他对自己说，尽管在过去的几天里，在自己身上发生了许多事，但他还不至于被打败。

星期五早上，他的失业救济金支票寄来了。他心里已经盘算好了出门行走的路线，他走出了公寓，走出了他所居住的小区，成功地摸索着走到了邮局，领出了他的救济金。之后，他买了一些吃的和烟草，还在附近的商店里买了一副太阳镜，然后，来到公共汽车站，等候乘坐巴士，前往社会安全部医疗中心。他请其他的候车人帮他确定了他所要乘坐的那辆巴士，在他人的帮助下，他上了车，车厢里面十分拥挤，迫使他不得不上到了双层巴士的上层。他点上了一根香烟，对自己到目前为止所取得的成功感到非常高兴。

双层巴士抵达了医疗中心站的时候，他又开始惊恐了，下楼梯时，差一点从上面摔下来。下车之后，他非常焦虑，担心自己被汽车撞上。当他从错误的方向进入了地下通道时，一个保安员发现后，很同情他，指引他去了急诊部——由于他事先没有预约，根据规定，他必须首先去急诊部。他摸索到了急诊部那里，加入了等候人群的行列中。在等候期间，萨米开始胡思乱想，他想起了他的父母，想到了他的儿子彼得（Peter），还有他多年未见的前妻。当附近的一个年轻的小伙子大谈他刚刚参加的一场打斗的时候，他想，这孩子太轻率了。

终于轮到他了，在人们的帮助下，他被搀上了电梯，到了专门治疗失明的科室。最初，由一个年轻的男性官员与他面谈，把他的情况和其他一些信息都详细记录到了电脑当中。年轻的官员询问他：他的失明是否就发生于他被监禁在警察局里的时候，他是否提出过补偿的要求。在随意谈话的过程当中，他提到他对警察的挑衅，以致引起了后来发生的一系列事情，都是由于他自己的愚蠢。当年轻的官员问他，他们是不是打了他时，他表示认同。但是，当他意识到那个官员把他所说的话全都录进了电脑里时，他非常恼火，并要求把它们删除，却被告知那是不可能的。他对自己所说的话非常生气。

接下来，一个女性官员与他面谈，询问他关于他指控遭到了警察毒打的申诉。女官员要求他说清楚，他的指控是什么意思——他所说的他们对他进行了“身体约束”。那个女官员问他，为什么没有寻求补偿，并警告说，不寻求补偿就可以被认为是前后不一致，这样一来，不利于他申请致残的福利待遇。他解释说，他之所以没有寻求补偿，是因为警察并不是故意使他失明的。女官员告诉他，那样的话就会有人质疑，警察为什么对他进行了“身体约束”，同时也可以提出一个论点——是他自己造成的失明。要是那样的话，他就没有资格享受福利待遇了。他努力控制着自己的火气，尤其是，在他意识到那个女官员把他所说的话全都录到了电脑里的时候。他要求撤回他的申诉，表示他将重新为自己填写一个考虑周全的申请表。结果，他的申诉被撤销了，但并没有从电脑里完全删除。那个女官员告诉他，作为正式申请手续，警察局医疗福利办公室，会通知他前去办理有关事宜的，同时告知了他提出申请的时限。

回到家后，他的情绪非常沮丧，惊恐又一次侵袭了他。他脑海里翻腾起他的生活是何等地困难，以及他在牢房里经历的那些事。他开始发愁，假如海伦不再回来了，他该怎么办，因为这里不是他的家，到时候，他必须离开这里。过了一会儿，他的情绪平静了下来，思想又回到了现实之中，开始考虑把他的手杖漆成白色，这样，作为一个失明者的标志会更明显一些。吃过饭后，他在客厅的地垫上睡了一阵儿，然后才上床去睡。

星期六早晨，他早早地就离开了公寓，去与一个医生预约星期一看病的一些事宜。他在还没有开门的门诊部外面，与其他的一些患者在那里候诊的时候，他感到很不自在，很难为情。进了门诊部后，接待员很不礼貌地问他，为什么要急着做这样一个匆忙的预约，当他提到事情涉及警察时，他便预约到了一个星期一上午的诊号。

他获得了小小的成功，很高兴地离开了门诊部。因为有一个星期没喝酒了，他非常想喝点啤酒，便决定他的这顿午饭要到一家酒馆去吃。于是，他以一种自信的心态启程了，打算在回来的路上到食品店里买一些吃的。阳光明亮。在途中，他突然又感到很不自在了，非常地羞怯，再次被惊恐侵袭。他弄不清自己身在何处，改变主意不去酒馆喝酒了，只想返回家中。途中，他请求一个过路人为他指明了前往食品店的方向。在食品店买了一些食物后，他又觉得可以放心回家了，然而，沮丧和惊恐又向他袭来了，他尝试着使自己平静下来，接受自己眼下的这种境况。

他再次想起他与海伦之间的那场争论，那是因为他对海伦过多地讲了自己犯罪的过去而引起的。他很爱海伦，希望能与海伦共度未来，要做到这一点，他认为自己有必要把自己的过去跟海伦说个清楚，然后开始做一个清清白白的人，所以，他就把自己的过去，导致他入狱的种种犯罪行为一一说给了海伦。

第一次，那件事发生于他住在伦敦期间。当时，他正在一个酒馆里打零工，警察前来抓捕其他罪犯时，他碰巧躲在了一辆汽车里，原本，警察差一点就错过了抓获他的机会，是他自己犯了一个错误——他试图发动那辆汽车，其实呢，他根本不会开车，结果汽车未动，却提醒了警察，让警察知道了他藏在车里。

第二次，是因为他和杰基·米利甘（Jackie Milligan）搅和到了一起，杰基是利物浦的罪犯，被警察追捕，想隐匿起来，同他取得了联系。他当时只有 19 岁，杰基是在他常去的一个赌场里认识他的，他和杰基一起跑了，后来，他们二人都被警察抓住了，而且是由于杰基·米利甘以前的犯罪行为而被捕入狱的，他被判了 4 年徒刑。

他真的是想改变自己，以全新的面目重建人生。但是，他没想到他的用心起了反作用，因为他把过去的事儿如实向海伦统统倒出后，海伦非常生气。那次谈话之后，海伦最初的表现一直很平静，但是到了星期五早晨，他们争论了起来，海伦试图制止他出去售卖偷来的赃物。想过海伦，他又开始想把他的那根手杖漆上白漆的事儿，于是，摸索到鲍布家里，请求鲍布到他那儿帮他找找白漆。鲍布立刻就答应了，还表示帮他油漆上白漆，他因为担心鲍布很可能会问及有关海伦的一些事儿，会察觉到海伦已经不住在公寓里了这一事实，拒绝了鲍布；后来，在鲍布的一再坚持下，他才勉强同意了。

稍后，他泡了个澡，一面泡澡，一面想着回到他曾经在一个建筑工地上干过活儿的英格兰去。突然之间，他感觉自己很不安全，想到了在鲍布离开后，他没把大门锁好。惊恐之中，他迅速离开浴缸，穿上了衣裳。他听到了传过来的一声很响的敲门声时，摸索着抓起一把菜刀，锁上了前门，走进起居室，然而，很快，他就意识到，屋子里已经进来了人，正同他在一起。

那几个警察是在他洗澡的时候进来的，他们给他戴上了手铐，把他铐回了警察局。他同时受到了三个警察的盘问，他们审问他：周末都干了些什么？想从他这里得到有关他的朋友查理·巴尔的恐怖活动的准确信息，看起来，这帮家伙不是当地警察。他把自己与海伦的争吵说给了那几个警察，并且说，他在星期六早晨醒来之前，那个周末到底都发生了什么，他已经记不清了。他告诉他们，那天他喝了很多的酒，因为与海伦吵了架，便去了赌场，同时也因为失去了工作，非常沮丧。他想，他应该是与一个名叫莱格（Leg）的一块度过的星期五之夜和星期六一整天的，他们还遇到了另外两个酒友，比利（Billy）和塔姆（Tam），至于还有没有其他什么人，他就不记得了。

那几个警察设法设了一个圈套，想诱使他把与查理·巴尔见面的情形和盘托出。他们对他在那个周末的行踪审问得十分详细，还提醒他说，想要用自己去了一家赌场来作为当时不在场的证据，那是不可能的，因为赌场对参加赌博的每一个人都会留有记录的。后来，他们又询问他，为什么要去与赌场距离相当远的那家酒馆，而不是去附近的一家酒馆，并告诉他，他们已经问过莱格先生了，莱格说和他在一起时并没见到比利和塔姆，但是他们碰到了另外一个他很熟悉的人。

问讯过后，他又重新被关进了监狱的小牢房，同另外一个囚犯关在了一起。这时，他感到非常沮丧，不过他想，事情不可能再坏到哪儿去了。他脑海里开始回想生活一直与他作对的一些往事。在他的生活当中，唯一一件好事就是与海伦生活在了一起，然而，现在，他甚至连海伦也失去了。他不知海伦是否遇到了什么坏事，但是他清楚，他自己肯定没好事，那几个警察肯定在怀疑他。他很想知道查理·巴尔做了什么事，以及警方为什么一定要他证实他与查理·巴尔见过面这件事。过了一会儿，他感到极度疲劳，却又怎么也睡不着，于是，就开始生起那个同室狱友的气，因为那个人一直在不停地走来走去。

没过多久，他再次被押去提审。那几个警察质问他有关在他公寓的碗橱里发现的那些衬衫的事儿，并指责是他偷来的。他回答他们说，那些衬衫是他从酒馆里的一个熟人那里买来的。随后，那几个警察指控他在包庇一个与暴力和恐怖活动有关的人，并谴责他撒了谎，因为他说，那个周末，他们在酒馆里只是谈了有关足球的一些事儿。那几个警察还指责他是在假装失明，而且选读了一封来自海伦干活的那家酒馆的经理的信函，在那封信函中，那个经理询问上个星期海伦为什么没来上班。

看来，那几个警察也不知道海伦现在身在何处。但是，他们断言，那个星期五的晚上，他在酒馆里与查理·巴尔见过面，并威胁他说，他是在隐藏证据。其中一个警察还打赌说，尽管他们并不怀疑他不会伤害海伦，但是却不能保证别人不会伤害海伦，如果他把他所知道的有关查理·巴尔的情况全都说出来的话，他们就会放了他。他还是什么都没说，那几个警察不得不再次把他送回了牢房。他对自己被重新送回了小牢房感到惴惴不安，在极度的惊恐中，他不知道那几个警察将会对他做些什么。他坐卧不安，焦虑重重，却盛气凌人地教训了一通他的狱友戴维（Davie）——警察都是些什么东西，应该怎么样与他们打交道。又过了一会儿，他依然未得安宁，再一次深深陷入了极度的惊恐之中。

那几个警察又提审了他一次。这一次，他决定把周末他与查理·巴尔见面的情况彻底和盘托出，因为他清楚，无论如何，查理都有能力照顾好他自己的，他甚至还向那几个警察说了一个无关的细节，在那个星期五之前，他已经有 10 年没见过查理了。问讯结束后，他被告知，在海伦露面之前，先前的一个警察要拘禁他。原来，先前他在监狱里服刑期间，一个在押囚犯，他的狱友，死了，死尸被丢在了他的那间单人牢房里，制造出了一种可疑的假象，曾把他牵扯了进去。现在，海伦忽然不知了去向，没了踪影，这件事无疑又把他牵扯了进来，使他成了嫌犯，成了警方的主要怀疑对象。

先前的那个警察暗示他，任何有关导致他失明的对警察不利的指控，都不会成立的，因为已经有医疗记录报告证实，他是一个焦虑型的人，他经历过惊恐的侵袭。他争辩说，那份医疗报告，是在那个囚犯被发现死在了他的小牢房里之后填写的，他想起了自己当时的那种充满恐惧的心理状态。当那个警察要他给他的朋友查理·巴尔传一个口信——“当心黑暗”时，他把这个口信理解成了是针对他的警告，并非是要他带给查理·巴尔的。

他被带回了小牢房，感觉糟透了。在晚饭之前，他一直处于睡眠状态。随后，他开始盘算被释放时自己做点什么事儿。几乎一整夜，他都没能好好入睡。第二天早晨，他被从床上拽了起来，被捆上之后，又被塞进了一辆汽车里，那些人带他去看他预约的医生。到了之后，他们在车里等着，让他一个人进去了。

他坐在候诊室里，等着轮到他看医生，满脑子胡思乱想，希望一切顺利。突然，他感觉到有个人在他旁边坐了下来，同时听到一个声音在问，问他需要不需要一个帮他打官司的代理人？那个人似乎很了解他的一切，包括他的处境。他不想理睬，叫那个人走开，可那个人却不肯走。当医生叫他的名字时，那个人抓住他的手腕，提醒他说，医生可能会很难对付，他必须坚持自己的说法。

医生开始询问有关他失明的一些情况，以及他失明之前的视力，为他做了一些基本的检查测试，证实了他的失明。随后，医生又询问了一些有关他健康的其他方面的问题，他掀起衣裳，让医生查看他肋骨部位的伤痕。当医生询问有关他的焦虑症和困扰他的惊恐症时，他矢口否认自己有过这种状况。医生因而提起了在他的小牢房里发现了那具死人尸体的时候有关他的医疗记录，上面说明，他的精神障碍，是因为受到了那件事强烈刺激后的应激性反应。之后，医生劝告了他一番，劝他顺应自己已失明这一现实，最好把这一状况看成是半永久性的。

不过，当他向医生询问有关他不能就业和可能得到慈善救济的问题时，医生表示自己无能为力，因为这一切，完全取决于“项目管理委员会”（PMBO）医务官员们给他开具的医疗报告鉴定的全部内容。最后，医生只给他开了一些抗压力药和治疗肋部创伤的药膏。他变得怒不可遏，并且咒骂了那个医生。在离开诊室时，他差一点绊倒。诊室门打开后，声称要当他代理人的那个人正等在那里，那个人告诉医生说，他是患者萨米·塞缪尔的代理人。

在他离去时，那个代理人追上他，告诉他，警察已经被他说走了。随后向他询问了看医生的一些情况，他想摆脱那个人，说他自己不要求赔偿，所以根本不需要什么代理人。那个代理人仍然死缠烂打，自我介绍说他叫阿里（Ally），对他的案情了解很多，并告诉他，他相信警方最终必须承担他们的责任。

他抓住阿里那个家伙的手腕儿，让他少管闲事。过了一会儿，他冷静了下来，之后，向阿里道了歉，还要求阿里帮助他登上一辆回家的巴士。在等巴士之际，他向阿里做了一点解释，说明自己为什么不要求赔偿——因为他跟警察之间已经有了麻烦，不想再有更多的麻烦了，他只想过一种平常的生活。阿里立刻谈兴大发，大谈特谈起来，仿佛他已经同意他当代理人了。

阿里向他说明了他需付他的佣金，然后，指点他该怎么去做——拿上医生的诊断，到慈善机构申请一根手杖和一只导盲犬的登记表，等等。随后，阿里问了他一些问题，在他遭遇警察时到底发生了什么事？还建议他说话时要降低调子，语气要缓和一些。他对阿里感到不耐烦了，但是阿里解释说，他作为一个职业代理人，已经学会了正确使用语言的重要性。阿里再次没完没了地说了起来，仿佛已经成了他的代理人了。他表示自己需要时间考虑考虑这件事，阿里却告诉他说，他要为他这件案子做一些准备，不到最后一分钟决不放弃。

在阿里的执意坚持下，他终于答应了阿里，做他的法律代理人了。他们为他们之间达成的协议握了握手，阿里提醒他，要尽快到慈善机构去申请登记表，并约定了在星期三的早晨在他的公寓再次相见。然后，阿里便告辞了，把他独自丢在了公共汽车站，等候巴士。他对自己说，他根本无意雇用什么代理人，或者在第二天到慈善机构去申请登记表。与之相反，他计划的是，在警察再次把他投入监狱之前，逃离格拉斯哥，逃之夭夭，远走高飞。

他终于上了一辆回家的巴士，下车时，下起了小雨，而且，雨势凶猛，越来越大。在他冒雨徒步往家中走时，他感觉脚上的那双运动软鞋又开始挤脚了，恍惚想起，他要么是在喝醉酒的时候在什么人家里穿错了鞋，要么是什么人把他的鞋拿走了而把自己的鞋留给了他。他觉得，问题很可能发生在莱格那里。

他再次想到了他曾经干过活的英格兰，突然做出了一个决定，逃到英格兰那边去，接着，又失望起来。他告诉自己，在那里他不可能得到残废救济或补偿，没有钱，没有工作，很难活下去。在他开始为钱犯愁时，他想到了放在家里的那些偷来的衬衫。他想，要是警察还没有把它们全部拿走的话，不知他是不是能把它们倒卖出去，换一些钱，去英格兰。他仔细盘算了一下，他想，不管怎么说，在他联络塔姆和莱格进行这种售卖偷来的赃物交易时，必须十分小心，因为塔姆和莱格他们也已经被警察传讯过了。

他继续冒着风雨前行，希望自己走的方向是正确的，一边走，一边想自己逃到英格兰去后会是什么样子，甚至想象起了他在伦敦或英格兰的某一个海滨小城的生活。他想，在那里，他可能是唯一一个申请救济的人，会受到很多特别的关注。他还梦想在英格兰与海伦一起经营一家小酒馆，随后又对自己说，他将只能是独自一人了，因为海伦已经永远离开了他。他十分紧张地走着，总感觉旁边像是有个人在伴随着他走似的。过了一会儿，他认出了周围的环境，而且找到了家。

回到公寓后，他开始感到自己更有自信了。在做饭的过程中，他打开了音乐，听到一首他熟悉的悲伤歌曲，他动了感情，躺到床上哭了起来。之后，他起来把饭吃了，情绪依然低沉，心灰意冷。他星期六晚上洗澡的脏水，还在浴缸里，他继续置之不理。过了一会儿，他拿定了主意，决定请鲍布帮忙打个电话给他叫一辆出租车，他要到“格朗西斯酒吧”（Glancys Bar）去喝一通，于是他穿上一件衬衫，打上了领带，将自己打扮了一番，不过没有刮脸。之后，他决定先到海伦最初干过活的那家“奎茵斯酒吧”（Quinns Bar）去。他想到那里去看看，海伦是否在那里。

他到了“奎茵斯酒吧”后，保镖不让他进去，告诉他，这是一个专门接待年轻人的促销之夜。他不相信那鬼话，疑心保镖之所以这么说，一定是因为他穿戴不整的缘故。他要求见见海伦，人家告诉他，海伦没在这儿干活。他开始对保镖耍起横来，当他意识到他们是好几个人时，他开始后退了。随后，他为自己干吗要跑到这家酒吧来并挑衅那些保镖生起自己的气来。他告诉自己，海伦不会回到他身边了，并下定决心在警察再次抓捕他之前立即逃离格拉斯哥。

之后，他去了“格朗西斯酒吧”，酒吧里顾客稀稀拉拉，只有几个人在里面喝酒，他买了一品脱啤酒。在他独饮期间，他昔日的一个酒友走了过来，对他说，听说他失明了，然后，给他买了点酒，很快便回到自己的同伴那里去了。他的另一个酒友也给他送来了一杯酒，但没同他说一句话。他察觉出了他那些酒友不愿意被人看到同他在一起，因为他和警察之间有了麻烦，不过，他们还是给他买了酒，不想跟他闹翻。

酒吧里很安静，不像往常那样，没有一个人玩多米诺骨牌。他默默地想着，自己失明之后，还能不能玩骨牌。后来，他的酒友塔姆靠近了他，给他买了一杯酒，问了问有关他失明的一些情况。他试图从塔姆口中了解到有关那个被他遗忘的周末里到底发生了什么，不但大失所望，还遭到塔姆一通抱怨，为他没能事先提醒他警察很可能会找他询问那个周末的事。塔姆相当恼火，因为有一天大清早那些警察突然闯到他家来了，塔姆家里藏有很多偷来的赃物，他妻子被吓坏了，吓得要命。塔姆将这一切，全部归罪于他，责怪他，因为他结识了那个人——查理·巴尔。他非常恼怒，对塔姆说，他一直在忙于处理他失明的一些事，根本没有机会事先提醒塔姆这件事。塔姆从他那里走开之前，甩给他一句：原以为很了解他，现在看来，其实他对他并不了解，倒是警察更了解他。

他回到家里之后，久久难眠，想着警察惯于利用人们的关系人去控制他们的那种手段。另外，又想了想塔姆的事，他想，塔姆因为太没经验，不了解警察的那套运作手法，才遭了此难。不久，他总算能入睡了。第二天一大早，他被一个敲门声惊醒。敲门的是阿里，说要与他核对一些细节。他纳闷，阿里是怎么搞到他家的住址的，他从未将自己的住址告诉过阿里。

阿里要他在一份文件上签字，说这不过是走走形式而已，还要他尽可能事无巨细地告诉他一切有关海伦的事，以及那个在他记忆中完全空白的星期六的事，甚至还有一些他认为根本无关的一些事。后来，阿里还问了问有关他的健康与饮酒方面的一些问题。

他开始有了戒心。在阿里继续询问有关海伦的事时，他非常生气，因为他很担心海伦的安危。阿里接着又说了下去，说警察谈到了一件事，牵涉到了棘手的政治，然后指责他为什么没有对他提及这件事，还试探性地问他：如果去与查理·巴尔碰碰面，他是否愿意。阿里查验了一下他身上的伤痕，说稍后会派一个人带上相机把他身上的这些伤痕拍摄下来，之后，便匆忙离去了。

阿里走了之后，他开始思考自己失明的一些问题，以及今后作为一个瞎眼的残疾人生活的种种困难。他非常疲惫，也非常沮丧，对自己的处境不知所措。不过，过了一会儿，他又开始有了一些自信，也能控制自己的情绪了，还找回了一些自尊，下决心昂首逃走，把自己打理得整整齐齐，脸上刮得干干净净。在准备离去之前，他冒着大雨出了门，去商店买一些随身携带的食品。雨地里，他步行起来非常不易，浑身上下全湿透了，不住地打着寒战，全身乏力，关节一阵阵地刺疼。随后，他便被又一次向他袭来的惊恐击倒了，他屈服了，不过最后，他还是进商店，买了吃食。

回到公寓后，他把湿衣服统统扔进了洗衣机，然后，上了床，准备好好睡上一会儿，但很快，又被一声突然而至的响亮的敲门声吵醒了。他脑海里顿时闪现出了“可能是警察”的念头，一下子被吓住了，直发抖。他打开了房门，向后退了一步，来人不是警察，而是他的邻居鲍布。鲍布告诉他：他儿子彼得和朋友来了，过来看望他，因为没能敲开他的房门，现在正在他那里等着呢。

他儿子彼得和彼得带来的朋友凯斯（Keith）进门后，他很快弄清了他们就是阿里指派来用相机拍摄他身上伤痕的人。阿里和彼得联系过，并要彼得把摄影机带来。彼得和凯斯与他聊了一会儿亲属们的事，以及他们二人离开学校后都干了些什么。彼得对他说，感觉阿里这个人令人怀疑，阿里问了许多有关他的问题，给人的印象像是个警察。随后，彼得追问他，眼睛到底是怎么失明的？他回答说，是他自己从楼上摔下来弄的。

彼得他们把他身上的伤情拍成了照片，不过拒绝把底片留给他去冲洗，因为阿里说要直接从彼得手里拿到那些照片。他担心事情会传到他亲戚们的耳朵里去，要彼得保证，绝不把这事告诉任何人，并要彼得一定亲手把那些照片交给阿里本人。之后，他给了两个孩子 20 英镑。在凯斯去使用浴室时，彼得追问他，是不是在逃亡，还说愿意给他提供帮助，因为他知道有幢旧房子可以让他躲藏。

他告诉两个孩子，他正在考虑重返英格兰。彼得担心：他的眼睛已经瞎了，在那里，他怎么生存？他骗他们说，海伦将同他在一起，维持他们二人的生活。之后，彼得找了个借口，单独与他待了一会儿，对他说，打算陪他一起去英格兰。他不大愿意，说彼得首先应该先上一个培训班，然后再去英格兰找他；后来彼得把自己节省下来的 80 英镑给他做经费时，他接受了。

他让两个孩子做了一些三明治，他收拾了自己的衣物和行李，之后又要彼得去找鲍布帮他们叫辆出租车。他给海伦写了一张纸条，上面说他将与她保持联系，并为所发生的事情赔了不是。他同两个孩子三人一道儿离开了公寓后，他要两个孩子提高警惕，要是发现了周围有什么形迹可疑的人立刻告诉他。

彼得告诉他，附近有六七个男人，他说没什么关系，不用担心。他要了一个很漂亮的花招，迷惑可能跟踪他的人——他们三人没有上等候着他们的那辆出租车，而是与凯斯分开了，分头到公共汽车站去汇合，然后，在那里再叫出租车直奔火车站。到了火车站之后，他们叫了两辆出租车，分头走了，并安排好了稍后在天鹅旅馆（Swan Inn）见面的事，他要到那个旅馆去取彼得给他准备的经费。在天鹅旅馆，他请人帮他打个电话，询问开往伯明翰（Birmingham）的末班车的时间，由于电话占线，他放弃了。稍后，彼得来了之后，把钱交给了他，他同两个孩子别过之后，另外叫了一辆出租车，之后，便消失得无影无踪了。

作者生平与创作生涯

詹姆斯·凯尔曼于 1946 年 6 月 9 日出生在英国北部苏格兰的最大城市格拉斯哥（Glasgow）的一个手工业者家庭，父亲以做相框和修复相片为职业。从 1951 年起，他先后就读于当地的格林菲尔德学校、斯妥尼德克学校和国立海恩兰中学。之后，1961 年，他进入一家印刷厂当学徒，做了 6 年排字工。1967 年，他同家人一道移民美国，在美国短暂生活了不多时日，又很快回到了英国，最初，生活在英格兰，长期失业，期间，打过多种没有前途的短工。

1968 年，他到伦敦巴比肯艺术中心（Barbican Centre）工作，并利用业余时间从事写作，同年结了婚。之后，由于伦敦的生活仅靠他不多的工资难以养家糊口，1971 年，他携妻返回故乡苏格兰。在苏格兰格拉斯哥市中心地带的克莱德河沿岸的戈凡地区（Govan），他干了一些时日的公共汽车司机，与此同时，在夜晚，参加了格拉斯哥大学举办的创意写作班课程的学习。在读写作班课程的晚班期间，他有机会接触到了为写作班授课的英国颇有影响力的著名诗人、批评家菲利普·霍布斯鲍姆（Philip Hobsbaum，1932—2005），并引起了霍布斯鲍姆的注意，同时，他还相识了苏格兰著名作家阿拉斯岱尔·格雷（Alasdair Gray，1934—　）、苏格兰诗人、评论家汤姆·莱昂纳德（Tom Leonard，1944—　）和苏格兰著名女诗人、戏剧学者莉兹·洛契亥德（Liz Lochead，1947—　）等人，多年之后，他与格雷、莱昂纳德成了写作上的合作伙伴。

1973 年（27 岁），他将自己 1967 年至 1973 年间写作的短篇小说结集成《安琪儿附近的老酒馆》（An Old Pub near the Angel）在美国出版，开始步入文坛。之后，他的一些短篇小说开始在一些英国杂志上登载，偶尔也刊登在苏格兰小说年鉴里。

1973 年，他获得了苏格兰艺术协会奖学金，之后，进入颇负盛名的斯特斯克莱德大学学习哲学。不过，因为对哲学没什么兴趣，仅学习了两年，他便放弃了他所学的哲学课程，决意以文学创作为生。

1976 年，他与苏格兰作家莱昂纳德、亚里克斯·汉密尔顿（Alex Hamilton，1930—　）在格拉斯哥合作出版了散文集《三位格拉斯哥作家》（Three Glasgow Writers）。1978 年，他出版了第二部短篇小说集《夜班听来的短篇故事》（Short Tales from the Nightshift），从此，开始活跃于英国文坛，笔耕不辍。

1978 年至 1980 年，他获得了苏格兰艺术协会写作研究基金；1979 年，他到伦夫鲁郡地区图书馆做了驻馆作家；1980 年，他再次获得了苏格兰艺术协会奖学金，并于 1981 年至 1982 年，重返斯特斯克莱德大学，继续学业，同时，从事文学创作。1982 年至 1985 年，他再一次获得了苏格兰艺术协会写作研究基金。

1980 年代，他陆续出版了短篇小说集：《不是没到划汇的时候》（Not Not While the Giro，1983）、《简朴的故事》（Lean Tales，1985，合著集）、《供早餐的赛犬》（Greyhound for Breakfast，1987）；长篇小说：《公共汽车售票员海恩斯》（The Busconductor Hines，1984）、《投机者》（A Chancer，1985）、《叛离》（A Disaffection，1989）等。这些作品，大都以格拉斯哥为背景，用格拉斯哥当地苏格兰式英语，作为一种文学表达的媒介，透过亵渎性的方言或脏话的宣达，机智而引人入胜地捕捉城市生活中社会下层人物的生活体验，讲述他们在博彩店、酒吧的日常生活，有钱和没钱的悲情，以及劳碌工作或失业游荡时的状况，描绘出被践踏与对生活不满的弱势群体的思想和困境，在贫困生活中的挣扎，成功地塑造出了一批颇具代表性的下层人物形象，在英国文坛确立起了自己的地位，成了最具影响力的苏格兰作家之一。

其中，短篇小说集《供早餐的赛犬》，1987 年获得英国切尔滕纳姆文学艺术奖；长篇小说《离叛》，1989 年入围了布克奖决赛名单，同时，获得了当年的英国最古老的文学奖——詹姆斯·泰特·布莱克纪念奖。

1990 年代，他陆续出版了短篇小说集:《烧伤》(The Burn，1991)、《失败的苏格兰人》(Busted Scotch，1997)；长篇小说:《晚了，太晚了》(How Late It Was，How Late，1994)、《美好时代》(The Good Times，1998)；散文集:《近来的一些非难》(Some Recent Attacks，1992) 等。

其中，短篇小说集《烧伤》，1991 年获得了苏格兰艺术协会图书奖；长篇小说《美好时代》，1999 年获得了《星期日苏格兰报》的格兰菲迪奖和苏格兰作家年度奖。

《晚了，太晚了》用后现代主义的意识流手法，用机智、不恭、粗俗的语言，讲述了一个充满愤怒、同情和讽刺的黑色幽默故事：一个不知自己身在何处、不知道自己的过去也不知道自己怎么来到这里的“无根”之人——格拉斯哥的多年的失业者、刑满释放人员萨米·塞缪尔 (Sammy Samuels) 本打算以全新面目重建人生，但因同警察发生了冲突，被打昏了过去，待他醒来，发现自己又回到了监狱，双目莫名其妙地失明了；更糟糕的是，他还失忆了，记不得警察在他身上都做了些什么，也不记得他自己都做了些什么……小说出版之后，被认为是一部大胆而完美的杰作，因其极具讽刺性，引人入胜，问鼎了第 26 届英语文学界最有影响力的布克奖，以及 1994 年的英国作家协会最佳小说奖。不过，获奖之后，这部作品也曾引起了文坛一阵骚动，沸沸扬扬，甚至有个别评委言辞激烈，抨击说这部作品几乎没有任何文学价值，评奖结果“令很多人难以接受”。而他自己则表示，他的这部作品是为“被主流文化压抑的苏格兰地方文化的振臂一呼”。

从 1980 年代开始，詹姆斯·凯尔曼便被归类为了属于捕捉城市体验和说话方式的作家群体，受到了人们的关注。他在作品中，用扎扎实实的苏格兰贫民语言模式进行创作，大胆使用民间俚语，亵渎性的口头禅，极端通俗的格拉斯哥地方方言，而且，博采众长，成了 1980 年代至 1990 年代，苏格兰新文艺复兴运动的一位关键性作家。有的评论家把他比喻为“苏格兰的卡夫卡[1]、乔伊斯和克尔凯郭尔[2]”，认为他作品中的内心独白和与权威的错综复杂的斗争，与卡夫卡的一些长篇和短篇小说的结构有相似之处，为此他也遭受到了很多批评。不过，他对他小说人物生存世界的独特思考，使他被视为典型的后现代主

---

1 卡夫卡 (Kafka，1883—1924)：享誉世界的西方现代派文学的奠基人，表现主义文学的先驱，生前默默无闻。他的短篇小说《变形记》(The Metamorphosis，1912) 堪称现代主义文学经典之作，入木三分地表现了现代社会的“异化”现象，人的生存的绝望，加上那种不带任何感情色彩的纯客观叙述方式，构成了独特的“卡夫卡式”的艺术风格。

2 克尔凯郭尔 (Kierkegaard，1813—1855)：丹麦哲学家、神学家及诗人，存在主义和存在哲学的思想先驱之一，被视为现代存在主义的鼻祖，后现代主义的先驱，因对理性哲学特别是黑格尔主义的批评而著称。他的哲学思想大多是通过文学作品表现的，往往采取日记、格言的形式，对存在主义的产生和发展起了先导作用。他以不同笔名出版了多部不同的著作，主要著作有《非此即彼》(Either/Or)、《恐惧与战栗》(Fear and Trembling)、《致死的疾病》(Sickness unto Death) 等。

义作家，同时也被视为一位颇具政治倾向的小说作家。

他用自己独具一格的文学创作，反映在全球经济的兴旺时期的苏格兰的城市生活，深谙等级制度、法律控制的实质，为苏格兰被践踏与对生活不满的弱势群体而写作，从普通劳动者日常生存困境、观念和挣扎的角度，讽刺和鞭挞社会的不合理，来反映当今苏格兰的现实社会问题，将普通人物、普通事情赋予了不普通的意义和深刻内涵，在当代小说创作的形式当中留下了自己深深的印记，并在提高苏格兰文学的现代主义传统的写作艺术技巧方面做出了巨大贡献。

2000 年之后，他陆续出版了长篇小说:《记事译文》(Translated Accounts，2001)、《在自由的土地上你必须小心》(You Have to Be Careful in the Land of the Free，2004)、《男孩凯尔伦・史密斯》(Kieron Smith，Boy，2008)、《摩说她有点奇癖》(Mo Said She Was Quirky，2012)；散文集:《赛季结束》(The Close Season，2002)、《法官说》(And the Judges Said，2003)、《如果那是你的生活》(If It Is Your Life，2010)、《一个偏袒的第三者》(A Lean Third，2014) 等。其中，《在自由的土地上你必须小心》2005 年入选了苏格兰艺术协会年度最佳图书奖决赛名单。

在小说创作方面，詹姆斯・凯尔曼的成绩不菲，赢得了不少荣誉，作为剧作家，他同样创作出了不少优秀的剧目，获得了相当的成功，赢得了众多观众。1985 年，他的舞台剧本《街头艺人》(The Busker) 在爱丁堡上演；1988 年，他的舞台剧本《在夜晚》(In the Night) 在斯特林上演；1990 年他的舞台剧本《哈迪和贝尔德：最后的日子》(Hardie and Baird: The Last Days) 在爱丁堡上演，讲述有关两个 19 世纪格拉斯哥激进分子的故事，是他专门为享有无比声誉的穿越剧院创作的；同年他还创作了电视剧本《烧伤》(The Burn)。1994 年，他创作了一部做短期巡回演出的音乐剧《一，二——嘿》(One，Two-Hey)。

在从事文学创作的同时，詹姆斯・凯尔曼还经常接受一些大学的邀请。1998 年、1999 年和 2001 年，他在美国得克萨斯大学教授了三个学期的创意写作课程；2000 年至 2001 年，他在伦敦金史密斯学院媒介与传播和通信技术中心，为文化研究和英语系教授创意写作课程；2001 年至 2003 年，他在格拉斯哥大学，与苏格兰诗人、评论家汤姆・莱昂纳德共同教授研究生创意写作课程。与此同时，他还一直积极参与一系列的公众活动，表现出了一个文学艺术家对社会的重要作用。

詹姆斯・凯尔曼现在与在社会保险机构里工作的妻子，以及两个女儿生活在苏格兰的格拉斯哥，有时也生活在伦敦、曼彻斯特等地，有时还生活在澳大利亚和美国。

主要参考资料:

The Review of Contemporary Fiction, by James Kelman, 2000-9-22.

How Late It Was, How Late, by James Kelman, Publisher: Vintage, 2004.

Scotland on Sunday, 2007-10-14.

1995年 | 第27届

029 鬼魂之路 ［英］帕特·巴克

The Ghost Road by Pat Barker

◎原著共 3 章，18 节，讲述了第一次世界大战中，英国陆军上校、神经病学专家威廉·里弗斯[1]医生（Dr. William Rivers）和其患者比利·普莱尔（Billy Prior）中尉的故事。

1 威廉·里弗斯（William Rivers，1864—1922）：20世纪颇具影响力的英国剑桥的人类学家与精神科医生，1888年当选为英国皇家医学院院士，1903年至1907在英国第一所实验心理学实验室（剑桥大学实验心理学实验室）任主任。第一次世界大战爆发后，1915年，他因为自愿协助战事而回到临床医学的领域，在对“弹震症”的官兵治疗时开始展露出他心理治疗方面的卓越天赋。

英文原版封面

帕特·巴克
（Pat Barker，1943—　）

帕特·巴克是英国当代文坛上一位擅长写作战争小说的女作家，惯于将创作目光凝视于历史、阶级、性别、暴力、谋杀或精神病患。

有评论认为，其作品技巧娴熟，文思出众，文笔简洁，长于制造悬念和深入的心理分析。

《鬼魂之路》(The Ghost Road)，因其**巧妙而全面地展现了第一次世界大战，心理分析深入，感情强烈**，问鼎了 1995 年第 27 届英语文学界最有影响力的布克奖，1996 年，获得了书商联合会年度作家奖，2008 年，入围了“最佳布克奖”决选名单。

比利·普莱尔在沿着海堤散步，观望着下面那些在沙滩上和水浪中嬉戏的女人和孩子们。前边一排躺椅上，那些布拉德福德（Bradford）的商人们裸露着的粉红色膝盖，全都朝向太阳。普莱尔身子斜靠在海堤上。在他下方 10 或 12 英尺的地方，有一家人正在收拾东西回他们的寄宿处或是火车站。他们当中有一个小男孩，站在那里，一个年轻女人正在用毛巾擦干那个小男孩的躯体，男孩前额的头发直颤悠，痛苦地张着大嘴，号叫着，“妈——妈。”

问题出在那些湿沙子上，普莱尔想，从来都是这样的，无论你怎样小心，即便踮着脚尖从水里走回到岸上，你的两腿也会沾上一些沙子，用毛巾擦拭的时候，总会把人弄疼的。随后，普莱尔微微一笑，正了正他的军帽，离开了那里，继续沿着海堤漫步，消磨他的时间。

他正在等候着做一次医疗检查，来决定是否允许他重返法国战场，去为英国而战。尽管他有机会留下来，成为一名军需部的工作人员，远离死亡的危险，可他不愿意被视为懦夫继续留在这里。他只有去战斗，因为他没有其他更好的事情可做。

普莱尔开始往山上走了过去，他的目的地是山上的兵营。往山上爬时，他颇有些吃力，不过，他当前的状态还算不错，他的哮喘病好多了。他的健康状况，比起数月来的情况，好了许多；但是，在他进入检查室之前，要是能找个地方静静坐上几分钟，那样，情况会更好一些；然后，他能做到的，就是以较佳的状态出现在医生面前，诚实回答所有的问题——或者，至少不说一些可能被察觉的谎言。在普莱尔抵达兵营入口时，一小队穿着汗衫和短裤跑步归来的士兵从他旁边跑了过去。他后退了一步，靠边站立，让他们超过去，并认出了队列前面扭头向他招手的那个人——他的病友，威尔弗莱德·欧文[1]（Wilfred Owen），他们曾在“克雷格洛克哈特战地医院”（Craiglockhart War Hospital）的精神病房里共同度过一段时光。

面对着目光敏锐的梅瑟医生（Dr. Mather），普莱尔解开了他上身的衬衣，“太好了。”梅瑟医生说。随后问他，有没有多做一些室外活动？他回答医生：他在军需部门工作。梅瑟医生继续往下进行，让他脱下了内裤，弯下腰去，检查完之后，梅瑟医生提起了他的哮喘病。当梅瑟医生让他“咳嗽”时，他

1 威尔弗莱德·欧文（Wilfred Owen，1893—1918）：英国反战诗人，《战争安魂曲》（War Requiem）的作者，1915年入伍，后因被诊断患有“弹震症”而遣返英国，1918年8月，重返其被授予十字勋章的西线战场，1918年11月4日，当其领军横越桑布尔（Sambre）河时，遭机关枪扫射身亡，年仅25岁。一周后，停战协议被签订。

小心地清了清喉咙；在接受梅瑟医生决定性的检查，让他“呼吸”时，他一边回答那些问话，一边尽力避免自己呼哧呼哧地喘气，这样他才有可能确保自己获准返回战争前线。最后，梅瑟医生回到诊桌前，坐了下来，目光在他的病历上逐项浏览着，不时问上一两句，并问到了他是不是去年 4 月因“弹震症[1]”在“克雷格洛克哈特战地医院”住过。看到了病历上“威廉·里弗斯”的签名时，梅瑟医生告诉普莱尔，他认识里弗斯医生。

终于结束了一系列的问话和检查之后，梅瑟医生告诉普莱尔：他的检查需要继续往下进行，穿好衣裳，然后沿着走廊往左走，走到头再左转，看到一排椅子后，坐在那里等候。普莱尔遵命迈着大步走了过去，遇到了正在前面等候着他的欧文。欧文很坦率地告诉普莱尔：他有些心律不齐，检查材料被拿了出来，不过，他寻机做了点手脚，又把那份体检材料重新插了进去。“你的心脏出了问题？”普莱尔关心地问。欧文大笑起来，目光看着别处说道：“我刚听说，萨松又受了伤。看来，这似乎是我们唯一可去做的事了。”是的，普莱尔想，大概就是这样吧。他回想起了与欧文和齐格菲·萨松[2]（Siegfried Sassoon）在“克雷格洛克哈特战地医院”共同度过的那段时光。欧文和萨松，多么不般配的一对，萨松那么高，欧文这么矮，而萨松却是欧文最爱的朋友。

检查室的门开了。回答完了开头的那几个问题之后，普莱尔的精神开始松弛下来，不再紧张。军事委员会的军官米切尔（Mitchell）集中询问了他的哮喘病，以及面临毒气可能导致的后果。他所给出的答案，是一种完全令人信服的解答：他曾经去过法国战场三次，三次都完好无缺地返回了基地或英国故土。他得过哮喘病、战壕热，之后，因为“弹震症”从法国前线被送回了英国。米切尔军官问完了最后一个问题并得到了圆满的答复之后，用他那带有老年斑的白白的双手把面前的那些文件拢到一起，接着，把它们拍平，然后，带着一脸轻快的笑容，对普莱尔笑呵呵地说道：“你不会等太久的。”

普莱尔在“克雷格洛克哈特战地医院”住院期间的主治医生威廉·里弗斯现在任职于“第七收容站”，其所在地，在和平时期，是一家儿童医院。现在这家医院，主要用于治疗那些来自战争前线的伤残军人，威廉·里弗斯医生当前治疗的病人，伊恩·莫菲特（Ian Moffett）是一位瘫痪症的患者。他在前往前线途中，第一次听到枪响之后，立即“歇斯底里昏厥”了过去，恢复了意识之后，双腿便不能动弹了，到如今，无法行走已经超过三个月了。里弗斯尝试了各种各样的疗法，以消除莫菲特的精神紧张，却始终都无法解除导致莫菲特瘫痪的意识根源。他没有对莫菲特施展催眠术，而是尝试了一种他并不大赞赏的治疗方法，在莫菲特腿上实施针刺按摩。现在，那个疗法像是有了初步成效，莫菲特对他的治疗已不再顽固抗拒，他抬起了莫菲特的左腿，莫菲特腿部膝盖以下竟然有了一些感觉，他与莫菲特二人相对而视。“它将会成为常态。”里弗斯微微一笑。之后，他拍了拍莫菲特的肩膀，“明天早晨再来看你。”

---

1 弹震症（Shell-Shock）：一种通常表现为歇斯底里的神经官能症，患者多半是在经历或目睹重大意外事件后，产生的严重焦虑或情绪低落等现象。第一次世界大战时期，有些士兵出现严重的疲倦、衰竭以及焦虑情绪，出现睡眠质量低落、暴躁易怒、过度警觉及惊吓反应等症状，当时推测认为是子弹爆开造成头部受伤，同时注意到部分士兵还并有心理作用成分，故又称战斗疲乏（Battle Fatigue）及战争精神官能症（Combat Neurosis）。

2 齐格菲·萨松（Siegfried Sassoon，1886—1967）：英国反战诗人及小说家，曾参加第一次世界大战，因英勇表现而获嘉许。然而战场上的恐怖景象及战友的阵亡却让他深深体会到了战争的祸害，令他决心放弃军营生活，并以作品反映他的反战立场。他的名作包括反战诗《老猎人》（The Old Huntsman）、《反攻》（Counter-Attack）及小说体自传三部曲《乔治·舍斯顿回忆录》（The Memoirs of George Sherston）。

里弗斯回到了楼下办公地，他需要花费一些时间翻阅新送来的病人的文件。他的目光落到从公文包里抽出的一份病历文件上：杰弗里·万斯贝克（Geoffrey Wansbeck），22岁。万斯贝克是一个很讨人喜欢的可爱年轻人，他病患的主要症状，是在法国前线杀死了一名德国兵之后，出现了视觉上的幻觉。几个星期之后，伴随着视觉的幻觉，又开始了嗅觉的幻觉，总是闻到一股腐尸的臭味儿。他明知那个气味不是真的，却无法摆脱自己鼻孔所感受到的那种气味。里弗斯放下手中的病案后，摘下他的眼镜，揉了揉他的眼睛，拉过椅子对准窗户坐了下来，面对傍晚时分射进房间的8月末的阳光，他突然被悲伤攫住了。

这时候，普莱尔则满心欢喜，穿着他的军服外套，沿着布拉德福德海堤信步而行，下个星期，他就可以回法国，再次重返前线战场了。他心里盘算着：今天晚上得把回法国的事写给莎拉、母亲、查尔斯·曼宁（Charles Manning）和里弗斯医生。

普莱尔悠闲地行走着，拖脚而行，海堤下面的海滩很黑暗，什么都看不清楚，在他一侧，是纪念品商店，陈列着琳琅满目的小礼品；在他身后，是一条通往军营的道路。一个走起路来有些困难、喝得醉醺醺的红头发女人——妓女伊莱诺（Elinor）停在了他身边，大喘着粗气，之后，一把抓住了他的衣袖，冲他微微一笑。一开始，普莱尔对这位主要靠大兵为生的妓女并不感兴趣，没有任何生理愿望，但由于想起了那么多曾经进入过这个妓女的身体且多已丧命的官兵们，他随后又有了一种奇怪的欲念，决定分享一下她的服务。他随伊莱诺一起去了伊莱诺的住所，在卧室里，普莱尔脱去了衣服，上了床，把伊莱诺浑身摸了一遍之后，又突然对她生出了反感，因为他从伊莱诺的脸上看到了一张似曾相识的面孔——他的第一个性伴侣、在他小时候对他实施性侵犯的神父麦肯齐（Father Mackenzie）的脸孔。不过，随着伊莱诺在他身下的蠕动，他慢慢抬起了他的身躯，很快进入了性欲的高潮。

充分享受过伊莱诺不错的服务之后，普莱尔立刻把伊莱诺忘记了，返回了军营。当他走进那顶他已经独自享用了一个星期的帐篷时，突然意外听到了先前与他同住过这顶帐篷的哈里特（Hallet）少尉招呼他的声音，他颇有些吃惊。因为哈里特已在上个星期去了芮赍（Ripon），参加轰炸训练去了。简单交谈了几句之后，普莱尔了解到：哈里特将同他一道乘船出发前往法国，而且是第一次上前线战场。黑暗中，普莱尔眨了眨眼，蠕动着钻进了他的睡袋。“我很期待，”哈里特继续说，“我们排上的有些战士已经去过三次了，我想那就是让我大伤脑筋的唯一原因。你他妈的怎么能领导一些比你知道得更多的人。”

普莱尔渐渐适应了帐篷里的幽暗，能够很清楚地看到哈里特的模样了——那模样相当动情。“你祈祷摊上个好军士吧……”他同哈里特聊了一会儿，哈里特仰躺在那里，两手交叉在他的脑后，除了他的面颊，普莱尔从他的角度什么也看不见。普莱尔在心里思忖：一切都那么惊人地偶然。哈里特还如此年轻，假如晚出生两年，就不会在这旦了，甚至可能完全错过这场战争，在荒谬的没有机会经历战争的遗憾中度过他的余生。“趋附死去的战友的鬼魂。”事情就是这样，普莱尔想：由于战争，到处都有鬼魂，甚至连活着的人，本质上，也都将要成为鬼魂……

里弗斯医生看了看环绕在伊恩·莫菲特双腿膝盖上方的那两条黑色的线条，让莫菲特闭上了双眼，然后，让莫菲特确切地告诉他具体的感觉是什么。莫菲特躺卧在那里，双目紧闭，回答说，“针刺。”对于莫菲特这种典型的歇斯底里性麻痹症，里弗斯采取了不断在他腿上画圈，在画圈的部位行针刺按摩的治疗法，而且，每天都在前一天的基础上，将那位置往下移动一点。他抬了抬莫菲特的左腿，一边行针刺按摩，一边与莫菲特闲聊着。

他不知道自己目前实施的这样相当离奇的疗法，是否真的有助于解除莫菲特的癔症性瘫痪，让他尽早恢复知觉；不过，他却很清楚，这样的疗法很有可能增强人们对巫术的信任感。里弗斯微微叹了口气，围着莫菲特的病床走了一圈。他的直觉并不赞成自己这样做，这不过是在刺激莫菲特生理上的一种反应，并不能医治他麻痹症的本源；但是，他又深信这样的疗法将会使莫菲特能再次站立起来。一个巫医，准能做到这一点，他回想起了他战前在西南太平洋的岛群美拉尼西亚（Melanesia）做人类学家时，与巫医恩吉鲁（Njiru）共同度过的一段时光。

在那里，在小岛艾迪斯东（Eddystone），他很快就养成了陪同恩吉鲁去给岛民看病的习惯。他们一道出发，永远是单行前行，因为那条小径弯弯曲曲地穿过稠密的灌木丛，狭窄得不容他们二人并排行走。到了村庄，他爬进一间小棚屋，蹲在地上，看着、听着恩吉鲁给岛上的病人诊治。在躺下去的那位老妇人的腹部上，恩吉鲁倒了一些椰子油，然后环绕着那位老妇人的小腹开始了他的按摩。在实施按摩的同时，恩吉鲁对他解释说，在他们的文化里，村民肠道里住着一条章鱼，因而造成了便秘，他的“药”已经把那条章鱼驱逐了。经过恩吉鲁的这种治疗之后不久，那位老妇人的便秘症状竟然真的缓解了，肚子也不再疼了。

里弗斯用酒精棉球擦去了昨天画在莫菲特腿上的那道黑色线条，“明天，这一部位不会再有问题了。”他说。然后，又往下面移了一点，开始了他这一天的针刺按摩。现在，莫菲特的麻痹感正在渐渐消失，开始有了很明晰的针感，还准确指明了行针部位——大脚趾顶端，甚至还能够在他的帮助下试着走几步。不过，对此，他并不感到有多惊喜。因为这样的疗效，并没能消除莫菲特的精神症结，莫菲特的表现依然十分消沉沮丧，甚至生出了自杀的念头。

那天，下午晚些时候，里弗斯接到办公室的特尔福伯德少校（Major Telfbrd）打来的电话。随后，他们在一间浴室里找到了割腕自杀未遂的莫菲特。他们不顾弄湿衣服，赶紧把耷拉着脑袋的莫菲特抬出了浴缸，水淋淋地放到地面上，他们看到了莫菲特在他的左手腕上割开的那个相当深的切口，鲜血不断地流，面对这一悲剧，里弗斯立即抓起一条干净毛巾，动手止血。随后，轻轻拍打呻吟中的莫菲特的面颊，努力将其唤醒，并让罗伯茨修女（Sister Roberts）去找来一把轮椅。在为莫菲特处理他手腕上的伤口时，里弗斯对惶恐中的莫菲特说道.“你是一个军人。”他要求莫菲特坚持住，然后又补充了一句，“你试着睡一睡吧。”

用轮椅把莫菲特弄回了他的病床之后，里弗斯在走廊里又遇到了他另外的一位病人杰弗里・万斯贝克。眼下，万斯贝克的症状已经有了很大的好转，但是还没有好到可以下床随意走动的地步，他的身体依然有些虚弱，喉咙还有痛感。“你最好回到床上去。”里弗斯劝告万斯贝克说。

在背后的门“砰”的一声关上了之后，一种持续不断的“喀啦”声响，引起了里弗斯的注意，他不清楚那声音是从哪儿传来的。那长长的走廊一直向前延伸着，空空荡荡，在它那灰色的苍白得发亮的地板上，隐隐呈现出了窗户的框影，“喀啦，喀啦，喀啦。”随后，他明白了，那声音是从百叶窗的拉绳尾缀那里发出来的，那尾缀在微风中相互碰击，发出了“喀啦”的声响。

这个声响，令里弗斯回想起了他的朋友恩吉鲁以及艾迪斯东小岛上的猎首[1]习俗——那几间头盖骨屋舍。那天，他尾随着恩吉鲁穿过了一片闷不透风的丛林之后，走进一片空地，炫目的阳光从树冠间斜射下来，在他们前方，有一个向上的斜坡，斜坡上面，是六七间用头盖骨盖成的房子，供奉礼拜用品的格子上，吊挂着一串串晃来晃去的贝壳。头盖骨屋舍当中最远处的那一间，正在维修，里面的人员已经被转移，被安排在了那一片空地上。乍看起来，那一片空地，就好像用头盖骨制成的鹅卵石。当时，他落在了恩吉鲁的后面，突然，一阵强风吹动了林木和用来信奉的那一串串发出"喀啦喀啦"声响的贝壳。

返回法国战场之前，普莱尔去了一趟未婚妻莎拉·卢姆（Sarah Lumb）家的小镇。他与莎拉的这一次会面，不那么顺心，他们二人都极度希望能单独度过一段属于他们自己的时光，然而，遭到了莎拉的母亲艾达·卢姆（Ada Lumb）的极力拦阻。一直以来，艾达总是身穿一身黑装，并不全是因为要为她丈夫服丧，而是因为黑色很容易产生令人敬畏的效果。

威严，是艾达的上帝。十八年前，艾达带着两个漂亮而纯洁的女儿莎拉和辛西娅（Cynthia）来到这个小镇，买下了一家连锁商店，经营各种小商品和药品。艾达每当星期日，就会锁上商店的门，像普通的基督教徒一样，招待教区牧师；不过，艾达间或还会像少数的基督教徒那样，在安息日，在普通的基督教徒一直都极力抗拒的降神会[2]的活动里，度过星期六的夜晚。

普莱尔和莎拉的婚期，还有一年的时光，普莱尔并不完全深信自己一年后一定能来娶莎拉，因为在此期间，他还有许多时日要过。不过眼下，他相当迫切地渴望能与莎拉双宿双栖在一起，两情相悦，他看了看表，想等到大家都去睡觉之后，他们尽可能地单独栖聚在一起。他们双心一意，莎拉也十分渴望能与普莱尔温存一番，单独厮守，还想在第二天出门之前，假装头疼。然而，由于艾达敏锐的洞察力，他们的这两种图谋都没能得逞，全都被艾达不失时机地阻止了。

第二天晚上，艾达在前面领路，全家人一起去参加星期六晚上的那个礼拜会，在一个男人登上了讲坛高声宣讲起来之后，普莱尔悄悄招呼上莎拉，二人趁机溜了出去，不顾一切地急匆匆跑回了家中。他们来不及跑进卧室，二人的欲火就已激荡得按捺不住了，欲火中烧，心急如焚，不顾前后地疯狂做起爱来……艾达和辛西娅回来之后，他们刚刚才狂欢完毕，浑身上下被折腾得汗汪汪的，莎拉匆匆忙忙把她的裙子拉了下来，湿漉漉地坐到她母亲的椅子上。普莱尔刚要坐下，突然瞥见了莎拉丢在那本"家庭圣经"上的内裤，赶紧抓了过来，塞进了他的制服上衣里，快速坐下去之后，顺手拿起了那本圣经，放到了他的膝盖上。

第二天，在艾达的准许下，莎拉在无人陪伴的情况下同普莱尔一道去了火车站，去为普莱尔送行。站在空空荡荡的站台上，他们相拥相抱在一起，临别之际，普莱尔抬起莎拉的一只手，吻了吻上面的那一枚戒指，莎拉微笑着说道，"明年，就会终生不离了。"然后，又叮嘱说，到了前线之后一定要写信来。

---

1 猎首（headhunting）：将人杀死后砍下并收集头颅的一种习俗，许多古代文明都曾流行过猎首的做法。在美拉尼西亚（Melanesia）岛上，一些部族曾有过猎首的传统，猎取敌方首级多为一种宗教仪式，而非战争行为。猎首通常标志着部族成员对己方战死者哀悼的结束，参与猎首行为可作为部族男性成员成年的标志，部族首领会依据猎取首级的多少对部族成员进行奖赏。

2 降神会（séances）：一种与死者沟通的尝试。又名通灵会，由主持者（灵媒）与灵界的鬼魂、或其他灵魂存在体的一种沟通聚会。

普莱尔回答说：一回到伦敦，他就会写信来的。莎拉分外高兴，又叮嘱了普莱尔一句：他们的婚事，无论如何都要同他母亲打一声招呼。普莱尔告诉莎拉说，他母亲会很高兴的；然而，与此同时，他脑海里正在回想着的他母亲的那一番话是：你应该找一个比工厂里的姑娘要好得多的女孩结婚。不知情的莎拉冲他微微一笑，“我会一直等着你的，等着你回来。”

普莱尔回到伦敦那天，是1918年8月29日。火车晚点了，晚了很长时间，下车后，普莱尔发现自己不但找不到行李搬运员，找不到出租车，甚至找不到旅馆，家家旅馆都说客满。前来接站的查尔斯·曼宁提出了一个解决方案：为了不打扰家人，最好到他在“半月街”那边租的那套房间去过夜。普莱尔还想再多走几家旅馆看看，碰碰运气，但是，看到查尔斯那一副步履蹒跚的样子，显然是在忍着疼痛陪他一起走着，只好采纳查尔斯的提议了。之后，他们在街上一起用了餐，并要了一瓶威士忌。普莱尔回想起了他与查尔斯有过的随意却很强烈的性关系。他儿时曾经遭遇过神父麦肯齐的性侵犯，却因此摆脱了因为家庭贫穷而不能进上流学校的困境，从此告别了破落、无助的底层社会的生活，找到了自己赖以为生的生存方式，成了一个对两性都感兴趣的双性恋者。与他一样，查尔斯也是里弗斯医生经手过的一个出现了精神障碍的患者，不过查尔斯是一个来自上流社会的军官，他的社会地位和战场上受伤的履历，成了他的保护伞，使他避免了被揭露出来的那些同性恋者所遭遇的巨大危险。

随后的一天，8月30日，普莱尔在“半月街”的房间里吃了晚饭，然后，穿上外套，去了里弗斯医生那里。那天因为周末休假，里弗斯去了伦敦东南的拉姆斯盖特（Ramsgate）小镇，去看望他的姐姐凯瑟琳（Katharine）。凯瑟琳目前的状况不大好，卧床不起，他们姐弟二人一起回忆了一些童年往事。之后，里弗斯坐火车去了格林尼治（Greenwich），在油画彩绘大厅（Painted Hall）参观过装饰绘画后，坐轮船继续他这一天的行程，到达威斯敏斯特（Westminster）的台阶踏板时，已是下午后半晌了。地铁非常拥挤，下车后，他找不到一辆出租汽车，等到他转过了霍尔夫德路（Holford Road）的拐角时，看到普莱尔已经等在那里了，正站在他公寓楼的台阶上。

之后，普莱尔随里弗斯上了楼，里弗斯拿出钥匙，打开了房门。让普莱尔在椅子上坐下之后，里弗斯对普莱尔坚持离开国内军需部前往法国前线一事，从医生的角度，提出了他自己的观点。在他看来，要是普莱尔能继续留在英国，再服一年国内兵役，那样对他的身体会更好——因为就在两个月之前，普莱尔曾有过一次失忆，相当严重，他无法断定，那一次只是纯属偶然。普莱尔很想说服里弗斯，一再表示：返回法国战场，是他自己的意愿，对他来说，是一件很值得去干的事。过了一会儿，里弗斯注意到普莱尔在看他的手表后，他便不再坚持自己有关“普莱尔应继续在军需部干上一年”的意见了。很显然，普莱尔正在等候午夜的那一趟火车，他不希望普莱尔出发前的这最后一个夜晚过得不愉快。一直以来，他已把普莱尔看成了他自己的儿子，于是，他与普莱尔随意聊了几句其他的事。普莱尔说起了里弗斯昔日的病人——近来，他见到的病友威尔弗莱德·欧文和查尔斯·曼宁。看到普莱尔在穿外套时，里弗斯又从心理学者的角度，用心叮嘱了他几句。普莱尔微微一笑，告了辞，里弗斯迅速跑进卧室，从临街的窗口，伤感地望着普莱尔的离去，同时想起了他自己与父亲的关系，直至树篱后面的普莱尔的身影从他的视野里消失。

在还剩不到一个小时的时候，普莱尔赶到了火车站。午夜时分，他抵达了福克斯通（Folkestone）后，整个人筋疲力尽。近来，火车站站台上的那种告别的场面，他已经见过很多了，令人窒息。这时，他看到了他的室友哈里特以及哈里特的家人，他们看上去相当悲观失望，个个都很沮丧，尤其是可怜的哈里特。他冲着哈里特招了招手，就朝前走了过去。

第二天，8 月 31 日，是个星期六，普莱尔大部分时间都是在甲板上度过的，他眼望着英国的陡崖渐渐消失在远方，他们离英国越来越远，离法国越来越近。随后，哈里特走了上来，站在甲板上，站在几码之外，像是不想打扰普莱尔与祖国的告别。普莱尔主动走向哈里特，他们坐了下来，开始了交谈，谈话内容充满了理想主义。

9 月 1 日，星期日，普莱尔他们抵达了法国，住进了集体宿舍里。在集体宿舍里睡觉的感觉，让普莱尔觉得就像是在医院的大病房里睡觉时的那种感觉——隐私被牺牲了，不能有任何亲昵行为。哈里特睡在他旁边的那张床上。这天晚上，哈里特坐在床上，拿出他女友的照片给普莱尔看。他们在被调往前线之前，度过了不少时日的消遣时间。

9 月 7 日，星期六，普莱尔他们被部署到第二曼彻斯特集团军，加入了战线上那些部队的行列当中，第二天，他们就得出发了。这天傍晚，普莱尔他们的宿舍里，人人都在写着什么。普莱尔上下看了看整个房间里的情形，除了翻动纸页的声音，几乎听不到任何其他的声响，四下里，到处都是用笔书写文字的唰唰声。这些天来，他们宿舍里，每天晚上都是这个样子。大家在写的不仅是书信，还有日记、诗歌，在他们宿舍屋里，就至少有两个人是诗人。

傍晚时分，太阳下沉的时候，里弗斯医生因为病魔缠身，躺卧在了床上，将他的头转了过去，目视着夕阳渐渐变大、渐渐变红。由于被困废在了床上，现在，他不能出去走动，浑身不适，肌肉酸痛，喉咙发炎，眼睛刺疼。尽管他极力与身上的那个病魔做着斗争，然而最终，他还是屈服了，躺下了。

一连几天了，里弗斯都昏沉沉躺在床上，发着高烧，打着冷战，梦魇缠绵不断。他做了一些奇怪的梦，梦见了他儿时在家中的草地上，与母亲邀请来的那些孩子们打板球；还梦见了在航往艾迪斯东小岛途中，他站在甲板上，凝望着黑暗中的大海微暗的绿色海面，以躲避甲板下面的那挥之不去的闷热。

度过了一个不得歇息的夜晚之后，为了行程中的最后一段里程，第二天，他与唯一的同伴霍卡特（Hocart）被渡轮转送到了一艘不定期航行的货轮上。太阳升起来的时候，甲板被阳光照射得热气蒸腾，灼热难耐，他们开始整天寻觅阴凉。当时，与他们同住一个舱室的，一位是商人布兰南（Brennan），另外一位是神父米希尔（Father Michael）；米希尔满身学究气，是一个无神论者，喜欢说东道西，与年龄不到 25 岁且颇有叛逆精神的霍卡特，为有关那些岛屿上的传教记录几乎争吵了起来。有一天晚上，他们在玩纸牌的时候，布兰南让他看了一张相片，上面是三个棕色肌肤的裸体男孩，是布兰南在新赫布里底群岛（New Hebrides）与当地年轻女子性交的结果；随后，布兰南像是为了刺激一下霍卡特，又说起了在悉尼花 40 镑金币就能买到一个白人女子的事。

那天，当他和霍卡特换上独木舟上到了艾迪斯东小岛上之后，他们没有受到欢迎。小岛上不见一个人影，在热带的黑暗中，他们只好在帐篷里度过这一夜。当他在帐篷外的一张临时搭起的桌子跟前坐下来修理油灯时，恩吉鲁出现了。恩吉鲁是一个背部畸形的男人，要不是驼背，依据美拉尼西亚的标准，他会是一个体魄非常高大的男子汉。他身上佩戴的所有饰物，项链、耳环、臂环、手镯，全部都是贝壳制品。他总是努力挺直他的身躯，保持他的尊严。说起来，恩吉鲁的出身不凡，他是艾迪斯东小岛上主持最重要祭礼的酋长兰博（Rembo）的长子，由于残疾，在划船、捕鱼、盖房或打仗方面，从来不与岛上的其他的年轻岛民竞争。作为补偿，他致力于思想与学问尤其是治疗技艺方面的钻研，他的本事，在任何社会，都会使他成为非凡的人物。在艾迪斯东，他是一个很有权势的人，他的权威，主要依靠的是他所掌管的鬼魂数目。在登陆艾迪斯东小岛的那些日子里，在里弗斯和霍卡特与那些岛民之间进行必要的交流时，恩吉鲁是他们的一位最好的口译者。从恩吉鲁的口中，他们了解到了许多有关小岛的事儿，包括小岛上当地住民的那些文化风俗和传统。

9 月 8 日那天，当晚，火车把普莱尔他们带到了离他们第一个登陆地点有 3 小时路程的法国亚眠（Amiens）的一个小镇上。下车之后，他们一个个睡眼蒙眬，仍处于一种迷迷糊糊的精神状态。风雨横扫着黑暗，他们懵懵懂懂一起往前赶路，磕磕绊绊，穿过站台，走进车站的大院，经过冗长的等候之后，向导终于出现了，连比画带说了一通之后，指挥一个个分遣队前往他们的兵营。普莱尔看着他的分遣队在一个教堂的大厅里安顿了下来之后，和他们说了再见，并祝他们好运，然后去了分配给他的住处。黑暗之中，普莱尔紧紧尾随在默默无语的向导身后，来到一所被遗弃的老房子跟前。向导把他引上了台阶。他进门之后，正坐在睡袋外面整理自己物品的哈里特站了起来，告诉他："欧文和帕茨（Potts）在楼上。"他们彼此双目相接，露齿而笑。然后，哈里特又像主人一样介绍说："浴室在背后。"普莱尔打了一个哈欠，坐到了地上，他太疲劳了。

第二天，普莱尔很早就醒了。从窗口望出去，小镇清晨的景色非常美丽，后花园看起来像一处丛林，甚至还有一个小池塘，他因而近乎忘却自己已经濒临前线了。

随后的几天里，他们无事可做，不用对任何人负责，战争像是离他们还很远，把他们遗忘了。他们消磨着自由的时光，四下闲逛，看到在这个小镇上，大部分房屋都被战争毁坏了。傍晚时分，普莱尔与同宿的三个战友点燃了蜡烛，围坐在桌子旁边，喝着葡萄酒，争论了起来。他们辩论起了战争的理由，以及为什么英国至今依然处于不得安宁之中。他们当中，来自曼彻斯特大学的理科生帕茨，有些玩世不恭，愤世嫉俗，大放厥词，面红耳赤；与出身于一个老军人家庭、受过良好贵族教育、思想正统的哈里特，二人理论得不可开交。

9 月 14 日，星期六，没等普莱尔他们开拔，前去与作战大军会合，作战大军就撤退到他们这边来了。普莱尔默默注视着行军当中的那些"曼彻斯特人"，看到他们浑身上下湿淋淋的，帽子也被雨水淋湿了，脸上被打得落花流水，双眼充血。显然，他们刚刚度过一段极其糟糕的时光，其中有一两张面孔，是普莱尔之前就认识的。在那些曼彻斯特兵士当中，没有人谈论有关的失败，他们坐在稻草包上，从血迹斑斑的脚上往下拖拽袜子，因为没有布缕，一直在用纸片、撕开的信封，随便什么东西，给自己擦拭。他们没有烟抽，只能抽从路边捡到的草叶——在有阳光的时候，在他们的背包上晒干的草叶。普莱尔给母亲、莎拉和一切他能想到的人，一一写了一封信，向他们讨要廉价的"忍冬"牌卷烟。

9 月 15 日，星期日。昨天晚上，整个亚眠地区一直都在下雨，雨下得很大，很急骤。普莱尔他们插入集团军军营当中之后，在一个满脸愁容的厚道的副官提议下，普莱尔成了一名负责毒气的官员——负责毒气防护，教导下属在进攻时戴上沉重的防毒面具。其中有一个男人——"身负十处创伤的马歇尔"（Marshall-of-the-Ten-Wounds），引起了普莱尔的极大注意。马歇尔迈着大步，在那里走来走去，大声说着话，一副无拘无束、毫无顾忌的样子。普莱尔心想：这个人的这种大胆、自由、粗放，就像是在享受生活之乐。这个人天生就是一个战士。狂放、狡猾、残忍、坚定，行动迅捷果断，具有惊人的勇敢，这个人成人之后的全部生活，都用在了行军打仗上——简直想象不出，这个人过别样的生活，会是个什么样。

里弗斯医生的高烧始终不退，梦魂颠倒，梦游在艾迪斯东小岛上。在艾迪斯东小岛上，人们不需要为他们的正当死亡等待太久。曾经强壮而精力充沛的恩基亚（Ngea），在艾迪斯东，是继兰博酋长之后最有权势的一位酋长，如今，他就要死了，不过，他的状况还没有糟到让他的妻子埃米莉（Emele）和另外一些女人嚎哭起来的程度。里弗斯给恩基亚做了检查，告辞前，对恩基亚说，明天会再过来看他的，之后，回到了自己的帐篷里。帐篷里面十分黑暗，灯光下，霍卡特正盘腿坐在地上用铅笔在笔记本上写着什么。他们吃过晚饭，结束了一天的工作之后，里弗斯躺在帐篷里，听着从外面传过来的一个年轻姑娘与三个年轻小伙子之间的性事。在英国，这种事可能会受到关注，而在这里，这种事却是司空见惯的。在这里，女人们什么都不理会，只注重男人猎首的多寡，然后，以身相委。

破晓时分，里弗斯被一些女人的哭嚎声惊醒了，这是恩基亚死亡的信号。那哭嚎声，拖着长音，慢条斯理，颤颤悠悠，颇有音乐性。哀悼继续了一整天，人们从小岛各地纷至沓来，过来与恩基亚告别。之后，没有过多的礼仪，按照小岛上死亡的习俗，恩基亚被悬吊在了一根圆杆上，被运送进了"灌木丛里"——实际上，是被人们护送到了一个荒芜的海滩上，被放置在一个石圈里——他的斧头和他的盾牌放在他的脚边，身体被摆直，坐在那里，头被圆杆支撑得笔挺挺的，目光越过那石头围圈的低矮处，一直朝向西方的日落。之后，恩基亚就那样坐在那个石圈里，直到送葬的小船，把他带进大海。

隔了一天，里弗斯去了恩基亚的灵堂，向恩基亚的遗孀埃米莉表示了他的哀悼。就在这时，他看到了一个极不寻常的场景：在灵堂里，建起了一个木头围圈，与存放着恩基亚尸体的那个石圈很相似，只是圈壁较高一些，埃米莉正以一种弯曲的姿势蜷缩在里面。埃米莉将在那个木围圈里面度过一段未知的时光，而且始终要以那种弯曲的姿势，等待着"海螺吹响"，她才能获得自由。

在恩基亚死亡之前，恩吉鲁就答应要带里弗斯和霍卡特到小岛上那个位于最高峰顶上的著名山洞里面去看看。所以，在随后的那天上午，恩吉鲁如约护送他们二人去了那里，并与他们一起进入了那个巨大的洞口里面的黑暗空间。那个山洞里，洞壁上的各种标记符号被解释成了新鬼魂们的绘画。霍卡特用草图绘制下了那些标记符号，并一一记录下了他所给予的鉴别：一个男人，一个妖精，几头猪，一只作战的独木舟。里弗斯手举着火把，一面与恩吉鲁交谈，一面前行，很快进入了洞穴深处的一个凹陷坑。那里充满了生命，数以千计的蝙蝠悬挂在洞壁和洞顶上，在被惊动之前，一齐向他们飞了下来。恩吉鲁由此与里弗斯说起一个有关狩猎蝙蝠的传说，随后便说到了死亡。之后，从恩吉鲁那里，里弗斯弄清了在这个远离文明世界的小岛上，在这个文化极其落后的原始部落的角落，部落酋长过世之后需找人头血祭的文化习俗。所谓"海螺吹响"，只有在猎首血祭之后，海螺才会被吹响。恩吉鲁的祖父就曾因为在一个下午猎取了 93 个人头而名声大振，驰名小岛内外。恩吉鲁在讲述这件往事时，不再像先前说到一些部族里的传统习俗时那样闪烁其词，也不再用托词遮遮掩掩，用心回避什么了。因为他认为，那是他部族的遗传，是他部族文化的骄傲。他直盯盯地看向里弗斯，告诉里弗斯：吹响海螺，意味着完成了一次成功的袭击，酋长的遗孀，只有在一个人头被砍下之后才能获得自由。

9 月 16 日，星期一，户外一直在下雨。普莱尔在地处牛棚和户外厕所交叉处的宿营地上，在烛光下，回想起了先前他在前线一个掩体里劳作时的情况。第二天，雨终于停了，普莱尔他们花了一天的工夫打扫营地上的卫生。之后，在下午，那些被招募来的士兵们被准许玩玩游戏，以作为对他们的酬劳。

9 月 18 日，星期三，普莱尔他们依照安排，在一个谷仓里洗了澡。看到那些赤裸着的身体，普莱尔想到了那种发生在男人们之间的性事、性交、性关系。在这期间，他们在户外建立了一个非正式的做礼拜的教堂。近来，他们常常用睡懒觉来打发时光。在白天，他们能享受到的一件乐事儿似乎就是早餐时能吃到熏肉和煎鸡蛋，它们的味道，令普莱尔想起了在家里吃到的烤牛肉和肉汁。傍晚时分，普莱尔和哈里特对坐在桌子那里，十分入神地写着。哈里特在给亲人们写家信，普莱尔在写他的日记。这时，从窗外传来了军中鼓乐队演奏的《基督勇士前进歌》，“向前，基督的战士 / 面对战斗 / 佩戴耶稣的十字架 / 前进……”

9 月 26 日，星期四，普莱尔他们被送上了前线。他们路过了一些被毁掉的村庄，到处都能看到弹坑，令他们不由得想到了敌人战火的破坏力。在接下来的日子里，普莱尔继续着每天数次的防毒演习，他负责保证士兵们能尽快地戴上防毒面具和保护设备。每一个白天，他们都是在头上不断轰响着飞机的轰鸣声，以及第二天部队又要往前推进的消息中度过的。

里弗斯医生继续梦游在艾迪斯东小岛上。圆月当空，里弗斯走出了他们的帐篷，去了恩基亚家的所在地。一进村，他直奔恩基亚的灵堂，看到守丧的女人们已经睡着了，埃米莉依然以那种弯曲的姿势蜷缩在那里。他很为埃米莉的命运担忧，在返回帐篷之后，他向霍卡特道出了自己心中的那份忧虑：如果那个人头不能尽快被砍下来，埃米莉将会有什么样的遭遇？埃米莉摆着的那种弯曲的悲悼姿势已经太长时间了，为埃米莉的健康和命运，他忧心忡忡，然而，他却十分清楚，他们根本无权干涉这一切。“我们又能做些什么呢？”霍卡特附和着说道，盘起腿，坐在他旁边的地面上。他愈发感到无奈，慢吞吞地说了一句，“按理说，我们是不该干涉的。”随后，霍卡特沉默了下来，沉默当中，他们二人都很明白，在这件事上，他们是无权介入其中的。

接连几天，里弗斯始终都不得安眠。小岛上的炎热还在继续，从午后一直持续到夜晚。这天早晨，里弗斯终于被吹响的海螺声吵醒了，他立即叫醒了霍卡特，几分钟后，他们走出帐篷，穿过那些低矮的灌木丛，奔到了海滩上。在那里，里弗斯看到在邻近岸边的海水里，恩吉鲁身上披着一块白布坐在一只独木舟里，一个助手划着桨，正朝着海岸划过来。他同时注意到，在那只独木舟里，还载有一个 4 岁上下的小男孩——猎首之后的战利品。那个小男孩看上去脏兮兮的，流着鼻涕，满脸泪水。当那只独木舟刚一靠近岸边，守候在岸边的欢腾跳跃的人群，立即跳进大海，在浅水滩里欢呼雀跃，喜迎恩吉鲁成功猎首归来。恩吉鲁上岸之后，满脸欢笑的人群簇拥着他回到了他们的村庄，里弗斯默默尾随在那些人的后面。人们刚一进村，海螺吹响了，过了一会儿，里弗斯看到了埃米莉的身影——被两个女人搀架着从她那个木头围圈里出来了，步履蹒跚，双臂软塌塌地搭在那两个女人的肩膀上，不过人还活着。

10 月 4 日那天，在法国前线，普莱尔他们在一个 1 英尺深的壕沟里躺了一整夜，那是他们的胜利报酬——那个壕沟原本是德国人的。他们一直在与敌人交火，他的副官朗斯塔夫（Longstaffe）受伤了，前额上被打出了一个血洞，脸上是一副带着有点吃惊的表情，朝着壕沟里滑落了下来，身上还带有刺刀刺出的创口。普莱尔不想记住这个极其恐怖的场景，他想：里弗斯会说，你要记着——任何压抑的记忆被储存起来都会成为将来的麻烦。是的，太糟糕了。他又想：拒绝去想，是他现在能活下去的唯一途径，可将来又是什么呢？正如里弗斯所说，整个事情就是地盘的争夺。有限的空间，不能活动，无依无靠，消极忍受，你无法躲避的无时不在的危险。不过，普莱尔接着想道：他的神经总算一切还很正常，或至少不比任何别的人差。现在，大家的思想都在飞速运转，每个人都在尽力适应着自己所目睹到的情景。此刻，他们在做些什么？表面上看，是一片欣喜。他们在回撤，穿过那片没有任何变化的荒野，朝着安全的地方行进。又有一个军团插入了他们的行列。普莱尔的右脚每次一触到地面上，他就对自己说，结束了，结束了，结束了。因为战争就要结束了，他们全都知道，战争就要结束了的一部分原因应当归功于他们的努力。他们突围了。他们守住了阵地。

10 月 5 日，普莱尔想，他们最糟糕的时候，是跟随着那次反击开始的。当时，他们整天躺在周围都是死人的壕沟里，朗斯塔夫悄无声息地躺在他旁边，死亡之后，脸上的表情变了，那个吃惊的表情消失了。他们用心倾听着壕沟外面受伤的人员的呻吟声。两个担架兵自告奋勇出去了，刚站起来就中枪了；后来，另一个试了试也被打死了。在那之后，普莱尔说，别再试了，大家待在下面别动。到了入夜时分，大多数的呻吟声都停止了。几个伤势比较轻的，在黑暗的掩护下爬进了壕沟，普莱尔他们尽力给他们做了包扎。这时，外面还有一个不断呻吟的声音，那喉音，简直不像是人，甚至不像是动物的，有点像是阴沟里流水不畅发出的汩汩声。普莱尔决定亲自和下属卢卡斯（Lucas）一起出去看看。他们试着爬出所在的壕沟，一点不像他们原来在上面爬行那样简单，现在需要精确地溜过阻碍衣袖的铁丝网和网上的倒刺，然后，爬进那泥地里。子弹一直在呼啸，很吓人，但是，想到他必须面对的那个呻吟声时，他想，自己绝不能被恐惧吓住。他们顺着汩汩声找到了那个人。那个人躺在一个进了水的大弹坑的斜坡中间，在他们往下走时，子弹像雨点一样落在水面上，发出“噗，噗，噗”的响声，飞射过来的子弹还落在他们刚刚离开的那个弹坑的边上，击起一蓬蓬泥土。普莱尔径直爬到了那个人的脚边，看到那个人的整个躯体都在颤抖，在星光的映照下，那个人的皮肤呈蓝色，他认出那个人，叫了一声“哈里特”，那汩汩声立即停止了。他向卢卡斯打了个手势，卢卡斯帮他把哈里特翻转了过来，仰躺在了那里。他们看到了哈里特的伤情，惨不忍睹：脑组织露了出来，流了很多血，颈项里有很多不是血的东西，一只眼睛没了，左半边脸上是一个大洞。随后，他们用一根粗绳，在主动尾随他们而来的士兵卡特（Carter）的协助下，设法通过了火力线，把哈里特弄回了他们的阵地。

10 月 6 日，邮件被送来了。普莱尔坐在一张摇摇晃晃的桌子前捡收那些来信。在那些信件中，包括一封他未婚妻莎拉的来信，莎拉在信上说他们在一起的时光没有使她怀孕，他的第一反应本该是高兴，松了一口气，但那却不是他的第一反应。随后，普莱尔把那些信件认真查看了一遍，发现有一些信件是属于一些已经阵亡的士兵的，无法递送，他拿出了名录，一一对应着名字，做了登记处理。在这期间，普莱尔不由得想到，在一个月前，在亚眠小镇上，与他同宿一室的那几个人：帕茨受了伤，可能还活着；欧文的那个勤务兵琼斯（Jones）也受了伤，有可能还活着；现在哈里特又受了伤，伤得如此严重，可能活不成了。他接着又想到了“克雷格洛克哈特战地医院”，他和欧文，应该算是被成功治愈的典范了。“看看我们，”他在他的日记里写道：我们不去记忆了，不去感觉了，除了打仗，什么也不去思考了。用任何一种恰当的文明的标准来衡量，我们都是可怕之物。但是，我们的神经完全稳定下来了，正常了；而且，我们还活着。

里弗斯医生终于从高烧中解脱了出来，他刚刚阅读了晨报上一篇有关法国战事的战地报道。普莱尔应该在那里，他心想，一面从他的早餐托盘上捡起了那张报纸，全神贯注，集中了他的思想。他想，很清楚，即使根据这份傻乎乎的热情报道，人员伤亡也是相当惨重的。但是，现在，他没必要从中核对那些伤亡人员的名单，如果普莱尔没事的话，在随后的几天里，他也许能够得到一份从火线上寄来的明信片。普莱尔的上一封来信，已是在十天之前。读着那篇报道，里弗斯又一次受到了刺激，每次接到那些前线战士们从法国寄过来的信件，他的情绪都会激动不已。那倒霉的战争若是不得不发生的话，他宁愿和“身负十处创伤的马歇尔”一起度过，而不是与他眼下的病人“搞同性恋的特尔福德（Telford）”一起度过。里弗斯努力将自己的注意力集中在了那次战役的细节上，但是，那些印刷的字体在他眼前模糊了，结果，他又一次进入了有关艾迪斯东小岛的梦境当中。

那天，他和霍卡特受到了邀请，目击了恩基亚酋长的头骨被运送到储存人头骨房屋的整个过程。破晓时分，他们被杀猪声吵醒了。艾迪斯东小岛上举行了一个盛大的聚会，两堆大火上烹制着猪肉。中午时分，仪式开始了，恩吉鲁主持了整个仪式。在这期间，里弗斯为自己无须翻译就能够听懂恩吉鲁的那些祈祷词而感到骄傲。村民们把一些食物供奉给了神灵，大声祷告猎首的成功。里弗斯吃着提供给他的烧烤熟的山药和猪肉，关注着会场上的司祭恩吉鲁，沉思着。之后，在回返他们的帐篷后，霍卡特很快就睡熟了，里弗斯却辗转反侧，久久不能入眠。

根据当地风俗，村民们还要在恩基亚的灵魂升入鬼灵世界的那个夜晚，举行一场通灵会。那天，日落时分，他们聚集在恩基亚的灵堂，围着火堆盘腿坐成了一个大圈，等待着来自灵界的信息。十分出乎意料，恩吉鲁没有出席，主持者是昆代特（Kundaite），负责与鬼灵们进行交谈。昆代特能够口译鬼灵们的语言，能够向鬼灵们发问。当时，没等到恩基亚的灵魂现身，里弗斯就已经眼皮发沉，瞌睡得不行了，不时要努力眨眨他的双眼。昆代特开始口译鬼灵们的话语了，“独木舟……划桨的声音……”然后，又详细解说起恩基亚的灵魂前往鬼灵世界的行踪：恩基亚与他母亲和其他亲属汇合到了一起，随后，恩基亚归位到了属于他的那个房间，停留在了他自己的房间里，之后，那个房间到处都是海螺的声响……会场上，一阵短暂的沉默之后，每一个聚集在恩基亚灵堂里的人，除了里弗斯和霍卡特之外，全都听到了恩基亚吹响的海螺声。埃米莉那带着音乐韵味的哭嚎声响了起来，女人们也随之放声悲号了起来；最后，唯有他们二人，表示自己什么也没有听到。走回帐篷之后，他们讨论起刚刚结束的降灵会，都表示他们的确什么也没听到。里弗斯有些泄气，准备躺到床上时，看到枕头上放了一把斧头。他把斧头拿了起来，靠近亮光的地方，看到斧头柄上的颇为精致的雕刻和上面的一个柄结，认出了那把斧头——它应该是恩基亚的。在人们将这把斧头和恩基亚一起放进那个石圈里时，他曾认真关注过这把斧头上的柄结。他摸了摸斧头的利刃，意识到：这或许是当地人发出的警告——他们问了太多愚蠢的问题。

10 月 10 日，普莱尔和士兵们撤回到了较为干燥的地区。普莱尔回想起他与欧文在“克雷格洛克哈特战地医院”里一起度过的那些时光，思想突然一下子回到了里弗斯的治疗室：午后的阳光照在里弗斯的眼镜上，那镜片熠熠发光，里弗斯在那里沉默着，用一种永无休止的沉默，试图使他的病人产生安全感，说出他们的经历和恐惧。这时，他第一次想到了里弗斯所干的差事，其实也是需要勇气的。

10 月 11 日，因为近来一些关于和平的议论悄悄渗透到了士兵们的脑海里，这天，普莱尔和一些军官奉命，一个个站到那些士兵面前，颁布一道新的禁令，大意是：在第四军团里的任何形式的和平谈论都要立即停止。不过，那些高级军官们，却无须为制止士兵们对和平所抱有的幻想而犯愁的。一些士兵坐在稻草包上，清洁着他们的装备的时候，有一个人大声读着报纸：“奥匈帝国崩溃了，和平即将来临……”

谁也没上前去制止。

近来，已有些日子了，普莱尔所在的这一支部队，官兵们正远离前方战场“休息”，像往常一样消磨着他们的时间，洗澡、换衣服、大扫除、操练、强制性的游戏、排队去教堂，等等；当然，还有必不可少的对付毒气的演练。普莱尔整天忙于那些接连不断的防毒演练事务，以确保那些士兵能够及时戴上防毒面具。在他们刚刚抵达这个营地时，部队增派来的新兵员已经从英国斯卡伯勒（Scarborough）那边开过来了，正散坐在四周，期待着被迎接入列。不过，那些新兵员并没有受到他们的欢迎，因为那时，他们满脑子里装的全是刚刚过去的那场大会战，无暇应付那些干干净净、满脸无邪、粉红色面孔的新兵蛋子。普莱尔认识当中的几个人，尤其是其中一个特别没本事的男孩，曾在欧文的住处，打翻了热汤。

10 月 15 日，昨天晚上，普莱尔他们受到了当地商贩们的款待，他们整营的人马和左翼邻居当中的军官都受到了邀请，其中就有现在成了代理中校的“身负十处创伤的马歇尔”。马歇尔始终以一种天真的满足感，对每一个上场的节目都报以欢快的掌声。晚会结束的时候，气氛松散下来，有人唱起了美国歌曲《皮卡迪的玫瑰》，“皮卡迪的玫瑰正在绽放，但是没有一朵能胜过你的芳香……”那歌喉的音色很不错，在他们军营帐篷的上空高高飘荡，普莱尔顺着那一排帐篷望了过去，看见大滴大滴的泪珠从马歇尔的面颊上滚落了下来，他真羡慕“身负十处创伤的马歇尔”，对性情中的马歇尔，简直佩服得五体投地。

10 月 16 日，昨天，从英国又来了一些新兵员。普莱尔被转移到了一顶帐篷当中，正值冬季到来之时，帐篷里的那种雨夹雪的苦楚，让他彻底感受到了冬天的味道。不过，他们并不是长久逗留在帐篷里，整天，他们都要在外面列队操练正步走什么的，还有防毒演练。一天，有消息说，无论先前的那道禁令颁布与否，和平谈判都在继续进行着，结果当晚，为了所听到的那则关于“德国人已经同意和平谈判”的消息，普莱尔他们全体官兵一起举行了一次即兴的盛大晚会，人人都尽情歌唱起来；然而，第二天，官兵们所期盼的那个战争即将结束的“和平谈判”信息被迅速否定了。他们被告知，那是英国人当中最下流的一个谣传，他们必须战斗到战争的最后一刻。普莱尔心想，他并不需要任何有关不用去消灭德意志民族了这种信息——消灭德意志，是他出来参战的目的。但是，士兵们的想法与普莱尔是不一致的，至少眼下是这样；士兵当中有些人，喜欢去厕所那里继续传播那一类说法；在那里，没有人认为有什么理由继续打下去。10 月 18 日，普莱尔他们奉命离开了休整地，被调回了前线。

10 月的雨水，击打着窗户的玻璃。医院外面，文森特广场上，那些金色的树叶，被踩踏到泥泞当中。里弗斯医生停止了他的咳嗽，把他的手绢放到一旁，向他正接诊的病人万斯贝克表示了一下他的歉意，然后，继续同万斯贝克交流他的病情，倾听着万斯贝克讲述他的梦境——如何同阵亡的战友的鬼魂交流，同时，脑海里不停地翻腾着有关艾迪斯东小岛上的那些鬼灵世界的记忆，不时将二者进行比较。

在万斯贝克离去之后，里弗斯在把病历记录放入文件夹之前，他独自静静坐了一会儿。他想起了他另外的一位病人——齐格菲·萨松，梦魇之中，萨松也见到了离奇出现的鬼魂，围聚在他病床周围，而且，那些阵亡战友的鬼魂变体，连续不断地出现在他的梦境当中。他告诉里弗斯，那些鬼魂追问他为什么不返回法国去参战？接着，里弗斯又想起了一位名为哈林顿（Harrington）的病人，以及哈林顿对他梦境的那些详细描述：梦魇当中，哈林顿饱受着灵魂深处的那种自我谴责的心理折磨，在与因自己在战斗中没能全力帮助濒死的战友而生出的那种精神磨难做着斗争。不过，几个星期之后的一天早晨，哈林顿却戏剧般地从羞愧感和挫败感的自责中被唤醒了，在同自己心魔的斗争中，获得了成功。齐格菲·萨松最后也战胜了他自己内心的那个魔鬼，同哈林顿一样，精神状况变得好多了。可是眼下，万斯贝克的状况，与萨松和哈林顿相比，要糟糕许多，始终是老样子，缠绵在心理折磨当中，里弗斯对他的治疗，始终不见什么疗效。

放好病历之后，里弗斯感到自己相当疲累。因为流感，他在过去的48小时内，已经连续值了30个小时的班，今天晚上还要继续值班。他叹息一声，从一个封袋取出了一张X光片，把它贴到了荧光屏上。随后，他坐了下来，开始做记录：少尉马修·哈里特（Second Lieutenant Matthew Hallet），20岁，10月18日接收。头部有子弹创伤，下巴上也有枪伤。接收时，伤者无法说清受伤经过，有关伤者的唯一信息是一张小卡片，上面说他是在9月28日受的伤。那么，现在，他受伤已有20天了。一颗子弹正巧打进了他左眼角内侧，并且直接从他左耳耳道上方出去了。子弹射入的创口，现在有一个愈合得非常完好的伤疤；子弹的出口，在头盖骨组织和头盖骨上留下了一个很大的不规则的创口，从这个创口里露出了还在搏动着的生脓的脑组织。"我的上帝！"里弗斯感叹道。

午后的医院光线暗淡，听着身背后那从早晨就下个不停的冷雨的雨声，里弗斯不由得想起了艾迪斯东小岛上的那场令人难忘的倾盆大雨。自从那天里弗斯和霍卡特在帐篷里发现了"恩基亚的斧头"之后，那场暴风雨就始终下个不停，他们的帐篷里面彻底遭了殃，雨水横流。第四天，雨势减弱了，里弗斯正在清理帐篷里面的积水时，恩吉鲁过来了，叫里弗斯陪同他一道儿去小岛上正在被重新修葺的存放头盖骨的古老屋舍那里，因为恩吉鲁必须去那里做祈祷。他们出发。当他们到达的时候，那恼人的雨终于彻底停了下来，太阳出来了，炫目的阳光十分刺眼。那几间头盖骨屋舍当中最远处的那一间，正在维修。里弗斯落在了恩吉鲁的后面，正在犹豫那些人让不让他靠近时，突然一阵猛风，吹动了周围的林木，并把那些吊挂在头盖骨屋舍格子上的一串串贝壳吹得晃来晃去，发出"喀啦喀啦"的声响。随后，恩吉鲁向里弗斯招了招手，让他过去。祈祷过后，在他们的闲谈笑语中，里弗斯从恩吉鲁那里获悉：那个猎首之后的战利品——被带到小岛上来的那个小男孩，长大之后，将成为一名葬仪牧师。这个消息，让里弗斯那颗始终在为那个小男孩担忧的心踏实了下来。

里弗斯的思绪回到了医院的现实，他从荧光屏上取下X光片，取出了文件夹中的一份病历记录，匆匆看了一下，扫视到了哈里特所在部队的番号"第二曼彻斯特集团军"。于是，他立刻联想到了比利·普莱尔，不知道哈里特认不认识普莱尔。

当此之际，普莱尔他们正在饱受蹂躏的大地上行进。他们穿过那一片倒伏着死马、没有埋葬的兵士们的尸体和散发着腐烂臭味的地带，继续向前行进着，总会遇到形状凹陷的弹坑、恶臭的泥泞、汪汪死水、烧焦了的像巨大的火柴棒一样的光秃秃的树木。普莱尔想，这片被遗弃的土地，大概永远都难以复原了。它被毒化了，那些腐尸、死马、毒气所产生的毒素，全都深深渗入了它的泥土里；将来，这片土地，当然了，50年之后，一个农夫会在它上面耕种，还会把下面的那些头盖骨翻出来。

10月20日，这天，普莱尔他们又是一整天的声势浩大的行军。而且，对普莱尔来说，又是一件令人恶心且生厌的工作——把那些脱离队伍的掉队者集拢到一起。普莱尔听着自己的嘶声喊叫，觉得自己简直就像一个残忍的教官，在逼迫他人跟上行军的队伍。当他转向一个哮喘病发作的士兵时，听到那个士兵的喘鸣声，曾经被他压抑下去的那种紧张感又抬升了起来，而且立刻席卷了他的身心，他感觉自己的胸部紧绷绷的。这天晚上，他觉得自己开始有点呼吸不畅，开始有点气喘了。

这天的整个下午，行军当中的士兵们都是在沉默中闷头前行的，大家全都处于一种半睡半醒的迷糊状态。但是突然，他们竟然发现他们周围呈现出了绿色的田野，带有屋顶的农舍，长有枝条的树木，以及活生生的平民百姓。原来，他们已经穿过了先前曾经是德国军队的占领地。在一间小屋的餐桌上，普莱尔写下了这一切。从外面不断传进来的，是一个农家院通常有的噪音，普莱尔觉得那些鹅的叫声，简直奇妙之极；然而，他们很快又要出发了。普莱尔猜想，几个星期之前，一个德国军官，或许也曾经坐在他现在所坐的这个位置上，写着他的家信。

两天后，10 月 22 日，普莱尔他们继续在驻扎地休息，但是，不会逗留得太久的，今天晚些时候，他们又要继续行进了。此刻，普莱尔的心态已经恢复到了正常状态，即使那恼人的击打着池塘水面的倾盆大雨，也不能消除他现在所感受到的那种安详感。眼下，他感觉自己胸部轻松多了，尽管浑身上下全都湿透了。

10 月 26 日，这天上午，普莱尔去当地的一家农庄挑选士兵们的临时住处，遇到了一个待人如友的男孩，没有多长时间，他就与这个长着一头红色头发的男孩熟悉了起来。过后不久，他在教堂附近又遇到了那个男孩，男孩用微笑向他致敬，他给了男孩一支"忍冬"牌卷烟，男孩用德语给予了答谢。听到男孩所使用的德语，他多少有些吃惊，不过，后来，他还是跟着那个男孩走进了附近的小树林。在小树林里，那个男孩用双手支撑着身体，斜对着树干站在那里，他揭开了男孩的裤子，与男孩发生了他久违了的性关系——这一宣泄，似乎使他彻底摆脱了面向死亡之途的那些恐惧和压抑。

10 月 31 日，这天，普莱尔他们要在新抵达的阵地待上一阵子了。德国人正在桑布尔 – 奥伊斯运河（Sambre-Oise Canal）的另一边挖掘，修筑工事，似乎准备构成一个据点。因此，现在他们已不可能进行操练或演习或做其他什么事了。白天，他们趴在掩体里行动不得，只能在夜间外出巡逻。德国人在他们所在的运河这一边布有警戒哨，一种由人组成的防线，为即将到来的攻击报警。清除那些警戒哨是一件很伤脑筋的事，因为必须悄无声息地进行，必须用刀子和圆头棒。这天夜里，轮到普莱尔他们外出行动，他们干掉了一个警戒哨，之后，几乎是在烂泥里爬行，挪动到了运河边，趴在那里查看周围沼泽的情况。星光刚刚能够让他们看清四下，普莱尔能强烈地感觉到对岸德国人的存在。德国人正和他们一样，在黑暗中窥视着，悄无声息，目光警惕。他甚至有一种感觉，在某处，有一双眼睛正在直直地盯视着他。说起来，桑布尔运河有 40 英尺宽，两侧有一些灌溉区，德国人很明智地把那些灌溉渠全都灌满了水。在普莱尔看来，他们要想在这条运河上架起一座桥来，相当不容易，河面太宽了，而且，四下里毫无遮挡。

经过官方的构想，选择了架桥的地点之后，在 11 月 1 日这天下午，普莱尔他们与左翼部队举行了联合简报会。在这个碰头的简报会上，"身负十处创伤的马歇尔"陈述了只能冒险架一座浮桥的理由，因为他们无法占领一个战略高地，他的士兵根本没有机会爬到山坡上去，他们上边有敌人的机枪，而且得不到掩护。普莱尔坐在那里，静静地听着马歇尔那一番直言不讳的陈词。在他看来，尽管马歇尔少校浑身上下披挂着一道道伤痕和一枚枚勋章，然而，在他们可能遭遇的那种火力之下，在开阔地带上架起一座浮桥来，是根本不可能的。整个行动简直是发疯，成功的机会等于零。不过，并没有人和马歇尔争论，没人讨论这件事，大家都只是带着耳朵听听而已。最后，因为未得到回应，马歇尔丢下了他的铅笔，抱着双臂，闷头坐在那里，在剩余的时间里，再未吭声。

由于德国人封锁了道路交通，而且在撤退时炸毁了所有的桥梁，普莱尔他们部队所需的战备物资要花很长时间才能运送过来。在等待之中，基于当前的这种战事状况，基于在渡河的军事行动中他们将顶着的极大的生命危险，在11月2日，普莱尔给里弗斯写了一封短信，在信中拜托里弗斯，一旦自己不能从战争中归来，请里弗斯把这个坏消息转告他的母亲，他会很感激的；同时，他还向里弗斯报告说，他目前的精神状态情况良好，处于正常的运转状态。

11月3日，这天，坐在地下室的那张桌子旁，普莱尔意识到，其实，一直以来，自己始终都在思念着未婚妻莎拉。当时，有人正在削木头往火堆里添加。那些木头很潮湿，发出"吱吱"的响声，冒出一股股呛人的烟雾，弄得大家不断咳嗽，普莱尔也感到了自己的喉咙在发痒。说笑了一阵之后，有的人很快便进入了梦乡，在熟睡当中发出一阵阵鼾声。听着那些男人们的鼾声，始终无法入睡的普莱尔想起了他的同性恋伴侣查尔斯·曼宁。五个月之前的一天下午，查尔斯在军需部给他找了一份工作，他却当即一口回绝了，表示他要重回法国战场。现在，回顾起那个下午，他觉得自己真是一个大傻瓜，大笨蛋——他清楚地记得，那天，他坐在查尔斯客厅里的那张沙发上，他说那番话时候的情形。好了，不管怎么说，他现在都已经在法国这里了，普莱尔想。向四周看了看兵士们一个个睡梦中的面孔，这时候，他脑海里唯一的想法是：如果他回不去了，他会是一个多么大的大傻瓜。

里弗斯医生向四下里看了看。棕色的烟雾笼罩着整个医院，入口的大厅里，悬浮着一团团硫黄色的水雾，静止不动，不肯散去，每逢有人在那里进出，静止的水雾就会旋转成各种不同的式样。傍晚较早些时，里弗斯曾亲自去了一趟维多利亚车站外面的报摊，买了一份报纸。报纸上总算有一些给人带来了希望的消息，说战争即将结束，令人如释重负；然而，大家渴盼的结局，在控制了这所医院的西班牙流感面前就相形失色了。如果现在有人匆匆沿着走廊打开各个病房门大喊"战争结束了"，里弗斯并不会很上心，因为他还得去填写他的那些病历。里弗斯站起身来，看了看他的手表。又到了去病房巡查的时候了。

此时此刻，普莱尔他们正在悄无声息地向前移动，好几百号人，安静得令人恐怖。微弱的星光下，那些戴着钢盔的影影绰绰的面孔，彼此之间，谁也看不清谁，大家很难辨认出彼此，甚至听不到狗吠声。此前，普莱尔正蹲在那十字路边的战壕里，不停地看他左手腕内侧戴手表的那个地方，为统一时间，他的手表20分钟前被拿去校对去了。在这期间，他感到口干舌燥，手掌出汗，心脏剧跳，膀胱胀痛，双脚冰凉——这是他自我作践的结果；一整天，他都在不时地大口大口地喝鸦片酊剂，就像另外那几个瘾君子一样。事过之后，他将付出难受两个星期的代价，然而，至少今天晚上，他不会难受。普莱尔又看了看他的手腕，瞥见欧文也在做着同样的事情，他们共享了一个即兴的微笑，什么都没说。随后，普莱尔凝望向夜空，望着那些星星，想找出银河的所在，却未能遂愿，雨云正在聚集。几分钟之后，一个传令兵把他的手表送了回来。

里弗斯医生看向病房那头的时钟时，他已经巡查完了病房，报告也写好了，他的任务就是待在那里，准备应对夜里可能发生的需要他处理的紧急情况。罗伯茨修女在他面前放了一杯甜茶，他拿起来喝了一大口。他们一起坐在夜班护士台那儿，那里没有值夜班的护士，护士们全都因患了流感而休了假。现在，他喝着那杯浓甜的茶水，看着病房的那头，围着绿色的屏风的那地方，是哈里特的病床。透过屏风的缝隙，他能看见哈里特家人当中的一个——哈里特的弟弟，一个十四五岁的小男孩。过了一会儿，里弗斯起身走向哈里特的病床，刚一推开那些屏风，哈里特一家人全都抬起头来把目光转向了他。

自从哈里特的状况开始恶化以来，他们已经断断续续围着这张病床坐了 36 小时了，包括哈里特的母亲，未婚妻苏珊（Susan），父亲哈里特少校（Major Hallet）；尽管已被告知，哈里特的病情危重，他们仍然希望里弗斯会让哈里特好起来。跟过来的罗伯茨修女请他们在外面等候，于是退役的职业军人哈里特少校带着一家人退到大走廊尽头的候诊室去了。

里弗斯低头看着处于昏迷之中的哈里特那张残破不堪的脸孔，那脱出的脑组织还在搏动。他想，用恩吉鲁的话说，这种情况是没救了：在这种状态下只好死，死亡是最好的结果。现在，为各方面着想，他都只当哈里特已经死了，他唯一的目的就是加速实际死亡时刻的到来：一死万事休。他下意识地用手指摸了下他的领章，之后，摸了摸哈里特的脉搏，“看来没问题。”他对罗伯茨修女说。“你可以让他们回来了。”说完，他走了，把现场留给了哈里特的家人，然后重新坐回了值班台。

他看了看病房的这一头，又看了看病房的那一头。哈里特病床周围发着亮光的屏风，让他想起了艾迪斯东小岛上的那顶帐篷，那顶帆布帐篷上映出的霍卡特巨大的影子，以及恩吉鲁给他讲的那个有关鬼魂艾威（Ave）的故事。“那么现在，”恩吉鲁说，“你可以把它写进你的书里了。”他并没有那样做。他与霍卡特合写的关于艾迪斯东的那部书，是一部关于战争人员伤亡的著作，很难说它有多重要。一次，在皇家学会做演讲时，他无须看笔记，如数家珍一般把它们讲了出来，甚至一字不差。

他纷乱的思绪又回到了医院的现实。他往脑神经受损和瘫痪病人的两排病房的两头看了看，发现那屏风后面有了骚动，于是起身走了过去。他听着哈里特所发出的微弱而含糊不清的哭喊声，摸了摸哈里特的脉搏，感觉到哈里特正在目视着他。他低下头，看着苟延残喘的哈里特，哦，上帝，他心想，他就要成为那些人中的一分子了。他摇了摇头。很显然，哈里特的离世不会等太久了。

还有 15 分钟，就到弹幕射击时间了。雨已经停了，周围笼罩着浓浓的雾气。普莱尔他们开始匍匐前进，向前爬行，看到那些背着沉重的架浮桥用的材料的工兵们正走在狭窄的小道上。在任何情况下都不得退却，这是命令。他们已被绑在了死刑柱上了，逃不了，非得打完这一仗不可。周围没有一个人吭声，谁都不说话，都在凝视着正前方的雾气。像以往一样准时，那炮击开始了。炮弹在他们头上呼啸，亮光闪耀，从灌溉渠里溅起一片片水花，大量的泥浆和泥土被抛上天空，一阵阵石子，土块像胡椒面一样直往他们的钢盔上撒落。

5 分钟之后，他们重新勇往直前。普莱尔领军前进，吹响了哨子，因为人们已听不见哨声了，他便起身奔跑着大喊大叫着，激励并催促士兵们前进，冲入了战斗。他们开始朝向那一排树林冲了过去，普莱尔不停地大声喊叫，士兵们全力朝向那沼泽地奔跑，不断有人被那些草根土块绊倒，从德国人那边发射过来的炮弹呼啸着从他们头上飞了过去，炸起了阵雨般的泥土和水点。接着又是一颗。普莱尔眼瞧着几个小小的人影倒了下去。现在，他们进入了河岸的开阔地，一览无余，无处躲藏。随后，他们开始开火，用火力掩护那些设法架浮桥的工兵，而他们自已却毫无遮挡；雨点般的子弹在运河的水面激起了道道波纹，士兵们一个个地往下倒。普莱尔一面向前爬行，一面朝着对岸射击。那些工兵们还在奋力架桥，用铁丝把浮桥的部件绑在一起。弹雨不停地飞落，只剩下两个工兵了，随即，那些“曼彻斯特”士兵接过了架浮桥的工作。科克（Kirk）划着一个大板条箱出去给他们提供火力掩护，中了一枪，又中了一枪，却继续向那些离他只有几码距离蜷缩在防御工事里的德国机枪手射击。普莱尔正要带着弹药渡过运河时，他被击中了，被打倒在地，一只胳膊搭在运河的边上。当他试着转身爬回到灌溉渠后面去时，那地方的毒气很浓，他够不着他的防毒面具，身体开始麻痹，逐渐扩散，不过他的头脑尚未完全丧失意识，他目睹了科克的死亡，目睹了欧文的死亡。随后，他再次被击中了，他的身体被子弹打得飞了起来，下落之时，在空中画了一道弧线，他的意识也随之丧失了。

黎明时分，在病房区柔和的褐黄的光线下，突然之间，事情就结束了。哈里特微弱而含糊的哭喊声逐渐静了下来，随后，他胸部和腹部的肌肉一阵抽搐，接着便结束了他对生命的一切努力。里弗斯医生走到那病床边上，合上了哈里特残存的那一只眼睛，纯粹是出于习惯，看了看他的手表——“6 点 25 分。”他对罗伯茨修女说。他把罩单拉到了哈里特的下巴那儿，把他的两只胳膊放到他身子的两侧，便悄悄地离开了，留下了哈里特一家人去单独面对他们的悲哀。

那些躺在桑布尔运河边上的“曼彻斯特人”，眼睛仍然睁着，四肢也没得到体面的安置。抬担架的那些人已经抬着最后一名伤员离开了这里，留下了孤独的死者。他们已经退出了大会战；他们成功架起的那一座浮桥被一颗炮弹摧毁了。不过，在远处，在下游，正在尝试着另一次而且是更成功的横越。

太阳升起来了。混合着玫瑰红的灰白色的光透过高大的窗户渗入进来，里弗斯医生意气消沉地坐在夜班护士台那里，挣扎着不让自己睡着了。在即将入眠之时，他听见了恩吉鲁的说话声，恩吉鲁反复赞颂圣母玛利亚的祷辞。突然之间，他看到了恩吉鲁的身影，就在病房区里，俯身看着他，用耷拉着眼皮的锐利的目光凝视着他的脸。过了好一会儿，恩吉鲁那褐色的带有一道道白灰的面孔，又消失在了病房区大白天的亮光里。

作者生平与创作生涯

帕特·巴克是不列颠帝国司令勋章（CBE）的拥有者，1943 年 5 月 8 日出生在英格兰东北部的工业城市蒂斯河畔的索纳比（Thornaby-on-Tees），从小生活在外祖父家，不清楚自己生身父亲是什么人。外祖父参加过第一次世界大战，后来经营一家专营外卖食品的薯条店。在她 7 岁时，母亲结婚，另组了家庭。她选择与外祖父母生活在一起，在国家的帮助下，度过了青少年时期。在外祖父母的教导和鼓励下，她养成了良好的阅读习惯，经常去图书馆阅读形形色色的书籍。1960 年，她从蒂斯河畔的斯托克顿文法学校毕业后，在斯托克顿的一所幼儿学校工作了一年，1962 年，进入伦敦经济学院就读，学习国际历史。1965 年，获得了理学士学位，并在达勒姆的尼维尔克十字学院接受了教师培训。

1965 年至 1970 年，她在一所继续教育学院里教授历史和英国宪法，后因外祖母病重不得不辞职回家，精心护理卧床不起的外祖母。外祖母去世之后，1971 年，她重返教学岗位，进入达勒姆大学，继续从事历史和政治的教学工作，直至 1982 年，辞去教职，专事写作。1978 年，她与同在达勒姆大学工作的动物学教授戴维·巴克（David Barker）结了婚。婚后，他们生育了一儿一女，并在丈夫的鼓励之下，开始尝试写作。

在写作了三部未能出版的小说作品之后，她有幸受到英国著名女作家安吉拉·卡特（Angela Carter，1940—1992）的点拨，1982 年，成功完成了长篇小说《联盟街》（Union Street）的创作，以英格兰北方劳动妇女的悲惨命运为题材，讲述了生活在联盟街上的那些年轻或年老的劳动妇女们不得不应对贫穷和艰苦的挑战，在没有保障的残酷生活环境中，在肉体上的虐待、意外的怀孕、产后抑郁症、卖淫、被强奸、丧夫等严酷的现实里，不断挣扎。小说出版之后，反响热烈，在英国文坛产生了不小的影响，令她声名鹊起，并在 1983 年获得了福西特社会图书奖，她也因此当选为英国图书营销理事会和英国《格兰特》杂志推选出来的第一批“20 位英国最优秀青年小说家”之一。1989 年，《联盟街》被好莱坞著名导演马丁·瑞特（Martin Ritt，1914—1990）改编成电影《斯坦利和艾丽丝》搬上了银幕，并由著名影星简·方达（Jane Fonda，1937— ）和罗伯特·德尼罗（Robert DeNiro，1943— ）领衔主演。

之后，她陆续出版了长篇小说：《炸塌你的房子》（Blow Your House Down，1984）、《世纪的女儿》（The Century's Daughter，1986）、《不在那里的人》（The Man Who Wasn't There，1989）、《再生》（Regeneration，1991）、《门内有眼》（The Eye in the Door，1993）、《鬼魂之路》（The Ghost Road，1995）、《另一个世界》（Another World，1998）等。

其中，最为人称道的《再生》《门内有眼》《鬼魂之路》三部作品，是她受当年参加过第一次世界大战的外祖父生活经历的激发，在研究了参加过第一次世界大战的诗人及小说家齐格菲·萨松和死于战争中的诗人威尔弗莱德·欧文的作品之后，着手创作的系列小说。作品巧妙而全面地展现了第一次世界大战，将真实的历史人物作为小说人物，讲述了第一次世界大战期间，身着军装的一群精神或心理出了问题的官兵的故事。以描写治疗“弹震症”的战地医院的场景开始，以战争前线为次要场景，描写了众多参加了第一次世界大战的官兵因为在战场上遭受的痛苦经历而患上的“弹震症”，以及随之产生的一系列心理与躯体方面的问题，创造性地探讨了战争与暴力，社会和心理对人的影响，揭示了第一次世界大战给人们所造成的心理恐怖和精神创伤。在每一部小说的结尾，她都附上了一篇简短的后记，对小说中的真实人物和事件进行了补充说明，以明确其中什么是历史，什么不是历史，不仅突出了小说的主旨与历史内涵，而且也折射出了她的历史态度与审视历史的艺术视角。

这三部作品陆续出版之后，好评如潮，被誉为 20 世纪末期英国小说创作少有的杰作之一，并成了世界文坛上反映第一次世界大战的最为著名的作品之一；1996 年，三部作品又以合集“再生三部曲”（Regeneration Trilogy）出版，成为 1990 年代世界文坛上最不可忽视的三部曲作品之一，她也因此以写作战争小说而名震文坛。

三部曲中的《再生》，1997 年被英国著名导演吉里斯·麦克金农（Gillies MacKinnon，1948— ）改编成电影，搬上了银幕；《门内有眼》，1993 年获得了《卫报》小说奖，1994 年获得了北方电力特别艺术奖；《鬼魂之路》，1995 年（52 岁），因其巧妙而全面地展现了第一次世界大战，心理分析深入，感情强烈，问鼎了第 27 届英语文学界最有影响力的布克奖，1996 年，获得了书商联合会年度作家奖，2008 年，入围了“最佳布克奖”决选名单。

《鬼魂之路》行文不急不缓，紧随《再生》和《门内有眼》的内容，巧妙地在历史的细节中将人物的真实与虚构融合在一起，对人物进行深入的心理分析，再现了第一次世界大战的残忍，杀人的本质，以及在与死亡打交道的世界里，带给人的各种折磨，人的身体与心理方面的沮丧，精神症结。

小说的主要人物比利·普莱尔（Billy Prior），患有气喘和间歇性失语症，为人随性、放任、尖刻、脆弱，离开了战地军官心理医院后，因窒息于后方现实生活的压抑、空虚，尽管对战争的正当性持有疑虑，还是一心要去为英国的战争成果献身，放弃了朋友为他在后方安排的职位，经过一番努力，终于在 1918 年 8 月底重返了战争前线，极其残忍的法国战场。这已是他第四次征战了，在这一次，他走上了鬼魂之路——战死在了沙场。

另一人物威廉·里弗斯医生（Dr. William Rivers），客观冷静、对自己严苛，始终慈父般地践行着他所肩负的医生、军人、长官的职责，悉心医治着每一位新来的病患，挂念着重返战场的先前的病患们的安危，无望地体验着一桩又一桩令人难以承受的死亡；他对病患们的了解、关心到了他自己的神经也快出问题了的地步。他与比利·普莱尔的友谊，在普莱尔出院以后的跟踪治疗期间以及之后，始终继续着，与此同时，他一面继续发挥着他的医术以及对病人的关爱，一面对抗着自己的心魔，在行医的辛劳与忧思中，还不断回忆战前做人类学家时，在远离文明世界的太平洋小岛艾迪斯东时，所见到的原始部落对于杀戮、死亡的文化习俗。他到那里去原本是为了汇编一篇研究岛民文化风俗的报告，并计划写一篇重要的专题论文，不过他的那篇论文从未完成或出版。小说行文，通过里弗斯对社会价值评判标准的困惑，巧妙而全面地展现出：所谓社会体系的文明与不文明，在战争的放大镜下，其实没有什么本质的差异。

2000 年（57 岁），由于在文学方面的杰出成就，帕特·巴克获得了由英国政府颁发的不列颠帝国司令勋章（CBE）；2001 年，她的“再生三部曲”获得了德国《世界报》文学奖。此后，她依然笔耕不辍，不断有作品问世，陆续出版了短篇小说集：《下沉》（Subsidence，2003）；长篇小说：《越界》（Border Crossing，2001）、《重影》（Double Vision，2003）、《写生课》（Life Class，2007）、《托比的房间》（Toby's Room，2012）、《正午》（Noonday，2015）；文集：《谈战争》（War Talk，2005）等。

其中的《写生课》，以走上了激战战场的伦敦斯莱德艺术学院的毕业生为描写对象，创作内容又回归到了她所熟悉并且热衷于探索的题材——关于第一次世界大战，被认为是继《鬼魂之路》之后，她的又一部最佳力作。

主要参考资料：

Contemporary Literature-Volume 46, Number 3, 2005.

The Ghost Road, by Pat Barker, Publisher: Penguin UK, 2010.

1996年 | 第28届

030 杯酒留痕［英］格雷厄姆·斯威夫特

Last Orders by Graham Swift

◎这部长篇小说由75个长短不一的独白组成，以多角度叙述，讲述了退役老兵杰克·道兹（Jack Dodds）、雷·约翰逊（Ray Johnson）、维克·塔克（Vic Tucker）、莱尼·泰特（Lenny Tate）的故事，以及杰克之子文斯·道兹（Vince Dodds）的故事。

英文原版封面

格雷厄姆·斯威夫特

（Graham Swift，1949— ）

格雷厄姆·斯威夫特被誉为英国当代文坛上一位善于讲故事的文学大师，作品以探求深邃的历史哲理见长。

有评论认为，其作品往往具有非同寻常的叙事结构，擅长以双重时间框架讲述故事，在其中展现许多令人震动的思想，且充满戏剧性，内容丰富，行文优美，有条不紊。

《杯酒留痕》（Last Orders）出版之后，力挫群雄，因其**语言如谚语般充满智慧，如翻腾的波涛般富有节奏感，**问鼎了第28届英语文学界最有影响力的布克奖，以及英国最古老的文学奖——詹姆斯·泰特·布莱克奖；2001年，被澳大利亚导演弗雷德·谢皮西（Fred Schepisi，1939— ）改编成了电影，搬上银幕之后，深受观众喜爱。

这一天，非同寻常。杰克·道兹的葬礼过去四天之后，他的朋友们相继来到了他们常来的伦敦“车马酒馆”。最先进入这家酒馆的，是雷·约翰逊，系着一条黑领带。酒馆的男招待伯尼（Bernie）给他倒上了酒，他递过去一张5镑钞票，坐在那里默默地喝了起来。伯尼拿回了找给他的零钱，一边注视着雷，一边格外小心地将那些硬币放到紧靠他酒杯的吧台上，摇了摇头——什么都不可能变回原来那个样子。伯尼遗憾自己没能见到杰克最后一面。

莱尼·泰特是第二个到的，没有系黑领带，而且根本就没系领带。雷马上给莱尼要了一杯酒。莱尼冲着走过来的伯尼嘟哝了一通：自己已经老了，可不像雷，有空闲时间，他的果蔬买卖离不开他。“但今天不一样。”伯尼劝了莱尼一句，倒了一杯酒，然后又回到吧台那边去了。莱尼随后转向了雷，问：埃米（Amy）还是不肯去吗？没改变主意吗？雷给的回答是：看来，这件事，全要靠他们这一帮男人了。莱尼难以接受埃米的缺席，杰克可是她的丈夫呀！

不到5分钟，从事殡葬业的维克·塔克到了，系着一条黑领带，腋下夹着一个硬纸盒走进来，与大家招呼过后，把那个硬纸盒放到吧台上，说了一句“刚烧完”，随后，把硬纸盒转了一圈。雷他们看到硬纸盒侧面用透明胶带黏着的卡片，上面有日期和数字，以及逝者的名字：杰克·亚瑟·道兹（Jack Arthur Dodds）。

维克要了一杯威士忌。然后打开了硬纸盒顶部的封口，在里面摸了摸，掏出了一个塑料罐子，看上去像是一个大大的速溶咖啡的广口瓶。“这就是。”维克说，然后把那个骨灰罐递给了莱尼。莱尼顺手掂了掂那个罐子的重量，不知该说什么好，把它递给了雷。雷感觉那个罐子挺沉的，维克告诉他：塞得满满的。雷琢磨了一下，估计自己可能装不满这个骨灰罐，因为他的个头，比起人高马大、块头壮硕的杰克要矮小多了。之后，雷想到，打开罐子上的盖子看看里面有些不大合适，便把它递回给了莱尼，莱尼又把它递回给了维克。

维克也是一个大块头的壮汉，肩膀宽厚、身材高大魁梧，双手总是干干净净的。维克用洁净的双手捧着杰克的骨灰罐，看着雷，好像刚刚送给他一个礼物似的。雷默默感慨：知道办理自己丧葬的人是自己的至爱亲朋，真是一种安慰。所以，维克最好死在最后。杰克生前，与维克长期相守在一起。杰克有自己的店铺，道兹氏，家庭肉品供应商；而街对面，就是维克的店铺，塔克氏，殡葬服务商。雷想，这简直就像是一种奖励，而且又很搭配，一边是死了的牲畜的肉体，另一边是人的尸体。

杰克一生中大部分时间都是在维克的街对面度过的，从来没有想过挪挪窝。“它从来都没挪过窝。”

雷想起了自己曾对杰克说过的这句话，他说的是他们眼下正会聚于此的“车马酒馆”。雷回想起了那天他们几个在这家酒馆里的情景：他们坐在老地方——吧台边，已是临近关门打烊时分，雷、杰克、莱尼和文斯·道兹，一个个全都喝得醉醺醺的了。那是1984年，3月3日，恰逢“车马酒馆”的100周年纪念日，又是文斯40岁生日。醉态中的文斯紧盯着女招待绷得紧紧的裙子，杰克调侃文斯，说他的眼珠子要瞪出来了。文斯回答说：“她的屁股也同样如此。”把杰克和大伙都逗笑了。在他们眼里，文斯始终都是个“孩子”，他们管文斯叫“大男孩”。当时，雷感觉自己很长一段时间都没看到过杰克与文斯如此亲密了。据莱尼说，其实，杰克与埃米全都不知道文斯的真正出生日子，他们手里没有签发的任何有关文斯的出生证书。文斯的生日，3月3日，据莱尼的妻子琼（Joan）猜测，不过是埃米随便一说的。雷听了之后，觉得莱尼是一个喜欢搬弄是非给人制造麻烦的人。

维克收起了杰克·道兹的骨灰罐，把它放回硬纸盒里，然后追问了一句：埃米还会改变她的想法吗？得到的回答是：不会了，她打算像往常一样去探视女儿玖恩（June）。他们几个人全都沉默不语了。时候已经不早了，更多的常客陆续来到了酒馆。现在，只差他们的“大男孩”文斯还没有到场。就在这时，从外面马路上传来了一阵汽车喇叭的嘟嘟声，莱尼认为那声音像是文斯的。他们立刻起身站到玻璃窗前，看到文斯把一辆“梅赛德斯”开了过来。

雷走向那辆蓝色的“梅赛德斯”车门，回想起杰克刚刚去世时他和埃米的一次谈话。他们一边谈论着，一边检视着杰克在医院里的遗物，睡衣、牙刷、剃刀、手表和其他一些零星杂物，同时凝视着远处的大笨钟[1]。他们谈到了杰克的最后心愿。埃米告诉雷，杰克临死之前几天，写了一封遗书，遗书不长，主要的意思是，希望把他火化并把他的骨灰撒到肯特郡马尔盖特码头终点的大海里。火化的事，维克已经答应了，说没问题，剩下的葬撒骨灰的事，埃米请求雷来帮助完成，因为她自己无论如何都难以完成杰克的这个遗命。雷答应了埃米，去与文斯商量这事儿。随后，他们看向泰晤士河流动着的河水，雷还是想劝说一下埃米，他对埃米说，如果她要是能跟着去的话，他会带上她的；然而，最终，雷明白了，埃米是不会跟他们一道儿去马尔盖特葬撒杰克的。在杰克因胃癌病倒了之后，杰克与埃米为去一个安静之地制定了种种计划。埃米对雷谈起了他们在马尔盖特的平房，他们曾一度想回到马尔盖特去度余生，却因为经济上的原因而无力回返。在马尔盖特那里，对她和杰克来说，埋藏了太多难以磨灭的记忆。说完，埃米叠起了杰克的遗书，说了一句，“我有我的理由。”然后，再次看向泰晤士河的河面，“他有他的理由。”

雷、维克、莱尼和“大男孩”文斯带着“杰克·道兹”坐进了文斯开来的那辆“梅赛德斯”。随后，文斯双手握着方向盘，沿着伦敦的老肯特路（Old Kent Road）往前开了出去，他们朝着马尔盖特的海岸线进发了，清朗开阔的天空，像“梅赛德斯”车身的颜色一样蓝格盈盈的。雷和莱尼坐在后排，维克坐在前排，坐在文斯旁边。

这天，文斯戴的不是黑色的领带，戴黑领带的只有雷和维克。文斯戴了一条红白相间的爵士领带，

1 大笨钟（Big Ben）：或曰大本钟，位于伦敦泰晤士河畔议会大厦的北面，是伦敦标志性建筑之一。有四个钟面，从1859年开始为伦敦城报时。每年的休战纪念日（11月的第一个星期天）上午11:00鸣响钟声，哀悼在第二次世界大战中阵亡的英国军人，此时，整个伦敦交通停止，人们脱帽肃立，仰望雄伟的大笨钟。

穿着一身深蓝色的西服套装，很得意也很牛气地行驶在公路上，一只手离开了方向盘，任由着车子自己前行，一面通过驾驶镜看向雷他们，微笑着解释说：因为他认为他应该做点让杰克感到自豪的事，他应该好好款待杰克一下，所以用了这辆“梅赛德斯”。这辆“梅赛德斯”，由于一个还不能打定主意的“客户”，在他的商品陈列室里已经陈列将近一个月了，让它再多待上一阵子，也没什么关系。雷心想，其实，对他们来说，也没什么关系。眼下，一切都还挺不错的，莱尼、维克和他，总体来说，一个个都还活得好好的，感觉良好，坐在这车厢里，坐在油光光的皮座上，透过彩色玻璃窗，向外面看去，外面的世界相当美好，就连那条老肯特路，看上去也都显得很不错。

当他们行驶到路口，必须在那里上高速公路时，“大男孩”文斯忽然询问维克，通常，他们在一辆灵车里做什么？“我们加大油门。”维克回答说。文斯看了看坐在自己旁边搂抱着膝盖上的那个装着杰克骨灰罐的硬纸盒的维克，微微一笑。随后，他们之间的话题开始不断变来变去。很快，他们的车子开过了铁路桥下面的瓦斯工厂，开过了温莎城堡，太阳从城堡塔楼的后面露了出来，明晃晃地照在他们脸上。文斯从仪表盘下面取出了一副太阳镜，莱尼哼起了忧伤的小曲，引惹得他们全都感觉到了杰克的存在。由于阳光和肚子里的酒精的作用，加上往前行驶的路程，雷感觉一切的一切，都像是杰克的作为，以给他们一种非同寻常的感受，使他们享受一种特别的款待；他们仿佛正在一次短途旅游途中，世界看上去好极了，而且，一切都好像是为了他们而存在的。

此时此刻，埃米·道兹（Amy Dodds）正在前往探视女儿玖恩的路上，孤独一人，默默坐在伯蒙德西（Bermondsey）的公共汽车上，感到一种无限凄凉的脆弱与感伤。她暗自伤情，思忖自己今天到底是应该在去探视女儿的旅途上，还是应该在去葬撒丈夫骨灰的旅途上？最后，她安慰了一下自己：雷他们一帮男人在去葬撒杰克骨灰的旅程当中，没有她会更好一些。随后，埃米想到，今后，再也不用在女儿玖恩和丈夫杰克之间做什么选择了。可怜的勇敢的杰克！埃米回想起了她与杰克当年在马尔盖特一起度过的那些美好时光，他们在海滨尽情地玩乐，而所有那一切——旋转的木马，供人骑的毛驴，玩耍用的水桶和小铲子，以及木偶戏，还有海浪，玖恩一概都不懂，也从来都没经历过。海浪卷了过来，海滩上的人群和孩子们一边大声尖叫，一边奔跑，杰克在一旁看着，好像在看一场恶作剧，然后看着海鸟，匆匆吻了埃米一下，在那个防波堤的末端，不是在码头的终点。埃米突然意识到：杰克甚至把地方都弄错了，那是在一个突出的防波堤上，他本该记得这些的，码头和防波堤，是两个完全不同的地方，纵然那个防波堤看起来非常像一个码头，而那个码头只不过是一个海湾的围墙。所以，雷他们那一帮去葬撒骨灰的男人，真正应该去的地方应该是马尔盖特的那个防波堤终点，而不是码头终点。

现在，雷他们那一帮男人行驶到了“新十字”（New Cross）街区。维克说起了妻子帕姆（Pam），说帕姆要他问候大家，莱尼和“大男孩”文斯立即随声附和，分别代表自己的妻子，琼和曼迪（Mandy），问候了大家。之后，文斯说道：在葬礼上，很高兴见到了帕姆，并不常有这种乐事。维克紧接着来了一句：悲哀的乐事。雷一直保持沉默，回想起了前妻卡罗尔（Carol）。他想，要是卡罗尔在葬礼上露面的话，那将会是他一生中经受到的最大的震撼。

当他们行驶到“新十字门”（New Cross Gate）街区那里时，由于那里的交通混乱，他们的车速缓慢起来，随后被彻底地堵在了车流里。雷他们那一帮男人开始议论起塞车的问题。真令人沮丧，现在，人行道上的步行者们，一个接着一个，无动于衷地从他们车旁走了过去。雷想，看来，他们应该在车顶上打出“骨灰”字样的招牌。坐在一旁的莱尼不断用刺激性的话语打趣“大男孩”文斯的“梅赛德斯”，说文斯的这辆“奔驰”和其他被堵在了车流当中的那些车辆没什么两样，照样开不起来，照样没辙，惹得文斯很不痛快，心想，它可是一辆S级的“梅赛德斯”，V8引擎，尽管已有6年车龄了，但如果不是在“新十字”路上，它能毫不费力就跑上130迈。

随后，文斯想起了杰克生病前对他的那个小小的要求。这件事，他从未告诉过任何人，从未告诉过埃米，也从未告诉过曼迪。当时，他只是让杰克别老往他这里跑，让杰克别指望他能给他什么帮助。现在想想，尽管杰克从未要求过一辆S级的“奔驰”车，但是，眼下，他打心眼里希望骨灰罐里的“杰克”能喜欢他的这辆“梅赛德斯”。

文斯想起了那天他在“车马酒馆”里与杰克之间的谈话，那是在他已成了有家室的人，有了女儿小凯丝（Kath）之后。当时，在场的还有雷和莱尼，雷和莱尼盯视着他们的酒杯，杰克把他拽到角落的一张桌子前，向他要去了5镑钞票。他不情愿地递过去了那5镑钞票，告诉杰克，就这么多了。他很清楚，杰克在资金上遇到了麻烦，也很清楚杰克为什么一定要把他叫到这家酒馆里来的原因，随后，他便就杰克的“道兹氏肉店”的生意使杰克经济受困之事与杰克争吵了起来，杰克对他很恼火，因为他不愿步杰克的后尘，继承家业，做“道兹氏肉店”的经理，从事“肉品经销商”的职业，执意选择了自己所看中的另外一个领域里面的行当——二手车经销商。后来，在获悉杰克得了胃癌之后，在第一时间，他去医院探视病床上的杰克。当时，杰克身上插了许多管子，完好无缺地躺在那里，依然不肯放过他，“过来，文斯。我想问你点事。”当时，外科医生斯特里克兰德（Strickland）正好站在他们旁边，用一种扫视的目光看向他，他想，这是因为斯特里克兰德知道他跟杰克关系不亲的缘故。可汽车修理，是他喜欢的工作，他希望杰克的病，就像出了问题的汽车引擎一样，被慢慢修理好。

雷回想起他早先与杰克的一次谈话。那时，雷因选择了坐办公室的职业而受到了杰克的非议。雷曾在一家保险公司里做职员，杰克不看好，要雷过“真正的生活”。当时雷和卡罗尔的婚姻正在恶化，两个人甚至互相不说话了，每天，他就早早地溜出去，去咖啡馆或早上7点半卖啤酒的小餐馆，与杰克等人聚在一起。雷记得，在一次闲谈当中，他们闲扯起杰克的父亲龙尼·道兹（Ronnie Dodds）。当时杰克不在场，正和文斯坐在运肉的货车上，拉着沉重的货物，在返回伯蒙德西的途中。有人告诉雷，杰克从来都不想当一名肉贩，只因为他父亲非要他那样。道兹氏父子，自从1903年以来，一直都从事着“肉品经销商”这一职业，经营着“道兹氏肉店”，而杰克真正想从事的职业，是当一名医生。

雷他们所乘坐的“梅赛德斯”已经穿过了黑荒原（Blackheath）。维克想弄清楚杰克为什么要把自己葬撒到“马尔盖特”的原因，“大男孩”文斯认为，因为过去他们经常在周日坐着家里的那辆老旧的运肉货车去那个地方郊游。莱尼驳斥了文斯的说法，说他清楚是怎么一回事，根本就不是因为什么周日出游。之后，雷说出了真相：马尔盖特是杰克和埃米当年度蜜月的地方。莱尼开始驳斥雷，他认为杰克他们就没有度过蜜月，那时候，他们夫妻正在为买一辆运货车而努力攒钱。雷解释说：他们后来度了蜜月，在玖恩出生后，他们认为他们应该有自己的蜜月。莱尼表示怀疑，瞥了雷一眼。文斯支持了雷的说法，并指出了具体的时间——1939年的夏天，然后从驾驶镜中看着莱尼他们。

莱尼对埃米在今天行程中的缺席十分不满，雷解释了原因：埃米要去看女儿玖恩，今天是玖恩的生日。莱尼逼问雷：怎么知道的这么多，埃米为什么把什么都告诉他？一时间，大家全都沉默下来。莱尼认为埃米的缺席，如果仅仅因为去看玖恩，根本说不过去，再说了，葬撒杰克的骨灰，也完全可以换个时间。“大男孩”文斯再次从驾驶镜中看着他们。维克变换了一下坐姿，像是坐得有些不舒服，有意快速变换了话题，并用手在那个装着杰克骨灰罐的硬纸盒上面划了划。

“大男孩”文斯熟练地驾驶着他的“梅赛德斯”，把视线转向了道路的正前方。太阳在草地上闪烁，杰克已经看不见它了，文斯想。几个星期前，杰克闭着眼睛躺在病床上，看上去像是睡熟了。就在那天，他与杰克进行了一次十分困难的交谈。吃下了大剂量镇静剂的杰克，要保持通常的清醒已相当困难了，看着处于暂时性昏厥之中的杰克，文斯感到很不安，想偷偷溜走。文斯回想起自己当时的一个举止，护士乔伊·凯丽（Joy Kelly）走开了，由于他很害怕触碰垂死的杰克，杰克叫他靠近一些时，他对于握住濒死的父亲的手，表现得很不自然，神态犹豫不决。杰克谈起了自己的病情，与文斯打赌说，他战胜死亡的可能性——仅有十分之一。文斯尽管已经从斯特里克兰德医生那里获悉了杰克病情的全部情况，但是，不知何故，他什么都不想对杰克说，只说了一句：你瘦了，杰克。杰克抓住文斯的手，把他往自己跟前拉了拉，文斯用他空闲着的那只手为杰克弄了弄枕头，默默地看着体重已经减掉了很多、原来绰号“大块头”的杰克，多少有些难过。杰克看向文斯，突然，出人意料地说道，他要向文斯借一些现金，1000英镑，让文斯在星期五之前，悄悄放进他病床边床头柜里面的皮夹子里，不要吭声。文斯与杰克对视着，杰克拉着文斯的手，让他什么都不要问，那只是一个请求，不是命令。

雷回想起他的父亲和自己经营了多年的废旧金属生意，在这一行当里，他有点经历。过去，做废旧金属生意曾经是一个好行业，可他父亲却坚持要他找一份受人尊重的坐办公室的工作，结果，雷进了一家保险公司，为此，他父亲打心眼里为他感到骄傲。他父亲继续做他的“废铜烂铁”老板，后来，战争来了，雷被拖进了世界大战，与杰克在非洲的沙漠里服役，在这期间，他父亲因心脏病发作而病逝。从战场返回家园之后，雷回到他工作过的那家保险公司，位于伦敦黑衣修士桥（Blackfriars）的办公室。传继到他手里的堆置场——他父亲所经营的那个存放“废铜烂铁”的场所，没有受到战争的损毁，他将其中的一个场院，出租给了查理·迪克森（Daisy Dixon），以维持对另外一个场院的开支。他自己则每天都去他的办公室上班，作为一名公司职员。

雷回想起他如何与查理·迪克森的小女儿卡罗尔结婚的往事。卡罗尔是雷在与查理打交道的过程中所迷恋上的年轻女子黛西·迪克森（Daisy Dixon）的妹妹。由于他不擅长聊天，也不会风流，因而他对黛西没有什么吸引力，黛西根本就没有留意过他，从未把他放在心上过，他对黛西的喜爱纯粹是一种单相思。而颇具讽刺意味的是，在10年之后，在他的父亲去世很久之后，黛西的小妹妹卡罗尔倒成了唯一对他上心的女人，对他产生了兴趣，表明了心意。那天，卡罗尔和黛西一起过来了，想知道雷是否有心卖掉他堆置场的那个场院，因为这件事关系到了她们的父亲查理要不要买下一辆货车的问题，查理正在为这事忧心。后来卡罗尔便成了雷的妻子。

莱尼回想起了他们经常在星期日乘坐杰克那辆运肉的货车出游的一些情形。通常总是他与杰克、埃米、文斯以及他的妻子琼和他们的女儿萨莉（Sally）一道儿出游。与埃米在一起时，莱尼总觉得埃米的表情看上去有些自以为是，就好像是因为莱尼他们一家人住在活动房屋里，而杰克他们住在砖混结构的房屋里。

莱尼和琼都很想自己能单独带着女儿萨莉外出游玩，只是因为困于他们没有乘火车旅行的资费，困于他们没有摩托车，没有商店，没有房子，平日里，他们只能勉强维持生活。旅途当中，杰克、埃米、文斯和萨莉挤坐在那辆运肉货车的前面。莱尼觉得，那四个人居然有办法挤进那么小的一个空间，真是个奇迹；琼觉得，文斯和萨莉那两个孩子在一起相处得简直就像兄弟姐妹。

有一天，萨莉从学校回来后，追问莱尼和琼，文斯在学校里为什么总是受人欺侮。当时，萨莉已有 10 岁了，莱尼和琼为萨莉讲了一个在萨莉听来，一半像是童话、一半像是为了取闹而编造出来的故事：文斯不是杰克和埃米亲生的孩子——那是杰克和埃米结婚之后很多年的事了。杰克和埃米的女儿玖恩不是一个正常的孩子，出生时就有问题，先天性智障，需要特殊照料，埃米因而意识到她不可能再生另外一个孩子了，至少，她不敢冒同样的风险了，所以，埃米成了一个一直都不快乐的女人，杰克也同样不快乐。不久，战争来了。1944 年 6 月，炸弹落在了伯蒙德西，其中的一颗飞弹落在了普里切特家的房子上，普里切特先生（Mr. Pritchett）正在家中休假，儿子文斯刚刚出生。当时，埃米住在普里切特家附近的一条街道上，那是在玖恩出生 5 年之后发生的事，莱尼和杰克都在国外与德国人打仗，他们二人那时候彼此谁都还不认识谁。除了婴儿文斯之外，普里切特家被炸得几乎什么都没有剩下，因此，埃米收养了襁褓中的文斯，用心照料他，像对待自己的孩子一样将他抚养长大。说起来，领养一个孤儿是有规则和法律手续的，因为是在战争时期，有一些法律条文处于被悬置的状态，因此在战争结束一两年后，杰克回家了，没有人会为他和埃米领养了一个孩子而说三道四。文斯有了新的父母，从那以后，一切都很圆满、幸福，除了玖恩，至今还住在养育院里。

莱尼和琼在为萨莉讲这些事之前，特意叮嘱过萨莉，要她绝对不能同任何人说这件事。然而，在那之后不久，文斯便清楚了他身世的真相，大受刺激，并在萨莉身上撒气，开始不听杰克和埃米的话，对杰克的意愿——希望他步其后尘，子承父业，接手“道兹氏”的生意，做一名“肉品经销商”——进行了反抗。杰克一直企图扭转文斯的抵触情绪，用尽了责备和威胁的手段，而文斯始终不肯退让，后来竟然离开了家，参加了外籍军团，令杰克大为光火，大骂文斯是一个“该死的逃兵”。莱尼与杰克开玩笑说，其实，文斯不过是在步杰克的后尘成了一名军人；再说了，孩子们并不属于父母所有，他们是独立自主的人，是自己命运的主人。“话说得有道理。”杰克盯视着莱尼说。“他不属于你，你应该感到高兴……”从杰克的语气当中，莱尼依然能够清楚地听出杰克对文斯的恼怒——因为在他需要他时却“背弃”了他而生出的那种恼怒——随着时间的流逝，杰克的那种恼怒，始终有增无减。

现在，雷他们这一帮男人已经抵达了达特福德（Dartford）地界。莱尼问起了“大男孩”文斯的女儿凯丝。文斯没有回答，雷从反射镜里，看到文斯像是正专注于前方的道路。随后，莱尼将话题转向了文斯的商品陈列室和汽车修理工作上，车厢里的气氛一下子紧张起来，随着交谈的继续，车厢里的紧张气氛有增无减。过了一会儿，“大男孩”文斯像是被激怒了，突然把“梅赛德斯”的油门加大得足以让每一个人都感受到了他的恼怒。

天空清澈湛蓝，只有很少的一丝丝浮云，微风吹动着路边的树木，路标指向了达特福德隧道。现在，雷他们这一帮男人已经离开了伦敦，不过路边的景色，令人无法确定是城镇还是乡村。雷觉得他们就好像是在旅游，然而，走来走去，总是在同一个地方。“那纸盒一定很沉。”雷对维克说，从维克手中要过了那个装有杰克骨灰罐的硬纸盒，抱在了怀里，现在，“杰克”在雷的膝盖上了。“大男孩”文斯掰了掰反光镜，想看看雷他们正在做什么，之后，他们开始在沉默中驱车前进。

雷回想起他与女儿苏茜（Susie）以及前妻卡罗尔住在同一寓所里的一些时光。女儿苏茜对他说，她想和一个叫安迪（Andy）的毛头小伙子去澳大利亚的悉尼，雷很生气。当时，苏茜 18 岁，雷也已经是一个颇有点威望的赌徒了。他与卡罗尔的婚姻也有些年头了，卡罗尔曾经幻想婚后的生活方式就是到处旅游，结婚之后，一直专注于此事，达 15 年之久。那天上午，去买东西的卡罗尔回来后，与苏茜发生了口角，母女之间的争论很快变得激烈起来。出人意料的是，在卡罗尔勃然大怒时，雷却站到了女儿苏茜那一边儿，替苏茜说起话来了。在那之后，雷出了 30 镑金币，在一匹并不被人们看好的名为“银爵士”的马身上下了赌注，以 20：1 的概率赢得了赌注之后，他把赢来的钱偷偷给了苏茜，让苏茜去买了飞往悉尼的机票，结果，铸成了大错。卡罗尔砰然关上了房门，之后，痛哭一场。直到这时，雷这才意识到，卡罗尔其实是出于嫉妒，嫉妒女儿的外出旅游，而不是因为与女儿离别而伤心——看来，自己忽视了妻子对旅游的热爱和渴望。作为补偿，他给卡罗尔买了一辆适用于旅游的行卧两用汽车，高级的移动房车，而卡罗尔，最终还是永久地离开了他。

“大男孩”文斯回想起他与杰克、埃米还有萨莉多次驾驶着杰克的那辆货车一同前往海滨旅游途中的一些事儿。文斯喜欢坐在中间，盯视着萨莉的两条腿胡思乱想。不过，有一天，杰克坚持要求文斯坐到后面去，在那里，他无法看到萨莉的双腿，而且还会感受到令人不快的刺鼻的残留肉渣的腐味，不过，他还是遵命坐了过去，什么都没有说。他觉得他是为了萨莉才这么做的，可他什么都没对萨莉说。他像一个被关进笼内的动物一样独自坐在后面的车厢里，心里很不是滋味，备感孤独。他认为，比较起来，杰克他们喜爱的是萨莉而不是他。他联想到了他的姐姐玖恩，他想，他有个姐姐，实际上又根本没有那个姐姐。他因而怨恨起杰克，憎恨那肉渣的臭味。他想，他绝不当屠夫，绝不继承“道兹氏肉店”的生意，他要办一个马达公司，把出了问题的汽车引擎修理好。有一天，萨莉没有同他们一道儿去海滩游玩，文斯才得以坐回了汽车前面，可他却并不为此感到愉快，因为，他觉得这其中的缘故，并非是因为杰克他们感到了内疚。那天，在途经威克农庄时，他们在一个小山顶附近停了下来，那里有一个旧的风车，往下望去，下面是田野、树林、篱笆、果园、住宅，还有一座教堂塔，一个村庄。杰克和埃米向他炫耀，那里是他们初次相遇的地方。

在莱尼看来，5 年的军队生活把“大男孩”文斯变成了一个男人。从军营归来之后，文斯开始了他的新生活。他从容不迫地询问莱尼，自己能否同萨莉外出约会，莱尼答应了他，同意了他们的交往。但是文斯并没有充分享受这一点，好好地玩玩，他很快就干起活来了。军队生活把那个游手好闲的文斯变成了一个商人，突然令人惊讶地做起了汽车修理生意。他用他当兵节约下来的一部分薪水买了一辆汽车，买的不是一辆厢型旅游车，而是一辆有点毛病的“捷豹”。在雷的堆置场里把它修理好了之后，又把它兜售了出去，然后，再故伎重演。没过多久，文斯就进展到了能同时修理两辆汽车的工作状态。这时候，莱尼看出了门道，对杰克说，看来他的儿子文斯在汽车修理这行当里不会只是短期干干了。杰克可不是个肯轻易放弃的男人，他想方设法试图转移文斯的注意力，然而，文斯与杰克的想法全然不一，坚持要走那条杰克永远都不能理解的生活之路。那绝不会是“道兹氏父子公司”，而是“道兹氏马达公司”。文斯想的是钢和铁，他脑海里听到的是发动机的声响。

在“大男孩”文斯眼里，一个性能良好的发动机，不仅仅是一个完好无损的马达，对一个男人来说，它是一个慰劳品，一个伙伴，一笔资产，它能把人们从一处载到另一处。一个好的汽车发动机，是值得人们去尊敬的，只要人们好好对待它，它就会好好对待每一个人；而且，如果需要，人们还可以把它拆开，看看它是如何工作的。它不是什么神秘的东西。真不能想象，一个没有汽车发动机的世界，会是一个什么样的世界。在文斯看来，这个世界上没有什么东西比一个人在加大油门风驰电掣般地行驶在路上时更能体现他在活着了。各种标志、信号灯和斑马线，保证着一切循序而行，一切都在运转。

现在，他们已经行驶到了距离格拉维森德（Gravesend）3 英里的地方，“大男孩”文斯想，大热天戴着墨镜开着自己的爱车穿行在城镇里，胳膊搁在窗子上，手中夹根香烟，一路看着美女，向前奔……这多惬意啊！汽车，是所有人类发明中，最好的一件东西。不过，汽车不能独自成之为汽车，必须是人和车的结合体，必须要相互搭配，发挥作用。所以，他不仅仅是汽车经销商，他能让汽车适合顾客的品味，为他的客户量体裁衣。他是一个汽车的缝纫兵，一流的技工，他对马达的了解，不亚于对妻子那个部位的了解。

雷他们这一帮男人很快便抵达了格拉维森德地界。维克动了动他的身体，调了调他的座位，莱尼羡慕地说了一句，维克坐了一个好位子。“大男孩”文斯接过了话茬儿，告诉他们说，车上所有的座位都是可以调整的。维克逗弄文斯说，他想知道买下这辆“梅赛德斯”，需要多少钱。文斯当真相信了，将头转向了维克，随后才意识到维克是在逗弄他。雷看了看发出哧哧笑声的维克，做了一个不动情的评估：他们当中，不算还算年轻的文斯，谁将是下一个“走”的人。维克显然是最健康的一位，雷想，如果从健康方面考虑，他自己应当居中，莱尼最差。他猜想，维克受益于当海军呼吸到的海上的新鲜空气，而杰克、莱尼和他，在军营中享受的则是沙漠中的尘土。

莱尼询问起雷关于他在澳大利亚的女儿苏茜的事儿，令雷想起了他的前妻卡罗尔。卡罗尔现在已经再婚了，而且就住在他们正在行驶的这条道路上。大家开玩笑说，回返途中不妨在这里停一下，去看看卡罗尔。“大男孩”文斯问雷说，轮到他出车时，他想用什么样的好车拉大家去海边？莱尼插了进来，问雷，雷现在是自由身了，为什么不去澳大利亚看苏茜？他应该去那里抱抱孙子。雷注意到回头看向他的维克像是在猜疑他是不是因为路费有问题，于是，他冲着维克说了一句，路费不成问题，小事一桩。随后，他们将话题转向了葬礼、骨灰和墓葬地。这时，雷脑海里翻腾起“大男孩”文斯开着他的一辆“箱式旅游车”到处跑动的样子，开始后悔自己当时那么便宜就把自己的堆置场卖到了文斯手里。

维克刚想小睡一会儿，“大男孩”文斯打开了一个新话题。他问维克今后怎么打算。维克回答说，几年前，他买了一块地，是在地皮减价的时候，买了一块新墓地。车厢里一下子静默了下来。在寂静无声中，文斯继续驱车前进。

维克回想起他是如何接管下塔克氏家族的殡葬业生意并逐渐成为一个职业高手的往事，以及他所从事的这一行业的独特性。他十分清楚，在他们这一行业里，有一些殡葬业者会在他人最困难的时候乘机捞上一把，而他，绝不会做出那等事的。他为自己不是那样一种人而颇感自豪。他是一个名副其实的入殓师，以庄严而充满敬畏的心情为人们提供着他的服务。他尊敬他人和自己的独特职业，在领悟生死中，他见识了各种各样死去的人，有的春风得意，有的穷愁潦倒，他的父亲教他学会了在这个行业里如何待人处世，如何赢得尊重。当他提供服务时，他就是整件事情的导演。

维克记起他从自己的窗户往外望过去，看着街对面的那些店铺，包括杰克的肉店，关门的情形。通常，杰克都按一定时间关上店铺的门，然后向他的那辆货车走去。然而，有一天，杰克关上了他肉店的门之后，左右环顾了一番，朝着维克这边的街面走了过来。维克知道有什么事情发生了，他猜对了。他们闲谈了一会儿之后，杰克突然转入正题，说，他正计划卖掉他的肉店，尽管说这话时杰克竭力使用一种轻描淡写的语气，可维克看到了壮汉杰克脸上的痛苦。杰克说，这只是他 5 分钟前才做出的一个决定，然后，解释说，他太令埃米失望了——因为他误过了玖恩 50 岁的生日，他本打算早些关门下班，但显然没能做到。维克看得出，在女儿玖恩这件事情上，杰克备受煎熬。50 年了，玖恩不知道她自己多大岁数，不知道她手上带着的手镯是什么。杰克猜想，埃米一定会去那家养育院看玖恩的，他想做出某种补偿。杰克希望维克能为他刚刚做出的决定作证。他告诉维克，他会把他将永久歇业这一决定告诉埃米的，而且，他还向维克坦承，他真正想从事的职业其实是医生。

雷回想起他早先在非洲沙漠里第一次与杰克相遇时的情形，他的绰号——“幸运儿”——是杰克送给他的，那是在第二次世界大战期间，他们二人初次相遇之时。杰克认为，雷是幸运的，因为他的个头矮小，因而作为德国人射击的“目标”也小，总之，杰克认为他幸运，后来那个绰号也就跟定雷了。雷和杰克二人在埃及和利比亚共同作过战，交谈当中，意外获悉：他们各自的家都在伦敦东南面的伯蒙德西。他们一道儿去看了金字塔，一道儿目击了他们的一些朋友在他们面前死去。很快，他们的关系变得越来越密切，还一起去逛了妓院。雷佩服杰克身上所具有的那种同他的躯体一样坚强的自信，甚至觉得杰克的庞大身躯能够帮助他抵挡子弹的射击和其他一切困难。雷还羡慕杰克有一个漂亮的老婆。后来，一天下午，杰克给雷看了一张埃米的照片，他立刻就被埃米迷住了。他想，他所需要的女人，应当是一个像杰克老婆一样的女人。

“大男孩”文斯回想起他出手打萨莉·泰特（Sally Tate）那件事。那天，他打了萨莉，把萨莉痛打了一顿。为他姐姐玖恩的事，他在校园里接连不断地打人，痛打那些说三道四的家伙，无论是谁，无论男女，而且出手越来越重，打过的人越来越多，因为他知道了他们所说的全都是真的。可玖恩不是他的姐姐，他没有姐姐。实际上，玖恩也真的不是他的姐姐，他却因为玖恩而打人打得更厉害了。他想，他是代表玖恩打的，因为玖恩不能捍卫她自己。在此之前，文斯一点都不知道玖恩的存在，他对玖恩的事一无所知；但是，他不允许别人取笑玖恩，并用玖恩的事捉弄他，所以他就大打出手，他认为这是他能为玖恩做的一件事。当萨莉也加入了进来之后，他不分青红皂白上前就把萨莉痛打了一顿。他打人的行为在校长斯诺先生（Mr. Snow）那里遇到了麻烦，他被斯诺先生叫去谈话，让他解释“欺凌弱小者”一词的含义，结果，他反问起斯诺先生，能不能告诉他“孤儿”一词的含义。后来，他要求埃米带他去看玖恩，埃米答应了，他去看了玖恩，做了一件杰克从未做过的事，尽管只有一次。杰克从未想过把他“有一个姐姐”的事告诉他，以为这样愚弄他就能把事情瞒过去。埃米告诉他，玖恩的出生纯属意外，他们并没有想生她。文斯想：玖恩是他们的意外之孕，那么我就是他们选中的东西，他们的修补匠，他们定制的衣服了。

雷回想起杰克刚刚做完手术时的情景。医生明白告诉他：手术是不能治愈癌症的。他来到埃米面前，无须告诉埃米什么，只是看着埃米，埃米就知道了。埃米哭了。走廊里人声嘈杂，他关心地问了埃米一句，需不需要有人来陪陪她。埃米拒绝了他，说有文斯和曼迪与她在一起，文斯他们会在这里守夜的。他临走前告诉埃米：明天他的首要任务就是到医院来，只要一放人进去，他就去看杰克。“再见，雷。”埃米与他道别，声音听起来好像是要出发去做长途旅行，好像他再也见不着她了；然而，要离去的是杰克，不是埃米。雷耳边响起了前妻卡罗尔离开他时的话音，卡罗尔直言她是认真的，她不回来了。卡罗尔用电话通知了他——他们之间的关系结束了。雷想到了他的那个绰号，"幸运儿"——也许根本不适合他。那一晚，他独自在黑暗中整整坐了一夜。要是换另外一个男人，也许会采取不同的行动，而他，只是在黑暗中坐着，身上穿着全部衣裳，蜷缩着身子，一动不动，直到清晨6点钟，开始洗漱。

"大男孩"文斯回想起与曼迪一起驾车出行的往事。"上来吧，曼迪。"他对曼迪说。他过去经常驾车沿着A20或7号橡树公路出行，有时，在到达罗彻斯特（Rochester）之前的某一处转弯，所有肯特郡的景点他都去过。但是，他从没有把曼迪带到更远的地方去——回顾过去。他直截了当地把一切全都说给了曼迪，当他们第一次驾驶着雷的那辆"箱式旅游车"出行时，他就把杰克和埃米的全部故事，包括玖恩的事，全都告诉了曼迪。曼迪的反应平平，认为杰克和埃米收留了他，就跟接纳了她一样；他们喜欢他就像喜欢她一样，并没有什么不同，说话的语气就好像是在代表杰克和埃米讲话似的。他有些不快，回答曼迪：他从没有要求杰克和埃米的任何恩惠。不过，他和曼迪两个是同一类的人，他们一起到各处去旅游，喜欢在不同的汽车里、甚至在"箱式旅游车"里做爱。曼迪18岁，他23岁，他们在雷的那辆高级移动房车里，连续住了好一阵子，那时是嬉皮士时代，他们正逢其时。

雷他们这一帮男人已经来到了M2公路的起点，但是"大男孩"文斯继续留在了A2公路上，经过斯特鲁德（Strood）前往罗彻斯特，他们从铁路桥旁边的旧公路桥上越过了泰晤士河最后一条大支流梅德韦河。河岸的风光突然令人惊奇地开阔起来。维克看了看他的手表，一旁的"大男孩"文斯说了一句：在罗彻斯特，任何一家酒馆都很不错。这时，天气发生了变化，乌云密布。他们在主路上开过了头，又返了回来，在单行道的小街上迷了路。之后，他们将车开进了城堡山脚下的停车场。文斯锁上了车门，第一次把装着杰克骨灰罐的硬纸盒抱在胸前，因为该轮到他了。他们走进了一家老酒馆，与穿着白色宽松上衣的酒吧女招待员开了一通玩笑，然后各人要了自己吃喝的东西，喝了酒，吃了一些牛排、薯条和大香肠。莱尼和雷点起香烟。莱尼起身到处转悠，就仿佛他们一直都很熟悉罗彻斯特这家酒馆似的。不过遗憾的是，他们不能长久坐在那里慢慢品味，与世界和平相处，他们不得不带着"杰克"继续上路，前往马尔盖特。雷觉得眼前的一切很像是在做梦，好像杰克依然随时会溜达进门来似的。想着想着，雷已泪流满面，于是到卫生间里平复心情去了。

当雷回到桌边时，莱尼和文斯闹起了别扭，谁都不肯认错，维克尽力维持和平，不让他们二人闹起来。闹过一阵之后，文斯看着他的手表说：已经2点15分了，如果你们要整个下午都在这里吃喝的话，那是你们的事儿，我现在就去车子那里，我要开车去马尔盖特，如果你们不想去的话，你们最好去找找车站在哪里。文斯用眼睛横扫了一下整个桌面，就像是其他人全都突然之间归属于了一个反对他的阴谋，而不单单是莱尼一个。之后，文斯最后呷了一口咖啡，站起身来，穿上他的外衣，走了出去，甚至都没回头看一眼，旋转门就在他身后关上了。

雷很清楚，当"大男孩"文斯还是一个无赖少年的时候，他心目中的英雄是加里·库柏[1]，所以，当

1 加里·库柏（Gary Cooper，1901—1961）：美国著名男影星，他演活了奉行自我原则，在无意识中成为英雄的平凡人物，曾5次获得奥斯卡奖提名、3次获奖。代表影片有《日正当午》（High Noon）、《丧钟为谁而鸣》（For Whom the Bell Tolls）等。

下，他们没有选择。维克首先站了起来，然后是雷，随后，莱尼也不得不开始动弹了。之前，他正准备按照老式办法打上一架。“大男孩”文斯匆匆走掉了，忘记了拖上装着杰克骨灰罐的硬纸盒。莱尼愤怒地拿起了那个硬纸盒，追了出去，雷和维克跟随在他后面。赶上之后，莱尼严厉斥责文斯把“杰克”丢在了酒吧里：你是不是忘了它？你也许以为，没有我们你也能办成这件事，但是没有它，你去马尔盖特，看起来就像一个大傻瓜！

雷他们这一帮男人行驶到查塔姆（Chatham）后下了车，上了一个小山，因为在那个小山上，有不能错过、让人大开眼界的海军和海事展品，白色的塔。那座方尖石塔矗立在那里，就像个灯塔一样。它是一个海军的著名陆标，不过没有任何标记，相当难找。他们沿着一个陡坡上了山，不知哪条路是最合适的，花了相当长的时间才抵达山顶。其中莱尼爬得最为吃力，一路上不停地喘息和诉苦，整个脸看起来像草莓果酱似的。维克走在莱尼和雷的前面，走在最前面的“大男孩”文斯把他们甩得几乎看不见影儿了。那里的路径颇为险峻，周围到处都是树丛和羊肠小道，即使在最高处也看不清道路是通向哪里的，他们只能往上攀爬。上帝保佑，现在他们尽管仍然是在继续往上攀登，不过脚下的路总算已好走多了，就好像那座纪念塔把他们往上拉拽似的。那座纪念塔是方尖石塔，阳光正在它上面闪烁。看到那座方尖石塔就在他们面前时，莱尼简直连呼吸都困难了。

维克凝视着方尖石塔上面那些令人肃然起敬的名字，一声不吭，想到了死亡。他回想起他爷爷死亡的那天晚上，外面一直在下雨，那雨已经下了有一整天了，他父亲的头发湿淋淋的，衣服仍然留有医院的味道，站到他的床头，把“爷爷死了”这一坏消息告诉了他。他很清楚，他父亲很快便会把他一个人留在房间里面对整个黑夜。他父亲要去为“爷爷死了”的这事去忙活，一直要忙活到第二天早晨。因为人死了，他父亲必须去把那个人装殓入棺材里，即便是他的爷爷。他很清楚，总有一天，他自己也得去做这样的事，这一切都是命中注定的，他没得选。

雷站在那里，望向那位于中央的方尖石塔。他脑海里翻腾的却是赌注和概率、保险和保险金。“大男孩”文斯已经开始在方尖石塔周围闲逛，照射在白色石头上的阳光十分耀眼，因为没有看到莱尼的人影，“大男孩”文斯以为莱尼做了逃兵。这时，莱尼正在不住地抱怨着妻子琼为什么没能陪伴在他身边，那样他会好受一些。最后一个攀爬到那座方尖石塔前后，莱尼觉得这可恶的塔山险些要了他的命，不过，他想，他必须上来，因为这是一个责任问题。

他们转悠到方尖石塔后面，“大男孩”文斯想到了埃米，埃米始终在尽她的责任，年复一年，一个人对玖恩尽着她的责任，从来没有抱怨过什么。此刻，她正在做这件事。文斯仰望着方尖石塔的塔顶，向雷问了一句：你认为，埃米能够为杰克腾出这一天来吗？随后，他又问了雷一句：杰克从来没跟你提过钱的事儿吗？当他快要死的时候，他从来没有提到钱的金额吗？雷不知道文斯的话是什么意思，文斯解释说：“有关 1000 英镑的事。”雷给出的回答是：杰克从来没有提过钱的什么数额。文斯迅速扫了雷一眼，然后离开了。

雷和维克以及莱尼下了山，走回到他们的汽车那儿，但是他们没能坐进去，因为钥匙在“大男孩”文斯那里。于是，他们只好在停车场上游荡，一声不吭，互相瞥上一眼。太阳亮了一阵，然后又躲进了云里。回程，他们走的是 M2 高速公路，文斯加快了速度，把车速提到 95 英里。到了威克农庄方向，文斯突然减慢了车速，拐下了主路，绕路把车朝向农庄的地方开了过去，并嘀咕了一声“绕个道儿”，因为车厢里在座的每一个人都知道那不是前往马尔盖特的路，他们都在盯视着“大男孩”文斯。

道路比较狭窄，在一个绿色告示指示的“公众步道”边，“大男孩”文斯关掉了引擎，并要雷把他膝盖上的那个硬纸盒里的骨灰罐给他，随后打开了车门，将杰克的骨灰罐紧贴在胸口，下了车，朝前走去。莫名其妙的雷和维克以及莱尼，远远地跟在“大男孩”文斯后面，脚下面全是泥泞，他们继续朝前走，文斯与他们拉开了一段长长的距离，走过了那块田地，朝着陡峭的斜坡走了过去。谁都不明白他们为什么到这儿来，或发生了什么事儿。山谷下面，是拼凑在一起的一片片的绿色和棕色，边沿整齐的树林。他们前面一块地的坡度缓缓向下倾斜，莱尼抱怨起来，说“大男孩”文斯与杰克其实并没有真正的血缘关系，于是起了疑心，怀疑出了什么问题，他尽力加快脚步追向文斯。

走到山坡边，“大男孩”文斯停下脚步，犹豫着，随后拧松了那个骨灰罐的罐口。除了莱尼之外，雷和维克都吃惊地注视着文斯。正当文斯试着打开罐口时，莱尼袭击了他。莱尼一边咒骂，一边跑向文斯，同他扭打在一起，被拧松了的骨灰罐几乎掉落到地上，不过口并未打开，被莱尼夺了过去。文斯竭力想从莱尼手里夺回来，莱尼不肯放手，同时辱骂着比他年轻的对手。随后，莱尼大喘着气，放下骨灰罐，向站着不动的文斯伸出了拳头，一面嘴里高声叫骂着：“这一拳是为萨莉的。”然后，又打了一拳：“这一拳是为杰克。”这一次，“大男孩”文斯不再站在原地不动了，突然扑向莱尼，用手臂紧紧夹住莱尼的脖子，莱尼被弄得几乎窒息。二人对打了一阵，有好几分钟，雷和维克一动不动地站在那里，最后莱尼精疲力竭，被文斯击倒在地上。文斯眼睛湿润，抓起了骨灰罐，再一次拧松罐口，莱尼看着他没说话，晃着身子，喘着气。文斯说：“就一点，就一点。”莱尼看着他，用嘶哑的声音哇哇叫着说：“这是什么意思？”见文斯置之不理，继续拧动着罐口，莱尼扬声责骂：蠢蛋，你应该对你自己的行为感到羞愧。“大男孩”文斯不屑毁誉，打开了骨灰罐，抓了一把杰克的骨灰，将其扬入风中，然后重新拧好罐口，向大家走了过来。“就是这儿。”他说，擦了擦他的脸，“就在这里。”——原来，这里是杰克与埃米相遇的地方，不过这事只有文斯清楚。

“大男孩”文斯还清楚曼迪与杰克相遇的地方。那天，曼迪碰巧搭上了杰克的货车，交谈当中，曼迪才知道自己上的是一辆用来拉肉的货车。在那之后，曼迪被拉到了伦敦，结果，永远改变了她的人生。一路上，在与杰克的交谈当中，杰克同曼迪开了一句玩笑，令她想起了她的父亲比尔（Bill）。曼迪告诉杰克，比尔过去常爱瞎纠缠，不管曼迪做得对还是不对，总喜欢做出一副怪样，说：你是一个坏女孩，曼迪，你是一个坏女孩。曼迪说，她不是家里第一个离开家的人，给她树立榜样的人就是比尔。先前，她爱对其他女孩说：她父亲是一名水手；然而，有一天，那个水手比尔，爱瞎纠缠的比尔，却再也没有回来。来自市政厅的奈维尔·朗斯代尔（Neville Lonsdale）取代了比尔。母亲要曼迪见一见朗斯代尔先生，城市规划师，并对她说，从此之后，她们将过一种完全不同的生活。曼迪对那个奈维尔没有什么好感。奈维尔常爱把他那张苍白的脸摆到她面前，就像一个神父似的问她：你想成为什么样的人，曼迪？你长大了想干什么？曼迪觉得奈维尔就像一个魔鬼，甚至想对他说：我想成为坏蛋，我想成为像我父亲说的那样的坏女孩，而且我要成为坏蛋。结果，她真那么做了，跑到酒吧或舞厅里厮混，在里面连扭带叫喊，让人家用手撩起她的裙子，更恶劣的是，还让自己被人用力向墙上推。她希望自己带给母亲和奈维尔的是极大的痛苦，这本是他们所给予她的，而且比这还有过之而无不及。

曼迪像旅游一样，坐着一辆拉肉的货车，一辆家庭肉品供应商的货车，来到了伦敦。不过，她的离家闯荡、不顾前后的大冒险只延续了不到12个小时。在不到一天的时间里，她从一个家门逃了出去，又迈进了另外一个家门。仅仅是因为文斯。曼迪和文斯像一对吉卜赛人，住进了雷叔叔的活动住房——那辆“箱式旅游车”里。文斯对曼迪说了他的身世，他的亲生父母被飞弹炸死了，他不是文斯·道兹，他真正的姓氏是“普里切特”，他不想继承“道兹氏”家庭肉品供应商的家业，他感兴趣的是汽车马达，他想成为一名汽车经销商。曼迪也对文斯坦承了自己的一切，他们成了非常相爱的一对情侣。在那之后，曼迪成了伦敦人，有了一个以汽车为营生的丈夫，一个挤进来的女儿。

对于女儿凯丝，文斯多少感到有些亏欠。那天，文斯正同客户侯赛因先生（Mr. Hussein）谈一桩生意时，那位阿拉伯人侯赛因一只眼睛看向他，说对那辆三年的旧“福特”不感兴趣，而另一只眼睛却越过他的肩膀看向屋里的凯丝。讲求实际的文斯当时不但没有发怒，还从架子上取下了车钥匙，抛给了凯丝，要凯丝陪同侯赛因出去兜一圈，以便把这桩生意做成——在那之前，他尽管清楚凯丝需要挣钱谋生，却从未要求凯丝做过这种事儿。凯丝看着他，犹犹豫豫，不过在涉及汽车的一些事儿的时候，凯丝一点也不笨。文斯在凯丝刚刚达到可以领取驾照年龄的时候，就教会了她开车。凯丝对汽车的喜爱就如同爱父亲一般。现在想想，文斯觉得自己那样做也许不对，自己没有资格按照自己的意愿那样行事。在文斯看来，女儿凯丝对“道兹”这一姓氏毫不介怀，而且以“道兹氏”为荣，出现在杰克的葬礼上时，穿着他所见过的最好的一套黑色丧服，那套衣服肯定花去了她不少便士。

在对待女儿玖恩的问题上，杰克与埃米彼此之间始终意见不合，相互抵触。埃米一个星期定期去看玖恩两次，星期一和星期四，就像钟表一样准时。为此，有一段时间，雷决定少拿点薪水，安排自己每周只在办公室工作三天，尽可能多地抽出一些时间来，以使自己的时间表能与埃米去探视玖恩的时间表相符，事后，再从赛马场上找回自己的那部分损失——在赛马场上，雷由于精明，正在交好运。一个星期四，雷提议用他的“箱式旅游车”带着埃米去养育院看玖恩，埃米同意了，这样可以免除她以前一向乘坐公共汽车和一路换乘的费时与劳顿。坐着雷的“箱式旅游车”去探视女儿，事情变得舒适多了。雷告诉埃米，他曾在沙漠里“遇见过”她（在杰克给他看埃米的照片时），埃米看着雷，苦苦盯视着他，知道他迷上了自己。那时，雷已经被卡罗尔抛弃了，也许是出于同情，也许是出于遗憾，一天，埃米告诉雷：杰克从未去养育院看过女儿玖恩——对此，她不能确定，只是猜测，或许曾经有过一次。杰克就是不肯谈玖恩的事，而且从来不理会女儿，这显而易见是胆怯，是逃避，是他的愚蠢，他从来不想去接触自己的女儿。一直以来，她每周去探视女儿两次，年年如此，如今，已经无法停止了，母亲就是母亲。如果杰克偶尔能去探视女儿一次，哪怕就一次，也许就能保持他们夫妻之间关系的平衡，他们就不会变成眼下这种样子，背道而驰，两情相左了。

几十年过去了，雷始终怀揣着他年轻时对埃米的那份爱意。至今容貌不衰的埃米，这一腔倾诉衷肠的话语，令雷感叹不已。作为一个母亲，一个忠诚于自己女儿的女人，埃米这近30年来的生活过得实在不容易。自从卡罗尔离开雷之后，雷便陪伴着埃米一次又一次地去探视玖恩。在一个星期四的下午，雷忽然提出来要埃米陪他去赛马场看看，不去养育院了，不去看玖恩了，埃米竟同意了。那是4月的一个晴朗无风而阳光明媚的日子，他们没怎么去看赛马，而是一起吃了雷准备好的野餐，还在“箱式旅游车”里做了爱。后来，每个星期四，他们都如此，这种状况持续了有十四个星期，直到“大男孩”文斯和曼迪住进了他的那辆高级移动房车里。

与“大男孩”文斯挥拳相向之后，莱尼对自己不知死活、遇事好发急的冒昧行为感到有些懊恼，他想，他本该聪明一点，不去打一场根本没有希望打赢的架。由此，引起了他对自己人生的反思：据说，这是因为他在过去那些年的拳击生涯中脑子被打坏了——可他从来就不用脑子，退伍后重新回到拳击赛场上之前，他本该对那拳击场有更好的认识，经历了五年射击或被人射击并捡起那些死去的伙伴身体的碎块之后，他本该学会如何去更好地谋生，而不是努力把另外一个人打倒在地；然而，如果不去打拳击，就这么推着一辆水果蔬菜车来维持生计，也并没什么光彩的。

莱尼想，因为杰克，所以他们大家才到了这里，因为杰克，他才与文斯起了冲突。尽管被打败了，但为自己终于勇敢地对抗了“大男孩”文斯这一点，他对自己总算还颇为满意。为女儿萨莉的事，莱尼始终不能释怀，始终不能原谅文斯的过错——因为文斯这个小杂种，出卖了他的女儿小萨莉·泰特，把萨莉的男朋友以“拥有偷来的财产”的罪名送进了监狱。

雷他们这一帮男人默默穿过威克农庄的田野，返回到停车的地方，彼此没有任何交谈，静静听着“大男孩”文斯和莱尼的那像是二重唱的喘气声。一路上，文斯小心翼翼地紧紧抱着杰克的骨灰罐。暴风不住地吹打着他们的后背，很快，雨点落了下来，接着，雨下了起来，他们恰好及时钻进了“梅赛德斯”车门。狂风暴雨中，文斯打着了火，打开了雨刷，告诉大家，准备走前往坎特伯雷的那条路，然后启动了汽车。莱尼的呼吸平静了下来，好像什么事都没发生过似的，说了一个有关坎特伯雷大教堂的笑话。文斯认可了：既然莱尼这么说了，就照莱尼说的办，绕路去坎特伯雷大教堂那里兜一圈。文斯的一番话语如此出乎意料，雷甚至能感觉到坐在后排座位上的维克和莱尼惊讶地彼此直视着对方。

雷回想起病床上的杰克直视着他时的神情，那目光沉甸甸，直勾勾的，样子很悲哀。杰克说起了他对埃米今后生活的担忧，埃米需要有人照顾：如果雷有机会选择的话，应该第一个得到埃米。杰克认为，事情重在艰难的继续，结局并不重要，求“幸运儿”帮帮他。说这话时，他躺卧在那里，盖着毛毯，脸上没有笑容，只是一味地看着雷。雷不敢正视杰克，愧疚地想到了自己和埃米的事。

“大男孩”文斯回想起他透过玻璃格挡看着走廊的那边——杰克躺卧的那个地方，右边的第一张病床。他刚刚从斯特里克兰德医生那里回来，杰克已经无法做手术了，因为已经没法对他动手术了。他想，杰克只能死气沉沉地躺在那里，停止奔跑，靠边停下来了。文斯打心眼里厌恶那个斯特里克兰德，那个自以为是、态度粗笨的家伙，找到埃米和曼迪后，他微微摇了摇头，把这个坏消息通报给了她们。不一会儿，斯特里克兰德医生走了过来，把他们一起叫进了办公室，开始同他们谈“控制病症”设法为杰克减轻痛苦的所有治疗手段。站在文斯身边的埃米憋着呼吸，紧张起来，紧紧地抓住了文斯，好像是她的病症需要控制一样。

雷回想起与杰克在酒吧里谈论他的那辆“箱式旅游车”时他的紧张心态。在一个星期五晚上，在卡罗尔离开了他之后，杰克希望他考虑：他独自一人睡在那辆行卧两用的房车里，不是一个男人该过的日子。随后，杰克谈论起了要为埃米买下他的那辆高级移动房车时，他立刻变得不自在起来。杰克希望在星期日或其他适当的时候关闭店铺，开着那辆“箱式旅游车”同埃米一起去海外玩玩，去见见世界，让埃米好好享受一番她早应得到的享受。为此，杰克还开了一个好价。雷回避了杰克直视着他的目光，想到了自己与埃米放弃探视玖恩前往埃普索姆的赛马场的事，想到了他们在那辆“箱式旅游车”里做过的事，他对杰克说，他不打算出售他的那辆移动房车。

“大男孩”文斯驾驶着“梅赛德斯”沿着弯弯曲曲的道路奔向坎特伯雷。当他突然大呼看见“大教堂”了时，雷什么也没看到。他们是从后面开过来的，那巨大的建筑仍在雷的视线之外。雷想，杰克并没有指定这个“坎特伯雷大教堂”，这里不过是他们前往马尔盖特途中拐的一个弯，要不是这样，这里其实足可以够得上他们这次旅程的一个好终点。维克和文斯都宣称他们从未来过坎特伯雷大教堂。从“大男孩”文斯谈话的声调里，雷感到很难相信，不到一小时之前，他曾攻击过莱尼。

他们终于看到大教堂的尖塔了，“大男孩”文斯把车尽量开到最近的地方，停了下来。他们离开了“梅赛德斯”，开始步行。雷将杰克的骨灰罐捧抱在怀里，从权利上讲，它本应由文斯来捧抱，雷想的是：我一定要把“杰克”带进这个大教堂。他们这帮家伙看起来有点怪模怪样，雷和维克看上去还不算最差，而文斯则一身泥点子，莱尼就像是从树篱当中被拽出来的似的，走起路来还有些蹒跚。通过一道拱门，他们来到大教堂令人印象深刻的主体建筑物前。莱尼认为，参观声名远扬的坎特伯雷大教堂时，自己应该保持静默，缄默不语。维克默想着大教堂的历史，以及那些安葬在教堂里的著名的大主教们。

“大男孩”文斯想起了他最初见到死去的杰克时的情景。埃米请求他去看看尸体，他照办了。杰克仰卧在那里，除了头部，其他部位全部被严严实实盖了起来。文斯感觉，尸体的那个样子，看起来像是用桌布包裹起来的。他直挺挺地站在那里，保持着一种僵硬笔直的姿态，一动不动，像石头一样，像躺在那里的杰克一样。他心想：这就是杰克，杰克·道兹，可它又不像是杰克·道兹了，看起来更像是一个该死的教皇——人们原本赤裸裸地来到这个世界，然后赤裸裸地离去。然而，由于它被装裹了一番，所以看起来很像是一个教皇了。

“大男孩”文斯转向了捧着杰克骨灰罐的雷，询问要不要由他来捧抱，雷表示没问题，让文斯继续往前游览。文斯看出了雷的疲倦，还是把骨灰罐接了过去，然后追赶上已经走开了的莱尼和维克，把杰克的骨灰罐递给了莱尼。这时，雷想到了令他有立足之地的那一套下赌注的规则：不在于赢，而在价值；不在于赌，而在于知道什么时候不赌……最后的一条赌注规则是——如果你走运的话，你可以打破所有的规则。

莱尼对文斯把骨灰罐传递给他时的动作颇为不满，因为文斯当时没有正眼看向他，而是将目光投放到了那本旅游指南手册上。他想起了女儿萨莉为文斯做出的牺牲。在他看来，那事情从一开始就是文斯引起来的，文斯使萨莉怀孕后，又抛弃了萨莉，不肯照顾萨莉。莱尼愤怒极了，他对文斯的不满便是从那时开始的。他说服萨莉，打掉了孩子。他为堕胎付了钱，为这事儿萨莉对他怀有了怨恨，永远都不肯原谅他，萨莉想要那个孩子。想到自己在战争中看到过那么多的死亡，莱尼奇怪自己为什么唯独对这个未出生的小生命如此关心?

维克正在用心读着地下室墓穴上的那些文字：爱德华三世之子，百年战争中的英国指挥官……莱尼碰了碰他的胳膊，把杰克的骨灰罐递到了他手里。这时，雷正仰着脸，注视着那些拔地而起、巨大得令人惊异不已的石柱，思想却跑到另外一个世界。他在想，他已经能飞到澳大利亚去，已经能横跨这个世界了，他已经弄到了钱，已经省去了女儿苏茜再去想方设法用别的办法弄钱的麻烦。雷思念他的女儿，并且好奇自己看到女儿苏茜时会是种什么样的情景。他很想过去看看苏茜，可他又舍不得离开埃米。

维克的思想跑到他意外撞上了雷和埃米二人间微妙的关系那桩往事上。那天，他必须亲自出马去接尸体，向店铺伙计交代了一番之后，他看了看地址：萨顿区持穆村费尔法克斯·帕克养育院（Fairfax

Park Hospital and Home），立刻想到，那不是玖恩·道兹（June Dodds）的居住地吗？是埃米年复一年从不间断前往的地方，是杰克从未去过的地方。他开着黑色的灵车进去后，看到里面正在努力美化环境，心想，这没有什么区别，它仍然是一个公共机构，一家养育院，是故去者的最后居住地。他向接待员出示了自己的证件，随后得知，还需等上 20 分钟才能办事。于是，他决定去闲逛逛，便朝着走廊方向走了过去，一面在心里想着：这里是埃米一周来两次的地方，而且，现在正值星期四下午，是埃米的探视日之一。之后，他坐到一张长椅上晒太阳，消磨时间，突然看到了他们——埃米和雷，坐在对面另外一条路径上的一张长椅上，埃米正将她的手伸进矮小得像她的孩子似的雷的衣领里。他赶紧偷偷走开了，溜到了他们后面，停车的地方，并且看到了停车场上停放着的雷的那辆斑斑泥污的"箱式旅游车"。他坐回到他的灵车上，看向前方，看着距离他 50 码外的长椅上在幽会的雷和埃米。过了一会儿，埃米和雷向停车场走了过来，他立刻弯下了身子，以免他们从挡风玻璃那儿看到他的身影。随后，他看到雷的那辆"箱式旅游车"开走了，没有朝着返回伦敦的方向开过去，而是向右面那条路转了过去。他想，他不是审判员，他的职业早已教会了他保持沉默，守口如瓶。

雷的思想跑到了被困在病床上沉默不语的杰克身上。那天，杰克睁开眼后，与他彼此对视着，交谈起来。有一瞬间，他感到惊讶，杰克是否太可笑了，竟然幻想着他的老朋友"幸运儿"能给他带来运气。杰克解释说，他很清楚他已经走到了生命尽头，只是无法面对埃米。他还没有把他经济上的真实状况告诉埃米，他关闭了店铺，是不得已而为之的，而不是他自己想关闭的，他五年前为店铺的贷款已经到期了，为了谋生，他办理了一种特别的民间贷款，现在，负债累累，他一死，债务会转到埃米身上。他希望雷能到赛马场上去帮他赌一把，不过，他并不想强迫雷非得如此。他说，他现在比以前任何时候都需要去赢一把，不是为了他自己，而是为了埃米。杰克说完，将手移向床头柜的小抽屉，努力想取出里面他的皮夹子，却始终够不着。雷在一旁搭了一把手，尽量帮着杰克，让他取出了那个皮夹子。之后，杰克又让雷帮他把皮夹子里面的一沓儿钞票全部掏了出来，吩咐雷，千万不要判断估计错了，押错了赛马，埃米需要它们，那可是厚厚一打票子，1000 英镑啊！

雷的思想回到了现实——坎特伯雷大教堂。他四下里寻看，不见了其他人的踪影。他想，或许只剩下他自己还在这大教堂里，他们几个全都已经离去了，于是惶惶地走向大教堂的通道，又以防万一，坐到了长椅上，等着"大男孩"文斯来寻他。果然，文斯找来了，以为雷迷路了。然后，雷他们这一帮男人又聚到了一起，回到了那辆"梅赛德斯"上，继续前往马尔盖特的行程。

在前往养育院途中的埃米，默默坐在伦敦 44 路公共汽车的上层，心绪缠绵，她想：事情已经办完了。那一帮男人现在肯定已经完成了杰克的遗愿，把他抛撒了，扔掉了。他们已经在返回的半路上了，或者他们正在结束这一天，外出狂欢一番，纵情游乐，他们在马尔盖特该办的事，已经办完了。埃米的心里，盛满了杰克，然而，却又并不为自己今日的抉择反悔，她依然确信，自己今天选择的这个行程，理所当然。活着的人是第一位的。尽管她永远也不会再有去撒掉丈夫骨灰的第二次机会了，尽管许久以前，她对女儿玖恩也曾有过一些没去尽义务的日子，但是，为了玖恩，今天她错过了对杰克来说最为重要的一天，并没有什么可被指责的，总要有人去对玖恩说说今天这件事，她必须得把杰克的死讯告知玖恩——怎么见得她就一定浑然不知呢？她选择了玖恩而不是杰克，再见了杰克，亲爱的老杰克。埃米很清楚，她陷进了自己所铸造的一种模式里，进退两难，成了一个每个星期一和星期四定期乘坐 44 路公共汽车的女人，即便是在她丈夫死了一个星期之后。

为了埃米，雷怀着十分复杂的感情决定到赛马场去帮助杰克赌上一把。一个全胜的赛马赌注者，必须保存他自己的赌注登记表，而且得做好他的家庭作业；为此，在赌注下于赛马之前，他做了一些精心的研究，分析号码，查阅旧时记录，以及以往所下赌注的情况。他查阅了长期占有优势的项目表，认真做了各项准备工作。不过，这一次的赌赛马的情况太特别了，而且是用杰克的钱。他很清楚，赢得赛马赌金，可不像人们想象的那样仅凭预感和运气，这使他感到有些气短，于是打开了窗户。

埃米目视着车窗外闪过的一个又一个车站，想起了她与杰克的初次相遇，是在她还是个年轻姑娘的时候，在她采摘蛇麻果的时候。她清楚地记得那些往事。她曾经是一个“采摘蛇麻果的好手”，一天能采摘七蒲式耳。当时，她年纪尚轻，十分羡慕那些吉卜赛工人，他们晚上就在农田边上的帐篷里露营，由于习惯了户外生活，他们一个个的皮肤晒成了胡桃色。她母亲不愿她与那些吉卜赛人来往，于是，她便改为同来自伯蒙德西的杰克·道兹交往。杰克是个大个头的男人，18岁的埃米对他非常着迷，同他一起粉碎蛇麻果，过滤器就放在他们中间。劳动之余，她喜欢同杰克一起闲聊，一起散步；与杰克在一起，她感到自己充满了活力。他们相互打情骂俏，玖恩就是在那期间怀上的。怀孕之后，有一段时间一切都还好。他们到马尔盖特去旅行，去度周末，就仿佛是去度蜜月。

雷想起了他为“大男孩”文斯跑到赛马场去赌了一把的往事。文斯用一种孤独的表情看着雷，要雷帮他一个忙，给他一个自立门户的机会——他想把雷的那个堆置场盘下来，计划在那里经营他的“道兹氏马达公司”，要求雷给他五年期限，让他赚取利润，先把那个堆置场借给他，要是成功了，就把欠款连同利息一并付给雷，如果五年之后雷拿不到钱，就把堆置场返还给雷。文斯说话时信心十足，不过在雷看来，文斯有些不着边际，对他自己要干的这宗买卖似乎过于自信了。他们一边痛饮，一边讨论着那个堆置场的价钱，文斯的出价远远超出了雷的预期。雷没法拒绝文斯，同时又十分清楚，文斯这是在冲撞杰克，自己这样做是不会得到杰克的原谅的，杰克一直都不肯放过文斯，一直都寄希望于文斯继承家业，接手“道兹氏肉店”的生意。文斯离去之后，雷把这件事仔细想了一遍，跑到赛马场赌了一把，以决定他那个堆置场的结局——当然，他并不喜欢那个结局，甚至有些懊恼。当时，文斯和曼迪就住在雷的那辆停在堆置场的“箱式旅游车”里。雷站在那堆置场中央，突然感到有些自责：他把堆置场卖给了文斯，却不肯把那辆移动房车卖给杰克。

埃米推想，杰克曾经给过她和解的机会，但是她放弃了，结果，杰克便针锋相对，自那以后，50年过去了，她再也没有了第二次机会。那是在马尔盖特，他们在海边长长的防波堤上散步，杰克要她忘掉玖恩，确切地说，就是在那里，她与杰克生出了分歧。在玩射击时，杰克赢了，在众多的奖品当中，埃米选择了一只儿童玩具熊。她抱着那只大大的玩具熊，觉得这天是他们的幸运日，是她和女儿的幸运日，而杰克的脸上却失去了笑容。之后，他们沿着那道防波堤继续往前走，她的鞋带开了，她随手把那只大玩具熊递给了杰克，杰克抱着那只大玩具熊朝着码头的终点走了过去。她系好了鞋带之后，看到行走在码头栏杆附近的杰克两手空空，那只大玩具熊已没了踪影。

雷在赌赛马时，最看中的是数字和概率。星期五那天，凭着天生的勇气，雷拿起了电话，正式下了赌注。他的想法是，如果输了，他可以如数补上——那正是杰克想要买他的那辆“箱式旅游车”而他没有卖的价位。之后，他朝着53路公共汽车站走了过去，沿着那条街道往前走，心里想：他应该去医院告诉杰克一声——他已经用那1000英镑的现金下了赌注；可他却踅转到了“车马酒馆”里。男招待伯尼给他拿来了一品脱威士忌，向他打听杰克的状况，他告诉伯尼，他昨天晚上去探望了杰克，今天傍晚还要去。随后，他看了看挂钟，两点一刻。他转向了电视机，伯尼为他打开了电视开关，里面正在播放赛马实况。他一面吃着伯尼给他拿来的那一份三明治，一面盯视着电视机的屏幕。结果出来了，他赢得了这次赛马，30多倍于他最初所下的赌注，最后结算的赌金，总计将为34000英镑。他冲着伯尼举起了他的酒杯。

离开了“车马酒馆”后，在路上，雷再次想到应该去医院把这个幸运的消息告诉杰克，然而，他感觉到自己喝得有点多了。他回家给自己冲了一杯浓咖啡，想坐一会儿，定定神。他想，如果杰克头脑还清醒的话，半个小时不会有什么区别。结果，他不但没有定下神来，还睡着了。一个小时后，他被突然响起的电话铃声吵醒了。是埃米来的电话，埃米的声音不同寻常：他死了，雷，杰克他死了。

雷他们这一帮男人，悄然无声地坐在“梅赛德斯”里，行驶在坎特伯雷路上，一个个神色凝重，望向车窗外，沉思默想着什么。不一会儿，在他们下面，马尔盖特的大海海面呈现在了他们眼前。而就在这时，一场暴风雨正在酝酿，即将来临。随后，他们的车身开始在狂风中晃动，水沫打湿了码头，看起来很危险，“大男孩”文斯停下了车。雷和维克、莱尼静静坐在车厢里，等待着真正的暴风雨的降临。过了一会儿，莱尼离开了他的座位，像是被尿憋得受不住了，用力推开了身旁的车门，弯腰驼背地下到人行道上，第一个站到了马尔盖特海滨的地面上，费力地四下里寻看着，然后大声问道：是不是那里，“大男孩”？

坐在驾驶座上的“大男孩”文斯此刻心里正想着杰克的事：他把那1000英镑——面值50英镑和20英镑的纸币装在一个牛皮纸信封里，放到他上衣里面的衣兜里，走进了医院。他希望杰克能理解，这事对他来说并不容易，尽管他的财务状况不错，但这毕竟是一大笔资金。他想：他是在按照杰克的要求做，他只是在依照杰克的要求做，如果今后他永不再要回这笔钱，他会心安一些——他把这笔资金看成了使自己良心“问心无愧”的化身。文斯走进了杰克的病房，躺在床上的杰克身上插满了管子，病床周围布满了电子监视设备，这天的状况，看起来比昨天更加糟糕了。文斯径直掏出了那个牛皮纸信封，递给了杰克，说：这里是他要的那一笔钱。杰克看着他，对他说了一句：你是一个好孩子，文斯。

埃米想：即使在最后的日子里，杰克也从不提玖恩一个字，但他却提到了文斯，说文斯是个“好孩子”。那天，杰克已命在旦夕，她站在杰克的病床边，与杰克对视着。回首往事，思绪激荡，感慨万千：他从来没有照顾过玖恩，没有对玖恩说过一个“爱”字，那么，她也不提雷的事。既然他认为玖恩的事不值一提，那么雷的事也不值一提，这样才公平。

在等候去上卫生间的莱尼时，“大男孩”文斯把车倒到了马尔盖特滨海的高台阶上。每年的这个时候，4 月，是一个不合时令的季节，滨海的高台阶上，静悄无人。雷抱着那个装着杰克骨灰罐的硬纸盒，感觉这里不像是杰克遗命中的那个目的地。文斯解释说，他们目前所在的地方就是伸进大海水面的那个码头，这里过去有一道防波堤，它已被一场暴风雨严重地损坏了，只剩下了残体。莱尼回来之后，文斯用他的“梅赛德斯”把骨灰罐里的“杰克”缓缓地送到了道路尽头，前方便是茫茫大海。道路的终点，码头的终点。

现在，一种无法安慰的绝望攫住了埃米的心：50 年来，她所希望的就是玖恩能看着她叫她一声“妈咪”，哪怕只有一次，然而玖恩甚至不知道“妈咪”是怎么一回事。埃米备感脆弱与辛酸，50 年来，她充其量不过是一个探病者，一个来访者，而且，从来都是。无论是在杰克生前，还是在杰克死后。文斯等候在外面，她在停放着杰克尸体的那个小房间里凝视着杰克时，她都只是一个来访者，她从来都不了解杰克内心当中的真情实感。她想：她的丈夫杰克·道兹，也许是一个圣徒，可她却从来都没看到过这一点。她是一个软弱且自私的人。为了玖恩，她无法原谅该死的杰克。现在，一切都结束了。她必须靠自己过生活了。眼下的她，一个可怜的毫无防卫能力的寡妇，坐在一辆 44 路公共汽车的上层，天知道是为了什么。看看车窗外，一切都糟透了。如今，她必须尝试着忘掉玖恩，忘掉杰克，单独过活了。她必须要考虑她自己的未来了——这是不是像雷所说的，有点太迟了。

坐在灵车“梅赛德斯”里的雷，正握着装着杰克骨灰罐的那个袋子的袋口，思考着：要不要把从赛马场帮助杰克赌赢来的那笔钱直接交到埃米手里。他想，不管怎么说，那都是杰克给埃米的礼物。“大男孩”文斯缓缓地把他的车子停了下来。雷望向窗外。外面天色昏暗，天气状况更糟了，那无边的大海，从他们脚下一直延伸到北部的挪威。狂风从一个奇怪的方向吹了过来。文斯说了一句“就在这儿吧”，然后，熄了火，打开了他驾驶室的车门。他们只能无条件地服从。雷取出了那个装着杰克骨灰的塑料罐，把外面写着“杰克·亚瑟·道兹”的那个袋子扔到一边，下了车。

狂风暴雨中，雷他们这一帮男人开始朝着那 200 码长的码头终点进发了。暴风雨一阵比一阵猛烈，撕扯着他们的外衣，飞舞的砂粒，不断扑打着他们的脸孔，他们一个个竭尽全力与大自然的力量对抗着。雷把杰克的骨灰罐揣抱在他的短大衣里面。由于担心“杰克”，为了照顾“杰克”，他抓住了文斯的手臂，用力抓着，以稳定自己，并寻机对文斯说了那 1000 英镑的事：他拿到了那 1000 英镑，不过他会把那 1000 英镑还给文斯的，他会对此事加以说明的。在狂风暴雨的喧嚣声中，在如注的倾盆大雨中，他看到文斯脸上像是松了一口气。

雷他们这一帮男人继续向前行进着。现在，他们浑身上下，一个个全都湿透了，暴风雨对他们来说，已经无所谓了。维克最先一个走到了码头的终点，在那里已经站了一会儿了，望向那茫茫的大海。那个残损的防波堤，那个杰克和埃米曾经沿着它散步的防波堤，依然在那里，安卧在远处的海水里。最后，雷他们步履维艰，一个个全都走到了码头的终点。雷从他的短大衣里取出了装着“杰克·亚瑟·道兹”的那个塑料罐子，什么都没说，打开了那个罐子。维克走过来，伸手进去，抓了一把“杰克”；随后，他们一个一个，都将手伸了进去，抓了一把“杰克”，接着，冲着风说道，“别了，杰克。”那疾风一下子就把“杰克”吹走了。

雷又双手捧起了那个骨灰罐。他们一个一个又抓了一把，维克抓了，雷抓了，莱尼和文斯抓了，然后，他们大家又再一次同时抛撒了出去，一缕细细的白线，烟雾一样，瞬间就被吹散了。只剩两把了。雷的眼睛模糊了，“别了，杰克。”天空、大海和疾风全部融为了一体。雷举起了那个骨灰罐摇了摇，之后，将最后的一把抛撒了出去。那个曾到处走动的“杰克”，眨眼之间，便被疾风吹走了，随风而去了。

作者生平与创作生涯

格雷厄姆·斯威夫特于 1949 年 5 月 4 日出生在英国伦敦（London），5 岁便开始上学读书。1960 年至 1967 年，在伦敦历史悠久、颇负盛名的私立男校达威奇学院完成了中学学业；1970 年，以优异成绩获得了剑桥大学王后学院的文学士学位。1970 年至 1973 年，他进入约克大学，本打算攻读博士学位，研究英国 19 世纪城市文学，后主动放弃了这一学位，前往希腊海边小城沃洛斯的一个语言学校教了一年英语，然后，返回了伦敦。

1975 年，他与在约克大学相识的同样喜欢写作的莰黛丝·若德（Candice Rodd）结了婚；同年，从母校剑桥大学女王学院获得了文学硕士学位。之后一个时期，为了维持生计，他从事过多种职业，保安员、农场职工，还在一家精神病院上过班，不过，大部分时间，他是在伦敦继续教育学院里执教，讲授英国文学，直到 1983 年辞去这一教职，成为一位全职的作家。

1980 年（31 岁），他出版了第一部长篇小说《糖果店主》（The Sweet Shop Owner）；1981 年，出版了第二部长篇小说《羽毛球》（Shuttlecock），获得了杰弗里·费伯纪念奖；1982 年，出版了短篇小说集《学游泳和其他故事》（Learning to Swim and Other Stories）；1983 年，出版了长篇小说《沼地》（Waterland），入围了布克奖决赛名单，获得了杰弗里·费伯纪念奖、威尼弗雷德·霍特白纪念奖和《卫报》小说奖，以及意大利文学基金会颁发的特林扎纳·卡佛文学奖。

他开始名震文坛，同年被英国图书营销理事会和英国《格兰特》杂志推选出的“20 位英国最优秀青年小说家”之一。1984 年，他成为英国皇家文学院成员。《沼地》还在 1992 年被美国著名导演斯蒂芬·吉伦豪尔（Stephen Gyllenhaal，1949—　）改编成电影《水之乡》搬上了银幕，上映之后深受观众喜爱。

之后，他又陆续出版了长篇小说：《世外桃源》（Out of This World，1988）、《从那以后》（Ever After，1992）、《杯酒留痕》（Last Orders，1996）等，渐渐成了一位颇具实力的著名作家，新一代小说家中的佼佼者，逐渐步入了当代英国文学大师行列，每一部新作都引起人们的广泛关注，受到批评界的好评。

其中，《从那以后》以双重时间框架进行叙述，故事时间跨度两个世纪，将过去和现在的故事编织成两条线索，探讨了历史、过去的人对现代生活中的人的影响，获得了法国文艺奖。

《杯酒留痕》是一部“有关死亡被生命不断打断”的小说，以多角度交替变换进行叙述，穿插在错综复杂的时空中，不断在过去与现在、回忆与回忆之间切换，叙述没有中心，只有零散的记忆碎片；把这些记忆碎片凝结在一起的是一捧骨灰、一个死者、一个非中心，叙述围绕着第二次世界大战的退役老兵雷·约翰逊（Ray Johnson）、维克·塔克（Vic Tucker）、莱尼·泰特（Lenny Tate），以及他们的老友、死者杰克·道兹（Jack Dodds）之子文斯·道兹（Vince Dodds）聚到了一起，踏上了践行逝者的遗命的旅程。抵达目的地后，几位老兵面对汹涌的波涛，将战友的骨灰撒向了空中，他们不仅仅是在履行军人的职责，而是在完成一个庄重的仪式，在向历史致以深深的敬意。小说围绕他们的故事和对死者及其家庭的回忆片段，生动而幽默地展现出历史与现实的对话。出版之后，力挫群雄，因其语言如谚语般充满智慧，如翻腾的波涛般富有节奏感，问鼎了第28届英语文学界最有影响力的布克奖，以及英国最古老的文学奖——詹姆斯·泰特·布莱克奖；2001年，被澳大利亚导演弗雷德·谢皮西（Fred Schepisi，1939—　）改编成了电影，搬上银幕之后，深受观众喜爱。

此后，他在文坛上的声望日隆，陆续出版了一些笔记、书信。2000年之后，出版了长篇小说：《白日之光》（The Light of Day，2002）、《明天》（Tomorrow，2007）、《希望你在身边》（Wish You Were Here，2011），几乎都是英国特定历史时期政治、文化面貌的写照，保持了一位深思熟虑的严肃作家一贯的写作风格，独树一帜的开创精神。通过对小说人物命运的考察，思考历史，思考生命、爱情、婚姻、死亡等问题，描绘了一幅幅逼真的当代英国社会的人生百态和生动的时代画卷。

尽管成就斐然，声名赫赫，格雷厄姆·斯威夫特始终保持着低调，很少接受外界的采访，心性平和，与妻子相濡以沫，他的许多作品都是献给妻子的。他还酷爱垂钓，1985年，曾经与英国著名小说家、评论家戴维·普罗夫莫（David Profumo，1955—　）合编了一部钓鱼文学集——《魔轮：文学作品中的钓鱼故事文选》（The Magic Wheel: An Anthology of Fishing in Literature）。目前，他与妻子茨黛丝·若德生活在大伦敦西南的市郊旺兹沃思（Wandsworth）。

主要参考资料：

Last Orders, by Graham Swift, Publisher: Random House Canada, 2002.

The Oxford Companion to English Literature Revised Sixth Edition, edited by Margaret Drabble, Publisher: Oxford University, 2006.

1997年 | 第29届

031 微物之神 [印度] 阿兰达蒂·洛伊
The God of Small Things by Arundhati Roy

◎ 原著共 21 章，穿梭于 1969 年与 1992 年间，以印度一对异卵孪生兄妹艾斯沙本·雅科（Esthappen Yako）和蕾赫·柯察玛（Rahel Kochamma）成人后的再次重逢，牵引出一个家族的悲剧。

英文原版封面

阿兰达蒂·洛伊
（Arundhati Roy，1961—　）

阿兰达蒂·洛伊是印度当代文坛上一位具有鲜明社会意识的女作家。

有评论认为，其作品意蕴深沉隽永，富有强烈的民族责任感和超群的语言天赋。

《微物之神》（The God of Small Things）1997 年 4 月在新德里出版后，她一夜成名，当年，获得了美国国家图书奖；又因其**展现了超凡的语言创造能力，所描述的故事主旨，不仅是地域性的更是普及性的，是死亡与爱，也是谎言与法律**，问鼎了第 29 届英语文学界最有影响力的布克奖，成为有史以来第一位获此殊荣的印度本土作家及印裔女作家，引起了世界文坛的注意。

六月初，在喀拉拉邦阿耶门连，乡间一片恣肆的绿色。蕾赫·柯察玛回到阿耶门连时，天正下着雨。雨幕中，蕾赫上了山坡，朝着爱普（Ipe）家的祖屋走去。祖屋陡斜的屋顶低垂，布满苔痕的墙壁由于湿气的影响显得有些微微膨胀，虫鸟在满是野草的荒芜的花园里低吟、欢动，水塘里，巡游的黄牛蛙找寻着它们的配偶。整个祖屋看上去空空洞洞的，许多门和窗都上着锁。老房子外面，蕾赫曾坐过的那辆天蓝色的“普利茅斯”牌汽车依然停放在原地；老房子里面，蕾赫的姑外婆巴比·柯察玛（Baby Kochamma），仍然活着。

巴比本名“娜沃祢·娜沃祢·爱普”（Navomi Navomi Ipe），是蕾赫外公本安·约翰·爱普先生（Shri Benaan John Ipe）的胞妹，由于人人都习惯称呼她“巴比”，当她到了能够成为姑妈的年纪时，就变成了“巴比·柯察玛”。蕾赫今天回来的目的，不是来看望这位上了年纪的姑外婆的，而是来看她的哥哥艾斯沙（Estha）的。

蕾赫与哥哥艾斯沙是一对异卵孪生兄妹，被医生称为“双胚子”，艾斯沙只比她年长18分钟，长相却与她迥异，即使在他们小的时候，梳着式样相同的走了样的飞机头，长着一副相同的体形：手臂细瘦、胸部扁平、饱受寄生虫折磨，却总能被人轻易分辨开来，家里的亲戚们以及经常到阿耶门连老房子来请求捐赠的叙利亚基督教的主教们，谁都不会分不清他们兄妹二人谁是谁。

不过，在早先未定形的那几年，记忆才刚刚开启，生命充满了开始没有结束时，他们兄妹却是一对互相依存的统一体，二人在一起时，是“我”；分离成个体时，是“我们”；二人就好像一对罕见的“暹逻双胎[1]”，身体上是分离的，本性却是联体的。时至今日，尽管蕾赫与艾斯沙分开已有二十多年，可至今，她都还能记起许多儿时的艾斯沙的经历（尽管她并不在现场）。她甚至记得，那一次在阿布希拉什影院里，卖橙汁和柠檬汁的人对艾斯沙做了些什么；她更记得，在开往马德拉斯的邮车，艾斯沙所吃的西红柿三明治的味道。

然而，他们这一对孪生兄妹，如今却再也不是当初那个难解难分的“我”和“我们”了，他们的人生经历截然不同，内容与形态迥异，艾斯沙有他自己的生活，蕾赫也有她自己的处境，二人已经到了他们的阿姆（Ammu）死去时的年龄——31岁。不算老，也不算年轻，刚刚是一个可以活着，也可以死去

---

1 暹逻双胎（Siamese twins）：这一称谓源自1811年出生于暹逻（泰国）的连体婴儿，章（Chang）和炎（Eng）。1811年5月11日至1874年1月17日在世，两人胸部有一条粗的韧带把他们相连在一起。

的年龄。

举凡一切人世间的事物，从纯粹的表象看，或许一天的工夫，就能发生根本性的改变，短短的几个小时，就能够影响随之而来的一生。一切灾祸，都是从他们二人的表姐索菲·摩尔（Sophie Mol）来到阿耶门连那天开始的。索菲是他们的舅舅查克·爱普（Chacko Ipe）的独生女，同其母玛格丽特·柯察玛（Margaret Kochamma）一道儿应邀，从伦敦到阿耶门连来过圣诞节，结果，可怕的灾难降临了，索菲死了，死时还不到9岁，蕾赫和艾斯沙7岁。

索菲·摩尔的葬礼是在一间刚刚油漆过的老教堂里举行的。死去的索菲躺在一口儿童专用的绸缎衬里的棺材里，教友们围绕着棺材站着，聚集在一起，祭坛上点着蜡烛。爱普一家人，拥挤着站在一起：玛格丽特·柯察玛、查克、巴比·柯察玛、蕾赫和艾斯沙的外婆嬷嬷吉[1]（Mammachi）。嬷嬷吉几乎失明了，外出时，总得戴着墨镜，泪水从她镜片后面滴流下来。查克是嬷嬷吉唯一的儿子，嬷嬷吉自己的悲伤令她伤心透顶，查克的悲伤令她身心交瘁。

那天，他们二人和阿姆虽然也被允许参加了索菲的葬礼，但没能同爱普家族的成员站在一起，而是单独站在了另外一边，谁也不朝他们看一眼。教堂里面很闷热。阿姆的手在发抖，手中的赞美诗集也在跟着发抖。阿姆另外一只手里拉着的蕾赫，精力旺盛，留神着一切，蕾赫不相信棺材里的索菲死了，她看到索菲是醒着的。索菲让她看了两样东西：穹顶上的图案和一只黑色的蝙蝠。

教堂的穹顶，那个刚刚上了漆的高尖圆顶，被漆成了蓝色，像天堂一样，有飘浮的云朵和尾巴拖着白烟呼啸而过的小喷气式飞机。蕾赫遐想着那个在穹顶上作画的男人爬上那圆顶之端，悬吊在圆顶的鹰架上的情景，她想，如果绳子断裂，那个像维鲁沙（Velutha）一样的赤身裸体的男人，会像一颗黑色的星星从自己创造的天空坠落，支离破碎地横躺在教堂发烫的地板上，黑色血液，从颅脑里流淌出来，就像流淌出来了一个秘密，就是在这样的情状下，她和艾斯沙二人明白了，在这个世界上，还有别的置人于死地的办法。

那只幼小的蝙蝠，蕾赫是在教堂当中看到的。小蝙蝠在教堂里飞舞着，悠游在进行着的葬礼之中，随后，落到了巴比·柯察玛昂贵的葬礼服的沙丽上，又悄悄爬到巴比裸露的腰部，弄得巴比尖叫起来，用她的赞美诗集扑打向空中，打断了众人悲哀的歌声。引起这一阵骚动后，那只小蝙蝠便飞入穹顶的天空，飞进一架没有尾迹的喷气式飞机。

当时，只有蕾赫注意到了索菲·摩尔在她棺材里的秘密：索菲在她的棺材里面翻筋斗。悲哀的歌声再次响起来了。当索菲的棺材往墓地的地穴里降落时，蕾赫能感觉到索菲到目前为止还没有死，她听到了泥土中索菲尖叫着，用牙齿咬绸缎衬里的声音。到最后，她才确认索菲·摩尔死了，被自己的葬礼杀死了。

葬礼结束之后，阿姆带着他们兄妹来到了戈德亚姆——离阿耶门连最近的一个镇子，走进了他们兄妹第二次来的"戈德亚姆警察所"，阿姆想要他们二人澄清一个事实，说出事情的真相。阿姆带着他们找到了警官托马斯·马修（Inspector Thomas Mathew）的办公室，阿姆对警官说：有件事出现了一个严

---

1 吉（Chi）：在姓名之后加上一个"吉"字，是印度人在日常生活中使用最多的一种称呼法，以加重语气，表示尊敬和亲热，这样的称呼在对面交谈及演说时经常使用。

重的错误，另有隐情，她要出具一份供词，见一见维鲁沙。傲慢无礼的警官回答说：一切都太晚了，都已无济于事了。警方已清楚了所有他们该清楚的事，已掌握了所有他们该掌握的情况；接着，还用狡猾而贪婪的目光瞪视着阿姆的胸部说道：戈德亚姆警察所，是不会接受来自“没有法律地位”的女人或她的没有合法身份的孩子们的供词的。

阿姆表示不会就此算了。警官用警棍指向他们的阿姆，示意阿姆应该知趣，老老实实回家去，并用他的警棍，轻轻敲打阿姆的乳房，像是在一个篮子里挑选芒果，哪个是他想要的，哪个是他不想搭理的。警官像是很清楚，哪个人的麻烦他是可以找的，哪个人的麻烦他是不可以找的。那些警察有这种才能。在警官身后，一块写字板上面写着：礼貌、服从、忠诚、智慧、谦恭、效率。

阿姆流淌着眼泪离开了警察所。他们兄妹二人不明白那位警官说的“没有法律地位”和“没有合法身份”是什么意思，他们没敢问阿姆，他们感到害怕，因为他们是第一次看到阿姆哭泣。在搭乘大公共汽车返回阿耶门连时，售票员跑到他们面前，把卖票夹子弄得咔咔响，示意阿姆：买票，去哪儿？“他死了，”阿姆轻声对着售票员说：“我杀死了他。”艾斯沙意识到了情况不妙，在那位售票员动怒之前，赶紧说道：“阿耶门连。”一面从阿姆的皮包里拿出了车票钱，之后，艾斯沙用他小小的双臂抱住了哭泣的阿姆。

两个星期后，艾斯沙被送走了。爱普家强迫阿姆把艾斯沙送还给了他们的父亲。那时，他们的父亲已经再婚，停止了酗酒，搬到了加尔各答，在一家生产炭黑的公司里做事。他们兄妹二人分开了，从此便再也没有见过面。现在，二十三年之后，他们的父亲又将艾斯沙送还了回来，因为他们的父亲要移民到澳大利亚去做事，没办法把艾斯沙带在身边，便把艾斯沙送回了阿耶门连。

蕾赫原本已经忘记阿耶门连雨季的空气有多么潮湿了。6 月的雨，还是老样子，一点都没有变。天空裂开了，雨水泼倒下来，复苏了半死不活的老井，让废弃的猪圈长满了青苔，犹如地毯式轰炸，使路面上布满了褐色的泥潭，它们就像蕾赫头脑里的褐色的记忆。此时此刻，在相距很远的地方，艾斯沙正在行走，行走在风雨中，行走在突然而至的雷霆将白日掩盖的黑暗中，他知道蕾赫回来了。

如今的艾斯沙，已成了一个沉默无语的人。沉默在他身上日渐扩散，整天紧闭着嘴巴不肯发声，陌生人与他在一间屋子里，需要很长时间才能发现他的存在，没有一个人能确切指出，艾斯沙是从何时开始彻底不再发声的。

索菲·摩尔的葬礼之后，艾斯沙被送到加尔各答的父亲家里，父亲把他送进当地一所男子学校就读。他不是一个出类拔萃的学生，但也并非落在众人之后，他的成绩中等，既不优秀，也不特别差劲。毕业后，他拒绝了上大学，做起了家务活：打扫卫生，洗衣物，学习烹饪，买菜做饭，令他的父亲和继母感到很难堪，仿佛他在以自己的方式挣他的生活费似的。全家人一起用餐时，他一声不吭，需要什么，就起身自己去拿，后来，不知从何时起，他开始潜入沉默当中，不再说话，密闭在人声嘈杂的世界之外，静默着，自我消音，只占用非常小的一个空间，如同一个漂浮在喧闹海面上的安静泡沫。

再后来，在他悉心护养的那条 17 岁的瞎眼犬、与他相依为命的库布坎德（Khubchand）死了之后，他又潜入了没完没了的行走当中，开始了不间断地行走，一走就是好几个钟头。最初，只是在附近徘徊，后来，渐渐越走越远，最后，远至郊野，他的脸渐渐变黑了，人强壮了；被父亲送回了阿耶门连后，他几乎走遍了整个阿耶门连。

有些日子，艾斯沙沿着河岸走，那里散发着粪便和用世界银行贷款购买的烈性杀虫剂的味道。其他一些日子，他沿着道路往下走，经过那些海湾有钱人新盖起来的冷冰冰的住宅；也经过那些瑟缩在私有橡胶树中和私有车道上的满怀愤恨的老房子；一座座房屋，都烙印着不同阶层的痕迹，都有属于它自己的历史。他走过他曾外祖父为印度最低社会阶层“贱民”子弟创建的学校；走过为表姐索菲·摩尔举行葬礼的黄色教堂。有时候，他还会走过皮莱“同志”（Comrade Pillai）先前经营的“幸运印刷社”，那里曾经是阿耶门连共产党的党部。

艾斯沙坚守的深度沉默一直持续到与蕾赫的重逢。他是整个阿耶门连第一个听到蕾赫归来的人，他一直十分平静的脑海听到了蕾赫带来的经过的火车所发出的轰隆声。被锁在外面多年的世界，突然间被轰震开了，犹如一座溃了堤的水坝，凶猛的洪水席卷了一切，在混乱的旋涡中，一切记忆横扫过来，几乎将他冲垮。

蕾赫回到阿耶门连时，山上的老房子里只剩下他们的姑外婆巴比·柯察玛和那个尖酸的脾气不好的个头矮小的厨娘高筑·玛莉亚（Kochu Maria）了，他们的外婆嬷嬷吉已不在人世，他们的舅舅查克去了加拿大，经营着不大成功的古董生意。

阿姆死后，蕾赫到处漂泊，从一所寄宿学校转到另一所寄宿学校。她在阿耶门连度过她的假日，爱普家为她提供了生活费用，却没有心思关注她，他们一门心思只顾着沉迷在失去亲人的哀伤与痛苦中，死去的索菲·摩尔，始终环绕着阿耶门连的老房子轻悄悄地行走着，就像一个穿着袜子的悄无声息的幽灵，隐藏在书本和食物里，隐藏在嬷嬷吉的小提琴盒里，隐藏在查克腿疮的疮痂里。

真是令人匪夷所思。有时候，人们对死亡的记忆，远比对死亡所夺去的生命的记忆要持续得长久得多。二十多年过去了，蕾赫脑海里，关于失去索菲·摩尔的记忆，始终未能模糊或消退，那些记忆，始终清清楚楚、安安稳稳地牢固地存活着，稳固得就像一份终身的政府公务员的工作，它引导着蕾赫从孩提时代走进女性的成年。

上学期间，被忽视的蕾赫总共被学校除名过三次。11 岁的时候，她成了拿撒勒女修道院黑名单上的第一人，6 个月之后，便被那所寄宿学校开除了——她被控藏在门后，故意冲撞她的学姐；院长以哄骗、鞭打和让她挨饿的方式，要她解释这一行为时，她终于承认，她是想弄清楚胸部会不会疼痛；在那所教会学校里，胸部是不被认知的，它们不应该存在。第二次被除名，是因为她抽烟。第三次被除名，是因为她把宿舍管理员的假发髻烧掉了，在逼迫之下，她接受了“偷窃”的罪名。

蕾赫是在没有人指引的情况下长大的，没有任何人为她安排婚姻。没有任何人为她支付嫁妆，因此也就不会有一个包办性的丈夫隐约出现在她的视野当中。许多事情，都需要她自行探索：探索乳房，以及它们的疼痛程度；探索假发髻，以及它们燃烧得多么迅速；探索生命，以及应该如何生活。

中学毕业之后，蕾赫碰巧参加了德里一所不好也不坏的建筑学院的入学考试，并碰巧通过了那个考试。她在建筑学院里度过八年时光，但没有修完本来只需五年就可以完成的课程，所以没能拿到学位证书。建筑学院里的费用很低，勉强过活并不难，她偶尔也会给查克和嬷嬷吉写信，但从来没有回过阿耶门连。

在就读的建筑学院里，她遇到了她的丈夫拉瑞·麦卡斯林（Lary McCaslin），当时拉瑞正在德里为他的博士论文搜集资料，最初在学校的图书馆注意到她，几天后，又在大型购物中心“可汗市集”遇上了外表有些扎眼的她。装束与众不同的蕾赫，一头野性的长发扎在脑后，一边鼻翼上，一粒小小的钻石闪闪发光，不同寻常的锁骨十分漂亮，再外加一副娇好的运动员般的身材。被深深吸引的拉瑞跟随着蕾赫进了一家书店，在里面，两个人谁都无心看什么书。

蕾赫漂进了婚姻，就像机场候机室的一名旅客走向一张无人占领的椅子，有一种坐下的感觉。她随丈夫拉瑞回到了波士顿。拉瑞个头很高，拥抱她，就像拥抱一份礼物，而这礼物安静而娇小，珍贵得令人无法忍受。他们做爱时，拉瑞被她空洞的眼神激怒了。他们做爱时的举止，仿佛他们不是自由独立的人，仿佛属于别的什么人。拉瑞在她眼神中看到的，是一种强制执行的行乐，是一个容纳了艾斯沙话语的空洞。他不可能理解那种绝望和空洞。一对孪生兄妹，一个人的空虚，只是另一个人沉默的翻版。

蕾赫结束了与拉瑞·麦卡斯林的婚姻。之后，有几个月，她在纽约一家印度餐厅当女服务生；再之后，有几年，她在华盛顿郊外的一家加油站做夜班职工。再后来，巴比·柯察玛给她写来了信，说艾斯沙回来了。她当即辞去了加油站的工作，愉快地离开了美国，回到了阿耶门连，奔向雨中的艾斯沙。

他们兄妹二人回到了山上的老房子里。上了年纪的巴比·柯察玛穿着一件质地柔软的方格图案的薄绸睡袍，袖口上沾着黄色的污渍，坐在餐桌旁揉搓着一条带苦味的空了心的老黄瓜，一面摇晃着她肿胀的双脚，看到艾斯沙一如既往，依然沉默不语，没同蕾赫说一句话，不由得窃窃自诩于自己的判断力。过了一会儿，艾斯沙看看蕾赫，然后便走了，走到雨中，就像他此前对待其他的任何人一样。这时，年已83岁的巴比，自以为自己那一贯“正确”的断事能力又找到了新的有力的证据支持，于是，冲着蕾赫说道：没错吧，我告诉过你，不要指望会有什么特殊优待；艾斯沙丧失了理智，谁都不认识了，你也不例外，又能怎么样？

蕾赫无言以对，然而，她感觉到了艾斯沙脑海里翻滚着的混乱世界，和他皮肤上淋雨的阴湿感受。沉默，横亘在了蕾赫和巴比中间，蕾赫想不出自己该说些什么，看向上了年纪的巴比。巴比的脸孔和肩膀都较先前瘦了许多，身上佩戴着很多早年从不上身的珠宝首饰，那些珠宝首饰，是他们死去的外婆嬷嬷吉戴过的，全部都是。蕾赫想：这个女人倒活回去了。作为一个年轻女人时，巴比放弃了物质世界，现在年老了，却又紧紧拥抱起物质世界。

巴比在18岁时，爱上了一位来自爱尔兰马德拉斯神学院的修道士，到喀拉拉邦来研修印度经文的穆里冈神父（Farther Mulligan）。每个星期四上午，穆里冈神父都要上门拜访供职于玛尔托马教堂的E.约翰·爱普主教（Reverend E. John Ipe）——巴比的父亲，尽管他们二人分属不同的教派，但却彼此欣赏。爱普主教在基督教社区是一位非常受人尊重的著名人士，7岁时曾受到过叙利亚基督教会至高无上的领袖安提阿宗主教（Patriarch of Antioch）的亲自祝福。为了接近来访的穆里冈神父，巴比假装严肃地用一堆有关《圣经》的问题来向穆里冈神父请教，中午时分，炎炎烈日下，他们站在井边，讨论着问题，年经、迷人的巴比和无所畏惧的耶稣会信徒穆里冈，两人都因非基督教的激情而心颤魂摇，利用《圣经》作为彼此在一起的策略。

一年后，穆里冈神父必须返回马德拉斯了。狂热的巴比一意孤行，公然违抗父愿，以皈依天主教为代价，去接近自己心爱的男人，变成了一名罗马天主教徒，凭借来自梵蒂冈的特赦，发了誓约，进入了马德拉斯的一所女修道院，当了一名见习修女，为的是在那里能获得与穆里冈神父在一起的正当场合；然而，尽管巴比因此能够得以与穆里冈神父接近，近到都能闻到神父胡须的味道，可很快，她就明白了，自己的这种努力只能是一种徒然，她毕生只能以注视表示对穆里冈神父的爱。后来，爱普主教跑到了马德拉斯，从女修道院带回了巴比。巴比高高兴兴地随父亲离开了女修道院，但是坚持不再改宗，不再重新皈依旧教并在往后的时日里，一直保持着罗马天主教徒的身份。

后来，爱普主教安排巴比进了美国罗彻斯特的大学，两年之后，巴比怀揣着花园设计专业的文凭和比先前更深的对穆里冈神父纯情的爱返回了阿耶门连。为了使巴比远离那徘徊不去的失意，爱普主教让巴比负责掌管起阿耶门连教堂前的花园，巴比在里面种上了容易生长的花木，把那里改造成了花团锦簇由繁茂灌木围起来的美丽花圃。坚持了半个世纪之后，现在，那个花园已被放弃了，任由它们自己去生长了。

巴比之所以将她悉心呵护、精心管理的那花园抛弃，是因为她又有了打发光阴的新爱好。近来，巴比喜欢坐在客厅里，以电视机为伴，通过卫星电视，掌控着世界。高筑・玛莉亚紧邻巴比坐在地板上（她可随时转换频道），两个人一起被锁定在嘈杂的电视机所制造的沉默中，她们一个人的头发雪白，另一人的头发被染成了煤黑色。

凝视着站在餐桌旁的蕾赫，巴比注意到了蕾赫身上所具有的与艾斯沙相同的那种从容保持极端安静的能力。对蕾赫的沉默，巴比感到了一点威胁，声音颤抖地问道：你打算怎么办？准备待多久？定下来了吗？蕾赫试图回答，却又被憋了回去。她感到憋得慌，走到窗口，打开了窗户，任凭风吹动着她的一头黑发，看到雨水叮叮作响地落到早年他们外婆嬷嬷吉的那个腌制厂的生锈的铁屋顶上。

嬷嬷吉的腌制厂，坐落在山上的老房子和米那夏尔河之间，制作泡菜、果汁饮料、果酱、咖啡粉和菠萝罐头，也曾非法制作过香蕉果酱，后来食品质量监督机构将它查禁了，因为根据明文规范，它在浓度上，模棱两可，无法归类，既不符合果酱，也不符合果冻规格。现在回头看看，蕾赫觉得，他们家族这种在规范上的麻烦，好像比果酱和果冻的规格问题更为棘手，或许阿姆、艾斯沙和她自己都是最糟糕的不守规矩的违规者；而且，不只是他们，家里其他的人，也同样如此。他们全都违反了规范，逾越了禁忌，闯入了危险禁区。他们全都触犯了法律制定的规矩——那个使他们外祖母成为外祖母、舅舅成为舅舅、阿姆成为阿姆、表姐成为表姐、果酱成为果酱、果冻成为果冻的法律。

一切的一切，全部始于索菲・摩尔到达阿耶门连的那一天；更确切些说，全部始于那个爱的律法被制定之前——那个规定谁可以被爱，谁可以得到多少爱的律法。

那是 1969 年 12 月里的一个晴朗的日子。在爱普家的生活中，它是这样的时刻：所发生的一件事，搅动了这个家庭原本静默潜藏着的道德内含，令它沸腾了起来，浮上了表面，而且，浮动了好一阵子，让人们看了个清清楚楚。

在那一天，爱普家的那辆天蓝色的“普利茅斯”发动了起来，快速经过阿耶门连的秧田和古老的橡胶树林，前往科钦。“普利茅斯”本属于蕾赫和艾斯沙他们的外公爸爸吉（Papachi），爸爸吉死去之后，它归属了他们的外婆嬷嬷吉。这天，爱普一家人坐在“普利茅斯”里，赶往科钦去看电影“音乐之声”。影片“音乐之声”是爱普家的一个保留节目，已是去看第三遍了，他们几乎熟悉了那影片里的所有英文歌曲。在“大海女王酒店”，他们一家人早已预定好了当晚的房间，第二天一大早，要去科钦机场接查克舅舅的前妻——他们的英国籍舅妈，玛格丽特・柯察玛，以及他们的表姐索菲・摩尔，那二人是应查克之邀，从伦敦来阿耶门连过圣诞节的，以帮助她们克服伤心事。

阿姆说，查克从来没停止过对玛格丽特的爱；不过，嬷嬷吉不同意这一说法，嬷嬷吉更愿意相信查克从来就没有爱过玛格丽特。蕾赫和艾斯沙从未见过索菲，但是在刚过去的一个星期，他们听到了太多关于索菲的事，从巴比口里，从高筑·玛莉亚口里，甚至从嬷嬷吉口里；尽管她们谁都没有见过索菲，却全都表现出一副已经认识了的样子。整整一个星期，巴比都在坚持不懈地偷听着他们兄妹二人间私底下的谈话，因为只要听到他们使用马来亚拉姆语[1]交谈，便要罚上他们一小笔钱，从他们的零用钱里扣除，然后，强迫他们写下“我要始终说英语”的保证，每人写上一百遍。巴比还逼迫他们练唱一首适合车内空间播放的英文歌曲，好在接机回来的途中唱，要求他们必须完全正确地吐出那些字眼，必须特别留意他们的发音。

艾斯沙的全名是艾斯沙本·雅科，蕾赫的全名是蕾赫，他们没有姓氏，当时，他们父母的婚姻关系正处于紧张之中，他们的阿姆正在考虑恢复婚前的娘家姓氏。那天，坐在“普利茅斯”里的艾斯沙穿着尖领衬衫，灰色的尖头皮鞋，梳着猫王的飞机头，唱着“有些人热爱摇，有些人热爱滚，但是哀叹与呻吟都不能够满足我的灵魂……”蕾赫的一头黑色卷发，用一条两头有珠子的橡皮圈——“东京之爱”扎成“喷泉”状立在头顶上，戴着红色的塑胶太阳镜。在阿姆的手提箱里，装着她的“机场盛装”，黄色的泡泡纱连衣裙和一条灯笼裤。

驾驶着“普利茅斯”的查克，比他们的阿姆大 4 岁，曾经就读于英国牛津大学的贝利奥尔学院[2]，获得过罗德学者奖学金。阿姆坐在前面的座位上，坐在查克旁边。那一年阿姆 27 岁，情绪低落，认为她的生活已经过去了，尽管她曾经有过一次机会，可她却犯了一个错误，嫁错了男人。

阿姆从学校毕业的那一年，父亲爸爸吉从德里的政府机关退休了，爸爸吉坚持认为让一个女孩子上大学是一项不必要的开销，阿姆别无选择，只能离开德里，随一家人迁居到阿耶门连生活。在阿耶门连，除了待在家里帮助嬷嬷吉做家务，等待出嫁，一个年轻女孩子几乎没有什么可做的。因为父亲没有足够的钱为她操办一份适当的嫁妆，所以没有追求者上门提亲求婚。两年过去了，过了 18 岁生日之后，在被边缘化的情况下，阿姆渐渐变得绝望起来，整天梦想着逃离阿耶门连。她策划了几个拙劣的小计谋，最后，其中的一个终于奏效了，爸爸吉同意让她外出，到加尔各答的一个远房姑姑家度夏。

在加尔各答别人的婚礼中，阿姆遇到了未来的丈夫。他是阿萨姆邦的一家茶叶种植园的经理助理，他的家族曾是非常富有的印度地主，在印度和巴基斯坦分裂后，从东孟加拉移居到加尔各答。他的个头矮小，不过，看上去为人诚挚，令人愉快。他当时 25 岁，在茶园里已经工作六年了，不曾上过大学。认识阿姆五天后，他向阿姆求了婚。阿姆权衡了一番，接受了，因为从小不被重视，阿姆养成了一种顽固而鲁莽的癖性，她觉得：任何事，任何人，都胜于回到阿耶门连去，于是她写信给父母，告知了自己的决定。爸爸吉和嬷嬷吉没有给她任何答复。

婚礼是在加尔各答举办的，相当讲究。新郎的父亲——铁路船运联合会的主席和孟加拉业余拳击协会的秘书长，当场送给新郎新娘一辆“菲亚特”，婚礼结束之后，又自己开着那辆“菲亚特”跑了，还

1 马来亚拉姆语（Malayalam）：印度西南部沿海的居民的语言。

2 贝利奥尔学院（Balliol College）：已有800多年历史的牛津大学（University of Oxford）最古老的三大学院之一，以活跃的政治氛围著称，曾经培养出了多位英国首相以及其他的英国政界的重要人物。

带走了其他人送给新婚夫妇的全部钻石珠宝和大部分结婚礼品。与丈夫回到阿萨姆后，漂亮、年轻、毫不羞涩的阿姆，变成了种植园主俱乐部里最受欢迎的人；再往后，她丈夫真实的本性逐渐显现了出来：一个重量级的酒鬼，彻头彻尾的酒精中毒者，无耻的习惯性说谎者。

阿姆怀有8个月身孕时，1962年10月，印度边境爆发战争，种茶人的妻子儿女全从阿萨姆疏散走了，阿姆因身孕无法承受旅途之苦，只能留在茶园。11月，艾斯沙和蕾赫差一点就出生在公共汽车上。他们的父亲本来是开着车送阿姆去医院生产的，因为车子在半路上出了故障，不得不搭乘一辆乘客拥挤的公共汽车，他们的父亲双手托着阿姆的大肚子，经过一段崎岖不平路途的可怕的颠簸，在西隆，在混乱中，他们兄妹二人出生了。这时，他们的父亲喝得醉醺醺地躺在了医院走廊的长凳上。

他们兄妹长到2岁时，父亲因寂寞的茶园生活，酗酒的问题更加严重，陷入了酒精中毒的痴呆中，整天躺在床上，不去工作。最后，茶园的经理、英国人霍立克先生（Mr. Hollick）把他们的父亲叫了过去，进行了一番“严肃的谈话”，让他或选择辞职，或选择离开一些时日，去度假，接受戒酒治疗；同时，霍立克先生建议，在他离开的这段日子里，把阿姆送到他那里去接受“照顾”。

在茶园里，已出生了不少衣衫破烂、肤色很浅的孩童，全是霍立克先生赠送给他特别喜爱的茶农家庭的。这一回，是他第一次意图侵犯到管理人员这一阶层。阿姆目视着她的丈夫，面对他吞吐出来的那些厚颜无耻的话语，一言不发。他被阿姆的沉默激怒了，突然冲向阿姆，抓住她的头发，一通拳打脚踢，直至打到他自己昏倒在地。这时，阿姆从书架上拿起一本最厚重的书，使出全力向他拍打过去。

后来，当他的暴力殴打扩及孩子们的身上时，当印度与巴基斯坦的战争爆发时，阿姆离开了她的丈夫，不受欢迎地回到了阿耶门连的家，回到她在数年前逃离的一切事物当中，再也没有什么梦想了，只有她带来的两个孩子。爸爸吉不相信阿姆的故事，这并不是因为他对阿姆的丈夫有什么好感，而是因为他是一个虔诚的“大英主义者”，他不相信一个英国人，乃至任何一个英国人，会觊觎另一个男人的妻子。

阿姆爱她的孪生子，但是，他们的天真弱点和他们积极主动去爱那些并不真爱他们的人的行为，常常使她十分恼怒，而且，有时甚至使她想去伤害他们——就像是一种教育手段，一种保护。阿姆紧紧看守着她的孪生子女，紧张得全身绷得紧紧的，十分易怒，更容易为他们的利益动怒。至于她自己，她知道，自己已经没有什么机会了。现在只有阿耶门连。一条热水河和一个腌制厂。有时候，阿姆是她的孪生子女所见过的最美丽的女人；但有时候，她又不是。

在“普利茅斯”后面的座位上，巴比·柯察玛坐在孪生兄妹艾斯沙和蕾赫之间。巴比不喜欢他们兄妹，就像不幸的人不喜欢同为不幸的人一样。她在心里判定：他们的命运注定是要倒霉的，他们没有父亲，是无家可归的可怜虫，而更糟的还是他们身上的那一半印度教的血统，没有一个自尊的叙利亚基督徒会与他们结婚的。巴比希望这对孪生兄妹应该十分清楚：他们（和她一样）在阿耶门连老房子里的生活，完全仰赖于他人的容忍，那是他们外婆的房子，他们根本无权居住。

巴比也不喜欢阿姆，因为对于她已坦然接受了的那个没有丈夫的女人的命运，阿姆却还在心怀怨恨。在印度人的一般观念中，嫁出去的女儿，泼出去的水，在娘家是没有位置的，至于一个离了婚的女儿，更是无论如何都是没有位置的。阿姆因此受到周围妇女背地里的讥笑，和巴比的无声的怒责。在巴比看来，一个从爱情的婚姻中离婚出来的女人，是罪无可赎的。而他们这一对孪生兄妹的年纪太小，无法懂得这一切，她不得不容忍他们的无知妄为；但是，她不愿看到他们有任何兴高采烈的时刻，尤其无法忍受他们彼此给对方带来的快乐，她期盼他们遇到不快的事，即便是非常微小的不快。

在“普利茅斯”的车顶上，竖立着一块广告牌，上面写有“天堂果菜腌制厂”所有产品的清单，以及一幅卡塔卡利舞[1]者的宣传画。阿姆认为那舞者的形象不会有任何宣传效应，查克却确信那舞者独有的地方特色，能为他们的工厂在海外打开市场。“天堂果菜腌制厂”是嬷嬷吉一手操办起来的。爸爸吉从公职岗位退休之后，爱普一家人从德里迁居到阿耶门连后不久，戈德亚姆镇上的圣经公会要举办一次义卖，请嬷嬷吉做一些她拿手的香蕉果酱和柔嫩的腌芒果，这些东西很快就卖出去了，还有了新销路，嬷嬷吉受到了成功的激励之后，决定继续生产腌菜和果酱罐头，一年到头忙得不可开交。结果，比嬷嬷吉大 17 岁的爸爸吉，突然十分震惊地发现，自己已然成了老头，嬷嬷吉却正当盛年。尽管嬷嬷吉患有眼疾，几近失明，爸爸吉却从不肯上手去帮嬷嬷吉做点什么，因为在爸爸吉看来，一个前政府的高级官员，不该染指生意；同时，他还十分嫉妒，愤恨妻子的工作能力。像是为了抗议，爸爸吉整天穿着他那身笔挺的西装，四处闲逛，看着嬷嬷吉到处忙活；一旦到了晚上，便习惯性地拿花瓶把嬷嬷吉殴打一顿。一天晚上，爸爸吉甚至弄断了嬷嬷吉的小提琴琴弓，还把它丢进了河里。

后来，他们的儿子回家过暑假，这时的查克已长成了一个大男人，再加上贝利奥尔学院赛艇队的划艇手身份，人变得十分健壮。发现爸爸吉在书房殴打嬷嬷吉后，查克大步走入房间，抓起爸爸吉的手，把它扭到背后，警告说：绝不想让这种事情再次发生。事后，爸爸吉坐到前廊上，面无表情地注视着花园，不吃不喝，到了深夜，把书房里他喜爱的那把桃花心木摇椅劈成了碎片，扔在了月光下。

从此，爸爸吉再未碰嬷嬷吉，在他活着的时候，也不再与嬷嬷吉说一句话，不得不说什么时，他便用厨娘或巴比当他的媒介。傍晚时分，有客人来造访时，他就会坐到前廊上，缝自己的衬衫上实际并未掉落的纽扣，做出被嬷嬷吉忽略的假象。最后，在一定程度上，爸爸吉达到了目的，影响了一些人对忙忙碌碌的嬷嬷吉的看法。

爸爸吉从一个老英国人手里买下了那辆“普利茅斯”后，不允许嬷嬷吉或家里任何其他人使用，“普利茅斯”成了他向他们报复的工具。爸爸吉曾是普萨研究所的特级昆虫学家，独立之后，英国人离开了印度，他变成了昆虫学会的联席董事。爸爸吉人生中最大的挫折是他发现的蛾子未能以他的名字命名，他的这项伟大发现，一直拖到他退休之后，用他一向不喜欢的一个晚辈同僚的名字命了名，这成了他永远挥之不去的心灵创伤。在随后的岁月里，那只背部簇毛出奇浓密的冰冷的蛾子，不断折磨着爸爸吉和他的孩子们，以及他孩子们的孩子们。

直到去世，爸爸吉都终日穿着他的那套做工精良的三件式西装，即使是在令人窒息的闷热中。此外，金怀表、古龙牌香水和银梳子，也是爸爸吉不可或缺的几个物件。爸爸吉抑郁而终后，留下了几箱装满昂贵服装的箱子和一个巧克力盒子，里面装着一些链扣。蕾赫和艾斯沙很好奇它们是干什么用的。阿姆告诉他们：是用来把袖口链接在一起的“链扣”。他们兴奋起来，由于他们不习惯英文单词那种从左到右的顺序，过去总是按照自己的语言习惯把英文单词从右往左倒着读，袖口 + 链接 = 链扣，足以与严密的

---

1 卡塔卡利舞（Kathakali）：源自喀拉拉邦，一种已有400年历史的古典舞蹈，通过服饰和身段表演将芭蕾、戏曲融为一体。

数学逻辑性相媲美了，所以，阿姆这一令人满意的答复，使他们对英国人的语言生出了好感。

查克舅舅告诉他们：他们家全都是亲英派，他们是一个亲英派的家庭，被指引向了一个错误方向，困陷在了他们自己国家的历史之外。查克还对他们解释说：历史就像黑夜里的一栋老房子，里面灯火通明，老祖先们在那里呢喃；想要了解历史，只有走进历史之屋。

他们把查克的“历史之屋”理解成了米那夏尔河对岸那栋他们从未进去过的荒芜了的橡胶园中的老房子。老房子的主人卡利·赛普（Kari Saibu）是一位印度化的英国白人，说马来亚拉姆语，穿芒杜[1]，是阿耶门连的寇尔兹[2]，10年前，当他的年轻的恋人（一个当地男孩）的父母拆散了他们，把那个男孩从他身边带走送进了学校后，他便朝着自己的脑袋开了一枪，他自杀之后，财产成了他的厨子和他秘书之间旷日持久的诉讼主题。那栋老房子已经荒废了很久，几乎没有什么人看见过。不过，他们可以把它画出来。

查克还给他们兄妹讲了一个有关“地球母亲”的故事，查克的博学和聪明智慧，令他们记忆深刻。查克用朗诵一样的声音大声说着，使他的房间让人有一种仿佛置身于教堂般的感觉。不管他们是否在听他讲话，或他们是否听懂了他所讲的话。阿姆把查克的说话腔调称作“牛津腔”。查克说，去看“音乐之声”，对一个亲英派的家庭来说，是一门持续的训练课程；阿姆则认为那不过是一部流行世界的电影。

在嬷嬷吉的眼里，查克无疑是全印度最聪明的男人之一。嬷嬷吉喜欢讲查克的故事：一位牛津大学的研究员说过，在他看来，查克非常优秀，是块做首席部长的材料。阿姆对此，总会冷嘲热讽，连呼“万岁！”因为在阿姆眼里，查克无论做什么，失败总在跟随着他，包括他的婚姻，他的“著名飞机”。有那么一段时间，查克时不时就会带上他们兄妹到稻田里去，帮助他放飞他自己精心制作出的飞机模型，那些飞机模型起飞之后，从未飞足过一分钟。

爸爸吉去世后不久，查克辞去了他在马德拉斯基督教大学里的讲师工作，带着一颗破碎的心，带着他的“贝利奥尔学院的划桨”和“腌制大王”的梦想，回到了阿耶门连。嬷嬷吉十分欢喜儿子的归来，将自己一手创办的腌制厂转交到了查克的手里。嬷嬷吉经营的腌制厂尽管规模不大，却一直都在赢利。备受关爱的查克上手经营之后，采用现代化的管理模式，购买了新的设备，增加了新的雇员，贷款扩大了生产线，却使腌制厂陷入了沉重的债务危机，而且亏损严重。即便如此，对家里的这份产业，阿姆不能有任何发言权。查克告诉他们兄妹：阿姆是没有合法发言的权利的。在一旁的阿姆接住了话茬儿，大放厥词，感谢绝妙的男权至上的社会。由于嬷嬷吉的腌制厂自创业以来始终没有正式的称呼，查克经过一番琢磨，最后将其命名为了“天堂果菜腌制厂”，注册了商标。在“普利茅斯”车顶上安装一个流动广告牌的主意，也源自查克。

在前往科钦的路上，“普利茅斯”的广告牌在车顶上“嘎吱嘎吱”晃动着，致使他们不得不顺路停下来，买了一些绳子将它加固了一下。时间被耽误了，蕾赫开始担心他们恐怕要错过电影“音乐之声”的片头了。蕾赫和艾斯沙都非常喜爱这部影片，能流利地念唱其中的歌词。在阅读方面，他们具有很强的能力，甚至倒着读书。巴比一直负责他们的正规教育，她澳大利亚教会的朋友到阿耶门连拜访时，作

1 芒杜（Mundu）：土著语，印度南部居民的裹身布。

2 寇尔兹（Kurtz）：约瑟夫·康拉德（Joseph Conrad，1857—1924）出版于1899年的一部经典长篇小说《黑暗之心》（Heart of Darkness）中的人物，一位白人殖民者，矢志将“文明”带到非洲的传奇人物。

为礼物，送给他们一本儿童读物，他们大声倒着读起来，令来宾十分失望，向巴比抱怨他们的粗野，不开化，结果，他们被强迫写了保证书：今后决不再倒着读，写了一百遍。

“普利茅斯”继续在开往科钦的路上前行。查克点燃了一支四寺塔牌香烟，深深吸了一口。巴比用胳膊紧紧搂住前面一排座位的靠背，随着车子的运动，她胖胖的胳膊不断地来回晃动，像个肉帘子一样耷拉下来，挡住了蕾赫和艾斯沙彼此之间的视线。“普利茅斯”停了下来，蕾赫把脸转向窗外，交通堵塞了，他们汇入了拥堵的车流当中。蕾赫几乎要哭出来，电影就快开演了。

从远处传来了游行队伍的呼喊声，衍生出来的喧闹声越来越近了，那些等候着的司机，回到他们车上，重重关闭了他们的车门，刹那间，道路上的那些乞丐和小贩全都不见了踪影。随着一阵警哨声，从等候通行的一排车辆后面，涌现出了一纵队男人，打着大大小小的红旗，喧闹着，动静越来越大。查克立刻要大家赶紧关上车窗，静静地待在车里，同时随口说了一句：他们不会伤害我们的。阿姆接过查克的话茬儿，问道：干吗不去加入他们，“同志”？并表示，她来开车。查克什么也没说，扔掉他的香烟，把窗户摇了上去。

“同志”一词，曾是查克痴迷过的一个词语。查克曾自称是马克思主义者，借口讲劳动权利和工会法，把腌制厂里的漂亮女员工叫进自己的房间，将她们称之为“同志”，并坚持让她们也将他称为“同志”。一次，他甚至带着几个女员工到阿勒皮去参加行业工会的讲座，去时乘坐的是公共汽车，回来时坐的是小船，那帮女人高兴极了，头发里插着鲜花，手上戴着玻璃饰品。阿姆嘲笑查克口口声声的“同志，同志”，纯粹一派胡言，不过是一个被宠坏了的小王子在扮演“同志”！一个老印度地主心态的“牛津”版——一个地主强迫自己对那些仰赖着他维持生计的女人献殷勤罢了。

游行的队伍在继续行进，阿姆摇上了窗户，蕾赫和艾斯沙也摇上了各自身边的窗户。几分钟之内，道路就被数千名游行者淹没了。“全世界工人阶级团结起来！”那些游行者们用马来亚拉姆语呼喊着。静坐在“普利茅斯”车厢里的他们，就连查克也搞不清楚，为什么在喀拉拉邦，共产党的活动比在印度其他任何一个地方都要成功。

查克尽管不持有共产党党证，但胸膛里跳动着一颗纯正的热爱马克思主义的心，被爸爸吉讥笑为“卡尔·马克思”。1957 年，查克在德里大学读书时，正值共产主义者在喀拉拉邦议会选举中大获全胜，被置于了非凡地位。当时，查克以青春期特有的痴迷和勤奋，将目光投注到了工人运动和那些共产主义理论当中；1967 年，共产党分裂成了两个独立的政党“印度共产党”和“印度马克思主义共产党”，在这时候，爸爸吉去世了，查克离了婚，“天堂果菜腌制厂”年满 7 岁。

那天，游行队伍当中，是一些共产党人的党务工作者、大学生和劳动工人，是一些“可接触”者和“不可接触”者，在他们的肩膀上，扛着用新近的导火线点燃的沉积多年的愤怒的火药桶。通过“普利茅斯”的窗户，蕾赫注意到他们喊得最响亮的口号是“万岁”，因为愤怒，他们的脖子上的青筋绽出，举着大大小小红旗的手臂紧紧地挎在一起。

沉默和闷热填满了“普利茅斯”车厢，像一块浸透了水的饱和海绵，让蕾赫觉得十分不耐烦，就在这时，她忽然看到了她最心爱的朋友的身影，维里亚·巴本（Vellya Paapen）的儿子——维鲁沙。平时从不穿什么衬衫的维鲁沙举着一面红旗，穿着一件白衬衫和芒杜，因为愤怒的呐喊，脖子上的青筋暴起。蕾赫立刻把她的窗玻璃摇了下来，冲着维鲁沙大声叫喊他的名字。维鲁沙一下子愣住了，拿着旗子倾听着，在一个最不熟悉的环境里听到了一个最熟悉的声音。蕾赫站到车子的座位上，从车窗探出身去，喜出望外地叫喊，惊动了前面的阿姆，厉声呵斥她：注意举止！与此同时，巴比伸手把她拽回了车厢。

“绝对是维鲁沙！”蕾赫微笑着解释说，“他还举着红旗！”阿姆突然光火了，愤怒地喝令她：闭上嘴！这时，蕾赫愣住了，看到阿姆上嘴唇闪耀的汗珠，和那变得如坚硬的大理石一般的眼神。巴比摇上了蕾赫那边的车窗。数年之后的一个早晨，蕾赫在列车上，突然想起了这件事，想起了阿姆脸上那个突来的痛苦的沉默所隐含的寒意。

就是维鲁沙——蕾赫确信自己不会认错人的，无论何时何地，只要维鲁沙不穿什么衬衫，从后面她就能认出他来。维鲁沙后背上有一块淡褐色胎记，像一片尖尖的干叶子。他说，它是一片“幸运的叶子”，能使雨季准时到来。

维鲁沙幸运地成了一个木匠。他本不能成为木匠的，因为他的父亲维里亚·巴本是一个“帕拉凡[1]”，一个“不可接触”者。在很小的时候，维鲁沙就随父亲到阿耶门连老房子的后门处上交砍下来的椰子，爸爸吉禁止他们进入屋内，禁止任一个“帕拉凡”进屋，因为他们不能接触任何“可接触”者所触摸过的任何东西，不能接触任何印度教徒和基督徒所触摸过的东西。嬷嬷吉告诉蕾赫和艾斯沙：在她的少女时代，“帕拉凡”必须带着扫帚倒退着爬行，好将他们的脚印扫除，以便属于婆罗门种姓的人或叙利亚基督教教徒不会碰巧踩到“帕拉凡”的脚印而弄脏了自己。在那个时代，“帕拉凡”和其他“不可接触”者一样，不允许在公路上行走，不允许遮蔽上半身，不允许携带雨伞，当他们说话时，必须用手掩住嘴，以防他们不洁的呼吸污染与他们说话的人。印度独立后，尽管政府为废除和改善“不可接触”者的状况采取了一些措施，不过，他们的生存状况并没有得到根本改变。

维鲁沙 11 岁时，嬷嬷吉注意到他的一双小手非常灵巧。他时常做一些非常复杂的小玩意儿，送给小阿姆，像人们教导的那样，用手掌心托着，以便在小阿姆拿走时不至于接触到他。虽然他比小阿姆小 3 岁，他总是管小阿姆叫——阿姆古蒂（Ammukutty）。嬷嬷吉说服了维里亚·巴本，把维鲁沙送进了蕾赫和艾斯沙曾外祖父创办的那所“不可接触”者的子弟学校，学会了读和写。14 岁时，维鲁沙每天下午放学，都会跑到戈德亚姆镇去帮助一个来自巴伐利亚木工行业会的德国人干木匠活，悉心取经，而且从未间断过。到了 16 岁时，他圆满地完成了他的高小学业，成了一个有才能的木匠，嬷嬷吉的好帮手。

维鲁沙有他自己特有的一套木工工具，制作与众不同的德国风格的木器。除了木匠手艺，维鲁沙对运转的机器也很在行，可以修理腌制厂里里外外的各种各样的机器、器物和房屋里面大大小小的电器。在嬷嬷吉看来，维鲁沙若不是一个“帕拉凡”，会成为一个工程师的。不过，不管怎么说，维鲁沙成了腌制厂里的一位非常有价值的员工，尽管他永远不能处于任何权威的位置。

维鲁沙的父亲维里亚·巴本亲历了那“倒退着爬行”的岁月，他对嬷嬷吉充满了感激涕零的敬意。维里亚·巴本曾发生了一次意外，一只眼睛瞎掉了，嬷嬷吉出了一大笔资费，给他安装了一只假眼。在

1 帕拉凡（Paravan）：被排斥在印度四大种姓制度之外的连首陀罗（Sudra）都不是的旃陀罗（Sandra），贱民，“不可接触者”，地位最为低贱的人，只能居住在村外，不可与婆罗门接触，只能从事被认为是最低贱的职业。婆罗门如果接触了贱民，则认为是一件倒霉的事，之后要举行净身仪式。

那之后，他始终心存感激，为自己根本无法挣出那笔钱来偿还嬷嬷吉的恩情而惴惴不安，他的感激之情扩充到他的微笑当中，压弯了他的腰。他不知何故，总在为儿子维鲁沙担忧，尽管他知道维鲁沙并没有说错什么也没有做错什么，但他就是为他担忧，为他身上的那种只有“可接触”者才应该具有的抬头挺胸的自信和淡定的气质担忧。

维鲁沙脸上的淡定与从容，弄得维里亚·巴本终日惶惶不安，深感恐惧，因为那是不该属于他们“帕拉凡”的表情，可能会被误认为傲慢；他试图劝说维鲁沙，结果，事与愿违，维鲁沙不回家了，每天工作到很晚，露宿在了河岸，父子之间出现了不和谐的因素；之后不久，维鲁沙又不见了人影，四年间，杳无音信，直到他母亲伽拉（Chella）因肺结核去世。随后是他的哥哥库塔奔（Kuttappen）采椰子时从树上摔了下来，伤了脊椎骨，瘫痪在床上，再也无法工作了。一年之后，维鲁沙听说了家里的这些变故，回到了阿耶门连。不过，他的表情依旧，维里亚·巴本更加为之恐惧——那种不该属于“帕拉凡”的高傲从容，但是这一次，他采取了和平之策，一声不吭。

由于腌制厂需要维鲁沙的手艺，嬷嬷吉再次雇用了他，让他做厂里的木匠，并负责设备总维修。这在腌制厂里那些“可接触”的员工中间引起了很大的怨怒，为了求得平衡，嬷嬷吉付给维鲁沙的工资，比付给“可接触”的木匠们的少，比付给“帕拉凡”的多。维鲁沙与父亲维里亚·巴本和哥哥库塔奔住在河边的一间红土小棚屋里，在阿耶门连老房子的下游，蕾赫和艾斯沙穿过椰子树林跑过去需要用3分钟，维鲁沙再次被嬷嬷吉雇用后，他们与维鲁沙成了最好的朋友。

爱普家禁止他们去维鲁沙家的小棚屋，他们却无论如何都要去那间小棚屋找维鲁沙玩。他们能与维鲁沙蹲坐在一起长达数小时，好奇而入神地看着他刨木花，维鲁沙教他们使用木工刨子。在天气好的时候，他们能闻到维鲁沙家的小棚屋散发着新鲜的木屑味和太阳味。维鲁沙还给他们做了钓鱼竿，教会了他们钓鱼。

在前往科钦的交汇口路，当维鲁沙举着红旗朝前走去的时候，蕾赫透过她的红色塑胶太阳镜，看着他的身影渐渐消失。一个举着红旗脸上带疤的男人拉开了蕾赫身边的那个没被锁上的车门，用马拉亚拉姆语与蕾赫打起趣来，附近一下子挤满了止步不前的游行者，看到蕾赫对那个疤脸男人一脸笑眯眯的样子，巴比立刻用耳语提醒蕾赫低下头去，不要理睬！结果，引火烧身，遭到那个讲马拉亚拉姆语的男人一通羞辱。

那个男人先是逼迫巴比用力挥舞塞到她手里的那面小红旗，又喝令她呼喊“无产阶级革命万岁”，招惹得那些围观者们一阵放声大笑，令巴比恐惧得浑身发颤，不知所措，竭尽全力尽量采用某种不容冒犯的高贵来平衡自己。等到最后几个游行者走过去了之后，查克告诉大家：现在一切全都结束了，可以打开车窗了，又转向蕾赫问道：确定是看到了维鲁沙吗？蕾赫突然变得谨慎起来，在查克的一再追问下，她几乎不敢一口咬定了。巴比却十分肯定那人就是维鲁沙了。本来就因被堵在了岔路口心里窝着火的巴比，现在，开始把一切都归罪到了维鲁沙的身上，在心里埋下了仇恨的种子。在随后的日子里，她的头脑中，维鲁沙渐渐成了游行队伍的总代表，成了那个强迫她挥动红旗的疤脸男人，成了那些围观取笑她的共产党马克思主义者。

查克发动了“普利茅斯”。巴比为了使自己心情好一点唱起歌来，并期望蕾赫和艾斯沙能跟上她，与她相和，不料，他们二人谁都没有理睬，谁也没有接她的唱词。阳光透过“普利茅斯”的车窗直射到蕾赫身上，她闭起眼睛，想把它挡回去，在她的眼睑后面，阳光依然明亮炙热。天空变成了橙色，椰子树林变成了伸出触须的海葵，意图诱捕并吞噬一块毫无防备之心的云朵。

他们抵达电影院时，“音乐之声”已经开演很长时间了，领座人把他们一行人带到了他们的座位上。银幕上响起了修女们甜蜜的歌声，这时，观众席上的人开始东张西望，忽然间，有人发现：那银幕之外的歌声源自艾斯沙。跟唱的艾斯沙唱得情不自禁，引起了众怒，有人叫喊起来：把他从这里赶出去！阿姆立即让艾斯沙闭嘴，因为那些观众是“大人物”，艾斯沙是“小人物”。艾斯沙做不到，在阿姆发怒之前，提出到外面去唱，等唱完了再回来。艾斯沙站起来往外走，越过气恼的阿姆，越过蕾赫的膝盖，越过巴比，越过一个个观众的腿，离开了放映室，来到了休息厅，一个人坐在休息大厅的沙发上，继续大声歌唱。

歌声惊醒了大厅里正坐着打盹的卖橙汁和柠檬汁的那个男人，那个男人醒来之后，用一块脏黑的抹布擦拭他的玻璃柜面，一面用肿胀的眼睛看向艾斯沙，胁迫艾斯沙停止了歌唱，随后，借口艾斯沙影响了他休息，要挟艾斯沙至少要买一瓶他的饮料。艾斯沙谢绝了，表示自己身上没钱，转身要走，那个男人突然喊住了他，闲问了几句，随后用一种绅士的姿态以“免费”诱惑他喝一瓶柠檬汁再走。因为影院里规定幕间休息之前饮料是不许摆放在外面卖的，他要艾斯沙到他的柜台后面来取。艾斯沙走到那柜台后面，去喝他的免费饮料时，被逼迫着握住了那个男人的阴茎，为其手淫，帮其泄精，完事之后，那个男人用他的脏抹布揩了揩艾斯沙的手，让艾斯沙喝下了那瓶免费的盛满了恐惧的柠檬饮料。

回到“音乐之声”的放映厅后，艾斯沙趴在他的腿上。阿姆以为艾斯沙还在继续乱发脾气，气恼地指责了他几句。艾斯沙感觉自己要呕吐，在阿姆的陪伴下，离开了放映大厅。卖橙汁和柠檬汁的那个男人看到出来的艾斯沙，面带微笑地询问怎么这么快就出来了，艾斯沙立刻呕吐不止，阿姆赶紧把他抱进了卫生间。“音乐之声”还没有放映完，他们就不得不退席了，因为艾斯沙病了。巴比尽管有些不大高兴，但还是希望在索菲·摩尔到来的时候艾斯沙能好起来。

在科钦机场，爱普一家人，人人的穿着打扮都非常得体，阿姆给蕾赫和艾斯沙换上了新衣裳。经常穿着芒杜的查克，这天也换上了一身紧绷绷的套服，还有灿烂的微笑，阿姆为他整了整领带。查克小心翼翼地举着从花房里买的两朵玫瑰，热情洋溢，一脸幸福。候机室里，相当拥挤。索菲·摩尔和玛格丽特·柯察玛的身影终于出现了。满心兴奋的蕾赫和艾斯沙显得有些紧张焦虑，在索菲走出来的时候，蕾赫用指甲使劲地掐艾斯沙的皮肤，艾斯沙则反拧她的手腕，拧得她手腕上呈现出了条纹，疼痛不已，一旁的阿姆却什么也没有察觉到。爱普一家人，一个个都显得有点紧张和不安。激动不已的查克献上了他那两朵玫瑰，把玛格丽特，一个白种人的妻子，介绍给了大家，带着一脸的幸福与骄傲。玛格丽特对他微笑着，晃动着手中的玫瑰更正了一句：前妻，查克！

被介绍给大家的索菲个头比艾斯沙高，比艾斯沙大。该轮到介绍梳着猫王飞机头的艾斯沙了，巴比挖苦了一句：“猫王的使者——我们这里有点落后于时代。”弄得艾斯沙心里很不痛快，回答玛格丽特的问候时，语气很生硬，阿姆充满爱意地当场指正艾斯沙，不能这样回答，要求艾斯沙重来一遍，遭到了艾斯沙执拗的拒绝。这深深触怒了阿姆，那愤怒远远超出了现实的程度——阿姆希望她的孩子表现得体，没有瑕疵，希望他们在这场“印度对英国的行为习惯竞赛”中获胜。

查克用马拉亚拉姆语压住了阿姆心中的怨怒。轮到介绍蕾赫了，查克一时找不到蕾赫的身影，原来，不知道如何来应付这个局面的蕾赫胆怯地躲在了机场肮脏的窗帘后面，把自己缠裹在了里面。“别理她。”阿姆紧张地笑着说了一句，女儿的行为，让她再次感到困窘。之前，家里人多次提醒蕾赫和艾斯沙要以最好的行为教养迎接索菲的到来，可谁也没有料到事情竟然会是这样一种结果。事后，阿姆威胁蕾赫和艾斯沙说，如果他们总在公开场合不服从管教，她就要考虑把他们二人送走，送到什么地方去管教管教。巴比本希望借此机会好好教训一下他们，见阿姆这么轻易就放过了他们，多少有些愤怒，指责他们愚蠢，缺乏教养，不可救药，越长越粗野，而且现在越来越难以管教了。蕾赫和艾斯沙乖乖垂下了他们的头。

他们走向索菲，艾斯沙大声问候了一句之后，看了看阿姆，终于看到了阿姆认同的表情。在到达机场停车坪的路上，他们三个孩子落在了后面。蕾赫问索菲在这个世界上最爱谁？索菲毫不迟疑回答说：乔（Joe），她的爹爹。乔两个月前死了。她们到阿耶门连来，就是想从这个打击中恢复过来。艾斯沙接住索菲的话茬儿说，查克才是她的爹爹。索菲反驳说，查克只是她生身父亲，乔才是她真正的爹爹。

从机场返回阿耶门连老房子的途中，玛格丽特因为是查克的前妻，坐在了前排座位上，与查克并排，索菲坐在他们中间，阿姆转移到后排座位上去了。在路上，巴比建议唱一首汽车歌曲，艾斯沙和蕾赫只好用屈从的声音唱起了英文歌曲。“普利茅斯”快速穿过秧田正午的炎热，在即将进入阿耶门连的地界时，它迎面撞上了一只蝴蝶。

在爸爸吉的书房里，那些曾经被制成标本的蝴蝶和蛾子因年久岁深破损成了一堆堆粉末，与之不相上下的，是一些霉菌和废弃物，在书架的一端，一本皮质封面的书籍《印度的昆虫资源》不知何时被抽取出来后，被孤零零丢在了一边，上面布满了被蠹蚀之后留下的虫网眼。蕾赫在那一排排书籍后面摸索，找出了当年藏到那里的东西，一个光滑的海贝壳，一根吸管，一串念珠——当年她从巴比那里偷来的，在艾斯沙被送还给他们的父亲之后。她寻找的最后一个目标，是一个袋子，里面是她和艾斯沙用过的 4 本练习本，上面留有不少阿姆的字迹，纠正他们的拼写错误。她打开艾斯沙的一本练习本，上面记录着在阿姆 11 月 17 日生日那天他们去书店给阿姆买礼物的往事，在上面，阿姆纠正了艾斯沙的拼写错误，写下了一段叮嘱，要求艾斯沙彻底改正错误。

可怜的阿姆，蕾赫想，她连改正错误的机会都没有。阿姆不得不离开阿耶门连，因为她没有立足于此的权利，因为查克说她早该被驱逐。阿姆最后一次回到阿耶门连，是蕾赫被拿撒勒女修道院的寄宿学校开除的时候。阿姆胸部发出喘着粗气的声音，失去了她最后维持生计的职业——在一家廉价酒店里做接待员，因为她生病了，缺工多日，酒店方面说，他们负担不起，他们需要一个更健康的接待员。在最后那一次相见，阿姆一上午都与蕾赫待在一起，在蕾赫的房间里。那年蕾赫 11 岁，阿姆用她最后一点可怜的工资给蕾赫买了小小的礼物，并告诉蕾赫，给艾斯沙也买了礼物，一本连环画，她打算先存着它，直到挣够了租一间房子的钱，把艾斯沙接回来，他们三个人生活到一起的时候。整整一个上午，阿姆总是不断地说着，问了蕾赫很多问题，但从不让蕾赫回答，像要用拉长声调的唠叨把过去的某段时间冷藏起来。

由于激素的作用，阿姆的面部肿胀，圆脸不再纤秀。她用手帕接住咳出的痰，并且将它展示给蕾赫看，用嘶哑的声音低声提醒蕾赫必须注意身体，告诉她该如何根据痰的颜色和味道分析自己的身体状况。用午餐时，阿姆像一个货车司机一样打着嗝，因而向大家道歉，用一种低沉的不自然的声音请大家原谅。嬷嬷吉询问她是不是一直在过度饮酒，并建议她尽量少来看望蕾赫。阿姆一句话也没说，从桌子旁站起来就离开了，甚至没有任何的告别语言。查克让蕾赫去送送阿姆，她装作没听见，继续吃自己盘中的鱼，在那之后，她再也见不到阿姆了。

阿姆死在阿勒皮印度人集会所的一间肮脏的房间里，她是为了找一份秘书工作，到那里去面谈的。阿姆死去时，31岁，只有一个发出噪音的电扇陪伴着她。在第二早晨，一个清扫夫发现了死去的她，关掉了电扇。因为好几个理由，教堂拒绝为阿姆举行葬礼。查克雇用了一辆有篷的货车，把阿姆运到了火葬场。那个火葬场散发着臭味，送到这里火葬的，是一些乞丐、无家可归的人和死在警察收容所里的人。要轮到阿姆了，查克紧紧握住了蕾赫的手，蕾赫不想让他握住，悄悄溜出了查克的手掌心。焚尸炉的钢门打开了，蕾赫的阿姆被塞进去了，焚尸炉吞没了阿姆的头发、肌肤、微笑以及声音。最后，阿姆的整个身体化成了一个小陶罐。

正午时分，雨又下了起来。蕾赫离开爸爸吉的书房，走向前面的门廊，站在那里，拿着破旧的练习本。在堂皇的老房子的前廊，二十多年前，在索菲·摩尔到来的那一天，嬷嬷吉在这里演奏了一曲咏叹调。老房子台阶上的花砖，由于年代和雨水的缘故色彩已经变暗了。从公路到前廊，共有九级台阶，它的前廊很深，它的周围环绕着巴比悉心打造的花园，从小山包的顶部一直延伸到底部。

索菲·摩尔和玛格丽特·柯察玛的到来，让爱普一家，上上下下全都忙活了起来，嬷嬷吉拿起了她的小提琴。嬷嬷吉从未见过玛格丽特，而且一向瞧不起玛格丽特的出身，一个小店主的女儿。嬷嬷吉出身于富庶之家，出嫁之后，丈夫家境十分优裕，是整个山地的主人，属于信奉叙利亚基督教，会讲英语的上流阶层。不过，嬷嬷吉鄙视玛格丽特，不仅仅因为玛格丽特的无产阶级出身，更因为她与查克离了婚。自查克终止了爸爸吉对嬷嬷吉的殴打那一天起，嬷嬷吉就把查克看成了她在这世上的唯一所爱，在察觉到查克与腌制厂里的女员工放纵的关系后，她不但没有伤心失望，还特意在老房子的东端开了一个方便出入查克房间的门，以便能照顾到查克与玛格丽特离婚之后的那种男人的需要。查克的马克思主义的激情和封建主义的性冲动，并不使嬷嬷吉和巴比困扰，她们唯一挂虑的是纳萨尔分子，因为他们一向以迫使那些家庭出身好的男人娶被他们弄出了身孕的女仆著称。

查克领着女儿索菲和前妻玛格丽特爬上了阿耶门连祖屋的那九级台阶，就像是带着他最近赢来的一对网球奖杯。索菲一头红棕色的美丽长发，白沙子一般的白皙皮肤，穿着黄色喇叭裤，挎着英国制造的时髦手袋，手心里握着一枚可以带来好运的银色顶针，是一个一开始就被众人所爱的洁净的小女孩。嬷嬷吉演奏了一曲音调悦耳的咏叹调，“欢迎回家，我们的索菲·摩尔。”站在欢迎行列当中的蕾赫像是因加倍感受到了爱的冷落而转移了她的目光，看到了公路尽头的不远处，维鲁沙赤裸着上身，一个肩膀上扛着一卷绝缘电线，穿着印花的蓝黑色芒杜，正准备抄近路穿过橡胶林踏上公路，便立刻从人群当中溜了出去。

阿姆看到蕾赫跑了过去，看到维鲁沙不费吹灰之力将蕾赫抛举了起来，再由她坠落到他的手臂里。阿姆看到了蕾赫脸上欣喜若狂的神情，而且惊愕地发现突然而至的维鲁沙——她幼年时的这个玩伴，已从一个肌肉平平的男孩，长成了一个雄性体征轮廓鲜明的壮汉。维鲁沙高高的颧骨上露出了粲然一笑，那笑容使阿姆脑海里浮现出了作为一个小男孩时的维鲁沙的形象：维鲁沙用手掌心托着他为她做的那些小玩意儿，他的船，他的盒子，他的小小的风车。阿姆不禁想到：这个男人已从一个少年变成了一个壮实的男子汉，唯有那个不变的微笑，是它们二者之间的共同点。蓦然间，阿姆希望蕾赫昨天在游行队伍当中看到的那个人，就是维鲁沙；那个举着红旗愤怒挥动着手臂的男人，就是维鲁沙；那个以蓄积的活力和喷发的愤怒去反对她与之抵牾的这个体面的、命定的世界的男人，就是维鲁沙。

在橡胶树林的阴影里，维鲁沙用手高高托举起蕾赫，在偶然的一瞥之中，捕捉到了阿姆的注视，数个世纪顿时凝缩成了短暂易逝的一瞬，历史乱了脚步，在这一时刻，维鲁沙抬头见到了他过去从未见到过的事物，被历史的眼罩遮蔽的事物，极其稀松平常的事物——蕾赫的母亲是一个女人。他看到了阿姆身上不寻常的美，阿姆眼睛里放射出的光芒。他意识到，现在，他不一定仅仅是赠送礼物给她的人了，她也有礼物回赠给他。在这一刻，在与维鲁沙目光交会的刹那间，阿姆意识到了维鲁沙的意识。阿姆将目光移开了，维鲁沙也将目光移开。历史的魔鬼被送回他们身边，把他们重新拖回真实生活的所在。在其中，爱的戒律早已规定，谁可以被爱，以及如何去爱，爱到什么程度。

阿姆返回了前廊，心绪不宁地回到了欢迎行列之中。维鲁沙的目光回到了蕾赫身上，有些六神无主，把蕾赫放到了地上。蕾赫用手挠起维鲁沙的痒痒，嘴里念念叨叨，说她昨天看到他了。维鲁沙很惊讶，当即矢口否认，说自己正在床上生病，并为自己虚构了一个住在科钦失联已久的孪生兄弟优穆巴（Urumban），一面笑了起来。蕾赫不依不饶，说他在撒谎，她的的确确看到他了，他是共产党，举着红旗，穿着一件衬衫。

欢迎索菲·摩尔的仪式在继续着。厨娘高筑·玛莉亚高举着烘焙的蛋糕来了，满脸微笑面对着索菲，夸赞索菲漂亮，肤色像母亲一样白皙，是一个小天使，然后，抬起索菲的小手贴到自己的脸上，深深吸了一口气，弄得索菲莫名其妙。查克告诉女儿：厨娘这是在用她的方式行亲吻礼。查克的解释，令玛格丽特很惊诧，这种地方性的表示欢迎的“吻”，太不可思议了！男女之间彼此也那样嗅吻吗？

阿姆随机插了进来，粗话脱口而出，对于玛格丽特对这一“闻手”示爱的动作表现出来的浓厚“兴趣”冷讽热嘲了一句，惹得查克很不高兴，气氛顿时有些不自然。查克尽管没扇阿姆嘴巴，却用一种保护性的口吻强力捍卫前妻，坚持要求阿姆向他的“妻子”道歉。阿姆不但没有顺从，反而责问查克：咱们一定要表现得像某个刚刚被发现的偏远落后的该死的家族吗？之后，在不动声色的愤怒中，阿姆返回蓝色的“普利茅斯”那里，拿出她的行李箱，砰的一声撞上车门，走进她自己的房间，把她的执拗和惊诧留给了在场的每一个人。

阿姆的冥顽不灵与无所顾忌，在于在她成长的岁月里，没有人对她进行调教，也没给机会让她领教到正确待人接物的行为准则。阿姆所目睹到的，是爸爸吉佩戴着的丑陋的面具——在来访的客人面前，爸爸吉举止文雅，讨人欢喜，要是碰巧来宾是个白人，甚至会献媚。爸爸吉还会把钱款捐赠给孤儿院和麻风病院，极力把自己打造成一个富有经验、慷慨无私、品行端正的公众形象；但是，每当与妻小单独相处时，爸爸吉又变成了一个凶暴多疑、欺负弱小的暴君，还带有一丝邪恶的狡猾，使他的妻小凌受屈辱，同时又要因为拥有他这样一个令人羡慕的绝妙丈夫和父亲而被众亲戚朋友嫉妒。在这样的家庭环境中成长，阿姆没有继承嬷嬷吉的忍耐品质，在负屈衔冤中，漠视以强凌弱，养成了一种凌傲心态，固执任性而且不顾后果的癖性。

远处的橡胶林里，维鲁沙和蕾赫在一个完全排除了他人的世界里笑得正欢，维鲁沙一心想知道艾斯沙现在在哪儿，想找到艾斯沙，他们笑着，唱着，呼叫着艾斯沙。阿姆从房间里出来了，大声叫喊蕾赫回来吃蛋糕、睡午觉，维鲁沙离开了蕾赫。看到蕾赫孤零零地站在那里，巴比提醒了一句：必须终止同那个人过分亲密的行为。嬷嬷吉追问起来，“那个人”指的是谁？巴比气呼呼地对嬷嬷吉说道：你可爱的维鲁沙，除了他还有谁？嬷嬷吉立刻冲着虚空寻呼起维鲁沙，维鲁沙回应嬷嬷吉的呼唤，从橡树林里走了出来，之后，听从嬷嬷吉的吩咐，关闭了他刚刚修理好的洗涤器的阀门。

在阿耶门连老房子前廊，溺爱的微笑像聚光灯般停留在戴着帽子穿着喇叭裤的索菲·摩尔身上，没有人在意艾斯沙不在现场。蕾赫从厨娘端着的银盘里拿取蛋糕时，高筑·玛莉亚为了巴结站在查克和玛格丽特中间的索菲，对蕾赫说了一些尖酸刻薄外加威吓的话语，惹怒了蕾赫，当即放弃了吃那块“可恶”的蛋糕，充满愤怒地离开了前廊，气愤无奈地跑到水井旁，杀死了整整一堆蚂蚁。索菲追随了过来，端着蛋糕的高筑·玛莉亚带着一脸卑微讨好的微笑紧随她身后，索菲不动声色地看了看那些蚂蚁的残骸，建议蕾赫留下一只活的，蕾赫没有理睬，把蚂蚁全部杀光杀死之后，穿着她的黄色的泡泡纱连衣裙和与之搭配的已经弄脏的灯笼裤，戴着已经不搭调的红色塑胶太阳镜，跑走了。

此刻，是蕾赫回到阿耶门连第一个没有下雨的夜晚，蕾赫站在被巴比抛弃了的花园里，看着蹲在水塘里的那些矮小的动物，看着那些在滑溜溜的石头上跳来跳去的黄牛蛙，轻轻触碰了一只，那只小牛蛙抬了抬它的上眼睑，露出了它们所特有的用来湿润并保护眼球的第三眼睑，令蕾赫记起了当年有一次和艾斯沙以及索菲三人在一起时，用了一整天说的那个英语词汇“瞬膜[1]”。那是在索菲来到阿耶门连的一个星期之后。又过了一个星期，索菲·摩尔就死了。

那时，索菲的一切举动都在他们兄妹二人的审视之中。索菲告诉博学多闻的查克，尽管他是她真正的父亲，但她更爱乔——这让他们很高兴，这样，他们的代用父亲查克便能把剩下的那点爱分摊在他们身上了；索菲还拒绝了嬷嬷吉的恩典——每天晚上为嬷嬷吉扎老鼠尾巴似的细辫子和数身上的瘢痣，那原本是属于他们兄妹二人的特权；最重要的一点，索菲还断然拒绝了巴比的全部劝告与引诱，鄙视人们对她恭谨的爱。索菲的这些行为举止，使他们兄妹放松了对她持有的戒备之心。有一天，他们二人偷偷跑到河边玩完后回来，发现索菲正在巴比的花园高地上哭泣，显出了被孤立的痛苦，第二天，他们就和索菲玩到了一起，带她去了维鲁沙那里。

蕾赫离开了荒芜的花园，朝着阿耶门连寺庙方向的大路走了过去。走在轻风微拂的路上，蕾赫注意到早年的腌制厂的一扇金属网门已经脱落到了地上，有点挡路，她把它挪到了一边，继续往前走，一面目视着那些低矮的水泥腌菜缸在夜色中映出的影子——这是当年的“天堂果菜腌制厂”的遗物。

那天，当“欢迎回家，我们的索菲·摩尔”的演奏正在阿耶门连老房子前廊徐徐进行时，当厨娘向欢迎行列中的人群分发蛋糕时，“猫王的使者”艾斯沙推开了腌制厂的大门，走进了“天堂果菜腌制厂”又阴又潮的工作间，走过一个个巨大的水泥腌菜缸，寻找着一个可用来思考的地方。出于对那个卖橙汁和柠檬汁的男人的恐惧，他首先想到：那个卖橙汁和柠檬汁的男人随时会跑来；对任何人来说，什么事情都可能发生，最好有所准备；之后，他又想到了一只能划到河对岸的船，于是放声唱起了船歌。从午睡当中逃跑出来的蕾赫，撞开了腌制厂的大门，循声找到了正在高歌的艾斯沙，问他为什么要跑到这

---

1 瞬膜（Nictitating Membrane）：脊椎动物中的无尾两栖类、爬行类和鸟类所特有的一种半透明的眼睑，又称“第三眼睑”，从眼内角上、下眼睑内面的黏膜皱襞伸出，能向上方或斜向做运动，可以遮住角膜，借以湿润眼球，却又不影响视线，起到保护整个眼球的作用。

里来，他回答说，他在思考“印度是一个自由国家”这一问题，他要到河对岸的“历史之屋”去转转。

再没有人去过河对岸卡利·赛普的那栋房子，维鲁沙的父亲维里亚·巴本声称他是最后一个去过那里的人，还说那里常有鬼魂出没。那是两年前，维里亚·巴本对他们兄妹二人说的：他在那里遇到了卡利·赛普的鬼魂，用镰刀把那个鬼魂钉在了一棵橡胶树的树干上。

他们来到了米那夏尔河边，河这边的河水，他们再熟悉不过了。在这里，查克教会了他们游泳，他们享受到了在水中断断续续放屁的乐趣；维鲁沙教会了他们钓鱼，他们把蚯蚓穿在维鲁沙给他们做的鱼钩上，像渔民的孩子们一样，守候在那里，默默等待，学会了观察，学会了静静思考，然后像闪电一样，收起鱼竿。他们游起泳来像海豹一样，在查克的监视之下，他们曾无数次游过这条河，再气喘吁吁地返回来。

河对岸的“历史之屋”在一片沼泽地后面，被遗弃的荒芜了的橡胶园中。他们正想着过去时，在一大片芒果树下，发现了一只船，顿时兴奋不已，把那只又小又破的船放进了河里，划了起来。划着划着，那只小船开始下沉，上面的那些蜘蛛网、淤泥和青苔被清洗掉之后，他们这才发现：小船有漏水的地方。商量之后，他们顺着与河水平行的一条小路，把小船划到一小片清除了杂草的空地前，靠近上面的一间房屋，一间用泥巴和茅草搭成的小棚屋。

小棚屋的门是微开的，里面很黑暗。维里亚·巴本不在，维鲁沙不在，只有库塔奔瘫卧在一隅，像黑暗中一个闪光的怪物。他们像往常一样坐了下去，静静坐了一会儿，然后向库塔奔请教：修理小船上的漏缝是不是很困难的一件事。库塔奔说那要先看看漏缝的实情，于是，他们把那只小船抬了进来，让他看看该怎么办。库塔奔让他们先找到漏缝，再把漏缝堵上。之后，他们跑到后院，从维鲁沙的木匠工作台那里找来了几块木板，与恰巧回来看哥哥库塔奔的维鲁沙相遇在一起，维鲁沙快活地与他的两个小客人打过招呼，弄清了事情原委，笑了起来，绕着小船走了一圈。他们把发现小船的经过说给维鲁沙后，央求维鲁沙帮忙把小船修好，维鲁沙答应了他们，说得用一天时间。欣喜若狂的艾斯沙猛扑到维鲁沙身上，双腿缠绕到维鲁沙的腰上，快活地亲吻起维鲁沙。

随后，这只小船便成了他们游玩的重要器具，直至他们划着小船，划向了“历史之屋”。这只小船是蕾赫首先发现的，艾斯沙首先坐上去的，维鲁沙给修理好的。他们不知道，后来，这只小船成了他们阿姆晚上过河的工具，阿姆一次次偷坐着它登上河对岸，走进“历史之屋”，去爱那个她的孩子们白天所爱的男人。

在那个悲剧发生后，阿姆被锁在了卧室里，在索菲·摩尔死后的第四天，由于悲哀和疯狂，查克砸碎了卧室门，让阿姆和她的孩子滚出他的房子，他的工厂。一切都破碎了，原形毕露了。查克站在一堆碎片上，阴森森地逼视着他们，喝令他们收拾东西走人。在查克的狂怒之下，从未分离过的、根本不分彼此的艾斯沙和蕾赫被拆散了，从此，阿姆一家被迫离散，各奔东西。

在索菲·摩尔来到阿耶门连的当晚，查克把他原来的卧室腾给了女儿索菲和前妻玛格丽特，暂时睡到了爸爸吉的书房里。玛格丽特第一次遇到查克时，是牛津一家咖啡馆的女服务生。一天早晨，查克走进了那家咖啡馆，那是查克在牛津的最后一个夏天。查克个头很高，衣冠不整，衬衫皱巴巴的，还系错了纽扣，不过整个人身材很好，洋溢着一种魅力，给玛格丽特留下了难忘的印象。与玛格丽特相识之后，查克开始经常光临那家咖啡店，直至他们结婚。

玛格丽特是查克的第一个女性朋友，第一个人生伴侣，关于他的家庭，玛格丽特知之甚少。查克很少谈论他的家人，在牛津读书那些年里，他生活中发生了太多的事，阿耶门连离他太远了，他几乎忘记了他的家人。看到查克从来不会照料自己，玛格丽特将他戏称为“有趣而邋遢的豪猪”。结婚之后，由于他的惰性，玛格丽特外出工作时，他们的小公寓里经常被查克搞得一塌糊涂，经济的压力也随之而来，再加上查克的体型开始变胖，结婚不到一年，便失去了对玛格丽特的吸引力。后来，玛格丽特怀上了身孕，同时遇到了她哥哥的老校友乔。乔是一个生物学家，正在为一家小出版社修订第三版的《生物学词典》，具有查克所没有的沉稳、偿付能力、瘦健。女儿索菲出生后，玛格丽特为了自己和女儿的缘故，离开了查克，向查克提出了离婚请求。

查克黯然回到了印度，很容易就找到了工作，多年来一直在马德拉斯基督教大学里任教，直到爸爸吉去世之后，带着一颗破碎的心回到阿耶门连。玛格丽特定期写信给查克，告诉他有关索菲的消息，通过书信往来，他了解到前妻与乔在一起生活得很愉快，女儿深爱着继父乔的事实，令他既高兴又悲伤。索菲长到了可以上学的年龄后，玛格丽特在伦敦西南部的一所学校里找到了一份低年级教师的工作，一天，横祸从天而降，在学校办公室里，一个年轻的警察前来通知了她乔在车祸中意外丧生。

接到查克邀请她们到阿耶门连一起过圣诞节的来信后，玛格丽特说服了自己，因为对女儿来说，这趟印度之行是非常必要的，于是买了两张飞往科钦的机票。随后，为了这个决定，玛格丽特后悔终生。玛格丽特把阿耶门连那栋大房子客厅外面的四轮马车上躺着女儿尸体的照片始终带在身上，而且，永远都不会宽恕自己，是她，把索菲带到了阿耶门连，是她，在那个周末，和查克到科钦去取他们返回伦敦的机票，把索菲独自一人留在了家里。

那天早上大约 9 点钟的时候，嬷嬷吉和巴比得到了消息：找到了一具漂浮在河下游的白人孩子的尸体，在米那夏尔河接近回流开始变宽的地方。艾斯沙和蕾赫仍然下落不明。早上用早餐的时候，三个孩子没有一个到餐厅来喝他们的早餐牛奶，巴比和嬷嬷吉猜想他们可能到河边游泳去了，不由得有些担心，因为大雨已经连续下了两天，河水暴涨，会很危险。巴比派高筑·玛莉亚去找他们，然而，高筑·玛莉亚回来的时候，没能把孩子们带回来。

爱普家没有一个人能回想起他们最后见到三个孩子是在什么时候，即便如此，阿姆仍然被锁在她的卧室里，巴比掌控着钥匙，隔着门询问阿姆孩子们可能去了哪里。狂暴的阿姆，像一个被锁在中世纪家庭里的疯子，东拉西扯，语无伦次，直到她们周围的世界突然崩溃，索菲的尸体被带回阿耶门连的老房子，巴比打开了房门锁，阿姆才通过过滤她的暴怒，尝试着理清究竟发生了什么事。

前一天午后，那场毫无来由的倾盆大雨像是来自愤怒神灵的一种警告，暴风雨中，维里亚·巴本浑身淋得透湿，摇摇摆摆，一只眼睛里充着血，看上去好像喝多了，在爱普家厨房门口下面站了有十几分钟，高筑·玛莉亚看到他后，试图把他赶走，他不肯走，坚持要见嬷嬷吉，坚持要把“实情”报告给嬷嬷吉。

嬷嬷吉来到了厨房，维里亚·巴本爬上爱普家厨房的台阶，把他的义眼摘了下来，要嬷嬷吉收回，说自己不配戴。嬷嬷吉不知所以，触碰到了那个假眼，听到高筑·玛莉亚说那是一颗玻璃眼球时，嬷嬷吉恼火了，愤怒地斥责着维里亚·巴本，摸索着走向水池，去冲洗她那只被“帕拉凡”弄脏的手。

一声炸雷掠过屋顶，如注的大雨中，维里亚·巴本爬到了“可接触”者厨房的门边，冷静下来后，戴上了他的义眼，颤颤巍巍地说了起来。他首先回顾了嬷嬷吉和她的家庭一代又一代对他们所施的恩，让他们得以在主人的土地上搭盖了他们的茅屋草舍，感谢嬷嬷吉为他的义眼出资，还让维鲁沙接受了教育，给了维鲁沙一份工作……接着，他开始哭泣，哆哆嗦嗦地向嬷嬷吉报告了他看到的事：一夜又一夜，月光下，阿姆与维鲁沙肌肤相贴在一起，划着小船，渡过河，去了卡利·赛普的房子。他说，那个白人的鬼魂已经附在了他们身上，卡利·赛普在向他复仇，为了他把他的鬼魂钉在了橡胶树上，他亲眼看到那只船，就拴在河边石头台阶旁边的一棵树桩上，由那里一直通向那个荒芜了的橡胶园。其他人也看到过他们，整个村庄的人都知道了。

那一天的雨下得特别大，虽然是 12 月的雨，却像是 6 月天的滂沱大雨。巴比闻声来到了厨房，听到了激动的喊叫，注意到失明的嬷嬷吉狂怒不已，维里亚·巴本倒在烂泥里，浑身湿透，哭泣着，在地上爬滚，请求让他杀死他的儿子，将他的儿子碎尸万段。在一片喧哗声中，高筑·玛莉亚向巴比转述了维里亚·巴本讲述的故事。巴比张开她有力的手臂，抱住失去了控制的嬷嬷吉，平静地做出了判断：维里亚·巴本不会拿这种事撒谎的。结果，她们做了她们应该做的事。嬷嬷吉表现出了激怒，巴比拿出了主意，高筑·玛莉亚充当了小小的随从。在她们判决维鲁沙之前，阿姆被锁在了她的房间里，钥匙掌握在巴比手里。她们决定，在查克回来之前，他们要让维鲁沙离开阿耶门连。岂料，整个事态失去了控制，当查克和玛格丽特从科钦回来的时候，一切都已经太迟了，打鱼人发现了索菲的尸体。

在“戈德亚姆警察所”，巴比被领引到官员办公室，巴比告诉警官托马斯·马修，阿耶门连“天堂果菜腌制厂”的员工维鲁沙突然被解雇的原因：一个“帕拉凡”，几天前曾试图强奸她的侄女，一个带着两个孩子离了婚的年轻女人。巴比歪曲了维鲁沙和阿姆的关系，不是为了阿姆，而是要在警官面前遮掩丑闻，维护爱普家族的荣誉。后来，事情的真实版本传到警官耳中：那个“帕拉凡”从“可接触的王国”所享受到的不是强迫来的，而是被给予的，这时，他意识到自己已经涉案很深，所以在索菲的葬礼过后，阿姆带着她的一对儿女来见他时，他预谋了对阿姆的羞辱和恫吓。

不过当年警官托马斯·马修对巴比的态度非常谦恭，彬彬有礼地听完了巴比那些真真假假的故事，记录下了她的“首份信息报告”，作为她的指控。在最后巴比还额外提到了那次在科钦的路上看到了在游行队伍中的维鲁沙，以及有关维鲁沙是纳萨尔份子的传闻。警官用戈德亚姆一带所用的粗糙的马拉亚拉姆语向巴比保证，警察所会与她全力合作的，当天就可以把那个流氓抓捕归案，一个“帕拉凡”，将会受到历史的追捕——他很清楚没有多少可以供维鲁沙躲藏的地方。

警官托马斯·马修是一个审慎的人，在行动之前，为了避免与马克思主义者的邦政府当局发生冲突，首先采取了一项防范措施，派人把皮莱“同志”接到了警察所，以便弄清楚，那个“帕拉凡”是否有政治上的背景和支持力量，这一点，对他来说至关重要。他让皮莱“同志”看了警察报案书后，皮莱“同志”告诉他，他认识维鲁沙，却没有说出维鲁沙是一名持有党证的共产党员，也没有说出昨天夜晚维鲁沙曾经到他家里找过他，意图寻求他的帮助一事。皮莱“同志”很清楚巴比的那份报案书上的指控不实，却没有提出任何质疑和驳斥，还向警官暗示，尽管他与维鲁沙有联系，但是共产党不会在这件事情上庇护或支持维鲁沙，这仅仅是他个人的行为。在皮莱“同志”离开后，警官立刻向他的下属发出了追捕令。

巴比返回阿耶门连时，看到“普利茅斯”停在车道上。查克和玛格丽特从科钦回来了，索菲·摩尔躺在四轮马车的躺椅上。玛格丽特看到女儿的尸体时，震颤得不知所以，哭干了眼泪。在后来的日子里，玛格丽特的记忆有些模糊不清，只朦胧记得在黄色教堂里举行的葬礼，却从未忘记她当年对那两个小孩子的非理性的愤怒。玛格丽特不可理喻地将索菲死亡的责任全部归咎在了艾斯沙一个人的头上。丧女之痛，盘绕在她心里，像一个愤怒的弹簧，她什么话也没说，但在返回英国之前的那几天，只要能够，她就要狠狠揍上艾斯沙一顿，直到被人发现拉开。过了一些时日之后，她写了一封信给阿姆表示道歉，这时，艾斯沙早已离开了阿耶门连。

在丧失女儿的痛苦中，查克扔掉了他的梦幻，做"腌制大王"的梦想，参加人民战争的梦想，和他制作的飞机模型。在"天堂果菜腌制厂"倒闭之后，一部分稻田被卖掉后，还了债务贷款，更多的稻田被卖掉后，用来支付家庭的日常开销。到查克移居加拿大的时候，家庭的唯一收入就只有毗邻老房子的一片橡胶林和院子里不多的几棵椰子树了。在那之后，只有巴比和高筑・玛莉亚继续生活在老房子里，其他的人不是死了，就是走了，或者被送了回去。

在悲剧发生之前，到戈德亚姆去修理罐头生产机器的维鲁沙乘坐最后一班车刚一回到阿耶门连，就被告知嬷嬷吉要见他，他全然不知发生了什么事。一见到维鲁沙，嬷嬷吉在巴比的帮助下，把无穷的愤怒劈头盖脸地发泄到维鲁沙的身上，最后，咆哮着让他滚蛋，还扬言要杀死他。之后，维鲁沙不得不去"幸运印刷社"皮莱"同志"那里求救，雨水冲刷着他脸上嬷嬷吉所吐的唾沫，他努力敲开了皮莱"同志"家的家门。皮莱"同志"听过站在门口被解雇的维鲁沙一遍又一遍的喋喋陈述之后，通过门缝对维鲁沙说道：党不会成为一个工人私生活中不检点的援助人。这最终的背叛，使维鲁沙在黑暗和暴雨中逆水游过了河去，恰好赶上了历史代为安排的他与一对孪生兄妹的一次会面。

站在雨水当中的维鲁沙突然感到有些瞌睡，他想，等明天，等明天雨停了。双脚把维鲁沙带到了河边，这时已是午夜过后，米那夏尔河的河水上涨，水流湍急。维鲁沙把白色芒杜缠裹到脑门上，赤裸着身体，走下十三级台阶，只用了几分钟就逆水游过了那条河，到了对岸，踏上了那条经由沼泽通往"历史之屋"的小路，像一只狼一样孤独，除了脚上那涂着红色脚指甲油的脚趾之外，全身赤裸。

在悲剧发生的前一天下午，雨早早地就下起来了。被锁住在老房子里的阿姆隐藏的野性爆发了，像疯子一样，在卧室里歇斯底里地叫喊着，撞击着。当艾斯沙和蕾赫来到她的卧室前，询问她为什么被锁在里面时，她无心地、并非表达真意地尖声叫喊着说出：全是因为你们，你们一生下来，我就应该把你们丢进孤儿院里，你们是坠在我脖子上的磨石！阿姆的这一番话把他们兄妹压倒了，备感伤心与恐惧，他们要远离阿耶门连老房子，因为他们感到阿姆已经不再爱他们了。

索菲・摩尔知道了他们兄妹的离家计划，说服了他们，要和他们二人一起去，使他们深信：只有在所有孩子都不在家的情况下，才会加重大人们的自责。他们要让大人们找遍每一个地方，直到确信他们三个全都死了，他们再凯旋，在大人们焦虑万分的等待和绝望中，光荣返家。之后，他们才会比先前更被大人们重视、更被大人们疼爱、更被大人们需要。于是，当天黑夜里，他们和索菲三个人站到了米那夏尔河岸边。他们把那只隐藏在灌木丛中的旧船抬放到河里，找出维鲁沙做的桨。小船上装着两个星期以来他们储存在上面的一些必需物品：火柴、马铃薯、一只破旧的平锅、一只充气鹅、短裤、圆珠笔，以及纽扣眼松开来的玩具树袋熊。他们让索菲上了小船，索菲胸前的挎包里装着从冰箱里偷来的食物：面包、饼干、蛋糕。随后，富于同情心的艾斯沙对蕾赫和索菲说：如果阿姆找到我们，只要阿姆求我们，我们就回去。

他们的小船摇摇晃晃地划向米那夏尔河水较深处之后，开始斜斜地往上游划去，逆流而上，这一点，是维鲁沙教会他们的。黑暗之中，他们划过了深水区，然而，就在离对岸只有数码远的时候，他们和一根漂流的浮木相撞在一起，船被撞翻了。他们设法朝河岸游去，周围什么也看不见，小船也不见了。浑身泥泞的蕾赫爬上了岸，然后伸出一只手帮助艾斯沙从水里爬了上来。索菲没能跟上他们。他们沿着河岸上上下下地跑着寻找索菲。蕾赫对着奔腾的河水不住地小声呼唤，然而，没有人应答。蕾赫的心上，爸爸吉的蛾子“啪”的一声张开了它的微暗的翅膀，举起冰冷的脚。他们呼叫着索菲，沿着河岸跑着，但是始终不见索菲的人影。

到了清晨 4 点，天仍然黑乎乎的，已体力耗尽的他们兄妹二人悲痛得几乎要神经错乱，全身污泥，走过沼泽，走向了“历史之屋”。他们卧躺到那昏暗走廊一隅的一张草席上，一只充气鹅和一只玩具树袋熊伴随着他们，他们成了一对沮丧的小精灵。蕾赫疑惑不安：索菲现在是不是已经死了？艾斯沙没有做出解答。接下来会发生什么？艾斯沙的回答是：他们将进监狱。这时，他们一点都没注意到，另外的一个人也在那个昏暗走廊的另一隅进入了梦乡，像一只孤独的狼，黑色的脊背上，有一片能使雨季准时到来的淡褐色的叶子。

在阿耶门连老房子客厅的地板上，高筑・玛莉亚躺卧在那里睡着了，电视机还在继续播放着节目。巴比坐在她的房间里的床上，拿起了箱子里的日记本，每天，她都要将所发生的事情统统记录在案，这些记载事项的开场白始终如一，永远是同样的一句话：我爱你，我爱你。巴比钟爱一生的穆里冈神父已在 4 年前因传染性肝炎死在了北方一个印度教徒的修道院里。多年来对印度教经文的研究，最终导致穆里冈神父改变了信仰，15 年前皈依了毗湿奴教。穆里冈神父同爱情至上的巴比一直保持着联系，即便在成为一个印度教徒之后，每年的元旦，都会寄来明信片。穆里冈神父的死亡，并没能撼动巴比日记上的开场白，一年又一年，在一篇篇日记里，她都会原封不动地写上：我爱你，我爱你——以穆里冈神父生前不曾有过的方式拥有着他，至少关于他的记忆是属于她的。巴比合上了日记本，躺到枕头上，等待着能听到蕾赫和艾斯沙从房间里走出来的声音，在外面的雨声和电视的嘈杂声中，琢磨着他们在黑暗中坐了这么久，他们在干些什么？

此刻，蕾赫睡在艾斯沙床上已经很久了，却没有入睡，也没有交谈。艾斯沙笔直地坐在床头，看着他妹妹的嘴唇想：这是阿姆的嘴唇。他们美丽母亲的嘴唇。这时，一个责天怨地的声音在他的耳边响起来了。那声音附带着火车声，是头等车，开往马德拉斯的邮车。在科钦火车站站台上，阿姆双手举着趴在车窗上的蕾赫，强忍着哭泣与艾斯沙告别，在他们周围，是熙熙攘攘的人群。那是他最后一次见到阿姆。带他坐火车走的库里因・马什先生（Mr. Kurien Maathen）是家里的一个熟人，碰巧去那边办事；嬷嬷吉认为没有必要给阿姆买张车票去送他，而且，阿姆自己也有很多事，自己也要离开阿耶门连，去开始一种新生活，靠她自己的能力来养活她的孩子们。爱普家已经做出了决定，这一对孪生兄妹必须分开，他们在一起就会惹出麻烦，只能有一个继续留在阿耶门连。在收拾他的小行李箱时，阿姆自言自语说：或许他们是对的，或许一个男孩子确实需要一个爸爸。于是，他孤独地离开了阿耶门连。

尽人皆知。报纸上刊登了索菲・摩尔死亡的新闻——警察“突然遇到”了一个被控对诱拐、杀人负有责任的“帕拉凡”。所有有关索菲・摩尔死亡的官方的版本，都刊登在了报纸上。这时，一队“可接触”的警察渡过了米那夏尔河，一共六个国家的仆人，戈德亚姆警察，奉命去搜捕维鲁沙。

那六个警察在阵雨中缓缓地行进着。其中一个负担过重的衣袋里，手铐叮当叮当地响。在灌木丛中，他们寻找出一条路，经过沼泽，穿过橡胶树林后，是一片清除了杂草的绿色空地，那里有一栋房子——“历史之屋”。门是锁着的，窗户却是打开的。那六个战战兢兢的警察，发现了目标：睡在走廊一隅的蕾赫和艾斯沙，和睡在走廊另外一隅（像一只狼一样孤单）涂着血红色脚指甲油的木匠维鲁沙。熟睡当中，他们双方谁也不知道对方的存在。

那些警察用靴子踢醒了维鲁沙，打碎了他的膝盖骨，惨叫声惊醒了艾斯沙和蕾赫，在恐惧当中，他们不清楚挨打的男人是不是维鲁沙，那个黑人为什么挨打，以及警察为什么把他带到这里？他们听到木头打在肉体上的撞击声，那个男性黑人的头盖骨破了三处，鼻子和颧骨被打烂了，打断的四根肋骨扎进了肺部，血从嘴里流出来，腹部有一个冒血眼，脊椎骨伤了两处，右手臂瘫痪了，而且膀胱和直肠也受了伤害，两个膝盖骨全都被踩碎了。那些警察还未罢休，他们又抬起他那涂着血红色脚指甲油的脚趾要弄了一番，之后，一个警察用警棍挑起了他的阴茎，然后朝着那里一靴子踩踏下去，“啪嚓”一声，踩碎之后，掏出了手铐，把他的双臂反拷到背后，又是“咔嗒”一声，他的双手正好落在他那一片“幸运的叶子”下面。

“那不是他。”蕾赫对艾斯沙耳语，努力想说服自己，那是维鲁沙的孪生兄弟优穆巴，从科钦来的。不情愿借虚构欺骗自己的艾斯沙什么也没有说。这时，一位“可接触”的警察朝着惶恐不安的他们走了过来，问他们还好吧？那个男人伤害他们了吗？让他们不要担心，现在同警察在一起，他们是安全的。那位“可接触”的警察四处看看，看见了草席、水壶、平底锅、充气鹅和玩具树袋熊。那些警察们彼此互相看了看。他们知道了什么是他们该做的。他们把玩具树袋熊留给了他们的孩子，还有圆珠笔和短袜；用香烟烧破了充气鹅，让它变成了碎片。过了一会儿，他们带着他们兄妹二人和一个“微物之神”离开了，口袋里塞满了玩具。“微物之神”无法行走，所以他们拖拉着他。

在警察所，警官托马斯·马修让一个手下把两筒带吸管的可口可乐送到满身泥泞的艾斯沙和蕾赫面前，派了一辆吉普车接来了巴比·柯察玛。通过盘问和观察，警官已经意识到他们犯了一个可怕的错误，维鲁沙并没有绑架爱普家的孩子们。在巴比到达之前，他让人把孪生兄妹带到了另外一个房间，没有让他们与巴比碰面。见到巴比之后，警官十分确切地告诉巴比：什么事也没发生，一切都很正常；说话的眼神和声音都很冷淡。

巴比立刻意识到：这一次，自己是在和一位与先前有别的警官打交道。警官向巴比表明，戈德亚姆警察所已经在她的“首份信息报告”的基础上采取了行动，那个“帕拉凡”已经被抓捕了，不幸的是在被抓捕中受了重伤，很可能活不过今天晚上。问题是，现在两个孩子说他们完全是自作主张离家出走的，他们的船被打翻了，那个英国小孩意外被淹死了。这使他们警察的处境相当不妙——尽管那个要死的被拘捕者是一个“帕拉凡”，但是，依照法律，从原则上讲，他是一个无罪的人。警察们将要承担令人厌恶的责任，麻烦大了。

巴比心虚了，暗示是不是以“强奸未遂”来指控？警官用充满敌意的声音提醒她：这一罪名必须由当事人来指控才行。巴比畏怯了。警官给了巴比一杯水，然后逼视着巴比说道：事情非常简单。或者，强奸受害人必须提出诉讼；或者，孩子必须证明那个“帕拉凡”诱拐了他们；或者，警察必须指控她捏造事实诬陷，报案书中关于犯罪人的犯罪行为是她蓄意编造出来的。

巴比决定与两个孩子谈谈，要求给她几分钟时间。警官离开办公室之后，巴比一直在默默祈祷。办公室的门打开了，满身泥污的孪生兄妹二人被带了进来，看到巴比后，他们的神志突然清醒过来了，那只背部簇毛出奇浓密的冰冷之蛾子，悄悄栖到他们的心上，张开了翅膀。他们暗暗寻思：她为什么来了？阿姆在哪里？她还被锁着吗？

巴比目光严厉地盯视着他们二人，逼问他们到底是怎么回事。他们开始讲述：他们发现了一只小破船，让维鲁沙帮他们修理好了，他们把从家里弄到的一些东西运过河去，只是为了玩。巴比开始咄咄逼人：玩？你们小表姐的尸体正横躺在客厅里，她的母亲不停地哭泣。这样的事情，就是你们所说的玩？这时，在警官的办公室里，爸爸吉的蛾子活动了起来。当他们二人听到“上帝也不会原谅你们，知道不？”的问讯后，他们点了点头。巴比乘胜进军，甩出极其残忍一句话：你们是杀人凶手！然后，继续威压引诱，最后，又为他们找出了一个摆脱困境的办法，示意他们：如果他们二人不想进监狱，如果他们想把他们的阿姆从耻辱和灾难中解救出来，就得对他们所做的事有所准备；而且，事情也很简单，只要付出“小小的代价”，只要对警察所提出的问题回答“是”就行了。不过，到底怎么做，要由他们自己决定：是想救阿姆还是想把阿姆送进监狱？他们兄妹二人几乎同时选择了“救阿姆”。

巴比眉开眼笑地打开了办公室的房门，找到了警官，告诉他，两个孩子会跟他去指证的。警官认为没有必要两个都去，然后选择了艾斯沙，把蕾赫和巴比留在了警官办公室。矮小的艾斯沙在身材高大的警察伴随下，走向“戈德亚姆警察所”的深处，打开锁着的房间，里面一片漆黑，艾斯沙什么也看不见，但是能听到刺耳的艰难喘息声，里面的屎尿的气味令他恶心欲吐。有人打开了电源开关，维鲁沙出现在满是污垢的地面上，血从脑顶上流下来，脸肿胀得吓人，身体下面，漫延着一摊尿液。一个警察用皮靴子踢戳向维鲁沙，没有回应。警官蹲了下去，用他的吉普车钥匙划了划维鲁沙的脚底，一双肿胀的眼睛睁开了，朝四处看看，然后目光透过一层血膜集中在一个心爱的孩子身上。对警官问的问题，艾斯沙回答了一声“是”。有人关闭了电源开关，维鲁沙消失了。

在乘坐警车返回家中的路上，巴比下车去医药商店买来了一些镇静药片，之后，分给他们兄妹二人每人两片。吃下药片之后，他们一直到第二天早晨才被阿姆摇醒。这时，一切都已经于事无补了，颇有经验的警官托马斯·马修说得一点没错，维鲁沙没能活过那天晚上。索菲·摩尔的葬礼过后，阿姆带着他们兄妹二人再次来到戈德亚姆警察所，这时，维鲁沙的尸体早已不在了，被埋在了乱坟岗。

阿姆的行动把巴比吓坏了。巴比原以为阿姆知道事情的真相后，无论如何都不会去戳穿谎言公开她与维鲁沙的关系，彻底毁了她自己和她的孩子的。阿姆的反击令震惊的巴比迷茫失措，事情没有了根基，失去了法律依据，即便警官已成为她的盟友，但这样的同盟关系能持续多久？倘若警官改变态度？倘若案子继续审理？看来，这是有可能的——在外面，皮莱“同志”已组织工人包围了“天堂果菜腌制厂”，正在不断地高呼口号，阻止员工们进厂劳动。用来制作酱菜的大量原料，正在慢慢腐烂。

巴比很快意识到：必须尽快把阿姆逐出阿耶门连。结果，在巴比火上浇油的不断煽动下，查克悲哀和疯狂的头脑更加疯狂了，巴比的主意变成了查克的主意，查克砸烂了阿姆的房门。在巴比的安排下，艾斯沙被送回到他父亲身边。

在科钦火车站，艾斯沙孤独地坐在那个靠窗口的座位上，装着番茄三明治的午餐盒放在他面前可折叠的小桌上。没有任何警告，火车就开始移动了，非常缓慢。当阿姆抓着他的手沿着月台走动时，他的手指甲戳进阿姆的手心里。开往马德拉斯的邮车加快了速度，艾斯沙大声叫喊着“阿姆！”最后，随车小跑着的阿姆，不得不放开了他的手，他的声音淹没在了火车的呼啸声中。在月台上，蕾赫快步走着，不停地尖叫。火车远去了。

二十三年后的这天雨夜，黑暗中的成年女性蕾赫转向了同样在黑暗中的艾斯沙，低声地叫唤着艾斯沙本·雅科。现在，他们成了陌生人，而他们的生命，在他们出世之前就彼此非常熟悉了。蕾赫想对艾斯沙说上些什么，然而，他们又能说上些什么呢？他们只有眼泪，只有寂静和空空荡荡，只有在长期分离之后的紧紧拥抱。在这个夜晚，他们分享的不是幸福，而是骇人听闻的深重灾难。

作者生平与创作生涯

阿兰达蒂·洛伊于1961年11月24日出生在印度东北部梅加拉亚邦（Meghalaya）的首府西隆（Shillong），年幼时父母离异，她随重视教育的母亲回到喀拉拉邦娘家，在母亲创办的基督圣体堂小学开始接受正规的英语教育。1977年，只身前往新德里，居住在第五城堡[1]地区临时居住地的一间小屋里，以贩卖空酒瓶维持生计，攒够学费后，进入德里建筑规划学院学习。1981年，与著名建筑师热拉尔·达·库尼亚（Gerard Da Cunha）结婚后，放弃了学业，前往印度西海岸果阿生活，1984年离婚后，返回新德里，陆续做过各种工作，之后，在国家城市事务研究所谋得一职。

不久，与印度电影导演裴迪普·基逊（Pradip Krishen，1949—　）相识并结了婚，转而从事电影和电视剧本的创作，创作了电视剧本《安尼如此付出》（In Which Annie Gives It Those Ones，1988），电影剧本《电子月亮》（Electric Moon，1992）等。

随后，她开始转向小说创作，1996年5月完成了长篇小说《微物之神》（The God of Small Things）的创作。在这部充满张力和想象力的作品中，用全知视角，以南印度喀拉拉邦的阿耶门连为场景，以一对异卵孪生兄妹艾斯沙（Estha）和蕾赫（Rahel）重返故乡祖屋为叙事主轴，讲述了当地一个与前殖民政府颇具渊源的家族在政治、宗教、阶级、性别冲突下的种种遭遇。在波澜无惊的描绘中，展示了现代印度的风土人情、文化习俗、民族的劣根性，触及了影响着印度人民生活的前英国殖民统治、戒律森严的种姓制度、国家的执法当局、共产主义运动和女性地位等社会问题，对人类心灵最隐秘处给予了细致入微的探索和烛照，充满了无奈、神秘和哀伤。

这部作品1997年4月在新德里出版后，她一夜成名，当年，获得了美国国家图书奖；又因其展现了超凡的语言创造能力，所描述的故事主旨，不仅是地域性的更是普及性的，是死亡与爱，也是谎言与法律，问鼎了第29届英语文学界最有影响力的布克奖，成为有史以来第一位获此殊荣的印度本土作家及印裔女作家，引起了世界文坛的注意。

1 第五城堡（Feroz Shah Kotla）：历史上先后建立过八个德里城，新德里是第八个，旧德里是第七个；第五城堡，即费洛斯沙（Ferozabad）古城旧址，由14世纪的费洛斯·沙·杜格拉国王（Emperor Firoz Shah Tughlaq，1351—1388）下令建造，如今已残败不堪，只剩几座土坯了。

获奖之后，阿兰达蒂·洛伊继续将主要精力用于笔耕，表达对弱势族群的关怀，不断挑战印度社会对女性贞节和名誉的非人道限制，同时，积极投身于对社会公共生活、政治霸权的批判当中，成了以“非暴力主义”为宗旨的社会活动家，去了印度很多地方，与破坏国土、家园及文化的行为做着不懈的斗争。其中最受瞩目的，是她以实际行动参与了针对印度中西部大型水坝兴建计划和印度当局在拉贾斯坦邦（Rajasthan）试射核弹的抗争行动。

1999 年，她出版了时事评论集《活着的代价》（The Cost of Living），批判国家神话、种族中心主义这尊“大神”，批评了印度核试验、政府计划在中西部兴建巨型水坝和大企业私有化等问题，并以实际行动参与了“纳马达反水坝组织”，给予第三世界国家的“反水坝运动”很大的启示与鼓舞。2002 年 3 月，她被指控聚众包围法院意图以暴力滋事，并因公然藐视新德里的最高法庭而被强制服刑一天，并支付了 2000 卢比罚款。即便如此，她仍未因而停歇。

她所树立的“文学行动主义”的意志与风格，不仅使她获得了一些民间与政府的文化奖项，还赢得了国际人权组织、反战团体和国际左翼知识分子的高度敬重。2002 年，她获得英国兰南基金会颁发的文化自由奖；2004 年，获得澳大利亚悉尼和平奖；2005 年，获得印度文学院颁发的印度国内最负声望的文学奖——印度文学促进会奖。

获奖之后，她出版的非小说作品还有：《权力政治》（Power Politics，2001）、《无穷正义的代数学》（The Algebra of Infinite Justice，2001）、《战争絮语》（War Talk，2003）、《一个普通人前往帝国的指南》（The Ordinary Person's Guide to Empire，2004）、《帝国时代的公共权力》（Public Power in the Age of Empire，2004）、《野兽的形状》（The Shape of the Beast，2008）、《倾听蝗虫：关于民主的田野札记》（Listening to Grasshoppers: Field Notes on Democracy，2009）、《破碎的共和国》（Broken Republic，2011）、《和同志们同步》（Walking with the Comrades，2011）、《绞杀阿夫扎尔古鲁》（The Hanging of Afzal Guru，2013）、《资本主义：一个幽灵的故事》（Capitalism: A Ghost Story，2014）等。当今，阿兰达蒂·洛伊生活在新德里，继续着她的写作生涯。

主要参考资料：

The God of Small Things, by Arundhati Roy, Publisher: Flamingo, 2003.

《世界文学》（双月刊），1997-4。

1998年｜第30届

032 阿姆斯特丹［英］伊恩·麦克尤恩
Amsterdam by Ian McEwan

◎ 原著共 5 章，20 节，从绝代佳人莫莉·莱恩（Molly Lane）的葬礼开始，以她的两个情人——报社主编弗农·哈利戴（Vernon Halliday）和作曲家克莱夫·林利（Clive Linley）毙命告终，讲述了一个具有纪实品质的故事。

英文原版封面

伊恩·麦克尤恩
（Ian McEwan，1948—　）

伊恩·麦克尤恩是当今英国文坛最具影响力的作家之一，以“黑色喜剧”风格著称。

有评论认为，其作品兼具文学深度与阅读张力，布局巧妙，散文般行云流水的文字间，却能营造出引人入胜的悬疑感，在曲折的故事和笔法精准又密实的文字底下暗藏危机，颇具震撼力地表现出人性对人的主宰力量，以及人性中残忍、易堕落的幽微世界。

《阿姆斯特丹》（Amsterdam）甫一出版，立刻受到了读者和评论界的青睐。之后，因其**以杰出的技巧，以及对当代英国的道德与公众生活的深刻洞察**，问鼎了第 30 届英语文学界最有影响力的布克奖。

逝者莫莉·莱恩（Molly Lane）以前的两个情人弗农和克莱夫站在火葬场小教堂外面的花园里等候着，背对着二月的寒气。该说的，他们以前都说过了，可他们还是又说了一遍：可怜的莫莉，一直都不知道是什么击中了她，当她知道的时候，已经太晚了。

事情是这样的：一天，莫莉从多切斯特的烧烤店（Dorchester Grill）出来，抬手叫出租车时手臂感觉有点刺痛，随后，伴随着那一直没有消失的刺痛感，她惯常的那种幽默的谈吐和锐利的词锋，也迅速离她而去，没过几个星期，她就已经弄不准一些事物的名称了，甚至连常用词汇也不大能记得了。

看到莫莉的丈夫乔治·莱恩（George Lane）从小教堂里走出来的身影，他们两个退到了杂草丛生的砾石小径上，漫步到修剪成椭圆形的玫瑰花坛那里，牌子上写着："追思园"（The Garden of Remembrance）。周围被踩踏得一塌糊涂的草坪上遍布着被踩扁了的烟头，来宾们就是在这里等待着前一拨去与莫莉告别的人离场的。

在伦敦社交圈里，莫莉是一位才华横溢的美女，有不少情人，不少风流韵事。莫莉曾经是一位报刊美食专栏作家，才华横溢的摄影师，意气风发的园艺爱好者，曾经得到过外交大臣约翰·朱利安·加莫尼（John Julian Garmony）的垂爱。在46岁时，做起侧身翻来还非常漂亮；然而，这位充满了生命活力的才女，在突然降临的病魔面前，在生命终结之前，却完全丧失了意识，只能在她最厌恶的状态下，度过病后的短暂余生。由于疾病的困扰，全无体面可言，死得甚为屈辱凄惨，可怜与无奈。

莫莉的葬礼，使她平时从不受人重视的丈夫乔治·莱恩高贵了起来，因其所扮演的悲伤的鳏夫角色，享有了一种罕见的尊严。乔治是一位既可悲又富有的出版商，很清楚自己与莫莉的婚姻是怎么一回事。他对莫莉百般宠爱，却从未获得过莫莉的芳心，然而，莫莉却出乎所有人的意料，嫁给了他。嫁给了他之后，莫莉依然故我，我行我素，全然不受礼俗拘束。他对莫莉的所作所为无能为力；但是，最终，他却成了莫莉最后生命的掌控者，对此，他颇为得意，沾沾自喜，为了莫莉今天的这一告别仪式，简直费尽了心思。

在莫莉生前不同时期的情人当中，三位最重要者，全都过来为她送行了。分别是：著名的作曲家克莱夫·林利、《审判官》（The Judge）报社主编弗农·哈利戴、外交大臣约翰·朱利安·加莫尼。其中，弗农和克莱夫在莫莉和乔治结婚之后，依然是莫莉家的常客；不过在莫莉去世之前，正式占据莫莉情人位置的却是外交大臣加莫尼。

弗农和克莱夫两人谁都无法想象，他们那位漂亮高雅、浑身散发着魅力的情人竟然与那位右翼保守的外交大臣有瓜葛，而且，他们谁也弄不明白，为什么自己的情人会嫁给富有却庸俗的乔治。他们二人打心眼里鄙视莫莉的丈夫乔治和政客加莫尼。在他们看来：像所有的巨富们一样，乔治为人阴郁冷酷，且索求无度；既急于求得他人的喜欢，又不能将友谊视作理所应当，却在莫莉脑死亡的时候最终掌控了她；还有，乔治对莫莉的男女私情一向束手无策，可到了最后，莫莉还是完完全全地属于了乔治。至于货色平庸的政治家加莫尼，在他们看来，此人做内政大臣时的表现就糟糕透顶，到了外交部，更是变本加厉，凭借着贩卖排外和制裁的短见薄识，在政治市场上赢得了一席之地，眼下风头正旺，意欲竞选首相。在对时政的看法上，他们也与这位外交大臣的政见完全相左，与右翼政党的政策相比，他们更趋向于同情自由主义者。在对加莫尼的评价上，弗农更加简单明了：高级的杂种，床上的淫棍。

弗农和克莱夫两人走到了备受践踏的草坪尽头，掉头往回走，继续他们的交谈。他们对莫莉临死前遭遇的疾病与在他人的怜悯下做无望的挣扎的屈辱感到恐慌。他们相信，莫莉宁肯自杀也不愿意落得如此下场。莫莉逝前发病十分突然，之后，相当无奈，接踵而至的是神志越来越不清，随着病情持续急剧恶化，整个人迅速屈尊到脑死亡的痴呆中，失去了对自己身体功能的控制，成了乔治的病室囚徒。为了不给莫莉任何一个情人得以接近她的机会，乔治拒绝把莫莉送到疗养院去，而是亲自照顾莫莉。原本风姿绰约、充满机智的莫莉，彻底丧失了往日的高贵与尊严，成了媒体报刊闲谈栏目的材料，在情人和公众面前，再无体面可言。

在莫莉的众情人当中，克莱夫一直以为数自己的资格最老。他最初与莫莉相识，是在他还是大学生时。在 1968 年的学潮当中，他同莫莉搞到了一起，在靠近城镇的"健康谷"（Vale of Health），他们同居在一个乱糟糟的人家里，随后，散了伙。十年过去了，他们又走到了一起时，克莱夫已年近 30，不过光阴没有虚掷，他已然成了一位成功的音乐人，然而，在性生活方面，却没有什么长进。莫莉教了他许多招数，他听从莫莉的指导，全力以赴；然而，当他动真格向莫莉求婚时，莫莉却婉言拒绝了。遭到拒绝之后，独处的克莱夫并没有失落，还有了可喜的收获，不到一个月，就写出了《秋歌三曲》（Three Autumn Songs）。

弗农与莫莉相识晚于克莱夫。1974 年，在巴黎，在塞纳街上一个小小的楼顶单元里，他与莫莉一起生活了一年。当时，他在英国路透社得到了他人生的首份工作，莫莉在为历史悠久的《时尚》杂志做着什么，每日打扮得光彩照人出现在那家杂志的巴黎办公室里。两人分了手之后，再次相聚首，已是 1980 年代中期，在埃及翁布里亚大区（Umbria）的住宅里他与莫莉一起欢度假日，当时，他已经成家立业，是他目前所主编的《审判官报》驻罗马的记者，莫莉慷慨地接纳了他。

挤在小教堂外面、前来吊唁莫莉的人，现在已不下二百了，一个个身穿黑衣聚集到这里，来表达他们对莫莉最后的致敬。再耽搁着不走过去跟乔治说上点什么，就显得太无礼了。克莱夫朝小教堂门口看了看，心想，是该进去的时候了。在这时，出于对莫莉的死亡方式、所遭罹的屈辱的深切痛惜，他突然冲弗农大放厥词，放肆地说：我真该娶了莫莉，那样，在她生命的最后阶段，就不会像动物一样，在他人幸灾乐祸的怜悯下做无望的挣扎，沦为人们的笑柄了，在她开始昏迷的时候，我会拿个枕头什么的闷死她，免得大家都来可怜她。

弗农边笑边引着他的朋友克莱夫离开了"追思园"。比较起来，莫莉的亲朋好友们更希望出席的是莫莉的追思会，而不是跑到火葬场来送葬。但是，很明显，乔治·莱恩不想举办什么纪念仪式，他可不想听她这三个先前的情人公开在教堂的讲道台上交换意见，或在他致悼词时，彼此使眼色。

克莱夫和弗农走进小教堂。里面人声嘈杂，喋喋不休的话语声，像是在举办鸡尾酒会，有那么多面孔都是克莱夫在光天化日之下从未见过的。他迅速穿过喋喋不休的喧嚣，听到有人叫他的名字，他置之不理，有人想抓住他的臂肘，他甩脱了，继续朝向乔治·莱恩所在的位置走了过去，然后，礼貌地握了握乔治的手，认真寒暄了一句。在这时候，他已经同弗农分开了，弗农被一个电视频道业主拉走了。

在这样的社交场合上，克莱夫需要不断同与他搭话的熟人或陌生人说些什么，应付搪塞当中，令他多少感到有些沮丧，不顺心。他四顾周遭一帮前来吊唁的人群，有很多跟他和莫莉差不多同龄的人，不过却没有人在思念莫莉。无意之间，从交谈当中，从人们的谈资当中，他意外获悉：原来，他并不是莫莉的首席情人——他正面对着的那个诗人，那个对他的音乐作品大言不恭的家伙，刚才乔治介绍给他的那个来自美国的哈特·普尔曼（Hart Pullma），与莫莉的交往，竟然比他要早上三年。克莱夫心中顿生不快，深感郁闷，于是，趁机悄悄对着那个家伙的耳朵，口出秽语，以浇自己心中的块垒。

之后，克莱夫原本并没想走开，而是想听听那位普尔曼做何应战，却被从两边包抄过来的一堆吵吵嚷嚷的人群推挤到了一边。有一拨人是为了向乔治表达慰问的，另一拨人是为了向诗人哈特·普尔曼表达仰慕的。克莱夫找到一小块空隙之地站稳脚跟之后，想到普尔曼和豆蔻年华的莫莉，心里一阵恶心。他漠视着那些谈得不亦乐乎的熟人和刚刚认识的人，打心眼里感觉只有他才是唯一关心和思念莫莉的那个人。他在脑海里想象着他如何帮助无助的莫莉了结生命的情形：从小塑料瓶里倒出 30 粒安眠药片，捣碎，一杯苏格兰威士忌；三匙黄白色的药浆——莫莉在服用时看了看他，仿佛心里明白……莫莉睡去时，他搂着她，一直到天亮。在这时，外交大臣年轻的助手朝他走了过来，传达说：朱利安·加莫尼想见见他。

克莱夫噘了噘嘴，不情愿去见那位政客，却又不能怠慢。见到了神采飞扬的外交大臣加莫尼之后，他没寒暄几句，便伸出手打算告辞。然而，加莫尼根本置之不理，继续侃侃而谈，祝贺他被正式委任为了“千禧年交响曲”的创作人。十分显然，加莫尼是想利用一位著名作曲家到场的这种光彩，继续多捞点政治资本。克莱夫望着善于伪装的加莫尼，表情上没有流露出自己对加莫尼越来越厌恶的心情，却寻机打断了加莫尼的长篇大论，把话题急转到了加莫尼下月即将出访南非的事情上，利用有关种族隔离的话题，挖出了加莫尼 30 多年前的一桩旧事——在一次演讲中，年轻狂放的加莫尼扬言：理当绞死纳尔逊·曼德拉[1]（Nelson Mandela）。

他们话不投机。但是，加莫尼绝不能任由自己的形象毁于一旦，也绝不甘雌伏，于是，伸手抓住克莱夫的大衣衣领，将其揪到身旁，假借莫莉之嘴，压低声音，用耳语嘲笑克莱夫的性无能，而且一直都阳痿。克莱夫的自尊心当即又受到致命一击，像是为了逃避尴尬，指责加莫尼一派胡言，相信莫莉绝不会那样说。加莫尼转危为安，乘势而上，警告克莱夫别再多管闲事。随后，一面眉飞色舞地握住克莱夫的手做出一副正在愉快道别的模样，一面冲着他的助手扬言：林利先生已经诚恳地接受了晚餐邀请；然后，又转过身冲着媒体施展起他的政治“才能”，对身边的记者们夸赞了克莱夫一番：真是一个了不起的

---

1 纳尔逊·曼德拉（Nelson Mandela，1918—2013）：南非第一位黑人总统，南非非洲人国民大会前主席。1993年获诺贝尔和平奖；自2010年起，联合国为表彰其对和平与自由做出的贡献，将其生日7月18日定为“曼德拉国际日”。

人物。既能亮出分歧，又能继续友谊，这不正是我们文明社会生活的真髓吗？

莫莉的葬礼结束之后，弗农的司机把车开到了位于伦敦西南的南肯辛顿社区——克莱夫的家门口。克莱夫的女管家给他留了一张字条，说在工作室为他预备了一壶热咖啡。他没等脱去大衣，径自上楼来到工作室，拿起铅笔和草稿纸，靠在大钢琴上，潦草记下了十个下行音阶，然后站在窗前，盯着它们。这些玄妙的思绪，一旦耽搁便会稍纵即逝。已经有一些时日了，自从受命谱写“千禧年交响曲”以来，他的工作进展缓慢，创作当中屡受外界因素纷扰，而他必须抓紧时间尽快完成这一交响曲，才可能如期在阿姆斯特丹举行首次公演。他离开了大钢琴，倒了一杯咖啡，站在窗口那里把它喝了下去。

现在，时间指向了3：30，房间里的光线已经有些昏暗，需要开灯了。在这时，克莱夫想到：莫莉现在已经成了骨灰。他将工作一整夜，然后睡到第二天午餐时。他人生的特定职责就是工作，就是完成一部把抒情推到极致从而形成交响曲高潮的佳作，功标青史。尽管他早已名扬天下，而为千禧年谱写一曲的工作，仍然令他神魂颠倒。他热望：它将超越那种在一定时期普受欢迎的流行性，既哀悼这个正在逝去的世纪及其全部毫无疑义的残酷行为，又欢庆其辉煌夺目的创造性；在首演的兴奋过后，在千禧年的庆典过后，很久很久以后，灿烂的焰火、纷纭的评说以及各种短暂的历史全都尘埃落定之后，这部不可抗拒的乐曲依然在世上流传，作为一曲已逝去的世纪的挽歌，功垂竹帛。

这不仅仅是克莱夫自己，也是委任委员会对这一部“千禧年交响曲”的幻想。在英国音乐界，克莱夫崭露头角于1970年代，在那个世界音乐发生了急剧变革的时代。1975年，他大胆地从别人的几篇尚未发表的理论文章中借用了一些观点，出版了音乐论著《美之忆》（Recalling Beauty），奠定了他成功的基础并为他赢得了美誉。与此同时，他的复调乐曲“交响乐托钵僧，为弦乐演奏大师而作”（Symphonic Dervishes for Virtuoso Strings）碰巧得以在威格摩尔音乐厅（Wigmore Hall）首次演出。到了1980年代早期，他已然成了一位年轻、富有的作曲家，他才华横溢的创作技法和他对音乐的感悟，使他的声望日隆，并促成了他那部音乐论著《美之忆》的流行。

在这期间，没几年工夫，克莱夫就经历了两场婚变，不过，没有留下什么痕迹。现在，那些曾经与他有过密切交往的女性，全都已移居国外；如今，正与他交往着的苏茜·马希兰（Susie Marcellan）住在纽约。抛开这一切，岁月的流逝与他的功绩，使他有了更高的生活目标，而且现在他只为此而活；然而，要想名垂青史，留下一部经久不息的交响曲，却并非一件易事。

这一天，总算还不错，借助勃发的灵感，在凌晨4点，克莱夫已然完成了他那“千禧年交响曲”的主要的几个部分。他已经筋疲力尽，于是从钢琴前站起身来，关掉所有的灯，朝楼下的卧室走去。只剩下“最后乐章”一个部分了，他的创作力却穷竭了，没有了任何谱曲的初步思绪，连一星半点都没有了，他开始为自己的乐思枯竭大伤脑筋。之后，根据以往的经验，他想，最好的办法就是放松，去做一做远足，他需要高山峻岭，广阔天空。他想：北上湖区也许是个不错的选择。当他的心思完全不在音乐上时，在美丽的湖光山色中，灵感意外从天而降。

莫莉的葬礼之后，弗农·哈利戴像以往一样忙忙碌碌，忙个不停。眼下，在难得的间隙当中，他坐到办公桌前，思考他肩上的重任：如何成功地将《审判官》这份历史悠久的严肃大报充分推广至低端市场。他拉开办公桌的抽屉，里面有一把金属尺子，是前四任未能扭转这份报纸销量下滑的主编们留下来的，他正努力避免成为第五任——报纸上个月的平均发行量，比前一个月下滑了不少。

要想拯救这份大报，就得准备好把手弄脏。在每天上午例行的编辑部讨论会上，他喜欢把这句话挂在嘴边。每一个人都点头同意，却没有一个人真正接受。这些资深的雇员，这些“语法学家”，认为《审判官》的兴衰，全凭它那打动别人理智的正直不阿。在这种境界里，他们才感到无风险，因为迄今为止，除了几位前任主编，还没有一个人被解雇过。

弗农浏览了一遍日程安排，做着与争执不休的下属讨论定稿时的准备。在“国际”版里，弗兰克·迪本（Frank Dibben）正在写一篇有关外交大臣朱利安·加莫尼出访华盛顿的报道；特写编辑莱蒂斯·奥哈拉（Lettice O'Hara）有一篇调查报告，她正在受命追踪有关荷兰的一起医疗丑闻的结果；“国内”版里，历经波折之后，科学编辑终于写出了有关威尔士某所大学搞的反重力机的文稿。这是一个能引起关注的话题，他一直在追着要这篇报道。之后，部分撰稿人和代表已经先行到了，陆陆续续走了进来。在这时，他的秘书吉恩（Jean）从门口朝他挥手，示意他去接电话。电话是乔治·莱恩打过来的，他不能不去接，因为身为出版商的乔治为《审判官》这份报纸的重组投进了不少钱，那次重组的标志，就是他接替了前任，成了这份大报的主编。

弗农刚挂上电话，他的私人电话就响了，是克莱夫打来的，要求见个面。由于报社深陷销量下滑的危机，需要找到能引起关注的话题，他正忙得不可开交，于是一再推托，却又没能拗过克莱夫的坚持。最后，他不得不答应克莱夫当晚去见乔治时，顺路去趟克莱夫家。挂上电话后，他对克莱夫坚持要求见面一事有些纳闷，不知他为了何事这么着急。细想起来，在以往的岁月里，克莱夫对他真够朋友的，而且，对他的恩情远远大于他所给的回报。在他第二次婚姻破裂时，在他四年前缠绵病榻时，在他竞聘主编的宝座时，克莱夫给了他不少援助；在 1987 年他失业的那几个月，克莱夫借给他了 10000 英镑。事后，他无意间获悉，那笔钱是克莱夫从银行贷的款。现在，克莱夫需要他的时候，他却表现得有些不够朋友。

在克莱夫的工作室，克莱夫对弗农再一次提起了莫莉，莫莉死亡前的惨状，他不想落得莫莉那样的下场，以那样的方式死去。这件事在他们二人之间已经讨论过多次了，他要同弗农商量一个妥善安排自己死亡的计策：他想确保到时候有人能帮他做个了断，如果他罹患了什么不治之症，该走那一步的时候，他希望能由相交最久的老友来帮助自己实施安乐死。弗农听过之后，举着酒杯，目瞪口呆地盯着克莱夫。克莱夫清了清嗓子接着说道：这个要求很特别，而且，他也清楚，目前，在他们国家里这样做还是违法的，责任非同小可，所以他只能求助于像弗农这样的密友；而且，近日来，对这件事他已经反复考虑过了。弗农看了看手表，急于去见乔治，告辞之际，他表示：对这件事，他需要再好好考虑考虑。

乔治亲自为弗农打开了他豪宅的大门。弗农对这幢大宅并不陌生，莫莉结婚后，他曾多次拜访过这里。莫莉把她自己，她的客人，她的东西，单独安排在一个房间里。他去过莫莉的房间很多次，莫莉是他曾经有过的最亲密的知己，而现在，莫莉人已经不在了。睹物思人，抚今追昔，他曾经详尽谈论过她，也曾想起过她，不过，只是在他繁忙工作的间隙，老实说，报社的事就够他忙活得不知如何是好了，已经把他搞得焦头烂额，直到现在，他才真正从内心深处思念起她，为她的死亡而哀痛——他再也见不到她了，再也听不到她说话了。

弗农与乔治远远相距坐了下去。之后，乔治开口谈起了有关报纸销量下跌的问题，他不由自主地为自己辩护说：下跌的行情并不大明显，非常缓慢，同时，一面暗想：乔治是在扮演报业大亨的角色，召唤他的编辑前来听命。而作为生意人，乔治在《审判官报》只不过拥有 1.5% 的股份，而且，对报社的业务一无所知。随后，他呷了一口酒，又说了一句，止跌回升是需要时间的。

乔治提醒弗农：在他看来，为了扭转报纸销量下跌的局面，现在《审判官报》最需要的是一个成功的故事，能引起社会轰动的材料，搞得群情沸腾，使竞争对手只能跟在后面追着跑的爆料。之后，拐弯抹角地绕到了他今天把弗农叫到自己家里来的主要目的。在弗农的沉默当中，乔治从一个大牛皮纸信封里取出了三张 10 寸的照片，然后，以对消息的来源绝对保密为条件，把莫莉生前的摄影作品——加莫尼的三张耐人寻味的影像交给了弗农。那些照片的版权归莫莉所有，而作为莫莉财产唯一的受托人，乔治实质上拥有了其版权。

弗农看到那三张照片之后，认真研究了一遍其中的内容，最初的反应是大吃一惊，接着便是一阵狂喜，私心窃喜，迅速意识到了乔治拿给他的这三张影像的内在价值，不仅仅是商业价值，简直就是一枚极具杀伤力的重型炮弹。随后，他经验丰富地想到了他的职权所肩负着的沉重分量：或者这就是他的权能？那个人的人生，至少是他外交官的职业前途，现在被掌控在了他的手中。说不准，或许，凭借着这几张具有爆炸性的影像材料，他能够改变国家的未来，让国家变得更加美好；还有就是改变他的报纸的市场占有量，走出发行量的低谷。

半小时之后，弗农接手了乔治递给他的接力棒，手里拿着那个大牛皮纸信封，离开了乔治的家。坐到车上之后，他让自己平静了下来，最后，让司机把车开到了南肯辛顿社区。他看到克莱夫工作室的灯还亮着，但是他没有去敲门，而是不动声色，把一张折叠好的字条从门缝塞了进去。在那张草草写就的字条上，他写道：没问题，唯一的条件是：你同样也要为我去那样做。

克莱夫在创作上陷入了僵局，卡了壳，他想要的旋律怎么都捕捉不到。他深虑自己的创作才思枯萎。以往的经验告诉他，最有效率的办法就是去享受一次远足，在风景秀丽的自然环境中，自然而然地琢磨出旋律，寻求创作灵感。他没告诉任何人，他的创作进行不下去了，只是说，他要外出徒步旅行个几天。

出发前，他在伦敦继续待了一阵子，参加宴会，做演讲，当评委，并且平生第一次与弗农产生了分歧，一直拖到 3 月的第一天，他才抽身前往湖区（Lake District），来到了尤斯顿（Euston）火车站，在一列开往彭里斯（Penrith）的火车上找到了一个空着的头等包间。

彭里斯是位于英格兰西北部坎布里亚郡（Cumbria）的一个小镇，紧邻他这次北方之旅的湖区。他一向喜欢旅行。在火车上，他享受了一番长途旅行当中思考对他的抚慰，反省起他与弗农之间友情的实质：他们有许多积累的岁月和已经是朋友的习惯，但是在友谊的中心，却什么也没有。事情的起因是他临行前的一天与弗农之间的那场激烈争吵。

尽管他和弗农是多年好友，那场争吵却使他对弗农的所作所为越来越感到不满，甚至意识到他从来就没有真正了解过弗农的为人；再联想到一个星期前他还向这位朋友提出的那个最为推心置腹的以生死相托的请求，他不由得懊悔起来，甚至追悔莫及，尽管后来弗农也向他提出同样的请求，却依然无法使他释怀。弗农不过是草草写了一张通过门缝塞给他的纸条。他断定，这就是他们之间对待友情的典型的不同表现。在他们之间，在对待友情时，看来，不过是他自己一头热罢了。其实，这种不对等的一头热，一直以来，始终都是这样的，只不过先前他自己不肯正视而已。多年前，弗农曾在他的别墅里白白住了有一年来的时间；在弗农最困难的时候，他主动借给了弗农一大笔钱；在弗农脊柱感染卧床期间，他几乎天天去探望；可是，在他的脚踝摔伤之后，弗农仅仅派了一个秘书过来看了看他，带来的慰问品竟然是一包《审判官报》书评版的小册子，那些他们报社里堆积成灾的文字垃圾。说白了，他从这种友情中得到了什么？他给予了，但他又得到了什么呢？经过了昨天晚上那一场令他备受刺激的大争吵之后，他想，现在，他应该把弗农归类于一个没有行为准则的人。

旅途当中，偶尔克莱夫的注意力也会投注于窗外光秃秃的冬季景象。有时，他还会看看书，不过，大部分时间，他都在慎重地重新定义他与弗农之间的友谊。几个小时之后，他抵达了彭里斯，换乘出租车，前往斯通尼斯维特（Stonethwaite）住地，与司机交谈起来，才如释重负地从他那苦思冥想中解脱了出来。由于时值一周的中间，又是旅游淡季，他成了住宿旅馆里唯一的客人。他要下了之前已经住过三四次的那个房间，也是唯一有桌子的房间。之后，他又重新陷入了昨天晚上他与弗农之间所发生的那场挥之不去的激烈争吵的回忆之中。

昨天，他正意欲乘坐午后那班火车前往彭里斯，突然接到弗农来的一个电话，急着要跟他见面。结果，他被迫又将行期耽搁了一天，并答应弗农准备他们的晚餐。之后，他重新搞定了远足的行程，备好了晚餐。弗农进门时，比他们约定的时间迟到了一个小时，而且，整个人看上去疲惫不堪。入座之后，弗农对他的工作大发了一通牢骚，接着，从一个牛皮纸信封里掏出了三张黑白照片让他看，并说明了它们的来历。从那三张照片上，他看到了朱利安·加莫尼的丑态，脸部化了妆，身穿女亵衣，戴着假乳房做出的媚态，他第一感觉，只是一种消遣，为了莫莉的消遣。随后，他又看了看照片，觉得莫莉他们拍这种异装癖的照片，真是够荒谬可笑的。弗农却告诉他：尽管有些疯狂，但他还是决意在下个星期让这三张照片在《审判官报》上曝光，用它们来毁灭这位风云人物的政治前途，不料，却遇到了来自编辑部内部同仁们的巨大阻力，所以想来听听他这个局外人的意见，他对这件事是怎么想的。

他把那三张照片递还给了弗农。加莫尼为人低级下流，是他们的共同敌人，这一点毋庸置疑。然而，在这件事上，在如何处置这三张照片的事理上，他却没有给弗农任何支持，甚至认为弗农的这一做法简直就是贬低对莫莉的回忆。他劝说弗农：刊载这种暴露丑态的照片，实在不妥。男人穿女人的衣服，并不是什么原则性的问题，再说了，弗农自己曾经也是一个性革命的辩护者，是支持同性恋的；所以，他认为弗农同事们的意见有他们的道理，最好不要刊发这种格调低下的丑照。

弗农十分扫兴，深感不快，提醒了他一句：他可不止一次认为加莫尼是一个地地道道的害人虫。他的回答是：没错，加莫尼确实是一个手段卑劣的坏蛋。一阵沉默之后，弗农列举出两个他认为有必要刊发的理由：首先，可以让加莫尼出丑，让加莫尼丑态毕露，揭穿加莫尼虚伪的假面具，因为加莫尼以前曾经谴责过异装癖；其次，可以改变加莫尼在选民当中的形象，削减加莫尼当选首相的机会；随后，还为自己辩解说，在这件事儿上，为了正义与公心，作为《审判官报》的主编，他义不容辞。而且，"审判官"这一报纸的称谓，也责成他有必要自由公开这几张照片，这一举措，将会是一个为民除害的义举。

他根本不相信弗农的什么"为民除害"义举，坚持他的意见：弗农的报纸若是刊发这三张丑照，有失报纸的公允，而且缺乏社会公德——以牺牲个人自由达到目的的行为，多少有些卑鄙龌龊。一直以来，弗农所主编的《审判官报》，其宗旨，原本始终是在为被查禁的剧本和电影说话，一向以不能影响他人自由为主张；而弗农若是将这些照片刊登出去，便是一种带有倾向性的批评，不但有悖于他们报纸倡导自由精神的主旨，甚至可以说是一种迫害行为。

弗农不无遗憾地长叹了一声，继续为他以"正义"为出发点的观点寻找理由：虚伪的加莫尼，这个一向强调所谓“家庭价值”的家伙，他的丑态，应该被暴露在光天化日之下，让公众知道。弗农停顿了一下，继续往下说着，捎带着还挖苦了他一句，说他终日埋头于他的工作室，梦想着他的交响曲，从不考虑国计民生，国家正面临着什么危机。弗农认为，现在必须要阻止加莫尼。在 11 月的大选中，加莫尼要代表他的政党参加竞选，如果成功，成了首相，生活在贫困线以下的穷人、无家可归者、罪犯以及骚乱，会越来越多；环境也将会恶化，如果要加莫尼去签署限制全球变暖的条约，加莫尼宁可去取悦他生意上的朋友，加莫尼还会使英国脱离欧洲，给国家带来重大的经济灾难！对大多数人来说……弗农说着说着，做了一个夸张的手势，然后，一口气喝下半杯酒，突然质问了他一句：是不是人到中年了，变得会享受了，变得右翼了？

这实在让人感到羞耻，又让人心生恼怒。他为自己抗辩：如果弗农固执不通，非要去做，其真正的意义，是在被乔治当枪使，是在被乔治利用。因为莫莉，乔治恨透了加莫尼。如果能在自己拥有股权的《审判官报》上刊发这三张诋伤的照片，对乔治来说，无疑最有裨益，既能使自己获得一个赢利的机会，又能报仇雪耻，一吐心中块垒。再说了，即便加莫尼是个变装爱好者，也不足以证明他的人品问题，甚至还伤害了已经死去的莫莉。他们不喜欢加莫尼，但是莫莉喜欢，加莫尼信任莫莉，拍下这些照片，纯粹是莫莉的私事，不能为了制造轰动，为了报纸的销量，就将它们刊登出来，莫莉会憎恨他的所作所为，老实说，他这是对莫莉的背叛。说完，他转身走了，没有给被激怒的弗农留下摔门而去、发泄心火的机会。他径直走进厨房，一个人独自享用了那顿晚餐。

第二天，用过早餐之后，克莱夫坐在旅馆户外长长的木条凳上，系紧了脚上长筒靴的鞋带，心里盘算着有关“千禧年交响曲”终曲的事。他已经有了一些零星思绪，只要有灵感出现，他就一定能将其捕获，将他想要的那些旋律，一点点确定下来。之后，他直起了腰身，从女服务员手里接过了为他打包的一份午餐。现在，各种准备都已经就绪了。他崇高的使命，宏伟的抱负——成为英国的贝多芬；紧随其后的便是开始长途漫步，去寻求大自然的帮助了。

他沿着湖畔走了很远很远，那山谷里的游客寥寥无几，一路上，他的思绪总是会时不时地被他与弗农之间所发生的争执与冲突的断简残篇纠扰着。一个小时之后，他来到了山谷尽头，面对着险峻的陡坡。经过一段分外艰难的跋涉，终于快到接近坪地的地方了，他大步跨过草丛，朝着把徒步者带往湖区心脏“兰戴尔”（Langdale）峡谷的小路上走去。当他到达路口时，看到前面离他半英里远有一个女人匆匆离开了小路，朝着“艾伦岩崖”（Alien Crags）方向去了。

他停了下来，想了想，确定好继续前行的道路之后，勒紧了他的鞋带，朝着埃斯克－豪斯（EsK Hause）诱人的山顶走去。他感觉自己体力依然旺盛，精神为之一振，脚步也欢快起来，沿着弯弯曲曲的小路，向山上走去，以轻松愉快的心情想着自己的生活：他早期创作的一个管弦乐曲的唱片再次发行，他的那些作品，展现了他一生的历史。还有那么多的事等着他去做，他深情地回想着他一生交往的人，再次想到了弗农，或许，他对弗农太苛责了，弗农只不过想挽救他的报纸，保护国家免遭加莫尼那样的政客的摧残。今晚，他要打电话给弗农，他们的友谊不能因一场有分歧的争论分崩瓦解，他们可以见解相左，依然可以做朋友。

他终于爬上了颇为陡峭的山顶。在峰与峰之间的山口，下面山谷的美景，令人赏心悦目。他望向远处长长的下山路，距离他一英里的范围内，一大群蠕动着的花里胡哨的游客进入了他的视野，他顿感扫兴，转向了右面，向着“艾伦岩崖”望去，他的美好心情又恢复了。他重新选择了路线，决定沿着山脊回返。他又走了一刻多钟，然后，爬上了一个小坡，在那个小坡的尽头，是一块向上翘起的大大的岩石板。正当他尽情地享受着孤独，身体里盛满了快活时，终于发生了他所期待的事，他听到了他苦苦寻觅的音乐。简直就像是一个礼物。前面的一只大灰鸟，在他走近的时候，发出了一阵响亮而惊恐的嘶鸣，盘旋着凌空而去，飞入了高空，消失之前，发出了带有三个音符的尖音。顿时，他感觉到自己像是从中领悟到了什么，那不正是他为短笛谱写的一行音符的转音吗？灵感袭来了，他脑海中产生了一个映像。当他上到那块岩石板上，从背包里掏出笔记本和铅笔时，他似乎又听见了那只大鸟的啼鸣，不纯粹是悲嘶，还有欢乐，一些面对逆境时的乐观情绪，决心，勇气。

他开始记录那些鸟啼所给予他的稍纵即逝的音乐片段。就在他用心想象着，希望把那些残余部分激活时，他的耳朵里意外闯进来了另外一种声音，不是他想象的，也不是鸟的啼鸣，而是人的低语声。他情不自禁地顺着那声音的方向往下窥探，看到下面有一个不大的山中小湖，那湖边草地上站着一个穿着蓝色衣服的女人，是他曾经看到过的那个行色匆匆的女人。与那个女人对面低声争吵的是一个男人，那个男人的穿着打扮，看上去绝不是为了来漫步的。

由于他正处于灵感袭来的状态之中，他的第一个想法是：无论他们在做什么，我一概不管。他低下头，继续记录那些音符，往下打他那“千禧年交响曲”终曲的草稿，沉浸到了他的音乐世界当中。然而，那个女人声音的调门高了起来，突然变成了大声呼喊，他的手随之僵住了。那个争吵变得愈发激烈起来，随后演变成了暴力行为，那个男人抓住了那个女人的手臂，抢夺过那个女人的背包，扔进了山中小湖，回过头来又继续粗暴地拉拽起那个女人，接着是一阵断断续续的争吵声。他叹息了一声，想他是不是应该下去干涉一下，又想，那一对男女很可能会因为他爱管闲事的冒昧反过来共同对付他。他斜躺到岩石板，闭上了双眼，感觉到那些宝贵的音乐灵感正在一点点地离他而去，不得不赶紧继续打他那终曲的草稿。

20分钟之后，他停止了潦草的书写，从那块犹如桌子一样的岩石板上直立起腰身，这时，四下里已空空如也，一切都已消失得无影无踪。他突然感到一阵心绪不安，刚才那是不是一场暴力？之后，他设法使自己平静了下来，在岩石板那里又逗留了一个小时，继续打他的最后乐章的草稿，直至把他的笔记本放入他的衣袋，迅速下山。

他花了3个小时，回到了住宿的那家旅馆，取消了其余的住宿日，收拾了行李，让女服务员为他叫了一辆出租车。他已经从湖区得到了他想要的音乐灵感。由于创作的激情所致，结账后，他在那家旅馆逼仄的酒吧里踱来踱去，等候着他的出租车。激动不安的情绪使他几次走出去在小路边张望他的车子是否来了。他渴望立即离开山谷。当他的出租车一到，他急忙跑了出去，把他的手提包扔到车子的后座上，让司机赶紧开车走人。他想尽早坐火车南下，远离湖区。他渴望再次在城市里隐姓埋名，禁闭在自己的工作室里。同时，他还一直顾虑重重，想着那件事，不知是因为激动，还是羞耻感。

在克莱夫去湖区享受远足，捕捉旋律，寻求创作灵感期间，弗农也在为自己的事业辛勤工作着。星期四清晨，他从一个疾跑的梦境中醒来。自从接手要毁灭加莫尼以来，这件事，已然成了他生活的最高宗旨。一个人无论处于什么情况下都应该担负起自己的社会责任。他以非凡的抗压能力，力排众议，在与报社内部同僚和报社股东们的战斗中，经过漫长的整整一周的努力，全速疾跑，全力以赴，通过一次又一次的会议，不遗余力地与那些反对刊发照片的愤怒的“语法学家”们激辩；终于艰难玉成，劝服了对大肆宣传持怀疑态度的报社的董事会，最后，得到了《审判官报》股东们的成全与支持，与报社全体同仁达成了刊发的共识。那些照片的出版日期，定在了明天，星期五，其中的一张，延期到星期一见诸报端，以便使事态持续发酵，保持报纸的活力。

他在床上平躺了一会儿，带着颇有些讥讽的心态想，编辑部里那些与他争执不休的“语法学家”，他们只知道在报纸的遣词造句上吹毛求疵，而不愿负任何实质性的责任；当然了，他们又不是报社主编，报纸的发行量是否下滑，报社垮台与否，与他们的关系不大，他们对此根本不会在乎。最终总算还好，他卓尔不群，逆流而上，取得了成果，有可能改善国家的未来，他承担起了这项重任。这时，他还想起了一件微不足道的小事：克莱夫与他的激烈辩论。他相信自己一定能说服他的这位老朋友，就像他战胜董事会的那些老顽固一样。于是，起床后，上班之前，他拨通了克莱夫的电话，他需要同克莱夫再谈谈，希望从湖区归来的老朋友能回心转意。

在电话里，克莱夫的声音有些沙哑，告诉弗农：实在无法抽出时间了，下个星期，就要在阿姆斯特丹排演了，他一直都在拼命工作。至于刊发照片的事，很遗憾，他们只能保持不同意见了。尽管扫兴，弗农却没再多说些什么。他们继续其他事情的交谈，谈起了湖区和“千禧年交响曲”。克莱夫说起了他经过那个“艾伦岩崖”时突来灵感的经过，和那一段不愉快的插曲，直言他所目击到的那一桩凶暴之事，情况看上去糟透了，但是为了取得创作上的突破，他不得不做出决定，选择了他的旋律。

放下电话之后，弗农坐进报社配给他的那辆小轿车。站在报社外面的人行道上，他喘了口气，整了整弄皱的西装，匆匆走进报社大厅。他的下属弗兰克·迪本正站在电梯旁边，等候着同他一道儿上楼。对这位 30 多岁的“国际版”副主编，弗农本来一直心不在焉，而且还有些厌恶，知道这位下属野心勃勃，诡诈莫测，一心想着上位。几天前，在例行的编辑部讨论会上，他迫不及待地提出立即把加莫尼的那几张照片刊登出来，以激活报纸的发行量。当时，许多成员都持保留意见，希望把他们的意见列入报社会议记录当中，后来，是在弗兰克·迪本居心叵测的暗中帮助下，他终于挽回了颓势。

那天，在下班后的路上，弗兰克紧紧尾随着弗农，终于下决心赶上了他之后，弗兰克碰了碰他的肩膀提议去喝一杯。在小巷子里的一个弗农从未光顾过的小酒馆，在私下里，为人有些拘谨的弗兰克对他大表了一番忠心。弗兰克侃侃而谈，为弗农打抱不平，说在刊发照片这件事上，尽管他工作压力太大没能出席那个会议，但对那些投反对票的报社同僚，他暗怀愤怒。尽管那些人不愿对唯一能拯救《审判官报》的主编给予些许支持，但年轻一辈的雇员当中，却有不少人举双手赞成主编的抉择，希望《审判官报》能办出点活力来，增强吸引力，干出点像能把加莫尼搞臭这样勇敢大胆的大事。问题是这些支持者在报社里没有发言权，而且，谁也不想第一个站出来，成为出头鸟。弗兰克还说，他跟这些支持者的想法是一致的，尽管他没有见过那几张照片，可他知道把它们刊登出来肯定是正确的。最后，弗兰克还毛遂自荐，说他不仅仅想对主编表示他的支持，助威，而且还希望能给他派上用场，他可以不作为公开的主编的支持者，而作为一个看起来不积极参与其中的中立者，暗中助上一臂之力。

弗农和弗兰克一道上到四楼。这天，星期四，有一系列会议在等着弗农去开。在上午例行的编辑部讨论会结束之前，报社里的那些资深的编辑、记者和多数雇员都会看到即将出现在星期五《审判官》头版版面上外交大臣朱利安·加莫尼丑恶的异装癖的照片。在即将到来的胜利面前，弗兰克向他简短地表白了几句：现在祝贺声不绝于耳，既然咱们已经前行了，就齐心协力干下去吧。

他的秘书吉恩拿着一大堆信件、传真和剪报记录站在办公室门口告诉他，第一个会议在6号房间。他朝着6号会议室大步走过去，感到了一种无所不能的轻松，因为他那双立场坚定的手，就要把一个癌瘤从国家政治体制的肌体上彻底割除——这便是他打算在加莫尼辞职之后，在社论里使用的形象。虚伪，将被戳穿；死刑和强制兵役，将只是一个疯子的梦呓；社会福利，将会以这样或那样的形式继续存在；全球的环境，将会获得一次改善的良机。

他差一点就要放声高歌起来，不过他克制住了自己。在上午11点的编辑部的讨论会上，在他与各版面的编辑和副编们讨论见报的用稿时，会场秩序始终嘈嘈杂杂，直到“国际版”的编辑发言时，办公室里的注意力才开始集中起来；之后，又是一阵乱乱哄哄，最后，他不得不重重拍了拍桌子，才使会场静和下来。“国内版”编辑杰里米·保尔（Jeremy Ball）谈到的一条新闻简讯——“湖区强奸犯在一周内再次作案，昨天晚上逮捕了一个男子”，惊动了弗农，克莱夫的名字突然在他脑海里一闪即逝。等到最后一个员工离开办公室后，他关上了门，推开了窗户，让3月的潮湿空气涌了进来。离下一个会议还有几分钟，他闭上了双眼，开始回想，想起了他朋友的名字——克莱夫。他立刻拿起了电话，把“国内版”编辑杰里米·保尔叫了过来。他向杰里米·保尔详细询问并记录下了“湖区强奸犯”的具体作案时间和地点，以及对新闻记者来说各种有用的细节；然后，“国内版”编辑离开后，他立刻用他的私人电话拨通了克莱夫的电话。

他向克莱夫询问了他经过“艾伦岩崖”的时间后，当即确认：克莱夫是那个“湖区强奸犯”的现场目击证人。他对克莱夫说：你看见那家伙在攻击那个女人，你袖手旁观，但是，事后，你应该去报案，这样，另一位女人就不会遭此劫难了。克莱夫不明白这之间有什么因果关系，弗农到底想做什么。弗农让他现在就去警察局，说出他所目击的一切，出面指证那个强奸犯。克莱夫断然拒绝了，说他正处在完成交响曲的最后阶段。弗农不由分说，责备他没有公民的道德责任感。克莱夫短暂沉默了一会儿，反唇相讥，说在所有人当中，唯有弗农在“公民的道德”问题上没有发言权，他执意刊发那些照片，简直就是在莫莉的坟上拉屎。

矛盾激化起来，二人只剩下相互责贬，猛烈攻击了。在一切都无所顾忌了之后，善于文饰的弗农破口痛责克莱夫过着优裕生活只知安享尊荣的特权思想，高高在上，目空一切，且不可一世，如果克莱夫不去警察局，他就亲自给警察局打电话，告诉警察克莱夫所目击的事情。克莱夫是“湖区强奸犯”的帮凶；然后，又用世上肯定有许多事比交响曲更重要，那就是“做人的资质”的大道理来对克莱夫施压。对于弗农的威胁，克莱夫并不买账，甚至讥讽责骂弗农把前任赶出办公室，把新闻业变成了下水道，反诘弗农，“难道‘做人的资质’有发行量那样重要吗？”

两个曾经的朋友，彻底撕破了脸。而就在这时，弗农办公室的门突然打开了，他的秘书吉恩神色焦急，抱歉打断了他的私人谈话，希望他赶紧打开电视，第一频道，朱利安·加莫尼夫人（Mrs. Julian Garmony）正在举行记者招待会。

几个小时前，朱利安·加莫尼夫人在医院刚刚为一位来自西印度群岛的9岁黑人女孩做了相当复杂的心脏手术，手术很成功。媒体的画面切到刚从手术间出来的外科医生，被一群崇拜她的孩子们紧紧拥抱，小女孩的父母也对她充满感激。

由于刚才那场争吵，弗农的心仍在怦怦地跳着。秘书吉恩轻轻地关上门出去后，他在办公桌前坐了下来，继续往下看。画面已经切到朱利安·加莫尼一家人在一座风景优美的舒适的农庄照看刚出生的小羊羔的画面上。外科医生相当自信地面对着无数照相机和电视台的摄像机，不需任何提示，落落大方，从容不迫地谈起了她与丈夫早年的人生历程，他们的婚姻史，奋斗经历。当年，她与外交大臣结婚时，加莫尼还在大学攻读法律，他们的日子过得很艰难。她本梦想成为一位钢琴演奏家，后来，在加莫尼的全力支持下，攻读了医学。她为丈夫的事业深感骄傲，从他们孩子身上，获得了极大的快乐。她与丈夫彼此十分珍惜，分享各自的成功，也分享彼此的挫折，当然，首先是忠贞不渝。

短暂停顿之后，加莫尼夫人微笑着谈起了丈夫的性倾向。这件事，从他们婚姻一开始就不是秘密，虽然出人意料，但并非不能接受。在他们夫妻多年相互信赖的婚姻中，她始终尊重朱利安的那不可分割的个人兴趣的组成部分。随后，外科医生的话头直捣黄龙，坦然自若地点破了她今天演讲的主要目的：好事之徒意图在这件事上大做朱利安·加莫尼的文章，其实，那也算不上什么秘密，他们家里的一位朋友，刚刚去世的莫莉·莱恩，曾以一种赞赏的心情，拍摄了一些照片。

加莫尼夫人从一个白色文件夹里取出了一些照片，把那些照片分开后，把前面的几张举了起来，举给大家看；之后，平平静静地说道，她很清楚那家报纸——有着它自己政治日程的那家报纸，意图明天刊印这些照片，以期将她的丈夫赶下台。她只能说：那家报纸不会得逞的，因为爱的力量远远胜过仇恨。

当有记者追问朱利安·加莫尼与莫莉·莱恩的情事时，外科医生强调说，莫莉·莱恩只是他们家的一个朋友，而且她丈夫一直都很感激莫莉·莱恩的一厢情愿。最后，在被问及是否有什么特别的话要对《审判官报》主编说说时，这位外科医生当即表示“有”。之后，不失时机地说道：弗农·哈利戴先生，具有讹诈者的心智，并且具有跳蚤的道德高度。弗农痛苦地站了起来，关闭了电视。

事情竟然会突然发生如此急遽的逆转，一发不可收拾，着实令弗农始料不及。此一时彼一时。那天下午 5 点钟左右，有不少曾有意出价竞买“莫莉的照片”的报纸主编，突然意识到弗农的报纸所招惹上的麻烦在于与正在变化的时代不合拍，背道而驰。

星期五早上，一家大报的负责人对他们的读者表述了这种观点：《审判官报》的主编像是忽略了这一点，即我们现在所生活的时代，与前十年已大不相同了。之后，大部分报纸的头版，不是以“讹诈者”就是以“跳蚤”为标题，对《审判官报》进行了猛烈抨击。到了星期五的下午，“易装癖粉红联盟”（Transvestite Pink Alliance）的 2000 名成员穿着他们的高跟鞋冲击了《审判官报》报社。大约与此同时，议会党召开了会议，不失时机地以压倒性的多数通过了对外交大臣的信任票；受到了激励的首相也站了出来，为他的老朋友极力辩护。到了星期六，已形成了广泛的共识：《审判官报》做得未免太过分了，令人唾弃；朱利安·加莫尼是一个正派的君子；弗农·哈利戴（跳蚤）是一个卑鄙小人。

星期日那天，《审判官报》内部那些资深的雇员，那些弗农讥之为“语法学家”的员工，十分庆幸他们所持的“保留意见”被记录在案。事态的发展对《审判官报》的董事会来说，相当错综复杂。星期一下午，他们召开了紧急会议。问题相当棘手，而且相当令人难堪，他们怎么能翻云覆雨，解雇一个上星期三他们刚刚一致给予了支持的主编呢？最后，经过两个小时多头绪的讨论之后，他们全盘接受了乔治·莱恩所敲定的意见：购买那些照片不是问题，不存在任何过失；主编弗农·哈利戴的严重错误，在于那天他看到朱利安·加莫尼夫人举行了记者招待会，却没能及时撤掉报纸上他的那个头版版面。他本有充裕的时间将事情扭转，哪怕推迟出版，而在这件事上，他却没有尽到全责，严重失职，在星期五，让报纸的名誉扫地，传为了笑柄。

直到星期二上午，克莱夫才得知弗农败落的消息。上星期三那天，清晨时分，伦敦又开始了新的一天的喧嚣。克莱夫疲惫不堪地站了起来，离开了他的钢琴，“千禧年交响曲”的创作截止期限眼看就要到了，至今，他都交不了交响曲终曲的答卷。他感到特别烦躁，甚至怀疑自己是不是不再位列“天才”范畴之内了。他不是一个虚荣的人，也不是一个不足道的人，况且，能位列“天才”的人，并不多见，在他的同胞中，莎士比亚是一个，当然，还有达尔文和牛顿。他还听人提到过作曲家普赛尔和布里顿，他们尽管稍差一些，却也挤进了“天才”之列。遗憾的是，至今，英国都没有贝多芬！自从从湖区回来之后，已经有过三四次了，他都在怀疑自己的“天才”资质是不是已不复存在了？世界像是静止不动了，他身上的那些音乐细胞枯竭了，他太疲惫了，再加上还染了风寒。

星期三下午晚些时候，他醒过来，提上鞋，走进厨房，吞下女管家在离开之前为他准备的感冒药。过了一会儿，开启了一瓶葡萄酒，带到了楼上的工作室，坐到钢琴前，重新投入了新的创作历程。一个星期后，他必须面对意大利指挥家朱利奥·鲍（Giulio Bo）与英国交响乐团，他们要在阿姆斯特丹举行为期两天的排演，排演过后两天，要在伯明翰自由贸易厅（Birmingham Free Trade Hall）举行初次公演。前三章的乐谱，已经拿走了，他已经没了退路，只能前进。到了晚上，黑夜来临时，他终于有了一些成效，捕获到了他想要的“最后乐章”最富表现力的形式。他的新曲，眼看就要大功告成了。星期三晚上到星期四凌晨，他修改并完成了“最后乐章”的渐弱部分谱表。天亮之后，星期四清晨，他正渐入睡梦，突然被弗农的电话铃声叫醒。

他本不希望和任何人反目，尤其是不希望与多年来的旧友翻脸。在接那个电话时，在弗农中断了他们简短的交谈、提议第二天晚上过他这边来喝一杯的时候，他想到的是：在那之前，他的“终曲”或许早就在五线谱稿纸上落定了，剩下需要修改的最后那几页，肯定不会花上他整整一晚上的工夫。随后，他沉入了梦乡，不料，弗农又打过来了一个电话，激起了他对莫莉的回忆，更令他备受震动，迷失了方向。荒唐不经的弗农以咄咄逼人的胁迫，责令他去警察局作证。冲突一下升了级，他愤然作色，奋力回击，当弗农丧心病狂威胁说要亲自去警察局时，他简直透不过气来了，一脚踢开了被子，穿着袜子站到床头柜前，愤怒之极地把弗农辱骂了一顿后，与弗农几乎同时挂断了电话。

在狂怒中，他跑下楼梯，尽情诅咒，没头没脑地从厨房里翻出了一瓶杜松子酒和补品混合的饮料。感谢上帝，在恶毒的咒骂发泄中，还有杜松子酒与他相伴，他脑海里不断翻腾着弗农带给他的惨痛凌辱，喝干了第二瓶之后，他又打开了第三瓶。最后，为了彻底浇灭郁积在心中的愤怒，他在一张明信片上挥笔写道：你的威胁使我惊骇。你的新闻作品同样如此。你应该被革职。不过，等了一天之后，他才把它寄了出去。

在那之后，他又开了一瓶白葡萄酒，上到楼上顶层，斗志昂扬地准备开始他的工作。他想，那一时刻终会来临——弗农·哈利戴什么都不会留下，而他，克莱夫·林利将留下他的音乐。于是，他坐到了琴凳上，意志坚定地重新沉湎到他那“终曲”的创作当中，又变成了一个信心十足富有天赋的作曲家。可三个小时过去了，他需要的那个变换的调式却总是出不来，他只好木呆呆地盯视着大钢琴上的那些乐谱草稿，皱着眉头，拿着一支铅笔，无所适从。无论他多么渴望赶紧完成那“终曲”的最后几页，然而，令人悲哀的是，他的头脑却总是被不断冒出来的“强奸犯！”“警察！”“可怜的莫莉”“假装神圣的杂种！”等散漫的思绪侵扰，与他所渴盼的那些音符交战。最后，他不得不拖着病沉沉的身体，离开了他的工作室。第二天醒来时，已是半上午，他仍旧没有底气去为他的交响曲继续努力。他决定出去散散步，以使他的头脑清醒，并顺路把明信片给弗农寄过去，然后，买一份星期五的《审判官报》。回到家后，盯视着报纸上所刊载的照片和那篇得意忘形的社论，他再一次想：弗农不仅仅叫人恶心，他一定是疯了。

他身体上的病病歪歪状态一直持续了整个周末，直到星期一。他的新曲被搁置了，滚滚而来的创作才思已经不见了踪影，曾经捕获到的丰美硕果已成了枯枝，他陷入了绝望。后来，在穷途末路中，他靠在大钢琴上，鬼使神差般写就了那最后 12 页曲谱音符的草稿。

交响乐团的领队一连给他打来了三个电话：始终悬而未决的，为了下星期五开始的为期两天的排演场地，现在终于尘埃落定了，他们已经以昂贵的费用，预定了阿姆斯特丹音乐厅；他点名要求的打击乐乐师，连同手风琴演奏者，均已经聘请来了；现在，乐团指挥朱利奥·鲍要看到他的“最后乐章”，已经不耐烦了；在伯明翰，一切都已经安排就绪了，在星期四，在阿姆斯特丹，如果他这位乐团的当家人拿不到总谱，除了跳河自杀外，别无他法。

尽管对方的气势逼人，言之凿凿，他仍然不愿就这么将那见不得人的 12 页稿谱交付到乐团指挥手里，他的总谱不能就这么惜恨结笔。他惴惴不安地走进他的工作室，坐到他自己的那堆手稿前，把自己不能全心全意工作，导致“终曲”的未能毫无瑕疵的结笔，归罪到了弗农身上。这样一想，他对弗农的愤恨倍增。他的注意力被弗农打得四分五裂，被一个白痴折腾得落花流水。现在，再清楚不过了，他原本的那部杰作，他的“传世之作”，他一生的巅峰之作，就这么被扼杀了；那些天才的证明，天才的标记被无耻地褫夺了，伟大被杀灭了。他意识到，他再也不会有去创作这种最难以驾驭但又最富思想哲理、最富表现力的大型曲谱的雄心了；他太疲惫了，已经被掏空了，已经太老了。

在那之后，他去了起居室，懒洋洋地坐在那里，随手捡起了他几天前买来的那份《审判官报》，扫视了一下其他版面上的内容，同样非常糟糕：鱼类改变了性别，英国的乒乓球已经前途无望；在荷兰，某些有医学学位的声名狼藉的家伙，正在提供一种合法的服务，干掉已经给人带来不便的上了年纪的父母……

星期二早晨，克莱夫又一次被那位交响乐团领队的电话铃声惊醒，那位领队在电话里冲着他大喊大叫，因为星期五就要排演了，到现在，他们都还没能拿到完整的曲谱！那个电话之后，过了一会儿，从一个朋友打来的电话中，他听到了一个震惊的消息：弗农被迫辞职了！他匆忙出去买了一份报纸。自从看了星期五的《审判官报》之后，他再也什么都没看，也没听，不然，就不会对弗农败落的原委毫不知情了。他端着一杯咖啡，走进餐厅，读了那份报纸。看到自己对弗农不当做法的意见得到了现实的印证，尽管残酷无情，却总还令人满意。他已经尽了他的责任，对于事情的风险，他极力警告过弗农，而弗农不听，结果引火烧身。

他走到窗前，注视着花园里苹果树旁的那一丛水仙花，感觉自己身体状况好多了。时间很快就要过去了，在 4 月里，他的那部交响曲将在他不在场的情况下首次公演。他要去纽约探望女友苏茜·马希兰，然后去加利福尼亚，在“帕罗奥图音乐节”（Palo Alto Music Festival），他有一部作品参演。他用手指在暖气片上敲打着新的节奏，想象着一个变换的调式，与一节换调和声持续音的音调，以及铜鼓凶猛的跳动节奏。紧接着，他的心情一下澎湃起来，急忙转身走出了餐厅，他终于有了他想要的乐句，有了一个四分音符，在这个音符消失之前，他必须坐到钢琴那里去。他急匆匆赶到了工作室，把大钢琴上那些旧的乐谱推到地板上，为自己腾出了一块地方，拿过一张横线纸和一支削好的铅笔，刚刚写下一个最高音部的谱号，就在这时，楼下的门铃响了，他那玄妙的乐思，片刻之间，消失了。

找上门来的那位新苏格兰场（New Scotland Yard）的警官，要求他把门打开，站在门外，隔着门对他说：他们有几个问题需要问问他，需要他去趟曼彻斯特警察局，对一个嫌疑犯的身份进行辨认，协助他们调查取证，敲定罪犯；还说，用不了他一两天的时间。

星期二早上，弗农有很多闲散时间，躺在床上，郁闷地沉思有关他昨天被免职时遭到的所有的羞辱和讥讽。在里外夹攻之下，他被迫递交了辞呈。在那之前，报社那位头脑简单的低能社长，给他的办公室送来了一封信，在那封信里，委婉地提醒他：董事会希望他能主动辞职，要不然，董事会就得被迫将他革职，那样，他就只能拿到总数低于 6 位数的补偿金了。事情很清楚，他拿不拿那 6 位数，他都得走人，腾位。他把辞职信交给吉恩时，吉恩几乎不敢直视他的眼睛。

他就这样被《审判官报》一脚踢开了。离开办公大楼时，没遇见一个人，连个鬼影都没见，唯一与他伸手道别的，只有楼下的门卫，也是通知他谁取代了他的职位，继任主编的是弗兰克·迪本先生。他佯装已经知道了的样子，冲那个门卫微微晃动了一下头。

外面正在下大雨，他伸手叫了一辆出租车，在倾盆大雨中，返回家中。进门之后，他直奔威士忌。当他的妻子曼迪·哈利戴（Mandy Halliday）走过来意图给他一些安慰时，他冲着妻子大发了一阵雷霆。他陷入了泥沼，他的精神里程表里记录下来的，只剩下受辱与蒙羞，而背叛的他的，不仅仅是一直觊觎他主编职位的弗兰克·迪本，他所有的那些同事都抛弃了他；更有甚者，现在，每一家报纸，都在为他的被解雇欢欣鼓舞；整个英国，都在庆贺一个被碾碎了的“跳蚤”如今已无立锥之地，至于加莫尼，却依然逍遥自在。

他躺在床上，身边放着他最老的朋友给他的恶毒的明信片，在他被解雇之前就寄过来，现在，像是正在幸灾乐祸他的垮台。那个自诩道德高尚的人，宁肯看着一个女人在他面前被强奸，也不愿中断他的创作，简直可恶至极，一个十足的疯子！一定要报复，那是场战争。他的恼恨陡然加剧，决心报复，毫不犹豫。于是，他喝干了杯子里的威士忌，抄起了电话，与他昔日工作当中认识的一位新苏格兰场的警官交谈了 15 分钟。他电话里提到的所有的细节都被记录了下来，结果却并不令人满意，因为克莱夫并没有触犯什么法律，克莱夫的麻烦，不过是被传唤去被迫尽一尽他的义务，仅此而已。

他不能罢休，还要做更多的事，一决胜负，一定要让克莱夫承担后果。他躺在床上又思索了一个小时。起床后，像是为了安慰自己，他拿起了他的那张《审判官报》。事修而谤兴，德高而毁来，他想，事实上，这是一版极好的头条新闻，可所有的人都冤枉了它。这份报纸的其他部分，也都相当地有分量，特别是莱蒂斯·奥哈拉的那篇披露荷兰滥用安乐死的特写，倍加令他引以为豪；早晚有一天，尤其是，要是在加莫尼爬上首相之位，国家遭到破坏之时，人们将会悔恨把他弗农·哈利戴驱逐出主编一职。

不过，问题是，那是将来的事，现在，他失业在家。而且，除了新闻媒体这行职业，他什么都不会干；更不堪的还有，今后，他已不再有可能在这行职业里寄身了，再没有人会雇用他了。他被贬废了，又早已过了再接受训练的年龄。随后，他的思想再次返回到那张充满恶意的明信片上，简直就像是一把刀子，简直就像是撒在他伤口上的盐。随着这一天的过去，这张明信片变成了他之前 24 小时当中所领受的全部侮辱的替罪羊，令他恨入心髓，尤其是，他一贯认为，人类罪恶中的极致，莫过于——背叛。结果，克莱夫上星期四写的那几个字眼“你应该被革职”，现在，被他读成了“你活该被革职”。要是放在星期一，说不定，他会对它有不同的解读。

每当他认为这个世界对他不公时，每当他的生活被毁掉时，他总觉得，没有什么比受到老朋友幸灾乐祸的攻击更恶毒的事了。那是绝对不可饶恕的！他再次拿起了那份《审判官报》，反复读阅上面那篇有关荷兰医疗丑闻的报道。那天，稍晚些的时候，他打了几次电话询问此事。后来，他坐在厨房里喝咖啡时，细细思考他被社会抛弃的堪忧的前景，不知道自己是不是该给克莱夫打个电话，假装讲和，以便让克莱夫邀请他去阿姆斯特丹。就这样，在无所事事中，他又打发掉了几个小时。

在飞往阿姆斯特丹的“波音 757”的机舱里安顿下来之后，克莱夫独自坐在靠窗户的座位上，感觉还不是太坏，只不过，他不得不错过排演的头一个小时了。至于曼彻斯特警察局的事，他已经轻而易举地处理完毕了，而且，享受到了极其尊贵的接待。原本心里始终惴惴不安的他，一时间，竟然忘却了交响曲带给他的全部烦恼。

那天，当他以最阴暗的心情抵达火车站时，从尤斯顿过来的一路上，他都在诅咒弗农。那位警长亲自前来迎接伟大的作曲家，对他的远道而来，从伦敦跑过来帮忙，满怀谢意。那些警察们，也没有一个人嗔怪他未能及早现身，一个个全都非常高兴他能前来协助这桩刑事案的调查。他们要他干的事很简单，从两个不同的队列里辨认并指出那个湖区的强奸犯。第一次辨认时，他一眼就看到了那个戴着布帽子的男人；在随后的一次辨认时，虽然大多数人都戴了帽子，但是，他还是一眼就认出了站在最后的那个没戴帽子的男人（不过，这一次他认错了人）。警察们对他的配合和所履行的义务，感到很满意，用一辆巡逻车把他送到了机场。下车握手道别时，他注意到，坐在驾驶座上的人正是他第二次辨认的人，只不过在这时他们二人都觉得已没必要再对此说什么了。

飞机抵达阿姆斯特丹的史基浦（Schiphol）机场晚点了两个小时。克莱夫乘火车到了中央车站，然后，步行前往他预定的旅馆。一路上，他边走边想着弗农和他的交响曲。那部作品被彻底毁掉了还是只是有点瑕疵？或许，那点瑕疵没有糟糕到玷污自己名声的地步，说不定也只有他自己心里明白那点瑕疵。那个最辉煌的时刻被毁灭性地剥夺了，对于首场公演，他心存畏惧。他已经为弗农做了各种安排，只是在兑现他的那个约定。弗农竟然想和解，并为此要来阿姆斯特丹，绝不仅仅是巧合，或许纯粹是天意。在弗农那变黑了的理智紊乱了的心里，已经认可了他的命运，把自己完全交付给了他。

到了旅馆后，他获悉招待会安排在了当晚 7：30 举行，立刻在他的房间里拨通了他的熟人，一位高明的医生的电话，谈论了各种准备工作，最后还谈论了用药后的具体表现，以及事先下药的事。服药之后，人的行为将变得捉摸不定，使人觉得古怪，人格分裂，完全丧失理性，满脑子幻想。那药该怎么个服法呢？放在一杯香槟酒里，他觉得那样更适合筵席的情调。之后，他让门卫帮他叫了一辆出租车，几分钟后，他就赶到了排演场。在他刚一推开通往楼梯的旋转门时，就听到了里面英国交响乐团正在演奏他那“千禧年交响曲”的最后一个乐章。他蹑手蹑脚地走到了管弦乐队后上方的正厅前座，那个位置刚好在打击乐乐师们的背后，那些乐师们看不见他，却面对着乐队的指挥朱利奥·鲍。

看到克莱夫的身影后，朱利奥·鲍伺机落下了指挥棒。之后，举起双手，指向克莱夫的方向，大声说道“欢迎大作曲家！”音乐厅里立刻响起了一阵欢呼声。欢迎场面过后，排演继续，演奏渐渐进入了尾声，那一行旋律，狂欢的最强音，极其乏味，虎头蛇尾，令克莱夫失望至极，不由得低垂下他的头，用双手捂住了脸。他清楚地意识到，那个小小乐段，那音响里，缺乏变奏的音符，不谐和音，简直荒谬；然而，在排演结束前，他是不能离开的，他只能埋着脸，坐在那里默默忍受。

在被护送回旅馆时，由于同行的朱利奥·鲍被乐队的事绊住了，他在外面大街上静静地等了一会儿。站在街头拐角，他呼吸着夜色中的阿姆斯特丹温暖的空气，感觉里面总像是含有一种雪茄烟的淡淡烟气和番茄沙司的味道。他对自己曲谱的问题所在心知肚明，很清楚那个小小乐段原本的真正音调。他刚刚经历了一次听觉上的幻灭，缺乏变化把他的杰作彻底毁了。眼下，他比任何时候都更清楚这一点，不过，却已不再是令他痛不堪忍，狂怒，或咬牙切齿了。他即将依照约定去做他该做的事了。

在回途的轿车上，朱利奥·鲍把当日的工作对他捋了一遍，那些直接按照曲谱演奏的部分和明天不得不单独挑出来演奏的一两个地方。尽管他十分清楚自己乐谱的问题所在，不足之处，却依然幻想能听到伟大的音乐指挥家对他那部交响曲的赞美。他拐弯抹角地询问：整部乐曲的结构是否紧凑，是否令人满意。朱利奥·鲍给予的回答却是不置可否。他们在旅馆门厅分开后，朱利奥·鲍赶去参加招待会，他去服务台取信，有人通知他，弗农已经在半小时前到达了。

为管弦乐队、友人们和新闻界举行的酒会，正在旅馆后面的回廊上进行着。克莱夫从站在门口端着托盘的服务员那里，为弗农和他自己各拿了一杯酒。之后，他退到一个没人的角落，在一个靠窗户的座位上坐下来后，看了看那位大夫给他的那份说明书，打开了一个装着白色粉末的纸袋，并时不时地朝着门口瞟上一眼。那天，当弗农给他打电话，为警察局的事向他道歉，并建议到阿姆斯特丹来重归于好时，他巧妙而彬彬有礼地答复着，但在放下电话听筒时，他的手在颤抖。现在，当他把药粉放进香槟酒里时，他的手也在不由自主地颤抖不已。之后，他直起身来，一手端着一只酒杯——右手的是弗农的，左手的是他自己的。

他寻找到了一小块未被人占领的地毯，站在那里，视线正对着通向休息室大厅的入口，可以清楚看到进进出出的人员。早晚会有个人过来与他交谈的。不过，他没料到最先一个过来的，竟然是那个名为保罗·拉纳克（Paul Lanark）的小屎橛子，那个曾把他评论为“一个被驯化养乖了的天才——戈莱斯基[1]一类的人物”的乐评人。简直不可思议，这个家伙居然有胆量向他走了过来。他四处打量着，看看什么地方可以放下他手持的酒杯。就在这时候，他看到弗农，满脸堆笑地朝他走了过来，同他一样，手中也端着满满的两杯酒。

他们彼此打过招呼，克莱夫示意，他已为弗农拿了一杯酒，弗农表示，他也为克莱夫准备了一杯酒。他们各自拿出了一杯酒递给了保罗·拉纳克。之后，弗农主动把剩下的那一杯酒递给了克莱夫，克莱夫把他的那一杯酒递给了弗农。大家干过杯后，弗农朝着克莱夫点了点头，脸上一副意味深长的表情，然

---

1 戈莱斯基（Gorecki）：即波兰作曲家亨瑞克·戈莱斯基（Henryk Gorecki，1933—2010），曾经长期使用各种先锋派手法，以1976年创作的《第三交响曲 “悲愁之歌” 》（Symphony 3 “Sorrowful Songs”）闻名于世，曾上过英国流行音乐排行榜第六的位置，之后，便沉寂了。1975—1979年间，曾担任卡托维兹国家高等音乐学校校长。2007年，有一部新作，一首弦乐四重奏问世，与《第三交响曲》有诸多相同的特点。

后转向了拉纳克，说他最近在一份非常显要的人物名单上看见了拉纳克的名字，上面有法官、警察署长，商界大佬，还有政府部长什么的。拉纳克一脸喜色，与弗农大谈起来，没想到却遭到弗农一顿挖苦，被搞得好不尴尬，直挺挺地站在那里，一动不动。这时，突然拥过来的人流将他们一起夹带着离开了原地，直到走到与门平行的地方，克莱夫和弗农才得以脱身出来。

走进平静的休息大厅，他们坐到长沙发上，继续啜饮他们手持的那一杯香槟。克莱夫很赞赏弗农把拉纳克狠狠收拾了一顿，弗农也很得意，两人借此，再次干杯。之后，弗农为他让警察找到克莱夫头上使他有失尊严之事，表示了歉意；克莱夫对弗农被革职一事，表示了他的遗憾，对弗农的所作所为表示了充分的理解和同情。弗农建议：为此，握手言和吧，然后，再做朋友。说完，弗农喝干了他酒杯里的酒，打了个哈欠，起身告辞，并相约一起吃晚饭。现在，他需要先去小睡一会儿，因为他感觉相当疲惫不堪。克莱夫表示：他也要去洗个澡。那么，一个小时后，再在这里见。

随后，弗农与克莱夫分别回到各自的住所。很快，他们的手脚就不灵便了，产生了幻觉，那个永远充满生命活力的莫莉・莱恩的身影出现在了他们眼前。克莱夫在幻觉中看到的是莫莉与他最厌恶的音乐评论家保罗・拉纳克勾勾搭搭；弗农在幻觉中看到的是莫莉与《审判官报》的新任主编弗兰克・迪本肆无忌惮地调情。之后，他们的恐惧与恼怒瞬息而过，同时离开了人世。

前来阿姆斯特丹为弗农・哈利戴和克莱夫・林利收尸的，是前外交大臣朱利安・加莫尼和出版商乔治・莱恩。加莫尼的政党为保全大局，在《审判官报》的照片事件之后的那个星期，首相改组了内阁。尽管公众舆论普遍给予了加莫尼宽恕和容忍，然而，政客们还是认为《审判官报》上的照片已对他造成了不良影响，对他 11 月的竞选失去了兴趣，他们不喜欢一个即将成为领袖的人物身上有那样的性倾向，令他辞去了外交大臣一职。

乔治是以哈利戴家的老朋友和弗农的《审判官报》赞助人的身份，前来接尸的；加莫尼是作为克莱夫的内阁里的推荐者，受林利信托公司的委托，前来护送灵柩的。那些委托人希望他这位前外交大臣的到场，能加速解决那些运送尸体的国际急件的问题。现在，他们二人将一同前往阿姆斯特丹护送那两具棺材回英国。

自从莫莉的葬礼之后，他们二人还从未见过面。在贵宾休息室里，他们谨慎地握了握手。加莫尼曾听到谣传说是乔治・莱恩售卖了那些让他丢脸丢职的照片。他追问乔治：他是不是为《审判官报》提供照片的那个人？乔治矢口否认是自己所为，并宣称是弗农和克莱夫的过失。弗农一直都在关注那些照片，等待着他的时机；而且，那些照片的版权，莫莉指派给了克莱夫，克莱夫很可能已经赚得了几个英镑。加莫尼在心里恨恨地想：乔治说得很圆满，如果乔治没有说谎，那么，克莱夫和他所有的作品就完蛋了。

他们的班机抵达了目的地，他们二人走下楼梯去等待接他们的轿车。一个半小时后，他们坐上荷兰政府部门的专用车，载着他们走过阿姆斯特丹的街道。乔治漫不经心地提起了克莱夫的“千禧年交响曲”在伯明翰的首次公演被延期了，加莫尼回答说：实际上，公演被取消了。指挥朱利奥・鲍认为它是一个败笔。英国交响乐团里有半数成员拒演，曲谱末尾，有一个曲调，十分明显，无耻地抄袭了贝多芬的《欢乐颂》，增加或删掉了一两个音符。“难怪他要自杀了。”乔治不由得感叹道。

尸体存放在阿姆斯特丹警察局地下的一小间停尸房里。认领了尸体之后，加莫尼和乔治显得意外地平静，在坐车穿过市中心往回返时，加莫尼谈起了他刚刚听到的一个传闻：报纸上的报道与事实不符。

那两个人根本不是什么同时自杀，而是相互毒死的。两个人彼此喝了对方的酒，相互谋杀而亡的。结果证明，这个地方有一些道德败坏的医生，把有关安乐死的法律推到了极限，他们大多数人通过杀死雇佣者年迈的亲属得到酬金。

下午晚些时候，他们回到了英国，在希思罗机场办好了那两副棺材的事情，通过了海关，随即看到了他们各自的司机。他们握手告别后，加莫尼去威尔特郡看他的家人去了；乔治去了曼迪·哈利戴那里。

乔治认识曼迪已有不少年头了，一个颇令人满意的女人，一向有点野。或许，请她出去吃饭，大概行动不算太急。他在哈利戴家门前的台阶上停顿了一下，觉得要想想对弗农的遗孀说些什么。很快，他发现他的思绪愉快地飞转到了别处，他再也不用忍受莫莉的前情人们的眼色了，现在可以举办追思仪式了。当他举手按门铃时，他的思绪已经开始制定奢华的需要邀请的客人名单。

作者生平与创作生涯

伊恩·麦克尤恩是不列颠帝国司令勋章（CBE）的拥有者，1948 年 6 月 21 日出生在英格兰汉普郡奥尔德肖特（Aldershot）一个军人家庭，童年大部分时间是在远东、德国和北非他父亲驻扎的军营里度过的。回到英国之后，他在萨福克郡国立寄宿学校沃尔斯顿高中完成了中学学业，曾一度投身于 1960 年代的反文化运动，1968 年与一批嬉皮士到阿富汗体验生活，感到厌倦后，回国继续学业。1970 年，获得萨塞克斯大学英语学士学位；1972 年，获得东英吉利大学英国文学硕士学位。在东英吉利大学学习期间，他修习了由英国小说家和评论家马尔科姆·布拉德伯里（Malcolm Bradbury，1932—2000）和安格斯·威尔逊[1]（Angus Wilson，1913—1991）主持的创意写作课程。

1974 年，他定居伦敦，正式开始他的文学创作。1975 年，出版了第一部短篇小说集《最初的爱情与最后的仪式》（First Love，Last Rites），用优美精确的语言，无动于衷的叙述，描述了未成年人犯罪和离经叛道的性行为的阴森可怕，残忍怪异，描写的性、死亡、犯罪、乱伦等事件触目惊心，令人恶心恐怖，却又源自普通生活；出版之后，在英国当时的文坛上掀起轩然大波，还在 1976 年为他赢得了萨默塞特·毛姆文学奖，令他从而崛起于英国文坛。

1978 年，他出版了第二部短篇小说集《床第之间》（In Between the Sheets），之后又出版了他的第一部长篇小说《水泥花园》（The Cement Garden），集中讲述了一个乱伦的故事，没有太多的悬念和巧合，对人性的挖掘十分透彻，出版之后，深受读者喜爱。1991 年，《水泥花园》被英国导演安德鲁·伯金（Andrew Birkin，1945—　）搬上了银幕。

---

1 安格斯·威尔逊（Angus Wilson，1913—1991）：原名弗兰克·约翰斯顿（Frank Johnstone），20世纪末英国文坛上一位领袖级人物，享有极高的声誉，因其杰出的文学成就，1980年获得了英国女王伊丽莎白二世（Queen Elizabeth II，1926—　）颁发的不列颠帝国爵级司令勋章（KBE）。自1963年起在东英吉利大学任教，其学生包括马尔科姆·布拉德伯里（Malcolm Bradbury，1932—2000），以及活跃于当代英国文坛的著名作家玛格丽特·德拉布尔（Margaret Drabble，1939—　）、马丁·艾米斯（Martin Amis，1949—　）和伊恩·麦克尤恩（Ian McEwan，1948—　）等。

1980 年代，他不断有作品问世，不断受到好评，声名卓著，成为英国文坛上一位极具影响力的作家，当代英国文学的三巨头[1]之一，并不断获得各种文学奖，赢得了世界荣誉；而且，由于他的作品对人性恶的深刻警觉与精彩的情节，作品屡屡被改编为电影搬上银幕。1984 年，他当选为英国皇家文学院成员；另外，他还是英国皇家艺术院院士，美国艺术与科学院文学外籍名誉院士。

1981 年（33 岁），他出版了长篇小说《陌生人的安慰》（The Comfort of Strangers）探讨了人类内心深处的堕落及黑暗，出版之后，入围了当年的布克奖决赛名单，1990 年，被美国导演保罗·施拉德（Paul Schrader，1946— ）搬上了银幕。

1987 年，他出版了长篇小说《时间中的孩子》（The Child in Time），讲述了一个孩子丢失及死亡的故事，获得了英国惠特布莱德小说奖，并在 1993 年获得法国的梅迪西斯文学奖。

1990 年代至今，他陆续出版了长篇小说：《清白无辜的人》（The Innocent，1990）、《黑狗》（Black Dogs，1992）、《做白日梦的人》（The Daydreamer，1994），《耐久的爱》（Enduring Love，1997）、《阿姆斯特丹》（Amsterdam，1998）、《赎罪》（Atonement，2002）、《星期六》（Saturday，2005）、《在切西尔海滩上》（On Chesil Beach，2007）、《日头》（Solar，2010）、《甜齿》（Sweet Tooth，2012）、《儿童法案》（The Children Act，2014）等。

其中，《清白无辜的人》1993 年被英国著名导演约翰 · 施莱辛格（John Schlesinger，1926— ）搬上了银幕，影片获得了第 43 届柏林电影节最佳导演奖。《耐久的爱》入围了当年的詹姆斯 · 泰特 · 布莱克纪念奖决赛名单，2004 年，被英国杰出的导演罗杰 · 米契尔（Roger Michell，1956— ）搬上了银幕。

《阿姆斯特丹》以一个人的葬礼开始，两个人的死亡结束，讲述了一对老朋友不幸为人性中最黑暗的欲望所驱使，各自犯下了道德选择上的错误，同时掉进了对方所设的陷阱。借助一个令人难以置信的故事，从反面探讨了关于人生的大问题，死亡和尊严间的关系，用独树一帜的黑色喜剧风格和极其洗练的笔法，冷眼旁观邪恶、欺骗、背叛、罪孽、谋杀、奸诈，对当今英国社会的伦理道德和体制做了扭曲、智慧的辛辣讽刺，深入人类危险的感情世界，挖掘出人性中最黑暗污秽的一面，探讨了剥夺他人生命的合理性问题。小说在开篇之前，引用了著名诗人威斯坦 · 休 · 奥登（Wystan Hugh Auden，1907—1973）的诗篇“十字路口”（The Crossroads）中的诗句：在这里相逢并拥抱过的朋友，死去了，他们各自的死亡，都是他自己的错误所致。画龙点睛地点明了小说的主旨。小说甫一出版，立刻受到了读者和评论界的青睐。之后，因其以杰出的技巧，以及对当代英国的道德与公众生活的深刻洞察，问鼎了第 30 届英语文学界最有影响力的布克奖。

《赎罪》讲述了一个关于宽恕与忏悔的动人故事，大获好评，入围了布克奖、詹姆斯 · 泰特 · 布莱克纪念奖和惠特布莱德小说奖的决赛名单；获得了英国著名的史密斯文学奖和美国国家图书评论奖，以及《洛杉矶时报》小说奖与圣地亚哥欧洲小说奖；2007 年被英国导演焦 · 莱特（Joe Wright，1972— ）搬上了银幕，获得了 2008 年度金球奖的最佳影片奖。《星期六》探讨了人的命运、意志、生命的脆弱、真相与恐惧。出版之后，受到高度评价，再度入围了布克奖决赛名单，并获得了英国最古老的文学奖——

1 当代英国文学的三巨头：另外两位是朱利安 · 巴恩斯（Julian Barnes，1946— ）和马丁 · 艾米斯（Martin Amis，1949— ）。

詹姆斯·泰特·布莱克纪念奖。《在切西尔海滩上》始终聚焦于数小时内的一个场景，在塑造人物方面却极具深度，再度入围了布克奖决赛名单。

随着一部部独树一帜的作品的问世，伊恩·麦克尤恩在英国乃至世界文坛声名日渐显赫，1999 年，德国汉堡阿尔弗雷德·托福基金会授予了他莎士比亚奖；2000 年，他获得由英国政府颁发的不列颠帝国司令勋章（CBE）。

除了长短篇小说的创作之外，伊恩·麦克尤恩还不断有电视和电影剧本、儿童小说和文学评论等作品问世。其中包括，剧本：《模仿游戏：电视剧三部》（The Imitation Game: Three Plays for Television，1981）、《庄稼人的午餐》（The Ploughman's Lunch，1985）、《又酸又甜》（Sour Sweet，1989）、《好儿子》（The Good Son，1993）；儿童小说：《白玫瑰》（Rose Blanche，1985）；文学评论：《关于现代英国小说》（On Modern British Fiction，2002）等。

伊恩·麦克尤恩有过两次婚姻经历：1982 年（34 岁），与佩妮·艾伦（Penny Allen）结婚，生育了两个儿子，1995 年离婚；1997 年（49 岁），与新闻记者和儿童文学作家安纳莱纳·麦卡菲（Annalena McAfee）结婚。

主要参考资料：

Uxl Encyclopedia of World Biography, by Gale Group, Publisher: Gale, 2003.

Amsterdam, by Ian McEwan, Publisher: Vintage, 2005.

The Oxford companion to English literature, edited by Margaret Drabble, Oxford University, 2006.

1999年｜第31届

033 耻［南非］约翰·迈克尔·库切
Disgrace by John Michael Coetzee

◎ 原著共 24 章，讲述了生活在“新南非”的大学教授戴维·卢瑞（David Lurie）的故事。

英文原版封面

约翰·迈克尔·库切
（John Michael Coetzee，1940—　）

约翰·迈克尔·库切是南非一位蜚声世界的文学大师。

有评论认为，其作品思辨深邃，文字精准而深刻，主题多以种族议题为中心，讲述“后种族隔离时代”的南非社会实况，力图伸张人权精神，引发读者更深入的思考。2003 年，他因**“在人类反对野蛮愚昧的历史中，通过写作表达了对脆弱个体斗争经验的坚定支持”**获得了诺贝尔文学奖。

1983 年，《迈克尔·K 的生活和时代》（Life and Times of Michael K）获得了南非中央新闻社文学奖，又因其**对于南非社会日常生活的栩栩如生的描写和这种描写给人们带来的反思**，问鼎了第 15 届英语文学界最有影响力的布克奖，并在 1984 年获得了法国费米娜奖。

1999 年，他的哲理长篇小说《耻》（Disgrace）因其**极具可读性，且从内容到寓意都具有十分丰富的层次，撼人心魄**，问鼎了第 31 届英语文学界最有影响力的布克奖，成为该奖项自设立以来，第一位两次获此殊荣的作家，从而奠定了他在世界文坛上的大师地位。

在戴维·卢瑞看来，像他这样的年龄，52 岁，并且离了婚，把性问题解决得可算是相当不错了。每周四的午后，他都会开车去绿点的温莎大厦，在下午 2 点，一个名为索拉雅（Soraya）的女人，会准时等候在大厦 113 号房间里，为他提供性事服务。他成为索拉雅的预约客，已有一年多了，他们相处得还算和谐，在床上，索拉雅不是那种激情横溢的伴侣，不过，却能让他获得满足。在荒芜的一周里，星期四，便成了一块奢华与肉欲的绿洲，每次 90 分钟，他付 400 兰特，其中的一半要落到中介公司手上，因为他们拥有 113 号房间和温莎大厦的其他公寓，在某种意义上，他们也拥索拉娅，拥有索拉娅的这一部分功能。

他的健康状况良好，思想清晰。就职业来说，他是，或是，一位学者，而且一直从事着学术研究，学术始终断断续续的，却是他生活的核心。在性事领域，他易激动，却从不激情澎湃，即便到了最高潮，也是如此。索拉雅同他性交时，在这一点上，与他的性情很搭配。索拉雅让他的欢乐不坠，尽管她在职业上是个荡妇，渐渐地，他对她却有了信赖，当然，是有限度的。有时，他甚至能对她一吐块垒，所以，索拉雅便知道了他过往的一些事，他的两次婚姻，他女儿生活中的跌宕起伏，以及他对许多问题的看法。不过，索拉雅对她自己在温莎大厦之外的生活，却向来闭口不谈；而他呢，关于自己的工作，也很少提及，免得烦她。

他在开普理工大学谋生，前身是开普敦大学学院。他早先是一位现代语言学教授，在院系合理化调整过程中，古典和现代语言系被取消了，他变成了传播学副教授。像所有被调整下来的人员一样，校方允许他每年开设一门个人专长的课程——不论选修的人数多不多。这一年，他开设了一门“浪漫主义诗人”的课程；另外，还教“传播学 101”——“沟通技术”和“传播学 201”——“高等沟通技术”。尽管他每天都要在自己的新学科上投入好几个小时的精力，他却对这些教材没什么敬意，生不出热情，因而也没能给学生们留下什么深刻印象；不过，话又说回来，对自己的工作，他一向还是尽职尽责的，工作起来一板一眼，无论是对学生们，还是对有关部门。

在他延续了四分之一个世纪的全职教学生涯中，他出版过三部学术专著，没有一部引起过轰动。过去几年，他动念要写一部论述拜伦最后岁月的作品——“拜伦在意大利”的室内歌剧，沉思两性之间的爱情，然而由于一拖再拖，那部作品始终没有结果。他始终连续不断地坚持着他的教学生涯，因为它为他提供了谋生之路，还教他学会了谦卑，而且让他找到了自己在这个世界上的避难所。然而，到了后来，他却不可避免地从中察觉出了一种出乎意料的效果：来教书的，学到了最最深刻的道理；而来听课的，却什么也没学到。

在绿点的这一间公寓的厨房里，备有一把茶壶，一些塑料杯，一个广口瓶里装着速溶咖啡；在电冰箱里，备有瓶装水；在浴室里，摆着肥皂和一架毛巾。索拉雅把她的化妆用品装在随身带来的袋子中。公寓里的一切都放置得井井有条，没有一点多余的东西，全部都很实用，而且干干净净。一周里，同一个女人在这里干上 90 分钟，陶醉于甜美的感官宴席，倒也足以令他心满意足了。

然而，在一个星期六的上午，一切都被改变了。那一天，他因公进城，步行在圣乔治街道上，无意间看到了索拉雅，她一手牵着一个男孩子在买东西。他犹豫了一下，远远地跟随其后，当那三个人在一家餐馆临窗的桌前坐下去之后，突然，索拉雅的目光与他不期而遇。结果，他与索拉雅的性关系便再也难以维持下去了，无论他情愿或不情愿，索拉雅原有的形象，已消失殆尽，消失得干干净净——尽管他很喜欢过那种双重生活，三重生活，被划分成一块一块的生活，但在那件事之后，他与索拉雅之间，无形之中，生出了一种不自在之感，两个人谁都无法把发生的事搁置到一边去，享受性愉悦时，双方无以或缺的那一丝浪漫和幻想被现实揭穿了。他需要一个带有神秘色彩的女人，而索拉娅无非是为养家糊口而有多重身份的一个妓女。于是，有一天，一切便都结束了。随之，他的生活变得混乱不堪，急匆匆地变换着一个又一个女人——与同事的老婆有染，挑选在水边酒吧或意大利俱乐部的游客交往，与娼妓睡觉。

没有了周四的节目，他整个一周都过得味如嚼蜡，有些日子，甚至不知自己该怎么办或该做些什么。一个星期五的下午，在回家的路上，他不经意间看到了自己开设的“浪漫主义诗人”课程上的女学生梅拉妮·艾萨克斯（Melanie Isaacs），便主动开口打了个招呼，随后，又邀请梅拉妮到他家里去喝点什么。梅拉妮随他穿过花园，来到他居住了十二年之久的安静住宅区。在这里，他先是同妻子罗莎琳德（Rosalind）住在一起，离婚之后，一个人独居其间。进门后，他打开了一瓶美蕾酒庄[1]的干红葡萄酒，放了莫扎特的音乐——单簧管五重奏[2]。美酒和音乐，男女交往的礼仪，下一步会如何发展呢？而且，他带回家的这个女孩子，不仅小他 30 多岁，还是他授课当中指导的一个学生。在随后的交谈当中，梅拉妮直言不讳自己对他课程当中的华兹沃斯[3]没什么兴趣，对文学也并不热衷，她将来打算搞舞台艺术和设计，正在攻读有关戏剧专业的文凭，之所以选修他的“浪漫主义诗人”的课程，无非是想换换情趣，不想再听去年她已经听过的“莎士比亚”那个课程了。

他和梅拉妮一起做了晚饭，吃过晚餐之后，他把梅拉妮拉到了沙发上，然后往录像机里塞了一盘带子，两个人一起看了一部老片子。梅拉妮询问他是否有妻子，他答复说，他结了两次婚，不过现在是单身。随后，他往梅拉妮的咖啡里加一点烈酒，渴望能把她诱奸到手。他抚摸着梅拉妮的脸说，想请她做点冒险的事，和他过一夜，因为女人的美不独属于她一个人，那美是女人带给这个世界的赏金的一部分，她有责任让别人分享，还引用了莎士比亚的“我们渴望着生命能够最美好，恰如玫瑰的芳香永不衰

---

1 美蕾酒庄（Meerlust Estate）：南非杰出的酒庄，始于1756年，是公认的酿制世界级佳酿的酒庄。

2 单簧管五重奏：沃尔夫冈·阿玛多伊斯·莫扎特（Wolfgang Amadeus Mozart，1756—1791）写作单簧管五重奏时，适逢人生低潮，这一出尘脱俗的乐曲，流露出友善与美好之意，却又让人痛心疾首，颇感苦中作乐。

3 华兹沃斯：即威廉·华兹沃斯（William Wordsworth，1770—1850），英国浪漫主义诗人，同时也是田园诗人，1843年被维多利亚女王任命为桂冠诗人，以描写自然风光、田园景色、乡民村姑、少男少女闻名于世。

亡”的诗句；不料，这样一来，他使自己一下子又回归到教师的角色上了，梅拉妮立刻借口有人在等她，挣脱了他的拥抱，走了。

他本该就此止步，可他却没有那么做。星期天一大早，他开车来到空空荡荡的校园，从系办公室的文件柜里找出课程登记卡，获得了梅拉妮的记录，查到了她的家庭住址、电话号码，拨通了电话，邀请她共进午餐。他开车把梅拉妮带到郊外的豪特海湾港口，用过午餐之后，又把她带回了他的家，在客厅的地板上，和梅拉妮做了爱，尽管自始至终梅拉妮都是被动的，然而他还是从中获得了快感。第二天一早，醒来之时，他体会到一阵深切的满足感，而且这一感觉持续了许久。

那一天，梅拉妮没来上课，他从办公室给花店打电话，给梅拉妮送去了康乃馨。星期三，梅拉妮在他的课堂里出现了，坐在了她平常的位子上，低着头。他继续讲着华兹沃斯，暂时停顿下来的时候，朝梅拉妮匆匆投去一瞥，脑海里闪现出她躺在地板上被他掀露出来的那洁净完美小巧的酥胸。就在这当口，梅拉妮第一次朝他看了看，二人目光相遇的一瞬间，慌乱的梅拉妮立刻垂下了目光。他宣布了下课，没有马上离开教室，希望能和梅拉妮说上一句话，然而，梅拉妮却混在人群中溜走了。一个星期之前，她还不过是他班上漂亮脸蛋当中的一个，现在，她成了他生活中的一个存在，一个活生生的存在。

隔天午后 4 点钟，他出现在了梅拉妮公寓门口，事先什么都没有说，就硬找上门来，这令梅拉妮分外惊讶，可又无法抗拒他这位侵略者。当他的双臂把她抓住时，她的四肢像个牵线木偶似的不听使唤了，对他说：不，现在不行，她表姐珀琳（Pauline）就要回来了！可没有什么能阻止他的，他强行把梅拉妮弄到了床上，她没有任何抵抗，听凭他把自己在床上摊开，脱去衣服，甚至还协助他抬了抬双臂，然后是臀部。这一次，尽管不是强奸，却不是情愿的，而且，绝对不是情愿的。完事之后，梅拉妮要他赶紧离开，他服从了，但之后当他走到汽车那儿的时候，灰心和沮丧突然一起向他袭来，他木呆呆地坐到方向盘后面，无法动弹。

第二天，他的课堂上又不见了梅拉妮的身影，而且那是一次令人非常遗憾的缺席，因为那天刚好是进行期中测试的日子。后来，他在填写记分册时，在梅拉妮的名字旁画上了标记出勤的勾号，还编造了一个 70 分的成绩。接下来的一个星期，梅拉妮始终都是缺席。他不断地打电话，始终没有回应。在星期天午夜，他的门铃响了，是梅拉妮，浑身上下一身黑色装束，一副困窘的样子，要求留宿。他心里涌起释然之感，伸出双臂，把她僵硬寒冷的躯体紧紧拥抱到怀里。他让梅拉妮住到从前女儿住过的房间里，为她铺好了床铺。第二天早晨，临上班之前，他敲开了梅拉妮的房门，梅拉妮的神色看起来有些憔悴，他把她拉到了怀里。在他的安抚下，梅拉妮一边抽泣，一边要求继续留在他的家里。他犹豫了一阵，最后一面抚弄着她的乳房和臀部，一面应下了她的请求。

那天，他又同梅拉妮做了一次爱，在他女儿房间的床上，这一次做爱的感受非常美妙，就像第一次一样美妙。当天下午，一个他从未见过的年轻男子敲开了他办公室的门，指责他“操了”梅拉妮，然后威胁说事情不会就此了结，他别想拔腿就走，一面挥舞双手把他书桌上学生的考卷弄得四下乱飞，离开之前，还警告说：等着瞧！那天晚上，他很晚都没能入睡，一直在等梅拉妮归来，梅拉妮却始终没有露面。第二天，他发现自己停在街边的汽车受到了摧残，轮胎被放了气，门锁被灌进了胶冻，挡风玻璃被用糨糊黏上了报纸，车身上是道道伤痕。

星期一，梅拉妮出现在了他的课堂上，而且身边还多了个人，那位曾到过他办公室的青年男子莱恩

（Lane）斜靠在她旁边的座位上。教室里失去了往日活跃的气氛，肃静得有些非同寻常，尽管他不相信学生们或许已经知道发生了什么事，但他们无疑都是在等着看他如何处置那个侵入者。而他能做什么呢？他只能咬咬牙，付出代价，受到责罚，别无他法。而且，颇具讽刺的是，那天，他刚巧要接着上一堂的内容往下讲，讲授有关拜伦的丑闻，而且，非得谈论这个话题不可，不过，他没有进行即席发挥。他偷偷瞥了梅拉妮一眼，随后问了一大堆问题，想办法引导学生们讨论了一会儿，便提前下课了。

他把梅拉妮叫进了办公室，把她的男朋友莱恩拦在了门外。他对梅拉妮说：他必须以教师身份跟她谈谈，他对他的学生，所有的学生，都负有不可推卸的责任，至于她朋友在校园外面干什么那是她朋友自己的事，但是他不允许她那位朋友扰乱他的课堂。他要梅拉妮就这么转告莱恩，说是他说的。之后，他又要求梅拉妮必须更好地出勤，按时来上课，还必须补上她错过的测试，梅拉妮迷惑地注视着他，甚至有些震惊。他随后便给梅拉妮约定了补考的时间和地点：下周一，在办公室。

结果，梅拉妮不但没有如约来参加补考，而且对家长说她要退学去找工作。为此，梅拉妮的父亲艾萨克斯先生（Mr. Isaacs）从家里打来了电话，希望他能帮助说服梅拉妮，不要把大学三年的时光白白丢掉了，还说，梅拉妮一向都很尊重他这位教授。挂上电话之后，他打了几天电话，都没能联系上梅拉妮。

星期五，梅拉妮的父亲艾萨克斯先生出现在了他的办公室。随后，事情就这样开始了——第二天，他收到一份令他大为吃惊的密件，学校发来了一份备忘录，通知他：有人投诉他违反了学校"行为规范"第三章第一条，要求他尽早与副校长办公室联系。密件里面还附上了一份"行为规范"，其中第三章，是有关对种族、人种、宗教、性别、性意向或身体残疾的骚扰或使人受害的歧视；第一条，是有关教师对学生的骚扰或使人受害的歧视。他打过去电话之后，副校长办公室把会见时间安排在了下午5点。

校方防范歧视委员会主任法罗迪阿·拉苏尔（Farodia Rassool）博士扯开了话头，要与他谈的是有关梅拉妮·艾萨克斯小姐提出的投诉问题。他的系主任艾兰·温特（Elaine Winter）把话茬儿接了过去：他们已经对梅拉妮做了调查，梅拉妮自己说她上个月只出勤了两次，而且没有参加期中测试，而依照他的记录，梅拉妮的出勤是全勤，没有任何瑕疵，期中测试成绩是70分。温特主任以取笑的目光盯视着他，他无言以对，如实坦白，承认自己做了手脚。拉苏尔博士谈起了正题，告诉他：骚扰事件处理起来总是很复杂的，既复杂又不幸。因此，他们必须一步一步地进行，照章行事……随后建议他去找个法律顾问。

他与经办他离婚案的律师见了面。律师建议他把损失降到最低，耐心等待丑闻渐渐被淡忘，让他去做做敏感性训练、社区服务、心理咨询什么的。他立刻一口拒绝了，表示自己有违正常，咎由自取，不过，不想接受任何形式的对人的自然天性的修理。

他同前妻罗莎琳德一起吃了晚饭，他们离婚已经八年了，渐渐成了朋友。罗莎琳德同他谈论了一番他们的女儿露茜（Lucy）。露茜现在生活在东开普的一个小农场里。之后，罗莎琳德顺口提到了他与梅拉妮的事——事情本该是保密的，但实际上却已经传开了。罗莎琳德指责他太愚蠢、太丑陋，也不要期待会有人同情他，现在这时代，人人都会用手指着他反对他的；接着询问他，打算怎么办？他告诉罗莎琳德，下个星期调查委员会要召开一次听证会，他打算会议一结束就去露茜那儿看看，回来之后再说，因为他对学校能不能让他重返教学岗位、他自己想不想重回校园心里都没有把握。

罗莎琳德认为他不该就这么不名誉地结束职业生涯，自贬身份，为一个20岁的小情人；随后，又向他道出了一个传闻：据说，梅拉妮当时服用了安眠药。对安眠药的事，他一无所知，他意识到，看来，他们是在为他罗织罪名，这一事件背后肯定有什么名堂。梅拉妮有一个猜忌的男朋友，还有一对愤怒不已的父母，她一定是在被逼无奈的情况下，才署名向校方投诉他，给他一个突然袭击。罗莎琳德紧追不舍，追问他爱不爱这位玷污了他名声的女孩子？被他当即顶了回去，在他看来，梅拉妮不该对此负责，不应责怪梅拉妮。

第二天，罗莎琳德打来电话，告诉他，报纸上刊登了一篇有关他的报道。他拿起报纸，扫了一眼上面的标题：《被控性犯罪的教授》。文章里指名道姓说——戴维·卢里，53 岁，《英国自然诗人威廉·华兹沃斯》一书的作者。

听证会由宗教研究教授玛纳斯·马萨班（Manas Mathabane）教授主持，面对调查委员会的质询，他的回答，态度坦然，没有丝毫紧张感，对关于艾萨克斯小姐的成绩记录有效性的质疑，对艾萨克斯小姐对他的所有指控，他全盘接受，直言自己有罪，表示无论艾萨克斯小姐说什么，他都统统承认——指控属实。他能做到的就这些，他不想忏悔，不想申诉，他是个成年人，绝不去找什么心理医生，也绝不接受任何形式的心理咨询。

既然他已经承认有罪，那么，也就没有什么理由再继续辩论下去了。于是，拉苏尔博士当场建议给予他最严厉的处罚：立即将他解雇，取消所有附带的权益和特权。这时，有人出面阻拦了一下，希望他反思反思，发表一篇声明，做一番发自真心的忏悔，来平息目前激烈的事态，把事情悄悄了结了，不至于丢掉教职。他摇了摇头，还是按条文办吧，他承认自己有罪，但拒绝悔过。

他一出会场，刚下到楼梯的一半，立刻遭遇了人群，在学生们的围追堵截中，他被一个女学生穷追不舍，拍下了照片。随后的一天，学生的报纸上刊登出了一张丑化他的照片，一篇满怀敌意的文章中写道：昨天，调查委员会对传播学教授戴维·卢里的性骚扰和行为不端指控进行了调查，委员会对最终裁决闭口不谈。那天，他回家后，接到了调查委员会主席马萨班教授打来的电话。委员会已经把建议递交上去了，校长并不打算对他采取极端措施，让马萨班教授与他进行最后一次联系，条件是他发表一篇让大家和他自己都满意的声明。马萨班教授还帮他草拟了一份简短的声明，当众认罪，公开道歉，表明自己的悔意，这样一来，校方就可以从轻发落了，他可以暂时请假离开一段时间。而他，依然坚持己见，承认有罪，可至于悔过、道歉书，他做不到。

结果，他离开了开普理工大学，离开了开普敦。他开车来到东开普敦省西部的萨利姆小镇，小镇位于格拉汉姆斯顿镇至海上科顿公路途中，他女儿露茜的小农场在距离小镇几英里之外的一条弯曲土路尽头，面积总共 5 公顷，居住地上的房子很大，里面光线暗淡。

六年前，露茜以一个公社成员的身份搬到了这里，那是一个年轻人的公社社团，社团成员们在格拉汉姆斯顿镇贩卖皮货，在阳光下烘干陶器，在处于成长期的玉米之间种植大麻，公社解散之后，露茜和她的朋友海伦（Helen）一起留了下来，继续居住在小农场里。露茜说她已经爱上了这个地方，想好好经营它，于是，他便帮她买下了这个小农场。如今的露茜已经成了一个十足的农家妇女，身穿花布衣衫，赤着双脚，整栋房子里充满了烘焙食物的味道。

露茜让他住进了海伦的房间，因为那个房间上午阳光充足。比露茜年长得多的海伦从 4 月之后就回约翰内斯堡去了，除了帮手，现在，露茜只身一人在这里过，加上几条狗，一杆枪，烤箱里的面包和地里的农作物，这些便是这个强健的年轻移民者的全部生活。露茜带着他，在房宅和她经营的一些场所慢慢转悠，提醒他不要浪费水、不要污染化粪池，尽管他清楚这些，却还是顺从地听着。之后，露茜带他参观了收狗所。他上次来时，狗舍仅有一间，现在已经成了五间，里面的狗见到露茜很兴奋，其中有杜宾犬、德国牧羊狗、脊背犬、牛头梗、罗威纳犬、斗牛犬……露茜告诉他，它们全是看门狗，牧羊犬一般签的都是短期契约，两个星期，一个星期，有时只是一个周末，暑假期间送来照管的宠物狗会多一些。露茜还向他坦言，她正在考虑另外开办一个收养猫的业务。

眼下，除了狗舍之外，每个星期六上午，露茜还在集市上拥有一个摊位。狗舍、出售花束和园子里的蔬菜，这些就是露茜的谋生之道。他跟着露茜在土垒的水坝上闲逛，水岸边有一群鸭子，他们越过一个个蜂箱，穿过园子，园子里有一行行花床和冬季蔬菜，他们谈论那些蔬菜和水仙花，谈论狗。露茜还告诉他，新雇用的帮手佩特鲁斯（Petrus）从3月份以来就是小农场的合伙人了。然后，他们沿着一条灌溉渠走了回去。

回到住宅后，他看到门口正中站着一个个头高大的男人，穿着蓝色工作服，有一张饱经风霜的脸和一双精明的眼睛，年龄大约在40或45岁。经由露茜的介绍，那个男人就是佩特鲁斯，他与佩特鲁斯握了握手。他从露茜口中获悉，佩特鲁斯负责照看狗，并在园子里干活，既是园丁又是看狗人；而事实上，他已经拥有了露茜小农场的一小部分——年初，他获得了土地事务处的一笔资助，支付所购买的一公顷地以及从露茜手里买的那一部分产权富富有余。现在，佩特鲁斯和他的妻子住在一间旧马房里，露茜给里面安了电灯，弄得相当舒服。佩特鲁斯在阿德莱德还有另外一个妻子和几个孩子，有的孩子已经成人了，有时候佩特鲁斯也回阿德莱德去，在那里过上一段时间。

晚饭很简单，露茜小心地同他谈起他辞职一事，示意他放宽心，他完全可以住在这个“避难所”里，想住多久就住多久。他并不认为这里是“避难所”，事情还没那么糟，他不是一个逃亡者。他告诉露茜，事情完全是他自找的，校方提供了妥协之策，不过他没有接受。他不想接受再教育，不愿接受什么性格改造。露茜劝他说，没必要这么宁折不弯的，宁折不弯不是什么英雄行为，让他重新考虑上诉。他表示自己不能上诉，一个人既然承认自己犯下了堕落罪，就不要指望得到什么同情；况且，人到了一定年龄，就更是绝对不可能了。但凡过了一定年龄，人就不再讨人喜欢了，事情就是这么回事，所以，他只有认认真真度过余生，自觉服完刑期。露茜叹息一声，表示惋惜，同时示意，他愿意在这里待多久就待多久，无论他用什么借口。

露茜把小农场里的生活一一引介给他，并询问了一些使他惹上了麻烦的那个女孩的事儿，还问到他有没有再结婚的打算。他认为自己这个人不适合结婚，不适合婚姻生活，而且，随着时间的流逝，婚姻对他来说越来越困难了，不是件容易的事儿。他将目光投向露茜，在他们父女之间，这样的谈话并不容易，他与露茜从未这么谈论过私生活，可如果不同她谈，他又能同谁谈呢？

星期六那天，是个集市日，依照约定，清晨5点，露茜就把他叫醒了，准备好了咖啡。天气很冷，他来到园子里，帮助佩特鲁斯干了一会儿活儿。7点之前，天渐渐亮了，狗舍也有了动静，装车的活儿也干完了。那辆掀背的旅行车，上面装载了一盒盒花束和一袋袋土豆、洋葱、卷心菜。露茜开车上路了，佩特鲁斯坐在后排，他坐在露茜旁边，吃着露茜为他准备的三明治。

他们来到坦丁广场时，其他的摊主们已经在忙忙碌碌了：支货架，摆放货物。他们的摊位在农产品区，露茜带来了两个帆布凳，他们喝着从热水壶里倒出来的咖啡，等候着顾客的光顾。一个上午，露茜的土豆卖了将近 500 兰特，花束的销路也一直不错。跑到露茜的摊位前来买东西的那些顾客，全都能叫出露茜的名字，大都是一些中年妇女，每次露茜都要把他介绍一番，过了一会儿，露茜把他介绍给了她在动物福利联盟结交的朋友贝芙·萧（Bev Shaw）。

动物福利联盟曾是格拉汉姆斯顿镇上十分活跃的慈善机构，现在已停止了运作，不过，仍然有少数志愿者，由贝芙·萧领导，管理经营着旧址上的一个诊所，露茜有时也过去帮帮忙。贝芙是一个身材矮胖而且性情活跃的女人，一脸黑雀斑，短发，没有脖子。他对贝芙没生出什么感觉，他不喜欢不肯努力把自己变得具有吸引力的女性。回家的路上，他随露茜走进诊所，尽管动物的臊臭味和洁衣液的味道扑面而来，令人难耐，他却还是摆出了一副好脸孔。房间里的景象，如同他的想象，破旧不堪，乱七八糟，坐在厨房里喝茶的比尔·萧（Bill Shaw）——贝芙的丈夫，同贝芙一样矮胖，主动同他打了招呼，请他坐下来喝茶，可他不想久留。

坐进车里后，露茜问他觉得怎么样？他把贝芙的生活方式归结为一种独立的亚文化[1]，不过，一定是一场必输的战斗。露茜表示她好像也有同感：这的确是一件几乎没有成功机会的事，资金短缺，国家的头等大事的日程表里，也根本没有动物的份儿。不过，露茜依然认为，贝芙的工作，帮助了那些动物，它们轻松多了。他对这样的话题没有什么兴趣，发泄了一通：露茜他们的所作所为，值得钦佩；但对他来说，关注动物福利的人，与某一类型的基督徒有点相似，人人都那么兴高采烈，人人都那么善良，可相处了一阵子之后，就让人禁不住想逃离，去干点什么强奸抢劫的事，或是去踢一只猫。

车已经开上大路，露茜扶正了方向盘，开始对他的话给予严正驳斥，看都不看他一眼，说道：你的意思是我应该去做更重要的事。因为我是你的女儿，所以你认为，我应当去做一些使我的生活变得更好的事？你不赞同我与贝芙和比尔他们做朋友，因为他们不会引导我走向更高一档的生活……确实如此，他们是不会。理由是，根本就不存在更高一档的生活。这是唯一的生活方式，我们同动物一起分享。随后，露西坦然表示，她正试图学习像贝芙一样的人所做出的榜样，让动物分享一些人类的特权，她不愿意像猪狗一样回到另一种生存状态当中，不愿去那样过活——像生活在人类欺压之下的猪狗一样。

在小农场，要适应乡村的生活节奏，需要花上一段时间。露茜鼓励他找点事做做，就不至于过于烦闷了，建议他切切喂狗的肉食，给佩特鲁斯打打下手，因为佩特鲁斯正忙着创建自己的地盘，围地界；或者，他到动物诊所去给贝芙帮帮忙，那里急需志愿者。他认为自己与贝芙不会相处好的，露茜轻描淡写地劝了他一句，他不需要考虑和贝芙相处得怎样，只要凭着良心去干就行了。他觉得这话听起来好像是去做社区服务似的，好像一个人要尽力弥补过去犯下的罪过似的。露茜立刻向他保证，动物们是绝不会关心他的动机的。最后，他做出了让步，答应去干干看，只要他不必成为一个“更好”的人，因为他并不准备改过自新，只想继续做他自己。露茜给了他一个甜蜜的微笑。

诊所外面的牌子上写着：动物福利联盟 W.O.1529，下面一行字说明每日营业的时间。在那间破旧不堪的房子里，他对丑陋的小女人规定给自己的任务有了初步了解，并观察出贝芙的行医水准完全是非职业化的。这里，只能是走投无路之时的最终求助地。他在动物诊所里消耗了整整一个下午，竭尽全力

---

1 亚文化（Subculture）：又称小文化、集体文化或副文化，指某一区域或某一文化群体所属次级群体的成员共有的独特信念、价值观和生活习惯，与主文化或综合文化相对应的那些非主流的、局部的文化现象。

帮忙干了一些事。当天的最后一例手术处理完后，贝芙带他到院子里转了转，看了看。围笼里关着的狗挤得满满的，不像露茜护养的那些纯种狗，是一群杂种狗，骨瘦如柴。他帮助贝芙倒出干食，并且往水槽里倒满了水。倒空了两个10公斤装的袋子后，他问贝芙这些干食的来源，贝芙告诉他，他们做批发，有一些公共的储存，还有一些捐赠的，他们提供免费阉狗术，能得到一点赞助。他看着那些狗吃了起来，它们令他吃惊，里面没有一点争斗，个头小的、弱的，都待在后面，接受它们的命运，等候着轮到自己的机会。

现在，他多少适应了小农场里的生活节奏。过去，他只在女儿家暂时居住过，为期不长；现在，他不仅分享着女儿的房子，还共享着女儿的生活；所以，他暗暗提醒自己，必须小心谨慎些，不要让旧习惯不知不觉地溜回来——那种做父母的习惯，譬如，唠叨什么别忘了用完擦手纸后把它放回卷筒架上去、离开后要关灯、把猫赶下沙发去，等等废话。他决定试着调整自己，以适应当地的乡村生活。他想，他与露茜之间的这种父女关系是命定的，在一位父亲变得越来越老了后——这是不能改变的现实，就只能求助于女儿了。他不由得心生慨叹：女儿简直成了他的第二救世主，他再生的年轻新妈！

这天是星期三，他起得很早，可露茜已在他之前起来喂野生鹅去了。吃过早饭，他们带着两条杜宾犬出去溜达，露茜鼓励他去罗德斯大学或伊丽莎白港找一份工作，被他一口否定了——那是不可能的，他不会再有人要了，无论走到哪儿，丑闻都会尾随他到哪儿。露茜很中肯地劝他：如果他想制止丑闻的传播，那他就该站出来为自己洗刷，不该总这么逃避，任由闲言碎语泛滥。

露茜的话令他无限感慨——露茜小时候，少言寡语，从不表现自己，只是观察他，从不对他进行评判；现在不一样了：护养狗，忙菜园，看星相书，穿无性别服饰，每一个表现，都让他觉得像是一份独立声明，一份经过考虑的、有目的的声明，远离男性世界，过着自己的生活，摆脱了他的庇护。

他摆明了自己的理由：露茜没有击中要点，她要他做的事是根本做不成的。总之，在当今这个时代行不通；即便他试着去为自己辩护，没人会听他的。露茜继续坚持己见，认为他不该就这么逃离，不该就这么让人撵了出来，搞得自己像个替罪羊似的，在荒野游荡。随后，露茜希望弄清楚他的事到底是怎么回事？希望他把实情说出来让她听听。

他犹豫了一下：露茜真的是想让他吐露出更多的隐私吗？之后，他缓缓说道：事情涉及欲望的权利，涉及甚至连小鸟都会被射中的那个神。他语调低沉，慢慢吞吞，努力把自己的意思表达得更清楚一些：动物是由生活习性驱动的。他提起在露茜还小的时候，邻居家养的那条狗，那条公狗，那条金毛猎狗——只要有母狗经过时，它就格外兴奋，和失控了一样，它的主人根据巴甫洛夫的条件反射理论，见状就把它一顿打，结果，它一闻到母狗的气味，就耷拉着耳朵，夹着尾巴，绕着院子猛跑，气喘吁吁地想找地方躲起来。

露茜不懂他的话什么意思，想知道问题到底是什么？他没有信心将事情全部展现出来，因为里面有某种看起来不那么光彩的东西，不过，他还是接着往下说了：人们可以因为狗咬坏了自己的拖鞋去打它，那狗也会因此知道自己错了，可是欲望是另一码事。只是依照自然本能行事就受到责罚，这样的事理，即便是动物，也不可能情愿接受的。露茜追问他：这么说，男性就可以不加管束地去释放欲望？那是道德吗？他坦率地说：不是，不是那个意思，那件事很卑鄙。他只不过觉得，在上述现象中，被忽略的是那条可怜的狗，它憎恨自己的失控行为，不需要别人去打，它自己就在惩罚自己了，一定要有违自然，让事情发展到被责打和羞辱的地步，那它生不如死。露茜顺着他的话茬儿，接了一句，问他：他是不是总是这样想的？他回答女儿说：不是总是，有时候，他反而觉得，欲望是一种可有可无的东西，没有了可能更好。

这时，小路上，有三个男人朝着他们迎面走来。两个大人，一个小孩，迈着大步，走得很快，令他有些神经紧张，走在露茜身边的杜宾犬也减慢了速度，浑身的毛竖了起来。露茜收短了拴在杜宾犬脖子上的皮带，与那三个人擦肩而过。他问露茜，他们是谁？露茜回答说，她从来没见过。当他们折身返回离家不远的时候，那三个陌生男人正站在狗舍那儿恭候着他们。“佩特鲁斯。”露茜喊了一声，可不见佩特鲁斯的踪影。露茜打开狗笼子后，把杜宾犬放了进去。他在一旁不由得寻思：这么做是不是有些不明智？露茜问那两个大人想干什么？其中一个回答说：他们要借电话，他们来自伊拉斯姆斯的库拉尔。他和露茜交换了一下眼色，那是个小村庄，没有电，也没有电话，话说得有道理。露茜问他们为什么不在管理局打电话？那人回答说那里没人。于是，露茜打开了后门，让那个高个头的英俊男人进了屋。片刻之后，第二个男人把他推到一边，也进了屋。他立刻感到有点不对劲，喊露茜快出来，可屋里什么声音也没有，他又喊了一声，正要冲进屋去，门闩“咔嗒”一声给推上了。

他大喊佩特鲁斯，没有回应。他顾不上什么了，赶紧朝厨房后门冲过去，那门的底部没闩住，他猛踢几脚，踹开之后，立刻趴在地上爬了进去，突然间，当头挨了一下重击，被人横拖过厨房，随即失去了知觉。之后，他被扔进了盥洗室。过了一会儿，他晕晕乎乎，强撑着站了起来，门被锁上了，他踢了踢门，不断喊叫着露茜，那门显得十分结实。考验的这一天到底来了，没有征兆，没有仪式前的动静，就这么降临了，一下子就把他抛到了旋涡的中心。他胸腔里，心脏在激烈地跳动着，他的女儿落在了陌生人的手里！

他拼命敲门，不断喊叫。门打开了，他往后一个踉跄，重重地坐在地上。陌生人逼他交出车钥匙，他要他们拿去，统统拿去，拿走什么都行，只是不要碰他的女儿。陌生人用露茜的那杆枪把狗舍里的狗一条条结果了，狗的鲜血和脑浆在笼子里飞溅。他正在地上用力爬着，突然被陌生人从头到脚浇上了什么液体，被推回了盥洗室。那个陌生人点燃了火柴，他立刻被浅蓝色的火苗包围了。他这才意识到——自己想错了！他和女儿并没有被轻易放过！他就要被烧死了。如果他被烧死了，露茜也会死，最重要的是露茜！他像疯子似的拍打自己身上的火苗，一堆火苗在他手背上无声地舞动着，他挣扎着跪起来，把手插进坐便器的水中。他一只眼睛被烧得睁不开了，头发烧没了，整个人被严重烧伤了，一切都被烧掉了。

他听见他的汽车被人发动了起来。难道一切就这么结束了吗？他们走了吗？“露茜！”他发疯一般叫喊起来，一遍又一遍，直至声嘶力竭。门被打开了，露茜背对着他，穿着一件浴袍，光着脚，头发湿漉漉的，站在那里。他紧跟着露茜穿过厨房，又喊了一声：“露茜！”直到这时，露茜才转过身来看向他，皱起眉头，好像没事人似的说了一句：那些混蛋怎么把你弄成这个样子？他走上前去，想拥抱露茜，他最亲爱的孩子，然而，露茜轻轻地断然拒绝了他。

客厅一片狼藉，他自己的房间里也同样如此，东西都给拿走了。他从镜子里看了看自己，走到浴室门口，试着安慰露茜，露茜要他不要进去还锁上了浴室的门。他只好隔着门愚蠢地询问露茜还好吧？没受伤吧？露茜没有答复他。他对自己说：这样的事每天都在发生，每个小时，每分钟，在全国的每个角落。能保命逃脱，就够幸运了。当露茜从浴室里走出来后，脸洗得干干净净，遭受蹂躏的痕迹被清理掉了。他推断那三个人准是朝着伊丽莎白港方向去了，他必须打电话报警。露茜告诉他：他不能。电话给砸烂了。说完便留下他，离开了房间。他坐在床上等候，尽管裹上了一条毛毯，依然在不断地打战。整个下午，几乎一晃就过去了。露茜回来了，告诉他：那三个人放了她车胎的气，她得去爱丁格（Ettinger）家，一会儿就回来。露茜停顿了一下，然后叮嘱他：戴维，当别人问起时，请只说你自己的遭遇。他没听懂。露茜重复了一遍，让他只说发生在他身上的事，她自己说发生在她身上的事。

露茜带来了爱丁格。爱丁格年事已高，是个脾气乖戾的男人，说起话来英语里夹带着明显的德语口音。那个老头把他的车开上了去格拉汉姆斯顿镇的路后，告诉他：不带上贝雷塔手枪，他哪儿都不会去的。老头轻轻拍了拍臀部的手枪套，接着对他说：至少这样能自救，因为警察是不会来救你的。他想，爱丁格说得对吗？当时要是他手里有枪，他和露茜能得救吗？他本指望爱丁格开车把他送到警察局去，老头却把他送进了医院，然后和露茜一道儿走了。医生告诉他，他头上的伤不太严重，只是小心不要感染就可以，那只受伤的眼睛被蒙了起来。

露茜说好了来接他，来接他的却是比尔·萧。比尔告诉他，露茜在他们那里，贝芙不让她来。坐到车里，比尔再次开口，议论起来：简直耸人听闻。事情一旦发生在你熟悉的人身上，对你来说，就好像经历了一场战争。他不屑回答，这一天还没有完结，一切都还活生生的，“战争”“暴行”以及用来总结这一天的每一个词语，都被这一天夜晚那漆黑的喉咙吞了下去。

贝芙站在门口来迎接他，告诉他，露茜服了镇静剂，躺下了，最好别去打扰她。他关切地追问了一句：露茜去找警察和医生了吗？贝芙告诉他：已经通报了，贴了寻找他汽车的告示，都安顿好了。随后，贝芙把他安顿在一张散发着猫骚味的沙发上，他躺下后，睡不着，想同露茜谈谈，希望她说出事实真相，露茜拒绝了他。

第二天上午，贝芙出去干活后，他敲开了露茜的门，对露茜说，他知道事情不易启齿，但是，她去看过大夫了吗？会有风险的。露茜回答说，昨天晚上，她已见过她的全科大夫了，随后又说，今天回小农场去收拾收拾，然后像以前一样生活。他希望露茜能明智一些，不能当作什么事情也没发生过，这不是一个好主意，这样不安全。露茜反驳说：没有哪里是安全的，这甚至不是一个主意，别提好坏了，她回去不是为了一个什么主意，她只是要回去。

回去之前，他去了贝芙那间狭小的诊所，去换药。贝芙用无菌溶液为他清洗了他头上的伤口，敷上了药膏。等到头上缠好了白纱布后，他试图再次挑起有关露茜遭强暴的话题。他十分担心露茜有怀孕的危险，所以向贝芙施加压力，说：有性交感染的危险，有染上艾滋病毒的危险。露茜最好是找妇科专家看看。贝芙以令人不快的回答一口回绝了他，说这事他得去问问露茜本人。他表示自己已经问过了，根本说不动露茜。贝芙以“那就再问问”的话语再次回绝了他。

两个警察来到露茜的小农场调查，查看了狗舍，笼子里狗的尸体仍然躺在它们倒下的地方，佩特鲁斯还是不见踪影。神色憔悴的露茜像背书一样讲述了事情的经过，两个警察谦恭地听着，用钢笔迅速地记下她说的每一句话。他们与露茜是同一代人，却尽量与她拉开距离，好像她是个被污染了的女人似的，唯恐她的污染会弄脏他们。露茜领引着他们往屋里走，边走边说，他在一旁默默听着，什么话也没说，脑子里却翻腾着：当他被锁在盥洗室里时，他女儿被糟蹋了——自从昨晚，这些词语就在他脑海里盘旋。两个警察小心地在房间里走来走去，没有血迹，没有被推翻的家具，乱糟糟的厨房已经被清理好了。露茜房间的双人床——“犯罪的现场”——他在心里这样定义，上面什么铺盖都没有了。这时，那两个警察好像看懂了他的想法似的，移开了目光，转向了别处。

终于，只剩下他们父女二人了。他要去把那些狗埋了，主动开口询问露茜：埋在哪儿？之后，在距离小农场边界线不远的地方，他挖了一个坑，埋葬了六条成年狗。返回家中后，他看到露茜在一间阴暗的小屋里为她自己搭了一张行军床，于是提议露茜睡到他的房间去，说完立刻动手搬他自己的东西。

晚饭后，他与露茜对坐在桌子那儿。他尽量用最温和的语气开导露茜：干吗不把全部事实讲出来？那是一件罪行，她只是不幸成为犯罪的目标，不要感到羞耻，她是无辜的。露茜明确告诉他：戴维，这与你没关系……发生在我身上的事完全是个人隐私，从此不要再提起，换个时间，换个地方，它可能是件公开的事；但是在这个时间，在这个地方，它不是。它是我的私事，是我一个人的事。他不能认同露茜的说法，不愿意看到她就这么怯懦地接受发生在她身上的事，反问了一句：这个地方是什么地方？露茜果断地回答他：这个地方就是南非。

新的一天开始了，爱丁格打来电话，表示要借杆枪给他们，他道了谢，答复爱丁格：考虑考虑再说。随后，他翻出工具箱，尽自己所能开始修复家里的一切。现在，整栋房子都令人感觉与先前已大不相同了，被施过暴了，只要听到一点声音，他们都会警觉起来。

终于，他看到佩特鲁斯回来了，从出租车里跳下来，跟着下来的还有驾驶员和佩特鲁斯新的妻子。他去告诉露茜：佩特鲁斯回来了，带回了一车建筑材料。他怀疑佩特鲁斯的离开好像是有意为之，为的是赶走露茜，得到露茜的土地。于是他对露茜说：他为什么不告诉你他要离开？他的时间安排有点可疑；而露茜却拒绝去思考佩特鲁斯与所发生的抢劫和强奸事件有牵连的可能性，断然回绝了他：她不能命令佩特鲁斯做什么，他又不是她的手下。

与佩特鲁斯在水坝上相遇后，他明明白白告诉佩特鲁斯：周三他不在的时候，他和露茜被人抢劫了。佩特鲁斯听了之后，很有分寸地接过他的话茬儿：他已听说了，很糟糕，非常糟糕。不过，好在他们现在都没事了。随后，佩特鲁斯告诉他：露茜明天必须得去市场集市，不然的话，可能会失去摊位。

露茜表示不再去她市场的摊位了，他劝说之后也没有用。露茜躲着不见人。他清楚为什么，因为蒙耻，因为那件丢人的事。尽管它是那些打家劫舍的家伙犯下的罪行，是那些家伙对这位思想现代、满怀信心的年轻女性所造的孽，可这一件事，会像一个污点一样，在当地传播开来，传播的不是露茜的事，而是那些家伙的事，他们拥有整个事件的一切——他们是怎样把露茜按在身下，又是怎样向她展示一个女人的命运。

为了露茜，他去了市场，头上缠着绷带出现在公众面前，坐在佩特鲁斯旁边，忍受着好奇的目光，有礼貌地答复着那些同情露茜的朋友们的提问。他看到当地《先驱者报》上报道，那几个家伙被称作“身份不明的袭击者”：三个“身份不明的袭击者”袭击了居住在萨利姆郊外小农场的露茜·卢里小姐（Ms Lucy Lourie）和她上了年纪的父亲……直到这时，佩特鲁斯都一点没有解释那天他不在小农场的原因。要是在过去，他早就可以从佩特鲁斯嘴里掏出点什么了，而如今，他却不能因对佩特鲁斯产生怀疑，就可以解雇他——因为他、露茜还有佩特鲁斯都生活在了新世界当中。佩特鲁斯清楚这一点，他也清楚这一点，而且，佩特鲁斯还知道——他清楚这一点。

佩特鲁斯无疑是一个典型的乡村男人，有很多经历，颇有耐性，不知疲倦，适应能力极强，同时，也是一个策划者，一个善于搞阴谋施诡计的家伙，而且，还是一个惯于说谎的家伙。佩特鲁斯不会满足于永远耕种他那一公顷半土地的。他一心想要接管露茜的土地，然后再把行将就木的爱丁格的那块土地弄到手。他心目中的未来，绝对没有露茜的位置。他确信，佩特鲁斯肯定知道那次袭击事件的内幕，于是，主动去帮助佩特鲁斯干些活，为的是寻机打开话题，迫使佩特鲁斯说出点什么，结果，总是无功而返。

他帮助佩特鲁斯清理灌溉系统，尽量不让露茜的园子荒废，为运往市场的产品打包，还到诊所去给贝芙打下手，他打扫地板，煮饭，凡是露茜不再做的事，他全去做。他的伤疼愈的速度令人惊讶，然而，露茜的状况却没有什么改善，始终生活在那次袭击事件的阴影之下，整夜睡不着，没有食欲，萎靡不振，脾气变得很坏。他小心守护着露茜，把自己准备写作的歌剧“拜伦在意大利”之事，一拖再拖。他的自我在一天天消失，而且，还经常做着自己特有的噩梦，一天夜里，他一半梦游，一半发狂，翻起了自己床上的床垫，到处找寻污迹。

终于，在佩特鲁斯举办的一个大型聚会上，在那些热热闹闹的来客当中，他找到了“证据”——看见了那“三个身份不明的袭击者”当中的小男孩。他告诉那个小男孩：我认识你。小男孩却没表现出一点震惊的样子，反而像是早已做了充分准备，一直在等候这一时刻似的，毫不在乎。他充满了愤怒，问道：你是谁？就在这时，佩特鲁斯挤了过来，与那个小男孩用科萨语[1]飞快地说了些什么。他一把揪住佩特鲁斯，问道：你知道他是谁？佩特鲁斯一口否认，挣脱开后，很生气地反问了一句：什么事？

他怒气冲冲，横眉怒视着佩特鲁斯，大声指明：他——这个暴徒——来过这里，和他的同伙；他是三名劫匪中的一员。客人们推推搡搡聚集了过来。那个小男孩接了他一句：不是真的。又对佩特鲁斯说了些什么，佩特鲁斯转向他，解释说：那个小男孩说不知道他在说些什么。他当即表示这孩子在撒谎，要打电话给警察。佩特鲁斯听后，脸上什么表情也没有。在一片沉默中，他带着露茜离开了那个会场。

回到家后，他立刻拿起电话，要报警，露茜走过来阻止了他，表明了她的看法：这不是佩特鲁斯的过错。如果你报警，你就会毁了佩特鲁斯的聚会。他惊讶极了，惊讶得足以使他冲女儿发火：上帝啊！为什么不是佩特鲁斯的过错，不管怎么说，把那些家伙引进来的就是他。我真不明白，你为什么不对他们提出真正的指控？你为什么还要护着佩特鲁斯？佩特鲁斯和他们是一伙的！露茜依然故我，继续固执己见，要他别对她大吵大嚷！这是她的生活！今后还要在这里住下去的是她！他只好央求露茜：拜托了，如果你忍气吞声，你一个人是没法过下去的，你要是显出怯懦了，你就完了，你对自己，对你的未来，对你自己的自尊心，都负有责任，让我去报警好吗？露茜仍然用“不”来回答他。

第二天，露茜整个上午都躲着他。下午时分，佩特鲁斯因要新铺一段水管，上门来借工具，并请他帮忙去安装水管，打打下手。他把工具递到喋喋不休地谈论着自己的规划的佩特鲁斯的手里后，开始为了追查出强暴露茜的元凶对佩特鲁斯紧追不舍。然而，无论他问什么，说什么，佩特鲁斯总能装聋作哑，顾左右而言他。他十分恼怒，又无计可施，到后来，几乎将矛头直接指向了佩特鲁斯：他们中的一个，居然就是你的朋友！佩特鲁斯断然回绝了他的指控，否认那个小男孩犯有任何罪行，还辩解了一通：那个孩子不是什么罪犯，他没有罪，他年龄还太小，只是犯了一个大错误。他被气坏了，看来——佩特鲁

1 科萨语（Xhosa）：南非官方语言之一，科萨族人是南非黑人中的第二大部族。

斯什么都知道！

他去动物诊所帮忙了一个下午，把要干的活干完了之后，便把自己对露茜的担忧冲着贝芙发泄了出来。他不能把露茜一个人丢在这里不管，想让露茜把经营小农场的事交给佩特鲁斯去打理算了，可露茜不听他的。贝芙摇摇头，明白无误地告诉他：算了吧，任由露茜去吧。你不能一辈子守着露茜，没事的，这里，佩特鲁斯会保护露茜的。他实在不明白，贝芙为什么认为露茜要仰赖佩特鲁斯生活？贝芙对他直言：他低估了佩特鲁斯。佩特鲁斯像苦工一样拼命在露茜的园子里干活，不能说全是佩特鲁斯的功劳，不过，露茜的确仰赖佩特鲁斯不少。

他受伤的眼睛终于彻底复明了。白天，他尽量在户外度过，把露茜独自留在房子里。他在园子里忙活，累了，就在水坝上坐坐，观察鸭子家族的起起落落，构思他的那部关于拜伦的歌剧。时间过得很快，事情却一直没有什么进展。他一有时间，就到动物诊所去帮忙，做这做那，喂食，清理，拖地板。送到诊所来的动物主要是一些狗，每个星期天午后，诊所关门上锁时，他都会帮贝芙把多余的那些狗杀掉：贝芙亲吻、安抚过那临死的狗之后，由他按住狗，当针头找到血管时，他要让它保持安静，直等到药液流过心脏，它的腿一蹬。

他原以为自己会习惯这一切的，可现实并不是那回事。他协助杀的狗越多，内心就颤抖得愈发厉害，战战兢兢，忐忑不安。他的整个生活都与杀狗现场的情景紧紧纠缠到一起了，他希望自己不是一个多愁善感的人，努力让自己不要为他杀死的动物伤感，或为贝芙感伤。然而，他却总是在想：贝芙不是一个让那些狗获得自由的天使，而是一个拥有屠夫一样残忍心肠的魔鬼。因为施以针剂的是贝芙，所以处理尸体之事就是他了。那些狗被杀死后的第二天早晨，他要驾驶着露茜的那辆旅行车，到移民医院的焚烧场，把一个个装着尸体的黑袋子交付给熊熊的火焰。

那些化为了灰烬的狗先前被送到动物诊所来，是因为人们不再需要它们了。对自己在这一打杂过程中所扮演的角色，他思绪联翩，甚至想到了“狗人”一词——有一次，他听到佩特鲁斯将自己称为“狗人”，那么好了，现在他也成了“狗人”，一个狗的殡葬业者，一个狗的亡灵导师[1]。这些引渡尸体的礼仪之事原本有其他人去做，而他之所以做了起来，是因为再也没有人会比他更愚蠢了。他想，他正在变成一个乏味、愚蠢且乖僻的汉子。

那个星期天，在诊所干的杂活全都干完了，露茜的旅行车上装满了死货，他正在进行最后一道工序，用墩布洗擦手术后的地板，贝芙从院子里走了进来，径自同他谈论起他的麻烦事，还说露茜全告诉她了：他为什么离开了开普敦，为什么被迫放弃了教职，是因为有一个女学生给他惹出了这个大麻烦。他心里很不悦：太爱管闲事了！这个平淡无奇的女人，对性丑闻还挺好奇、上心！之后，他接了一句，说他给那个姑娘惹出的麻烦至少同她给他惹的不相上下，不分高低。贝芙追问他：有没有后悔？他直言不讳，说自己没有什么可后悔的，而且，他确信贝芙肯定也知道这一点。贝芙的脸一下子红了。他已经很长时间没看到一个中年女人的脸红得如此厉害，一直红到了头发根，不由得一激灵，一阵冲动之下，他一根

---

1 亡灵导师（Psychopomp）：来世灵魂的管理者，亡灵的引渡者，负责将灵魂引入冥国的神、天使或动物。比较有名的“亡灵导师”是希腊神话中的赫尔墨斯（Hermes）和埃及法老神系中背负着命运之轮的胡狼神阿努比斯（Anubis-jackals），以及基督教中的天使长米伽勒（Michael）。

手指划过贝芙的嘴唇。贝芙垂下了眼皮，不是畏缩，而是做出了积极回应，用她的嘴唇在他的手指上轻轻擦拭着，就像是在亲吻，脸涨得通红。

第二天，贝芙打来电话，约他在诊所见面。星期一，诊所是不开门的，他心领神会，刚一走进去，就张开双臂抱住了贝芙。贝芙告诉他“有毛毯”，原来，她已经做好了一切准备，那两条毛毯，是她从家里偷偷拿来的。他迅速把那两条毛毯铺到了地板上，做梦也没想到自己会与贝芙这样的女人做爱。在一片昏暗的诊所里，包裹在毛毯里的贝芙抓过他的手，塞给他一个避孕套，然后他就范了，尽了他的责任，让她感到了满意。完事之后，两个耗尽了精力的人静静躺卧在那里时，他感到自己配合得不错，暗暗对自己说：不要忘记这一天，这就是在梅拉妮·艾萨克斯年轻的芳香酮体之后自己所能享受到的了。在这时，他身旁的贝芙爬了起来，说了一句“时候不早了”，便匆匆走了。

回到家中，他看到佩特鲁斯借来了一台拖拉机，几个小时就把自己的地全部犁完了。他想，现在，无论是灌溉、运输还是耕种，方方面面，露茜都被对方胜过了一筹，于是，下定决心要同露茜推心置腹好好谈谈，希望露茜能离开小农场，离开那间不堪回首的老屋，另谋出路。露茜不容他多说什么，当即表示自己没法做到这一点，然后，痛苦地把她的头埋进交叉的双臂里。后来，在露茜终于再次开口后，露茜的一席话着实令他大吃一惊：露茜表示，那事，最让她无法理解的是，那些人对她带着那么多针对个人的痛恨，但是，为什么，他们对她如此仇恨？他们从来没有见过她。他试图宽慰女儿：他们的行为是有历史原因的，是历史的错误。露茜接着道出，令她感到最为震惊的是，在他们干那事的时候，似乎不单单是在发泄性欲，而是在寻求报复的快感；另外，露茜担心他们再来。

他抓住机会再次劝说露茜：事情很简单，把收狗所关掉，把房子锁了，给点钱让佩特鲁斯看管小农场，去休息一年半载的。到海外去，他为她支付机票钱，等她回来时再根据形势，找一个新起点。露茜明明白白告诉他：如果她现在走了，她就再也不回来了，有些事他怎么也不会懂的。他为她担心，她很感激他，可他不会懂的。

他终于决定把自己迄今为止一直避免使用的字眼说了出来：你被强暴，轮奸，被三个男人。露茜的情绪已经平稳下来了，平心静气地接住他的话茬儿：他们不是第一次干这事了，他们是强奸惯犯，偷东西只是顺手牵羊的事；还语调十分自然地谈到，她想，他们是专干强奸的，她在他们的领地之中，他们已经盯上她了，还会回来找她的。他实在无法听下去了：那你居然还敢住在这里！露茜希望他能换一个角度思考，从另外一个角度来看——这是不是她待在这里不得不付出的代价？也许，他们觉得她在这里就应该交租，而他们就是来收租的、讨债的。露茜的话让他感到恼恨与震撼：他们想要你当他们的奴隶！露茜纠正他：不是奴隶，是屈从，臣服。他摇摇头，无奈地说道：太过分了，卖了吧，把小农场卖给佩特鲁斯，离开吧。露西用“不”结束了他们的这场对话。

在那之后，他坐在冷冷清清的屋子里，给露茜写了一封短信，告诉露茜，她正处于危险的错误边缘，求露茜离开一段时间，不然自己所有的名誉将会被剥光。半小时之后，一封回信从门下的缝隙里推了进来，露茜在回信中告诉他：她不能离开。他说得没错，她走的可能是一条错误的道路，但是，如果她现在离开了农场，她就等于被打败了，她的余生将不得不品尝失败的滋味。

他返回了开普敦。途中，在乔治镇，他在梅拉妮·艾萨克斯家门口停了下来，意图与艾萨克斯先生好好谈谈，向艾萨克斯先生道歉，可房子里只有梅拉妮曾对他说起过的妹妹黛丝莉（Desiree）一人。黛丝莉说姐姐梅拉妮现在在开普敦，随后，告诉了他前往艾萨克斯先生任教的中学的路线。

在艾萨克斯先生的办公室里，他说明了自己的来意。艾萨克斯先生听过了女儿梅拉妮那方面的陈述，他想说说在他这方面是怎么一回事。他对艾萨克斯先生说：一切并没有什么预谋，从一开始，梅拉妮在他心中点起了一团火，对他这样的男人来说，就像是一次突然发生的冒险……艾萨克斯先生的脸上尽量堆出笑容，不懂他到底为什么跑到自己这里来，说一大堆莫名其妙的话。他连忙道对不起，说他知道自己太可恶了，只是不知现在梅拉妮怎样了。艾萨克斯先生告诉他：梅拉妮很好，每星期都打电话，已经回去学习了，学校给了她特殊待遇，业余时间在继续排戏，干得还不错。在他道别之后，艾萨克斯先生突然喊住了他，打听了一下他住宿的旅馆的情况，并请他晚上到家里共进晚餐。

他带了一瓶葡萄酒，来到艾萨克斯先生家。整个用餐过程，他都试着做一个好客人，谈论一些有趣的事，来填充沉默。他谈论女儿露茜和收狗所，关于露茜的蜜蜂和种花的计划，关于他星期六上午在市场里做的事，对于遭遇的袭击一事，他一带而过，只提到他的汽车被偷了；他还谈论了动物福利联盟的事，对有关医院的焚烧炉或午后他同贝芙·萧偷偷干的事避而不提。很快，交谈渐渐少了起来，晚餐总算用完了。当他与艾萨克斯先生单独面对时，他不再支吾其词，坦承表示：他感到实在对不起，让他们的女儿痛苦，给他们夫妇带来了不幸，真挚地向他们的女儿和他们全家道歉，请求他们的宽恕。艾萨克斯先生接过他的话茬儿表明了自己的态度：他最终还是决定道歉了。其实，大家都会感到难过的，问题在于他将来要怎么做，希望他能够向上帝悔过，请求上帝的宽恕。

他尽量顺着艾萨克斯先生的思路说了下去：他是一个被责罚者，为发生在他与梅拉妮之间的事，他已经陷入一种蒙耻状态，声名狼藉，很难将自己从中摆脱出来了。他完全是自作自受，不拒绝接受这一惩罚，现在，他一天天都在深受责罚，接受着自己蒙耻的命运。这对上帝还不够吗？说完这番话之后，他走过餐厅，来到艾萨克斯夫人和黛丝莉面前，朝着坐在一起的母女二人跪了下去，额头碰触到地板上，彻底行了一个道歉礼。这总该够了吧？他心里想。

当晚 11 点钟，艾萨克斯先生往他所住的旅馆房间里打来了电话，希望他在今后的日子里能有足够的勇气，接着，又询问他，不会是希望让他们去学校为他与校方调解，使他重返教学岗位吧？他告诉艾萨克斯先生，他从来就没有过“调解”这种念头，他与学校之间的瓜葛早就了结了。最后，艾萨克斯先生表明：因为他现在走的是一条上帝为他规定的路，是不允许他们插手的。

他从 N2 公路再次进入开普敦。离开三个月，那些新搭出来的简陋的小棚屋已经越过公路延伸到了飞机场的东面。回到自己家中之后，他发现屋里被盗得一塌糊涂，卧室里的衣柜被掏空了，那些电器，电脑、音响什么的，全都没了踪影，厨房更是被洗劫一空。

他进进出出，把自己的生活打理了一番之后，便开始把精力投入了写作有关拜伦的那部歌剧著作上。最初，写得很顺手，可是，写着写着，他发现，自己很难沿着既定的视角——拜伦的视角写下去，于是尝试着转换另外一个视角，顺其自然地去下笔。随后的一天，他的前妻罗莎琳德来了个电话，他们在一家咖啡店里见了一面。交谈当中，他们谈到了露茜、农场、他被盗的车、他的退休金和他想不想找份工作什么的。之后，罗莎琳德把话题转到了梅拉妮的身上，提到有梅拉妮参演的戏剧正在船坞剧场上演。听到梅拉妮的名字，他原本安静下来的情绪又被搅动了，忍不住动了再去看她一眼的念头。

两年前，船坞剧场还是一个冷冻厂，里面挂满了屠宰后的猪和牛，等待着被运往海外，现在，成了一处时髦的娱乐表演场所。新上演的剧目《环球发廊日落时》的广告词写道：一位甚为成功的逃亡者在公众的要求下心回意转。剧目布景相当时髦，导演得相当专业，还推出了新主角，然而，他还是觉得演出当中的幽默太拙劣，政治意图过于赤裸，与从前一样，令人难以看下去。

梅拉妮出演的是一位发型师。看到梅拉妮的演技不错，颇显露些才气，人也已经长大了，变得坚强了，已经从痛苦中度过来了，他感到一些欣慰，却依然幻想能有什么显灵，使她能隐秘地显现给他，赤裸裸地站到他面前，就像那天晚上在露茜从前住的房间里一样。他与台上的梅拉妮之间相隔了 20 排座位，但是，他还是希望梅拉妮能在这片刻，越过空间，嗅到他的气味，嗅到他的思想，直到他头上给什么轻轻击了一下，才把他唤回到现实当中。不一会儿，又飞过来了一个东西，是一个小纸团，紧接着，第三个和第四个小纸团分别打到他的脖子和肩膀上，他刚一回头，太阳穴上又挨了一击。他看到梅拉妮的那位男朋友莱恩正靠墙站在那旦，戴着耳环，留着山羊胡子，看向他，唇上挂着一丝微笑。

他夺路而走，却还是被追出来的莱恩截住了，莱恩追他到停车场，与他对视着，质问他：教授，你还没得到教训吗？接着，又给了他一句：跟你的同类一边待着去！最后，警告了他一句：别再招惹梅拉妮！莱恩的几句话，一下子毁灭了他对梅拉妮的最后一点欲念。他沿着绿点的主街慢慢往回开着车，感到自己扶在方向盘上的手在发抖，那是生存的震颤：他必须学会用更轻松的心态去接受。

返回开普敦后，他与露茜一直保持着电话联系。那天，在交谈中，他感觉到露茜的语气有些不对劲，连忙给贝芙挂去了电话。贝芙相当警惕，出言谨慎，努力规避问题。他一再追问，贝芙求他别再逼问了，她没法开口，露茜会告诉他的。他又给露茜打了个电话，撒谎说：可能有份工作，他要去趟德尔班，要在露茜那儿住两天。

在伊丽莎白港下了飞机后，他租了一辆车，赶到了露茜的小农场。路上，他注意到，现在，在露茜和佩特鲁斯的田地之间，竖起了一道铁丝栏网。在厨房桌边，露茜开门见山，要他说说德尔班的那份工作，他只好道出自己此行的目的——对她放心不下。露茜隔着桌子告诉他，她怀孕了。他先前的担忧真的变成了现实！他责怪露茜：为什么不采取措施？为什么一直不肯告诉他？露茜给出的理由是：不想让他发火。她再也不能根据他的审视标准来生活了，她已不再是他生活的一部分。她有自己的生活，在她的生活中，做决定的人只能是她自己。接下来，露茜所道出的她自己的那个决定，令他大为震惊：她竟然要把孩子生下来！

这简直太不可思议了！他实在无法接受，丢下露茜，一个人跑到门外，靠到厨房外面的墙壁上，两手捂住脸，哭了出来。那天，与露茜共进晚餐时，他又获悉了一个让他极为震惊的事：那天在佩特鲁斯举办的聚会上他见到的那个小男孩，现在，正在佩特鲁斯那里帮工，住在佩特鲁斯家里，叫波洛克斯（Pollux），是佩特鲁斯的妻弟。他一下子就火了：一切都真相大白了。那个波洛克斯回到了犯罪现场，他们为什么还要装得跟没事人一样？露茜劝他不要恼怒，即便她觉得那个波洛克斯有点不大对劲，可她也无法让他离开这里，她没有这个权利。

他心情沉重，对露茜表明了自己的想法——那个波洛克斯，说不定就是让她怀孕的人！随后，他言辞恳切地劝告露茜：你的境况变得愈发荒谬起来，越来越荒唐了……我求你了，离开小农场，否则一切都太晚了。露茜回答他的，依然是她绝不放弃她栽培花菜的这一块土地。他意态消沉，上床睡下了。他与露茜之间的关系，没有任何改变，还是他离开之前的老样子，什么也没有改变。

第二天，他去找佩特鲁斯算账，开门见山：那个男孩回来了，波洛克斯，就是袭击露茜的那个孩子。佩特鲁斯从容以对，直言不讳坦承波洛克斯是自己的亲戚。他谴责佩特鲁斯，上次还说不认识，显然，撒了谎。佩特鲁斯脸上的笑容消失了，目不转睛地看着他，辩驳起来，不再搪塞：你回来干什么？这里没你的事。你关心你的孩子，我也要关心我的孩子。他是我的孩子，我家的人。你认为发生的事坏透了，我也认为糟糕极了，坏透了，但事情已经到此为止了。

他义正词严，表示：事情不会完的，相反，它刚刚开始。即便他死了，佩特鲁斯死了，事情也还会继续下去的。佩特鲁斯深思熟虑地凝视着他，不再做任何掩饰，单刀直入，说：波洛克斯会娶露茜的，只是现在还太小，结婚还太年轻；所以，现在，他自己先替代波洛克斯来娶露茜，还让他把这话转达给露茜。

他简直不相信自己的耳朵，震惊得无言以对。这纯粹是敲诈，是盗匪征收的保护费，免抢税。事情竟然荒唐到这样一种地步！露茜看到他大为光火，但愿他在佩特鲁斯面前时没有大发脾气。露茜对他说：没有必要发这么大的火，他把那事搞错了。佩特鲁斯这样的提议，已经不是第一次了，已经有一段时间了，一直在向她暗示，如果她能成为他巨大家业的一部分，就会有彻底的安全保证。其实，说到底，佩特鲁斯追求的不是她这个人，而是她的农场，农场是她的嫁妆。

简直不可理喻！他情绪激动，恼怒地提醒露茜：别荒唐了，佩特鲁斯已经结过婚了！而且，已经有两个老婆了。这种事怎么能考虑呢？露茜继续坚持自己的看法，说他没有弄清事情的关键，佩特鲁斯不是要提供给她一个教堂婚礼，而是一个联盟，一个合约，她捐赠出土地，作为回报，就能在佩特鲁斯的羽翼保护下生活。佩特鲁斯这是在提醒她，不这样，她就会无人保护，就会成为一个准许捕猎的猎物，可攻击的对象。

他不需同露茜做更进一步的讨论了，他要去告诉佩特鲁斯，他们绝不接受那个提议。他告诉露茜：他开普敦的房子已经在办理出售手续了，他打算把露茜送到荷兰去；再不然，他准备为露茜提供一切所需，无论露茜到任何比这里更安全的地方去都可以，他恳请露茜再好好考虑考虑。

露茜就好像没听到他的话似的，执意要他到佩特鲁斯那去，去转告佩特鲁斯：她同意接受佩特鲁斯的保护，要是佩特鲁斯真的要她做他的第三任妻子，或当他的情妇，也没问题，但是孩子就是佩特鲁斯的了，是佩特鲁斯家族的了。至于土地，她会转让给佩特鲁斯，条件是，上面的房子要归她所有，她转为他土地上的一个房客。没有她的允许，谁也不准进入她的房子，佩特鲁斯也不例外；而且，狗舍也要归她所有。

这不成佃农了吗？简直太滑稽了！而且从法律上就行不通。然而，露茜依然坚持她的决定，再次表示：她要在农场继续生活下去，绝不离开，并要他照原样去答复佩特鲁斯：她放弃土地，佩特鲁斯可以得到她的农场，包括所有权证和所有的一切。他无限感慨：未免也太丢人了，那么高的心气，得到的竟是这样的结局！露茜的回答很淡定：她也这么想，是很丢人，但也许这就是她重新开始生活的起点，也许这就是她该学着接受的东西，从底层开始，从一无所有开始，彻底的一无所有——没有牌照，没有武器，没有财产，没有权利，没有尊严。他讽刺露茜：就像一条狗。露茜竟然接住他的话茬儿，照单全收：对，就像一条狗。

露茜主意已定，不容修改。为了和平的生活，她准备做任何事，付出任何代价。他再也无计可施，无可奈何，无能为力了；他愤怒已极，尽管露茜对暴风雨折腰，他不能把尊严丢掉。他带狗出了门，路上，意外遇到了那个小男孩波洛克斯，本能的暴怒使他上前把波洛克斯重重地踢了几脚，并放狗扑咬，狠狠地教训了那个男孩一顿，直到被赶过来的露茜制止。露茜把疼得直喊叫的波洛克斯从狗嘴中救了出来后，波洛克斯迅速爬起来，号叫着扬言要把他们全杀掉，拼命逃走了。

他情绪激动，再无法在露茜这里住下去了。阵阵怒气之中，他感到耻辱，深深谴责自己，他没能控制自己，所做的一切，并没能让那个小男孩接受教训，根本于事无补。他想到应该去赔个不是，但是，他做不到。他去了贝芙的诊所。两个人试探性地像陌生人一样拥抱了一下。贝芙询问他这次回来打算住多久，他给的回答是：想住多久就住多久。不过，看来已不能和露茜住在一起了，要在镇上找一个住所。贝芙耐心地劝了他几句，让他往后退一退，要相信女人是很能适应环境的，露茜还年轻，有这个能力。他说不清自己和露茜之间到底出了什么问题，两辈人之间，似乎隔了一道幕墙。沉默了一会儿，他向贝芙说明了自己来找她的主要目的，是想告诉她，诊所里需要帮忙，可以跟他联系。

他从贝芙的朋友手里买了一辆半吨量装载货车，用来运送动物的尸体，又根据报纸上的广告，租下了医院附近的一栋房子里的一间屋子。那房间很暗，很闷，放了太多的家具，床垫疙疙瘩瘩，但他会习惯的，就像他已习惯了其他一些事情一样。早餐过后，他就前往动物诊所，在那里度过一整天，而且，天天都去，包括星期日。诊所比租来的房间更像是他的家，他一天喂食动物两次，打扫动物围笼，否则，就看看书，打打瞌睡，或拿起露茜给他的班卓琴，弹弹他为拜伦的情人特蕾莎·古奇奥丽伯爵夫人（Countess Teresa Guiccioli）谱的曲子。他想，一直到露茜的孩子出生，他的日子都将会这样过下去。

他的歌剧《拜伦在意大利》的写作，尽管偶尔也有写得很顺手的时候，不过总是没有什么大起色。他是多么希望能凭借这部异乎寻常的室内歌剧作者的身份，打一个漂亮的翻身仗，成功地重返社会。可现在看来，是不可能了。那剧情却始终没有什么进展，他不免有些悲叹，甚至把希望寄托给将来的古典学者。

在动物诊所，关在围笼里的狗群当中，有一条左后腿肌肉萎缩的年轻公狗，始终没有人愿意收养，不过，他特别喜欢它，有时，他看书或写东西时，就会把它放出来，让它一拐一拐地溜达。每当他拨动班卓琴时，那条狗都会昂头聆听，显然，那条狗已对他产生了一种感情；然而，它的宽限期就要到头了，很快就得被注射一针。

根据约定，每个星期六上午，他都要去坦丁广场，帮助露茜在集市上摆摊，收摊之后，带露茜去吃午饭。现在，露茜的行动越来越迟缓了，孩子下个星期就要出生了。他还不清楚露茜的打算，怎么面对那个孩子，会爱那个孩子吗？露茜向他敞开了心扉：她怎么会爱那个孩子呢？但是，她会努力的，让爱滋长起来，做一个大自然的母亲，一个好母亲和一个好人；同时，也希望他努力做一个好人。

又到了星期天，他与贝芙·萧忙活了一通，杀掉了死期已到的所有的动物，先是一只一只的猫，然后是狗。他绑好了最后一个裹尸袋，拎到门口，一共是二十三袋，只剩下他喜欢的那一条年轻的公狗了，它的生命就要结束在那间屋子里，再也不会从那间屋子里走出来了。他要是愿意，可以让它再多活一个星期，可期限总要到来的，他终归都要把它带进贝芙的操作间，让针头找准血管，当灵魂出窍之后，把它装进袋子，并且在第二天，把袋子交付给烈火，眼看着烧尽。他打开了围笼门，冲它张开了上臂，把它交到了贝芙手里。

作者生平与创作生涯

具体内容参见第 15 届作品《迈克尔·K 的生活和时代》第 309—311 页。

2000年 | 第32届

034 盲刺客［加拿大］玛格丽特·阿特伍德
The Blind Assassin by Margaret Atwood

◎ 原著共 15 章，故事套故事再套故事，最外层故事是“我”边描述自己当前的身体状况，边回忆自己的坎坷人生，尤其是与妹妹劳拉·蔡斯（Laura Chase）惨死有关的一系列事件，其中包括《盲刺客》一书的出版。“我”，即年迈贵妇艾丽丝·蔡斯·格瑞芬（Iris Chase Griffen）。本文在下面的讲述用第三人称。

英文原版封面

玛格丽特·阿特伍德
（Margaret Atwood，1939—　）

玛格丽特·阿特伍德素有“加拿大文学女王”之称，被誉为当今英语世界的一位文学巨擘。

有评论认为，其作品内涵丰富，意义深远，富有戏剧性，结构精妙绝伦。

《盲刺客》（The Blind Assassin）出版之后，因其**搬开压在文字与心灵上的顽石，展现在世人面前的，是一个既广阔无垠又纤毫毕现的世界**，一个突破了时空、性别和文体的世界，问鼎了第 32 届英语文学界最有影响力的布克奖。

战争结束后的第十天，艾丽丝的妹妹劳拉开车从正待修理的桥上坠入了100英尺深的沟壑。一位警察前来通知她这一噩耗，因为那辆小轿车属于她，警察在处理这起车祸时，根据驾驶执照查到了她这里。那位警察说话的态度毕恭毕敬，无疑是因为看到了她丈夫理查德·格瑞芬（Richard Griffen）的名字。那位警察认为，可能是刹车失灵，不过，车祸发生时有两个目击证人，他们说劳拉是故意将汽车猛地急转弯，使汽车冲出了桥面，就像一个人随意走下马路牙子似的，没有一点大惊失色的神态。因为劳拉戴着显眼的白手套，所以他们看见她双手握着方向盘。

艾丽丝也觉得不是刹车问题。劳拉自有她的原因，这些原因与任何其他人的原因都不一样。在这件事上，劳拉故意以那种方式，表现得那样残忍。艾丽丝很清楚，警察是想找个人到陈尸所去辨认尸体，她表示自己会尽快过去时，声音听上去很镇定，其实，她是相当艰难才挤出了那几个字的。她为劳拉干的傻事感到愤怒，同时也为警察向她暗示出的劳拉像是故意那么做的而怒不可遏。

艾丽丝想：劳拉这是在与她断绝关系，与他们大家断绝关系。警察离开后，艾丽丝上楼去换衣服。她决定穿一身黑色丧服，带一副手套，带上面纱，还有一块手帕，因为她知道会有新闻记者在场，在这种场合，她的穿着必须得体，在任何方面，都必须符合理查德·格瑞芬先生的夫人这一身份。同时，她还想到应当把车祸这件事通知正在办公室的丈夫理查德，理查德有必要准备一份伤心的讣告。与理查德通过电话之后，她走进化妆室，打开五斗柜抽屉，意外看到里面有一捆用粗绳捆扎着的练习簿。那个抽屉，是她平时用来放长筒袜的，劳拉知道她会发现它们。她解开绳子时，感到自己浑身发抖，她断定，里面记录的那些曾经发生在劳拉身上的事儿，一定会令自己震惊。

1945年5月26日，《多伦多星报》报道了艾丽丝妹妹劳拉的死亡：上星期圣克莱尔大道（St. Clair Ave）发生了不幸死亡事故，法医鉴定为意外死亡。25岁的劳拉·蔡斯小姐5月18日驾车西行，坠入桥下，引起燃烧，当场身亡。她的姐姐、著名实业家理查德·格瑞芬先生的妻子证实：蔡斯小姐患有严重的头疼病，因而影响了视力，否定了酒后驾车的可能性。警方认为，汽车轮胎卡进了裸露的有轨电车轨道，也是事故的原因之一。人们对市政府有关部门在桥梁上采取的安全措施是否得当，纷纷提出了质疑……这一意外事故，再次引起了人们对该路面电车轨道状况的不满情绪。

劳拉·蔡斯去世后，纽约莱茵戈尔德－杰恩斯－默罗出版社出版了劳拉的长篇小说《盲刺客》。劳拉用这部长篇小说讲述了一个不法的爱情故事：在动荡的1930年代，一个年轻的富家闺秀爱上了一个被警方全力缉捕的在逃犯。来自上流社会的年轻女子与在逃犯两人，既没名也没姓，不为社会见容，两个情人却不顾危险，频频在咖啡馆秘密相会，还在多种借来的地方约会——公寓、储藏室或者从朋友那儿租借来的房子里。两个情人一起喝酒，调情，做爱，甚至一起在街上散步。那位在逃犯思想激进，热衷创作，不断为富家小姐讲述自己精心编造出来的故事，用所编造的奇幻故事吸引自己的情人，打发时间。

其中一则，发生在塞克隆星球上，是关于萨基诺城（Sakiel-Norn）的族群毁灭的故事：萨基诺城的居民分为高贵的斯尼尔法兹（Snilfards）和低贱的伊尼劳兹（Ygnirods）两大等级。那里曾经是一个繁荣的贸易中心，现在成了一片废墟，成了一堆石头；而从前，萨基诺城以手工艺品尤其是编织品闻名于世，编织的地毯十分精致，深受人们喜爱。那些精致的地毯，全部经由奴隶儿童用灵巧无比的双手编织而成。由于长时间用眼，劳作过度，那些奴隶儿童的眼睛无一例外地受到了严重伤害，一般在 8 岁或 9 岁，就全都失明了。那些上好地毯的价值，卖主完全是根据那张地毯用工时致盲了多少孩子的数量来评定的，出售时，也以此数目来叫卖。这些因编织地毯而致盲的孩子，无论男女，一旦眼睛瞎了，就会被卖到妓院里，女孩子沦为妓女，男孩子被强行鸡奸。一些从妓院里逃出来的小男孩，为了活命，成了雇佣刺客，被训练成用手指开锁、轻巧杀人的杀手，成为大受欢迎的盲刺客。萨基诺城的财富是靠奴隶们创造出来的，尤其是靠编织精美地毯的奴隶儿童，而那些斯尼尔法兹贵族却不以为然，他们认为，他们获取的财富靠的是高尚品德和对众神的忠心。天上有很多神，萨基诺城的众神全部是食肉之物，而且喜欢祭祀的牲畜，最高贵的斯尼尔法兹家庭，必须献出至少一个女儿作为献给神的祭祀品。那些女孩，在走上祭坛三个月之前，要被割去舌头。一个盲刺客来到地下世界执行刺杀任务，准备刺杀一位哑女，那位哑女正躺在床上，等待着冥王来行使他的购买访问权，盲刺客一向对自己的刺杀行为无须知道为什么，可这一次，他却拯救了床上躺着的那位纯洁少女，拉着她从后门悄悄地逃走了。结果，在这个盲刺客和哑女之间，演绎出了一段前途未卜的爱情故事。最后，一颗巨大的炸弹落了下来，整个萨基诺城变成了一片火海，天空中升起了三个月亮。

另外一则，是关于西诺星球上的蜥蜴人的愉快的故事：故事发生在百年大战——西诺星球大战的第九十九年，在另一个宇宙空间西诺星球上，居住着超级聪明且超级残忍的蜥蜴人，他们计划从地球上捕获一批女人，来为他们生育一半像人、一半像西诺蜥蜴人的后代，好到宇宙其他可生存的星球上去生活……

1947 年 6 月 4 日，《环球邮报》报道了艾丽丝丈夫理查德的死亡：47 岁的企业家理查德·格瑞芬不明原因失踪了多日之后，尸体在“水妖”号帆船上被发现了。有消息说，格瑞芬正因身为进步保守党多伦多圣大卫（St. David）地区的候选人而备受青睐；当时他正在度假，帆船停泊在泰孔德罗加港（Port Ticonderoga）他的夏日住宅“阿维隆庄园”（Avilion）附近的私家码头。警方说，他死于脑溢血，没有谋杀迹象。

格瑞芬先生是一位商业巨头，事业卓著。他的商业帝国涵盖了纺织、服装和灯光制造等诸多领域，还因在战争期间不遗余力地为盟军提供制服和武器上的构件而受到高度赞扬。同时，他也是在实业家塞勒斯·伊顿（Cyrus Eaton）家乡帕格沃什（Pugwash）举办的聚会上的常客；是帝国俱乐部和花岗岩俱乐部的头号人物。他热衷于打高尔夫球，是加拿大皇家游艇俱乐部众所周知的人物。对于格瑞芬先生的去世，首相在接受记者采访时评价说：格瑞芬先生是我们国家最有才华的人士之一，我们为失去他这样一位杰出的人物而深感哀痛。

格瑞芬先生是已故的劳拉·蔡斯小姐的姐夫，今年春天，劳拉的长篇小说手稿在她死后出版。格瑞芬先生目前健在的亲属有：他的妹妹——社交名人薇妮弗蕾德·格瑞芬·普赖尔夫人（Mrs. Winifred Griffen Prior）、他的妻子艾丽丝·蔡斯·格瑞芬夫人（Mrs. Iris Chase Griffen）和他10岁的女儿艾米（Aimee）。葬礼将于星期三在多伦多的圣西蒙教堂举行。

1975年8月25日，《多伦多星报》报道了艾丽丝女儿艾米的死亡：38岁的艾米·格瑞芬（Aimee Griffen）是已故的显赫实业家理查德·格瑞芬的女儿和著名的女作家劳拉·蔡斯的外甥女，星期三被发现死于教堂街地下室的公寓，因跌倒摔断脖子而亡，留下一个年仅4岁的女儿塞布丽娜（Sabrina）。有传言说，格瑞芬小姐长期沉溺于酒精和毒品当中不能自拔，甚至住院治疗过几次。据调查，现在，格瑞芬小姐的女儿已经交由她的姑奶奶薇妮弗蕾德·普赖尔夫人抚养。普赖尔夫人和艾米·格瑞芬的母亲、居住在泰孔德罗加港的艾丽丝·格瑞芬夫人都未因此事接受采访。

1998年2月19日，《环球邮报》报道了艾丽丝丈夫的妹妹薇妮弗蕾德的死亡：经过长期病痛之后，92岁的薇妮弗蕾德·格瑞芬·普赖尔病逝于"玫瑰谷[1]"家中。普赖尔夫人是著名的慈善家，多伦多市因此又失去了一位最忠诚和年限最长的捐助人，她是已故实业家理查德·格瑞芬的妹妹，杰出的长篇小说家劳拉·蔡斯的亲戚。普赖尔夫人生前曾是多伦多交响乐团筹建时期的董事会成员，最近以来，一直服务于安大略省艺术画廊志愿者委员会和加拿大癌症协会；同时，还是花岗岩俱乐部、赫利孔山俱乐部、少年同盟和自治领戏剧节中的活跃人物。她依然健在的侄外孙女塞布丽娜·格瑞芬（Sabrina Griffen）当前正在印度旅行。葬礼将于本周二上午在圣西蒙教堂举行，并将入葬于万柏墓园[2]。

1998年5月，泰孔德罗加港的"亨利·帕克曼少校中学"之家暨校友会的《快报》上，以"'劳拉·蔡斯纪念奖'即将颁发"为醒目标题，报道说："亨利·帕克曼少校中学"设立了一个很有意义的新奖项，奖金来自已故的薇妮弗蕾德·格瑞芬·普赖尔夫人的慷慨捐赠；这一奖项，具体名为"劳拉·蔡斯创意写作纪念奖"，奖金200美元，授予毕业班中最优秀的短篇小说的创作者。为纪念本地著名女作家劳拉·蔡斯而命名的这一奖项，第一次颁奖仪式将于6月毕业典礼上举行。届时，女作家的姐姐、早先曾为我们小镇做出过不少贡献的蔡斯家族的艾丽丝·格瑞芬夫人，将亲自为幸运者颁奖。

在举行颁奖典礼的那天早晨，艾丽丝是在一种惶恐不安的感觉中醒过来的。9点半钟，她的司机沃尔特（Walter）开车过来了，接她去出席颁奖仪式，沃尔特身材魁梧，年纪已不轻了，与她一直相处得很好。很快，沃尔特便将车停到了"亨利·帕克曼少校中学"门口，她家的女工蜜拉（Myra）已经等候在了那里，站在台阶上向她打招呼，沃尔特把她的胳膊交给了蜜拉，随后，风风火火的蜜拉拉着她朝前走去，一路上，把她一一引见给副校长、校友会主席、英语系的主任，最后是议会的本地议员。

学校的牧师念过祷文之后，接下来是颁奖仪式。校友会的代表义不容辞地赞赏了一番圣人薇妮弗蕾德·格瑞芬·普赖尔。艾丽丝坐在那里想：这个世界在金钱面前，人是多么会撒谎啊！艾丽丝推测，薇

1 玫瑰谷（Rosedale）：加拿大安大略（Ontario）省府多伦多（Toronto）三大老牌富豪区之一，位于多伦多市中心和北约克之间，有逶迤曲折的百年老街，遮天蔽日的参天大树，一幢幢风格迥异、古典精致的老房子和环绕在社区四周的美丽河谷和公园。

2 万柏墓园（Mount Pleasant Cemetery）：加拿大历史悠久的墓园之一。

妮弗蕾德这只母狐狸，在安排遗赠时，就已经推测出了这件事的整个过程，知道她将被邀请到场，而且希望在自己得到人们慷慨无私的赞美时，让她在公众的严厉目视下备感痛苦。尽管艾丽丝讨厌让薇妮弗蕾德如愿以偿，却又无法逃避眼下的这一局面。

随后，议员上台了，对劳拉出生在本地、劳拉的勇气以及为选定的目标奋斗不已的精神，进行了一通政客们的那种机智而老练的演说，只是闭口不谈劳拉的死亡和劳拉的那本书《盲刺客》——尽管已经过去50年了，依然散发着地狱之火和禁忌味道的那部长篇小说。艾丽丝默想：看来，大多数人还都在认为它犯忌，应当被置之死地。人们所能回忆起来的，不是那部小说的本身，而是它所激起的众怒：教堂的牧师谴责它的淫秽；公众图书馆被迫将它从书架上撤了下来；小镇上唯一的一家书店拒绝为它进货。有消息说，它将被审查，为此，人们想方设法跑到伦敦、多伦多等地，偷偷摸摸去采购——在当时，简直就像惠顾避孕套一样。如今，劳拉已遥不可及；人们只能对尚在世的她进行含沙射影的攻击，一封封匿名信向她飞来，责问她：为什么要让这部垃圾书出版？而且，还是在“罪恶之地”纽约出版？对这样一部垃圾书，难道她不感到羞愧吗？她让她那么受人敬重的家族，连同他们的整个小镇一起丢了脸！艾丽丝默默无声。劳拉的脑子从未正常过，对此，每个人都有所察觉，而且那部书里也证实了这一点。她本应该保护劳拉死后的名声，应该把那部手稿付之一炬。

获奖者的名字公布了，艾丽丝被人拉了起来，一个装着支票、用金丝带装饰的信封被塞到她手里，获奖的女孩朝她走了过来。那个女孩高高的身材，穿着一件黑色洋装。望着女孩，艾丽丝的心突然为之一颤，渴念一下子箍紧了她的心，也许，她的外孙女——塞布丽娜，现在看起来也像这个女孩一样高了，她，也许，甚至可能已经认不出塞布丽娜了，塞布丽娜远离她的时日已经那么长久了，她远离了她，有什么办法呢？

艾丽丝把那个信封递给了获奖的小女孩，并对那个小女孩耳语，祝福了一番。那个小女孩莞尔一笑，转身离去了。艾丽丝趔趄了一下，险些跌倒，一名始终关注着她的工作人员一把捉住了她的手臂，把她搀向她的椅子。她重新坐回到暗影里，回到劳拉投下的阴影当中。旧日的创伤被揭开了，看不见的鲜血向外流淌着，很快，她将被倒空耗干。

艾丽丝的眩晕病已有一段时间了，医生说，她的疾患通常被称为心病。她已经不如从前那样敏捷了，现在，每当朝着镜子望过去时，她看到的是一个老迈的女人，有时，她觉得她看到的这个老迈女人，就像是她从未谋面的祖母，或是她的母亲。也许，她不该重新回到老家的宅邸过活，不过当时，她想不出还有什么其他更好的地方可去，就像老保姆蕾妮（Reenie）往日常说的那样：与其遇上不认识的新鬼，不如遇到认识的老鬼——未知的艰险，比已知的艰险更令人害怕。

医生说，为了她的心脏，她应当经常散步。所以，她走了很远，一直步行到希望山墓园。来到墓园的人，蔡斯家族的纪念碑是很难错过的：它比其他任何一座建筑物都高。她和劳拉过去经常来这里参拜，一开始，是蕾妮带她们来，蕾妮认为带孩子们来看看家族墓地不管怎么说都是有好处的；稍后，她们就独自来了。多年以来，她每年都要到这里来扫墓，至少来两次，一度曾开车过来，现在不行了。

劳拉墓前的鲜花已不如从前那么多了，但数量还是相当可观的。劳拉是被装在一个小银盒子里送回来的。艾丽丝把劳拉的骨灰撒到了墓地上，保存了那个银盒，不然的话，那个银盒早就被劳拉的崇拜者们盗走了。纪念碑后面的那块空地，艾丽丝把它作为一块保留地——留给了自己，那是她将来入土的地方。

她可怜的女儿艾米，葬在了多伦多的万柏墓园，陪伴着格瑞芬家族的亡者。有时她想，不知劳拉的女儿塞布丽娜，最终将葬在何处，她该是她们之中告别这世界的最后一个——她觉得塞布丽娜肯定还活着，因为至今她没听到过任何不好的消息。末了，塞布丽娜将选择哪一方家族墓地作为自己的归宿，她不得而知，但无论塞布丽娜做怎样的选择，她都不会说什么。塞布丽娜 13 岁离家出走时，薇妮弗蕾德十分愤怒，打电话责怪她，一口咬定是她煽动与教唆的，还要她说出塞布丽娜的下落。对此事，她确实一无所知，自从女儿艾米死后，薇妮弗蕾德便垄断了对塞布丽娜的监护权，切断了她和塞布丽娜的一切联系。早先，她寄给塞布丽娜的所有卡片、邮件和生日礼物，全都被薇妮弗蕾德邮退了回来。

在一个雷雨过后的早晨，艾丽丝散步到"纽扣厂"。长期以来，它一直坐落在泰孔德罗加港小镇卢韦托河（Louveteau River）东岸，成为小镇缓慢进程中一个醒目的遗弃物，已经有十几年没人去管它了，厂房的玻璃破碎不堪，屋顶漏雨，里面成了老鼠和醉汉们的栖息地。后来，有一届市民委员会将毁损的厂房改造成了时装商店。她走进去时，看到那光光的砖墙上挂着一些放大了的老照片，有一张是 1901 年她祖父穿着长礼服与一群显要人物恭候英国约克公爵的照片；有一张是她父亲站在阵亡将士纪念碑前献花圈的照片；还有一张是 1911 年的"纽扣厂"的照片，一排排工人正在干活。

"纽扣厂"是她的祖父本杰明·蔡斯（Benjamin Chase）于 1870 年代初期创建的，当时正值加拿大人口规模扩大时期，市场对纽扣的需求量大增，纽扣的成本低，材料便宜，劳动力的价钱也相对低廉，因此，她祖父很快便发迹了，再加上他朴素诚实的创业精神和具有前瞻性的思想，购买了先进的机器，很快就赚得了高额利润。在那之后，她祖父又买下了一些磨坊，把它们改造成了工厂，于是，又拥有了一家生产汗衫和连衣裤的编织厂，一家袜厂和一家小陶品制造厂。

天气闷热，艾丽丝的老毛病又犯了，骨头酸疼得厉害，难以入眠，尽管有安眠药，可医生警告过她不要服用。她蹒跚地走进厨房去找吃的，冰箱里没有多少可吃的东西。她已经习惯了独居者的生活，进餐一向花费不了多长时间而且相当随意。她一点也不求讲究，什么都不想要，比如祖母的银茶壶、瓷器，还有电视机什么的。她很清楚，所有的一切，在她死后，都会被别人清理掉，而且，毫无疑问，蜜拉将会垄断这一善后之事。蜜拉想当然地认为，她已经从母亲蕾妮那里继承了照顾她的任务，她也很愿意做这个值得信赖的家庭的家臣。她倒并不是嫉妒蜜拉：人活着的时候，生活本来就像一堆垃圾，死了之后更是如此。不过，如果是小小的一堆垃圾，清理完了之后，你就会知道，以后别人清理你留下的垃圾时，将会少用多少绿色的塑料垃圾袋。

在蜜拉的劝说下，她买了一台电风扇。路上，她们去了一趟阿维隆庄园。庄园的房子很大，建筑辉煌，地处卢韦托河东岸的黄金地带，曾被认为是一座富丽堂皇的宫殿，是 1889 年，在她祖母阿德莉亚·蒙特福特（Adelia Montfort）的监督下兴建的，在欧式的建筑风格中，融入了维多利亚时期的主题造景，展现出她祖母阿德莉亚源于欧洲贵族传统的优雅的家族背景与身份地位。庄园的名字"阿维隆"，是她祖母从英国桂冠诗人坦尼生[1]（Tennyson）的诗句中撷取的。她和劳拉，便是在这样一座建筑物的环境中

---

1 坦尼生：即阿尔弗莱德·坦尼生（Alfred Tennyson，1809—1892），英国桂冠诗人，131首的组诗《悼念》（In Memoriam）被誉为英国文学史中最优秀的哀歌之一；组诗《国王叙事诗》（Idylls of the King），在世上流传广泛。

长大的，换句话说，是在她祖母的房屋里和观念中长大的，然而，她们并没有成为祖母所要求的那种人。

她父亲是她祖母三个儿子当中的长子，她祖母为儿子们取了三个高雅的名字：诺弗尔（Norval）、埃德加（Edgar）和帕西瓦尔（Percival）。她祖父本杰明很溺爱他的三个儿子，希望他们继承父业学做纽扣生意，不过祖母阿德莉亚有更高的目标，把三个儿子送进了霍普港的三一学院中学就读。从寄宿学校毕业之后，又进入大学就读。结果，三个兄弟与他们的父亲有了隔膜，他们会拉丁文，父亲一点不会，他们谈论的人，父亲一个都不认识，他们唱的歌，父亲从未听过。三个兄弟趁着月色，驾驶着父亲的小游艇——被母亲命名为“水妖”号的帆船航行，父亲的两个兄弟，埃德加弹奏曼陀林，帕西瓦尔弹奏班卓琴，还私下里偷偷喝酒，把游艇弄得乱七八糟，丢给父亲去清理。镇上还有传言说她父亲的那两个兄弟玩女人，玩过之后，又用钱把那些姑娘体面地打发掉了。尽管镇上的人对这一对兄弟颇有微词，却将主要矛头指向了那些姑娘。“他们是淘气鬼，但他们绝不是恶棍。”蕾妮这样对她评价她父亲的那两个兄弟，并叹了口气。

1913 年，她祖母阿德莉亚死于癌症。在阿德莉亚生命的最后几个月里，蕾妮的母亲被叫到厨房帮忙，蕾妮也跟来了，整个过程给蕾妮留下了深刻印象。护士日夜看护，刚毅的阿德莉亚被疼痛折磨得不成人样，到了必须靠打吗啡度日的地步，却依然千方百计地把自己打扮得漂漂亮亮的，努力维持自己原本的形象。她祖母阿德莉亚去世后，三个兄弟没有一个人愿意继承纽扣生意，她父亲想涉足法律，之后从政，将来实现改良国家的抱负；埃德加和帕西瓦尔要到外面闯闯，等到帕西瓦尔完成了学业之后，他们有意去南美洲探矿，寻找黄金。

蕾妮不满 17 岁就到阿维隆庄园做了全职女工，现在成了她们家的支柱，蕾妮知道蔡斯家族的历史，或者，至少知道一些关于他们的事。1914 年 7 月，艾丽丝的母亲莉莉亚娜（Liliana）嫁给了她父亲诺弗尔。蕾妮说，她父亲是在一次外出游玩的滑冰聚会上向她母亲求婚的，他们的结合，是自由恋爱。莉莉亚娜是卫理公会教徒，诺弗尔是英国国教徒，因而，她母亲的社会地位没有她父亲的高，当时人们很在乎这一点，但两人都被对方做事严肃认真、身怀为天下苍生的理想的执着精神所吸引。当时，她母亲只有 18 岁，在学校里教书。教书的目的不是为了挣钱，她家里的日子过得相当富有，父亲是蔡斯企业的高级律师，只是由于对自己宗教信仰的虔诚，为了帮助那些不如自己幸运的人做点什么，她才去教书，想有所成就。从师范学校毕业之后，她母亲去了大西北的一个荒僻落后村落。蕾妮钦佩地说，她母亲莉莉亚娜像传教士那样担负起了教育穷人的教学工作。

1914 年 8 月，战争爆发了，蔡斯家的兄弟三人全部应征入了伍，参加了加拿大皇家军团。她母亲在阿维隆庄园，决意将自己的意志付诸行动，来为战争做点事。她母亲组织了一个慰问团，拼命工作，还亲自跑到周围镇上医院去看望慰抚伤兵。蕾妮说，她母亲从不爱惜自己，因而毁了健康。她在 1916 年 6 月出生，出生之后不久，她父亲的两个兄弟，埃德加和帕西瓦尔叔叔在前线炮火中阵亡，她祖父受到严重打击，随后中风，她母亲成了蔡斯企业事实上的经营者。

1918 年 11 月 11 日，是停战日。战争结束了，当战争的幸存者们陆续回来之后，一切似乎又回到了旧秩序。她父亲诺弗尔虽然活着回来了，却失去了一只眼睛，一条腿残废了，失去了正常功能，脸上伤痕累累，完全变成了另外一个男人。她父亲诺弗尔回来之后，成了蔡斯企业的继承人，然而，无法愈合的身心创伤，打破了她父亲和她母亲之间先前的和谐。

1919年，他们三个人（诺弗尔、莉莉亚娜和艾丽丝）生活在一起，希望尽力把日子过得好些。11月的一天，差不多是就寝的时候，他们坐在阿维隆庄园的起居室里，壁炉里生着火，她母亲莉莉亚娜做着针线活，在缝补衣服，她父亲诺弗尔坐在对面的长椅子上，那条丧失了功能的坏腿，不停地上下颤抖，她坐在父亲旁边，朗读她的字母书。当时，劳拉就要出生了，对此，她浑然不知。

蕾妮说，劳拉费了好长时间才来到这个世界上。劳拉出生之后，她母亲的健康状况更糟了，人也失去了以往的高姿态，失去了达观，不再那么踌躇满志了，医生认为她母亲必须更好地休养。然而，她母亲因过度操劳，已过于身心疲惫，每一天都过得很艰难，身体状况一天不如一天，再加上内心的痛苦——与她父亲重逢后，双方都已不再是对方心目中原来的那一形象了。战争期间，她父亲曾经与别的女人睡过，还丧失了宗教信仰，在弟弟埃德加和帕西瓦尔阵亡后，成了无神论者；返回家乡后，经常以到多伦多去“出差”为借口，到那里去喝酒、逛窑子。对于这一切，她母亲尽管从未流露过一句怨言，始终保持着沉默，可她父亲还是能感觉出她母亲的那种无声的责备。

劳拉是个心神不宁的婴孩，脾气很坏，常常焦躁不安。从小，劳拉就好像总有一种莫名其妙的精神焦虑症——死去的乌鸦、一只被汽车压烂的猫、晴朗天空中出现的黑云，都会导致她哭泣；而另外一方面，对身体上的疼痛，劳拉却有着离奇的抗拒力——嘴巴被烫伤了或是身上被割伤了什么的，她通常都不会哭泣，像是具有一种上苍给予的邪恶意志。

艾丽丝9岁的时候，她母亲去世了；那一年，劳拉6岁。事情发生在一个可怕的星期二。那天，她们和蕾妮一起在厨房里吃早餐，母亲没有出来与她们一起进餐。平日里，母亲对她们管教得很严厉，吃饭时，她们必须把身体坐直，必须吃掉面包的硬皮，不得有半点浪费。“要记住那些饿得要死的亚美尼亚人。”母亲时常这么提醒她们。那天，母亲身体不适，已经无法把面包硬皮吞咽下去了。上午，她们陪蕾妮待在厨房里，蕾妮在做面包，她和劳拉钻在厨房的桌子底下，她正读着一本儿童读物，突然，母亲倒在了地上。她去找父亲，父亲不在工厂，打电话询问，谁也不知道他的去向。医生来了，她拉着劳拉蹑手蹑脚上了楼梯，看到母亲房门外楼道地板上的搪瓷盆里那个还没成形的胎儿，五天之后，母亲便因小产去世了。

母亲临去世前的那天上午，似乎清醒了一些，拉着她的手叮嘱说：做个好女孩，成为劳拉的好姐姐；并说知道她一直在尽量努力这样做。当时，她站在母亲床边点了点头，不知道该说什么。可她觉得自己是一个不公平的受害人：为什么总是让她做劳拉的好姐姐，而不是让劳拉做她的好妹妹？可以肯定，母亲爱劳拉超过爱她。她真想告诉母亲：母亲看错了人，她并没有尽量努力做一个好姐姐，恰恰相反，有时她把劳拉叫作“害人精”，让劳拉不要烦她。就这样，母亲要求她仁慈善良的意愿，像徽章一样被别到了她的身上，之后，她再也没有机会将其退还给母亲。

母亲葬礼的第二天，蕾妮把她们打发到花园去了。蕾妮把她们的头发编成紧紧的辫子，扎上黑丝带。劳拉先她一步走上草坪，一路上蹦蹦跳跳的，那无忧无虑的神态令人恼火，就好像世界上没有什么可让她烦恼的。在母亲葬礼的整个过程，劳拉都是这种样子——因为劳拉深信：母亲死后已进入了天堂，和上帝在一起了。劳拉说这话时非常平静，还哼起歌来。她制止了劳拉的歌声，告诉劳拉：妈妈死了。当时，她们正坐在莲花池边上。劳拉坚信母亲没有死，不是真的死了，而是去了天堂，和那个小婴孩待在了一起。她把劳拉一把推到池边的草坪上，劳拉哭了起来。

母亲去世之后，父亲把劳拉推给了蕾妮，她和劳拉是在蕾妮的照顾下在阿维隆庄园长大的。在母亲去世当月的一天，父亲带她去了镇上的一家小吃店，为她买了一杯平时不允许她们饮用的苏打水，令她受宠若惊。她父亲自己要了一杯咖啡，沉默和深思了一会儿之后，开口要求她：今后无论发生什么事，她都要保证一定照顾好劳拉。她严肃地点了点头。什么是“发生什么事”？什么事可能发生？她十分恐惧那些坏消息，尽管她说不出是什么坏消息。

1933 年 3 月 16 日，泰孔德罗加港的《信使与旗帜报》上，以“蔡斯企业支援救济行动”为题，报道了她父亲的慈善义举：蔡斯实业有限公司（Chase Industries Ltd）老板诺弗尔·蔡斯上尉（Captain Norval Chase）昨天宣布——蔡斯实业，将向全国受经济不景气打击最严重的地区捐赠三车皮的救济物资。蔡斯上尉表示，在当前民族经济危机之时，全国人民都应像战争时期那样通力合作，尤其是安大略省的子民，因为他们比别人要幸运一些。不过，蔡斯上尉的竞争对手，多伦多皇家经典针织公司（Royal Classic Knitwear）的理查德·格瑞芬先生对他进行了抨击，指控他将生产过剩产品作为馈赠倾销到市场上，剥夺了劳动者挣工资的机会。蔡斯上尉表示，捐赠品的接受者们没有经济能力去购买这些物品，他并没有从中损害任何人的利益。

通过这份报道，艾丽丝第一次看到了“理查德·格瑞芬”这个她父亲和他们显赫一时的家族企业的最大竞争对手的名字。事情距今，已过去整整半个多世纪了。这天早晨，天气预报解除了先前对龙卷风的预警，直到黄昏时分，暴风雨总算过去了。当晚，艾丽丝躺在床上，难以入眠，最终爬了起来，夜色朦胧中，穿着雨鞋和睡衣步履蹒跚地行走在潮湿的人行道上，一口气走过了三个街区。在回来的路上，她听到身后传来了脚步声，一个年轻女子拎着一个袋子或小手提箱快速从她身边走了过去。在那一刻，她立刻想到的是：塞布丽娜终于回来了。然而，那个女子不是她的塞布丽娜，仅仅是一个陌生人。她问自己：怎能持有这样的渴盼呢？然后，对自己说：这个问题就到此为止吧。在那之后，艾丽丝的思绪又继续回到了她的过去，回到了阿维隆庄园。

在母亲去世后，事情再不会同过去一样了。所有的人都因为劳拉比她小、不谙世事而可怜劳拉。劳拉是一个古怪的孩子，整天都不得闲。一开始，劳拉成天披着母亲的裘皮大衣，在里面爬来爬去，大概是在祈祷，或以咒文召唤母亲回来，可无论是什么，都无济于事，后来，那件大衣被送给了慈善机构。不久，劳拉又开始询问搪瓷盆里那个胎儿到哪儿去了，不再满足于“母亲和上帝在一起”那个说法了。夜里，劳拉有时会蹑手蹑脚地跑到她的房间来，把她摇醒，然后爬到她的床上和她睡在一起；可在那之后，因为上帝，劳拉久久不能入睡。

每当劳拉睡熟了的时候，她对劳拉最体贴。早晨，她要帮助劳拉穿好衣服，然后让劳拉去刷牙洗脸。那时候，她们姐妹经常没人管，她们在阿维隆庄园里四下翻弄：那些缝隙，小洞，地沟。后来，她父亲出资在小镇上修建了一座阵亡将士纪念碑。纪念碑在 1928 年 11 月的“国殇纪念日[1]”揭幕，她父亲敬献了第一个花圈，她和劳拉手拉手站在那里，注视着父亲，蕾妮哭了起来。当时，加拿大皇家军团派来了一个代表团，从伦敦远道而来，M. K. 格林少校（Major M. K. Greene）走到纪念碑前献了一个花圈。仪

1 国殇纪念日（Remembrance Day）：又称“阵亡将士纪念日”，是为了纪念1918年11月11日签订的第一次世界大战停战协议，缅怀为了和平而阵亡的将士。

式结束后，蕾妮为大家冲了饮料，劳拉问蕾妮："为什么它被叫作纪念碑？"蕾妮回答劳拉：是为了让我们记住那些死去的人。一旁的一位太太接着说："他们把生命献给了上帝，因为那是上帝希望的。"一个星期之后，她和劳拉正沿着峡谷下面的卢韦托河岸边的小路前行，劳拉突然掉进了河里，幸运的是这一段河面水流不急，她尖叫着朝劳拉追了过去，抓住劳拉的外衣，险些也跟着掉进去。她挣扎着把劳拉拽上岸后，劳拉浑身颤抖，嚎哭起来。劳拉是故意的！她抱住劳拉，责问她为什么这样做？劳拉呜咽着说：这样，上帝会让妈妈活过来。原来，劳拉听了那位老太太的话，想用自己的生命换回母亲的复活。

蕾妮认为她和劳拉待在一起的时间太长了，该各自与自己年龄相仿的孩子待在一起，到小镇上的私立学校去读书了，可她们的父亲似乎始终抽不出时间来为她们安排这件事。去学校读书对她来说自然没什么问题，她头脑冷静，可劳拉还小，还不到上学的年龄，而且，劳拉容易精神紧张，是那种被别人一碰就惊慌不已的孩子。之后，她和劳拉都没有进学校读书，而是由家庭教师轮流上门授课。家庭教师男女都有，她们认为没有跟他们学习的必要，所以，总是想方设法刁难、捉弄他们，同他们调皮、作对。不过，要想把他们赶走，常常比想象的要困难得多。当她们不与家庭教师在一起的时候，她和劳拉是不允许走出阿维隆庄园的，可只要一有机会，她们两人就会悄悄溜出去，到小镇上闲逛。

与她们相处得还算不错的家庭教师，是 40 多岁的瓦奥莱特·戈勒姆小姐（Miss Violet Goreham）。由于戈勒姆小姐名字当中的"瓦奥莱特"，她在背后给她起了个绰号"暴力小姐"（Miss Violence）。后来，由于她父亲不满意戈勒姆小姐那松懈、陈旧、带有玫瑰色彩的教学方法，换了一个曾在英国男子学校教过书的厄斯金先生（Mr. Erskine）来调教她们。厄斯金先生管教她们的方法很直率，有时揪头发，有时拽耳朵，说起话来总带有一种伤人的嘲讽，令人生厌。劳拉把满是鞭痕的手展示给蕾妮看过之后，气愤至极的蕾妮跑过去责问厄斯金先生，厄斯金先生全然不当回事，不许蕾妮插手，还说就是蕾妮把她们姐妹两个惯坏的，弄得蕾妮再也无计可施。劳拉不肯善罢甘休，当即表示：除非厄斯金先生滚蛋，否则她就自己离开，她将逃走，她将跳窗户。蕾妮劝慰劳拉别那么干，"我们开动脑筋，想办法让他陷入困境。"

不久，劳拉便想出了办法，用编造出来的厄斯金先生把手伸进了她裙子里的谎言，打动了蕾妮，于是，蕾妮使用诡计，成功地将那位厄斯金先生赶出了庄园。蕾妮诬陷说，她在打扫厄斯金先生的房间时，在床底下发现了裸体女人的污秽相片，对此，厄斯金先生深感震惊和愤怒，离开之前，一再诉说自己的清白。就这样，无辜的厄斯金先生离开了阿维隆庄园；然而，厄斯金先生几年来的教学工作，还是见了不小的功效，不仅仅是书本里的那些内容，从厄斯金先生那里，艾丽丝还学到了不少东西，除了撒谎和欺骗，她还学到了不动声色的傲慢和沉默的反抗，还学到了"君子报仇，十年不晚"的道理，以及如何不让人抓到把柄。

在这期间，经济大萧条开始了。蔡斯实业有限公司（Chase Industries Ltd）的财力每况愈下，剩下的资本不允许她父亲再犯决策上的错误。她父亲本该遵循市场的需求减少生产或关闭工厂，像其他同行那样把钱存入银行——囤积起来；但她父亲并没有那样做，她父亲那种强烈的道德责任感，导致他违背市场运作的规律，在应该裁员、缩小生产规模时，因不忍心将那些退伍老兵及其他忠心耿耿的工人们踢出门外，依然继续大量雇佣他们生产。这样坚持了一段时间之后，蔡斯实业陷入了难以维持的地步。

这样一来，阿维隆庄园也不得不开始节俭了。蕾妮说她父亲的心肠太好了，对他自身没有好处。蕾妮还说她父亲太自傲，一个男人罹遭危机时，应该接受现实。蕾妮不清楚情况会不会有所好转，不过，败落和破产是最有可能的结局。这时，她 16 岁了，还是整天闲逛；蕾妮却开始喜欢上了阅读伦敦的社交杂志《梅费尔》，上面有各种社交庆典的报道，蕾妮常常在读过之后，把上面那些有关婚礼、慈善舞会、奢华度假等各种庆典报道讲给她听。

蔡斯父子实业有限公司劳动节的庆典（人们一般将其叫作“纽扣厂野餐会”）通常在若格河畔的“露营地”举办。那是一块大约 2 英亩大的地方，有树林和灌木丛，人们经常在那里举办宗教活动，是一处适合各种户外聚会的场所。当时，蔡斯公司尽管陷入了危机，但还没有工人被解雇。她和劳拉很喜欢参加这种野餐会，母亲去世后，蕾妮接管了她们，蕾妮对她们这一天的着装一向非常精心，让她们的服饰总是极尽所能地与小镇上的其他人有所区别。

那一年的劳动节野餐会时，她 18 岁，劳拉不到 15 岁。她们听完父亲的演讲后，她过去帮助蕾妮义卖糕饼，劳拉一个人慢慢地走开了，她本应看住劳拉，可她让她走了，她对自己总是要看住劳拉已经烦透了，而且，劳拉还总不领情。她总是要对劳拉的闪失负责，不管劳拉做错了什么，她都不得不包容她，这也令她腻烦透了。她厌烦了担负责任。过了一会儿，她瞥见父亲一瘸一拐地走到了工人中间，以他特有的方式同工人们打着招呼，身旁陪伴着一位略微年轻一点的陌生男子。蕾妮告诉她，那个衣冠楚楚的家伙就是她父亲的政敌——理查德・格瑞芬先生，一个暴发户；还说格瑞芬先生的生意是靠欺骗犹太人起家的。说完之后，蕾妮突然警觉起来，因为劳拉不见了，嗔怪她不应该让劳拉走出她的视线。后来，她看到劳拉坐在树下的草坪上在与一个年轻男子交谈时，立刻走了过去。“亚历克斯・汤马斯（Alex Thomas）。”那年轻男子赶紧自我介绍，神态彬彬有礼，但有些拘谨。

对劳动节那天的晚宴，艾丽丝记忆犹新，因为那是她们这些人全体聚在一起、聚集在同一个房间里唯一的一次。蕾妮在厨房里忙得团团转，她父亲请来了理查德・格瑞芬先生和薇妮弗蕾德・格瑞芬・普赖尔夫人；劳拉自作主张，把亚历克斯・汤马斯带进了家门。对于劳拉一时冲动邀请来的倒霉蛋（目前没有工作，却有收入来源），她父亲虽然很不高兴，可木已成舟，只好以礼相待。晚上，“露营地”上放了焰火，她们一同前去观赏，焰火景色壮观，交谈当中，她开始慢慢喜欢上了亚历克斯，并了解到他是在孤儿院长大的，父母死于战争。

“纽扣厂野餐会”之后，《信使与旗帜报》上刊登了一张她父亲在讲台上的照片和一张亚历克斯・汤马斯与她们姐妹两人的合影，因为照片是偷拍的，劳拉便施了点小伎俩，未经同意从摄影师埃尔伍德・默里（Elwood Murray）办公室把那照片的底片拿了回来。达到了这一目的之后，劳拉又开始迷上了其他东西。周日早晨到教堂去给主日学校的 5 岁孩子们上课，一周当中的另外三个早晨，到火车站旁的基督教联合会办的施舍所去帮忙。劳拉常常缠着向蕾妮讨要一些骨头，然后拿到施舍所去做汤。她从没跟劳拉去过施舍所，劳拉也从未叫她去过，而且她根本也没有时间。她父亲认为，她必须学着管理纽扣生意，这是她不可推卸的责任。由于没有兄弟，在蔡斯企业，她必须充当儿子的角色。尽管父亲在这方面对她有明显的期望，可她干得很糟糕，多多少少还有些故意。她对接管家族企业、做个经济上独立的人一点不感兴趣。

一天下午，摄影师埃尔伍德・默里找上门来，特意告诉蕾妮：劳拉与亚历克斯・汤马斯总是一同去施舍所，还在公园约会。埃尔伍德一面说着，一面把亚历克斯称为“无耻之徒”。蕾妮听过之后，肺都气炸了，她可不喜欢人们对劳拉说三道四。那天，当她和蕾妮质问劳拉时，劳拉丝毫不否认，但反驳说，她那样做绝不是调情，而是在与亚历克斯进行严肃的讨论，讨论上帝，她想感化亚历克斯，拯救他的灵魂。可后来，她发现当时劳拉并没有跟她说出她与亚历克斯之间的全部实情。

1934 年 9 月，她父亲的工厂有了麻烦，不得不让一些年龄大的工人停工回家了；到了 10 月，由于外来者的煽动，人们议论起了劳资谈判、工人权利以及工会的事；到了 12 月的第一个星期，她父亲不得不宣布：工厂停产。当时，她父亲希望这只是一个暂时性的措施，要求工人们谅解，耐心等待；之后，她父亲回到阿维隆庄园，把自己关在塔楼里，喝得酩酊大醉。停工的公告发布没几天，工会发挥了作用；接下来的一个星期，工会号召全体工人罢工。这时，劳拉开始为亚历克斯担心，说照他的思想，非卷进去不可。

那天午后，理查德·格瑞芬先生驾车来到了阿维隆庄园，他们总共来了五个人，格瑞芬先生没吃晚饭就走了，留下一辆汽车和三个人，待在她们家车库的司机房里。蕾妮猜测，他们一定是格瑞芬先生留下的保镖，用来保护她们的。第二天，小镇上的主要街道发生了骚乱，她父亲的形象被制成了纸人，在人们的呼叫声中，被焚烧成了灰烬，商店的玻璃窗，被人们砸了个稀巴烂。在夜里，还有人纵火烧了她父亲的厂房，杀死了守门人，大火被扑灭之后，工厂损失惨重。在现场，人们发现了汽油罐，有人说看到两个人逃走了，据说，其中一个是劳拉的朋友亚历克斯。那天吃晚饭的时候，劳拉说她不饿，过一会儿再吃，之后，她看见劳拉端着双份儿的食物去了她自己的房间。

第二天，加拿大皇家军团的部队开进了泰孔德罗加港小镇，恢复了秩序。那是她父亲曾经服役过的军团，看到那些军人镇压他们的人民——他的人民，或者他曾经认为是他的人民——她父亲非常痛心。局面被掌控之后，皇家骑警来了，三名骑警出现在她家的门厅里。他们是来打探有关激进派的颠覆分子亚历克斯·汤马斯的行踪的。目击者说亚历克斯是纵火和杀人的罪犯，他们希望劳拉能协助查找，说出亚历克斯可能藏身在哪儿，劳拉一口咬定，自己不清楚。骑警走了之后，她要求劳拉告诉她：把亚历克斯藏在哪儿了？劳拉说，把亚历克斯藏在了冷窖里。她不知说什么好，简直愚蠢至极！劳拉哭了起来，她把劳拉搂到了怀里，告诉劳拉，她们必须把亚历克斯转移出去，要是让蕾妮发现了，会犯心脏病的。之后，她们把亚历克斯藏到了阁楼上。

她们每天早、晚两次去亚历克斯的阁楼，起先，亚历克斯对她们感激不尽，说她们是好伙伴，后来，就开始抱怨了，需求也越来越多。在这期间，亚历克斯·汤马斯的名字在报纸的社论中扮演了重要角色，被说成是纵火犯和凶手当中最坏的一种类型——冷血杀人狂。还说他来到泰孔德罗加港，混到工人中间，散播分裂的种子，造成了罢工和骚乱，是受过高等教育的一个邪恶的典型，属于邪孽一族。此外，警方还印发了对亚历克斯的通缉令。看着通缉令，亚历克斯分外沮丧，认为自己的脑袋要掉了。为此，她和劳拉深感不安，小心地照顾着亚历克斯，就像两个好撒马利亚人[1]，就像救死扶伤的天使玛丽和玛莎。

一天，劳拉出去了，在她与亚历克斯独处时，亚历克斯突如其来地吻了她，在她挣脱逃离之前，亚历克斯几乎解开了她衣服上的全部纽扣，不过，整个过程，她都保持着沉默。之后，她再也不敢与亚历克斯在阁楼里单独相处了，也不敢告诉劳拉其中的原因，那会对劳拉伤害太深。她只好对劳拉说：必须

---

1 好撒马利亚人（Good Samaritan）：基督教文化中一个很著名的成语和口头语，意为好心人、做好事的人。源于《新约全书·路加福音》第10章25—37节。

把亚历克斯送出小镇去。亚历克斯自己也表示，他不能在阁楼上过冬，那样他会发疯的。于是，她们偷了父亲的一件旧外套，把亚历克斯送走了。

1935 年 1 月和 2 月期间，她和劳拉在一起的时间越来越少了，她一直在为基督教的救济会忙活着什么。这时候，由于她们家已付不起蕾妮全职工钱了，每个星期，蕾妮只能到她们家干三天活了。一天，她父亲要到多伦多去出差，要她陪着去，说是为了卖掉工厂的事儿。她猜测，旅费一定是理查德·格瑞芬出的，因为理查德一直和她父亲保持着生意上的来往。她父亲已不再雇佣司机了，也不敢自己开车，他们是乘火车前往多伦多的。在那里，每天谈完生意之后，他们三人——父亲、她、理查德——会在餐馆一起吃晚饭。

理查德·格瑞芬是在约克皇家饭店帝国餐厅向她求婚的。他邀请她共进午餐，连同她父亲一起。但在那天，当她和父亲顺着饭店的走廊走向电梯时，她父亲突然说他不能出席了，她必须自己去——不言而喻，这是那两个男人事先密谋好的，不过在当时，听到父亲说“理查德可能要求你与他结婚”时，她才恍然大悟。她声音平稳，询问父亲：该怎么办？父亲回答说他已经同意了，现在就看她自己的意见了，他不想让她祖父创下来的蔡斯实业化为乌有。看来，她已毫无选择，阿维隆庄园已经全部抵押了。见她始终一声不吭，她父亲像是松了一口气。在她父亲看来，理查德·格瑞芬有许多社会经验，身体也很健康；而她嫁给理查德后，会有一个好归宿，劳拉也不例外。

艾丽丝并不十分讨厌理查德·格瑞芬，当然，也不喜欢他。订婚后的那个星期，她被打发去同理查德的妹妹薇妮弗德蕾·格瑞芬·普赖尔共进午餐。薇妮弗蕾德告诉她，她为理查德打理着一切——社交活动、鸡尾酒会、宴会之类，并暗示她的装束缺乏风度，她谦逊地坐在那里默默听着，心中不无反感。随后，薇妮弗德蕾谈到她出嫁前的准备事宜：鸡尾酒会、茶会、新娘的送礼会以及准备登报的婚纱照，等等。看到她有些沮丧——因为她父亲甚至买不起女儿的嫁妆——薇妮弗德蕾拍拍她的胳膊，告诉她，她来帮助她。在那之后，薇妮弗蕾德变得忙碌起来，在“玫瑰谷”打理着她和理查德结婚前的一切繁文缛节，筹备婚宴。

在婚礼之前的夜晚，她待在薇妮弗蕾德的一间最好的卧房里，薇妮弗蕾德叮嘱她把自己打扮得漂亮一些。劳拉过来了，劝告她不要与理查德结婚，让她跟她一起逃走。遭到拒绝之后，劳拉继续坚持：她们可以去找工作。可她们能干什么呢？她们总不能靠当女招待过日子吧，所以，她劝劳拉：别愚蠢了，工厂关闭了，阿维隆庄园或许也将要被卖掉，银行在逼债，她们的父亲已愁得不成样子了，像个老年人了。结果，就这样，她嫁给了年长她 17 岁的理查德·格瑞芬，以帮助她父亲实现那个继续维持蔡斯工厂营运的愿望。

她和理查德·格瑞芬在宏伟的“玫瑰谷”宅邸举行了结婚庆典，在大西洋彼岸度过了八九个星期的蜜月，她记得很清楚，蜜月带给她的感觉，除了忧虑还是忧虑。说起来，蜜月原本可以使新婚夫妇进一步加强相互间的了解，然而，一天天过去了，她对理查德的了解却越来越少。理查德安排了她的一切，每到一个参观地，接送她的汽车和司机都会在外面等着。他们先去了伦敦，然后是巴黎，后来又去了罗马，最后一周，他们是在柏林度过的。理查德在那里有一些生意要谈。理查德提出的价格，要比他的竞争对手优惠得多。她呢，对生意的事一窍不通，陪在理查德身边，她的任务只是微笑。每天下午喝茶的时候，她总会写一些明信片，寄给劳拉、蕾妮和她父亲。在那之后，他们途经纽约返回多伦多，在理查德通过电报买下的那幢房子门前停了下来，那幢房子的内部装修，全部是由薇妮弗蕾德根据她自己的喜好设计完成的，对于这一切，她一无所知，对此，理查德的解释是：为了给她一个惊喜。

她刚走进卧室，劳拉的电话就打来了。劳拉声音呜咽，告诉她：父亲死了！他死了——他们给她连发了 5 封电报！蕾妮发的！随后，劳拉便号啕大哭。那是在她去度蜜月的第一个星期发生的事，劳拉说，他们千方百计打电话找她，打到她所在的饭店，他们答应说会告诉她的，可她根本没得到任何转告，也没收到任何电报。原来，理查德截住了她的电话和电报，面对她的责问，理查德的回答是：不想让她担忧，不想毁了她的蜜月，还有些自私——希望她能全部属于他，并请求她原谅。

她父亲死在了塔楼上，是在理查德他们宣布永久关闭她们家在泰孔德罗加港小镇上的所有厂房之后，确切地说，是那个消息杀死了她父亲。理查德把她们家的工厂全部迁到多伦多去了，现在叫“格瑞芬—蔡斯皇家联合公司”（Griffen-Chase Royal Consolidated）。她们家的那些工人彻底没活干了，她父亲感到十分悲愤又自责，持续不断地酗酒，两天之后，劳拉发现他死在了塔楼上。

她开始明白了，这场交易不公平——可怜的父亲，相信了那个双方握手和以名誉担保以及不言而喻的假定。现在一切都已经很清楚了，原来，事情不过如此，这场交易也许从来就不是那回事，她父亲上了那些大企业的当。蕾妮说，镇上的人，全都参加了她父亲的葬礼，人们已经明白了，不是他想永久关闭工厂的，他并没有参与其中，只是无力阻止而已。蕾妮还告诉她说，镇上的每一个人，都很同情劳拉。那么，不言而喻，没人为她感到难过，在他们看来，她同那笔不义之财结合在了一起。

由于劳拉只有 15 岁，艾丽丝和理查德成了劳拉的法定监护人。理查德决定把劳拉接到多伦多来，今后与他们一同生活，把阿维隆庄园留给蕾妮和她丈夫负责看管。决定之后，他们把劳拉先留在了阿维隆庄园，等蕾妮帮劳拉收拾好东西，劳拉再乘火车到多伦多来，他们到车站去接劳拉。

回到多伦多后，艾丽丝尽量让自己不要去想父亲的事，期待着劳拉的到来。在这期间，薇妮弗蕾德忙得不亦乐乎，不顾天气酷热，频繁在她的房间里进进出出，弄得她神经好不紧张，理查德则在一旁不停地夸赞薇妮弗蕾德了不起，说让她少操了不少心。劳拉到多伦多来的日期被劳拉拖延了三次，白天，当理查德上班而薇妮弗蕾德又无处不在时，她又恢复了以前的习惯：毫无目的地散步，打发时间，甚至有时独自去看电影。

那天，劳拉该到了，她到车站去接劳拉，却不见人影。劳拉就是这种性格，不愿意像她一样默默接受一切安排，在乘车前往多伦多的途中，逃走了，独自到“向阳游乐园”打工谋生去了。两天之后，她和理查德实在忍不住了，只好报了警，事情很快见诸报端。1935 年 8 月 28 日，《多伦多星报》以“上流社会女学生安然无恙”为题，把这件事报道了一通：警方昨天已经停止了对失踪超过一周的 15 岁的劳拉·蔡斯小姐的搜寻，现在她正安全地住在朋友家的夏日别墅里。蔡斯小姐的姐夫、著名的实业家理查德·格瑞芬先生否认了谣传的她离家出走一事，蔡斯小姐只是外出度假去了，以为家里人知道，弄出了一场误会。

她和理查德驱车把劳拉接回来后，薇妮弗蕾德说必须给劳拉打一针镇静剂，再送劳拉去看医生。最重要的是，不能走漏半点风声，那样会给家庭带来很坏的影响，事关理查德的政治前途。她询问劳拉为什么要那样做，劳拉回答得振振有词：理查德害死了父亲，自己不能住在理查德的房子里，这样做是对父亲的不尊重。她努力驳斥劳拉：这有欠公平，父亲的死是多种不幸的组合。在说出这一番话之后，她为自己感到汗颜，为自己的所言深感羞耻：听起来就像是理查德在发言。劳拉根本没听进去，还告诉她：在去打工之前，一开始她想去做修女，还去了修道院，但人家拒绝了她的要求，希望她不要规避自己的责任，既然渴望效忠上帝，就应该在上帝为自己安排的生活中为上帝效忠。可她根本就没有生活！劳拉说着说着，哭了起来。她张开双臂，把劳拉搂到怀里，轻轻拍了拍劳拉的后背。她对自己说，她可以应付理查德和薇妮弗蕾德的。

她想，她能像一只老鼠一样生活在老虎的城堡，避开人们的视线，在围墙内爬行，默不出声，低下她的头。然而，她过于自信了，没能看到危险，甚至不知理查德和薇妮弗蕾德他们就是老虎；而且，更糟糕的是，她不知道她自己也可能变成一只老虎，不知道劳拉也可能变成一只老虎；在特定的情况下，任何人都有可能变成一只老虎。这时候，劳拉依然哭泣不已，痛苦丝毫未减。

1935 年秋天，炎热渐渐过去，生活在继续。劳拉被打扮了一番之后，被送进了圣塞西莉亚学校。劳拉毫不掩饰对这所学校的厌恶，说她没必要去那里，她可以找一份工作。劳拉对她说这番话时，理查德当时也在场。劳拉从不也绝不直接与理查德对话。理查德立即表示，他不想再听劳拉的傻话了，还威胁说，如果劳拉不去这所学校，就把劳拉送到其他城市中更远的学校去，如果劳拉逃跑，就把劳拉送进女教养所，再不行，总还有劳拉的可去之地——那种窗户上装着栅栏的私人诊所。劳拉是未成年人，理查德拥有权力，他这些话不是随便说说的，他会那么做的，劳拉知道——每一个人都知道——他可是一个说到做到的人。

劳拉被迫穿上了校服，眼里充满了失望。这件事，薇妮弗蕾德自然也插上了一杠，肯定对理查德煽过风，说过要他坚持一类的话。理查德什么事都要同薇妮弗蕾德商量，薇妮弗蕾德通过社交活动支持他，提升他对政治的兴趣。对理查德来说，妹妹薇妮弗蕾德是必不可少的；而作为妻子的她，则是可有可无的。白天，薇妮弗蕾德千方百计使她保持着忙碌，总会为她制造一些毫无疑义的任务，安排她去做这做那，把她带进了她的社交圈子。薇妮弗蕾德认为劳拉还太小，等劳拉有了资格之后，再为劳拉举办一个正式进入社交圈的仪式。

1936 年 3 月，那时，西班牙内战尚未爆发，一切才都刚刚开始分崩离析。那天，早餐桌上，只有她和理查德二人用餐，除了周末，劳拉是不与他们共进早餐的。这时，劳拉对理查德表面上已不再不恭了，然而只要一见到理查德，劳拉就会躲开。理查德抖了抖手中的报纸，冲着她说了一句：他终于开战了。她从理查德摊在她面前的那份早报上，看到了上面的标题，希特勒的大军已经开进了莱茵河流域。她认为，希特勒违背了国际准则，越过了边界，做了公理不容的事。理查德持有他自己的一套看法，认为希特勒的军队，节节胜利，势不可挡，而且，希特勒极有心计，才不会管什么国际准则，只要看到了机会，一定会逼迫得对方拱手相让。尽管理查德的赞赏不无道理，她却没听进去，保持着沉默，充耳不闻，为了保持心情平静，她必须屏蔽外界噪声的干扰。

薇妮弗蕾德也愿意她对一切装聋作哑，沉默无语，认为她的意见可有可无，无关紧要，换句话说，认为她是个蠢货。后来，即 10 年后，那时她们已不再见面了，薇妮弗蕾德用电话辱骂她：过去一直以为她很蠢，其实她非常邪恶，对他们一直心存怨恨，她父亲破产了，还烧毁了自己的工厂，她却把这一切恶果全都怪罪到他们头上。她不再选择沉默和忍耐，当即点明事实：她父亲没有烧毁自己的工厂，是理查德干的，或策划的。

薇妮弗蕾德继续盛气凌人地贬斥她，说她的那一番话是彻头彻尾的恶毒谎言。她父亲破产了，不烧掉工厂骗点保险金，她们会身无分文！是他们兄妹帮着她和她的傻妹妹走出了绝境！不然的话，她们两个早就落魄到沦落街头了，绝不可能享受荣华富贵——像被宠坏了的乳臭未干的金娃娃。还说她总是无所事事，从不付出任何努力，对理查德却从不思感恩，没有给过理查德任何帮助。

她的情绪开始失控，湮没的往事历历在目，再也无法承受薇妮弗蕾德的横加指责，她道出了自己压抑多年的心声：还要怎样？她做了他们要她做的一切，从不出声，总是面带微笑，为他们粉饰门面。关键的问题是，理查德对劳拉太缺德了，他不该把魔爪伸向劳拉。

薇妮弗蕾德立刻反咬一口，痛责她在诬蔑，因为她事事都亏欠着他们，实在无法忍受，就对理查德进行报复！她在他们夫妻生活中，害死了理查德，就像用枪对准了理查德的头然后拉动了扳机。她当即牵出了劳拉之死——是谁害死了劳拉？薇妮弗蕾德有些恼羞成怒了，一口咬定劳拉是自杀的，说劳拉一向疯疯癫癫的，劳拉关于理查德或者别的什么事的话，任何一个神经正常的人都不可能相信的！

她说不下去了，挂断了电话。她不是薇妮弗蕾德的对手，也无法继续与她作对，因为她掌控着一个人质——艾米在薇妮弗蕾德那里。不过，在 1936 年间，薇妮弗蕾德对她还不是这样排斥和敌视的，无论到走到哪儿，还总是把她带在身边，像个女门徒似的。那时，薇妮弗蕾德不断拉着她去参加一个又一个社交聚会——青年女子联盟会议、政治联欢会，或者这样那样的委员会，把她安排在椅子上或角落里，然后，自己再去忙碌那些必需的交际。她坐在一旁，看得出来，其实大部分人并不怎么喜欢薇妮弗蕾德，不过是在敷衍她；只是因为她的钱和她无穷的精力，无论举办什么活动，这个圈子里的大多数女人都满足于让薇妮弗蕾德唱主角，然而，在她们眼中，本质上的薇妮弗蕾德，不过一个粗俗不堪的暴发户。

不时会有人走过来与她悄悄地搭讪，询问她什么时候能听到有关理查德政治生涯的特大新闻。其实，她对这样的新闻没有任何期盼。她和理查德之间，白天和夜晚，过着两种式样不同的生活，表面上彬彬有礼，暗地里却暴力不断。她对理查德的夜间房事活动毫无情趣，甚至抵制。她的这种不合作，使理查德身上的那种男性征服欲备受打击，不断用在她娇嫩的肉体上制造痛苦来发泄。随着时间的推移，她遭受的皮肉之苦越来越多，在强烈的性欲冲动下，理查德变成了更为强暴的征服者，弄得她伤痕累累，身上被掐得青一块紫一块的，再慢慢复原，就像是一堆沙子——被书写，再书写，然后，再被抹平。

艾丽丝又去看医生了，是蜜拉开车送她去的。医生听了听她的心脏，问了问她的感觉，很快就有了诊断，笑呵呵地开了处方。她想，如今，她在医生眼里，已是一个不中用也不值得嗔怪的老太婆了。回来之后，她又拿起了笔。她手指上老迈的关节，尽管患有关节炎，近来，写起字来，还是比较灵便的，让她能一页一页不停地写。现在，她想，她该写 1936 年 4 月的事了。

劳拉在学校里的生活过得很不愉快，常常旷课。那年 4 月，劳拉又有了新麻烦——竟然写了一篇有损上帝名誉的文章：上帝撒谎吗？校方觉得劳拉太过分了，怀疑上帝，总是提不名誉的问题，公然挑衅，影响恶劣，不可容忍，结果，劳拉不得不退学了。对于劳拉的这种表白，她不相信劳拉有什么恶意，劳拉不过是把自己心里的想法说了出来而已，劳拉就是这样一个女孩：不甘被禁锢，而且，想做什么，绝不会悄悄地做，一定要在光天化日之下去做，直截了当。

劳拉离开学校之后，艾丽丝感到劳拉的行为开始变得有些怪怪的。到了 5 月，他们带着劳拉乘坐“拜伦加利亚”号越洋前往英国旅行，再乘“玛丽皇后”号航行到纽约。航行的第三天，艾丽丝注意到劳拉的眼睛有些红肿，当她询问劳拉为什么时，劳拉却什么也不肯说，让她不要无事自扰，不愿告诉她其中的原因。他们一家人在纽约待了三天，然后，回到了多伦多。几周之后，等理查德打理好了生意上的那些事，他们又去了阿维隆庄园。理查德说，他这样做，是想让她高兴，让劳拉高兴。不过，在她看来，根本不是这么一回事，他费尽心思，不过是想控制劳拉，把劳拉踩在脚下。现在，劳拉怎么来对付他呢？每当冲突发生，劳拉不再同他直接对抗，而是把火冒三丈的他晾到一边去。

艾丽丝记得，抵达阿维隆庄园之后，日子的节奏很慢。她大部分时间都停留在祖父的书房里，劳拉在小镇上到处乱逛，薇妮弗蕾德每天都去游泳，理查德则围着“水妖”号帆船转悠。一天，报纸上说，西班牙内战爆发了。午餐时分，理查德表示西班牙那边的事对他们无大碍：只要他们不参战，让共产党人和纳粹党人彼此残杀去吧——他们很快就会打起来的。薇妮弗蕾德不希望战争，不希望打起来。理查德与薇妮弗蕾德的看法相左，希望利用这场战争激活市场，他就能多赚钱，赚大钱了。

度假快结束时，她意外发现，劳拉莫名其妙地藏起了阿维隆庄园里各式各样的小摆设、小玩意儿，说不能让理查德和薇妮弗蕾德把所有的东西都随便丢掉了。在他们动身返回多伦多的前一天，她惊喜地看到劳拉坐在了“水妖”号上，理查德操纵着舵头，注视着一艘正往下游行驶的小游艇，她感到宽慰，长松了一口气。心想，她的生活总算有了好转，或许家里的气氛会轻松一些了。然而，事情却并未像她所希望的那样发展，反而变得更加复杂起来，家中的紧张气氛一如既往，而且有增无减，只不过情况倒置了过来——无论什么时候，只要劳拉一走进来，理查德就会立刻起身离开，事情似乎变成了理查德害怕劳拉了。

那年 10 月，劳拉又穿上了校服，进了多伦多另外一所不同的学校，然而，劳拉的心境与从前没什么两样，只不过穿的制服有所不同罢了。到了 11 月，劳拉满 17 岁了，语调平淡地对他们说，要她去那所学校读书，无非是在白白浪费理查德的钱，她不会学到什么的。这一次，理查德令人惊讶地做出了让步——让劳拉离开了学校。在那之后，劳拉去了薇妮弗蕾德发起的一个名为“使女”的志愿团体，在一些医院里转来转去，与病人交谈，为病人读书。事实证明，劳拉很擅长做这项工作，尤其是在别人不愿意待的那些肮脏的穷人病房里，大受欢迎。劳拉对病人一视同仁，对病入膏肓的病人，更是关爱有加，就像是一位天使。

与此同时，薇妮弗蕾德为劳拉制定出了一个进入社交圈子的计划，希望因此能有策略地把劳拉嫁出去，而且越早越好。在薇妮弗蕾德看来，劳拉思想过于旁门左道，不着边际，是他们的沉重负担。听着从薇妮弗蕾德口中道出来的这一切，她茫然地凝视着薇妮弗蕾德，掩饰着自己的愤怒，告诉薇妮弗蕾德：劳拉 21 岁时，就会有钱了。随后，她把薇妮弗蕾德开始张罗给劳拉找结婚对象的事说给了劳拉，劳拉却满不在乎，令她颇为费解。而且，她很快意识到，劳拉近来行为十分反常，整个人变得漫不经心，肆无忌惮，还在服装上挑来拣去，刻意打扮成新潮，弄得她十分困惑，又不知所措。不过，在那时，基本上，她也已经顾不上劳拉了，另有了自己的烦心事——她怀孕了。

获悉她怀孕这一消息后，薇妮弗蕾德分外错愕，不由自主地发出了一声惊骇的尖叫，随后便是一番故作玄虚的大惊小怪，关心地询问起了孩子的出生日。她心里很清楚，薇妮弗蕾德真正的用意，其实是在琢磨，怎么才能削弱她随着孩子的降生而不断攀升的家庭地位。劳拉听到了她怀孕的消息之后，一反常态，像没事人似的，没有任何惊奇或惊喜，甚至还提起了让母亲丧命的那个搪瓷盆里还没成形的胎儿。

在她生产前的两个月，一个星期三的下午，她从薇妮弗蕾德和理查德那里得到消息：劳拉在医院里对病人进行慈善探视时，精神崩溃了，理查德不得不把她送进了一家专门的医疗机构——“贝拉维斯塔诊所”。她极力为劳拉辩解，尽管劳拉有时思想会走极端，但总不能因此就把劳拉关进疯人院吧？理查德和薇妮弗蕾德宽慰她说，贝拉维斯塔里的条件非常好，是最好的私人诊所之一，窗外景色美丽，有草坪、花园、喷泉。他们两个人一副悲天悯人的样子，一再强调，医生建议他们暂时不要去看望劳拉，因为劳拉幻觉自己怀孕了，表现出严重的精神错乱，具有明显的暴力倾向，使她自己和他们大家处于了一种危险之中。她听了之后大哭起来，理查德把他的手帕递给了她。

4 月初，她女儿艾米出生了。她第一眼看到艾米时，暗暗发誓，为了女儿，她要尽自己所能做好一切。艾米是一个胎毛又黑又长的婴孩，小脸扁平，看上去，长得既不像她，也不像理查德。艾米 8 岁的时候，劳拉坠桥而亡了，艾米 10 岁的时候，理查德死了，接着，艾米在她和薇妮弗蕾德之间被夺来夺去，最后，薇妮弗蕾德赢得了那场战争，把艾米从她身边偷走了，她再怎么努力，也无法把艾米要回来。所以，艾米到了法定年龄，继承了财产后，便拿着理查德给她的钱离家出走了，并借助各种不同的化学药品来寻求安慰，换了一个又一个男人（例如，没人知道塞布丽娜的父亲是谁），沉溺于酒精和毒品当中，不能自拔。

她曾试着和艾米保持联络，一直希望同艾米和解——她毕竟是她的女儿，而且她对艾米有负罪感，想补偿她童年的不幸，可艾米不许她靠近她和塞布丽娜。她最后一次见到艾米时，艾米住在多伦多的一个贫民窟里，房间里肮脏不堪，艾米正在抽烟。她试着和艾米说话，但艾米根本不想听，说她住在薇妮弗蕾德那里，早已看清他们这种人是怎么行事的了，固执地认定自己的亲生父母是劳拉的《盲刺客》里的那个在逃犯，说他们想方设法除掉了劳拉那个不知名的情人，把劳拉送进了疯人院，她和理查德的孩子一出生就死了，于是，就偷来劳拉的孩子，冒充是他们自己的。然后，艾米又指责她是一个很糟糕的母亲，从没真正爱过她，如果真的爱她，就不会置她于不顾而离开理查德了。在那之后，仅过了三个星期，艾米就从楼梯上摔下来了。艾米死后，薇妮弗蕾德把魔爪伸向了塞布丽娜，把塞布丽娜接到了“玫瑰谷”，随即取得了塞布丽娜的监护权。

1937 年 2 月，劳拉被送进了安大略省安普赖尔的“贝拉维斯塔诊所”后，几个星期过去了，一直没有回来，她想给劳拉写信，给劳拉打电话，理查德劝阻她说那样会影响劳拉的治疗，还说劳拉的状况挺好的。在那几个月里，她一直为劳拉的事烦恼不已。到了 8 月，她想把女儿艾米交给新来的保姆，独自到诊所去看看劳拉。就在那天，理查德告诉她，劳拉离开了诊所。一位律师对把劳拉送进“贝拉维斯塔诊所”这一做法提出了质疑，威胁要采取法律行动，诊所里的医护人员慌忙让劳拉在那个律师的监护下出了院。当时，理查德告诉她这事时，非常想弄清：她知道不知道这事？她告诉理查德，她不知道，但是，认为劳拉他们做得对。

她理智地等了一段时间，然后，跟理查德谎称蕾妮身体不好，想看看艾米的照片，叙叙旧，便离开了多伦多，乘火车来到了泰孔德罗加港。与蕾妮见面后，她们没絮叨几句，话题就转到劳拉身上去了。不出她所料，那个律师果然是蕾妮请来的，是她母亲莉莉亚娜表妹的丈夫。蕾妮告诉她，因为写给她的求救信始终没有回音，劳拉才又给蕾妮写了信，让被劳拉收买的诊所里的厨娘帮忙把信件寄了出来，蕾妮收到来信之后，立刻采取了行动。

她对蕾妮解释说，她从来没收到过劳拉的信。蕾妮回答说，劳拉猜测到了，劳拉认为，一定是理查德和薇妮弗蕾德他们捣的鬼，那两个人是魔鬼的化身，至于她，最大的问题就是太软弱了。劳拉知道，她并不是一个冷酷无情的人，要是她知道她被送到了那样的地方，绝不会把她丢在那里不管的。后来，她想知道劳拉去哪儿了？现在情况怎么样？蕾妮说什么也不肯告诉她劳拉现在具体身在何处，只是说，劳拉现在还是原来的老样子，不好也不坏，绝对不是什么疯子，已经被送到了安全的地方，并让她最好不要给劳拉写信。

在与蕾妮分手时，她真想抱着蕾妮大哭一场。从泰孔德罗加港回来的火车上，以及后来的一些日子里，她一直在想着劳拉的事。她与理查德的婚姻关系出现裂痕，是在战争前的几个月。她流产了两次，理查德有了两个情妇——这只是她的怀疑。她猜疑，理查德的情妇，多半是他那些非常漂亮又体贴的年轻小秘书。不过，在社交场合里，表面看上去，他们两人还是一对好夫妻，她继续扮演着一个温柔顺从的妻子角色，总是面带笑容，一言不发，娴静地坐在理查德身边；而且，理查德也没有与她离婚的意图，因为在那个年代，离婚的男人是不能成为国家领袖的。当时，理查德已不再要求她尽生理上的那种妻子的职责了，对这一点，说实话，她还是很感激理查德的。

战争爆发后，理查德的处境开始不妙，生意变得有些糟糕。由于战前他与德国人过于交好，对德国人残忍践踏民主的野蛮行径大加赞赏，说了许多反对共产党的话。如今，由于时局突变，加拿大政府与德国交恶，理查德无法再同一夜之间变成了敌人的那伙人继续做生意了，因而损失了一大笔资金。不过，战争对她来说，也带来了一点好处，家里的司机上前线去了，迫使她学会了开车，理查德把家里的一辆车登记在了她的名下，这样，他们可以获得更多的配给汽油。战争接近尾声时，她因感冒转成了气管炎，病倒在了床上，过了几个月才痊愈。在不停地咳嗽当中，她不再关心新闻里面的那些演讲、战役、轰炸、摧毁、胜利、入侵，对轰轰烈烈的时代，失去了兴趣。

战争，欧洲的那场战争，在随后一年的 5 月的第一个星期正式宣告结束。一个星期后，她意外接到了劳拉打来的电话。与劳拉重逢之后，劳拉像是又不像是她记忆中的劳拉了。她开车来到多伦多她们约定的黛安娜甜品店，她们叫了饮料。一阵沉默过后，劳拉回答了她的问话，告诉她：离开“贝拉维斯塔诊所”之后，她一直住在阿维隆庄园里，到了 21 岁时，有了一点钱，来自父亲的信托基金，之后便去了哈利法克斯（Halifax）。通过蕾妮之口，劳拉已经知道了自己住在那家精神病诊所期间，她从未收到过她的任何信件，劳拉估计是理查德他们设法阻断了她们姐妹间的联系，包括劳拉从哈利法克斯写给她的信。劳拉劝她尽早离开那个家，说理查德那个人简直邪恶透顶了。

她对劳拉说，她没有办法，理查德永远不会与她离婚，而且她也没有钱，再加上艾米目前离不开理查德。她对艾米的管教相当棘手，理查德不停地讨好艾米。随后，话题转向了她料想不到的方向。劳拉证实了当时她怀孕的事是真的，理查德和薇妮弗蕾德被吓坏了，所以才急匆匆把她弄进了“贝拉维斯塔诊所”做了人工流产，医生还谎骗劳拉说，她认为自己怀孕了只是一种幻觉。提到在诊所里经历的那些谎言、药片、仪器和手术，劳拉的神态异常平静。劳拉不肯告诉她使她怀孕的那个男人是谁。她猜测一定是亚历克斯·汤马斯，因为除了父亲和上帝，他是唯一令劳拉感兴趣的男人。她极不情愿确认这一事实，但是还是追问劳拉：是不是亚历克斯？是不是在与他谈恋爱？

劳拉给出了否定的回答，根本不是。随后又开始进入那种深信自己能与上帝通灵的精神状态中，诡秘莫测，令人难以捉摸，说她是不得已做出牺牲的，她已经向上帝秘密保证过了，全是为了拯救亚历克斯，不让他被抓走，不然的话，那些人会把亚历克斯枪毙的。她简直无法相信，原来，劳拉一直与亚历克斯有联系！劳拉告诉她，有个人一直在秘密向理查德提供亚历克斯下落的情报，直到亚历克斯奔赴战场。这件事，是理查德亲口告诉她的，理查德欠她的情。

艾丽丝感到有些晕头转向，听不懂劳拉话里的意思。之后，劳拉又耐心向她解释了一番她跑到多伦多来的目的：现在，战争结束了，亚历克斯就要从西班牙回来了，如果她人不在多伦多，亚历克斯会不知道到哪里去找她，因为通过仔细分析，她最终断定，亚历克斯所能知道的唯一地址就是艾丽丝这里，所以，她要在多伦多等着亚历克斯归来。她确信，亚历克斯一定会给她捎信来的。

劳拉这种信徒般的忠诚与痴迷，真令艾丽丝恼火，她闭眼沉默了一会儿，终于决定对劳拉道出至今困扰着她的那件事。然而，她实在不愿意真的同劳拉直白这件事，又经过一番内心的矛盾与挣扎，最后，她还是相当冷血地浇灭了一直以来劳拉对亚历克斯的那一厢情愿的爱恋之情，和盘托出了事情的真相，毫不含糊地向劳拉道出：不管劳拉做了什么，跟上帝有过什么约定，都没能把亚历克斯从死亡线上拯救回来，亚历克斯死了，6 个月前，死在了战争里，在荷兰。他们把电报发给了她，亚历克斯在登记表里把她列为亲属，因为他再没有家人了，他们两人是情人，秘密相爱很久了。

劳拉听了之后，什么也没有说，只是一个劲地盯视着艾丽丝，那眼神，如同当年她掉进卢韦托河险些淹死时一样：备受惊吓、打冷战、激动，闪着钢铁般冷酷的光。片刻之后，劳拉站了起来，伸手拿起艾丽丝的钱包，接着便转身走了。艾丽丝想办法解决了付账问题，跑到停车位，她的汽车已经不在了，车钥匙在她的钱包里，劳拉把车开走了。

那天回到家里之后，整个上午，她都在电话机旁徘徊，等劳拉的音信。她想，她们需要进一步谈谈。后来，她等来的却是警察带来的事故的消息：劳拉把汽车开下了深壑，人被烧没了。警察离开后，她竭力控制住了自己，让自己保持着冷静，上楼去换衣服，到停尸所去，她得戴上手套和一顶带面纱的帽子，需要换上一套黑色丧服。她走进化妆间，打开放长筒袜的五斗柜的抽屉，意外看到了劳拉放在里面的几本练习簿。

她打开了它们，飞快地翻阅，从中弄清了事情的整个过程。事情就在她眼皮底下进行的，她竟一点没有察觉，致使劳拉怀孕的那个男人不是亚历克斯·汤马斯，而是理查德·格瑞芬。理查德以惯常的欺骗手段，蒙蔽了劳拉，以保证让逃亡中的亚历克斯的生命不受威胁诱奸了劳拉，劳拉在被送进“贝拉维斯塔诊所”之前的几个月里，接连不断地被理查德奸污，劳拉被打掉的那个孩子，是理查德的。

她把劳拉的那几本练习簿放回了原处，她放长筒袜子的那个抽屉。一切都清楚了，却又什么都无法证实。直到劳拉的丧礼结束之后，又等了一个星期，趁着理查德去渥太华出席一个重要会议之机，她才采取了行动，不动声色地离开了理查德。她留下一封信，说考虑到理查德的政治前途，她将不要求离婚，但是，根据劳拉练习簿里的记录，她已掌握了他下流恶劣行为的充分证据。她还谎称已把那些证据锁在了一个保险柜里，并威胁理查德必须给她一笔资金，够她在泰孔德罗加港买一所房子就行。离开多伦多后，她带着艾米回到了卢韦托河东岸的小镇，租了一间小房子，开始了与理查德的分居生活。

艾米不喜欢待在泰孔德罗加港，想要回到她原来的房间。薇妮弗蕾德也跑来干涉，一再强调理查德有权见到自己的亲生女儿。她差点脱口说出艾米不是理查德的亲生女儿，然而，她却不得不欲言又止。因为她没法证明艾米不是理查德的女儿，那时候 DNA 的检测手段还没问世，法律上，艾米是理查德的女儿，而且，如果理查德知道了真相，会更急于把艾米从她身边夺走的，好把艾米扣为人质。

薇妮弗蕾德无功而返后，她从理查德那里和劳拉的遗产中，获得了一笔足够的资金，买了一幢小房子，艾米尽管还怨恨她把她从原来的富裕生活中拖了出来，不过，总算安定下来了。随着时光的流逝，她们的生活渐渐趋于安宁，白天，她栽培花木，读书，再干点其他的事，不过，到了夜晚，她还是常常不能安眠。后来，她利用自己对珠宝的一些知识，开了一家古董店，日子好过多了。

在这期间，理查德终日不停地为他将要竞选的政治角色做着准备，报纸上不断报道他的消息，他差不多已经胜券在握了。同时，也不断有一些有关艾丽丝的流言：精神不正常，行为怪僻，始终被大圣人理查德·格瑞芬赡养着什么的，等等。过了一段时间之后，艾丽丝把整理出来的书稿以劳拉的名义寄了出去。劳拉的那本长篇小说出版之后，一开始，并没有什么轰动，之后，由于一些道学家们抓住它的"色情"不放，穷追猛打，引得理查德的政敌们从中嗅出了可利用的价值——书的作者是理查德的小姨子，于是，便开足马力炒作起来，不断对理查德进行含沙射影的攻击。就在这时，关于劳拉自杀一事，也再次成了媒体热议的话题，这一切的一切，便断送了被理查德看得高于一切的政治前程。

在报纸上报道理查德退出了官场的消息之前，艾丽丝曾接到被激怒的理查德一个怒火中烧的电话。有人告诉理查德，由于那本小说的丑闻，他被取消了候选资格，被封杀了。理查德谴责她用那本肮脏的小说，那堆污秽的垃圾文字暗地里毁了他；还指责劳拉利用小说中的一些细节来报复他。她为劳拉进行了辩护，因为他差不离强奸了劳拉！理查德矢口否认，不是那么回事，没有劳拉的同意，他什么也做不了！

挂断了电话之后，理查德就失踪了，再后来，警察在"水妖"号上找到了理查德的尸体。薇妮弗蕾德自然不会放过她，把矛头直接指向了她，指责她害死了理查德；然后，就是那场公开的对艾米的争夺战。薇妮弗蕾德咄咄逼人，把她描绘成一个卖破烂的小贩，谴责她在经营古董生意中贱买贵卖，责难她道德堕落，并且雇人跟踪她，对她穷追不舍，证明她不是一个合格的母亲，结果，成功地从她身边夺走了艾米。理查德在遗嘱里指定薇妮弗蕾德为艾米的监护人，是艾米的一笔不小的信托基金的唯一委托人。这使薇妮弗蕾德受益匪浅，帮她痛痛快快地达到了目的。

艾丽丝成了孤寡之人，一个人独居在泰孔德罗加港家中，以不断回忆，书写快要湮没的往事为生。她坐在后面门廊的木桌前，胳膊肘旁的那一堆稿纸，是她一个月一个月不停地挥笔积累出来的。她准备把这些文稿捆扎起来，收好，等外孙女塞布丽娜旅行归来——如果她确实回来的话，由律师遵嘱把它们转交到她手里。

在那一堆文稿里，在最后，她明白地说出，触犯了众怒的那本小说《盲刺客》，其真正的作者，不是劳拉，而是她本人，劳拉一个字也没写过，是她自己在那些漫长的孤独夜晚，在等候亚历克斯回来以及后来知道他不会回来了，亲笔把那本小说写了出来的。她想得到一个纪念物，为亚历克斯，也为她自己。之所以署劳拉的名字出版，不仅仅因为她胆怯，害怕成为公众人物，因为她担心，害怕永远失去女儿艾米；还因为她觉得，从精神意义上说，劳拉实际上应是共同作者。

1999 年 5 月 29 日，泰孔德罗加港的《信使与旗帜报》上刊登了一篇署名米拉·斯特奇斯（Myra Sturgess）的文章：上星期三，83 岁的艾丽丝·蔡斯·格瑞芬夫人在泰孔德罗加港家中突然去世，坐在家中的后花园里，十分平静地离开了人世。这并不出人意料，一个时期以来，她一直蒙受着心脏病的折磨。格瑞芬夫人个性鲜明，是历史的一个里程碑，也是她同时代人物当中的一位杰出代表，将永远活在人们心中……她健在的外孙女塞布丽娜·格瑞芬刚从国外归来，不久将抵达本镇料理她祖母的身后事，将会受到热烈迎候和大家竭尽所能的帮助。根据格瑞芬夫人的意愿，不举行公开葬礼，骨灰将安葬在希望山墓园的蔡斯家族纪念碑下。

艾丽丝生前，一直有一个关于外孙女塞布丽娜的白日梦：某一天傍晚，有一个人来敲门，那个敲门人就是塞布丽娜；然后，坐在她的厨房里，听她讲这个故事，那样，塞布丽娜就不再需要那一堆乱七八糟的文稿了。她期盼塞布丽娜敲门进来，并不是奢望得到外孙女的爱，得到外孙女的宽恕，她只是需要一个聆听者，一个来看望她的后辈。她没有任何选择，只能把她自己遗赠给她唯一的子孙，不过，无论做什么，她都希望塞布丽娜不要修饰美化她，她不希望做一具装饰过的骷髅。

作者生平与创作生涯

玛格丽特·阿特伍德于1939年11月18日出生在加拿大安大略省渥太华（Ottawa）一个知识分子家庭，1946年，随家人一起移居多伦多市。之后，就读于多伦多里赛高中，在校期间，在校刊上发表了一些散文及诗作，以优异的成绩毕业之后，获得了多伦多大学的奖学金。在多伦多大学维多利亚学院就读期间，在学院文学刊物上发表了一些短篇小说和诗作，1961年，她获得英语学士学位，同时，获得了美国马萨诸塞州拉德克利夫学院[1]的伍德罗·威尔逊奖学金，并自费出版了第一部诗集《双面冥后》（Double Persephone），获得了加拿大的埃德温·约翰·普拉特奖章。

1962年，她获得了拉德克利夫学院的文学硕士学位；随后前往哈佛大学，攻读博士学位。1963年，她暂别哈佛大学，回到多伦多，在市场研究公司做市场调研员；1964年至1965年间，在温哥华的英属哥伦比亚大学做英语讲师，并在美国出版了她第二部诗集《圆圈游戏》（The Circle Game），颇受青睐，1966年在加拿大出版之后，获得了加拿大总督文学奖的诗歌奖，使她在加拿大诗坛上脱颖而出，名声大噪，不久便成为加拿大一位颇负盛名、极具影响力的诗人，至今，她所出版的诗集已经近20部。

1965年，她重返哈佛大学，撰写以有关维多利亚时期的英国文学为题的博士论文，后因故未能完成。1967年（28岁），她与哈佛大学同学、美国籍研究生詹姆斯·波克（James Polk）结了婚，婚后，她移居加拿大蒙特利尔，在乔治·威廉爵士大学做英语教师。1969年至1970年间，她移居埃德蒙顿，在阿尔伯塔大学主持创意写作课程，并在1969年出版了第一部长篇小说《可以吃的女人》（The Edible Woman），以轻松的笔调，幽默的语言，表现了现代女性对自己在现实生活中所处的不平等地位的反抗，出版之后，立即引起了文学评论界的注意。

1971年至1972年间，她到多伦多约克大学做英语助理教授，期间，根据苏珊娜·穆迪（Susanna Moodie，1803—1885）夫人的拓荒经历创作了组诗《苏珊娜·莫迪的日记》（The Journals of Susanna Moodie，1970），表现出了她独具加拿大特色的深刻思考；之后，又推出了几部重要诗集：《强权政治》

---

1 拉德克利夫学院（Radcliffe College）：原名哈佛附校（Harvard Annex），始建于1879年，只招收女生，1894年升为专门的女子学院——拉德克利夫学院，1943年哈佛大学与拉德克利夫学院签署协议首次允许拉德克利夫学院的女生进入哈佛大学的教室听课，1963年哈佛大学文理研究生院开始招收女生。现两校已合并。

（Power Politics，1971）、《双标题的诗》（Two-Headed Poems，1978）、《不见月亮期间》（Interlunar，1984）等，对20世纪加拿大诗歌的发展产生了十分重要的影响，并使她成了当今世界最优秀的英语诗人之一。

1972年（33岁），她出版了第二部长篇小说《浮现》（Surfacing），以及引起争议、影响深远的文集《幸存：加拿大文学主题指南》（Survival：A Thematic Guide to Canadian Literature），这部极为畅销的作品，后来成为认识加拿大文学的入门津梁，在加拿大人确立民族文化的爱国热潮中发挥了很大的作用，成了加拿大文学和文化发展的里程碑。

1972年至1973年，她到多伦多大学马西学院做驻校作家；并在1973年获得了特伦特大学的荣誉文学博士头衔；同年，她与第一任丈夫离婚后，与自然科学作家格雷厄姆·吉布森（Graeme Gibson，1934— ）一起迁居到安大略省阿里斯顿的大农场。此后，便一边勤奋写作，一边与格雷厄姆共同养育他先前婚姻中的两个儿子。1976年（37岁），她与格雷厄姆的女儿诞生。同年，她出版了长篇小说《女祭司》（Lady Oracle），糅合了多种传统文学形式，讲述了一个颇为恐怖的故事。

此后，她在文学创作上，不断获得骄人的成就，陆续出版了短篇小说集：《跳舞的姑娘》（Dancing Girls，1977）、《幸福结局》（Happy Endings，1982）、《暗夜凶杀》（Murder in the Dark，1983）、《事情发生时》（When It Happens，1983）、《青髯公的蛋》（Bluebeard's Egg，1983）、《故国》（Homelanding，1989）；童书：《在树上》（Up in the Tree，1978）、《安娜的宠物》（Anna's Pet，1980）；长篇小说：《人类以前的生活》（Life before Man，1979）、《肉体伤害》（Bodily Harm，1981）、《使女的故事》（The Handmaid's Tale，1985）、《猫眼》（Cat's Eye，1988）等。其中的小说作品，几乎部部引人入胜，以其不同凡响的叙事风格，直白幽默的语言，有时看似荒唐怪诞的故事情节，创作题材惊人地多样化，吸引了广大读者，使她一跃成为当代世界文坛上将通俗文学与深厚的文学修养结合得最完美的作家之一。

其中的长篇小说《使女的故事》，以未来世界女性命运所发生的沉沦为主要内容，采用寓言手法，细腻而深刻地描述了一个荒诞而迷惘的未来，借"使女"奥弗雷德（Offred）之口，表现了一个名为基列[1]（Gilead）的专制政权。出版之后，颇受青睐，被认为堪与"反乌托邦"的幻想小说奥尔德斯·伦纳德·赫胥黎（Aldous Leonard Huxley，1894—1963）的《美丽新世界》（Brave New World）和乔治·奥威尔（George Orwell，1903—1950）的《1984》（Nineteen Eighty-Four）相提并论，并于1998年至1999年间，成为法国中学竞争激烈的全国联考英语系学生明文规定的必读作品和大学英语教师的必读书籍，之后，很快又成了欧美文学界推崇不已的一部小说作品，成了她最广受讨论的一部长篇小说，如今已被列入重要经典作品当中，成为一些学者专门研究的课题，许多大学都设有这一研讨课程。1990年，这部作品还被德国导演沃尔克·施隆多夫（Volker Schlöndorff，1939— ）搬上了银幕；2004年，加拿大歌剧公司又将其搬上了舞台。

1985年，她前往美国亚拉巴马州图斯卡鲁萨，到亚拉巴马大学主持创意写作课程的客座讲座；1986年，她到美国纽约大学主持客座讲座；1987年，她前往澳大利亚悉尼，到麦克卡里大学任驻校作家；1989年，

---

1 基列（Gilead）：《圣经》里提到的古代巴勒斯坦的一个地方，即约旦河以东古代巴勒斯坦地区，相当于今约旦西北部。

她前往美国得克萨斯州圣安东尼奥，到三一大学任驻校作家。

1990 年代以后，她又陆续出版了诗集:《烧毁房舍中的早晨》(Morning in the Burned House，1995)、《吃火》(Eating Fire，1998)、《门》(The Door，2007)；短篇小说集:《荒野尽头》(Wilderness Tips，1991)、《好骨头》(Good Bones，1992)、《达夫妮和劳拉等》(Daphne and Laura and So Forth，1995)、《几乎被绞死的玛丽》(Half-Hanged Mary，1995)、《买东西》(Shopping，1998)、《帐篷》(The Tent，2006)、《石垫》(Stone Mattress，2014)；童书:《给鸟儿》(For the Birds，1990)、《普若内拉公主及紫花生》(Princess Prunella and the Purple Peanut，1995)；长篇小说:《强盗新娘》(The Robber Bride，1993)、《双面格瑞丝》(Alias Grace，1996)、《盲刺客》(The Blind Assassin，2000)、《羚羊与秧鸡》(Oryx and Crake，2003)、《珀涅罗珀记》(The Penelopiad，2005)、《道德困境》(Moral Disorder，2006) 等。

其中的长篇小说《盲刺客》内涵深邃而广泛，用实验笔法，通过对历史、政治、人性的表述，以及对生活细节和人物心理丰富多彩的描写，涉猎到社会生活的各个层面，淋漓尽致地刻画出一幅幅绚烂生动的画面。小说结构复杂奇巧，故事里套故事，其中第一个故事，以第一人称叙述，生活在亡者劳拉(Laura) 阴影中的艾丽丝 (Iris) 以“我”的口吻，不断回忆往事，娓娓道出她充满坎坷经历的人生，尤其是与妹妹劳拉有关的一系列往事；第二个故事《盲刺客》，与第一个故事同时穿插并叙，讲述了一位富家小姐与一位在逃的左翼激进分子间不见容于社会的爱情，其中的在逃犯不断为心上人编造故事：其中一则，讲述了在塞克隆星球 (Zycron) 上一个盲刺客恋上一位哑女的故事；另外一则，讲述了关于西诺星球 (Planet Xenor) 上的蜥蜴人 (Lizard Men) 的故事。小说行文，时空不断交错，人称不断变换，再加上报道式的客观纪录，充分表现了暗潮汹涌的爱情、牺牲、背叛和死亡，以细腻生动的笔触，几乎将不同类型的故事融合得天衣无缝。小说出版之后，因其搬开压在文字与心灵上的顽石，展现在世人面前的，是一个既广阔无垠又纤毫毕现的世界，一个突破了时空、性别和文体的世界，问鼎了第 32 届英语文学界最有影响力的布克奖。获奖之后，她将奖金捐献给了有关机构，用于拯救濒危物种。

之后，她继续勤奋写作，广游天下，作品频频获奖，还多次获得了诺贝尔文学奖提名。如今，她已获得了除诺贝尔文学奖之外的几乎所有重要的国内、国际文学大奖和不计其数的其他奖励和荣誉，拥有不少学术头衔，至少被近 20 所国内外大学授予了荣誉博士头衔，其中包括历史悠久的英国牛津和剑桥大学、美国哈佛大学、法国索邦大学。

在勤于笔耕的同时，她还积极从事社会活动，经常介入一些国际政治活动当中，并以加拿大文学代言人的身份活跃于世界文坛，并帮助成立了加拿大作家联合会，于 1980 年当选为加拿大作家联合会副主席，1981 年当选为加拿大作家联合会主席。

1981 年，她获得了加拿大总督颁授的加拿大司令勋章[1](CBE)；1984 年，她当选为国际笔会加拿大(英语地区) 中心主席，任职到 1986 年；1987 年，她成为加拿大皇家学院院士；1988 年，成为美国艺术与科学院文学外籍名誉院士；另外，在加拿大“20 世纪最有影响力的 100 位加拿大人”的排列中，她名列第 5 位。

1 加拿大司令勋章（CBE）：加拿大勋章共分三个层级［司令勋章（Commander of the Order of Canada），缩写是（CBE）；官佐勋章（Officer of the Order of Canada），缩写是（OBE）；员佐勋章（Member of the Order of Canada），缩写是（MBE）］。

此外，她还经常应邀到美国、英国、德国、澳大利亚、俄国等国家去朗诵和演讲，来扩大加拿大民族文化的对外影响。

另外，从 1980 年代起，玛格丽特·阿特伍德便一直热心于参加生态环保活动，在其中获得了不少荣誉和奖励，同时，还义务承担国际特赦组织和多伦多市立动物园的工作；而且，在繁忙的社会活动和讲学中，从未荒废文事，除了创作一些大胆的有关女性探索的作品，还利用气候变化以及其他的环境主题来进行创作。在 2014 年出版了短篇小说集《石床垫》(Stone Mattress)的 9 个传说中，其中一则故事，以下着雪的反乌托邦为背景，谈到气候等问题。

主要参考资料：

Margaret Atwood: A Biography, by Nathalie Cooke, 1998.

Margaret Atwood Revisited, by Karen F. Stein,1999.

Blind Assassin, by Margaret Atwood, Publisher: Tandem Library, 2001.

《世界文学》(双月刊)，2001-1。

2001年｜第33届

035 凯利帮真史［澳］彼得·凯里
True History of the Kelly Gang by Peter Carey

◎原著共 13 章，托言即将行刑的父亲“我”为未曾谋面的女儿写的遗书，自述了“我”多灾多难的困厄人生。“我”，即 19 世纪中叶澳大利亚家喻户晓的一代枭雄奈德·凯利[1]（Ned Kelley）。本文在下面的讲述用第三人称。

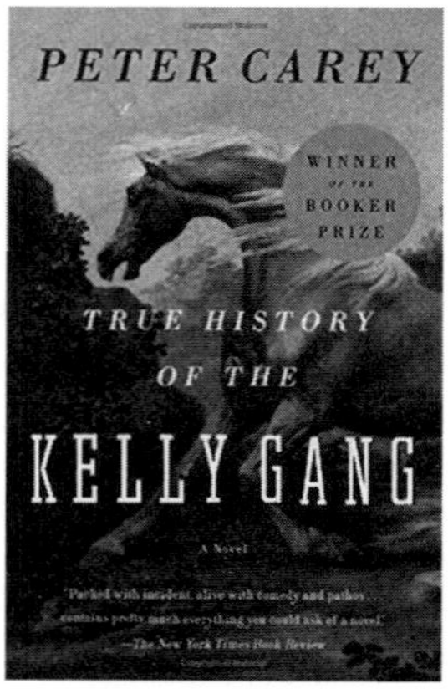

英文原版封面

1 奈德·凯利（Ned Kelley，1854—1880）：澳大利亚的一位历史人物，大名爱德华·凯利（Edward Kelly），出生于维多利亚的贝弗里奇小镇，1880年11月11日，被绞死在墨尔本。

彼得·凯里
（Peter Carey，1943—　）

彼得·凯里是澳大利亚当代文坛上一位极受尊崇的作家，被誉为“澳大利亚的福克纳”。

有评论认为，其作品具有丰富的想象力和创造力，怪诞而又真实，轻松而又严肃，善于将现实主义和现代主义手法巧妙糅合在一起，表现形式丰富多变，惯于从历史、宗教、心理、社会等多层面多角度反映现代人的生活和现代社会的问题。

1988 年，《奥斯卡和露辛达》（Oscar and Lucinda）一经出版，便引起了轰动，**因其所涉及的多重主题和独具特点的叙事手法**，问鼎了第 20 届英语文学界最有影响力的布克奖。后来还被澳大利亚著名女导演吉莉安·阿姆斯特朗（Gillian Armstrong，1950—　）改编成同名电影，在 1997 年搬上了银幕。

2001 年，《凯利帮真史》出版之后，因其通过一个备受诋毁和磨难的声音，讲述了一个澳大利亚早期开拓者的动人故事，彼得·凯里问鼎了第 33 届英语文学界最有影响力的布克奖，成为自南非作家约翰·迈克尔·库切（John Michael Coetzee，1940—　）之后，第二位两获英语文学界最有影响力的布克奖的英语作家。

奈德·凯利（Red Kelly）亲笔写下的这十三捆书信、文稿，没有日期，没有次序，污迹斑斑，使用的纸笺，是 1878 年 12 月从国家银行尤拉分行那里搞来的股票用纸，纸笺上方打着孔，曾被草率捆扎过。在这十三捆东西中，奈德·凯利详细讲述了自己苦难深重而又充满传奇的一生。

他 12 岁时，父亲就死了。他深知在谎言和沉默中长大是什么滋味儿，所以，即便女儿还小，还不能弄懂他写的这些东西，他还是要给女儿写下他亲身经历过的那些事，原原本本，没有一句谎言。他发誓，要是他对女儿说了半句谎言，他就会下地狱，领受地狱之火的煎熬。他很希望女儿看过这些事情后，能认识到可怜的爱尔兰人在世上所遭受的不公正。

他父亲是一个性情安静和沉默寡言的人，从爱尔兰老家蒂珀雷里（Tipperary）被驱逐后，被流放到澳大利亚臭名昭著的范·迪门[1]监狱。由于他父亲从来没有对他讲过他在监狱里的生活，所以他也不知道那里的人都对他父亲做了些什么。总之，他们把他父亲折磨够了之后，才把他父亲放了，给了他自由。他父亲跨海来到维多利亚的殖民地的时候，已经 30 岁了，脸上长着雀斑，看太阳时总要乜斜着眼睛。他父亲宁肯死也不愿再坐牢了，发誓要永远远离法律的关注，所以，当他父亲在墨尔本（Melbourne）大街上看到了到处都是比苍蝇还令人讨厌的警察时，他父亲便走了 28 英里，到了一个名叫唐尼布鲁克（Donnybrook）的地方，很快，就在那里遇到了他母亲爱伦·奎因（Ellen Quinn）。

他母亲爱伦当时年仅 18 岁，头发又黑又亮，人长得漂亮，体格风骚，骑着马，是他父亲莱德（Red）所见到过的最漂亮、最苗条的一个女人。爱伦多年前随父兄从爱尔兰来到澳大利亚，与奎因家的兄弟姐妹关系密切。奎因家人生性刚硬，常常招人注意，警察从未让奎因家安宁过。他父亲莱德与爱伦结婚后，在贝弗里奇（Beveridge）盖了一座小茅屋，贝弗里奇小镇坐落在墨尔本和默里河（Murray River）之间的一座小山上，地方很小。他是父母的长子，当时，他父母总共有 7 个孩子要养，一家九口，一年四季都生活在那个挂满了破衣服的小茅屋里，日子相当贫困。

他母亲爱伦与奎因家其他的成员一样，秉性刚烈。他记得他 3 岁时，他舅舅吉米·奎因（Jimmy Quinn）15 岁，因偷牛被关进了贝弗里奇监狱。当时他父亲依照契约被打发到外边打短工去了，他母亲一个人，带着他去探监，那些不怀好意的狱警半天都不肯让他母亲进门，进门之后，警长又把他母亲带

---

1 范·迪门（Van Diemen）：即现在的塔斯马尼亚（Tasmania），位于澳大利亚东南角的海岛，被认为是“世界的尽头”。1803年，英国在那里建立了一个囚犯殖民地，成了囚犯死亡的接待室。

去的糕饼全给掰碎了。他母亲忍气吞声，穿过泥泞的院子，来到关押他舅舅吉米的小牢房，跪在泥地上，从紧锁的牢门下面的一个缝隙里把那些碎糕饼往里面塞时，终于忍不住地哭了，骂了好多脏话粗话，发狠要与那些杂种拼命。两天后，他父亲回来了，听了他母亲的陈述，劝他母亲算了，他母亲立刻火了，不住嘴地臭骂，骂他父亲是“胆小鬼！”他父亲依然执意息事宁人，不愿有什么冒险行为，让他母亲不要去触犯法律。

他父亲总是这样，从不愿意抛头露面，有些让人摸不透，无法揣测。他母亲对他父亲的看法和警察完全相反，在他母亲眼里，他父亲是个逆来顺受的窝囊废，在警察眼里，他父亲出身范·迪门监狱，是一个天生的犯罪分子，职业罪犯，本性难改。他们住在贝弗里奇期间，当地那个统治着他们那一带的警官奥尼尔（O’Neil），对他们从不友善。有一次，奥尼尔跑到他们家里，故意把他父亲当年入狱那些事，抖落给了他母亲爱伦，说他父亲是因打劫放火被捕的，还出卖了他的弟兄们。他听了之后，受到了极大刺激，“出卖弟兄”那件事被深深烙印在了他的记忆里。

那个令人痛恨的奥尼尔警官，还总是不断找他们家的麻烦，对他也从不放过，只要在大街上撞见，准拿他开心，嘲笑他一身破衣烂衫，光着脚丫子。他记得，在他们那一带举办牛的大拍卖会期间，他每天都和弟弟金姆（Jem）大老远跑过去看热闹。一天，在去拍卖场的路上，奥尼尔把他拦了下来，兴冲冲地告诉他，刚才遇到他父亲莱德·凯利了，像个女人似的，穿着裙子，裙边上绣着玫瑰花，看到他们警察后，飞马向大山北边跑了过去，一定是去会男相好去了。他给气坏了，猛地扑向奥尼尔，抓住奥尼尔一只脚，想把他从马背上拉下来。奥尼尔哈哈大笑，勒紧了马的缰绳，在原地上打转，他差点被甩到围墙上撞死。

事后，他心里难过极了，摸黑回家后，没敢把奥尼尔诋毁他父亲的那些话说给他母亲，也一直没有勇气说给他父亲。不久，他父亲为了养家糊口，又到外面打短工剪羊毛去了。而就在这时，奥尼尔毁谤他父亲的那些谣言，却在他们天主教学校里散播开了，他被气得怒火中烧，把班上提供消息的那个同学帕奇·莫兰（Patchy Moran）狠狠地教训了一顿。帕奇比他高出一头，两个人搏斗了一阵之后，他还是把高大的帕奇压倒在了身底下，帕奇一个劲儿地向他求饶。那天回到家后，他大病了一场，但从那之后，学校里再没人敢说他父亲什么了。

他绝不容许他人侵犯他父亲的名声。没想到，不久后他自己目睹的一个事实，使他父亲永远丧失了在他心目中的崇高地位。有一阵子，他经常到离他家后门不远的沼泽地去玩耍，去抓鱼，掏鸟窝，逗弄蛇。他父亲常叫他们把整地挖出来的石头——那些火山喷留在贝弗里奇旷野的深棕色的古老的火山石，堆成锥形石堆，堆在他家后门附近的野蓟丛里。一个温暖的早晨，他去那里挖蚯蚓，无意间从石堆里发现了埋在其中的一只破旧的铁皮箱，里面有一件女人的裙子，脏兮兮的，绣在裙边上的一朵朵玫瑰花，恰好同奥尼尔警官那次在拍卖场上同他说的一个样，里面另外还有几个涂了红漆加了羽毛的面具。他被气坏了，劈了一些柴火，抱了过去，点火把破箱子里面那些令人厌恶的破烂烧了，之后，把那个破箱子拖弃到牲口栏，丢在了栏中央。三天后，他父亲骑着马外出归来，看到了自己败露的秘密躺在了光天化日之下，看着那只烧黑了的铁皮箱，一言未发。

他父亲的秘密被他戳穿了，他失去了最亲爱的亲人，在他心里，他父亲就像从山峰一下子跌落到了湍急的河流里，被河水卷走了。自从挖出了那只该死的铁皮箱子之后，他父亲那满脸的红胡子、粗壮的臂膀、雀斑的皮肤和一切男人的特质，统统被埋进了那个令人憎恶的破箱子里。而在那之前，他一直是他父亲的影子，只要有可能，从不放弃跟他父亲相处的机会。在丛林里，他父亲教他打绳结，就是把毯子绑到马鞍上那种；教他怎么用木匠的刨子；怎么用苍蝇和牛皮条钓鱼。如今这些事情，就如同大树年轮的黑色斑纹，已经永远地锁在了他的内心深处。

他不清楚他母亲是不是知道那只破箱子里的秘密；不过，为那只破箱子的事，他父亲没有打他，这反倒令他有些不怎么放心了。为此，他经常在半夜三更听他父母说话，想听听他们怎么说那只破箱子的事。而他们所说的事，与被他烧掉的那条裙子没有任何关系，他们不断谈论的，全是关于土地的事，特别是 1862 年的“杜菲土地法”。那个法案，让男人或寡妇有权选购一处 50 到 640 英亩大小的土地，每英亩 1 英镑，选购时首付一部分，其余的 8 年摊还。他母亲想选购，他父亲坚决反对。他父亲说查理·伽凡・杜菲（Charles Gavan Duffy）是个好心眼的白痴，会让穷人负债，劳苦一辈子。后来事实证明，他父亲说得没错。

他母亲选购不成，数落他父亲是胆小鬼，他也在心想，他父亲一定是个大傻瓜。他父母关于“土地法”的争论，对他家来说，是件生死攸关的大事。他母亲赞成奎因家人的做法，奎因家当时是他们的邻居，正打算购买维多利亚东北部金河谷格伦莫尔（Glenmore）的一块 1000 英亩的处女地。奎因家的人，渴望土地和好马，以前的艰辛，一股脑儿全忘了。奎因家的女人们，来他们家时，总带着面包和土地测量员的地图。奎因家的男人们，一个个长得人高马大，办事鲁莽，跟每一个他们看不顺眼的人打架，喜欢骑他们根本买不起的纯种马。

那时，他舅舅吉米・奎因已长成了男人，眼睛中充满了令人畏惧的野性，就像一匹被扭曲的马。他想，要是奎因家的男人们看见他父亲穿着“花衣”的样子，一准会把他父亲丢进井里。在奎因家人的死说活劝和耻笑下，最后，他父亲终于把贝弗里奇家中所有值钱的东西全都卖掉了，得到了 80 英镑;但是，拿到了现金后，他父亲又无法忍受把那么多钱交给政府，在新的地主一来，就借了一辆大车把一家人搬到了艾文内尔镇（Avenel）郊外租来的一块地上。就这样，在他母亲的兄弟姐妹们到格伦莫尔去经营那 1000 英亩的处女地时，他父亲把他们带到了 60 英里之外的一个附庸风雅的英格兰人盘踞的生活区；而最让他母亲愤怒的，还是没过多久，他父亲就把那 80 英镑付地租和喝酒用光了。

每当他母亲唠叨失去了购买土地的机会这事儿时，他父亲总是一言不发，直到一天晚上，他父亲打破了沉默，说出了心里话:在艾文内尔这里不会招惹上警察，去格伦莫尔，就没这么幸运了。奎因家的人，人不坏，但太惹眼，总能把警察招过来，就像兔子的肠子会招引苍蝇一样，警察老是盯着他们。他知道为了买地的事他母亲心里不痛快，可他父亲宁可死也不想要再坐牢了。他母亲哭了，说他父亲已经自由 15 年了，警察不会再要他回去了，接着，又责怪他父亲宁可让他的孩子们饿死，也不愿大胆去尝试一下。

艾文内尔的土地很肥沃，可年头不好的时候，发生旱灾后，就什么都长不出来，颗粒无收，只剩悲惨。他是长子，他想，在这时候，他该履行使命，为家里做点什么。他们家那块地上，没有水塘也没有泉水，他天天赶牛到休斯湾（Hughes Creek）去饮水。一天，默里先生（Mr. Murra）家的一头小母牛哞哞地叫着，越过干河床，引起了他的注意，当时，他正饿得要死，从没杀过比公鸡更大的东西，听见那头小母牛的叫声后，他却动手把它杀了。在那之后不到一年，他就学会了怎么漂漂亮亮地宰牲口、剥皮了。可第一次宰牛时，他的手艺简直糟透了，等那头小母牛终于躺倒后，它的脖颈被他砍得一塌糊涂，他永远都忘不了那头小母牛眼睛里的恐怖。

他母亲为这事十分生气，责骂他是个坏孩子，一边骂，一边用肥皂和水清理干净他身上的血迹。他父亲回来后，狠狠揍了他一顿，在他的腿上，至今都留有那次他父亲用皮带抽他时落下的伤疤。天黑后，他父亲去了那小河湾，就着灯笼，把那头小母牛收拾了，剥了皮，分成四大块，一一带回家中，把其中一部分腌制后放到了桶里，剩下的让他母亲煮熟了；他父亲又去把那牛头烧掉，把牛皮上打着烙印的标记除掉之后，把牛皮掩埋了，以免留下证据，被指控偷了默里家的小母牛。

两天后，他因忘了带家庭作业，回家来取时，发现家里来了警察。警察振振有词，要从小茅屋里把他父亲带走，说在艾文内尔绝不允许有爱尔兰的窃贼存在。他冲上前去说那头牛是他杀的，警察不信，让他闭上嘴。他父亲满眼凶光，把他呵斥了一顿，让他快上学去，就这样，他眼睁睁地看着他父亲被警察拷走了。

他父亲被关进了拘留所，他深感内疚；然而，不知为什么，他同时还感到了一种精神上的放松，在家里待着时，由于他父亲不在跟前了，他们几个孩子自在了不少，快乐多了，尤其是在他父亲养的那只公猫走失了之后，他感觉自己打心眼里高兴。不过，话又说回来，其实，自从他父亲从家里被拷走之后，他们家里的日子难过多了；另外还有，上学的时候，为了避开关押他父亲的拘留所，他每天都要绕道走休斯湾那条路过去。在艾文内尔学校里，没人知道他父亲进了拘留所，也没人胆敢对他说三道四，尽管每天在校期间，大家总能听到他们的教师欧文先生（Mr. Irving）挖苦“爱尔兰人连牲口都不如”一类的话。

欧文先生从不把他放在眼里，整整过了一年，班上所有的英格兰崽全部轮流做过了班长之后，欧文先生实在别无选择，才在 9 月份，不得不指定他担任了班长。上任之后，他下决心要做一个他们班上有史以来最好的一任班长，每天早上，他都第一个到校。在星期一那个早上，他的任务是调制墨水，要做好这件事，他就必须要在 8 点之前赶到学校，结果，遇上了溺水的小同学迪克・谢尔顿（Dick Shelton）。当时，河水正在暴涨，小迪克已经被河水呛得半死，他把小迪克救上了岸，背在背上送回了他们居住区里的“皇家邮政旅店”，他知道小迪克他父亲谢尔顿先生（Mr. Shelton）在管着那家旅店。

第二天，谢尔顿先生跑到他们学校，不顾欧文先生的阻拦，走进他们班的教室，当众表扬了他的救人善举，还赠给了他一条绿丝绸制成的绶带，上面绣着光灿灿的金字：赠给爱德华・凯利（Edward Kelly），彰谢他的勇气。当时，他身佩那条绿绶带站在同学们面前，那感觉别提有多妙了，那真是一个伟大的时刻，他成了少年英雄。在那之后，为了进一步酬谢他，谢尔顿先生又花了 25 英镑，把他父亲从拘留所里救了出来。他父亲回到家里之后，像是完全变了一个人，精神状态与从范・迪门监狱出来后的那一次大不相同，艾文内尔拘留所的生活，将他父亲彻底摧毁了，精神日渐衰败，一双不知所措的眼睛里，充满了孤独和愤怒，全身水肿，没过多久，就病死了，长眠在了艾文内尔。

安葬了他父亲后，在炎热的夏日夜晚，他母亲爱伦常常把他们几个兄弟姐妹聚拢到身边，念叨过去曾对他父亲唠叨过无数次的那个想法，想把他们家迁到金河谷的格伦莫尔附近，迁到 60 英里外的格雷塔（Greta）小镇去，与住在那里的奎因家的姨母和舅舅们再次成为邻居。他母亲还说，那样的话，不久的将来，他们就能拥有自己的土地了。他们都想有地种，都有些激动，谁都没敢谈论他父亲，因为心里都明白，他们的激情，是对他父亲的不尊重。他父亲的灵魂已经活在了他们每一个人的灵魂里，每时每刻都同他们在一起，他每打一个绳结或每剥一张兔子皮或每骑一匹马时，总能感觉到他父亲的那双小眼睛在看着他做得对不对。

他母亲爱伦带着他们一群孩子终于搬回到格雷塔之后，才知道，奎因家的姨母们的日子过得也并不怎么样，与他母亲的想象大相径庭，几个姨父全都被关进了监狱，不过，总还不算太穷，他记得，大家还能吃上鸭子、鸡蛋和肥羊炖土豆什么的。就这样，他在12岁时，离开了学校，告别了读书上学的校园生活。

在奎因家干活的日子里，他特别喜欢他舅舅吉米·奎因。这时的吉米已成了一个响当当的盗马贼，还是一个无与伦比的鉴定牲口的专家。由于经常坐牢，被禁闭的时间过长，一身野性，满嘴脏话，为人极其暴虐，可对他却非常有耐心，极其和善。在吉米的调教下，他很快就成了一个御马好手，没过多久，他就驯服了多匹无主的未打烙印的野马，拥有了一群自己的马，后来，还养了一些绵羊，替代他父亲挑起了家里的生活重担。

在那之后，他叔叔詹姆斯·凯利（James Kelly）找上了他们的家门。他弟弟丹·凯利（Dan Kelly）那年刚6岁，非常喜欢他们的詹姆斯叔叔，脸上还现出了自从他们父亲死后就从未有过的笑容。詹姆斯叔叔是一个性情很活跃的人，和蔼可亲，不会干什么活，但有一肚子的故事，哄得他们一个个全都很开心。直到有一天，他发现了他叔叔詹姆斯企图对他母亲爱伦不轨，满嘴的污言秽语，他实在看不下去了，便猛地扑上前去抓揪詹姆斯的胡子，袭击了詹姆斯的下身，随后又和他母亲联手把詹姆斯打倒在了地上。事情过后，原本跑过来一心要娶他母亲爱伦为妻的他叔叔詹姆斯的精神沮丧到了极点，当天晚上，一个人闷闷不乐地喝下不少烈酒，在醉得不省人事的状态下，失去了理智，放火烧了房子。

随后的一天，他母亲爱伦把他叔叔詹姆斯告上了法庭。他们因失去了住处，整个家被拆散。奎因家搬迁到了先前在十五里湾（Fifteen Mile Creek）买下的土地上，在那里盖了几间棚屋。他和他弟金姆继续留在了奎因家，帮着干活；他母亲爱伦带着其他的弟弟妹妹们去了20里外的旺加拉塔（Wangaratta）镇上找活干。平日里，他两个舅舅吉米·奎因和帕特·奎因（Pat Quinn）对他们十分严厉，不许有任何偷懒，9岁的金姆，每天从格雷塔学校放学回来，不但要做许多家庭作业，还要劈柴、喂猪，干各种各样没完没了的家务活，直把他们俩累得在私下里偷偷咒骂：要是当初留在艾文内尔，即便当牛做马，也总比来这鬼地方要好得多！再加上两位姨母对他们也不怎么和善，为此，他和金姆恨透了他叔叔詹姆斯·凯利，不断诅咒他叔叔受到重罚，急切盼望着对他叔叔的审判能早日开庭。

审判在比奇沃斯（Beechworth）开庭。在那里，他和金姆与他母亲爱伦得以重聚，并出乎意料地看到爱伦的神色出奇地好。他们走进了审判庭那幢阴森森的建筑，给他的感觉就像是在往教堂里面走，他摘下了帽子，低着他的头，在此之前，他从未见过什么法官。法警宣布了起立，他规规矩矩地站了起来，当审判法官雷德蒙·巴里（Redmond Barry）走上审判席时，他做梦都没想到，这位法官后来成了他一生中最凶恶的敌人。他母亲向法庭详细陈述了案情的来龙去脉，之后，他叔叔詹姆斯·凯利以"纵火罪"被判处了死刑，被法警带走了。

他和金姆蔫蔫地走出了法庭，像被霜打了一样，为他们的诅咒变成了事实而分外愧疚。在那之后，他和金姆继续在奎因家像个不拿工钱的农业工人，从早干到晚，苦不堪言，直到四个月之后，他母亲爱伦在位于格雷塔和格伦罗旺（Glenrowan）之间的十一里湾（Eleven Mile Creek）购买了一小块土地，总共88英亩，上面盖有一座棚屋，他和金姆才得以回到了自己的家中——距离格雷塔有3英里远的十一里湾。这时候，他母亲已经买了一桶白兰地、一箱葡萄酒和一些玲珑剔透的玻璃杯，在那里开起了小旅店。

在那之后，他叔叔詹姆斯·凯利的死刑被改判成了15年徒刑，他们快快乐乐地度过了一个冬天。1868年春天，他们正式开始动手在十一里湾建造他们的新生活，他决心要在这里建起一个漂漂亮亮的小农场，无论多么沉重的担子，他都心甘情愿挑在肩上。

到了那年12月，在一个月光皎洁的夜晚，他叔叔詹姆斯·凯利在监狱中的一位狱友，大名鼎鼎的逃犯、土匪哈里·鲍尔（Harry Power）身穿熊皮大衣骑着马闯进了他们家，美美享受了一顿好吃好喝的招待之后，当天晚上，就把他母亲爱伦的心俘虏过去了，成了他母亲的新情人。第二天早上，当他看到从他母亲的毛毯下面露出来的那两只男人的大脚时，他的心里说不上是什么滋味。

在丛林大盗老哈里·鲍尔之后，他们家里又闯进来了一个罗圈腿的陌生男人。在一个赤日炎炎的星期天，年龄不满28岁亚历克斯·根（Alex Gunn）在尘土飞扬中，出现在了从格雷塔小镇到十一里湾的小路上，当晚留宿在了他们家里，睡在了桌子上，离他母亲很近，他小心地陪伴在侧，感觉亚历克斯像是他母亲爱伦的又一个追求者，所以，每当亚历克斯起夜时，他都要为亚历克斯点灯照亮，活像一条高度警惕的猎犬。最后，事情的发展完全出乎他的意料，亚历克斯·根要娶的不是他母亲爱伦，而是他的姐姐安妮（Annie）。

安妮与亚历克斯·根的婚礼是在“奥克斯利旅店”举办的。他当时14岁，看到了不少与他同龄的姑娘，开始感到了不自在。尽管在一些赛马、拳击、跳远等赛事中，他已经享有了一定的名气，但他不会跳舞，他干的那些事儿，一点不适合那些姑娘们。他母亲爱伦刚刚在奥克斯利镇（Oxley）举办的女子一英里障碍赛中获得了第一名，正容光焕发，与一个新的男友，英格兰人比尔·福罗斯特（Bill Frost）跳舞，看到他对比尔怒目而视的样子后，立刻丢下了比尔，径直朝他走了过来，拉着他去散步，询问他对她的那位舞伴有什么感受。他告诉爱伦，他更喜欢的男人是哈里·鲍尔。他母亲很高兴，要他替她去找找老哈里，与老哈里多在一起混混，去陪老哈里骑骑马，一起出去走一趟。

他遵嘱在旅店的游廊上找到了老哈里，把喝得醉醺醺的哈里领到外面的围场，哈里骑上他自己的那匹母马后，又指着一匹只有2岁、被人们叫作澳洲马的小马让他骑了上去。他光着脚，跟随着老哈里，骑着马从旅店前面跑了过去，没过多久便被带出了十一里湾，离开了他熟悉的领域，随后，又被带进了袋熊岭原始森林里。一个多小时后，他想回家了，老哈里大骂他傻瓜，然后一路小跑，把他带向了更荒凉的山野，他身不由己，别无选择，只能扬鞭催马尾随着哈里奔跑。

在奔跑的过程中，哈里不断给他讲解周边的地形地貌。他想，自从他父亲死了之后，能给他以教诲的人，就只有老哈里了。哈里对金河谷一带的山川地理了如指掌，一路上，陆续给他说了一些崇山峻岭、深沟大壑的秘密，还给了他一些忠告，说如果他了解这一带的山山水水，就会永远成为这块殖民地上的一个自由自在的小伙子；同时，还总时不时地唠唠叨叨劝上他几句，让他别再想他母亲了，十一里湾不会带给他幸福的。他不以为然，表示他们家里离不开他，弟弟金姆还小，砍树开荒，全得指望他；再有，他对比尔·福罗斯特那个家伙也不放心，比尔没怀什么好心，正在对他母亲死缠烂打，软磨硬泡，一心想钻进他母亲的被窝。老哈里的神色有些黯然了，答应说会把他送回家的。

两天后，他随着哈里离开了丛林，来到了山岭下辽阔的平原上，到达了旺加拉塔。哈里跑到商店里为他买了一双带松紧口的靴子，一双羊毛袜子，他穿在脚上后，那感觉别提多好了，长这么大，他从未穿过什么袜子！这天夜里，他们在农民旅店住了一宿，第二天，早早地就离开了旺加拉塔，出了小镇，他看到一个路标指向格雷塔，决意在这里同哈里告别。他告诉哈里，他是家里的长子，有许多事在等着他做，如果不遵守“杜菲土地法”的约定，政府就会收回他家的土地，他母亲一个人根本种不了那块地。不料老哈里又变卦了，向他摊了牌，说之所以不放他回家，其实，全是他母亲爱伦的主意，他母亲不想让他回家，想让他跟着老哈里，替老哈里看马，随后，老哈里还暗示他，他家的地，他母亲自有他母亲的办法，有比尔・福罗斯特在他母亲身边，用不着他瞎操心。他受到了惨重一击，满心的酸楚，他父亲死了不到两年，他又被他母亲抛弃了！就这样，一气之下，他便成了著名的草莽英雄哈里・鲍尔的徒弟，改写了自己的人生之路。

警察当局一直在悬赏捉拿哈里・鲍尔。警察们煞费苦心，总想活捉哈里，却始终没有着落，他们很难掌握哈里的行踪。在袋熊岭深山老林里，老哈里给他讲了不少东西，讲阿里巴巴的故事，讲丛林法则，并警告他，即便是要好的朋友、贴心伙伴，只要赏金可观，也会把你出卖给警察的。老哈里不会干活，很难养活自己，却在金河谷的大山里有很多藏身之地，那些秘密山洞、窝棚、树洞，遍及维多利亚殖民地整个东北地区。穷人效忠盗匪，盗匪也效忠穷人。老哈里十分清楚，必须要让穷人吃饱，必须要和穷人们搞好关系，所以，就像罗布・罗伊[1]或罗宾汉一样，经常给那些孤儿寡母找回走失的牲口，要是哪个穷人因为哈里的缘故受到警察的骚扰、威胁，哈里总会做出补偿，给那户人家一只羊，一桶掺水烈酒，或一把钱什么的。

他姐安妮的婚礼是在 4 月份举行的，到了 5 月底，他 14 岁半，已跟随着老哈里走过了一个又一个地方。骑马奔跑的一路上，老哈里不断许愿，一旦有了机会，有了金子，就让他带上金子回家。就这样，在 5 月 22 日那天哈里抢劫“巴克兰邮车”和“里德・墨菲牧场”的时候，他成了哈里的“帮凶”。

事情的结果，让他大失所望。被哈里从那辆邮车上卸下来的那匹挽马受了重伤，可怜兮兮的，他心疼地看着它，觉得哈里就不该把它抢过来，害它成了这样，为此，他情绪低落，开始消极抵抗，不肯听从哈里的指派，被哈里给了重重一拳，他不甘示弱，进行反击，把哈里惹恼了，用力捏住了他的睾丸，疼得他不住地叫喊，大丢脸面，发誓一定要离开臭名昭著的哈里・鲍尔。在那之后，因为他惹事打了来客，哈里・鲍尔又狠狠地教训了他一顿，抡起一根劈柴朝他扑了过来，照着他一通猛打，然后，要走了他脚上的那双靴子，放他下山了。

他跋山涉水，终于回到了十一里湾，见到了他日思夜念的家。金姆打着赤脚从胡椒树后面走了出来，他母亲爱伦跟在金姆后面，挺着大肚子，一望而知，他母亲又有身孕了，这是比尔・福罗斯特带给他们家的唯一变化，除此之外，家里破败不堪，到处一片荒凉，没有一块清理开垦出来的土地，看到牧场上满是荒草，他的心都碎了。他母亲见到他的第一句话，是问老哈里在哪儿？对他的空手归来，很不高兴。通过他姐安妮，他母亲从报纸上知道了他们抢劫了邮车和牧场，警察在通缉哈里。他表示自己再也不想跟哈里・鲍尔拦路抢劫了，只想回来帮助家人，在自家的地上干活，过安分守己的日子。他母亲打了他

---

1 罗布・罗伊（Rob Roy，1671—1734）：苏格兰高地亡命徒，在沃尔特・司各特（Walter Scott，1771—1832）的长篇小说和威廉・华兹沃斯（William Wordsworth，1770—1850）的诗篇中都有描述。1712年，他开始打家劫舍，1722年被捕，关入伦敦的监狱，1727年在即将押解往巴贝多时获得赦免，晚年成为天主教徒。

一记耳光，跟他要钱，诉苦说他不该回来，她花了 15 英镑，才让哈里收下了他，他现在是哈里的徒弟。他听了之后，难过极了。

第二天，他拉上金姆拿起斧头，开始动手干活，砍伐树木，清理杂草，他们哥俩下决心要干出点成效保住家里的这片土地，拥有一家农场，照顾好他们的母亲，成为他母亲的依靠，让母亲的农场硕果累累。他母亲被他们感动了。在他们兄弟一心支撑起这个家，每天早出晚归，在丛林里努力干活劳作的时候，游手好闲的比尔·福罗斯特不断给他们制造麻烦，他姐安妮的丈夫亚历克斯·根又被人指控偷了别人家的羊进了监狱，他舅舅吉米·奎因也因为偷了东西被关进了监狱。

一天，他们一家人正在小河边野餐，一个街头小贩走了过来，想跟他母亲要威士忌，他母亲没搭理那个家伙，那个家伙随后拿出了玻璃球伸到他面前，他伸手一推，玻璃球撒了一地，那个家伙当即揪住他的耳朵，要他捡起来，他立刻给了那个家伙一拳，他弟丹上前踢了一脚，金姆用扁担朝那个家伙的脑袋打了过去。他母亲制止了他们，让他们为那个家伙捡起了地上的玻璃球，并给了那个家伙一瓶烈酒和一张 10 先令的纸币，把事情摆平了。岂料，事后，那个背信弃义的家伙硬把他告了，说他抢了 1 英镑，两个警察找上了门，以“抢劫罪”把他送进了监狱。

在维多利亚丛林乡村中心地带班纳拉镇（Benalla）的监狱里，韦兰警官（Sergeant Whelan）扬言要将 15 岁的他处以“绞刑”，然后，明白无误地告诉他，他们知道他是哈里·鲍尔的帮手，只要他能协助他们拘捕哈里，在今晚之前他就可以走了。他对自己说，在被拷问的时候，爱尔兰人绝不能为了回家当叛徒。为此，他被韦兰警官打得浑身上下疼痛难忍，不过还能爬到小床上，通过那里的一线亮光，他看到自己身上青一块紫一块的伤痕，不由得联想到他父亲当年曾经默默忍受了多少恐怖的磨难。然而，对他来说，最大痛苦，不是挨揍，也不是恶毒诅咒带来的恐惧，而是家里的那些苦活没有他怎么办，家里的日子怎么过。到了第十一天的上午，他的牢房门开了，进来了一位律师，告诉他，有人为他付了钱，他很快就能被释放出狱了。

他回到家时，正赶上吃茶点，看到神气十足的比尔·福罗斯特坐在他的椅子上，面前摆着一大盘羊肉，对他母亲和他的弟弟妹妹们吆五喝六，他母亲爱伦强忍着比尔一声大过一声的呵斥，小心伺候着比尔，忍辱负重的样子，全然不是他记忆中的爱伦了。他实在看不下去了，扔下盘子，走出了家门。半夜醒来，他听到他母亲一直在哭泣，便理智地告诫自己：一定要克制，装聋作哑；可当他听到比尔斥骂他母亲是哈里·鲍尔的荡妇时，就再也控制不住自己了，从床上爬了起来，把比尔打出了家门。

他母亲爱伦对他的所作所为不但没有半句夸赞，反而喊叫着要他赶快去把比尔找回来，嘶喊着说，如果没有比尔的工资，他们一家人就会挨饿，何况，比尔还是她肚子里孩子的父亲。他找到了比尔那个杂种，月光下，向那杂种解释说，是他母亲让他来道歉的。之后，他警告比尔那个杂种，要是胆敢抛弃爱伦，他就开枪打死他。比尔回来后的第二天晚上，宣称他的雇主西姆森先生（Mr. Simson）要他把一群牛赶到墨尔本的干草市场去，一去要走七天。他母亲听后，没察觉有什么不正常，过去，这是常有的事，于是，在第二天早上，装出一副快活的样子，愉快地把比尔送出了家门。谁知，日子一天天过去后，比尔却再也没有回来，他在外面又有了新的女人。

在这时，哈里·鲍尔借着比尔·福罗斯特的事，派人给他母亲送了点钱，然后，把他找了去，告诉他，比尔那个杂种根本没去墨尔本，有人看到了那个杂种，就在旺加拉塔，和一个名叫布里吉特·考特

（Brigit Cotter）的女人混在了一起，过得正开心，还逢人便讲凯利要杀他，这件事，现在已尽人皆知。他听了之后，恨不得立刻就把比尔那双蜥蜴般的眼睛挖出来。想到他母亲几天来躺在床上不吃不喝，一副痛不欲生的样子，他再没什么其他办法，只能去把比尔那个杂种弄回来，不然的话，他母亲简直就活不下去了。他曾发过誓，再也不跟哈里·鲍尔干了，可在比尔·福罗斯特这件事上，他有求于哈里。

遵从老哈里的吩咐，他跃上了马背。傍晚，他同哈里一起骑马离开了暮色笼罩的山谷，在落日的余晖之中，爬上了高高的山顶，迎面驶来一辆马车，赶车的老头，是他和哈里全都认识的一个穷苦的农民，老婆刚死，一身破衣烂衫，靴子补了又补。他骑着马走上前去问候那个老头，老头没回应，只冲着哈里说话，一口一个“哈里”，告诉哈里：比尔·福罗斯特已经离开了旺加拉塔，到比奇沃斯去了。原来那个老头扬鞭催马，不辞辛苦远道而来，就是为了向哈里报告这个消息的。哈里打开钱包，想给那个老头一点钱，老头摆出一副绝不受人恩惠的架势，哈里不听那一套，坚决要给，最后，那个老头只好收下了，然后吆喝着他的那匹老马拉着破烂的马车，渐渐消失在了落日里。

他和哈里掉转马头向山下走去。哈里想在半夜再去比奇沃斯，因为那里的警察一个个全都想拿他的脑袋去邀功请赏。到了半夜，他们一路向北，去找比尔·福罗斯特那个杂种，他的心里沉甸甸的，总有一种不祥之感。半路上，他们遇到了丛林大火，哈里说什么也不肯停下来救火，眼看着一家人消失在了烟雾之中，他心里怪不好受的，深感内疚。随后，在一个被哈里用钱收买了的线人的指点下，在一个偏远山谷的茅屋里，他们一下子就找到了比尔那个杂种，那个杂种正光着腚操女人。老哈里把那个女人吓唬走了之后，一手持枪，一手捏住比尔那个杂种的睾丸，把比尔狠狠教训了一通，折磨得比尔连连低三下四地求饶。完事之后，在他们转身离去时，走出那间茅屋的当口，比尔突然抄起了枪向他们猛扑了过来，一面大声叫骂着，他当即回身给了比尔一枪，以为没打中，却看到比尔踉踉跄跄倒了下去，手捂着肚子，血流了出来。

事情发生在 2 月，他还不满 16 岁，又成了哈里·鲍尔的徒弟。第二天，老哈里告诉他，比尔失血过多，死了；警察正在到处找他，不少士兵去了十一里湾。他信了哈里的鬼话，变得服服帖帖的；哈里惬意极了，借这次“凶杀”把他搞得惶恐不安，彻底拿捏住了他，还发誓说一定保他平安无事。有一次，甚至忘乎所以地大喊了一声“上帝保佑我们两个杀人犯！”就这样，他温顺地跟随着哈里，骑马逃到了荒野深处，任凭哈里随心所欲地摆弄。哈里时不时会恐吓他一句，让他老老实实待在袋熊岭老林里。

在那些日子里，杀人的阴霾，始终无法摆脱的负罪之感，将他折腾得彻夜难眠。有些夜晚，哈里会丢下他，一个人单枪匹马，翻山越岭，跑出去寻欢作乐，有时，一走就是两个星期。后来，他从他妹玛吉（Maggie）口中得知，老骗子哈里是跑到十一里湾找他母亲去了，把病卧在床的爱伦哄得重新振作了起来，和他同床共枕，欢天喜地。

在逃亡的途中，他们在穿过地方治安官麦克贝恩（Magistrate McBean）的大牧场时，因为早就听说那个家伙有权有势，不好惹，最好绕道走，所以，便远远地避开了那个大牧场。那天，他们已经绕到了那个大牧场北面，骑在马背上，与一个趾高气扬的陌生家伙擦肩而过，那个大腹便便的陌生家伙骑着马跑过去了之后，忽然调转了马头，冲着他们大喊了一声，让他们停下。哈里咆哮着让那个家伙少管闲事，报上了自己的大名后，与那人话不投机，你来我往，交锋了几句，很快，便清楚了对方的身份，原来那个家伙就是那个大牧场的主人，治安官 R.R. 麦克贝恩。治安官所骑的坐骑就是价格不菲的名马“黎明”，惊喜之余，哈里拔出了手枪，不但抢了治安官的坐骑，还抢了治安官挂在身上的金表。

之后，为了安全起见，他们跑了很远很远，彻底离开了所熟悉的区域，逃进了满目苍凉的荒原。一连跑了五天后，经过千难万险的跋涉，终于逃到了东部的塔姆博（Tambo）。他生平从未到过离家这么遥远的地方，就是在这个地方，在当地的“麦克法兰酒馆”，老哈里正美滋滋地摆弄抢来的那块金表时，活生生的比尔·福罗斯特意外出现在了他们面前，老哈里慌忙冲着比尔使眼色，比尔不但没买账，还当场揭穿了大骗子老哈里一次次的谎言。多日以来，老哈里总蒙骗他说比尔被他枪杀了，可在此期间，老哈里在医院里见过比尔两次，比尔去十一里湾取东西时，在他母亲爱伦那里，又与比尔见了一次。

他一下子失去了控制，愤怒到了极点。“你这个肮脏的骗子！”他高声怒喊，有生以来，他还从没有受过这样的蒙蔽和欺骗。老哈里岂容他如此张狂放肆，掏出了手枪，对准了他的太阳穴，在他服了软之后，又将手枪收了起来，给了他一记耳光，以为事情就这么了结了。可在那之后，他已不必再惧怕老哈里的手枪了，立刻把老哈里撂倒在了地上，满怀着一腔怒火，恨不得杀死老哈里，可是，他不能杀人，于是，一把夺过挂在哈里身上的手枪和金表，猛然将那块昂贵的金表丢到地上，“砰”的一枪，打得那块金表机身崩裂，吓得在场的人四散而逃。他转身走了出去，翻过篱笆，找到治安官的坐骑“黎明”，策马离开了。

他纵马驰骋，第三天下午，回到了金河谷的格伦莫尔，遇到了他舅舅吉米·奎因，从他舅舅吉米嘴里，他才知道，他的这次逃亡并非全无意义。警察逮捕了他姨父杰克·劳埃德（Jack Lloyd），捏造罪名说他抢劫了治安官 R.R. 麦克贝恩的传家宝——金表和名马“黎明”，还正在全力搜捕他表弟汤姆·劳埃德（Tom Lloyd），把他在抢劫中扮演的角色强加到了汤姆头上。

他与表弟汤姆·劳埃德，曾在洪水退去的河湾里一起打闹，摔跤、赛跑，曾一起去格雷塔参加赛马比赛，他想，他绝不能连累了汤姆，让汤姆代自己受过。他骑着“黎明”回到了十一里湾，看到他母亲爱伦脸上的神色十分沮丧。他戳穿了哈里·鲍尔对他母亲所说的种种谎言，向他母亲讲明了一切之后，决定去自首。他母亲知道他在劫难逃，非常痛苦。那天，他进家门的时候，已是深更半夜，他的弟弟妹妹们玛吉、丹、凯特（Kate）、格蕾丝（Grace）一个个全都从床上爬了起来，打着哈欠，围坐在桌子边，金姆表示，愿意把“黎明”送走，拴到“认领栏”去，还给治安官 R.R. 麦克贝恩。于是，他出去和“黎明”做了最后的告别。他返回屋里后，他母亲爱伦把当年谢尔顿先生酬谢他的那条绿色的绶带翻了出来，让他戴在了身上。天亮之后，他被韦兰警官带走了。韦兰警官冒着大雨，把他押送到了班纳拉监狱，没收了他的绶带、腰带、鞋带，关进了牢房。因为哈里·鲍尔和他抢劫的那位治安官麦克贝恩是墨尔本警察局长斯坦迪什（Police Commissioner Standish）的朋友，所以，墨尔本警察局的两位主管尼科尔森（Nicolson）和海尔（Hare）坐着马车急速赶了过来，开始了对他的审讯。

他被戴上了手铐，押送到班纳拉警察局。海尔警长（Superintendent Hare）一口气将哈里·鲍尔和他所犯下的种种罪行全部倒了出来，企图将他震慑住，使他就范，说出点什么。他只说了说希望取消对他表弟汤姆·劳埃德的通缉令，海尔当即表示，他肯定要逮捕汤姆·劳埃德的，还要依照“杜菲土地法”的约定收回他母亲的土地。他反驳说他们没有证据，海尔威胁他说，只要愿意，他就能把他母亲和他的弟弟以及他的舅舅、表弟统统关进监狱，他们竟然抢到麦克贝恩先生头上了，他一定会让他们吃不了兜着走！海尔甩下这番话后便离开了审讯室。尼科尔森警长（Superintendent Nicolson）明显要比海尔年长一些，换了一副完全不同的软嘴脸，用“法律公正”一类的话，对他做出了撤销对汤姆·劳埃德的指控的许诺，诱使他说出了一点无关紧要的“线索”，之后，为了进一步求得他与警方的合作，又当着他的面撕毁了对汤姆的逮捕令。

第二天，尼科尔森和海尔两位警长去了十一里湾，到他家去找他母亲爱伦，试图用500英镑收买他母亲说出哈里·鲍尔的藏身之地，被他母亲臭骂了一顿，轰出了他家的门。接着，他们去了他姨父杰克·劳埃德的家。他不知道头一天刚被放回来的劳埃德对他们说了些什么，不过，他知道劳埃德没有把尼科尔森和海尔轰出家门。回到班纳拉后，两位警长在他面前对有关500英镑赏金之事只字未提，而是使用了另外的办法，企图诱使他出卖哈里·鲍尔。他们让治安官麦克贝恩出庭作伪证，一口咬定他绝对不是帮助哈里·鲍尔作案的那个男孩子。在那之后，尼科尔森警长一再让他放心，表示只要与他们合作，就没有什么办不到的事。

随后的一天，他又被弄到了法庭上，尼科尔森和海尔两位警长又对他玩弄了一通他领会不透的“法律公正”，又撤销了两项对他的重要指控。随后，他为他们描述了他和哈里在逃亡中的一段路程，还断言哈里计划从吉普斯兰（Gippsland）的伊登（Eden）逃离出境。他的口供被记录在案。又过了一天，他被捕的第五天，他被判在押候审，被移送到了墨尔本。

尼科尔森和海尔两位警长没把他直接送进监狱，而是带到了警察局长家里，带到正在大厅里打台球的斯坦迪什面前。斯坦迪什看向他，目光里充满了敌意。在被盘问时，他一副满不在乎的样子，把治安官麦克贝恩作伪证的事当众揭发了出来，把斯坦迪什窘得不知说什么好，决定借用台球来羞辱他一番，没想到他反而大言不惭地说天下就没有他不会的游戏。斯坦迪什立刻答应给他一个比试的机会，只要他输了，就说出哈里·鲍尔的下落，他回答说他绝不拿别人的性命做交易，把斯坦迪什弄得很下不来台。最后，让一个比他大6岁的警察，大块头的约翰·菲茨帕特里克（John Fitzpatrick）作为替身，和他一对一地打一场，比个高下，他几拳就把看上去不怎么会打架斗殴的菲茨帕特里克打倒在了地上，弄得斯坦迪什狼狈不堪。一帮围观的人好不尴尬，立刻给他戴上手铐，关进了“里士满警务人员补给站”的牢房，那里是警察局的看守所，可以随时提审。

牢房里冷得要命，看守不肯给他去找毛毯，他不住地叫唤冷，过了许久，英俊的约翰·菲茨帕特里克为他拿来几条毛毯和一条烤羊腿。他看着菲茨帕特里克被他打得鼻青脸肿的样子，有些过意不去，向菲茨帕特里克道了歉。菲茨帕特里克说他很佩服他，还从未碰到过他这么厉害的对手，他自己也曾是拳击冠军，次中量级的，即使被他打败了，但是很服气，尤其是看到斯坦迪什那一副气急败坏的样子，实在开心。菲茨帕特里克还向他悄悄吐露了偷听来的一些内情：警察们想把他家赶出格雷塔，把他母亲的租约收回。后天，哈里·鲍尔将被出卖，警察局答应给一个叫杰克·劳埃德的人500英镑，很快就会抓到哈里·鲍尔了。

爱尔兰人一向鄙视叛徒，虽然哈里·鲍尔对他不仁，他也不会出卖老哈里的，在里士满的看守所，他一直都在这么想。两天后，他被送回了班纳拉，对他的所有指控被撤销了之后，他重新获得了自由，冒雨走了13英里，回到了十一里湾。他坐了三个星期的牢，进门后，他母亲看到他后表情冷淡，他妹玛吉假装没看见他，骑马走了，金姆和丹对他也不搭不理的。后来，从金姆口中，他才知道哈里·鲍尔落网了，在奎因家那边的藏身之地被尼科尔森警长抓走了，大家全都认为，是他出卖了哈里，带着警察把哈里抓走的。之前，他姨母凯特·劳埃德（Kate Lloyd）早就知道了将要发生什么事，特意跑过来说警方就要放他出来了，条件是带警察去抓捕哈里。他听了之后一下子火了，立刻找到他母亲挑明，出卖哈里的是他姨母凯特和杰克·劳埃德姨父！他母亲使劲扇了他一耳光，让他滚出去，骂他“犹大！”他气急败坏，疯狂地一通乱砍，乱砸，歇斯底里地嘶喊，是劳埃德出卖了哈里，得到了500英镑赏金！发泄了一通之后，他抡起大锤，出去干活，然而，再苦再累的活，也无法平息他心头的熊熊怒火，直到傍晚，他母亲过来看他，他才平静下来。

他母亲爱伦和他弟他妹们都不相信是他出卖了哈里，但是，其他人全都相信了他姨父劳埃德和姨母凯特散布的谣言，说他收到了赏金，尤其是他舅舅吉米·奎因和帕特·奎因坚持要用鞭子抽他。他们觉得家里人背叛了名震天下的哈里·鲍尔，很没面子，无地自容，便开始没完没了地折磨他，让他非常郁闷。

结果，家里的日子更难过了，人人都讨厌他们，没人搭理他们，也没人到他母亲的小酒馆里喝酒了，更别提有人雇他干活了。他所能找到的唯一的一份工作，就是给格雷塔新建的警察局马场搭建一个围栏，每天5先令，因为是给警察干活，他的名声更臭了，而且，就在他去警察局干活那天，宣判了哈里·鲍尔的刑期，15年苦役。消息一传开，他立刻成了大家攻击的对象，他舅舅吉米和帕特跑过来斥责辱骂他，骂他是变节分子，内奸，要他必须去“奥布赖恩旅店”接受他们鞭刑的惩罚。警员霍尔（Cons Hall）等他的两个舅舅离开了之后，才走出来付他工钱，并示意他去那家旅店与奎因兄弟打一架。

霍尔早就对他舅舅平日里的横行霸道耿耿于怀了，一直苦于没有教训他们的机会，这一次，总算找到了出气的机会。霍尔在借机泄私愤抓捕吉米和帕特的过程中，被帕特打破了头，血流满面。星期二那天，他舅舅吉米和帕特被带上了法庭，他被传去作证。血浓于水，他觉得自己无论如何都不能帮助警方来对付家人，面对法官，说出了实情，是警员霍尔授意他去挑战奎因兄弟以便将他们逮捕的。他本以为这样一来，就可以撤销对他两个舅舅的指控了，没想到，法官硬说他在作伪证，帕特是蓄意杀人，罪不容赦，最后宣判：判处帕特·奎因有期徒刑3年，吉米·奎因3个月的监禁。

因为这件事，他成了十恶不赦的恶棍，朋友和亲属们对他的怨恨更深了，唯有警员霍尔像没事人似的，继续与他来往，一点没有怪罪他的意思。他为自己在法庭上出于为家人着想的缘故而没有帮上霍尔的忙之事，向霍尔道了歉，霍尔笑着拍拍他肩膀，说没关系，那很自然，要是换成了他也会那样做的。然而，不到一年，霍尔就把他送进了比奇沃斯监狱。

那天，一位性情温良为人友善的街头小贩本·古尔德（Ben Gould）的大车陷在了他们家的土地上，当晚留宿在了他家。第二天，本·古尔德看到一匹半死不活、满身癞疮的老母马在他家的篱笆边上溜达，一眼认出是同行街贩老麦考密克先生（Mr. McCormick）家拉车的马，便把他叫了过去，告诉他，那个老麦考密克曾在范·迪门监狱做过狱卒，如今住在格雷塔城里，两口子都很混账，他最好赶快把那匹马给他们送过去，不然的话，他们会让警察找上他家门诬赖是他们偷来的。他母亲不希望他与格雷塔有任何牵连，让金姆送去了。谁想，金姆骑着那匹癞皮马进城后没过多久，麦考密克两口子就骑着马气喘吁吁地找上门来，堵在他家门口，浑不讲理，硬说他们用坏了他家的马，还大骂他是哈里·鲍尔的同伙，出卖了哈里，现在有谁不知道他是一个盗贼？面对他们的邪恶，没完没了的恶言恶语，本·古尔德突然像变了一个人，样子凶狠，扬起牛鞭把他们打跑了。事后，还不解气，包起了一对牛睾丸并写了一张字条，让他给麦考密克两口子送了过去，结果，导致了他直接卷入了与那两口子的纠纷。麦考密克紧随在老婆屁股后面，高声叫骂他造谣生事，不断羞辱他。最后，他实在忍无可忍，动手打了老麦考密克，被警员霍尔抓了个现行，送进了格雷塔拘留所，第二天，被送上了法庭。他的姨父，出卖哈里·鲍尔的真凶，杰克·劳埃德作证说亲眼看到他把麦考密克先生撞倒了，为吉米·奎因和帕特·奎因双双报了仇。他们一直认为是他把他们二人送进监狱的。结果，为了维持社会治安，他被判了刑，刑期加起来，入狱 1 年，被送进了比奇沃斯监狱。

他被释放出狱后，已到了 17 岁，法院要求他必须先到格雷塔警察局报到，寡廉鲜耻的霍尔直截了当地告诉他：不要以为已经逃脱了惩罚，他保证只要有机会，一定再送他回监狱。他告诫自己，尽量离无耻之徒霍尔远点，可三周后，他还是被霍尔送进了监狱，被指控的罪名是“盗马罪”。他实在很无辜。那天，在回家的路上，他与他姐夫亚历克斯·根的朋友“野赖特”（Wild Wright）不期而遇，“野赖特”求他帮忙找一匹丢失的马，并骑走了他家的一匹马。他在不知情的情况下，找到了“野赖特”丢失的那匹栗色母马后骑着去了格雷塔，根本不知那匹马是“野赖特”顺手牵羊的产物，结果，被霍尔趁机栽了赃，在试图抓捕他的过程中，他们互相打了起来，霍尔几次试图开枪打死他，都没能得逞，最后用左轮手枪砸破了他的脑袋，缝了九针。就这样，他再一次被戴上了手铐，送上了法庭，霍尔和其他警员编造了一个又一个谎言，指控他偷盗了那匹马，而那匹马被盗的时候，他还在比奇沃斯监狱里服刑呢。最后，他因“窝藏盗马罪”被判处了 3 年苦役，被送进了墨尔本彭特里奇监狱的牢房。

在他服刑期间，他只有 14 个月大的小妹爱伦·福罗斯特（Ellen Frost）死了，随后，家里人不断生疮闹病，同时，警察从不忘来找他家的麻烦：他姐安妮·根（Annie Gunn）家的马被人偷了之后，奥克斯莱警察局的警员弗洛德（Cons Flood），趁着他姐夫坐牢不在家的机会，诱奸了他姐安妮，没多久，就把安妮弄出了身孕，生孩子时死了。

1872 年夏天的一个早晨，他母亲爱伦 42 岁了，两个儿子被关进了监狱，还有一个兄弟、一个叔叔和一个妹夫；两个女儿被埋葬在了大柳树下，而且，天知道在往后的日子里还有什么灾祸在等着她！就在这个天色灰蒙蒙的早晨，他母亲和他妹玛吉正在搭西红柿架，一个高高瘦瘦、身材结实的美国人停在了他家门前，嘴角上挂着微笑，说要买酒，没有现金，只有一张支票，到班纳拉就能兑换成现金。玛吉对那位来者——乔治·金（George King）一通冷嘲热讽，他母亲突然发了火，让玛吉去给上门的客人拿了一杯掺水烈酒。

1874 年，他 3 年期满，刑满释放，回到了十一里湾，他母亲爱伦头发已变得灰白，身上穿着一件与年纪不相称的鲜艳新裙子，怀里抱着一个出世不久的孩子，家里的围栏里有几匹好马，一个年轻的小伙子正在取马背上的鞍子，他母亲告诉他，那人叫乔治·金，他们说好了等他出狱后就结婚。看到乔治·金比他大不了几岁，竟要和他母亲结婚，他觉得真令人作呕。在家里吃过茶点后，他很有礼貌地请爱伦的那位新任“情夫”出去散步，对乔治给予了警告，说比尔·福罗斯特抛弃他母亲后，他差点把比尔打死，要乔治必须善待他母亲。随后，他还询问了乔治打算怎么养活孩子，乔治表示，无论生多少个他都能养活。之后，乔治还想拉他一道去新南威尔士州倒卖马，他不由得一阵悲哀，失望地发现，他母亲又找了一个不务实的滑头。

他一生最大的希望，就是靠自己的劳动汗水，老老实实过日子，有一个自己的家。可从彭特里奇监狱出来后，他辛辛苦苦开垦耕耘的农田，落到了别人手里，他母亲希望由乔治·金来打理，他再无话可说，第二天晌午，在基拉瓦拉（Killawarra）附近的锯木厂找了一份工作，下午就搬到了离家 20 英里外的锯木厂的工人宿舍区。在他衔屈含辱，以伐木为生的日子里，有一天，他发现家里属于他的 30 匹纯种马不翼而飞了，立刻捎话给他母亲爱伦问怎么回事，爱伦告诉他，那些马被偷了，盗马贼不是别人，正是害他姐安妮死掉的奥克斯利的那个警员弗洛德。世道的不公，竟到了如此地步，他气得肺都炸了，联想到自己之所以沦落成了今天的样子，全拜那个“野赖特”所赐——故意把一匹偷来的马丢给他，让他蒙受不白之冤。

他开始四下里打听“野赖特”那个混蛋的下落，满脑子想的都是如何为自己被毁了的生活去惩罚那个狗杂种。不久，终于得到了“野赖特”——以赛亚·莱特（Isaiah Wright）的落脚点。那个家伙近来一直住在比奇沃斯的帝国旅店。帝国旅店老板对他已颇有耳闻，知道他在奥克斯利的拳击赛上，与年轻小伙乔·巴恩（Joe Byrne）的比赛中 12 回合连战连胜的历史，不过，还是特意提醒他了一句，以赛亚·莱特是个没有理智的家伙，而且在体重上占有明显的优势。看他什么都不在乎，旅店老板便带他去看了看比赛场地，旅店后面的一块绿草如茵的高地，日子定在了 8 月 8 日。

那天，他准时来到了比奇沃斯，帝国旅店里早已挤满了观众。他与“野赖特”进行了一场赤手空拳，不戴拳击手套的拳击比赛。“野赖特”一上来就开始犯规，打破了他的头，他踉踉跄跄爬起来，不顾一切地进行了反击，他们那场惊心动魄的激烈搏斗，把帝国旅店的草坪踩踏成了烂泥，最终，他不负众望，把个头比他高大得多的疯狂的“野赖特”打得直挺挺躺倒在了地上，没有了出拳之力。随后，在家人和朋友们的簇拥下，他兴高采烈地走过比奇沃斯一条又一条大街，简直成了全能的基督耶稣，就连达菲神父（Father Duffy）也对他表示了敬意。

他终于出了一口恶气，赢得了这场生死搏斗，名声大振，随后，在基拉瓦拉锯木厂，在勤勤恳恳的伐木工作中，按时上下班，领取每星期的工资，既不喝酒，也不抽烟，过了两年平静的生活。他姨父杰克·劳埃德——那个卑鄙小人的儿子汤姆·劳埃德，是一个光明正大的男子汉，清清白白，一直是他最好的朋友，他们合伙做了几桩马匹买卖，一起度过了许多快乐时光；后来，他甚至与“野赖特”也成了朋友，不过，没过多久，“野赖特”就被警察抓走了，判了 3 年徒刑。当年，在奥克斯利拳击赛中他的一位对手、后来对他佩服得五体投地的乔·巴恩也经常跑过来看他，给他带来些烟草，因为他不抽烟，便又给他带来了一本小说《洛纳·杜恩》[1]，他很感兴趣，读了三遍，还读了《圣经》和莎士比亚的诗歌。

到了那年春天，他平静的生活被打断了，迫不得已，又被拖进了凯利家里的麻烦中。原本，自从他母亲与乔治·金结婚后，两年来，他尽量与十一里湾保持着一定距离，对他母亲的新丈夫、那个靠贩马为生的乔治·金敬而远之，但是，当他看到刚满 16 岁的弟弟丹·凯利变成了格雷塔街头上的小混混后，他不得不挺身出来制止了。

那天是支付日，他在奥布瑞恩旅店楼上的阳台上，付给了汤姆·劳埃德 2 英镑，是汤姆照看他们买卖中的那几匹母马应得的报酬。这时，一群骑马的年轻人从下面的大街上呼啦啦急驰而过，在旅店跟前

---

1 《洛纳·杜恩》（Lorna Doone）：历史小说，英国小说家和诗人理查德·多德里奇·布莱克默（Richard Doddridge Blackmore，1825—1900）的一部畅销书。

停下之后，打打闹闹，满嘴脏话，一个个穿得花里胡哨的，就像一群土匪。他突然看到了其中喝得醉醺醺的丹，被那一群狐朋狗友糟蹋得简直不成人样，他迅速从楼上跑了过去，想把令人可怜的丹带到一个安全地带好好教训一顿，不料，丹不顾一切地反抗起来，同他大吵大闹，甚至跑到警察局门前和他兜圈子，对他大打出手，他赶紧小声警告丹，他们已被里面的警察盯上了，丹仍然置之不理，他担心正在注视着他们的警察会把他们两个全都抓起来，只好用外套蒙住了丹的头，退避到一棵大树下。等到丹终于安静了下来，从丹嘴里说出的一席话，令他深感不安：丹对乔治·金赞不绝口，大夸乔治·金的本事了得，偷了 500 匹马，从没坐过牢，就连拘留所都从没进去过。他意识到，他母亲整日忙于照顾新丈夫和小不点的孩子，无暇顾及丹，丹已经被乔治·金带坏了，没人管，便劝丹离开街上的那帮小流氓，找个正经工作，并决定带上丹，作为合伙人，与他和汤姆一起做马匹买卖的生意。之后，他又给了丹 10 先令，让丹把那一帮“乌合之众”打发了。

在那之后，他返回了基拉瓦拉锯木厂，继续老老实实伐木，直到有一天丹出了事，被告上了法庭，罪名是偷了别人的马鞍子，而丹没干那事，是清白的，于是，他跑到格雷塔警察局去为丹辩护，刚一开口，反而被警察约翰·法雷尔（John Farrell）告知：警方正要捉拿他这位“警察公报”上的盗马贼——格雷塔的爱德华·凯利，那公报上面写着他偷了移民亨利·莱德克（Henry Lydecker）的一匹母马。结果，因为这一诬告，他不得不去了一趟奥克斯利警察局接受询问，幸亏在关键时候莱德克先生为他说了句公道话，澄清了事实。之后，他回到了锯木厂，被扣了三天工资。在丹审判那天，他陪丹出了庭，直至丹被宣布无罪释放，他才返回锯木厂。事后，他才知道，警察约翰·法雷尔是那个诬陷丹的大牧场主怀蒂先生（Mr. Whitty）的女婿。

第二天，丹骑马缓缓走过奥克斯利小镇，没招谁也没惹谁，却硬生生被那个弄得他姐安妮丧了命的警员弗洛德拉下了马，押进了警察局，一通折磨，烫伤了丹的胳膊，弄伤了丹的眼睛，一口咬定丹偷了警察局牲畜栏里的马，并撂下话，如果第二天早上看不到那些马，丹必死无疑。走投无路的丹只好飞马跑到锯木厂里来向他求援，结果，他在锯木厂靠劳动赚钱养活自己的日子便彻底结束了。

他不能见死不救。当天下午，就带着丹逃向了大山——他们在这世界上唯一可以依赖的地方，一路向南，当晚露宿在四里湾（Four: Mile Creek），大山深处治安官 R.R. 麦克贝恩的牧场，第二天穿过牧场，剪断一道道铁丝网防线，进入了荒漠无人的丛林，再翻过森林茂密的大山，天黑之前，来到了袋熊岭上原来属于哈里·鲍尔的那座碉堡式的棚屋。原本，他打算陪丹一阵子，直到丹的伤养好；可在那天夜里，他辗转难眠，第二天，就想马上教训教训折磨他们的那些兔崽子了。那些兔崽子，偷了他的牲口，还欺负他的家人，他绝不能饶过他们，必须让他们付出代价！

两个星期后，他回了一趟十一里湾的家，找到了美国佬乔治·金，在乔治·金的帮助下，悄悄地密密弄走了大牧场主怀蒂先生一大群马，怀蒂先生的那 50 匹纯种马，跟在乔治·金的一匹阿拉伯马后面，一路小跑，随他们进了崇山峻岭。在这之前，他从未做过贼，也从未体验过偷了富人东西之后的那种快感。

不久，另外一些人也被吸引进了丛林，与他们一起住在布拉克湾，在那深山老林里，他们开垦出来了一块耕地，种上了庄稼。正被政府通缉的乔·巴恩来到布拉克湾后，做的头一件事，是建了一座淘金用的水闸，还带来了他从小一起长大的好朋友艾伦·谢里特（Aaron Sherritt）。艾伦是一个强壮而有力的丛林人，和乔在很小的时候就成了朋友，小学念书时两人同桌，两人一起和人打架，一块儿给偷来的牲口改变烙印，一块儿坐监狱。丹的朋友斯蒂夫·哈特（Steve Hart）也找到丛林来了，斯蒂夫是一个滔滔不绝的话篓子，对有关爱尔兰的历史故事和浪漫故事了如指掌。不过，在他看来，全是痴人说梦，他和乔对这个世界有着非常清醒的认识——他们穷苦人的日子为什么过得如此艰难，全是大牧场主怀蒂和麦克贝恩那些家伙的罪过，他们在执政当局和警察们的默许下，鱼肉百姓，横行乡里。

几天后，他正在小河边剥袋鼠皮，被他打发去班纳拉买东西的丹和斯蒂夫·哈特回来了，身上穿着从温顿镇（Winton）上古德曼夫人（Mrs. Goodman）家里偷来的皱皱巴巴的裙子。他一拳把丹打倒在地，咆哮着命令他们把裙子脱了下来。随后，他急忙包好了那两条裙子赶往温顿，希望在被古德曼夫人告到警察局之前，把事情摆平。在古德曼夫人那里，他意外撞上了在里士满看守所给他送毛毯和烤羊腿的那个警察约翰·菲茨帕特里克的哥哥亚历克斯·菲茨帕特里克（Alex Fitzpatrick）。他对约翰一直心存感激，念念不忘。听到他报的大名"内德·凯利"，亚历克斯·菲茨帕特里克立刻热情地握住了他的手，还提起了他在墨尔本警察局长家里把他弟弟打得落花流水一事。

在亚历克斯·菲茨帕特里克处理古德曼夫人的那两条裙子一事上，他感觉到菲茨帕特里克是一个很有心眼的老警察，还很会哄女人开心，即使受了欺负还得领他的情。从古德曼夫人的家里出来后，菲茨帕特里克对他提起了堆在警察局办公室里的那一份份有关他的通告，然后，安慰他说，对他和丹的事，他不会找什么麻烦的。他紧紧握着菲茨帕特里克的手，舒了一口气。之后，他想回十一里湾去，菲茨帕特里克坚持要他去一道玩玩，跳跳舞。盛情难却之下，他们骑马去了班纳拉，菲茨帕特里克以"警察"的名义敲开了阿拉戴尔大街上靴匠鲁宾逊（Robinson）家的大门，就在那个大门里，他认识了后来成了他女儿的母亲的玛丽·赫恩（Mary Hearn）。

玛丽·赫恩去年才远涉重洋从爱尔兰老家坦姆普莱科隆（Templecrone）村来到这里，在房东鲁宾逊夫人（Mrs. Robinson）手下干活，有一个名为乔治（George）的小婴儿。玛丽皮肤白皙，黑眼睛，一头乌发，身材秀美而且结实，躺在他怀里风情万种，他们幸福地微笑着看着对方，那是他一生中最为幸福的时刻。就在他与玛丽频频约会，谈情说爱的时候，菲茨帕特里克看上了他妹凯特，屡次骑马奔往十一里湾。一天中午，在路上，他与菲茨帕特里克不期而遇，听到菲茨帕特里克夸口在与 14 岁的凯特恋爱，他的感觉，就像当年看到从他母亲爱伦的被窝里露出来的哈里·鲍尔那一双丑陋的大脚时的感受一样，直想吐。看到他皱起的眉头，菲茨帕特里克猛地骑马跑走了，大声骂了他一句"傻瓜！"他没再吱声，高高兴兴地跑到班纳拉去找玛丽去了。

玛丽是个天主教徒，行为举止十分规矩。星期天一大早，他陪着玛丽去了教堂，去做弥撒，多年以来，这是他第一次迈进教堂的大门。神父听了他的种种罪行之后，说他必须结婚成家。于是，他决定遵从神父的指教，尽快完婚。那天下午，他花钱租了一辆很别致的马车，带着心爱的玛丽和她的小宝宝到十一里湾去见了他母亲爱伦。爱伦在棚屋里面接待了他们，烤饼，倒茶，从表面上看，没有什么不周之处，可到了下午，不知为什么，他母亲爱伦和乔治·金就开始给他颜色看了。他们双双直挺挺地坐在椅子里，对玛丽不搭不理，直到玛丽离开，也没瞅玛丽一眼。在回班纳拉的路上，玛丽痛哭流涕。他安慰玛丽说：他们两人结婚，不关他母亲爱伦的事，让爱伦的意见见鬼去吧！

当天晚上，他跑到菲茨帕特里克住的隔板房里，把他与玛丽结婚的消息说给了菲茨帕特里克，菲茨帕特里克当即甩给他一句：傻瓜才和玛丽结婚。之后，便什么也不肯再说了，无论他怎么追问。在他走了之后，菲茨帕特里克给玛丽·赫恩写了一封又臭又长的警告书，主要大意是：他像爱自己的兄弟一样爱护着小凯特的哥哥，谁敢欺骗凯特的哥哥，他定会严惩不贷！第二天早晨，在他还睡着的时候，玛丽发现了这封叠放在牛奶罐提手上的警告书，读了之后，大惊失色，连牛奶都没顾得往屋里送，就提着裙子，跑到了警察局，热泪长流，求菲茨帕特里克不要毁了她的幸福。菲茨帕特里克铁着脸，步步紧逼，要玛丽在他们结婚之前，必须说出实情，把那个被隐瞒的真相——她儿子乔治的生父斯塔基先生（Mr. Stuckey）另外那个名字"乔治·金"说给他。

他几乎被这个可怕的事实打蒙了，看着面色如土的玛丽，感到万箭穿心，愤怒的火焰在他血管里奔腾，恨不得立刻去杀了乔治·金。他完全没料到，菲茨帕特里克事先已做了防备，让鲁宾逊夫人在他喝的柠檬水里加了麻醉药，在他大喊大叫着跳起来往外冲的时候，药劲上来了，发挥了应有的作用，随后，趁着他腿脚不利落之际，菲茨帕特里克给他戴上了手铐。在那之后都发生了什么，他全然不知道了，直到第二天在牢房里醒来，被送上法庭，坐到被告席上。菲茨帕特里克出庭作证，地方法官做了宣判：他因醉酒肇事，扰乱治安，袭击警察，罚款 4 英镑。玛丽·赫恩从银行里取出了她全部存款，加上斯蒂夫·哈特和汤姆·劳埃德身上的一点钱，三个人凑够了罚款，把他领出了牢房。

他跑到十一里湾去找乔治·金算账时，乔治·金已经逃之夭夭。出来迎接他的是乔治·金 3 岁的儿子约翰（John）和 4 岁的女儿爱伦（Ellen）。他母亲打死了乔治·金的那匹马后，面无血色，目光呆滞，坐在篱笆旁边最高一层台阶上，眼睛塌陷，头发花白，像个守灵的老太太。他把出嫁的妹妹玛吉·斯凯林（Maggie Skilling）找了回来，一家人围坐在胡椒树下吃了一顿饭。第二天，他安顿好他母亲，掩埋了乔治·金的那匹死马，回到了玛丽·赫恩那里。

菲茨帕特里克找到玛丽门上，求玛丽在他面前说情，之所以把他抓了起来，是因为担心他一怒之下把乔治·金杀了。玛丽永远忘不了菲茨帕特里克对她的威胁，把菲茨帕特里克推了出去。这时候，他正在十一里湾给他母亲搭建一间临时住所，从早忙到晚，棚屋盖好后，他匆匆赶到玛丽那里，希望玛丽和他一起住到十一里湾去，玛丽无法接受，理由是他母亲恨她。

在那之后的一天夜晚，醉得一塌糊涂的菲茨帕特里克跑到班纳拉玛丽的住处来找他，嘟嘟囔囔说失去了他的友谊后被折腾得实在受不了了，说着说着，从外面游廊上滚了下去，跌倒在了地上。他跑出去把菲茨帕特里克扶了起来，菲茨帕特里克痛哭流涕，一再解释为什么要抓他的理由，直到凌晨 1 点，他们才平静了下来，他原谅了菲茨帕特里克。

玛丽却无论如何都不能原谅穿着一身警察制服的菲茨帕特里克，她恨透了这个虚伪诡诈的家伙。玛丽告诉他，在菲茨帕特里克名下，早就有了两个女人，一个在弗兰克斯顿（Frankston），一个在德洛玛纳（Dromana），但是，他并不打算与她们当中的任何一个结婚；而且，玛丽也不同意他与任何警察交往，尤其是大骗子菲茨帕特里克。可他却认为，凯利家被警察害得够惨了，弗洛德，霍尔，法雷尔，现在他与菲茨帕特里克之间的"友谊"，对他们凯利家有着特别重要的意义，至少，他母亲爱伦经营的小酒馆又开起来了。

然而，在那之后没多久，菲茨帕特里克就把他弟丹出卖了。事情发生在 1877 年，古德曼夫人状告丹·凯利夜入民宅，偷盗和强奸未遂。菲茨帕特里克接案后，让他带着丹去自首，主动把事情说清楚，并许诺说，韦兰警官这次根本就没有想抓丹的意思，一定会放丹一马的。他相信了，丹也同意了大家的意见，前往班纳拉警察局自首，被关进了牢房。结果，开庭后，丹被判“损害财产罪”判刑 3 个月。他与警员亚历克斯・菲茨帕特里克的“友谊”就此终结。

丹出狱后，整个人被折磨得不成样子，他让丹离开了居住区，因为这一段时间以来，政府面临严重的财政危机，发不出工资，警察为了保住饭碗，总在街上随便抓人。他们不得不回到了布拉克湾，还有其他的几个伙伴。三月份的一个晚上，菲茨帕特里克又领了新的任务，将他抓捕归案，罪名是偷了怀蒂先生的马，结果，菲茨帕特里扑了一个空。四个星期后，警察局又以同样的理由发出了对丹・凯利和汤姆・劳埃德的逮捕令。

复活节那天，他们去了十一里湾他母亲爱伦那里，发现菲茨帕特里克也来了，他们一个个赶紧悄悄躲了起来。看到菲茨帕特里克粗鲁地把他妹凯特拉到怀里后，他立刻毫无顾忌地走了过去，喝令菲茨帕特里克把凯特放开，当着大家的面，戳穿了菲茨帕特里克对凯特的欺骗。他母亲爱伦听说了菲茨帕特里克在弗兰克斯顿和一个姑娘订了婚，又在德洛玛纳和另一个姑娘订了婚之后，毫不犹豫举起了铲子朝着菲茨帕特里克的脑袋砸了过去，没想到，那个混蛋竟然拔出了手枪要开枪射击，他手疾眼快，朝着菲茨帕特里克拿枪的那只手腕开了一枪。乔・巴恩出现在门口，举起手中的老枪，把菲茨帕特里克吓得直往后缩，他母亲顺势夺过菲茨帕特里克的手枪，将枪口对准了菲茨帕特里克，菲茨帕特里克哭了起来，发誓，这次他们要是放过他，他绝不会把这事说出去。他母亲不信那一套，眼看就要扣动扳机，他赶紧劝说他母亲把枪放下了，把那冰冷的枪筒抓到了手里，他母亲号啕大哭，他趁机夺过那把沉甸甸的左轮手枪，他母亲冲进了茫茫黑夜，痛苦的哭喊声在周围回荡。他退出了子弹后，把那把左轮手枪还给了菲茨帕特里克。

随后，乔・巴恩给一把鼻涕一把眼泪的菲茨帕特里克倒了一杯酒，他为菲茨帕特里克包扎了伤口，菲茨帕特里克骑马走了，行前，站在门口再三道谢，感谢他救了他的命，说他是他碰到过的最正派的人，等等。谁想到，回到警察局之后，那个混蛋就变卦了，不仅对所发生的一切说了谎，还指控了他们。

他母亲爱伦回到新盖的棚屋里，坐在炉火旁边，等着警察前来抓捕。他想让他母亲逃走，可没有办法说服他母亲。一向以来，不管什么事，他都不会弃他母亲于不顾的。他 10 岁那年，为了让她有肉吃，他杀了默里家的牛犊；他父亲死了后，他和她一块干活儿，12 岁辍学回家，帮她经营小农场，养家糊口；为了让她有金子，他服从她的安排，做了哈里・鲍尔的跟班；家里没吃的，他就去做苦力；没钱花，他就去做贼；当比尔・福罗斯特和乔治・金欺负她时，他想尽办法保护她。

这一次，他母亲说什么也不让他管她。一人做事一人当，他母亲说，她是自作自受，让他们快走，把丹带走，并把丹推到他面前，交代他一定设法照顾好丹，把丹藏起来，千万别把丹毁了。她自己和凯特就待在家里，对付上门的警察。

第二天，他们几个离开了十一里湾，逃进了丛林。警察局根据菲茨帕特里克那个无赖的证词，以杀人未遂罪通缉了他们，留在十一里湾没走的亲人们全都遭了殃，连当时不在场的他妹玛吉・斯凯林和她丈夫也在通缉之列。他母亲爱伦和她刚出生不久的婴儿被送进了比奇沃斯监狱。听说了当年判处他叔叔詹姆斯・凯利死刑的法官雷德蒙・巴里接手了他母亲的案子后，他和丹托人捎话，准备前去自首，放了他母亲爱伦和婴儿，他们可以向雷德蒙・巴里投降。几天后，传给他们的是一条坏消息：不但被巴里一口回绝了，巴里还要好好教训教训他们。事情到了这一步，他发誓，他们一定以牙还牙，针锋相对，进行回击。

因凯特死活不肯见菲茨帕特里克，菲茨帕特里克转而去威胁玛丽·赫恩，勒令玛丽必须协助警方抓住他和丹，不然的话，就让地方法官剥夺17岁的玛丽的抚养权，把小乔治送进孤儿院。菲茨帕特里克离开之后，玛丽慌忙把儿子和行李放到手推车上，迎着刺骨的寒风，在茫茫黑夜中，逃向十一里湾。黎明时分，他妹凯特看到了可怜的玛丽后，把玛丽领进了家门。没过多久，雷德蒙·巴里法官以“试图谋杀亚历山大·菲茨帕特里克罪”判处了他母亲3年有期徒刑，还残酷裁定，不能带着婴儿服刑。

当他母亲爱伦清晨醒来面对新一天的监狱生活时，他带着丹和一帮人藏身在了袋熊岭深山峡谷里，一些本不该知道他们藏身之地的人也进入了袋熊岭的深山老林，艾伦·谢里特、吉米·奎因、“野赖特”等人也陆陆续续进了丛林。那天，“野赖特”马不停蹄地跑了30英里，来告诉他们：警察局已经派出了警官迈克尔·肯尼迪（Michael Kennedy）和一批警察前来缉捕他们了。过了三天，“野赖特”又跑来了，大声叫喊着，告诉他们：肯尼迪借来了一支现代的0.52口径的斯潘瑟连发步枪，正在策划进山抓捕他们的具体方案，想把他们一个个全都杀死。

他和乔·巴恩赶紧去侦察了一下敌情。他们翻身上马，从布拉克湾出发，来到一座小山前，攀上一条长长的山脊，很轻易就发现了包括肯尼迪警官在内的四名警察在桉树湾的行踪，很快就确定了那些警察在林中空地扎营的位置。那天晚上，黑暗中，坐在露营地火堆旁，看着吃着沙丁鱼罐头的年轻同伴们，他清楚意识到了他们大敌当前的危险处境。

接下来，他们开始了与前来捕杀他们的几个警察的周旋。那几个警察还特别带着长长的皮带，准备把他们血肉模糊的尸体带回曼斯菲尔德（Mansfield）去。事发那天，他们刚刚停下来，想坐下来休息一下，抽口烟，不料警察的枪口对准了他们。当时，他们只想夺下那几个警察的枪，根本没想杀死那几个家伙。他首先鸣枪示警，可那几个家伙非要开枪射杀他们，谁也不会去白白送死，事态毫不留情地恶化了，结果，有三个警察被他们杀死了，其中包括一直顽抗到最后的肯尼迪警官。

可怕的一天过去之后，现在，到处都在散发“曼斯菲尔德杀人犯”的通缉令，他们已不能在布拉克湾藏身了，只好离开袋熊岭，冒着倾盆大雨，赶着警察的那几匹马，穿过奥克斯斯莱平原，向波涛汹涌的默里河进发。默里河对岸是新南威尔士殖民地，他们要想逃避警方的追捕，别无他法，只有渡过默里河，到对岸去。一路上，不少的桥面和道路都被洪水淹没了，迫使他们不断折返，重新选择道路，而且，他们当中，丹的情况还有些糟糕，在枪战中，挨了警察一枪，疼痛难忍，骑在马背上摇摇晃晃，他在后面一直保护着丹。

途经乔·巴恩儿时伙伴艾伦·谢里特家的小农庄时，乔放了几枪，艾伦闻声赶来后，带着他们上了一条羊肠小道，一边是悬崖峭壁，一边是深沟大壑，转了几个弯，终于找到了一个秘密山洞，他才松了一口气，把丹扶靠到洞壁上，坐了下来。随后，艾伦用铁烙铁帮助咬紧牙关的丹处理了一下伤口。

他们终于逃到了默里河边。由于洪水泛滥，波涛滚滚的默里河已成一片汪洋，他们多次试图渡过去，整整尝试了三天，一个个精疲力竭，水流湍急，洪水不断暴涨，苍天无眼，不肯为他们留下一条活路，最后，他们不得不重新退回到岸上。他不经意间回了一下头，看到了可怕的一幕。南面距离他们大约半英里远的丛林里走出了一队人马，影影绰绰，为了给死去的警察复仇，警方已出动了大批搜捕他们的警察。

他们心情沉重，看来他们只好返回艾伦·谢里特的那个山洞了。由于强渡默里河失败，乔的心情一直不好，动不动就发火。后来，他们决定返回格雷塔的家，哪怕是在警察眼皮底下，也能弄到吃的和干衣裳，可当他们准备渡过欧文斯河前往格雷塔时，河水已比几天前他们路过时涨高了不少，没法过去了，他们只好回返，强行穿过到处都是警察的湿漉漉的旺加拉塔，落脚在了距离小镇5英里外的瓦比斯山里。这一地区土地贫瘠，乱石丛生，满目荒凉，曾跟随着哈里·鲍尔到处翻山越岭的他，熟悉这一地带的每一条溪谷，每一道沟汊。

两天后，他和丹去看他妹玛吉，摸着黑，悄悄跑到十一里湾，不顾远处秃头群山那边驻扎着的20个警察。看到家里一片荒凉破败的景象，他为母亲盖的棚屋一副被遗弃的狼藉，他痛心极了，默默走到胡椒树下，一旁的丹催促他赶紧离开，而就在这时，他从门缝里意外看到一缕昏暗的灯光，高兴极了，立刻将一切危险置之度外，喊了一声，分外震惊地看到了玛丽·赫恩的身影。丹叹息一声，拔出手枪，只好转身望风去了。

玛丽已经从报纸上知道了他们的事，不知道该相信谁，目光冰冷。他看到，在那些谎话连篇的报纸上，有一篇，他被描述成了一个杀人不眨眼的魔王，还有一篇一派胡言的文章的大字标题是："警察在桉树湾惨遭杀害"，说他们是"爱尔兰疯子"，说他肢解了肯尼迪警官，割成了碎块，在开枪射杀肯尼迪之前，割掉了肯尼迪的耳朵，另外还说，他强迫他的三个同伙，"凯利帮"成员：丹、斯蒂夫和乔，朝警察的尸体开枪，让他们三人和他一起分担罪责。

外面传来了他弟丹的脚步声，丹告诉他，已经看到山那边亮起灯来了，他让丹看到警察下来了再通知他，然后，耐心向玛丽解释了一番：报上说的那个魔王不是他。不到万不得已的时候，他是绝对不会杀人的；如果他不先打死他们，他们就会打死他。玛丽摇了摇头，并说一直在为他祈祷。他不得不为玛丽讲述了一遍那不堪回首的经历：先给玛丽讲了菲茨帕特里克和他妹凯特之间的事，又对玛丽详细描绘了肯尼迪受伤前的所有细节。很快，天要亮了，到了他和玛丽不得不告别的那个让人心痛的时刻；这时，传来了几声猫头鹰的鸣叫，是他弟丹向他发出的信号。

外面下着蒙蒙细雨，一队警察骑着马，跑过他们熟悉的山峦。他弟丹向河湾飞驰而去，他起身去追赶丹，玛丽抓住了他的手。他知道，祝福也好，折磨也罢，玛丽都在深爱着他。然而，他不能离开他那些兄弟们，就像牧人不能离开牛群一样。他不能不顾手下的那些人，也不能不顾监狱里饱受折磨的他母亲爱伦；即使和玛丽待在一起，任凭爱的火焰在心底燃烧时，他也还是会感觉自己愧对了他们的。

他和丹回到了他们的藏身之地——瓦比山脉里的一户贫苦农民家。进门后，他倒头就睡，他太累了，和谁都没有说话。他们藏身之地的这户人家，饱受警察的欺压和牧场主的剥削，在土地被强占去了之后，只好逃进瓦比斯山的丛林，苦度日月，后来做了他师父哈里·鲍尔的朋友，为人十分可靠。他睡得很沉，傍晚醒来，发现桌子上、地板上，到处都是报纸。在被这家小孩子撕破了的那份《墨尔本先驱报》上，他看到了他的大名。一位叫唐纳德·卡梅伦（Donald Cameron）的先生问总理：是否应该对凯利反抗的原因进行调查？那个家伙还指出：有消息说，某些警察的行为导致了这场惨剧。

他为之一振，大受鼓舞，这是很长一段时间以来，最好的一条新闻。那个家伙分明是在告诉人们：因为恶意中伤，警察对他们穷追不舍，他们被逼无奈，才动手杀了那几个警察。他似乎从中看到了一点希望，一旁的乔·巴恩却不为所动，不以为然，警告他：那全是政客的伎俩；还把一份《墨尔本的守护神》报递给了他。在那份报纸的第一版上，他们已经被宣布为在逃犯，任何人在任何地方，都可以当场击毙他们，就像打死一条疯狗一样，绝不留情。

他把那张报纸还给了乔，撕下《墨尔本先驱报》上和卡梅伦有关的那篇文章。乔、丹和斯蒂夫一起看向他，脸绷得紧紧的，等他开口。他告诉他们：他想和那个卡梅伦谈一次话。随后，他又回了一趟十一里湾。玛丽让他把先前讲给她的那些事全部写下来，写出所有的细节实情，然后，再上床睡觉。他的语法很差，能写什么呢？此时此刻，他只想最后再和玛丽睡一次觉。他就像一条发了疯的狗，根本不在乎仅仅400码开外的那些追捕他的像一窝苍蝇似的警察，那些警察全都发誓要为死去的同事报仇。

玛丽让他从警员菲茨帕特里克谎称娶他妹凯特写起。读了他写下的这些东西，玛丽感动得泪水夺眶而出，不时愤怒地叫喊说，不管是谁，只要看了这份材料，就不会像报纸上发表的那些文章那样责怪他了。漫漫长夜，他一直奋笔疾书，终于写完了"警官肯尼迪之死"后，把它们全部交给了玛丽。玛丽收起了原稿，打算抄一份给卡梅伦先生寄去，然后，拿起了他那满是老茧的手放到她肚子上，这时，用不着玛丽说什么，他就知道玛丽已怀上了他的孩子。他高兴极了，不断亲吻玛丽，原来玛丽是为了他的孩子才让他写下这些的。玛丽说：这样一来，等他们的孩子出世，就能知道自己父亲的真实故事——他是谁？经受过多少苦难？很清楚，玛丽说这话时，已断定他会被政府杀害了。但他并未因此沮丧，因为从那一时刻起，那孩子就是他的未来，他的生命。就这样，他写完了那份材料之后，立刻又给卡梅伦先生写了第二封信。

就在他写信的时候，大批警察集结了起来。先前那个抓捕哈里·鲍尔的尼科尔森警长，带着30号人马开进了丛林，眼看就要闯入他们的藏身之地了。发现这一情况后，他们的那位农民朋友狼狈跑了回来，大喊大叫着告诉他们，情况紧急，警察就要过来了，已经到了前面的沼泽地，让他们快跑；又急忙帮他们备好了马鞍。丹、斯蒂夫和乔翻身上马，越过山口，径直跑到十一里湾来找他，当他们推开棚屋门时，里面已空无一人。

原来，他接到了尼科尔森警长带着人马进入了周边一带丛林的消息之后，立即带上他妹玛吉还有玛丽和乔治，一行四人沿着崎岖小路，穿过丛林，逃离了十一里湾。半道上，他把写给卡梅伦先生的那封信寄了出去，之后，又匆匆忙忙赶着马车穿过白草萋萋的平原，跑到金河谷上游，向崇山峻岭进发，小跑着进入巴克兰山嘴附近的一条河谷，在一处矿工遗弃的破烂不堪的茅棚里安顿了下来。

隔天傍晚，他出去放哨，以保家人的安全。他把他的左轮手枪里压满了子弹，再将步枪放在膝盖上。几小时后，河岸的乱石丛中突然传来急促的马蹄声，他连忙抓起步枪，随时准备开火。三位骑手，乔·巴恩、丹·凯利、斯蒂夫·哈特，穿过丛林弯弯曲曲的小路，前后相随，飞驰而来，进入他眼前那片林中空地。他松了一口气，谢天谢地，他们四个政府悬赏的在逃犯，再次汇合到了一起。

当天夜里，躺在茅棚潮湿的地板上，他睡在玛丽身边，翻来覆去，心事重重，难以成眠。一幕幕可怕的景象不断在他脑海里翻腾。乔去放哨，把斯蒂夫换了回来，斯蒂夫鼾声大作，他睡意全无，只好披衣而起，走出了茅棚。他早已习惯了在丛林里度过漫漫长夜，可这个夜晚，他顾虑沉重。他们这个社会，实在是没有公平可言——这个国家就是一座由狱吏看守着的大监狱。

他来到乱石密布的河床，找到正在放哨的乔。乔正在承受着腹泻的折磨，肠胃折腾得厉害，不断痉挛，他默默忍受着病痛的煎熬，不像哈里·鲍尔，有了毛病总是大声哼哼，骂骂咧咧，怨天尤人。乔对他说，很想抽口大麻，那样病就好了。他没有大麻，但他有好消息，他告诉乔，他已经把那封信寄给卡梅伦先生了。乔忍着肚子一阵阵的痉挛，没有给他多少认同，还告诫说，一个政客是不会替他们这种人抗辩的，在那些人的眼里，他们就是害虫，他很聪明，只可惜，不了解政界，不知道政界有多肮脏卑劣。

第二天，乔的朋友艾伦·谢里特骑马过来了，给乔带来了大麻，给他们送来了腌肉和蛋还有消息。他不喜欢艾伦，不喜欢艾伦总凑在乔耳根挤眉弄眼，嘀嘀咕咕的样子。艾伦刚一到他们的宿营地，立刻把乔领到河边，两人拿着烟斗，吸食了一通大麻。回来之后，艾伦嘴角上挂着一丝自鸣得意的微笑。从艾伦带来的消息里，他们了解到：现在，全副武装的警察和当局位高权重的警官全都投入了对“凯利帮”的搜捕行动当中，正在不分昼夜地搜寻他们，沿着辽阔平原的每一条道路，一个茅棚一个茅棚地搜查。

艾伦还让他看了一份皱巴巴的《墨尔本的守护神》报，印在报纸醒目位置上的他的大名。乔的腹泻止住了，肚子已经不疼了，艾伦让乔照看锅里面煮着的腌肉，把他叫到外面的铁树下，对他说，他应当放乔走，乔没杀人，不应当承担那件事的后果。他向艾伦担保，他从未拦过乔，乔是自由的，什么时候想走都没问题。说完，他转身要回茅棚，艾伦让他等等，交给了他一张纸条。

纸条是他母亲爱伦捎来的，上面歪歪扭扭写着他的名字“奈德·凯利”。显而易见，那字条上所包含的是一个母亲对儿子的思念与期盼。艾伦回茅棚后，他在湿漉漉的河谷空地上久久思索：警察执政当局对他母亲是不公的。他写给卡梅伦先生的信早已寄出去了，始终没有回音。那么，就让上帝作证吧。他发誓，卡梅伦先生要是真的像乔·巴恩告诫他的那样，是一个卑劣的政客，而且，他们不尽快释放他母亲，他就要炸开那监狱的围墙，把他母亲救出来。

艾伦走了，把危难留给了他。乔吸过大麻后，沉陷在了无益的梦幻中。他交代丹他们多提高警惕，保护乔和玛丽他们的安全，借口出去找点吃的，就上马离开了宿营地。其实，真正的原因是，他想为他的誓言找出一个对应之策来。他骑在马背上，漫无目的，思绪一片混乱，不知该去哪儿，该做什么，下一步该怎么办，真希望能有人指点他。他想到了他父亲，想到了他师父哈里·鲍尔。他沿着巴克兰山嘴一直向前，来到山崖上，勒住了马的缰绳。悬崖那边是辽远广阔的大海，水势腾涌，滔滔波浪汹涌地奔向远方，一直奔涌到科布勃山。在这滚滚波涛、动荡不安的景观中，他终于清楚了一个事实：丛林保护不了任何人。真正保护哈里免遭危险的是人；最终出卖哈里的也是人。现在，政府悬赏捉拿他们的赏金在报纸上广为宣传，“凯利帮”价值 8000 英镑。他想，如果他聚敛 8000 英镑，然后把钱分发给这一地区的穷人，他们的人身安全就有保证了。

他兴冲冲返回宿营地，把他的想法说给了大家。乔·巴恩身上鸦片的药效已经失去了作用力，整个人看上又一副病病歪歪的样子了，冲他叫喊起来，说：他这是疯了，不可能把他母亲从墨尔本监狱里救出来的，即使抢两家银行，即使有 10000 英镑，也办不到。他们杀了人，让警方流了血，现在唯一的出路就是逃到美国的加利福尼亚去。自己不想再杀人了，做的噩梦已经够多了，就让他母亲在牢房里服完刑期算了，时间并不太长。他们都坐过牢，也没死在里面。他没再多说什么，不想和乔争辩。他不但对他母亲负有责任，对乔也同样负有责任。问题在于，他不想等死。

1878 年 12 月 11 日，《黎明新闻》报上点着他的名“奈德·凯利”，报道了他们在“忠诚湾牧场”的抢劫案以及在“尤拉银行”的抢劫案；最后，郑重提到：罪犯们胆大妄为，轻易得手。参与追捕这帮罪犯的警察有 100 人，始终未果，他们的无能，令广大民众实在绝望。

随着他的行动计划一步一步实现，乔脸上的笑容日益多了起来。“凯利帮”的名声越来越响了。政府里满是一些高官显贵和极负盛名的英才，却没有旗鼓相当的头脑去抓获一帮臭名昭著、目不识丁的匪徒，实在是一种令人分外难堪的局面，政府无法对此做出任何解释。警方站了出来，阐明了其中的缘由：“凯利帮”大受欢迎，颇得众望，现在整个东北地区，有成千上万的“凯利帮”的同情者，所以很难抓获他们。其实，那时候，尽管有一个极大的赞助群体提供给他们吃喝和藏身之地，他依然是以“曼斯菲尔德凶杀案首犯”的恶名为人所知，根本谈不上什么广受欢迎。

警方随后采取了行动，逮捕了 21 人，没有任何其他指控，仅仅因为他们认识他——奈德·凯利，或与他有过这样那样的关系，就被无缘无故关进了监狱。其中最倒霉的一个，是自从“桉树湾事件”之后就再不和他有任何往来了，那个人甚至捎话说，他成了杀人凶手，再也不愿看到他那张脸了。可那个人还是被戴上了手铐，押上了火车，被拉到了比奇沃斯监狱。这件事太卑鄙了，整个社会被权杖统治着，和过去相比，公道并不比以前多见。

依然没有任何卡梅伦先生的消息。正值收获季节，“凯利帮”变成了被抓走的那 21 个受他们牵连入狱的人家里的劳动力，经常去帮助那些人家干活。在随后的两个月里，在整个东北地区，他们都很受欢迎，有了不少可供藏身之地。

他密切关注着报纸上刊登的每一条消息。玛丽把任何一点有关他的报道，都剪贴到了现在一定在他们女儿手里的那本剪贴簿上。玛丽本是一个疾恶如仇的女子，如今，已然成了“凯利帮”坚定不移的支持者，甚至比他那几位勇敢的妹妹还大胆。他本想从尤拉银行搞到 10000 英镑，实际上搞到的远不足 3000 英镑，不过，也已经挺可观了，可以使他们有能力高高兴兴去帮助那些可怜的穷苦人排忧解难了。玛丽冒着极大的风险，帮他们把那笔钱收藏了起来，需要分给穷人时，毫不犹豫地取出来，根据每家每户的不同情况，把钱装到信封里，有的给几张钞票，有的给几枚硬币，不多不少，根据每个人的需要。

他等待着国会开会讨论他们的案情，还要一面帮忙收割，一面提防抓捕他们的警察，不断地变换藏身之地，从一个地方迁移到另一个地方。玛丽始终和“凯利帮”保持着联系，还有玛吉和凯特，几个女人机智多谋，警察无法跟踪她们。

尤拉银行抢劫案三星期后，他从玛丽带来的报纸上，知道了卡梅伦先生把他的信拿给编辑们看了，没有一家报纸刊登他的信的原文，反而用无礼的偏见评论他的书写和文字。《墨尔本的守护神》报蔑侮他是一个“能干的文盲”，其他的报纸讽笑他“满身病态的自负”。他被气坏了，盛怒之下，玛丽的话（没多大关系，只要他们的孩子将来能看到他写的信就行了）也没能平息他满腔怒火。他要奋起反击，打垮如此欺侮他们的那些人，他要去抢劫印刷所，自己印刷自己的东西。

玛丽劝他：没必要再去抢劫了，他需要的全都已经得到了；其实，现在，他母亲爱伦最想得到的，是儿子的生命，是他平安无事，逃得越远越好；他母亲已经被判了刑，不会死在监狱的；可要是他继续留在当地，必定会被杀死。他听不进去，继续坚持己见，一再说，他要的是正义，也不能扔下爱伦不管，做一个自私自利的胆小鬼。他要使用武力营救爱伦。玛丽哭了，她不愿再这样下去了，不愿眼巴巴地看着他被那些人处死，希望他和她一起离开这里，到美国去，等到他母亲出狱后，再把他母亲接过去，由她好好伺候。他无法说服玛丽，只好强调：那些人抓不住他，他写的那些信迟早会被登出来的，澳大利亚人是不会容忍一个没有犯法的母亲被关进监狱的。

没有人会登你的信！玛丽大声叫喊。在他表示他自己登的时候，玛丽已经转身向山下走去了，头也不回地走了，眨眼间便消失了。他大喊玛丽的名字，没有回答，他的喊声被扑面而来的风吞没了。一个星期之后，他才知道玛丽真的是心灰意冷彻底抛弃了他，离他而去。他心里难受极了，苦不堪言。他依然深深爱着玛丽，可他不能离开澳大利亚，只能咬牙坚持，为了监狱里的他母亲爱伦和被关押的所有乡亲的自由。

他写了一封 58 页的长信，给政府，以引起注意，他要让大家知道，在他早年的生活中，警察对他家人的迫害与虐待的历史。因为一直没有他的消息，玛丽十分痛苦，离开澳大利亚之前，给他写了一封信；当他看到那封信的时候，玛丽已经在航往旧金山（San Francisco）的路上了。

为了继续他们的资金储备，1879 年 2 月初的一天，他们“凯利帮”骑马跑到了杰里尔德里（Jerilderie）镇，从新南威尔士银行（Bank of New South Wales）的金库里又弄到了一笔现金。行动期间，他把写给政府的那封 58 页长的信用腰带捆在了身上，纵然他被枪打死了，他的尸体也会让人们明白他要说些什么。

那个周末，杰里尔德里镇始终被掌控在他们手中。关于“凯利帮”这一次明火执仗的抢劫，报纸上做了多种各不相同的报道，不过众口一词的是，全都认为他们出色的行动计划赛过一场军事战役。然而，抢劫银行，并不是他跑到杰里尔德里镇来的主要目的，他到这地方来的主要意图，是要让《杰里尔德里报》的主编吉尔先生（Mr. Gill）把他的那封 58 页的长信排印出来，印上 500 份。等到事情真相被披露后，他母亲就会从监狱中被释放出来，与她年仅 9 个月的婴孩相聚，然后，他就去找玛丽·赫恩，再也不让玛丽离开他了。为了玛丽，他甘愿赴汤蹈火，赴地狱而死。

两个星期后，在乔的陪同下，他前去杰里尔德里镇收取印好的那 500 份长信，没想到《杰里尔德里报》的主编夫妇非但没有把他的那封长信排印出来，还把它送到警察局去了。那位吉尔夫人（Mrs. Gill）振振有词地对他说：那封信已经去了它该去的地方，已经到了政府当局手里，那不正是他所希望的吗？他看着那位夫人，沮丧得一句话也说不出来。

那天夜里，在“凯利帮”的宿营地，雨点稀稀拉拉，其他的同伴全都裹着大衣躺下了，他坐在烂泥中，拿起了笔，又开始写他的信。就这样，在那些日子里，在被警察当局穷追的当口，利用间隙，他试图再一次写出他那封被吉尔夫妇送到警察局的 58 页的长信。他撕了又写，写了又撕，脑子里一片混乱，写出来的东西也一塌糊涂，实在无法重复写出他先前完成的那封长信。结果，他那封本打算在杰里尔德里报社排印的长信，永远不可复得了。

在这时，他们当下的处境，愈发艰危险恶了。警官和侦探们对他们日日紧追不舍，还有一些从昆士兰（Queensland）找来的黑人跟踪者，简直是要人命的恶魔，在找到他们的踪迹之前，已虐杀了不少人了。加上一直在下的冷雨，整天没完没了，他们只能白天睡觉，晚上骑马行动；与此同时，在不得不全力抵御那些密探和通风报信者的过程中，他们还要忍受着自身的闹肚子、发高烧等种种身体不适的痛苦。

他彻底心灰意冷了，不想再给政府写什么信了，不过却始终没有放弃给他女儿写信，直到女儿出生。他终于得到了女儿出生的消息，从他妹凯特拿来给他看的玛丽发来的电报上。他兴奋得像一头公牛似的，欢快地大喊大叫，站在马背上，纵马疾驰。他的同伴们从凯特口里知道了他当上爸爸的消息后，一个个全都在马背上表演起绝技，表演起他们的马上功夫。在那充满艰难和危险的时刻，周围的群山和村镇布满了警察，他们不管不顾，尽情地为他女儿的出生载歌载舞。乔·巴恩悦耳的男中音在牧场上回荡；斯蒂夫·哈特敏捷而潇洒地跳起了快步舞；丹·凯利大口大口喝起了酒，把侄女的名字写到手上，赌咒发誓要扬帆远航，把侄女接回故乡。他女儿出生的消息，甚至惊动了丛林里的居民，从早到晚，沿着丛林小路来向他祝贺的人络绎不绝。

那人群里显然有密探。两天后，警察再一次对“凯利帮”的后援者进行了愤怒的报复，抓捕了他的老朋友汤姆·劳埃德。报纸上把汤姆·劳埃德称为他的“忠实的谋士”。为了这莫须有的罪名，汤姆·劳埃德被关进了比奇沃斯监狱。他们不得不离开了先前的宿营地，转移他方。在艾伦·谢里特的帮助下，他们转移到博贡高原上牧羊人住过的小棚屋里。艾伦陪着他们住了两个晚上。他依然不喜欢艾伦，尽管艾伦恭维他，说他有大将之风，应该成为殖民地的统治者，等等。

不久，下了一场暴风雪。在他们各式各样的朋友不能及时供应他们食物的情况下，他们不得不吃掉了一匹心爱的马。好在，在这段时间里，他们小心翼翼，没有引起外界的注意。在那些暴风雪的冬日里，他们无所事事，他受到一张画报的启发，忽然联想到他们应该打造一副盔甲，武装起来。就在这时，外出去弄大麻的乔回来了，带来了坏消息：他已经被出卖了，却蒙在鼓里。奸细是艾伦。乔神色沮丧，分外痛苦。艾伦和乔的关系太深了，为了让警察放乔一条生路，艾伦想用他的命做交换，明天就带警察来抓他。

艾伦·谢里特领着警察在博贡高原的小棚屋里扑了个空。乔成了他们“凯利帮”的死党，与他们一道儿回到了格雷塔，还盟誓说忠诚到死。在家乡十一里湾，在他母亲爱伦的小农场，他让丹和斯蒂夫去四下里收集铁料农具，随后，开始自制盔甲。他还让他妹玛吉和凯特帮他招募了一批新的成员，带到了“凯利帮”的秘密据点。在 1880 年整个的春天和夏天，在东北地区寂静的沟谷，相当一部分农夫都悄悄打造着他们的盔甲，把打制好的盔甲埋到土里，等待使用的那一天。

他只想做一个平民百姓，只想求一个公道，但那些杂种们剥夺了他说话的权利，不让他发言。在 1880 年的秋天，他不得不起草了一份通告，并署上了他的大名“爱德华·凯利”。他在上面表示：要严惩为了得到赏金这种染血的钱财而告密的人，那些人将性命不保；希望富人协会的人抽出他们的资金分发给格雷塔地区的孤儿寡母和穷人；提醒告诫那些不愿资助穷人的人或不想为居住在维多利亚州努力的人，永远离开！最后，那通告被誊抄了 60 份，玛吉和凯特把它们分别寄给了周边各家农户，其中包括艾伦·谢里特。

在寄给艾伦·谢里特的通告的背面，乔·巴恩加写了一堆文字，大概之意是要艾伦尽快离开这里，不然，他们就要杀死他。在乔看来，艾伦是个明白人，接到那通告之后，一定会立即离开的。几个星期后，丹探听到了艾伦的下落。结果，在一个冬日的月夜，矫健的骑手乔和丹寻上门去杀死了和警察们共处一室的艾伦。

为“凯利帮”枪杀了警方的奸细艾伦·谢里特，墨尔本警察局长斯坦迪什命令开来了一辆警察专列，并传唤了抓捕哈里·鲍尔的功臣黑人跟踪者和海尔（Hare）与尼科尔森警官，竭尽全力前来抓捕“凯利帮”。殊不知，他们已做好了一切准备。他的情报非常灵通，正在等着对方上钩，早已命令轨道工在山口拐弯处卸下了两根铁轨，只等着那辆专列开过来，把那些警察全部送上西天。

战斗打响的前夜，他和伙伴们住进了格伦罗旺铁路旁的客栈，关押了一批人质，其中包括格雷塔的小学校长托马斯·克诺（Thomas Curnow）。不需介绍，无论在任何地方，他都能认出这个走起路来一瘸一拐的克诺。当年，他母亲爱伦衣衫破旧，站在那个摆着一本正经的面孔、盛气凌人的克诺校长面前，请求这家伙让他接受教育。眼下的克诺，看上去依然一副傲慢的样子，他真想给这家伙一个耳光，而不是让丹把这家伙带进了客栈的房间。

之后，他回到他的住处，又马不停蹄地写了起来，记录着所发生的事情。不一会儿，克诺校长敲开了他的房门，看着他摊在桌子上的纸稿，推测说他正在书写一段历史，当即表示已经读过他的一些故事，却从未听说过他还是一个学者，然后，恳请读一读他写的历史。他回答克诺，只是随意写写，很粗杂，不成样子。克诺继续恳请，说：这才是历史，历史总有点粗杂，只有这样，人们才认为是真实的。他递给克诺一张写好的文稿，克诺读完之后，大大赞许了一番：好得简直不得了，令人备感刺激，而且，吸引人，要是再做一点点改进，就更好了；他愿意帮忙做做勘校，用不了多少时间。

这时，乔参与了进来，他让克诺出去了。乔从一开始就很讨厌托马斯·克诺校长，很怀疑这位校长此举的一番用心，提醒他：不要忘了在杰里尔德里他把那封长信交给了吉尔那个畜生后害得大家差点儿没命；之后，乔又担心地提醒了一句：到现在火车专列还没开过来，让人觉得有什么地方不大对劲。就在这时，克诺校长又来敲他的门了，给他说了一个重要情报，提供了人质当中有一个人身上持有枪支的信息。他认为克诺校长的这一举动，足以证明了对他们的友善，多疑而心肠冷硬的乔搜出了那把手枪之后，依然不领克诺校长的情。

之后，在客栈的酒吧里，在大家痛饮、唱歌、跳舞的当口，他命令克诺校长给大家唱个歌，瘸腿的克诺推说不会唱歌，但可用朗诵来代替，接着从自己的爱书上撕下了两页，用深沉的声音朗诵了起来。他们不清楚瘸子克诺所朗诵的诗歌的全部意思，却听出了：这个有学问的人在拿他们和国王做比较，小伙子们是真正的、高尚的澳大利亚人！克诺朗诵完之后，酒吧里的人群一通叫好欢呼，把矮小的克诺抛到了空中。他把克诺接住之后，放到了吧台上。克诺把那两页纸递给了他，说是战斗的纪念品；他把他的那些文稿递给了克诺。克诺对他说：关于你的历史，无法在这里勘校，必须拿回家去干，需要用家里有关的书作为参考。（奈德·凯利给他女儿的遗书至此便终止）

之后发生的事，据有关报刊记载：成功蒙骗了爱德华·凯利（Edward Kelly）的托马斯·克诺校长逃出来后，抱着那一打手稿，一瘸一拐爬上铁道的高高路基，让那辆火车专列在出事之前停了下来。战斗随之打响了。警察开始屠杀格伦罗旺客栈里的所有的人——不论男女，不论儿童还是在逃犯。激烈的战斗，从夜晚一直持续到黎明。

乔·巴恩被打死了。临近破晓时分，被打断左胳膊的爱德华·凯利踉踉跄跄出了客栈后门，艰难地爬上马背，想把警察的火力吸引到自己身上。他被击中了，他们像一群野狗一样扑到他身上，撕扯他，踢打他，狂叫着要击毙他。在他们的长靴砰然踩踏到他胸前的披甲上时，他看见凯利家的一员——他的小弟弟丹就站在走廊下，不肯逃去！

格伦罗旺客栈成了废墟。星期一下午，凯利家的成员，爱德华·凯利的妹妹凯特和玛吉，为了夺得斯蒂夫·哈特和丹·凯利两具并排躺在废墟中的已经烧焦的尸体，和警察进行了英勇的斗争。随后，报纸上报道说：当斯蒂夫·哈特和丹·凯利的朋友们抬出他们烧焦了的尸体时，从桉树林里涌出了大批人群，脸上的悲伤，令人难忘。

另外，据有关的资料记载：爱德华·凯利被关押到墨尔本监狱死囚牢房后，不久被执行了死刑。走上绞刑台时，他没有剃头，也没有刮脸，身上穿着狱服，泰然自若，看上去很镇定。当他踏上绞刑台的踏板时，低声说了一句："生活就是这样。"随后，一切便都结束了。爱德华·凯利生前曾请求将他母亲从墨尔本监狱释放出来，还要求把他的遗体移交出去，埋葬在神圣的墓地。这两个要求一个都没得到允准。他的遗体被埋葬在了监狱的坟场。

作者生平与创作生涯

具体内容参见第 20 届作品《奥斯卡和露辛达》第 436—438 页。

2002年 | 第34届

036 少年Pi的奇幻漂流［加拿大］扬·马特尔
Life of Pi by Yann Martel

◎ 原著共 3 章，100 节，亦真亦假地讲述“我”与一只成年孟加拉虎理查德·帕克（Richard Parker）在太平洋上历时 227 天的生存历险。“我”，即印度少年派西尼·莫里特·帕特尔（Piscine Molitor Patel）。本文在下面的讲述用第三人称。

英文原版封面

扬·马特尔
（Yann Martel，1963—　）

扬·马特尔是加拿大文坛上一位颇富想象力的作家。

有评论认为，其作品简洁流畅，自成风格，内含生动的哲学思考，重视对人生和人的生命的思考。

《少年 Pi 的奇幻漂流》（Life of Pi）小说甫一面世，立刻深受欢迎，并受到评论界的广泛关注和赞誉，因其**大胆创新，用创造力对信仰进行了探究**，问鼎了第 34 届英语文学界最有影响力的布克奖；还获得了加拿大（魁北克地区）作家联盟的休·麦克伦南小说奖；加拿大优质平装书俱乐部的最佳小说新人奖；南非的波克奖等；很快又在许多国家出版了译本。2013 年，由李安执导的同名电影获得第 85 届奥斯卡最佳导演、最佳视觉效果等四项奖项。

大海上的苦难经历，留给派（Pi）的是悲伤和沮丧。后来，认真的学习生活和虔诚的宗教实践，终于慢慢将他带回了生活现实。他在加拿大上了一年高中，随后进了多伦多大学，拿到了宗教学和动物学双学位。在多伦多大学主校区的圣·迈克尔学院学习期间，他是一个非常好的学生，连续四年都是优等生，获得了动物学系颁发的各项学生奖，而且差一点就获得了加拿大总督学术奖章——多伦多大学向学生颁发的最高荣誉，很多杰出的加拿大人都接受过这个奖章。

直到工作之后，派都为自己没能获得那个学术奖章懊恼，心里常常隐隐不痛快。他热爱加拿大，同时十分思念印度，还思念着一直萦绕在心头的理查德·帕克。他忘不了帕克，总在梦里看见帕克，虽然往往是噩梦，但惊骇中总带着爱的气息。

派第一次到加拿大的印度餐馆去吃饭，因为用手抓饭的习惯，受到了服务员的奚落：刚从船上下来吧？他的脸色陡变，手指刚才还是为他的嘴巴品味美食服务的用具，在那挑剔的服务员的注视之下，一下子成了肮脏的东西，就像被当场抓住的罪犯似的，他不敢再舔他的手指，负罪般地用餐巾擦了擦他双手，拿起了以前几乎没有用过的刀叉，双手发抖，盘中的小扁豆随之失去了味道。

派的名字，来源于一个著名的游泳池。他的父母从来不喜欢水，他是跟父亲的一个早期的商业伙伴学的游泳，那人成了他家的朋友后，派管他叫玛玛吉（Mamaji）。玛玛吉年轻时是一个游泳健将，是整个印度南部的冠军。他曾试图教派的父母学游泳，派的父母最多在水里泡一泡，派的哥哥拉维（Ravi）对游泳也不感兴趣，直到派出生之后，家里才有了一个愿意追随玛玛吉的人。在派到了能够游泳的年龄（7 岁）那一天，玛玛吉把他带到了海滩上，他一直忠实于玛玛吉，并爱上了游泳，爱上了在水中运动时的那一划一划的动作。

派的父亲桑托斯·帕特尔先生（Mr. Santosh Patel）不愿意真的下水游泳，却喜欢同玛玛吉谈论游泳，对游泳充满了幻想。20 世纪 30 年代早期，玛玛吉曾在巴黎学习过两年，在玛玛吉眼里，只有派西尼·莫里特（Piscine Molitor）游泳池才是整个文明世界水上运动场的顶级，才是巴黎水上运动的王冠，没有哪个游泳池能与之相媲美。于是，在拉维出生三年之后，在派来到他们这个家之后，派便有了一个不同寻常的名字——派西尼·莫里特·帕特尔。

派早年生活在印度东南沿海地区的庞迪切瑞（Pondicherry）。1954 年 11 月 1 日庞迪切瑞加入了印度联邦后，新的动物园开始依照最优质的（现代的、符合生物学的）理念原则设计并运营，那是一个很大的动物园，占地无数英亩，需要乘坐火车在其中探险。在搬到庞迪切瑞之前，派的父亲在海港城市马德拉斯（Madras）经营一家大宾馆，由于对动物的持久兴趣，使他转向了动物园经营，成了“庞迪切瑞动物园”的创办人、老板和经营者，并雇用了53名员工，这其中，发生了不少快乐和令人头疼的事。

在派看来，“庞迪切瑞动物园”简直就是地球上的天堂。在动物园里的成长过程，是他最喜爱回忆的往事。他在那里过着王子一般的生活，从中了解到了生活在其中的那些动物们的习惯性仪式。至今，他都记得狮子的吼叫像闹钟一样准时，早餐总被长毛猴群的叫喊打断，歌声是鸟儿们每日的功课。每一种动物，都令他兴奋不已，他花费了很多时间默默注目那些恩惠人类行星的彬彬有礼且五花八门的生命形式。

派听到过的有关动物园的一些胡说八道，同他听到过的关于上帝或宗教的胡诌一样多。那些本意善良但持有误解的人认为，动物在野外生存更“快乐”，因为可以过“自由”的生活。在他看来，这其实很荒谬。生活在野生环境中的动物，所过的是一种不得不如此的强制性生活，无情的严格等级，步步危机，经常挨饥受饿，还必须随时捍卫自己的领域，永远忍受躯体上附带的一辈子都赶不走的寄生虫。住进动物园的动物，就像人类住进了房子一样，而且，远离了寄生虫和敌人，有充足的食物，环境清洁，随意享有医生的护理，有人照料。

动物的地盘意识是很强的。一座合理的动物园，就相当于动物们的窝舍，当它们发现人类为自己搭建的窝舍中有自己需要的地方：一个瞭望台，一个休息场地，可以进食和饮水，可以游泳，可以梳毛，等等，不必捕猎就有充足的口粮，这时，它们就会像在野生环境中占据一块固定的地盘一样，用自己物种所常用的方式，或通过气味、粪便、尿液等方式，将这一场地划归己有；而且，一旦在其中安顿下来，便在这一区域自由活动，并在这一领域受到侵犯时，竭尽全力保卫它。

有人认为动物园是动物的牢狱，动物们在动物园里没有自由，一旦栅门打开，动物们一定会非常高兴地返回野生世界。可事情并非如此。野生环境当中的动物，无论是在空间和时间上，还是在个体关系领域，都是不自由的，完全受着大自然的支配。优质的动物园，一定是依照着动物们各自的需求和特色给予适当的照料，为动物们提供了比野生环境更舒适安全的生存场所，动物们过的是比较奢侈安逸的生活，所以，那些动物很难生出重返野生状态的意愿。

不过，话说回来，派并不是在帮动物园说话，只要大家喜欢，尽管把动物园都关闭好了。他很清楚，现代人对动物园的好感愈来愈少了，宗教同它一样，也面临着相同的困境；有关自由的某些错误观念，不仅殃及了动物园，也损害了宗教。当今，“庞迪切瑞动物园”早已不复存在了。它的兽穴已经被填满，笼子已经被拆毁。现在，派要想在其中探险，只能进入它唯一的剩存之地——他的记忆。

派12岁时，有一天早晨，因名字中“派西尼”的发音与英文的“小便”谐音，受到了同学们的嘲弄，很受刺激。在那之后，同学们总是故意用“小便”的谐音来取笑他，甚至就连老师也不例外了，弄得他分外懊恼。离开圣约瑟学校之后，他去了小修院，庞迪切瑞最好的一所私立英文中学，为了摆脱众人的嘲弄，改变教师和同学们对“派西尼”谐音的兴趣，在开学第一天的第一堂课上，轮到他报名时，他在黑板上将“派西尼”缩写成了“派”，另外还加上了“$\pi=3.14$”的注解，终于将自己从“小便”的谐音中解救了出来；之后，对每一位老师，他反复上演他的这一绝技，为自己找到了避难所。

派很幸运，在他年轻时，遇到了几个好老师，启发了他蒙昧无知的头脑。他最喜爱的塞提斯·库马尔先生（Mr. Satish Kumar），是他在小修院时的生物学教师，一个活跃的共产主义者，是他遇到的第一个自我标榜是无神论者的人；派发现这一点，不是在教室里，而是在动物园里。

库马尔先生是“庞迪切瑞动物园”的常客，每一张标签，以及标签上描述性的简介，他都阅读，每一只他所看见的动物，他都给予赞许。对他来说，每一只动物，都是逻辑和力学的胜利，整个大自然就是对科学的绝妙解释。库马尔先生不相信宗教，认为宗教是黑暗的。他说，对现实做科学以外的任何其他解释，是毫无根据的，相信人们感觉经验以外的任何事，都是没有正当理由的；宗教是迷信的瞎扯，上帝并不存在。在过去，派从未听到过这样的一番言论。

就是由于库马尔先生，派在多伦多大学学习了动物学。派和库马尔先生有一种亲密关系。从库马尔先生那里，他头一次知道了无神论者也是自己的兄弟姐妹。事实上，无神论者并非无信仰，只不过是有着不同的信仰的人，他们自身的信仰也很强烈。让派受不了的，是那种不可知论者，人必须向前行，选择怀疑来作为一种人生的哲学，就近于选择静止来作为一种交通的工具。

在动物园这一行里，人们通常会说最危险的动物就是人类。笼统地说，应当指的是人类的掠夺天性没有节制，使整个星球都成了猎物。具体地说，是有那么一些人，恶意残害动物的生命，动物园里因被喂了异物而死亡的那些动物的讣闻就是有力的佐证，其中包括：大猩猩、野牛、鹳、三趾鸵鸟、鸵鸟、海豹、海狮、大型猫科动物、熊、骆驼、大象、猴子和几乎所有种类的鹿、反刍动物和鸣禽。文献里有许多关于动物园里的动物被虐待的报告，甚至还有一些稀奇古怪的下流行为：自慰者在猴子、矮种马和小鸟面前汗流不止；一反常态的修道士割下了一条蛇的头；一个精神错乱的人往一头大角鹿的嘴里小便。

在派的父亲经营管理的“庞迪切瑞动物园”里，动物们是相对幸运的，没有遭遇到虐待狂，也没有遭遇到欧洲和美国动物园里的那些嗜杀者。不过，尽管如此，管理员们依然会遇到不少麻烦事。动物就是动物，在本质上和事实上都与人迥然不同；派两次得到这一教训：一次来自父亲，一次来自理查德·帕克。

一个星期天的早晨，派正在静静地独自玩耍时，父亲大叫起来，把他和哥哥拉维喊了过去，要带拉维和他去上重要的一课。一向沉着镇静的母亲吉塔（Gita）打断了他们的父亲，显得有些不安，怀疑是否有这个必要，并向他们的父亲强调：派西尼才 8 岁。他们的父亲以毋庸置疑的口吻回答说：不仅有这个必要，在关键时刻，还很可能救孩子们的命。随后，他们兄弟二人便随着父亲出发了。

父亲把他们带进了动物园。时间尚早，动物园尚未对公众开放。他们被带到了大型猫科动物——老虎、狮子和豹子的生活区，饲养员巴布（Babu）正在那里等候着他们。巴布打开了通向猫科动物窝舍的门，那窝舍位于一座周围有壕沟的小岛中心，他们走了过去，里面是一个巨大的且微暗的水泥洞窟，周围全是用很粗的绿色铁栏杆均分隔开的高大笼子，那些大笼子，一个个全都空荡荡的，其中只有一个除外，里面关锁着一只笨拙的孟加拉虎，孟加拉虎中的最年长者——体重 550 磅的玛希哈（Mahisha）。

父亲想要让他们看看老虎有多么危险，想让他们知道，无论什么情况下，都不要碰摸老虎，想要让他们一辈子记住这堂课。随后，父亲转向了巴布，示意巴布可以开始了。巴布立即着手为他们示范了用一只活山羊喂食那只孟加拉虎的经过。

一般情况下，为了模拟野生环境，通常，一个星期里有一天，不给大型猫科动物喂食。在事情过后，拉维和派了解到，那一次，父亲下令饿了玛希哈三天。当时，直立起来吼叫着的玛希哈极度兴奋，山羊的跳跃也高得惊人，派几乎记不清自己是在看见血淋淋的场景之前还是之后转身扑进了母亲怀里——仅仅是听到的那声音，就足以把素食的他吓得六神无主了。母亲张开了双臂，搂抱着拉维和他匆匆离开了那里。

随后，父亲又引导着他们走向了狮子和豹子，在笼子前为他们讲解：曾经有一个澳大利亚狂人，是空手道的黑带高手，想验证自己比狮子厉害，结果失败了，而且是惨败。第二天早晨，饲养员发现了他仅存一半的尸首。接着，父亲又把他们领到喜马拉雅熊和懒熊、河马、鬣狗、猩猩、鸵鸟、梅花鹿、阿拉伯骆驼、黑天鹅、小鸟、大象的定居点，为他们一一讲解每一种动物对人的潜在的危险和伤害。

在父亲的那“重要的一课”结束之后，他和哥哥拉维绷着脸，冷落了父亲有一个星期，他们的母亲更是如此。但在那之后，他对人与动物之间的关系却有了清醒的认识。

让动物习惯于人的接近，是动物园管理技术和管理科学的关键所在，其目的在于缩短动物被惊动的距离，也就是动物希望它所察觉到的敌人与之保持的最低限度的距离。事实上，每一个动物都有自己固定的活动领域，不喜欢人跨过它们的那道界限，对意外的事物、对环境中最微小的变化，它们都会做出紧张的反应。不同的动物有不同的安全距离，并且通过不同的方式来判断这一距离。

人们缩小惊动动物距离的关键，就是人们对动物的了解。人们为动物所提供的食物和栖息处，人们对动物承担的保护措施。在这一切发挥了作用之后，野生动物就不再紧张冲动，不仅安于原位不动，而且，会显现出健壮、长寿、进食平稳、守规矩、适应社会生活的种种状态。最有说服力的证据，是繁殖出了后代。动物之所以从动物园里逃离出去，通常是它们的栖息地不适合于它们的习性。每一只动物，都有它自己独特的活动领地，这一点必须得到满足。再者就是，有逃跑倾向的动物，往往是已到了成年期才被捕获来的野生动物，它们已经过于习惯了自己的生活方式，无法重建适应新的环境的主观意识。

在动物学这一领域里，派注意到一个众所周知的事实：动物的“领地”意识十分强烈，对它们所独占的活动领域，具有非常强烈的防卫感，同时它们也尊重别的动物的“领地”范围，不会主动侵入他人的领域，这就是为什么驯狮人要首先进入驯狮场，把狮子赶上场之前，首先要建立人在场上的领先地位。而驯狮人必须确保自己永远都是第一位的地位，如果无意之中滑到了第二位，就会付出巨大的代价。

在宗教信仰的领域里，派最先信仰的是印度教。印度教给他提供了原本的宗教蓝图。在他还是婴儿时，家人带着他坐了 7 小时的火车，参加了印度教的通过仪式，把他变成了印度教徒。在印度教庙宇里，他虔敬地感受到了神的存在，注视着庙宇神龛里的神像，神之所在，他的心会停跳一下，他的双手会自然合在一起，虔诚膜拜。他一辈子都是印度教徒，渴望领受神的惠赐，笃诚地信奉着印度教的观念，天地万物，通过印度教徒的眼光，对他产生了意义，崇高至尊的大梵天[1]，世界的灵魂，成了他精神力量的源泉。他努力理解梵与自我，明白了人的行为准则：在生命的轮回中，在此生朝圣的道路上，通往自由的道路有很多很多，但沿途的堤岸永远都是一样的，那就是羯磨之岸[2]，在那里，每一个人的账户，是借方还是贷方，全都取决于个人的所作所为。

---

1 大梵天（Brahman）：印度教神格最高的三大主神［大梵天、毗湿奴（Vishnu）、湿婆（Shiva）］之一，为创造之神，宇宙之主。“梵”是印度正统婆罗门教思想的最高原理。在印度经典的古老著作《奥义书》（Upanisha）中，“梵”被视为宇宙万物的本原，生命的根本，一切事物存在的原因。

2 羯磨之岸（Bank of Karma）：“羯磨”，梵语的音译，意译为“业”。指身、口、意三方面的活动。这些活动又有善、不善、非善非不善之分。业发生后不会消除，它将引起连续不断的因果报应。

派 14 岁的时候，在度假的途中，遇见了耶稣基督。那天，他父亲罕见地从动物园的工作中抽出时间来，带家人去了喀拉拉邦的高山度假城慕那尔（Munnar）。慕那尔是山峦中的一处小小的川地，周围有三座小山，气候凉爽宜人，那里保有英国殖民时期留下的、世界上海拔最高的几座茶园。在到慕那尔的第一天早晨，吃早饭的时候，派就注意到了周围那三座小山有点与众不同：每座山上，各有一座神殿——河对面右面的那座山上，是印度教的神庙；中间那座山上，是伊斯兰教的清真寺；左面那座山顶上，是基督教的教堂。

到慕那尔第四天的午后，派跑到了左面那座小山上。他就读的是一所基督教中学，却空有其名，他从未步入过教堂——而且，也不敢这么做，对于基督教，他知道的不多。他绕着那个教堂走了一会儿，躲在敞开的大门口一角细细观察了一番之后，大着胆子走了进去，认识了为人友善的马丁神父（Farther Martin）。第二天，他又去了那个教堂，马丁神父用茶水招待他，给他吃了茶点，还像对待一个大人一样给他讲述了被钉死在十字架上的基督耶稣的故事。故事令人难以置信，但他听得津津有味，而且第一个反应是无法理解——人类犯罪的结果却要由上帝之子付出代价？他想再听一个能让他理解的故事，以为所有的宗教，都像印度教一样，有很多故事，可马丁神父却告诉他，他们的宗教只有一个故事，这个唯一的故事的核心就是——爱，并且不厌其烦地用“爱”回答了他的种种疑问。

一连三天，派都和马丁神父一起喝茶，不断提问，那答案永远是一样的，令他感到了不安。他花了整整三天时间思考基督耶稣的故事，无法忘记那位基督耶稣，对基督耶稣了解得越多，就越无法将基督耶稣从心里驱逐，令他越发感到不安了。最后，在他们离开慕那尔的几个小时之前，他又匆匆爬上了那座山，气喘吁吁地对马丁神父说，他想成为一名基督教徒。马丁神父笑了，拍拍他的头，告诉他，他已经是了——无论什么人，只要真心诚意来见耶稣，都是基督教徒。他高兴得欣喜若狂，然后，走进了教堂，这一次，他不再有任何恐惧，现在，教堂也是他的圣所了，他开始向基督祈祷。

派 15 岁时，又成了穆斯林信徒。事情起源于他对家乡的探察。那天，他去了离动物园不远的穆斯林居住区，居住区里很安静，他走进了毛拉街，偷偷瞥了一眼那座清真寺，又继续朝前走去，在清真寺前面一排破烂不堪的住所附近，面包师塞提斯·库马尔先生（Mr. Satish Kumar）招手让他进了自己的店门，在向他解释面包是怎么制作出来的过程中，为了按时祷告，以委婉的托词暂时中断了他们之间的交谈，他在一旁凝神注视着那种常规的功课。那是他第一次看见一个穆斯林做祷告。后来，他又去见了面包师，向面包师询问了有关他的宗教的一些令人费解的事情。面包师解释说：他们的宗教是关于安拉的，是关于手足之情和至仁至爱的美好的宗教。清真寺是一座真正开放的建筑，他与面包师一同走了进去，他们盘腿而坐，一起听伊玛姆讲经，一起祷告，他与伊斯兰教有了深入的接触。

面包师的长相非常普通，没什么特别之处，巧合的是，与他的生物学教师的名字“塞提斯·库马尔”一模一样。不过，面包师库马尔先生是一位穆斯林神秘主义派别的信徒，身体健康强壮；生物学教师库马尔先生是一位共产主义者，虔诚的科学信徒，孩童时期不幸患上了小儿麻痹症。两位库马尔先生一位教他生物学，一位教他伊斯兰教，他们引导他以后在多伦多大学学了动物学和宗教学，是他在印度时，他少年时代的先知。

他与面包师一起祷告，一起进行虔诚的颂祷真主安拉的仪式，面包师会背诵整部《可兰经》，他的阿拉伯文一向不好，却喜欢它的发音。之后，有那么一天，他感到自己和安拉相遇了；又有那么一天，他感到上帝离他很近，随后，他看到了圣母玛利亚。他感到自己简直太荣幸了。

派16岁时，他的宗教行为，给他招来了麻烦。他的三位智者——梵学家、神父、伊玛姆，都对他倍感惊讶，无法理解，分别提出了他们各自的质疑；他父母对他的宗教情结也很震惊，感到困惑不解。三位智者一个个全都认为，他不可能同时是虔诚的印度教徒、基督教徒和伊斯兰教徒，他们要他必须做出抉择，在三者当中选出一个。他脱口而出：国父甘地（Bapu Gandhi）说“所有的宗教都是真的”，他不过是想热爱神。

他哥哥拉维知道了这事之后，大做文章，挖苦他：如果你星期四去神殿，星期五去清真寺，星期六去犹太教会堂，星期日去教堂，那么你只需再皈依三个其他的宗教，你的余生就能天天放假了。母亲耐心规劝他，试图用斯蒂文森[1]的书、柯南·道尔[2]的书、纳拉扬[3]的书和《鲁滨逊漂流记》来改变他的宗教热情，依旧徒劳无功。他实在是太过分了，父母不断劝说他放弃：他要是真的信奉神的存在，就无论如何都应做出一个选择，要么是一个印度教徒，要么是一个基督教徒，要么是一个伊斯兰教徒。他不明白：为什么自己不能三者全都信奉呢？玛玛吉持有两本护照，是印度人，同时也是法国人。他为什么就不能同时是一个印度教徒、一个基督教徒和一个伊斯兰教徒呢？最后，弄得他父母再无计可施。

1970年代中期，是印度混乱的岁月，印度国内的政局动荡。1976年2月，甘地夫人接管了国家，尽管“庞迪切瑞动物园”并没有受到什么实质的影响，派的父亲却被激怒了，再也无法忍受下去了，决定逃离，举家移民北美洲加拿大。一天晚上，吃饭的时候，拉维和派听到了这一消息后，大吃一惊。父亲告诉他们，他们将像哥伦布一样扬帆起航。派很不高兴地反驳父亲：哥伦布是希望能找到印度的。

他们卖掉了动物园、收藏、股票和所有的家当，以支付移民费用，剩余下来的，用于确保他们在一个新的国度里的幸福未来，可以使他们在加拿大有一个崭新的开始。他们本可以把动物卖给印度的那些动物园，但是美洲的动物园开的价钱更高。“庞迪切瑞动物园”关门之后，很多动物园都争先恐后地抢着买他们的动物，最终的买主，主要是芝加哥的林肯动物园和明尼苏达州动物园；剩下来的动物，将会被卖到洛杉矶、路易斯维尔、俄克拉荷马城和辛辛那提。

那将会是怎样的一种生活？加拿大不是派和哥哥拉维想去的地方，他们不愿意生活在一个狂风怒号、冬天的温度在零下200度的国家。出发前的准备工作，弱化了迁徙带给他们的不快。他们花了一年多的时间，做各种准备，主要是为那些动物，要搬迁一座动物园，简直就像是要搬迁一座城市。在迁徙之前，在庞迪切瑞最后的那一天，派与玛玛吉、两位库马尔先生做了告别，还有所有的朋友，甚至一些不认识的人。他母亲穿着漂亮的莎丽，头上戴着新鲜的茉莉花的花环，看上去很美，很忧郁，因为就要离开她生活了一辈子的印度了。

---

1 斯蒂文森：即罗伯特·路易斯·斯蒂文森（Robert Louis Stevenson，1850—1894），英国浪漫主义代表作家之一，代表作有探险小说《金银岛》（Treasure Island，1883）等。

2 柯南·道尔（Conan Doyle，1859—1930）：英国小说家，侦探悬疑小说的鼻祖，因成功地塑造了才华横溢的侦探人物夏洛克·福尔摩斯（Sherlock Holmes）而成为侦探小说历史上最重要的小说家之一；除此之外，另著有科幻、历史、爱情小说以及戏剧作品和诗歌等。

3 纳拉扬：即拉西普兰·克里希纳斯瓦米·纳拉扬（Rasipuram Krishnaswami Narayan，1906—2001），印度英语小说家，作品大多以南印度一个虚构的摩尔古迪镇（Malgudi）为背景，揭露生活中的荒谬，笔调幽默诙谐，代表作有长篇小说《向导》（The Guide，1958）等。

他们从马德拉斯港出发的那天，是 1977 年 6 月 21 日，乘坐的是在巴拿马注过册的日本货轮“回归号”。货轮上的高级船员是日本人，中下级船员是台湾人，那艘货轮很大，给人印象深刻。动物被注射了镇静剂，被安置在笼子里装上了船。笛声响了，货轮驶离了港口，驶向大海。派拼命向印度挥手告别。他太激动了。

为了这趟航程，派特地买了一份世界地图，每天早晨他都会在上面用大头钉扎出一个记号。航行在大海上，他感到很新鲜。他们在马尼拉停留了两天，离开马尼拉后，进入了太平洋。第四天，惨剧发生了。前往中途岛途中，“回归号”货轮沉没了，在他的地图上被大头针戳了一个洞的位置沉没了。他震惊得无以复加，觉得心里空洞洞的，随即又被沉默装满了。很多天以后，他的胸口仍因痛苦和恐惧而感到疼痛。那艘货轮沉没时，发出了金属撞击的巨大声响，在极度混乱中，所有的东西都在尖声喊叫：大海、狂风和他的心。

惨剧发生时，派正在睡觉，巨大的声响把他惊醒，他爬下床，试图把哥哥拉维弄醒，一块出去看看出了什么事儿，可拉维却睡眼惺忪地看看他，摇摇头，翻个身，把棉被拉到了脸上。他只好一个人经过父母卧舱的门口，然后推开通往主甲板的那道沉重的门。外面正在下雨，看到舰桥上的救生艇，他开始有些担心。狂风暴雨中，他紧紧握住栏杆，不是因为天气，而是因为倾斜，不那样，他就会摔到另一边去。“回归号”货轮正在朝向左舷倾斜。他不禁全身一阵冷战，顿生恐惧，想溜回安全地带，跑回家人所在的那一层。他打开舱门，里面到处是噪音，楼梯消失在阴暗的水里。他转身往上跑，返回到主甲板上，耳边充满了动物凄厉的尖叫声。海水愈来愈高，波浪越来越靠近。货轮正在快速沉没。他拔腿往舰桥的楼梯跑，高级船员都在上面，他们是货轮上唯一会说英语的人，右舷那边一个人也没有，他慌忙跑到左舷，看见了三个水手，放声大喊；他们转向他，看看他又看看彼此，讲了几句话，然后快速跑向他，硬生生把一件救生衣塞进他怀里，喊了几句汉语，把他举了起来，往船外一丢。他落到了下面 40 英尺的救生艇上，摔到舱盖的防水油布上，紧跟着，一匹公斑马，体重超过 500 磅的生物从天而降，跃过防水油布，落下时重重砸落到后排坐板上，把长坐板砸了个粉碎。救生艇落入翻腾的怒海。

坐在救生艇上，派看见水里有个东西，很快辨认出是“庞迪切瑞动物园”的国兽，那只 3 岁大的孟加拉虎——理查德·帕克。他冲帕克大叫了一声。雨下个不停，他能看见帕克的脑袋，它正在大海里拼命挣扎，努力不往下沉。他全力为帕克祈祷：耶稣基督，圣母玛利亚，穆罕默德，毗湿奴[1]，千万保佑啊！理查德·帕克！别放弃，千万别放弃。快，到救生艇上来！来啊，来啊，你是游泳健将，又没有多远。

帕克看见了他，一脸的惊慌，开始朝他这边游过来，四周的海水汹涌，它看起来又渺小又无助。他不断鼓励帕克，激励它加油，之后，用尽全力把一个救生圈丢给了帕克，帕克使出最后的力气，伸长手臂抓住了救生圈，他伸手去拉救生圈，突然回过神来，意识到了自己与一只凶猛的庞然大物——450 磅的食肉动物同处一个小小空间的危险性——怎么能让它上来！他赶紧抓起一支桨，猛戳帕克，想把它推下水，没瞄准，反而损失了一支桨，帕克的动作太快了，登上了救生艇。

派想，自己成了一只“山羊”。这时，湿淋淋、全身颤抖、喝饱了海水、上气不接下气、咳嗽连连的理查德·帕克，摇摇晃晃地从防水油布上站了起来，双眼炯炯地盯着他，它的脑袋与救生圈一样大，

1 毗湿奴（Vishnu）：印度教当中宇宙与生命的守护神，通常以“四臂”分持圆轮、莲花、法螺和神杖的形象出现。

颜色也相同，差别是——它长着利齿。他赶紧扭过身去，从斑马身上踩过去，一头跳进了汹涌的大海。

理查德·帕克没有追着他跳下海。惊慌失措中，他抓住了漂过来的那支船桨，同时伸手去抓救生圈。落在海水里的滋味简直太恐怖了，狂怒的海水又黑又冷，翻腾不已，他不能呼吸，全凭那只救生圈，他才没沉下去。他迅速游到救生艇旁，用胳膊撑住救生圈，匆匆朝艇里面看了看，瞥见了斑马，没看见孟加拉虎帕克，它没在舱盖的防水油布上或坐板上。它在救生艇的舱底。随后，他又滑落到了海水里，孤零零一个人，漂流在太平洋上，身上套着救生圈，两条腿紧紧夹着那支船桨，前面是一头凶猛的孟加拉虎，下面是成群的鲨鱼，四周是肆虐的暴风雨。

帕克一直不见踪影，那些鲨鱼逡巡不去，却没有猛冲过来，大浪的浪头不断打在派的身上，但没把他拉下去。他目视着那艘沉没的货轮仅存的一点余影彻底消失在了海面上。他环顾四周，寻找家人，寻找其他生还者，寻找另外一艘救生艇，寻找能够给他希望的任何东西，结果，什么也没寻找到。他的周围只有雨水，黑茫茫的海洋掀起的巨浪，以及船难过后漂浮的残骸。

天空的黑暗渐渐退去了，雨终于停了。派决定换一换姿势，不能总靠救生圈活命，他要想法回到救生艇上。他顺着船桨，小心翼翼地挪动着，直到双脚能够踩碰到救生艇前部的船帮。他猜想防水油布下面一定是孟加拉虎帕克的隐匿之所，正背对着他，面对着斑马，那匹斑马一定已被帕克吃掉了，便不由得生出了恐惧之感，因为孟加拉虎的每一只爪子都像刀子一样锋利，随时都有可能出来攻击他。他必须极度小心，万一让帕克发觉了，就会立刻没命，被吞吃掉。

他又顺着船桨滑了下去，然后，尽自己所能，急速运动到救生艇船舷的一侧，快速沿着那船帮的外侧往上翻爬，他的两条腿触碰到了船帮的内侧后，两只眼睛一刻也没离开过那舱盖的防水油布的边缘，两条腿抖得愈发厉害。之后，他站了起来，目光越过那防水油布，惊奇地发现，那匹斑马还活着，摔断了一条后腿。随后，他便明白了斑马没被吃掉的原因：孟加拉虎帕克已不在救生艇上了，一条鬣狗跑到救生艇上来了，是他们动物园里那条要被卖到明尼苏达去的雄性鬣狗。

派分析起来，孟加拉虎帕克肯定已经淹死了，因为老虎和鬣狗是不可能共处同一艘救生艇上的。随后，他恍然大悟：原来，那几个水手并不是出于什么好意，才把他扔到这艘救生艇上，而是因为救生艇上有一条可怕的鬣狗，他肯定是被当作诱饵扔上来的，他们不是想救他的命，而是希望鬣狗攻击他，在他与鬣狗较量之后，救生艇就可以成为一个安全的地方，他们好再上来，无论这是否会让他付出生命的代价。

与一条鬣狗共处，总不会是一件好事。不过，如果没有这条鬣狗，那些水手就不会把他扔进救生艇里，他就会待在大货轮上，一定会被淹死；如果他必须与这头野兽分享救生艇上的空间，他想，对付一条鬣狗的正面攻击，总比对付偷偷进攻的狡猾的丛林猫要好一些。他努力压低自己的呼吸声，作为一种防御措施，警觉地朝着一支船桨慢慢移动过去。坐到那里，他到处张望，四下里除了海洋和天空之外什么也没有。他开始等待，思想混乱，无声地哭泣着，张着嘴，手抱着头。

太阳升起来了。他意想不到地看到了“庞迪切瑞动物园”里的母猩猩奥伦治·朱易斯（Orange Juice），奥伦治站在一个被网兜住的香蕉筏子上向着救生艇漂了过来，阳光下，那只母猩猩头上有一圈光环，像圣母玛利亚一样可爱。他高兴起来，把那个网拉了上来，香蕉却全部沉入了海中。被拉上来的奥伦治，动作迟缓，目光里流露出深深的困惑，看上去，像是受到了极度的惊吓。它在舱盖的防水油布上一动不动地平躺了几分钟，然后，才将身体斜了斜，下落到救生艇上。这时，他听到了鬣狗的尖叫声。

现在，从某种意义上说，派不是孤独的。他注视着“回归号”货轮留存在海面上的最后痕迹，那漂浮着的一大片油花，确信自己很快就会得救的。他想，“回归号”下沉的海难警报，一定已经发送了出去，此刻，东京、巴拿马城、马德拉斯、火奴鲁鲁，甚至温尼伯，控制台上的红灯在闪烁，警铃大响，救助的船舶正在紧急赶往这片海域，那条鬣狗很快就会被枪杀的，斑马的痛苦也会很快结束的，自己只需在等待的这段时间里，确保活着就行了。

派一只眼睛望着地平线，另一只眼睛凝视着救生艇的另外一端，那里除了鬣狗发出的呜呜声响之外，几乎听不到其他动物的叫声，最多听到爪子抓挠坚硬东西的声音，偶然能听到几声呻吟和压抑的叫喊，似乎没发生大规模的打斗。上午 10 点左右，鬣狗再一次露头了。他坐在船桨上往外移了移，极力想让自己的位置安全一些。他希望那条鬣狗不要过来，离他远一点，结果，他失望了，鬣狗距离他不到 15 尺，他唯一的反应，就是不能动弹，被冻结在了恐惧里。相反，那匹斑马迅速抬起了头，叫唤起来。那条鬣狗跳到一条长坐板上，望着海水，待了一会儿，随后，又一圈一圈地绕着那匹斑马跑了起来。彻底被恐惧控制了的他，毛骨悚然地盯视着那条鬣狗，谨防它的攻击。不一会儿，那条鬣狗在救生艇的尾部停了下来，发出低低的嗥叫声，喘息着，之后，又趴到斑马身后的小空间里卧了下来，再没动窝，在那地方卧了很长一段时间。那匹斑马偶尔会发出一点声响，大部分时间，沉默在无望和愠怒中。

天色开始暗淡下来了，派的恐惧和紧张随之加重。那一整天，他都坐在那支船桨上，周围的一切，都令人分外恐惧。他开始思考着即将降临的黑夜：黑暗之中，前来救难的船只是很难发现他的；到了夜晚，那条鬣狗很可能会再次活跃起来，也许，母猩猩奥伦治也会活跃起来。夜幕降临后，天上阴云密布，没有月亮，一片漆黑。不知什么时候，鬣狗开始发出“呜呜”的吠叫，斑马也发出尖厉的嘶叫，还有大海的声音。他恐惧得直发抖，尿了裤子。

黎明渐渐咬破了黑暗，随后，太阳出来了。派头脑里又开始幻想自己获救和与家人相聚的情景。当他朝着救生艇下面的空间看过去的时候，吓得他倒吸了一口凉气。那条鬣狗已经把斑马的那一条坏腿咬了下来，血淋淋地拖到了救生艇的尾部。可怜的斑马默默忍受着它的疼痛，不断地慢慢磨着牙。他注视着斑马那般痛苦的样子，愕然到了极点，浑身战栗；同时，还愤怒到了极点，义愤填膺，恨透了那条鬣狗，真想要做点什么，去杀死它。可他什么也没做。

在派的记忆中，在海上度过的第二个夜晚，异常痛苦。在那个可怕的夜晚之前，是一个可怕的傍晚。在太阳开始拉上帷幕，宣告白天即将结束时，他注意到，救生艇的周围出现了鲨鱼。他不安地盯视着那些鲨鱼，最大的一条快速朝着救生艇游了过来，好像要发起袭击，不过在快要到救生艇面前时，却又没入了水中，其他的鲨鱼在救生艇周围待的时间更长一些，另外还有一些其他不同形状、富有色彩的鱼群，他忧心忡忡，注视着那些鲨鱼和鱼群。

不久，母猩猩奥伦治·朱易斯进入了他的视线。奥伦治一脸的忧愁和悲恸，坐在坐板上，四下里张望，像是在寻找自己的孩子——属于她的两只小猩猩。奥伦治是“庞迪切瑞动物园”里的一个明星，是两只雄性小猩猩的母亲。奥伦治向他扫视了一眼，又迅速将目光移开了，视而不见，令他不由得黯然伤怀，心情沉重起来。

在那之后，鬣狗特有的嗥叫声转移了他的注意力。已经整整一天没动窝的那条鬣狗，再次撕咬起那可怜的斑马，从斑马肚子上撕扯下了一大块皮，鲜血汩汩地往外流淌，鬣狗疯狂地嗥叫着，撕咬着，扯拽出一团团的肠子，又把头钻到斑马肚子里面，活活吞吃着那些内脏。母猩猩奥伦治高度警觉地注视着鬣狗的行为，从坐板上站了起来，露出巨大的犬齿，开始呼号，像是表示抗议。鬣狗被突然的呼号声吓了一跳，接着，继续它的作业，毫不畏惧，趴在奄奄一息的斑马身上，以呜呜的嗥叫回应母猩猩。

派目视着它们凶猛地对峙着，听着它们彼此的对吼，开始不能自已地战栗起来。他深信，那条鬣狗即将要向母猩猩扑过去。斑马已经气若游丝，四溢的鲜血，沿着救生艇的船帮流入大海里，招惹得一群鲨鱼围着救生艇团团转圈，不断撞击着救生艇的船帮。情况变得更加触目惊心了，危机四伏，他被吓得心惊肉跳，惶恐不安，非常担心那些鲨鱼，迟早会将救生艇撞破、撞沉。

很快，那条鬣狗与母猩猩之间的对峙以不分胜负收了场，那些鲨鱼也游走了。他躺在防水油布上，心情渐渐平静下来，又想到了自己的家人。白天就要过去了，地平线上没有任何行船的踪迹，没有任何可助他脱离苦难的东西的踪影——他想，他的家人很可能已经没命了。他彻底跌入了痛苦的深渊，躺在那里，脸埋在双臂里，整个夜晚，都沉陷在悲戚和哭泣之中。那条鬣狗，大部分时间都只顾着过它的嘴瘾。

又一天来临了，天空阴沉。派注视着那匹一息尚存的斑马，觉得简直不可思议——经受了那么惨烈的摧残，它竟然还有气，居然还活着！那条鬣狗肚子吃得圆鼓鼓的，无法静卧下来，与它相对而视的母猩猩显得愈发担惊受怕，坐卧不安，始终处于高度紧张状态。

派继续蜷缩着悄悄卧在救生艇船首附近，感觉自己的身体和精神都已相当虚弱，唯恐自己失去平衡，掉入大海。那匹斑马在正午之前死去了。在那之后，那条鬣狗向母猩猩发起了强攻。恐惧重又填满了他的心，他不再对母猩猩奥伦治·朱易斯的生命抱什么希望，不料，他却低估了母猩猩的勇气。昔日在"庞迪切瑞动物园"里那个不具任何攻击性的性情温和的奥伦治，令人震惊地与鬣狗进行了殊死搏斗，大巴掌重重拍打到鬣狗的头上，那样子凶得有点可怕，展示出了一种凶猛的天性和勇气，给他留下了极深的印象。

然而，母猩猩终究不是鬣狗的对手，那条鬣狗吼叫着，咬住了母猩猩奥伦治的咽喉，奥伦治一脸痛苦和惊骇，徒劳地无声拍打着。他被痛苦和恐惧夹裹着，泪流满面，下一个就轮到他了！他从盖舱板的防水油布上走到救生艇中间的坐板上，稳稳站在那坐板上，把双手举到胸前——它们将成为他对付鬣狗的武器。那条鬣狗抬头看着他，嘴唇血红，死去的母猩猩奥伦治躺在它身边，旁边是那匹斑马的死尸，奥伦治的头断了，脖子上的断口还在往外流血。在他准备扑向那条鬣狗之前，他鼓足了勇气，向下看了看，冷不丁看到了长坐板下面的理查德·帕克的大脑袋，立刻重新退回到了救生艇船首，瘫倒在那里。整个一晚上，他都一动不动瘫软在那里，处于半睡半醒的状态，不断做梦，在梦到了一只大老虎时，他立刻惊惧地醒了过来。

理查德·帕克的名字，来自文书的一个错误记录。三年前，在孟加拉国库尔纳区附近，一只野豹在两个月之间杀死了七个人，给当地带来了极大的恐慌，林业部聘请了一位猎人进行捕捉，在捕猎时，那个猎人用一只山羊做诱饵，引来的却是一只带着幼崽的母老虎，那个猎人把母老虎和三个月大的虎崽一道儿送进了"庞迪切瑞动物园"，给小虎崽取名"瑟斯提"（Thirsty），而那个猎人本人的大名为"理查德·帕克"，负责火车货运的那位职员，糊里糊涂把猎人和虎崽的名字混淆了，在那份送虎文件上，虎崽的名字是"理查德·帕克"，猎人的名字是"瑟斯提"，姓氏不详。这个被弄混淆的名字让派的父亲觉得好笑，于是就将错就错，“理查德·帕克”便成了小虎崽的注册名。

现在，孟加拉虎理查德·帕克已经成年，成了当下他必须面对的最可怕的对手，头号大敌。终于到了早晨，天亮了，他不敢有半点动静，虚弱的肢体好像被钉死在了防水油布上。这一天，同前一天一样，天气晴好，温暖多云，海风徐徐，救生艇缓缓地摇摆着。已经三天了，他滴水未进，没吃过一口东西，也没正经阖过眼。凶猛彪悍的食肉动物帕克，就在他的下方。他们共享的这艘救生艇长 26 英尺，450 磅的巨无霸帕克，占去了三分之一以上的长度，比他要强势得多，无可置疑，根本就没他一点戏，他肯定会被国兽孟加拉虎吃掉的。这样一想，他反倒松下心来，感觉好多了。他想，自己显然不是帕克的对手，已然成了食物链中的成员，还有什么可担心的？生命就要结束了，他放松了心情，放弃了所有的生的希望，抛弃了自己的一切，唯一无法抛弃的是他干得冒烟的嗓子眼。

那种干渴的感受，实在令人难以忍受，结果，反倒逼迫得他再也顾不上什么庞然大物帕克了，开始无畏无惧地四处寻找淡水。他小心翼翼地爬行到救生艇的中央，警惕地扫视了一番，没瞄见帕克的身影，那条鬣狗却清晰可见，位于离他不到 10 英尺远的地方；不过，他已不再惧怕它了，现在，救生艇上有了比它更强大的孟加拉虎，它已不在话下。而话又说回来，孟加拉虎帕克的表现，让他多少有些不得其解，三天以来，帕克竟然蛰伏不动，没有发威，任由鬣狗为所欲为。他能想到的只有两个原因：或许是出海前帕克被注射了镇静剂；或许是它严重晕船。

他对那个问题的答案并不多么感兴趣，当下，他最感兴趣的是水。他忍受着干渴的煎熬，仔细扫视了一下救生艇，爬到救生艇尾部，看到一堆救生衣，从那堆救生衣之间的空隙，意外窥见了帕克巨大的背影，原来，在他身体下面 2 英尺的地方，就是帕克的“兽穴”！他哆哆嗦嗦，一下子僵在了那里。

再不喝水，他就要死了。他必须找到水。他继续爬动起来，终于爬行到救生艇上的那个储物柜跟前时，欢喜得差点昏过去。他带着极大的欣喜打开了储物柜，里面是一堆急救用品，他迫不及待地从中拿起一个易拉罐，上面标明，其中的水容量是 500 毫升，他贪婪地大张开嘴，急巴巴地喝了一罐又一罐，总算结束了渴乏的折磨。接着，他开始从储物柜里翻找食品，几分钟后，一整包饼干又下肚了，之后，他又吃下了一盒救生艇备用口粮，然后，计算了一下储物柜里的供应品，彻底盘点了一番，随后，列出了一份实物的清单：

晕船药、易拉罐淡水、塑料袋、救生艇备用口粮、羊毛毯、太阳能蒸馏器、橘色救生衣、吗啡注射器、手动照明弹、船桨、火箭式照明弹、开罐器、大玻璃杯、雨水收集器、斧头、指南针、大块黑巧克力、《生存手册》……以及一个男孩，穿着一套单薄的衣服，一只鞋不见了；一条鬣狗，一只孟加拉虎，一艘救生艇，一片汪洋大海。

他吃掉了一块黑巧克力的四分之一，检查了一个太阳能蒸馏器后，沉沉昏睡了一个上午，又被一阵焦虑唤醒了。面对着庞然威猛的孟加拉虎帕克，想到自己很快就会变成它的“盘中餐”，他深感绝望。帕克很快就会像同类的猫科动物一样，向他扑过来，不发一声地杀掉他，或用巨爪打断他的脖颈。看来，他真的就要死了，他绝望地抽泣着，悲悲戚戚，悲不自胜，面对来势汹汹的死亡，他打算放弃了。

而就在这时，他突然想起了上帝。突然想到，只要上帝和他在一起，他就不会死；阿门！他在心里默诵着；开始意识到，自己绝不能放弃，无论如何，都不能放弃，都要活下去，都要与那只孟加拉虎斗争到底。就在这一刻，他听到了孟加拉虎帕克的咆哮，就好像一直在等待他成为它的一个值得较量的对手似的。

派经过一番飞速思考后，当机立断。他别无选择，再也不能浪费时间了，他必须要有防范措施，确保自己在孟加拉虎帕克面前有真正的安全。现在，他需要做一个筏子，以保障自己与帕克之间能保持一定距离，没有危险。随后，他立即动手用了四支船桨和救生衣什么的，捆绑出了一个筏子，之后，把那个救生筏子捆绑到救生艇上。

在他利用自己从前学会的打绳结的方法着手捆绑救生筏子时，那条鬣狗突然竭尽全力拼命狂吠起来，他恐惧极了，赶紧向上帝祈祷，给他点时间，让他把筏子系牢，也许那样，他就有救了。忽然，鬣狗的嗥叫声终止了。他转过身去，看到一幅一辈子都不愿看到的景象：理查德·帕克站了起来，鬣狗的末日到了。孟加拉虎没发出一点声响，庞大的手掌落到了鬣狗身上，大张的血盆大口在鬣狗脖子边上合拢到一起，那条鬣狗沉默下来，没有一声呜咽。

鬣狗被咬死了。孟加拉虎帕克发出一声低低的嗥叫，慢慢转过身，目光直接对准了派。派毛骨悚然，发出恐惧的尖叫。帕克毫不费力地开始向他逼近，站到救生艇中央，前爪搭在舱盖的防水油布的边上，离他不到 10 英尺远的距离，他想，他就要死了。就在那一刻，救生艇的摇摆晃动以及防水油布的弹性，一时分散了孟加拉虎帕克的注意力；与此同时，一只褐色老鼠突然跑了出来。就在他神经紧张得喘不过气来的时候，那只老鼠跑到了他的头上，帕克的目光也随之转到了那只老鼠身上。他屏住呼吸，趁机抓住那只老鼠，朝帕克丢了过去，那不断尖叫的老鼠，不偏不倚落入帕克的嘴中。他乘机慌忙逃到了那个救生筏子上，周围是一些大大小小的鱼，有背鳍长长的大剑鱼，还有鲨鱼。

他肚皮朝下，四肢大张，平趴到救生筏子上，一动也不敢动。救生筏子在海水里不住地颠簸、摇晃着，随时都有翻掉的危险，他随时都有可能落水。忽然，一只鲨鱼咬上了救生筏子和救生艇之间的缆绳，要是粗大的绳索被咬断了，他就彻底完蛋了。他很清楚，和救生艇相比，救生筏子是靠不住的，最后他还得回到救生艇上去；而眼下，他还离不开这个救生筏子。他一点不敢疏忽，翻过身，坐了起来，抓住了缆绳，拉了起来，他要在鲨鱼和孟加拉虎之间，确定一个安全距离，直到距离救生艇大约有 30 英尺，他才放开了缆绳。这一距离，刚好与理查德·帕克靠得不太近，他又离救生艇不太远。

天色渐渐黑了，气温在下降，又下起了雨，而且是倾盆大雨。他悄无声息地潜到救生艇上，慌忙从储物柜里抓出一个雨水收集器和一个能容纳 50 升的塑料袋，一条毛毯还有那本《生存手册》，不小心弄出了声响，惊动了正蹲在鬣狗身上的理查德·帕克，孟加拉虎嗥叫起来。他赶紧撤退到小小的救命筏子上。

他把那个看上去像一个倒置雨伞的雨水收集器在头顶上撑开，把塑料袋套在脚上，然后，用毛毯包裹住身体。整个夜晚都在下雨，大海也分外汹涌。他一夜无眠，像患了感冒似的打着冷战：孟加拉虎帕克随时都可能把他吃了，救生艇上的食物和淡水有限，大海随时都可能把救生筏子和救生艇吞没，再加上鲨鱼的袭击……他颤颤抖抖，一再检查将救生筏子和救生艇联系在一起的绳结，强迫自己喝了一些雨水，之后，满脑子想的全都是如何除掉孟加拉虎，夺回他在救生艇上的生存空间。他想来想去，想出了六个杀死理查德·帕克的计策，第六个是与帕克进行持久战，消耗战，最后，从“消耗战”中看到一线希望——不用花费他任何精力，只需顺从自然规律，让严厉的大自然执行它的法则，坐等没得喝、没得吃的孟加拉虎日渐消瘦，自然死亡。

天亮之后，雨停了。他关闭了雨水收集器，睡了一会儿。醒来时，大约 10 点。他又琢磨起他的那个“消耗战”计策，突然感到自己简直就像一个傻瓜。最最糟糕的是，孟加拉虎帕克它会游泳，而且能喝海水。如果饥饿难耐，它会跳进大海游到救生筏子这里来以他为食；如果渴得受不住了，它能喝含盐的海水。

他重新跌入绝望的深渊。谁会想到，将他从绝望的恐惧中平静下来的竟然是孟加拉虎帕克。吃饱了鬣狗肉，喝足了雨水的帕克心满意足地看着他，没有任何威胁之意，双耳不停地抽动着，脑袋左右晃动，看上去像一只又大又肥的可爱家猫，鼻孔里还流露出了一阵不同寻常的哼哼声。他那颗高悬着的惊恐之心一下子松懈了下来，呼吸也平缓起来。在“庞迪切瑞动物园”里，他听过这种哼哼声，孟加拉虎在表示它的友善之意，在同人“打招呼”。

他恢复了理智，又有了一个计策：让孟加拉虎活着，彼此做伴。他想，在这茫茫大海上，如果就只剩下他自己一个人了，他一定会陷入万劫不复的绝望之中，而那绝望，远比孟加拉虎更为可怕。他看着帕克，想到：他必须与它共存，生路只有一条，那就是要保证它的食物和饮水，只要孟加拉虎不饿，那种潜在的攻击性就不会被激发出来，他就没有危险。随后，他又开始思考另外一个问题，他想，他必须设法将帕克驯服，那么，该如何驯服它呢？他环顾了一下四周的地平线，低头看了看大海，又看向救生艇，看到了挂在救生衣上的一个哨子，他想，他的办法来了。他决定凭借从父亲那里学来的驯养动物的技巧，用哨子驯服这只孟加拉虎，与它和平共处。

他拿起了那本《生存手册》，书页已经被雨水淋湿了，他小心翻阅着。里面有大量关于沉船后如何在海上生存的信息，相当实用；不过，其中却缺少一项他急需的信息——如何在救生艇上与一个巨无霸建立起人的领先地位，建立起老大和老二的关系。

他必须让帕克清楚它的地盘所在，那中间坐板是中立地带，前面船头和舱盖的防水油布一带是它的禁区。他还必须赶紧去钓鱼，因为帕克就要吃完鬣狗尸体，在动物园里，一只成年狮子或老虎一天要吃掉 10 磅肉。另外，他必须去做的事情还有很多：必须找到庇护自己的方法，用手头的东西搭一个遮篷；必须修整一下救生筏子；必须不再把希望寄托于前来援救的船上……他想，他要做的事情实在太多了，一切都必须自己独自完成。他朝着空落落的地平线看过去，双手抱头哭泣起来。

然而，再怎么哭泣，也无济于事。无论孤独与否，现在，最要命的还是饥饿和干渴，于是，他决定返回救生艇上去。他把救生筏子拉靠到救生艇附近，寻机爬上了救生艇，屏住气，打开了储物柜，忽然闻到一股刺鼻的气味，是从孟加拉虎帕克那边传过来的，原来，帕克在它的“兽穴”那里的甲板上撒了尿，画出了它领属的地盘。他为此欣喜不已，看来，他和孟加拉虎可以同舟共命了——帕克用老虎物种惯常的方式向他明示了它的“领地”，他不会去侵犯它的“领地”的。他喝了一点水，吃了一点东西，之后，在一个大玻璃杯里尿了一泡尿，然后把那些尿液洒到储物柜边上和防水油布上，画出了他的自由活动空间，他的“领地”。

天空晴朗。他用了大半天的时间，集中精力改进他的救生筏子，一面不断留意着帕克，等他完工后，太阳已经西下了。他又吃了一点东西，喝了点水。这时，帕克坐了起来，有一部分头和肩膀露在救生艇的船舷上缘，看向大海，他招呼了它一声，还冲它挥了挥手，帕克看着他，作为回报，打了一个招呼喷嚏，确认了他们之间的伙伴关系。随后，他侧身躺了下去。那一夜，他睡着了。五天来，他的心境第一次平静下来，燃起了来之不易的一点希望之火。

第二天醒来，派精神颇佳。天气很好，他决定试试身手，钓钓鱼。他从储物柜里找出了钓鱼用具，来到救生筏子上，放出钓竿，期待着成功，收获的却是一场失败，而且，损失惨重，失去了整套的钓鱼工具。不过，这次失败，尽管令人沮丧，却并未令他退缩，况且，他的食物储备还有很多。一只海龟径直游到他的救生筏子旁边，他伸手想去抓那海龟后鳍，又害怕地缩回了手，眼睁睁看着大海龟游走了。

接下来的时间里，他一直都在琢磨怎么为自己和帕克弄到吃食，不然的话，他自己就会成为帕克的食物。为了把自己从帕克的口中救出来，他翻滚进救生艇，趴跪到储物柜那里，疯狂翻寻，渴望找到能用于救命的东西，鱼饵什么的，结果，什么也没有，只好坐了起来，猛不丁发现帕克正坐在救生艇的另一头，原来斑马待的地方，目不转睛地凝视着他，他立刻僵住了，恼恨自己怎么这么不小心，竟一点没察觉孟加拉虎的动静……突然，他的脸被重重打了一下，他大叫一声，紧紧闭上了双眼。

派本以为打在他脸上的是帕克的魔爪，睁开眼睛看到的却是一条大约 15 英寸长的飞鱼，落到了储物柜那里，此时帕克与他的距离，有 15 英尺远。没容他定下神，一群飞鱼又不期而至，冲着他和帕克飞袭过来，一条一条，像箭一样刺扎在他身上，他一边抓起毛毯护住自己，一边试图抓住那些飞过来的鱼，被弄了个浑身青肿。帕克对付那群袭来的飞鱼，比他要有成效得多。许多飞鱼，都被帕克整条整条活生生吞进了肚子里。

一阵混乱结束之后，救生艇上落下了不少飞鱼。他用毛毯紧紧裹住一条飞鱼，拿起斧头，跑到救生筏子上，砍掉了那条飞鱼的头，流出了眼泪。这是他生平第一次砍杀，他成了杀手。一个虔诚的教徒，生来就信奉和平的素食主义者，双手沾满了那可怜的死去的生命的鲜血。在那之后，夜色降临之前，他又尝试着钓了一次鱼，用飞鱼头作为鱼饵，想尽办法钓上来了一条 3 英尺长的剑鱼，这一次，杀死一条剑鱼，对他来说，已不成什么问题了。其中的道理很简单，也很无情：人什么都能习惯，包括杀戮。之后，他用那条剑鱼，喂食了孟加拉虎帕克。

那天夜里，他睡得很不安稳。日出之前，他不再想睡了，用胳膊撑着头，看向孟加拉虎帕克。帕克嗥叫了一声，显得有点躁动不安，在它的“领地”上踱来踱去，令人生畏。他分析，不大可能是饥肠辘辘，会不会口渴了？他靠着桅杆坐了起来。现在，饼干和钓上来的鱼保证了他们的食物供应，困难的是饮用的淡水。易拉罐里的淡水很快就会被喝光，单靠雨水也解决不了多大问题，当务之急，他必须想办法尽可能得到更多的淡水。他立刻想到了那几个太阳能（海水）蒸馏器，赶紧起身去查看放在外面已有两天的那几个蒸馏器，他不敢相信，它们居然已经制造出了淡水！他取下它们之中一个胀鼓鼓的蒸馏水袋，兴奋得直打战，尽情地喝了一通之后，他把剩余的倒入一个鱼桶，往里面加了一点海水，然后把那个桶放到了帕克能喝到的地方，接着，又把一条切开的飞鱼，扔到靠近帕克的坐板上。帕克似乎安静了下来，当帕克看向他的时候，他吹了几声哨子，帕克便返回到了它的“兽穴”。

气温不断升高，热浪逼人。在那天的其他时间里，派一直躲在自己搭的遮篷下面钓鱼，结果，很不走运，始终一无所获。夜幕降临之后，他算计了一下：自从“回归号”货轮沉没之后，到明天早晨，时间已整整一个星期了。

在那天之后，又过去了二十几个星期，派西尼·莫里特·帕特尔算计了一下，自从沉船之后，在太平洋上，他整整漂流了 227 天，打破了前人的存活纪录。这么长的时间，在浩瀚的太平洋上，他是怎么度过那漫长的一天又一天的呢？他想，他之所以能够在渺无人烟的大海上度过这么长的一段时日，关键是因为他一直让自己不停地忙碌。他在救生筏子和救生艇之间，不断来回上下，每天总有很多事要去做。他有固定的日程，有各种各样的杂事要忙活，包括为他自己也为孟加拉虎帕克例行的一些“公事”;同时，他还必须保持救生艇上的清洁和卫生，必须要保证救生艇和救生筏子不出故障，等等。

每天醒来之后，除了吃饭和必要的休息，派要祷告，喂食帕克，对救生筏子和救生艇例行检查，特别注意所有的绳结和缆绳的状况，打理太阳能蒸馏器，检查食物的储备情况，钓鱼、捉鱼，若有所收获，就要收拾鱼、晾晒鱼肉，此外，还要做一些零碎事：写日记，处理身上碰破的伤口，整理设备什么的，以及观察并思考帕克的一些事，等等。在那 227 天中，起初，他总是不由自主地四下里搜寻，祈盼能有行船出现。几个星期过去后，他便放弃了；在此期间，他从未放弃的，是每天都要做的祷告。他每天都要根据当天的独特情况，选择一位相应的神明圣哲，向耶稣或安拉或毗湿奴呼救，虔诚祈祷。

另外，他想，他之所以能逃离苦海存活了下来，还在于在那些时日里，他让自己忘断了一切，甚至包括日期、星期、月份。依照日历，他在大洋上的漂流经历，从 1977 年 7 月 2 日开始，至 1978 年 2 月 14 日结束，在这段时间里，没有什么日期，留存在他记忆里的，只是一些大事件、遭遇和习以为常的种种自救措施。

派花了很长时间阅读那本《生存手册》，使用各种不同的鱼钩，在不同的水域里，钓各种不同的鱼。随着经验不断积累，他钓鱼的成功率大有长进，还很快成了解剖鱼和龟的能手。

手册上说，海龟很容易抓获。事实也确实如其所言。在大海里，海龟不是快速泳者。不过，要把一只重 130 磅、死命抵抗的海龟弄上救生艇，也不是一件容易的事，需要付出极大的力气。经过一次又一次的较量，他终于找到了更有效抓获海龟的办法。再有，杀吃海龟，也并非一件易事，非常辛苦。手册上说，海龟的血，是一种不含盐分的美味营养的饮料。他开始照办。冷酷而野蛮——本是一个绝对的素食主义者的他，已然堕落成了一个残酷而充满兽性的野蛮家伙。他抓获到的第一只海龟是一只玳瑁海龟，好不容易把它弄到救生艇的防水油布上后，他再次翻阅那本《生存手册》，然后依照着上面的说法，将刀子插入了那只海龟头的右侧，用力扭转，那只海龟将头缩了缩，突然又伸出来，猛张开嘴恶狠狠地朝他咬过来，他向后一跳，海龟的四肢都伸了出来企图逃跑，他抄起了斧头，一斧下去，将海龟的脖子砍伤了，鲜血喷了出来，他用玻璃杯接了有 300 毫升的鲜血，喝了一口，温温的，接着，他大口喝了起来，直喝得一滴不剩。

他又想办法掀掉了那只海龟腹部坚硬的龟甲，那只海龟不停地抽动着，弄得他满头大汗；龟甲被彻底掀掉后，那海龟还在做垂死挣扎，肌肉、骨头、内脏、鲜血——不断抽动着，他连挥两斧，砍断了它的头，而那个掉下来的头，仍然在不停地喘着气，眨着眼，他赶紧把那个头丢进了大海，把那个还在动弹的龟体扔进孟加拉虎帕克的“领地”。帕克发出了一些声音，听起来像是要发雄威，要有行动了，他想，也许是它闻到了血的味道吧？他赶紧逃到了救生筏子上。

他想：事情不能总这样下去，他不能总从帕克的身边逃开，他必须全力捍卫他自己的“领地”。他需要安保自己到储物柜边上去，到防水油布上去，现在，必须强行让孟加拉虎接纳他。于是，他用挂在救生衣上的那个哨子，开始了对帕克的训练，并用一个大海龟壳作为盾牌，来庇护自己。他必须要让帕克清楚，在他们当中，谁是老大，谁是老二。在第一次的训练实践中，帕克一下子就把他扑到海水里去了，他继续坚持，每次训练，他都要抓获一只新的海龟，做一个新的盾牌，在他使用第五个盾牌时，已经能够用吹哨子和摇晃救生艇弄得帕克呕吐不止的办法，迫使孟加拉虎退回到救生艇上它的“兽穴”那里。

跟随在孟加拉虎帕克后面，清理它的屎橛粪便，既是搞卫生，同时也是他训练帕克的一部分。帕克便秘，一个月最多排一次大便。清理它的粪便，具有很大的危险性，他之所以甘愿去冒险，是因为他注意到：帕克在救生艇上第一次排泄后，曾做出了一个试图掩藏的动作——这一动作意味着什么，他很清楚，动物们如果将它的排泄物隐藏起来或试图隐藏起来，是一种服从的表示。他谨慎地用鱼叉把帕克的粪便拨拉到他这边，然后抓在手里，闻一闻，向帕克炫耀了一番，弄得帕克有些紧张不安，又不至于被激怒。另外，他每看上帕克一眼，就会吹上一声口哨，发出低沉的威胁声，向帕克示意他的统治地位，老大的地位。他的这一做法很快便奏效了，把帕克弄得紧张兮兮的，萎靡不振，不断发出低声的嗥叫。

随着维持生命的备用口粮越来越少，他不得不进一步约束自己，减少了进食，到了后来，依照《生存手册》上面的指导，他每隔 8 小时才进食一次，致使饥饿成了他的常态，大吃一顿，成了他梦境的一部分。同时，他的食物种类也日趋宽泛，吞进肚里的已不光是鱼肉，连鱼的内脏、眼睛甚至骨头他全都不放过。在最后一块饼干被吃掉之后，任何东西，无论是鲜美的还是污秽的或是毫无味道的，他都能把它放到嘴里嚼一嚼，吞下去，只要不太咸——他的身体对咸味生出了一种近乎条件反射一样的反感，至今都还如此。

在极端饥饿的状态下，他甚至曾试图吃下帕克的粪便，那气味不算太刺鼻，味道发苦，但他实在无法咽下去，不得不吐了出来。之后，他拿起渔叉，开始清理帕克另外的那些粪便，将它们直接喂了鱼。几个星期后，他被饥饿搞垮了的身体开始出现不良反应，脚和脚踝肿胀起来，连站立都有了麻烦。

对派来说，在那些日子里，在浩瀚的险象环生的太平洋上，周边的事物总在不断发生着变化——平静的海面，变成了汹涌的狂涛骇浪；湛蓝的晴空阳光刺眼，变成了沉沉黑空，乌云密布；而永远不变的，是如影随形的恐惧感和孤独无助。作为一个漂泊无依的遭难人，在救生艇上的生活，带给他的是极度的艰苦，心力交瘁和紧缠着生命不放的死亡的威胁。为了生存，他必须适应着一切，尽所有可能，获取任何有用之物，包括快乐。

在一个仅仅 26 英尺长和 8 英尺宽的狭小空间里，他能在与一只孟加拉虎同舟共济中活了下来，现在回想起来，连他自己都觉得难以置信。其中的原因，在他看来，首先在于他利用了孟加拉虎帕克不能在颠簸的救生艇上行走的天生弱点；再有，就是他充当了满足帕克吃喝需求的供应者，喂养人。在“庞迪切瑞动物园”里生活的三年间，帕克已然养成了被人喂食喂饮的习惯。无论他捕抓到什么食物，帕克都要吃大于他的一份，而且，只要是让帕克看见了，他就必须立刻慷慨地全部扔过去给它吃。就这样，他存活了下来，没有受到孟加拉虎帕克的袭击，即便在他睡觉的时候。

在随时随地领受烈日暴晒、狂风暴雨、惊涛骇浪的那些威胁中，留存在他记忆深处的，是一天午后的一场殊死搏斗。太平洋面上海浪滔天，暴风雨就要来了，一排排翻江倒海的巨浪，随时都有可能会将他们的救生艇彻底打翻。那救生艇船首被海浪击中后，在惊人的汹涌浪涛中，不断地上下来回涌动。浑身湿透的他，慌不择路，抓住一个空隙，不顾可能被孟加拉虎咬死的危险，慌忙把舱盖的防水油布向后面铺拽过去，用四支钩子固定到船舷上，把帕克堵在了船尾，他躲进防水油布下面那点狭窄的空间，躺到距离帕克最远的一个长坐板上。那场暴风雨一直肆虐到了半夜，那些像小山一样的海浪，持续不断地把救生艇折腾得没完没了地起起落落，海水不住地涌进来，又涌出去，当时，他再也顾不上去理会帕克现在身在何处，会不会朝他扑过来什么的了。防水油布下面一片漆黑，他已被淹了个半死，被击撞得伤痕累累。昏昏沉沉中，当他意识到暴风雨停息了之后，他解开了防水油布，在上面小睡了一会儿。天亮之后，他分外沮丧，他那小小的救生筏子没了踪影，只剩下两支船桨和一件救生衣，对他来说，这又是致命一击。不过好在救生艇总算还好，尽管受到一些损坏，但没有沉没，而且上面剩存的淡水没有什么损失。

有一次，他还险遭雷劈。那天，天空漆黑一片，白日如黑夜一般，大雨倾盆，远处雷声隆隆。看到帕克平趴在救生艇的船板上，四肢大张，浑身发抖，他一下子兴奋起来，惊叹不已。就在他们的救生艇刚刚从一个大波峰落入波谷时，一道闪电从天而降，直冲下来，击中了救生艇所在的海域，接着是一声霹雳，一道白光接踵而至，刺透了一切，刺得他睁不开眼，爆炸声响震耳欲聋，周围的一切，瞬间变成了白灿灿的一片。他茫茫然，惊愕得就像真的遭了雷劈一样呆若木鸡。那一次，是他在苦难中极少有过的几次让他感到兴奋的经历之一。

接下来，他经历的是一次兴奋之后的巨大失望，几乎将他击垮。那天，他眺望到一条大船的船影，立刻大声呼喊起来，兴奋得不知所措。那条大船看上去像是一艘油轮，朝他们开了过来，大得简直就像是一座小山，一个巨大的波涌冲着他们的救生艇毫不留情地涌动过来，帕克随之发出一阵吓人的低吼。涌动的激波把他们的救生艇一下子抛举了起来，帕克蹲了下去，身上的兽毛全都竖了起来。接着，救生艇又从那激波上滑落了下来，这时候，他们的救生艇距离那艘油轮不到 2 英尺，而那艘油轮，翻滚着浪花从他们身边驶过去了，上面的船员没有一个人注意到他们的存在。他立刻发射了一枚焰火信号弹，然而，没能射准目标，直接落进了太平洋；他赶紧又倾尽全力吹响了训练帕克时使用的那支哨子，一面声嘶力竭地呼喊，没有任何反应，一切都无济于事。不到 20 分钟，与他们擦肩而过的那艘 30 万吨的巨轮，变成了地平线上的一个黑点。

经历了这样的失望后，他转过身来望向已经安静下来又打起盹来的孟加拉虎帕克，突然冒出了一句“我爱你”。当时，这句话，他几乎是带着感激的心情脱口而出的，他想：正是理查德·帕克的做伴，才使他努力求生，坚持了下来，要是没有帕克，他真不知道自己还会不会活着。随后，他向帕克保证，他不会放弃的，一定会设法把它带上陆地的。于是，有一天，当他们遇到了一堆垃圾后，他赶紧从中捡起一个带有瓶塞的空酒瓶，写了一封求救信，塞了进去，封紧瓶塞后，把那酒瓶重新投进了大海。

写过那封求救信后不久，他的钢笔没水了，什么都写不成了，也不能继续再写什么日记了。样样东西，都有被用光或消耗尽的时候，就连他和理查德·帕克也不能例外。苦难使他们成了两只羸弱的哺乳动物，一副皮包骨头的样子，衰弱无力，枯槁憔悴得不成样了。他开始学着帕克的样子，整日整日昏昏入睡。

已经有三天，他们没能进食了。前一天，救生艇旁边游过来一只海龟，他却已衰弱得连把那只海龟抓上来的力气也没有了。后来，有那么一两天，他发现帕克一直在揉眼睛，发出愁闷的喵喵叫声，并没当回事，直到他意识到帕克的双眼出现了问题。那天，他把一条剑鱼切成两半后，把帕克的那一份扔了过去，原以为它会用嘴叼住那块剑鱼，结果剑鱼块落到了船板上，帕克俯下身去，左右闻寻了一阵之后，才找到了那块剑鱼；随后，他冲着帕克挥了挥手，帕克像一只瞎猫一样，睁着空洞的双眼，没有任何反应。他想，他们的末日就要到了。

第二天，他自己的双眼也开始感觉到了刺痒，而且还往外分泌了许多脓液，接着，便什么也看不见了，眼前一片漆黑。与此同时，他连站也站不起来了，发着高烧，嘴唇干裂，肌肉酸疼，四肢，尤其是双脚，肿胀得厉害，疼痛不已；再加上饥饿不堪，他们再一次什么吃食也没有了，而且饮用水也不多了，由于帕克喝得太多，致使他把自己的饮水量消减到了一天5小勺。

他想，自己就要死了。为了让自己死得舒服一些，他喝下了一些淡水，靠到救生艇中间卷起来的防水油布边上，开始向理查德·帕克道歉，与它做了最后的告别，之后，又与父亲、母亲和哥哥拉维打了招呼，便把自己的一切交给了上帝，陷入了半昏迷的生存状态。

忽然，他听到了一个男人的说话声。那个声音在同他讲话，他与那个声音交谈了起来，谈论起有关吃喝的话题，和一些他热望的食物，米饭，味道浓浓的小扁豆肉汤，沙拉，花生太妃糖，香草冰激凌……那个声音是法国口音，说出的食品全是些牛肉，牛肚，牛杂碎，牛脑，烤乳猪，炖兔子，还有青蛙什么的，以及如何吃生牛肉、死猪血和各种各样令他感到恶心倒胃口的下水。他有些好奇，询问那个声音，是不是杀过人？那声音回答得很坦然，没错，杀过一个男人和一个女人，因为不杀死对方自己就得死，那只是一瞬间的事……

他进入了垂死的精神错乱的状态，以为自己听到的是理查德·帕克的声音，可不明白为什么是法国口音。当他从奄奄一息中醒了过来后，他的第一感觉是：有人！他的心立刻狂跳起来。传到他耳朵里的那个声音在问他：有没有吃的东西和水？他徒劳地眨了眨眼睛，回答说：他瞎了，除了黑暗，什么也看不见了；他的救生艇上已经没有任何可吃的东西，也没有可喝的水了。他听到那个声音呜咽起来，声音凄切，说他也瞎了，也什么都看不见了。他诧异得哑口无言。在太平洋上，他竟然遇到了同他一样的一个在另一艘救生艇里的瞎子。

那个瞎子很健谈。他请那个像他一样经历着海难的"兄弟"上到他的救生艇上来，彼此做个陪伴，那个瞎子答应了，将救生艇靠向他的救生艇，扔给他一根缆绳。他摸索着将两艘救生艇系到了一起，张开了双臂，他们彼此拥抱在了一起，他热泪盈眶，低低喃喃着"可爱的兄弟"。那"可爱的兄弟"爬上了他的救生艇，重重跌到他身上，掐住了他的脖子，一面扬言要吃了他的心、他的肝和他的肉。就在这时，他突然感觉到那"可爱的兄弟"从防水油布上滑落了下去，他想把他拉回到防水油布上来，却听到了他一声尖叫，一声他以前从未听到过的男人的尖厉惊喊——理查德·帕克把那"可爱的兄弟"杀死了。

孟加拉虎帕克以另一条生命为代价，给了他一条命，把那个男人身上的肉撕了下来，咬碎了那个男人的骨头。他的鼻孔里，充满了来自那个"可爱的兄弟"的血腥味，他身上的某种东西死了，在那之后，再没复活。他爬到那个男人的救生艇上，把用手摸索着，在上面扫荡了一番，把找到的一丁点海龟肉、一个剑鱼头、一些饼干碎屑和水，统统送进肚子里，然后，重新回到他的救生艇上，解开了缆绳。

后来，他的眼睛有了一线视力。随后，他开始不断用海水冲洗他的眼睛，两天之后，他的视力恢复了。第一眼看到救生艇上的景象时，他恨不得宁愿自己还是个瞎子。那个男人被虐杀的残躯、割断的肢体，散落在船板上。他用鱼钩钩住了一只胳膊，用那些肌肉做了鱼饵，甚至还疯狂地吃下了其中的一小条肌肉。为此，他为自己的堕落倍感伤心，自己简直不是人了，简直和理查德·帕克一模一样了！在那之后，每天，他都要为那死尸的灵魂祈祷。

不久，派又目睹了，在特定的情境中，就连树木也会吞吃死尸的肌肉——这一匪夷所思的植物学上的现象。事情发生在他登上了一座小岛之后。那一天，他睡了一小会儿，睁开眼时，看到前方不远处一片树影，一开始，他没有任何反应，以为又是他的幻觉，只要眨眨眼睛，那些树影就会消失；然而，那些树影却始终矗立在那里，渐渐成了一片树林。在茫茫太平洋中，他们竟然有幸遇到了一个海岛！他们的救生艇，漂流到了一个地势低洼的小岛附近，这简直太令人激动了！他呜咽起来，还是有些不相信自己的眼睛。

那些树木，与他从前见到过的所有树木大不相同，树皮苍白，树枝分布均匀，叶子茂密，叶面绿油油的，绿得发亮，下面覆盖着一层海藻。他冲着理查德·帕克大喊起来，告诉它：他们登陆了！他们得救了！接着，他便从救生艇上滚落了下去。

坚固的土地和清凉的岛上水的双重震撼力，给了他力量，他踏上了那个小岛，语无伦次地感谢着上帝，躺卧到那里，激动不已，无法安静下来，又挣扎着努力坐了起来。周边的植被味道浓烈，那些绿色清新而打眼，令人心旷神怡。他舔了舔身边错综在一起、散发着一种说不出来什么气味的管状海藻，扯下一把，撕碎，送进了嘴里，不住口地吃了一通，填饱了肚子，恢复了一些体力。之后，他注意到200 英尺外的一棵孤独的树，那立在低矮的冈坡上的唯一的一棵树，他便费力地朝着它爬了过去。他爬到了那树荫下后，一股巨大的幸福感，令他激动得热泪盈眶。在茫茫大海上，遭难了这么久之后，能幸运地与一棵树相逢，实在是三生有幸，他冲着那棵长相独特的孤树不住嘴地称赞，赞美上帝，颂扬真主。

他仔细察看了一番神的这一杰作，它枝叶繁茂，绿气逼人，非常漂亮，是他从未见过的一种树。很快，他又发现，这棵不高的孤树竟然是直接从海藻丛里长出来的，在它的下面没有任何土壤。这时候，他听见一声低沉的怒吼，转过身去，看见理查德·帕克从救生艇上跳了下来，赶紧把随身携带的那个哨子放到了嘴边，然而，帕克根本就没有想要袭击他的意思，而是像一只刚出生的小虎崽，跑上冈坡，消失在了小岛的内陆深处。

那一天，他是在极度兴奋的状态中度过的，吃得饱饱的，也喝得足足的，后来，为了安全起见，他又爬回到他的"领地"——那救生艇的船头，舱盖的防水油布那里。夜里醒来时，他听到一些响动，原来，理查德·帕克不知什么时候也回到救生艇上来了，正在它的地盘上舔它的脚趾。

又过了几天后，在有了足够的力气之后，他决定到那个小岛上去勘察一番。站到冈脊上，他看到整个岛屿上布满了藻类，绿色的高地中央是一片绿色的森林，周围有几百个分布均匀、大小相同的池塘，池塘与池塘之间，生长着稀疏的树木。令他记忆最深的，是岛上的那些狐獴，直立在那里，成千上万，摄人心魄，密密麻麻地聚集在池塘周围。

所有的池塘都是圆形的，水质清澈，深不见底。那些狐獴似乎没有恐惧感，看到他从冈上下来，没有一只害怕地躲开，或有半点的紧张。他注意到，附近的一些狐獴跳跃着跳进了池塘，它们拖出来的每一条鱼，无一例外，全是死的。他跪到池塘边，捧了一捧水，呷了一口，那水是淡水，显然，咸水鱼在淡水里是不可能存活的，但是，海里的那些鱼是怎么跑到这淡水池塘里来的？他有些琢磨不透，就在这时，他忽然目击到了理查德·帕克的踪影。

那些世世代代从未见过食肉动物的可爱狐獴，变成了理查德·帕克的佳肴，帕克以精湛的技艺从狐獴群中跑过，咬杀了一只又一只狐獴，嘴唇上滴着血，留下一道明显的屠杀与暴虐的痕迹；那些天性温顺的狐獴，根本不知道这只孟加拉虎有多么危险，它们根本没有安全的距离感，没有恐惧感或逃避的想法，依然继续在原地跳跃着，聒叫着，满不在乎帕克对它们的大肆杀戮。而帕克杀死的狐獴，远远超过了它的需求，嗜杀的冲动与吃的强烈需求，截然分开了，身上那被压抑着的凶暴残忍的本能，突然释放了出来。他站在那里，目不别视，注目着帕克那一身腾腾杀气；好在当时，帕克离他很远，对他还不至于构成什么威胁。

一天，一场暴风雨袭击了小岛。滔天的海浪怒号汹涌，猛烈拍击着小岛。他注意到，不知为什么，暴风骤雨和惊涛骇浪，对那些狐獴似乎没有任何影响，它们继续做着自己的事，就好像周围什么事也没发生似的。小岛上荒凉的生态环境，也是他从未见过的。在小岛上，除了狐獴、海藻和叶子光亮的绿树，就什么都没有了，另外，他还注意到，那些伸进海藻丛中的绿树，自身没有独立的根须，而是海藻不可分割的一部分，与海藻是一种共生关系。

又过了几天，他身体复原了，有了活力。理查德·帕克由于有了饱腹的美味狐獴，不但恢复了过来，体重还有所上升，身上的毛皮又开始有了光泽，而且，一到夜晚，还总要回到救生艇上来，令他免不了有些紧张，于是，便离开了救生艇上他的那块“领地”，利用救生艇上的一些东西，在小岛绿树顶上为自己搭了一个落脚的窝棚，宿营到了那窝棚里。

一天，他刚躺到毛毯上，就惊愕地听到了狐獴群的骚动声。那些活泼可爱的狐獴，成群结队，一个个全都爬上了树，睡到了那些枝杈上，有的离他很近，有的甚至睡到了他身上，他把它们推开后，它们仿佛没感觉似的又跑了上来，样子相当温驯，可爱。一天夜里，睡梦中，他被狐獴群的聒噪吵醒后，坐了起来，看到那些狐獴一个个全在发抖，他顺着它们的朝向望了过去，皓月当空，池塘的水面上闪动着微光，一些晃动的银色形体，漂浮在黑色的水面上。原来，有一些死鱼从池塘水下浮到水面上来了，渐渐地，那些池塘水面上挤满了大大小小的死鱼，使整个水面变成了银色。那些水面继续在不停地动荡着，更多的死鱼，在继续从下面往上翻浮，却没有一只狐獴跳下去，跳进池塘去拖那些死鱼，它们只是躲在树干上聒噪着，表达着它们的沮丧。

像是受到了狐獴群情绪的感染，他觉得眼前的奇观有些不吉利，那些死鱼令他感到阵阵不安。到了第二天，天刚刚亮，他又被成群结队下树的狐獴的喧闹声吵醒了，再次向昨天夜里引起他紧张不安的那些池塘看了过去，他大吃了一惊，这时候，那些池塘里面一个个空空如也，死鱼全都消失不见了，他惊讶得目瞪口呆。

在离开小岛的前一天，他找到了问题的答案。他在森林深处意外发现的一棵食人树，解开了他登岛后所产生的全部疑惑。在小岛上，森林里的树木一棵紧挨着一棵，树枝相互缠绕，交错在一起，他所发现的那一棵食人树的形象，看上去与岛上其他的树木没有什么不同，独特之处在于它的树枝上挂了果实，所以引得他多看了一眼。整座岛上的树木都不结果实，它是唯一的例外。他想尝尝那果实，便设法爬了上去，伸手摘了一个。他撕剥了几下，发现根本不是什么果实，而是由许多树叶黏附在一起的一个球形体。他继续一层一层地往下撕剥，看到那“球”的核心，竟是一颗人牙。他又摘下一些，彻底撕剥开那些果实，无一例外，每一个“球”里都包裹着一颗人牙，总共 32 颗，完整的一副成人牙齿。他恍然大悟，一下子领悟了其中的含义，没有喊叫，颤抖着从那棵树上下来了。

那天夜里，他躺在树上的那个窝棚里，无法入眠，伸手抓了一只狐獴，把它从树枝上扔了下去，以验证他自己的推断。那只狐獴刚掉到地上，就立刻跑回到了树上，不断舔它被灼伤的爪子；于是，他决定自己下去一趟，亲身验证一下。结果，意料中的烧灼感从他的双脚径直往上蹿，灼痛得他尖叫着发疯般爬回到树上。随后，他想办法治疗自己的脚伤，并断定，这里是一个食肉岛。

这样一来，池塘里那些死鱼的消失就能解释清楚了——每到夜晚，这个小岛就会发生某种他不知道的化学变化，那些食肉海藻，变成了高腐殖酸，那些池塘，变成了能够消化鱼的盐酸浓浆。这就是为什么，他在这里看到的只有海藻，狐獴全都睡在树上，理查德·帕克一到晚上就回到救生艇上的原因。

第二天，他赶紧离开了这个食人小岛。他在救生艇上备足了淡水，杀了一些狐獴，剥了皮，把储物柜填得满满的，等待着孟加拉虎帕克回到救生艇上来后，便同他的这个危险伴侣一起，重新回到了茫茫的大海上。

在那之后，又过了一些时日，当他们到达陆地的时候，准确地说，是到达墨西哥的时候，派虚弱得几乎连兴奋的力气都没有了。海浪把他们的救生艇推向了海滩，他手扒着救生艇的船舷爬下来时，几乎不敢松开手，害怕在就要获救的时候，自己会被淹死在 2 英尺深的海水里。他抬头想看看离上岸还要走多远，看到的却是理查德·帕克的最后一面。孟加拉虎帕克充满生命活力的身体，从他身体上方的空间蹿跳了过去，落到海水里后，几步就上了海滩，瞅都没有他瞅一眼，便沿着海滩蹿进了附近的丛林，从他的生活中永远地消失了。

他挣扎着向岸边走去，瘫倒在了海滩上。发现他的人，把他的救生艇拖上岸边的沙滩，把他抬到了他们的村庄。他哭泣得像个孩子一样。他之所以哭泣，是因为理查德·帕克的不辞而别，就那么随随便便离开了他。现在，一切都过去了，他们生还了。那么，再见了，理查德·帕克，愿上帝与你同在。

一些女人为派洗了澡。一辆警车把他送进了医院。在医院里，人们给了他衣服和食物，医生和护士照顾他，就像是在照顾一个不经事的婴儿。他听不懂那些人的语言，但是他知道自己终于得救了。墨西哥和加拿大的官员为他打开了通往多伦多大学教室的大门。

后来，在 1978 年 2 月 19 日，派住在墨西哥托马特兰班尼托华雷斯医院（Benito Juarez Infirmary，Tomatlan，Mexico）时，两位日本交通部门海事科的官员冈本智博（Tomohiro Okamoto）和千叶笃郎（Atsuro Chiba）奉上级指示，与他这位日本货轮“回归号”的唯一幸存者进行了谈话，以期进一步了解那艘货轮沉没的缘由。他们打开了录音机，用英语与他交谈了 3 个小时，整个谈话都被录了下来。

他们听过他与孟加拉虎理查德·帕克的故事之后，根本不相信他的故事，认为不合乎情理，经不起推敲，希望他能理智一点。他激动起来，告诉他们：孟加拉虎是真的，救生艇是真的，海洋也是真的，因为在你们狭窄而有限的经验里，这三者从来没有汇合在一起过，所以你们怎么也不相信。但是，准确无误的事实是“回归号”货轮让它们汇合到了一起，然后，就沉了。两位日本官员继续坚持己见，他们需要的是准确无误的事实，到底发生了什么事儿。他情绪有些激愤，他知道他们想要什么，他们想听的无非是不会令人吃惊的故事，不会让人从不同的角度来看问题的故事。长时间的沉默之后，他给他们讲了另一个故事：

“回归号”货轮沉了。救生艇上来四个人：派、派的母亲、厨师（一个脾气很坏、十分贪婪的法国人）和一个水手（一个很漂亮的中国男孩）。水手在往救生艇里跳的时候摔断了一条腿，派和母亲被厨师控制住了，他们合力锯断了水手的那条伤腿。之后不久，那个水手就死了，厨师把他肢解，还把一条条肌肉和一块块器官在太阳底下晒干后吃了。派和母亲被那个厨师的行径吓坏了，派的母亲曾极力想阻止，却无济于事。后来，在极度的饥饿中，厨师把派的母亲也杀死了。派和厨师打了起来，结果，派杀死厨师，吃掉了厨师的心脏、肝脏和肉。就剩下派一个人，孤独开始了。派求助于上帝，存活了下来。

听过他的第二个故事之后，两位日本官员表示，在他们看来，两个故事没有什么本质区别，没有一个能解释“回归号”货轮为什么沉了，没有一个能有助于他们了解那艘货轮沉没的原因。后来，他问他们，到底喜欢哪个故事，其中一个有动物，一个没有。他们二人都认为，有动物的第一个故事更好一些。

在那之后，他从冈本给他的来信中了解到，冈本在报告中写道：沉船的唯一幸存者，印度公民帕特尔先生关于他同一只孟加拉虎在海上存活的故事，是一个充满勇气和耐性的非常令人震惊与独一无二的故事。

作者生平与创作生涯

扬·马特尔于 1963 年 6 月 25 日出生在西班牙中西部历史名城萨拉曼卡（Salamanca），父母是法裔加拿大人，加拿大外交官。童年期间，他随着家人不断迁徙于葡萄牙、美国的阿拉斯加、哥斯达黎加、法国、墨西哥、加拿大的安大略省以及英属哥伦比亚等地。1981 年，他毕业于加拿大安大略省霍普港的圣三一学院，1985 年，获得安大略特伦特大学哲学学士学位。之后，他陆续在伊朗、土耳其和印度等地生活了一段时间，干过洗碗工、植树工和保安等短期工作。

1990 年，他定居到加拿大魁北克的蒙特利尔，开始专职写作，陆续发表了几部短篇小说，其中，涉及了移民悲情的短篇小说《赫尔辛基的罗卡马提欧家族背后的事实》（The Facts Behind the Helsinki Roccamatios），1991 年获得了加拿大的《旅行》杂志奖。随后，1993 年，他出版了中短篇小说集《赫尔辛基的罗卡马提欧家族背后的事实和其他故事》（The Facts Behind the Helsinki Roccamatios and Other Stories），由一个中篇和三个短篇小说构成，四篇都是内容不俗的故事，在表现形式上均有创新，不受时间限制，故事感人，发人深思。

1996 年（33 岁），他出版了第一部长篇小说《自己》（Self），讲述了一个幽默而悲伤的变性故事，出版之后，反应平平。之后，他陆续出版了短篇小说集《最后我们把孩子们吃了》（We Ate the Children Last，2004）；长篇小说：《少年 Pi 的奇幻漂流》（Life of Pi，2002）、《比阿特丽斯和弗吉尔》（Beatrice and Virgil，2010）、《葡萄牙的高山》（The High Mountains of Portugal，2016）。

其中，《少年 Pi 的奇幻漂流》不循正轨、充满离奇，以含蓄中略带嘲讽的笔法，真真假假，虚虚实实地讲述了一个稍带“奇幻”的历险故事：同时信仰三种宗教的印度少年派西尼·莫里特·帕特尔（Piscine Molitor Patel）遭遇海难之后，与一只成年的孟加拉虎理查德·帕克（Richard Parker）共处一艘救生艇，在浩瀚的险象环生的太平洋上漂泊了 227 天。故事表述得非常精彩，高潮不断迭起，洋溢着睿智的识见，交杂着人性的善恶与矛盾，并带有宗教的救赎，用一种既现实又残酷的生存状况，表现了人类的生存法则，人与他者之间的互动关系，对人类的生存和信仰进行了大胆思索。小说的出版，颇有些坎坷，被伦敦5家大出版公司拒绝之后，几乎没有什么名气的苏格兰爱丁堡坎农盖特出版社营销总监杰米·拜恩（Jamie Byng，1969—　）慧眼识珠，出版了这部小说。小说甫一面世，立刻深受欢迎，并受到评论界的广泛关注和赞誉，因其大胆创新，用创造力对信仰进行了探究，问鼎了第34届英语文学界最有影响力的布克奖；还获得了加拿大（魁北克地区）作家联盟的休·麦克伦南小说奖；加拿大优质平装书俱乐部的最佳小说新人奖；南非的波克奖等；很快又在许多国家出版了译本。

一举成名之后，他一面继续笔耕，一面讲学，做一些文学研究，2002年至2003年，他到德国柏林自由大学比较文学系担任客座讲师；2003年9月，他到加拿大萨斯喀彻温公共图书馆做了驻馆作家；2005年，他成为萨斯喀彻温大学英语系的驻校学者。目前，他生活在萨斯卡通（Saskatoon）继续长篇小说的创作。

主要参考资料：

Self, byYann Martel, Publisher: Faber and Faber, 2003.

Life of Pi, by Yann Martel, Publisher: Canongate Books Ltd, 2007.

037 维农少年［澳］D.B.C.皮埃尔

Vernon God Little by D.B.C. Pierre

◎ 原著共5幕，27章。用主要人物“我”的粗口俚语，讲述了“我”深陷校园枪杀案泥沼，无辜被当作“帮凶”领死刑的荒唐经历。“我”，即美国得克萨斯州一偏僻小城某中学的男生维农·戈多·利特尔（Vernon God Little）。本文在下面的讲述用第三人称。

英文原版封面

D.B.C. 皮埃尔
（Dirty But Clean Pierre，1961—　）

“肮脏却又干净”的皮埃尔是澳大利亚文坛上的一位新星。

有评论认为，其作品颇具独创性，富有想象力，具有喜剧色彩，彰显了幽默天赋。

《维农少年》（Vernon God Little）问世之后，因其**语言极其生动，极富创造力，极其激动人心，而且是一部散发着机智的黑色喜剧，反映了人们对现代美国的惊惧与迷恋**，问鼎了第35届英语文学界最有影响力的布克奖。名不见经传的他，一夜成名，同年，还赢得了博林格·沃德豪斯漫画小说奖、英国图书年度新人奖、《卫报》最佳处女作奖、英国及爱尔兰图书协会颁发的著名的惠特布莱德小说新作奖；2007年，被搬上了伦敦新维克剧院（Young Vic Theatre）的戏剧舞台。

马蒂理欧（Martirio）热得跟地狱一样，贴在门廊上的那张报道星期二校园血案的报纸，却让维农感到寒飕飕的。上帝知道，他真的已尽了最大的努力学习在这个世界的处世之道，甚至隐隐觉得他们家总有一天会过上好日子的；但是，那桩惨案发生之后，那点小小的光明再也不容易实现了。他奶奶的，这是什么狗日的世界！

现在是星期五，维农坐在警长办公室里，对着门口，身上穿的衣物只剩下了鞋子和内衣裤。星期二发生的那桩事，与他根本无关，他可不情愿到警察局里来打转，这鬼地方，让他想到了去年冬天新闻节目里报道的一个老黑鬼，被剃光了头，戴着厚厚的眼镜，像头动物一样，穿着一身精神病患者穿的衣服，被关在法庭设立的一个关动物的笼子里，然后，被判了死刑。他瞪视着脚上那双新款的耐克牌运动鞋，想弄点口水把它们擦亮一些，可手指头被印泥印弄得黏糊糊的，奶奶的，那就算了吧。

一位胖胖的女警官走了进来，抱着一盒“巴恩烧烤店”的烧烤，还有一包他的衣服，以及一部电话机，脚步迟缓，汗味熏天。他盯视着那个门口，希望他娘会跟着进来，把他领回家去；可他心里清楚，他的那个娘是不会来的。他暗暗骂自己：狗日的，真他奶奶的该死！谁都知道星期二的那桩事到头来得怪罪到耶稣·纳瓦洛（Jesus Navarro）的头上，不知道他的那个娘是否也清楚这一点？现在，他只是在协助警方的调查，可仅是这样的事实，就会让他娘受不了。

那位女警官尖叫着讲了一通电话之后，看向他，把衣服丢到他腿上，把他领进了审讯室。里面有一张桌子和两把椅子，没有窗户，门的背面，粘贴着一张死去的耶稣的照片。他取过一把椅子，穿上衣服，开始回答女警官的问话。女警官从烧烤盒里挑了一个烤鸡翅，轻咳了两声，确认了一下：他的大名，维农·格雷戈里·利特尔；常住地，比尤拉大道 17 号；与母亲多丽丝·埃莉诺·利特尔（Doris Eleanor Little）住在一起。他看到烧烤调味酱滴到了女警官警徽名牌上——副警官维尼·古里（Deputy Vaine Gurie）。古里副警官继续吃着烧烤盒里的肉，确认过他的年龄——15 岁后，随口嘟哝了一句：一个难对付的年龄。他暗想：狗日的，开什么玩笑？他可不想让这件事拖很久。古里的眼睛眯成了一条缝，告诉他：现在同他谈的是有关凶杀案的帮凶问题，要拖多久就拖多久。

古里一副咄咄逼人的样子，还相当清楚他与星期二血案里的死者耶稣的密切关系。他像个笨蛋一样，原以为一定会有很多目击证人，被抓来协助警方的调查；结果，古里嘲弄的目光让他明白了——他为什么在这儿了！原来他已被当成了凶杀案的同谋犯，成了他们到目前为止抓捕的唯一的一个人。一声哼哼过后，古里示意：警察的职责就是让真相暴露无遗。并提醒他：在这个世界上，控制人们生活的只有两种力量——原因和结果；只有两类人——公民和骗子。随后，古里要求他说清楚：星期二上午 10：15，他在干什么？这时，传来了敲门声。

他娘打来了电话。他走进接待室，满肚子不快，不住地骂街：要是他家的老太太没在这一节骨眼打来这个电话，他真他奶奶的会感激不尽的。说句掏心窝子的话，好像在他出生时，他老娘就在他背上插了一把刀，之后，他娘每发出一点声音时，我操，就像把刀柄拧了一下。因为他没了爹爹，无人分担他的疼痛，所以，现在那把刀插得更深了。

听到那一声“好吗”的问候时，他感觉那刀刃在他身上搁割了一下，一边回答，一边祷告，祈求他娘别再伤他了。他娘还是转动一下那刀把儿，询问他今天“上没上过厕所”。这真是一件令人太过羞耻的事——在孩提时，他的大便就不痛快，他娘总是不管不顾，甚至为这事写信给他的老师，他的老师——那个婊子竟在班上说了这件事，他差点当场死过去。他娘径自往下说着：知道他今天上午没工夫去上厕所，所以对这事十分担心。“我没事。”他谨守着规矩，保持着礼貌，耐心回答着他的娘。最后，他娘告诉他：因为要为街对面的邻居、在星期二惨案里失去了儿子的莱丘嘉家（Lechugas）烤一炉蛋糕，所以过不来了，待会儿帕姆（Pam）会过来接他的；之后，叮嘱了他一句：在车里坐直些，因为街面上到处都是照相机。他真不知该说什么好了，他娘竟如此这般搞笑！他并不在乎什么自己目前的处境，确信真相会弄明白的；到最后，真理总会获胜的，就像那些电影镜头一样，总会以幸福结束——可他奶奶的，他家的老太太却缺乏这样的分析和认识，甚至达到了无人企及的极点。

他慢慢返回了审讯室，继续回答古里副警官要求他讲清的一些事情的真相。他告诉古里：事发时，他们班正在上数学课，当时，他本人没在课堂上，在体育馆的后面，在为物理老师纳克尔斯先生（Mr. Nuckles）办一件事。古里根本不相信，一口咬定他在说谎。他当即表示有可以为他提供证言的人，纳克尔斯先生是一个，还有一大帮人都可以作证。古里要求他说出那些证人的名字时，他却一下子怎么也想不起来那帮人的事了，泪水夺眶而出，坐在那里，愣眼巴睁。

古里乘胜前进，步步紧逼，借机追问了他两个问题：一，与毒品有没有关系？二，是否拥有一把枪？对于他给出的两个矢口否定的答案，古里不想再往下听了，拨通了马蒂理欧县行政司法长官伯科尔尼（Sheriff Porkorney）的电话。他感到懊丧，生气地暗想：这个胖女人拨电话的主要原因，是她那烧烤盒里只剩下骨头，没有肉了，丧失了查问下去的信心，转而去寻求别的犒劳品。狗日的，他奶奶的，他竟成了肉！一分钟后，门开了，古里把不大“合作”的他转交给了伯科尔尼警长。

伯科尔尼警长关闭了身后的门，朝他脸上呼出一口腐烂的臭气，断言他是耶稣的帮凶，警告他：他遇到了麻烦，激忿的民众就在外面，他们始终怀疑还有个罪魁祸首，会很快做出裁决的。他这才开始意识到自己已被扯进了莫名其妙的泥坑，赶紧为自己辩解：当时，他甚至都不在现场，他有证人。伯科尔尼警长根本不理睬他的回答，掉头转向了躲在角落里的古里副警官，问：利特尔的衣服是否检查过了？之后，又特意加问了一句：检查过那三角裤的背面没有？

他十分清楚伯科尔尼警长为什么要加问上那样一句——那是他所居住的那个社区特有的性癖好。狗日的，这位警长大人分明是在怀疑他和耶稣是同性恋！他努力克制住自己的情绪，冷静地告诉警长大人：

他不是同性恋者，他根本不知道耶稣的杀人计划，耶稣是他从小的朋友，可他们没有同性恋那回事儿。伯科尔尼警长冷冷一笑，要他一一给予证明：他是一个正常的男孩子，喜欢车子，还有枪，以及他的女友们。他依序如实作答，在回答有关女孩的问题上，因为他的回答与警长大人所说的对不上号，伯科尔尼警长便不再往下查问了，命令古里副警官把一切记录在案，然后将他拘押。之后，他独自一人被留在了那里，闻到了一种被切割开来做十字架的木料散发出来的遗臭味。

随后，他娘最好的朋友帕姆开着她的轿车“福特水星”跑来了。他很喜欢这位帕姆大娘，一个身上不带“刀”、有些幼稚却充满活力的女人。帕姆比他的娘埃莉诺还要胖些，最热衷的就是吃。帕姆一进来，便放开了嗓门，大喊大叫，以孩子有权利吃饭为理由，不顾警长秘书的极力阻拦，硬生生把他带出了警察局，带到了“巴恩烧烤店”，结果，给他带来了不小的麻烦。

帕姆驾驶着她的那辆“福特水星”沿着古里大街开了过去。他看到街面上乱糟糟的，来了不少人。帕姆拉出金属网反射器，开始眯着眼寻找想进的店面，一面情绪激动地跟他说着，最好是买鸡块套餐。他坐在那里，置之不理，无动于衷，深陷的泥坑已经够他受的了，帕姆一门心思全都集中在了吃上，而他，现在最希望的是能坐上下午的公共汽车离开这里，远走他方。帕姆把那辆“福特水星”开到了街道拐角处，一辆响着警笛的车子呼啸着从他们旁边经过时，他注意到街面上塞满了记者和手持摄像机的人，立刻低下了他的头。

帕姆把那辆“福特水星”停在了“巴恩烧烤店”附近。他看到今天那家烧烤店里净是些穿黑衣服的人，只有他们脚上的“耐克”鞋子除外。在他们把鸡块装盒的时候，他坐在轿车里，透过车窗，一一辨别着那些鞋子的不同型号。脚步匆匆的帕姆把她买来的鸡块套餐递到他手里后，让他趁着鸡块未变潮之前赶紧吃掉；之后，他们又上路了。很快，帕姆便将“福特水星”拐到了“解放路”上——看来，帕姆一定是忘记了发生在这条路上的事！在他们学校——马蒂理欧中学的校门口，一些女孩在哭泣；带着摄像机的陌生人在拍摄；那些沿街道上下而居的居民，神态萎靡，站在自家的纱门旁，那突如其来的毁灭性的打击，把他们搞得身心交瘁……

帕姆意识到自己的疏忽大意时，为时已晚，他已坐在轿车里呜呜啜泣起来。饮弹自尽的耶稣·纳瓦洛那丑陋不堪的影像，在他的脑海里晃动着。贴挂在警察局审讯室门后的那张耶稣的相片，摄于犯罪的现场，与他看到的耶稣的最后一面，大不相同；从那张照片上，看不到周围其余的十几具尸体和所有那些歪斜、无辜的脸。它也不同于他记忆中的耶稣的样子。那天的那个星期二，就像狗日的血崩一样，毁了他。

他的老伙伴，耶稣·纳瓦洛，是一个墨西哥裔大男孩，双手六指，一个与众不同的倒霉蛋儿，经常被人臭骂为“偷渡崽儿”。他一点都没料到耶稣竟会在那个星期二自杀身亡。在现场，人们看到耶稣穿着丝绸女裤，现今，女孩子们的内裤成了调查的主要焦点。耶稣的老爹纳瓦洛先生认为，那件事是警察硬栽到耶稣身上的。

去他奶奶的，他并不那么想。那天上午的事，挤塞在他脑海里。在上学的路上，他和耶稣顶风骑着自行车，风的阻力很大，就像暑假前的最后一个星期二一样，令人感到沉重。物理课，数学课，然后是物理实验，简直是一个人间地狱。

耶稣的马尾辫在阳光中飞舞着，整个人看上去都与过去大不一样了，变得潇洒了，多余手指的残肢也几乎消失了；不过，脑筋还是那么笨拙，脑瓜也不灵通。早先，他的老伙伴耶稣模仿戴维·莱特曼[1]（David Letterman）的能耐无人能比，现在却被不正常的激素劫持了，变得离奇古怪，令人难以琢磨，他以前从未见耶稣这样过。没人知道为什么。他看过关于青春期的书，上面说，榜样是一个人成长的关键。耶稣的老爹纳瓦洛先生是从墨西哥偷渡到美国来的，从来都不会阻拦耶稣玩枪什么的。耶稣需要的是另一类的榜样，却没人为他做出榜样。在学校里，放学后，他们的物理老师，那位总蹲下去撒尿的纳克尔斯先生，前一阵子把所有的工夫都用在了耶稣身上，与耶稣待在一起，消磨各种各样的时光，耶稣甚至去了纳克尔斯的住处，坐了纳克尔斯的小汽车。有一次，他甚至于看到了纳克尔斯和耶稣相互拥抱的场景。不过，他并没往其他方面想，猜想他们不过是如同兄弟或类似的关系。问题的关键在于，最后，纳克尔斯先生将耶稣弃之度外，撤身离开了，在那之后，耶稣变坏了。

耶稣在他身旁，默默地蹬着自行车，他也不怎么想开口，两个人静静地骑着自行车，并肩而行。这时，一位街道上的老熟人开着运货卡车从他们身边经过，伸出头来冲着耶稣大吐舌头，随后扬声叫骂了一句："墨西哥偷渡崽儿——男同性恋！"耶稣立刻垂下了头。他常常为耶稣遭遇的这种倒霉事感到心痛——为耶稣被人臭骂，为耶稣穿的二手鞋，为耶稣那该死的另类生活方式。在往昔，耶稣全然不是眼下这么一副熊样，而是一个品性纯真的家伙，尽管有些孤僻，却不带尘垢；那时候，他们在一起时，总能玩乐得尽情尽兴。他清楚地记得，他们曾像是万物之王，用耶稣老爹的枪，在县城外的荒野上驰骋，疯狂灭射那些啤酒罐、西瓜和垃圾。

耶稣呆头呆脑地继续与他并排前行，他注意到了耶稣呆钝的目光，断定耶稣的思想一定畏缩在了纳克尔斯先生身上。突然，耶稣开了口，谈起了上星期他们课上听到的哲学家谈论死猫与活猫的存在问题。他对耶稣想讨论的"存在"不大上心，随口说了一句：把那只狗日的猫直接踩死不是更容易吗？耶稣一下子就火了，骂了他一句"笨蛋"。这些天来，耶稣总是这个样子，轻易就能发火，一点就着，什么都当真。他回了耶稣一句：你他奶奶的什么意思？耶稣怪里怪气啰唆了一通：假如事情没有发生，除非你看见它发生；假如你知道它即将在发生，它还会发生吗？但是不要告诉别人。就在耶稣的这一堆词语灌入他耳朵的时候，透过树林，他看到了他们马蒂理欧中学那阴森森的外形，灵魂深处，直打寒战。

他停止了啜泣，思想闪回到眼前的"解放路"上的情景，忽然大喊起来，要帕姆停车！希望帕姆能在这里把他放下去，让他逃离马蒂理欧。帕姆继续驱车前行，劝他控制住自己，就快到家了。帕姆将车子驶入了比尤拉大道，松开油门减速时，他看到了前方街道上的新闻记者和街对面莱丘嘉家的树荫下一辆客货两用车旁的一个懒散的陌生人。帕姆告诉他，那个人早就来了，待了足足一个上午了，带着一台便携式摄录一体机。

帕姆的那辆"福特水星"刚一停下来，尾随而至的维尼·古里副警官便拉开了他身边的车门，不失时机地挖苦了一句：这位是谁啊？他看向他娘多丽丝，他娘多丽丝正急匆匆穿过他家的门廊，从台阶上下来，径直朝他扑了过来，活像一头惊慌失措的鹿。他上一次见到他娘这副样子时，他爹爹还活着。

---

1 戴维·莱特曼（David Letterman）：美国脱口秀主持人、喜剧演员、电视节目制作人，在美国深夜电视的传奇节目"莱特曼今夜秀"中，他炙热的智慧和讽刺一切的风格代表了当今美国大众文化的一部分。

古里副警官拦在了他和他娘之间。他娘多丽丝想跟古里套套近乎，古里没买账，一副公事公办的样子，说必须把他带走。之后，又严厉斥责了他一通：他们信赖他，让他单独一人待着的时候，他却逃跑了。现在，他们仍然无法在报告书上注明惨案发生时他在干什么。他娘急了，赶紧为他辩护：他甚至都不在那儿！随后，还撑起了“新闻”这面大旗：新闻报道已经公开了这件事的真相和它的结果——随便一个人都知道它是怎么一回事。

古里置若罔闻，坚持带走他，还滔滔不绝地讲了一大堆理由：人们或许都知道结果了，但是，他们警察还必须查明有关的原因。对于这件事，新闻确实已有了不少报道。这样的犯罪行为，已使马蒂理欧县陷入没有运尸袋可用了的悲惨境地；而这样的屠杀惨剧，绝不仅仅只是一个单枪匹马、无人相助的枪手干的。再说了，维农·利特尔竟敢在他们的约谈调查还没有结束之前就逃了，一个拥有无懈可击的不在犯罪现场事实的人，是根本不会这样做的。

眼看着他就要被古里带走了，他娘多丽丝慌张失措，慌不择路，急忙对古里道出了那件讳莫如深的事：维农患有一种健康方面的病痛。他急忙加以制止，而他娘根本不顾及他的拦阻和脸面，坚持说了下去，气得他牙根直疼——她又在跟人说那个狗日的屁眼儿问题了！就在这时，站在他家街对面树荫下的那个陌生男人咯咯笑了起来，带着摄录机走到正推着他在车行道上向前行走的古里跟前，要古里对着镜头说几句话。遭到拒绝后，径自介绍说，他叫埃拉里奥·莱德斯马（Eulalio Ledesma），是美国有线电视新闻网的记者，正在做一个背景报道；之后，在古里尚未来得及反对之前，就已将三脚架放下了，把镜头对准了古里；紧接着，又假借要给惨案发生之后工作在第一线的执法专家维尼·古里副警官做个电视节目，招手把他叫了过去，搂住他的肩头，把他拉入镜头画面，然后追问古里：这个孩子犯了什么罪，你非要把他带走？弄得古里结结巴巴，威风骤降。

莱德斯马的双眼放射出刺人的光芒，转动着他的摄录机，终于把古里副警官逼问得说不出任何拘留他的理由，满脸冒着汗。过了片刻，古里衣兜里的手机叫唤起来，伯科尔尼警长把古里叫走了。莱德斯马得意地收起了他的摄录机，目视着被击败了的维尼·古里副警官拖着脚步缓慢走向了她的警车。之后，莱德斯马调头转向了他，用一根短胖的手指指向他，示意：他欠了他一份人情。

回到家里后，他感到他房间里样样东西都是不利于他的证据。他的电脑里有些记录必须删除，那些他为老赛拉斯·本（Silas Benn）复制的色情电影片段，那个老傻瓜用毒品来换取他们小孩从互联网上下载下来的那些性交镜头。还有，他的床上堆着一堆上星期的待洗的衣服，下面压着他娘的那本妇女内衣商品目录册，他得把它送回去。再有，在他的壁橱里，那个耐克鞋鞋盒里还有两根大麻烟卷，是他帮他心仪多时的女校友泰勒·菲格罗亚（Taylor Figueroa）保存的。就在这时，传来了他娘多丽丝喊他的声音，他立刻答应了一声，关上了壁橱门。

他来到了厨房，看到他相当熟悉的场面：他娘多丽丝与一帮老大娘们闲聊得正起劲，一边与帕姆、莉安娜·邓特（Leona Dunt）、乔治特·伯科尔尼（Georgette Porkorney）和贝蒂·普里查德（Betty Pritchard）闲扯，一边不停地在烤炉旁忙碌，大部分心思，全都用在了她订购的一台双门电冰箱上。他只好用一声“娘”提醒了一下他老娘：他来了。他娘让他出去问问那个拍电视的，要不要喝点什么，因为外面很热。

外面的确热浪滚滚，比尤拉大道的路面因为炎热而变得松软发烫。他看到埃拉里奥·莱德斯马先生赤条条躺在那辆客货两用车内一张帆布垫上，头枕着一双旧皮鞋。听到他说他娘想请他去喝杯可乐，那家伙乐坏了，一把抓起衣服，蹦出一句：那我一定能在你家洗个澡了，或许还有东西吃。之后，还像他爹爹常拍他的那样拍了拍他的手。他们过了马路。莱德斯马把一只手搭到他肩头，对他说：他相信他是无辜的，让他把有关血案的内情如实讲给他听，并说他已经做好了帮助他的准备，打算用“范式”手段，来帮他澄清他的名声，让他考虑一下。

他把莱德斯马带进他家的厨房。莱德斯马立刻咧着嘴笑呵呵地与他娘多丽丝的一帮朋友一一打了个招呼。没过多久，便与那帮老大娘们打成了一片，要求大家叫他“拉里”（Lally）就行了，还及时抓住了他娘多丽丝询问他住在哪里的那个话头，有意无意地说道，周边的汽车旅馆全都客满了，不过，他听说有些慷慨的人家在接纳客人。就在他娘刚打算邀请莱德斯马住到他家里来的时候，伯科尔尼警长的老婆乔治特不知出于什么原因，不失时机地将这一话题岔开了。静静站在一旁的他，分外感激老大娘乔治特，暗自叫好。不料，随后，大家的注意力忽然全都转移到了他的身上。莱德斯马为了讨好他娘多丽丝，赶紧抓住了这一有利时机，表示要到他的房间里制作镜头，搜集一些具体的材料，以洗刷他的冤屈。他娘多丽丝欣然自喜，要他赶紧积极配合。

他吓坏了，慌忙跑回卧室，关闭了房门。眼下该怎么办？我操，看来，最好的办法——马上离开这里，躲到奶奶家去，事后，再给他娘多丽丝打一个电话说一声。现在，整个世界都知道狗日的枪杀案制造者是耶稣，耶稣死了，他们无法惩办耶稣了，就找一个家伙来当替罪羊，他便成了龟孙们的目标，来替耶稣倒霉。他奶奶的，他真想把上星期二的那件事彻底说个清楚，然而，他既要顾及家庭的荣誉，又要保护他娘多丽丝；他已经长大成人了，要有点男子汉的胆识。他不是帮凶，他们不能仅仅因为他是凶手耶稣的老伙伴就把他说成罪犯。他想，事实真相早晚会大白的，到时候那些人一定会为此流出歉意的泪水，任何一部电影狗日的就是这样演的。

在他的卧室里，通过房门，他仍然听到那一帮人在继续像蹩脚的演员一样谈论着星期二的枪杀惨案。老大娘乔治特说——伯科尔尼对古里逼得很紧，要求古里一个月之内必须侦破案情，不然的话就走人；拉里的声音低缓，说——现在人们开始怀疑与毒品和贩毒网有关，所以，已经调来了专门嗅探毒品的警犬；他娘多丽丝当即气呼呼地表示——最好现在就把嗅探犬请到家里来，这样就能终止对儿子维农荒唐无稽的指控了。他恐慌起来，急忙从壁橱里取出了泰勒·菲格罗亚要他保管的大麻烟卷，放到了他的衣兜里，他可不想那些人在他家发现什么毒品，打算立刻装好他的背包大步跑开，丢弃泰勒的毒品，然后大步离去。

之后，在他好不容易处理掉了泰勒的毒品后，维尼·古里副警官又找上门来了。他原本以为事情真相大白了，古里前来是向他道歉的。狗日的，没想到那位古里副警官说：他们发现了他的指纹。结果，他被带上了警车。就在警车发动之时，他娘多丽丝冲了出来，奔跑到路边高声向他表白了对他的爱，让他忘掉之前的一切——即便是一个杀人犯也能得到家人的爱。真是他奶奶的活见鬼了！他明白了，当即告诉他家老太太——我不是凶手！

这天晚上，躺在单人牢房的床铺上，他感到周围的一切都无法让人接受。他想起一部名为《不计成败》的老电影，里面那个孩子气的人在墨西哥有一个海滩屋，那是他梦想中的逃亡之地，再带上一个女孩——泰勒·菲格罗亚。

泰勒年龄比他大一点，高他几班，是个相当迷人的时髦女郎，目前在休斯敦的学院里或什么地方。在学校里，他与泰勒并不接近，仅有过一面之交，而就是那一次，他替她保管了那两根大麻烟卷。当时，泰勒离开了最高年级聚会的会场，瘫倒到汽车后座上，他刚好在停车场摆弄他的自行车，听到泰勒晕晕乎乎叫喊他的声音，便过去了，看到那毒品从泰勒衣袋里滑落到了车旁边的地上，他将它们拾了起来，泰勒叫他替她保管它们，以防万一她昏倒或怎么了。就这样，他便替泰勒保管了它们。

州法庭第一次开庭审理他的案子那天，因为人们都去参加他那些死去的同班同学的追悼会了，加上他系“少年犯”，法庭上没有出现任何新闻媒体人的身影。他环视了一下四周，发现竟然也没有他家老太太的人影！他有些失望，不过，多多少少也有点庆幸：这倒也并不是什么多坏的事，免得她在发声时又把她插在他背上的那把刀拧一下。

女法官从桌子上抓起了一份文件，摘下了眼镜，盯视着维尼·古里副警官，提醒说：警方不能仅凭一组指纹，就断定这个孩子有罪，根据前面她已知的细节，她倾向于将这个孩子释放，除非古里副警官能向法庭证明某些具体细节。他听闻之后，简直就像是被高压电击了一下，以为自己有了出路和希望，极度地激动，兴奋不已；不料，事态随之又来了一个大逆转，让他所有的希望全成了泡影。

古里副警官拿出了午间新闻里播放的一段拉里制作的录像。在拉里的镜头里，充斥着各种各样的画面，有运尸袋留下来的一条条拖拉的血迹，眼泪汪汪的丧命者家属们的哀号，还有他娘多丽丝和那一帮老大娘的发言。伯科尔尼警长的老婆乔治特发表的意见是：确实看到了他身上的变化，他的鞋子越来越具有挑衅性，还有他那种光头发型。紧随其后，其他几个老大娘也说了起来，随声附和。之后，镜头转向了他的卧室，迅速对准了他床上那一堆待洗的衣服——下面便是他没来得及送回他娘多丽丝房间的那本妇女内衣商品目录册；接下来的镜头，变成了他为老赛拉斯·本所复制的色情电影片段中的性交画面；再往后，那镜头对准了他娘多丽丝，坐在他娘身边的拉里问道：还坚持认为维农无罪吗？他娘哀叹说：在一个母亲眼里，孩子总是无罪的，即便是杀人犯，也会被他们的家人所爱。

拉里的摄像放完了，他被拉里出卖了。女法官告知他的辩护律师里克谢·阿卜迪尼（Ricochet Abdini）：案件将进入起诉程序。慌忙之中，他抢过话头，冲着法庭指定给他的律师阿卜迪尼说，只要传讯一下他的证人，他的老师什么的，整个事情就会大白于天下了。

女法官转向了维尼·古里副警官，询问警方对有关证人的核查情况。古里给出的回答是：那位教师马里恩·纳克尔斯先生精神出了问题，医生说直到明年 3 月底之前，纳克尔斯都无法给出证言，眼下，警方只从纳克尔斯那里获得了仅有的几个词——“另外有一把枪”。说完那“另外有一把枪”之后，古里特意冲他瞧了一眼。女法官希望联系他的父母。古里给出的情况是：根据推测，他的父亲已经死了，尽管至今没找到尸体；至于他的母亲，因为她的小汽车在修理，所以今天无法出庭。

最后，女法官根据维尼·古里副警官所提供的种种事实，裁定：暂不考虑他的律师提出的保释请求，先将他还押监禁，直到一份精神病学的报告出来，根据那份报告里所建议的参考意见，再稍后，也许会考虑他的保释请求。

他重新躺回到单人牢房的床铺上，胡思乱想，正幻想着跳上了一辆上面写有“墨西哥”字样的公共汽车出了城时，他娘多丽丝打来了电话，问他“好吗？”这个问候，真他奶奶的令他想放声痛哭。他窝着火憋着气，和气地问他娘：你怎么能对我做那种事呢？他娘强调说，她只是讲了真话，随后，倒打一耙，指责他怎么能做出那种事来呢？他为自己申辩说：我什么也没做！之后，他求他娘：最好别再跟拉里说什么了。他娘突然让他“等一等”，嘴巴离开了那边的话筒，同身边的莉安娜老大娘说起有关运送冰箱的事，他道了一声晚安，要挂断电话，他娘又慌忙转向了话筒，悄声叮嘱他：最好一点都别提任何有关他父亲那把枪的事，这件事最好只是一个保守在他们母子之间的秘密。

关于他爹爹的那把枪——他想，他爹爹消失那天，要是他家的老太太让他把它保存在家里就好了，要是那样，他早就能对警察们说明一切，什么事也没有了。就因为那把狗日的枪，让他家老太太感到心颤，他不得不飞快行动，把它藏在了离家很远的一个地方，一个不在公众活动范围之内的偏僻之地。他的老师纳克尔斯之所以知道了那把枪的事，他想，肯定是耶稣告知的——为了阻止纳克尔斯的跟踪，才说了出去，可谁知耶稣接着就死了，随身带走了这件事的有关信息以及相关的情况，还有他们一起度过的天真的少年时代；耶稣随身带走了事实真相，只把那把枪留下了，上面带着很多错误的指纹。

几天后，他与法庭指定给他的精神病医生奥利弗·古森斯（Dr. Oliver Goosens）见了面，开始了他们之间的对话。古森斯要求他心怀坦诚，无所保留，在古森斯精心开导下，他敞开了自己的心扉，道出了他的委屈：每一个人都不尊重他——就因为他的老伙伴是一个墨西哥人，还有点怪僻。友谊，本是一件值得人献身的事，没想到，现在他却为此受到了惩罚，背负上了罪名，彻底被毁了，成了替罪羔羊；而他的老伙伴耶稣本人却没有承担什么罪责。所有的枪都是耶稣开的，他只是一个事后目击者，什么都没有参与。在校园悲剧发生时，他正在物理老师马里恩·纳克尔斯先生差他去办事的路上，他正在拉屎，因为他的大便时间，一向无法预料。

古森斯听了之后，双眼发亮，问他：这件事对法庭说了没有？听到他的否定回答，古森斯眨了眨眼睛，双手抱胸，告诉他：从法医角度讲，现场的粪便足可以把他排除在嫌疑犯范围之外了，排泄物的时间是能够精确确定出来的。之后，便让他脱掉衣服，给他进行检查，以确诊他的症状，是不是括约肌无力或类似的什么毛病。很快，他便感觉到了古森斯的手指在他的屁眼边缘移动，范围越来越小，随之，一大堆的脏话，堵在了他的嗓子眼，全因为那个“保释”的愿望，他才没让它们蹦出来。可事情发展得越来越不对头了，一个凉飕飕的手指，入侵到了他的体内，他叫唤起来，像一头被打败的阉猪，再也顾不得什么“保释”了，飞快穿上衣服，连鞋带也顾不上系，便头也不回地离开了那里。

再次出庭的那一天，女法官要求他的辩护律师为卷宗中所提到的有关他的“消化”状况递交新的材料，里克谢·阿卜迪尼为他补充上了一份“上厕所”的问题，以支持他“不在犯罪现场”的证据。起诉人继续坚持“他不得保释”的意见，呈递了一份拉里提供给他们的“见证人马里恩·纳克尔斯的陈述”的访谈录像——有关“另外一把枪”的可能下落。然而，鉴于作案的凶器，警方在一开始就找到了，而有关那“另外一把枪”的事，还不能与校园血案的罪行直接关联到一起，女法官准许了他的“保释请求”；不过考虑到受害者家属和更大范围的社区里人们的情绪，他还要持续不断地接受审问，作为星期二惨案的同谋犯；而且，他必须要接受奥利弗·古森斯医生的监督管理，无论什么原因，只要不遵守医生的治疗安排，将会延长他的拘留期。

他离开审判庭后，立刻钻进了前来接他的帕姆大娘的那辆“福特水星”，摆脱了围堵他的一群像苍蝇追逐臭烤肉一样的记者。经过同班同学马克斯·莱丘嘉（Max Lechuga）最后咽气的地方时，一股热泪从他眼眶里淌了出来，他赶紧克制住自己，转移了注意力，问起了他娘多丽丝的情况。帕姆告诉他：

现在，他娘正在家里，等候那个送货上门的冰箱。“福特水星”很快转到了比尤拉大道上，来到了他离开了一个星期的家门口。他想方设法躲过了那一群推推搡搡的记者，溜入了屋内，关闭了身后的房门。家里一切都静悄悄的，他向厨房走过去时，听到了过道上方传来的声响，他娘多丽丝和拉里正兴奋地喘息着干着好事，发出像病狗一样的声音。接着，在他的心脏甚至还没来得及再次跳动起来时，他娘的那一帮老大娘们又都来了，想来看看他娘的那个特别型号的冰箱到了没有。

他娘多丽丝穿着一件轻薄透明的睡袍走出来，拥抱他，不住手地拍打他说：真没想到他会回来。随后，拉里穿着一件蓝色睡袍，光脚穿着拖鞋走了出来，向他展开了双臂。他反感到了极点，拉里在他家待了有七天了，狗日的，竟他奶奶的像他们家族中的一员似的了！他转身离开了拉里，默不作声，满脑子里装的都是出走的计划。

那天，他打点好行装，鼓足了勇气，在长途汽车站的售票窗口前正要买票时，被帕姆大娘当众拉了出来。他一下子顿悟到：马蒂理欧扣在他脖子上的那狗日的套索，拉得越来越紧了。

那天，电视里正在播放记者采访，县行政司法长官说：如果找到了那“另外一把枪”，就只剩下核对指纹的事了，案件就了结了。就在这时，他家老太太匆匆关闭了电视机，要他换双鞋子，不管是什么牌子都行，然后去参加义卖活动，因为拉里说这很重要，要让社区里的人看到他正在变好。他抗议道：我并没做过什么事——该死的！

他被拉里安排在了糕饼摊上。随着太阳的升高，到市场里闲逛的人越来越多。拉里溜达到糕饼摊前，说三道四，别有用心地叮嘱了他一番。他娘多丽丝漫步过来之后，和拉里约定在煎炸摊前碰头，让拉里先过去了，然后，扫视了一下人群，像密探一样侧身挨到他跟前。他恳求他娘多丽丝：别再总围着拉里打转了——在那个人对他做了那些事之后。他娘反问他：那你对我做的事又怎么样？然后要他：不要再剥夺她的那一点点幸福了。

就在他娘多丽丝离开他不久，泰勒的母亲菲格罗亚夫人（Mrs. Figueroa）向他这边溜达了过来。上帝啊，太漂亮了！他暗暗赞叹。与此同时，肉厂的理发师走了过来，撞到了他的摊位上，道了一声“对不起”，然后冲着对面啤酒摊上一个老家伙大声招呼说：他们正在组织一支队伍，帮助古里副警官去寻找那件武器，大约一小时后出发，在肉厂集合，然后去“基特地产”那里搜查——因为有消息说，那个纳克尔斯老师在精神出问题之前，说过那里有“另外一把枪”的话。

那些人要去“基特地产”！他当即意识到了危险——他爹爹的那把枪就藏在那个地方！他必须赶紧跑过去，先那些人一步到达，让他们的搜寻行动落空。于是，他招呼也没打，迅速离开了义卖市场，骑上他的自行车，慌忙奔往“基特地产”。不料，就在他途经“解放路”拐角的时候，一个陌生男人把他叫住了。

从那个陌生男人口中，他得知了不少有关拉里的事：来自纳科多奇斯（Nacogdoches）的这个狗杂种——拉里，是个大骗子！本是一个修理工，欠了那个男人不少钱，那个男人还递给了他一张皱巴巴的拉里的商业名片。通过上面的电话号码，他用路边的一个付费电话联系上了拉里那位无人照看的瞎眼老娘，通过一番交谈，确认了那个陌生男人所说的那些话的真实性，弄清了拉里的卑鄙无耻。

挂断拉里老娘的电话之后，他赶紧继续蹬车赶往“基特地产”的那个陡坡去找那把他爹爹的枪。在那个陡坡最陡峭的一处，是一个废弃了的老矿井，他和耶稣管它叫“匪窝”，用一些马口铁皮做了一扇门，还挂上了一把锁。在先前无忧无虑的日子里，它是他们的大本营，也是发生惨案的那一天他拉屎的地方，还是他爹爹的那把枪的藏身之处。还没等他把他爹爹的那把枪取出来，从肉厂来的一群戴着一顶顶“巴恩烧烤店”帽子的人包围了他的所在地。他蜷伏在那里，人群当中一个他初中时的女同学埃拉·布沙尔（Ella Bouchard）看到了他，他示意埃拉悄悄地走开了。当那一群人穿过灌木丛走过来的时候，他从泥土堆中站了起来扶起了他的自行车，一个小孩认出了他，在埃拉的帮助，他寻机逃掉了。

之后，他飞快地跑到取款机那里，发现奶奶给他的那张银行卡上只剩下2.41美元了。别无选择，他只好先回家去弄些东西卖点钱再说了。他原本希望家里空无一人，没想到不但他娘多丽丝在，莉安娜大娘也在，拉里正在睡觉。随后，拉里欠钱的那个男人找上门来了。他的情绪陡然高涨起来——拉里的骗局就要被揭穿了！没想到，会演戏的拉里，穿着睡袍，仅用50美元，就把那个男人打发走了，还及时将话题转到他离开义卖摊的事情上，刻意提醒他说：他是一个涉及凶杀而被保释的人。他反唇相讥，激怒了拉里，啪地在他的后脑勺上扇了一巴掌，警告他：控制住你自己！热血沸腾的他立刻从口袋里拿出拉里的那张业务名片，当众揭露了拉里的卑鄙嘴脸：埃拉里奥·莱德斯马·古铁雷斯（Eulalio Ledesma Gutierrez），只是纳科多奇斯的一名电视机修理工，在瞎眼老娘的卧室里搞修理。他还把拉里瞎眼老娘所说的那些话一股脑儿倒了出来：那位瞎眼老娘因为拉里没有支付那辆客货两用车的分期付款，信贷公司搬空了一切，现在那位瞎眼老娘还必须面对因拉里偷走摄像机而引起的诉讼。

拉里被他气得脸色发白，可殊不知，他根本就不是拉里的对手，拉里只用了一个“业余以修理工为第二职业”的谎言，就将全部事实真相掩盖了过去，还扬言要打电话给警方，说他急需精神治疗，弄得他娘多丽丝一个劲地哀求拉里不要这样做，别再闹了。之后，拉里因担心其瞎眼老娘面临的那个诉讼，担心自己会被顺藤摸瓜找到，狡猾地找了个借口，搬到莉安娜大娘那里去了，完全不顾他娘多丽丝再三再四的挽留。因为莉安娜告诉拉里：她的名字未登上电话名册，她的电话机上有来电显示和关闭线路的安全功能。

自从拉里走后，众多的摄像机把他困死在了屋里，直到第二天那些摄像机忙着去报道更热门的话题时，他才离开房间去安慰哭泣的老娘多丽丝。到了晚上11点，从“基特地产”那儿抄近路赶过来的帕姆大娘带来了一个消息：拘留所的管理员昨天在“基特地产”那里找到了一支枪。顿时，他满脑子里翻腾的全是如何弄钱逃走的想法。

他记起了那次在“基特地产”遇到的埃拉·布沙尔曾经对他提到的那个曾是校长的多伊奇曼老先生（Mr. Deutschman），以及他听到过的一些关于那位老先生的流言蜚语。之后，设法逃过了一次与奥利弗·古森斯医生的会面，第二天早上醒来后，躲过了家里来的那一帮老大娘们，重整好他的背包，溜出了家门，骑上他的自行车，后架上带着穿着蓝色连衣裙的埃拉，一起去做他的冒险生意。在埃拉齐心协力的帮助下，他偷拍到了老多伊奇曼先生与脱下了内裤的埃拉在一起的照相，弄得年迈而惊恐的多伊奇曼乖乖拿出了一些积蓄的现金。不过，说老实话，干完这事之后，不但没给他带来什么快乐，反而令他十分烦躁不安，只想他奶奶的赶紧逃走。

他拦了一辆开往圣安东尼奥（San Antonio）的长途汽车，在途中休息期间，用休息间里的公用电话机，拨通了泰勒·菲格罗亚家里的电话，冒充大家都熟悉的一位邻居——正在农业机械学院里读书的丹尼尔·内勒（Danny Naylor），从菲格罗亚夫人口中，套出了泰勒的电话号码，给在休斯敦的泰勒打了个电话，约好了在休斯敦的具体会面地点。之后，他乘坐出租车，赶到了他们的见面地，望到正在路边等候的泰勒的身影时，他的心跳一下子急促了起来。

热情洋溢的泰勒，自由自在地领着他穿过人群，一面对他说：他们得先寻找一下从老家过来的她的表姐，然后再找一处幽静的地方大家一道坐坐。他们一路走，一路推心闲聊着，从泰勒的谈话当中，他感觉到，泰勒十分想在电视屏幕上成名，而且，已经为上电视试过演过了，只不过，还没有得到什么出镜的角色。当泰勒朝着街心广场的对面招手喊叫她表姐的名字时，他万万没想到——上帝啊，狗娘养的，泰勒的表姐，竟然是那个莉安娜·邓特大娘。不知道拉里是不是同莉安娜在一起，他悚怯地想到这个问题后，立刻消失在了人群里。

他搭上了一辆“灰狗”长途汽车，在靠近墨西哥边界的终点站麦卡伦（McAllen）那里下了车之后，早已饥肠辘辘，身上仅剩21美元30美分了，不知自己下一步该怎么办。他已经有一天没有进食了，在空空荡荡的汽车站里，他拖着疲软的脚步，准备去买一杯咖啡或一块三明治时，不经意间，瞥见那里的一个小电视机里正在播放新闻“得克萨斯州中部的马蒂理欧地区的新凶杀案”。拉里出现在了那屏幕上，一只手臂挂在吊带上，还断了一根锁骨。在拉里身后，警察们拖着一个运尸袋向着一辆运尸车走去，那塑料袋里，装着地方特警部队成员巴巴里·伊诺克·古里（Barry Enoch Gurie）的尸体；随后，一张他的学生照片出现在了屏幕上。作为目击证人的拉里，言之凿凿：这一新的罪行，驱散了有关马蒂理欧最近发生的恶性事件的所有疑云；已被证实，凶手维农·格雷戈里·利特尔现在下落不明；警方正在全力搜捕，疑犯可能有武器……

他不敢再继续看下去了，赶紧溜出了那汽车站的大门，慌忙朝着黑暗的马路跑了过去，迅疾跑到了公路上，在前面不远处，有一块路标指向墨西哥。不知跑了有多少里路，直至跑到了国际大桥上，跑得他几乎喘不过气来了，上气不接下气，一点力气也没有了。过了一会儿之后，他用花言巧语和20美元，混进了桥南的墨西哥。

随后的一天，在墨西哥边镇雷诺萨（Reynosa），他以“丹尼尔·内勒”为名，搭上了一辆顺道的运货大卡车。大卡车的司机佩拉约（Pelayo）的个头比他还小，胡子粗壮，家住墨西哥南部格雷罗州（Guerrero）。坐到佩拉约的驾驶室的客座上，他继续南下，前往他梦想的世界——阿卡普尔科（Acapulco）。行车途中，在加油站，他买了一张电话卡，拨通了泰勒·菲格罗亚的电话。泰勒张口便说，真不能相信，她竟然是在与一个连环杀手讲话。放屁！我不是杀人犯！他高声抗议。弄清了他现在急需现金后，泰勒主动表示了对他的关心，说她大概有600美元的存款，本来是为度假准备的，只要他有地址，可以电汇给他。

喜从天降，简直就是在救他的命！有了那600美元，大概可以在墨西哥买下一栋海滩屋了。他信心大增，重新坐回了佩拉约的驾驶室。在大卡车的轰隆声中，他们翻山越岭，开进了墨西哥内陆高原，经过马特瓦拉（Matehuala）和圣路易斯波托西（San Luis Potosi），在星期六这一天，佩拉约把他带到了他渴盼的阿卡普尔科海湾——在继续开往更北面的家乡村庄之前，佩拉约得把大卡车上装载的货物在这地方卸下来。

阿卡普尔科的海滨，宾馆相当多，一家挨着一家。他本想找到电影《不计成败》里的那家最大的宾馆，然后再打电话给泰勒；不料，他刚一走进那家宾馆的大厅，里面那令人敬畏的威严场景，一下子就把他吓呆了，赶紧退了出来，在外面找了一个公用电话，打给了泰勒。泰勒在电话里说，有了点麻烦，那笔钱款星期一才能给他电汇过来，弄得他一时不知说什么好，进退两难，分外尴尬。结果，他又重新回到一直在公路上耐心等候着他的佩拉约的身边，坐回了大卡车的驾驶室。

没过多久，阿卡普尔科的海湾在他们身后消失了。大卡车隆隆地越过一些小山，然后沿着遍布椰树的海岸线向北驶去。几个小时之后，他们来到了佩拉约位于沿海村庄的家。招待过他吃喝之后，佩拉约为了他的那个“海滩屋”的梦想，和家人一起把他带到后面的海滩上，当晚，让他住进了一栋白色的旧海滩屋，并应允他想住多久就住多久。在佩拉约和家人蹒跚着走上海滩返回家时，他坐在那海滩屋的露台上，感想纷繁，后来全部融合成了一个曲调，编织成一个有关家和泰勒的梦境，仿佛看到泰勒穿着衬裤在海滩上跑来跑去，皮肤黝黑，就像是当地的墨西哥人。

星期一上午醒来，他心中涌动起一阵小小的雀跃——这天，是他的16岁生日。下午，他乘车前往阿卡普尔科，去同泰勒约定的那家银行柜台那里收取泰勒电汇过来那600美元，营业员给出的答案——没有他想要的那笔休斯敦发过来的电汇。他当即大失所望，站在那里，好不尴尬，情绪一落千丈。就在这时候，突然，他感觉有人从背后搂住了他的腰，泰勒本人突然出现在了他的面前。

泰勒搂着他的腰，把他带离了汇款代理柜台，拖着激动不已的他在街面上边走边说着，之后，把他拖带进了她事先已付过房钱的一家大型宾馆里。进屋之后，拿出几小瓶墨西哥龙舌兰酒。他们四瓶酒下肚之后，泰勒滚到他身边，扭动着褪下了她的内裤，不断卖弄着风骚，并要他告诉她——他杀了人！一面施展各种伎俩，把他那小老弟的龟头弄得一阵致命的颤动，胀得他就要昏厥过去了，不由得依循着泰勒的诱哄，呻吟出了一句“我是为你而干的”，不知不觉当中，认供了他是个“杀人犯”。接下来发生的事，着实让他措手不及。泰勒显然已达到了目的，一下子将他甩开了，急速移向床边，穿上了衣服，对着她夹克衫的胸襟部位说了一声“好了”。房门被打开了，走进来四个男人。他用手遮着眼睛，避开耀眼的摄像机灯光，听到泰勒通过话筒咯咯地笑着对拉里说：太令人激动了。你真的认为我能充当那个节目的主持人吗？

他被戴上了手铐，重新扔回了地狱。狱警们把他关押在了哈里斯县（Harris County）的监狱。从老娘多丽丝打来的电话中，他得知：拉里买下了对他的审讯和其他一切的报道权。在那个监狱里，他度过了整个夏季。在这期间，人们已不再提耶稣的事了，唯有他，依然忘不了耶稣。在他的老伙伴耶稣带来的恐惧的陪伴下，他等候着对他的庭审。法庭又给他指定了一位新的律师，布莱恩·丹尼希（Brian Dennehy）。布莱恩是一个粗鲁直率而有智慧的男人，打起官司来无往不胜。他同布莱恩交谈了很长时间，真他奶奶的让人不敢相信，这位布莱恩给了他一些实实在在的希望。

开庭的那一天，他没有被直接带往法庭，而是先去了大楼后面的化妆间，其他一些法庭的人员，也都在那地方化了妆。他被带入法庭后，被关进了一个比他高出3英尺的铁笼子里，在旋转座架上的那个摄像机，不住地嗡嗡作响。

在一位老法官的主持下，庭审开场了。公诉人面对着陪审团的女士和先生们，把横贯得克萨斯州的34条人命统统归罪在了他的头上，还用一只手指向他的铁笼子。这时候，他的辩护律师布莱恩冷静而镇静地进入了众人的视线，神态自若，看上去对他的案子信心满满。布莱恩绕着法庭里的空场缓缓踱步，随后，转过身依次注视着陪审团里的每一位成员，开了口，发过一连串提问后，朝着他的铁笼子走了过来，若有所思地盯视着他，然后，又从容地走到陪审团那一边，眯起眼睛，继续为他实打实地进行着辩护。

那天晚上，在11月的寒气中，他盖着毛毯，躺在牢房的床铺上，不断回顾着以往时日里所发生的一切。整个庭审进展十分顺畅，诉讼争端，一路化解。深入实质部分后，布莱恩揭露了公诉方传唤的证人奥利弗·古森斯医生曾因用色情网站勾引男孩被指控的犯罪行为，从而推翻了古森斯的证词，令古森斯名誉扫地。布莱恩还揭露了证人泰勒·菲格罗亚为他精心设置的圈套后面，那个用成名的许诺诱动泰勒的男人——埃拉里奥·莱德斯马。在拉里被传唤到法庭上来作证时，布莱恩对一口咬定亲眼见到他杀死了特警队员巴巴里·古里的拉里步步紧逼，终于在被带上来的拉里的那位颤颤巍巍的瞎眼老娘通过对拉里声音的指认中，击败了拉里，认定了拉里确凿的真实身份。

法庭里微妙的变化使他意识到：想要趁早脱身，就不能再顾忌他的家庭秘密，还有他在校外拉屎的事，他要让他们找到那把枪，还有那团携带着大量有关他本人证据的粪纸。他用一根手指头碰触了一下铁笼子里的绿色按钮，按响了蜂鸣器，接着，便被突然像风暴一般的照相机闪光灯弄得什么也看不清了，他瞥见的最后一个景象是布莱恩的嘴巴大张，想制止他，但为时已晚。他表示他要陈述整个事实真相，而且，他有证人；法官面无表情地直视着他，让他宣誓。他照常规，以《圣经》的名义起誓后，声音颤抖，直奔与他关系重大的中心。

他告诉法庭：他从未参与任何杀人案。他的老师纳克尔斯先生知道这一点，知道他当时去了什么地方，他之所以没在课堂上，是因为纳克尔斯先生派他去取一根做实验的蜡烛，要是纳克尔斯先生能开口说话的话，就能洗清他的罪名。布莱恩附和着说，那样一来，有关那桩校园血案的指控将会被撤回，法官表示他们需要听取纳克尔斯先生的证词。接着，他又告诉法庭：至于后来的那些凶杀案，案发时，他正在逃往墨西哥的路上，他的墨西哥朋友佩拉约可以为他作证。不料，公诉人立刻从桌案上举起了一份公函一样的东西——来自被告所说的那个村庄的“佩拉约”——加西亚·马德罗（Garcia Madero）的宣誓陈述，上面说，那位搭便车去南方的美国青年，名叫丹尼尔·内勒，弄得他好不悲哀！

现在是11月4日，能洗清他罪名的，只剩下马里恩·纳克尔斯先生的证词了——五天之后，庭审的最后一天，纳克尔斯将会到法庭上接受讯问。他回想起最后一次见到纳克尔斯，是在今年的5月20日，那个邪秽的星期二。那天上学路上，他与耶稣一起骑着自行车，并肩前行，耶稣说起了哲学上的“存在”问题，因为他不感兴趣，耶稣发了火，之后，耶稣眯着眼睛，一味地只顾蹬车。

到了学校，教室里面热得烤人。像往常在课堂上一样，耶稣双眼瞪视着课桌，裸露着后背，坐在座位上。莱丘嘉家的马克斯，班上的那个矮胖而结实的家伙，开始肆意寻衅，满嘴污言秽语，对他和耶稣发起了一连串的口头攻击，耻笑耶稣是同性恋；古里家的那一对双胞胎，坐在一旁一个劲地撺掇，加油添醋，大骂耶稣傻瓜笨蛋。纳克尔斯进来后，要求大家集中注意力上课，并询问：有谁记得带来一根蜡烛吗？马克斯·莱丘嘉立刻起立发言，借题发挥，用蜡烛大做耶稣是同性恋的文章，惹得班里爆发出一阵轻蔑和歧视的嘲笑声。女生当中的劳瑞·唐纳（Lori Donner）表达了她的不满，对纳克尔斯表示了抗议：大家来这里是接受教育的，而这件事并不具备什么教育意义。另外一个女生，夏洛特·布鲁斯特（Charlotte Brewster）提出了相反的意见：这是宪法赋予的权利，大家有权反对，不受变态的性的影响。纳克尔斯当即把夏洛特驳了回去，摆出了自己的观点：卓越的宪法，没有授权谁去阻止他人的基本人权。

辩论激烈了起来。夏洛特表示：纳克尔斯花费大量时间为耶稣·纳瓦洛变态的性行为辩护，其背后的真正用心，令人怀疑；纳克尔斯一下子僵住了。狡猾的马克斯，乘机挖苦纳克尔斯应该去上上网，最好看一看那个“男性网”。纳克尔斯被气得直发抖，耶稣嚯地立起身，离开了课桌，跑了出去。劳瑞·唐纳飞快追了出去。马克斯离开了他的课桌椅，打开了教室前面的电脑，屏幕上跳出了耶稣做同性爱时的赤条条的裸照。

他随后要去追回耶稣，被纳克尔斯制止了。纳克尔斯要他帮忙把教案送到实验室去，然后再为他拿来一根蜡烛。他送教案经过教室外面的走廊时，瞥见耶稣的寄物箱的门开着，里面的运动包不见了；之后，在实验室门外的小道上，他遇到了眼泪汪汪的劳瑞·唐纳，劳瑞告诉他：耶稣取了自行车，不知去了哪里。他立刻让劳瑞替他在老师那里打个掩护，他这就去找耶稣，然后赶回来上他们的数学课。劳瑞哭泣着让他转告耶稣：如果大家团结互助，情况会改变的。

他取来了自行车，把还握在手里的纳克尔斯的那几页教案塞进他的裤兜，然后蹬着自行车，飞快地奔向耶稣最可能的去处——“基特地产”。轻车熟路，看到了新的车辙印后，他可以十分肯定，耶稣一准到他们的大本营去了。在他赶到他们的大本营——“匪窝”那里时，却没有见到耶稣的人影，这让他感到很不寻常，慌忙扔下自行车，爬到“匪窝”门口，门上的挂锁还在，他爹爹的那把枪也还在，耶稣的枪却不见了。他有些慌了，准备赶紧往回追，不料，事与愿违，他的肠道突然躁动起来，肛门即将失去控制，迫使他不得不赶紧排泄，又不得已把装在裤兜里的“教案”变成了擦屁股纸，然后，把那纸团丢进了“匪窝”。

当他返回校园时，那桩凶杀案已然发生了，草坪上躺卧下了 16 具尸体。他听到枪声后，趴倒在体育馆外灌木丛后面的地上，看到几英尺外有一个运动包，是耶稣的，他将其抓起，里面除了半盒子弹，别无他物。就在这时，匍匐在地上的纳克尔斯爬了过来，爬到角落里，说：耶稣本是冲着我来的，却击中了劳瑞。

他抬起头，向学校的中心出入口看去，看到耶稣正躬身俯在自己唯一的异性朋友劳瑞的尸身上尖声惊叫，丑陋无比而又孤独无助。耶稣很清楚他自己应当怎么做——当耶稣用舌头碰触枪的扳机时，他将头转了过去。之后，他伸手去拉纳克尔斯，但纳克尔斯推开了，他不知道这是为什么，感到一股寒气逼人。

11 月 9 日，庭审开场了，他的物理教师马里恩·纳克尔斯先生出现在了法庭上。纳克尔斯神态憔悴，十分虚弱，脸色苍白，嘴唇激烈地抖动着，不住地自言自语，在公诉人的催逼误导下，随着公诉人叫喊“维农·利特尔到底干了什么”的话题，神志不清地把他指认成了杀人犯：他杀死了他们，把他们都杀了……随后，呜呜嚎哭起来。他站在铁笼子里，也随之呜呜哭了起来，而且，在返回牢房的一路上，他都呜咽不已。

11 月 21 日，庭审的结果出来了。那一天，他娘多丽丝没能到场，不过，帕姆大娘来了，与马蒂理欧警察局的维尼·古里和乔治特·伯科尔尼一起来的。陪审团裁定：在得克萨斯中部的一连串凶杀案中，维农·利特尔是清白的，罪名不成立；在马蒂理欧中学的那桩校园凶杀案中，维农·利特尔的罪名成立。庭审的最终结果：维农·格雷戈里·利特尔被判处死刑，12 月 2 日，用注射方法执行死刑。

他被关进了监狱的死囚区。对于这样的结果，他并不抱怨他的辩护律师布莱恩·丹尼希，因为布莱恩已经尽了全力。布莱恩从未输过官司，决不肯罢休，告诉他：他的上诉正在进行中。他想，事情也许还不至于太糟糕吧，真相最终会大白。

伴随着他的判决结果的出炉，有关他的新闻炒作就再未间断过。维尼·古里副警官借给他了一台微型电视机，从那电视机里，他不断看到泰勒·菲格罗亚出现在一些节目档里，讲述着有关他的一些事，甚至读了一份细说他将怎样在行刑室被执行死刑的具体情形的台词。一天，他看到了他的第一任律师里克谢·阿卜迪尼与一群老大娘们的对话，阿卜迪尼评论说：那个叫莱德斯马的家伙，是一个谎话连篇的流氓，时至今日，隐藏的真相还没有大白于天下，他本人将尽全力寻找警察至今尚未搜查到的“另外一把枪”。

在另一档节目里，他看到一位记者与拉里的对话，他们在津津有味地谈论有关对死囚执行死刑的实况直播问题。一些群体谴责拉里与其商业伙伴是粗制滥造作品的下流小贩，拉里给予的回击是——全是些胡说八道，并振振有词地说：电视报道本是一种非营利的事业，维护了人的基本权利，以保证正义得到伸张。记者对拉里推出的那个新的赚钱噱头——转让“对囚犯执行死刑的实况播放”的报道权来为州里的刑事部门筹集资金的宣传，提出了质疑：一个囚犯在最后的时刻不应有一点儿属于自己的个人的隐私吗？拉里给出的回答很干脆：不应有。因为所有的死刑执行，都必须有见证人，他们仅仅是扩大了目击者的范围。

之后，拉里发出一阵呵呵的笑声，然后开始解释自己为什么大力倡议对死刑犯实行“网络投票”一事：最近以来，所有的死刑执行都被公开了，犯罪活动随之减少了，公众满意度随之上升了。综观历史，社会用自己的手惩处罪犯始终是它本身的权利，公众通过有线电视或互联网密切关注死囚区犯人的全部生活，然后每个星期，全球的观众用投票决定哪个死囚该先受死——这是符合逻辑地走向真正民主的下一步。不仅如此，这样做还可以使那些死囚享有更多的精神慰藉，为他们的最终结局选择陪伴他们走向人生终点的音乐。他们甚至打算围绕着那些死囚临终的陈述，用他们所选择的背景，来精心制作一个特别的片段，这些改进，将会受到死囚们的欢迎。那个记者接着又问拉里：为拍摄使这件事在参议院里获得通过的镜头都做了些什么准备？这时，他不愿再听下去了，关闭了电视机。他不希望在他的牢房里安装上什么摄像机。

在死囚区，每天熄灯之前，他总要坐在那里，玩一玩会发出毕剥声的金属球，偶然也会读一读埃拉·布沙尔给他寄来的有关真心什么的诗篇。这天晚上，他正玩弄着那只金属球时，看守带进来了一部电话机。从他家老太太从埃莉诺打来的电话里，他了解到了一些情况：至今，他老娘还在一个劲儿地念着拉里；有人前来探听关于他爹爹的事，询问为什么警方从未见到他爹爹的尸体；再有，副警官维尼·古里如今也成了他娘那帮老女人当中的一分子——由于古里越过县行政司法长官伯科尔尼建立起来的那支地方特警部队没能得到拉里摄制组许诺的资金支持，伯科尔尼把警察局里所有的麻烦全都怪罪到了古里身上，所以，古里整日不堪重负；他老娘乐观地认为，只要拉里回到她身边，事情就会大不相同了。

他老娘挂断了电话后，他继续去玩弄他的金属球，发出的毕剥声惹恼了同排牢房一端的一个死囚犯，一番激烈的叫骂之后，那人执意认为他精神失常了，吵闹着要看守安排时间带他去看看精神医生，去拉萨尔牧师（Pastor Lasalle）那里瞧瞧。第二天早餐过后，一个看守从牢房里把他领了出去，把他送进了老黑人拉萨尔牧师阴暗的牢房。老迈的拉萨尔静静地告诉他：他被带到他这里来，只有一个理由，因为他还没有准备去死；再有就是，他一直想弄清真相，却使自己陷入了困境，把事情搞得一塌糊涂，这就是人的现实。每个人都有着自己的需要。事情总归要发生的，只是他没有面对他的上帝。

就在他正准备听取拉萨尔教他的人类生活的秘诀时，从外面走廊上传来了拉里的声音。拉里带着其商业伙伴在走廊里正为“网络投票”一事拍摄电视背景的短片，看到他和拉萨尔牧师在一起，质疑他的看守：这男孩杀害了大批无辜的人，劝导早已无用了。这些罪犯不是应当隔离开吗？他怒视着拉里，忍不住臭骂了狗杂种拉里一句。拉里抑制住其挥拳的冲动，要求他的看守立即将他同拉萨尔分开；并在他离开拉萨尔的房间时，嘲讽了一句：还想弄清真相，痴心妄想吧？他刚一返回他的牢房，看守把电话机递到了他手里，听筒里，他的辩护律师布莱恩·丹尼希的声音听起来惴惴不安：他们再无什么办法了，他的上诉无法进行。

在死囚区，等待执行死刑的罪犯总共 114 名。拉里启动了第一次公众“网络投票”。这天晚上，他的牢房里被安上了摄像头，周边超乎寻常的安静，他猜想，是出于关注的缘故。在那“网络投票”结果即将出来的一小时之前，他再也忍受不住了，他需要与拉萨尔牧师再见上一面，请教他该怎样面对他的上帝。当他想办法打通了看守那一关节之后，看守再次将他押到了拉萨尔那里。拉萨尔给出的答案是：被折磨的梦幻者，不要指望上帝帮助你，看看现实，你就是上帝。承担起你的责任，行使你的权力。拉萨尔的那一番话的话音刚一落地，四个男人出现在了牢房门口，径直走过来，抓住了拉萨尔。原来，投票结果出来了，拉萨尔成了第一次“网络投票”的先死者。

这天夜里，他躺在床上无法入眠，从同排牢房的电视机里，不断传过来拉萨尔被执行死刑报道的嗡嗡声。在那之后，他经历了三次“网络投票”而幸免于死。接着，他娘从埃莉诺来了电话，喋喋不休，对他在镜头里总是躺着盯视着天花板闷闷不乐的样子表示了不满，他回答老娘多丽丝：我没有罪，我什么都没做。他老娘有些不耐烦了，希望别再重复那老一套了，随后安慰他道：她的那一帮老大娘们正在为他的“网络投票”进行游说，让他不用担心——有些人在死囚区可以等上好几年呢。

然而，他的死期最终还是来了。在他即将死去的当天下午，人们对他比较友好，同排牢房的死囚犯们也没再激烈争吵。在执行死刑前的一小时，他认真思索了一番——他生活当中的各种各样的人都各自有着什么需要？而且，他还有机会拨通了几个私人电话。在给拉里的电话中，他根据拉里的需要，对拉里说出了他爹爹那把枪的藏匿处。在给班上同学马克斯·莱丘嘉的母亲的电话里,他说了几句很中听的话,对他所说过的关于马克斯的那些屁话深表歉意，并愿上帝保佑经历了很多苦难的莱丘嘉夫人。

在他挂断电话之际，两个看守与一个牧师出现在了他的面前。化过妆之后，他被带进了行刑室，他感觉到他的双腿有点发软。随后，他被配有金属扣的厚牛皮带固定在了轮床上，一个人在他的胳膊上给他进行了一次静脉注射，他猜想那是麻醉剂。之后，一切准备就绪了，他静候着死神——上帝或魔鬼前来索取他的灵魂。就在这时，从窗外突然涌来一阵阵喧沸，那喧沸不断高涨，沸腾，他缓缓睁开了眼。他的第一任辩护律师里克谢·阿卜迪尼冲了进来，冲进了行刑室见证人区，后面跟随着一群摄影记者。

阿卜迪尼手里举着一个肮脏的纸团——马里恩·纳克尔斯先生的那份“教案”，惨案发生那天他用来擦了屁股。经过对上面那些干燥的粪便的科学化验，他被证明了——无罪。监狱看守在轮床的一头俯下身来，双手合一，告诉他：利特尔，你被赦免了。阿卜迪尼还得意地举着一张纸条——耶稣·纳瓦洛遗弃在他们那个“匪窝”里的一张写给纳克尔斯和古森斯还有情人们和互联网主办人的一张便条。无意之中，耶稣那些潦草的笔迹，也许会将纳克尔斯和古森斯因恋童癖送进监狱。

他返回了家中。一个男人找上门来，前来受理一份早该受理的他爹爹先前买的保险，说，事实已经很清楚了，尸体已然无法找到了。在他家厨房里，他娘的那一帮老大娘们又聚到了一起。他倚靠在厨房长椅上，看到街对面的莱丘嘉夫人站在她家门外窗前，冲他家这边招了招手。他娘的那个冰箱也总算送来了。从街道前面一棵柳树的背后，他看到了埃拉·布沙尔的身影，于是跑了出去，迎向埃拉，准备和埃拉到墨西哥去度假。在马蒂理欧，一切事情全都归了位，回到了常态。

作者生平与创作生涯

D.B.C. 皮埃尔（D.B.C.Pierre）原名彼得·华伦·芬利（Peter Warren Finlay），1961 年 6 月出生在澳大利亚雷尼拉地区（Reynella）一个英裔家庭，父亲是著名科学家，早期基因科学领域里的一位先驱者，因父亲的工作性质，家庭不断迁徙。他在澳大利亚阿德莱德市接受了最初的小学教育，之后，基本上是在墨西哥城完成的中学学业。在校期间，他喜欢阅读和绘画，15 岁时，出版了自己的画作，之后，经常有画作出版，一直到 20 多岁。这期间，他还为一些漫画杂志画插图，并干过设计工作。

青少年时代，他的家境殷实，父亲拥有很多显赫的社会关系。他 16 岁时，因父亲患脑瘤到纽约治疗，他独自一人被留在了墨西哥城，无人管教，生活陷入混乱，逃学，挥霍钱财，尝试各种毒品。19 岁时，他父亲去世。之后，他继续学业，成绩不佳。高中毕业后，他找了几份工作，给乐队照相、设计广告和相册的封面等，再加上父亲留下来的数量可观的遗产，日子过得依然富有；不过，好景不长，他因在边界走私汽车被捕，失去了在墨西哥的永久居住证。

1982 年，他前往英国探望母亲，一场更大的打击突如其来，墨西哥政府对所有银行实行国有化，他们顿时倾家荡产，一夜之间，他继承的家产几乎化为乌有。1984 年，他返回澳大利亚阿德莱德，在当地的广告业和音乐圈子里刚刚站稳，1985 年 4 月因涉毒问题，在海关遇到了麻烦；不久之后，他又出了车祸，经过 9 个月的康复后，他前往西班牙，在南部的格拉纳达打零工，干些摄影、商贸等短期的工作，随后，又重新开始了新的旅行。

由于始终无法摆脱对毒品的依赖，恶习难改，他负债累累，开始招摇撞骗。1980 年代末，为了逃避缠身的巨额债务的困境，他甚至用欺骗手段私下出售了自己美籍好友罗伯特·蓝顿（Robert Lenton）在西班牙的住房并携款潜逃。

再次回到澳大利亚后，法庭勒令他戒毒，还基于他曾有过的不良记录，不肯免除他任何债务，并启动了法律程序。在这时，有一个朋友开玩笑，送给他一个绰号"肮脏却又干净"的彼得（Dirty But Clean Peter）。后来，他将其缩写之后，变成了他的笔名——D.B.C. 皮埃尔，决心洗心革面，重新开始干净的生活，彻底告别吸毒的历史。

1990 年，他在 29 岁时，终于戒毒成功——当时，他一贫如洗，再也没办法购买毒品了，沦落成了街头流浪汉，甚至捡拾烟头。基于无法得到法庭提供给他的免费的法律资助，他开始自学法律，用了两年时间，到阿德莱德大学的法学图书馆认真阅读法律知识；与此同时，他认识了阿德莱德一位地方投资银行的银行家的女儿詹妮·皮尔斯（Jennie Pearce）。

1993 年，他的案子开庭审判，经过他自己对主要起诉方证人的盘问，仅用了 20 分钟，他就打赢了官司。之后，他与詹妮前往英国，定居在伦敦南郊。

1999年，在38岁时，为了偿清满身的债务，在詹妮爱心的支持下，他开始尝试文学创作，带着深深的忏悔，奋笔疾书，经过不断努力，2001年，完成了长篇小说《维农少年》（Vernon God Little）的创作，用第一人称“我”的口吻，讲述了少年维农·戈多·利特尔被卷入了一桩凶杀案的大麻烦中，没有犯罪却成了罪犯，如何被新闻媒体和偏僻小镇上封闭的社会环境与气氛冤枉成“帮凶”的荒诞，如何成了被告，成为媒体捕猎与折磨的对象，成了大众名人，一步步走向死刑犯的深渊；最终，靠案发时拉屎用的一团擦屁股纸证明清白后，被无罪释放。小说完稿之后，用8种语言分别出版，褒贬不一。

2003年（42岁），他又与伦敦著名的费伯－费伯出版社达成出版合约。这一版本问世之后，因其语言极其生动，极富创造力，极其激动人心，而且是一部散发着机智的黑色喜剧，反映了人们对现代美国的惊惧与迷恋，问鼎了第35届英语文学界最有影响力的布克奖。名不见经传的他，一夜成名，同年，还赢得了博林格·沃德豪斯漫画小说奖、英国图书年度新人奖、《卫报》最佳处女作奖、英国及爱尔兰图书协会颁发的著名的惠特布莱德小说新作奖；2007年，被搬上了伦敦新维克剧院（Young Vic Theatre）的戏剧舞台。

他这部作品最大的特色，当属语言，尤其是对话，通篇使用地道的美国土语，口头俚语，粗话俯拾即是，时而还插上一段诗一般的优雅语言，其叛逆带刺的戏谑讽喻风格，令人发笑又令人深思，极富黑色幽默色彩，尖锐地嘲讽了当今的媒体霸权、司法不公、人性的脆弱与愚昧等令人啼笑皆非的社会现象。

获得各种奖项之后，他在爱尔兰买了一栋房子，寄还了当年侵吞的老友的房款，与詹妮共同生活在爱尔兰乡间，并继续他热爱的旅行，生活从此有了很大的改观。在过着平静的田园式的生活的同时，他继续从事文学创作，陆续出版了长篇小说：《柳德米拉的蹩脚英语》（Ludmila's Broken English，2006）、《仙境光灭》（Lights Out in Wonderland，2010）和《和波吉亚家族共进早餐》（Breakfast with the Borgias，2014）。

主要参考资料：

Vernon God Little, by D.B.C. Pierre, Publisher: Topeka Bindery, 2004.

Ludmila's Broken English, by DBC Pierre, Publisher: Faber and Faber, 2006.

2004年 | 第36届

038 美丽曲线 [英] 阿兰·霍林赫斯特

The Line of Beauty by Alan Hollinghurst

◎原著共 18 章，分三大部分，以精当细腻的文笔，讲述了英国保守党撒切尔夫人[1]执政时期牛津大学毕业生尼克·格斯特（Nick Guest）在伦敦的全新的优渥生活，同性恋爱的经历，以及与所寄宿的上流社会家庭的情感纠葛。

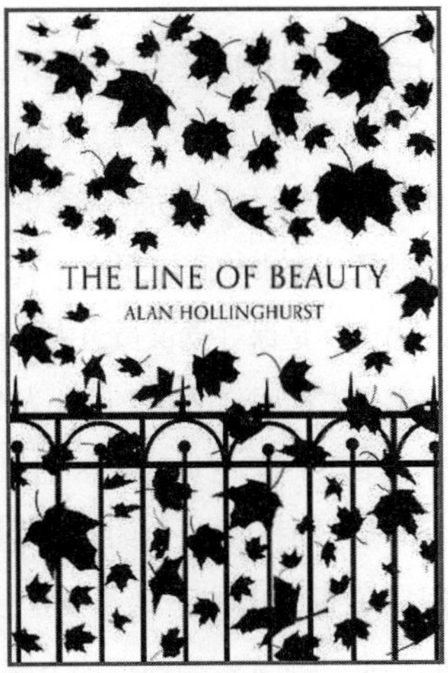

英文原版封面

1 撒切尔夫人：即玛格丽特·撒切尔（Margaret Thatcher，1925—2013），英国保守党领袖，曾任英国首相，连续执政长达11年，因其强硬而果决的领导风格被称为政坛“铁娘子”。在英国，她是一个有争议的人物，支持者赞誉她带领英国走出了经济困境、提高了英国的国际地位；反对者认为她是一个不折不扣的独裁者、自大狂、几乎毁掉了英国的福利制度。

阿兰·霍林赫斯特

（Alan Hollinghurst，1954—　）

阿兰·霍林赫斯特在英国当代文坛上，被誉为“散文第一高手”，以擅长描写社会危机和成长问题，尤其是同性恋问题著称于世。

有评论认为，其作品文笔优美，行文细腻、优雅、机智，具有强烈的道德自觉，善于以婉约的笔触，呈现人生的无奈与苦短，营造出了一种现代小说失落已久的纯粹美感。

《美丽曲线》（The Line of Beauty）出版之后，被誉为一部出色的社会喜剧，并因其**深入 80 年代的撒切尔执政时期人们的灵魂，把人们对爱情、性和美的追求，描写得如此罕见地精妙绝伦**，问鼎了第 36 届英语文学界最有影响力的布克奖；入围了惠特布莱德小说奖决赛名单；2005 年又入围英国图书年度作家奖决赛名单；并获得了英联邦作家奖亚欧地区最佳图书奖。

尼克·格斯特经过“狄龙书店”门口时，停住了脚步，书店橱窗里展示着一本有关最近选举的新书。他走进书店，拿起其中的一本，仔细看了看里面那些相片，在其中一张保守党新议员的集体照上，他看到了自己寄宿所在人家的男主人吉拉德·费登（Gerald Fedden）的影像，坐在前排的位置上，面带着微笑。在书中正文里面，有两次提到了这位巴维克选区新当选的下议院议员，说他是一个乐天而随和的男人，是保守党议员当中正在减少的少数派成员之一，身上明显带着受过剑桥与牛津教育的痕迹。尼克离开书店回到街面上后，为在一本新出版的书里看到了自己熟悉的一个人，感到了一种滞后的自豪。

眼下，正值炎热的8月，白天热得令人神志恍惚，间或有点微风，带给人贪欲的梦想。这天晚上8点，尼克有一个约会，是被吉拉德的女儿凯瑟琳（Catherine）撺掇出来的。由于凯瑟琳的怂恿，他回应了报纸上的一则寻友广告，当下，正要去赴那个与名为雷欧·查尔斯（Leo Charles）的男子的约会。那天，当他把那个男人的照片和文字拿给凯瑟琳看时，凯瑟琳似乎很喜欢那个男人的相貌，不过，那个男人的书法却令她无法恭维，那些字迹既精细又鲁莽——字如其人，凯瑟琳有一本《笔迹学》简装书，据此，她议论了一番那个男人的天性和被压抑性，说她从中看出了“自我中心”。

尼克住进吉拉德·费登家位于诺丁山的那座白色豪宅已有几个星期了，他的房间在顶楼，那是孩子们的活动区域，充满了孩子们的神秘感和叛逆精神。费登家的儿子托比（Toby）的房间，正对着楼梯口；尼克的房间，在有天窗的那一头；托比的妹妹凯瑟琳的房间，在另外的一头。尼克自己没有兄弟姊妹，在费登家里，他把自己视为托比和凯瑟琳之间的老二。托比是他在牛津大学伍斯特学院时的同学，放长假时，托比了解到他渴望享受伦敦生活，就把他带到了自己家中。托比似乎从来不知道为什么会同尼克成了朋友，只是很友善地就接受了下来。离开牛津后，有那么几个月，托比几乎不怎么回家，倒是尼克一直像个老朋友似的不断来这里拜访，慢慢变成了托比好客的父母的朋友，之后，便成了费登家所有人的朋友，他身上那种颇具吸引力的、略带畏缩的优雅气质，赢得了费登一家人的信赖，于是很大方地接纳了他的寄宿。

尼克的家位于巴维克选区，吉拉德在巴维克选区获胜之后，便让尼克住进自己的家里，就像是命运的安排，彼此都为此感到很高兴。随后，吉拉德和夫人雷切尔（Rachel）去法国度假了，到月底才回来。现在，费登家里，除了法籍女管家艾莱娜（Elena）、吉拉德的女秘书潘妮·肯特（Penny Kent）以及勤杂工杜克先生（Mr. Duke）外，只有托比、凯瑟琳和寄宿客尼克。每天一大早，艾莱娜过来准备他们一天的吃吃喝喝；把墨镜推到头顶上的潘妮，埋头处理那小山一般的信函；窗外的剪草机轰鸣，干杂役的杜克不间断地忙活着各种各样琐碎的维修保养。

自从住进富足而有权势的费登家族的宅邸之后，尼克甚至觉得这里的一切也有了他的一份。住在这样一幢位于肯辛顿王宫花园街上的别墅里，他感受到了一种美滋滋的享受。那有三道锁的绿色大门为他打开了，进来之后，那大门又在他身后锁上了，给人的感觉真是太妙了，而这样的安全感，一直伴他走进了那幢大房子。房子里面充满了艺术氛围，那些油画，那些瓷器，还有那些线条优美的法国家具，好像真的与他如影相随了。楼上大客厅壁炉的上方，挂着一幅 18 世纪意大利画家弗朗西斯科·瓜尔迪[1]的油画《威尼斯随想曲》，装在镀金的洛可可风格的画框里，对面墙壁上，挂着两面大大的镜子，镀着金框。他已经抓住了一切机会，把这幢大房子的上上下下、犄角旮旯走了个遍，从壁橱到地下室堆放旧东西的杂物间，那个杂物间简直就像是一个昏暗的博物馆。

托比在家的时候，喜欢在客厅里大声播放音乐，或在吉拉德的书房里打国际长途电话，一面喝着强身的琴通宁——那种以琴酒为基础的调酒里面知名度最高的饮品，随心所欲地做着一切。有时候，还会跑到花园里，脱掉上衣，伸张开手脚，躺在折叠椅上读报纸上体育版的消息；这时，尼克往往会从阳台上凝视一下托比，然后走下楼去找他。尼克很清楚托比喜欢有人欣赏他身为划艇手的健美的身躯，那是一种“美感的施舍”；他们会一起喝喝啤酒，之后，托比通常会问上一句：我妹妹还好吧？没有犯疯病吗？尼克便用夹杂着一些无法捉摸的情感的复杂微笑回答说：挺好的，她挺好。早在牛津的时候，托比曾十分信任地跟尼克提起过凯瑟琳的躁郁症，曾有过试图用剃须刀片割腕自杀的往事。

吉拉德临行前，希望尼克照顾好凯瑟琳，任务看似随意，却好像成了尼克必须身负的职责，结果，事情竟演变成了——凯瑟琳的房间，好像是尼克在实际看管，凯瑟琳只是神经兮兮地扎营在此；在这个家里，好像不是尼克而是凯瑟琳，才是这幢大房子里的寄宿者。而且，每当父母双亲不在场的时候，凯瑟琳总要做出一点忤逆冒犯的事，或是吸烟，或是把陌生人邀请到家里来之类的事。有一天晚上，尼克回来的时候，看到凯瑟琳在跟一个上了年纪的黑人出租车司机躲在厨房里喝酒，还跟那个人说这幢大房子拥有保险什么的。

总而言之，凯瑟琳总是不那么让人省心，风波不断，年仅 19 岁，就已经历了一连串失败的恋爱，每一个男友都享有一个该死的绰号；另外，凯瑟琳对自己身边的世界往往有着独到的认识和看法，见解犀利，对任何事物都喜欢讽刺，她对尼克对这幢大房子里华而不实的东西的钟爱深感不解，当喝醉了的时候，喜欢用激越的大笑，嘲笑尼克对那些油画和家具的评价，嘲笑尼克那些表现出渊博学识的评说，笑话尼克是个假内行，令尼克感觉有点丢脸；而且，凯瑟琳还喜欢用一种滑稽的神情凝视着尼克，就仿佛是在看什么垃圾。

在这天稍早些的时候，吉拉德和夫人雷切尔从法国度假归来了，被晒黑了的吉拉德精神抖擞，健步走进了厨房，为大家分发礼物，人人有份，分给尼克的，是一瓶专为男性所用的科隆香水。尼克原本打算与吉拉德和雷切尔讨论一下凯瑟琳的精神状况，不过，厨房里的场面热烈，看来需要等待恰当时机了。后来吉拉德询问尼克当晚是否与他们共进晚餐时，尼克委婉谢绝了这一邀请，这时，适性任情的凯瑟琳

---

1 弗朗西斯科·瓜尔迪（Francesco Guardi，1712—1793）：威尼斯画家，以擅长威尼斯城市风景画知名，笔法活泼灵巧。

向尼克递过来了一个短暂而耐人寻味的动情微笑，尼克心领神会，决定把自己当晚要去赴约这件事只保持在他和凯瑟琳之间。

在此之前，尼克从未有过在一个具体的时间点去与一个男人约会的经历。还在牛津读书时，尼克就暗暗爱恋上了费登家的托比，直至今日；他都把自己的心给了托比，但如果和托比调情，又觉不够得体，甚至觉着那是亵渎；不过，要是自己有个情人，而那个情人却又不能是托比——这样的事实，尽管只是一种妥协的方案，对他来说，依然不是那么完全彻底地心甘情愿。所以，当下，尼克对自己迈出的这具有挑战性的一步——即将去赴的那个初次的约会，心里总感觉怪怪的，有些不可思议。尽管如此，他还是真的来赴与雷欧·查尔斯那个家伙的约会了。

这是尼克平生头一回与一个男人的约会，临行之前，他内心忐忑，目视着墙上挂着的那些由著名的肖像画家弗郎茨·冯·伦巴赫[1]为雷切尔先人们所绘的棕色肖像，感觉那些肖像就像他将与之相会的那个家伙一样，正在严肃地瞪视着他。不过，他很快又将不安的心定了下来，开始为将赴的约会做起了准备，从衣架上取下两件可穿的衬衫，照着镜子，这时，凯瑟琳走了进来，站到了他的身后。刹那间，他明显感觉到了凯瑟琳想要碰他可又欲碰不能的不安。他们的视线没有在镜子中交会，凯瑟琳只是瞧着他，瞧着他的肩膀，好像他知道他该去做什么似的；然而，他却什么也没去做，一门心思只想着晚上他将与之约会的那个家伙——雷欧·查尔斯了。他如约进了那家酒吧，与那个家伙——个头矮小的雷欧见了面，他喝了一些烈酒，雷欧只喝了一点可乐，两个人聊得比较投机。

雷欧来自和尼克完全不同的世界，是一个黑人，出身贫寒，爱看枪战片，说话带着伦敦东区的口音，在为一个黑人组织工作。从雷欧身上，他感受到了他从未领教到过的下层移民的生活。第二天，他把自己新结识的黑人朋友雷欧带进了肯辛顿王宫花园街 48 号院的大门，带着雷欧参观了一通这幢肃穆的白色府邸之后，在这幢豪宅的花园里，初尝了爱情的滋味，接受挑战，秘密地献出了自己的童贞，在与雷欧的爱抚中，毫不费力地完成了他们的第一次性关系，两颗孤独的心交融到了一起。

在那之后，在 8 月的最后一个星期日，在诺丁山的狂欢节即将达到高峰的时候，尼克受邀前往白金汉郡凯斯勒勋爵（Lord Kessler）的乡间别墅鹰林山庄，去出席他始终无法释怀的最爱、好友托比 21 岁的生日聚会。在那天上午 11 点，他就像费登家里的成员一样，与雷切尔、吉拉德和凯瑟琳聚集在了门厅那里，之后，吉拉德驾车带着他们上了高速公路，赶往鹰林山庄。

鹰林山庄始建于 1880 年，是为第一任凯斯勒男爵建造的，现在是雷切尔富有的兄弟——凯斯勒勋爵的豪宅。前来出席托比生日盛宴的客人很多，宾客盈门，其中，有形形色色的保守党成员，多个部门的部长和达官贵人，还有一些富商巨子。首相没能出席，这使每一位到场的客人感到了些许失望，同时又全都感到总算松了一口气。

这时，面对如此奢华盛大的场面，身处在一群时髦光鲜的上层社会人流当中，尼克多多少少感到了些许忐忑不安，甚至还暗暗为自己平凡的出身，自己那普通又俗气的双亲——唠唠叨叨的母亲和当古董商贩的父亲，感到有些羞愧，直到后来，受到了凯斯勒勋爵特别热情的款待，他才重新拾起了自尊，又

1 弗郎茨·冯·伦巴赫（Franz von Lenbach，1836—1904）：德国19世纪晚期著名肖像画家，名震一时，善于刻画人物性格特征，为普鲁士王国的首相奥托·冯·俾斯麦（Otto Von Bismarck，1815—1898）所画的约80幅肖像尤为闻名。

有了些飘飘然。

经过多年苦心孤诣的追求，尼克已深有造诣，极具艺术品位，眼力不俗了。他注意到鹰林山庄里收集着维多利亚王朝全盛时期的各色玩意儿，绘画、挂毯、陶瓷、器皿、家具，一应俱全。相形之下，肯辛顿王宫花园街上的费登家别墅里的那些货色，简直就是小巫见大巫了。这里的家具大都是法国式的，而且做工精良。尼克为了表明自己对艺术的鉴赏力，冷不丁冲着前面的凯斯勒勋爵冒出了一句：那张路易十五时代的写字桌……非同一般。他的这一夸赞，着实让莱昂内尔·凯斯勒（Lionel Kessler）大吃了一惊，转身走了回来，笑着夸赞他说得一点没错，实际上是为蓬巴杜夫人做的。

尼克对古典家具的这种敏锐的鉴赏力，不但立刻赢得了凯斯勒勋爵的好感，还开始对他有点儿刮目相看了，甚至将他邀到自己从不对外人开放的藏书广泛的书房。

在山庄书房里，书籍本身显然没有书的装帧重要。这里的书籍，与尼克手把摩挲、日日阅读的书籍不大一样，装帧十分讲究，烫金、镏金，封面版式，插图护封等，应有尽有，书籍的装帧，似乎比书籍本身更为重要，似乎装帧得越考究，便越珍贵。凯斯勒勋爵陪伴着他徐徐前行，断断续续交谈着。过了一会儿，凯斯勒勋爵打开一个书匣，取出一卷大书《拉封丹精选寓言》，绿棕色的皮质封套上，压印着许多洛可可风格的镏金叶状或卷须状的图案。他们并排站在那里，凯斯勒勋爵没有让他触碰一下那书籍的实体，只允许他瞅了那么一眼，虽说算不上什么轻蔑，却令他感觉其中流露出了一种小瞧人式的特质，像是在说：拿着看了你也不会懂得它的珍贵，至多只能装装样子，表示表示出于礼貌的兴趣。其实，他倒是真的很喜欢这本被凯斯勒勋爵视为至宝的《拉封丹精选寓言》，早年，这本寓言在法国其实不过是一本小人书，他很想看看那本书却又不敢要求多看一眼，生怕惹得主人生出不快，因为他不清楚，那本书是凯斯勒勋爵所有藏书之中的至宝呢，还是仅仅只是偶然随意取出来的一本。

尼克和凯斯勒勋爵继续一面交谈，一面浏览着往前行。片刻之后，看到了一套装帧不算太讲究、比较容易取下来的安东尼·特罗洛普[1]的小说作品，他取下其中一部《如今世道》，注意到书页尚未裁开。凯斯勒勋爵声音和蔼，询问他对这部作品有什么感想？是不是也想成为一个特罗洛普类型的人？他坦然以对，给予了否定的回答，他觉得特罗洛普的写作速度太快了，并引述了美国作家亨利·詹姆斯[2]评论特罗洛普的原话，议论了一番特罗洛普以写小镇故事和内阁及议会为中心的政治小说的写作风格。稍过了片刻之后，凯斯勒勋爵点评了一句：特罗洛普，好样的，他挺会赚钱的。尼克一下子不知说什么好了，突然感觉自己被剥夺了表达的资格，在理财的问题上，他一窍不通。凯斯勒勋爵像是意识到了这一瞬间的尴尬，岔开了话题，询问起他与托比在牛津时的情况，以及他当下在做些什么？他告诉勋爵，下个月他要去伦敦大学学院，去完成他心仪已久的亨利·詹姆斯的研究论文。

离开了莱昂内尔·凯斯勒的书房后，尼克在山庄里遇到的头一个人是凯瑟琳。他们游荡了一会儿，

1 安东尼·特罗洛普（Anthony Trollope，1815—1882）：英国作家，以揭示教会人事倾轧与假仁假义的黑暗面的一组“巴塞特郡纪事”（Barsetshire Chronicle）小说闻名于世，在世时作品未广受好评，逝世50年之后声誉日隆，文名重振，作品再度畅销，成了英国19世纪经典作家之一。

2 亨利·詹姆斯（Henry James，1843—1916）：美国作家，被誉为美国“小说泰斗”，对欧美一些作家影响颇大，对现代小说的理论具有卓越的贡献，著名的《小说的艺术》（The Art of Fiction）一书所阐明的许多理论和观点，迄今依然被广泛认为是无懈可击的经典之作。

然后，在凯瑟琳的提议下，他们在湖边的一张石椅上坐了下来。凯瑟琳点燃了香烟，同他谈起了她今天带来的那位大龄男友拉塞尔（Russell），一个目光敏锐的家伙，颇有才华的摄影师，正在忙着摄影，希望他能喜欢上他。他立刻笑呵呵地说道，其实，他早就告诉大家说拉塞尔有多迷人了。正说着，那位个头高高的拉塞尔脖子上挎着摄像机朝他们慢慢走了过来。尼克注意到，这位不定期为社交时尚生活领域最受欢迎的都市杂志服务的摄影师，年龄大概在 30 岁左右，肤色黑黑的，让他不由得想起了他的情人雷欧。

那天的宾客当中，还有许多托比牛津大学时代的同学，一群青年男女，每一个人都拥有属于自己的思想和蝴蝶结领结，每一个人都拥有自己未来的规划和所持有的异议。大家喝着饮料，三三两两地聚集在一起。人群当中，没有一个尼克独自熟悉的朋友。托比即将到《卫报》去工作，这时正在楼上，与他的女友苏菲·蒂珀（Sophie Tipper），一个大有前途的女演员，腻在一起。"大大大有前途"是尼克牛津时代的同班同学伯利·汤普金斯（Polly Tompkins）对苏菲带有讽刺性的赞语。就在这时，尼克意外看到了伯利的身影，伯利朝着尼克缓缓走了过来，两个人彼此打了招呼。

在牛津大学伍斯特学院时，伯利总被大家戏称为"波莉"，不过，尼克还是正正经经招呼了一声"伯利"。在尼克大学生活的整个岁月里，伯利给人留下的印象是一种噪音，一种不断反复的轻浮浅薄与野心，一个多功能厅和学联里的怪物，然而，因为在公务员考试中的成绩仅次于第一名，伯利新近已在白厅就任了一个大有前途的职位。

尼克和伯利闲聊了起来。一位侍者托着盘子朝他们走了过来，提供的是白兰地酒。他笑呵呵地听着伯利的故事，慢慢啜饮着酒杯里的酒水，一面四下扫视，瞥见了正站在他身后门口的特里斯托（Tristao），一个来自马德拉岛的侍从，随后，看到了特里斯托向他递送过来的一个迷人的微笑。于是，他开始在心里盘算起了与特里斯托的幽会。

托比从楼上下来了。场面上的气氛一下子热闹起来，呼喊"托比！"的欢呼声四起，夹带着欢快的口哨声和热烈的鼓掌声。尼克情绪激动，冲着托比举起了他的酒杯，然而托比的目光并没有落到他身上，而是投向了妹妹凯瑟琳和紧随凯瑟琳身后的那位拉塞尔。他并不介怀，他实在太爱托比了，超过在场的任何一个人，他一定要同托比在一起，于是朝着吸引了不少来宾的托比走了过去，加入了托比的聊天阵营。

一阵呵呵的笑声吸引了尼克的注意力，走过来的是他在伍斯特学院时的另一位老同学萨姆。萨姆长着一头天生的卷发，即将进入大银行家凯斯勒勋爵的"莱昂内尔·凯斯勒集团公司"，拥有一份年薪两万英镑的工作。尼克很高看萨姆，因为萨姆不仅仅是一个经济学者，而且看过不少书，在各个方面都显得很有学问，中提琴也拉得不错，还能对不像他那样卓越的人给予关心，投其所好。

与萨姆招呼过后，尼克忽然又看到了当年曾给他留下深刻印象的安托万·瓦尼·乌拉迪（Antoine Wani Ouradi），和瓦尼·乌拉迪的女友马丁尼（Martine）。在牛津伍斯特学院期间，他与瓦尼·乌拉迪曾有过几面之交，几次偶然的照面。瓦尼·乌拉迪不仅是一个美男子，美得就像画里的人，令人惊叹不已，而且还极为富有，父亲是黎巴嫩富商，拥有一个庞大的超市帝国。"嗨，瓦尼！"他主动上前打了个招呼，瓦尼亲热地回应了他一声，却没能立刻叫出他的名字。之后，瓦尼把同自己一道来参加聚会的未婚妻马丁尼介绍给了他。

在那天的宾客当中，尼克第一次见到吉拉德的母亲帕特瑞基夫人（Lady Partridge），帕特瑞基夫人的第一任丈夫杰克·费登爵士（Sir Jack Fedden）是个非常富有的律师，财产相当可观；第二任丈夫杰克·帕特瑞基（Jack Partridge）是个注重实际的男人，建筑商，修建了不少新的高速公路，她比他们二人都长寿。美丽动人的雷切尔以“托比的牛津朋友”把尼克介绍给了吉拉德的母亲。随后，尼克面带谄媚的微笑，与两位夫人交谈了一阵儿，还就内政大臣的种族主义言论，与帕特瑞基夫人进行了一番讨论，他的表现彬彬有礼，小心翼翼地回答着，直到摸清了帕特瑞基夫人的意见为何之后，才表明了他自己的意思。

在那天的生日聚会庆祝仪式上，吉拉德大讲了一通，替托比发表了一通诙谐的演说，随后又说了一番自己该说的话。尼克听得心不在焉，因为他已同特里斯托约好了3点钟在主楼梯上见面，不过，他却错过了他们的那个约会，他从侧门出来之后，走错了路，进了一个棕色的通道，到了一间餐具室。重新回到聚会大厅后，尼克随着托比周围的那一帮高才生们去了托比的卧室，他们一起抽烟、喝酒、胡聊，之后，瓦尼·乌拉迪推门走了进来，他的注意力立刻被瓦尼吸引了过去。那天，他因酒喝得太多，睡倒在托比的卧室，托比和瓦尼·乌拉迪两人悄悄溜进了浴室吸食可卡因时，他醒来了，起床去开窗户，听到了他们从浴室里泄漏出的一些对话内容。

数周之后，一个星期六的早晨，尼克与吉拉德就有关理查德·施特劳斯和其他交响乐的曲子在电台上遭到了批评一事进行了一场生动的意见交流，这时，门铃响了，雷欧找上门来了。与吉拉德和雷切尔照过面后，雷欧约尼克骑脚踏车出门去遛遛。几个星期下来，尼克和雷欧的关系已发展得相当亲密了。雷欧谈起了他前来花园街别墅找尼克时，顺道去看了看他最好的老朋友彼特（Pete），他感觉彼特的身体状况有点不妙。尼克深表同情，于是，和雷欧一道去了彼特的古董店。雷欧向彼特介绍了尼克，在说明尼克对古典家具颇有研究时，尼克对彼特热情地笑了笑。彼特体态羸瘦，个头比雷欧和尼克都高，腰背有些弯曲，穿着紧身的旧牛仔裤和一件粗斜纹棉布衬衫，一副憔悴疲倦的样子，看上去，显然是生病了。三个人随便闲聊了一会儿，彼特没有一句涉及自己生病的事，只一味地议论着他的古董生意，买卖的不景气，还问了问尼克父亲所做的古董生意。在他们整个谈话期间，尼克面带笑容，不住地随声附和，一副专心致志的样子，其实却心不在焉，心里一直想着雷欧的事，涌动着对雷欧的性欲。

从彼特那里出来后，尼克和雷欧去吃午饭，当他们在人流不息的街上闲走时，尼克忽然瞥视到了在一个货摊前的遮阳伞下的苏菲的身影，他的第一反应是不理睬和躲避，然而，就在这时，托比的身影映入了他的视野。扫视到托比与苏菲亲亲热热的样子，尼克心中颇有些不是滋味，正打算转身离去，想去为雷欧买个喜欢的东西时，却被托比的招呼声叫住了，紧接着，托比给了他一个拥抱和亲吻。与苏菲打过了招呼后，尼克颇有些不自在地把自己的新男友雷欧介绍给了托比和苏菲。在之后的交谈当中，始终面带着含糊微笑的雷欧明显感受到了托比和苏菲这一对未婚夫妻所表现出来的那种持续的冷蔑态度，直到谈论起电影《白魔鬼》时，雷欧才找到了兴奋的话题，那是雷欧喜爱的一部影片，尼克只听说过，却从未看过。与托比和苏菲分手之后，尼克再一次与雷欧在大街上独行，这一次，二人全都一声不吭了。尼克在脑海里想着雷欧的事，在这一天里，雷欧表现出来的全然不一样的神态——在彼特面前的热情洋溢与在苏菲面前的畏葸不前，感觉雷欧就像是完全不同的两个人。

回到费登家豪宅后，在用晚餐之前，尼克找到了一个机会把他的房租交到了雷切尔手里，有些为难的雷切尔接过那些钱，很感激他的厚意，不知该将它置于何处，放到哪里去。就在这时，吉拉德与他的牛津老友贝杰尔·布罗根（Badger Brogan）从网球场那边回来了，两个老男人像一对大男孩一样语言激烈地辩论着，并把球拍丢到了长椅子上。这两个老友刚刚打完一场比赛，由于吉拉德歪曲了规则证明他自己是胜利者，在回来的一路上，二人一直都在争论着到底谁是真正的赢家。尼克微笑着站在一旁，看着他们二人的戏谑。贝杰尔的目光扫视到了尼克的身影之后，立刻同尼克打起了招呼。

这时，费登家的女管家艾莱娜匆匆忙忙从配膳室端出了这一天晚宴上食用的鹿腿。那鹿腿来自鹰林山庄，每年 9 月份送过来后，要在费登家悬挂上半个月。这令吉拉德倍感荣光，总要安排一系列的晚宴聚会，来炫耀这一猎物。不一会儿，房间里的凯瑟琳出来了，下到楼下之后，用手遮挡着她脸上的墨镜，期望不被他人察觉，偷偷溜出家门，不料，却听到了贝杰尔用玩笑招呼她的声音。凯瑟琳慌忙解释说，自己既不愿吃也不愿看着他们吞吃那些鹿肉，所以出去走走。吉拉德听了之后，大皱眉头。雷切尔赶上前来，好言哄劝，要凯瑟琳作为家庭的一员，来出席今日的宴会，因为过一会儿家里要来两位重要客人，约翰·提姆斯（John Timms）和巴里·格鲁姆（Barry Groom）。凯瑟琳依然振振有词，弄得吉拉德有些不耐烦了，要求她不要再胡闹下去了。凯瑟琳忽然把问题转移到了尼克身上，以尼克为替身，作为自己从容引退的条件。

尼克正要说些什么，雷欧打来了电话。尼克到吉拉德的书房里去接电话，二人闲谈了起来。雷欧询问尼克正在做些什么，尼克尽量使用雷欧的习惯用语，告诉雷欧，他们这里将要举行一个重要的晚宴，要来一些令人讨厌的老保守党的议员。又闲扯了一阵，尼克放下了电话，来到厨房，正坐在桌子旁边写着什么的雷切尔瞥见他后，告诉他说，不管什么时候，只要他愿意，他的朋友们随时都可以登家门，他是他们家庭中的一员，在这里是深受欢迎的。他听了之后，脸色微微泛红，羞涩地笑了笑，表示了他的谢意。

当晚，托比和苏菲·蒂珀早早地就过来了，来出席吉拉德举办的这一晚宴，并与尼克在会客室里，共饮了一些琴通宁，闲聊了一阵儿。托比现在与苏菲一起居住在位于切尔西区的一幢大平房里，有着光明的未来。很快，客人们陆陆续续到场了，在那些来宾当中的两位国会议员，一位是吉拉德的生意伙伴、从来不与人招呼“哈罗”的巴里·格鲁姆，另一位是资历较浅的内政部部长约翰·提姆斯，以及他们的夫人；另外还有吉拉德的母亲，帕特瑞基夫人等。

晚宴当中，尼克的位置在餐桌的中部，他不失礼地说了一些讨人喜欢的闲话。猎来的鹿肉送上来时，吉拉德端着手中的葡萄酒转了一大圈，从容地解释了一番：他的内兄拥有一个鹿园，上席的是一头公鹿，比母鹿先入时，而且味道也好得多。在吉拉德侃侃而言时，尼克回应了雷切尔递送过来的一个会意的微笑。甜点用过之后，女士们退席了，在她们上楼梯时，尼克也想起身随她们离去，不料却被吉拉德叫了过去，坐到了他的牛津老前辈巴里·格鲁姆对面的位置。在雪茄的烟雾缭绕中，他耐心地听着出身于牛津的老校友们谈论政治，谈论牛津。巴里以嘲谑的口吻提到“牛津殉道者”[1]的继任时，盯着他看了一下，问他是不是也有此意，他当即连声否认“不是，不是……”就在这时，从外面突然传来的一阵阵响动声，

1 牛津殉道者（Oxford Martyrs）：位于牛津贝利奥尔学院（Balliol College）的岔路口，建于1841年的“牛津殉道者纪念碑”上的三位坚持新教信仰的主教——坎特伯雷大主教托马斯·克兰默（Thomas Cranmer）、温彻斯特主教休·拉蒂默（Hugh Latimer）和伦敦主教尼可拉斯·里德利（Nicholas Ridley），他们在玛丽女王统治时期，1555—1556年间，在那里被吊着活活烧死，史称“牛津殉道者”。

吸引了所有在场人的注意力。

外面的大门被打开了，然后是“砰”的一声关门声，接着，响起了急促的门铃声和恼恨的喊叫声，门再次被推开了。尼克很快意识到，凯瑟琳回来了，随后，将他的目光转向了餐桌上的那些面孔，来回扫视了一遍，他看到那一张张面孔上呈现出一种迷惘、不悦甚至有点好奇的神色；约翰·提姆斯瞪着一双眼睛，盯视着餐厅关闭的房门，贝杰尔·布罗根则仰靠在那里，在袅袅的烟雾中，一副袖手旁观的样子。之后，尼克跟随着面容严厉的吉拉德起身离开了那些贵宾，步入大厅后，看到凯瑟琳站立在楼梯下方，嘴唇微微颤抖着，像是要控告什么。原来，凯瑟琳被那个摄影师拉塞尔甩了，打电话给名为布伦特福德（Brentford）的小型出租车的司机，那位出租车司机便把心情不好的凯瑟琳送了回来。尼克曾见过看上去有50来岁的出租车司机布伦特福德，凯瑟琳和他相处得很好，在吉拉德和雷切尔去法国度假时，曾让他上过门。

已有了一把年纪的布伦特福德，体格健壮，颧骨上有点皱纹，隐约含着一种迷人的亲切感，与在场的所有人和所有的一切分属两个世界，截然不同。吉拉德在听过布伦特福德的一番解释之后，不相信女儿凯瑟琳会主动打电话联系他，因为他们根本就不是一路人，结果，凯瑟琳发出了一声反抗的尖叫，走过去抓住了布伦特福德的胳膊，布伦特福德不失身份地保持着一种警惕的尊严，轻轻地把凯瑟琳推向了尼克。凯瑟琳斜靠在尼克身上，伤心地哭了起来，但她并不是在向尼克寻求安慰，只是找了一个立脚的地方，尼克用一只胳膊小心地搂住了凯瑟琳，“是拉塞尔吗？”他轻声问道。凯瑟琳没有回答。醉意朦胧的巴里·格鲁姆走进了大厅，瞪着眼睛歪着头，突然冲着布伦特福德大喊大叫起来，“我怎么不知道你是谁？你这个混蛋！”尼克当即冲着巴里高声吼了起来，“闭嘴……你这个蠢货！”眼泪汪汪的凯瑟琳也附和着尼克要巴里闭嘴，弄得巴里不得不连声应从，颇有些尴尬，吉拉德赶紧进行安慰。

尼克顾不上多想什么，径直向布伦特福德表示了歉意。随后，从楼上下来的雷切尔把凯瑟琳带上了楼，大家重新返回了聚会餐厅。尼克却没再回到聚会餐厅去，他清楚自己已不能回去了，不能再重新坐回到与巴里·格鲁姆对面的那个位置上，对他的所作所为，吉拉德一定十分生气。在这时候，他想到了雷欧，心情随之轻松了。

现在，每当下班后，尼克常常会去找雷欧，与雷欧相聚在一起。这天下班后，他们穿过市政机关前面的道路，前往雷欧的家，看到雷欧穿西装时的那副样子，尼克忍不住笑了起来，挖苦雷欧，上帝啊，你看起来好不俊美！雷欧也不恭地回复了一句，然后提醒尼克，到了他家后，不要轻慢地提到主的名字，他的家人信奉上帝，非常虔诚。

雷欧与母亲查尔斯夫人（Mrs. Charles）和姐姐萝丝玛丽（Rosemary）共同生活在一幢前面有露台的房子里。查尔斯夫人十分高兴尼克的登门造访，过了一会儿，萝丝玛丽下班回来了，尼克与雷欧一家人共进了晚餐。用餐的桌上，查尔斯夫人的话很多，抱怨雷欧什么都没告诉她，她猜想年轻的尼克一定属于住在豪宅里能接近国会议员的那一类人，后来听到尼克解释说他与议员吉拉德·费登的儿子是牛津的大学同学时，甚是惊喜，接着又询问了一通尼克父母的情况。尼克回答说，他父母是一对虔诚的基督教徒，父亲是一名教会委员，母亲时常为教堂供花。查尔斯夫人对此大加称赞，对雷欧能有像尼克这样一个朋友备感欣慰。然后，又详细询问了尼克父亲的具体职业及尼克攻读博士学位的情况。

从雷欧家出来之后，尼克有了一个与雷欧共度良宵的大胆而疯狂的计划。他先诱使雷欧与他一道去了诺丁山影院，去观看那一部正在热映的黑帮影片《疤面煞星》。影片上市不久，来观看的人很多，他们没能买到坐在一起的影票，只好分坐在了彼此相距不远的座位上。在演绎整个剧情的 170 分钟里，尼克孤独地坐在黑暗当中，影片当中充满了疯狂的暴力和血腥的嗜杀，充满了冷血、乖张、狠辣以及吸食可卡因的情形，令他大为震撼，触动了他的回忆，回想起了几周前在鹰林山庄里托比同瓦尼·乌拉迪之间的那一番精神紧张的对话。通过这部影片，证实了他最坏的猜疑——有关毒品的猜疑。他无法赞同托比朋友们的行为，他们无知地在他们的特权里面厮混，然而要原谅他们还是比较容易的：因为他们太年轻了，不知道好歹。

雷欧不大喜欢这部放映了将近 3 小时的大片，在雷欧看来，这部与吸毒有关的黑帮和毒枭好勇斗狠的动作片，太滥了。散场后，看到尼克泪眼蒙眬，一脸迷乱的样子，雷欧平心静气地给了他一句：别太孩子气了！抓着他的胳膊，把他拽出了影院。在影院门口，雷欧停住了脚步，用双手挎住了还在为走上了不归路的那位影片中的主人公唏嘘不已的尼克的脖子，尼克这才总算回过神来，有了反应，两个人亲吻着拥抱到了一起。之后，尼克大着胆把雷欧带回了费登家的别墅。别墅里相当安静，几乎没有什么人影，费登夫妇不在家，凯瑟琳也外出了。

尼克把雷欧带到楼上的大客厅里，带着雷欧四下参观，闲逛，为雷欧一一解说那些悬挂着的照片上面的人物和所陈设着的其他的艺术品。雷欧在钢琴前面坐了下来，却又立刻站起了身。在这幢豪宅里，在这大客厅里，他所感受到的，是一种身处在异性恋白人的空间里的窘迫，虽然对黑人的歧视表面上看不出什么。随后，在楼上那个专属于尼克的房间里，尼克和雷欧相亲相爱，拥抱到一起，尼克呻吟着，接受了挑战。就在那一次，他第一次看到了雷欧全裸的样子，不加任何掩饰的样子，看到从雷欧脸上流露出来的不祥前兆，那种警觉的心态，直白的愤世嫉俗，再就是，雷欧的那种表情，在他看来，那表情是一种情欲的退缩，或许更是一种自责——谴责自己为什么如此愚笨，如此虚荣，如此胡来。就在那天之后，雷欧突然不辞而别，离尼克而去了。

转眼到了 1986 年，尼克已不再为自己的同性伴侣雷欧突然消失之事而痛苦不堪了，他眼下的生活得非常惬意，又有了新的性伴侣，与托比的老朋友、美貌出众的瓦尼·乌拉迪有了秘密的肉欲关系，并被身家百万的瓦尼的奢华生活和他们用金钱与权力构筑起来的闪闪发光的世界搅得眼花缭乱。现在，他与浪荡公子瓦尼已情意绸缪，如胶似漆，在他们二人的感情世界里，生活得快乐而惬意，不过，所有认识他们的人都不清楚这件事，即便是瓦尼·乌拉迪的未婚妻马丁尼。

一天，尼克把瓦尼带进了一家只接待男人的公共浴室，男人们围着浴池赤裸裸地仰面躺在那里，尼克泡在水里，含笑欣赏着瓦尼漂亮的身躯。在他们周围，有一个用于社交的平台，位于浴池中央，一个旧木筏。在那个方便人们交际的旧木筏上，尼克他们遇到了一个极具性吸引力、名为里基（Ricky）的男子，瓦尼兴之所至，想邀请里基到他那里去玩三人同做爱的性事，这让尼克很是咋舌，当即反对。瓦尼希望他别太孩子气了，尼克只好跟随着里基去了盥洗室，希望里基帮帮忙，谎称已婚或至少对瓦尼说一声有女朋友，里基一点不肯买账，直言他本来就有女朋友，把尼克弄了个瞠目结舌，最后，三个人一道返回了瓦尼的住所。

住所的办公室里已空无一人，瓦尼的那些男孩们全都离开了，去了楼上的小套间。他们步入瓦尼的卧室时，那个里基紧随在瓦尼的后面，尼克跟随其后，心中极为不快，难掩醋意，很不高兴在他与瓦尼之间，多出了一个额外的第三者，而且这个人还是一个强有力的竞争者，一个非常性感的家伙。

瓦尼的住所在伦敦西北的阿宾顿大道上，是一幢建于1830年代的房产，他的制片公司和新创办的时尚杂志社也在这幢房子里，现在，尼克时不时就留宿在这里。碍于家族声誉，瓦尼不愿意公开与尼克之间的性关系，为了便于对外解释与尼克长时间待在一起的原因，建议尼克能在这幢房子里做份工作，这样一来，表面上看，他们是一对生意上的合作者。随后，尼克成了瓦尼聘请来的新杂志的编辑顾问，与瓦尼的其他几位年轻男友制图员西蒙·琼斯（Simon Jones）、责任编辑霍华德·华瑟斯坦（Howard Wasserstein）以及女孩奎恩·梅勒妮（Queen Melanie）一道在公司办公室里出出进进。

瓦尼的那份新杂志的名字——《双弯曲线》是尼克想出来的，是他躺在瓦尼那张有帐子的床上性交之后想出来的。"双弯曲线"是建筑学上的一种曲线，由两段相反曲面组成，有上凹下凸曲面和上凸下凹曲面两种，在古希腊建筑中经常使用。他向有鉴别欣赏力的一些朋友详细解释了一番那个双弯曲线，听他解释的，有时是公爵夫人，有时是凯瑟琳，有时是瓦尼的另一个什么情人。这个S形曲线，正是荷加斯[1]所说的"最美的曲线"，摇曳的蛇行线条充满动感，他一边抚摸着瓦尼那凹凸有致、高低起伏的脊背，一边想，这才是最美的曲线，荷加斯使用的佐证欠佳，所选用的形象范例是竖琴和树枝，干枯的骸骨，而不是一个男人活生生的胴体，实在应该重新写写那部《美的分析》。

在与里基的"三人"小插曲过去几天之后，在公司办公室那张乔治王时代的办公桌前，瓦尼一下子付给了尼克一张5000英镑的支票，他对必须频繁不断地支付尼克报酬这事，已有些不耐烦了。瓦尼希望尼克不要把这事告诉任何人，尼克痛痛快快地答应了，决定接受瓦尼的支票，把它当作瓦尼的一种不明言的柔情，于是，送给了瓦尼一个热吻。"哦，宝贝……"瓦尼嗤嗤一笑。尼克心里有些酸楚——那不是相应的回报。在他们的关系当中，并不总是那么随人心愿。

一个星期里，总有那么几个夜晚，瓦尼要在他父母家的那幢位于骑士桥区朗兹广场的豪宅里度过，每当与家人聚会的夜晚，瓦尼都会毫无怨言地回到骑士桥，和父母共进晚餐，外加一些随时上门的亲属，同时，作为一种常规，还有他的未婚妻。每当这时，尼克便会满怀忌怨地回到他居住的肯辛顿王宫花园街上的别墅，融入好客的费登一家人当中，成为他们当中的一员。吉拉德他们一个个似乎全都相信了他的说法——在那些不归之夜，他在瓦尼的电脑上专注于写作他的论文，之后，通常是在公司的小套间里睡一睡。一直以来，尼克至今未被邀请去过朗兹广场。在他心目当中，瓦尼的那个家，瓦尼父亲伯特兰德·乌拉迪（Bertrand Ouradi）的无情的身影，以及那个家庭里的异国礼节，还有庞大的朗兹广场——所有的这一切，都与"令人生畏"挂上了钩。

在一个独处的夜晚，尼克去看歌剧《唐豪瑟》时，与牛津同窗故友萨姆·泽曼不期而遇，他们讨论了一番这部歌剧使用的歌集版本——巴黎版和德累斯顿版的混合体，在二人争先恐后的发言中，在印证方面，萨姆占据了明显的优势。临分手时，尼克说他有事要请教萨姆，于是两个人约好下周一起共进

---

1 荷加斯：即威廉·荷加斯（Willaim Hogarth，1697—1764），英国画家，艺术理论家，以讽刺性风俗画在英国绘画史上独树一帜，因其个性鲜明且极富民族特色的创作被称为"英国绘画之父"。1753年他发表的《美的分析》（The Analysis of Beauty）是欧洲美学史上第一篇建立于形式分析基础上的论著，在其中提出的最为人所知的"波形曲线是最美的线"的论点。

午餐。

到了那天，尼克如约去见了萨姆，他早早地就到了萨姆上班的银行门前的棕榈树下等候，见面之后，萨姆同他谈论最多的是歌剧，管弦乐，直到那顿午餐结束，他们才为尼克想谈的那一笔资金腾出了一点时间，讨论了将那 5000 英镑用于投资的一些事宜，然后，萨姆用他的银行卡先尼克一步付了两个人的餐费。出来之后，在人行道上，萨姆让尼克寄给他一张支票，好去为他办理投资之事。临别时，在他们握手之际，萨姆轻描淡写地提了一下：照例，他应得的佣金是 3%。

在《双弯曲线》杂志办公室里，尼克深信，其他同事没人知道他与上司睡觉的事，而且，凭借着十多年的经验，他几乎总能左右人们所谈论的任何可能引起令人色赧的话题。与此同时，他内心深处又在为他与瓦尼之间的这种人们难以认同的臊眉耷眼的事暗自叫好，而瓦尼呢，是绝对要守住这一秘密的，尽管瓦尼对他始终情意绵绵。

那天，尼克突然受邀，前往朗兹广场去与瓦尼的双亲共进星期日午餐时，他几乎无法确定自己在那个家里的角色。由于前一个晚上，他跳了半个通宵的舞，带着一副橡胶面具，双腿不停摇摆，直到夜里 3 点，因此，在瓦尼的父亲伯特兰德·乌拉迪用力握住他的手问“你就是瓦尼的美学家”时，他的双腿仍然在颤抖，残余的啤酒和白兰地的酒力仍然在发挥着功效，努力以同样的力量回握了一下那只手，露齿一笑。

坐进客厅，经过一番紧张的对答之后，尼克受到了十分迷人又极具魅力的瓦尼父母的热情款待。伯特兰德身材不高，但长相英俊，像老电影里的影星，莫妮克·乌拉迪（Monique Ouradi）也同样如此，穿戴时髦，举止优雅。尼克以“美学家”的头衔坐在那里，彬彬有礼地同他们交谈着，回答了一个又一个问题，侃侃谈论了一番他的博士论文题目——亨利·詹姆斯，瓦尼的杂志《双弯曲线》，以及他打算写作的那部电影剧本《波因顿之劫》。莫妮克高兴极了，认为有了尼克的帮助，儿子瓦尼将会拍摄出一部优秀的电影。

当他和瓦尼离开客厅前往瓦尼楼上的房间时，瓦尼一个劲地追问他：昨晚在哪里过的夜，和谁做的爱？他回答说只是同霍华德和西蒙一道儿去了“天堂夜总会[1]”，在那里跳来跳去，没有同任何人有什么性事。瓦尼冲他轻蔑一笑：你就没脱衣服？他立刻用瓦尼去夜总会被未婚妻拍了一大堆照片的馊事回击瓦尼。随后，他们登上楼梯平台，尼克跟在后面，步入了瓦尼那套宽大的卧室，房间里面豪华的装饰，使用的大量双弯曲线组成的装饰图案，令尼克大饱眼福。过了一会儿，他又跟随瓦尼进了大浴室，在瓦尼的引导下，生平第一次吸食了可卡因。享用当中，瓦尼告诉他：这玩意儿，总能从龙尼（Ronnie）那里搞到。结果，在那天之后，尼克又多了一件要去做的事，打电话给那个操伦敦东区口音的家伙——牙买加人龙尼。

接下来的这一天，一切都让人感觉不那么顺心。电话打过去之后，龙尼要求尼克 10 分钟之后回电话，之后，又要求他继续回打一次电话，以核对他是否在他所说的路上。每一次电话过后，尼克便惴惴不安地携带着瓦尼拿给他的钱款——揣在上衣口袋里的 350 英镑纸币，在街面上转悠，心里充满了巨大的罪恶感和恐惧，感觉四下里似乎突然之间到处都是警车，一架直升机还在他头顶上盘旋了几分钟，弄得他

1 天堂夜总会（Heaven）：伦敦十大夜总会之一，著名的同性恋夜总会。

越发恐惧，不知自己将怎样向警方解释身上的钱款，随后，又寻思，最有可能的是，警方会一直等到他上了那辆交易车再采取行动。他甚至还想到了事情败露之后，吉拉德是否能阻止这事上报，假如吉拉德被卷了进来，被弄上了报纸，说那些毒品是从他家里抄出来的，那么，吉拉德将会失去他的议员席位，而他自己呢，则会被判刑，被监禁上10年左右，然后，上帝啊，在监狱中，他的那点牛津腔还能有活路吗，里面的那些人，一个个全都会糟蹋他的……

直到把那笔钱款交到了龙尼手里，毒品交易完成了之后，尼克那一颗悬着的心，才总算放了下来。他下了车，转身走向200码之外他的寄宿地，行走在那条街道上，不知怎的，他放松下来的神经再次紧张起来，危险感再次逼胁着他，使他感觉从身边走过的那些下班回家的路人，似乎每一个人都看到了他揣在裤兜的手里握着的那小小的一包东西，一个个全都在皱眉嘲笑他的愚不可及，判了他的罪行。他心里直发慌，心不住地扑腾，盘算怎么将手中的那包东西丢进排水沟，不过，当他迈上了费登家的台阶之后，他又重新振作了起来，庆幸自己总算安全到家了。他匆匆上了楼，把那小包东西藏好之后，来到楼下大厅，出席吉拉德为妮娜·葛雷瑟洛娃（Nina Glaserova）举办的钢琴演奏会。

尼克坐在最后一排席位上，像个带位人。大厅里，总共坐了大约五十人，混杂了吉拉德的家人、朋友和同事。大家对妮娜·葛雷瑟洛娃都不大了解，吉拉德对妮娜的介绍兼容政治和艺术，并希望演奏会举办成功。妮娜站在阶台上，听着吉拉德的介绍：父亲是著名的持异议人士，锒铛入狱了，她的奖学金被扣除……吉拉德接着说了一个笑话，妮娜不解其意，抬头注视着厅堂，看着一排排全然陌生的哄堂大笑的来宾，她今天的任务，就是要用她的演奏迷倒这些人。

鼓掌声响起，妮娜鞠躬之后，坐下来马上开始了弹奏。坐在尼克身旁的男人，来自内阁办公厅，在找他的节目单时，弄得椅子微微地振颤。尼克注意到气氛忽然严肃了起来，那钢琴在室内制造出的巨大音响，使地板随着音乐而颤动，让一些人脸上露出了不舒服的表情。尼克朝着前排的宾客看了过去，最前面的，是吉拉德的母亲帕特瑞基夫人，旁边是伯特兰德·乌拉迪和他的妻子，再接着便是瓦尼·乌拉迪了。瓦尼后面坐着的是依靠在新的男友贾斯帕（Jasper）身上的凯瑟琳，与他们并排的是任职于白厅的伯利·汤普金斯，伯利旁边坐着一位年轻女郎，是伯利满不在乎带过来的一位中央办公室的女职员。

尼克在自己的座位上想要看到演奏者妮娜本人，需要伸长脖子避开吉拉德女秘书潘妮的父亲诺曼·肯特（Norman Kent）那个不断晃动的白花花的脑袋。在帕特瑞基夫人口里，肯特被认定是一个狂热的社会主义者。肯特与吉拉德之间，为了僵持不下的原则问题冲突已久，多年来，要不是雷切尔坚持，这两个男人是绝不可能置原则于不顾彼此照面、相欢谈笑的。潘妮对此很痛苦，一心要用自己的方式使这两个男人讲和，所以，这天她才把父亲带过来听这场钢琴演奏会。

妮娜演奏完肖邦之后，接着演奏了两首舒伯特的即兴曲：C小调和降E大调。音乐和周围的气氛让尼克深受震撼，听到妙处，他想，妮娜的表现有点像在练习一样，不过，若侧耳倾听，就会发现那乐曲就是生命本身，能量丰沛，稍纵即逝，其中的各种转调，有如令人头晕目眩的一个个瞬间。他感觉，B小调的中间部分，妮娜弹得太过突然，因而使人想象中的连贯性给破坏了。

由于事先说好了取消中场休息，舒伯特的作品演奏过后，吉拉德起身用他亲切洪亮、犹如在友朋之中指挥调度的声音宣布直接进入最后的曲目：贝多芬的《告别奏鸣曲》，大家鼓掌赞同，于是，妮娜再度开始演奏。在妮娜演奏到快板部分，由不谐和音刚转入谐和音时，尼克的情绪显得愈发激动亢奋了，坐在他旁边的人不解地打量了他一眼；然而，对尼克而言，倾听音乐，尤其是伟大的音乐，是不可或缺的一件快事，而且，此时此刻，在这厅堂里，地板随着骤然迸发的快板颤抖，滚轮上的钢琴在摇晃，是那么地摄人心魄。尼克兴奋不已，随即倍感浑身舒坦——音乐表现生活，而且解释着生活，使他很想再听一遍。

然而，并非在座的每一个宾客都会与他同感。他的视线飘过一排排宾客，再次落在了他的爱人瓦尼细长的侧影那里，好奇瓦尼是否也深受了感动。他紧紧盯视着瓦尼，很难区别此刻的瓦尼，是凝神贯注的，还是心不在焉的；就在他的那种不眨眼的凝视中，他的意识忽然恍惚起来，飘向了另一个世界，在那里，只剩下了他与瓦尼的秘密恋情，结果，整个人像是中了魔一般，失神发愣地僵在了那里，直至听到宾客当中的那位诺曼·肯特先生因受到音乐的感动一抽一抽的啜泣声，才微微耸了耸肩，重新回到演奏的现实。

演奏结束之后，喧闹的宴会开始了。尼克就像是费登家族当中的一员一样，主动上前，赔着笑脸，与吉拉德的母亲帕特瑞基夫人闲聊了几句。在吉拉德的政治圈里，帕特瑞基夫人一向都很忙碌，而且相当热衷；在那之后，他又朝着吉拉德所在的方位走了过去。这天的宴席是自助式的，他站在餐桌旁，面带微笑，听着宾客们的那些祝词，人们纷纷向吉拉德表达着他们的祝贺，恭维并夸赞演奏会的成功。吉拉德微笑前行，一一接应，尼克寻机而动，走上前去，对吉拉德大加赞叹。

在吉拉德与苏菲的母亲萨莉·蒂珀（Sally Tipper）对话时，萨莉像是颇有些炫耀地带出了一句她与苏菲父亲毛瑞斯·蒂珀爵士（Sir Maurice Tipper）近来参加了不少场朋友们举办的音乐会。尼克感觉，萨莉那说话的语气，听起来有些不自在又有些目中无人。过了一会儿，尼克无意间瞥视到了瓦尼的父亲伯特兰德·乌拉迪的身影，立刻想转身离去，回避可能的碰面，却被伯特兰德堵住了去路。在随后不得不奉陪的交谈当中，尼克感受到了来自伯特兰德的巨大的压力。

伯特兰德对儿子瓦尼总同帅哥们打情骂俏、卖弄风情，从不正眼去看看女人的表现，有些不满，而且不明白瓦尼在办公室里为什么非得找那些脂粉气的帅小伙来干活不可，在他看来这很不正常，把尼克说得脸上发热，心生恐惧，害怕极了。不过，还是陪着格外的小心，怯懦懦地为瓦尼说了一堆好话，夸赞办公室里的那些帅小伙个个工作干得都很不错——西蒙·琼斯是一个出色的制图员，霍华德·华瑟斯坦是一个杰出的责任编辑。伯特兰德接着询问起瓦尼准备拍摄的《波因顿之劫》那部影片的进展情况，尼克告诉他：瓦尼希望能把年轻的电影明星詹姆斯·斯特拉德（James Stallard）拉到影片当中。

伯特兰德机警地瞟了尼克一眼，嘲讽了一句：又一个帅哥？尼克微微一笑，表示了认同——因为人们普遍认为詹姆斯是一个美男子，十分英俊，是一颗正在升起的影星。接着，尼克便巧妙地将话题岔开了：詹姆斯刚刚和毛瑞斯·蒂珀爵士的女儿、过去常与托比·费登在一起的苏菲结了婚，现在，所有的报纸都刊载了这事。他别有用心地将话题转移到了詹姆斯的婚事上，像是希望利用这一非同性恋者的消息，来分散伯特兰德对瓦尼性事的关注。后来，直至吉拉德和其他宾客的谈话掺杂了进来之后，尼克才得以从那种不敢有半点的疏忽怠慢、恭敬谨慎的奉陪中解脱出来。

离开宴会客厅后，尼克和瓦尼一道儿跑到尼克在楼上的卧室，然后锁上了房门，从书桌的抽屉底部掏出了被藏在那里的那一小包东西，随后，二人迫不及待地拥抱到一起，一边交谈着，一边相互慰抚，搂抱，揉弄，吸食可卡因。就在这一当口，他们忽然听到门外凯瑟琳和贾斯帕上楼的脚步声。那两个人进了凯瑟琳的房间后，在地板上行性交之事弄出的响动声，刺激得他们二人也大行起龙阳之好。与此同时，此刻，楼下的宴会已几近尾声，吉拉德又新开了一瓶香槟。

吉拉德·费登在巴维克选区获胜之后，需要在当地尽种种职责，首先要干的事是出席巴维克的“夏日游乐会”的开幕式，然后，要去“王冠酒店”参加晚宴，发表演讲，在这两件事之间，他还要到尼克位于樱桃树巷的家中喝上一杯。那天，是费登夫妇要前往法国度假之前的最后一个周末，雷切尔一个人独自留在了家中，吉拉德在女秘书潘妮的帮助下，完成了应做的准备工作之后，便为了那个将在2点钟开幕的传统节日，来到了他的巴维克选区。尼克驱车随之前往，回到了他自己真正的家。

在那个星期六的中午，吉拉德作为节日庆祝会的来宾，出现在了巴维克社交游乐聚会的现场，尼克也随之前往。自从中学毕业之后，尼克就再未参加过在巴维克旷野举办的“游乐会”。在这天的“游乐会”上，他意外看到了昔日的英语教师，期间，还撞见了吉拉德和女秘书潘妮之间令人匪夷所思的亲密关系。不过，他什么也没说。在玩传统的“九柱戏”——撞柱游戏时，吉拉德表现出了他相当争强好胜的一面，一心要在投掷橡胶靴的游戏竞赛中，战胜一位惹人注目的“社会主义者”，一直玩到赢得了一头猪为止。在那之后，尼克把吉拉德带到了自己位于樱桃树巷的家。

在尼克的父母登·格斯特（Don Guest）和道特·格斯特（Dot Guest）家里，他们喝了一些鸡尾酒，尼克不断喝空的酒杯，迷住了吉拉德。在与尼克一家人的闲聊当中，吉拉德问起尼克最近都在忙些什么时，尼克说，他正在协助瓦尼·乌拉迪办一本杂志，去了一趟意大利和德国。吉拉德夸赞瓦尼，儿子托比在牛津最要好的朋友，是一个非常棒的小伙子。瓦尼的父亲伯特兰德是一个非常出色的男人，杰出的商人；还信口说出了伯特兰德·乌拉迪跟他讲过的一件事：乌拉迪夫妇曾有一个长子，在贝鲁特的大街上和奶妈一起被卡车撞死了。

从吉拉德口中意外获悉瓦尼家的这一秘密后，尼克自愧自己的妄自尊大，在心中暗暗责备自己，自以为与瓦尼之间的亲密程度无人能比，其实，竟连吉拉德都不如。大家的闲谈还在继续，过了一会儿，在道特·格斯特的打问下，吉拉德告诉大家，儿子托比现在整天在外面跑来跑去，因为不喜欢坐办公室，已经放弃了在左翼报刊《卫报》的工作，成立了自己的小公司。

稍后，尼克开车送吉拉德前往“王冠酒店”发表演讲。天空晴朗，商店全都已经关了门，他们抵达了目的地后，吉拉德理了理他的头发，径直下车去了。尼克准备将车子停放到停车场的停车位上，一边回想着自己在这一天社交当中所见识到的那些高级政客的脸面，一边往停车位上倒车，忽然发现了被吉拉德落在后车座上的演讲稿。之后，尼克尽管意识到自己穿着随便，还是走向了“王冠酒店”，从拥挤的门厅进入之后，转向长廊，透过玻璃窗，看到了正束手无策几乎打算临阵脱逃的吉拉德的身影和里面盛大的宴会场景，那样的一个壮观场面，令他着实大为震惊。之后，他镇静地推开了一道旁门，通过“员工通道”，在吉拉德即将发表讲演前的最后一分钟，把演讲稿递交到吉拉德手中。

在那天之后，吉拉德·费登和他的家人一起去了费登家在法国的度假别墅，随后，尼克和瓦尼也应邀前往，与费登一家人，以及凯瑟琳带来的男朋友贾斯帕，会聚到了一起。托比带着他们二人参观了战后被托比外祖父卖掉的凯斯勒家族的一座带有19世纪建筑风格的城堡。随后，在边走边聊中把他们领进了费登家的度假庭院，一座历史更为悠久的大房子，具有16世纪建筑风格的私家住宅。闲谈当中，瓦尼说起了他刚刚在伦敦的克勒肯维尔地区买下的一处房产。随后便开始对凯斯勒家族的这一座建筑物的价值给予估算。托比接住了瓦尼的话茬儿，告诉他们，现在，那位身为房地产经纪人的贾斯帕和他父亲好像已然成了一对极为交好的朋友，他想，在大家离开了之后，贾斯帕极有可能会把这座大房子投放到市场上去。

那是一座带有谷仓和马厩的大房子，从门厅进去之后，登上宽宽的阶梯，托比把他们分别领入分配给他们的房间。在托比停留在瓦尼的房门口闲聊的当口，尼克冷冷地扫了托比一眼，对自己所受到的不同的待遇，生出了不快。分配给他的房间，与托比的房间离得很近，瓦尼的房间在前边，空间相当大，相比起来，他的房间可要小得多了，而且光线阴暗，被一棵古老的梧桐树的树枝遮挡着，他在心里对自己嘟哝了一句“不可思议！”为自己那“非正式”的家庭成员的角色颇为感慨，接着打开了行李，把带来的衣服挂了起来。

凯瑟琳对尼克和瓦尼的到来，深表欢迎，一视同仁，并以非常不同的方式吻了吻他们二人。那天，瓦尼把他新买下的那处房产的事说给了全体在座的人员之后，就这批买卖的情况以及计划中的再开发，征询了吉拉德的意见，突然明白了自己该怎样继续往下操作。星期一早上，因为要处理生意上的一些事，瓦尼请求使用一下费登家的电话，雷切尔立刻表示欢迎，吉拉德也没有半点犹豫，立即应允了，并用一目了然的手势把瓦尼引入了电话机和传真机所在的房间。

第二天，托比和尼克、瓦尼再次聚到了一起后，在前院的土地上教尼克和瓦尼玩弹球游戏，稍后，托比的祖母帕特瑞基夫人到了，还有已与托比分道扬镳了的苏菲的父母毛瑞斯·蒂珀和萨莉·蒂珀。在那天的晚餐上，吉拉德明显喝多了，流露出了醉意。在大家的交往当中，毛瑞斯·蒂珀对瓦尼表现出了很大的兴趣，因为瓦尼的志趣在做生意上；尼克所谈论的一切，没有引起什么注意；随后，有些被冷落的尼克，把他的目光默默投向了始终郁郁寡欢的托比。

接下来的一天，在泳池里没有其他人游泳的情况下，尼克陪伴着托比跳进了泳池，然后，静静相伴在托比身边，与托比形影不离，同情地听着托比倾诉着心声，听着托比倾倒出来的与苏菲的那些伤心往事以及偷偷吸毒的秘密。后来，他们二人分别绕着泳池游了一会儿泳，像是在比赛，又不像是在比赛，只是一言不发，默默无声。尼克为托比能对他敞开心扉，倾诉心声感觉很温暖，同时又为托比也像他一样在吸毒感到莫名的悲哀。

那天晚上，用餐时，电话铃突然响了。这时，尼克注意到，大家尽管彼此之间的谈话仍在有一搭没一搭地继续着，然而，注意力已全然不在于此了。雷切尔返回来后，叹息一声，向女儿凯瑟琳传达了一个不幸的消息：帕特·格瑞松（Pat Grayson）在这天早上去世了。气氛顿时凝重起来。凯瑟琳流出了伤心的泪水。一旁的尼克谨慎地表示了他的悲痛，同时，颇有些惴惴不安，担心死去的帕特，会把有关同性恋和艾滋病的问题牵扯出来。

吉拉德皱了皱眉头，向在座的人们解释起来：帕特是一个电视男演员，是雷切尔先前的一位老友，凯瑟琳的叔父，但不是凯瑟琳真的叔父。在座的帕特瑞基夫人冷冷地插了一句：教父，一个极端的左翼分子，狂热的社会主义者。吉拉德用温和的语调接着往下解释说，凯瑟琳的教母是公爵夫人，雪伦·法因戈尔德（Sharon Feingold）。毛瑞斯·蒂珀迅速看穿了吉拉德在遮遮掩掩着什么，直接将话题扯到了吉拉德闪烁其词的避讳点上，追问帕特的死因，弄得吉拉德一时困窘得不知怎么回答才好。雷切尔的表现相当镇定，用肺炎之类的话茬儿加以掩饰，希望把事情糊弄过去，然而，凯瑟琳忍不下去了，愤怒道出：

帕特有艾滋病，是一个同性恋者，喜欢跟陌生对象性交……问题一下子炸开了锅。

在座的所有人当中，最不能接受这件事的是托比。散席后，凯瑟琳返回了她的卧室，坐立不安的贾斯帕很快也随之而去，其他留在客厅的人，瓦尼开始浏览毛瑞斯·蒂珀爵士所著的那本《金融时代》，痛苦的托比，神色恍惚，坐在那里，手持一杯威士忌，不断晃来晃去，丧亲之痛，加上茫然不解，弄得他时不时要用不同的措辞，向尼克表达一下他的同一个想法：上帝啊，太可怕了，可怜的老帕特，怎能做这种事！

之后，就是在那天，在帕特的事被曝光之后，在大家彼此间的交谈当中，蒂珀夫妇发现了尼克的同性恋倾向，迫使尼克不得不放下了他手中的书，接受他们的质疑。萨莉·蒂珀坦承自己思想保守，无法接受人们婚前的性行为，更别提什么同性恋了，所以在与尼克对话时，表现出了明显的不尊，颇有微词，转而还向瓦尼追问，对艾滋病持什么样的看法。瓦尼用一种类似恶作剧的目光死死盯视着尼克，随后，戏谑了萨莉一通。

结束了在法国的度假之后，回到伦敦后没过多久，吉拉德·费登和雷切尔就开始着手筹备他们结婚25周年纪念日的庆祝会，首相也名列在了被邀请来宾的名单当中。纪念日的当天，费登家来了一大群上门祝贺的亲朋好友。莱昂内尔·凯斯勒也来到了肯辛顿王宫花园街48号院的别墅，带来了一份大礼，进门后，吻了吻妹妹雷切尔和她的孩子，同吉拉德和尼克握过手之后，便把礼盒径直递到了尼克手中，要尼克打开。尼克打开一看，一眼认出了是一幅高更的名画。凯斯勒勋爵解释说，是他从索尼公司的首脑那里硬搞来的，凯瑟琳用一种蔑视的惊喜摇了摇她的头，对母亲家族的富有既开心又不以为然。凯瑟琳和托比送给父母的礼物是一个小小的银器，一个乔治时代的托盘，上面刻着：吉拉德和雷切尔，1986年11月5日。

吉拉德的女秘书潘妮·肯特不请自到。进门后，潘妮向费登夫妇表示了她的祝贺之后，解释说，她此行的真正目的是为了继续整理文件。为了吉拉德的那份政治生活记录，潘妮在法国就开始和吉拉德在一起忙碌了，每天都要帮忙把吉拉德口述的录音打印成文字。为了这一份重要的历史材料，潘妮忠实地担负起了自己应负的职责，已多少能拿捏到吉拉德的喜怒哀乐，为吉拉德温情地打理着一切，时不时地与吉拉德四目交接，因而惹得费登家的人多多少少有些烦恼。

凯瑟琳悄无声息地来到客厅，神经兮兮地和尼克一起坐到拉起的窗帘后面，从那里可以窥视到外面的甬道和潘妮的工作室。闲聊当中，凯瑟琳情绪不佳，很不高兴地对尼克表示，她讨厌把所有的人都放进来；然后，把目光聚焦在了一些颇具刺激性的事情上，看到了那位来自马德拉岛的侍从特里斯托的熟悉身影出现在花园里；之后，看向正在工作室里听写吉拉德口述的潘妮，并用一种粗俗且恶劣的语调，谈论起了潘妮，挖苦潘妮是一个工作狂，从父亲诺曼·肯特那里遗传来的一种习性，为他们的工作而活着。随后，凯瑟琳还凭借着昔日潘妮同她谈论的有关她父亲吉拉德的一些事，猜测潘妮已经疯狂地爱上了吉拉德，现在与吉拉德正在努力面对这件事。尼克听了之后，对倒霉的长者吉拉德，不由得生出一些叛逆性的同情，没再接凯瑟琳的话茬儿，尽管他先前曾经撞到过吉拉德和潘妮在一起时的那种令人起疑的关系。

在庆宴之前的那几个小时里，48号院别墅里首相即将光临的气氛愈发浓重起来，令人感到有些不舒服了。大约6点，尼克溜出去散了一会儿步。一直以来，首相莅临费登家别墅，是吉拉德梦寐以求的一件事，而且将其看作是他政治生涯成功的一大标志。尼克现在也深受其影响，也被弄得发起神经来，不知将如何面对即将大驾光临的首相，同首相说些什么才好，甚至还想到了庆宴结束之后的第二天早晨将会是一个什么样的情景。附近的花园街上传来了放焰火的刺耳声响，尼克转向街角，快步走进了车站的男厕所——那里是一个著名的同性恋的活动地点，不过很快，尼克又对自己感到有些不满，怀着厌恶的心情离开了。

尼克回到了48号院。这天是48号院别墅的男主人吉拉德·费登最为得意的日子，吉拉德不仅兴师动众，而且提早就静候在了街道上，与警察特别分局的小伙子们站成一排，恭候首相光临。在一大群人的热盼中，有那么一瞬间，忽然，四下里一下子鸦雀无声了，接着，举止无可厚非的首相出现了在众人面前，大家立刻自动排成一列迎候。当首相走过去握国会议员巴里·格鲁姆的手时，从不与人招呼“哈罗”的格鲁姆竟然诚惶诚恐地低下头道出了一声“哈罗”；随后，首相幽默地与瓦尼打了个招呼，因为他们新近刚刚见过面，瓦尼为首相还能记得自己，不由得有些喜形于色。吉拉德继续引领首相前行，小声通报着那些人的大名，在介绍尼克时，出人意料地撒了个小谎：尼克·格斯特，我孩子们的好朋友，牛津年轻的特别研究员。这让尼克感觉自己既受了抬举，同时又损伤了名誉，因为特别研究员之类的人并不在首相喜欢的人员之列。尼克点头微笑，感觉首相的蓝眼睛在他脸上短暂停留了一下。

首相旋即主动同突然出现在身边的下属约翰·提姆斯打了声招呼，内政部长约翰·提姆斯一面用热情幽默的语气回应着，一面拥抱首相。最后介绍给首相的是吉拉德的儿女，托比依然是那一副了不起的欢快样子，凯瑟琳的表现异乎寻常地好，既没犯神经，绷脸闹脾气，也没提不雅问题，而是握着首相的手，欢快地道了一声“好”，一面目不转睛地盯视着首相，把她的男朋友介绍给了首相，但却忘了介绍贾斯帕的名字。“你好！”首相的语调索然，似在暗示他现在理当有一杯饮料了，这时，那位侍从特里斯托，面带怯生生的笑容不失时机地呈了上来。

庆祝会在欢腾的气氛中继续往下进行着。外面放起了焰火。尼克匆匆喝了点提神的饮料，小跑着下了楼，看到了瓦尼，意外撞见了吸毒后的瓦尼与贾斯帕间的滥交。过去，他也曾瞥见过他俩在卫生间鬼混，瓦尼堕落的爱情和放纵。尼克立刻过去搂住瓦尼的肩膀，问他近况，说了他几句，瓦尼一点没有听进那些劝阻，可卡因已把他搞得飘飘欲仙了，尼克只好放他走了。这时，院落当中的大帐幕里，突然响起了音乐，四下里弥漫着浪漫的闹剧气氛。

尼克走进客厅，将凯瑟琳的注意力从不时冲她抛媚眼的一位醉醺醺的退休大使那里拉了过来。他一屁股坐到凯瑟琳旁边，跷起二郎腿，与凯瑟琳闲聊起来。在他们周围，摄影师跑来跑去，闪光灯不停地闪烁。他们先聊了聊尼克身上的香水，随后是首相、香槟酒、毒品、大臣们、夫人们、同性恋、侍从特里斯托，以及和往日大不一样的托比。今天的托比，整个晚上都很活跃，眼下正随意坐在首相旁边的那张沙发上。凯瑟琳依然是一副不屑的老样子，语言犀利，不断嘲讽那些簇拥在首相身边的绅士们和堂堂的议员们，讥笑那些频频向首相献媚而置自己的妻子于不顾的男人们。

过了不久，花园街上放起了焰火，像发射迫击炮似的轰鸣着，震耳欲聋。尼克跑进一楼的盥洗室，快速吸食着一小卷可卡因，一面用他的拇指轮流按住一边的鼻孔吸着，一面冲着挂在墙壁上那张吉拉德与美国总统罗纳德·里根握手的照片蔑笑，听到了门把手的响动声后，迅速收拾、检查，冲洗了马桶，对着镜子拉了拉他的蝴蝶领结，然后信步走了出来，根本没正眼瞧一下正等在门外的那位警察。

返回客厅后，他看到凯瑟琳旁边的位子上已经有了别人，便四下看了看，忽发神经，径直朝着首相的沙发走了过去。见到此景的托比，脸上挂着的微笑退到了一边。尼克呢，不知哪来的勇气，欣喜若狂地盯着首相的面孔，半跪到首相面前，邀请首相跳舞的话语冲口而出。刚才还曾表示不想跳舞的首相，几杯威士忌下肚，居然纡尊降贵，接受了尼克的这一邀请，顿时，四座皆惊。面对连尼克自己都不能理解的这一狂妄之举，围在首相身边的男士们一边退让，一边嘻嘻窃笑。首相和尼克踏上拼花地板，随着舞曲的旋律移动了起来。吉拉德正与双唇紧闭的巴里·格鲁姆夫人跳着慢步，看见了他所崇拜的偶像——神色兴奋的首相，看到了跳得欢快的尼克，弄得首相在他怀里气喘吁吁的，立刻阻止了这一切。

在那之后，尼克和瓦尼还有侍者特里斯托三个人聚到了一起，在楼上尼克的浴室里，瓦尼又开始吸食起毒品。目视着坐在浴室地面上的尼克，特里斯托忽然想起了他们曾经见过面——很久以前在托比先生的生日宴上。对今天他们要做的事，特里斯托像是心里相当有数，并接受了瓦尼和尼克付给他的钱。尼克和瓦尼一边吸食着毒品，一边迫不及待地同特里斯托干了起来，这是他们付钱给特里斯托的目的。在随后的三人性交中，瓦尼对他期待已久的事情显得有些笨手笨脚，几乎顾不上羞耻了，跪到地上口交起来，把特里斯托弄得一面呻吟，一面漫不经心道出他和瓦尼做爱的往事。他们这已不是第一次了，第一次，是在托比的生日宴上，瓦尼给了他可卡因，他干了瓦尼的屁股。尼克听闻之后，多少有些痛苦，有些伤心，同时却又跃跃欲试，从他的衣兜里掏出了保险套，立刻受到了特里斯托的热情款待。

这时候，外面在下着小雨，不断响着噼里啪啦的焰火声，楼下的首相即将离去，吉拉德同首相共舞了将近 10 分钟，一脸成功后的欣喜，冒雨站在雨地里，目送首相上了车，雷切尔和她身后的潘妮，站在出入口那里，默默恭送着，忽然间，吉拉德抢先便衣警察一步，倾身向前为首相关闭了车门，然后，鞠躬站在雨里。

转眼到了 1987 年，大选在即。在保守主义当道的国会中，身为保守党议员的吉拉德·费登，家道日昌，政治前途一帆风顺，日子过得颇为得意，踌躇满志，信心十足，确信自己将会在巴维克选区再次胜出。投票当日，尼克早早就出了门，车上还带着凯瑟琳。在漫长的选举月里，凯瑟琳原本一直拒绝看电视节目，然而，在那天，在吉拉德和雷切尔一起去了巴维克选区后，她清晨 6 点就起了床，打开了电视，为了能看到英国“早间新闻”节目中的吉拉德。前往投票站的一路上，凯瑟琳和尼克讨论着选举的事。尼克决定把自己的选票投给吉拉德，凯瑟琳却表示，她打算把自己的选票投给反对雅皮士的素食主义者。

在随后的一些日子里，有关选举的事，几乎成了尼克关注的焦点，除非是在位于阿宾顿大道上的办公室里。那天，在办公室，尼克看过邮件之后，毫不迟疑地向奎恩·梅勒妮口述了几封信。瓦尼去了巴黎，在瓦尼不在场的情况下，尼克喜欢上了口述回信，并发现自己能即兴发挥出一些长而美妙的语句，感觉自己的那种极富教养的修辞和功力上乘的唯美的书卷气的表达方式，非常地棒，不但含义丰富，而且用语惊人，就像上了年纪的亨利·詹姆斯。其中一封信，要答复的是对拍摄影片《波音敦之劫》（The Spoils of Poynton）提供资金之事颇感兴趣的一对富有的美国人的。就在这时候，办公室门口有些响动声，埋头制图的西蒙·琼斯抬起头来朝门口看了过去，梅勒妮也放下了她手中的便笺簿，一位肤色黝黑的年轻女性陪同已几年没有同尼克联系往来的萝丝玛丽·查尔斯（Rosemary Charles）走进了他们的办公室。

萝丝玛丽为尼克带来了她兄弟雷欧·查尔斯去世的消息。雷欧死于艾滋病，据说，是从前男友彼特那儿染上病的。尼克向萝丝玛丽坦言，他听说了彼特死于艾滋病的事，现在，他明白了，几年前，雷欧之所以不辞而别抛弃了他，是因为知道了自己也染上了难逃厄运的这一不可告人的绝症。随后，尼克顺便问了问查尔斯夫人的近况，对雷欧之死的反应，萝丝玛丽告诉他，笃信基督教的母亲绝对不接受雷欧的同性恋，认为那是十分深重的罪孽，十恶不赦。

两位黑人妇女离开后，尼克来到楼上公寓，萝丝玛丽刚才所说的一切，令他对自己眼前艳丽奢华的陈设，他与阔小子瓦尼的行乐之地，再也不能坦然处之了。一年前，对无聊无趣的瓦尼，他还怀有一种狂热的眷恋，现在，望着猩红色缎子上的那些他和其他男子的体液留下的斑斑污迹，望着那个被瓦尼弄脏了的软垫，他突然感到一阵阵愤怒。他坐了下来，想到自己应该给雷欧的母亲写去一封信，表达哀悼伤怀，又想到自己应该去看看那位被悲伤压倒的女人，接着，还想到了他自己的母亲——为了他的同性恋行为一直隐忍着的痛苦。他想了很多很多，却不知该如何下笔，不知道该和查尔斯夫人说些什么。他瞪着眼睛望向窗外，脑海里忽然盘旋起亨利·詹姆斯关于爱伦·坡之死的措辞，那些他一度不大当回事的词句，突然令他感到了恐惧和渺小，以及死亡的不可战胜。

那天，返回肯辛顿王宫花园街的别墅后，尼克没有把雷欧·查尔斯去世的消息告诉凯瑟琳。现在，凯瑟琳的躁郁症越来越严重了，尽管这是医生对凯瑟琳的诊断，却勾得尼克开始对自己疑神疑鬼，恐惧自己身上是不是也有了与凯瑟琳相同的病症。当天傍晚，不断有各种电话打进来，全是与选举有关的。凯瑟琳不想她父亲吉拉德成为选举的获胜者，而最终，吉拉德还是赢了，尽管赢的票数不多。另外一位赢家——尼克在牛津伍斯特学院读书时的同学伯利·汤普金斯，作为伍斯特郡珀肖尔选区保守党的候选人，也成了获胜者。这事要是发生在 1983 年，是完全不可能的——伯利是一位同性恋者，不过他公开宣称自己是个已婚者。

晚餐过后，尼克喝干了他自己杯中的酒水，心情破碎，走到外面的阳台上，看着远处的小花园，因为寒冷，蜷缩着身体。他不知吉拉德回到家中后将说些什么，对吉拉德来说，道贺，也许多少有点讽刺性，可不管怎么说，他已然当选了，今后，一切事物都可能会按部就班地进行。尼克想象中的吉拉德的笑容，在黑暗的树影之间飘浮了一会儿，接着便消失了，就像所有的新闻一样，转瞬即逝。雷欧·查尔斯骑着脚踏车的样子开始在他脑海里晃动起来，和雷欧分手后，他曾无数次和陌生人在他与雷欧初次爱抚的那个小花园里做爱，而不过是为了寻找或重温雷欧仍在身边的那种感觉。与雷欧的相爱，是他生活中最快乐的一段时光，雷欧是对他开启实质性的性教育的第一人，也是雷欧，扩大了他的见闻，领引他第一次见识了伦敦的同性恋俱乐部。

几个星期过去了，尼克回到了生活常态。那天，他正与两个富有的美国人——对拍摄他们的影片《波音敦之劫》提供资金一事颇感兴趣的布拉德·克拉夫特（Brad Craft）和特里特·鲁什（Treat Rush）共进商业午餐时，瓦尼走了进来，手持着一根手杖，加入他们的商讨当中。瓦尼说话时的声音较之先前愈发无力了，他那神色疲倦的样子让在场的每一个人都十分震惊。瓦尼与未婚妻马丁尼订婚时，布拉德和特里特在他们的订婚典礼上与瓦尼曾经有过一面之缘，现在瓦尼的病态，如此大的变化，令他们疑惑不解。

他们讨论了资金和演员的问题，主持商讨的瓦尼的冷静沉着，使事情进展得缓慢，不大顺利。在用餐当中，瓦尼吃得很少。尼克则竭尽全力向布拉德和特里特推销他的那一部电影剧本，希望他们能将其制作成电影。谈到问题的一些要点时，布拉德和特里特要求尼克增添进一些爱情的场景，并要改动尼克的原文。就在这时候，瓦尼的脸色苍白，摇摇摆摆地从椅子上站了起来，借口离开了餐厅。尼克追了出去，追进黑色大理石的盥洗室，看到瓦尼正弯着腰身在那里呕吐，他拉出纸巾，站在那里等候了一会儿，然后为瓦尼擦干净了脸。

“没事。”瓦尼冲尼克微微一笑。尼克去停车场把车子开了过来，然后，用心开车送瓦尼回家，送回朗兹广场的乌拉迪家。在路上，瓦尼深深喘息了一阵后，提了一个建议：尼克最好从费登家搬出来，拥有一个自己的住处，他想把克勒肯维尔的那一处房产交付给尼克。尼克震惊地皱了皱眉头，望着病恹恹的瓦尼，表示自己不能接受，瓦尼一再坚持，最后，尼克表示自己要认真想一想再说。下车后，瓦尼想了想，认为自己应该让尼克知道一件事：吉拉德可能遇到了麻烦，在非洲的一笔生意，同毛瑞斯·蒂珀一道儿做的，在账目上要了点小手腕。对于这件事，瓦尼给出的推断是：毛瑞斯已经抽身，掩盖了自己的问题，吉拉德或许不会出什么大事。

与瓦尼分手后，尼克返回了肯辛顿王宫花园街48号院费登家的别墅，一路上，脑海里时不时地会触景生情，翻腾着他与雷欧·查尔斯在一起时的一些往事，再有就是瓦尼所说的克勒肯维尔的那一处房产——他们未来的办公室的事。从车上下来后，他慢慢走近费登家的那幢白色豪宅，注意到了正门那里有摄影记者正在外面拍照，立刻意识到瓦尼刚刚对他所提及的那件事，看来已传到新闻媒体那里去了。

女管家艾莱娜迎接了尼克，并打发他到楼上客厅里去见夫人雷切尔和凯斯勒勋爵。见过面后，尼克坦言，他已经从瓦尼那里知道发生了什么事。雷切尔告诉尼克，现在，费登家的四个出口全部被那些记者盯上了。尼克立刻主动请缨，示意他可以帮忙做任何事。前来费登家坐镇的里昂奈尔·凯斯勒静静地坐在一把扶手椅子里，对尼克说明了情况：毛瑞斯·蒂珀是一个冷血的杀手，只是在帮助吉拉德时主要是为了帮他自己，他才会上手相助的。里昂奈尔要尼克办两件事，一是三缄其口，不要同任何人对话；二是到外面帮他们买一份《标准新闻晚报》；雷切尔接过了话茬儿，说还有第三件事，请他出去找找凯瑟琳，雷切尔十分担心凯瑟琳会干出些什么令人意想不到的傻事，近两个月来，凯瑟琳的病情已发展到了必须天天服药的地步。尼克欣然领命，表示自己义不容辞，会尽最大的努力与他们共渡难关。

大约在傍晚6点钟，凯瑟琳回到了家中。凯瑟琳刚一打开费登家的前门，一片闪光灯立即哗哗响起，不过还好，并未使凯瑟琳做出什么过激反应。尼克紧紧跟随在凯瑟琳身后，上了楼，来到客厅。看到凯瑟琳的情绪良好，雷切尔和里昂奈尔总算松了一口气。

凯瑟琳十分奇怪家门口为什么又出现了陌生人？首相不可能再次来家里做客，是不是父亲出了什么事，被逮捕了？雷切尔面带微笑，要凯瑟琳放心，她父亲吉拉德目前人在议会大厦，一切都很正常，吉拉德绝对没有做过任何错事，全都是可恨的毛瑞斯·蒂珀干的，那个拆卖资产的专家。有关的事情，现在只是在进行调查，没有人会被逮捕的。今天的《标准新闻晚报》根本没提这事。

尼克顺手递给凯瑟琳一杯混合饮料，凯瑟琳令人不解地笑了笑，大家一起下到厨房共进了晚餐。餐桌上，由于吉拉德的缺席，凯瑟琳开始猜疑此事与选举有关，想与父亲取得联系，雷切尔当即表示，有里昂奈尔主持大局，大家只要保持沉默就行了，无论如何都不可去吉拉德那里添乱，制造额外的麻烦，因为事情全是毛瑞斯·蒂珀爵士做出来的，吉拉德永远都不会做那种事的；随后，她又有些心虚地说，根据贝杰尔·布罗根的猜测，在整个非洲事情都是那么干的，不知是不是真的。凯瑟琳马上接住话茬儿，说要去联系贝杰尔，弄清真相。雷切尔意图制止凯瑟琳，说贝杰尔时常出门在外，即便现在人在伦敦，也不会希望有人去拜访他的。凯瑟琳随口说了一句：她今天见到了拉塞尔。尼克接着说，他也看到了那个摄影师拉塞尔，看到拉塞尔在向大家询问什么。

晚餐过后，尼克同凯瑟琳一同去了客厅，没过一会儿，凯瑟琳便说她要外出，要尼克给她开车，却不肯说明要去哪里。尼克叹息一声，只好遵命，盲目上路。一开始，凯瑟琳指示尼克将车子开向了英国议会所在地——威斯敏斯特宫，眼看就快到了，突然又示意尼克向左转，让尼克把车子开到了雷切尔所提到的贝杰尔·布罗根在伦敦的一个住处。那是一处看起来并不适合家居的公寓。先凯瑟琳一步到达门前的尼克按响了门铃，从房门里出来的人竟然是吉拉德金发碧眼的美女秘书潘妮。看到惊慌失措极力掩饰的潘妮，尼克慌忙退了回去。就在这时，凯瑟琳紧跟了上来，尼克即便想制止也已来不及了。原本希望到这里找贝杰尔调查事情真相的凯瑟琳，按响了那个门铃，意外撞见了父亲吉拉德的身影。前来开门的吉拉德光着脚，没有打领带，一副衣冠不整的模样，令凯瑟琳目瞪口呆，脸上闪烁着冲天的怒火，悲痛欲绝。

在那之后，国会议员吉拉德·费登与女秘书的暧昧关系便被抖了出来，大富豪吉拉德·费登的“财务丑闻”叠加上“婚外恋”，成了各大新闻媒体关注的焦点。费登家的四个出入口受到了严密监视，被摄影师们盯得死死的。那天，所有的报纸像往常一样都送来了，堆在门口外面的垫子上。根据猜测，事情似乎起源于凯瑟琳昔日的男友拉塞尔，躁郁中的凯瑟琳把父亲出轨的事说给了拉塞尔，拉塞尔又把这事直接捅给了他在《镜报》工作的一个老朋友，之后，秘密就保不住了。在那些报刊上，带着崇高信念的凯瑟琳面带微笑，神色恍惚。

第二天，吉拉德不顾自贬形象，急匆匆穿过花园，闯过门口穷追不舍的记者们的一道道关卡，在一片“你认为你有罪吗？会不会辞职？你女儿现在在哪儿？”的追讨声中，回到了家中。深陷窘境的雷切尔从卧室里走了出来，迎纳丈夫吉拉德。尼克以他那敏锐的察言观色能力，从费登夫妇的关系中，从冷淡简慢的雷切尔那些软绵绵且暗含讽刺的话语中，隐隐察觉，很可能尴尬的雷切尔对吉拉德和潘妮的事一直都很清楚。接着，尼克从他们被破坏的婚姻的残基上，瞥见了某种审时度势的老练——他们多年的联姻，他们的携手合作。

过了一会儿，雷切尔不露声色，静静地来到楼下，希望尼克去把凯瑟琳找回来，强调说，凯瑟琳现在应和她自己的家人在一起，应该待在家里，凯瑟琳需要照顾，凯瑟琳和那个男人拉塞尔的关系让人揪心；随后，雷切尔还特意强调了一句：凯瑟琳病得很重，眼下，他们只能仰赖尼克帮忙关心凯瑟琳了。尼克微笑着向雷切尔表示，他一定会努力去帮助凯瑟琳的，不会辜负费登家对他的厚望。

就在尼克认为自己应全力以赴，担起重担，为雷切尔去排忧解难的时候，忽然传来了大门的响动声，进来的人不是凯瑟琳，而是吉拉德先前的老秘书艾琳（Eileen）。艾琳带来了当日的《标准新闻晚报》，尼克震惊地看到上面登载着的他和瓦尼的照片，那照片所占的篇幅不小，十分醒目，文章标题的一些用词包括：花花公子、艾滋病、同性恋、议员大臣……瓦尼罹患艾滋病的消息就这样被媒体披露了出来，与之相关的尼克的同性恋身份也同时被曝光于天下，而且，那文章的副标题，还十分巧妙地将他们二人与费登家连接在了一起。

隔天的上午，尼克便被费登家轰出了家门，被托比彻底抛弃了。尼克和瓦尼的风流韵事，令托比几乎精神崩溃，感觉自己受到了欺骗，受到了恶意伤害。面对一腔怨怒的托比，尼克连声道歉，一再解释，因为那件事让人实在无法说出口。托比无从发泄，置若罔闻，目视着面前的那一大堆报纸，有关尼克与瓦尼的恋情，患艾滋病的瓦尼将不久于人世的消息，父亲的绯闻，凯瑟琳对吉拉德发泄出来的那些憎恨，简直就像众炮齐发，将他生活中的外围炸毁了。他从中抽出《太阳报》丢到桌子上，让尼克好好看看那个醒目的大标题——发生在国会议员的度假别墅里的男同性恋的喧闹，尼克这才彻底意识到了问题的严重性，事情已不可逆转。

那张照片，是那次他们在法国与托比一起度假时，凯瑟琳的前男友拉塞尔为他们拍摄的一堆照片当中的一张，他万万没有想到，凯瑟琳为了报复吉拉德，竟然允许拉塞尔拿他和瓦尼的恋情来说事，来火上浇油。托比的脸上涂满了怨恼，心中的愤恨溢于言表，紧闭着嘴唇，目光直直盯到尼克身上，坚定不移地下了逐客令，随后，便心怀恨怨地离去了。

尼克怀着对托比的深深愧意，默默坐了一会儿，盯视着报纸上的那张照片，忽然有些气恼，那些人为什么不选择他与首相合影的那张照片来刊登呢？除了那一张之外，他们什么都选择了：性爱、金钱、权力，全是他们需要的，也是吉拉德所追逐的。他决定转向吉拉德去求援。在他看来，吉拉德不会不清楚，他几次撞上了吉拉德与潘妮间的私情，却从未对外泄露过半个字。他走进吉拉德的书房，自以为吉拉德会向他伸出援手，得到的却是迁怒和轰撵。

正在思考辞职报告如何下笔的吉拉德，目视着走进来的尼克，把眼镜丢到了写字台上，沉思了一会儿，开始了与尼克的交锋。吉拉德认为，尼克前来，本应为他女儿凯瑟琳的疯狂行为向他们致歉，给他们赔不是。四年来，他们从未把他当外人，拜托他照顾好狂躁的凯瑟琳，平复凯瑟琳的叛逆，他却全然未尽其责，从来都不了解他女儿凯瑟琳的躁郁症。尼克极力为自己抗辩：对任何人来说，对任何一个没有患过这种病的人来说，做这件事都是相当困难的。他在说这话时，已不再是惯常的那种口吻，也不再面带那种不温不火的笑容。

吉拉德皱起眉头，直捣黄龙，将话锋直接转到了同性恋那种事上，并指责尼克，由于迷恋他们家的地位和富足，羡慕他们享有的一切，导致了这场对他们费登家的可怕报复……而他们对他所要求的一切，无非不过是“忠诚”二字。尼克的自尊心被重重戳伤了，不顾一切地顶撞起来，直言吉拉德没有资格同他谈论什么“忠诚”。两个人的冲突激烈起来，针锋相对，暴怒的吉拉德痛骂尼克：你算个什么东西？在这儿他妈的干什么！尼克疯狂地颤抖着，用了一种他从未想使用的嘲弄口气给予了反击，说他今天就搬出这房子，他进来，只是顺便通知一声这件事。吉拉德狂怒地做出了回击，要他今天就滚出这房子。

尼克回到了位于阿宾顿大道的瓦尼的制片公司和杂志社的办公楼，回到了他在一楼的那间被遗弃的办公室，并住到了楼上。他想，在找到栖身的公寓之前，自己没必要从这里搬离。

生活在继续。一个星期五的早晨，吉拉德·费登和雷切尔应邀驱车去了约克郡，去参加凯瑟琳的教母雪伦·法因戈尔德坚持要他们参加的那场年轻人的婚礼，吉拉德信心满满，重新回到了社交圈里。出发前，吉拉德在电话里同公爵夫人说了一些客套话，并且暗示对方，他在那个欢乐的婚礼上露面，不会令任何人感到一点点的尴尬的。

瓦尼也应邀前去参加了那场婚礼，一位苏格兰女护士与他同行。在瓦尼临行之前，尼克去看了瓦尼，帮助瓦尼收拾了行李箱。那天，尼克看到瓦尼时，瓦尼打扮得就像是一个小王子，穿着正式礼服，躺在大电视机前的沙发上，闭着眼睛，歪张着嘴，仰卧在那里，非常虚弱。尼克坐到瓦尼身边，叹了口气，没有告诉瓦尼，这天下午，他就要去做艾滋病的再一次排查了。电视机里正在播放一些色情画面，尼克用眼角扫了一眼，心里混杂着不屑与悔恨。

瓦尼慢慢地坐了起来。将与瓦尼同行的那位护士，被笼罩着的艾滋病的阴影弄得有些心绪不宁；开车送行的达马斯先生（Mr. Damas），也有些心烦；从瓦尼还是小孩子时，他就为乌拉迪家开车了，近来报纸上的那些故事带给他的耻辱，使他对瓦尼的疾病也不再那么心怀尊重了，陷入是否忠心不二的矛盾中。在这当口，瓦尼轻声开玩笑说了一句，说他需要他们的保护。尼克目送瓦尼上了车，车子开走了，渐渐消失在了正午的景色中，尼克预感：自己再也见不到瓦尼了。

尼克返回阿宾顿大道不久，办公室的门铃响了，一个戴棒球帽的瘦骨嶙峋的男孩前来交货，喘着粗气，脚步沉重，进进出出，把拎进来的十几个包袱堆成四堆。尼克签过单后，那男孩掏出一把折刀，帮他挑开了其中一个包裹，撕开包装纸，从里面抽出了一本刚刚出版的《双弯曲线》，杂志的封面是全黑的底色，上面有一对天使的翅膀飞掠出来的双弯曲线的图案。在书脊的下方，用单色的罗马字母印着：双弯曲线，第一期。那个男孩赞赏地晃着脑袋称赞说：真他娘的漂亮。尼克微笑着，看着他的第一个评论者走出了办公室。剩下他独自一人了，他坐到办公桌前，翻阅着那本杂志，他是多么希望瓦尼能看到它啊！

次日早晨，尼克开车去了肯辛顿王宫花园街，到费登家的别墅里去取他的东西。当时，下着断断续续的细雨，宽阔的街道空空荡荡的，他走进住了四年的48号院，步履匆忙，避免被人注意，却很使劲地关上了门。他到地下室的杂物间取了一些纸板箱，上到二楼时，停了下来，将它们放下后，进了杰拉德和雷切尔的卧室，欣赏了一番里面的照片，还拿起放在桌子上的一张托比当年演戏时的剧照，深情地吻了吻，然后恋恋不舍地放归了原位。回到了自己原来住在楼上的房间后，他开始收拾东西。之后，他把其中的一箱衣物搬到楼下，意外遇见了潘妮。

潘妮也是过来取东西的。现在，全世界数百万人都听说了她性生活的绯闻，不知她父亲诺曼·肯特对此持什么态度？尼克从潘妮的话语中，惊讶获悉了吉拉德与诺曼常年不合的根本原因：当年，吉拉德从诺曼身边夺走了雷切尔，为此，诺曼永远都不能原谅吉拉德。潘妮眼露倦容，缓慢说道：这不仅是竞争性的，而且是病态的——先偷抢女友，然后又 × 女儿；事情明摆着，他不是白白被人称作“淫棍”的。尼克语气不那么确凿地询问潘妮：听没听说吉拉德被新聘的董事职位？这是不是相当令人惊异，头上正顶着绯闻，第一天不光彩地辞了职，第二天又得到一个年薪8万元的职位？潘妮严肃地看着尼克，很明确地告诉他：这个世界就是这样运作的，杰拉德是不可能输的；而且，对她来说，她根本不在乎她的父母或《太阳报》的编辑说什么。尽管她知道，一直以来，凯瑟琳始终都在恨她，但是，她和吉拉德，他们二人彼此都很爱对方。

离开潘妮后，尼克把他的东西统统搬了出来，将他的那辆小车塞得满满的，随后站在车旁，默默挥别着一切。雨已不再下了。他沿街走了下去，街头有些地方已经干了，但是，天色仍然阴沉得吓人，乌云滚滚。费登家的那幢高大的白色豪宅泛着幽幽的亮光，他忽然想到了他的再一次排查艾滋病的结果，那结果多半会呈阳性，他太年轻了，没受过什么斯多噶禁欲主义的培训。他步履沉重地走着，走向大街的拐角处，独自伫立在冷酷的街角。现在，无论是谁都救不了他了，包括他的朋友们。他不知道他们得到那个消息后脸上将会是什么表情。他的生活顷刻间就破碎了，生命转瞬即逝，而他终其一生，都没探寻出这个世界的真相。他回头看了一眼那幢高大的房子，然后转身继续缓步前行，他有些迷惑茫然，然而，那大街拐角，在当下瞬间的光线里，看上去还是很美丽的。

作者生平与创作生涯

阿兰·霍林赫斯特于1954年5月26日出生在英格兰西南部格洛斯特郡（Gloucestershire）斯特劳德区（Stroud）一个中产阶级家庭，自幼喜爱歌剧和建筑艺术，在多塞特郡温伯恩明斯特的坎福德寄宿学校里完成了他的中学学业，1971年，进入牛津大学莫德林学院学习英文，1974年，早于后来成为英国桂冠诗人的安德鲁·莫申（Andrew Motion，1952— ）一年，赢得了牛津大学历史悠久的诗歌奖——纽迪盖特奖。

1975年，他获得英文学士学位，并出版了诗作《依修伍德在圣莫尼卡》（Isherwood Is at Santa Monica）。1977年至1978年间，他在牛津大学莫德林学院教授了一年英文；1979年，获得了哲学硕士学位，在学位论文当中，论述了在禁止同性恋的年代里，英国作家罗纳德·费班克（Ronald Firbank，1886—1926）、爱德华·摩根·福斯特（Edward Morgan Forster，1879—1970）和莱斯利·普斯·哈特利（Leslie Poles Hartley，1895—1972）所隐讳表达出的他们关于性的观点。

1979年至1980年间，他在牛津大学萨默维尔学院和基督圣体学院，担任英文讲师；1982年，他到伦敦大学学院担任英文讲师；同年，出版了诗作《与男孩们的私语》（Confidential Chats with Boys），并应邀出任了《泰晤士报文学增刊》的助理编辑，之后，1985年至1995年间，他出任了该报“文学增刊”的副主编；另外，他还曾担任过《尼摩年鉴》的编辑。1991年，他将法国17世纪的古典主义悲剧作家让·拉辛（Jean Racine，1639—1699）的诗剧《巴雅泽特》（Bajazet）翻译成了英文出版。1993年（39岁），他成了英国《格兰特》杂志推选出的第二批“20位英国最优秀青年小说家”之一。

1980年代，他开始正式从事文学创作，自1984年出版了第一部长篇小说《游泳池图书馆员》（The Swimming-Pool Library）之后，陆续出版了长篇小说：《折叠中的星星》（The Folding Star，1994）、《符咒》（The Spell，1998）、《美丽曲线》（The Line of Beauty，2004）、《陌生人的孩子》（The Stranger's Child，2011）。

其中，《游泳池图书馆员》以同性恋为题材，大胆描写了男性间的热烈情欲，精细地描摹了男同性恋者的生活样态，并将“卑微”的同性恋者的热烈情欲与“澎湃”的历史视野交织糅合在一起。在当时，这种题材深具挑战性，小说完稿之后，他交给了在莫德林学院时的室友莫申，莫申当时正在伦敦一家著名的出版社工作。1988年，小说出版后受到很多批评，却也得到一些盛赞，获得了商业上的成功，并大受同性恋读者群的欢迎，令他一举成名，1989年获得了萨默塞特·毛姆文学奖。

在《折叠中的星星》中，他延续了同性恋题材，对有关性、爱与美的主题做了真实且大胆的处理，出版之后，一些文学批评家将其与德国文学巨匠托马斯·曼[1]（Thomas Mann）的名作《魂断威尼斯》（Death

1 托马斯·曼（Thomas Mann，1875—1955）：1929年诺贝尔文学奖获得者，德国20世纪最伟大的小说家之一，在同时代的德语作家当中，与他在世界范围内引起的强烈反响相等的唯有后现代主义文学的鼻祖弗郎茨·卡夫卡（Franz Kafka，1883—1924）一人，他历经两次世界大战，一生创作颇丰。

in Venice）相提并论，入围了布克奖决赛名单，并获得了詹姆斯·泰特·布莱克纪念奖。

在《美丽曲线》中，他将同性恋文化置放到了英国上层社会与权力政治网络里，用优美的文句，细致幽微的描写，精准勾勒出了一幅社会政治广阔而复杂的生活图卷，对政治、权势、人性进行了颇具深度的阐释，通过被富贵荣华迷惑的青年人尼克·格斯特（Nick Guest）经过上流社会人情世故的锤炼，理想主义的激情幻灭的人生历程，成功塑造了一个男同性恋者自我毁灭的艺术形象，将一个物欲横流、人情冷漠、势利、吸毒问题严重的1980年代的英国跃然纸上；尽管其中也有"肛交""咂阳"一类涉及男同性恋者性行为的情事描写，但却意在关注艾滋病散播的严重社会问题，自始至终贯穿着社会批判精神。

小说出版之后，被誉为一部出色的社会喜剧，并因其深入80年代的撒切尔执政时期人们的灵魂，把人们对爱情、性和美的追求，描写得如此罕见地精妙绝伦，问鼎了第36届英语文学界最有影响力的布克奖；入围了惠特布莱德小说奖决赛名单；2005年又入围英国图书年度作家奖决赛名单；并获得了英联邦作家奖亚欧地区最佳图书奖。

小说获奖之后，因其中大量图解式的同性恋者的情事描写，引起了不小的争议。不过，布克奖时任评委会主席克里斯·史密斯[1]（Chris Smith）称赞它反映了时代变迁；英国有些报刊也赞赏它唤起了社会对1980年代英国同性恋与异性恋以及贫富差距的认识；随后，它又被久负盛名的美国导演安德鲁·戴维斯（Andrew Davis，1947—　）改编成了电视剧本，并由英国广播公司（BBC）拍摄成了电视系列剧，2006年5月开始在第二套节目（BBC-2）里播出，引起了热烈回响。

他的第五部长篇小说《陌生人的孩子》，时间跨度近一个世纪，以鞭辟入里的洞察力，优美细腻的文字，讲述了一个半社会史、半风俗喜剧的故事，讲述了两个家族中几代人的恩怨纠缠，作品气势恢宏，出版之后，入围了当年布克奖决赛名单，获得了2011年英国国家图书奖。

阿兰·霍林赫斯特除了小说创作之外，还著有诗集、论著、译著、编著等作品。1995年，他与被誉为"维多利亚女王时代的后现代作家"的才女作家安东尼娅·苏珊·拜厄特（Antonia Susan Byatt，1936—　）共同编辑了《新作四篇》（New Writing 4）；2000年，他编辑了罗纳德·费班克（Ronald Firbank，1886—1926）的《三部小说》（Three Novels）；2001年，他编辑了阿尔弗雷德·爱德华·豪斯曼（Alfred Edward Housman，1859—1936）的诗篇《A.E.豪斯曼诗作精选》（A. E. Housman: Poems Selected）。

主要参考资料：

Alan Hollinghurst, from Wikipedia, the free encyclopedia.

A short review, by Trevor Lewis, The Sunday Times Books, 1999-7-36.

The Hollinghurst line, by Peter Rose, Entertainment-theage.com.au, 2005-5-14.

Line of Beauty, by Alan Hollinghurst, Publisher: Picador, 2008.

1 克里斯·史密斯（Chris Smith，1951—　）：英国前内阁大臣，曾以英国有史以来首位公开自认同性恋的内阁成员而闻名。

039 海［爱尔兰］约翰·班维尔

The Sea by John Banville

◎ 原著分为两大部分，以细节繁复的意识流独白，依照两条主要叙事线索，讲述了年过花甲的爱尔兰艺术史学家马克斯·默顿（Max Morden）追寻过去的感伤旅程。

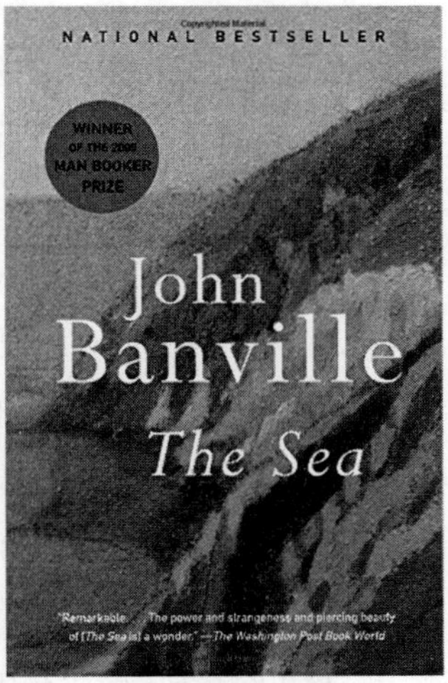

英文原版封面

约翰·班维尔
（John Banville，1945—　）

约翰·班维尔是爱尔兰一位著名小说家、编剧，作品以精准、冷酷、充满辩证的散文风格著称，被誉为当代“语言大师”。

有评论认为，其作品有如诗景般的精练与厚重，蕴含着深刻的意境与哲学的思考。

《海》（The Sea）出版之后，好评如潮，被认为是一部臻至佳境的文字艺术的杰作，当年，便因其**凄美绝伦的文笔，对忧伤、记忆与爱情的精深研究**，问鼎了第37届英语文学界最有影响力的布克奖，并在2006年获得了爱尔兰年度小说图书奖。

妻子因癌症去世了，为逃离亲人亡故带来的苦痛，默顿驱车去了他少年时旅居过的那个海滨小镇，住进了被称为“西洋杉”（The Cedars）的大房子。那幢房子非常古老，左边的那些棕色西洋杉，躯干扭曲得可怕，仍在生长着，穿过凌乱的草坪，是起居室的大曲面窗，房东维维苏尔小姐（Miss Vavasour）更喜欢叫它休闲室，对面是大门，下面铺满碎石，绿漆铁门上面的漆色还依稀可辨。他离开这里已有半个世纪了，而这逝去的 50 年来的时光，竟然没有打破它的原貌，真令人有点吃惊。往事的闸门轰然打开了，须臾之间，他被运送到了遥远的海边，听到了妖女塞壬[1]那勾魂的歌声，那些驻留在他生命深处，挥之不去的惆怅与感伤，那个对他人生影响深远的夏天的经历，太多太多的事情，在他最黑暗的记忆的大海中，不停地翻腾。

他当年来到这里的时候，还是敬奉众神的年代。“西洋杉”是一幢避暑别墅，一次出租半个月或一个月。每年的 6 月，一个有钱的医生和他幸福甜蜜的一大家子，准会来到这里，他不喜欢医生家闹哄哄的孩子们，他们嘲笑他，扔石头打他。每年的 8 月，是“西洋杉”别墅最具吸引力的时候，这时候的房客，年年不同。

那一年，格雷斯（Grace）一家来了。马克斯第一眼看见的，是格雷斯家的小轿车，停在大门内的碎石地上。几天以后，他又看到了那辆黑色轿车开出了巴厘来斯（Ballyless）村，开向了小镇方向。开车的男人卡罗·格雷斯（Carlo Grace）说说笑笑的，他的头向后仰着；旁边坐着的是他的夫人康妮（Connie），肘部靠着半开的窗户，戴着一副白色塑料边的太阳镜，吸着香烟。

他沿着村子的车站路走着，走在下午的阳光里，情思羁绊在了“西洋杉”别墅，回忆起在一个阳光照射的下午，在他靠近格雷斯家的时候，他听到一个经常听到的沙哑的尖叫声。格雷斯家的那个和他年纪相仿的小男孩迈尔斯（Myles）正在绿色的大门那里玩耍，他停住了脚步，迈尔斯用满怀敌意的表情看向他，他也以同样的眼神看着迈尔斯，那一回是他们两个男孩的第一次邂逅。突然，迈尔斯冲他扮了个怪异的鬼脸，他走开了，尽管明明知道迈尔斯嘲弄的目光紧随在他身后。

他沿着车站路一路走了下去。在巴厘来斯当地人讲的故事中，这个沉闷的海滨小村很久以前是一个

---

1 塞壬（Siren）：希腊神话中西西里岛附近海域的塞壬岛上的人首鸟身（或鸟首人身）的海妖，经常飞降到海中礁石或船舶之上，用自己的歌喉使得过往的水手倾听失神，航船触礁沉没。后被用来指声音迷人、有诱惑力的漂亮女子。在其他记载中，塞壬是冥界的引路人。

很恐怖的地方。他沿着海滨大道往前走去，住宅、店铺、两家宾馆（“高尔夫酒店”和“海滨宾馆”）、花岗岩教堂、迈勒的食品杂货店附带邮局和酒馆，然后是原野里的一些牧人小屋。在那些用木板建造的牧人小屋当中，其中有一间，是他父亲、母亲以及他的假日旅所。过去的一切，在他的心中跳动，就像第二颗心脏。

忽然，他想到：他重返“西洋杉”别墅的这一天，竟然是他和妻子安娜（Anna）第一次踏进托德先生（Mr. Todd）的诊室之后整整一周年的日子，简直就像是一个惊人的巧合。不过也许并不是什么巧合，他想，自己漫无行迹的行旅，大概就像是那个在阴间弹奏竖琴想把自己的妻子重新度回阳间的俄耳甫斯[1]？

安娜的长相很标致，不幸的是腹部隆起了一个坚硬的圆丘，他陪同安娜来到肿瘤学家托德先生的诊室，从主诊疗室巨大窗格洒落下来的秋日的初阳晃花了他和安娜的眼睛，接待他们的是一个金发碧眼的女护士，把安娜的病历放到了托德先生的办公桌上，托德先生不到 50 岁，称安娜为“默顿太太”，却管他叫马克斯。当安娜用充满智慧的俏皮话询问自己的病况还有没有救治的希望后，经过一段长长的沉默之后，托德先生轻车熟路般滔滔不绝地讲解了一些可靠的医疗手段和新药制剂，而安娜紧皱着眉头凝视着双手，什么也没听进去。

他怎么都想不到这种病会降临到安娜头上，降临到他们俩头上。这病实在是找错了人。不幸、疾病、过早的死亡，这些事儿理应去找那些上等人、卑微的人、绝对的好人，而不应是安娜，不应是他。告辞了托德先生之后，他们无处可去，只得回到家中。他感到胆怯而绝望，不敢直视安娜的眼睛，生怕眼睛会出卖他的感受。安娜往炉子上坐了一壶水，在自己的外衣口袋里摸索了一阵，掏出老花镜，把镜腿上的链绳绕到脑后，茫然而无声地落下了眼泪。他走过去，想用拥抱安慰安娜，安娜迅速避开了，要他看在上帝的分儿上，不要大惊小怪，不就是个死吗？惊慌失措的他一口饮尽了杯子里的酒。从踏进托德先生诊疗室的那天早晨起，不知所措的情绪就一直困扰着他，一切都无所适从，把他扔进可怕的困境之中，而更令人烦恼与愤怒的是，从这一天起，死亡已成定局，他和安娜却必须要活在假装不知里，与死亡共存，再无他法。

他是被一个梦拽回巴厘来斯村故地重游的。在他的那个梦里，天上飘着雨夹雪，他跛着脚一瘸一拐地沿着一条乡间小路艰难地行走着，一路上形单影只，不知走向何处，做些什么；不知过了多久，忽然间，他脑海里破天荒第一遭冒出了巴厘来斯，车站路上的大房子，格雷斯一家人，以及克洛伊·格雷斯（Chloe Grace）。他不清楚这是为什么，但他好像突然走出了黑暗，走到了洒满阳光的海湾，明白了他该去哪里，去做什么。

他第一次看到克洛伊·格雷斯，是在海滩上。那天，阳光灿烂，海风徐徐，格雷斯家的帐篷搭在了专供“高尔夫酒店”房客们使用的沙滩上。在那片海滩领域，那些时髦且一应俱全的海滩装备，一瓶瓶的美酒，让人过目难忘，惹得有些人目不转睛，带着怨愤的目光盯视着他们这些富有且漫不经心闯入进

---

1 俄耳甫斯（Orpheus）：又译奥菲斯、奥路菲，能谱善唱。在希腊神话中，有不少跟音乐有关的故事，其中以善弹七弦琴的太阳神兼音乐之神阿波罗（Apollo）与司理音乐之职的九位缪斯女神之一的卡利俄珀（Calliope）所生下的儿子俄耳甫斯，入冥界以琴声救妻的故事最为著名。

来的别墅客。

格雷斯家的爹爹卡罗·格雷斯穿着短裤，披着一件法兰绒的运动衫，戴着一顶帆布帽，坐在折叠椅上，举着一份报纸在看。他脚边蹲坐着金发碧眼的迈尔斯，闷闷不乐绷着脸用一块残缺不齐的小木片挖着沙子玩儿。那个大概同他年龄相仿，11 岁左右的女孩儿克洛伊，胸脯平坦，白白净净的，一双眉眼看上去十分机灵，跪在不远处的沙丘背风处的沙地上，裹着一块大红浴巾，扭动着身子，努力往下脱着身上湿漉漉的游泳衣，一面张望着，注意到了他在打量别人。随后，克洛伊扔掉了她的游泳衣，穿着衬衫和短裤，向前走过来，靠到她弟弟迈尔斯身边，跪到沙地里，劈头夺去了迈尔斯的小木片。

他趴在一块浴巾上，两手托着腮，假装在看书。克洛伊知道他在看她，似乎并不在意。被夺去木片的迈尔斯回击了克洛伊一下，克洛伊尖叫一声，用拳头在迈尔斯的胸骨上砸了一下。他们的爹爹卡罗大声念起了报纸，自顾自地说着，大笑着，大声咳嗽着，而那些声音，所有的声音，在海边，都是那么不起眼。

卡罗的妻子康妮身着紧贴在身上的黑色游泳衣，外面围了条透明的裹裙，给自己倒了一杯酒，坐到一把折叠椅上，交叉着偏胖却依然匀称的裸着的大腿，沙滩鞋挂在脚尖上。过了一会儿，康妮与她的那一对儿女做起了游戏，克洛伊和迈尔斯姐弟俩相互高抛发球，康妮奔跑着接球时，裹裙在身后翻滚，胸脯蹦跳着，那一对鼓出来的黑色肉包充满了诱惑力，他两眼不错珠地贪婪地盯视着那个胸脯——悄然爱上了这其乐融融的一家人，爱上了格雷斯夫人。突然，克洛伊的情绪风云变幻，失去了玩闹的兴趣，转过身去，一屁股坐在沙地上，生起闷气，迈尔斯重新开始用小木片挖沙子，他们的爹爹折起了报纸，细眯着眼睛望向天空。大海海面上，一朵朵小浪花涌动着，轻吻着海岸。他的生活永远地改变了。

每年夏天，他的父母都要带着他到巴厘来斯村的海滨度假，已经有许多年了，直到后来他父亲去了英格兰。他们租住的牧人小屋空间相当小，总共三个房间，前面是起居室兼厨房，后面是两间小卧室，没有天花板，只有防水油布铺成的屋顶。在里面，他可怜的双亲，争吵声不断，充满了怨气，父亲无言而易怒，母亲无聊而无所事事；在他的童年世界里，他们的不快是一种常态。

他的母亲不大会游泳，他的父亲倒是一个游泳的好手。一天，他父亲面带讥笑目视着他母亲在海水里笨拙而无力地扑腾，忽然，往他母亲脸上泼了一把海水，然后，抓住他母亲的手腕，拖着他母亲逆水游了起来，他母亲吓得紧闭双眼，尖声叫喊起来，大发雷霆，要他父亲住手。他目睹的这场被激怒的嬉闹，以令人嫌恶的突然爆发的怨愤收场之后，他父亲转而抓住他的脚踝，将他倒置，放声大笑着，像推独轮车一样把他从沙丘边拖推到了海水里。他吞下了几口海水，惊慌地翻滚着，挣脱了他父亲暴虐的玩笑，站在拍岸的碎浪里，干呕起来。在这时候，克洛伊·格雷斯和她的弟弟迈尔斯双双站在岸边坚硬的沙滩上，面无表情地注视着他们。他满脸通红，羞愧难当，心情黯淡到了极点，真恨不得他那对丢人的父母能从人们的视线中消失。当时，真是糟透了。

那天，他回到“西洋杉”别墅后，楼下的维维苏尔小姐在悄声弹着钢琴，像是生怕惊扰了他。当年热情而优雅的维维苏尔小姐，如今蓄着一头长长的花发。过往的一切，他所熟悉的一切人和事，在“西洋杉”别墅里几乎荡然无踪。他曾暗怀一种羞于启齿又不切实际的希望，希望在这幢大房子里能找到确切属于格雷斯家留存下来的任何有价值的东西，而他什么都没有找到，也根本不可能找到。

窗外是让他振奋的秋色，晴空万里，狂风四起。他喜欢在秋日里写作，眼下在忙活的是一篇他心仪多年的伟大画家博纳尔[1]（Bonnard）的专论，可由于便秘，他却没法继续下去，只是逼迫自己坐在书桌旁边，脑海里文思翻涌却无法表达。刺痛感向他袭来了，他感觉像是有人在扎他的胳膊和脖颈，令他生出了恐惧——这是否是重症的前兆？安娜的病症，最初的反应也不明显，过去的一年中，他差不多成了对症下药的专家。安娜总是嘲笑他有疑病症。

克莱尔（Claire），他们的女儿，来信问他过得怎样？他想对她说，能怎么样？真的不怎么样。不过，他不打算回她的信或联系任何人，他的行踪除了克莱尔没告诉其他任何人。克莱尔始终没给他打电话，因为他说了他不会接任何电话，包括她的电话。克莱尔二十来岁，人很聪慧，简直就像一个女才子，只是不漂亮，然而，她敢作敢为，极力想让自己和周围的世界都成为最好的，还像许多不漂亮的女孩一样，喜欢用那种让人沮丧的冷幽默裹紧自己。

克莱尔的母亲去世后，当他因那个雨雪地里寻家的梦首次驱车前往巴厘来斯村时，克莱尔陪伴在他身边，大概是因为担心他的健康，怕他借酒浇愁糟蹋死自己，所以随着他一道儿，不肯让他一人独行。那一次，在开车的路上，他回想起了克莱尔年龄尚小时给他带来的一些快乐和麻烦。克莱尔正处于青春期时，有一次，他和克莱尔两个人驾车出游，由于趣味不同，克莱尔没完没了地唠唠叨叨，结果搞得他们不欢而还，提前回来了。如今，克莱尔已长大成人，那一次，他们两人驱车前往巴厘来斯村的短途旅行，到头来，也没有好到哪儿去。

他把车子开进了村里后，急于把记忆中的村子与眼前的现实相互印证。刚一远远望到“西洋杉”别墅的身影，他就冲着克莱尔兴奋地喊了起来。行车的一路上，他差不多向她讲述了与格瑞斯一家有关的一切，而当克莱尔善解人意地问他为什么不在那里停下来时，他却竟又不知该怎么回答了。他把方向盘转向了海滨大道，那些半个世纪以前的老建筑早已不复存在。他把车子开向当年他和父母住过的牧人小屋所在的那片原野，克莱尔嘟哝着说有些晕车，建议他把车子停下来。他心里尽管清楚这其实是克莱尔对他表示体贴的一种方式，但她的这种善解人意的体贴借口却让他感到有些不爽与不快。他刹住了车后，把车子停在了路边，克莱尔忽然不耐烦了，默不作声地下了车，砰地关上了身后的车门。他不知自己到底怎么就惹恼了她，有时候，克莱尔的任性固执，喜怒无常，真像她的母亲安娜。

他突然看到了他所熟悉的一条小路，通往牛奶工戴戈南（Duignan）家的小巷，当年，他每天光着脚提着铁罐经过那里，去找戴戈南或他那个性格开朗的妻子购买一家人一天所需的牛奶。从那个牛奶工戴戈南身上，他受到了最初的性的启蒙。戴戈南舀牛奶时喜欢跟他聊天，谈论女孩子，确信他肯定有了一个小女友，问他那小女孩让没让他吻，还总是戏谑地向他抖落一些只有成人才干的淫秽事情的情景。在早已废弃了的牛奶场大门口，他停了下来，克莱尔站在他身后，唠叨着什么，他根本顾不上去听。荒废的大门紧闭，在那里，从意外遇到的名为艾薇尔（Avril）的年轻妇女口中，他获悉了：克里斯蒂·戴戈南（Christy Duignan）已经死了，妻子还活着，住在海边的疗养院里；之后，他还听到了小村里已成往事的一些老人的情况，他们一个个全都已不在人世了，他一边听着，一边不断地点着头，心里不知有多沮丧。

---

1 博纳尔：即皮埃尔·博纳尔（Pierre Bonnard，1867—1947），法国画家，曾是纳比派（Les Nabis）的成员，画风具有东方趣味。

那天，他们下榻在静悄悄的“高尔夫酒店”，他和女儿克莱尔大概是那家酒店里唯一的客人。克莱尔和他并排坐在沙发上，喝着茶，他谈起了原野，牧人小屋，还有戴戈南一家，克莱尔给了他一句：你活在过去。他想用话把她顶回去，但却把到嘴边的尖刻话语咽了回去；他想，克莱尔是对的，毕竟，生活在继续。对他来说，过去，只是一个避难处，他急迫地去那里，无非是企图摆脱冰冷的现在和更加寒冷的将来；而且，真的有过去吗？归根结底，那只是曾经的现在，从前的现在过去了，不会再回来了。

在往家返回的路上，克莱尔不顾他的强力抵抗，坚持由她来开车。天色已晚，他们很快便融入了一片黑暗当中。一路上，他与克莱尔喋喋不休地争论着，针锋相对。他的有些话说得相当不准确，理由并不充分，指责克莱尔：在她母亲去世的这一年里，她一直在国外，继续她的学业，他却留下来以最大的努力应对这一切；克莱尔回抛给他的指责是：他把她喜欢的杰罗姆（Jerome）赶走了。他一下子被深深刺痛了，一时语塞。

杰罗姆，那个空想的社会改良家，对克莱尔的影响实在不小，为了杰罗姆，那个他和安娜都不认可的家伙，克莱尔放弃了在他们看来颇有出息的艺术史学业的研究，跑去贫民窟从事穷苦孩子的教育工作。为这事，他不能原谅克莱尔，至今仍不能。再有，那个混蛋说服了克莱尔为了挽救毫无希望的社会而放弃自己的生活，可他自己却逃匿了，把他可怜的女儿留在了困境之中。

他陷入了沉思。当年，他的确认为，杰罗姆与克莱尔不般配，不是一个合适的求婚者，还不止一次直截了当地对杰罗姆挑明了这一点，结果，那个混蛋从克莱尔身边逃走了。要是仅仅因为他的反对就导致那个小混蛋离开了克莱尔，那么，那个小混蛋所鼓吹的那些坚韧不拔与对理想的追求又算怎么一回事呢？所以，克莱尔最好远离杰罗姆这样的人，最好远离那个持有极端平等主义观点的书呆子——但是，现在他却不想再多说什么了，只想耐心等待，假以时日，问题总会解决的。

在他们到了家门口之后，他丢下去停车的克莱尔，自己径直进了屋，找出了“西洋杉”别墅的电话号码，拨通了维维苏尔小姐的电话，说他希望租一间她的房屋。维维苏尔小姐说话的语气一点没变，她还记得他，并提到了她那里的常客布莱顿上校（Colonel Blunden）。他没接那个话茬儿，布莱顿跟他有什么关系？

突然，他感到浑身疲倦，他想，跟自己的女儿争斗，总会使人虚弱不堪的。他上了楼，爬上床，能听到克莱尔在下面的厨房里，锅碗瓢盆砰砰作响。他还没有告诉克莱尔，他正打算卖掉这幢房子。

现在，已夜色深深，秋日的风还在窗外肆意呻吟，他将流动出去的思绪，重新拉回到了他面前的那台打字机上，他敲了敲那台打字机，试图在上面把他的心声用文字敲打出来，然而，他依然感觉精神恍惚。周围一片死寂。他远离了所有的熟人，忽然很想知道，在这落脚地，在海边，在“西洋杉”别墅，在夜幕与静默中，其他房间里的人都在干什么。他想，那位维维苏尔小姐，还有布莱顿上校，他们在各自的房间里睡着了；接着又想，说不定他们也同他一样难以入眠，像他一样意气消沉地看着周围沉沉的黑暗，想着另外的一个人。

他想，他是有充分理由的。因为不难看出，布莱顿对他们的女房东有点意思，而维维苏尔小姐呢，在背后也喜欢以那种并非出于本意的口吻取笑布莱顿。有几个早晨，维维苏尔小姐看上去好像是哭着入睡的，因为在用早餐时，他发现她眼眶发红，不知她是否为所发生的一切而责备自己，或为所发生的那一切而悲苦。他想，大家都像是载满了悲苦的小船，无声地航行在压抑的静默中，航过这秋日的黑暗。

在黑暗之中，他经常会想起格雷斯那一家的人和事；当年，他躺在牧人小屋的小铁床上，也常好想一些虚幻的事，在海浪的夜涛声和海鸥的孤鸣声中，在“高尔夫酒店”乐队演奏的爵士乐声中，还有他父母在前屋里的吵架声中，胡乱虚构了一些戏剧性的场面，以分散对父母的注意力。他的父母以为他睡了，一晚接着一晚，总在无休止地低声吵闹着。结果，在彼此相互苦斗了一段时期之后，一天晚上，他的父亲离开了家，跑到英格兰去了，再也没回来。在他想象的那些剧情里，有一个虚幻的场景，或是在海滩上失事的船的残骸里，或是在一场具有毁灭性的狂风暴雨中，那艘船沉了，他成功救出了格雷斯夫人，他把格雷斯夫人弄进一个安全的洞穴，帮她脱下游泳衣，与她并排躺在一起；格雷斯夫人的头枕在他的手臂上，周围笼罩着浩瀚而温柔的夏夜。

在早年的生活中，他对男女间的性事充满了好奇，总是从书本或杂志里留神寻找一些对女人裸体的描述，在色情方面，发挥着他最大程度的想象力，格雷斯夫人和克洛伊，不断出现在他不经事却又过分激动的想象中，那压抑不住的对有关性爱和越轨之爱的强烈冲动，搅得他整日魂不守舍，想入非非。直至有一次，在海滩与原野之间地带的灌木里，他撞上了在浅浅的沙坑里交媾着的一对男女的性事，才从他们的动作中，清楚了什么是男人和女人间干的事儿。

当年，在白天，他在村子的车站路上闲逛时，格雷斯夫人的影像总是不请自来，像一个藏在他体内的女妖，令他情思涌动，苦盼着格雷斯夫人能从那大门紧闭的“西洋杉”别墅里走出来，却始终未能如愿，直至有那么一天，别墅的大门开了，格雷斯夫人的女儿克洛伊跑了出来，克洛伊愣愣地看了他一眼，他慌忙垂下眼，赶紧转身离开了。

那天之后，他情思漫漫，灵光一闪，鬼使神差般地做出了要进入“西洋杉”别墅的决定。他想要到那里面去走一走格雷斯夫人走过的路，坐一坐格雷斯夫人坐过的地方，碰一碰格雷斯夫人碰过的东西。随后，为了这一目的，他开始主动去结识克洛伊和迈尔斯姐弟俩。一天，他注意到那姐弟俩在海滨咖啡馆外面的小路上溜达后，便找准机会上前站到了他们近旁，他们彼此相互对视了一阵儿，最终，克洛伊主动先开了口，问了问他叫什么，同他搭讪起来。随后，他与克洛伊一路交谈着，来到了“西洋杉”别墅的门口，听到了从里面传出来的乐曲声，看到了正与丈夫在房间里跳舞的格雷斯夫人的婆娑身影。

就在那天，他意外了解到克洛伊和迈尔斯姐弟俩竟然是一对双胞胎。在那之前，他从未见过什么双胞胎，因此很好奇，这姐弟二人之间为什么会有着那种深刻而异乎寻常的亲密感？为什么他们彼此总被拴在一起？也就在那天，从克洛伊的话语中，他还了解到了另外一个秘密，明白了迈尔斯为什么从不同他讲话，原来，迈尔斯生来就是一个哑巴，就连医生也找不出他不会说话的原因。

现在，夜色更深了，窗外肆意的风又大了起来，他忽然感觉头脑有些发晕。一直以来，他好像总是极易受到天气的影响，在他与安娜生活在那栋位于山海之间的老房子里的时候，秋风在窗外呼啸，汹涌的海浪翻滚着白色的泡沫，当时，他就有过这样的感觉。那是在他们最终从托德医生那里确诊了病情之后。那些夜晚，糟糕到了极点，他们只有期待，他与安娜并排躺在黑暗当中，彻夜难眠，拼命寻找着可能逃离令人无法忍受的现实的途径，一起回忆起了早年那些遥远岁月里的点点滴滴。

那年，在夏日的伦敦，在一个社交聚会上，他认识了安娜，一个有着强烈主见的女孩，精明强干。当时，安娜正在努力成为一名摄影师，与老父亲查理·维斯（Charlie Weiss）住在斯隆广场一套租来的大厦公寓里，在那之后，没过多久，安娜便以她惯常的主动要求他与她结婚了。随后，在斯隆广场的街角，老查理为他们举办了一场盛大的婚礼。几个月之后，老查理因脑血栓去世了，安娜继承了老父亲的所有的财产。他随之成了众神的恩宠儿。妻子安娜不仅给了他一桩美满的婚姻，还使他从那个陡峭的社会阶梯的底层，攀爬到了格雷斯家那样的高度。在划分社会等级的阵营里，一直以来，他都在努力寻求着改善自己。与安娜结婚之后，升高的社会地位，体面的新生活，就像他对格雷斯夫人所持有的私密的冲动激情一样，给他带来一种异样的感受，使他步入了另一个阶层的生活领域，从他昔日的朋友圈中逃离了出来。

曾经有那么很长的一段时间，能与富有、高雅、精明、又见多识广的人群交往，是他持之以恒的向往和期盼。在那时，他甚至一度将那些人奉为了神祇。回想起当年，在不知不觉中，他就深深卷入了格雷斯一家人的生活之中，被那一对孪生姐弟克洛伊和迈尔斯身上所具有特质强烈吸引着，怀揣着对格雷斯夫人的暗恋，将他自己的生活与格雷斯一家人的生活纠缠在了一起，应邀同他们一道儿外出野餐，一道儿游戏玩乐。一次，大家在硬沙滩上奔跑时，他突然把格雷斯夫人吓了一跳，格雷斯夫人非但没有照常依从游戏规则“逃跑”，反而冲他招了招手，让他蹲在了她身旁，并用一只胳膊围搂住他，与他一道儿躲藏了起来。他紧紧贴在了格雷斯夫人温软的身体上，当时，格雷斯夫人那女人胸部的温馨，所带给他的震撼，至今令他记忆犹新。

他总算睡了一觉。早晨醒来，在浴室中，他突然被自己的镜中的影像吓了一跳：一副满面愁容、悲苦的模样，两颊苍白，头发蓬乱，看上去，简直不亚于一个吊死鬼，令他不由得想到了博纳尔的“在浴室中”那幅画作上面的肖像，还想到了梵·高（Van Gogh）众多的“自画像”中1887年的那一幅充满愁怨的肖像——两颊深陷、满脸镌刻着苦难印痕。目视着自己在镜中的那苍白的两颊，忽然闪过的一道白光，将他和他那个在镜中闪烁的影像运送到了真实或想象中的遥远的海滨。他坐在海岸边，坐在残阳下的沙岗上，梦一般的朦胧中，手拿着一块巨大的蓝宝石，似乎听到了海妖塞壬的歌声，看到了一片片的海难；他心里明白，那一切，全是光线折射出来的稍纵即逝的蜃景。亘古不变的，是他面前的那个用拍岸的碎浪之音传述着古老灾难的大海。

他被丢进了记忆的深海。当年，克洛伊和迈尔斯姐弟俩，还有他，好像把他们的大部分光阴都送给了大海，顶着烈日，他们在大海里游水嬉戏，冒着风雨，他们在大海里畅游玩耍。令他难以忘怀的，还有他和克洛伊的第一次接吻，那个亲吻纯属偶然，突然间，他就做出了大人们才做的那种事。那是一个雨天的星期六，在一个斜屋顶的铁皮放映室里，他和克洛伊坐在靠近前排正中的条凳上，离银幕很近，他握着克洛伊的手，仰视着屏幕，忽然断电了，周围陷入了一片黑暗，随之是一阵骚动，他和克洛伊同时转过头，嘴唇碰到了一起，至今，他都清楚记得，克洛伊碰触他的那个嘴唇，阴冷而干燥。那天，电影散场之后，已是傍晚时分，在夏日的夕阳下，他和克洛伊去了海滨的咖啡馆。

现在，在秋日的夕阳下，在安娜去世之后，一个像那天一样的周日的傍晚，他来到了当年待过的海滨。对他的到来，维维苏尔小姐表现出了极大的热情，她开门的时候，正在她身后走廊里走动的布莱顿上校却表情冷淡，很不情愿看到他的身影。维维苏尔小姐领他去了他的房间，他体验到了一种近似于心慌的感受，当他独自一人被留在那个从现在开始将归他所用的房间后，呼吸着房间里面散发着霉腐味的死气沉沉的空气，他感到自己已经跋涉得过于长久了，他所背负着的那个沉重压在心头的记忆已经整整有半个世纪了。

在铁皮放映室黑暗当中的那个具有划时代意义的一吻之后，他和克洛伊去了海滨咖啡馆，对坐在桌旁喝着他们喜欢的饮料。咖啡馆的无线广播正在播放着流行的浪漫歌曲，在他对面啜饮的克洛伊心不在焉地跟着哼唱了起来，他目视着克洛伊，暗想，自己想必是爱上了这个充满了诱惑力的克洛伊，真的是已经爱上了。这样一想，他忽然又有些惶恐不安起来，一下子陷入了一种类似内疚的道德与情感的泥沼，要是格雷斯夫人知道了他把对她的爱转移到了克洛伊身上，又会怎样呢？会不会根本就不在乎呢？他想，被人们称作“爱”的这玩意儿，就是这么变来变去的，反复无常——这也是他对克洛伊的看法。

克洛伊对待他，时而冷冷冰冰，鄙视他的存在；时而又热情似火，在乎他的一举一动，把他弄得坐立不安，还最喜欢突然间失常的暴力行为。一天，他们正沿着海滩行走，寻找着一种给克洛伊做项链的漂亮的贝壳，克洛伊突然停了下来，无视那些正在海水里或沙滩上活动的人们，一把揪住他的前衣襟，猛力将他拉到跟前，用力亲吻起他来，直弄得他尝到了被咬破的上嘴唇的血腥味。在他们身后的迈尔斯发出特有的那种咯咯的笑声后，克洛伊立刻又一把把他推开了，带着惯常的高傲的轻蔑，继续前行。

还有一次，在海滨沙滩，克洛伊带着无聊的恶意拿一个城里来的穷小子寻开心，他和迈尔斯一道上前帮忙，把那个穷小子逼到一个墙角，为了进一步讨好克洛伊，他重重地推了那小子一把，把那小子推到了墙上；随即，不容那小子开口，克洛伊尖声嘶叫着，劈头盖脸把那小子数落了一顿，迈尔斯配合着克洛伊冷傲的训斥声，一拳击打到那小子头上，直打得那小子蒙头蒙脑，踉踉跄跄捂着脸逃走了。之后，克洛伊又转向了他，用冷蔑鄙视的目光死死盯着他，一声不吭，周围是一片令人毛骨悚然的宁静，只有迈尔斯发出的那种古怪的咯咯笑声。

在他与儿时玩伴克洛伊的青涩爱恋中，事情一向总是这样，克洛伊的横蛮，任性，怪癖，无常，不断折磨着他，有时甚至到了无以复加的地步，他却总是莫名其妙地而且很乐意地接受她的那些令人惊怵震撼的举动，也很能容忍她的那些极具叛逆性的乖常行为。

他联想到了妻子安娜患病末期的一些乖常行为举止。那时，安娜满头秀发全部脱落光了，尚能自己下床走动，无须他人相助，忽然痴迷上了摄影，在病房区里不断偷偷进行拍照，拍摄出的一些画面，相当丑陋，给人一种邪恶感。一天，在病房区护士长的桌子跟前，他接到了医院方面打来的电话，措辞严厉，说安娜给其他病人的拍照，引来了不少的抱怨与投诉。他就像个小学生一样，无地自容地站在那里，代安娜受过，为妻子的行为深表愧歉。

安娜把那些照片，那些她宣泄痛苦心态的照片，摊在她的病床上，用极度贪婪的目光细细打量着它们。在那些照片当中，有一张的影像是一个膝盖以下被截肢的老人，缝合处的粗线，仿佛一条拉链横贯在那残肢上；另一张的影像，是一个被切除了一只乳房的中年女人，那被剔除了肌肉的空洞处，褶皱肿胀得好像是被挖掉眼球的巨型眼窝；还有一张影像，是脸颊溃烂却笑容灿烂的少年，对着镜子咧嘴笑着……最令他震惊的是，在这些丑陋的照片面前，在这些残缺的肢体或器官面前，安娜就像是找到了一种心理上的平衡，得到了一些心灵的慰藉似的。

现在，可怜的安娜已远离他现实生活的舞台之外，还有克洛伊的横蛮，一切尽逝，全都过去了，他自己也已精力疲惫，反应迟钝了。然而那天晚上，一场不期而遇的暴风雨，一直持续到第二天早晨，令他感到实在是太不同寻常了，在这一地区，这个季节，他从未遇到过类似这样的规模和这样的威力的暴风雨，他的思绪随之又跌宕起来。

在尽情享受着暴风雨所带给他的摄人心魄的震撼力的同时，他坐在那张考究的床上，感觉自己就像坐在灵柩台上似的，房间里面的光线忽明忽暗，明灭不定，不可估量的大自然的威力，已达到了与他内心的骚动不相上下的程度，导致他对将至的死亡，充满无尽的玄思与冥想。他的脑海里，不断流逝着过往的阴影；过去，他曾热衷于一部真正戏剧的最终上演，不相信有什么天堂在或死后的升华，他追求的是世俗的表现，但是现在，他很想知道，在死亡的瞬间，从本质上说，人的全部的生命过程是否被赋予过了意义，他推想，也许，整个生命，不过就是在为离去做的一场准备。现在属于他的那张床，据房东维维苏尔小姐说，它自始至终都在那里，曾是格雷斯那家的人，格雷斯家的父母睡觉的地方，想到这一点后，他心里着实有些不安起来。

时光飞逝，又过去了一周。他感觉自己在“西洋杉”别墅的生活过得并不算愉快。别墅里的常客布莱顿上校住在走廊另一头的房间里，他们之间相处得不怎么融洽，往往说不到一块去。阅读报纸新闻，是布莱顿上校每天早上的必修课。他坐在休息室的壁炉旁，房间里壁炉架上的时钟，发出犹豫而衰老的滴答声，每隔一刻钟，都会发出响声，整点时却保持了看起来像是报复性的沉默。上校一页一页地翻阅着手中的报纸，所读到的世界已不再是自己所熟知的那个世界了。就像他一样，布莱顿上校也把所有的精力都用于不让人知道的事情上。他从未告诉过上校，他在这里的往昔与格雷斯一家人的事。他每天都在练习并努力尝试着重新融入其他人的生活，努力尝试着与布莱顿上校结交，畅谈人生，却始终未能成功。

十月的星空，残云遮月，大多数夜晚，他都要靠喝点酒才能入眠。周日那天，维维苏尔小姐的女友维维恩（Vivienne）小姐到“西洋杉”别墅来造访，大家共进了午餐。维维恩的家族是“西洋杉”别墅这幢房产的拥有者，房子的主人。在休息室，他与维维恩不期而遇。从表面上很难看出维维恩的年龄在多大岁数上，维维恩是一个体格庞大的女人，脸色红润，一头银发梳着过时的样式，做成了一个小圆面包状的圆髻，故而，大家习惯将她称为“圆髻”（Bun）。“圆髻”小姐面带微笑看着他，十分善谈，喋喋不休，对他那折磨人的失去亲人之痛所表现出的过分热心的关注，把他弄得无言以对，心里一阵阵悸颤，横生出了一种僭越者的愧疚感。安娜履行死亡时，他不过是一个观望者，一个小演员，而在安娜去世后，他无论走到哪里，都成了需要特殊关注与同情的对象，从葬礼开始至今，他所领受到的那些不应享有的尊重，体验到的那些善意却倒人胃口的同情，总使他感到很不自在。

午餐时，“圆髻”小姐坚持不懈地用她那种温软关心的语调与他交谈，把他弄得遮遮掩掩很不舒服。维维苏尔小姐意识到了这一恼人的状况后，立即参与进来，试图制止，但没有成功，一旁的布莱顿上校也没能帮上忙，企图用天气预报和报纸上的新闻话题打断“圆髻”对他的那种不屈不挠的滔滔热情，可每一次都被“圆髻”挡回去了。之后，他没有留意到，不知为何，维维苏尔小姐和“圆髻”忽然起了争执，互相斗起嘴来，很快便充满了火药味，二人之间的这一场越发激烈起来的争吵，使他渐渐意识到，在相当的程度上，这场争论至少有一部分原因是因他而起，像是为了给他留下印象，把他争取到自己这方面来——从胖嘟嘟的“圆髻”那狡猾的目光里，他清楚看到了这一点。

他深信，趾高气扬的“圆髻”小姐已从他身上看出了他是怎样一个有价值的鳏夫。在他的人生中，被一个富有的或极为富有的妻子资助，在以往，这一点从未令他有过庸人自扰的不安。他生来就是一个业余的艺术爱好者，所缺乏的只是资金，直到遇到了安娜。他从未特别关心过安娜的钱财，从安娜老父亲查理·维斯那里所继承来的那笔巨额资产，现在成了他的资产。他从不否认，他一直自惭于自己的寒微出身，他出生在一个社会地位低下的人家，在极不舒适的生活环境中长大，很早以前，就渴望做另外的一个人，一直都在致力于改善自己家庭的社会等级，与克洛伊和格雷斯一家人的交往，是他改变自己人生的最初媒介体，之后是妻子安娜以及安娜的财产带给他的人生变化，终于彻底改变了他一生的生活轨迹，把他塑造成了如今的样子。

午餐结束后，“圆髻”小姐与大家道了别，他们走到已是傍晚时分风力依然强劲的户外，目视着“圆髻”把她那庞大的身躯塞进汽车驾驶室的座位里。布莱顿上校为汽车打开了大门，站在路中央，双手挥舞着，指挥那辆汽车朝外面开了出去，“圆髻”按了按喇叭，隔着玻璃窗冲他们微笑着挥了挥手，维维苏尔小姐也回挥了一下手，很是勉强，布莱顿上校随口评价了一句：一个讨厌的家伙。

他们重新回到了餐室。这顿午餐耗时又长又令人不快，维维苏尔小姐发出了一声长叹，他看得出来，维维苏尔小姐目前还深陷在与“圆髻”小姐拌嘴的泥沼里，无处释怀，无法排遣。布莱顿上校识趣地回到自己房间去了，于是，他也带着他的书去了休息室；然而，他却什么也没能看进去，只好把书丢到一边去了。

滞留在他脑海里的那些逝去的陈年往事，混搭在一起，纠缠不清，弄得他懵懵懂懂。过了一会儿，忽然传来了维维苏尔小姐的弹琴声，弹奏的恰好是舒曼的钢琴套曲《童年情景》，就好像是在为他提词似的。他将目光转向“西洋杉”别墅后面与草坪相接的那个屋角，在那个黑色排水管下面，曾经放着一只很大的水桶，当然，现今早已不复存在了。就是在那里，在他的童年时期，一个阳光灿烂的早上，他撞见了格雷斯夫人在用那只大木桶里的存水帮助罗斯（Rose）洗头发。

罗斯是克洛伊和迈尔斯姐弟俩的家庭教师。在他记忆的深海里，年轻而羞怯的罗斯，大概不到20岁，身材修长，浑身散发着一种洁净的女性美，经常受到那孪生姐弟二人魔鬼一般的捉弄，不断成为他们无情戏谑的靶子，发泄敌视情绪的目标。可怜的罗斯，在那一对邪恶的少女少男以及他们漠然置之的父母面前，看上去总是一副孤弱无助的样子。随后，在一个周六下午，他意外撞上了罗斯的秘密。

那天，他如约来到“西洋杉”别墅，来找克洛伊他们姐弟，却看到克洛伊随她爹爹上车走了，他们原本说好了去打网球的，克洛伊却全然抛到了脑后，令他分外沮丧，感觉自己又被她耍了。恼愤之下，他跑到别墅花园尽头的那一排大树下，手脚并用，爬到当中一棵高大的树上，坐到树顶的枝杈上，一点没注意到那棵大树底下有人，直到听到了哭泣声。

哭泣的人是罗斯，就在他爬上的那棵大树底下，他分外好奇，在耳边飕飕作响的风声中，用心看向下面哭泣的罗斯，迅速扔掉了克洛伊健忘之事带给他的那些恼躁。罗斯的样子很是特别，情绪异常激动，这时，格雷斯夫人从草坪的小路上走了过来，停到罗斯面前，满脸笑容，轻轻拉上罗斯，在树下踱起步来，不断抚慰着罗斯。过了一会儿，罗斯像是向格雷斯夫人坦白了什么，他听到了从罗斯口中说出的一些关键词汇——“爱慕”“很傻”和“格雷斯先生”什么的。他大吃一惊，原来，罗斯迷失在了与她照管的孩子们的爹爹的爱情中！罗斯爱上了格雷斯先生！

随后，他及时把被他悄然发现的这一秘密说给了克洛伊，想不到克洛伊的反应完全出乎他的意料，丝毫不是他所希望的憎恨或暴恼，而是一种奇怪的坦然，甚至还好像有些怪他多事。接下来发生的事，却是一场最黑暗的悲剧。

那天，他们三个，他、克洛伊和迈尔斯穿着游泳衣在海岸边坐成一排，看着潮水上涨，在他们下面的沙丘上，罗斯穿着游泳衣仰躺在沙滩巾上，涌动的海浪，一浪推着一浪，浮沫距离罗斯的双脚只有一码，克洛伊用心良苦地给了自己一个微笑，然后说了一句：她多半将被冲走。之后，克洛伊又用她那魔鬼般的笑声诅咒起来：我希望她被淹死，我恨她。结果，不幸言中，一语成谶，成了克洛伊的最后遗言。

当时的一些具体情形他已记不大清了，他只记得，后来，在克洛伊的怂恿下，他的手指触摸到了克洛伊大腿根部凉飕飕的肌肤上，随后，他的手大着胆谨慎地往的那大腿根深处滑了进去，克洛伊触电一般地轻颤起来，很快又扭动着身子离开了他。用冰冷的嘴唇和热乎乎的嘴亲吻过他之后，起身要下海去游泳，遭到走上前来的罗斯的劝阻，暴傲任性的克洛伊措辞严厉地将罗斯刻薄了一番，闪避开罗斯阻拦的臂膀，径直而去，对罗斯声嘶力竭的叫唤，要她立即回来，丝毫不予理睬；之后，迈尔斯也划了波浪，跑进了海潮，同克洛伊一道朝向大海深处慢慢游了过去。

他已记不得当时他自己都想了些什么了，只记得，他和罗斯眼睁睁看着那一对小姐弟在白花花的水浪上时隐时现，越游越远，在苍白的天空和黯淡的大海间，渐渐变成了两个小圆点，突然，其中的一个消失了，在那一小片比周围水域更为苍白的水域的水面，溅起了一个浪花，接着，另一个也消失了，全都消失了，两个活生生的家伙，令人惊骇地没了踪影。呜咽的罗斯与发疯狂奔的他还有一个毫无经验的救生员，成了格雷斯家那一对孪生姐弟生命终结的见证人。

他浮游的思绪离开了记忆深海，重新回到了“西洋杉”休息室，维维苏尔小姐早已不知去向，那弹琴声也早已销声匿迹。这天夜里，四下里万籁俱寂，仿佛什么都不再存在了似的，甚至包括大海那惯常的涛声——在其他夜晚的那种入耳的汹涌的滔滔浪声。他十分害怕这样的孤寂，不住地呼唤安娜的亡灵，为什么不再来纠缠？为什么不再在黑夜里出没，拖着尸衣从地板上走过去，像一个报丧女妖？他需要那个亡灵。

早晨，在休息室里，维维苏尔小姐怜悯地瞟了他一眼，他下意识地闪避开了那个目光。外面的空气清澈而寒冷，维维苏尔小姐像是在缝补布莱顿上校的一只袜子。他感觉自己依然很不舒服，头跳着疼，造成他沦入这种状况的原因，是头一天所发生的事。昨天上午，布莱顿上校期待着女儿带着丈夫和小外孙女儿来看望他，激动得几乎无法控制自己的情绪，他和维维苏尔小姐也都为此兴奋不已，结果那一家子人直到午后都未能露面。他不忍绝望的布莱顿上校继续闷闷不快，于是怂恿上校出去喝一杯，上校拒绝了，步履沉重地上了楼，重重地关闭了房门。他孤独一人去了“码头酒吧”，喝了个烂醉。

结果，在叫人冒火的“码头酒吧”里，在人们吵吵闹闹的推搡中，他和人起了冲突，在酒吧老板和其他人的安抚下，他退到角落的桌边，深陷在一种苦涩的愁绪中。为了减轻心中的痛苦，他又要了一些白兰地，却被好心的老板拒绝了。盛怒之下，他摇摇晃晃，摔门而出，跑到漆黑一片的海滩上。他伸腿坐到沙地上，放到膝盖上的白兰地酒瓶差不多已经空了。他感到沙滩上寒飕飕的，潮气难以抵御，挣扎着站了起来，想靠近岸边去看一看海上遥远的点点灯光，不知怎的摔倒在了沙滩上，太阳穴碰到一块石头上，人昏了过去，躺卧在了水滩里。

他不知自己在那水滩里仰卧了多久，好在当时正在落潮。后来的那些事，他被布莱顿上校从那海滩上拖进卧室的整个经过，他一点也记不起来了。他一点都不记得布莱顿上校是怎么找到了他并把他弄回了“西洋杉”别墅的，不过，上校坚持说，在海滩上找到他时，他的状况并没有糟糕到毫无反应，后来，上校帮他爬上楼梯，看着他回到了自己的房间。在那天夜里，布莱顿上校又帮助了他一次，因为他们听到了他在房间里的呕吐声，摔倒声，赶紧跑进他的卧室，看到他倒在了床脚，不省人事，上校当即断定，他需要医生的治疗。

第二天上午，他彻底醒过来后，看护了他一夜的布莱顿上校和维维苏尔小姐已经不在房间里了，他用手指碰了碰太阳穴上隆起的鼓包，立刻感受到一阵刺痛穿头而过，他动了动身子，看到了床边的椅子上坐着一个年轻人，随后便认出了——杰罗姆！那个缩头乌龟，那个曾向女儿克莱尔求婚的小混蛋。杰罗姆平静地告诉他，他昏迷的时候，医生来过了。

他软弱无力地躺在床上，生起自己的气来，不断自责。他分析，半夜里，维维苏尔小姐或布莱顿上校打电话给克莱尔后，这个小混蛋成了克莱尔唯一想到的能够帮助她的人，他真想再次把这个自以为是的坏家伙赶走。还有更令他不满的，杰罗姆出去把克莱尔叫来了，迷迷糊糊中，他听到克莱尔在对他说：她和杰罗姆订婚了。他被彻底击败了。克莱尔继续说了下去，让他必须收拾一下，立即离开“西洋杉”别墅，同她一起回家去。

维维苏尔小姐闻讯后，对他说，她会因他不在而感觉寂寞的，不过他这样做是正确的。他告诉维维苏尔小姐，他是被迫的，维维苏尔小姐莞尔一笑，称呼了他一声“马克斯”，说他可不是一个被迫做任何事的人。他感到很惊愕，这是维维苏尔小姐第一次直呼他的名字，不过，他清楚，这并不意味着他能用维维苏尔小姐的名字“罗斯”来称呼维维苏尔小姐了，某种礼节上的距离是必不可少的。

然而，他记忆深海里的那个挥之不去的老问题又不请自来了，再次翻腾了起来，他很想直截了当问问维维苏尔小姐，该不该为克洛伊的死亡承担责任？维维苏尔小姐并没有回避，很坦率地同他谈了谈困扰了他们数十年被无奈尘封在记忆洞穴里的老问题：在克洛伊和迈尔斯死后，格雷斯家的生活被毁了，后来，卡罗死于动脉瘤，康妮死于车祸。维维苏尔小姐说，格雷斯夫妇对她一直都很好，从未为那件事谴责或控告她有失职守，而且还说服了他们相识多年的“圆髻”小姐，让她留在了“西洋杉”别墅，负责看管房子。这么多年过去，她一直都很思念格雷斯夫人康妮。维维苏尔小姐的这一番平静道白，令他想起了那天在大树下，格雷斯夫人抚慰罗斯的情景，想起了野餐那天他蹲在了格雷斯夫人身旁的情景，想起了安娜在破晓之前死去的情景。

安娜去世的那天清晨，天色阴暗，闪烁着熠熠光辉，就如同驻留在他记忆深处的那个夏日的天色，阴霾而平静，他独自一人，站立在齐腰深的大海里，突然间，整个大海汹涌澎湃，掀起一阵怪异的涌浪，把他一下子举了起来，运送到离海滩不远的地方，之后，他又被放了下来，像先前一样双脚着地站在大海里，就像什么都没发生过，只是这个伟大的世界又冷漠地耸了耸肩膀。

作者生平与创作生涯

约翰·班维尔于1945年12月8日出生在爱尔兰东南韦克斯福德（Wexford），就读于教会学校，在圣彼得学院高中毕业后，为了自立谋生，进入都柏林的爱尔兰航空公司做了一名计算机操作员。1966年至1969年间，他曾先后侨居于希腊、意大利和美国，之后，返回都柏林，进入《爱尔兰新闻》报社做了一名编辑，并与美国艺术家珍妮特·杜哈姆（Janet Dunham）结了婚，生育了两个儿子。

在《爱尔兰新闻》报社，他一直工作到1983年，先是做版面编辑，后升任副主编；1995年，他到《爱尔兰时报》工作，担任助理编辑，1998年，成为文学编辑。在此期间，从1990年起，他同时还是《纽约书评》的定期撰稿人，长期为《纽约时报副刊》撰写书评。

1970年（25岁），他出版了第一部作品，短篇小说集《朗·兰金》（Long Lankin）；1971年，出版了第一部长篇小说《夜卵》（Nightspawn）；之后，他笔耕不辍，遭遇了不少的挫折，却从未气馁，始终孜孜不倦艰难探索小说的艺术性，陆续推出了一部又一部颇具新意的长篇小说，主题涉及面广，创作技法新颖脱俗，语言清晰流畅，获得了"文体大师""作家的作家"等美誉，至今，已出版了近20部长篇小说。

他的文学成就主要建立在"科学四部曲"（Science Quartet）与"框架三部曲"（Frames Trilogy）上。"科学四部曲"由《哥白尼博士》（Doctor Copernicus，1975）、《开普勒》（Kepler，1981）、《牛顿信札》（The Newton Letter，1982）和《梅菲斯特》（Mefisto，1986）四部重要作品组成，并连连获奖：1975年获得了美国－爱尔兰文学基金奖；1976年获得了英国最古老的文学奖——詹姆斯·泰特·布莱克纪念奖；1981年获得了《卫报》小说奖。"框架三部曲"由《证据之书》（The Book of Evidence，1989）、《鬼魂》（Ghosts，1993）和《雅典娜》三部作品组成，被认为堪与萨缪尔·贝克特的"马洛伊三部曲"（Molloy Trilogy）相媲美；其中《证据之书》1989年入围了布克奖决赛名单，后来获得了吉纳斯·皮特飞行奖。

将他的艺术人生推向高峰，令他名声大振的是他的长篇小说《海》（The Sea），以"失去"为主题，讲述了退休的艺术史学家马克斯·默顿（Max Morden）面临着人生的十字路口，在努力应付所有的混乱，通篇蕴涵着深刻哲思，运用年代错位等手段，与抒情诗般的语言，以及带着冷静思辨性质的内心独白，漫无边际的精彩的离题冥想，将回忆片段与现实交融在一起，在温婉而抒情的舒缓节奏中，淡淡地依循着两条叙事线索行进［一条是默顿与童年的朋友克洛伊·格瑞斯（Chloe Grace）以及格瑞斯一家人错综复杂的感情纠葛；另一条是默顿与妻子安娜（Anna）的爱情以及与女儿克莱尔（Claire）之间的故事］，时而生活在半个世纪前，时而生活在妻子在世的过去，时而又生活在与女儿谈话的现在，不断向人性深处窥探，把一个鳏寡老人并不奇异的人生，失意、惶惑、悲苦的心境，描写得韵味十足。

小说出版之后，好评如潮，被认为是一部臻至佳境的文字艺术的杰作，当年，便因其凄美绝伦的文笔，对忧伤、记忆与爱情的精深研究，问鼎了第37届英语文学界最有影响力的布克奖，并在2006年获得了爱尔兰年度小说图书奖。

获奖之后，2006年，约翰·班维尔又以"本杰明·布莱克"（Benjamin Black）为笔名，接连出版了三部惊悚的犯罪小说《克莉丝汀·法勒斯》（Christine Falls，2006）、《银色的天鹅》（The Silver Swan，2007）和《狐猴》（The Lemur，2008），其中《克莉丝汀·法勒斯》入围了世界侦探小说领域的最高奖项——埃德加·爱伦·坡奖决赛名单。

之后，他重返严肃小说，陆续出版了长篇小说《无限》（The Infinities，2009）、《古老的光》（Ancient Light，2012）和《蓝调吉他》（The Blue Guitar，2015）。

在从事小说创作当中，约翰·班维尔还多次担当过剧本改编工作，并著有剧本《破罐记：亨利希·封·克莱斯特之后》（The Broken Jug：After Heinrich Von Kleist，1994）等；另外，他还著有一些游记，其中，出版于2003年记述游览经历的作品《布拉格景象：一座城市的描绘》（Prague Pictures：Portrait of a City），文字洗练，充满了厚重、魔幻、古怪与黑色幽默。

如今，约翰·班维尔被赞誉为“当今最伟大的英文作家之一”，成了未来年代里有可能问鼎诺贝尔文学奖最炙手可热的人物之一。现在，他与第二任妻子、曾任爱尔兰艺术理事会主任的帕特里夏·昆恩（Patricia Quinn）生活在都柏林。

主要参考资料：

The Supreme Fictions of John Banville, by Joseph McMinn, Publisher: Manchester University Press, 1999-10.

John Banville, The Interview by Joe Jackson, Hotpress.com.logo, 2000-10-26.

The Sea, by John Banville, Publisher: Thorndike Press, 2006.

2006年 | 第38届

040 继承失落的人 [印度] 基兰·德赛

The Inheritance of Loss by Kiran Desai

◎ 原著共 53 章，以双线结构，讲述印度退休法官杰姆巴海·波帕特拉尔·帕特尔（Jemubhai Popatlal Patel）与其外孙女萨伊·米斯特雷（Sai Mistry）以及其厨子的儿子毕久（Biju）的故事。

英文原版封面

基兰·德赛

（Kiran Desai，1971—　）

基兰·德赛是一位旅美印度小说家。

有评论认为，其作品对人性刻画有深度，内容丰富，混杂着地方特色却又充满文学性，针砭时弊，深植人心。

《继承失落的人》（The Inheritance of Loss）出版之后，因其**气势恢宏，充满人性的智慧，温情的诙谐以及高度的政治敏锐性**，问鼎了第 38 届英语文学界最有影响力的布克奖，她一夜走红，成为当年世界文坛上一颗闪耀的明星。随后，这部作品又荣膺了第 33 届美国国家图书评论奖；并被美国《出版人周刊》评为 2006 年度最佳小说；被《纽约时报书评》评为 2006 “年度百部书选”；被美国图书馆协会评为 2006 年度的 “最佳图书”。

在云雾与雪尘的环抱中，一整天，都天色如暮，就像是在黄昏。萨伊闷坐在“卓奥友”府邸的游廊那里，读着一本过期的《国家地理杂志》，不时抬头瞥一眼虚空。虚空中弥漫着山雾，远方干城章嘉峰山顶上，由于风暴，雪尘翻飞。已退休多年，身材又瘦又小的法官，带着他的棋盘，坐在远处的角落里，又开始了与自己的对弈。每到夜晚，法官的老狗穆特（Mutt）都会枕在法官的枕头上酣睡，现在，它挤缩在法官的椅子底下睡着了，发出轻微的鼾声。过了一会儿，法官也睡着了，嘴角耷拉着。这时，在府邸后面暗洞洞的厨房里，厨子正忙活着点燃潮湿的柴火。萨伊合上了杂志，琢磨自己的数学家庭教师吉安（Gyan）为什么到现在都还没有来，原本一个小时之前，他就应该带着代数学教材出现了。雾太重了，萨伊想，他可能是被大雾耽搁了。

萨伊等待的家庭教师吉安没来，却来了一伙毛头小子。一切麻烦便从这时开始了。当时，没人注意到这伙蹑手蹑脚的家伙，甚至连老狗穆特都没发现他们悄悄地秘密地越过了草地，迈上了台阶。这伙年轻人一身标准的游击队装扮，其中一个拎着枪。在穆特的大叫声中，他们闯入了府邸，命令法官交出他的枪，还令法官蒙受了羞辱。

法官不从，说他们的消息不实，命令他们立即离开自己的领地，不然就叫警察了。入侵者发出一阵讥讽的狂笑，因为他们不仅知道这里有枪，而且清楚府邸里没有电话。拿枪的那小子用枪对准了穆特，威胁说不把枪交出来就先杀狗，再杀法官，然后杀厨子，最后是萨伊，一面说着，还一面冲着萨伊示笑。萨伊害怕极了，为他们取来了存放在过道尽头狩猎诱饵鸭上面的几支枪——法官在印度政府文职机构任职期间使用过的。之后，他们表示要喝茶，把一直躲在餐桌下面的厨子拽了出来。厨子蜷缩着身躯举起双臂，说自己是穷人，求他们饶命。他们告诉厨子，他们没想杀他，只是饿了，想让他的老爷去帮帮他的忙，说话间，拿枪的那小子又将枪口对准了穆特，法官不得不和厨子一道下了厨，亲自去为这帮入侵者准备吃喝，被迫踏进他从没踏进过的厨房，被迫为他们端上茶点。这世界完全颠倒了，就连老狗穆特也被这伙突如其来的侵略者弄得有些手忙脚乱。

这帮毛头小子一顿吃喝之后，顺手把府邸里的大米、小扁豆、食糖、茶叶、油、火柴、肥皂、雪花膏和翻出来的陈酒，统统装进了从卧房里找出来的两只行李箱里，随后，又开口向法官他们要烟，他们没有，惹恼了这帮家伙，明明知道抽水马桶水箱里没水，还是排泄了一通，撇下一屋子的熏天臭气。他们在离去之前，还逼法官和厨子跟着他们学说了一堆废话，诸如“廓尔喀万岁”“廓尔喀地区属于廓尔喀人”“我是笨蛋”什么的，然后笑着带着那两只行李箱下了台阶，消失在了大雾里。那两只行李箱，其中一只上面写着：杰姆巴海·波帕特拉尔·帕特尔，斯特拉斯内弗号；另一只上面写着：萨伊·米斯特雷小姐，圣奥古斯丁女修道院。

这是1986年2月发生在"卓奥友"府邸的事。那年萨伊17岁，与数学家庭教师吉安谈情说爱还不满一年。"卓奥友"是一幢坐落在山坡上的破落的房宅，十分僻静，是很久以前一位浪漫而大胆的苏格兰人建造的。等到报纸突破道路障碍送达"卓奥友"后，法官他们从报纸上获悉：他们所在的位于高耸的喜马拉雅山东北、与尼泊尔交界的大吉岭山区噶伦堡小镇，现在出现了新的不满情绪。这一多国交界地区，一向动荡不安，历史上不断有战争、背叛、交易，当前，又汇聚起了不少叛乱人员和枪支，那些印度籍的尼泊尔人，受够了身为当地的大多数，却被当作少数族裔来对待的歧视与不公，他们要求拥有自己的国家，或至少拥有自己的土地，实施民族自治。

第二天，法官派他的厨子到警察局去报案，厨子顶撞了几句，根据多年经验中积累的智慧，厨子清楚去找警察并不是什么明智之举。事情果不其然，警察粗暴地质问厨子，以一种毫不掩饰的轻蔑神态——同样是仆役，厨子比那些人更下等，不过，因为是一位退休的首席法官的枪支遭了劫，这件事却是不容有半点忽视的，地方警察局必须要向上级禀报。

下午，一些警察来到法官府邸，做了一番现场侦查之后，跑到厨子的小屋，先前脸上挂着的那些恭敬之情立刻不见了踪影，而且对厨子极尽嘲讽戏弄，并掀倒了厨子的窄床，把装着厨子私人文件的薄纸板箱里所有的信件都倒了出来，倒了一地，从中捡起一封，扫了几眼。那是一封厨子的儿子毕久三年前写来的家信，当时，毕久刚刚抵达纽约，让父亲不要担心他，说他的经理是美国人，给了他全职侍者的工作，提供制服与餐点，完全让他们主事。"他替美国人工作。"厨子随即便把这封信里传达出来的信息说给了山镇集市上的每一个人。

四年前，厨子第一次动了念头——送儿子毕久出国。一开始，事情就不顺利，厨子被骗走了8000卢比，后来，他花光了自己所有的积蓄，通过行贿，从国家银行一个腐败职员手里换来了假的银行证明，终于用直接申请旅游签证的办法，把他唯一的孩子、他所疼爱、始终牵挂于心的儿子送出了国门，他以为，儿子到了美国，就是进了天堂。

厨子的儿子毕久，在遥远的美国"天堂"的实际生活状况，与那封家书沾不上半点边。他持逾期的旅游签证，非法滞留在纽约，始终没能获得合法工作，尽管当初千方百计踏上美国领土之时，他曾以为自己是"这个世界上最走运的儿子"，怀揣着美梦，一心要让家人过上好日子，满怀着一腔抱负，就如同当年的法官，在独立之前为成就个人抛弃双亲和妻子远赴英国求学时的美好抱负。

毕久远渡重洋落脚于纽约之后，居住在哈林区下等街区的一座建筑物的地下室里，那是一处非法出租的地下室，老鼠成群，租房者都是些非法移民，流动人口。他频繁地变换着工作，像个在逃犯似的——只不过没有通缉令，用光了从家里带来的藏在鞋里的所有的钱后，终于在一家面包店里找到了一份工作，刚过凌晨4点，就要去面包店上班，一路上都要小心提防着警察，以防被突然跳出来的警察盘问。在面包店，毕久结识了巴勒斯坦人萨伊德·萨伊德（Saeed Saeed），随后，萨伊德便成了他在美国最为敬仰的人物——同为打黑工的非法居留者，萨伊德似乎有着无尽的本事，懂得攀关系和玩女人，后来为了换得绿卡，还逍遥地同自己的女老板结了婚。毕久对那位萨伊德佩服到了极点，羡慕不已，而他自己，一个老实巴交的印度人，却始终没能活得像萨伊德那样，既能让自己赚钱，同时也能让自己快乐。然而在他父亲眼中，他却俨然已是一位成功者了。

毕久的一封封美国来信，把厨子推向了充满希望的未来，致使他不断地想象着沙发、电视、银行账户。在厨子看来，儿子毕久终究会赚回大把大把的卢比，那时自己就可以什么都不干了，在家里含饴弄孙，尽情享受儿媳妇的服侍。厨子把毕久来信当中谈到的情况反复说给周围的人听，“很棒的工作！”他面色颇有些自豪，“比上次的还好。”结果有一天，一位熟人正式来拜访他，求他请毕久帮忙，把自己儿子弄到美国去。对这个请求，厨子很烦恼，内心交战不休，但他还是给儿子写了信，让毕久帮忙给自己那位熟人的儿子在美国找份差使。

噶伦堡的那些当地警察在离开“卓奥友”府邸之前，把毕久写给厨子的那些来信统统丢到了地上，旁边还有几件衣物，那张破旧的床垫，也被掀翻在地上。萨伊看了看可怜的厨子，心想，那些警察怎能这样对待他？随后，与厨子一道儿静静地看着警察留下的烂摊子，感觉很不自在，不舒服。平日里，萨伊很少来厨子的小屋，有时过来找厨子，厨子总显得有些难为情，她自己也不自在。萨伊说英语，厨子说印地语，语言不合，令他们的感情交流很难深入。尽管如此，厨子同萨伊说话时却总是万分疼爱，他把萨伊当成自己的孩子，悉心照料，从未有过半点儿怠慢。

萨伊第一次见到厨子是九年前，她从德拉顿的“圣奥古斯丁女修道院”搬到外祖父的府邸时。厨子原以为萨伊是从美国或英格兰过来的，当了解到她一直都住在印度的德拉顿后，很奇怪她以前怎么不来呢？后来，厨子又询问了萨伊父母的情况，当她告诉厨子他们都去世了，她是一个孤儿时，厨子对她充满了怜悯之情。

萨伊的父亲米斯特雷先生（Mr. Mistry）是一名预备宇航员，作为“太空计划”的候选人，被苏联航天部门从印度空军中挑选了出来。她父亲和她母亲的最初相遇，是在德里的一家公园，当时，她母亲是一个美貌的大学生，印度教徒，她的父亲在空军服役，身材高大强健，是袄教教徒；由于担心他们两人之间真挚的爱情有悖于教义而会遭到众人唾弃，她父母二人以“私奔”的方式获取了婚姻。在那之后，双方家族，再没有一个人理睬他们。过了几年，她父亲被一个苏联航天专家组成的印度访问团看中了，那个受命于苏联政府的访问团，其中的团员到印度来的目的，主要是寻找可以派向太空的合适人选，她父母和其他几位被选中的候选人一起去了莫斯科，当时，萨伊年仅6岁，被匆匆托付给了她母亲曾经在其中学习过的“圣奥古斯丁女修道院”。到了莫斯科后，在异常激烈的竞争中，她父亲信心十足，确信自己将会击败同伴成为历史上第一个飞上太空的印度人，可就在这时，一场车祸，夺走了她父母宝贵的生命，双双葬身在了苏联。萨伊一下子成了孤儿。

噩耗传来之后，“圣奥古斯丁女修道院”的修女们开始商议萨伊的问题，修道院不会再收到米斯特雷先生的银行汇票和义务捐款以及其他一些收费了，萨伊成了一个很特殊的难题。今后由谁来负担她的各项费用？年纪大一些的修女们还能记起萨伊的母亲，当时是杰姆巴海法官为她支付这里的一切费用的，却从未来探望过；另外，她们还记起了一些有关萨伊父母的传闻。米斯特雷先生是在一个信奉袄教的慈善孤儿院长大的，一位慷慨的捐助人资助他念完了大学，之后，他进入空军服役；萨伊的母亲与米斯特雷先生私奔后，她母亲家的人觉得很不名誉，便声明断绝了关系。从女修道院的登记表上，修女们唯一能查到的萨伊亲属的名字只有她的外祖父——退休的首席法官杰姆巴海·帕特尔先生，于是，女修道院给杰姆巴海法官发了一份电报。

法官看到电报后，很清楚自己不得不面对这一现实，不得不考虑“圣奥古斯丁女修道院”的请求。经过一番思索之后，法官考虑到，萨伊来了之后可以照顾他的穆特，厨子也一天比一天老了，不用花钱，家里多了个帮手倒也不错；不过，他又担心，突然到来的萨伊，会搅动起他那压抑了一生的不快记忆，煽起他天性中那久已沉睡的憎恨，担心自己会像先前恼怒萨伊的外祖母和母亲一样恼怒萨伊。

见到萨伊之后，法官的疑虑消除了。事情超出了他的想象，他感觉萨伊不仅传承了他的血脉，身上还有许多他十分熟悉的教养，与他有着同样的口音和同样的举止风范，是一个极端西化的印度人。萨伊是由英国的修女带大的，生活在印度，却与印度社会格格不入。法官想，自己很久以前开始的旅程已被传承了下来，继续到了他后代的身上。或许，当初他不该和女儿断绝往来……法官甚至有些后悔，自己还没来得及了解女儿就已经给她定了罪。就这样，萨伊来到了“卓奥友”府邸，与素未谋面的外公生活到了一起，随后，被丢给了厨子照顾。

厨子 10 岁就开始在一家俱乐部的厨房里做最低等的杂役，14 岁时被法官雇用到了“卓奥友”，那时，府邸里有不少仆人，几十年过去了，现在只剩下他独自一人了。为了欢迎萨伊的到来，厨子特地用土豆泥做了一个汽车模型，摆放在了餐桌中央，端上来的每一道菜，都是热气腾腾的，那些散发出来的食物香味和腾腾热气，齐聚到一起，凝落到萨伊的脸上，萨伊看了一眼坐在餐桌另一头的法官和法官旁边座椅上的老狗，感觉法官超人一等，像是一只蜥蜴，老狗超狗一等，像是一个人。

府邸里忽然多出一个人后，整日不爱动，坐在摇椅上，目不转睛盯着某处，似乎不是在时光中前进而是后退的法官，所执迷的按部就班的生活原态，失去了平静。退休之后，法官原本只想与他视如亲人的老狗穆特默默相伴，隐居在“卓奥友”，一天不落，独自啜饮他那英式的下午茶，在山峰和落日的静默中，压抑着一生中的不快的记忆，安享晚年。不料，萨伊的到来，他那原已如一潭死水的心，被搅动得心烦意乱，时不时会被那些本已放下的往事惊扰，脑海里甚至突然令人惊愕地翻腾起了他曾经拥有过的那些勾起回忆的启程和抵达。

法官清楚地回想起了他第一次离家前往英国时，年仅 20 岁，用的是一只黑色的锡皮旅行箱，与萨伊抵达“卓奥友”时的那只行李箱非常相像，那是 1939 年的事儿。许多年过去了，逝去的那些往事，现在又如此清晰而残酷地重返他的记忆。

那时，他还不是法官，由父亲送行，母亲留在家中哭泣。当火车缓缓驶离站台时，他岳父雇来的两个军乐队的退休成员为他奏乐送行，演奏的是《带我回到我亲爱的英国老家》(Take Me Back to Dear Old Blighty) 那一首常常用于离别场合的乐曲。火车抵达了维多利亚终点站，之后，在巴拉德码头，他上了船，在发动机轰鸣的噪音和汽笛鸣叫声中，他父亲的身影，在他的视线里渐渐消失了。“斯特拉斯内弗号”航船驶出了近海，举目望去，四下里唯有汪洋大海。

在船舱里，他打开母亲固执地为他准备的一包食物——以防他可能因为饥饿而蒙耻，因为母亲担心：万一他路上饿了，没有勇气去餐厅，又不会用刀叉。那包食物里面有一根香蕉，因天气太热而烂掉了，他同舱的旅伴，抽动了一下鼻子。发散到船舱里的腐烂气味是那样地恶心，令人羞耻，也令人恼火，他拿起那包食物冲向甲板，扔进了大海。母亲的本意原是以免他蒙羞出丑，却适得其反，反倒加重了一重。

香蕉的腐烂味终于消退了，恐惧和孤独的恶臭开始弥散。他记得，在英格兰，他走过一条又一条黑暗的街道，四处寻找住处，最后，好不容易才在位置不太好的一个地方住了下来，那个地方离大学校园有点远。后来，他进了剑桥大学的菲兹威廉学院，满怀着理想，立刻开始了学习，躲避在日益强烈的孤独中，连续 12 个小时不间断地学习着，一直要到深夜，可后来，他的这种学习精神消失了。

在英格兰，他度过了一段充满屈辱的求学时光，受尽他人的白眼，仅仅由于肤色不同，他被剑桥大学里的那种冷漠的氛围排挤在了社交圈子之外。他曾努力掩饰自己，反而更加令他人感觉不自在，整天没有一个人同他讲话。他喉咙里塞满了无处倾诉的话语，大脑变得迟钝了，心中痛苦不堪。即便是在公共汽车上，每当他坐到上了年纪的英国女性身边，那些女人便会立马挪到离他较远的位置上去，不愿与他同座。于是他明白了，即使那些女人自身的情况再糟，再不好，而有一点她们却非常确定，那就是，她们总比他强；至于那些年轻漂亮的，就更没有善意了，甚至捏着鼻子嘲笑他“一身咖喱臭气”。

就这样，他开始偏离原本的自我，被歧视的种族耻辱感，使他对自身的肤色感到自卑，对自己说英语时夹带出来的印度口音感到局促不安。在抑郁中，他忘记了怎样发笑，而且偏执于洗澡，唯恐自己身上的气味冒犯了他人，甚至喜欢阴影不喜欢明亮，喜欢阴沉的天气，恐惧充足的阳光。与此同时，他还感染上了英国人的伪善和傲慢，学来了英伦的生活方式，不再能重新回返印度本土的生活，到最后，他彻底被自卑和敌视击垮了，虐待驱逐妻女，内心囤积着憎恨，躲避在日益强烈的孤独之中。

萨伊的突然闯入，使他原本的孤独生活在不知不觉中被改变了。法官甚至觉得这个他并不憎恨的外孙女，多半是命运投掷给他的最好的奇迹。法官不想让萨伊进公立学校学习，怕她学来一口难听的口音，学来一些不良修养，而教会学校，却也不大合适，不但学费昂贵，路途又太远，于是，他决定为萨伊请家庭教师。

每星期，周一、周三、周五，是萨伊去家庭教师诺妮（Noni）家里上课的日子。厨子带着萨伊沿着绵延的小道跋涉前行，去“吾友”的宅门上课。老姑娘诺妮同寡姐罗拉（Lola）共同居住在那个名为“吾友”的房舍里，到那里，他们要步行一个小时。路上，厨子指点着周围的一些明显标志，一一解释给萨伊。在介绍他们最近的邻居波特叔叔（Uncle Potty）的宅门时，厨子告诉她，波特叔叔是一个绅士，同时也是一个酒鬼，几年前从法官那里买下了这块地；随后是波特叔叔的朋友菩提神父（Father Booty）的宅门。菩提神父经营一家“瑞士牛奶场”，热心于教当地人饲养奶牛，制造奶酪，每晚都和波特叔叔一起喝酒。

萨伊的家庭教师诺妮和她的姐姐罗拉，尽管对俄罗斯和萨伊的父母双亲没什么好感，但随着岁月的流逝，她们姐妹二人已渐渐喜欢上了萨伊。那天，听说法官的枪被从“卓奥友”抢走了，罗拉惊惶失色地叫唤起来，担心那些流氓无赖跑到“吾友”来行抢，甚至会为了几十个卢比杀人。“你们不是有一个守门人吗？”萨伊心不在焉地接了一句，有些神思恍惚，脑子里在琢磨“卓奥友”被抢的那天，吉安怎么没来？罗拉深深叹了口气，说起了她们刚搬来“吾友”时，噶伦堡小镇也闹腾过那么一阵，闹腾得很长一段时间食物严重短缺，山镇这边一旦发生政治冲突，很快就会没东西卖的，她们得赶紧去趟市场，还要去一趟图书馆，还书借书。

诺妮负责教授萨伊理科知识以及莎士比亚的作品，当萨伊长到 16 岁时，诺妮感觉自己继续教授萨伊的数学和物理学的课程，已有些力不从心了，便给法官写了一张便条，要法官给萨伊重新找一个比她更称职的家庭教师，结果，在那之后，法官只好改请了印度籍尼泊尔青年吉安接手诺妮的教学工作。

在萨伊到“吾友”上课的日子里，厨子先把萨伊送到“吾友”去上课，等到下课之后，再把她接回家，中间的一段时间，厨子要到山镇集市和邮局去办事，顺便卖掉自己酿造的米酒。厨子刚开始做米酒的生意时，是为了儿子毕久，当然也是为了他自己。好多年来，法官几乎没给他长过薪水，他曾向法官恳求过，遭到了老爷的拒绝。尽管厨子的米酒口碑很好，但竞争的残酷令他不得不吹牛。

厨子主要是吹过去的事，吹法官老爷过去的荣誉：伟大的政治家，富有的地主，把家产全部捐了出去，自由斗士，因不愿对自己的国人做判决而放弃了法庭里极有权势的位置；他的那位充满了爱国热诚、前途无量的老爷，妻子不幸去世后，由于一直悲伤妻子的死亡，看破了红尘，开始过起苦行生活。老爷的妻子，一位印度教的圣母，殉教而亡——这是他家老爷，杰姆巴海法官日复一日整天总是自己一个人待着的原因。其实，大家都知道厨子从未见过法官的妻子，于是，厨子便声称所有这些情况，都是他从家中老一辈仆人那里听来的。吹来吹去，到后来，就连厨子自己都开始相信他的这个非凡的故事了，它们让厨子拥有了自尊，即便是他在山镇集市买那些便宜菜且说三道四时。

萨伊刚来到法官家时，厨子对萨伊说，法官以前完全不是这样的，法官生来就是有钱人，生在古吉拉特邦最高贵的顶级家庭，房舍就像宫殿一样，后来获得了王公奖学金，被送往英格兰留学，上万人到车站去为他送行，他高高地坐在一头大象上。

法官十分清楚自己去英格兰留学的前后经历。他出生在古吉拉特邦一个佃农阶层的家庭，一家人住在皮菲特市郊临时搭建的棚屋里，父亲拥有一个小商行，专门帮人给法庭提供伪证。在他长到足以上学的年龄时，父亲把他送进了教会学校，14 岁那年，他学习成绩在班上名列第一，校长向他父亲建议，让他参加本地律师资格考试，这样的话，这个聪明的孩子将来说不定有可能到高级法院工作。后来，他获得了奖学金，进入主教学院念书，再后来，才踏上了前往英国剑桥大学的旅程，进了剑桥大学的菲茨威廉学院。学成归来之后，成了印度政府文职机构当中的一员，被派往远离家乡的北方邦工作。

萨伊的生活，在噶伦堡山镇继续着，不断在“卓奥友”和“吾友”之间往返，围绕在她身边的，只有简简单单的几个人——诺妮、罗拉、波特叔叔和菩提神父、法官还有厨子……直到萨伊长到 16 岁，有一天，由于她的家庭教师，有自知之明的诺妮女士的主动撤退，迫使法官不得不再为她重新聘用了一位新的数学家庭教师，印度籍的尼泊尔青年吉安，便走进了萨伊的生活中。

学会计学的吉安是当地学院院长推荐给法官的，介绍说，他刚拿到学士学位，是一个很有前途的年轻人，眼下尚未找到工作。吉安看上去像是一个性格安稳的男青年，话不多，住在邦巴斯迪街区，跑到“卓奥友”来授课，要走两个小时的山路。初见吉安，萨伊觉得她的新家庭教师看上去很有智慧，只不过嘴唇太厚了，和严肃的表情不大相称，头发卷卷的，卡通式地堆在头上，不过，这种既严肃又卡通，恰恰适合萨伊的口味，对她具有相当的吸引力，结果不久，萨伊和吉安之间的关系便呈现出了一种全新的面貌，玩起了爱情游戏。

每当上课时，坐在英俊的家庭教师吉安的对面，萨伊总能清晰感觉到自己的存在。她开始执迷于研究自己的面部表情，同时也感觉到自己心底的欲望在膨胀。一天夜晚，萨伊坐到化妆台前，凝视着镜子当中的自己，发觉自己身上的女性美在一天天地变化着，感觉自己的乳房已在日渐丰盈而坚挺。随后，她开始担心自己身上的这种美，稍纵即逝，她可不想永远居住在这座与世隔绝、人迹罕至的大府邸里，和两个罗圈腿老男人相伴下去，也决不甘心永远被困在这里，她一定要想尽一切办法，驱使自己走向未来。之后，没过多久，她便与她的新家庭教师吉安碰擦出了爱的火花，他们很快便将话语、实物和爱意结合在了一起。

由于对爱情产生了兴趣，萨伊开始好奇其他人的风流韵事，她纠缠着厨子讲法官和妻子的故事。后来，萨伊去问法官，“我外婆是谁……她的家族是不是非同寻常？”稳坐在棋盘前的法官没有理睬萨伊的问题，以下棋为借口，避开了她的提问。然而，萨伊的提问已然打破了法官的平静，把法官推向了往事，法官离开了棋盘，站起身走进花园，薄雾中，法官并不想思念妻子，然而，呈现在他脑海中的那些画面，却出乎意料地温婉。

杰姆巴海家做梦都想送儿子去英格兰，他们辛勤工作着，可不管杰姆巴海的父亲怎么努力，都无法凑足那笔资金，他们只好去借高利贷，利息是22%——即便如此，还是不行，于是他们开始寻找新娘。由于杰姆巴海是他们所在社区第一个能去英格兰上大学的人，提亲的人蜂拥而至，结果，他获得了再理想不过的一门亲事：新娘容貌美丽、皮肤白皙、嫁妆丰厚。这位新娘就是萨伊的外婆妮米·帕特尔（Nimi Patel）。妮米在古吉拉特邦娘家时的名为贝拉（Bela），父亲波曼巴海·帕特尔（Bomanbhai Patel）十分富有，拥有雕梁画栋的宫殿和强烈的野心，是一个做军需品生意的商人，尽管有权使用一个婆罗门种姓的厨子，却不能拥有更广阔的世界，口袋里再有钱，也不能成为不列颠俱乐部的成员。为此，波曼巴海·帕特尔穿过街市来到皮非特城的另一端，在棚户区住户们的震惊中，把自己女儿当中最漂亮的那一个——贝拉许配给了有望留学归来荣登司法高职、成为上流社会成员的杰姆巴海·波帕特拉尔·帕特尔。

婚礼晚会持续了一个星期，华丽无比，贝拉身上披满珠宝，带来的嫁妆有现金、黄金、宝石，成匹的羊毛织物，给她丈夫做的西装，外加一张“斯特拉斯内弗号”的船票。婚礼过后，几小时之内，贝拉就成了“妮米·帕特尔”——杰姆巴海家给她起的名字。当时，妮米年仅14岁，无法遮盖自己的惊惧，新为人夫的杰姆巴海因为她的惊惧也惊惧起来，那带有男性耀武扬威的雄心被打败了，惊慌失措中，为妮米难过，也为自己难过，他们不能行房，一夜一夜地做不成事，两人都备受折磨。后来的一天，趁家人不在，杰姆巴海骑上父亲的自行车，带妮米去兜风，让妮米侧身坐到自行车后座上，让她把腿伸直，接着蹬起脚蹬子，卖力骑了起来，他越骑越快，冲上路坡，瞬间又冲下那个路坡——才领略到了他一生中转瞬即逝的一丝爱意。

法官的思绪重新回转到他所沉迷的国际象棋的棋盘上。不知何时，萨伊来到了花园里，爬到花园边上的一棵树上，专注地朝山下的小路望过去，希望能捕捉到她的数学家庭教师吉安走近的身影。法官从棋盘上抬起头来，看到萨伊后，要她马上下来。萨伊不得不下来后，回到自己房中，把自己关在了房间里。

在这时，厨子也将自己关在了房间里，在一张航空信笺上用心写着什么，用的是印地语。一直以来，厨子始终坚信，总有那么一天，儿子毕久将完成萨伊父母没能做到的事，完成法官没能做到的事，甚至觉得儿子毕久目前的状况，足以有能力完成帮助熟人的儿子移居美国那件事了。他再一次在写给毕久的信上说：请帮帮奥尼（Oni）……我在前一封信里询问过你，你没有答复……奥尼准备去大使馆，美国人对他印象很好。他将在一个月后到达……他可否和你住在一起直到他找到事做……

厨子全然不知儿子毕久目前的真实生活状况。到美国后的三年间，因为非法滞留，毕久不得不东躲西藏，变换着一个又一个薪水微薄的工作，辗转流窜在各个餐馆厨房，以打黑工来维持生计。更有甚者，由于许多餐馆里烹调牛肉，毕久的内心还常常要在“不烹调神圣的牛[1]”和“烹调不神圣的牛”之间纠缠不清，最后，毕久告诫自己，一个人不应该放弃自己的宗教，放弃父母及祖祖辈辈的信念，自己必须依据印度人的某些准则去生活，必须找寻自己的尊严，坚守一份严格的纯净。这样一来，最后，他只能躲在一家经营正宗印度教餐饮的馆子——“甘地酒馆”里打廉价工，并吃住在里面了。

就在毕久继续死抱着他的美国梦在纽约淘金，为他的那张不可或缺的“绿卡”苦苦奋斗，饱受煎熬之时，在他的家乡印度，在噶伦堡山镇，美丽富有的青春期少女萨伊和谦恭贫穷的大学毕业生吉安，二人已两情相悦，相爱在了一起。二人在年龄上，一个 20 岁，一个 16 岁；在文化、阶级、种族等诸方面，都大相径庭。

起初，他们这一对恋人，只顾疯狂相爱，并没有注意到“卓奥友”外面的世界发生的事。山镇集市上，张贴出了新的布告，“廓尔喀民族解放阵线”的成员，高喊起了“解放”的口号，有那么一阵子，大家都不大清楚是怎么一回事，也没太当一回事，然而，有一天，那些解放阵线成员中的青年分子集结到了一起，宣誓要为成立自己的国家“廓尔喀王国”而誓死奋战。紧接着，那些青年人开始在临近的大吉岭的街道上，环绕着集市和购物商场游行起来。

随后，不断滋长的政治不满情绪，引发了一系列的罢工和游行。在这一政治动乱的大背景下，萨伊和吉安，他们的浪漫爱情，尽管进展得相当迅速，在上课期间，二人彼此频频向对方示爱，下课之后，二人坐卧不宁，依依不舍；而到最后，他们的感情，还是在社会文化差异和族群的争斗骚乱中崩解了。

对于吉安来说，他们的爱情，从一开始，就笼罩在了萨伊身处的优越的社会地位和生活习性的阴影之下。一天，上完了课，他与萨伊到噶伦堡的一家国际酒店用餐，上桌后，他不假思索，随意用手一抓就吃了起来，萨伊呢，则像往常一样，拿起了餐桌上的刀叉，这种就餐习俗上的巨大差别，顿时把他和萨伊搞得很尴尬，只能假装不在意罢了。其后的一些日子里，他和萨伊热衷起了短途旅行，课余之后，他们相伴在一起，去了附近的自然风景保护区，德罗湖，大吉岭动物园等，还爬了杜宾达拉山，参观了山上的神殿。站在大山上，望向四周绵延的群山，高远辽阔的风景，他有意无意问起了萨伊家人的事。萨伊有些犹豫，担心自己要是和盘托出父亲是一名预备宇航员，参与了俄罗斯的太空计划，吉安多半也许会自惭形秽，自愧不如，最后，萨伊选择了避重就轻，回答他说：父母私奔了，客死在了异国他乡，父亲在俄罗斯时是一名科学家。听后，他不安的心总算放了下来，像是为了求得心理上的进一步平衡，他带着一脸的自豪，引以为荣地对萨伊说道：在他的家族史里，也能找出“海外关系”，看来，他们二人还真有不少的共同点。

吉安所谓的家族史里的“海外关系”，其实不过是“尼泊尔（廓尔喀）雇佣兵”的另外一个说法而已。在 19 世纪，在承诺和诱惑之下，吉安他们家族居住在尼泊尔的祖先，从他们的村庄迁移到邻近大

---

1 神圣的牛：在印度，牛受到特别的保护。印度教经典中，湿婆神的坐骑是牛，因此，牛被印度教徒视为神，神圣无比，被视为“母亲”，不准鞭打，不准伤害，牛即便漫步在街上，也不可冒犯它。在印度教教义中，杀生、死亡、排泄等都是不净的事，从事与这些事情有关的人，就是不洁的人。杀牛、吃牛肉，在教义里也被归为“不洁的人”，而且是对印度教的亵渎。

吉岭的一座偏远茶园。之后不久，皇家军队来了，英国王室为了加强对印度的统治，开始组建第一支“廓尔喀营”，他的曾祖父成了其中一员，宣誓效忠女王，从此便开始了他们家族参与英国的战事长达一百多年的征程，直至家族当中最后一个雇佣兵伤残之后死去。从那以后，他们家族里的人员开始以教书为业，吉安的父亲，便是一名教师，在相距大吉岭不远的一所茶园学校里教书。

在相距大吉岭万里的大洋彼岸美国纽约，厨子的儿子毕久正在那家最正宗的印度馆子——“甘地酒馆”里不住脚地忙活着。酒馆里光线昏暗，以利于遮掩里面可能出现的不洁的瑕疵，登门的顾客，多是一些穷学生和还没晋升到“终身教职”的教师，来吃酒馆里供应的大众化的自助午餐。酒馆老板哈利什－哈利（Harish-Harry）是一位印度侨民，和他两个兄弟，分别在纽约、新泽西州、康涅狄格州经营着一家“甘地酒馆”。哈利什－哈利乍一看上去，像是一个脾气温顺的男人，对手下的雇员像慈祥的叔伯一样，话语诙谐，然而，陡然间，他又会变得满面怒容，态度十分狂暴，对干活的人严加呵斥，甚至掴打他们的脑瓜；而每当有美国食客进来后，突然间，他又会来一个 180 度的大转弯，变换成另一副面孔，满脸堆笑，诚惶诚恐，十分滑稽，即使面对的是一个孩童，也会摆出一副屈从的模样。

在老板哈利什－哈利的建议下，毕久住进了位于地下的操作厨房，因为这样可以为他节省下接近他工资四分之一的住房租金。他起居的周围，是一堆堆特大号的瓶瓶罐罐和成麻袋的咖喱粉。在这样的地下空间里，毕久每天要工作 15、16 甚至 17 个小时，然后，随便找一块空地，摊开被褥歇息；每天起床后，与其他几位非法打工者一道儿在厨房的洗涤槽那里洗脸漱口。在先前工作时的租住地，老鼠一直陪伴着毕久，始终对他不离不弃，如今，在“甘地酒馆”的这个地下厨房里同样如此。那些老鼠到处打洞，它们的爪子强壮、牙齿结实，吃蛋白质、维生素、矿物质，一天夜里，一只老鼠甚至啃食了毕久的头发。

尽管遭受着这样非人的折磨，却没人能了解这一切，除了其他同样生活在国外的印度人。对毕久来说，这是一个既丢脸又咬啮人心的境遇，秘不可宣，即便他人在异乡，遗失了身份，没有光明正大的属于自己的位置，可他也不愿轻易就这么放弃，他还没有被彻底击败，对自己那个摆脱贫困、追求“更好生活”的理想，依然信心不减——他渴望住上大房子，那种里面拥有 7 个房间的大房子，所有的房间里，都置有沙发、电视机、地毯；他要自己咬牙坚持，因为他终会拿到那张能够让自己在太阳当空的街面上自由行动的绿卡，然后，开一个银行户头，荣归故里，成为父亲的“世界上最走运的儿子”。

毕久日日盼望着的，全是那张绿卡，渴望携带着那张绿卡衣锦还乡。为此，他整日关注着自己到底挣到了多少钱，只有看到那些用汗水挣来的美元，才能让他心里踏实，安稳入眠；也只有那些美元，才支撑着他在异国他乡继续待了下来。

这时候，在毕久的家乡，社会动乱，加剧了政治和经济的紧张，“廓尔喀民族解放阵线”领导的民族自治运动队伍在日益壮大。新年过后，吉安去集市买米，正称米的当口，忽然听到从店外传来的喧噪，高呼“廓尔喀胜利！”的口号声震天响，他立刻跑了出去，看到大街上正行进着的浩浩荡荡的游行队伍。从混乱的人群中，吉安看到了几个熟悉的身影——他大学时代的几个朋友，自从与萨伊恋爱之后，他就再没跟他们联系过，便不由自主地朝着他们挤了过去，大声叫喊着他们的绰号，想同他们打打招呼，可不承想，他的那几个朋友，只顾振臂呼喊口号“胜利属于廓尔喀解放军！”谁也没有听到他的呐喊。结果，在前行的人流的推促下，不知不觉之中，吉安也随着人群用尽全力高呼起了游行口号，成了行进当中的声势浩大的游行队伍中的一员，融到了廓尔喀民族自治运动之中，被重新拽进了创造历史的激情里。

有人跳到长凳上开始演讲，述说起现今印度籍尼泊尔人在出生地，在祖祖辈辈生活的地方，遭受到的种种压迫和歧视。遥望着远山，吉安不由得随之联想起他自己去年在加尔各答一家公司找工作时被拒的遭遇。接下来，群情越发激愤了。演讲者挥舞起手持的反曲刀，割破了拇指，然后高举起滴血的手，几十个支持者立刻冲上前去，同样割破了拇指，用他们淋淋的指血写出了一份要求廓尔喀独立的血书，随后，人群的呼号声，震耳欲聋，散发的传单，盖满了山坡。

原本只是不经意间汇入游行队伍当中的吉安，被人们热情澎湃的激情深深感动，突然之间，有些自惭形秽、羞愧难当。“民族自治”运动与他和萨伊的男女之情，在他心里互相击斗起来，先前的那些爱意，那些脉脉温情，那些幼稚的甜蜜话语，相形见绌，显得与眼前的革命大潮是那样地格格不入。更何况，眼下正是一个血性男儿耀武扬威的时刻，决不能为了爱情有辱使命。就这样，他终于屈从了历史的召唤，要用行动将自己曾经感受到的那些困窘和遭遇过的冷嘲热讽一扫而空。他感到自己激情四射，浑身充满了力量，怒不可遏地要挑战什么，于是，他以强力的声音建议道：廓尔喀运动，应该采取最暴力的手段。

随后一天，吉安闷闷不乐地来到“卓奥友”，情绪烦躁，分外气恼自己冒着严寒走了这么长时间的路，就为了来挣法官付给他的那点可怜的钱；紧接着，他又恼恨恨地想，住在这一地区像萨伊外公帕特尔法官那一类上流社会的人，他们住着高大的房子，拥有巨额资产，享受着优裕舒适的生活，而生活在贫民窟的他呢，住的是破败不堪的屋舍，还必须靠着辛苦挣来的那点可怜而微薄的收入交纳学费，维持困顿的生活；再想想，萨伊洗发用的是香波，洗澡用的是力士牌香皂，而他的世界里，只能见到印度发油和自制的褐色肥皂……这样想着想着，他更冒火了。

他和萨伊，他们分属两个阶级。他再不能继续窒息在与萨伊之间的狭小爱巢里了，也无须继续为了避免那些令人痛苦的鄙视和羞辱纹饰自己了，再无需对自己加以虚伪的文化教养的包装了。而且他至今都清楚记得，萨伊的外公——英国做派十足的帕特尔法官，说他缺乏文化常识，并质疑他担任家庭教师的能力的那一难堪场面。

那是在他同他们一起吃的那一顿有肉排和煮豌豆的晚餐上，法官端详着有些畏畏缩缩的他，熟练切下了一片肉之后，用餐刀指向他，命令他背一下泰戈尔的诗句给他们听听。他从未读过什么诗歌，只好搜肠刮肚，犹犹豫豫，结结巴巴断续背诵了几句出自《吉檀迦利》的诗文：在那儿，心灵是无畏的，头是昂得高高的……在那儿，世界不曾被狭小家宅的墙垣分割成一块块的……在那儿，心灵受你指引，走向日益开阔的思想和行动——我的父啊，让我的国家觉醒，进入那自由的天堂吧！他背诵的这几句诗文，在印度国土上，是每一个小学生都最起码必须会背诵的。法官冷蔑一笑，声音令人毛骨悚然。

吉安继续回想着自己所领受的一次又一次的难堪，以及找工作碰壁的一次次的痛苦经历，愈发仇恨萨伊的那个阶级了，愈发憎恨他们所代表的那个印度社会了。而今，过往的痛苦已经过去，驻留在心头的唯有蓄积的愤怒。他们印度籍尼泊尔人，廓尔喀解放军，正在发泄着愤怒，这个国家的每一个人，早晚都会明白，积年的仇恨永远不会自行消退。

萨伊看出了吉安的愤怒，给他讲了前几天她和大家庆祝圣诞晚会的一些事，想让他高兴起来，他没有搭理萨伊，用一脸的冷漠和憎厌径自打开了物理课本。之前，他们在一起时，从未出现过这种尴尬局面。萨伊很不情愿地将目光转到了书本上，但两个人谁都无心于学习之事，别别扭扭的。随后，吉安开始寻衅，没事找事，用“圣诞节”挖苦萨伊，同萨伊吵闹起来，大骂萨伊“白痴”。萨伊被他的恶言恶语羞辱得什么都顾不上了，反唇相讥：你那么聪明，为什么连一份正经工作都找不到，每一次面试都失败呢？吉安一下子火了，火冒三丈，劈头盖脸驳辩道：就是因为像你们这样的人！他把萨伊气得直发抖，表示要去找法官评评理。

这时，法官正在回想着他自己不堪的往事。当年，他从剑桥学成归来，衣锦还乡，奏乐迎接他的仍是当年欢送他的那支老年管乐队，成千的人聚集在火车站迎接他的回还，来见证那一历史时刻，这一地区第一个进入印度政府文职机构任职的居民。一串串的花环被挂到他的脖子上，令他窒息。在火车站的尽头，他的妻子妮米拿着一个花环朝着他走了过来，抬起手，将花环套过他的头顶，他们彼此没有相互看上一眼，他 25 岁，她 19 岁，他已经几年没同女人说过话了（除了为了行礼与房东太太或商店的女员工打声招呼），甚至忘记了自己还有一个妻子，众目睽睽之下，他不知该如何面对妻子妮米。

在过去的五年里，妮米一直铭记着丈夫带她一起骑自行车兜风的那个日子，在她心目中，丈夫始终是钟情于她的，所以，法官的归来，搅得她春心激荡。为了讨丈夫欢心，她用心打扮自己，甚至破天荒往乳房上扑了香粉，那粉扑，取自法官从剑桥带回来的梳洗包，她翻寻出来后，把它收了起来备用。回到皮菲特当日，一家人都在休息时，法官有些闲得无聊，整理自己的行李时，发现他每天都要扑脸用的粉扑不见了，立刻在家里闹开了，一定要弄清谁偷了？这在家里引起了不小的骚动，大家把壁橱里的东西全都倒腾出来，上上下下翻了个遍，始终不见粉扑的踪影。他的父母和他的亲戚们，对他用英语说的“粉扑”弄不大懂是什么，他父亲以为那个新鲜玩意儿对他的工作很重要，他的堂兄妹还对那白粉取笑了一番。他对他们对他的取笑，对他们的无知，分外气恼，直到最后，他怒吼着，在妮米身上找到了他的那盒上等粉扑。

他满怀着愤怒和厌恶向妮米扑了过去。这个没有文化的乡下女孩居然偷东西，让他成了大家的笑柄！尽管先前这乡下女孩的美丽容貌，曾令他动过一次春心，可现在看上去却是那么可憎——印度女孩，永远不可能像英国女孩一般美丽。他同妮米厮打在了一起，妮米拼命想往外逃跑，门被他母亲在外面锁上了，妮米拿起门边桌上的粉盒朝他脸上扔了过去，那个粉盒破裂了，香粉撒了一地，他怒不可遏，像食尸鬼似的猛扑向妮米；把她压在地板上，狂怒之下，掏出他的阴茎，找到他听闻的那条射道，残忍粗暴地进入了她。

在那之后，他变得难以自拔，甚至成了一种习惯，夹带着憎恨和愤怒，一次又一次地重复着那一有悖于他的文明教养的粗暴进入，在妮米身上，用一切可能的残暴，发泄着他的厌憎，像是决心把他在过去五年当中所领受的那些孤独和羞辱，统统发泄给妮米。在公开场合，他从不与妮米说一句话或朝她看上一眼。很快，妮米便逐渐习惯了房事中他进入她时的那些自顾自的表现，而且，每当事毕之后，他退出身，都要到卫生间用肥皂、热水、消毒液仔仔细细地把他自己清洗一遍，最后，再喝上一定量的威士忌，像是给自己消毒灭菌。

就职上任后，借助火车和汽车，行程两天，他和妮米从皮菲特迁居到邦达，租住在一套有凉台的平房里，雇用了一个陪护，来照料不会说英语又不肯学英语的妮米，无论去什么地方，他从不带上妮米，妮米也从不陪同他去视察旅行。结果，总被独自留在家中的妮米，孤独至极，一个人在花园和房子里散步，打发着光阴，寂寞日深，不被人重视，渐渐被彻底排斥在了生活之外，几个星期过去了，没同任何人说过话，家里的那些仆人把他们吃剩的东西扔到桌子上给她吃，毫无顾忌地偷拿生活用品，任由房子里日渐肮脏，甚至没有丝毫罪恶感，直到他回来的前一天，仆人们才又重新忙活起来，严格遵循着规矩，让房子里的一切显得好像都在正常运转。

当他走进房间，看到妮米依然一副不开化的乡下女人的样子，与他的幻想如此大相径庭，他那怒火中烧的怨愤便会陡然冲顶，不可遏止，甚至就连妮米面部的表情都令他火冒三丈。那个陪护不断向他诉苦，说拿他的妻子没有一点办法，他妻子什么都不肯学，根本无法交谈，总是一副无精打采的样子。这简直是在火上浇油，一下子，他的肺都要被气炸了，对妮米的那副样子再也看不下去了，对他原本就看不惯的她那些穿着打扮的习俗，再也不能容忍了，喝令妮米立即把她那叮咚作响的脚镯摘掉，把她使用的发油扔掉，并不许她再穿那些俗丽的黄色或粉色的衣裙。有一天，他看到妮米留在抽水马桶座圈上的脚印后，在攻心的怒火驱使下，一把揪住妮米的头，硬生生摁到了马桶里。

之后不久，悲惨的境况，把妮米弄得病恹恹，蔫头耷脑，反应迟钝，再也不照镜子或花时间梳妆打扮了，脸上还发疹子一般长满了小痘，先前的美貌全然没了踪影，整个人看上去简直令人嫌恶，令人怨恨。由于担心传染，他让仆人们用消毒药水把所有的东西都做了灭菌消毒处理，并命令妮米，不要把脸露出来吓跑别人。到了年底，他们彼此之间的怒怨到了无以复加的地步，永无休止的怨毒，已令人无法承受，完全丧失了自我，根本控制不住自己。

这天落脚在“卓奥友”府邸的印度籍尼泊尔青年吉安，也处在一种丧失了自我的怒怨之中，他怒气冲霄，继续用“圣诞节”羞辱萨伊“白痴”。面对吉安的仇怨，萨伊终于忍不住落下了眼泪。之后，在萨伊的埋怨声中，吉安“砰”地摔门而去，头也不回地离开了。怒气与仇怨，瞬间把他与萨伊的爱情消耗殆尽。过去，他从未对“圣诞节”有什么仇恨，现在，萨伊让他明白了他仇恨的到底是什么，他仇恨她的阶级，尤其是她身处的那个世界。

之后，在“廓尔喀解放军”的临时餐室里，吉安口无遮拦，向那几个他大学时代的好友，尽情倾诉出郁积在自己心头的激愤和苦闷：他如何为了挣钱被迫到帕特尔法官家做了家庭教师；他是多么想得到一份正当工作，离开那一对过分讲究的祖孙啊！并用轻蔑的语调，嘲讽萨伊外公，那个帕特尔法官，操着冒牌的英国口音，原本茶色的脸孔，非要扑上白粉盖住，一副不伦不类的假洋鬼子相。最后，他又在同伙的怂恿下，兴之所至，随口讲了一通法官府邸里的情况，墙上的枪支……

吉安随心所欲地讲着，同时，在心里努力想着萨伊的不是：她从不说民族语言，只说英语和混杂的印地语，离开了她那个小社交圈，根本不会和任何人交往；而且，她不会用手吃饭，也从不进神殿，即便进去了，也只对建筑物感兴趣；尤其是，但凡他们二人在一起用餐时，总使他有一种窘迫感。她的过于讲究，搞得他老是很不自在，尽管她对她的那些不太印度化的习性努力给予掩饰，可他绝对相信，本质上，她其实是以其自豪的，那是她社会地位的印记，所以，她才能享受那超常的奢侈生活。就这样，在极度激动中，吉安说出了一切：法官家的枪，厨房里储备充分的食品，橱柜上的藏酒，府邸里没有电话，也没有人可以求救。第二天早晨，醒过来之后，他又有些内疚了，自觉有罪，想起了他与萨伊在“卓奥友”花园里相拥着躺在大树下遥望满天繁星的恋爱往事，以及自己对萨伊爱情的背叛，开始感到恐惧，忧心忡忡。

这一天，“卓奥友”府邸里的厨子突然间被一阵莫名其妙的恐惧攫住了魂魄，整个人被吓傻了。社会的动荡，廓尔喀的分离主义运动，导致山镇集市上应有的供应越来越吃紧，厨子正准备用文火煨法官的爱犬穆特吃的水牛肉，他拿起那块腰窝肉，在心里想着，现在肉品供应不足，很难在集市上买到牛肉了，脑海里突然间便不知何故翻涌出了一个压倒一切的闪念——他手里拿着的那两公斤水牛肉，是儿子毕久身上的，是阴魂不散的妻子的鬼魂从毕久身上索取的。

多年前，厨子的妻子遭遇意外亡去之后，村子里的人一个个全都说他妻子的鬼魂会把他儿子毕久带走的，就连祭司也断言，像他妻子那样死去的人，会携带着怨气，阴魂不散的。总算还好，法官听说了这件事之后，不以为然，告诉他，那纯属异端邪教的迷信，他受了别人的愚弄。再说了，三年前，毕久拿到签证后的第二天，给他发来的电报，上面清清楚楚写着：世界上最走运的儿子。

而就是这个“世界上最走运的儿子”，那一天，在纽约的“甘地酒馆”地下室的厨房里，踩到一堆腐烂的菠菜上后，滑向一侧，摔伤了腿，站不起来了。毕久希望老板哈利什－哈利能为他找个医生看一看，哈利什－哈利立刻被激怒了，不但不肯为他找医生支付医疗费用，还振振有词呵斥了他一通，说尽管他没有合法身份证明，自己还是照样雇用了他，视他为亲生儿子，不用付房租就住在这里，要是放在印度，有谁会这样做，谁会给他工钱？他有什么权利提这种要求？他自己没把地板打扫干净，摔倒了，应该反付钱才对。最后，哈利什－哈利还责骂了一句：该打扫不打扫，活得就像头猪。

毕久忍受着膝盖的剧痛，勇敢地挺直了腰板，表现出了动物的率直性，再也不愿保持缄默了，瞪视着哈利什－哈利，义正词严地说道：没有我们活得像头猪一样，你怎么开店？你就这么来挣你的钱？只因为我们是非法的，就得没日没夜地给你干活。你为什么不帮我们申办绿卡？哈利什－哈利顿时暴跳如雷，威胁说，如果他不愿意，现在就可以离开，去找能帮他申办绿卡的人，甚至还扬言，在这个有成千上万人在找工作的城市里，他根本不费劲儿，就能找到取代的人。

毕久不能走路，只好憋屈地在床垫上躺卧了两个星期。两个星期之后，借助手杖，他可以下地了，又过了两个星期，疼痛消失了，绿卡的问题依然没有着落。没有绿卡，他不能离开美国；为了离开，他需要绿卡。那张绿卡，日日夜夜，沉重地压在毕久心头。父亲寄来了大量的信，每次接到父亲的来信，他都会大哭一场。看过父亲请他帮忙给熟人的儿子在美国找份差使的信后，他悲不自胜，晚上不断做噩梦。

“卓奥友”的枪支抢劫案过去了几个星期之后，在距离大吉岭市区几公里外的古姆，“廓尔喀民族解放阵线”的新行动计划已经草拟完成，分离主义分子威胁：设置路障，使一切经济活动停顿下来……焚毁自 1950 年生效的《印度—尼泊尔友好条约》，要求每一个人，无论是否是尼泊尔人，捐款，购买他们在大吉岭的总指挥吉森（Ghising）和噶伦堡的总指挥普拉德汉（Pradhan）的演讲录音带。这时候，山地这边的局势尚未完全恶化。3 月的一天，萨伊与菩提神父、波特叔叔、罗拉以及诺妮乘坐“瑞士牛奶场”的吉普车，前往大吉岭金卡纳，到图书馆去还书借书。

刚一上车，波特叔叔就发现流感痊愈后的菩提神父瘦了许多，他和菩提神父坐在前面的驾驶座和副驾驶座上，萨伊、罗拉和诺妮坐在后面一排座位上，再往后，是堆放在车上的东西：雨伞、书籍和菩提神父准备销售或推销给饭店的几大块圆盘状的奶酪。那辆二十多年前买的柴油机吉普，十分简陋粗糙，加上路面破损，行驶起来，坐在上面十分颠簸，菩提神父依然兴致勃勃，满怀希望地谈论着他的奶酪。

吉普车很快驶过女修道院的花园，花园里枝繁叶茂，生机盎然，昆虫在空中追逐，多情的蝴蝶扑到车窗上，引起了萨伊一通遐想，随后又想起了她与吉安在一起的时光，以及他们关于圣诞节晚会的那场争吵。真是丑恶，和先前相比，简直糟透了。她不由得回忆起先前那些美好的时光，她把脸扎在吉安脖子根，将头枕在他双臂和双腿间，枕在他小腹上，手指到处乱摸；很多时候，他们相拥着，几乎分不清彼此，有时，她亲吻他，到头来却发现吻的是自己。

下车后，大家说好了中午一道吃午饭，波特叔叔便立刻离开了。他此行的目的不是为了借书而是为了储备酒，他已经把噶伦堡的朗姆酒买光了，想在大吉岭这里再买上几箱，以应对宵禁、罢工与路障导致的供应中断。萨伊与其他人带着书去了图书馆。

图书馆里光线昏暗。萨伊浏览着架子上陈列的书籍，看到《远山如亭》[1]和《统治四部曲》[2]后，她和菩提神父以及罗拉和诺妮一致表示不喜欢那些英国作家写的印度。有一阵子，他们的交谈被外面街道上游行的声音打断了，他们听不懂那些人在用尼泊尔语喊什么，通过窗口注视着一群举着标语牌走过去的毛头小子，谁都搞不清他们到底在喊些什么。又是那些廓尔喀人，罗拉说，好像他们就不打算让别人听懂，只为了招摇。

那天，萨伊他们一行人吃过午饭出来，在餐厅门外，再次与在他们用餐期间和在图书馆借书期间打扰过他们的那支游行队伍相逢。那支游行队伍已经横穿过整个大吉岭，继续高喊着那些让萨伊他们谁都听不懂的口号，往前行进。为了避让，萨伊他们往后退了退，一个人差点踩到萨伊脚上。吉安！萨伊认出了他，他穿着番茄色厚运动衫，和众人一起，奋力高喊着口号。吉安怎么会出现在“廓尔喀民族解放阵线”为争取印度籍尼泊尔人独立而组织的游行队伍里呢？萨伊有些疑惑，张嘴想喊吉安，而就在这时，吉安也看见了她，以冷酷无情的目光示意，警告她不要靠近，吓得萨伊不得不闭上了她的嘴。

回返途中，菩提神父他们注意到萨伊脸色苍白。吉普车行驶到桥头，车辆排起了长龙，等候通过桥的另一头检查站的检查。等候期间，菩提神父下了车，因为这一地区的蝴蝶举世闻名，看到一只翻飞的美丽蝴蝶，立刻找出相机拍了下来，桥上的卫兵看到后，冲了过来，不容分说，当即没收了他的相机。这是一座很重要的桥，是连接印度北部和边界的枢纽，眼下正值廓尔喀骚乱期间，即便菩提神父是外国人，也无济于事。在那之后，那些卫兵们又开始检查吉普车，不顾罗拉和诺妮再三解释，请求，抗议，把车上的那堆从图书馆里借来的书统统抱走了，说要拿到局里去检查检查。萨伊对所发生的一切，没怎么留意，脑海里一直翻腾着吉安置她于不顾的那个情景，根本不关心什么书被拿走的事。

从图书馆回来一周后，那些被拿走的书被还了回来，说没发现什么问题，相机的事却另当别论了，警察当局认为大桥的影像清晰，派人跑到菩提神父家翻箱倒柜，大力搜索了一通，拿走了菩提神父的闹钟、收音机、备用电池、用来修牛棚的钉子，以及一瓶走私来的朗姆酒。之后，他们要菩提神父出示证件，发现他竟然是一个非法居留者，签证早已过期了。

菩提神父从未想到自己会和警察当局打交道，他的居住证一直扔在发霉的抽屉里，早过期了，重新申请又要走一整套可怕的官僚程序，反正他也没打算离开印度，或出去再回来……结果，因为没有去办续签，警察当局勒令他两周内离开噶伦堡。菩提神父为自己申辩，他在这里已住了45年了，可根本没有用。

---

1 《远山如亭》（The Far Pavilions）：英国作家玛丽·玛格丽特·凯伊（Mary Margaret Kaye, 1908—2004）的代表作。

2 《统治四部曲》（The Raj Quartet）：英国作家，1977年布克奖获得者保罗·斯克特（Paul Scott，1920—1978）的代表作。

之后，菩提神父只好想方设法，四处奔走，去找了每一个可能帮上忙的人，最后，十分无奈，而且别无选择，不得不以极低的价格卖掉了他的“瑞士牛奶场”，准备乖乖离境。

菩提神父悔恨自己先前为什么那么蠢，不去申请一份印度护照呢？这全是自己的错。萨伊却不这样认为，而且为菩提神父的不幸感到愤怒，她想，这都是吉安他们干的好事。他们那些人，打着争取尼泊尔人自治的旗号，干出来的却是这等乱糟事，到头来，被牺牲的是亲爱的菩提神父。为山区的发展，神父所奉献的比当地任何一个印度人都要多得多，神父与那些令人惊愕的吼叫与舞动着的反曲刀无任何关系，却被牺牲了。

夜幕沉沉降临了。在已被卖掉的“瑞士牛奶场”，萨伊、菩提神父以及波特叔叔，他们坐在一起，屋里播放着阿比达·帕文[1]（Abida Parveen）演唱的电影插曲《安拉乎，安拉乎》（Allah hoo, Allah hoo）。听着那录音磁带，想着菩提神父很快就要回欧洲去了，想着过去自己同菩提神父和波特叔叔一起畅饮、欣赏音乐的那些交融着友谊的美好夜晚，一切的一切，就这样结束了，萨伊分外惆怅。

过了一会儿，萨伊的思绪回到“卓奥友”的枪支被抢劫的那一天，因为一切问题，都是从那时候开始的。在枪支被劫案发生之前，吉安，是最后一个把墙上的枪支取下来玩的人，当时，为了吸引吉安的注意力，她还告诉吉安说，那是她外公以前用来打猎的。

菩提神父接到驱逐令后不久，一天上午，一辆载满了警察的吉普车咆哮而至，地方警察局长带着几个手下来到“卓奥友”府邸，通知帕特尔法官：犯罪分子至今不见踪迹，不过，法官大人不用担心，他们一定会抓住那些抢劫犯的，不会让他们继续惹是生非，逍遥法外，他们不会看着国家四分五裂的，将会全力镇压一切反社会分子，局势会好起来的。在那位地方警察局长带着他的一班人马走了之后，厨子嘟哝着说那些警察真不中用，法官接了一句：他们永远都不会找到那些罪犯的。萨伊什么也没说，一直在想吉安那天在大吉岭有意避开她的那件事。

没过几天，事情果然如法官所言，警察当局胡乱找了一个替罪羊，一个倒霉的醉鬼，一个经常躺在山镇集市路旁的沟渠里，醉得不省人事的家伙，顶了罪。那天，那个醉鬼被带进警察局后，被打得不断号叫，经过警察一顿痛殴后，醉鬼的眼睛被打瞎了，跪在地上到处乱爬，最后，警察当局便用那个醉鬼替那些抢劫犯抵了罪，就此了结了帕特尔法官家的“枪支失窃案”。

之后，警察当局的抓捕行动仍然在继续。执政当局信誓旦旦地说局势会好起来的。那些警察在山镇上随意抓人来进行拷问，在晚上实施了宵禁，然而，大吉岭地区，尤其是噶伦堡山镇，整个局势仍不见任何好转的迹象，甚至还在继续进一步恶化。一连串的罢工，导致经济瘫痪，那些路障阻塞了交通；“廓尔喀解放军”的士兵到处出没，最后，所有的商店和营业场所全部停止了营业，宾馆关门，学校停课，接着便是，煤气断了，电没了，水停了……报纸上说“廓尔喀民族解放阵线”噶伦堡的总指挥普拉德汉，是一个叛教者，造反派，性情暴躁，难以捉摸，比起大吉岭的总指挥吉森，要凶狠许多。

戒严期间，萨伊成了一个被放逐在孤岛的人，精神萎靡不振，始终无法忘却在大吉岭游行队伍中的吉安那凶狠的目光，就在几个月前，他还在热烈追求她，这是一个什么类型的男人啊！萨伊的心被伤

---

1 阿比达·帕文（Abida Parveen，1954— ）：出生于巴基斯坦，一位演唱印度古典音乐“伽扎尔”（Ghazal）与旁遮普民歌的流行歌手。

透了，持续的悲愤弄得她泪水不停地往外流，侥幸的是，常见的风寒感冒成了她的救星，掩盖了她的悲痛，混淆了她不停落泪的本因。萨伊想抑制自己的伤怨，被损害的自尊心却使那些怨怒不断翻腾；她想同自己的感情妥协，痴醉的情感却偏不肯退让，闹得她不断地黯然泪下，悲怨而委屈的泪水总是不请自来，夺眶而出。

戒严解除后，一天上午，萨伊的感冒症状已有所减轻，为了挽回自己的尊严，她放下身段，跑了出去，去找吉安。她去了许多可能的地方，始终不见吉安的踪影，最后，经人指点，在她所陌生的噶伦堡的贫民区，找到了吉安的家，一座劣质水泥建成的破败房舍，屋顶因年久失修已经坍塌，院子里堆放着杂物。这个家的实情与吉安的谈吐很不匹配，还有他的英文、外表、衣着、学校教育以及前途，全都不相匹配。萨伊终于明白了吉安之所以怨离的缘由，难怪他一直疏远她，难怪他从不谈论他父母双亲，生活在这样房舍里的困窘和重压，使他羞于启齿。

萨伊开始为自己不解实情就和吉安扯上了关系而厌憎自己，站在那里，不知如何是好。就在这时候，吉安从房子里出来了，看到萨伊脸上尚未退尽的不快表情，立刻大发雷霆，气急败坏地质问她跑来想干什么。萨伊本来是想来与吉安和好的，面对吉安的横眉立目，不禁愤然作色——肮脏的伪君子！她出言不逊。随后，又说她是为菩提神父的事来的，谴责吉安他们干的好事。吉安一点不买账，态度蛮横，说他们这里根本不稀罕什么瑞士人。两个人争执起来，很快便吵翻了，萨伊伸手抓向恼羞成怒的吉安，吉安顺势把她猛地推向旁边的灌木丛，随手抄起一根棍棒，一顿乱打，直至吉安的妹妹跑过来怯生生地制止了他们。

在那之后，眼望着吉安他们远去，走进家门，萨伊倍感愤恨，自己尊严丧尽，体面全失，是何等地不堪啊！她神色沮丧，意志消沉，开始往家回返，一路上步履沉重，先前所感受到的爱情与幸福，现在竟以这等方式告终了。回到“卓奥友”府邸后，萨伊径直走进自己卧室，重重地关闭上房门之后，对着镜中的自己，不知今后的路该怎么走。她坐在那里，哭了好一阵子，泪水唰唰地往下落。

这一天，美国纽约的街面上风很大，曼哈顿的上空，飘动的云彩变幻莫测。头一天，毕久从“甘地酒馆”溜出来，跑到街头电话亭，往噶伦堡拨电话，好不容易才联络上了他父亲。从报纸、杂志小贩口中获悉，报纸上都在说大吉岭那边闹起来了的事，已有好几个月了，尼泊尔人在罢工，什么都停了……他这才意识到，自己已经很长一段时间没有接到父亲的来信了，原以为只是那种通常的邮政暂时中断，父亲才没来信，没想到事情竟然是这个样子。在与父亲通话过程中，电话里面始终嘈杂不堪，听到父亲询问他什么时候回来时，毕久含糊其词，差点哭出来，当他再想往下讲时，电话线中断了。在那之后，他始终惴惴不安，心窝总是发堵，致使他在这天再次从“甘地酒馆”溜了出来，往噶伦堡拨打电话，可无论怎么拨，始终打不通，线路一直处于中断状态。极度失望中，毕久神色怅然，放下了电话。看来那边的动乱愈发严重了。

狂风中，毕久沿着河边往回返，回到“甘地酒馆”的地下室。他感觉自己已被掏空了，一年又一年，为了那个移民美国的梦想，他愚笨地生活在这里，苦苦奋斗，到如今，却一无所有，什么也没得到，而他的生活里，应该有家人和朋友们的一席之地，于是，他开始思考自己怎么离开美国这个鬼地方了。听到毕久打算回国的想法之后，“甘地酒馆”的一位熟客，来自印度已在美国生活了三十年之久的旅行社老板卡卡尔（Kakkar）先生，在用餐当中，在毕久给他上菜时，极力劝说毕久理智一些，不要发疯，并警告他，说他只要一旦回去，所有的亲戚，认识的，不认识的，都会跑来找他要钱，那里的盗贼、疾病、炎热，都会要他的命，更令人不放心的，是那些疯狂的锡克人[1]，说不定会在他乘坐的飞机没到达之前就把飞机打下来了；不过，话虽这么说，说归说，卡卡尔先生还是卖给他一张海湾航空公司最为便宜的机票，从纽约飞到伦敦等多地之后，千里迢迢，回到德里，到了德里之后，再转机到加尔各答。

买到这张需要多次转机的机票后，毕久又竭尽全力买了一大堆将会令印度亲友羡慕不已的东西：电视机、录像机、照相机，以及太阳镜、防水手表、计算器、电动剃须刀、吐司面包烤炉、冬大衣、套头衫、混纺衬衫、棉被、雨衣、折叠雨伞、皮鞋、皮夹子、热水器，等等，一边买东西，一边回忆小时候在故乡与小伙伴们疯玩时的乐趣。

眼下，在距离毕久即将落脚的加尔各答数百里之外的噶伦堡，局势在进一步恶化。“廓尔喀民族解放阵线”发出了通告，要求每个家庭都必须派代表参加他们在 7 月 28 日组织的示威游行。7 月 27 日这天，天色阴沉，吉安和他的朋友们驾驶着吉普车，在整个山坡一带，挨家挨户上门宣读这一通告。厨子在几个不可一世的家伙离开了府邸之后，将通告之事转述给了法官老爷。法官对他说，那么，就你去吧。到了晚上，下起雨来了，厨子不住地祈祷，希望这雨能一直下下去，明天就不用去游行了，而雨在第二天早晨停了。

1986 年 7 月 28 日这天，一切都按照“廓尔喀民族解放阵线”的原计划进行着，在他们组织起来的示威游行队伍中，有一些人，像厨子一样，是不情愿的参与者，也一些人，是横行霸道，为非作歹的。在游行队伍行进到交叉路口时，不知什么人突然向游行人群投掷过来雨点般的石块，不少人受了伤，于是，愤怒的人群开始朝手持防护盾和警棍的警察投掷石块报复，警察也一点不示弱，反拾起那些石头回击。事件演化为暴力，警察开始驱散人群，示威游行者奋起反抗，舞动着反曲刀，一通砍杀，警察终于忍不住开了火，混乱当中，不少人倒在了血泊中。

转瞬之间，游行队伍已溃不成军，人们四下逃窜，其中包括像厨子一样来凑数的，和滋事生非的，以及被痛殴的警察。厨子不顾一切，仓皇奔逃，双腿几乎不听使唤，最后，一屁股坐到了山坡草地上，恐惧地朝下面望去，看见满眼的火灾和狼狈逃散的人影，那集市街道上，汪着一摊触目惊心的红艳艳的鲜血。暴虐取代了仁慈。厨子一面嚎哭着，一面跌跌撞撞，朝着“卓奥友”回返。一路上，隆隆的军队坦克从兵营驶向市镇。

冲突事件愈演愈烈，随着时间的变化，时光的流逝，疯狂的噶伦堡陷入了困境。道路全部封闭了，每天晚上都实施宵禁管制，没有人能够离开山坡一带，甚至没有人走出家门，家家户户，房门紧闭，筑着防寨栅栏。这时，翻卷的狂风横扫着萧索的街道，漫天的垃圾，随风飞扬，无论“廓尔喀民族解放阵线”怎么打算，局面都已严重失控。

在经历了枪支被抢劫及被强迫参加游行事件之后，被吓破了胆的厨子开始觉得人的生命实在太脆弱了，自己再也无法正常生活了，没有任何人可依靠了，而且，还确信，肯定还会有更可怕的事情在等着他，想到他的儿子毕久后，他的那颗饱受惊吓和折磨的心不由得揪得更紧了，害怕得要死，担心儿子会不会

---

1 疯狂的锡克人（Sikhs）：是指1984年10月31日任两届印度总理的英迪拉·甘地（Indira Gandhi，1917—1984）被她的两个锡克教保镖开枪刺杀身亡之事。

真有什么三长两短，整个人变得神神叨叨的，整日战战兢兢。这样一来，“卓奥友”日常生活食品的采购，不得不由萨伊来负责了。无奈之下，萨伊只好跑到早已闭市的集市，努力寻找半开着后门的商店，悄悄进行私下里的秘密交易。

这时候，府邸里每日的食品，除了靠萨伊买来的一点点可怜的东西外，还要靠生长在府邸四下里的一些菜蔬。在“卓奥友”府邸，他们第一次真正吃到了来自山坡的绿色食品。一天，萨伊刚买回来一公斤受潮的面粉和一些土豆，那个遭受了警察酷刑的“枪支失窃案”的替罪羊——那个倒霉的醉鬼的老婆和父亲，再一次找到府邸门上来了，向厨子和法官哀求，帮帮他们，他们什么吃的也没有了，活不下去了。厨子告诉那两个“上门者”：上次就说清了，毒打并弄瞎醉鬼眼睛的，全是警察干的事，跟“卓奥友”没有任何关系，人也不是他们指控的，打人的不是他们，当时，他们根本就不知道那件事，他们并不欠这两个“上门者”什么。尽管如此，说完之后，厨子还是把萨伊买来的面粉递给了那两个“上门者”，岂料，坐在棋盘前的法官吼叫了起来，制止了他的所为。之后，法官的注意力又继续回到了自己的棋盘上。

过了几天，那两个被法官下令赶出府邸的“上门者”又悄悄回到了“卓奥友”。不过，这一次，他们没有迈进府邸宅门，而是守候在下面的溪谷那里，默默等待着法官的爱犬穆特的出现。当外出游荡的穆特像往日一样，刚一在它所熟悉的一块领地上停下来之后，那两个“上门者”——“枪支失窃案”替罪羊的老婆和父亲，便蹑手蹑脚地向它走了过来，猛地一扑，钳住它的嘴，然后，捆上绳子，把它装进了麻袋。

直到到了喂狗的时间，厨子才发现法官视如亲人的爱犬穆特不见了踪影。法官立即走出大门，在门前的大路上来回寻找他的爱犬，不停地呼唤着他的穆特，一直到黑夜，穆特都没有出现。那天，法官整夜守在阳台上，期盼着穆特归来，到了天刚破晓，法官几乎疯狂了，冒险到穷苦人居住的地盘上去求助，去询问，那里的人告诉法官，没见到那条母狗。这样的回答让法官十分恼怒，他们竟然把穆特称为“母狗”！不过，法官强压住了自己的怒火，希望那些人去帮他找找他的爱犬。那些人面无表情，有的却感觉受到了羞辱，自己连饭都吃不上了，还要去找那条母狗！法官火气冲天，真想冲他们大吼大叫。

最后，法官不得不去向警察局求援。法官原以为他的狗是不会受到任何伤害的，然而，他却为自己的这种自以为是付出了惨重的代价。法官先去拜见了有着一面之交的地方警察局长，那位警察局长已经没有了先前处理“枪支失窃案”时的好性子，毫无顾忌地直言不讳，在国家主权完整受到威胁的时候，让他的手下去找一条狗，他的地方警局实在爱莫能助。法官不肯罢休，继续坚持着他的请求，请地方警察当局尽量帮帮自己这个忙，那位地方警察局长一下子火了，冲他挥了挥手，一通数落。情急之下，法官继而去了市警察局，看到那些警察一脸的傲慢，听到从房间里面传出来的一阵阵惨痛的叫声，简直就像是在下逐客令。后来的场面，更是让法官一辈子都无法忘却，那些警察公然嘲笑法官竟然为了他的狗跑到警察局里来了，简直是个疯子，之后还趁机转为怒目，让他“滚出去！”领受到了这样不堪的羞辱后，法官清楚地意识到，自己早已失去了权势，失去了往昔的那些荣誉和尊严，即便别人喊他一声“先生，大人，阁下”，那也只是出于礼貌，维持个面子而已，现如今，他的地位早已不在了，想着想着，法官几乎要哭出来了。

在肃清廓尔喀民族自治的示威游行余殃期间，各地警方的警力加强了，到处追捕“廓尔喀民族解放阵线”的青年，并进行了拉网式的搜捕，就连边远的棚户区也没放过，意图从马克思主义者中、代表大会中以及那些与二者都不沾边人群中，铲除“廓尔喀王国”的支持者。然而，反抗的恐怖活动，仍然时有发生。极度的血腥、暴虐，令山镇住民感到震恐，前往集市的路上，两边的树上，挂着残缺的肢体，警局里不断传出凄厉的惨叫声，有人看到，从化粪池里找出的一具男尸，身上每一寸都有刀砍的口子，眼睛被挖掉了。不过很快，人们便对这一切多少麻木了，见怪不怪了。

由于局势严峻，没有了前往噶伦堡的交通工具，道路全封了。旅途中的厨子的儿子毕久对此一无所知，在加尔各答机场着陆之后，站在满是灰尘的温热的夜色中，毕久感觉自己周围的一切都在移动，移向原点，回归到各自的原位上，感觉自己在慢慢回缩到原来的大小，作为一个外国人的巨大焦虑感开始减退——那种作为移民令人难以承受的既自傲又羞辱的感觉。毕久携带着行李来到西里古里客运站售票窗口，要买前往噶伦堡的车票，人家告诉他，没有去噶伦堡的客车，那边有骚乱，那边的人一个个全疯了。就这样，毕久不得不逗留在了客运站那里，闷闷不乐地坐在他的行李上，盘算着自己该怎么办。最后，他想，他必须回到噶伦堡，因为他父亲在那里。

在噶伦堡，不堪的羞辱，使傲慢的杰姆巴海·帕特尔法官跪下了双膝，向神灵做起了祈祷，跪求神灵把穆特送还给他。爱犬的失踪，令法官倍感无助和渺小，他原本是一个疑神论者，怀疑神灵的存在，眼下却不惜败坏自己所受过的教育，退化成像厨子一样迷信的人，求助于神灵了！过了一会儿，法官又有些自责，折损残存的尊严，使他站起身来。一切依旧，不见任何显灵，他所做的牺牲，全然于事无补，什么也没发生，那神灵根本不存在，毫无价值，法官不由得奚落起神灵来。

而到了夜晚，一个疑虑在法官的头脑里不断翻腾——这是不是对他背离了信仰的报应？为了他所造的孽——所犯下的那个世上没有哪个法庭会受理的罪孽？他不相信什么“激怒神灵”，什么“因果与平衡”，不过，他还是想到了被他遗弃的家人，想起了他的妻子，又想起了他把妻子妮米送回家的情景，思绪回到了几十年前。

那时，妮米富有的父亲已不在人世，一位叔叔占据了家长的地位。到底为什么，他非要把已怀有身孕的妻子送回了娘家，完全起因于一个特殊的偶发事件，妮米的无知之举，毁损了他前程。那件事发生在邦达，一天清晨，他外出打猎，独自待在家中的妮米被一位别有用心的国会女议员硬拉上了车，去了火车站，在那里，聚集了上千人，高呼着“打倒英属印度！”的口号。那天，他的运气本来很不错，打到了一头鹿，几只鹌鹑，兴致正浓的时候，却被地方行政长官专门叫了回去，告诉了他一个惊人的消息：他的妻子竟然出席了尼赫鲁的欢迎大会，还和国大党高层人士一起用了餐。地方行政长官认为，这件事，有损政府机构在独立运动中的立场，让大家丢了脸，使整个地方政府机关都受到了影响，尤其是，这也会成为他个人档案中的一个污点，从此晋升受阻。听闻之后，他气得七窍生烟。

领受过地方长官的一通警告，被气炸了肺的他回到家中，第一次动手暴打了妻子一顿，之前，他早就想这么干了，好几次都是强压下了那种冲动。那天，他喝下一些威士忌，将一瓶酒泼洒到妮米已不再美丽的那张脸上后，还是不解气，又一边叫骂着，狂吼着，将愤怒的拳头砸向妮米，直把她打得遍体的伤痕，甚至几周过去之后，妮米身上的那些痛殴瘀伤都未见消退。至此，他与妮米二人之间彼此的怨怒愈发高涨，他再也无法继续容忍对方的那张脸了，真恨不得杀了妮米，可他绝不能担当这样的罪名，所以妮米必须离开他的视线。于是，他不顾已有了身孕的妮米不肯离开的意愿，强行给她买了一张车票，把她送回了古吉拉特的娘家。

六个月之后，从电报中，他获悉他的女儿出世了，但他只是回了一封信给妮米的叔叔，借口工作忙，依然不肯把妮米母女接回来；即便是父亲找上门来，希望他能把妻儿接回来，不要让家人在外人面前继续丢人现眼，他也不肯买账，置之不理，而且坚持己见，说妮米不适合做他的妻子。在那之后，妮米被她的叔叔拒之门外，一直和一个姐姐生活在一起，受着姐夫的白眼，度过了余生。

随后，战争爆发了；再往后，英国在印度的统治宣告结束了。在独立后的印度共和国，他拼命地工作,比以往任何时候都更加努力。英国人走后留下了权力真空,所有印度政府文职机构中的印度籍公务员，都得到了提升，升到了最上层，以往在独立运动中的立场已不再重要。在这期间，一天，他收到了第二封电报：因火炉起火，妮米被烧死了。那个他曾恨不得杀死的女人，以一种出乎意料的方式结束了生命，弄不清是自杀，还是劣质产品引起的意外，没有目击证人，无法立案。他愿意相信这是一场意外。面对着妻子的骨灰，他明白了一个真理：人可以转变为任何东西，遗忘是合理的，有时也是很重要的。

现在，法官很想知道：是不是自己为了一个不公正的缘由，杀死了妻儿？是他，剥夺了妮米的身份，弄得双方家人蒙羞，让她变成了令大家丢脸的化身，弄得大家甚至都不容纳她。在那之后，她的存在再无意义，他们的女儿也成了一个毫无意义而尴尬的存在；他把女儿送进了女修道院寄宿学校，直至女儿与一个在孤儿院长大的男人私奔，他总算才松了一口气，就连那些亲戚们也都不希望他再与女儿有任何往来了。现在想想，除了当年他骑着自行车带妻子出去兜风的那一次，他就从未喜欢过妻子，可这也不能成为他为自己的行为辩护的理由。好在许多年后，萨伊来到了他身边，尽管他从未坦然承认过这一事实，却是他希望的，公正开始以一种悄然的方式洗刷他的罪孽。

“穆特！”法官呼喊着他的宝贝，声音嘶哑，一直在不住脚地寻找着他的爱犬，遍山奔走，萨伊和厨子也与他一起四下找寻，呼喊着“穆特！”萨伊声嘶力竭，那类似悲啼的呼唤，像是在用那种近乎疯狂的叫唤，发泄她失恋的悲怨；厨子踉踉跄跄，声音焦躁，把他对儿子毕久的担忧掺杂在了对穆特丢失的焦虑中，已经有些日子了，毕久都没有与他联系了。他们三人的苦苦搜寻，始终一无所获。一天，疲惫不堪的法官忽然梦见了穆特，梦见穆特快死了，于是，他开始迁怒于厨子，喝令厨子立刻到山上去寻找，“都是你的错。穆特是由你照看的！我要杀了你！”厨子不知是不是真的是自己的过错，可负罪感却开始递增，他流出了眼泪，不顾一切，冲进山林，不见了人影。

经人指点，等了四天之后，毕久终于等到了一辆要上路的“廓尔喀民族解放阵线”的吉普车，那些吉普车的主人正在用空着的座位招租，以勒索钱财。毕久付了不菲的一笔车费后，总算坐上了一辆前往噶伦堡的车。那车子在崎岖的道路上蜿蜒，一路颠簸得要命，还不断有山体滑坡挡道，需要等待人们从乱石中重新铺出一条路来再继续前行。这种折腾，翻来覆去，不下十次，原本两小时的车程，几乎走了一整天。天色渐晚，尚未到达终点噶伦堡，毕久就被那些车主硬生生赶下了车，还被洗劫一空，身上除了一条内裤，再无一物，被丢在了群山中一条泥泞的土路上。

在那之后，不知什么人施舍给了毕久一件睡袍，在一些拿着步枪的歹徒们的逼胁和狂笑声中，充满恐惧的毕久赤脚跑进了前面的丛林，这时候，在他身后，是一群狂吠着紧追不舍的咧着嘴意图扑咬的狗。最后，终于得以摆脱了那一群鼻歪眼斜的伤残狗的追赶之后，在夜色苍茫中，毕久一屁股坐到了路的中央；现在，再不用疲于奔命了，他却又无法释怀，满心的懊恼沮丧与恐惧。他提心吊胆地坐在那里，失去了他的行李，失去了他几年的积蓄，失去了他引以为豪的一切。

直至深夜，在酒精的作用下，厨子神色恍惚，推门走了进来，走到法官老爷的床脚，口齿含混，哭喊着，要老爷打他，说他没能干好老爷派给他的活，是一个恶人，一个不中用的人，要老爷惩罚他。此刻，法官也喝醉了，下了床，用拖鞋抽打了一下厨子的脑瓜。厨子跌倒在法官脚下，抱住法官的一只脚，哀求法官继续打他，泪流满面地哭诉着这些年来他所干过的坏事：吃的是与法官相同的饭菜，喝酒，偷酒，自己酿米酒，做假账，有时甚至还用假钞，踢穆特，偷懒，不带穆特好好散步……法官尽力把自己的脚拔出来，对厨子又抽又打。

萨伊闻声后，从房间里冲出来，叫喊着要法官赶快住手，厨子却依然纠缠着法官，哀求老爷打他，杀了他。长年寄宿在法官心中的怨怒一下子升腾了起来，法官被气得直颤抖，用尽全力，又抽打起厨子来，二人谁都不把萨伊当回事，谁都不肯罢休。萨伊哭了，逃到屋外，站在腐殖质气味浓厚的黑暗中，听着那尾随而至的闷塞的重击声，号叫声，心被撕裂成了碎片。这真的是为了穆特吗？穆特在哪儿？

萨伊好不难受，站在黑夜里，心里盛满了重重的失落感。正如 8 月的夜晚经常出现的气象那样，天开始下雨了，暴风雨声淹没了法官殴打厨子的声音，到底是为什么……萨伊痛哭起来，她心中那多到足以承载整个世界的哀怨，却只是为了自己。她再无法继续在“卓奥友”怀揣着创造自己微小的幸福，安全地生活在其中的幻想了。她想起了她的父亲和“太空计划”，想起了她所读过的那些《国家地理杂志》及借阅的书籍，想起了法官的人生历程，厨子的人生历程，毕久的人生历程，还有绕着地轴自转的地球，感觉自己有了一丝力量，下了决心，一定要离开。

这时候，在萨伊的身后，“卓奥友”依然笼罩在黑暗之中，不过里面已经安静下来了，极度疲乏的法官躺回到了他的床上，厨子返回了他的厨房。因睡眠不足，萨伊感觉有些头晕，转身走进了府邸，而就在这一刻，她忽然注意到有一个人影穿过弥漫的山雾费力爬上了山坡。会是谁呢？萨伊想，吉安？有人找到了穆特？那个人影在继续前行。

萨伊来到厨房，把水壶放到炉子上，准备给满身都是拖鞋印的厨子沏杯茶，突然听到了敲门声。再次听到那个敲门声后，厨子走了出去，穿过被雨水浸湿的园中杂草，走向大门口。大门外，身穿睡袍的毕久正通过小孔往里窥视。“毕久！”厨子突然发狂似的叫喊起来。萨伊朝那边望过去，看到大门一开，那父子二人猛地扑向对方，彼此相拥到了一起。

作者生平与创作生涯

基兰·德赛于 1971 年 9 月 3 日出生在印度新德里（New Delhi）一个文化背景多元的家庭，其母安妮塔·德赛（Anita Desai，1937—　）是印度一位享誉世界的女作家。她在印度西孟加拉邦北境边陲小镇噶伦堡的圣婴女子中学接受了最初的学校教育，1986 年随离异的母亲前往英国，一年后，又随母亲前往美国，长居纽约布鲁克林区（Brooklyn），并在马萨诸塞州的阿默斯特小镇完成了高中学业。

1993 年，她在佛蒙特州的本宁顿学院获得了文学学士学位，之后，用了六年时间，在弗吉尼亚州霍林斯大学和纽约市哥伦比亚大学主修创意写作课程，1994 年，获得了霍林斯大学的文科硕士学位，1999

年，获得哥伦比亚大学的文科硕士学位。

在霍林斯大学学习期间，她开始从事文学创作，并同母亲一道周游了印度及欧美一些国家和地区。1998年（27岁），伦敦费伯－费伯出版社出版了她的第一部长篇小说《番石榴园的喧闹》（Hullabaloo in the Guava Orchard），讲述一个发生在喜马拉雅山山麓地带偏远小镇上的狂乱胡闹的故事，赢得了不错的口碑，获得文坛各方一致好评以及一些权威人士的盛赞，令她一举扬名于印度和英美文坛。作品还被收入了萨尔曼·拉什迪（Salman Rushdie，1947—　）主编的“五十年来的印度文学”的作品集当中，令她旋即荣获了当年度英国作家协会颁发的最佳长篇小说创作处女作奖。

之后，她规避尘嚣，在纽约过着与世隔绝的写作生活，用了近八年时间，在2006年完成了第二部长篇小说《继承失落的人》（The Inheritance of Loss）的创作，讲述了发生在1980年代中叶，印裔尼泊尔人独立运动爆发期间，生活在印度边陲小镇噶伦堡的退休法官与其失去了双亲的外孙女各自不同的爱情故事，以及法官厨子之子因对“美好生活”的盲目追求，跑到美国纽约打黑工，异常艰难的非法移民生涯；以机趣犀透的笔调，精准的视角，诠释出当代人在全球化进程中，移民中的跨文化现象，在归属感上无处可寻的困境，将整个印度在其文化上的挣扎以及整个国家（地区）的过往悲情与历史发展浓缩在一起，对民族国家、现代性和阶级问题进行了深思，展示出一种复杂的“失落”的人生。

小说出版之后，因其气势恢宏，充满人性的智慧，温情的诙谐以及高度的政治敏锐性，问鼎了第38届英语文学界最有影响力的布克奖，她一夜走红，成为当年世界文坛上一颗闪耀的明星。随后，这部作品又荣膺了第33届美国国家图书评论奖；并被美国《出版人周刊》评为2006年度最佳小说；被《纽约时报书评》评为2006“年度百部书选”；被美国图书馆协会评为2006年度的“最佳图书”。

之后，基兰·德赛开始投身于由十六位知名作家对印度艾滋病感染者的采访手记汇编的工作，参与了兰登书屋在印度新德里的分支机构2008年出版的《艾滋病箴言：未说过的印度艾滋病的故事》（AIDS Sutra: Untold Stories from India）一书的创作，旨在推动印度与国外关于艾滋病的公开对话。

主要参考资料：

Cover Biography for 2007-2, The H.W.Wilson Company-New York, Dublin.

Hullabaloo in the Guava Orchard, by Kiran Desai, Publisher: Anchor, 1999.

The Inheritance of Loss, by Kiran Desai, Publisher: Hamish Hamilton Ltd, 2006.

2007年 | 第39届

041 聚会 ［爱尔兰］安妮・恩莱特

The Gathering by Anne Enright

◎ 原著共 39 章，以现年 39 岁的爱尔兰专职家庭主妇维罗妮卡・赫加蒂（Veronica Hegarty）——“我”的口吻，毫不隐讳地讲述了因为替死去的家人——医院杂役工利亚姆・赫加蒂（Liam Hegarty）守灵而聚合在一起的赫加蒂家凄凉的家族故事。本文在下面的讲述用第三人称。

英文原版封面

安妮・恩莱特

（Anne Enright，1962—　）

安妮・恩莱特被誉为爱尔兰文学的旗手。

有评论认为，其作品具有很强的原创性，自然而不失机巧，简约而不失细腻，幽默而不失真情。

《聚会》（The Gathering）出版之后，有评论认为，其为爱尔兰的文学传统注入了新鲜的血液，将古典的诗意和现代的震撼完美地合而为一。随后，因其**用有力而打动人心的语言直视了一个痛苦的家庭**，问鼎了第 39 届英语文学界最有影响力的布克奖，并在 2008 年，获得了爱尔兰年度小说奖。

维罗妮卡打算写出她八九岁那年夏天在外婆家偶然看到的事，却又不确定那事是不是真的发生过，可是那个挥之不去的纠结，总在她的心中不断闹腾，令她无法入眠。如今，死者已去，生者不能用诽谤的诉状，给死者带来任何亵渎，只是为了慰藉亡灵，她希望弄清真相，才任由思绪沉沦翻滚。当家人沉浸于梦乡时，她独自一人在楼下，把纠缠在记忆深处的那不堪回首的往事，写了下来。

维罗妮卡时常会忘记妈咪的具体模样，甚至看着妈咪的照片，竟然认不出妈咪来。在维罗妮卡的记忆里，妈咪往往是一副混沌无觉的样子，终日忙忙碌碌，丢三落四，心不在焉——从来不是孩子们亲近的对象。在一个周日，她去看妈咪，跟妈咪共进过午餐、愉快地度过午后时光后，她起身要走了，妈咪也毫不动情，漫不经心地道过再见后，仰起松软的老脸靠向她，等待接受吻别；告辞后当她回过头看时，妈咪早已消失不见了，这般情景，至今都令她怨愤。

获悉哥哥利亚姆的噩耗后，那天，她去见妈咪。妈咪打开前门看到她后，尽管知道来人是谁，一时间，却又想不起她的名字了，只是泛泛招呼了她一声。当时，她想，即便对猫，也许，妈咪也同样会这样招呼的。之后，妈咪打开了通往客厅的门，问她想喝点什么。怨愤刹那间开始在她心中躁动。她不是一个访客，这里是她的家，她曾住在它里面，目睹了这里的变迁；当饭厅并入厨房时，她在这里，当厨房吞并了后院时，她也在这里。这里是她魂牵梦绕、万分思念的地方！厨房里还是那股呛人的气味，光线黯淡得令人生厌，她走到一边的桌台前，拿起电水壶，把灌满的水壶插上电源之后，脱下了外套，妈咪看着这一奇怪场景，像是联想到了什么，赶紧拿起了放在桌台上的药片，吃了下去之后，不经意看了看她，问了句“好”，还是没想出她的名字，她真想冲妈咪大喊一声，道出自己的名字“维罗妮卡”！

她这次来，是要把“利亚姆溺亡了，尸体被发现了”这一噩耗说给妈咪的，一想到这事，她真想大哭一场。正当她寻思着怎么把这一死亡消息用宗教仪式说给妈咪以令妈咪悲伤时，妈咪突然喊出了一声“维罗妮卡”，之后，便急速奔向那水已在怒沸的电水壶，甚至没先将电源插销拔掉，就急着倒水去烫茶壶了，盖上壶盖之后，又看向她。于是，她对妈咪说道：利亚姆出事了。妈咪又糊涂起来了，“利亚姆？”妈咪问道，搞不清楚“利亚姆”是自己哪一个孩子了。

这一次，维罗妮卡没有怨愤。妈咪总共生养了十二个孩子，还不包括流产了七个，所以健忘，不是妈咪的过错，不过，即便如此，她却不能原谅妈咪。为了 42 岁就死于胰腺癌的姐姐玛格丽特（Margaret）；为了美貌的却遭遇遗传漂变不幸的姐姐碧依（Bea）；为了去秘鲁当牧师却在那里背弃了自己信仰的大哥厄奈斯特（Ernest）；为了在幼小便升了天堂的哥哥斯蒂威（Stevie）；为了妈咪带领他们兄弟姐妹——玛格丽特、碧依、厄奈斯特、斯蒂威、伊达（Ita）、摩西（Mossie）、利亚姆、维罗妮卡、基蒂（Kitty）、爱丽丝（Alice）和孪生子艾弗（Ivor）与杰姆（Jem）——所做的那些冗长乏味的启应祷文；为了那些死去的胎儿们；为了永远要穿旧衣服；为了少得可怜的玩具；为了妈咪整日劳碌、过于心不在焉，或又有了身孕而烦心，便任由大姐玛格丽特来代为殴打他们；她都不能原谅妈咪；而说到最后，她最不能原谅的，是妈咪的性生活，频繁到了愚蠢的程度，其后果随之而至。

情绪平复之后，维罗妮卡开始履行她今日此行的职责，把哥哥利亚姆的死讯告知妈咪：他死了。妈咪依然是那一副漫不经心的老样子，问了一句：在哪里？她语调沉重，回答说：在英格兰，妈咪，他住的地方。他们在布赖顿[1]发现了他。妈咪再次表现出了不解，反问她，你什么意思？布赖顿？什么意思？她再次为妈咪解释一番：英格兰的布莱顿，妈咪，它是英格兰南端的一个城市。随后，妈咪打了她。

这真是太受屈了。妈咪根本不知道，自从接到英国方面打来的第一个电话以来，之后的六天里，大家为妈咪做了多少事，使妈咪用不着去为那些事情奔波——妹妹基蒂在伦敦奔忙，她在都柏林东奔西跑，寻找利亚姆的牙齿档案，确认利亚姆的身高，头发的颜色以及右肩上的纹身，以帮助警方鉴定尸体。因为她是最爱利亚姆的那个人，找上门来的女警察们所宣读的内容，没有一项是告知给他们妈咪的，全是告知给她的。

接下来，她看到有口水从妈咪的下唇滴落了下来，妈咪的嘴唇颤抖着，发出了两声呜呜哀叹。她清楚，她与妈咪的伤心程度大不相同，对妈咪而言，无论失去哪一个儿子，都会发出呜呜哀叹；而对于她来说，有些东西一旦失去，便再也无法替代。利亚姆的死，她悲哀到极点，伤心欲绝。在她和利亚姆之间，相差 11 个月，她是紧随其后从妈咪身体里出来的。有时候，她甚至认为，他们好似孪生兄妹，只是利亚姆离开得早一些，在外面等着她。

其实，说起来，她哥哥利亚姆死亡的种子，早在许多年前就已埋下了，不过，那造孽的人早已不在人世了，如果讲利亚姆的故事，就得从他出生之前很久的时候讲起。

那是 1925 年的一天，晚上 7 点，在一间酒店的大堂里，一个名为兰伯特·纽金特（Lambert Nugent）的男人，与她外婆埃达·梅里曼（Ada Merriman）初次相遇，那一年，埃达 19 岁，兰伯特 23 岁。天生丽质的美人胚子埃达，不同凡响，美貌而迷人，刚一走进大堂的一刹那，便闯进了兰伯特的眼帘，两人之间隔着 14 英尺长的地毯，在无声的关注中，彼此都感受到了来自对方的吸引，一见钟情。在那之后，阴差阳错，像命中注定，埃达·梅里曼没能与兰伯特·纽金特喜结良缘，而是嫁给了纽金特的朋友查理·斯皮兰（Charlie Spillane）——不仅仅因为查理有一辆汽车。不过，尽管事已至此，兰伯特却从未离开过埃达，而且自信，性感的埃达应该属于他。基于此，兰伯特向埃达伸出了他的魔掌，最终，成了解开困扰着赫加蒂[2]家的那些谜团的一个关键人物。

话再说回来，在赫加蒂家的客厅，维罗妮卡用妈咪的电话给在布赖顿－霍夫[3]（Brighton and Hove）

---

1 布赖顿（Brighton）：位于英国英格兰东南，英国首都伦敦南面一座海滨城市，休养胜地，以其密布鹅卵石的海滩而著称。

2 赫加蒂（Hegarty）：爱尔兰姓氏，盖尔语（Gaelic）姓氏的英语形式，含义是“不义的”。

3 布赖顿–霍夫（Brighton and Hove）：位于英国英格兰东南区域东萨塞克斯郡，南临英吉利海峡，以北76公里达英国首都伦敦。

的丧属们一一打去电话，联系了他们家族的那些成员。他们给了她一个殡仪事业经营人的电话号码，那个人非常专业，令人满意，记下了她随身带的信用卡的详情。因为要考虑棺材问题，出于某种理由，她对栎木感兴趣，当然，这要由她来决定——因为她是最爱利亚姆的那个人。放下电话后，她想：这些花销需要支付多少钱呢？

就在这时，维罗妮卡的姐姐碧依到了，她去为碧依打开了外面门厅的门，然后，跟随着碧依转向微暗的中门厅，走进光线昏黄的厨房。之后，她告诉妈咪：碧依过来了，过来照顾她，因为她需要一位“医生”来帮助她入睡。把妈咪交代给了碧依之后，维罗妮卡赶紧离开了，她必须去一趟英格兰，去料理有关利亚姆尸体的一些事宜。在她吻别妈咪那张老脸时，那种不快的怨愤感，再次涌上了她心头，还令她想起了逝去多年的爹爹。过去，她的爹爹常常坐在厨房里看电视，腿上摊着报纸，爹爹看电视一直要看到11点，看完新闻后，收起报纸，起身关掉电视，不管是不是有人在看，便上床去了。爹爹沉默寡言，整天忙于工作，忙于维持家人的生计，根本无暇顾及他们这些孩子。

在驱车前往机场的路上，在等待绿灯期间，维罗妮卡给丈夫汤姆（Tom）打了一个电话，告诉汤姆：今晚，她不回家了，她不想让女儿们看见她，或是为她担忧，直到她把利亚姆的事料理完为止。汤姆让她放心：一切都会很好的，绝对很好，样样事情都不会有什么问题。回到了车流里，行驶在通往机场的路上，仔细想想刚才汤姆在电话里的那一番话，她从心底感到一阵震颤，而且像是突然看穿了他们日常生活的本真：原来不过如此！原来，在他们过往的日常生活中，总以为什么事都非自己不可，好像不去插手事情便会一塌糊涂，而实际呢，平日里自己一直放在首位忙前忙后的，其实都是些并不是离开了自己就不行的事。

看来，死亡有时也能带给人好处，维罗妮卡满心苦涩地想，就像现在，它让一切都停顿了下来，使你意外发现，原来，你并非不可或缺，你的丈夫会让孩子们吃上饭的，他会操作那个新的烤箱，他会从冰箱里找出香肠，他先前的所谓的重要会议并非不能脱身，其实根本不是那回事，他完全可以去学校接回女儿们，早晨再把她们送过去；而且，你的大女儿丽贝卡（Rebecca）不会忘记带她的哮喘吸入器，你的小女儿爱米丽（Emily）也不会忘记带她的健身用品……想着想着，她不由得大声哭嚎起来，趴在她的“萨博 9—3 ”方向盘上，号啕大哭。

自从哥哥利亚姆死亡之后，维罗妮卡的生活便不成样子了：通宿不能入眠，坐在楼下，断断续续写着，或在家里走来走去。家里的这套五室的独立式住宅，是8年前，1990年买的，到了深夜，她让家里所有的灯全都亮着，用调光器把光线调暗，然后，在各个房间里不断流动，走来走去，不停地思想着，有关比她大11个月的哥哥利亚姆的人生故事，还有她自己的人生焦虑，以及他们古怪而混乱的家庭。三日两头，她总是焦虑不安，整夜无眠，恐惧和焦虑，与她形影相随；而且，她还放心不下自己的婚姻无法去与丈夫同房，又担心他们的婚姻破裂；一天又一天，她陷入孤独之中，独自躲在其他的房间，不让女儿们找到她，并限制女儿们依照常规定时打开家里的电视机。有时候，她在白天睡觉，不吃不喝，等到家里的一切烦扰都消停了下来之后，大家全都睡熟了之后，她开始在黑暗中搜寻，寻找一些东西吃。偶尔在一些夜晚，她也联机上网。更多的夜晚，她都在写着什么，写着有关她外婆埃达·梅里曼和兰伯特·纽金特在望楼酒店的故事。有时，她还会起身去卧室看一看她的床，看一看正侧睡在那张床上的丈夫汤姆。

她丈夫汤姆，运用电子手段周转资金，每周转一次，总能赚到一小笔，日复一日，长此以往，数目就相当多了。她的哥哥利亚姆，大部分工作时间都是在汉普斯特德皇家医疗机构里做勤杂工，每天沿着医院走廊推动着病床，把一些癌肿瘤的团块放进袋子里，把被截下来的肢体送进焚化炉，利亚姆说，他喜欢这工作，喜欢干这一行。她自己本人，过去一直当记者，一名商业特稿记者，经常写一些购物方面的文章；而今，辞了职，在家专职照料孩子。

乘坐到前往布赖顿的线路上后，维罗妮卡从车窗朝远方望了过去，正当她远眺着途经的那些山丘和城镇，注视着在不断向后倒退着的海沃兹希思、伯吉斯希尔、哈索克斯时，忽然接到姐姐碧依打过来的电话，说妈咪的意思，希望把利亚姆的遗体带回老家守丧，就像过去为爹爹举办的葬礼那样。

爹爹的葬礼，给她留下了深刻印象。她爹爹是一名地区师资培训学院的讲师，在爱尔兰西部长大，办事公正，举止优雅，遗憾的是，他疯狂的生育率，重重损坏了他为人的尊严，影响了他的健康，1986 年，死于心脏病发作，远未等他的尸体入葬，在前来吊丧的邻居们中，就有人在教堂门廊开始窃笑了。尽管她并不认为爹爹有什么值得特别炫耀的地方，然而，在她看来，爹爹是一个俊美的爱尔兰人，而且说话时语言浪漫，仅为这一点，她就对爹爹敬爱有加，至今不减。

在挂断电话之前，她拜托了姐姐碧依一句：照顾好妈咪。之后，她看了看车厢里在座的那些静默而有教养的英国人，一时感到有些拘谨，有些不安，便开始在脑海里想象在老家的客厅里，与邻居们齐聚在一起，围绕着她哥哥利亚姆的尸体的守灵夜的情景；忽然又想到小时候他们几个小孩子在外婆家的房子周围乱跑乱叫的情景。那时，利亚姆是一个邋遢鬼，总把事情搞得一团糟。在不断回想她和哥哥利亚姆还有小妹妹基蒂三个人平日里那些无尽的打闹和戏谑时，她突然想到：一定是外婆埃达把他们三兄妹惯得不成样子的。

在她刚刚 8 岁、利亚姆将近 9 岁、基蒂 6 岁时，他们三个被送到了位于布罗德斯通的外婆埃达家寄养，埃达的家，距离她们位于格里菲斯路上的老家只有几英里远。由于赫加蒂家里的孩子太多了，妈咪在无节制的生产和流产的那些年月里，已经没有能力照顾他们几个处于中间的小孩子了。在他们三个捣蛋鬼未来之前，平日里，埃达的家一向很清静。埃达，以一种与众不同的方式生活着，是他们妈咪绝对做不到的一种方式：要么与他们的外公查理争吵，要么与查理在厨房里打情骂俏；而他们的父母双亲，从未有过互相调情挑逗的举止，好像根本不具备那种本事。在寄住在外婆埃达家的那段时光里，他们三个很少待在房屋内，不是在街道周围跑闹玩耍，就是去公园里嬉戏。她清楚记得，当地的公共汽车站设有安全地带标线，一次，他们三个偷偷溜了进去，在那些空无一人的双层巴士之间，乱跑乱窜，结果，被当场抓获，利亚姆和基蒂以极快的速度逃脱掉了，她被落在了后面，跑了个上气不接下气。后来，他们又潜入教堂，点亮蜡烛，为从巴士售票员那里的逃脱，感谢上帝。

维罗妮卡闭上了眼睛，回想起她在医院里生女儿丽贝卡时，在汤姆回家去小睡之际，利亚姆从楼下商店买了一束粉红的鲜花出现在她面前时的情景。当时，原来那么俊美的哥哥，看上去略微有点发胖了，利亚姆看着小宝宝时那欣喜的样子，简直让人神迷。他们愉快地谈论了一阵刚刚出生的丽贝卡后，从利亚姆身上她闻到了酒精味。

前往布赖顿的列车在继续急速前进，维罗妮卡将她的思想停滞在了哥哥利亚姆酗酒成性的问题上。她想，恣意酗酒并不是利亚姆真正的问题所在，不过最终，却成了他的麻烦。现在，利亚姆死了，他死的时候，是处于醉酒状态吗？或许是吧。要是那样，现在，在他血管里面，是血液，还是海水，还是威士忌？她不禁猜疑了起来：利亚姆俨然变成了一个狂饮威士忌的疯子，他死的时候，很可能还以为自己在游往该死的法国吧？！

有生以来，维罗妮卡看到过的第一具尸体，是她可怜的外祖父查理·斯皮兰。那是 1968 年 2 月的一天，她还在 8 岁，利亚姆 9 岁，他们走上前去与查理告别，6 岁的基蒂也加入了进来。那天，兰伯特·纽金特自始至终都在场——最终换来了利亚姆的自杀，基蒂的离家出走，以及她的满腔怨愤和自责。

现在，她的大女儿丽贝卡也 8 岁了，小女儿爱米丽 6 岁，两个女儿有他们夫妻的思维方式，与她存在代沟。丽贝卡看上去长得很像她，有时脸上会呈现出些许不快的神色；爱米丽长着一头黑发，一双赫加蒂家族的冰蓝色的眼睛。姐妹二人曾追问她是怎么遇到她们爹爹汤姆的？她告诉她们：是在舞会上遇到的，却没能向她们坦诚一切：当时汤姆正和另外一个女人生活在一起，而就在她看见他们二人在一起的那一瞬间，她便认定了两件事，一是，汤姆不属于那个女人；二是，汤姆属于她。与汤姆结婚后，他们便有了两个可爱的女儿。

汤姆受的是耶稣会教育，工作很努力，总给自己施加压力，很少善罢甘休，是一个只顾自己事业的男人；换句话说，汤姆身上具有苏格兰人的那种自以为了不起的精神，做起事来追求一流，硬逼着自己去干，在过去，曾领受了不少的失败和挫折。汤姆很少顾家，在她看来，汤姆以他的方式爱他的孩子们，却又觉得她们碍了他的事；她不知汤姆是否也爱她，是否也觉得她碍了他的事；要真是那样，她想，那汤姆就大错特错了，她不是他的障碍，从来都不是。自从辞去记者一职返回家中做了专职家庭主妇之后，她渐渐感觉与汤姆之间像是有了感情危机，甚至开始怀疑汤姆不忠，不知汤姆是否有了外遇，是否同其他的女人有了性关系。她上一次与汤姆身体的亲密接触，是在为利亚姆守灵夜的那日当晚，自从那天以后，她不知自己出了什么问题，再也不能信任丈夫的身体了。

在为哥哥利亚姆收尸时，在料理有关尸体的一些事宜时，在布赖顿－霍夫停尸所，维罗妮卡从他们的棺材编目中顺利地挑选了一个棺材，领尸的时候，却遇到了一点麻烦，这对她姐姐碧依和她妈咪以及所有聚集到格里菲斯路 4 号守灵的人来说，是一个坏消息。那位殡仪事业经营人告诉她，由于文书工作方面的一个问题，她的家人至少得等 10 天才能领取到利亚姆的尸体。在那家停尸所的走廊里，那位非常专业、年龄看上去在 19 岁上下的殡仪事业经营人，碰了碰她的胳膊，就把她从利亚姆的尸体前带离开了，不过，她倒是很喜欢这位年轻的殡仪事业经营人，以及他对她的那种坦诚态度。

之后，她去了布赖顿火车站，在周围转了一阵子，因为她认为，自己很有必要在这个地方走一走——以利亚姆走进大海的地方为起点，看看利亚姆眼里的那个世界。在那个星期二的下午，在凝望着布赖顿的海滩时，她想起了与利亚姆第一次坐摆渡船时的情形——那是在一个暑期，他们去伦敦打工的途中，是在利亚姆大学二年级和她大学一年级结束的时候；在那之后，她又想到了利亚姆从未给过他们一场婚礼，以及利亚姆从来不喜欢英国人的一些往事。想着想着，她忽然感觉就连她自己也无法去爱那些英国人了，站在布赖顿海滩上，望着那一群行走在布莱顿海滨人行道上的英国人，她心想，这群猪猡，他们一个个全都喜欢淹死利亚姆的这个大海！她因而冲动起来，愤恨不已，恨不得立刻冲着那一群走过去的陌生英国人，大喊大叫一通。凝视着搭放在围栏杆上的自己的那一双手，她感觉到，它们已经苍老了，还有自己的身躯，那因生育而被摧残了的躯体，尽管令人骄傲地完成了它传宗接代的使命，孕育出了新的生命，而最终，却只是为了饲育死亡，为坟墓输送材料！

忽然间，她又想到了她的初恋。她最初意识到自己爱心萌动，是在20岁刚出头的时候，那时，她遇到了一个来自布鲁克林[1]名叫迈克·卫斯（Michael Weiss）的家伙，那个家伙在都柏林攻读爱尔兰学或凯尔特学的文学硕士学位，他们一起睡觉时，那个家伙支起身体注视着她与她谈话的那个样子很甜蜜，那个家伙喜欢一边触摸着她一边与她聊天，不过，同时还喜欢在性交前那持续不断的缓缓相互挑逗时抽烟，那是她所不大习惯的。在读大学期间，不知何故，她忽然推断出她的外婆埃达从前是一个妓女，后来被教会拯救，成立了家庭，那是在埃达去世前后，她和迈克·卫斯讨论了她的这一推断，迈克·卫斯很赞赏她这一断定，同时，又认为这其实与断定埃达或许原本是一个贞洁的女人并没什么两样，因为在他的见解里，二者差不多是一回事——这大概就是来自布鲁克林区的人所特有的思维风格吧？她想，说起来，迈克·卫斯属于那类今天这样一个主意，明天那样一个主意，没有什么生活准绳，没什么定规的人，若是长期与那样一类人生活在一起，自己会被渐渐逼疯的；不过，她倒是觉得迈克·卫斯关于埃达的说法，或许有某种正确性。

为了使自己恢复常态，她进出了坐落在布赖顿海滨的一家又一家店铺，之后，坐进一家咖啡吧，在噪音流动的世界里，慢慢啜饮着咖啡，一面回想她死去的外婆埃达。在为埃达送葬的队列里，亲属当中，有她的妈咪和爹爹，有她的姨妈萝丝（Aunt Rose）和舅舅布兰登（Uncle Brendan）。当时，她用一种忧伤的默然，站在人群的边上，看着埃达的棺木被放了下去，被放入墓穴。

老实说，其实，埃达生前很招人喜欢，当然了，那是在埃达是她的外婆的情况下，而不是导致她在凌晨4点醒来陷入对存在真实感的惶惑中，以及将全部答案集于一身的那个女人——那个家庭悲剧的根源，赫加蒂家的那些谜团，大家迷乱不堪、纠缠不清的缘由所在。早在几十年前，在1925年的那个晚上，兰伯特·纽金特凝眸注视着她外婆埃达，隔着望楼酒店的长地毯，她外婆埃达也回眸注视着兰伯特·纽金特，接下来发生的事，正如人们所说的，就是历史了。

回想起来，魅惑人的埃达，一辈子过得并不容易，命运多舛。一天在洗碗碟时，维罗妮卡想起了冲着洗碗池哭泣的埃达——当然，她自己所过的是衣食无忧的日子，有洗碗机用，要是不得不哭泣的话，不会像埃达先前那样，悄悄对着洗碗池流泪。洗碗池，是埃达哭泣的地方，联想到当年埃达不得不面对房后那一堆需要削皮的土豆，那些永远干不完的活，她忽然意识到了埃达的生活中的艰辛，而且，令人吃惊的是，在生活重压之下，大多数时候，埃达并不哭泣，而是泰然处之。埃达信奉的事物少得可怜，却笃信一个体面而洁净的家。在她的主观推测中，早年的埃达应是一个无人照管的孤儿，父母双亲在埃达尚未成人之前就撒手人寰了，致使埃达因而一度沦落风尘，后来，渴望被爱的埃达，因为爱，被赎了出来。不过她很清楚，埃达一定十分厌恶她这样的胡思乱想，因为在埃达看来，臆想，就像说闲话一样缺乏品位，甚至还不如说闲话。

埃达的家，客厅的门紧邻大街，大门前没有花圃和甬道，人们从门前走过离其很近而从不进入，这样的一种布局，很像埃达本人，勾人魂魄，令人激动，又深恶痛绝。在维罗妮卡心目中，埃达做起事来，总与这个世界南辕北辙。埃达靠缝纫维持生计，日子过得并不富裕，却追求讲究的生活方式，喜欢把东西放在一个托盘上。平日里，埃达在楼上杂物间里做衣裳，间或，也到剧场里去干活，有时，还会把

1 布鲁克林（Brooklyn）：美国纽约市的一区，在长岛西部，是纽约市五大区中人口最多的一区。

剧场的演员们请到家里来试衣裳，在那些客人离去之后，便会把摆设的那些陶器收起来，一面对她说一些奇怪而令人难以忘怀的话，什么：舞台是一种很有意思的生活，不过会让你非常辛苦；在这个世界上，性爱不能帮你达到任何目的……因她的外公查理·斯皮兰常常不在家，埃达就让那些演员来跟她做伴，有时候，一个女演员，要是在城里有演出的话，也会留宿在埃达的杂物间，睡在裁缝师的模型货样和电动缝纫机后面。

她不清楚埃达为什么没同兰伯特·纽金特结婚，而是嫁给了查理·斯皮兰，可在望楼酒店被埃达迷惑、入神打量埃达的是纽金特——是不是因为人们并不永远喜爱他们所爱的人？在她看来，埃达很会勾魂摄魄，很能吸引自己的追求者，一招呼，骑摩托的男人就能停下车来——那个男人，就是查理，后来成了埃达的最终选择，成了埃达的丈夫。

她还记得，在她8岁时，一天，埃达将用蜡纸包的几个三明治和其他一些东西放进一个篮子里，然后关掉正开着的BBC的广播开关，匆忙换上一条长裙，带上她、利亚姆和基蒂，乘火车去了海边，去探视他们患上了精神病的舅舅布兰登。在多纳贝特下车之后，埃达带着他们上了一辆开往圣伊达的公共汽车，下来之后，他们拐到一条乡间小路上，前往他们要去的那个地方——圣伊达教区的一家不太像医院的医院。

大概就在那次探视之后，到了夜晚，她哥哥利亚姆开始有了恐惧感，原本与她同睡在双人床上的应该是基蒂，结果，在黑灯之后，利亚姆挤进了她与基蒂两人中间，用胳膊肘和嘘嘘声把基蒂轰赶到他的那张床上去了。在那之后，她便难以安睡了。基蒂睡起觉来一向很安稳，而利亚姆则一刻都不得闲，一会儿抬起头来看看她，一会儿又把头靠到床头上，默默发呆；要么不停地辗转反侧，要么突然间一动不动；还总是滚到她睡的那一边，迫使她不得不把他叫醒，再把他推开。在他们二人之间，那时，利亚姆比她能说，他们二人常常一聊就聊到天明，尽管利亚姆嘴里尽说一些可怕的事，然而，那些夜晚，依旧给她留下了美好的回忆。

到了十几岁的时候，她和利亚姆每一次分开后，都会彼此给对方写来一些好玩而“有趣”的书信；而每当再次相聚到一起时，彼此总有说不完的话，总聊个没完没了，无话不谈。她清楚记得，在伦敦利亚姆的那个出租屋里，那时，正值暑期，是她大学期间第二次去伦敦，利亚姆没能通过他的期末考试，她为了挣到她最后一学年的费用，到大象堡[1]打临时工，住到了利亚姆刚刚找到那个住所，一个三楼的阁楼，一个好像没有人管的地方，客厅里散发着有点呛人的恶臭，他们一聊就聊到了大天亮——不过，对当时所畅聊的具体内容，她已没有任何记忆了。至于小阁楼里面的那些寝具，她也已无法记起它们的模样了；不过，她尚且记得，在那座小楼每一个房间里的床上，每一个房客，都过着穷苦人的性生活，因为当时，大家一个个都很年轻；小楼的底层，有一个毒品贩子，她从不与那些人沾边，那些人中也没有人想和她上床；不过，有一天晚上，在那个肮脏的房子里，她和一个澳大利亚人搞到了一起，只为了证明在性的方面他们还行。现在回想这事，她想，当时自己肯定是迷失了自我。

在那个出租屋里，她从不会连续三天夜不归宿，经常会坐等着利亚姆的归来，而如今，利亚姆再也不会归来了，再也不会回到这张或那张床上了，再也不会回到任何一张他为自己铺好的床上了，再也不

1 大象堡（Elephant and Castle）：位于英国英格兰大伦敦内的伦敦的自治市南部的萨瑟克区（Southwark）。

会把头从枕头上抬起来然后注视着她了。利亚姆染上酒瘾之后，每次他一来，她就会把他留下来，然后，转身躲开。赫加蒂家的人，远不止一个酒鬼，没有一个人不饮酒，只是从不聚在一起喝，而利亚姆，则是一个被大家公认的酒鬼。在她看来，酗酒，并不是直接导致利亚姆选择死亡的真正原因——仅仅只是一个诱因。

酗酒毁了利亚姆，但是清醒的时候，利亚姆聪敏过人。利亚姆是一个绝顶聪明的人，难弄的问题，对于他来说，从不是什么大事，尤其在有关他人的事情上，利亚姆有一种过人的本事，这一点，一直令她佩服不已。对他人的生活、那些人的缺陷、希望和谎言，利亚姆总能一眼就看穿真相，而且喜欢告诉那些人有关问题的缘由，他们是否应该回到事实上去，其中最杰出一项，即揭穿谎言。

好像一切都有前因后果，似乎一切都是冥冥中注定的，维罗妮卡想，她和利亚姆，必定是要被拆散的，回想起来，这已不是头一回了，在他们去布罗德斯通的圣迪芙娜小修院的第一天，就被拆开了，利亚姆进了一个出入口，她进了另外一个出入口，尽管在夜晚，他们仍同睡在一张床上，而在白天，利亚姆是一个男孩，她是一个女孩；再有，在学校运动场上，利亚姆只能同她偷偷地说话，不能让人看见。那是在 1967 年，那一年，她的个头超过了利亚姆。在校园里，她总是觉得她的名字“维罗妮卡”听起来像是某种药膏或是某种疾病的称谓，对此，一个修女向她解释说：“维罗妮卡”，这个名字源于《圣经》，是一个人人都喜欢的基督教圣徒的名字，圣维罗妮卡（St Veronica）。她在基督耶稣迈向十字架时，为耶稣擦了脸，耶稣升天后，基督耶稣的面孔就映在了她的擦脸布上。那位修女感叹道，那便是人类历史上的第一幅照片——因而，直到今日，每每吃完午餐接过湿毛巾时，她总会想起那位与她同名的圣徒。

在将这些往事付诸纸上的时候，维罗妮卡往窗外望了过去，定睛凝视着所望到的那个坐在她那辆“萨博”车前座上垂着头的人形，那个一动不动的人形总在那里——永远是利亚姆的模样，其实，它不过是座位靠背上的一个倾斜的靠头之物，即便如此，她还总是不断地被它勾住魂，和它一起熬夜。

整个夜晚，时间总是相当漫长的。从葬礼过后的某一时间开始，她便一直处于一种非常糟糕的精神恍惚状态——那天，一个凌晨 4 点打来的电话将她惊醒后，那个尖锐的且持续不断的铃声，渐渐缠附进了她的身体里，之后，一到那时候，她便会于梦魇中惊醒。那个在凌晨 4 点叫醒她的电话，在很大程度上，是一个那么随意又那么可怕的意外，却致使她感觉不到自己身体在床上的重量了，她感觉不到自己贴着被单的皮肤的线条，无法相信自身的存在，也无法相信躺在她身边的丈夫汤姆的存在，不相信汤姆真的活着，不相信丈夫爱她，不相信他们相互拥有什么共同的回忆。她望着汤姆，而此时此刻，汤姆只是躺卧在那里，游离于他们的生活之外，她失去了对他的信任，也不再相信任何事，不想知道任何事了。

利亚姆死亡方式的实情，要是自己不知道该有多好！维罗妮卡怨愤地想。在她的生活里，所有的事她都可能忘记，却永远不可能忘记利亚姆死亡时的那几件无关紧要的小事。她能忘记她 21 岁的生日，还有她 18 岁的生日，能忘记死去的利亚姆 9 岁或 10 岁或 12 岁时的样子，却永远都无法忘记那些布赖顿的好心人告诉她的有关他们把利亚姆的尸体从大海里打捞上来时的那三个小细节：第一，他死的时候，穿的是一件黄色的荧光背心，就像铁路工人和自行车赛车手们穿的那种；第二，他的衣兜里装着一些小石头；第三，他脱掉了牛仔裤里的内裤，去掉了皮鞋里的袜子。三个细节的用意不言自明。布赖顿的海潮来势迅猛，伸展得很远，利亚姆穿着那种背心，便于被人发现，尸体易于被找到；平日里，利亚姆连一盒火柴都码不好，这一次却做得如此地有条不紊，而且还装了小石头，脱掉了内裤。

令她哭泣的是利亚姆之所以要这么做。利亚姆从来不喜欢穿戴得整整齐齐的，但却总是穿得干干净净的，虽然他总生活在各种各样的地下室里，但那些地方一定有自来水，他总是知道最近的洗衣房在什么地方。利亚姆追求洁净，使用含有煤焦油的洗发剂洗发，李斯德牌[1]漱口水漱口，喜欢到处喷洒杀菌粉，并要求在马桶旁放湿巾。在她看来，利亚姆之所以脱掉内裤，因为它不洁净；脱掉袜子，因为它不干净，冷水浸入他的鞋子时，他思考的大概还是与洁净去污有关的问题吧？

维罗妮卡意识到，在她写出这三件小事——那件背心、小石头以及她哥哥外衣下面赤裸的身体时，它们是在逼迫她道出那件与利亚姆息息相关的秘密：利亚姆童年时受到的性侵犯的内情，深久烙印在她心中的那个不可告人的角落里的往事。现在，她是该说说在她 8 岁、利亚姆刚刚 9 岁那年，在埃达的家里究竟发生了什么事的时候了。

事情发生在埃达家的那间客厅里。那间客厅紧邻大街，所以安装了可以卷上去的百叶窗，一道带花边的幕布，还有从天花板垂到地板上的深红色窗帘，弄得室内黑黢黢的；客厅的房门是向里开的，距离走廊的门不远，人必须走到里面去之后，才能看清谁在里面：或许是熟睡在沙发上的查理；或许是坐在窗前靠墙的扶手椅上看书的埃达；或许是坐在另一把扶手椅上的纽金特。有时，为了躲避纽金特，埃达会去厨房里忙碌，有一些星期，因为纽金特的缘故，埃达就根本不露面了。那时，她和利亚姆还有基蒂，他们三个永远都弄不清楚埃达本人究竟在什么确切的地方，他们并不围着埃达转，不想碍埃达的事。她经常会在各个房间里串游，寻找着什么，或躲避着什么，很难说到底是什么。

就在那天，在那个令人刻骨铭心的日子，她在楼梯上、餐厅的餐桌旁或走廊里到处串游烦了，决定去客厅里转转。刚一打开客厅门，意外撞见了一幅奇异图景，令她大吃一惊：纽金特先生的阴茎笔直地伸展在拉链的外面，膨胀得奇大，龟头与她哥哥利亚姆不灵便的形体连接到一起——9 岁的利亚姆令人不可思议地蹲在纽金特先生面前的地上，手插在裤口里，拳头里攥着隐藏在里面的纽金特先生的阴茎；那个阴茎，那个肉欲的纽带，将一个大男人与一小男孩连在了一起；那个大男人仰靠在椅子上，下巴颏缩在脖子里，因为满足或者疼痛，脑袋使劲向后仰着；而那个小男孩，则一脸的恐惧，像是被吓得魂不附体。

那天非常寒冷，令人颤抖，那间客厅里，既阴冷又潮湿，还散发着一种消毒剂的气味，残留在了她的记忆里。至今，她都时常想起，纽金特看到站在门口的她，注视着她时的那个样子：利亚姆正在活动着的手停住了，纽金特睁开了双眼，盯视着她，冲着她恼怒地喝道：你从这里滚开！当时，穿着校服站在走廊明亮处握着门把手的她，照办了，撒手离去了，关上了门，跑进了楼上的卫生间，不知所措。

在那一天以及在那之后的时日里，在利亚姆的眼睛里，她看到了不可磨灭的阴郁，悔愧之感时时咬啮着她的心。在随后三十多年的岁月里，他们周围的世界起了巨大变化，然而，对利亚姆抱有深深愧疚之感的她，依然无法忘记那个纽金特先生，何况，在某种程度上，当年她这个目击者，本应成为她哥哥的救星的！可再继续想想，当时她只有 8 岁啊，尽管一个 8 岁的孩子，什么都知道了，而那一件事，却只能藏匿在一个不可告人的角落，尘封起来；最后，终至导致利亚姆以这样一种自暴自弃的自杀方式了

1 李斯德牌（Listerine）：以消毒之父、英国外科医生约瑟夫·李斯德（Joseph Lister，1827—1912）的“李斯德消毒法”命名，1914年正式投放市场以来，一直坚持其杀菌的核心功效。

结了他悲惨的一生。

沉痛之中，维罗妮卡整日浑浑噩噩，近来又养成了开夜车的嗜好，独自驾车在外面闲逛，浮想联翩。当年，利亚姆被亵渎时年仅 9 岁，那个不幸的悲惨遭遇，无疑在个性鲜明的利亚姆后来的人生中留下了不可磨灭的阴影，致使原本潇洒帅气的他游戏人生，恣意酗酒，自毁前程，最终，以最绝望的方式，走上了不归之路。她因而失去了人生中不可替代的至亲骨肉兄弟，一个最亲密的哥哥。对此，她感到怨愤，感到痛苦不堪，无法自拔，甚至开始怨恨自己身处的那种中产阶级生活的优越性。作为赫加蒂家中一个过上了体面生活的子女，她无法接受命运如此善待自己的同时，却又如此残酷地折磨着她最爱的哥哥利亚姆。

而利亚姆，绝不是一个自怜自哀的人，也从不容忍他人自怜自哀，尽管在她嫁给了有自己独立的事业而且发展得非常顺利的汤姆之后，利亚姆讥笑她找了一个爱打高尔夫球的丈夫。然而，利亚姆向来都很爱那些受到损害的人——对那些不幸的人、穷苦的人、孤独的人、酗酒的人，怀有满腔的爱怜，还同情任何遇上了麻烦的人，只要他们不自怜自哀。利亚姆还绝不允许幻想存在，对公平公正，她和利亚姆一样，有着强烈的共识，所以，有时候，她看着她家装饰美好的四壁，尤其是看到她的那一瓶顶尖的优质雷司令[1]后，她甚至会说出利亚姆常说的那句话："把一切统统拆毁。"在利亚姆看来，整个世界，就好像建立在谎言之上，而那谎言，非常隐秘又非常肮脏。

沉沉黑夜之中，在那辆"萨博"前座上的靠头之物——"利亚姆模样的人形"的召唤下，她一次又一次地孤独驱车夜行，与"利亚姆"为伴，一路上不断地哭泣，那悲伤的里程，似乎也在慢慢积累。小时候，与哥哥玩耍在一起的那些凄清的回忆，不断朝她袭来：秋日里，她与利亚姆两人走在树林中的山毛榉大道上，那些树干木色沉苍，树叶色彩橘红，明丽得像做戏一样；在利亚姆 14 岁左右时，他有了一辆自行车，他时常让她坐在自行车的横梁上，带着她去游泳……

离开布赖顿海滩后，维罗妮卡乘坐前往机场的列车，开始回返。在飞回老家都柏林候机的时候，在机场的一家宾馆酒吧里，她与小妹妹基蒂不期而遇，在拥抱中，她注意到近二十年不见的小妹妹那一头卷曲美丽的黑发变成了一副假发，脸面消瘦，两颊塌瘪，整个人也老得不像样了。随后，她与基蒂一道上了飞机，刚一落座，基蒂就开始哭泣，几乎抽泣了一路，一直哭泣到家。

返回都柏林之后，维罗妮卡每天都要去格里菲斯路，正儿八经地在那里陪伴妈咪，与姐姐碧依或妹妹基蒂（如果她在那儿的话）一起陪着妈咪坐坐，谈论一些稀松平常的事。她们一个个全都出生于此地，曾经是这里的孩子，现在全都已人到中年，因为死亡，在妈咪面前，一个个的表现都很出色，似乎又全都再一次成了孩子，成了乖顺的好孩子，尤其是她，简直成了一个相当出色的孝顺女儿，有时，在一时冲动之下，甚至会跑到基尔肯尼去为妈咪买来一件漂亮的精纺奶油色开司米羊绒披肩。

到了夜半更深，独自一人坐在楼下，把岁月留存在记忆洞缺深处不再鲜活的往事写了出来之后，虽然自己仍未能确信自己所目击到的一切的真实性，对妈咪的事，她却想通了。尽管她这个只同哥哥利亚姆畅谈一切而从不会把心事说给妈咪的女儿，找不出什么更好的深爱妈咪的理由，她却已然开始悔恨自

---

1 雷司令（Riesling）：一种浓烈的白葡萄酒，是德国古老的著名白葡萄品种，被认为是世界上最佳的白葡萄品种之一，以高贵优雅而著称。

己过往的不谙世事，同情她的“记不清”女儿名字的妈咪了，同情妈咪在床上或在厨房里不得不忍受的一切。想想在过去的岁月里她对妈咪无法估量的痛苦的毫不动心，甚至只要多喝了一杯，还会敲击桌子，像其他人那样冲妈咪怒吼，现在回想起来，是多么地不懂人情世故；与此同时，她也不再因从小被妈咪忽略、不被妈咪和爹爹疼爱而继续没完没了地怨愤了，她想，无论是怨恨还是同情，一大家子的孩子都迫切需要他们的妈咪和爹爹——至少她是这样的。

数十年来，她妈咪的功劳集中表现在了四个方面：一，沏茶；妈咪这一辈子，沏了不计其数杯茶——好像就没做过其他事情似的。二，派生出了后代；不过，尽管玛格丽特生养了六个孩子，早早就开始生产（第一个孩子与妈咪的最后一个孩子同时降生），生得很勤，却大部分是女孩，而且都在遗传学上陷入了困境，杰姆生了两个宝贝儿，倒是很可爱，精神异常的摩西，生的三个小心谨慎的孩子，从未离开过家。三，金钱；他们当中，除了在城里一家大房地产经纪人事务所里担任办公室经理的碧依，与身为麻醉医师的摩西之外，其他几个，委婉点来说，伊达是个家庭主妇，基蒂是个女演员，她自己是个夜游神（夜猫子），爱丽丝是个园丁，艾弗和杰姆从事多媒体工作，厄奈斯特是个牧师。四，异性；他们兄弟姐妹没有一个是循规蹈矩的人，没有一个不是乱性的，不是他们赫加蒂家的人不知道自己想要什么，只不过他们全都不知道该如何想要，在欲望方面，全家人都犯了灾难性的错误。

哥哥利亚姆的尸体终于到达了。维罗妮卡希望哥哥的棺柩能横放在房间里，然而，格里菲斯路的房子无法提供够大的空间，结果，利亚姆的头只能朝向拉上的窗帘，在后面点上大蜡烛，插在高架上，从坐着的那个地方，她看不清利亚姆的脸。他们一个个轮流着，按顺序守卫利亚姆那尚未合盖的棺柩。眼下，在远处那一面墙边，轮到基蒂站在那里站岗，免得哪一位吊丧者不小心一个人同尸体相处在一起，那赫加蒂家就太不体面了，也免得让尸体一个人孤零零躺在那里没人照管，因为那同样也不大体面。在一位邻居说过一番礼节性的慰问语后，她变换到妈咪坐着的地方，站立到妈咪座椅的扶手旁，以便答谢那位邻居。

那天的晚餐，有妈咪前一天晚上悄悄给她做的熏鳜鱼，给碧依做的烤宽面条，还有盛在小玻璃碗里的颤动着的奇妙的果冻，等等，但是，没看到酒。当她倚靠着厨房的墙壁，站在那里，看着家人和亲人们吃着时，忽然之间，她感觉自己很想替利亚姆去喝喝酒，喝个酩酊大醉，尽管她知道这样做是灾难性的，然而她无法抗拒，此时此刻，她非常想摆脱她的女儿们和丈夫，任由自己放肆一次，因为天知道，在这之前，她还从未真正放任过自己。

这时候，她的三姐伊达从灵柩那边走了过来，拿着廉价的劣等酒，一瓶特别的威士忌，走进了厨房。现在，除了她二姐碧依（第一次轮到她去值班守卫灵柩），其他的人，全都聚集在了厨房里，酒瓶塞被打开之后，他们当中的一个人先坐了过去。大家一边闲逛，一边闲谈，就像在冥府里过圣诞节似的；人们谁都不去谈论有关丧葬资金的问题，即便是他们或贫穷或富有的长辈们。伊达喝了一段时间之后，表示要去陪利亚姆坐坐，说完，便撞门离开了——他们赫加蒂家，多少也讲究点道德高度的吧。随后，她又想：这位姐姐其实是想去喝点烈酒，这种冠冕堂皇的退场不过是一种借口，这样就能够走开，去找出自己匿藏的酒了。这样想过之后，她又赶紧把手伸向了酒瓶，给自己倒了一杯，感觉利亚姆冲她轻轻叩了叩鼻子，因为利亚姆已经死了，现在她得替他来做这一动作了，所以在那杯酒下肚之前，她敲了三下自己的鼻子。

她赶去上厕所的时候，在厨房门口遇到了碧依。伊达已经依照顺序来陪伴尸体了，当她经过的时候，看到伊达正斜倚在客厅门的把手上，手里拿着一杯水。离开盥洗室后，她看到妈咪的房门是开着的，开了个小缝，于是，她决定去妈咪那里看看。在她把门彻底打开后，她看到妈咪正坐在床上，样子怪怪的，与妈咪交谈了几句后，她劝说妈咪睡下了。由于房间里没有椅子，她只好坐在妈咪的床脚处栖息，一面通过床罩，抚摩妈咪的脚踝和脚背。

妈咪睡着了，发出断断续续的呼哧声。这时，她发现自己在哭泣。尚未睡熟的妈咪醒了过来，躺在床上盯视着她，一双从毛毯边缘往外凝视的眼睛睁得很大，很有精神。"对不起！"她慌忙站起身，准备离开，看到妈咪尽管目光锐利，却依然不清楚她是谁，是哪一个女儿。于是，她停在了门口，目光旁视，追问妈咪：记不记得当年她外婆的那个男人——通常在星期五给他们甜食吃的那个男人，他的名字是什么？妈咪不断接茬儿，却不入正题，她只好直截了当地点明：大家总喊他房东。妈咪直视着她，像是不明白她为什么要提"那个人"。"因为他就是——"她这句半截话，不知何故，令妈咪顿时大为错愕，一下子慌乱不堪起来，滑下了床，跑到衣橱那里，打开了衣橱的门，然后又将其关上，之后返回到那张双人床上，斜眼望着那衣橱的顶部，就像是以防万一可能有什么在上面似的。

木呆呆盯视着惊慌失措而惶恐不已的妈咪时，她真想直截了当地冲着妈咪喊出：你把他们送走那年，在你的儿子得不到你理应给予的关爱和保护时，你死去的儿子受到了"那个人"的侵犯，而正是那一次的侵犯，将他送上了一条不归之路，带进了楼下的棺材里。然而，她却没能让这一席话脱口而出，而是安慰了妈咪一句，谎称自己只不过是想起了那些甜食，同时，在心里对自己说道：上帝所说[1]的那段"母亲怜爱她的孩儿"的话，是最不靠谱的。

她终止了同妈咪的一番对话后，依然无法罢休，一心要弄清到底是什么原因令她的哥哥利亚姆无路可逃，那致利亚姆命的祸根究竟是不是那一回事？她的外婆埃达、外公查理以及他们的妈咪，爹爹，其实是不是全都知道那一不可告人的内情？她开始在他们曾经住过的那些房间里四处寻找，从一些盒子里看到了一些证书、各种类型的文件……却始终没有发现那些出生证明和死亡证明、照片和契约。

突然之间，她停住了手，因为她感觉自己惊动了那些死者的鬼魂。现在，他们一个个就在屋门外，在格里菲斯路这地方静候着她。头一个是埃达，一个瘦弱的神出鬼没的老女人；然后是查理，步履蹒跚，脸色焦黄。说起来，查理的本性并不算坏，却净做些坏事——坏账，违约，与商店里的姑娘、家庭主妇们偶或还有女演员发生肮脏的性关系，还总想转运，尽管运气一直在转，却始终同先前一个样，没有任何好转。之后，她看到的是纽金特的身影，像气味一样穿过了房间，和他的妹妹莉茜（Lizzy）在那里飞来飞去，互相接吻，彼此抚慰，他们没有呼吸，舌头紧密缠结在一起，不断滑动着。

随后，她去了客厅。那里四下里寂静无声，没有鬼魂与利亚姆的尸体做伴，那根点着的大蜡烛已经烧得只剩下一截。她关上了房门，在窗户附近有一个壁橱，过去，他们一直称它为"柜子"，她上前翻找了一番，里面没有任何她要找的东西。再次四下巡视一番之后，她注意到在装饰用的浮雕后面，有一些箱子，于是，她把花边桌垫推到一边，爬了上去，伸手取过一个绿色鞋盒，将它捅了下来，接住之后，

---

1 上帝所说（God's）：意指《旧约全书·以赛亚书》第49章15—16节，"妇人焉能忘记他吃奶的婴孩，不怜恤他所生的儿子？即或有忘记的，她却不忘记你。看哪，她将你铭刻在她掌上；你的墙垣常在她眼前。"

她在盒盖上一通乱胡噜，因为她记得爹爹有一次在那上面写上了“布罗德斯通”的字样。

下来之后，她站在地上，打开了鞋盒。其中，有一个牛皮纸袋，里面是一些相片；一些捆扎在一起的收据、便条；一些蓝色硬皮笔记本，埃达当年的一些账簿。第一册，涵盖了15年，始于1937年，那一年，她妈咪8岁；最后一册，年份截止于1975年，之后，就什么都没有了，一页一页全是空白。对此，她觉得有些奇怪——这就是纽金特死亡的年份吗？她拿起那本账簿，转过身去，将它出示给利亚姆，就在这时，她看见埃达正在门口那里监视着他们。这一个埃达，与她先前“见过”的那个不一样，就像是一个站在楼道亮光里的活生生的女人。

在那个夜晚，其余的时间她是怎么度过的，或在她离开之后，谁与利亚姆的尸体相伴在一起，她全都不清楚了，不过她猜想，主要是碧依和厄奈斯特吧。后来，从基蒂嘴里，她获悉，他们全都去了“利亚姆”那里，在那里守灵，玩了一阵纸牌。大家看她在客厅里情绪有些异样，过于激动，摩西便往她嘴里塞了一个酸味的小药片，厄奈斯特试图与她一起祈祷，但是由于她断然拒绝了在昔日的那张童床上休息，他们便把她塞进一辆出租车，把她送回了家。

在那天，回到家中之后，维罗妮卡又与窜入她记忆洞缺的利亚姆的鬼魂熬了一会儿夜，然后就上了楼，与丈夫汤姆做了最后一次爱；然而，那根本不是她真正的欲求。完事之后，他们脸对脸躺在那里，鸭绒被一直盖到脖子上，多年来，他们彼此的话已经说得太多了，他们明智地保持着沉默。而自从那一天晚上跟汤姆同房之后，她就对任何性行为没了念望，更别说定期的性生活了，即便汤姆就在她身边睡着。

维罗妮卡继续苦苦地思索着。她分析，其实，为利亚姆守灵那天，在门口那儿站着的，不是埃达的鬼魂而是伊达；在那儿监视着他们的，不是什么埃达，而是她的那个喝酒喝得头脑有些糊涂了的姐姐伊达。岁月的记忆在她的脑海里汹涌，她脑海当中忽然浮现出了一幅埃达站在布罗德斯通那间客厅门口的图景：当时，她8岁，埃达瞠视着她，目光在她身上移动，泛着青黑色；在她的另一边，是那个善于利用蒙昧无知的兰伯特·纽金特，她的手里，握着他的老阴茎嘬吮，从那孔里流出来的东西，带有柠檬的甜味。那是一幅非常不可思议的图景，她也不能十分确定那幅图景的真实性，不相信会真有如此这般的邪恶，尽管大家都是人类一分子，都有缺点存在；可那个纽金特慢慢转动着的眼珠，扭过脸去看着站在门口的埃达的那个神态，却是那样的邪恶，他那全力膨胀起来张开的孔里所喷射出来的东西，玷污了整个人类世界！此时此刻，埃达应为此受到最深的责难。因为在她看来，自始至终，一切的一切，全都源自埃达的过错——那个精神病患的儿子，那个混沌无觉的女儿，那个女儿无休止的生育，那些孙辈当中的每一个人，一个个全都滑进了不正常的生活轨道！

维罗妮卡想，多亏了利亚姆，她才把事情理出了头绪——在布罗德斯通发生过什么，没发生过什么。她清楚了她哥哥利亚姆遭到了兰伯特·纽金特的性侵犯，或可能遭到了他的性凌辱；她自己曾被他冒犯过；她舅舅布兰登被他逼疯了；她妈咪被他弄傻了，她姨妈萝丝和她妹妹基蒂因他离家出走了。长话短说，对兰伯特·纽金特其他的一切，她什么都不清楚，他是谁以及埃达是怎么遇见他的，他做过什么，没做什么；不过，她知道他可能是他们生活中一切归因的解释。

还有一个事实，兰伯特·纽金特并不是唯一一个对过往的一切负有重责的人，他们那个永远表现出一副无动于衷样子的外婆埃达，知道所发生过的事情的一切，甚至容忍了一切，还有他们那个外公查理，也难辞其咎。维罗妮卡简要推测了一下埃达家当年支付房租的账目，账目从1939年开始记录，查理原先拥有那幢房子，在一次赛马中把它输给了纽金特，在纽金特成了房东之后，他们不得不在属于纽金特的屋檐下苟且偷生，眼睁睁接受着纽金特居高临下的恣肆。因为房租，便派生出了当年那个礼仪性的每周五的下午茶点，而埃达正值最美丽的年华，换句话说，正值最性感的年龄段，总共38年，那些先令，每周一付，埃达的整个生命，就这样被纽金特一点一点地吞噬着，逐渐消落在了纽金特的魔掌之中。埃达用自己女性特有的妩媚迷惑了纽金特38年，纽金特坐在那里，享受着埃达的迷惑，因为在他看来那是他应得的报酬，是埃达理应付给他的；而且，他也确实爱着埃达，一定曾经爱过埃达！

在三月的一天，大约在利亚姆去世五个月之后，维罗妮卡依然无所适从，哥哥利亚姆的死亡，对她的打击实在太沉重了。那天半夜，她像往常一样，受到那个“利亚姆模样的人形”的召唤，再次钻进了她那辆“萨博”车，毫无目标，驱车行驶在路上。一路上，她想，她必须改变一下自己的生活了。她先经过了霍斯黑德的山丘，再往前，走上了索兹的公路，然后一直向北开了过去，直到早上6点，掉转车头，准备返回家去时，头顶上掠过了一架准备着陆的巨大的飞机，随后，她便改变了方向，驱车去了飞机场，不一会儿，登上了一架飞机。

她想去看看利亚姆的儿子，那个与她仅有一面之缘的小男孩路旺（Rowan）。在为利亚姆送葬的那天，至亲好友一个个全都赶来了，有人自杀了，人们都喜欢来凑凑热闹。当时，她站在教堂门廊里，等候着从格里菲斯路开过来的送葬车，一个女人挤到了她跟前，她感觉自己曾在哪里见过那个女人，而且肯定见过，一时却想不起来了。打过招呼后，那个女人说她刚刚才到，然后把躲在身后的一个小男孩介绍给了她：路旺。那时她第一次看到她哥哥利亚姆的小儿子，头很大，不到4岁，长着一双与利亚姆一模一样的蓝色大眼，她很想吻吻那个小男孩，抱抱他，然而，小路旺却不断躲闪，躲到自己妈咪身后去了。“他们简直像极了。”她对小路旺的妈咪说道，就在这时，她想起来了，那个女人应该就是莎拉（Sarah）。

送葬车停在了教堂门外，莎拉带着小路旺躲到一边去了。他们赫加蒂家的人员全部到齐了，散聚一堂，她身着葬服，孤独地坐在一大家子成员当中，坐在教堂的长椅上，浮想联翩，等待着悼念仪式开始，在这期间，她所想的，全是小路旺，渴念亲吻搂抱一下小路旺。弥撒开始了。祭坛上，厄奈斯特致了悼词，那悼词说得挺像样，之后，在教堂门口，赫加蒂家全体成员陷入了人们的包围圈，与500位来宾一一握手，其中有一半她都不认识，而她并不在意，她只是在等待莎拉，等待着莎拉的到来，对莎拉的困境深表同情。“非常抱歉，对不起。”她对莎拉说。在她看来，他们所有的人都应为这一现实道歉——你爱的人死了，世界上充满了你不爱的人。

那天，直等到大家全都到了饭店，她还在继续犹豫：告不告诉大家小路旺的事，因为，她极不情愿将这一消息传达给赫加蒂家的人。后来，她妈咪闻知了此事之后，立刻寻找莎拉和小路旺的身影，几乎是跑着过去，亲吻了小路旺，然后看向莎拉，莎拉跨前一步，非常礼貌地握了握妈咪的手。在那之后，妈咪转身离开了，好像什么都没发生过似的。当时，在都柏林的郊区，在那家饭店的宴会厅里，据她所知，莅临了200位宾客，在吃完了鲑鱼肉和牛肉之后，坐在那里喝汤或吃甜瓜时，利亚姆儿子的意外出现，太令大家不可思议了。

下了飞机之后，维罗妮卡住进了盖特威克机场[1]的一家饭店。饭店的大厅里容纳着一架“747”客机

---

1 盖特威克机场（Gatwick Airport）：位于英国伦敦南部28英里（45公里）处。

上装载的全部乘客，因为那架“747”在飞往哈萨克斯坦的途中引擎发生了故障，不得不着陆在了一个不对头的地点，这天已是那些人滞留在此的第二个夜晚了。她原本是想探视一下小路旺，或是去布赖顿海滨，最后一次散散步。而就在飞机着陆的一刹那，她清楚地意识到自己飞到这里来应干什么了——睡觉。她太需要睡眠了。醒来之后，她发现自己穿着衣服就睡着了，脱掉衣服之后，她钻进凉飕飕的被子里，继续入眠。当她再次醒过来的时候，她不清楚时间的早晚，用遥控器打开了电视机之后，从新闻节目栏里，查询出：现在已是傍晚 6 点半，她足足睡了有 8 个小时。翻转过身去，她接着再睡。之后，她没有任何理由，伸手拨通了家里的电话，接电话的汤姆声音平静，问她现在身在何处，她告诉丈夫她很快就回家了，就在这时，女儿爱米丽把电话抢了过去，没聊两句，便在电话里冲她说道：我送给你一个字，那个字就是——爱。

艾米丽挂断了电话，那童言童语，天启般点醒了她这位妈咪。她不知道这孩子是聪明过人还是一时心血来潮——不晓得什么缘故，事情竟然被这孩子一下子接通，把她所有的心结统统打开了。在被那个“爱”字修复过来之后，她立刻清楚了现在她必须去做什么了——即使是真相揭示得太迟了，她也要说出那个真相。她要谅解过去的一切，她要找到大哥厄奈斯特，告诉大哥利亚姆在布罗德斯通生活期间发生了什么，并要他把这个过时的消息告诉赫加蒂家的其他人，不过不要告诉妈咪！这件事，无法由她自己独立去完成，她没有具体的证据支持，也没有办法面对碧依的非难，或伊达含泪的悲伤，或艾弗的戏谑……上帝啊，她是那么地怨恨她的家庭，从未选择过去爱他们，然而，她本应去爱他们所有的人的。

那将会是一个多么使人感动的尝试啊！她想，她并不希望改变她的命运，只想能过下去，继续活着，没有别的。她想要的只是在清晨醒来，夜晚入睡；她想要的只是再次和丈夫汤姆做爱。当她站在机场按顺序检票的队列当中等候登机时，她闭上了双眼，突然感觉到腹部里面的不适，一个新人找上了她。她想，如果是个男孩，她会与汤姆商量给他们的这一个宝贝取个什么名字，其实，她自己已经想好了名字——令人振奋向上，勇往直前，永不放弃。盖特威克机场本不是一个容易被飞行的恐惧攫住的地方，然而，在飞机起飞时，维罗妮卡心中却充满了恐惧：这飞机飞得那么高，直入云霄，怕要好久才能降落到地面上。不过，话又说回来，数月来，她自己不是一直在降落吗？这几个月来，她一直在朝向自己的生活降落，现在，终于即将着陆了。

作者生平与创作生涯

安妮·恩莱特于 1962 年 10 月 11 日出生在爱尔兰都柏林（Dublin），从小养成了酷爱读书的习惯，早早地就博览了欧洲古典文学以及现代文学的一些优秀作品，尤其钟爱詹姆斯·乔伊斯（James Joyce）及其巨作《尤利西斯》。1979 年，她以良好的成绩完成了中学学业，获得留学生奖学金，进入加拿大不列颠哥伦比亚省首府维多利亚市的太平洋皮尔森世界联合学院就读，1981 年，顺利获得了爱尔兰都柏林圣三一大学认可的入学资格，并在 1985 年获得了英文和哲学的学士学位；之后，又凭借一笔奖学金，前往英国东英吉利大学学习创作，修习了由英国小说家和评论家马尔科姆·布拉德伯里（Malcolm Bradbury）和良师安吉拉·卡特（Angela Carter）主持的创意写作课程，1987 年，获得了文学硕士学位。

之后，她返回故乡都柏林，1987 年至 1993 年间，一直在爱尔兰国家广播电视台（RTE）工作，担任制片及导演。期间，担任了 4 年热门谈话暨娱乐现场节目“夜游者”的制作人；之后，又制作了 2 年儿童节目，直到 1993 年下定决心毅然辞去这份高薪工作，将主要精力投注到文学创作当中，成了一名专业作家。

在成为全职作家之前，她曾忙里偷闲，写作了一些短篇小说，偶尔发表在《纽约客》或《巴黎观察》等杂志上。1989 年（27 岁），在英国伦敦费伯－费伯有限出版公司出版的文选系列《新小说集》（First Fictions）当中，发表了她的一篇短篇小说；由此，她获得了一位文学经纪人，并为她的一部短篇小说集预付了稿费。

1991 年（29 岁），她的第一部短篇小说集《携带版圣母像》（The Portable Virgin）问世，出版之后，获得了好评，一举夺得了爱尔兰文学鲁尼奖，还备受小说家安吉拉・卡特的盛赞，认为她的这部作品格调高雅，扣人心弦，行文中流露出智慧，笔法新颖独到。

自 1993 年全身心投入文学创作之后，她陆续出版了一些颇具个人特色的不凡之作，包括长篇小说：《我父亲的假发》（The Wig My Father Wore，1995）、《你像什么？》（What Are You Like，2000）、《伊丽莎・林奇的欢愉》（The Pleasure of Eliza Lynch，2002）、《聚会》（The Gathering，2007）、《被遗忘的华尔兹》（The Forgotten Waltz，2011）、《绿色之路》（The Green Road，2015）；短篇小说集：《拍照片》（Taking Pictures，2008）、《昨日的天气》（Yesterday's Weather，2009）；散文集《生娃娃：磕磕绊绊成了妈》（Making Babies: Stumbling into Motherhood，2004）等。这些作品，文字充满了戏剧张力，大多表现家庭和社会等外部因素对人的人生观、价值观等个性形成的巨大影响，以及爱尔兰沉重的历史和它的时代精神，其文学性备受肯定，行文灵动鲜活，机敏强健，时而妙趣横生，时而引发翩翩遐想，而更多时候低沉抒情，平静巧妙得令人叹为观止。

其中，《我父亲的假发》入围了《爱尔兰时报》的阿尔・林古斯文学奖；《你像什么？》深得评论家们的赏识，获得了英国作家协会安可奖，入围了英国 2001 年的惠特布莱德奖；《伊莱莎・林奇的欢愉》受到了批评界和读者的广泛好评；短篇小说集中的短篇小说《宝贝儿》（Honey），获得了都柏林詹姆斯・乔伊斯文化中心颁发的戴夫・拜尼创作奖；散文集《生娃娃：磕磕绊绊成了妈》出版之后大为畅销，被认为是一本不同凡响的育婴手册。

长篇小说《聚会》采用意识流手法，穿梭于现在与过去之间，用“我”的口吻，以率直而冷漠的笔调，残酷和痛苦的犀利语言，不凡的构思，审视了一个苦难重重的大家庭，看似简单的情节，内涵却极为丰富，以家族创伤及原罪为主题，将看似杂乱无章的生活碎片聚合在一起，描绘出了一个大家庭三代人混乱、隐秘、甚为苦涩的历史，时间跨度 70 多年，剥茧似的一层层揭开整个家族的累累伤疤，以女性视角特有的萧索，描绘了根植于家庭、婚姻中的阴郁。

小说出版之后，有评论认为，其为爱尔兰的文学传统注入了新鲜的血液，将古典的诗意和现代的震撼完美地合而为一。随后，因其用有力而打动人心的语言直视了一个痛苦的家庭，问鼎了第 39 届英语文学界最有影响力的布克奖，并在 2008 年，获得了爱尔兰年度小说奖。

之后，安妮・恩莱特一举成了英语文坛上备受瞩目的人物，当红作家，成了与爱尔兰前两位布克奖得主罗迪・道伊尔（Roddy Doyle，1958—　）和约翰・班维尔（John Banville，1945—　）齐名的作家，赢得了“爱尔兰文学的旗手”称号。随后，她声誉日隆，当今，已是爱尔兰当代文坛上最为重要的作家之一。在专注于文学创作的同时，她还长期兼顾为一些著名的英文报纸、杂志供稿，是英国《卫报》的一位评论员，长期为英国广播公司撰稿，并定期为《纽约客》《格兰塔》《伦敦书评》《都柏林评论》《爱尔兰时报》等刊物撰文。目前，她与任戏剧导演的丈夫马丁·墨菲（Martin Murphy）以及两个孩子生活在爱尔兰东海岸著名的海滨小镇布瑞（Bray）。

主要参考资料：

Booker Prize.com.

The Gathering, by Anne Enright, Publisher: Grove Press, Black Cat, 2007.

The Irish Times, 2007-10-17.

《外国文学动态》，2010-05。

2008年｜第40届

042 白老虎［澳］阿拉文德·阿迪加

The White Tiger by Aravind Adiga

◎ 原著共 8 章，由“我”给中国时任总理温家宝（Wen Jiabao）先生写的书信组成。“我”，即在逃杀人犯、班加罗尔的印度企业家巴尔拉姆·哈尔维（Balram Halwai）。本文在下面的讲述用第三人称。

英文原版封面

阿拉文德·阿迪加

（Aravind Adiga，1974—　）

阿拉文德·阿迪加是印度裔澳大利亚籍的一位有才华的作家，有“孟买的狄更斯”之誉。

有评论认为，其作品目光敏锐，注重对社会问题的思考，关注人性的善恶。

《白老虎》（The White Tiger）出版之后，立刻获得成功，轰动一时，当年便以其独一无二的原创性，在激烈的竞争中，脱颖而出，因其**不仅令人震惊，而且可读性很强**，一举夺魁，问鼎了第 40 届英语文学界最有影响力的布克奖，他因而成了世界文坛上的一匹黑马，备受瞩目。

这天，来自印度北部，现如今定居在印度南部有“亚洲硅谷”之称的班加罗尔市的阿肖克·沙尔马（Ashok Sharma）先生，从全印度广播电台的报道中获悉，中国总理温家宝先生将到班加罗尔进行访问，此行目的，是为了对班加罗尔有一个真实的了解，希望会见当地一些印度企业家，从他们嘴里，听一听他们各自的发迹经历。为此，他觉得自己很有必要把一些重要的事情用英语向温家宝总理说道说道，于是，当即决定，花些时间来把这件事做成。

首先，他要告诉温家宝总理，中国是他所钦佩的三个从未让异邦统治过的国家之一（其他两个是阿富汗和阿比西尼亚[1]）。出于对中国人民热爱自由的尊重之情，同时，也因为他相信世界的未来取决于黄种人和棕种人，因为在他看来，那些有着白色皮肤的人，因为鸡奸、过度使用手机和滥用毒品，正在日渐衰亡，所以，他愿意无偿地向温家宝总理说道说道班加罗尔的真实状况，讲讲他自己的人生故事。

坦率地说，他读的书不多，没有受过系统的学校正规教育，但是，他读过的每一本书却都是有用的，对有史以来的四位最伟大的诗人（鲁米[2]、伊克巴尔[3]、米尔扎·迦利布[4]，另外一个名字他一下子想不起来了）的作品，他能倒背如流，自认是一个自学成才的企业家。他相信，当温家宝总理听过他是怎么来到班加罗尔并成为一位最成功的（多半是最不为人知的）商人之后，将会获得自己应该知道的一切——有关企业家的精神是如何在班加罗尔诞生、培育以及发展起来的。

说干就干。现在，他开始遵循他们国家古老的风俗——在故事开讲之前要先向神明祈祷，可他一时间却又不知该去侍奉哪一路神明了，因为信奉印度教的人，有36,000,000个神祇可供奉，好在他身上兼具了印度企业家们的那种正直与欺诈、嘲弄与敬奉、狡猾与率真的品性，因而，他很快闭上双眼，合拢双手，行合十礼，向众神做了祈祷，期望众神将光明照耀到他的黑色故事上。

名不正言不顺。接下来，他该给他的故事起名了。他想起了当年为已故的前雇主阿肖克先生（Mr.

---

1 阿比西尼亚（Abyssinia）：埃塞俄比亚（Ethiopia）的旧名。

2 鲁米（Rumi，1207—1273）：即莫拉维·贾拉鲁丁·鲁米（Molang Jalaluddin Rumi），古波斯诗人，著名的苏菲主义诗人领袖，其主要诗作是抒情诗集和六卷叙事诗《玛斯那维》（Mathnawi），充满哲理训言，被奉为经典，称之为“知识的海洋”。

3 伊克巴尔（lqbal，1877—1938）：即穆罕默德·伊克巴尔（Muhammad Iqbal），印度穆斯林诗人、哲学家、政治家，其波斯语和乌尔都语诗作被认为是现代的最佳作品之一。

4 米尔扎·迦利布（Mirza Ghalib，1797—1869）：印度乌尔都语和波斯语诗人、散文作家，在乌尔都文学史上被誉为现代散文新纪元的开创者；其诗作，题材多样，以抒情诗最为著名。

Ashok）和平姬夫人（Pinky Madam）驾驶那辆“本田思迪”（Honda City）行驶在路上时，一次，阿肖克先生问了他几个常识性的问题，他一个也答不上来，阿肖克先生一本正经地对在一旁咯咯笑的平姬夫人哀叹了一声，说道：他是一个半吊子。这个国家充满了像他这样的半吊子，把伟大的议会民主托付给了像他们这样的家伙——这就是这个国家的悲剧。那么，《一个半吊子印度人的自传》便是他该给他的人生故事起的书名了。不过，需要补充一点，他，以及这个国家其他无数像他一样非正统教育出身的半吊子们，半成品们，是因为根本没有机会去完成他们的全部学业，所以才看问题半半拉拉的，说话不着调，为人处世，半成形，半不成形。

另外，他说自己是班加罗尔的一名“最不为人知的”成功人士，并不完全属实。其实，差不多三年前，他一下子就成了举国上下远近闻名的人物，全国通缉的要犯，印度各地，到处张贴着印有他头像的通缉令，尤其是在邮局、火车站或警察局的地面上，随处可见。他曾从网上下载了一张，打印后存放到他办公室的抽屉里整整有一年。一天，因差点被他的清洁工发现，才不得不将它处理掉了。在当时，很多人都从那张通缉令上看到了他的头像和名字以及那些通缉用语：在逃嫌疑人巴尔拉姆·哈尔维，曾用名，穆纳（Munna），人力车夫维克拉姆·哈尔维（Vikram Halwai）之子。

他的名字，是他第一天上学时老师给起的。老师要他们排好队轮流到讲台桌前登记，听到他报出“穆纳”（男娃子）的名字后，异常惊讶，家长为什么不为他正式起个名字呢？他回答说，他母亲病得很厉害，卧床不起，不断吐血，顾不上他的名字，他爸是人力车夫，没工夫为他起名字。于是，老师思索了一番，决定让他叫“巴尔拉姆”，所以，从那一天起，他就由“穆纳”变成了巴尔拉姆。后来，他又有了第三个名字，不过，有关这个名字到时候再说吧。

他的故事，起源于距班加罗尔千里之外的“黑暗之地”——不是时间意义上的“黑暗”，而是印度的一些地方，至少占国土面积的三分之一。在他看来，印度应是一个两极国家，既有明媚灿烂的一面，又有黑暗肮脏的一面。在印度，有一条定律，所以，他建议温家宝先生从印度内阁总理那里听到有关这个国家的任何情况后，最好将其倒过来看，这样，才有可能获得真相。

就说印度的母亲河——恒河吧，无疑，他们的内阁总理会称之为“解脱之河”，并会说那里每年都吸引来大量游客，甚至会殷勤邀请温家宝先生到里面去泡泡。别去！千万不要去恒河里浸泡！恕他直言——现在，那里面满是些排泄物、稻草、未焚烧透的人的残骸、水牛的腐尸，以及七种不同的工业酸。

说起恒河，他再熟悉不过了。他 6 岁，或 7 岁，或 8 岁（在他们村里，没一个人能知道自己的准确年龄）那年，在恒河边上的圣城贝拿勒斯[1]的山坡上，他沿着下坡路，走在运送他母亲尸体去恒河火葬的送葬队伍的后尾；走在最前面的是他奶奶库苏姆（Kusum），后面是他父亲和他哥哥基尚（Kishan），抬着装运尸体的藤床的前端，他的四个叔父，抬着藤床的后端；他的四个婶婶，环绕在周围不停地转动着，不断冲着他拍手，要他跟上来。他摇摆着手臂唱道：“大神湿婆是伟大的神！”他们经过了一个又一个神殿，拜求了一个又一个神祇，还没有看到恒河，他就已经闻到了渐渐浓厚起来的从河里飘过来的腐尸的恶臭。

就是在那天，在“母亲河”边的火葬场，在他母亲的尸体被火化掉之后，看着地面上那一堆黑色的淤泥，他恍然意识到自己也会像母亲一样变成那黑色淤泥的一部分时，平生第一次昏厥了过去。在那

1 贝拿勒斯（Benares）：印度东北部城市瓦腊纳西（Varanasi）的旧称，临恒河（Ganges），是印度教的圣城。

之后，他便再未光顾过恒河。

那张通缉令上还提到：嫌犯来自拉克斯曼加尔（Laxmangarh）村。说起伽耶地区的拉克斯曼加尔村来，可不是无人问津之地，菩提伽耶——就是佛祖安坐在一棵大树下沉思默想悟道的道场，就在那一地区！佛祖悟得了佛法，随后流传到包括中国在内的全世界，那个佛祖成正觉之地，距离他家乡拉克斯曼加尔村只有几英里远！不过，他不知道佛祖是否曾经过拉克斯曼加尔村，听有人说，步行穿过过。

在他们拉克斯曼加尔村外，有一条恒河的支流，每周一都会有一些船只从外面的世界运进来一些生活用品，村里面有一条街道，一条将街道分为两截的下水道，一个买卖市场，市场尽头，有一座高高的圆锥形的白塔，那神殿里面，是一幅藏红色的生物画像，半人半猴形，即哈努曼（Hanuman）——在“黑暗之地”人人都喜爱和崇奉的猴神。在外人眼里，拉克斯曼加尔村，是印度著名的乡间乐土：电力供应充足，有自来水和线路畅通无阻的电话，孩子们平日里吃的是肉、蛋、菜蔬和小扁豆，身高和体重全都达到了联合国和相关组织规定的最低标准，他们的总理与那些组织签署了不少条约，还定期堂而皇之地去出席种种论坛。实际的情况却是，在他们村里，有电线杆子——不通电；装着水龙头——不流水；孩子们——营养不良，个头矮小得与他们的实际年龄不符，脑袋特别大，闪动着一双清亮的眼睛，就好像是印度政府有愧的良心一样。

对于通缉令上的“人力车夫维克拉姆·哈尔维”这一说法，他实在反感，认为应当改成“人力车夫维克拉姆·哈尔维先生”。因为尽管他父亲是一个穷人，一个穷车夫，但他父亲却是一位堂堂正正而有胆量的男子汉。在他看来，如果没有父亲的指引，他现在不可能坐在办公室里，坐在枝形吊灯下，享受着美好人生。

拉克斯曼加尔村里有四个地主，根据他们各自嗜好的特性，分别被大家称作“水牛”“鹳鸟”“公野猪”“大乌鸦”。这四个残暴的禽兽，将村子周围的所有良田、河流、山地和道路，垄断为他们私人的财源，坐收高额租税，全力盘剥，势力伸向四面八方，远远超出伽耶地区。他们居住在外面的高宅大院里，各自的宅院里有自己的神殿、水井和池塘，除了收费之外，他们无须到村子里来。他的父亲，靠在道路上拉车生活，不管挣到多少钱，都必须将其中的三分之一上交到那个贪婪的“水牛”手里，分文不能少。他父亲被盘剥成一副瘦骨嶙峋的样子，形容枯槁，身上疤痕累累。他叔父们的工作也非常辛苦，每年，一到雨季，便得带上发黑的镰刀去工作场，向地主们乞求一些活儿干，然后，他们就去播种、割草、收割玉米和水稻。他父亲本来可以和他叔父们一起在地主的泥淖里讨生活，但他父亲选择了对抗，情愿去做人力车夫——像役畜一样的人；即便如此，他父亲却是一个有筹划的人。他就是父亲的筹划。

一天，他被学校教室里的一只蜥蜴吓得昏厥了过去，之后，他便不再去学校了。他父亲从别人口里得知了他不再去上学了，在家里大发脾气，干出了从未干过的事情，冲着库苏姆吼叫起来，指责他奶奶让基尚和他离开学校了，坚持要让他一定学会读书写字！库苏姆毫不退让，继续要他和基尚一起去茶馆做事。第二天，他父亲毅然带他去了学校，设计诱捕到了那只蜥蜴，并且消灭了它，然后，对他说：我这一辈子，活得像头驴子一样，我希望，我的儿子，至少一个儿子，将来能活得像个男人。

“活得像个男人”的意思是什么——他不明白，他想，应该指的是像售票员维加（Vijay）那样吧。维加是所有在茶馆里干活的人敬佩的对象，大家羡慕维加的那一身公交车公司发的卡其布制服和那个银哨子，以及悬在口袋上的拴着哨子的红带子。维加出身于养猪员阶层——低等级中的最低等级，可他不但出人头地了，还和一个政客交上了朋友。有人议论说，那是因为他让那人鸡奸了他，可不管他究竟做了什么，反正他已经成功。维加是他认识的第一个企业家，他渴望成为一个像维加那样的人，穿一身制服，有一份工资……

那通缉令上还说：这个下落不明的男人是一名受雇的司机，案发时驾驶着一辆“本田思迪”，地区警察局已对此立案。据推测，这名男子随身携有一个手提箱，里面装有大量现金。说到这里，他可得说道说道了，警察局办事太草率，应在“手提箱”前面加上“红色”二字，不说明颜色，有什么用？难怪他始终未能被人检举出来。至于“大量现金”的模糊说法，应是具体的“70万卢比”，其实，那些警察是清楚这一数目的。再有一点，那张通缉令上，竟然没有提及他的学校，简直岂有此理！描述一个男人，总应当说一说有关他的教育状况吧。

在印度，学校是天堂。政府有一个方案，每天午餐期间，免费给每一个学生提供三块印度大饼，黄灿灿五豆泥，以及各式腌菜。在他的学校，他们从未享受过这样的待遇，学校的老师，把学生们的午餐费窃为了己有。一次，老师们甚至由于领不到工资，把政府发给他们学生的新校服卖到邻村集市上去了。然而，没有人去责怪那些老师的所作所为，因为他们不能指望一个人身居粪堆而不染粪臭。在拉克斯曼加尔村，每一个人都清楚，要是自己处于那个位置上，也会去那么做的。

一天早上，一个穿着蓝色狩猎服的人——督察员，进了他们班的教室，突击检查，发现教室里缺少应备的配置——簸箕，椅子，便叱问一旁的老师，私吞了多少学校的经费？把老师吓得抖缩个不停。后来，督察员在黑板上写了四句话，叫学生们站起来读，大家一个接着一个站了起来，干眨眼；老师大着胆子提议说让他站出来试试，说全体学生当中，数他最聪明。他十分流利地把那几句话念了出来，督察员夸奖了他一句，接着，问了几个有关宗教和时势的问题，他一一对答之后，督察员大喜，夸赞说，与一群恶棍和白痴相比，他是一个“有才智、正派、生气勃勃”的家伙。督察员又问了他一个问题：在原始丛林里，有一种极其罕见的动物，你一生中只能见到一次，是什么？他想了一下，回答说，白虎[1]。督察员欢喜至极，高度评价了他一句：没错，在这片丛林里，你就是一只白虎。在临走前，督察员表示要给巴特那[2]写一封信，让他们提供奖学金送他去一所地道的学校，接受地道的教育。督察员还给了他一个临别纪念品——青年读本的《圣雄甘地传记》。于是，他便又有了“白虎”这个名字。

好景不长，没多久，他就不得不离开了校园。他堂姐瑞娜（Reena）要与邻村一个比他们家高一阶层的小伙子喜结连理，被对方勒索了一番，置备了不菲的嫁妆，他们家被逼无奈，向“鹳鸟”借了一笔大额贷款，到期后，“鹳鸟”前来催债，他们家只能让他去“鹳鸟”的茶馆干活抵债，终止了他大有前途的学业。在茶馆打工期间，他负责砸煤块、擦桌子，同时，也学习到了许多在任何校园里都学不到的知识。

那通缉令上，他的那张照片模糊不清，难以辨认，瘦瘪瘪的面孔上留着粗短的小胡子，他想，在印度，或许有一半男人都是那个样子。由此，他又得来说道说道那些警察的本事了——那毕竟是一桩轰动了整

---

1 白虎（White Tiger）：孟加拉虎的变种之一，由于基因突变，其身上的毛发由原本的橙黄色底黑色条纹转变成了白底黑纹，野生的极为罕见。

2 巴特那（Patna）：位于比哈尔邦东部恒河南岸，印度的宗圣地，比哈尔邦（Bihar）首府。

个社会的案件，当时，整整一卡车穿着卡其布制服的警察，去了拉克斯曼加尔村，调查他的失踪，四下里走访。他断定，那些警察绝对错过了最重要的线索，而那个线索就在他们面前——坐落在小山头上，俯瞰着拉克斯曼加尔村的那个黑堡。

那个黑堡至少已有几百年的历史了，久弃不用，被一群猴子占据了，除了羊倌放羊时偶尔路过附近之外，一向人迹罕至。在校上学期间，他多次恳求奶奶带他去那里看看，库苏姆总是说黑堡里有世界上最大的蜥蜴，他这个胆小鬼，去了会被吓死的。终于，在 13 岁那年，他决定独自进去看看，而即将进去的时候，被不知从哪里冒出来的一个黑东西吓破了胆，转身逃下山后，再回望过去，原来只是一头母牛，可他却不敢再回去了。后来，他又试着去了多次，每一次，照旧是胆小如鼠，从未能进去，便回返了。

在 24 岁那年，当时，他住在丹巴德，在他的主人阿肖克先生回拉克斯曼加尔村短期访问期间，他乘机独自爬上了山顶，终于第一次进入了那个黑堡，然后，俯视了一番山脚下他们小山村的村景，还有他家的房子，房前的水牛；之后，从终于被他征服了的古堡那里探出身去，他朝着他家乡的方向，反复“呸！呸！”地吐口水，接着，吹着口哨，哼着唱着，走下了山坡。八个月之后，他割开了阿肖克先生的喉咙。

现在，他想说一说他故事当中至关重要的男人——他的前雇主阿肖克先生，不过，即便他杀了他，人们谁也别想从他口中听到任何有关他的坏话——当他是他的仆役时，是这样，现在，他成了（在某种意义上的）他的征服者，依然是这样。自从受雇于“鹳鸟”家之后，从阿肖克先生身上，他领受的恩惠太多了，尤其是，当他们夫妇坐在汽车的后座上，用印地语混杂着英语闲谈着生活的事、印度的事、美国的事时，他从偷听中获得了不少有关生活、印度和美国的知识，而且还从中学习了一些英语。

他是在他父亲去世后来到丹巴德的。他父亲死于肺结核，火化之后一个月，他哥哥基尚结婚了，基尚和新婚老婆仅仅厮守了两个星期，就被打发到了丹巴德，同行的还有他和他的堂兄迪利普（Dilip），他们三个人，在丹巴德的一家茶馆里找到了工作。茶馆里干活的那些人，那些役畜，看上去就像个“蜘蛛人”——面容枯槁，胡子拉碴，在桌子中间和桌子的下面慢慢爬行，手里拿着抹布，动作迟缓，年龄已经 30、40 或 50 多岁了，依然做着“侍役”。他们那些人，无论是谁，只要干起活来恪守本分，行事作风像“甘地”那样，老老实实，认认真真，甘于奉献，那么，“蜘蛛人”的役畜形象就是谁的命运。所以，在茶馆里，他属于那种干起活来敷衍塞责，马马虎虎，不愿奉献，假装在干的那种人——因而，他在茶馆里最大的收获，是增长了不少令人从灵魂深处丰富起来的见识。

一天，擦桌子时，他留意到一段会话，从而改变了他的一生。一个茶客说——司机的月薪 1700 卢比！他当时便对当一名汽车驾驶员生出了兴趣；然而，要学开车，要有学费，必须花费 300 卢比，为此，他想去干点杂活，挣些钱，却因人长得太瘦，没人肯雇用他。正当他一筹莫展之时，基尚和迪利普给他带来了一个好消息，他奶奶库苏姆同意给他出这笔费用，条件是——他一旦发了财，绝对不能忘记她的恩德，要把每月挣到的每一个卢比，统统给她寄回去。

随后，基尚陪他去了出租车司机的住处，向一个坐在床上吸烟的老男人说明了来意，询问过他们的种姓后，年长的司机师傅认为出身于“哈维尔”（指做糖果的人，属首陀罗）的人，没有斗士的血脉，做不成司机，在他们以外加一笔好处费为条件后，他便收他为徒了。司机师傅用一辆出租车开始了对他的训练，对他非常严格，每次出错，都会挨上一巴掌，他一边勤学苦练，一边无偿地为师傅干活，最后，终于学会了开车。他遵约，把那笔100卢比的好处费交给了师傅，师傅提醒他：公路就是一个丛林。有本事的司机，在路上不惧怕一切。

第二天一大早，他便开始寻找工作，走过了一座又一座房子，敲开了一家又一家有钱人家的大门，在基尚的鼓励下，坚持了两个星期之后，他走到一家有10英尺高的围墙和窗户装着铁架防护栏的房门前。一个混账的尼泊尔人问清他的来意之后，不容分说，让他滚蛋。他正要转身走开之际，看到了站在阳台上的阿肖克先生，一瞬间，某种神秘莫测的宿命将阿肖克先生的命脉和他连接到了一起，他使劲拍打着那扇铁门，看到一个老家伙从里面的房门里走了出来后，他一眼便认出了来人——“鹳鸟”。之后，由于他坚持不懈，再三自我介绍：他来自拉克斯曼加尔，黑堡附近的那个村，他们是同村的，结果，“鹳鸟”命令尼泊尔人——拉姆·巴哈杜尔（Ram Bahadur）把大门打开了。大铁门刚开一条缝，他就蹿了进去，直接扑倒在了“鹳鸟”的脚下，声泪俱下。

“鹳鸟”和他的儿子穆克什（Mukesh）、阿肖克用他们车库里的一辆“玛鲁蒂铃木”对他进行了驾驶测试，他们坐到那车上，让他驶向丹巴德市内，半小时后，让他掉头返回，他们还算满意。于是，“鹳鸟”开始询问他的姓氏，属于高等级还是低等级。他意识到，他的未来取决于对这个问题的回答。

他的姓氏“哈尔维”——他世袭的种姓等级，他的命运。不过，他又一想，过去，在印度，有上千个种姓，上千种命运；而当今，在1947年8月15日[1]英国人撤离之后，只有两个种姓：大肚子和瘪肚子；两种命运：吃，或被吃。他不知“鹳鸟”他们想听什么样的回答，大着胆回答说：低等。之后，“鹳鸟”和穆克什继续轮番往下盘问他，他巧妙应对着一个又一个考验，终于，一旁的阿肖克表示说他明天就可以来上班了，而穆克什坚持认为太快了，最后，“鹳鸟”一锤定音，让他过两天再来。他想，“鹳鸟”一定是给在拉克斯曼加尔的人打了电话，让那人去了他的家，详细调查了他一番。

比较起来，在“鹳鸟”家，仆役们受到的待遇算是好了，提供给仆役的食物充裕，而且，每周都有鸡肉吃。他与主人家里的另一位司机拉姆·佩萨德（Ram Persad）同住一室，拉姆睡在一张不错的大床上，他睡在地板上，不管怎样，总比他和哥哥基尚原来一直睡在街道上强多了，而且他还有了一身“黑暗之地”的人最为看重的制服，一件卡其布制服！基尚每个月过来看他一次，通过“鹳鸟”家后面大门的黑色的栅栏，他把需要给奶奶库苏姆的钱交到他手里。

拉姆是主司机，负责驾驶主人家那辆“本田思迪”；他是副司机，在拉姆忙不过来的情况下，驾驶那辆“玛鲁蒂铃木”去为主人们服务，这时候，他就不用去擦地板、扫院子、沏茶、清除蜘蛛网或把一头牛赶出宅院等杂活了。在晚上，他还要负责给腿部血管有毛病的“鹳鸟”用热水泡脚、按摩，按摩时，“鹳鸟”两个儿子会拉过椅子坐在旁边和父亲聊天，他们边聊边喝威士忌，话说得越多，他按摩的时间就越久。他们谈论有关政治、煤矿还有中国的事情，不晓得什么缘故，他模糊感到这三件事与“鹳鸟”家的财富密切相关……每天，他都用心聆听那些交谈，尤其是那些令人惊异的有关企业家们的事，因他那样过于专注聆听，脑瓜上时不时会重重挨上“鹳鸟”一巴掌。

因为主人们喜欢喝威士忌，每周至少有一次，他和拉姆会在傍晚6点左右到街上那家“好运”英国

---

1 1947年8月15日：印度国庆日之一，独立日，从英国统治下（1858—1947）获得独立的日子。

酒店购买一瓶里面价钱最昂贵的威士忌。在夜晚，有时，拉姆躺在床上鼾声大作时，他躺在地板上想："鹳鸟"的两个儿子怎么会那么不同？那位穆克什先生——他们背后称之为"猫鼬"，个头矮小、肤带黑色，长相难看，还十分刻毒，结婚已有些年头，老婆的长相不怎么好，生了两个儿子之后，准时发了福；阿肖克先生却相貌堂堂，个头高大，结实、长相英俊，很有一副地主家的儿子的典型模样。从主司机拉姆与其盟友尼泊尔人拉姆二人的聊天中，他偷听到平姬夫人是一个美国人，而且，他们夫妻不顾双方家人的坚决反对，在美国结的婚。

一天早晨，平日里只和丈夫阿肖克打羽毛球的平姬夫人，敲开了他们小宿舍的门，要他陪她打球，他的球打得糟得不能再糟了，夫人只好换上了拉姆。想不到拉姆一上场就配合得相当好，准确无误地击球动作，激起了他身体里的愤怒。当今世界，还有什么样的仇恨能像二号仆役仇恨头号仆役那样呢？尽管他与拉姆同睡一个房间，彼此相距只有几英尺，他们却从未说过话，彼此甚至都没一句问候语。整个晚上，他都能感受到从拉姆那里辐射过来的竞争压力，感受到拉姆在咒逐他，甚至在睡梦中都在用符咒诅咒他。随后有一天，阿肖克先生走进他们的小宿舍，看到房间里空间狭小，天花板的油漆剥落，角落里挂着蜘蛛网，加上难闻的气味，像是心存愧疚似的，表示将会让他和拉姆搬到一个好点的房间去，让他们每人都拥有一张床，都能有点自己的私密空间。之后，阿肖克先生又对他说道，他很小就离开了拉克斯曼加尔村，后来再未回去过，现在，他要去看看他出生的地方，并要他为他开车。

他驾驶着那辆"本田思迪"，拉着阿肖克先生与平姬夫人，驶向了拉克斯曼加尔村。那天，是他第一次为他们夫妻二人开车，之前，这一直是拉姆的殊荣。一路上，从他们的交谈当中，他听出，他们正在考虑是不是回纽约去生活，平姬夫人有些气恼地表示，不管阿肖克怎么打算，她都要回美国去。于是，他开始担心了：要是他们真的回美国去了，他们家将会不会不再需要副司机了？

在"鹳鸟"家的宅第门前，管理员已经等候在了那里，打开车门之后，向阿肖克先生行了一个摸脚礼。中午，阿肖克的叔叔，村里四地主之一的"公野猪"过来与他共进了午餐。他们用过午餐后，他洗净了厨房里的碗碟，又帮管理员煮好了茶，然后便打算回家去看看他的家人，不料，他的那些家人已先他一步跑了过来，在"鹳鸟"家的宅院里，围着那辆"本田思迪"，用一种引以为豪的神色盯视着。

他已经很长时间没见到哥哥了。基尚从丹巴德返回家乡种田后，已过去三个月了，他赶紧对基尚行了摸脚礼，而且比所需的触摸时间延长了一会儿，因为他心里清楚，若他不这样做，基尚会把事情弄得难以收场——因为他已有两个月没往家里交钱了。基尚责怪他违背了与家人之间的约定，不过，并没有真的生气。在那之后，大家几乎是把他抬回家的——这是他平生第一次在家里受到了比他们家的水牛还要多的关注。为了他的那身制服，邻居们早等候在那里了，他一进家门，大家便把他离家之后家里出生的新婴儿抱了过来，让他一一亲吻。家里又添了新人，开销更大了，由于他没有按月往家里交钱，因而受到了众人的责备。有人为库苏姆出了一个驯服他的主意，用一桩婚事来束缚他，让他赶紧结婚。

基尚给他讲了不少有关"黑暗之地"的新闻，全是负面的，"伟大的社会党人"腐败不堪，集团之间的血腥冲突和暴力事件不断，在最后，基尚嘟哝了一句：这里的生活成了地狱。望着又黑又瘦的基尚，他注意到，不过三个月的时间，他整个人看上去就已变得不成样子了，成了他父亲那样一副瘦骨嶙峋的惨相。

库苏姆专门为他一个人做了鸡肉，同他谈论起那一桩婚事的具体事宜，遭到他婉拒之后，库苏姆分外失望，依然坚持要求他最好按照他们说的去做，他当然不从，与库苏姆争辩起来，家里人全都放下了自己手中的活计，跑过来看他们的争论。他是不会像父亲和基尚那样顺从地钻进由库苏姆设好的那个乡下生活的圈套的，他告诉库苏姆：他是不会结婚的，表达过这一鲜明态度之后，他站起身来，推开基尚的阻拦，离开了家门，一口气跑到村里的池塘边。

坐在塘边，他气恼至极，咬牙切齿，望着对面山上的黑堡，基尚的身影在他眼前不断地闪现。他想，他们是要把他活生生地吞下去！像对待他父亲那样，从里到外把他一点点掏空……之后，他便独自一人，爬上了对面的山顶，生平第一次将脚踩在了那个黑堡的防御土墙上。

回返途中，他驾驶着那辆“本田思迪”驶过村里的市场时，往茶馆看了一眼：那些役畜——人形蜘蛛正在桌子那里忙活着，人力车夫正在后面排列成一线……顿时，他下定决心，再也不会回到这里来了！坐在车里的平姬夫人再次向阿肖克问起有关他们回纽约生活的事。这一次，阿肖克的态度很明确，说他觉得当今的印度已经有了翻天覆地的发展，十年之后，便会像美国一样了，还有，他更喜欢生活在印度，在这里能享受到在纽约享受不到的服侍，躺在床上，就有人把茶和甜点端上来了。

之后的路上，他们遭遇了堵车。一辆大卡车停在了道路中央，上面坐满了人，人人头上系着红布条，高喊着口号：“打倒富人！”“拥护伟大的社会党人！”随后开过来的一辆大卡车上，车上的那些人头上系着绿布条，冲着头上系着红布条的人高声呼喊着口号。双方群情激愤，形势有些紧张，一场冲突即将爆发。平姬夫人警觉地询问道：出什么事了？阿肖克语调轻松地安慰了她一句：没事，就是快要选举了。

他不由得回想他 18 岁那年的选举。他和茶馆里的同龄人，拥有了他们法定的选举权，选举即将开始，茶馆老板把他们的选举权卖掉了，卖了他们的指纹印，即不识字的人因写不来自己的名字而在选票上摁的黑手印。他是从一个茶客那里偷听来的，据说，那轮选举，将是一场势均力敌的对阵，指纹印的价码随之水涨船高，茶馆老板把他们的指纹印统统卖给了“伟大的社会党人”。

代表穷人的“伟大的社会党人”统治“黑暗之地”已有十年，赢得了一轮又一轮的选举。有茶客说，“伟大的社会党人”开始还不错，整顿吏治，后来被恒河的黑淤泥吞噬了；也有茶客说，其实，“伟大的社会党人”打一开始就不怎么干净，现在终于露出了真面目。眼下，新的一轮选举在即，“伟大的社会党人”的统治摇摇欲坠了，有 93 桩刑事案件——谋杀、强奸、特大盗窃案、走私军火、拉皮条，以及其他一些大大小小案件，正在审理当中，指控他和他的部长们；据说“伟大的社会党人”本人也遭遇了弹劾，被指控从“黑暗之地”侵吞了 10 亿卢比，存到了一个国外的银行账户上。

总的来说，在印度，有三种主要的疾病：伤寒、霍乱和选举热，尤其是选举热最为致命。比如，在他的家乡，拉克斯曼加尔，村里的选民一个个就像太监谈论性爱指南《伽摩经》（Kama Sutra）一样谈论着选举。大家都知道，多年来，村里的四大地主和那位“伟大的社会党人”，他们一直都有一笔交易，后来，他们之间的交易出了问题，“水牛”“鹳鸟”“公野猪”“大乌鸦”四禽兽，联合起来组建了自己的政党——“全印度社会进步阵线—列宁派”。村里那位公交车售票员维加，是“伟大的社会党人”的铁杆拥护者，辞去了先前的工作，专职搞起了政治，成了选举前的几个星期里为选举游行造势的那一辆辆满载年轻人的大卡车上的常客。

到了临近选举的前一周，两边都偃旗息鼓了。他在擦桌子时，从茶客那里听到了原因：四禽兽虚张声势的吓唬奏效了，“伟大的社会党人”同意和他们重商大计。“鹳鸟”被任命为了“伟大的社会党”在拉克斯曼加尔支部的主席。维加在茶馆前的一次大型集会上，向“鹳鸟”行了鞠躬礼，还行了摸脚礼，成了“鹳鸟”的副手。在那之后，在茶馆干活时，他偷听到了一场对话：一名男子（人力车夫）因干扰“伟大的社会党人”在拉克斯曼加尔大获全胜的官方庆祝活动，而被维加和一个警察打倒在了地上，直至被活活打死。

由是，他又想到了有关他的那张通缉令。上面说他是一个杀人犯——对此，他毫无怨言，他承认自己有罪，是一个罪孽深重的人，甘愿为他的罪行下地狱；但是，要是被本身就有杀人记录的警察称为杀人犯，他觉得，简直是天大的笑话，太有悖事理了！所以，那些警察永远别想找到他这个逃亡者。

话再说回来，在丹巴德，在即将举行新一轮选举前，一天，维加从拉克斯曼加尔来到“鹳鸟”家的高墙内，这一次，他儿时的这位偶像，换上了新制服，一身全白色装束，戴着一顶白色的尼赫鲁帽，八个手指上，套着纯金的戒指。公众事业带给了维加不少好处。他在门口服侍，一面观察着。“鹳鸟”亲自出来接待维加，还在维加面前鞠了一躬。一个地主冲着一个养猪员的儿子鞠躬——这简直民主得出奇了！两天后，那位伟大的社会党的大人物上门造访，他在装作扫地的当口，偷听着他们的谈话。他们离他很近，像是起了纷争，为了150万：那位“伟大的社会党”认为是因为他们任由“鹳鸟”盗采，“鹳鸟”才能做成漂亮的骗局，无偿开采国有煤炭。

当天晚上，“鹳鸟”和他两个儿子认真商讨了一番，寻求对策，两个儿子不想继续被赢得了新选战的“伟大的社会党人”讹诈了，决定到德里去寻求保护伞。第二天，从想趁机敲诈他一笔钱的门卫尼泊尔人拉姆口中，他获悉，“鹳鸟”的两个儿子过一周就要去德里了，要去三个月，有一个司机同行，每月薪水3000卢比。在那之后，他便被这一消息折腾得六神无主了。

随后那天清晨，天还黑着，他突然被一股浓烈刺鼻的味道呛醒了，同屋的主司机拉姆正在一个木板上切洋葱。莫名之中，他开始觉察到拉姆这两天有些不大对劲，为什么突然不和他们一起吃饭了？随后，他观察了拉姆整整一天。将近傍晚时分，他看到拉姆悄悄出了大门，便尾随其后，跟踪拉姆到了清真寺里后，恍然大悟，原来拉姆是个穆斯林！拉姆不和他们一道吃饭，是因为正在严守穆斯林的斋月；接下来，他很快又弄清了，拉姆的真名为穆罕默德·穆罕默德（Mohammad Mohammad），一个贫穷而勤勉的穆斯林，由于需要在不愿意雇用穆斯林的地主家里找到一份工作，养活饥饿的家人，便在盟友尼泊尔人拉姆的帮助下，谎称自己是一个印度教徒，改名拉姆·佩萨德进了“鹳鸟”家。

接下来，在他把他的结论向参与骗局的尼泊尔人拉姆说明之后，在这场仆役与仆役的对决中，他便大获全胜了，从而成了“鹳鸟”家的头号仆役，当天夜晚，就睡到了床上。第二天早晨，拉姆·佩萨德没有和他说一句话，收拾好行李走了；从那天之后，尼泊尔人拉姆，开始用整天对“鹳鸟”的那种假笑来奉承他了，而且，每天早晨，他都能享用到尼泊尔人拉姆用磁托盘送来的尼泊尔的热茶和一些美味的甜饼了。

两天后，他开着那辆“本田思迪”，拉着阿肖克先生、“猫鼬”和平姬夫人去了德里。德里——伟大祖国的首都，国会、总统、部长和内阁总理的领地，国家城市规划的骄傲，展示共和国的陈列地，在他眼里，光怪陆离，交通拥堵，喧嚣闹腾，贫富悬殊——肥头大耳的富人，住在高大的豪宅群里；成千上万羸瘦邋遢的穷人，来自“黑暗之地”的无家可归者，像动物一样，住在街道旁、大桥或高架桥下面，在呼啸而过的汽车的声浪中，生火做饭、洗洗涮涮、抓灭头上的虱子，还不时给行路的司机制造麻烦——

他们从来不等红灯，总是横冲直撞。

德里的路况，实在复杂不堪。他总是迷路，不断被“猫鼬”责骂，有时还会在他后脑勺上拍上一巴掌。那天，他拉着他们返回德里的新家——位于古尔冈的一座庞大公寓大楼的高层，白金汉塔楼B座13层，他又走错了路，被“猫鼬”一通斥骂，直至阿肖克将话题转移到“鹳鸟”经营煤矿所应上的税务问题上，才为他解了围。由于在这段时间里，“鹳鸟”刻意与“伟大的社会党人”拉开了距离，没买账，因而惹出了税务上的麻烦。“猫鼬”显得胸有成竹，让阿肖克不用担心，已经有一个老手在替他们忙活这事了，很快便会安排他们同要找的官员会面的。

遵从指使，他把车子驶向古尔冈一家购物中心。当今的古尔冈，俨然已成了德里最为繁华的地区之一，地面上居住着不少外国人，而且，美国人居多，美国运通公司、微软公司以及其他的美国大公司，都在这里设有办公地，各主要大街上，林立着一个又一个现代化的大型购物中心——每一个里面，都带有一家影院。那些大型购物中心，任由雇主们自由出入，而他和其他那些身为司机的仆役却不得入内，只能在外守候；当然了，并没有什么人对他们明确说明这一点。在等候各自雇主完成购物期间，他们就等候在购物中心外围，在停车场旁围成一圈，抽烟、嚼食帕安[1]、聊天……在那些司机当中，有一个嘴唇周边全是白斑的司机对他颇为亲善，他们比较接近，说起来，他们的主人还是邻居，都住在白金汉塔楼里。从“白斑嘴唇”那里，他了解到了不少在德里行车时的注意事项：路好，人坏，警察腐败透顶……他还不时向“白斑嘴唇”求解一些他好奇的问题。后来，“白斑嘴唇”还主动递给了他一本杂志——《谋杀周刊》，让他坐在车里等得无聊时看一看，打发时间。那是一本穷人能买得起的廉价杂志，在德里任何一个报摊上都能看到，深受德里仆役们热捧，每周刚一上市，不少司机都会争相购买，然后相互传阅，里面专门报道一些极具吸引力的虚构的暴力谋杀故事，细节描写得详细而逼真。

半小时后，“猫鼬”、阿肖克先生和平姬夫人提着购物袋出来了，他跑过去接过那些购物袋，放进车子的后备箱，然后关好车门，跳上驾驶座，发动汽车，前往新家。在一幢幢崭新的大楼群里面，白金汉塔楼B座最有档次，拥有一个相当讲究的巨大门厅，里面有电梯，直接上到13层。他进门后，依照“猫鼬”的吩咐，把那些购物袋放到桌子旁边，去厨房把所有要清洗的活干完后，十指交叉，合掌站到门口附近等候吩咐，直到“猫鼬”准许他离开。

“猫鼬”要他在明天早上8点备好车，还警告了一句：不要以为到了城里就要花招。之后，他找到了仆役们的住处——地下室，那一间间紧密连接在一起的房间，里面拥挤不堪，住着司机、厨师、清洁工、女佣和公寓大楼的主厨，在主人需要的时候，那些遍及各处的电铃当中的一个，就会铃声大作。他的住处，位于地下二层，刚一进去，就看到了坐在那些尖叫狂笑的仆役中间的“白斑嘴唇”，他们管他叫“乡巴佬耗子”，轮番戏弄嘲笑他，拿他取乐，整整一晚上。

第二天，经过一番打听后，他换到了原来住处的另一边，一间没有任何人愿意过去居住的空屋子，里面的地板还没铺好，廉价白灰粉刷的墙壁上，落着手印，一张摇摇晃晃的小床上，挂着一顶蚊帐，外加到处活动的蟑螂，唯一可取之处——属于他一个人，再没人能拿他取笑了。到了早上，等着轮到他用过公共厕所、公共洗脸槽、公共洗澡间后，他来到停车场，用软湿布把那辆“本田思迪”里里外外擦了

---

1 帕安（paan）：印度槟榔。

个干净，然后，向位于仪器板上的财富女神——拉克什米[1]的小塑像敬上了一炷香；仪器板上还有三个用磁铁做的迦梨女神[2]粘贴像，他把它们一一擦洗干净，先前在那里，拉姆·佩萨德也曾放了几个，他已把它们全部扔掉了。

之后，他遵照指示，开车进入了德里核心地带。“猫鼬”他们在国大党的总部下了车，他在外面等候，两小时之后，他们又让他开往总统府。他把车子停在总统府附近后，这一次，一直等到天快黑了，“猫鼬”他们才同一个胖男人一道儿走了出来，在车外继续聊了一会儿，然后握手告辞。上车后，阿肖克绷着脸，脸色阴沉；“猫鼬”一副无所谓的样子，命令他直接开车回家。从他们的话语中，他听出：他们刚刚行贿了一位部长。为此，阿肖克的心里很不痛快，望到车窗外那一座巨型青铜群雕中的圣雄甘地时，气恼地甩骂了一句当今印度滑稽而该死的政治。

在前往古尔冈的道路上，经历了一个小时难以忍受的拥堵折磨，他们终于抵达了家门口。然而，折磨还没有结束，“猫鼬”钻出车门后，摸了摸衣兜，说丢了1个卢比，大发雷霆，硬说他偷了那个卢比，阿肖克在一旁劝阻“猫鼬”算了：我们刚刚在行贿中付了50万卢比，现在却为1个卢比挤兑家里的司机，没什么意思。“猫鼬”不但不买账，还指责阿肖克：你就是这么使仆役变坏的，1个卢比是使他们变坏的开始。不要把你那些美国作风搬到这里来！

现在说起这件事，他至今都没有搞明白那1卢比到底是怎么回事。当时，为了找到它，他像狗一样在那辆“本田思迪”里寻来寻去，最后，只好从自己的口袋里掏出1卢比，假称它掉到车厢地上了，交给了“猫鼬”，才过了关。“猫鼬”那张黑黢黢的脸上，现出孩子气的欢喜，接过那1卢比硬币，用牙咬了一下，好像碰到了今天最让他高兴的事。

一天早上，阿肖克让他开车把“猫鼬”送往火车站，他暗自欢喜，推想，准是平姬夫人尖酸刻薄的话语把“猫鼬”给打发回去了。他把“猫鼬”的行李搬到火车车厢里，然后到售货摊买了一张脆饼——“猫鼬”坐火车时总喜欢吃这东西。准备离开时，“猫鼬”把他叫住了，他蹲在车厢的一个角落里，听着“猫鼬”对他的那一番威胁和警告：在德里开车要守德里的规矩；一个人开车时，不准用空调，不准听音乐；另外，每天出车回来，要报里程表，不准偷偷用车。

此后，受过海外教育的阿肖克先生成了他唯一的主人。阿肖克不是一个有本事的地主，做不了什么主。平姬夫人对印度生活的不满一天比一天鲜明，不断与阿肖克吵闹，向阿肖克甩脸子，对他的驾驶技术也多有微词，对他的卫生习惯，更是不能容忍。一天，他在厨房为她煮姜茶，水刚煮开，他没注意到她站在了门口，她看到了他不留神做出的一个不堪的动作后，立刻大骂他肮脏，令人作呕，骂他牙齿上全是嚼食帕安染上的红渍，衬衫上是嚼食帕安滴落的红斑点，并让他打扫干净他弄脏的厨房，然后滚出去！

不久，随着德里道路交通拥堵得日益严重，平姬夫人对印度的不满情绪日渐高涨。一天晚上，当他

---

1 拉克什米（Lakshmi）：印度教中最重要的三位女神之一，象征丰足的女神，吉祥天女，或称财富女神，是南亚印度文化区内最受欢迎的女神。

2 迦梨女神（Goddess Kali）：印度教中的一个重要女神，传统上被认为是湿婆（Shiva）之妻雪山神女的化身之一，为威力强大的降魔相，皮肤黝黑，青面獠牙，额头和湿婆一样有第三只眼睛，四只手臂分持武器，戴着蛇和骷髅的项链，舌头上滴着血。有她的传说总是与杀戮和鲜血相连。

们磨磨蹭蹭行进在返回古尔冈的道路上时，平姬夫人的情绪一下子失控了，尖声喊叫，质问阿肖克为什么不回纽约去？这里该死的交通堵塞，没有一天不是这死样子！之后，无论阿肖克怎样平心静气和言相劝，她都无法消气，继续火冒三丈，并不住嘴地抱怨阿肖克不守诺言：说在德里只待三个月，处理完日常文书就回去，现在过期了不说，她甚至感觉阿肖克只是为了处理所得税的难题才跑到德里来的，为什么对她扯谎？

在他看来，其实，平姬夫人当时不该冲阿肖克先生发那么大的火，那不是阿肖克的过错，阿肖克是个好丈夫，总是想方设法让平姬夫人开心。在平姬夫人过生日那天，阿肖克把他打扮成一个土邦主[1]，包着红色的穆斯林头巾，戴着黑森森的眼镜，去给他们端食物，以博得平姬夫人的开心。在那之后，他开车将他们夫妇送往德里最大的商业中心——康诺特广场时，依然身穿着那套土邦主行头。

他们夫妇进了“星期五餐厅”后，他坐在车里等候，望着广场的霓虹灯发呆了有一个多小时。后来，过了午夜，他感觉非常冷，希望听点音乐，随后又意识到，这是“猫鼬”不允许的。在离他不远处，其他一些司机，生起了一堆火，围坐在那里取暖，其中的“白斑嘴唇”一边往火堆里添加塑料袋，一边挥手招呼他过去；他知道，他不能过去，如果过去了，嘴巴会发痒，嚼食“白斑嘴唇”给的帕安。见他没回应，一个司机挖苦说——看呀，假绅士！穿得像个土邦主！他依然没有理会，在空气中弥漫起燃烧的塑料气味之前，下到了通往康诺特广场的小路上。当他返回到车厢时，天已经冷到了令人打冷战的地步，其他那些司机全都已离开了，他的主人依然不见身影，他闭上眼睛，不一会儿便睡着了，直到听到砰砰敲车窗的声音。

在回程的路上，阿肖克先生和平姬夫人的情绪兴奋，彼此高声逗弄着，欢快地玩闹，身上散发出刺鼻的英国酒的气味。突然，烂醉的平姬夫人，向他探过身来，企图夺走他的方向盘，被阿肖克制止后，两人争执起来，正当他不知所措，幸遇红灯，一个小叫花子走了过来，冲他举起一尊熟石膏佛祖雕像，因为他多看了那尊雕像几眼，平姬夫人便为他买下了，然后一面嘲笑他，一面要他下车，说，今晚准他的假，去和他的佛祖一起过，让“土邦主”和佛祖，今晚在一起。

平姬夫人坐到驾驶座上，发动了汽车，已烂醉不堪的阿肖克哧哧地笑着，冲着他挥了挥手。大街上一片死寂，他孤独地坐到那道路安全岛上种植的一棵大树下，正不知如何是好，没想到，平姬夫人又掉头回来了，朝着他直冲过来，伴着一阵尖锐刺耳的刹车声，在离他半英尺远停了下来，把他吓得战战兢兢缩成一团。被喊上了车后，他们让他坐到后排的座位那里。随后，平姬夫人在道路中央再次掉了个头，接着，开足马力，一路狂奔，闯过一个又一个红灯；同时，与阿肖克继续耍闹，彼此掐捏着，哧哧地笑着，尖声叫喊着。当一个小小的黑东西跑跳到他们正行进的道路上时，醉咕隆咚的平姬夫人没能做出应有的反应立即将车子刹住，迎面撞了上去，车轮碾压了过去。

在那之后，车子停了下来，阿肖克先生强行把平姬夫人拖开，让他返回驾驶座位，加大马力，超速行驶，朝着古尔冈方向飞奔。平姬夫人渐渐安静下来，在他们快要驶入公寓区时，突然嚷着要回去，闹

---

1 土邦主（Maharaja）：英国1858年至1947年统治印度期间，英属印度，很多领土并没有被英国政府直接控制，而是名义上的独立土邦。“土邦”由王公（Maharaja）、王侯（Thakur）和行政长官（Nawab）所统治，土邦领主们必须接受条约，并接受英王的共主地位和承认英王为领地的最高统治者。

着要送被撞者去医院，被阿肖克当即制止。随后，情急之中，阿肖克扯过平姬夫人脖子上的围巾捂住她的嘴，然后用力把她的头按在怀里，到公寓楼后，又硬生生地把她拖进电梯，那围巾仍捂在嘴上。

他提来一桶水，反复清洗那辆“本田思迪”。阿肖克先生下来时，他把粘在车轮上的一块带血的绿布条拿给他看，他和阿肖克都断定，被撞的应该是住在大桥或高架桥下面的来自“黑暗之地”那些人家的孩子，那个孩子必死无疑了，甚至没出一点声。阿肖克有些不知所措，他让阿肖克先生放心，解释说，那些人家，家家的孩子都多得父母也搞不清孩子们一个个谁是谁，即便发现少了，也不会去报警的。

第二天晚上，“猫鼬”的身影出现了，再次来德里当家，差人把他叫了过去。他猜想“猫鼬”一准是连夜打车匆匆赶过来的，见面之后，“猫鼬”冲他粲然一笑，拍拍他的肩膀，极其友善地招呼他坐下，还说他是这个家中的一员，他听了之后别提有多得意了，美滋滋地屈膝蹲到地板上，飘飘然，就像一条狗，渴望能再听“猫鼬”说一遍。从来不抽烟的“猫鼬”破例点燃了一支烟，盯视着他叮嘱了一番：老老实实在家里待几天，哪儿都不能去，另外，对所发生的事，不能说出去一个字。一小时后，他再次被“猫鼬”叫到了楼上。

“猫鼬”与一个身着黑色大衣的男人坐在餐桌那里等候着他，阿肖克的房门紧闭，在里面打着电话，受了严重惊吓的平姬夫人的房门更是紧紧关闭着。“猫鼬”开口让他坐下，让他怎么舒服怎么坐，他再次不怎么舒服地蹲坐到地板上。“猫鼬”请来的那位身着黑大衣的律师，已代他拟出了一份为撞死人之事顶罪的文件，大意是：他在今年1月23日夜间驾车时撞到了不明物体或人，随后，又没能履行应尽的义务而驶离了现场；事故发生时，车里没有其他人，他本人对事故负全责。在文件末尾按手印处，已经按好了两个手印。“猫鼬”一脸笑容向他解释说：他们把这件事告诉了他家人后，作为见证人，他奶奶库苏姆·哈尔维（Kusum Halwai）已经按过了手印；另一位见证人，是德里高级法院的律师。

真是岂有此理！他情绪激愤，义愤填膺。然而，在德里，一个司机为肇事主人顶罪，并不是什么新鲜事。德里的监狱里，关满了代主人受过的无辜司机，老老实实替主人在那里坐着牢，尽管他们早已逃离出了“黑暗之地”，但他们的主人依然拥有使唤他们身体、灵魂和屁股的权利。现在，对这件事，想一想，他都会怒从心起，甚至想立刻出去割断某一个富人的喉咙。

下面，他想要对温家宝总理说一说“鸡笼”的事了。想必已经有人告诉温家宝总理了：从因特网到硬水煮蛋到太空船，全是英国人从他们国家偷窃去的，全是印度人以前的发明。其实，那是扯淡！在印度长达一万年的历史长河里所发明的最伟大的东西应是“鸡笼”。人们只要去旧德里，去贾玛清真寺的后面，看看市场上那些紧紧挤在一个个钢丝拉成的网笼里的鸡就明白了。

里面那些鸡，你啄他，我啄你，在彼此的身上拉屎，为了活命，争抢着呼吸的空间，鸡笼上方的木板桌前，站着一个刚刚杀过牲畜的屠夫，那些鸡，闻着传送过来的血腥味，窥视着惨遭肢解的同类散落遍地的内脏，深明自己的下场，却没有任何反抗，从未有过逃离樊笼的念想。同样，在他们这个国家里，99.9%的印度人，都像家禽市场上的鸡一样，任人宰割，从未有过逃出“鸡笼”的念想，在“鸡笼”里关久了，早已被驯化得不知自由为何物了，就算有人把摆脱樊笼的钥匙放到手里，他们也不会使用，还会用恶毒的咒骂将钥匙扔还的。更何况，在他们这个国家里，若真有什么人想要逃出“鸡笼”，那是要付出极其惨痛的代价的，必须要有敢于面对自己家人被主人追捕、殴打、生生烧死、彻底毁灭的勇气；所以，任何一个智力正常、精神健全的人，都甘愿被困在“鸡笼”里，绝不去奢想什么出逃，除非他是一个不计一切代价和后果的家伙，一个行为反常、天性扭曲了的家伙。事实上，一只“白虎”就真的那么干了。

在新德里的国家动物园里，在关着白老虎的笼子的近旁，挂着一块告示牌，上面写着：想象一下你自己在这笼子里。他看到那块告示牌时，立刻对自己说：他能想象得到，还能成为化身。

在那份顶罪的文件上签署上了他的姓名之后，整个一天，他在地下室那间暗黑的小屋里，盘腿坐在蚊帐中，惶惶不安，充满了恐惧。一想到即将入狱，他害怕极了；一个本不是因他而导致的死亡事故，却使他陷入了困境，跌入了“鸡笼”。好在后来，从阿肖克先生他们家在当地警察局里的一个熟人口中获悉，没有目击者前来警察局报案，那个撞人事故因而不了了之，才把他从恼人的牢狱之灾中解脱了出来，他那一颗终日悬腾的心，才总算落了地。

为撞死人那件事，“鹳鸟”也跑到德里来了。他们一家人中，肇事逃逸的平姬夫人终日忐忑不安，对那个无名孩童的死亡，是唯一深怀负罪感的人，坚持要去找那个孩子的家人，给予赔偿，因而激恼了“鹳鸟”，要阿肖克先生用村里的老规矩，好好管教管教他的老婆。过了几天，“鹳鸟”和“猫鼬”返回了丹巴德。那天晚上，他送站回来，疲惫不堪，便一头睡倒在了蚊帐里，凌晨2点，突然被平姬夫人弄醒了，命令他开车送她去机场。到了机场，下车后，平姬夫人把一个牛皮纸信封丢进他驾驶舱的窗口，然后，“砰”的一声关上了后座的那个车门，人就这样走了——他雇主的婚姻也随之走到了尽头。

第二天早晨，刚刚清楚平姬夫人飞回美国去了的阿肖克先生，把他传唤到楼上的公寓，对他大发雷霆，不住口地责骂他存心毁灭他们家族的名誉，最后，还发疯一般抓着他，推向阳台——看来，那种地主的本性在阿肖克身上并未彻底消失。他的头和胸脯已被推到了阳台边缘外，只要再稍稍用一点点力，他就很可能会摔下去了，于是，他鼓起勇气，当胸踢了阿肖克一脚，阿肖克趔趄着向后退了几步，撞到了屋子与阳台间的玻璃推拉门上，才算作罢。

之后，他回到下面他的小黑屋，从床下取出平姬夫人丢给他的那个牛皮纸信封——里面满当当装着一叠100卢比的纸币，总共47张。重新把那个信封塞到床下后，在蟑螂肆虐的地下室里，他等待着阿肖克先生传唤的铃声，而那铃声却始终未响。到了午后，他擅自上到13楼，为阿肖克做了午饭，平姬夫人走了，需要他来尽责了；晚上8点钟，他再次主动跑上楼，一进门，看到阿肖克醉倒在了地上，赶紧把他拖进卧室，安顿到了床上。离开之后，想到阿肖克先生这一晚上都不会让他出车了，于是，他去了一家英国酒品专卖店。

在那之后的许多天里，大多数情况下，阿肖克都烂醉在酒精里，或让他开车拉着，毫无目的地在德里转悠。主人的生活一团糟时，仆役自己的生活也好不到哪去。面对阿肖克如此消沉，自我作践，他的心变软了，就连先前他对阿肖克意图让他去当替罪羊的那些怨结，也随之化解了。他尽力抚慰他，给他讲故事，说笑话，关心他，照顾他，甚至还跑到古尔冈路边的一座寺庙里，祈求神灵保佑他们夫妻重归于好，健康快乐，白头偕老。只是，他与阿肖克的这种亲密无间的主仆关系，在“猫鼬”从丹巴德过来了之后，就立刻结束了，他重新归位到只是一个司机，只是一个偷听者。

平姬夫人不会再回印度了。“猫鼬”过来着手帮助阿肖克解决他和平姬夫人的离婚事宜，还带来一封他奶奶库苏姆的信，库苏姆要他多寄些钱给家里，并希望他能回家把婚结了。那信把他弄得有些心烦意乱。他可不想听命于库苏姆，而且清楚她为什么让“猫鼬”把那封信带给他——如果他不照办，她就会向阿肖克告发他，说他没有给家里寄钱。他也绝不会回家去结什么婚的，一旦有了孩子，他们长大之后就会像他一样，整日活得像一头驴子，为有钱人卖命。

下面，他要着重讲一讲他堕落成杀人犯的令人痛心的全过程。事情要从阿肖克先生说起，"猫鼬"刚一离开德里，阿肖克就变了，开始纵情声色，当地那些豪华的大酒店，喜来登、帝国、泰姬陵宫、泰姬陵、欧贝罗伊、洲际，还有许多大酒店，他都开车带阿肖克进去过，不过，他自己却从未踏进过前门一步，那些地方是不允许仆役进去的。

一天晚上，他开车把阿肖克送到喜来登酒店，等候在停车场附近，司机们像往常一样转动钥匙圈，嚼食帕安、闲扯。"白斑嘴唇"一边翻阅最新一期《谋杀周刊》，一边同他拉话，意图向他的主人推销大麻、女孩、男孩、高尔夫球什么的，问他考虑得怎么样了，还列举了被他自己的主人 × 过的三位女演员。他堵住了"白斑嘴唇"的话头，说他的主人可不是那种人。"白斑嘴唇"嗤笑说，所有的主人都是一样的，之后，又细说起有关一个司机老了之后的问题，至关重要的一点，就是——从现在就得开始想办法攒钱，到时候，就能在某个贫民区买一个小房子；再聪明一点，就是想办法赚点外快，到时候，就有钱送儿子去上大学了；反之……

这时，阿肖克在一个尼泊尔女孩的陪伴下从喜来登酒店出来了，要他送他们去巨型的摩登影院——萨基特，那个在印度有"小美国"之誉的喝酒、跳舞、泡妞的地方。等候期间，他去了仆人们的市场，吃了点东西，在一个旧书摊前，和一个书贩聊了一会儿。阿肖克出来后，走路摇摇晃晃，一身酒气，回返途中，与那个尼泊尔女孩——乌玛（Uma）大着嗓门交谈着，又是拥抱又是亲吻，对此，他有些恼火，连闯了四个红灯。

随后的一天，在楼上，他把耳朵贴到门上偷听了阿肖克的谈话后，才意识到自己错怪了他。乌玛原来是阿肖克的旧相识，当年的女友。他继续在门口窃听，阿肖克不断向乌玛诉苦，对自己必须去向一位内阁部长行贿之事极度不情愿；后来，乌玛要走了，拒绝用他这位司机送行，阿肖克为他辩言，说其实他很可靠，是他们家的成员之一；乌玛提醒阿肖克，千万不要随便相信一个人，德里的司机全都靠不住，卖毒品，拉皮条……阿肖克继续为他辩护，说他完全可以信任，笨得要死，却很诚实。

那天傍晚时分，阿肖克让他拉着去了一家又一家银行，从四家银行的自动取款机上取出钱款后，又让他开车拉他去了先前曾经去过的一位部长家；之后，直到深夜时分才出来，与身边的那个胖男人（他早先曾在总统府那里见过的那个人，他猜那个人大概是那位部长的秘书）停到"本田思迪"跟前，他假装检查轮胎，一面偷听着他们的谈话。阿肖克满腹牢骚，那个人对阿肖克的怨言充耳不闻，一屁股坐进车子里，并说服阿肖克今夜与他一起去好好玩玩，找点乐子。结果，在那个胖男人的引诱和胁迫下，阿肖克和一个很像美国女演员金·贝辛格[1]的乌克兰金发妓女搞到了一起。当阿肖克跟着那个胖男人和卖淫女走进一家旅馆时，他看到阿肖克不停地左看右看，就像是一个自觉有罪的小男孩。

他们返回了古尔冈后，阿肖克就像病了一样，摇摇晃晃地走向电梯。在那之后，他没下车，等了5分钟后，把车子重新开回到接那个乌克兰妓女出来的住区，将车停在一个角落里，紧盯着饭店大门，压

1 金·贝辛格（Kim Basinger，1953—　）：美国电影与电视剧演员，007系列间谍片中的女一号，1997年凭借在影片《洛城机密》（L.A. Confidential）中的出色表演，赢得第70届奥斯卡最佳女配角奖。

抑着膨胀的欲火，渴盼那个金发卖淫女能从里面出来，过了一会儿，大门开了，一个警察朝他的方向走了过来，他赶紧发动了汽车。就在那个夜晚，在他驾车穿过德里时，德里成了他欲火焚身，一腔怨恨的倾诉对象，他和德里交谈，向德里祈求，以求得到德里的成全。

不过，后来是“白斑嘴唇”成全的他。“白斑嘴唇”以为他是在为他的主人找金发妓女，经过一番讨价还价，他假借主人的名义以 6500 卢比敲定了那件事后，他又向“白斑嘴唇”请教了另外一件事：一个司机欺骗主人有多少种方法？“白斑嘴唇”告诉他，有四种挣外快的方法：一是，偷卖车里的汽油；二是，找一家黑心修理厂，多报修理费将余额私吞；三是，将喝空了的威士忌酒瓶卖给那些造假酒的人；四是，把主人的车子变成无照出租车，私下里拉客。就这样，他把那些话全盘接受了下来，开始干了起来。两个星期后，他干出的那些事，自己都耻于面对，而且，不可思议的是，每当他看着因欺骗他的主人而得来的那些钱时，他感到的是愤怒而不是愧疚。他偷主人的越多，就越觉得是主人偷他的越多。终于，他感觉到他开始有“肚子”了。

一个星期日的午后，阿肖克先生说他那天不会再用车了，他刚好凑够那一笔钱，便去了仆役们的住地，找到了“白斑嘴唇”，当“白斑嘴唇”知道他原来是为他自己找金发妓女时，惊讶得目瞪口呆。当经营者把一个正候坐在床上的金发妓女交到了他手里时，看到那个女人长得并不像金·贝辛格，也一点都不如那个乌克兰女人漂亮，他重重地叹了口气。在生活中，富人搞到手的总是最好的东西，而他们搞到的，只能是富人的剩货，残羹。他和眼前的金发妓女闲聊了几句，该开始了，他爬到她身上，一只手抚摸着她的金发，突然，尖叫起来，跳下床，给了那个女人一个耳光。门立刻开了，经营者走了进来，他冲经营者大喊大叫，揪着那个女人的头发——因为那一头金发全是染出来的！ 10 分钟后，他一脸青肿地离开了那个地方，花光了他所有的钱。

“猫鼬”又从丹巴德到德里来了，他拉着阿肖克先生去接站。在路上，“猫鼬”劝说阿肖克再婚，阿肖克表示为时太早，事情刚过三个月。“猫鼬”决定给他些时间，不过，这一次要由他们来挑选，他不能再娶一个与他们的种姓和宗教信仰都不同的女人了。看出阿肖克很生气，“猫鼬”转移了话题，把从丹巴德带来的一个红色手提皮包交给了他，让他拿给那个胖男人——部长的秘书穆基尚（Mukeshan）。阿肖克不以为然，质问：难道还没把那些家伙买通吗？“猫鼬”告诉他，那位部长想得到的更多，又到了选举的时候了，每次只要一有选举，他们通常都要两边给现金，这一次，据说，执政党已胜券在握，所以，他们必须买通政府这边。因为这一次的钱款数目过大，阿肖克很可能还要去第二次、第三次；此外，还另外有两三个大官也需要他们去打点。阿肖克大放起厥词，抱怨说：似乎这就是他要在德里做的全部事情：从银行里取出钱，然后去贿赂那些人。难道他回印度就是为了干这种事吗？

他们被堵在了车流里，等候当中，他看到跑到车旁来行乞的人群当中，一个被背在肩上的乞丐不住地唉声呻吟，膝盖以下没了双腿，便未加思索，摇下车窗，递了 1 个卢比过去。车厢后座上的交谈立刻停止了，“猫鼬”恼怒地大骂了他一顿。那天晚上，回到楼上后，他感觉，他们两个兄弟间的交谈，全部内容都充斥着对他的责难。当他听到阿肖克附和说：要是什么都给钱，那他们自己吃什么时，对阿肖克先生，他突然有了一种新的评价：其实，他们兄弟二人，并没有什么差别，都是他们父亲的种！

第二天，他开车送“猫鼬”和阿肖克去了某位部长或大官在新德里的家，下车时，他们拎着那只红色手提皮包。午饭之后，他开车送“猫鼬”去了火车站，然后，忍受着“猫鼬”惯常的那一番威胁和警告，目送火车驶离之后，他在月台上拍着双手跳起舞来。

随后的一天早晨，阿肖克先生准备拎着那只红色手提皮包出门时，电话突然响了，他主动表示先帮他把那只手提皮包拎下去，阿肖克迟疑了一下交给了他。在等候电梯时，电梯眼看就到了，他突然转身跑向紧急逃生的楼梯间的门，匆匆向下跑了一会儿，然后打开了那个手提皮包，里面所装的那些现金，令他眼花缭乱。25分钟后，阿肖克下来了，他发动了汽车，在驱车前行时，努力不去注意那只红色手提皮包——然而，对他来说，简直就是一种酷刑。行车的一路上，他的思想都处于要不要将这笔巨款窃为己有的激烈冲突中，与自己的良心进行着痛苦的较量。

那个星期天，他说他要去神殿，阿肖克准许了。不过，他并没有去神殿，而是搭乘公交车去了德里著名的红灯区。他已不是第一次来这里了，天还没黑，正当他打算进去时，看到妓院窗栅栏后面几个叽叽喳喳像是在嘲弄他的卖淫女时，一下子又改变了主意，刚要转身，却又被一些拉皮条的缠住了，经过一番乱推乱踢，拼命地跑，他才逃离了那条街道。接着，他径直去了旧德里的旧书市场——它称得上世界奇迹之一。从德里门一直到红堡[1]前的市场，沿途的人行道上，堆满了数万本五花八门的肮脏、破旧、发黑的书籍。他不断翻阅，假装买主，走过一个又一个书摊，在他翻阅一本乌尔都语的书时，书摊上的老书商——穆斯林老头和他对聊了起来，还大声读了一句诗给他听：多年来我一直在寻找那把钥匙；殊不知那道门始终是开着的！之后，在他央求之下，老头还给他讲了有关诗歌的魔力以及许多关于诗歌和人的历史……他感觉自己茅塞顿开——原来，这世界历史，一万年以来，就是富人和穷人之间的智能交战史。

在回返的路上，突然，一阵大风夹杂着强烈的水牛气味向他迎面扑来，将聚集在他肺脏中那可恶的城市空气驱逐了出去。他眼前出现了一头水牛的形象。在水牛拉着的一辆大牛车上，有许多水牛的颅骨。那头水牛向他转过脸来说（那声音很像他父亲）：你真可耻，你的家人会因你而死去；基尚被毒打致死，婶婶鲁图先被强奸然后被打死，奶奶库苏姆被踢死。那辆牛车驶过去了，刹那间，车上的那些被剥了皮的颅骨全变成了他全体家人的面容。

第二天早晨，阿肖克先生手拎着那只红色手提皮包上了车，用力关上了车门。“先生……”他准备当场向他坦白出一切，可阿肖克根本不听他那些满脑袋装着的杀人和盗窃想法，只是一味地忙着拨弄着手机。后来，阿肖克终于将注意力转向了他，以为他准备回拉克斯曼加尔去结婚了，需要钱，就抽出一张100卢比的纸钞，递给了他，让他去办喜事。

他来到大街上，不知所向，无意间走到“白斑嘴唇”曾跟他说过的一处贫民区，里面住的全是来自“黑暗之地”某一村庄的建筑工人，污浊的河水里，两个孩子正在里面嬉闹。他把那张100卢比的纸钞扔了出去，飞落到了河里，那两个孩子先是目瞪口呆，随后争抢着打了起来。他返回白金汉塔楼B座，去了停车场，找了一把铁扳钳，练习了几下袭击，然后将它带回了他的房间。他鲁图婶婶家的孩子达拉姆（Dharam）正在房间里等他，带来一封她奶奶的信，库苏姆在信上狠狠地责怪了他一通：他已经十一个月零两天没往家里交钱了，城市腐蚀了他的灵魂，他变得自私自利、过于自负、邪恶起来了；还威胁说，

---

1 红堡（Red Fort）：位于旧德里南缘，是莫卧儿王朝（Mughal Empire，1526—1858）的早期代表建筑之一，建于1647年，于2007年成为联合国世界文化遗产。

要是他不重新开始给他们寄钱，就写信把这事告诉他的主人，而且，他们已经决定给他安排婚事了……

他怒火中烧，把库苏姆的信装进口袋后，一拳便将达拉姆打倒在了地上，又拿起那把铁扳钳，举到他头顶上——然后，又丢到了地上。达拉姆被吓得一脸恐怖，嘴唇流着血，但却一声不吭。他拿起了一瓶还剩下一半的威士忌，痛饮起来，注视着达拉姆，他意识到：自己已经走到了断崖边上，已准备好杀死他的主人了——这个孩子的到来，阻止了他，把他从谋杀（以及在监狱里终老一生）中解救了出来。

那天傍晚，他告诉阿肖克先生，他的家人给他派来了一个帮手，帮助他清洗车子，阿肖克没有像其他大多数主人那样为自己必须多养一张嘴而生气。晚上躺在床上，他久久不能入睡，怎么也睡不着，于是便一再反复背诵那两句诗——多年来我一直在寻找那把钥匙；殊不知那道门始终是开着的！然后，他进入了梦乡。

两天之后，他开车送阿肖克先生连同乌玛小姐一起去市中心的古迹洛迪花园。这个经常出现在阿肖克生活当中的新女人，不喜欢从“黑暗之地”来的人，在交谈当中，降低了声音，用英语对阿肖克说着什么。他从中领会出了几个词的意思，大意是要阿肖克换一个司机——换一个本地人。阿肖克喃喃了一句，他没听清楚，不过，他也没必要听清楚了。他早已咬牙切齿，怒火中烧，他要先一步拟定对付他们的计划，绝不能总让富人先他一步。

快到洛迪花园时，道路被堵上了，挡在他们前面的，是一排游行卡车，车上挤满了高呼口号的人，庆祝选举获得的胜利，因而终止了阿肖克和乌玛小姐正在谈论的“换一个司机”的话题。阿肖克命令他打开车上的收音机。“伟大的社会党人”正在接受采访，执政党在大选中受到重挫，上台的是几个新的政党，包括获得了“黑暗之地”大批选票的“伟大的社会党人”的政党。当他们驱车返回古尔冈时，看见成群“伟大的社会党人”的支持者，从“黑暗之地”涌来，入侵了德里，声势一时无二。

阿肖克先生感到自己被彻底耍弄了——送出去的贿赂款，全都打了水漂。随后，大小麻烦事接踵而至。那天，他把“本田思迪”开到了帝国酒店，阿肖克进去之后，没多久便出来了，决定自己搭乘出租车回去，把他连同“本田思迪”一并借给了从帝国酒店里一道儿出来的两个男人，还弯下腰，亲自为那两个男人打开了车门。那两个男人上了车，他的心开始剧烈跳动，因为坐在右边的那一个，是那个出身于拉克斯曼加尔村养猪人家的儿子——维加。

维加的制服再次更新了，身着一身高雅的西装，系着领带，一副现代派头的印度商人的装束，命令他把车开向阿育王路，然后，转向同伴，破口大骂了阿肖克先生一通，之后，要他把储物箱里的那瓶“尊尼获加黑方”威士忌倒给他们喝，一面喝着，一面告诉他那同伴：要是阿肖克不把给他们的70万全部付清，他们就让“鹳鸟”一家以及他们盗采国有煤炭和逃税避税的全部非法勾当统统见鬼去；阿肖克被吓得直冒冷汗，最后，与他们约定在喜来登酒店那里交钱。

那天晚上，维加和他那个同伴把那瓶高级威士忌喝了个精光，让他拉着几乎逛游了整整一夜，大约在凌晨3点，他才把那辆“本田思迪”开回古尔冈。他用心地把车子擦洗了几遍，擦洗干净，捡起躺在车厢地板上那个空酒瓶“尊尼获加黑方”——在黑市上，它可是能卖出一个好价钱的。在朝他住的地下室走去时，他不断转动着手中的那个空酒瓶，突然，灵机一动，放慢了脚步，念叨着：“多年来我一直在寻找那把钥匙……”接着，酒瓶的破碎声在那空荡荡的停车场发出了回响。他将那碎酒瓶的残余部分举起，对着光亮，那个锯齿形的缺口，形象残酷，像个爪子——简直太理想了。在那之后，他把一切打理得干干净净。停车场上，再次回响起他反复念叨的那句诗：殊不知那道门始终是开着的！

星期天上午，阿肖克先生没有让他开车送自己去要去的地方，他在公寓厨房里干完活后，向阿肖克请了假，要带达拉姆去动物园转转，临行前，他让达拉姆等了一阵，只身又返了回去，紧紧盯着公寓大楼的出入口。大约半小时后，他看到阿肖克在门厅那儿同一个肤带黑色的小个子男人（应该属于仆役阶层的）谈了一阵子，然后，那个男人鞠了一躬离开了，两个人像是谈成了一笔交易。此后，在他和达拉姆乘公交车前往国家动物园的路上，他始终深陷在挥之不去的"换司机"的恐惧中，最后，他想，没关系，他肯定会先下手的，一切都准备好了。

到了动物园，他们从一个兽笼走到另一个兽笼，直至停在一个高高的围笼跟前。他凝视着正在里面漫步的一只白虎——那是一只不同于任何一类虎种的生于丛林的历代虎群中独一无二的灵兽，通体的黑白斑纹，不断在他眼前晃过。忽然，那只白虎停了下来，面对着他，与他双目交接，就像有时在汽车后视镜里他主人的目光与他的目光相撞一样，他的双膝开始颤抖，从脊骨底部生出来一阵刺痛，随后便人事不省了。

在那天晚上，在他的指使下，达拉姆给他奶奶库苏姆写了一封信，把白天发生在动物园里的事如实汇报给了库苏姆。在信中，达拉姆讲述了动物园里的一些见闻，以及他在白虎的笼子跟前昏厥过去了一事，还讲述了当时的一些细节：在昏厥之中，他抓着达拉姆的手，不住地对他奶奶说"对不起"，说他不能一辈子都生活在一只笼子里，他顾不上自己的家人了，实在对不起……

事发那天，雨下了整整一上午。午饭后，阿肖克先生他拉着去了城里。第一次停车，是市中心常去的一家银行，然后，是一家又一家银行，随着那只红色手提皮包的分量不断加重，他可以感觉到那里面的卢比在他腰背上的压力越来越大。70 万卢比，足够得到一处住所，一辆摩托，一家小店铺，一种新的生活了。他想，"我的" 70 万卢比。之后，阿肖克吩咐他前往喜来登酒店。

雨继续在静静地下着。他换挡变速，开始前进，路上很空，一路上畅通无阻，从后视镜中，他看到阿肖克的注意力始终专注在手机上，便随机调转方向，把"本田思迪"悄然开到了一处两侧只剩下荒野和垃圾的无人之地，阿肖克不经意问了一句：为什么停车？他谎称车轮有了点麻烦，摸了摸仪器板上迦梨女神贴像，请求保佑。他下了车，然后打开储物箱，取出事先存放在里面的碎酒瓶的残体，踩着烂泥和雨水，在左边的后轮旁蹲下，佯装修车，又借机请阿肖克下来帮帮忙，在阿肖克伸手向轮胎之际，他立刻起身把那个像爪子一样的碎酒瓶对准阿肖克的头骨猛扎了下去，一连扎了三下，直扎进脑髓，之后，又将那失去了知觉的躯体反转过来，找到锁骨的位置，像杀鸡一样刺穿了阿肖克的脖子，然后，把尸体拖拉进树丛，换上事先准备好的衣服，弄干净手和脸，取下仪器板上所有的迦梨女神贴像，丢到阿肖克先生的尸身上。

现在，他的故事只剩下他是如何从一个被追捕的在逃杀人犯变成了班加罗尔的社会支柱的。犯事前的那天晚上，在停车场清理那个"尊尼获加黑方"碎酒瓶的残体时，他就已经谋划出了逃往班加罗尔的计划——绝对不能坐火车直达，他必须不断变换火车，拐来拐去，做 Z 字形行进到班加罗尔。在行进的路上，他手里一直拎着那只红色手提皮包，另一只手里拉着达拉姆。在第三天，在海得拉巴火车站，他看到了贴在茶店外墙上方的一张捉拿他的通缉令，已先他到达了那里。他面带笑容欣赏时，发现他的通缉令被用钉书钉钉在了另一张通缉令（两个来自克什米尔的恐怖分子）的上面，与恐怖分子并列，令他倍感懊恼。

就在这时，他突然发现自己已被人盯上了，开始有些发抖，正欲不动声色地逃离开去，却为时已晚，被那人一把抓住了手腕。还好，那家伙只是一个目不识丁的文盲，只是想让他念一念通缉令上都说了些什么。于是，为了迷惑那个人，他把那两张通缉令的内容搅和在一起一并说给了那个人。可那个文盲并没怎么用心听，继续盯着通缉令上的照片，忽然咧嘴一笑，说照片上的人看起来与自己很像。他看了看那个文盲的脸，又看看那张照片，夸赞了那个文盲一句：还真是这么回事儿。

事情就是这样。他先前已经说过了，他长着一张大众脸，在印度，或许有一半的男人长得都像那照片上的他。到了班加罗尔之后，他用了四个星期，才使自己紧张的神经平静了下来。起初，他和达拉姆住在火车站附近一家小旅馆里，每天早晨 8 点，他拎上那满满一提包的现金，无所事事地在附近闲逛一通，午饭之前再返回去和达拉姆一起吃午饭。达拉姆有生以来第一次享受这种度假般的生活，心情很好，脸上那些笑容，使他也随之快活起来。

在班加罗尔这座城市里，到处都是外来人，谁也不会去注意别人。他搬出了那家小旅馆后，租了一套公寓房，并留意到，这座城市里的一切，似乎都与外包行业有关，于是，他便产生了提供出租车服务的想法，希望以此为切入点，融入这个城市。因为在班加罗尔，人们总是白天睡觉，夜间工作——他们的主人在美国，在世界的另一边。人们（尤其是那些姑娘们）傍晚要去上班，夜间要回家，然而，在班加罗尔，在夜间，没有运营的公交车，也不像孟买那样有可以搭乘的火车。

想干就干。他从一个汽车经销商那里租赁来一些印度版本的“丰田瑞狮”，随后立刻着手联系业务。一个接一个地给那些外包行业公司的高管打去电话，企盼能寻找到潜在的生意机会，被一一拒绝后，其中一个好心肠的女人告诉他，在这里的每一家公司，早都有了各自的负责晚间接送员工的出租车。沮丧之余，他尝试着换位成阿肖克先生，思考阿肖克遇到这种情况会怎么做——竟然茅塞顿开！于是，他花钱雇请了一个当地人（因为在他们国家，北方人和南方人说着不同的语言）给他做翻译，然后手里拎着那只红色手提皮包，前往附近的一家警察局。

在警察局里，他摆出一副吓唬人的架势，像个什么重要人物似的，把刚刚印制的商务名片一一分发给了与他照面的那些警察，手拎的那只红色手提皮包发挥出了相当重要的作用，协助他踏进了警察局长办公室。随后，在翻译的伴随下，他满脸堆笑，向那位局长递过去了 1 万卢比，那位局长数过之后，不满意，要求加倍，他又添了一点，那位局长才高兴起来。在他们几番讨价还价的过程中，有关他的那一张通缉令就在那位局长的办公室里，上面还有一张小小的脏兮兮的他的照片。两天后，他给曾经拒绝过他的那位好心肠的女人打去电话，听到了一件难以置信的事：她的出租车服务被中断了——警察来了一次突袭检查，发现大部分司机都没有驾驶执照。他立刻向她兜售他的“白虎出租车公司”，向她保证，他的司机个个都有驾驶执照，并让她打电话去找警方核实。

就这样，他终于“启动”了提供出租车服务的业务。在公司发展的初始阶段，他自己也去开车，充当其中的一名司机，没多久，他便不再亲自驾驶了。现如今，他的公司已经发展壮大，拥有 16 名驾驶员和 26 辆运营车。凭借着阿肖克先生的那 70 万卢比，加上天道酬勤，他现在所拥有的财产，已是他从阿肖克那里借来的 15 倍，他还拥有了自己的公司网站，用的是英语网址。现如今，他的身份是北印度企业家，名为“阿肖克·沙尔马”，已在新居班加罗尔安顿了下来。他以前是为主人开车的司机，现在是开车司机的主人。他对他的司机们很好，不把他们当仆人对待，双方都必须执行的是那一份劳务合同，就这么些。

再有一点，无论他成功的发迹故事有多么令人难以置信，他都不想与行车道和人行道失去联系，在公路上，他领受到真正的人生教育。一个人只要用心聆听道路上的那些声音，就能听到骚动、谣传、造反的凶兆。班加罗尔这座城市，有很多怒火怨言，说不定有一天就会来一场捣毁“鸡笼”的革命，大概每一百年就会发生一次的穷人获得解放的革命。

他听说移动电话会导致脑癌和睾丸癌后，便立刻扔掉了手机，因为他的大脑对他来说太至关重要了，它是一位有思想的男人在这个世界上的全部资本。白人手机使用得太多，正在损坏他们的大脑，所以他的预测是，20 年后，将是黄种人和棕种人的世界，其他所有人种，就由上帝去拯救了。他已冲出了“鸡笼”！尽管被抓捕——这是永远存在的可能性，但是，能够享受到不身为仆役的社会地位，哪怕是一天，一个小时，一分钟，他所付出的一切努力，也都是值得的。

作者生平与创作生涯

阿拉文德·阿迪加于 1974 年 10 月 23 日出生在印度东南部泰米尔纳德邦港口城市金奈（Chennai），后在芒加罗市（Mangalore）长大，就读于当地学校，学习成绩优异，1990 年，随父母举家移民澳大利亚，就读于新南威尔士区著名的詹姆士鲁塞农业中学，毕业后，前往美国学习英国文学，1997 年毕业于哥伦比亚大学纽约哥伦比亚学院后，进入牛津大学莫德林学院，继续攻读英国文学。

离开牛津校园后，他作为一名财经记者，为世界著名的国际金融媒体英国的《金融时报》工作，并在时报和美国时代出版集团共同主办的杂志《钱》上发表了一些文章；随后，他作为美国《时代周刊》驻南亚的通讯记者，为该杂志社持续工作了三年，同时，也为《金融时报》《独立报》《星期日泰晤士报》等一些报刊撰稿；2005 年（31 岁），他辞去了专职记者的工作，成了一名自由撰稿人。

他自幼就立志当小说家，在做自由撰稿人期间，完成了他的第一部长篇小说《白老虎》（The White Tiger）的创作。在这部扣人心弦、怪诞而又暴力的作品中，以社会底层的眼光，借助“我”的口吻，黑色幽默笔法，冷酷诙谐地讲述了一个十恶不赦的混蛋，找到“钥匙”，成功变身为印度社会当中一只“白虎”的心路历程。行文借书信体展开，用七个晚上外加一个白天为章节目录，采用倒叙和插入，详细讲述了“我”如何通过作奸犯科，欺骗、背叛、狡诈和谋杀，“成功”挣脱所背负的祖祖辈辈的种姓宿命的羁绊，迅速从社会底层爬到社会上层，变身为新生代企业家的，从中展示了印度社会不同的一面，落后的弊端，关注了印度的种姓制度、贫富差距、贪赃纳贿……小说出版之后，立刻获得成功，轰动一时，当年便以其独一无二的原创性，在激烈的竞争中，脱颖而出，因其不仅令人震惊，而且可读性很强，一举夺魁，问鼎了第 40 届英语文学界最有影响力的布克奖，他因而成了世界文坛上的一匹黑马，备受瞩目。

成名之后，阿拉文德·阿迪加居住到印度孟买，将其所获得的布克奖奖金的一部分，捐赠给了他当年在印度就读过的圣阿罗依斯中学，以表达对母校的感激之情，帮助那些社会地位低下的阶层的儿童。之后，他继续笔耕，发表了两部新作：短篇小说集《在两次刺杀之间》（Between the Assassinations，2009）

和长篇小说《最后的塔中人》(Last Man in Tower，2011)，故事场景均设在当代印度，引起了人们对他的再次关注，作品影响日盛。

主要参考资料：

The White Tiger, by Aravind Adiga, Publisher: Free Press, 2008.

Aravind Adiga, from Wikipedia, the free encyclopedia.

2009年｜第41届

043 狼厅 ［英］ 希拉里·曼特尔

Wolf Hall by Hilary Mantel

◎ 原著共 6 章，18 节。通过英国历史上的一位传奇人物托马斯·克伦威尔[1]（Thomas Cromwell）的视角，讲述了发生在 16 世纪都铎王朝（The Tudors）期间，英格兰国王亨利八世（Henry Ⅷ，1491—1547）与第一任王后凯瑟琳（Katherine，1485—1536）离婚纷争中的人性的沉沦，宗教与政治权力斗争的乱局。

1 托马斯·克伦威尔（Thomas Cromwell，1485？—1540）：英国历史上一个备受争议的人物，出身于平民之家，后经由国王亨利八世提拔，成为首席国务大臣，帮助亨利八世解除了与王后阿拉贡的凯瑟琳的婚约，在英格兰推行了宗教改革，使英格兰脱离了罗马天主教政教系统并促成国内新教改革。1540年6月10日被指控叛国，7月28日上了断头台。

英文原版封面

希拉里·曼特尔

（Hilary Mantel，1952—　）

希拉里·曼特尔是当代英国最优秀的小说家之一，被视为最伟大的现代英语作家，以用历史虚构的书写重写历史著称。

有评论认为，其作品擅长通过对历史素材繁简得当的裁剪，突破虚构的瘤结，用灵活、优美并略带古典韵味的现代英语，还原出恢宏而富有质感的历史场景，用妙趣横生的笔法，巧妙雕刻出活跃于其间的栩栩如生的历史人物。

2009 年，《狼厅》（Wolf Hall）出版之后，取得很大的成功，以其精湛的文学成就，获得了广泛的赞誉，因其**用当代小说的方式讲述了一个 16 世纪的历史故事，篇幅宏大，叙事细腻，语言潇洒驰骋，场景设计巧妙，每一页都熠熠生辉**，问鼎了第 41 届英语文学界最有影响力的布克奖。

2012 年，《提堂》（Bring up the Bodies）出版之后，因其**用全新的方式书写了现代英格兰的起源**，问鼎了第 44 届英语文学界最有影响力的布克奖。

“站起来！”1500 年，在英格兰帕特尼（Putney），少年托马斯·克伦威尔的父亲冲着他大吼大叫。因为他在外面同人打了架，衣服被撕破了，回家后，便被父亲沃尔特（Walter）暴怒地踹到地上。性情暴虐的沃尔特是当地的一名铁匠和酿酒商，看着被打倒在地上的托马斯，琢磨着下一脚该往哪儿踹。脸上淌血的托马斯不能还手，直挺挺地趴在院子里的鹅卵石上，左眼被鲜血遮挡了，隔着被鲜血模糊的只能睁开一条缝的右眼，看到父亲靴子上的缝线挣断了。沃尔特也注意到了自己的那只好靴子被踢坏了，这才把儿子咒骂了一顿，不再打了。托马斯迷迷糊糊中，一寸一寸地往前挪动，当他醒来时，发现自己已经爬到了姐姐凯特·威廉斯（Kat Williams）家的“飞马酒馆”（Pegasus）的门口。自从他母亲死后，他就把姐姐凯特当作了母亲。

等体力恢复过来之后，年少的托马斯·克伦威尔决定离家出走。随后，他便带着姐夫摩根·威廉斯（Morgan Williams）给他筹的一笔钱，戴着姐姐凯特给他做的一个护身符，逃到了法国多佛（Dover），当时，他还不到 15 岁。在那之后，他在法国军队里当了一阵雇佣兵，后来，在意大利佛罗伦萨（Florence）和威尼斯（Venice）的银行里受过一些训练，至于另外还做了一些什么事，就只有他自己知晓了。

1527 年，托马斯·克伦威尔已是官运亨通的红衣主教托马斯·沃尔西（Thomas Wolsey）身边的一名亲信和律师了。年已 55 岁的沃尔西当时正不可一世，身兼数职，红衣主教、教皇使节、大法官以及克伦威尔的保护人；还是约克郡的大主教，不过他从未去过那里。克伦威尔用了整整两周时间，代表恩师沃尔西去了一趟约克郡，马不停蹄地处理着大主教的种种事务，之后，一站一站地，一路很不容易地从约克郡回到了伦敦，遇到了同样在为沃尔西服务的红衣主教的秘书史蒂芬·加迪纳（Stephen Gardiner）。克伦威尔与加迪纳始终都不大和睦，对这一点，沃尔西早就看在了眼里，而且十分清楚，由于不满意自己原来的出身，他们二人彼此争宠，都想得到他的偏爱。

红衣主教沃尔西一边听着做事勤快，头脑灵活的克伦威尔的汇报，一边同他开着玩笑。在那之后，沃尔西滔滔不绝地说了起来，一直说到他的麻烦事。因为克伦威尔懂点西班牙语，沃尔西考虑是否把他安插到宫廷里，到凯瑟琳王后的身边做耳目，注意一下凯瑟琳在私下里都会说些什么。凯瑟琳历经多次分娩，仅存的结果却只有一个女儿玛丽（Mary），现在，国王亨利八世被需要一个男性继承人之事深深困扰，想要废除他们的婚姻。红衣主教沃尔西是国王亨利的心腹，国务政事的首席大臣。沃尔西认为，到时候，有人会用拉丁语极为策略地告诉凯瑟琳，国王在与她共同生活了 20 多年后，要娶另一位女人，要娶任何一位他觉得可能为他生儿子的公主。沃尔西手托着下巴，告诉克伦威尔，为了这件烦心事，今天早晨，国王召见了他。红衣主教说完之后，叹了口气。克伦威尔很清楚，从沃尔西的口里，你是永远不会听到对国王不忠的半个字眼的。两个人谈论了一阵之后，克伦威尔和沃尔西对坐在那里，一时沉浸在悲哀的思绪里。

克伦威尔现在40出头，身材魁梧，个头不高，脸上能够表现出各色各样的表情，据说，他早已将整部拉丁文的《新约》烂熟于心了。作为红衣主教的仆人，克伦威尔十分称职，凡是发生关于上帝的争论，他都是最能言善辩的一个。他最大的本事，就是能给房地产代理人的租户说出十几个理由，为什么他们交的租金是公平的，而且，还最有办法快刀斩乱麻，解决一家三代不得脱身的法律纠葛。他有闲的时候，还会抓紧时间读书，他读《新约》，但里面的内容他早已熟记在心了，后来，他得到了一本尼科洛·马基雅维里（Niccolo Machiavel，1469—1527）的《君主论》（Principalities），从此便爱不释手。在红衣主教沃尔西的卵翼下，他的身份地位与职业威望蒸蒸日上，现在，俨然成了一个大忙人，在外面，他是沃尔西的一大干将，最得力的助手，回到家里之后，他还要照忙不误，因为他的家里，每天都是一幅人满为患的景象，挤满了形形色色、杂七杂八的人，一个个全都希望被带去面见红衣主教大人。

红衣主教沃尔西因被赋予了一项显然无法完成的任务——废除国王当今的婚姻，正在做着枉然的努力，费尽心思，百般周旋，试图通过一些渠道，完成废除程序，得到罗马教皇的同情，但却始终无法突破僵局。根据罗马天主教教规，婚姻是神圣的，夫妻结合是上帝的旨意，是不可违背的契约和制度。据此，罗马教廷正式出面保卫西班牙公主阿拉贡的凯瑟琳（Catherine of Aragon）和她的王后位置。

沃尔西迫于天主教教规，未能帮助国王亨利实现与凯瑟琳王后解除婚约的愿望，结果，在1529年10月，灾祸突至，命运急转直下，被摘掉了那些令人生畏的头衔，撤去了职权，不再是国王的大法官，掌玺大臣。紧接着，他的两位政敌，朝廷里对他一直怀恨在心的贵族诺福克公爵（Duke of Norfolk）和萨福克公爵（Duke of Suffolk），带着一帮人马闯进了他的府邸约克宫（York Palace），把整个约克宫翻了个底朝天，并驱逐了府邸里所有的人员，要求他们马上离开，因为国王要派自己的建筑师和装潢师来，将这座宫殿修缮一新，送给需要在伦敦拥有自己府邸的安妮·博林（Ann Boleyn）小姐。同时，他们要求沃尔西交出国玺大印。克伦威尔对诺福克公爵表示了他的不满，并准备站出来据理力争，这座宫殿归属约克郡大主教管区；安妮小姐什么时候成大主教了？然而，成群的外人拥了进来，把他和沃尔西挤到了一旁。

安妮·博林是英格兰驻法兰西大使托马斯·博林爵士（Sir Thomas Boleyn）的小女儿，从小生活在梅赫伦（Mechelen）和布鲁塞尔（Brussels）的勃艮第王室的宫廷里，后来在法兰西的宫廷里接受了完整的教育，学习了法国的文化与礼仪，学习了跳舞、刺绣、缝纫、音乐等家务和社交技巧，学会了纸牌、象棋、射箭、骑马、狩猎、驯养猎鹰等娱乐活动。1521年冬天，被她父亲召唤回国后，大概20岁，当年的圣诞节，第一次出现在英格兰王宫时，浑身散发着一种与众不同的优雅魅力。她身材苗条，穿戴时髦，镇定自若，精致婉约，充满了活力。当她穿着黄色的裙装，翩翩起舞时，那优美的舞姿，深深吸引了在场的来宾，不久，身后就跟了一小群没什么名头的男人。不过，其中有一个却颇有名头，甚至有传闻说，她想要嫁给那位诺森伯兰伯爵（Earl of Northumberland）的继承人哈里·珀西（Harry Percy）。

红衣主教沃尔西召来了安妮的父亲托马斯·博林爵士，要他跟女儿谈谈，否则红衣主教自己去谈：他们把安妮从法国接回来，是为了嫁给巴特勒（Butlers）的继承人，与爱尔兰联姻的，不是来同一个已订了婚的疯疯癫癫的小子丢人现眼的。博林露出了苦笑，解释说，哈里·珀西并没有接受他们要他娶的那位玛丽·塔尔波特（Mary Talbot）小姐。沃尔西立即打断了博林的话头，正告博林：这门婚事是他定下来的，而且得到了国王的同意。博林还想继续巧妙地为自己的女儿进行辩护，红衣主教一拳砸到了桌子上，严正警告博林，他不会任由他女儿这样下去的，他会把哈里·珀西的父亲从边境召回来的，如果那个浪子跟他父亲作对，就会被彻底剥夺继承权。

在那之后，1525 年，安妮·博林小姐被国王亨利盯上了，亨利在继续与他的情妇玛丽·博林（Mary Boleyn）关系亲密的同时，开始迷恋上了玛丽的妹妹安妮，直至被迷得神魂颠倒。没过多久，因离婚之事处处受到阻挠，感到愤怒和沮丧的国王亨利决定挑选安妮来让自己开心，对安妮展开了追求攻势，安妮却拒绝跟他上床。她怎么能拒绝呢？谁也无从知晓。

1528 年，英格兰爆发了一种十分奇怪的极其致命的流行疫病——汗热病，伦敦的死亡率骤然上升，国王亨利出于安全考虑，离开了伦敦，安妮也回到了自己的家乡肯特郡的赫弗城堡（Hever Castle），结果染了病，亨利立即送御医去赫弗照顾安妮，很快，安妮就痊愈了。在这之前，亨利已经打定了主意，解除和凯瑟琳的婚约，并在 1527 年初派秘书向梵蒂冈递交了婚姻无效的申请。

由于神圣罗马帝国的皇帝查理五世（Emperor Charles V）是凯瑟琳王后的外甥，罗马教皇克雷芒七世（Pope Clement Ⅶ）不愿得罪罗马帝国的皇帝，因而亨利派去的秘书的出访并不顺利，带回来的结果令亨利大失所望，便把所有的问题都推给了红衣主教沃尔西。

1527 年 5 月，迫于压力之下，沃尔西大人在约克宫召集了一个宗教调查会议，对国王婚姻的有效性进行了调查。这是一个秘密调查法庭，王后没有被要求出庭或派代表出庭；凯瑟琳甚至不应该知道，但是整个欧洲都知道了。教皇的使者洛伦佐·坎佩吉奥（Lorenzo Campeggio）出席了会议，然而，他不过是个傀儡，克雷芒七世根本没授权于他。红衣主教沃尔西告诉亨利，在完成这一准备步骤之后，他不知道教皇使者能为他做些什么，因为凯瑟琳王后无疑会向罗马教廷上诉，最终的判决，掌握在处于查理五世威慑之下的罗马教廷手中。

眼见自己离婚的愿望就要落空了，亨利认为沃尔西办事不力，便在 1529 年 10 月罢免了沃尔西的一切职务，将他逐出了约克宫。据红衣主教沃尔西的侍从乔治·卡文迪什（George Cavendish）所言，在那年年底的一次晚餐上，安妮·博林曾对国王亨利说：沃尔西的罪过足以使任何其他人掉脑袋。结果，亨利打算以蔑视王权罪逮捕沃尔西，送他上断头台，而还没等他的命令被执行，沃尔西就病倒了。

1529 年末，在红衣主教沃尔西失势之后，病死之前，虽然内心依然视沃尔西如父如师，但克伦威尔还是听从了沃尔西的建议，为了保全自己，选择了依附新的主人诺福克公爵第三，托马斯·霍华德（Thomas Howard）。先前，在 1529 年 10 月 19 日那天，霍华德从约克宫拿走了原由红衣主教沃尔西掌管的国玺时，出门之前，回头看着克伦威尔，告诉他，一旦他的态度有了转变之后，就去见他。

每年的万圣节[1]之夜，在炼狱的管理者以及看守们倾听为死者祈祷的生者的声音的时候，克伦威尔都

1 万圣节（All Saints'Day）：西方国家的传统节日，每年的11月1日。万圣节前夜（All Hallows Eve），每年的10月31日，是一年中最"闹鬼"的一夜，所以也叫"鬼节"。那时人们相信，故人的亡魂会在这一天回到故居地在活人身上找寻生灵，借此再生，而且这是人在死后能获得再生的唯一希望。

会和他深爱的妻子丽兹（Liz）与教区的人们一起守夜，来为丽兹的父亲亨利·维基思（Henry Wykys），还有丽兹已故的前夫托马斯·威廉斯（Thomas Williams）祈祷；同时也为他自己的父亲沃尔特·克伦威尔（Walter Cromwell）和一些远房的兄弟姐妹们祈祷；还会为那些几乎被忘却的、已经死去多年的同父异母或同母异父的姐妹和继子继女们祈祷。

在1529年10月31日的万圣节之夜，他的妻子丽兹已离他而去，只剩下他独自一人守夜了。在夏日肆虐的汗热疫病卷土重来时，他妻子丽兹和两个幼女安妮（Anne）和格蕾丝（Grace），以及他的姐姐凯特和姐夫摩根·威廉斯相继暴亡。现在，他只能只身一人，独自祈祷了。这时候，他并不在自己家中，而是在伊舍(Esher)，在被赶出约克宫的红衣主教沃尔西的流放地。他躺在床上睡不着，悲痛一阵阵地袭来，他希望妻子丽兹的亡灵找到他，过来躺到他身边。

克伦威尔已经让他的得力助手雷夫·赛德勒（Rafe Sadler）帮他谋到了唐顿（Taunton）议会里的一个席位，那里原本是沃尔西的地盘，但如果没有国王点头，没有霍华德的应许，那里也是不会给他那个席位的，他感觉诺福克公爵的意图，令人捉摸不定。雷夫根据自己近日调查来的情况，分析说：霍华德相信红衣主教大人埋藏了金银财宝，而且认为克伦威尔知道藏宝的地点，一定会请克伦威尔去约克宫为他效力的，所以，在诺福克公爵面前，他再三替克伦威尔表达了对公爵的敬意。

克伦威尔揣摩了一下当前的形势，诺福克公爵已然成了这个国家的首席贵族了。在沃尔西下台后，著名的律师、学者托马斯·莫尔[1]（Thomas More）继任了大法官一职。国王的顾问们，红衣主教沃尔西的敌人们，给沃尔西拟定了不下44宗罪行，从蔑视王权罪，到以与国王同样的价格购买牛肉家用；从财政上的渎职，到未能制止路德教异端邪说的传播。

1529年圣诞节前的一个晚上，那天，克伦威尔很晚才抵达伊舍，见到了流放中的红衣主教沃尔西正在静心听着一个少年弹琴，而且在生病。第二天是圣诞节，那天，国王亨利必须与王后凯瑟琳在格林尼治（Greenwich）度过，安妮·博林小姐独自待在了约克宫，侍女们说，国王来的次数很少，而且很谨慎。与此同时，在伊舍的红衣主教沃尔西已经卧病在床，病得不轻了。

克伦威尔见过托马斯·霍华德后，诺福克公爵把他推荐给了安妮·博林小姐。在1530年4月大斋节期间，克伦威尔被召进了约克宫，因为这是一个神圣的季节，国王亨利没能同情妇安妮在一起。不过此前，国王为她举行了一个盛大的宴会，庆祝安妮的父亲托马斯·博林被封为威尔特郡的伯爵（Earl of Wiltshire），并且让安妮坐在了他身边，此事却激怒了萨福克公爵夫人和诺福克公爵夫人，安妮的座次已在她们之上，坐在了王后那个位置上，地位已经超过了其他所有贵妇。

几天来，安妮只能孤身一人，有些寂寞。在与克伦威尔的交谈中，克伦威尔对安妮说：对那些说红衣主教要阻挠她的目标的诽谤者要撤职查办，而且，由于国王的心愿——也始终是红衣主教的心愿——不能得到实现，红衣主教非常痛苦；现在，国王的所有臣民都对她寄予厚望，希望能有一位王位继承人。

不久，借助安妮·博林的推荐，克伦威尔渐渐成了国王亨利身边的一位亲信和权臣，而且，由于他在红衣主教沃尔西1530年11月29日凄惨病死之前一直效忠于沃尔西，从而赢得了亨利的尊重，很快，

---

1 托马斯·莫尔（Thomas More，1478—1535）：欧洲早期空想社会主义学说的创始人，才华横溢的人文主义学者和阅历丰富的政治家，以其名著《乌托邦》（Utopia，1516）而名垂史册。

他便成了国王从国内事务到外交政策上事事都离不开的谋臣，成了亨利谈论教会和王权事宜的心腹宠臣。

又一年过去了，国王亨利与凯瑟琳解除婚约的问题始终僵持不下，亨利必须获得罗马教廷的同意才能再婚。克伦威尔决心打破这一僵局——让罗马教廷的统治在英格兰失去效力，自己给自己离婚权，来帮助亨利实现心愿，迎娶安妮。因为亨利唯有避过罗马教廷，才能摆脱他已感到乏味的婚姻；而现在要避开教廷的唯一途径，便是循着马丁·路德（Martin Luther）的步伐，将英格兰教会脱离罗马天主教廷，并自封为英格兰教会的最高权威。一段时间以来，自从欧洲爆发了马丁·路德宗教改革运动以来，教皇的地位已被进一步削弱了，实际上已经很难公开反对世俗君主的活动了。在安妮的帮助和推动下，克伦威尔力促英格兰议会修正了一系列法案，规定了教会必须根据英格兰国王指定的候选人推选主教；宣布了英格兰国王是英格兰教会唯一最高权威，强调王权在教权之上，帮助国王大刀阔斧地与罗马教廷决裂。

这样一来，身为王后的凯瑟琳就只能听命于英格兰教廷以及英格兰法律的处置了，结果，在1531年夏，克伦威尔告知阿拉贡的凯瑟琳，她得迁居到另一座宫殿——英格兰东南部赫特福德郡（Hertfordshire）的莫尔（More）那里去，并说那里会很舒适，在那里，凯瑟琳会拥有整座宫殿，里面可以居住200人。凯瑟琳不愿接受，表示要和国王在一起，要给外出打猎的国王写信，让克伦威尔把信送过去。克伦威尔给凯瑟琳的忠告是：心平气和地接受这种安排，否则，她和女儿玛丽就会被分开。

凯瑟琳王后终于被逐出了英格兰王宫。克伦威尔觉得，遵从国王的要求，为实现国王的愿望扫清道路，这是自己做臣子的义不容辞的职责。然而，英格兰民众的舆论依然倾向于凯瑟琳那一边。在1531年秋天的一个傍晚，安妮在泰晤士河畔的庄园府邸进餐时，突然遭到了一大群妇女的围攻，结果，只得乘船逃离。

英格兰国民依然希望凯瑟琳能继续做他们的王后。凯瑟琳在作为王后的24年间，在朝廷事务和政治问题上处处都处理得十分得当，深得民心，赢得了国民的爱戴。1513年间，英格兰和法兰西交战，国王亨利征战法国，凯瑟琳代理英国摄政王长达6个月，期间，英格兰在弗洛登战役[1]中大获全胜，其中，凯瑟琳发挥了不小作用；另外，凯瑟琳为人十分虔诚，积极致力于开展救济穷人的活动，关心妇孺，还是人文主义的支持者，并与一些著名学者是朋友，其中包括鹿特丹的伊拉斯谟斯[2]（Erasmus）和才华横溢的政治家托马斯·莫尔二人。对于凯瑟琳的贤德和才能，就连她的敌人克伦威尔也不得不佩服，克伦威尔认为，如果不是由于性别的原因，凯瑟琳足以打败历史上任何一位英雄。

1532年新年，克伦威尔去拜访了安妮·博林，送给了安妮一套银叉子作为礼物。安妮很高兴，随后，从那银叉子说起，同克伦威尔聊了起来，一直闲聊到王后的宫廷女侍简·西摩（Jane Seymour）的父亲那里，说起了王宫里流传的丑闻——那位狼厅的主人老约翰爵士（Old Sir John），在家里竟同他儿媳妇乱伦，安妮好像对此事很感兴趣，边说边笑。

---

1 弗洛登战役（Battle of Flodden）：1513年9月9日发生英格兰最北部的诺森伯兰郡（Northumberland）的一场战斗，参战双方为苏格兰国王詹姆斯四世（James Ⅳ of Scotland，1473—1513）率领的苏格兰军队和英格兰军队，最后英格兰大获全胜，苏格兰国王詹姆斯四世战死。

2 伊拉斯谟斯（Erasmus，约1466—1536）：尼德兰哲学家，16世纪初欧洲人文主义运动的主要代表人物。1524年写了《论自由意志》（De libero arbitrio），并同马丁·路德（Martin Luther，1483—1546）通信，批评路德。他知识渊博，主张学习自然科学，一生始终追求个人自由和人格尊严。

在 1 月中旬召开的英格兰议会会议上，克伦威尔的主要议程就是摧毁各地主教们对国王新政的抵抗，以法律形式规定下来削减缴纳给罗马教廷的赋税，令罗马教廷在英格兰教会中的最高权力仅仅是一纸空文。先前的红衣主教沃尔西的秘书，如今担任国王秘书官的史蒂芬·加迪纳，作为克伦威尔的死敌，挺身而出，带领他的同行们迎战。国王亨利根据克伦威尔递送的报告，召见了加迪纳。亨利尽管满腔怒火，不过，此时却还不打算立刻把他的这位秘书官清除掉，听过加迪纳的那一番理论，亨利在心里想，这笔账到头来要一笔一笔地算。

为了获得安妮的芳心，约克宫大动土木，改造之后，被重新命名为了白厅（Whitehall）。这时候，克伦威尔已经成了安妮更加不可或缺的人物了。为了配合安妮为国王的离婚问题进一步清除障碍，他独揽大权，步步为营，名正言顺地剥夺了大法官托马斯·莫尔以及罗彻斯特（Rochester）主教、凯瑟琳的法律顾问约翰·菲谢尔（John Fisher）手中的权力。1532 年 8 月，在坎特伯雷（Canterbury）大主教威廉·沃勒姆（William Warham）过世之后，安妮推荐了她家的朋友，剑桥学者、新教派的托马斯·克兰默（Thomas Cranmer）接任了坎特伯雷大主教一职。

1532 年 10 月，国王亨利带着安妮·博林穿越英吉利海峡，航海前往英格兰飞地加来（Calais），会晤法兰西国王弗朗西斯一世（Francis Ⅰ，1494—1547），随行队伍多达 2000 人。那天，克伦威尔站在甲板上，目送着英格兰远去时，国王的私生子里奇蒙公爵（Duke of Richmond）站到了他的身旁。亨利·菲茨罗伊（Henry Fitzroy）是一个英俊的男孩，只有 13 岁，个头却很高，身上具有一种独特的高贵气质，因为是第一次经历海上航行，又能陪伴他父亲，他显得异常兴奋。交谈当中，小王子提到：以为红衣主教下台后，再也不会见到克伦威尔的身影了，弄得气氛一时有些尴尬，随后，小王子赶紧祝贺克伦威尔东山再起。

安妮与法国驻英格兰大使让·德·丹特维尔（Jean de Dinteville）十分交好，法兰西国王弗朗西斯一世打算帮助英格兰国王亨利八世请求罗马教皇同意他的第二次婚姻。在加来，亨利八世与弗朗西斯一世会晤之后，法国转而支持了亨利的婚变，同意他的英格兰朋友在他自己的司法权内，通过他自己的主教，来处理他的婚姻问题。在随后举行的盛大晚宴之后，安妮神采飞扬地请了弗朗西斯一世做她的舞伴，跳过舞之后，摘下面具，他们用法语交谈了一个多小时。克伦威尔注意到在与法国贵妇人跳舞的亨利的目光不停地向安妮和弗朗西斯一世那边望过去时，立刻找到了诺福克公爵，让他把他的外甥女带走，克伦威尔对诺福克公爵说：安妮的外交工作已经做够了，我们的国王已经开始嫉妒了。

那天晚上，国王亨利早早离开了众人，遣散了他那一大堆的寝宫侍从，只留下了侍从官亨利·诺里斯（Henry Norris）在他的房间里进进出出，带着一位手下往里面送这送那，随后，女侍玛丽·谢尔顿（Mary Shelton）跑出来找克伦威尔，说安妮要一本《圣经》。克伦威尔不明白安妮要一本《圣经》做什么，后来，玛丽告诉他，安妮是用它来让国王发誓的，让国王在证人亨利·诺里斯和玛丽·谢尔顿面前，做出具有约束力的承诺，在上帝面前，他们结为了夫妻。国王还发誓说，等春天到来之后，他还要在英格兰再娶安妮一次，并让她加冕为王后。

1533 年 1 月 25 日，国王亨利与安妮·博林在白厅的小礼拜堂里举办了正式的结婚仪式，在安妮作为英格兰王后的新身份尚未公开之前，就有消息说，她已怀上了第一个孩子。1533 年 5 月 23 日，在邓斯塔布尔（Dunstable）修道院召开了特别会议，裁定国王亨利八世与阿拉贡的凯瑟琳婚姻的有效性，之后，新上任的坎特伯雷大主教托马斯·克兰默宣布亨利八世与第一任妻子阿拉贡的凯瑟琳的婚姻无效，接着，在5天之后，5月28日，克兰默宣布了亨利八世与安妮·博林的婚姻合法。1533年6月1日，安妮·博林在威斯敏斯特（Westminster）大教堂正式加冕后冠，其后，举行了一场盛大的宴会。不容异端的托马斯·莫尔拒绝出席那天的安妮·博林的加冕典礼。

1533年9月，安妮突然早产，生下了一个女孩，被国王亨利命名为伊丽莎白（Elizabeth）。伊丽莎白出生的消息报告给国王时，亨利正在骑马进行射击比赛，在众人面前，国王没有什么明显的反应，也没有询问身为母亲的安妮的健康状况。国王所期待的王子并未诞生，之前已经准备好的公告只得赶紧加以修改。

1534年新年过后，英格兰议院把宗教改革几年来国王所获得权力与地位集中起来，综合为一体，通过了《至尊法案》，宣布国王是英格兰教会唯一和至高无上的统治者，拥有决定一切宗教事务的权力，包括推荐神职人员、规定教义等，彻底摧毁了罗马教皇在英国的权威，以法律形式巩固了王权至尊的地位。与此同时，还在全国推行了至尊宣誓制，全国臣民都要立誓承认——国王亨利八世不仅是世俗的最高统治者，也是宗教上的最高统治者。托马斯·莫尔坚持己见，不肯改变自己的立场，拒绝宣誓。第二天，国王召见了克伦威尔。克伦威尔以为因自己没能完成让莫尔立誓而要受到国王的训斥，没想到，国王意外地提升他做了秘书官，还说，他还想出任什么职位尽管提。在莫尔4月16日被关进伦敦塔[1]之前，克伦威尔从国王的那些事务中抽出身来，看着莫尔的家人宣了誓，莫尔的妻子甚至口出怨言，说他个人应该为没能说服她丈夫服从负责，分手的时候，气氛有些尴尬。克伦威尔觉得，他不应该让莫尔或者他的家人留存任何关于理解他的幻想，因为他所做的事情，连他自己都看不大明白。

在被囚禁的日子里，莫尔拒绝了朋友诺福克公爵等人的多次好言相劝。诺福克公爵劝说莫尔，在英格兰，谁不服从国王，就没有好结果，会付出很高的代价。莫尔依然不肯回头，回答诺福克说，他已经再三思索考虑过了，他不能违背自己的良心，自由的代价的确很高，然而，即使是最低级的奴隶，如果肯付出代价，也能享有自由。

1534年9月，弃绝英格兰国王亨利八世的罗马教皇克雷芒七世离开了人世。在英格兰宫廷里，有流言说，罗马为克雷芒七世的死举行了庆祝，还传说他们挖开了教皇的坟墓，拖着教皇赤裸的尸体游街。值此之际，克伦威尔搬进了卷宗主事官的官邸，那是一个他经过深思熟虑选择的职位，卷宗主事是一个古老的司法职务，掌管着国家的几大秘书处之一；在卷宗主事官官邸安顿下来之后，他开始在各处累积扩充财产，而且感觉到一张大网正在他的周围撒开，一张施惠和受惠之网，那些想接近国王的人愿意用钱疏通，而他是最接近国王那个人。

国王亨利的忧虑，并没有因他至高无上的王权地位得以巩固而有所减少，骑马外出的时候，英格兰的一些民众为凯瑟琳的事冲着他喊叫，他唯恐凯瑟琳会掀起一场反对他的叛乱，结果，变得有些疑神

1 伦敦塔（Tower of London）：英国伦敦一座标志性的宫殿、要塞，选址在泰晤士河，由威廉一世（William I，约1028—1087）为镇压当地人和保卫伦敦城于1078年开始动工兴建，后历时20年，堪称英国中世纪的经典城堡。伦敦塔是一座坚固的兵营城堡，也是一座宫殿，里面还有天文台、教堂、动物园、监狱、刑场。它最后一次作为监狱使用，是在第二次世界大战期间。1988年，它被列为世界文化遗产。因为伦敦塔里有监禁国王、政敌的囚室，处决囚犯的刑场，所以又被称为“死狱”“血腥之塔”。

疑鬼，好像成了一个受迫害妄想狂，开始不相信他的武装卫队，甚至担心自己睡着了之后，会被人谋杀，而且，每当出行外宿时，一定要自带一把大锁，自带门仆，还一定要克伦威尔日日在他的隔壁而眠。

到了1534年秋末，在伦敦塔中的托马斯·莫尔身体越来越消瘦了，但他依然态度鲜明，不容异端。到了11月,莫尔再一次拒绝了立誓,拒不认同给予国王在宗教上享有巨大权力和无上权威的《至尊法案》,最后，莫尔的一切财产被没收归王室所有，等待接受审判。

1535年4月底，罗彻斯特主教约翰·菲谢尔等4名僧侣，因一次次拒绝立誓，以“叛国罪”受到了审判。在那之前，克伦威尔去了一趟白厅，安妮懊恼至极，认为一切都因她而起，她必须杀一儆百，菲谢尔不死，莫尔不死，她将永无宁日。克伦威尔在向国王亨利禀报时，认为菲谢尔的问题好办，罪行已很明确，而莫尔的案情却不大好办，从法律上不大好对付。国王亨利一下子激动起来，斥责他说：我留你在身边，是要你做容易的事吗？上帝怜悯我的单纯。我把你提拔到这个国家里的这样一个位置，在这个王国的历史上，还从未有任何人，更从未有过像你这种出身的人上升到这种地位。你以为是因为你长相漂亮？因为你风度迷人？我养你，克伦威尔先生，是因为你像蛇一样狡猾。不过，千万别成为一个忘恩负义的人。你晓得我的决定。执行就是了。

在殉道者约翰·菲谢尔就死前的那个晚上，克伦威尔去伦敦塔看望了托马斯·莫尔，再一次希望莫尔能回头，莫尔仍旧昂然不屈，直至二人相对无言，最后，莫尔表示，他别无所求，只希望能让他死得痛快一点。1535年7月1日，诺福克公爵主持了对托马斯·莫尔的审判，审判持续了5天，莫尔在法庭上依旧誓死不渝，态度傲慢，慷慨陈词，甚至不惜得罪诺福克他们。

在托马斯·莫尔从伦敦桥走上断头台的那天傍晚，克伦威尔开始在他的记事本上安排国王亨利这一年夏秋之季的出行日程，在计划的最后，国王要去威尔特郡（Wiltshire），拜访西摩家，9月初，在老约翰爵士家的狼厅逗留5天。

作者生平与创作生涯

希拉里·曼特尔（Hilary Mante）是不列颠帝国司令勋章（CBE）的拥有者，也是不列颠帝国爵级司令勋章（DBE）的拥有者，1952年7月6日出生在英格兰德比郡（Derbyshire）的格洛瑟普市（Glossop）一个爱尔兰后裔的家庭，最初就读于当地的圣查尔斯罗马天主教初等学校，后因父母离婚，随母亲迁居柴郡（Cheshire）的罗米利镇（Romiley）生活，就读于当地的哈里顿教会学校；毕业之后，1970年，就读于英国伦敦大学的伦敦政治经济学院法律专业，1972年，与地质学家杰拉尔德·麦克伊恩（Gerald McEwen）结婚，后转入英国百年老牌名校谢菲尔德大学就读，1973年，获得法学学士学位。毕业之后，她到一家老年医院做了一年社会福利工作，在工作当中，渐渐对写作产生了兴趣。

1974年，她开始提笔从事小说创作。之后，因丈夫的工作关系，1977年（25岁），随杰拉尔德·麦克伊恩前往南部非洲生活，移居博茨瓦纳（Botswana），并在那里完成了第一部长篇小说《一个更安全的地方》（A Place of Greater Safety）的创作，首次挑战历史题材，讲述了法国大革命中的三个传奇人物乔治－雅克·丹东（Georges-Jacques Danton，1759—1794）、马克西米连·罗伯斯庇尔（Maximilien

Robespierre，1758—1794）和卡米尔·德穆兰（Camille Desmoulins，1760—1794）不为世人所熟悉的生活侧面，重现了法国大革命前社会及政治制度的崩塌以及恐怖统治巅峰时期的种种历史事件，小说中，上百个历史人物粉墨登场，栩栩如生地再现了当年大革命的恢宏场面。小说完成之后，出版之路十分不顺，即便在她返回英国伦敦生活之后，仍然没有一家出版社肯出版，直到 1992 年才得以出版，之后，获得了周日快报年度图书奖。

1983 年，她随同丈夫杰拉尔德·麦克伊恩迁居沙特阿拉伯吉达港（Jeddah）生活了一段时间，直到 1986 年返回英国伦敦。非洲的生活经历，为她后来的小说创作提供了不少素材。1980 年代后期，她开始涉足不同文类的创作，为历史悠久的《旁观者杂志》写作影评文章，创作了几部短篇小说，并为《伦敦杂志》《伦敦书评》《文学评论》等刊物撰写了大量评论文章。

1985 年（33 岁），她出版了一部篇幅略短的以现代生活为题材的长篇小说《每天都是母亲节》（Every Day Is Mother's Day），一年后又出版了续集《空白财产》（Vacant Possession，1986）。1987 年，她以一篇描写红海沿岸城市吉达港的文章获得了英国的席瓦·奈保尔纪念奖。

之后，她陆续出版了长篇小说：《盖宰大街上的八个月》（Eight Months on Ghazzah Street，1988）、《弗拉德》（Fludd，1989）、《一个更安全的地方》（A Place of Greater Safety，1992）、《气候的一次变化》（A Change of Climate，1994）、《爱的实验》（An Experiment in Love，1995）、《巨人奥布莱恩》（The Giant, O'Brien，1998）、《黑暗之上》（Beyond Black，2005）、《狼厅》（Wolf Hall）、《提堂》（Bring up the Bodies，2012）；短篇小说集：《学说话》（Learning to Talk，2003）、《暗杀玛格丽特·撒切尔》（The Assassination of Margaret Thatcher，2014）；回忆录《弃鬼》（Giving up the Ghost，2003）等。

其中，以英国北方磨坊小镇为故事背景，讲述一个罗马天主教教区内的新神父其实是魔鬼乔装而成的《弗拉德》，1990 年获得了南方艺术文学奖、切尔特纳姆文学艺术奖和英国皇家学会颁发的温尼弗雷德·霍尔比奖；《爱的实验》1996 年获得霍桑顿文学奖。

《狼厅》则是她创作生涯的一部巅峰之作，以大胆耐心的叙事，出色的布局，在历史的框架里，虚实相映，呈现出一个丰富的想象世界，复活了英国都铎王朝的一段暗潮汹涌的历史，出场人物众多，其中许多人物都个性鲜明，浓墨重彩地描述了国务大臣——托马斯·克伦威尔（Thomas Cromwell）的奋斗经历，刻画了都铎王朝重要的历史人物——跋扈多变的亨利八世（Henry Ⅷ，1491—1547），阴晴难定的安妮·博林（Anne Boleyn，1501？—1536），不卑不亢的凯瑟琳王后（Queen Katherine，1485—1536），掌控大权的红衣主教托马斯·沃尔西（Thomas Wolsey，1473—1530），誓死不渝的人文主义学者托马斯·莫尔（Thomas More，1478—1535），一个个人物栩栩如生，而且，小说叙述场面宏大，在教会世界与俗世社会、国内和国外场景的变换与时空的穿梭中，侃侃讲述了亨利八世统治下的宫廷生活和政治斗争。小说以地名"狼厅"为题目，烘托了"人对人是狼"的寓意，透过血腥思考，用艺术、文字的力量，重现了 16 世纪初英国政治、宗教及经济、社会生活波澜壮阔的图景，再现了一位铁匠出身、才智过人的平民如何一步步走进权力漩涡中心的历程。小说出版之后，取得很大的成功，以其精湛的文学成就，获得了广泛的赞誉，因其用当代小说的方式讲述了一个 16 世纪的历史故事，篇幅宏大，叙事细腻，语言潇洒驰骋，场景设计巧妙，每一页都熠熠生辉，问鼎了第 41 届英语文学界最有影响力的布克奖。同时还获得了 2009 年的美国国家图书评论奖，2010 年的沃尔特·斯克特奖。

《提堂》是《狼厅》的续集，是一个关于亨利八世第二任妻子安妮·博林之死的血腥故事，把一个大家耳熟能详的故事写得活灵活现，给人一种耳目一新之感，令人叹为观止。在这部小说中，糅合了细腻的散文风格以及震撼人心的笔触，集中讲述了安妮因与 4 个所谓的“奸夫”涉及不贞及阴谋叛国而被送上了断头台的过程，就在处死安妮 11 天后，亨利八世又娶了第三任妻子简·西摩（Jane Seymour，1509—1537）。小说出版之后，当年，因其用全新的方式书写了现代英格兰的起源，问鼎了第 44 届英语文学界最有影响力的布克奖，同时还获得了科斯塔图书奖；2013 年获得了大卫·科恩文学奖，南岸天空艺术奖。

由于在文学上所取得的杰出成就，2006 年，希拉里·曼特尔成为英国政府颁发的不列颠帝国司令勋章（CBE）的拥有者；2014 年，又成为高一级的爵级司令勋章（DBE）的拥有者。另外，她还获得了多所大学的荣誉文学博士头衔，其中包括：谢菲尔德哈兰姆大学、埃克斯特大学、剑桥大学、德比大学、巴斯思巴大学、牛津大学、牛津布鲁克斯大学等。希拉里·曼特尔目前与丈夫杰拉尔德·麦克伊恩定居于英国伦敦。

主要参考资料：

Hilary Mantel wins 2012 Man Booker Prize, from USA Today, 2012-10-16.

Wolf Hall, by Hilary Mantel, Publisher: Henry Holt, 2009.

Bring Up the Bodies, by Hilary Mantel, Publisher: Henry Holt and Co. 2012.

2010年 | 第42届

044 芬克勒问题［英］霍华德·雅各布森
The Finkler Question by Howard Jacobson

◎原著分为2卷，共13章，另有尾声。由三个主要人物对犹太问题的一系列悲喜剧的沉思组成，讲述了名不见经传的前英国广播公司（BBC）的广播制作人朱利安·特雷斯洛夫（Julian Treslove）与他的两位多年的旧识——著名的犹太哲学家和电视节目主持人萨姆·芬克勒（Sam Finkler）、已年近90的曾经的好莱坞专栏评论员和传记作家赖伯·塞韦克（Libor Sevcik）各自的悲欢离合。

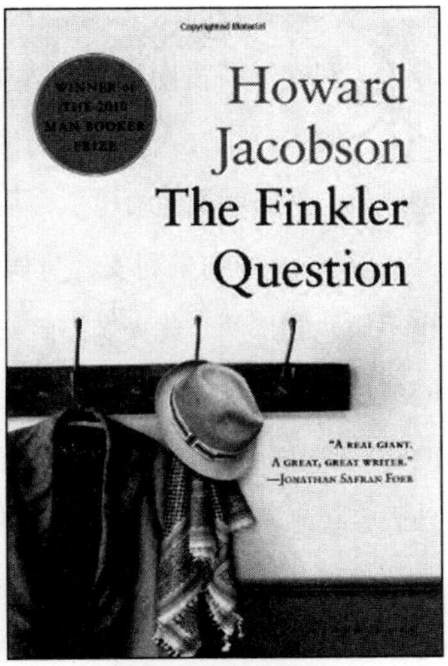

英文原版封面

霍华德·雅各布森
（Howard Jacobson，1942— ）

霍华德·雅各布森是英国当代文坛上一位犹太裔小说家、专栏作家，被誉为“当今英国最伟大的小说家”。

有评论认为，其作品不落俗套，以喜剧见长，善于以无与伦比的诙谐，极致的智慧，巧妙连接戏剧性，尤其善于描写困境中的英国犹太人，来探讨犹太人的生存问题。

《芬克勒问题》（The Finkler Question）出版之后，因其**充满了睿智与幽默、忧伤与感性**，问鼎了第42届英语文学界最有影响力的布克奖。

朱利安·特雷斯洛夫的人生一直以来总是不顺，倒霉事一件跟着一件。他是一个能预见未来事件的人，可女人总能冲击他的大脑，摧毁他的英明远见，而且，向来都是女人指责他扼杀了她们的创造力，然后就把他给甩了，甚至还有两个给他生了孩子。不过，他人生真正倒霉透顶的事还没发生。

现年 49 岁的朱利安，身体状况良好，自从婴儿时期跌倒撞到他母亲的膝盖以来再未受过什么伤，也不像他的那两个犹太老友萨姆·芬克勒和赖伯·塞韦克那样相继成了鳏夫。就他所知，无论是他爱过的或是跟他有过性关系的女人，其中没有任何一个已然成了鬼魂，当然，也没有任何一个能跟他在一起的时间够长，完美地演奏到临终前的那动人的终曲。这种期待着悲剧事件发生而不可得的状态，使得他外表看起来超乎寻常地年轻。很像那些因信仰而重获新生的人有时候会变成的那副模样。

那是一个温暖的夏末的夜晚，他和老友萨姆、赖伯再次相聚在一起吃过晚餐后，步行穿过伦敦回家的路上，虽然他加快步伐以避免危险，还是遭到了袭击。当时，他正站在一家老字号乐器店那里，一团黑影闪了出来，是一个人，那人开始攻击他，揪住他的脖子，把他推过去，脸朝着商店橱窗，告诉他不要喊也不要反抗，然后，那人拿走了从他身上可能拿走的一切。过了好一阵子，他总算停止了颤抖，开始检查自己的衣兜，都空了。这时候，他才确定，刚才发生的事情都是真的。他没了钱包，没了手机，没了别在夹克衫衣兜里的钢笔，没了戴在手腕上的手表。

现在，朱利安没了自身的斗志，没了保护自己的本能，没了私通的情爱，甚至没了能充当黏合剂的那些交际词汇，以把一个人与他黏合在一起，教会他在当下怎么活下去，怎么顺应眼前的形势。然而，他曾经有过吗？他有的，只是满心举目无亲的落寞。

说起来，他就像是一个组件式、零星片段的男人。他兴趣广泛，在大学里从考古、剧场行政、性别与政治到比较宗教，全都有涉猎，之后，进入了英国广播公司（BBC），制作午夜至凌晨乏人观看的文艺节目，愤而辞职之后，他开过货车，做过伦敦一家著名鞋店的部门经理，给一个意大利木工当过助手，还在各种晚会上扮演名人，由于他的长相还算英俊，所以，能以好莱坞几位著名小生的脸面给客人们提供娱乐。

他确定了那次袭击发生的准确时间——当晚 11：30，不过，最让他惊诧的是那个袭击者竟然是个女人！在受到袭击之前，他和那两个新近相继丧偶的鳏夫朋友，在位于 BBC 传播大楼（Broadcasting House）和摄政公园（Regent's Park）之间的赖伯家的大公寓里刚刚度过一个既甜蜜又痛苦的傍晚，他们三个人又回到了他们爱和失爱之前，他们做父亲之前，他们毁灭性的分离之前，他们不知幸福为何物，以至于也不会悲叹之前。

赖伯·塞韦克坐在钢琴前弹奏了一阵他妻子玛尔吉·霍夫曼斯塔尔（Malkie Hofmannsthal）生前喜欢弹奏的《舒伯特即兴曲 90》。朱利安感觉到赖伯为妻子的去世伤心欲绝，他不知赖伯是怎么平安度过玛尔吉亡后的光阴的，他们结婚已有半个多世纪，赖伯即将步入他 90 岁高龄。

赖伯告诉他们：玛尔吉不顾家人反对，嫁给了他，他们结婚时，比玛尔吉年龄大得多的他，曾向玛尔吉承诺，他不会死在她前头，现在，他做到了。他们还曾经商量过，要是有一个得了重病，就一起从海角的峭壁上跳下去，但是，在玛尔吉病得很重时，他们虽去了一趟那个著名的海角峭壁，在悬崖上面走过，却没有任何相关的举动。现在，玛尔吉死了，先他一步走了，把寂寞与悲伤还有他独自一人，一起留了下来。

变成鳏夫的萨姆·芬克勒对于妻子泰勒·芬克勒（Tyler Finkler）的早亡，愤怒多于悲伤。泰勒死前，萨姆守在她的床边，但泰勒从未与他分享她对他的感情，因为她一直保守着秘密，所以萨姆一直控制着自己不为泰勒流眼泪，直到他更深地体验到了他的悲痛。

朱利安和萨姆是亦敌亦友的高中同学，在学校的时候，两个人就是朋友和竞争对手，虽然朱利安知道他永远不会像萨姆那样聪明，在认识萨姆之前，朱利安从未遇到过犹太人，至少没有遇到过一个像萨姆·芬克勒那样博学的犹太人。他和同学们把冷静、睿智的萨姆看成犹太人的代表，把犹太人称为“芬克勒们”。

赖伯在开始教朱利安和萨姆他们欧洲历史时，年龄是他们的三倍，他尽力给学生们一个有滋有味的更为广阔的世界，而不那么重视考试成绩。赖伯的从教生涯并不长。年轻时，他在自己的国家捷克当新闻记者，随后成了专长于好莱坞影艺的花边新闻的著名记者，之后，为了妻子玛尔吉，放弃了好莱坞，搬到伦敦北，在文法学校教英国男孩子们捷克历史。他和学生们的关系融洽，喜欢和朱利安、萨姆他们谈论好莱坞的事，一天，他告诉他们一个秘密，他早已结婚了，已经有 20 多年了，与一个看上去像艾娃·加德纳[1]（Ava Gardner）一样漂亮的女人。在教书之余，晚上，赖伯根据一些捕风捉影的名人轶事，写作名人传记，在他出版了第一部传记作品之后，他再度成了一位社会名流，而且，比先前更加有名了，便回头做了一名传记作家，陆续出版了多部名人传记，因为他发现这更赚钱，也可以让他有能力为曾大受钢琴大师霍洛维茨[2]（Horowitz）称赞的妻子买一台贝希斯坦平台钢琴[3]。

在此期间，赖伯跟他的两个学生朱利安和萨姆的友谊淡化了，有好几年，朱利安和萨姆他们只能根据赖伯出版的有关著名女人的传记跟踪他的生活。朱利安十分羡慕赖伯的生活轨迹，萨姆则不大尽然。他的不落俗套，他的聪明才智，使他对人对事做出判断时，口吻总是不容置疑，判词掷地有声。他在牛津大学学习的是伦理哲学，并在那里教了 5 年多小班的修辞学和逻辑，并以犹太人的精明，出版了《厨

---

1 艾娃·加德纳（Ava Gardner，1922—1990）：美国著名的女演员，1999年被美国电影学会评为“百年来最伟大的银幕传奇女星”，位列第25名。

2 霍洛维茨：即弗拉基米尔·霍洛维茨（Vladimir Horowitz，1904—1989），美国钢琴家，演奏技巧辉煌潇洒，富有气势，被誉为“旋风”。

3 贝希斯坦平台钢琴（Bechstein Pianofortefabrik AG）：世界著名钢琴品牌，由卡尔·贝希斯坦（Carl Bechstein，1826—1900）创始于1853年，公司总部位于德国柏林（Berlin）。

房里的存在主义》（The Existentialist in the Kitchen）之类的自助实用哲学书，从看似冷门、没有前途的哲学中赚了大笔的钱，成了名扬四海的电视名嘴、社会名流。虽然朱利安、萨姆、赖伯他们三人的人生道路不同，但是他们从未彻底断绝联系，当他们都成了失去亲人的人而重新燃起了他们的感情时，他们没有了他们的女人，就又变得年轻起来了。

晚餐过后，朱利安步行去了摄政公园，心里想着萨姆和赖伯在晚餐时关于以色列与犹太教的辩论。赖伯指称萨姆是个憎恨犹太人的人，身为犹太人，为自己的身份而羞愧。朱利安从未见到过像萨姆这样恨自己的人，觉得萨姆是一个夸夸其谈而又摇摆不定的人，曾经那么热衷于犹太复国主义，以至于当“六日战争[1]”（Six Day War）爆发时，他才 7 岁，就想去参加以色列空军。在朱利安提起了这件事时，萨姆说他记错了，纠正说，他当时是想参加巴勒斯坦空军。可巴勒斯坦没有空军。数年之后，萨姆去牛津学习了道德哲学之后，又成了一名反犹太复国主义者，将“以色列”从自己的词典里抹掉了。

在公园关大门后，朱利安往伦敦西边繁华区走去，沿着那条他父亲曾经开过一家雪茄店的大街。走到英国最古老的小提琴商店前面时，他想起他父亲不让他学小提琴的往事，虽然在他父亲死后，他本可以搞音乐的，但没人邀请他演奏。他是在观看橱窗里的小提琴时遭袭的，然而，当他被那个女人揪住时，他并未反击。之后，他脑海里开始不断回想那个女人抢劫他时所说的一句话到底是什么，最后，他认定，那女人说的好像是“You're Jules”，于是，他开始琢磨这话其中的含义，他猜想，那个女人大概是在说“你的珠宝”，表示女性战胜了男性；或是在说“你是朱尔斯”，那是他母亲给他起的绰号；或者是在说“你个犹太佬”。最后，他推断，那个抢劫者肯定把他误认为了犹太人，说的一定是“你个犹太佬”。

在遭袭一周后，朱利安接到赖伯的电话，请他共进晚餐，他拒绝了，不想让赖伯看到他的那副惨兮兮的模样，为他担心。赖伯在电话里絮叨起当年他对大音乐家霍洛维茨邀请玛尔吉在卡内基音乐厅（Carnegie Hall）后台见面之事的嫉妒心态，有三个月他都不能安心做事，还谈了一些往事，后来说了一句：有些事情你是不做的，因为你不是犹太人。朱利安忽然感觉自己很想体验一下“芬克勒们”做与不做的那些事情。

萨姆·芬克勒接到赖伯的电话时，没有拒绝。他敏感地察觉到，自从丧妻之后，赖伯一星期有两次需要与人共进晚餐，他比朱利安宽容，邀请赖伯过他这边来吃中国餐，条件是赖伯得答应不谈论以色列的领土问题。在随后的交谈当中，萨姆还是谈到了犹太人的问题，谈到了犹太人的身份，对犹太复国主义者感到“羞愧”。赖伯走后，萨姆走进卧室，打开了已故妻子的衣橱，泰勒的衣物还挂在里面，他没有拿走那些衣物。关闭衣橱门后，躺到泰勒睡过的床上，他流出了眼泪，但他的眼泪与赖伯的悲痛泪水不同，10 分钟后，他上网玩起了扑克，以使自己忘记伤心事。

朱利安每当睡醒时通常会有一种失落感。在他遭袭后的那个早晨，醒来后，他绞尽脑力去想为什么遭袭击的是他而不是某个别人，想到有可能是哪个憎恨他的女人对他进行的报复，但随后，他又排除了所有与他保持接触的女人的嫌疑。他躺在床上，再一次想到：一个男人竟然被一个女人袭击了，这简直太荒谬了，而且，简直就是男人的奇耻大辱！他的眼睛周围乌青，鼻腔不畅通，忍受了四天的疼痛之后，

---

1 六日战争（Six Day War）：发生在1967年的第三次中东战争（The Third Middle East War），也称为“六月战争”（June War）或“六天战争”（Six-Day War）。

他去了他的私人医生那里，认为他的鼻梁骨没断的杰拉尔德·拉提默医生（Dr. Gerald Lattimore）听了他遭袭的经过陈述后，建议他去报警。

朱利安只是想和人说说那个女人所说的那句话，弄清它的意思到底是什么含义，却不知去和谁说。他冥思苦想，但没把它告诉警察和他的两个异母儿子，阿尔弗雷多（Alfredo）和罗道尔夫（Rodolfo）。后来，他决定请萨姆过来喝茶，因为他认为大概是有人误把他当作他的犹太朋友萨姆了，加上那话的意思又像是与"芬克勒们"有关,而萨姆就是那些犹太人一切脑力优势和该死烦人的性格特征的"芬克勒们"的代表。

萨姆听了朱利安遭袭的经历后，嘲笑他竟然被一个女人袭击了，而且，在听了朱利安所猜想的"你个犹太佬"那句话后，根本就不相信，认为朱利安是在编造故事，由于刚刚与他和赖伯分手，脑子里可能一直在想着"他们这些犹太人"。之后，萨姆分析，大概是朱利安一直想能和他们一样成为一个犹太人这一心理在作祟，他才有了"你个犹太佬"那样的猜想。朱利安反驳说，他喜欢做现在的自己。萨姆却断言他根本就不知道他自己是谁，所以他想当犹太人，并劝他别多想了，他绝对不是、也不可能、更没有人会把他当成犹太人。希望他做回从前的自己，过他现在的生活。朱利安大为垂头丧气。

"公众人物"萨姆离开后，朱利安羞愤难平，继续在臆想中试图找到他与犹太人之间的相似之处，还回想起了他同萨姆漂亮的妻子泰勒的暧昧关系。又一个晚上，朱利安重新回到他遭到抢劫的那家乐器店的门口，"你个犹太佬！"他再次回想当时的情形，希望自己有朝一日能成为一名真正的犹太人。其实在意识深处，一直以来，朱利安都在心中把自己当作一个犹太人，希望能进入犹太人的生活，学会犹太人的幽默和冷嘲热讽，融化到犹太人的身体语言中去。当他在因特网上搜索了有关反犹太人事件的报道时，惊奇地发现，竟然有 100 多页，当然不都是在 BBC 附近，而是在世界上一些自称为文明的地方，都发生了诸如毁损犹太人会堂、行政办公室，涂写反犹标语，在大屠杀纪念日时，用德国纳粹党党徽图标卍去毁坏古老的犹太人的仪式，殴打犹太人等的恶行。

出来闲逛的赖伯意外看到了站在乐器店的门口的朱利安的身影，奇怪他为什么出现在那里，并邀请朱利安到他的公寓去聊聊。随后，望着乐器店橱窗里的展品，赖伯触景生情，同朱利安深情地谈起了小提琴，海菲兹[1]（Heifetz），妻子玛尔吉和音乐，母亲，基督耶稣……朱利安听着听着，不由得有些神往，钦佩地想：全都是犹太人，犹太人和音乐，犹太人和家庭，犹太人和他们的忠诚——只有萨姆·芬克勒除外。赖伯为朱利安打开了他的公寓大门，进门后，赖伯认为朱利安有些紧张过度了，需要休个假，也根本不相信朱利安的那个"你个犹太佬"的故事，因为女人是不会袭击男人的，他也不是一个犹太人。

朱利安不能确定自己到底是不是犹太人，罗列了他童年以来的种种迹象，猜想说，他父亲不想让他知道他是犹太人，也不想让其他人知道他是犹太人，所以，才为他改了名字，找了个最不像犹太人的姓氏。因此，他自认为他是犹太人。为了让他停止可笑的胡乱猜想，赖伯建议他给亲戚或家里的朋友打电话问问，朱利安回答说，他没有亲戚，他的父母没有兄弟姐妹，他举目无亲，所以更加羡慕犹太人，羡慕他们有自己的传统、习俗、语言、宗教，羡慕他们大家庭的密切关系，那种暖融融、潮乎乎的气氛，羡慕他们历史上的伤痕，他们善于反思与思辨的智慧。赖伯微笑地看了看朱利安，然后，告诉他，说他现

---

1 海菲兹：即亚莎·海菲兹（Jascha Heifetz，1901—1987），20世纪杰出的美籍立陶宛小提琴家。

在是一个犹太人了，下个星期，他将为他请一些犹太教的人来，一起共进晚餐，他们民族的那些人会很高兴与他相识的。

那个周末，朱利安同他的两个异母儿子阿尔弗雷多和罗道尔夫见了一面，两天之后，他将去赖伯家与赖伯的那些同胞共进晚餐，不过，其中不包括萨姆。

大约在泰勒去世前的6个月，萨姆曾受邀出席“荒岛唱片[1]”节目的访谈，泰勒希望他别去谈，他坚持说那对他的事业有好处。在访谈中，萨姆宣称他身为犹太人对巴勒斯坦深感羞愧，还侃侃谈到他收到了一封邀请函，来自学术界与戏剧界的犹太人协会，邀请他参加一个名为“羞愧的犹太人”（Ashamed Jews）的团体，为此，他感到非常高兴。犹太人大谈反犹情绪，将自己描述为受害者，是在制造不必要的焦虑情绪。事后，泰勒对他的那个团体表示了强烈的不满，指出他其实并不尊重其中的任何成员，只是想抛头露面。

后来，有一天，泰勒给朱利安打来电话，问他们是否能一起观看萨姆的新电视节目，在看着那个节目时，泰勒毫不掩饰地质疑了萨姆哲学的虚伪性。接着，他们上了床，尽管他们知道他们不该一起上床，但他们俩都认为，事情是萨姆促成的。朱利安告诉泰勒，他爱她，泰勒冷冷嘲讽了他一通：别逗了，他甚至都不了解她；实际上，她并不是一个真正的犹太女人，只是为了嫁给萨姆，她才皈依了犹太教。泰勒的这一番话，令朱利安吃惊不小。

在所有与犹太人有关的文化礼仪习俗中，一直以来，最让朱利安困惑不解的，就是有关男人的那个包皮。在学校时，萨姆就向他炫耀过他割过的那个器官，并告诉他，女人们喜欢这样的阳物，因为它看上去更帅，也更有战斗力，更能给女人快感。他过来与泰勒偷情，本期待着进入一个犹太女人黑暗而温暖的身体，结果，泰勒的非犹太人的出身，让他感到了意外，有些失望，而且，泰勒还从不愿意正视他的那个生殖器官。他十分渴望能从泰勒那里解开萨姆告诉他的那个谜。女人到底更喜欢哪种？在他看来，泰勒应该是最有资格进行这种对比的，萨姆的那个玩意儿，真能永战不休么？可泰勒压根就不愿意看一眼他的那个男性器官，是因为他的包皮么？他那未割的器官太丑陋了？可他却没有勇气开口，从泰勒这里寻找到确切答案。

朱利安如约来到了赖伯家，赖伯为他打开了房门，把他介绍给了房间里的来宾。就这样，朱利安在他第一次与一群犹太人共进晚餐的聚会上，遇见了他生命中的又一个女人——赖伯妻子那边的外甥女赫弗齐芭·魏岑鲍姆（Hephzibah Weizenbaum），他与赫弗齐芭谈了很多有关犹太文化方面的事，犹太人的大家庭。对朱利安来说，与犹太人的聚会是一件十分有趣的事，他希望成为这个群体的一部分，得到认同。他要成为一名真正的犹太人，他要得到犹太女人。

现在，每隔一周的星期三，萨姆都会在一个俱乐部与他的“羞愧的犹太人”的伙伴们会面。他们这个“羞愧的犹太人”是一个反犹太复国主义的团体，宗旨是：一些犹太人用暴力掠夺了巴勒斯坦人的家园，

---

1 荒岛唱片（Desert Island Discs）：英国广播公司第4台（BBC Radio 4）推出的一档45分钟音乐节目，节目主持人每次邀请一位嘉宾来访谈，讨论的话题是假设要去荒岛度过余生而准备随身携带的8张唱片；然后，围绕唱片的选择，进入相关往事的回忆。自从1942年1月29日开播以来，这一节目至今久盛不衰，可谓广播史上持续最久的节目之一。

因而，他们这些犹太人应该为以色列感到羞愧。萨姆作为这一社会团体的发言人，在报刊上宣称，他们并不因身为犹太人感到羞愧，而只是为犹太人的某些行为感到羞愧；他们不是仇恨自己的犹太性，而是在将犹太人公正和富有同情的传统发扬光大。萨姆声明，首先，他们绝不是一个犹太复国主义者，同时，他们这个组织是开放的，向非犹太人开放，允许组织以外的许多人，以他们的人道对犹太复国主义感到羞愧；然而，犹太人的羞愧，要比其他种族的价值要高，只有他们才能表达内心的背叛的感情。

就这样，萨姆在妻子泰勒亡去之后，作为"羞愧的犹太人"社会团体的发言人的公众影响力，很快便远远超过了他在哲学方面的公信力。而数月前，当萨姆收到"羞愧的犹太人"的邀请函时，泰勒直言不讳地对他说：他们很快就会意识到自己的错误。旁边有你这样一个贪心的杂种，他们很快就会发现，要获得他们应得的那一份羞愧，该有多难。

不过，在对"羞愧的犹太人"倡议对以色列进行"联合抵制"时，萨姆生出了疑虑。在他们这个社会团体里，一个名为默顿·库格尔（Merton Kugle）的员工，可以称得上是抵制的楷模。为了抵制以色列产品，默顿检查了他的超市里货架上的每一件商品，确认其原产地，发现一包、一罐什么可疑的东西就向经理投诉，为了查找种族主义商品——根据经验，一般藏在商店最昏暗的角落里的货架下层，为此，默顿伤到了身体，腰椎彻底坏了，眼睛也几乎废掉了。萨姆看着蜷缩在一个角落里的默顿，对其如此的执着感到十分不解，他继续四下里巡视，随后，与默顿交谈了几句，期间，他环视室内，为在这次行动中没看见几个吸引他加入该团体的喜剧家和演员的身影而大为失望，看起来，不少的"羞愧的犹太人"对这个问题已经开始谨言慎行了。就在这时，他看到那个整个夏季都穿着非常昂贵的套装、说话结结巴巴、口齿不清、名为鲁本·托克曼（Reuben Tuckman）的犹太法学博士正双手合十，好像在祈祷上帝。萨姆不由得联想到了赖伯先前说过的一句话：既然我们是一家，那怎么解释这个抵制？有谁抵制过自己的家庭？

朱利安与他的两个儿子阿尔弗雷多和罗道尔夫一起去意大利利古里亚（Ligurian）海滨玩了一趟，希望换换自己的心情，清除掉自己满脑子的胡思乱想。一直以来，他的儿子们与他若即若离，关系并不亲近。他同他们谈论了一通女人，但是，当阿尔弗雷多把他介绍给自己的女友汉娜（Hannah）时，笑着说了一句：你们有个共同点，都是犹太人。朱利安立刻把话题转到了犹太人问题上，同儿子们谈起了社会上的反犹事件，他很想知道，他的儿子们是否是反犹分子。

赖伯的一位老友艾米·奥本斯坦（Emmy Oppenstein）的孙子在一次反犹事件中致盲后，与赖伯取得了联系。他们已有50年未见了，赖伯回想起了他与玛尔吉、艾米的一些往事，深深陷入了失落和悲伤之中。艾米曾是一个校长，一个和平的法官，一个知名的犹太慈善机构的主持，5个孩子的母亲，丧葬顾问。二人见面之后，艾米给赖伯讲了发生在伦敦的事：她的一个22岁的孙子被一个阿尔及利亚人刺伤了脸，眼睛被刺瞎。那个阿尔及利亚人叫喊着："上帝在阿拉伯是伟大的，让所有犹太人去死吧！"艾米认为，她孙子由于加沙的原因失明了，但事情不是那个阿尔及利亚人的错，那个人只是做了历史叫他做的事。人们因恨犹太人而恨犹太人，不需要理由；导火线不是加沙的暴行，导火线是煽动的报道，煽动的话语。艾米想寻求赖伯的帮助，希望他能撰文在报刊上呼吁，让人们警惕正在重返的仇犹情绪。而上了年纪的赖伯，已经无力提供任何实质性的帮助了。

从意大利度假回来后，朱利安搬进了赫弗齐芭家，发现自己喜欢上了做一个犹太人。他爱上了犹太女人赫弗齐芭，并确信她也爱他，准备与她结婚，唯一不足的是，赫弗齐芭已结过两次婚，不想结第三次了，而且，赫弗齐芭尚不能确知朱利安的决定是否可靠。现在，赫弗齐芭辞去了她在 BBC 的工作，准备集中精力建立一个盎格鲁－犹太文化博物馆。朱利安注意到那位给这项计划献计献策的慈善家，显然是因为赫弗齐芭不像其他犹太人那样在报道中东问题时带有偏见。朱利安和赫弗齐芭生活在一起之后，他们彼此相交甚欢，还经常时不时会谈及年近 90 的赖伯，赖伯始终在为他的玛尔吉悲伤。

现在，坠入了爱河的朱利安感觉自己的生活踏实多了，赫弗齐芭像是命里注定属于他，而且使他的人生有了很大的改变，生活有了新的意义。他深深爱着赫弗齐芭，每次睡醒时，看见赫弗齐芭躺在他身边，就感到万分欣喜。他爱的不仅仅是赫弗齐芭，而是整个世界。上帝啊，做一个犹太人真好！他决定放弃自己的工作，全力帮助赫弗齐芭筹建盎格鲁－犹太文化博物馆。于是，他开始努力学习犹太人的意第绪语，阅读犹太经典，了解犹太历史文化，研究传统的犹太割礼风俗，访问实施包皮修复手术的博客，思考是否施行割礼，希望自己能成为一个真正的犹太人。

可事情并不完全随人所愿。那天，朱利安邀请赖伯和萨姆过来共进晚餐，大家兴致勃勃地谈论起了筹建中的盎格鲁－犹太文化博物馆的事，朱利安的踏实感又消失了，他很是嫉妒那三个犹太人言谈话语之间的那种天生的默契，在大家你一句我一句的欢畅交流当中，他感觉自己根本插不上话去，被排除在外了，而且，永远都弄不明白他们那些奥秘的犹太人的语言和风俗。虽然他已经开始专心致志研究犹太教，但是，他感觉它太深奥了，担心自己将永远无法弄懂它。

那天，萨姆回到家中后，正想上网玩扑克，意外接到女儿布莱丝（Blaise）打来的电话，告诉他说，他的小儿子伊曼纽尔（Immanuel）卷入了一桩反犹事件。萨姆随后驱车去了女儿在牛津城的公寓，看到了躲在那里的儿子。伊曼纽尔告诉他，在他们大学校园的一场关于以色列是否丧失了它的生存权的辩论过后，在学生会外面发生了一场混战，他打掉了戴着黑帽的犹太人的黑帽。萨姆十分惊诧，一个犹太人的儿子竟然成了一名反犹分子，犹太人的世界真是乱了套了。

筹建中的盎格鲁－犹太文化博物馆，本来令人振奋的工作，却受到了种种恶意骚扰。一天傍晚，赫弗齐芭进门后，坐到厨房桌子旁，跟朱利安要了一杯饮料，突然大哭起来，随后，向他讲述了下午发生在博物馆建筑物墙上的一些涂鸦辱骂，肮脏的排泄物，以及门把手上的咸猪肉片，说完之后，赫弗齐芭擦干了眼泪，忽然又笑了，继续说咸猪肉片的事，说那些人肯定不知道她喜欢咸猪肉片。弄得朱利安无法理解，她怎么能同时兼有恐惧和风趣两种思想情绪。

赖伯认为自己的思想正在发臭。自从玛尔吉去世之后，几个月来，他最无法忍受的，就是早晨的阴郁。他不断回忆着玛尔吉的一切，忘不了玛尔吉的父母曾坚决反对他们的婚姻，让他吃尽了苦头。为了驱逐这天早晨的阴霾，他拿起了电话，邀请艾米共进早餐。他告诉艾米，他没有办法为她的孙子提供帮助，艾米会意地笑了笑。赖伯感叹地解释了一番：世上只要存在着像玛尔吉父母那样的犹太人，就会有人仇恨犹太人。艾米摇了摇头，希望他不要说出她不想听的话：一个犹太人让一个阿拉伯人在巴勒斯坦失去了家园，另一个犹太人就必须在伦敦被刺瞎；这是犹太人自己种下的果，就应遭此报应。赖伯感觉自己让艾米失望了。

朱利安感觉自己将会再一次品尝失望。现在，赫弗齐芭开始担忧朱利安在吸干她和她对犹太教的信仰。而朱利安开始担心赫弗齐芭会像他原先的那些女人一样弃他而去。事情出在犹太人萨姆身上。尽管他知道自己没有理由认为萨姆会对赫弗齐芭感兴趣，却禁不住还是选择了这样的猜疑，担心赫弗齐芭移情别恋，对萨姆产生兴趣，与他分道扬镳，所以在床上，他提出了这个问题，问赫弗齐芭是否想请萨姆过来吃晚饭，意在得出一个肯定的答案，赫弗齐芭对萨姆是否有意，赫弗齐芭弄清了朱利安的本意后，大笑起来，笑他恐惧萨姆。第二天，在做早餐蛋卷时，朱利安又问赫弗齐芭：犹太人彼此间是否有一种特殊的关系，就像她与萨姆？这一次，赫弗齐芭不由得叹息起来。他第三次疑神疑鬼，怀疑赫弗齐芭与萨姆之间有暧昧关系，是因为那天下午，萨姆去了赫弗齐芭的博物馆，想请赫弗齐芭一同出游，赫弗齐芭告诉萨姆，她只能给他 10 分钟的时间。萨姆只好随意四下里看了看，之后，对赫弗齐芭评价说：她的博物馆，看起来简直就是一个大屠杀博物馆。

赖伯在一家多年前他带朱利安和萨姆一同来过的小吃店里，听着朱利安倾诉他对赫弗齐芭和萨姆之间的关系的焦虑，赖伯认为，这件事可能只是他的想象。朱利安不明白他为什么会想象这件事，他和赫弗齐芭在一起过得很快乐，他爱赫弗齐芭，他的担忧从哪儿来的呢？随后，他向赖伯道出了他跟泰勒之间的暧昧关系，为此感到十分内疚。赖伯听后，流出了眼泪。萨姆和朱利安是朋友，他们一起长大，他反常的出轨行为，令赖伯感到悲伤。赖伯认为，他之所以害怕失去，担忧赫弗齐芭和萨姆会搞到一起去，因为在他看来，他们俩是犹太人，是犹太人中的异教徒，毫无顾忌。而本质上的朱利安其实像所有其他人一样，是个反犹分子。赖伯说：我们都是反犹分子，没有选择——你、我和所有其他人。

他们一起去了剧院，朱利安、赫弗齐芭和萨姆，去看了一场话剧并在外面小饮了一通，以庆祝朱利安的生日，并且闲聊了许多乱七八糟的事，包括那些新近报道的反犹事件，以及赫弗齐芭博物馆开馆的一些事。一个星期后，赫弗齐芭步行去她的博物馆时，感到自己再不能就这么与朱利安和萨姆拴在一起了。她并不十分相信萨姆最近对她的博物馆的事表现出的巨大好奇；同时，也倍感朱利安对她的困扰，他开始看起来像一个没有自信的男人，不知自己下一步该去做什么。赖伯也同样如此。已经有几个星期了，她都难得与赖伯见上一面，即便见了面，赖伯也再不能像从前那样令她开怀大笑，然而，不戏谑不调侃的赖伯，就不是赖伯。眼下，博物馆的那些杂七杂八的事忙得她不可开交，尽管再未发生进一步的恶意毁坏，然而，这种表面的平静，依然令她不安，她总有一种不祥之兆，而且感觉自己也变得多疑起来了。

朱利安尽管多疑，却并不十分确信自己对萨姆和赫弗齐芭的猜疑的真实性。嫉妒并不是他的天性，但是，他是孤单的，因为他不是真正的犹太人，充其量不过是一个小丑。他感觉自己对那些犹太人来说，就像一个笑柄。他认为赫弗齐芭的那些族人，只会把他当非犹太人对待，而不会接纳他的。

萨姆接纳的非犹太人泰勒，生命过早地结束了。在别人眼里，泰勒是一位典型的犹太女人，主持着一个传统的犹太家庭，全然不理睬萨姆对犹太教的背叛，将两个孩子按照犹太人的传统养大成人。在泰勒所有的行为中，包括她的通奸，她都是一个积极主动的女人。泰勒对死亡的处理，都像她的办事风格一样，井井有条地安排了需要安排的一切，留下了指令，要求萨姆在一定程度上照着去做，并尽她的所能，跟她的孩子们做了平静的告别。一天，萨姆在翻找他们年轻时的照片时，在一个标有“当我丈夫打开时我已经走了”的字样的盒子里，看到了泰勒留给他的一封信，泰勒在信里说了很多她对犹太人的期望，并且指出：我丈夫的问题是，他以为自己已经跳出了他父亲围起的犹太篱笆，可他仍然用完全犹太的视角看待一切，包括让他失望的那些犹太人……他看到的都是犹太人生活得不比其他人好；既然他们不是特别的好，所以呢——根据他极端的犹太逻辑——他们就特别地坏！萨姆坐在那里，捧着那封信哭了。他被深深刺痛了，分外悲痛，发现泰勒的那些话，有相当的参考价值。

那天，一个生活在加沙定居点的以色列人，迈耶·阿布拉姆斯基（Meyer Abramsky）连同他怀孕的妻子和他们的7个孩子，被迫要从他们居住了16年的住地迁离出去，他拒绝离开，不断受到威胁，后来，他登上了一辆公共汽车，枪杀了一个阿拉伯家庭，一个母亲，一个父亲，一个婴儿。这一消息一出，立刻引起了关注，不知赖伯是否看到了有关这件事的报道，是否受到了影响；也不知他在前往伊斯特本[1]（Eastbourne）的火车上，是否买了一份报纸看，如果他买了，他就会在头版上看到迈耶·阿布拉姆斯基的照片。

赖伯是在下定了决心之后才登上了开往伊斯特本的火车的，坐在阿尔弗雷多的对面，不过，当时他们彼此并不认识，因为朱利安从未给他们介绍过。在比奇角（Beachy Head），赖伯坐在酒吧的一张小圆桌旁，一边喝着威士忌，一边注视着外面的大海；又喝了一杯威士忌后，他离开了那家酒吧，慢慢爬上山坡，穿过弯弯曲曲的小树林，来到了悬崖边。尽管玛尔吉深信她嫁的是一个异乎寻常的男人，他却不会飞翔或漂浮，他同别人一样，笔直地落了下去。

看到赖伯从比奇角峭壁跳下自杀的新闻报道后，阿尔弗雷多告诉朱利安，他在去看他母亲的火车上就坐在那个老头的对面。朱利安深感自责，这是他的错。最近几个月来，他只想着自己，忽略了赖伯，就算花时间和他在一起，也只是为了谈论自己在性方面的猜忌。他想，他不该去谈论性猜忌——如果自己些微有点明智，些微谨慎一点的话，就不会去和一位最近失去了一辈子挚爱的女人的老人，谈任何与性有关的事。甚至还跟他说了自己和泰勒通奸的事，给他增加负担，这就更加恶劣了———不仅仅是恶劣，而且是残酷！

朱利安没有对赫弗齐芭说出他对赖伯的这种负疚感，更不可能告诉赫弗齐芭他与泰勒的事。赫弗齐芭也在为失去了赖伯这样一个至爱亲朋难过不已，谴责自己，责怪自己没有更多地去关心一下赖伯，但是，在博物馆发生了新的骚乱后，已容不得她过多地悲伤了。

犹太人迈耶·阿布拉姆斯基枪杀了一个阿拉伯家庭之事，唤醒了社会暴力，震惊了世界，伦敦街头，抗议声浪不断，报纸上，因特网上，犹太人简直一个个全都成了嗜杀的魔鬼，即将开馆的盎格鲁－犹太文化博物馆自然在劫难逃了，再次成了众矢之的，墙壁上又被恶言辱骂涂得乱七八糟，窗玻璃被扔过来的砖头石块砸了个稀里哗啦；而实际上，那名凶手已被阿拉伯人用石头砸死了。

每当早晨感到生活不顺的时候，朱利安就会离开赫弗齐芭的公寓，步行穿过赖伯家那边的摄政公园，做一番思考。他在湖滨边走边思考，那一步步的行走，都是在寻找新的生活方式，新的生活出路，每一步，都是在向尚未实现的新生活的探索性的行走。在今天这个特殊的日子，他已经完成了对赖伯的朝圣之旅后，在记忆的指引下，从距离赖伯家最近的那个出口出来之后，不知为什么，又回到了那个公园。他通常总是经过BBC，沿街走回家的，而这天，他吃过早饭，又回到公园，在里面的长椅上小睡了一会儿，随后被一阵噪音吵醒了。弄清了情况后，他驱散了正在嘲弄一个年轻的西班牙系犹太人[2]的一群年轻人，

1 伊斯特本（Eastbourne）：英国英格兰东南区域东萨塞克斯郡（East Sussex）最大的镇、自治市镇。地处南唐恩斯（South Downs）的东端，依着比奇角（Beachy Head）的峭壁。

2 西班牙系犹太人（Sephardic）：这一称谓，并不是指祖先来自西班牙的犹太人，而是指凡是采用西班牙系犹太教礼拜仪式的犹太人。

然后，返回了家中。

家里异常安静，赫弗齐芭已经出去了，他这才意识到去参加博物馆的开幕已经为时已晚，于是，慌忙洗了个淋浴，换上一套黑衣服，跑了出去，赶到了博物馆。博物馆的入口处安检十分严格，无论他对那些安保人员怎么解释，他们就是不让他进去，理由是他没带请柬，就不能入内，这是赫弗齐芭下达的命令。他告诉他们，他是这家博物馆馆长赫弗齐芭·魏岑鲍姆的配偶，他们可以去通知一下馆长，他来了……安保人员摇了摇头，照样拒绝他入内。他一气之下，试图强行进入，结果，双臂被强劲的大手抓住了，他不知抓他的人是博物馆的安保人员，还是馆前匪夷所思的抗议人群，他不能理解，而且十分愤怒，最后，还被误当成一个犹太人被暴打了一顿，一头栽倒在地。那天晚上，朱利安是在医院里度过的。他正在睡着，赫弗齐芭不让叫醒他，她只是来看看他，她深信，他并不想见她，因为她已成了他生活中所厌恶的部分。

因为赖伯没有儿女，赫弗齐芭和萨姆商量后决定为他做犹太教的祈祷。朱利安是不可以为死去的犹太人祈祷的，因为他不是真正的犹太人。由于犹太教的宗教活动都以会堂为中心，赫弗齐芭因为没有自己所属的犹太教会堂，她就在家里祈祷，为赖伯和朱利安祈祷，痛哭；为最终与朱利安的分离而悲伤——她不知朱利安是否已预见到她跟他分手了。萨姆·芬克勒则去了离他家最近的一座犹太教会堂，每天去做三次祈祷。他祈祷时的优美的祷文，是非特定专一的，因为他希望能同时为众多的逝去的同胞致哀，其中包括他的妻子泰勒、他的老师赖伯和他所有的犹太朋友，他甚至想到了为朱利安哀悼。

作者生平与创作生涯

霍华德·雅各布森于 1942 年 8 月 25 日出生在英格兰西北的曼彻斯特（Manchester），成长于兰开夏郡（Lancashire）的普雷斯特威齐（Prestwich），从小就喜爱文学。他在怀特菲尔德的标准文法学校高中毕业后，进入剑桥大学唐宁学院学习英国文学，学习期间，曾受到英国著名的文学批评家弗兰克·雷蒙德·李维斯（Frank Raymond Leavis，1895—1978）教授很大的影响。大学毕业之后，他做过电台主持人，后来去了澳大利亚，在悉尼大学担任了三年讲师。回到英国后，任职于剑桥大学塞尔文学院，担任讲师。之后，1974 年至 1980 年，任职于伍尔夫汉普顿大学理工学院，教英国文学。期间，与人合著出版了一部有关莎士比亚的文学论著。

1982 年（40 岁），他出版了一部小说作品《伊齐基尔的出逃》（The Exagoge of Ezekiel）借助圣经故事，以分析手法，探讨了与犹太人逃出埃及的戏剧有关的悲剧，小说行文，语言词汇颇具吸引力，显现出了他在社会、历史、文化方面的丰富知识。1983 年，他出版了根据他在汉普顿大学教学时的灵感创作出来的半自传体长篇小说《从幕后走出来》（Coming from Behind），讲述一所不景气的理工科学院打算与当地一家足球俱乐部合并，因此引发了一系列令人啼笑皆非的事，从中探讨了犹太人和犹太身份的问题。

之后，他继续以与犹太人问题有关的一些问题为创作题材，从事小说创作，陆续出版了长篇小说：《偷窥者汤姆》（Peeping Tom，1984）、《红背》（Redback，1986）、《在奥滋的土地上》（In the Land of Oz，1987）、《一个男人的原型》（The Very Model of a Man，1992）、《逐出天堂》（Expulsion from Paradise，

1996)、《不再当好好先生》(No More Mr. Nice Guy，1998)、《伟大的瓦尔兹》(The Mighty Walzer，1999)、《现在谁还感到遗憾？》(Who's Sorry Now，2002)、《亨利性格的形成》(The Making of Henry，2004)、《卡鲁奇的夜晚》(Kalooki Nights，2006)、《爱的行为》(The Act of Love，2008)、《芬克勒问题》(The Finkler Question，2010)、《动物园时代》(Zoo Time，2012)、《我名夏洛克》(Shylock Is My Name，2016)；以一种风趣、机智与活泼幽默的风格，讲述犹太人的悲喜剧，对有关犹太人和犹太身份认同的问题进行了认真深入地思考。

其中，《伟大的瓦尔兹》和《卡鲁奇的夜晚》两部作品，被一些评论认为"最具犹太人风格"，前者《伟大的瓦尔兹》，在 2000 年获得了英国幽默文学大奖"博林格大众伍德豪斯奖"；后者《卡鲁奇的夜晚》，在 2006 年入围了布克奖的初选名单。

《芬克勒问题》被认为是喜剧小说中的极品，看似轻快活泼，却蕴含着严肃的主题和思想，由三个主要人物组织起来的"简单故事"，其所蕴含的内容，却不仅仅是朱利安·特雷斯洛夫(Julian Treslove)、萨姆·芬克勒(Sam Finkler)和赖伯·塞韦克(Libor Sevcik)三个人物的问题，而是现代犹太人和现代犹太族群的问题，犹太传统文化和犹太族群在现代社会的发展中如何继续生存发展的问题。小说以诙谐的形式，表现了犹太人的境况、民族生存的沉重、反犹的社会现实，对犹太民族在英国社会的处境和矛盾、犹太人的身份认同问题，进行了非同寻常的思考。小说出版之后，因其充满了睿智与幽默、忧伤与感性，问鼎了第 42 届英语文学界最有影响力的布克奖。

《动物园时代》被一些评论认为是一部令人捧腹的佳作，散文造诣极有功底，将荒诞与高雅，传说与哲学，邪恶与智慧之间的平衡，掌握得巧妙绝伦；讲述了作家盖伊·阿贝尔曼(Guy Ableman)与美貌而神经质的妻子与岳母战斗的故事，封面是三只狒狒坐在一堆书上，出版之后，2013 年，获得了"博林格大众伍德豪斯奖"。

除了小说创作之外，霍华德·雅各布森还陆续出版了多部散文评论集：《用耳朵看》(Seeing with the Ear，1993)、《卢慈斯古姆茨》(Roots Schmoots，1993)、《严肃地搞笑》(Seriously Funny，1997)、《不论它是什么，我不喜欢它》(Whatever It Is, I Don't Like It，2011)、《摇晃的男人》(The Swag Man，2013)。另外，他还是《独立报》的专栏作家，并有多期电视纪录片作品。目前，他居住在伦敦，仍在勤奋笔耕。

主要参考资料：

Howard Jacobson's world: Jewishness, magic and wine, from The Telegraph, 2013-6-14.

The Finkler Question, by Howard Jacobson, Publisher: Bloomsbury, 2010.

2011年 | 第43届

045 终结的感觉 [英] 朱利安·巴恩斯

The Sense of an Ending by Julian Barnes

◎ 原著分为两大部分。布局精心，充满悬疑，以倒叙和顺叙、回忆与现实交织的手法，讲述了“我”在面对生活真相时，被迫重新检视自己的过去，记忆中的历史认知在现实面前不断被颠覆的探索过程。“我”，即一生从事艺术管理工作的退休老人佟尼·韦伯斯特（Tony Webster）。本文在下面的讲述用第三人称。

英文原版封面

朱利安·巴恩斯

（Julian Barnes，1946—　）

朱利安·巴恩斯是当今英国文坛最著名的作家之一，是一位揭示与表现人与人之间复杂关系的高手，作品具有很强的思辨性，以“聪明、嘲讽、有趣”著称。

有评论认为，其作品体现了典型英国文学传统中的机智和幽默，而且，不拘一格，手法多样，叙事技巧颇具创意，文笔娴熟优雅，语言精确而微妙。

《终结的感觉》（The Sense of an Ending）出版之后，享誉甚高，被誉为罕见的、真正代表欧洲志趣的大师之作，入选了英国《金融时报》《每日电讯报》《卫报》、美国国家广播电台、《西雅图时报》等20余家主流媒体的年度好书；并因其**具有英语文学经典作品的品质，笔法精湛，构思巧妙**，问鼎了第43届英语文学界最有影响力的布克奖。

佟尼·韦伯斯特对他中学时代的生活并无什么怀恋之情，然而，事情却是从中学校园开始的。回忆是不可靠的，时间已经将它扭曲变形。

当年，他、柯林（Colin）和亚历克斯（Alex），他们“三人帮”的显著标志是——手表表面从来都戴在手腕内侧。后来，班里来了一个高个而羞涩的新生，叫阿德里安·芬恩（Adrian Finn）的，加入之后，他们变成了“四人帮”。阿德里安刚到班里的头两天，他们几乎都没注意到他，因为他们学校从不搞什么欢迎仪式，更别提对新生的惩戒节目了。相比之下，老师们倒是显得对阿德里安的兴趣更浓一些，都想测测他是不是块能获得奖学金的料。

那天，他们的历史老师老乔·亨特（Old Joe Hunt）为难了他们一阵后，把问题交给了阿德里安，阿德里安回答得十分精彩，极具挑战性，反过来把老乔·亨特为难了一把。平日里，阿德里安显得很严肃，喜欢读加缪和尼采的书，超乎寻常地善于思考和博学，课堂上，刚从剑桥大学毕业的英语老师让他们这些人讨论极具挑战性的问题：“爱与死”“出生、交配和死亡”，阿德里安的阐述，总有不俗表现，令班里的同学们肃然起敬，英语老师也不得不刮目相看。

阿德里安慢慢融入了他们“三人帮”，但并不承认是刻意为之，寻找归属感，也从未曾改变自己来迁就他们。每天晨祷时间，他们都听得到阿德里安的认真应答，而他和亚历克斯，都只是跟着念，柯林则采取了讽刺策略，装成狂热信徒的模样大声地激烈祷告。他们三个，都认定学校的体育活动是法西斯式的诡计，是设计来压制他们的性冲动的，阿德里安却参加了击剑社，又练习跳高。他们三个，都假装是音痴，阿德里安则带着单簧管来学校上学。每当柯林埋怨家人、他取笑社会体系、亚历克斯从哲学角度否定感知到现实的本性时，阿德里安都不发表什么意见，给人的印象是，他是一个不受任何影响、信念坚定的人。

他们在一起时，他和柯林、亚历克斯常常骂骂咧咧，骂爹骂娘，粗话连篇，阿德里安却从不参与他们其中，尽管他们都觉得，其实他是最有理由骂娘的。阿德里安的母亲早就离家出走了，父亲一人抚养他和妹妹。在他们认识的人当中，阿德里安是唯一一个来自单亲家庭的，所以照理说，他应该有一肚子愤懑，却不知怎么搞的，他并不怨天尤人，说他爱他母亲而且敬重他父亲。当他们用粗鲁的语言问阿德里安他母亲究竟为什么离开他父亲时，阿德里安说不知道，回答得十分平和。

一天晨间集合时，校长沉重宣告了一件事：理科六年级名叫罗布森（Robson）的男生在上周末离开了这个世界，在学生们一阵窃窃私语的议论中，校长继续说道：如花的青春年华突然中断，对整个学校来说，是一大损失。散场后，上第一节上课前，阿德里安评论说：死神又一次得胜了。而他们更关心的，是罗布森是怎么死的。他们与罗布森很熟悉，同窗数年，在他们看来，罗布森不过是一棵平淡无奇青菜，却荣升为了一朵过早凋谢的花，令人艳羡不已。几天后，传出了官方不愿说出的流言：罗布森是因为使一个女孩怀孕，吓得上吊自杀的，尸体两天后才找到，只留下一张纸条，上面写着：妈妈，对不起。他们听闻之后，不无嫉妒，为什么罗布森那小子那么有福气，把一个女生肚子搞大了？他们还猜测，那个女生究竟是一本正经的处女还是脏婊子。阿德里安转移了他们议论的话题：加缪说，自杀是唯一真正的哲学问题。

没过多久，他们上了最后一堂历史课。老乔·亨特和其他的老师一样，一向格外厚爱阿德里安，其他同学挑战老师时，往往被视为幼稚的表现，而阿德里安的每次挑战，全都被认为是在探求真理。那天，老乔·亨特希望他们解释一下历史是什么？ 他不假思索地回答说：历史就是胜利者的谎言。柯林回答说：历史是生洋葱三明治，不断重复着自己，总是那套把戏，不断在专制与反抗、战争与和平、繁荣与贫穷之间徘徊。阿德里安的回答尤其惊人：历史就是不全面的记忆与不充分的参考文件相遇时所产生的确定性。随后，还用罗布森的自杀做了一番论证。

在那之后，他们毕业了，各奔东西，读不同的大学。阿德里安不出任何人所料，获得了剑桥大学的奖学金。他去了布里斯托尔（Bristol），学了历史，柯林去了萨塞克斯（Sussex），亚历克斯去了他父亲的公司。大家说要保持终生友谊。他们以书信往来，就像那个年代的年轻人那样。后来，他们先前的那个“三人帮”之间的书信越来越少了，日渐疏远，阿德里安的来信却始终热情不减，写给他的信最多。

然后，生活接管了一切，时间飞速前进。他交往了几个女孩子，结果，不是对方太过自信让他觉得自己笨拙木讷，就是对方扭捏腼腆得让他更加紧张不安。随后，他爱上了校园里一个美丽又聪明的女生维罗妮卡·玛丽－伊丽莎白－福特（Veronica Mary-Elizabeth-Ford），维罗妮卡读的是西班牙语，喜欢诗歌，父亲是个公务员。不过，维罗妮卡常令他感到有些捉摸不透。他们在一起听唱片，相互交流所看的书籍。维罗妮卡对他所钟爱的德沃夏克和柴可夫斯基的音乐不屑一顾，喜欢听赞美歌管风琴曲和浪漫曲；翻阅他收藏的唱片时，脸上有时会闪过一丝微笑，但更多的时候却紧皱眉头；不过，他的书架在维罗妮卡看来就顺眼多了。

他一有空就和维罗妮卡在一起，然后回学生宿舍，一面幻想着维罗妮卡两腿叉开躺在他身下，一面自慰。他认定维罗妮卡是处女，但是从未问过她，她也从来没告诉过他，他之所以会这么想，是因为维罗妮卡没有同他上床。

交往了一段时间后，他乘坐前往肯特郡（Kent）的列车，受邀去了维罗妮卡位于肯特郡西北部奥平顿（Orpington）的家度周末。在他的记忆中，那是一个十分不快的周末。他带的皮箱偏大了，前来接站的维罗妮卡的父亲福特先生（Mr. Ford）借此大开玩笑，而且举止粗俗。维罗妮卡的家是一幢独栋房子，比他家强多了。维罗妮卡的哥哥杰克（Jack），总喜欢捉弄妹妹，对他，就更为不恭了，直盯盯地看着他，语言犀利傲慢。维罗妮卡的母亲福特夫人（Mrs. Ford），还算友好，看上去 40 多岁，身上有某种艺术气派，戴着五彩斑斓的围巾，嘴里哼着咏叹调，一副心不在焉的神态，让他感觉神秘莫测。那天，维罗妮卡本人也站在了家人一边，问了他一连串的问题，他被搞得局促不安，感觉自己就好像一个站在法庭上被审的罪犯。不过，总的说来，大体上一切还算正常，尽管维罗妮卡的父亲和哥哥，一系列言语中充满讥讽，令他难堪，那天晚上，维罗妮卡领他上楼时，却给了他一个晚安的吻。

在那之后，大约过了一个星期，维罗妮卡进城来了，就这样，他把维罗妮卡介绍给了他高中时的那几位老朋友。他们在伦敦漫无目的地逛了一通，闲聊过程中，柯林不断把维罗妮卡逗笑，亚历克斯跟维罗妮卡讲了他父亲做海上保险的发家史（他第一次听说），阿德里安告诉维罗妮卡他在剑桥里读书，维罗妮卡立刻和阿德里安聊起了各个学院和指导老师，以及她在剑桥读书的哥哥杰克，还从阿德里安口中获悉了他同她哥哥杰克一样，学的也是伦理学。他在一旁听着，感觉自己简直成了一个局外人。傍晚时分，在维罗妮卡建议下，他们一起留了影。

那天，送走维罗妮卡后，他们四人在车站酒吧里一起喝了些啤酒，柯林和亚历克斯对他表示了祝贺。他问起了杰克的事，阿德里安说他对杰克早有耳闻，读过杰克在杂志上的文章，杰克在读大四。他接着询问觉得杰克这家伙怎么样，阿德里安忽然气愤地说：我讨厌英国人面对严肃问题时，也要假装表现出一脸的不严肃。

大学二年级期间，他和维罗妮卡继续交往。有一天，维罗妮卡带了茶点到他宿舍里来喝茶，突然问他，他们二人关系将朝向何处发展，他反问了一句，没有正面回答，维罗妮卡不愿意他们的关系就这么停滞在这里，他也没有给出明确的答案，结果，维罗妮卡说他是懦夫，他自辩说是平和。

在他们分手以后，维罗妮卡和他上了床。他不明白，维罗妮卡与他上床是不是想与他重修旧好？维罗妮卡的回答是：你就是不明白！从来都不明白，以后也永远不会明白。的确，他就是怎么也弄不明白：维罗妮卡为什么交往时不跟他上床？对此，维罗妮卡什么也没说。他们分手之后，他总有一种负罪感，唯恐把维罗妮卡弄出身孕来，因为大家都是成年人了，需要对自己的行为负责。暑假的第二周，他接到维罗妮卡母亲的一封来信，内容十分简单，也十分令他惊讶，没有半点指责之意，听说他与维罗妮卡分手了，深感遗憾，希望他找到更合适的人。

他回到布里斯托尔，继续他大学最后一年的学业。几个月后，他收到阿德里安的一封来信，上面说：他和维罗妮卡约会了，希望征得他的理解与同意，因为不想背弃他们的友谊，如果他无法接受，就会重新考虑他与维罗妮卡的事。

他对此并不十分吃惊。阿德里安是维罗妮卡所钟情的类型的男人，比他聪明、沉稳，又是剑桥高才生，而且，之前他已然隐约觉察出了维罗妮卡对阿德里安的兴趣，但他还是感觉很受伤害。他对这封本来不应引起误会的来信做了很多猜想，断定来信是维罗妮卡的主意，想让他知道，她是如何以旧换新的；同时，也为了警告他，不要和阿德里安再见面了，因为她准会出现在阿德里安身边的。

他想，他有一种生存的本能，一种自我保护的本能。可能这就是维罗妮卡所指的懦弱，而他自己认为这是平和。他回了阿德里安的那封信，说他现在一切都很好，并向阿德里安表示了衷心的祝贺。之后，他断绝了与阿德里安和维罗妮卡的关系。

大学毕业后，他去美国游荡了半年，干过多种杂工，期间，遇到了一个十分单纯的女孩安妮（Annie）。安妮成了他的朋友和床伴，他们一起吸食大麻，一起喝酒玩乐，然后，既简单又轻松地分了手。返回伦敦之后，从父母转交给他的亚历克斯的留言中，他惊悉了正在读研究生的阿德里安自杀了的消息。

阿德里安在自杀前，显然做了周密精心的安排，在留给验尸官的遗言中，对他的行为做出了哲学的解释：生命是一个人未经索取而获得的礼物，任何有思想的自由人，都有责任审视生命的本质以及随生命附赠的条件，也有权利选择死亡。在遗言最后，阿德里安还要求验尸官将他的这一理论公之于众。

阿德里安选择的自杀方式，也很令人佩服，就像古罗马英雄那样，是在浴缸里割腕自杀的，还在浴室门上贴了字条：不要开门，找警察。为此，他们极为感慨，阿德里安所实施的自杀，就如同他的学位一样，绝对一流。报纸上说 22 岁的阿德里安·芬恩是在思维紊乱中自杀的。他十分不认同，他认为，阿德里安的思维绝对不会是紊乱的。阿德里安在遗书中，还为自己给警察带来的麻烦表示了歉意，并要求将他的遗体尽快火化，把骨灰撒掉，葬礼只邀请了他的家人，没有邀请亚历克斯、柯林和他，以及任何其他的朋友。

接下来的几天，他对阿德里安的自杀行为进行了全方位的思考，想到不管怎么说，现在维罗妮卡都比较可怜，在这样的时候，他应该向维罗妮卡表达一下哀思。但他接着想到：维罗妮卡肯定会觉得他很虚伪。如果他联系她，她要么会对他不理不睬，要么就会扭曲事实，那样，他更没办法理清一切了。最后，他终于理清了一切，理解了过于聪明的阿德里安，尊重他的自杀，也很钦佩他，认为他比他们更有思想，更为严谨，更富有逻辑性，而且会依照自己的逻辑思维，采取行动，言行一致。

一年之后，在阿德里安祭日那天，他和亚历克斯、柯林三人在他们四个人曾经一起喝过酒的那家小酒馆里，聚了聚，共同缅怀追忆了一番他们的朋友。那时，他已经离开了伦敦的家，开始了实习艺术管理业务。再后来，他和亚历克斯、柯林就没再有什么联络了，阿德里安也很快从他生活中消失了，嵌入了时间与历史的凹槽。

他继续着自己的生活，认识了玛格丽特（Margaret），结了婚，三年后生了女儿苏茜（Susie），贷了很大的一笔款买了一栋小房子，成了艺术管理行业的正式职工，每天换乘公交车去伦敦上班，生活始终一直平淡无事地进行着，后来，他离了婚，女儿由他和玛格丽特共同抚养，苏茜长大后，嫁了人，生了两个孩子。他有过几次艳遇，但从未认真对待，那几个女人的事玛格丽特也全都知道，他和玛格丽特两人的关系保持得不错，玛格丽特的第二次婚姻，也以离婚收场。现在，他已经退休了，公寓自己独自住着，是当地历史社团的一名成员，前一阵子，志愿去管理住处附近一家医院的图书室，穿梭于病房之间，送书、收书，向病人推荐图书。

他本以为阿德里安和维罗妮卡已经彻底从他的生活历史中消失了。他幸存了下来，被留下来讲述故事。可现在，他明白了，历史并不像他当年对老乔·亨特说的那样——是胜利者的谎言。历史并不是胜利者的谎言，历史其实是幸存者的记忆，而大多数的幸存者，既不是胜者，也不是败寇。人的一辈子到了晚年，他原以为可以喘口气，歇一歇了，然而，生活是不会有所恩赐的，而且，还让他对自己的记忆产生怀疑，发现自己孜孜不倦保留的文字、声音、图片，影像，这些对历史的记录方法，未必对路。就像当年阿德里安在历史课上语惊四座的那个回答：历史就是在不完全的记忆与不充分的参考文件相遇处所产生的确定性。

一天，他波澜不惊的晚年退休生活被他接到的一封来自他从未听说过的一家法律事务所的来信打破了。他曾经的那位女友维罗妮卡的母亲莎拉·福特夫人（Mrs. Sarah Ford）近来去世了，5 年前，立下了遗嘱，遗赠给他 500 英镑，以及一份阿德里安的遗物——日记。他和前女友维罗妮卡的母亲只有短暂的一面之缘，为什么有这笔遗赠？为什么莎拉·福特夫人有权支配阿德里安的日记？日记里面又有什么不为人所知的“秘密”？一连串的疑问陆续衍生了出来，他实在想不通。他的记忆就像个机械装置，反复重现着昔日那些貌似确凿的数据。随后，法律事务所的律师向他要走了他的银行账户，又告诉他，阿德里安的那本日记，已经被维罗妮卡事先就拿走了，还很不配合，拒绝交还。而且，因为没有授权，他们无法告知他维罗妮卡的联系方式。

几经周折，他始终无法与维罗妮卡取得联系，最后，他想尽办法终于得到了维罗妮卡哥哥杰克的电子邮箱，又经过一番孜孜不倦的努力，从杰克那里，他得到了维罗妮卡电子邮箱的地址。之后，他立刻给维罗妮卡发了一个邮件，询问她母亲为什么遗赠英镑和阿德里安日记的事。这时，情感在他们的生活中已不复存在了。他心想：这或许就是年老和年轻的一种区别吧。在年轻时，人们为自己憧憬不同的未来；当年老时，人们为他人编撰不同的过去。

维罗妮卡只回复了他寥寥片语：杀手酬金。他不明白是什么意思，他所期待的答案和索要的日记，也全都落了空。已经过去40年了，维罗妮卡还是那个谜一样令人捉摸不透的年轻女子，并没有随着年龄增长而成熟。随后，他不依不饶，不揭开谜底，他心有不甘，于是，与维罗妮卡打起了邮件之战。

维罗妮卡不堪其扰，让律师转交给了他一份让他一头雾水的阿德里安的日记片段的影印件，并表示在接下来的几个星期里他能悉数拿到那笔遗赠英镑。他用心查看了阿德里安的日记片段，其中，有一些阿德里安对人生的思考，还有不成例的数学公式，包括字母 a_1、a_2、b 等等，以及“链条”的比喻。他弄不明白它们到底是些什么意思，寄希望于翻阅更多的日记。于是，他继续邮件攻势，追求属于他的东西。到最后，他终于得到了答复，维萝尼卡让他第二天3点在“摇摆桥”（Wobbly Bridge）正中间见面。有点大出他所料。

摇摆桥是泰晤士河（Thames River）上新近架起的一座人行桥，横跨在圣保罗大教堂和南岸的泰特现代艺术馆之间，这座桥第一次正式开放就因人流汹涌，众人的脚步而随风摇摆不定而闻名。他不明白维罗妮卡为什么会选择在那个地方见面。他们准时见面后，他直奔主题，要维罗妮卡把阿德里安的日记交给他。维罗妮卡连看都没看他一眼，就一口回绝了，说她已把它烧掉了，别人的日记是不能随便看的，如果想看的话，可以看看这个，说完交给他一封信，转身走了。

回家后，他拖到第二天才打开那信封。里面是他当年写给阿德里安的一封信的影印件，是他回复阿德里安向他征询他和维罗妮卡约会的意见的那封信。那封信上措辞恶毒激烈，甚至用恶毒咒骂，诅咒阿德里安和维罗妮卡一生不顺，而且还会报应到他们生的崽子头上，一生惨不堪言，因为时间是复仇大王。

重读过自己当年写的那封信，他简直难以置信，如此丑陋粗俗之言竟然出自他之手，他懊悔不已，重新思考了他和阿德里安和维罗妮卡三人的关系。回首往事，一切都已时过境迁，40年光阴过去了，伤害已然造成，他写了一封邮件，为他的信，向维罗妮卡真诚致歉。尔后，他想得更多的是阿德里安。从一开始，阿德里安在各方面就比他们其他人看得更清楚，更深远，更成熟，对生命的感触也更鲜明。和阿德里安相比，他总是糊里糊涂的，未能抓住有限的机会。就这样，他生平第一次，开始对自己的人生，全部的人生，深怀悔恨。他失去了年轻时代的朋友，失去了妻子的爱，失去了曾经的抱负，剩下来的只有平庸。

对迟到40年的歉意，维罗妮卡回复他的邮件内容是：你还是不明白，你从来都没明白过。他几乎没有理由抱怨。悔恨最大的特点，就是无能为力。犹豫几天之后，他给维罗妮卡发去了新邮件，询问她家人情况。维罗妮卡的回复让他释怀，说她父亲35年前患食道癌去世了，而后，她母亲把房子卖了，搬到伦敦生活，开设了美术课，学会了抽烟，收房租，身体一直很好，直到去世前一两年，记忆力突然不行了。维罗妮卡的这一封邮件，让他不由得联想到了人的记忆力，随着年龄的老化，记忆会不断被扭曲、删改甚至被拆得支离破碎，有些记忆相当不可靠。他突然惊恐地发现，这件事正在他身上上演。现在再回想，当年他在福特家度过的那个周末，记忆不仅顺序混乱，而且多处有误。

他又给维罗妮卡发了邮件，希望再见个面，希望她能把阿德里安的整本日记还给他。接下来的一周，他重新打开了与维罗妮卡有关的往事的回忆大门。那一切都是围绕着时间展开的，时间掌控并塑造着人们的生活。既有客观时间，又有主观时间。几天后，维罗妮卡答复了他的邮件，约定了下周在伦敦北一个地铁站见面的具体时间。

见面之后，维罗妮卡二话没说就让他上了她的车，一路上，他试着交谈，维罗妮卡始终不做任何回应，几分钟后，她把车子开到一片豪华别墅街区，停了下来。过了一会儿，他看到有几个人沿着人行道朝他们的车边走了过来，一共 5 个，不是畸形者就是智障者，年龄在 30 岁至 50 岁之间，嚷嚷着要去酒吧。他不明白是怎么回事，这群人是社区内照顾的病员吗？他一个劲儿地问。维罗妮卡突然发动了汽车，发疯似的把车子开了出去，几分钟后，拐进了一个停车场，然后对他说：你就是不明白，对不对？你从来都没明白过。这时，他看到刚才的那 5 个人重新出现在了他们车子的正前方，他这才明白了维罗妮卡刚才生死时速的目的。

之后，维罗妮卡下了车，他也想下，维罗妮卡让他待在车里。那几个人认出了维罗妮卡，跟她打招呼，围住她寒暄，最后他们道别时，其中一个瘦高个说道：玛丽再见。开车回返后，维罗妮卡一言不发，又是他一人不断地说来说去，唱独角戏，最后，惹怒了维罗妮卡，把车停到路边，打开车门，让他出去！给我出去！

他悻悻然下了车。就在那天之后，他开始定期光顾维罗妮卡带他过去的那个街区，不断出入那里的商店酒吧，想打听那个跟维罗妮卡道别时喊她“玛丽”的瘦高个的家伙到底是谁。一天下午，他终于有了收获，看到护工带着那 5 个人进了酒吧，他立刻跟进了酒吧，停在那个高高瘦瘦，深度近视，大约 40 多岁的家伙跟前，轻轻地说，他是玛丽的朋友。那个脸色苍白的家伙先是笑，然后，呜呜叫唤着，惊恐地转过身去，握住了身后的那个护工的手。

恍然之间，他一下子了然了一切：根本就不用费心去打听什么，再简单不过了，一切答案，其实，已全部涂写在了那个家伙的脸上，那不是阿德里安吗！从表情到脸型到身材骨架，活脱脱一个阿德里安再世！不需要他人加以说明，不需要 DNA，他根据时间推算了一下，那孩子也应该这么大岁数了。

邪恶真的发生了。看到自己的诅咒变成了现实，他的心情却与先前截然不同。他和好友亚历克斯曾经感慨的那个“一流的自杀，一流的学位，绝对地一流”的阿德里安，到底该是怎样的一个人呢？现在，他不得不重新定位了。

想到可怜的维罗妮卡，想到自己这么多年对维罗妮卡的伤害，给她的生活带来的如此恶果，他又给维罗妮卡发去了邮件，正正经经写了一封致歉信，表示他不再索要阿德里安的日记了，只想忏悔自己当年的恶行，并希望维罗妮卡他们母子生活得平平安安。这一次，维罗妮卡回复的邮件又是那句话：你还是不明白，你从来都不明白，以后也永远不会明白。别白费力气了。

他把那个邮件留在电脑的收信箱里，没有删除，偶尔还会打开看一看。他想，维罗妮卡总说他“你从来都不明白”，这话，是不是有点言过其词了？

他偶尔也会开车再去光顾维罗妮卡和他去过的那个街区，到那酒吧里坐坐。那天，护工带着那 5 个人又来到了那家酒吧，看到他后，那位护工朝他走了过来，要跟他谈谈阿德里安的事。阿德里安？他重复了一句，恍然大悟，除了这个名字，维罗妮卡的儿子还能叫什么呢？那位护工告诉他，他的出现，让阿德里安精神紧张。随后，他们聊了几句，他自我介绍说，他是阿德里安父母过去的朋友，跟阿德里安的父亲曾经是同学，跟阿德里安的母亲玛丽——他管她叫维罗妮卡，他们也很熟。护工说他搞错了，玛丽是阿德里安的姐姐，阿德里安的母亲半年前去世了，受到了很大的打击，所以现在的情绪很不稳定。

他震惊得不知所措。他全部的回忆如此不堪一击，什么都颠覆了。回到家后，他终于理清了一切，甚至明白了维罗妮卡的那个“杀手酬金”所指的含义。他明白了——为什么莎拉·福特夫人有阿德里安的日记，阿德里安日记片段里那些公式和字母其中的含义。他分析：a_1 指代阿德里安，a_2 指代的就是他（安东尼），阿德里安严肃时总喜欢称呼他安东尼；b 指代的是宝宝。而这个宝宝的母亲，是个高龄孕妇，生孩子相当危险，结果，生下了一个带有智力缺陷的孩子。在整个这一事件的“责任链”中，他清清楚楚看到了自己名字所在的那个位置。他在那封恶毒的诅咒信里，强烈地建议，阿德里安去询问一下维罗妮卡的母亲。

他知道，现在什么也改变不了了，什么都于事无补了。一个人的生命正在走向终结，可怕的并非生命本身走向终结，而是生命中任何改变的可能性的终结。

作者生平与创作生涯

朱利安·巴恩斯于 1946 年 1 月 19 日出生在英国中东部的古老城市莱塞斯特（Leicester）一个知识分子家庭。后因在学校教书的父母的工作关系，全家迁至伦敦郊区。1957 年至 1964 年间，他在伦敦城市学校完成了中学学业，毕业之后，进入牛津大学莫德林学院学习现代语言，1968 年毕业，获得现代语言学士学位。

之后，他做了 3 年词典编纂者，为《牛津英语词典》(Oxford English Dictionary）做补编。1972 年，成为一名自由撰稿人，为多家杂志报纸撰写文学和艺术评论文章，如《泰晤士报文学增刊》《新观察》；1977 年，进入《新政治家》杂志社做文学版编辑，兼负责电视评论；1980 年至 1982 年间，为《星期日泰晤士报》撰写文学评论文章，同时，作为《观察家》报电视节目评论员，一直工作到 1986 年。1979 年，他与在南非长大的著名的文学经纪人帕特·卡瓦纳（Pat Kavanagh，1940—2008）结了婚。

1980 年，他以“丹·卡瓦纳”(Dan Kavanagh）作为笔名，出版了他的系列恐怖侦探小说中的第一部《达菲》(Duffy)，小说中的主人公达菲是一位双性恋的前警官，不是典型的侦探，故事讲得机智而扣人心弦，令人耳目一新。随后，他以这一笔名又陆续出版了《小提琴城》(Fiddle City，1981)、《猛然一脚》(Putting the Boot in，1985)、《毁灭》(Going to the Dogs，1987)。

同在 1980 年，他以自己的真名“朱利安·巴恩斯”出版了长篇小说《梅特兰》(Metroland)，讲述 1968 年间一个伦敦郊区的年轻人作为学生旅行到巴黎最后回到伦敦的故事；自此，他小说的主人公就同过去、同历史建立起了纠缠不清的联系。这部小说出版之后，评价不一，毁誉参半，1981 年（35 岁），获得了毛姆文学奖。

之后，他又陆续出版了长篇小说:《她遇到我之前》(Before She Met Me，1982)、《福楼拜的鹦鹉》(Flaubert's Parrot，1984)、《凝视太阳》(Staring at the Sun，1986)、《十又二分之一章里的世界史》(A History of the World in 10 1/2 Chapters，1989)、《尚待商榷》(Talking It over，1991)、《豪猪》(The Porcupine，1992)、《英格兰，英格兰》(England, England，1998)、《爱及其他》(Love, Etc，2000)、《亚瑟和乔治》(Arthur and George，2005)、《终结的感觉》(The Sense of an Ending，2011)、《时代的喧嚣》(The Noise of Time，2016);短篇小说集:《穿越海峡》(Cross Channel，1996)、《柠檬桌》(The Lemon Table，2004)、《脉搏》(Pulse, 2011) 等。在这些小说创作中，他尝试了多种完全不同的风格和主题，部部特色鲜明，风格绝不雷同，而且都获得了成功。

其中《福楼拜的鹦鹉》《英格兰，英格兰》《爱及其他》《亚瑟和乔治》分别获得了布克奖提名;《福楼拜的鹦鹉》《英格兰，英格兰》还入围了布克奖决赛名单。而且，最为脍炙人口的《福楼拜的鹦鹉》用非线性的碎片式的传记构成了独特的文体，结构极为精巧，讲述了一个丧偶的上了年纪的医生的传记片段，以鹦鹉为切入点，对法国现实主义文学大师古斯塔夫·福楼拜 (Gustave Flaubert，1821—1880) 做了新的解读；小说行文，以多重叙述视角，将诸多片段串在一起，完成了对退休医生杰弗里·布拉斯韦特 (Geoffrey Braithwaite) 为了探寻福楼拜在撰写长篇小说《纯朴的心》时，那一只曾置于案头给予他创作灵感的鹦鹉标本而在法国四处漫游的故事的讲述。这部小说出版之后，获得了多项大奖：1985 年，获得英国杰弗里·费伯纪念奖；1986 年，获得法国的梅迪西斯文学奖；1988 年，获得意大利文学基金会颁发的格林扎纳·卡佛文学奖。

演绎了一个当代三角恋爱的故事的《尚待商榷》，分别从三个人物的视角，轮番叙述自己的观感和遭遇，出版之后，1992 年，获得法国费米娜文学奖。

最为与众不同、表达人生体会，传递哲理意念的《终结的感觉》，是一部文学性极高且极具可读性的作品，书名取自英国著名文学批评家弗兰克·科慕德 (Frank Kermode，1919—2010) 出版于 1967 年的学术名著《终结的意识：小说理论研究》(The Sense of an Ending: Studies in the Theory of Fiction) 题目的一部分，以纯熟的故事叙述技巧，立足于人类情感的冲撞，让人性与道德直面历史与现实，在时间和记忆的迷雾中，探索事实真相，表现了对记忆不可信、历史同样具有很强的主观性的思索——记忆并不缝合和构建历史，却反而掩饰和消解历史。

在这部作品中，主人公佟尼·韦伯斯特 (Tony Webster) 回忆了自己的失恋史，几十年来，他对曾经的女友一直心怀怨恨，40 年过去，一切早已时过境迁，他正安享退休后的生活，而一笔从天而降的遗赠，打破了他的平静，将他拽回当年的人生岁月；结果，在追溯中，多年尘封的往事，被逃避的现实，令他所遗忘的记忆浮出了水面，最终，他那些自欺欺人的记忆，在所铸就的残酷现实面前，彻底崩塌，使他清楚地意识到：在给一个无辜者带来的不可饶恕的伤害的“责任链”中，自己竟然是引发邪恶的始作俑者。

小说出版之后，享誉甚高，被誉为罕见的、真正代表欧洲志趣的大师之作，入选了英国《金融时报》、《每日电讯报》、《卫报》、美国国家广播电台、《西雅图时报》等 20 余家主流媒体的年度好书；

并因其具有英语文学经典作品的品质，笔法精湛，构思巧妙，问鼎了第43届英语文学界最有影响力的布克奖。

朱利安·巴恩斯是一位学者型作家，深得欧洲古典文化精髓，以“巴恩斯式”的幽默和激情，帮助人们获得面对幽暗话题时的优雅和从容。他智慧、渊博，善于运用逻辑推导，发人深思，不仅在文体创新上大胆无禁忌，在写作主题上也一次次进入未知的神秘地带，挑战新的想象和伦理。他的创作，注重对历史的思考，对生活价值的思考，历史、记忆、爱情、死亡、老年、婚姻等一些有关个人生存的话题，始终是他关注的主题，体现出深切的人文关怀和忧患意识：爱情不可企及、婚姻令人窒息、老年生活让人沮丧、死亡不可避免、记忆不能信赖、历史终是虚幻……同时，他的文风清透、亲切和蔼、诙谐幽默、富于感情，作品布局精致绝妙，故事情节委婉含蓄，语言措辞精湛，具有很强的可读性。

朱利安·巴恩斯还是当代英国文学的三巨头之一，他不断获得各种文学奖项，赢得了世界荣誉；其中包括：1986年获得了美国文学艺术院的爱·摩·福斯特奖；1987年获得了法国古腾堡奖；1988年荣获法国政府颁授的“艺术及文学部级骑士勋位”；1993年获得德国汉堡阿尔弗雷德·托福基金会颁发的莎士比亚奖；1995荣获法国政府颁授的“艺术及文学部级军官勋位”；2011年获得了旨在表彰在英语写作领域内成绩卓著的在世作家的终身文学成就的“大卫·科恩文学奖”。

在成了职业作家之后，朱利安·巴恩斯仍然是一位活跃的新闻记者和专栏作家。1990年至1995年间，他担任《纽约客》(New Yorker)杂志驻伦敦记者，写作的有关现代英国的报道，后来选编结集成《伦敦来信》(Letters from London)一书，1995年出版。除此之外，他还出版了多部文集：《有所宣示》(Something to Declare，2001)、《卖弄厨艺者》(Thepedantin the Kitchen，2001)、《书卷人生》(A Life with Books，2012)、《视窗》(Through the Window，2012)、《保持一只眼睛睁开》(Keeping an Eye Open，2015)；以及传记《无所畏惧》(Nothing to Be Frightened of，2008)、《生命的层级》(Levels of Life，2013)。朱利安·巴恩斯目前生活在伦敦。

主要参考资料：

Julian Barnes wins the 2011 Man Booker Prize, from The Daily Telegraph, 2011-10-18.

The Sense of an Ending, by Julian Barnes, Publisher: Jonathan Cape, 2011.

2012年 | 第44届

046 提堂 [英] 希拉里·曼特尔

Bring up the Bodies by Hilary Mantel

◎原著共2章，6节。延续《狼厅》情节，继续借助英格兰历史上的传奇人物托马斯·克伦威尔（Thomas Cromwell）的眼睛，讲述发生在16世纪欧洲都铎王朝（The Tudors）时期，国王亨利八世（Henry Ⅷ，1491—1547）的第二任妻子安妮·博林（Ann Boleyn，1501？—1536）王后失势后被斩首的故事。

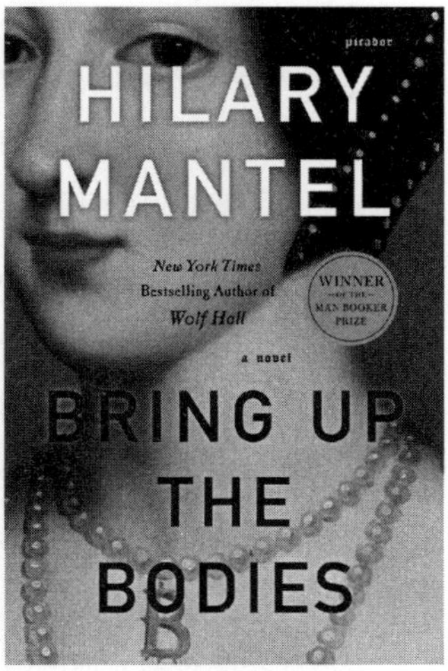

英文原版封面

希拉里·曼特尔
（Hilary Mantel，1952—　）

希拉里·曼特尔是当代英国最优秀的小说家之一，被视为最伟大的现代英语作家，以用历史虚构的书写重写历史著称。

有评论认为，其作品擅长通过对历史素材繁简得当的裁剪，突破虚构的瘤结，用灵活、优美并略带古典韵味的现代英语，还原出恢宏而富有质感的历史场景，用妙趣横生的笔法，巧妙雕刻出活跃于其间的栩栩如生的历史人物。

2009年，《狼厅》（Wolf Hall）出版之后，取得很大的成功，以其精湛的文学成就，获得了广泛的赞誉，因其**用当代小说的方式讲述了一个16世纪的历史故事，篇幅宏大，叙事细腻，语言潇洒驰骋，场景设计巧妙，每一页都熠熠生辉**，问鼎了第41届英语文学界最有影响力的布克奖。同时还获得了2009年的美国国家图书评论奖、2010年的沃尔特·斯克特奖。

2012年，《提堂》（Bring up the Bodies）出版之后，因其**用全新的方式书写了现代英格兰的起源**，问鼎了第44届英语文学界最有影响力的布克奖，同时还获得了科斯塔图书奖；2013年获得了大卫·科恩文学奖、南岸天空艺术奖。

1535年9月初，国王亨利八世带着他的随行人员，声势赫赫地巡游到了英格兰西南区域的威尔特郡（Wiltshire），逗留在老约翰爵士（Old Sir John）家的狼厅。在托马斯·莫尔（Thomas More）被处死的那个星期，7月里的那个阴沉而令人伤心的星期里，国王离开了白厅，随行的队伍浩浩荡荡，一路跋涉，前往温莎[1]（Windsor），托马斯·克伦威尔的助手们在伦敦那边处理完国王的事务后，在8月中旬，与国王的队伍会合在了一起，在温莎城堡修葺一新的老房子里，国王和他的随行们，睡得很踏实。

英国已经享有50年无战事的和平了，这是都铎王朝对臣民誓约提供的和平。臣民家家户户都行动了起来，努力给国王的感官提供最好的景致，一些房舍，近几周才慌忙粉刷过，抢工完成的石雕，仓促刻上了都铎王朝的玫瑰图案，彻底清除了前王后阿拉贡的凯瑟琳的纹章痕迹，来不及雕刻的，就草草漆上安妮·博林王后的猎鹰。

克伦威尔的猎鹰在他的得力助手雷夫·赛德勒（Rafe Sadler）的防护手套上跳跃着，雷夫骑行在国王身边，两人在轻松地寒暄着。他们刚刚结束这一天的狩猎。在这一年里，整个夏天，他们几乎都是在狩猎的喧嚣嘈杂中度过的，猎犬被赶进赶出，猎鹰被一次又一次放飞。现在，大家都累了，太阳正在西沉，他们让缰绳搭在坐骑的脖子上，返回了狼厅。一行人下了马，把坐骑交给了马夫，并侍候着国王。克伦威尔的思绪已经转移到了他夜晚的工作上，那些要从狼厅发出去的信件，与西摩（Seymour）一家共进的晚餐，待国王安寝之后，他工作的夜晚就开始了。

宫廷画师汉斯·霍尔拜因（Hans Holbein）也在国王巡游的随从队伍当中，他惟妙惟肖地画出了亨利八世的画像，还给安妮·博林画了一幅画像，但安妮并不满意，他不知怎么才能获得王后的满意。他还画了雷夫，开始琢磨画克伦威尔该从何处下笔，是从他犀利的小眼睛开始，还是从他头上的帽子着手？不过他很清楚，不管从哪儿开始，最终的效果，都没有区别：如果他对你心怀不满，那你就再也不会有什么好日子过了。

托马斯·克伦威尔现年50来岁，有着一副如同劳动者一般的健壮身板，结实，能干，已经开始发胖了，一头黑发，现已有些花白，那永远不变的白皮肤，似乎天生就不怕雨淋和日晒，因此，人们讥讽他，

---

1 温莎：即温莎城堡（Windsor Castle），位于英格兰东南部区域伯克郡温莎-梅登黑德（Windsor and Maidenhead）皇家自治市镇温莎，与伦敦的白金汉宫（Buckingham Palace）、爱丁堡的荷里路德宫（Holyrood Palace）一样，也是英格兰君主主要的行政官邸。

说他的父亲是爱尔兰人，而其实，他父亲只是帕特尼（Putney）的一个酿酒商和铁匠，一个剪羊毛能手，吝啬鬼，酒鬼，动不动就与人争吵，还常因打人骗人被带上法庭。谁能相信，这样一个家伙的儿子，现今，却上位到超乎寻常的显赫，深得国王的信赖。

这一次，国王只带着他宠爱的少数人到乡间来打猎，王后与她的女士和乐师们被留在了后面。狼厅的主人老约翰爵士已恭候在了那里，迎接他们归来。克伦威尔和蔼地挽起狼厅主人的手臂。老约翰爵士在对待家里的女人方面恶名昭著，几年前，王宫里就谣传他曾经调戏过他的儿媳，而且不止一次。老约翰向来做客的克伦威尔建议：他应该再婚，最好再有个家庭，他们这里有许多年轻的女人，说不定他会感兴趣的。

在此之际，国王亨利已经对老约翰的女儿简·西摩（Jane Seymour）产生了兴趣，看见简和她的家人在一起时的样子不那么害羞了，就把她的小手握在了他那巨大的手里，一面笑着说：在王宫里，他从未听到她说过一句话。简仰脸看着亨利，脸从脖子红到了发际。克伦威尔适时地把他的视线转向了简。他很了解王宫里的女侍简·西摩，因为简是前王后凯瑟琳的侍女，也是现在的王后安妮的侍女。简是个白皙的朴素的年轻女子，少言寡语，性格内向。

在大家共进晚餐时，托马斯·克伦威尔宣布简·西摩明天将陪同国王去狩猎。年轻的绅士韦斯顿（Weston）小声耳语，不知深浅地提醒了他一句：要是安妮王后知道了，会为此不高兴的。老约翰十分高兴地接过他的话茬儿，说，在狼厅大家全是伟大的猎手，他的女儿简也是，不要以为简胆小，在马鞍上，简是一个非凡的女猎手。

国王亨利与简·西摩私下里见过几次面之后，已经开始对简有了爱意。现今的王后安妮·博林，像前王后阿拉贡的凯瑟琳一样，生了一个女儿之后，至今，没能为国王生出一个男嗣，而且，国王对安妮的热情已在渐渐消退，与安妮的关系也极不平静，有时相爱，有时大吵。克伦威尔对他们之间的感情现状一清二楚。安妮不善于掩饰自己的感情，她是国王的情绪多变的王后，时而怒气冲冲，时而谈笑风生。

安妮现已 34 岁，依然光彩照人，举止优雅，气质高贵，散发着她那独特的女人魅力，她对自己那双明亮的黑眼睛，总能有效利用。而克伦威尔对安妮的那些心机，那些设法排除异己的阴柔手段，早已一目了然，多次领教了她在贵族和平民甚至在国王本人身上施展她的伎俩。说起来，他对女人并不冷淡，上帝知道，他只对安妮冷淡。这使安妮非常愤怒，他本该假装关心她。他使她当了王后，她让他成了重臣；但是，他们现在彼此却很难融洽相处了。自从国王任命他代国王全权处理教会事务之后，他的权力太大了，所以不讨她的喜欢。除了她自己、她弟弟罗奇福德勋爵（Lord Rochford）——乔治·博林（George Boleyn），以及她父亲威尔特郡的伯爵（Earl of Wiltshire）之外，她不愿国王去听任何其他人的话，即使对她父亲，她也很刻薄，称他是胆小鬼和浪费时间的人。

然而，如今的铁匠之后——托马斯·克伦威尔，已经功成名就，已然明显超越了所有博林家族的政治精英，他自己的党羽也已布满了朝廷，尽管安妮·博林曾经是他的保护人，然而，他的羽翼已逐渐丰满。红衣主教托马斯·沃尔西（Thomas Wolsey）倒台时，人们都以为，作为沃尔西的心腹，他会完蛋；他的妻子和女儿们相继去世时，人们都以为，丧亲之痛会把他击垮；但是，他得到了国王亨利的重用，国王把自己的一切日程全都交由他来安排，他的人生之路已经变得畅通无阻了。现今的他已是枢密院成员，卷宗主事官，国王的秘书官，除了他的宿敌温彻斯特的主教史蒂芬·加迪纳（Stephen Gardiner）外，没有人敢纠正他希腊语的发音，因为他现在是剑桥大学的校长。

如今，谁都知道他是国王亨利认可的权臣，左膀右臂。国王不仅信赖他，重用他，还像兄长一样亲近他，甚至像一位父亲，一位理想的父亲，既帮他赚钱，也知晓他的秘密。他效忠国王不遗余力，也深谙自己的价值和功劳，并确保各种权利与物质的回报。他惯用手腕，总是能达到他的目的。同时，他也心知肚明，在与那些视他为眼中钉、肉中刺的王公贵族们的每一天的交道中，那些人一旦有了报复之机，就会像拍死一只苍蝇一样除掉他，所以，他总是谦恭有礼，镇静自若，日理万机，关心着国家政务，国内国外的时局。

此时英格兰的国内外时局并不太平。欧洲大陆国家大部分都不接受国王亨利的离婚案，更不承认安妮·博林的王后地位，最强烈的仇恨来自阿拉贡的凯瑟琳的祖国西班牙，而西班牙的国力远在他们英格兰之上。罗马教廷，更是对安妮恨之入骨。现任王后安妮和前任王后凯瑟琳的较量，始终都没有终结，而且，暗斗汹涌。

为了维护王后之位，安妮不择手段。她担心凯瑟琳的女儿玛丽（Mary）会威胁到伊丽莎白（Elizabeth）公主的王位继承权，通过“王位继承法”宣布凯瑟琳的女儿玛丽是私生女，在各种场合，都将其称为“玛丽·都铎”小姐，而不是公主，对玛丽百般地排挤。玛丽被剥夺了一切称号，但还是倔强地称自己为国王亨利的合法的女儿。再加上被废黜的西班牙公主凯瑟琳的威严尤在，与英格兰强硬对抗的权力集团，神圣罗马帝国年轻的皇帝查理五世（Emperor Charles V）对亨利八世的所作所为，始终耿耿于怀，更不会善罢甘休，因而，克伦威尔采取的办法，就是对他们不理不睬。玛丽小姐知道自己被取消了继承权，他觉得不该逼她太甚。由于查理皇帝是凯瑟琳的外甥和玛丽小姐的表哥，所以他务必尽量不去惹他们。更何况，查理五世正把他们捏在手掌心里，问题是，安妮不懂得息事宁人的必要性，以为只要她对亨利甜言蜜语就够了。

安妮自上位到王后位之后，所面临的困难相当巨大——英格兰人不喜欢她，而且讨厌她。国王亨利身材魁梧，不同寻常的英武形象，显示着他那无处不在的权威，他的仪态，他的气质，总是那么高贵；他的怒火，他的誓约，他的咒骂，以及他的泪水，总是那么地令人胆战心惊。然而，即便如此，在全国各地的乡野酒馆，人们还是把坏天气归咎于国王和安妮，归咎于安妮——那个不要脸的宫廷之妓；认为如果国王重新接纳他的合法妻子凯瑟琳，就会雨过天晴。如今再加上一个新问题——安妮自 1533 年 9 月生下女儿伊丽莎白之后，至今都未能生出一个王室的男性继承人。在这个问题上，即便国王亨利对儿子的降临依然充满信心，一位宫廷御医兼占星家也已经预言亨利即将有一个儿子，而且法兰西国王会做这个孩子的教父，然而，时至今日，国王所期待的那个王子始终未能诞生，两人之间还不时小有摩擦，发生争执。1534 年圣诞节，安妮不幸流产之后，国王亨利就曾经与克伦威尔和坎特伯雷大主教托马斯·克兰默（Thomas Cranmer）商讨过，与安妮离婚另觅新欢的可能性。幸亏后来亨利与安妮的关系很快又和好了，特别是在 1535 年的夏季，因而在 10 月份，安妮再次有了身孕。

自从加冕之后，安妮主持着庞大的后宫，领导着时尚。她的排场比前任王后凯瑟琳还要大，专职伺候的仆人超过 250 人之多，陪伴的贵族侍女有 60 几位，为了与她高贵的身份相得益彰，她疯狂地追求艳丽的服饰、奢华的珠宝首饰、时兴的羽毛扇、马车、家具等，为此，花费了大量的钱财。她还重新装潢了几个宫殿，挑选了一只白鹰作为她的个人纹章，以符合她的品位。不过，安妮从未得意忘形，而且也十分清楚那些始终无法消弭的民怨。她被指责是国家各种灾难的罪魁祸首，一些极具侮辱性的标签“女巫、婊子、荡妇”被一并贴到了她的身上。国王为了她和罗马教廷水火不容，致使整个国家陷入离经叛教的黑暗之中，而久久未能为国王产下一名男性继承人，更使得民众对她怨声载道。

安妮不甘心，为挽回自己的名声，做出了不遗余力的努力。她经常阅读《圣经》，在文化上，成为很多文人学者的保护人，并且对宗教改革学说非常感兴趣，力促国内的宗教改革计划全面落实，直至在一家修道院去留的命运上，她与位高权重的克伦威尔生出了鲜明的意见分歧。她希望保留修道院用来做教育机构，克伦威尔直截了当地反驳了她。因为现在保护英格兰才是当务之急。国外敌对势力，始终不认可她的王后地位，不仅仅是罗马教廷，甚至连马丁·路德（Martin Luther）也没有为国王亨利的第二次婚姻献上任何祝福。亨利仍然担心被逐出罗马教会可能产生的严重后果，如果宗教改革计划全面实施，英格兰就会变成被正统宗教抛弃的贱民国家；天主教徒领导者也会被名正言顺地授权侵入英格兰并成为英格兰的新君主。

1536年1月7日，国王的第一任妻子阿拉贡的凯瑟琳的去世，给英格兰的困局带来了一线转机。1月8日，凯瑟琳去世的消息传到了宫廷，传到了国王的寝宫，随后，传到了安妮耳朵里。听闻此讯之后，在寒冷的房间里，安妮穿上黄色的裙装，欢快地跳起舞来，就像她1521年初入宫那天在化装舞会上一样，翩翩起舞。由于凯瑟琳到死都以王后自居，那么，在这之后，安妮认为，王后这个位置，再没人与她争夺了。

凯瑟琳的葬礼定在了1月29日，为购置丧服和蜡烛的账单很快就送了过来。国王亨利没有任何悲伤，下令宫廷里的各项娱乐活动照常进行，在1月的第三个星期，还要举行一场马术比武大赛。在大赛之前，一天，有人悄悄告诉亨利：在外面的街头巷尾，传闻凯瑟琳是被谋杀的。人们说，国王把凯瑟琳锁在了一个房间里，将她饿死了；还说，国王派了两个持刀的杀人犯，把凯瑟琳的心脏挖了出来，敛尸官在验尸时，看到了国王的名字以黑体大字烙印在那颗心脏上的黑色印迹。

在比武大赛即将举办之前的一个深夜，王后的寝宫突然着了一场大火。克伦威尔闻讯赶过去时，远远地就闻到了浓浓的烧焦味。不过，被一群叽叽喳喳的侍女围绕着的安妮毫发未伤，坐在椅子上，裹着黑丝绸，手里拿着一杯温热的酒。一旁的国王亨利泪水盈眶，紧紧抱着安妮，他的继承人仍在她肚子里。安妮感到不悦，国王的钟爱和拥抱，都让她不耐烦，而且，无法掩饰她的感觉，一脸阴郁，转向了克伦威尔，用法语对他说：有人预言，英格兰王后会被烧死——不是指今天发生的事吧？国王的心情也很糟糕，甚至有些自责，如果他在安妮身边陪她过夜，就不会发生这种事。然而，英格兰国王不能和怀着他孩子的女人上床，流产的风险太大。在这个时候，他只能从别的女人身上寻求慰藉。

比武大赛如期进行了。托马斯·克伦威尔因为要处理公文，没能去赛场观看比武。梵蒂冈限令亨利三个月内归顺教廷，否则，教廷就将在全欧洲发布将他逐出教会的敕令，使所有基督王国子民全来反对他；查理皇帝的舰队已经准备起航前往阿尔及尔，载着40000名全副武装的士兵；喷泉修道院的院长一直在持续不断地搜刮钱财，掠夺金银，包养了6个妓女。再有，半个月后，就到新的议会会期了。他一直在为这一切忙活着，忙着赚钱、忙着拟定法律条文，忙得不可开交。西班牙公主凯瑟琳现在已经死了，他可以修补和罗马皇帝查理的关系了，遭到的贸易禁运和侵略英格兰的威胁，可以得到缓解了。

就在这时候，他最得力的助手雷夫·赛德勒一语不发地站在了他的门口。他抬起头，看着这位年轻人惶恐不安的脸。雷夫带来了坏消息：马术比武大会中断了，国王出事了。原来，在比武大赛当中，国王连人带马摔倒了，马压到了他身上，整整两个小时，他失去了意识，侍从们全都以为他死了。

1 月 29 日，在前王后凯瑟琳被安葬的同一天，现任王后安妮再次流产了，而且是个男婴。国王亨利痛苦极了。他的腿已经被外科医生包扎了起来，那条腿是在 10 年前受的伤，现在有长瘤子的可能性，身体状况在急转直下。在这一次的摔伤之后，伴随着国王引以为傲的马术比武大赛就此终结了，亨利身上原本的那种英武霸气、豪迈勇气也随之消退了。国王有时会绝望地说：我已经知晓，上帝不会赐给我一个男性继承人了。

安妮的两次流产，使安妮彻底失去了国王的宠爱，经常地吵架，已经使亨利筋疲力尽，再无耐性，也不再抱任何幻想，已经开始认为安妮不再可能为王室添丁了。过去，安妮身上的那些令亨利动情的特质，现在，亨利全都看不顺眼了，安妮讲多国语言的伶牙俐齿，变成了聒噪；安妮热烈奔放的性格，变成了无理取闹；安妮对艺术的追求，变成了轻浮。亨利和安妮的婚姻在迅速变质。在那些本就不赞成亨利和安妮结婚的臣子眼中，国王俨然成了鳏夫，他们开始准备为国王另觅新欢。就在这当口，国王亨利又欣喜万分地爱上了另外一个女人，把全部兴趣转向了狼厅的简·西摩。于是，国王私下里对克伦威尔说：我绝对不能再这么生活下去了。克伦威尔立即领悟了这话里的意思，再次摸透了国王亨利的心思。安妮已耗尽了亨利所有的耐心与热情，亨利已经厌倦了既不能给他平静又没给他生出儿子的安妮了。克伦威尔答应亨利，他将找出一个合法的方式，帮他完成心愿，废黜安妮的王后之位。

克伦威尔随后便认真着手行动了起来，开始在那些与安妮关系亲密的人群中进行调查，收集不利于安妮王后的证据，不断找茬儿询问安妮身边的那些侍女贵妇。在 1536 年 4 月初的一天，在与陪伴安妮的贵妇人伊丽莎白·沃塞斯特夫人（Lady Elizabeth Worcester）的一场精心谈话中，他拿糕点用心招待了一番这位孕妇，很快便从这位孕妇嘴里套出了极具价值的信息。

伊丽莎白坦言了她对安妮王后的不满，王宫里正在流传一个谣言，说伊丽莎白怀的孩子不是沃塞斯特伯爵（Earl of Worcester）的。他用一种分享愤怒的关心语气向伊丽莎白挑明：有人在找她和她家庭的麻烦。伊丽莎白认定是安妮唆使人恶意传播的，随后，向他透露：安妮王后的房门常常关闭得紧紧的。他希望到时候伊丽莎白·沃塞斯特夫人能出庭指证这事，沃塞斯特夫人表示，她只能指证安妮王后的房门常常紧关着，至于里面在干些什么，她无法作证，因为她不知道。克伦威尔心想：这已经足够了，只要能让国王亨利起了疑心，就行了。

圣乔治日[1]到了，整个英格兰喧闹起来，街道上浓墨重彩，到处是喧闹的游行队伍，在欢庆国庆。克伦威尔继续与一些人讨论废黜安妮王后的办法，有人提议，假如安妮王后能进入笃信宗教的生活，她很可能会成为一个十分出色的女修道院长，那样一来，她的婚姻问题就容易解决了，因为那样一来，她的婚姻会自然而然解体的。

在那之后，克伦威尔试图通过与安妮的父亲——威尔特伯爵和安妮的弟弟罗奇福德勋爵协商，使安

---

1 圣乔治日（St George's Day）：英格兰的国庆日，4月23日，是一个带有宗教色彩的纪念日，因为在公元303年的这一天，圣乔治因试图阻止罗马皇帝对基督教的迫害而被杀。每年，在最接近圣乔治日的周日，很多童子军会组织游行活动。

妮王后和国王亨利的婚姻自愿解体，威尔特伯爵表示愿意协商，然而，乔治·博林拒绝协商，回答克伦威尔说：如果你最终成功地迫使我姐姐解除了婚约，你的新朋友一旦在她离位之后，就会干掉你；如果你不成功，她和国王和解了，那么，我将会干掉你。所以，无论你成功与否，克伦威尔，你都已经管得太宽了。

克伦威尔当即决定罗织不利于王后安妮的罪名，构陷安妮。他十分清楚，如果对达到目的有利，国王亨利会很乐意看到安妮被除掉。他永远忘不了安妮和一些她最亲近的人一起密谋毁掉了他的导师红衣主教沃尔西之事，他也乐得终于有了毁掉那一帮人的良机。尽管他很清楚，指控他们的证据并非全是真实的，但他愿意做对国王亨利有利又能为恩师沃尔西复仇的事，而且一旦启动了这个程序，如果他自己想活下去的话，就不得不将其进行到底了。

克伦威尔着手联合了一群对安妮不满的贵族，充分利用国王已厌倦安妮的心理，开始了整垮安妮王后的不懈努力。安妮王后是绝不会屈从的，就像阿拉贡的凯瑟琳王后一样，她要投入战斗，然而，比起贵为西班牙公主的凯瑟琳，安妮却没有太硬的政治背景。后宫陷入一片混乱，流出越来越多的有关安妮通奸的传言，安妮的嫂子，罗奇福德夫人（Lady Rochford）在散布谣言方面帮了大忙。最后，克伦威尔得到了足够使用的毁灭性的证据。

随后，跟安妮接触频繁的那些男人，多半是艺术家、诗人，一一被质询。安妮身旁的乐师马克·斯密顿（Mark Smeaton）首先被捕，因为他不是贵族，可以用刑。马克最初否认自己是安妮的情人，但后来也许因为是严刑拷打，他承认了与安妮通奸的罪行。接着，两名朝臣和国王的侍从也被指控了同样罪名遭到逮捕；随后是罗奇福德勋爵，安妮的弟弟乔治·博林，因被控与安妮通奸和叛国罪被逮捕。甚至有人谣传，安妮是个邪恶的女巫，使用巫术蒙蔽了国王亨利的眼睛，让亨利抛妻弃女，并瞒着国王跟12个或者上百个年轻男人上床。在调查通奸罪的细节时，据称，安妮曾经讨论过，国王死后，她应该嫁给哪位情人。

1536年5月2日，信使来到后宫，要求安妮在国王陛下缺席的情况下前往议会。克伦威尔也不在议会那里，正在其他地方忙忙碌碌。在场的议员们告知安妮，她被控与亨利·诺里斯（Henry Norris）和马克·斯密顿通奸，还有另外一个绅士，当前先不指名。在启动诉讼程序期间，她必须去伦敦塔内居住。王室财务主管菲茨威廉（Fitzwilliam）后来向克伦威尔汇报时说：当时王后的举止，高傲得简直令难以置信。你们不能把一个王后送上法庭审判，她说，谁有资格审判她？可是，当有人跟她说，诺里斯和斯密顿已经供认了，她突然大哭起来。一向与安妮王后不和的王室财务主管随后又发表了一通自己的看法：今天上午在议会里听到有人无礼地欺骗安妮说诺里斯已经招供了，他感到很别扭。因为诺里斯根本就没供认过任何事实，他只是跟他们说过，他爱安妮。

从议会的会议室出来后，安妮被押解到王宫她自己的房间里用了午餐，当日下午2点，在菲茨威廉等人的陪伴下，被押送至了伦敦塔。5月15日，对安妮进行了审判。伦敦塔大厅的中央，搭起了一个台子，上面摆了一些长椅，供大法官和贵族们就座，两侧的走道上也有一些椅子，但大部分观众都是站着的。诺福克公爵（Duke of Norfolk）手持白色法槌主持了对他外甥女安妮王后的审判。大法官坐在公爵旁边，给他提供全国最好的法律建议。沃塞斯特伯爵也在现场，或许可以说，他眼前的这一幕，皆因他的妻子伊丽莎白而起。

安妮王后很安静，坐在椅子上专注地听着自己的一系列罪行被当庭宣读，那些时间、日期、地点和那些男人。她否认叛国，也不屑于多加解释，或者找借口开脱，以便为自己减轻罪行，也没有人帮她这样做。她为自己辩护时的智慧和不屈精神，着实令人敬佩。

克伦威尔坐在台子上，目视着眼前的一切 。他做到了他以为自己永远无法做到的事情，现在，例行公事一般，审理着通奸、乱伦、阴谋、叛国的大案。他最不放心的人只有乔治·博林。他的夫人背叛了他，他的父亲抛弃了他，而他的舅舅在法庭上主持了对他的审判。乔治的发言雄辩有力，听到对自己的指控，要求逐项逐条地提出来，并直接面对着他说：一条一条地来。时间，地点。我会驳倒你的。

这个审判只是一种临时的解决方法，是摆脱安妮・博林、迎娶简・西摩的权宜之计。它已变成了一件不能让人相信的事情——这些人会阴谋反对国王，并和王后交配。马克・斯密顿因为心怀奢望；诗人理查德・韦斯顿爵士（Sir Richard Weston）因为过于轻率；老绅士威廉・布莱里顿（William Brereton）因为作恶多端，他是国王的侍从，总爱同人争吵，没完没了；亨利・诺里斯因为放肆，他是国王亨利的侍从官，与国王接触最密切的人，把自己与国王的关系给弄混了；乔治・博林因为是安妮的兄弟，而且，就因为他是安妮的兄弟。博林家的人，谁都知道，为了争权，会不择手段，如果安妮・博林踏着失败者的尸体登上了王位，她很可能会把博林家的某个私生子也推上王位。

克伦威尔起身走到诺福克公爵身旁，催促诺福克公爵尽快继续往下审理。乔治・博林已经处于受审与定罪之间了，他让人扶罗奇福德大人坐下，给他弄点喝的。尽管乔治・博林犯有叛国罪，但仍然是一位贵族，应该允许他坐下来聆听自己的死刑。

5 月 16 日，有人告诉克伦威尔，国王亨利上周派人去港市加来（Calais）请了一位法兰西最好的刀剑手，一位负责砍头的行刑人。5 月 17 日，乔治・博林与亨利・诺里斯等一行人被执行了死刑。5 月 19 日，安妮・博林被国王亨利请来的刽子手斩首。

随后，在白厅王后的房间里，国王亨利八世迅速而私密地与狼厅的简・西摩举行了婚礼。简被发现，原来是国王的一位远方表亲，不过，所有的程序和仪式都是依照正常的章法进行的。在结婚典礼的前一天，克伦威尔与国王待在一起，那天，亨利看上去很安静，而且比任何一个新郎都显得忧郁，不过，他不是在想他的上一位王后，她已经死去 10 天了，他从未说起过她，他忧虑的是男性继承人的问题，他对克伦威尔说：我不知道我还会不会有孩子。

1536 年 7 月，托马斯・克伦威尔被国王封为爵士，晋升为温布尔登（Wimbledon）克伦威尔男爵（Baron Cromwell）。不过，事情并未就此结束，一切都将又会有新的开始。

作者生平与创作生涯

具体内容参见第 41 届作品《狼厅》第 920—922 页。

2013年 | 第45届

047 发光体 [新西兰] 埃莉诺·卡顿

The Luminaries by Eleanor Catton

◎原著共 12 章。其中充满了隐喻，别出心裁，运用占星学上的寓意，以 12 星座星盘为叙事框架，以 12 个各自对应一个星座的恒星角色的人物，和 7 个行星角色的人物，布局谋篇，人物纷繁，讲述了一个曲折离奇的有关冒险和爱情的故事，虚构出了一个充斥着人心的贪婪与欺诈的世界。本文下面只对整个故事的情节给予简单介绍。

英文原版封面

埃莉诺·卡顿

（Eleanor Catton，1985— ）

埃莉诺·卡顿是新西兰一位年轻的女作家。

有评论认为，其作品结构精巧、叙事精彩，手法娴熟，文学形式和写作技巧，格外扣人心弦。

《发光体》（The Luminaries）出版之后，好评如潮，被认为是一部宏伟的巨著，一部具有灵魂的小说——讲述了一个关于爱、欲望、贪婪和谋杀的故事，最终，美、希望和爱，战胜了贪婪与丑恶。出版当年，获得了加拿大总督文学奖；又因其**复杂的结构让人惊叹，故事情节引人入胜，对那个充满金钱和贪婪的世界进行了富有想象力的描述**，问鼎了第 45 届英语文学界最有影响力的布克奖；成为继 1985 年凯里·休姆（Keri Hulme）以《骨头人》（The Bone People）得奖之后，第二位获此殊荣的新西兰作家。

小说中的故事发生在 1866 年间的新西兰西南部荒野中的海滨小镇霍基蒂卡[1]（Hokitika）。那片区域，原本是毛利族人采掘一种对他们来说具有灵性的绿岩[2]的地方；随后而至的欧洲定居者，则是为了那些没有灵性的金子，霍基蒂卡河的卵石与河沙之中蕴藏着数量可观的金砂，一些梦想着靠开采黄金发大财的探矿者，采矿者，记者，金匠纷至沓来。这座小镇刚刚出现不久，然而没有几年，山坡上已经有了一些住宅，河谷里有采矿人的营地，镇里还正在修建一处监狱，还发行了一份报纸。每天都会有从远方来的大帆船在港口进进出出。赌场、妓院和银行旁边的酒店里有酒吧，法庭十分忙碌。

1866 年 1 月 27 日，一个黑暗的暴风雨之夜，来自英国的年轻人沃尔特·穆迪（Walter Moody）为了逃离举止荒唐的父亲，经历了漫长的海上航行，一路上饱受折磨，还遭遇了一场可怕的风暴，船搁浅了。之后，他疲惫不堪地抵达了霍基蒂卡小镇，入住了“王冠酒店”（Crown Hotel），想在黄金上碰碰运气。即便很疲惫，他还是非常注意自己给他人留下的印象，努力表现得冷静镇定，让人觉得值得信赖。问题是在上岸之前，他在船上看到了某种自己不能解释的东西——一个幽灵，可怕得让他想都不敢想，被搞得心神不宁。

尽管一开始他就知道前来新西兰西坎特伯雷（West Canterbury）地区的这趟旅程有丧命之虞 ，一路必须穿越无止无尽、翻滚奔腾的激流与波涛，才能抵达霍基蒂卡海滩。不过，他没想到真实情况竟如此骇人，直到现在他仍不敢回想。恐惧与不适，让他变得有些慌不择路，正因如此，他才踏进了“王冠酒店”的吸烟室，想静静神，结果却破坏了这个房间的平静，打扰了一个秘密集会。

穆迪站在吸烟室门口，姿态完美无瑕，身心却几乎因疲惫而发抖，内心怀着沉重的恐惧，感觉在被人跟踪，而且跟得很紧，整个人提心吊胆。他以客套洒脱而尊敬的神态环顾了一下房间，看到有 12 名男子聚在里面，分属于不同种族、不同身份与阶级，气质各异其趣，穿着打扮大不相同，长大衣、长袍、燕尾服、带牛角扣的诺福克短外套……各式各样，什么都有。他们当中，有人在聚精会神地读报，有人把烟灰弹进壁炉，也有人手掌张开撑在台球桌的呢布台面上准备敲杆，一个个全都刻意装出毫无瓜葛的样子，那画面极不寻常。

---

1 霍基蒂卡（Hokitika）：毛利语里的意思是“到此回头”。

2 绿岩（Greenstone）：毛利玉石。一种绿翡翠、绿玉，毛利族人称之为“软玉”（Pounamu），是被毛利人视为圣物的材料，许多人物形象、小配件、武器等都是用这种玉石制成的。

室内的12名男子，有着拓荒者的那种古铜色的肌肤和饱经风霜的神态，流露出穷困与失败，其中有两个是中国人，穿着同样的布鞋和灰色长袍，他们身后站着一个毛利人，脸上有蓝绿色的刺青。至于其他几个人，穆迪就猜不出来历了。他打量了一下四周，认定自己比他们都年轻，然而事实上，有好几个人比他还小，或是跟他年龄相仿，只不过身上的青春光芒，基本上被磨难淹没了。

穆迪站在那里，没有动。他进来，原本只是想要一杯白兰地，找一个可以让他坐下来养养神的地方。他在门口站了一阵儿，等着被接待，然而没有任何反应，于是他径自往前踏了一步，轻轻关上身后的房门，分别朝窗户方向和壁炉方向欠了欠身，算是同室内的人打过了招呼，介绍了自己。然后，他走向一张边桌，从专门为客人预备的玻璃瓶中，给自己调了杯酒，挑了一根雪茄，然后，转身面向房间，再次面对那12张面孔。

看来，没有人因为他的出现而受到影响，这正合他的心意，他坐在最后仅剩的一张单人椅上，点燃雪茄，往后仰坐，发出一声轻轻的喟叹。这时，那些男人之中的一员冲他开了口。那个男人想弄清他来“王冠酒店”的目的，是否有生意。在那个男人不断盘问下，心事重重的穆迪告诉那个男人，他刚下船，而且，就他自己，只身一人。他从来没见过金子，只是为成为一个开金矿者做些准备。他来这里想打听的不仅仅是淘金的事，更想知道的是之后的事情——金子能带来什么，生活会变成什么样子？

那个男人显然被他的话逗乐了，跑到“王冠酒店”住一个礼拜，只是为了东问西问，真有意思！那个男人咯咯笑着，然后自我介绍说：船运商托马斯·鲍尔弗（Thomas Balfour），码头上，街面上，到处都能看到他的名字。鲍尔弗50来岁，身材矮小精干，头发花白，一脸络腮胡子，洋洋得意时，喜欢不住地捋捋胡子。穆迪从他身上看到一种乐观的天性和想当然的优越感。

穆迪出身剑桥，出生在一个还算富裕、有三个仆从的家庭。他往来的朋友圈——从三一学院（Trinity College）到近几年的内殿律师学院（Inner Temple），却完全没有贵族社会那种古板封建的门户之见。尽管如此，学校教育仍教会他用居高临下的角度理解任何一个社会制度，使他变得孤立而疏离。每当看到阶级融合的场面，总觉有些惊骇莫名。他根本不知道这个淘金区是混杂着三教九流的地方。他比鲍尔弗年轻20来岁，所以带着敬语跟鲍尔弗说话，不过他心里明白，鲍尔弗的社会地位远不及他。

鲍尔弗确实出身低微。父亲在肯特郡（Kent）以经营马具业为生，要不是在他11岁那年，一场大火吞噬了他的父亲及马厩，他很可能会继承父业，做那种小买卖。成年后，他很少回想儿时的那场大火，对失去的生活没有丝毫怀恋之情，除非用来与眼下热涌出来的行业相比较。煤矿主、钢铁业者，还有黄金，这才是来钱的买卖。

在这个特别的夜晚，托马斯·鲍尔弗不是没有议事日程的。他们12个男人神情凝重地聚在一起，为的是厘清近来发生的三起疑似犯罪事件之间的关系：镇上最富有的年轻探矿者埃默里·斯坦斯（Emery Staines）无端失踪了，老酒鬼克罗斯比·弗兰西斯·威尔斯（Crosbie Francis Wells）死在了偏僻的小屋里，家中发现藏有大量金砂；妓女安娜·韦瑟雷尔（Anna Wetherell）自杀未遂倒卧在了路上，即将接受谋杀罪审判。

聚在一起的这12个男人，除了托马斯·鲍尔弗之外，其他还有：法院职员奥伯特·加斯科因（Aubert Gascoigne）、金矿大亨狄克·曼纳林（Dick Mannering）、帽商和鸦片贩子苏克·永升（Sook Yongsheng）、中国金匠龙·奎（Long Quee）、代销商哈拉尔德·尼尔森（Harald Nilssen）、药剂师约瑟夫·普里查德（Joseph Pritchard）、银行业者查利·弗罗斯特（Charlie Frost）、牧师考埃尔·德夫林（Cowell Devlin）、酒店老板埃德加·克林奇（Edgar Clinch）、报社记者本杰明·娄温萨尔（Benjamin Lŏwenthal）和毛利宝石猎人特·劳·汤沃（Te Rau Tauwhare）。他们绝对不想受到打扰，实际上已经采取了预防措施（包括放哨），不料，陌生人穆迪却意外闯了进来，穆迪住进了这家酒店，是在他们放出岗哨之前进来的。

穆迪跑到这文明世界最南端的尽头，跑到这座位于丛林和海洋之间新开发起来的淘金小镇来，并不是奢求享受的，只想发点小财，然后施舍一些零钱给穷人。然而，就在不到 6 小时前，在他从查默港（Port Chalmers）乘坐"神速号"（Godspeed）三桅帆船来到霍基蒂卡这片荒凉海岸的航程中，他感觉自己看见了一件可怕的事情，那震撼力，足以让一切真实显得虚幻。那阒黑当中的骇人的一幕，深深烙印在了他的脑海里，萦绕不去，而眼前的这个阴郁的场景，恰好衔接上了他刚刚经历的磨难，感觉这间屋子有些阴森瘆人，恐怕会招来厄运。

在随后的交谈中，穆迪闪烁其词，提到他好像看见了可怕事情，不过没有直接把全部情况说出来，鲍尔弗想引诱穆迪把实情彻底抖出来，一个劲儿地逼迫他说明他为什么决定来霍基蒂卡。尽管穆迪表明那是隐私，鲍尔弗依然不依不饶，不停地催问他。最后，穆迪妥协了，说出了心中的苦恼。

他父亲亚德里安·穆迪（Adrian Moody）不是个正经人，在他母亲死后，亚德里安又结了婚，但对他的妻子很不好，最后还不见了人影。在这之前的几个星期，他哥哥弗雷德里克（Frederick）已先他父亲离开了家，跑到新西兰来了，停留在了奥塔哥（Otago）金矿区那里，他以为他哥哥对他父亲抛家出走的事全然不知，便乘船到奥塔哥来找弗雷德里克，打算告诉他父亲亚德里安的事，没想到，他还没找到弗雷德里克，就碰见了父亲亚德里安。亚德里安又结了婚。之后，穆迪又得知，原来，是他哥哥和他的伯父们共同策划的他父亲的失踪和抛弃他继母之事的。亚德里安对穆迪找到了他很不高兴，想把穆迪扣下来不让他走开，结果，穆迪逃脱了出来，然后，决定到霍基蒂卡来碰碰运气，为了防止他父亲的跟踪，他用了一个不同的名字。现在，在他有了这些发现后，不想再回伦敦去从事他的法律事务了，他想换成"挖金人"这个辛劳艰苦的职业。

穆迪说完了他的故事后，注意到屋里的人全都轻松了许多。鲍尔弗就如何能在霍基蒂卡得心应手给穆迪说了些门道。随后，穆迪又把话题转回到了他来霍基蒂卡的航行上，当他说到他是乘"神速号"帆船过来的时候，突然之间，屋子里安静了下来，大家一个个全都警惕起来。鲍尔弗十分详细地问了穆迪一些细节——特别是船长的名字。

穆迪说出了那个船长的名字——弗朗西斯·卡佛（Francis Carver）之后，鲍尔弗接着问穆迪对卡佛这人有什么想法。穆迪感觉，卡佛似乎急于离开达尼丁[1]（Dunedin）——这就是为什么他们的那艘帆船不顾一场暴风雨即将来临还坚持要离开那里的原因。穆迪并没有真的与卡佛见过面，但他坦言，他在船上发现了船上的货物有点异常，使他怀疑该船差事的诚实性。

鲍尔弗转去给穆迪拿酒时，那个叫奥伯特·加斯科因的法院职员走了过来，向穆迪做了自我介绍，

---

1 达尼丁（Dunedin）：位于新西兰南岛东南部狭长的奥塔哥（Otago）港区顶端，该市东北16公里奥塔哥湾口的查默斯港（Port Chalmers）是其外港。

穆迪想起曾看过加斯科因代表司法长官的法庭写的一篇舆论文章，那篇文章写的是通常所说的“罪行的不法性”。在交谈当中，加斯克因同穆迪特别谈到了那个因想自杀而被捕的女人安娜·韦瑟雷尔的事，说那女人跟卡佛有某种关联，加斯克因还说卡佛杀死了他自己的孩子。期间，穆迪周围的那些人继续相互耳语着，最后，鲍尔弗回坐到穆迪身边，递给穆迪一杯酒，然后，加斯克因宣布：如果穆迪同意，他们可以吸收穆迪入伙。

鲍尔弗随即宣布说，发生了一宗谋杀案，卡佛是谋杀者——他不确定是怎么杀，为什么杀的，但他确定卡佛就是杀人者。鲍尔弗希望跟穆迪讲卡佛的历史，那将说服他帮助他们这帮人。穆迪纳闷，自己为什么能帮助他们追找卡佛，鲍尔弗提醒他说，他对他们说过，他的箱子还在“神速号”帆船上，他还与海关约定次日去取，这将使他有机会去调查那艘帆船。接着，鲍尔弗开始讲他们 12 个人是怎么聚集到酒店里的。

在座的那位考埃尔·德夫林牧师即将成为霍基蒂卡监狱的新教士。他是在谋杀案中的死者克罗斯比·威尔斯死前两天抵达霍基蒂卡的，他讲述了他到来之后，第二天就碰上了安娜·韦瑟雷尔，安娜被拘捕入狱时，他正在帮助关押在里面的犯人，安娜进来后，当即被推靠到一面墙上，监狱长乔治·谢巴德（George Shepard）给她戴上了手铐。次日早晨，警方要求德夫林去阿拉胡拉河谷（Arahura Valley）帮助他们为克罗斯比收尸。在克罗斯比的小屋那里，他在火炉里找到一份留有火烧痕迹的契约，证明失踪的埃默里·斯坦斯给了妓女安娜 2000 英镑，上面还落有克罗斯比·威尔斯的签名，不过，考埃尔·德夫林隐藏了这份契约。

外面的雨大了起来，狂风吹打着窗玻璃。现在，穆迪已经彻底冷静了下来，耐心地听着大家一个个的发言，努力想弄清到底是怎么一回事，想知道他在帆船上看到的那个幽灵是否真的存在，是否与他们讨论的这宗谋杀案有关。他分外用心地听着他们一个个逐一诉说自己知道的情况，注意到他们每一个人似乎都与谋杀案中的死者有点关联，谁都不简单，一个个都有着自己的目的。

随着在座的每一个人的不断回忆与争论，不断颠覆先前的断言与推测，事情愈发扑朔迷离。穆迪认为他看见的那个幽灵，应该是失踪的埃默里·斯坦斯的鬼魂，鲍尔弗他们打算在穆迪去取他的板条箱时，到帆船上去调查调查，没想到，传来了“神速号”失事的消息。不过，第二天，穆迪最终还是取回了他的板条箱。

在穆迪翻找他的箱子时，在一片混乱中，一开始，误打开了他人托运的一只板条箱——著名政治家阿利斯泰尔·劳德巴克（Alistair Lauderback）的箱子，劳德巴克出生在英国伦敦，是法律界的大腕，1851 年航行到新西兰后，声望蒸蒸日上，所建立的人脉关系网一直延伸到了当今首相，政治地位正在节节高升，《西海岸时报》（West Coast Times）对他多有报道。穆迪在翻看那个箱子时，意外看到了一些信件，死者克罗斯比·威尔斯写给劳德巴克的书信，从中泄露出了一个家庭秘密：劳德巴克其实是克罗斯比的同父异母兄弟。

事情更加复杂起来，而且还在不断发展。就在这时，一个谁都不认识的名为莉迪娅·威尔斯（Lydia Wells）的女人突然出现在了霍基蒂卡小镇上，声称她是死者克罗斯比·威尔斯的遗孀，来自达尼丁，是来接收克罗斯比的财产的。在法庭确定身份资格之前，莉迪娅必须等待，因为在有人知道她的存在之前，那笔财产已被上交。在等待期间，莉迪娅买下了小镇上的一家酒店，将其改造成了用塔罗牌[1]占卜的场所，做起了算命、显灵会之类的生意，还花钱保释了此前一直做营妓的安娜·韦瑟雷尔作为她的助手。莉迪娅宣称在达尼丁时，她就是安娜的老朋友，却对安娜严密监视，因为对必须住到莉迪娅那里去很不高兴，安娜看上去显得很悲惨，很憔悴。

莉迪娅决定为失踪的探矿者埃默里·斯坦斯举办一场显灵会。那天上午，毛利人特·劳·汤沃去了报社记者本杰明·娄温萨尔的办公室，娄温萨尔告诉他，傍晚莉迪娅要举办显灵会，以召唤埃默里·斯坦斯的鬼魂。在举行显灵会前有一个晚会，所有人都可以参加，但出席显灵会者，必须持有专用的门票。汤沃表示他对此不感兴趣。娄温萨尔请汤沃来，是想请他帮自己清理打捞上来的"神速号"沉船里的货物，但汤沃没同意，随后，娄温萨尔告诉汤沃，已经有人请了律师约翰·费娄斯先生（Mr. John Fellowes）来把克罗斯比·威尔斯的事情弄清楚，费娄斯将向最高法院的法官提交一份报告，这就意味着可能有一次谋杀审判。

在莉迪娅要举办显灵会的当天，来自"唐人街"（Chinatown）的鸦片馆的老板苏克·永升，是安娜入狱前向安娜提供鸦片的贩子，因为非常想念安娜，一大早就过来看安娜，吃惊地认出了安娜的新老板莉迪娅。莉迪娅不想让安娜知道她与阿苏是老相识（虽然安娜看出了他们彼此认识），但还是邀请了阿苏当晚过来参加显灵会。结果，在显灵会上，苏克·永升意外撞上了弗朗西斯·卡佛——多年来，他千辛万苦一直在跟踪的那个男人，因为运气不够好，始终没能找准卡佛的确切住址，最后只好放弃，才来到了霍基蒂卡定居。他曾发誓，为他父亲的死向卡佛报仇，杀死卡佛。那天，在"王冠酒店"，在他们12人的聚会上，当时，由于他没有用心留意众人的全部会话内容，所以，他没能听到鲍尔弗与穆迪之间的有关的弗朗西斯·卡佛的详细谈话。

原来，弗朗西斯·卡佛本是一个有着多年犯罪前科的鸦片贩子。卡佛出生在中国，在拥有自己商船之前的青年时期，为苏克·永升父亲的公司工作了多年，就在那期间，偷偷做起了英国人的生意，开始了最初的从事非法转运鸦片的冒险勾当。1854年，卡佛失踪了几个月，之后回到了广州（Kwangchow），主动终止了同阿苏父亲公司的劳动关系，拥有了他自己的商船，独立做起了跑悉尼（Sydney）和维多利亚（Victorian）采金区的国际贸易，从事非法鸦片生意，打的却是阿苏家的旗号，冒名阿苏父亲的公司而导致了阿苏家的货栈遭殃，阿苏的父亲被中国政府处决了。不久之后，卡佛的违法行为败露了，他的商船被扣之后，他因走私鸦片和女人，在悉尼鹦鹉岛[2]监狱（Cockatoo Island Penitentiary）服了10年徒刑。在此期间，阿苏查清了卡佛就是那个栽赃陷害、害得他父亲丧了性命的混蛋，发誓向他报仇。

阿苏后来获悉，卡佛出狱后，乘船去了新西兰的达尼丁，住在"霍桑酒店"（Hawthorn Hotel），他去那家酒店找时，卡佛已经离开了，有人让他到莉迪娅的赌场"希望多之家"（House of Many Wishes）去找。早年，莉迪娅在悉尼有一家属于她的妓院，阿苏和卡佛就是在那种地方认识的莉迪娅。莉迪娅在

---

1 塔罗牌（Tarot）：由"Tarot"一词音译而来，中世纪起流行于欧洲的一种古老的占卜工具，类似于中国的《周易》，其起源一直是个谜。

2 鹦鹉岛（Cockatoo Island）：悉尼辖下最大的岛屿，位于环形码头（Circular Quay）的渡口旁边，现作为11个罪犯流放地之一被列入世界文化遗产名录。岛上保留下来的遗留物包括单独的监狱房、手工雕刻的粮仓、警卫室和罪犯工作间。岛上也曾是技工学校、少年管教所和澳大利亚最大的造船厂之一。

达尼丁开了“希望多之家”后，尽管始终和卡佛纠缠在一起，却与克罗斯比·威尔斯结了婚，因为克罗斯比在她的赌场里得了头奖，他们结了婚，她就不必支付那笔巨款了。克罗斯比结婚之后，不想再回金矿区干活了，他在奥塔哥金矿区挖掘时撞上了好运，意外得到了一批金砂，他想把他的那批金砂变换成一笔钱投出去，所以把他的时间都花在了寻找投资的项目上，整日读报纸，关注黄金的价格。

这天，克罗斯比在寻找当日报纸时，发现报纸被莉迪娅烧了，他捡起未烧净的报纸的残片，从中获悉了他的同父异母兄弟、正在竞选第四届新西兰议会西岸区[1]（Westland）席位的阿利斯泰尔·劳德巴克就要来他们这里，立刻想到了他放在保险箱里的他父亲的来信，于是他逼迫着莉迪娅交出了保险箱的钥匙，当他打开他的保险箱后，发现他放在里面的资金票据、矿业证书和出生证与来自他父亲的家信全都不翼而飞了。他继续逼问，莉迪娅说把它们存放在了一个安全的地方，明天给他取回来，因为当天晚上要在家里举办的晚宴上，将有许多著名的绅士和要人到场。克罗斯比接着追问莉迪娅，为什么要烧掉那张报纸，莉迪娅随后的一番解释，克罗斯比根本不相信，认定莉迪娅在说谎，打了她一耳光，就在这时候，突然响起了敲门声。莉迪娅收到了一个邮包，克罗斯比追问是什么，莉迪娅说是发油，让寄居在她家的安娜送到她的卧室去。安娜在莉迪娅卧室里发现那里已经有一瓶发油了，和她手里拿的那个邮包的大小不一样，顿生疑心，撕开了包装，发现莉迪娅又说了谎，里面是一瓶鸦片酊。

莉迪娅偷偷把她丈夫克罗斯比·威尔斯保险箱里的东西全部交给了卡佛，想让卡佛去讹诈克罗斯比同母异父的兄弟阿利斯泰尔·劳德巴克。为进一步加强自己已经显赫的政治生涯，野心勃勃的劳德巴克，将会在未来的几个月中前往西岸区当地，从而给了他的私生子兄弟克罗斯比·威尔斯一次期盼已久的见面机会。为此，克罗斯比还在此之前给劳德巴克写去了一封信。莉迪娅想让卡佛借此机会狠狠敲诈劳德巴克一笔，并和卡佛两人商量好了，完成敲诈劳德巴克计划的当天夜里，杀掉克罗斯比，可出乎他们的意料，克罗斯比先出了手。

那天下午，阿苏前来敲门时，莉迪娅正在楼上厨房里准备当天晚上的宴会，克罗斯比下去开的门，告诉阿苏没听说过弗朗西斯·卡佛这个人，问阿苏找这个人干什么，阿苏告诉他，他要把卡佛送上法庭。阿苏走后，克罗斯比突然想起来了，他在报纸上曾经看到过“卡佛”这个名字，在前往菲利浦港（Port Phillip）的“神速号”上，有个叫卡佛的。随后，安娜告诉克罗斯比，莉迪娅提到过这个男人的名字。

安娜是在抵达达尼丁港的当天认识莉迪娅的，她刚刚下船，正为找个住处犯愁，莉迪娅就找上了她，对她说了一大堆瞎话，花言巧语地诱骗她住进了她的“希望多之家”，说只需安娜帮她做点事，她可以管吃管住，事后才知道上了当，吃住费用全需安娜自掏腰包，结果，令安娜欠下了她一大笔钱，背上了债务，悔之已晚。浑然不知情的安娜更后悔的是，在她到达尼丁那天下午接待的那个男人是莉迪娅的丈夫，这个羞耻使她力图获得每个她见到的人的好感。而莉迪娅则总是设法让安娜与克罗斯比发生不正当关系，经常故意不在家，把克罗斯比和安娜单独留在家里。克罗斯比觉得安娜蛮可爱的，提醒安娜，莉迪娅对她不怀好意，事情并非只是做舞女那么简单，莉迪娅满脑子想的全是怎么盈利赚钱，吃他的，花他的，一门心思想榨干他，同样也在想着从安娜身上榨取钱财，他们两人早晚要被莉迪娅给毁了。不过，

---

1 西岸区（Westland）：新西兰南岛的西部，也写作“West Coast”，自然资源丰富，因为居住人口很少，都是丛林地带，也称为“荒野之地”。

克罗斯在说这些话时，即使在把声名狼藉的莉迪娅的秘闻原原本本讲给安娜时，他也克制着自己避免语言过于刻薄。

后来，克罗斯比·威尔斯终于明白莉迪娅这天的晚宴是为谁举办的了，是为一个隐瞒了自己不光彩的过去而改名换姓为弗朗西斯·卡佛的男人举办的，而他的资金票据、矿业证书和出生证与家信肯定全都在那个家伙手里。他准备好好会会这个男人，所以，对莉迪娅在他酒里掺入了鸦片酊的诡计早有提防。在莉迪娅的精心安排下，卡佛来参加晚宴时，克罗斯比已经和安娜上了床。当卡佛摸黑走进克罗斯比的房间企图干掉克罗斯比时，并未醉酒的克罗斯比早已暗中埋伏在了那房间里，当着安娜的面，用手枪顶着卡佛的头，拔出放在长筒靴里的猎刀，割伤了卡佛的脸，在卡佛半张脸上从眉梢之下颏刻出了一大大的C，并明明白白告诉卡佛，他要为卡佛留下一个鲜明的印记。之后，克罗斯比让惊悸中的安娜喝下那杯很快就能入睡的掺入了鸦片酊的酒，使她显得在他攻击卡佛并逃跑时，她什么都不知道。在克罗斯比离开之前，安娜给了克罗斯比一块金锭，那块金锭本是她来到达尼丁的那天下午他们第一次相遇时克罗斯比送给她的。

克罗斯比·威尔斯想乘船逃走的时候，上船之前，被告知，“布朗奇号”（Blanche）上有一只箱子是他亲笔签名托运的，里面装着他的财物，认为他在逃税。克罗斯比很快明白了事情是怎么回事，一定是卡佛冒用他的名字干出来的。他告诉海关代理比利（Bill），这件事，准是那个从鹦鹉岛监狱里出来的坏蛋——名叫弗朗西斯·卡佛的家伙冒用他的名字干的。比利无法接受克罗斯比的辩解，最后，发怒了，认为他是在故意逃税，将这份提单取消了。在那之后，卡佛很快便得知了他冒名托运的那个箱子——里面装有5件长袍，长袍里塞满了莉迪娅缝在里面的从克罗斯比·威尔斯那里偷来的金砂，不知了去向。

卡佛在伤好之后，开始启程西行去寻找克罗斯比·威尔斯复仇，扬言要杀了克罗斯比。在卡佛乘坐的“神速号”帆船起航的前一天，莉迪娅把安娜叫到了客厅里，向安娜追问克罗斯比的下落，同时，通知安娜，立即离开她的“希望多之家”，多一分钟都不能停留。无论安娜做何解释，莉迪娅坚持安娜罪不可赦，说因为安娜的背叛，带来了克罗斯比对卡佛的暴行，安娜和克罗斯比串通一气，加害卡佛，已经超越了邪恶的限度，进入了罪恶的范畴，卡佛虽然幸运地保住了性命，但是，被毁了容，脸上一辈子都要带着那道疤痕生活，所以，安娜必须得离开，还说她们以后永远不要再见面了；而且，她已经把安娜的债务，转给了在霍基蒂卡的老熟人，金矿主狄克·曼纳林，安娜将会成为一个营妓，为曼纳林工作，挣钱还债。

狄克·曼纳林是个来自萨塞克斯（Sussex）的英格兰人，是个金矿大亨，在霍基蒂卡拥有并经营着奥罗拉金矿（Aurora Gold）和“威尔士王子歌剧院”（Prince of Wales Opera House），同时，也从事其他一些买卖，还是一个妓女贩子。

安娜·韦瑟雷尔到达霍基蒂卡当天上午，在街上意外遇到了年轻的探矿者埃默里·斯坦斯。埃默里十分惊喜，立刻说了一句“信天翁”——原来，先前，在安娜从悉尼前往达尼丁的航船上，他们曾经有过一面之缘。当时，天刚破晓，乘客们都还在睡梦中时，大帆船慢慢驶向查默斯港，安娜离开舱室来到甲板上，望向正在海面上不断发出叫声飞翔着的信天翁，随后听到倚靠在船栏杆上的埃默里·斯坦斯说了一句：信天翁会带来好运。那一次面晤，他们尽管彼此都有好感，却没有交换姓名。这一次，他们互信通报了自己的姓名。“什么风把你吹来了？是有人要你来的吗？你是要在这里逗留吗？你会住下去吗？”埃默里一个劲地追问安娜。安娜不想说出曼纳林的名字，只说她想长住下去，住在“戈里蒂伦酒店”（Gridiron Hotel）。

住进“戈里蒂伦酒店”之后，安娜从商贩手里买了一些衣服，那些衣服来自几个星期前失事的“泰坦尼亚号”（Titania），是商贩从“泰坦尼亚号”的残骸里打捞出来的。安娜并不知道那几件衣服里面，塞满了莉迪娅缝制在里面的金砂，直到过了将近一年之后才知道。当时，安娜只是感觉那衣服很重，在整理时，酒店老板埃德加·克林奇走了过来，克林奇不喜欢安娜总是去当地的帽商和鸦片馆老板苏克·永升那里，他知道那是一个吸鸦片的贼窝，觉得那里很容易使安娜受到伤害，他想知道安娜是怎样对鸦片上了瘾的，安娜却不想听他的话，叫他别管她，克林奇感觉，好像有人在联手让安娜身陷鸦片毒瘾。

埃默里·斯坦斯在“戈里蒂伦酒店”买了安娜·韦瑟雷尔一夜，想要安娜知道他爱她，买下她一夜，是唯一能同她共度时光的办法。他们两人似乎都觉得他们之间有一种说不清的紧密的关系。安娜把这一夜看作他们关系的开始，他们能够一起度过时光，开始相互了解。埃默里却把他们坐船靠近查默斯港时在船上一起观察信天翁那一刻看作他们关系的开始。后来，当安娜从埃默里口中听说了他在与克罗斯比·威尔斯来往时，安娜这才知道克罗斯比现在人在霍基蒂卡，她请埃默里告诉她地址，埃默里表示不能告诉她，他答应过克罗斯比为他的行踪保密，安娜只好请埃默里把她怀孕的事转告给克罗斯比。

那天，狄克·曼纳林驾车送安娜去位于卡尼里（Kaniere）路上的“唐人街”的鸦片馆时，看到安娜有些悲惨的样子，曼纳林一时生出了同情，内心有点为安娜惋惜。他们走了大约 3 英里，曼纳林与安娜谈了几句，说他从未谋杀过或者打过一个女孩，安娜该信任他。他这样说，并不是要安慰安娜，而且，说着，说着，又使自己的心肠硬了起来。他们已经约好了，鸦片馆老板阿苏正在用他的鸦片和烟枪在那里等着安娜。

寻找克罗斯比·威尔斯复仇的弗朗西斯·卡佛也落脚在了霍基蒂卡小镇上。那天，他骑马溜达到卡尼里路上时，突然望见了路边上的安娜，立即骑马靠近了安娜。他看到安娜步态不稳，而且脸色发红。安娜看到卡佛后，大大嘲弄了卡佛一通，说克罗斯比逃离了，而且是她帮的忙。卡佛想从安娜嘴里弄清克罗斯比现在的藏身之地，安娜害怕了，不肯告诉卡佛。卡佛打了安娜一耳光，安娜扭身要跑，卡佛抓住了她的肩膀把她拽了回来，就在这时，附近传来一声枪响，卡佛的马受了惊，重伤了安娜。

安娜失去了腹中胎儿。当她醒过来后，睁开眼睛，看见报社记者本杰明·娄温萨尔手里拿着一瓶鸦片酊，俯身站在她旁边，还有酒店老板埃德加·克林奇。他们想知道发生了什么事，胎儿是谁的。她告诉他们，是卡佛的，她想，她不能出卖克罗斯比，她已经发过誓决不出卖克罗斯比，所以她没提克罗斯比的名字。

埃默里·斯坦斯从本杰明·娄温萨尔口中得知安娜遭到了袭击一事后，立即骑马前往阿拉胡拉河谷，去找克罗斯比·威尔斯。他的下巴紧绷着，眼里流着泪，悲痛至极，出来之前竟然把他的钱包和帽子全都忘在了马厩里，而且，在他骑马出来的时候，还差一点冲撞倒刚从商店里出来的代销商哈拉尔德·尼尔森。克罗斯比为埃默里打开门时，看到埃默里弯着腰站在门外，“那胎儿没了，”埃默里抽泣着说，“你的宝贝没了。”克罗斯比帮埃默里进了屋门，听他讲安娜流产了他们的孩子的事，随后，拿来了一瓶白兰地，跟埃默里喝了个烂醉。

埃默里喝干了杯子里的酒，说，他有一笔财富，一个秘密，埋在了阿拉胡拉河谷这里，他要把它挖出来。他要给安娜一半，和安娜平分。克罗斯比凝视着埃默里，过了一会儿，问，一半是多少？埃默里含含糊糊地说，他猜大概应是2000英镑，然后，趴在桌上，闭上了眼睛。克罗斯比从铁架子上拿下一个铁盒子，打开它，从中抽出一张干净的纸和一支钢笔，写道：兹于1865年10月11日，将总计2000英镑的钱款赠予前新南威尔士人，安娜·韦瑟雷尔小姐，赠款人：前新南威尔士人，埃默里·斯坦斯先生；主持及证明人：克罗斯比·威尔斯。写完之后，克罗斯比签上了他的名字，又把那张纸推到埃默里跟前，让他签字，这时，埃默里已经睡着了。

三个月之后，1866年1月15日，克罗斯比·威尔斯被发现死在了他在河谷里的那间小屋里，同时，在他的小屋里还发现了大量带有奥罗拉金矿印记的金锭。紧接着，埃默里·斯坦斯又无端失踪了，在埃默里失踪的那天晚上，安娜吸过鸦片之后，很快便失去了知觉，所以无法解释在那段时间里到底发生了什么事，以及她是怎样倒卧到了通往阿拉胡拉河谷的道路中央的。

苏克·永升在莉迪娅举办的显灵会上看见了他永远都不想再见到的弗兰西斯·卡佛的身影后，发誓要取卡佛的性命报仇。自那之后，已经过去有一个多月了，他到处打听卡佛的下落，寻找卡佛的踪影。那天，沃尔特·穆迪在报纸上看到了一则弗兰西斯·卡佛与莉迪娅·威尔斯的订婚启事，上面有卡佛的住址：宫殿饭店（Palace Hotel）。卡佛已经支付了在"宫殿饭店"的房费，但是，自从显灵会那个夜晚以后，他却一直睡在饭店厨房隔壁一个能看见卡尼里路上情况的小房间里。

穆迪把卡佛的住址告诉了阿苏。3月20日，阿苏正要实施他的复仇计划时，他的另一个熟人，监狱长乔治·谢巴德在他瞄准卡佛开枪之前，先开了枪，把他杀死了。谢巴德解释说，他只是在履行一个法官的责任，但看起来却很像是报仇——因为谢巴德在看到了住在卡尼里路"唐人街"的鸦片贩子苏克·永升后，认出阿苏就是15年前被指控谋杀了他哥哥的那个人，而当年悉尼法庭却判阿苏无罪释放。

在阿苏被杀的同一个晚上，两个月来一直不见踪影的探矿者埃默里·斯坦斯出现在了克罗斯比·威尔斯的那间小屋里。随后，因有造成威尔斯死亡的嫌疑，被关进了霍基蒂卡监狱。4月1日，阿利斯泰尔·劳德巴克代表西海岸区当选了议员。4月16日，弗兰西斯·卡佛与莉迪娅·威尔斯结了婚。4月第三个星期出版的《西海岸区时报》上，刊登了埃默里·斯坦斯将被指控的三宗罪名：第一，在1866年1月的季报里弄虚作假；第二，窃取了委托人约翰·龙·奎先生（Mr. John Long Quee）抵付的奥罗拉金矿，即发现于阿拉胡拉河谷的属于已故的克罗斯比·威尔斯的金砂；第三，玩忽职守以及其他等责任，失踪了8个星期。并公告说，将在4月27日星期四开庭审判。

开庭那天，因乔治·谢巴德对安娜·韦瑟雷尔提出了指控，安娜与埃默里·斯坦斯一同出庭受审。安娜被指控的罪名包括：伪造签名，当众醉酒导致行为混乱，攻击他人。就在莉迪娅以为克罗斯比·威尔斯的那一大笔遗产即将到她之手时，安娜到法庭出示了一份署名契约，宣称那笔财富中的2000英镑归她所有。原来，考埃尔·德夫林牧师将他协助警方去阿拉胡拉河谷为克罗斯比收尸时隐藏起来的那份契约拿给了安娜，安娜完美地模仿了埃默里·斯坦斯的笔迹签了名。

沃尔特·穆迪为埃默里·斯坦斯和安娜·韦瑟雷尔的案情进行了法庭辩护。来到霍基蒂卡小镇之后，随着时间的推移，两个月以来，在不断分析与调查中，穆迪最终弄清了先前在霍基蒂卡小镇上所发生的一切，在法庭辩论中，一切渐渐随之明了，最后，相关的人物，也都有了属于自己的最终的结局。

穆迪认为，克罗斯比·威尔斯死于饮酒过量和吃鸦片酊，验尸报告结果证明，他死前喝了大量白兰地和少量止疼安眠的鸦片酊。小屋里的大量金锭，价值 4960 英镑，是克罗斯比·威尔斯从阿拉胡拉河谷挖出来的，是先前埃默里·斯坦斯埋在那里的，本是埃默里雇用中国金匠龙·奎从奥罗拉金矿挖出来的金砂，属于埃默里和卡佛共有，埃默里将其全部私吞后，铸成了标有奥罗拉印记的金锭，埋在了阿拉胡拉河谷。

阿拉胡拉河谷是毛利人的领地，那里不准探矿，埃默里认为那里比较安全，河谷里住的是当地土著百姓，他们对黄金没有兴趣，他在埋藏金锭的地方堆了些石头，以便他能辨认出那块藏地，最后还抹掉了他的脚印。他却没有考虑到弗兰西斯·卡佛会很快开始着手调查为什么对奥罗拉金矿这样一个很有前途的投资，却没有回报。在毛利宝石猎人特·劳·汤沃的帮助下，卡佛得到一个秘密消息后，1 月 14 日，骑马前往阿拉胡拉河谷。第二天，克罗斯比·威尔斯就死在了他的小屋里。

先前，克罗斯比·威尔斯曾在距离埃默里·斯坦斯埋藏那些金锭之地的下游大约半英里的地方，和毛利宝石猎人特·劳·汤沃对坐在一个土堆上，争论汤沃得到的那些绿岩和他得到的那些黄金二者哪个更有价值，克罗斯比认为二者等价，汤沃不能接受他们毛利人的绿岩与没有灵性的黄金等价这一说法，很是生气。他们面前的火坑里，是他们在烹制的毛利美食杭基，已经覆盖好了泥土，只等把石块上的那些食物挖掘出来后，展开那包肉的叶子，便是一顿带有烟熏味、树叶味和肥沃的土壤味的滋润而口味丰富的盛宴。

埃默里·斯坦斯失踪的那两个月，因为犯鸦片瘾，一直待在“唐人街”阿苏的鸦片馆里，他是在克罗斯比·威尔斯死的那天，吸了鸦片后上瘾的。那笔金锭，本应有一半归弗兰西斯·卡佛所有。在埃默里·斯坦斯初来霍基蒂卡时，他没有马上去探矿，勘探者的生活，对他来说太艰苦了，他喜欢有个好的合作伙伴，足不出户，结果，当他在赌场输光了赌资并欠下了近 10 英镑的赌债时，在一旁的弗兰西斯·卡佛主动帮他结清了赌债，于是，他便同卡佛有了一份契约，他勘探出金矿后，兑换成现钞，双方五五分成。

在那之后，6 月 18 日上午，埃默里从淘金矿工手里收购了一袋金砂，拿到银行从查利·弗罗斯特那里兑换成了 20 英镑现钞，从银行出来的时候，在门阶上遇见了一个看上去已有 50 来岁的饱经风霜的大男人，拿着一块金锭，说他被打劫了，失去了所有文件，包括他的矿业证书和出生证明等，想请埃默里到银行里替他换成现金，他要用那笔钱在阿拉胡拉河谷买一块地，然后，自我介绍说，他叫克罗斯比·威尔斯。埃默里突然想起，与他签订契约合同的那人名叫弗兰西斯·威尔斯（Francis Wells），便问克罗斯比认识不认识一个叫弗兰西斯·威尔斯的人？克罗斯比听了之后，十分震惊，随后告诉埃默里，所谓的“弗兰西斯·威尔斯”就是偷走了他的文件，骗走了他的黄金，策反了他的妻子，冒用他的名字的那个家伙——弗兰西斯·卡佛，现在，还想杀死他。最后，埃默里帮助克罗斯比从银行里兑换了 100 英镑，分手时，克罗斯比欢迎埃默里到阿拉胡拉河谷去做客。他们彼此赢得了相互的信任和忠诚，而埃默里因为清楚了卡佛的老底，即刻决定篡改那个季度的出矿报告，从金矿的记录中抹掉了财源的全部证据。

在埃默里·斯坦斯和安娜·韦瑟雷尔受审期间，莉迪娅·威尔斯与弗兰西斯·卡佛也被传唤到了法庭，在他们的欺诈行为暴露之后，卡佛被关押进了监狱，之后，在前来法庭出席庭审的途中，有人潜入了卡佛的囚车杀死了他，砸碎了他的头颅。当时，沃尔特·穆迪正在进行法庭辩护，听到卡佛的死讯后，担心在法庭上的莉迪娅会晕倒，结果，莉迪娅并没有晕倒，只是脸色苍白地注视着负责押送卡佛的那个法庭职员，法官询问卡佛是怎么死的，那个法庭职员回答说，他根本就不知道这是怎么一回事，而就在这时候，外面又传来了可怕的尖叫声，大家拥出去观看时，莉迪娅夹杂在人群中离开了法庭。

埃默里·斯坦斯对法庭对他的三项指控供认不讳，认罪悔罪，被判了 9 个月的劳役。尽管就要坐牢了，埃默里天生的率真使他对自己的前程相当乐观，默默沉思中，确信他坐牢期间安娜将会拥有那笔 2000 英镑的赠款。随后，埃默里的沉思，被出庭作证的药剂师约瑟夫·普里查德的一句话突然打断了：如果不是因为她的债务，她对鸦片的依赖性，肯定已有十几个男人向她求过婚了。在那之后，普里查德的这句话便令人不安地反复重现在埃默里的脑海里。

安娜·韦瑟雷尔最后被无罪释放了。一路沉思中，安娜不可避免地想到了满面笑容、眼睛明亮的埃默里·斯坦斯。埃默里表达出的意见，是她最想听到的，然而接着，她又不由得有些自卑了。她想，埃默里出狱后的情况将会比她的情况好得多，他的前途是光明的，多样的，而她的前途则是阴暗的，困厄的。虽然自从她康复以后，埃默里已经看过她三次了，最近还送她了一瓶产自安达卢西亚（Andalusian）的白兰地，是霍基蒂卡仅剩的最后一瓶这个品牌的白兰地酒，非常罕见，足见他的诚意。可安娜对自己依然没有信心。她认真想了想她的生活：她背负的沉重的债务，在过去的一个月已经翻了两倍，她已欠下狄克·曼纳林 100 英镑了，用 10 年的工夫都难以还清，她已陷入了困境。接着，她又想到，一个女人的青春易逝，年华易老，自己正在渐渐变老，男人们将不再那么需要她了，她的价值会一点点减少。而且，她的鸦片恶习，根本不是在帮助她，她把她的钱全浪费在了那些毒品上面，它正在毁损她的容貌。

作者生平与创作生涯

埃莉诺·卡顿于 1985 年 9 月 24 日出生在加拿大安大略省（Ontario）的伦敦市（London），父亲在西安大略大学完成博士学位后，举家回到新西兰南岛坎特伯雷（Canterbury）。之后，她在位于克赖斯特彻奇（Christchurch）的坎特伯雷大学学习英语，并在位于惠灵顿（Wellington）的维多利亚大学现代文学研究所学习创意写作，2007 年获得硕士学位。

2008 年（23 岁），她出版了第一部长篇小说《排演》（The Rehearsal），讲述一所地方高中的女生维多利亚（Victoria）与她的音乐教师萨拉丁先生（Mr.Saladin）的师生恋丑闻曝光后，震动了一群正值青春期的十几岁的女孩，在通往大人世界的路上，她们尝试着和大人一样的生活，爱和性，痛苦和迷茫……小说出版之后，获得了亚当创作奖。

2008 年，她获得格林谢佛奖学金（Glenn Schaeffer Fellowship），前往美国爱荷华大学作家工作坊进修了一年，之后，她担任兼职教授，继续在爱荷华大学教授创作及大众流行文化。2010 年，她获得新西兰艺术基金会颁发的新世代奖。

2013 年（28 岁），她出版了第二部长篇小说《发光体》（The Luminaries），故事背景设在 1860 年代淘金热时期、未开化的新西兰南岛西岸，来自英国出身于剑桥的 28 岁年轻人沃尔特·穆迪（Walter Moody），来到海岸小镇霍基蒂卡（Hokitika）后，意外闯入混杂着不同种族与阶级身份的 12 个男人的聚会，并由此卷入一桩桩谜案……小说的第一部分，用将近 400 页的篇幅回忆了那 12 个角色与谜案相关的经历，错综复杂的纠葛让他们最终在一个夜间会议上相聚，各个角色逐一诉说自己的故事……数不清的秘密与情节，叙事者们轮番上阵，不断颠覆先前的关系与预设，揭露虚假的表象，诸多角色各执一词，行文如星空般隐然有序地进行着，每个人物的星象图，都决定着他的行动，一桩桩悬而未决的犯罪案件——通奸、盗窃、阴谋、非法交易、敲诈、谋杀……互为关联，每个人物，都在其中扮演着角色，却浑然不觉……迷雾一层一层掀开，最终揭露出了在霍蒂基卡小镇上所发生的一切。小说以杰出的叙事手法，为故事的时空注入了生命；贪婪对人性的戕害跃然纸上。同时，小说的 12 个章节，每一个章节的篇幅均为前一章节的一半，正如月亮由圆到缺的变化过程，长章节慢慢缩减为短章节。

小说出版之后，好评如潮，被认为是一部宏伟的巨著，一部具有灵魂的小说——讲述了一个关于爱、欲望、贪婪和谋杀的故事，最终，美、希望和爱，战胜了贪婪与丑恶。出版当年，获得了加拿大总督文学奖；又因其复杂的结构让人惊叹，故事情节引人入胜，对那个充满金钱和贪婪的世界进行了富有想象力的描述，问鼎了第 45 届英语文学界最有影响力的布克奖；成为继 1985 年凯里·休姆（Keri Hulme）以《骨头人》（The Bone People）得奖之后，第二位获此殊荣的新西兰作家。新西兰时任总理约翰·基（John Key，1961—　）高度赞誉了她的杰出的才能和勤奋，并认为这是新西兰人在世界舞台上的一个了不起的成就。

目前，埃莉诺·卡顿生活在新西兰首都奥克兰（Auckland），在马努卡理工学院教授创意写作课程。

主要参考资料：

The Rehearsal, by Eleanor Catton, Publisher: Reagan Arthur Books, 2010.

The Luminaries, by Eleanor Catton, Publisher: Little Brown and Company, 2013.

048 深入北方的小路［澳］理查德·弗兰纳根

The Narrow Road to the Deep North by Richard Flanagan

◎原著共 5 部分，103 节。书名摘自 17 世纪日本"俳圣"松尾芭蕉[1]（Matsuo Basho）的著名俳句，章节之间内容跳跃，时空交错，以第二次世界大战期间日本强迫战俘们做奴工，修建泰缅铁路[2]（又称"死亡铁路"）为背景，讲述了澳大利亚军医多利格·埃文斯（Dorrigo Evans）的人生经历。

英文原版封面

1 松尾芭蕉（Matsuo Basho，1644—1694）：日本江户时代俳谐诗人，云游僧，对俳句进行了重要革新，使俳谐成为具有艺术价值的庶民生活诗，作品被日本近代文学家推崇为俳谐的典范，至今，他依然被日本人民奉为"俳圣"。其著名的俳谐纪行集《奥州小路》（Oku no Hosomichi），1689年问世，用精炼的文笔，将散文和诗韵交织一体，描绘了他徒步深入日本东北荒野山林旅途中的风土人情，孤独与漂泊，堪称游记文的典范，文中插有51首俳句。《深入北方的小路》是《奥州小路》的英文译名。

2 泰缅铁路：据说修建期间共有1.6万名战俘和9万名劳工丧生。

理查德·弗兰纳根
（Richard Flanagan，1961—　）

理查德·弗兰纳根是当代澳大利亚文坛上一位杰出的最具特色的小说家，深受读者欢迎。

有评论认为，其作品保持了后现代主义和现实主义创作手法的和谐一致，既弥漫着浓厚的自我意识，同时也极具瑰丽的现实主义色彩，诗意形象不断再现。

《深入北方的小路》（The Narrow Road to the Deep North）出版之后，反响强烈，被认为是一部关于爱与战争的精彩之作，表现了战争和战争对人类的影响。2014 年获得了澳大利亚西部总理文学奖、昆士兰州总理文学奖、澳大利亚总理文学奖；并因其**以优雅的文字叙述了一个充斥着罪恶和英雄主义的故事，出色地将东方与西方、过去与现实串联在了一起**，问鼎了第 46 届英语文学界最有影响力的布克奖。

多利格·埃文斯最早的记忆是从阳光开始的，阳光倾泻进一间教堂，他和母亲与祖母坐在一起，他在教堂里蹒跚，“保佑你，孩子。”母亲抱住和放开他时都会说这句话，当时，是1915年或1916年，他1岁或2岁。年幼时给他留下的深刻印象，还有一个大男人的哭声，他被那个场面惊呆了：第一次世界大战结束了，他哥哥汤姆（Tom）从法国回来了，一下火车，把背包甩到被灼烤得炽热的满是灰尘的旁轨上后，便毫无征兆地大声哭了起来。汤姆回来的当晚，他们把凯泽[1]（Kaiser）在篝火上烧了。对于战争，对于德国人，对于传言里的毒气和坦克还有战壕，汤姆绝口不提，而且，他根本就不肯说话。人的情感超越生命，有时甚至超越一切，汤姆只是定定地望着篝火。

快乐的人没有过去，忧伤的人则除了过去一无所有。他们的父亲是一个铁路养护工，他们家住在位于塔斯马尼亚（Tasmanian）国家铁路线旁边的一间小房子里，夏天，要是没水了，他父亲他们就从蒸汽机车头的水箱里一桶桶地往外运水，他们睡的是从套住的负鼠身上剥下来的皮子，吃的是套来的兔子，打来的袋鼠，以及种出来的土豆和烤出来的面包。他父亲见识过不景气的1890年代，看见过饿死在霍巴特[2]（Hobart）街上的路倒，所以很庆幸自己能生活在一个工人的乐园里，不过他父亲忧伤的时候又会说：像狗一样地活着，像狗一样地死。

他母亲是个能干的家庭妇女。他12岁时，小学毕业后，成了家中唯一一个通过了能力综合测评的孩子，获得了奖学金，进入了塔斯马尼亚岛的朗塞斯顿高中（Launceston High School）就读。他19岁时，母亲因肺结核去世了，当时他正靠奖学金住宿在墨尔本大学（University of Melbourne）的奥蒙德学院（Ormond College）里攻读医学，未能给母亲奔丧。在那里，他遇到了不少家世背景辉煌的世家大族子弟。他27岁或28岁时，和一个名叫艾米（Amy）的女人躺在一家破旧的旅馆床上，轻轻吟诵：我决心驶向，太阳沉没的彼方，超越，西方星斗的浴场，至死方止。艾米用手指拨弄着他蓬乱的卷发，听着他读这些《尤利西斯》[3]（Ulysses）中的诗句。那时候，他已经相信了宿命的存在，至少在他自己的命运上。在他看来，宿命只可意会，试图解释只会留下毫无意义的词句，而毫无意义的词句在他看来，最是真实不过的。在那天之后，过了没多久，他便作为一名澳大利亚军队里的外科医生，被日本人俘虏，进了劳动营。

---

1 凯泽：即凯泽·威廉二世（Kaiser Wilhelm Ⅱ，1859—1941），德意志第二帝国末代皇帝和普鲁士国王以及霍亨索伦家族首领，1888年到1918年在位。

2 霍巴特（Hobart）：位于澳大利亚塔斯马尼亚岛，塔斯马尼亚州（Tasmania）的首府，也是一个重要的港口城市。

3 《尤利西斯》（Ulysses）：英国桂冠诗人阿尔弗莱德·丁尼生（Alfred Tennyson，1809—1892）的诗作。

50 年过去了，他，多利格·埃文斯，近年来成了一个战争英雄，一个有声望的技艺高超的外科医生，一个劳动营幸存者的重要发言人，一个悲剧性的时代的缩影；还成了传记、戏剧和纪录片争相描写的对象，被众人视若神明，赞词纷至沓来。但他自认为，他只不过是相比于死亡，更擅长生存而已，绝不是什么战斗英雄。

到了他这把年纪，上周他已经 77 岁了，对于被叫作英雄、懦夫、骗子什么的，全都无所谓了。这些浮名，属于一个已经逝去的凡俗世界，对他来说意义不大，社会授予他的种种荣誉只会加重他内心的空虚。但是，他不愿意被变成一个名字。

1943 年，当他们刚到暹罗（Siam）时，适值旱季，树叶脱落，丛林门户大开，尘土飞扬，不过，总还算有食物，尽管并不多，不够他们吃的，可当时饥饿还没有吞噬理智，没有烧灼人们的肚肠和神经，驱使他们堕入疯癫。而且当时，他们还没替日本人修铁路，一旦开始，人就像苍蝇一样死去。日子很艰难。

他站在一排战俘的排头，所有人都沉默着，低头看着一排皇军的测绘员用以标记待建的铁路所打下的钉子。从日本的工程师那儿，他们听说这排钉子从曼谷的北边钉了 415 公里一直到缅甸。他们拿到了配给的钝斧子和麻绳，而第一件工作，就是要把在铁道的规划路径上覆盖一公里的柚木林砍伐殆尽。

日本帝国对于他们的胜利深信不疑，那种在西方人看来不可理喻的“战无不胜”的日本式的信念，被他们看作天皇的意志；他们还有一个条件更坚定了他们这一信念，而且为之提供了资本和基础：帝国所俘获的大量战俘。在成千上万来自亚洲和欧洲的战俘中，来自澳大利亚战俘营的有 22000 人，大多数是在新加坡，战斗开始之前战略性投降的。当中有 9000 人将会被派去修造那条铁路，等到 1943 年 10 月 25 日，蒸汽机车 C5631，拖着三车厢的日本和泰国的显贵缓缓驶过完工的“死亡铁路”时，它逦迤而过的是堆叠枕藉的尸骨，埋葬着那 9000 名澳籍战俘中 1/3 军人的尸骨。

那天晚上，他摆放在床头的那本书，是一个日本女人赠送给他的，她来为日本的战争罪行谢罪，带着盛大的仪式和摄影机以及别的许多礼物，其中一本译著的关于死亡的日本诗歌格外引人注意。他把它放在枕边的黑木床头柜上，与他的头部并列，他深信书籍的特殊力量在保护着他，一旦离开这股力量他就会死去。他主要的爱好就是读书，睡觉时，身边没有女人没关系，没有书可不行。

他说，下面，只是他对 77 岁前的生活回忆的片段。在他作为一名医生刚开始他的军人生涯时，他没有任何自己的真正梦想。一天傍晚，未经真心求婚，他就与一个名叫埃拉·兰斯伯格（Ella Lansburg）非常正派的年轻女人订了婚，而且知道她的家人肯定会接受他，因为他是一名医生。他的订婚，是在热情高涨的瞬间完成的，埃拉出生于一个很有社会地位的家庭，父亲是墨尔本（Melbourne）杰出的法务官，祖父是著名的作家。他几乎没指望埃拉在他用那么多年逃避战争后会仍然在等他。

他只服役了不长时间，就被抓了俘虏，成了劳动营中被日本人看管的战俘中的一分子。他们那个劳动营，里面大约关押有 1000 多名战犯，最多的是澳大利亚人，因为他是上校，成了劳动营的第二指挥官。那里的生存现实非常严酷，战俘们在无休止的折磨里，感受着他们的生命伴随着对运动、所受的教育和所听的音乐会的回忆，一点一滴地流逝，思乡之情号叫着，他们挣扎在生死间。

在被俘之前，他是澳大利亚皇家部队 7 师 2 团“死伤急救站”副指挥，他们紧邻前线，在部队撤退造成的混乱中，他与几个士兵留了下来等候最后一辆卡车来运送他管理的补给，后来，卡车没来，却来了 20 辆骡车和 3 个塞浦路斯人，给他的新命令改为了继续前进，带着补给开赴前线一个村庄，从地图上看，那个村庄在他南边 20 英里，西边 26 英里处。

本该两天赶完的路程，他们走了大半个星期。在一条进山的险路上，他们和塞浦路斯人遇到了 7 个塔斯马尼亚机枪手。这 7 个机枪手的卡车抛了锚，当中一个名为达基・加迪纳（Darky Gardiner）的年轻中士领着大家，朝着同他们一样的目的地走去。机枪手们把他们的重机枪和附带的三脚架以及子弹带交给了没负重的骡子，然后，就和他们一起上路了。在嶙峋的上上下下的坡道和陡峭的山路上，时不时传来加迪纳低低的歌声，穿过腐烂的尸体、东倒西歪的石头，死掉的牲口的气味，散架的椅子和破损的桌子和床的气味，倾颓的房子有坍塌的屋顶的气味，夹杂在不断落在他们四周的炮弹的轰响中。

在他作为战俘拼命求生的时候，他的脑海里会不断浮现出年轻女孩艾米那生机勃勃的身影，他与艾米之间的短暂恋情，是他一生中唯一经历过的真正激情。他第一次见到艾米，是在 1940 年末，在他们部队驻扎在阿德雷得市（Adelaide）等待随时乘船开拔期间，在一种半休假状态下，他从家人的电报中得知了他的舅舅基思・马尔瓦尼（Keith Mulvaney）就住在他们附近，在海滩上经营一家酒店，他一时兴起，决定前去拜访，便开着一辆卡车去了那家酒店，进门之后，最先碰到的那个人，是他舅舅再婚的年轻妻子艾米，结果，一下子被疯狂的欲望抓住了，之后，两人频频跑到海滩上欢爱玩乐，激情幽会。

艾米 24 岁，比他小 3 岁，先前在悉尼（Sydney）百货公司工作，几年前来到阿德雷得，到“康沃尔国王酒店”（King of Cornwall Hotel）做酒吧女侍，遇到了基思。在他那天进门之前，艾米就已经知道他是谁了，但是，他们还是在一起了，他还跟艾米讲了他与未婚妻埃拉的事。艾米什么都不在意，把他带到她和基思住的房间里，他们一起听音乐，又一起下海游泳，与狂涛搏斗。一天，当他们一起到市中心逛街时，他几乎用光了他所有的积蓄，买了一条珍珠项链送给艾米，艾米简直高兴极了。

后来，一天晚上，在他身处的那个处处散发着血腥味，战俘们饱受饥饿、霍乱、拷打折磨的劳动营的帐篷里，他从未婚妻埃拉寄来的一封长信里，获悉了艾米的死讯：他舅舅基思知道了艾米与他的暧昧关系后，给了艾米一个假消息，说他已经死在劳动营里了，结果，在艾米离开了他们谈话的房间，下楼之后不久，厨房就发生了爆炸，共炸死了 4 个人，他舅舅基思被炸死了，酒店被炸毁了。最后，埃拉特意在信上补充说，艾米也在被炸死的 4 人当中。他反复读着埃拉的那封来信，信上的消息，实在太残酷了，残酷得令人撕心裂肺，他为自己与艾米的事悔恨不已。

在那之后，劳动营更为残酷的现实，使他渐渐淡忘了艾米的事。他所在的那个劳动营，由日本和韩国的士兵看管，状况非常糟糕，战俘们一个个憔悴不堪，瘦得皮包骨头，生命随时会被疾病、饥饿或日本兵们无情的鞭打夺走。他，作为一名外科医生，战俘之中的指挥官，觉得自己对所有战俘的生命都负有责任，总想尽可能地使他们从饥饿、疾病、阴虱与殴打中幸存下来。每死一个人，他都觉得是他的失败，然而，却又常常无力挽救他人的生命。但是，他依然在坚持：他们必须互相支撑下去，因为一旦任由别人死去，他们自己的生命也停止了意义。如果他们想活下去，就必须结为一体共患难，现在如此，永远如此。

当年，葬送了十几万战俘和劳工生命的那条“死亡铁路”，日本工程师根据崎岖的山区地形推算，至少要 5 年时间才能完工，之前的英国人，认为根本就不可能，但是，日本军方首脑硬是决定这项工程要在 18 个月之内完工。之后的一天，他们劳动营便迎接了一位来传达关于铁路的新命令的军官——古田上校（Colonel Kota）。

劳动营的指挥官，那位残忍的中村少校（Major Nakamura）注意到，上级对铁路线的改变将导致额外的工作，而新的完成日期提前到了 10 月份；尤其是，还命令他挑选出 100 名战犯转移到 150 公里外的另外一个劳动营去。这样的命令，是在迫使中村完成不可能完成的任务，在绝望时刻，中村便在松尾芭蕉的俳句中寻找意义。

中村的上级古田是个用武士刀砍掉犯人首级的高手。中村需要药物兴奋剂的帮助才能继续执行任务，而古田实际上很享受屠杀他人。一天，他们在一起喝茶，古田详细描述了一番他第一次砍掉一个人头的具体情况：他叉开两腿，举起刀，随着一声大叫重重砍了一刀，那个头似乎跳开了，在他继续砍时，血仍在分成两股喷涌。其他的人中，有几个砍得糟透了，肺都露出来了，头还在原处，一个中尉不得不上手收拾那烂摊子。古田说，经历了那次之后，他每次都会注意一定找准被砍头的人的脖子的下刀位置。但是，他从忘不了那第一个头，他对那个男人就那么跪着受死很是生气，他为那个男人如此顺从地接受自己的命运而轻视他，而且恼火，那个男人为什么不反抗，让他残杀他？

古田随后与中村谈起了战俘，谈到了劳动营、铁路和战争的胜利。中村接了一句：不光是战争的胜利，更要让欧洲人知道他们不是高等人种。古田马上加了一句：也让我们知道我们才是。在片刻沉默思索之后，古田吟了一首芭蕉的俳句，中村听出来了，也吟咏了一句芭蕉的俳句，说出了他自己的想法。他认为，修缅甸铁路的目的是让日军一直达到印度，这样可以把印度从英帝国的殖民统治中“解放”出来，他们大日本帝国精神的当下的体现，就是这条铁路，铁路也就是日本精神，他们通过这条深入北方的狭路，帮助松尾芭蕉把他的美和智慧带到更广阔的世界。

为了落实上级命令，赶工期完成任务，日本士兵用刺刀逼迫着战俘日夜加班加点。战俘们一个个病恹恹的，长期忍饥挨饿，被迫在雨林里，在泥泞中，不分昼夜地劳作着。劳动营的日本军官们，要赶上疯子制定的工期，根本无所谓会有多少战俘死在那条铁路上。出于多种的理由，战俘们用“生死线”称呼接下来的那段逐渐堕入疯狂的日子。从此以后，对他们而言，世界上只有两种人：在生死线上干活的和不在生死线上干活的。或许，只剩下一类人，熬过生死线的人。甚至到了最后，这个表述也不再准确了。

所见所感太痛苦了以至于令人难以忍受时，幻觉能够提供出口。先前塔斯马尼亚的机枪手当中的那个年轻活泼的中士达基·加迪纳，现在在劳动营里和一个叫米德尔顿（Middleton）的大块头战俘搭档，每天在铁路沿线的石头上钻洞，整个人变得骨瘦如柴，甚至连走路的力气都已经没有了，再加上又染上了痢疾和疟疾，根本就没有力气干活了，挣扎着努力往他的工作地点走去时，不断跌倒，落在后面越来越远，直至最后晕倒，昏了过去，后来被一个守卫送到了多利格的医疗室。治疗疟疾的奎宁已经没有了，多利格想办法给加迪纳用了一些药，安顿下来。不料，在他忙着准备去给一个病危的战俘杰克·伦博（Jack Rainbow）做手术期间，一个战俘冲了进来，叫他快去救救加迪纳，加迪纳被冤枉成了消极怠工，被拖了出去，遭到了日本卫兵群体的残忍殴打，拳打脚踢，眼看他就要被打死了。他立刻跑了过去，大喊大叫地要那些日本兵住手，但是，没有人听他的，因为一旁观看着的中村并没给他任何支持。周围那些被逼迫着围观的两三百号战俘，面对残忍的恐怖，看着达基·加迪纳被抽打得皮开肉绽时，丛林中飘来的水果香味，让他们中的一些人想起了雪梨酒和圣诞午餐。在那之后，被打得气息奄奄的达基·加迪纳，被发现淹死在了公共茅坑的屎溺中。

多利格继续去做他的那个手术。杰克·伦博因足部受伤，坏死，被截去一只脚，后来又截去了小腿，现在，大腿也坏死了，不得不高位截肢了，半个屁股都要被截去。在那个劳动营里，他有一个手术室，是一间小屋，他竭尽所能弄来些暂时的代用品，最基本的手术工具，来修补那些八成要死去的人的残破躯体。战俘当中有一个名叫吉米·比奇洛（Jimmy Bigelow）的老兵，像个护士一样，总跟在他身边，帮助他干这干那，收拾那些腐烂的肉体。多利格知道，其实所有这些都近乎徒劳，虽然事情有些荒谬，可他必须得尽最大的努力，尽可能减轻悲惨的战俘们的痛苦，能救活一个是一个，在幻觉中保持信念。

战争结束后，他回到了澳大利亚，像其他幸存者一样，已经不会再与人分享，也不懂得如何去爱了。他和埃拉结了婚，他们生了三个孩子，维持着一种并不安乐的关系，他为从未全心全意爱过埃拉和他的孩子们而憎恨他自己，并在无爱的婚姻中，忍受着没有爱的那种折磨人的无望感的煎熬和那种共享的却并未共享的生活的煎熬。整整有10年，他都像是失去了灵魂。他觉得他的生活好似一种不朽的虚幻，任何事情都不再有意义。在这个和平世界的眼中，职业的野心、个人地位的追求、壁纸的颜色、办公室的大小，以及停车位的空间，所有这类日常琐屑，已变得无比重要；而人生中真正重要的快乐、愉悦、友谊、爱情则被视作次要的。

他对艾米的记忆早已经消失了。一天，他从医院出来去环形码头（Circular Quay）拜访一个住在科里比利（Kirribilli）住宅区的朋友，过悉尼海港大桥（Sydney Harbour Bridge）时，走到桥中央，他停下来，欣赏着周围的夜景，突然从人群中望到了艾米的身影，艾米身着一条白裙子，无袖的深蓝色上衣，戴着时髦的太阳镜，身旁跟着两个女孩子。他听见她们在说话，他以为她已经死了，可是她出现在了他的眼前，正在从大桥上走过，他任由她擦肩而过。随后，他感觉他身边那些来来往往的行人像光线里狂飞的粒子，一个个失落了，他知道，如今一切都失去了。

艾米完全没注意到站在海港大桥上的多利格。她从海港大桥继续朝前走去，在环形码头给她的两个侄女买了雪糕，然后，乘坐渡船返回了她妹妹的家。当年，在发生爆炸的那天夜里，艾米曾经去过他们频频幽会的那片海滩，这就是她为什么没像埃拉告诉多利格的那样，被炸死在了那家酒店里。艾米有几年的时间已经相信多利格已死在劳动营里了，直到他巡回演讲开始出了名之后，才知道那个消息是一个误报。那时，艾米想象他已经改变了对她的想法，故意不和她联系，她想过写封信给他，但仅仅那么想想就耗尽了她的心力。艾米再婚过，但与爱情无关，而且没维持多久。现在，艾米和她妹妹一家人平和地生活在一起。她已患上了癌症，并且知道留给她的时间不多了。她将与那串珍珠项链一起埋葬，那串项链对她无比珍贵。

多利格他们这些劳动营里的幸存者，虽然没有理由去怀念可怖的日子，但有时他们也会觉得很难从接下来的人生里找到什么意义。他花了数年时间，寻求一种方法使自己觉得还活着，但是从未达到目的。一天，一个喝醉了的十几岁的少年驾驶着偷来的汽车逃脱了警察，闯过了一个红灯，直接冲撞到他的宾利（Bentley）车上，两辆车里的人全都遭了殃，当场死了两个，并重伤了多利格·埃文斯这位澳大利亚最伟大的战争英雄，他从破碎的汽车的挡风玻璃那里被甩了出去。他在昏死的三天中，做了他一生中最为不寻常的梦，梦见他和艾米坐在一起，坐在教堂里，那个教堂的大厅里满是亮堂堂的光。

战争结束后，劳动营里的幸存者回到“正常的”生活后，某种东西已经枯萎，很难再现，原本危险重重的生活，被乏味的新世界取代了。在劳动营里充当多利格助手的，那个不断为死者送行的吉米·比奇洛，活到了90多岁，最后，摔死在了自己老家的楼梯上。他战后的生活，要比大部分人成功，战争对他来说，不过是“真正世界”和“真正人生”的一次间断，他结了婚，生了孩子，又有了孙子，但是依然无法彻底逃离对战争的回忆，随着年龄越来越大，他想起战争的时候越来越多，最后，他很少会想到或说起其他的事情，因为他越来越觉得，其他的都像没有发生过。

劳动营里的几个日本和韩国的军人，被作为战犯处决了。前日本帝国陆军第二铁路团少校中村典二（Tenji Nakamura）被遣送回国后，一直东躲西藏在东京的断垣残壁里。一天，他看到一份被作为战犯追捕的军人的名单，其中就有他中村的名字。当时，他正在到处躲藏着美国人，饿得饥肠辘辘，听见附近废墟半倒塌的房间里传出的呼喊，他手持长棍进到里面时，看到一个年轻妓女和一个日本青年小伙杀死了一个美国军人，桌子上摆着一盘饺子。饥饿难耐的中村径直朝那盘饺子走了过去，正要拿时，那个日本青年小伙举刀向他刺了过来，他一棍子打烂了那个小伙子的头，狼吞虎咽下那些饺子。那个妓女已经从那个美国军人的尸体上拿了一些钱，他要走了那些钱，拾起地上一份被践踏得一塌糊涂的报纸，看到自己被列入了B级战犯名单之内。随后，他收拾了现场，以消除他在那里的痕迹，然后从废墟中爬了出去，在雨地里直起了身子。

在那之后，中村又东躲西藏了几年，一直到得知追捕已经松懈了下来。随后，他使用了他的真名，认识了一个名叫育子（Ikuko）的年轻女护士，育子的父母在战争即将结束前死在了神户（Kobe）的轰炸中。通过育子的介绍，他在东京一家医院的仓库找了份工作。后来，他和育子结了婚，生了两个女儿。他试图把自己想成一个高洁之人，认为他的作为只不过是尽了他的责任。他想尽力像一个好人一样过上美好的生活，但有时，他认为那些规定了他的军人生活的命令都是谎言。他发现战争结束后，他和他的受害者一样难以继续生活，他也是战争受害者。

1959年春，中村惊诧地得到了一份在日本血库里的工作，原来，这个血库是当年他修铁路时的上级古田千叶（Shiro Kota）所属的一家机构，与古田再次见面之后，古田对他的新工作表示了祝贺。这家机构的前身，是当年日本在满洲国进行活体解剖和细菌实验的一个前战犯创立的，那个前战犯是大日本帝国从事生物战研究的最高水平科学家中的领袖之一。

古田死后，被做成一种干尸保存了起来，这样，他的女儿就能获取他福利账户上的日元。当中村去拜访古田的大女儿时，看到古田的床边放着一本松尾芭蕉的《深入北方的小路》，他打开夹着干草书签的那页，上面写着：日月是永恒的旅者，流年亦复如此。

不久，中村罹患了咽喉癌，摘除了一个肿瘤，但很快又长出一个。育子每天在去上班之前两小时起床，帮他准备好他当天的需要。她的仁慈，使他努力做一个更好的人，甚至帮助一个给老年人送餐的慈善机构。在中村病得已经有点不行的时候，一天，接到了来自他先前修铁路期间的下属下士七寸五寸（Corporal Tomokawa）的一封来信，邀请他到札幌[1]（Sapporo）去做客。自从发现自己成了一个被通缉的战犯之后，除了古田之外，中村已经回避了所有过去的熟人，七寸五寸的来信让他感觉疏离大家是他太自私了。七寸五寸在信里说，他已经寻找到了当年大部分老战友的下落，了解到了他们各自不同的命运，他寻找中村已有多年，总算得到了联系地址。放下信后，中村决定去北海道（Hokkaido）拜访七

---

1 札幌（Sapporo）：位于日本北海道，北海道的首府，为日本人口第5大城市。

寸五寸，不管自己病得有多重。

安全抵达之后，当时正值仲冬，中村乘坐着出租车从札幌飞机场到七寸五寸公寓的一路上，看到路边矗立着的一尊尊日本自卫队军人帮助制作的巨人般的冰雕，有哥斯拉、铁甲人和其他怪兽，它们正体现着当下的他们的日本精神。之后，中村在与七寸五寸夫妻聊天中，回忆起了当年那些战争暴行，它们好像冰雕怪兽，及时冻结了，但随时会突然扑向他。结果，这次出行，加重了中村的病情，变成了一场噩梦，他时而清醒时而昏迷。

在车祸中被撞昏迷的多利格・埃文斯，一动不动地躺在医院的病床上，嘴里喃喃着：我决心驶向，太阳沉没的彼方，超越，西方星斗的浴场，至死方止。护士刚刚为他打过止疼针，有些莫名其妙，医生解释说：他在说胡话，已经是第二次了。在那之后，昏迷中的多利格・埃文斯飘向了他当年的那个劳动营。

漫长的夜在延续，月牙儿在黑色的天空中继续缓慢上升着，黑夜用众多的呻吟声和打鼾声悲叹着。一个士兵走进军官们的帐篷，报告了达基・加迪纳淹死了的消息。多利格・埃文斯在煤油灯下，将这件事作为谋杀记入了他的日记。“谋杀”，似乎并未能充分达意，为什么不够达意？他从放在日记旁的他刮胡子用的小镜子里看见了他自己的可怕的影像，灰白蓬乱的头发，火红的狂热的眼睛和围在脖子上肮脏的破布，他已然成了送葬者了吗？他把镜子翻了过去。差不多快午夜了，他得睡上几个小时，才能熬过另一个白天。

第二天早晨，卡车带来一包邮件，其中最早的信件已经晚了 9 个月了。像往常一样，那些信件是任意胡乱选送的，有人收到好几封，许多人一封都没收到。有一封信，是埃拉写给他的，6 个月前写的。他一直等到晚上才拆开了埃拉的那封厚厚来信，那封信有好几页。埃拉在信中写道：尽管已有一年多没听到他们的消息了，但她相信，他还活着。随后，埃拉在信中谈起了她的生活和墨尔本的一些俗事，信里还附了一份标题为“阿德雷得酒店的悲剧”的剪报，上面报道说，在酒店厨房发生了煤气爆炸后，“康沃尔国王酒店”被烧毁了，夺走四条人命，其中包括深受尊敬的酒店老板基思・马尔瓦尼先生。另外三人的身份尚未查明，据信上说，是两位客人和老板的妻子马尔瓦尼夫人（Mrs. Mulvaney）。他把那张剪报反复看了三四遍。外面又下起了雨。他觉得冷，把他的军毯围紧，借着煤油灯的亮光，把埃拉的信又看了一遍，埃拉说，她父亲的一位高层的朋友到阿德雷得验尸官的办公室替她查询了情况，事情已经被确认，但因为这场悲剧涉及人们的感情、士气和种种情况，所以才没让它见报。现在已经证实，可怜的马尔瓦尼夫人列在了死亡名单中。她感到很遗憾，她知道他有多爱他的舅舅和舅妈。

基斯・马尔瓦尼夫人（Mrs. Keith Mulvaney）——这个名字比噩耗更令他不可思议。她从来都只是他的艾米。而且，他根本没想到那竟是一个谎言，埃拉对他撒的唯一一个谎。为了省油，他熄灭了煤油灯，点燃了一个蜡烛头，默默盯视着那不肯熄灭的烛光，望着那渐渐形成的微小烟灰在不断晃动的小小烛光里上下浮沉。就仿佛有两个世界似的。艾米，我亲爱的，他小声说，仿佛那些词儿本身就是灰尘的微粒在起起落落，仿佛那蜡烛就是他生命的故事，而艾米就是那光焰。

他在那凑合着用的帆布床上躺了下来，过了一会儿，找出并打开一本他一直在看的书，他期待那本书有一个好的结尾，一个他希望有好结尾的爱情故事，男女主角找到平和、欢乐、包容、理解。爱情就是两个身体共一个灵魂，他看罢，翻过那页，想继续往下看，但是什么都没有了——最后那几页被撕掉了，被当手纸用了或卷烟抽了，没有了希望，没有了欢乐或理解，没有了最后一页。他的生命之书断了。

只有他脚下的泥，与上面脏兮兮的天空。不会有平和，不会有希望了。但是据他所知，爱的故事将永远，永远进行下去，世界没有尽头。

他将活在地狱里，因为爱也是这样。他放下那本书，无法入睡。帐篷外面大雨如注，月亮不见了。他重新点燃那盏煤油灯，到营地那边的竹林里小解，往回走时，他注意到在泥泞的小路边上，在压倒一切的黑暗中长着一棵深红色的小花。他俯下身去，用他的提灯照向那个小小的奇迹。他站在那里，在瓢泼的大雨中，躬身站了很长时间。随后，他直起身子继续走他的路。

作者生平与创作生涯

理查德·弗兰纳根于 1961 年 1 月 1 日出生在澳大利亚东南端塔斯马尼亚岛（Tasmania）的矿镇朗福德（Longford），是 1840 年代从爱尔兰流放到澳大利亚范·迪门岛[1]（Van Diemens Land）的囚犯的后裔，祖父母都是文盲，父亲阿奇·弗兰纳根（Archie Flanagan）是“死亡线”——泰缅铁路的幸存者，第二次世界大战期间时的一名澳大利亚士兵，在爪哇被日军俘虏，被关进日本设立在缅甸的劳动营，被迫做奴工，参与了泰缅铁路的修建，成了“邓洛普千人团[2]”中的一员，受尽折磨。

他 6 岁时患听力障碍险些失聪，在家乡接受的中小学教育。在中学读书期间，他获得过划艇冠军。他 16 岁辍学，做了一名林业从业人员，河道领航员，随后进入塔斯马尼亚大学深造，1983 年，获得文学学士学位，并成为罗德奖学金[3]获得者，赴英国牛津大学沃塞斯特学院继续深造，1984 年，获得文学硕士学位。

之后，他开始根据他当年河道领航员的工作经历提笔从事创作。他曾是一个独木舟爱好者，曾经划着独木舟在富兰克林河（Franklin River）面上漂流过 13 次，曾乘独木舟参加过珍河（Jane River）和戈登峡谷（Gordon Gorge）的首次探险。1985 年，他完成了他的第一部非小说作品《可怖的美丽：戈登河国家的历史》（A Terrible Beauty: History of the Gordon River Country）的创作；后又陆续出版了三部非虚构作品：《世界的其余部分都在看——塔斯马尼亚和绿党》（The Rest of the World Is Watching — Tasmania and the Greens，1990）、《代号伊阿古：约翰·弗里德里希的故事》（Codename Iago: The Story of John Friedrich，1991）、《啃教区的倒霉蛋们：1884—1939 年，英国失业者的政治历史》（Parish-Fed Bastards: A History of the Politics of the Unemployed in Britain, 1884—1939，1992）。

1994 年（33 岁），他又根据自己当河道领航员时的工作经历，创作出了第一部长篇小说《一名河道

1 范·迪门岛（Van Diemens Land）：塔斯马尼亚（Tasmania）的旧称，位于澳大利亚东南角的海岛，被认为是“世界的尽头”。1803年，英国在岛上建立了一个囚犯殖民地，这里成了囚犯们的“死亡接待室”。

2 邓洛普千人团（Dunlop’s Thousand）：由上校爱德华·恩斯特爵士“疲倦的”邓洛普（Colonel Sir Edward Ernest “Weary” Dunlop，1907—1993）带领的一群战俘，被派遣到泰国与缅甸间的区域修建“死亡铁路”。

3 罗德奖学金（Rhodes Scholarships）：于1902年设立的国际性研究生奖学金项目，每年挑选各国合格的学生（得奖者获称为“罗德学者”）前往牛津大学进修。罗德奖学金被誉为“世界最久负盛名的奖学金项目”，有“全球本科生诺贝尔奖”之称的美誉，也是世界上竞争最激烈的奖学金之一。从每个领域的精英学生中选拔出来的，毕业后都表现非凡。

领航员的死》(Death of River Guide)，表现了塔斯马尼亚作为流放之地的悲惨历史，描述了富兰克林河上的领航员阿尔杰兹·柯西尼(Aljaz Cosini)溺亡时脑海里涌动出来的形形色色的形象，复现了阿尔杰兹自己的生活和他的父辈祖先的生活，奔腾的水流冲来，阿尔杰兹发现了一个能把他自己的故事和原住民、凯尔特人、意大利、英国、中国、东欧勾连起来的世界，最后，阿尔杰兹发现这汹涌的往昔，便是他故国的精魂历史。小说出版之后，大获好评，甚至被一些评论认为颇具福克纳(Faulkner)的风格，寓意深远，并在 1995 年获得了维多利亚总理文学奖，自此，他在澳大利亚文坛上崭露了头角，一举成名。

1997 年(36 岁)，他出版了第二部长篇小说《一个巴掌能拍响》(The Sound of One Hand Clapping)，讲述了斯洛文尼亚移民在塔斯马尼亚的生活，出版之后，引起很大反响，获得了澳大利亚国家图书奖和万斯·帕尔默小说奖，后来，又由他自己改编成了同名电影，入围了 1998 年第 48 届柏林国际电影节。

2001 年(40 岁)，他出版了第三部长篇小说《古尔德的鱼之书》(Gould's Book of Fish)，从内容到形式都独具特色，为他赢得了国际声誉。在这部作品中，他用魔幻现实主义手法，讲述了 19 世纪早期被囚禁在澳大利亚臭名昭著的“死亡接待室”——范·迪门监狱岛上的“873645 号”流放犯威廉·布埃鲁·古尔德(William Buelow Gould)所绘画的各种颜色的鱼，既折射出被判处苦役的艺术家在旅途中遇到的形形色色的人，又极为象征地表现出他内心深处强烈的渴望和极度的恐惧。这部作品在出版的时候，根据情节需要，用不同的颜色印刷，每一章前都绘有一条与该章内容密切相关的精美的鱼，让人耳目一新。出版之后，立即引起两种截然相反的强烈反响，有一些评论家甚至指责它是一部荒谬绝伦之作；而有些评论家则认为它想象力丰富，大胆重现了昔日的塔斯马尼亚岛在殖民主义统治下的悲惨历史。2002 年，这部小说获得了澳大利亚文学与社会金质奖章、维多利亚总理小说奖，并且击败众多竞争对手，一举夺得了英联邦作家奖。

2006 年(45 岁)，他出版了又一部给他带来很大声誉的长篇小说《未知的恐怖分子》(The Unknown Terrorist)，是一部描写现实的作品，讲述了一个看似离奇的故事，被认为是对后“9·11”时代的精彩的沉思。所谓的“未知的恐怖分子”是媒体后来贴在一个普通人身上的标签，一个土生土长的澳大利亚白人，吉娜·戴维斯(Davies)因和一个有趣的陌生人共度了一夜情之后，打开电视，发现自己成了一场未遂的恐怖袭击的首要嫌犯，被警方贴上了“恐怖分子”标签，面对国家机器和媒体话语，不得不走上追捕 / 逃亡之路，后对自己和世界有了清晰而且更为悲观的认识，准备回到原点，打死制造话语的媒体记者，结果，反而被警察打死，小说通过这一悲剧，对现代的都市生活进行了反思，表现了一个失控的当代社会的绝望之貌：无休止的恐怖警报、新闻消息，未知的恐怖……描绘出一幅澳大利亚当代社会灾难性的图画，尤其审视了新闻媒体的角色。

2008 年(47 岁)，他又一部长篇小说《热望》(Wanting)问世，讲述了两个平行的故事，一个是在英格兰的小说家查尔斯·狄更斯(Charles Dickens)的故事；一个是马辛娜(Mathinna)，一个被北极探险家约翰·富兰克林爵士(Sir John Fraklin)收养的土著孤儿，范·迪门的领地殖民长官的妻子简·富兰克林(Jane Franklin)的故事；用两个 19 世纪的英国人，勾连野蛮和文明社会，交错的故事，聚焦于土著人和高贵的英国绅士们心中对征服的渴望。出版之后，2008 年，获得澳大利亚西部总理文学奖；2009 年，获得昆士兰州总理文学奖；2001 年，获得塔斯马尼亚图书奖。2011 年，他出版了一部非小说作品《盖博先生，你是干什么的》(And What Do You Do, Mr. Gable)。

之后，2013 年（52 岁），他出版了长篇小说《深入北方的小路》（The Narrow Road to the Deep North），以优美而有力度的叙述，时空交错，围绕着战争的非人性、人性、暴力和惶恐，讲述了澳大利亚军医多利格·埃文斯（Dorrigo Evans）在日本劳动营里参与修“死亡铁路”的苦难经历和在战后世界与生活的疏离。他把这部小说献给“囚犯 335 号”——那正是他父亲在劳动营中的编号。小说在英国查托与温德斯（Chatto & Windus）出版社和美国阿尔弗莱德·A. 科诺普夫（Alfred A. Knopf）出版社出版之后，反响强烈，被认为是一部关于爱与战争的精彩之作，表现了战争和战争对人类的影响。2014 年获得了澳大利亚西部总理文学奖、昆士兰州总理文学奖、澳大利亚总理文学奖；并因其以优雅的文字叙述了一个充斥着罪恶和英雄主义的故事，出色地将东方与西方、过去与现实串联在了一起，问鼎了第 46 届英语文学界最有影响力的布克奖。

除了小说创作之外，理查德·弗兰纳根同时还是一名编剧、故事片导演与环保运动者。当今，他与妻子玛杰达·萨莫拉杰（Majda Smolej）和三个孩子生活在塔斯马尼亚州的首府霍巴特（Hobart）。

主要参考资料：

Richard Flanagan wins Man Booker Prize for The Narrow Road to the Deep North, from Daily Telegraph, 2014-10-14.

The Narrow Road to the Deep North, by Richard Flanagan, Publisher: Chatto & Windus, 2014.

2015年 | 第47届

049 七杀简史 [牙买加] 马龙·詹姆斯

A Brief History of Seven Killings by Marlon James

◎原著共 5 章，84 节。以牙买加方言俚语、粗俗语汇外加圣经般庄严的语调，使用第一人称“我”的各种直白和口述，描述了 1976 年末在牙买加首都金斯敦（Kingston）一伙拥有枪械的牙买加贫民窟黑帮青年对歌星“雷鬼乐之父”鲍勃·马利[1]（Bob Marley）暗杀未能得手后，生发出来的一系列谋杀。本文在下面的讲述用第三人称。

英文原版封面

1 鲍勃·马利（Bob Marley，1945—1981）：闻名于世界歌坛的牙买加最著名的音乐家。他将牙买加“雷鬼乐”（Reggae）带往欧美流行音乐及摇滚乐的领域，对西方流行音乐产生了巨大的影响，后世尊称他为“雷鬼乐之父”，牙买加首都金斯敦（Kingston）的沟镇（Trench Town）有一座鲍勃·马利纪念馆。

马龙·詹姆斯
（Marlon James，1970—　）

马龙·詹姆斯是牙买加一位正在崛起的独树一帜的作家。

有评论认为，其作品富有原创性，气势磅礴，创造性地使用巫术和原始宗教的意象，作为一种政治隐喻。

《七杀简史》（A Brief History of Seven Killings）出版之后，好评如潮，一些评论认为：这部小说的精华所在并不是其对暴行的描摹，而是那种如荷马史诗《奥德赛》（The Odyssey）般的磅礴感。当年获得了美国国家图书评论奖；因其**尽管是一部犯罪小说，却超越了犯罪世界，所展示的是一段人们知之甚少的近代史**，问鼎了 2015 年第 47 届英语文学界最有影响力的布克奖。

亚瑟·乔治·詹宁斯爵士（Sir Arthur George Jennings），牙买加独立前的一位政治要人，死得不明不白，他的鬼魂没完没了地说着，始终不肯停下来。有人宣称他是自杀的，是自己从楼上跌下去摔死的，他说，那不是事实，他是被人从蒙提戈湾（Montego Bay）“落日海滩饭店”（Sunset Beach Hotel）的阳台上被人推下去的。他说，死亡只是死者见证了死亡，并不是消失，时间不会停止，时间在继续移动，死者静止在那里，活 300 岁死去的与只在世上存活 2 分钟就死去的，没有任何区别。他躺卧在地上，头被摔得稀烂，右腿被弯压在背后，两臂弯成几乎无法想象的样子。从高处，从阳台上，他那样子，看起来，就像一只死蜘蛛。如果没人推，他是不会成为那个样子的。他死了，但是他醒了，他要报仇，可是因为已经死了，什么也做不成了，只能等那个杀他的人变得越来越老，娶一个年轻得多的妻子，生一大群拖垮国家的弱智男孩。

他在等待那个杀他的人的死亡。这本书，是一个讲述 7 宗谋杀的故事，同时也是 7 个死去的无足轻重的男孩子的故事。在他们从他身边经过时，身上都带着一股杀他的那个男人身上的那种臭味。第一个经过的，尖声哭叫，但哭声没出口，嘴巴就被塞住了，有人把他的双手紧紧绑在了他的背后，绳子磨破了他的皮，流着血，他的双腿也被捆绑在了一起，一块石头砸中了他的鼻子，另一块击中了他的眼睛。他会醒来，但仍然是死的，而且不会告诉他，他叫什么名字。

詹宁斯爵士的鬼魂说，上帝把他安置在了地上，远离天堂。他无法站着嗅到那些正在死去或即将死去的男女老少的味道，并与他们交谈。他的鬼魂一直都在那里，会时不时地露面，而且，每一宗谋杀，每一场死亡，他差不多都会到场。那些人，在他们临死前有时会看见他。其中的那个小黑人巴木－巴木（Bam-Bam）并非黑帮成员中唯一一个体验到了牙买加那首民谣对 1976 年那件大事的谶语力量的人。

巴木－巴木年仅 14 岁，从小生活在金斯敦（Kingston）的贫民窟里，母亲是个娼妓，父亲是黑人居住区里的最后一个好人。巴木－巴木整日里无所事事，在“八条巷”（Eight Lanes）与“哥本哈根城”（Copenhagen City），他们这些人，终日只能等待。广播里甜美的声音说：犯罪与暴力控制了这个国家。如果要有什么变化，他们只能等着瞧了。在“八条巷”里，巴木－巴木所能做的，只有边看边等，这里是一个穷人的世界，从乡下来的人越来越多，生存空间越来越小，城区在膨胀，成了一个贫穷的少数民族居住区，巴木－巴木他们这些人只能饿着肚子等机会。巴木－巴木在音乐厅外面转悠，哼哼唧唧，走运了，有谁听到他声音里的饥饿，就让他唱上一曲。不过，不是流行歌曲，流行歌曲太美了，对贫民窟不合适。后来，有两个人把枪带进了贫民窟，其中一个教他怎么使用。

在巴木－巴木之后，一个又一个与1976年的那件大事扯得上瓜葛的讲述者，纷纷登场亮相，你说一片段，我说一片段，交错在一起。在这些众多的讲述人当中，除了巴木－巴木外，还有：黑帮成员狄默斯（Demus）；中央情报局在牙买加情报站的负责人巴瑞·迪弗罗雷诺（Barry Diflorino）；社会名流“罗爸”（Papa-Lo）/雷蒙德·克拉克（Raymond Clarke），1960—1979年间掌控金斯敦“哥本哈根城”的霸主；计划接管世界的乔西·威尔斯（Josey Wales），“风暴武装队”头目，在1979—1991年间掌管了“哥本哈根城”；“风暴武装队”的主要执行人韦泼（Weeper），同性恋者，乔西的年轻合伙人；黑帮成员约翰－约翰·K（John-John K），杀手，劫车匪徒；前女招待，无业的妮娜·伯吉斯（Nina Burgess）；黑人妇女、失业者金·科拉克（Kim Clarke）；家庭看护道卡斯·帕默（Dorcas Palmer）；美国记者亚历克斯·皮尔斯（Alex Pierce）；还有接受亚历克斯采访的在押犯，帮会成员忒里斯坦·菲利普斯（Tristan Phillips）。

这些叙述人以及亚瑟·乔治·詹宁斯爵士的鬼魂，一个个的故事片段，基本上都是他们对自己的所见、所闻，所经历的事情和个人想法的记录。其中，除了忒里斯坦之外，其他所有讲述者的叙述方式，都是个人的自白，类似意识流。忒里斯坦讲的故事用的是口述，是他对亚历克斯采访中所提问题的回答。

总共13个讲述者的故事片段，相互交织，时间横跨30年，从1970年代牙买加首都金斯敦的街头和贫民窟，到1980年代纽约的毒品战争，一直到1990年代经历了剧变的牙买加，在5个（1976年12月2日、1976年12月3日、1979年2月15日、1985年8月14日、1991年3月22日）不同的、相互关联的重大日子里，串联起了那些混乱不堪的政治斗争和与之相关联的帮派斗争。

故事开端于1976年12月2日，以乔西·威尔斯为首的几个黑帮分子试图射杀牙买加著名歌手鲍勃·马利的前一天和12月3日谋杀未遂那一天。当时，岛国牙买加的经济陷入了困境，国家接近内战的状态，暴力和犯罪气氛笼罩着各个城镇，笼罩着首都金斯敦。对立政治党派间的帮派内斗，夺取了许多牙买加人的生命，而且，情况正在朝着更加糟糕的方向发展，外国势力乘虚而入。随着牙买加的大选在即，冷战中的美苏双方分别拉拢牙买加工党（Jamaica Labour Party）和牙买加人民民族党（People's National Party），两党也都想尽可能地把握权力。为了争权夺势，两党都借助帮派的力量攻击对方，国家被一分为二，本来应该是两党政治上的争斗，却演变成了街头内战，各自的黑帮势力，不断地恫吓投票的选民大众。

“肖塔警长”（Shotta Sherrif）——罗兰·帕默（Roland Palmer）掌管着金斯敦的“八条巷”区，代表着牙买加人民民族党；“罗爸”——雷蒙德·克拉克掌管着“哥本哈根城”区，代表着牙买加工党。一天，两位霸主决定通过一场音乐会冰释前仇，邀请“雷鬼乐之父”鲍勃·马利举办一场“微笑牙买加和平音乐会”（Smile Jamaica Peace Concert），借此缓解笼罩在金斯敦上空的紧张气氛。然而，由于“罗爸”的手下出现重大分歧意见，极端分子乔西·威尔斯一伙认为鲍勃·马利是在借音乐会之名为人民民族党在即将到来的大选助威造势，因而背着“罗爸”组织起了“风暴”行动小组，生出了事端，使那场音乐会未能如期举行。

1976年12月3日上午11点，来自美国的记者亚历克斯·皮尔斯接到来自《滚石》（Rolling Stone）杂志老板的电话，老板郑重提醒他这位雇员不要胡来，不要自以为是，一切都必须依照杂志社的原计划进行，并准备给他另派一个摄影师杰克逊（Jackson）过来，同时威胁说，他如果执意不从，就解雇他。放下电话之后，亚历克斯觉得自己已经被解雇了，下定决心，一定抓住眼下的不可错失的大好时机，继续按照自己的原计划去做，他希望利用已经拥有诸多国际观众的大明星鲍勃·马利联合了其他一些音乐人要举办的那场象征着自由和平的音乐会的幕后故事，写出报道这位鲍勃·马利的独家专访，成名发财。

当晚7点，他的搭档，摄影师马克·兰辛（Mark Lansing）——前美国中央情报局局长理查德·兰辛（Richard Lansing）的儿子，开车带他去了“希望路”（Hope Road）56号鲍勃·马利的家门口，他期望能获得独家采访的第一手资料，以便写出一部有关歌星生活实况的故事。把守在歌星家门口的士兵不允许马克把车子停在大门外，他们不得不停在了别处，然后，步行回到大门口。随后，警卫让马克进去了，却把他拦在了门外。在等候期间，他在外面四下里逛游，意外看到了一辆红色的福特100运输车停了下来，司机驾驶舱里坐着的两个黑人，带着面罩，随后，7个身穿紧身衣的人，拿着手枪和步枪，朝卡车跑来，跳上了后车厢，最后是一个小矮子，留着拉斯塔法里式发绺，穿着红绿黄色的背心装，还看了他一眼。随后，那辆卡车看都不看便倒进了车流，上了大道，进入了左边的希望路。

黑帮成员狄默斯，是乔西·威尔斯那次行动小组的成员之一，狄默斯预测，将来总有一天，会有人把他的故事写出来的。他清楚记得，他是怎样因为在一个白人妇女宣称她被强奸之后不久，他在外面洗澡时被警察逮捕的，之后，他被关进了监狱，因这一罪名而备受虐待，而在那个女人改变了她的指证之后，却没人向他道歉。警察再次来到哥本哈根城他家附近时，警察冲他开了枪，他枪杀了他们中的一个。狄默斯回忆起他对那个歌星家的一次造访，那是他所见过的最大的一幢房子，正在和歌手一起排练的那一伙人中，有人许诺给他一笔钱，要他帮忙绑架一位赛马师，因为缺钱，他接下了这桩买卖，使那个赛马师失去了三场比赛，随后，坐上飞机逃跑了，然而，紧接着，在公园里收赎金的四个人连同那个答应给他钱的男人全都消失不见了。他当时非常愤怒，恨不得烧掉那个歌星的家。乔西·威尔斯找到他时，他还在因为被戏弄而生着气，乔西问他是否会使用枪，他笑了。后来，乔西的朋友韦泼还给了他一些可卡因。

结果，就在这场音乐会开始的前两天，1976年12月3日那天夜间，距离大选只剩下两个星期，乔西·威尔斯和韦泼带着其他几个年轻的黑帮成员，手持长枪突然出现在位于“希望路”56号的鲍勃·马利家中，并开枪大肆扫射，几乎在场的每个人都中枪了，正在吃柚子的鲍勃·马利被击中了胸部和手臂，他的妻子丽塔（Rita）试图带着孩子们逃出去，在住房通到大路的车道上被击中了头部，经纪人受了重伤，其他的乐团排练人员受了轻伤，幸运的是，每个伤者都活下来了。

警察赶过来调查开火的情况，那些攻击者随即撤走了。后来，犯罪分子狄默斯在被杀死前说出的当时参加暗杀行动的人员名单，除了他本人之外，还有：“哥本哈根城”的乔西·威尔斯、韦泼、爱举枪但不知该往哪里射击的巴木－巴木、帮派立场变来变去的赫克（Heckle）、来自鲍勃·马利发迹地、居民以简陋破屋为家的沟镇（Trench Town）的雷顿（Renton）和马蒂克（Matic）、倒卖海洛因的芬克·奇肯（Funky Chicken）和来自丛林的两个男人，一个胖，一个瘦，他都不认识。官方未对此暗杀事件给出任何回应，令民众怀疑袭击事件背后有政治推动。

当时，就连“哥本哈根城”的霸主“罗爸”也一点不知晓他的手下所干的这件轰动一时的事。那天，太阳已高高升起，已是上午10点钟了，屋子里热得要命，毫不知情的“罗爸”坐在客厅窗户旁边的靠椅上，思索着将开始的那场音乐会。他已厌倦了为了争夺地盘一桩接着一桩的火拼厮杀，一幕幕的血腥，然而，他的年轻属下乔西一伙人，却认为他的这种想法是不思进取。眼下，只有两个星期就要选举了，人们每天都会听到枪声，他和“肖塔警长”两人主张握手言和，才想出了这场音乐会，想通过音乐达成人们彼此间的谅解和团结，以求和平。通常，他对选举并不太关心，现在，周围所发生的种种事情的迹象，不断为此与他联系的一些莫明其妙的美国人，都令他有些想不明白了，一个小小的选举怎么就变成这么一件大事了？为什么美国突然之间对他们这么关心？这不是关于领土的问题，也不是关于声明的问题。他联想到乔西和那些美国人，还想起了“哥本哈根城”和“八条巷”以及金斯敦、牙买加与这个世界。结果，他明白了，乔西·威尔斯要去做什么了。

乔西是在与美国中央情报局的外地事务干事路易斯·詹森（Louis Johnson）和中央情报局顾问勒福博士（Doctor Love）一起策划某种甚至比火烧房屋更大的事情。他们一定正在策划，并把他排斥在外，以做给他瞧瞧！他不知该怎么办，但立刻步行去了乔西·威尔斯的住处。一路上，他回想着近来乔西他们这些年轻人违背他的意愿所做的那些血腥事，很多事情他都不知道，都是从报纸上看来的，他开始因他和乔西之间的分裂而自责，他们情同父子，他在离开乔西家时，他们的思想已经得到统一。不料，在快到乔西家院子时，在距离乔西家院子 10 码的距离时，他被一阵疾风骤雨般横射出来的子弹切断了去路，三辆吉普车开了过来。平日里，警察从不会傻到光顾“哥本哈根城”这块地方的，他的人早就会把那些运送警察和士兵的吉普车挡在外面了，现在，他却连一个他的人的人影都没见到。两个警察和两个士兵向他走了过来，他们暴打了他一顿，连踢带打，然后，带走了他，投进了一间只有一张狭小的床和三面是石墙的牢房。

乔西·威尔斯筹划的夜晚的伏击以失败告终，暗杀歌星鲍勃·马利的行动未能得手，之后，便由此引发出了一桩桩谋杀，“七次谋杀”案，便是这次事件的延伸。

鲍勃·马利逃过一劫，死里逃生，仍然决定继续第二天的演出，在演出结束时，鲍勃·马利指了指自己的伤口，一言不发地离开了，之后，立即离开了牙买加。18 个月之后，1978 年，“罗爸”出狱后，说服了生活在英国的鲍勃·马利，回牙买加举办了另外一场音乐会。“罗爸”1976 年没有机会去听马利的那场“微笑牙买加和平音乐会”，但是，当他出狱之后，看到“哥本哈根城”民不聊生的惨状，党派之争帮派之争，祸及百姓，国家的灾难，降临到每个人身上，没有什么人能够幸免。面对不断上演的一幕幕死亡的惨剧，他不想继续睁一只眼闭一只眼，对暴力感到了恐惧，呼吁停止互相残杀，所以，在 1978 年 4 月 22 日，为鲍勃·马利又举办了一场音乐会。

在这场音乐会上，“罗爸”坐在楼上，看到了两党领袖，人民民族党领袖迈克尔·曼利（Michael Manley，1924—1997）和工党领袖爱德华·西嘉（Edward Seaga，1930—　）终于坐在了一起。但社会并没有因此而稳定，尽管“罗爸”他们煞费苦心又做了一场成功的音乐会，歌星也回来了，两党领袖最终握手言和了，但是局势并没有多少好转，甚至较先前更糟了。

1979 年，乔西·威尔斯排挤掉了“罗爸”，说服了“哥本哈根城”的团伙改变了对霸主“罗爸”的忠心，尽管“罗爸”仍然是“哥本哈根城”帮会的正式领袖，大家却转而效忠于他了。最后，“罗爸”在乔西的授意下被杀害了。

随着局势的进一步恶化，帮派中的枪手们臭名昭著，一些黑帮人物慌忙逃往美国，又因仇杀纷纷丧命。之后，乔西犯罪团伙，便被卷入了一个更加危险的世界，一个与毒品走私有关系的世界，以及最后和纽约和其他美国城市里的可卡因屋有关系的世界。

亚历克斯·皮尔斯作为一个美国白人，雷鬼乐迷，在1976年的枪击事件案发之后，一直在持续不断地追踪调查案情真相。1979年，他再次来到牙买加调查，在牙买加，已住了有8个月了，在金斯敦也住了有5个月了，即将彻底揭开事情的真相。就在这时，一天，他住进"天涯旅馆"（Skyline Hotel）的第二天，醒来后发现一个刺客在他的床边上坐着，最初，他一动不动，假装睡熟了，后来，机智地用一把拆信刀把那个牙买加最著名的刺客杀死了，随后，逃离了牙买加。

1985年，乔西·威尔斯在金斯敦已是一个无人敢惹的大人物了。警方完全没有想到，这个连中学都不愿意上的家伙，不但会说西班牙语，而且与美国中央情报局之间纠缠着难解难分的关系。当年取代"罗爸"，并不是乔西的主要目的，他的最终目的，是确保那些赞助人继续对他的扩大可卡因运输生意视而不见。几年来，乔西主动用通过"风暴武装队"挣来的钱，进行种种打点铺垫，他的"风暴武装队"已然成了一个在全球毒品市场中控制相当份额的走私网络。在发了大财之后，乔西很快便把毒品生意开到了美国。

一天，回到美国的亚历克斯·皮尔斯，在纽约采访了赖克斯岛[1]（Rikers Island）的在押犯忒里斯坦·菲利普斯，在他们持续不断的交谈当中，亚历克斯获悉：乔西这天抵达纽约，而且，肯定不会到赖克斯来探视忒里斯坦的，忒里斯坦不知道自己什么时候能离开牢房。随后，忒里斯坦一个劲地追问亚历克斯：为什么要跑到这里来找他？不直接去牙买加找人问事？亚历克斯不得不向忒里斯坦说出，他杀了一个人，已经回不了牙买加了；然后，描述了一下他杀的那个男人。忒里斯坦十分惊讶，他竟然把最可怕的刺客佟尼·帕瓦罗蒂（Tony Pavarotti）给杀了！那可是乔西·威尔斯的顶级杀手。于是，又问亚历克斯做了什么激怒乔西·威尔斯的事，乔西是唯一能下令给帕瓦罗蒂的人。

乔西·威尔斯到纽约来是来见韦泼的。那天，韦泼睡醒时，床上还另有一个男人，他不知道自己是留下来，还是离开，或是叫醒那个男人再来一回。但是，他必须去机场接乔西了，大约再过12个小时，乔西就该到了，这一次，乔西来得很突然，事先并没有跟他打招呼。作为"哥本哈根城"的霸主，乔西并不在乎韦泼是一个同性恋者，不过，韦泼并不知道这一点，有时，甚至担忧自己或许会因此丧命。乔西是来检查韦泼建在布鲁克林（Brooklyn）的那个可卡因屋的。韦泼已从一个跑到纽约来办事的"风暴武装队"成员口中得知：在他们的人当中，一些人扬言不再效忠工党，要去投靠人民民族党后，乔西和他的"风暴武装队"在星期六晚上9点来钟，驾驶着6辆汽车开进了雷马（Rema）街道，下车后用M16自动步枪一阵狂扫，枪杀了12人，有男有女有小孩。警察的警车开进"哥本哈根城"后，只拿走了两支步枪。这就是全部，没人敢惹乔西这样的大人物。

乔西·威尔斯担心韦泼丧失立场，被他人所左右。他把"风暴武装队"在纽约皇后区（Queens）和最北端布隆克斯区（Bronx）的生意交给了年轻的尤比（Eubie）来打理，尤比是一个受过学校一流教育的浪子，曾经以哥伦比亚的法律学院为目标，用心读书，不过，实现了心愿之后不久又离开了，因为他对法律已经很精通了。乔西准备让尤比从韦泼手里接管迈阿密那摊生意，没有告诉韦泼，因此，那个星

---

1 赖克斯岛（Rikers Island）：美国纽约州纽约市拉加第亚（LaGuardia）机场北面近鲍厄里海湾（Bowery Bay）的伊斯特河（East River）中的一个岛屿，是布隆克斯（Bronx）北区的一部分，有一座不对公众开放的桥可通至皇后区（Queens），1935年以来，纽约市监狱一直设在该岛上。

期尤比给乔西打了电话之后，乔西便飞过来了。

乔西对尤比很不放心，尤比太有头脑了，而韦泼却是一个没有头脑的合伙人，在与敌对势力争夺地盘的斗争中，没有取得多大战果，还造成了一些混乱。尤比为韦泼在纽约一个大家都看不上眼的地方开了一家商店，并向乔西夸奖了一番韦泼，说韦泼这活干得真不错，在他出售毒品的商店附近建了一座可卡因屋，真是太聪明了，这样，买了他的毒品的人就无须走远就能过上瘾了。

乔西想在纽约发现点什么情况，而且担心尤比正在策划一次敌对行动。两人见面后，他和尤比闲逛着朝着那个可卡因屋走了过去，过了一会儿，乔西和街上那些男孩中的一个谈了起来，那个男孩告诉他们，他只是给韦泼当跑腿的，才工作了约 5 个小时，还说前一星期的生意糟透了。乔西不知自己该说些什么，但是，他看到尤比笑了。乔西继续与尤比交谈着生意方面的事情，慢慢走着，边走边聊，来到那个可卡因屋前，不料，一个吸毒者用装尿的水枪从背后袭击了他，然后，笑着跑开了，跑进可卡因屋。乔西大为光火，打开左右手两把手枪的保险，随着那个袭击者进了可卡因屋，把里面所有的人全都给杀死了。

乔西·威尔斯被关进监狱后，中央情报局顾问勒福博士步行去乔西的监室时，脑海里想着乔西的大儿子班吉（Benjy）被杀的事。他相信那个谋杀选在那个十字路口，很可能是经过精心的配合与协调的。那位接诊班吉的医生说那男孩送进急诊室时差不多已经死了，但是医生们和护士们不得不把事情做得很完满，继续“抢救”，以缓和一下数以千计的群众的情绪。当宣布了班吉死亡的消息后，聚集了 3000 人的那个场面立刻沸腾起来，群情激愤，先是责怪医生们，随后转而责怪人民民族党，星期日晚上，他们跑到“八条巷”区和“六条巷”区，大肆行凶报复，发泄仇恨，滥杀无辜，杀害男人和儿童，奸污女人，烧毁房屋。后来因为继续闹哄下去，将妨碍班吉葬礼的时日，那场暴乱才得以终止。

乔西没有被允许去参加儿子的葬礼。他在监室里走来走去，告诉勒福博士说，有些人仍然在想方设法杀他，甚至在监狱里。从各方面来看，他认为国家执政当局有欠于他，是他，帮助他们赢得了选举，所以他很气愤。勒福博士提醒他，自从他在可卡因屋开枪把事情弄糟以来，牙买加政党之间的关系已发生了变化，并且告诉他，《纽约客》（New Yorker）杂志上有一个故事讲的是关于在那次枪击中死去的一个怀孕的女孩的。乔西依然认为，在牙买加和纽约，大家还在继续效忠于他，勒福博士并不赞同，提起了谋杀韦泼那件事，随后，还向他暗示：全凭美国政府的帮助，他才得以建造了他的帝国。

亚历克斯·皮尔斯最终弄清了乔西·威尔斯是 1976 年那次袭击歌星鲍勃·马利事件的主要责任人。就在这时，突然，尤比带着一帮人闯进了他的公寓，暴打了他一顿之后，质问他，他在《纽约客》上写的那篇关于可卡因屋大屠杀的文章，前一部分说杀死了 11 个人，为什么只写到“第 7 宗”就停止了？然后，揪住他的脖子，把他按在那里，要求他必须照他们说的来写 7 宗谋杀案简史……至于乔西·威尔斯，据说，最后被发现死在了他的监室里。

作者生平与创作生涯

马龙·詹姆斯于 1970 年 11 月 24 日出生在牙买加首都金斯敦（Kingston）一个中产阶级聚居的郊区，父亲是一位律师，母亲是一位警探。他的童年，生活在牙买加社会动荡、暴力横行的阴影下。他从父亲那里继承了对文学的热爱，从高中时起，就开始关注研究文学。1991 年，他毕业于西印度群岛大学，获得语言和文学学士学位。之后，在将近 10 年的时间里，他投身广告业，干过打字员、艺术导演和平面设计师等职业，而后获得了一笔奖学金，到美国深造，进入美国宾夕法尼亚州的威尔克斯大学，主修创意写作课程。

2005 年（35 岁），他的第一部长篇小说《约翰·克劳的魔鬼》（John Crow's Devil）在遭遇了数十次退稿之后，被美国阿卡西出版社（Akashic Books）出版。小说讲述了 1957 年在牙买加一个偏僻乡村，有着各自巫术使用的神物的牧师赫克托·布莱（Hector Bligh）和卢卡斯·约克（Lucas York）这两个对手互为竞争的故事，是一部表现宗教狂热、救赎、性困扰，以及人与人之间在正义和邪恶之间不断较量的作品。出版之后，入围了《洛杉矶时报》图书奖和英联邦作家奖的决赛名单。

2006 年，他获得了威尔克斯大学的文学硕士学位。2007 年，他到美国明尼苏达州圣保罗市的马卡莱斯特学院英文系任教，任助理教授，教授英语及创意写作课程。2009 年（39 岁），他出版了第二部长篇小说《夜女之书》（The Book of Night Women），讲述了一位出生在 18 世纪末的牙买加女奴莉莉丝（Lilith）的故事，其中充满了种族的愤怒，演变成了一场不可避免的悲剧。小说出版之后，2009 年，入围了美国国家图书评论奖决赛名单；2010 年，获得了美国戴顿文学和平奖和明尼苏达图书奖；2013 年，获得了牙买加有色人种协会奖。

之后，他用了 4 年时间，在 2014 年完成了第三部长篇小说《七杀简史》（A Brief History of Seven Killings）的创作，这部史诗般的鸿篇巨制，通过多元化的故事风格，性格鲜明的角色形象，描述了独立的牙买加在后殖民时期争取真正独立时的艰辛历程。小说分为 84 小节，每小节约几千字，基本由意识流构成，故事以 1976 年 12 月 3 日牙买加大选前夕，民族音乐之父鲍勃·马利（Bob Marley）遭遇持枪者侵袭死里逃生的经历为背景，从中延伸出去，借助 13 位形形色色的叙述者之口，重现了当年扑朔迷离的事件，用诗一般的独白和触目惊心的粗俗俚语，还原了暴力血腥的真实画面，描绘出牙买加 1970 年代至 1990 年代动荡的历史风云：贫困与腐败，阶级与种族，暴力与毒品，政治与音乐，被誉为一部贯穿时空的磅礴的现代史诗。

小说在 2014 年由美国河源出版社（Riverhead Books）出版之后，好评如潮，一些评论认为：这部小说的精华所在并不是其对暴行的描摹，而是那种如荷马史诗《奥德赛》（The Odyssey）般的磅礴感。当年获得了美国国家图书评论奖；又在 2015 年，因其尽管是一部犯罪小说，却超越了犯罪世界，所展示的是一段人们知之甚少的近代史，问鼎了第 47 届英语文学界最有影响力的布克奖。

马龙·詹姆斯现在定居美国明尼苏达州最大的城市明尼阿波利斯（Minneapolis），并继续任教于马卡莱斯特学院教授写作。接下来，他表示要创作一部系列魔幻作品。

主要参考资料：

Man Booker Prize for Fiction Winner: A Brief History of Seven Killings by Marlon James,from Literary Festivals.co.uk, 2015-10-14.

A Brief History of Seven Killings, by Marlon James, Publisher: Riverhead Books, 2015.

2016年｜第48届

050 背叛者 ［美］保罗·比蒂
The Sellout by Paul Beatty

◎ 原著共 26 章。用一针见血的幽默、令人难以置信的亵渎神圣的态度，挑战美国社会虚伪的信仰，反讽、冲撞种族主义与政治禁忌等一些当代敏感议题，来思考美国黑人的社会融入问题；篇幅不长，内容紧密，充满智慧，又意趣盎然，令人捧腹，但需要非常细致的阅读；行文中，大量使用俚语、脏话、黑色笑话、流行文化、典实，讲述一个透着些许怪诞的故事——“我”为了使被官方除名的家乡领土重返国家版图，反逻辑地主张将区域性种族隔离和家庭奴隶合法化，因而，站到了美利坚合众国最高法院的被告席上。

“我”，即非裔美国当代青年——“密”（Me），被情人昵称为“甜甜”（Bonbon），种植方形西瓜和大麻的原狄更斯市（Dickens）的农夫。本文在下面的讲述用第三人称。

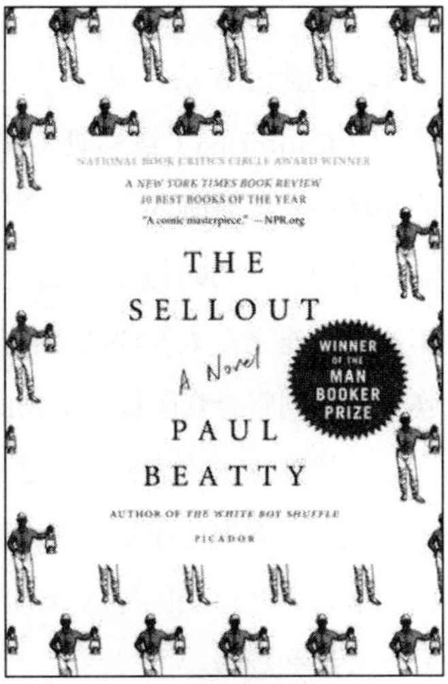

英文原版封面

保罗·比蒂
（Paul Beatty，1962—　）

保罗·比蒂是当代美国文坛上一位异军突起的黑人作家，代表着一种独特文化魅力，写作风格形式复杂。

有评论认为，其作品具有敏锐的洞察力和浓厚的黑人文化元素，通过精准而辛辣的黑色幽默，反思剖析当代美国的种族歧视和种族主义问题，表现了极其复杂的黑人的生存境况。

《背叛者》（The Sellout）出版之后，在《纽约时报》上掀起过热烈的讨论，后被评为《纽约时报》2015 年度 10 大好书。因其**试图深入剖析每一处社会禁忌，让人开怀大笑的同时也让人畏惧；令人感到有趣，同时又令人痛苦**，问鼎了第 48 届英语文学界最有影响力的布克奖。

成为“自 2014 年起，世界上所有作家创作的英语原创小说都有资格参评”的这一布克奖新规则后的第一位“英国及英联邦地区”之外的获奖作家，有史以来的第一位美国的布克奖得主。

向来遵纪守法、从未有过任何不良记录的美国黑人青年“密”，出生在美国加利福尼亚州（California）洛杉矶（Los Angeles）南部郊区的少数民族聚居区，那个活生生被官方从地图上删掉的小城——狄更斯。作为一个黑人，他从未偷过东西，从未在税务和信用卡上做过手脚，也从未干过蒙混进电影院一类的勾当，更没干过入室抢劫、打劫外卖酒店的坏事，就更别提在拥挤的公交巴士或地铁车厢里占座老年人专座或者掏出硕大的阴茎手淫之类的脏事了；然而，他却被一封非官方样式的信函传唤到了美利坚合众国最高级别的联邦法院。

自从抵达了华盛顿特区这座城市以来，他就再未摆脱过那种窘迫和不安之感。现在，他的汽车不法地且相当反讽地停在了宪法大道上，他的双手被十字交叉铐在了背后，当他坐到法庭上的那把厚软垫的椅子上时，他行使保持沉默的权利就跟他说再见了，他感觉那把椅子就像这个国家一样，并不像它表面看上去那么舒服。

在出庭的前一天，他参观了首都华盛顿特区的景观，倾听了首都的声音。在动物园里，一个女人在一只跨坐在栎树枝上重达 400 磅的大猩猩那里惊叹不已，说那只大猩猩的样子——多么像“总统”！他感觉就像那个女人的下意识失语一样，华盛顿整座城市都给人这种“弗洛伊德口误”般的感受。他去了华盛顿哥伦比亚特区内的住宅区和唐人街，浏览了白宫、菲尼克斯公园酒店和布莱尔国宾馆。

他含混地觉得，在现代美国，似乎只有两类人，公民或奴隶、有罪或无罪，非此即彼。眼下，他站到了最高联邦法院的法庭上。那些法院的官员们，两个人一排，像是套在大车上的牲口一样，列队走进了法庭。他站在法庭那洞穴一般空荡荡的房间里，面带微笑与他的律师和老朋友汉普顿·菲斯克（Hampton Fiske）彼此一视，点了点头，打了个招呼。他并不觉得自己犯了什么罪，他想，对于黑人而言，黑人民权运动唯一的好处，只是让黑人不必像以前那样害怕狗了，而且，问题的关键不仅仅是“黑”和“白”那么简单。

主审法官开始审理他的编号为“09-2606”的案子。伦奎斯特大法官（Chief Justice Rehnquist）平和的发言态度，使法庭上的紧张气氛松弛了很多。大法官不张不弛地表示：这一天将首先听取“09-2606”号案件的论证；“09-2606”号案件，是“密”与美利坚合众国之间的官司。随后，他便听到法庭里发出的哧哧的笑声，看到人们瞪大眼睛，高喊：这个混蛋，以为他是谁呀？

与美利坚合众国打官司，听起来的确有点自大，这是他的错吗？他就是那个“密”，一点不错。一个来自肯塔基州（Kentucky）“密斯”（Mees）氏家族卑微的后裔。密斯氏家族是最早在洛杉矶西南部定居的黑人家族之一，不过，在他出生时，他爹爹简化了他的名字，去掉了后面累赘的字母，不愿让多余的字母，像拖累自己的人生后腿那样继续拖累儿子的后腿。他的那些大爷们一个个全都喜欢并点赞说，他爹爹没有把他的姓氏英国化或非洲化而是将其中性化，把他变成了一个超越者，促使他发挥出了充分的潜能。他的人生，已越过了马斯洛[1]（Maslow）需求理论的第三层次，递升到了复杂的高层次的需求。

所以，他需要弄清楚：在当今时代，一个黑人拥有了一个家庭奴隶怎么就违反了美利坚合众国宪法第十三条修正案[2]的神圣原则。他岂能随意无视第十四条修正案[3]为隔离有时能将人们团结到一起的说法辩解呢……他认为他所做的，都是当今社会上行得通的事，既然那残存的家庭奴隶现象和种族隔离的歧视行为未曾伤害过任何人，那他娘的就让它存在吧。结果，他现在因而被控违背了美利坚合众国宪法第一、第十三、第十四条修正案的法律精神。

他爹爹是一个单身的社会学教授，人类历史上最杰出的心理学家卡尔·荣格[4]（Carl Jung）已使他爹爹的灵魂安息了。他爹爹生前是当地西河滨社区学院（West Riverside Community College）的一位社会心理学教授，专注于研究种族问题，强调弱势族群的社会改变及社区介入，是"解放心理学"的创始人和践行者。他一生下来，他爹爹就严格地按照皮亚杰[5]（Piaget）儿童认知发展理论，将他作为了"斯金纳箱[6]"心理实验的对象。

他出生在洛杉矶南郊的小城——狄更斯市。这个曾经发生过多次骚乱、原本统一的小城，后来分裂成了数个社区。他在内城——位于城市中的那片低收入社区的一个农庄里长大。始建于 1868 年的狄更斯市，如同那些加利福尼亚大多数的市镇一样，是为了繁殖愚蠢、肥胖与丑陋而设置的，最初把狄更斯这片领域变成了一个农业地区的，是一些底层的白人共和党人，一些来自墨西哥西北内陆奇瓦瓦（Chihuahua）的墨西哥人，以及愿意以他们为友的东亚难民。

在他 7 个月大的时候，作为"人的恐惧感来自后天培养"的实验对象，他爹爹把一些诸如玩具警车、"蓝带啤酒"、理查德·尼克松[7]（Richard Nixon）的竞选徽章与《经济学人》（The Economist）杂志等物件统统放入了他的摇篮车。结果，那致聋的声响刺激，果真换来了恐惧，因为提供给他的那强刺激音，音波伤害，

---

1 马斯洛：即亚伯拉罕·哈罗德·马斯洛（Abraham Harold Maslow，1908—1970），美国人本主义心理学家，以需求层次理论（Need-hierarchy Theory）最为人熟悉，把需求分成"生理需求、安全需求、社会需求、尊重需求和自我实现需求"五类，依次递进，当人的某一层级需要得到最低限度满足后，才会追求高一层级的需要，如此逐层级上升，成为推动继续努力的内在动力。

2 美利坚合众国宪法第十三条修正案（Thirteenth Amendment to the United States Constitution）：旨在废除奴隶制和强制劳役，除非是"依法判罪的人的犯罪的惩罚"；该修正案于1864年在联邦参议院以三分之二多数通过。

3 第十四条修正案：即美利坚合众国宪法第十四条修正案（Fourteenth Amendment to the United States Constitution），该修正案涉及公民权利和平等法律保护，于1868年通过，最初是为了推翻联邦最高法院在1857年的德雷德·斯科特诉桑福德案（Dred Scott v. Sandford）中所做出的认定黑奴不是美国公民的判决。

4 卡尔·荣格（Carl Jung，1875—1961）：瑞士著名精神分析专家，分析心理学的创始人。

5 皮亚杰（Piaget，1896—1980）：瑞士人，近代最有名的儿童心理学家，他的认知发展理论成了这个学科的典范。

6 斯金纳箱（The Skinner Box）：美国新行为主义学习理论的创始人、把操作性条件反射理论引入了各个领域的社会学者伯尔赫斯·弗雷德里克·斯金纳（Burrhus Frederic Skinner，1904—1990）设计的一种动物实验仪器，将实验动物放进去之后发现，动物的学习行为是随着一个起强化作用的刺激而发生的。

7 理查德·尼克松（Richard Nixon，1913—1994）：美国著名政治家，曾于1969年至1974年担任美国第37任总统；1974年辞职，成为美国历史上第一位在任期内辞职的总统。

是他爹爹在家里播放的。超威力的38特种手枪射向天花板的子弹声，把窗户震得乱响；“黑鬼，滚回非洲去！”的嘶吼声，盖过了客厅里四声道立体收音机播放着的《甜蜜的家亚拉巴马》[1]的刺耳的高音。最终，导致他至今都从未完整地听过一出哪怕是最世俗的犯罪剧，却对尼尔·扬（Neil Young）的摇滚乐有一种特殊的偏好；而且，每逢他睡不着时，他所听的不是暴风雨或浪涛冲击声的录音磁带，而是“水门事件”的录音磁带。

他8岁的时候，他爹爹对他进行了至今都没有令人信服的社会心理学解释的“旁观者效应”的研究实验，让他站在附近交通最繁忙的十字路口，把一个最新式样的对讲机的电子小玩意儿塞进他的耳道，来测试他对紧急事态的反应。社会心理学上的“旁观者效应”这个概念的诞生，源于1964年发生在美国的一桩谋杀案。纽约28岁的女子吉蒂·吉诺维斯（Kitty Genovese，1935—　）凌晨3点下班回家途中，在自己的住所附近遭遇了一名持刀歹徒的袭击，整个过程持续了半个多小时，在这期间，她反复尖叫，大声呼救，有38个邻居听见和看到了此事，但无一人出手相助或报警。后来，一些社会心理学家通过研究实验，把这一现象叫作“旁观者介入紧急事态的社会抑制”，也就是“旁观者效应”。他们的假设和解释是：救助行为出现的可能与在场旁观人数成反比，正是因为一个紧急情形有其他的目击者在场，才使得旁观者无动于衷；旁观人数越多，救助行为出现的可能性就越小。但是到目前为止，“旁观者效应”始终没有结论性的、权威的证据证明。

他爹爹还用离群索居的教育方式，依照严格的学院派训练方法，在家里对他实施了其他一些儿童心理实验。但凡他答错哪个题目，就要接受惩罚。他爹爹试图通过规训、体罚、心理虐待、甚至不吝使用电击的严厉手段，来增强他身为“黑鬼”在美国社会上的耐受性，希望能将他从黑人近乎原罪的精神奴役创伤烙印中解放出来，将他改造成一位谙熟拉丁文的“文艺复兴黑人”“现代的伽利略”。作为实验对象，他的整个童年，都是在家里，在他爹爹的严厉对待中度过的。

斯金纳新行为主义学习理论的核心，是操作性条件反射，学习行为是随着一个起强化作用的刺激而发生的，人的行为不是由人的内在心理活动来决定的，而是源于外部环境，行为是在环境中各种刺激因素综合作用下所引起的反应。尽管他爹爹据此在他身上所进行的种族歧视心理研究实验，充满了争议，他却始终坚信，爹爹的这项开创性的心理实验，可以写成一部回忆录，帮助他们家摆脱糟糕的经济状况。

不料，事与愿违。他作为“斯金纳箱”心理实验的对象，他爹爹对他进行的心理研究工作，最终却毁在了一次他选择“黑/白”肤色的玩偶测试里。因他感觉那些白肤色的肯娃娃和芭比娃娃的饰物看上去更漂亮一些。结果，在他挑选了白肤色玩偶后的第二天，他爹爹在壁炉里把那些至少可以拿到大专教职的学术论文——所有的“发现”和实验成果统统烧掉了。

---

1 《甜蜜的家亚拉巴马》（Sweet Home Alabama）：1970年代风靡一时的美国南方摇滚乐队“林纳德·斯金纳德”（Lynyrd Skynyrd）的经典歌曲，后多部影片都将其作为主题曲和插曲，如《德州电锯杀人狂》（The Texas Chainsaw Massacre，1974）、《阿甘正传》（Forrest Gump，1994）、《空中监狱》（Con Air，1997）等。此歌来历与加拿大民谣摇滚艺人尼尔·扬（Neil Young，1945—　）演唱的贬损亚拉巴马人的《南人》（Southern Man）一曲有关，因在亚拉巴马州的居民祖先中，非裔美国人被一些人认为是些没教养的乡下人，和尼尔·扬关系相当不错的摇滚乐队“林纳德·斯金纳德”趁着录影棚落户亚拉巴马之际，创作了这首歌曲来调侃尼尔·扬的这一代表作。

一般来说，私下里，每个黑人男性都觉得自己在三件事（打篮球、说唱或讲笑话）上，会做得比其他所有人都好。他爹爹是一位严肃的社会心理学教授，喜欢像抓比萨似的，运用“绝妙定理[1]”讲笑话，写诗，著述研究种族问题的博士论文。他爹爹的博士论文，用的是APA格式——严格遵循美国心理学会出版的《美国心理协会刊物准则》下笔。

在“密”的人生里，他只亲历过一次种族歧视。在他的家乡，在狄更斯市的街面上，随处都能听到有关“黑鬼”的种族主义的脏话，充斥着黑社会的枪声和警察的暴行，在他爹爹的眼里，美国到处都充满了种族主义。可不管他爹爹对种族歧视行径做何解释，他都认为在美国真正广泛分布的种族主义已经不存在了，阻碍黑人的唯一原因，是他们不懂得利用机会。有一天，他愚蠢地对他爹爹说：在美国，没有种族主义，只有被黑人踢到一边的平等机会，因为我们不愿担负起自身的责任。结果，就在同一天，午夜时分，他爹爹把他从床上拽了起来，带着他做了一次没有任何准备的深入美国白人地区的旅行。经过了三天马不停蹄的奔波后，他们驱车来到了密西西比（Mississippi）一个无名小镇，从他爹爹脸上的那种兴奋的期盼来看，他将会在这里品尝到地道的种族歧视滋味。果不其然，那天，在那个白人经营的加油站，他想使用一下卫生间，但他们告诉他卫生间只允许客户使用，他解释说他爹爹刚刚给汽车加了油，他们对他说：他爹是他爹，他是他，他必须得先买点东西才能使用。看过货架，他决定买一罐出售价标示7美分的苏打水，结果，他们要求他按黑市价1美元50美分付款。他很为自己感到不平，不能接受，只得沿着那条大道跑到下一个街区的公共卫生间去方便，着实领教了一次苦涩的臭烘烘的种族主义。

在“密”的记忆里，他爹爹的所作所为并非全都令人胆寒。从严格的意义上说，他是他爹爹唯一的孩子，然而，和许多黑人男性一样，他爹爹有很多很多孩子——狄更斯市的公民都是他爹爹的子孙。他爹爹虽不擅长驾车，可全社区的公民都知道他爹爹是一个“黑鬼耳语者”。一旦有某个“鬼迷心窍”的黑鬼爬到大树上或者站到高速公路的立交桥外沿威胁跳下去需要被劝说下来时，人们就会来找他爹爹，他爹爹便会带上他，拿着社会心理学典籍，美国学者沃伦·本尼斯（Warren Bennis）、肯尼斯·贝恩（Kenneth Benne）和罗伯特·钦（Robert Chin）编写的《变革的策划》前去劝说。罗伯特是一个不受重视的华裔美国心理学家，他爹爹从未见过罗伯特，却宣称罗伯特是他的良师益友。

大多数孩子就寝时都是在听着大人讲故事或童话入睡的，“密”却必须在有人给他念诸如《从业者的环境系统实用模式》中的一些章节才得入眠。而他爹爹，也仅仅是一个从业者，别的，什么都不是。“密”从不记得他爹爹作为“黑语者”前去履职时，有什么时候车子里会不带上他的。在行车途中，他爹爹有时会调侃说：黑人社会很像他这个人，一个准博士。每当抵达之后，他爹爹会让他坐到小客车的车顶上，或是站到街上窄窄的通道里的大垃圾桶的顶上，递给他一个标准的拍纸本[2]，要求他做记录。每次看到爹爹总有办法去接近并说服那个难以制服的精神病患，在“密”的眼中，此时的爹爹简直就是一个心灵教父，与那个理性又不近人情的实验者完全不同了。

---

1 绝妙定理（Theorema Egregium）：微分几何中关于曲面的曲率的重要定理。因比萨饼本身的结构强度不够高，人们抓比萨时，需把比萨弯成U形，再抓起，这个小窍门的背后，运用的是曲面的几何解释。

2 标准的拍纸本（Legal Pad）：偏大型的书写用纸。尺寸比较大，横格黄纸，一般放在书桌上便于书写，很多作家和律政等行业从事者都喜欢使用。

“密”不再因他失踪的妈咪折腾他爹爹了，最终承认了自己高估了母性光辉。在他看来，由于他从未吃过母乳，或看过《指环王》[1]《天堂》[2]和《银河系漫游指南》[3]什么的，他一辈子都会因此而自责，最终，将会像加州所有的中产阶级下层分子一样，在他自己长大的那间卧室里死去，仰视着那个泥巴房顶上自1968年大地震时就留下来的裂缝。至于那些像“我是谁？”以及“我怎么能是那个人？”一类自省的问题，都与他无关了，因为他已然有了答案。就像整个狄更斯市一样，他是他爹爹的孩子，是他周围环境的产物，别的，什么都不是。狄更斯就是他，他就是他爹爹。然而，现在问题在于：他们二者一下子全都不见了，全都从他的生活中消失了，先是他的爹爹，然后是他的家乡狄更斯，忽然之间，他就不晓得自己是谁了。

“密”的平静生活被彻底毁了。他爹爹因偶然在和一位无家可归的黑人女性聊天时，与洛杉矶警察发生了争执，被警察不法击毙于街头。他埋葬了爹爹，本指望通过爹爹写回忆录来解决家里经济困境的希望落空了，还必须要面对爹爹的下葬账单。在那之后，他获得200万美元的政府赔偿，继承了他爹爹的房子和那2英亩位于狄更斯市城中的小农场。随后，他决定继承爹爹的遗志，像爹爹一样，继续在农场的土地上耕种，过上了农夫一般的生活。他选择性地种植了一些正方形的西瓜和大麻以维持生计，一年三次或四次，走街串巷，将一匹大马套到大车上，拉着西瓜和大麻，闲闲闲闲地行走在狄更斯的街面上，兜售他的产品。

在他爹爹去世大约5年，他大学毕业1年后，他的家乡狄更斯市也消失了。在版图上，人们再也找不到加州的狄更斯市了，它悄无声息地就被杀灭了，不像长崎[4]（Nagasaki）、索多玛和蛾摩拉[5]或者他的爹爹，是在爆响声中消亡的，而像冷战期间因一次次核事故的苏联的那些城市，静静悄悄地从版图上销声匿迹了。狄更斯市的消没，绝非什么事故，而是日益富裕的社会环境无耻阴谋的一个组成部分。在21世纪初房产业兴旺期间，洛杉矶附近很多中等收入地区经历了一场房地产引发的巨变，过去宜人的工薪阶层聚居区，变成了形形色色的造假、谎言、欺骗、犯罪率飙升的地域。在经历了这样一种飞跃变化之后，在一个清澈的早晨，他们一觉醒来，突然发现，他们的狄更斯市没了，表示“狄更斯市欢迎您”的招牌也不见了。

没有任何官方通告，新闻报纸上没有任何报道，就连晚报上也没有提及此事。没有人在意这件事，

---

1 《指环王》（The Lord of the Rings）：又译《魔戒》，英国牛津大学教授兼语言学家约翰·罗纳德·瑞尔·托尔金（John Ronald Reuel Tolkien，1892—1973）创作的经典严肃奇幻小说，被公认为近代奇幻文学的鼻祖。

2 《天堂》（Paradise）：美国当代杰出的非裔女作家、1993年诺贝尔文学奖获得者托尼·莫里森（Toni Morrison，1931— ）1997年出版的长篇小说，以黑人为关注对象，讲述了在一个黑人特定城镇，一些黑人家庭创造属于自己的天堂的艰辛。

3 《银河系漫游指南》（The Hitchhiker's Guide to the Galaxy）：英国著名科幻小说作家道格拉斯·亚当斯（Douglas Adams，1952—2001）所著5本银河系漫游指南系列科幻喜剧系列小说中的第一部，后被改编成电影。讲述地球因修建超空间快速通道被毁后两位主人公阿瑟·邓特（Arthur Dent）和福特·普瑞费克特（Ford Prefect）活了下来，福特表面上是个找不着工作的演员，其实是个外星人，是名著《银河系漫游指南》派赴地球的研究员，两人在包括无限智慧的《银河系漫游指南》的帮助下，开始了穿越银河的冒险。

4 长崎（Nagasaki）：日本城市。1945年8月9日美国将第二颗代号“胖子”的原子弹投在长崎市，造成约60%的建筑物被摧毁，伤亡8.6万人，约占全市总人口的37%。

5 索多玛（Sodom）和蛾摩拉（Gomorrah）：位于地中海附近的两座古城，被毁灭后沉没在了海底。依《旧约全书》记载，两地是一个淫乱、不忌讳男同性性行为的城市，因其居民罪孽深重同时被神毁灭。

对狄更斯人来说，或许还卸掉了一份负担，在他们与外界打交道的过程中，至少，可以不再为因自己是“狄更斯黑鬼”而继续尴尬了。据传闻，因为这一地域举世公认的政治腐败大肆泛滥而被收回了郡民的豁免权。警察局和消防队先后关闭了，先前的市政厅不再运转，自治学校的董事会随之解散了，即便是在互联网上，也不见了“狄更斯市”的踪影了，只能搜索到“查尔斯·约翰·赫芬姆·狄更斯[1]（Charles John Huffam Dickens）”和以某个在阿拉莫之战[2]中不知死了没有的家伙命名的得克萨斯州（Texas）的沙尘暴县——狄更斯县[3]了。

在他爹爹死去之后的岁月里，狄更斯聚居区的邻里们都认为他是又一个“黑鬼耳语者”。出于家庭自豪感和对社会的关怀意识，他履行了他应身负的这个责任，成了众人们求助的对象；其实，老实说，他之所以担当起了这项职责，也在于他需要社交生活。“黑鬼耳语者”使他走出了家门，远离了农作物和牲畜。他去会见那些挺有意思的需要他劝解的邻里，努力说服他们，无论吸食多少海洛因，听多少遍罗·凯利[4]（R. Kelly）的名曲，他们也绝对飞不起来。过去，每当他爹爹出任“黑鬼耳语者”这一特殊角色时，总能随心所欲，畅所欲言，从未有过什么困难；而他呢，则有些不大尽然，他没有他爹爹的那一副天生的洪亮嗓音，所以，人家递给了他一个手提式扩音器。现在想一想，通过一个扩音器进行“耳语”，这绝对是一件从未有过的新鲜事吧。

“密”的邻居，生活在狄更斯聚居区内唯一的一位名人，年长他许多的霍米尼·詹金斯（Hominy Jenkins）也因狄更斯市被官方取缔后所导致的郡民的身份危机痛心不已。霍米尼是一位过气的黑人明星，当年的美国电影《小杂种》（Little Rascals）拍摄团队中的一个替角，那些演职员中的最后的一位在世者；当霍米尼不再追忆他当年的性征服力后，喜欢吹嘘他如何熟练掌握4种语言，因为他们的每一部影片都要拍摄4次，依次用英语、法语、西班牙语和德语。

“密”与霍米尼·詹金斯结识后，目睹了霍米尼没了往日辉煌后的严重的失落感，生活失去了支点的孤寂与落寞。做一个黑人，靠的可不是方法演技。李·斯特拉斯伯格[5]（Lee Strasberg）可以教会一个人怎么扮演成一棵树，但却没法告诉一个黑鬼怎么做一个黑人。结果，霍米尼这位昔日的黑鬼明星，一度完全依赖粉丝来信继续过活，在狄更斯从版图上被悄悄地正式抹去之后，狄更斯市没了位置，信件无法寄达，再也收不到粉丝们的来信之后，孤苦崩溃的霍米尼选择了上吊自杀，在被“密”及时救了下来之后，

---

1 查尔斯·约翰·赫芬姆·狄更斯（Charles John Huffam Dickens，1812—1870）：19世纪英国最伟大的作家，以反映现实生活见长，一生创作了15部长篇小说，多部中短篇小说以及随笔、游记、时事评论、戏剧、诗歌等；100多年来，他的代表作《双城记》（A Tale of Two Cities，1859）在全世界盛行不衰，深受广大读者的欢迎。

2 阿拉莫之战（Alamo）：发生在得克萨斯州（Texas）独立战争期间（1835—1836），在美国，特别是在得州，家喻户晓，在美国历史中的重要地位与象征意义堪比1941年的珍珠港事件，至今依然被视为美国陆军历史上的神话，被美国人认为是自由意志下勇气和牺牲精神的象征。

3 狄更斯县（Dickens County）：美国得克萨斯州（State of Texas）西北部的一个县，成立于1876年，县名纪念在阿拉莫之役中阵亡的“James R. Dimpkins”，纪念碑上名为J.狄更斯（J. Dickens）。

4 罗·凯利（R. Kelly，1967—　）：全名罗伯特·西尔维斯特·凯利（Robert Sylvester Kelly），美国创作歌手兼唱片制作人，著名的说唱男歌手，《我相信我能飞翔》（I Believe I Can Fly）是其成名曲。

5 李·斯特拉斯伯格（Lee Strasberg，1901—1982）：美国演员、著名导演，表演教育界的权威人物，将斯坦尼斯拉夫斯基（Stanislavski，1863—1938）的“方法派”引入美国戏剧，主张体验，主张演员与角色合一，以自身经历来激发表演，而不是仅仅作为僵化的类型人物。

他乞求被“密”奴役，一心要成为“密”的奴隶，臣服于“密”，在“密”的小农场里干活，放弃自主权，并定期去接受鞭刑。

驱役奴使一个人绝非易事，尤其是一个像霍米尼·詹金斯这样的奴隶。在农场里，霍米尼每天只能好好干上5分钟，无论“密”多少次要“解放”他，他都照样回来继续做他的奴隶，声言这是他当奴隶的自由权利，振振有词地为自己辩解说：别看你们这帮黑鬼有了黑人总统和黑人高尔夫球手，但是，真正的自由，是把当奴隶的权利握在手中。“密”实在无法动摇霍米尼的决心，只得同意让他在自己的小农场里继续做他的奴隶，而且，每星期四，都会在霍米尼的请求提示下，带他去“施虐/受虐[1]”俱乐部接受鞭打。

在这样做过了之后，霍米尼觉得很值得，很划算，也很有价值，所以显得很高兴；不过，霍米尼的快乐不是“密”的快乐，也不是狄更斯市的快乐，直到在一个非常温暖的春日的黄昏，“密”驾车带着霍米尼从西部“施虐/受虐”俱乐部那里返回家时，才想出了一个复活狄更斯市名分的办法。经过一整夜的刷漆制作之后，他再次驾车带着霍米尼重新朝高速公路驰去。在高灯的照耀下，他大干了起来，清除植物杂草，挖洞，然后将一个标明“狄更斯”的指示牌竖在了那里，霍米尼则在卡车前排座位上，听着纽约长岛爵士音乐电台的乐曲睡着了，醒过来之后，看到那块标示狄更斯市出口的指示牌，想了一会儿，对“密”说了一句：鞭子打在背上的感觉不错，但打心眼里感觉不错的，是那块标示牌。

“密”发誓要为被官方灭绝的狄更斯市正名，要让狄更斯市重新回到官方的版图上，并为争取这一平等权利到处奔走求助，最终，站到了美利坚合众国最高级别的联邦法院的被告席上，在最高法院的法庭上，他陈述说：他注意到了一个名为“全球姐妹城市社”（Sister City Global）为城市配对的机构后，已为狄更斯市求助了该组织，来为狄更斯市寻找最佳的组合城市，尽管该组织在地图上找不到狄更斯市，但仍然为其选定了三个可能的对象——华雷斯[2]（Juarez）、金沙萨[3]（Kinshasa）和车尔诺毕尔[4]（Chernobyl），虽然它们谁都不愿意跟狄更斯市配对。

“密”在高速公路边安装好了那块标示牌之后的那个星期日，正式宣布了他复活狄更斯市的计划。他是在他爹爹昔日创建的社会团体——“甜甜圈知识分子运动”（The Dum Dum Donut Intellectuals）的集体会议上，宣布了他的这一计划。他爹爹是狄更斯市“甜甜圈知识分子运动”社团的领导者，自从他爹爹死后，“甜甜圈”已沦落成一个当地那些出身中产阶级的黑人和纸上空谈者的团体，每两个月召开

---

1 施虐/受虐（BDSM）：一种亚文化，是集数个词组的首字母而形成的一个语汇——绑缚（Bondage）与调教（Discipline），支配（Dominance）与臣服（Submission），施虐（Sadism）与受虐（Masochism）；成形于1990年代中期，用来描述一些与“虐恋”相关的人类性行为模式，在这一群体里，通常S是施虐方，同时也是主人，M是被虐方，同时也是奴隶。在过去，施虐/受虐的活动与想象，被精神病学家认为是一种病态，不过至少从1990年代中期开始，一些精神病学家基于最新的研究结果，主张彻底不再将其视为病态。

2 华雷斯（Juarez）：墨西哥北部边境重要城市，属奇瓦瓦州（Chihuahua），1659年开埠，称为北埃尔帕索（El Paso del Norte），1888年改现名以纪念墨西哥总统贝尼托·华雷斯（Benito Juarez，1806—1872）。

3 金沙萨（Kinshasa）：刚果民主共和国的首都和最大河港，也是中部非洲的最大城市。原称利奥波德维尔（Leopoldville），独立以后为了消除殖民地的痕迹，1966年改名为金沙萨。

4 车尔诺毕尔（Chernobyl）：位于乌克兰（Ukraine）北部普里皮亚季市（Prypiat）西北18公里，创建于1970年，原用作安置兴建切尔诺贝利核电站的建筑工人及工作人员，因1986年切尔诺贝利核事故而被废弃。在核事故发生后，新建的斯拉夫蒂奇市（Slavutych）取代了普里皮亚季。

一次会议，以讨好那个与他爹爹根本无法相提并论的、急于填充领导空缺的佛伊·切夏（Foy Cheshire）。

正在日渐淡出的电视名人佛伊·切夏是“密”爹爹昔日的朋友，体格魁梧，脾气暴躁，至今仍然开着一辆1956年产的梅赛德斯－奔驰300SL。这一日的会场气氛十分严肃，议程很多，而且离“甜甜圈”知识分子们最后的“附属表决”还有一阵工夫。这时，佛伊拿来了两本书，把其中的一本高高举起，用一种做作的拖腔对在场的听众们讲了起来，说他不久前的一个夜晚，努力给他的孩子们朗读这本书——《哈克贝利·芬历险记》（The Adventures of Huckleberry Finn），但没法读过第6页，因为书里到处充斥着“黑鬼”一词，所以，他决定修正一下马克·吐温（Mark Twain，1835—1910）的这本杰作，出版一部洁本的“哈克贝利·芬”，把那些扎眼的“黑鬼”一词全部置换成“勇士”，把“奴隶”一词全部置换成“黑皮肤的志愿者”；同时，他还改善了吉姆的用语，把故事情节稍稍重新编排了一下，准备把这本书重新命名为《非裔美国人吉姆和他的保护对象、白人兄弟哈克贝利·芬在他们寻找失落的黑人家庭组织的毫无贬义的冒险以及知性和灵魂的旅行》。

“密”从来都不大喜欢参加“甜甜圈”的团体会议，但在他爹爹去世之后，除非农场里有迫不得已的急事，他基本上都尽量出席了。在佛伊·切夏被任命为“甜甜圈”社团的首席思想家之前，曾经有过一些提议，举荐他接任“甜甜圈”的首脑，充当少数民族聚居区里概念上的“金正恩”（Kim Jong-un）。他接任了“黑鬼耳语者”的角色，却拒绝了“甜甜圈”社团的领袖头衔，声称他对黑人文化不够了解。老实说，对黑人和非裔美国人的状况，他感觉自己唯一了然的是他们对“太甜了”和“太咸了”这两个用语毫无概念。至于过去10年里，为黑人、穷人和有色人种所诟病非议的，加州所通过的8号和187号提案，取消非法移民驾照及所有社会福利，并要求公立学校调查学生移民身份等条例；以及一些引起了巨大争议的涉及有关黑人种族的文艺作品，他从未发过声，从未加以任何议论。佛伊送给了他一个绰号——叛贼（The Sellout）。每当点名的时候，佛伊从不用他固有的姓名称呼他，而是大喊一声“叛贼！”脸上带着狡猾的例行公事的微笑，在他名字后面画一个核对的记号。

多年来，“密”第一次在“甜甜圈”团体会议上发言。他对佛伊所致力于的名著修正，义愤填膺地置换那些具有典范性和权威性且经久不衰的著名作品中的词汇，发出了自己的质疑声，在他看来，擅自删除、替换原书中“黑鬼”一类的词汇，并不是庇护儿童免受种族歧视影响的恰当的方法。他振振有词的发言，引起了会场的骚动，也惹怒了佛伊。不过佛伊只是举起双手，要求大家肃静，随后很镇静地说道：“甜甜圈”的知识分子们愿意倾听一切意见和建议；接着，又特别强调了一句：对于在场的那些不了解情况的诸位来说，这个“叛贼”，是“甜甜圈”知识分子组织创始人的儿子。然后，面带着遗憾的神情盯视向“密”说道：继续往下说，“叛贼”，想说什么就说什么吧。

“密”离开了他的座位，要求助理经理把会场的光线变暗后，利用佛伊研制的幻灯片软件，放映起了他的那张使狄更斯市回归官方行政版图的计划图。他详详细细地解释了一番：怎样把狄更斯市隔离出来，在分界线上喷上油漆，明确标记出边界……他看向在场的那些“甜甜圈”的知识分子们，本以为他们对于狄更斯市行政区划的存亡会相当地关注，结果，却根本无人上心。他回到他的座位上，心不在焉地听着他人的继续发言，那些对黑人家庭解体的酷评和对黑人商业需要的议论。最后，那个会议结束了。在人群散开时，“密”拧开他带来的饼干筒，取出最后一块饼干，不知从哪里冒出一只粗糙的黑手把它抢了过去，投进了那家伙的嘴巴里。

“密”继续他的努力，用油漆把狄更斯市给隔离出来。他买了一些白色喷漆与一个画线机，一些用来油漆距离标志和球场犯规线的东西，在他做早晨的那些例行杂事之前，交通还不繁忙时，他就到了选定的地点，在道路中间建起了工作室，漆出了那道线。至于那道线漆得直不直或他的装束什么，他全都没去考虑，反正他制作出了狄更斯市的边界线——那个在“甜甜圈”智囊团看来无效的标记。没人清楚“密”在做什么。大多数不认识“密”的人把他误认为了表演艺术家或疯子。在“密”漆好了狄更斯市边界线之后的日子里，跨过那道边界线时，“密”自己也有些迟疑，因为它环绕着狄更斯市残躯的那种弯弯曲曲的方式，使他想起警察围绕他爹爹的尸体用粉笔画的那个轮廓线。

此后，“密”与旧情人，一个已婚的城市公交巴士驾驶员马佩萨（Marpessa）恢复了交往。很难说是什么启动了他与马佩萨·德丽莎·道森（Marpessa Delissa Dawson）的恋情。马佩萨年长他3岁，他和她很早就相识了，她始终都生活在农场那边，马佩萨的母亲在她们家的后院经营着一家24小时营业的马术和马球学校。每当那里缺少表演跳跃障碍的骑手或缺少4号后卫时，她们就会过来找他，而他，其实二者都不在行。在他们小的时候，他和马佩萨还有社区里的其他孩子们会在放学后窜到霍米尼·詹金斯家去，因为没有什么比和一个《小杂种》的男主角一起看《小杂种》更酷的事了。

当年，在亚拉巴马州（Alabama）处于种族隔离状态下的那个寒冷的冬日，身为黑人的罗莎·帕克斯（Rosa Parks）女士在公交巴士上拒绝让座[1]给一位白人后，成了举世闻名的人物——美国“民权运动之母”。数十年之后，在一个季节不定的下午，在加利福尼亚州，洛杉矶一个被认为未实施种族隔离的区域的公交巴士上，霍米尼·詹金斯却急不可待地将他的座位让给了一位白人。于是，在霍米尼的生日那天，“密”便在马佩萨的那辆编号为125的公交巴士的前3排座位上，贴上了醒目的“白人专座”的标签，将它改造成了当年种族隔离时代的“黑白隔离”样式，作为生日礼物，送给了霍米尼。

马佩萨对“密”的这些不合世俗习尚的标签很生气，谴责说它们使黑人倒退了500年；但那天过后，却没取下那些“错误”的标签。不想，她驾驶的那辆公交巴士，在帮助接送社区孩童们上学时的运营中，竟因此得到了好声誉，成了一辆最为安全、最有秩序的公交巴士。为此，马佩萨高兴地夸赞了“密”一句：O.K，甜甜（Bonbon），你赢了！说完这句赞语之后，从“密”嘴巴里拿掉大麻叶烟，扭着她滚圆的屁股，再次大步登上了她的那辆125号公交巴士。

马佩萨的好友卡瑞斯玛·莫丽娜（Charisma Molina），卡夫中学（Chaff Middle School）的副校长，认为发生在马佩萨那辆公交巴士上的现象，是因为，尽管人们一开始牢骚满腹，但是，种族隔离使黑人们退却了，使他们恭顺了，使他们知道已经走了多远了，正在前往哪里。那种族隔离的幽灵，把狄更斯人团结在了一起。在那之后，卡瑞斯玛让“密”看了一摞东西，并解释说：它们不是正规课本，它们全

---

1 让座：当时亚拉巴马州（Alabama）种族隔离法规定，黑人与白人在公交巴士、餐馆等公共场所内需分隔，且黑人必须给白人让座。在首府蒙哥马利市（Montgomery）公交巴士车厢的前几排是专为白人准备的，一旦白人专座满员，黑人就必须让座，无座的话就得下车。1955年12月1日，黑人妇女罗莎·帕克斯（Rosa Parks，1913—2005）下班后搭一辆公交巴士回家，选择了标有“白人专座”字样座位后面的第11排就座后，过了几站，白人座位满员了，又上来了几位白人，司机要求坐在第11排的4名黑人乘客让位，其他3名黑人站起来后，帕克斯不顾司机再三警告，始终坐着不动，拒绝按照当时的戒律给白人让座，之后，在美国引发了一场声势浩大的反种族歧视民权运动。结果，1956年，美国最高法院裁决禁止公交车上的“黑白隔离”；1964年出台了《民权法案》禁止在公共场所实行种族隔离和歧视政策，才从法律意义上还黑人以平等权利。

部来自佛伊·切夏之手。佛伊搞了一整套名为“向经典开炮！”的课件，主要是《汤姆叔叔的小屋》（Uncle Tom's Condo）和《麦田里的守望者》[1]（The Catcher in the Rye）之类佛伊修正之后推荐给学校董事会的文学经典。他们一一试过了，什么都试过了，没什么效果。卡瑞斯玛擦了擦她那双疲倦的眼睛后，继续说道：现在，该接着做点什么，才能使学校里的那些小混蛋显现出像他们在公交巴士上的优良表现？

“密”告诉卡瑞斯玛，他想到了一个能使这帮孩子像他们在公交巴士上那样守规矩和相互尊重的办法——在学校的校园里实施“黑人隔离法”（Jim Crow）。“密”刚一说完，便霍然意识到：重新实施种族隔离应是复活狄更斯市的关键。把公交巴士上所提供的群体感觉扩展到学校里，接着再普及全市的其他社区领域。他想，正是种族隔离的政策，才把南非的黑人团结了起来，为什么不能在狄更斯做同样的事情？卡瑞斯玛同意了，不过一开始，对他的建议感到相当惊讶——要依照种族，按照肤色对学校实行种族隔离，岂不是有悖历史，背道而驰！卡瑞斯玛很快又联想到了另外一个问题上，现在，他们学校里 75% 是拉丁裔学生，而当年他们上中学时，学校里 80% 是非裔学生。最后，卡瑞斯玛对“密”说道：假如你认为你能做到，那就去干吧；不过我要告诉你，现在墨西哥人太多了。

在那之后，在居住区的一处用胶合板墙围起来的空地上，“密”准备兴建一座只收白人的“辉顿特许英才高中”（The Wheaton Academy Charter Magnet School），并在那个用链锁锁着的大门上，挂上了他下载的东缅因大学海洋科学中心复制样的塑料模型，还在围墙上贴上了他放大的、从哈弗福德学院等社区网站搞来的一些黑白照片。他把空地上的那些胶合板围墙漆成了蓝色，上面有一些长方形的孔洞，路人可以透过它们观察到里面尚未有什么建筑实物。

“密”要在当地中学重新推行种族隔离的做法，激怒了“甜甜圈”的领军人物佛伊·切夏。在一天稍晚的时候，“密”回到了他的那个罪行现场。唯一前来调查的人是佛伊，那是“密”20 多年来第一次看见他没在“甜甜圈”社团里，双脚实实在在踏在了狄更斯的泥土上。佛伊站在未来的“辉顿高中”的蓝色围墙板前，他的那辆奔驰 300SL 有一半停在了便道上。“密”远远地站在另外一边街道上，眼看着佛伊在对面不停地拍照。当佛伊一眼瞄到了街对面的“密”之后，用双手圈成喇叭形，冲着“密”高声喊叫了起来：叛贼！只有邪恶的家伙才会在少数民族社区里安插一个纯属白人的学校。而就在这时候，恰好开过来一辆路过的奔驰，车上的小伙子斯迪夫（Stevie）——马佩萨的兄弟，冲着佛伊高声叫骂：带着你的黑屁股滚回白美国去吧，黑鬼！一面大笑着朝佛伊扔去了一个橘子，精准击中了佛伊的脑壳。当袭击佛伊的那辆奔驰消失之后，“密”走过去想看看佛伊的情况怎样，问他还好吗？佛伊叫“密”别碰他，声言这是战争，知道他是站在哪一阵营的。之后，佛伊上了他的那辆奔驰 300SL，愤愤大骂道：我会回来的，混蛋，这事没完！

结果，不久，“密”便成了美利坚合众国最高级别的联邦法院法庭上的一名被告。不过，“密”的案子得到了全美上下的关注。卡瑞斯玛采纳了“密”的建议后，在卡夫中学推行区域性种族隔离制度时，很快便遇到了麻烦，横生出了事端。在白人至上主义的美国，若要在一所公立中学里建立一个纯粹的黑

1 《麦田里的守望者》（The Catcher in the Rye）：杰罗姆·大卫·塞林格（Jerome David Salinger，1919—2010）唯一的一部长篇，以主人公霍尔顿·考尔菲尔德（Holden Caulfield）自叙的语气，讲述自己被学校开除后在纽约城游荡将近两昼夜的经历和心灵感受。

人世界，绝非一件波澜不惊的事，绝不可能好像什么事情都没有发生，即便身为副校长的卡瑞斯玛并未指望继续以目前的效率改进校园秩序以提高学校在下一年度在郡县公立学校中的声誉排名，而在当今世界，在时下，拒绝即使是一个白人学生进入全黑人的校园就读都会在媒体上掀起轩然大波的。更令人想不到的事还有，在佛伊·切夏的煽动下，一些白人学生家长听了他的蛊惑后，便决意让他们的孩子撤离那些表现不佳的公立中学与学费过高的私立中学了。

与此同时，在美国的一本著名期刊，以政治与艺术为主题的《新共和杂志》[1]新出的一期的封面上，出现了久违多时的孩童的形象，在醒目的“新黑人隔离法：公共教育已把白人学童的翅膀剪掉了吗？”的大标题上方，用一个12岁的白人男孩的形象来作为反种族主义的象征，那个男孩佩戴着一个金项圈站在卡夫中学的台阶上。在这一期《新共和杂志》出现在报摊上一个星期之后，5个背包里装满书本、警笛和狼牙棒的白人孩童跳下租用的校车，试图重新融入卡夫中学，闯入校园就读，被副校长卡瑞斯玛·莫丽娜堵在了学校的入口。卡瑞斯玛像当年福布斯州长[2]（Governor Faubus）那样，公开表明了她支持种族隔离的立场，态度强硬，手臂扶在门柱上，拦着那个通道，那几个学生里个头最高的一个想绕过她，但卡瑞斯玛坚决不肯退让，说道：北欧裔美国人不准通过。

事发当时，“密”和霍米尼·詹金斯就在那紧张场景的另一侧，他们站在卡瑞斯玛的身后，就像“小石城的中心学校”或“1962年的密西西比大学[3]”的那些后勤职员之外的其他人那样，站到了历史的错误一头。霍米尼那天是来卡夫中学辅导“黑人隔离法”的；“密”是被卡瑞斯玛唤来过目刚刚与佛伊·切夏所重新设想的那些多元文化最新课本一道寄来的业务信函的。被激怒的卡瑞斯玛看向“密”，发泄了一句：这他妈的什么时候是个头啊？

没容“密”多说什么，在这个春天的加利福尼亚早晨的和风中，被佛伊鼓动来的一群孩童，佛伊指挥的军队，已做好了准备，要高声宣唱那首“我们终将战胜一切[4]”（We Shall Overcome）了。那些人手挽着手，按着节拍摇摆着身体慢慢哼唱起来。不过那歌声听起来很不顺畅，尽管合唱队员们一个个都在竭尽全力地高声喊唱着。

---

1 《新共和杂志》（The New-ish Republic）：创建于1914年，极富自由派色彩，是全美话语权力极高的“舆论杂志”。

2 福布斯州长（Governor Faubus）：1957年发生在美国小石城的非裔美国学生进入“小石城的中心学校”（Little Rock Central High School）就读事件时的时任阿肯色州州长。学校开始招收黑人学生是事件的导火索，支持种族隔离的奥瓦尔·福布斯（Orval Faubus，1910—1994）为阻止9名黑人学生进入“中心学校”动用了国民卫队，后来在美国总统德怀特·戴维·艾森豪威尔（Dwight David Eisenhower，1890—1969）的介入下，学生们才得以入校。

3 1962年的密西西比大学（University of Mississippi）：1962年夏，空军退役黑人士兵詹姆斯·梅雷迪思（James Meredith，1933— ）申请入学密西西比大学，遭只收白人学员的校方拒绝后上诉到法院，校方败诉，9月30日梅雷迪思到校注册，引发了当地白人激烈反对，时任美国总统肯尼迪（Kennedy，1917—1963）下令出动数百名联邦执法人员和数千名国民卫队成员护送梅雷迪思，冲突当中造成二人死亡，数十人受伤，震惊美国社会。梅雷迪思才终于完成注册，成了密大的第一位黑人学生，并经过不懈努力，在1963年8月获得了政治学学位，成为密大第一位黑人毕业生。

4 我们终将战胜一切（We Shall Overcome）：当年美国黑人民权运动的标志性歌曲。1963年8月在华盛顿举行的近25万人参加的民权示威游行中民谣女皇琼·贝兹（Joan Baez，1941— ）弹唱的歌曲，在那次示威游行中，马丁·路德·金（Martin Luther King，Jr., 1929—1968）发表了著名的演讲“我有一个梦”（I Have a Dream）并与在场的示威游行民众合唱了这首歌，之后，在“马丁·路德·金日”人们便会用这首歌来纪念这位黑人民权领袖。

佛伊突然一下子感情冲动了起来，嘶声大叫，双手高高举过头顶，他的厚运动衫在他的大肚子上翘了起来，从他系的那条意大利皮带里露出了一把枪柄。看到佛伊情绪的激烈变化，躁动不已，以及那一副不顾死活的眼神后，“密”立刻惊叫起来：卡瑞斯玛，快叫警察！就在佛伊的那些随从队员结结巴巴地唱着“我们终将战胜一切”第二节歌词时，佛伊拔出了他的武器，挥舞着，指示着他的那个合唱队的孩童们，那些孩童立刻飞快地从“密”和霍米尼身边朝着学校门口跑了过去。卡瑞斯玛及时关闭了她身后的校门。

事情终于安定了下来，救护车也很快就要来了。霍米尼一边哭泣一边脱下他的T恤衫，卷成枕头状，把“密”的头垫放在他的怀里。一位警署副警长蹲在“密”的身旁，用她手电筒的平头端轻轻戳了戳“密”的伤口，并夸赞他这位“黑鬼耳语者”做了一件勇敢的事。“密”希望那位副警长能帮他暂时处理一下伤口，那位副警长认为：他的伤口无须什么处理，子弹击中的不是他的小腹，只是擦破了做爱的那玩意儿那里，伤的，也只是表面。就像在一个拥挤的剧院里有人喊了一声着火了，在一个后种族主义的时代耳语着：种族主义。

“密”给副警长讲了他为复活狄更斯市所做的种种努力，以及他之所以认为创建一所纯白人的“辉顿高中”会使这座小城获得一种群体身份的认同感。那位副警长同情地拍了拍“密”的肩膀，并通过无线电话召唤了她的属下。在他们等待救护车期间，他们三人就这一蠢事的严重性认真争论了一番。全郡县的居民都不愿以高于恶意破坏国家财产罪传唤“密”；而“密”却试图说服他们，即便“辉顿中学”被创建以来邻近地区的犯罪率已有所下降，但他的所作所为仍然违背了美利坚合众国宪法第一条修正案[1]所规定的“民权法案”的准则。

在那之后，当“密”坐在联邦最高法院的台阶上，用一个苏打水罐做成的圆筒凝视像一扇被照亮的百货商店的窗户的白宫时，他试图弄明白是什么使得首都华盛顿特区如此地卓尔不群。他向空中喷了一口烟雾。应该有一个黑人身份的电视舞台——本原的、纯粹的黑。他并不清楚纯粹的黑是什么样子，但不论它是什么，它都不是背叛。它就是对矛盾本身的接纳，它既非原罪，也非行为上的罪过，无非是人类自身的一种缺陷，就如同人们发梢的分叉，或有人信仰自由主义一样。他坐在联邦最高法院的台阶上吸着大麻烟，在格言“法律面前人人平等”标语下，凝望着群星，最后，终于琢磨出了华盛顿特区的问题出在哪儿了。那就是这里所有的建筑物大体上都一样高矮，根本没有空中轮廓，除了华盛顿纪念碑像是向世界伸出一个巨大的中指一样直指夜空。

根据联邦最高法院的决议，欢迎“密”回家的聚会也可能是他走向监狱的聚会；所以，厨房门口上方的横幅上写着：根据宪法或制度——有待定夺。马佩萨把这场聚会控制在了很小的一个范围，仅限于朋友和邻居圈。大家齐聚在“密”的窝里，围在霍米尼·詹金斯周围，观看由霍米尼出演的那部影片《小杂种》，这时的霍米尼，又成了中心人物，在这一小时里大家都关注的对象。

尽管被控因一时精神错乱而杀人未遂的佛伊·切夏被判无罪，但是在“密”看来，自己其实已打赢了跟佛伊对簿公堂的这场民事诉讼官司，佛伊在卖掉了他的汽车付了他的律师费之后，就再没什么值钱

---

1 美利坚合众国宪法第一条修正案（First Amendment to the United States Constitution）：1791年12月获得通过，是美国权利法案中的一部分——联邦议会不得立法确立国教或禁止信教自由；不得立法剥夺言论自由或出版自由；不得立法剥夺人民和平集会和向政府请愿、表达不满、要求申冤的权利。

的东西了。而他的窝里，西瓜、杜松子酒、柠檬汽水和电影放映机一应俱全，他们准备了一个十分欢乐的晚会。

霍米尼为自己昔日在屏幕上的那一个个形象兴奋得欣喜若狂、神魂颠倒，其中最珍贵的资料，包括美国米高梅电影公司（MGM）未发行的《小顽童》（Our Gang）影片中一些镜头。狂喜过后，霍米尼走到始终心神不宁的“密”的身边，宣布说他不再做“密”的奴隶，不再继续臣服于“密”了，要解除他们的主奴关系，并说要在早晨到来之后同“密”商讨有关索赔的事。

“密”一直在担心自己真的进了监狱怎么办？谁来继续照料霍米尼他们这些人。即便是他并未违背美利坚合众国宪法第一、第十三、第十四条修正案的法律精神，有人说，他也难逃“种族隔离”之嫌，国际刑事法庭会因此指控并审判他。他们从未因“种族隔离”对一个南非人提起过公诉，他们将会逮捕他吗？一个没有心机的非裔美国人？太可怕了！“密”想到这里后，感到有些惶恐。就在这时候，他交往了5年的女朋友马佩萨把他叫进了卧室。马佩萨正躺在床上看着电视上各地区的天气实况，卡瑞斯玛紧邻她而坐。“密”突然意外听到：狄更斯88°/74° ……他跑了出去，看到吊挂在门廊门口的温度计上显示的温度数字——华氏88°。“密”喜极而泣，狄更斯市终于回到了天气图上！

“密”回想起了在他爹爹去世一周年时，一天晚上，他和马佩萨驱车前往“甜甜圈”社团参加“开放舞台之夜”的那场活动，在那场志愿者即兴表演过程中，一位黑人喜剧演员站在台子上，怒斥台下人群中的一对孤单的白人夫妇：这不是为演给你们看的，懂吗？滚出去吧，这是我们的事情！那天晚上，他和马佩萨落座在他们通常的座位上，静静地坐在那里，保持着沉默。如今，他为自己当时的沉默、当时的胆怯有些难过。他不能苟同，不过，他并非是想维护那对白人夫妇或谴责那个喜剧演员的所作所为，只是想问问他：究竟什么是“我们的事情”？

“密”记起在那个黑人哥[1]宣誓就职后的那天，佛伊・切夏洋洋得意地驾驶着他的那辆奔驰300SL在小城里兜风的情形，佛伊鸣着喇叭，挥舞着一面美国国旗，经过他小农场的栅栏前时，他碰巧正坐在前院剥玉米。他问佛伊：为什么要挥舞国旗？佛伊说他相信他的国家美国已还清了所欠的全部债务。他无法相信，真的还清了吗？佛伊冲着他摇摇头，说了一大堆旨在使他觉得他爹爹会以他为耻、他无论如何都不能理解的话。他想，佛伊是对的。他永远不会理解。

作者生平与创作生涯

保罗・比蒂于1962年出生在美国西海岸加利福尼亚州（California）南部的洛杉矶市（Los Angeles），在他很小的时候，父亲离家出走，他和他的两个姐妹由以护士为职业的母亲独自抚养长大，上中学期间，

1 黑人哥（Black Dude）：美国第44任总统、黑人出身的巴拉克・奥巴马（Barack Obama，1961—　）。

他从母亲的藏书中，阅读了大量日俄文学作品，并喜欢上了美国“黑色幽默”作家约瑟夫·海勒[1]（Joseph Heller）和诺贝尔文学奖获得者索尔·贝娄[2]（Saul Bellow）的作品。

1980年，他从加利福尼亚州伍德兰岗的公立学校埃尔卡密诺特许高中毕业后，进入马萨诸塞州的波士顿大学，主修心理学，获得了心理学硕士学位之后，又继续攻读心理学的博士学位，但随后因为他发现，在他的研究领域，当时很多人把所有问题的原因都归咎于“种族歧视”，不了了之，对此他无法理解、认同，便选择了辍学，放弃了心理学博士学位论文的写作，为了种族主义问题，转向文学创作，寻求思考——到底该以什么标准来评定种族歧视。

他最初的文学创作，是以写作诗歌为开端的。在身为研究生和助教期间，他已开始涉猎诗歌创作。后来，他迁居到美国第一大城市纽约，修读艺术学位，获得了纽约市立大学布鲁克林学院创意写作艺术专业的硕士学位，并在1990年获得了“新波多黎各诗人咖啡馆”赛诗会的大满贯冠军头衔；之后，继续努力寻找他的诗意声音，1991年（29岁），出版了第一部诗集《大银行夺取小银行》（Big Bank Take Little Bank）；1993年，获得了美国当代艺术基金会的艺术家奖；1994年（32岁），出版了第二部诗集《小丑，小丑，平手》（Joker, Joker, Deuce），成了1990年代纽约的一位著名诗人。

后来，他意识到诗歌中往往会增加有太多的表演、夸张因素，因而开始怀疑诗歌的可信度，转而投入小说创作。1996年（34岁），他出版了第一部长篇小说《白人男孩的混局》（The White Boy Shuffle），颇富才华地讲述一个在白人社区长大的即将成年的非洲裔美国男孩古纳（Gunnar）对自己黑人身份探寻的故事，文笔讽刺味十足，出版之后获得了好评，因其除了对有关肤色、种族问题的思考外，还涉及了后现代语境下的美国黑人对性别与性的认识，因而受到了评论界的关注，不过，却未能赢得大量读者受众。

随后，他相继出版了长篇小说《塔弗》（Tuff，2000）、《睡乡》（Slumberland，2008）、《背叛者》（The Sellout，2015）；以及自选集《噱头：一部非裔美国人的幽默文集》（Hokum: An Anthology of African-American Humor，2006）。这些作品，深深扎根于他所生活的美国社会，在黑人的生存境况和身份认同方面进行深耕，同时给人一种精明而狡黠的滑稽感，展示出他在讽刺方面的过人技巧，出版之后常常引发关于种族主义和黑人身份认同方面的激烈讨论；不过，他这些作品的真正价值，主要还在于超越了种族的界限，所深思所表达触碰的，是那些无处不在的种族主义问题之下的真实社会问题，人类的共同体验，以一种幽默的充斥着辛辣而尖刻的反讽的风格，描述整个社会制度的不合理与人类心灵的困境。

他的这些作品，一直读者寥寥，销量平平，除了批评家发出一些激烈的讨论之声外，一般读者以及出版商都不大感兴趣，在出版过程中，均遭遇了不断被拒绝的命运；尽管如此，他却依然始终坚守着自

---

1 约瑟夫·海勒（Joseph Heller，1923—1999）：美国黑色幽默派和荒诞派代表作家，1961年的成名作《第二十二条军规》（Catch-22）是一部超现实主义的反战实验小说，不仅仅对战争和军事官僚制度进行了批判，而且对生活本身日趋恶化的荒诞性进行了批判。“第22条军规”一词现已成为英语中的一个常用词汇——“法律、规则或实践上的一个悖论，不管你做什么，你都会成为其条款的牺牲品”，意指人类困境是模糊的、迂回的、不可名状的……

2 索尔·贝娄（Saul Bellow，1915—2005）：1976年诺贝尔文学奖获得者，被认为是一位表现知识分子最具深度的美国作家，作品饱含深刻的社会内容，讽刺犀利，充满炽热的同情感；代表作长篇小说《赫索格》（Herzog，1964）构思宏伟，内容丰富，分析精妙，手法多样，描写人世的沧桑和恐惧，探索人的生存危机，对个人在社会中的命运表示了深切的关注。

己的文学思考阵地，拒绝出版商偏爱的写作模式，拒绝进行循规蹈矩的创作，竭力在每一部作品中尝试对世界提出自己的解释。其中，他耗费了7年光阴完成的长篇小说《背叛者》，更是经历了险些无法面世的困境，被整整18家出版商拒之门外，直至终于被眼光独到的“同一个世界出版社”接手，代理发行之后，才得以问世。

他的《背叛者》是一部严肃的文学作品，蕴含着历史感，讲述了美国一位种植大麻和方形西瓜的黑人青年“密”（Me）的人生遭遇：年幼时被父亲严厉对待；父亲惨遭不幸后继承了父业在小农场务农，亲历了更多不合理的、荒诞的事情，以及白人黑人在教育、人际相处各方面的冲突，甚至就连他的家乡也在官方的版图上消亡了；最后，他不得不用过激的行动，让反历史逻辑的家庭奴隶和区域性的黑白隔离法合法化，而站到了联邦最高法院的被告席上。小说以“密”出席最高听证会开始，倒叙了事情的起因和经过，情节推进很快，以一种不同寻常的视角，看似漫不经心的话语，汪洋恣肆，充满无所畏惧的风趣，引人发笑的同时，也令人深思——真正解决种族歧视问题绝对不像想象的那样简单。

小说出版之后，在《纽约时报》上掀起过热烈的讨论，后被评为《纽约时报》2015年度10大好书，有评论称赞它是一本最高水准的斯威夫特[1]式讽刺小说，它深深扎进了当代美国社会的心脏，是一部富有智慧的讽刺文学。之后，因其试图深入剖析每一处社会禁忌，让人开怀大笑的同时也让人畏惧；令人感到有趣，同时又令人痛苦，问鼎了第48届英语文学界最有影响力的布克奖。成为“自2014年起，世界上所有作家创作的英语原创小说都有资格参评”的这一布克奖新规则后的第一位“英国及英联邦地区”之外的获奖作家，有史以来的第一位美国的布克奖得主。

保罗·比蒂现在生活在纽约。写作之余，在纽约曼哈顿的世界著名私立研究型大学哥伦比亚大学艺术学院担任写作课程的副教授。独一无二，始终是他的写作原则。

主要参考资料：

Paul Beatty Wins Man Booker Prize With “The Sellout”, from The New York Times, 2016-10-25.

The Sellout, by Paul Beatty, Publisher: Farrar, Straus and Giroux, 2015.

1 斯威夫特：即乔纳森·斯威夫特（Jonathan Swift，1667—1745），英国18世纪著名作家，讽刺文学大师，英国启蒙运动中激进民主派的创始人。他的讽刺艺术，以生动多趣和运思深刻而著称，并以手法的多样性见长，其出版于1726年的小说《格列佛游记》（Gulliver’s Travels）运用夸张、对比、反语、暗喻等多样手法，借助“小人国”中小人以种种卑鄙的手段明争暗斗、互相倾轧，政客们以鞋跟高低不同而分党派，为鸡蛋从大头还是小头打开而战争等丑恶现象，嘲讽英国统治集团的争权夺利、党派纠纷和以宗教分歧为借口的侵略政策。

附录｜国别目录

亚洲

1.《微物之神》(The God of Small Things，1997)

2.《继承失落的人》(The Inheritance of Loss，2006)

非洲

1.《保守的人》(The Conservationist，1974)

2.《迈克尔·K 的生活和时代》(Life and Times of Michael K，1983)

3.《饥饿的路》(The Famished Road，1991)

4.《耻》(Disgrace，1999)

大洋洲

1.《辛德勒名单》(Schindler's Ark，1982)

2.《骨头人》(The Bone People，1985)

3.《奥斯卡和露辛达》(Oscar and Lucinda，1988)

4.《凯利帮真史》(True History of the Kelly Gang，2001)

5.《维农少年》(Vernon God Little，2003)

6.《白老虎》(The White Tiger，2008)

7.《发光体》(The Luminaries，2013)

8.《深入北方的小路》(The Narrow Road to the Deep North，2014)

美洲

1.《英国病人》(The English Patient，1992)

2.《盲刺客》(The Blind Assassin，2000)

3.《少年 Pi 的奇幻漂流》(Life of Pi，2002)

4.《七杀简史》(A Brief History of Seven Killings，2015)

5.《背叛者》(The Sellout，2016)

欧洲

1.《要为之负责的事》(Something to Answer For，1969)

2.《入选者》(The Elected Member，1970)

3.《自由国度》(In a Free State，1971)

4.《乔》(G.，1972)

5.《克里希纳普之围》(The Siege of Krishnapur，1973)

6.《假日》(Holiday，1974)

7.《热与尘》(Heat and Dust，1975)

8.《萨维尔》(Saville，1976)

9.《滞留》(Staying On，1977)

10.《大海，大海》(The Sea，the Sea，1978)

11.《离岸》(Offshore，1979)

12.《启蒙之旅》(Rites of Passage，1980)

13.《午夜之子》(Midnight's Children，1981)

14.《湖滨旅馆》(Hotel Du Lac，1984)

15.《老鬼们》(The Old Devils，1986)

16.《月虎》(Moon Tiger，1987)

17.《长日留痕》(The Remains of the Day，1989)

18.《占有》(Possession: A Romance，1990)

19.《神圣的渴望》(Sacred Hunger，1992)

20.《童年往事》(Paddy Clarke Ha Ha Ha，1993)

21.《晚了，太晚了》(How Late It Was，How Late，1994)

22.《鬼魂之路》(The Ghost Road，1995)

23.《杯酒留痕》(Last Orders，1996)

24.《阿姆斯特丹》(Amsterdam，1998)

25.《美丽曲线》(The Line of Beauty，2004)

26.《海》(The Sea，2005)

27.《聚会》(The Gathering，2007)

28.《狼厅》(Wolf Hall，2009)

29.《芬克勒问题》(The Finkler Question，2010)

30.《终结的感觉》(The Sense of an Ending，2011)

31.《提堂》(Bring up the Bodies，2012)

图书在版编目（CIP）数据

布克奖获奖小说通览：1969—2016/李传家，张广慧编译. —北京：中国国际广播出版社，2018.1

ISBN 978-7-5078-3973-9

Ⅰ.①布…　Ⅱ.①李…②张…　Ⅲ.①小说集－世界－现代　Ⅳ.①I14

中国版本图书馆CIP数据核字（2017）第293725号

布克奖获奖小说通览（1969—2016）

编　　译	李传家　张广慧
责任编辑	李芬芳
版式设计	国广设计室
责任校对	徐秀英
出版发行	中国国际广播出版社［010-83139469　010-83139489（传真）］
社　　址	北京市西城区天宁寺前街2号北院A座一层 邮编：100055
网　　址	www.chirp.com.cn
经　　销	新华书店
印　　刷	环球东方（北京）印务有限公司
开　　本	787×1092　1/16
字　　数	1388千字
印　　张	63.5
版　　次	2018 年 3 月　北京第一版
印　　次	2018 年 3 月　第一次印刷
定　　价	299.00 元

CRJ 中国国际广播出版社　欢迎关注本社新浪官方微博　官方网站 www.chirp.cn